中国改革开放新时期
年鉴

2008年

中国民主法制出版社
2014·北京

图书在版编目（CIP）数据

中国改革开放新时期年鉴．2008年／王振川主编．—北京：中国民主法制出版社，2014.12

ISBN 978-7-5162-0677-5

Ⅰ．①中…　Ⅱ．①王…　Ⅲ．①改革开放—中国—2008—年鉴 Ⅳ．① D616-54

中国版本图书馆 CIP 数据核字（2014）第 274417 号

图书出品人：肖启明
图 书 策 划：刘海涛
责 任 编 辑：石　松　董　理

书　名／中国改革开放新时期年鉴（2008年）
作　者／王振川　主编

出 版 · 发 行／中国民主法制出版社
地　址／北京市丰台区玉林里7号（100069）
电　话／63055259（总编室）　63057714（发行部）
传　真／63055259
http: //www.npcpub.com
E-mail: mzfz@ npcpub.com
经　销／新华书店
开　本／16开　787毫米 ×1092毫米
印　张／70.875　**字数**／2118千字
版　本／2014年12月第1版　2014年12月第1次印刷
印　刷／涿州市星河印刷有限公司印刷

书　号／ISBN 978-7-5162-0677-5
定　价／900.00元

《中国改革开放新时期年鉴》编委会

日期索引

【一月】

【二月】

【三月】

【四月】

【五月】

【六月】

【七月】

【八月】

【九月】

【十月】

【十一月】

【十二月】

1月1日

全国政协在全国政协礼堂举行2008年新年茶话会

胡锦涛、吴邦国、温家宝、贾庆林、李长春、习近平、李克强、贺国强等党和国家领导人同各民主党派中央、全国工商联领导人和无党派人士、中央和国家机关有关方面负责人以及首都各界代表欢聚一堂，共庆2008年元旦。

中共中央总书记、国家主席、中央军委主席胡锦涛在茶话会上发表重要讲话。

茶话会由中共中央政治局常委、全国政协主席贾庆林主持。他说，胡锦涛同志的重要讲话，深刻分析了我国改革发展面临的新形势，明确提出了今年我国社会主义经济建设、政治建设、文化建设、社会建设和党的建设的主要任务。这对于我们不断夺取全面建设小康社会新胜利、开创中国特色社会主义事业新局面，具有十分重要的指导意义。胡锦涛同志在讲话中对人民政协工作给予了充分肯定，对统一战线和人民政协事业发展提出了新的要求。我们一定要认真学习领会，切实贯彻到工作中去，不断把统一战线和人民政协事业推向前进。

民进中央主席严隽琪代表各民主党派中央、全国工商联和无党派人士讲话，表示要深刻领会、努力贯彻中共十七大精神，坚定不移地走中国特色社会主义政治发展道路，充分履行参政党职能，为夺取全面建设小康社会新胜利作出应有的贡献。

王刚、王兆国、王岐山、回良玉、刘淇、刘云山、刘延东、李源潮、吴仪、张德江、曹刚川、曾培炎、何勇、令计划、李铁映、司马义·艾买提、何鲁丽、丁石孙、成思危、许嘉璐、蒋正华、顾秀莲、热地、乌云其木格、韩启德、唐家璇、陈至立、肖扬、贾春旺、王忠禹、李贵鲜、张思卿、白立忱、罗豪才、张克辉、周铁农、郝建秀、陈奎元、阿不来提·阿不都热西提、徐匡迪、李兆焯、黄孟复、张怀西、李蒙、张梅颖、张榕明和王光英、杨汝岱、钱正英、孙孚凌、陈锦华、王文元，以及中央军委委员梁光烈、陈炳德、李继耐、廖锡龙、常万全、靖志远等出席茶话会。

中共中央总书记胡锦涛在全国政协新年茶话会上发表讲话

同志们，朋友们：

今天是2008年元旦。在这辞旧迎新的喜庆时刻，我们欢聚一堂，同庆佳节，畅叙友情，共商国是，感到格外高兴。首先，我代表中共中央、国务院和中央军委，向各民主党派、工商联和无党派人士、各人民团体，向全国广大工人、农民、知识分子、干部和各界人士，向人民解放军指战员、武警官兵和公安民警，向香港特别行政区同胞、澳门特别行政区同胞、台湾同胞和海外侨胞，向关心和支持中国现代化建设的国际友人，致以节日的祝福！祝大家新年好！

刚刚过去的2007年，是党和国家事业发展进程中的重要一年。全党全国各族人民坚持以邓小平理论和“三个代表”重要思想为指导，深入贯彻落实科学发展观，继续深化改革、扩大开放，全面推进社会主义经济建设、政治建设、文化建设、社会建设和党的建设，各项事业取得了新的重大进展。我们加快转变经济发展方式，增强宏观调控的科学性、预见性、有效性，着力提高经济增长质量和效益，国民经济保持了增长较快、结构优化、效益提高、民生改善的良好态势。我们坚持扩大社会主义民主，全面实施依法治国基本方略，推进社会主义法治国家建设，人民各项权益得到更好保障。我们大力推进社会主义核心价值体系建设，深化文化体制改革，加快发展文化事业和文化产业，人民文化生活更加丰富多彩。我们以解决人民最关心、最直接、最现实的利益问题为重点，加快发展社会事业，促进社会公平正义，和谐社会建设取得重要成果。我们隆重庆祝中国人民解放军建军八十周年，加强军队革命化、现代化、正规化建设，推动国防和军队建设又好又快发展。我国首次月球探测工程取得圆满成功，开启了中国人走向深空探索宇宙奥秘的时代。我们隆重庆祝香港回归祖国十周年，坚持贯彻“一国两制”、“港人治港”、“澳人治澳”、高度自治的方针，扩大内地同香港、澳门的交流合作，促进香港、澳门长期繁荣稳定。我们牢牢把握两岸关系和平发展的主题，积极扩大两岸交流合作，坚决反对和遏制“台独”分裂势力及其活动，维护台海地区和平稳定。我们坚持统筹国内国际两个大局，开展全方位外交，致力于推进国际热点问题的妥善解决，为我国发展营造了良好外部环境，为推动建设和谐世界作出了新的贡献。我们全面推进党的思想建设、组织建设、作风建设、制度建设和反腐倡廉建设，党的建设取得新的成效，为经济社会发展提供了根本政治保证。

回顾党的十六大以来的五年，全党全国各族人民同心同德、开拓进取，战胜各种困难和风险，围绕全面建设小康社会的奋斗目标，奋力推进改革开放和社会主义现代化建设，开创了中国特色社会主义事业新局面，开拓了马克思主义中国化新境界。五年来取得的重大成就，是全党全国各族人民团结奋斗的结果，为我们在新的历史起点上继续全面建设小康社会、发展中国特色社会主义奠定了坚实基础。

同志们、朋友们！

党的十七大，科学回答了党在改革发展关键阶段举什么旗、走什么路、以什么样的精神状态、朝着什么样的发展目标继续前进等重大问题，提出了实现全面建设小康社会奋斗目标的新要求，对推进中国特色社会主义伟大事业和党的建设新的伟大工程作出全面部署。今后五年，全党全国的任务归结起来说，就是要把党的十七大作出的各项部署落到实处，把党的十七大描绘的宏伟蓝图变为现实。

2008年，是全面贯彻落实党的十七大作出的战略部署的第一年，是实施"十一五"规划承上启下的一年。我们将迎来改革开放三十周年，还要举办北京奥运会和残奥会。做好今年的工作，对保持和发展我国改革发展稳定的大局具有重大意义。当前，国际国内形势继续深刻变化，我国发展面临的机遇前所未有，挑战也前所未有，机遇大于挑战。我们要全面贯彻党的十七大精神，高举中国特色社会主义伟大旗帜，以邓小平理论和"三个代表"重要思想为指导，深入贯彻落实科学发展观，继续牢牢抓住和切实用好重要战略机遇期，增强忧患意识，做到居安思危，始终戒骄戒躁，继续艰苦奋斗，不断开创党和国家各项工作新局面。

在新的一年里，我们要把学习贯彻党的十七大精神作为全党全国的首要政治任务抓紧抓好，在武装头脑、指导实践、推动工作上狠下功夫，切实使学习贯彻党的十七大精神的过程成为推动科学发展、促进社会和谐的过程。我们要坚持以经济建设为中心，紧紧围绕转变经济发展方式和完善社会主义市场经济体制，继续加强和改善宏观调控，着力控总量、稳物价、调结构、促平衡，积极推进改革开放和自主创新，着力优化经济结构和提高经济增长质量，切实加强节能减排和生态环境保护，更加重视改善民生和促进社会和谐，推动经济社会又好又快发展。我们要坚持党的领导、人民当家做主、依法治国有机统一，坚持和完善人民代表大会制度、中国共产党领导的多党合作和政治协商制度、民族区域自治制度以及基层群众自治制度，扩大社会主义民主，建设社会主义法治国家，推进行政管理体制改革，发展社会主义政治文明。我们要坚持社会主义先进文化前进方向，推进社会主义核心价值体系建设，深化文化体制改革，加快发展文化事业和文化产业，更加自觉、更加主动地推动社会主义文化大发展大繁荣。我们要加快推进以改善民生为重点的社会建设，扩大公共服务，完善社会管理，落实教育优先发展的政策措施，实施扩大就业的发展战略，合理调节国民收入分配，完善社会保障体系，加快建立基本医疗制度，着力解决城市低收入家庭住房困难，切实维护社会稳定，促进社会和谐。我们要着眼于全面履行新世纪新阶段军队历史使命，加快中国特色军事变革，加速推进国防和军队现代化建设。我们要以改革创新精神全面推进党的建设新的伟大工程，把党的执政能力建设和先进性建设作为主线，全面加强党的建设，切实增强党的创造力、凝聚力、战斗力，不断提高党的执政能力、保持和发展党的先进性。

在新的一年里，我们要坚定不移贯彻"一国两制"、"港人治港"、"澳人治澳"、高度自治的方针，严格按照特别行政区基本法办事，全力支持特别行政区政府依法施政，着力发展经济、改善民生、推进民主，鼓励香港、澳门各界人士在爱国爱港、爱国爱澳的旗帜下和衷共济，加强内地与香港、澳门交流合作，共同促进香港、澳门长期繁荣稳定。

在新的一年里，我们要坚持"和平统一、一国两制"的基本方针和现阶段发展两岸关系、推进祖国和平统一进程的八项主张，坚持一个中国原则决不动摇，争取和平统一的努力决不放弃，贯彻寄希望于台湾人民的方针决不改变，反对"台独"分裂活动决不妥协，牢牢把握两岸关系和平发展的主题，真诚为两岸同胞谋福祉、为台海地区谋和平，继续实施和充实惠及广大台湾同胞的政策措施，同包括台湾同胞在内的全体中华儿女一道努力，继续推进祖国和平统一大业。

在新的一年里，我们要高举和平、发展、合作旗帜，坚持独立自主的和平外交政策，始终不渝走和平发展道路，始终不渝奉行互利共赢的开放战略，坚持在和平共处五项原则的基础上同所有国家发展友好合作，推动同发达国家关系长期稳定健康发展，加强同周边国家的睦邻友好和务实合作，加强同发展中国家的团结合作，积极参与多边事务，继续同世界各国人民一道推进人类和平与发展的崇高事业。

要胜利完成今年的各项任务，我们必须大力发扬改革创新、求真务实、团结奋进的精神。改革创新，就是要坚持解放思想，锐意创新，开拓进取，毫不动摇地坚持改革方向，加快重要领域和关键环节改革步伐，着力构建充满活力、富有效率、更加开放、有利于科学发展的体制机制，充分激发全社会的创造活力。求真务实，就是要坚持立足我国国情、一切从实际出发，真抓实干，埋头苦干，按照客观规律和科学规律办事，切实推动科学发展、促进社会和谐。团结奋进，就是要坚持团结一切可以团结的力量、调动一切积极因素，万众一心，齐心协力，保持党同人民群众的血肉联系，巩固全国各族人民的大团结，为夺取全面建设小康社会新胜利、谱写人民美好生活新篇章凝聚起战无不胜的强大力量。

同志们、朋友们！

今年是我国实行改革开放三十周年。改革开放是党在新的时代条件下带领人民进行的新的伟大革命，是对我们党和国家发展具有划时代意义的伟大事业。经过全党全国各族人民不懈努力，我国综合国力大幅度提高，我国人民生活显著改善，中国特色社会主义展示了蓬勃生机和活力。我们要按照党的十七大精神，联系党和国家工作全局，对改革开放进行系统回顾总结，以生动的事实、伟大的成就、成功的经验对全党全国人民进行坚持改革开放的教育，深刻领会改革开放是决定当代中国命运的关键抉择，深刻领会改革开放是发展中国特色社会主义、实现中华民族伟大复兴的必由之路，深刻领会只有改革开放才能发展中国、发展社会主义、发展马克思主义，进一步坚定走中国特色社会主义道路、坚持中国特色社会主义理论体系的决心和信心，在新的时代条件下继续把改革开放伟大事业推向前进。

同志们、朋友们！

在过去的一年里，人民政协高举爱国主义、社会主义旗帜，牢牢把握团结和民主两大主题，积极履行政治协商、民主监督、参政议政职能，充分发挥协调关系、汇聚力量、建言献策、服务大局的作用，为推动科学发展、促进社会和谐、推进"一国两制"实践和祖国和平统一大业作出了重要贡献。

在前进道路上，我们要巩固和壮大最广泛的爱国统一战线，坚持和完善中国共产党领导的多党合作和政治协商制度，团结全体社会主义劳动者、社会主义事业的建设者、拥护社会主义的爱国者、拥护祖国统一的爱国者，不断促进政党关系、民族关系、宗教关系、阶层关系、海内外同胞关系的和谐，为建设中国特色社会主义服务。人民政协要按照党的十七大的有关部署，紧紧围绕党和国家工作大局，保持和发扬人民政协的优良传统，扩大团结面，增强包容性，加强调查研究，关注社情民意，积极开展政治协商，完善民主监督机制，提高参政议政实效，推进履行职能的制度化、规范化、程序化，为全面建设小康社会、加快推进社会主义现代化作出新的更大贡献。

同志们、朋友们！

我国的发展前景无比美好，我们的伟大事业催人奋进。让我们高举中国特色社会主义伟大旗帜，大力发扬改革创新、求真务实、团结奋进的精神，同心同德，扎实工作，为实现党的十七大确定的目标任务而努力奋斗！

国家主席胡锦涛和南非总统姆贝基互致贺电祝贺中国和南非建交10周年

《求是》杂志发表中共中央总书记胡锦涛重要文章《继续把改革开放伟大事业推向前进》

国务院总理温家宝与安提瓜和巴布达总理鲍德温·斯潘塞互致贺电庆祝两国建交25周年

国家税务总局公布2007年全国税收工作统计数字

据国家税务总局公布数字显示，2007年，全国税收收入完成49442.73亿元，比上年增长31.4%。财政部预计全年财政收入将超过5.1万亿元，比上年增长31%左右。

国务院发出《关于2007年度国家科学技术奖励的决定》

各省、自治区、直辖市人民政府，国务院各部委、各直属机构：

为认真学习贯彻党的十七大精神，深入贯彻落实科学发展观，大力实施科教兴国战略、人才强国战略，提高自主创新能力，建设创新型国家，国务院决定，对为发展我国科技事业、促进经济社会发展、推进国防现代化建设作出突出贡献的科学技术人员和组织给予奖励。

根据《国家科学技术奖励条例》的规定，经国家科学技术奖励评审委员会评审、国家科学技术奖励委员会审定和科技部审核，国务院批准并报请国家主席胡锦涛签署，授予闵恩泽院士、吴征镒院士2007年度国家最高科学技术奖；国务院批准，授予"热河脊椎动物群的研究"等39项成果国家自然科学奖二等奖，授予"卫星新型姿控储能两用飞轮技术"1项成果国家技术发明奖一等奖，授予"王码五笔字型"等50项成果国家技术发明奖二等奖，授予"9409工程"1项成果国家科学技术进步奖特等奖，授予"长江口深水航道治理工程成套技术"等19项成果国家科学技术进步奖一等奖，授予"海水循环冷却技术研究与工程示范"等235项成果国家科学技术进步奖二等奖，授予英国地球物理学专家李向阳、美国材料科学与工程专家刘锦川、俄罗斯地学专家尼·列·多布列佐夫、德国生物学专家彼得·格鲁斯和国际水稻研究所中华人民共和国国际科学技术合作奖。

全国科学技术工作者要向闵恩泽、吴征镒两位院士及全体获奖者学习，继续发扬团结协作、顽强拼搏、求真务实、勇于创新的精神，坚持走中国特色自主创新道路，认真落实《国家中长期科学和技术发展规划纲要(2006—2020年)》，加快创新型国家建设，为推动经济社会又好又快发展，夺取全面建设小康社会新胜利作出更大的贡献。

国务院

2008年1月1日

全国水生生物资源养护获历史性突破

据《人民日报》报道,2007年我国水生生物资源养护取得历史性突破,渔业资源和珍稀濒危物种增殖放流均创历年之最。

据统计,2007年全国向各类天然水域投放各种鱼、虾、贝类等经济鱼类苗种194.6亿尾(粒),投入资金2.64亿元。增殖放流投入产出效果极为显著。与此同时,在各类天然水域放流国家一级、二级重点保护水生野生动物中华鲟、胭脂鱼等440万尾(头),拯救濒危物种,保护生物多样性,维护生态平衡,取得了显著的生态和社会效益。

我国还发布了第一批40个国家级水产种质资源保护区。这是近十年来农业部第一次大规模对外公布国家级水产种质资源保护区名单,基本覆盖了我国渤海、黄海、东海和南海的海湾、河口等生态类型,以及珠江、长江、黄河、黑龙江等水系的河流、湖泊、湿地等生态系统,有效保护大黄鱼、海参、鲍鱼、对虾等300多种国家重点保护经济水生动植物和地方珍稀特有水生物种。

1月2日

最高人民法院 最高人民检察院 公安部 中国证监会联合发出《关于整治非法证券活动有关问题的通知》

各省、自治区、直辖市高级人民法院、人民检察院、公安厅(局),解放军军事法院、军事检察院,新疆维吾尔自治区高级人民法院生产建设兵团分院,新疆生产建设兵团人民检察院、公安局,中国证监会各省、自治区、直辖市、计划单列市监管局:

国务院办公厅《关于严厉打击非法发行股票和非法经营证券业务有关问题的通知》(国办发〔2006〕99号,以下简称国办发99号文)和国务院《关于同意建立整治非法证券活动协调小组工作制度的批复》(国函〔2007〕14号)下发后,整治非法证券活动协调小组(以下简称协调小组)各成员单位和地方人民政府高度重视,周密部署,重点查处了一批大案要案,初步遏制了非法证券活动的蔓延势头,各类非法证券活动新发量明显减少,打击非法证券活动工作取得了明显成效,相当一部分案件已进入司法程序。但在案件办理过程中,相关单位也遇到了一些分工协作、政策法律界限不够明确等问题。为此,协调小组专门召开会议对这些问题进行了研究。根据协调小组会议精神,现就打击非法证券活动工作中的有关问题通知如下:

一、统一思想,高度重视非法证券类案件办理工作

非法证券活动是一种典型的涉众型的违法犯罪活动,严重干扰正常的经济金融秩序,破坏社会和谐与稳定。从近期办理的一些案件看,非法证券活动具有以下特征:一是按照最高人民检察院、公安部《关于经济犯罪案件追诉标准的规定》(公发〔2001〕11号),绝大多数非法证券活动都涉嫌犯罪。二是花样不断翻新,隐蔽性强,欺骗性大,仿效性高。三是案件涉及地域广,涉案金额大,涉及人员多,同时资产易被转移,证据易被销毁,人员易潜逃,案件办理难度大。四是不少案件涉及境外资本市场,办理该类案件政策性强,专业水平要求高。五是投资者多为离退休人员、下岗职工等困难群众,承受能力差,极易引发群体事件。各有关部门要进一步统一思想,高度重视,充分认识此类违法犯罪活动的严重性、危害性,增强政治责任感,密切分工协作,提高工作效率,及时查处一批大案要案,维护法律、法规权威,维护社会公平正义,维护投资者的合法权益。

二、明确法律政策界限,依法打击非法证券活动

(一)关于公司及其股东向社会公众擅自转让股票行为的性质认定。《证券法》第十条第三款规定:“非公开发行证券,不得采用广告、公开劝诱和变相公开方式。”国办发99号文规定:“严禁任何公司股东自行或委托他人以公开方式向社会公众转让股票。向特定对象转让股票,未依法报经证监会核准的,转让后,公司股东累计不得超过200人。”公司、公司股东违反上述规定,擅自向社会公众转让股票,应当追究其擅自发行股票的责任。公司与其股东合谋,实施上述行为的,公司与其股东共同承担责任。

(二)关于擅自发行证券的责任追究。未经依法核准,擅自发行证券,涉嫌犯罪的,依照《刑法》第一百七十九条之规定,以擅自发行股票、公司、企业债券罪追究刑事责任。未经依法核准,以发行证券为幌子,实施非法证券活动,涉嫌犯罪的,依照《刑法》第一百七十六条、第一百九十二条等规定,以非法吸收公众存款罪、集资诈骗罪等罪名追究刑事责任。未构成犯罪的,依照《证券法》和有关法律的规定给予行政处罚。

(三)关于非法经营证券业务的责任追究。任何单位和个人经营证券业务,必须经证监会批准。未经批准的,属于非法经营证券业务,应予以取缔;涉嫌犯罪的,依照《刑法》第二百二十五条之规定,以非法经营罪追究刑事责任。对于中介机构非法代理买卖非上市公司股票,涉嫌犯罪的,应当依照《刑法》第二百二十五条之规定,以非法经营罪追究刑事责任;所代理的非上市公司涉嫌擅自发行股票,构成犯罪的,应当依照《刑法》第一百七十九条之规定,以擅自发行股票罪追究刑事责任。非上市公司和中介机构共谋擅

自发行股票,构成犯罪的,以擅自发行股票罪的共犯论处。未构成犯罪的,依照《证券法》和有关法律的规定给予行政处罚。

(四)关于非法证券活动性质的认定。非法证券活动是否涉嫌犯罪,由公安机关、司法机关认定。公安机关、司法机关认为需要有关行政主管机关进行性质认定的,行政主管机关应当出具认定意见。对因案情复杂、意见分歧,需要进行协调的,协调小组应当根据办案部门的要求,组织有关单位进行研究解决。

(五)关于修订后的《证券法》与修订前的《证券法》中针对擅自发行股票和非法经营证券业务规定的衔接。修订后的《证券法》与修订前的《证券法》针对擅自发行股票和非法经营证券业务的规定是一致的,是相互衔接的,因此在修订后的《证券法》实施之前发生的擅自发行股票和非法经营证券业务行为,也应予以追究。

(六)关于非法证券活动受害人的救济途径。根据1998年3月25日《国务院办公厅转发证监会关于清理整顿场外非法股票交易方案的通知》(国办发〔1998〕10号)的规定,最高人民法院于1998年12月4日发布了《关于中止审理、中止执行涉及场外非法股票交易经济纠纷案件的通知》(法〔1998〕145号),目的是为配合国家当时解决STAQ、NET交易系统发生的问题,而非针对目前非法证券活动所产生的纠纷。如果非法证券活动构成犯罪,被害人应当通过公安、司法机关刑事追赃程序追偿;如果非法证券活动仅是一般违法行为而没有构成犯罪,当事人符合民事诉讼法规定的起诉条件的,可以通过民事诉讼程序请求赔偿。

三、加强协作配合,提高办案效率

涉嫌犯罪的非法证券类案件从调查取证到审理终结,主要涉及证监、公安、检察、法院四个部门。从工作实践看,大部分地区的上述四个部门能够做到既有分工,也有协作,案件办理进展顺利,但也有部分地区的一些案件久拖不决,有的甚至出现“踢皮球”的现象,案件办理周期过长。究其原因,有的是工作不扎实,有的是认识上存在差距,有的是协调沟通不畅。协调小组工作会议高度重视存在的问题,并对各相关部门的工作分工及协调配合做了总体部署。

证监系统要督促、协调、指导各地落实已出台的贯彻国办发99号文实施意见,将打击非法证券活动长效机制落到实处;根据司法机关需要,对非法证券类案件及时出具性质认定意见;创新办案模式,在当地政府的领导下,密切与其他行政执法机关的联合执法,提高快速反应能力;根据工作需要,可组织当地公、检、法等部门相关人员进行业务培训或案情会商;加强对境外资本市场的跟踪研究。

公安机关对涉嫌犯罪的非法证券类案件要及时进行立案侦查,并做好与证监、工商等部门的工作衔接;上级公安机关要加强案件的协调、指导、督办工作,提高办案效率;密切与检察院、法院的协调配合,及时交流信息,通报情况,加大对大要案的侦办力度。

检察机关要及时做好此类案件的批捕、起诉和诉讼监督工作;加强与相关部门的沟通联系,及时处理需要协调的事项。

人民法院要加强与相关部门的沟通协调,及时受理、审理各类涉及非法证券活动的民事、刑事案件,对性质恶劣、社会危害大的案件依法予以严惩。

各相关部门在办理非法证券类案件过程中遇到重大问题的,可提请协调小组协助解决。

最高人民法院

最高人民检察院

公安部

中国证券监督管理委员会

2008年1月2日

中共中央政治局常委李长春在人民大会堂会见柬埔寨 老挝 缅甸 泰国 越南五国传媒高层人士

他们是来华出席大型电视纪录片《同饮一江水》开播仪式的柬埔寨国家电视台台长肯·谷那瓦德、老挝国家电视台台长邦充·翁皮特、缅甸广播电视局国际台台长吴温基、泰国大众传媒集团总裁瓦桑·派利克利和越南电视台副台长陈平明。

李长春积极评价中国与五国的传统友好关系,他说,澜沧江—湄公河流域的悠久历史、灿烂文化和巨大发展潜力构成六国间加强交流与合作的坚实基础。1992年启动的大湄公河次区域合作机制推动六国在各领域的互利合作得到了新的长足发展。李长春指出,由中国中央电视台发起,与东南亚五国国家电视台合作拍摄的大型电视纪录片《同饮一江水》,充分展示大湄公河次区域国家的经济、社会、文化发展现状,为进一步深化互利合作营造良好的舆论环境,是我们在文化交流方面的一次成功实践。李长春对多年来五国电视台与中国中央电视台在节目制作、传输、交换以及中国中央电视台节目落地等方面的良好合作表示赞赏,并勉励六国媒体继续开展广泛合作,为增进各国人民之间的了解,加深友谊,促进合作架起新的桥梁。

五国传媒高层人士一致表示,这部电视纪录片的完成,是六国电视机构多年良好合作的集中展示,也是电视传媒在文化交流中独特作用的体现。

国家广电总局局长王太华、中央电视台台长赵化勇等参加了会见。

1月3日

国务院发出《关于促进节约集约用地的通知》

各省、自治区、直辖市人民政府，国务院各部委、各直属机构：

我国人多地少，耕地资源稀缺，当前又正处于工业化、城镇化快速发展时期，建设用地供需矛盾十分突出。切实保护耕地，大力促进节约集约用地，走出一条建设占地少、利用效率高的符合我国国情的土地利用新路子，是关系民族生存根基和国家长远利益的大计，是全面贯彻落实科学发展观的具体要求，是我国必须长期坚持的一条根本方针。现就有关问题通知如下：

一、按照节约集约用地原则，审查调整各类相关规划和用地标准

(一)强化土地利用总体规划的整体控制作用。各类与土地利用相关的规划要与土地利用总体规划相衔接，所确定的建设用地规模必须符合土地利用总体规划的安排，年度用地安排也必须控制在土地利用年度计划之内。不符合土地利用总体规划和年度计划安排的，必须及时调整和修改，核减用地规模。

(二)切实加强重大基础设施和基础产业的科学规划。要按照合理布局、经济可行、控制时序的原则，统筹协调各类交通、能源、水利等基础设施和基础产业建设规划，避免盲目投资、过度超前和低水平重复建设浪费土地资源。

(三)从严控制城市用地规模。城市规划要按照循序渐进、节约土地、集约发展、合理布局的原则，科学确定城市定位、功能目标和发展规模，增强城市综合承载能力。要按照节约集约用地的要求，加快城市规划相关技术标准的制定和修订。尽快出台新修订的人均用地、用地结构等城市规划控制标准，合理确定各项建设建筑密度、容积率、绿地率，严格按国家标准进行各项市政基础设施和生态绿化建设。严禁规划建设脱离实际需要的宽马路、大广场和绿化带。

(四)严格土地使用标准。要健全各类建设用地标准体系，抓紧编制公共设施和公益事业建设用地标准。要按照节约集约用地的原则，在满足功能和安全要求的前提下，重新审改现有各类工程项目建设用地标准。凡与土地使用标准不一致的建设标准和设计规范，要及时修订。要采取先进节地技术、降低路基高度、提高桥隧比例等措施，降低公路、铁路等基础设施工程用地和取弃土用地标准。建设项目设计、施工和建设用地审批必须严格执行用地标准，对超标准用地的，要核减用地面积。今后，各地区、各部门不得开展涉及用地标准并有悖于节约集约用地原则的达标评比活动，已经部署开展的相关活动要坚决停下来。

二、充分利用现有建设用地，大力提高建设用地利用效率

(五)开展建设用地普查评价。各地要在第二次土地调查的基础上，认真组织开展建设用地普查评价，对现有建设用地的开发利用和投入产出情况作出评估，并按照法律、法规和政策规定，处理好建设用地开发利用中存在的问题。今后各项建设要优先开发利用空闲、废弃、闲置和低效利用的土地，努力提高建设用地利用效率。

(六)严格执行闲置土地处置政策。土地闲置满两年、依法应当无偿收回的，坚决无偿收回，重新安排使用；不符合法定收回条件的，也应采取改变用途、等价置换、安排临时使用、纳入政府储备等途径及时处置、充分利用。土地闲置满一年不满两年的，按出让或划拨土地价款的20%征收土地闲置费。对闲置土地特别是闲置房地产用地要征缴增值地价，国土资源部要会同有关部门抓紧研究制订具体办法。2008年6月底前，各省、自治区、直辖市人民政府要将闲置土地清理处置情况向国务院作出专题报告。

(七)积极引导使用未利用地和废弃地。国土资源部门要对适宜开发的未利用地作出规划，引导和鼓励将适宜建设的未利用地开发成建设用地。积极复垦利用废弃地，对因单位撤销、迁移等原因停止使用，以及经核准报废的公路、铁路、机场、矿场等使用的原划拨土地，应依法及时收回，重新安排使用；除可以继续划拨使用的以外，经依法批准由原土地使用者自行开发的，按市场价补缴土地价款。今后，要严格落实被损毁土地的复垦责任，在批准建设用地或发放采矿权许可证时，责任单位应依法及时足额缴纳土地复垦费。

(八)鼓励开发利用地上地下空间。对现有工业用地，在符合规划、不改变用途的前提下，提高土地利用率和增加容积率的，不再增收土地价款；对新增工业用地，要进一步提高工业用地控制指标，厂房建筑面积高于容积率控制指标的部分，不再增收土地价款。财政、税务部门要严格落实和完善鼓励节约集约用地的税收政策。国土资源部要会同有关部门，依照《中华人民共和国物权法》的有关规定，抓紧研究制订土地空间权利设定和登记的具体办法。

(九)鼓励开发区提高土地利用效率。国土资源部要研究建立土地利用状况、用地效益和土地管理绩效等评价指标体系，加快开发区土地节约集约利用评估工作。凡土地利用评估达到要求并通过国家审核公告的开发区，确需扩区的，可以申请整合依法依规设立的开发区，或者利用符合规划的现有建设用地扩区。对符合"布局集中、产业集聚、用地集约"要求的国家级

开发区,优先安排建设用地指标。

三、充分发挥市场配置土地资源基础性作用,健全节约集约用地长效机制

(十)深入推进土地有偿使用制度改革。国土资源部要严格限定划拨用地范围,及时调整划拨用地目录。今后除军事、社会保障性住房和特殊用地等可以继续以划拨方式取得土地外,对国家机关办公和交通、能源、水利等基础设施(产业)、城市基础设施以及各类社会事业用地要积极探索实行有偿使用,对其中的经营性用地先行实行有偿使用。其他建设用地应严格实行市场配置,有偿使用。要加强建设用地税收征管,抓紧研究各类建设用地的财税政策。

(十一)完善建设用地储备制度。储备建设用地必须符合规划、计划,并将现有未利用的建设用地优先纳入储备。储备土地出让前,应当处理好土地的产权、安置补偿等法律经济关系,完成必要的前期开发,缩短开发周期,防止形成新的闲置土地。土地前期开发要引入市场机制,按照有关规定,通过公开招标方式选择实施单位。经过前期开发的土地,依法由市、县人民政府国土资源部门统一组织出让。

(十二)合理确定出让土地的宗地规模。土地出让前要制订控制性详细规划和土地供应方案,明确容积率、绿地率和建筑密度等规划条件。规划条件一经确定,不得擅自调整。合理确定出让土地的宗地规模,督促及时开发利用,形成有效供给,确保节约集约利用每宗土地。未按合同约定缴清全部土地价款的,不得发放土地证书,也不得按土地价款缴纳比例分割发放土地证书。

(十三)严格落实工业和经营性用地招标拍卖挂牌出让制度。工业用地和商业、旅游、娱乐、商品住宅等经营性用地(包括配套的办公、科研、培训等用地),以及同一宗土地有两个以上意向用地者的,都必须实行招标拍卖挂牌等方式公开出让。国土资源部门要会同发展改革、城市规划、建设、水利、环保等部门制订工业用地招标拍卖挂牌出让计划,拟定出让地块的产业类型、项目建议、规划条件、环保要求等内容,作为工业用地出让的前置条件。工业和经营性用地出让必须以招标拍卖挂牌方式确定土地使用者和土地价格。严禁用地者与农村集体经济组织或个人签订协议圈占土地,通过补办用地手续规避招标拍卖挂牌出让。

(十四)强化用地合同管理。土地出让合同和划拨决定书要严格约定建设项目投资额、开竣工时间、规划条件、价款、违约责任等内容。对非经营性用地改变为经营性用地的,应当约定或明确政府可以收回土地使用权,重新依法出让。

(十五)优化住宅用地结构。合理安排住宅用地,继续停止别墅类房地产开发项目的土地供应。供应住宅用地要将最低容积率限制、单位土地面积的住房建设套数和住宅建设套型等规划条件写入土地出让合同或划拨决定书,确保不低于70%的住宅用地用于廉租房、经济适用房、限价房和90平方米以下中小套型普通商品房的建设,防止大套型商品房多占土地。

四、强化农村土地管理,稳步推进农村集体建设用地节约集约利用

(十六)高度重视农村集体建设用地的规划管理。要按照统筹城乡发展、节约集约用地的原则,指导、督促编制好乡(镇)土地利用总体规划和镇规划、乡规划、村庄规划,划定村镇发展和撤并复垦范围。利用农民集体所有土地进行非农建设,必须符合规划,纳入年度计划,并依法审批。严格禁止擅自将农用地转为建设用地,严格禁止"以租代征"将农用地转为非农业用地。

(十七)鼓励提高农村建设用地的利用效率。要在坚持尊重农民意愿、保障农民权益的原则下,依法盘活利用农村集体建设用地。按规划稳妥开展农村集体建设用地整理,改善农民生产生活条件。农民住宅建设要符合镇规划、乡规划和村庄规划,住宅建设用地要先行安排利用村内空闲地、闲置宅基地。对村民自愿腾退宅基地或符合宅基地申请条件购买空闲住宅的,当地政府可给予奖励或补助。

(十八)严格执行农村一户一宅政策。各地要结合本地实际完善人均住宅面积等相关标准,控制农民超用地标准建房,逐步清理历史遗留的一户多宅问题,坚决防止产生超面积占用宅基地和新的一户多宅现象。

五、加强监督检查,全面落实节约集约用地责任

(十九)建立、健全土地市场动态监测制度。要对土地出让合同、划拨决定书的执行实施全程监管,及时向社会公开供地计划、结果及实际开发利用情况等动态信息。国土资源部门要对土地供应和开发利用情况进行定期评价分析,研究完善加强土地调控、促进节约集约用地的政策措施。

(二十)完善建设项目竣工验收制度。要将建设项目依法用地和履行土地出让合同、划拨决定书的情况,作为建设项目竣工验收的一项内容。没有国土资源部门的检查核验意见,或者检查核验不合格的,不得通过竣工验收。

(二十一)加强各类土地变化状况的监测。运用遥感等现代技术手段,做好年度土地变更调查,建立土地利用现状数据库,全面掌握各类土地变化状况。国家每年选择若干个省级行政区,进行全行政区域的土地利用状况监测。重点监测各地新增建设用地、耕地减少和违法用地等情况,监测结果要向社会公开。

(二十二)加强对节约集约用地工作的监管。国土资源部要会同监察部等有关部门持续开展用地情况的执法检查,重点查处严重破坏、浪费、闲置土地资源的违法违规案件,依法依纪追究有关人员的责任。要将企业违法用地、闲置土地等信息纳入有关部门信用信息基础数据库。金融机构对房地产项目超过土地出让合同约定的动工开发日期满一年,完成土地开发面积不足1/3或投资不足1/4的企业,应审慎贷款和核准融资,从严控制展期贷款或滚动授信;对违法用地项目不得提供贷款和上市融资,违规提供贷款和核准融资的,要追究相关责任人的责任。

(二十三)建立节约集约用地考核制度。制定单位GDP和固定资产投资规模增长的新增建设用地消耗考核办法。实行上一级人民政府对下一级人民政府分级考核,考核结果由国土资源部门定期公布,作为下达土地利用年度计划的依据。

各地区、各部门要充分认识节约集约用地的重要性和紧迫性,增强节约集约用地的责任感,切实转变用地观念,转变经济发展方式,调整优化经济结构,将节约集约用地的要求落实在政府决策中,落实到各项建设中,科学规划用地,着力内涵挖潜,以节约集约用地的实际行动全面落实科学发展观,实现经济社会的可持续发展。

国务院

2008年1月3日

全国质量监督检验检疫工作会议在北京召开

国务院副总理吴仪出席会议并指出,要实现国民经济又好又快发展,就必须转变发展观念,创新发展模式,提高发展质量。这对质检部门提出了更新更高的要求,也指明了努力方向。她对做好当前及今后一个时期的质检工作提出了五个方面的要求:

一是加强产品质量全过程监管。要进一步建立、健全市场准入制度,建立和完善缺陷产品召回制度和预警通报制度,加快运用信息化手段加强监管。要建立、健全工业品和食品全过程监管链条,抓好企业质量安全责任落实。要掌握企业生产经营状况,把与质量有关的所有企业、所有产品都纳入监管范围,消灭监管盲区。

二是加强食品和有关消费品质量安全工作。要认真总结专项整治成功经验,坚持不懈地突出抓好重点产品、重点区域、重点企业,打好食品安全持久战,切实加强对食品生产加工企业的源头监管。特别是要确保北京奥运会期间的食品安全、消费品安全和特种设备安全。

三是加强标准化工作。尽快解决我国标准老化、标准滞后特别是总体水平偏低的问题,加快建立、健全科学统一权威的国家标准体系,提高采用国际标准的比例。凡生产涉及人体健康和人身财产安全的产品,必须严格执行国家强制性标准。要通过标准化、认证认可、计量等手段,促进资源节约型、环境友好型社会建设。

四是加强进出口商品把关。要认真落实"所有出口商品都纳入监管范围,所有出口商品都要按照进口国的标准和要求组织生产,所有关系人身健康安全的出口产品的设计都要进行再审查"的要求。完善通关单联网核查制度,加强对非法检商品的监管,严厉打击逃漏检行为。对进口商品要加大检验力度,严格申报制度,严防问题商品流入中国市场。

五是加强对外交流与合作。抓紧建立并扩大政府间互相认可、互相衔接的质量安全控制体系;加强与有关国家的谈判磋商,积极签订加强合作和互认协议,进一步完善产品质量和食品安全信息的通报、交流的渠道与机制。

会上,吴仪还为受表彰的全国质量监督检验检疫工作先进单位和先进个人颁奖。质检总局局长李长江主持会议并作工作报告。中央和国务院有关部门负责同志,全国质检系统参加会议的代表等共约500人参加了会议。

国务院副总理曾培炎在北京考察国家核电技术公司

在听取国家核电技术公司负责人的工作汇报后曾培炎说,组建国家核电技术公司是党中央、国务院的战略决策,也是完善核电建设体制、推进核电自主化建设的重要措施。公司自成立以来,在较短的时间内,组织完成了第三代先进核电技术引进的合同谈判,启动了自主化依托项目工程,各项业务工作有序开展,为引进消化吸收再创新打下了良好基础。

曾培炎强调,国家核电技术公司要认真履行国家赋予的职责,牵头组织好、协调好各方面力量,按计划实施自主化依托项目工程建设,确保首批4台核电机组按期建成投运。抓紧启动大型先进压水堆重大科技专项,加强关键设备的技术攻关和研发,建立、健全我国核电产业的科技创新体系。要始终坚持"安全第一,质量第一"的核电建设方针。从研发、设计、制造、建造、运行等各个环节狠抓质量和安全管理,确保核电站质量可靠、运行安全。他要求,国务院有关部门、各项目业主单位和股东单位要加大对国家核电技术公司的支持力度,共同推进核电自主化建设。

曾培炎还来到国家核电技术公司的专家、职工和工程技术人员中间,向他们表示慰问和感谢,并与他们亲切交谈。

全国应急管理专家组座谈会在北京举行

国务委员兼国务院秘书长华建敏出席会议，认真听取了专家们的意见和建议，强调要全面贯彻落实党的十七大和中央经济工作会议精神，准确把握当前的形势和任务，充分发挥各级专家队伍作用，进一步深入推进应急管理工作。

华建敏指出，党的十六大以来，我国应急管理工作取得重大进展。以“一案三制”为核心内容的应急管理体系基本形成，应急管理综合能力大幅提升，突发事件应对工作成效显著，切实保障了人民群众生命财产安全，维护了社会稳定大局，促进了经济社会又好又快发展。几年来全面加强应急管理工作的一个显著特点和一条重要经验，就是坚持依靠科技，充分发挥专家队伍在知识传承、经验总结、理论研究、技术创新等方面的重要作用。应急管理专家组成立一年来，专家们发挥各自专长和优势，积极参与各项工作，为推进应急管理体系建设、妥善应对重大突发事件，作出了新的贡献。

华建敏强调，要清醒认识我国面临的公共安全形势，清醒认识应急管理工作存在的薄弱环节，居安思危、未雨绸缪，统筹安排、协调推进各项工作。要继续深化应急管理“一案三制”建设，全面实施应急体系建设规划，抓紧建立重大突发事件风险评估和隐患排查体系，扎实抓好应急预案演练工作，大力构建国家应急物资保障系统，广泛开展应急管理进社区、进农村、进基层单位活动。

华建敏要求，各地各部门要按照突发事件应对法和国家总体应急预案的要求，结合实际进一步发挥专家队伍在突发事件处置决策中的技术支撑作用，在应急管理理论研究和科技攻关中的中坚作用，在培训干部、培养人才、宣传教育中的骨干作用。要加强应急管理专家队伍建设，健全组织形式和工作机制，为专家有序、有效参与应急管理体系建设和突发事件应对工作，创造更好的条件。各级专家队伍要发扬严谨、求实、创新的精神，深入实际调查研究，汇聚优势、集中力量研究解决重点、难点问题，为应急管理事业新发展再立新功、再创佳绩。

应急管理专家组成员、国务院有关部门负责人共60人出席了座谈会。

香港特区第十一届全国人大代表选举会议主席团第一次会议推选曾荫权为常务主席

第二十九届奥运会组委会第五次扩大会议在北京召开

中共中央政治局委员、北京市市委书记、北京奥组委主席刘淇在会上作2007年奥运筹办工作报告并部署了2008年筹办重点工作，他强调，要深入贯彻落实中央关于北京奥运会筹办工作的指示精神，按照党的十七大提出的要求，以最大的热情，尽最大的努力，全面实现举办“有特色、高水平”奥运会和残奥会的目标。国务委员唐家璇，国务委员、北京奥组委第一副主席陈至立出席会议。

刘淇在讲话中指出，2007年是筹办奥运的决战之年，这一年筹办奥运的主要进展集中表现在三个方面。一是重点工作进展迅速，如期实现年度目标。奥运场馆和设施建设快速推进，总体完成建设任务；开闭幕式制作排练工作全面展开；火炬接力的筹备工作基本就绪；成功举办了各项重大活动，进一步密切了国际交流和合作；志愿者招募、培训工作深入推进；奥运会竞赛组织工作进展顺利，残奥会筹办工作同步进行。二是顺利完成年度“好运北京”全部赛事组织工作，达到了检验工作，提高水平的目的。三是大力推进城市运行工作，为成功举办奥运会创造了更加良好的条件。

刘淇指出，2008年是中国和世界的奥运之年，是奋力夺取筹办奥运最后胜利的决胜之年。2008年筹办工作的重点任务有九个方面：全面做好奥运会赛事运行组织工作；精心组织开闭幕式等重大仪式及文化活动；加强对外联络，做好各类客户群服务工作；加强奥运宣传，完善媒体服务，营造良好的国内外舆论环境；全面落实各项奥运安保措施，确保实现“平安奥运”目标；全面完善城市运行工作，深入开展“迎奥运、讲文明、树新风”活动；同步推进残奥会各项工作，成功举办残奥会；大力加强筹办队伍建设，强化奥运培训，为成功举办奥运会提供过硬的组织保障；贯彻节俭、廉洁办奥运方针，确保各项工作阳光、透明。

会议听取了北京奥运会火炬接力、新闻宣传、安全保卫以及外事等相关工作报告。北京奥组委委员，北京奥运会各领导小组、协调小组、协调委员会负责人，国家体育总局、中国残疾人联合会、各省区市负责人，京外赛区、北京市相关部门和各区县负责人，北京奥组委各部门、各场馆团队负责人400余人参加会议。

1月4日

全国双拥模范城(县)命名暨双拥模范单位和个人表彰大会在人民大会堂举行

中共中央政治局常委、国务院总理温家宝出席大会并作重要讲话。

会上宣读了关于命名355个市(区)县为全国双拥模范城(县)的决定，以及关于表彰爱国拥军模范单位、拥政爱民模范单位的决定和关于表彰爱国拥军模范、拥政爱民模范的决定。

表彰大会上，江苏省泰州市委书记朱龙生、兰州军区工程兵给水工程团团长王进良分别代表全国双拥模范城(县)、双拥模范单位和个人发言。

回良玉、刘云山、李源潮、顾秀莲、罗豪才，以及中央军委委员李继耐等出席表彰大会并参加会见。

全国双拥工作领导小组成员，解放军四总部、各大单位和武警部队有关负责同志，各省、自治区、直辖市和新疆生产建设兵团双拥工作领导小组负责同志，全国双拥模范城(县)代表、双拥模范单位和个人代表以及首都军民3000多人参加了大会。

国务院总理温家宝在全国双拥模范城(县)命名暨双拥模范单位和个人表彰大会上发表讲话

同志们：

今天，在这里隆重召开双拥模范城(县)命名暨双拥模范单位和个人表彰大会。这是一次双拥工作的群英盛会，也是认真贯彻党的十七大精神、进一步做好双拥工作的动员大会。我代表党中央、国务院、中央军委，向被命名表彰的全国双拥模范城(县)、双拥模范单位和个人，表示热烈祝贺！向为保卫祖国、建设祖国作出巨大贡献的人民解放军和武警部队全体官兵、烈军属、革命伤残军人、转业复员退伍军人和军队离退休干部，表示亲切慰问！向关心支持国防和军队建设的各级党委、政府和各族人民群众，表示衷心感谢！

拥军优属、拥政爱民是我党我军我国人民的光荣传统和特有的政治优势，加强军政军民团结是我们党在革命战争年代形成并长期坚持的一贯思想。以毛泽东、邓小平、江泽民为核心的三代中央领导集体，都高度重视双拥工作。党的十六大以来，在以胡锦涛同志为总书记的党中央领导下，双拥工作在继承优良传统的基础上不断改革创新。广大军民在推进改革开放和现代化建设进程中，在维护国家主权、安全和统一的斗争中，在应对各种严重自然灾害的挑战中，同心协力，众志成城，创造了新业绩，夺取了新胜利，谱写了新篇章。历史和现实充分说明，双拥工作是一项带有全局性、战略性的工作，"军民团结如一人，试看天下谁能敌"永远是颠扑不破的真理。

党的十七大对做好双拥工作、加强军政军民团结提出了新的更高要求。我们要站在国家长治久安、民族兴旺发达、人民幸福安康的高度，充分认识加强军政军民团结的极端重要性，坚持不懈地做好双拥工作，为推进经济社会发展和军队现代化建设提供有力保障。

第一，始终用中国特色社会主义伟大旗帜凝聚军心民心。中国特色社会主义伟大旗帜，是当代中国发展进步的旗帜，也是凝聚亿万军民团结奋斗的共同政治基础。做好新形势下的双拥工作，必须以中国特色社会主义理论为指导，进一步增强服从服务大局的自觉性，加强军地之间的理解和支持，巩固军政军民团结。坚持把科学发展观落实到双拥实践中，形成"围绕发展抓双拥、抓好双拥促发展"的工作格局。进一步激发广大军民建设祖国、保卫祖国的政治热情，更加自觉地投身于中国特色社会主义伟大事业。

第二，紧紧围绕维护国家安全和发展加强军地团结协作。安全和发展，是国家和民族的根本利益所在。地方各级党委、政府要把关心支持国防和军队建设作为义不容辞的责任，积极配合军队搞好调整改革、教育训练、战备执勤、科研试验等任务，支持重点军事工程建设，推进经济、科技、教育、人才等领域的军民融合，为国防和军队现代化建设提供有力支撑。军队要更好地履行维护国家安全、保障人民安居乐业的职责，积极参加和支援国家建设，深入开展军民共建活动，在抢险救灾等急难险重任务中发挥重要作用，为全面建设小康社会作出新的贡献。

第三，切实把以人为本落实到双拥工作的具体实践中。双拥工作与广大军民的切身利益息息相关。要把广大军民欢迎不欢迎、满意不满意、拥护不拥护，作为衡量和检验双拥工作成效的根本标准。要立足实现和维护广大军民的根本利益开展双拥工作，使双拥成果为广大军民共享。各级党委、政府要进一步做好拥军优属工作，调整完善军队转业干部、离退休干部和退役士兵安置政策并抓好落实，妥善解决随军家属就业、军人子女入学等现实问题，解除军人后顾之忧。全军和武警部队要牢固树立人民利益至上的思想，深入开展拥政爱民活动，模范遵守国家法律、法规和群众纪律，切实维护人民群众利益。

第四，坚持以改革创新精神和求真务实作风推进双拥工作。做好双拥工作必须解放思想，更新观念，在探索富有时代特色的活动方式上有新进展，在解决重点、难点问题上有新突破，在完善政策制度上有新举措。通过多种形式组织社会各界积极参与双拥工作，建立完善军地联席会议等协调和工作机制，综合运用行政、经济、法律等手段解决遇到的矛盾和问题。要发扬求真务实作风，开展创建双拥模范城(县)和基层军民共建活动，落实拥军优抚安置政策和完善国防动员体系，都要注重实际，务求实效。

第五，广泛开展以爱国主义为核心的国防和双拥宣传教育。大力弘扬人民群众爱国拥军、情系国防和人民军队听党指挥、服务人民、英勇善战的优良传统。各级党委、政府要广泛宣传人民军队维护国家安全和稳定、保卫人民和平劳动的光辉业绩，使广大人民群众牢固树立"没有一个人民的军队，便没有人民的一切"

的思想。军队要深入进行“爱人民、学人民、为人民”的教育,使广大官兵牢固树立“来自于人民、服务于人民”的思想,使人民军队和人民群众永远保持血肉相连、水乳交融的亲密联系。

这次会议表彰了一批全国双拥模范城(县)、双拥模范单位和个人,他们在双拥工作中作出了优异成绩。各行各业都应该向他们学习,在全社会进一步发扬拥军优属、拥政爱民的光荣传统。受到表彰的单位和个人要戒骄戒躁、再接再厉,在双拥工作中再立新功!

各级党委、政府和部队领导机关,要切实把双拥工作摆上重要议事日程,切实加强对基层双拥工作的指导,努力把双拥工作提高到一个新水平。

让我们在以胡锦涛同志为总书记的党中央领导下,高举中国特色社会主义伟大旗帜,坚持以邓小平理论和“三个代表”重要思想为指导,深入贯彻落实科学发展观,不断巩固和发展军政军民团结,为夺取全面建设小康社会新胜利而努力奋斗!

全国政协主席贾庆林在北京调研

1月4日至7日,贾庆林在北京调研时强调,要全面贯彻党的十七大精神,深入贯彻落实科学发展观,进一步做好统一战线和人民政协工作,为办好2008年北京奥运会、残奥会,推动科学发展,开创首都经济社会发展新局面贡献智慧和力量。

贾庆林在北京市市委书记刘淇和代市长郭金龙等陪同下,来到房山、大兴、密云、顺义、通州和东城等区县,就贯彻落实党的十七大精神,统筹城乡发展,进行调查研究。调研期间,贾庆林听取了北京市委、市政府的工作汇报,对北京经济社会发展和奥运会筹办工作取得的成绩给予充分肯定。

贾庆林强调,党中央、国务院一直十分关心北京奥运会筹办工作。要把办好奥运会作为北京市今年工作的重中之重,进一步增强使命感和紧迫感,以最好的精神状态、最高的工作标准,确保奥运会圆满成功。要坚持创新驱动,走中国特色新型工业化道路,进一步优化产业结构,大力发展现代服务业,切实抓好节能减排工作,不断提高城市建设、管理和服务水平,真正把“绿色奥运、科技奥运、人文奥运”的理念落到实处。

统筹城乡发展,形成城乡经济社会发展一体化新格局,是贾庆林此次调研的一个重点。贾庆林指出,要加强农业基础地位,走中国特色农业现代化道路,进一步加大对农业的扶持力度、对农村的投入力度、对农民的补贴力度,为统筹城乡发展提供政策支撑。要从首都的实际出发,大力发展都市型现代农业,培育壮大一批成长性好、带动力强的农业产业化龙头企业,为统筹城乡发展提供产业支撑。要加大培训力度,努力培育有文化、懂技术、会经营的新型农民,真正让成千上万的各类人才在社会主义新农村建设中大显身手、大有作为,为统筹城乡发展提供人才支撑。

贾庆林指出,构建社会主义和谐社会,必须从解决群众最关心、最直接、最现实的利益问题做起,真抓实干,务求实效。要把社会事业放到更加重要的位置,正确发挥政府和社会的积极性,鼓励和引导社会力量加大对社会事业的投入,促进经济建设与社会事业协同共进。要优化公共资源配置,注重公共服务向基层倾斜,向农村倾斜,向困难群众倾斜,逐步形成惠及全民的公共服务体系,让人民群众享受到更多经济发展的成果。

在谈到统一战线和人民政协工作时,贾庆林强调,各级党委要从全面推进党的建设新的伟大工程、提高执政能力和领导水平的高度,进一步提高对统战和政协工作重要性的认识,切实加强对统战和政协工作的领导。北京市各级政协组织和统战部门要深入调查研究,积极建言献策,为举办一届有特色、高水平的奥运会、残奥会,建设繁荣、文明、和谐、宜居的首善之区作出新的更大的贡献。

国务院在北京召开第一次全国污染源普查电视电话会议

国务院副总理曾培炎出席并讲话。曾培炎指出,对全国污染源进行一次普查,掌握各种污染源的情况,是做好新时期环保工作的重要基础,是优化经济结构的重要依据,是建设环境友好型社会的重要举措,具有十分重要的意义。

曾培炎说,第一次污染源普查要完成五项任务:一是全面掌握各类污染源状况。认真查清全国各种污染源的数量和分布、主要污染物排放量和排放去向,建立重点污染源档案和污染源信息数据库。二是严格依法普查。依法保障普查对象合法权益及商业秘密,严肃查处各种干扰和弄虚作假行为。三是确保普查质量。坚持质量第一,强化质量控制,层层审核把关,严格检查验收。四是健全环境统计、监测和评价体系。以这次普查为契机,建立更加科学的环境统计制度,同步推进环境监测体系及检测手段建设,形成科学的环境评价体系。五是开发应用普查成果。对普查数据进行认真梳理、深入研究,提出政策建议,改进监管措施,解决突出问题,促进城乡环境质量逐步改善。

会上,国家环保总局、国家统计局、财政部负责同志介绍了普查有关工作安排,江苏省、重庆市政府负责同志介绍了当地普查准备情况。

第一次全国污染源普查于2008年年初正式启动,上半年对污染源进行全面调查,并进行数据填报、录入和审核、抽查;下半年完成普查数据分析汇总,提供主要普查数据。2009年上半年进行普查验收。同时开发利用普查成果。

江苏省第十届人大常委会第三十四次会议任命罗志军为副省长代理省长

国家质检总局在北京发布"2007中国产品质量十件大事"评选结果

评选出的"2007中国产品质量十件大事"是:

一、2007年4月23日,中共中央政治局就农业标准化和食品安全工作进行集体学习。党中央要求各级党委和政府进一步增强责任感,切实把实施农业标准化和保障食品安全作为一件大事,纳入经济社会发展总体规划,造福广大人民群众。

二、7月25日,国务院成立产品质量和食品安全领导小组,协调解决产品质量和食品安全工作中的重大问题。此举体现了我国政府解决产品质量和食品安全的坚定决心。

三、7月26日,国务院发布《国务院关于加强食品等产品安全监督管理的特别规定》。

四、7月27日,全国质量工作会议在京召开。这次会议的召开为今后一段时期内我国质量工作指明了方向、明确了任务。

五、8月17日,我国发布《中国的食品质量安全状况》白皮书。

六、8月23日,我国开展产品质量和食品安全专项整治。针对重点产品、重点单位和重点区域,做好农产品、加工食品、流通领域食品、餐饮消费、药品、猪肉、进出口产品和涉及人身健康安全产品8个方面专项整治。

七、美泰玩具召回事件。经双方联合调查表明,召回的主要原因是美泰公司的设计等问题,与中国厂商无关。美泰召回事件的成功解决维护了"中国制造"的形象、尊严。

八、8月31日,食品、玩具召回制度相继出台。

九、10月31日,国务院讨论并原则通过《食品安全法(草案)》。

十、11月26日至27日,由中国国家质检总局发起并与中国卫生部和世界卫生组织(WHO)联合主办的国际食品安全高层论坛在北京举行。

1月5日

2008年全国交通工作会议在北京召开

会议通报,截至2007年年底我国公路通车总里程达357.3万公里,其中高速公路5.36万公里。有21个省区市高速公路里程超过1000公里,其中,河南、山东两省突破4000公里;江苏、广东两省突破3000公里。

交通部部长李盛霖介绍,今年我国将新建高速公路5000公里,完成"五纵七横"国道主干线系统收尾工作,推进国家高速公路和西部开发8条省级公路通道建设。据介绍,交通部还将进行西藏扎墨公路建设,尽快结束墨脱县不通公路的历史。位于西藏自治区东南部、喜马拉雅山东段的墨脱县是目前为止中国唯一没有通公路的县。

据介绍,党的十六大以来交通工作取得瞩目成就,五年来共建成高速公路2.8万公里,超过过去15年的总和;新改建农村公路130万公里,超过过去53年的总和。去年,我国交通固定资产投资达7500亿元,全年建成高速公路近8300公里,是历史上建成里程最多的一年。全国新改建农村公路42.3万公里,使乡镇通公路率达98.54%,建制村通公路率达88.15%。

澳门特区第十一届全国人大代表选举会议主席团举行第一次会议推选何厚铧为常务主席

"子午工程"在北京举行开工仪式

国家重大科技基础设施项目东半球空间环境地基综合监测子午链(以下简称子午工程)在北京举行开工仪式。这标志着我国的空间环境研究又迈出重要一步。

据介绍,子午工程沿东经120°子午线附近,利用北起漠河,经北京、武汉,南至海南并延伸到南极中山站,以及东起上海,经武汉、成都,西至拉萨的沿北纬30°线附近现有的15个监测台站,建成一个以链为主、链网结合的大型空间环境地基监测系统。子午工程总投资1.67亿元,建设期3年,将建成空间环境监测、数据与通信、研究与预报三大系统。该工程建成后,将连续监测地球表面、20—30公里以上到几百公里的中高层大气、电离层和磁层,以及十几个地球半径以外的行星际空间环境中的地磁场、电场,中高层大气的风场、密度、温度和成分,电离层、磁层和行星际空间中的有关参数,为我国研究空间环境中灾害性天气的变化规律、预报模式和方法,建立空间环境监测和保障体系奠定基础。

第二十四届哈尔滨国际冰雪节开幕

李娜获得2008年黄金海岸女网赛冠军

张莹莹以2小时22分38秒的成绩打破第六届厦门马拉松赛赛会纪录

1月6日

第十四届国家级企业管理创新成果公布

第十四届国家级企业管理创新成果公布，149项成果揭晓。

按照审定委员会的决定，本届成果只设一等、二等两个等级。中国航空工业第一集团公司成都飞机设计研究所创造的《提高飞机自主研发能力的敏捷管理》等34项成果被审定为一等，四川九洲电器集团有限责任公司创造的《集团型企业适度集权的财务管控》等115项成果被审定为二等。这些成果涉及了当前企业改革和管理的主要方面，总体上反映了我国企业管理方面取得的最新成就，具有广泛的代表性和推广价值。同时，本届成果效益突出，2006年成果创造效益553.69亿元，成果实施以来累计效益1366.59亿元。

中日共同历史研究第三次全会在北京结束

为期两天的中日共同历史研究第三次全体会议在北京结束。中日双方共计30多名委员以及外部执笔者参加。

中日共同历史研究是中日两国政府于2006年达成的共识，定位为中日间战略互惠关系的重要环节之一。双方约定，由双方政府牵头，两国民间研究机构和学者具体负责，本着《中日联合声明》《中日和平友好条约》《中日联合宣言》的精神，通过共同研究，交换意见，以史为鉴、面向未来，对中日间历史认识问题的解决起到积极的促进作用。2006年年底举行第一次全体会议。去年3月在东京召开第二次全体会议，双方共同确定了研究题目并撰写论文。

本次会议双方分成“古代史”和“近现代史”两个小组，就已完成的论文进行了讨论。据悉，在受外界极大关注的近现代史部分，双方共确定了9个题目，由中日学者分别就此研究，并共同提交18篇论文。会议决定于3月中下旬、5月初分别在日本和中国再进行两次分组讨论，6月底或7月初在东京举行下一次全体会议，发表汇总报告。

双方委员认为，对于两国间关于历史问题认识的差异，历史学者有责任、有必要从中日两国关系的大局出发，结合近代两国不同的历史发展道路，并从亚洲乃至世界的国际历史背景出发，进行深入的研究、说明和解释。

1月7日

国家主席胡锦涛在人民大会堂出席2008经济全球化与工会国际论坛开幕式并致辞

中华全国总工会主席王兆国主持开幕式。

胡锦涛说，本次论坛以“可持续发展、体面劳动和工会的作用”为主题，围绕促进可持续发展、实现社会公平正义等人们普遍关心的问题进行研讨和交流，对增进各国工会的相互了解和合作、促进工会组织在经济社会发展中更好地发挥作用，对推动国际工会运动健康发展，具有十分重要的意义。

胡锦涛说，经济全球化，既给各国发展带来了难得机遇，也带来了严峻挑战。推动经济全球化朝着均衡、普惠、共赢方向发展，努力使国际经济、贸易、金融体制为各国特别是发展中国家的发展创造有利条件，使21世纪真正成为人人享有发展的世纪，是各国实现可持续发展、各国广大劳动者实现体面劳动的重要条件。各国工会应该共谋对策、趋利避害，促进经济全球化健康发展，使世界经济增长惠及各国人民。

实现可持续发展，保护人类共同的地球家园，事关各国人民的根本利益，事关各国广大劳动者的切身利益。坚持生产发展、生活富裕、生态良好的文明发展道路，在同自然和谐相处中实现经济社会永续发展，让各国广大劳动者在良好的生态环境中生产生活，是实现可持续发展的根本日的，也是各国广大劳动者实现体面劳动的重要前提。各国工会和广大劳动者是推进可持续发展的重要力量，应该积极投身这项功在当代、利在千秋的事业，以实际行动推动企业、政府、社会在经济社会发展中做到节约资源、保护环境，更加积极、更加主动地推动可持续发展，造福子孙后代。

让各国广大劳动者实现体面劳动，是以人为本的要求，是时代精神的体现，也是尊重和保障人权的重要内容。维护劳动者权益是工会的神圣职责。工会要积极为广大劳动者说话办事，特别是要致力于改善广大劳动者的劳动条件、劳动收入、劳动保障、生活质量，让广大劳动者特别是发展中国家广大劳动者更多分享经济社会发展成果。

当今世界，各国广大劳动者权益更加紧密地联系在一起，需要大家共同来研究、来维护。各国工会应该进一步加强对话，平等交流，求同存异，共同推动发展相互尊重、友好合作、民主和谐的国际工会关系，切实维护各国广大劳动者权益，为维护世界和平、促进共同发展作出积极贡献。

胡锦涛表示，中国政府高度重视可持续发展。中国愿同国际社会加强合作，积极应对气候变化、环境污染、能源紧缺等问题，共同为促进全球可持续发展作出贡献。

中国政府高度重视维护劳动者权益。我们坚持全心全意依靠工人阶级的方针，通过立法和制定政策，建立、健全民主管理制度，依法保证广大劳动者享有广泛的民主权利。我们高度重视解决广大劳动者最关心、最直接、最现实的利益问题，努力改善广大劳动者劳动就业、收入分配、社会保障、医疗卫生、劳动安全等方面的条件，维护社会性别平等和女工特殊权益，推动发展和谐劳动关系，促进社会公平正义。我们通过采取一系列举措，保障了广大劳动者的主人翁地位，发挥了广大劳动者在推动国家建设和社会进步中的主力军作用。

中国政府高度重视中国工会的地位和作用，支持中国工会依照法律和章程开展工作，支持中国工会密切联系广大劳动者，切实维护广大劳动者权益。中国政府支持中国工会同国际和各国工会组织扩大交往、加强合作、增进友谊，为维护广大劳动者权益发挥更大作用，为推动建设持久和平、共同繁荣的和谐世界作出更大贡献。

2008年全国卫生工作会议在北京召开

国务院副总理吴仪出席会议并指出，过去五年，是我国卫生事业发展史上很不平凡的五年。公共卫生服务能力增强，服务水平提高；医疗保障体系建设明显加快；医药费用过快增长的势头得到初步遏制；中医药事业蓬勃发展，中医药服务受到人民群众欢迎；环境卫生、食品和药品安全状况不断改善；居民健康素质持续提高。

吴仪说，过去五年卫生工作积累了一些经验：一是以人为本，始终把维护人民群众身体健康和生命安全放在全部卫生工作的首位；二是围绕大局，努力为经济社会发展服务；三是立足国情，严格遵循卫生发展的自身规律办事；四是政府主导，有机引入市场机制发展卫生事业；五是统筹兼顾，努力促进卫生事业全面协调可持续发展。这些经验应当认真总结并长期坚持下去。

吴仪指出，随着经济发展和人民生活水平的提高，人民群众对提高健康水平的要求会越来越高。同时，工业化、城镇化和环境的变化以及经济全球化等带来影响健康的因素越来越多；人口老龄化和疾病谱变化，使我们的卫生工作面临更加繁重的任务。建立和完善公共卫生服务、医疗服务、医疗保障和药品供应体系需要长时期的努力，解决卫生事业长期积累下来的体制性、结构性、机制性矛盾也需要一个较长的过程。我们既要勇于面对、奋发努力，又不能急于求成。我们要始终坚持预防为主的方针，把疾病预防控制放在卫生工作的首位；必须把发展农村卫生和社区卫生作为长期的战略重点，努力实现基本医疗服务均等化；必须坚持中西医并重方针，大力扶持中医药和民族医药发展；必须坚持政府主导、多部门合作、全社会参与的卫生工作机制。要做到发展为了人民、发展依靠人民、发展成果由人民共享。

卫生部部长陈竺作了题为《深入贯彻落实党的十七大精神，努力开创中国特色卫生事业发展的新局面》的工作报告。

国务院召开会议审议《天然气、原油、成品油管网布局及“十一五”发展规划》

国务院副总理曾培炎主持会议并讲话。曾培炎强调，编制实施油气管网规划是优化配置油气资源、发展现代能源产业的重要途径，要全面贯彻党的十七大精神，深入贯彻落实科学发展观，立足当前，着眼长远，统筹兼顾、合理布局，进一步明确油气管网建设目标，不断提高能源资源保障能力和水平。

曾培炎指出，改革开放以来，我国油气管道建设取得很大进展，相继建成了西气东输、陕京二线等天然气管道，中哈原油管道和兰成渝等成品油管道，初步形成覆盖全国大部分地区的天然气、原油和成品油骨干网架。进一步加快油气干线管网和配套设施的规划和建设，对于优化我国油气资源勘探、开发、运输和储存结构，改善油气资源输配方式和加工利用布局，实现油气资源合理配置，保障国家能源安全和经济安全具有重要意义。

曾培炎要求，要做好油气管网规划和建设工作。一是科学合理制定规划。要按照能源流向，优化建设布局，促进总量平衡，搞好管网运输与其他运输方式的衔接，避免出现重复建设。二是夯实油气资源基础。要立足国内，进一步加强石油天然气的勘探开发，提高油气资源自主保障能力；按照平等相待、互利共赢的原则，扩大境外油气资源合作开发。三是促进油气供需衔接。在加强骨干网建设的同时，搞好配套工程建设和多种运输方式衔接，优先保证居民生活和公共服务设施需求。四是提高管网技术水平。依托管网建设，加大技术装备研发和创新，带动国内冶金、建材、机械、电子、化工等相关产业的发展。五是搞好管网保护和管理。加强法制建设，依法保证管网安全生产和稳定运行，项目建设要注意节约集约用地，切实保护生态环境。

会上，国家发展改革委对规划的编制情况作了汇报，国务院有关部门和能源企业负责人出席了会议。

海关总署发布2007年全国海关征收关税和进口环节税数据

2007年全国海关征收关税和进口环节税7584.6亿元，比2006年多收1480.4亿元，增长24.3%，总量与增量均创历史新高。与2005年海关税收增收500多亿元、2006年增收800多亿元相比，2007年海关税收增收幅度令人瞩目。

全国总工会主席王兆国在人民大会堂会见出席2008经济全球化与工会国际论坛的外国工会领导人

国防部部长曹刚川在八一大楼会见新加坡国防部常任秘书郑子富一行

国务委员陈至立出席2008年全国体育局长会议并发表讲话

陈至立强调,要全面贯彻落实党的十七大精神,以科学发展观统领新时期体育工作,团结协作,顽强拼搏,为在北京奥运会上取得优异成绩而努力奋斗。

陈至立说,近年来,全国体育系统紧紧抓住筹办北京奥运会的大好机遇,改革创新,开拓进取,不断取得新的成绩。我国体育工作进入了一个新的发展阶段,呈现出全面协调可持续发展的良好局面和势头。我国体育健儿在国际大赛上屡创佳绩,展现了自强不息、奋发有为的精神风貌,为祖国赢得了荣誉。

陈至立指出,在北京奥运会上取得优异成绩是祖国和人民的重托,也是广大运动员和体育工作者的最大心愿。她强调,要坚持不懈地用爱国主义精神鼓舞士气,凝聚力量,振奋精神,顽强拼搏,扎扎实实、全面细致地做好奥运参赛的准备工作。一要充分发挥我国竞技体育举国体制的优越性,进一步整合利用好全国体育资源,充分调动各方面积极性,上下同心、共迎奥运。二要高度重视各项工作的计划性和系统性,在各个层面、各个环节上下大功夫,下细功夫,科学妥善处理好训练与比赛等若干重要关系,切实做好各项物质、技术保障工作。三要大力加强运动员和教练员的思想教育及道德作风建设,坚定不移地做好反兴奋剂工作,努力实现运动成绩和精神文明双丰收的参赛目标。

陈至立要求,体育工作要坚持以人为本、关注民生、服务大众,坚持解放思想、改革创新。一要进一步强化政府在发展体育事业、提供基本体育公共服务中的责任,更好地满足人民群众多层次、多方面、多元化的体育需求。二要紧紧围绕"建设好群众身边健身场地、健全群众身边体育组织、举办群众身边经常性体育活动"这三个重要环节,深入推进"全民健身与奥运同行"和"全国亿万学生阳光体育运动"等活动,为提高全民族健康素质而努力奋斗。三要进一步加强和完善竞技体育后备人才培养工作,落实运动员保障工作的各项政策措施,切实解决运动员的后顾之忧,为竞技体育可持续发展打下坚实基础。

1月8日

国家主席胡锦涛要求做好中国公民在韩冷冻仓库爆炸伤亡善后事宜

新华社消息,1月7日,韩国京畿道利川市一家冷冻仓库发生爆炸,已造成40人死亡,其中有12名中国公民遇难,另有1名重伤。国家主席胡锦涛得悉这一消息后,立即指示我有关部门与韩方沟通,协调有关方面,积极救助伤员,妥善处理善后事宜,为我伤亡人员亲属赴韩提供方便,并对在此次事故中不幸遇难者表示深切哀悼。

国家科学技术奖励大会在北京举行

党和国家领导人胡锦涛、温家宝、李长春、习近平、李克强出席大会并为获奖代表颁奖。温家宝代表党中央、国务院在大会上讲话。李克强主持大会。

中共中央总书记、国家主席、中央军委主席胡锦涛首先向获得2007年度国家最高科学技术奖的中国科学院院士、中国工程院院士、中国石油化工股份有限公司石油化工科学研究院高级顾问闵恩泽,中国科学院院士、中国科学院昆明植物研究所名誉所长吴征镒颁发奖励证书,并同他们热情握手,表示祝贺。在热烈的掌声中,胡锦涛等党和国家领导人向获得国家科学技术进步奖特等奖的"9409工程"项目代表和获得国家自然科学奖、国家技术发明奖以及其他国家科学技术进步奖的代表颁奖。

中共中央政治局常委、国务院总理温家宝在讲话中代表党中央、国务院,向获奖的科技工作者表示热烈的祝贺,向全国广大科技工作者表示诚挚的问候和崇高的敬意,向长期关心和参与中国科技事业发展的国外科技工作者表示衷心的感谢。

中共中央政治局常委李克强在主持大会时强调,党中央、国务院隆重奖励为我国科技事业发展作出杰出贡献的科技工作者,充分体现了中央对科技事业的高度重视和对广大科技工作者的亲切关怀。希望广大科技工作者大力发扬心系祖国、自觉奉献的爱国精神,求真务实、勇于创新的科学精神,不畏艰险、勇攀高峰的探索精神,团结协作、淡泊名利的团队精神,在建设创新型国家的伟大实践中,努力创造出更多的优秀成果。

国务委员陈至立在会上宣读了《国务院关于2007年度国家科学技术奖励的决定》。

闵恩泽在代表全体获奖人员发言时表示,当前,我国经济社会持续快速发展,科学技术事业面临着前所未有的发展机遇。我将同大家一道认真学习贯彻党的十七大精神，继续奋力拼搏，为建设创新型国家、推进全面建设小康社会进程作出新的更大贡献。

会前，胡锦涛等党和国家领导人会见了2007年度国家科学技术奖励获奖代表。

出席奖励大会并参加会见的领导人还有：回良玉、刘淇、刘云山、李源潮、吴仪、曹刚川、曾培炎、令计划、盛华仁、路甬祥、韩启德、华建敏、张思卿、徐匡迪、李蒙等。

中央军委委员李继耐、廖锡龙、常万全，中央和国家机关及军队有关方面负责人，国家科技教育领导小组成员，国家科学技术奖励委员会委员等也出席了大会并参加了会见。首都科技界代表约3000人参加了大会。

会上，颁布了2007年度国家科学技术奖励获奖人选和项目。2007年度国家自然科学奖二等奖授奖项目39项；国家技术发明奖授奖项目51项，其中一等奖1项、二等奖50项；国家科学技术进步奖授奖项目255项，其中特等奖1项、一等奖19项、二等奖235项；授予4名外籍科学家和1个外国组织中华人民共和国国际科学技术合作奖。

国务院总理温家宝在国家科学技术奖励大会上发表讲话

同志们：

今天，我们隆重召开国家科学技术奖励大会，表彰为我国科技事业发展和现代化建设作出突出贡献的科技工作者。我代表党中央、国务院，向获奖的科技工作者表示热烈的祝贺！向全国广大科技工作者表示诚挚的问候和崇高的敬意！向长期关心和参与中国科技事业发展的国外科技工作者表示衷心的感谢！

科学技术是第一生产力。贯彻落实党的十七大精神，全面建设小康社会、加快推进现代化事业，必须大力发展科学技术。实现未来经济发展目标，关键是要加快转变发展方式，把经济建设真正转移到依靠科技进步和提高劳动者素质的轨道上来；把增强自主创新能力，建设创新型国家，真正摆在国家发展战略的核心位置。

要加快实施国家重大科技专项。发挥社会主义集中力量办大事的优越性，是我们这样的发展中国家显著提高产业技术水平、增强科技竞争力的重要途径。要通过多部门协作、多学科集成，共同搞好重大科技攻关，突破核心技术，建设重大工程，形成战略产品。同时，培养一批杰出的科学家和学科带头人，锻炼和凝聚一支高素质的人才队伍。

要着力突破制约经济社会发展的关键技术。科学技术是我国经济社会发展的引擎和支撑。要特别重视解决关键技术问题，加强高新技术产业、资源能源开发与集约利用、生态环境保护与污染治理、农业增产、产品质量、食品安全、安全生产等领域的重点科技项目攻关，带动相关领域技术水平整体提升，增强科技服务人民生活、推动产业结构优化升级、促进可持续发展的能力。

要切实加强重大基础科学研究。抓住世界科技前沿制高点，部署和落实一批重大基础性、公益性科学研究项目，建设科技基础平台，建立开放共享机制，全面提高我国的科技发展水平，增强自主创新的后劲。

要重视引进消化吸收再创新。引进国外重大先进技术，经过消化吸收再创新，可以提高我国科技进步的起点，尽快缩小与发达国家的差距。要开阔视野，学习先进，兼收并蓄，大胆吸收国际上一切优秀科技成果，充分利用国际科技资源，积极引进智力和人才，为加速我国科技发展不断注入活力。

要大力弘扬科学精神。科学是老老实实的学问，来不得半点虚伪和骄傲。科学工作者要有为追求真理而埋头苦干、甘于寂寞、无私奉献的科学精神。克服心浮气躁，反对弄虚作假，树立脚踏实地、实事求是的优良学风。领导干部要尊重科学、尊重人才，和科学家交朋友，广泛听取科学家的意见和建议。要发扬学术民主，倡导百家争鸣，活跃学术气氛，为科技进步和优秀科技人才脱颖而出创造良好的环境。

要努力提高全民族的科学素质。国民的科学素质是自主创新的土壤。世界发展史证明，富于科学精神的民族，才能不断发展进步。要广泛普及科学知识，传播科学方法，用科学思想战胜愚昧落后。在全社会形成学科学用科学，尊重知识、尊重人才的浓厚氛围。

中华民族是富于创新精神的伟大民族。中国曾是科技发达的文明古国。当代中国科技发展取得了辉煌成就，正在大踏步赶超世界先进水平。让我们在以胡锦涛同志为总书记的党中央领导下，高举中国特色社会主义伟大旗帜，以邓小平理论和“三个代表”重要思想为指导，深入贯彻落实科学发展观，继续解放思想，大胆开拓创新，勇攀世界高峰，努力把我国科学技术事业提高到一个新水平！

全国海关关长会议在北京召开

国务院副总理吴仪出席会议并讲话，海关总署署长牟新生主持会议。从会上获悉，我国进出口贸易总额近五年来以年均26.4%的速度递增，进出口贸易总额排名已跃居世界第3位。随着外贸大发展和对外交流日益频繁，海关充分发挥把关服务职能，各项工作节节攀升。

吴仪强调，全国海关要把学习贯彻党的十七大精神作为当前和今后一个时期的首要政治任务，切实把思想统一到十七大精神上来，继续坚持“依法行政，为国把关，服务经济，促进发展”的工作方针，全面履行把关服务职能，出色地完成各项工作任务，为我国的改革开放和全面建设小康社会作出新的贡献。

吴仪充分肯定了党的十六大以来全国海关忠实履行职责，主动服务于国家经济社会发展大局，大力推进海关现代化建设，狠抓领导班子和干部队伍建设等方面所取得的成绩；对有效遏制大规模走私活动、实现海关税收连年大幅增长和全面推行准军事化海关纪律部队建设给予高度评价。

吴仪指出，2008年是贯彻落实党的十七大精神的重要一年，也是海关改革和建设十分关键的一年。海关系统一定要不负重托，不辱使命，圆满完成党和国家交给的各项任务。她对做好当前及今后一个时期的海关工作提出四个方面要求：

一是确保海关税收应收尽收，为增强国家财力多做贡献。要认真落实和完善海关综合治税大格局，迎难而上，苦练内功，不断提高税收征管质量，确保完成今年海关税收任务。

二是继续保持打击走私高压态势，为维护国家经济安全和社会稳定多做贡献。要树立长期作战的思想准备，进一步健全各地反走私综合治理机构，强化各方协作的反走私工作机制，推动反走私领导责任制和综合治理各项措施的落实。

三是大力推进通关业务制度改革，为提高开放型经济水平多做贡献。要继续实施科技强关战略，充分运用信息技术等高科技手段，整合资源，创新模式，在新的起点上全面推进通关业务制度的改革、管理方法的创新、执法能力的提升和工作效率的提高，切实做到“管得住，通得快”。

四是创新加工贸易和保税监管制度，为促进加工贸易转型升级多做贡献。要继续优化保税加工，发展保税物流，加快推进海关特殊监管区域“功能整合、政策叠加”，建立适应加工贸易转型升级和多元化发展要求的新型海关保税监管体系。

吴仪强调，海关职业的特点决定了海关队伍始终处在打击走私和反腐败的高压线上，要牢固树立忧患意识，始终保持如履薄冰、如临深渊的高度警觉，继续坚持从严治关，狠抓队伍建设不放松，“管住自己的人，把好国家的门”。打造一支“政治坚强、业务过硬、值得信赖”的准军事化海关纪律部队，努力把海关建设成为维护国家经济安全和人民利益的钢铁长城。

海关总署署长牟新生在会议上表示，2003年至2007年，全国海关税收净入库27423.47亿元，比上一个5年多收17628.78亿元，增长180%。全国海关通过大力构筑综合治税大格局，切实提高海关税收征管能力，积极建立税收长效机制，海关税收的规模和质量达到了前所未有的水平。近年来，全国海关税收连年增长。其中，2003年、2004年连续两年增收超千亿元，2005年海关税收在上年基数很高的基础上增收500多亿元，2006年再次增长800多亿元，2007年则比2006年多收1480.4亿元，创下增收新高。牟新生表示，要针对当前蚂蚁搬家和团伙作案此起彼伏、海上偷运和口岸闯关交替上升、涉税走私和非涉税走私此消彼长的严峻形势，适时开展对重点商品、重点地区、重点行业的反走私专项斗争和联合行动。牟新生表示，要发挥情报信息主导作用，重点查处走私大案要案，坚决打掉走私团伙。加大对毒品、武器弹药、违禁宣传品等非涉税走私打击力度，维护国家政治安全和社会稳定，进一步发挥反走私综合治理机制的作用。

会上，吴仪还为受表彰的全国海关先进单位和先进个人颁奖。中央和国务院有关部门负责同志，全国海关参加会议的代表等共约200人参加了会议。

中央军委副主席曹刚川在八一大楼会见尼泊尔军队参谋长卡特瓦尔

刚果(金)总统卡比拉在金沙萨总统府会见外交部部长杨洁篪并签署中刚经济技术合作协定等双边合作文件

北京奥运会残奥会筹办工作总结动员大会在北京举行

中共中央政治局委员、北京市市委书记、北京奥组委主席刘淇出席会议并作关于北京奥运会、残奥会2007年筹办工作总结及2008年重点工作报告。刘淇强调，参与奥运筹办工作的全体工作人员要团结奋斗、无私奉献、忘我工作、为国争光，确保举办一届有特色、高水平的奥运会、残奥会。国务委员、北京奥组委第一副主席陈至立主持会议。国家体育总局局长、北京奥组委执行主席刘鹏，北京市委副书记、代市长、北京奥组委执行主席郭金龙，中国残疾人联合会主席、北京奥组委执行主席邓朴方出席。

刘淇指出，奥运筹办6年多来，在党中央、国务院的正确领导下，在全国人民的大力支持下，在参与奥运筹办工作全体人员的共同努力下，奥运筹办工作按计划推进，成果显著。认真落实中央关于筹办奥运的指示精神，坚持了筹办工作的正确方向。全面落实“三大理念”，科学推进奥运场馆建设。充分发挥体制优势，探索并建立了携手共办奥运的运行模式。建立广泛的社会动员机制，形成了全民参与奥运的生动局面。加强与国际奥委会等国际组织的密切合作,营造了良好的国际氛围。贯彻“新北京、新奥运”战略构想,通过筹办奥运大大提升了首都的经济社会发展水平。筹办工作中,形成了一支宝贵的人才队伍,凝聚了可贵的精神财富。

刘淇指出,2008年是中国和世界的奥运之年,是奋力夺取筹办奥运最后胜利的决胜之年。胡锦涛总书记在新年贺词中要求我们以最大的热情、尽最大的努力,让这届奥运会和残奥会成为增进中国人民同世界各国人民相互了解和友好合作的盛会。我们热忱欢迎各国体育健儿来中国参加奥运会和残奥会。我们一定要响应党中央的号召,认真贯彻落实党的十七大精神和中央关于筹办奥运的指示精神,按照科学发展观的要求,全力以赴办好2008年北京奥运会和残奥会,圆满完成党和人民赋予的光荣使命。

百年奥运,中华圆梦。刘淇指出,办好2008年北京奥运会和残奥会,是全党全国的大事,是中华民族的大事,也是备受世界瞩目的大事。6年的筹办工作即将接受党中央、国务院和全国人民的检验,接受国际奥委会和世界人民的检验。在这关键时刻,我代表北京奥组委与所有参与奥运筹办的工作人员一起表示决心:团结奋斗、无私奉献、忘我工作、为国争光,确保举办一届有特色、高水平的奥运会、残奥会。我们有决心实现这一目标,我们有能力实现这一目标。

刘淇要求加强团队建设,努力提高思想水平和业务素质。各级党组织要围绕着筹办奥运,充分发挥战斗堡垒作用,广大共产党员、共青团员要充分发挥先锋模范作用,各级工会、共青团、妇联要积极发挥“主力军、突击队、半边天”的作用,努力为筹办奥运做奉献。各级领导干部要牢固树立大局意识、责任意识、服务意识、忧患意识,发挥表率作用,身先士卒,靠前指挥,艰苦奋斗,脚踏实地,以过硬的素质和优良的作风做好各项筹办工作。每一个筹办工作人员和志愿者都要珍惜难得的机遇,努力在各自的平凡岗位上为奥运作出不平凡的贡献。

会上,北京奥组委有关部门和场馆团队代表分别发言,表达了北京奥组委全体工作人员无私奉献的高涨热情,以及奋力夺取筹办奥运最后胜利的坚定信心。

国家食品药品监管局在北京召开例行新闻发布会禁止处方药品在互联网上销售

1月9日

全国人大常委会委员长吴邦国在人民大会堂会见菲律宾众议长德贝内西亚

吴邦国说,中方重视对菲关系,愿与菲方一道,共同推动经贸领域大项目合作,促进中菲关系全面深入发展。吴邦国还对菲律宾坚持一个中国政策、反对“台独”表示赞赏。

吴邦国在积极评价中国全国人大与菲律宾众参两院的友好关系后指出,希望双方继续保持良好的交往势头,加强专门委员会、友好小组和办事机构之间的交流,促进各领域的合作,密切在国际和地区议会组织中的磋商与配合,为扩大中菲战略合作发挥更大的作用。

德贝内西亚说,中国经济的快速发展为亚洲国家经济发展带来了重要机遇。菲中关系在双方共同努力下已经进入黄金时期。菲律宾众议院重视发展与中国全国人大的友好合作,愿进一步发挥自身优势,为两国关系发展作出新的贡献。

国务院总理温家宝在北京主持召开国务院常务会议研究部署保持物价稳定工作

国务院总理温家宝主持召开国务院常务会议,研究部署保持物价稳定工作,作出修改《价格违法行为行政处罚规定》的决定。

会议指出,国务院高度重视物价稳定,去年以来采取了一系列有效措施,促进生产发展,保障市场供应和低收入群众生活。目前,生猪生产正在恢复增长,粮食和油料作物播种面积稳定增加,国家粮食库存充裕,主要工业消费品供大于求,完全能够保证市场供应。但是,当前国际市场原油和粮食等初级产品价格仍在上涨,国内价格上涨的压力较大。值得注意的是,一些地方出现少数企业串通涨价、囤积居奇、哄抬价格的现象;有的企业故意散布涨价信息,扰乱市场秩序,推动物价上涨。

会议强调,社会主义市场经济是法治经济,对于违法违规、破坏市场秩序的行为绝不可放任不管。各地区、各有关部门要坚持“防止经济增长由偏快转为过热、防止价格由结构性上涨演变为明显通货膨胀”的方针,在大力发展生产、切实保障供应的同时,依照《中华人民共和国价格法》,强化对价格的管理、监督和必要的调控,维护正常的市场价格秩序,保障广大消费者的利益。一要稳定政府定价和政府指导价。近期,成品油、天然气、电力价格不得调整,供气、供水、供暖、城市公交等公用事业价格以及学校的学费、住宿费收费标准不得提高,保持医疗服务价格稳定。尿素、磷肥等化肥价格也要保持稳定,确因成本上升需调整的,必须按规定报政府价格主管部门批准。二要加强对重要生活必需品价格监管。根据价格法的规定,近期采取临时价格干预措施,对达到一定规模的人民群众生活必需品生产企业实行提价申报,达到一定规模的生活必需品批发、零售企业实行调价备案制度。政府价格主管部门要对重要商品、服务价格的变动进行监测,加强价格和成本调查,促使企业合理定价,并注意维护企业的合法权益。三要严格执法。对相互串通、操纵市场价格,捏造、散布涨价信息,哄抬价格,非法牟取暴利,以及不按规定履行提价申报、备案程序等违法违规行为,要依法严厉查处。四要加强教育。企业不仅要追求经济利益,也要自觉承担社会责任。要遵循公平、合法、诚实、信用的定价原则,为消费者提供价格合理的商品和服务。行业协会要加强自律,强化管理,遵守价格法律、法规,并积极引导企业合法经营,共同维护市场物价稳定。要正确发挥新闻舆论的价格监督和导向作用。

修改后的《价格违法行为行政处罚规定》,加大了对价格违法行为的处罚力度,增加了对行业协会组织经营者相互串通、操纵市场价格等违法行为的处罚规定;并对重要商品和服务价格显著上涨或有可能显著上涨时,经营者报告价格变动理由的程序作出了规定。

会议要求,各地区、各有关部门要高度重视,加强领导,确保稳定物价的各项政策措施贯彻落实。春节前,要对粮、油、肉、液化气等基本生活必需品和化肥等农资市场价格组织专项检查,规范价格行为,保障市场供应。

会议还研究了其他事项。

国务院副总理曾培炎分别听取三部委会议有关工作汇报并提出要求

全国建设工作会议、全国信息产业工作会议、全国国防科技工业工作会议在京召开。国务院副总理曾培炎在会前分别听取有关工作汇报并提出要求。

曾培炎对建设工作指出,5年来,建设系统在加强城乡规划管理、规范城市建设和房屋拆迁、清理拖欠工程款和农民工工资、建立、健全廉租住房制度和调控房地产市场、推进建筑节能、保障工程质量和城市安全运行等方面取得了显著成效。当前,要科学编制和实施城乡规划,加强和改善房地产市场调控,着力解决城市低收入家庭住房困难,加大建筑节能减排力度,努力提高城市公共服务和管理水平,不断改善城乡居民居住质量和生活环境。

曾培炎对信息产业工作强调,5年来各级信息产业部门在转变政府职能、加强市场监管、发展农村通信、强化无线电管理、推进信息化建设、保障网络与信息安全等方面做了大量工作,取得可喜成绩。2008年要着力深化电信邮政体制改革,着力加强网络与信息安全,着力提高农村信息服务水平,突出重点任务,加强薄弱环节,搞好队伍建设,提高管理水平,促进信息化与工业化融合发展。

曾培炎对国防科技工业工作指出,过去一年国防科技工业系统全面落实各项任务,以首次月球探测工程为代表的重大科技专项和重点科技工程取得突破性进展,专项计划取得决定性胜利,军工经济、高技术产业、调整改革、国际合作等方面工作取得明显成绩。2008年,要按照提高自主创新能力和建立军民结合、寓军于民的武器装备科研生产体系的要求,精心组织实施重大科技专项,加快发展航空、航天、核电、船舶等高技术产业,注重质量安全,着力培养人才,促进国防科技工业又好又快发展。

国务院副总理回良玉在河南考察农业农村工作

1月9日至12日,国务院副总理回良玉在河南考察时强调,要认真贯彻中央关于"三农"工作的部署和要求,狠抓强农惠农政策的落实,着力抓好冬春农业生产和农田水利建设,进一步促进农业稳定发展、农民持续增收,切实保障粮食等主要农产品基本供给,努力稳定农产品市场价格,扎实推进社会主义新农村建设,为促进经济社会又好又快发展奠定坚实基础。

回良玉听取了河南省的汇报,对近年来"三农"工作和经济社会发展取得的成绩给予充分肯定。回良玉强调,要采取有效措施,切实抓好当前农业生产和农村各项工作。一要抓紧抓好强农惠农政策的落实,细化目标、实化任务、硬化措施、强化责任,让广大农民真正得到实惠,能早出台的政策要尽早出台,进一步调动农民的生产积极性。二要抓紧抓好抗旱和农田水利建设,加强水毁工程修复和抗旱水源工程建设,组织动员农民开展小型农田水利建设。三要抓紧抓好冬春农业生产,做好春耕备耕工作,加强越冬作物田间管理,搞好先进适用技术推广和病虫害防治,做好农业生产资料供应和市场监管工作,严格控制农资价格过快上涨。四要抓紧抓好重大动物疫病防控,进一步完善应急预案,加强疫情监测,明确防疫责任,落实免疫措施,果断处置新发疫情。五要抓紧抓好森林草原防火工作,落实安全责任,强化防火措施,避免发生重特大火灾和人员伤亡。积极开展造林绿化,提高造林质量。六要抓紧抓好困难群众生产生活的安排,尽快落实救灾救济措施,组织开展形式多样的送温暖、献爱心活动,帮助他们解决好吃、穿、住和过冬保暖等实际问题,让人民群众过一个欢乐、祥和、安全的节日。

全国人大常委会副委员长王兆国在北京出席全国青联十届四次常委(扩大)会议并发表讲话

王兆国强调,青联委员要带头学习贯彻党的十七大精神,团结带领广大青年在本职岗位上创造一流业绩,为夺取全面建设小康社会新胜利作出积极贡献。

王兆国指出,广大青联委员要踊跃投身改革开放的时代大潮，最大限度地焕发创业热情和创造活力，在转变经济发展方式，提高自主创新能力、建设创新型国家，促进区域经济协调发展等方面下功夫，为国民经济又好又快发展作出贡献。要发扬开社会风气之先的传统，积极参与青年志愿者等行动，倡导互帮互助、扶贫济困的良好风尚，自觉维护社会稳定，在社会建设中不断作出新成绩。青联组织要充满朝气和活力，立足新的起点，牢牢把握面向青年、竭诚服务青年的宗旨，大力加强能力建设，通过开展各种适合青年特点富有特色的活动，引导进一步增强走中国特色社会主义道路的自觉性和坚定性，进一步增强实现党的十七大确定的目标任务的信心和决心。各级党委和政府要重视支持青联工作，为鼓励青年干事业、支持青年干成事业提供更加良好的环境和条件。

会议总结了2007年的工作，并对2008年工作做了部署。会议期间举办了学习贯彻党的十七大精神专题辅导报告。会上，来自全国各行各业的青联常委围绕国家大政方针、经济社会发展中的热点问题和青少年健康成长等方面积极建言献策，提交了100多份提案。与会常委还向全国各级青联委员发出“竭诚服务青少年 共建共享促和谐”倡议书，号召广大青联委员在元旦春节期间深入困难青少年群体做实事、办好事、解难事，以实际行动倡导社会和谐新风尚。

会前，王兆国会见了第十二届“中国杰出青年农民”、第十八届“中国十大杰出青年”称号获得者，为他们颁发奖牌并合影留念。

共青团中央书记处第一书记胡春华主持会议和会见活动。

国务院任免国家工作人员

任命穆虹为国家发展和改革委员会副主任，王伟、郝明金为监察部副部长，杨志明为劳动和社会保障部副部长，马德伦、易纲为中国人民银行副行长，吕滨为海关总署副署长，李家祥为中国民用航空总局副局长、代局长，杨元元为国家安全生产监督管理总局副局长（正部长级），刘学良为国有重点大型企业监事会主席。

免去黄树贤、李玉赋、陈昌智的监察部副部长职务，刘永富的劳动和社会保障部副部长职务，吴晓灵（女）的中国人民银行副行长职务，刘文杰的海关总署副署长职务，杨元元的中国民用航空总局局长职务，屠光绍的中国证券监督管理委员会副主席职务。

中共中央政治局常委习近平在人民大会堂会见加拿大前总理克雷蒂安

习近平积极评价中加建交37年来两国关系取得的成果，阐述了中国政府对发展中加关系的原则立场。习近平指出，发展中加关系符合两国和两国人民的根本利益。中方重视中加关系，希望本着相互尊重、平等相待的精神，加强双方在各领域的交流与合作，妥善处理敏感问题，推动两国关系在健康稳定的轨道上向前发展。

克雷蒂安赞同习近平对加中关系的看法。克雷蒂安表示，加拿大人民对中国人民历来非常有感情，一个中国政策是加拿大政府的一贯立场，将不会改变。加中关系十分重要，改善和发展双边关系符合两国的共同利益。

外交部副部长张业遂、中信集团公司董事长孔丹等参加了会见。

1月10日

国务院总理温家宝在中南海紫光阁会见菲律宾众议长德贝内西亚

温家宝对中菲关系给予了积极评价。温家宝说，当前中菲关系发展势头很好，政治互信不断加深，各领域合作成效显著。目前双方正在积极制订战略性合作共同行动计划，这是两国着眼于长远关系的一项重要举措，必将进一步促进双方在各领域的合作。

温家宝强调，中国高度重视发展与菲律宾的友好关系，愿与菲方共同努力，将中菲战略合作提高到新的水平。

德贝内西亚感谢中方长期以来在基础设施、农业、渔业和矿产等领域对菲律宾给予的无私援助。他说，菲中各领域的务实合作给两国人民带来了利益，菲方期待双边合作能达到更高水平。菲律宾众议院将为两国关系的发展进一步发挥积极的作用。

中纪委委员学习贯彻党的十七大精神研讨班在北京开班

中共中央政治局常委、中央纪委书记贺国强主持开班式并讲话。贺国强强调，中央纪委委员和广大纪检监察干部要以更高的标准深入学习贯彻党的十七大精神，以更严的要求加强自身建设，进一步统一思想、提高认识、凝聚力量、履行职责，认真谋划和做好当前以及今后一个时期的纪检监察工作，为完成党的十七大提出的各项任务提供有力保证。

贺国强提出，胡锦涛总书记去年12月17日在新进中央委员会的委员、候补委员学习贯彻党的十七大精神研讨班开班时的重要讲话，是一篇马克思主义的重要文献，对于党和国家事业的长远发展具有重要指导意义。我们要把深入学习贯彻党的十七大精神与认真学习领会胡锦涛总书记的重要讲话结合起来，努力在领会精神上有更深的认识，在服务大局上有更高的要求，在推进工作上有更实的举措，切实做到在学习中加深理解、在理解中推动工作、在工作中开创局面。

贺国强强调，新世纪新阶段党和国家事业发展对纪检监察工作提出了新的更高要求，中央纪委委员和广大纪检监察干部一定要不断提高自身素质和工作水平，切实履行好肩负的职责和使命。一要政治坚定、党性坚强。要坚定理想信念、牢记根本宗旨、严守政治纪律，始终不渝地高举中国特色社会主义伟大旗帜，坚定不移地坚持中国特色社会主义道路和中国特色社会主义理论体系，坚决同以胡锦涛同志为总书记的党中央保持高度一致。广大纪检监察干部要始终把党和人民放在心中的最高位置，自觉做到对党和国家无限忠诚、对腐败分子和消极腐败现象坚决斗争、对广大干部和群众关心爱护、对自己和亲属严格要求，真正成为党的忠诚卫士和群众的贴心人。二要加强学习、提高本领。要不断加强理论学习，完善知识结构，提高运用政策、依纪依法办案的能力，努力成为反腐倡廉的行家里手。三要恪尽职守、不辱使命。要坚持原则，敢于碰硬，刚正不阿，秉公执纪，依法办事，坚决同各种腐败现象和腐败分子作斗争。四要与时俱进、开拓创新。要努力推动纪检监察工作理念、思路、方法、体制机制的创新，结合实际创造性地开展工作，使纪检监察工作不断在继承中发展、在改革中创新。五要求真务实、艰苦奋斗。要牢记"两个务必"，带头践行八个方面的良好风气，以良好的作风抓党风、促廉政、反腐败。六要严以律己、清正廉洁。要带头遵守党纪国法和领导干部廉洁从政的各项规定，从严要求亲属和身边工作人员，始终保持共产党人的政治本色。

中共中央书记处书记、中央纪委副书记何勇在开班式上作了题为《深入学习党的十七大精神，切实担负起党和人民赋予的神圣职责》的报告。报告从党的十七大的历史任务、高举中国特色社会主义伟大旗帜的重大意义、坚持改革开放的伟大历史意义、科学发展观这一重大战略思想、实现全面建设小康社会奋斗目标的新要求新任务、以改革创新精神全面推进党的建设新的伟大工程六个方面，对深刻领会党的十七大精神作了辅导；从党的纪律检查工作如何高举中国特色社会主义伟大旗帜、深入贯彻落实科学发展观、加强反腐倡廉建设三个方面，阐述了纪检监察工作深入贯彻党的十七大精神应当着重把握的要求和努力做好的工作。

研讨班于12日结束。全体中央纪委委员，以及没有担任中央纪委委员的监察部副部长、副部级纪检组长、省级纪委书记共160余人参加了学习。

全国人大常委会副委员长王兆国出席在北京召开的中国侨联七届五次全委会会议并发表讲话

王兆国代表党中央对2007年的侨联工作给予了充分肯定。他指出，各级侨联要通过开展丰富多彩的活动，引导归侨侨眷和海外侨胞学习领会党的十七大精神，为实现中华民族伟大复兴共同奋斗。要发挥侨联人才荟萃、智力密集、联系广泛的优势，继续做好招商引资、招贤引智工作，鼓励支持海外侨胞投身中国现代化建设事业，促进国民经济又好又快发展；发扬爱国爱乡、扶贫济困的光荣传统，积极参与社会公益事业，推进社会主义和谐社会建设；开展多种形式中外文化交流活动，大力传播中华民族和谐文化理念，不断增进中国人民和各国人民的友谊；高举爱国主义旗帜，广泛团结海内外一切积极力量，推进祖国和平统一大业，坚决反对"台独"分裂活动。

王兆国强调，各级党委和政府要从战略高度，充分认识归侨侨眷和海外侨胞是发展中国特色社会主义的独特资源，切实加强对侨联工作的领导和指导，为侨联开展工作创造更好的环境和条件。各级侨联要进一步加强自身建设，坚持以侨为本、为侨服务宗旨，把维护侨益工作做深做细做实，不断增强侨联组织的吸引力、凝聚力和影响力。

国务院秘书长华建敏在北京出席全国外国专家局局长座谈会并发表讲话

华建敏要求，全国引智系统要全面贯彻落实党的十七大精神，正确处理好自主培养开发人才和引进海外人才的关系、政府引导和市场配置的关系、外国专家管理和为外国专家服务的关系，结合经济社会发展的重点、难点问题，群众关注的热点问题开展引智工作。要切实加强引智系统自身建设，努力造就一支具有国际视野、战略思维、专业素养良好的高素质引智工作队伍，地方各级政府要切实加强对引智工作的领导，为引智工作创造良好的环境和条件，努力开创中国特色引智事业新局面。

卫生部公布2007年度中国卫生十大新闻

根据专家和媒体建议评选出的2007年度中国卫生十大新闻是：

一、"人人享有基本医疗卫生服务"被列为重要目标。党的十七大把人人享有基本医疗服务作为全面建设小康社会和构建社会主义和谐社会的重要奋斗目标之一，进一步明确了公共医疗卫生事业的公益性，明确了今后十几年卫生改革发展的主要任务和政策措施；

二、胡锦涛总书记、温家宝总理慰问艾滋病患者。2007年11月30日，中共中央总书记胡锦涛到北京市朝阳区考察艾滋病防治工作，亲切慰问医疗卫生工作人员和患者；同日，国务院总理温家宝再次专程来到河南省上蔡县，亲切看望、慰问艾滋病患者和艾滋病致孤儿童；

三、7.26亿农民参加新型农村合作医疗。2007年，全国新型农村合作医疗由试点顺利进入全面推进阶段。到2007年9月底，开展新型农村合作医疗的县（市、区）达到2448个，占全国总数的85.5%；参合农民7.26亿，参合率达到86%；

四、全国社区卫生服务中心（站）已达到2.4万个。去年，全国98%的地级以上城市、93%的市辖区和一半以上的县级市都不同程度地开展了社区卫生服务，社区卫生服务中心（站）已达到2.4万个，比2005年增加了47%。以社区卫生服务为基础的新型城市卫生服务体系正在全国逐步建立；

五、深化医药卫生体制改革工作取得重要进展，指导意见已基本形成，正在进一步修订完善；

六、全国98%以上的市建立了卫生监督机构，卫生监督体系不断健全；

七、医疗卫生部门贯彻“中西医并重”的方针，中医药事业得到进一步发展；

八、陈竺同志担任卫生部部长，我国民主政治的发展为非中共人士进行有序的政治参与开辟宽广的渠道；

九、全国卫生系统涌现出黎秀芳、张菊新、陈海新等一大批医德高尚、医术精湛的先进典型；

十、“茶水发炎”、“牙防组”、“拒绝签字致孕妇死亡”等事件引起社会关注，卫生部门及时调查处理，保障信息畅通。

劳动和社会保障部宣布职工月工作日调整为20.83天

劳动和社会保障部宣布，根据《全国年节及纪念日放假办法》，节日假期由原来的10天增设为11天，职工制度工作时间的计算和日工资、小时工资的折算办法相应调整。

职工制度工作时间计算方面，年工作日为250天，由365天扣除104天休息日再扣除11天法定节假日所得；季工作日为62.5天，由250天 ÷4个季度所得；月工作日为20.83天，由250天 ÷12个月所得。工作小时数的计算方法为：以月、季、年的工作日 ×每日8小时。

按劳动法规定，法定节假日用人单位应依法支付工资，即折算日工资、小时工资时不剔除国家规定的11天法定节假日。职工月计薪天数21.75天，由（365天－104天）÷12个月所得。职工日工资的计算办法为月工资收入 ÷ 月计薪天数；小时工资的计算办法为月工资收入 ÷（月计薪天数 ×8小时）。

劳动和社会保障部2000年3月17日发布的《关于职工全年月平均工作时间和工资折算问题的通知》同时废止。

1月11日

中共中央总书记胡锦涛在安徽考察

1月11日至14日，中共中央总书记胡锦涛在安徽省委书记王金山和代省长王三运等陪同下到芜湖、阜阳、合肥等地考察工作。加快转变经济发展方式，提高自主创新能力，推动产业结构升级，是胡锦涛这次考察的重点。

胡锦涛在考察奇瑞汽车有限公司时强调，自主创新是企业竞争力的核心。要成为一流的企业，关键是要培育一流的自主品牌。我国企业要进一步完善体制机制，汇聚创新人才，加大研发力度，勇于开拓市场，在自主创新方面迈出更大步伐，努力打造具有更强竞争力的一流品牌。

胡锦涛在考察中国科学院合肥物质科学研究院等离子体物理研究所时强调，只有不断提高自主创新能力，才能始终把握发展的主动权，增添发展的新优势。要按照建设创新型国家的要求，大力推进原始创新、集成创新和引进消化吸收再创新。要坚持有所为有所不为，选择若干具有一定基础和优势、又是经济社会发展迫切需要的领域，集中力量进行攻关，力争在一些核心技术和关键技术上实现重点突破。

胡锦涛在王家坝闸视察时特别嘱咐水利部门负责同志，防范水患任何时候都不能松懈，兴修水利任何时候都不能松劲。要贯彻蓄泄兼筹的方针，坚持全面规划、统筹兼顾、标本兼治、综合治理的原则，继续实施治淮工程，进一步完善综合防洪减灾体系，确保淮河流域防洪安全和沿淮人民安居乐业。

考察结束时，胡锦涛听取了安徽省委和省政府的工作汇报，对安徽省近年来经济社会发展取得的成绩给予了充分肯定。他希望安徽广大干部群众全面贯彻党的十七大精神，高举中国特色社会主义伟大旗帜，以邓小平理论和“三个代表”重要思想为指导，深入贯彻落实科学发展观，牢牢把握国家大力促进中部地区崛起的宝贵机遇，坚持以解放思想为先导、以改革开放为动力，推动科学发展、促进社会和谐，努力使安徽各项事业不断取得新进步、迈上新台阶。

中共中央政治局常委习近平到河北省围绕深入学习贯彻党的十七大精神进行考察调研

1月11日至14日，中共中央政治局常委习近平到河北省围绕深入学习贯彻党的十七大精神进行考察调研。习近平指出，党的十七大对推进中国特色社会主义伟大事业和党的建设新的伟大工程作出了全面部署，我们党和国家今后五年的大政方针已经确定，奋斗目标已经明确，宏伟蓝图已经绘就，现在最重要的是按照中央的要求，认真抓好党的十七大精神的贯彻落实，不断在武装头脑、指导实践、推动工作上取得实实在在的效果。

习近平在河北省委书记张云川、省长郭庚茂等的陪同下，冒着严寒和大雪，深入保定、石家庄、邯郸等地的农村、企业、社区和小商品市场，与基层干部和群众进行座谈，实地了解学习贯彻党的十七大精神的情况和经济社会发展的情况。习近平对改革开放以来燕赵大地发生的深刻变化感到由衷的高兴，对河北省学习贯彻党的十七大精神作出的部署和取得的初步成效给予充分肯定。他强调，深入学习贯彻党的十七大精神，必须牢牢把握党的十七大的主题，紧紧围绕主题谋划和开展工作，真正做到在继续解放思想、坚持改革开放上迈出新步伐，在推动科学发展、促进社会和谐上取得新成绩，在全面建设小康社会上开创新局面。

习近平对保障和改善民生问题非常关注。他强调，民生问题事关人民幸福安康，事关社会和谐稳定，不仅是社会问题、经济问题，更是政治问题。各级领导干部要牢固树立以民为本的理念，牢记为民谋利的责任，增强为民办事的意识，提高为民办事的本领，自觉把关注民生、改善民生作为工作的基本内容，深入实际、深入基层，真实了解群众所思所想、所愿所盼，认真解决人民群众最关心、最直接、最现实的利益问题，不断让人民群众得到实惠。

在考察调研中，习近平围绕以改革创新精神加强党的建设同农村、企业、社区基层干部和党政领导干部进行座谈，对用马克思主义中国化最新成果武装党员、积极推进党内民主建设和基层党的建设、切实加强作风建设和反腐倡廉建设提出了明确要求。他指出，推动经济社会又好又快发展，关键在于各级领导班子和领导干部。党的十七大明确提出要提高选人用人公信度，这是党的群众路线在干部工作中的运用和体现，要贯彻落实到选人用人的实践中去。习近平强调，选人用人要树立和坚持正确的导向。要树立科学发展的导向，注重选拔坚持科学发展、善于领导科学发展的干部；要树立重视基层的导向，注重选拔在基层和生产一线的优秀干部；要树立崇尚实干的导向，注重选拔埋头干事的干部；要树立鼓励奉献的导向，注重选拔长期在条件艰苦、工作困难地方努力工作的干部；要树立注重公论的导向，注重选拔口碑好、群众拥护的干部；要树立重视品行的导向，注重选拔道德品行好、作风过硬的干部。习近平要求，在地方人大、政府、政协换届工作中，要严肃组织人事纪律，坚决查处各种违纪违规行为，营造风清气正的换届环境。

考察调研期间，习近平专程参观了西柏坡纪念馆，深切缅怀老一辈革命家的丰功伟绩，要求广大党员干部以实际行动响应胡锦涛总书记的号召，始终牢记“两个务必”，始终牢记社会主义初级阶段的基本国情，增强忧患意识，恪守立党为公、执政为民的根本宗旨，艰苦奋斗，扎实工作，努力夺取改革发展的新胜利。

中央党校举行2007年秋季学期毕业典礼

中共中央政治局常委、中央书记处书记、中央党校校长习近平出席毕业典礼，并为学员颁发毕业证书。

中共中央政治局委员、中央书记处书记、中央组织部部长李源潮出席毕业典礼。

中央党校本期毕业学员共760人。另有中直机关分校、中央国家机关分校、部队分部和国资委分校的2800多名学员同期毕业。

按照中央领导同志对党校工作的一系列重要指示，中央党校坚持和完善教学新布局，大力推进研究式教学，注重提高培训效果，在一些方面作了新的探索和改进。一是以学习党的十七大精神为重点，把中国特色社会主义理论体系特别是科学发展观作为教学的中心内容；二是继续巩固和扩大教学改革成果，进一步加强教学科研的针对性；三是创新教学方法，积极探索研究式教学的有效实现形式；四是在教学组织和管理上有新的进步。

学员们反映，通过学习加深了对中国特色社会主义伟大旗帜包括中国特色社会主义道路和中国特色社会主义理论体系的认识，增强了学习好、贯彻好、落实好党的十七大精神的自觉性和坚定性，进一步提高了政治素质和理论素养；加深了对重大现实问题、热点难点问题的研究和思考，增强了理论联系实际的自觉性，进一步提高了战略思维能力和施政能力；加深了对党性锻炼的认识，增强了党性修养的自觉性，进一步提高了思想境界，培养了良好作风。

中央党校常务副校长李景田在讲话中指出，这期学员的学习，时机很好。学员们以饱满的热情投入到学习中来，认真读书，深入研讨，做到了学有所获，研有所得，达到了预期的学习目标。希望大家继续深入学习中国特色社会主义理论体系，增强学习贯彻科学发展观的自觉性和坚定性，切实把党的十七大精神学习好、贯彻好、落实好；更加重视实践，不断在实践中提高领导能力和工作水平；不断加强党性修养，坚持不懈地锤炼党性，永葆共产党人的先进性。

中央有关部门负责人、中央党校负责人出席了毕业典礼。

国务院安全生产委员会第六次全体会议和全国安全生产电视电话会议先后在北京召开

政协吉林省第十届委员会第一次会议选举王国发为省政协主席

我国外贸总值首超2万亿美元

据海关总署发布的消息,去年我国外贸进出口达21738亿美元,同比增长23.5%。其中出口为12180亿美元,增长25.7%,比上年回落1.5个百分点;进口为9558亿美元,增长20.8%,比上年加快0.9个百分点。全年累计贸易顺差为2622亿美元。

据海关统计,我国对外贸易增长速度连续6年保持在20%以上。去年,欧盟为我国第一大贸易伙伴,双边贸易总额为3561.5亿美元,增长27%。

中联部部长王家瑞在北京会见美国国务院助理国务卿希尔

全国手机气象短信订制用户已达7100万

全国气象局长会议在北京召开,中国气象局局长郑国光在会上说,全国手机气象短信订制用户已达7100万,去年全年12亿人次接收预警短信。

郑国光说,我国公共气象服务能力建设加快推进,由手机短信、电视、广播、报刊、互联网、电话自动答询、警报系统、电子显示屏、海洋气象预警电台构成的公共气象服务信息平台日益完善,覆盖面不断扩大。中国气象频道成功开办,并在16个省(区、市)的76个城市落地。每天在全国各类电视频道播出的气象服务节目达3000多套。先后建立1400多个气象服务网站和15000多个乡村信息服务站,在城市设立气象预警信息电子显示屏7.3万块。

郑洁晏紫获得悉尼网球公开赛2008年首冠

2007年国内国际十大环境新闻评选揭晓

由国家环保总局批准,中国环境新闻工作者协会与中国环境报社主办的“石药集团杯”2007年国内国际十大环境新闻评选结果正式对外发布。

国内十大环境新闻:

一、党的十七大报告首次提出建设生态文明;

二、中国节能减排环境治理出现“拐点”;

三、节能减排实行一票否决制;

四、“让江河湖海休养生息”战略思想提出;

五、国务院首次以国发形式发布《国家环境保护“十一五”规划》;

六、国家环保总局首次实施区域和流域限批;

七、“环境经济政策”路线图绘就;

八、太湖蓝藻暴发敲响粗放型发展模式的警钟;

九、首部环境信息公开办法出台;

十、国家首次对农村环境保护工作作出全面部署。

国际十大环境新闻:

一、“巴厘岛路线图”艰难诞生;

二、联合国气候变化评估报告发出最严厉警告;

三、联大召开历史上首次气候变化主题会议;

四、APEC会议高调关注气候变化;

五、诺贝尔和平奖授予环保人士和组织;

六、欧盟确定减排新目标;

七、重大海洋溢油污染事件频发;

八、全球工商领导人共同承诺减排;

九、美国开出史上最大环保罚单;

十、北京奥运环保举措获联合国高度评价。

1月12日

中央纪委委员学习贯彻党的十七大精神研讨班在北京举行结业式

中共中央政治局常委、中央纪委书记贺国强,中共中央书记处书记、中央纪委副书记何勇出席。会议强调,各级纪检监察机关和纪检监察干部要加强对党的十七大精神的学习和领会,切实把思想统一到党的十七大精神上来,更加坚定不移地高举中国特色社会主义伟大旗帜,坚持中国特色社会主义道路和中国特色社会主义理论体系,深入贯彻落实科学发展观,进一步提高纪检监察工作的能力和水平,为开创中国特色社会主义事业新局面作出应有的贡献。

党中央以及中央纪委常委会对纪检监察机关学习贯彻党的十七大精神高度重视,要求加大学习贯彻的力度。中央纪委举办这次研讨班,围绕深入学习贯彻党的十七大精神,学习贯彻胡锦涛总书记在新进中央委员会的委员、候补委员学习贯彻党的十七大精神研讨班开班式上的重要讲话精神,以更高的标准认真谋划和做好当前和今后一个时期的纪检监察工作这一主题进行研讨。全体中央纪委委员,以及未担任中央纪委委员的监察部副部长、副部级纪检组长、省级纪委书记共160余人参加了研讨班。在为期3天的学习中,研讨班安排了三次辅导报告,一次分组讨论和一次学员代表发言。

会议要求,各级纪检监察机关要不断把学习贯彻党的十七大精神引向深入,自觉把党的十七大精神作为改造主观世界的思想武器和改造客观世界的行动指南，切实把学习贯彻党的十七大精神作为当前和今后一个时期的首要政治任务抓紧抓好。要不断加强中央纪委委员和纪检监察领导干部的自身建设，努力建设一支政治坚强、公正清廉、纪律严明、业务精通、作风优良的高素质纪检监察干部队伍。要深入研究反腐倡廉战略性、全局性和前瞻性问题，积极探索反腐倡廉建设的特点和规律，开拓新思路，提出新举措，积累新经验，深入推动反腐倡廉理论创新和实践发展，不断开创党风廉政建设和反腐败斗争的新局面。

结业式上，6位学员代表发言，联系实际提出了深入贯彻党的十七大精神和学习贯彻胡锦涛总书记重要讲话，扎实推进本地区本部门反腐倡廉建设的思路与想法，并畅谈了参加研讨班的收获和体会。大家一致认为，中央纪委举办这次研讨班非常及时，非常必要。通过认真学习，深入研讨，广泛交流，深化了对党的十七大精神的认识和理解，明确了纪检监察工作深入贯彻党的十七大精神应当着重把握的总体思路和主要任务，增强了贯彻落实党的十七大精神的自觉性和坚定性。学员们认为，一定要进一步加强学习、提高履职本领，坚持学以致用、用以促学，努力用党的十七大精神武装头脑、指导实践，推动工作，不断提高自身素质和业务能力，切实履行好肩负的职责和使命，不辜负党和人民的信任与重托。

中央纪委副书记李玉赋主持结业式并作总结讲话。中央纪委监察部领导同志和全体学员参加结业式。

《新华日报》创刊70周年暨在南京出版59周年庆典在南京举行

“光明国学馆”丛书出版

“光明国学馆”丛书由光明日报出版社正式推出。这套“低定价、高品质”的国学丛书精选了传统文化各个领域中最具代表性的经典之作，内容涵盖了文学、史学、哲学、艺术等各个方面，在新年到来之际，为广大读者带来了一位“家家都请得起的国学好老师”。

“光明国学馆”丛书共60种，第一批推出的有“品读《老子》《论语》《坛经》”，“品读唐诗、宋词、元曲”，“品读三国、红楼、西游、水浒”，“品读人物、山水、花鸟”，“品读《菜根谭》”，“品读《围炉夜话》”等16种24本。

国办转发环保总局等部门《关于加强重点湖泊水环境保护工作的意见》并发出通知

各省、自治区、直辖市人民政府，国务院各部委、各直属机构：

环保总局、发展改革委、财政部、建设部、水利部《关于加强重点湖泊水环境保护工作的意见》已经国务院同意，现转发给你们，请认真贯彻执行。

国务院办公厅

2008年1月12日

关于加强重点湖泊水环境保护工作的意见

湖泊(包括水库，下同)是我国饮用水的重要来源，兼有防洪、发电、航运及维系流域生态平衡等重要功能，关系到人类的生存与安全，关系到区域及全国经济社会发展大局。党中央、国务院高度重视湖泊水环境保护工作。“九五”以来，湖泊水环境保护工作取得了一定进展。但由于粗放型经济发展方式尚未根本转变，工业污染物排放稳定达标率低，城镇污水处理设施建设滞后，水资源开发利用不当等问题，不少湖泊的水环境保护工作面临严峻考验。为加强重点湖泊水环境保护工作，现提出以下意见：

一、进一步明确指导思想、方针和目标

(一)指导思想和方针。湖泊水环境保护要坚持以人为本，全面贯彻落实科学发展观，以污染物减排为核心，以保障饮用水安全为重点，综合运用经济、法律和必要的行政手段，坚持不懈地推进全面、系统、科学、严格的污染治理，让湖泊休养生息，从根本上解决湖泊水污染问题。湖泊水环境保护要贯彻远近结合、标本兼治，分类指导、因地制宜，科学规划、综合治理，加强领导、狠抓落实的方针。

(二)近期和远期目标。继续以太湖、巢湖、滇池(以下称“三湖”)以及三峡库区、小浪底库区、丹江口库区为保护重点，并加强洪泽湖、鄱阳湖、洞庭湖和洱海等水环境保护工作。到2010年，重点湖泊富营养化加重的趋势得到遏制，水质有所改善；到2030年，将逐步恢复重点湖泊地区山清水秀的自然风貌，形成流域生态良性循环、人与自然和谐相处的宜居环境。

二、采取多种措施实行综合治理

(三)加大工业污染防治力度。重点湖泊流域地方各级人民政府要加大对造纸、酿造、印染、制革、医药、选矿以及各类化工等行业落后生产能力的淘汰力度。到2008年年底前，依法完成所有排污单位排污许可证核发工作，对未达到排污许可证规定的企业要实施限产限排。超标排放水污染物的企业要在2008年6月底前完成治理；对逾期未完成的，实行停产整治或依法关闭。“三湖”流域各省(市)要制定比国家标准更严格的水污染物排放标准，严格新建项目环境准入，禁止新上向“三湖”排放氮、磷污染物的项目。在重点湖泊流域新建、改建或者扩大排污口，应当经过有管辖权的水行政主管部门或者流域机构同意。在太湖流域开展化学需氧量排污权交易试点。

(四)加强城市生活污水处理。在重点湖泊流域内城镇新建、在建污水处理厂都要配套建设脱氮除磷设施，保证出水水质达到一级排放标准；已建污水处理厂要在2010年年底前完成脱氮除磷改造，出水水质达到规定的排放标准。统筹安排污水处理设施、污水再生利用和污泥处置设施建设，加强配套管网建设，改造或完善排水管网雨污分流体系。严格执行城市排水许可制度，加强对排入管网污水的水质监管。城市垃圾处理场渗滤液必须做到达标排放。在重点湖泊流域内禁止销售和使用含磷洗涤用品。

（五）控制农村生活污染和面源污染。重点湖泊流域地方人民政府要因地制宜开展农村污水、垃圾污染治理，有条件的小城镇和规模较大的村庄应建设污水处理设施。科学规划畜禽饲养区域，鼓励建设生态养殖场和养殖小区，通过发展沼气、生产有机肥和无害化畜禽粪便还田等畜禽粪污综合利用方式，确保达标排放，对目前未能达标排放的规模化畜禽养殖场要抓紧进行治污改造。加快发展农业清洁生产，积极引导和鼓励农民使用测土配方施肥、病虫草害综合防治、生物防治和精准施药等技术，采取灌排分离等措施控制农田氮磷流失，推广使用生物农药或高效、低毒、低残留农药。在重点湖泊最高水位线外1公里范围内严格控制种植蔬菜、花卉等单位面积施用化肥量大的农业活动，严禁施用高毒、高残留农药。

（六）控制旅游业和船舶污染。科学规划湖泊周边旅游业，防止超环境容量过度发展。湖泊周边度假村、旅游宾馆饭店等必须安装污水处置设施，并确保达标排放。在2008年年底前，所有进入湖泊的机动船舶都要按照标准配备相应的防止污染设备和污染物集中收集、存储设施，船舶集中停泊区域要设置污染物接收与处理设施。制订船舶污染水域应急预案。

（七）削减湖内污染负荷。“三湖”和三峡库区流域地方人民政府要组织专业队伍，建立打捞藻类或漂浮物作业制度，提高机械装备水平和打捞效率，并妥善处理打捞上岸的藻类或漂浮物，避免二次污染。要有计划地开展底泥生态疏浚。要于2008年年底前全面取消“三湖”流域禁养区内的湖泊围网养殖和肥水养殖；不再扩大其他湖泊现有围网养殖面积，并在3年内逐步降到规定的面积以下。

（八）加强生态保护和修复。要合理开发湖泊水资源，保证生态用水，增强水体自净能力。优先实施湖泊湿地保护和恢复工程，禁止围湖造田、围湖养殖等缩小湖泊水面的行为。采取生物控制、放养滤食鱼类、底栖生物移植等措施修复水域生态系统，加强生态湖滨带和水源涵养林等生态隔离带的建设与保护。对主要入湖泊河道、河口进行综合治理，实施生态恢复。推广前置库、尾水湿地处理等生态处理方法，进一步降低氮磷入湖总量。有条件的地方，要进一步做好调水引流工作，采取科学调水、合理控闸等措施，加快湖泊水体循环交换。选择不同类型的湖泊开展污染防治和生态修复试点。

（九）大力加强科技攻关。要强化对重点湖泊富营养化形成和消除机理、水体氮磷污染控制、藻类生长和暴发规律、水体自然修复、沼泽化防治和水库消落带保护等方面的关键技术研发，增强科技支撑能力。开展重点湖泊生态安全评估。开展农业污染防治关键技术研究，实施限定性农业技术规范。全面推进湖泊环保标准研究和修订工作。

三、强化责任和监督管理

（十）落实领导责任。要逐级落实责任，建立考核机制，实行严格的问责制。地方人民政府是重点湖泊水环境保护的责任主体。重点湖泊流域地方各级人民政府要充分认识湖泊水环境保护的重要性，正确处理发展经济与保护环境的关系，把保护环境放在更加突出的位置，切实加强领导，将重点湖泊水环境保护所需资金作为地方财政预算资金(包括预算内基本建设投资等)安排重点，并加大投入力度；要制订分年度的工作计划，明确任务和进度要求，狠抓落实。流域管理机构要加强省界断面的水质监测，及时与相关省级人民政府、环保和水利部门协调，实现水资源的合理配置和有效保护。跨省界湖泊地区的省级人民政府要建立联防治污、预警、应急等方面的协调机制。国务院有关部门要切实履行职责，加强指导和协调，加大支持力度，中央预算内基本建设投资、中央集中的排污费、环保部门年度部门预算等渠道安排的环境保护资金要对重点湖泊水环境保护予以重点支持。

（十一）健全环境监测预警体系。加强水质监测能力建设，优化监测网络。扩大藻类易发期的监测范围，增加监测断面和监测频次。对水质、水情和水环境污染事故隐患进行认真分析，制订水环境保护预警和应急预案，健全指挥管理系统，逐步建立污染源、水环境质量和应急系统的综合信息管理平台，及时发布预警信息。逐步开展农业面源污染监测体系建设。

（十二）严格环境执法。各级环保部门对环境违法行为要加大执法力度，对恶意排污行为要依法从重处罚。在藻类易发期，对相应区域的污染源，可采取必要的控制措施。对未批先建、未经验收擅自投产的建设项目，责令停产停建。对治理无望的企业和落后生产能力，实施关闭淘汰。有悖于环保法律、法规的地方性规定，要立即全部取消。对违法排污的企业负责人和失职、渎职的领导干部，要坚决查处，情节严重的要依法追究刑事责任。

1月13日

国务院总理温家宝签署第515号令发布《关于修改〈价格违法行为行政处罚规定〉的决定》

《国务院关于修改〈价格违法行为行政处罚规定〉的决定》已经2008年1月9日国务院第204次常务会议通过，现予公布施行。

总理　温家宝

2008年1月13日

国务院关于修改《价格违法行为行政处罚规定》的决定

国务院决定对《价格违法行为行政处罚规定》做如下修改：

一、第四条修改为："经营者违反价格法第十四条的规定，有下列行为之一的，责令改正，没收违法所得，并处违法所得5倍以下的罚款；没有违法所得的，处10万元以上100万元以下的罚款；情节严重的，责令停业整顿，或者由工商行政管理机关吊销营业执照：

"（一）相互串通，操纵市场价格，损害其他经营者或者消费者的合法权益的；

"（二）除依法降价处理鲜活商品、季节性商品、积压商品等商品外，为了排挤竞争对手或者独占市场，以低于成本的价格倾销，扰乱正常的生产经营秩序，损害国家利益或者其他经营者的合法权益的；

"（三）提供相同商品或者服务，对具有同等交易条件的其他经营者实行价格歧视的。

"行业协会组织本行业的经营者相互串通，操纵市场价格的，对经营者依照前款的规定处罚；对行业协会可以处50万元以下的罚款，情节严重的，社会团体登记管理机关可以依法撤销登记。"

二、第五条修改为："经营者违反价格法第十四条的规定，捏造、散布涨价信息，恶意囤积以及利用其他手段哄抬价格，推动商品价格过高上涨的，或者利用虚假的或者使人误解的价格手段，诱骗消费者或者其他经营者与其进行交易的，责令改正，没收违法所得，并处违法所得5倍以下的罚款；没有违法所得的，处5万元以上50万元以下的罚款；情节严重的，责令停业整顿，或者由工商行政管理机关吊销营业执照。

"行业协会有前款规定的违法行为的，可以处50万元以下的罚款；情节严重的，社会团体登记管理机关可以依法撤销登记。"

三、第六条修改为："经营者违反价格法第十四条的规定，采取抬高等级或者压低等级等手段销售、收购商品或者提供服务，变相提高或者压低价格的，责令改正，没收违法所得，并处违法所得5倍以下的罚款；没有违法所得的，处2万元以上20万元以下的罚款；情节严重的，责令停业整顿，或者由工商行政管理机关吊销营业执照。"

四、第七条修改为："经营者不执行政府指导价、政府定价，有下列行为之一的，责令改正，没收违法所得，并处违法所得5倍以下的罚款；没有违法所得的，处5万元以上50万元以下的罚款；情节严重的，责令停业整顿：

"（一）超出政府指导价浮动幅度制定价格的；

"（二）高于或者低于政府定价制定价格的；

"（三）擅自制定属于政府指导价、政府定价范围内的商品或者服务价格的；

"（四）提前或者推迟执行政府指导价、政府定价的；

"（五）自立收费项目或者自定标准收费的；

"（六）采取分解收费项目、重复收费、扩大收费范围等方式变相提高收费标准的；

"（七）对政府明令取消的收费项目继续收费的；

"（八）违反规定以保证金、抵押金等形式变相收费的；

"（九）强制或者变相强制服务并收费的；

"（十）不按照规定提供服务而收取费用的；

"（十一）不执行政府指导价、政府定价的其他行为。"

五、第八条修改为："经营者不执行法定的价格干预措施、紧急措施，有下列行为之一的，责令改正，没收违法所得，并处违法所得5倍以下的罚款；没有违法所得的，处10万元以上100万元以下的罚款；情节严重的，责令停业整顿：

"（一）不执行提价申报或者调价备案制度的；

"（二）超过规定的差价率、利润率幅度的；

"（三）不执行规定的限价、最低保护价的；

"（四）不执行集中定价权限措施的；

"（五）不执行冻结价格措施的；

"（六）不执行法定的价格干预措施、紧急措施的其他行为。"

六、第九条修改为："本规定第四条至第八条规定中经营者为个人的，对其没有违法所得的价格违法行为，可以处10万元以下的罚款。"

七、第十八条修改为："任何单位和个人有本规定所列价格违法行为，情节严重，拒不改正的，政府价格主管部门除依照本规定给予处罚外，可以公告其价格违法行为，直至其改正。"

八、增加一条，作为第十九条："有关法律对价格法第十四条所列行为的处罚及处罚机关另有规定的，可以依照有关法律的规定执行。”

此外，对条文的顺序和部分文字做相应的调整和修改。

本决定自公布之日起施行。

《价格违法行为行政处罚规定》根据本决定做相应的修改，重新公布。

价格违法行为行政处罚规定（略）

全国政协主席贾庆林在人民大会堂会见中国基督教第八次代表会议代表

贾庆林在讲话中对过去5年中国基督教界所取得的成绩给予充分肯定。他说，过去5年来，中国基督教界高举爱国爱教旗帜，认真贯彻党的宗教工作基本方针，深入落实《宗教事务条例》，积极推进神学思想建设，努力引导基督教与社会主义社会相适应；坚持独立自主自办原则，坚决抵御境外利用宗教进行的渗透；大力开展社会服务事业，为促进社会和谐发挥了积极作用；切实加强自身建设，基督教团体和院校办公办学条件得到明显改善。实践证明，广大基督教界人士和信教群众是值得信赖的，不愧为建设中国特色社会主义的积极力量。

贾庆林指出，党中央历来高度重视宗教工作。前不久，中共中央政治局专门学习研究宗教问题和宗教工作，胡锦涛总书记发表重要讲话，对做好新形势下的宗教工作作出重要指示。广大宗教界人士要认真学习贯彻胡锦涛总书记的重要讲话精神，坚持党的宗教工作基本方针，积极主动地做好宗教工作，努力把宗教界人士和信教群众紧紧团结在党和政府周围，为夺取全面建设小康社会新胜利而共同奋斗。希望中国基督教三自爱国运动委员会和中国基督教协会新一届领导班子继承和发扬优良传统，学习中国基督教界老一辈爱国人士的崇高品质，在党的领导下，团结带领广大信教群众，不断开创中国基督教各项事业的新局面，为促进经济社会发展发挥积极作用。

中共中央政治局委员、国务院副总理回良玉参加了会见。

中国基督教第八次代表会议于1月9日至13日在北京召开。会议审议通过了中国基督教三自爱国运动委员会第七届、中国基督教协会第五届常委会工作报告，通过了新修订的中国基督教三自爱国运动委员会章程、中国基督教协会章程和中国基督教教会规章。傅先伟当选为中国基督教三自爱国运动委员会主席，高峰当选为中国基督教协会会长。

吉林省第十一届人民代表大会第一次会议选举王珉为省人大常委会主任 韩长赋为省长

中国社会组织促进会在北京成立

民政部主管、由中国社团研究会更名的全国性社会团体——中国社会组织促进会在京成立。该组织将设立社会组织发展奖励专项基金，对社会公益性强、社会形象好的社会组织予以表彰，建立对社会组织的资助和奖励机制。

截至去年9月，全国各类社会组织已经达到36万多个，总体上仍处于发展的初级阶段。

1月14日

国务院总理温家宝与印度总理辛格在人民大会堂举行会谈

温家宝强调，双方即将签署的《关于二十一世纪的共同展望》，将向国际社会发出中印相互支持、共同发展、共建和谐世界的积极信号，它将成为指导两国关系发展的又一份重要文件，标志着中印关系又向前迈进了一大步。中方愿同印方一道，积极落实两国间的“十项战略”，推动中印关系不断取得新进展。

辛格说，印中是两个最大的发展中国家，印中关系已超越双边范畴，具有重要的全球意义，发展对华关系是印度外交的优先政策。辛格重申，印度将继续恪守一个中国政策，不支持“台独”，不支持台湾加入联合国。

两国领导人就今后一个时期双边关系发展达成以下共识：一、进一步密切高层往来，增进政治互信；二、实现两国外长年内互访，举行双边第四次战略对话；三、提高相互投资规模和在能源、科技、环保等领域合作水平，择机启动两国区域贸易安排谈判，将2010年双边贸易额目标由原计划400亿美元提高到600亿美元；四、扩大人文交流，设立中印交流基金，继续组织好两国青年百人团互访活动，共同办好2010年“印度节”和“中国节”；五、加强两军交往和防务对话，择机进行两军第二次联合反恐训练；六、密切两国在国际和地区事务中的配合，共同应对传统和非传统安全威胁。

温家宝表示，近年来中印边界谈判取得了积极进展，双方应坚持从战略高度和两国关系大局出发，通过平等协商和互谅互让，早日达成一个公平合理、切实可行的框架方案。在边界问题解决之前，双方要共同努力维护边境地区的和平与安宁。

辛格表示，印方有解决两国边界问题的政治意愿，愿与中方共同努力，按照双方达成的关于解决边界问题的政治指导原则，责成两国特别代表加倍努力，争取早日找到解决这一历史遗留问题的方案。

会谈后，两国总理共同签署了中华人民共和国和印度共和国《关于二十一世纪的共同展望》，并出席了其他双边合作文件的签字仪式，共同会见了记者。两国总理还出席了中印联合医疗队成立仪式。

中华人民共和国和印度共和国签署《关于二十一世纪的共同展望》

中华人民共和国国务院总理温家宝和印度共和国总理曼莫汉·辛格于2008年1月14日在北京举行会晤，决心通过发展两国面向和平与繁荣的战略合作伙伴关系，推动建设持久和平、共同繁荣的和谐世界。

中国和印度(以下简称双方)是世界上两个最大的发展中国家，人口超过世界总人口的三分之一。双方认识到，中印都肩负着确保两国经济社会全面协调可持续发展，推动亚洲和世界和平与发展的重要历史责任。

双方确信，应该面向未来，在平等的基础上建立友好和互信的关系，充分理解彼此的关切和愿望。双方重申，中印友谊和共同发展将对国际体系的未来产生积极影响。中印关系不针对任何第三国，也不影响各自同其他国家的友好关系。

双方相信，在新世纪中，和平共处五项原则，即“潘查希拉”，应继续成为各国发展友好关系、为人类实现和平与发展创造条件的基本指导原则。一个建立在这些原则之上的国际体系将是公平、合理、平等和互利的，有助于促进持久和平与共同繁荣，创造平等机会，消除贫困和歧视。

双方认为，应尊重各国在确保基本人权和法治的基础上，自主选择自身社会、经济及政治发展道路的权利。一个建立在包容和尊重多样性基础上的国际体系，将推进和平事业，减少使用武力或以武力相威胁。双方倡导开放和包容的国际体系，相信以意识形态、价值观和地理标准划线的做法无益于和平与和谐共存。

双方相信，不断推进国际关系民主化和多边主义是新世纪的重要目标。应肯定和加强联合国在促进国际和平、安全和发展上的核心作用。双方支持对联合国进行全方位的改革，包括优先增加发展中国家在安理会的代表性。印方重申其成为安理会常任理事国的愿望。中方高度重视作为发展中大国的印度在国际事务中的地位，理解并支持印度在联合国，包括安理会中发挥更大作用的愿望。

双方支持和鼓励区域一体化进程，认为这是形成中的国际经济体系的重要特征，为发展提供了互利机遇。双方积极看待彼此参与区域合作进程，同意在包括东亚峰会在内的各个地区合作机制中加强协调和磋商，并同其他国家一道，建立更为紧密的亚洲区域合作新架构，共同努力推进亚洲的区域一体化进程。双方将加强在亚欧会议框架下的协调，共同致力于巩固和深化亚欧全面伙伴关系。

双方积极看待彼此参与观点相似国家间的次区域多边合作进程，包括南亚区域合作联盟、环孟加拉湾多领域经济技术合作倡议和上海合作组织。双方认为这不影响各自同其他国家间业已存在的友好关系或合作。

双方欢迎经济全球化的积极面，正视并妥善应对其挑战，愿意同各国一道努力，推动经济全球化朝着均衡和互利方向发展。双方相信建立一个开放、公平、平等、透明和以规则为基础的多边贸易体系是各国的共同愿望。双方支持早日结束多哈发展回合谈判，并将影响最贫困人口的问题放在核心位置。双方决心加强同其他发展中国家的协调，确保实现它们的共同目标。

双方坚信，建立公平、平等、安全、稳定、普惠的国际能源秩序，符合国际社会的共同利益。双方致力于共同努力，促进全球能源结构多元化，提高清洁和可再生能源比例，满足所有国家的能源需求。

双方欢迎两国杰出科学家在国际热核聚变实验反应堆项目上开展合作，这对于以环境上可持续的方式应对全球能源挑战具有重大潜在意义。作为拥有先进科技能力的国家，双方承诺，在同各自国际承诺一致的前提下，促进民用核能领域的双边合作。这将对能源安全和应对气候变化有关风险作出贡献。

双方认识到气候变化给人类带来的挑战。双方重视气候变化问题，重申愿与国际社会共同努力，为应对气候变化作出积极贡献。双方也愿加强两国间技术合作。双方欢迎2007年12月在巴厘岛举行的《联合国气候变化框架公约》大会的成果，同意在“巴厘路线图”所确立的公约长期合作行动的谈判进程中紧密合作。双方强调按照《联合国气候变化框架公约》及其《京都议定书》的各项原则和规定，特别是“共同但有区别的责任”原则应对气候变化的重要性。

双方呼吁国际社会致力于推进多边军控、裁军与防扩散进程。外层空间是人类的共同财富。所有发展航天事业的国家都应致力于和平利用外空。双方明确反对外空武器化和外空军备竞赛。

双方强烈谴责世界上任何地区、任何形式及任何表现的恐怖主义。双方承诺共同努力并与国际社会一道，长期、持续和全面地加强全球反恐框架。

双方相信，文化和宗教包容以及不同文明和民族间的对话有助于世界总体和平与稳定。双方赞赏所有促进不同文明和不同信仰间对话的努力。

双方相信，中印双边关系在本世纪将具有重要的地区和全球影响。因此,双方将继续积极发展两国战略合作伙伴关系。作为本地区经济大国,双方相信,中印经贸关系的强劲增长势头对双方有利。双方欢迎两国区域贸易安排可行性研究的完成。可行性研究报告认为,中印区域贸易安排将使双方受益。在亚洲区域经济一体化进程加快的背景下,双方同意就关于启动互惠和高质量的区域贸易安排谈判的可能性问题进行探讨,相信这一安排符合两国的共同愿望,也将惠及本地区。

双方将通过稳步增进国防领域联系,不断加强建立信任措施。因此,双方欢迎中印防务与安全磋商启动,对2007年12月双方顺利完成首次陆军联合反恐训练表示满意。2002年以来,两国在跨境河流问题上的合作树立了典范,双方对此表示欢迎。中国向印度提供汛期水文资料,为印度确保有关河流沿岸地区人民的安全提供了帮助,印方对此表示高度赞赏。双方认为这对增进相互理解和信任产生了积极意义。

双方将继续坚定地致力于通过和平谈判解决包括边界问题在内的遗留分歧,同时确保这些分歧不会影响双边关系的积极发展。双方重申,决心以2005年4月共同达成的关于解决边界问题政治指导原则的协定为基础,寻求公平合理和双方都能接受的方式解决问题,构建和平与友好的边界。双方特别代表应在该协定基础上尽早达成解决框架。

印方忆及印度是最早承认一个中国的国家之一,其一个中国的政策没有改变。印方表示,将继续遵守一个中国的政策,反对任何违背一个中国原则的活动。中方对印方立场表示赞赏。

双方认识到两国对国际社会所肩负的责任和义务。双方决心加强中印人民间的相互理解和友谊,创造两国和全人类更加光明美好的未来。

中华人民共和国国务院总理　　印度共和国总理
温家宝　　曼莫汉·辛格

2008年1月14日于北京

国务院总理温家宝在人民大会堂会见世界贸易组织总干事拉米

国务院总理温家宝在人民大会堂会见了世界贸易组织总干事拉米,双方就多哈回合谈判等问题交换了意见。

温家宝说,中国将坚定不移地坚持改革开放,愿意在公平开放的环境中与世界各国开展贸易和经济技术合作。完成多哈回合谈判,对实现贸易的开放性和可预见性,对世界经济贸易的稳定发展无疑是有益的。中国支持各方在现有案文基础上积极推动多哈回合谈判,并希望谈判尽早圆满结束。

拉米说,多哈回合正处于关键时刻,此轮多边贸易谈判如能成功结束,将是遏制国际贸易保护主义的最有效方式,希望中国在谈判中继续发挥积极、建设性的作用。

商务部部长陈德铭、中国常驻世贸组织代表团大使孙振宇等参加了会见。

中共中央政治局常委李长春到中国国家博物馆和国家京剧院调研

中共中央政治局常委李长春在中国国家博物馆和国家京剧院调研时强调,要深入学习贯彻党的十七大精神,坚持以人为本、服务群众,大力发展公益性文化事业,加快构建公共文化服务体系,更好地保障人民群众基本文化权益。

李长春强调,中国国家博物馆改扩建工程是国家重大文化建设项目,是关系百年大计的文化工程,要坚持质量第一,努力建设成“国内领先、国际一流”的博物馆,充分发挥在构建公共文化服务体系、保障人民群众基本文化权益方面的示范带动作用。

李长春在考察国家京剧院时说,党的十七大提出要兴起社会主义文化建设新高潮,推动社会主义文化大发展大繁荣,对京剧的繁荣发展既是巨大鼓舞也是极大鞭策。国家京剧院是京剧艺术的最高殿堂,肩负着引导和推动京剧繁荣发展的历史使命,要在各方面走在前列,为全国创造新鲜经验。要进一步深化劳动、人事和分配制度改革,充分调动演职人员和管理人员的积极性和创造性。要大力推进艺术创新,建立以院团为主体、市场为导向、产学研相结合的艺术创新体系。要强化经营意识,增强应对市场、开发市场的能力,拓宽对外演出的渠道,在开展商业演出和开发衍生产品方面迈出更大步伐。要牢固树立人才资源是第一资源、名角是剧团第一品牌的观念,高度重视京剧人才特别是后备人才的培养。要加强京剧的推广普及,拓展京剧传播渠道,加强对创新剧目和名演员的宣传,扩大京剧艺术的影响。

国务委员陈至立一同参加调研。

中央纪委书记贺国强在中共第十七届中纪委第二次全体会议上作《全面贯彻党的十七大精神　努力开创党风廉政建设和反腐败斗争新局面》工作报告

现在,我代表中央纪律检查委员会常务委员会向第二次全体会议作工作报告,请予审议。

这次全会是在全党全国各族人民深入学习贯彻党的十七大精神,全面推进中国特色社会主义事业的新形势下召开的。会议的主要任务是:认真学习贯彻党的十七大精神,高举中国特色社会主义伟大旗帜,以邓小平理论和“三个代表”重要思想为指导，深入贯彻落实科学发展观，进一步明确当前和今后一个时期党风廉政建设和反腐败斗争的总体要求，部署2008年党风廉政建设和反腐败工作。党中央对这次全会十分重视，中央政治局和中央政治局常委会专门审议了这个报告，胡锦涛同志将出席会议并发表重要讲话，我们一定要认真学习，深刻领会，坚决贯彻落实。

一、准确把握党的十七大对党风廉政建设和反腐败斗争的总体要求

党的十七大是在我国改革发展关键阶段召开的一次十分重要的大会。胡锦涛同志所作的报告，是我们党团结带领全国各族人民坚定不移走中国特色社会主义道路、在新的历史起点上继续发展中国特色社会主义的政治宣言和行动纲领，是马克思主义的纲领性文献。大会通过的《中国共产党章程(修正案)》体现了党的理论创新和实践发展的成果，对坚持和完善党的领导、加强和改进党的建设提出了明确要求。大会强调，坚决惩治和有效预防腐败，关系人心向背和党的生死存亡，是党必须始终抓好的重大政治任务；全党同志一定要充分认识反腐败斗争的长期性、复杂性、艰巨性，把反腐倡廉建设放在更加突出的位置，坚持标本兼治、综合治理、惩防并举、注重预防的方针，扎实推进惩治和预防腐败体系建设，旗帜鲜明地反对腐败。各级党组织要按照中央的要求，把学习贯彻党的十七大精神作为当前和今后一个时期的首要政治任务，组织党员干部认真研读党的十七大报告和党章，深刻领会党的十七大精神，把思想统一到党的十七大精神上来，把力量凝聚到实现党的十七大确定的各项任务上来。要准确把握党的十七大对反腐倡廉建设提出的新要求，推动党风廉政建设和反腐败斗争深入开展。

——高举中国特色社会主义伟大旗帜，更加坚定地贯彻执行党的路线方针政策。中国特色社会主义伟大旗帜，是当代中国发展进步的旗帜，是全党全国各族人民团结奋斗的旗帜。各级党组织和广大党员要按照党的十七大的要求，高举中国特色社会主义伟大旗帜，更加坚定不移地坚持中国特色社会主义道路，更加坚定不移地坚持用中国特色社会主义理论体系武装头脑、指导实践、推动工作，更加坚定不移地继续解放思想、坚持改革开放、推动科学发展、促进社会和谐。各级纪委要严明党的纪律尤其是政治纪律，使各级党组织和广大党员更加自觉地坚持党的基本理论、基本路线、基本纲领、基本经验，保持全党在指导思想、路线方针政策和重大原则问题上高度一致。要自觉学习、运用党的三代中央领导集体反腐倡廉重要思想和以胡锦涛同志为总书记的党中央反腐倡廉重要论述指导反腐倡廉工作，增强高举旗帜的坚定性，始终保持党的纪律检查工作的正确政治方向。要认真总结改革开放特别是党的十六大以来反腐倡廉工作的宝贵经验，深入探索新形势下反腐倡廉建设规律，不断完善反腐倡廉基本原则、工作方针、工作格局、领导体制和工作机制，与时俱进地全面履行党章赋予的职责，使我们的工作更好地体现时代性、把握规律性、富于创造性。

——深入贯彻落实科学发展观，为促进经济社会又好又快发展和全面建设小康社会提供有力保证。科学发展观是同马克思列宁主义、毛泽东思想、邓小平理论和“三个代表”重要思想既一脉相承又与时俱进的科学理论，是我国经济社会发展的重要指导方针，是发展中国特色社会主义必须坚持和贯彻的重大战略思想，对于深入开展党风廉政建设和反腐败斗争具有重要指导作用。各级党组织和广大党员要深刻领会科学发展观的科学内涵、精神实质和根本要求，切实增强贯彻落实科学发展观的自觉性和坚定性，着力把握发展规律、创新发展理念、转变发展方式、破解发展难题，提高发展质量和效益，实现经济社会全面协调可持续发展。各级纪委要适应新的形势，更加自觉地把科学发展观的要求贯彻落实到纪律检查工作各个方面，更加自觉地把纪律检查工作放在党和国家工作全局中去谋划和部署，不断探索和拓宽服务科学发展的有效途径，促进科学发展观的贯彻落实。要认真履行监督检查职能，纠正违背科学发展观的错误行为，优化发展环境，促进中央重大决策部署的贯彻落实。要督促有关部门着力解决影响和制约科学发展的深层次矛盾和问题，认真推进行政管理体制等各项改革，完善领导班子和领导干部综合考核评价制度，健全保障科学发展的体制机制。要大力支持和保护党员干部改革创新的积极性，努力营造聚精会神搞建设、一心一意谋发展的良好氛围，促进经济社会又好又快发展，推进全面建设小康社会进程。

——切实维护人民群众的根本利益，促进和谐社会建设。全心全意为人民服务是党的根本宗旨。社会和谐是中国特色社会主义的本质属性。维护群众利益是纪律检查机关践行党的宗旨、促进社会和谐的重要职责。各级纪委要坚持立党为公、执政为民，紧紧围绕人民群众最关心、最直接、最现实的利益问题，督促有关部门推进社会体制改革，扩大公共服务，完善社会管理，促进社会公平正义，把保障和改善民生的各项政策落到实处，努力使全体人民学有所教、劳有所得、病有所医、老有所养、住有所居，推动和谐社会建设。要针对损害群众利益的突出问题，进一步加大治理力度，坚决纠正漠视群众疾苦、与民争利的行为。要配合有关部门采取切实有效措施，维护人民群众的合法权益，引导群众依法管理基层公共事务和公益事业，建立、健全

有效的利益协调、诉求表达、矛盾调处、权益保障的长效机制，营造注重公平、崇尚正义的社会环境。

——以保持党同人民群众的血肉联系为重点，加强党的作风建设。优良的党风是党的执政能力和先进性的重要体现，是做好党和国家工作的重要保证，是凝聚党心民心的巨大力量。各级党委和纪委要全面加强党的作风建设特别是领导干部作风建设，认真落实“八个坚持、八个反对”的要求，大力倡导八个方面良好风气，使领导干部切实做到为民、务实、清廉，不断巩固党同人民群众的血肉联系。要教育引导领导干部继承优良传统、牢记根本宗旨、心系人民群众，进一步树立群众观点和公仆意识，认真执行联系群众制度，关心群众生产生活，切实为群众办好事、办实事，做到权为民所用、情为民所系、利为民所谋。大力弘扬求真务实精神，改进学风、文风和会风，坚决纠正形式主义、官僚主义、弄虚作假和奢侈浪费行为。着力解决作风方面存在的突出问题，促使领导干部保持清正廉洁，讲党性、重品行、作表率，模范实践社会主义核心价值体系，以优良的党风促政风带民风。

——以完善惩治和预防腐败体系为重点，加强反腐倡廉建设。党的十七大第一次把反腐倡廉建设与党的思想建设、组织建设、作风建设和制度建设一起，确定为党的建设的基本任务，对于深入开展党风廉政建设和反腐败斗争、全面推进党的建设新的伟大工程，具有重大而深远的意义。全党同志一定要从巩固党的执政地位和保持党的先进性的高度，充分认识加强反腐倡廉建设的极端重要性，把反腐倡廉建设放在更加突出的位置。建立、健全惩治和预防腐败体系在反腐倡廉建设中具有全局性、战略性的地位。要以改革创新的精神完善惩治和预防腐败体系，坚持与中国特色社会主义事业总体布局相适应，把反腐倡廉工作融入经济建设、政治建设、文化建设和社会建设之中；坚持与科学发展观的要求相适应，为经济社会又好又快发展提供可靠的政治保障；坚持与加强党的执政能力建设和先进性建设相适应，不断提高拒腐防变和抵御风险的能力；坚持与完善社会主义市场经济体制相适应，与经济社会各项改革同步推进、协调发展。要抓紧制订并实施《建立、健全惩治和预防腐败体系2008—2012年工作规划》，坚持惩治和预防两手抓、两手都要硬，始终保持惩治腐败的强劲势头，在坚决惩治腐败的同时，更加注重治本，更加注重预防，更加注重制度建设，努力拓展从源头上防治腐败工作领域。要以改革统揽预防腐败各项工作，协调推进重要领域和关键环节的改革，努力建立比较完善的拒腐防变教育长效机制、反腐倡廉制度体系、权力运行监控机制。各级党委要把推进惩治和预防腐败体系建设作为一项重要政治任务来抓，认真执行党风廉政建设责任制，把反腐倡廉各项工作任务落到实处；各级纪委要切实履行职责，加强组织协调，进一步巩固和发展全党动手抓反腐倡廉的局面。

二、2008年主要工作任务

2008年是全面贯彻落实党的十七大精神的第一年，是改革开放30周年，也是恢复和重建党的纪律检查机关30周年，还将迎来北京奥运会，认真抓好今年的党风廉政建设和反腐败工作意义重大。我们要全面贯彻党的十七大精神，高举中国特色社会主义伟大旗帜，以邓小平理论和“三个代表”重要思想为指导，深入贯彻落实科学发展观，坚持标本兼治、综合治理、惩防并举、注重预防的方针，加强以保持党同人民群众血肉联系为重点的作风建设，加强以完善惩治和预防腐败体系为重点的反腐倡廉建设，坚持改革创新，突出工作重点，加大工作力度，狠抓任务落实，为推进全面建设小康社会提供有力保证。

(一)认真开展对党的十七大重大决策部署执行情况的监督检查，推动深入贯彻落实科学发展观

保证党的政治纲领和政治目标的顺利实现，是党的纪律检查机关的重大责任。要坚持把维护党的政治纪律放在首位，督促领导机关和党员干部坚决落实党的十七大确定的各项任务。要深入开展党的政治纪律教育，促使广大党员干部增强党性观念，始终保持正确的政治方向、政治立场和政治观点，在“举什么旗、走什么路”的问题上毫不动摇。要加强对党的政治纪律执行情况的监督检查，坚决反对任何否定党的领导和社会主义制度的言论，自觉抵制各种否定改革开放的错误思想。要严肃查处违反党的政治纪律的行为，坚决维护党的集中统一，坚决维护以胡锦涛同志为总书记的党中央的权威。

按照党的十七大的战略部署和中央经济工作会议精神，紧紧围绕转变经济发展方式和完善社会主义市场经济体制，开展对加强和改善宏观调控、推进改革开放和自主创新、优化经济结构和提高经济增长质量、加强节能减排和生态环境保护、重视改善民生和促进社会和谐等重大政策措施落实情况的监督检查。加大对违规违法行为的查处力度，坚决纠正有令不行、有禁不止的现象，确保中央政令畅通。当前，要配合有关部门重点加强对以下几个方面的监督检查：(1)加强对市场价格调控政策执行情况的检查，及时发现和坚决纠正违规行为，维护正常的市场经营秩序。(2)加强对节能减排工作落实情况的检查，健全节能减排工作监督和奖惩机制，落实节能减排工作责任制，严肃处理违反国家能源管理和环境保护法律、法规的问题。(3)加强对固定资产投资政策执行情况的检查，督促落实产业政

策和区域发展政策，规范新开工项目管理，防止投资过快增长。(4)加强对土地管理法律、法规和节约集约用地政策执行情况的检查，从严控制新增建设用地，着力纠正违反耕地保护制度的行为。(5)加强对房地产市场调控政策执行情况的检查，严肃查处在房地产规划、开发建设、销售中以权谋私等问题，促进房地产市场健康发展。

(二)加大专项治理力度，坚决纠正损害群众利益的不正之风

配合有关部门加强监督检查，重点解决物价、生态环境保护、食品药品质量、安全生产、征地拆迁等方面群众反映强烈的问题。加强对环境污染防治政策措施落实情况的监督检查，对不认真履行环保职责、严重损害群众环境权益的地方和单位，要追究有关人员特别是领导干部的责任。健全食品药品安全监管制度，严肃处理重大质量安全事件。开展对安全生产法律、法规执行情况的监督检查，进一步加大责任事故调查处理力度，坚决查处事故背后的失职渎职行为和腐败问题。严肃查处征收征用土地和矿产资源开发中的违纪违法行为。

配合有关部门强化对社保基金、住房公积金和扶贫救灾专项资金的监管，加强审计和财政监督，维护资金安全。认真治理公共服务行业侵害群众消费权益等问题。规范行业协会、市场中介组织的服务和收费行为。继续治理教育乱收费、医药购销和医疗服务中的不正之风，查处侵害农民和进城务工人员利益问题。继续做好清理规范评比达标表彰工作，纠正举办节庆活动过多过滥等问题。认真落实纠风工作责任制，加强部门和行业作风建设，做好民主评议和政风行风热线工作。

(三)继续保持查办案件工作力度，坚决惩治腐败

以查办发生在领导机关和领导干部中的案件为重点，严厉查办官商勾结、权钱交易、权色交易和严重侵害群众利益的案件。严肃查办规避招标、虚假招标的案件，非法批地批矿、低价出让土地和矿产资源或擅自变更规划获取利益的案件，在企业重组改制、产权交易、资本运营和经营管理中隐匿、私分、侵占、转移国有资产以及企业领导人员失职渎职造成国有资产流失的案件，金融领域违规授信、内幕交易、挪用保险资金、违规处置不良资产、侵占上市公司资产的案件，严重违反组织人事纪律的案件，利用司法权索贿受贿、徇私舞弊的案件，领导干部和执法人员为黑恶势力充当“保护伞”的案件。坚持在法律和纪律面前人人平等，对腐败分子绝不放过、绝不姑息。

加强和改进查办案件工作。发挥各级党委反腐败协调小组的作用，健全查办案件的协调机制，提高有效突破大案要案的能力。严格依纪依法办案，正确使用案件检查措施，加强对查办案件工作的管理和监督。综合运用组织处理和纪律处分手段，加大组织处理工作力度。加强案件审理和申诉复查工作，确保案件质量。健全来信来访实名举报办理规定，完善督办机制。正确把握政策，坚持惩前毖后、治病救人，努力取得良好的政治效果、社会效果和法纪效果。加强案件剖析，健全制度，充分发挥查办案件的治本功能。

加大治理商业贿赂工作力度。认真做好自查自纠的检查评估和问题整改，坚决纠正不正当交易行为。严肃查办重点领域和重点方面的商业贿赂案件，既要严厉惩处受贿行为，又要严厉惩处行贿行为。严禁中资企业在国(境)外的商业贿赂行为，依法查处国(境)外经济组织在我国内地的商业贿赂行为。加大改革和制度建设力度，加快推进社会信用体系建设，对失信市场主体依法实行经济处罚、降低或撤销资质、吊销证照，并将有关单位和个人的不良行为记录在案。

(四)扎实开展反腐倡廉教育，加强领导干部廉洁自律工作

要把反腐倡廉教育列入干部教育培训规划，同领导干部培养、选拔、管理、使用等结合起来，以树立正确的权力观为重点，加强对党员干部特别是领导干部的理想信念、党风党纪、廉洁从政和艰苦奋斗教育，使他们牢记党的性质和宗旨，忠诚于党和人民的事业。年轻干部要自觉加强党性修养和党内生活锻炼。要巩固和发展先进性教育活动成果，充分发挥先进典型的示范作用，进一步树立党组织和党员干部的良好形象；运用反面案例开展警示教育，增强教育的针对性和有效性。完善反腐倡廉宣传教育工作格局。制定关于加强廉政文化建设的指导性意见，深入开展面向全党全社会的廉政文化建设，形成以廉为荣、以贪为耻的良好社会风尚。

认真执行中央纪委《关于严格禁止利用职务上的便利谋取不正当利益的若干规定》。针对当前领导干部廉洁从政方面的突出问题，重点抓好以下工作：(1)深入治理领导干部违反规定收送现金、有价证券、支付凭证和收受干股，以及以赌博和交易等形式收受财物、利用婚丧嫁娶等事宜收钱敛财等问题。(2)配合有关部门制定关于党政领导干部证券投资行为的具体规定。严禁党员干部利用职务上的便利获取内幕信息进行股票交易。(3)清理纠正领导干部在住房上以权谋私的问题，严禁领导干部超标准建房、多占住房、违规购买经济适用房，坚决处理领导干部违规违法收受房屋的问题。(4)纠正和查处领导干部放任、纵容配偶、子女和身边工作人员利用其职权和职务影响经商办企业等问题。(5)治理领导干部违规插手招标投标、

土地出让、产权交易、政府采购等市场交易活动谋取私利的问题。修订党员领导干部廉洁从政若干准则。

严肃组织人事工作纪律,坚决反对和纠正用人上的不正之风。教育和引导领导干部讲党性、顾大局、守纪律,克服浮躁情绪,正确对待个人职务升迁。严格执行党政领导干部选拔任用工作有关规定,加强对干部选拔任用工作全过程的监督,防止和纠正"带病上岗"、"带病提拔"等问题。认真落实中央关于地方党委换届工作的纪律要求,加强对地方人大、政府、政协领导班子换届工作的监督检查,严肃查处跑官要官、买官卖官、拉票贿选和突击提拔干部等行为,努力营造风清气正的良好环境。

大力提倡勤俭节约、艰苦奋斗作风,坚决反对和制止奢侈浪费。配合有关部门深入推进规范津贴补贴工作,开展"小金库"专项治理,规范中央和国家机关经营性资产管理。加强监督检查,坚决制止公款出国(境)旅游,严格控制党政机关修建楼堂馆所,纠正超标准超编制配备使用小汽车、违规新建和装修办公用房等行为。

围绕建设社会主义新农村,加强农村基层党风廉政建设。开展对中央支农惠农政策以及农村综合改革措施执行情况的监督检查,强化对农村集体资金、资产、资源的管理,制定和完善农村基层干部行为规范,逐步建立农村基层党风廉政建设制度体系,促进农村基层党员干部廉洁奉公、勤政为民。

加强高等学校反腐倡廉建设,健全领导班子科学民主决策机制,加强对财务、基建、采购、科研经费、校办企业的管理和监督,提高校务公开制度化和规范化水平。

(五)深化改革和创新制度,进一步推进治本抓源头工作

加强对权力运行的规范和制约,配合相关部门深入推进行政管理体制、干部人事制度、司法体制和工作机制改革。切实转变政府职能,优化组织结构,改进行政管理与服务方式,减少和规范行政审批,减少政府对微观经济运行的干预。规范干部任用提名制度,健全领导干部职务任期、回避、交流制度,完善科学的干部选拔任用和管理监督机制。优化司法职权配置,健全司法机关监督制度,规范司法行为,认真解决群众反映强烈的司法不公问题。

配合相关部门积极推进财政管理制度改革,强化预算管理和监督,推进综合预算,完善政府收支分类体系,逐步将政府非税收入全部纳入财政预算,实行"收支两条线"管理,完善国库单一账户体系,在中央和省级预算单位推行公务卡制度。深化投资体制改革,规范政府投资行为,健全政府投资项目决策责任追究制度和后评价制度,推行非经营性政府投资项目代建制。加快国有资产经营管理体制改革,推进国有资本经营预算制度建设。深化金融体制改革,加强和改进金融监管,防范金融风险,强化现金和外汇管理,落实金融账户实名制,完善反洗钱合作机制,逐步将特定非金融机构纳入统一的反洗钱监管体系。

从制度上更好地发挥市场在资源配置中的基础性作用。完善工程建设项目招标投标监督机制,强化对招标投标重点环节的监管。严格执行经营性土地和工业用地招标拍卖挂牌出让制度,规范协议出让行为。落实探矿权、采矿权招标拍卖挂牌出让制度。加强对国有产权交易的监管。扩大政府采购的范围,规范采购行为,严格实行"管采分离"。

积极发挥国家预防腐败机构的职能作用。加强对预防腐败工作的组织协调、综合规划和调查研究,推动建立预防腐败信息系统和信息共享机制,注意总结基层预防腐败工作的有效做法,加强预防腐败国际交流与合作。

(六)深入推进监督工作,促使领导干部正确行使权力

认真落实党内监督各项制度,完善制约和监督机制,重点加强对领导干部特别是主要领导干部的监督,加强对人财物管理使用、关键岗位的监督,提高监督的有效性。开展对党内监督条例实施情况的专项检查。坚持民主集中制,加强党内生活的原则性,积极开展批评和自我批评,提高民主生活会的质量。严格执行述职述廉、诫勉谈话、函询和党员领导干部报告个人有关事项等制度,实施地方党委委员、纪委委员党内询问和质询办法。继续推行对地(厅)级及以下党政主要领导干部的经济责任审计,试行对省(部)级主要领导干部的经济责任审计,加强对重点专项资金和重大投资项目的审计。

进一步加强和改进巡视工作。认真总结巡视工作经验,重视巡视成果的运用,健全巡视工作制度,制定《中国共产党巡视工作条例》,完善巡视工作领导体制和工作机制。继续做好对省(区、市)、金融机构、国有重要骨干企业的巡视,开展对中央和国家机关、国家重点工程项目的巡视试点;各省(区、市)党委要认真开展对地(市、州、盟)的巡视,并延伸到县(市、区、旗),逐步开展对所属国有企业、高等学校和直属机关的巡视。中央和国家机关可结合部门实际开展对直属单位、派出(驻)机构的巡视。

继续完善对纪检监察派驻机构的统一管理,健全对驻在部门领导班子和主要领导干部监督的措施和制度,进一步完善有关工作机制,充分发挥派驻机构的监督作用。派驻机构要认真履行职责,协助党组(党委)

建立部门领导班子及其成员自我约束机制，加强对驻在部门的重大决策、重要干部任免、重大项目安排和大额度资金使用等情况的监督，进一步提高履行职责的能力和主动性。

发展党内民主，保障党员民主权利。加强对党员权利保障条例实施情况的监督检查。推进党务公开，认真总结试点经验，研究制定党务公开的有关规定。深化政务公开，认真贯彻政府信息公开条例，推行电子政务，推进行政权力公开透明运行。不断拓展公共企事业单位办事公开工作领域。完善厂务公开、村务公开，大力推行社会听证、专家咨询、新闻发布等公开形式。拓宽监督渠道，把党内监督与人大监督、政府专门机关监督、政协民主监督、司法监督、群众监督等结合起来，发挥民主党派、社会团体和新闻舆论的监督作用。

加强和改进行政监察工作，充分发挥监察机关的职能作用，紧紧围绕政府中心工作，认真开展执法监察、廉政监察和效能监察，加强对国家行政机关及其工作人员履行职责、依法行政的监督。结合行政管理体制改革，推行以行政首长为重点对象的行政问责制，试行绩效管理制度，促进行政效能的全面提高。开展对公务员法、行政许可法等法律、法规执行情况的监督检查。推进行政执法责任制，加大行政执法过错责任追究力度。发挥特邀监察员监督作用。积极推广电子监察系统。加强行政服务中心的建设和管理。

（七）加强国有企业党风建设和反腐倡廉工作，促进企业健康发展

加强国有企业党风建设和反腐倡廉工作，对于推进国有企业改革和发展，增强企业核心竞争力，实现国有资产保值增值具有十分重要的作用。要坚持党对国有企业的政治领导，按照建立现代企业制度的要求，继续探索充分发挥企业党组织政治核心作用的方法和途径。进一步完善国有企业领导班子和领导干部管理体制，把坚持党管干部原则与董事会依法选择经营管理者结合起来，严把选人用人关。重视和支持企业纪检监察工作，发挥其监督保障作用。

认真抓好国有企业领导人员廉洁自律工作，重申并提出以下要求：(1)不准利用职务上的便利通过同业经营或关联交易为本人或特定关系人谋取利益。(2)不准相互为对方及其配偶、子女和其他特定关系人从事营利性经营活动提供便利条件。(3)不准在企业资产整合、引入战略投资者等过程中利用职权谋取私利。(4)不准擅自抵押、担保、委托理财。(5)不准利用企业上市或上市公司并购、重组、定向增发等过程中的内幕信息为本人或特定关系人谋取利益。(6)不准授意、指使、强令财会人员提供虚假财务报告。(7)不准违规自定薪酬、兼职取酬、滥发补贴和奖金。进一步规范职务消费行为，完善收入分配、薪酬管理等制度，研究制定科学合理的股权、期权激励和约束办法。抓紧修订国有企业领导人员廉洁从业若干规定。

进一步加强对国有企业及其领导人员的管理和监督，健全体制机制，整合企业监督力量，形成监督合力。完善“三重一大”集体决策制度，明确集体决定事项的范围和程序，试行票决和程序记录办法。试行国有企业主要负责人任期制，加强任中和离任审计。深入开展企业效能监察，强化企业风险管理，加强对经营管理者履职行为的过程监督。坚持和完善职工代表大会制度，发挥职工群众在民主决策、民主管理、民主监督中的作用。加强对境外国有资产的监管。

三、大力加强纪检监察机关自身建设

多年来，各级纪检监察机关全面履行职责，扎实开展工作，为推进党风廉政建设和反腐败斗争作出了重要贡献。实践证明，纪检监察干部队伍是一支党和人民可以完全信赖的队伍。在新的形势下，各级纪检监察机关要深入学习贯彻党的十七大精神，按照“政治坚强、公正清廉、纪律严明、业务精通、作风优良”的要求，以改革创新的精神切实加强自身建设。

（一）加强思想政治建设，始终与党中央保持高度一致

紧密联系纪检监察工作和干部思想实际，深入学习中国特色社会主义理论体系，坚定中国特色社会主义信念和推进改革发展的信心。认真学习贯彻党章，忠实履行党章赋予的职责，坚决维护党章和党的纪律，坚决维护党和人民的利益。扎实开展理想信念教育、作风教育和党规党纪教育，进一步提高纪检监察干部的思想政治素质。完善理论学习制度，将集体学习与个人自学结合起来，进一步增强自觉性，努力提高学习效果。发扬理论联系实际的马克思主义学风，弘扬求真务实精神，不断提高运用科学理论分析和解决实际问题的水平。广大纪检监察干部要讲政治、讲党性、讲大局、讲原则，增强政治鉴别力和政治敏锐性，在思想上、政治上、行动上与党中央保持高度一致，始终做党的忠诚卫士、群众的贴心人。

（二）加强纪检监察能力建设，努力提高工作水平

按照加强党的执政能力建设的要求，适应形势和任务的发展变化，不断提高适应社会主义市场经济体制和改革开放要求的能力，对领导干部特别是主要领导干部有效监督的能力，依纪依法查办案件的能力，发展党内民主、维护党员权利的能力，协助党委加强党风建设和组织协调反腐败工作的能力。要切实加强纪检监察机关领导班子建设，提高把握全局、执行政策的能力和水平，并带动纪检监察机关整体工作能力和水平

的提高。要重视县级纪检监察机关建设，加强对基层纪检工作的指导。要坚持与时俱进、改革创新，把反腐倡廉工作放在更广领域、更高层次来谋划和部署。在继承优良传统的基础上，认真研究新情况，解决新问题，努力探索新形势下反腐倡廉建设的规律，不断改进工作方式和工作方法。加强组织协调，对于纪检监察机关直接抓的重点工作，要毫不放松，牢牢抓在手上；对于纪检监察机关牵头抓的工作，要发挥主抓作用，同时注意调动相关部门的积极性；对于其他部门承担的反腐倡廉工作，要加强指导、协调、检查，督促有关部门认真履行职责，抓好相关工作的落实。要深入开展调查研究，及时发现和总结基层的好做法、好经验。进一步加强和创新教育培训工作，把纪检监察业务知识和金融、财经、法律、现代科学知识作为教育培训的重要内容，改善知识结构，加强实践锻炼，拓宽工作视野，增强工作本领，努力提高纪检监察工作的专业化水平。

（三）严格教育、管理和监督，增强廉洁自律的自觉性

广大纪检监察干部处于反腐倡廉第一线，面临着腐蚀与反腐蚀的严峻考验。要加强教育，使纪检监察干部筑牢拒腐防变的思想道德防线，以更高的标准、更严的纪律要求自己，努力成为加强学习的模范、真抓实干的模范、严格自律的模范。要健全制度，进一步规范纪检监察工作程序，建立科学严密的业务流程，严格依纪依法规范执纪办案行为，坚决防止以权谋私问题的发生。要加强监督，严格执行各项工作纪律尤其是办案工作纪律和保密纪律，对不适合在纪检监察机关工作的，要坚决调离；对违纪违法的，必须严肃处理。要进一步加大纪检监察干部轮岗和交流力度。纪检监察干部要坚持原则、秉公执纪，严于律己、以身作则，切实做到对党和国家无限忠诚、对腐败分子和消极腐败现象坚决斗争、对广大干部和群众关心爱护、对自己和亲属严格要求，努力树立纪检监察干部可亲、可信、可敬的形象。

同志们，在推进中国特色社会主义伟大事业的进程中，反腐倡廉任务艰巨，纪检监察机关责任重大。让我们高举中国特色社会主义伟大旗帜，更加紧密地团结在以胡锦涛同志为总书记的党中央周围，以更加坚定的信心、更加积极的态度、更加有力的措施，努力开创党风廉政建设和反腐败斗争新局面！

国务院召开全国保障市场供应加强价格监管电视电话会议

会议分析国内国际市场和价格形势，部署依法加强市场价格监管工作，进一步明确和落实发展生产、保证供应、保障低收入群体生活的各项政策措施。会议强调，要认真学习贯彻党的十七大和中央经济工作会议精神，深入贯彻落实科学发展观，坚持依法行政、依法管理，综合采取法律、经济和必要的行政手段，加强市场价格监管，保障市场供应。国务院副总理曾培炎出席会议并讲话。

会议提出了当前依法加强市场价格监管的四项措施。一是严格控制政府定价和政府指导价的调整。成品油、天然气、电力价格，以及地方管理的供电、供气、供水、供暖、城市公交、地铁票价等公用事业价格和游览参观点门票价格，近期一律不提高；各级各类学校的学费、住宿费收费标准一律不提高；医疗服务以及尿素等化肥价格要保持稳定；降低移动通信漫游费资费标准。二是对部分重要的居民基本生活必需商品及服务，实行临时价格干预措施。依法加强对粮、油、肉、禽、蛋、饲料、液化气等重要商品价格的监管工作，对达到一定规模的生产企业实行提价申报，对达到一定规模的批发、零售企业实行调价备案。当价格显著上涨情况消失后，及时解除临时干预措施。三是对未列入申报和备案范围的其他居民基本生活必需品，也要进行必要的监管。要引导企业按照公平、合法、诚实、信用原则定价，把握好调价行为。四是严厉打击价格违法违规行为。对合谋涨价、串通涨价、停供限供、囤积居奇的行为，对以次充好、以假充真、缺斤少两、变相涨价，以及捏造散布涨价信息、扰乱市场秩序的行为，要依法从严查处。

会议要求，各地区、各部门要按照统一部署，明确责任、加强领导、协调配合，把增加生产、保证供应和稳定价格的政策措施落到实处。要继续落实好“米袋子”省长负责制和“菜篮子”市长负责制，发挥好企业在生产供应和价格稳定中的作用，特别要保障好春节和两会期间的市场供应。要坚持实施稳健的财政政策和从紧的货币政策，进一步落实促进粮食、油料、生猪、奶业生产发展的措施，保障粮食、猪肉、食用植物油、化肥、成品油等供应，妥善安排低收入群体生活，促进经济社会又好又快发展。

国家发展改革委、商务部、国家工商总局、国家质检总局负责同志在会上分别发了言。各省、自治区、直辖市，各计划单列市、新疆生产建设兵团及部分市（地）、县（市）人民政府主要负责人、分管负责人及有关部门负责人在分会场参加会议。中央有关部门、单位和部分中央企业主要负责人在主会场参加会议。

2008年全国林业厅局长会议在北京召开

中共中央政治局委员、国务院副总理回良玉对林业工作提出要求。回良玉指出，近年来，我国林业改革取得重大进展，林业生态体系建设全面加强，产业体系建设迅速推进，森林防火工作成效显著，现代林业建设

实现了良好开局。在新的一年里,必须用党的十七大精神武装头脑、指导实践、推动工作,切实增强发展林业的使命感、紧迫感,紧紧围绕建设生态文明,继续深化林业改革,继续推进现代林业建设,继续提升队伍素质,加快构建林业生态、产业、文化三大体系,为兴林强国富民作出更大贡献。

政协青海省第十届委员会第一次会议选举白玛(藏族)为省政协主席

中国经济社会理事会二届五次会议在北京举行

全国政协副主席、中国经济社会理事会主席王忠禹出席会议并讲话。王忠禹说,2007年理事会圆满完成了各项工作任务,在前进的道路上又迈出了坚实的步伐。国内工作有新拓展,紧紧围绕国家经济和社会发展领域的热点和难点,对在华跨国公司劳资关系与工会组建等问题开展多种形式调研,召开国际金融问题研讨会,提供咨询,取得积极成果,向国家有关部门报送建议,受到各方好评。对外交往成果显著,多边领域取得重大成就。去年6月,圆满履行经济社会理事会和类似组织国际协会主席国职责,在北京成功承办了国际协会第十次全体会议。这次会议是国际协会历史上规模最大、层次最高、与会人士最多的一次盛会。理事会对外双边交往有了新进展,正式启动了与欧盟经济社会委员会的圆桌会议交流机制,会议成果得到中欧领导人的充分肯定。

王忠禹指出,在发展中国特色社会主义的历史征程中,理事会发展前景广阔,工作大有可为。他希望理事会在2008年继续围绕构建社会主义和谐社会和推动建设和谐世界开展工作,针对我国经济社会发展中的问题开展研究,并要求进一步加强理事会的自身建设。

全国政协秘书长、中国经济社会理事会副主席郑万通作了理事会2007年度工作报告。郑万通在报告中回顾了2007年的工作,并对2008年的工作作了部署。

中国—印度经贸投资与合作峰会在北京召开

国务院副总理回良玉与正在中国进行正式访问的印度总理辛格共同出席了峰会并发表讲话。

回良玉说,中印是友好邻邦。进入新世纪以来,两国关系呈现出全面发展的良好势头。其中,经贸合作是中印各领域合作的一个突出亮点。中国已经成为印度第二大贸易伙伴,印度是中国的第十大贸易伙伴。2007年中印双边贸易额达387亿美元,是1995年的33倍,年均增长34%。两国工程承包合作也取得重要进展,双边相互投资逐步扩大。希望两国工商界人士加强沟通与交流,充分挖掘互补优势,努力培育两国合作的新增长点,也希望中印企业家进一步拓展方式、拓宽领域,继续加强在第三国的互惠合作。

辛格说,印中是当今世界上增长最快的主要经济体,两国间的经济合作已成为印中面向和平与繁荣的战略合作伙伴关系中的主要驱动力。他建议两国工商界应加深了解、加强合作,实现互利共赢。辛格表示,印中政府将共同努力解决非关税壁垒、知识产权保护等问题,为扩大贸易、投资和经济往来创造良好环境。

峰会上,中印两国企业家就进出口贸易、投资、服务贸易和基础建设等领域如何开展更加紧密的合作交换了意见,并就一些具体项目进行了洽谈。中印两国工商界和企业界代表600余人出席会议。

国务院副总理吴仪在中南海会见以色列副总理兼工贸和劳动部部长埃利·伊沙伊一行

外交部部长杨洁篪在外交部会见美军太平洋总部司令蒂莫西·基廷

国务院学位委员会第二十五次会议在北京召开

国务委员、国务院学位委员会主任委员陈至立出席并讲话。

陈至立说,改革开放以来,我国学位与研究生教育事业发展迅速,已经进入了一个新的历史阶段。29年来,累计授予博士学位24万人、硕士学位180万人,中国特色学位授权审核制度和学位授权体系基本形成,研究生培养条件明显改善,培养质量不断提高,研究生教育实现了持续健康快速发展。

陈至立强调,研究生教育作为教育的最高层次,在培养创新人才中具有决定意义。要以增强创新能力为核心,提高研究生教育质量。一要实施研究生教育创新计划,加强科研和实践环节,创新研究生培养模式。二要深入推进研究生培养机制改革,落实以科学研究为导向的导师负责制和资助制,不断完善学位与研究生教育制度。三要加强研究生的思想道德建设和学风建设,增强研究生勤奋学习、严谨治学、为祖国科技事业奉献聪明才智的自觉性。四要进一步加强对学位授权点、研究生培养、学科建设、师资队伍等方面的质量保障体系建设,形成培养单位、政府、用人单位和社会等多层面的、健全的质量监控体系。五要制订好学位授予和人才培养学科专业目录,充分发挥其在优化人才培养结构和学科建设等方面的重要指导作用。六要进一步完善国家对优秀研究生的资助、奖励制度。

据悉,国务院学位委员会是我国学位与研究生教育的重要咨询、决策机构。本届(第五届)国务院学位委员会5年来对我国学位与研究生教育的重大问题进行了认真审视,在完善制度、促进发展、深化改革等方面,作出了许多重要决策,为保证我国学位与研究生教育的健康发展作出了重要贡献。

国务院学位委员会副主任委员路甬祥、徐匡迪、陈奎元以及委员会33位委员出席了会议。

国办发出《关于发布北京百花山等19处新建国家级自然保护区名单的通知》

各省、自治区、直辖市人民政府,国务院各部委、各直属机构:

北京百花山等19处新建国家级自然保护区已经国务院审定,现将名单予以发布。新建国家级自然保护区的面积、范围和功能分区等由环保总局另行公布。

建立自然保护区是保护自然环境、自然资源和生物多样性的有效途径,是经济社会可持续发展的客观要求,是促进人与自然和谐发展的重要手段,是建设生态文明和环境友好型社会的重要内容。北京百花山等19处国家级自然保护区主要保护对象的典型性、稀有性、濒危性、代表性较强,在保护我国特有物种资源、维持生态系统良性循环等方面具有重要作用。有关地区和部门要严格执行《中华人民共和国自然保护区条例》等有关规定,切实加强领导和协调、监督,健全自然保护区管理机构,加大资金投入力度,高标准建设国家级自然保护区。要按照批准的面积和范围组织勘界,落实保护区土地权属,并在规定的时限内标明区界,予以公告。

要妥善处理好自然保护区与当地经济建设和居民生产生活的关系,不得在自然保护区的核心区和缓冲区内开展旅游活动及建设任何生产设施;在自然保护区的实验区内按规定建设设施,必须进行环境影响评价并依法履行审批手续。对涉及自然保护区的环境影响评价要严格把关,采取各种预防和保护措施,尽可能减少项目对自然保护区的不良影响,并责成项目开发单位落实环境恢复治理和补偿措施。

国务院办公厅

2008年1月14日

新建国家级自然保护区名单(共计19处)

北京市

百花山国家级自然保护区

河北省

滦河上游国家级自然保护区

茅荆坝国家级自然保护区

内蒙古自治区

大青山国家级自然保护区

黑龙江省

珍宝岛湿地国家级自然保护区

红星湿地国家级自然保护区

双河国家级自然保护区

福建省

君子峰国家级自然保护区

江西省

鄱阳湖南矶湿地国家级自然保护区

马头山国家级自然保护区

山东省

昆嵛山国家级自然保护区

湖北省

七姊妹山国家级自然保护区

湖南省

借母溪国家级自然保护区

八面山国家级自然保护区

广东省

雷州珍稀海洋生物国家级自然保护区

广西壮族自治区

金钟山黑颈长尾雉国家级自然保护区

海南省

吊罗山国家级自然保护区

四川省

海子山国家级自然保护区

陕西省

天华山国家级自然保护区

1月15日

中共中央总书记胡锦涛出席十七届中央纪委二次全会并发表重要讲话

中共中央总书记胡锦涛在中国共产党第十七届中央纪律检查委员会第二次全体会议上发表重要讲话。他强调,准确把握党风廉政建设和反腐败斗争面临的形势和任务,充分认识反腐败斗争的长期性、复杂性、艰巨性,坚持反腐倡廉常抓不懈,坚持拒腐防变警钟长鸣,把反腐倡廉建设贯穿于社会主义经济建设、政治建设、文化建设、社会建设各个领域,体现在党的思想建设、组织建设、作风建设、制度建设各个方面,不断把党风廉政建设和反腐败斗争引向深入。

中共中央政治局常委吴邦国、温家宝、贾庆林、李长春、习近平、李克强等出席会议,中共中央政治局常委、中央纪律检查委员会书记贺国强主持会议。

胡锦涛指出,我们党历来高度重视反腐倡廉工作,特别是在革命、建设、改革的重大历史关头和关键发展阶段,更是高度自觉地把反腐倡廉工作摆在非常重要的位置。这充分表明,我们党对马克思主义政党取得执政地位尤其是在长期执政的条件下必须抓好反腐倡廉工作的认识是十分清醒的、态度是一以贯之的,对改革开放和发展社会主义市场经济新形势下党内可能出现的问题特别是可能遇到的风险的认识是十分清醒的、态度是一以贯之的,对反腐败斗争的长期性、复杂性、艰巨性的认识是十分清醒的、态度是一以贯之的,对抓好反腐倡廉工作对保证党和国家事业健康发展、巩固党的执政地位和保持党的先进性的重大意义的认识也是十分清醒的、态度也是一以贯之的。我们要从夺取全面建设小康社会新胜利、开创中国特色社会主义事业新局面的战略高度出发,深刻认识加强反腐倡廉建设的重要性和紧迫性。

胡锦涛强调,当前和今后一个时期,加强反腐倡廉建设,必须全面贯彻党的十七大精神,高举中国特色社会主义伟大旗帜,坚持以邓小平理论和"三个代表"重要思想为指导,深入贯彻落实科学发展观,坚持标本兼治、综合治理、惩防并举、注重预防的方针,以完善惩治和预防腐败体系为重点,强化权力制约和监督,深化改革和创新体制,拓展从源头上防治腐败工作领域,努力形成拒腐防变教育长效机制、反腐倡廉制度体系、权力运行监控机制,切实提高反腐倡廉建设成效,为全面建设小康社会提供有力政治保证。

胡锦涛指出,在实践中,要注意把握和体现改革创新、惩防并举、统筹推进、重在建设的基本要求。要以改革精神推进制度建设,以创新思路寻求治本办法,注重总结新经验、研究新情况、解决新问题,从我国实际出发,借鉴国外有益做法,创新工作思路,完善工作机制,破解工作难题,更加科学有效地防治腐败。要坚持治标和治本、惩治和预防两手抓、两手都要硬,惩治于已然,防患于未然,既坚决查处违纪违法案件、依法严惩腐败分子,又加大预防工作力度、不断铲除腐败滋生的土壤,努力把腐败现象减少到最低程度。要把反腐倡廉建设纳入经济社会发展和党的建设的全局之中,把改革的推动力、教育的说服力、制度的约束力、监督的制衡力、惩治的威慑力结合起来,把阶段性任务与战略性目标结合起来,整合各方面资源和力量,增强反腐倡廉建设的整体性、协调性、系统性、实效性。要不断认识和把握规律,以建设性的思路、建设性的举措、建设性的方法推进反腐倡廉建设,在坚决惩治腐败的同时,更加注重治本,更加注重预防,更加注重制度建设,不断形成有利于反腐倡廉建设的思想观念、文化氛围、体制条件、法制保证。

胡锦涛指出,党的十七大强调,要以完善惩治和预防腐败体系为重点加强反腐倡廉建设。这是我们党深刻总结反腐倡廉实践经验、准确把握我国现阶段反腐倡廉形势得出的科学结论,也是我们推进党风廉政建设和反腐败斗争必须抓好的战略任务。我们要继续抓住完善惩治和预防腐败体系这个重点,着力加强反腐倡廉建设,坚持加强思想道德建设与加强制度建设相结合,坚持严肃查办大案要案与切实解决损害群众切身利益的问题相结合,坚持廉政建设与勤政建设相结合,坚持加强对干部的监督与发挥干部主观能动性相结合。

胡锦涛强调,坚持党的领导,是加强反腐倡廉建设的根本政治保证。各级党委是反腐倡廉建设的责任主体,要坚持党要管党、从严治党,担负起全面领导反腐倡廉建设的政治责任,以更加坚决的态度、更加有力的措施推进反腐倡廉建设,以更加扎实的工作、更加明显的成效取信于广大干部群众。要完善总体部署,全面分析反腐倡廉建设面临的形势,把反腐倡廉建设纳入经济社会发展总体规划、寓于各项改革和重要政策措施之中,同改革发展工作一起部署、一起检查。要加强工作指导,旗帜鲜明地支持纪委行使职权,充分发挥预防腐败机构的职能作用,抓好预防腐败的组织协调、综合规划、政策制定,努力提高预防腐败的能力和水平。要狠抓工作落实,坚持党风廉政建设责任制,对重点任务要统一组织力量进行检查督促,确保落实到位。各级纪律检查机关要不断探索新形势下反腐倡廉建设的特点和规律,努力实现思想观念和思想方法、工作思路和工作方法、人员素质和工作作风的与时俱进,不断提高反腐倡廉建设质量和水平。

贺国强在主持会议时指出,胡锦涛总书记的重要讲话,从党和国家事业发展全局和战略的高度,精辟分析了当前党风廉政建设和反腐败斗争面临的形势,深刻阐述了新形势下加强反腐倡廉建设的重要性和紧迫性,明确提出了当前和今后一个时期加强反腐倡廉建设的指导思想、基本要求、工作原则和主要任务,对于深入开展党风廉政建设和反腐败斗争,全面推进党的建设新的伟大工程,不断开创中国特色社会主义事业新局面,具有十分重大的意义。我们一定要认真学习,深刻领会,坚决贯彻,扎实推进以惩治和预防腐败体系为重点的反腐倡廉建设,深入推进党风廉政建设和反腐败斗争,为完成党的十七大提出的各项任务提供有力保证。

王刚、王兆国、王岐山、回良玉、刘淇、刘云山、刘延东、李源潮、张德江、何勇、令计划、王沪宁、盛华仁、唐家璇、陈至立、肖扬、贾春旺、王忠禹等出席了会议。中央军委委员陈炳德、李继耐、廖锡龙、常万全、靖志远、吴胜利、许其亮等和中央纪律检查委员会委员,中直机关、中央国家机关各部门的主要负责同志,解放军驻京各大单位及武警部队、在京的中央骨干企业的负责同志,列席中国共产党第十七届中央纪律检查委员会第二次全体会议的代表,出席全军纪律检查工作会议的全体同志参加了会议。

国家主席胡锦涛在人民大会堂会见印度总理辛格

胡锦涛说,面对中印关系发展的新形势、新任务,双方要保持两国高层互访和各层次、各领域友好交往势头,充分发挥两国间各对话磋商机制的作用,进一步深化战略对话与合作,不断巩固两国关系的政治社会基础;双方要进一步加强经贸、能源、科技、基础设施建设、投资等领域的合作,丰富合作内涵,提高合作质量和水平,使两国人民得到更多的实惠,为两国关系发展不断注入新的动力;双方要从两国关系大局出发,本着相互尊重、平等协商的精神,通过对话,妥善处理两国间的敏感问题,确保两国关系健康稳定发展。双方要密切多边合作,共同应对全球性挑战,维护广大发展中国家的权益,促进世界的和平与发展。

辛格说,印中关系正面临新的、更大的发展机遇,印中合作,共同发展有利于亚洲,有利于世界。双方发表的关于21世纪的共同展望文件进一步明确了今后两国关系的发展方向。印方愿以此为指导,同中方加强各层次交往,深化政治、安全、经贸、科技、能源等各个领域的对话与合作,密切在国际和地区事务中的磋商与合作。印方坚信,在双方共同努力下,印中关系一定能够不断向前发展。

外交部部长杨洁篪等参加了会见。

全国人大常委会委员长吴邦国在人民大会堂会见印度总理辛格

吴邦国说,立法机构的交往是两国关系重要组成部分。中国全国人大历来重视同印度议会的友好合作。双方建立并启动定期交流机制标志着双方合作进入到新的阶段。希望两国立法机构在保持高层互访的同时,进一步活跃专门委员会、友好小组、办事机构之间的交流,相互学习和借鉴治国理政经验,欢迎更多的印度议员来华访问,为加深两国人民的相互了解和友谊,促进中印关系全面发展作出更大贡献。

辛格说,印度正在深化改革,扩大开放。印中经济的快速发展对亚洲乃至世界经济发展具有重要意义,也为印中加强合作提供了更为广阔的空间。印方愿与中方共同推动印中战略合作伙伴关系不断向前发展。

外交部部长杨洁篪会见时在座。

国务院总理温家宝签署第516号令发布《国务院关于废止部分行政法规的决定》

现公布《国务院关于废止部分行政法规的决定》,自公布之日起生效。

总理　温家宝

2008年1月15日

国务院关于废止部分行政法规的决定

为了更好地适应加快建设法治政府、全面推进依法行政的要求,国务院对截至2006年年底现行行政法规共655件进行了全面清理。经过清理,国务院决定:

一、对主要内容被新的法律或者行政法规所代替的49件行政法规,予以废止。

二、对适用期已过或者调整对象已经消失,实际上已经失效的43件行政法规,宣布失效。

本决定自公布之日起生效。

附件:1. 国务院决定废止的行政法规目录(49件)(略)

2. 国务院决定宣布失效的行政法规目录(43件)(略)

国务院副总理回良玉出席在北京召开的全国病险水库除险加固工作电视电话会议并发表讲话

中共中央政治局委员、国务院副总理回良玉在会上强调,对病险水库实行除险加固,是保障人民生命和财产安全,促进经济社会又好又快发展的一项德政工程,是强化农业基础建设,促进农业稳定发展、农民持续增收的一项基本任务。各地区、各有关部门要认真贯彻落实党中央、国务院的部署,切实把病险水库除险加固作为关系全局的大事来抓,强化组织领导,加大投入力度,保证工程质量,确保水库安全运行和效益充分发挥,确保3年内完成大中型和重点小型病险水库除险加固任务。

回良玉指出,近年来中央安排投资对部分重点病险水库进行除险加固,取得了初步成效。但目前迫切需要除险加固的病险水库仍然为数众多,现有病险水库存在的安全隐患仍然十分突出。党中央、国务院对此高度重视,明确要求加大工作力度,用3年时间完成大中型和重点小型病险水库除险加固任务。我们要深刻领会中央决策的重大意义,以对国家和人民高度负责的精神,坚决打好病险水库除险加固攻坚战。

回良玉强调,抓好病险水库除险加固,要坚持中央投入和地方投入相配合,切实加大投入力度,保证中央补助资金和地方配套资金及时到位;坚持进度、质量、效益相统一,集中力量集中时间,高质量完成建设任务,充分发挥综合效益;坚持工程建设与管理运行相衔接,既要保证如期完成除险加固建设任务,又要保证水库良性运行,长期发挥效益。要认真做好专项规划和前期准备、资金落实、项目管理、工程安全度汛等工作。明确领导责任,逐库建立以地方行政首长负责制为核心的病险水库除险加固责任制。加强协作配合,形成推进病险水库除险加固工作的合力。强化监督检查,加大对工程进度、建设质量、资金使用、工程安全等的监督检查力度。推进改革创新,理顺水库管理体制,落实管护责任,建立水库长效良性的运行机制。

回良玉强调,要按照防范水患任何时候都不能松懈,兴修水利任何时候都不能松劲的要求,统筹做好当前各项水利工作,着力解决干旱缺水、洪涝灾害、水污染和水土流失等突出问题,进一步推动水利事业持续快速发展,以水资源的可持续利用保障经济社会又好又快发展。要围绕提高防灾减灾能力,抓好防洪抗旱除涝综合体系建设。要围绕提高农业综合生产能力,创新机制、用好政策,大力推进农田水利建设。要围绕改善民生,着力加强涉及群众利益的饮水安全等工作。要围绕促进可持续发展,加快建设节水防污型社会。要围绕提高水利现代化水平,抓紧建立现代水利管理体系。

中央有关部门负责人在主会场参加会议,各省、自治区、直辖市和计划单列市人民政府、新疆生产建设兵团、市(地)政府以及有病险水库除险加固任务的县(市)政府分管负责人及有关部门负责人在各地分会场出席会议。

全国人大常委会副委员长成思危在人民大会堂会见以主席奥雷尔·古班德鲁为团长的罗马尼亚议会众议院预算财政和银行委员会代表团

中联部部长王家瑞在北京会见由党主席乔治·莱荣加尔率领的毛里求斯社会主义战斗运动代表团

中联部部长王家瑞在北京会见由第一书记穆萨耶夫率领的土库曼斯坦民主党代表团

中国科协第七届全委会第三次会议在北京举行

中共中央政治局委员、全国人大常委会副委员长王兆国在会议上强调,各级科协要组织和动员广大科技工作者,充分发挥科学技术第一生产力的作用,为夺取全面建设小康社会新胜利贡献智慧和力量。

王兆国代表党中央充分肯定了科协组织2007年的工作成绩。他指出,各级科协要深入学习贯彻党的十七大精神,围绕提高自主创新能力、建设创新型国家,积极落实国家中长期科学和技术发展规划纲要,广泛开展多种形式的学术交流活动,推进培养世界一流科学家和科技领军人才,着力突破制约经济社会发展的核心技术和关键技术。要围绕加快转变经济发展方式、推动产业结构优化升级,不断提高科技进步对经济增长的贡献率,在建设资源节约型、环境友好型社会方面发挥更加突出的作用。要围绕统筹城乡发展、推进社会主义新农村建设,积极参与农业科技研发和推广应用,充分发挥各种农村专业技术协会、农村科普示范基地和科普带头人的典型示范作用。要发挥科普工作的主力军的作用,继续办好"全国科普日"、"全国科技周"等活动,推进科普进社区、进农村、进军营,增强全社会的科普意识。

王兆国强调,各级党委、政府要努力为科协及所属团体的发展创造良好环境和条件,支持科协组织在推动经济社会发展中发挥作用。科协组织要切实加强自身建设,进一步增强吸引力、凝聚力。

会上,全国人大常委会副委员长、中国科协主席韩启德作了工作报告。会议还颁发了全国科普惠农兴村先进单位和带头人、第四届中国科协西部开发突出贡献奖、第六届中国科协先进学会、第五届中国科协期刊优秀学术论文4个奖项。

中国政府再次接收澳大利亚政府移交的古生物化石

澳大利亚政府向中国政府移交了澳大利亚截获的又一批从中国走私出来的古生物化石。这批恐龙蛋、哺乳动物和爬行类动物化石重达750公斤,大约价值10万澳元。

在移交仪式上,中国驻澳大使章均赛对澳政府近年来认真履行联合国有关公约,协助截获走私中国古生物化石所作出的努力表示钦佩和感谢,称赞澳大利亚为国际社会树立了榜样。

国家海洋局发布三份2007年度海洋环境公报

国家海洋局发布《中国海洋环境质量公报》《中国海洋灾害公报》和《中国海平面公报》3份2007年度海洋环境公报。公报显示,我国近岸海域污染形势依然严峻。

根据2007年《中国海洋环境质量公报》的显示,我国四大海区中除黄海外污染程度都继续增加,全海域未达到清洁海域水质标准的面积约14.5万平方公里,比2006年减少约0.4万平方公里。近海大部分海域为清洁海域,远海海域水质保持良好状态。海水中的主要污染物依然是无机氮、活性磷酸盐和石油类。

根据对陆源入海排污口的监测,在去年实施监测的573个入海排污口中,约87.6%的排污口超标排放污染物,污水排海总量(含部分入海排污河径流)约359亿吨,所含的主要污染物总量约1219万吨。四大海区中，渤海沿岸超标排放的排污口比例依然最高，达91%。在监测的18个生态监控区中，约78%的生态系统处于亚健康或不健康状态。

1月16日

中国共产党第十七届中央纪律检查委员会第二次全体会议公报

（2008年1月16日中国共产党第十七届中央纪律检查委员会第二次全体会议通过）

中国共产党第十七届中央纪律检查委员会第二次全体会议，于2008年1月14日至16日上午在北京举行。出席会议的中央纪委委员125人，列席299人。

中央纪委常务委员会主持了会议。会议认真学习贯彻党的十七大精神，高举中国特色社会主义伟大旗帜，以邓小平理论和"三个代表"重要思想为指导，深入贯彻落实科学发展观，进一步明确了当前和今后一个时期党风廉政建设和反腐败斗争的总体要求，部署了2008年党风廉政建设和反腐败工作。全会审议通过了中央纪委书记贺国强代表中央纪委常委会所作的《全面贯彻党的十七大精神　努力开创党风廉政建设和反腐败斗争新局面》的工作报告。

中国共产党中央委员会总书记胡锦涛出席全会第二次大会并发表了重要讲话。吴邦国、温家宝、贾庆林、李长春、习近平、李克强、贺国强等党和国家领导人出席了会议。有关方面的负责同志参加了会议。

全会认真学习了胡锦涛同志的重要讲话，一致认为，讲话高举中国特色社会主义伟大旗帜，以邓小平理论和"三个代表"重要思想为指导，深入贯彻落实科学发展观，从党和国家事业发展全局和战略的高度，精辟分析了当前党风廉政建设和反腐败斗争面临的形势，深刻阐述了新形势下加强反腐倡廉建设的重要性和紧迫性，明确了当前和今后一个时期加强反腐倡廉建设的指导思想、基本要求、工作原则和主要任务，强调要注意把握和体现改革创新、惩防并举、统筹推进、重在建设的基本要求，坚持加强思想道德建设与加强制度建设相结合、严肃查办大案要案与切实解决损害群众切身利益的问题相结合、廉政建设与勤政建设相结合、加强对干部的监督与发挥干部主观能动性相结合，号召全党把反腐倡廉建设放在更加突出的位置，更加坚决地惩治腐败，更加有效地预防腐败。胡锦涛同志的重要讲话，是加强反腐倡廉建设的纲领性文献，对于深入开展党风廉政建设和反腐败斗争，全面推进党的建设新的伟大工程，不断开创中国特色社会主义事业新局面，具有十分重大的意义。全党同志和广大纪检监察干部一定要认真学习，深刻领会，坚决贯彻执行。

会议指出，2008年是全面贯彻落实党的十七大精神的第一年，是改革开放30周年，也是恢复和重建党的纪律检查机关30周年，还将迎来北京奥运会，认真抓好今年的党风廉政建设和反腐败工作意义重大。各级纪委要坚持标本兼治、综合治理、惩防并举、注重预防的方针，加强以保持党同人民群众血肉联系为重点的作风建设，加强以完善惩治和预防腐败体系为重点的反腐倡廉建设，坚持改革创新，突出工作重点，加大工作力度，狠抓任务落实，为推进全面建设小康社会提供有力保证。

第一，认真开展对党的十七大重大决策部署执行情况的监督检查，推动深入贯彻落实科学发展观。要严明党的纪律尤其是政治纪律，保持全党在指导思想、路线方针政策和重大原则问题上高度一致。要加大监督检查力度，坚决纠正有令不行、有禁不止的现象，促进中央关于市场价格调控、节能减排、固定资产投资、土地管理、房地产调控等方面政策措施的贯彻落实，确保中央政令畅通。

第二，加大专项治理力度，坚决纠正损害群众利益的不正之风。配合有关部门加强监督检查，重点解决生态环境保护、食品药品质量、安全生产、征地拆迁等方面群众反映强烈的问题。强化对社保基金、住房公积金和扶贫救灾专项资金的监管。继续治理教育乱收费、医药购销和医疗服务中的不正之风，注意查处侵害农民利益问题。

第三，继续保持查办案件工作力度，坚决惩治腐败。以查办发生在领导机关和领导干部中的案件为重点，严厉查办官商勾结、权钱交易、权色交易和严重侵害群众利益的案件。严肃查办工程建设、土地管理、矿产资源开发、国有企业、金融、组织人事、司法等领域的案件。加大治理商业贿赂工作力度。始终保持惩治腐败的强劲势头，对腐败分子决不放过、决不姑息。

第四，扎实开展反腐倡廉教育，加强领导干部廉洁自律工作。要把反腐倡廉教育列入干部教育培训规划，同领导干部培养、选拔、管理、使用等结合起来，以树立正确的权力观为重点，加强对党员干部特别是领导干部的理想信念、党风党纪、廉洁从政和艰苦奋斗教育。针对当前领导干部廉洁从政方面的突出问题，重点抓好以下工作：深入治理领导干部违反规定收送现金、有价证券、支付凭证和收受干股，以及以赌博和交易等形式收受财物、利用婚丧嫁娶等事宜收钱敛财等问题；严禁党员干部利用职务上的便利获取内幕信息进行股票交易，配合有关部门制定党政领导干部证券投资行为的具体规定；严禁领导干部超标准建房、多占住房、违规购买经济适用房，清理纠正领导干部在住房上以权谋私的问题；纠正和查处领导干部放任、纵容配偶、子女和身边工作人员利用其职权和职务影响经商办企业等问题；治理领导干部违规插手招标投标、土地出让、产权交易、政府采购等市场交易活动谋取私利的问题。严肃组织人事工作纪律，严肃查处跑官要官、买官卖官、拉票贿选和突击提拔干部等行为，坚决反对和纠正用人上的不正之风。

第五，深化改革和创新制度，进一步推进治本抓源头工作。配合相关部门深入推进行政管理体制、干部人事制度、司法体制和工作机制、财政管理制度、投资体制、国有资产经营管理体制和金融体制改革，严格执行工程建设项目招标投标、经营性土地和工业用地招标拍卖挂牌出让、产权交易、政府采购等制度。积极发挥国家预防腐败机构的职能作用。

第六，深入推进监督工作，促使领导干部正确行使权力。认真落实党内监督各项制度，进一步加强和改进巡视工作，继续完善对纪检监察派驻机构的统一管理，加强对领导干部特别是主要领导干部的监督。推进党务公开，深化政务公开、厂务公开、村务公开。

第七，加强国有企业党风建设和反腐倡廉工作，促进企业健康发展。要继续探索充分发挥企业党组织政治核心作用的方法和途径。进一步加强对国有企业及其领导人员的管理和监督。国有企业领导人员要严格自律，不准利用职务上的便利通过同业经营或关联交易为本人或特定关系人谋取利益；不准相互为对方及其配偶、子女和其他特定关系人从事营利性经营活动提供便利条件；不准在企业资产整合、引入战略投资者等过程中利用职权谋取私利；不准擅自抵押、担保、委托理财；不准利用企业上市或上市公司并购、重组、定向增发等过程中的内幕信息为本人或特定关系人谋取利益；不准授意、指使、强令财会人员提供虚假财务报告；不准违规自定薪酬、兼职取酬、滥发补贴和奖金。

全会要求，各级纪委要以改革创新的精神大力加强自身建设，广大纪检干部要始终做党的忠诚卫士、群众的贴心人。

全会号召，全党同志要高举中国特色社会主义伟大旗帜，更加紧密地团结在以胡锦涛同志为总书记的党中央周围，以更加坚定的信心、更加积极的态度、更加有力的措施，努力开创党风廉政建设和反腐败斗争新局面！

国务院总理温家宝在北京主持召开国务院常务会议听取高等教育“211 工程”建设工作汇报

会议指出，面向 21 世纪、重点建设 100 所左右高等学校和一批重点学科的“211 工程”实施以来，经过 10 多年的努力，“211 工程”学校人才培养质量不断提高，学科建设取得明显成效，创新能力得到提升，一些学科接近国际先进水平，产生了一大批有影响的成果，我国高等教育整体实力显著增强。会议同意进行“211 工程”三期建设，要求认真总结经验，明确目标，统筹兼顾，加快高水平大学和重点学科建设，带动我国高等教育整体发展。一要继续瞄准学科前沿和国家重大需求，加强重点学科建设，使更多的重点学科进入国际先进行列。二要突出创新人才和队伍建设，进一步提高教师队伍水平，着力提高人才培养质量，努力造就一批学术领军人物。三要加强高校公共服务体系建设，推进优质教育资源的社会共享。四要推进机制体制创新，创造有利于发挥人才创造性、多出重大成果的条件。五要认真做好建设规划，加强项目论证和评审，强化稽查和审计，切实提高资金使用效益。

国务院总理温家宝在人民大会堂会见中国侨商投资企业协会成立大会代表

温家宝指出，中国侨商投资企业协会的成立是华侨华人工商企业界的一件喜事。协会要秉持“联谊、服务、合作、发展”的理念，积极反映侨商的意见和要求，发挥中国政府与广大侨商沟通交流的桥梁作用，热忱为广大侨商提供服务，不断增强吸引力和凝聚力，努力办成“侨商之家”。希望华侨企业以此为新的起点，改善投资结构，提高投资质量，既成功地办好企业，又勇于负起对祖国应尽的责任。各级政府以及侨务部门要保护侨商投资权益，为侨资企业的发展创造良好的环境，凝聚侨心、汇集侨智、发挥侨力，团结海内外中华儿女为全面建设小康社会作出新的贡献。

国务委员唐家璇、全国政协副主席罗豪才，以及全国人大华侨委员会、国务院侨办、全国政协港澳台侨委员会、致公党中央、中国侨联等有关方面负责人参加会见。

国务院总理温家宝在中南海紫光阁会见来华参加第五次中美战略对话的美国常务副国务卿内格罗蓬特

国务院总理温家宝在人民大会堂会见芬兰副总理兼财长卡泰宁

国务院总理温家宝就中英关系及共同关心的国际和地区问题同英国首相布朗通话

全国政协主席贾庆林在人民大会堂会见全国宗教工作系统先进集体和先进工作者

贾庆林说，党的十六大以来，在以胡锦涛同志为总书记的党中央领导下，各级党委、政府和宗教工作部门认真贯彻落实中央精神，普遍加强宗教工作，取得了显著成绩，为维护改革发展稳定的大局作出了积极贡献。

这些成绩的取得，是党中央、国务院正确领导的结果，也是与各级宗教工作部门和广大宗教工作干部的辛勤努力和扎实工作分不开的。长期以来，宗教工作战线的同志们忠于职守、甘于吃苦、乐于奉献、勇于进取，表现出良好的精神风貌和思想品质，涌现出一大批优秀集体和个人。这次受到表彰的先进集体和个人，就是其中的杰出代表，他们的模范事迹和优良品质，值得广大宗教工作干部认真学习和大力弘扬。

贾庆林指出，党的十七大强调，要全面贯彻党的宗教工作基本方针，发挥宗教界人士和信教群众在促进经济社会发展中的积极作用。前不久，胡锦涛总书记在中央政治局第二次集体学习时发表重要讲话，对做好宗教工作进一步提出了明确要求。我们要深入学习贯彻党的十七大精神，学习贯彻胡锦涛总书记的重要讲话，充分认识做好新形势下宗教工作的重要性，积极主动地做好宗教工作，促进宗教关系的和谐，努力把宗教界人士和信教群众团结在党和政府周围，为全面建设小康社会、加快推进社会主义现代化而奋斗。

贾庆林指出，切实做好新形势下的宗教工作，一是要坚持党的宗教工作基本方针，全面准确地理解和把握其精神实质和基本要求，真正把它贯彻落实到宗教工作的各个方面，推动宗教工作不断取得新的成绩；二是要做好信教群众工作，着力把他们的积极性引导到促进发展、改善生活上来，同广大不信教群众团结一致，为完成党的十七大确定的各项任务共同奋斗；三是要加强爱国宗教人士队伍建设，努力造就一支政治上靠得住、学识上有造诣、品德上能服众的教职人员队伍，不断壮大爱国爱教力量；四是要努力建设高素质的宗教工作干部队伍，加强学习培训，强化业务能力，增强大局意识和责任意识，不断提高依法管理宗教事务的水平。

中共中央政治局委员、国务院副总理回良玉参加会见，并出席了全国宗教工作系统表彰大会暨2008年全国宗教工作会议，为先进集体和先进工作者代表颁奖。回良玉在讲话中强调，要全面贯彻党的宗教工作基本方针，支持引导宗教界人士和信教群众在促进经济社会发展中发挥积极作用。深入实施宗教事务条例，进一步提高依法管理宗教事务的能力和水平。突出加强基层宗教工作，着力提高做好新形势下信教群众工作的本领。以此次表彰为契机，切实抓好宗教工作队伍的自身建设。

据介绍，对全国宗教工作系统先进集体和先进工作者进行表彰，在我国宗教工作历史上是第一次，充分体现了党和政府对宗教工作的高度重视和对广大宗教工作干部的亲切关怀。

纪念陶铸同志诞辰100周年座谈会在北京举行

中共中央政治局常委李长春出席并讲话。

座谈会由中共中央政治局委员、书记处书记、中央宣传部部长刘云山主持。国务委员陈至立出席。座谈会上，中共中央党史研究室主任、中央党校常务副校长李景田，中共中央文献研究室副主任杨胜群，国务院副秘书长项兆伦，中共中央宣传部副部长雒树刚，中共广东省委副书记、省长黄华华先后发言。

出席座谈会的还有中央和国家机关、人民团体、部队有关部门、湖南省、广东省的负责同志，陶铸同志的亲属、生前友好和原身边工作人员等。

中共中央政治局常委李长春在纪念陶铸同志诞辰100周年座谈会上发表讲话

同志们：

今天，我们怀着崇敬的心情在这里举行座谈会，纪念陶铸同志诞辰100周年，深切缅怀他的历史功绩，追思和学习他为党和人民事业不懈奋斗的崇高风范，进一步激励全党全国各族人民把中国特色社会主义伟大事业不断推向前进。

陶铸同志是中国共产党的优秀党员，久经考验的忠诚的革命战士，杰出的无产阶级革命家，党和国家的卓越领导人。他一生为民族独立、人民解放和国家富强作出了重要贡献，是人民群众熟悉和爱戴的革命前辈。

陶铸同志出生于湖南省祁阳县一个贫苦知识分子家庭，从青年时代起就追求救国救民的真理。1925年，他奔赴广州，投身轰轰烈烈的大革命洪流。1926年春入黄埔军校学习。同年，加入中国共产党。大革命失败后，陶铸同志参加了著名的南昌起义和广州起义。1929年至1933年，他先后任中共福建省委秘书长、福州中心市委书记等职，组织指挥了营救共产党人和红军指战员的厦门劫狱斗争，参与组建了闽南工农红军武装力量和闽东人民武装力量。1933年5月，陶铸同志在上海被捕。在狱中，他组织共产党员建立秘密支部，团结难友，同敌人展开英勇斗争，并系统研读政治、经济、历史、文艺等著作。后来他曾戏称自己是“监狱大学毕业的”。

抗日战争全面爆发后，陶铸同志经党组织营救出狱，被派到湖北工作。他坚决执行党的抗日民族统一战线方针，积极培养抗日骨干力量，点燃了鄂中抗日烽火，和李先念等同志一道在豫鄂边地区建立起各级民主政权和抗日根据地。1940年，陶铸同志为参加党的七大来到延安。在延安期间，他先后担任中共中央书记处办公厅党史资料编辑委员会委员，中央军委秘书长，中央军委总政治部秘书长、宣传部部长，参加了延安整风的有关工作和军队政治工作。他参与选编的《六大以前——党的历史材料》和《六大以来——党内秘密文件》,是延安整风运动中的重要学习材料。他主持编写的《官兵关系》《军民关系》和《领导作风》三本工作手册,是当时指导人民军队思想政治工作的重要文献。1945年,他出席了党的第七次全国代表大会。

抗日战争胜利后,陶铸同志奔赴东北,历任中共辽宁省工作委员会书记,辽西、辽吉、辽北省委书记等职。他领导创建的辽吉根据地,成为东北战场对敌斗争的重要前哨阵地。1948年8月,他出任东北野战军政治部副主任,随即参加了辽沈战役等解放东北全境的军事斗争。之后,随部队南下入关,参加平津战役。其间,作为人民解放军平津前线司令部的全权代表,参与了同傅作义将军的谈判,为和平解放北平作出了重要贡献。三大战役胜利后,陶铸同志继续随军南下,先后任第四野战军政治部副主任、南下工作团副团长等职,并任中共中央华中局委员,负责武汉三镇的接管工作,还曾赴长沙接收起义部队。

中华人民共和国成立后,陶铸同志任中共中央中南局委员,中南军政(行政)委员会委员,中南军区政治部副主任、主任,中南军区党委常委。1951年2月,担任中共广西省委代理书记,主持广西剿匪工作。他紧密依靠人民群众,正确执行党的政策,胜利完成任务,受到党中央嘉奖,使广西顺利进入了全面土地改革和国民经济恢复的新时期。随后,陶铸同志奉调广州,于1951年11月出任直接领导广东省工作的中共中央华南分局第四书记。1953年5月,任华南分局代理书记和广东省人民政府代理主席。1955年7月起任中共广东省委书记、第一书记,同年起兼任广州军区第一政委、军区党委第一书记,并曾经兼任广东省省长。1956年9月在党的八大上,陶铸同志当选为中共中央委员。1960年10月至1966年8月任中共中央中南局第一书记。

从1949年随军南下到1966年离开,陶铸同志在中南地区工作达十七年之久。这十七年的大部分岁月,陶铸同志在广东度过。作为省委主要负责人,他认真贯彻党中央的部署,坚决执行党的路线、方针、政策,积极探索建设社会主义的正确道路。他注重发展工业生产,领导建立了一批工厂企业,为广东的经济建设奠定了重要基础。他注重农业发展,特别重视农业科学研究,在培育良种、发展经济作物等方面下了很大功夫。他注重加强城乡基础设施和环境建设,要求把祖国的南大门建设得更加美丽。他重视宣传和文化工作,领导创办了《羊城晚报》等群众喜闻乐见的报纸,建起珠江电影制片厂等一些重要的文化设施,关心作家、艺术家的工作和生活,支持他们创作了一系列优秀文艺作品。在他和省委一班人领导下,新中国成立后十余年间,广东省的工农业生产和各项事业迅速发展,南粤大地呈现出一派欣欣向荣的景象。

自1960年担任中南局第一书记后,陶铸同志把更多精力放到了领导中南五省区的工作上。60年代初,面对国民经济严重困难的形势,陶铸同志坚决贯彻执行党中央提出的“调整、巩固、充实、提高”的方针。1961年春,毛泽东同志在广州主持制定《农村人民公社条例(草案)》,陶铸同志被指定参加起草工作。他深入农村调查研究,提出了许多有远见、有价值的意见和建议。1962年,他和中南局第二书记王任重同志在调查研究的基础上提出了分户管理、耕种统一、联产计酬、增产归户的农业生产责任制的构想。在他的支持下,广东一些地方较早地推行过农村生产责任制。陶铸同志实事求是的工作作风和因地制宜的工作思路,使“大跃进”运动之后整个中南地区的经济社会得到了平稳恢复,并有所发展。他十分重视中南全区的水利建设和绿化工作,多次视察各地水库和林区,鼓励兴修水利,发展林业。他尊重知识,爱护人才,善于团结知识分子,关心他们的政治进步和工作生活困难,并多次指出,我国知识分子已经发生了根本性的变化,广大知识分子是革命的,不要再用“资产阶级知识分子”这个名词了,“应该叫人民知识分子”。1965年,他领导组织了很有影响的中南区戏剧观摩演出大会,推动了文学艺术的繁荣和发展。

1965年1月,在第三次全国人民代表大会上,陶铸同志被任命为国务院副总理,开始直接参加中央的工作。他分管宣传和文教等方面事务,做了大量工作。1966年5月后,陶铸同志相继担任中共中央书记处常务书记兼中央宣传部部长,中共中央政治局委员、常委并兼中央文化革命小组顾问等重要职务,协助周恩来同志处理党和国家日常工作。在“文化大革命”造成的全面动乱形势下,陶铸同志的工作异常艰难。但他坚持原则,刚直不阿,竭尽全力协助周恩来同志支撑大局,努力保护老干部、党外人士和受害群众,贯彻执行“抓革命、促生产”的方针,勉力维持全国工农业生产的运转和交通运输的通畅,尽量减轻“文化大革命”对党和国家的冲击和影响。为此他遭到江青、陈伯达等人的陷害和打击,成为“文化大革命”中的一大冤案。1969年11月30日,陶铸同志在合肥含冤病逝。1978年12月24日,中共中央在北京举行隆重的追悼大会,为陶铸同志彻底平反,恢复名誉。中共中央副主席陈云致悼词,对陶铸同志的一生,给予了高度评价。

同志们:

陶铸同志为中国革命和建设事业艰苦奋斗数十年,建立了重要的历史功绩。他的一生,是革命的一生,战斗的一生，是鞠躬尽瘁、全心全意为人民服务的一生。党和人民将永远铭记他的光辉业绩和崇高风范。

今天，我们纪念陶铸同志，要学习他对党无限忠诚、为共产主义事业奋斗终生的高贵品质。陶铸同志一生忠于革命，忠于党的事业，历经磨难，百折不回。在大革命失败时，他坚信革命必将胜利，毅然投入到武装反抗国民党反动派的斗争中；在身陷囹圄时，他大义凛然，坚持自己的信仰。他在所著的散文名篇《松树的风格》中写道：每一个具有共产主义风格的人，都应该像松树一样，不管在怎样恶劣的环境下，都能茁壮地生长，顽强地工作，永不被困难吓倒，永不屈服于恶劣环境。陶铸同志的人生正是松树风格的最好写照。对革命事业的无限忠诚，对革命理想的忠贞不渝，使陶铸同志无怨无悔地把自己的一生献给了党，献给了人民。

我们要学习陶铸同志光明磊落、坚持真理的革命情操。陶铸同志具有坦荡、宽阔的胸怀。他勇于探索，善于创新，注意研究革命和建设的规律，在不少问题上提出了具有一定前瞻性的意见和建议。在革命队伍内部，同志之间，他从不隐瞒自己的观点，从不计较个人得失。他善于深刻反思，敢于修正错误，追求真理，并对在工作中出现的偏差，主动作自我批评。他曾痛切地指出，新中国社会主义建设中，造成国民经济三年严重困难的根本原因，要严肃认真地从领导工作的缺点中去查找。他在广东的群众大会上公开指出：搞"反瞒产"，使群众饿了肚子，干部受了委屈，今后再也不能搞浮夸了，要靠实事求是过日子。陶铸同志说过：要培养高尚的情操，就要丢掉一切私有观念，与自己的个人主义思想彻底决裂；要有坚强的革命毅力和"韧性"；要有丰厚的劳动人民的感情。这样的历练和修养，成就了陶铸同志旷达的人生，也给我们每一个共产党员树立了崇高的榜样。

我们要学习陶铸同志密切联系群众、勤于调查研究、勇于独立思考的优良作风。陶铸同志一贯注重实际，不尚空谈。对于工作中的问题，他总是注意进行实地考察，集中群众智慧，提出解决办法。他在广东省和中南局工作期间，每年都要抽出三四个月以至更多的时间，深入工厂、农村、学校，深入山区、海岛和生产第一线，解决问题，总结经验，指导工作。1959年，广东各地刮起"一平二调"风，搞"穷过渡"，在群众中引起很大的思想混乱，陶铸同志先后到东莞、曲江等地实地考察，运用调查报告等形式，向干部群众反复说明一定要保持清醒头脑，不能空谈"过渡"，要扎扎实实地发展生产。《农村人民公社条例(草案)》颁布后，陶铸同志又按照条例精神，对农村分配制度、经营管理制度等一系列问题展开深入调查研究，认真总结试点经验，加以推广。特别是，在调查研究和独立思考基础上，陶铸同志有关知识分子问题的论述和指导制定的有关尊重知识、尊重人才的政策，为团结广大知识分子共同建设社会主义发挥了积极作用。陶铸同志曾经说："调查研究与一切经过试验是我们工作方法中的重要方法，对于唯物论者来说，这是工作中带根本性的方法。"这是他多年革命工作经验的总结，也是他留给我们的宝贵精神财富。

我们要学习陶铸同志艰苦朴素、严于律己的崇高精神。陶铸同志每次到基层工作，总是事先"约法三章"：不准迎送；不准请客；不准送礼。并让随行人员监督检查，具体落实。他下乡蹲点，从来都是轻车简从，坚持与群众"同吃、同住、同劳动"。他特别反对摆阔气、讲排场，坚决反对假公济私。他在广州工作和生活多年，居住的房子从来没有更换过。住房维修时，因维修费超过了预算，他还将自己多年的积蓄上交机关，以补维修款之缺。陶铸同志主持广东省和中南局工作时期，有同志建议在广州从化温泉建楼办公，他坚决反对。在他以身作则的榜样影响下，广东省委和中南局机关一直保持了勤俭办公的好作风。陶铸同志说："要时时刻刻地想着：我能够为群众做些什么？我为群众做了些什么？"正是基于对党和人民事业高度负责的精神和极端深厚的感情，陶铸同志几十年如一日，克勤克俭，清正廉洁，始终保持了一个共产党员的本色。

同志们！当前，全党全国各族人民正在深入贯彻落实党的十七大精神。我们纪念陶铸同志，就是要继承老一辈无产阶级革命家的遗志，做好今天的各项工作。让我们更加紧密地团结在以胡锦涛同志为总书记的党中央周围，坚定不移地高举中国特色社会主义伟大旗帜，坚持以邓小平理论和"三个代表"重要思想为指导，深入贯彻落实科学发展观，继续解放思想，坚持改革开放，推动科学发展，促进社会和谐，为夺取全面建设小康社会新胜利、谱写人民美好生活新篇章而努力奋斗。

国务院召开全国产品质量和食品安全专项整治行动总结电视电话会议

国务院副总理、国务院产品质量和食品安全领导小组组长吴仪出席会议并讲话。吴仪强调，加强产品质量和食品安全工作，就是维护人民群众利益，维护国家形象；容忍假冒伪劣，就是容忍对人民利益的侵犯和对国家形象的损害。

吴仪说，从去年8月下旬部署以来，经过全国上下的共同努力，我们成功地打赢了这场战役，达到了预期目的。专项整治确定的8项任务、20个工作目标及12个100%的量化指标总体上全部实现，一些长期存在的突出问题得到有效解决，全社会的质量安全意识以及企业的社会责任感明显增强。

吴仪强调，这次专项整治取得的成果还只是阶段性的，巩固扩大专项整治成果，必须建设长效机制，把两个链条、两个体系、一个网络的建设真正纳入法制轨道。为此，吴仪提出八个方面要求：

一是各级领导干部要牢固树立以人为本的科学发展观，具有强烈的质量安全意识。二是加强宣传教育，培养生产经营者、消费者的良好习惯，努力形成不生产、不销售、不购买、不使用假冒伪劣商品的社会环境。三是用好法律武器。要知法懂法，依法办事，严格执法，完善法律、法规体系，完善行政执法与刑事司法紧密衔接的机制。四是坚持有权必有责、有权必问责。明确和落实地方政府、监管部门和生产经营者的责任。五是坚持整扶相济，管建结合，“查、治、管、扶、建”同步进行。六是大力发展连锁经营、物流配送等现代流通方式，并积极向农村延伸。加快推进产品质量电子监管等信息化建设。七是进一步完善和加强部门的协调配合，做到无论哪一个环节都有人管，无论哪一个环节出现问题都能得到及时处理。八是善于总结经验，及时发现和推广基层好的做法。

质检总局局长、国务院产品质量和食品安全领导小组副组长李长江通报了专项整治的总体情况。北京、河北、江苏、四川等省市负责同志介绍了专项整治的做法和经验。

青海省第十一届人民代表大会第一次会议选举强卫为省人大常委会主任 宋秀岩为省长

中共中央政治局常委李长春在人民大会堂会见由第一书记翁吉克·穆萨耶夫率领的土库曼斯坦民主党代表团

1月17日

国家主席胡锦涛在人民大会堂会见韩国候任总统李明博特使朴槿惠

朴槿惠首先向胡锦涛转交了李明博候任总统的亲笔信。胡锦涛说，李明博候任总统当选后不久，即委派你专程访华，体现了李明博候任总统和韩方对发展中韩关系的重视。我对此表示高度赞赏。

胡锦涛说，实践证明，建立和发展面向新世纪的中韩全面合作伙伴关系符合时代潮流，反映了两国人民的共同愿望和要求，不仅给两国和两国人民带来了实实在在的好处，也为维护和促进本地区乃至世界的和平、稳定与发展作出了积极贡献。中方愿与韩方共同努力，保持两国关系发展的连续性和稳定性，提升中韩关系的水平，推动中韩全面合作伙伴关系更好更快向前发展。

朴槿惠感谢胡锦涛会见，高度评价中国改革开放成就。她说，韩中建交以来，两国关系在各领域都取得飞速发展。韩方对此感到满意。李明博候任总统高度重视对华关系。在新形势下，韩方愿同中方加强沟通，扩大合作，进一步提升韩中关系，谋求共同发展，共同为朝鲜半岛和东北亚的和平与繁荣继续作出积极贡献。

外交部部长杨洁篪等会见时在座。

国务院副总理吴仪在北京主持召开商务工作座谈会并发表讲话

吴仪希望各级商务工作干部特别是领导干部要善于从统筹国际国内两个大局的角度看问题，认真分析研究商务工作面临的新形势，把握机遇，迎接挑战，按照党的十七大对商务工作的总体要求，更加自觉地以科学发展观统揽商务工作。

在认真听取9位同志发言后，吴仪深情地回顾了我国商务事业充满艰辛和挑战的发展历程，充分肯定了这些年商务工作取得的成绩，指出商务事业的发展变化，是我国改革开放进程的一个缩影。这些年商务工作发生了几个重大的变化：一是内外贸实现一体化融合，国际化程度进一步提高；二是从主要抓“引进来”到“引进来”与“走出去”有机结合，我国经济的发展空间得到新的拓展；三是出口和消费对国民经济的拉动力越来越大，商务工作对国民经济的贡献日益显著；四是国际地位和影响力显著提高，实现了由国际经贸规则的执行者到规则参与制定者的重大转变。

吴仪强调，随着经济全球化深入发展，我国与世界经济联系越来越紧密。要以科学发展观统揽商务工作，增强工作的全局性、协调性和预见性。当前和今后一个时期的商务工作，一要继续抓好市场建设。加强市场监测和对重要物资包括生活必需品供应的调度，适时组织和扩大进口。当前尤其要加强对生猪、粮油等市场价格的实时监测，及时提供预警信息，搞好产运销衔接。二要加快转变外贸发展方式。继续优化出口产品结构，提高出口质量、档次和附加值。积极扩大进口。促进加工贸易转型升级，引导加工贸易向产业链高端发展。积极稳妥地采取综合措施，缓解外贸顺差过大矛盾。三要不断提高利用外资质量。进一步鼓励外商投资高新技术产业、先进制造业和节能环保产业，鼓励跨国公司设立研发中心，大力发展服务外包。努力把国家级经济技术开发区建设成为产业升级的排头兵。四要创新对外投资和合作方式。加快培育我国跨国公司和国际知名品牌，有效控制投资风险，确保在外企业和人员的安全,维护我海外利益。加强对"走出去"企业的教育、引导和监管。五要坚持互利共赢的开放战略,发展与世界各国经贸合作。积极参与WTO新一轮谈判。妥善应对技术性贸易壁垒、反补贴、反倾销和产品质量安全等方面的新情况、新挑战。

22个省(区、市)和新疆建设兵团分管商务工作的负责人、国务院有关部门负责同志出席了座谈会,商务部部长陈德铭和黑龙江等省政府负责人在会上发言。会前,吴仪还为受表彰的全国商务系统先进集体、劳动模范和先进工作者颁奖。

国务委员唐家璇出席在北京召开的全国侨办主任会议并发表讲话

唐家璇指出,党中央、国务院历来高度重视侨务工作,党的十六大以来,作出了一系列重要决策和部署。各级侨务部门认真贯彻党的侨务方针政策,积极主动开展国外侨务工作,着力解决华侨农场改革与发展等一系列涉侨民生问题,不断加强和改进侨务渠道的引智引资,进一步深化侨务对台工作,深入开展依法护侨,大力加强海外华文教育,积极为国家总体外交和经济社会发展服务,取得了显著成绩。

唐家璇强调,各级侨务部门要把贯彻落实党的十七大精神作为首要政治任务,坚持用马克思主义中国化的最新成果武装头脑,以中国特色社会主义理论为指导,全面落实科学发展观,突出重点,狠抓落实,切实推进各项侨务工作。要更加重视侨务政策的贯彻落实,更加重视海外人才引进工作,着力引导海外侨胞为促进祖国统一大业服务,积极弘扬中华文化,大力涵养侨务资源,着力加强干部队伍建设,为全面建设小康社会、促进祖国统一大业作出重要贡献。

第五次中美战略对话在贵阳举行

外交部副部长戴秉国和美国常务副国务卿内格罗蓬特共同主持对话。对话为期两天,双方就中美关系及共同关心的重大国际和地区问题深入交换意见。

中国互联网络信息中心(CNNIC)在北京发布《第21次中国互联网络发展状况统计报告》

据《人民日报》报道,截至2007年12月31日,我国网民总人数达到2.1亿人,仅以500万人之差次于美国,居世界第二,预计在2008年年初我国将成为全球网民规模最大的国家。

中国和谐城市论坛在北京举行

以"生态文明与和谐城市"为主题的首届中国和谐城市论坛暨"2007公众心目中的和谐之城"揭晓仪式在京举行。全国政协副主席阿不来提·阿不都热西提出席并讲话,指出创建和谐城市是构建社会主义和谐社会不可忽视的重要环节,寄望论坛不断推出新的成果和好的城市经验,为构建和谐社会作出新的贡献。

50余个城市代表团参加了会议,并分别就城市和谐发展的经验进行了交流探讨,其中大连、杭州、青岛等30座城市分别获得了"公众心目中的和谐名城"与"公众心目中的和谐之城"荣誉。

1月18日

国家主席胡锦涛在钓鱼台国宾馆会见英国首相布朗

胡锦涛赞赏布朗就任首相后,重视发展对华关系,积极推动中英交流与合作。他说,近年来,中英关系全面发展。两国高层保持经常往来和联系。中英关系互动小组、战略对话、外交政策对话等机制有效运转。双方战略互信加强,务实合作扩大,在国际和地区事务中的沟通与协调日益密切。布朗首相和英国政府在台湾问题上坚持一个中国政策,明确反对台湾当局推动"入联公投",支持中国和平统一。我们对此表示赞赏。

布朗表示,英中关系强劲有力,此访进一步加强和深化了两国全面战略伙伴关系。双方提升了经济和财金对话机制,为两国贸易确定了新目标,强化了科技、环境等领域合作。英中经济互补性很强,英方欢迎中投公司等中国公司在英国投资,将为投资取得良好回报创造条件。英方希望英中两国在双边领域和国际地区问题上的合作日益加深,为两国人民创造利益,为世界和平繁荣作出努力。

布朗表示,英国奉行一个中国政策的立场是一贯、明确和坚定的,不会改变。

国务委员唐家璇参加会见。

国家主席胡锦涛致电祝贺萨卡什维利再次当选格鲁吉亚总统

全国人大常委会委员长吴邦国在人民大会堂会见英国首相布朗

吴邦国表示,中英关系在经济全球化深入发展的今天,中英利益契合点扩大,在积极参与国际经济合作、反对贸易保护主义等方面的共同语言增多。提升两国关系面临良好机遇。希望双方不断丰富和充实中英全面战略伙伴关系的内涵,扩大双边各领域务实合作,加强在国际事务中的配合,共同推动地区热点问题的妥善解决,应对人类面临的挑战,为两国人民的利益和世界和平发展作出贡献。

吴邦国指出，立法机构交往对双方增进相互了解，扩大两国关系的民意基础具有重要意义。中国全国人大重视与英国议会的交流与合作。希望双方利用好议会交流这个合作平台和对话渠道，进一步增进两国人民之间的相互了解、友谊与信任，推动中英关系健康稳定发展。

布朗表示英方重视并愿加强两国立法机构交流，特别是青年政治家往来，为两国关系发展增添活力。

国务院总理温家宝同英国首相布朗在人民大会堂举行会谈

温家宝对中英关系给予了高度评价。他说，当前中英关系正处在历史最好时期。政治上，两国各种对话机制运作良好，互信不断增强；经济上，两国贸易额持续上升，合作领域不断扩大；文化上，两国交流非常活跃，相互了解不断加深；在国际和地区事务中，两国的沟通与协调也越来越密切。中方对两国关系的良好发展势头感到满意。

温家宝表示，中英关系发展的历程表明，尽管两国社会制度、历史文化传统和经济发展水平不同，但只要我们从战略高度和长远角度把握双边关系发展大方向，坚持相互尊重、平等相待、求同存异、共同发展的原则，就可以成为合作的伙伴。

布朗赞同温家宝对两国关系的评价。布朗表示，英中在经济、金融、科技、文化、教育、人权等领域的对话与合作不断扩大和加强，对世界经济和国际社会产生了重要影响。中国倡导的和谐世界和科学发展有利于世界人民，有利于全球化进程。英中都是联合国安理会常任理事国，两国合作对世界至关重要，英方愿同中方在发展两国和世界经济、应对气候变化、塑造国际机制等方面加强合作。布朗祝贺中国经济建设取得的成就。他说，2008年对中国是非常重要的一年，我们祝愿中国各领域的建设和发展以及北京奥运会取得成功。

会谈中双方达成以下共识：一、将中英副部级财金对话提升为副总理级经济财金对话；二、建立中英青年交流机制；三、将2010年双边贸易额提高到600亿美元；四、启动中英科学桥计划；五、抓紧制订中英卫生创新伙伴关系行动计划；六、开展中英面向2012年奥运会合作计划；七、加强中英在应对气候变化和建立可持续城市方面的合作；八、密切在热点问题上的磋商与协调。九、推动国际机制改革和多哈回合谈判取得积极进展。

温家宝重申，中方支持英方提出的“千年发展目标行动宣言”。

布朗强调英方坚定奉行一个中国政策，不会改变。

会谈后，两国领导人出席了《中英两国政府关于气候变化的联合声明》以及两国教育、能源等领域8个合作文件的签字仪式，合同金额近8亿美元。

国务院总理温家宝和英国首相布朗在人民大会堂出席中英工商峰会并发表讲话

温家宝表示，新年伊始，两国工商界人士集聚一堂，交流探讨进一步加强经贸合作问题，对深化双边经贸关系将产生积极的作用。此次工商峰会以“创新促进合作”为主题，立意高远，体现了鲜明的时代特点。科学技术是第一生产力，创新是人类社会发展最重要的动力。人类社会的发展史，就是一部科技进步、发明创新的历史。回顾历史，中英两国都曾为世界文明进步和科学技术发展作出过重要贡献，我们为此而感到骄傲和自豪。

温家宝表示，英国科技实力雄厚，有着很强的创新优势。中英经贸关系不断深化，为两国开展创新合作打下了良好基础。为促进中英在创新领域的进一步合作，带动两国科技进步和经贸关系的全面发展，温家宝建议双方重点加强以下五方面的合作：

第一，大力发展技术贸易。建设创新型国家，中国需要扩大技术引进和再创新。到2010年，中国的高技术产品进出口额要达到8000亿美元。目前，中英技术贸易规模不大，与两国经济的总体实力不相称。我们愿创造条件，让更多的中国人认知英国的技术优势，也希望英方采取更为开放的政策，扩大对华技术出口，促进双边贸易的全面、平衡和健康发展。

第二，积极开展联合创新。中国正在实施国家中长期科学和技术发展规划纲要，调动各方面的积极性，推动科技进步和经济社会发展。我们欢迎英国企业充分利用中国的广阔市场和科技资源，积极来华设立研发中心，同中国企业建立技术合作联盟。我们也鼓励中国企业“走出去”，按照国际通行规则扩大对外直接投资，在研发、生产、销售等方面与外国伙伴联合开展创新经营。

第三，加强能源环保领域合作。中国正在建设资源节约型和环境友好型社会，对环保产品和新能源的需求越来越大。英国在节能环保领域拥有世界领先的经验和技术，特别是在风能、生物能等可再生能源技术的研究开发上具有明显优势。希望中英两国企业在油气资源勘探开发、节能技术研发、新能源和可再生能源的利用等方面扩大合作。

第四，深化金融服务业合作。英国是重要的国际金融中心，金融服务业一直引领全球。中国正在发展各类金融市场，全面推进金融创新，需要吸收和借鉴先进经验，提升金融服务业的国际化和现代化水平。希望英方充分发挥在金融服务领域的丰富经验和技术专长，与我们共同开展多样形式、多种层次的合作与交流。

第五，切实加强知识产权合作。我曾多次强调：今后世界经济的竞争，就是知识产权的竞争。近年来，中国不断加大知识产权保护力度，建立了较为完备的知识产权保护法律体系。中国在保护知识产权方面的态度历来是鲜明的、行动是坚决的。我希望中英双方共同努力，继续加强知识产权方面的合作，为创新发展提供坚实的后盾。

温家宝表示，中英双方商定了两国贸易发展的新目标，即到2010年，双边贸易额达到600亿美元。要实现这一目标，需要两国企业界的共同努力。今年是中国改革开放30周年，奥运会将首次在中国举行。我们衷心欢迎更多的英国企业家到中国来，以创新的眼光和思维，丰富合作方式，扩大合作领域，推动中英关系迈向更高质量、更大规模的新阶段。

布朗积极评价中英经贸关系，他指出，中国的发展是机遇，不是威胁。全球经济今后将面临各种挑战，英中合作能为两国经济和世界经济繁荣作出重要贡献。

布朗强调，英国反对贸易保护主义，主张世界经济保持开放。英方将努力扩大双边贸易，增加对华技术出口，欢迎中国企业到英国投资。布朗表示，英中两国历史上都曾在经济和科技方面领先于世界，英方希望双方加强科技、教育、文化交流，在实现可持续发展，应对气候变化等方面成为伙伴。英中合作将给未来的世界带来繁荣。

全国人大常委会副委员长成思危、商务部部长陈德铭和英国商业、企业与制度改革大臣赫顿以及中英企业界和相关各界人士近800人出席了会议。

中英工商峰会为期1天，主题为“贸易与投资——创新促进合作”。峰会由中国商务部，英国商业、企业与制度改革部及英国贸易投资总署主办，中国商务部外贸事务发展局，英中贸易协会承办。

中国人权发展基金会第二届全国理事会在北京召开

全国政协副主席黄孟复当选为新一届理事会理事长。

黄孟复当选后在讲话中指出，党和国家高度重视人权事业，党的十七大强调尊重和保障人权。中国人权发展基金会作为我国唯一的人权方面的基金会组织，要不辱使命，更好地发挥在中国特色社会主义伟大事业中的积极作用。

中共中央对外宣传办公室、国务院新闻办公室主任蔡武到会祝贺并发表讲话。蔡武表示，在人权领域全面贯彻落实十七大精神，贯彻落实科学发展观，是当前和今后一个时期我国人权事业发展的根本任务、首要任务。中国人权发展基金会向智库型发展是一项新事业、新工作，要扩大对外交往，不断增强实力，更好地支持和开展外宣工作。中央对外宣传办公室、国务院新闻办公室将一如既往地关心支持基金会的工作。

全国旅游工作会议在北京召开

国务院副总理吴仪出席会议并讲话。她强调，全国旅游行业要深入学习贯彻党的十七大精神，认真落实科学发展观，抓住机遇，加快形成我国旅游业强大的国际吸引力、强大的核心竞争力和强大的开放兼容力，全面提升我国旅游业发展水平，努力开创旅游业发展的新局面。

吴仪强调，旅游业已成为国民经济发展的重要动力，前景广阔。今年和今后一个时期的旅游工作，一要牢牢把握机遇，推动旅游业又好又快发展。要抓住中央实施扩大内需战略和北京奥运会、2010年上海世博会等带来的重大机遇，加强旅游宣传促销，增加休闲度假产品，进一步完善产品体系，培育旅游消费热点，促进旅游消费升级。二要坚持改革创新，全面提升旅游业发展水平。鼓励有条件的地方探索符合本地实际的旅游发展新模式，深化区域旅游合作，开发更加节能环保、更加绿色生态的旅游产品，生产更多有特色的旅游纪念品。三要深化对外开放，加快形成参与国际旅游竞争合作的新优势。加大国际旅游市场宣传促销力度，以做好开放出境旅游目的地国的后续工作为抓手，尽快建立起固定的多双边旅游合作机制。四要努力夯实基础，搭建旅游业持续发展的广阔平台。不断完善标准技术法规体系，加大标准实施监督力度，深入实施全国旅游质量提升计划，跟踪国际旅游发展趋势，加强旅游基础理论研究。五要狠抓队伍建设，不断提高旅游队伍的综合素质。导游等旅游从业人员要加强学习，积极引导游客文明出游。

会议由国家旅游局局长邵琪伟主持，中央和国务院有关部门及北京市的负责同志，各省(区、市)旅游局(委)负责同志出席会议。

国家旅游局局长邵琪伟在会议上说，2007年全国旅游市场持续较快增长，全国旅游业总收入首次突破1万亿元，达1.09万亿元，同比增长22.6%。

2007年，我国入境旅游人数达1.32亿人次，其中入境过夜旅游人数达5472万人次。旅游外汇收入达419亿美元，同比增长23.5%。国内旅游人数达16.1亿人次，同比增长15.5%。国内旅游收入达7771亿元，同比增长24.7%。出境旅游达4095万人次，同比增长18.6%。中国继续保持全球第四大入境旅游接待国、亚洲最大出境旅游客源国的地位。

上海港集装箱吞吐量跃居全球第二

上海市港口管理局宣布:2007年,上海港集装箱吞吐量完成2615.2万标准箱,较上年同期增长20.4%,占全国集装箱吞吐量的23%,首次超过香港跃居全球第二。全港货物吞吐量完成5.61亿吨,连续三年保持全球第一。

全球最大畜禽类沼气发电厂在内蒙古投产

全球最大的畜禽类沼气发电厂在内蒙古正式投产发电。该电厂由内蒙古蒙牛乳业(集团)股份有限公司投资4500万元建设,每年可向国家电网提供1000万千瓦时的电量。

国务委员唐家璇在中南海会见伊朗总统特使最高国家安全委员会秘书贾利利

第十一届全国冬运会在齐齐哈尔开幕

1月19日

中共中央总书记胡锦涛在北京看望著名科学家钱学森 吴文俊

新春佳节即将到来之际,中共中央总书记、国家主席、中央军委主席胡锦涛分别来到钱学森、吴文俊家中,亲切看望为我国科技事业作出杰出贡献的两位著名科学家,代表党中央向他们表示衷心的祝福。

陪同胡锦涛总书记看望的有:中央书记处书记、中央办公厅主任令计划,全国人大常委会副委员长、中国科学院院长路甬祥,国务委员陈至立,中央军委委员、总装备部部长常万全等。

国务院总理温家宝主持召开国务院第11次全体会议

会议决定,将提请十一届全国人大一次会议审议的《政府工作报告(征求意见稿)》发到各省区市和中央党政军群各部门征求意见,并采取多种形式广泛听取意见。

温家宝在会上发表了讲话。他指出,我们的政府是人民的政府,政府全部工作都是为了人民,都要向人民负责。起草和修改好《政府工作报告》(以下简称《报告》)十分重要。一个好的《报告》应当是人民群众关心和参与的报告,是充分反映人民群众利益、愿望和要求的报告。《报告》征求意见要充分发扬民主,范围要广泛,方式要创新,认真听取社会各界和广大群众意见,集思广益,真正使《报告》起草和修改过程成为集中民智、反映民意、凝聚民心、激励民力的过程。

温家宝说,本届政府的五年任期即将结束。这五年是不平凡的五年,改革发展任务十分艰巨繁重。各级政府和全国各族人民坚持以邓小平理论和“三个代表”重要思想为指导,全面落实科学发展观,齐心协力,顽强拼搏,战胜种种困难和挑战,在中国特色社会主义道路上奋勇前进,改革开放和现代化建设取得了举世瞩目的重大成就。国民经济平稳快速发展,经济效益不断提高,经济实力大幅提升;农村、企业、金融、财税、外经贸和行政管理体制等改革迈出重大步伐,开放型经济进入新阶段;就业、社会保障、教育、卫生、文化等社会事业加快发展,人民群众得到更多实惠。五年来,本届政府紧紧围绕全党和全国工作大局,忠实履行职责,尽心尽力工作,认真完成各项任务。同时也要清醒地看到,前进道路上还面临不少问题和困难,政府工作同形势的要求和人民的期望还有不小差距。

温家宝指出,在丰富的实践中,我们积累了许多宝贵经验。主要是:必须坚持解放思想。破除迷信,与时俱进,坚持一切从实际出发,敢于冲破不合时宜的观念束缚,尊重群众的首创精神,鼓励探索、实践和创造;必须坚持落实科学发展观。始终以经济建设为中心,着力调整经济结构和转变发展方式,注重统筹兼顾,促进社会和谐,努力实现以人为本、全面协调可持续发展;必须坚持改革开放。按照社会主义市场经济的改革方向,全面深化经济体制改革,同时推进政治体制、文化体制、社会体制等各方面改革,坚持对外开放基本国策不动摇;必须坚持搞好宏观调控。充分发挥市场在资源配置中的基础性作用,不断增强发展活力,同时根据形势变化,加强和改善宏观调控,使国民经济平稳运行;必须坚持执政为民。政府的一切权力都是人民赋予的。要牢记全心全意为人民服务是政府工作的根本宗旨,努力做到一切属于人民,一切为了人民,一切依靠人民,一切归功于人民;必须坚持依法行政。严格按照宪法和法律规定的权限和程序行使权力、履行职责,自觉接受监督,从根本上增强政府的执行力和公信力。这些既是宝贵的精神财富,也是今后政府工作的努力方向。

温家宝说,过去五年的成就和进步来之不易,这是在改革开放多年来奠定的基础上取得的,是以胡锦涛同志为总书记的党中央驾驭全局、正确领导的结果,是各地区、各部门和全国各族人民奋发进取、共同努力的结果。

温家宝指出,本届政府任期还有不到两个月的时间,我们要以对国家和人民高度负责的态度,恪尽职守,善始善终做好每一项工作。当前要做好的重点工作是:确保市场供应和价格基本稳定;加强冬春农业生产;防止固定资产投资过快增长;认真做好财政金融工作；妥善安排好群众生活；抓好安全生产和社会稳定工作。

温家宝强调，十一届全国人大一次会议和全国政协十一届一次会议即将召开，国务院组成人员和各部门负责人要按照大会要求，集中精力参加会议，虚心听取代表、委员意见，诚恳接受监督。

国务院全体组成人员出席了会议，有关部门、单位负责人列席了会议。

政协福建省第十届委员会第一次会议选举梁绮萍(女)为省政协主席

上海市委书记俞正声在上海会见英国首相布朗并签署“崇明东滩生态城”项目谅解备忘录

首届“中国大学生自强奖学金”颁奖仪式在北京举行

由共青团中央、全国学联主办的首届“中国大学生自强奖学金”颁奖仪式在京举行。中共中央政治局委员、全国人大常委会副委员长王兆国会见获奖学生代表，并为特等奖获得者颁奖。

王兆国指出，党中央、国务院一直高度重视大学生的健康成长，特别关心家庭经济困难学生的学习和生活，不断加大资助家庭经济困难学生的力度。党的十七大描绘了在新的时代条件下继续全面建设小康社会、加快推进社会主义现代化的宏伟蓝图，为党和国家事业发展指明了前进的方向，也为广大青年学生提供了建功成才的广阔舞台。希望广大青年学生按照胡锦涛总书记提出的“四个新一代”的要求，坚定跟党走中国特色社会主义道路的理想信念，不怕困难，积极进取，勤奋学习，奋发成才，更好地担负起全面建设小康社会、实现中华民族伟大复兴的历史重任。

王兆国对共青团组织在元旦春节期间集中开展“服务青少年月”活动给予充分肯定。他要求各级团组织充分认识服务青少年特别是困难青少年的重要意义，积极整合社会力量，着眼重点群体，加强机制建设，多为青少年特别是困难青少年做实事、办好事、解难事，为促进广大青少年的健康成长、促进社会主义和谐社会建设作出更大贡献。

共青团中央书记处第一书记胡春华、书记处常务书记杨岳、书记处书记贺军科等出席颁奖仪式。

2007 年全国农业十大新闻评选揭晓

由中国农村杂志社联合农民日报社及首都十多家新闻单位主办的“泰祥杯”2007 年全国农业十大新闻揭晓。

一、以发展现代农业为主题的 2007 年中央一号文件公布；

二、小麦育种专家李振声荣获国家最高科技奖；

三、全国农村全部免除义务教育阶段的学杂费；

四、全国建立农村最低生活保障制度；

五、国务院对促进生猪生产发展稳定市场供应作出重大部署；

六、《农民专业合作社登记管理条例》公布并施行；

七、重庆市、成都市成为全国统筹城乡试验区；

八、全国农产品质量安全专项整治行动取得明显成效；

九、党的十七大提出，走中国特色农业现代化道路，形成城乡经济社会发展一体化新格局；

十、全国粮食产量超过万亿斤，农民人均纯收入突破 4000 元。

1 月 20 日

政协浙江省第十届委员会第一次会议选举周国富为省政协主席

政协西藏自治区第九届委员会第一次会议选举帕巴拉·格列朗杰(藏族)为自治区政协主席

政协陕西省第十届委员会第一次会议选举马中平为省政协主席

政协宁夏回族自治区第九届委员会第一次会议选举项宗西为自治区政协主席

政协新疆维吾尔自治区第十届委员会第一次会议选举艾斯海提·克里木拜(哈萨克族)为自治区政协主席

中国出口总额跃居世界第二位

商务部部长陈德铭在全国商务工作会上说，5 年来，我国对外贸易快速发展，进出口总额从 2002 年的 6208 亿美元增加到 2007 年的 21738 亿美元，年均增长 28.5%，是改革开放以来增长周期最长、速度最快、增速最稳定的时期。在世界的排名由 2002 年的第六位跃至第三位，其中出口跃居第二位。

此外，我国吸收外资和对外投资合作取得新进展。吸收外资从 2002 年的 527 亿美元增加到 2007 年的 747 亿美元，连续 15 年位居发展中国家首位。对外投资从 2002 年的 25 亿美元上升到 2007 年的预计 200 亿美元，增长 7 倍，从世界第二十六位上升到第十三位,居发展中国家首位。

2007年中国和世界十大科技进展新闻评选揭晓

由547名中国科学院院士和中国工程院院士投票评选的2007年中国和世界十大科技进展新闻揭晓。

2007年中国十大科技进展新闻:

一、"嫦娥一号"发射成功,获得清晰月面图像;

二、研制成功特深井石油钻机;

三、癌症治疗研究获重大进展;

四、实现六光子薛定谔猫态;

五、发现6.32亿年前动物休眠卵化石;

六、首架自主知识产权的支线飞机完成总装下线;

七、发现世界上最大的似鸟恐龙化石;

八、发现玻恩—奥本海默近似在氟加氘反应中完全失效;

九、建成首个野生生物种质资源库;

十、大豆新品种创亩产371.8公斤高产纪录。

2007年世界十大科技进展新闻:

一、利用人体皮肤细胞"仿制"出胚胎干细胞;

二、发现类似地球的太阳系外行星;

三、全球气候变暖已是不争事实;

四、为宇宙暗物质绘图;

五、成功追踪到光子活动;

六、发现多种疾病的致病基因;

七、首次对活有机体实施"基因组移植";

八、发明DNA制动器;

九、能源新技术研发获新进展;

十、量子通信距离创下新纪录。

1月21日

国务院总理温家宝在中南海主持召开五次座谈会征求对《政府工作报告(征求意见稿)》的意见

1月21日至25日,国务院总理温家宝在中南海主持召开五次座谈会,征求对即将提请十一届全国人大一次会议审议的《政府工作报告(征求意见稿)》(以下简称《报告》)的意见。各民主党派中央、全国工商联负责人和无党派人士,经济、社会和自然科学领域的专家学者,科技、教育、卫生、文化、体育界代表,企业界代表和工人、农民等基层群众代表,分别出席了座谈会。

在座谈会上,大家一致认为,在党中央、国务院领导下,过去五年全国各族人民在中国特色社会主义道路上奋勇前进,战胜种种困难和挑战,改革开放和现代化建设取得了举世公认的巨大成就,社会生产力和综合国力跨上新台阶,改革开放取得重大突破,社会事业加快发展,民主法制建设扎实推进,人民生活显著改善。《报告》以邓小平理论和"三个代表"重要思想为指导,全面贯彻科学发展观,充分体现了党的十六大、十七大精神,体现了人民政府对人民高度负责的精神。回顾五年工作实事求是、全面客观,讲成绩和进步令人信服,讲困难和问题不回避不掩饰;部署2008年政府工作目标明确、措施有力,突出了经济社会发展全局性的重大问题,突出了人民群众关注和期盼解决的重点问题。大家一致赞同《报告》的框架结构和主要内容,并就《报告》的具体修改和做好政府工作,提出了意见和建议。

在各民主党派中央、全国工商联负责人和无党派人士座谈会上,民革中央主席周铁农、民盟中央主席蒋树声、民建中央主席陈昌智、民进中央主席严隽琪、农工党中央主席桑国卫、致公党中央主席万钢、九三学社中央主席韩启德、台盟中央主席林文漪、全国工商联主席黄孟复、无党派人士胡四一等先后发言。他们对过去五年的政府工作给予充分肯定,对今年的政府工作部署表示赞成。他们还分别就巩固农业基础地位、加快经济结构调整和发展方式转变、加强资源节约和环境保护、推进社会建设、促进非公有制经济发展等方面,提出了建议。

在专家座谈会上,经济学界、社会学界、法学界和自然科学界的10位专家作了发言。大家认为,过去五年政府工作的一个显著特点,是围绕保持经济平稳快速发展,注重加强和改善宏观调控,实践证明这是完全必要的、正确的、有效的,对于成功推进全面建设小康社会进程至关重要。专家们建议,在继续重视解决经济运行中存在的突出问题的同时,要密切关注国内外经济形势的新变化,及时采取正确的宏观调控措施。大家还就保持物价稳定、深化改革开放、加快教育、文化等社会事业发展、促进区域协调发展、强化法治、加快转变政府职能等方面,提出了意见和建议。

参加企业界座谈会的,既有国有企业负责人,也有非公有制企业负责人,还有中外合资、股份制企业负责人;既有大企业代表,也有中小企业代表;既有能源、原材料、建筑、农业、粮食企业代表,也有科技、金融企业代表。大家认为,企业要努力提高经济效益和竞争力,也要自觉地履行社会责任。中国石油天然气集团公司等国有大型企业负责人,重点就加强能源资源勘探开发、保障粮食和食品供应、推动企业改革重组、增加廉租住房和中低价位住房供给等方面,提出了意见和建议。北京中星微电子有限公司董事长邓中翰、神州数码有限公司首席执行官郭为等高科技企业代表,建议进一步完善政策措施,支持企业在技术创新中发挥主体作用。北京方圆平安农业集团公司董事长、总经理刘宝平是一位农民企业家，他建议加大对农业产业化的引导和支持力度，重视解决农产品销售运输和农业企业贷款问题。江苏红豆集团有限公司总裁周海江，就支持和引导纺织服装业健康发展提出了建议。与会企业代表还就进一步支持中小企业发展、扩大就业、改进房地产市场调控等问题，发表了意见。

在教育、科技、文化、卫生、体育界代表座谈会上，河北省张家口市职教中心校长汪秀丽说，这几年国家对职业教育高度重视，职业教育工作者备受鼓舞，她建议继续加大对职业教育支持力度，培养更多高素质技能型人才。四川大学校长谢和平、宁夏回族自治区同心县窑山中心学校校长马义海分别就高等教育改革与发展、改善农村特别是西部地区办学条件等，提出了建议。来自科技界的智刚、欧阳明高就加强科技自主创新、搞好产学研结合等，发表了意见。中央芭蕾舞团团长赵汝蘅、歌唱家万山红提出，要加大文化投入，支持高雅艺术发展，提高民族文化影响力。卫生界侯云德、王杉、张伯礼分别就加大卫生事业投入、推进卫生体制改革、支持中医药发展等问题，提出了建议。广播影视界崔永元、新闻出版界郝振省分别就丰富农村文化生活、开展全民阅读活动等问题谈了看法。国家体育总局游泳中心副主任周继红就加强城乡公共体育设施建设、大力开展全民健身活动等提出了建议。

参加基层群众座谈会的 13 位代表，有乡村教师、种粮大户、养猪大户、社区全科医生、农民工、煤矿工人、职业介绍中心工作人员、下岗创业人员、基层环保工作者、外企管理人员、装饰工程公司经理、社区超市店长和村镇银行客户经理。他们在发言中说，这几年政府为老百姓办了许多实事、好事、大事，《报告》充分反映了群众的利益、愿望和要求。来自云南省大理白族自治州的杨盈川是一名白族山区中学教师，他说农村实行免费义务教育对农村孩子是天大的好事，现在孩子上学不用交钱了，一些辍学的孩子又回来上学了，他还就改善农村教师待遇、加强农村师资队伍建设等提出了建议。辽宁省辽中县种粮大户于会怀说，彻底取消农业税、实行直补等政策给农民带来了看得见、摸得着的好处，使农村发生了巨大变化，他提出了控制农业生产资料价格过快上涨、加大农业补贴力度的建议。湖南省湘潭县养猪大户卢国良说，国家支持生猪养殖的一系列政策已经见到效果，农民又愿意养猪了，他建议国家支持力度再大一些。浙江省杭州市社区全科医生潘雪凤向总理汇报，发展社区医疗卫生大大方便了群众就医，很受广大居民欢迎，她希望解决医疗保险制度与社区卫生体系中面临的问题。北京地铁 4 号线电气焊、架子工、木工领工员何文良高兴地说，国家保障农民工合法权益的政策使我们有了主心骨，拖欠工资、不签劳务合同、不给职工买保险的问题初步得到解决。其他与会代表分别就改进就业服务、严格环境保护执法、搞好安全生产培训、完善农村金融服务、加强社会诚信教育等问题，提出了建议。

温家宝在这几次座谈会上讲了话。他感谢各民主党派、全国工商联和无党派人士，专家学者，企业家和工人、农民等社会各界对政府工作的关心和支持。他说，大家知无不言，言无不尽，畅所欲言，实话实说，反映了许多真实情况，提出了很多中肯的意见建议，对修改好《政府工作报告》和改进政府工作很有帮助，国务院将认真研究、采纳。他说，我们的政府是人民的政府，政府一切工作都要对人民负责。人民群众是国家的主人，政府工作好不好应由人民群众来检查、评判，要看人民群众赞成不赞成、满意不满意。正确的决策来自于群众，各级政府要坚持科学民主决策，广泛听取群众意见，着力解决群众生产生活中的实际问题。要确保正确行使权力，让权力在阳光下运行，让人民更好监督政府，从根本上增强政府的执行力和公信力，努力建设人民满意的政府，把政府工作做得更好。

国务院副总理吴仪、回良玉，国务委员曹刚川、唐家璇、华建敏、陈至立等，以及党中央和国务院有关部门的负责同志分别参加了座谈会。

全国政协主席贾庆林在北京主持召开全国政协第五十二次主席会议

中共中央政治局常委、全国政协主席贾庆林主持召开政协第十届全国委员会第五十二次主席会议。

会议审议通过了政协第十届全国委员会常务委员会第二十次会议日程、政协第十一届全国委员会第一次会议议程(草案)和日程(草案)、政协十一届一次会议秘书处领导成员名单(草案)和新闻发言人名单、政协十一届一次会议秘书处机构设置和工作任务(草案)、政协第十一届全国委员会参加单位、委员名额和委员人选名单(草案)。会议决定将上述有关草案提交政协第十届常委会第二十次会议和政协十一届一次会议的有关会议审议。会议还听取了其他事项的汇报。

全国政协秘书长郑万通、中共中央统战部部长杜青林、全国政协副秘书长杨崇汇、李昌鉴、卢昌华分别就有关议题作了说明。

会议确定吴建民为政协十一届一次会议新闻发言人。

全国政协副主席王忠禹、廖晖、刘延东、李贵鲜、张思卿、白立忱、罗豪才、张克辉、周铁农、郝建秀、阿不来提·阿不都热西提、徐匡迪、李兆焯、黄孟复、张怀西、李蒙、董建华、张梅颖、张榕明出席会议。

中共中央政治局常委李长春出席在北京召开的全国宣传思想工作会议并发表讲话

1月21日至23日，全国宣传思想工作会议在北京召开。中共中央政治局常委李长春在全国宣传思想工作会议上强调，宣传思想文化战线要深入学习宣传贯彻十七大精神，高举中国特色社会主义伟大旗帜，以邓小平理论和“三个代表”重要思想为指导，深入贯彻落实科学发展观，坚持围绕中心、服务大局，坚持解放思想、实事求是、与时俱进，坚持贴近实际、贴近生活、贴近群众，着力建设社会主义核心价值体系，着力巩固壮大主流思想舆论，着力推进改革创新，大力推动文化大发展大繁荣，提高国家文化软实力，为继续解放思想、坚持改革开放、推动科学发展、促进社会和谐，夺取全面建设小康社会新胜利、开创中国特色社会主义事业新局面提供强大的思想文化保证。

会议期间，胡锦涛总书记同与会代表座谈，并作重要讲话。会议总结了党的十六大以来宣传思想文化工作取得的成绩和宝贵经验，对当前和今后一个时期的工作进行了部署。

李长春在讲话中回顾了党的十六大以来的宣传思想文化工作，总结了五年工作实践中积累的宝贵经验，分析了当前面临的新形势新任务，并就在新的起点上开创宣传思想文化工作新局面作出了部署。他指出，党的十六大以来，在以胡锦涛同志为总书记的党中央坚强领导下，宣传思想文化战线坚持贴近实际、贴近生活、贴近群众，各方面工作整体推进，许多领域实现了突破性进展，开创了新局面，呈现出积极向上、繁荣发展的良好态势。

李长春强调，宣传思想文化战线要把深入学习宣传贯彻党的十七大精神，作为当前和今后一个时期的首要政治任务，加大工作力度，在全面准确、广泛深入、务求实效上下功夫，在武装头脑、指导实践、推动工作上下功夫，进一步把全党全国各族人民的思想统一到十七大精神上来。要深入贯彻落实科学发展观，深化对文化发展规律的认识，坚持以人为本、服务群众，更加自觉地贯彻“三贴近”原则，把体现党的主张和反映人民心声统一起来，把坚持正确导向和通达社情民意统一起来，把正面宣传为主和加强舆论监督统一起来，不断增强宣传思想文化工作的针对性、实效性和吸引力、感染力。要大力建设社会主义核心价值体系，把社会主义核心价值体系融入国民教育和精神文明建设全过程，纳入马克思主义理论研究和建设工程，贯穿到媒体宣传中，寓于文艺作品创作生产中，体现到网络文化建设和管理中，善于用先进技术传播先进文化，更好地用社会主义核心价值体系引领社会思潮，巩固和发展全党全国各族人民团结奋斗的共同思想基础。大力开展“迎奥运、讲文明、树新风”活动，提高公民文明素质和社会现代文明程度。要深化文化体制改革，加强公共文化服务体系建设，大力发展文化产业，保障人民基本文化权益，满足人民日益增长的精神文化需求，推动社会主义文化大发展大繁荣，提高国家文化软实力。要加强和改进对外宣传，加大文化产品和服务“走出去”力度，增强中华文化的国际影响力。要加强和改善党对宣传思想文化工作的领导，健全管理体制，改进方式方法，加强队伍建设，提高新形势下领导宣传思想文化工作的能力和水平。

中共中央政治局委员、中央书记处书记、中宣部部长刘云山就贯彻落实会议精神、做好今年宣传思想文化工作提出明确要求。

国务委员陈至立、全国政协副主席陈奎元出席会议。

中央宣传思想工作领导小组成员，各省、自治区、直辖市和副省级城市党委宣传部部长，新疆生产建设兵团党委宣传部部长，中央和国家机关有关部委、有关人民团体、中央宣传文化系统各单位负责同志，解放军和武警部队有关负责同志参加了会议。出席全国文明办主任会议的代表列席了会议。

国务院防震减灾工作联席会议在北京召开

国务院副总理、国务院抗震救灾指挥部指挥长回良玉出席会议并讲话。

会议听取了中国地震局等有关部门和专家关于我国2007年及近年来防震减灾工作情况的汇报，研究部署了2008年防震减灾重点任务。

回良玉指出，近年来，在各有关方面的共同努力下，我国防震减灾工作思路更加清晰，方向更加明确，措施更加有力，震情监测预报能力不断提高，抗震基础日益增强，应急救援体系进一步完善，地震科技实力大大提升，防震减灾工作取得显著成效。

回良玉要求，各地区、各有关部门要进一步加大工作力度，扎实做好2008年防震减灾工作。一要切实做好奥运地震安全保障，以及大中城市、地震多发区、防御薄弱区、重点防御区，重大活动、重点时段的地震安全保障工作；二要切实加强震情监测和跟踪研判，推进城市地震安全示范社区和农村民居地震安全工程建设，健全应急救援队伍，以提高地震测报、预防、救援能力为重点，全面提升震灾综合防御能力；三要切实加快国家防震减灾规划的实施，逐级分解落实规划目标和任务，不断强化防震减灾基础；四要切实推进地震科技创新，进一步加大投入，完善各项政策措施，抓好国家地震科技发展纲要的落实；五要切实加强军地、部门、区域之间的协调联动，完善地震应急管理体制机制，形成防震减灾合力。

浙江省第十一届人民代表大会第一次会议选举赵洪祝为省人大常委会主任 吕祖善为省长

宁夏回族自治区第十届人民代表大会第一次会议选举陈建国为自治区人大常委会主任 王正伟(回族)为自治区主席

政协山西省第十届委员会第一次会议选举金银焕(女)为省政协主席

政协河南省第十届委员会第一次会议选举王全书为省政协主席

全国人大常委会副委员长顾秀莲在北京分别会见联合国亚太经社会执行秘书诺琳·海泽和由联邦院议员德斯潘达率领的印度议员代表团

国务委员唐家璇在中南海会见缅甸总理特使、外交部副部长吴敏貌

中联部部长王家瑞在北京会见俄罗斯联邦共产党主席久加诺夫

关注森林活动组委会在北京召开2008年主任工作会议

2008年关注森林活动将以“发展现代林业,建设生态文明”为主题,组织开展为“林业与生态文明建设”建言献策、“生态文化在生态文明建设中的重要作用”调研、举办第五届中国城市森林论坛、“绿色的承诺”奥运综艺晚会系列行动、“倡导绿色生活,共建生态文明”中小学生实践等10项活动。

全国政协副主席、关注森林活动组委会主任张思卿主持会议。

我国养老和医疗保险人数首超2亿人

《人民日报》报道,到2007年年底,我国基本养老保险、基本医疗保险参保人数首次超过2亿人,分别达到20107万人和22051万人。劳动者就业状况也进一步改善,全年城镇新增就业1204万人,为近年最好水平,27个省份对最低工资标准进行了上调。

1月22日

中共中央总书记胡锦涛在北京同全国宣传思想工作会议代表座谈并发表讲话

中共中央政治局常委李长春主持座谈会。中共中央政治局常委、中央书记处书记习近平出席。

胡锦涛在讲话中指出,党的十六大以来,中央在聚精会神搞建设、一心一意谋发展的同时,高度重视宣传思想工作,制定了一系列方针政策,作出了一系列重大部署。宣传思想战线认真贯彻中央精神,各项工作在整体推进中实现重点突破、在改革创新中焕发新的活力,宣传思想工作保持了积极健康、蓬勃向上的良好态势。

胡锦涛强调,党的十七大站在继续解放思想、坚持改革开放、推动科学发展、促进社会和谐的战略高度,从全面建设小康社会对文化建设的新要求和各族人民对文化工作的新期待出发,强调要更加自觉、更加主动地推动社会主义文化大发展大繁荣,兴起社会主义文化建设新高潮,提高国家文化软实力,使人民基本文化权益得到更好保障,使社会文化生活更加丰富多彩,使人民精神风貌更加昂扬向上。这充分反映了我们党对当今国际国内发展大势和我国文化建设地位的准确把握,也对宣传思想工作提出了新的更高要求。

胡锦涛指出,我们要科学分析国际国内形势,准确把握党和国家工作大局,全面审视面临的机遇和挑战,充分认识做好新形势下宣传思想工作的重大意义。宣传思想工作是党和国家工作的重要组成部分,在中国特色社会主义事业全局中具有重要地位,发挥着不可替代的作用。实现党的十七大描绘的宏伟蓝图,宣传思想工作担负着统一思想、凝聚力量的重大任务,担负着推动社会主义文化大发展大繁荣、兴起社会主义文化建设新高潮的重大使命。

胡锦涛强调,做好当前和今后一个时期的宣传思想工作,在新的历史起点上开创宣传思想工作新局面,要坚持高举旗帜、围绕大局、服务人民、改革创新。高举旗帜,就是要把深入学习宣传贯彻党的十七大精神作为首要政治任务,高举中国特色社会主义伟大旗帜,坚持以邓小平理论和“三个代表”重要思想为指导,深入贯彻落实科学发展观,把坚持马克思主义基本原理同推进马克思主义中国化结合起来,用党的理论创新成果武装头脑、指导实践、推动工作,巩固马克思主义在意识形态领域的指导地位。围绕大局,就是要认真贯彻中央的决策部署,紧紧围绕经济建设这个中心,坚持正确导向,把社会效益放在首位,一手抓繁荣、一手抓管理,大力倡导一切有利于国家富强、民族振兴、人民幸福、社会和谐的思想和精神,着力推动科学发展、促进社会和谐,为改革开放和社会主义现代化建设提供有力的思想保证、营造良好舆论氛围。服务人民,就是要坚持以人为本,贴近实际、贴近生活、贴近群众,充分发挥人民主体作用,把人民是否满意作为根本标准,尊重差异、包容多样,努力满足人民多层次、多方面、多样化的精神文化需要，让人民共享文化发展成果，促进人的全面发展。改革创新，就是要用时代要求审视宣传思想工作，以改革精神推动宣传思想工作，积极创新内容形式、方法手段、体制机制，增强吸引力和感染力，努力做到体现时代性、把握规律性、富于创造性。

胡锦涛指出，要高举中国特色社会主义伟大旗帜，进一步巩固全党全国各族人民团结奋斗的共同思想基础；推进社会主义核心价值体系建设，进一步增强全民族团结和谐、奋发向上的精神力量；提高舆论引导能力，进一步为改革发展稳定营造良好氛围；加强思想道德建设，进一步培育文明风尚；建设公共文化服务体系，进一步保障人民基本文化权益；深化文化体制改革，进一步提高文化发展活力；做好对外宣传工作，进一步展示和提升国家良好形象。

胡锦涛强调，只有把握时代脉搏、反映时代精神、贴近现实生活、引领人民思想的文化，才能始终赢得人民，才能始终成为社会进步的先导。要立足中国特色社会主义伟大实践，从波澜壮阔的现实生活中汲取养分，准确把握人民精神文化需要的新变化，深入把握新形势下宣传思想工作的特点和规律，改进宣传思想工作的领导方式、组织方式、工作方式、管理方式，形成鼓励创新创造的法制保障、政策体系、激励机制，充分运用先进技术手段丰富文化的生产方式和表现形式，极大丰富文化品种、样式、载体、风格，让一切创造活力竞相迸发，让一切创新才华充分施展，让一切创新成果得到尊重，努力使精神文化产品和社会文化生活更加丰富多彩。

胡锦涛指出，坚持物质文明和精神文明两手抓、两手都要硬，是中国特色社会主义的显著特征。高度重视宣传思想工作，是党在长期革命、建设、改革实践中形成的优良传统，也是中国特色社会主义的一大优势。各级党委要按照中央要求，加强和改善对宣传思想工作的领导，全面做好宣传思想工作。要加强对宣传思想文化领域全局性、前瞻性、战略性问题的研究，大力弘扬求真务实精神，把长远目标与阶段性任务结合起来，把原则要求与具体措施结合起来，加强督促检查，狠抓工作落实，确保宣传思想工作扎实推进、富有成效。

座谈会上，北京市委常委、宣传部部长蔡赴朝，上海市委常委、宣传部部长王仲伟，辽宁省委常委、宣传部部长焦利，中央宣传部副部长、中央外宣办主任蔡武，国家新闻出版总署署长柳斌杰先后就加强和改进宣传思想文化工作发言。

出席座谈会的还有：刘云山、李源潮、令计划、王沪宁、陈至立、陈奎元等。

中央宣传思想工作领导小组成员，各省、自治区、直辖市和副省级城市党委宣传部部长，新疆生产建设兵团党委宣传部部长，中央和国家机关有关部委、有关人民团体、中央宣传文化系统各单位负责同志，全国文明办主任会议代表，解放军和武警部队有关负责同志参加了座谈会。

国务院总理温家宝在中南海紫光阁会见越南副总理兼外长范家谦

全国政协十届常委会二十次会议在北京召开

中共中央政治局常委、全国政协主席贾庆林主持开幕会。

本次常委会议为期4天，主要议程有：审议通过关于召开政协第十一届全国委员会第一次会议的决定；协商决定政协第十一届全国委员会参加单位、委员名额和委员人选名单；审议通过提交政协十一届一次会议审议的政协全国委员会常务委员会工作报告和关于提案工作情况的报告；审议通过政协十一届一次会议议程(草案)和日程(草案)；审议通过关于授权主席会议审议政协十届常委会二十次会议未尽事宜的决定；审议有关工作总结、视察考察和出访的书面报告。

会议听取了全国政协秘书长郑万通关于政协十届常委会工作报告(草案)起草情况的说明，全国政协提案委员会副主任杨振杰关于政协十届常委会提案工作情况报告(草案)起草情况的说明。

全国政协副主席王忠禹、刘延东、李贵鲜、张思卿、白立忱、罗豪才、张克辉、周铁农、郝建秀、阿不来提·阿不都热西提、徐匡迪、李兆焯、黄孟复、张怀西、李蒙、董建华、张梅颖、张榕明出席开幕会。

国务院副总理回良玉出席在北京举行的治理荒漠化国际会议开幕式并发表讲话

回良玉强调，中国政府高度重视治理荒漠化工作，将牢固树立和贯彻落实以人为本、全面协调可持续的科学发展观，正确处理经济建设、人口增长、资源利用与环境保护的关系，与世界各国共享荒漠化防治的成功经验，在更大范围、更广领域和更高层次上推进国际交流与合作，切实加快荒漠化治理步伐，改善生态环境，促进人与自然和谐和经济社会可持续发展。

回良玉指出，生态环境恶化是人类社会可持续发展面临的重大问题，土地荒漠化是其中危害最严重、受害面最广的难题之一。目前，全球约有30%的土地、2/3的国家和地区、1/5的人口不同程度地受到荒漠化的危害。这次会议以“治理荒漠化　促进可持续发展”为主题，将对推动世界防治荒漠化事业产生深远的影响，对改善生态环境、消除全球贫困、促进人类社会可持续发展具有重要的意义。

回良玉指出,中国是世界上受荒漠化危害最为严重的国家之一。中国政府采取了一系列重大举措,制订了《中国防治荒漠化国家行动方案》,公布并实施了世界上第一部防沙治沙的专门法律,出台了一系列扶持政策,加大资金投入,运用科技、法律、经济等综合手段,充分调动全社会力量参与荒漠化防治,先后实施了"三北"防护林、防沙治沙、天然林保护、退耕还林、京津风沙源治理等重点生态治理工程。通过多年艰苦努力,中国的荒漠化防治取得巨大成就,荒漠化持续扩展的趋势得到初步遏制,荒漠化面积包括沙化土地面积不断缩减,全国不少地方生态环境明显改善。

回良玉指出,治理荒漠化,是世界各国的共同责任和应尽义务,为此提出三点倡议:一是切实履行《联合国防治荒漠化公约》,认真履行治理荒漠化的庄严承诺。二是制定和实施防治荒漠化国家战略,并将其纳入国家经济社会可持续发展的总体方案。三是坚持人与自然和谐发展,转变生产生活方式,大力植树种草,坚持走可持续发展道路。

开幕式前,回良玉会见了联合国副秘书长沙祖康、联合国可持续发展委员会主席团主席弗朗西斯·涅马等部分与会代表。

本次会议由联合国经济和社会事务部、中国国家林业局共同主办。来自50多个国家、地区和有关国际组织的代表共200余人参加了会议。

国务院农民工工作联席会议第五次全体会议在北京召开

国务委员兼国务院秘书长、国务院农民工工作联席会议总召集人华建敏出席会议并讲话。

华建敏指出,党中央、国务院高度重视保障农民工合法权益和改善农民工就业环境。各地区、各部门以办好10件实事、创新10项制度为重点,着力解决农民工面临的突出问题,逐步建立长效机制,全国农民工工作取得显著成效。农民工工资支付保障制度普遍建立,依法签订劳动合同和职业技能培训工作力度加大,职业安全卫生状况明显好转,参加工伤和大病医疗保险取得重大进展,子女上学和留守儿童教育政策得到落实,疾病预防控制、计划生育服务进一步加强,维权服务工作机制逐步健全,农民工回乡创业呈现持续发展趋势。全社会理解、关心、保护农民工合法权益的大环境初步形成。

华建敏要求,今年要进一步加强农民工就业培训,切实维护农民工合法权益,继续强化职业安全卫生工作,大力推进农民工参加社会保险,全面搞好对农民工的各项公共服务,落实县乡政府农民工工作责任,开展优秀农民工宣传表彰活动,健全各级农民工工作联席会议制度。他最后指出,春节即将来临,地方政府和有关部门要重点抓好保障农民工足额领取工资、加强生产交通安全、确保春运畅通有序这三件事。同时,要做好各项服务工作,让留在城市和回乡探亲的农民工,都能过上一个欢乐祥和的春节。

国务院农民工工作联席会议成员单位负责同志参加了会议。

新疆维吾尔自治区第十一届人民代表大会第一次会议选举艾力更·依明巴海(维吾尔族)为自治区人大常委会主任 努尔·白克力(维吾尔族)为自治区主席

西藏自治区第九届人民代表大会第一次会议选举列确(藏族)为自治区人大常委会主任 向巴平措(藏族)为自治区主席

山西省第十一届人民代表大会第一次会议选举张宝顺为省人大常委会主任 孟学农为省长

政协云南省第十届委员会第一次会议选举王学仁为省政协主席

国务委员唐家璇在中南海紫光阁会见联合国亚太经社会执行秘书海泽

外交部副部长戴秉国在外交部会见瓦努阿图外长韦尔斯

国际千人基因组计划启动

由中国、英国和美国的科学家组成的"国际协作组"在深圳、伦敦和华盛顿同时宣布:国际"千人基因组计划"正式启动。这一宏伟计划将测定选自全世界各地的至少1000个人类个体的全基因组DNA序列,绘制迄今为止最详尽的、最有医学应用价值的人类基因组遗传多态性图谱。

这一国际合作计划的主要发起者和承担者包括英国的Sanger研究所,中国的深圳华大基因研究院,以及美国的国立卫生研究院下属的美国人类基因组研究所。

据专家介绍,新图谱能让研究者更快地锁定与疾病相关的基因变异点,从而能够使用遗传信息更快地开发常见疾病的诊断、治疗和预防的新策略。

我国古人类考古重大发现"许昌人"出世

国家文物局和河南省文物局在京宣布,我国考古工作者在河南许昌灵井遗址发现了可完整复原的古人类头盖骨化石,权威机构和专家初步判定,这是在我国境内发现的又一古人类头盖骨化石,距今8万—10万年左右,早于距今两万年的山顶洞人,考古学家将其命名为"许昌人"。这是继南京直立人头盖骨化石发现之后,15年来我国古人类考古的又一次重大发现。"许昌人"头盖骨的发现对于研究东亚古人类演化和中国现代人类的起源具有重大学术价值。

1月23日

国务院总理温家宝主持召开国务院常务会议讨论并原则通过《中华人民共和国残疾人保障法(修订草案)》审议并原则通过《护士条例(草案)》

会议认为,《中华人民共和国残疾人保障法》自1991年施行以来,对促进残疾人事业发展,保障残疾人合法权益发挥了重要作用。但随着经济社会的发展,在残疾人权益保障方面出现了一些新情况和新问题,有必要对《中华人民共和国残疾人保障法》进行修订。修订草案进一步贯彻以人为本的理念,着重完善或增加了有关残疾人合法权益保障的规定:保障残疾人依法参与国家事务和社会事务管理的权利;建立和完善残疾人康复服务体系,鼓励和扶持兴办康复机构;合理设置残疾人教育机构,对残疾学生和贫困残疾人子女教育给予资助;积极开发适合残疾人就业的公益岗位,免费提供就业服务,鼓励用人单位安排残疾人就业;对享受最低生活保障后仍有特别困难的残疾人家庭采取其他救助措施,保障其基本生活。修订草案还对逐步完善无障碍设施,为残疾人平等参与社会生活创造无障碍环境作出了规定;进一步明确了侵害残疾人合法权益行为应负的法律责任。会议决定,修订草案经进一步修改后,由国务院提请全国人大常委会审议。

会议指出,护士是医疗卫生专业队伍的重要组成部分,护理工作直接关系医疗安全和人体健康。为维护护士合法权益,规范护理行为,促进护理事业健康发展,有必要制定《护士条例》。条例草案对设立护士执业注册制度、护士的权利和义务、优秀护士的表彰和奖励等作了明确规定;草案还规定了医疗机构在保障护士权益、加强护士队伍建设中的责任。会议决定,条例草案经进一步修改后,由国务院公布施行。

会议还研究了其他事项。

河南省第十一届人民代表大会第一次会议选举徐光春为省人大常委会主任 李成玉(回族)为省长

陕西省第十一届人民代表大会第一次会议选举赵乐际为省人大常委会主任 袁纯清为省长

政协北京市第十一届委员会第一次会议选举阳安江为市政协主席

政协重庆市第三届委员会第一次会议选举邢元敏(女)为市政协主席

政协湖南省第十届委员会第一次会议选举胡彪为省政协主席

政协广西壮族自治区第十届委员会第一次会议选举马铁山为自治区政协主席

政协贵州省第十届委员会第一次会议选举黄瑶(布依族)为省政协主席

全国行政事业单位国有资产总额逾8万亿元

财政部公布全国行政事业单位资产清查结果:截至2006年12月31日,全国行政事业单位国有资产总额达到8.01万亿元,其中净资产总额为5.31万亿元,占全部国有净资产总额的35.14%。

中越双边合作指导委员会第二次会议在钓鱼台国宾馆举行

中方主席、中国国务委员唐家璇和越方主席、越南副总理兼外长范家谦主持会议。双方就中越关系坦诚深入地交换意见并达成重要共识。

唐家璇表示,在"长期稳定、面向未来、睦邻友好、全面合作"16字方针指引下,中越各领域交流与合作不断迈向新的广度和深度。

双方就下一步两国关系发展和各领域合作达成共识:一、增进政治互信,保持两国高层领导人经常性接触,就拓展和深化中越关系交换意见,及时指导解决双边关系中出现的问题。二、扩大经贸合作,抓好大宗商品贸易,积极开展大项目合作,做好"两廊一圈"具体合作项目调研。三、加强安全合作,加强打击跨国犯罪、反恐等非传统安全领域合作。四、促进人文交流,扩大文教、科技、旅游、新闻等领域合作。五、密切多边领域合作,及时就重大国际地区问题协调立场。六、妥善处理南海争议等双边关系中的问题,确保两国关系沿着正确轨道稳定健康发展。

范家谦表示,越南党和政府坚定奉行一个中国政策,坚持台湾是中国领土不可分割一部分的立场,支持中国人民的统一大业,坚决反对包括"入联公投"在内任何形式的"台独"分裂活动。唐家璇对此表示赞赏。

中越双边合作指导委员会原则上每年举行一次会议,轮流在两国举行。首次会议于2006年11月在越南河内举行。

中国十进制网络安全地址正式启用

中国十进制网络安全监督管理局、信息产业部新一代安全可控信息网络技术平台总体设计专家工作组、信息产业部科学技术司十进制网络标准工作组发布，中国十进制网络安全地址正式投入使用。这标志着我国在互联网建设方面已经取得根本性的突破，并在实际使用上获得了成功。

中宣部 财政部等四部门联合发出《关于全国博物馆 纪念馆免费开放的通知》

1月24日

国家主席胡锦涛在人民大会堂会见哈萨克斯坦议会上院议长托卡耶夫

胡锦涛表示，中哈两国是亲密友好的邻邦，又是真诚合作的战略伙伴。中方重视对哈关系，将巩固和深化中哈战略伙伴关系作为中国外交的优先方向之一。我们支持两国立法机构及其各专门委员会和议员友好小组加强友好交往，促进两国关系全面发展。愿与哈方一道，进一步增进互信和友谊，扩大各领域务实合作，努力把中哈战略伙伴关系提高到新的水平。

托卡耶夫说，积极发展哈中关系是哈萨克斯坦政府、议会和人民的共同愿望。今后一段时间是哈中关系发展的重要时期，哈方热切希望双方积极落实已达成的各项协议，并争取有更多的互利合作。哈议会将学习和借鉴中国全国人大在经济领域立法的经验，为双方关系的进一步发展、增进两国人民的友谊作出新的贡献。

全国人大常委会副委员长何鲁丽等会见时在座。

中共中央政治局常委习近平在人民大会堂会见俄罗斯联邦共产党主席久加诺夫

习近平积极评价中俄各领域互利合作取得的丰硕成果。他说，在中俄战略协作伙伴关系步入第二个十年之际，两国元首一致表示要深化中俄友好，做真诚互信的政治合作伙伴、互利共赢的经贸合作伙伴、共同创新的科技合作伙伴、和谐友好的人文合作伙伴、团结互助的安全合作伙伴。我们愿与俄各方一道努力落实两国元首的共识，加强双方在上海合作组织框架内的合作，以实际行动体现中俄永远是相互信赖的好邻居、好朋友、好伙伴，把两国战略协作伙伴关系不断提升到新的水平。

习近平充分肯定中俄党际交流在增进了解、促进合作方面发挥的积极作用，对久加诺夫领导的俄共长期致力于中俄友好事业给予积极评价，强调中国共产党愿与包括俄共在内的俄罗斯主要政党加强友好交流与合作。

习近平还介绍了中国共产党十七大的主要精神。

久加诺夫高度评价中国改革开放政策近30年来取得的辉煌成就，认为这些成就均要归功于中国共产党的正确领导。他还对中共十七大胜利召开再次表示祝贺，对俄中两党合作协议多年来得到顺利实施表示满意。久加诺夫说，俄共高度重视两党两国的友好合作关系，对俄中战略协作伙伴关系的发展前景充满信心。俄共将尽最大努力，推动双方在各领域友好交流和互利合作不断深化。

中联部部长王家瑞参加了会见。

中国法学会在北京举行常务理事扩大会议

中国法学会会长韩杼滨出席今天的会议并讲话。中国法学会党组书记、常务副会长刘飏作了工作报告。

中国法学会常务理事、学术委员会委员，中国法学会各研究会、各省自治区直辖市、新疆生产建设兵团以及副省级和计划单列市法学会负责人160多人参加了会议。

国务院副总理吴仪出席在北京召开的2008年全国中医药工作会议并发表讲话

吴仪强调，要认真贯彻党的十七大精神，抓住机遇，奋发图强，在新的历史起点上推进中医药事业加速发展。

吴仪强调，中医药是对人类健康和世界文明的伟大贡献，是我国医药卫生事业的重要组成部分，具有极大的自主创新潜力，也是我国文化软实力的重要体现，各地区、各有关部门要继续大力扶持中医药发展。一要进一步推进中医药继承与创新，充分保持和发挥中医药特色优势。二要进一步加强中医医疗和预防保健服务体系建设，不断提高中医药服务的可及性。三要进一步提升中医药人才队伍整体素质，不断提高中医药服务能力和水平。四要进一步推进中药现代化，着力提高中药产业水平。五要进一步加强中医药文化建设，切实巩固和扩大中医药的社会基础，推动中医药更广泛地走向世界。

福建省第十一届人民代表大会第一次会议选举卢展工为省人大常委会主任 黄小晶为省长

湖南省第十一届人民代表大会第一次会议选举张春贤为省人大常委会主任 周强为省长

广东省第十一届人民代表大会第一次会议选举欧广源为省人大常委会主任 黄华华为省长

贵州省第十一届人民代表大会第一次会议选举石宗源为省人大常委会主任 林树森为省长

云南省第十一届人民代表大会第一次会议选举秦光荣为省长

政协辽宁省第十届委员会第一次会议选举骆琳为省政协主席

2007年GDP同比增长11.4%

国家统计局局长谢伏瞻宣布,据初步核算,2007年我国国内生产总值246619亿元,比上年增长11.4%,加快0.3个百分点,连续5年增速达到或超过10%。国民经济呈现出增长较快、结构优化、效益提高、民生改善的良好运行态势。谢伏瞻还介绍了2007年国民经济各项指标的统计数据:

农业生产继续稳定发展,粮食再获丰收。全年粮食总产量达到50150万吨,比上年增产350万吨,增长0.7%。

工业生产增长加快,企业效益提高。全年规模以上工业增加值比上年增长18.5%,加快1.9个百分点。

固定资产投资快速增长,房地产开发投资明显加快。全年全社会固定资产投资137239亿元,比上年增长24.8%,加快0.9个百分点。全年房地产开发投资25280亿元,比上年增长30.2%,加快8.4个百分点。

市场销售增长较快,增速呈现逐步提高态势。全年社会消费品零售总额89210亿元,比上年增长16.8%,提高3.1个百分点。

国务院副总理曾培炎在达沃斯世界经济论坛发表特别致辞

国务院副总理曾培炎于当地时间24日下午在瑞士达沃斯世界经济论坛上发表特别致辞,围绕"协同创新的力量"这一主题,就世界经济与中国发展的重大问题阐述了观点。

关于当前国际经济形势。曾培炎说,随着经济全球化深入发展,国际经贸联系日益紧密,世界贸易和投资更加活跃。但是近一时期,全球经济发展的不确定性加大,美国次贷危机影响扩大,世界农产品、能源、矿产价格上涨,贸易保护主义有所抬头,全球气候变化压力增大。面对这些问题和挑战,中国愿与国际社会一道,积极寻求解决方案,为世界经济稳定和可持续发展作出贡献。

关于中国的经济发展与改革开放。曾培炎说,中国共产党第十七次全国代表大会进一步阐述了以人为本、全面协调可持续的科学发展观,明确提出了实现全面建设小康社会奋斗目标的新要求。面向未来,中国将在以下几个方面作出努力。

一是保持经济平稳较快发展。把防止经济过热、防止通货膨胀作为当前宏观调控的首要任务。实行稳健的财政政策和从紧的货币政策,促进经济总量平衡和结构优化。立足国内增加粮食、能源等重要商品供给,保持价格总水平基本稳定。

二是转变经济发展方式。坚持扩大国内需求特别是消费需求的方针,稳步提高居民消费率;加强调整和优化产业结构,不断提高服务业占经济总量的比重;更好地发挥人力资本的作用,注重提高科技进步对经济增长的贡献率。

三是增强产品创造能力。中国将提高自主创新能力确立为国家发展战略的核心,并作为提高综合国力的关键。我们比以往任何时候都更加重视提高产品质量,更加重视保护知识产权,更加重视培养创新型人才。"中国制造"值得信赖,"中国创造"指日可待。

四是促进可持续发展。开展节能减排全民行动,加快淘汰高能耗、高排放行业的落后生产能力,推进污水和垃圾处理设施建设,发展节能省地型住宅、节油环保型汽车。控制建筑物制冷和采暖的温度,大力推广节能灯具。

五是继续深化体制改革。促进各种所有制经济平等竞争、共同发展,健全现代市场体系,完善人民币汇率形成机制,推进行政管理体制改革,健全公共服务和社会保障体系,逐步建立起比较完善的社会主义市场经济体制。

六是进一步扩大对外开放。推进贸易和投资自由化便利化,实施自由贸易区战略,加强双边多边经贸合作。调整外贸进出口结构,大力发展服务贸易。继续积极有效利用外资,鼓励有条件的企业到海外投资。在相互尊重、平等协商的基础上,妥善解决贸易摩擦和投资问题。积极开展国际能源资源和环境合作,加强与能源资源生产国和消费国的对话与交流。

曾培炎说,达沃斯论坛已经成为国际交流与合作的重要平台。去年夏天,中国大连成功地举办了第一届夏季达沃斯论坛。他代表中国政府邀请各位嘉宾今年9月到中国天津出席第二届夏季达沃斯论坛。

本届世界经济论坛23日至26日举行。来自20多个国家的国家元首和政府首脑,高级官员以及世界各地的企业家、媒体及国际组织代表共5000多人出席会议。

中央军委副主席曹刚川在八一大楼会见越南国防部副部长阮辉校

国务委员唐家璇在中南海会见利比亚领导人卡扎菲特使 外交部常务副部长希亚莱

外交部部长杨洁篪在外交部会见越南副总理兼外长范家谦

1月25日

全国人大常委会委员长吴邦国在人民大会堂会见哈萨克斯坦议会上院议长托卡耶夫

吴邦国说,中方愿与哈方一道,全面落实双方达成的协议和共识,进一步深化经贸、能源、交通、电信等各领域务实合作,特别是推动大项目的实施和非资源经济领域的合作,继续加强在联合国、上海合作组织、亚信等多边框架内的合作,推动两国战略伙伴关系不断向前发展。吴邦国对哈方长期以来坚持一个中国政策表示感谢和赞赏。

托卡耶夫表示,哈方为友好邻邦中国取得的伟大成就感到高兴。中国依法治国的经验值得我们学习和借鉴。两国议会间的合作潜力巨大、前景广阔,哈萨克斯坦议会愿进一步加强与中国全国人大的友好交往与合作,为推动哈中关系的全面发展发挥积极作用。

国务院总理温家宝实地考察春运工作

温家宝来到京石高速公路河北涿州服务区和北京西站实地考察,并就做好春运工作,保障安全畅通作出部署。

温家宝说,当前要着力解决三项任务。第一,保证春运。今年春运早,人数多,而且比较集中,无论是铁路、公路、航空和水路,任务都比较繁忙,加上气候条件恶劣,给交通带来了很大的困难。坚持以人为本,保证广大群众安全回家过年,是当前交通运输部门的重要任务。第二,由于南方遭遇大的雨雪天气,持续时间长,影响范围广,致使一些地方用电负荷加大,电煤需求量增加,一些地方电煤库存十分紧张。交通、铁路等部门要把电煤运输放到重要位置,保证灾区和重要地区的电煤运输和供应。第三,春节到了,群众需要大量的生活必需品,特别是粮食、蔬菜、肉类等农产品。在当前价格处于高位运行态势下,必须加强管理,降低运输成本。

温家宝指出,要采取综合措施解决电力供应紧张和电煤库存问题。第一,加强需求侧管理。首先保证居民生活用电,保证重要部门和医院、学校等单位用电。加强厂矿用电管理,对高耗能、高污染的企业,采取差别电价的办法,加以限制,把有限的电用在最关键的地方。第二,加强电煤库存的补充。保证电煤的供应,不仅是运输问题,还有生产问题,煤矿要加强生产和管理,保证煤源。要加强生产调度,地区之间要做好调配工作,千方百计增加港口、电厂的煤源,把煤储备充足。第三,要保障运输。发挥铁道、公路、航运等多种运输工具的综合保障能力。第四,各方面都要节约用电。

温家宝强调,完成好上述任务,必须加强领导,统一指挥和调度,密切部门之间的配合,加强与地方的联系,发挥交通运输的整体功能,提高运输效率。交通运输战线的干部职工,越是在繁忙的时候,越要牢固树立全心全意为人民服务的思想。安全始终是第一位的,要加强安全管理,保证春节期间不出重大安全事故,保证旅客安全。

温总理最后强调,根据气象预报,近日全国还有一场大范围的雨雪天气。我们宁可把困难估计得充分些,作好思想和工作准备,周密安排,及时采取应急措施,确保交通的安全、通畅,让人民群众过一个欢乐祥和的春节。

全国政协第十届常委会第二十次会议在北京闭幕

中共中央政治局常委、全国政协主席贾庆林主持闭幕会并讲话。

会议通过了关于召开政协第十一届全国委员会第一次会议的决定,协商决定了政协第十一届全国委员会参加单位、委员名额和委员人选名单,原则通过了政协第十届全国委员会常务委员会工作报告和关于提案工作情况的报告,通过了政协第十一届全国委员会第一次会议议程(草案)和日程(草案),通过了关于授权主席会议审议政协十届常委会第二十次会议未尽事宜的决定。

会议期间,常委会组成人员紧紧围绕会议议题,积极发表意见和建议,郑重地履行了职责,为顺利召开全国政协十一届一次会议做了充分准备。大家对十届政协过去五年来的工作给予了充分肯定,普遍认为,中共十六大以来,以胡锦涛同志为总书记的中共中央高度重视人民政协事业发展,制定颁发了关于进一步加强中国共产党领导的多党合作和政治协商制度建设的意见、关于加强人民政协工作的意见、关于巩固和壮大新世纪新阶段统一战线的意见等重要文件,提出了一系列重大理论观点、方针政策和工作部署,为人民政协事业的发展指明了方向。在中共中央的正确领导下,政协全国委员会及其常委会高举爱国主义、社会主义旗帜,坚持团结和民主两大主题,积极履行政治协商、民主监督、参政议政职能,为推动科学发展、促进社会和谐、推进“一国两制”实践和祖国和平统一大业作出了重要贡献。五年来,人民政协理论武装有新加强,工作领域有新拓展,团结合作有新气象,调查研究有新突破,各项事业蓬勃发展,呈现出团结稳定、振奋活跃的良好局面。

贾庆林在讲话中代表中共中央和全国政协向各位常委和广大委员表示感谢。他说,十届政协五年来,在人民政协这个大舞台上,在履行职能的火热实践中,各位常委和广大委员为了国家富强和民族振兴,为了人民政协事业发展,尽职尽责、殚精竭虑,做了大量富有成效的工作,结下了真挚深厚的友谊。十届政协创造的每一项业绩,工作取得的每一项进展,对国家和社会作出的每一份贡献,都凝聚着各位常委和广大委员的智慧、心血和汗水。

贾庆林指出,人民政协事业的发展,是一个继往开来、薪火相传的历程。本次会议的一项重要成果,就是协商产生了政协第十一届全国委员会委员。十一届全国政协的委员组成,适应了我国经济社会发展的新形势,体现了巩固和壮大爱国统一战线的新要求,具有广泛的代表性和包容性,为今后五年人民政协事业的发展奠定了坚实的组织基础。十届全国政协的很多委员,有的由于工作岗位变动调整、多数由于年龄关系需要从委员、常委的岗位上退下来。在协商讨论中,大家对此都表示理解和支持,表现出了高尚的情操和宽广的胸怀。退下来的委员和常委,依然是党和国家的宝贵财富,依然是政协大家庭的重要成员,依然是政协事业发展的重要力量。

贾庆林强调,即将召开的全国政协十一届一次会议,是人民政协换届的会议,是我国政治生活中的一件大事。会议的组织筹备工作时间紧、任务重、要求高。大会秘书处、各工作机构和全体工作人员,要认真贯彻中共中央关于开好大会的指导思想和工作要求,提高认识、统一思想、加强协作,扎扎实实地做好各项筹备工作,确保全国政协十一届一次会议胜利召开。

全国政协副主席王忠禹、刘延东、李贵鲜、张思卿、白立忱、罗豪才、张克辉、周铁农、郝建秀、陈奎元、阿不来提·阿不都热西提、徐匡迪、李兆焯、黄孟复、张怀西、李蒙、张梅颖、张榕明,秘书长郑万通出席闭幕会。

关于召开中国人民政治协商会议第十一届全国委员会第一次会议的决定

(2008 年 1 月 25 日政协第十届全国委员会常务委员会第二十次会议通过)

中国人民政治协商会议第十届全国委员会常务委员会第二十次会议决定:中国人民政治协商会议第十一届全国委员会第一次会议于 2008 年 3 月 3 日在北京召开。建议会议的主要议程是:听取和审议中国人民政治协商会议全国委员会常务委员会工作报告和关于提案工作情况的报告;选举中国人民政治协商会议第十一届全国委员会主席、副主席、秘书长和常务委员;列席中华人民共和国第十一届全国人民代表大会第一次会议,听取并讨论政府工作报告及其他有关报告。

全国政协十届常委会举办第十四次学习讲座

中共中央政治局常委、全国政协主席贾庆林主持讲座并讲话。

全国政协常委、国防科工委专家咨询委员会主任、中国科学技术协会副主席、中国绕月探测工程总指挥栾恩杰应邀到会作了《关于我国探月工程情况的报告》。

贾庆林在讲话中向参加探月工程的全体人员和所有为我国航天事业发展作出贡献的同志们表示敬意和感谢。他指出,实施月球探测工程,是党中央、国务院着眼我国社会主义现代化建设全局,把握世界科技发展大势,为推动我国航天事业发展、促进我国科技进步和创新、提高我国综合国力作出的一项重大战略决策。参加工程组织实施、研制、建设、试验和科学应用的全体同志,大力弘扬无私奉献、顽强拼搏、万众一心、精益求精的精神,高标准、高质量、高效率地实施了工程任务,为推动我国航天科技跨越式发展作出了突出贡献,为祖国、为人民、为民族建立了卓越功勋。我们要认真学习贯彻中共十七大精神,按照自主创新、重点跨越、支撑发展、引领未来的指导方针,加大自主创新的投入,激发创新的活力,增强创新动力,努力建设创新型国家。

贾庆林指出,长期以来,广大政协委员特别是科协和科技界的政协委员,为推动科技进步和创新作出了突出贡献,赢得了社会的广泛赞誉。在新的历史条件下,各级政协组织和广大政协委员要更加自觉地走中国特色自主创新道路,围绕实施科教兴国战略、落实国家中长期科学和技术发展规划纲要、建设国家创新体系、深化科技管理体制改革、优化科技资源配置等重大问题进行深入调查研究,提出高水准的意见和建议,为提高自主创新能力、建设创新型国家作出新的更大的贡献。

全国政协副主席王忠禹、李贵鲜、张思卿、罗豪才、张克辉、周铁农、郝建秀、阿不来提·阿不都热西提、李兆焯、张怀西、李蒙、张梅颖、张榕明,秘书长郑万通出席了学习讲座。

政协内蒙古自治区第十届委员会第一次会议选举陈光林为自治区政协主席

政协甘肃省第十届委员会第一次会议选举陈学亨为省政协主席

政协四川省第十届委员会第一次会议选举陶武先为省政协主席

全国人大常委会副委员长顾秀莲在人民大会堂会见由党主席政府土地部部长马克西姆·卡洛特·科尔曼率领的瓦努阿图共和党代表团

《法治百家谈》丛书出版

由"百名法学家百场报告会"组委会办公室组织编辑出版的《法治百家谈》——百名法学家纵论中国法治进程丛书(第一辑)在京举行了首发式。

"百名法学家百场报告会"(以下简称"双百")活动是由中宣部、中央政法委、司法部和中国法学会联合组织实施的一项大型普法宣传活动,2006年7月启动,分3年实施。两年多时间,已经在全国22个省(区、市)举行了88场报告会,听众达9万余人,来自法学法律界的70余位专家学者参与了这项活动。2007年该活动首次进入省委理论学习中心组,受到了广大党政机关干部、政法干警、国有企业负责人和在校大学生的广泛好评。今年"双百"活动还将在我国东部沿海地区继续举行,组委会办公室还将适时编辑出版第二、第三辑,使更多的干部群众从中受益。

1月26日

北京市第十三届人民代表大会第一次会议选举杜德印为市人大常委会主任 郭金龙为市长

山东省第十一届人民代表大会第一次会议选举李建国为省人大常委会主任 姜大明为省长

广西壮族自治区第十一届人民代表大会第一次会议选举郭声琨为自治区人大常委会主任 马飚(壮族)为广西壮族自治区主席

重庆市第三届人民代表大会第一次会议选举陈光国为市人大常委会主任 王鸿举为市长

甘肃省第十一届人民代表大会第一次会议选举陆浩为省人大常委会主任 徐守盛为省长

政协天津市第十二届委员会第一次会议选举邢元敏为天津市政协主席

政协河北省第十届委员会第一次会议选举刘德旺为省政协主席

政协江西省第十届委员会第一次会议选举傅克诚为省政协主席

"中俄贸易经济论坛"在北京举行开幕式

由中俄友好协会、俄中友好协会共同举办的"中俄贸易经济论坛"在北京举行了开幕式。论坛期间同时举行了俄罗斯156个高科技项目落户中国的签字仪式。这些项目包括节约资源、医疗和生物工程、新材料、环保及农业项目等。

文化部发出《关于公布第二批国家级非物质文化遗产项目代表性传承人的通知》

各省、自治区、直辖市文化厅(局),新疆生产建设兵团文化局,各计划单列市文化局:

根据国务院办公厅《关于加强我国非物质文化遗产保护工作的意见》(国办发〔2005〕18号)(以下简称《意见》)精神,为有效保护和传承国家级非物质文化遗产,鼓励和支持国家级非物质文化遗产项目代表性传承人开展传习活动,我部于2007年4月印发了《文化部办公厅关于推荐国家级非物质文化遗产项目代表性传承人的通知》(办社图函〔2007〕111号)。经各地申报、专家评审委员会评审、社会公示和复核,最后确定第二批民间音乐、民间舞蹈、传统戏剧、曲艺、民俗五大类的551名国家级非物质文化遗产项目代表性传承人,现予以公布。

国家级非物质文化遗产项目代表性传承人掌握并承载着非物质文化遗产的知识和精湛技艺,既是非物质文化遗产活的宝库,又是非物质文化遗产代代相传的代表性人物。各地区、各部门要按照国务院办公厅《意见》的要求,认真贯彻"保护为主、抢救第一、合理利用、传承发展"的工作方针,鼓励和支持国家级非物质文化遗产项目代表性传承人开展传习活动,切实做好非物质文化遗产的保护工作,弘扬中华文化,建设中华民族共有精神家园。

2008年1月26日

第二批国家级非物质文化遗产项目551名代表性传承人名单(略)

《中国政党制度年鉴2006》首发式在中央社会主义学院举行

全国人大常委会副委员长、中央社会主义学院院长何鲁丽参加了首发式。

《中国政党制度年鉴2006》由中央社会主义学院政党制度研究中心主持编写、中央编译出版社出版，是第一部关于我国多党合作制度理论与实践研究的综合性成果，突出了对中国特色社会主义政党制度理论与实践的研究，丰富了对参政党理论和实践的研究和记述。

王亚男成功卫冕WIBA世界中量级女子拳王争霸赛

1月27日

国务院召开电视电话会议部署安排当前煤电油运保障工作

中共中央政治局常委、国务院总理温家宝出席会议并作重要讲话，国务院副总理曾培炎主持会议，国务委员兼国务院秘书长华建敏出席会议。

国家发展改革委、铁道部、交 通部、安全监管总局、国家电监会、国家电网公司负责同志在会上分别发言。中央有关部门、单位和部分中央企业主要负责人在主会场参加会议。各省、自治区、直辖市，各计划单列市、新疆生产建设兵团，及部分市(地)人民政府主要负责人在分会场参加会议。

国务院总理温家宝在全国煤电油运保障工作电视电话会议上发表讲话

最近，我国很多地区发生了严重的雨雪冰冻灾害，其范围之广、持续时间之长是历史上罕见的。这场灾害给煤电油运造成了重大影响，给群众生产生活带来了极大困难。为此，国务院召开这次紧急电视电话会议，进一步部署各项保障工作。总的要求是，紧急行动起来，齐心协力，坚决打好这场抗灾减灾的硬仗，确保人民生命财产安全，确保经济平稳正常运行，确保社会和谐稳定，确保人民群众过一个欢乐祥和的春节。我讲几点意见：

一、充分估计当前煤电油运面临的严峻形势，增强做好保障工作的紧迫感

今年1月10日以来，我国南方大部分地区和西北地区东部出现了持续大范围低温、雨雪和冰冻的极端天气，加上冬季用煤用电增加、春运高峰到来、一些地方煤矿提前放假等多种因素的影响，煤电油运保障工作面临十分严峻的形势。全国17个省(区、市)出现拉闸限电，部分输电线路因覆冰出现倒塔、断线。一些地方公路中断。京广、沪昆等主要干线铁路运输受到严重影响，截至目前受阻的旅客列车1300列以上，货物列车2000列以上。持续冰冻还造成自来水管冻裂，部分居民饮水困难。严重的气象灾害，已经影响到这些地区正常的生产生活秩序。

近一个时期以来，各有关地区和部门认真贯彻落实党中央、国务院的部署和要求，紧急行动起来，团结协作，克服困难，各级领导干部深入一线，靠前指挥，积极组织抢险救灾，采取了一系列有力措施，抗灾救灾有条不紊地积极进行。在此，我代表党中央、国务院，对不畏严寒、抗御灾害、战斗在一线的全体干部职工和广大群众表示诚挚的慰问！

据中央气象台预报，未来几天我国南方大部分地区仍将有雨雪天气，局部地区可能有暴雪、冰冻天气，还将会给这些地区的交通运输、通信传输、能源供应及人民生活带来严重影响。全国煤电油运紧张的状况还在继续发展，并有可能加剧，最困难的时期尚未度过。南方水电正常出力要到4月初，电煤库存仍在下降，许多电厂存煤已到警戒线以下。春节前后正是煤矿集中停产放假和检修的时期，又是旅客运输的高峰期，给煤电油运保障工作带来很大压力。我们必须做好应对更加严峻形势的准备，宁可把困难估计得更多一些，做好充分的思想和工作准备，应对更大的困难和挑战。

煤电油运直接关系人民群众生活，关系国民经济正常运行，关系社会稳定和谐。做好煤电油运保障工作至关重要。各地区、各部门必须进一步强化大局意识，采取更加有力的措施，千方百计保障煤炭生产供应，保障正常发电供电，保障成品油供给，保障交通运输畅通安全，保障经济社会正常运行。

二、采取切实有效措施，全力做好煤电油运保障工作

为缓解当前大范围雨雪冰冻灾害等对煤电油运造成的严重影响，特别是防止由当前的区域性、季节性煤炭和电力紧张发展为大面积、长时间的紧张局面，需要采取以下综合措施。

(一)组织好煤矿生产，增加煤炭供给。各产煤省(区、市)要积极组织国有重点煤矿和地方国有煤矿努力增加生产，保证基本产量。其他具备安全生产条件的煤矿，也要组织好生产。同时要加强安全生产监管监察，落实各项安全措施，防范重大生产安全事故发生。对于春节期间仍坚守在岗位上的干部职工，要切实安排好他们的生活，发挥一线干部群众的积极性。要通过努力，做到两个确保，即确保安全生产，确保煤炭供应。

(二)加强运输组织，保障交通畅通。现在正值运输高峰，无论是铁路、公路、航空和水路，任务都相当繁重，加上气候条件恶劣，给交通运输带来了很大的困难。铁路、交通、民航、水运等部门要把保证运输安全畅通作为重中之重的任务，坚持统筹兼顾，合理配置运力资源，在确保旅客运输安全平稳有序的基础上，力保煤炭、粮食和鲜活农产品等重点物资运输。当前要着

力完成三项任务。第一,保证春运。今年春运早、人数多,而且比较集中,要坚持以人为本,努力完成旅客运输任务,保证广大群众安全回家过年。第二,保证电煤运输。铁路部门要充分挖掘路网运能潜力,优化煤炭货源结构,对告急电厂实施突击抢运。交通部门对目前北方中转港口库存煤炭,要加大向电煤库存偏低的华东、华南地区运输分流。对受恶劣天气影响而封闭的公路,要组织全力抢通。第三,保证生活必需品运输。受灾害严重、运力紧张的影响,一些地方蔬菜、肉类等鲜活农产品供给紧张、价格上扬。春节即将来临,生活必需品特别是粮食、蔬菜、肉类等农产品的需求增加。在当前价格处于高位运行态势下,必须做好人民群众生活必需品的运输工作,降低流通成本,保障市场供应。特别要认真贯彻1月25日《国务院办公厅关于进一步加强鲜活农产品运输和销售工作的通知》精神,认真落实保障"绿色通道"畅通的各项措施,启动鲜活农产品运输机制。元月26日至2月5日期间,在全国"五纵二横"、"绿色通道"上运输鲜活农产品的车辆,一律免收路桥通行费。这里再强调,要切实保持运价稳定,农村道路客运、农村水路客运和沿海岛屿客运票价不提高。

(三)合理安排发电生产,确保电网安全稳定运行。各电力集团公司要抓紧落实煤炭资源和运力,积极做好电煤卸车、储存,加强设备维护和生产管理,确保设备正常出力,确保发电生产平稳,确保居民正常供暖。电网企业要针对电力紧张和一些地区遭受冰雪、大雾天气的情况,抓紧组织抢险救灾,尽快恢复供电。要优化电网运行方式,确保安全稳定运行,加大跨区电能调剂力度,搞好电能资源优化配置,避免不必要的拉闸限电。同时,要实施有序用电,加强电力需求侧管理。各地要按照有保有限原则,制订和实施有序用电方案,提出确保供应顺序,优先保障居民生活、医院、学校、铁路交通枢纽、金融机构、农业生产等涉及公众利益和国家安全单位的用电需求,保证全国人民过上一个明亮安宁的春节。在努力增加电量供给的同时,要坚持合理用电、节约用电,对于那些高耗能、高排放企业和产能过剩行业,要采取经济、法律和必要的行政手段予以限制,在电力供应紧张的地区,要坚决停止这类企业用电。对于严重电力事故,要及时启动应急预案,抓紧排除,保障供电安全。

(四)强化生产调度,确保油气供应。当前国内成品油市场供应基本恢复正常,但供求矛盾仍然比较突出,绝不能掉以轻心。各地区、各有关部门和重点企业,要进一步落实国务院确定的保障成品油供应各项措施,搞好成品油和天然气的生产、运输和销售,加强协调配合,确保成品油供应不断档、不脱销。要合理调整流向,完善应急预案,确保城市居民生活用气和重点单位用气。

(五)加强协调调度,切实保障重点。在当前煤电油运紧张、各方面压力很大的情况下,要突出重点,优先保障群众生活需要,优先保障受灾地区、重要地区和重点单位需要。各地要健全和完善经济运行协调机制,加强动态监测,对发现的问题,要统一协调、迅速解决,决不能有任何拖延。发展改革委要会同铁路、交通、安监、电监等部门和单位,发挥经济运行协调机制的作用,把电网结构中起骨干支撑作用的电厂作为重点,全力保障煤炭供应。要强化运行调度的权威,各方面要树立大局意识,服从统一安排。

(六)高度重视安全生产,防止发生安全事故。在当前雨雪冰冻等灾害天气频繁的情况下,极易发生安全事故。越是在困难的情况下,越要切实抓好安全生产。各地区、各有关部门要认真落实国务院关于加强安全生产工作的要求,坚持安全第一,切实落实各项安全措施,抓好重点行业和领域的安全专项整治,严格实施安全生产责任制和责任追究制,坚决防范重大生产安全事故。

三、进一步加强领导,狠抓各项措施落实

做好煤电油运保障工作,关键在于加强领导,积极应对,明确责任,通力合作,狠抓落实。

一要高度重视。当前发生的这场大面积持续雨雪冰冻灾害,造成局部地区煤电油运紧张,严重威胁人民群众生命安全,严重影响经济社会正常运行。各有关地方和部门要以对国家、对人民高度负责的精神,加强组织协调。要把做好煤电油运保障工作、抗御雨雪冰冻灾害作为当前最紧迫的任务,力争把灾害造成的损失降到最低限度。

二要强化地方责任。有关地方政府要担负起保障煤电油运正常供应和运行、抗御雨雪冰冻灾害的责任。要进一步建立、健全工作机制,严格责任制度,把相关任务分解到各个企业、各个岗位,做到责任到人。对工作不力,玩忽职守,致使出现重大问题、造成严重后果的,要严肃追究领导者和直接责任人的责任。要强化全国一盘棋思想,把保障省内外煤电油运放到同等重要的位置,当前要特别强调做好省外电煤供应保障工作,一律不得限制煤炭出省。

三要加强部门配合。中央各部门要按照各自职责分工,加强相互配合,形成工作合力。发展改革委要做好煤电油运的综合协调,指导各地搞好生产和供应工作。交通、铁路、民航、水运部门要安排足够的运输工具和人力,把保证运输安全畅通作为重中之重。建设、电力、通信等部门和单位要抓紧组织对受损的供水、供电、供暖、供气、通信等基础设施进行抢修,防止出现大面积、长时间停供现象。公安交通管理部门要加强拥堵路段的指挥和疏导,加强路面巡逻管控力度,保障旅客运输和鲜活农产品"绿色通道"畅通。财政、民政部门要加大救灾救济工作力度,及时下拨救灾资金和物资。农业部门要抓好冬季农业生产,采取有效措施减轻低温冻害损失,保障蔬菜等重要农产品市场供给。气象部门要加强对低温、雨雪、冰冻天气的监测分析、预报预警和灾害影响评估工作。

四要发挥骨干企业作用。在当前煤电油运紧张的情况下,大型国有企业要发挥带头作用,努力增加生产和供应,切实履行社会责任。煤炭、铁路、港口、航运、汽运、电力等企业,要保证正常生产,保证居民生活和重点单位用电,确保春运顺利进行。有关行业协会也要积极发挥应有作用。

五要搞好监督检查。国务院决定,由发展改革委、安全监管总局、电监会分别带队,赴重点产煤省和煤电油运紧张地区,就组织相关生产和调运、供应等工作进行督察。各地区、各有关部门也要对本地区、本系统工作情况进行督察,确保各项措施落实到位。

做好煤电油运保障工作,抗御严重雨雪冰冻灾害,是事关全局的一项重大而紧迫的任务。目前,我们有充足的生产能力和物资储备,有健全的应急机制和应急体系,有坚强的能打硬仗的干部职工队伍,有应付各种困难局面和突发情况的经验,只要我们认真贯彻党的十七大精神,切实加强领导,采取有力措施,发扬不怕困难、不怕疲劳和连续作战的作风,紧紧依靠广大人民群众,就一定能够做好煤电油运保障工作,夺取抗御雨雪冰冻灾害的全面胜利,促进经济社会又好又快发展。

中华全国供销合作总社第四届理事会第四次全体会议暨全国供销合作社系统先进表彰大会在人民大会堂举行

国务院副总理回良玉出席并讲话。他强调,要准确把握农业农村发展的新形势,深刻领会党的十七大关于"三农"工作的新部署,认真贯彻中央农村工作会议的新要求,坚持为农服务的方向,坚持合作制的基本原则,坚持开放办社的方针,积极推进组织创新、经营创新、服务创新,努力使供销合作社成为农业社会化服务的骨干力量、农村现代流通的主导力量、农民专业合作的带动力量,不断开创中国特色供销合作事业的新局面。

回良玉指出,20世纪90年代以来,在党中央、国务院的正确领导下,在地方各级党委、政府和有关部门的合力支持下,供销合作社全面贯彻落实科学发展观,锐意改革谋划发展,大胆创新激发活力,成功探索了一条符合中国特色、适合市场经济特点、吻合"三农"特征、切合供销合作社特性的改革发展之路。在供销合作事业发展的进程中,涌现出了一批勇于创新、甘于吃苦、乐于奉献、勤于学习、不断进取的先进集体和模范人物,他们在平凡的岗位上奋发有为,在服务"三农"中建功立业,付出了辛勤的劳动,作出了突出的贡献,取得了不凡的业绩。

回良玉强调,进入新世纪新阶段,工业化、城镇化、市场化深入发展,农业农村正在发生重大而深刻的变化,对供销合作社的发展提出了新要求新挑战。供销合作社作为推动农业农村发展的重要力量,要自觉服从和服务于"三农"工作大局,努力做好以下几项工作:一是着力保障农资供应,大力搞活农产品流通。要保障主要农产品基本供给,必须保障农资供应;要实现主要农产品价格基本稳定,必须实现农资价格基本稳定。要精心组织农资收储调剂供应,严格控制农资价格上涨,确保农资质量安全。二是继续推进改革创新,积极参与农村现代流通建设。以社会主义新农村现代流通网络建设工程为龙头,抓好农村现代流通基础设施、连锁配送网络和经营主体建设。三是始终坚持合作制原则,大力促进农民专业合作组织发展。积极采取创办、联办、领办、合办等形式,推动农民专业合作社发展。四是积极开展农村社区综合服务,扎实推进新农村建设。加快村级综合服务社和农村社区服务中心建设,努力形成连接城乡、布局合理、功能完善、运转高效的农村综合服务网络。

全国人大常委会副委员长顾秀莲,全国政协副主席白立忱、李蒙等出席了大会。中央、国家机关有关部门负责人,全国供销合作社系统先进集体、劳动模范和先进工作者参加了会议。全国供销合作社系统228个先进集体、134名劳动模范和65名先进工作者受到表彰。

内蒙古自治区第十一届人民代表大会第一次会议选举储波为自治区人大常委会主任 杨晶(蒙古族)为内蒙古自治区主席

黑龙江省第十一届人民代表大会第一次会议选举钱运录为省人大常委会主任 栗战书为省长

四川省第十一届人民代表大会第一次会议选举刘奇葆为省人大常委会主任 蒋巨峰为省长

政协黑龙江省第十届委员会第一次会议选举王巨禄为省政协主席

政协海南省第五届委员会第一次会议选举钟文为省政协主席

1月28日

中央军委慰问驻京部队老干部迎新春文艺演出在北京举行

中共中央总书记、国家主席、中央军委主席胡锦涛出席观看，向在座的军队老同志和全军离退休老干部致以节日问候，衷心祝愿他们新春快乐、健康长寿。

纪念薄一波同志诞辰100周年座谈会在人民大会堂举行

中共中央政治局常委、全国政协主席贾庆林出席并讲话，座谈会由曾培炎主持。座谈会上，中共中央党史研究室主任、中央党校常务副校长李景田，国家发展和改革委员会副主任朱之鑫，商务部部长陈德铭，中共中央文献研究室主任冷溶，中共山西省委书记张宝顺先后发言。

出席座谈会的还有中央和国家机关、人民团体、部队有关部门、山西省的负责同志，薄一波同志的亲属、生前友好和原身边工作人员等。

全国政协主席贾庆林在纪念薄一波同志诞辰100周年座谈会上发表讲话

同志们：

今天，我们怀着崇敬的心情在这里举行座谈会，纪念薄一波同志诞辰100周年，深切缅怀他为民族独立、人民解放和国家富强、人民幸福建立的历史功绩，追思和学习他为党和人民事业不懈奋斗的崇高风范，进一步激励全党全国人民在中国特色社会主义道路上开拓奋进。

薄一波同志是中国共产党的优秀党员，伟大的共产主义战士，杰出的无产阶级革命家，我党经济工作的卓越领导人。在八十多年的革命生涯中，他为中国革命、建设和改革事业倾注了全部心血，鞠躬尽瘁、奋斗不已，作出了重大贡献。

薄一波同志出生于山西省定襄县一个农民家庭。他的青少年时代，正值中国社会危难深重和急剧变革的时期。他受到新思想新文化的影响，在对各种社会思潮的比较中接受了马克思列宁主义。薄一波同志1925年秋加入中国共产主义青年团，同年12月转为中国共产党党员，从此把共产主义事业作为终生不渝的奋斗目标。

大革命失败后，薄一波同志长期坚持白区斗争，历任中共山西临时省委委员、顺直省委军委常委等职务。1929年后在北平、天津、唐山等地从事兵运工作。由于白区工作环境险恶，他先后四次被捕，两次入狱。在狱中，他带领同志们对敌人进行坚决斗争，保持了共产党人的崇高气节。1936年夏秋之际，经党中央批准，关押在草岚子监狱的薄一波等54位同志被营救出狱。对于薄一波等同志在草岚子监狱中的英勇斗争，毛泽东同志后来给予充分肯定和很高的评价。

薄一波同志出狱后，遵照中共中央北方局指示赴山西，组成以他为书记的中共山西公开工作委员会。他创造性地运用党的统一战线思想，成功地与国民党地方实力派阎锡山建立了特殊形式的上层统一战线，接办、改组山西牺牲救国同盟会，组建山西新军即山西青年抗敌决死队，把山西抗日救亡运动轰轰烈烈地开展了起来。抗日战争全面爆发后，他率决死队第一纵队到晋东南抗日前线，参与领导创建了太岳抗日根据地。与阎锡山上层统一战线工作的成功开展，对华北的抗日战争具有重要意义，对全国抗战也产生了积极影响。党中央和毛泽东同志关于把山西作为全国抗日战争战略支点的伟大构想由此得到实现。

1939年年底，薄一波同志率领新军，在八路军的支持和配合下粉碎了阎锡山企图消灭新军的阴谋，新军各部队正式编入八路军序列。1940年后，薄一波同志任冀南、太行、太岳行政联合办事处副主任，领导太岳抗日根据地的建党、建政、建军工作。从这时起，他开始涉足根据地财政经济工作这一全新的领域。1941年起，薄一波同志先后任八路军太岳军区司令员兼政治委员、太岳纵队政治委员、晋冀鲁豫边区政府副主席、中共太行分局委员、太岳区委书记，为晋冀鲁豫抗日根据地的发展壮大建立了显著功绩。1945年，薄一波同志在延安参加党的七大，当选为中央委员。

抗日战争胜利后，薄一波同志任中共晋冀鲁豫中央局副书记兼晋冀鲁豫军区副政治委员等重要领导职务，协助邓小平同志主持晋冀鲁豫中央局日常工作。1947年夏季刘邓大军挺进中原后，他任晋冀鲁豫中央局第一副书记、代理书记，负责主持中央局工作。他正确执行党中央的方针政策，领导了晋冀鲁豫解放区的土地改革运动；结合实际贯彻党的工商业政策，推动了解放区经济的恢复和发展。

1948年5月起，薄一波同志先后任中共中央华北局第二书记、第一书记兼华北军区政治委员，主持华北局的全面工作。他提出“安定团结，发展生产”的方针，领导华北局开展了整党、建政、生产、支前和成立大党校、大军校、大党报及华北大学等项工作。1948年9月华北人民政府成立，薄一波同志兼任华北人民政府第一副主席、党组干事会书记，随后兼任平津卫戍司令部政治委员。他参与部署领导了接管北平、天津两大城市的工作，指导华北局的工作重心及时从乡村转入城市，为党中央从乡村进入城市和确定以北平为首都筹备成立新中国创造了良好的条件。对此，党中央给予高度评价。1949年3月起，薄一波同志列席中共中央书记处会议，参与党中央一些重大决策的讨论。7月，任党中央财政经济委员会副主任，参与组建中央人民政府各部委等多项工作，并当选为中央人民政府委员。

中华人民共和国成立后，薄一波同志任政务院政务委员、财政经济委员会副主任、中央人民政府财政部部长，后又担任全国编制委员会主任，仍兼任华北局第一书记。在陈云同志直接领导下，他和中财委的同志一起，精心组织了稳定物价和统一财经的重大斗争，取得了新中国成立后财经战线上第一个具有重大意义的胜利。他还担任过中央人民政府节约检查委员会主任，参与指导全国的"三反"、"五反"斗争。

1954年第一届全国人大第一次会议后，薄一波同志任国务院第三办公室主任，协助周恩来总理分管重工业口工作，先后兼任国家建设委员会主任、国家经济委员会主任。这时，国家实行第一个五年计划，薄一波同志着重抓了156项重点工程，并参与组织领导了我国原子能工业的筹建工作。1956年9月党的八大召开，他再次当选为中央委员，随即任中央政治局候补委员；11月，任国务院副总理。从这时起，薄一波同志参与对国家全局经济工作的领导。他注重从实际出发，尊重和按照客观经济规律办事。1958年"大跃进"运动开始后，他多次强调要注意综合平衡。他不赞成盲目追求建设速度、违反经济规律的一些做法，曾写信给毛泽东同志反映家乡群众生活问题和农业上的一些浮夸之风。国民经济调整时期，薄一波同志积极贯彻党中央制定的"八字方针"，工作卓有成效，受到毛泽东同志的赞扬。1963年他兼任国家计委副主任，参与制订第三个五年计划。他直接组织领导了试办"托拉斯"这一改革我国经济管理体制的重大而有益的试验，还领导了物资管理体制的改革，为探索符合中国情况的社会主义建设道路作出了不懈努力和重要贡献。

"文化大革命"中，薄一波同志遭受残酷迫害。他刚正不阿、坚持真理，同林彪、江青集团的倒行逆施进行了不屈不挠的斗争。1978年12月，党中央为他彻底平反，恢复名誉。薄一波同志在古稀之年又走上了党和国家的领导岗位。

重新工作之后，薄一波同志先后担任国务院财政经济委员会委员、国务院副总理。在党的十一届四中全会上，被增补为中央委员。他全身心地投入新时期社会主义建设的伟大事业，坚决拥护党的十一届三中全会把党和国家工作重心转移到经济建设上来的战略方针，坚决支持改革开放的一系列重大决策，坚决支持以邓小平同志为核心的党的第二代中央领导集体的工作。他积极参加调查研究，思考和总结新中国成立以来经济工作正反两方面的经验，探寻经济改革和发展的新路子新办法。在兼任国家经济体制改革委员会第一副主任、党组书记期间，他围绕计划与市场、速度与效益、中央与地方的关系，以及财政、外贸、工业体制改革等重大课题，领导展开深入研究，进行综合改革试点，做了大量开拓性的工作。对于邓小平同志倡导创办经济特区这一新生事物，他从一开始就给予高度关注和大力支持，为探索我国社会主义新的经济体制，推进改革开放和现代化建设倾注了大量心血。

1982年至1992年，薄一波同志担任中共中央顾问委员会常务副主任，先后协助邓小平、陈云同志主持中顾委日常工作，为废除实际存在的干部领导职务终身制，建立和实行领导干部离退休制度，推进领导干部的新老合作与交替，培养选拔优秀中青年干部等，做了大量卓有成效的工作。其间，他曾经以很大精力投入全国整党指导工作；协助中央主持了全国人大六届、全国政协六届、中顾委、党的十三大换届人事安排的有关工作。他还担任中央党史领导小组副组长，对党史部门的工作提出了许多重要指导意见。他撰写的《若干重大决策与事件的回顾》《领袖元帅与战友》等力作，得到党内外和学术界、理论界的高度评价。

党的十三届四中全会以后，薄一波同志尽管年事已高，但始终关心党和国家的工作，始终支持以江泽民同志为核心的第三代中央领导集体和以胡锦涛同志为总书记的党中央作出的一系列重大决策，始终对中国特色社会主义伟大事业充满信心。1992年党的十四大闭幕后，他从领导工作岗位上完全退了下来，将主要精力投入组织撰写尚未完成的回忆与研究性的党史著作，直到生命的最后阶段。

同志们！

薄一波同志的一生，是光辉战斗的一生，是无私奉献的一生。他为新中国的成立、社会主义建设和改革开放事业的发展，建立了不朽的历史功绩，受到广大人民群众的尊敬和爱戴。百年沧桑，英名永存，薄一波同志的光辉业绩和崇高风范，永远镌刻在党和人民心中。

今天，我们纪念薄一波同志，就要学习他始终坚持共产主义理想信念，无限忠诚于党和人民的事业。薄一波同志献身革命八十余年，无论环境多么艰苦、战斗多么频繁、情况多么险恶，始终坚守共产主义的理想和情操，坚持共产党人的气节和风骨。身陷国民党监狱面对生死考验时，他大义凛然，用革命理想和气节教育影响战友，鼓舞斗志。受到不公正对待甚至打击和迫害时，他坚信前途是光明的，刻苦学习马列著作，并告诫亲属加倍努力奋斗，继续革命。晚年岁月中，他曾动情地说，我一生信仰马列主义、共产主义，直至生命的尽头，这个信仰是始终不渝的。坚定的信仰和炽烈的革命情怀，使他坚忍不拔、荣辱不惊，无私无畏地革命和战斗，无怨无悔地把自己的全部生命献给了党和人民。薄一波同志的光辉实践证明，树立共产主义的崇高理想并造就千百万为实现这一理想而自觉奋斗的共产党员，正是党的事业蓬勃发展、继往开来的根本保证。

我们纪念薄一波同志，就要学习他求真务实，勇于在实践中开拓工作新局面。薄一波同志不尚空谈、勤于实践，具有开创工作新局面的胆略和才干。抗日战争全面爆发前夜，在创建山西特殊形式的上层统一战线过程中，他立足于山西实际，灵活运用党的策略方针，实行了一整套符合山西特点的新政策，创造了党的统一战线工作的成功典范。解放战争后期，特别是北平、天津解放后，面临即将到来的全国胜利，主持华北局工作的薄一波同志着眼于华北广大地区已经处于相对和平环境的情况，大力推动以经济建设为中心的工作方针，适时领导了将华北局工作重心由乡村向城市的转变。改革开放新时期，他主持国家经济体制改革委员会工作后，广泛走访基层和党内外同志，听取意见和建议，领导国家体改委围绕计划与市场等重大课题展开深入研究，并在江苏常州、湖北沙市进行综合试点，为寻找适合中国特点的经济体制改革道路进行了重要的探索，积累了宝贵的经验。薄一波同志是我们党内为数不多的连续参与党的三代中央领导集体工作的老同志。求真务实、开拓创新使他始终能够与时代同步伐，为党为人民屡建功勋。

我们纪念薄一波同志，就要学习他善于结合实际进行理论思考，重视对现实和历史经验的总结。薄一波同志善于从中国实际出发，运用马克思主义基本原理，以马克思主义的立场、观点和方法，对中国革命、建设和改革的丰富实践经验进行概括和总结。他提出的许多真知灼见，至今仍闪烁着解放思想、实事求是、与时俱进的光辉。新中国成立初期，在农业和农村工作如何贯彻《共同纲领》、实现从新民主主义向社会主义过渡的重大问题上，他坚持以生产力发展作为解决问题的出发点，认为在过渡时期私人财产必须保护，党的政策应当允许单干和雇工，强迫组织起来搞合作化的思想和做法是错误的。在领导试办"托拉斯"的工作中，他冲破保守思想和习惯势力的束缚，为我国经济管理体制改革积累了经验和思想理论财富。党的十一届三中全会后，薄一波同志坚持解放思想，为阐发党中央改革开放的战略决策和党在社会主义初级阶段的基本路线，继续贡献自己的智慧和才干。他精心撰写的《若干重大决策与事件的回顾》一书是对社会主义建设的经验教训的系统回顾和深刻总结，是带有规律性的宝贵认识，值得我们好好珍视。

我们纪念薄一波同志，就要学习他严于律己、清正廉洁，永远保持共产党人的政治本色和革命精神。薄一波同志党性坚定、襟怀坦白，时时处处以身作则、率先垂范，顾大局、讲原则，坚持以模范行动影响和带动群众。他自觉与人民群众结合在一起，把人民利益作为工作的出发点和归宿，与人民群众共命运、心连心。他廉洁自律，生活简朴，始终保持劳动人民的本色。1997年，他把二十多万元稿费全部捐献给了"希望工程"。他生前时刻自勉：必须把党和人民赋予的权力用来为绝大多数人谋利益；必须吃苦在前、享受在后，先人后己、先公后私，自觉地将个人利益服从于党和人民的利益；必须兢兢业业、艰苦奋斗。他说，一个人的立志，需要一辈子的努力来实现。立共产主义的志，做一个共产党员，需要靠一辈子艰苦奋斗来实现。薄一波同志是这样说的，也是这样做的。他为坚持共产党人的品德操守战斗了一生，为我们树立了光辉的榜样。

同志们！当前，全党全国各族人民正在深入学习贯彻党的十七大精神。我们纪念薄一波同志，就是要继承老一辈无产阶级革命家的遗志，努力把各行各业、各个方面的工作做得更好。让我们更加紧密地团结在以胡锦涛同志为总书记的党中央周围，高举中国特色社会主义伟大旗帜，以马克思列宁主义、毛泽东思想、邓小平理论和"三个代表"重要思想为指导，深入贯彻落实科学发展观，锐意创新、开拓进取，在全面建设小康社会、实现中华民族伟大复兴的宏伟事业中，创造新的业绩，作出新的贡献！

2008年全国贸促工作会议在北京召开

国务院副总理吴仪出席会议并讲话。吴仪强调，全国贸促机构要深入学习贯彻党的十七大精神，认真落实科学发展观，紧紧围绕国家发展大局，积极探索中国特色的贸促工作之路，为中国企业参与国际商务规则的制定与推广，促进中外企业的经贸交流与合作，促进会员企业与政府部门的政策对话，搭建更广阔的平台。

吴仪充分肯定了贸促工作取得的成绩。她指出，改革开放尤其是最近五年来，贸促系统实现了从小到大，从各自为政到协调有序的跨越式发展。全国贸促机构充分发挥层次高、渠道广、领域宽的优势，积极开展贸易促进和经济技术交流，有力配合了国家外交、外经贸工作，积极促进了中国展览业发展，为企业提供了优质服务，特别是为2010年上海世博会申办和筹办作出了突出贡献。

吴仪强调，贸促机构要密切关注国际国内形势的大动向和发展趋势，紧紧围绕外交、外经贸工作大局，紧紧围绕国家宏观调控政策要求，紧紧围绕服务企业的根本宗旨，增强工作的主动性、前瞻性和针对性。她对当前和今后一个时期贸促工作提出四条要求：

一是大力加强中外经贸合作交流。进一步加强与国际组织、国外同类贸促机构及工商企业界的联系与合作，增进国际合作，拓展国际空间，积极探索各种方式，帮助我国企业扩大进口和“走出去”。二是全力支持办好2010年上海世博会。三是着力搭建服务企业发展的良好平台，更加积极有效地服务于广大企业。重点突出信息和咨询服务，精心组织参加各类知名展会，以中小企业作为服务重点，拓宽服务领域、创新服务手段、提高服务水准。同时为国内外企业提供知识产权服务。四是适应新形势的要求，积极探索中国特色的贸促工作之路，努力建设成为有实力、有影响的世界一流贸促机构。

中国贸促会会长万季飞主持会议，外交部、商务部等国务院有关部门负责同志和来自全国贸促系统88家地方分支会、行业协会及16个驻外代表处首席代表约300多人出席了会议。

天津市第十五届人民代表大会第一次会议选举刘胜玉为市人大常委会主任 黄兴国为市长

河北省第十一届人民代表大会第一次会议选举张云川为省人大常委会主任 郭庚茂为省长

辽宁省第十一届人民代表大会第一次会议选举张文岳为省人大常委会主任 陈政高为省长

江西省第十一届人民代表大会第一次会议选举吴新雄为省长

政协上海市第十一届委员会第一次会议选举冯国勤为市政协主席

政协江苏省第十届委员会第一次会议选举张连珍(女)为省政协主席

新一届中日友好21世纪委员会第七次会议在钓鱼台国宾馆闭幕

为期两天的新一届中日友好21世纪委员会第七次会议在北京钓鱼台国宾馆闭幕。国务院总理温家宝和日本首相福田康夫分别同会议发来贺信。双方委员围绕落实福田首相访华成果、确保胡锦涛主席访日成功这一主题，就两国关系长期性、战略性和深层次的问题广泛深入交换了意见，对今后中日关系发展提出了前瞻性和建设性的意见和建议。

日方首席委员小林阳太郎在总结发言中说，日中关系已经迎来新的春天，政治互访日趋紧密，福田首相访华取得圆满成功，两国面临更大发展的历史性机遇。推动中日关系长期健康稳定发展不应仅仅依靠高层互访，双方委员都表示要在此基础上，脚踏实地发展青年、文化、防卫等各种层面的交流，把中日友好的春天延续下去。

中方首席委员郑必坚在总结发言中说，双方一致认为胡主席今春即将对日本的国事访问对中日关系具有重要深远意义，并围绕此访成果和推动中日关系长期健康稳定发展提出了不少有价值的意见和建议。主要包括：一、要构建面向亚洲、面向世界的中日关系。二、建立和完善中日关系长期稳定发展的框架和机制。三、抓住增进战略互信、拓展共同战略利益这两个关键环节，推进战略互惠关系。四、妥善处理敏感问题。

新一届中日友好21世纪委员会是根据两国领导人达成的共识于2003年7月成立的，是两国政府的咨询机构。今年年底双方将在日本举行最后一次会议，届时将向两国政府提交最终报告。

中联部部长王家瑞在北京会见挪威外交大臣斯特勒

文化部部长孙家正率中国政府文化代表团出席白宫艺术人文奖颁奖仪式

中科院对地观测中心在喀什站落成

中科院对地观测与数字地球科学中心喀什站落成挂牌，填补了我国西部地区民用卫星数据的空白。

喀什以及三亚两个新站的建成，将使我国具有卫星数据覆盖全亚洲70%疆土的能力。其接收的多种卫星数据资料将广泛应用于国土资源调查、林业资源调查、生态环境调查以及城市扩展监测、荒漠化监测、农作物估产、灾害监测与评估、地质与资源勘探、大型工程建设等众多领域，将为促进国家社会经济可持续和谐发展产生巨大作用。

“人权知识竞赛”暨《人权》杂志优秀作品颁奖会在北京举行

“人权知识竞赛”暨《人权》杂志优秀作品颁奖会在国务院新闻办公室新闻发布厅举行。“人权知识竞赛”由中国人权研究会、光明日报社、《人权》杂志社联合举办，《人权》杂志优秀作品评选活动由《人权》杂志社主办。举办这两个活动的目的在于纪念《人权》杂志创刊5周年，增进公众对我国人权观点和成就的了解，普及人权知识，提高公众的人权意识。

国家游泳中心"水立方"正式竣工并交付使用

北京奥运会场馆建设情况新闻发布会在北京举行

北京市副市长、北京市2008工程建设指挥部指挥陈刚表示，为满足第二十九届奥运会赛事要求，北京共需建设31个比赛场馆以及45个训练场馆。截至目前，除国家体育场正处于收尾阶段外，其他30个比赛场馆已竣工，44个训练场馆也已竣工。

陈刚表示，北京兑现了"节俭办奥运"承诺。北京市和相关部门建立了严格的成本控制体系，从工程一开始就全过程进行严格的审计监督。根据掌握的材料，31个比赛场馆的投资控制在130亿元人民币之内，其中，国家体育场的投资控制在35亿元人民币之内。陈刚说，在所有的投资中，中央和地方财政占51%左右，其他是靠社会融资和捐赠。

1月29日

中共中央政治局召开会议研究部署北京奥运会和残奥会筹办工作

中共中央政治局召开会议，听取北京奥运会和残奥会筹办工作汇报，研究部署下一步的筹办工作。中共中央总书记胡锦涛主持会议。

会议认为，举办奥运会，是我国各族人民的共同心愿，是中华民族的百年企盼，也是我国对国际社会承担的庄严责任和义务。6年多来，北京奥运会组委会会同有关方面，认真贯彻中央要求，团结带领广大干部群众，做了大量卓有成效的工作，为北京奥运会和残奥会的成功举行打下了坚实基础。

会议强调，2008年北京奥运会和残奥会开幕日期日益临近，筹办工作时间紧迫、任务繁重。各有关方面要全面贯彻党的十七大精神，深入贯彻落实科学发展观，进一步增强使命感和责任感，认真实践绿色奥运、科技奥运、人文奥运的理念，深入贯彻超越、融合、共享的残奥会理念，切实履行所作的各项承诺。要大力弘扬为国争光的爱国精神、艰苦奋斗的奉献精神、精益求精的敬业精神、勇攀高峰的创新精神、团结协作的团队精神，坚持节俭办奥运、廉洁办奥运的方针，扎扎实实做好各项工作。要大力加强组织领导，充分发挥制度优势，广泛调动各界积极性，加强同国际奥委会等有关方面的联系，努力举办一届有特色、高水平的奥运会和残奥会。

会议强调，全党全社会要进一步动员起来，广泛开展迎奥运、讲文明、树新风活动，形成讲文明、重礼仪、团结友善、热情好客的良好风尚，大力倡导团结、友谊、和平的奥林匹克精神，充分展示我国人民企盼奥运、参与奥运、奉献奥运的精神面貌，展示我国改革开放和社会主义现代化建设的成就，展示我国人民蓬勃向上的精神风貌，在全社会营造喜庆热烈的奥运氛围，努力使北京奥运会和残奥会成为加强我国同各国交流合作、增进我国人民同各国人民相互了解和友谊的盛会。

会议还研究了其他事项。

中共中央政治局召开会议研究当前雨雪冰冻灾情部署做好保障群众生产生活工作

中共中央政治局召开会议，专门研究当前雨雪冰冻灾情，部署做好保障群众生产生活工作。中共中央总书记胡锦涛主持会议。

会议认为，近期我国部分地区出现罕见的低温、雨雪冰冻极端天气，持续时间长，影响范围大，给受灾地区生产生活秩序带来严重影响。党中央、国务院对此高度重视，及时作出部署，各有关地区和部门紧急行动，团结协作，顽强奋战，克服困难，积极抗灾救灾，为保障群众生产生活和煤电油运工作作出了重大贡献。

会议强调，未来几天，我国南方大部分地区仍将有雨雪天气，有的地区有大到暴雪，将给这些地区群众生产生活，特别是交通运输、能源供应等带来严重影响。各有关地区和部门要按照中央部署，充分认识灾情的严重性，把抗灾救灾作为当前最紧迫的任务，以对人民群众高度负责的精神，进一步做好思想准备和工作准备，紧紧依靠广大人民群众，全力开展抗灾救灾，坚决打好这场抗灾救灾的硬仗。

会议指出，各地区各部门要加强对抗灾救灾的组织领导，强化应急机制，明确工作责任，加强经济运行调节，加强煤电油运工作，加强安全生产，加强舆论宣传引导，加强社会治安。当务之急是要千方百计保证交通运输通畅和电力供应。要克服一切困难，增加煤炭生产，优先保证电煤供应。要切实把群众利益放在第一位，满腔热情地帮助受灾群众排忧解难，急群众之所急，办群众之所需，解群众之所难，保障生活必需品供给，保障油气正常生产和调运，尤其是要安排好受灾地区群众的生产生活，确保广大人民群众过一个欢乐祥和的春节。

会议指出，各地区各部门都要紧急行动起来，牢固树立全国一盘棋的思想，大力发扬一方有难、八方支援的精神，同心同德，团结协作，自觉支援和帮助受灾地区，各级领导干部和广大党员要深入抗灾救灾第一线、充分发挥先锋模范作用，努力把这场灾害造成的损失减少到最低程度，确保人民生命财产安全，确保经济平稳正常运行，确保社会和谐稳定。

中共中央总书记胡锦涛主持中共中央政治局第三次集体学习

胡锦涛强调，必须从夺取全面建设小康社会新胜利、开创中国特色社会主义事业新局面的战略高度，深刻认识贯彻落实党的十七大提出的实现全面建设小康社会奋斗目标新要求的重要性和必要性，增强自觉性和主动性，扎扎实实把这些新要求贯彻到社会主义现代化建设各个方面，落实到改革发展稳定各个环节。

中共中央政治局这次集体学习安排的内容是实现全面建设小康社会奋斗目标的新要求和推动经济社会又好又快发展。中国社会科学院经济研究所刘树成研究员、国家发展和改革委员会宏观经济研究院马晓河研究员就这个问题进行了讲解，并谈了对推动我国经济社会又好又快发展的意见和建议。

中共中央政治局各位同志认真听取了他们的讲解，并就有关问题进行了讨论。

胡锦涛在主持学习时发表了讲话。他指出，党的十七大根据国内外形势的新变化、我国经济社会的新发展、广大人民群众的新期待，提出了实现全面建设小康社会奋斗目标的新要求，根本目的就是要实现又好又快发展，全面建成更高水平的小康社会。我们要从实现我国现代化建设"三步走"战略的高度，把当前任务与长远目标紧密结合起来，全面贯彻落实实现全面建设小康社会奋斗目标的新要求，为全面建成小康社会、进而基本实现社会主义现代化打下更为坚实的基础、创造更加良好的条件。

胡锦涛强调，要把实现全面建设小康社会奋斗目标的新要求贯彻好、落实好，首先要深刻领会科学发展观的科学内涵、精神实质、根本要求。特别是要深刻领会科学发展观第一要义是发展、核心是以人为本、基本要求是全面协调可持续、根本方法是统筹兼顾，在深入贯彻落实科学发展观的实践中把实现全面建设小康社会奋斗目标的新要求落到实处。要正确处理好和快的关系，坚持好字优先，在好上下更大功夫、见更多成效。同时，要正确把握世界经济走势及其对我国的影响，充分认识外部经济环境的复杂性和多变性，科学把握宏观调控的节奏和力度，尽可能长地保持经济平稳较快增长。

胡锦涛指出，贯彻落实实现全面建设小康社会奋斗目标的新要求，必须全面推进经济建设、政治建设、文化建设、社会建设以及生态文明建设，促进现代化建设各个环节、各个方面相协调，促进生产关系与生产力、上层建筑与经济基础相协调。要着力增强发展协调性，提高自主创新能力，加快转变经济发展方式，完善社会主义市场经济体制，努力实现经济又好又快发展。要着力扩大社会主义民主，加快建设社会主义法治国家，加快行政管理体制改革，更好保障人民民主权利。要着力加强文化建设，建设社会主义核心价值体系，健全公共文化服务体系，提高全民族文明素质。要着力加快发展社会事业，保障和改善民生，扩大公共服务，完善社会管理，推动建设和谐社会。要着力建设生态文明，发展循环经济，加强节能减排，建设资源节约型、环境友好型社会。要着力推进经济、政治、文化、社会等领域各项改革成果的制度化，形成一整套同建设社会主义市场经济、社会主义民主政治、社会主义先进文化、社会主义和谐社会相适应的更加成熟、更加定型的制度，为建设富强民主文明和谐的社会主义现代化国家不断提供有效制度保障。

胡锦涛强调，实现全面建设小康社会奋斗目标的新要求，一个突出的特点，就是要贯彻以人为本的理念，顺应各族人民过上更好生活的新期待，注重解决人民最关心、最直接、最现实的利益问题。我们要坚持立党为公、执政为民，坚持以人为本，在发展的基础上，着力改善人民生活，保障人民经济、政治、文化、社会权益，维护社会公平正义，努力使全体人民学有所教、劳有所得、病有所医、老有所养、住有所居，动员广大人民群众以更加饱满的热情为全面建设小康社会而团结奋斗。

国务院总理温家宝赴湖南指导抗灾救灾工作

1月13日以来，湖南省遭受1954年以来罕见的雨雪冰冻灾害。温家宝十分关心湖南的抗灾救灾工作，于29日晨到达长沙。温家宝与随行的国务院有关部门负责同志详细研究抗击灾害的最佳方案。温家宝指出，一定要紧急行动起来，进一步采取措施，尽快通电、通车，用最短的时间消除冰雪灾害对群众生产生活造成的影响。

温家宝强调，面对这场灾害，要加强领导、统一指挥，全面部署、科学调度、协调配合，保障煤电油运供应，做到确保人民群众生命安全，确保经济社会平稳运行，确保人民群众过上一个祥和的春节。要重点解决好四个问题：一是抢修遭受损坏的输电设备，保障电网正常运行。二是加快公路除冰除障进度，尽快恢复铁路输电，尽早疏通京广线铁路、京珠线公路大动脉，保证南北通道畅通。三是解决煤源供应和运输问题。要积极组织生产，加强安全管理，确保煤炭生产安全、确保煤炭供应，畅通煤炭运输的交通要道。对高耗能的企业要严格限制用电，用电极为紧张的地区要坚决停止用电。四是要保持社会正常秩序，维护社会稳定。

今年冰雪灾害和春节碰头，给春运带来的困难更大。要安排好群众生活，对堵塞在路途上的乘客司机，要保障他们能够喝上水、吃上饭、不受冻，有病能就医。春节快到了，要做好市场供应，稳定市场物价。

温家宝代表党中央、国务院对奋战在抗灾救灾第一线的湖南省广大干部职工群众，解放军指战员和武警官兵表示亲切的慰问和感谢。他说，湖南省委、省政府带领全省人民迎难而上，克服了种种困难，在抗击灾害的斗争中涌现了一批可歌可泣的先进人物。目前灾情还在继续发展，我们要做好应对最困难局面的准备，组织各方面的力量，用最短的时间基本解决湖南的灾害问题。我们有这个信心，也有这个能力。

随后，温家宝来到湖南电力公司调度控制中心，他详细询问了雪灾造成的损坏情况，听取了电力公司负责人的汇报。湖南送变电建设公司的周景华、罗长明、罗海文三名电力职工在长沙县沙坪变电站除冰抢险中不幸殉职，为确保国家电网安全献出了宝贵生命。温家宝看望了三位烈士的家属。

国务院副总理吴仪出席在北京举行的全国知识产权局局长会议并发表讲话

吴仪指出，改革开放30年来，在党中央、国务院的正确领导下，我国知识产权事业取得了历史性进展，特别是近5年来，全国知识产权战线的同志们团结一致，开拓进取，又取得了新成绩。知识产权的拥有量和质量稳步提升，知识产权成果得到广泛、有效的运用；知识产权保护工作卓有成效，有力保护了权利人的合法权益，维护了公平的市场经济秩序；知识产权法律、法规体系逐步完善，管理、执法、服务体系逐步健全；国家知识产权战略研究和制定工作取得重要成果；全社会重视和保护知识产权的氛围开始形成。

吴仪说，发展知识产权事业就是要激发和保护全民族的创新热情。要善于运用知识产权制度，保护和增强国家自主创新能力，在国际经济体系尤其是国际分工的构建中掌握主动权，有效维护国家的根本利益。

吴仪强调，建设创新型国家，全面建设小康社会，对知识产权工作提出了新的更高的要求。一要高度重视知识产权能力建设，不断增强知识产权创造、运用、保护和管理能力。二要注重知识产权法制建设，及时修订专利、商标、版权等基础性知识产权法律，做好特定领域的知识产权法律、法规制定工作，加强知识产权政策与有关政策的衔接。三要积极培育和发展尊重知识、崇尚创新、诚信守法的知识产权文化。在全社会树立知识产权的价值观念，形成尊重知识产权的行为规范。党政领导干部要带头拒绝盗版，不用侵权产品，作出表率。四要加强人才和队伍建设，把培养人才、带好队伍作为知识产权部门各级领导班子的重要责任。此外，要抓紧修改完善《国家知识产权战略纲要》，并做好《纲要》颁布实施的各项准备工作。

会前，吴仪考察了国家知识产权局专利业务大楼。

国务院召开加强煤炭生产运输保障煤电正常供应会议

国务院副总理曾培炎出席并讲话，强调要认真贯彻中央政治局会议和国务院电视电话会议精神，迅速行动起来，加强组织协调，保煤源、保运输、保供电。

曾培炎指出，最近半个多月来，我国南方大部分地区和西北地区东部出现了罕见的雨雪冰冻极端天气，严重影响了电网运行、煤炭供应、交通运输和居民生活。尤其是电煤生产、运输和供应形势非常严峻。眼下正值冬季，用煤用电增加，春运高峰来临，一些地方煤矿提前放假，加剧了煤炭生产供应困难。

曾培炎强调，要充分认识当前煤电供应形势的严峻性，突出加强煤炭生产运输，千方百计做好煤电油运保障工作，确保煤炭正常生产，确保电煤运输畅通，确保电力安全供应，保障春节和两会期间经济稳定和人民生活正常需要。一是努力增加煤炭生产。各产煤地区要组织国有重点煤矿和地方国有煤矿春节期间坚持正常生产，其他煤炭企业也要增加生产，同时进一步加强安全生产监管监察，防范煤矿安全事故发生。二是切实加强电煤运输组织。保证铁路、港口、河海等煤炭运输通道畅通，全力抢通因恶劣天气影响而封闭的公路，对告急电厂实施突击抢运。三是促进电力供应安全稳定。电网企业要组织力量，抓紧抢修停运设备，尽快恢复正常供电，加大跨区域电能调剂力度。四是搞好电煤供应协调。国务院有关部门要密切协作，搞好调度，全力保障电网中骨干电厂的煤炭供应，优先保障居民生活、医院、学校、交通、金融和农业等用电需求。同时，要做好油气供应、春节运输、安全生产、应急处置等各项工作。

国务院有关部门、电网、电力和煤炭企业就煤电生产供应工作做了汇报。会前，曾培炎来到国家电力调度中心，考察了当前全国电力生产运行情况。

湖北省第十一届人民代表大会第一次会议选举罗清泉为省人大常委会主任 李鸿忠为省长

海南省第四届人民代表大会第一次会议选举卫留成为省人大常委会主任 罗保铭为省长

中共中央政治局常委李克强在人民大会堂会见中日友好21世纪委员会委员

李克强高度评价中日友好21世纪委员会为推动

中日关系改善和发展发挥的积极作用。李克强说，中日互为重要近邻，都是亚洲和世界上的重要国家，在双方共同努力下，中日关系正进入改善和发展的重要时期。发展长期健康稳定的中日睦邻友好合作关系，符合两国和两国人民的共同利益，也有利于本地区和世界的和平、稳定与发展。双方应本着“以史为鉴、面向未来”的精神，抓住当前有利时机，不断扩大交流，深化合作，增进两国人民的相互了解和友好感情，推动中日战略互惠关系迈上新的台阶。

中方首席委员郑必坚介绍了本次会议情况。

日方首席委员小林阳太郎表示，日方委员对日中关系全面回暖深感欣慰。日方支持中国的和平发展，愿积极推动两国在各个领域的互利合作，特别是环保、节能合作和青少年交流，保持并深化日中关系改善势头，造福两国人民。

中日友好21世纪委员会是中日两国政府咨询机构，1月27日至28日在北京举行了本届委员会第七次会议。

外交部副部长王毅会见时在座。

《中俄合理利用和保护跨界水协定》在北京签署

外交部部长杨洁篪会见来访的俄罗斯自然资源部部长特鲁特涅夫，并与他分别代表中俄两国政府签署了《中华人民共和国政府和俄罗斯联邦政府关于合理利用和保护跨界水的协定》。

该协定主要就中俄跨界水利用和保护的范围、合作内容及合作机制等方面作出规定，为今后双方进一步开展合作奠定了法律基础。该协定的签署标志着双方在该领域的合作迈入新的阶段，必将进一步促进中俄战略协作伙伴关系的发展。

外交部部长杨洁篪在外交部与来访的挪威王国外交大臣约纳斯·加尔·斯特勒举行会谈

北京奥组委火炬先遣组抵达雅典并确定希腊境内火炬传递路线

北京奥组委火炬接力中心和希腊奥委会发布消息，北京奥组委火炬接力先遣组抵达雅典并在中国驻希腊大使罗林泉的陪同下，分别考察了奥林匹亚市、雅典1896年首届现代奥运会会场，与希腊奥委会以及奥林匹亚市就北京奥运会圣火采集仪式以及交接仪式、后勤保障、电视转播等问题进行了磋商。2008年北京奥运会希腊境内火炬传递线路确定，北京奥运会圣火采集仪式将由希腊著名舞蹈家玛利亚·霍斯女士主持并担任致辞。

全国老龄委办公室 国家发改委 教育厅等十部委发出《关于全面推进居家养老服务工作的意见》

各省、自治区、直辖市、计划单列市及新疆生产建设兵团老龄工作委员会办公室、发展改革委、教育厅(教委、教育局)、民政厅(局)、劳动和社会保障厅(局)、财政厅(局)、建设厅(委、局)、卫生厅(局)、人口计生委、地方税务局：

随着我国人口老龄化进程加快，家庭养老功能日益弱化，老年人养老服务已经成为重大的社会问题。但目前我国居家养老服务供给不足、比重偏低、质量不高，不能满足老年人日益增长的服务需求。为全面推进居家养老服务工作，提高老年人生命生活质量，提出如下意见：

一、重要意义

居家养老服务是指政府和社会力量依托社区，为居家的老年人提供生活照料、家政服务、康复护理和精神慰藉等方面服务的一种服务形式。它是对传统家庭养老模式的补充与更新，是我国发展社区服务，建立养老服务体系的一项重要内容。

全面推进居家养老服务，是破解我国日趋尖锐的养老服务难题，切实提高广大老年人生命、生活质量的重要出路；是弘扬中华民族尊老敬老优良传统，尊重老年人情感和心理需求的人性化选择；是促进家庭和谐、社区和谐和代际和谐，推动社会主义和谐社会建设的重要举措；也是加快发展服务业，扩大就业渠道和促进经济增长的重要途径。

二、基本任务

发展居家养老服务，要以科学发展观为统领，以构建社会主义和谐社会为目标，坚持政府主导和社会参与，不断加大工作力度，积极推动居家养老服务在城市社区普遍展开，同时积极向农村社区推进。力争“十一五”期间，全国城市社区基本建立起多种形式、广泛覆盖的居家养老服务网络，使社区居家养老服务设施不断充实，服务内容和形式不断丰富，专业化和志愿者相结合的居家养老服务队伍不断壮大，居家养老服务的组织管理体制和监督评估机制逐步建立、健全和完善。农村社区依托乡镇敬老院、村级组织活动场所等现有设施资源，力争80%左右的乡镇拥有一处集院舍住养和社区照料、居家养老等多种服务功能于一体的综合性老年福利服务中心，1/3左右的村委会和自然村拥有一所老年人文化活动和服务的站点。

发展居家养老服务，必须坚持以下几项原则：坚持以人为本。从老年人实际需求出发，为老年人提供方便、快捷、高质量、人性化的服务；坚持依托社区。在社区层面普遍建立居家养老服务机构、场所和服务队伍，整合社会资源，调动各方面的积极性，共同营造老年人居家养老服务的社会环境；坚持因地制宜。紧密结合当地实际，与本地经济社会发展水平相适应，与社区人文环境和老年人的需求相适应，循序渐进，稳步推开；坚持社会化方向。采取多种形式，充分调动社会各方面力量参与和支持居家养老服务。

三、保障措施

（一）制定居家养老服务发展规划。各级政府应紧密结合本地实际，科学地研究制定本地城乡社区发展居家养老服务规划，并把它纳入当地经济社会发展总体规划和社区建设总体规划中，统筹安排，推动居家养老服务快速健康发展。

（二）加大政府投入力度，合理配置资源。各级政府应转变职能，随着经济发展和社会进步，逐步加大投入，研究制定"民办公助"的政策措施，鼓励和支持社会力量参与、兴办居家养老服务业。各级政府要统筹考虑居家养老服务设施建设、队伍建设和运营管理等问题，合理配置资源。有条件的地区可针对性地设立专项资金，开设资助项目，探索适应当地特点的居家养老服务模式。

（三）贯彻落实支持居家养老服务的优惠政策。贯彻落实国家现行关于养老服务机构的税收优惠政策，对养老院类的养老服务机构提供的养老服务免征营业税，对各类非营利性养老服务机构免征自用房产、土地的房产税，城镇土地使用税等。

（四）整合资源，建立和完善社区居家养老服务网络。要按照当地社区建设规划和老年人实际需要，协同各个部门，整合资源，在城市社区和大部分农村乡镇建设综合性居家养老服务中心、居家养老服务站点等基础性服务设施，大力推动专业化的老年医疗卫生、康复护理、文体娱乐、信息咨询、老年教育等服务项目的开展，构建社区为老服务网络，为老年人提供就近就便的多种服务。吸引生活自理的老人走出家门到社区为老服务设施接受服务和参加活动；对生活不能自理的老人则采取派专人上门包护，满足老年人生活照料、医疗护理、文化娱乐、心理慰藉等多种需求。依托城市社区信息平台，在社区普遍建立为老服务热线、紧急救援系统、数字网络系统等多种求助和服务形式，建设便捷有效的为老服务信息系统。

（五）加强专业化与志愿者相结合的居家养老服务队伍建设。要鼓励各类职业培训机构对居家养老服务人员开展职业技能培训，考试合格发给相应的职业资格证书。认真实施专业社会工作者职业水平评价制度，科学界定居家养老服务中职业社会工作者的岗位和职责，加强对社工专业人才的吸纳与培养。同时，加强居家养老服务人员的职业道德教育，改善和提高服务队伍的整体素质。

要大力发展社区居家养老服务志愿者组织，鼓励和支持社区居民和社区单位等为居家的老年人提供多种形式的养老服务。

要逐步改善和提高居家养老服务人员的地位和待遇。紧密结合社会工作者职业水平评价制度的实行，为居家养老服务的专业人员落实相应的物质待遇；对符合条件的从事居家养老服务人员，要按规定享受相应的就业再就业扶持政策。

（六）积极培育和发展居家养老服务组织。按照政府职能转变以及与企业、事业、社团分离的原则，对居家养老服务中能够与政府剥离的服务职能都要尽可能交给社会组织和非营利机构去办，交给市场和企业去办。各级政府应积极培育、规范管理各类居家养老服务机构，鼓励居家养老服务机构发展连片辐射、连锁经营、统一管理的服务模式。

（七）建立居家养老服务管理体制。各地政府应加强对居家养老服务工作的管理和监督，建立相应工作机制。在区、街道（乡镇）和社区（村）建立居家养老服务中心、站点，受政府委托负责本辖区居家养老服务的实施和管理，其主要职责是：建立老年人信息库，发布老年人服务需求信息和社会服务供给信息，对享受政府补贴的居家老人进行资格评估；对居家养老服务人员相关资格进行审查，接受服务对象的服务信息反馈，检查监督服务质量。承担政府委托的其他养老服务事项。

（八）切实加强对居家养老服务工作的领导。各级政府应充分认识新形势下发展居家养老服务的重要性，把它列入政府工作议程，并根据本意见的精神，抓紧制定符合当地实际的政策措施。各有关部门要加强配合，积极支持居家养老服务的发展。各级老龄工作委员会办公室要认真履行综合协调职能，配合相关部门，积极推动居家养老服务工作的开展。

全国老龄委办公室 发展改革委
教育部 民政部 劳动保障部 财政部
建设部 卫生部 人口计生委 税务总局
2008年1月29日

1月30日

国务院总理温家宝在广东考察春运及市场供应工作

国务院总理温家宝在中共中央政治局委员、广东省委书记汪洋，广东省省长黄华华陪同下考察广东省春运及市场供应工作。

温家宝听取了广东省委、省政府和铁道部负责人的工作汇报。温家宝说，面对恶劣的天气，在广东省委、省政府的正确领导下,采取有力措施,并且得到群众的理解、支持和配合,克服了各种困难,我代表党中央、国务院向大家表示亲切的问候和感谢。

温家宝指出,这场雪灾,发生在南方经济发达地区,发生在电网交通的枢纽地区,覆盖范围、持续时间,历史罕见。解决这个问题关系经济全局,关系人民生活。要正确认识形势,树立战胜困难的信心。从当前看,广东最需要解决的问题是,让大量滞留旅客尽快通行。从长期看,要建立煤电油运的保障机制,增加库存,保障供给。经过三十年的改革开放,我们积累了雄厚的物质基础,只要组织有力,完全能够战胜当前的困难。各级领导干部要到一线去,到群众中间去,了解实情,解决问题。

全国政协主席贾庆林在安徽慰问抗灾救灾干部群众

1月30日至2月1日,受胡锦涛总书记委托,中共中央政治局常委、全国政协主席贾庆林奔赴安徽,代表党中央、国务院慰问抗灾救灾干部群众。

贾庆林听取了安徽省委、省政府关于抗灾救灾情况的汇报,对前一阶段安徽的抗灾救灾工作给予充分肯定,希望安徽省再接再厉,进一步做好思想准备和工作准备,努力夺取抗灾救灾的全面胜利。

做好煤电油运工作、保证交通运输通畅和电力供应,对保障群众生产生活具有重要意义。贾庆林指出,这次雨雪冰冻灾害是几十年以来不多见的,加上冬季用煤用电增加、春运高峰到来等因素,给煤电油运保障工作带来了严峻挑战。各地区、各部门要紧急行动起来,采取切实有效措施,加强运输组织,保障交通畅通,保障市场供应;合理安排发电生产,搞好电能资源优化配置,保证设备安全运行;继续搞好成品油和天然气的生产、运输和销售,确保成品油不断档、不脱销,确保城市居民生活用气和重点单位用气;加强协调调度,优先保障群众生活需要,优先保障受灾地区、重要地区和重点单位需要;坚持安全第一,坚决防范重大安全事故发生。

贾庆林十分惦念安徽受灾群众的生活。他强调,各级党委和政府一定要从保持党同人民群众血肉联系的高度,切实把群众利益放到第一位,全面了解掌握受灾群众的生产生活情况和遇到的实际困难,满腔热情地帮助困难群众排忧解难,努力提高受灾群众防灾意识和自救能力,尤其要安排好受灾地区群众的生产生活,确保人民群众都能过上一个欢乐祥和的春节。

中共中央政治局常委李长春在湖北灾区看望慰问干部群众

受胡锦涛总书记委托,中共中央政治局常委李长春专程赴湖北灾区,代表党中央、国务院慰问受灾群众,考察指导抗灾救灾工作。

李长春到汉口火车站附近临时安置候车旅客的财神家居博览中心,看望慰问候车的旅客,并仔细检查各项便民措施的落实情况。他指出,要设身处地为旅客着想,畅通信息发布和引导服务渠道,多一些人性化服务,多为他们排忧解难,保证他们安全回家,把党和政府的关怀和温暖送到群众心坎上。

李长春强调,生活必需品的供应和价格问题,事关广大人民群众的切身利益,事关社会的安定祥和,必须下大气力组织好群众生活必需品特别是粮食、蔬菜、肉类等农产品的供应,稳定物价,保证人民群众过一个欢乐祥和的春节。

李长春听取湖北省委省政府抗灾救灾工作汇报,对湖北省抗灾救灾工作给予了充分肯定。李长春指出,要认真贯彻落实中央的部署和要求,在已有工作基础上,继续加强组织领导,总结经验,再接再厉,坚决打好这场抗灾救灾的硬仗。首要任务仍然是疏导铁路公路滞留旅客,同时切实抓好煤电运保障工作,全力解决好受灾困难群众的生产生活问题,把灾害造成的损失降低到最低程度,确保今年经济又好又快发展。

中共中央政治局常委习近平在贵州考察抗灾救灾工作

受胡锦涛总书记委托,中共中央政治局常委、中央书记处书记习近平,于1月30日至2月1日专程赶赴贵州,代表党中央、国务院慰问受灾群众,指导抗灾救灾工作。

习近平对贵州前一段抗灾救灾工作给予充分肯定。他说,贵州党政领导及时部署,靠前指挥,精心组织,措施得当;灾区广大干部群众不畏艰险,迎难而上,日夜奋战在抗灾救灾第一线。实践证明,贵州的抗灾救灾工作是扎实有效的,贵州各级党组织和广大党员是有战斗力的。他表示,有党中央、国务院的正确领导,有全国人民的大力支持,贵州全省干部、群众继续团结奋斗,就一定能够夺取抗灾救灾的全面胜利。

习近平指出,冰雪无情人有情,要坚持以人为本,切实把群众利益放在第一位,妥善安排好受灾群众的生产生活;要严格限制高耗能企业用电,保障群众生活用电;对堵塞在路途上的乘客司机,要保障他们能够喝上水、吃上饭、不受冻、有病能就医;要千方百计做好春节期间市场供应,稳定市场物价,保证群众在大灾之年过一个欢乐祥和的春节。

习近平十分关心交通、供电、通信等受损设施的抢修情况。他强调,要抓紧抢修遭受破坏的输电设备,保障电网正常运行;要加快公路除冰除障进度,尽快恢复铁路输电，尽早疏通主要铁路、公路干线，恢复交通动脉畅通；要抓紧解决煤源供应和运输问题，积极组织生产，畅通煤炭运输的交通要道。

习近平指出，这次自然灾害考验着各级党组织和政府的执政能力、应急能力，考验着党员干部的素质和作风。他要求广大基层党组织在抗灾救灾中充分发挥战斗堡垒作用，在宣传群众、组织群众、带领群众、服务群众中真正成为群众的主心骨；共产党员要在抗灾救灾中充分发挥先锋模范作用，以实际行动为党旗添光彩。各级领导干部要切实负起领导责任，带头深入灾区第一线，特别要到灾情最重的地方去，把温暖送到千家万户，真正做到"雪中送炭"。

中共中央政治局常委李克强赴四川考察灾情慰问干部群众

受胡锦涛总书记委托，中共中央政治局常委李克强1月30日至2月2日专程奔赴四川灾区，察看灾情，代表党中央、国务院看望慰问受灾群众，指导抗灾救灾工作。

李克强听取了四川省委、省政府的汇报后，充分肯定了当地抗灾救灾工作。他说，面对罕见的冰雪灾害，四川各级党委政府和广大党员干部行动快、力度大、抓得实。他强调，当前要把抗击雨雪冰冻灾害作为最紧迫的任务，要救群众所急，排群众所难，解群众所忧。要抓住交通运输、电力供应等关键环节，把各项救灾措施全面落到实处。

李克强强调，川东北等地山区人口密集、承灾能力弱，这次遭遇历史罕见又长时间持续的雪灾，要充分估计给山区老区和贫困地区群众生产生活带来的困难。领导干部和党员要深入一线，设身处地为群众着想，周密安排，各方要通力协作，众志成城，确保灾区群众基本生活，确保群众过一个祥和安宁的春节，全力夺取抗灾救灾全面胜利。

在广安察看灾情途中，李克强还瞻仰了邓小平故居。他说，今年是改革开放30周年，正是改革开放取得的巨大成就，抗灾救灾有了坚实的物质基础。我们要继续把改革开放和现代化建设的伟大事业奋力推向前进。

中共中央政治局常委贺国强在江西察看灾情慰问干部群众

受胡锦涛总书记委托，中共中央政治局常委、中央纪委书记贺国强代表党中央、国务院，近日来到江西省察看雨雪冰冻灾害情况，慰问灾区干部群众，与省委、省政府一道研究指导抗灾救灾工作。

贺国强听取了江西省防灾抗灾工作情况汇报，对江西的抗灾救灾工作给予了充分肯定。贺国强指出，目前江西的灾情还在延续，抗灾救灾任务还十分艰巨，要按照中央部署，把抗灾救灾作为当前最紧迫的任务，建立强有力的指挥系统，强化责任，果断决策，全力保障电通、路通，保障群众用电、用气、用水以及事关群众基本生活的各类市场供应；要及早谋划灾后重建、恢复生产工作，从政策、资金、技术等方面帮助受灾群众渡过难关，坚决打好这场抗灾救灾硬仗；各级领导干部要切实转变作风，深入到基层去、深入到灾情最重的地方去，靠前指挥；要进一步增强贯彻落实科学发展观的自觉性和坚定性，进一步完善预警机制和应急机制，进一步提高应对困难局面和突发事件的能力，更好地促进经济社会全面协调可持续发展。

中共中央政治局常委习近平在人民大会堂出席老同志迎春茶话会并发表讲话

2000多名在京老同志欢聚在人民大会堂宴会厅，参加由中共中央组织部、解放军总政治部、中共北京市委举行的在京老同志迎春茶话会。中共中央政治局常委、中央书记处书记习近平在会上代表党中央、国务院讲话，他向出席茶话会的老同志致以节日祝贺，向全国离退休老干部、老同志致以亲切问候和崇高敬意。

习近平指出，过去一年，我们坚持以邓小平理论和"三个代表"重要思想为指导，深入贯彻落实科学发展观，推动了各项事业发展进步，保持了经济社会发展的良好势头。过去一年，党的自身建设也取得新的成效，特别是我们党胜利召开十七大，描绘了在新的历史起点上夺取全面建设小康社会新胜利的宏伟蓝图，为谱写人民美好生活新篇章指明了前进方向。我们还建立、健全了党内激励、关怀、帮扶机制，进一步增强了党组织的凝聚力。

习近平说，2008年是贯彻落实党的十七大作出的战略部署的第一年，是实施"十一五"规划的承上启下年，是改革开放30周年，也是北京奥运会和残奥会举办之年。做好今年各项工作，对抓住和用好重要战略机遇期，推进改革发展稳定大局具有重大意义。我们要继续把学习贯彻党的十七大精神作为全党全国的首要政治任务抓紧抓好，坚持用党的十七大精神武装头脑、指导实践、推动工作，提高继续解放思想、坚持改革开放、推动科学发展、促进社会和谐的本领，更好地执政为民、造福人民。我们要坚持四位一体的中国特色社会主义事业总体布局，继续发展社会主义市场经济，发展社会主义民主政治，发展社会主义先进文化，构建社会主义和谐社会，继续以改善民生为重点加强社会建设，采取有效措施防止价格总水平过快上涨，努力使全体人民学有所教、劳有所得、病有所医、老有所养、住有所居，进一步促进社会和谐。我们要以改革创新精神全面加强党的建设，坚持用马克思主义中国化最新成果武装全党，提高全党马克思主义理论水平；积极推进党内民主建设，增强党的团结统一和生机活力；完善选人用人机制，建设高素质干部队伍；加强作风建设，提高拒腐防变能力，使全党同志始终保持共产党人的蓬勃朝气、昂扬锐气、浩然正气。

习近平强调，全面做好离退休干部工作，是党的十七大提出的明确要求，也是构建社会主义和谐社会的重要任务。在新的一年里，各级党委和政府要继续以满腔热情、深厚感情和创新精神做好老干部工作。要形成全社会关爱老同志和支持老干部工作的氛围，努力为老有所养、老有所医、老有所学、老有所教、老有所乐、老有所为创造良好条件。要切实做到对老干部政治上多关心、思想上多沟通、生活上多照顾、精神上多关怀。要认真落实老干部政治待遇，积极创新离退休干部党支部的设置方式和活动方式，使广大老同志思想常新、理想永存。要高度重视和全面落实老干部生活待遇，推进离休干部离休费保障机制、医药费保障机制和财政支持机制的健全完善和有效运转，做好国企改制、破产企业和高龄、高发病期离休干部管理服务工作，尤其要关心和帮助贫困地区、困难行业、困难单位的老同志和有特殊困难的老同志，为他们雪中送炭、排忧解难。要高度重视和切实改善老干部的精神文化生活，办好老干部活动中心和老年大学。要组织引导老同志继续为党和国家事业作出力所能及的新贡献。

茶话会由中共中央政治局委员、中央书记处书记、中央组织部部长李源潮主持。

出席茶话会的有刘淇、李铁映、华建敏、张思卿和迟浩田、张万年、倪志福、李锡铭、布赫、铁木尔·达瓦买提、孙孚凌、陈锦华、王文元等，中央军委委员陈炳德、李继耐、廖锡龙、常万全。

中央纪委向党外人士通报党风廉政建设和反腐败工作情况

中央纪委在北京向党外人士通报党风廉政建设和反腐败工作情况，并听取各民主党派中央、全国工商联领导人和无党派人士的意见和建议。中共中央政治局常委、中央纪委书记贺国强出席会议并讲话。

通报会由中央统战部部长杜青林主持。中央纪委副书记张惠新通报了党的十六大以来党风廉政建设和反腐败工作情况和下一步的工作部署。民革中央主席周铁农、民盟中央主席蒋树声、民建中央主席陈昌智、民进中央主席严隽琪、农工党中央常务副主席陈宗兴、致公党中央常务副主席王钦敏、九三学社中央主席韩启德、台盟中央主席林文漪，全国工商联主席黄孟复、无党派人士代表蒋明麟先后发言。他们充分肯定了近年来党风廉政建设和反腐败工作取得的成绩，赞成中央纪委、监察部下一步的工作部署，并就进一步加强反腐倡廉建设提出了意见和建议。

在认真听取大家的发言后，贺国强讲了话。他指出，中国共产党历来高度重视反腐倡廉工作，党的十六大以来，在以胡锦涛同志为总书记的党中央正确领导下，经过全党全社会的共同努力，党风廉政建设和反腐败工作取得新的明显成效，人民群众的满意度有所提高。但是腐败现象在一些领域和部门易发多发的状况仍未改变，还出现了一些案件多发的新领域，反腐倡廉建设面临许多新情况新问题。我们既要树立忧患意识、增强紧迫感，树立长期作战的思想，又要坚定信心，按照中央的要求，以更加坚决的态度、更加有力的措施、更加扎实的工作，不断把党风廉政建设和反腐败斗争引向深入。

贺国强强调，当前和今后一个时期，要认真学习贯彻党的十七大和胡锦涛同志在中央纪委二次全会上的重要讲话精神，按照改革创新、惩防并举、统筹推进、重在建设的基本要求，扎实推进反腐倡廉建设，坚决查处一批腐败案件，严厉整治一批严重损害群众利益的不正之风，重点解决一批领导干部违反廉洁自律规定的突出问题，制定出台一批反腐倡廉制度规定，推进一批改革措施。要适应新形势新任务的需要，大力加强纪检监察机关自身建设特别是纪检监察干部队伍建设，不断提高整体素质和工作水平，更好地履行好党和人民赋予的职责。

贺国强指出，长期以来，各民主党派、工商联和无党派人士在积极投身改革开放和现代化建设的同时，对党风廉政建设和反腐败工作十分关心和支持，做了大量的工作，发挥了重要作用。希望大家一如既往地关心支持党风廉政建设和反腐败工作，发挥学识渊博、联系广泛的优势，积极建言献策；继续参与特邀监察员等工作和纪检监察机关安排的专项检查、执法监督等活动；对各级领导干部和纪检监察机关进行监督；加强自身建设，保持清正廉洁，为推进反腐倡廉建设作出新贡献。

出席会议的党外人士还有何鲁丽、许嘉璐、罗豪才、张怀西、李蒙、张梅颖、张榕明，以及中央纪委、中央统战部的有关负责同志。

全国食品药品监督管理工作会议在北京召开

2008年全国食品药品监督管理工作会议于1月30日至31日在北京召开，国务院副总理吴仪出席会议并讲话。

吴仪充分肯定了食品药品监管系统在深化监管体

制改革,加强监管法制建设,加快技术支撑体系建设,组织开展食品药品专项整治等方面所取得的成绩。对一年来全系统一手抓食品药品监管,一手抓干部队伍建设,树立科学的监管理念,重塑食品药品监管队伍形象等给予高度评价。吴仪对当前和今后一个时期食品药品监管工作提出五条要求:

一是把食品药品安全专项整治向纵深推进。要深化药品安全整治,加强对药品生产、经营企业的动态监管,把好高风险品种的生产质量关,对化工企业生产药品原料情况进行全面清查,把食品安全专项整治的重点放到基层、农村和城乡接合部。要周密落实奥运主办和承办城市的食品药品保障措施,严格抓好兴奋剂管理。二是要围绕建立"两个链条、两个体系、一个网络"的要求,不断提高监管和供应保障能力,逐步实现对药品生产经营的全过程网上监管。三是加快建设国家基本药物制度。要强化政府保障基本药物供应的责任,完善基本药物的生产供应保障体系,加强农村药品监管网和供应网建设,让广大人民群众能够使用到基本药物,用得起基本药物。四是加快建立体系健全、制度完备的监管法律体系,严格执法,从严监管,认真落实食品药品安全责任。特别要扩大政务公开,加快审评审批计算机网络化,加强对权力的监督和制约。五是要把队伍建设和党风廉政建设作为一项基础性、长期性、战略性任务抓紧抓好,努力造就一支为民、务实、清廉的食品药品监管队伍。

会上,吴仪还为受表彰的全国食品药品监管系统先进集体和先进工作者代表颁奖。

国家食品药品监管局局长邵明立在会议上强调,药品监管要"严"字当头,"好"字优先,鼓励同行业兼并重组,走又好又快的发展道路。

据统计,2006年7月开展药品专项整治以来,全国共依法吊销27件药品、医疗器械企业生产许可证,依法收回157件药品GMP证书,370多家药品、医疗器械生产企业被责令停产整顿。吊销企业经营许可证1210件,取缔无证经营5719家。

国务院副总理曾培炎在河北考察煤炭运输电力企业

1月30日至31日,国务院副总理曾培炎到河北省和神华集团,就煤炭生产、运输通道和电力供应工作进行考察。他强调,要迅速落实中央政治局会议和国务院电视电话会议关于抗灾救灾、保障群众生产生活工作的决策部署,加强组织协调,健全工作机制,努力增加煤炭生产,确保运煤通道畅通,维护电力稳定供应。

曾培炎指出,河北省环京津、环渤海,是华北煤炭和能源供应基地,也是我国西煤东送、北煤南运的重要枢纽和通道。在当前南方雨雪冰冻灾害严重的情况下,做好河北煤炭生产运输和能源供应工作,十分重要。眼下正值冬季,用煤用电增加,春运高峰来临,一些地方中小煤矿放假,造成煤炭生产供应偏紧。要在确保安全生产的前提下,全力增加中央和地方国有重点煤矿和符合条件的中小煤矿产量,保持春节和两会期间煤炭正常生产,同时增加油气产量及储备。要加强地方、部门及企业的协作,保证铁路大秦线、朔黄线以及公路干线等煤炭运输通道畅通无阻,保证秦皇岛港、黄骅港、京唐港等煤炭出海港口及时疏运,力争向南方多送煤。要尽快增加电煤采购和库存,保证各电厂正常供电供热,保证京津唐电网安全稳定运行;同时优化电网运行方式,合理组织跨地区电能调剂。

曾培炎在河北省和神华集团公司负责同志陪同下,来到开滦集团唐山矿、神华黄骅港煤炭专用码头、国华沧州电厂和朔黄铁路沧州至黄骅段,考察煤炭生产、运输通道和电厂运行情况并听取汇报。在开滦集团唐山矿,曾培炎深入地下800多米的矿井,慰问坚守在生产一线的煤矿工人,叮嘱企业安排好春节期间煤矿生产和职工生活。在北京至唐山的火车上,曾培炎与国务院有关部门负责同志研究了当前煤电油运形势。

全国国土资源管理工作会议在北京召开

会议期间第十次李四光地质科学奖颁奖仪式举行,国务院副总理曾培炎会见全体会议代表,并为李四光地质科学奖获得者颁奖。

曾培炎向获得第十次李四光地质科学奖的16位优秀地质工作者和国土资源战线的广大干部职工表示祝贺和慰问。他说,五年来国土资源系统认真贯彻党中央、国务院决策部署,着力探索建立适应社会主义市场经济要求的国土资源管理体制、机制和法制,深入开展土地市场和矿产资源开发秩序治理整顿,在落实宏观调控政策、促进经济结构调整、严格保护耕地、提高资源保障能力、维护群众权益等方面成效显著,各项工作取得了突出成绩,为促进经济平稳快速发展发挥了重要的服务和保障作用。

曾培炎指出,新的形势下,国土资源工作任重道远。要切实加强土地管理调控,把好土地闸门,推进节约集约利用土地,坚决守住18亿亩耕地红线;要加强矿产勘查规划指导和统一部署,突出重点、加大投入、创新科技,努力实现找矿重大突破;要完善土地有偿使用、工业和经营性土地招拍挂等制度,健全资源有偿使用制度,整顿和规范资源市场秩序,完善国土资源法制,加快资源"走出去"步伐;要大力弘扬热爱祖国、创新求实、服务社会的李四光精神，树立大局观念、战略思维和优患意识、责任意识，努力建设一支政治上强、业务精湛、作风过硬的队伍，推动国土资源工作不断迈上新台阶。

李四光地质科学奖是我国地质界的最高荣誉。经李四光地质科学奖委员会全体会议终评决定，16人获得第十次李四光地质科学奖：傅家谟获李四光地质科学奖荣誉奖，李惠、刘敬党、朱伟林、张金带、周海民、李干生、徐水师、刘玉书获李四光地质科学奖野外地质工作者奖，陈均远、马永生、王弭力、刘敦一、周新源获李四光地质科学奖地质科技研究者奖，郝守刚、黄润秋获李四光地质科学奖教师奖。

国土资源部部长徐绍史在全国国土资源管理工作会议上说，以资源政策特别是土地政策参与宏观调控，是我国在特殊国情下实行的重大管理创新。

徐绍史说，最近5年，我国资源供需矛盾加剧，资源利益诉求增多，资源管理面临复杂局面。资源特别是土地政策参与宏观调控，促进经济平稳快速发展的作用进一步显现。通过严格土地规划、计划和建设用地审批管理，每年实际新增建设用地规模一直控制在600万亩左右。

国务院副总理回良玉在北京主持召开国家减灾委员会办公会议并发表讲话

中共中央政治局委员、国务院副总理、国家减灾委员会主任回良玉30日在国家减灾办主持召开国家减灾委员会办公会议，传达贯彻中央政治局会议和国务院电视电话会议精神，进一步安排部署保障受灾群众基本生活和农业抗灾减灾等工作。他强调，党中央、国务院对这场罕见的低温雨雪冰冻灾害高度重视。国家减灾委各成员单位和有关地区要以对人民群众高度负责的精神，千方百计安排好受灾群众的基本生活，重点安排好倒房危房群众和公路、铁路滞留人员的生活救助，确保广大人民群众度过一个欢乐祥和的春节，同时扎实做好农业抗灾工作，千方百计争取今年农业有个好收成，努力保证农产品市场供应。

回良玉指出，近期我国连续发生大范围低温雨雪冰冻灾害，降温幅度之大、降水之多、持续时间之长、损失之重均为历年所罕见。在党中央、国务院的领导下，各有关地区和部门紧急动员，团结奋战，做了大量卓有成效的工作，减灾救灾工作是有力、有序和有效的。目前，一些地区的灾情仍在发展，对减灾救灾工作决不能有丝毫松懈。各有关地区和部门必须继续发扬不畏艰险、连续作战的优良作风，进一步明确任务、强化措施，坚决打好这场减灾救灾的硬仗。

回良玉强调，要坚持以人为本，切实加强组织领导，严格落实各项责任制度和工作措施。一要进一步加大灾害救助力度，妥善安排受灾群众基本生活，确保各项救助措施迅速到位。要把运输滞留人员和倒房危房群众作为当前救助工作的重点，千方百计组织食品、饮用水、衣被等物资，确保被困人员不挨饿、不受冻，有干净饮水，有病能得到及时医治。二要进一步强化灾害监测预报预警。着重做好针对低温、雨雪、冰冻、大雾等灾害性天气的实时监测和预警预报，及时组织开展天气会商，不断提高预测预报精度，并广泛运用各种媒体、渠道和手段，切实提高预警信息的覆盖率和时效性。三要进一步做好冬季农业生产和抗灾救灾工作。各级农业部门要进一步加强对受灾地区农业抗御低温雨雪灾害的技术指导，帮助受灾农户抓紧制订实施种植业、养殖业灾后复产工作方案。加强动物疫病防控，严密防范重大动物疫病的发生流行。全力做好当前农产品产运销衔接工作，力保农产品运输畅通，确保市场充足供应。四要进一步强化抗灾救灾合力。各地区、各有关部门要牢固树立全国一盘棋的思想，大力弘扬一方有难、八方支援的精神，进一步完善协调联动机制，大力支持灾区做好各项减灾救灾工作。

全国公务卡改革试点电视电话会议在北京召开

2008年，中央预算部门和省级预算单位将全面推行公务卡改革试点；要积极扩大公务卡结算范围，具备刷卡条件的，必须使用公务卡，其中出差购买机票、定点饭店公务消费，都要使用公务卡结算，否则财务不予报销。这是中央纪委、财政部、中国人民银行30日联合召开的全国公务卡改革试点电视电话会议上传来的消息。

公务卡是指行政事业单位工作人员持有的、主要用于日常公务支出和财务报销业务的信用卡。2007年5月，财政部、中国人民银行联合召开了全国公务卡应用推广工作会议，并于6月印发了《中央预算单位公务卡管理暂行办法》，启动了中央和地方公务卡改革试点工作。半年多来，改革试点进展顺利，并已取得了初步成效。

财政部部长助理张通说，要力争到2010年在全国建立起公务卡制度，所有中央预算单位和地方省、市以及有条件的县，都要推行公务卡管理。

中国人民银行纪委书记王洪章说，下一步，要加强公务卡风险管理，保证公务卡推广工作稳步、有序开展；加快银行卡受理市场建设，为公务卡试点推广工作创造良好的外部环境。

上海市第十三届人民代表大会第一次会议选举刘云耕为市人大常委会主任 韩正为市长

政协安徽省第十届委员会第一次会议选举杨多良(回族)为省政协主席

政协湖北省第十届委员会第一次会议选举宋育英(女)为省政协主席

外交部部长杨洁篪在北京会见来华进行两国外交部例行磋商的阿尔巴尼亚副外长安东·古拉库奇

中尼挪三国国际研讨会在北京举行

主题为“共同的目标 不同的方法——中国和挪威在尼日利亚”的国际研讨会在北京举行。挪威外交大臣斯特勒出席了研讨会并致辞。来自中国社会科学院非洲研究室、尼日利亚国际事务研究院和挪威艾可·波依瑞智库的学者共同主持了研讨会。出席研讨会的还有来自中国非洲问题研究会、中国亚非发展交流协会、中国非洲史研究会、中国非洲投资网的人士,以及尼日利亚、加拿大、英国和欧盟的驻华外交官、留学生和研究机构代表共50多人。研讨会主要内容为尼日利亚的投资环境、投资机遇与合作等。

高之国当选国际海洋法法庭法官

《联合国海洋法公约》缔约国在联合国总部举行特别会议,进行国际海洋法法庭法官的补缺选举,以填补该法庭由于中国籍法官许光建因身体原因辞职而出现的空缺。中国政府提名的候选人高之国当选。现年52岁的高之国是中国国家海洋局海洋发展战略研究所所长。他补缺的国际海洋法法庭法官的任期将于2011年9月30日届满。

1月31日

中共中央总书记胡锦涛在山西大同河北秦皇岛考察煤炭生产和电煤供应情况

胡锦涛在有关部门和地方负责同志陪同下,先后来到山西省大同市和河北省秦皇岛市,深入大同煤矿集团大唐塔山煤矿有限公司、大秦铁路湖东站和秦皇岛港煤码头,实地考察煤炭生产和电煤供应情况,代表党中央、国务院,向奋战在煤炭生产和电煤运输第一线的广大干部职工表示诚挚的问候和衷心的感谢。

在大同期间,胡锦涛还主持召开座谈会,同山西省和煤炭、铁路系统有关负责人共商电煤生产、运输大计。总书记强调,有关地区和部门要充分认识当前电煤供应形势的严峻性,进一步增强大局意识、责任意识,扎扎实实做好煤炭生产和电煤供应工作,为缓解当前电煤供应紧张局面作出积极努力。

全国人大常委会委员长吴邦国在人民大会堂接受第十一世班禅额尔德尼·确吉杰布拜见

吴邦国首先向班禅祝贺春节和藏历土鼠新年,并向全国藏传佛教界的朋友和广大藏族同胞致以节日的问候。

班禅向吴邦国敬献了哈达,汇报了自国务院批准坐床以来的成长历程,对党中央、国务院的亲切关怀,对西藏自治区和有关部门的关心指导表示衷心感谢。班禅说,在列席了中共十七大开闭幕式后,更加深刻地认识到中国共产党是代表中国最广大人民利益的党。他表示,要坚决拥护党的领导,继承和发扬历世班禅爱国爱教的光荣传统,自觉维护祖国统一和民族团结,在引导藏传佛教与社会主义社会相适应,促进西藏经济发展、社会和谐方面作出自己的贡献。

吴邦国对班禅在各方面取得的进步表示祝贺。他说,班禅通过刻苦学习和到全国各地参观考察,爱国爱教的思想基础进一步牢固,维护祖国统一和民族团结的意识进一步增强,佛学造诣进一步提高,对国情更加了解,视野更加开阔,各方面知识更加丰富。班禅作为藏传佛教大活佛在信教群众中的影响和威信正在逐步扩大。

吴邦国指出,改革开放近30年来,中国共产党领导全国各族人民开创了中国特色社会主义道路,形成了中国特色社会主义理论体系。党的十七大的胜利召开,对于我们高举中国特色社会主义伟大旗帜,夺取全面建设小康社会新胜利具有重大而深远的意义。党中央、国务院高度重视西藏工作,对西藏各族人民给以特殊关怀。在西藏各族人民共同努力下,今天的西藏经济保持持续增长,人民安居乐业,社会安定团结。他表示,国家将进一步加大对西藏的投资和财政支持力度,相信西藏的明天会更加美好。

吴邦国说,班禅即将年满18周岁,这是人的一生中一个重要的新起点。吴邦国向班禅提出三点希望。一是希望他深入学习贯彻党的十七大精神,遵循党的宗教工作基本方针,探索藏传佛教与社会主义社会相适应的路子,发挥宗教界人士和信教群众在促进经济社会发展中的积极作用。二是希望他进一步坚定爱国爱教、护国利民的立场,以十世班禅为榜样,继承和发扬藏传佛教爱国主义的光荣传统,切实担负起维护祖国统一和民族团结的重任,心念众生,护国利民,作出自己应有的贡献。三是希望他努力加强对宗教知识和各方面知识的学习,进一步加深佛学造诣,严守佛教戒律,不断提高自身修养。

中共中央统战部部长杜青林等陪同接受拜见。

国务院总理温家宝签署第517号令发布《护士条例》

《护士条例》已经2008年1月23日国务院第206

次常务会议通过，现予公布，自2008年5月12日起施行。

总理　温家宝

2008年1月31日

护士条例(略)

国务院总理温家宝致信祝贺沙马·顺达卫当选泰国总理

国务院副总理吴仪致辞中新天津生态城联合工作委员会第一次会议

吴仪在致辞中说，中国和新加坡两国政府决定合作建设中新天津生态城具有重要的战略意义和现实意义。去年11月18日，温家宝总理访问新加坡期间与新加坡总理李显龙签署了建设中新天津生态城的框架协议，标志着中新合作进入了新的阶段。合作建设生态城，有利于形成资源节约、环境友好、经济高效、社会和谐的城镇发展新格局；有利于实现中新两国优势互补，向国际社会显示两国政府对解决全球资源环境问题采取的负责任的态度。中新天津生态城建设的合作成果不仅造福两国人民，也将会在全世界范围内产生重要影响，为世界的可持续发展事业作出贡献。

吴仪指出，生态城项目是一个系统的综合工程，为了保障生态城建设顺利进行，中新双方专门成立了副总理级的联合协调理事会和部长级的联合工作委员会，显示了中新两国政府对生态城项目的高度重视。本次会议审议的生态城指标非常重要，是指导生态城规划建设，实现生态城发展目标，发挥生态城示范作用的基础，将有力推动生态城建设的进程。

吴仪强调，当前必须充分发挥中新联合工作委员会的协调作用，形成高效的协作机制。要发挥天津市政府在生态城建设和管理的主导作用。目前的首要任务是确定生态城指标，依法做好城市规划、整理土地、组建生态城管理机构和中新商业联合体等工作，各有关部门要积极配合，各司其职，确保今年7月在天津市举行生态城奠基仪式。

新加坡副总理、中新天津生态城联合协调理事会新方主席黄根成发来书面致辞。中国建设部部长、中新天津生态城联合工作委员会中方主席汪光焘，新加坡国家发展部部长、中新天津生态城联合工作委员会新方主席马宝山等参加了会议。

国务院副总理曾培炎分别听取全国国有资产监督管理工作会议 全国环保厅局长会议工作报告

最近，全国国有资产监督管理工作会议、全国环保厅局长会议召开，曾培炎副总理分别提出要求。他代表国务院，向全国国有资产监督管理、环保系统广大干部职工表示问候。他强调，在新的形势下，要认真学习贯彻党的十七大和中央经济工作会议精神，深入贯彻落实科学发展观，扎实做好国有资产监督管理和环境保护工作，为落实全面建设小康社会奋斗目标的新要求作出贡献。

曾培炎指出，过去五年，各级国资委和国有企业认真贯彻党中央、国务院关于改革和发展的决策部署，积极探索社会主义市场经济条件下搞好国有企业的新路子，国有资产管理体制改革和国有企业改革发展取得重大进展，国有经济活力、控制力、影响力显著增强。他要求，各级国资委和国有企业要继续深化国有企业改革，更好地发挥国有经济的主导作用；不断提高自主创新能力，着力优化布局结构，积极实施"走出去"战略；加大节能减排力度，模范履行社会责任；做强做大一批国有企业，加快发展具有国际竞争力的大企业集团，促进经济社会又好又快发展。

曾培炎强调，近年来，我国环保工作取得积极进展，增强了全社会推进节能减排的信心。今年正处于实施"十一五"环保规划的关键时期，要按照建设生态文明、加强环境保护、增强可持续发展能力的要求，继续实施好节能减排和环境保护重点工程，深入开展整治违法排污企业保障群众健康环保专项行动，全面推进第一次全国污染源普查、中国环境宏观战略研究和水体污染治理与控制重大科技专项，加强环保队伍建设，把建设资源节约型、环境友好型社会的各项任务落到实处。

国务院副总理回良玉在陕西考察农业抗灾救灾工作

回良玉强调，贯彻中央1号文件精神，夺取今年农业丰收，当前最紧迫的任务是抗御低温雨雪冰冻灾害。要按照党中央、国务院的决策部署，采取有力有效措施，做好农业抗灾救灾工作，努力保障蔬菜等重要农产品市场供给，力争把灾害造成的损失降到最低限度。要高度重视解决农村民生问题，认真做好优抚、助残和扶贫救灾工作，妥善安排好困难群众的生产生活，促进社会和谐稳定。

1月中旬以来，陕西大部分地区遭受罕见的大雪灾害。1月31日一早，回良玉来到受灾严重的凤翔县米杆桥镇竹园村，察看被大雪压塌的双孢菇大棚，详细了解受灾情况和灾后复产措施，鼓励农民树立信心，积极开展生产自救。随后他来到该县唐村乡索落树村，仔细察看遭受低温冻害的蔬菜生长情况，要求加强越冬作物田间管理、有效防范低温冻害。在岐山县农田复垦现场，他要求加强耕地保护和耕地质量建设，为提高农业综合生产能力提供有力保障。在考察途中,他看望慰问了贫困农户、残疾人和优抚对象,问寒问暖,详细询问收入来源、年货准备情况,叮嘱当地干部要满腔热情地帮助他们解决实际困难。考察结束时,他听取了陕西省关于农业农村工作和抗御冰雪灾害情况的汇报,对陕西的工作给予了充分肯定。

回良玉强调,做好当前抗灾救灾工作事关全局。要采取综合应对措施,科学制订抗寒防冻技术方案,指导农民排除积水、覆盖保苗、加固棚圈,提高越冬作物、果树和养殖业抗寒防冻能力,及早谋划灾后恢复农业生产工作。要认真落实加强鲜活农产品运输和销售工作的各项措施,确保鲜活农产品运输"绿色通道"畅通,及时提供农产品市场供求和价格信息,促进产运销衔接。要认真做好社会救助工作,积极开展多种形式的送温暖、献爱心活动,妥善安排受灾群众、优抚对象等困难群众的生产生活,保证他们吃饭有着落、御寒有衣被、有病能就医,过一个欢乐祥和的春节。

回良玉要求,各地和各有关部门要切实抓好中央1号文件精神的宣传贯彻落实,统筹做好当前农业农村各项工作。要突出加强农业基础建设,认真落实强农惠农政策,能早出台的措施要尽早出台,该细化的措施要尽量细化,特别是扶持粮食生产的各项措施要尽快落实到位,进一步促进农业发展和农民增收。要大力开展农田水利基本建设,切实加强高致病性禽流感等重大动物疫病防控,认真落实森林和草原防火措施,严格控制农资价格上涨,做好春耕备耕工作。

江苏省第十一届人民代表大会第一次会议选举梁保华为省人大常委会主任 罗志军为省长

安徽省第十一届人民代表大会第一次会议选举王金山为省人大常委会主任 王三运为省长

中宣部部长刘云山出席在北京召开的全国外宣工作会议并发表讲话

刘云山强调,要从中国特色社会主义全局的战略高度,进一步增强做好新形势下外宣工作的责任感使命感,以更开阔的思路、更得力的措施,着力提高对外传播能力,着力构建大外宣格局,着力展示良好国家形象,为夺取全面建设小康社会新胜利、开创中国特色社会主义事业新局面营造良好国际舆论环境。

刘云山指出,党的十六大以来,对外宣传工作在整体推进中实现重点突破,在改革创新中焕发新的活力,为促进改革开放和现代化建设、推动全面建设小康社会进程作出重要贡献,为实现我国总体外交战略、提升国家良好形象作出重要贡献,为扩大中华文化影响、提高国家文化软实力作出重要贡献。在新形势下,要认真贯彻落实党的十七大和全国宣传思想工作会议精神,扎实做好各项对外宣传工作。

刘云山指出,做好今年的对外宣传工作,要针对国际社会的关切,积极主动地宣传我国政策主张,积极介绍我们党立党为公、执政为民的执政理念,宣传我国坚持走和平发展道路、推动建设和谐世界的政策主张,介绍十七大提出的重大理论观点、重大战略思想、重大工作部署,阐释我们党推动科学发展、促进社会和谐的新思路新举措。要结合纪念改革开放30周年,积极介绍我国改革开放的伟大历程和巨大成就,表明中国将坚定不移地推进改革开放,坚定不移地走中国特色社会主义道路。要精心组织好北京奥运会的对外新闻报道,有计划地组织几项有特色、有影响的主题外宣活动,认真做好境外记者在华采访接待服务工作,为奥运会的圆满成功营造良好舆论氛围。要重视研究国外受众的接受习惯,善于运用现代化手段和国际通用规则,不断增强对外宣传的吸引力、亲和力。要搭建各种文化交流平台,继续开展有民族特色和国际影响的文化交流活动,推进影视交流,促进对外文化贸易,让更多外国受众感受中华文化的魅力和风采。要把改革创新精神贯穿对外宣传工作各个方面,更好地适应新形势、完成新任务,努力把对外宣传工作提高到新水平。

中央对外宣传办公室主任蔡武主持座谈会。廖晓淇、王惠、周锡生、贾秀东、梁勇在座谈会上发了言。各省、自治区、直辖市、计划单列市、省会城市、新疆生产建设兵团党委外宣办主任,中央和国家机关有关部门分管外宣工作的负责同志,中央主要新闻单位分管外宣工作的负责同志和中央重点新闻网站负责人,部分驻外使领馆的有关负责同志参加了座谈会。

全国政协副主席黄孟复出席在北京召开的"2007年度中国民营企业发展分析会"并发表讲话

全国政协副主席、全国工商联主席黄孟复在全国工商联举行的"2007年度中国民营企业发展分析会"上作报告指出,2007年中国民营经济发展形势的一个基本判断是"又好又快",2008年中国民营经济将继续保持良好发展态势。

在题为《构建民营企业新型劳动关系促进形成各种所有制经济新格局》的报告中,黄孟复说,截至2007年第三季度,登记注册的全国私营企业达到538.7万户,比2006年年底增长8.2%;注册资金总额为8.8万亿元,增长16.5%;从业人员为7058.6万人,增长9.8%;投资者人数为1362.1万人,增长7.1%。城镇民营经济固定资产投资总额达到5.67万亿元,同比增长36.3%;规模以上私营工业增加值同比增长26.5%;私营企业进出口总额为3134亿美元，同比增长43.7%，其中出口总额为2236.3亿美元，同比增长46.5%，均明显高于全国平均水平。

黄孟复认为，民营企业劳动关系主要存在五个方面的问题，包括中小企业劳动合同签订率不高，建立集体劳动合同制度的较少，合同执行情况不太好；部分企业仍然未真正执行最低工资标准，欠薪问题仍然困扰着一些农民工，工资集体协商制度覆盖面不大，尚未形成普通劳动者工资正常合理的增长机制；大约一半私营企业未建立工会，许多工会有名无实；企业员工参保比例仍不高，中小企业普遍感觉缴费负担较重，社会保险关系转移困难；劳动争议案件数量不断上升，部分劳动争议案件处理难度增大。

中共中央政治局委员李源潮在人民大会堂会见德国社民党青年政治家代表团

国防科工委发布首幅由“嫦娥一号”拍摄的月球极区图像

好运北京2008中国游泳公开赛在“水立方”揭幕

2月1日

国务院总理温家宝主持召开国务院常务会议研究部署抢险抗灾和煤电油运保障工作

会议指出，我国南方大部分地区发生大范围低温、雨雪和冰冻灾害后，党中央、国务院高度重视，立即作出部署，各地区和各部门认真贯彻落实，紧急行动，人民解放军、武警官兵迅速出动，广大干部群众齐心奋战，社会各界同舟共济、众志成城，全力开展抢险抗灾。各地努力增加电煤供应，奋力抢修损坏电网，维护输电干线，疏通受堵公路和铁路，加强重要生活必需品运输，全力恢复经济社会正常秩序，全力安置被困旅客和受灾群众生活，涌现了许多先进人物和可歌可泣的事迹。目前，河南、湖北、江西等地主电网已恢复正常运行，受损的通信设施大部分恢复正常，公路、铁路拥堵和旅客滞留状况有所缓解，交通秩序正在恢复，抢险抗灾工作在紧张有序进行。

会议指出，受冷空气和西南暖湿气流的共同影响，未来几天，我国南方大部分地区仍将维持阴雨雪和冻雨天气，灾情还在继续发展，最困难的时候还没有过去，形势还很严峻。各地、各部门要把困难估计得更加充分，把工作做得更加扎实，把通路、保电、安民作为当前的首要目标，确保经济社会平稳运行，确保人民群众过一个祥和安宁的春节。一要全力疏通道路。集中力量除雪破冰，疏导车辆；科学调度，保证铁路大动脉安全畅通；优先安排电煤和生活必需品运输，保证春节市场供应。二要抓紧抢修受损电网设施，强化电力调度。加强电力需求侧管理，切实做到有序用电，节约用电，优先保障生活用电，机关事业单位要带头节电。三要千方百计妥善安排群众生活。力争让旅客平安回家过年，更加精心地做好滞留旅客的安置工作，解决他们的吃饭、保暖和就医问题，也要动员群众考虑当前的困难减少外出。对确实不能返乡的群众，要发动社会各界提供帮助，让他们在当地过个好年。切实做好其他受灾群众的生活救助工作。四要全力组织好煤矿生产。重点产煤省区要在确保安全的前提下，努力增加电煤供给；统筹安排好电煤的省内自用和省外调出，不得限制煤炭出省。五要进一步明确责任，狠抓落实。各有关省、区、市都要确定明确、具体的工作目标，确保在春节前实现本行政区域内道路基本畅通，绝大部分地区供电基本恢复，市场物价稳定、供应正常，所有滞留旅客和受灾群众生活得到妥善安置。各级领导都要树立大局观念和全国一盘棋思想，统筹兼顾，周密部署各项工作。主要负责人要深入一线，靠前指挥，帮助基层解决实际问题。日前国务院决定，成立煤电油运和抢险抗灾应急指挥中心，统筹协调全国的煤电油运和抢险抗灾工作。国务院领导即率工作组，分赴各地指导工作。

会议强调，现在是一个特殊时刻，是考验各级干部特别是领导干部处理危机、克服困难的决心、意志和能力的时候。我们有党和政府的正确领导，有广大人民群众的有力支持，有强大的物质能力，只要树立必胜的信念，发扬特别能战斗、特别能吃苦的精神，充分依靠和发动群众，有力指挥，扎实细致地做好各项工作，就没有克服不了的困难，就一定能夺取抢险抗灾的全面胜利。

国务院副总理吴仪率国务院工作组赴江西灾区进行慰问

根据国务院常务会议的决定，国务院副总理吴仪率国务院工作组，赴江西灾区进行慰问，现场办公协助地方解决实际困难。吴仪强调，要充分认识抗灾救灾形势的严峻性和工作的艰巨性，进一步做好应对极端天气的准备。要认真贯彻落实党中央、国务院的部署和要求，发扬革命老区精神，加强领导，明确责任，强化应急机制，夺取抗灾救灾斗争的全面胜利。

吴仪指出，面对突如其来的大雪灾，江西省各级党委、政府反应迅速，思路明晰，措施得力。省委、省政府提出的“条块结合、以块为主”的工作机制和“九保一平安”的工作要求符合实际，所开展的六个方面重点工作卓有成效，实现了确保人民群众生产生活平安有序的目标，社会秩序井然，群众情绪稳定，党群干群关系进一步密切。她代表国务院向江西省委、省政府表示感谢，向奋战在一线的广大干部群众、公安干警、武警官兵、解放军指战员表示亲切的慰问！

吴仪强调，未来几天，江西大部分地区仍有冰冻雨雪天气，抗灾救灾形势将更趋严峻，不能麻痹松懈，更不能有厌战情绪。当前要重点做好三个方面的工作：一是抓紧做好通电工作；二是巩固通路成果；三是妥善安排好灾区群众尤其是因灾倒塌房屋群众的生活，确保他们安全越冬、过一个好年。她号召各级干部深入灾区、深入基层，真正把困难群众的吃饭喝水穿衣问题解决好。

国务院副总理回良玉率国务院工作组在安徽考察抗灾救灾工作

根据国务院常务会议的决定，中共中央政治局委员、国务院副总理回良玉率国务院工作组赴安徽实地察看低温雨雪冰冻灾情，看望慰问受灾群众和奋战在抢险抗灾第一线的基层干部、人民解放军和武警官兵，指导抢险抗灾和煤电油运保障工作，帮助灾区解决实际困难和问题。

回良玉对安徽前一阶段的抗灾救灾工作予以充分肯定。他说，安徽省委、省政府对这场历史罕见的低温雨雪冰冻灾害高度重视，见事早、行动快、指导思想明确，组织有力，应对科学。各级领导干部深入一线，靠前指挥，广大军民团结奋战，顽强拼搏，目前抗灾救灾工作正在紧张有序地进行。

回良玉强调，对这场灾害造成的影响不可低估，对受灾群众面临的困难不可忽视，对抗灾抢险工作不可放松。一要继续高度重视抢险救灾和煤电油运保障工作，切实将其作为当前最紧迫的任务，切实担负起肩负的责任。二要妥善安排好受灾群众的基本生活，把运输滞留人员和倒房危房群众作为当前救助工作的重点，确保各项救助措施迅速到位。三要全力疏通道路，集中力量除雪破冰，保证主要公路和铁路大动脉安全畅通，优先安排电煤和生活必需品运输，保证春节市场供应。四要抓紧抢修受损电网设施，强化电力调度，加强电力需求侧管理，做到有序用电、节约用电。五要加强农业抗灾和农产品运销工作，指导农民采取综合措施提高越冬作物、果树和养殖业抗寒防冻能力，帮助受灾农民及早谋划灾后恢复生产工作，认真落实加强鲜活农产品运输和销售工作的各项措施。六要进一步强化灾害监测预报预警，切实提高预警信息的覆盖率和时效性。七要进一步强化抢险抗灾合力，完善协调联动机制，大力弘扬中华民族"一方有难、八方支援"的传统美德，充分发挥人民解放军、武警部队和民兵预备役的重要作用。八要统筹安排好经济社会发展各项工作，突出重点，明确责任，抓好落实。

中共中央台办国台办就陈水扁当局公告举办"入联公投"发表受权声明

声明全文如下：

2月1日，陈水扁当局不顾两岸同胞的强烈反对和国际社会的谴责，公然决定于3月22日举办所谓以台湾名义加入联合国的公投。

陈水扁当局执意举办"入联公投"，是谋求改变大陆和台湾同属一个中国的现状、走向"台湾法理独立"的重要步骤，是变相的"台独公投"。这一图谋一旦得逞，势必严重冲击两岸关系，严重损害两岸同胞的根本利益，严重危害台海地区乃至亚太地区的和平。

大陆和台湾同属一个中国。任何涉及中国主权和领土完整的问题，必须由包括台湾同胞在内的全中国13亿人民共同决定。我们十分关注"入联公投"事态的发展。陈水扁当局一意孤行，铤而走险，必将付出沉重代价。

两岸同胞是骨肉兄弟，根本利益是一致的。两岸之间的矛盾和分歧完全可以在两岸关系和平发展过程中通过平等协商加以解决。我们真诚希望广大台湾同胞认清陈水扁当局举办"入联公投"的险恶用心和必将给台湾同胞带来的严重后果。只有坚决遏制"台独"冒险行径，才能维护两岸关系和平发展的前景，才能维护台湾同胞的福祉，才能维护台海地区和亚太地区的和平。

全国人大常委会副委员长顾秀莲在人民大会堂会见古巴共产主义青年联盟代表团

2月2日

全国政协主席贾庆林在中南海与全国性宗教团体负责人举行迎春座谈

贾庆林在认真听取了宗教团体负责人的发言后说，过去的一年，是党和国家事业发展进程中的重要一年，也是宗教工作取得丰硕成果的一年。从总体上看，我国宗教领域继续保持了和谐稳定的良好局面，宗教界人士努力团结和引导信教群众积极投身现代化建设，为建设中国特色社会主义事业营造了良好的氛围。2008年，是全面贯彻落实党的十七大作出的战略部署的第一年，是实施"十一五"规划承上启下的一年。我们将迎来改革开放30周年，还要举办北京奥运会和残奥会。做好今年的宗教工作具有十分重要的意义。党的十七大强调，要全面贯彻党的宗教工作基本方针，发挥宗教界人士和信教群众在促进经济社会发展中的积极作用。这是对做好新形势下宗教工作的根本要求。前不久，中央政治局集体学习又专门研究当代世界宗教和加强我国宗教工作，胡锦涛总书记发表重要讲话，对进一步做好宗教工作提出了明确要求。面对新的形势和任务，我们要全面贯彻党的十七大精神，认真学习领会胡锦涛总书记关于宗教工作的一系列重要指示精神，坚持党的宗教工作基本方针，积极主动地做好宗教工作，为夺取全面建设小康社会新胜利作出更大的贡献。

贾庆林希望宗教界人士和各宗教团体坚持以人为本，深入细致地做好信教群众工作，密切与他们的联系，维护他们的合法权益，最大限度地把广大信教群众团结起来，把他们的智慧和力量凝聚到全面建设小康社会、加快推进社会主义现代化的共同目标上来。要坚持服务社会，进一步发挥宗教的积极作用，努力促进社会的团结和谐，不断增强与社会主义社会相适应的能力。要坚持对外交往，大力宣传我国宗教信仰自由的真实状况，展示我国各宗教和谐共处的良好关系，抵御境外利用宗教进行的渗透。要坚持强基固本，着力加强中青年宗教教职人员的培养，不断增强他们的领导能力、服务能力和管理能力，使他们切实成为适合我国国情、符合时代要求、能够真正代表和引领信教群众的代表人士。

贾庆林特别指出，当前我国南方部分地区出现了罕见的低温、雨雪冰冻极端天气，给受灾地区生产、生活秩序带来严重影响。各宗教团体和广大宗教界人士，要发扬我国宗教界服务社会的优良传统，为打好这场抗灾救灾的硬仗作出应有的贡献。

中共中央政治局委员、国务院副总理回良玉，国务委员兼国务院秘书长华建敏，中央统战部部长杜青林等出席座谈会。应邀出席座谈会的全国性宗教团体负责人有：中国佛教协会会长一诚、中国道教协会会长任法融、中国伊斯兰教协会会长陈广元、中国天主教爱国会副主席刘柏年、中国基督教三自爱国运动委员会主席傅先伟、中国基督教协会会长高峰等。

国务院副总理曾培炎率国务院工作组赴贵州指导抗灾救灾工作

国务院副总理曾培炎率国务院工作组赴贵州，指导雨雪冰冻抗灾救灾工作，协助解决具体困难。他强调，要抓紧落实中央政治局会议、国务院常务会议决策部署和胡锦涛总书记、温家宝总理的指示精神，以及习近平同志近日在贵州考察时的要求，结合贵州实际，把保电、通路、安民作为重点任务，把困难估计得更加充分，把工作做得更加扎实，确保煤电油运供应，确保经济社会平稳运行，确保人民群众过一个祥和安宁的春节。

曾培炎强调，要继续做好输电线路除冰工作，进一步调集工程技术人员，抓紧抢修损毁电力设施，启动必要的柴油发电设备，尽快恢复供电。在确保安全生产的前提下，坚持节日期间煤炭正常生产，集中力量抢运电煤，尽快补充库存，并保证石油产品供应。要动员各方面力量，推进除雪破冰，保证干线公路通畅，及时疏通县乡村公路；采取内燃机摆渡运输等措施，保证湘黔、渝黔、滇黔铁路畅通无阻，满足返乡探亲和节日商品、救灾物资、发电用煤的运输需要。

曾培炎强调，要急群众所急，想群众所想，在灾毁房屋重建、恢复农业生产、疏散滞留旅客等方面加大工作力度。搞好供水、供气设施维修维护，千方百计保证供应，稳定市场价格。解决好群众的御寒、饮食、就医等生活问题，确保灾区人心安定、社会稳定、生产生活有序。

国务院工作组由国办、发改委、民政部、财政部等九部门，以及中石化、南方电网公司等有关单位负责人组成。

我国发现距今约5.8亿年的“八臂仙母虫”化石

我国地质科学家在伊迪卡拉纪多细胞动物研究方面取得重大进展，在贵州发现了距今大约5.8亿年的伊迪卡拉纪八辐射螺旋动物化石，这是八辐射螺旋动物实体化石的首次发现。

据介绍，中国地质科学院地质所新元古代研究组经多次详细野外发掘，终于发现了保存完好的实体标本，直径近3厘米，定名为“八臂仙母虫”。

2月3日

国家主席胡锦涛同乌拉圭东岸共和国总统塔瓦雷·巴斯克斯互致贺电庆祝两国建交20周年

中共中央政治局常务委员会召开会议进一步部署雨雪冰冻灾害抗灾救灾工作

会议强调要千方百计保交通、保供电、保民生。中共中央总书记胡锦涛主持会议。

会议认真听取了常委同志近期前往南方一些受灾地区考察灾情和抗灾救灾工作的情况报告。会议认为，近期我国南方部分地区出现罕见的低温、雨雪冰冻灾害，在党中央、国务院领导下，全党全国同心同德、共同努力，受灾地区各级党委、政府和广大干部群众团结协作、顽强奋战，抗灾救灾工作全面展开，一些地方交通运输、电力供应等方面的严重困难得到了缓解，抗灾救灾斗争取得了初步成效。同时，必须清醒地看到，南方一些地区还将发生低温、雨雪冰冻天气，受灾地区灾情严重，抗灾救灾的形势依然严峻、任务十分艰巨。各有关地区和部门要按照中央的要求和部署，坚定必胜信念，继续把抗灾救灾作为当前最紧迫的任务，万众一心，众志成城，扎扎实实做好各方面工作，坚决打好这场抗灾救灾的硬仗。

会议强调，在全面做好抗灾救灾各项工作的同时，当务之急是要保交通、保供电、保民生。做好这三方面工作，关系抗灾救灾斗争全局，关系人民群众切身利益，必须制订周密方案，加强组织协调，集中优势力量，克服一切困难，全力以赴抓紧抓实。要千方百计恢复交通运输，铁路、民航要尽快恢复正常运行，公路要尽快疏通交通堵塞。要优先保障春运，优先保障抗灾救灾物资、基本生活必需品和电煤的运输。要千方百计恢复受灾地区电力供应，集中力量抢修受灾被毁电力设施，增加煤炭生产、增加电煤供应，优化电网运行方式，加大跨区电能调剂力度，加强电力需求侧管理，优化电能使用结构，优先保障居民生活、医院学校、铁路交通枢纽等重点单位的用电需求。要千方百计安排好受灾地区群众生活，各级领导干部要切实把群众利益放在第一位,深入灾区,摸清灾情,满腔热情帮助受灾群众排忧解难,妥善安排受灾群众特别是因灾转移群众的生活,使他们有饭吃、有衣穿、有住处、有病能得到及时医治;妥善安排好留在当地、不返乡过年的群众的节日生活。要确保粮油肉等重要商品的市场供应,保持市场价格特别是生活必需品价格的基本稳定,加强市场监管,努力保证群众生活不受影响,确保广大人民群众过一个欢乐祥和的春节。

会议强调,各地区各部门要牢固树立全国一盘棋的思想,大力发扬一方有难、八方支援的精神,全力支援和帮助受灾地区。各级党委和政府要以对人民群众高度负责的精神,加强对抗灾救灾斗争的统一领导,强化应急指挥机制,落实工作责任制,统筹做好经济运行调节、煤电油运调度、安全生产、舆论引导、社会治安等方面的工作。要充分发挥基层党组织的战斗堡垒作用,充分发挥广大党员的先锋模范作用,深入开展思想政治工作,团结带领广大人民群众全力开展抗灾救灾斗争。各级领导干部特别是受灾地区和有关部门的领导干部要坚持讲政治、讲党性、顾大局,坚守岗位,身先士卒,深入抗灾救灾第一线,切实担负起抗灾救灾的领导责任。人民解放军和武警部队要大力发扬不怕困难、一往无前的光荣传统,积极支援受灾地区抗灾救灾。要在全社会大力发扬中华民族扶贫济困的传统美德,为抗灾救灾凝聚起最广泛的力量。

会议要求,各有关地区和部门在切实做好当前抗灾救灾工作的同时,要及时做好灾后重建的充分准备,早做谋划,早做安排,全面掌握受灾情况,统筹人力、物力、财力,特别是要精心安排好受灾地区群众生活、恢复农业生产、修复重要基础设施等工作,努力把这场灾害造成的损失减少到最低程度,确保经济平稳正常运行,确保社会和谐稳定,奋力夺取抗灾救灾斗争的全面胜利。

中共中央在中南海举行党外人士迎春座谈会

中共中央总书记、国家主席、中央军委主席胡锦涛代表中共中央、国务院,向各民主党派中央、全国工商联的领导同志和无党派人士,向统一战线广大成员,致以新春的祝福。胡锦涛强调,做好今年的各项工作,意义十分重大。要胜利完成今年各方面的任务,必须依靠各党派、各团体、各民族、各阶层、各界人士的团结奋斗。各民主党派、工商联和无党派人士要深入学习贯彻落实中共十七大精神,特别是要把中共十七大关于壮大统一战线、加强中国共产党领导的多党合作的重大理论观点、重大战略思想、重大工作部署落到实处,紧密团结广大成员和所联系的群众,紧紧围绕改革发展稳定大局,积极履行参政议政、民主监督职能,不断提高建言献策水平,继续为全面建设小康社会贡献智慧和力量。

座谈会由中共中央政治局常委、全国政协主席贾庆林主持。中共中央政治局常委、书记处书记习近平,中共中央政治局常委李克强,中共中央书记处书记、中央办公厅主任令计划出席。

座谈会上,民革中央主席周铁农、民盟中央主席蒋树声、民建中央主席陈昌智、民进中央主席严隽琪、农工党中央主席桑国卫、致公党中央主席万钢、九三学社中央主席韩启德、台盟中央主席林文漪、全国工商联主席黄孟复、无党派人士代表陈竺等先后发言。他们高度评价以胡锦涛同志为总书记的中共中央带领全国各族人民团结奋斗取得的重大成就,一致认为在中国共产党正确领导下,我国经济建设、政治建设、文化建设、社会建设取得了新的成就,特别是中国共产党第十七次全国代表大会的胜利召开,为夺取全面建设小康社会新胜利、开创中国特色社会主义事业新局面指明了前进方向。他们对中共中央、国务院为战胜雨雪冰冻灾害作出的一系列战略部署和措施表示拥护。大家围绕高举中国特色社会主义伟大旗帜、深入贯彻落实科学发展观、构建社会主义和谐社会、加强社会主义民主政治建设、进一步解决“三农”问题、推进科技创新体系建设、推进医疗卫生体制改革和教育事业发展等提出了意见和建议,并表示要继承和发扬同中国共产党亲密合作的优良传统,为巩固和发展我国社会主义多党合作事业作出新贡献。

胡锦涛在认真听取大家的发言后发表了重要讲话。他说,2007年是我国发展进程中非常重要的一年。我们围绕推动科学发展、促进社会和谐,继续加强和改进各方面工作,各项事业都取得了新的成就。这些成就来之不易,是包括中国共产党、各民主党派、工商联和无党派人士在内的全国各族人民万众一心、共同奋斗的结果。一年来,各民主党派中央、全国工商联和无党派人士紧紧围绕经济社会发展的重大问题和人民群众关心的现实问题,深入开展调查研究、献计献策,受到中共中央、国务院高度重视,对改革发展稳定工作发挥了重要推动作用,产生了很好的效果。胡锦涛代表中共中央向大家表示衷心的感谢。

胡锦涛向大家通报了当前南方一些地区遭受历史罕见的低温、雨雪冰冻灾害的情况,介绍了抗灾救灾工作进展情况。强调要充分估计抗灾救灾的形势和任务,坚定必胜信念,继续把抗灾救灾作为当前最紧迫的任务扎扎实实抓好,当务之急是要千方百计做好保交通、保供电、保民生工作。全国上下要齐心协力、团结奋战,坚决打胜这场抗灾救灾的硬仗。胡锦涛说,各民主党派、工商联和无党派人士积极投身这场抗灾救灾斗争,发挥了重要作用。希望同志们继续努力、同舟共济，为夺取这场抗灾救灾斗争全面胜利作出更大的贡献。

胡锦涛强调，发展是中国共产党执政兴国的第一要务，也是我国社会主义多党合作事业的中心任务。希望同志们坚持第一要义是发展，抓住经济社会发展中的重大问题，特别是解决好人民最关心、最直接、最现实的利益问题，加强实地调查，开展深入研究，多建科学发展之言，多献共建和谐之策，多尽富民惠民之力。

胡锦涛指出，改革开放是中国共产党在新的时代条件下带领人民进行的新的伟大革命，是发展中国特色社会主义、实现中华民族伟大复兴的必由之路。在改革开放30周年之际，希望同志们积极开展具有各自特色的纪念活动，教育和引导广大成员和所联系的群众，深刻认识我国发展进步的动力源泉在于改革开放，实现人民幸福安康的现实途径在于改革开放，坚持解放思想、实事求是、与时俱进，加强对改革开放重大问题的研究和思考，为加快重要领域和关键环节改革步伐、全面提高开放水平作出积极努力。

胡锦涛指出，今年是中共中央发布纪念“五一”劳动节口号60周年。希望同志们以中共中央发布纪念“五一”劳动节口号60周年为契机，认真回顾同中国共产党团结合作的光辉历程，坚定不移地走中国特色社会主义政治发展道路，紧密团结在中国共产党周围，同中国共产党肝胆相照、荣辱与共，携手同心、团结奋进，不断开创我国社会主义多党合作事业新局面。

应邀出席座谈会的还有何鲁丽、成思危、许嘉璐、蒋正华、罗豪才、张怀西、李蒙、张梅颖、张榕明和王光英、孙孚凌、万国权、王文元，以及各民主党派中央、全国工商联有关负责人和无党派人士代表。

中央和国家机关有关部门负责同志参加座谈会。

全国人大常委会委员长吴邦国在北京看望慰问抢险抗灾一线干部职工

受胡锦涛总书记委托，中共中央政治局常委、全国人大常委会委员长吴邦国专程来到国家电网公司、铁道部调度指挥中心和北京西站，代表党中央、国务院，向奋战在抢险抗灾一线的电力、铁路系统广大干部职工表示亲切慰问。

吴邦国到国家电网公司慰问时指出，一要把抢修受损的电力设施放在第一位，发挥电网公司的集团优势，集中力量，发扬连续作战的作风，以科学的态度在保证电网安全的前提下，采取各种措施，包括临时性的措施，尽快恢复供电。二要优先保障居民供电和铁路用电，优先恢复重点地区、重点单位、重点用户的供电，让群众过年能用上电。三要加强电力调度和电网的运行管理，保证骨干网安全，保护好现场抢修人员的安全。

吴邦国来到铁道部调度指挥中心。他指出，铁路是国民经济的大动脉，在这次抢险抗灾的斗争中，广大铁路系统的干部职工克服重重困难，做了大量工作，取得了初步成效。但要看到，灾情还在继续，抢险抗灾的任务仍很繁重。铁路、公路、民航、水运等部门一定要千方百计加强运输组织，采取应急措施，保障交通畅通。他叮嘱铁道部负责同志，当前要着重抓好三件事。一要保春运。要尽快恢复正常的运输秩序，千方百计让滞留在车站的旅客能够尽快回家过年。二要保电煤等重点物资的运输。抢运电煤是当前铁路运输的重中之重，一定要按照中央的部署，扩大电煤运量，增加电煤库存，保证发电用煤。要保证抢险救灾物资的运输，做到急事急办、特事特办。要加强粮食、节日物资等人民群众生活必需品的运输组织工作，做到优先安排、优先装运。三要保安全。目前正值春运高峰，任务相当繁重，加上部分地区气候条件恶劣，给铁路运输造成很大困难。越是在这种情况下，越要坚持安全第一、预防为主的方针，保证铁路运输大动脉的安全畅通，保证旅客的生命财产安全。

国务院发出《关于做好促进就业工作的通知》

各省、自治区、直辖市人民政府，国务院各部委、各直属机构：

近年来，各地区和有关部门认真贯彻落实党中央、国务院关于就业再就业的方针政策，取得显著成绩，体制转轨遗留的下岗失业人员再就业问题基本解决。当前及今后一个时期，我国劳动者充分就业的需求与劳动力总量过大、素质不相适应之间的矛盾依然存在，促进就业任务十分繁重。党的十七大提出坚持实施积极的就业政策，实现社会就业更加充分的奋斗目标。就业促进法对促进就业工作作出了法律规范。各地区、各部门要根据新的形势和工作要求，切实做好促进就业工作。现就有关问题通知如下：

一、明确就业工作目标任务，强化政府促进就业的领导责任

（一）强化政府责任，把扩大就业放在经济社会发展的突出位置。坚持劳动者自主择业、市场调节就业、政府促进就业的方针，努力创造公平就业环境。县级以上人民政府要把扩大就业作为经济和社会发展的重要目标，纳入国民经济和社会发展规划，并制定促进就业的中长期规划和年度工作计划，在发展经济和调整产业结构、规范人力资源市场、完善就业服务、加强职业教育和培训、提供就业援助等方面制定具体措施，努力实现社会就业更加充分的目标。

（二）实施积极的就业政策，多渠道增加就业岗位。贯彻实施鼓励、支持和引导个体、私营等非公有制经济发展以及加快发展服务业等一系列有利于促进就业的政策措施，促进非公有制经济和第三产业有序发展。采取有效措施，促进中小企业发展，鼓励发展劳动密集型产业，广开就业门路。鼓励和规范灵活就业形式。拓宽就业渠道，统筹做好城镇新增劳动力就业、农业富余劳动力转移就业和失业人员就业工作。

（三）改善创业环境，促进创业带动就业。完善支持自主创业、自谋职业政策体系，建立、健全政策扶持、创业服务、创业培训三位一体的工作机制。简化程序，规范操作，提高效率，增加融资渠道，放宽市场准入限制，加强信息服务。加强创业意识教育，转变就业观念，营造鼓励自主创业的社会环境，使更多的劳动者成为创业者。

（四）积极做好高校毕业生就业工作。把高校毕业生就业纳入就业工作总体部署，明确目标，落实责任，健全工作机制，进一步加强对高校毕业生的公共就业服务，广泛开展技能培训和就业见习，提高高校毕业生实践能力和就业能力，引导高校毕业生面向基层就业和创业。

（五）加强失业调控，努力减少失业。县级以上人民政府在安排政府投资和确定重大建设项目时，要按照科学发展观的要求，更加注重对就业的影响，处理好宏观调控与增加就业岗位的关系，妥善做好相关人员的安置工作。要建立、健全失业预警制度，对因国内国际经济形势发生重大变化直接影响就业的行业和企业，以及失业问题突出的困难地区、困难行业，制订失业调控预案，实施失业预防、调节和控制，保持就业局势稳定。

（六）健全就业工作目标责任制度。把城镇新增就业、控制失业率、失业人员就业、就业困难人员就业及减少有劳动能力长期失业人员、城市居民最低生活保障人员作为就业工作主要目标任务，逐级分解，建立目标责任体系，并作为政府政绩考核的重要指标。要将统筹城乡就业、建立社会保障与促进就业联动机制纳入政府就业工作目标责任。县级以上人民政府要按照目标责任制度的要求，依法加强对所属有关部门和下一级人民政府的考核、检查和监督。

二、完善政策支持体系，进一步实施积极的就业政策

（七）妥善处理现行政策与法律规定的衔接问题。按照法律要求，对政策进行完善和规范，明确政策支持对象和内容，调整完善操作办法，解决政策落实中的难点问题，提高政策的实施效果。

（八）《国务院关于进一步加强就业再就业工作的通知》（国发〔2005〕36号）规定的各项税收政策继续有效，审批截止日期为2008年年底，2009年以后的税收政策另行规定。登记失业人员创办企业的，凡符合相关条件，可按国家规定享受税收优惠政策。符合有关残疾人就业优惠条件的，可以享受现行增值税、营业税、企业所得税、个人所得税等税收优惠政策。

（九）登记失业人员和残疾人从事个体经营的，按规定免收属于管理类、登记类和证照类的各项行政事业性收费，政策扶持期限最长不超过3年。具体政策由财政部、发展改革委制定。

（十）进一步完善小额担保贷款政策，创新小额担保贷款管理模式。各地可根据实际情况适当提高小额担保贷款额度和扩大贷款范围。经办银行可将小额担保贷款利率在人民银行公布的贷款基准利率的基础上上浮3个百分点，其中微利项目增加的利息由中央财政负担。小额贷款担保基金由地方财政安排。中央财政要进一步拓宽贴息资金的使用渠道，从贴息资金中安排部分资金支持完善担保基金的风险补偿机制和贷款奖励机制。推动信用社区与经办银行加强合作，鼓励担保机构降低反担保门槛或取消反担保。进一步加大对符合条件的劳动密集型小企业的贷款贴息支持力度，鼓励利用小额贷款担保基金为劳动密集型小企业提供贷款担保服务。具体政策由人民银行、财政部、劳动保障部制定。对2007年年底前核准的小额担保贷款项目仍按原政策执行。

（十一）扶持就业困难人员就业。就业困难人员一般指大龄、身有残疾、享受最低生活保障、连续失业一年以上，以及因失去土地等原因难以实现就业的人员。具体范围和申请认定程序，由各省、自治区、直辖市人民政府根据本地实际情况规定。对各类企业招用就业困难人员，签订劳动合同并缴纳社会保险费的，在相应期限内给予基本养老保险、基本医疗保险和失业保险补贴；各地政府投资开发的公益性岗位，要优先安排符合岗位要求的就业困难人员，并视其缴纳社会保险费的情况，在相应期限内给予基本养老保险、基本医疗保险和失业保险补贴以及适当的岗位补贴；对就业困难人员灵活就业后申报就业并缴纳社会保险费的，给予一定数额的社会保险补贴。社会保险补贴和岗位补贴期限，除对距法定退休年龄不足5年的人员可延长至退休外，其余人员最长不超过3年。

（十二）国发〔2005〕36号文件规定的对持《再就业优惠证》人员的各项社会保险补贴、岗位补贴政策继续执行，审批截至2008年年底，期限最长不超过3年。

（十三）县级以上人民政府要根据就业状况和就业工作目标，加大资金投入，在同级财政预算中安排就业

专项资金用于促进就业工作。就业专项资金用于职业介绍、职业培训、公益性岗位、职业技能鉴定、特定就业政策和社会保险等的补贴，小额贷款担保基金和微利项目的小额担保贷款贴息，以及扶持公共就业服务等。特定就业政策需经国务院批准。对各地职业介绍补贴、职业培训补贴、公益性岗位补贴、职业技能鉴定补贴、特定就业政策补助、社会保险补贴，以及扶持公共就业服务资金，中央财政继续通过专项转移支付的方式给予适当补助，并对中西部地区和老工业基地给予重点支持。对微利项目的小额担保贷款，中央财政按规定据实贴息。就业专项资金的使用管理办法，由财政部、劳动保障部制定。失业保险基金用于促进就业的支出，按有关规定执行。

三、进一步加强就业服务和管理，健全面向全体劳动者的职业技能培训制度

（十四）各地要按照建立统一开放、竞争有序的人力资源市场的要求，加强部门协调，完善管理制度，维护人力资源市场的良好秩序。县级以上人民政府要加强人力资源市场信息网络及相关设施建设，建立、健全人力资源市场信息服务体系，完善市场信息发布制度。鼓励社会各方面依法开展就业服务活动，加强对职业中介机构的管理，提高其服务质量。对为登记失业人员提供就业服务并实现就业的各类职业中介机构，按规定给予职业介绍补贴。

（十五）县级以上人民政府要建立、健全公共就业服务体系，规范公共就业服务机构，明确服务职责和范围，合理确定各级公共就业服务机构的人员编制，加强公共就业服务能力建设，将公共就业服务经费纳入同级财政预算，保障其向劳动者提供免费的就业服务。县级以上公共就业服务机构要建立综合性服务场所，为劳动者和用人单位提供"一站式"就业服务；街道、社区公共就业服务机构要设立服务窗口，开展公共就业服务。要规范公共就业服务机构服务流程和标准，提高服务质量和效率。

（十六）各地要建立、健全就业登记和失业登记制度。公共就业服务机构负责为劳动者免费办理就业登记和失业登记，并做好登记统计工作。登记失业人员应当积极求职，参加公共就业服务机构安排的就业服务活动，并定期向公共就业服务机构报告就业失业状况。各省、自治区、直辖市在本行政区域内实行统一的就业失业登记证（以下简称登记证），向劳动者免费发放，并注明可享受的扶持政策。登记失业人员凭登记证在核发证件的省（区、市）内享受公共就业服务和就业扶持政策，对就业困难人员在登记证上予以注明。就业登记、失业登记的具体程序和登记证的样式，由各省、自治区、直辖市制定。要切实加强登记证发放和使用的管理。

（十七）建立、健全面向全体劳动者的职业技能培训制度。鼓励支持各类职业院校、职业技能培训机构和用人单位依法开展就业前培训、在职培训、再就业培训和创业培训；鼓励劳动者参加各种形式的培训。对失业人员、符合条件的进城务工农村劳动者参加职业培训的，按规定给予职业培训补贴，具体办法由财政部、劳动和社会保障部等制定。对就业困难人员、进城务工农村劳动者通过初次职业技能鉴定（限国家规定实行就业准入制度的特殊工种），取得职业资格证书的，给予一次性的职业技能鉴定补贴。要根据职业培训的实际需要，合理确定补贴标准；现行补贴标准不足弥补实际培训成本的，可提高补贴标准。完善职业培训补贴办法，建立、健全职业培训补贴与培训质量、促进就业效果挂钩机制，提高劳动者参加培训和各类职业教育培训机构提供培训的积极性。要完善劳动预备制度，对有就业要求和培训愿望的初高中毕业生实行3个月以上、12个月以下的预备制培训，使其取得相应的职业资格或者掌握一定的职业技能。积极探索职业培训项目化运作模式，将补贴资金与项目运作紧密结合起来，提高职业培训的针对性和有效性。

四、进一步完善面向所有就业困难人员的就业援助制度，及时帮助零就业家庭解决就业困难

（十八）各地要进一步建立、健全就业援助制度，积极帮助和扶持有就业愿望和就业能力，且积极求职的就业困难人员就业。要通过公益性岗位援助等多种途径，对所有就业困难人员实行优先扶持和重点帮助。

（十九）加强对零就业家庭的就业援助。各地要依托街道社区公共就业服务机构进一步完善零就业家庭申报认定制度，规范审核认定程序，建立专门台账，及时接受零就业家庭的就业援助申请。要多渠道开发就业岗位，提供有针对性的职业介绍、职业培训等就业服务和公益性岗位援助，通过多种形式帮扶零就业家庭人员实现就业。对其中符合条件的就业困难人员，要及时兑现各项扶持政策。建立动态管理、动态援助的长效工作机制，确保城市有就业需求的家庭至少有一人就业。

（二十）鼓励资源开采型城市和独立工矿区发展与市场需求相适应的接续产业，引导劳动者转移就业。对因资源枯竭或者经济结构调整等原因造成就业困难人员集中的地区，上级人民政府应当给予必要的扶持和帮助。

五、进一步加强组织领导，切实做好就业促进法的贯彻实施工作

（二十一）各地要进一步加强对促进就业工作的组织领导，建立、健全促进就业工作协调机制，巩固和加

强县级以上人民政府就业工作联席会议制度,强化统一领导、分工协作的工作机制。各有关部门要按照职责分工,切实履行职能,并加强协调配合,及时交流情况,解决问题。要进一步发挥工会、共青团、妇联、残联以及其他社会组织的作用,共同做好就业再就业工作。

(二十二)各地要充分利用各种新闻媒介,深入做好就业宣传工作。大力宣传国家促进就业的法律、法规和经济社会政策,宣传各地区、各有关部门和单位促进就业的好做法,宣传劳动者转变就业观念、自主创业、自谋职业和用人单位承担社会责任、促进就业的典型经验。各级人民政府和有关部门要对在促进就业工作中取得显著成绩的单位和个人给予表彰和奖励,为就业工作营造良好的舆论环境和社会氛围。

(二十三)各地区、各有关部门要加强干部的法律知识培训,不断提高依法行政的能力和水平。要抓紧制定配套法规和政策,使法律的原则、要求具体化,增强法律的可操作性。要加强就业促进法实施情况的督促检查,采取有效措施,确保各项工作落实到位。

(二十四)各地劳动保障、民政、财政等部门要密切协作,促进失业保险、社会救助与促进就业工作的有机结合。完善失业保险和社会救助制度,形成促进就业的激励约束机制。严格失业保险金、城市居民最低生活保障金的申领条件和程序,在准确区分申请人员有无劳动能力的基础上,将申领条件与接受职业介绍、职业培训以及参加公益性劳动情况相挂钩,逐步形成促进就业的政策导向。要将享受失业保险待遇人员和有劳动能力、有就业愿望的城市居民最低生活保障人员组织到职业介绍、职业培训、公益性劳动等活动中,采取多种措施,鼓励和吸引其积极就业。

(二十五)各地区、各有关部门要结合实际,抓紧研究制定贯彻本通知的具体办法,确保本通知精神落到实处。对工作中的重大问题,及时报告国务院。

国务院

2008年2月3日

中共中央统战部就纪念第十世班禅额尔德尼·确吉坚赞诞辰七十周年发表文章《缅怀第十世班禅 弘扬藏传佛教的爱国主义精神》

今年2月3日是原全国人大常委会副委员长、中国佛教协会名誉会长第十世班禅额尔德尼·确吉坚赞诞辰七十周年。我们怀着崇敬的心情,缅怀这位伟大的爱国主义者、著名的国务活动家、中国共产党的忠诚朋友、中国藏传佛教的杰出领袖,纪念他为祖国统一、民族团结和藏传佛教事业所作出的杰出贡献,学习和继承他的爱国主义精神,在新的历史条件下,把西藏各项事业不断推向前进。

第十世班禅额尔德尼·确吉坚赞,1938年2月3日(藏历十六绕迥之土虎年正月初三日)出生在青海省循化县文都乡玛日村,俗名官保慈丹。1943年在他5岁时,经班禅堪布会议厅寻访,认定为第九世班禅额尔德尼·曲吉尼玛的转世灵童,被迎请到青海塔尔寺供养。1949年6月3日,由国民政府批准其为第九世班禅额尔德尼的转世灵童真身,特准免予金瓶掣签。1949年8月10日在国民政府特派专使关吉玉主持下在塔尔寺举行了盛大的坐床典礼,正式继任为第十世班禅额尔德尼。1952年6月23日回到历世班禅的驻锡地扎什伦布寺。

第十世班禅是伟大的爱国主义者。其一生业绩中最突出的一点,就是他始终高举爱国主义旗帜,坚持不懈地维护祖国统一和民族团结,随着年龄的增长、经验的积累和政治上的成熟,表现愈加突出,历经坎坷而矢志不渝。正如他自己所说,“要像爱护自己的生命那样,热爱社会主义国家;要像保护自己的眼珠那样,维护祖国统一和民族团结”。

1949年10月1日中华人民共和国中央人民政府宣告成立的当天,第十世班禅致电中央人民政府主席毛泽东和中国人民解放军总司令朱德,表示竭诚拥护中央人民政府,称颂“今后人民之康乐可期,国家之复兴有望”,表现出难能可贵的胆识。

20世纪50年代是西藏社会发展变革的重要历史时期。面对西藏少数分裂主义势力在帝国主义怂恿下进行的分裂祖国活动和阻止社会变革的企图,第十世班禅表现出旗帜鲜明的爱国主义立场,与分裂势力进行了坚决的斗争。1950年年底,西藏当权的分裂主义分子派遣非法的“亲善代表团”去美、英等国寻求所谓“西藏独立”,乞求军事援助,妄图以武力阻挠人民解放军解放西藏。第十世班禅领导的班禅堪布会议厅致电中央,严厉谴责这种分裂祖国的行径,揭露其实质是“企图勾结帝国主义,反抗人民政府,以达其脱离祖国,出卖西藏的阴谋”。1956年11月,他应邀去印度参加释迦牟尼涅槃2500周年纪念活动期间,针对少数分裂主义分子乘机策划“西藏独立”的动向,利用各种活动场合,讲述中印两国人民的传统友谊,介绍了西藏和平解放以来在各方面的进步和成就,强调要遵守《中央人民政府和西藏地方政府关于和平解放西藏办法的协议》(以下简称“十七条协议”)。他旗帜鲜明地拒绝了一些人邀他同去噶伦堡的要求,提前回到西藏,以实际行动表明了光明磊落的爱国立场和维护祖国统一的坚定态度。1959年3月,当西藏上层反动集团公然背叛“十七条协议”,发动武装叛乱,失败逃往国外时,第十世班禅致电西藏工委和军区,谴责分裂主义分子的叛国叛乱罪行,正气凛然地站在祖国和人民一边。3

月28日,周恩来总理发布命令,解散原西藏地方政府,责成西藏自治区筹备委员会行使地方政府职权,任命第十世班禅为自治区筹委会代理主任委员。他当即致电毛泽东主席和周恩来总理,坚决拥护国务院的决定。在他主持西藏自治区筹委会工作期间,通过了一系列有关平息叛乱和民主改革的方针、政策,为西藏社会的根本变革和人民翻身解放作出了重要贡献。

1987年至1988年,西藏少数分裂主义分子与境外分裂势力相勾结,在拉萨制造了多起骚乱事件。第十世班禅多次发表讲话,坚决谴责这种分裂祖国、破坏西藏人民根本利益的行径,严正声明:"我维护祖国统一的立场是坚定不移的,对于分裂祖国的行径,我过去反对,现在反对,将来也反对,我愿为维护祖国统一的伟大事业作出最大的牺牲。"

第十世班禅是著名的国务活动家。他自1954年在第一届全国人民代表大会第一次全体会议当选为常务委员会委员,同年当选为全国政协第一届委员会副主席后,历任全国政协副主席、全国人大常委会副委员长等职务。作为国家领导人,他一生中参加了大量的国务活动。无论是在祖国各地视察工作,向信教群众讲经传法,还是出国访问、会见外宾,他都表现出高度的责任感和工作热情,以坦诚和真诚,以对祖国和民族的热爱,宣传党的民族政策、宗教政策,并以亲身体验,阐明这些政策的正确性。他把为国效力、恪尽职守与关心西藏的发展与进步有机地结合在一起。他曾多次率团出国访问和在国内接待外宾,为增进中国人民和世界各国人民的友谊作出了积极的贡献,为使世界各国人民认识西藏、真实了解西藏的发展进步做了大量工作。

第十世班禅是中国共产党的忠诚朋友。他与党肝胆相照,荣辱与共,在西藏革命、建设以及改革开放的各个历史时期,始终拥护中国共产党的领导。1949年9月正式坐床继位不久的第十世班禅面临着一次重大的历史性抉择:是追随国民党离开大陆,还是留下来与共产党合作。年仅11岁的他在对共产党的民族、宗教政策做了初步了解后,毅然作出留下来与共产党合作的决定。1951年5月23日,"十七条协议"签订,是西藏发展史上具有划时代意义的转折点,标志着西藏人民永远摆脱了帝国主义的侵略和羁绊,标志着包括藏民族在内的中国各民族在中国共产党的领导下,消除了历史隔阂,在新的历史条件下实现空前大团结,也标志着几百年来处于封闭、停滞状态的西藏社会内部开始实现了真正的团结。第十世班禅为"十七条协议"的签订发挥了积极的作用。1951年4月中央人民政府的全权代表与西藏地方政府的全权代表开始在北京进行谈判时,第十世班禅和堪布会议厅主要官员就来到北京,向中央政府反映西藏的有关情况,同时提出了许多好的建议。5月23日"十七条协议"签订后,5月28日第十世班禅即发表声明,表示坚决拥护协议。此后他以自己的实际行动贯彻执行协议。

他作为党外朋友,积极参政议政,建言献策。为民族区域自治法的制定,藏语文的发展使用,藏传佛教健康发展等,都提出了积极的意见和建议,并得到采纳。他经常鼓励各族各界爱国人士要听党的话,跟党走,自觉接受中国共产党的领导。他尤其重视和强调维护汉藏民族和各民族之间的团结,强调藏族离不开汉族,汉族也离不开藏族,为维护和加强民族团结作出了贡献。党的十一届三中全会以后,他坚决拥护党的路线、方针和政策,拥护改革开放。他多次强调,国家的进步离不开改革开放,西藏的繁荣同样离不开改革开放,为西藏加快改革开放步伐起到了重要推动作用。

第十世班禅是藏传佛教的杰出领袖。他从3岁开始,按照经师口授,从复述背诵一些佛言祖语起步,到成年后自觉地博览佛经,一生潜心钻研教义,孜孜不倦。对佛法真谛的领悟和阐释有独到之处,对佛教哲学的若干原理的钻研和运用,融会于心。他是佛位很高的活佛,更是佛学造诣很深的高僧。他著有《菩提道次第广论简释》《喜金刚生圆次第》等显密经学著作。1956年在印度参加释迦牟尼涅槃2500周年纪念大法会期间,被授予婆罗奈斯佛教大学荣誉佛学博士学位。1958年在西藏扎什伦布寺辩经大法会上,考取了最高"噶钦"(意为"善知识")学位。第十世班禅衷心地热爱自己的宗教,不遗余力地推动藏传佛教进行必要的改革,朝着与社会主义社会相适应的方向发展。西藏民主改革时期,他赞成并身体力行废除寺庙的封建特权和剥削压迫制度,提出"宪法进寺庙"的主张。粉碎"四人帮"以后,他多次告诫:寺庙不在多,而在于真正能够满足信教群众宗教生活的需要,成为弘扬佛法、弃恶扬善的场所;僧尼不在多,而在于素质高,真正能够遵循释迦牟尼的训诫,信守教规戒律,研习显密教义,把释迦牟尼的精神继承下来,发扬光大。在培养藏传佛教的修行僧人方面,他力主培养一批政治上爱国守法,拥护共产党领导,拥护社会主义制度,宗教上有一定造诣的佛教知识分子。为此他和中国佛教协会会长赵朴初一起创办了中国藏语系高级佛学院,主持编写教材并担任院长。1985年,他还亲自主持制订计划,在扎什伦布寺进行社会主义条件下寺庙民主管理办法的试点,总结出一套很有价值的经验,为探索在社会主义制度下藏传佛教寺庙的管理和建章立制作出了重要贡献。

1989年1月28日第十世班禅额尔德尼·确吉坚赞英年早逝。令人感到欣慰的是,改革开放以来,宪法所规定的宗教信仰自由政策得到充分的贯彻落实。藏传佛教的活佛转世制度受到应有的重视。按照历史定制和藏传佛教仪轨，1995年圆满完成了第十世班禅转世灵童的寻访、认定及坐床，第十一世班禅健康成长，得到藏传佛教界的普遍拥戴。2007年国家宗教事务局颁布了《藏传佛教活佛转世管理办法》，标志着政府将活佛转世管理进一步纳入法制化轨道，对于更好地依法保护公民宗教信仰自由，维护藏传佛教正常秩序和构建社会主义和谐社会，必将产生重要影响。

新时期西藏工作在党中央高度重视下，在全国人民的大力支援帮助下，在西藏自治区党委和政府的领导下，经过自治区各族人民的共同努力，艰苦奋斗，呈现出经济快速发展，社会持续稳定，各项事业蒸蒸日上，人民群众安居乐业的大好局面，正处于历史上发展和稳定的最好时期。

在纪念第十世班禅额尔德尼·确吉坚赞诞辰七十周年之际，我们要深入学习贯彻党的十七大精神，高举中国特色社会主义伟大旗帜，以邓小平理论和“三个代表”重要思想为指导，深入贯彻落实科学发展观，弘扬第十世班禅的爱国主义精神，抓住机遇，开拓进取，努力建设团结、民主、富裕、文明、和谐的社会主义新西藏。

王濛打破女子短道速滑500米世界纪录

中国选手王濛在国际滑联短道速滑世界杯加拿大魁北克站女子500米决赛中，以43秒286的成绩夺得冠军，创造了该项目新的世界纪录，原纪录是43秒671。

2月4日

国务院总理温家宝在人民大会堂出席外国专家迎春座谈会

20多位外国专家参加了座谈会。伊莎白等3位专家先后就教育、环保、国际合作问题发言。温家宝认真听取了他们的意见和建议。

温家宝说，在座的各位老专家是中国人民的亲密同志和真诚朋友。你们长期在中国工作，为中国革命和建设事业作出了重要贡献，中国人民将永远铭记。各位老专家已到颐养天年之时，依然为中国的改革开放和现代化建设事业建言献策，令人钦佩。

温家宝说，最近，我国南方一些地区发生了历史罕见的低温雨雪冰冻灾害，在党和政府的坚强领导下，采取有力措施，积极组织抗灾救灾。灾区广大军民同舟共济，团结奋战。经过艰苦努力，目前供电正在逐步恢复，交通已经基本疏通，全国生产生活秩序正常。我们有信心、有能力夺取抗灾救灾的最后胜利。温家宝对外国专家关心抗灾救灾工作，对国际社会和外国友人对中国灾情的关注、同情和人道主义援助表示感谢。

参加会见的还有中共中央政治局委员、中央书记处书记、中央组织部部长李源潮，中央书记处书记、中央办公厅主任令计划，国务委员唐家璇，国务委员兼国务院秘书长华建敏等。

中共中央政治局常委李长春在北京看望文化界知名人士

李长春强调，党的十七大提出要兴起社会主义文化建设新高潮，推动文化大发展大繁荣，这是广大宣传思想文化工作者肩负的崇高历史使命。我们要认真学习贯彻党的十七大精神，坚持解放思想、实事求是、与时俱进，贴近实际、贴近生活、贴近群众，以改革创新精神不断开创宣传思想文化工作新局面。

全国政协副主席、中国社会科学院院长陈奎元，各有关单位负责人陪同看望。

中组部印发《关于中国共产党党费收缴、使用和管理的规定》

按照党章规定向党组织交纳党费，是共产党员必须具备的起码条件，是党员对党组织应尽的义务。党费收缴、使用和管理，是党的基层组织建设和党员队伍建设中的一项重要工作。为了适应形势发展的要求，进一步加强和改进党费收缴、使用、管理工作，现做如下规定。

一、党费收缴

第一条　按月领取工资的党员，每月以工资总额中相对固定的、经常性的工资收入(税后)为计算基数，按规定比例交纳党费。

工资总额中相对固定的、经常性的工资收入包括：机关工作人员(不含工人)的职务工资、级别工资、津贴补贴；事业单位工作人员的岗位工资、薪级工资、绩效工资、津贴补贴；机关工人的岗位工资、技术等级(职务)工资、津贴补贴；企业人员工资收入中的固定部分(基本工资、岗位工资)和活的部分(奖金)。

第二条　党员交纳党费的比例为：每月工资收入(税后)在3000元以下(含3000元)者，交纳月工资收入的0.5%；3000元以上至5000元(含5000元)者，交纳1%；5000元以上至10000元(含10000元)者，交纳1.5%；10000元以上者，交纳2%。

第三条　实行年薪制人员中的党员，每月以当月实际领取的薪酬收入为计算基数，参照第一条、第二条规定交纳党费。

第四条　不按月取得收入的个体经营者等人员中的党员，每月以个人上季度月平均纯收入为计算基数，参照第一条、第二条规定交纳党费。

第五条　离退休干部、职工中的党员,每月以实际领取的离退休费总额或养老金总额为计算基数,5000元以下(含5000元)的按0.5%交纳党费,5000元以上的按1%交纳党费。

第六条　农民党员每月交纳党费0.2—1元。学生党员、下岗失业的党员、依靠抚恤或救济生活的党员、领取当地最低生活保障金的党员,每月交纳党费0.2元。

第七条　交纳党费确有困难的党员,经党支部研究,报上一级党委批准后,可以少交或免交党费。

第八条　预备党员从支部大会通过其为预备党员之日起交纳党费。

第九条　党员一般应当向其正式组织关系所在的党支部交纳党费。持《中国共产党流动党员活动证》的党员,外出期间可以持证向流入地党组织交纳党费。

第十条　党员工资收入发生变化后,从按新工资标准领取工资的当月起,以新的工资收入为基数,按照规定比例交纳党费。

第十一条　党员自愿多交党费不限。自愿一次多交纳1000元以上的党费,全部上缴中央。具体办法是:由所在基层党委代收,并提供该党员的简要情况,通过省、自治区、直辖市党委组织部,中央直属机关工委、中央国家机关工委组织部,国务院国资委党委、中央各金融机构党委组织部,铁道部政治部、民航总局党委组织部,解放军总政治部组织部转交中央组织部。中央组织部给本人出具收据。

第十二条　党员应当增强党员意识,主动按月交纳党费。遇到特殊情况,经党支部同意,可以每季度交纳一次党费,也可以委托其亲属或者其他党员代为交纳或者补交党费。补交党费的时间一般不得超过6个月。

第十三条　对不按照规定交纳党费的党员,其所在党组织应及时对其进行批评教育,限期改正。对无正当理由,连续6个月不交纳党费的党员,按自行脱党处理。

第十四条　党组织应当按照规定收缴党员党费,不得垫交或扣缴党员党费,不得要求党员交纳规定以外的各种名目的“特殊党费”。

第十五条　各省、自治区、直辖市党委,中央直属机关工委,中央国家机关工委,国务院国资委党委,中央各金融机构党委,铁道部政治部,民航总局党委和解放军总政治部,每年按全年党员实交党费总数的5%上缴中央。上缴中央的党费应当于次年4月底前汇入中央组织部党费账户,不得少缴或拖延。

第十六条　铁路、民航系统党的关系在地方的党委,每年按照全年党员实交党费总数的10%向所在地方党委上缴党费。中国人民银行的地市级分支机构和中央其他金融机构的省级分支机构党委,每年按本地本系统党员全年实交党费总数的5%向所在地方党委上缴党费,其他派出机构和下属单位党委不再向地方党委上缴党费。

二、党费使用

第十七条　使用党费应当坚持统筹安排、量入为出、收支平衡、略有结余的原则。

第十八条　使用党费要向农村、街道社区和其他有困难的基层党组织倾斜。

第十九条　党费必须用于党的活动,主要作为党员教育经费的补充,其具体使用范围包括:(1)培训党员;(2)订阅或购买用于开展党员教育的报刊、资料、音像制品和设备;(3)表彰先进基层党组织、优秀共产党员和优秀党务工作者;(4)补助生活困难的党员;(5)补助遭受严重自然灾害的党员和修缮因灾受损的基层党员教育设施。

第二十条　使用和下拨党费,必须集体讨论决定,不得个人或者少数人说了算。

第二十一条　请求下拨党费的请示,应当向上一级党组织提出,不得越级申请。上级党组织下拨的党费,必须专款专用,不得挪作他用。

三、党费管理

第二十二条　党费由党委组织部门代党委统一管理。党费的具体管理工作由各级党委组织部门承担党员教育管理职能的内设机构承办。

第二十三条　党费的具体财务工作由各级党委组织部门内设的财务机构或者同级党委的财务机构代办。必须指定专人负责,实行会计、出纳分设。党费会计核算和会计档案管理,参照财政部制定的《行政单位会计制度》执行。

第二十四条　党费应当以党委或党委组织部门的名义单独设立银行账户,必须存入中国工商银行、中国农业银行、中国银行、中国建设银行、交通银行、中国邮政储蓄银行,不得存入其他银行或者非银行金融机构。党费利息是党费收入的一部分,不得挪作他用。依法保障党费安全,不得利用党费账户从事经济活动,不得将党费用于购买国债以外的投资。

第二十五条　党委组织部门要加强对党费管理工作人员的培训,提高其政治素质和业务水平。党费管理工作人员,必须先培训,后上岗。党费管理工作人员变动时,要严格按照党费管理的有关规定和财务制度办好交接手续。

第二十六条　党费收缴、使用和管理的情况要作为党务公开的一项重要内容。党的基层委员会和各级地方委员会应当在党员大会或者党的代表大会上，向大会报告(或书面报告)党费收缴、使用和管理情况，接受党员或者党的代表大会代表的审议和监督。各级地方党委组织部门应当每年向同级党委和上级党委组织部门报告党费收缴、使用和管理情况，同时向下级党组织通报。党支部应当每年向党员公布一次党费收缴情况。

第二十七条 党的地方委员会和基层委员会可以留存党费。具体留存单位和留存比例，由各省、自治区、直辖市党委，中央直属机关工委，中央国家机关工委，国务院国资委党委，中央各金融机构党委，铁道部政治部，民航总局党委，解放军总政治部，根据实际情况和工作需要确定，留存比例应当向基层倾斜。

第二十八条 各省、自治区、直辖市党委组织部，中央直属机关工委，中央国家机关工委组织部，国务院国资委党委，中央各金融机构党委组织部，铁道部政治部，民航总局党委组织部，解放军总政治部组织部，每年4月底前就上年度党费收缴、使用和管理情况向中央组织部提交书面报告。报告内容是：上年度党费收缴、使用和结存的数额；党费开支的主要项目；党费收缴、使用和管理工作中的经验、做法、存在的问题及改进的意见和建议等。

第二十九条 各级党委组织部门每年要检查一次党费收缴、使用和管理的情况，总结经验，发现问题，及时纠正。

第三十条 对违反党费收缴、使用和管理规定的，依据《中国共产党纪律处分条例》及有关规定严肃查处，触犯刑律的依法处理。

第三十一条 中国人民解放军和中国人民武装警察部队中的党组织收缴、使用和管理党费的办法，由解放军总政治部参照本规定制定。

第三十二条 本规定自2008年4月1日起施行，过去规定与本规定不一致的，以本规定为准。

第三十三条 本规定由中央组织部负责解释。

中联部部长王家瑞在北京会见古巴共产主义青年联盟第一书记胡里奥·马丁内斯

公安部部长孟建柱签署命令追授陕西省延安市公安局交警支队高速公路大队民警孔晓岩全国公安系统二级英雄模范称号并颁发奖章和证书

人事部国资委追授曹响林 肖建华 罗海文 罗长明 周景华 刘焕松六名同志“中央企业劳动模范”荣誉称号

2月5日

中共中央总书记胡锦涛到广西桂林考察抗灾救灾工作

中共中央总书记、国家主席、中央军委主席胡锦涛十分牵挂桂林抗灾救灾工作和受灾群众生活。春节将至，总书记专程来到桂林，在自治区党委书记郭声琨和政府主席马飚等陪同下，于2月5日至6日深入到灾情严重的山区农村和担负抗灾救灾重任的基层单位，实地了解保交通、保供电、保民生的落实情况，慰问灾区各族干部群众，给大家带来党中央、国务院、中央军委的深切关怀和新春祝福。

胡锦涛反复强调，目前，抗灾救灾的任务依然十分艰巨。各级党委和政府一定要继续把抗灾救灾作为当前最紧迫的任务，坚定必胜信念，优先保交通、保供电、保民生，奋力夺取抗灾救灾斗争的全面胜利。要集中力量，千方百计恢复电力供应和交通通畅；全力以赴，切实安排好受灾地区群众生活；早做谋划，积极开展灾后重建和生产自救工作；着眼长远，抓紧研究完善应急管理机制。

胡锦涛指出，这场灾害是一场严峻的考验，最能够推动党的建设，最能够检验党的建设的成效。在抗灾救灾和灾后重建工作中，各级党委要充分发挥核心领导作用，各级干部要充分发挥模范带头作用，广大基层党组织要充分发挥战斗堡垒作用，广大党员要充分发挥先锋模范作用，真正做到一个党组织就是一座坚强堡垒，一名干部就是一个工作标杆，一名党员就是一面战斗旗帜。

国务院总理温家宝赴贵州指导抗灾救灾工作

温家宝主持召开会议，同贵州省的同志一道研究抗灾救灾和灾后重建工作。在听取贵州省委、省政府抗灾救灾工作汇报后，温家宝与随行的交通部、铁道部、国家发改委、民政部以及南方电网公司等部门的负责人现场办公，研究解决贵州省提出的问题。

温家宝说，面对历史罕见的特大自然灾害，贵州省委、省政府坚决贯彻党中央、国务院的各项部署，带领全省广大干部群众团结奋战，驻贵州解放军指战员、武警官兵、公安民警积极配合，中央有关部门和兄弟省市大力支持，贵州的抗灾救灾工作进展顺利。目前道路基本恢复通行，电力恢复工作正在紧张进行，经济和社会稳定。

温家宝强调，要加强领导，统一指挥，毫不松懈，千方百计克服各种困难，努力夺取抗灾救灾的最后胜利。当前要抓好三件事：一是制定电力恢复重建规划和实施方案。南方电网公司要会同贵州省政府在3天之内拿出规划，一个月内恢复220千伏和110千伏电网正常运行，上半年恢复500千伏电网正常运行。二是做好灾后危房改造工作。要摸清底数，因地制宜，统筹规划，分步实施。三是重视和加强农业和林业的恢复工作。节后要组织农民搞好生产自救，开展春耕生产，修复林木，力争今年农业有一个好收成。

中共中央国务院在人民大会堂举行2008年春节团拜会

党和国家领导人胡锦涛、吴邦国、温家宝、贾庆林、李长春、习近平、李克强、贺国强等同首都各界人士4000人欢聚一堂，辞旧迎新，共庆新春佳节。

中共中央总书记、国家主席、中央军委主席胡锦涛主持团拜会。他说，值此中华民族的传统节日春节即将到来之际，我们欢聚一堂，共迎新春。我代表中共中央、国务院，向全国各族人民，向广大工人、农民、知识分子和干部，向人民解放军指战员、武警官兵和公安民警，向受灾地区群众和奋战在第一线的抢险救灾人员，向各民主党派和工商联、各人民团体和各界人士，表示诚挚的慰问。向香港特别行政区同胞、澳门特别行政区同胞、台湾同胞和海外侨胞，致以良好的祝愿。向关心和支持我国现代化建设的国际友人，表示衷心的感谢。祝大家新春愉快、身体健康、阖家幸福。

中共中央政治局常委、国务院总理温家宝在团拜会上讲话。

王刚、王兆国、王岐山、回良玉、刘淇、刘云山、刘延东、李源潮、吴仪、张德江、曹刚川、曾培炎、何勇、令计划、李铁映、司马义·艾买提、何鲁丽、丁石孙、成思危、许嘉璐、蒋正华、顾秀莲、盛华仁、路甬祥、乌云其木格、韩启德、华建敏、陈至立、肖扬、贾春旺、王忠禹、廖晖、白立忱、罗豪才、周铁农、阿不来提·阿不都热西提、徐匡迪、黄孟复、张怀西、李蒙、张梅颖、张榕明和郑天翔、刘复之、杨白冰、张万年、王汉斌、倪志福、李锡铭、王光英、布赫、铁木尔·达瓦买提、彭珮云、周光召、钱正英、孙孚凌、万国权、王文元等，中央军委委员梁光烈、陈炳德、李继耐、廖锡龙、常万全、靖志远、吴胜利、许其亮等出席了团拜会。

参加团拜会的还有：中央党政军群各部门和北京市的负责同志，离退休老同志代表，各民主党派、全国工商联负责人，无党派人士和少数民族代表，国内外专家、学者以及首都各界代表。

国务院总理温家宝在2008年春节团拜会上发表讲话

同志们，朋友们：

刚刚过去的2007年，全国各族人民在中国特色社会主义道路上阔步前进，改革开放和现代化建设取得了新的重大成就，综合国力进一步提升，人民生活继续改善。在新春佳节来临之际，我向大家拜年！向全国各族人民拜年！

最近，我国一些地区发生了历史罕见的低温雨雪冰冻灾害，造成交通和供电中断，严重影响经济运行，给群众生活带来很大困难。面对这场重大灾害，党中央、国务院高度重视、果断决策，各级党委和政府认真贯彻中央部署，采取有力措施，积极组织抗灾救灾。灾区广大军民迎难而上，团结奋战。经过艰苦努力，目前电力和交通已经基本疏通，灾情得到明显缓解，全国经济社会保持稳定。

严重的自然灾害对我们是一场考验，也是一次锻炼。抗灾救灾正处在关键时期，是当前最紧迫的任务。我们要再接再厉，毫不松懈，排除万难，坚决夺取抗灾救灾的最后胜利，继续推进国民经济又好又快发展和社会全面进步。我们有这个信心，也有这个能力。伟大的中国人民是任何困难都压不倒的！

春节是中华民族的传统佳节。每逢佳节倍思亲。此时此刻，我们更加惦念灾区的广大群众。在这里，我代表党中央、国务院，向他们表示慰问，向因自然灾害不能回家团聚的人们表示问候，向奋战在抗灾救灾第一线的广大干部职工、解放军指战员和武警官兵、公安民警表示感谢！

我们衷心祝愿香港澳门同胞、台湾同胞和海外侨胞的生活更加幸福美好！

祝在座的同志们、朋友们新春愉快，身体健康！祝全国各族人民阖家欢乐，幸福吉祥！

2008年是全面贯彻落实党的十七大战略部署的第一年，我们还将举办奥运会和残奥会，面临的任务重大而艰巨。让我们在以胡锦涛同志为总书记的党中央领导下，高举中国特色社会主义伟大旗帜，以邓小平理论和"三个代表"重要思想为指导，深入贯彻落实科学发展观，为夺取全面建设小康社会新胜利而努力奋斗！

中共中央总书记胡锦涛等党和国家领导人看望老同志

春节前夕，胡锦涛总书记等党和国家领导人分别看望或委托有关方面负责同志看望了江泽民、李鹏、万里、乔石、朱镕基、李瑞环、宋平、刘华清、尉健行、李岚清、吴官正、罗干和李德生、萧克、张劲夫、黄华、彭冲、王芳、谷牧、吕正操、郑天翔、刘复之、杨白冰、丁关根、田纪云、迟浩田、张万年、姜春云、钱其琛、王汉斌、张震、倪志福、陈慕华、孙起孟、雷洁琼、李锡铭、王丙乾、邹家华、王光英、布赫、铁木尔·达瓦买提、吴阶平、彭珮云、周光召、曹志、韩杼滨、吴学谦、钱学森、董寅初、叶选平、杨汝岱、钱伟长、任建新、宋健、钱正英、孙孚凌、朱光亚、万国权、胡启立、陈锦华、赵南起、毛致用、经叔平、王文元、邓力群、张廷发、韩光等老同志。向老同志们致以亲切的节日问候,衷心祝愿老同志们新春愉快、健康长寿。

老同志们对此表示感谢,请胡锦涛等同志转达他们对全国各族人民的新春祝福,希望全党全国各族人民紧密团结在以胡锦涛同志为总书记的党中央周围,高举中国特色社会主义伟大旗帜,坚持以邓小平理论和"三个代表"重要思想为指导,深入贯彻落实科学发展观,为实现党的十七大提出的各项任务,夺取全面建设小康社会新胜利、谱写人民美好生活新篇章而努力奋斗。

国务院副总理回良玉在中央气象台看望慰问气象工作者

外交部部长杨洁篪在堪培拉同澳大利亚外长史密斯举行会谈并共同启动首轮中澳战略对话

两国外长一致认为,建立中澳年度战略对话机制,符合中澳关系不断发展的客观需要,顺应世界和平、发展、合作的时代潮流,标志着两国关系进入新的发展阶段。

双方就进一步发展中澳关系达成以下共识:一、加强高层交往,提升政治互信。二、拓展共同利益,深化互利合作。进一步发挥两国经济的互补优势,充分挖掘潜力,深化能源资源等传统领域的合作,扩大在清洁能源、可再生能源、环保、生物技术等可持续发展领域的合作,积极稳妥推进双边自贸区谈判进程。三、扩大人文交流,继续加强文化、教育等各方面的友好交流,进一步夯实中澳友好的社会基础。四、加强对话沟通,照顾彼此关切,妥善处理敏感问题。五、加强在区域合作、气候变化等多边事务中的合作,共同促进地区的和平稳定。

中澳建立战略对话机制,是胡锦涛主席2007年9月对澳进行国事访问的一项重要成果,为双方就事关中澳关系、亚太及世界和平与发展的重大问题加强对话、沟通与协调提供了重要平台。

中联部部长王家瑞在北京会见德国社民党联邦副干事长国际部部长波斯特

中国经济学家林毅夫被世界银行行长佐利克正式任命为世界银行副行长兼首席经济学家

2月6日

国务院总理温家宝在江西灾区指导抗灾救灾和灾后恢复生产工作

中共中央政治局常委、国务院总理温家宝结束贵州的考察工作,立即赶到江西灾区,指导抗灾救灾和灾后恢复生产工作,看望慰问干部群众。

考察期间,温家宝听取了江西省委、省政府抗灾救灾工作汇报,并和国务院有关部门负责同志现场办公解决江西省提出的灾区群众生活安置、抢修电网、水利基础设施建设、灾后自救和春耕生产等方面的问题。他对当地负责同志说,要尽快制定灾后恢复重建的规划,加大力度,加快进度,明确责任,制定措施,做到责任到人,件件落实。广大干部要身先士卒,到第一线去,发扬不怕疲劳、连续作战的作风,排除万难,夺取抗灾救灾的最后胜利。

2月7日

中共中央总书记胡锦涛在广西看望各族干部群众

2月7日至8日,中共中央总书记、国家主席、中央军委主席胡锦涛先后到南宁、百色等地,在自治区党委书记郭声琨和政府主席马飚等陪同下看望慰问坚守岗位的基层干部职工和武警官兵,同广西各族干部群众一起过年。

胡锦涛在武警部队广西总队一支队营区看望春节期间驻守的官兵们,并对官兵们忠诚履行职责、当好人民卫士的精神风貌和良好素质给予充分肯定,向他们表示诚挚的慰问。胡锦涛对官兵们说:"希望同志们在新的一年里,深入学习贯彻党的十七大精神,进一步加强部队全面建设,进一步提高政治素质和军事素质,进一步增强在新的社会环境中履行职责的能力,坚决完成党和人民赋予的各项任务,为保障人民安居乐业,为维护国家安全和社会稳定,作出新的贡献!"

胡锦涛特意到广西电网股份有限公司了解情况。胡锦涛指出,受灾地区经济社会能不能恢复正常运行,关键在电力。第一步是尽快抢通受损的输电线路;第二步是确保抢通后的电网安全稳定运行;第三步是针对这次灾害中发现的问题完善电网建设,从而更好地保证国民经济的需要,保证广大人民群众的需要。

随后,胡锦涛又来到南宁市邮件处理中心。胡锦涛说:"邮政事业关系到千家万户,关系到人民群众的切身利益。在这场雨雪冰冻灾害面前,邮政职工迎难而上,奋力拼搏,克服了种种困难,保持了邮路基本畅通。我们要更好地发展邮政事业,为人民群众提供优质的邮政服务。”

在百色期间，胡锦涛瞻仰了百色起义纪念馆，向邓小平同志等老一辈革命家塑像敬献了花篮，深切缅怀老一辈革命家的丰功伟业。

国务院总理温家宝签署第518号令发布《土地调查条例》

现公布《土地调查条例》，自公布之日起施行。

总理 温家宝

2008年2月7日

土地调查条例（略）

国务院批准并印发《国家海洋事业发展规划纲要》

国务院批准了《国家海洋事业发展规划纲要》（以下简称《纲要》），印发沿海各省、自治区、直辖市人民政府。《纲要》是新中国成立以来首次发布的海洋领域总体规划，是海洋事业发展新的里程碑，对促进海洋事业的全面、协调、可持续发展和加快建设海洋强国具有重要的指导意义。

《纲要》指出，海洋事业发展的指导思想是以邓小平理论和“三个代表”重要思想为指导，全面落实科学发展观，准确把握新时期海洋事业发展的阶段性特征，抓住发展机遇，以建设海洋强国为目标，统筹国家海洋事业发展，维护国家海洋权益，保障国家安全，加强海洋综合管理，规范海洋资源开发秩序，保护海洋生态环境，提高海洋公共服务水平，强化海洋科技自主创新的支撑能力，保障海洋事业可持续发展。

海洋事业发展的基本原则是坚持统筹兼顾，深化海洋综合管理；坚持权益优先原则，提高安全应对能力；坚持可持续发展原则，加强资源环境保护；坚持指导服务，促进海洋经济发展；坚持改革创新原则，发挥科技支撑作用。

海洋事业发展规划目标：“十一五”期间，海洋综合管理体系继续完善；海洋公益服务能力明显增强；海洋经济发展向又好又快方向转变，对国民经济和社会发展的贡献率进一步提高；2010年海洋生产总值占国民生产总值的11%以上，年均新增涉海就业岗位100万个以上；海洋科技创新体系基本完善，自主创新能力明显提高。科技对海洋管理、海洋经济、防灾减灾和国家安全的支撑能力显著增强，对海洋经济的贡献率达到50%。海水利用对沿海缺水地区的贡献率达到16%—24%。

《纲要》提出了海洋资源可持续利用、海洋环境和生态保护、海洋经济统筹协调、海洋公益服务、海洋执法与权益维护、国际海洋事务和海洋科技与教育等方面的重点任务，也提出了在管理协调、依法行政、人才战略、提高能力、加大投入和增强海洋意识等方面的保障措施。

国务院要求，要始终贯彻在开发中保护、在保护中开发的方针，进一步规范海洋开发秩序。加强海洋环境整治与陆源污染控制，加快实施以海洋环境容量为基础的总量控制制度，遏制近岸海域污染恶化和生态破坏趋势。建立并完善全国海洋经济运行评估监测系统，提高海洋经济增长质量，积极发展海洋产业，促进海洋经济又好又快发展。加快全国海洋信息化建设，提高海洋环境预报水平和能力，切实增强防灾减灾能力。

国务院强调，沿海地方各级人民政府要将规划内容纳入本地区国民经济和社会发展规划、计划，结合本地区实际，制订实施计划，逐级落实规划目标和任务。中央和地方各级人民政府要加大对海洋事业的投入力度。国务院有关部门要各司其职，紧密配合，加强对规划实施的指导。国家发展改革委、国家海洋局要对《纲要》实施进行监督指导，适时组织开展评估，加强对海洋重大问题的研究。

2月8日

国务院副总理曾培炎分别对核 航天 航空 船舶 兵器 电子等行业提出要求

国务院副总理曾培炎分别对核、航天、航空、船舶、兵器、电子等行业发展提出要求，强调国防科技工业企业要认真学习贯彻党的十七大和中央经济工作会议精神，深入贯彻落实科学发展观，坚持军民结合、寓军于民，着力调整行业结构，转变发展方式，推动自主创新，深化改革开放，努力开创我国国防科技工业发展新局面。

曾培炎指出，近年来国防科技工业各行业企业科研生产成绩显著，军品民品双获丰收，呈现了规模效益快速增长、发展质量持续提高的良好势头。要再接再厉、开拓进取，抓住机遇、乘势而上，推动国防科技工业企业发展改革不断迈上新台阶。

曾培炎要求，面对新形势，核工业要高质量完成科研生产任务，增强核燃料上下游能力，推进核电建设，为我国核工业发展再创佳绩。航天工业要发扬光荣传统，着力自主创新，进一步完成好重大科技专项、高新工程和重点工程任务，发展壮大航天产业。航空工业要狠抓科技创新、管理创新和制度创新，着力突破关键技术，推进重点工程，努力发展成为现代航空产业。船舶工业要坚持一流设计、一流研发、一流管理，不断提高发展质量，着力突破核心技术，发展成为具有较强国际竞争力的现代船舶产业。兵器工业要着力优化结构，创新科技，增强主业和新兴产业竞争力，走出一条以军带民、以民促军的兵器产业发展新路子。电子科技工业要高标准搞好电子科研生产，积极参与国民经济信息化建设，为国防现代化和经济社会发展作出新贡献。

广西发现特大膨润土矿

经国土资源部权威专家评审核实，广西宁明县发现一个储量达6.1亿吨的特大型膨润土矿，其资源蕴藏量占全国目前已探明的膨润土总储量的1/4。膨润土被称为“万能黏土”，主要应用于钻井泥浆、铸造等。

2月9日

国务院应急指挥中心召开专题会议部署山区和边远地区救灾工作

会议指出，在党中央、国务院的正确领导下，灾区各级党委、政府和有关部门积极努力，各有关方面大力支持，抗击雨雪冰冻灾害取得了阶段性胜利。今后要在继续做好保交通、保供电、保民生的基础上，突出抓好救灾工作，安排好灾区群众的生活。

会议强调，要充分认识做好救灾工作特别是山区和边远地区救灾工作的长期性、艰巨性和复杂性，进一步加大工作力度，突出抓好以下四项工作：

一是加强对山区和边远地区救灾工作的领导和统筹协调。山区和边远地区的救灾工作要按照属地管理的原则，在当地省委、省政府的领导下，民政部门要切实履行职责，发挥好组织协调作用，各部门共同努力，深入实际，进一步摸清山区和边远地区的受灾情况和群众面临的实际困难，区别不同情况，制订救助方案。应急指挥中心救灾和市场保障指挥部要加强组织协调，及时掌握救灾的进展情况，了解山区和边远地区群众的实际困难，及时研究提出解决办法。

二是切实保障山区和边远地区受灾群众的基本生活。要动员一切可以动员的力量和资源，千方百计保障山区和边远地区受灾群众的基本生活，做到确保有饭吃，有衣被御寒，有住处，有病能医。

会议要求：把对山区和边远地区的冬春灾民临时生活救助资金及时下达到基层，落实到人头；粮食部门要保障粮油供应。对缺电地区，要多方面采取措施保证小碾米厂的加工用电；对缺菜地区，可通过调剂增加大豆供应，用于芽菜生产；对需要方便食品的地区，要紧急调运，切实满足需要。在已安排救助资金的基础上，中央和地方要进一步加强对灾区春荒的救助。

会议提出，要根据山区和边远地区困难群众的需要，为他们提供棉衣、棉被等御寒物品，确保人人有棉衣，户户有棉被，不让一个群众受冻。

此外，会议要求对房屋倒塌的受灾群众要妥善安排临时住处，对所需棉帐篷要及时组织调运，同时，充分发挥基层医疗机构的作用，及时提供公共医疗服务。有关部门要组织医疗队深入山区和边远地区送医送药，严防出现传染病、食源性疾病、人畜共患病等次生公共卫生事件。

三是支持山区和边远地区受灾群众开展生产自救。要搞好山区和边远地区化肥、农药、种子等农用生产资料的供应。对受灾农民特别是困难农民，要在种子、种苗、种畜等方面给予必要的支持，有关部门要抓紧研究支持方式并组织落实。

四是及早谋划受灾群众倒塌房屋的恢复重建工作。各地要早谋划、早安排、早部署。县级人民政府要加强领导，各级民政部门要摸清底数，组织制订倒塌房屋的重建方案。中央政府预拨的倒塌民房重建补助资金，要优先考虑最困难的山区和边远地区的需要。

2月10日

国务院总理温家宝在北京看望柬埔寨太皇诺罗敦·西哈努克和太后诺罗敦·莫尼列·西哈努克

中央军委对部队支援灾区恢复重建工作作出部署

中央军委主席胡锦涛作出重要指示，要求部队在前一段积极投身抢险救灾斗争的基础上，继续支持受灾地区搞好恢复重建，为夺取抗灾救灾全面胜利作出更大贡献。

中央军委对部队支援灾区恢复重建工作迅速作出部署，要求全军和武警部队认真学习领会胡主席重要指示精神，发扬不怕疲劳、连续作战的作风，切实抓好各项具体工作的落实。总参谋部、总政治部联合发出通知，强调有关部队要按照胡主席重要指示要求，认真履行我军全心全意为人民服务的宗旨，积极参加灾区的重建工作，帮助灾区人民尽快恢复正常的生产、生活秩序；要协助地方政府大力解决灾区群众吃、穿、住、行等方面面临的实际困难；驻灾区部队各级党委和机关要坚持以人为本的理念，指导帮助受灾部队搞好自身建设。

各部队积极贯彻落实胡主席重要指示，自总参谋部、总政治部联合发出通知以来，全军和武警部队共出动官兵33456人次，出动民兵预备役人员20382人次参加抗灾救灾。南京军区已组织1万多名官兵赶赴江西，执行电网抢修任务。二炮已出动2590人次分别在湖南、贵州、江西等地继续协助地方抢修供电线路、运送电力物资器材。成都军区组织5000名官兵分赴贵州参加电网抢修、运输物资器材等抗灾救灾战斗。广州军区和武警部队官兵正积极展开支援灾区电网抢修和灾后重建工作。截至2月12日18时,全军和武警部队累计出动官兵66.7万人次,民兵预备役人员出动188.2万人次。

2月11日

中英妇女文化周在伦敦开幕

中英妇女文化周开幕式暨“妇女与奥运”论坛在大英博物馆举行。在开幕式上,中国全国人大常委会副委员长、全国妇联主席顾秀莲,中国驻英国大使傅莹,英国奥运事务国务大臣泰萨·乔维尔做嘉宾演讲;中国全国政协委员、全国妇联副主席、书记处书记赵少华致辞。

顾秀莲首先代表中国妇女代表团向出席开幕式的所有朋友致以诚挚的问候和新春祝愿。她在发言中向来宾介绍了中国改革开放30年来取得的成就、中国人民喜迎奥运以及中国政府在推进中国性别平等方面的成就。她说,在改革开放推动下,中国这样一个拥有13亿人口的发展中大国,以世界上少有的速度持续快速发展起来,经济实力、综合国力不断增强,基础设施和城乡面貌发生巨大变化,人民生活总体上达到小康水平。中国现在正在向全面建设小康社会的目标前进,努力建设生态文明、构建和谐社会,在又好又快发展经济的同时,注重扩大社会主义民主,加强文化建设,改善人民生活。中国的发展,不仅使中国人民稳步走上富裕安康的道路,而且为世界经济发展和人类文明进步作出了贡献。

顾秀莲说,2008年北京将迎来第二十九届奥运会和残奥会。在奥运会舞台上,世界不仅会看到中国悠久的历史和灿烂的文化,还会看到中国人民改革开放以来创造的辉煌业绩。

她说,中国政府重视妇女的发展与进步,把男女平等作为促进国家社会发展的一项基本国策,与10年前相比,中国的性别平等事业有了明显进步:维护妇女权益的法律、法规不断完善;颁布实施了全面推进性别平等与妇女发展的国家行动计划——《中国妇女发展纲要》;进一步健全了促进性别平等的组织机构,成立了促进男女平等的国家级机构——国务院妇女儿童工作委员会。在政府和社会各界的共同努力下,中国妇女发展状况得到了不同程度的改善。

赵少华在致辞中介绍了中国妇女参与奥运的历程。她说,中国女运动员参与奥运的历程,也是近代中国妇女发展的缩影。从1896年第一届奥运会全面禁止女性参加,到现在绝大多数的奥运会比赛项目都有了女性的身影,到国际奥委会主席罗格先生提出希望今年在北京奥运会上,男女比例达到各一半的目标,这是一个曲折、艰难而又漫长的历程。妇女们凭借顽强的毅力与坚忍不拔的精神,走出了困境,用实际行动赢得了地位与世人的尊重。

“妇女与奥运”论坛上,中英两国政界、体育界代表,奥组委官员及女企业家代表就“奥运梦想”、“奥林匹克运动”、“奥运给妇女带来的机遇”三个专题进行了精彩发言。

2月12日

中俄共同提交防止外空军备竞赛条约草案

中国与俄罗斯日内瓦共同向裁军谈判会议(以下简称裁谈会)全体会议提交了“防止在外空放置武器、对外空物体使用或威胁使用武力条约”草案,提出通过谈判达成一项新的国际法律文书,防止外空武器化和外空军备竞赛,维护外空的和平与安宁。

俄罗斯外长拉夫罗夫专门到会发言,介绍这一条约草案。中国常驻联合国日内瓦办事处及瑞士其他国际组织代表李保东大使向全体会议宣读了中国外交部部长杨洁篪的书面致辞。

杨洁篪在书面致辞中表示,裁军谈判会议作为国际上唯一的多边裁军谈判机构,肩负着促进国际军控和裁军事业的重任。中方高度重视并积极参加裁谈会各项议题的工作。“防止外空军备竞赛”是其中重要议题之一。

杨洁篪强调,防止外空武器化和外空军备竞赛,维护外空的和平与安宁,符合各国的共同利益。国际社会有必要就此制定新的法律文书,以加强现有外空法律体系。联合国大会已连续20余年以压倒性多数通过决议,重申裁谈会在谈判缔结防止外空军备竞赛多边协定中应发挥主导作用。

杨洁篪说,基于上述考虑,中国与俄罗斯共同起草了“防止在外空放置武器、对外空物体使用或威胁使用武力条约”草案。中方希望裁谈会尽早就这一草案开展实质性讨论,并达成共识。中方愿同裁谈会全体成员国一道为此作出努力。希望今年裁谈会工作在成员国共同努力下取得积极进展。

全国人大常委会副委员长顾秀莲在伦敦分别会见英国上院议长海曼和下院第一副议长哈兹尔赫斯特

中国新发现5大金矿

我国2007年在金矿勘查领域取得了一系列重大成果,新发现的大金矿床主要有5个:冈底斯雄村铜金矿、东昆仑青海大场金矿、秦岭甘肃省甘南地区阳山金矿、山东省莱州市寺庄金矿、海南抱伦金矿。

中国发现世界最小树栖翼龙化石

中国和巴西的科学家在我国著名的热河生物群联合发现了一种新的翼龙化石。这件被科学家命名为“隐居森林翼龙”的化石,翼展仅25厘米,是世界上最小的树栖翼龙化石。

2月12日出版的《美国国家科学院刊》发表了中国科学院古脊椎动物与古人类研究所汪筱林、周忠和研究员和巴西科学院的凯尔勒、坎普斯博士合作研究的论文。

这件化石来自辽西葫芦岛市建昌县要路沟下白垩统九佛堂组(距今约1.2亿年)湖泊沉积的地层中,这里曾经发现大量鸟类、带羽毛恐龙等化石,是热河生物群的重要化石分布区。

2月13日

国务院总理温家宝主持召开国务院常务会议研究部署灾后重建工作

会议指出,在党中央、国务院的领导下,各地区、各部门积极行动,全国广大干部群众、解放军和武警官兵、公安民警团结一致、艰苦奋战,抗击历史罕见的低温、雨雪和冰冻灾害工作取得重大的阶段性胜利。全国交通运输恢复正常,大部分受损电力线路和变电站得到修复,居民生活用电基本恢复正常,电厂煤炭库存稳步回升,受灾群众生活得到及时安置,灾区市场基本稳定,社会秩序井然。

会议强调,这次灾害天气持续时间长、影响范围广、危害程度深,给电力、交通运输带来很大破坏,给人民群众生命财产和工农业生产造成重大损失。一些电力主网架线路尚未修复,电煤紧张的问题还未根本解决,灾区农作物大面积绝收,不少受灾群众生活还很困难,春运旅客返程高峰已经开始,灾后重建的任务十分繁重。下一阶段,抗击冰雪灾害将由应急抢险抗灾转入全面恢复重建,各地区、各部门思想丝毫不能麻痹,工作丝毫不能放松,要科学调配人力、物力和财力,早谋划、早安排、早启动,尽快恢复重要基础设施,尽快恢复工农业生产,尽快安排好受灾群众的生活,尽快恢复正常的生产生活秩序,努力把这场灾害造成的损失减少到最低程度。一要以电网恢复重建为重点,抓紧修复基础设施。全面展开受损高压网架的修复工作,3月底前完成修复、重建各受灾地区电网设备并恢复电网正常运行。交通、铁路、民航、建设、信息产业和广播电视等部门也要尽快修复受损设施。二要立即动员,组织好春耕生产。灾区要制定恢复农业和林业生产规划,并迅速组织实施;有关部门要全力保障恢复生产所需的种子、种苗及农资供应;对受灾较严重地区的农民购种和修复农业设施要给予适当补助,力争灾后有一个比较好的收成。三要进一步加强煤电油运保障工作。继续发挥国有重点煤矿和地方国有煤矿骨干作用,增加煤炭生产和供应;受灾煤矿恢复供电后要抓紧排水、通风和维修,在确保安全的前提下尽快恢复生产。加强电力需求侧管理,压缩高耗能、高排放企业和产能过剩行业用电。做好成品油供应,保持市场稳定。继续做好春运工作,合理安排运力,保证返程旅客和电煤等重要物资运输。四要妥善安排受灾群众生活。认真落实救助受灾群众的各项政策措施,组织好缺粮农民的粮油供应,大力开展生产自救,帮助农民度过春荒。要摸清因灾倒塌房屋底数,核对灾情,帮助群众做好重建工作。五要高度重视长时间低温、雨雪冰冻可能引发的次生灾害。加强监测、监控,切实做好地质灾害、环境污染、公共卫生、基础设施、交通运输等方面的安全防范工作。

会议要求,各地区、各部门要加强组织领导,明确目标责任,千方百计克服困难,认真落实各项工作措施,奋力夺取抗灾救灾和灾后重建的全面胜利。

会议还研究了其他事项。

国务院煤电油运和抢险抗灾应急指挥中心关于抢险抗灾工作及灾后重建安排的报告

现将雨雪冰冻灾情、抢险抗灾工作进展情况以及下一阶段工作安排意见报告如下:

一、我国经历了一场历史罕见的低温雨雪冰冻灾害

从1月10日到2月2日,我国南方地区先后出现四次大范围低温雨雪冰冻过程。这次灾害性天气正值春运高峰,持续时间长、影响范围广、危害程度深,多数地区为50年一遇,部分地区为百年一遇。全国有19个省(区、市)不同程度受到影响,其中湖南、贵州、江西、广西、湖北、安徽、浙江7省(区)最为严重。持续低温雨雪冰冻天气造成多种灾害并发,给人民群众生命财产和工农业生产造成重大损失,正常生产生活秩序受到极大影响。

(一)电力设施严重损毁。全国有13个省(区、市)电力系统运行受到影响,170个县(市)停电。截至2月11日,110千伏及以上线路倒塔8709基,断线2.7万余条,变电站停运1497座。贵州、江西500千伏电网一度基本瘫痪,电网解列运行,西电东送通道中断。湖南电网500千伏和220千伏变电站有1/3停运。

(二)交通运输一度严重受阻。由于倒塔断电,北

京至广州、上海至昆明两大主要铁路干线部分区段运输受阻。全国累计有23万公里的公路因结冰多次封闭,出现严重拥堵,110万条公路客运班线停开,影响3400余万人次正常出行。直接损毁公路8.2万公里。长江中下游14个机场一度关闭,大批航班取消或延误,大量旅客滞留机场。

(三)电煤供应告急。由于电力中断和交通受阻,加上一些煤矿提前放假和检修等因素,煤炭供应受到严重影响。部分电厂电煤库存急剧下降,19个省(区、市)拉闸限电。

(四)农业生产遭受重大损失。截至2月12日,农作物受灾面积1.78亿亩,成灾8764万亩,绝收2536万亩。其中油菜受灾4891万亩,占全国秋冬种油菜面积的48.4%;蔬菜受灾4208万亩,占全国秋冬种蔬菜面积的35.2%。死亡牲畜606万头、家禽6275万只;良种繁育体系遭受严重破坏;塑料大棚、畜禽圈舍等设施损毁严重。国有林场有46个严重受灾,道路、送水管线和防火观测塔台等受到严重破坏。

(五)灾区工业企业大面积停产。停电及交通运输受阻等因素导致灾区的工业生产受到很大影响,其中湖南省83%的规模以上工业企业、江西省90%的工业企业一度停产,有的至今尚未恢复。

(六)灾区群众生活受到严重影响。长期低温冻害和大面积停电,造成部分地方自来水管道损坏、供水中断,垃圾和污水得不到及时处理,通信及金融、证券交易网点正常营业受到影响,商业流通、加油加气设施受到损坏。截至2月12日,低温雨雪冰冻灾害已造成倒塌房屋35.4万间,损坏房屋140.8万间,紧急转移安置151.2万人。因灾造成直接经济损失约1111亿元(未含工矿企业和文教卫生事业单位损失)。

二、抗灾救灾斗争取得重大的阶段性胜利

面对突如其来的罕见灾害,在党中央、国务院正确、坚强、具体的领导和指挥下,各地区、各部门广大干部群众紧紧围绕"保交通、保供电、保民生"的总体要求,顽强拼搏,奋起抗灾;各级领导干部深入一线,靠前指挥;共产党员不畏艰险,冲锋在前;人民解放军、武警官兵迅速出动,全力以赴;社会各界同舟共济、众志成城,全力投入抗灾救灾攻坚战。目前,抗灾救灾取得了重大的阶段性胜利。

(一)在"保交通"方面,抢通道路攻坚战取得决定性胜利,全国交通运输恢复正常。针对冰冻、断电造成铁路公路交通中断堵塞的严峻形势,受灾地区人民政府和铁路、交通、民航、公安、通信等部门立即启动应急预案,组织广大职工群众以及人民解放军、武警官兵、公安民警上路破冰除雪,采取多种措施畅通交通干线,疏导滞留车辆,救助滞留旅客。在各方面共同努力下,铁路、公路、民航等交通运输已全面正常运行,县级以上受灾地区通信已基本恢复。

(二)在"保供电"方面,抢修电网和抢运电煤攻坚战取得重大进展,节前灾区居民用电基本恢复的目标如期实现。灾情发生后,各有关省(区、市)人民政府、电监会和国家电网公司、中国南方电网有限责任公司及时启动电网大面积停电应急预案,在全国范围紧急抽调技术力量抢修受损设施,并采取调集柴油发电机(车)临时供电等措施。截至2月12日,受损电力线路已恢复70%,受损变电站已修复74%。电力供应中断的170个县(市)有164个恢复或部分恢复供电,87%的乡镇基本恢复用电。电煤产量、运量大幅增加,电厂存煤稳步回升。安全监管总局指导国有重点煤矿调整停产检修安排,要求企业确保安全生产。山西、陕西、内蒙古、河南等主要产煤省(区)加强煤炭企业生产组织,保证煤炭调出。神华集团公司、中煤能源集团公司以及地方国有大型骨干煤炭企业节日期间坚持生产,日均煤炭产量同比增长29.8%。春节期间没有发生较大以上安全事故。铁路、交通部门突击抢运电煤,截至2月11日,直供电厂煤炭库存平均可用天数恢复到12天。中国石油天然气集团公司、中国石油化工集团公司克服困难,千方百计保证成品油供应。

(三)在"保民生"方面,受灾群众生活得到及时安置,灾区市场基本稳定。灾区各级人民政府和国务院有关部门及时启动应急预案,全力开展救助工作。民政部、商务部及灾区各级人民政府迅速调拨发放食品、粮油、饮水、取暖燃料、棉衣被、蜡烛、应急灯等救灾物资,妥善救助受灾群众和铁路、公路滞留人员655.5万人。中央和地方财政部门及时安排和预拨各项救灾资金,及时预拨增拨城乡低保资金,对重灾省(区、市)城乡低保对象给予生活补助。各级卫生部门及时派出医疗、防疫、卫生监督队伍救治伤病人员和受灾群众,受灾地区未出现重大传染病疫情。建设部门加强对城镇受损基础设施修复工作的指导,灾区大部分城市的供水、供气和公共交通等基本恢复正常。农业部门加强对抗灾救灾的技术指导和服务,及时调度救灾种子和急需物资。林业部门组织数万名职工保树保苗,抢救被困的林业职工。商务、粮食部门投放储备肉和粮食、食用植物油,加强蔬菜产销衔接。供销社系统积极组织麻袋、草袋等抗灾物资和农村生活必需品的购销调运工作。交通、物价、财政部门减免鲜活农产品道路通行费和运销环节收费,加强市场价格监管。商务部门与主供省(区、市)加强协调,保障港澳生猪等畜禽产品供应。

(四)在"保交通、保供电、保民生"的工作中,人民解放军、武警部队和广大公安民警作出了重大贡献。

广大官兵发扬不怕困难、一往无前的光荣传统，协助地方政府和有关部门担负了破冰通路、抢修电网、转移安置受灾群众、紧急调拨棉衣被、抢运救灾物资、诊治冻伤和生病人员、保障受困群众生活、维护机场车站和社会秩序、加固维修损毁民房等救灾任务。截至2月12日，累计出动人民解放军31.9万人次，武警34.8万人次，组织民兵预备役188.2万人次。公安民警累计593万人次在第一线维持秩序、疏导交通、铲冰除雪、救助群众。

(五)在抢险抗灾应急保障方面，有关部门和单位发挥了重要作用。发展改革系统和应急办系统承担了国家和各地方应急指挥中心(部)的任务，当好参谋，加强协调，统一调度，及时解决抗灾救灾中的重大问题。各级气象部门迅速启动各类应急预案，全力以赴做好气象监测和预报服务，准确预测天气变化趋势，为抢险抗灾提供全方位的气象服务。金融系统克服停电等各种困难坚持营业。保险系统迅速核灾、定损、理赔，支持抗灾抢险和灾后重建工作。

(六)在抢险抗灾对内、对外宣传报道方面，把握了正确的舆论导向。在中央宣传部、新闻办的统一组织下，中央各主要媒体、重点新闻网站、各地方的新闻单位坚持正面引导，派出大批新闻记者深入抗灾救灾第一线，宣传党中央、国务院抢险抗灾的重大部署，及时报道各地区、各部门抢险抗灾进展情况和在第一线涌现出的先进人物和模范事迹，进一步增强了全国人民夺取抢险抗灾全面胜利的信心。国务院煤电油运和抢险抗灾应急指挥中心(以下简称应急指挥中心)每天发布抢险抗灾工作进展情况的新闻，发布指导抢险抗灾工作的公告，做到了信息发布的权威性、及时性、准确性、综合性，对正确引导舆论发挥了重要作用。外交部及驻外外交机构及时向国际社会通报灾情，积极引导国际舆论。

三、全力做好下一阶段恢复重建工作

全国抢险抗灾工作取得了重大的阶段性胜利。但是，近期部分地区仍有低温雨雪冰冻天气，春运旅客返程高峰已经开始；尚未修复的电网施工条件仍十分恶劣，融冰过程中还可能出现新的倒塔断线；随着电网恢复正常运行和工农业恢复生产，电力需求增加，电煤供应可能再次出现紧张；农业受到重创，绝收面积多，恢复生产难度大；冰雪融化过程中容易引发山体滑坡等次生灾害；受灾群众口粮青黄不接时间延长，倒塌房屋重建需要一个过程。救灾和灾后恢复重建的任务仍十分繁重，思想丝毫不能麻痹，工作丝毫不能放松。下一阶段，抗击雨雪冰冻灾害斗争将由应急抢险抗灾转入全面恢复重建工作，要早谋划、早部署、早启动，统筹人力、物力、财力，尽快恢复重要基础设施，尽快恢复工农业生产，尽快安排好受灾群众生活，尽快恢复正常的生产生活秩序，努力把这场灾害造成的损失减少到最低程度，奋力夺取抗灾救灾斗争的全面胜利，确保经济平稳运行，确保社会和谐稳定，为实现全年经济社会又好又快发展创造条件。重点做好以下工作：

(一)抓紧修复基础设施。修复和重建受损的基础设施，要坚持规划先行、统筹协调，突出重点、分步实施，立足当前、兼顾长远，企业为主、政府支持。

灾后基础设施修复的重点是加快电网恢复重建。现在尚未修复的500千伏和220千伏主网架线路，大多架设在海拔较高的山区，施工条件差，物资运送困难。随着气温回升，要全面展开受损高压网架修复工作。一是明确目标。要尽快实现全国电网安全稳定运行。国家电网公司要在2月21日前恢复京广线剩余3个牵引站供电；3月10日前完成对主网重要受损设备的修复、重建，恢复主网运行方式；3月底前完成各受灾地区电网设备的修复和重建并恢复电网正常运行。中国南方电网有限责任公司要在3月5日前全部修复受损的220千伏和110千伏电网，基本恢复灾区供电；力争3月底前修复500千伏电网和西电东送主通道，全面恢复正常供电。受灾地区人民政府也要明确地方小电网的灾后重建目标。二是落实责任。两大电网公司负责本公司输配电受损设施的恢复重建工作，有关省级人民政府负责当地小电网的恢复重建工作。应急指挥中心抢修电网指挥部加强统筹协调。中央和省级人民政府对地方小电网的恢复重建资金给以适当补助。三是制定规划。进一步查清受损电力设施的数量、地点、性质、程度，细化重建方案，明确工作任务。对于必须尽快修复的直接影响居民生活和工农业生产的线路，按原设计方案就地实施抢修，尽快恢复供电，以后再根据情况改造加固，提高抗灾能力；对于海拔较高、倒塔数量大的线路，经科学论证后，适当提高覆冰设防标准或采取局部加强等措施重建。四是调配力量。两大电网公司要根据抢修需要，集中人力、物力保证恢复重建目标的按期实现，必要时可请人民解放军和武警部队协助。地方政府要给予大力支持。两大电网公司对抢修小电网要给予技术支持。五是保障物资供应。对电网修复重建所需物资，有关设备和物资生产企业要抓紧生产，应急指挥中心负责统筹衔接，铁路、交通等部门提供运输保障，确保所需物资和设备及时运达施工现场。六是保证质量和安全。电网修复重建工作要严格遵守操作规程，确保施工质量。加强安全生产管理，防止抢修和重建过程中发生事故。

交通部门要把恢复性重建与适应性发展结合起来，抓紧组织实施清理公路塌方、恢复路基缺口及挡土墙等工程。铁路、民航部门也要组织尽快修复受损设施。建设部门要组织好城镇供水管网的修复,3月底前全面恢复正常供水,4月底前城镇污水处理设施基本恢复正常运行。信息产业和广播电视部门要组织基础电信运营企业和电视台、广播电台修复受损的供电、基站、线路、发射台等设施。气象、教育、卫生、旅游等部门也要抓紧组织本系统受损设施的恢复重建工作。各级人民政府要对公用设施和社会事业设施恢复重建给予适当补助。

工矿企业受损情况正在进一步调查。企业要立足生产自救,保险公司要及时定损、理赔,金融机构要积极支持帮助解决资金困难。

(二)尽快恢复农业生产。农业部门要加强指导,地方各级人民政府要组织农民开展生产自救,促进农业生产尽快恢复,力争灾后有一个较好的收成。一是各受灾地区要制订恢复农业和林业生产规划,并迅速组织实施。二是抓好油菜、蔬菜、水果生产恢复工作。油菜生产要加强田间管理,促进苗情转化,对长江流域油菜给予适当救灾资金补助。通过抢发芽苗菜、抢种速生叶菜、抢育果菜瓜菜类秧苗,促进蔬菜生产恢复。加强在园果树管理,及时补充树体养分,恢复生产能力。三是加强种子种苗调剂供应。受灾地区要切实组织好种子种苗调运、供应,确保恢复生产的需要。中央财政和省级财政对受灾较严重地区的农民给予购种补贴,对灾区边远山区农民免费提供恢复生产需要的种子、种苗、种畜。四是尽快修复受损设施。各地区要抓紧组织修复蔬菜大棚、养殖场舍等农业设施,恢复良种繁育体系,重建蔬菜育苗场、果树茶树良种苗木繁殖场。中央财政给予适当补助。五是加强技术服务。各级农业部门要组织有关专家和农业技术人员深入田间地头开展指导和咨询服务,提高农民群众防灾抗灾和恢复生产的能力。切实做好受灾地区禽畜产品疫病防治工作。六是保障农资供应。认真落实国家对化肥生产的优惠电价、优惠气价,组织好化肥、农膜、农药、饲料等农用物资的生产、供应和运输。七是加大信贷支持力度。各金融机构要采取多种形式,增加对受灾严重的大型农产品加工企业、养殖企业以及农户贷款支持,帮助恢复生产。

商务部门、供销社系统要抓紧组织修复受损的批发市场等流通设施,林业部门要抓紧组织修复受损的森林防火、基层机构水、电、路、通信等设施,水利部门要抓紧组织修复受损的乡村供水、灌溉排涝等设施,中央财政给予适当补助。

(三)加强煤电油运保障。随着生产生活秩序的逐步恢复,用电负荷和成品油需求将逐步增加,要继续做好煤电油运的保障工作。一是组织好煤炭生产。继续发挥国有重点煤矿和地方国有煤矿骨干作用,增加煤炭生产和供应。受灾煤矿要抓紧恢复供电后的排水、通风和检修,尽快恢复生产。各煤炭主产省(区)要抓紧组织放假停产检修的煤矿恢复生产,尽快恢复正常的煤炭生产水平。要按照安全监管总局的要求做好复产前的安全验收工作,落实地方政府的安全监管责任和企业的安全生产主体责任,确保安全生产。二是稳步提高电厂煤炭库存。铁路、交通部门要在组织好旅客运输、人民基本生活必需品和救灾物资运输的基础上,继续对电煤运输给予重点安排,保证重点电厂存煤持续保持在正常水平。要切实做好京津唐和华中、华东、华南地区的电煤运输保障工作。煤炭生产企业和运输、发电企业都要重合同、守信用,保证重点合同兑现。三是保障电网运行安全。坚持以煤定电的原则,加强需求侧管理,实施有序用电。按照与发电出力相匹配的原则控制用电负荷,压缩高耗能、高排放企业和产能过剩行业用电,停止不符合产业政策、违规建设和淘汰类企业用电,优先保障居民生活、医院、学校、铁路交通、煤矿、金融机构、通信、农业生产等重点用户的用电,确保电网运行安全。加强电网运行调度,重点支援受灾严重的贵州、湖南、江西、浙江和缺电严重的广东等地区。四是稳定成品油供应。中国石油天然气集团公司、中国石油化工集团公司要继续做好成品油市场供应的保障工作,保持成品油市场的稳定。

要组织好返程旅客运输工作。当前正值春节假期结束返程客流的高峰。铁道、交通、民航、公安等部门要高度重视,精心组织,合理调配运力,坚持以客为主,统筹安排好旅客和货物运输,切实做到运输安全、有序、顺利。

(四)妥善安排受灾群众生活。一是保障受灾群众基本生活。要按照保吃饭、保御寒、保有住处、保有病能医的要求,切实落实各项救助措施,做到工作到村,落实到户,不漏一人。特别是要注意做好山区和边远地区受灾群众的生活保障工作。二是做好春荒救助工作。中央和地方各级财政要加大救灾投入。地方人民政府要组织开展生产自救。各级粮食部门要组织好缺粮农民的粮油供应,帮助农民度过春荒。三是重建倒塌房屋。因灾倒塌房屋的大多是生活极其困难的群众。地方各级人民政府要高度重视受灾群众的倒塌房屋重建工作,2月底前摸清底数,核对灾情;3月底前制订方案,开展重建工作;6月底前基本完成重建,并组织验收。农民倒塌房屋重建工作,由县级人民政府负责,民政部门统一组织,群众自建为主,政府适当补助。对灾情较重的省份,中央财政要给予重点支持。对农村危房改造要摸清底数,制定规划。

(五)着力防治次生灾害。灾区各级人民政府要高度重视长时间低温、雨雪冰冻可能引发的次生灾害,切实加强地质灾害、环境污染、公共卫生、基础设施、交通运输等方面的安全防范工作。一是突出重点。防范冰雪融化引发山体崩塌、滑坡、泥石流等地质灾害,防范停水停电后引发的垃圾堆积、污水处理厂停止运行后带来的环境污染,防范因冰冻造成的公路和城市道路桥梁涵洞、供水供气供电、水库堤坝、河道堤防的损毁和坍塌,防范动植物疫情暴发,防范公共卫生事件发生。二是严密监控。要加强对山地丘陵、采矿工地、尾矿坝、铁路公路沿线等地质灾害易发区的监控和防范,加强对饮用水水源地水质情况的监测,加强对重大基础设施的管理和维护,加强因病因灾死亡畜禽的无害化处理,广泛开展爱国卫生运动。三是落实责任。国土、建设、农业、林业、卫生、环保、水利、交通、铁路、电力、气象等部门,要对可能发生的次生灾害,制订应急预案,实行专业监测与群测群防相结合,切实做好重点领域、重点工程、重点地带的安全隐患排查工作,加强对突发灾害的应急处置。环保部门要做好灾后水污染、大气污染、固体废弃物污染的防治工作。四是妥善应对。各地区、各部门要加强雨雪冰冻天气次生灾害知识的宣传,提高防范意识,一旦发生次生灾害,要迅速查明情况,及时采取措施,努力减少灾害损失。

这次灾害造成的损失巨大,灾后重建任务十分繁重。灾区各级人民政府要继续加强领导,进一步核实受灾情况,科学编制灾后恢复重建规划,精心组织实施。国务院有关部门要认真履行职责,加强指导。要继续发挥人民解放军和武警部队在灾后重建中的重要作用。应急指挥中心要加强协调,督促检查。灾后恢复重建资金要通过企业自筹、银行贷款、保险赔付、财政支持等多渠道筹集。坚持自救为主、政府支持,地方为主、中央补助。中央财政重点支持重灾地区、重点领域和生活最困难的群众。

各地区、各部门都要认真反思这次持续低温雨雪冰冻灾害暴露出的矛盾和问题,总结抢险抗灾的经验教训,不断提高突发事件的应急处置能力。

2月14日

国务院总理温家宝在中南海紫光阁会见国际货币基金组织总裁卡恩

温家宝向卡恩简要介绍了中国宏观经济形势和2008年政府经济工作的主要任务,指出在全球经济增长放缓的背景下,中国经济保持健康平稳增长显得尤为重要。中国政府正加快转变经济发展方式,着力促进结构调整,努力实现国民经济又好又快发展。

温家宝希望卡恩领导国际货币基金组织为维护和促进全球经济和金融稳定发挥更大作用,同时加快国际货币基金组织自身改革,使国际货币基金组织的治理结构更好地反映全球经济格局的变化。温家宝正式宣布中国将于2008年加入国际货币基金组织的金融部门评估规划。

国务院副总理吴仪出席在北京召开的全国新型农村合作医疗工作会议并发表讲话

2008年全国新型农村合作医疗工作会议14日至15日在京召开。国务院副总理、国务院新型农村合作医疗部际联席会议组长吴仪出席会议并强调,今年新农合工作的总体要求是增加补助、全面覆盖、巩固提高,实现在新的起点上又好又快发展。

吴仪指出,自2003年开展新农合试点以来,经过各地区、各有关部门的共同努力,新农合制度建设取得显著成绩。覆盖面不断扩大。目前,新农合已覆盖全国86%的县(市、区),参加农民达到7.3亿人。保障能力逐步增强。2007年当年筹集新农合基金已经达到428.3亿元。全国累计已有9.2亿人次享受到新农合补偿,共补偿资金591亿元。实践证明,新农合制度符合我国国情,符合农村经济发展水平,与农民经济承受能力和医疗服务需求基本适应,在减轻农民医疗负担、缓解因病致贫和返贫状况、保障农民健康方面发挥了重要作用,是我国农村卫生改革发展的重大制度创新和现阶段农民基本医疗保障的重要实现形式。

吴仪强调,五年来新农合制度建设积累了宝贵经验:一是认真落实以人为本的科学发展观,把解决民生问题作为政府的基本职责,放到突出位置。二是坚持试点先行、循序渐进的原则,充分尊重广大农民的意愿。三是始终坚持为民、利民、便民的宗旨,不断改进工作方法,完善政策措施。四是鼓励农民参与,实行民主监督。

吴仪要求,各地区、各有关部门要及时研究解决工作中出现的问题,不断巩固完善新农合制度。一要加大工作力度,确保2008年新农合制度全面覆盖全国农村。二要从实际出发,落实好筹资政策,从今年开始用两年时间将新农合人均筹资水平从50元提高到100元。三要完善统筹补偿方案,合理使用基金,不断扩大受益面。四要加大投入力度,加强卫生支农工作,加强医疗机构监管,提供价廉、质优药品,努力提高农村医疗服务水平。五要规范和完善新农合基金管理运行,切实加强监管。六要加强新农合管理经办能力和信息化建设。七要加强组织领导,加强协同配合,扎实推进新农合制度建设。

全国妇联追授徐翠萍为全国三八红旗手

徐翠萍同志生前是安徽省巢湖市庐江县泥河镇党

委委员、副镇长。2008年1月12日以来，大雪使庐江县境内的合安、合铜黄两条高速公路瘫痪，逾万名旅客滞留。徐翠萍同志主动请缨，带领400多名群众奋战在抗雪救灾第一线。她靠前指挥，连续奋战9天9夜，于2月4日晚在合铜黄高速公路上铲冰除雪保畅通时，不幸被车撞倒，以身殉职，年仅44岁。

2月15日

十届全国人大常委会第七十四次委员长会议在人民大会堂举行

会议决定，十届全国人大常委会第三十二次会议于2月26日至28日在北京举行。

吴邦国委员长主持会议。

根据委员长会议建议的议程，十届全国人大常委会第三十二次会议将继续审议水污染防治法修订草案，首次审议残疾人保障法修订草案，审议十届全国人大常委会代表资格审查委员会关于个别代表的代表资格的报告，审议有关任免案等。

十届全国人大常委会第三十二次会议的一项重要任务是为即将召开的十一届全国人大一次会议做好准备工作。根据建议的议程，此次常委会会议将审议全国人大常委会工作报告稿；听取关于十一届全国人大代表选举工作情况的报告，审议十届全国人大常委会代表资格审查委员会关于十一届全国人大代表的代表资格的审查报告；分别审议十一届全国人大一次会议议程草案、主席团和秘书长名单草案、列席人员名单草案等。

委员长会议上，全国人大常委会副委员长、秘书长盛华仁和全国人大有关专门委员会负责人、全国人大常委会有关方面负责人分别就委员长会议建议的十届全国人大常委会第三十二次会议有关议程情况，以及十一届全国人大一次会议议程草案和日程草案、表决议案办法草案、选举和决定任命的办法草案、表决十一届全国人大各专门委员会组成人员人选的办法草案有关情况等作了汇报。

副委员长王兆国、李铁映、司马义·艾买提、何鲁丽、丁石孙、成思危、许嘉璐、蒋正华、顾秀莲、热地、路甬祥、乌云其木格、韩启德出席会议。

国务院总理温家宝与德国总理默克尔通话

默克尔对中国部分地区遭受雨雪冰冻灾害表示慰问。默克尔说，德国致力于同中国发展良好的战略伙伴关系，加强在双边和国际事务中的合作。德国将继续坚定支持和奉行一个中国政策，反对台湾"入联公投"，不支持"西藏独立"。德方祝愿北京奥运会取得圆满成功。

温家宝说，中国政府一向从战略高度和长远角度重视中德关系。在当前形势下，中德间的共同利益不断扩大，面临的共同挑战也日渐增多，需要两国加强合作，携手应对。双方应本着相互尊重、平等互利、互不干涉内政等原则，共同努力，确保中德关系健康顺利向前发展。

双方还就世界经济形势、气候变化、发达国家与发展中国家对话与合作等问题交换了意见。

全国政协主席贾庆林在北京会见老挝副总理兼外长通伦·西苏里

中共中央政治局常委习近平考察北京奥运场馆慰问工程建设者并对进一步做好奥运筹办工作提出要求

习近平在中共中央政治局委员、北京市市委书记刘淇，中共中央书记处书记、中央办公厅主任令计划，国家体育总局局长刘鹏，北京市长郭金龙等陪同下，先后考察了北京市2008工程展示中心、国家体育场、国家游泳中心、数字北京大厦和国家体育馆，详细了解了工程建设情况，特别是奥运场馆工程建设促进我国建筑业设计、施工、管理和人才队伍建设的有关情况。

在听取北京奥运工程建设总体情况介绍时，习近平说，举办北京奥运会、残奥会，这是2008年我们党和国家的一件大事。我们在农历正月初九、也就是距北京奥运会开幕式倒计时第175天的时候来到这里，首先要向北京市委、市政府、北京奥组委的同志们，并通过你们向广大奥运场馆建设者拜个晚年，祝同志们在新的一年里为奥运筹办工作作出更大贡献。习近平充分肯定了北京奥运场馆建设取得的显著成绩，他说，奥运场馆工程是展现我国工程质量和技术水平的大舞台，在实践中造就了一批建筑设计、建设管理、施工组织等方面的领军人才和青年英才；同时，奥运场馆工程建设还造就了一支思想技术双过硬的农民工队伍，参与奥运工程建设的5万多名农民工已成为城市建设的生力军，这是与场馆建设同样重要的人才建设和人力资源建设。

在考察中，被称为"鸟巢"和"水立方"的国家体育场和国家游泳中心这两大标志性建筑，受到习近平高度评价。他称赞"鸟巢"工程既很壮观又很震撼；工程的施工和管理，充分显示了中华民族自主创新的智慧和能力。习近平说，2008北京奥运会、残奥会开、闭幕式在这一充满创意的场馆举行，必将收到建筑艺术与精湛演出交相辉映的效果。习近平还称赞"水立方"工程精美的设计和独特的构思令人难忘，建设者们善于破解建设难题的聪明才智令人难忘，广大港澳台侨同胞主动捐资建设“水立方”的爱国热情令人难忘，这既体现了现代奥林匹克的巨大魅力，也体现了中华民族的伟大凝聚力和中华文化的强大向心力。

北京奥运场馆建设中所体现的“绿色奥运、科技奥运、人文奥运”理念和“节俭办奥运”原则，也受到习近平的好评。他在考察数字北京大厦时说，这个建筑在赛时将为2008北京奥运会、残奥会提供通信服务；奥运会后，又将成为北京的信息化中心和通信枢纽，现代奥林匹克带动举办城市基础设施建设的作用，在这里得到生动体现。习近平还赞扬国家体育馆注重把功能设计、美感设计同环保设计结合起来，国家体育馆的地基中填埋了8万多吨废钢渣，有效地保护了环境；场馆还成功地采用了太阳能光电利用技术，可有效地节约能源。他指出，北京市在奥运工程建设中，以实际行动体现和落实了科学发展观。

在考察过程中，习近平强调，现在2008北京奥运会和残奥会的各项筹办工作，已进入最后冲刺阶段。为了以实际行动落实胡锦涛总书记提出的以最大热情、尽最大努力，把北京奥运会和残奥会办成增进中国人民同世界各国人民相互了解和友好合作的盛会这一重要指示精神，我们要在前一阶段卓有成效的筹办工作基础上，共同努力，群策群力，齐心协力，加强统筹协调，坚持通力合作，进一步深入细致做好各项筹办工作，确保把北京奥运会办成一届“有特色、高水平”的奥运会；并确保把残奥会也办得同样成功、同样精彩。

国家海洋局发布《2007年中国海洋经济统计公报》

据统计公报分析，2007年全国海洋生产总值为24929亿元，比上年增长15.1%，占国内生产总值的比重为10.11%，表明海洋经济对我国国民经济和社会发展的贡献日趋突出。

全国海洋经济继续保持稳步增长态势。2007年全国海洋生产总值中，海洋产业增加值为14844亿元，海洋相关产业增加值10085亿元。海洋经济三次产业结构为5:46:49。全国涉海就业人员3151万人，比上年新增加就业岗位191万个。

外交部部长杨洁篪在北京与老挝副总理兼外交部部长通伦·西苏里举行会谈

外交部部长杨洁篪在北京会见沙特国王阿卜杜拉的特使穆格林亲王

2月16日

中国首批大学生极地考察队员产生

由国家海洋局组织的“迎接北极第一缕曙光——中国大学生北极考察活动”总决赛最后一轮在大连举行。10名大学生成为我国首批大学生极地考察队员，考察队将于2月28日启程，奔赴中国北极黄河考察站，进行为期10天的极地考察。

中国导演王小帅执导的影片《左右》获得第五十八届柏林电影节最佳编剧银熊奖

2月17日

中共中央政治局常委习近平出席在北京召开的全国组织工作会议并发表讲话

习近平强调，各级党委和组织部门要认真学习贯彻党的十七大精神，高举中国特色社会主义伟大旗帜，以邓小平理论和“三个代表”重要思想为指导，深入贯彻落实科学发展观，坚持以党的执政能力建设和先进性建设为主线，在坚持改革创新上下功夫，在突破重点、难点上下功夫，在做好基础工作上下功夫，在提高工作水平上下功夫，以高度的政治责任感、锐意进取的精神状态、求真务实的工作作风，奋力开创新起点上党的建设和组织工作新局面，为夺取全面建设小康社会新胜利提供坚强的组织保证。

会议期间，胡锦涛总书记同与会代表座谈并作了重要讲话。会议充分肯定了党的十六大以来党的建设和组织工作取得的成绩和宝贵经验，对当前和今后一个时期的工作进行了部署。

习近平在讲话中深刻分析了贯彻落实党的十七大精神对党的建设和组织工作提出的新要求，明确提出了以改革创新精神进一步做好党建工作和组织工作的目标任务，强调要加强党的思想理论建设，深入学习贯彻中国特色社会主义理论体系，在用马克思主义中国化最新成果武装全党、指导实践、推动工作上不断取得新进步；积极推进党内民主建设，加大组织制度改革创新力度，在提高党的工作的科学化民主化制度化水平上不断取得新进步；加强干部队伍建设，大力培养选拔高素质领导人才和德才兼备的优秀年轻干部，在提高各级领导班子领导水平和执政能力上不断取得新进步；更好实施人才强国战略，加快推进人才工作体制机制创新，在发现人才、凝聚人才、造就人才、用好人才上不断取得新进步；深化干部人事制度改革，增强选贤任能和识才聚才本领，在提高选人用人公信度、提高广大党员群众对干部选拔任用工作满意度上不断取得新进步；坚持抓基层、打基础不放松，着力创新基层党建工作，在充分发挥基层党组织作用、保持和发展共产党员先进性上不断取得新进步；加强和改进对党建工作的领导，健全和完善责任制，在提高管党治党水平和组织工作水平上不断取得新进步。

习近平指出，党的十七大提出要尊重党员主体地位，这是马克思主义群众观和以人为本思想在党内生活中的重要体现。尊重党员主体地位，最根本的就是要认真落实党章及党员权利保障条例等党内规章赋予党员的知情权、参与权、选举权、被选举权和监督权等各项民主权利，让党员在党内生活中真正发挥主体作用。要做好关心、爱护老党员和生活困难党员工作，增强党组织的亲和力，使广大党员真正感受到入党后有义务、有责任、有奉献，同时也有权利、有温暖、有荣誉。

习近平强调，要抓住领导班子和干部队伍建设的关键问题、干部人事工作的难点问题和干部群众关注的热点问题，坚定不移地深化干部人事制度改革。要全面正确地执行党的干部路线和干部政策，坚持德才兼备、以德为先，坚持正确的用人导向。要树立注重品行的导向，注重选拔政治坚定、原则性强、清正廉洁、道德高尚、情趣健康的干部；要树立科学发展的导向，注重选拔自觉贯彻落实科学发展观、坚持又好又快发展、工作实绩突出的干部；要树立崇尚实干的导向，注重选拔求真务实、埋头苦干、默默奉献、不事张扬的干部；要树立重视基层的导向，注重选拔在基层和生产一线的优秀干部，选拔长期在条件艰苦、工作困难地方努力工作的优秀干部；要树立鼓励创新的导向，注重选拔思想解放、作风扎实、勇于创新、锐意进取的干部；要树立群众公认的导向，注重选拔想干事、能干事、干成事，能为人民造福、得到群众拥护的干部。通过树立、落实和坚持正确的用人导向，褒奖那些贡献突出的干部，支持那些一身正气的干部，鼓励那些老实干事的干部，鞭策那些相形见绌的干部，教育那些跟风行事的干部，约束那些投机钻营的干部，惩处那些贪污腐败的干部，进一步提高选人用人水平。

中共中央政治局委员、中央书记处书记、中组部部长李源潮就贯彻落实会议精神提出要求。他指出，要深入学习贯彻十七大精神和胡锦涛总书记、习近平同志在会上的重要讲话精神，深刻认识推进组织工作改革创新的重要性紧迫性，加大改革创新力度，努力破解工作难题，不断开创组织工作新局面。他强调，今年组织工作要以服务中心、推进改革、发展民主、加强基层为重点，着力为科学发展选干部、配班子、建队伍、聚人才。要切实抓好用中国特色社会主义理论体系教育培训党员干部、建设高素质领导班子和干部队伍、积极推进基层党内民主建设、深化干部人事制度改革、推进人才队伍建设、加强基层党组织建设等各项工作。要在组织系统开展带头“讲党性、重品行、作表率”，树组工干部新形象活动，加强组工干部队伍政治建设、能力建设、作风建设，不断提高服务大局、服务党员干部和各类人才、服务基层和群众的水平，使组织工作让全党满意、让人民满意。

中央党的建设工作领导小组成员，中央组织部部务会成员出席了会议。中央和国家机关有关部委主要负责同志，各省、自治区、直辖市和副省级城市以及新疆生产建设兵团党委组织部长，中央和国家机关各部委、各人民团体干部（人事）司（局）长，部分国有重要骨干企业、金融机构、高等学校党委（党组）分管组织人事工作的负责同志，解放军总政治部干部部和组织部、武警总部政治部负责同志参加了会议。

2月18日

中共中央总书记胡锦涛出席在北京召开的全国组织工作会议并发表重要讲话

胡锦涛强调，能不能始终带领人民走在时代前列，能不能始终保持同人民群众的血肉联系，能不能始终成为中国特色社会主义事业的坚强领导核心，是对党的最根本的考验。要经受住这个最根本的考验，关键是要坚持以改革创新精神全面推进党的建设新的伟大工程，使党的建设工作更富有时代气息、更富有实际成效。

胡锦涛在讲话中指出，党的十七大强调，党要站在时代前列带领人民不断开创事业发展新局面，必须以改革创新精神加强自身建设，始终成为中国特色社会主义事业的坚强领导核心。这是我们党深刻把握时代条件变化、我国经济社会发展要求、党的建设状况提出的重大战略思想和重大战略任务，是新形势下加强党的建设和做好组织工作的根本要求。这其中的关键，就是大力弘扬改革创新精神。在改革开放30周年到来之际，党的十七大向全党发出这一号召，具有十分重大的现实意义和深远的历史意义。必须从国际形势的发展变化，从发展中国特色社会主义的客观要求，从提高党的执政能力、保持和发展党的先进性的战略高度出发，深刻认识和全面把握大力弘扬改革创新精神的重大意义。

胡锦涛强调，我们党是马克思主义政党，党的性质、宗旨和历史使命决定了党既要敢于和善于在自己所领导的伟大事业中不断改革创新，又要敢于和善于在自身建设中不断改革创新。全党同志一定要紧密联系新的时代条件下加强和改进党的建设的实际，坚持以中国特色社会主义理论体系为指导，坚持党的宗旨和性质，发扬党的优良传统，以改革创新的精神状态、改革创新的思想作风、改革创新的工作方法全面加强和改进党的各方面建设，着力提高党的执政能力、保持和发展党的先进性，着力加强和改善党的领导，着力改进党的领导体制、执政方式、组织形式、活动方式、管理方式，着力提高推动科学发展、促进社会和谐的能力，更加自觉、更有成效地把党建设好，使党始终成为中国特色社会主义事业的坚强领导核心。

胡锦涛指出，党的十七大对党的建设作出了总体部署，深刻反映了党所处的历史方位和党的建设面临的新形势新任务，各级党委要按照党的十七大的要求，扎实、深入、全面抓好落实。要大力推进中国特色社会主义理论体系的学习贯彻，进一步提高全党的马克思主义理论水平；大力推进党内民主建设，进一步增强党的创新活力、巩固党的团结统一；大力推进党的制度创新，进一步提高党的建设的制度化、规范化水平；大力加强领导班子和领导干部队伍建设，进一步提高推动事业发展的开拓创新能力；大力推进基层党组织建设，进一步增强基层党组织的创造力、凝聚力、战斗力；大力推进党风廉政建设，进一步增强拒腐防变和抵御风险能力。

胡锦涛强调，坚持以改革创新精神加强党的建设，必须着眼于提高全党的马克思主义理论水平，坚持不懈地用中国特色社会主义理论体系武装全党，推动广大党员特别是各级领导干部自觉用这一理论体系指导客观世界和主观世界的改造，提高运用科学理论解决实际问题的能力。要在全党开展深入学习实践科学发展观活动，努力把各级党组织建设成为贯彻落实科学发展观的坚强堡垒，把干部队伍建设成为贯彻落实科学发展观的骨干力量，切实把党的政治优势和组织优势转化为推动经济社会又好又快发展的强大力量。

胡锦涛强调，发展党内民主是以改革创新精神加强党的建设的重要内容，也是以改革创新精神加强党的建设的重要条件。只有切实发展党内民主，才能最大限度地激发全党的创新活力，才能广泛凝聚全党的智慧和力量，使改革创新成为广大党员特别是各级领导干部的自觉行动，使改革创新的决策更科学、实践更丰富、成效更显著，形成全党齐心协力推进党的建设、做好党的工作的强大合力。要坚持民主集中制，尊重党员主体地位，保障党员民主权利，充分发挥党员在党内事务中的参与、管理、监督作用，通过扎实有效的工作，不断提高党内民主建设质量和水平，促进党内民主和人民民主良性互动、共同发展，不断探索具有中国特色的发展党内民主的内容、途径、方法。

胡锦涛强调，要继续加大制度建设和创新力度，整体设计，分步实施，及时将党的建设理论创新、实践创新成果转化为制度成果，不断完善党的建设和党内生活的制度机制。要根据新情况新变化，加快完善民主集中制的具体制度，切实把民主集中制更好地落实到党的领导制度、组织制度、选举制度、工作制度、监督制度等方面。要抓住党的建设中的全局性、战略性问题，抓住广大党员、干部和人民群众最期待解决、党的建设最需要解决的紧迫问题，集中力量攻坚，努力在主要方面和关键环节上取得突破，带动整个党内制度建设，逐步建立起内容完备、结构合理、功能健全、科学管用的党内制度体系。

胡锦涛强调，各级党委要把提高领导班子和领导干部的开拓创新能力作为一项紧迫的重要任务来抓，加强学习和实践锻炼，加强领导班子制度建设，完善选人用人机制，营造创新氛围。要坚持正确的用人导向，真正把那些政治上靠得住、工作上有本事、作风上过得硬、人民群众信得过的干部选拔到各级领导岗位上来。要在党内特别是干部队伍中大力营造鼓励探索、支持创新、宽容失误的环境和氛围，教育和引导广大党员、干部自觉坚持锐意改革、奋勇创新，自觉反对不求进取、得过且过，激励广大党员、干部不断保持和增强蓬勃向上的朝气、开拓进取的锐气、不畏艰险的勇气，真正推动出现一个广大干部奋勇争先、与时俱进、为党和人民建功立业的生动局面。

胡锦涛指出，以改革创新精神全面推进党的建设新的伟大工程，是全党的共同任务，更是各级党委的重要职责。在工作中，必须切实做到高举旗帜、求真务实、把握主线、全面推进。要全面贯彻党的十七大精神，高举中国特色社会主义伟大旗帜，坚持以邓小平理论和“三个代表”重要思想为指导，深入贯彻落实科学发展观，把坚持马克思主义基本原理同推进马克思主义中国化结合起来，用党的理论创新成果武装头脑、指导实践、推动工作，不断提高党的思想理论水平，使全党同志都牢牢坚持中国特色社会主义道路不动摇、坚持中国特色社会主义理论体系不动摇。

胡锦涛强调，各级组织部门和广大组工干部要一如既往地发扬党的优良传统和作风，以开拓进取的作风和求真务实的精神抓好各项决策和部署的落实，真正把组织部门建设成为高举中国特色社会主义伟大旗帜、深入贯彻落实科学发展观的模范部门，把组工干部队伍建设成为讲党性、重品行、作表率的过硬队伍，在全面建设小康社会、推进中国特色社会主义事业的伟大实践中，坚持学习、学习、再学习，坚持实践、实践、再实践，坚持创新、创新、再创新。

中共中央政治局常委、中央书记处书记习近平主持会议。中共中央政治局常委、中央纪委书记贺国强出席会议。

习近平在主持会议时指出,胡锦涛同志的重要讲话,深刻阐述了以改革创新精神全面推进党的建设新的伟大工程的重大意义,对贯彻落实党的十七大精神、在党的建设和组织工作中大力弘扬改革创新精神提出了明确要求。讲话高屋建瓴,总揽全局,思想深刻,论述精辟,对于在新的历史起点上开创党的建设和组织工作新局面具有长远的指导作用。各级党委和组织部门要认真学习、深刻领会、全面贯彻,以改革创新精神进一步把党建工作和组织工作做好。

座谈会上,中共中央政治局委员、中央书记处书记、中央组织部部长李源潮介绍了会议有关情况。广东省委常委、组织部部长胡泽君,四川省委常委、组织部部长柯尊平,江苏省委常委、组织部部长王国生,国务院国资委主任、党委书记李荣融,中国航天科技集团公司党组书记、总经理马兴瑞作了发言。

出席座谈会的还有:刘云山、何勇、令计划、王沪宁等。

中共中央政治局常委李长春在人民大会堂会见由社长依格纳坚科率领的俄通社—塔斯社代表团

李长春积极评价了中国与俄罗斯的友好关系。他说,当前,中俄关系正处于历史最好时期。2006年和2007年两国互办“国家年”活动。近年来,两国高层互访频繁,文化交流全面展开,人员往来日趋活跃,地方合作方兴未艾,双方在重大国际和地区事务中的战略协作进一步加强。“国家年”活动虽然结束,但其倡导的“世代友好,携手共进”精神将世代相传。

李长春说,近年来,两国媒体间的交流与合作十分活跃。这对于增进双方媒体之间的了解、改善各自工作、促进两国关系的发展起到了积极的作用。今年,我们要纪念实行改革开放30周年,北京要举办奥运会和残奥会,他希望光明日报社与俄通社—塔斯社继续保持并进一步加强友好合作,通过各种方式向俄罗斯人民更多介绍中国,了解北京奥运会。

李长春还向客人介绍了中国共产党第十七次全国代表大会有关情况。

依格纳坚科对中国经济社会的快速发展表示赞赏,对北京奥运会充满期待,希望与光明日报社进一步开展更加有效的合作。

光明日报社总编辑苟天林等会见时在座。

国务院副总理吴仪到安徽考察

2月18日至22日,国务院副总理吴仪在安徽省委书记王金山、省长王三运等陪同下,吴仪先后到巢湖、芜湖、铜陵、池州、安庆、合肥市,考察外经贸、农村合作医疗、旅游和灾后重建等方面工作。

吴仪充分肯定了近年来安徽省经济社会发展取得的成绩,对安徽人民在改革开放实践中富有创造激情,敢闯敢拼,开拓创新给予高度评价。面对充满竞争的时代,她要求安徽省认真总结改革开放30年来的经验,利用毗邻长江三角洲的区位优势和自然人文资源优势,在努力扩大对外开放的同时,高度重视对内开放,加快转变外贸增长方式,不断提高引资水平,积极承接东部地区产业转移和民营资金流动,提高综合竞争力,力争上游,实现跨越式发展。

在芜湖奇瑞公司、铜陵有色集团,吴仪与企业管理层、员工深入交谈,详细了解产品产销、自主研发、国际市场开拓等情况。当了解到奇瑞公司走出国门创品牌、铜陵有色的工作热情和干劲之后,她非常高兴,要求随行的地方和部门领导大力支持这类企业做大做强,支持他们自主创新,不断提高产品质量、档次和附加值,争创国际知名品牌。

在考察芜湖铁画厂、铜陵铜文化博物馆、池州秀山门博物馆、桐城文庙等旅游景点时,吴仪对安徽省旅游资源开发和徽文化保护工作给予肯定。她强调,要借助黄山、九华山和太平湖等自然资源和徽文化资源的优势,全面实施旅游精品战略,建设海内外知名的旅游目的地。要把“徽文化”利用好、打出去,实现文化产业与旅游产业共同繁荣发展。

吴仪在安庆市怀宁县月山镇中心卫生院考察时,对新型农村合作医疗和城镇居民基本医疗保险试点工作情况进行专题调研。她要求安徽省进一步加强领导,继续加大投入,完善地方各级财政补助资金拨付办法,确保地方配套资金按时足额到位,使新农合制度顺利推行,让更多农民受益;要认真制订好城镇居民基本医疗保险试点实施方案,合理制定筹资保障标准和待遇水平,既保证城镇居民看病就医的必要支出,又避免浪费。

考察期间,吴仪还出席了合肥“中国服务外包基地城市”授牌仪式暨服务外包基地共建协议签字仪式。

国务院副总理曾培炎出席福建宁德核电项目动工仪式并发表讲话

曾培炎首先对宁德核电站开工表示祝贺。曾培炎说,核电是清洁高效、安全可靠的能源。本届政府以来,我国核电建设迈出了很大步伐,为进一步加快发展打下了良好基础。最近南方发生的低温、雨雪冰冻灾害,反映出全球气候变化带来极端气候现象增多的趋势。这提示我们要进一步调整优化电力结构,发展核电等清洁能源,减少温室气体排放。同时,也要求我们合理提高中心负荷地区的供电能力,降低煤炭运输压力,从而更好地保证煤电油运稳定供应,维护能源安全、维护工农业生产和人民生活正常秩序。

曾培炎指出,中国核电市场潜力很大,为了赶超世界先进水平,必须坚持以我为主,中外合作,加强引进技术的消化吸收再创新,努力实现百万千瓦级先进压水堆核电站的自主设计、自主制造、自主建设和自主运营,全面建立与国际先进水平接轨的建设和运营管理模式。

曾培炎强调,核安全是核电建设的生命线。要坚持业主负责制,切实落实核安全责任。投资建设单位要精心组织安排,狠抓设计、施工、制造、运营过程的质量管理,搞好核安全教育与培训,严肃劳动纪律和操作规程。设备制造企业要尽可能实行国际通行的安全标准。政府部门要加强监管,确保核电站建设和运行万无一失。他要求,宁德核电站建设各有关方面,要精诚团结,密切配合,切实履行合作协议,承担责任义务,加强项目安全、质量和投资管理,努力把宁德核电站建成优质工程、精品工程、环保工程。

此次开工的福建宁德核电站一期工程,共建设四台百万千瓦级核电机组,由广东核电投资有限公司、大唐国际发电股份有限公司和福建省煤炭工业(集团)有限公司共同投资建设,总投资约500亿元人民币,采用我国自主品牌的CPR1000核电技术,设备国产化比例将不低于80%。首台机组将于2012年12月建成。四台机组建成后,年发电量预计将达到300亿千瓦时。

中国文化遗产研究院在北京揭牌

全国人大常委会副委员长何鲁丽出席了中国文化遗产研究院的揭牌仪式。

文化部部长孙家正在致词中说,中国文化遗产研究院的成立,是中国文化遗产保护科研机构发展史上的一件大事,是我国文化遗产保护科研事业发展的一个重要起点。他希望文化遗产事业在社会主义文化建设新高潮中发挥积极作用、希望科学和技术在文化遗产事业中发挥支撑作用、希望中国文化遗产研究院在文化遗产保护科技发展中发挥骨干作用。

2月19日

国务院总理温家宝应约与英国首相布朗通电话

双方积极评价当前中英关系的良好发展势头,表示愿共同努力,落实好双方已达成的一系列共识,深化在经贸、环保、节能、文化、奥运等领域的合作,推动中英关系不断深入发展。

关于苏丹达尔富尔问题,温家宝说,中方希望达区早日实现和平、稳定和发展,并为此作出了建设性的努力。中方是最明确提出并推动苏政府、非盟、联合国"三方机制"和"双轨战略"的国家,是最早派维和部队抵达区的非洲以外国家,是最早、最快向达区提供发展援助的国家,也是向达区提供最多发展援助的国家。中方将于近期再次派达问题特别代表刘贵今大使访问苏丹。我们愿与英方一道,继续为达尔富尔问题的妥善解决作出不懈努力。

布朗赞赏中方为妥善解决达尔富尔问题所做的积极努力,表示英方坚决反对抵制奥运会,期待北京奥运会成为本世纪最成功的运动会。

双方还就共同关心的国际问题交换了意见。

中央精神文明建设指导委员会在北京召开第一次全体会议

中共中央政治局常委、中央精神文明建设指导委员会主任李长春主持会议,他强调,要深刻领会党的十七大对精神文明建设作出的新部署,深刻领会胡锦涛总书记在全国宣传思想工作会议上提出的新要求,深刻领会人民群众对精神文明建设的新期待,增强责任感和紧迫感,高举旗帜、围绕大局、服务人民、改革创新,在新的历史起点上开创精神文明建设工作新局面。

会议指出,党的十六大以来,精神文明建设工作在以胡锦涛同志为总书记的党中央坚强领导下,坚持服务于党和国家工作大局,坚持解放思想、实事求是、与时俱进,坚持以人为本、服务群众,坚持贴近实际、贴近生活、贴近群众,求真务实,开拓创新,取得了明显成效。

李长春强调,当前和今后一个时期的精神文明建设工作,要高举中国特色社会主义伟大旗帜,坚持以邓小平理论和"三个代表"重要思想为指导,深入贯彻落实科学发展观,切实履行党的十七大赋予精神文明建设工作的职责和使命,为夺取全面建设小康社会新胜利创造良好的思想舆论氛围。要紧紧抓住建设社会主义核心价值体系这条主线,部署和安排精神文明建设的各项工作,采取有效措施,把建设社会主义核心价值体系贯穿到精神文明建设全过程,丰富精神文明建设的思想内涵,提高精神文明建设的工作水平。要紧紧抓住服务群众这个根本,大力建设公共文化服务体系,积极开展红色旅游,净化社会文化环境特别是网络环境,加强网络文化建设,繁荣文艺创作,满足人民群众日益增长的精神文化需求。要紧紧抓住纪念改革开放30周年、举办北京奥运会和残奥会这两件大事,广泛开展坚持改革开放的宣传教育活动,深入开展"迎奥运、讲文明、树新风"活动,为纪念改革开放30周年、成功举办北京奥运会和残奥会提供思想保障、精神动力、舆论支持和文化环境。要紧紧抓住创建文明城市、文明村镇、文明单位和全国道德模范学习宣传活动这两个载体，建立、健全长效机制，吸引群众广泛参与，在全社会兴起群众性精神文明创建活动的新热潮，形成学习、崇尚、关爱和争当道德模范的浓厚氛围，进一步提高广大公民思想道德素质和社会现代文明程度。

中共中央政治局委员、书记处书记、中央文明委副主任刘云山对做好2008年精神文明建设工作进行了部署。他强调，要立足根本，突出重点，明确责任要求，制订实施方案，切实办好作用大、影响大的实事。要加大指导协调力度，加强督促检查，确保工作件件有落实、事事有结果。要把改革创新精神贯彻到工作的各个方面，不断拓展精神文明建设的领域和阵地，不断创新精神文明建设的内容形式、方法手段和体制机制，推动精神文明建设取得新进展新成效。

国务委员、中央文明委副主任陈至立出席会议，对进一步做好精神文明建设工作提出了要求。

国务院在北京召开会议部署农业抗灾减灾和春耕生产

中共中央政治局委员、国务院副总理回良玉在会上强调，各地区各部门要认真贯彻党中央、国务院关于抗灾减灾和灾后重建的决策部署，全面落实中央一号文件精神，进一步动员起来，采取有力措施，尽快恢复农业生产，尽早开展春耕备耕，因地制宜、分类指导，落实政策、增加投入，坚决打好农业抗灾减灾和春耕生产这场硬仗，力争夏季粮油和全年农业丰收，为经济社会又好又快发展提供有力支撑。

回良玉指出，当前正值抗击低温雨雪冰冻灾害取得重大阶段性胜利、由应急抢险抗灾转入全面恢复重建的关键时刻，正值春耕生产即将由南到北全面展开的重要时节，抓好农业抗灾减灾和春耕生产，关系到全年粮食稳定发展和主要农产品基本供给，关系到农民持续增收和新农村建设的推进，关系到宏观调控和经济社会发展全局。与往年相比，今年春季农业生产不利因素增加、困难增多。特别是低温雨雪冰冻灾害使灾区的农业遭受重创且后续影响还在不断显现，部分地区旱情严重，气候变化的不确定因素增大，给农业生产带来了严重威胁。对此，我们一定要有清醒的认识，务必把存在的困难和问题分析得更深入一些，把面临的不确定因素研究得更透彻一些，把促进农业发展的各项工作做得更扎实一些，把各方面的积极性调动和发挥得更充分一些，振奋精神，坚定信心，做到早动员、早部署、早落实。

回良玉强调，要突出重点任务，认真落实农业抗灾减灾和春耕生产的各项措施，切实做到领导到位、责任到位、措施到位、工作到位。一要切实加强灾后重建和农业生产恢复，抓好种子种苗调剂和技术服务，加强信贷支持，帮助农民积极抢种、补种、改种和补栏、补苗，尽快修复受损农业设施。二要切实加强春耕春管，引导农民扩大春播作物种植，抓好夏收粮油作物田间管理，积极开展跨区机耕、机播和机插作业，加大农业技术推广力度。三要切实加强畜牧水产业生产，继续促进生猪生产恢复发展，鼓励和支持规模养殖场发展健康养殖，抓好动物疫病防控，抓紧开展春季集中免疫。四要切实加强抗旱和农田水利建设，抓好病险水库除险加固、小型农田水利、农村饮水安全工程等建设。五要切实加强农业生产资料的生产、调运和农业用电的调度，强化农资市场监管，保障农资充足供应和价格基本稳定。六要切实加强植树造林和森林草原防火，深入开展全民义务植树活动，加快造林进度、提高造林质量，坚决防止发生重特大森林草原火灾。

回良玉强调，要统筹安排，切实抓好当前农业农村各项工作。认真落实中央一号文件精神，加大宣传力度，抓紧研究制定落实方案和配套措施，能明确的要尽快明确，能早出台的要尽早出台，能细化的要尽量细化。要妥善安排灾区和农村困难群众生活，搞好春荒救助，抓紧抓好受灾群众倒塌房屋重建工作。要努力保障农产品市场供应，加强市场信息服务，认真落实鲜活农产品运输"绿色通道"政策。要多渠道增加农民收入，突出抓好农业基础设施建设，继续深化农村各项改革。

外交部部长杨洁篪在北京会见联合国秘书长缅甸问题特别顾问甘巴里

2月20日

全国人大常委会委员长吴邦国在人民大会堂会见日本参议院代表团

吴邦国说，当前，中日关系总体发展态势良好。两国高层交往密切，各领域交流活跃，务实合作稳步推进。今年是中日关系发展史上的重要一年，胡锦涛主席将对日本进行国事访问，这是中国国家元首新世纪首次访日，与日本领导人共同规划两国关系的美好蓝图对中日关系的发展具有重大和深远的意义。今年又是中日和平友好条约缔结30周年，中国将举办北京奥运会和残奥会，中日双方将开展"中日青少年友好交流年"等一系列活动。这些都给中日关系发展带来重要机遇。中方愿与日方一道，抓住机遇，共同努力，推动中日关系长期稳定地向前发展。

吴邦国指出，议会交往是国家关系的重要组成部分。中国全国人大与日本众参两院已分别建立定期交流机制，并举行了富有成效的会议，为增进政治互信、加深人民友好、促进两国关系的发展发挥了重要的作用。希望双方继续充分利用定期交流机制这一重要平台，加强代表、议员间的友好交往，增进相互理解和信任，促进能源、环境领域大项目的合作，推动两国政治、经济、人文等各领域的交流，扩大两国民间交往，为中日友好关系的健康稳定发展作出积极贡献。

日本参议院代表团团长大石正光表示，作为近邻，日本政党、议会和人民都越来越真切地感受到日中友好关系的发展不仅符合两国人民的利益，也将对地区乃至世界的和平与稳定发挥巨大的作用。日本参议院将继续为增进两国人民的相互了解与友好感情，扩大环境等领域合作作出不懈努力。

全国人大常委会副委员长路甬祥参加了会见。

国务院总理温家宝主持召开国务院常务会议听取第二次全国农业普查工作汇报

会议指出，第二次全国农业普查历时近3年，调查了65万多个村和近2.3亿住户，比较全面地掌握了我国农业生产、农村劳动力及就业、农村居民生活和社区环境等方面新的基础数据。这次普查对于正确认识国情，把握我国“三农”的实际情况及发展变化趋势，科学制定“三农”政策，具有十分重要的意义。

会议要求各地区、各有关部门切实用好农业普查资料，加强对重大“三农”问题的系统分析研究，更好地指导农业和农村工作。

会议还研究了其他事项。

国务院批复同意四大流域防洪规划

国务院近日批复同意海河、太湖、辽河、松花江流域防洪规划。水利部副部长矫勇20日表示，通过这些规划的实施，将进一步提高大江大河防洪标准，完善城市防洪体系，对保障流域人民群众生命财产安全，具有十分重要的意义。

根据规划，到2015年，海河流域中下游地区防洪标准达到50年一遇。太湖流域防洪标准达到50年一遇，重点防洪工程按100年一遇防洪标准建设。辽河干流石佛寺至盘山闸段防洪标准达到100年一遇，其他主要防洪保护区基本达到50年一遇。松花江流域哈尔滨市、长春市的防洪标准达到200年一遇，其他地级以上城市防洪标准达到100年一遇，松嫩平原、三江平原等主要粮食生产基地的防洪标准达到50年一遇。

矫勇说，1998年大水以来，根据中央水利工作方针，水利部积极践行并不断发展可持续发展治水思路，开展了大规模的水利建设。1998年至2006年，全国水利建设共完成投资6207亿元，其中中央水利投资达2855亿元，水利基础设施的能力提高到新的水平。特别是以保障防洪安全为重点，实施了大江大河治理和骨干工程建设，江河防洪减灾能力明显提高。

目前，我国长江中下游干流堤防建设全部达到规划标准，实现了千百年来从围湖造田到退田还湖的历史性转变；黄河下游标准化堤防一期工程已经完成；治淮19项骨干工程建设全面推进，基本实现了国务院确定的治淮建设目标；太湖防洪工程体系基本形成；嫩江、松花江、海河、珠江治理都明显加快；其他大江大河重要堤防得到加固，防汛调度指挥系统加紧建设。黄河小浪底、万家寨、淮河临淮岗、嫩江尼尔基、广西百色、四川紫坪铺等水利工程相继建成发挥效益，实施了2000多座大中型病险水库除险加固。

2007年农村公路建设投资达1800亿元

2008年全国农村公路工作电视电话会议通报，2007年，我国农村公路建设完成投资、建成里程再创历史新高，全年全社会完成投资1800亿元，比2006年增长12.7%，其中中央车购税投资365.4亿元，比2006年增长61.5%，新改建农村公路42.3万公里，比2006年增长30.2%，解决了1682个乡(镇)、近4万个建制村通公路，1199个乡(镇)、3万多个建制村通沥青(水泥)路。

国家道路交通安全科技行动计划正式启动

科技部、公安部和交通部在人民大会堂正式签署国家道路交通安全科技行动计划合作协议，联合启动了“国家道路交通安全科技行动计划”。这标志着我国最大规模的一次道路交通安全科技合作行动正式全面启动。

据统计，2007年全国共发生道路交通事故32.7万起，造成8.16万人死亡，万车死亡率为5.1，交通事故死伤比为1∶4.66，都高于发达国家水平。道路交通事故已成为危害人民群众生命财产安全，影响社会和谐与稳定的重要因素之一。

据介绍，3部门将开展道路交通安全领域关键技术的研究和开发，并组织实施示范工程。3部门将按照“需求引导、自主创新、综合集成、重点突破、示范带动”的工作原则，以提高应对自然灾害突发事件能力，实现“道路交通事故死亡人数逐年下降，特大道路交通事故进一步减少，万车死亡率接近中等发达国家水平”为目标，在“交通参与者行为干预、车辆安全、运输组织、道路基础设施安全保障、道路交通管理”等涉及道路交通安全系统工程的关键技术方面开展研究，力争实现较大突破，加快引导和推动相关技术的标准化、系统化和普及化，切实提高应对自然灾害突发事件的能力。

全国人大与日本参议院定期交流机制第二次会议在北京举行

全国人大常委会副委员长、中日议会(参院)交流机制主席路甬祥与日本参议院代表团团长、民主党参议员大石正光共同主持会议。

双方代表高度评价议会定期交流机制的积极作用。路甬祥表示，继福田首相2007年12月访华后，胡锦涛主席将于今春访日，两国关系面临进一步改善和发展的重要机遇。中日议会(参院)交流机制顺应了两国关系发展的新形势，成为构筑中日战略互惠关系的积极参与者和务实推动者。

大石正光表示，福田首相访华与中方达成了多项共识，日方期待着胡锦涛主席今春访日取得进一步重要成果。日本参院愿为日中关系持续发展作出贡献，推动政府和国民认真面对和反省历史，切实增进日中双方的了解和理解。日本议员预祝2008年北京奥运会取得成功。

双方就中日经贸关系、能源环保、食品安全、知识产权、亚洲区域安全与合作、联合国改革等问题深入交换意见，表示将以交流机制为平台，不断提升双边政治互信，促进各领域合作，以切实造福两国及亚洲人民。双方定于明年在日本举行交流机制第三次会议。

日本参议院代表团于19日抵京，分别拜会了外交部、科技部和团中央等部门。代表团还将赴海南和广东两省访问，考察当地环保项目。

2月21日

中共中央在人民大会堂举行元宵节联欢晚会

胡锦涛、吴邦国、温家宝、贾庆林、李长春、习近平、李克强、贺国强等党和国家领导人同首都知识界代表欢聚一堂，共庆佳节。

联欢晚会由中共中央政治局常委李长春主持。他首先代表中共中央，向全国知识界的同志们、朋友们，致以节日的问候和良好的祝愿。

李长春说，刚刚过去的2007年，是党和国家事业发展进程中的重要一年。在以胡锦涛同志为总书记的党中央坚强领导下，全党全国各族人民继续深化改革、扩大开放，各项事业都取得了新的重大进展。我们党胜利召开了第十七次全国代表大会，为我们沿着中国特色社会主义道路乘胜前进指明了方向。知识界的同志们、朋友们为党和国家事业发展贡献了许多智慧和力量，党和人民感谢你们。

李长春说，2008年是全面贯彻落实党的十七大作出的战略部署的第一年。在这一年里，我们将隆重纪念改革开放30年，还要举办北京奥运会和残奥会。当前，全党全国各族人民正紧密团结在以胡锦涛同志为总书记的党中央周围，同心同德，开拓进取，为实现党的十七大确定的目标任务而努力奋斗。知识界是改革开放和社会主义现代化建设的一支重要力量。希望知识界的同志们、朋友们自觉担负起党和人民赋予的重任，扎实工作，再创佳绩，为夺取全面建设小康社会新胜利、谱写人民美好生活新篇章作出新的更大贡献。

李长春指出，最近，我国南方地区发生了罕见的低温、雨雪冰冻灾害，给灾区人民生产生活带来了很大困难。经过艰苦努力，目前灾情已经得到明显缓解。我们要再接再厉，排除万难，坚决夺取这场抗灾救灾斗争的全面胜利，继续推动经济社会又好又快发展。

出席联欢晚会的领导同志还有：王刚、王乐泉、王兆国、王岐山、回良玉、刘淇、刘云山、刘延东、李源潮、汪洋、张高丽、张德江、曹刚川、曾培炎、何勇、令计划、李铁映、司马义·艾买提、成思危、蒋正华、顾秀莲、盛华仁、韩启德、华建敏、陈至立、王忠禹、徐匡迪、张怀西、李蒙等，以及中央军委委员梁光烈、廖锡龙、常万全、靖志远、吴胜利、许其亮等。

中俄签署两国外交部2008年磋商计划

中国驻俄罗斯大使刘古昌在莫斯科出席《1999—2007年俄中文件汇编》首发式，并与俄罗斯第一副外长杰尼索夫代表两国外交部共同签署2008年磋商计划。

刘古昌在由俄罗斯外交部举办的首发式上说，《1999—2007年俄中文件汇编》是为中俄关系发展献上的又一份厚礼。它真实记录了中俄关系近10年的发展轨迹，是两国领导人和两国各界智慧的结晶，对指导两国各部门各地区认真落实文件内容、更好地开展合作具有很强的实用价值，对更好地了解和推动中俄关系进一步发展具有重要意义。

杰尼索夫说，《1999—2007年俄中文件汇编》记载了俄中关系近10年来的发展历程，反映了两国关系的高水平，体现了俄中两国各领域合作具有牢固的法律基础，必将对两国各部门、各行业和各地区之间开展合作发挥重要指导作用。

俄联邦委员会议员、前驻华大使罗高寿，俄中友协主席季塔连科以及中俄外交官、媒体记者等近100人出席了首发式。

首届中国出版政府奖在北京揭晓

中国出版业最高奖——中国出版政府奖评选结果

正式公布，网络出版物纳入评选。该奖项评选范围为2003年至2006年的出版物，涵盖出版全行业，共设6个子奖项，奖励总额200个。

《毛泽东传》等60种图书获图书奖；《百年经典——纪念中国唱片一百周年》等12种音像制品、《盛世钟韵》等5种电子出版物、《人民数据库(大型党政时政数据平台)》等3种网络出版物获音像、电子和网络出版物奖；《黄宾虹全集》等5种图书、《导航电子地图》等5种光盘复制品获印刷复制奖；《曹雪芹扎燕风筝图谱考工志》等10种图书获装帧设计奖。

另外，《十月》杂志社等50家单位获先进出版单位奖；毛凤昆等50人获优秀出版人物奖。

中国出版政府奖是我国新闻出版行业国家级最高奖项，每三年评选1次，目前共设6个子项奖，正式奖奖励数额总计200个，其中有100个出版物奖、50个先进出版单位奖和50个优秀出版人物奖。出版物奖中包括图书奖60个，音像制品、电子出版物、网络出版物奖20个，印刷复制奖10个，装帧设计奖10个。另外，还有优秀出版物提名奖200个。

据介绍，首届中国出版政府奖出版物奖参评范围为2003年1月1日至2006年12月31日期间由国家新闻出版行政管理部门批准成立的新闻出版单位正式出版并公开发行的图书、音像制品、电子出版物、网络出版物，以及其中经印刷复制质检部门检测的优质印刷、复制产品。先进单位和优秀人物的参评范围包括由国家新闻出版行政管理部门批准成立的图书、期刊、报纸、音像、电子及网络出版单位，印刷、复制企业，发行企业，版权机构，新闻出版行政管理部门以及其他新闻出版企事业单位和在上述单位中作出突出成绩的优秀人物。

中国队首夺三国围棋擂台赛冠军

第九届农心杯世界围棋团体锦标赛(即中日韩三国围棋擂台赛)第三阶段比赛中，中方副将常昊九段执黑227手中盘战胜韩国主将朴永训九段，为中国队首次夺得农心杯冠军。

2月22日

中共中央政治局召开会议决定召开十七届二中全会

中共中央政治局召开会议，决定2月25日至27日在北京召开中国共产党第十七届中央委员会第二次全体会议。中共中央总书记胡锦涛主持会议。

会议讨论了《关于深化行政管理体制改革的意见》《国务院机构改革方案(草案)》稿。会议认为，深化行政管理体制和机构改革，是发展社会主义市场经济和发展社会主义民主政治的必然要求，是我国全面改革的重要组成部分。要按照党的十七大提出的加快行政管理体制改革、建设服务型政府的要求，立足我国改革开放和社会主义现代化的新形势新任务，统筹兼顾、突出重点、积极稳妥、分步实施，坚定不移地把行政管理体制和机构改革推向前进，着力转变职能、理顺关系、优化结构、提高效能，为改革开放和社会主义现代化建设提供重要体制保障。

会议讨论了向第十一届全国人民代表大会第一次会议推荐的国家机构领导人员建议人选和向政协第十一届全国委员会第一次会议推荐的全国政协领导人员建议人选。

会议确定将以上两个方面的内容作为十七届二中全会的议题。

会议讨论了国务院拟提请第十一届全国人民代表大会第一次会议审议的《政府工作报告》稿。会议指出，第十届全国人民代表大会第一次会议以来的五年，全国各族人民在中国共产党领导下，高举中国特色社会主义伟大旗帜，坚持以邓小平理论和“三个代表”重要思想为指导，深入贯彻落实科学发展观，万众一心，顽强拼搏，继续推进改革开放和社会主义现代化建设，全面推进社会主义经济建设、政治建设、文化建设、社会建设，战胜各种艰难险阻，全面建设小康社会取得新的重大成就。我国经济发展迈上新台阶，人民得到更多实惠，综合国力显著增强，国际地位不断提高。五年来，各级政府认真履行职责，做了大量卓有成效的工作。今年是全面贯彻党的十七大作出的战略部署的第一年，各级党委和政府要按照中央的部署和要求做好工作。会议同意国务院将《政府工作报告》稿提请第十一届全国人民代表大会第一次会议审议。

会议还研究了其他事项。

西气东输二线工程开工仪式在人民大会堂举行

中共中央总书记、国家主席、中央军委主席胡锦涛发来贺信，要求把西气东输二线工程建设成为一流工程。中共中央政治局常委、国务院总理温家宝作出重要批示。国务院副总理曾培炎出席开工仪式并讲话。

胡锦涛在贺信中说，西气东输二线工程是继西气东输一线工程后又一具有战略意义的天然气长输管道。这项工程开工建设，对于优化我国能源结构、维护国家能源安全，对于促进经济社会发展、造福广大人民群众，具有重大意义。我代表党中央、国务院，对这项工程开工建设表示热烈的祝贺！向广大工程建设者致以诚挚的问候！

胡锦涛希望沿线各省区市党委和政府、参与工程建设的各有关部门和单位以及全体干部职工，认真贯彻落实党的十七大精神，充分发挥我国社会主义制度能够集中力量办大事的优越性，以强烈的责任感和使命感，团结协作，科学组织，精心施工，努力把西气东输二线工程建设成为一流工程，为夺取全面建设小康社会新胜利、谱写人民美好生活新篇章作出积极贡献。

温家宝在批示中指出，西气东输二线工程浩大，涉及面广，任务艰巨。要精心设计，精心施工，确保工程质量；依托管网建设，加快技术创新，提高技术装备国产化水平；加强科学管理，节约集约用地，保护生态环境。

曾培炎在讲话中说，要充分认识建设西气东输二线工程的重大意义，认真贯彻党的十七大关于加快发展现代能源产业和综合运输体系的要求，坚持统一领导、统一组织、统一协调，依靠技术创新、机制创新、管理创新，统筹国内工程建设和国外油气合作，统筹气源开发和管道建设，统筹项目实施和节约环保，确保工程质量和安全，确保管道投产后安全稳定运行，确保天然气稳定供应。

下午3时许，新疆鄯善、甘肃武威、宁夏吴忠、陕西定边4个开工现场各项准备工作就绪，曾培炎下达了工程开工令。

西气东输二线工程西起新疆霍尔果斯口岸，南至广州，东达上海，途经新疆、甘肃、宁夏、陕西、河南、湖北、江西、湖南、广东、广西、浙江、上海、江苏、安徽等14个省区市，管道主干线和8条支干线全长9102公里。工程设计输气能力300亿立方米/年，总投资约1420亿元。西气东输二线管道与拟建的中亚天然气管道相连，工程建成投运后，可将我国新疆地区生产以及从中亚地区进口的天然气输往沿线中西部地区和长三角、珠三角地区等用气市场。

国务院有关部门、西气东输二线工程沿线省区市政府、中国石油天然气集团公司负责人以及有关企业、工程建设者代表700多人参加了开工仪式。

国家统计局发布第二次全国农业普查结果

据国家统计局发布的第二次全国农业普查结果，到2006年年末，全国共有农业生产经营户20016万户，农业生产经营单位39.5万个；农业从业人员34874万人(是指在2006年从业人员中，以从事农业为主的从业人员，包括我国境内全部农村住户、城镇农业生产经营户和农业生产经营单位中的农业从业人员)；农村劳动力资源(是指2006年年末农村住户常住人口中16周岁及以上具有劳动能力的人员)总量53100万人，其中男劳动力占50.8%；农村外出从业劳动力13181万人，其中男劳动力占64%。

中日第八轮战略对话在北京举行

第八轮中日战略对话22日至23日在北京举行，外交部副部长王毅和日本外务省外务审议官薮中三十二分别率团参加。双方侧重就增进战略互信交换了意见，取得了有益成果。

薮中强调，中国的发展对日本是机遇，而不是威胁。日方对中国30年改革开放取得的巨大成就表示钦佩。

双方认为，中日关系正站在新的历史起点上，面临重要发展机遇。胡锦涛主席今年访问日本是一次继往开来的历史性访问，双方愿加强合作，确保访问取得圆满成功，推动中日关系真正进入健康稳定发展轨道。

战略对话期间，双方还就东海问题进行了进一步磋商，一致认为要按照两国领导人迄今达成的各项共识，继续作出努力，争取在两国关系进一步发展进程中推动这一问题尽快得到妥善解决。

战略对话结束后，外交部部长杨洁篪会见了薮中一行。

八家中央网络媒体签署《中国互联网视听节目服务自律公约》

人民网、新华网、中国网、国际在线、央视国际、中青网、中国经济网、中国广播网8家中央网络媒体，今天签署《中国互联网视听节目服务自律公约》(以下简称《公约》)，倡议网络媒体积极传播健康有益视听节目，抵制腐朽落后思想文化。

《公约》倡议，不传播渲染暴力、色情、赌博、恐怖等危害未成年人身心健康、违背社会公德、损害民族优秀文化传统的互联网视听节目；尊重和保护著作权人和互联网视听节目服务单位的合法权益，创造和维护公平有序的网络视听节目版权环境；建立互联网视听节目信息的行业共享互助机制，保持信息的有效沟通，共同净化网上空间，形成共建共享的精神家园。

缔约单位同意在适当的时机设置《公约》的执行机构并服从该机构的监督管理。

此外，《公约》还欢迎所有在中国境内从事互联网视听节目服务的单位，在自愿接受《公约》的条件下申请加入。

《中国海洋发展报告》面世

我国第一部《中国海洋发展报告》在京首发。这部被称为海洋"国情咨文"的发展报告由国家海洋局海洋发展战略研究所课题组编写，可提供给广大的社会公众阅读和参考。

据海洋发展战略研究所副所长张海文介绍，《中国海洋发展报告》涵盖了我国海洋发展的国际环境、法律与权益、经济与科技、环境与资源、政策与管理等多个领域，总结了我国当前海洋发展的进程和成就，分析了当前海洋事业发展中存在的问题，并对海洋事业发展的方向和重点进行了预测。

据了解，《中国海洋发展报告》今后将形成年度系列报告，有重点地介绍和评述该年度海洋事业发展基本情况，并对公众关注的热点和难点问题进行评论。

第六届中华人口奖在北京揭晓

12位对我国人口和计划生育事业作出突出贡献的人士获奖。

中国计划生育协会会长姜春云、全国政协副主席王忠禹荣获第六届中华人口奖"特别荣誉奖"；河南省人大常委会副主任王菊梅、浙江省副省长盛昌黎、广东省人口计生委主任张枫、江苏省人口计生委主任张肖敏、青岛市人口计生委主任李淑华、沈阳市大东区永丰社区计生协副会长李金萍荣获第六届中华人口奖"工作奖"；北京协和医院妇产科主任医师乌毓明、中国福利会国际和平妇幼保健院主任医师庄留琪、南开大学经济学院人口与发展研究所教授李建民、北京大学中国经济研究中心教授曾毅荣获第六届中华人口奖"科学技术奖"。

中华人口奖是我国人口领域的最高奖，设立于1993年，每三年一届，至今已有76位社会各界杰出人士荣获此奖。

2008年国际滑联速度滑冰世界青年锦标赛在长春开幕

2月23日

中共中央总书记胡锦涛主持中共中央政治局第四次集体学习并发表讲话

胡锦涛强调，建设服务型政府，是坚持党的全心全意为人民服务宗旨的根本要求，是深入贯彻落实科学发展观、构建社会主义和谐社会的必然要求，也是加快行政管理体制改革、加强政府自身建设的重要任务。要在经济发展的基础上，不断扩大公共服务，逐步形成惠及全民、公平公正、水平适度、可持续发展的公共服务体系，切实提高为经济社会发展服务、为人民服务的能力和水平，更好地推动科学发展、促进社会和谐，更好地实现发展为了人民、发展依靠人民、发展成果由人民共享。

中共中央政治局这次集体学习安排的内容是国外政府服务体系建设和我国建设服务型政府。国家行政学院薄贵利教授、中国行政管理学会高小平研究员进行了讲解，并谈了对我国建设服务型政府的意见和建议。

中共中央政治局各位同志认真听取了他们的讲解，并就有关问题进行了讨论。

胡锦涛在主持学习时发表了讲话。他指出，为人民服务是党的根本宗旨，是各级政府的神圣职责。党和政府的一切工作，归根到底都是为了实现好、维护好、发展好最广大人民的根本利益。建设服务型政府，根本目的是进一步提高政府为经济社会发展服务、为人民服务的能力和水平，关键是推进政府职能转变、完善社会管理和公共服务，重点是保障和改善民生。要坚持以邓小平理论和"三个代表"重要思想为指导，深入贯彻落实科学发展观，按照全体人民学有所教、劳有所得、病有所医、老有所养、住有所居的要求，围绕逐步实现基本公共服务均等化的目标，创新公共服务体制，改进公共服务方式，加强公共服务设施建设，逐步形成惠及全民的基本公共服务体系。

胡锦涛指出，建设服务型政府，首先要创新行政管理体制。要着力转变职能、理顺关系、优化结构、提高效能，把政府主要职能转变到经济调节、市场监管、社会管理、公共服务上来，把公共服务和社会管理放在更加重要的位置，努力为人民群众提供方便、快捷、优质、高效的公共服务。要优化政府组织结构，加强公共服务部门建设，推进以公共服务为主要内容的政府绩效评估和行政问责制度，完善公共服务监管体系，加快法治政府建设，全面推进依法行政，依法规范政府职能和行政行为。要加快推进政企分开、政资分开、政事分开、政府与市场中介组织分开，发挥公益类事业单位提供公共服务的重要作用，支持社会组织参与公共服务和社会管理，形成公共服务供给的社会和市场参与机制。要完善公共财政体系，调整财政收支结构，扩大公共服务覆盖范围，把更多财政资金投向公共服务领域，把更多公共资源投向公共服务薄弱的农村、基层、欠发达地区和困难群众，增强基层政府提供公共服务的能力。要创新社会管理体制，努力实现管理与服务有机结合，在服务中实施管理，在管理中体现服务。要全面加强公务员队伍思想建设、作风建设、能力建设，加强公务员制度建设，不断提高公务员为人民服务的能力和水平。各级政府工作人员特别是领导干部要牢记全心全意为人民服务的宗旨，大力增强公仆意识，切实转变工作作风，努力做到思想上尊重群众、感情上贴近群众、行动上深入群众、工作上依靠群众，时刻把群众的安危冷暖放在心上，多为群众办好事、办实事，真正做到为民、务实、清廉。

胡锦涛指出，建设服务型政府，需要各级党委和政府共同努力。要增强建设服务型政府的紧迫感和责任感,切实把建设服务型政府列入重要议事日程,制定工作规划,确定重点任务,加强领导,精心组织,积极推动,不断取得新进展。要加强对建设服务型政府的实践探索和理论研究,深入分析新情况新问题,及时总结实践经验,认真借鉴国外有益做法,促进服务型政府建设。

国务院副总理回良玉出席在北京召开的灾区群众生活安排和倒房恢复重建工作会议并发表讲话

全国灾区群众生活安排和倒房恢复重建工作会议2月23日至24日在北京召开。中共中央政治局委员、国务院副总理、国家减灾委员会主任回良玉在会上强调,党中央、国务院对灾后恢复重建和灾区群众生活安排高度重视,作出了一系列重大决策部署。我们要把尽快修复倒塌损坏的群众住房作为一项紧迫的重大任务来抓,以对党和人民高度负责的精神,按照"群众自建为主,政府适当补助"的原则,精心组织,科学规划,保证质量安全,尊重群众意愿,引导灾区群众自力更生重建家园,确保6月底前全面完成倒房恢复重建任务。要千方百计安排好受灾群众生活,落实好各项救助措施,帮助他们度过春荒。

回良玉指出,这次低温雨雪冰冻灾害造成民房倒塌损坏数量大、分布范围广,受灾群众多、救灾任务重,特别是许多受灾群众家庭生活困难、自救能力较弱,倒房恢复重建和生活安置任务十分艰巨。各有关地区和部门要按照中央的要求,发扬连续作战的精神,进一步加大救助和重建工作力度。各级领导干部要深入一线,及时解决恢复重建和群众生活安排工作中遇到的困难和问题。

回良玉强调,灾区倒房恢复重建工作要实现"两个确保":确保时间进度,确保重建质量。为此,必须做到"三个坚持":一是坚持科学规划,统筹协调安排。倒房重建要坚持与新农村和小城镇建设、人居环境治理相结合,与扶贫开发工作、改善群众生活相统一,与当地经济社会总体规划、公共基础设施建设相衔接,统筹搞好规划,科学选址设计,提高防灾避险的水平。二是坚持政府引导,尊重群众意愿。要在加大政府支持和补助力度的同时,动员社会各方面力量参与重建。要充分调动受灾群众积极性,充分尊重群众意愿,引导他们自力更生重建家园。三是坚持经济实用,保证质量安全。要立足当前、着眼长远,因地制宜、分类指导,根据灾区自然地理条件和经济发展水平,在充分考虑群众承受能力的基础上,引导帮助倒房群众建造抗灾能力强、造价适中的房屋,改善农民的居住条件。当前,要抓紧摸清倒房底数,制定重建规划,分解落实责任,强化工作措施,加快组织实施。要抓紧落实政策,积极研究制订资金、物资和施工等方面的支持措施,中央补助资金要尽快下拨。同时要结合倒房重建,推进农村危房改造工作。

回良玉对群众生活救助工作提出"四个务必保证"的要求。他强调,要高度重视,千方百计安排好群众生活。要进一步加大投入力度,务必保证救灾资金和物资及时到位;要认真落实各项救助措施,特别注意做好偏远贫困地区灾害救助工作,做到工作到村、落实到户、不漏一人,务必保证受灾群众得到妥善安置;全力帮助解决城乡低保户和低保边缘户、农村五保户以及残疾人等困难家庭吃饭、取暖、就医、子女入学等问题,务必保证城乡困难群众得到及时救助;继续组织开展好社会救灾捐赠活动和对口帮扶工作,务必保证救灾捐赠活动有序展开。

回良玉最后说,这次抗击历史罕见的低温雨雪冰冻灾害取得了重大阶段性胜利,要认真总结经验,进一步健全灾害应急管理体系,完善应急预案,加强城乡社区减灾的基础工作,加快实施国家综合减灾规划,切实提高综合防灾减灾能力和水平。

国务院副总理曾培炎在中南海紫光阁会见美国前国务卿基辛格

第四十九届世乒赛在广州开幕

中共中央政治局常委李长春出席开幕式并宣布锦标赛开幕。中共中央政治局委员、广东省委书记汪洋,国务委员陈至立等出席开幕式。

本届世乒赛,完全模拟北京奥运会团体赛制,是奥运会前中国乒乓球队的最后一次大练兵,各支参赛队伍也把此次比赛作为备战奥运会的良机。中国在男子团体方面派出了王皓、马琳、王励勤、马龙、陈玘,在女子团体方面派出了张怡宁、郭跃、王楠、李晓霞、郭焱参赛,囊括了中国乒乓球队几乎所有一线主力,基本代表了中国乒乓球的最高水平。男团能否实现四连冠的目标,女团能否续写八连冠的辉煌,人们拭目以待。

世乒赛是世界乒乓球运动最大规模和最高水平赛事。在广州举行的第四十九届世乒赛从2月24日开始,到3月2日结束,包括男子团体和女子团体两个项目。共有来自世界各国和地区的140个协会的700多名运动员参加,世界排名前50的运动员大多报名参赛。但按规定,只有分在第一等级的前24支球队才有资格争夺冠军。

开幕式前,李长春等领导同志会见了沙拉拉等国际乒联主要官员。

2007中国十大系列英才在北京揭晓

来自海内外的100名英才，闵恩泽、何振梁、汝信、吴敬琏、赵铁锤、仇保兴、王文哲、李小琳、康日新、李兴钢、石大华、方石然、张亚勤、刘彭芝、郭淑珍、穆桥石、孟欣、魏家福、谭晶等，分别摘取了2007中国十大创新英才、中国十大诚信英才、中国十大管理英才、中国十大建设英才、中国十大科技英才、中国十大教育英才、中国十大工商英才、中国十大财智英才、中国十大创业英才、中国十大魅力英才桂冠。

本次活动由中国年度英才委员会的组成单位全国政协教科文卫体委员会、中华全国工商业联合会、中国企业联合会、中国工业经济联合会、中国人民对外友好协会、北京大学、中华英才半月刊社、中国教育电视台和联合国教科文组织共同举办。

2月24日

中共中央政治局委员王刚在人民大会堂会见柬埔寨奉辛比克党代表团

解放军驻澳门部队司令员调整

根据中央军委主席胡锦涛签发的命令，驻澳门部队司令员刘联华少将近日调离驻澳门部队，出任新的职务；王玉仁少将任驻澳门部队司令员。

世界首座超大断面铁路隧道贯通

设计时速达350公里的郑州至西安铁路客运专线重点控制性工程——张茅隧道顺利贯通。该隧道是目前世界上首座在湿陷性黄土上建设的、最大开挖断面面积达164平方米的超大断面富水特长铁路隧道，它标志着中国高速铁路客运专线隧道施工技术的科研攻关取得了重大突破。

2月25日

中共十七届二中全会在北京举行

中国共产党第十七届中央委员会第二次全体会议于2月25日至27日在北京举行。全会由中央政治局主持，中央委员会总书记胡锦涛作重要讲话。

全会审议通过拟向十一届全国人大一次会议推荐的国家机构领导人员人选建议名单和拟向全国政协十一届一次会议推荐的全国政协领导人员人选建议名单；通过《关于深化行政管理体制改革的意见》和《国务院机构改革方案》，同意把《国务院机构改革方案》提请十一届全国人大一次会议审议。

全会号召，全党全国各族人民更加紧密地团结起来，在以胡锦涛同志为总书记的党中央领导下，高举中国特色社会主义伟大旗帜，坚定不移地坚持中国特色社会主义道路，坚定不移地坚持中国特色社会主义理论体系，坚持改革创新、求真务实、团结奋进，扎扎实实做好各项工作，努力在继续解放思想上迈出新步伐、在坚持改革开放上实现新突破、在推动科学发展上取得新进展、在促进社会和谐上见到新成效，为实现党的十七大确定的各项目标任务而努力奋斗！

全国人大常委会委员长吴邦国在人民大会堂会见瓦努阿图议长阿沃克

吴邦国说，中瓦自1982年建交以来，政治上相互尊重、经济上互利合作、在地区和国际事务中密切配合，双边关系取得长足发展。特别是近年来，两国高层交往频繁，在经贸、农业、文化、教育等领域合作成果显著。事实证明，中瓦友好不仅为两国人民带来了实实在在的利益，也为促进太平洋岛国地区的稳定与繁荣发挥了积极作用。吴邦国指出，中国一贯主张，国家不分大小、贫富、强弱一律平等。我们愿在和平共处五项原则基础上同包括太平洋岛国在内的世界各国发展友好合作关系。中方重视中瓦关系，愿与瓦方一道，把两国关系提高到新的水平。吴邦国对瓦方坚定坚持一个中国政策、支持中国的统一大业表示赞赏。

吴邦国积极评价了中国全国人大和瓦努阿图议会间业已存在的友好关系。他希望双方继续保持密切交往，为促进双边关系的全面发展作出更大贡献。

阿沃克说，一个繁荣、强大的中国将为世界和平与稳定带来积极影响。瓦努阿图人民视中国人民为好朋友、好伙伴，对中方给予的无私援助表示衷心感谢。他重申，瓦方将继续恪守一个中国政策，不与台湾进行任何官方往来和接触，坚定支持中国的统一大业。

东北中小企业信用再担保机构设立仪式在人民大会堂举行

东北中小企业信用再担保股份有限公司成立大会暨揭牌仪式在北京人民大会堂举行。国务院副总理、国务院振兴东北地区等老工业基地领导小组副组长曾培炎出席成立大会，并为再担保公司揭牌。

东北中小企业信用再担保公司是由辽宁、吉林、黑龙江、内蒙古四省区及大连市政府共同出资设立，为东北区域内各类中小企业信用担保机构提供增信和分险功能服务的政策性再担保机构。公司通过与担保机构开展授信再担保、增信再担保、联保再担保和异地互保再担保等再担保业务，重点支持《东北振兴规划》相关产业及配套项目，支持装备制造业、新农村建设、农牧业产业化和农副产品深加工、对俄贸易与合作等领域的中小企业融资,支持与就业和再就业有关的小额融资,同时为外资和民间资本兴办中小企业或投资项目提供信用担保。

目前,东北区域中小企业发展势头迅猛,但融资难担保难问题一直是制约其扩大规模、提升水平的重要因素。该信用再担保公司的成立,将增强各类担保机构的融资担保能力,促进担保机构开拓市场和创新产品,更好地为中小企业融资提供服务。也有利于分散和控制信用担保系统风险,完善中小企业融资担保体系和信用体系。

作为全国第一家区域性中小企业信用再担保机构试点,东北中小企业信用再担保公司采取"政策性导向、市场化运作、公司化管理"运行模式,建立完善的法人治理结构,组建股东大会并设立董事会和监事会。公司首期注册资本30亿元人民币。

有关省区市政府及有关部门、银行和担保机构负责人,国务院有关部门和全国工商联以及国有各大银行负责人,参加了成立大会和揭牌仪式。

中共中央政治局常委贺国强在人民大会堂会见柬埔寨奉辛比克党主席政府副首相拉斯梅

贺国强高度评价柬埔寨国内建设取得的成就,高度赞赏柬方坚持一个中国立场、支持中国统一大业。他表示,无论过去、现在还是未来,中国都是柬埔寨的好邻居、好朋友和好伙伴。

贺国强还简要介绍了中国共产党十七大、即将召开的全国两会以及抗击雨雪冰冻灾害、筹备北京奥运会等情况。

在谈到党际交往时,贺国强表示,中国共产党希望在高层互访、治国理政经验交流以及青年往来等方面加强与柬埔寨奉辛比克党的合作,共同推动中柬国家关系不断向前发展。

拉斯梅表示,柬埔寨王国和奉辛比克党与中国政府和中国共产党有着传统的友好合作关系,将继续坚定不移地奉行一个中国的原则立场。奉辛比克党将继续加强与中国共产党的友好合作关系。

他还介绍了柬埔寨国内的政治、经济情况,表示柬大力欢迎中国企业到柬投资。

中联部部长王家瑞参加会见。

中国政府首次向世贸组织捐款

为响应世贸组织有关倡议,我国政府宣布向世贸组织促贸援助活动提供20万美元的捐助。这是中国首次向世贸组织捐款,目的是帮助发展中国家特别是最不发达国家提高参与国际贸易的能力。

商务部有关负责人指出,作为发展中国家,中国对于其他发展中国家在经济发展中遇到的困难感同身受,愿意提供力所能及的帮助。此次捐助表明,中国政府不仅通过双边援助活动支持发展中国家的经济发展,也积极参与国际社会帮助发展中国家增加能力建设和技术援助投入的多边援助活动,努力提高其他发展中国家自主发展的能力。这一行动也体现了中国加强多边贸易体制的一贯立场。

2007年全国优秀电视剧创作研讨会在北京召开

会议通报,近年来,我国电视剧创作生产进入繁荣发展时期。统计数据显示,2007年获得国产电视剧发行许可证的剧目为529部、14670集。目前,全国平均每天生产电视剧40集左右,与2000年相比,年产量翻了一番。

数据显示:我国平均每天生产电视剧40集左右,年产量较8年前翻了一番;在全国1974个电视频道中,播放电视剧的频道有1764个,占总数的89.4%;电视剧制作机构由2001年的432家发展到今天的2511家,增长了近5倍;电视剧广告收入占全国各级电视台广告总收入的50%以上,成为大多数电视台举足轻重的经济来源,电视剧产业已形成包括投资、制作、交易、播出和广告经营等在内的较为完整的产业链条;观赏电视剧已成为我国大众最主要的文化生活方式之一,全国电视剧观众数以亿计,人均每天收看电视剧时间为1小时。

2月26日

国家主席胡锦涛在人民大会堂会见美国国务卿赖斯

胡锦涛说,在双方共同努力下,过去的一年,中美关系取得了重要进展。两国高层和各级别交往频繁。中美战略经济对话和中美战略对话取得积极成果。两国立法机构交往势头良好。双方在反恐、经贸、能源、环保等双边领域的交流合作以及在国际事务中的沟通协调富有成效。两军关系继续改善和发展。中美合作的领域越来越广泛,中美关系的战略意义进一步上升。

胡锦涛表示,今年是中美关系发展极为重要的一年。中方愿与美方共同努力,始终从长远角度和战略高度把握两国关系,坚持发展中美建设性合作关系的大方向,加强对话与磋商,增进了解与互信,扩大共识与合作,妥善处理彼此重大利益关切,特别是慎重处理台湾问题,坚决遏制"台独"分裂势力的冒险行径,维护台海及亚太地区和平稳定,确保中美建设性合作关系持续健康稳定发展。

赖斯表示,美中关系基础良好,双边和多边领域合作富有成效。美方感谢中方在达尔富尔等国际和地区问题上作出的积极努力，希望中方继续为有关问题解决发挥积极作用。美方愿同中方继续在各领域开展对话，加强合作。

赖斯表示，美方在台湾当局推动的“入联公投”问题上多次表明立场，认为“入联公投”不应举行。

胡锦涛和赖斯还就朝鲜半岛核问题等国际和地区热点问题交换了意见。

外交部部长杨洁篪等会见时在座。

国务院总理温家宝在中南海紫光阁会见美国国务卿赖斯

温家宝表示，当前，中美关系总体上是好的。双方正在积极落实两国领导人就全面推进21世纪中美建设性合作关系达成的共识，各领域的交流与合作不断取得新进展。中国是世界上最大的发展中国家，美国是最大的发达国家。中美关系处理好了，不仅可以造福两国和两国人民，而且有利于维护世界的和平、稳定与繁荣。目前，国际政治、经济形势存在诸多不确定因素，因而确保中美关系健康稳定发展显得尤为重要。双方要从战略高度和长远角度看待把握两国关系，增进互信，扩大合作，共同维护来之不易的中美关系。

赖斯表示，美中已建立了基础稳定、富有成果的双边关系。两国战略经济对话、战略对话及各领域合作都不断取得进展，这使得双方更能从全局角度处理具体问题。美中合作有助于更好地解决国际体系面临的复杂和困难问题。美方愿继续巩固美中关系基础，推动两国关系向前发展。

温家宝指出，中美经贸关系是互惠互利的，在快速发展过程中出现一些问题在所难免。中方主张通过对话协商妥善处理彼此分歧，反对各种形式的贸易保护主义。中方已经并将继续采取积极措施解决美方关切，也希望美方进一步开放市场，取消高科技产品对华出口限制。

温家宝说，一个健康发展的美国经济和稳定的美元对美国有利，对世界也有利。中方愿与美方一道为促进世界经济增长、维护金融市场稳定作出努力。

赖斯表示，美国经济总体良好，在刺激政策作用下，不久将稳步增长。当前在美国确实存在经济民族主义和贸易保护主义倾向。布什总统坚定捍卫贸易的自由和公正，坚定致力于发展美中经济关系。希望美中战略经济对话能在解决一些问题方面取得进展，使两国经贸合作免受贸易因素影响。

外交部部长杨洁篪等会见时在座。

十届全国人大常委会第三十二次会议在人民大会堂举行

会议将审议代表资格审查委员会的审查报告，对已经选举产生的十一届全国人大代表的代表资格予以确认，并将公布代表名单。

吴邦国委员长主持会议。

根据通过的议程，会议听取了全国人大法律委员会副主任委员周坤仁作的关于水污染防治法修订草案审议结果的报告。法律委员会认为，修订草案根据此前常委会两次审议意见和各方面的意见作了修改，已经比较成熟，建议本次常委会会议审议通过。

残疾人保障法自1991年5月15日施行以来，对于促进残疾人事业发展，保障残疾人合法权益发挥了重要作用。同时，随着我国经济社会的发展，在残疾人权益保障方面出现了一些新情况、新问题，需要从制度上进一步完善。为了维护残疾人的合法权益，发展残疾人事业，保障残疾人平等地充分参与社会生活，共享社会物质文化成果，民政部、中国残疾人联合会会同有关部门在认真总结我国残疾人保障工作实践经验的基础上，经广泛征求意见和深入调查研究，拟订了残疾人保障法修订草案。受国务院委托，民政部部长李学举就修订草案作了说明。

这次常委会会议的主要任务是为召开十一届全国人大一次会议做准备。会议审议了全国人大常委会工作报告稿，听取审议了全国人大常委会副委员长、秘书长盛华仁作的关于十一届全国人大代表选举工作情况的报告，关于十一届全国人大一次会议议程草案、主席团和秘书长名单草案、列席人员名单草案的说明等。据介绍，新选出的十一届全国人大代表都是经过依法民主推荐、有关部门认真考察、得到人民群众公认的，具有广泛的代表性，为全国人大行使最高国家权力并保证代表依法履职、充分发挥作用奠定了良好的组织基础。

会议听取了十届全国人大常委会代表资格审查委员会主任委员何椿霖作的关于十一届全国人大代表的代表资格的审查报告。各省、自治区、直辖市、香港特别行政区、澳门特别行政区和中国人民解放军等35个选举单位，根据选举法等有关法律和规定，选举产生了2987名十一届全国人大代表。代表资格审查委员会经审查认为，十一届全国人大代表的选举符合法律规定，2987名代表的代表资格有效。这一审查结果提请十届全国人大常委会审议确认后，将公布代表名单。

会议还听取审议了十届全国人大常委会代表资格审查委员会关于个别十届全国人大代表的代表资格的报告，审议了有关任免案。

副委员长王兆国、李铁映、司马义·艾买提、何鲁丽、丁石孙、成思危、许嘉璐、蒋正华、顾秀莲、热地、路甬祥、乌云其木格、韩启德出席会议。国务委员陈至立、最高人民法院院长肖扬、最高人民检察院检察长贾春旺等列席会议。

全国政协主席贾庆林在人民大会堂会见美国纽约州前州长帕塔基

贾庆林说，双方在经贸、反恐等领域的交流与合作富有成效，在重大国际和地区问题上保持良好磋商与协调。中方愿与美方共同努力，加强对话、互信与合作，妥善处理分歧和敏感问题，推动中美关系稳定健康向前发展，促进世界和平、稳定和繁荣。

贾庆林指出，台湾问题始终是中美关系最重要、最敏感的问题。中方赞赏美方多次重申坚持一个中国政策、遵守中美三个联合公报、反对“台独”、反对“入联公投”。希望美方与中方一道维护台海和平稳定和中美关系大局。

贾庆林还向客人介绍了中国在气候变化问题上的原则立场。他表示，中美在气候变化领域的交流与合作，将为中美建设性合作关系增添新的积极因素。

帕塔基表示，美中关系的良好发展符合两国乃至全世界的利益，相信在双方的共同努力下，两国在气候变化等领域的合作会得到进一步加强。他还祝愿北京奥运会取得圆满成功。

帕塔基一行是为筹备“中美气候变化学术交流论坛”来华访问的。

国务院副总理吴仪出席在北京召开的国务院城镇居民基本医疗保险扩大试点工作电视电话会议并发表讲话

吴仪强调，2008年是城镇居民基本医疗保险试点工作承上启下的关键一年，国务院决定将试点扩大到全国50%以上城市，有关地区和部门要巩固成果，落实责任，完善政策，加强管理，加快推进试点工作，为全面建立城镇居民基本医疗保险制度打下良好基础。

吴仪指出，经过各地区、各部门的共同努力，城镇居民基本医疗保险试点工作顺利启动。所有试点城市均已出台试点方案并组织实施，制度框架和运行机制基本形成，政府补助资金及时到位并取得良好效果，各地医疗保险经办管理能力有所增强。截至2007年年底，全国城镇居民基本医疗保险参保人数4068万，其中88个试点城市参保人数2583万，参保居民大病医疗负担大幅减轻。

吴仪强调，做好2008年试点工作对于实现“2010年覆盖全体城镇非从业居民的目标”至关重要。目前，229个扩大试点城市已经确定。各地要按照《国务院关于开展城镇居民基本医疗保险试点的指导意见》要求，进一步加强组织领导，充分宣传政策，因地制宜制订实施方案，确保今年扩大试点的城市在二季度启动实施，到年底居民参保率达到50%左右。2007年已经开展试点的88个城市居民参保率达到60%以上。

吴仪要求，2008年要作为“完善政策年、加强管理年”，着力推进制度建设，使城镇居民基本医疗保险的保障功能逐步到位，待遇水平逐步提高，各项制度更加协调。一要坚持低水平起步，探索合理的筹资标准和待遇水平。二要总结经验，着重研究各项医疗保障制度衔接、普通门诊费用统筹等政策问题。三要加强基础管理和能力建设，充分发挥社区作用，探索建立与服务人群和服务量挂钩的人员和经费保障机制。四要切实加强基金和医疗费用支出管理，探索建立社会监督机制，建立、健全基金风险防范机制和内部控制制度。

外交部部长杨洁篪与美国国务卿赖斯在钓鱼台国宾馆举行会谈

中国首份中英文双语手机报 China Daily 开通

好运北京跆拳道国际邀请赛在北京科技大学体育馆开赛

2月27日

国家主席胡锦涛和国务院总理温家宝联名致电祝贺劳尔·卡斯特罗当选古巴国务委员会主席

中国共产党第十七届中央委员会第二次全体会议公报

（2008年2月27日中国共产党第十七届中央委员会第二次全体会议通过）

出席这次全会的有中央委员204人，候补中央委员167人。有关负责同志列席了会议。中央政治局主持会议。中央委员会总书记胡锦涛同志作了重要讲话。

全会审议通过了中央政治局在广泛征求党内外意见、反复酝酿协商的基础上提出的拟向十一届全国人大一次会议推荐的国家机构领导人员人选建议名单和拟向全国政协十一届一次会议推荐的全国政协领导人员人选建议名单，决定将这两个建议名单分别向十一届全国人大一次会议主席团和全国政协十一届一次会议主席团推荐。全会审议通过了在广泛征求意见的基础上提出的《关于深化行政管理体制改革的意见》和《国务院机构改革方案》，同意把《国务院机构改革方案》提请十一届全国人大一次会议审议。

全会认为，开好十一届全国人大一次会议和全国政协十一届一次会议，对于全面贯彻党的十七大精神，高举中国特色社会主义伟大旗帜，以邓小平理论和“三个代表”重要思想为指导，深入贯彻落实科学发展观,进一步动员全党全国各族人民为夺取全面建设小康社会新胜利、开创中国特色社会主义事业新局面而团结奋斗,具有重大的意义。

全会指出,坚持和完善人民代表大会制度和中国共产党领导的多党合作和政治协商制度,加强和改进人大工作和政协工作,是巩固党的执政地位、巩固社会主义政权、巩固爱国统一战线的必然要求,是发展社会主义民主政治的重要任务。要进一步坚持好、完善好、发展好人民代表大会制度和中国共产党领导的多党合作和政治协商制度,为党和国家事业发展提供重要的政治制度保障。发展社会主义民主政治是党始终不渝的奋斗目标,必须更高地举起人民民主的旗帜。中国特色社会主义政治发展道路是我国发展社会主义民主政治的正确道路,必须更加坚定不移地走中国特色社会主义政治发展道路。政治体制改革是社会主义政治制度自我完善和发展,必须深化政治体制改革。改革开放以来,我们适应我国经济基础发生的深刻变化和人民民主意识的不断增强,积极稳妥推进政治体制改革,取得了显著成效。同时,同我国经济社会发展的新形势相比,同保障人民民主权利、维护社会公平正义的新要求相比,我国政治体制还有一些不适应的地方,需要进一步加以完善。我们要按照党的十七大作出的部署,从落实中国特色社会主义事业总体布局、实现全面建设小康社会奋斗目标的战略高度出发,在科学总结和正确运用实践经验的基础上,深化政治体制改革,发展社会主义民主政治,进一步巩固和发展民主团结、生动活泼、安定和谐的政治局面。要坚持发挥党总揽全局、协调各方的领导核心作用,切实保证国家一切权力属于人民,全面落实依法治国基本方略,充分发挥社会主义政治制度的特点和优势,以坚持和完善人民代表大会制度、中国共产党领导的多党合作和政治协商制度、民族区域自治制度以及基层群众自治制度为重点,推进社会主义民主政治制度化、规范化、程序化,为党和国家兴旺发达、长治久安提供政治和法律制度保障。

全会强调,深化行政管理体制改革是发展社会主义市场经济和发展社会主义民主政治的必然要求,是政治体制改革的重要内容。全会通过的《关于深化行政管理体制改革的意见》和《国务院机构改革方案》,贯彻党的十七大关于加快行政管理体制改革、建设服务型政府的要求,着眼于推动科学发展、保障和改善民生,在加大机构整合力度、探索职能有机统一的大部门体制等方面迈出重要步伐。要深刻认识深化行政管理体制和政府机构改革的重要性和紧迫性,贯彻精简统一效能的原则和决策权、执行权、监督权既相互制约又相互协调的要求,着力转变职能、理顺关系、优化结构、提高效能,做到权责一致、分工合理、决策科学、执行顺畅、监督有力,按照到2020年建立起比较完善的中国特色社会主义行政管理体制的总目标,坚持统筹兼顾、突出重点、积极稳妥、分步实施,坚定不移地把行政管理体制改革推向前进,推动构建充满活力、富有效率、更加开放、有利于科学发展的体制机制,为改革开放和社会主义现代化建设提供重要制度保障。

全会认为,1月中旬以来,我国南方一些地区遭受了严重的低温、雨雪冰冻灾害,给受灾地区群众生产生活造成严重困难。在严峻考验面前,受灾地区各级党委和政府坚决按照中央的部署带领广大党员、干部和人民群众奋起抗灾救灾,各级干部以身作则、靠前指挥,各有关部门和单位迅速行动、全力以赴,人民解放军、武警部队和公安民警勇挑重担、顽强拼搏,全国各地积极支援、众志成城,千方百计保交通、保供电、保民生,抗灾救灾斗争取得了重大阶段性胜利。事实再一次说明,只要紧紧依靠广大人民群众,充分发挥社会主义制度能够集中力量办大事的政治优势,我们就一定能够战胜前进道路上的各种挑战和风险,不断把中国特色社会主义伟大事业推向前进。要大力宣传这次抗灾救灾斗争中涌现出来的模范人物和先进事迹,进一步激发全党全国各族人民为改革开放和社会主义现代化建设而团结奋斗的热情。当前,要切实做好生产自救和灾后重建工作,切实安排好受灾地区群众生活,努力实现今年经济社会发展的目标。要认真总结这场抗灾救灾斗争的经验,更好地应对各种可能发生的重大自然灾害和突发事件,更好地走科学发展道路,更好地推进现代化建设。

全会强调,党的十七大以来,全党全国认真学习贯彻党的十七大精神,统一思想,明确思路,完善政策,加强工作,全面推进经济建设、政治建设、文化建设、社会建设和党的建设,我国发展形势总的是好的。我们要把学习贯彻党的十七大精神继续引向深入,特别是要围绕党的十七大确立的主题和提出的重大理论观点、重大战略思想、重大工作部署,继续在武装头脑、指导实践、推动工作上狠下功夫,更加自觉地把继续解放思想落实到坚持改革开放、推动科学发展、促进社会和谐上来。要着力转变经济发展方式,坚决贯彻执行中央关于加强和改善宏观调控的决策部署,及时掌握和分析国内外经济形势的发展变化,科学把握宏观调控的节奏和力度,努力实现速度质量效益相协调、消费投资出口相协调、人口资源环境相协调、改革发展稳定相协调。要着力保持良好思想舆论环境,牢牢把握正确舆论导向,切实做好引导社会思潮、凝聚社会共识的工作,努力营造倍加顾全大局、倍加珍视团结、倍加维护稳定的良好氛围。要着力保障和改善民生,认真落实优先发展教育的政策措施,大力实施扩大就业的发展战略,加快建立覆盖城乡居民的社会保障体系,建立基本医疗卫生制度,大力发展公共文化服务体系,不断朝着努力使全体人民学有所教、劳有所得、病有所医、老有所养、住有所居的目标前进。要着力促进社会和谐,妥善处理人民内部矛盾,积极化解各类社会矛盾,加强基层基础工作,确保社会大局稳定。要广泛开展迎奥运、讲文明、树新风活动,切实办好北京奥运会和残奥会。要着力加强领导班子和干部队伍建设,把提高党的执政能力、保持和发展党的先进性体现到各级领导班子领导科学发展、促进社会和谐的能力上来,落实到各级领导班子解决好人民最关心、最直接、最现实的利益问题的本领上来,为党和国家事业发展提供重要的组织保障。各级领导干部一定要牢记党和人民的重托,一定要牢记自己肩负的职责,一定要牢记"两个务必",讲党性、重品行、作表率,带头坚持立党为公、执政为民,带头坚持求真务实、真抓实干,带头坚持廉洁自律、警钟长鸣,切实做到为民、务实、清廉。

全会号召,全党全国各族人民更加紧密地团结起来,在以胡锦涛同志为总书记的党中央领导下,高举中国特色社会主义伟大旗帜,坚定不移地坚持中国特色社会主义道路,坚定不移地坚持中国特色社会主义理论体系,坚持改革创新、求真务实、团结奋进,扎扎实实做好各项工作,努力在继续解放思想上迈出新步伐、在坚持改革开放上实现新突破、在推动科学发展上取得新进展、在促进社会和谐上见到新成效,为实现党的十七大确定的各项目标任务而努力奋斗。

中共中央在中南海怀仁堂举行民主协商会

会议就深化行政管理体制和机构改革、中共中央拟向十一届全国人大一次会议推荐的国家机构领导人员人选建议名单和拟向全国政协十一届一次会议推荐的全国政协领导人员人选建议名单,向各民主党派、全国工商联和无党派人士通报情况,听取意见。中共中央总书记胡锦涛主持会议并发表重要讲话。

中共中央政治局常委吴邦国、温家宝、贾庆林、习近平、李克强出席会议。

胡锦涛在讲话中指出,要完善社会主义市场经济体制、发展社会主义民主政治、建设社会主义先进文化、构建社会主义和谐社会,要深入贯彻落实科学发展观,构建充满活力、富有效率、更加开放、有利于科学发展的体制机制,必须不失时机地深化行政管理体制改革。中共十七大从我国当前和未来发展的全局出发,强调要加快行政管理体制改革、建设服务型政府,并提出要抓紧制订行政管理体制改革总体方案。中共中央根据中共十七大提出的任务,在深入调查研究、广泛征求意见的基础上,形成了《关于深化行政管理体制改革的意见》和《国务院机构改革方案(草案)》。中共十七届二中全会审议通过后,将建议国务院把《国务院机构改革方案》提交十一届全国人大一次会议审议。

胡锦涛强调,切实做好新一届国家机构领导人员和全国政协领导人员人选的酝酿、提名工作,选出一个受到人民真心拥护的国家领导机构和全国政协领导机构,对于进一步动员全国各族人民全面贯彻中共十七大精神,高举中国特色社会主义伟大旗帜,以邓小平理论和"三个代表"重要思想为指导,深入贯彻落实科学发展观,为夺取全面建设小康社会新胜利、开创中国特色社会主义事业新局面而团结奋斗,具有十分重大的意义。中共中央政治局对此高度重视,在充分发扬民主,反复酝酿协商,全面考虑人选条件、各方面结构要求和工作需要的基础上,提出了建议名单。

胡锦涛指出,长期以来,同志们同中国共产党真诚合作,积极参政议政,踊跃建言献策,带头勤奋工作,为我国改革开放和社会主义现代化建设,为统一战线和我国社会主义多党合作事业发展,为坚持和完善中国共产党领导的多党合作和政治协商制度,作出了重要贡献。希望同志们牢记党和人民的重托,胸怀大局,心系人民,时刻从国家和人民的利益出发考虑问题。希望同志们团结带领民主党派广大成员继承和发扬民主党派长期以来形成的优良传统,切实搞好政治交接,坚定不移地走中国特色社会主义政治发展道路,巩固多党合作的良好政治局面。希望同志们进一步重视加强参政党自身建设,特别是要搞好领导班子建设和干部队伍建设,切实履行好参政议政、民主监督职能。希望同志们坚持民主集中制,努力学习,勤奋工作,加强团结,廉洁自律,树立良好形象,为全面建设小康社会、坚持和发展中国特色社会主义作出新贡献。

座谈会上,温家宝通报了《关于深化行政管理体制改革的意见》和《国务院机构改革方案(草案)》的有关情况。习近平就新一届国家机构领导人员和全国政协领导人员人选建议名单作了说明。

在民主和谐的气氛中,民革中央主席周铁农、民盟中央主席蒋树声、民建中央主席陈昌智、民进中央主席严隽琪、农工党中央主席桑国卫、致公党中央主席万钢、九三学社中央主席韩启德、台盟中央主席林文漪、全国工商联主席黄孟复、无党派人士代表陈竺等发了言。他们说,就事关全局的重大决策和重大人事方案听取意见,充分体现了中国共产党同民主党派、无党派人士的亲密合作关系。他们认为,《关于深化行政管理体制改革的意见》和《国务院机构改革方案(草案)》,新一届国家机构领导人员和全国政协领导人员人选建议名单,都是在广泛征求意见、充分酝酿协商的基础上形成的，体现了中共十七大精神，顺应新形势、新任务的要求，考虑比较周全，都表示拥护和赞成，并就切实搞好行政管理体制和机构改革等提出了建议。

刘延东、李源潮、令计划、王沪宁、何鲁丽、成思危、许嘉璐、蒋正华、盛华仁、华建敏、罗豪才、张克辉、张怀西、李蒙、张梅颖、张榕明，各民主党派中央、全国工商联有关负责人和无党派人士代表，以及有关方面负责同志也出席了会议。

十届全国人大常委会第七十五次委员长会议在人民大会堂举行

吴邦国委员长主持会议。

会议听取了全国人大法律委员会主任委员杨景宇作的关于水污染防治法修订草案修改意见的汇报。这部法律草案自提请审议以来，已经全国人大常委会3次审议，其间还向社会全文公布、广泛征求意见。修订草案根据各方面的意见和建议进行了修改，已基本成熟，法律委员会建议本次常委会会议审议通过。

会议听取了全国人大常委会副委员长、秘书长盛华仁作的关于全国人大常委会工作报告稿审议情况的汇报。大家普遍认为，报告实事求是、重点突出、内涵深刻、思想性强，是一篇坚持中国特色社会主义政治发展道路、坚持和完善人民代表大会制度、创新人大工作的重要文献。委员长会议决定，将报告稿提请本次常委会会议表决。

委员长会议审议了全国人大常委会代表资格审查委员会关于个别十届全国人大代表的代表资格的报告、关于十一届全国人大代表的代表资格的审查报告，听取了盛华仁关于这两个报告审议情况的汇报。不久前，各省、自治区、直辖市、香港特别行政区、澳门特别行政区和中国人民解放军等35个选举单位，依照选举法和十届全国人大及其常委会通过的选举十一届全国人大代表的有关决定、办法、方案的规定，选举产生了十一届全国人大代表2987名。根据全国人民代表大会组织法的规定，十届全国人大常委会代表资格审查委员会对当选代表的代表资格进行了审查。委员长会议决定，将代表资格审查委员会的有关报告提请本次常委会会议表决。

会议还听取了盛华仁作的关于十一届全国人大一次会议议程草案、主席团和秘书长名单草案、列席人员名单草案审议情况的汇报。委员长会议决定，将上述草案提请十届全国人大常委会第三十二次会议表决。

会议还听取了有关任免案审议情况的汇报。

副委员长王兆国、李铁映、司马义·艾买提、何鲁丽、丁石孙、成思危、许嘉璐、蒋正华、顾秀莲、热地、路甬祥、乌云其木格、韩启德等出席会议。

国台办驳斥民进党当局所谓“2005年共识”谬论

国务院台湾事务办公室发言人范丽青在例行新闻发布会上表示，只有“九二共识”，没有“2005年共识”。

范丽青指出，台湾地区民进党当局的“大陆委员会”日前发布新闻稿，集中就两岸协商谈判问题，散布一系列肆意歪曲事实、诬蔑攻击大陆的谬论，并杜撰所谓“2005年共识”，企图误导台湾民众。

范丽青介绍，1992年海峡两岸关系协会与台湾的海峡交流基金会达成共识的事实十分清楚，不容否认。当年10月底，两会在香港举行会谈，讨论两岸事务性商谈中坚持一个中国原则的表述问题。经这次会谈及其后两会函电往来，以11月16日海协复函海基会为标志，双方达成了各自以口头方式表述的共识。根据当年两会的表述方案，这项共识就是双方都坚持一个中国，并且各自口头表述；而对于一个中国内涵的认知，双方求同存异，搁置争议，以利协商。对于两会达成这项共识的情况，当时两岸媒体的报道以及后来两岸有关方面公布的有关文件，都有清楚、完整的记载。正是由于有了这项共识，两会举行了著名的汪辜会谈并签署了4项协议，此后又举行了20多次不同层级的商谈，以及1998年的汪辜会晤。这一期间两会协商取得的成果，受到了两岸同胞的欢迎和国际社会的肯定。这些事实是台“陆委会”新闻稿抹杀不了的。

范丽青说，2000年之前，海协与海基会之间不存在是否曾达成“九二共识”的争议。正是由于陈水扁、民进党当局无视事实、否认“九二共识”，才一手制造了所谓“‘九二共识’是否存在及其政治内涵为何”的争议。8年来，陈水扁和民进党当局否认“九二共识”，变本加厉地推讲“台独”分裂活动，是两岸协商谈判无法恢复的最大障碍，是两岸关系波折迭起乃至濒临危机的根源所在。

范丽青表示，在海协与海基会协商没有恢复的情况下，考虑到关系台湾同胞切身利益的“三通”问题需要解决，大陆方面于2001年年初主动提出在一个国家内部事务的基础上，由民间对民间、行业对行业、公司对公司的办法，磋商两岸“三通”问题，尽快通起来。这一办法促成了2003年第一次台商春节包机。2005年年初，我们积极响应广大台商的强烈要求，努力促成开办2005年春节包机。当年1月2日，国台办发言人发表谈话指出，台商春节包机是两岸中国人的内部事情，可由两岸民航业者就有关技术性、业务性事宜直接沟通，作出安排。这也是与“九二共识”的精神相一致的。两岸民航业者就2005年春节包机的技术性、业务性事宜作出安排的过程，就是在上述基础上进行的，完全不存在台“陆委会”新闻稿所谓大陆方面“终于放弃一个中国原则的谈判前提，开启两岸功能性议题谈判的序幕”的问题，也根本不存在它臆想、杜撰的所谓“2005年共识”。

范丽青说，两岸关系和平发展，是两岸同胞的共同期盼。要实现两岸关系和平发展，两岸双方建立政治互信，展现协商合作的诚意，是首要的、关键的。台“陆委会”新闻稿否定“九二共识”、攻击一个中国原则，却妄称唯有以它杜撰的所谓“2005年共识”为基础，“才能逐步建构两岸互信与互惠，稳健推进两岸和平发展进程”，为民进党在两岸协商谈判问题上寻找出路，无疑是自欺欺人，是根本不可能实现的。我们相信广大台湾同胞能看清这一点。

中央军委副主席曹刚川在八一大楼会见日本自卫队联合参谋长斋藤隆一行

2月28日

国家主席胡锦涛在人民大会堂与尼日利亚总统亚拉杜瓦举行会谈

胡锦涛说，亚拉杜瓦总统执政后，高度重视对华关系，坚持一个中国政策，支持中国和平统一大业，中尼关系保持良好发展势头并取得了新进展。我们对此给予高度评价。

亚拉杜瓦重申尼日利亚政府坚定奉行一个中国政策，支持中国和平统一大业。

胡锦涛表示，中国政府高度重视中尼关系，愿在真诚友好、平等互利、相互支持、共同发展的基础上，不断深化中尼战略伙伴关系，努力开创两国关系更加美好的未来，造福两国和两国人民：(一)深化两国良好的政治关系。双方要保持两国高层交往势头。加强双边政治磋商，适时启动战略对话，就彼此关切的重大问题交换意见、协调立场，就两国关系的发展作出进一步规划。两国政府部门、立法机构和执政党应加强友好交往，共同推动两国关系全面发展。(二)扩大经贸和经济技术合作。双方要健全和完善两国经贸混委会机制，以更好地指导协调双边互利合作。加强在经贸、能源、农业、基础设施建设和高新技术等领域的合作，共同落实好已商定的合作项目，积极探讨扩大合作的新形式，互利互惠、共同发展。(三)拓展人文交流与民间交往。双方要继续积极推动文化、教育、新闻和科技等领域的交流，落实好文化交流计划、互派文化团组访演，鼓励和支持两国学术团体、智库、媒体和青年间的友好往来。中方愿为尼方培训更多急需专业技术人才。(四)加强多边领域协调与配合。中尼在许多重大国际和地区问题上有相同或相似的看法，有广泛的共同利益。中方愿看到尼方在国际事务中发挥更大作用，愿加强双方在联合国、世贸组织、中非合作论坛等多边场合，以及在应对气候变化、处理地区热点问题、国际贸易规则制定等重大国际事务上的磋商与协调，共同推动国际秩序朝着更加公正合理的方向发展。

亚拉杜瓦表示，进一步巩固、提升尼中之间的友好互利合作符合双方共同利益。尼日利亚是中国在非洲最重要的合作伙伴之一，双方在各领域的合作潜力巨大。尼方愿进一步深化双方的友好交往与政治互信，扩大双方在经贸、基础设施、能源等领域的合作，欢迎中国企业参与、投资尼日利亚电力、交通、铁路等基础设施建设和油气资源开发，希望尼中企业建立合作伙伴关系。尼方感谢中方对尼日利亚经济社会发展给予的支持与帮助。

会谈后，两国元首共同出席了中尼文化教育交流合作文件的签字仪式。

中华人民共和国政府和尼日利亚联邦共和国政府发表联合新闻公报

应中华人民共和国主席胡锦涛的邀请，尼日利亚联邦共和国总统奥马鲁·穆萨·亚拉杜瓦于2008年2月27日至3月1日对中国进行国事访问。亚拉杜瓦总统一行受到了中国政府和人民的热情接待。

访问期间，两国元首回顾了中尼建交以来双边关系的良好发展，对近年来中尼战略伙伴关系的发展势头表示满意，决定加强两国政治磋商，适时启动两国战略对话，推动中尼关系深入发展。

两国元首对双边贸易稳定增长、经济技术合作不断发展表示满意，决心进一步深化和扩大双边互利合作。双方一致同意两国经贸混合委员会尽快召开会议，总结双边贸易和经济合作成果，规划今后的合作。

胡锦涛主席表示，中国支持亚拉杜瓦总统为尼日利亚经济和社会转型所制订的七点计划。亚拉杜瓦总统赞赏中国经济社会发展取得的巨大成就，重申尼日利亚坚定奉行一个中国政策。

两国元首回顾了非洲形势发展，强调持久和平与稳定对非洲的进步与繁荣至关重要。中方赞赏尼日利亚长期以来在维护非洲和平事业中发挥的作用，尼方赞赏中国为支持非洲联盟和平解决非洲冲突所作的贡献。两国元首呼吁国际社会为推动非洲联盟—联合国混合维和部队在达尔富尔地区早日部署提供更大支持。

两国元首强调中非合作的重要意义，重申将继续致力于推进中非政治上平等互信、经济上合作共赢、文化上交流互鉴的新型战略伙伴关系，认为中非合作论坛机制和中国政府为加强对非务实合作采取的各项政策措施为促进中非互利合作提供了有效平台和重要支持。

胡锦涛主席和亚拉杜瓦总统一致赞同中尼保持密切交往，认为当前中尼都继续寻求在国际和地区事务中发挥积极作用，两国元首的磋商和对话非常重要。

亚拉杜瓦总统邀请胡锦涛主席对尼日利亚进行国事访问，胡锦涛主席表示感谢。

2008年2月28日于北京

国务院总理温家宝在中南海紫光阁会见尼日利亚总统亚拉杜瓦和英国外交大臣米利班德

十届全国人大常委会第三十二次会议在北京闭会

会议表决通过了修订后的水污染防治法。国家主席胡锦涛签署第87号主席令，公布了这部法律。

吴邦国委员长主持闭幕会。

会议表决通过了十届全国人大常委会代表资格审查委员会关于十一届全国人大代表的代表资格的审查报告，确认2987名十一届全国人大代表的代表资格全部有效，决定会后发表公告，公布2987名十一届全国人大代表的名单。

会议原则通过了全国人大常委会工作报告稿。委员长会议将根据审议意见对报告稿作必要的修改完善后，提请十一届全国人大一次会议审议。委员长会议提议，由吴邦国委员长代表常委会向十一届全国人大一次会议作工作报告。会议表决通过了十一届全国人大一次会议议程草案，决定提请十一届全国人大一次会议预备会议审议；通过了十一届全国人大一次会议主席团和秘书长名单草案，决定提请十一届全国人大一次会议预备会议选举；通过了十一届全国人大一次会议列席人员名单。

会议经过表决，任命任茂东为全国人大内务司法委员会副主任委员、乌日图为财政经济委员会副主任委员、倪岳峰为环境与资源保护委员会副主任委员；免去胡康生的全国人大常委会法制工作委员会主任职务，任命李适时为全国人大常委会法制工作委员会主任；免去刘积斌的全国人大常委会预算工作委员会主任职务，任命朱志刚为全国人大常委会预算工作委员会主任；免去王大成的全国人大常委会预算工作委员会副主任职务。

会议还表决通过了其他任免事项，表决通过了全国人大常委会代表资格审查委员会关于个别十届全国人大代表的代表资格的报告。根据会后发表的公告，十届全国人大代表现在实有2961人。

完成各项议程后，吴邦国发表重要讲话。他说，这次会议是本届常委会的最后一次例会，主要是为即将召开的十一届全国人大一次会议做准备。会议审议通过了十一届全国人大一次会议议程草案、主席团和秘书长名单草案、列席人员名单，确认了代表资格审查报告，审议并原则通过了常委会工作报告稿。几个月来，大会秘书处做了大量扎实细致的工作，目前大会的各项筹备工作已经基本就绪。希望大家继续以饱满的政治热情、良好的精神风貌、严谨的工作作风，再接再厉，团结协作，确保十一届全国人大一次会议顺利进行。

吴邦国指出，本次常委会会议期间，常委会和各专门委员会组成人员，结合审议常委会工作报告稿，对五年来的工作进行了全面回顾和总结。大家一致认为，十届全国人大及其常委会认真贯彻落实党的十六大和十七大精神，以邓小平理论和“三个代表”重要思想为指导，深入贯彻落实科学发展观，坚持党的领导、人民当家做主、依法治国有机统一，紧紧围绕党和国家工作大局履行职责，在前几届工作的基础上与时俱进，开创了人大工作新局面，为发展社会主义民主政治、坚持和完善人民代表大会制度，为坚持改革开放、推动科学发展、促进社会和谐，作出了重要贡献。

吴邦国随后从立法工作成绩显著、监督实效明显增强、代表工作积极推进、对外交往更加活跃、自身建设不断加强五个方面，对十届全国人大及其常委会的主要工作进行了总结。他强调，十届全国人大及其常委会任期的五年，是人大各项工作取得明显实效的五年，是人民代表大会制度自我完善发展的五年，是依法治国基本方略切实贯彻实施的五年，是社会主义法治理念深入人心的五年，是社会主义民主政治建设取得重大进展的五年。五年来的成绩，是在以胡锦涛同志为总书记的党中央正确领导下，全国人大代表、常委会和各专门委员会组成人员以及全国人大机关工作人员辛勤工作的结果。在此，我代表委员长会议向大家表示衷心感谢。

吴邦国强调，即将召开的十一届全国人大一次会议，是继党的十七大之后国家政治生活中的又一件大事。会议的议程多、内容重要。开好这次大会，对于全面贯彻落实党的十七大精神，高举中国特色社会主义伟大旗帜，坚持以邓小平理论和“三个代表”重要思想为指导，深入贯彻落实科学发展观，进一步动员全国各族人民，为夺取全面建设小康社会新胜利、开创中国特色社会主义事业新局面而奋斗，具有十分重要的意义。我们要把思想统一到党的十七大精神上来，统一到中央的重大决策上来，统一到为夺取全面建设小康社会新胜利的目标任务上来，坚持党的领导，充分发扬民主，严格依法办事，确保圆满完成大会的各项预定任务，把这次会议开成“与时俱进、民主团结、求实鼓劲”的大会。

副委员长王兆国、李铁映、司马义·艾买提、何鲁丽、丁石孙、成思危、许嘉璐、蒋正华、顾秀莲、热地、盛华仁、路甬祥、乌云其木格、韩启德等出席会议。国务委员曹刚川、最高人民法院院长肖扬、最高人民检察院检察长贾春旺等列席会议。

党和国家领导人胡锦涛 吴邦国 温家宝 贾庆林 李长春 习近平 李克强 贺国强等当选为十一届全国人大代表

十届全国人大常委会第三十二次会议2月28日经过表决,通过了十届全国人大常委会代表资格审查委员会关于十一届全国人大代表的代表资格的审查报告,确认各省、自治区、直辖市、香港特别行政区、澳门特别行政区和中国人民解放军等35个选举单位选举产生的2987名代表的代表资格全部有效,并决定公布代表名单。

胡锦涛、吴邦国、温家宝、贾庆林、李长春、习近平、李克强、贺国强等领导同志是从江苏、安徽、甘肃、北京、四川、上海、辽宁、湖南、黑龙江等省、直辖市选举单位选举产生的。

按照全国人大和地方各级人大选举法,全国人大的代表,由省、自治区、直辖市的人大和人民解放军选举产生。县级以上的地方各级人大在选举上一级人大代表时,代表候选人不限于各该级人大的代表。

国家主席胡锦涛签署第87号令公布《中华人民共和国水污染防治法》

《中华人民共和国水污染防治法》已由中华人民共和国第十届全国人民代表大会常务委员会第三十二次会议于2008年2月28日修订通过,现将修订后的《中华人民共和国水污染防治法》公布,自2008年6月1日起施行。

中华人民共和国主席 胡锦涛

2008年2月28日

中华人民共和国水污染防治法

(1984年5月11日第六届全国人民代表大会常务委员会第五次会议通过 根据1996年5月15日第八届全国人民代表大会常务委员会第十九次会议《关于修改〈中华人民共和国水污染防治法〉的决定》修正 2008年2月28日第十届全国人民代表大会常务委员会第三十二次会议修订)

第一章 总 则

第一条 为了防治水污染,保护和改善环境,保障饮用水安全,促进经济社会全面协调可持续发展,制定本法。

第二条 本法适用于中华人民共和国领域内的江河、湖泊、运河、渠道、水库等地表水体以及地下水体的污染防治。

海洋污染防治适用《中华人民共和国海洋环境保护法》。

第三条 水污染防治应当坚持预防为主、防治结合、综合治理的原则,优先保护饮用水水源,严格控制工业污染、城镇生活污染,防治农业面源污染,积极推进生态治理工程建设,预防、控制和减少水环境污染和生态破坏。

第四条 县级以上人民政府应当将水环境保护工作纳入国民经济和社会发展规划。

县级以上地方人民政府应当采取防治水污染的对策和措施,对本行政区域的水环境质量负责。

第五条 国家实行水环境保护目标责任制和考核评价制度,将水环境保护目标完成情况作为对地方人民政府及其负责人考核评价的内容。

第六条 国家鼓励、支持水污染防治的科学技术研究和先进适用技术的推广应用,加强水环境保护的宣传教育。

第七条 国家通过财政转移支付等方式,建立、健全对位于饮用水水源保护区区域和江河、湖泊、水库上游地区的水环境生态保护补偿机制。

第八条 县级以上人民政府环境保护主管部门对水污染防治实施统一监督管理。

交通主管部门的海事管理机构对船舶污染水域的防治实施监督管理。

县级以上人民政府水行政、国土资源、卫生、建设、农业、渔业等部门以及重要江河、湖泊的流域水资源保护机构,在各自的职责范围内,对有关水污染防治实施监督管理。

第九条 排放水污染物,不得超过国家或者地方规定的水污染物排放标准和重点水污染物排放总量控制指标。

第十条 任何单位和个人都有义务保护水环境,并有权对污染损害水环境的行为进行检举。

县级以上人民政府及其有关主管部门对在水污染防治工作中作出显著成绩的单位和个人给予表彰和奖励。

第二章 水污染防治的标准和规划

第十一条 国务院环境保护主管部门制定国家水环境质量标准。

省、自治区、直辖市人民政府可以对国家水环境质量标准中未作规定的项目,制定地方标准,并报国务院环境保护主管部门备案。

第十二条 国务院环境保护主管部门会同国务院水行政主管部门和有关省、自治区、直辖市人民政府,可以根据国家确定的重要江河、湖泊流域水体的使用功能以及有关地区的经济、技术条件，确定该重要江河、湖泊流域的省界水体适用的水环境质量标准，报国务院批准后施行。

第十三条　国务院环境保护主管部门根据国家水环境质量标准和国家经济、技术条件，制定国家水污染物排放标准。

省、自治区、直辖市人民政府对国家水污染物排放标准中未作规定的项目，可以制定地方水污染物排放标准；对国家水污染物排放标准中已作规定的项目，可以制定严于国家水污染物排放标准的地方水污染物排放标准。地方水污染物排放标准须报国务院环境保护主管部门备案。

向已有地方水污染物排放标准的水体排放污染物的，应当执行地方水污染物排放标准。

第十四条　国务院环境保护主管部门和省、自治区、直辖市人民政府，应当根据水污染防治的要求和国家或者地方的经济、技术条件，适时修订水环境质量标准和水污染物排放标准。

第十五条　防治水污染应当按流域或者按区域进行统一规划。国家确定的重要江河、湖泊的流域水污染防治规划，由国务院环境保护主管部门会同国务院经济综合宏观调控、水行政等部门和有关省、自治区、直辖市人民政府编制，报国务院批准。

前款规定外的其他跨省、自治区、直辖市江河、湖泊的流域水污染防治规划，根据国家确定的重要江河、湖泊的流域水污染防治规划和本地实际情况，由有关省、自治区、直辖市人民政府环境保护主管部门会同同级水行政等部门和有关市、县人民政府编制，经有关省、自治区、直辖市人民政府审核，报国务院批准。

省、自治区、直辖市内跨县江河、湖泊的流域水污染防治规划，根据国家确定的重要江河、湖泊的流域水污染防治规划和本地实际情况，由省、自治区、直辖市人民政府环境保护主管部门会同同级水行政等部门编制，报省、自治区、直辖市人民政府批准，并报国务院备案。

经批准的水污染防治规划是防治水污染的基本依据，规划的修订须经原批准机关批准。

县级以上地方人民政府应当根据依法批准的江河、湖泊的流域水污染防治规划，组织制定本行政区域的水污染防治规划。

第十六条　国务院有关部门和县级以上地方人民政府开发、利用和调节、调度水资源时，应当统筹兼顾，维持江河的合理流量和湖泊、水库以及地下水体的合理水位，维护水体的生态功能。

第三章　水污染防治的监督管理

第十七条　新建、改建、扩建直接或者间接向水体排放污染物的建设项目和其他水上设施，应当依法进行环境影响评价。

建设单位在江河、湖泊新建、改建、扩建排污口的，应当取得水行政主管部门或者流域管理机构同意；涉及通航、渔业水域的，环境保护主管部门在审批环境影响评价文件时，应当征求交通、渔业主管部门的意见。

建设项目的水污染防治设施，应当与主体工程同时设计、同时施工、同时投入使用。水污染防治设施应当经过环境保护主管部门验收，验收不合格的，该建设项目不得投入生产或者使用。

第十八条　国家对重点水污染物排放实施总量控制制度。

省、自治区、直辖市人民政府应当按照国务院的规定削减和控制本行政区域的重点水污染物排放总量，并将重点水污染物排放总量控制指标分解落实到市、县人民政府。市、县人民政府根据本行政区域重点水污染物排放总量控制指标的要求，将重点水污染物排放总量控制指标分解落实到排污单位。具体办法和实施步骤由国务院规定。

省、自治区、直辖市人民政府可以根据本行政区域水环境质量状况和水污染防治工作的需要，确定本行政区域实施总量削减和控制的重点水污染物。

对超过重点水污染物排放总量控制指标的地区，有关人民政府环境保护主管部门应当暂停审批新增重点水污染物排放总量的建设项目的环境影响评价文件。

第十九条　国务院环境保护主管部门对未按照要求完成重点水污染物排放总量控制指标的省、自治区、直辖市予以公布。省、自治区、直辖市人民政府环境保护主管部门对未按照要求完成重点水污染物排放总量控制指标的市、县予以公布。

县级以上人民政府环境保护主管部门对违反本法规定、严重污染水环境的企业予以公布。

第二十条　国家实行排污许可制度。

直接或者间接向水体排放工业废水和医疗污水以及其他按照规定应当取得排污许可证方可排放的废水、污水的企业事业单位，应当取得排污许可证；城镇污水集中处理设施的运营单位，也应当取得排污许可证。排污许可的具体办法和实施步骤由国务院规定。

禁止企业事业单位无排污许可证或者违反排污许可证的规定向水体排放前款规定的废水、污水。

第二十一条　直接或者间接向水体排放污染物的企业事业单位和个体工商户，应当按照国务院环境保护主管部门的规定，向县级以上地方人民政府环境保护主管部门申报登记拥有的水污染物排放设施、处理设施和在正常作业条件下排放水污染物的种类、数量和浓度，并提供防治水污染方面的有关技术资料。

企业事业单位和个体工商户排放水污染物的种类、数量和浓度有重大改变的,应当及时申报登记;其水污染物处理设施应当保持正常使用;拆除或者闲置水污染物处理设施的,应当事先报县级以上地方人民政府环境保护主管部门批准。

第二十二条 向水体排放污染物的企业事业单位和个体工商户,应当按照法律、行政法规和国务院环境保护主管部门的规定设置排污口;在江河、湖泊设置排污口的,还应当遵守国务院水行政主管部门的规定。

禁止私设暗管或者采取其他规避监管的方式排放水污染物。

第二十三条 重点排污单位应当安装水污染物排放自动监测设备,与环境保护主管部门的监控设备联网,并保证监测设备正常运行。排放工业废水的企业,应当对其所排放的工业废水进行监测,并保存原始监测记录。具体办法由国务院环境保护主管部门规定。

应当安装水污染物排放自动监测设备的重点排污单位名录,由设区的市级以上地方人民政府环境保护主管部门根据本行政区域的环境容量、重点水污染物排放总量控制指标的要求以及排污单位排放水污染物的种类、数量和浓度等因素,商同级有关部门确定。

第二十四条 直接向水体排放污染物的企业事业单位和个体工商户,应当按照排放水污染物的种类、数量和排污费征收标准缴纳排污费。

排污费应当用于污染的防治,不得挪作他用。

第二十五条 国家建立水环境质量监测和水污染物排放监测制度。国务院环境保护主管部门负责制定水环境监测规范,统一发布国家水环境状况信息,会同国务院水行政等部门组织监测网络。

第二十六条 国家确定的重要江河、湖泊流域的水资源保护工作机构负责监测其所在流域的省界水体的水环境质量状况,并将监测结果及时报国务院环境保护主管部门和国务院水行政主管部门;有经国务院批准成立的流域水资源保护领导机构的,应当将监测结果及时报告流域水资源保护领导机构。

第二十七条 环境保护主管部门和其他依照本法规定行使监督管理权的部门,有权对管辖范围内的排污单位进行现场检查,被检查的单位应当如实反映情况,提供必要的资料。检查机关有义务为被检查的单位保守在检查中获取的商业秘密。

第二十八条 跨行政区域的水污染纠纷,由有关地方人民政府协商解决,或者由其共同的上级人民政府协调解决。

第四章 水污染防治措施

第一节 一般规定

第二十九条 禁止向水体排放油类、酸液、碱液或者剧毒废液。

禁止在水体清洗装贮过油类或者有毒污染物的车辆和容器。

第三十条 禁止向水体排放、倾倒放射性固体废物或者含有高放射性和中放射性物质的废水。

向水体排放含低放射性物质的废水,应当符合国家有关放射性污染防治的规定和标准。

第三十一条 向水体排放含热废水,应当采取措施,保证水体的水温符合水环境质量标准。

第三十二条 含病原体的污水应当经过消毒处理;符合国家有关标准后,方可排放。

第三十三条 禁止向水体排放、倾倒工业废渣、城镇垃圾和其他废弃物。

禁止将含有汞、镉、砷、铬、铅、氰化物、黄磷等的可溶性剧毒废渣向水体排放、倾倒或者直接埋入地下。

存放可溶性剧毒废渣的场所,应当采取防水、防渗漏、防流失的措施。

第三十四条 禁止在江河、湖泊、运河、渠道、水库最高水位线以下的滩地和岸坡堆放、存贮固体废弃物和其他污染物。

第三十五条 禁止利用渗井、渗坑、裂隙和溶洞排放、倾倒含有毒污染物的废水、含病原体的污水和其他废弃物。

第三十六条 禁止利用无防渗漏措施的沟渠、坑塘等输送或者存贮含有毒污染物的废水、含病原体的污水和其他废弃物。

第三十七条 多层地下水的含水层水质差异大的,应当分层开采;对已受污染的潜水和承压水,不得混合开采。

第三十八条 兴建地下工程设施或者进行地下勘探、采矿等活动,应当采取防护性措施,防止地下水污染。

第三十九条 人工回灌补给地下水,不得恶化地下水质。

第二节 工业水污染防治

第四十条 国务院有关部门和县级以上地方人民政府应当合理规划工业布局,要求造成水污染的企业进行技术改造,采取综合防治措施,提高水的重复利用率,减少废水和污染物排放量。

第四十一条 国家对严重污染水环境的落后工艺和设备实行淘汰制度。

国务院经济综合宏观调控部门会同国务院有关部门,公布限期禁止采用的严重污染水环境的工艺名录和限期禁止生产、销售、进口、使用的严重污染水环境的设备名录。

生产者、销售者、进口者或者使用者应当在规定的期限内停止生产、销售、进口或者使用列入前款规定的设备名录中的设备。工艺的采用者应当在规定的期限内停止采用列入前款规定的工艺名录中的工艺。

依照本条第二款、第三款规定被淘汰的设备,不得转让给他人使用。

第四十二条　国家禁止新建不符合国家产业政策的小型造纸、制革、印染、染料、炼焦、炼硫、炼砷、炼汞、炼油、电镀、农药、石棉、水泥、玻璃、钢铁、火电以及其他严重污染水环境的生产项目。

第四十三条　企业应当采用原材料利用效率高、污染物排放量少的清洁工艺,并加强管理,减少水污染物的产生。

第三节　城镇水污染防治

第四十四条　城镇污水应当集中处理。

县级以上地方人民政府应当通过财政预算和其他渠道筹集资金,统筹安排建设城镇污水集中处理设施及配套管网,提高本行政区域城镇污水的收集率和处理率。

国务院建设主管部门应当会同国务院经济综合宏观调控、环境保护主管部门,根据城乡规划和水污染防治规划,组织编制全国城镇污水处理设施建设规划。县级以上地方人民政府组织建设、经济综合宏观调控、环境保护、水行政等部门编制本行政区域的城镇污水处理设施建设规划。县级以上地方人民政府建设主管部门应当按照城镇污水处理设施建设规划,组织建设城镇污水集中处理设施及配套管网,并加强对城镇污水集中处理设施运营的监督管理。

城镇污水集中处理设施的运营单位按照国家规定向排污者提供污水处理的有偿服务,收取污水处理费用,保证污水集中处理设施的正常运行。向城镇污水集中处理设施排放污水、缴纳污水处理费用的,不再缴纳排污费。收取的污水处理费用应当用于城镇污水集中处理设施的建设和运行,不得挪作他用。

城镇污水集中处理设施的污水处理收费、管理以及使用的具体办法,由国务院规定。

第四十五条　向城镇污水集中处理设施排放水污染物,应当符合国家或者地方规定的水污染物排放标准。

城镇污水集中处理设施的出水水质达到国家或者地方规定的水污染物排放标准的,可以按照国家有关规定免缴排污费。

城镇污水集中处理设施的运营单位,应当对城镇污水集中处理设施的出水水质负责。

环境保护主管部门应当对城镇污水集中处理设施的出水水质和水量进行监督检查。

第四十六条　建设生活垃圾填埋场,应当采取防渗漏等措施,防止造成水污染。

第四节　农业和农村水污染防治

第四十七条　使用农药,应当符合国家有关农药安全使用的规定和标准。

运输、存贮农药和处置过期失效农药,应当加强管理,防止造成水污染。

第四十八条　县级以上地方人民政府农业主管部门和其他有关部门,应当采取措施,指导农业生产者科学、合理地施用化肥和农药,控制化肥和农药的过量使用,防止造成水污染。

第四十九条　国家支持畜禽养殖场、养殖小区建设畜禽粪便、废水的综合利用或者无害化处理设施。

畜禽养殖场、养殖小区应当保证其畜禽粪便、废水的综合利用或者无害化处理设施正常运转,保证污水达标排放,防止污染水环境。

第五十条　从事水产养殖应当保护水域生态环境,科学确定养殖密度,合理投饵和使用药物,防止污染水环境。

第五十一条　向农田灌溉渠道排放工业废水和城镇污水,应当保证其下游最近的灌溉取水点的水质符合农田灌溉水质标准。

利用工业废水和城镇污水进行灌溉,应当防止污染土壤、地下水和农产品。

第五节　船舶水污染防治

第五十二条　船舶排放含油污水、生活污水,应当符合船舶污染物排放标准。从事海洋航运的船舶进入内河和港口的,应当遵守内河的船舶污染物排放标准。

船舶的残油、废油应当回收,禁止排入水体。

禁止向水体倾倒船舶垃圾。

船舶装载运输油类或者有毒货物,应当采取防止溢流和渗漏的措施,防止货物落水造成水污染。

第五十三条　船舶应当按照国家有关规定配置相应的防污设备和器材,并持有合法有效的、防止水域环境污染的证书与文书。

船舶进行涉及污染物排放的作业,应当严格遵守操作规程,并在相应的记录簿上如实记载。

第五十四条　港口、码头、装卸站和船舶修造厂应当备有足够的船舶污染物、废弃物的接收设施。从事船舶污染物、废弃物接收作业,或者从事装载油类、污染危害性货物船舱清洗作业的单位,应当具备与其运营规模相适应的接收处理能力。

第五十五条　船舶进行下列活动,应当编制作业方案,采取有效的安全和防污染措施,并报作业地海事管理机构批准:

(一)进行残油、含油污水、污染危害性货物残留物的接收作业,或者进行装载油类、污染危害性货物船舱的清洗作业；

（二）进行散装液体污染危害性货物的过驳作业；

（三）进行船舶水上拆解、打捞或者其他水上、水下船舶施工作业。

在渔港水域进行渔业船舶水上拆解活动，应当报作业地渔业主管部门批准。

第五章　饮用水水源和其他特殊水体保护

第五十六条　国家建立饮用水水源保护区制度。饮用水水源保护区分为一级保护区和二级保护区；必要时，可以在饮用水水源保护区外围划定一定的区域作为准保护区。

饮用水水源保护区的划定，由有关市、县人民政府提出划定方案，报省、自治区、直辖市人民政府批准；跨市、县饮用水水源保护区的划定，由有关市、县人民政府协商提出划定方案，报省、自治区、直辖市人民政府批准；协商不成的，由省、自治区、直辖市人民政府环境保护主管部门会同同级水行政、国土资源、卫生、建设等部门提出划定方案，征求同级有关部门的意见后，报省、自治区、直辖市人民政府批准。

跨省、自治区、直辖市的饮用水水源保护区，由有关省、自治区、直辖市人民政府商有关流域管理机构划定；协商不成的，由国务院环境保护主管部门会同同级水行政、国土资源、卫生、建设等部门提出划定方案，征求国务院有关部门的意见后，报国务院批准。

国务院和省、自治区、直辖市人民政府可以根据保护饮用水水源的实际需要，调整饮用水水源保护区的范围，确保饮用水安全。有关地方人民政府应当在饮用水水源保护区的边界设立明确的地理界标和明显的警示标志。

第五十七条　在饮用水水源保护区内，禁止设置排污口。

第五十八条　禁止在饮用水水源一级保护区内新建、改建、扩建与供水设施和保护水源无关的建设项目；已建成的与供水设施和保护水源无关的建设项目，由县级以上人民政府责令拆除或者关闭。

禁止在饮用水水源一级保护区内从事网箱养殖、旅游、游泳、垂钓或者其他可能污染饮用水水体的活动。

第五十九条　禁止在饮用水水源二级保护区内新建、改建、扩建排放污染物的建设项目；已建成的排放污染物的建设项目，由县级以上人民政府责令拆除或者关闭。

在饮用水水源二级保护区内从事网箱养殖、旅游等活动的，应当按照规定采取措施，防止污染饮用水水体。

第六十条　禁止在饮用水水源准保护区内新建、扩建对水体污染严重的建设项目；改建建设项目，不得增加排污量。

第六十一条　县级以上地方人民政府应当根据保护饮用水水源的实际需要，在准保护区内采取工程措施或者建造湿地、水源涵养林等生态保护措施，防止水污染物直接排入饮用水水体，确保饮用水安全。

第六十二条　饮用水水源受到污染可能威胁供水安全的，环境保护主管部门应当责令有关企业事业单位采取停止或者减少排放水污染物等措施。

第六十三条　国务院和省、自治区、直辖市人民政府根据水环境保护的需要，可以规定在饮用水水源保护区内，采取禁止或者限制使用含磷洗涤剂、化肥、农药以及限制种植养殖等措施。

第六十四条　县级以上人民政府可以对风景名胜区水体、重要渔业水体和其他具有特殊经济文化价值的水体划定保护区，并采取措施，保证保护区的水质符合规定用途的水环境质量标准。

第六十五条　在风景名胜区水体、重要渔业水体和其他具有特殊经济文化价值的水体的保护区内，不得新建排污口。在保护区附近新建排污口，应当保证保护区水体不受污染。

第六章　水污染事故处置

第六十六条　各级人民政府及其有关部门，可能发生水污染事故的企业事业单位，应当依照《中华人民共和国突发事件应对法》的规定，做好突发水污染事故的应急准备、应急处置和事后恢复等工作。

第六十七条　可能发生水污染事故的企业事业单位，应当制定有关水污染事故的应急方案，做好应急准备，并定期进行演练。

生产、储存危险化学品的企业事业单位，应当采取措施，防止在处理安全生产事故过程中产生的可能严重污染水体的消防废水、废液直接排入水体。

第六十八条　企业事业单位发生事故或者其他突发性事件，造成或者可能造成水污染事故的，应当立即启动本单位的应急方案，采取应急措施，并向事故发生地的县级以上地方人民政府或者环境保护主管部门报告。环境保护主管部门接到报告后，应当及时向本级人民政府报告，并抄送有关部门。

造成渔业污染事故或者渔业船舶造成水污染事故的，应当向事故发生地的渔业主管部门报告，接受调查处理。其他船舶造成水污染事故的，应当向事故发生地的海事管理机构报告，接受调查处理；给渔业造成损害的，海事管理机构应当通知渔业主管部门参与调查处理。

第七章　法律责任

第六十九条　环境保护主管部门或者其他依照本

法规定行使监督管理权的部门，不依法作出行政许可或者办理批准文件的，发现违法行为或者接到对违法行为的举报后不予查处的，或者有其他未依照本法规定履行职责的行为的，对直接负责的主管人员和其他直接责任人员依法给予处分。

第七十条　拒绝环境保护主管部门或者其他依照本法规定行使监督管理权的部门的监督检查，或者在接受监督检查时弄虚作假的，由县级以上人民政府环境保护主管部门或者其他依照本法规定行使监督管理权的部门责令改正，处一万元以上十万元以下的罚款。

第七十一条　违反本法规定，建设项目的水污染防治设施未建成、未经验收或者验收不合格，主体工程即投入生产或者使用的，由县级以上人民政府环境保护主管部门责令停止生产或者使用，直至验收合格，处五万元以上五十万元以下的罚款。

第七十二条　违反本法规定，有下列行为之一的，由县级以上人民政府环境保护主管部门责令限期改正；逾期不改正的，处一万元以上十万元以下的罚款：

(一)拒报或者谎报国务院环境保护主管部门规定的有关水污染物排放申报登记事项的；

(二)未按照规定安装水污染物排放自动监测设备或者未按照规定与环境保护主管部门的监控设备联网，并保证监测设备正常运行的；

(三)未按照规定对所排放的工业废水进行监测并保存原始监测记录的。

第七十三条　违反本法规定，不正常使用水污染物处理设施，或者未经环境保护主管部门批准拆除、闲置水污染物处理设施的，由县级以上人民政府环境保护主管部门责令限期改正，处应缴纳排污费数额一倍以上三倍以下的罚款。

第七十四条　违反本法规定，排放水污染物超过国家或者地方规定的水污染物排放标准，或者超过重点水污染物排放总量控制指标的，由县级以上人民政府环境保护主管部门按照权限责令限期治理，处应缴纳排污费数额二倍以上五倍以下的罚款。

限期治理期间，由环境保护主管部门责令限制生产、限制排放或者停产整治。限期治理的期限最长不超过一年；逾期未完成治理任务的，报经有批准权的人民政府批准，责令关闭。

第七十五条　在饮用水水源保护区内设置排污口的，由县级以上地方人民政府责令限期拆除，处十万元以上五十万元以下的罚款；逾期不拆除的，强制拆除，所需费用由违法者承担，处五十万元以上一百万元以下的罚款，并可以责令停产整顿。

除前款规定外，违反法律、行政法规和国务院环境保护主管部门的规定设置排污口或者私设暗管的，由县级以上地方人民政府环境保护主管部门责令限期拆除，处二万元以上十万元以下的罚款；逾期不拆除的，强制拆除，所需费用由违法者承担，处十万元以上五十万元以下的罚款；私设暗管或者有其他严重情节的，县级以上地方人民政府环境保护主管部门可以提请县级以上地方人民政府责令停产整顿。

未经水行政主管部门或者流域管理机构同意，在江河、湖泊新建、改建、扩建排污口的，由县级以上人民政府水行政主管部门或者流域管理机构依据职权，依照前款规定采取措施、给予处罚。

第七十六条　有下列行为之一的，由县级以上地方人民政府环境保护主管部门责令停止违法行为，限期采取治理措施，消除污染，处以罚款；逾期不采取治理措施的，环境保护主管部门可以指定有治理能力的单位代为治理，所需费用由违法者承担：

(一)向水体排放油类、酸液、碱液的；

(二)向水体排放剧毒废液，或者将含有汞、镉、砷、铬、铅、氰化物、黄磷等的可溶性剧毒废渣向水体排放、倾倒或者直接埋入地下的；

(三)在水体清洗装贮过油类、有毒污染物的车辆或者容器的；

(四)向水体排放、倾倒工业废渣、城镇垃圾或者其他废弃物，或者在江河、湖泊、运河、渠道、水库最高水位线以下的滩地、岸坡堆放、存贮固体废弃物或者其他污染物的；

(五)向水体排放、倾倒放射性固体废物或者含有高放射性、中放射性物质的废水的；

(六)违反国家有关规定或者标准，向水体排放含低放射性物质的废水、热废水或者含病原体的污水的；

(七)利用渗井、渗坑、裂隙或者溶洞排放、倾倒含有毒污染物的废水、含病原体的污水或者其他废弃物的；

(八)利用无防渗漏措施的沟渠、坑塘等输送或者存贮含有毒污染物的废水、含病原体的污水或者其他废弃物的。

有前款第三项、第六项行为之一的，处一万元以上十万元以下的罚款；有前款第一项、第四项、第八项行为之一的，处二万元以上二十万元以下的罚款；有前款第二项、第五项、第七项行为之一的，处五万元以上五十万元以下的罚款。

第七十七条　违反本法规定，生产、销售、进口或者使用列入禁止生产、销售、进口、使用的严重污染水环境的设备名录中的设备，或者采用列入禁止采用的严重污染水环境的工艺名录中的工艺的，由县级以上人民政府经济综合宏观调控部门责令改正，处五万元以上二十万元以下的罚款；情节严重的，由县级以上人民政府经济综合宏观调控部门提出意见，报请本级人民政府责令停业、关闭。

第七十八条　违反本法规定，建设不符合国家产业政策的小型造纸、制革、印染、染料、炼焦、炼硫、炼砷、炼汞、炼油、电镀、农药、石棉、水泥、玻璃、钢铁、火电以及其他严重污染水环境的生产项目的，由所在地的市、县人民政府责令关闭。

第七十九条　船舶未配置相应的防污染设备和器材，或者未持有合法有效的、防止水域环境污染的证书与文书的，由海事管理机构、渔业主管部门按照职责分工责令限期改正，处二千元以上二万元以下的罚款；逾期不改正的，责令船舶临时停航。

船舶进行涉及污染物排放的作业，未遵守操作规程或者未在相应的记录簿上如实记载的，由海事管理机构、渔业主管部门按照职责分工责令改正，处二千元以上二万元以下的罚款。

第八十条　违反本法规定，有下列行为之一的，由海事管理机构、渔业主管部门按照职责分工责令停止违法行为，处以罚款；造成水污染的，责令限期采取治理措施，消除污染；逾期不采取治理措施的，海事管理机构、渔业主管部门按照职责分工可以指定有治理能力的单位代为治理，所需费用由船舶承担：

（一）向水体倾倒船舶垃圾或者排放船舶的残油、废油的；

（二）未经作业地海事管理机构批准，船舶进行残油、含油污水、污染危害性货物残留物的接收作业，或者进行装载油类、污染危害性货物船舱的清洗作业，或者进行散装液体污染危害性货物的过驳作业的；

（三）未经作业地海事管理机构批准，进行船舶水上拆解、打捞或者其他水上、水下船舶施工作业的；

（四）未经作业地渔业主管部门批准，在渔港水域进行渔业船舶水上拆解的。

有前款第一项、第二项、第四项行为之一的，处五千元以上五万元以下的罚款；有前款第三项行为的，处一万元以上十万元以下的罚款。

第八十一条　有下列行为之一的，由县级以上地方人民政府环境保护主管部门责令停止违法行为，处十万元以上五十万元以下的罚款；并报经有批准权的人民政府批准，责令拆除或者关闭：

（一）在饮用水水源一级保护区内新建、改建、扩建与供水设施和保护水源无关的建设项目的；

（二）在饮用水水源二级保护区内新建、改建、扩建排放污染物的建设项目的；

（三）在饮用水水源准保护区内新建、扩建对水体污染严重的建设项目，或者改建建设项目增加排污量的。

在饮用水水源一级保护区内从事网箱养殖或者组织进行旅游、垂钓或者其他可能污染饮用水水体的活动的，由县级以上地方人民政府环境保护主管部门责令停止违法行为，处二万元以上十万元以下的罚款。个人在饮用水水源一级保护区内游泳、垂钓或者从事其他可能污染饮用水水体的活动的，由县级以上地方人民政府环境保护主管部门责令停止违法行为，可以处五百元以下的罚款。

第八十二条　企业事业单位有下列行为之一的，由县级以上人民政府环境保护主管部门责令改正；情节严重的，处二万元以上十万元以下的罚款：

（一）不按照规定制订水污染事故的应急方案的；

（二）水污染事故发生后，未及时启动水污染事故的应急方案，采取有关应急措施的。

第八十三条　企业事业单位违反本法规定，造成水污染事故的，由县级以上人民政府环境保护主管部门依照本条第二款的规定处以罚款，责令限期采取治理措施，消除污染；不按要求采取治理措施或者不具备治理能力的，由环境保护主管部门指定有治理能力的单位代为治理，所需费用由违法者承担；对造成重大或者特大水污染事故的，可以报经有批准权的人民政府批准，责令关闭；对直接负责的主管人员和其他直接责任人员可以处上一年度从本单位取得的收入百分之五十以下的罚款。

对造成一般或者较大水污染事故的，按照水污染事故造成的直接损失的百分之二十计算罚款；对造成重大或者特大水污染事故的，按照水污染事故造成的直接损失的百分之三十计算罚款。

造成渔业污染事故或者渔业船舶造成水污染事故的，由渔业主管部门进行处罚；其他船舶造成水污染事故的，由海事管理机构进行处罚。

第八十四条　当事人对行政处罚决定不服的，可以申请行政复议，也可以在收到通知之日起十五日内向人民法院起诉；期满不申请行政复议或者起诉，又不履行行政处罚决定的，由作出行政处罚决定的机关申请人民法院强制执行。

第八十五条　因水污染受到损害的当事人，有权要求排污方排除危害和赔偿损失。

由于不可抗力造成水污染损害的，排污方不承担赔偿责任；法律另有规定的除外。

水污染损害是由受害人故意造成的，排污方不承担赔偿责任。水污染损害是由受害人重大过失造成的，可以减轻排污方的赔偿责任。

水污染损害是由第三人造成的，排污方承担赔偿责任后，有权向第三人追偿。

第八十六条　因水污染引起的损害赔偿责任和

赔偿金额的纠纷,可以根据当事人的请求,由环境保护主管部门或者海事管理机构、渔业主管部门按照职责分工调解处理;调解不成的,当事人可以向人民法院提起诉讼。当事人也可以直接向人民法院提起诉讼。

第八十七条　因水污染引起的损害赔偿诉讼,由排污方就法律规定的免责事由及其行为与损害结果之间不存在因果关系承担举证责任。

第八十八条　因水污染受到损害的当事人人数众多的,可以依法由当事人推选代表人进行共同诉讼。

环境保护主管部门和有关社会团体可以依法支持因水污染受到损害的当事人向人民法院提起诉讼。

国家鼓励法律服务机构和律师为水污染损害诉讼中的受害人提供法律援助。

第八十九条　因水污染引起的损害赔偿责任和赔偿金额的纠纷,当事人可以委托环境监测机构提供监测数据。环境监测机构应当接受委托,如实提供有关监测数据。

第九十条　违反本法规定,构成违反治安管理行为的,依法给予治安管理处罚;构成犯罪的,依法追究刑事责任。

第八章　附　则

第九十一条　本法中下列用语的含义:

(一)水污染,是指水体因某种物质的介入,而导致其化学、物理、生物或者放射性等方面特性的改变,从而影响水的有效利用,危害人体健康或者破坏生态环境,造成水质恶化的现象。

(二)水污染物,是指直接或者间接向水体排放的,能导致水体污染的物质。

(三)有毒污染物,是指那些直接或者间接被生物摄入体内后,可能导致该生物或者其后代发病、行为反常、遗传异变、生理机能失常、机体变形或者死亡的污染物。

(四)渔业水体,是指划定的鱼虾类的产卵场、索饵场、越冬场、洄游通道和鱼虾贝藻类的养殖场的水体。

第九十二条　本法自2008年6月1日起施行。

十届全国人大常委会发布第28号公告

第十届全国人民代表大会代表张立昌因病去世,张立昌的代表资格自然终止。

全国人民代表大会常务委员会对张立昌代表的去世表示哀悼。

特此公告。

全国人民代表大会常务委员会

2008年2月28日

十届全国人大常委会发布第29号公告

最近,安徽省人大常委会接受了陈世礼提出的辞去第十届全国人民代表大会代表职务的请求。依照代表法的有关规定,陈世礼的代表资格终止。

现在,第十届全国人民代表大会实有代表2961人。

特此公告。

全国人民代表大会常务委员会

2008年2月28日

十届全国人大常委会发布第30号公告

中华人民共和国第十一届全国人民代表大会代表,已按照《中华人民共和国全国人民代表大会和地方各级人民代表大会选举法》《中国人民解放军选举全国人民代表大会和县级以上地方各级人民代表大会代表的办法》《第十届全国人民代表大会第五次会议关于第十一届全国人民代表大会代表名额和选举问题的决定》《中华人民共和国香港特别行政区选举第十一届全国人民代表大会代表的办法》《中华人民共和国澳门特别行政区选举第十一届全国人民代表大会代表的办法》和全国人民代表大会常务委员会批准的《第十一届全国人民代表大会代表名额分配方案》《第十一届全国人民代表大会少数民族代表名额分配方案》《台湾省出席第十一届全国人民代表大会代表协商选举方案》的规定,由各省、自治区、直辖市、香港特别行政区、澳门特别行政区和中国人民解放军等35个选举单位于2008年1月分别选举产生,共选出第十一届全国人民代表大会代表2987名。第十届全国人民代表大会常务委员会第三十二次会议根据代表资格审查委员会提出的审查报告,审议确认2987名代表的代表资格全部有效。

现将第十一届全国人民代表大会代表名单予以公布。

全国人民代表大会常务委员会

2008年2月28日

全国人大常委会任命名单

(2008年2月28日第十届全国人民代表大会常务委员会第三十二次会议通过)

一、任命任茂东为第十届全国人民代表大会内务司法委员会副主任委员。

二、任命乌日图(蒙古族)为第十届全国人民代表大会财政经济委员会副主任委员。

三、任命倪岳峰为第十届全国人民代表大会环境与资源保护委员会副主任委员。

全国人大常委会任免名单

(2008年2月28日第十届全国人民代表大会常务委员会第三十二次会议通过)

一、免去胡康生的全国人民代表大会常务委员会法制工作委员会主任职务;

任命李适时为全国人民代表大会常务委员会法制工作委员会主任。

二、免去刘积斌的全国人民代表大会常务委员会预算工作委员会主任职务;

任命朱志刚为全国人民代表大会常务委员会预算工作委员会主任。

三、免去王大成的全国人民代表大会常务委员会预算工作委员会副主任职务。

全国人大常委会免职名单

(2008年2月28日第十届全国人民代表大会常务委员会第三十二次会议通过)

一、免去孙华璞的最高人民法院审判委员会委员、审判员职务。

二、免去钱锋的最高人民法院审判委员会委员、民事审判第四庭庭长、审判员职务。

三、免去白富忠(满族)的最高人民法院审判员职务。

全国人大常委会批准任命的名单

(2008年2月28日第十届全国人民代表大会常务委员会第三十二次会议通过)

一、批准任命慕平为北京市人民检察院检察长。

二、批准任命于世平为天津市人民检察院检察长。

三、批准任命张德利为河北省人民检察院检察长。

四、批准任命柯汉民为山西省人民检察院检察长。

五、批准任命邢宝玉为内蒙古自治区人民检察院检察长。

六、批准任命肖声为辽宁省人民检察院检察长。

七、批准任命张金锁为吉林省人民检察院检察长。

八、批准任命姜伟为黑龙江省人民检察院检察长。

九、批准任命陈旭为上海市人民检察院检察长。

十、批准任命徐安为江苏省人民检察院检察长。

十一、批准任命陈云龙为浙江省人民检察院检察长。

十二、批准任命崔伟为安徽省人民检察院检察长。

十三、批准任命倪英达为福建省人民检察院检察长。

十四、批准任命曾页九为江西省人民检察院检察长。

十五、批准任命国家森为山东省人民检察院检察长。

十六、批准任命蔡宁为河南省人民检察院检察长。

十七、批准任命敬大力为湖北省人民检察院检察长。

十八、批准任命龚佳禾为湖南省人民检察院检察长。

十九、批准任命郑红为广东省人民检察院检察长。

二十、批准任命罗建平为广西壮族自治区人民检察院检察长。

二十一、批准任命马勇霞(女,回族)为海南省人民检察院检察长。

二十二、批准任命余敏(女)为重庆市人民检察院检察长。

二十三、批准任命邓川为四川省人民检察院检察长。

二十四、批准任命陈俊平为贵州省人民检察院检察长。

二十五、批准任命王田海为云南省人民检察院检察长。

二十六、批准任命张培中为西藏自治区人民检察院检察长。

二十七、批准任命胡太平为陕西省人民检察院检察长。

二十八、批准任命乔汉荣为甘肃省人民检察院检察长。

二十九、批准任命王晓勇为青海省人民检察院检察长。

三十、批准任命王雁飞为宁夏回族自治区人民检察院检察长。

三十一、批准任命哈斯木·马木提(维吾尔族)为新疆维吾尔自治区人民检察院检察长。

全国政协第五十五次主席会议在北京召开

这次主席会议根据十届全国政协第二十次常委会议的授权,主要研究政协第十一届一次会议的有关筹备工作。中共中央政治局常委、全国政协主席贾庆林主持并讲话。

会议审议通过了政协十一届一次会议主席团成员、主席团会议主持人、常务主席和秘书长名单(草案);政协十一届一次会议预备会议日程和政协十一届一次会议日程(草案);政协十一届一次会议提案审查委员会人选建议名单(草案);政协十一届一次会议分组办法(草案)和委员小组召集人名单(草案);政协十一届一次会议副秘书长名单(草案)。会议决定将上述有关草案分别提请政协十一届一次会议预备会议和政协十一届一次会议主席团第一次会议审议。

会议推举十届全国政协主席贾庆林在政协十一届一次会议上作常委会工作报告、十届全国政协副主席张梅颖作提案工作情况的报告。

会议听取了全国政协秘书长郑万通关于政协十一届一次会议筹备工作情况的汇报和就有关议题作的说明，听取了全国政协副秘书长杨崇汇关于有关议题作的说明。

这次主席会议是本届政协最后一次主席会议，贾庆林在讲话时说，政协十一届一次会议预备会议后，本届主席会议将圆满完成自己的光荣使命。五年来，经过主席会议全体成员的共同努力，主席会议自身建设得到切实加强，职能作用得到充分发挥，为全面推进十届政协工作作出了宝贵的贡献。大家通过人民政协这个大舞台服务国家、奉献社会、致力发展，为国家的富强和民族的振兴，奋发工作，尽职尽责。十届政协创造的每一项业绩，十届政协对国家和社会作出的每一份贡献，都凝聚着各位同志的智慧、心血和汗水，向大家表示崇高的敬意和衷心的感谢。

全国政协副主席王忠禹、廖晖、刘延东、李贵鲜、张思卿、白立忱、罗豪才、张克辉、周铁农、郝建秀、陈奎元、阿不来提·阿不都热西提、徐匡迪、李兆焯、黄孟复、张怀西、李蒙、张梅颖、张榕明出席会议。

中央决定开展深入学习实践科学发展观活动试点工作

在全党开展深入学习实践科学发展观活动，是党的十七大作出的一项重大战略部署。党中央对开展深入学习实践科学发展观活动高度重视。胡锦涛等中央领导同志多次作出重要指示，明确提出要通过在全党开展深入学习实践科学发展观活动，推动广大党员、干部深刻理解和全面把握科学发展观的科学内涵、精神实质、根本要求，增强贯彻落实科学发展观的自觉性和坚定性，在贯彻落实科学发展观中发挥先锋模范作用，着力把科学发展观的要求转化为谋划发展的正确思路、促进发展的政策措施、领导发展的实际能力，切实推动科学发展观的贯彻落实。

中央决定，在全党开展深入学习实践科学发展观活动，先进行试点，取得经验后再自上而下分批展开。承担试点任务的省部级单位为江苏省、江西省、四川省和中央组织部、财政部、国土资源部；中管企业为中国海洋石油总公司和上海宝钢集团公司；中管高校为北京师范大学和浙江大学；中央金融机构为中国建设银行；市级和县级单位为河北省唐山市、邯郸市和鹿泉市、霸州市，广东省惠州市、东莞市和佛山市南海区、清新县，甘肃省平凉市、临夏回族自治州和华亭县、永昌县。

深入学习实践科学发展观活动试点工作座谈会在北京召开，中央政治局委员、中央书记处书记、中央组织部部长李源潮在讲话中强调，要按照党的十七大精神和中央要求，研究部署深入学习实践科学发展观活动试点工作，各试点单位要牢牢把握试点工作的指导思想：高举中国特色社会主义伟大旗帜，认真学习实践科学发展观、增强贯彻落实科学发展观自觉性坚定性，以领导班子和党员领导干部为重点，着力转变不适应不符合科学发展观的思想观念，着力提高推进改革开放、领导科学发展、促进社会和谐的能力，着力解决影响和制约科学发展的突出问题，着力解决群众反映强烈的突出问题，着力构建充满活力、富有效率、更加开放、有利于科学发展的体制机制。要牢牢把握试点工作的基本原则，以正面教育为主，突出实践特色，坚持群众路线，解决突出问题，努力实现干部受教育、发展上水平、群众得实惠。各试点单位要切实加强对试点工作的领导和指导，以改革创新精神推进试点工作，努力做到抓学习实践、促科学发展，促十七大精神的贯彻落实。

会议由中央宣传部常务副部长吉炳轩主持。中央深入学习实践科学发展观活动试点工作领导小组成员，试点省的省委主要负责同志，省委常委、组织部长，省委宣传部负责同志；试点部的主要负责同志；试点市(州)和县(区)所在省的省委常委、组织部长，省委宣传部负责同志，试点市(州)和县(区)的党委书记，试点中央企业、中央金融机构、中管高校的党委(党组)书记出席会议。部分试点单位主要负责同志在会上作了发言。

国务院副总理吴仪出席苏州工业园区中新联合协调理事会第11次中方理事会并发表讲话

吴仪首先充分肯定苏州工业园区的发展成就，对园区优美的环境、优质的服务和高素质的人才队伍给予高度评价。她说，自1994年设立以来，园区始终坚持对外开放不动摇，坚持高起点规划、高强度投入、高标准开发建设和择商选资，当好先行先试的改革排头兵，走出了一条科学发展、集约发展、和谐发展和可持续发展的道路，开创了中外经济技术互利合作的新模式，成为展示我国对外开放成果的重要窗口。

吴仪指出，苏州工业园区在发展过程中，很好地将新加坡的一些成功经验借鉴并融合到自身发展中，结合中国国情和当地实际自主创新，探索积累了不少经验和好做法，对苏州、江苏和全国其他地区的改革开放都具有借鉴意义。要结合纪念改革开放30周年的活动，深刻总结和广泛宣传园区发展的先进理念、体制机制科技创新成果和开发模式，让更多地方特别是国家级经济技术开发区受益；同时在符合条件的地方适时适度推广园区先行先试的某些政策措施。

吴仪对苏州工业园区今后的发展提出四条要求：一是要在深化改革方面进行新探索，建立、健全符合国际惯例和适应社会主义市场经济制度要求的管理体制和运行机制。二是要在扩大开放方面积累新经验，进一步发挥中新合作的特色和优势，发挥中新合作品牌效应，扩大合作领域，丰富合作内涵，提高合作水平。三是要在科学发展和自主创新方面提供新示范，更加注重引进消化吸收再创新，突出自主创新和产业升级；更加注重先进制造业与现代服务业的协调发展，大力发展服务外包产业；更加注重资源节约和环境保护，积极构建更加开放、更具活力、更为和谐的科学发展体系。四是要在区域协调发展方面多做新贡献，辐射带动周边地区和中西部地区加快发展。

吴仪还参观了苏州工业园区发展成果展，考察了园区综合保税区、奥特莱斯购物中心及苏州博物馆。江苏省委书记梁保华、省长罗志军，国务院有关部门负责人陈德铭、李长江、盛光祖等中方理事和特邀代表陪同考察并出席会议。江苏省委常委、苏州市委书记王荣和商务部副部长马秀红作了汇报和说明。

国务院副总理回良玉在北京会见世界动物卫生组织总干事瓦莱特

回良玉表示，中国政府高度重视禽流感等重大动物疫病防控工作，确立了“依靠科学、依法防治、群防群控”的防控方针，制定了一系列补助、补偿、免疫等政策措施，加强动物防疫体系建设，完善应急管理机制，防控能力和水平不断提高。同时，中国积极支持、参与国际合作，及时向国际社会通报情况，向周边国家提供力所能及的援助，在全球禽流感等重大动物疫病防控中发挥了重要的作用。

回良玉对世界动物卫生组织方面在推动恢复中国在世界动物卫生组织合法权利工作中作出的积极努力表示高度赞赏，并积极评价了世界动物卫生组织在世界动物卫生和食品安全领域发挥的重要作用。希望双方进一步加强交流合作，共同应对禽流感等重大动物疫病，促进全球动物卫生和公共卫生安全。

瓦莱特表示，中国是世界动物卫生组织的重要成员，在全球和区域重大动物疫病防控中发挥了关键作用。中国的积极参与，对于世界动物卫生组织实现促进全球动物卫生水平不断提升的战略目标具有重要意义，世界动物卫生组织方面愿意与中方一道努力，加强合作。

外交部部长杨洁篪在钓鱼台国宾馆与英国外交大臣米利班德举行会谈

纪念伍修权同志诞辰100周年座谈会在人民大会堂举行

座谈会强调，我们要更加紧密地团结在以胡锦涛同志为总书记的党中央周围，深入学习贯彻党的十七大精神，高举中国特色社会主义伟大旗帜，以邓小平理论和“三个代表”重要思想为指导，深入贯彻落实科学发展观，大力发扬我军听党指挥、服务人民、英勇善战的优良传统，继承老一辈无产阶级革命家的光辉思想和作风，努力开创国防和军队现代化建设的新局面，不断提高我军履行新世纪新阶段历史使命的能力，为维护国家安全统一、实现全面建设小康社会的宏伟目标贡献力量。

中华人民共和国中央军委副主席、国务委员兼国防部长曹刚川，以及张万年、钱其琛、布赫、孙孚凌，中央军委委员梁光烈、陈炳德、李继耐、靖志远、吴胜利、许其亮及于永波出席座谈会。

座谈会上，解放军副总参谋长刘镇武、外交部部长助理李辉、中联部副部长李进军和湖北省委副书记杨松先后发言，深情缅怀伍修权同志的丰功伟绩和崇高风范。

解放军四总部、驻京各大单位、武警部队和军委办公厅领导，中央和国家机关有关部门及湖北省委领导，老同志代表，有关专家学者，伍修权同志亲属及家乡代表等参加了座谈会。

“全国三八红旗手标兵”评选结果揭晓

在2008年三八国际劳动妇女节前夕，全国妇联决定授予在各行各业作出卓越贡献的10位女性“全国三八红旗手标兵”称号。

荣获“2008年全国三八红旗手标兵”称号的是：爱岗敬业，为首都窗口行业的精神文明建设默默奉献的北京公交集团新奥客运分公司售票员刘俊华；锲而不舍，在推进社会主义新农村建设中无私奉献的山西省平顺县西沟村党总支副书记申纪兰；励精图治，带领企业快速发展的辽宁省抚顺罕王实业集团董事长杨敏；刻苦攻关，在肝癌基因研究领域作出开创性贡献的第二军医大学东方肝胆外科研究所常务副所长王红阳；诚信办学，在民办教育事业作出重大贡献的山东英才职业技术学院董事长杨文；自强不息，用创业成果回报社会的河南圆方物业管理有限公司董事长薛荣；勤政为民，树立新时期公安民警新形象的四川省成都市公安局金牛区分局光荣派出所政治教导员汤敏；不畏艰苦，在战地忠诚职守、不辱使命的新华社驻加沙分社首席记者洪漫；勇于创新，为绕月探测工程作出突出贡献的国防科工委月球探测工程中心综合管理部部长富向东；追求卓越，攀登眼科医学事业新高峰的武警河南省总队医院副院长、眼科主任刘苏冰。

据了解,此次评选是在各省、自治区、直辖市妇联等单位层层评选推荐的基础上,推荐产生35名候选人。为体现公开、公正、公平原则,全国妇联自2008年1月15日至1月21日在中国妇女报、人民网—中国妇联新闻网、中国妇女网上对候选人名单及简要事迹予以公示,广泛听取社会各界意见,接受广大群众监督。

全国医学教育工作会议在北京召开

全国人大常委会副委员长韩启德出席会议并讲话。

韩启德充分肯定了医学教育和卫生人才培养工作取得的巨大成绩。他指出在影响卫生工作诸多因素中,最主要的是卫生人才培养,并特别强调医学教育要注重培养学生的科学素质和人文素质,着力提高学生的实践能力和创新能力,加大经费投入,从我国经济社会发展实际需要出发,进一步探索符合中国国情的医学学制学位体系。各高等学校要高度重视医学教育工作,把医学教育放在优先发展的位置。

教育部部长周济指出,我国已走出了一条有中国特色的医学教育发展之路。今后要加强医德和职业素质教育,促进医学学生全面发展;创新人才培养理念,提高医学教育人才培养水平和能力;切实抓好实践教学,加强医学生临床实践能力培养;实施人才强校战略,建设一支高素质的教师队伍;开展医学专业认证,完善医学教育质量保障体系。

卫生部部长陈竺指出,总体上,我国主要的卫生指标已处于发展中国家的前列。但是,随着经济社会发展,群众对卫生服务的需求不断增长,医学教育和卫生人才培养也面临着新的形势和新的挑战。医学教育要坚持正确的价值观导向,加快培养农村和城市社区卫生人才,大力促进卫生职业教育健康发展,做好住院医师/专科医师培训试点和继续医学教育工作,重视并加强中医药学教育,积极开展医学教育国际交流合作。

据统计,目前我国卫生系统约有658万名卫生工作者。

2008养老金国际研讨会在苏州召开

国务委员兼国务院秘书长华建敏出席开幕式并致辞。他强调,加快推进中国社会保障体系建设,必须立足基本国情、遵循客观规律、借鉴国际经验,切实加强社会保障基金管理,努力实现保值增值。

华建敏说,中国政府十分重视社会保障体系建设,始终把它作为最基本的民生问题,作为最重要的制度安排,同就业和收入分配一起构成民生的三大支柱。经过全社会的共同努力,中国适应社会主义市场经济要求的社会保障体系框架初步建立,社会保障覆盖范围不断扩大,改革试点不断深化,法规建设成效明显,筹资渠道逐步拓宽,在中国现代化建设中发挥了不可替代的重要作用。当前,中国社会保障体系建设进入了定型化、规范化和法制化的关键时期,我们将坚持"广覆盖、保基本、多层次、可持续"的方针,尽快建立起以社会保险、社会救助、社会福利为基础,以基本养老保险、基本医疗保险、最低生活保障制度为重点,以慈善事业、商业保险为补充,覆盖城乡居民的社会保障体系。

华建敏指出,中国政府于2000年建立全国社会保障基金,是进一步完善社会保障体系的重要举措,作为国家的战略储备发挥着最后一道防线的重要作用。全国社会保障基金理事会成立8年来,坚持规范运作、稳健经营、安全至上、风险管理,实现了基金保值增值的目标,取得了良好的投资经营业绩。他希望并相信,全国社会保障基金理事会一定会建设成为制度完备、管理规范、队伍专业、工作扎实,老百姓放心的资产管理机构,为中国的社会保障事业乃至整个经济社会发展作出应有的贡献。

华建敏强调,养老保险是一个世界性、世纪性的难题。养老金投资涉及经济、法律、金融等多种专业知识,加强养老金治理与投资方面的国际合作,有利于各国投资机构更好地掌握养老金投资的内在规律,拓展投资视野,提高运营能力。中国政府将继续坚持对外开放的基本国策,不断扩大对外开放领域、优化开放结构、提高开放质量,努力完善内外联动、互利共赢、安全高效的开放型经济体系,与其他国家和地区一道,共同为世界经济的发展作出自己的贡献。

"2008养老金国际研讨会"由全国社会保障基金理事会主办,世界银行、亚洲开发银行和苏州市政府协办。来自全球16个国家和地区的相关机构,以"养老金治理与投资的最佳实践"为主题,共同探讨实现养老金保值增值的政策措施。全国社会保障基金理事会理事长戴相龙发表主旨演讲,原理事长项怀诚主持了第一天的会议。国家发展改革委、中国人民银行和中国证监会的代表在会上介绍了中国有关的经济政策和运行情况。

国家级非物质文化遗产项目代表性传承人颁证仪式在人民大会堂举行

第二批国家级非物质文化遗产项目代表性传承人中的88位代表在人民大会堂接受命名和证书。国务委员陈至立出席了颁证仪式,并为传承人颁发了证书。

命名和认定国家级非物质文化遗产项目代表性传

承人,是鼓励和支持非物质文化遗产项目代表性传承人开展传习活动而采取的一项重要举措。文化部已于2007年6月公布了第一批226名国家级非物质文化遗产项目代表性传承人,包括民间文学、杂技与竞技、民间美术、传统手工技艺、传统医药五大类。日前公布的第二批国家级非物质文化遗产项目代表性传承人共551名,包括了民间音乐、民间舞蹈、传统戏剧、曲艺、民俗五大类。

非物质文化遗产以人为载体,主要依靠传承人的口传心授来传承。传承人掌握并承载着非物质文化遗产的丰富知识和精湛技艺,既是非物质文化遗产活的宝库,又是其代代相传的代表性人物。据介绍,这次传承人颁证仪式的举办,是文化部在非物质文化遗产保护工作上的又一个重要举措,有利于提高传承人的社会地位和影响,广泛宣传他们的艺术成就,让更多的人认识中国非物质文化遗产的价值。

据悉,由文化部主办、中国非物质文化遗产保护中心承办的国家级非物质文化遗产代表性传承人戏曲、曲艺、音乐舞蹈专场演出,分别于26日至29日在北京梅兰芳大剧院、长安大戏院、民族宫大剧院举行。演出汇集了不同门类的代表性传承人集中表演,展示了他们的精湛艺术。

2月29日

中共中央在人民大会堂举行纪念周恩来同志诞辰110周年座谈会

中共中央总书记、国家主席、中央军委主席胡锦涛发表重要讲话强调,我们要全面贯彻党的十七大精神,高举中国特色社会主义伟大旗帜,坚持以邓小平理论和"三个代表"重要思想为指导,深入贯彻落实科学发展观,同心同德、齐心协力,求真务实、锐意进取,把老一辈革命家孜孜以求的美好理想变成现实,为把我国建设成为富强民主文明和谐的社会主义现代化国家而不懈奋斗。

中共中央政治局常委吴邦国、贾庆林、李长春、习近平、李克强、贺国强等出席座谈会,座谈会由中共中央政治局常委、国务院总理温家宝主持。

温家宝在主持座谈会时指出,胡锦涛总书记的重要讲话,回顾了周恩来同志伟大、光辉的一生,高度评价了周恩来同志的丰功伟绩、思想品德和崇高精神,号召全党全国各族人民特别是各级领导干部努力学习周恩来同志的革命精神和思想风范。胡锦涛总书记的重要讲话对于激励全党全国各族人民继承老一辈革命家的遗志,继续开创中国特色社会主义事业新局面具有重要指导意义。

温家宝说,周恩来同志把自己的一生无私地献给了中国人民的革命和建设事业。他深深地爱着人民,人民也深深地爱戴他。周恩来同志虽然离开了我们,但他的光辉业绩连同他为人民鞠躬尽瘁、死而后已的革命精神和高尚品德是永存的。我们纪念周恩来同志,就是要学习他的精神、品德和人格,继承他未竟的事业。周恩来同志永远活在人民心中!

座谈会上,中央文献研究室主任冷溶,中央党史研究室主任、中央党校常务副校长李景田,国务院副秘书长张平,全国政协副秘书长杨崇汇,中央军委委员、解放军总政治部主任李继耐,江苏省委书记梁保华先后发言。

出席座谈会的还有:王刚、王兆国、刘云山、李源潮、令计划、何鲁丽、黄孟复等。

中央和国家机关有关部门、人民团体、人民解放军以及江苏省的负责同志,周恩来同志亲属、生前友好、原身边工作人员和家乡代表等出席了座谈会。

中共中央总书记胡锦涛在纪念周恩来同志诞辰110周年座谈会上发表讲话

同志们,朋友们:

今天,我们怀着十分崇敬的心情在这里隆重集会,纪念敬爱的周恩来同志诞辰110周年,深切缅怀他为党、人民、国家和人民军队建立的丰功伟绩,学习他的革命精神和崇高品德,进一步激励全党全国各族人民全面贯彻党的十七大精神,把中国特色社会主义伟大事业继续推向前进,为实现中华民族伟大复兴而不懈奋斗。

周恩来同志是伟大的马克思主义者,伟大的无产阶级革命家、政治家、军事家、外交家,党和国家主要领导人之一,中国人民解放军主要创建人之一,中华人民共和国的开国元勋,是以毛泽东同志为核心的党的第一代中央领导集体的重要成员。周恩来同志的卓著功勋、崇高品德、光辉人格,深深铭记在全国各族人民心中,在国际上也享有很高威望。

周恩来同志出生于19世纪末年。当时的中国,遭受着列强欺凌、封建统治的双重压迫,民不聊生,国运衰微。青少年时代,他就立志"为了中华之崛起"而发愤读书,认定"有大志向的人,便想去救国,尽力社会"。经历了五四运动的洗礼,他开始积极思考、探索中国社会的出路。20世纪20年代初,他到欧洲勤工俭学,通过反复比较,确立了共产主义的信仰,在巴黎参与旅欧共产党组织的创建,成为中国共产党最早的党员之一。1924年,他回到祖国,投身中国革命的洪流,从此一直奋斗在中国政治舞台的前沿。

新民主主义革命时期，周恩来同志为我们党创建人民军队、创建革命统一战线、创建人民当家做主的新中国建立了不朽功勋。在大革命中，他出色领导了国民革命军军政工作、广东地方政权工作、震惊中外的上海工人武装起义，成为我们党最早认识武装斗争重要性和最早从事军事工作的领导人之一。大革命失败后，他领导发动举世闻名的八一南昌起义，打响了武装反抗国民党反动派的第一枪，党领导的人民军队从此诞生。党的六大以后，他作为实际主持党中央工作的领导人，在极端险恶的条件下机智勇敢地保卫党的中央机关，保护党的大批领导骨干，发展党在白区的秘密工作，支持工农武装割据。他积极探索中国革命的正确道路，明确提出“乡村中心”的思想，为推动“农村包围城市，武装夺取政权”道路的形成作出了突出贡献。在江西中央革命根据地，他同朱德同志等一起成功指挥了第四次反“围剿”斗争，创造了大兵团伏击歼灭战的新经验。红军长征途中，在具有深远历史意义的遵义会议上，他旗帜鲜明地支持毛泽东同志的正确主张，为确立毛泽东同志在红军和党中央的领导地位，为在危难中挽救红军、挽救党，发挥了重要作用。西安事变爆发后，在民族危亡的关键时刻，他根据党中央的既定方针，前往西安，在极端复杂而艰难的环境中推动西安事变和平解决，促成了国共合作、团结抗日的新局面。抗日战争中，他代表我们党长期坚持在国民党统治区工作，负责与国民党当局谈判，广泛团结社会各阶层爱国人士，坚持并发展抗日民族统一战线，同国民党顽固派进行了有勇有谋的斗争。抗日战争胜利后，为制止内战，他陪同毛泽东同志赴重庆与国民党进行和平谈判，尔后又率领我党代表团与国民党当局开展了有理有节的政治斗争。解放战争时期，他协助毛泽东同志运筹帷幄，在推动第二条战线的形成、转战陕北、指挥一系列改变中国命运的战略大决战、筹备召开新政协、主持起草《共同纲领》等工作中，作出了卓越贡献。

新中国成立后，周恩来同志先后担任政务院总理、国务院总理长达26年，为积极探索符合我国国情的社会主义建设道路，全面组织和实施社会主义各项建设事业，兢兢业业，殚精竭虑，在政治、经济、外交、国防、统战、科技、文化、教育、新闻、卫生、体育等各领域倾注了大量心血，作出了奠基性的贡献。在领导新中国的建设和发展中，他强调经济建设工作在整个国家生活中“居于首要的地位”，一个国家如果经济上不能完全独立，政治上也就不能完全独立。他强调要正确处理各种关系，做到统筹全局、全面安排、综合平衡、协调发展；强调“我们的国家不仅要有经济建设，还要有政治建设和精神建设”，建设社会主义必须全面发展；强调一定要重视环境保护，不能因发展经济而牺牲环境，不要做对不起子孙后代的事。他高度重视科学技术和知识分子在社会主义建设中的关键作用，强调实现现代化、把我国建设成为社会主义强国“关键在于实现科学技术的现代化”，“知识分子是社会主义建设事业取得胜利的不可缺少的重要力量”。他组织领导“两弹一星”大规模科技攻坚取得重大突破，极大提升了我国的综合国力和国际地位。他高度重视对外贸易和学习外国先进技术，强调“学习外国必须同独创精神相结合”。他高度重视发挥统一战线在社会主义革命和建设中的作用，经常倾听各民主党派和无党派爱国人士的意见，为坚持和完善中国共产党领导的多党合作和政治协商制度作出了重要贡献。他时时不忘祖国统一大业，为解决香港、澳门和台湾问题做了大量基础性、开拓性工作。他卓有成效地领导了党和国家的外事工作，首倡和平共处五项原则，遵照国家不分大小一律平等的原则，推动我国积极发展同各国特别是广大发展中国家的友好合作关系，使我们的朋友遍天下。他博大精深的外交思想、丰富多彩的外交实践、独具一格的外交艺术和外交风格，在国际社会为党和国家赢得了很高的声誉。

在“文化大革命”极端复杂的特殊环境下，周恩来同志忍辱负重，苦撑危局，作出了常人难以想象的努力，全力维护党和国家正常工作的运转，全力维护党的团结统一，尽一切可能减少损失。他保护了一大批党的领导骨干、民主人士和知识分子；他协助毛泽东同志粉碎了林彪反革命集团妄图夺取最高权力的阴谋，并主持中央日常工作，批判和纠正极“左”思潮的错误，使各方面工作有了转机；他根据毛泽东同志的决策积极促成和落实邓小平同志复出并主持中央工作，全力支持邓小平同志领导对各方面工作进行整顿；他身患绝症，仍顽强坚持工作，并同邓小平、叶剑英、李先念同志等一起，与江青反革命集团进行了坚决斗争；他在四届全国人大一次会议上重申实现四个现代化的宏伟目标，极大鼓舞了全党全国各族人民。

周恩来同志参与领导了革命和建设时期党的各项重大工作，为党的每一个重大胜利付出了大量心血。在长期实践中，他注重把马克思主义基本原理同我国具体实际结合起来，认真总结革命和建设正反两方面的经验，深入进行理论思考，深刻阐释党的理论和路线方针政策，在政治、经济、军事、外交、统一战线、文化教育和党的建设等领域都作出了理论建树，为毛泽东思想的形成和发展作出了重要贡献，也为后来改革开放时期我们党形成中国特色社会主义理论体系提供了重要思想材料。

同志们、朋友们！

周恩来同志50多年的革命生涯,同中国共产党的建立、发展、壮大,同我国新民主主义革命的胜利,同我国社会主义革命和建设的历史进程紧密联系在一起。他毫无保留地把全部精力奉献给了党和人民,直到生命的最后一息。他身上集中体现了中国共产党人的高风亮节,在中国人民心中矗立起一座不朽的丰碑。我们缅怀周恩来同志,就是要永远铭记和认真学习周恩来同志的精神,使之不断发扬光大。

周恩来同志始终信仰坚定、理想崇高,集中表现为他对党和人民无限忠诚的精神。这是他毕生奋斗的力量源泉。周恩来同志说:"人是应该有理想的,没有理想的生活会变成盲目。"他在确立共产主义信仰之时就说过:"我认的主义一定是不变了,并且很坚决地要为他宣传奔走。"他对党的事业、对社会主义中国的光明前途、对振兴中华民族的伟大事业,始终充满必胜的信心,无论遇到什么样的艰难困苦,从不动摇。他说:"共产党人就是为不断克服困难,继续前进而存在的。畏难苟安,不是共产党人的品质。"他在确立革命理想信念的过程中,既有追求真理的强烈愿望,又有深思熟虑的理性思考;既重视对科学理论的学习和研究,又注重在实践中运用和发展科学理论;既注意学习马克思主义的先进理论,又注意吸取中华民族的文化精华,他的革命理想信念是建立在理性自觉的基础之上的,因此是坚如磐石的。他以自己的实际行动实践了"在任何艰难困苦的情况下,都要以誓死不变的精神为共产主义奋斗到底"的誓言。

周恩来同志始终热爱人民、勤政为民,集中表现为他甘当人民公仆的精神。周恩来同志始终坚持人民利益高于一切,把自己看成人民的"总服务员",反复强调"我们的一切工作都是为了人民的","我们国家的干部是人民的公仆,应该和群众同甘苦,共命运",要"永远做人民忠实的勤务员"。他心系人民,急群众之所急,忧群众之所忧。只要是关系群众安危冷暖之事,他总是关怀备至、体贴入微。逢年过节,他总是关心在生产一线的工人能不能吃上一顿饺子。他多次奔赴抗洪前线、地震现场,哪里有灾情,哪里群众有困难,他就及时出现在哪里。1973年,他重返延安时,目睹群众生活仍然贫困的情景,禁不住潸然泪下,痛心地自责对不起老区人民。1975年,大手术之后,他依然牵挂着远在千里之外的云南锡矿工人的健康。他一生勤勤恳恳、呕心沥血、任劳任怨,一天工作时间超过12个小时,有时在16个小时以上。即使在病重住院的生命最后时期,他还抱病操劳国事。他说:"死我并不怕。古人说,人活七十古来稀,我已是七十七岁多的人了,也算得上是高寿了。可是这二十几年的时间,总应该把国家建设得好点,人民的生活多改善一些,去马克思那里报到,才感到安心。现在这种状况去报到,总感到内疚、羞愧。"逝世前,他交待说:"把我的骨灰撒到江河大地去做肥料,这也是为人民服务。活着为人民服务,死后也要为人民服务。"周恩来同志真正做到了他所说的"应该像条牛一样努力奋斗","为人民服务而死",为人民的事业"鞠躬尽瘁,死而后已"。"人民总理爱人民,人民总理人民爱",人民群众用朴素的语言表达了对周恩来同志最真挚的感情。

周恩来同志始终顾全大局、光明磊落,集中表现为他高度珍视和自觉维护党的团结统一的精神。周恩来同志深知党的团结是党的生命,始终顾全大局、维护党的团结统一。他把增强党的团结、反对个人主义提到"对党、对人民、对共产主义的事业都具有决定意义"的高度,特别告诫:因为我们党是胜利的党、执政的党,尤其要警惕种种破坏和危害党的团结的行为。他坚持民主集中制,强调"特别是要在高级领导同志中间加强集体生活,开展批评和自我批评,来保证我们党的团结"。他把维护和巩固党的团结作为自己言行的准则,有利于党的团结的话和事就说、就做,不利于党的团结的话和事就不说、不做,讲党性不徇私情,讲原则不讲关系,无论在什么情况下都把个人荣辱置于身外。他坚持任人唯贤,反对任何派别思想、小团体习气、地方主义、山头主义和本位主义,从不搞小圈子、小集团,始终把党和人民的利益放在高于一切的位置,在维护党的团结统一方面堪称楷模。

周恩来同志始终实事求是、严谨细致,集中表现为他求真务实的精神。周恩来同志坚持解放思想、实事求是,坚持理论联系实际,坚持用科学的世界观和方法论指导实际工作。他一贯倡导实际工作者要学会运用辩证唯物主义的思想方法,认为"辩证唯物主义思想能够帮助我们更好地认识客观规律,更好地发挥主观能动性",强调"单靠多读几本马列主义的书是不行的,问题在于实践"。他善于把革命胆略与求实精神结合起来,既有超人的大智大勇,处变不惊,善于化解错综复杂的矛盾,善于应对险象环生的局面,又能够极为周密和细致地考虑和处理问题。他坚持一切从实际出发,反复倡导要"讲真话,鼓真劲,做实事,收实效",要把主观能动性和客观可能性结合起来,干劲要大,步子要稳,既要有雄心壮志,尽快赶上先进水平,又要循序渐进,不能一步登天。他高度重视对实际情况的调查研究,注重总结实践经验,考虑问题时总是力求在分析、综合、比较上多下功夫,主张"一切当从多方考虑,经过集体商决而后行"。正因为如此,在组织领导党和国家各项事业的过程中,周恩来同志既是国家建设总体蓝图的重要设计者,又是将党和国家各项重大决策创造性地付诸实施的卓越组织者,深得毛泽东同志的倚重。

周恩来同志始终虚怀若谷、戒骄戒躁,集中表现为他谦虚谨慎的精神。周恩来同志为党和人民作出了卓越贡献,但功劳越大,他越是虚怀若谷。他常说“我们每一个人,不管过去做了多少工作,现在担任什么职务,没有党和人民,就既不会有过去的成绩,也不会有今天的职务。党和人民是伟大的,我们个人是渺小的”。他为自己立下的座右铭是“活到老,学到老,改造到老”。他对党和人民事业高度负责,认为做工作“应该有临事而惧的精神。这不是后退,不是泄气,而是戒慎恐惧”。他认为“不仅要教育群众,还要向群众学习。因为领导者本身知识还不完全,经验还不够,领导地位并不能使你得到知识和经验”。他善于启发和倾听不同意见,即使是普通干部或群众讲的意见都认真考虑。他说:“一个人的认识总是有限的,要多听不同的意见,这样才利于综合。”他善于发现别人的长处,充分发挥每个同志的聪明才智,自己却从来不居功、不诿过。他平易近人、平等待人,真诚同各界人士广泛交往,从不以领导者自居。他经常说:“一个人站在领导地位,不虚心,不平易近人,自以为了不起、什么都懂,只要有这种思想并且在作风中表现出来,就危险了。”周恩来同志以其谦虚谨慎、广纳善策、平易近人、平等待人的风范,赢得了党内外由衷的信赖和爱戴,是中国共产党人谦虚谨慎、不骄不躁优良作风的最好榜样。

周恩来同志始终严以律己、廉洁奉公,集中表现为他无私奉献的精神。周恩来同志毕生严以律己、艰苦朴素,只求奉献、不思回报。他说:“对自己应该自勉自励,应该严一点,对人家应该宽一点,‘严以律己,宽以待人’”。他经常告诫领导干部要过好思想关、政治关、社会关、亲属关和生活关,始终保持共产党人的政治操守和优良作风。他对自己的工作,总是经常进行反思,自觉开展自我批评、自我总结、自我考察、自我完善,从不文过饰非。他身居高位,但从不搞特殊化,凡要求党员和群众做到的,他自己首先做到。他说:“精神生活方面,我们应该把整个身心放在共产主义事业上,以人民的疾苦为忧,以世界的前途为念。这样,我们的政治责任感就会加强,精神境界就会高尚。”“物质生活方面,我们领导干部应该知足常乐,要觉得自己的物质待遇够了,甚至于过了,觉得少一点好,人家分给我们的多了就应该居之不安。要使艰苦朴素成为我们的美德。”他睡的是普通木板床,他的衣服补了又补。他严格要求自己的亲属,给他们订立了“十条家规”,从没有利用自己的权力为自己或亲朋好友谋过半点私利。他身后没有留下任何个人财产,他和邓颖超同志一生中的全部工资积蓄都交了党费,他的骨灰撒在祖国的江河大地上。他说:“我们这一辈子和这一个时代的人多付出一点代价,是为后代更好地享受社会主义幸福”。周恩来同志一生心底无私,严以律己,廉洁奉公,是共产党人立党为公、执政为民的典范。

同志们、朋友们!

今天的中国是历史的继续和发展。我们要永远铭记老一辈革命家为创建新中国、确立社会主义基本制度、探索中国特色社会主义道路作出的历史贡献。建设富强民主文明和谐的社会主义现代化国家,是老一辈革命家的夙愿。周恩来同志生前多次代表我们党提出,要把我国建设成为一个具有现代化农业、现代化工业、现代化国防和现代化科学技术的社会主义强国,赶上和超过世界先进水平。可以告慰周恩来同志等老一辈革命家的是,在改革开放和社会主义现代化建设的历史新时期,我们继承老一辈革命家的遗志,继往开来,与时俱进,开创了中国特色社会主义伟大事业,开辟了发展中国、发展社会主义、发展马克思主义的正确道路,我国社会主义现代化建设取得了举世瞩目的成就,中华民族伟大复兴展现出光明灿烂的前景。

我们已站在新的历史起点上。我们党正在带领全国各族人民继续推进改革开放和社会主义现代化建设,我们深感肩负的使命神圣而光荣。在前进道路上,我们要全面贯彻党的十七大精神,高举中国特色社会主义伟大旗帜,坚持以邓小平理论和“三个代表”重要思想为指导,深入贯彻落实科学发展观,继续解放思想,坚持改革开放,推动科学发展,促进社会和谐,全面推进社会主义经济建设、政治建设、文化建设、社会建设和党的建设,同心同德、齐心协力,求真务实、锐意进取,把老一辈革命家孜孜以求的美好理想变成现实,为把我国建设成为富强民主文明和谐的社会主义现代化国家而不懈奋斗!

全国人大常委会委员长吴邦国在人民大会堂会见尼日利亚总统亚拉杜瓦

吴邦国说,中尼保持高层交往,两国领导人就各领域互利合作和共同关心的重大问题充分交换意见并达成广泛共识。双方在农业、工业、基础设施建设、电力、电信及制造业等领域的合作不断扩大,为两国关系注入新活力。

吴邦国强调,中方高度重视中尼关系,愿同尼方共同努力,增进双方政治互信,坚持优势互补,着眼长期合作,实现互利共赢,不断深化中尼战略伙伴关系。

吴邦国说,中尼立法机构间合作是两国关系的重要组成部分,中国全国人大与尼议会保持了良好的交往与合作,增进了两国人民的相互了解和友谊,丰富了中尼关系内涵。中国全国人大重视发展同尼议会的关系，愿保持双方密切交往势头，共同推动两国战略伙伴关系全面发展。

亚拉杜瓦表示，尼中战略伙伴关系互利共赢，发展势头良好。尼方高度重视对华关系，致力于进一步推动双边关系不断发展。尼日利亚希望成为中国在非洲的重要合作伙伴，尼中合作成为非中合作的典范。尼方愿进一步拓展与中方在电力、能源、基础设施等尼重点发展领域的合作，加强两国政党、议会之间的交流，推动尼中战略伙伴关系全面、深入发展。

国务院总理温家宝主持召开国务院常务会议研究部署事业单位工作人员养老保险制度改革试点工作

会议讨论并原则通过了《事业单位工作人员养老保险制度改革试点方案》，确定在山西、上海、浙江、广东、重庆 5 省市先期开展试点，与事业单位分类改革配套推进。试点的主要内容包括：养老保险费用由单位和个人共同负担，退休待遇与缴费相联系，基金逐步实行省级统筹，建立职业年金制度，实行社会化管理服务等。会议指出，事业单位工作人员养老保险制度改革涉及面广，政策性强，必须先行试点，积累经验，积极稳妥地推进。试点地区和有关部门要切实加强组织领导，周密部署，妥善处理好改革前后待遇水平上的平稳衔接，确保试点工作顺利进行。

会议还研究了其他事项。

全国政协主席贾庆林出席在北京召开的《政协委员一日》出版座谈会

《政协委员一日》一书由全国政协文史和学习委员会与人民政协报社联合征编，中国文史出版社出版。征文活动自 2006 年 10 月启动以来，得到了十届全国政协委员的大力支持，至今已征集到稿件 200 多篇，出版《政协委员一日》图书两辑，成为人民政协文史资料工作的新品牌。

此次出版的《政协委员一日》第二辑，收录了来自不同界别委员的 79 篇文章。这些文章全部来源于委员们的亲身经历，从不同角度、不同侧面，全方位地记录了十届政协以来全国政协委员在经济建设、政治建设、文化建设、社会建设等各个领域丰富多彩的工作和生活，真实地展现了人民政协在构建和谐社会、推动社会主义民主政治建设中的重要作用，生动地描绘了各族各界人民为全面建设小康社会、加快推进社会主义现代化而不懈奋斗的景象。

全国政协副主席陈奎元在座谈会上说，人民政协的文史资料工作是一项富有统一战线和政协特点的重要工作，在“存史、资政、团结、育人”方面发挥了独特的作用，为巩固和发展最广泛的爱国统一战线，为坚持和完善中国共产党领导的多党合作和政治协商制度，为推动社会主义革命、建设和改革开放事业作出了特殊贡献。进入新世纪、新阶段，文史资料工作面临着前所未有的机遇和挑战。《政协委员一日》征文活动及其图书的出版是探索建立新形势下文史资料征集工作机制所做的一次成功尝试，为广大政协委员更好地参与文史资料工作搭建了新平台。《政协委员一日》作为记录人民政协、展示人民政协、宣传人民政协的重要载体，作为广大群众了解人民政协、认识人民政协的重要窗口，必将对进一步促进人民政协工作和扩大人民政协影响发挥积极的作用。

全国政协副主席王忠禹出席了出版座谈会。

国务院副总理回良玉出席在北京召开的全国老龄工作委员会全体会议并发表讲话

回良玉强调，尊重、关爱、照顾老年人是中华民族的传统美德和社会文明进步的重要标志，党中央、国务院对老龄工作高度重视。我们要按照党的十七大关于加快推进以改善民生为重点的社会建设的总体要求，坚持“党政主导、社会参与、全民关怀”的方针，着力解决老年人的现实利益问题，进一步加快健全老年社会保障制度，努力促进养老服务业发展，切实维护老年人权益，扎实推进老龄事业又好又快发展。

回良玉指出，过去五年是老龄事业不断发展的五年，也是老年人得到实惠最多的五年。各地区、各有关部门围绕“老有所养、老有所医、老有所教、老有所学、老有所为、老有所乐”的工作目标，制定和实施老龄事业发展规划，健全和完善老龄政策法规体系，维护老年人的合法权益，开展老龄问题研究，加强老龄事业宣传，各项工作取得显著成绩。老年人社会服务体系不断完善，老年人享有的养老和医疗保障水平显著提高，得到的生活、医疗、照料等服务更加快捷方便，精神文化生活更加丰富，社会参与日益广泛，全社会共同应对人口老龄化的意识正在增强。

回良玉强调，快速发展的人口老龄化，已经并将进一步成为影响我国经济社会发展全局的重大战略问题。我国 60 岁及以上老年人口 2007 年年底已达到 1.53 亿人，占总人口的 11.6%；养老金和老年人口医疗费用负担压力越来越大；高龄、空巢和失能老人越来越多，为老社会服务需求日益扩大。对此，各地区、各有关部门要进一步增强做好老龄工作的责任感和紧迫感，科学分析人口老龄化带来的深刻影响，客观正视“未富先老”的基本国情，高度重视老龄工作的薄弱环节，努力把握老龄事业发展的新机遇。要进一步弘扬中华民族尊老敬老的传统美德，大力发展老龄事业，给予老年人更多生活上的帮助和精神上的安慰，让所有老年人都能安享幸福的晚年。

回良玉要求，2008年要重点抓好四个方面的工作，一要进一步健全覆盖城乡居民的社会保障体系，加大落实老年人社会保障政策的力度；二要高度重视农村老年人的民生问题，着力研究解决养老、医疗和卫生服务等突出问题；三要大力发展为老社会服务，积极推动实施爱心护理工程；四要加强基层老年群众组织建设，充分发挥它们在社会管理中的积极作用。各地区、各有关部门要切实加强对老龄工作的领导，相互支持，密切配合，形成合力。

全国模范法院 全国模范法官 全国三八红旗集体 全国三八红旗手表彰大会在北京举行

全国人大常委会副委员长顾秀莲、最高人民法院院长肖扬、全国政协副主席罗豪才出席。

顾秀莲在表彰大会上说，近年来，全国法院大力加强队伍建设，大力开展争先创优创建活动，取得了丰硕的成果，涌现出了以宋鱼水、金桂兰、黄学军等为突出代表的全国模范法官，得到了社会肯定，赢得了人民信赖，树立和彰显了“公正司法、一心为民”的良好形象。

顾秀莲说，在最高人民法院的指导下，全国法院十分重视妇女工作，为广大女法官和其他工作人员的成长成才提供了充裕的条件和宽阔的舞台，引导和鼓励她们立足本职岗位，发挥聪明才干，创造一流业绩，实现人生价值，赢得人民赞誉。

顾秀莲对全国女法官和其他工作人员提出四点希望：坚定理想、不负重托，牢记全心全意为人民服务的宗旨；胸怀大局、志存高远，积极投身全面建设小康社会、构建社会主义和谐社会的伟大实践；加强学习、锻炼本领，不断提高“辨法析理、胜败皆服”的司法能力和水平；提高修养、争当表率，自觉遵守法官职业道德，大力弘扬家庭美德，积极倡导社会公德。

肖扬在讲话中说，今天受表彰的模范集体和个人，是全国30万法官以及其他工作人员的光荣和骄傲。他们牢固树立社会主义法治理念，情系人民群众，忠诚履行职责，奉献青春智慧。他们的模范事迹和崇高精神具有突出的先进性、鲜明的时代性、震撼人心的感染力和引领时代潮流的卓越品质，在全国法院系统树立了奋发有为、昂扬向上的精神风貌和忠于职守、乐于奉献的良好作风。

表彰大会上，北京市丰台区人民法院等40个单位获“全国模范法院”荣誉称号，钟蔚莉等68名同志获“全国模范法官”荣誉称号，安辉等34名同志获“全国优秀女法官”荣誉称号，李洛云等38名同志被授予法院系统“全国三八红旗手”，北京市女法官协会等23家单位被授予法院系统“全国三八红旗集体”称号。

3月1日

中共中央政治局常委习近平出席中央党校春季开学典礼并发表讲话

中共中央政治局委员、中央书记处书记、中央组织部部长李源潮，中央书记处书记、中央纪委副书记何勇，中央书记处书记、中央办公厅主任令计划出席了开学典礼。

习近平围绕深入学习贯彻党的十七大精神，从五个方面谈了对中国特色社会主义理论体系的学习体会和认识。第一，中国特色社会主义理论体系是改革开放历史新时期我们党推进马克思主义中国化所取得的理论创新成果，是沿着中国特色社会主义道路实现中华民族伟大复兴唯一正确的理论；第二，中国特色社会主义理论体系围绕探索和回答三大基本问题展开，深化和丰富了对三大规律的认识，是内涵丰富、思想深刻、系统科学的理论体系；第三，中国特色社会主义理论体系同马克思列宁主义、毛泽东思想既一脉相承又与时俱进，以新的思想、观点继承、丰富和发展了马克思主义；第四，在新的历史起点上坚持和发展中国特色社会主义理论体系，必须深入贯彻落实科学发展观，必须继续解放思想，必须推进改革开放，必须准确把握初级阶段的基本国情，必须以改革创新精神全面加强党的建设；第五，大力推进中国特色社会主义理论体系的学习和研究，进一步提高全党的马克思主义理论水平。

习近平指出，中国特色社会主义理论体系，是在和平与发展成为时代主题的历史条件下，在我国改革开放和社会主义现代化建设的伟大实践中，在总结我国社会主义建设正反两方面历史经验和改革开放以来新鲜经验，并借鉴其他社会主义国家兴衰成败经验教训的基础上逐步形成和发展起来的。这个理论体系在建设中国特色社会主义的思想路线、发展道路、发展阶段、发展战略、根本任务、发展动力、依靠力量、国际战略、领导力量和根本目的等问题上，形成了一系列独创性的重大理论观点，系统回答了在中国这样一个十几亿人口的发展中大国如何摆脱贫困、加快实现现代化、巩固和发展社会主义的一系列重大问题。中国特色社会主义理论体系之所以完全正确，之所以能够引领中国不断发展进步，最根本的就在于它既破除了对马克思主义的教条式理解，又抵制了抛弃社会主义基本制度的错误主张；既坚持了科学社会主义基本原则，又具有鲜明的时代特征和中国特色；既继承了前人，又创新了内容，开拓了马克思主义新境界，是深深扎根于中国大地、符合中国实际的当代中国马克思主义。

习近平指出，中国特色社会主义作为新时期以来我们党继续推进马克思主义中国化的伟大历史性创造，体现在实践上，就是开辟了中国特色社会主义道路；体现在理论上，就是形成了中国特色社会主义理论体系；体现在政治上，就是要高举中国特色社会主义伟大旗帜。高举伟大旗帜，既要在中国特色社会主义理论体系指导下坚持中国特色社会主义道路的伟大实践，又要在伟大实践中不断丰富和发展中国特色社会主义理论体系。

习近平强调，中国特色社会主义理论体系是我们党最可宝贵的政治和精神财富，是全国各族人民团结奋斗的共同思想基础。广大党员、干部要自觉用这一理论体系指导客观世界和主观世界的改造，提高运用科学理论解决实际问题的能力。习近平希望全体党校学员珍惜学习机会，以饱满的热情投入学习，真正做到坐得住、钻得进、学得好、收获多，满怀学习渴望而来，满载丰硕成果而归。

中央党校常务副校长李景田主持开学典礼。中央有关部门负责人、中央党校负责人以及2008年春季学期全体学员、党校教职员工，共1800多人参加了开学典礼。

2007年全国农村贫困人口又减1378万人

据国务院扶贫办统计显示，2007年，全国农村贫困人口又减1378万人，这是《中国农村扶贫开发纲要(2001—2010年)》实施以来减贫速度最快的一年。2007年国家扶贫开发工作重点县农民人均纯收入从2006年的1928元增加到2200元，扣除物价因素比上年增长11.7%，高出全国农村平均水平2.2个百分点。

据了解，2007年的扶贫开发工作采取了增加投入，完善管理，提高效益，强化手段等多项措施，取得了显著成效。国务院扶贫办主任范小建表示，2007年我国贫困人口大幅减少，这是中央各项支农惠农、社会保障政策与扶贫开发措施相互促进的结果。

2007年个私企业注册资本金逾10万亿元

据国家工商总局最新统计显示，2007年我国个体私营经济健康持续发展，保持了迅猛的增长态势，全国个私经济领域注册资本金总额(私营企业注册资本和个体工商户的资金数额)突破10万亿元，达到101223.92亿元，比上年增加18726.63亿元，涨幅高达22.7%。私营企业仍为个私经济的主体，其注册资金达93873.14亿元，占总量的92.74%，个体工商户的资金数额虽然所占比重不大，但增长较快，与上年相比增幅达13.64%。

国务院正式批准设立宁波梅山保税港区

国务院发出《关于公布第一批国家珍贵古籍名录和第一批全国古籍重点保护单位名单的通知》

各省、自治区、直辖市人民政府，国务院各部委、各直属机构：

国务院批准文化部确定的第一批国家珍贵古籍(2392部)名录和第一批全国古籍重点保护单位(51个)名单，现予公布。

我国是历史悠久的文明古国，拥有卷帙浩繁的文献典籍。这些文献典籍是中华民族的宝贵精神财富，是人类文明的瑰宝，保护和利用好珍贵文献典籍，对于继承和发扬民族优秀文化传统，增进民族团结和维护国家统一，增强民族自信心和凝聚力，建设社会主义核心价值体系，提高国家文化软实力，都具有重要意义。

各地区、各部门要进一步贯彻“保护为主、抢救第一、合理利用、加强管理”的指导方针，以第一批国家珍贵古籍名录和第一批全国古籍重点保护单位的公布为契机，加强科学规划，加大工作力度，切实做好珍贵古籍的保护、管理和合理利用工作，使中华民族珍贵的文献典籍永泽后世。

中华人民共和国国务院

2008年3月1日

第一批国家珍贵古籍名录(2392部)(略)

第一批全国古籍重点保护单位名单(51个)

国家图书馆
首都图书馆
天津图书馆
山西省图书馆
内蒙古自治区图书馆
辽宁省图书馆
辽宁省大连图书馆
黑龙江省图书馆
上海图书馆
南京图书馆
江苏省苏州图书馆
江苏省常熟图书馆
浙江图书馆
安徽省图书馆
福建省图书馆
山东省图书馆
山东省青岛市图书馆
河南省图书馆
湖北省图书馆
湖北省武汉图书馆
湖南图书馆
广东省立中山图书馆
重庆图书馆
云南省图书馆
贵州省图书馆
陕西省图书馆
甘肃省图书馆
中国艺术研究院图书馆
北京大学图书馆
清华大学图书馆
北京师范大学图书馆
中央民族大学图书馆
东北师范大学图书馆
复旦大学图书馆
南京大学图书馆
南京师范大学图书馆
南京中医药大学图书馆
苏州大学图书馆
中山大学图书馆
河南大学图书馆
故宫博物院
山西博物院
上海博物馆
南京博物院
浙江省宁波市天一阁博物馆
中国科学院国家科学图书馆
中国社会科学院图书馆
中国社会科学院文学所图书馆
中国中医科学院图书馆
中国第一历史档案馆
贵州省荔波县档案馆

3月2日

全国政协主席贾庆林在人民大会堂会见白俄罗斯国防部长马尔采夫

全国政协十一届一次会议在人民大会堂举行预备会议

会议由十届全国政协主席贾庆林主持。他说，政协第十一届全国委员会第一次会议预备会议应出席委员2237人，实到2123人，符合法定人数。

会议以举手表决等方式，审议通过了政协十一届一次会议主席团、主席团会议主持人和秘书长名单，政协十一届一次会议议程和日程以及政协十一届一次会议提案审查委员会名单。

十届全国政协副主席王忠禹、廖晖、刘延东、帕巴拉·格列朗杰、李贵鲜、张思卿、白立忱、罗豪才、张克辉、周铁农、郝建秀、陈奎元、阿不来提·阿不都热西提、徐匡迪、李兆焯、黄孟复、张怀西、李蒙、董建华、张梅颖、张榕明和秘书长郑万通出席预备会议。

全国政协十一届一次会议主席团在人民大会堂举行第一次会议

主席团会议主持人贾庆林主持会议。

贾庆林说，这次应出席会议的主席团成员325人，实到323人，符合法定人数。

会议审议通过了政协十一届一次会议主席团常务主席名单、政协十一届一次会议各次全体会议执行主席和主持人名单、政协十一届一次会议分组办法和委员小组召集人名单、政协十一届一次会议副秘书长名单、政协十一届一次会议秘书处机构设置和工作任务。

在主席台就座的有政协十一届一次会议主席团常务主席贾庆林、王刚、廖晖、帕巴拉·格列朗杰、白立忱、陈奎元、阿不来提·阿不都热西提、李兆焯、黄孟复、董建华、张梅颖、张榕明和大会秘书长郑万通。

全国政协十一届一次会议主席团常务主席名单

（2008年3月2日政协第十一届全国委员会第一次会议主席团第一次会议通过）

贾庆林 王　刚 廖　晖 阿沛·阿旺晋美(藏族)
帕巴拉·格列朗杰(藏族) 马万祺 白立忱(回族)
陈奎元 阿不来提·阿不都热西提(维吾尔族)
李兆焯(壮族) 黄孟复 董建华 张梅颖(女)
张榕明(女)

全国政协十一届一次会议主席团 主席团会议主持人和秘书长名单

（2008年3月2日政协第十一届全国委员会第一次会议预备会议通过）

一、主席团成员(325名，按姓氏笔画排序)

一　诚 刀述仁(傣族) 万　钢 万季飞 万学远
万鄂湘 马万祺 马长庆(东乡族) 马志伟(满族)
马英林 马培华 王刚(中共界) 王　晓 王少阶
王玉锁 王立平(满族) 王永庆 王亚保(黎族)
王光谦 王先琼(女，侗族) 王众孚 王宇田
王志珍(女) 王林旭 王明明 王金祥 王显政
王钦敏 王健林 王梅祥 王新陆 王新奎 韦建桦
方兆本 孔小均 邓朴方 艾努瓦尔(哈萨克族)
左焕琛(女) 厉无畏 厉以宁 石耀霖 卢志强
卢晓钟 叶小文 叶小钢 田　刚 田　岚(土家族)
田　静 田　震 田中群 田聪明 白立忱(回族)
包俊臣(蒙古族) 冯　巩 冯明光 冯炯华 冯培恩
冯骥才 宁崇瑞 朱孝清 朱作言 朱祖良 朱维群
伍淑清(女) 任法融 全哲洙(朝鲜族) 刘　凡
刘　江 刘长铭 刘古昌 刘汉元 刘汉铨 刘光复
刘亦铭 刘志峰 刘迎龙 刘应明 刘泽彭 刘柏年
刘晓庄 刘晓峰 刘峰岩 刘淑莹(女)
刘新文(女) 刘慕仁 齐　让 江蓝生(女)
许仕仁 许仲林 许志功 许京军 孙　淦 孙永福
孙志强 孙怀山 孙晓郁 孙家正
买买提·玉素甫(维吾尔族) 苏士澍(满族) 杜青林
李　冰 李　宏 李　明 李　羚(女) 李　崴
李说(女) 李卫华 李世济(女) 李兆焯(壮族)
李庆云 李君如 李卓彬 李国璋 李昌鉴 李金华
李泽钜 李承淑(女，朝鲜族) 李栋恒 李铁林
李德洙(朝鲜族) 李德强 杨　岐 杨　健 杨孙西
杨春兴(苗族) 杨俊文 杨健强(白族) 杨崇汇
杨维刚 杨焱平(女，白族) 吴　江 吴玉谦 吴正德
吴光正 吴国祯 吴祖强 吴嘉甫(布依族) 吴蔚然
邱衍汉 何　维 何小平 何丕洁 何光暐 何柱国
何鸿燊 余国春 闵乃本 汪啸风 沈文庆 沈滨义
张　平 张　帆 张　健 张　海 张　黎 张大方
张大宁 张文康 张左己 张龙之 张圣坤 张来斌
张国宝 张泽熙 张宝文 张承芬(女) 张俊九
张桃林 张海迪(女) 张梅颖(女) 张维庆
张道宏 张福森 张榕明(女)
阿不来提·阿不都热西提(维吾尔族) 阿什老轨(彝族)
阿沛·阿旺晋美(藏族) 陈　军(哈尼族)
陈　杰(女，高山族) 陈　旗 陈广元(回族)
陈云林 陈永棋 陈传阔 陈自力 陈进玉 陈抗甫
陈佐洱 陈昊苏 陈明义 陈明德 陈宗兴 陈绍军
陈政立 陈奎元 陈勋儒 陈凌孚 陈章良 陈清华
陈福今 邵　鸿 武大伟 武四海(回族) 武维华
武献华 林文漪(女) 林而达 林兆枢 林明江
欧阳明高 欧阳淞 罗富和
帕巴拉·格列朗杰(藏族) 季允石 周文重 周汉民
周健民 周遇奇 郑万通 郑小燕(女) 郑兰荪
郑军里(瑶族) 郑建邦 郑祖康 郑家纯 郑惠强
郑楚平 郑楚光 学　诚 赵　龙 赵　俊
赵少华(女，满族) 赵化勇 赵启正 赵雨森 赵晓勇
胡四一 胡永柱 胡家燕(女) 胡德平
钮小明(女) 段成桂 修福金 俞海潮 洪祖杭
姚志彬 秦大河 珠康·土登克珠(藏族) 袁汉民
袁祖亮 袁隆平 袁熙坤 贾庆林 贾庆国 夏　涛
夏培度 顾秉林 柴松岳 钱运录 钱克明 徐　泽
徐　辉 徐冠华 徐振寰 徐展堂 栾恩杰(满族)
高峰(宗教界) 高小玫(女) 高中兴 高体健
高俊良 郭炳湘 陶建幸
桑顶·多吉帕姆·德庆曲珍(女，藏族) 黄代放 黄志贤

黄孟复　黄格胜(壮族)　曹　亚(女)
曹　毅(土家族)　曹小红(女,回族)　曹其真(女)
龚世萍(女)　龚惠兴　康耀红　章祥荪　梁金泉
梁振英　葛东升　葛剑平　葛剑雄　董恒宇　董建华
董新光　蒋以任　蒋作君　蒋明麟　韩忠朝　韩美林
覃志刚(壮族)　程世峨(女)　程崇庆　傅先伟
傅惠民　曾　华　温宗仁　温思美　温熙森　靳尚谊
蒙进喜　赖　明　雷　蕾(女,满族)　蔡　威　蔡达峰
管国忠(傣族)　廖　晖　廖泽云　黎桂康　德哇仓(藏族)　滕文生　潘贵玉(女)
潘蓓蕾(女,高山族)　霍　达(女,回族)
磨长英(女)　戴德丰
二、主席团会议主持人
贾庆林
三、秘书长
郑万通

全国政协十一届一次会议副秘书长名单

(2008年3月2日政协第十一届全国委员会第一次会议主席团第一次会议通过)

杨崇汇　李昌鉴　吴明熹　蒋作君　孙怀山　李敏宽
陈明德　朱维群　刘民复　潘贵玉(女)　陈宗兴
陈抗甫　张龙之　索丽生　卞晋平　卢昌华　王胜洪
仝广成　吴建民　沈跃跃(女)　陈喜庆　廖晓军

全国政协十一届一次会议提案审查委员会名单

(2008年3月2日政协第十一届全国委员会第一次会议预备会议通过)

主　任
李铁林
副主任(按姓氏笔画排序)
王　占　王生铁　王显政　王瑞祥　毛林坤　朱树豪
刘志忠　刘峰岩　孙　淦　步正发　邵　鸿
委　员(按姓氏笔画排序)
于永湛　王小兰(女)　王国强　王炳华　王富卿
王增祺　田淑兰(女)　包明德(蒙古族)　冯　巩
冯　远　宁　远　吕章申　任洪斌　刘元龙　刘环祥
刘逢君　江小涓(女)　许志功　孙明山　孙晓华
纪　斌　苏立清　李　武　李成贵　杨文良　杨孙西
杨凯生　杨国庆　杨健强(白族)　吴先宁
辛树森(女)　宋南平　张　宁　张　沅　张　政
张化本　张近东　张国宝　陈明金　范伯元
林贤郁(朝鲜族)　林淑娘(女)　国一民　周晋峰
金大鹏　赵光华　赵维绥　胡四一　胡海岩
洪天慧(女)　夏　敏　钱克明　郗杰英
凌　锋(女)　黄　海　曹湘洪　崔大林　陶大为
蒋秋霞(女)　雷元亮　雷加富(满族)
蔡　玲(女)

全国政协十一届一次会议议程

(2008年3月2日政协第十一届全国委员会第一次会议预备会议通过)

一、听取和审议政协全国委员会常务委员会工作报告

二、听取和审议政协全国委员会常务委员会关于提案工作情况的报告

三、列席第十一届全国人民代表大会第一次会议,听取并讨论政府工作报告及其他有关报告

四、选举政协第十一届全国委员会主席、副主席、秘书长、常务委员

五、审议通过政协第十一届全国委员会第一次会议政治决议

六、审议通过政协第十一届全国委员会第一次会议关于政协全国委员会常务委员会工作报告的决议

七、审议通过政协第十一届全国委员会第一次会议提案审查委员会关于政协十一届一次会议提案审查情况的报告

全国政协十一届一次会议在人民大会堂举行首场新闻发布会

新闻发言人吴建民宣布,全国政协十一届一次会议定于3月3日下午3时在人民大会堂开幕,3月14日上午闭幕,会期11天。目前,大会各项筹备工作已全部就绪。

吴建民说,大会将组织两场大会发言,并安排了12次委员小组讨论。党和国家领导人将出席开幕会议和闭幕会议,并参加小组讨论,与委员共商国是。中共中央和国务院有关部门负责人将听取大会发言,参加小组讨论,听取意见建议。最高人民法院、最高人民检察院负责人也将听取委员们对"两高"报告的意见。

他说,本次政协大会的开幕会、闭幕会和各次全体会议对中外记者开放,小组讨论会和界别联组讨论会原则上将向中外记者开放一次。大会期间还将举行三场中外记者招待会。除此之外,新闻中心将根据记者申请采访比较多的委员和主题,组织部分委员接受记者集体采访。

随后,吴建民回答了记者的提问。

问:本届政协委员有什么突出的特点?

答:第十一届政协委员的特点,归纳起来有三个方面:一是代表性强;二是结构合理,非中共委员人数占60%多,新进委员占55%以上,妇女委员占17.7%,56个民族都有委员,委员的平均年龄比第十届下降近2

岁；三是素质较高，具有大专以上学历的委员占92%以上，比第十届高了近7个百分点。

问：前不久，我们国家南方一些地区出现了罕见的冰冻雨雪灾害天气，有关部门的应对措施和策略显得有些混乱，暴露出一些应急管理过程的漏洞。请问政协委员对此有什么看法和建议？

答：全国政协和政协委员对这次灾情和灾区群众生产生活非常关心，灾情发生后，民盟中央主席蒋树声和副主席张梅颖很快联名提出了关于应对冰雪灾害的参考建议，提出建立灾情新闻发布制度等多项措施。全国政协人口资源环境委员会专门召开防治气象灾害座谈会，部分政协委员就建立应急机制、提高应对危机能力等问题提出了意见和建议，受到了有关部门的关注。

问：去年万钢和陈竺两位人士分别担任了科技部部长和卫生部部长，是不是今后将会有更多的非中共人士担任要职？

答：随着中国共产党领导的多党合作和政治协商制度的不断发展与完善，今后还会有符合条件的非中共人士担任重要领导职务。在中共中央和各级党委关心和重视下，中共和非中共人士合作共事取得了新的进展。目前，全国的机关干部中，担任县处级以上职务的非中共干部有31000多名。

问：从目前收到的提案和发言材料看，今年的热点话题还有哪些呢？

答：从委员们现在已经提交大会的发言、提案、信息情况来看，委员们关心的热点话题可以分为两个方面：国计、民生。

问：南方雪灾的时候，广州火车站出现数十万旅客滞留现象，对此广州市政协副主席对铁道部提出了一些意见质疑。随后铁道部发言人也对此作出了一些回应，引起了一些争议，请问对这个问题您怎么看？

答：这一段时间，很多媒体和网民都发表了对这件事情的看法，这种公开理性的讨论多一些，是一个社会发展进步的表现。政协章程关于民主监督有明确的规定。规定指出，政协委员有对国家机关及其工作人员的工作通过建议和批评进行民主监督的权利。《中共中央关于加强人民政协工作的意见》，要求各级党委和政府要认真倾听来自人民政协的批评和建议，自觉接受民主监督。

国家发改委和卡塔尔能源部在多哈签署关于加强两国能源合作的备忘录

世界首例冷冻胚胎亚种间克隆水牛在广西诞生

3月3日

国家主席胡锦涛致电祝贺梅德韦杰夫当选俄罗斯联邦总统

全国政协十一届一次会议在人民大会堂开幕

政协第十届全国委员会常务委员会向大会作的工作报告提出：中共十七大描绘了在新的时代条件下继续全面建设小康社会、加快推进社会主义现代化的宏伟蓝图。面向未来，人民政协要继续肩负起时代赋予的光荣使命，在推动国家各项事业的发展中再创新的辉煌。

全国政协十一届一次会议应出席委员2237人，实到2195人，符合法定人数。

政协十一届一次会议主席团常务主席贾庆林、王刚、廖晖、帕巴拉·格列朗杰、白立忱、陈奎元、阿不来提·阿不都热西提、李兆焯、黄孟复、董建华、张梅颖、张榕明和大会秘书长郑万通在主席台前排就座。

党和国家领导人胡锦涛、吴邦国、温家宝、曾庆红、李长春、习近平、李克强、贺国强等在主席台就座，祝贺大会召开。

贾庆林代表政协第十届全国委员会常务委员会，向大会报告过去五年的工作。

受政协第十届全国委员会常务委员会委托，张梅颖向大会报告十届政协的提案工作情况。

在主席台就座的领导同志还有：王乐泉、王兆国、王岐山、回良玉、刘淇、刘云山、刘延东、李源潮、吴仪、汪洋、张高丽、张德江、俞正声、曹刚川、曾培炎、何勇、令计划、王沪宁、李铁映、司马义·艾买提、何鲁丽、丁石孙、成思危、许嘉璐、蒋正华、顾秀莲、热地、盛华仁、路甬祥、乌云其木格、韩启德、唐家璇、华建敏、陈至立、肖扬、贾春旺、王忠禹、李贵鲜、张思卿、罗豪才、张克辉、周铁农、郝建秀、徐匡迪、张怀西、李蒙等。

中共中央、国务院有关部门负责人应邀列席开幕大会。各国驻华使节应邀旁听了开幕大会。

全国政协主席贾庆林在全国政协十一届一次会议上作《中国人民政治协商会议全国委员会常务委员会工作报告》

各位委员：

我代表中国人民政治协商会议第十届全国委员会常务委员会，向大会报告过去五年的工作，对十一届全国政协的工作提出建议，请予审议。

一、过去五年工作的回顾

中国人民政治协商会议第十届全国委员会任期的五年，是人民政协事业蓬勃发展的五年。五年来，在以胡锦涛同志为总书记的中共中央领导下，政协全国委员会及其常务委员会高举爱国主义、社会主义旗帜，牢牢把握团结和民主两大主题，切实贯彻《中共中央关于加强人民政协工作的意见》，紧紧围绕党和国家的中心工作，积极履行政治协商、民主监督、参政议政职能，为全面推进社会主义经济建设、政治建设、文化建设、社会建设作出了重要贡献。

(一)巩固团结合作的思想政治基础，促进社会主义民主政治建设

人民政协作为我国政治体制的重要组成部分，在社会主义民主政治建设中具有不可替代的作用。我们把思想理论建设摆在人民政协各项建设的首要位置，不断夯实做好人民政协工作的思想政治基础。把“三个代表”重要思想同马克思列宁主义、毛泽东思想、邓小平理论一道确立为人民政协的指导思想，深入贯彻落实科学发展观，不断增强参加人民政协的各党派团体和各族各界人士走中国特色社会主义道路的自觉性和坚定性。建立、健全经常性的学习制度，加强学习工作，举办常委会组成人员学习讲座 14 次，组织全国政协委员学习培训，基本实现了每一位全国政协委员届内参加一次集中学习培训的目标。

加强同民主党派和无党派人士的合作共事。支持各民主党派和无党派人士参与国家重大方针政策的讨论协商及其履行职责的各种活动，尊重和保障各民主党派在政协的各种会议上以本党派名义发表意见的权利，尊重和保障各民主党派和无党派人士开展视察、提出提案、举报、反映社情民意以及参与调查和检查活动的权利。重点安排民主党派和无党派人士代表发言，重点办理和充分反映他们提出的提案和社情民意信息。重要视察、考察、协商和外事活动，都有计划地邀请民主党派和无党派人士参加。

充分发挥人民政协这一政治组织和民主形式的重要作用。全体会议期间，政协委员听取政府工作报告和其他重要报告，围绕修改宪法、制定反分裂国家法等重要法律、法规以及关系国计民生的重大问题提出意见和建议。中共中央领导同志与委员共商国是，参加分组讨论 71 场；中共中央、国务院以及有关部门负责人听取政协大会发言，参加小组讨论 1300 多人次。召开 10 次专题议政性常委会议、5 次专题协商会，就经济社会发展中的重大问题同到会的中共中央、国务院领导及有关部委负责同志进行互动交流，为更好地贯彻落实国家重大决策提供了重要依据和参考。这些会议和活动，集中展示了人民政协履行职能的重要成果，生动体现了重要问题在决策之前和决策执行过程中在人民政协进行协商的精神，彰显了中国特色社会主义民主政治的独特优势和强大生命力。

(二)围绕党和国家中心工作咨政建言，促进经济社会全面协调可持续发展

常委会认为，围绕中心、服务大局，是人民政协履行职能必须遵循的重要原则。我们紧紧围绕制定和实施“十一五”规划、构建社会主义和谐社会、加强和改善宏观调控、建设社会主义新农村、建设创新型国家、建设资源节约型和环境友好型社会、调整经济结构和转变发展方式等重大问题，提出了许多重要意见和建议。五年来，共受理提案 23000 余件，形成视察报告 100 多份，提出调研报告 270 多份，组织大会发言 4000 余篇，反映社情民意信息 6600 多篇。其中，关于推进西部大开发、振兴东北地区等老工业基地、促进中部地区崛起的建议，推动了国家区域发展总体战略的完善；关于促进天津滨海新区开发开放、海峡西岸经济发展、大连大窑湾保税港区建设的建议，为这些地区纳入国家发展规划发挥了重要作用；关于推进广西北部湾经济区开发与建设的专题调研和协商，对推动西南地区开发开放、完善我国沿海沿边经济布局具有重要意义；关于完善金融和国有资产管理体制改革的意见，对国家金融和国有企业改革的决策和部署具有重要价值；关于促进非公有制经济健康发展的建议，为国务院制定促进非公有制经济发展的指导性文件提供了决策参考；关于首钢搬迁和曹妃甸工业区建成循环经济生态工业园区的建议，推动了曹妃甸工业区的建设和发展；关于“三江源”生态保护、退牧还草的调研以及“保护长江万里行”、“关注森林”等系列活动，有效促进了环境保护和生态建设。

重点围绕教育公平、劳动就业、收入分配、农村最低生活保障、计划生育、医疗服务体系建设等问题开展调研，协助党和政府推进以改善民生为重点的社会建设。就深化科技体制改革、整合科技资源、提高自主创新能力提出意见和建议，对落实国家中长期科学和技术发展规划纲要、建设创新型国家起到了积极的推动作用。围绕国家文化软实力建设开展专题协商，就公共文化服务体系建设、文化产业发展、中华文化传承和对外交流、历史文化名城保护等问题积极建言，对推动社会主义文化建设产生了重要影响。其中，关于昆曲艺术的保护和扶持、南水北调工程中的文物保护、京杭大运河保护与申遗工作等方面的意见和建议，已经转化为决策思路或政策部署。

(三)贯彻党和国家的民族、宗教政策，增进民族团结和宗教和睦

民族关系、宗教关系始终是涉及党和国家工作全局的重大关系，民族工作、宗教工作始终是关系党和人民事业发展的重要工作。我们围绕民族区域自治法的贯彻执行组织视察，推动民族区域自治制度的完善和

发展；组织青藏铁路视察和西藏天然草场保护的考察，推动了相关地区的生态环境建设；连续四年开展武陵山民族地区经济社会发展调查研讨，探索跨省交界少数民族贫困地区连片扶贫开发的新形式；提出发挥新疆优势、加快经济发展的意见建议，为国务院制定关于进一步促进新疆经济社会发展的若干意见提供了重要参考；开展民族地区人才培养和义务教育、保护少数民族传统文化等方面的调研，对加快民族地区的教育、科技、文化等社会事业发展作出了贡献。围绕贯彻落实宗教事务条例组织考察调研，促进了一大批宗教房产等问题的解决；连续两年召开宗教界为构建社会主义和谐社会做贡献经验交流会，探索宗教界人士促进社会和谐的途径和方法；召开中国宗教界纪念中国人民抗日战争暨世界反法西斯战争胜利60周年座谈会，郑重发表《中国宗教界和平文告》；举办海峡两岸暨港澳佛教、道教界近万名信教群众参加的和平祈祷活动，充分展示中国宗教界促进祖国统一和维护世界和平的真诚愿望。

(四)开展促进祖国统一和海外联谊工作，不断增强中华民族的凝聚力

常委会认为，实现祖国统一和中华民族的伟大复兴，是全体中华儿女的共同心愿，也是需要全体中华儿女共同为之奋斗的伟大事业。我们通过多种方式和途径，积极宣传党和政府对香港、澳门的方针政策，及时向港澳委员通报国家经济社会发展情况和政协常委会议精神，精心组织港澳委员在内地12个省、自治区、直辖市开展视察、考察活动，鼓励他们为国家发展献计出力。高度重视发挥港澳委员在香港、澳门社会政治事务中的作用，探索相关工作机制，支持港澳委员为维护香港、澳门繁荣稳定作出贡献。深入学习贯彻胡锦涛总书记关于新形势下发展两岸关系的四点意见，认真做好台湾岛内有关党派团体和各界人士的工作，加强与各界台胞的联系，推动两岸人员往来和经济文化交流。举办孙中山诞辰140周年纪念活动。支持海外侨胞以各种形式开展"反独促统"活动，为推进祖国和平统一大业发挥了积极作用。开展与海外侨胞的联谊活动，邀请侨胞代表列席全国政协全体会议，组织他们回国参观考察，组织海外侨胞中的专家学者建言献策，使政协海外侨胞的团结联谊工作与参政议政工作有机结合起来。

(五)扩大交流合作，形成人民政协对外交往新格局

人民政协的对外交往是我国总体外交的重要组成部分，是增进中国人民同各国人民了解和友谊的重要桥梁。我们按照国家外交工作部署，发挥人民政协对外交往的特点和优势，积极、务实、稳妥地开展人民外交，为争取良好的国际环境和周边环境、促进世界和平与发展贡献力量。五年来，全国政协主席会议组成人员对近70个国家进行访问，共接待46位副议长以上级别代表团来访。在对外交往中，我们着力介绍我国改革开放和现代化建设的辉煌成就，推动与有关国家的经贸合作；着力阐明中国奉行独立自主的和平外交政策，有针对性地开展增信释疑工作；着力宣传中国共产党领导的多党合作和政治协商制度，进一步树立我国民主、开放、文明、进步的国际形象；着力就台湾、西藏等涉及国家核心利益的问题开展工作，维护国家主权、安全、发展利益。成功举办"21世纪论坛"2005年会议。中国经济社会理事会承办经社理事会国际协会第十次全体会议，通过了《北京宣言》，并与欧盟经社委员会建立圆桌会议机制。中国宗教界和平委员会积极宣传我国的宗教政策和宗教信仰自由的真实情况，推动我国宗教界参加世界宗教和平运动。各专门委员会有序开展对外交流与考察。截至目前，全国政协已同121个国家的211个机构和12个国际或区域性组织建立联系并开展友好交往。

(六)加强人民政协理论研究，以理论创新推动工作创新

常委会认为，实践是理论的基础，理论是实践的先导，人民政协只有通过理论创新推动工作创新才能永葆生机。胡锦涛总书记在庆祝人民政协成立55周年大会上的讲话和《中共中央关于加强人民政协工作的意见》提出了一系列重大理论观点，强调人民政协事业是中国特色社会主义事业的重要组成部分；人民政协是中国共产党把马克思列宁主义统一战线理论、政党理论和民主政治理论同中国具体实践相结合的伟大创造；人民通过选举、投票行使权利和人民内部各方面在重大决策之前进行充分协商，是我国社会主义民主的两种重要形式等。我们进行了认真学习，并有计划、有组织地开展理论研究，取得了一批重要理论成果，初步确立了人民政协理论的思想体系和基本框架。隆重举办纪念邓小平同志诞辰100周年暨邓小平关于人民政协理论研讨会，成立中国人民政协理论研究会，举办首次人民政协理论研讨会。人民政协理论研究队伍逐步形成，人民政协理论正在纳入党政领导干部培训计划，列入各地党校、行政学院、干部学院、社会主义学院的教学计划。

人民政协理论研究工作的开展，不仅深化了对关系人民政协事业发展全局的重大理论和实践问题的认识，而且推动了人民政协经常性工作的创新。我们积极探索政协提案、委员视察、专题调研、反映社情民意信息、新闻宣传、文史资料等工作的特点和规律，先后召开了6个相关专题座谈会，制定了6项加强和改进相关工作的意见。建立、健全提案工作协调办理机制，

突出委员视察咨政建言、民主监督的工作定位,明确专题调研"高层参与、协同配合、注重实效"的特点,完善反映社情民意信息的收集、报送和反馈机制,强调政协新闻宣传工作要注重体现统一战线、民主协商、界别作用的特色,提出新形势下文史资料工作的方针、原则和任务。

各位委员!

十届政协工作的成绩,是以胡锦涛同志为总书记的中共中央坚强领导的结果,是人民政协各参加单位、各级组织和广大委员团结奋斗的结果,是各级党委、政府和全社会大力支持的结果。在这里,我代表全国政协常委会,向大家表示衷心的感谢!

回顾五年来的工作,也要清醒地看到,我们的工作与新形势新任务的要求相比,与广大政协委员的期望相比,还有一定的差距,还有不少工作需要加强和改进。比如,如何进一步加强制度建设,使人民政协履行职能更加规范有序;如何适应经济社会发展的实际情况,研究并合理设置界别、发挥界别作用;如何加强政协委员队伍建设,充分发挥他们的积极性、主动性、创造性;如何协调配合,进一步发挥专门委员会在履行职能中的基础性作用等。这些都需要我们认真研究,并在今后的工作中切实加以解决。

二、过去五年工作的主要经验

十届全国政协继承和发扬历届政协的优良传统,着眼于新世纪新阶段人民政协工作面临的新形势新任务,研究新情况,解决新问题,不断深化对人民政协事业发展特点和规律的认识,不断深化对人民政协在党和国家事业全局中地位和作用的认识,在实践中积累了许多有益经验。这些经验,既是长期形成的宝贵财富,也是今后人民政协工作必须坚持的重要原则,值得倍加珍惜。

——坚持中国共产党对人民政协的领导。中国共产党是中国特色社会主义事业的领导核心。中国共产党领导的多党合作和政治协商制度是我国的一项基本政治制度,人民政协事业是中国特色社会主义事业的重要组成部分。坚持中国共产党对社会主义事业的领导核心地位,决定了人民政协必须把坚持中国共产党的领导作为自己的根本原则。中国共产党对人民政协的领导是政治领导,即政治原则、政治方向和重大方针政策的领导。坚持中国共产党的领导,要求我们必须坚定不移地贯彻党的基本理论、基本路线、基本纲领、基本经验,坚定不移地贯彻执行党关于人民政协的方针政策,在思想和行动上与中共中央保持高度一致;必须始终围绕党的重大决策部署来研究谋划政协工作,把党的重大决策和工作部署贯彻到人民政协的全部工作中去,为实现党在各个历史时期的发展战略和发展目标建真言、献良策、出实力;必须充分发挥政协委员和政协机关中中共党员的先锋模范作用,带头遵守政协章程,自觉按章程办事,广交、深交党外朋友,自觉接受监督,努力成为合作共事的模范、发扬民主的模范、廉洁奉公的模范。中国共产党的领导,是历史的选择、人民的选择。坚持中国共产党的领导,人民政协事业的发展就有了可靠的政治保证,就能始终沿着正确的政治方向前进。

——坚持团结和民主两大主题。在中国共产党领导下实行团结和民主,是人民政协性质的集中体现,是人民政协产生和发展的历史和现实根据。人民政协作为中国人民最广泛的爱国统一战线组织,是大团结、大联合的象征,以其广泛的代表性和巨大的包容性,把一切可以团结的力量都团结起来,把一切可以调动的积极因素都调动起来,集中全国各族人民的智慧,凝聚全体中华儿女的意志,为实现国家富强、人民幸福和祖国统一而携手奋斗,这是人民政协义不容辞的神圣使命。人民政协作为中国共产党领导的多党合作和政治协商的重要机构,从诞生之日起就是我国政治生活中发扬人民民主的重要形式。本着团结、民主、和谐的精神,体现合作、参与、协商的特点,广泛吸收各党派团体和各族各界人士参与国事,广开言路、集思广益、尊重多数、照顾少数,不断扩大公民有序的政治参与,不断巩固多党合作的政治格局,不断发展民主团结、生动活泼、安定和谐的政治局面,这是人民政协基本属性的内在要求。团结和民主这两大主题,如车之两轮、鸟之双翼,彼此联系、相得益彰。实现紧密团结,发展民主才更有基础;发扬广泛民主,加强团结才更有力量。以坚强的团结保证我们的民主健康有序,以充分的民主保证我们的团结坚实有力,人民政协事业就能永远保持蓬勃生机和旺盛活力。

——坚持把促进发展作为人民政协履行职能的第一要务。发展是硬道理,是解决中国一切问题的关键。只有发展了,才能解决前进过程中出现的矛盾和问题;只有发展了,才能从根本上把握人民的意愿和要求。在当代中国,任何组织和团体能否在社会生活中找到自己的位置,体现应有的价值,归根结底取决于在促进发展方面的成效。同样,人民政协只有围绕国家发展的大目标,立足整个国家建设的大格局,才能有所作为、多做贡献。这就要求我们,必须牢牢扭住经济建设这个中心,深入贯彻落实科学发展观,围绕发展谋划工作,紧贴发展开展工作,为推动实现以人为本、全面协调可持续的科学发展服务;必须充分发挥政协的优势和特点,突出综合性、全局性、前瞻性,选择党和政府重视、人民群众关心、政协有条件做好的课题,以专门委员会为依托、政协委员为主体,多层次地开展专题调研活动，为党和政府有关决策提供参考依据；必须坚持协商于决策之前和决策执行过程中的原则，围绕党和国家大政方针的制定和实施过程中的重大问题，组织好常委会议、主席会议等协商议政活动，组织好专题协商会，促进党和政府决策的科学化、民主化。人民政协把促进发展作为履行职能的第一要务，把握了时代的主题，顺应了党和人民的期待。人民政协讲作为，要从围绕中心的实践中去看待；讲成绩，要从服务大局的实效中来评判。这是衡量人民政协工作成效的重要尺度。

——坚持把实现好、维护好、发展好最广大人民的根本利益作为人民政协工作的出发点和落脚点。人民是建设中国特色社会主义的主体。历史已经并将继续证明，革命、建设、改革最深厚的力量来自于人民。实现好、维护好、发展好最广大人民的根本利益，是中国各项事业成功的根本保证。坚持以人为本、履职为民，是人民政协固有属性的体现，是人民政协履行职能的应有之义。偏离了这一条，人民政协就会背离自身的性质和使命，履行职能、发挥作用就会成为无源之水、无本之木。这就要求我们，必须把履行职能的实践和最广大人民的根本利益紧密联系起来，常怀爱民之心，常谋富民之策，常为利民之举，协助党和政府解决好教育、就业、医疗、社会保障、住房和环境保护等事关民生的突出问题。各级政协委员是各界群众的代表人士，应当具有“先天下之忧而忧、后天下之乐而乐”的崇高境界，真诚倾听群众呼声，真实反映群众愿望，真情关心群众疾苦，自觉承担社会责任，努力为群众解难事、办实事、做好事。把关心群众、服务群众的工作切实做好了，我们就能始终保持同人民群众的血肉联系，从人民群众创造历史的伟大进程中汲取智慧和力量，为人民政协事业的发展注入不竭的动力。

——坚持推进人民政协履行职能的制度化、规范化、程序化。加强人民政协的“三化”建设，是我国社会主义民主政治建设的重要内容，也是人民政协履行职能的重要保障。通过“三化”建设，使人民政协履行职能的各项工作建立起相应的规章制度，各个环节都按步骤、按程序开展，可以有效避免政协工作的盲目性和随意性，更好地发挥人民政协的特点和优势。推进政协的“三化”建设，必须从我国社会主义民主政治建设的全局出发，将人民政协的制度建设纳入我国社会主义政治制度自我完善和发展的总体布局加以推进，遵守宪法和法律，贯彻政协章程，切实提高人民政协履行职能的成效；必须立足政协事业实践，认真分析和研究政协工作中存在的问题，有针对性地制定和完善各项规章制度，使人民政协的工作更加规范有序、富有成效；必须注重总结经验，对实践中形成的好的做法和经验，加以归纳、提炼，上升为规范，上升为制度，更好地指导和推动人民政协工作。制度建设关系人民政协事业的长远发展。只有不断加强政协履行职能的制度化、规范化、程序化，人民政协事业才能持续健康发展，才能体现时代性、把握规律性、富于创造性，更好地为发展社会主义民主政治，为改革开放和社会主义现代化建设服务。

——坚持全面加强人民政协的自身建设。加强自身建设，是人民政协强基固本的重要工作。面对新形势新任务，人民政协只有把自身建设摆在重要位置，进一步促进党派合作、突出界别特色、发挥委员主体作用、加强机关建设，才能不断提高履行职能的实效，更好地推进人民政协事业的发展。这就要求我们，必须贯彻长期共存、互相监督、肝胆相照、荣辱与共的方针，加强中国共产党同民主党派和无党派人士的合作共事，充分尊重和保障他们的各项民主权利，为他们在政协中发挥作用创造良好的条件；必须注重体现界别的优势，积极探索行之有效的方法和途径，切实发挥政协界别作为扩大社会各界有序政治参与的重要民主渠道的作用；必须强化委员的主体观念和责任意识，促进政协委员提高自身素质，鼓励和引导他们在做好本职工作的同时，履行好委员的职责；必须推进“学习型、服务型、创新型、和谐型”机关建设，加大机关干部的学习、培训、交流力度，努力造就一支政治坚定、作风优良、学识丰富、业务熟练的政协工作干部队伍。实践证明，人民政协只有按照“四位一体”的总体布局，大力加强自身建设，才能更好地承担起党和人民赋予的光荣使命。

实践在发展，时代在进步。人民政协必须立足于生动实践，坚持继承与创新的统一，不断丰富和发展源于实践而又具有指导意义的原则和经验，切实提高认识和把握人民政协工作规律的能力，把人民政协事业进一步推向前进。

三、今后五年的工作建议

今后五年，是全国人民为夺取全面建设小康社会新胜利而团结奋斗的五年，也是人民政协创造新业绩、谱写新篇章的五年。人民政协的各参加单位、各级组织和广大政协委员要把学习贯彻中共十七大精神作为当前和今后一个时期的首要政治任务，以邓小平理论和“三个代表”重要思想为指导，深入贯彻落实科学发展观，牢牢把握团结和民主两大主题，进一步落实《中共中央关于加强人民政协工作的意见》，积极开展政治协商，完善民主监督机制，提高参政议政实效，充分发挥协调关系、汇聚力量、建言献策、服务大局的重要作用，努力开创人民政协事业发展新局面。

（一）用马克思主义中国化最新成果武装头脑。要高举中国特色社会主义伟大旗帜，坚持中国特色社会主义道路，坚持中国特色社会主义理论体系，坚定不移地把中国特色社会主义作为参加人民政协的各党派团体、各族各界人士的共同理想信念、共同前进方向、共同奋斗目标。要适应政协换届后形势和任务的需要，有针对性地加强委员的学习培训，组织委员认真学习党和国家的重大方针政策，学习统一战线和人民政协的理论和规章制度，学习履行职责必需的各方面知识，不断提高委员的综合素质和参政议政能力。要抓住改革开放30周年和建国60周年的重要机遇，全面总结建国以来特别是在改革开放的伟大历史进程中，人民政协取得的重大成就和宝贵经验，深入探索人民政协工作的规律和特点，不断推进人民政协事业发展。加强人民政协理论建设和创新，制定研究规划，建立研究基地，开展人民政协理论建设工程，进一步丰富中国特色社会主义民主政治理论。

(二)紧紧围绕贯彻落实科学发展观献计出力。要开展学习实践科学发展观活动，全面把握科学发展观的科学内涵、精神实质和根本要求，切实增强贯彻落实科学发展观的自觉性和坚定性。要把科学发展观贯穿于人民政协履行职能的各个方面，围绕完善宏观调控政策、增强改革措施的协调性、推进城乡经济社会发展一体化、发展中国特色的现代农业、确保国家粮食安全、发展现代服务业、建设国家创新体系、金融改革与发展、资源能源的合理开发利用、增加城乡居民收入、生态文明建设、气候变化与我国经济发展的关系、完善应急管理体制机制等重大课题建言献策，推动经济社会又好又快发展。要高度关注民生，围绕教育、就业、社会保障、公共医疗卫生服务、住房保障等方面的建设，组织委员运用提案、视察、专题调研、反映社情民意信息等多种形式，协助党和政府解决好人民最关心、最直接、最现实的利益问题，多做协调关系、化解矛盾、理顺情绪的工作，为正确处理人民内部矛盾、维护改革发展稳定的大局做贡献。

(三)促进政党关系、民族关系、宗教关系、阶层关系、海内外同胞关系的和谐。要不断拓展各民主党派在人民政协参政议政的平台，切实加强中国共产党同各民主党派和无党派人士的合作共事，巩固和发展多党合作的政治格局；深入开展纪念中共中央发布“五一”劳动节口号60周年和人民政协成立60周年活动，举办多种形式的报告会、研讨会、座谈会，认真回顾我国人民民主发展的历史进程，系统总结多党合作的基本经验。以庆祝广西壮族自治区和宁夏回族自治区成立50周年为契机，深入宣传和贯彻执行党和国家的民族政策；积极推进少数民族和民族地区经济社会发展，巩固和发展平等团结互助和谐的社会主义民族关系。要全面贯彻宗教信仰自由政策，落实宗教事务条例，围绕宗教工作中重点、难点问题深入调查研究，引导宗教界人士和信教群众发展生产、改善生活，发挥他们在促进社会和谐中的积极作用。要密切与新的社会阶层人士的联系，关注他们的利益诉求，畅通利益表达渠道，加强思想政治工作，引导他们自觉承担社会责任，做合格的中国特色社会主义事业的建设者。要着眼于促进海外华侨华人资源的可持续发展，积极开展知名爱国侨领、融入主流社会的华侨华人和华裔新生代的工作，推动海外华文教育，弘扬中华民族优秀文化，推进海内外中华儿女的大团结。

(四)切实推动社会主义文化大发展大繁荣。要牢牢把握社会主义先进文化的前进方向，坚持马克思主义的指导地位，大力弘扬以爱国主义为核心的民族精神和以改革创新为核心的时代精神，大力提倡以“八荣八耻”为主要内容的社会主义荣辱观，努力使社会主义核心价值体系成为参加政协的各党派团体、各族各界人士的自觉追求。积极组织委员围绕促进城乡区域文化协调发展、推动和谐文化建设、挖掘和保护民族文化、弘扬中华文化、推进文化创新、保障人民基本文化权益、办好奥运会与残奥会和世博会等重大问题，深入调查研究。认真做好文史资料的征集、抢救、编辑和出版工作，发挥“存史、资政、团结、育人”的社会作用。继续组织科技、文艺、医疗卫生“三下乡”活动，鼓励他们为促进社会主义文化大发展、大繁荣贡献力量。

(五)认真做好港澳台侨人士团结联谊工作。要坚定不移地贯彻“一国两制”、“港人治港”、“澳人治澳”、高度自治的方针，推动内地同香港、澳门的交流合作，加强与香港、澳门政团、社团及代表人士的联系，发展壮大爱国爱港、爱国爱澳力量。引导港澳委员在“一国两制”条件下更好地发挥作用，广泛团结香港、澳门各界同胞，促进香港、澳门长期繁荣稳定。坚决贯彻中央对台工作方针政策，充分发挥人民政协海内外联系广泛的特点和优势，着力做好台湾人民的工作，积极促进两岸人民的接触交往，增进相互了解，推动两岸经济、科技、教育、文化交流，共同反对和遏制“台独”分裂活动。办好纪念辛亥革命100周年活动。继续加强与海外华侨华人和归侨侨眷的联系，多做凝聚侨心、汇聚侨智、发挥侨力、维护侨益的工作，一如既往地支持全球华侨华人“反独促统”活动，为促进祖国和平统一贡献力量。

(六)进一步扩大对外友好交往。要继续按照国家外交的总体部署和目标，不断开辟新的对外交往渠道，拓展新的对外交往领域。继续开展同有关国家的互访，有计划、有重点、多层次地发展同有关国家的相关机构、国际组织及非政府组织的友好往来。切实加强人民政协的对外宣传工作，大力宣传中国特色社会主义政治制度的优越性，宣传人民政协在我国政治生活中的重要地位和作用，宣传人民政协的性质、职能、任务等基本情况，增进国际社会对人民政协的了解。支持中国经济社会理事会开展对外交往工作，加强中国人民与各国人民的友谊，促进中国与世界各国的发展与合作。发挥中国宗教界和平委员会的独特作用，同世界宗教和平组织与宗教界人士开展友好交往，为推动世界和平与发展作出积极贡献。

各位委员！中共十七大描绘了在新的时代条件下继续全面建设小康社会、加快推进社会主义现代化的宏伟蓝图。我们伟大的祖国正从新的历史起点出发，迈上更加壮丽的征程。面向未来，人民政协要继续肩负起时代赋予的光荣使命，在推动国家各项事业的发展中再创新的辉煌。让我们更加紧密地团结在以胡锦涛同志为总书记的中共中央周围，高举中国特色社会主义伟大旗帜，以邓小平理论和"三个代表"重要思想为指导，深入贯彻落实科学发展观，锐意进取，开拓创新，为夺取全面建设小康社会新胜利、谱写人民美好生活新篇章而努力奋斗！

全国政协十一届一次会议主席团常务主席张梅颖报告十届政协提案工作情况

各位委员：

我受政协第十届全国委员会常务委员会委托，向大会报告十届政协的提案工作情况，请审议。

十届政协以来，常委会坚持"围绕中心、服务大局、提高质量、讲求实效"的提案工作方针，积极探索提高提案质量、办理质量和服务质量的新举措。经过各方面的共同努力，在提案数量不断增加的情况下，提案质量稳步提高，提案办理取得新进展，提案工作活跃有序、富有成效。

一

十届政协以来，政协委员、政协各参加单位和政协各专门委员会，牢牢把握团结和民主两大主题，紧紧围绕贯彻落实科学发展观、深化改革开放、促进国民经济又好又快发展、构建社会主义和谐社会等一系列重大战略任务，着眼于人民最关心、最直接、最现实的利益问题，积极运用提案形式建言献策。五年来，共提交提案23081件，经审查立案21843件。其中，委员提案20825件，各民主党派中央和全国工商联提案782件，有关人民团体提案7件，界别、小组提案218件，政协专门委员会提案11件。这些提案有情况、有分析、有具体建议，多数具有较强的针对性、可行性、前瞻性，在协助中国共产党和国家机关实现决策科学化民主化，促进社会主义经济、政治、文化和社会建设等方面，发挥了重要作用。

比如，在经济方面，提案围绕建设创新型国家、建设资源节约型和环境友好型社会、建设社会主义新农村、促进区域经济协调发展、加快民族地区发展、加快金融领域改革开放、加强内地同港澳的交流与合作等重大问题，提出了大量有价值的意见建议，受到决策机关的高度重视。其中，关于加快环渤海地区建设、推进天津滨海新区发展、建设海峡西岸经济区等建议，在多方面的共同努力下，有关内容已吸收到"十一五"规划纲要中。关于完善征地制度、发展农民专业经济合作组织、完善农村金融服务体系、加大兴边富民行动、保护和科学利用水资源等建议，已体现在有关发展规划和相应工作中。在政治、法律方面，提案提出的从源头上治理腐败、保障社会公平正义、改革所得税制度、修订《义务教育法》、制定物权法、深化户籍制度改革、出台宗教事务条例等建议，为制定和修改相关政策法规提供了重要参考。在文化方面，提案提出的弘扬中华文化、发展文化产业、加强文化遗产保护、以奥运为契机加强精神文明建设等建议，有力推进了相关工作。在和谐社会建设方面，提案高度关注民生问题，呼吁解决群众看病就医难、农村饮水不安全等问题，建议落实义务教育经费保障机制、治理教育乱收费、建立、健全农村新型合作医疗制度、调节收入分配、保护妇女儿童权益、关爱老年人、大力发展慈善事业、狠抓安全生产、加强食品安全监管、取消春运期间客运票价上浮等，促进了相关问题的解决。实践证明，政协提案已经成为人民政协履行政治协商、民主监督、参政议政职能最广泛、最直接、最有效的一种方式。

中共中央、国务院高度重视人民政协的提案工作，主要领导同志多次作出重要批示。2003年，中办、国办联合转发了全国政协办公厅关于办理政协提案的意见，有力推动了提案办理工作迈上新台阶。提案承办单位进一步加强领导，完善制度，把办理政协提案与改进部门工作紧密结合起来。有的主要领导同志亲自督办重点提案、审改办理复文；有的加大了对民主党派提案和重点提案的办理力度；有的对承诺解决的问题及时进行跟踪办理；有的通过座谈、调研、上门走访等多种方式与提案者进行面对面的沟通协商。截至2008年2月20日，99.13%的提案已经办复，提案反映的许多问题已经解决、许多工作取得了阶段性进展。有些提案提出的建议虽然暂时未采纳，但承办单位通过多种方式与提案者沟通协商，增进了理解和共识。

二

十届政协期间，常委会为进一步推进提案工作整体发展，着力开展了以下工作：

（一）确立提案工作的全局性定位，提出加强和改进提案工作的总体要求

2004年，召开了第五次提案工作座谈会（从六届

政协起每届召开一次),讨论修订了提案工作条例,确立了提案工作是人民政协一项全局性工作的定位。

2006年,为认真贯彻《中共中央关于加强人民政协工作的意见》,进一步规范履行职能的各项工作,首先召开了提案工作座谈会,研究了提案工作创新的思路。会后下发的《全国政协关于加强和改进提案工作的意见》,提出了以提高提案质量为基础、以增强办理实效为目标、以制度化建设为保障,增强提案工作合力的总体要求,对全面提升提案工作水平发挥了重要指导作用。

(二)狠抓提案质量,夯实提案工作基础

质量是提案工作的生命。常委会把提高提案质量作为着力点,在各个环节采取了一系列举措:向委员提供提案选题参考、提案全文检索光盘,每年编印一卷《把握人民的意愿——政协提案及复文选》,召开民主党派、港澳委员等不同范围、不同形式的提案工作会议,举办提案工作讲座,修改充实提案首页内容,完善提案处理程序,细化提案审查立案标准。

(三)加强协商沟通,切实增强办理实效

对研究确定的重点提案,采取提案委员会、提案者、承办单位"三结合"的方式,进行面对面的协商或联合调研,促进重点提案的办理。通过召开办理工作座谈会、上门走访承办单位、参与协调办理工作,进一步加大提案办理力度。五年来,共召开提案办理协商会48次,进行重点提案调研24次,走访承办单位31次,参与协调办理工作29次,推动了办理质量的提高。

(四)积极创新工作方式,不断推进提案工作的制度化、规范化、程序化

2003年创办了《重要提案摘报》,五年来,共报送189期,向中共中央、国务院和全国政协领导反映了大量意见和建议。通过修订提案工作条例、印发《全国政协关于加强和改进提案工作的意见》、制定《关于开展全国政协专门委员会提案工作的暂行办法》,不断健全提案工作规章制度。

(五)及时总结推广经验,提升提案工作整体水平

通过召开形式多样的座谈会、参加地方政协相关会议、走访地方政协,积极推广新鲜经验,加强工作指导。十届政协期间,召开了2次全国范围的提案工作座谈会、5次办理工作座谈会,并对优秀提案和先进承办单位进行了表彰。参加地方政协有关会议25次,与14个省、自治区、直辖市政协分别进行了交流。

(六)加大宣传力度,扩大政协提案影响

通过召开提案工作情况通气会、邀请新闻单位参加有关活动,运用报刊、广播、电视、网络等媒体形式,大力宣传政协委员运用提案参政议政的典型事例,宣传高质量提案的形成过程、主要内容和办理成效,不断扩大政协提案及提案工作的影响。

三

各位委员,回顾过去,提案工作在实践中开拓前进;面对未来,我们任重道远,大有可为。按照中共十七大对人民政协工作提出的新要求,提案质量、办理质量、服务质量都有待进一步提高。为更好地发挥政协提案的作用,提出以下建议:

坚持以质量求发展。紧密围绕党和国家的中心工作、人民群众普遍关注的热点问题,找准服务大局与发挥政协优势的结合点,认真选题,深入调研,在提高提案质量上下功夫。进一步规范提案审查程序,不断完善提案质量标准,继续夯实提案工作基础。

增强提案办理实效。健全提案办理的督促检查、信息反馈制度,加大重点提案跟踪办理力度,加强办理过程中的协商沟通,推动办理工作不断取得新进展。

完善提案工作机制。进一步加强领导,统筹协调政协内外力量,增强工作合力。加强民主党派、人民团体提案工作,充分发挥政协专委会作用,积极探索体现界别特色的工作思路和方法。

加强提案工作机构自身建设。进一步充实队伍力量,提高队伍素质,完善网络管理系统,健全各项规章制度,推进提案工作制度化、规范化、程序化建设。

大力宣传提案工作。更加广泛地运用各种媒体形式,生动形象地扩大提案工作的影响。

各位委员,新一届政协已经开始工作,让我们更加紧密地团结在以胡锦涛同志为总书记的中共中央周围,高举中国特色社会主义伟大旗帜,以邓小平理论和"三个代表"重要思想为指导,深入贯彻落实科学发展观,同心同德,再接再厉,努力开创人民政协提案工作的新局面!

《人民日报》发表社论《巩固团结合作 发展民主政治——热烈祝贺全国政协十一届一次会议开幕》

冰雪梅中尽,春风柳上归。全国政协十一届一次会议今天在北京隆重开幕。来自各党派团体、各族各界的全国政协委员汇聚一堂,围绕党和国家中心工作咨政建言,畅叙团结合作经验,推进民主政治建设,共商科学发展大计。我们对大会的召开表示热烈的祝贺!

全国政协十一届一次会议,是在全面贯彻党的十七大精神、隆重纪念改革开放30周年、即将迎来北京奥运会的重要年份召开的一次重要会议。开好这次会议,对于进一步凝聚人民智慧,推动科学发展,推进中国特色社会主义伟大事业,具有重大意义。

过去的五年是不平凡的五年,面对复杂多变的国际环境和艰巨繁重的改革发展任务,全党全国各族人

民同心同德、开拓进取、战胜各种困难和风险，围绕全面建设小康社会的奋斗目标，奋力推进改革开放和现代化建设，开创了中国特色社会主义事业的新局面。

在这五年里，人民政协高举爱国主义、社会主义的旗帜，坚持中国共产党对人民政协的领导，始终沿着正确方向前进；坚持团结和民主两大主题，不断扩大公民有序政治参与，不断巩固多党合作的政治格局，不断促进民主团结、生动活泼、安定和谐的政治局面；坚持把促进发展作为人民政协履行职能的第一要务，围绕国家发展大目标，服务国家建设大格局；坚持把实现和维护最广大人民的根本利益作为人民政协工作的出发点和落脚点，真实反映群众愿望，自觉承担社会责任；坚持推进人民政协履行职能的制度化、规范化、程序化，增强履职成效，不断开拓创新；坚持全面加强人民政协的自身建设，强化主体观念，增进责任意识。积极履行政治协商、民主监督、参政议政职能，发挥协调关系、汇聚力量、建言献策、服务大局的作用，为全面推进中国特色社会主义作出了重要贡献。

实践证明，从建立和巩固人民民主政权，到促进社会主义革命和建设，到推进改革开放和现代化建设，人民政协都大有可为、大有作为、不可替代，这一制度充分体现了我们的政治优势，是我国社会主义民主政治的一个特点和优点。

党的十七大高举中国特色社会主义伟大旗帜，开启了改革开放和社会主义现代化建设的新征程，这对人民政协工作提出了新的更高要求，也提供了更为广阔的舞台。人民民主是社会主义的生命，发展社会主义民主政治是党始终不渝的奋斗目标。深化政治体制改革，坚定不移发展社会主义民主政治，是十七大作出的一项战略部署，也是中国特色社会主义事业的重要组成部分。作为中国特色社会主义民主政治的重要载体，人民政协在组织上有广泛的代表性，在政治上有最大限度的包容性，在推进政治体制改革、发展社会主义民主政治方面，责任重大，使命光荣。

中国共产党领导的多党合作和政治协商制度，是党和国家事业发展的重要政治制度保障。自诞生之日起，人民政协就是我国政治生活中发扬社会主义民主的重要形式。坚持中国特色社会主义政治发展道路，要求我们充分运用好人民政协这一政治组织和民主形式，积极进行政治协商，广泛汇集民智、充分表达民意，促进决策科学化、民主化；通过民主监督，加强社会主义监督体系建设，确保权力在阳光下运行；提高参政议政的实效，运用包容各界、联系广泛、人才聚集的有利条件，从各个层次、各个领域引导并扩大公民有序政治参与。

社会主义愈发展，人民政协也愈发展。随着人民政协自身建设的日益加强，人民政协的政治协商必将更加切实，民主监督必将更加完善，参政议政必将更加有效。人民政协的制度建设愈完善，民主政治愈进步。人民政协的作用得到充分发挥，必将促进社会主义民主政治不断随着经济社会的发展而深化，不断与人民政治参与积极性的提高相适应。

新起点，新机遇，新期待。2008年是回顾展望之年，更是开启征程之年。相信人民政协一定会紧紧围绕党和国家工作大局，继续发扬优良传统，汇聚一切有利于改革与发展的力量，再创团结奋斗新辉煌；希望各位委员在本次会议上通达社情民意，施行民主监督，集纳各界智慧，为夺取全面建设小康社会新胜利，开创中国特色社会主义伟大事业新局面，谱写人民美好生活新篇章作出新的更大贡献。

预祝大会圆满成功！

十届全国人大常委会在人民大会堂举行第七十六次委员长会议

吴邦国委员长主持会议。

各代表团召开会议审议了十一届全国人大一次会议主席团和秘书长名单草案、议程草案。

会议首先听取了有关方面负责人关于十一届全国人大一次会议主席团和秘书长名单草案审议情况的汇报，决定将名单草案提请十一届全国人大一次会议预备会议选举。会议通报了十一届全国人大一次会议主席团常务主席人选，决定提请十一届全国人大一次会议主席团第一次会议推选。

会议还听取了十届全国人大常委会副委员长、秘书长盛华仁关于十一届全国人大一次会议议程草案审议情况的汇报。

此次会议是十届全国人大常委会最后一次委员长会议。依照宪法和全国人大组织法的规定，委员长会议负责处理全国人大常委会的重要日常工作。

2003年3月以来，十届全国人大常委会委员长会议认真贯彻落实党的十六大和十七大精神，以邓小平理论和“三个代表”重要思想为指导，深入贯彻落实科学发展观，坚持党的领导、人民当家做主、依法治国有机统一，紧紧围绕党和国家工作大局，紧紧围绕改革发展稳定中的重大问题，紧紧围绕人民群众普遍关心的突出问题，积极开展工作、认真履行职责，为十届全国人大及其常委会开创各项工作新局面作出了重要贡献。

副委员长王兆国、李铁映、司马义·艾买提、何鲁丽、丁石孙、成思危、许嘉璐、蒋正华、顾秀莲、热地、路甬祥、乌云其木格、韩启德等出席会议。

国务院总理温家宝签署第520号令发布《地质勘查资质管理条例》

现公布《地质勘查资质管理条例》，自2008年7月1日起施行。

总理　温家宝

2008年3月3日

地质勘查资质管理条例(略)

9部委在北京联合召开全国整顿和规范矿产资源开发秩序"回头看"行动电视电话会议

会议由国土资源部、国家发展和改革委员会、公安部、监察部、财政部、商务部、国家工商行政管理总局、国家环境保护总局、国家安全生产监督管理总局9部委联合召开。会议通报，全国整顿和规范矿产资源开发秩序行动开展两年多来，已查处无证勘查、无证开采等违法违规行为以及因污染环境等因素关闭矿山等17万多起。

国土资源部部长徐绍史在这次电视电话会议上说，两年多来，全国查处无证勘查1350多起，无证开采11.5万起，越层越界开采8000多起，以采代探1300多起，非法转让矿业权2200多起，违法违规审批矿业权、配制矿产资源800多起。因为严重污染和不具备安全生产条件关闭矿山46000多家。全国实际查处案件和关闭矿山17万多起。国家还对煤、铁等重要矿种，钨和稀土等一些保护性开采的特定矿种进行了专项整治，公布了160多个国家重点矿区，利用遥感技术对一些重点矿区进行了监控和专项整治，有力地打击了违法违规行为。

中央军委副主席曹刚川在八一大楼与白俄罗斯国防部部长马尔米夫举行会谈

3月4日

中共中央总书记胡锦涛看望参加全国政协会议民革台盟台联委员并发表讲话

中共中央政治局常委、全国政协十一届一次会议主席团会议主持人贾庆林参加了看望和讨论。

联组会上，郑建邦、杨健、史茂林、庄威、孙南雄、蔡国斌、曹亚、石四箴、钮小明、高小玫10位委员，围绕发展两岸关系、促进两岸人员往来和经济文化交流以及当前我国经济社会发展等问题发了言。

胡锦涛在认真听取了大家的发言后发表了重要讲话。他指出，面对复杂多变的国际环境和艰巨繁重的改革发展任务，全国各族人民齐心协力、锐意进取、扎实工作，战胜各种困难和风险，推动我国综合国力大幅提升、人民生活显著改善，改革开放和全面建设小康社会取得重大进展。这些成就是中国共产党、各民主党派、工商联、无党派人士和全国各族人民万众一心、团结奋斗的结果。我们要高举中国特色社会主义伟大旗帜，以邓小平理论和"三个代表"重要思想为指导，深入贯彻落实科学发展观，继续解放思想，坚持改革开放，推动科学发展，促进社会和谐，同心同德为实现中共十七大提出的各项目标任务而奋斗。

胡锦涛就发展两岸关系提出了重要意见。他指出，台湾问题事关祖国完全统一，事关国家核心利益。我们要遵循"和平统一、一国两制"的方针和现阶段发展两岸关系、推进祖国和平统一进程的八项主张，坚持一个中国原则决不动摇，争取和平统一的努力决不放弃，贯彻寄希望于台湾人民的方针决不改变，反对"台独"分裂活动决不妥协。

胡锦涛强调，事实已经并将继续证明：两岸关系和平发展，有利于两岸发展和稳定，必定造福两岸同胞；"台独"分裂活动，有害于两岸发展和稳定，必定贻祸两岸同胞。实现两岸关系和平发展，是两岸同胞的共同利益所系、共同责任所在。经过两岸同胞长期共同努力，推动两岸关系和平发展已经具有更为坚实的基础、更为强劲的动力、更为有利的条件，是大势所趋、人心所向。我们再次呼吁，两岸同胞团结起来，牢牢把握两岸关系和平发展的主题，共同开创两岸关系和平发展新局面，共同促进中华民族伟大复兴。

胡锦涛强调，实现两岸关系和平发展，基础是坚持一个中国原则，目的是为两岸同胞谋福祉，途径是深化互利双赢的交流合作。我们要继续促进两岸人员往来和经济文化交流，继续推动两岸直接"三通"进程，也要继续努力争取恢复和进行两岸协商谈判。台湾任何政党，只要承认两岸同属一个中国，我们都愿意同他们交流对话、协商谈判。谈判的地位是平等的，议题是开放的，什么问题都可以谈。通过谈判，寻求解决两岸政治、经济、军事、文化、对外交往等重要问题的办法，对未来两岸关系发展进行规划。我们期待，两岸双方共同努力、创造条件，在一个中国原则的基础上协商正式结束两岸敌对状态，达成和平协议，构建两岸关系和平发展框架，开创两岸关系和平发展新局面。

胡锦涛指出，实现两岸关系和平发展，要靠两岸同胞共同努力。无论是过去、现在还是将来，13亿大陆同胞和2300万台湾同胞都是血脉相连的命运共同体。我们真心诚意关心台湾同胞，充分考虑他们的愿望和要求，切实维护和照顾他们的正当权益。凡是对台湾同胞有利的事情，凡是对维护台海和平有利的事情，凡是对促进祖国和平统一有利的事情，我们都会尽最大努力做好。我们将始终如一地履行对台湾同胞作出的承诺,既不会因局势的一时波动而有任何动摇,也不会因少数人的蓄意干扰而有任何改变。我们要最广泛地团结台湾同胞,团结的人越多越好。只有实现大团结,才能促进两岸关系大发展。对于那些曾经对"台独"抱有幻想、主张过"台独"甚至从事过"台独"活动的人,也要努力争取团结,只要他们回到促进两岸关系和平发展的正确道路上来,我们都将热情欢迎,以诚相待。

胡锦涛强调,"台独"分裂活动已成为对国家主权和领土完整的最大祸害、对两岸关系发展的最大障碍、对台海地区和平稳定的最大威胁。只有坚决遏制"台独"分裂活动,才能实现两岸关系和平发展的前景,才能维护两岸同胞的福祉。大陆和台湾同属一个中国,中国是两岸同胞的共同家园。任何涉及中国主权和领土完整的问题,必须由包括台湾同胞在内的全中国人民共同决定。我们决不允许"台独"分裂势力以任何名义任何方式把台湾从祖国分割出去。"台独"分裂活动违背了中华民族维护国家统一的坚强意志,是没有出路的,是注定要失败的。尽管两岸关系和平发展还面临阻力和障碍,今后也难免会经历曲折和起伏,但我们推动两岸关系和平发展的信念坚定不移,决不动摇。

胡锦涛最后表示,希望民革、台盟、台联充分发挥同台湾地区和海外联系广泛的优势,密切同台湾同胞的联系,努力推动两岸人员往来和经济文化交流,为促进两岸关系和平发展、促进我国改革开放和社会主义现代化作出新的更大的贡献。

王刚、周铁农等参加联组会。

吴邦国 温家宝等党和国家领导人分别看望出席全国政协十一届一次会议委员并参加讨论

吴邦国参加了民建、工商联委员联组会。王新奎、李说、徐冠巨等委员争相发言,会场气氛热烈。吴邦国同大家亲切交谈。他说,五年来我国改革开放和社会主义现代化建设取得的重大成就,是在以胡锦涛同志为总书记的中共中央领导下全国各族人民共同奋斗的结果,也凝聚着包括民建在内的各民主党派、工商联和无党派人士的心血和智慧。吴邦国指出,中国共产党领导的多党合作和政治协商制度是我国的一项基本政治制度,是中国特色社会主义的政党制度。中共中央历来高度重视多党合作和人民政协事业。中共十七大强调坚持和完善中国共产党领导的多党合作和政治协商制度,支持人民政协围绕团结和民主两大主题履行职能,推进政治协商、民主监督、参政议政制度建设,为多党合作和人民政协事业的发展进一步指明了方向,也对各民主党派、工商联和无党派人士提出了新的更高要求。吴邦国在讲话中对民建、工商联提出三点希望:一是认真学习贯彻中共十七大精神,进一步增强同中国共产党团结合作、为实现共同目标而奋斗的责任感和使命感,坚定不移地走中国特色社会主义政治发展道路。二是适应形势任务的新变化和多党合作发展的新要求,发挥联系广泛、人才荟萃和智力密集的优势,多建科学发展之言、多献共建和谐之策、多尽富民惠民之力。三是继承和发扬优良传统,不断加强自身建设,努力提高政治把握能力、参政议政能力、合作共事能力和组织协调能力,为夺取全面建设小康社会新胜利作出更大的贡献。

温家宝参加了经济、农业界委员联组会。经天亮、尹伟伦、郑海泉等委员踊跃发言,分别就推进煤炭工业可持续发展、重视森林功能开发、加快农村金融改革等问题提出意见和建议。温家宝凝神静听,不时插话,同委员们一起讨论。温家宝说,目前,国际国内经济形势出现了一些新的变化,不确定因素增多,这给我们正确判断经济发展趋势、进行科学决策带来很大困难。但我们应该看到,中国人口多、市场大,经过30年的改革开放,有了比较雄厚的物质技术基础,在扩大内需、调整结构、自主创新、改善民生等方面还有很大潜力,经济发展有回旋的余地。这些都是我们做好今年经济工作的有利条件。因此,在经济决策中,既要保持政策的连续性和稳定性,又要注重了解新情况、研究新问题,作出全面正确的判断,及时灵活地采取相应的对策措施,把握宏观调控的节奏、重点和力度,促进经济又好又快发展。全国政协人才荟萃,政协委员来自学术界、企业界和社会各方面,具有调查研究、参政议政的优良传统和独特优势。我们真诚希望人民政协和各位委员切实履行政治协商、民主监督、参政议政的职能,为政府科学决策、民主决策建言献策。

贾庆林参加了中共界委员联组会。委员们积极发言,热烈讨论。在认真听取马富才、陈锡文、艾斯海提·克里木拜等委员的发言后,贾庆林指出,充分发挥政协委员中共产党员的先锋模范作用,对于参加政协的各民主党派、人民团体和各族各界人士自觉接受和坚持共产党领导,保证党的路线方针政策在政协得到贯彻落实,不断推进人民政协事业发展,具有十分重要的意义。政协中共界委员要认真学习贯彻党的十七大和十七届二中全会精神,学习履行职能所需要的各方面知识,熟悉政协工作的特点和规律,努力提高做好新形势下政协工作的能力和水平。要切实按照围绕中心、服务大局的要求履行职责,多建科学发展之言,多献共建和谐之策,多尽富民惠民之力,真正做到关心国事、关注民生、致力发展、奉献社会。要切实加强团结、发扬民主,与党外人士平等相处、真诚合作、广交朋友,坚持以协商的方式沟通思想、交换看法、增进理解、扩大共识,努力形成团结和谐的良好合作共事关系。要切实发挥先锋模范作用,带头贯彻执行党的路线方针政策,带头遵纪守法、照章办事,带头加强作风建设,真正成为合作共事的模范、发扬民主的模范、廉洁奉公的模范。

李长春参加了文化艺术界委员联组会。尹力、张平、姜昆等委员畅所欲言,各抒己见。李长春认真听取发言,同大家一起讨论。他说,全面贯彻落实中共十七大提出的推动社会主义文化大发展大繁荣的战略任务,要深化对文化发展规律的认识,以改革创新精神开创文化建设新局面。要大力建设社会主义核心价值体系,不断巩固全党全国各族人民团结奋斗的共同思想基础,推动践行社会主义荣辱观,积极倡导文明风尚。要加快构建公共文化服务体系,加强基层公共文化服务设施建设,实施好重大公共文化服务工程,推动博物馆、纪念馆等公益性文化设施向全社会免费开放,保障人民基本文化权益。要积极发展文化产业,繁荣社会主义文化市场,满足人民日益增长的精神文化需求。要进一步深化文化体制改革,推进文化创新,增强文化发展活力,提高我国文化产业的国际竞争力和中华文化的国际影响力。要贯彻“双百”方针,发扬艺术民主,充分调动广大文化工作者的积极性、主动性和创造性。要加大人才培养力度,努力建设一支高素质的文化工作者队伍。李长春希望广大文化工作者始终坚持“三贴近”原则,创作生产更多深受人民群众喜爱的精品力作,为推动文化大发展大繁荣作出更大贡献。

习近平参加了医药卫生和体育界委员联组会。王宇、俞光岩、谢军等委员踊跃建言献策,习近平同大家频频互动讨论。习近平表示,来参加政协联组讨论,一是代表中共中央看望大家,二是面对面听取大家的意见和建议,三是就政协委员在新的一年里如何为发展社会主义民主政治建言献策、为实现科学发展社会和谐建功立业的问题谈些意见、提些建议。习近平指出,发展社会主义民主政治是中国共产党始终不渝的奋斗目标。更高地举起人民民主的旗帜,更加坚定不移地走中国特色社会主义政治发展道路,按照正确的政治方向深化政治体制改革,坚持和完善人民代表大会制度、中国共产党领导的多党合作和政治协商制度,加强和改进全国人大和政协工作,是建设社会主义民主政治的根本和关键。广大政协委员要增强为发展社会主义民主政治建言献策的自觉性和坚定性,为巩固和发展民主团结、生动活泼、安定和谐的政治局面多做贡献。同时,要在新形势下充分发挥协调关系、汇聚力量、建言献策、服务大局的重要作用,更加自觉地把继续解放思想落实到坚持改革开放、推动科学发展、促进社会和谐上来。他希望医药卫生、体育界的政协委员为推动我国医药卫生事业改革发展、促进体育事业发展进步、实现“全民健身与奥运同行”、提高全民健康水平多做贡献,特别是要围绕举办一届有特色、高水平的奥运会和残奥会多建言献策,更有所作为。

李克强参加了科技、科协界委员联组会。会上,郑国光、张景安、杨元庆等委员就落实国家中长期科技发展规划、推进自主创新等问题积极发表意见。在认真听取大家的发言后,李克强说,建设创新型国家是我国进入发展新阶段的重大战略选择。要深入贯彻落实科学发展观,切实把提高自主创新能力作为国家发展战略的核心,作为增强综合国力的关键。李克强指出,创新是国家富强、民族兴盛和社会进步的动力源泉。当今世界,科技创新主导综合国力竞争。我国经济总量已居世界前列,但经济增长质量还不高,重要原因在于自主创新能力不够强。必须进一步发挥科学技术第一生产力作用,把增强自主创新能力贯穿到现代化建设的各个方面。他强调,要立足创新确定发展目标、完善发展政策,依靠创新转变经济发展方式、推进经济结构战略性调整,着眼创新深化体制机制改革、提高对外开放水平,在自主创新中实现跨越式发展。李克强指出,提高自主创新能力,关键在人才。要努力造就世界一流科学家和科技领军人才,注重培养一线的创新人才,建设人力资源强国。同时,突出重点,加大投入,加快建设国家创新体系,加快建立企业技术创新体系,为全面建设小康社会提供有力支撑。

贺国强参加了民盟、农工党委员联组会。他在认真听取吴正德、何维、温思美等委员的发言后,高度评价了民盟、农工党在国家政治生活和社会生活中发挥的重要作用,并就发展教育和医疗卫生事业、加强党风廉政建设和反腐败工作发了言。他说,发展教育和医疗卫生事业,关系广大人民群众切身利益,是党和政府十分重视的重大民生问题,我们要群策群力,落实好中央的一系列新的举措,切实把好事办好。贺国强向大家介绍了当前反腐倡廉工作的有关情况。他说,当前和今后一个时期,各级纪检监察机关要按照中央要求,加强对党和国家重大决策部署执行情况的监督检查,促进科学发展观的贯彻落实。今年将坚决查处一批腐败案件,严厉整治一批严重损害群众利益的不正之风,认真解决一批领导干部违反廉洁自律规定的突出问题,制定出台一批反腐倡廉制度规定,切实推进一批改革措施,更加有效地预防和惩治腐败。贺国强希望各民主党派、工商联和无党派人士一如既往地关心支持党风廉政建设和反腐败工作,积极建言献策,参与相关工作,加强民主监督,搞好自身建设,为促进党风政风和社会风气的根本好转发挥积极作用,作出新的贡献。

王刚、廖晖、帕巴拉·格列朗杰、白立忱、陈奎元、阿不来提·阿不都热西提、李兆焯、黄孟复、张梅颖、张榕明等分别参加了以上各组的讨论。

十一届全国人大一次会议在人民大会堂举行预备会议

出席预备会议的全国人大代表经过表决，选举产生了十一届全国人大一次会议主席团和秘书长，通过了十一届全国人大一次会议议程。

十届全国人大常委会委员长吴邦国主持会议。吴邦国宣布：十一届全国人大一次会议于3月5日召开。大会的各项准备工作已经全部就绪。

十一届全国人大代表共2987人。截至3月3日，已经向大会秘书处报到的代表2982人。今天的预备会议，出席2912人，缺席75人，出席人数符合法定人数。

吴邦国说，十一届全国人大一次会议的指导思想是：认真学习和贯彻落实党的十七大精神，高举中国特色社会主义伟大旗帜，以邓小平理论和"三个代表"重要思想为指导，深入贯彻落实科学发展观，切实履行宪法和法律赋予全国人大的各项职责，以对人民高度负责的态度，完成各项议案的审议工作和国家机构的换届选举工作，动员全国各族人民在以胡锦涛同志为总书记的党中央领导下，为夺取全面建设小康社会新胜利，开创中国特色社会主义事业新局面而奋斗。

经过代表选举产生的大会主席团包括各方面的代表人士共181人，其中有：党和国家领导人，中央军委委员，各民主党派中央、全国工商联负责人和无党派代表人士，中央、国家机关和各人民团体负责人，各省、自治区、直辖市、香港特别行政区、澳门特别行政区、解放军代表团负责人，香港特别行政区、澳门特别行政区、企业、科技、社会科学、教育、文艺、卫生、体育、归侨、宗教界的代表以及工人、农民、解放军、武警、基层的代表，人口较多的少数民族代表。王兆国为大会秘书长。

预备会议通过的十一届全国人大一次会议议程共有16项。

根据全国人大组织法和全国人大议事规则的规定，每届全国人大一次会议的预备会议，由上届全国人大常委会主持。王兆国、李铁映、司马义·艾买提、何鲁丽、丁石孙、成思危、许嘉璐、蒋正华、顾秀莲、热地、盛华仁、路甬祥、乌云其木格、韩启德等十届全国人大常委会组成人员出席了会议。

十一届全国人大一次会议主席团在人民大会堂举行第一次会议

全国人大代表、中共中央政治局常委吴邦国被推选为主席团常务主席。同时被推选为主席团常务主席的还有习近平、王兆国、路甬祥、乌云其木格、韩启德、华建敏、陈至立、周铁农8人。

根据全国人大组织法和全国人大议事规则的规定，会议首先在十届全国人大常委会委员长吴邦国的主持下，推选大会主席团常务主席。

主席团常务主席推选确定后，吴邦国请各位主席团常务主席到主席台就座。

随后，主席团会议在吴邦国的主持下，表决通过了十一届全国人大一次会议日程，本次大会会期13天半。

根据全国人大议事规则的规定，主席团第一次会议推选主席团成员若干人分别担任每次大会全体会议的执行主席。会议经过表决，推选了大会全体会议的执行主席。

会议经过表决，决定盛华仁、王万宾、沈跃跃、姜恩柱、赵胜轩、张平为大会副秘书长，姜恩柱兼任大会新闻发言人。

会议经过表决，决定了十一届全国人大一次会议表决议案办法；决定将十一届全国人大一次会议选举和决定任命的办法草案，十一届全国人大一次会议表决十一届全国人大各专门委员会主任委员、副主任委员、委员人选的办法草案，交各代表团审议后，提请大会全体会议表决。

根据全国人大议事规则的规定，全国人大财政经济委员会需要在大会期间审查国民经济和社会发展计划、审查中央和地方预算，因此需要在3月5日上午第一次全体会议上产生。会议经过表决，决定将十一届全国人大财政经济委员会主任委员、副主任委员、委员的人选，交各代表团酝酿后，提请大会全体会议表决。

会议还决定，3月12日下午6时为代表提出议案的截止时间。根据全国人大组织法和全国人大议事规则的规定，一个代表团或者30名以上的代表联名，可以向全国人大提出属于全国人大职权范围内的议案。

十一届全国人大一次会议主席团常务主席名单

（2008年3月4日第十一届全国人民代表大会第一次会议主席团第一次会议推定）

吴邦国　习近平　王兆国　路甬祥

乌云其木格(女,蒙古族)　韩启德　华建敏

陈至立(女)　周铁农

十一届全国人大一次会议主席团和秘书长名单

（2008年3月4日第十一届全国人民代表大会第

一次会议预备会议通过）

主席团（181人，按姓氏笔画排列）

丁晓兵 卫留成 习近平 马启智（回族） 马 凯 马 飚（壮族） 王万宾 王云龙 王正伟（回族） 王乐泉 王宁生 王 刚 王兆国 王岐山 王佐书 王沪宁 王金山 王 珉 王树国 王胜俊 王晓东（满族） 王维俊（女） 乌云其木格（女，蒙古族） 方 明 邓崎琳 艾力更·依明巴海（维吾尔族） 石秀诗 石宗源（回族） 龙 刚（苗族） 卢展工 白志健 白克明 白恩培 令计划 冯长根 司马义·铁力瓦尔地（维吾尔族） 达列力汗·马米汗（哈萨克族） 列 确（藏族） 回良玉（回族） 朱志刚 朱国萍（女） 乔传秀（女） 乔晓阳 华建敏 刘云山 刘云耕 刘长瑜（女） 刘延东（女） 刘志华（女） 刘奇葆 刘绍勇 刘胜玉 刘 淇 刘焯华 刘德培 齐续春（满族） 汤小泉（女） 许其亮 许振超 许智宏 孙安民 严隽琪（女） 苏 荣 杜德印 李长春 李东生 李克强 李 牧 李建华 李建国 李适时 李重庵 李继耐 李欲晞 李登海 李源潮 李慎明 李肇星 杨 扬（女） 杨 岳 杨贵新（女，侗族） 杨 剑 杨继钢 杨 晶（蒙古族） 吴邦国 吴华夏 吴胜利 吴晓灵（女） 何 勇 汪光焘 汪 洋 汪毅夫 张云川 张支铁（彝族） 张文岳 张庆黎 张伯礼 张宝顺 张春贤 张美兰（女，哈尼族） 张高丽 张德江 陆 浩 陈至立（女） 陈光国 陈先岩 陈秀榕（女） 陈昌智 陈建国 陈炳德 姒健敏 范徐丽泰（女） 林毅夫 欧广源 罗清泉 金炳华 金硕仁（朝鲜族） 周永康 周先旺（土家族） 周铁农 孟建柱 赵乐际 赵季平 赵胜轩 赵洪祝 胡康生 胡锦涛 钟南山 俞正声 贺一诚 贺国强 贺 铿 袁 武 袁 驷 贾庆林 顾逸东 钱运录 徐才厚 徐光春 徐建一 徐 强 高祀仁 高 洪（白族） 郭凤莲（女） 郭声琨 郭伯雄 唐世礼（女，布依族） 娘毛先（女，藏族） 桑国卫 黄建华 黄跃金 黄镇东 曹建明 常万全 符桂花（女，黎族） 梁光烈 梁国扬 梁保华 梁慧星 彭先觉 彭祖意（瑶族） 彭清华 蒋树声 韩启德 程贻举 程津培 储 波 温家宝 谢木兰（女） 强 卫 蒙兰凤（女，侗族） 路甬祥 靖志远 褚君浩 嘉木样·洛桑久美·图丹却吉尼玛（藏族） 赫冀成（满族） 管国芳（女，傣族） 廖锡龙 谭永华 薄熙来 戴秉国（土家族）

秘书长：王兆国

十一届全国人大一次会议副秘书长名单

（2008年3月4日第十一届全国人民代表大会第一次会议主席团第一次会议决定）

盛华仁 王万宾 沈跃跃（女） 姜恩柱 赵胜轩 张 平

十一届全国人大一次会议议程

（2008年3月4日第十一届全国人民代表大会第一次会议预备会议通过）

一、听取和审议国务院总理温家宝关于政府工作的报告

二、审查和批准2007年国民经济和社会发展计划执行情况与2008年国民经济和社会发展计划草案的报告

批准2008年国民经济和社会发展计划

三、审查和批准2007年中央和地方预算执行情况与2008年中央和地方预算草案的报告

批准2008年中央预算

四、听取和审议全国人民代表大会常务委员会委员长吴邦国关于全国人民代表大会常务委员会工作的报告

五、听取和审议最高人民法院院长肖扬关于最高人民法院工作的报告

六、听取和审议最高人民检察院检察长贾春旺关于最高人民检察院工作的报告

七、审议国务院机构改革方案

八、选举第十一届全国人民代表大会常务委员会委员长、副委员长、秘书长、委员

九、选举中华人民共和国主席、副主席

十、决定国务院总理的人选

十一、决定国务院副总理、国务委员、各部部长、各委员会主任、中国人民银行行长、审计长、秘书长的人选

十二、选举中华人民共和国中央军事委员会主席

十三、决定中华人民共和国中央军事委员会副主席、委员的人选

十四、选举最高人民法院院长

十五、选举最高人民检察院检察长

十六、决定第十一届全国人民代表大会各专门委员会的设立及其组成人员的人选

十一届全国人大一次会议在人民大会堂举行新闻发布会

大会新闻发言人姜恩柱介绍了本次会议的有关情况，并回答了记者的提问。

姜恩柱说，十一届全国人大一次会议将于5日上

午开幕，18日上午闭幕，会期13天半。这次会议共有16项议程，将审议政府工作报告、计划报告、预算报告、全国人大常委会工作报告、最高人民法院工作报告、最高人民检察院工作报告。会议还将审议关于国务院机构改革方案的议案。选举第十一届全国人大常委会委员长、副委员长、秘书长、委员；选举国家主席、副主席；决定国务院总理的人选；决定国务院副总理、国务委员、各部部长、各委员会主任、中国人民银行行长、审计长、秘书长的人选；选举中央军委主席；决定中央军委副主席、委员的人选；选举最高人民法院院长；选举最高人民检察院检察长；决定第十一届全国人大各专门委员会的设立及其组成人员的人选。

姜恩柱在回答记者提问时说，十届全国人大及其常委会，在坚持和完善人民代表大会制度，推进社会主义民主政治建设方面，做了大量工作，取得了重要进展。审议了宪法修正草案、法律草案、法律解释草案和有关法律问题的决定草案106件，通过了其中的100件，在前几届立法的基础上，中国特色社会主义法律体系从初步形成发展到了基本形成的新阶段。5年来，代表大会会议听取和审议了国务院、“两高”的15个工作报告；常委会会议听取和审议了41个专项工作报告；组织了25次重要法律实施情况的监督检查。5年间，代表共提出议案3700多件、建议近3万件，其中部分法律议案已经制定为法律或依据这些建议对法律进行了修改。

姜恩柱说，近年来，随着我国经济的快速发展，城市化进程不断推进，城镇人口的比例不断提高，有必要修改选举法，逐步实行城乡按相同人口比例选举人大代表。十届全国人大常委会建议第十一届全国人大常委会将选举法的修改列入2008年立法计划。

姜恩柱说，十届全国人大及其常委会在各项工作中一直十分重视密切联系人民群众，充分听取人民群众意见，自觉接受人民群众的监督。在立法工作中，每年都会选择一两部重要法律草案向社会全文公布，广泛征求意见，包括物权法草案、劳动合同法草案、就业促进法草案等。在修改个人所得税法时，举行了全国人大历史上第一次立法听证会，充分听取公众提出的意见。在监督工作方面，都选择群众反映比较集中、代表提出意见和建议比较多的，例如“三农”问题、资源环境问题、义务教育问题、安全生产问题等。此外，十届全国人大及其常委会还采取多种措施，提高人大工作的公开性和透明度，切实保障人民群众对人大工作的知情权、参与权、表达权、监督权。

在回答有关劳动合同法的问题时，姜恩柱说，在劳动合同法通过后，出现了一些用人单位大批辞退员工等规避法律的行为。这是由于一些企业把无固定期限劳动合同理解成“终身制”、“铁饭碗”而采取的规避行为。劳动合同法关于无固定期限劳动合同的规定，其目的是鼓励和引导用人单位与劳动者签订较长期限的劳动合同，构建和谐稳定的劳动关系，增强劳动者对用人单位的认同感，提高劳动积极性，促进企业的长远发展。所以，无固定期限劳动合同不是“终身制”、“铁饭碗”，不会导致用工制度的僵化。

姜恩柱透露，根据国务院提请第十一届全国人大一次会议审议批准的2008年中国国防费预算为4177.69亿元，比上年预算执行数增加623.79亿元，增长17.6%；按照去年年底人民币兑换美元的汇率计算，大概约合572.29亿美元。与前几年相比，中国今年提出的国防费预算占全国财政支出预算略有下降。

此外，他还回答了记者提出的有关政府机构改革、台湾问题、食品质量和食品安全、改革开放的方向和道路等问题。

最高人民检察院在北京举行大检察官颁证仪式

最高人民检察院检察长、首席大检察官贾春旺为39名大检察官颁发等级证书并讲话。

贾春旺说，2002年首次颁发大检察官等级证书以来，检察机关始终按照党的要求和人民的期待，坚持指导思想和工作思路上的与时俱进。过去5年，检察机关法律监督全面加强，职能作用切实发挥，检察改革扎实推进，队伍素质不断提高，执法保障更加有力，各项检察工作取得新的进展，为落实依法治国基本方略、全面建设小康社会作出了积极贡献。

《建国以来周恩来文稿》和《周恩来青年时代诗集》出版

为纪念周恩来同志诞辰110周年，由中共中央文献研究室编辑的《建国以来周恩来文稿》和《周恩来青年时代诗集》，已由中央文献出版社出版，即日起在全国各地发行。

《建国以来周恩来文稿》是中共中央文献研究室和中央档案馆共同编辑出版的一部新的文献集。这次出版的是该书的前三册，收入1949年6月至1950年12月期间周恩来同志的文章、电报、书信、批语、题词等，共计近1000篇，大部分为首次公开发表。这些珍贵的历史文献，记录了新中国成立前夕，周恩来同志同各民主党派和爱国民主人士共商建国大计，筹备召开中国人民政治协商会议，主持起草《共同纲领》等重大问题的历史过程；记录了新中国成立之初周恩来同志领导医治战争创伤、恢复国民经济、奠定外交格局、开辟各项事业和领导抗美援朝等方面的工作情况，为深入研究党史、国史和军史提供了重要的文献资料。据悉，1951年以后各册《建国以来周恩来文稿》，还将陆续编辑出版发行。

周恩来同志在青年时代曾写下一些爱国励志的诗篇。《周恩来青年时代诗集》收入作者青年时代的诗作15首,并配有青年时代周恩来的多幅珍贵历史照片和手迹等。

3月5日

十一届全国人大一次会议在人民大会堂开幕

大会主席团常务主席、执行主席吴邦国主持大会。大会主席团常务主席、执行主席习近平、王兆国、路甬祥、乌云其木格、韩启德、华建敏、陈至立、周铁农在主席台执行主席席就座。

胡锦涛、温家宝、贾庆林、曾庆红、李长春、李克强、贺国强等和大会主席团成员在主席台就座。

十一届全国人大一次会议应出席代表2987人。今天上午的会议,出席2970人,缺席17人,出席人数符合法定人数。

根据会议议程,国务院总理温家宝向大会作政府工作报告,大会印发了国务院关于2007年国民经济和社会发展计划执行情况与2008年国民经济和社会发展计划草案的报告,国务院关于2007年中央和地方预算执行情况与2008年中央和地方预算草案的报告,提请审查批准。

会议经过表决,通过了十一届全国人大一次会议表决十一届全国人大各专门委员会主任委员、副主任委员、委员人选的办法,通过了十一届全国人大财政经济委员会主任委员、副主任委员、委员名单。

在主席台就座的还有:王刚、王乐泉、王岐山、回良玉、刘淇、刘云山、刘延东、李源潮、吴仪、汪洋、张高丽、张德江、俞正声、曹刚川、曾培炎、何勇、令计划、王沪宁、李铁映、司马义·艾买提、何鲁丽、丁石孙、成思危、许嘉璐、蒋正华、顾秀莲、热地、盛华仁、唐家璇、肖扬、贾春旺、王忠禹、廖晖、帕巴拉·格列朗杰、李贵鲜、张思卿、白立忱、罗豪才、张克辉、郝建秀、陈奎元、阿不来提·阿不都热西提、徐匡迪、李兆焯、黄孟复、张怀西、李蒙、董建华、张梅颖、张榕明等,以及中央军委委员梁光烈、陈炳德、李继耐、廖锡龙、常万全、乔清晨、靖志远、吴胜利、许其亮等。

香港特别行政区行政长官曾荫权、澳门特别行政区行政长官何厚铧列席会议并在主席台就座。

十届全国人大常委会委员列席大会。

出席全国政协十一届一次会议的政协委员列席大会。

中央和国家机关有关部门、解放军及武警部队、各人民团体的有关负责人列席或旁听了大会。

各国驻华使节旁听了大会。

国务院总理温家宝在十一届全国人大一次会议上作《政府工作报告》

各位代表:

现在,我代表国务院,向大会报告本届政府过去五年的工作,对今年工作提出建议,请予审议,并请全国政协各位委员提出意见。

一、过去五年工作回顾

第十届全国人民代表大会第一次会议以来的五年,是不平凡的五年。在中国共产党领导下,各级政府和全国各族人民认真贯彻党的十六大精神,齐心协力,顽强拼搏,积极应对复杂多变的国际环境,努力克服经济社会发展中的各种困难,战胜了突如其来的严重非典疫情和历史罕见的低温雨雪冰冻等特大自然灾害,改革开放和现代化建设取得了举世瞩目的重大成就。

——经济跨上新台阶。2007年,国内生产总值达到24.66万亿元,比2002年增长65.5%,年均增长10.6%,从世界第六位上升到第四位;全国财政收入达到5.13万亿元,增长1.71倍;外汇储备超过1.52万亿美元。

——取消农业税,终结了农民种田交税的历史。全国粮食连续四年增产,2007年产量达到50150万吨。

——国有企业、金融、财税、外经贸体制和行政管理体制等改革迈出重大步伐。开放型经济进入新阶段。2007年进出口总额达到2.17万亿美元,从世界第六位上升到第三位。

——创新型国家建设进展良好,涌现出一批具有重大国际影响的科技创新成果。载人航天飞行和首次月球探测工程圆满成功。

——全面实现农村免费义务教育,这是我国教育发展史上的重要里程碑。覆盖城乡的公共卫生体系和基本医疗服务体系初步建立。

——城乡公共文化服务体系逐步完善。文化体制改革取得重要进展,文化事业和文化产业快速发展。上海特奥会成功举办。北京奥运会、残奥会和上海世博会筹备工作进展顺利。

——民主法制建设取得新进步,依法行政扎实推进,保障人民权益和维护社会公平正义得到加强。

——人民生活显著改善。五年全国新增城镇就业5100万人。城镇居民人均可支配收入由2002年7703元增加到2007年13786元,农村居民人均纯收入由2476元增加到4140元。社会保障体系框架初步形成。贫困人口逐年减少。

事实充分说明,过去五年是改革开放和全面建设小康社会取得重大进展的五年,是社会生产力和综合国力显著增强的五年，是社会事业全面发展和人民得到更多实惠的五年，是我国国际地位和影响不断提高的五年。

五年来，我们树立和落实科学发展观，着力发展经济、深化改革开放、保障和改善民生，促进社会和谐，付出了巨大努力，做了大量工作。

(一)加强和改善宏观调控，促进经济平稳快速发展

我们围绕解决经济运行中的突出矛盾，注重宏观调控的预见性、及时性和有效性。几年来，针对固定资产投资增长过快、货币信贷投放过多、外贸顺差过大，以及农业基础薄弱等经济发展中不稳定、不协调、不可持续的问题，严把土地、信贷两个闸门，提高市场准入门槛，适时调整财政政策、货币政策，完善产业政策和土地政策，调整经济结构，加强薄弱环节，搞好经济运行调节。根据经济形势的变化，多次及时调整金融机构存款准备金率、存贷款基准利率，取消或降低高耗能、高排放和资源性产品的出口退税。这些宏观调控措施取得明显成效，经济连续五年保持平稳快速发展，没有出现大的起落。

我们从加强农业基础入手，把促进粮食增产和农民增收作为首要任务，在制度、政策和投入方面采取一系列重大举措。全部取消了农业税、牧业税和特产税，每年减轻农民负担1335亿元。同时，建立农业补贴制度，对农民实行粮食直补、良种补贴、农机具购置补贴和农业生产资料综合补贴，对产粮大县和财政困难县乡实行奖励补助。大幅度增加对农业农村投入，中央财政用于“三农”的支出五年累计1.6万亿元，其中用于农村基础设施建设近3000亿元，地方也较多增加了投入。五年新增节水灌溉面积666.7万公顷、新增沼气用户1650万户、新建改建农村公路130万公里，解决了9748万农村人口饮水困难和饮水安全问题，建立了重大动物疫病防控体系，防止了高致病性禽流感等疫情蔓延。这些措施，极大地调动了农民积极性，有力地推动了社会主义新农村建设，农村发生了历史性变化，亿万农民由衷地感到高兴。农业的发展，为整个经济社会的稳定和发展发挥了重要作用。

我们制定了国家中长期科学和技术发展规划纲要，对2006—2020年的科技发展作出全面部署，启动一批重大专项。这对增强自主创新能力，推进创新型国家建设，有着重要而深远的影响。基础科学和前沿技术研究得到加强，取得高性能计算机、第三代移动通信、超级杂交水稻等一批重大创新成果，形成了一批具有自主知识产权和市场竞争力的产品。五年中央财政用于科技的投入达到3406亿元。全社会研究与实验发展经费，从2002年1288亿元增加到2007年的3664亿元，占国内生产总值比重从1.07%提高到1.49%。以企业为主体的技术创新体系建设取得重要进展。科技创新支撑和引领经济社会发展的能力明显增强。

我们制定和实施一系列产业政策和专项规划，促进产业结构优化升级。信息、生物、航空航天、新能源、新材料、海洋等高新技术产业加快发展。振兴装备制造业成效显著。旅游、金融、物流等现代服务业蓬勃发展。基础设施基础产业建设取得长足进展，一批重大工程相继建成或顺利推进。青藏铁路提前一年建成通车，三峡工程防洪、发电、航运等综合效益全面发挥，西电东送、西气东输全面投产，南水北调工程进展顺利，溪洛渡水电站、红沿河核电站、京沪高速铁路和千万吨级炼油厂、百万吨级乙烯等一批重大项目陆续开工建设，普光气田、南堡油田等勘查开发取得重大进展。五年新增电力装机3.5亿千瓦，是1950年到2002年53年的总和；新增公路19.2万公里，其中高速公路2.8万公里；新增铁路营运里程6100公里；建成万吨级以上泊位568个；新增电信用户4.94亿户。这些有效改善了能源交通通信状况，增强了经济社会发展后劲。

我们高度重视资源节约和环境保护。“十一五”规划纲要把节能和减排作为约束性目标。近两年，又提出并实施节能减排综合性工作方案，建立节能减排指标体系、监测体系、考核体系和目标责任制，颁布了应对气候变化国家方案。依法淘汰一大批落后生产能力，关停小火电2157万千瓦、小煤矿1.12万处，淘汰落后炼铁产能4659万吨、炼钢产能3747万吨、水泥产能8700万吨。启动十大重点节能工程。燃煤电厂脱硫工程取得突破性进展。中央政府投资支持重点流域水污染防治项目691个。继续推进天然林保护、京津风沙源治理等生态建设，五年累计退耕还林、植树造林3191万公顷，退牧还草3460万公顷。加强土地和水资源保护，五年整理复垦开发补充耕地152.6万公顷。经过各方面努力，节能减排取得积极进展，2007年单位国内生产总值能耗比上年下降3.27%，化学需氧量、二氧化硫排放总量近年来首次出现双下降，比上年分别下降3.14%和4.66%。节约资源和保护环境从认识到实践都发生了重要转变。

我们实施区域发展总体战略。西部大开发继续推进，五年中央财政支持重点建设投资2800多亿元，基础设施和生态环境建设取得明显进展，重点地区和特色优势产业加快发展。制定和实施振兴东北地区等老工业基地战略，大型粮食基地建设不断加强，国有企业改革改组改造取得突破性进展，重大技术装备国产化成效显著，资源型城市经济转型试点进展顺利，老工业基地焕发出新的生机和活力。制定和实施促进中部地区崛起政策措施，粮食主产区现代农业建设步伐加快，

重要能源原材料工业、装备制造业和综合交通运输体系进一步发展。东部地区继续率先发展，经济实力和整体素质显著提升。经济特区、上海浦东新区、天津滨海新区开发开放加快推进。这些重大举措，促进了区域经济合理布局和协调发展。

(二)大力推进改革开放，注重制度建设和创新

全面深化农村改革。以乡镇机构、农村义务教育和县乡财政管理体制改革为主要内容的农村综合改革，取得阶段性重要成果。放开粮食收购市场，实现了粮食购销市场化。集体林权制度改革进行了成功探索。供销合作社、国有农场等改革进展顺利。

坚持完善基本经济制度。巩固和发展公有制经济，推进国有资产管理体制改革和国有经济布局与结构调整，建立和完善国有资产出资人制度。加快国有企业股份制改革，一批具有国际竞争力的大公司大企业集团发展壮大。邮政体制改革顺利进行，电力、电信、民航、铁路等行业改革取得积极进展。2006年，全国国有企业资产总额比2002年增长60.98%，实现利润增长2.23倍，税收增长1.05倍。国有经济活力、控制力和影响力明显增强。制定和实施一系列政策措施，进一步营造公平竞争的法制环境和市场环境，鼓励、支持和引导个体私营等非公有制经济发展。非公有制经济在促进经济增长、扩大就业、增加税收和活跃市场等方面，发挥着越来越大的作用。

大力推进金融、财税体制改革。针对国有商业银行经营管理不善、金融风险加剧的状况，我们果断地推进了改革。中国工商银行、中国银行、中国建设银行和交通银行完成股份制改造并成功上市，资产质量和盈利能力明显提高，银行业发生了重大变化。坚定地进行上市公司股权分置改革，解决了这个长期困扰证券市场发展的制度性问题。重点国有保险企业重组改制上市，促进了保险业迅速发展。利率市场化改革迈出实质性步伐。实施人民币汇率形成机制改革，汇率弹性逐步增强。外汇管理体制改革全面推进。财税体制改革进一步深化，财政转移支付制度和公共财政制度逐步完善。2003年到2007年，中央财政对地方的转移支付累计4.25万亿元，87%用于支持中西部地区。在部分企业试行国有资本经营预算制度。启动和扩大增值税转型改革试点。统一内外资企业所得税制度。建立国家统一的职务与级别相结合的公务员工资制度，初步规范了津贴补贴制度。投资体制改革和价格改革取得新进展。

加强市场体系建设。生产要素市场化程度稳步提高。商品流通现代化步伐加快。土地和矿产资源市场秩序、产品质量和食品药品安全等专项整治取得明显成效，保护知识产权力度加大，严厉打击了制假售假、非法传销、商业欺诈、盗版侵权等违法犯罪活动。

坚持扩大对外开放。我们认真履行加入世界贸易组织各项承诺，积极做好过渡期各项工作。深化涉外经济体制改革，促进贸易投资便利化。放开外贸经营权，大幅度降低关税，取消进口配额、许可证等非关税措施，金融、商业、电信等服务业开放不断扩大。进出口商品结构逐步优化。利用外资质量进一步提高。实施“走出去”战略迈出坚实步伐，对外经济互利合作取得明显成效。

(三)全面加强社会建设，切实保障和改善民生

我们坚持统筹经济社会发展，加快教育、卫生、文化、体育等社会事业发展和改革，积极解决涉及人民群众切身利益的问题。

在教育方面。全国财政用于教育支出五年累计2.43万亿元，比前五年增长1.26倍。农村义务教育已全面纳入财政保障范围，对全国农村义务教育阶段学生全部免除学杂费、全部免费提供教科书，对家庭经济困难寄宿生提供生活补助，使1.5亿学生和780万名家庭经济困难寄宿生受益。西部地区基本普及九年义务教育、基本扫除青壮年文盲攻坚计划如期完成。国家安排专项资金支持2.2万多所农村中小学改造危房、建设7000多所寄宿制学校，远程教育已覆盖36万所农村中小学，更多的农村学生享受到优质教育资源。更加重视职业教育发展，2007年中、高等职业教育在校生分别达到2000万人和861万人。普通高等教育本科生和研究生规模达到1144万人。高校重点学科建设继续加强。建立、健全普通本科高校、高等和中等职业学校国家奖学金助学金制度，中央财政此项支出从2006年20.5亿元增加到去年的98亿元，高校资助面超过20%，中等职业学校资助面超过90%，资助标准大幅度提高。2007年开始在教育部直属师范大学实施师范生免费教育试点。我们在实现教育公平上迈出了重大步伐。

深入实施人才强国战略，大力培养、积极引进和合理使用各类人才，高层次、高技能人才队伍不断壮大。

在卫生方面。全国财政用于医疗卫生支出五年累计6294亿元，比前五年增长1.27倍。重点加强公共卫生、医疗服务和医疗保障体系建设，覆盖城乡、功能比较齐全的疾病预防控制和应急医疗救治体系基本建成。国家规划免疫预防的疾病由7种扩大到15种，对艾滋病、结核病、血吸虫病等重大传染病患者实施免费救治。国家安排资金改造和新建1.88万所乡镇卫生院、786所县医院、285所县中医院和534所县妇幼保健院，为1.17万个乡镇卫生院配备了医疗设备，农村医疗卫生条件明显改善。全国建立了2.4万多个社区卫生服务机构，新型城市医疗卫生服务体系进一步健全。人

口和计划生育事业取得新进展，低生育水平继续保持稳定。人民健康水平不断提高，婴儿死亡率和孕产妇死亡率明显下降，2005年人均期望寿命达到73岁，对于我们这样一个有13亿人口的发展中国家是了不起的成就。

在就业方面。坚持实施和完善积极的就业政策，从财税、金融等方面加大支持力度，中央财政安排就业补助资金五年累计666亿元。城乡公共就业服务体系建设进一步加强。统筹做好就业再就业工作，全面加强职业技能培训，平均每年城镇新增就业1000多万人、农村劳动力转移就业800万人。基本解决国有企业下岗职工再就业问题，完成下岗职工基本生活保障向失业保险并轨。在劳动力总量增加较多、就业压力很大的情况下，保持了就业形势的基本稳定。

在社会保障方面。全国财政用于社会保障支出五年累计1.95万亿元，比前五年增长1.41倍。城镇职工基本养老保险制度不断完善，2007年参保人数突破2亿人，比2002年增加5400多万人；做实基本养老保险个人账户试点扩大到11个省份；从2005年开始连续三年提高企业退休人员基本养老金标准。中央财政五年累计补助养老保险专项资金3295亿元。2007年城镇职工基本医疗保险参保人数达到1.8亿人，比2002年增加近1倍；88个城市启动城镇居民基本医疗保险试点；新型农村合作医疗制度不断完善，已扩大到全国86%的县，参合农民达到7.3亿人。全国社会保障基金积累4140亿元，比2002年增加2898亿元。城乡社会救助体系基本建立。城市居民最低生活保障制度不断完善，保障标准和补助水平逐步提高。2007年在全国农村全面建立最低生活保障制度，3451.9万农村居民纳入保障范围。这是保障城乡困难群众基本生活的一项根本性制度建设。社会福利、优抚安置、慈善和残疾人事业取得新进展。抗灾救灾工作全面加强，中央财政五年支出551亿元，受灾群众生产生活得到妥善安排。

在文化和体育方面。全国财政用于文化体育事业支出五年累计3104亿元，比前五年增长1.3倍。县乡两级公共文化服务体系初步形成，基本实现了县县有图书馆、文化馆。全国文化信息资源共享工程、广播电视村村通工程等基层文化设施建设扎实推进。哲学社会科学和新闻出版、广播影视、文学艺术进一步繁荣。文物和非物质文化遗产保护得到加强。对外文化交流更加活跃。城乡公共体育设施建设加快，群众性体育蓬勃发展，体育健儿在国际大赛中取得优异成绩。

在居民收入和消费方面。努力增加城乡居民特别是低收入居民收入。调高最低工资标准；基本解决拖欠农民工工资问题；四次提高重点优抚对象的抚恤补助标准，统筹解决退役军人实际困难。降低居民储蓄存款利息税率，提高个人所得税起征点。家庭财产普遍增多。居民消费结构升级加快，家用汽车大幅度增加，移动电话、计算机、互联网快速普及，旅游人数成倍增长。住房条件进一步改善，棚户区改造取得积极进展。城乡居民享有的公共服务明显增多。

在社会管理方面。着力维护人民群众合法权益，积极化解社会矛盾。制定并实施保障农民工合法权益的政策措施。努力解决土地征收征用、房屋拆迁、企业改制、环境保护等方面损害群众利益的问题。信访工作不断加强。高度重视安全生产工作，健全安全监管体制，落实安全生产责任制，加强安全生产法制建设。社会治安防控体系更加健全，综合治理工作进一步加强。依法打击各类犯罪活动，有效维护了国家安全和社会稳定。

在经济快速发展和财力明显增加的情况下，用很大力量解决了一些长期遗留的历史问题。剥离和处置国有商业银行不良资产，置换农村信用社不良贷款和历年亏损挂账，化解国有企业历史债务，逐步解决国有粮食企业政策性亏损挂账，还清出口退税欠款，完善大中型水库征地补偿和移民后期扶持政策等。这些问题的解决对于经济社会发展起到了重要作用。

五年来，我们在民主法制建设、国防和军队建设、港澳台工作和外交等方面，也取得了重要进展。

稳步推进社会主义民主法制建设。各级政府自觉接受同级人民代表大会及其常委会的监督，主动接受人民政协的民主监督，认真听取民主党派、工商联、无党派人士、人民团体意见，通过多种形式征求专家学者和人民群众的建议，接受新闻媒体和社会各界的监督。实行重大事项决策公示和听证制度。加强城乡基层自治组织建设，基层民主管理制度进一步健全。五年国务院共向全国人大常委会提交39件法律议案，制定、修订137件行政法规。探索建立公众有序参与政府立法的机制和制度，有15部法律草案和行政法规草案向社会公开征求意见。全面清理了现行行政法规和规章。贯彻民族区域自治法，推进民族团结进步事业。全面落实宗教信仰自由政策，宗教事务管理走向法制化、规范化。全面落实侨务政策，依法保护海外侨胞和归侨侨眷的合法权益。

全面加强军队现代化建设。积极推进中国特色军事变革。调整改革军队体制编制和政策制度，裁减军队员额20万任务顺利完成。国防和军队建设取得历史性成就。人民解放军和人民武装警察部队为维护国家主权、安全、领土完整和促进社会和谐稳定作出了重大贡献。

坚持“一国两制”方针，严格按照香港特别行政区基本法和澳门特别行政区基本法办事。实施内地与香港、澳门更紧密经贸关系安排。香港、澳门保持繁荣稳定。

坚决反对和遏制"台独"分裂活动，捍卫国家主权与领土完整，维护台海和平。实施一系列有利于人员往来和经济科技教育文化体育交流的措施，促进了两岸关系和平稳定发展。

积极开展对外交往与合作，全方位外交取得重大进展，坚定地维护和发展了国家利益。我国同主要大国加强了对话，增进了信任，扩大了合作。中美关系稳定发展，中俄战略协作伙伴关系提高到新水平，中欧全面合作日益深化，中日关系得到改善，同周边国家睦邻友好关系进一步加强，区域合作取得新成果，同发展中国家的团结合作开创了新局面。成功举办一系列重大多边外交活动。妥善应对国际上各种新挑战，积极负责地参与解决全球性问题，在解决国际和地区热点问题上发挥着重要的建设性作用。

五年来，我们始终重视政府自身改革和建设。本届政府把实行科学民主决策、推进依法行政、加强行政监督作为政府工作的三项基本准则。制定全面推进依法行政实施纲要，推动政府职能转变和管理创新，强化社会管理和公共服务。认真贯彻实施行政许可法，推进行政审批制度改革，国务院各部门取消和调整行政审批项目692项。推进政务公开，完善新闻发布制度，加强电子政务建设。全国应急管理体系基本建立。监察、审计等专门监督工作卓有成效。公务员教育培训和管理法制化建设进一步加强。坚持不懈地开展反腐败斗争和加强政风建设，治理商业贿赂工作取得良好成效，依法查处违法违规案件和失职渎职行为，惩处腐败分子。

过去五年，我们在丰富实践中积累了许多宝贵经验，主要体会是：

第一，必须坚持解放思想。解放思想、实事求是是我们党的思想路线。只有坚持一切从实际出发，破除迷信，敢于冲破不合时宜的观念束缚，尊重群众首创精神，大胆探索、实践和创造，与时俱进，才能使社会主义现代化事业充满生机和活力。

第二，必须坚持落实科学发展观。科学发展观是发展中国特色社会主义的重大战略思想，是我国经济社会发展的重要指导方针。我们要坚持把发展作为第一要务，着力转变经济发展方式，调整经济结构，提高经济增长质量和效益；坚持以人为本，注重统筹兼顾，推动全面协调可持续发展。只有深入贯彻落实科学发展观，才能实现经济社会又好又快发展，促进社会和谐。

第三，必须坚持改革开放。改革开放是决定当代中国命运重大而关键的抉择。我们要坚定不移地推进经济体制改革、政治体制改革，发展社会主义民主政治，完善社会主义市场经济体制，解放和发展生产力，促进社会公平正义，实现人的全面发展。开放也是改革，开放兼容才能强国。改革开放贯穿于社会主义现代化建设的整个过程，任何时候都不能动摇。

第四，必须坚持搞好宏观调控。宏观调控与市场机制都是社会主义市场经济体制的组成部分。我们要更大程度地发挥市场在资源配置中的基础性作用，增强企业活力和竞争力。同时，要加强和改善宏观调控，坚持主要运用经济手段、法律手段，发挥各种政策的组合效应；坚持区别对待、有保有压，不搞"一刀切"，不搞急刹车；坚持不断总结经验，及时调整政策，注重实际效果。只有把市场机制和宏观调控有机结合起来，才能保证整个经济充满活力、富有效率、持续健康协调发展。

第五，必须坚持执政为民。政府的一切权力都是人民赋予的，执政为民是各级政府的崇高使命。我们要牢记全心全意为人民服务的宗旨，把实现好、维护好、发展好最广大人民的根本利益，作为政府工作的出发点和落脚点。更加注重保障和改善民生，特别要关心和解决城乡低收入群众的生活困难，使全体人民共享改革发展成果。只有坚持一切属于人民，一切为了人民，一切依靠人民，一切归功于人民，我们的各项事业才能获得最广泛、最可靠的群众基础和力量源泉。

第六，必须坚持依法行政。遵守宪法和法律是政府一切工作的根本原则。我们要严格按照法定权限和程序行使权力、履行职责，加强政府立法，规范行政执法，完善行政监督，建设法治政府，不断提高依法行政能力。只有全面推行依法行政，努力做到有权必有责、用权受监督、侵权要赔偿、违法要追究，让权力在阳光下运行，才能保证人民赋予的权力始终用来为人民谋利益。

我们也清醒地认识到，经济社会发展和政府工作中还存在不少问题，国内外形势发展变化使我们面临诸多新的挑战和风险。

——经济运行中一些突出问题和深层次矛盾依然存在。近年来固定资产投资增长过快，货币信贷投放过多，国际收支不平衡。长期形成的结构性矛盾和增长方式粗放问题仍然突出。投资与消费关系不协调，投资率持续偏高；一、二、三产业发展不协调，工业特别是重工业比重偏大，服务业比重偏低；自主创新能力不强，经济增长的资源环境代价过大。农业基础仍然薄弱，农业稳定发展和农民持续增收难度加大，城乡、区域发展差距扩大的趋势尚未扭转。特别是影响经济发展的体制机制障碍还相当突出，改革攻坚任务繁重。

——涉及群众切身利益的问题有待进一步解决。当前物价上涨、通货膨胀压力加大,是广大群众最为关注的问题。去年居民消费价格总水平比上年上涨4.8%,主要是食品和居住类价格涨幅较大。物价上涨有多方面的因素:国内农产品价格多年在低位运行,近期的价格上涨有其必然性和一定的合理因素,但对群众特别是低收入群众生活影响较大;近年来国际市场初级产品价格大幅上升,也直接影响国内价格上涨。由于推动价格上涨的因素还将存在,今年价格上涨的压力仍然较大。同时,生产资料价格不断上升,房地产等资产价格上涨过快,防止通货膨胀的任务相当艰巨。劳动就业、社会保障、教育、医疗卫生、收入分配、住房、产品质量安全、安全生产、社会治安等方面,还有不少问题需要认真加以解决。

——国际经济环境变化不确定因素和潜在风险增加。随着经济全球化深入发展,我国经济与世界经济联系越来越密切。当前全球经济失衡加剧、增速放缓,国际竞争更加激烈;美国次级抵押贷款危机影响蔓延,美元持续贬值,国际金融市场风险增大;国际市场粮食价格上涨,石油等初级产品价格高位运行;贸易保护主义加剧,贸易摩擦增多。国际上一些政治因素对世界经济走势的影响也不容忽视。这些都可能对我国经济发展带来不利影响。我国正处在改革发展的关键时期,必须充分做好应对国际环境变化的各种准备,提高防范风险的能力。

——政府自身建设和管理需要加强。我们深深感到,政府工作与形势的要求和人民的期望还有不小差距。政府职能转变还不到位,社会管理和公共服务比较薄弱;一些部门职责交叉、权责脱节,相互推诿,办事效率低下;一些政府工作人员服务意识不强,素质不高;对权力的监督和约束机制不健全,形式主义、官僚主义问题比较突出,弄虚作假、奢侈浪费和腐败现象比较严重。

我们一定要始终保持清醒头脑,增强忧患意识,以对国家、对人民高度负责的使命感和紧迫感,更加兢兢业业、扎扎实实地做好政府各项工作。

各位代表!

过去五年的成就和进步,来之不易。这是在改革开放多年来奠定的基础上取得的,是以胡锦涛同志为总书记的党中央驾驭全局、正确领导的结果,是全国各族人民奋发进取、共同努力的结果,也是与广大海外侨胞、国际友人的支持和帮助分不开的。在战胜种种严重困难和挑战、完成各项重大任务中,充分表现了中国人民不畏艰险、一往无前的决心、勇气和意志。我代表国务院,向全国各族人民,向各民主党派、各人民团体和各界人士,表示诚挚的感谢!向香港特别行政区同胞、澳门特别行政区同胞和台湾同胞,以及广大侨胞,表示诚挚的感谢!向世界各国政府、国际组织和国际友人对中国现代化事业的理解和支持,表示诚挚的感谢!

二、2008年主要任务

今年是全面贯彻党的十七大精神的第一年,改革发展任务繁重而艰巨,做好政府工作意义重大。

政府工作的基本思路和主要任务是:高举中国特色社会主义伟大旗帜,以邓小平理论和“三个代表”重要思想为指导,深入贯彻落实科学发展观,更加重视加强和改善宏观调控,更加重视推进改革开放和自主创新,更加重视调整经济结构和提高发展质量,更加重视节约资源和保护环境,更加重视改善民生和促进社会和谐,推进社会主义经济建设、政治建设、文化建设、社会建设,加快全面建设小康社会进程。

今年国民经济和社会发展的预期目标是:在优化结构、提高效益、降低消耗、保护环境的基础上,国内生产总值增长8%左右;居民消费价格总水平涨幅控制在4.8%左右;城镇新增就业1000万人,城镇登记失业率控制在4.5%左右;国际收支状况有所改善。

这里要着重说明,提出国内生产总值增长8%左右,主要是综合考虑了国内和国际多种因素,着眼于保持经济平稳较快发展,引导各方面把主要精力和工作重点放在转变发展方式、深化改革、加快社会建设上,防止片面追求和盲目攀比经济增长速度,实现经济社会又好又快发展。提出居民消费价格总水平涨幅控制在4.8%左右,主要是由于去年价格上涨对今年价格的翘尾影响较大,推动价格上涨的因素较多,控制物价上涨的难度加大;同时,又要考虑到居民、企业和社会各方面承受能力,努力避免物价涨幅过大。

实现经济社会发展的目标和任务,需要把握以下原则:坚持稳中求进,促进经济平稳较快发展;坚持好字优先,加快转变经济发展方式;坚持改革开放,注重推进制度建设和创新;坚持以人为本,加快以改善民生为重点的社会建设。今年经济工作,要把防止经济增长由偏快转为过热、防止价格由结构性上涨演变为明显通货膨胀作为宏观调控的首要任务;鉴于当前国内外经济形势发展的不确定因素较多,要密切跟踪分析新情况新问题,审时度势,从实际出发,及时灵活地采取相应对策,正确把握宏观调控的节奏、重点和力度,保持经济平稳较快发展,避免出现大的起落。

今年要着重抓好以下九个方面工作:

(一)搞好宏观调控,保持经济平稳较快发展

根据国内外经济形势和宏观调控任务的要求,今年要实行稳健的财政政策和从紧的货币政策。

继续实行稳健的财政政策,就是要保持财政政策

的连续性和稳定性，充分发挥财政促进结构调整和协调发展的重要作用，增加对薄弱环节、改善民生、深化改革等方面的支出；同时，进一步减少财政赤字和长期建设国债。今年，中央财政赤字预算拟安排1800亿元，比去年预算赤字减少650亿元；拟安排国债投资300亿元，比去年减少200亿元；增加中央预算内经常性建设投资，中央建设投资总计为1521亿元。继续调整财政支出和政府投资结构，较大幅度地增加"三农"、社会保障、医疗卫生、教育、文化、节能减排和廉租住房建设等方面支出。要抓好增收节支，依法加强税收征管，规范非税收入管理，控制一般性支出。改革政府投资管理方式，提高投资使用效益。

合理安排财政超收收入。去年全国财政比年度预算超收7239亿元，其中中央财政超收4168亿元。超预算收入使用的原则是：集中财力办关系民生和制度性建设方面的事，调整结构，加强薄弱环节。依法增加地方两税返还和一般性转移支付的支出；增加农林水、教育、文化和科技方面支出；增加社会保障、医疗卫生、司法保障和廉租住房建设支出；增加节能减排和环境保护支出；解决农村义务教育债务和国有粮食企业财务挂账等历史遗留问题支出。同时，削减财政赤字450亿元；拟增加中央预算稳定调节基金1032亿元。

实行从紧的货币政策，主要是考虑当前固定资产投资反弹压力较大，货币信贷投放仍然偏多，流动性过剩矛盾尚未缓解，价格上涨压力明显，需要加强金融调控，控制货币供应量和信贷过快增长。一要综合运用公开市场操作、存款准备金率等方式，加大对冲流动性力度；合理发挥利率杠杆调节作用；完善人民币汇率形成机制，增强汇率弹性。二要着力优化信贷结构，严格执行贷款条件，有保有压。控制中长期贷款增长，特别是对高耗能、高排放企业和产能过剩行业的贷款；创新和改进银行信贷服务，完善担保、贴息等制度，加大对"三农"、服务业、中小企业、自主创新、节能环保、区域协调发展等方面的贷款支持。三要深化外汇管理体制改革。完善结售汇制度，加强跨境资本流动监管，稳步推进资本项目可兑换。拓展外汇储备使用渠道和方式。同时，采取综合措施，努力改善国际收支状况。

防止价格总水平过快上涨，是今年宏观调控的重大任务。必须从增加有效供给和抑制不合理需求两方面采取有力措施。一要大力发展生产，特别要加强粮食、食用植物油、肉类等基本生活必需品和其他紧缺商品生产，认真落实支持发展生产的政策措施，搞好产运销衔接。二要严格控制工业用粮和粮食出口。坚决制止玉米深加工能力盲目扩张，违规在建项目必须停建。三要加快健全储备体系，改进和完善储备调节和进出口调节方式，适当增加国内紧缺重要消费品进口。四要把握好政府调价的时机和力度，必须调整的资源性产品价格和公共服务收费也要从严控制，防止出现轮番涨价。五要健全大宗农产品、初级产品供求和价格变动的监测预警制度，做好市场供应和价格应急预案。六要加强市场和价格监管，抓好教育收费、医药价格、农资价格及涉农收费的监督检查。依法打击串通涨价、囤积居奇、哄抬物价等违法违规行为。七要及时完善和落实对低收入群众的补助办法，特别要增加对生活困难群众和家庭经济困难学生的补贴，确保他们基本生活水平不因物价上涨而下降。八要遏制生产资料尤其是农业生产资料价格过快上涨。九要坚持实行"米袋子"省长负责制和"菜篮子"市长负责制。物价问题与人民生活密切相关，各级政府一定要把稳定市场物价放在更加重要的位置。现在，国家粮食库存充裕，主要工业消费品供大于求，只要切实加强领导，认真落实各项政策措施，上下共同努力，就一定能够保证市场供应和价格基本稳定。

近期发生的严重低温雨雪冰冻灾害，给经济造成重大损失，给群众生活带来很大困难。要继续做好灾后重建工作，把灾害损失减少到最低程度。要以电网恢复重建为重点抓紧修复基础设施，尽快恢复农业生产，加强煤电油运协调工作，妥善安排受灾地区群众生活。同时，要从这次特大自然灾害中，认真总结经验教训。加强电力、交通、通信等基础设施建设，提高抗灾和保障能力；加强应急体系和机制建设，提高预防和处置突发事件能力；加强对现代条件下自然灾害特点和规律的研究，提高防灾减灾能力。

(二)加强农业基础建设，促进农业发展和农民增收

今年，要千方百计争取农业有个好收成，努力增加农民收入，推进社会主义新农村建设。突出抓好三件事：一是大力发展粮食生产，保障农产品供给。粮食安全，关系经济社会发展全局，关系人民群众切身利益，丝毫不能放松粮食生产。要切实稳定粮食种植面积，提高单产水平。加大对粮食主产区和种粮农民的扶持力度，实施粮食战略工程，加快建立粮食核心产区，全面提高粮食综合生产能力和供给保障能力。农业生产既要增加总量，又要优化品种结构，促进各类重要农产品稳定增长。认真落实支持生猪、奶业、油料发展的政策措施。积极发展畜牧水产业，扶持和促进规模化健康养殖。推进农业标准化生产，提高农产品质量安全水平。二是加强农业基础设施建设。加快完成大中型和重点小型病险水库除险加固任务。搞好灌区改造和小型农田水利建设，大力发展节水灌溉。加大土地开发整理复垦力度，搞好中低产田改造，提高耕地质量，建设一批高标准农田。加强农村饮水、道路、电网、通

信、文化等基础设施建设,大力发展农村公共交通,改善农村人居环境。今年要再解决3200万农村人口的安全饮水问题,增加500万农村沼气用户,支持建设一批大中型沼气项目。三是拓宽农民增收渠道。加快发展高产优质高效生态安全农业,支持农业产业化经营和龙头企业发展。加强农村现代市场流通体系建设,壮大和提升农村二三产业,发展乡镇企业,增强县域经济实力。加强农村职业教育和技能培训,提高农民转移就业能力,发展劳务经济。加大扶贫开发力度,继续减少贫困人口。

主要措施是:一要大力增加投入。今年财政支农投入的增量要明显高于上年,国家固定资产投资用于农村的增量要明显高于上年,政府土地出让收入用于农村建设的增量要明显高于上年。调整耕地占用税使用方向,改革城市建设维护税使用办法,增加农村建设投入。今年中央财政安排“三农”支出5625亿元,比上年增加1307亿元。二要强化和完善农业支持政策。增加粮食直补、农资综合直补。扩大良种补贴规模和范围。增加农机具购置补贴种类,提高补贴标准,从今年起农机具购置补贴覆盖到所有农业县。根据情况提高粮食最低收购价。三要坚持最严格的耕地保护制度,特别是加强基本农田保护。按土地利用总体规划从严审查调整各类规划的用地规模和标准,严格执行土地用途管制制度,依法严格管理农村集体和个人建设用地,坚决制止违法违规占用耕地和林地行为。四要完善农业科技推广和服务体系。加强农业科技创新和成果转化,强化以公益性为主的多元化农业技术推广服务。加快推进农业机械化。加强良种、信息、农产品质量安全和防灾减灾体系建设,搞好动物疫病和植物病虫害防控。扩大测土配方施肥规模。五要全面推进农村改革。加快农村综合改革步伐。采取多种有效措施,积极稳妥地化解乡村债务。中央和地方将增加财政投入,用三年左右时间基本化解农村义务教育历史债务。坚持农村基本经营制度,稳定和完善土地承包关系,按照依法自愿有偿原则,健全土地承包经营权流转市场,有条件的地方可以发展多种形式的适度规模经营。大力发展农民专业合作组织。全面推进集体林权制度改革。

(三)推进经济结构调整,转变发展方式

坚持扩大内需方针,调整投资和消费关系,促进经济增长由主要依靠投资、出口拉动向依靠消费、投资、出口协调拉动转变。关键是合理控制固定资产投资规模,着力优化投资结构。坚持严把土地、信贷闸门和市场准入标准,特别要加强和规范新开工项目管理,严格执行项目新开工条件。坚决控制高耗能、高排放和产能过剩行业盲目投资和重复建设,提高限制发展行业的准入标准和项目资本金比例。违法违规建设项目要坚决停建。加大对经济社会发展薄弱环节、重点领域和中西部地区的支持力度。从严控制新增建设用地特别是工业用地,今年土地利用计划总规模控制在去年水平。要适应新形势、新情况,加强和改进对全社会各类投资活动的引导、调控和监管。

坚持把推进自主创新作为转变发展方式的中心环节。要认真落实国家中长期科学和技术发展规划纲要,全面启动和组织实施大型飞机、水体污染控制与治理、大型油气田及煤层气开发等国家重大专项。实施基础研究、高技术研究和科技支撑计划。着力突破新能源汽车、高速轨道交通、工农业节水等一批重大关键技术。推进国家创新体系建设,重点建设一批国家实验室、国家工程中心、面向企业的创新支撑平台和企业技术中心,加强科技基础能力建设。深化科技管理体制改革,统筹和优化科技资源配置。今年中央财政将安排科技支出1134亿元,比上年增加134亿元。完善和落实支持自主创新的政策,充分发挥企业作为技术创新主体的作用,鼓励、引导企业增加研发投入。推进产学研结合,培育创新型企业。加大政府采购对自主创新产品的支持力度。扩大创业风险投资试点范围。实施知识产权战略。加强国际科技合作。

推进产业结构优化升级。坚持走中国特色新型工业化道路,推进信息化与工业化融合。着力发展高新技术产业,大力振兴装备制造业,改造和提升传统产业,加快发展服务业特别是现代服务业。继续实施新型显示器、宽带通信与网络、生物医药等一批重大高技术产业化专项。充分发挥国家高新技术开发区的集聚、引领和辐射作用。围绕大型清洁高效发电装备、高档数控机床和基础制造装备等关键领域,推进重大装备、关键零部件及元器件自主研发和国产化。加强地质工作,提高资源勘查开发水平。积极发展现代能源原材料产业和综合运输体系。

促进区域协调发展。深入推进西部大开发,开工建设一批重点工程,支持重点地区优先开发。继续搞好天然林保护、防沙治沙、石漠化治理,落实退耕还林后续政策。组织实施东北地区振兴规划,支持先进装备制造业、现代农业发展和资源枯竭型地区经济转型。编制和实施促进中部崛起规划,落实并完善相关政策。鼓励东部地区率先发展,着力提升国际竞争力。进一步加大对革命老区、民族地区、边疆地区、贫困地区发展的扶持力度。制定并实施主体功能区规划和政策。

(四)加大节能减排和环境保护力度,做好产品质量安全工作

今年是完成“十一五”节能减排约束性目标的关键一年,务必增强紧迫感,加大攻坚力度,力求取得更

大成效。一是落实电力、钢铁、水泥、煤炭、造纸等行业淘汰落后生产能力计划。建立淘汰落后产能退出机制，完善和落实关闭企业的配套政策措施。同时，按照规划加强这些行业先进生产能力的建设。二是抓好重点企业节能和重点工程建设。加快十大重点节能工程实施进度。提高城镇污水处理能力，力争用两年时间在36个大城市率先实现污水的全部收集和处理。适当提高排污费、污水处理费和垃圾处理费标准。完善和严格执行建筑标准，大力推进墙体材料革新和建筑节能。稳步推进城镇供热体制和市政公用事业改革。三是开发和推广节约、替代、循环利用资源和治理污染的先进适用技术，实施节能减排重大技术和示范工程。大力发展节能服务产业和环保产业。开发风能、太阳能等清洁、可再生能源。四是做好“三河三湖”、南水北调水源及沿线、三峡库区和松花江等重点流域污染防治工作，实施渤海环境保护总体规划。提高重点流域水污染物的国家排放标准。五是加强农村饮用水水源地保护，推进农村生活污染治理，严格控制农村地区工业污染，加强畜禽、水产养殖污染治理，控制农业面源污染。六是鼓励和支持发展循环经济，促进再生资源回收利用。全面推行清洁生产。七是加强土地、水、草原、森林、矿产等资源的保护和节约集约利用，严厉查处乱采滥挖矿产资源等违法违规行为。搞好海洋资源保护和合理利用，发展海洋经济。加强气象、地震、测绘基础研究和能力建设。八是实施应对气候变化国家方案，加强应对气候变化能力建设。九是完善能源资源节约和环境保护奖惩机制。执行节能减排统计监测制度，健全审计、监察体系，加大执法力度，强化节能减排工作责任制。十是增强全社会生态文明观念，动员全体人民更加积极投身于资源节约型、环境友好型社会建设。节约资源和保护环境要一代一代人持之以恒地进行下去，让我们的祖国山更绿，水更清，天更蓝。

加强产品质量安全工作。一是加快产品质量安全标准制定和修订。今年要完成7700多项食品、药品和其他消费品安全国家标准的制定修订工作，健全食品、药品和其他消费品安全标准体系；食品、消费品安全性能要求及其检测方法标准，都要采用国际标准。出口产品除符合国际标准外，还要符合进口国标准和技术法规的要求。二是完善产品质量安全法制保障。加快制定修订涉及产品质量安全的法规，完善行政执法与刑事司法紧密衔接的机制，加大对违法违规企业的惩处力度。三是健全产品质量安全监管体系。严格执行生产许可、强制认证、注册备案制度，严把市场准入关。提高涉及人身健康和安全产品的生产许可条件和市场准入门槛。加强食品、药品等重点监管工作，严把进出口商品质量关。认真落实产品质量安全责任制。我们一定要让人民群众吃得放心、用得安心，让出口产品享有良好信誉。

(五)深化经济体制改革，提高对外开放水平

今年是改革开放30周年，改革开放使中国发生了历史性的巨大变化。我国仍处于并将长期处于社会主义初级阶段，进一步解放和发展生产力，进一步促进社会公平正义，实现全面建设小康社会和国家现代化的宏伟目标，必须继续坚定不移地推进改革开放。今年着重抓好以下方面：

推进国有企业改革，完善所有制结构。继续推动国有资本调整和国有企业重组。深化国有企业公司制股份制改革。完善公司法人治理结构。做好政策性关闭破产和主辅分离、辅业改制工作。扩大国有资本经营预算制度试点。深化垄断行业改革，引入竞争机制，加强政府监管和社会监督。严格规范国有企业改制和国有产权转让，防止国有资产流失，保障职工合法权益。推进集体企业改革，发展多种形式的集体经济、合作经济。认真落实鼓励、支持和引导个体私营等非公有制经济发展各项政策，尤其要解决市场准入和融资支持等方面的问题。

深化财税体制改革，加快公共财政体系建设。改革预算制度，强化预算管理和监督。完善和规范财政转移支付制度，提高一般性转移支付规模和比例，加大公共服务领域投入。积极推进省以下财政体制改革。全面实施新的企业所得税法。改革资源税费制度，完善资源有偿使用制度和生态环境补偿机制。继续推进增值税转型改革试点，研究制定在全国范围内实施方案。

加快金融体制改革，加强金融监管。继续深化银行业改革，重点推进中国农业银行股份制改革和国家开发银行改革。建立存款保险制度。加快农村金融改革，强化中国农业银行、中国农业发展银行和中国邮政储蓄银行为“三农”服务的功能，继续深化农村信用社改革，积极推进新型农村金融机构发展。优化资本市场结构，促进股票市场稳定健康发展，着力提高上市公司质量，维护公开公平公正的市场秩序，建立创业板市场，加快发展债券市场，稳步发展期货市场。深化保险业改革，积极扩大农业保险范围，做好政策性农业保险试点工作。依法严厉查处各种金融违法违规行为。切实防范和化解金融风险，维护金融稳定和安全。

拓展对外开放广度和深度，提高开放型经济水平。在保持出口平稳增长的同时，加快转变外贸发展方式，优化出口结构，鼓励自主知识产权和自主品牌产品出口，提高出口产品质量、档次及附加值，扩大服务出口，发展服务外包。积极扩大进口，重点增加先进技术装备、重要原材料和关键零部件及元器件进口。优化利

用外资产业结构和地区布局，稳步推进服务业对外开放。限制和禁止高耗能、高排放和部分资源性外资项目，切实纠正招商引资中违法违规的做法。创新对外投资和合作方式，完善和落实支持企业“走出去”的政策措施。加强多双边和区域经济合作。继续推进自由贸易区谈判，认真实施已签署的协定。维护公平的国际贸易秩序。

在推进改革开放中，要加快现代市场体系建设，大力发展现代流通，深入整顿和规范市场秩序，推进社会信用制度建设。

(六)更加注重社会建设，着力保障和改善民生

坚持优先发展教育。一是在全国城乡普遍实行免费义务教育。继续增加农村义务教育公用经费，提高保障水平。适当提高农村家庭经济困难寄宿生生活费补助标准。认真落实保障经济困难家庭、进城务工人员子女平等接受义务教育的措施。在试点基础上，从今年秋季起全面免除城市义务教育学杂费，这是推动义务教育均衡发展、促进教育公平的又一重大举措。二是大力发展职业教育。加强职业教育基础能力建设，深化职业教育管理、办学、投入等体制改革，培养高素质技能型人才。三是提高高等教育质量。优化学科专业结构，推进高水平大学和重点学科建设。普通高校招生增量继续向中西部地区倾斜。办好各级各类教育，必须抓好三项工作：一要全面实施素质教育，推进教育改革创新。深化教学内容和方式、考试和招生制度、质量评价制度等改革。切实减轻中小学生课业负担。二要加强教师队伍特别是农村教师队伍建设，完善和落实教师工资、津贴补贴制度。三要加大教育事业投入。今年中央财政用于教育的投入，将由去年的1076亿元增加到1562亿元；地方财政也都要增加投入。进一步规范教育收费。鼓励和规范民办教育发展。没有全民教育的普及和提高，便没有国家现代化的未来。要让孩子们上好学，办好人民满意的教育，提高全民族的素质。

推进卫生事业改革和发展。重点抓好四件事：一是加快建设覆盖城乡居民的医疗保障制度。扩大城镇职工基本医疗保险覆盖面；城镇居民基本医疗保险试点要扩大到全国50%以上的城市；在全国农村全面推行新型农村合作医疗制度，用两年时间将筹资标准由每人每年50元提高到100元，其中中央和地方财政对参合农民的补助标准由40元提高到80元。健全城乡医疗救助制度。二是完善公共卫生服务体系。抓好重大疾病防治，落实扩大国家传染病免疫规划范围的政策措施，加大对艾滋病、结核病、血吸虫病等疾病患者免费治疗力度。加强地方病、职业病、精神病防治。做好妇幼保健工作。在中西部地区农村实施住院分娩补助政策。健全公共卫生服务经费保障机制。三是推进城乡医疗服务体系建设。重点健全农村三级卫生服务网络和城市社区医疗卫生服务体系。加大全科医护人员和乡村医生培养力度，鼓励高素质人才到基层服务。开展公立医院改革试点。制定和实施扶持中医药和民族医药事业发展的措施。四是建立国家基本药物制度和药品供应保障体系，保证群众基本用药和用药安全，控制药品价格上涨。今年中央财政将安排832亿元，比上年增加167亿元，支持卫生事业改革和发展，重点向农村和基层倾斜。

去年以来，国务院组织力量研究深化医药卫生体制改革问题，已经制定一个初步方案，将向社会公开征求意见。改革的基本目标是：坚持公共医疗卫生的公益性质，建立基本医疗卫生制度，为群众提供安全、有效、方便、价廉的基本医疗卫生服务。我们要坚定地推进这项改革，让人人享有基本医疗卫生服务，提高全民健康水平。

加强人口和计划生育工作。稳定现行生育政策和低生育水平，提高出生人口素质，综合治理出生人口性别比偏高问题。全面实施计划生育家庭特别扶助制度，扩大实施农村计划生育家庭奖励制度和少生快富工程范围，提高奖励扶助标准。加强流动人口计划生育服务管理。

重视发展老龄事业，切实保障妇女和未成年人权益，关心和支持残疾人事业。

努力扩大就业。认真贯彻实施就业促进法和劳动合同法。坚持实行积极的就业政策，落实以创业带动就业的方针，加强就业和创业培训，鼓励自谋职业和自主创业，支持创办小型企业。加快建设城乡统一规范的人力资源市场，完善公共就业服务体系，促进形成城乡劳动者平等就业制度。加强高校毕业生就业指导和服务。深化退役军人安置制度改革。完善就业援助制度，落实促进残疾人就业政策，建立帮助零就业家庭解决就业困难的长效机制。督促各类企业同劳动者依法签订并履行劳动合同。加强劳动争议处理和劳动保障监察，严厉打击各种非法用工行为。在世界上人口最多的国家解决就业问题，是一项极为艰巨的任务。我们要用百倍的努力，把这项关系民生之本的大事做好。

增加城乡居民收入。关键要调整国民收入分配格局，深化收入分配制度改革，逐步提高居民收入在国民收入分配中的比重，提高劳动报酬在初次分配中的比重。一是多渠道增加农民收入，确保农民工工资按时足额发放，适当提高扶贫标准。二是提高企业职工工资水平，建立企业职工工资正常增长和支付保障机制。推动企业建立工资集体协商制度，完善工资指导线制度，健全并落实最低工资制度。改革国有企业工资总

额管理办法，加强对垄断行业企业工资监管。三是从今年1月1日起，再连续三年进一步提高企业退休人员基本养老金水平。四是深化公务员工资制度改革，继续做好规范公务员津贴补贴工作。加快推进事业单位收入分配制度改革。五是落实职工带薪年休假制度。同时要进一步完善消费政策，拓宽服务消费领域，稳定居民消费预期，扩大即期消费。只有把经济发展成果合理分配到群众手中，才能得到广大群众的拥护，才能促进社会和谐稳定。

完善社会保障体系。坚持实行广覆盖、保基本、多层次、可持续的方针。一要做好社会保险扩面和基金征缴工作。重点扩大农民工、非公有制经济组织就业人员、城镇灵活就业人员参加社会保险。努力解决关闭破产企业退休人员和困难企业职工参加基本医疗保险问题。二要推进社会保险制度改革。完善社会统筹与个人账户相结合的企业职工基本养老保险制度，扩大做实养老保险个人账户试点，加快省级统筹步伐，制定全国统一的社会保险关系转续办法。规范发展企业年金制度。探索事业单位基本养老保险制度改革。抓紧制定适合农民工特点的养老保险办法。鼓励各地开展农村养老保险试点。加快完善失业、工伤、生育保险制度。三要采取多种方式充实社会保障基金，强化基金监管，确保基金安全，实现保值增值。四要健全社会救助体系。重点完善城乡居民最低生活保障制度，建立与经济增长和物价水平相适应的救助标准调整机制。健全临时救助制度。同时，积极发展社会福利事业。鼓励和支持慈善事业发展。做好优抚安置工作。加强防灾减灾救灾工作。为加快社会保障体系建设，今年中央财政将安排2762亿元，比上年增加458亿元。建立和完善覆盖城乡的社会保障体系，让人民生活无后顾之忧，直接关系经济社会发展，是全面建设小康社会的一项重大任务。

抓紧建立住房保障体系。总的指导原则是：(1)坚持从我国人多地少的基本国情出发，建立科学、合理的住房建设和消费模式。大力发展省地节能环保型住宅，增加中小套型住房供给，引导居民适度消费。(2)坚持正确发挥政府和市场的作用，政府主要制定住房规划和政策，搞好土地合理供应、集约利用和管理，重点发展面向中低收入家庭的住房。高收入家庭的住房需求主要通过市场调节解决。(3)坚持加强对房地产市场的调控和监管，规范和维护市场秩序，促进房地产业持续稳定健康发展。今年要采取四项措施：一要健全廉租住房制度，加快廉租住房建设，增加房源供给，加强经济适用住房的建设和管理，积极解决城市低收入群众住房困难。今年中央用于廉租住房制度建设的资金68亿元，比去年增加17亿元；地方各级政府都要增加这方面投入。同时，要积极改善农民[illegible]住条件。二要增加中低价位、中小套型普通商品住[illegible]应，建立多渠道投融资机制，通过多种途径帮助中[illegible]收入家庭解决住房问题。合理调整城市土地供给[illegible]，增加中小套型住房用地。三要综合运用税收、信[illegible]地等手段，完善住房公积金制度，增加住房有效供[illegible]抑制不合理需求，防止房价过快上涨。四要加强市[illegible]管，严格房地产企业市场准入和退出条件。依法查[illegible]置囤积土地、房源和炒地炒房行为。同时，要加强[illegible]住房建设规划和管理，切实解决农村困难群众[illegible]安全问题。我们要坚定不移地推进住房改革和建[illegible]人民群众安居乐业。

(七)深化文化体制改革，推动文化大[illegible]、大繁荣

进一步落实和完善文化体制改革[illegible]施，推动文化创新，加强文化建设，保障人民基本[illegible]权益，繁荣文化市场，满足人民日益增长的、多[illegible]化需求。坚持用马克思主义中国化最新成果教育[illegible]，在全社会树立中国特色社会主义共同理想，大[illegible]扬以爱国主义为核心的民族精神和以改革创新为[illegible]的时代精神，深入进行社会主义荣辱观教育。推[illegible]谐文化建设，实施公民道德建设工程，培育文明社[illegible]尚。特别要加强青少年思想道德建设。深入开展文[illegible]建活动。坚持为人民服务、为社会主义服务的方向[illegible]面贯彻百花齐放、百家争鸣的方针。发展哲学社[illegible]学。繁荣新闻出版、广播影视、文学艺术。鼓励创[illegible]秀精神文化产品。加大政府投入力度，加快构建[illegible]全社会的公共文化服务体系，加强公益性文化事业[illegible]，特别是加强社区和乡村文化设施建设。加快乡[illegible]合文化站建设。推进全国文化信息共享、广播电[illegible]村村通”、“农家书屋”和农村电影放映工程。具[illegible]益性质的博物馆、纪念馆和全国爱国主义教育示范[illegible]，今明两年实现全部向社会免费开放。完善文化[illegible]政策，加快文化产业基地和区域性特色文化产业[illegible]设。加强网络文化建设和管理。规范文化市场，[illegible]开展“扫黄打非”。加强民族文化遗产保护。扩大对[illegible]文化交流。加强城乡公共体育设施建设，广泛开展[illegible]身活动，不断提高竞技体育水平。

2008年奥运会和残奥会即将在北[illegible]办。这是全体中华儿女的共同期盼，对于促进我[illegible]济社会发展、增进中国人民同世界各国人民的友[illegible]合作，具有重要意义。要扎实做好各项筹办和组[illegible]作，加强国际合作，创造良好环境，确保成功举办[illegible]有特色、高水平的体育盛会。

(八)加强社会主义民主法制建设[illegible]进社会公平正义

深化政治体制改革，发展社会主[illegible]治文明。扩

大人民民主，健全民主制度，丰富民主形式，拓宽民主渠道，依法实行民主选举、民主决策、民主管理、民主监督，保障人民的知情权、参与权、表达权、监督权。发展基层民主，完善基层群众自治制度，扩大基层群众自治范围，推动城乡社区建设，深入推进政务公开、村务公开、厂务公开。发挥社会组织在扩大群众参与、反映群众诉求方面的积极作用，增强社会自治功能。

全面落实依法治国基本方略。加强政府立法，提高立法质量。今年要重点加强改善民生、推进社会建设、节约能源资源、保护生态环境等方面的立法。政府立法工作要广泛听取意见。制定与群众利益密切相关的行政法规、规章，原则上都要公布草案，向社会公开征求意见。合理界定和调整行政执法权限，强化行政执法监督，全面落实行政执法责任制。健全市县政府依法行政制度。加强对行政收费的规范管理，改革和完善司法、执法财政保障机制。加强法规、规章和规范性文件的备案审查工作。健全行政复议体制，完善行政补偿和行政赔偿制度。做好法律服务和法律援助工作。深入开展法制宣传教育，在全社会形成自觉学法守法用法的良好氛围。

完善社会管理。加强社会组织建设，健全基层社会管理体制。做好信访工作，完善信访制度。健全社会矛盾调解机制，妥善处理人民内部矛盾，维护群众合法权益。完善社会治安防控体系，加强社会治安综合治理，深入开展平安创建活动。改革和加强城乡社区警务工作。加强流动人口服务和管理。集中整治突出的治安问题和治安混乱地区，依法防范和打击违法犯罪活动，保障人民生命财产安全，确保社会大局稳定。加强国家安全工作。

强化安全生产工作。加大源头治理力度，遏制重特大安全事故发生。巩固和发展煤矿瓦斯治理和整顿关闭两个攻坚战成果，继续开展重点行业领域安全专项整治。加强对各类安全事故隐患排查和整治工作，健全重大隐患治理、重大危险源监控制度，完善预报、预警、预防和应急救援体系。依法加强监管，严肃查处安全生产事故。

(九)加快行政管理体制改革，加强政府自身建设

行政管理体制改革是深化改革的重要环节，是政治体制改革的重要内容，也是完善社会主义市场经济体制的必然要求。改革总的原则和要求是：坚持以人为本、执政为民，坚持同发展社会主义民主政治、发展社会主义市场经济相适应，坚持科学民主决策、依法行政、加强行政监督，坚持管理创新和制度创新，坚持发挥中央和地方两个积极性。要着力转变职能、理顺关系、优化结构、提高效能，形成权责一致、分工合理、决策科学、执行顺畅、监督有力的行政管理体制。

第一，加快转变政府职能。这是深化行政管理体制改革的核心。健全政府职责体系，全面正确履行政府职能，努力建设服务型政府。在加强和改善经济调节、市场监管的同时，更加注重社会管理和公共服务，维护社会公正和社会秩序，促进基本公共服务均等化。重视发挥行业协会、商会和其他社会组织的作用。

第二，深化政府机构改革。这次国务院机构改革方案，主要围绕转变职能，合理配置宏观调控部门职能，调整和完善行业管理机构，加强社会管理和公共服务部门，探索实行职能有机统一的大部门体制；针对职责交叉、权责脱节问题，明确界定部门分工和权限，理顺部门职责关系，健全部门间的协调配合机制。国务院机构改革方案将提交本次大会审议。

第三，完善行政监督制度。坚持用制度管权、管事、管人。加强行政权力监督，规范行政许可行为。强化政府层级监督，充分发挥监察、审计等专门监督的作用。自觉接受社会各个方面的监督。推行行政问责制度和政府绩效管理制度。切实加强公务员队伍建设。严肃法纪政纪，坚决改变有令不行、有禁不止的现象。大力推行政务公开，健全政府信息发布制度，完善各类公开办事制度，提高政府工作透明度，创造条件让人民更有效地监督政府。

第四，加强廉政建设。要把反腐倡廉建设放在更加突出的位置，旗帜鲜明地反对腐败。坚持标本兼治、综合治理、惩防并举、注重预防的方针，扎实推进惩治和预防腐败体系建设。特别要解决权力过分集中和缺乏制约的问题。从根本上加强制度建设，规范财政转移支付、土地和矿产资源开发、政府采购、国有资产转让等公共资源管理。加大专项治理力度，重点解决环境保护、食品药品安全、安全生产、土地征收征用和房屋拆迁等方面群众反映强烈的问题，坚决纠正损害群众利益的不正之风。大力提倡艰苦奋斗，坚决制止奢侈浪费。严肃查处各类违法违纪案件，深入开展治理商业贿赂，依法严惩腐败分子，决不姑息。

各位代表！

我国是统一的多民族国家，必须坚持各民族共同团结奋斗、共同繁荣发展。坚持和完善民族区域自治制度，促进少数民族和民族地区经济社会发展，巩固和发展平等团结互助和谐的社会主义民族关系。全面贯彻党的宗教工作基本方针，落实宗教事务条例，发挥宗教界人士和信教群众在促进经济社会发展中的积极作用。做好新时期侨务工作，进一步发挥海外侨胞和归侨侨眷在祖国现代化建设与和平统一大业中的作用。

加强国防和军队建设，是发展中国特色社会主义的战略任务，必须统筹经济建设和国防建设，在推进现代化事业进程中实现富国和强军的统一。要坚持以毛

泽东军事思想、邓小平新时期军队建设思想、江泽民国防和军队建设思想为指导,认真落实胡锦涛同志关于新形势下国防和军队建设重要论述,把科学发展观作为国防和军队建设的重要指导方针。着眼全面履行新世纪新阶段军队历史使命,提高军队应对多种安全威胁、完成多样化军事任务的能力,坚决维护国家主权、安全和领土完整,为全面建设小康社会提供坚强有力的保障。加强人民武装警察部队建设,提高执勤、处置突发事件、反恐维稳能力。加强国防教育,增强全民国防观念。完善国防动员体系。巩固军政军民团结。

坚定不移地贯彻"一国两制"、"港人治港"、"澳人治澳"、高度自治的方针,严格按照特别行政区基本法办事;全力支持香港、澳门两个特别行政区政府依法施政;进一步加强内地与两个特别行政区在经贸、环保、科技、教育、文化、卫生、体育等领域的交流合作。我们坚信,香港、澳门同胞一定能够把香港、澳门管理和建设得更好。

坚持"和平统一、一国两制"的基本方针和新形势下发展两岸关系、促进祖国和平统一的各项政策,牢牢把握两岸关系和平发展的主题,鼓励两岸同胞加强交往、增进共识,积极促进两岸经济文化交流,推动直接"三通"。实施和充实惠及广大台湾同胞的政策措施,支持海峡西岸和其他台商投资相对集中地区经济发展。争取在一个中国的原则基础上尽快恢复两岸协商谈判,解决两岸同胞关心的重大问题。坚决反对"台独"分裂活动,绝不允许任何人以任何名义任何方式把台湾从祖国分割出去。任何涉及中国主权和领土完整的问题,必须由包括台湾同胞在内的全中国人民共同决定。"台独"分裂势力企图改变大陆和台湾同属一个中国的现状,破坏台海和平,是注定要失败的。两岸统一是中华民族走向伟大复兴的历史必然。海内外中华儿女共同奋斗,一定能够完成祖国统一大业!

在新的一年,我们要高举和平、发展、合作旗帜,坚持独立自主的和平外交政策,坚持和平发展道路,坚持互利共赢的开放战略,推动建设持久和平、共同繁荣的和谐世界。要努力发展同发达国家的关系,全面深化同周边国家的睦邻友好关系,大力加强同发展中国家的团结合作,积极开展多边外交,推动重大热点问题和全球性问题的妥善解决,维护我国公民和法人在海外的合法权益。中国政府和人民愿同各国人民一道,共同分享发展机遇,共同应对风险挑战,共同推进人类和平与发展的崇高事业。

各位代表!

回顾五年成就,令人鼓舞;展望未来发展,催人奋进。伟大的祖国已迈上新的历史征程,前景无限美好。让我们在以胡锦涛同志为总书记的党中央领导下,高举中国特色社会主义伟大旗帜,以邓小平理论和"三个代表"重要思想为指导,深入贯彻落实科学发展观,解放思想,改革创新,扎实工作,为夺取全面建设小康社会新胜利而努力奋斗!

国家发改委作《关于2007年国民经济和社会发展计划执行情况与2008年国民经济和社会发展计划草案的报告》

各位代表:

受国务院委托,现将2007年国民经济和社会发展计划执行情况与2008年国民经济和社会发展计划草案提请十一届全国人大一次会议审议,并请全国政协各位委员提出意见。

一、2007年国民经济和社会发展计划执行情况

2007年,全国各族人民在中国共产党的领导下,深入贯彻落实科学发展观,按照十届全国人大五次会议审议批准的国民经济和社会发展计划,加强和改善宏观调控,积极推进改革开放,加快转变经济发展方式,国民经济保持了增长较快、结构趋优、效益提高、民生改善的良好态势,计划执行情况总体是好的。

(一)经济增长质量和效益提高

效益继续大幅增长。全国财政收入5.13万亿元,比上年增收1.25万亿元,增长32.4%。1—11月,规模以上工业企业实现利润22951亿元,增长36.7%。单位国内生产总值能耗完成情况明显好于上年,全年下降3.27%,万元工业增加值用水量下降9.5%。二氧化硫、化学需氧量的排放量分别下降4.66%和3.14%,首次出现近年来的"双下降"。耕地锐减势头得到初步遏制。

增长协调性进一步改善。消费对经济增长的促进作用增强,全年社会消费品零售总额达89210亿元,增长16.8%,消费与投资增速的差距缩小2.2个百分点;消费、投资和净出口分别拉动经济增长4.5个、4.4个和2.5个百分点,消费的贡献率7年来首次超过投资。三次产业稳定增长,第一产业增长3.7%,第二产业增长13.4%,第三产业增长11.4%;第三产业增幅同比加快0.6个百分点,比第二产业同比增幅多提高0.2个百分点。地区发展的协调性继续改善,中西部地区经济社会发展明显加快,区域间生产要素流动出现良性互动的好势头。

全年国内生产总值246619亿元,增长11.4%。五年来,国内生产总值增速年度之间的波动不大,每年季度之间的波幅在1个百分点左右。

(二)新农村建设取得新进展

支农投入大幅增加。中央财政用于"三农"的支出4318亿元,比上年增加801亿元。其中,中央建设

投资用于农村建设的资金646亿元，比重达48%。农村水气路电等生产生活条件明显改善，又解决了3152万农村人口的饮水安全问题，新增沼气用户450万户，新建和改造农村公路12万公里，中西部农村电网和无电地区电力建设进展顺利。农田水利基础设施建设继续加强，大型灌区续建配套节水改造、节水灌溉增效示范、中部大型排涝泵站更新改造、病险水库除险加固工程建设取得新进展。

主要农产品产量稳定增长。粮食再获丰收，全年总产量50150万吨，实现连续4年增产。棉花和糖料产量均创历史新高，分别达到760万吨和11110万吨。制定了促进生猪生产发展、稳定市场供应和促进奶业持续健康发展的意见，扭转了生猪生产下滑的势头。全年肉类产量6800万吨，水产品产量4737万吨。

现代农业建设积极推进。大型商品粮基地和优质粮食产业工程建设得到加强，种养业良种工程加快实施，农产品质量安全检验检测体系、动物防疫体系和植保工程建设力度加大，无公害农产品、绿色食品、有机食品和农业标准化生产加快发展，农业良种覆盖率、单产水平和农产品质量进一步提高。优质小麦和优质水稻所占比重分别达到61.6%和72.3%，同比提高6.4个和3.2个百分点。畜禽水产良种繁育体系初具规模，建成了一批国家级畜禽、水产原良种场。

(三)经济结构调整迈出新步伐

自主创新能力增强。新修订的科技进步法公布实施。16个国家重大科技专项顺利推进，知识创新三期工程开始启动，“863”和“973”等国家科技计划加快实施，基础研究、前沿技术研究和社会公益性技术研究得到加强。研究制定了软件和集成电路、数字电视、生物、卫星应用、民用航空等产业政策。新建27个国家重点实验室，启动建设了4项国家重大科技基础设施、6个国家工程实验室和9个国家工程研究中心，支持了124家国家级企业技术中心创新能力建设。清洁生产、煤矿安全、节能减排、资源综合利用等产业技术开发重大专项与新型平板显示器件、生物医药等11个国家高技术产业化重大专项顺利实施。我国首次月球探测工程圆满成功，首架自主知识产权支线客机下线，具有自主知识产权的第三代移动通信系统(TD—SCDMA)试验网建设取得阶段性成果。高技术产业增加值占国内生产总值的比重达到7.8%，比上年提高0.1个百分点。

工业结构调整成效明显。优质产品和高附加值产品比重提高。工业新产品产值增长31.2%，钢材板带比又提高了1.5个百分点，新型干法水泥比重提高5个百分点。新型船舶、大型核电、大型风电、特高压输变电等成套装备研制取得积极成效。加强了高耗能、高排放行业的准入管理，产能过剩行业结构调整步伐加快，矿产资源开发整合取得新成效。钢铁、有色、煤炭、建材、汽车、纺织等行业企业兼并重组力度加大，首钢搬迁和结构调整工作积极推进。依法淘汰了一批不符合安全生产、环保条件或破坏资源的落后产能，2007年关停小火电机组1438万千瓦，关闭各类小煤矿2322处，淘汰落后炼铁产能4659万吨、炼钢产能3747万吨、水泥产能5200万吨。

能源、交通等基础产业和基础设施长足发展。原煤产量25.4亿吨，增长6.9%。新增发电装机1亿千瓦以上，年发电量增长14.4%。成品油产量增长7.5%，增幅比上年加快3.1个百分点。交通运输条件继续改善，新建公路143595公里，其中高速公路8059公里，总里程约3.5万公里的“五纵七横”国道主干线基本建成；新建铁路投产里程678公里，增建铁路复线投产里程480公里，电气化铁路投产里程938公里；港口万吨级码头泊位新增吞吐能力43916万吨；新建民航机场5个，首都机场扩建工程竣工；重点物资运输得到较好保障。

服务业发展加快。颁布加快发展服务业若干意见，发挥国家服务业发展资金的引导作用，全面促进服务业发展。服务业实现增加值96328亿元。一些大中城市已初步形成服务经济为主的产业结构，北京、上海、广州等市的服务业增加值占地区生产总值的比重达到或高于50%。服务业内部结构有所改善，现代服务业呈现加速发展势头。全国互联网用户超过2亿，稳居世界第二，网上采购商品及服务额占采购总额的比重达13%。

区域协调发展态势良好。中央建设投资全年用于西部大开发的投入556亿元，比上年增加41亿元，对边疆地区、少数民族地区的政策扶持力度加大，西部地区新开工了10项重点工程，形成了一批特色优势产业开发基地和名优品牌，人才开发取得明显成效。东北地区装备制造、原材料加工、农副产品加工等产业发展呈现新气象，重要行业企业的重组改制步伐加快，资源型城市经济转型初见成效，采煤沉陷区治理加快推进，棚户区改造面积2720万平方米。组织实施促进中部地区崛起的若干意见，确定了中部六省比照实施东北振兴和西部大开发政策的范围，粮食生产基地建设取得新成效，能源原材料和现代装备制造基地建设不断加强，综合交通运输枢纽建设大力推进。东部地区转变经济发展方式步伐加快，高技术产业、现代服务业快速发展，装备制造、信息、生物等产业自主创新能力提升，长三角、珠三角和京津冀三大都市圈集聚和带动能力稳步增强。

(四)资源节约型环境友好型社会建设扎实推进

能源资源节约成效进一步显现。发布了节能减排综合性工作方案、节能减排统计监测及考核实施方案和办法,节能减排目标责任制初步建立。十大重点节能工程进展顺利,中央安排了近700个项目,可形成2250万吨标准煤的节能能力。千家企业节能行动全面展开,节能2000多万吨标准煤。第二批循环经济试点启动实施。有利于节能减排的财税、金融、价格等政策加快出台,调整了部分矿产品资源税,提出了节能、节水、资源综合利用和环保设备(产品)实行企业所得税优惠政策目录,建立了节能产品政府强制性采购制度。差别电价政策实施力度加大,节能发电调度试点开始启动。新修订的节约能源法公布实施,制订了一批产品能效标准和限额标准。节能减排执法检查和宣传引导进一步加强。

生态环境保护和建设取得新进展。天然林资源保护、京津风沙源治理、重点防护林体系以及三江源自然保护区建设等重点工程继续实施。2003年以来,全国退耕还林、植树造林总面积3191万公顷,退牧还草3460万公顷。制定了火电、磷肥、铅锌等24个行业清洁生产评价指标体系,清洁生产审核工作全面展开。继续开展“三河三湖”、三峡库区、松花江、丹江口库区及上游、渤海等重点流域污染防治。城市污水处理率和城市生活垃圾无害化处理率分别达到59%和56%,比上年提高3个和2个百分点。燃煤电厂脱硫工程取得突破性进展,又有1.1亿千瓦火电机组安装了脱硫设施,已占火电装机总量的50%。发布了《中国应对气候变化国家方案》。这是我国第一部应对气候变化的全面的政策性文件,也是发展中国家颁布的第一部应对气候变化的国家方案,在国际上产生了积极反响。

(五)改革开放积极推进

国家对改革的总体指导、统筹协调、综合配套和督促检查力度加大,重点领域和关键环节改革继续深化。农村综合改革试点继续扩大,集体林权制度改革取得积极成效,华侨农场改革加快推进,重要农畜产品保险保费补贴试点启动。国有企业改革进一步深化,国有资本经营预算制度开始试行,又有12家中央企业在境内外上市,董事会试点取得较好效果。统一了内外资企业所得税,扩大了增值税转型试点范围,在8个煤炭主产省实行了新设探矿权和采矿权有偿取得制度。新型农村金融机构试点扩大到31个省份,中国农业银行和国家开发银行改革准备工作积极推进,中国人寿、中国太保等重点国有保险企业重组改制上市,组建了中国投资有限责任公司。人民币汇率弹性进一步增强,与2005年7月汇改时相比,2007年末人民币兑美元汇率升值幅度达13.3%。科技体制改革进一步深化,启动了创新型企业第二批试点。投资体制改革积极推进。成品油、天然气价格改革稳步实施,城市供热价格改革加快。行政审批项目继续减少。综合配套改革试点稳步推进。鼓励支持和引导非公有制经济发展的配套措施不断完善。

开放型经济水平继续提高。全年进出口总额21738亿美元,比上年增长23.5%。进出口商品结构继续改善,机电产品、高新技术产品出口分别增长27.6%和23.6%,“两高一资”产品出口增长过快势头得到初步抑制。新的《外商投资产业指导目录》发布实施,全年非金融领域实际使用外商直接投资748亿美元,比上年增长13.6%。外商投资结构继续优化,西部地区和东北地区实际吸收外资增速分别超过60%和70%;金融、商业、电信等领域开放不断扩大,第三产业实际吸收外资增长47%,比重提高10个百分点。国家外汇储备达到15282亿美元。企业对外投资合作迈出新步伐,全年对外直接投资(非金融部分)187亿美元,比上年增长6.2%。

(六)改善民生和促进和谐工作成效明显

优先发展教育取得积极进展。农村义务教育经费保障机制全面实施,农村义务教育全部免除学杂费并免费提供国家课程教科书,惠及近1.5亿名农村中小学生。安排中央投资30亿元,实施农村寄宿制学校建设工程、中西部农村初中校舍改造工程和农村中小学现代远程教育工程。西部地区“两基”攻坚计划如期完成,全国“两基”人口覆盖率超过99%。中央投资21亿元,支持了职业教育实训基地、示范性高等职业院校、中等职业学校和县职教中心建设,中等职业教育招生规模达到801万人。国家奖学金、助学金制度进一步健全,教育部直属师范大学师范生免费教育试点启动。高中阶段教育毛入学率达到66%,高等教育毛入学率23%。

覆盖城乡居民的多层次医疗卫生服务体系建设加快推进。安排资金27亿元,支持2502个乡镇卫生院和514个县级医疗机构建设,为1.17万个乡镇卫生院配备了医疗设备。全国98%地级以上城市、93%市辖区和一半以上的县级市,开展了社区卫生服务。计划生育工作继续加强,人口低生育水平保持稳定,人口自然增长率5.17‰。

文化、旅游、体育等事业发展加快。20户以上通电自然村广播电视建设、西新工程第四期建设开始启动,全国广播和电视综合覆盖率分别达到95.4%和96.6%。乡镇综合文化站建设试点和文化信息资源共享工程进展顺利。国家大剧院建成投入使用,国家图书馆二期、国家话剧院、国家博物馆改扩建等重点文化项目建设加快。文化和自然遗产保护得到加强。新闻出版、文学艺术、哲学社会科学等事业繁荣发展。红色旅游重点景区基础设施进一步完善。国内旅游、出境旅游人数分别比上年增长15.5%和18.6%。大力开展全民健身与奥运同行活动，城乡公共体育设施建设加快，36个奥运会比赛场馆已经竣工。

人民群众得到更多实惠。农村居民人均纯收入和城镇居民人均可支配收入分别实际增长9.5%和12.2%。消费结构加快升级，汽车、旅游、通信、健身等消费热点持续升温，廉租房和限价商品住房建设加快。城镇新增就业1204万人，年末城镇登记失业率4%。社会保障覆盖面进一步扩大，参加城镇基本养老保险的人数比上年增加1341万，企业退休人员养老金较大幅度提高；城镇居民基本医疗保险试点在88个城市陆续展开，参保人数达到4068万人，2461个县(市、区)建立了城市医疗救助制度；参加新型农村合作医疗的农民已有7.3亿人，已扩大到全国86%的县；农村最低生活保障制度全面建立。以工代赈、扶贫开发成效明显，易地扶贫试点搬迁贫困人口25.5万。组织开展猪肉、粮食、食用植物油以及教育、医疗、住房等商品和服务的价格检查，推进“价格服务进万家”活动，覆盖城乡的价格监督服务网络初步形成。

各位代表，去年的成绩是在改革开放多年来各项工作基础上取得的。过去的五年是不平凡的五年，我国经济社会发展各领域都开创了新局面，改革开放和全面建设小康社会迈出重大步伐，社会生产力、综合国力和人民生活水平跃上新台阶，国际地位显著提升，发展方式逐步转变，发展潜力不断提高，发展活力持续增强，是我国历史上发展最好的时期之一，为实现经济社会发展第三步战略目标奠定了坚实基础。回顾这五年的历程，我们深切地体会到，成绩来之不易，是党中央、国务院科学决策、坚强领导的结果，是各地区各部门齐心协力、扎实工作的结果，是全国各族人民奋发图强、艰苦奋斗的结果。

在看到成绩的同时，我们也清醒地认识到，前进的道路上还有不少困难和问题。从国际看，美国次级房贷危机对主要经济体的影响还在加剧，美元持续贬值，国际市场石油、铁矿石、铜、粮食等初级产品价格仍居高不下甚至继续上涨，全球经济失衡加剧，国际竞争更加激烈，针对我国的贸易保护主义进一步强化。从国内看，经济结构和发展方式不合理、体制机制不完善等深层次问题尚未得到根本解决，自主创新能力不强，经济增长的资源环境代价过大，城乡、区域、经济社会发展仍不协调。当前制约经济平稳运行的矛盾和问题也很多，突出的有：一是经济增长由偏快转为过热的风险不容忽视。投资膨胀压力较大，全年全社会固定资产投资增长24.8%，仍居高位。不少地方投资冲动依然强烈，新开工项目较多，违规项目不少。货币信贷投放偏快。外贸顺差还在扩大。二是物价上涨压力很大。居民消费价格总水平持续攀升，全年涨幅达到4.8%，超过了年初确定的3%以内的预期目标。国际市场重要初级产品价格持续走高，对国内的直接影响较大。生产资料价格上涨加快，房价持续攀升。三是节能减排形势仍然严峻。重工业特别是“两高”行业增长偏快，促进节能减排的体制机制和政策措施有待完善，企业主动淘汰落后产能的动力不足，污染治理设施建设依然滞后，监管处罚不到位，违法违规排污还比较普遍。四是农业稳定发展和农民持续增收难度加大。农业基础依然薄弱，耕地保护面临巨大压力，农业资源环境和市场约束增强，保障农产品供求平衡的压力增大。农民向非农产业转移就业还存在体制性障碍，农村公共服务能力建设滞后。五是民生领域仍有不少亟待解决的问题。就业压力依然很大，教育、文化、医疗卫生等基本公共服务尚难满足人民群众的需要，社会保障、收入分配、住房保障、产品质量安全、安全生产、社会治安等方面还存在不少问题。今年1月中旬以来，我国南方地区出现的低温雨雪冰冻灾害，给人民群众生命财产和工农业生产造成重大损失，灾后重建任务十分繁重。对上述问题，我们将积极采取措施，认真加以解决。

二、2008年经济社会发展的总体要求和主要目标

2008年的经济社会发展工作，要全面贯彻党的十七大精神，高举中国特色社会主义伟大旗帜，以邓小平理论和“三个代表”重要思想为指导，深入贯彻落实科学发展观，紧紧围绕转变经济发展方式和完善社会主义市场经济体制，继续加强和改善宏观调控，积极推进改革开放和自主创新，着力优化经济结构和提高经济增长质量，切实加强节能减排和生态环境保护，更加重视改善民生和促进社会和谐，推动国民经济又好又快发展。

按照上述要求，兼顾需要和可能，并与“十一五”规划纲要相衔接，提出了2008年经济和社会发展的主要目标：

——经济增长质量进一步提高。经济结构继续改善，第三产业发展加快，高技术产业在国民经济中的比重提高，研究与试验发展经费支出占国内生产总值的比重提高到1.6%；单位国内生产总值能耗、二氧化硫和化学需氧量排放的降幅比上年更大；财政收入和企业利润稳步增加。在优化结构、提高效益、降低消耗、保护环境的基础上，国内生产总值增长8%左右。提出上述组合经济发展目标，主要是向社会传递政府的调控意图，引导各方面切实把工作重点和注意力放到转变发展方式，提高经济增长质量，强化节能减排工作，实现又好又快发展上来。各地应从实际出发，合理确定本地区生产总值的增速，防止盲目攀比、层层

加码。

——人民生活继续改善。城镇新增就业1000万人,城镇登记失业率控制在4.5%左右。城乡居民收入继续较快增长,其中农村居民人均纯收入实际增长6%以上。新型农村合作医疗实现全覆盖并提高财政补助水平。农村贫困人口减少200万人以上。农村义务教育保障水平进一步提高,城市义务教育阶段免费教育全面实施。人口自然增长率控制在7‰以内。主要考虑是:国民经济连续几年保持平稳快速发展的良好势头,国家财力进一步增强,企业效益明显提高,积极就业政策效应不断显现,加上促进居民特别是农民收入增加和加强社会保障等各项政策措施的落实,使我们有必要、有条件在扩大就业规模、增加城乡居民收入以及解决教育、医疗等民生问题上迈出更大步伐。

——价格涨幅得到合理控制。居民消费价格总水平涨幅控制在4.8%左右。主要考虑是:一方面,上年价格上涨对今年价格的翘尾影响较大,国内农副产品价格以及劳动力、土地、资源等生产要素价格呈上升趋势,国际市场粮食、大豆、石油、铁矿石等初级产品价格上涨对国内影响较大,加上其他推动价格上涨的因素,把今年居民消费价格总水平预期涨幅定得过低不现实;另一方面,为了防止价格由结构性上涨演变为明显通货膨胀,维护广大人民群众特别是低收入群众的基本生活,保持市场稳定、人心安定,居民消费价格总水平涨幅又不宜过高。同时,国家实行稳健的财政政策和从紧的货币政策,继续控制固定资产投资过快增长,促进国际收支平衡,为防止价格总水平过快上涨创造了良好的宏观环境。我国粮食连年丰收,重要农产品国内供需基本平衡;随着扶持生猪、油料、奶业生产各项措施的落实,供给能力将会进一步增强;财政连年大幅增收,外汇储备比较充裕,使我们有能力通过国内储备和适当进口调剂保障市场供应。这些都为防止今年出现明显通货膨胀提供了有利的条件。

——国际收支状况有所改善。贸易顺差增长过快的势头在一定程度上得到抑制,对外投资稳步扩大。当前,国际环境总体有利,国内企业及其产品的竞争力进一步提高,出口增速总体上仍将保持适当水平。同时,随着抑制"两高一资"产品出口以及鼓励进口和服务贸易等政策效应的逐步显现,进口规模将适当扩大,进出口结构会发生积极变化,贸易不平衡状况有望得到改善。

三、2008年经济社会发展的主要任务和措施

今年是全面贯彻党的十七大精神的第一年,是我国改革开放30周年,是举办北京奥运会之年,也是实施"十一五"规划承上启下的一年。顺利实现经济和社会发展预期目标,需要统筹兼顾,突出重点,着力抓好以下八个方面工作。

(一)完善和落实宏观调控政策,保持经济平稳较快发展的好势头。把防止经济增长由偏快转为过热、防止价格由结构性上涨演变为明显通货膨胀作为宏观调控的首要任务,坚持稳中求进、好字优先,针对经济运行中的突出矛盾和潜在风险,统筹研究和完善宏观调控的政策措施,合理把握调控方向、力度和节奏,远近结合,标本兼治,巩固和发展宏观调控成果。

实施稳健的财政政策和从紧的货币政策。(1)进一步减少财政赤字和长期建设国债发行规模。建议2008年中央财政赤字预算安排1800亿元,比上年预算赤字减少650亿元;拟安排发行长期建设国债300亿元,比上年减少200亿元,并适当增加中央预算内经常性建设投资,中央建设投资合计1521亿元。(2)合理安排中央建设投资。重点用于支持改善农村生产生活条件、节能减排、生态环保建设、自主创新、社会事业领域项目,以及接续的重大基础设施项目建设,继续向西部地区倾斜。(3)控制货币供应量和信贷过快增长。综合运用利率、公开市场操作、存款准备金率和"窗口指导"等货币政策工具,发挥特别国债的对冲作用。从紧安排融资规模,合理把握直接融资节奏,特别是控制无特定用途的融资规模。(4)着力改善贷款结构。积极引导和鼓励商业银行加大对"三农"、服务业、中小企业、自主创新、节能环保、区域协调发展以及扩大就业等方面的贷款支持,控制中长期贷款规模,特别要严格控制对"两高"项目和产能过剩行业劣质企业的融资。(5)继续深化外汇管理体制改革,拓展外汇储备使用渠道和方式。(6)加强宏观调控部门和金融监管部门的协调配合与信息共享,防范和化解金融风险。2008年,广义货币供应量(M2)预期增长16%左右。

继续严格控制固定资产投资过快增长。(1)严控新开工项目。落实加强和规范新开工项目管理的要求,严格执行"八项条件"。对违法违规建设项目要坚决停缓建。严格控制财政资金用于党政机关办公楼等楼堂馆所建设。同时,坚持区别对待、有保有压,继续加大对经济社会发展薄弱环节和重点领域的支持力度。(2)严格控制"两高"行业扩张。修订政府核准的投资项目目录,加强"两高"和产能过剩行业的项目管理。有针对性地提高投资项目资本金比例和技术、环保、能耗、规模等准入标准。防止落后产能和污染严重项目的跨区域转移。鼓励"两高"行业企业兼并重组和优胜劣汰。(3)强化投资项目综合管理。建立、健全新开工项目管理的部门联动机制。继续严把土地、信贷闸门,严格市场准入条件。从严控制新增建设用地,特别是控制工业用地,注意节约集约用地。2008年土地利用计划总规模控制在上年水平。强化土地利用监督检

查,对违法违规占地和排污问题严重的地区实行区域限批。加强重大建设项目尤其是政府投资项目的稽察,强化全过程监管。做好全社会投资的监测预测和信息发布,合理引导社会投资。

抑制价格总水平过快上涨。(1)增加粮食、食用植物油、肉类等基本生活必需品和其他紧缺商品的生产和供应,确保供应不断档、不脱销。切实落实“米袋子”省长负责制和“菜篮子”市长负责制,强化政府保障居民生活必需品供给和稳定物价的责任。严格控制工业用粮和粮食出口,坚决制止玉米深加工能力盲目扩张。完善储备体系。适当增加国内紧缺重要消费品进口。(2)严格控制政府管理的商品和服务价格。正确把握政府调价的节奏和力度。对中央管理的成品油、天然气、电力价格,地方管理的城市供电、供气、供水、供暖、公共交通等公用事业价格,以及游览参观点门票价格,近期一律不得提高,各级各类学校的学费、住宿费收费标准不得提高,继续稳定医疗收费价格。对必须调整的资源性产品价格和公共服务收费也要严格控制,防止出现轮番涨价。(3)强化市场价格监管。认真落实对部分重要的居民基本生活必需品实行临时价格干预措施。继续抓好教育收费、医药价格、通信资费、农资价格及涉农收费等的监督检查。依法严厉查处捏造散布涨价信息、串通涨价、囤积居奇、哄抬价格等行为。(4)加强市场价格监测。健全大宗农产品、初级产品、重要农资产品供求和价格变动的监测预警制度,引导企业按照公平、合法、诚实、信用的原则定价。做好应对市场供应和价格异常波动的预案。(5)完善对低收入群众的补助办法,特别是增加对生活困难群众和家庭经济困难学生的补贴,并及时落实到位。(6)正确引导社会舆论,稳定消费者心理预期。

着力扩大消费需求。(1)增强消费能力。继续提高中低收入居民收入。建立职工工资正常增长和支付保障机制,推动企业建立工资集体协商制度,完善工资指导线制度,健全并严格执行最低工资制度。改革国有企业工资总额管理办法,加强对垄断行业收入分配的监管。严格按照《劳动合同法》等法律、法规保护劳动者合法权益。从今年1月1日起,再连续3年进一步提高企业退休人员养老金水平。继续做好规范、落实公务员津贴补贴工作。加快推进事业单位工资改革。(2)完善消费环境。加强农产品批发市场体系、农资流通网络、现代粮食物流等基础设施建设。完善电信、邮政普遍服务机制。严格各类产品特别是食品药品的卫生、质量、安全监管,对涉及人身健康和安全的产品进一步提高生产许可条件和市场准入门槛。加快产品质量标准体系建设,引导和鼓励企业采用国际标准或国外先进标准。(3)促进服务消费。对城市公园、博物馆、纪念馆等具有公益性质的场所实行低收费或免费开放。实施国家法定节假日调整方案,落实职工带薪休假制度。继续引导住房、汽车合理消费,扩大通信、文化、健身、休闲等热点消费。加强红色旅游基础设施建设,积极推广乡村旅游。

搞好煤电油运和重要原材料的供需衔接。优化煤电油运供给结构,加强上下游行业和区域之间的协调配合。做好汛期、迎峰度夏度冬、奥运会和重要节假日期间的市场供应。强化需求侧管理,提高能源终端利用效率。

(二)加强农业基础地位,扎实推进新农村建设。(1)进一步加大对农业和农村的投入力度。调整耕地占用税使用方向,改革城市建设维护税使用办法,增加农村建设投入。加强农业基础设施建设,继续实施大型灌区续建配套节水改造、节水灌溉示范和中部大型排涝泵站更新改造工程,加快大中型和重点小型病险水库除险加固,搞好小型农田水利建设。支持农村水电路气建设,再解决3200万农村人口的安全饮水问题,增加500万农村沼气用户,建设一批大中型沼气项目。(2)促进重要农产品生产稳定发展。严格保护耕地,特别是加强基本农田保护。加大对粮食主产区和种粮农民的扶持力度,实施粮食战略工程,加快建设粮食核心产区,着手开发后备产区,粮食产量稳定在5亿吨左右。认真落实支持生猪、奶业、油料发展的各项政策措施,稳定棉花种植面积,恢复扩大油料面积,继续支持糖料生产。大力发展畜牧水产业。(3)强化和完善涉农补贴政策。继续对种粮农民实行直接补贴,根据农资价格上涨情况提高对农民的综合直补标准,扩大良种补贴规模和农机具补贴范围,适当提高粮食最低收购价水平。扩大农业保险保费补贴试点范围。(4)拓宽农民增收渠道。大力发展优质高产高效农业,加快发展农村二三产业,积极发展县域经济。继续抓好现代农业示范项目和经济综合开发示范镇项目建设。引导农民优化种植结构,转变养殖业饲养方式,推进农业产业化经营。实施新农村实用人才培训工程,加强外出务工农民职业技能培训,增加工资性收入。进一步加大扶贫开发力度,创新扶贫开发机制,继续做好以工代赈和易地扶贫工作,减少贫困人口。(5)健全农业社会化服务体系。发展农产品收储运和农资配送服务。加强农业科技推广、良种、动植物防疫、农产品质量安全和防灾减灾体系建设。大力支持农民各类专业合作组织、农业产业化龙头企业发展。(6)加快推进农村综合改革和集体林权制度改革。健全支农资金稳定增长机制。推进和规范农村土地流转。积极稳妥化解乡村债务,主要通过增加中央和地方财政投入,用3年左右时间,基本化解农村义务教育历史债务。继续推进华侨农场改革。

（三）大力推进自主创新，提升产业结构和市场竞争力。(1)加快自主创新步伐。落实国家中长期科技发展规划纲要配套政策和实施细则。积极推进重大科技基础设施建设和知识创新工程，全面启动大飞机、大型先进压水堆及高温气冷堆核电站等国家重大专项，稳步实施国家科技计划，重点组织一批节能减排、结构调整、新农村建设、改善民生等方面的重大科技项目和专项科技行动。在信息、生物、节能减排等领域，组建一批国家工程实验室和国家工程中心，支持一批国家企业技术中心。扩大财政支持创业风险投资的试点范围，运用部分国有资本经营预算收入支持企业自主创新，鼓励引导企业增加研发投入。推进产学研结合，培育创新型企业。构建面向企业的创新支撑平台，扶持具有自主知识产权的技术、标准和自有品牌。支持基础研究、前沿技术研究和社会公益性技术研究。加大知识产权保护力度。(2)大力发展高技术产业。推进第三代移动通信、地面数字电视国家标准、下一代互联网等重大成果的推广应用，继续组织实施新型显示器、宽带通信与网络、生物医药、新材料等一批高技术产业化重大专项。在信息服务、生物、新能源等十大领域建设一批高技术产业基地。积极开展信息化试点示范工程建设。(3)促进工业由大变强。围绕大型清洁高效发电装备、高档数控机床与基础制造装备等关键领域，推进重大装备和关键零部件自主研发。积极发展现代能源、原材料产业，提高可再生能源的比重，加快矿产资源开发整合。加快传统产业改造升级，引导和推进钢铁、汽车、水泥、煤炭、造纸、装备制造业等领域企业的兼并重组，鼓励发展具有国际竞争力的大企业集团。(4)改善服务业发展环境。制定并实施加快服务业发展的具体政策措施。对国家鼓励类服务业实行与工业用电、用水基本同价。选择一些条件具备的领域和地区开展服务业改革试点。简化创办服务业企业的各类手续。引导社会资金投入服务业关键领域和薄弱环节。

（四）加大节能减排攻坚力度，务求取得更大成效。(1)强化节能减排目标责任制。落实节能减排综合性工作方案，实施节能减排统计监测及考核方案和办法，实行严格的问责制和“一票否决制”。健全节能监察体制，加大执法检查力度。(2)着力淘汰落后生产能力。今年要关停小火电机组1300万千瓦，淘汰水泥、钢、铁落后生产能力5000万吨、600万吨、1400万吨。建立落后产能退出机制，做好职工安置工作。(3)抓好重点行业、重点企业、重点领域节能减排和重点工程建设。开展能效水平对标活动，完善能源审计和清洁生产审核制度，促进重点用能企业节能降耗，千家企业节能2000万吨标准煤。加快十大重点节能工程实施进度，力争形成3500万吨标准煤的节能能力。推广高效照明产品5000万支。大力推广节能省地环保型建筑，促进大型公共建筑节能运行管理与改造。开发和推广节约、替代、循环利用资源和治理污染的先进适用技术，实施节能减排重大技术和示范工程。(4)完善综合性政策。加快建立生态补偿机制。落实和完善有利于节能减排的价格、财税、金融等激励措施，用好差别电价收入，实行差别水价，加快在全国范围推行节能发电调度试点，加大财政对节能技术改造、淘汰落后产能和节能环保产品推广的支持，落实节能产品政府强制采购制度，制订促进节能服务产业发展的政策，完善固定资产投资项目节能评估和审查制度，制定和实施促进节能减排的市场准入标准、强制性能效标准、能耗限额标准和环保标准。完善节约能源法配套法规。(5)积极发展循环经济。组织开展第二批循环经济试点。全面推行清洁生产。促进废弃物的资源化利用和旧机电产品、汽车零部件的再制造。严厉查处乱采滥挖矿产资源等违法违规问题。(6)强化污染防治。继续做好“三河三湖”等重点流域污染防治工作，实施渤海环境保护总体规划和太湖流域水环境综合治理总体方案，保障重点城市集中式饮用水源地水质安全。提高重点流域污水处理国家标准。加快烟气脱硫特许经营试点。抓好城镇污水处理厂建设，力争用两年时间，在36个大城市率先实现污水的全部收集和处理。适当提高排污费、污水处理费和垃圾处理费标准。加强农村环境保护，重点保护好农村饮用水源，防治规模化畜禽养殖污染，加强农业面源污染治理。做好全国污染源普查工作。(7)认真落实应对气候变化国家方案，建立、健全工作机制，加强气候变化的监测和影响评估，提高应对和适应气候变化的能力。(8)深入开展节能减排全民行动，增强全社会生态文明观念。

（五）落实区域布局规划和政策，进一步推动区域协调发展。(1)实施西部大开发“十一五”规划，新开工建设一批重点工程，落实退耕还林后续政策，完善退牧还草政策措施，推进天然林保护、防护林体系建设、石漠化荒漠化治理等重点生态工程，促进特色优势产业和重点开发地区加快发展。推动建立长期稳定的西部开发资金渠道。制定和实施促进经济欠发达地区经济社会发展的政策措施。(2)组织实施东北地区振兴规划，继续推进企业改革和对内对外开放，完善支持东北地区装备制造业发展政策，加强粮食生产基地建设，继续支持资源枯竭地区经济转型，加快采煤沉陷区和棚户区改造。(3)落实中部地区“两个比照”政策，编制和实施促进中部地区崛起规划，制定促进中部地区承接产业转移和城市群改革发展的指导意见，支持中部地区加快“三个基地、一个枢纽”建设。(4)推进实施长三角、京津冀等东部重点地区区域规划，支持珠三角地区加强与港澳的交流合作，发挥经济特区、上海浦东新区、天津滨海新区在改革开放和自主创新中的重要作用。(5)加大国家对欠发达地区财政转移支付力度，大力扶持革命老区、民族地区、边疆地区、贫困地区经济社会发展。(6)完成全国主体功能区规划编制，加快省级主体功能区规划的编制，制定相关配套政策、法律、法规及绩效评价考核体系。(7)合理规划城镇建设规模和布局，推进城镇化健康发展。(8)加快发展海洋经济。

(六)全面深化体制改革，提高开放型经济水平。努力实现重点领域改革的新突破。(1)推进国有企业改革。规范国有企业改制和产权转让。加强国有资本经营收益和支出的管理，扩大国有资本经营预算制度试行范围。加快垄断行业改革，抓紧解决电力行业厂网分开的遗留问题，推动电网企业主辅分离，制订铁路体制改革总体方案，继续落实邮政体制改革方案，研究电信企业全业务经营模式。推进集体企业改革，发展多种形式的集体经济、合作经济。(2)加快财税体制改革。围绕基本公共服务均等化和推进形成主体功能区，完善公共财政体系，健全中央和地方财力与事权相匹配的体制。规范财政转移支付制度，提高一般性转移支付规模和比例。全面实施新的企业所得税法，认真落实统一内外资企业所得税制度。改革资源税，实行从价计征和保护资源的方法。继续推进增值税转型改革试点，研究制订在全国范围内实施的方案。(3)创新金融体制。深化中国农业银行、农村合作金融机构和国家开发银行改革，在全国放宽农村地区银行业金融机构市场准入。加强证券、保险、期货等金融市场制度建设。完善人民币汇率形成机制。(4)积极稳妥地推进资源性产品价格以及资源补偿、环保收费改革。稳步推进石油、天然气价格形成机制改革，理顺天然气与可替代能源价格关系。加强输配电成本监审，完善可再生能源电价政策。稳步推进城镇供热体制改革。(5)深化投资体制改革。规范实施核准制和备案制。出台代建制管理办法。建立投资项目后评价制度、重大项目公示制度和责任追究制度。(6)继续落实鼓励支持和引导非公有制经济和中小企业发展的政策措施。实施中小企业成长工程，支持中小企业公共服务平台建设，鼓励有条件的地区建立中小企业信用担保体系和区域性再担保机构，引导产业集群健康发展。(7)加快行政管理体制改革。推进政府机构改革，继续减少和规范行政审批事项，健全部门间协调配合机制，完善政府职责体系。(8)稳步推进综合配套改革试点。

进一步提高开放质量。(1)加快转变外贸增长方式。鼓励出口企业严格按照国际质量、技术、环保标准生产，支持具有自主知识产权、自有品牌产品和高新技术产品、节能环保型产品的出口，提高出口劳动密集型产品、农产品的档次和附加值，努力扩大服务出口，严格控制“两高一资”产品出口。鼓励能源原材料、先进技术装备和关键零部件进口。推进加工贸易转型升级。(2)继续积极有效利用外资。认真落实新修订的《外商投资产业指导目录》，完善《中西部地区外商投资优势产业目录》，鼓励外商投资我国高技术、装备制造、新材料制造等产业，鼓励外商投资发展循环经济、清洁生产、可再生能源和生态环境保护，鼓励外商投资中西部地区和东北地区等老工业基地。继续限制“两高一资”外商投资项目。(3)鼓励和规范企业对外投资合作。创新境外投资方式，支持企业在研发、生产、销售等方面开展国际化经营。促进国际能源资源互利合作。推进实施自由贸易区战略，加强双边多边经贸合作。

(七)大力发展各项社会事业，增强经济与社会发展的协调性。(1)坚持优先发展教育。加大财政对教育的投入力度，全面实施城乡免费义务教育，继续推进农村义务教育经费保障机制改革，增加农村义务教育公用经费，向全部农村义务教育学生提供免费教科书，提高农村贫困家庭寄宿生生活费补助标准，加快实施中西部农村初中校舍改造工程。加强职业教育基础能力建设，扩大中等职业学校招生规模。优化高校学科专业结构，推进高水平大学和重点学科建设，实施“211工程”三期。完善普通高校本科、高等和中等职业学校家庭经济困难学生资助政策，继续在教育部直属师范大学实行免费师范生试点，有条件的地方也可推行。完善和落实教师工资、津贴补贴制度。鼓励和规范民办教育健康发展。2008年，全国计划招收普通本专科生599万人，研究生44.9万人，普通高校招生增量部分向中西部地区倾斜。(2)推进卫生事业改革与发展。制订深化医药卫生体制改革总体方案并稳步推进试点工作。建立国家基本药物制度和药品供应保障体系。加强重大疾病防控，加大对艾滋病、结核病、血吸虫病等疾病患者免费治疗力度。健全农村三级卫生服务网络和城市社区卫生服务体系。推进重点中医院建设和民族医药事业发展。扩大农村部分计划生育家庭奖励扶助制度和西部地区“少生快富”工程实施范围。(3)加快构建覆盖全社会的公共文化服务体系。加大投入力度，扶持公益性文化事业特别是基层公共文化事业。继续实施广播电视村村通、乡镇综合文化站、文化信息资源共享工程和农村电影放映等工程。加强文化和自然遗产保护。繁荣发展哲学社会科学。积极发展新闻出版、广播影视、文学艺术等事业。(4)广泛开展全民健身运动。全力办好2008年北京奥运会、残奥会。加快制定体育产业政策，推进农民体育健身工程。

(5)重视发展老龄事业,切实保障妇女和未成年人权益,关心和支持残疾人事业。

(八)着力改善民生,促进社会和谐。(1)坚持实施积极的就业政策。认真落实就业促进法和劳动合同法,制订相关配套措施。建立、健全城乡统筹的就业服务体系,积极做好高校毕业生、退伍转业军人的就业服务工作,深入开展对零就业家庭和就业困难人员的就业援助。加强职业培训和高技能人才队伍建设。健全创业服务体系,改善中小企业创业环境。依法严厉打击各种非法用工行为。(2)加快完善社会保障体系。提高城镇职工基本养老保险覆盖面,扩大做实企业职工基本养老保险个人账户试点,提高统筹层次。探索事业单位基本养老保险制度改革。制订和完善全国统一的社会保险关系转续办法和适合农民工特点的养老保险办法。鼓励各地开展农村养老保险试点。加快建设覆盖城乡居民的医疗保障体系,扩大城镇职工基本医疗保险覆盖面,城镇居民基本医疗保险试点城市的数量达到全部地级城市总数的50%以上;全面实行新型农村合作医疗制度,用两年时间将筹资标准由每人每年50元提高到100元,其中中央和地方财政对参合农民的补助标准由40元提高到80元。继续开展东部地区扩大失业保险基金支出范围试点。完善城乡最低生活保障制度,城市实行动态管理、分类施保,农村将符合条件的贫困人口全部纳入保障范围。加大社会救助力度。鼓励发展慈善事业。(3)建立、健全住房保障体系。完善住房规划和政策,搞好土地合理供应、集约利用和管理,重点发展面向中低收入家庭的住房。健全廉租住房制度,加大资金投入,增加房源供给,加强经济适用住房的建设和管理,增加中小套型普通商品住房和限价商品住房供应规模。大力发展节能省地环保型住宅。继续加强和改进房地产市场调控,综合运用税收、信贷、土地等手段,完善住房公积金制度,增加住房有效供给,抑制不合理需求。切实加强房地产市场和价格监管,依法严厉查处囤积土地和房源、虚假宣传、捂盘惜售、哄抬房价等行为,防止房价过快上涨。加强农村住房建设规划和管理。(4)全力做好低温雨雪冰冻灾害后的恢复重建工作。以电网恢复重建为重点,抓紧修复电力、公路、铁路、通信、城市公用设施等受损基础设施,确保施工质量和安全。结合扶贫开发,认真落实救助受灾群众的各项政策措施。摸清因灾倒塌房屋底数,帮助群众做好重建工作。组织农民开展生产自救,全力保障恢复生产所需的种子、种苗及农资供应,对受灾较严重地区的农民给予适当补助。安排好受灾群众的生活,尽快恢复正常的生产生活秩序。加强监测监控,切实做好可能引发的次生灾害的防范工作。(5)完善社会管理。认真总结应对雨雪冰冻灾害的经验教训。健全社会应急体系。提高突发事件的应急处置能力。

进一步加强内地与香港、澳门两个特别行政区在经贸、科技、教育、文化、卫生、体育等领域的交流合作。积极促进两岸经济文化交流,推动直接"三通",实施和充实惠及广大台湾同胞的政策措施,支持海峡西岸和其他台商投资相对集中地区经济发展。

各位代表,做好2008年经济社会发展各项工作,任务艰巨,意义重大。我们要紧密团结在以胡锦涛同志为总书记的党中央周围,高举中国特色社会主义伟大旗帜,坚持以邓小平理论和"三个代表"重要思想为指导,深入贯彻落实科学发展观,坚定信心,振奋精神,开拓进取,扎实工作,为实现经济和社会发展目标,推动又好又快发展而努力奋斗!

财政部作《关于2007年中央和地方预算执行情况与2008年中央和地方预算草案的报告》

各位代表:

受国务院委托,现将2007年中央和地方预算执行情况与2008年中央和地方预算草案提请十一届全国人大一次会议审议,并请全国政协各位委员提出意见。

一、关于2007年中央和地方预算执行情况

2007年,在中国共产党的正确领导下,全国各族人民坚持以邓小平理论和"三个代表"重要思想为指导,深入贯彻落实科学发展观,全面落实中央各项方针政策和十届全国人大五次会议有关决定、决议,国民经济保持了增长较快、结构优化、效益提高、民生改善的良好态势,中央和地方预算执行情况也比较好。

全国财政收入51304.03亿元,比2006年(下同)增加12543.83亿元,增长32.4%,完成预算的116.4%。其中:中央本级收入27738.99亿元,地方本级收入23565.04亿元。全国财政支出49565.4亿元,增加9142.67亿元,增长22.6%,完成预算的106.6%。其中:中央本级支出11445.04亿元,地方本级支出38120.36亿元。

从中央预算执行情况看,中央财政收入28589.49亿元,增加7345.6亿元,增长34.6%,完成预算的117.1%。其中:中央本级收入27738.99亿元,地方上解收入850.5亿元。中央财政支出29557.49亿元,增加6064.64亿元,增长25.8%,完成预算的110%。其中:中央本级支出11445.04亿元,对地方税收返还和转移支付支出18112.45亿元。另外,安排中央预算稳定调节基金1032亿元以备以后使用。中央财政赤字2000亿元,比十届全国人大五次会议批准的2450亿元减少450亿元。2007年末中央财政国债余额52074.65亿元,控制在年度预算限额53365.53亿元以内。

中央财政支出(包括中央本级支出及对地方税收返还和转移支付支出)执行情况主要是：教育支出1076.35亿元，增长76%，完成预算的125.4%；科学技术支出999.99亿元，增长26%，完成预算的113.5%；社会保障和就业支出2303.16亿元，增长13.7%，完成预算的114.1%；医疗卫生支出664.31亿元，增长296.8%，完成预算的212.4%；环境保护支出782.1亿元，增长61%，完成预算的164.7%；农林水事务支出1274.49亿元，增长43.9%，完成预算的106.2%；工业商业金融等事务(包括安全生产、粮棉油等重要物资储备、解决政策性粮食财务挂账本息等方面的事务)支出2429.16亿元，增长41%，完成预算的127.9%；国防支出3482.77亿元，增长18.1%，完成预算的100.3%；一般公共服务支出2323.01亿元，增长5%，完成预算的100.4%，其中国内外债务付息993.45亿元；对地方税收返还和财力性转移支付支出10924.35亿元，增长21.2%，完成预算的108.1%。

从地方预算执行情况看，地方财政收入41677.49亿元，增加9872.46亿元，增长31%，完成预算的114.9%。其中：地方本级收入23565.04亿元，来自中央税收返还和转移支付的收入18112.45亿元。地方财政支出38970.86亿元，增加7752.26亿元，增长24.8%，完成预算的107.4%。其中：地方本级支出38120.36亿元，上解中央支出850.5亿元。地方本级支出的36.7%来源于中央财政转移支付，其中中西部地区本级支出的54.1%来源于中央财政转移支付。地方财政收支相抵，结转和结余2706.63亿元(主要是中央和地方财政用超收收入安排的部分尚未执行完需结转的项目和结余资金)。上述预算执行数在决算编制汇总后，还会有些变化。

2007年预算执行和财政运行主要情况如下：

(一)全国财政收入快速增长

2007年，国民经济保持平稳快速发展。在此基础上，各级财政、税务、海关等部门大力推进依法治税，积极实施科学化、精细化管理，提高税收征管质量和效率，规范非税收入管理，全国财政收入保持了快速增长。其中，国内增值税15470.11亿元，增长21%，完成预算的108.5%；国内消费税2206.9亿元，增长17%，完成预算的107.4%；进口货物增值税、消费税6152.21亿元，增长24%，完成预算的109.3%；出口货物退增值税、消费税5635亿元，增长15.5%，完成预算的115.5%(账务上做冲减收入处理)；营业税6581.99亿元，增长28.3%，完成预算的113.6%；企业所得税8769.47亿元，增长37.9%，完成预算的120.2%；个人所得税3185.54亿元，增长29.8%，完成预算的110.8%；印花税2261.76亿元，增长500.5%，完成预算的545%；关税1432.54亿元，增长25.5%，完成预算的114.6%；非税收入5691.04亿元，增长22.8%，完成预算的111.2%。

需要说明的是，全国财政收入快速增长主要得益于国民经济平稳快速发展、结构优化、效益提高和收入征管加强。同时，也有一些特殊性、政策性和一次性增收因素，主要包括：一是证券市场交易活跃和适用税率提高，证券交易印花税增收1825.85亿元；二是出口退税政策调整，减少退税400亿元，相应体现为收入增加；三是铁道运输企业出售国有资产收入上交196亿元，属于一次性收入；四是石油特别收益金全年征收501.4亿元，增加129.37亿元。(2006年只征收了两个季度)

全国财政收入比预算超收7239亿元，其中，中央财政超收4168亿元，主要原因是：国民经济实际增长速度高于预期目标，特别是与税收直接相关的工商业增加值、全社会固定资产投资、外贸进出口总额、社会消费品零售总额、企业实现利润等实际增长大大高于预期目标，相应的税收实际收入也高于预算数；年度预算执行中国家根据加强和改善宏观调控的需要出台一些新政策，如证券交易印花税和出口退税政策调整，相应增加了一部分收入；税收征管加强，征收率进一步提高。根据《中华人民共和国预算法》《中华人民共和国各级人民代表大会常务委员会监督法》《全国人民代表大会常务委员会关于加强中央预算审查监督的决定》和十届全国人大五次会议有关决定、决议要求，并认真研究和吸收全国人大常委会执法检查组、全国人大有关专门委员会、部分全国人大代表的意见和建议，中央财政超收收入除依法增加有关支出外，主要用于办关系民生的大事、办建立机制制度的事。一是根据现行财政体制和制度规定增加安排支出1014亿元。其中：增加对地方一般性转移支付和税收返还667亿元，车辆购置税超收117亿元专项用于病险桥梁维修改造等公路建设，铁道运输企业国有资产变现收入196亿元专项用于铁路建设，增加科学技术支出29亿元。二是改善民生和加强薄弱环节增加安排支出1437亿元。其中：农林水事务支出161亿元，教育支出210亿元，社会保障和就业支出344亿元，医疗卫生支出313亿元，环境保护支出196亿元，廉租住房保障补助48亿元，公共安全、一般公共服务支出133亿元，文化支出11亿元。三是进一步增强财政经济运行的稳定性和可持续性安排1717亿元。包括：削减财政赤字450亿元，解决政策性粮食财务挂账历史欠账235亿元，增加中央预算稳定调节基金1032亿元。2007年中央财政超收收入安排情况，国务院已向十届全国人大常委会报告。

(二)财政宏观调控进一步加强

针对经济运行中存在的突出问题,在认真落实加大"三农"投入和转移支付力度等措施的基础上,及时完善稳健财政政策有关措施,并与其他政策协调配合,促进了经济又好又快发展。

较大幅度地削减财政赤字,优化中央建设投资结构。财政赤字在年初预算比2006年减少300亿元的基础上,执行中又削减450亿元,中央财政赤字2000亿元,占GDP的比重下降到0.8%。中央建设投资规模1344亿元,主要用于社会主义新农村建设、社会事业发展、生态环境保护、西部大开发等方面。合理把握投资项目预算下达节奏,优先安排重点项目预算资金。

实施缓解流动性过剩的财税措施。根据《全国人民代表大会常务委员会关于批准财政部发行特别国债购买外汇及调整2007年末国债余额限额的决议》,财政部发行15500亿元人民币特别国债用于购买2000亿美元外汇,减少了外汇占款,减轻了货币政策的操作压力。将储蓄存款利息所得个人所得税适用税率由20%调减为5%,增加了居民存款收益,降低了因物价上涨对居民储蓄存款利息收益的影响。

调整完善促进国际收支平衡的财税措施。取消了553项高耗能、高污染、资源性产品的出口退税,降低了2268项容易引起贸易摩擦商品的出口退税率。降低了能源资源性产品等511项商品的进口关税,提高了高耗能、高污染、资源性产品等222项商品的出口关税。调整了加工贸易禁止类和限制类商品范围,对部分资源性产品、重大技术装备等实施进口税收优惠,出台了对鼓励目录内产品和技术进口的补贴政策。支持企业实施"走出去"战略。

强化支持节能减排的财税措施。中央财政支出235亿元,地方也加大了投入力度,支持十大节能工程、中西部城镇污水处理设施配套管网建设、"三河三湖"及松花江流域水污染治理、淘汰落后产能等。制定并出台了节能产品强制政府采购政策,将政府优先采购的环境标志产品从856种增加到2823种。运用税收优惠政策,鼓励煤层气的抽采利用和农业节水灌溉;调整部分应税矿产品资源税的税额标准,促进资源的合理开发利用;将环境保护、节约能源等纳入新的企业所得税法的税收优惠范围。稳步推进矿产资源有偿使用制度改革,全面实施促进可再生能源和新能源发展政策。创新应对气候变化工作机制。

大力支持科技进步和自主创新。增加对国家自然科学基金、国家科技支撑计划等的投入,加大对公益性科研机构和公益性行业科研的支持力度,支持现代农业产业技术体系、国家科技基础条件平台、国家实验室和国家重点实验室建设。推动科研机构管理体制改革。促进科技型中小企业自主创新,开展创业风险投资试点,制定实施支持国家大学科技园以及科技企业孵化器等科技发展的相关税收政策。

(三)支持社会主义新农村建设力度加大

大幅增加涉农补贴资金。中央财政对农民的农资综合直补支出276亿元,增长130%。农机具购置补贴支出20亿元,增长233.3%。良种补贴支出66.6亿元,增长60.5%。全国粮食直补资金151亿元,13个粮食主产省(区)均达到本省(区)粮食风险基金的50%以上。实施粮食最低收购价政策,收购小麦579亿斤。中央财政支出105.3亿元,支持生猪、奶业和油料生产发展,保障市场供应。在六个省(区)开展水稻、小麦等重要农作物保险保费补贴试点。支持350万农村劳动力进行转移培训,在2万个村开展新型农民科技培训。

改善农村生产生活条件。中央财政支出194.6亿元,加强农村"六小"工程建设。支持小型农田水利设施建设和小型病险水库除险加固,支出42亿元。推进农业综合开发,支出115.7亿元,改造中低产田、建设高标准农田2360万亩,全年新增粮食生产能力30亿公斤,扶持1457个农业产业化经营项目。新增建设用地土地有偿使用费支出172亿元,用于基本农田建设和保护、土地整理以及耕地开发。支出10亿元,促进农民专业合作组织发展、农业科技推广。加强农村商贸流通和市场体系建设支出12.9亿元。

支持抗灾救灾和扶贫开发。针对2007年自然灾害比较严重的形势,中央财政及时安排并拨付133亿元,地方财政也积极安排资金,有力地支持了抗灾救灾。加强扶贫开发工作,支出144亿元,重点支持中西部贫困地区,并创新工作机制,提高扶贫开发实效。

促进农村社会事业发展。大力支持农村义务教育、新型农村合作医疗等农村社会事业发展。继续实施农村部分计划生育家庭奖励扶助制度、西部地区计划生育"少生快富"等工程,启动计划生育特别扶助制度试点。

以上中央财政用于"三农"的各项支出合计4318亿元,增加801亿元,增长23%。(需要说明的是,"三农"支出并不是单独的预算科目。为了便于审议,专门把涉农的各方面支出项目综合反映在"三农"支出中,因此与以下教育、医疗卫生等相关科目会有所交叉)

(四)保障和改善民生取得新进展

推动教育事业发展。中央财政用于教育支出1076.35亿元,增长76%。全面实施农村义务教育经费保障机制改革,对全国农村义务教育阶段学生全部免除学杂费,全部免费提供教科书,对家庭经济困难寄宿生提供生活补助,提高中小学公用经费和校舍维修经费补助标准,中央财政支出364.8亿元,地方财政也相应支出323亿元,使1.5亿学生和780万名家庭经济困难寄宿生受益。支持在教育部直属师范大学实施师范生免费教育试点。实施新的家庭经济困难学生资助政策体系,扩大资助比例,提高资助水平,通过助学金等形式对家庭经济困难的普通本科高校、高等和中等职业学校学生给予资助。

促进医疗卫生事业发展。中央财政用于医疗卫生支出664.31亿元,增长296.8%。新型农村合作医疗制度覆盖面扩大到全国86%的县,参合农民达7.3亿人,中央财政补助114亿元。城镇居民基本医疗保险制度开始试点,财政对试点城市参保居民按每人每年不低于40元的标准给予补助。进一步推进城乡医疗救助工作,支出34亿元。加大公共卫生投入力度,支出96.8亿元,重点支持重大疾病防治和社区卫生服务发展。

支持社会保障和就业等工作。中央财政用于社会保障和就业支出2303.16亿元,增长13.7%。在全国农村全面建立最低生活保障制度,补助财政困难地区30亿元,地方财政也增加了投入。补助160亿元,支持完善城市居民最低生活保障制度。提高企业退休人员基本养老金标准,补助65亿元。提高优抚对象抚恤补助标准,扩大优抚对象范围,补助17亿元,享受补助的优抚对象达到600多万人。对受猪肉等食品类价格上涨影响较大的城市低保对象和在校家庭经济困难大中专学生等给予补贴。对受成品油价格调整影响较大的渔业、出租车司机等行业和群体补贴150亿元。分离企业办社会职能支出51.1亿元。安排92户国有企业政策性关闭破产补助200亿元,安置职工35.7万人。补助100亿元支持解决国有企业职工工资历史拖欠。支持做好大中型水库移民后期扶持工作,支出137亿元。加大就业再就业工作的支持力度,中央财政补助238亿元,进一步完善失业人员、残疾人等特殊群体就业的税收优惠政策。

加强环境保护和生态建设。中央财政支出383.7亿元,支持实施天然林保护、退耕还林、京津风沙源治理等林业重点生态工程,进一步完善森林生态效益补偿基金政策。其中,新增11.2亿元,用于在现行退耕还林粮食和生活费补助期满后继续补助退耕农户。支持集体林权制度改革,中央财政补助15.8亿元。

建立廉租住房制度。中央财政安排51亿元,各地也相应加大了投入,并制定财政配套措施办法,明确相关税费扶持政策,支持各地建立、健全城市廉租住房制度。深化住房制度改革,完善住房公积金管理制度。

促进文化事业和产业发展。积极推进文化体制改革,加快农村公共文化服务体系建设,重点支持实施中央广播电视节目无线覆盖、全国文化信息资源共享和农村电影放映等工程,丰富了农村文化生活。支持我国动漫产业发展。

加强公共服务和公共安全。中央财政支出33亿元,支持加强出口产品质量安全监管,开展质量抽查打假和专项整治,健全食品安全标准体系和检验检测体系。支出30亿元,加强诉讼收费制度改革后法院经费保障。帮助贫困地区政法机关改善执法办案装备和解决办案经费不足,补助74.9亿元。

(五)财税改革稳步推进

转移支付制度进一步完善。2007年中央财政对地方(主要是中西部地区)的财力性转移支付达到7092.9亿元,增加1933.2亿元,其中一般性转移支付2505亿元,促进了地区间财力均衡分配。完善财力性转移支付测算办法,建立资源枯竭型城市转移支付制度。调整完善"三奖一补"政策,增加了对地方调节县级财力差距和保障重点支出的奖励,中央财政奖补资金达到340亿元,增加105亿元,县乡财政困难问题得到进一步缓解,全国县级支出占地方支出的比例较政策出台前提高了3个百分点。清理整合中央财政专项转移支付项目,从213个压缩到174个。有关规范财政转移支付情况国务院已向十届全国人大常委会报告。

税制改革取得重要进展。改革内外资企业所得税制度,新的企业所得税法及实施条例从2008年1月1日起实施。修订后的城镇土地使用税、车船税运行平稳,相关政策进一步完善。在东北地区试点基础上,增值税转型改革范围扩大到中部26个老工业基地城市的八个行业。资源税改革取得阶段性成果。

预算制度改革逐步推进。国有资本经营预算制度开始试行。全面使用新的政府收支分类科目编制政府预、决算,组织预算执行。部门预算改革不断深化,支出标准体系继续完善,开展了实物费用定额和预算支出绩效考评试点。所有中央部门及所属基层预算单位,全国所有省份和计划单列市本级以及大多数市县的基层预算单位实施了国库集中支付改革,减少了资金运行的中转环节。财税库银税收收入电子缴库横向联网在10多个省份开始试点,近50个中央部门和绝大多数地方实施了非税收入收缴改革,保障财政收入及时入库。政府采购制度不断健全。"收支两条线"管理改革进一步深化。规范公务员收入分配秩序工作平稳开展。支持企业、金融等改革也取得了成效。

农村综合改革不断深化。全国31个省份在不同范围内进行了农村综合改革。推进国有农场税费改革,减轻1856万农场职工负担62亿元,人均减负332元。中央财政补助60亿元,地方也积极筹措资金,开展化解农村义务教育"普九"债务试点。稳步实施大湖区农民负担综合改革,共减轻大湖区2616万农民负担

23亿元,人均减负89元。

(六)财政管理和监督继续强化

增加预算编制时间,规范预算编报程序,预算编制管理进一步强化。加强预算执行工作,完善有关制度措施,预算执行效率不断提高。稳步推行公务卡管理试点。全国行政事业单位国有资产清查圆满完成。新的企业所得税法等一批法律、法规顺利出台。政府会计改革研究不断深入。新的《企业财务通则》和《金融企业财务规则》公布执行。企业会计准则体系在上市公司和部分国有企业平稳实施,新的审计准则体系在会计师事务所全面执行。财政监督成效明显,共查出各种违规违纪资金569亿元,挽回损失215亿元,并追究相关人员的责任。财政管理信息化建设稳步推进,作用逐步显现。国务院对全国人大有关决定、决议和审计报告所提问题和意见高度重视,要求财政部及有关部门自觉接受全国人大、审计和社会监督,切实加强整改。财政部会同有关部门深入查找原因,认真加以整改。相关情况国务院已报十届全国人大常委会。

2007年是本届政府任期的最后一年。回顾过去的五年,财政工作呈现新的面貌。

财政实力不断壮大。2003—2007年,全国财政收入累计约17万亿元,比上一个五年增加10万亿元,年均增长22.1%;全国财政支出累计约17.7万亿元,比上一个五年增加9.6万亿元,年均增长17.6%。

财政宏观调控作用有效发挥。根据经济形势发展变化的需要,由积极的财政政策转向稳健的财政政策,较大幅度地削减中央财政赤字,及时、有针对性地完善调控措施,促进了经济又好又快发展。

财政保障和改善民生成效显著。优化支出结构,持续加大对民生领域的投入力度,着力建立保障和改善民生的长效机制,促进了和谐社会建设。2003—2007年,全国财政用于教育、医疗卫生、社会保障、文化体育等方面的支出累计达到2.43万亿元、6294亿元、1.95万亿元和3104亿元,分别比上一个五年增长1.26倍、1.27倍、1.41倍和1.3倍。中央财政用于"三农"的支出累计达到1.6万亿元。

财税改革取得重大进展。农业税、牧业税和特产税全面取消,农村税费改革顺利转入农村综合改革新阶段。出口退税机制改革取得明显成效,税收制度进一步健全,各项预算制度改革继续深化,财政体制不断完善,收入分配制度改革稳步推进。

财政管理和监督不断规范。预算编制和执行管理以及行政事业单位国有资产管理逐步加强,依法理财深入推进,财务会计制度进一步健全,财政监督机制不断完善,财政管理信息化建设步伐加快。

同时,我们也清醒地认识到财政工作中存在的问题:预算编制较粗,预算的科学性和准确性不高;省以下财政体制还不完善,转移支付制度不够规范,一些县乡财政还比较困难;税费结构不尽合理,一些地方非税收入所占比例偏高;财政支出结构仍需优化,对"三农"等薄弱环节的支持力度需进一步加大;财政管理不够精细,损失浪费等现象比较突出;财政法制建设比较薄弱;财政债务风险不容忽视等。我们要高度重视这些问题,进一步采取措施,努力加以解决。

二、关于2008年中央和地方预算草案

2008年预算编制和财政工作的总体要求是:全面贯彻党的十七大和中央经济工作会议精神,高举中国特色社会主义伟大旗帜,以邓小平理论和"三个代表"重要思想为指导,深入贯彻落实科学发展观,坚持增收节支、统筹兼顾、留有余地的方针,合理把握财政收支规模,加强和改善宏观调控,着力推进经济结构调整和发展方式转变;优化财政支出结构,严格控制一般性支出,着力保障和改善民生;推进财税改革,建立、健全有利于科学发展的财税制度,着力完善公共财政体系;坚持依法理财,加强科学管理,着力提高财政管理绩效。积极发挥财政职能作用,促进科学发展和社会和谐,为夺取全面建设小康社会新胜利作出贡献。

根据上述总体要求以及经济社会发展预期情况,2008年预算主要指标安排如下:全国财政收入58486亿元,比2007年执行数(下同)增加7181.97亿元,增长14%。其中:中央本级收入31622亿元,增长14%;地方本级收入26864亿元,增长14%。全国财政支出60786亿元,增加11220.6亿元,增长22.6%。其中:中央本级支出13205.2亿元,增长15.4%;地方本级支出47580.8亿元,增长24.8%。

全国和中央本级财政收入安排,主要是依据2008年国内生产总值预期增长8%,居民消费价格总水平涨幅控制在4.8%以内,以及与税收直接相关的工商业增加值、全社会固定资产投资、外贸进出口总额、社会消费品零售总额等经济指标的预期增长情况。其次是综合考虑政策调整等增减收因素。一方面,改革资源税和耕地占用税制度等财税政策,以及加强收入征管措施等的进一步落实,会增加部分收入。另一方面,实行新的企业所得税法、储蓄存款利息所得个人所得税降率翘尾、推进中部地区部分城市实施增值税转型改革、提高个人所得税工资薪金所得减除费用标准,将会明显减少财政收入;实施支持节能减排、西部大开发、振兴东北地区等老工业基地、中部崛起、促进就业等税收优惠政策,将不同程度地减少收入;加强和改善宏观调控,特别是实施从紧的货币政策,有利于促进经济又好又快发展,同时也会对金融、房地产等相关行业产生一定影响,一些高耗能、高污染行业的增长会继续减缓,将相应减少一部分税收收入。近期发生的严重低温雨雪冰冻灾害也会影响部分收入。此外，在连续几年快速增长的基础上，2007年财政收入基数已很大，其中有一些还是一次性和特殊性收入，2008年这些因素减少或没有了，收入增幅会相应下降。综合分析，2008年中央本级收入和全国财政收入按增长14%安排，是积极稳妥的。

根据2008年加强和改善宏观调控的要求，重点领域需要增加的支出较多，需要把握合理的财政收支规模，同时，2008年要改进超收收入使用办法，减少执行中追加，科学合理地编制预算，更好地接受全国人大监督，因此，在编制2008年预算时，在当年中央本级收入31622亿元的基础上，从中央预算稳定调节基金中调进500亿元纳入预算安排，加上预计地方上解收入909.72亿元，中央财政可安排的预算收入为33031.72亿元。中央财政支出安排34831.72亿元，增长17.8%。中央财政赤字1800亿元。中央财政国债余额限额55185.85亿元，增加1820.32亿元。

中央财政收入安排情况主要是：国内增值税13400亿元，增长15.5%；国内消费税2470亿元，增长11.9%；进口货物增值税、消费税6855亿元，增长11.4%；出口货物退增值税、消费税5750亿元，增长2%(账务上做冲减收入处理)；营业税225亿元，增长11%；企业所得税6430亿元，增长13.9%；个人所得税2030亿元，增长6.2%；印花税1945.15亿元，与2007年持平；关税1600亿元，增长11.7%；非税收入1439.85亿元，增长5%。

中央财政支出安排情况主要是：教育支出1561.76亿元，增长45.1%；科学技术支出1133.98亿元，按可比口径增长26%；社会保障和就业支出2761.61亿元，按可比口径增长24.2%；医疗卫生支出831.58亿元，增长25.2%；环境保护支出1027.51亿元，增长31.4%；农林水事务支出1450.49亿元，按可比口径增长17.2%；工业商业金融等事务(包括安全生产、粮棉油等重要物资储备、解决政策性粮食财务挂账本息等方面的事务)支出3373.24亿元，增长38.9%；国防支出4099.4亿元，增长17.7%；一般公共服务支出2655.4亿元，增长14.3%，其中国内外债务付息1235.66亿元，增长24.4%；对地方税收返还和财力性转移支付12317.81亿元，增长12.8%。

2008年中央财政支出重点安排和主要财税政策如下：

(一)继续实施稳健的财政政策

完善和落实稳健的财政政策，着力结构调整和协调发展。加强与货币政策的协调配合，把控总量、稳物价、调结构和促平衡有机结合起来，保持经济平稳较快发展的好势头，努力防止经济增长由偏快转为过热，防止价格由结构性上涨演变为明显通货膨胀。

适当减少财政赤字和国债资金规模。安排中央财政赤字1800亿元，减少200亿元(比上年预算赤字减少650亿元)，预计占GDP比重下降到0.6%。中央建设投资安排1521亿元，增加177亿元。其中，国债资金安排300亿元，减少200亿元；经常性收入安排1221亿元，增加377亿元。中央建设投资重点用于改善农村生产生活条件，加强水利、生态环境保护，支持社会事业发展，以及重大基础设施建设。

促进经济结构优化。加大对"三农"的投入力度，促进农村经济发展。支持科技创新，推进节能减排，调整产业结构。落实支持西部大开发等财税政策，加大转移支付力度，促进地区协调发展。支持重大装备国产化、东北老工业基地调整改造、重点产业结构优化升级和资源枯竭型城市发展接续产业。完善出口退税、加工贸易、进出口关税等相关政策措施，抑制高耗能、高污染、资源性产品出口，支持高附加值产品出口，鼓励资源性、节能降耗、关键零部件等产品进口。实施鼓励节能环保、自主创新的进口税收优惠政策。支持企业创新对外投资与合作方式，开展国际化经营。

发挥财税政策稳定物价的作用。运用财税杠杆，大力支持粮油肉奶蔬菜等农产品生产，保障基本生活必需品供应，抑制物价过快上涨。做好必需商品进口以及储备物资投放等相关工作，促进市场供求平衡和物价基本稳定。密切关注价格上涨对民生的影响，及时完善和落实各项财政补贴政策，保障困难群体基本生活。

近期发生的严重低温雨雪冰冻灾害，给经济造成重大损失，给群众生活带来很大困难。要继续积极发挥财政职能作用，切实加强资金保障，采取相关政策措施，大力支持抗灾救灾和灾后重建。加大对受灾群众临时生活困难救助力度，做好受灾地区的物资供应工作，着力保障受灾群众基本生活。及时落实农业救灾等资金，促进尽快恢复农业生产。大力支持倒塌民房恢复重建和修复电网、交通、教育、广播电视、卫生等方面的基础设施。全国财政已安排各项抗灾救灾和恢复重建资金555.2亿元，其中中央财政通过经常性预算和基金预算等综合安排275.43亿元，地方财政安排279.77亿元。同时，对电网、电信等企业实施有关税收支持政策。

(二)巩固、完善和强化各项强农惠农财税政策

坚持把支持"三农"作为预算安排和财政工作的重点，突出加强农业基础，促进农业发展和农民增收，扎实推进社会主义新农村建设。中央财政安排用于"三农"各项支出合计5625亿元，增加1307亿元，增

长 30.3%。

加大对农民的补贴力度。中央财政安排对农民补贴支出 1335.9 亿元,增加 253 亿元,增长 23.4%。其中,粮食直补 151 亿元,农资综合直补 482 亿元,农机具购置补贴 40 亿元,良种补贴 70.7 亿元,农民培训经费 16 亿元。

大力支持农业生产发展。中央财政安排用于支持农业生产的支出 3044.5 亿元(包括大部分农林水事务支出,列入环境保护科目的退耕还林支出,以及列入中央对地方财力性转移支付科目的农村税费改革补助支出等项目),增加 441.9 亿元,增长 17%。其中,用于加强农村基础设施建设 1022.8 亿元;小型农田水利设施建设和小型病险水库治理资金 84 亿元;农业综合开发资金安排 127.2 亿元,重点支持粮食主产区中低产田改造和中型灌区节水配套改造,提高农业综合生产能力;稳定和完善对产粮大县奖励政策,安排 165 亿元;落实退耕还林后续政策,安排 135 亿元,用于补助退耕农户和加强退耕农户的基本口粮田建设等;健全农业保险保费补贴制度,安排 60.5 亿元;大力支持扶贫开发,安排 167.3 亿元,创新扶贫开发机制。进一步加大对先进实用农业技术推广应用的支持力度。同时,完善扶持生猪、奶业、油料生产发展的财税政策措施。实施粮食最低收购价政策,适当提高稻谷和小麦最低收购价。

加快发展农村社会事业。中央财政安排 1245.2 亿元,增加 611.4 亿元,增长 96.5%。其中,支持农村教育、文化、卫生事业发展 1073.2 亿元;支持全面建立和完善农村最低生活保障制度 90 亿元;自然灾害生活救助资金 62 亿元。

多渠道增加“三农”投入。中央和地方分成的新增建设用地土地有偿使用费继续按规定用于基本农田建设和保护、土地整理和耕地开发等。地方财政也要增加“三农”投入,特别是土地出让收入要重点向新农村建设倾斜,确保足额支付被征地农民的征地和拆迁补偿费,补助被征地农民社会保障支出;逐步提高土地出让收入用于农业土地开发和农村基础设施建设的比重。积极支持建立、健全农村金融服务体系,并利用以奖代补等手段,调动农民和社会各方面增加投入。

(三)大力支持教育、医疗卫生、社会保障等社会建设

保障优先发展教育。中央财政安排用于教育支出 1561.76 亿元,增长 45.1%。全面实施城乡免费义务教育。中央财政安排 84 亿元,在试点基础上从 2008 年秋季学期起免除城市义务教育阶段学生学杂费。继续提高农村义务教育经费保障水平,安排 570.4 亿元,增加 205.6 亿元。从 2008 年春季学期开始,进一步提高免费教科书补助标准,适当提高农村家庭经济困难寄宿生生活费补助标准,提高农村中小学生均公用经费水平,提高中西部地区农村中小学校舍维修改造测算单价标准,并对高寒等地区给予特殊照顾。全面落实普通本科高校、高等和中等职业学校家庭经济困难学生资助政策,安排 223 亿元,增加 125 亿元。实施并完善对中西部地区普通高中家庭经济困难学生的资助政策。继续在教育部直属师范大学实行师范生免费教育,有条件的地方也可以实行师范生免费教育。

推进医疗卫生体制改革。中央财政安排用于医疗卫生支出 831.58 亿元,增长 25.2%。安排 126.1 亿元,支持加强公共卫生服务体系建设。支持深化医药卫生体制改革,安排 560 亿元(含 2007 年预留 300 亿元),建立公共卫生、医疗服务、医疗保障、药品供应保障四个体系。安排 253 亿元,用于全面实行新型农村合作医疗制度,用两年时间将筹资标准由每人每年 50 元提高到 100 元,财政补助标准由每人每年 40 元提高到 80 元,其中中央财政对中西部地区补助标准由每人每年 20 元提高到 40 元。扩大城镇居民基本医疗保险试点,逐步将城镇非从业居民纳入覆盖范围,并与新型农村合作医疗制度同步提高财政补助标准,建立中央财政、地方财政和居民个人三方资金分担机制。支持健全城乡医疗救助制度,加强与相关制度的衔接。

完善社会保障体系。中央财政安排用于社会保障和就业支出 2761.61 亿元,按可比口径增长 24.2%。支持全面建立和完善农村最低生活保障制度,月人均财政补助标准由 30 元提高到 50 元,中央财政补助比例由 1/3 提高到 70%。支持健全城市居民最低生活保障制度,安排 261.1 亿元,在 2007 年财政补助标准月人均提高 30 元的基础上再提高一倍。安排 1263 亿元,完善企业职工基本养老保险制度,扩大做实企业职工基本养老保险个人账户试点,从 2008 年 1 月 1 日起按月人均 100 元的水平提高企业退休人员基本养老金标准,在此基础上对具有高级职称的退休科技人员和退休早、基本养老金相对偏低的人员等再适当提高调整水平,中央财政对中西部地区和老工业基地予以适当支持。按照《中华人民共和国就业促进法》的要求,落实好减免税费、小额担保贷款财政贴息、职业培训补贴等促进就业的财税政策。继续支持国有企业政策性关闭破产、东北及中部地区厂办大集体改革试点和解决库区移民的生产生活困难。

帮助解决城市低收入家庭住房困难。按照国务院规定的资金来源渠道积极筹措资金,落实对廉租住房建设等方面的税费优惠政策,加快建立、健全廉租住房制度,中央财政安排资金 68 亿元,增加 17 亿元。进一步完善住房公积金制度。

推进公共文化服务体系建设。中央财政安排12亿元,支持具有公益性质的博物馆、纪念馆和全国爱国主义教育示范基地免费开放。支持实施农村中央广播电视节目无线覆盖等农村文化重点项目,安排34亿元。安排41亿元,支持改善基层文化单位设施条件、文化遗产保护和文化产业加快发展。支持2008年北京奥运会、残奥会举办工作,安排24.2亿元。2002—2008年中央财政共安排173亿元用于支持举办2008年北京奥运会、残奥会。

促进公共安全建设。中央财政补助94.9亿元,支持贫困地区公检法司部门装备购置和执法办案。安排补助基层人民法院办案经费40亿元(含2007年预留10亿元)。支持全面推开监狱体制改革,安排29.2亿元。完善并落实"分级管理、分级负担"的司法经费保障制度,加强基层政法基础建设,按照收支彻底脱钩原则全额保障政法部门开展重点业务工作所需经费,建立诉讼收费办法改革后法院经费保障长效机制。继续加强产品质量和食品药品安全监管工作经费保障。

(四)加大对科技创新和节能减排的支持力度

促进科技创新。增加对基础研究和高新技术研究的投入,安排147.6亿元,增长24%。加强对公益性行业科研的稳定支持。支持重大科技基础设施、国家实验室和国家重点实验室建设,进一步发挥国家科研基地作用。推动产学研有机结合试点,建设技术创新体系。保障科技重大专项顺利实施。支持现代农业产业技术创新体系建设。支持促进国内重大装备制造业振兴。扶持公益性和国家战略性产业发展。鼓励创业风险投资,支持科技型中小企业技术创新。拓展中小企业发展专项资金支持范围。

支持节能减排和生态建设。中央财政安排节能减排资金270亿元,增加35亿元,采取以奖代补等方式,支持十大重点节能工程、中西部地区污水管网、污染减排监管体系等建设。建立落后产能退出机制,中央财政对经济欠发达地区给予适当补助和奖励。加大"三河三湖"以及松花江等重点流域水污染治理投入。实施鼓励节能减排的财税政策。对符合条件的节能环保项目及专用设备投资实行定期减免或抵免企业所得税政策。推行节能产品强制政府采购政策。对节能减排设备投资给予增值税进项抵扣。完善废旧物资、资源综合利用税费优惠政策。完善促进新能源和可再生能源发展的财税政策。推进矿产资源有偿使用制度改革,建立资源型企业可持续发展准备金制度,逐步建立和完善生态补偿机制,在太湖流域开展排污权交易试点。支持实施应对气候变化国家方案。在完善退耕还林政策的基础上,支持林业重点工程建设和重点公益林管护,完善中央森林生态效益补偿基金制度,稳步推进集体林权制度、国有林场改革。

(五)推进各项财税改革

深化财政管理体制改革。完善和规范中央对地方的转移支付制度,提高一般性转移支付规模和比例,加大公共服务领域投入。中央财政安排对地方财力性转移支付8467.02亿元,增加1374.17亿元,增长19.4%。改进标准收入和标准支出测算办法,加大对禁止开发与限制开发区域的支持力度,鼓励这些地区加强生态环境保护,促进主体功能区建设。加大对资源枯竭型城市财力性转移支付力度,帮助逐步化解历史积累的社会问题。严格新设立专项转移支付的审核程序,做到科学设置。继续清理现有专项转移支付,对使用方向一致、可以进行归并的项目予以整合;对到期项目、一次性项目以及根据宏观调控需要不必保留的项目予以取消或压缩。规范专项转移支付配套政策的出台程序,将地方配套的总体负担控制在可承受的范围内。安排奖补资金440亿元,增加100亿元,调整和完善缓解县乡财政困难的激励约束机制,研究建立县乡最低财政支出保障机制。完善省以下财政体制,积极推行省直管县和乡财县管等财政管理改革,逐步建立财力向基层倾斜的机制,促进基本公共服务均等化。

积极推进税收制度改革。统一内外资企业所得税制度,全面实施新的企业所得税法及其实施条例,确保企业所得税制度改革顺利进行。继续在东北老工业基地和中部地区26个老工业基地城市实施增值税转型改革试点,研究制定在全国范围内实施方案。推进资源税制度改革。实施新的耕地占用税条例。研究统一内外资企业城建税和教育费附加制度。推进个人所得税改革,调高工资薪金所得减除费用标准,减轻低收入者负担。

完善预算管理制度。改进中央财政超收收入使用办法。从2008年起,年度执行中如有超收,除按法律、法规和财政体制规定增加有关支出,以及用于削减财政赤字、解决历史债务、特殊的一次性支出等必要支出外,原则上不再追加具体支出,都列入中央预算稳定调节基金,转到以后年度经过预算安排使用,以利更好地保障重点支出需要,规范预算管理,增强预算约束力。推进综合预算,研究完善支出标准体系,强化项目评审,推进项目支出预算滚动管理,扩大向全国人大报送部门预算的范围。积极推进绩效考评试点,研究探索绩效考评结果公示制度,促进提高公共服务水平和公共产品质量。中央、省、市(地)级将国库集中支付改革实施到本级所有基层预算单位,并逐步扩大到政府性基金和预算外资金。积极推进国债市场化改革,健全国债余额管理制度。扩大国有资本经营预算制度试点。进一步理顺行政事业单位国有资产管理体制。研究建立规范的社会保险基金预算制度。

继续深化农村综合改革。中央财政安排150亿元，大力支持化解农村义务教育“普九”债务，并以此为突破口，加强清理化解乡村债务。探索建立农村公益事业投入新机制。推行减轻农民水费负担综合改革试点，逐步解决区域性和行业性农民负担问题。

加快推进收入分配制度改革。积极发挥财政职能作用，调整收入分配格局，促进逐步提高居民收入在国民收入分配中的比重和劳动报酬在初次分配中的比重。实施相关财税政策，增加农民、城市低保对象等低收入者收入。支持逐步提高并落实企业最低工资标准，建立企业职工工资正常增长和支付保障机制。促进企业全面落实职工基本医疗保险、基本养老保险、失业保险、工伤保险等制度。支持加强社会保险费征缴，提高征缴率。加大对困难群体的财政转移支付力度，减轻其教育、医疗、养老、住房、缴费等方面的负担。发挥个人所得税调节收入分配的作用，加强对高收入者税收征管，减轻低收入者税收负担。强化对国有企业和国有金融机构特别是垄断行业的收入分配监管。进一步规范公务员收入分配秩序。加大监督检查力度，严肃查处违规发放津贴补贴行为。

支持深化金融等体制改革。切实代行好国有金融资产出资人职责，积极稳妥推进中国农业银行等重点国有金融机构股份制改革，推动国家开发银行商业化转型。大力支持投资体制等改革。

三、坚持依法理财，强化科学管理，确保圆满完成2008年预算

为确保圆满完成2008年预算，将在统筹兼顾的基础上，全面加强财政科学化、精细化管理，重点抓好以下工作：

(一)规范预算管理

进一步提高预算年初到位率，切实增强预算编制的科学性和准确性。加强财政拨款结余资金管理。逐步建立和完善资产配置标准，将新增资产配置纳入部门预算，形成资产管理与预算管理有效结合的工作机制。加强预算执行管理，提高预算执行效率。研究建立覆盖各个政府级次的地方预算动态监控体系，完善财政国库动态监控机制。建立、健全预算执行与预算编制互动机制。调动各预算单位加强执行管理的积极性、主动性和创造性，将预算执行的主体责任落实到各部门，将监管预算执行的责任落实到财政预算管理和监督机构。

(二)加强收入征管

支持税务、海关部门依法加强税收征管，严格控制减免税，坚决制止和纠正擅自出台“先征后返”等变相减免税政策，清理规范对试验区、开发区等的财税优惠政策，严厉打击偷骗税等违法行为。推进财税库银税收收入电子缴库横向联网试点。研究制订逐步将所有在预算外管理的资金全部纳入预算管理的政策措施。按照“强化税收、清理收费”的原则，优化财政收入结构，全面清理取消不合法、不合理的收费、基金。对行政单位国有资产出租出借收入和处置收入、事业单位国有资产处置收入实行“收支两条线”管理。进一步完善非税收入管理政策和国库集中收缴制度。要努力依法征管、应收尽收，确保国家财政收入稳定增长。

(三)强化支出管理

切实保障“三农”、教育、科技、医疗卫生、社会保障等各项重点支出需要。努力降低行政成本。严格控制“人、车、会和网络、招待”等支出增长和党政机关事业单位办公楼等楼堂馆所建设。实施出国经费零增长政策。超编人员不得纳入工资统发范围，擅自增设的机构不得纳入预算保障范围。在中央和省级单位全面推广公务卡。扩大专项转移支付实行政府采购和国库集中支付的试点范围，研究建立监管机制。提高财政资金分配的科学性、公平性和公开性。加强政府债务管理，严格控制新债，防范和化解财政风险。牢记“两个务必”，严肃财经纪律，坚决反对铺张浪费，坚持勤俭办一切事业，切实提高财政资金使用效益。

(四)完善财政法制

积极创造条件，把比较成熟的一些税收暂行条例上升为税收实体法律，提升税收法律级次。做好注册会计师法(修订)、财政转移支付暂行条例、政府非税收入管理条例、彩票管理条例、政府采购法实施条例、企业国有资本经营预算管理条例等法制建设工作。完善财政执法监督机制，提高财政行政执法水平。改进财政行政审批事项审批和监督程序，严格控制新设财政行政审批事项。进一步推进政府会计改革研究。完善企业财务制度体系。推动非上市国有企业、金融企业实施企业会计准则体系。修订事业单位财务规则、会计准则和制度。

(五)严格财政监督

建立、健全覆盖财政运行全过程的监督机制，事前、事中和事后监督有机结合，强化对教育、医疗卫生、社会保障等方面的资金，以及企业、行政事业单位会计信息质量和会计师事务所执业质量的监督检查。鼓励和支持地方财政结合实际强化监督职能，提高监管水平。加强注册会计师、资产评估等行业监管。各级财政部门要坚持依法理财，加强管理，完善内控机制，并自觉主动地接受全国及地方各级人大、审计和社会监督，认真听取人民政协的意见。完善财政民主决策机制，提高财政决策的公众参与度。落实《政府信息公开条例》，提高财政工作透明度。加快金财工程建设，充分发挥现代科技和信息手段对强化财政管理的作用。

2008年是全面贯彻落实党的十七大作出的战略部署的第一年，是实施“十一五”规划承上启下的一年，圆满完成预算和各项财政工作任务意义重大。我们要在以胡锦涛同志为总书记的党中央领导下，高举中国特色社会主义伟大旗帜，坚持以邓小平理论和“三个代表”重要思想为指导，深入贯彻落实科学发展观，开拓进取，扎实工作，为夺取全面建设小康社会新胜利作出积极贡献！

中共中央政治局常委胡锦涛参加十一届全国人大一次会议江苏代表团审议

胡锦涛强调，贯彻落实党的十七大精神，关键是要通过不懈努力，把好的思路、好的部署落到实处，真正在继续解放思想、坚持改革开放上迈出更大步伐，在推动科学发展、促进社会和谐上取得更大成绩，朝着全面建设小康社会目标奋勇前进。

在江苏代表团，胡锦涛同代表们一起审议政府工作报告。梁保华、罗志军、薛禹胜、刘丽涛等9位代表先后发言。胡锦涛边听边记，并插话询问情况、探讨问题，会场气氛十分活跃。在认真听取大家发言后，胡锦涛说，代表们的发言讲真话、说实情、谈问题、提建议，既体现了当家做主的精神和责任，又体现了对党和政府的信任和期待。胡锦涛在发言中表示完全赞成政府工作报告，并对5年来全国以及江苏省经济社会发展取得的显著成就给予充分肯定。接着，胡锦涛就深入贯彻落实科学发展观、推动经济社会又好又快发展发表了意见。

胡锦涛强调，科学发展观第一要义是发展。我们必须坚持聚精会神搞建设、一心一意谋发展。同时，发展必须是全面协调可持续的发展。加快转变经济发展方式是关系国民经济全局紧迫而重大的战略任务。转变经济发展方式抓得越早、抓得越紧、抓得越实，就能越快打开发展新局面、赢得发展新优势。要切实贯彻执行中央关于加强和改善宏观调控的政策措施，切实提高自主创新能力，切实优化产业结构，切实统筹城乡发展，进一步提高经济发展的质量和效益。

胡锦涛说，党的十七大第一次明确提出要建设生态文明，标志着我们对社会主义现代化建设规律的认识进一步深化。要认真贯彻节约资源和保护环境的基本国策，真正把建设资源节约型、环境友好型社会放在工业化、现代化发展战略的突出位置，推动生态文明观念进一步深入人心，推动节能减排、污染防治等重点工作落实，推动可持续发展体制机制尽快形成。

胡锦涛指出，改革开放30年来的事实表明，没有改革开放，就不可能有社会主义现代化建设的巨大成功，就不可能有人民生活水平的大幅提高，就不可能有国家综合国力的极大增强。今天，要进一步解决制约我国经济社会发展的深层次矛盾和问题，实现科学发展，必须坚定不移地把改革开放继续推向前进。

胡锦涛说，最近这场低温雨雪冰冻灾害警示我们，越是经济社会向前发展，越是现代化程度不断提高，就越不能忽视可能发生的风险。要深入总结、举一反三，进一步增强全社会风险防范意识，进一步完善应急管理体制机制，进一步加强各种应急物资储备，进一步提高危机处理水平，真正把这场抗灾救灾斗争的经验转化为更好抵御风险的措施和能力。只要我们始终忧患在心、准备在先，居安思危、防患未然，就一定能够经受住各种考验、战胜各种困难和风险，不断夺取全面建设小康社会新胜利。

中共中央政治局委员、中央书记处书记、中央组织部部长李源潮参加了审议。

中共中央政治局常委吴邦国参加十一届全国人大一次会议安徽代表团审议

吴邦国在发言中着重强调了三个问题：

一要坚持改革开放。改革开放是党在新的时代条件下带领人民进行的新的伟大革命，是党和国家事业发展进步的活力源泉。要始终坚持改革开放不动摇，进一步解放思想、与时俱进，大力弘扬改革创新、求真务实精神，结合本地区实际创造性地开展工作，着力从体制机制上解决影响经济社会发展的深层次矛盾和问题，着力提高改革决策的科学性，增强改革措施的协调性，不断解放和发展社会生产力，为发展中国特色社会主义提供强大动力和体制保障。

二要推动科学发展。科学发展是发展中国特色社会主义的基本要求，是实现经济社会又好又快发展的根本途径。要始终坚持把发展作为党执政兴国的第一要务，紧紧抓住经济建设这个中心，加快转变经济发展方式，完善社会主义市场经济体制，着力提高自主创新能力，着力完善宏观调控体系，着力加强资源节约和生态环境保护，坚持好字优先，在好字上下功夫、见成效、上水平，为发展中国特色社会主义打下坚实的物质基础。

三要促进社会和谐。社会和谐是中国特色社会主义的本质属性，是中国最广大人民的根本利益所在。今年我们将迎来改革开放30周年，还要举办北京奥运会和残奥会，维护社会和谐稳定至关重要。要加强基层基础工作，妥善处理人民内部矛盾，努力把影响社会稳定的问题解决在基层、消除在萌芽状态。要着力保障和改善民生，特别要帮助有特殊困难的群众解决子女上学、就业再就业、社会保障、看病就医等实际问题，努力形成社会和谐人人有责、和谐社会人人共享的生动局面。

中共中央政治局常委贾庆林参加十一届全国人大一次会议北京代表团审议

贾庆林在发言时说，温家宝总理所作的政府工作报告，充分肯定了5年来我国改革开放和现代化建设取得的重大成就，明确提出了今年政府工作的基本思路和主要任务，通篇贯穿着党的十七大和十七届二中全会精神，体现了科学发展观的根本要求，顺应了各族人民过上更好生活的新期待，是一个求真务实、催人奋进的好报告。他表示完全赞成。

贾庆林指出，过去的5年，以胡锦涛同志为总书记的党中央团结带领全国各族人民，战胜各种困难和风险，在中国特色社会主义道路上奋勇前进，朝着全面建设小康社会的目标迈出了坚实步伐。北京市委、市政府坚决贯彻中央的决策和部署，紧紧围绕实现"新北京、新奥运"战略构想，锐意进取、扎实工作，首都各项事业取得了新的重大进展。

贾庆林强调，今年是全面贯彻党的十七大作出的战略部署的第一年。2008年奥运会和残奥会将在北京举办。做好今年的各项工作，关系全局，影响重大。要深入贯彻落实科学发展观，更加重视加强和改善宏观调控，更加重视推进改革开放和自主创新，更加重视调整经济结构和提高发展质量，更加重视节约资源和保护环境，更加重视改善民生和促进社会和谐，全面推进首都社会主义经济建设、政治建设、文化建设、社会建设，努力建设繁荣、文明、和谐、宜居的首善之区。

贾庆林指出，举办奥运会，是中华民族的百年盛事，是中华儿女的共同企盼。我们要进一步增强责任感和紧迫感，广泛凝聚各界力量，充分整合各方资源，努力举办一届有特色、高水平的奥运会和残奥会，圆满完成党和人民赋予的光荣使命。要精心做好服务保障工作，确保奥运会顺利举行；继续深入开展丰富多彩的"迎奥运、讲文明、树新风"活动，营造喜庆热烈的奥运氛围；大力发展奥运经济，最大限度地发挥奥运经济效益。

贾庆林说，北京市具备较强的以工促农、以城带乡的能力，要切实加大统筹城乡发展力度，率先形成城乡经济社会发展一体化新格局。要大力推动基础设施和公共事业向农村延伸，在统筹城乡公共服务一体化方面走在前列；大力发展农村二、三产业，推进都市型现代农业建设，在统筹城乡产业发展一体化方面走在前列；大力培育新型农民，挖掘农业内部就业潜力，促进农民转移就业，在统筹城乡就业一体化方面走在前列。

中共中央政治局委员、北京市市委书记刘淇参加了审议。

中共中央政治局常委李长春参加十一届全国人大一次会议四川代表团审议

在四川代表团，代表们踊跃发言，各抒己见，气氛活跃。在听取刘奇葆、蒋巨峰等代表的发言后，李长春说，十一届全国人大一次会议是党的十七大后召开的一次重要会议，对于全面贯彻落实党的十七大精神，开创中国特色社会主义事业新局面，具有重要意义。温家宝总理所作的政府工作报告，突出了高举中国特色社会主义伟大旗帜这一主题，突出了深入贯彻落实科学发展观这一主线，突出了以人为本、全心全意为人民服务这一根本宗旨，突出了解放思想、改革创新这一时代要求，突出了加强社会建设、促进社会和谐这一紧迫任务，突出了深化行政管理体制改革、转变政府职能这一关键环节，是一个推动发展、关注民生、促进和谐的好报告。

李长春对四川改革开放和现代化建设取得的成就给予充分肯定。他希望四川全面贯彻落实科学发展观，坚持以改革创新精神推动各项工作，努力在继续解放思想上迈出新步伐，在坚持改革开放上实现新突破，在推动科学发展上取得新进展，在促进社会和谐上见到新成效，在西部大开发中更好地发挥辐射、示范、带动作用。

李长春强调，推动社会主义文化大发展大繁荣，巩固全党全国各族人民团结奋斗的共同思想基础是根本，保障人民基本文化权益是基础，创新体制机制是关键，满足人民日益增长的精神文化需求是目的。要深入开展中国特色社会主义理论体系宣传普及活动，大力建设社会主义核心价值体系，引导人们加深对"一面旗帜、一条道路、一个理论体系"的理解，激励广大干部群众更加坚定不移地高举中国特色社会主义伟大旗帜，坚定不移地走中国特色社会主义道路，坚定不移地坚持中国特色社会主义理论体系。要大力加强公共文化服务体系建设，坚持以人为本、服务群众的宗旨，合理配置公共文化资源，注重向农村和基层倾斜，切实改变城乡之间文化资源不平衡现象，逐步实现公共文化服务均等化。李长春希望四川继续解放思想，改革创新，充分发挥历史文化资源、民族文化资源、革命文化资源和旅游资源丰富的优势，积极探索发展文化产业的新路子，努力形成具有特色的文化产业群，提升文化产业实力和竞争力，为推动社会主义文化大发展大繁荣作出贡献。

中共中央政治局常委习近平参加十一届全国人大一次会议上海代表团审议

习近平在发言中表示，温家宝总理所作的政府工作报告通篇用事实说话，是一个求真务实、催人奋进的好报告。习近平说，过去5年，上海同全国一样，在改革开放和现代化建设上取得了新的成就，特别是去年召开的上海市第九次党代会和市委九届三次全会，使上海在领导班子、党风政风、精神状态等方面发生了重大变化，上海正以海纳百川、追求卓越、开明睿智、大气谦和的新形象，更加坚定地走科学发展之路，加快推进“四个率先”，努力建设“四个中心”，开创社会主义现代化国际大都市建设的新局面。习近平还对上海为抗击低温雨雪冰冻灾害和支援兄弟灾区作出的贡献给予高度评价。

习近平指出，今年全国两会是一次换届会议，随后我们要举办北京奥运会和残奥会，还要纪念改革开放30周年。因此，2008年是很不寻常的一年。做好2008年各项工作，关键是要坚持以思想的新解放促进经济社会新发展，以改革的新突破推动各项事业新进步。习近平在发言中强调：

要联系上海实际继续解放思想。党的十七大强调继续解放思想，是有深刻含义和现实针对性的。党的十七大以来，上海着眼“四个中心”建设和文化大都市建设，在继续解放思想方面取得阶段性成果。要把继续解放思想同发现和赢得新的发展机遇结合起来，善于从积极应对风险挑战、坚持趋利避害中创造新机遇，从转变经济发展方式中创造新机遇，从转变政府职能中创造新机遇，从加强区域合作中创造新机遇，努力赢得更为广阔的发展空间。

要按照中央部署坚持改革开放。改革开放是推动经济社会发展的强大动力，也是上海从1992年以来发生翻天覆地变化、连续16年保持经济两位数增长的根本原因。要不失时机地深化改革、扩大开放，为现代化建设提供重要制度保障。要把浦东开发开放的旗帜举得更高，把浦东综合配套改革试点搞得更好，充分发挥浦东在建设“四个中心”中的核心功能作用。

要着眼“四个率先”推动科学发展。上海要坚持把转变经济发展方式同推进产业结构优化升级结合起来，推进三、二、一产业融合发展，加快形成新型产业体系，使上海不断朝着服务经济比较发达、创新能力显著提高、资源消耗持续降低、生态环境逐步改善、城市综合服务功能充分发挥的目标迈进。

要率先改善民生促进社会和谐。上海完全有条件把民生问题解决得更好。市委、市政府采取的一系列重要举措，惠及了包括郊区农民在内的全市人民，也惠及了进城务工人员。要进一步加大改善民生的工作力度，让人民群众在共建中更好地共享改革发展成果。

中共中央政治局委员、上海市委书记俞正声参加了审议。

十一届全国人大财政经济委员会主任委员 副主任委员 委员名单

（2008年3月5日第十一届全国人民代表大会第一次会议通过）

主任委员　石秀诗

副主任委员

闻世震　汪恕诚　牟新生　韩寓群　朱志刚　赵可铭
吴晓灵(女)　贺　铿　乌日图(蒙古族)　郝如玉

委员(按姓氏笔画排序)

马之庚　王明权　尹中卿　冯淑萍(女)
吕　薇(女)　朱继民　刘自强　汤小泉(女)
芮清凯　李　卫　李本公　杨　岳　何晓卫　陈佳贵
陈　耕　周坚卫　胡　浩　侯义斌　崔俊慧　屠海令
谢经荣

《人民日报》发表社论《顺应人民期待 不负人民重托——热烈祝贺十一届全国人大一次会议开幕》

在这个富有生机、充满期待的2008年春天，第十一届全国人民代表大会第一次会议在北京隆重开幕。近3000名来自全国各地、各个行业的人大代表，肩负各族人民重托，代表人民意愿，共商国是，共议大计，共话发展，行使国家权力。这是全国各族人民政治生活中的一件大事。

2008年是在当代中国发展进程中具有重要意义的伟大年份。我们步入了全面贯彻落实党的十七大作出的战略部署的第一年，还将隆重纪念改革开放30周年，实现中华民族百年奥运梦想。在这个重要年份召开的十一届全国人大一次会议，意义重大，使命光荣。会议将听取和审议政府工作报告、全国人大常委会工作报告以及最高人民法院、最高人民检察院工作报告等报告；审查和批准国民经济和社会发展计划、财政预算；审议国务院机构改革方案；选举和决定国家机构新一届领导成员等，这些都是世人瞩目的重要议题。这次会议的胜利召开，必将对继续推进中国特色社会主义事业产生重要影响。

在过去的五年中，我国经济社会发生了深刻的变化，经济实力大幅提升，改革开放取得重大突破，民主法制建设有新进步，文化建设有新局面，社会建设有新进展，人民生活显著改善，综合国力和国际影响力进一步提高。在这一进程中，全国人民代表大会及其常务委员会肩负神圣的历史使命，坚持中国特色社会主义政治发展道路，坚持从最广大人民群众的根本利益出发，坚持服从服务于党和国家工作的大局，坚持依法按程序办事，认真履行宪法和法律赋予的职责，为推进改革开放、科学发展和社会和谐作出了重要贡献，有力推动了全面建设小康社会的进程。

为国家长治久安提供法律制度保障是全国人民代表大会的首要责任。党的十六大以来,全国人大及其常委会认真履行立法职责,着力提高立法质量,完善经济领域立法,加强社会领域立法,推进科学立法、民主立法,制定和修改一批重要法律,以宪法为核心的中国特色社会主义法律体系基本形成,有力地推动和保障了改革开放和社会主义现代化建设的顺利进行。

加强和完善人大监督是社会主义民主政治建设的重要任务。五年来,全国人大及其常委会把改革发展稳定中的重大问题、关系人民群众切身利益的热点难点问题作为监督重点,综合运用各种监督方式,推动了一批事关经济发展全局和人民群众切身利益的问题得到解决,有力地维护了国家法制的尊严,确保公民、法人和其他组织的合法权益得到尊重和维护。各级人大常委会监督工作走上了规范化、制度化、程序化的轨道。

人民当家做主是社会主义民主政治的本质和核心。五年来,人民代表大会制度在坚持中进一步完善,人大代表依法履职的作用得到进一步发挥,人民群众通过各种途径和形式管理国家事务,公民有序政治参与进一步扩大,民主选举、民主决策、民主管理、民主监督进一步加强。实践充分表明,人民代表大会制度代表广大人民的共同利益和共同愿望,是党在国家政权中充分发扬民主、贯彻群众路线的最好实现形式,是中国人民当家做主、实现一切权力属于人民的重要途径和最高实现形式。

发展社会主义民主政治是我们党始终不渝的奋斗目标,中国特色社会主义政治发展道路是发展社会主义民主政治的正确道路。进一步坚持好、完善好、发展好人民代表大会制度,才能为党和国家事业的发展提供重要的政治保障。回首波澜壮阔的改革开放进程,作为我国根本政治制度的人民代表大会制度,有力地推进了当代中国的法治进程,保证了人民当家做主,展示了社会主义民主政治强大的生命力,成为中国社会主义政治文明的重要制度载体。在新的历史起点上,人民代表大会制度的发展前景更加广阔。面对建设社会主义法治国家、发展社会主义政治文明的时代任务,我们必须始终坚持党的领导、人民当家做主、依法治国有机统一,坚持和完善人民代表大会制度,不断推进社会主义政治制度自我完善和发展,使中国特色社会主义政治发展道路越走越宽广。

畅所欲言表心声,依法履职献良策。全国人民代表大会是最高国家权力机关行使自己庄严职责的最重要国事活动,是人民群众表达意愿、实现有序政治参与的重要渠道。我们深信,各位代表一定能够顺应人民期待,不负人民重托,完成大会预定的各项任务,实现时代赋予的神圣使命。

预祝大会圆满成功。

国务委员唐家璇在钓鱼台国宾馆会见德国前总理施罗德

3月6日

中共中央总书记胡锦涛在人民大会堂会见港澳地区全国人大代表 政协委员并发表讲话

胡锦涛强调,香港特别行政区、澳门特别行政区的全国人大代表、全国政协委员既要积极参与国是,更要积极为“一国两制”在香港、澳门的成功实践贡献力量。香港、澳门回归以来的事实充分证明,“一国两制”、“港人治港”、“澳人治澳”、高度自治的方针是完全正确的,香港同胞、澳门同胞完全有智慧、有能力管理好、建设好香港、澳门,伟大祖国永远是香港、澳门繁荣稳定的坚强后盾。

胡锦涛指出,去年7月1日,我到香港参加庆祝香港回归祖国10周年活动时曾经说过,中央政府关于香港大政方针的宗旨,就是为了香港好、为了香港明天更好,为了香港同胞好、为了香港同胞明天更好。这也完全适用于澳门。希望香港、澳门特别行政区政府和社会各界人士同心同德,集中精力发展经济,切实有效改善民生,循序渐进推进民主,包容共济促进和谐,实现香港、澳门长期繁荣稳定,努力创造香港、澳门更加美好的明天。

参加会见的还有:刘延东、唐家璇、廖晖、董建华,香港特别行政区行政长官曾荫权、澳门特别行政区行政长官何厚铧,中央和国家机关有关部门负责同志。

胡锦涛 吴邦国等党和国家领导人分别参加十一届全国人大一次会议和全国政协十一届一次会议审议和讨论

中共中央总书记胡锦涛参加了西藏代表团审议。会场上,代表们发言踊跃,讨论热烈。在谈到近年来西藏农牧民生活时,来自拉萨市塔玛村的格桑卓嘎代表把几张反映村容村貌新变化的照片送给总书记。总书记看了十分高兴。在认真听取张庆黎、向巴平措、晓红、白丹措姆等代表发言后,胡锦涛发了言。他说,要按照科学发展观的要求,把中央的方针政策同西藏实际紧密结合起来,走有中国特色、西藏特点的发展路子,着力推进社会主义新农村建设,着力转变经济发展方式,着力推进改革开放,推动西藏经济又好又快发展。胡锦涛强调,西藏稳定关系全国稳定,西藏安全关系全国安全。要切实保障和改善民生,加强民族工作和宗教工作,全力维护西藏社会和谐稳定。胡锦涛充满感情地说,西藏各族干部特别是基层干部工作很辛苦,对他们要多关心、多支持、多帮助,特别是要关心那些长期在条件艰苦、工作困难地方努力工作的干部。对援藏干部,要切实做到政治上充分信任、工作上大力支持、生活上热情关心、管理上严格要求。

全国人大常委会委员长吴邦国参加了贵州代表团审议。在认真听取陈萍、刘乔英等来自农村的少数民族代表发言后,吴邦国作了发言。他对贵州省工作和贵州各族人民团结奋斗夺取抗灾救灾重大阶段性胜利表示充分肯定,希望大家发扬连续作战精神,全力做好生产自救和灾后重建工作,尽快修复基础设施,抓紧重建被毁民房,精心组织春耕生产,妥善安排群众生活,切实防范次生灾害,努力把灾害损失减少到最低程度。吴邦国指出,贵州底子薄、基础弱、贫困人口多,坚持把发展作为第一要务显得尤为重要。要进一步解放思想,因地制宜、创造性地开展工作,创新发展理念,明确发展思路,转变发展方式,推动科学发展,切实做好发展县域经济、非公有制经济、旅游经济和积极参与区域产业结构调整这几篇大文章,又好又快地把贵州经济搞上去,让贵州各族人民的日子越过越好。

中共中央政治局常委贾庆林看望了港澳地区全国政协委员并参加联组讨论。在听取蔡冠深、黄如楷、施祥鹏等委员的发言后,贾庆林说,香港、澳门回归祖国以来,在中央政府和祖国内地的大力支持下,特区行政长官和政府团结带领广大港澳同胞开拓奋进,克服了各种困难和挑战,香港、澳门总体形势良好,并向着更好的方向发展。贾庆林强调,保持香港、澳门长期繁荣稳定是我们党在新形势下治国理政的重大课题,也是事关港澳同胞根本利益的重大课题。港澳地区全国政协委员要继续大力发扬爱国爱港、爱国爱澳的优良传统,广泛联系港澳各界同胞,为维护港澳长期繁荣稳定发挥独特作用,为促进祖国内地发展作出新的贡献。要全面准确地理解和贯彻执行"一国两制"方针,支持特区政府依法施政,为港澳同胞谋取实实在在的福祉;要多做对港澳长远发展有利、对各国投资者有利、对区域经济发展有利的事,积极为港澳发展经济、改善民生献计出力;要关心和支持国家改革开放和现代化建设,积极推动内地与港澳的交流合作,多为国家建设提出有价值的意见和建议;要珍惜政协委员的崇高荣誉,不断提高政治把握能力、议政建言能力、团结合作能力,切实履行好政协委员的神圣职责。

中共中央政治局常委李长春参加了浙江代表团审议。会场上,代表们展开热烈讨论,就深入贯彻落实科学发展观、转变经济发展方式、建设服务型政府、繁荣发展文化事业等问题提出了意见和建议。在听取赵洪祝、许江、崔巍等代表发言后,李长春说,推动社会主义文化大发展大繁荣,关键在人才。要坚持"二为"方向和"双百"方针,坚持"三贴近"原则,努力营造尊重劳动、尊重知识、尊重人才、尊重创造的浓厚氛围,创造有利于优秀作品和优秀人才脱颖而出的良好社会环境。要尊重差异、包容多样,发扬艺术民主和学术民主,加强正面引导,最大限度地调动广大文化工作者的积极性、主动性和创造性。要制定和完善激励机制,重视优秀艺术人才的培养,努力造就一批德艺双馨的文艺大师,为推动文化大发展大繁荣提供有力的人才保证。

中共中央政治局常委习近平参加了内蒙古代表团审议。在认真听取储波、呼尔查、杜梓等代表发言后,习近平作了题为《在推动科学发展中努力建设生态文明,在促进社会和谐中不断增进民族团结》的发言。习近平说,中央对内蒙古的发展始终高度重视并寄予厚望,期待内蒙古在全面贯彻党的十七大精神中实现又好又快发展。习近平强调,努力建设生态文明,是结合内蒙古实际推动科学发展、和谐发展的题中应有之义;不断增强民族团结,是结合内蒙古实际构建社会主义和谐社会的重大战略任务。要引导各族干部群众牢固树立生态文明理念,把建设资源节约型、环境友好型社会放在工业化、现代化发展战略的突出位置。要发挥民族区域自治制度的优越性,坚持科学发展、和谐发展,进一步做好保障和改善民生的工作,促进各民族共同团结奋斗、共同繁荣发展。

王刚、张德江、乌云其木格、韩启德、廖晖、董建华分别参加了以上团组的审议和讨论。

中共中央政治局常委李克强参加十一届全国人大一次会议辽宁代表团审议

李克强说,温家宝总理所作的政府工作报告,系统总结了过去5年的成绩和体会,科学分析了当前形势,对今年政府工作进行了全面部署,贯穿了党的十七大精神,是一份求真务实、催人奋进的报告。他表示完全赞同。

李克强指出,改革开放以来,我国经济持续快速发展,人民生活从温饱不足发展到总体小康。十届全国人大一次会议以来的5年是不平凡的5年,在以胡锦涛同志为总书记的党中央领导下,全国各族人民共同奋斗,改革开放和现代化建设取得了举世瞩目的重大成就。面向未来,我国经济社会发展进入新阶段,发展目标更加全面,发展任务更加艰巨,发展环境更加复杂。这就要求我们不断解放和发展社会生产力,推动科学发展,切实解决人民最关心、最直接、最现实的利益问题,促进社会和谐。这是实现全面建设小康社会奋斗目标、建设中国特色社会主义的必然要求。

李克强强调,实现科学发展,根本上还是要靠改革开放。当前,我国发展进入关键时期,改革仍处于攻坚阶段。必须进一步解放思想、转变观念,坚持用改革的办法解决前进中的问题,破除不合时宜的体制性和机制性障碍,促进经济社会发展转入科学发展轨道。要继续坚定不移地推进改革开放,完善社会主义市场经济体制,发展社会主义民主政治。要从制度上更好地发挥市场在资源配置中的基础性作用,更好地发挥公民和社会组织在公共事务管理中的作用,更加有效地提供公共产品,使全体人民共享发展和改革的成果。

李克强说,随着经济社会发展,人民群众对公共服务的需求不断增长,必须把改善民生作为构建社会主义和谐社会的重要切入点。要在继续优先发展教育、扩大劳动就业、完善社会保障、调节收入分配的同时,下大气力解决人民群众关心的医疗、住房、环境等重点问题,向群众提供基本医疗卫生服务,建立、健全保障性住房体系,改善生态环境质量,着力满足群众的基本需求,保障人民的基本生活,促进社会和谐。

李克强十分关心辽宁老工业基地振兴。他希望辽宁省广大干部群众利用好来之不易的发展势头,进一步深化国有企业改革,继续推动"五点一线"沿海经济带建设,大力发展先进装备制造业,实施好重点民生工程,努力开创辽宁全面振兴的新局面。

中共中央政治局常委贺国强参加十一届全国人大一次会议湖南代表团审议

贺国强说,温家宝总理所作的政府工作报告,高举中国特色社会主义伟大旗帜,充分贯彻了党的十七大精神,体现了科学发展观的要求,总结工作实事求是,分析问题切中要害,部署工作明确具体,是一个统揽全局、求真务实、催人奋进的好报告,我完全赞成。他说,同全国一样,湖南各方面工作都取得了显著成绩,呈现出科学发展、和谐发展的良好势头。特别是在今年1月的严重低温雨雪冰冻灾害面前,在中央的坚强领导和全国军民的大力支持下,湖南省委、省政府带领全省人民,万众一心,众志成城,取得了抗灾救灾的重大胜利。

贺国强指出,今年是全面贯彻落实党的十七大精神的第一年。要按照中央的指示精神,紧密联系湖南实际,深入贯彻落实科学发展观,促进经济社会又好又快发展。为此,贺国强提出了四个方面建议:一是充分利用中央大力促进中部地区崛起等政策措施,发挥自身优势,加强与其他地区的合作交流,在优势互补、互利共赢中加快湖南发展步伐。二是以建设长株潭城市群综合配套改革试验区为契机,加快资源节约型、环境友好型社会建设,推动新型城市化特别是城市群协调发展。三是切实转变经济发展方式,加快现代农业建设步伐,促进农业发展和农民增收,推进新型工业化,加快自主创新,提高经济增长的质量和效益。四是坚持以人为本,着力保障和改善民生,大力发展社会事业,落实好各项措施,解决好群众最关心、最直接、最现实的利益问题,促进社会和谐。他特别指出,要把总结这次抗灾救灾的经验作为贯彻落实科学发展观的重要举措,积极宣传抗灾救灾斗争中涌现出来的模范人物和先进事迹,着力完善应急管理体制机制,提高防灾减灾能力,更好地走科学发展道路。

贺国强强调,科学发展观的贯彻落实,经济社会的又好又快发展,必须以良好的党风作保证。要以改革创新精神加强反腐倡廉建设,坚持围绕中心、服务大局,坚持标本兼治、惩防并举,完善惩治和预防腐败体系,拓展从源头上防治腐败工作领域,统筹推进反腐倡廉各项工作,更加有效地惩治和预防腐败。纪检监察机关要认真履行职责,加强对党和国家重大决策部署执行情况的监督检查,促进科学发展观的贯彻落实。

八位民主党派中央主席在全国政协十一届一次会议记者招待会上就多党合作和政治协商制度等问题答中外记者问

出席记者招待会的各民主党派中央主席分别是:民革中央主席周铁农、民盟中央主席蒋树声、民建中央主席陈昌智、民进中央主席严隽琪、农工党中央主席桑国卫、致公党中央主席万钢、九三学社中央主席韩启德、台盟中央主席林文漪。

多党合作制度符合中国国情

陈昌智在回答记者有关多党合作制度的问题时指出,中国的政党制度有它自身的特点,就是中国共产党执政、民主党派参政。这是由一个国家的历史、国情和性质所决定的。

桑国卫说,中国共产党领导的多党合作和政治协商制度符合中国国情,它能够调动各种积极因素共同建设国家;中国的人民代表大会制度、多党合作和政治协商制度保证了广大人民享有充分的民主权利,享有充分的信仰、受教育等的权利,以及政治参与的权利。

严隽琪在回答记者有关提问时指出,中国共产党领导的多党合作和政治协商制度是明确载入宪法的,它是有法律依据的。而且,这一制度正在不断地程序化、制度化,可操作性也在不断增强。

政治协商是各民主党派表达见解和主张的一个重要渠道

周铁农在回答记者有关政治协商制度的问题时说,政治协商是各个民主党派表达见解和主张的一个重要渠道。1998年以来,他亲身参加过的中共中央、国务院举行的各种政治协商有100多次,在政协参与政治协商活动也很多。在协商的过程当中深切体会到，中共中央、国务院领导同志对政治协商高度重视，态度真诚，政治协商正越来越程序化、制度化、规范化。

蒋树声表示，民主监督也很重要，在建言献策、参政议政过程中包含着很多民主监督的内容。作为参政党，民盟对凡是符合科学发展观要求的事情都将坚决支持，对不符合科学发展观的事都不赞同，对法律、政策执行情况都会进行监督。

“作为一个政党，我们要积极参政议政，为我们国家的科学技术事业建言献策。”韩启德说，过去五年里，九三学社中央领导通过高层政治协商，向中共中央和国务院提出了《关于三峡工程的意见和建议》等一系列提案，都得到了高度重视，许多意见被采纳。

非中共人士出任政府正职，还会继续下去

2007年，万钢被任命为科技部部长，引起海内外广泛关注。他在回答记者提问时说，其实每个部门、每个省市都有民主党派参政，任正职的也不少。这是中国民主政治建设中的一个重要举措，相信还会继续发展下去。

作为科技部部长，谈起如何处理和中共科技部党组的关系，万钢说，我们在合作共事中，已经整理出了一套思路，形成了党组和部务会的议事规程，党组议什么事，部务会议什么事，怎样处理关系，都纳入了议事规程。

尽最大努力来推动两岸关系和平稳定向前发展

谈到3月4日胡锦涛总书记在政协参加联组讨论时的讲话，林文漪表示深受鼓舞。她说，我看到祖国大陆正以最大的诚意，尽最大的努力来推动两岸关系和平稳定向前发展，对两岸重新开启政治谈判，对于祖国和平统一的前景表达了诚意和善意，对台湾同胞表示了高度的尊重和理解。我们相信，胡锦涛总书记的讲话一定会得到岛内台胞更加强烈的回应，大力推动两岸关系的和平稳定发展。

林文漪说，近年来，国家出台了一系列惠及台胞的政策。可以很自豪地说，这其中就有台盟做的工作，有台盟成员的心血和贡献。

国务院总理温家宝 中央军委主席胡锦涛签署第521号令发布《武器装备科研生产许可管理条例》

现公布《武器装备科研生产许可管理条例》，自2008年4月1日起施行。

国务院总理 温家宝

中央军委主席 胡锦涛

2008年3月6日

武器装备科研生产许可管理条例(略)

国务院总理温家宝对当前森林防火工作作出重要指示

批示强调，目前南方许多省区火险隐患多，防火形势严峻，要完善应急预案，加强领导，落实责任，做好扑火力量的调度和配合工作，确保人员和森林资源安全；并要求国家森林防火指挥部密切跟踪和掌握火情，统一指挥和协调。

截至目前，湖南、江西、贵州、浙江、广西、福建、广东、西藏等多个省份发生的森林火灾均已被扑灭或得到有效控制，没有发生重特大森林火灾。

中国代表团团长李保东出席在日内瓦举行的联合国人权理事会第七次会议并发言

李保东说，中国已成为目前全球唯一提前实现千年发展目标贫困人口减半的国家，普及基础教育等千年发展目标已提前实现。

李保东说，中国政府与人民深刻了解人权的宝贵，因为历史上中国曾饱受列强入侵之苦痛，受尽战乱与贫困之磨难。新中国建立近60年来，中国政府和人民齐心协力，将一个满目疮痍、战乱动荡、极端贫困的中国建设成一个政治稳定、经济繁荣、社会进步的国家。

李保东说，中国用世界1/7的土地养活了约占世界1/4的人口，人民生活达到了小康水平。经过近30年改革开放，经济高速发展，目前中国农村贫困人口已从1978年的2.5亿下降到2148万，贫困发生率从原来的30.7%下降到2.3%，全国九年义务教育人口覆盖率已达到98%。

李保东说，当前中国政府根据“国家尊重和保障人权”的宪法原则，认真贯彻以人为本、全面协调可持续的科学发展观，努力构建以“民主法治、公平正义”为特征的和谐社会。通过推进民主法治建设，促进和保护公民政治权利。中国人民享受各项人权的水平正在日益提高。

李保东强调，促进和保护人权对各国特别是广大发展中国家而言是一项长期、艰巨的任务。今年是《世界人权宣言》通过60周年，中国政府将继续秉持《世界人权宣言》所倡导的精神与目标，与各国一道，为实现促进与保护人权的崇高目标而不懈努力。

“2007中国残疾人事业十大新闻评选”揭晓

由中国残联、中国残疾人事业新闻宣传促进会、人民网共同主办，中国文明网、中国广播网、新浪网等网络联合支持的“2007中国残疾人事业十大新闻评选”揭晓：

一、胡锦涛出席2007年上海世界夏季特殊奥林匹克运动会并宣布开幕；

二、国务院颁布《残疾人就业条例》；

三、回良玉强调“切实维护残疾人合法权益，进一步形成扶残助残社会风尚”；

四、河南省残联理事长陈砚秋被誉为“咱残疾人的好服务员”；

五、三名残疾人成为全国百万少年儿童投票选出的“心中的偶像”；

六、赴联合国总部签署残疾人权利公约，使我国成为第一批签署国；

七、残奥会倒计时一周年庆祝活动举行；

八、近5000万残疾人急需提高职业技能；

九、第七届全国残疾人运动会在云南昆明召开；

十、我国首个残疾人专用体育训练基地落成。

3月7日

国家主席胡锦涛在人民大会堂会见美国前总统乔治·布什

胡锦涛积极评价近些年中美关系取得的进展，赞赏布什始终重视和关心中美关系，始终支持中美友好事业的发展。胡锦涛说，发展健康稳定的中美关系，不仅符合双方共同利益，而且对亚太地区乃至世界的和平与发展都具有重要意义。中方愿与美方在相互尊重、平等互利的基础上，通过对话协商，妥善处理彼此分歧和重大关切，进一步扩大各领域的交流与合作，推动中美建设性合作关系健康稳定向前发展。

胡锦涛还向布什介绍了中国政府在台湾问题上的一贯立场和北京奥运会筹备工作进展情况。

布什说，我一向认为美中关系是世界上最重要的双边关系，对近年来两国关系取得的发展感到高兴。我相信美中关系会继续保持积极发展的势头。布什表示，作为美国奥运会代表团名誉团长，我期待着今年8月到北京观摩奥运会。奥运会是世界性的体育盛会，不能把奥运会政治化。我完全相信，北京奥运会将取得圆满成功。

外交部部长杨洁篪、中国人民对外友好协会副会长李小林等会见时在座。

布什先生是应中国人民对外友好协会邀请来华访问的。

胡锦涛 吴邦国 温家宝 贾庆林等党和国家领导人分别参加十一届全国人大一次会议和全国政协十一届一次会议审议和讨论

胡锦涛看望了致公党、中国侨联界全国政协委员并参加联组讨论。委员们争相发言，积极建言献策。在认真听取了林兆枢、李卓彬、林明江、吴承业等11位委员的发言后，胡锦涛围绕进一步做好新形势下的归侨侨眷和海外侨胞工作作了讲话。胡锦涛强调，要把中共十七大描绘的宏伟蓝图变为现实，要加快推进全面建设小康社会进程，必须坚持解放思想、实事求是、与时俱进，必须抓住机遇、同心协力、埋头苦干，必须进一步加强海内外中华儿女的大团结。我国有几千万归侨侨眷，有几千万海外侨胞。这两个几千万，既是我国的独特国情，又是我们进行现代化建设的独特优势。要按照凝聚侨心、汇集侨智、发挥侨力、维护侨益的要求，最大限度地把归侨侨眷和海外侨胞团结起来，把他们的积极性调动起来，把他们的独特优势发挥出来，进一步汇聚起全民族为实现中华民族伟大复兴而共同奋斗的强大合力。胡锦涛说，要充分发挥归侨侨眷和海外侨胞在推动我国现代化建设方面的重要作用，在推进祖国和平统一大业方面的积极作用，在传播中华文化方面的独特作用，在增进中国人民同各国人民相互了解和友谊方面的桥梁作用。胡锦涛要求各级党委和政府切实把维护归侨侨眷和海外侨胞的根本利益作为侨务工作的出发点和落脚点，诚心诚意为侨界群众解难事、做好事、办实事，让他们感受到祖国大家庭的温暖。贾庆林一同参加了看望和讨论。

吴邦国分别参加了香港、澳门代表团审议。香港代表团的吴清辉、范徐丽泰、黄玉山等代表和澳门代表团的贺一诚、李沛霖、梁维特等代表在发言中纷纷表示赞成政府工作报告并提出一些意见和建议。吴邦国在认真听取代表们发言后说，近年来，香港、澳门特别行政区经济发展形势喜人，社会政局稳定，民生不断改善。他强调，中央政府全力支持曾荫权先生、何厚铧先生和香港、澳门特别行政区政府的工作，坚定不移地继续贯彻“一国两制”、“港人治港”、“澳人治澳”、高度自治的方针和香港、澳门基本法，进一步加强内地和港澳地区的联系，共同把香港、澳门建设得更加美好。吴邦国指出，胡锦涛主席在会见港澳地区全国人大代表、全国政协委员时发表的重要讲话，充分肯定了港澳同胞在国家改革开放和现代化建设以及最近抗灾救灾中作出的重要贡献，对香港、澳门特别行政区的工作提出了殷切希望。我们一定要学习好、贯彻好胡锦涛主席的重要讲话精神。希望港澳地区十一届全国人大代表，秉承爱国爱港、爱国爱澳的光荣传统，进一步加强学习，把握国家的发展战略和大政方针，依法履行职责，积极建言献策，成为“一国两制”方针和基本法的忠实维护者、行政长官和特区政府的坚定支持者、社会稳定和谐的积极推动者。

温家宝参加了广东代表团审议。代表们围绕会议议题积极发言。在仔细听取钟南山、许宗衡、胡小燕等代表的发言后，温家宝说，解放思想是发展中国特色社会主义的一大法宝。改革开放30年来,我国取得历史性巨大成就的宝贵经验,就是坚持解放思想。社会实践永无止境,解放思想永无止境。温家宝指出,广东是我国改革开放的先行地区和前沿阵地。30年来,广东改革开放和经济社会发展取得了巨大成就,创造了宝贵经验。广东干部群众敢想敢干、敢闯敢试、敢为人先的精神,极大地鼓舞和激励了全国人民,推动了全国改革开放和现代化建设事业。在新的形势下,广东要坚持解放思想、实事求是、与时俱进;坚持实践是检验真理的唯一标准,大胆试验、变革和创新;坚持破除迷信、反对本本主义,永不僵化、永不停滞。要以思想的解放激发创造力的释放、以观念的更新促进工作的创新,更加自觉地把继续解放思想落实到深化改革开放、推动科学发展和促进社会和谐上来,在改革开放和现代化建设中继续走在全国前列。

贾庆林参加了台湾代表团审议。代表们先后发言,贾庆林认真倾听,不时记下要点。陈蔚文、陈军、陈耀中等代表发言后,贾庆林指出,胡锦涛总书记3月4日在看望参加全国政协十一届一次会议民革、台盟、台联委员时发表的重要讲话,站在维护中华民族根本利益的战略高度,立足国家发展全局,集中阐述了牢牢把握两岸关系和平发展主题的主张,对于我们全面深入贯彻中共十七大关于对台工作的总体要求,切实做好新形势下的对台工作,具有重要指导意义。我们一定要认真学习领会,坚决贯彻落实,按照中央的决策和部署,牢牢把握两岸关系和平发展的主题,深化互利双赢的交流合作,最广泛地团结广大台湾同胞,坚决反对和遏制"台独"分裂活动,努力维护台海地区稳定,维护两岸关系大局,维护两岸同胞的根本利益。

李长春参加了江西代表团审议。代表们踊跃发言,会场上气氛活跃。李长春边听边记,不时询问有关情况。在听取吴新雄、李玉英、龙红等代表发言后,李长春说,社会主义核心价值体系是我们党在文化建设上的重大理论创新,决定了文化建设的性质和方向。要把社会主义核心价值体系体现到国民教育全过程,推动社会主义核心价值体系进教材、进课堂、进学生头脑;体现到文艺作品创作生产中,弘扬主旋律,提倡多样化,推出更多思想性、艺术性、观赏性俱佳的优秀作品;体现到群众性精神文明创建活动中,更好地用社会主义荣辱观引领风尚。要积极探索用社会主义核心价值体系引领社会思潮的有效途径,尊重差异,包容多样,进一步巩固全党全国各族人民团结奋斗的共同思想基础。

习近平参加了湖北代表团审议。在认真听取李鸿忠、邓崎琳、蔡其华等代表发言后,习近平强调,联系湖北实际继续解放思想,要在转变观念、真抓实干、改革创新和领导干部带头这四个方面狠下功夫。习近平指出,湖北区位优势明显,中央要求把湖北建成促进中部地区崛起的重要战略支点,前不久国家又批准把武汉城市圈和长株潭城市群作为全国资源节约型和环境友好型社会建设综合配套改革试验区。湖北各级党委、政府和全省干部群众,要以推进综合配套改革试点为契机,联系湖北实际,把继续解放思想落实到进一步转变观念、推动科学发展、和谐发展上来,落实到推进体制机制的改革创新上来,落实到建设一支开拓创新能力强的干部队伍上来,努力在坚持改革开放上实现新突破、在推动科学发展上取得新进展、在促进社会和谐上见到新成效。

李克强参加了广西代表团审议。审议过程中,郭声琨、马飚、杨盛川等代表先后发言。在同代表们一起热烈讨论后,李克强说,5年来,西部地区经济社会发展取得显著成就。在继续实施区域发展总体战略的进程中,必须把西部大开发放到重要位置,坚持不懈地深入推进。要进一步加强基础设施建设,搞好生态环境保护和治理,开工建设一批重点工程,优先开发一些重点地区,加快把资源优势转化为经济优势,在改革开放中实现发展的新突破。同时,加快推进以改善民生为重点的社会建设,努力提高基本公共服务水平,使各族人民共享发展改革成果。李克强强调,广西要紧紧抓住国家深入推进西部大开发的宝贵机遇,牢牢把握各民族共同团结奋斗、共同繁荣发展的主题,发挥好沿海、沿边等优势,发展特色优势产业,努力实现经济社会又好又快发展。

贺国强参加了天津代表团审议。代表们围绕会议议题各抒己见。在认真听取黄兴国、张俊滨、苟利军等代表发言后,贺国强说,温家宝总理所作的政府工作报告,有一个鲜明特点和亮点,就是始终贯穿了科学发展观。牢牢把握科学发展观这条主线,是我们深刻理解和全面贯彻政府工作报告的关键。他指出,深入贯彻落实科学发展观,要加强学习、提高认识、转变观念,真正树立以人为本、全面协调可持续的发展理念,切实增强贯彻落实科学发展观的自觉性和坚定性;要认真落实中央关于推动科学发展的各项政策措施,抓紧建立和完善体现科学发展观要求的体制机制,提高领导科学发展的能力,推动经济社会又好又快发展;要加强监督检查,坚决纠正违反科学发展观要求的错误行为,不折不扣地把中央的各项政策措施落到实处,确保中央政令畅通。

王刚、回良玉、汪洋、张高丽、盛华仁、路甬祥、廖晖、黄孟复、张梅颖、张榕明分别参加了以上团组的审议和讨论。

农民工工会会员总数超过6000万人

据中华全国总工会统计显示，目前我国农民工工会会员总数超过6000万人，2008年中华全国总工会把依法组织农民工加入工会作为工会组建工作的重点，努力确保全年全国新增农民工会员1000万人以上、农民工会员总数达到7000万人以上目标的实现。

3月8日

十一届全国人大一次会议在人民大会堂举行第二次全体会议

受十届全国人大常委会委托，吴邦国委员长向大会作工作报告。

胡锦涛、温家宝、贾庆林、曾庆红、李长春、习近平、李克强、贺国强等出席会议。

大会执行主席、主席团常务主席王兆国主持会议。今天是“三八”国际劳动妇女节，会议开始时，王兆国代表大会主席团，向各位女代表、女工作人员，向全国各族各界妇女，向世界各国妇女，致以节日的祝贺。

大会执行主席韩启德、陈至立、卫留成、杜德印、张春贤、赵乐际等在主席台执行主席席就座。

全国人大常委会委员长吴邦国在十一届全国人大一次会议上作《全国人民代表大会常务委员会工作报告》

各位代表：

我受十届全国人大常委会委托，向大会报告五年来的主要工作，并对下一步工作提出建议，请予审议。

过去的五年，是我国改革开放和全面建设小康社会取得重大进展的五年，也是社会主义民主法制建设和人民代表大会制度建设取得重大进展的五年。十届全国人大常委会认真贯彻落实党的十六大和十七大精神，以邓小平理论和“三个代表”重要思想为指导，深入贯彻落实科学发展观，坚持党的领导、人民当家做主、依法治国有机统一，围绕党和国家工作大局依法履行职责，在前几届工作的基础上与时俱进，开创了人大工作新局面，为坚持和完善人民代表大会制度、发展社会主义民主政治，为坚持改革开放、推动科学发展、促进社会和谐，作出了重要贡献。

一、关于立法工作

立法权是宪法和法律赋予全国人大及其常委会的重要职权。十届全国人大常委会从一开始就明确提出任期内“以基本形成中国特色社会主义法律体系为目标、以提高立法质量为重点”的立法工作思路，并以此指导立法工作。五年来，共审议宪法修正案草案、法律草案、法律解释草案和有关法律问题的决定草案106件，通过了其中的100件。到目前为止，我国现行有效的法律共229件，涵盖宪法及宪法相关法、民商法、行政法、经济法、社会法、刑法、诉讼及非诉讼程序法等七个法律部门；现行有效的行政法规近600件，地方性法规7000多件。以宪法为核心，以法律为主干，包括行政法规、地方性法规等规范性文件在内的，由七个法律部门、三个层次法律规范构成的中国特色社会主义法律体系已经基本形成，国家经济、政治、文化、社会生活的各个方面基本做到有法可依，为依法治国、建设社会主义法治国家、实现国家长治久安提供了有力的法制保障。

（一）相继完成一批重要立法项目。法律是党的主张和人民意志的统一。坚持服从服务于党和国家工作大局，是做好立法工作、提高立法质量的基本前提。我们按照党和国家的战略部署和重大决策，以改革开放和社会主义现代化建设伟大实践作为立法基础，根据经济社会发展的客观需要，把在中国特色社会主义法律体系中起支架作用、现实生活迫切需要、立法条件比较成熟的立法项目作为立法重点，使党的主张经过法定程序成为国家意志，将改革开放和社会主义现代化建设的成功经验以法律形式固定下来，在加强经济领域立法的同时着力加强社会领域立法，在制定新法律的同时注重现行法律的修改完善，一批重要的立法项目相继完成。

根据中共中央关于修改宪法部分内容的建议，审议通过宪法修正案，确立“三个代表”重要思想在国家社会生活中的指导地位，把党的十六大确定的重大理论观点、重大方针政策载入宪法，并在宪法中明确国家尊重和保障人权、依法保护公民的财产权和继承权，这充分体现了党的主张和人民意志的统一，成为我国宪政史上又一重要里程碑。制定反分裂国家法，把党和国家对台工作的大政方针和政策措施以法律形式固定下来，充分体现我们以最大诚意、尽最大努力实现两岸和平统一的一贯主张，同时表明全中国人民为维护国家主权和领土完整，决不允许任何人以任何名义任何方式把台湾从祖国分裂出去的共同意志和坚定决心，为反对和遏制“台独”分裂活动、促进祖国和平统一提供了有力的法律保障。根据香港特别行政区基本法的立法原意，对基本法及其附件有关条款作出解释并通过相关决定，对保障基本法正确实施、推进香港民主健康发展、维护香港长期繁荣稳定发挥了不可替代的作用。制定监督法，完善各级人大常委会监督的形式和程序，有力地推动了人大监督工作的制度化、规范化、程序化。制定公务员法，贯彻党的干部路线方针政策，为推进干部人事制度改革提供了有力的法律保障。

适应发展社会主义市场经济的客观需要，全面推进经济法制建设。依据宪法精神制定物权法，对涉及物权制度的共性问题作出规定。物权法以明确物的归属，发挥物的效用，保护权利人的物权为立法宗旨，进一步完善了中国特色社会主义物权法律制度。遵循优胜劣汰的市场法则，制定适用于所有企业法人的企业破产法，规范企业破产程序，确立了企业有序退出市场的法律制度。根据我国国情制定反垄断法，确立了与我国经济发展阶段相适应的预防和制止垄断、保护和促进公平竞争的法律制度，有利于维护市场经济秩序，保护消费者权益，促进技术进步。为加强金融监管，维护金融秩序，制定银行业监督管理法、反洗钱法，修改中国人民银行法、商业银行法、证券法等，完善了金融法律制度。按照税收制度改革目标，制定企业所得税法，统一内外资企业所得税，规范了税前扣除标准和税收优惠政策。三次修改个人所得税法，减轻了中低工薪收入者的纳税负担，加强了对高收入者的税收征管。作出废止农业税条例的决定，结束2000多年农民种田纳税的历史，向实行城乡统一税制迈出了重要一步。制定农民专业合作社法，对提高农民的组织化程度，促进农业产业化经营具有重要意义。还制定了可再生能源法，修改了节约能源法，审议了循环经济法草案等资源环境方面的法律。

按照构建社会主义和谐社会的要求，着力加强社会领域立法。健全劳动和社会保障方面的法律制度，事关劳动者切身利益，事关社会和谐稳定，是社会领域立法的一个重点。2007年一年内，常委会先后通过了劳动合同法、就业促进法、劳动争议调解仲裁法，审议了社会保险法草案。针对代表反映强烈的社会领域问题，全面修订义务教育法，将义务教育经费保障机制以法律形式固定下来，将实施素质教育写入法律，将义务教育均衡发展作为目标确定下来。修改妇女权益保障法，第一次在法律上明确实行男女平等是国家的基本国策。修改未成年人保护法，进一步强化家庭、学校、社会、政府的保护责任，突出未成年人受教育权。

（二）妥善解决立法中遇到的矛盾和问题。立法是国家的一项基本政治活动。坚持正确的指导思想，是做好立法工作、提高立法质量的根本保证。我们在立法工作中始终坚持以宪法为依据，坚持正确的政治方向，坚持以人为本，坚持从我国国情和实际出发，以改革创新精神，正确处理立法中遇到的矛盾和问题。

物权法是在市场经济条件下规范民事财产关系的基本法律。物权法的制定涉及我国基本经济制度，关系广大人民群众切身利益，备受社会关注，从研究起草到颁布实施历时13年。十届全国人大常委会高度重视物权法的立法工作，采取积极慎重的态度，投入很大精力，做了大量工作，对原草案作了重大修改。经多次审议，十届全国人大五次会议高票通过的物权法，体现了社会主义基本经济制度，遵循了平等保护物权的原则，强化了国有资产保护，贯彻了现阶段党在农村的基本政策，规范了现实生活中群众最为关注的问题。根据物权法立法宗旨，为保护国有资产权益，防止国有资产流失，常委会还审议了国有资产法草案。

监督法涉及我国政治制度和国家体制，从六届全国人大开始酝酿，到颁布实施历时20年。十届全国人大常委会本着对党和人民高度负责的精神，在认真总结实践经验、广泛听取意见的基础上，对草案作了重大修改，调整了监督法的适用范围，重点规范了各级人大常委会最为关注、最希望规范的问题，正确处理了加强人大监督工作和坚持党的领导的关系，正确处理了加强人大监督工作和支持"一府两院"依法开展工作的关系，充分体现了坚持党的领导、人民当家做主、依法治国有机统一。

在前两届工作基础上，我们重新起草了企业破产法草案，并就优先清偿破产企业所欠职工工资和基本养老、医疗保险费用等重大问题，在与国务院及有关方面充分协商的基础上，作出特别规定，切实维护了破产企业职工的合法权益。针对社会普遍关注的防止外资以并购国内企业或者其他方式实行垄断经营的问题，反垄断法明确规定，涉及国家安全的，除依法对经营者集中进行审查之外，还应当按照国家有关规定进行国家安全审查，既有利于扩大对外开放，又有利于维护国家经济安全。

针对行政许可法草案审议中分歧意见比较大的问题，常委会坚持合法与合理、效能与便民、权力与责任相统一的原则，重视对被许可人合法权益的保护，明确行政许可的范围和设定权限，取消部门规章设定行政许可的权力，对省级人民政府规章设定行政许可作出限制。审议修改治安管理处罚法草案，既注意赋予公安机关和人民警察必要的权力，又注意对权力的行使加以规范和监督，以切实维护公民合法权益和社会公共秩序。

（三）积极推进科学立法、民主立法。坚持走群众路线、充分发扬民主、扩大公民对立法工作的有序参与，是做好立法工作、提高立法质量的重要途径。十届全国人大常委会以改革创新精神，积极探索科学立法、民主立法的有效形式。

一是先后将物权法草案、劳动合同法草案、就业促进法草案和水污染防治法修订草案全文向社会公布，广泛听取各方面尤其是基层群众的意见。二是举行全国人大及其常委会历史上第一次立法听证会，就修改个人所得税法涉及的工薪所得减除费用标准问题，直接听取公众和有关方面意见。三是提请审议的法律草案印发有关中央和国家机关、地方和单位,召开各种形式座谈会征求意见,对法律草案中专业性强的问题,召开论证会,组织专家充分论证。四是物权法、企业所得税法等重要法律草案在大会审议前,组织代表提前审阅和讨论,充分听取代表意见,修改完善法律草案。五是认真执行审次制度,对于法律关系复杂、分歧意见较大的法律草案,采取积极慎重的态度,需要调研的深入调研,需要协商的耐心协商,需要论证的充分论证,反复审议修改完善,在各方面基本取得共识后再提请表决。监督法、行政许可法、劳动合同法、居民身份证法等法律草案都经过4次审议。物权法草案先后审议了8次,这在我国立法史上是空前的。

二、关于监督工作

监督权是宪法和法律赋予全国人大及其常委会的又一重要职权。十届全国人大常委会从一开始就确定了"围绕中心、突出重点、讲求实效"的监督工作思路,不断深化对人大监督工作的认识,形成一套行之有效的工作机制和方法,取得了党和人民满意的效果,也为监督法的制定和实施提供了实践基础。五年来,共听取和审议国务院、最高人民法院、最高人民检察院的41个专项工作报告,15个决算、审计和计划执行情况报告;由副委员长带队,就22件法律的实施情况组织了25次执法检查;受理群众来信47万多件次,接待来访21万批次。

(一)进一步突出监督重点。人大监督工作涉及方方面面,要增强实效,很重要的一条就是要使人大监督工作与党和国家工作大局紧紧相扣、与人民群众普遍呼声息息相应。为此,我们根据党的十六大以来的重大战略部署、代表提出的意见和建议、群众反映集中的问题,确定监督重点,选择经过努力可以解决的突出问题作为突破口,举一反三,以点带面,不断充实监督内容,使人大监督工作更有深度、更具实效。

常委会在加强对预算、计划和宏观调控等经济工作监督的同时,主要对以下5个方面的工作开展监督:(1)围绕建设社会主义新农村,推动解决"三农"工作中的突出问题;(2)围绕建设资源节约型、环境友好型社会,推动实现节能减排目标;(3)围绕建设创新型国家,推动提高自主创新能力;(4)围绕促进公正司法,推动解决群众反映的突出问题;(5)围绕构建社会主义和谐社会,推动解决群众普遍关注的民生问题。

常委会一直高度重视"三农"工作。针对粮食播种面积大量减少、违法占用耕地现象严重等问题,从2003年开始,连续三年把粮食安全和耕地保护作为推动"三农"工作的突破口,2006年以后,根据中央战略部署,又把监督"三农"工作的侧重点放在全面推进社会主义新农村建设上,五年来先后组织了4次执法检查,听取了4个专项工作报告。经各地区、各部门共同努力,我国粮食产量连续四年稳定增长,农村居民人均纯收入从2003年的2622元增长到2007年的4140元,农村基础设施和农民生活条件不断改善,社会主义新农村建设正在扎实向前推进。

资源环境问题始终是常委会监督工作的又一个重点,我们连续几年把推动实现节能减排目标作为监督资源环境工作的重点,着重加强对水、大气和固体废物污染防治以及节能工作的监督,督促有关方面切实重视资源环境问题,促进"十一五"规划纲要确定的节能减排目标的实现。针对科技进步对经济增长贡献率偏低、对外技术依存度过高、科研投入不足等问题,我们把增强自主创新能力作为建设创新型国家的关键,推动有关方面贯彻落实全国科技大会精神和国家中长期科学和技术发展规划纲要。

(民族区域自治法)、归侨侨眷权益保护法的执法检查,是这两部法律颁布实施以来的第一次。民族区域自治法执法检查,把推动民族地区经济社会发展作为重点,督促有关方面抓紧制定和完善配套法规及政策,切实加大对民族地区和少数民族尤其是人口较少民族的扶持力度。归侨侨眷权益保护法执法检查,把推动解决华侨农场30万职工的生产生活困难作为重点,提出分阶段解决历史遗留问题的思路和建议,有力地促进了华侨农场的改革和发展。

这里还要一提的是,2003年、2004年,面对突如其来的非典疫情和高致病性禽流感,常委会及时调整监督计划,专门安排听取和审议国务院专项工作报告,检查传染病防治法、动物防疫法和固体废物污染环境防治法的实施情况,推动有关方面建立和实施突发公共卫生事件应急机制。

(二)不断完善监督方式。常委会在监督工作中发现的问题,既有工作层面的问题,也有法律层面的问题,还有一些是长期积累的问题。为了增强监督工作的针对性,我们有意识地把听取审议专项工作报告与执法检查结合起来,把推动改进工作和修改完善法律结合起来,着力加强跟踪监督。对属于工作层面的问题,推动有关方面改进工作、解决问题;对属于法律层面的问题,及时修改有关法律,为相关工作提供法律保障;对代表普遍关注的重点、难点问题,反复督查、一抓到底。监督方式的不断完善,使人大监督工作更有针对性、更具活力。

针对近年来人民群众反映强烈的上学难、上学贵等问题,2004年对义务教育法进行执法检查,明确提出建立义务教育经费保障机制、修改义务教育法等重要建议。根据常委会的建议,国务院及时研究起草了义务教育法修订草案。2006年结合审议义务教育法修订草案,听取和审议普及义务教育和实施素质教育的专项工作报告。2007年又对新修订的义务教育法开展执法检查,重点检查义务教育经费保障机制落实情况,有力地促进了义务教育法的贯彻实施和义务教育的均衡发展。

水污染防治工作是一项艰巨而长期的任务。针对水污染日益加剧的严峻形势,我们采取多种形式、连续不断地跟踪监督。2004年听取审议水资源节约保护和合理利用情况的专项工作报告;2005年对水污染防治法和水法进行执法检查;2006年结合听取审议水环境形势和水污染防治的专项工作报告,再次检查水污染防治法的实施情况;2007年结合听取审议节约能源保护环境情况的专项工作报告,又对淮河、辽河流域水污染防治情况进行跟踪检查。

(三)努力增强监督实效。人大对"一府两院"的监督是代表国家和人民进行的具有法律效力的监督。我们始终坚持服从服务于党和国家工作大局,坚持依法按程序办事,坚持集体行使职权,在充分调查研究、掌握大量第一手材料的基础上,提出中肯的、切实可行的意见和建议,着力推动有关方面解决带有普遍性、倾向性的问题,着力促进有关方面建立解决问题的长效机制。国务院、最高人民法院、最高人民检察院高度重视全国人大常委会提出的意见和建议,做了大量认真细致的工作。在各方面共同努力下,一些事关全局而又长期得不到解决的问题,通过人大监督工作取得了实实在在的效果。

推动解决拖欠出口退税问题。2003年,常委会经过深入调查研究,向国务院提出三条建议:一是确保不再发生新的拖欠,二是用中央财政超收收入尽快解决历史拖欠,三是改革出口退税机制。根据常委会的建议,国务院连续四年从超收收入中共拿出2422亿元用于解决出口退税历史欠账,及时作出改革出口退税机制的决定,有力地推动了拖欠出口退税问题的解决。

推动解决拖欠农民工工资和职工工资问题。2003年,针对建筑法执法检查和人民群众来信来访反映的问题,要求各级政府及有关部门采取切实措施解决拖欠农民工工资问题。通过工会法、劳动法执法检查,明确提出在2007年年底前基本解决职工工资和社保资金历史拖欠问题的建议。据统计,到2006年年底,2003年以前累计拖欠的农民工工资337亿元已经全部偿付。到2007年底,全国多数省份基本解决职工工资历史拖欠问题,少数清欠任务重的老工业基地省份,也有望在2008年上半年偿还历史拖欠的职工工资。

推动加强安全生产工作。2005年,检查安全生产法实施情况,针对煤矿安全生产形势严峻问题,明确提出用两年左右时间使重特大瓦斯爆炸事故有较大幅度下降、争取用三年时间解决非法小煤矿问题等建议。国务院高度重视这些意见,立即召开常务会议,就安全生产工作进行专题研究和部署。到2007年底累计关闭非法小煤矿1.12万处,2007年煤矿重特大瓦斯事故起数和死亡人数比2005年分别下降46.3%和65.4%。

促进公正司法。针对代表和群众反映强烈的超期羁押问题,推动并支持最高人民法院、最高人民检察院及公安部,集中开展了全面清理超期羁押专项工作,制定了预防和纠正超期羁押问题的具体规定,实行羁押期限告知、期限届满提示、超期投诉和责任追究等制度,历史遗留的超期羁押案件基本得到纠正。为了从制度和机制上促进公正司法,要求审判机关和检察机关从容易发生问题的岗位和环节入手,建立、健全各项制度,完善内部监督机制。最高人民法院、最高人民检察院高度重视常委会的意见,法院系统从立案、审判、执行和审判监督等重要环节及规范法官行为等重点方面,完善监督制度和措施;检察院系统强化经常性监督,开展专项检查和清理,加强检察队伍建设,取得了积极成效。同时,我们还督促和推动有关方面切实解决基层法院、检察院人员编制和经费保障等方面的实际困难。

三、关于代表工作

全国人大代表是最高国家权力机关组成人员。做好代表工作是常委会的重要责任。十届全国人大常委会高度重视发挥代表作用,形成和完善了一套支持和保障代表依法行使职权的制度和办法,代表工作迈上新台阶。五年来,共办理代表议案3772件,代表建议29323件,邀请代表663人次列席常委会会议,1700人次参加执法检查和立法调研等,组织代表5354人次参加专题调研、9000人次参加集中视察,举办代表培训和专题研讨班14期,共有1050名代表参加培训。

(一)把充分发挥代表作用作为坚持和完善人民代表大会制度的重要内容。人民代表大会制度是我们国家的政体。人大代表具有广泛的群众基础,反映人民的意见和要求,代表人民行使国家权力。根据党的十六大和十六届四中全会精神,经过深入调查研究,我们起草了关于进一步发挥代表作用加强常委会制度建设的若干意见。2005年5月,中共中央以九号文件批转了这个意见,进一步明确了坚持和完善人民代表大会制度、做好新形势下人大工作的方向和重点。我们认真贯彻落实中央九号文件精神,进一步深化做好代表工作重要性的认识,把充分发挥代表作用作为坚持和完善人民代表大会制度的重要内容,制定关于代表活动、代表议案、代表建议等方面的工作文件,促进了代表工作制度化、规范化、程序化,不仅使代表作用得到进一步发挥,也使常委会工作保持旺盛活力。

(二)把支持和保障代表依法履职作为充分发挥代表作用的重要举措。全国人大机关作为全国人大代表的集体参谋助手和服务班子,按照中央九号文件的要求,加强和改进服务保障工作,为代表依法行使职权创造条件。一是在继续办好形势报告会和向代表寄送有关公报的同时,大幅增加向代表提供书面材料的种类,帮助代表更多地了解全局的情况。二是在大会前组织代表审阅和讨论准备提交大会审议的重要议案和报告,并根据代表的意见对报告和议案作出修改。三是扩大代表对常委会活动的参与,并使之规范化、制度化。邀请列席常委会会议的代表,从原来的每次10名左右增加到40名左右;参加常委会执法检查和立法调研等活动的代表人数,也有较大幅度的增长。四是在继续组织代表集中视察的同时,从2005年开始,每年都统一组织代表开展专题调研,共形成490篇调研报告,许多调研成果在国家重大决策中发挥了积极作用。五是加强代表履职培训,编写人大代表依法履职读本,还在省级人大常委会机关设立全国人大代表联络处,增加代表活动经费,代表服务工作得到加强。

(三)把增强代表议案建议办理实效作为支持和保障代表依法履职的重要环节。认真办理代表议案建议,是国家机关的法定职责。我们在提高议案建议办理质量上取得了明显成效。

代表议案在立法中的作用得到进一步发挥。一是制定立法规划和年度立法计划时,充分考虑代表议案提出的立法项目。共有2177件代表议案涉及的92个立法项目列入了立法规划和年度立法计划。二是起草和审议法律草案时,邀请提出议案的领衔代表参加,并充分听取相关代表的意见。共有1132件代表议案涉及的48个立法项目已经审议通过,代表的意见和建议在通过的法律中得到很好体现。三是对代表议案比较集中的食品安全法等立法项目,督促有关方面抓紧起草,及时提请审议。四是以内容比较完整、质量比较高、立法条件比较成熟的代表议案为基础,经过规范完善直接形成法律草案。"申诉难"和"执行难"是社会反映强烈的问题,湖南等代表团部分代表在深入调查研究、广泛听取意见、认真总结经验的基础上,于十届全国人大五次会议期间提出修改民事诉讼法的议案及修正案建议稿。常委会作出的关于修改民事诉讼法的决定,就是在这个代表议案的基础上形成的。这在全国人大常委会立法工作中还是第一次。

代表建议办理采取了一些新的做法。一是在加强综合分析、实行统一交办的基础上,将代表反映比较集中的突出问题作为办理重点,由有关专门委员会负责督办。二是对涉及多个部门的代表建议,由主办单位牵头负责,相关单位参加,共同办理。三是加强与代表沟通,注重办理实效。从2005年开始,常委会每年都听取和审议代表建议、批评和意见处理情况的报告,并将报告印发全体代表。经过各方面共同努力,代表建议所提问题已经解决或正在抓紧解决的比例,2007年已达到76%。

人大代表选举是我国社会主义民主政治建设的一件大事。为做好县、乡人大同步换届选举和十一届全国人大代表选举工作,全国人大及其常委会及时作出有关决定,并在充分调查研究的基础上提出指导意见。各地认真贯彻中央部署,坚持党的领导、充分发扬民主、严格依法办事,顺利完成县、乡人大换届选举,顺利选举产生十一届全国人大代表,为坚持和完善人民代表大会制度、开创人大工作新局面提供了坚实的组织保障。

四、关于对外交往工作

全国人大对外交往是国家总体外交的重要组成部分。我们坚持服从服务于国家外交大局,注重发挥人大对外交往的特点和优势,加强同各国议会的友好交往,积极参加国际和地区议会组织的活动,为维护我国发展的重要战略机遇期,推动建设和谐世界作出了积极贡献。目前,全国人大已与14个国家议会和欧洲议会建立了定期交流机制,同178个国家议会建立或保持联系,与98个国家议会成立了双边友好小组,成为12个国际和地区议会组织的成员国、3个多边议会组织的观察员。五年来,共接待外国议会领导人率领的109个代表团访华,委员长会议组成人员共出访58次。各专门委员会和常委会办事机构也结合实际,开展形式多样、内容丰富的对外交往活动。为加强全国人大对外交往工作的统筹协调,建立了外事工作联席会议制度。

建立和完善与外国议会定期交流机制,是十届全国人大对外交往工作取得的一项重要成果。一是在前两届工作的基础上,与美国、俄罗斯、日本、韩国、印度、英国、法国、德国、意大利、加拿大、澳大利亚、南非、埃及、巴西等国议会和欧洲议会建立和完善定期交流机制。一个涉及五大洲,包括周边国家、发展中国家、发达国家及多边组织在内的,具有广泛代表性的定期交流机制格局已经形成,成为全国人大与外国议会加强战略对话、深化务实合作的重要平台。二是通过定期交流机制,统筹安排领导人、专门委员会、友好小组等各层次、各领域的交流合作,就共同关心的重大问题开展实质性对话,督促落实双方签署的法律性文件,交流合作的深度与广度得到明显拓展。定期交流机制保持了双方交流的连续性和稳定性,减少了因外国议会大选、政党更替、领导人变化带来的影响。在有关部门的大力支持下,常委会办公厅还向我国驻上述国家和地区组织使馆(团)派遣专职工作人员,加强与外国议会的经常性联系。

在对外交往中,我们始终贯穿为全面建设小康社会营造良好国际环境这条主线,生动展示我国改革开放取得的伟大成就,全面阐述中国特色社会主义道路,广泛宣传人民代表大会制度的特点和优势,深刻论述我国的和平发展道路,增进政治互信,推动务实合作,促进国家关系全面发展。针对不同国家的不同情况,利用各种场合、采取多种方式,就台湾、西藏等关系国家核心利益的问题做深入细致的工作,增进外国议会、政府和议员、民众的理解和支持,深化了双边关系的政治基础。

五年来,常委会还批准我国与外国缔结的条约、协定、协议和我国加入的国际条约74件,决定和批准任免了一批国家机关工作人员。

五、关于常委会自身建设

全国人大常委会是全国人大的常设机关,肩负着宪法和法律赋予的重要职责。加强常委会自身建设,对于充分发挥全国人大及其常委会作为最高国家权力机关、依法履行职责的工作机关和密切联系人民群众的代表机关的作用至关重要。

五年来,常委会紧密结合人大工作实际,始终把自身建设摆在突出位置。一是认真学习和深刻领会党的十六大和十七大精神,牢固树立党的观念、政治观念、大局观念、群众观念和法治观念,坚持以中国特色社会主义理论体系指导实践、推动工作,坚持和完善人民代表大会制度、坚持和发展中国特色社会主义道路的自觉性和坚定性进一步增强。二是围绕贯彻落实中央九号文件,在总结经验的基础上,制定了涉及6个方面的13个配套工作文件,促进了常委会工作的制度化和规范化。三是注重调查研究,深入实际,深入基层,深入群众,勤政廉洁,常委会作风建设得到加强。四是努力提升依法履职能力和水平,结合常委会立法、监督工作,组织30次专题讲座,不断充实法律知识和现代科学文化知识,常委会的审议质量和工作效率明显提高。五是自觉接受人大代表和人民群众监督,完善新闻发布制度,改进会议报道工作,办好中国人大网、中国人大杂志和"人大说法"栏目,开通全国人大常委会会议视频直播系统,常委会工作的透明度显著增强。各专门委员会紧紧围绕全国人大及其常委会的中心工作,充分发挥人才荟萃的特点和优势,完善工作制度、规范工作方式、加强协调配合,为提高全国人大及其常委会工作质量和水平发挥了重要作用。

全国人大机关按照"政治坚定、业务精通、务实高效、作风过硬、团结协作、勤政廉洁"的要求,深入开展保持共产党员先进性教育活动,认真贯彻执行公务员法,切实加强政治建设、组织建设、制度建设、思想作风建设和素质能力建设,集体参谋助手和服务班子的作用得到进一步发挥。

十届全国人大常委会取得的成绩是在以胡锦涛同志为总书记的党中央正确领导下,全国人大代表、常委会组成人员、各专门委员会组成人员以及全国人大机关工作人员辛勤工作的结果,是国务院、最高人民法院、最高人民检察院协同工作的结果,也是地方各级人大及其常委会和广大人民群众大力支持的结果。在此,我代表十届全国人大常委会向全国人大代表、"一府两院"、地方各级人大表示衷心的感谢!

同时我们也清醒地看到,虽然中国特色社会主义法律体系已经基本形成,但仍有一些现实生活迫切需要的重要法律还没有制定出来;现行法律中的一些规定已不能适应经济社会发展需要,亟待修改完善;与法律相配套的部分法规需要抓紧制定或完善;有的立法项目的可行性研究还不够深入;立法工作的协调与配合还需要改进;法律宣传普及工作有待加强。虽然监督实效有明显增强,但有的监督工作重点还不够突出,有的专项工作报告还流于形式。虽然代表议案和建议的办理质量有所提高,但与代表的期望和要求还有差距。我们要高度重视这些问题,在今后的工作中采取切实措施认真加以解决。

各位代表!

我国人民代表大会制度已经走过了半个多世纪的光辉历程,显示出巨大的优越性和强大的生命力。回顾50多年来特别是改革开放近30年来人民代表大会制度建设取得的伟大成就,总结十届全国人大及其常委会的新鲜经验,我们深深体会到,把人民代表大会制度坚持好、完善好,做好新形势下的人大工作,必须高举中国特色社会主义伟大旗帜,坚定不移地走中国特色社会主义道路,坚定不移地以中国特色社会主义理论体系为指导,坚持党的领导、人民当家做主、依法治国有机统一。

一要坚持中国特色社会主义政治发展道路。一个国家选择什么样的政治发展道路,只能从本国国情和实际出发。中国特色社会主义政治发展道路是中国共产党带领全国各族人民,经过长期奋斗和实践找到的正确道路。这就是在政权制度上,实行人民代表大会制度;在政党制度上,实行中国共产党领导的多党合作和政治协商制度;在少数民族聚居地区,实行民族区域自治制度;在城乡社区,实行基层群众自治制度。这条道路既有科学的指导思想,又有严谨的制度安排,既有明确的价值取向,又有有效的实现形式和可靠的推动力量,集中体现了中国特色社会主义民主政治的特点和优势。实践充分证明,这是一条符合我国国情的政治发展道路，有利于解放和发展生产力、增强综合国力、改善人民生活，有利于维护国家统一、增进民族团结、促进社会和谐，有利于保证党领导人民有效治理国家、实现国家长治久安。人民代表大会制度作为我国的根本政治制度，是中国特色社会主义政治发展道路的重要组成部分。坚持中国特色社会主义政治发展道路，很重要一条就是要坚持和完善人民代表大会制度。我国的政体不是“三权鼎立”，也不是“两院制”。人民代表大会统一行使国家权力，国家行政机关、审判机关、检察机关都由人大产生，对它负责，受它监督。各国家机关虽然职责分工不同，但目标是完全一致的，都是在党的领导下协调一致地开展工作。坚持中国特色社会主义政治发展道路，坚持和完善人民代表大会制度，就要正确处理人大与“一府两院”的关系。人大统一行使国家权力要尽职尽责，但不代行行政权、审判权、检察权。人大根据党的主张和人民的意愿，通过制定法律、作出决议，决定国家的大政方针，并监督和支持“一府两院”依法行政、公正司法，保障国家机关协调有效地开展工作，把人民赋予的权力真正用来为人民谋利益，使人民代表大会制度的优势得到充分发挥。坚持中国特色社会主义政治发展道路，坚持和完善人民代表大会制度，最根本的是坚持党的领导、人民当家做主、依法治国有机统一，其中最核心的是坚持党的领导。党的领导是人民当家做主和依法治国的根本保证，也是坚持和完善人民代表大会制度、做好新形势下人大工作的根本保证。我们要自觉坚持党的领导，使党的主张经过法定程序成为国家意志，使党组织推荐的人选经过法定程序成为国家政权机关的领导人员。人大工作，无论是立法工作、监督工作，还是决定重大事项，都要有利于加强和改善党的领导，有利于巩固党的执政地位，有利于保证党领导人民有效治理国家。

二要坚持从最广大人民的根本利益出发。人民当家做主是社会主义民主政治的本质和核心。人民代表大会制度是全国各族人民当家做主的根本途径和最高实现形式。人大最大的优势是密切联系人民群众。只有保持同人民群众的血肉联系，更好地代表人民意愿，自觉地接受人民监督，才能保持人大工作旺盛的生命力。我们要坚持以人为本，把最广大人民的根本利益作为人大一切工作的出发点和落脚点，尊重人民主体地位，发挥人民首创精神，保障人民各项权益。要坚持国家一切权力属于人民，健全民主制度，丰富民主形式，拓宽民主渠道，从各个层次、各个领域扩大公民有序政治参与，保障人民依法实行民主选举、民主决策、民主管理、民主监督的权利。要坚持走群众路线，更好地发挥人大在体察民情、反映民意、集中民智、珍惜民力方面的优势和作用。要正确反映和统筹兼顾不同方面群众的利益，认真督促有关方面及时解决人民最关心、最直接、最现实的利益问题，着力保障和改善民生，最大限度地调动人民群众的积极性、主动性、创造性，把最广大人民的根本利益实现好、维护好、发展好。

三要坚持围绕党和国家工作大局开展工作。人大工作是党和国家工作的重要组成部分，涉及社会主义经济建设、政治建设、文化建设、社会建设各个方面，关系到国家各项事业全面协调可持续发展。随着人民代表大会制度的不断完善，人大工作在国家政治生活中发挥着越来越重要的作用。要增强人大工作的实效，开创人大工作的新局面，关键的一条就是必须服从服务于党和国家的中心工作，牢牢抓住发展这个党执政兴国的第一要务，紧紧围绕全面建设小康社会的奋斗目标，紧紧围绕改革发展稳定的重大问题，紧紧围绕人民群众普遍关心的热点难点问题，不断加强和改进人大工作。科学发展观是马克思主义关于发展的世界观和方法论的集中体现，是同马克思主义、毛泽东思想、邓小平理论和“三个代表”重要思想既一脉相承又与时俱进的科学理论，是我国经济社会发展的重要指导方针，是发展中国特色社会主义必须坚持和贯彻的重大战略思想。要围绕党和国家工作大局，开创人大工作新局面，就是要认真学习和深入贯彻落实科学发展观，从人大工作定位和特点出发，全面部署和统筹安排立法、监督等各项工作，坚持改革开放，坚持与时俱进，集中力量，突出重点，保障党和国家大政方针贯彻落实，保障宪法和法律正确实施，保障改革开放和社会主义现代化建设顺利进行。

四要坚持依法按程序办事。民主集中制是人民代表大会制度的组织原则，也是人大及其常委会依法行使职权必须遵循的原则。人大工作与其他国家机关的工作相比，方式有很大不同。人大及其常委会主要是通过会议形式，按照民主集中制原则，依照法定程序，集体行使职权，集体决定问题。人大依法履行职责，无论是行使立法权、监督权、重大事项决定权，还是行使人事任免权，都必须充分发扬民主，严格依法按程序办事。要认真听取人大代表和常委会组成人员的意见包括不同意见，保证他们充分发表意见的民主权利，做到充分审议、集思广益，在基本达成共识的基础上依法进行表决，实行一人一票，按照多数人的意见作出决定，使人大制定的法律和作出的决定更好地体现人民的共同意志，更具有权威性。

各位代表！

去年10月召开的中国共产党第十七次全国代表大会，回答了我们党在改革发展关键阶段举什么旗、走什么路、以什么样的精神状态、朝着什么样的发展目标继续前进等重大问题，阐述了科学发展观的科学内涵、精神实质、根本要求，描绘了在新的时代条件下加快推进社会主义现代化的宏伟蓝图，为我们继续推动党和国家事业发展指明了前进方向，对坚持和完善人民代表大会制度、做好新形势下人大工作提出了新的更高要求。

2008年是全面贯彻落实党的十七大作出的战略部署的第一年，也是十一届全国人大及其常委会依法履职的第一年。我们将迎来改革开放30周年，还要举办北京奥运会和残奥会。做好今年的工作，意义十分重大。全国人大常委会要把深入学习领会和全面贯彻落实党的十七大精神作为首要任务，进一步增强高举中国特色社会主义伟大旗帜的自觉性和坚定性，进一步增强坚持中国特色社会主义道路和中国特色社会主义理论体系的自觉性和坚定性，进一步增强深入贯彻落实科学发展观的自觉性和坚定性，进一步增强全面建设小康社会的自觉性和坚定性，进一步增强协调推进社会主义经济建设、政治建设、文化建设、社会建设的自觉性和坚定性，把人民代表大会制度坚持好、完善好，把人大各项工作提高到一个新水平。

(一)以完善中国特色社会主义法律体系为目标，从我国基本国情出发，坚持以人为本，坚持实事求是，抓紧制定在法律体系中起支架作用的法律，及时修改与经济社会发展不相适应的法律规定，督促有关方面尽快制定和修改与法律相配套的法规，确保到2010年形成中国特色社会主义法律体系。要以改善民生为重点加强社会领域立法，继续完善经济、政治、文化领域立法，积极推进科学立法、民主立法，不断提高立法质量，更好地发挥法律在国家政治和社会生活中的规范、引导和保障作用。

一是抓紧研究制定五年立法规划，适时召开立法工作会议，对立法工作进行全面部署。二是全年拟安排审议法律草案20件左右，制定国有资产法、社会保险法、食品安全法、循环经济法、农村土地承包纠纷仲裁法等，修改选举法、全国人大组织法、国家赔偿法等。三是加强对立法工作的统筹协调，督促法律起草部门认真研究解决立法中涉及的重大问题，在保证质量的前提下，确保列入年度立法计划的法律草案如期提请审议。四是进一步扩大公民对立法工作的有序参与，对食品安全法等与群众利益密切相关的法律，通过向社会全文公布法律草案，广泛听取各方面尤其是基层群众的意见；对社会保险法等法律草案中涉及的法律关系复杂、专业性较强的问题，通过立法论证会等形式，广泛征求意见，深入研究论证。

(二)以增强监督实效为核心，从党和国家工作大局出发，坚持依法按程序办事，坚持集体行使职权，全面贯彻落实监督法，加强宪法和法律实施，把关系改革发展稳定全局、影响社会和谐、人民群众反映强烈的突出问题作为监督重点，综合运用法定监督形式，加强跟踪监督，务求取得实效，着力推动“一府两院”改进工作，建立、健全解决问题的长效机制，做到有法必依、执法必严、违法必究，维护社会公平正义，维护社会主义法制的统一、尊严、权威，更好地发挥人大监督对促进依法行政、公正司法和维护人民利益的作用。

一是通过听取和审议国务院关于“十一五”规划纲要中期评估报告和计划执行、中央决算、审计工作报告以及其他专项工作报告，督促落实中央经济工作会议精神，推动国民经济又好又快发展。二是通过听取和审议国务院关于促进农民稳定增收情况的专项工作报告，检查农民专业合作社法的实施情况等，推动社会主义新农村建设。三是通过听取和审议国务院关于水污染防治进展情况的专项工作报告，检查环境影响评价法的实施情况等，推动节能减排工作。四是通过检查劳动合同法、义务教育法和未成年人保护法的实施情况等，切实维护劳动者的合法权益，保障少年儿童健康成长。五是通过听取和审议最高人民法院、最高人民检察院关于刑事审判和刑事审判法律监督情况的专项工作报告，促进公正司法，维护社会稳定。

(三)以深入贯彻中央九号文件为主线，从坚持和完善人民代表大会制度出发，坚持尊重代表主体地位，坚持为代表服务的思想，进一步完善工作制度，加大工作力度，为代表依法行使职权、密切代表同人民群众的联系、扩大代表对常委会活动的参与创造条件，不断提升代表工作水平，更好地发挥代表参与管理国家事务的作用。

一是认真办理十一届全国人大一次会议期间代表提出的议案和建议，把办理代表议案与立法工作更有效地结合起来，把办理代表建议与推动改进工作更有效地结合起来，切实提高办理质量。二是继续组织代表开展专题调研和集中视察，完善代表小组活动，增强代表活动实效。三是继续邀请代表列席常委会会议，适当增加参加执法检查的代表人数，进一步扩大代表对专门委员会活动的参与。四是为提高代表依法履职能力，年内拟组织新当选代表参加各种形式的履职培训，进一步加强代表联络机构的工作。

(四)以巩固和完善定期交流机制为重点，从人大对外交往的特点和优势出发，坚持维护世界和平、促进共同发展的外交政策宗旨，坚持服从服务于国家外交大局，保持对外交往工作的连续性和稳定性，广泛开展与外国议会的友好交往，积极参与国际和地区议会组织的活动，加强治国理政经验交流，推动各领域务实合作，更好地发挥人大对外交往的独特作用。

(五)继续加强常委会自身建设，完善工作制度，开展调查研究，密切联系群众，自觉接受监督，充分发挥专门委员会作用，不断提高审议质量和工作水平。继续加强法制宣传教育，积极推动“五五”普法，把关系群众切身利益的法律作为重点，普及法律知识，解读立法原意，运用法律解决实际问题，切实增强全社会的法律意识和法制观念。继续加强与地方人大的联系，共同推进社会主义民主法制建设。全国人大机关要以素质能力建设为重点，全面加强机关建设，更好地发挥集体参谋助手和服务班子的作用。

各位代表，让我们紧密团结在以胡锦涛同志为总书记的党中央周围，高举中国特色社会主义伟大旗帜，以邓小平理论和“三个代表”重要思想为指导，深入贯彻落实科学发展观，继往开来，锐意进取，扎实工作，为夺取全面建设小康社会新胜利、开创中国特色社会主义事业新局面而努力奋斗！

胡锦涛 温家宝等党和国家领导人分别参加十一届全国人大一次会议代表团审议

在新疆代表团，中共中央总书记胡锦涛同代表们一起审议。胡锦涛认真倾听大家发言，并不时插话询问有关情况。在努尔·白克力、聂卫国、毛肯·赛衣提哈木扎、富春丽等8位代表发言后，胡锦涛说，新疆要紧紧抓住国家深入推进西部大开发的宝贵机遇，进一步实施稳疆兴疆、富民固边战略，不断开创各项事业发展新局面。要切实把发展作为新疆工作的第一要务，按照科学发展观的要求，充分发挥新疆的优势和潜力，促进经济又好又快发展，在推动科学发展上迈出新步伐。要切实保障和改善民生，注重做好教育、就业、社会保障、医疗卫生和住房保障等方面的工作，解决好人民最关心、最直接、最现实的利益问题，在促进社会和谐上迈出新步伐。要切实做好民族工作和宗教工作，进一步维护社会稳定，努力保持和不断发展各族人民和睦相处、和衷共济、和谐发展的良好局面，在加强民族团结上迈出新步伐。胡锦涛衷心祝愿新疆各项工作取得新成绩、各项事业实现新发展、各族群众生活更美好。

在河南代表团，国务院总理温家宝同代表们一起审议。李成玉、张大卫、马文芳等代表先后发言。在同代表们进行热烈讨论后，温家宝说，保持国民经济平稳较快发展，抑制通货膨胀，农业是关键。要千方百计争取今年农业有一个好收成，使粮食和主要农副产品的供给得到切实的保障。只有做到这一点，经济社会发展的目标才能实现，消费品价格过快上涨才能得到有效控制，群众生活特别是低收入群众的生活才不致受到大的影响，社会才能和谐稳定。农业是关系全局的基础性工作，各级政府必须把农业作为一切工作的重中之重，决不能掉以轻心。河南是农业大省，粮食连续4年丰收，年产量超过1000亿斤，为保证国家粮食安全和农产品供应作出了重要贡献。河南省委、省政府和全省人民要再接再厉，采取有力措施，继续加强农业基础，提高农业综合生产能力，再上新台阶。

在河北代表团，中共中央政治局常委李克强同代表们一起审议。会场上，代表们发言踊跃，讨论认真。郭庚茂、沈小平、冀纯堂等代表先后发言，各抒己见。在仔细听取大家的意见建议后，李克强说，推动区域协调发展是促进国民经济又好又快发展的重大战略任务。环渤海地区位于东北亚经济区的关键地带，自然资源丰富，产业基础雄厚。要进一步解放思想，站在新的起点上谋划发展战略，依靠改革开放推动科学发展，立足科技创新转变发展方式，遵循市场规律促进经济协作，大力推进环渤海地区开放开发，努力形成带动力强、联系紧密、生态环境良好的经济圈和经济带。河北位于环渤海地区的核心腹地并围绕京津，应充分发挥独特的区位优势，推进体制创新，培育新兴产业，改善人民生活，推动经济社会发展跃上新台阶。

在青海代表团，中共中央政治局常委贺国强同代表们一起审议。在认真听取宋秀岩、韩永东、拜秀花等代表发言后，贺国强充分肯定了青海经济社会发展取得的成绩。他希望青海深入推进西部大开发，进一步解放思想、更新观念，从青海资源条件、产业基础等方面的实际情况出发，拓展特色优势产业的发展领域，促进经济社会又好又快发展。深化体制机制改革，扩大对内对外开放，不断提高“造血”功能和发展活力。加大基础设施建设投入，改善经济发展的基础和环境，增强经济发展的后劲和潜力。加强生态环境保护，发展生态经济，特别是要做好“三江源”保护工作，切实走出一条经济发展与生态保护双赢的可持续发展之路。着力改善民生，大力发展社会事业，做好民族工作和宗教工作，巩固民族团结，维护社会稳定，促进社会和谐。

王乐泉、刘云山、刘延东、周铁农分别参加了以上代表团的审议。

全国政协十一届一次会议在人民大会堂举行第二次全体会议

中共中央政治局常委、全国政协十一届一次会议主席团会议主持人贾庆林出席会议。

会议的执行主席是廖晖、白立忱、黄孟复、董建华。会议由廖晖主持。

中共中央政治局委员、国务院副总理回良玉和中共中央、国务院有关部门负责人到会听取发言。

李德水委员在发言中说，五年来，我国经济社会发展取得的辉煌成就充分说明，中央采取的一系列宏观调控政策是完全正确、非常成功的。要顺利完成防止经济增长由偏快转为过热、防止价格由结构性上涨演变为明显通货膨胀的宏观调控任务，有许多工作要做，而最核心的问题是必须从资金源头上实行有效调控。

马培华委员代表民建中央发言说，为了促进城乡统筹，必须调整经济布局，大力发展县域经济，培育和发展县域特色产业，推进行政体制创新，增强县级政府的财政能力，改革完善农村金融体系，扩大县域经济资金来源，把县城建设成为县域经济的龙头和农村城镇化的经济中心。

黄瑶委员在和吴嘉甫、刘鸿庥委员的联合发言中说，今年初，我国南方遭遇了历史罕见的特大低温雨雪冰冻灾害。各级政府要进一步提高管理水平和应急能力，建立救灾资金多元投入机制，增强全民防灾意识，尽快建立综合减灾管理体系。

梁燕君委员在和叶惠丽委员的联合发言中说，治理结构性的物价过快增长必须多管齐下，增加短缺农产品的供给，充分发挥宏观政策对稳定物价的调控作用，进一步落实一系列关于对低收入群体的生活保障措施等。

赖明委员代表九三学社中央发言说，提高科技投入的效益，要加强顶层设计，深化科技宏观管理体制改革，加强对科技投入使用的监督和评估，建立科学的科技人才评价机制，建立、健全科技成果转化机制。

万钢委员代表致公党中央发言说，采取切实有效措施，吸引更多海外人才回国创业，将有力地加速我国成为人力资源强国、建设创新型国家的进程。要健全工作机制，实施长远规划，研究制订更具针对性、操作性的配套政策。

梁季阳委员说，土地管理制度的改革已是刻不容缓，只有建立科学、公正的土地使用、流转制度，合理配置与高效利用土地资源，土地管理中公权与私权取得平衡，才能保证国家粮食安全、社会和谐稳定，有限的土地资源才能保证国家经济建设的持续发展。

徐辉委员代表民盟中央发言说，高等教育持续发展呼唤制度创新。其基本思路在于：尽快消除政策樊篱，以多种形式鼓励社会力量进入高等教育领域。

郑家纯委员在发言中表示，农村教育事业的发展还需要更多助力。利用现代信息技术手段，加强和完善农村远程教育体系建设，采取有效措施保障远程教育体系，能发挥更大的作用，是快速改善我国农村地区特别是边远贫困地区教育落后状况最可行的手段。

宋北杉委员代表全国工商联发言说，今年相继实施的劳动合同法、就业促进法和劳动争议调解仲裁法，无疑会对促进构建和谐劳动关系产生重大影响。实施劳动法律，有必要十分重视正确处理保护劳动者权益和促进就业的关系，两者不可偏废。

张鸣起委员代表全国总工会发言时建议高度重视劳动合同法的贯彻实施，将贯彻实施工作列入政府议事日程，积极解决实施中遇到的问题，大力推动实施劳动合同法。

王健林委员在发言中说，更好地承担社会责任，这不仅是新时期社会对民营企业的必然要求，也是民营企业持续健康发展的必需条件。建议在民营企业中广泛开展企业社会责任的主题活动，建立科学的企业社会责任评价体系，制定激励企业承担社会责任的相关政策；积极构建和谐的劳动关系。

欧成中委员在大会发言中说，为使政府公共资金支付管理尽快达到统一、规范、透明的目标，必须加快财政转移支付法的立法工作。以法律的形式，明确规定各级政府财政转移支付内容、安排规模、监督方式、处罚规则等，杜绝财政转移支付资金监督缺失、不正之风滋生、使用效率低下的现象。

张春江委员在发言中说，以服务外包为主要载体的新一轮全球产业转移再次出现，我国面临新的历史机遇与挑战。中国要建立在全球的领先地位就必须要增强产业发展的紧迫感与危机感，加快现代服务业发展进程。

全国政协十一届一次会议主席团常务主席王刚、陈奎元、阿不来提·阿不都热西提、李兆焯、张梅颖、张榕明，大会秘书长郑万通出席会议。

中国宗教界和平委员会二届五次会议在北京举行

十届全国政协副主席，中国基督教三自爱国运动委员会名誉主席、中国基督教协会名誉会长，“中宗和”主席丁光训发表了题为《努力创建平安教会，为构建和谐社会做贡献》的书面讲话。

丁光训指出，“中宗和”近年来的工作是扎实且富有成效的。我们本着“友好、和平、发展、合作”的宗旨，广泛开展同世界各国宗教团体之间的交流和合作，我们的朋友越来越多，在世界宗教和平会议（“世宗和”）中的地位也日益显得重要。

他指出，国家提出要构建社会主义和谐社会，我们也要祈求教会平安。和谐和平安是一致的。这些年来，我们的国家已投入了大量的财力和物力，帮助我们五大宗教办了一些以前从来没有办过的大事，我们非常感谢。历史证明，只有国家强盛了，人民富有了，我们教会才有发展的空间和条件。我相信只要我们五大宗教携起手来，作平安之典范，就能为构建社会主义和谐社会作出应有的贡献。

全国政协十一届一次会议大会秘书长郑万通出席会议并讲话。他说，宗教界是人民政协组织的一个重要组成部分，五大宗教的代表人士在人民政协这个大家庭中和睦相处，合作交流，围绕团结和民主两大主题，共同履行政治协商、民主监督、参政议政职能，为民族团结、经济发展、社会和谐、祖国统一作出了独特的贡献。

他说，中国宗教界和平委员会认真贯彻党的宗教工作的基本方针，发扬我国宗教界爱国爱教和崇尚和平的优良传统，积极促进各宗教团体的团结和睦，发展同各国宗教界及世界性、地区性宗教和平组织之间的交流与合作，已经成为全国政协对外交往的一个重要平台。“中宗和”还努力挖掘和弘扬宗教教义、宗教道德、宗教文化中有利于社会和谐、时代进步、健康文明的内容，积极发挥宗教在促进我国社会和谐方面的重要作用。

会议审议通过了中国宗教界和平委员会2007年度工作报告，报告了中国宗教界和平委员会2008年度工作计划。

中共中央统战部、外交部、民政部、国家宗教事务局、中国人民争取和平与裁军协会等部门有关负责人参加了会议。

刘翔获第十二届世界室内田径锦标赛60米栏冠军

中国选手刘翔8日晚在西班牙瓦伦西亚举行的第十二届世界室内田径锦标赛上以7秒46的成绩夺得男子60米栏冠军。这是刘翔也是中国运动员首次在这一项目上夺冠。

3月9日

胡锦涛 吴邦国等党和国家领导人分别参加十一届全国人大一次会议代表团审议

胡锦涛参加了山东代表团审议。在认真听取姜大明、许振超、孙菁、刘嘉坤等9位代表发言后，胡锦涛作了发言，着重强调了三个问题：一是要加快转变经济发展方式，着力推进自主创新，着力推动经济结构调整和促进产业结构优化升级，着力扩大消费需求、改善民生，促进经济又好又快发展。二是要坚持走中国特色农业现代化道路，抓好农业基础建设，促进农民持续增收，保障主要农产品基本供给，尤其要高度重视“菜篮子”产品生产，确保“菜篮子”产品生产稳定、价格稳定、市场稳定，确保城乡消费者吃上营养、安全、放心的食品。三是要积极推进社会主义核心价值体系建设，在全社会大力弘扬爱国主义、集体主义、社会主义思想，弘扬解放思想、实事求是、与时俱进精神，弘扬改革创新、开拓奋进、艰苦奋斗意识，进一步增强社会主义意识形态的吸引力和凝聚力，最大限度地把广大人民群众团结和凝聚在中国特色社会主义伟大旗帜下。

吴邦国参加了福建代表团审议。在认真听取刘德章、林强、戴仲川等代表发言后，吴邦国说，十届全国人大常委会取得的成绩，是与代表们的全力支持和关心分不开的。他表示将虚心接受代表的监督，不断改进工作，努力把全国人大常委会各项工作提高到一个新水平。吴邦国强调，坚持和完善人民代表大会制度、做好新形势下的人大工作，必须高举中国特色社会主义伟大旗帜，坚定不移地走中国特色社会主义道路，坚定不移地以中国特色社会主义理论体系为指导，坚持党的领导、人民当家做主、依法治国有机统一。一要坚持中国特色社会主义政治发展道路，二要坚持从最广大人民的根本利益出发，三要坚持围绕党和国家工作大局开展工作，四要坚持依法按程序办事。

温家宝参加了吉林代表团审议。代表们在发言中表示完全赞同吴邦国委员长所作的全国人大常委会工作报告，并就老工业基地振兴、粮食生产能力建设、生态环境保护等问题发表了看法。韩长赋、刘喜杰、徐建一等代表发言后，温家宝说，东北地区有较好的工业基础和资源优势，要充分发挥东北的有利条件，推进重大装备制造业等优势产业的发展。振兴东北老工业基地不是一个短期的任务，最终目的是要实现这个地区的可持续发展。这就要高度重视资源节约、生态建设和环境保护。要把经济社会发展同节约资源、保护生态结合起来，统一规划和部署，兼顾当前和长远。吉林有丰富的自然生态资源，是我国的生态大省，要在保护生态环境方面走在全国的前列，保护好长白山的资源和自然生态环境，加快松花江的治理，保护好黑土地、森林、草原、野生动物资源和湿地。这些都是吉林的宝贵财富，也是吉林发展的优势。

李长春参加了云南代表团审议。代表们在发言中表示完全赞同吴邦国委员长所作的全国人大常委会工作报告，还围绕推进民主法制建设、促进边疆少数民族地区教育发展、加快发展农村文化事业等问题展开讨论。在听取秦光荣、晏友琼、刀林荫等代表发言后，李长春说，大力推进文化创新，解放和发展文化生产力，是实现文化大发展大繁荣的必由之路。要进一步解放思想、转变观念，把改革创新精神贯穿文化建设各个方面，不断增强文化发展的活力。要积极推动体制机制创新，深化文化体制改革，重塑文化市场主体，完善文化市场体系，改善宏观管理，转变政府职能。要积极推动内容形式创新，丰富艺术题材和表现手法，增强吸引力和感染力。要积极推动传播手段创新，运用高新技术改造传统文化产业，大力发展新兴文化产业，加快构建新型文化传播体系，增强中华文化的国际影响力和竞争力。

习近平参加了陕西代表团审议。代表们围绕会议议题踊跃发言，大家表示完全赞同吴邦国委员长所作的全国人大常委会工作报告。在听取袁纯清、杨永茂、陈强等代表发言后，习近平就陕西要在西部大开发中弘扬改革创新精神、着力建设西部强省的问题发表了意见。他说，要以改革创新精神推动科学发展，充分发挥陕西科技实力雄厚的优势，加快实现由科教大省向科教强省的转变，并在统筹城乡发展中加快形成城乡经济社会发展一体化新格局；要以改革创新精神完善基本经济制度，在巩固和发展公有制经济的同时，促进非公有制经济健康快速发展；要以改革创新精神着力保障和改善民生，大力实施和推进民生工程，努力走出一条经济欠发达地区不断改善民生的新路子；要以改革创新精神全面推进党的自身建设，把倡导和弘扬改革创新精神同继承和发扬延安精神结合起来，使党建工作更富有时代气息、更富有实际成效。

李克强参加了重庆代表团审议。会场上，代表们结合实际进行了热烈的交流讨论，话题涉及统筹城乡发展、落实依法治国基本方略、解决好民生问题等方面的内容。胡健康、黄奇帆、杨庆育等代表先后发言，李克强仔细倾听并记下要点。他在发言中说，完全赞同吴邦国委员长所作的全国人大常委会工作报告。5年来，十届全国人大常委会在立法、监督和发挥代表作用等方面的工作卓有成效，社会主义民主法制建设和人民代表大会制度建设取得重大进展。李克强指出，我国是一个有十几亿人口、农民占多数的国家，实现现代化必须做好统筹城乡发展这篇大文章。重庆要抓住统筹城乡综合配套改革的重要机遇，坚持走中国特色新型工业化、城镇化和农业现代化道路，大力推进改革创新，探索建立有利于改变城乡二元结构的体制机制。要加快振兴老工业基地，建设好三峡库区，保障和改善民生，努力实现经济社会发展的新跨越。

劳动和社会保障部 民政部负责人在十一届全国人大一次会议记者会上就就业社保等问题答记者问

推进职业技能培训促进就业

最近五年来，全国城镇新增就业5100万人，年均超过1000万人，城市接纳了大量农村富余劳动力到城镇转移就业。尽管如此，当前的就业形势仍然十分严峻。

劳动和社会保障部负责人说，当前我们面临的挑战主要表现为新增劳动力数量很庞大，并且会持续相当长一个时期。就城镇而言，每年要求就业的，包括当年新增的城镇劳动力和上一年结转下来未能就业的人就有2400万人。但是，每年只能提供城镇就业岗位1200多万个。并且，每年农村富余劳动力向城镇的转移大约还有800万人。

劳动和社会保障部负责人表示，为了促进就业，下一步将从实施扩大就业的发展战略、完善覆盖城乡的就业服务体系等六个方面加强工作。尤其要注重推进面向全体劳动者的职业技能培训制度，解决结构性就业的难题。

城镇登记失业率稳中有降

今年，劳动和社会保障部决定将失业率控制在4.5%以内。劳动和社会保障部负责人表示，过去几年，我们虽然实现了登记失业率从4.3%、4.2%、4.1%到4.0%的稳中有降，但是我们每年制定的控制指标实际上都是4.6%。正是因为这几年出现了登记失业率稳中有降的趋势，所以，今年我们才把原来设定的4.6%的指标降到了4.5%，这并不是说2008年我们提高了失业率的指标。

2007年年底全国低保对象3451万人

民政部部长李学举表示，城乡最低生活保障制度目前进展顺利。在城市，对困难群众符合低保标准的，已经实现了应保尽保，在农村已经实现了困难群众制度性的保障。

李学举说，目前低保资金的筹措机制日渐健全，中央和地方对城市低保补助资金不断增加。2003年—2007年，全国低保资金由151亿元增加到275亿元，其中中央财政资金由92亿元增加到160亿元。2007年底，全国低保对象是3451万人，平均低保标准为每人每年840元，平均补助水平为每人每月38元。

全国社保“一卡通”将分步实现

今年3月3日，深圳在全国率先首发了具有一卡多用和全国通用功能的社保卡。在全国范围内的社保“一卡通”什么时候将实现？

劳动和社会保障部负责人说，解决这个问题，首先要逐步提高统筹层次，比如养老保险，首先要实行省级统筹，不能再由各市、县各自进行统筹。我们已经制定了时间表，要在2008年、2009年，经过两年的努力，在全国各省都实现养老保险的省级统筹。这样，养老保险关系在本省内的人员流动、关系的接续和转移就可以实现了，就可以在本省内实现“一卡通”。

第二，在实现省级统筹的基础上，要实现跨省市的人员流动的养老保险和其他保险关系的转移和接续的办法。关于这个办法，现在劳动和社会保障部正在进行调研，已经进行了一段时间，相关办法在年内就可能出台。在出台了养老保险、其他保险关系跨省市转移接续办法之后，再加上全国养老保险信息网的建设，我们就有条件在全国实行社会保险卡的“一卡通”。

全面正确理解《劳动合同法》

劳动和社会保障部副部长孙宝树表示，新的《劳动合同法》自颁布以来，大多数企业在贯彻实施当中也是主动的、积极的、认真的。但社会上也有签订无固定期限劳动合同会导致用工机制的僵化等一些不同意见。

孙宝树表示，这是对《劳动合同法》没有全面理解，或者是理解片面、理解不正确造成的。他说，在很多国家，签订无固定期限劳动合同恰恰是劳动合同的主要形式。为了用工能进能出，我们在制定《劳动合同法》当中对解除劳动合同提出了几种情形。和《劳动法》相比，实际上放宽了解除劳动合同的条件。所以，签订无固定期限劳动合同不是"铁饭碗"。企业贯彻《劳动合同法》也不会导致用工机制的僵化。

至于认为贯彻和实施《劳动合同法》会大幅度提高企业的用工成本，孙宝树表示，从《劳动合同法》的制度设计上，企业用工方面增加的用工成本是非常有限的。企业之所以认为《劳动合同法》增加了用工成本，实际上是因为这些企业过去没有为职工履行缴纳社会保险费的法定义务，现在《劳动合同法》明确了这一规定，因此一部分企业感到压力很大。

孙宝树说，认真贯彻实施《劳动合同法》，构建和谐稳定的劳动关系与扩大就业和改善投资环境不仅不是矛盾的，而且完善的法律制度与和谐的劳动关系更会进一步改善投资环境和扩大就业。

灾后重建的资金已经落实

民政部副部长李立国表示，现在抗雪救灾已开始转入全面恢复重建阶段，本次灾害导致农业、林业损失大，口粮青黄不接，需要救助的人数增加，需要救助的时段延长，倒损民房恢复重建的任务还很重。

李立国说，目前中央财政在已经于春节前安排第二笔17.5亿元的冬春救助资金的基础上，对10个重灾省份，前几天再次下拨专门增加的3.4亿元春荒救助资金。同时，春节前还下拨了7.1亿元的重灾省份城乡低保群众人均补助，城市15元、农村10元的临时补贴，连续补贴3个月。在受灾群众的倒房重建上，春节前，已经预拨了2.04亿元，前几天又下拨了恢复重建补助资金9.4亿元。这些资金将有力地支持灾后重建工作。

李立国说，据不完全统计，抗击雨雪冰冻灾害的过程中，全国已经接收了16.02亿元的社会捐助资金。不仅在前一阶段应急抢险中发挥了支持作用，也将在妥善安排受灾群众生活和恢复重建工作中发挥有力的支持作用。

全国政协十一届一次会议在人民大会堂举行第三次全体会议

16位政协委员围绕政治建设、文化建设、统战和政协工作等作大会发言。中共中央政治局常委、全国政协十一届一次会议主席团会议主持人贾庆林出席会议。

会议的执行主席是帕巴拉·格列朗杰、阿不来提·阿不都热西提、李兆焯、张榕明。会议由张榕明主持。

中共中央政治局委员、书记处书记刘云山和中共中央、国务院有关部门负责人到会听取发言。

厉无畏委员代表民革中央发言说，台湾问题事关祖国的完全统一大业，事关国家的核心利益。作为参政党，我们要牢牢把握两岸关系和平发展主题，真诚为两岸同胞谋福祉，为台海地区谋和平，坚决维护国家主权和领土完整，维护中华民族的根本利益，为促进中华民族的伟大复兴贡献力量。

杨孙西委员在发言时说，发展香港经济最根本的是要继续保持国际化市场特色，进一步加强与内地经济融合，这样既有利于香港自身的发展，又可参与国家建设，为国家创造更多财富。建议善用香港的集资功能，大力推动国企上市；邀请香港专业人士参与国家"十二五"规划。

李利君委员在发言时说，建立、健全适用于所有公权力机关单位领导干部的、包括法律纪律及政治道义问责内容的、统一的问责实体和程序制度体系，将有力推进我国权力运行监控机制建设进程，促进我国政治制度和国家监督体系的完善。

学诚委员在发言时表示，一种文化、一种价值观要得到其他民族、其他文明、其他国家人民的认同理解与欣赏，必须具有普世价值和世界视野，应该说中国佛教乃至整个中国文化具有这样的价值和视野，也只有具备这样的价值和视野，文化资源才能转化成现实的文化软实力，从而有利于世界的永久和平和共同繁荣。

蔡达峰委员代表民进中央发言说，社区是居民自我管理的基层组织，建设意义重大。建议明确社区文化建设的政府责任，理顺社区文化建设的管理体制，改进社区文化建设的政府指导机制，加强社区文化工作者队伍建设，制定相关优惠政策，鼓励社会力量参与社区文化建设。

孙淑义委员在发言中建议将规划建设中华文化标志城作为国家重大文化发展战略，作为国家软实力建设的标志性工程，纳入国家文化建设总体布局，作出统筹规划，使中华文化标志城具有法定性、唯一性和权威性。

何维委员代表农工党中央发言说，加强村级卫生室建设是促进"新农合"健康发展的紧迫任务和长远战略选择。建议明确村级卫生室性质，加大投入，加强基础设施及能力建设，巩固"网底"；加强村级卫生队伍建设，提高卫生服务水平；搞好配套改革工作，保障村级卫生室健康发展。

吴正德委员在发言时说，促进公正司法需从理论到实践，树立和建设与社会主义民主法治相适应的现代司法理念；以坚持审判独立为原则完善审判制度；优化审判人员的构成，提高审判人员的地位和待遇；建立法院的经费保障制度；改革目前审判人员的任免制度。

颜延龄委员在发言时建议凝聚政协委员集体智慧，为澳门经济社会发展献计献策。希望给澳区政协委员更多一些学习的机会，帮助委员提高参政议政的水平和能力。健全政协委员开展调查研究的工作机制，开展更深入、更有针对性的调研。

尔肯江·吐拉洪委员代表共青团中央发言说，更好地保障未成年人合法权益，培养中国特色社会主义事业的合格建设者和接班人，当前亟须设立全国性的工作协调机构，进一步加大贯彻落实未成年人保护法的力度，综合规划、整体推进未成年人保护工作。

张世平委员代表全国妇联发言说，农村留守流动儿童问题是现阶段我国农民工问题的伴生问题。建议加大法律保护监督力度，确保未成年人保护法、义务教育法有效实施。强化政府主导作用，把保障农村留守流动儿童平等发展纳入经济社会发展总体规划和儿童发展规划纲要目标体系。

伍淑清委员在发言时说，当前，我国利用外资的内外部条件都发生了质的变化，对外资的需求从以数量为主转向以质量为主，现有的引资方式已不能完全适应经济发展的要求。创新利用外资方式，优化利用外资结构，是提高我国开放型经济水平的迫切需要。

迟福林委员在发言时说，进入新世纪新阶段，面对新矛盾新问题，实现经济可持续发展和社会全面进步的目标，要按照十七大的战略部署，推进全面改革。要以新的思想解放推动新阶段改革开放的突破；要以行政管理体制改革为重点推进新阶段的全面改革；尽快建立高层次的改革协调机构。

黄志贤委员代表台盟中央和全国台联发言说，海峡两岸在高新技术产业领域具有很强的互补性，大陆在基础科学、高新技术和尖端科技方面的实力，与台湾应用技术和技术产业化方面的优势正在形成良性互补。建议继续深化两岸科技交流与合作，实施两岸企业合作创新，促进高新产业共同发展，增强两岸企业的国际竞争力，加快建设创新型国家。

林兆枢委员代表侨联界发言说，在贯彻落实科学发展观，全面建设小康社会的今天，通过努力推进侨务资源共享，促进区域经济协调发展，对实现党的十七大提出的区域发展总体战略具有十分重要的意义。

李君如委员在发言时说，人民政协制度具有自己的独特优势，在发展中国社会主义民主政治的进程中大有可为。作为中国人民政治协商会议的委员，应该继承我们前辈的光荣传统，为发展中国特色的社会主义民主政治，作出我们新的贡献。我们完全能够创造出对人类有更大贡献的民主的好形式。

全国政协十一届一次会议主席团常务主席王刚、廖晖、白立忱、陈奎元、黄孟复、董建华、张梅颖，大会秘书长郑万通出席会议。

全国政协十一届一次会议主席团常务主席会议第一次会议在北京举行

中共中央政治局常委、政协十一届一次会议主席团会议主持人贾庆林主持会议。

会议审议了政协十一届一次会议选举办法(草案)，政协十一届全国委员会主席、副主席、秘书长、常务委员建议人选名单(草案)，政协十一届一次会议关于常务委员会工作报告的决议(草案)，政协十一届一次会议政治决议(草案)，会议决定将上述草案提请政协十一届一次会议主席团第二次会议审议。

政协十一届一次会议秘书长郑万通、中共中央统战部部长杜青林、政协十一届一次会议副秘书长杨崇汇分别就有关草案作了说明。

政协十一届一次会议主席团常务主席王刚、廖晖、帕巴拉·格列朗杰、白立忱、陈奎元、阿不来提·阿不都热西提、李兆焯、黄孟复、董建华、张梅颖、张榕明出席会议。

全国政协十一届一次会议主席团在北京举行第二次会议

中共中央政治局常委、政协十一届一次会议主席团会议主持人贾庆林主持会议。

会议审议并原则通过了政协十一届一次会议选举办法(草案)，政协十一届全国委员会主席、副主席、秘书长、常务委员建议人选名单(草案)。审议了政协十一届一次会议关于常务委员会工作报告的决议(草案)，政协十一届一次会议政治决议(草案)。会议决定将上述草案提交全体委员讨论和酝酿协商。

受中共中央委托，中共中央统战部部长杜青林，就中共中央向全国政协十一届一次会议推荐的新一届全国政协主席、副主席、秘书长和常务委员建议人选，向大会主席团作了说明。

杜青林说，选举产生出受到人民群众拥护、能够充分履行职能的新一届全国政协领导人员和全国政协常务委员，是全国政协第十一届一次会议的一项重要任务，对于进一步动员和激励全国各族人民，在以胡锦涛同志为总书记的中共中央领导下，胜利实现中共十七大确定的奋斗目标和各项任务，夺取全面建设小康社会新胜利，开创中国特色社会主义事业新局面，具有重要的意义。中共中央对做好第十一届全国政协人事安排工作高度重视，中共十七大闭幕后，中共中央政治局常委会和政治局专门进行了研究。中共中央认为，新一届全国政协领导班子应当高举中国特色社会主义伟大旗帜，以邓小平理论和“三个代表”重要思想为指导，深入贯彻落实科学发展观，全面贯彻中共十七大精神，在中共中央的领导下，充分履行职能，为全面完成十七大提出的各项战略任务而奋斗。中共中央提出，为推进全国政协领导人员的新老交替，进一步增强活力，一些年龄较大的同志需退下来，充实一些相对年轻的同志。新进入全国政协领导机构的人选，应主要考虑本人的素质和条件，同时，也要考虑工作需要和结构要求。人选中应有各方面的领导骨干，也应有特定方面的代表性人物，还应有女同志和少数民族同志。新一届全国政协领导机构提名人选一般应为40年代以后出生，个别非中共代表性人物的提名年龄可适当放宽。中共中央强调要坚持干部队伍“四化”方针和德才兼备原则，按照统筹兼顾、合理安排的要求，着眼于党和国家事业的长远发展，着眼于发展社会主义民主政治，着眼于改革、发展、稳定的大局，切实做好全国政协换届人事安排工作。

杜青林说，中共中央对新提名为第十一届全国政协副主席的中共预备人选，在一定范围内进行了民主推荐，充分发扬了中共党内民主。对非中共人选，分别听取了各民主党派中央、全国工商联负责人等有关方面的意见。经中共中央政治局常委会和政治局全体会议讨论，提出了新一届全国政协领导人员建议人选名单。2月27日，中共中央召开民主协商会，就建议人选名单同各民主党派中央、全国工商联领导人和无党派人士代表进行了协商。之后，中共十七届二中全会审议通过了这个建议人选名单。

杜青林说，第十一届全国政协常务委员的推荐提名工作是与全国政协委员的推荐提名工作同时进行的。整个推荐、提名工作严格按照政协《章程》和中共中央有关人事安排的规定程序进行，坚持标准条件，走群众路线，充分酝酿协商，广泛听取各方面意见，把发扬民主贯穿于人选产生的全过程。建议人选名单形成后，中共中央委托中央组织部、中央统战部召开民主协商会，与各民主党派中央、全国工商联领导人及无党派人士代表进行了协商，取得了一致意见。在充分听取各方面意见的基础上，中共中央政治局全体会议审议通过了建议人选名单。

杜青林说，这次全国政协换届，由于年龄、工作变动等原因，第十届全国政协的一些同志拟不再提名，他们为我国改革开放和社会主义现代化建设，为坚持和完善中国共产党领导的多党合作和政治协商制度，为人民政协事业的发展，倾注了心血，作出了重要贡献。我们向他们表示崇高的敬意和衷心的感谢。

政协十一届一次会议秘书长郑万通、副秘书长杨崇汇就有关草案作了说明。

政协十一届一次会议主席团常务主席王刚、廖晖、帕巴拉·格列朗杰、白立忱、陈奎元、阿不来提·阿不都热西提、李兆焯、黄孟复、董建华、张梅颖、张榕明出席会议。

中共中央政治局常委贾庆林看望参加两会报道的新闻工作者

3月10日

十一届全国人大一次会议在人民大会堂举行第三次全体会议听取和审议最高人民法院工作报告和最高人民检察院工作报告

胡锦涛、吴邦国、温家宝、贾庆林、曾庆红、李长春、习近平、李克强、贺国强等出席会议。

最高人民法院院长肖扬向大会作《最高人民法院工作报告》。

最高人民检察院检察长贾春旺向大会作《最高人民检察院工作报告》。

大会执行主席、主席团常务主席韩启德主持会议。大会执行主席乌云其木格、华建敏、王金山、刘云耕、陆浩、陈建国、赵洪祝、梁国扬等在主席台执行主席席就座。

最高人民法院院长肖扬在十一届全国人大一次会议上作《最高人民法院工作报告》

各位代表：

现在，我代表最高人民法院向大会报告工作，请予审议，并请全国政协各位委员提出意见。

一、过去五年的主要工作

在以胡锦涛同志为总书记的党中央正确领导下，最高人民法院遵照第十届全国人民代表大会各次会议提出的要求，认真履行宪法和法律赋予的职责，坚持“公正司法、一心为民”指导方针，坚持“公正与效率”工作主题，以审判工作为中心，以基层建设为基础，以司法改革为动力，以队伍建设为保证，切实增强司法能力、提高司法水平，确保法律严格实施，维护社会公平正义，为推进依法治国、建设社会主义法治国家作出新贡献。

(一)发挥审判职能作用，促进社会和谐稳定

最高人民法院从维护社会和谐稳定和国家长治

久安出发，认真开展审判和监督指导工作。2003年至2007年，共审理各类案件20451件，比前五年上升0.78%。监督指导地方各级人民法院和专门法院审结各类案件3178.4万件，比前五年上升1.59%。

第一，依法惩罚刑事犯罪，维护国家安全和社会稳定。五年来，最高人民法院审理刑事案件4802件；监督指导地方各级人民法院审结一审刑事案件338.5万件，总数比前五年上升19.61%。其中，判处五年以上有期徒刑、无期徒刑和死刑的76万人，占判处罪犯总数的18.18%。

坚持贯彻执行依法严厉惩罚严重刑事犯罪的方针，重点审判各种危害国家安全、危害公共安全和危害人民群众生命财产安全的犯罪，推动全国社会治安形势持续好转，共审结爆炸、杀人、绑架、抢劫等犯罪案件120万件，同比上升10.09%。依法惩罚严重破坏社会主义市场经济秩序的犯罪，审结生产、销售伪劣产品、走私、破坏金融管理秩序等犯罪案件8万余件，同比上升11.76%。审结侵犯知识产权犯罪案件2962件，同比上升1.33倍。审结贪污、贿赂、渎职犯罪案件12万件，同比上升12.15%。

严格执行宽严相济的刑事政策，做到“该宽则宽，当严则严，宽严相济，罚当其罪”。对于具有法定从轻、减轻处罚情节的，依法从宽处理；对于具有酌定从宽处罚情节的，依法予以裁量，最大限度地减少社会对立面。坚持惩罚犯罪和保障人权并重，严格遵循证据裁判原则，确保无罪的人不受刑事追究。五年来，依法宣告1.4万名刑事被告人无罪。依法保障被告人行使各项诉讼权利，为32万名符合法律援助条件的被告人指定了辩护人，同比上升2.3倍。

积极参与社会治安综合治理，有效减少和预防犯罪。参与平安建设和社区矫治工作，积极提出司法建议。对未成年犯罪人实行教育、感化、挽救方针，共对12.6万名未成年犯罪人判处非监禁刑。加强对未成年犯罪人的回访教育，五年回访2.6万人。严格减刑、假释标准，促进罪犯改过自新，办理减刑、假释案件212.5万件，其中，依法减刑203万人，假释9.5万人，减刑假释人数同比上升25.84%。

第二，依法平等保护自然人、法人和其他组织的民事权利，促进经济发展与社会和谐。五年来，最高人民法院审理民事案件3196件；监督指导地方各级人民法院审结一审民事案件2214.5万件，比前五年下降6.25%。

高度重视与民生有关案件的依法审理，审结婚姻家庭、遗产继承等案件593万件，同比下降12.54%；人身损害赔偿纠纷案件209万件，同比上升16.76%；劳动争议案件60万件，同比上升30%。

依法平等保护各类市场主体的合法权益，审结合同纠纷案件1144万件，同比上升56.80%，诉讼标的额23085亿元，同比增长5.59%。保护职工和债权人的合法权益，防止国有资产流失，审结企业改制和破产案件1.5万件，同比下降2.58%。通过审判活动防范和化解金融风险，审结借款合同、保险、证券、期货等金融纠纷案件395万件，同比上升35.27%。积极推动证券公司综合治理工作，依法公正妥善审理24家证券公司破产案件。

依法加大知识产权司法保护力度，促进自主创新能力和国家创新体系建设。审结知识产权民事案件6万余件，同比上升1.5倍，诉讼标的额133亿元，同比增长70.7%。其中，审结著作权侵权案件2.5万件，专利侵权案件1.4万件，商标侵权案件9687件，不正当竞争案件6540件，技术合同、植物新品种等其他知识产权案件6259件。

加强内地与香港、澳门司法交流与合作，签署相互认可和执行民商事判决以及仲裁裁决等有关司法协助的文件6件。依法保护香港同胞、澳门同胞的合法权益，审结涉港、涉澳民商事案件26561件，同比上升30.53%。维护台湾同胞合法权益，促进两岸人员往来和经济文化交流，共审结涉台民商事案件16130件，同比上升85.27%。

依法审理涉外民商事和海事海商案件，依据我国法律和已参加或批准的国际条约，参照国际惯例，平等保护中外当事人的合法权益，共审结涉外民商事和海事海商案件64558件，同比上升14.97%。

坚持“能调则调、当判则判、调判结合、案结事了”的审判原则，把诉讼调解贯穿于案件审理全过程，民事案件调解和撤诉率达50.74%。加强对人民调解委员会的指导，支持、维护、促进人民调解和行政调解，建立和完善纠纷解决机制。

第三，通过行政审判监督和支持行政机关依法行政，保护公民、法人和其他组织合法权益。最高人民法院审理行政案件1242件，国家赔偿案件313件；监督和指导地方各级人民法院审结一审行政案件47万余件，同比上升1.5%；审结国家赔偿案件1.3万件，同比上升17.31%，涉及赔偿金额1.8亿元，同比增长6.26%。

第四，加强和改进执行工作，最大限度实现生效裁判所确认的权益，维护司法权威。最高人民法院依法协调和督办跨地区民事执行案件1038件，监督指导地方各级人民法院加大执行协调工作力度，积极推动国家执行联动机制建设，当事人自行履行率比前五年提高3.63个百分点，强制执行案件1080万件，同比下降11.91%；执行标的金额17276.2亿元，增长28.19%。

第五,完善申诉复查和再审工作机制,着力解决申诉难,依法支持当事人的合理诉求。最高人民法院审查申诉和申请再审案件9860件,监督和指导地方各级人民法院审查申诉案件55.7万件,其中申诉符合再审事由进入再审程序的案件18.4万件,占全部生效案件总数的0.71%。

各级人民法院注意区分诉讼案件与信访事项,引导人民群众依照法定程序表达诉求,依法保障当事人正确行使申诉权利。对申诉和申请再审理由充分的,依法提起再审予以纠正,及时保护当事人的合法权益;对申诉和申请再审无理的,在驳回再审请求的同时做好服判息诉工作,最大限度地止争息访。五年来,全国法院涉诉信访总量呈下降趋势,其中,最高人民法院办理涉诉信访件71.9万件,同比上升11.69%,地方各级人民法院办理涉诉信访件1876万件,同比下降55.58%。

第六,进一步加强司法解释工作,加强法律实施,维护法制统一。为了提高司法解释质量,最高人民法院制定《关于司法解释工作的规定》,对司法解释的立项要求、调查研究、征求意见、报送审查等程序作了规范。五年来,共制定司法解释85件;发布司法指导性文件180件。通过公报发布指导性案例169个,为探索建立案例指导制度积累了经验。

(二)认真贯彻落实"公正司法,一心为民"的方针,维护社会公平正义

五年来,最高人民法院遵照胡锦涛总书记的重要指示,把"公正司法,一心为民"确立为法院工作的指导方针,指导地方各级人民法院制定了一系列司法利民、护民、便民措施。

落实公开审判,提高司法透明度。强化和规范对当事人依法告知义务,保障当事人在立案、审判、执行、审判监督等各环节对审判权运行过程的知情权。建立案件办理情况查询机制,方便当事人了解案件进展信息、查阅裁判文书。建立、健全新闻发言人制度,及时发布重要审判信息,主动接受舆论监督。借助审判活动,积极开展法治宣传。

提高审判质量,确保公正司法。正确处理客观真实与法律真实、实体公正与程序公正、法律效果与社会效果的关系,不断提高法官的司法水平和审判质量,一审后当事人服判息诉的占90.01%,二审维持率70.84%。

提高司法效率,及时化解纠纷。在刑事审判工作中,对被告人认罪、控辩双方无异议的案件,简化庭审环节,提高审判效率。在民事审判工作中,适用简易民事程序速裁案件1496万件,全部案件审限内结案率达到96.06%。

落实便民措施,方便群众诉讼。为群众免费提供诉讼指南,告知诉讼风险,实行网上立案,巡回审判,预约开庭。为方便偏远地区群众参与诉讼,全国共设立巡回审判点11220个。为减轻当事人诉累,6941个人民法庭实现了直接立案。

加大司法救助力度。对经济上确有困难的当事人及时提供司法救助,共救助127万人次,同比上升1.15倍,缓、减、免交诉讼费54.8亿元,同比增长71.25%。

(三)司法改革取得重要进展,中国特色社会主义审判制度不断完善

五年来,最高人民法院深入贯彻落实科学发展观,从我国的国情出发,积极稳妥地推进司法改革,比较圆满地完成了中央确定由最高人民法院牵头的9项改革任务,人民法院第二个五年改革纲要确定的50项改革项目也基本完成。

第一,改革和完善死刑核准制度。根据党中央2004年作出的重大决策,最高人民法院从思想理念、法律制度、组织建设、物质装备等方面,为统一行使死刑案件核准权做了充分准备。根据全国人大常委会关于修改人民法院组织法的决定,最高人民法院从2007年1月1日起统一行使死刑案件核准权。一年来,最高人民法院完善死刑案件二审开庭程序和死刑核准程序,统一死刑适用标准,依法严格、慎重、公正地复核死刑案件,确保死刑只适用于极少数罪行极其严重、性质极其恶劣、社会危害性极大的刑事犯罪分子。总体工作进展顺利,衔接过渡平稳有序,案件审判运行正常。

第二,改革和完善民事再审制度。为切实解决人民群众反映强烈的申诉难问题,最高人民法院认真总结民事再审工作经验,梳理和细化当事人申请再审的正当事由,及时向全国人大提出修改民事诉讼法的建议,最大限度地保障当事人申请再审的权利,着力解决多头申诉和重复申诉的问题,努力提高再审工作的效率。

第三,改革和完善民事执行制度。最高人民法院通过调查研究,在完善执行强制措施、建立财产报告制度、实行执行联动机制等方面建立长效机制,规范执行行为,严格执行管理,及时提出通过修改民事诉讼法改革和完善执行制度的建议,为解决执行难创造了必要的条件。

第四,完善人民陪审员工作机制。最高人民法院认真贯彻执行全国人大常委会《关于完善人民陪审员制度的决定》,自2005年5月1日起,指导地方各级人民法院选任具有广泛代表性的人民陪审员55681人,参与审理案件121万件,充分发挥了人民陪审员制度维护司法公正、促进司法公开、推进司法民主的作用。

第五,完善审判管理制度。最高人民法院指导地

方各级人民法院紧紧抓住关键环节和重点部位,加强对审判权和执行权运行的制约监督,从影响案件质量的环节入手,采取案件审判流程管理、案件质量监督评查、法官审判业绩考评和岗位目标管理等手段,逐步完善审判管理格局,努力形成结构合理、配置科学、程序严密、制约有效的审判权和执行权运行机制。

此外,还进一步改革和完善了审判委员会制度、未成年被告人审判制度、司法救助制度、案例指导制度、裁判文书制作和公布制度,积极探索刑事被害人救助办法,为完善中国特色社会主义司法制度积累了经验。

(四)法官队伍建设成效显著,司法能力明显提升

最高人民法院把法官职业化建设作为固本强基、自我完善、夯实基础的重要途径,全面加强法官队伍的组织管理、思想教育、业务培训和职业保障等建设,使法官整体素质有了很大提高,涌现出一批以宋鱼水、蒋庆、金桂兰、黄学军为代表的模范法官,有1804个集体和1936名个人受到国家和最高人民法院表彰奖励,有31人获得功勋天平奖章和英模天平奖章。

高度重视领导班子建设。在各级党委领导下,与各级人大密切配合,不断加大对下级法院领导班子的协管力度,努力把政治立场坚定、熟悉法律业务、清正廉洁、符合法官法规定条件的人选拔到领导岗位。今年换届时有21位高级人民法院院长实施异地或岗位交流任职。中级和基层法院院长异地或岗位交流任职比前五年也大幅增加。

严格职业准入,加强教育培训。通过司法考试和法官审核制度,严把法官准入关。建立条件严格、程序规范的法官选拔制度,拓宽法官选任渠道,逐步探索上级法院从下级法院选拔法官,重视从律师、专家、学者中选拔法官。加强法官适用法律、驾驭庭审、诉讼调解、制作文书的培训。五年来,共培训法官23万人次,基层法院院长、副院长1.2万人次,高中级法院院长、副院长2000余人次,法官晋级培训5万人次。

完善法官管理和职业保障体制。实行法官、法官助理、书记员和其他人员分类管理制度,逐步建立起职业明确、职责清楚、管理规范、保障到位的法院人员分类管理机制。建立因公牺牲法官特别补助金和特别慰问金制度。全面实施审判津贴制度,逐步提高法官待遇。

加强廉政建设和监督制约工作。制定《法官行为规范》,从立案、审判、监督和执行等方面全面规范法官行为,约束法官业外活动,建立统一的法官职业道德规范。以违法审判责任追究为重点,加大违纪违法案件查处力度。构建符合法官职业特点的自律、防范、惩治、保障等工作机制,初步形成比较完整的法院廉政制度体系。五年来,全国法院违纪违法的法官被查处的人数逐年下降,其中,利用审判权和执行权贪赃枉法、徇私舞弊的,从2003年的468人下降到2007年的218人,下降53.42%。

(五)基层基础工作得到加强,基层司法条件显著改善

最高人民法院坚持把人民法院建设的重点放在基层,先后颁布《关于进一步加强人民法院基层建设的决定》和《关于全面加强人民法庭工作的决定》,全面提高基层人民法院和人民法庭队伍的整体素质和公正司法水平。积极争取各级党委、人大、政府的关心支持,解决基层基础建设中面临的问题和困难。全国大部分省级财政部门会同高级法院分档、分类确定了不同地区基层法院公用经费保障标准。中西部地区需新建、改建的人民法庭已全部列入国家专项建设投资计划。

最高人民法院围绕党和国家工作大局,积极开展对外司法交流与合作。2005年,成功举办以"法治与国际和谐社会"为主题的第22届世界法律大会,发表《上海宣言》,在国际法律界产生重要影响,树立了我国良好的法治形象。2006年,成功举办上海合作组织成员国最高法院院长会议,签署《联合声明》,就开展成员国最高法院的司法交流与合作达成诸多共识。与多个国家和国际组织进行了多项司法合作,依据双边和多边协定开展广泛的司法协助。

各位代表,最高人民法院认真贯彻落实《中华人民共和国各级人民代表大会常务委员会监督法》,自觉接受全国人大及其常委会的监督。严格执行法院工作报告制度、司法解释报送备案审查制度、法官任免制度,以及办理人大代表建议和政协委员提案制度。在认真报告年度工作的同时,先后向全国人大常委会就加强基层人民法院建设、加强审判工作监督、规范司法行为专项整改、完善审判工作监督机制等做了专项工作报告,并按照全国人大常委会对各次报告的审议意见,进行认真整改。配合全国人大常委会开展法官法执法检查,推动法官法的贯彻落实。五年来,最高人民法院共收到全国人大代表建议703件,全国政协委员提案242件,全部在规定期限内办复。高度重视听取社会各界的意见和建议,主动邀请人大代表和政协委员视察法院工作、旁听案件审理,虚心接受人大代表和政协委员提出的批评、意见和建议。

依法接受和严肃对待检察机关的法律监督。严格按照法律程序公正审理各类抗诉案件,及时检查和纠正案件审判过程中存在的问题,确保办案程序合法,裁判实体公正。五年来,全国法院共审结各级检察机关对各类判决提出抗诉的案件67853件,比前五年下降16.63%。其中,原判正确予以维持的25722件,占抗诉案件总数的37.91%;改判16597件,发回重审3511

件，占29.63%；以调解、撤诉等方式结案的22023件，占32.46%。

各位代表，过去的五年，是人民法院工作不断进步的五年，是审判工作为改革发展稳定大局作出积极贡献的五年，是人民法院司法改革取得重要进展的五年，也是人民法官队伍司法能力不断提高的五年。五年来，最高人民法院解放思想，开拓创新，对于继续做好法院工作有了更加深刻的认识和体会：人民法院必须坚持以邓小平理论和“三个代表”重要思想为指导，深入贯彻落实科学发展观，始终坚持党的领导，自觉接受人大及其常委会和社会各界的监督；必须坚持“公正司法，一心为民”的指导方针，坚持惩罚犯罪、保障人权与文明司法相结合，依法维护诉讼当事人的合法权益；必须牢固树立社会主义法治理念，坚持公正与效率工作主题，遵循审判工作基本规律；必须紧紧围绕党和国家工作大局，充分发挥审判职能作用，力求法律效果与社会效果的有机统一；必须坚持正确政治方向和从国情出发，借鉴国外有益经验，依法有序地推进司法体制和工作机制改革，建设公正高效权威的社会主义司法制度；必须坚持重心下移、固本强基的理念，狠抓基层基础工作，不断夯实公正司法的根基；必须坚持“宽严相济”、“调判结合”、“监督与支持并重”的刑事、民事和行政审判政策，力求案结事了，促进和谐社会建设；必须不断强化司法管理，建立科学的司法绩效评估体系，完善内部监督制约和激励机制；必须高度重视法院队伍建设，着力提高法官司法能力，严格执行违法审判责任追究制度；必须继续改善司法环境，强化司法保障，排除各种干扰，确保人民法院依法独立公正地行使审判权。

各位代表，人民法院工作取得的上述成绩，是以胡锦涛同志为总书记的党中央正确领导的结果，是全国人大及其常委会有力监督的结果，也是地方各级党委、人大、政府、政协、社会各界和广大人民群众积极支持的结果。在此，我代表最高人民法院，向多年来支持人民法院工作的人大代表、政协委员和社会各界人士，表示衷心的感谢和深深的敬意。

在看到成绩的同时，我们也清醒地认识到，当前人民群众日益增长的司法需求与人民法院司法能力相对不足的矛盾仍然较为突出。少数法官素质不高、能力不强，致使一些案件审判质量和审判效率不高，执行难的问题没有得到根本解决。少数法院廉政制度不落实、监督不到位，个别法院领导干部和法官严重违纪违法，甚至受到刑事追究，在社会上造成恶劣影响。一些制约和影响人民法院充分发挥职能作用的体制和机制性障碍，以及法官人才短缺、一些法院经费保障不足的困难依然存在。对于以上问题，最高人民法院将会同有关部门继续深化改革并采取切实措施，认真加以解决。

二、2008年的工作安排

党的十七大从坚持和发展中国特色社会主义的战略高度和全局角度，强调要全面落实依法治国基本方略，加快建设社会主义法治国家。为完成这个重大战略任务，2008年，最高人民法院将重点做好以下六个方面的工作：

（一）以中国特色社会主义理论体系为指导，全面加强人民法院工作，促进社会公平正义。要认真贯彻党的十七大精神，牢固树立社会主义法治理念，监督和指导各级人民法院按照依法治国的总体要求，切实做到有法必依、执法必严、违法必究，坚决维护宪法和法律的权威，维护社会主义法制的统一和尊严。坚持以司法为民为宗旨，以公正司法为根本，充分发挥审判职能作用，切实保障人民的经济、政治、文化、社会权益，依法维护和促进社会公平正义，为构建社会主义和谐社会创造良好的法治环境。

（二）继续做好各项审判和执行工作，努力化解矛盾纠纷，维护社会和谐稳定。在刑事审判工作中，着力维护社会和谐稳定，着眼确保国家长治久安和确保人民群众生命财产安全，坚持依法严厉惩罚严重刑事犯罪与依法加强司法领域的人权保障相结合，坚持宽严相济的刑事司法政策。在民事审判工作中，坚持平等保护和调判结合的民事审判原则，坚持在法律面前，无论贫富强弱，不管性别职业，一律不偏不倚，平等保护各类诉讼主体的合法权益，努力实现案结事了。依法审理婚姻家庭案件、社区邻里纠纷案件、涉农案件、涉军案件、涉及妇女儿童权益案件、损害残疾人权益案件、劳动争议案件，化解社会矛盾，促进社会和谐。依法审理环境侵权案件、涉及国有企业改制案件、金融案件、知识产权纠纷案件、海事海商案件、涉侨案件、涉外案件和涉港、涉澳、涉台案件，维护公平竞争、合法有序的市场经济秩序，保障经济社会又好又快地发展。在行政审判工作中，坚持监督、维护和协调相统一的原则，充分发挥指定管辖和提级管辖的作用，切实保护公民、法人和其他组织的合法权益，有效化解行政争议和国家赔偿争议。在民事执行工作中，加大执行力度，规范执行行为，加强执行监督，提高执行质量与效率。

（三）坚持“公正司法，一心为民”指导方针，切实解决一些案件裁判不公问题。改进和完善便于当事人行使诉权的工作机制，确保当事人依法行使诉权。继续坚持依法公开、及时公开、全面公开原则，落实公开审判制度，增强审判工作透明度，增强裁判说理性。继续完善人民陪审员制度，大力弘扬司法民主。继续完善司法解释的立项和调研制度，充分发挥最高人民法院的监督指导职能。采取有效措施，认真执行今年4

月1日生效的修改后的民事诉讼法,进一步健全涉诉信访工作机制,确保申诉与申请再审制度以及民事执行制度改革的成功,着力解决申诉难、申请再审难和执行难问题。

(四)继续推进人民法院改革,优化法院内部职权配置。根据中央统一部署,积极稳妥地深化各项司法改革,解决影响司法公正的体制性、机制性、保障性障碍。优化不同层级法院的职权配置,充分发挥基层和中级法院就地解决纠纷的作用,强化最高法院和高级法院的审判监督和指导职能。深化执行改革,进一步落实执行裁决权与执行实施权的分离,积极参与国家信用体系建设,完善执行联动机制,促进被执行人自觉履行生效裁判。加强审判和执行管理,建立科学的动态监督机制。落实案件质量评估体系,提高审判质量和效率。

(五)继续加强基层基础建设,努力提高司法能力。完善基层审判工作机制,依法扩大简易程序适用范围,探索简便、快速裁判方式,完善巡回审判制度。配合财政部门制定和完善基层法院公用经费保障标准,争取中央和省级财政支持,不断加大对中西部和贫困地区法院经费转移支付力度。鼓励和安排新进人员到基层和艰苦地区锻炼,把基层法院建设成为培养骨干和后备人才的摇篮。抓好基层法院党组织建设和司法能力建设,使基层法院成为维护社会和谐稳定的一道稳固防线。

(六)继续加强法官队伍建设,全力提高司法水平。认真学习中国特色社会主义理论,深入开展社会主义法治理念教育。加强在职法官教育培训,健全完善经常性教育培训机制。完善法官遴选制度,促进上下级法院法官的合理流动。加强法官作风和司法规范化建设,坚决纠正损害群众利益的不正之风。坚决查处利用审判权和执行权贪赃枉法的人和事,确保司法廉洁。加强职业保障建设,完善法官职业保障机制。

各位代表,2008年是改革开放30周年,也是全面贯彻落实党的十七大作出的战略部署的第一年,人民法院的使命神圣、责任重大。我们要更加紧密地团结在以胡锦涛同志为总书记的党中央周围,高举中国特色社会主义伟大旗帜,坚持以邓小平理论和“三个代表”重要思想为指导,深入贯彻落实科学发展观,解放思想,开拓创新,振奋精神,扎实工作,为夺取全面建设小康社会新胜利、开创中国特色社会主义新局面作出新贡献!

最高人民检察院检察长贾春旺在十一届全国人大一次会议上作《最高人民检察院工作报告》

各位代表:

现在,我代表最高人民检察院向大会报告工作,请予审议,并请全国政协各位委员提出意见。

十届全国人大一次会议以来,最高人民检察院领导地方各级人民检察院和专门人民检察院,以邓小平理论和“三个代表”重要思想为指导,深入贯彻落实科学发展观,各项检察工作取得新进展,为落实依法治国基本方略、全面建设小康社会作出了积极贡献。

一、认真履行检察职责,为经济社会发展提供司法保障

2003年,最高人民检察院根据党的十六大关于“社会主义司法制度必须保障在全社会实现公平和正义”的要求和宪法、法律的规定,确立了“强化法律监督,维护公平正义”的工作主题,提出了“加大工作力度,提高执法水平和办案质量”的总体要求,以此统一思想、凝聚力量、推动工作。五年来,全国检察机关紧紧围绕党和国家工作大局,忠实履行宪法和法律赋予的职责,着力服务经济发展、促进社会和谐。

(一)依法打击刑事犯罪,维护社会和谐稳定。

致力于维护我国发展重要战略机遇期的社会稳定,认真履行批捕、起诉职责。2003年至2007年,共批准逮捕各类刑事犯罪嫌疑人4232616人,提起公诉4692655人,比前五年分别上升20.5%和32.8%。

依法严厉打击严重刑事犯罪。批准逮捕危害国家安全的犯罪嫌疑人2404人,提起公诉2451人。突出打击黑恶势力犯罪、严重暴力犯罪和多发性侵财犯罪,批准逮捕黑社会性质组织犯罪和故意杀人、放火、爆炸、强奸、绑架、抢劫犯罪嫌疑人906947人,提起公诉931876人。贯彻社会治安综合治理方针,配合有关部门开展对治安混乱地区和突出治安问题的集中整治,推动社会治安防控体系的完善,促进平安建设。

坚决打击破坏市场经济秩序和环境资源的犯罪。批准逮捕走私、金融诈骗、偷税骗税等犯罪嫌疑人113347人,提起公诉129392人。加强对环境资源和知识产权的司法保护,批准逮捕造成重大环境污染事故、非法采矿等破坏环境资源犯罪嫌疑人37272人,提起公诉53745人;批准逮捕假冒注册商标、侵犯著作权等侵犯知识产权犯罪嫌疑人6339人,提起公诉7448人。为解决对涉嫌犯罪案件以罚代刑、不依法移送司法机关的问题,最高人民检察院会同有关部门下发《关于在行政执法中及时移送涉嫌犯罪案件的意见》等文件,完善了行政执法与刑事司法相衔接的机制。

认真贯彻宽严相济的刑事政策。坚持该严则严、当宽则宽、区别对待、注重效果,制定并实施在检察工作中贯彻宽严相济刑事政策的意见。在依法严厉打击严重刑事犯罪的同时,对轻微刑事案件尽量缩短办案时间,建议人民法院适用简易程序;对涉嫌犯罪的未成年人,坚持教育为主、惩罚为辅的原则,采取适合其身

心特点的办案方式，建立社会调查、亲情会见等制度；对主观恶性不大、犯罪情节轻微的未成年人、初犯、过失犯，以及因亲友邻里纠纷引发、当事人达成和解的轻微刑事案件，可捕可不捕的不批捕，可诉可不诉的不起诉。对涉嫌犯罪但无逮捕必要的，决定不批准逮捕149007人；对犯罪情节轻微，依照刑法规定不需要判处刑罚或者免除刑罚的，决定不起诉73529人。

（二）依法查办和积极预防职务犯罪，促进反腐倡廉建设。

贯彻党中央关于反腐败斗争的总体部署，认真履行查办职务犯罪职责，在注重“务必搞准”、不断提高办案质量的前提下加大办案力度。五年来，共立案侦查贪污贿赂、渎职侵权犯罪案件179696件209487人，比前五年分别下降13.2%和9.9%；除正在侦查、审查起诉和审判尚未终结的以外，已被判决有罪116627人，比前五年上升30.7%；2007年有罪判决数与立案数的比率比2003年提高了29.9个百分点。

集中力量查办大案要案。加强统一指挥和协调，对重大复杂案件由上级检察院直接查办、派员参办或异地交办。立案侦查贪污受贿十万元以上、挪用公款百万元以上案件35255件，涉嫌犯罪的县处级以上国家工作人员13929人（其中厅局级930人、省部级以上35人）。大案、要案占立案数的比例分别从2003年的46.8%和6.3%上升为2007年的58.3%和6.6%。完善境内外追逃追赃机制，对在逃的5724名职务犯罪嫌疑人已抓获4547名，追缴赃款赃物244.8亿多元。

积极参与治理商业贿赂工作。认真贯彻中央关于治理商业贿赂的重大决策，建立、健全与行业主管（监管）部门、行政执法部门的协作机制，重点查办发生在工程建设、土地出让、产权交易、医药购销、政府采购、资源开发和经销领域的商业贿赂案件。针对城镇建设特别是房地产开发过程中商业贿赂突出、群众反映强烈的状况，开展了集中查办这一领域商业贿赂犯罪案件的专项工作。立案侦查涉及国家工作人员的商业贿赂犯罪案件19963件，涉案金额34.2亿多元。最高人民检察院对重大典型案件实行挂牌督办或直接指挥查办，使一批涉案地域广、人员多、金额大的案件受到严肃查处。

加大反渎职侵权工作力度。加强反渎职侵权举报宣传，提高发现案件线索的能力，重点查办国家机关工作人员侵害市场主体利益、妨碍市场经济秩序的渎职犯罪和侵犯公民人身权利、民主权利的犯罪。共立案侦查渎职侵权犯罪案件34973件42010人，其中已被判决有罪的16060人，是前五年的2.3倍。在打黑除恶专项斗争中，严肃查办为黑恶势力充当“保护伞”的国家机关工作人员101人。针对重大安全生产事故严重危害人民生命财产安全的情况，同步介入事故调查，立案侦查纵容违法违规生产、不报或谎报重大事故等涉嫌犯罪的国家机关工作人员1193人。

深入开展预防职务犯罪工作。加强对职务犯罪原因、特点和规律的分析，针对公共项目和资金管理等方面存在的问题，提出检察建议74238件。为遏制贿赂犯罪，在工程建设等领域建立行贿犯罪档案查询系统，向社会提供查询23082次。广泛开展预防宣传和咨询。最高人民检察院和一些地方检察院举办惩治和预防职务犯罪展览，对预防和减少职务犯罪起到了积极作用。

（三）强化对诉讼活动的法律监督，维护司法公正。

加强刑事诉讼法律监督。坚持打击犯罪与保障人权并重，既注意监督纠正有罪不究、执法不严的问题，又重视监督纠正侵犯人权、冤及无辜的问题，努力做到严格依法、客观公正。对应当立案而不立案的，督促侦查机关立案94766件；对违法插手民事经济纠纷等不应当立案而立案的，督促侦查机关撤案18266件。对应当逮捕而未提请逮捕、应当起诉而未移送起诉的，决定追加逮捕63500人、追加起诉42430人；对依法不应当追究刑事责任或证据不足的，决定不批准逮捕255931人、不起诉34433人；对侦查活动中滥用强制措施等违法情况提出纠正意见50742件次。对认为确有错误的刑事判决、裁定提出抗诉15161件，对刑事审判中的违法情况提出纠正意见9251件次。

强化刑罚执行和监管活动法律监督。加强派驻监管场所检察室规范化建设，推行与监管场所的信息、监控系统联网，依法监督纠正减刑、假释、暂予监外执行不当13275人，对不按照规定将罪犯交付执行等违法情况提出纠正意见29631件次。会同公安机关开展“加强监管执法、加强法律监督，保障刑事诉讼顺利进行、保障在押人员合法权益”示范单位创建活动，防止体罚虐待、违法提审等问题的发生，促进了依法文明管理。

积极开展民事审判和行政诉讼法律监督。依法受理和及时审查不服人民法院生效判决、裁定的申诉，重点加强对严重侵害国家和社会公共利益，侵害农民工、下岗职工等困难群众利益，因司法工作人员贪赃枉法导致司法不公等案件的监督。对认为确有错误的民事、行政裁判提出抗诉63662件、再审检察建议24782件；对裁判正确的，认真做好申诉人的服判息诉工作。一些地方检察院开展了对涉及公益案件的支持起诉、督促起诉工作。

有针对性地开展专项法律监督。在全国人大常委会的支持下，开展集中清理纠正超期羁押工作，纠正了一批历史遗留的超期羁押问题，并在此基础上建立、健全防止和纠正超期羁押长效机制，使侦查、起诉、审判各环节新发生的超期羁押从2003年的24921人次下降到2007年的85人次。针对一些地方经济犯罪特别是制售伪劣食品、药品、农资和侵犯知识产权犯罪突出的情况，开展了经济犯罪专项立案监督和制假售假、侵犯知识产权犯罪专项立案监督工作。为推动落实尊重和保障人权的宪法原则，开展了以纠正刑讯逼供为重点的专项侦查监督、逮捕工作专项检查、服刑人员申诉专项清理活动。为保证刑罚执行和监管活动严格依法进行，开展了减刑、假释、保外就医专项检查和核查纠正监外执行罪犯脱管漏管专项工作。通过开展专项监督工作，集中解决了一些涉及民生、群众反映强烈的问题，增强了法律监督实效。

严肃查处执法和司法不公背后的职务犯罪。把监督纠正违法与查办职务犯罪相结合，注意在诉讼监督中发现徇私枉法等职务犯罪线索，立案侦查涉嫌犯罪的司法工作人员17270人。

(四)加强控告申诉检察工作，化解矛盾纠纷。

畅通控告申诉渠道。加强举报中心建设，提供网上举报、申诉和案件查询等服务，广泛开展文明接待活动。坚持检察长和业务部门负责人接谈制度，推行上下级检察院联合接访，探索带案下访、定期巡访，在乡镇、社区现场接待举报、申诉，缓解了群众告状难、申诉难问题。

妥善处理涉法涉诉信访。先后开展五次集中处理信访突出问题专项工作，共办理群众来信来访1507859件次。把不服检察机关处理决定等涉检信访案件作为重点，完善和落实首办责任制，对重大疑难案件实行挂牌督办，定领导、定专人、定方案、定时限，在解决实际问题上下功夫，力求案结事了、息诉罢访，共办理涉检信访案件71685件，息诉64517件。注意把执法办案同化解矛盾相结合，针对当事人的疑问加强释法说理，对生活困难的被害人协同有关部门给予救助，对存在执法过错的涉检信访案件进行责任倒查，努力从源头上减少涉检信访。2007年不服检察机关处理决定的信访5814件，比2003年下降32.5%。

二、积极推进检察改革，完善检察体制和工作机制

贯彻党的十六大关于司法体制改革的部署，认真抓好中央确定由最高人民检察院牵头的改革任务，制定《关于进一步深化检察改革的三年实施意见》，以解决制约司法公正和人民群众反映突出的问题为重点，以强化法律监督职能和加强对自身执法活动的监督制约为主线，积极稳妥地推进检察体制和工作机制改革。

改革和完善对诉讼活动的法律监督制度。针对近年来发现的冤错案件暴露出的问题，完善批捕、起诉环节讯问犯罪嫌疑人和证据审查、非法证据排除制度，健全对刑讯逼供等违法行为的监督机制。根据死刑核准权统一收归最高人民法院行使和死刑第二审案件依法实行开庭审理的情况，规范死刑第二审案件审查和出庭工作，探索死刑复核监督机制，加强了对办理死刑案件的法律监督。健全对减刑、假释、暂予监外执行的同步监督机制，建立罪犯监外执行工作监督机制，完善对刑罚执行和监管活动的监督制度。

规范和完善执法办案工作机制。开展“规范执法行为，促进执法公正”专项整改活动，有针对性地完善制度规范。最高人民检察院制定和修改审查逮捕、审查起诉案件质量标准，渎职侵权犯罪案件立案标准，扣押、冻结款物工作规定等50多项规范性文件。制定查办职务犯罪案件等主要业务工作考评办法，形成了全国统一的考评机制。推进业务、队伍和信息化“三位一体”机制建设，运用信息技术对执法办案活动进行管理和监督，促进了执法水平和办案质量的提高。

改革和完善检察机关内部制约机制。加强办理职务犯罪案件的内部制约，规定案件受理、立案侦查、审查逮捕、审查起诉必须由不同内设机构承办，由不同院领导分管。建立并推行讯问职务犯罪嫌疑人全程同步录音录像制度，促进侦查讯问活动规范化，加强了人权保障。建立查办职务犯罪工作备案、审批制度，规定职务犯罪案件立案、逮捕必须报上一级检察院备案审查，撤案、不起诉必须报上一级检察院批准。制定执法过错责任追究条例，完善执法责任制和责任追究机制。最高人民检察院和一些地方检察院建立检务督察制度，重点对检察人员执法办案中履行职责、遵守纪律等情况进行监督。

改革和完善检察机关接受监督的机制。为加强对查办职务犯罪工作的外部监督，最高人民检察院经中央同意并报告全国人大常委会，从2003年9月起开展了人民监督员制度试点工作。规定职务犯罪案件中拟作撤案、不起诉处理和犯罪嫌疑人不服逮捕决定的“三类案件”，全部纳入人民监督员监督程序。截至去年年底，全国已有86%的检察院开展试点。人民监督员共对21270件“三类案件”进行了监督，其中不同意办案部门意见的930件，检察机关采纳543件。深化检务公开，对检察机关工作制度、办案规程等规定，依法能够公开的全部向社会公开。完善诉讼参与人权利义务告知、检察人员违纪违法行为投诉制度，推行不起诉案件公开审查、多次上访案件听证制度，健全特约检察员、专家咨询委员会制度，建立保障律师在刑事诉讼中依法执业的工作机制，增强了执法透明度，促进了司法公正。

三、全面加强检察队伍建设，提高整体素质和执法水平

坚持把队伍建设作为战略任务常抓不懈，以公正

执法为核心，以专业化为方向，努力建设政治坚定、业务精通、作风优良、执法公正的检察队伍。

加强思想政治建设和纪律作风建设。先后组织开展“强化法律监督，维护公平正义”主题教育、社会主义法治理念教育等活动，通过警示教育等形式，引导检察人员深入查找宗旨意识、执法理念等方面存在的问题，增强为民执法、公正执法意识。建立执法档案制度，修订纪律处分条例，集中进行扣押冻结款物专项清理和纠正违法插手经济纠纷等工作，对检察人员违纪违法案件发现一件严肃查处一件，解决了业务工作与队伍建设相关联的一些突出问题，促进了执法作风的改善。全国检察机关共有6539个集体和11819名个人受到省级以上表彰，涌现出王书田、蒋汉生、白云、白洁等一批清廉为民、秉公执法的先进典型。对检察人员的控告、举报从2003年的5651人次下降到2007年的3524人次，下降37.6%。因违纪违法被查处的检察人员从2003年的424人下降到2007年的207人，下降51.2%。其中检察官利用检察权贪赃枉法、徇私舞弊的，从2003年的277人下降到2007年的92人，下降66.8%。

狠抓领导班子建设。把领导班子建设作为重中之重，开展政治轮训和素能培训，举办社会主义法治理念培训班和加强作风建设专题研讨班，培训领导干部39562人次。加强上级检察院对下级检察院领导班子的管理和监督，推行巡视和领导干部述职述廉、个人有关事项报告、任前廉政谈话、任期经济责任审计等制度，对领导干部提出“六个严禁”的要求。加大干部协管力度，配合党委、人大对1140名检察长进行了异地或岗位交流任职。

加强队伍专业化建设。认真执行检察官法，严格实行新进人员统一招考、检察官从通过司法考试的人员中选任，推行上级检察院检察官从下级检察院检察官中择优遴选。最高人民检察院和省级检察院公开遴选了796名检察官。加强检察人员学历教育，组织全员轮训，开展评选优秀公诉人等岗位练兵和业务竞赛活动，培训检察人员520117人次。实施高层次人才培养工程，评选了一批检察业务专家。具有本科以上文化程度的检察人员比例从2003年初的39.2%上升为目前的70.3%，队伍专业化水平明显提高。

推进基层检察院建设。制定实施基层检察院建设指导意见和规范化建设考核办法，实行上级检察院领导联系基层、基层检察院结对帮扶制度，深入开展争创先进检察院活动。在全国人大和有关部门的支持下，补充一批编制重点用于充实基层办案力量，选派大学生志愿者到西部地区基层检察院工作，各省、自治区、直辖市制定了县级检察院公用经费保障标准，缓解了基层工作中的一些突出困难，促进了基层队伍素质和执法水平的提高。

军事检察和铁路运输检察工作取得新的成绩，在保障军队现代化建设和铁路改革发展中发挥了积极作用。检察国际交流和司法协助进一步加强。最高人民检察院发起成立国际反贪局联合会，主办亚欧总检察长会议，推动建立、健全中国与东盟总检察长会议机制、上海合作组织成员国检察机关合作机制，促进了反贪污贿赂和打击恐怖犯罪等方面的国际司法合作。为保证准确执行法律，最高人民检察院加强宏观指导，制定司法解释27件。

五年来，检察机关不断增强接受人大监督和政协民主监督的意识。贯彻监督法和《关于进一步发挥全国人大代表作用、加强全国人大常委会制度建设的若干意见》，认真向人大及其常委会报告工作。最高人民检察院就加强基层检察院建设、开展法律监督工作、开展规范执法行为专项整改、完善检察机关监督机制的情况向全国人大常委会作了专项工作报告，并按照全国人大常委会审议意见进行了认真整改。规范办理人大交办事项工作，积极配合对检察官法等法律的执法检查，落实人大的决议和要求。加强与人大代表、政协委员的联系，邀请人大代表、政协委员视察和评议检察工作，向人大代表、政协委员定期通报检察工作情况，听取建议、批评和意见。对全国人大代表、全国政协委员提出的274件建议和提案，最高人民检察院均在规定期限内办结。

各位代表，五年来检察工作的成绩，是以胡锦涛同志为总书记的党中央正确领导的结果，是在各级党委领导、人大监督和政府、政协以及社会各界的关心支持下取得的。党中央作出《关于进一步加强人民法院、人民检察院工作的决定》，提出了一系列加强检察工作的政策和措施。全国人大、全国政协和地方各级人大、政协对检察工作给予了有力监督和支持。各级党委和政府帮助检察机关解决了许多困难。在此，我代表最高人民检察院表示衷心的感谢！

回顾五年的实践，我们深深体会到，做好新形势下的检察工作，必须坚持以中国特色社会主义理论体系为指导，深入贯彻落实科学发展观，牢固树立社会主义法治理念，始终把握正确方向；必须坚持立检为公、执法为民，以维护人民权益为根本，努力使检察工作符合人民群众的愿望和要求；必须坚持把检察工作放在党和国家工作全局中谋划和推进，充分发挥检察职能作用，为经济社会发展服务；必须坚持党的领导和人大监督，自觉把检察工作置于社会各界和人民群众的有效监督之下，保证检察权的依法正确行使；必须坚持“强化法律监督，维护公平正义”的检察工作主题，全面正确履行法律监督职责，努力维护社会公平正义、维护社会和谐稳定；必须坚持“加大工作力度，提高执法水平和办案质量”的总体要求，保证执法力度与办案质量的统一，推动检察工作健康协调发展；必须坚持队伍建设与业务工作“两手抓”，着力提高队伍的政治、业务和职业道德素质，不断增强法律监督能力；必须坚持与时俱进，积极推进理论创新、体制创新、机制创新和工作创新，发展和完善中国特色社会主义检察制度。

当前检察工作中存在的主要问题：一是检察职能的发挥与经济社会发展的要求和人民群众的期望还有不小的差距。一些检察机关结合办案化解矛盾纠纷、促进社会和谐的工作做得还不到位。对诉讼活动特别是民事审判和行政诉讼的法律监督仍然相对薄弱，一些执法、司法不公问题没有得到有效监督纠正。二是检察队伍的整体素质还不完全适应新形势下履行法律监督职责的需要。有些检察人员执法观念陈旧，法治意识、群众意识、职业道德意识淡薄，执法不严，司法不公，为检不廉。有的检察人员包括个别领导干部执法犯法、贪赃枉法，在社会上造成恶劣影响。三是基层基础工作仍需加强，一些地方检察院办案力量不足、中西部和贫困地区基层检察院经费短缺、人才流失、检察官断档等问题依然存在。对这些问题，我们要进一步采取措施，继续认真加以解决。

各位代表，党的十七大描绘了在新的时代条件下全面建设小康社会、加快推进社会主义现代化的宏伟蓝图，提出了全面落实依法治国基本方略、加快建设社会主义法治国家的任务和要求。2008年，检察机关要认真学习贯彻党的十七大精神，紧紧围绕经济社会发展大局，深入实践“强化法律监督，维护公平正义”的工作主题，努力加强和改进检察工作，为全面建设小康社会创造良好的法治环境。

第一，加强法律监督，更好地服务党和国家工作大局。认真履行批捕、起诉职责，依法打击危害国家安全、社会治安和市场经济秩序的犯罪，积极参与社会治安综合治理和平安建设，切实维护社会大局稳定，为北京奥运会和残奥会的成功举办作出应有贡献；依法履行查办和预防职务犯罪职责，把这项工作放在更加突出的位置，继续集中力量查办大案要案和人民群众反映强烈的案件，深入开展职务犯罪预防，促进惩治和预防腐败体系建设；全面履行对诉讼活动的法律监督职责，坚决监督纠正执法不严、司法不公的问题，维护社会主义法制的统一、尊严、权威。工作中，一要更加注重服务经济发展。依法打击各种破坏环境资源、侵犯知识产权的犯罪，依法打击破坏农业生产发展、影响农村和谐稳定、侵害农民合法权益的犯罪，依法查办贪污、挪用、私分国有资产和失职渎职造成国有资产流失的职务犯罪；加强对民事审判、行政诉讼的法律监督，平等保护各类市场主体的合法权益，促进各种所有制经济共同发展。二要更加注重保障和改善民生。坚持执法为民，依法严厉打击黑恶势力犯罪、严重暴力犯罪、多发性侵财犯罪，突出查办教育、就业、金融、医疗卫生、社会保障、征地拆迁、抢险救灾、移民补偿等领域发生的职务犯罪，严肃查办失职渎职造成重大安全生产事故的犯罪，促进解决人民最关心、最直接、最现实的利益问题。加强对人权的司法保护，坚决打击侵犯人权的犯罪，依法监督纠正涉及劳动争议、人身损害赔偿等确有错误的裁判，维护军人军属、归侨侨眷的合法权益，维护妇女、未成年人和残疾人的合法权益，维护农民工等劳动者的合法权益。三要更加注重维护公平正义。把经常性监督与专项监督相结合，进一步在突出监督重点、提高监督水平、增强监督实效上下功夫，着力加强法律监督工作的薄弱环节，严肃查处司法工作人员贪赃枉法、徇私舞弊犯罪，维护司法廉洁，促进司法公正，彰显社会正义。四要更加注重促进社会和谐。认真研究和落实在各项检察工作中化解矛盾纠纷的措施，积极做好释法说理等工作；深入贯彻宽严相济的刑事政策，进一步完善相关工作机制；注意在执法中发现带有倾向性、苗头性的民生诉求，创新便民信访方式，妥善处理涉检信访问题，最大限度增加和谐因素，最大限度减少不和谐因素。

第二，深化检察改革，促进完善公正高效权威的社会主义司法制度。按照党的十七大关于深化司法体制改革的部署，制定今后一个时期深化检察改革的方案，以满足人民的司法需求为根本出发点，从人民不满意的问题入手，继续推进检察体制和工作机制改革。积极提出立法建议，完善检察机关法律监督的范围、内容、程序和措施。优化检察职权配置，健全上下一体、分工合理、权责明确、运行高效的检察体制。全面实行人民监督员制度，推动人民监督员制度法制化，健全检察工作接受人民群众监督的机制。进一步规范执法行为，完善执法办案机制、队伍管理机制和执法保障机制，从制度上保证依法独立公正地行使检察权。

第三，推进队伍建设，做到严格、公正、文明执法。组织检察人员深入学习贯彻党的十七大精神和胡锦涛总书记在全国政法工作会议代表和全国大法官、大检察官座谈会上的重要讲话，深化社会主义法治理念教育，进一步端正执法思想。着力建设高素质领导班子，加强教育、管理和监督，促使领导干部增强政治意识、大局意识、责任意识、法律意识、廉洁意识。广泛开展正规化分类培训和岗位练兵，抓好人才培养工作，提高检察人员业务素质和执法技能。大力加强基层基础工作，加大对中西部和贫困地区基层检察院的扶持力度,促进基层检察院建设健康发展。加强自身反腐倡廉建设,弘扬检察职业道德,严明执法纪律,对检察人员贪赃枉法、侵害群众利益的,坚决依纪依法查处。

第四,自觉接受监督,保证检察权的依法正确行使。坚持把检察工作置于党的领导和人大及其常委会的监督之下,深入贯彻监督法,完善和落实接受人大监督的措施。自觉接受政协民主监督、人民群众监督和新闻舆论监督,认真听取各民主党派、工商联、无党派人士的建议、批评和意见,加强和改进检察工作。

各位代表,面对新的形势和任务,全国检察机关要更加紧密地团结在以胡锦涛同志为总书记的党中央周围,高举中国特色社会主义伟大旗帜,以邓小平理论和“三个代表”重要思想为指导,深入贯彻落实科学发展观,全面贯彻党的十七大和本次大会精神,开拓进取,扎实工作,为加快建设社会主义法治国家、夺取全面建设小康社会新胜利而努力奋斗!

中央军委主席胡锦涛出席十一届全国人大一次会议解放军代表团全体会议并发表讲话

黄献中、张建启、王福山、白自兴、王西欣、刘巨魁代表先后就国防和军队建设的一些问题发表了意见。

胡锦涛认真听取了代表们的发言并发表了重要讲话。他在深刻分析国际国内形势后指出,国防和军队建设关系中国特色社会主义的发展全局。必须在全面推进社会主义经济建设、政治建设、文化建设、社会建设的同时,大力加强国防和军队建设,为坚持和发展中国特色社会主义提供重要力量支撑和坚强安全保证,为维护世界和平作出更大贡献。

胡锦涛强调,坚持用中国特色社会主义理论体系武装全军,最根本的是打牢官兵高举旗帜、听党指挥、履行使命的思想政治基础,确保军队建设坚定正确的政治方向。要组织官兵认真学习中国特色社会主义理论体系,引导官兵深入理解和掌握这一理论体系的实践基础、科学内涵、精神实质。按照中央的统一部署,紧密结合军队实际,开展深入学习实践科学发展观活动,把科学发展观贯彻落实到各项建设和工作之中。加强军队各级党组织的能力建设和先进性建设,教育引导党员领导干部讲党性、重品行、作表率。大力培育战斗精神,使我军听党指挥、服务人民、英勇善战的优良传统一代一代传下去。

胡锦涛指出,要坚持以军事斗争准备为龙头带动军队现代化建设整体发展。坚持从实战需要出发从难从严训练部队,积极推动机械化条件下军事训练向信息化条件下军事训练转变。坚持不懈地抓好基层建设,进一步打牢部队战斗力的基础。以增强打赢信息化条件下局部战争能力为核心,不断提高我军应对多种安全威胁、完成多样化军事任务的能力。

胡锦涛强调,改革创新是推进国防和军队建设、加快中国特色军事变革的强大动力。要进一步解放思想,坚定改革的决心和信心,在国防和军队改革上迈出新步伐、取得新成效。要把提高战斗力作为改革的出发点和落脚点,用战斗力标准统一改革思想、衡量改革措施、检验改革成效。通过深化改革,形成有利于推动国防和军队建设科学发展、充满生机和活力的体制机制。

胡锦涛指出,富国和强军都是我国现代化建设的战略任务,是发展中国特色社会主义、实现中华民族伟大复兴的重要基石。要进一步探索统筹经济建设和国防建设的内在规律,坚持经济建设和国防建设协调发展方针,走出一条中国特色军民融合式发展路子。要加快建立和完善军民结合、寓军于民的武器装备科研生产体系、军队人才培养体系和军队保障体系,充分利用经济社会发展成果推进国防和军队现代化建设。要广泛开展以爱国主义为核心的国防教育,营造全社会关心国防、热爱国防、建设国防的浓厚氛围。全军要始终牢记人民军队的宗旨,大力弘扬在抗击严重雨雪冰冻灾害斗争中表现出来的伟大精神,为全面建设小康社会作出新的贡献。

中央军委委员梁光烈、陈炳德、李继耐、廖锡龙、常万全、靖志远、吴胜利、许其亮等出席会议。

中共中央政治局常委贾庆林参加十一届全国人大一次会议代表团审议

贾庆林参加了宁夏代表团审议。代表们围绕推动民族地区经济社会又好又快发展、加快扶贫开发步伐等问题畅所欲言,会场上气氛活跃。在认真听取王正伟、王儒贵、吴海鹰等代表发言后,贾庆林作了发言。他首先对宁夏改革开放和现代化建设取得的重大成就给予充分肯定。贾庆林指出,今年是宁夏回族自治区成立50周年,这是宁夏600多万回汉各族人民的大喜事。希望宁夏深入贯彻落实科学发展观,抓住国家深入实施西部大开发战略和自治区成立50周年的重要机遇,着力转变经济发展方式,着力推进改革开放,着力保障和改善民生,奋力实现跨越式发展,努力建设经济繁荣、环境优美、民族团结、社会和谐、人民富裕的新宁夏。贾庆林强调,宁夏是我国回族最大的聚居地,是信仰伊斯兰教群众比较集中的地区。要牢牢把握各民族共同团结奋斗、共同繁荣发展的主题,坚持和完善民族区域自治制度,坚持党的宗教工作基本方针,切实维护民族团结、宗教和睦,努力为经济社会发展创造良好环境。

最高人民法院院长肖扬 最高人民检察院检察长贾春旺分别到十一届全国人大一次会议代表团听取意见建议

肖扬到广东代表团听取代表审议时表示，亲身见证了我国民主法治建设不断进步，深感骄傲和自豪。他指出，这些年人民法院在党的领导下，自觉接受人大监督，按照科学发展观的要求，聚精会神抓审判，扎扎实实抓基层，解放思想抓改革，严格要求抓队伍，取得了良好的法律效果和社会效果。近年来人民法院改革和完善死刑核准制度，尊重和保障人权，促进社会和谐稳定；改革和完善再审制度，解决人民群众关心的申诉难、申请再审难问题；改革和完善执行制度，加大执行力度，解决人民群众关心的"执行难"问题等。

贾春旺到河南代表团听取代表审议。他说，大家对最高人民检察院的报告、对检察工作提出了很多很好的建议，提出了许多殷切的希望。这些意见不仅对修改好报告很有帮助，而且对今后的检察工作，对检察机关各项业务工作、队伍建设以及检察改革都有很大的帮助。检察机关将认真研究代表的意见，把今后的检察工作做得更好，使检察工作更好地为党的十七大所确定的目标服务，更好地服务于党和国家的大局，更好地服务社会和谐、促进经济社会发展，也更好地关注民生、维护社会公平正义。

日本青少年友好使者代表团访问大连

3月11日

十一届全国人大一次会议在人民大会堂举行第四次全体会议

胡锦涛、吴邦国、温家宝、贾庆林、李长春、李克强、贺国强等出席会议。

大会执行主席、主席团常务主席习近平主持会议。

国务院总理温家宝提请审议的国务院机构改革方案的议案指出，中国共产党第十七次全国代表大会明确提出，要加快行政管理体制改革，抓紧制定行政管理体制改革总体方案。根据党中央的部署，经过认真调研，广泛听取意见，反复研究论证，形成了国务院机构改革方案，提请十一届全国人大一次会议审议。

受国务院委托，国务委员兼国务院秘书长华建敏向大会作关于国务院机构改革方案的说明。

根据国务院机构改革方案，这次改革涉及调整变动的机构15个，正部级机构减少4个。改革后，除国务院办公厅外，国务院组成部门设置27个。

会议经过表决，通过了十一届全国人大一次会议选举和决定任命的办法。

大会执行主席路甬祥、乌云其木格、王珉、刘奇葆、张云川、陈光国、袁武、梁保华在主席台执行主席席就座。

《国务院机构改革方案》提请十一届全国人大一次会议审议

根据党的十七大和十七届二中全会精神，这次国务院机构改革的主要任务是，围绕转变政府职能和理顺部门职责关系，探索实行职能有机统一的大部门体制，合理配置宏观调控部门职能，加强能源环境管理机构，整合完善工业和信息化、交通运输行业管理体制，以改善民生为重点加强与整合社会管理和公共服务部门。

(一)合理配置宏观调控部门职能。国家发展和改革委员会要进一步转变职能，减少微观管理事务和具体审批事项，集中精力抓好宏观调控。财政部要改革完善预算和税政管理，健全中央和地方财力与事权相匹配的体制，完善公共财政体系。中国人民银行要进一步健全货币政策体系，加强与金融监管部门的统筹协调，维护国家金融安全。国家发展和改革委员会、财政部、中国人民银行等部门要建立、健全协调机制，形成更加完善的宏观调控体系。

(二)加强能源管理机构。设立高层次议事协调机构国家能源委员会。组建国家能源局，由国家发展和改革委员会管理。将国家发展和改革委员会的能源行业管理有关职责及机构，与国家能源领导小组办公室的职责、国防科学技术工业委员会的核电管理职责进行整合，划入该局。国家能源委员会办公室的工作由国家能源局承担。不再保留国家能源领导小组及其办事机构。

(三)组建工业和信息化部。将国家发展和改革委员会的工业行业管理有关职责，国防科学技术工业委员会核电管理以外的职责，信息产业部和国务院信息化工作办公室的职责，整合划入工业和信息化部。组建国家国防科技工业局，由工业和信息化部管理。国家烟草专卖局改由工业和信息化部管理。不再保留国防科学技术工业委员会、信息产业部、国务院信息化工作办公室。

(四)组建交通运输部。将交通部、中国民用航空总局的职责，建设部的指导城市客运职责，整合划入交通运输部。组建国家民用航空局，由交通运输部管理。国家邮政局改由交通运输部管理。保留铁道部，继续推进改革。不再保留交通部、中国民用航空总局。

(五)组建人力资源和社会保障部。将人事部、劳动和社会保障部的职责整合划入人力资源和社会保障部。组建国家公务员局，由人力资源和社会保障部管理。不再保留人事部、劳动和社会保障部。

（六）组建环境保护部。不再保留国家环境保护总局。

（七）组建住房和城乡建设部。不再保留建设部。

（八）国家食品药品监督管理局改由卫生部管理。明确卫生部承担食品安全综合协调、组织查处食品安全重大事故的责任。

改革后，除国务院办公厅外，国务院组成部门如下：

1. 中华人民共和国外交部
2. 中华人民共和国国防部
3. 中华人民共和国国家发展和改革委员会
4. 中华人民共和国教育部
5. 中华人民共和国科学技术部
6. 中华人民共和国工业和信息化部
7. 中华人民共和国国家民族事务委员会
8. 中华人民共和国公安部
9. 中华人民共和国国家安全部
10. 中华人民共和国监察部
11. 中华人民共和国民政部
12. 中华人民共和国司法部
13. 中华人民共和国财政部
14. 中华人民共和国人力资源和社会保障部
15. 中华人民共和国国土资源部
16. 中华人民共和国环境保护部
17. 中华人民共和国住房和城乡建设部
18. 中华人民共和国交通运输部
19. 中华人民共和国铁道部
20. 中华人民共和国水利部
21. 中华人民共和国农业部
22. 中华人民共和国商务部
23. 中华人民共和国文化部
24. 中华人民共和国卫生部
25. 中华人民共和国国家人口和计划生育委员会
26. 中国人民银行
27. 中华人民共和国审计署

根据《国务院组织法》规定，国务院组成部门的调整和设置，由全国人民代表大会审议批准。国务院其他机构的调整和设置，将由新组成的国务院审查批准。

国务委员兼国务院秘书长华建敏在十一届全国人大一次会议上作关于国务院机构改革方案的说明

各位代表：

中国共产党第十七次全国代表大会明确提出，要加快行政管理体制改革，抓紧制定行政管理体制改革总体方案。根据党中央的部署，经过认真调研，广泛听取意见，反复研究论证，形成了《关于深化行政管理体制改革的意见》（以下简称《意见》）和《国务院机构改革方案（草案）》（以下简称《方案》）。《意见》明确了深化改革的指导思想、基本原则、总体目标和主要任务，具有长远的指导意义。《方案》针对当前存在的突出矛盾，提出了这次国务院机构改革的具体意见。党的十七届二中全会审议通过了上述两个文件，同意将《国务院机构改革方案》提请第十一届全国人民代表大会第一次会议审议。现在我受国务院委托，就《国务院机构改革方案》向大会作说明，请予审议。

深化行政管理体制和机构改革，是发展社会主义市场经济和发展社会主义民主政治的必然要求，是政治体制改革的重要内容，贯穿我国改革开放和社会主义现代化建设的全过程。改革开放以来，我们不断推进行政管理体制和机构改革，加强政府自身建设，取得了明显成效。特别是党的十六大以后，按照贯彻落实科学发展观、构建社会主义和谐社会、加强党的执政能力建设的要求，进一步深化改革，推进体制创新和管理创新。从总体上看，我国的行政管理体制基本适应经济社会发展的要求，但面对新形势新任务还存在一些不相适应的方面。政府职能转变还不到位，对微观经济活动干预仍然过多，社会管理和公共服务有待进一步加强；政府机构设置还不尽合理，部门职责交叉、权责脱节和效率不高的问题比较突出；有些方面权力仍然过于集中，且缺乏有效监督和制约，滥用职权、以权谋私、贪污腐败等现象仍然存在。这些问题，直接影响政府全面正确履行职能，也在一定程度上制约经济社会发展，必须通过深化改革切实加以解决。

国务院机构改革是深化行政管理体制改革的重要组成部分。根据党的十七大和十七届二中全会精神，深化国务院机构改革，要高举中国特色社会主义伟大旗帜，以邓小平理论和“三个代表”重要思想为指导，深入贯彻落实科学发展观，按照精简统一效能的原则和决策权、执行权、监督权既相互制约又相互协调的要求，着力优化组织结构，规范机构设置，完善运行机制，为全面建设小康社会提供组织保障。深化行政管理体制改革的总体目标是，到2020年建立起比较完善的中国特色社会主义行政管理体制。这次国务院机构改革是在以往改革基础上的继续和深化。改革要坚持积极稳妥的方针，既充分利用当前各方面的有利条件，统筹兼顾，突出重点，在一些重要领域迈出较大步伐；又充分考虑到经济社会发展中面临的诸多困难和潜在风险，循序渐进，不毕其功于一役，有的可适当过渡，有的可在集中改革后根据情况的变化再适时调整，做到长远目标与阶段性目标相结合、整体设计与分步实施相结合。

这次国务院机构改革的主要任务是,围绕转变政府职能和理顺部门职责关系,探索实行职能有机统一的大部门体制,合理配置宏观调控部门职能,加强能源环境管理机构,整合完善工业和信息化、交通运输行业管理体制,以改善民生为重点加强与整合社会管理和公共服务部门。

一、合理配置宏观调控部门职能,形成科学权威高效的宏观调控体系

宏观调控是社会主义市场经济条件下政府的一项重要职责。当前我国经济社会的总体形势是好的,有利于发展的因素很多,但还面临许多新情况、新问题,保持经济平稳较快增长的任务非常艰巨,宏观调控任务十分繁重。必须进一步加强和改善宏观调控,增强宏观调控的科学性、预见性、有效性,为经济社会又好又快发展创造良好环境。

国家发展和改革委员会要进一步转变职能,集中精力抓好宏观调控,搞好国民经济综合平衡,指导推进和综合协调经济体制改革,协调解决经济运行中的重大问题,加强预测预警和信息引导,促进区域协调发展等。同时,进一步减少国家发展和改革委员会的微观管理事务和具体审批事项。一是深化投资体制改革。继续缩小投资审核范围,下放审核权限,简化审核程序,进一步确立企业的投资主体地位,更好地发挥地方政府和行业管理部门在投资管理方面的作用。二是改进规划和产业政策管理。地方规划和专项规划、专项产业政策,除按规定需报国务院审批的外,由地方政府和行业管理部门在国家规划和政策的指导下分别制定。三是将工业行业管理有关职责划给新组建的工业和信息化部承担。

财政部要改革完善预算和税政管理,健全中央和地方财力与事权相匹配的体制,加快形成统一规范透明的财政转移支付制度。围绕推进基本公共服务均等化和主体功能区建设,完善公共财政体系。

中国人民银行要进一步健全货币政策体系,完善人民币汇率形成机制,加强与金融监管部门的统筹协调,防范和化解金融风险,维护国家金融安全。

国家发展和改革委员会、财政部、中国人民银行等部门要建立、健全协调机制,各司其职,相互配合,发挥国家发展规划、计划、产业政策在宏观调控中的导向作用,综合运用财税、货币政策,形成更加完善的宏观调控体系,提高宏观调控水平。

二、加强能源管理机构,保障国家能源安全

能源关系国计民生、关系经济社会可持续发展和国家安全。妥善应对日益增长的能源需求和复杂的国际能源形势,是我们必须长期面对的战略性问题。能源问题涉及多领域、多部门,为加强能源战略决策和统筹协调,设立高层次的议事协调机构国家能源委员会,负责研究拟定国家能源发展战略,审议能源安全和能源发展中的重大问题。同时,为加强能源行业管理,组建国家能源局。将国家发展和改革委员会的能源行业管理有关职责及机构,与国家能源领导小组办公室的职责、国防科学技术工业委员会的核电管理职责进行整合,划入该局。国家能源局主要负责拟定并组织实施能源行业规划、产业政策和标准,发展新能源,促进能源节约等。国家能源委员会办公室的工作由国家能源局承担。为促进能源管理与经济社会发展规划和宏观调控的紧密结合,统筹兼顾,国家能源局由国家发展和改革委员会管理。

不再保留国家能源领导小组及其办事机构。

三、组建工业和信息化部,加快走新型工业化道路的步伐

我国正处于工业化加速发展的重要阶段。走新型工业化道路,推进信息化和工业化融合,推进高新技术与传统工业改造结合,促进工业由大变强,是当前和今后一个时期的重要任务。目前,工业行业管理由国家发展和改革委员会、国防科学技术工业委员会、信息产业部分别负责,管理分散,不利于工业的协调发展。为加强整体规划和统筹协调,有必要对相关职责进行整合,组建工业和信息化部。将国家发展和改革委员会的工业行业管理有关职责,国防科学技术工业委员会核电管理以外的职责,信息产业部和国务院信息化工作办公室的职责,整合划入该部。工业和信息化部的主要职责是,拟定并组织实施工业行业规划、产业政策和标准,监测工业行业日常运行,推动重大技术装备发展和自主创新,管理通信业,指导推进信息化建设,协调维护国家信息安全等。工业和信息化部作为行业管理部门,主要是管规划、管政策、管标准,指导行业发展,不干预企业生产经营活动,确保企业的市场主体地位。同时,组建国家国防科技工业局,由工业和信息化部管理。国家烟草专卖局改由工业和信息化部管理。

不再保留国防科学技术工业委员会、信息产业部、国务院信息化工作办公室。

四、组建交通运输部,加快形成综合运输体系

改革开放以来,我国交通运输发展取得了重大成就,今后几年仍处于大建设、大发展时期。为优化交通运输布局,发挥整体优势和组合效率,加快形成便捷、通畅、高效、安全的综合运输体系,组建交通运输部。将交通部、中国民用航空总局的职责,建设部的指导城市客运职责,整合划入该部。交通运输部的主要职责是,拟订并组织实施公路、水路、民航行业规划、政策和标准,承担涉及综合运输体系的规划协调工作,促进各种运输方式相互衔接等。同时,组建国家民用航空局,

由交通运输部管理。为加强邮政与交通运输统筹管理，国家邮政局改由交通运输部管理。考虑到我国铁路建设和管理的特殊性，保留铁道部。同时，要继续推进改革。

不再保留交通部、中国民用航空总局。

五、组建人力资源和社会保障部，完善就业和社会保障体系

人力资源是国家竞争力的决定性因素。为更好地发挥我国人力资源优势，进一步解放和发展生产力，必须统筹机关企事业单位人员管理，整合人才市场与劳动力市场，建立统一规范的人力资源市场，促进人力资源合理流动和有效配置，统筹就业和社会保障政策，建立、健全从就业到养老的服务和保障体系。为此，组建人力资源和社会保障部，将人事部、劳动和社会保障部的职责整合划入该部。人力资源和社会保障部的主要职责是，统筹拟定人力资源管理和社会保障政策，健全公共就业服务体系，完善劳动收入分配制度，组织实施劳动监察等。同时，组建国家公务员局，由人力资源和社会保障部管理。国家外国专家局由人力资源和社会保障部管理。

不再保留人事部、劳动和社会保障部。

六、组建环境保护部，加大环境保护力度

环境保护是我国的基本国策，关系中华民族的生存发展。在相当长一段时间内，我国将面临严峻的环境压力，污染物减排任务十分艰巨，必须按照科学发展的要求，加大环境治理和生态保护的力度，加快建设资源节约型、环境友好型社会。为加大环境政策、规划和重大问题的统筹协调力度，组建环境保护部。其主要职责是，拟定并组织实施环境保护规划、政策和标准，组织编制环境功能区划，监督管理环境污染防治，协调解决重大环境问题等。

不再保留国家环境保护总局。

七、组建住房和城乡建设部，加快建立住房保障体系，加强城乡建设统筹

住房问题涉及广大人民群众的切身利益，统筹城乡建设是贯彻落实科学发展观的必然要求。为深入推进住房制度改革，加快建立住房保障体系，完善廉租住房制度，着力解决低收入家庭住房困难，进一步加强城乡建设规划统筹，促进城镇化健康发展，组建住房和城乡建设部。其主要职责是，拟定住房和城乡建设政策，统筹城乡规划管理，指导全国住宅建设和住房制度改革，监督管理建筑市场、建筑安全和房地产市场等。

不再保留建设部。

八、国家食品药品监督管理局改由卫生部管理，理顺食品药品监管体制

食品药品直接关系人民群众的身体健康和生命安全，为进一步落实食品安全综合监督责任，理顺医疗管理和药品管理的关系，强化食品药品安全监管，这次改革，明确由卫生部承担食品安全综合协调、组织查处食品安全重大事故的责任，同时将国家食品药品监督管理局改由卫生部管理，并相应对食品安全监管队伍进行整合。调整食品药品管理职能，卫生部负责组织制定食品安全标准、药品法典，建立国家基本药物制度；国家食品药品监督管理局负责食品卫生许可，监管餐饮业、食堂等消费环节食品安全，监管药品的科研、生产、流通、使用和药品安全等。

调整后，卫生部要切实履行食品安全综合监督职责；农业部、国家质量监督检验检疫总局和国家工商行政管理总局，要按照职责分工，切实加强对农产品生产环节、食品生产加工环节和食品流通环节的监管。同时，各部门要密切协同，形成合力，共同做好食品安全监管工作。

各位代表，按上述方案，新组建工业和信息化部、交通运输部、人力资源和社会保障部、环境保护部、住房和城乡建设部；不再保留国防科学技术工业委员会、信息产业部、交通部、人事部、劳动和社会保障部、建设部；除国务院办公厅外，国务院组成部门设置27个。根据《国务院组织法》的规定，这些机构的调整以及国务院组成部门的设置，请大家审议。

组建国家能源局、国家国防科技工业局、国家民用航空局、国家公务员局，以及国务院直属特设机构、直属机构、办事机构和其他机构的调整和设置，根据《国务院组织法》的规定，将由新组成的国务院审查批准。

这次国务院机构改革，涉及调整变动的机构15个，正部级机构减少4个。改革突出了三个重点：一是加强和改善宏观调控，促进科学发展；二是着眼于保障和改善民生，加强社会管理和公共服务；三是按照探索职能有机统一的大部门体制要求，对一些职能相近的部门进行整合，实行综合设置，理顺部门职责关系。总的看，改革从促进经济社会又好又快发展的需要出发，着力解决一些长期存在的突出矛盾和问题，既迈出了重要的改革步伐，又保持了国务院机构相对稳定和改革的连续性，并为今后的改革奠定了坚实基础。在推进改革的过程中，需要进一步强调以下几点：

一要紧紧抓住转变政府职能这个核心。不论是新组建和调整较大的部门，还是机构未做调整的部门，都必须进一步转变职能。要加快推进政企分开、政资分开、政事分开、政府与市场中介组织分开，把不该由政府管理的事项转移出去，把该由政府管理的事项切实管好，从制度上更好地发挥市场在资源配置中的基础性作用，更好地发挥公民和社会组织在社会公共事务管理中的作用，更加有效地提供公共产品。

二要着力理顺部门职责关系。抓紧制定国务院部门"三定"规定,按照权责一致的原则,合理界定和调整政府部门的职能,明确相应的责任,做到权力与责任对等;坚持一件事情原则上由一个部门负责,确需多个部门管理的事项,明确牵头部门,分清主次责任,避免职能交叉重叠、政出多门;着力解决权责脱节、推诿扯皮等问题;建立、健全部门间的协调配合机制,切实提高行政效率。

三要精简和规范议事协调机构及其办事机构。该撤销的坚决撤销,任务交给职能部门承担。今后要严格控制议事协调机构设置,涉及跨部门的事项,由主办部门牵头协调;确需设立的,必须严格按规定程序审批,一般不设实体性办事机构。

四要抓紧进行地方政府机构改革。根据各层级政府的主要职责,合理调整和设置机构,除中央有原则要求上下对口外,地方政府可从实际出发,因地制宜,不搞"一刀切",不设时间限制;调整和完善垂直管理体制,进一步理顺和明确权责关系;深化乡镇机构改革,加强基层政权建设。

五要适时推进事业单位分类改革。按照政事分开、事企分开和管办分离的原则,对主要承担行政职能的事业单位,要逐步转为行政机构或将行政职能划归行政机构;主要从事生产经营活动的,要逐步转为企业;主要从事公益服务的,要整合资源,强化公益属性,加强政府监管。同时,配套推进事业单位养老保险制度和人事制度改革,进一步完善相关的财政政策。

各位代表,今年是改革开放30周年,是贯彻落实党的十七大战略部署的第一年,确保机构改革顺利进行意义重大。我们要高举中国特色社会主义伟大旗帜,紧密团结在以胡锦涛同志为总书记的党中央周围,解放思想,锐意进取,不断深化改革,为夺取全面建设小康社会的新胜利而努力奋斗。

中央编办负责人就深化行政管理体制和机构改革答《人民日报》新华社记者问

1. 问:如何评价我国现行的行政管理体制?

答:十七届二中全会提出,我国现行的行政管理体制基本适应经济社会发展要求。这个判断是符合实际的。改革开放特别是党的十六大以来,我国不断推进行政管理体制改革,加强政府自身建设,取得了明显成效。经过多年努力,政府职能转变迈出重要步伐,政府组织机构逐步优化,公务员队伍结构明显改善,科学民主决策水平不断提高,依法行政稳步推进,廉政建设和反腐败工作深入开展。通过不断推进改革,我国行政管理体制逐步完善,为经济社会发展提供了有力保障。

但是,面对新形势新任务,现行的行政管理体制还存在一些不相适应的方面。主要是政府职能转变还不到位,政府机构设置还不尽合理,部门职责交叉、权责脱节和效率不高的问题比较突出,有些方面权力仍然过于集中,且缺乏有效制约和监督等。因此,必须深化行政管理体制改革。只有这样,才能更好地适应发展社会主义市场经济和发展社会主义民主政治的要求,才能更好地应对新时期新阶段面临的各种挑战,为推进全面改革、扩大开放创造良好环境。

2. 问:深化行政管理体制改革应当坚持什么样的指导思想,遵循哪些基本原则?

答:深化行政管理体制改革的指导思想是:高举中国特色社会主义伟大旗帜,以邓小平理论和"三个代表"重要思想为指导,深入贯彻落实科学发展观,按照建设服务政府、责任政府、法治政府和廉洁政府的要求,着力转变职能、理顺关系、优化结构、提高效能,做到权责一致、分工合理、决策科学、执行顺畅、监督有力,为全面建设小康社会提供体制保障。

深化行政管理体制改革必须遵循五条基本原则:一是必须坚持以人为本、执政为民,把维护人民群众的根本利益作为改革的出发点和落脚点;二是必须坚持与完善社会主义市场经济体制相适应,与建设社会主义民主政治和法治国家相协调;三是必须坚持解放思想、实事求是、与时俱进,正确处理继承与创新、立足国情与借鉴国外经验的关系;四是必须坚持发挥中央和地方两个积极性,在中央的统一领导下,鼓励地方结合实际改革创新;五是必须坚持积极稳妥、循序渐进,做到长远目标与阶段性目标相结合、全面推进与重点突破相结合,处理好改革发展稳定的关系。

3. 问:十七届二中全会提出2020年建立比较完善的中国特色社会主义行政管理体制的总目标,对这一目标应如何理解?

答:中国特色社会主义行政管理体制,是以中国特色社会主义理论体系为指导,立足基本国情,与发展社会主义市场经济和社会主义民主政治相适应,与建设社会主义先进文化和构建社会主义和谐社会相协调的行政管理体制,是我国政治体制的重要组成部分。本质是在中国共产党的领导下,坚持以人为本,执政为民,把发展好维护好人民群众的根本利益作为出发点和落脚点。基本要求是,到2020年实现政府职能向创造良好发展环境、提供优质公共服务、维护社会公平正义的根本转变,实现政府组织机构及人员编制向科学化、规范化、法制化的根本转变,实现行政运行机制和政府管理方式向规范有序、公开透明、便民高效的根本转变,建设人民满意的政府。

4. 问:如何加快政府职能转变?

答:政府职能转变是深化行政管理体制改革的核

心。实现政府职能根本转变,必须把不该由政府管理的事项转移出去,把该由政府管理的事项切实管好,从制度上更好地发挥市场在资源配置中的基础性作用,更好地发挥公民和社会组织在社会公共事务管理中的作用,更加有效地提供公共产品。政府职能转变的具体要求主要有三个方面:一是要全面履行政府职能,在改善经济调节、严格市场监管的同时,更加注重社会管理和公共服务。二是中央和地方政府要按照职能转变的要求,突出各自的管理和服务重点。三是要进一步理顺部门职责关系,合理界定政府部门的职责,做到权力与责任对等,避免职能交叉重叠。

5. 问:政府机构改革的主要任务是什么?

答:政府机构改革是深化行政管理体制改革的重要组成部分。深化政府机构改革,要按照精简统一效能的原则和决策权、执行权、监督权既相互制约又相互协调的要求,紧紧围绕转变职能和理顺职责关系,探索实行职能有机统一的大部门体制,进一步规范机构设置,优化组织结构,完善行政运行机制。主要有四个方面的任务:一是深化国务院机构改革;二是推进地方政府机构改革;三是精简和规范各类议事协调机构及其办事机构;四是加快事业单位分类改革。此外,在深化机构改革的同时,必须严格机构编制管理,加快推进机构编制管理的法制化进程。

6. 问:对"决策权、执行权、监督权既相互制约又相互协调"应如何理解?

答:决策权、执行权、监督权既相互制约又相互协调,指的是政府内部的职权配置形式和相互关系。通过相关职能及其机构的整合,合理配置和运用决策权、执行权、监督权,以解决某些方面权力过于集中且缺乏有效监督以及执行不力等问题。按此要求进行改革,有利于形成科学合理的政府组织结构和权力运行机制,有利于改进政府管理,做到权责一致,提高行政效能。根据授权情况,这三种职权有的由不同政府部门分别行使,有的由同一个部门的不同内设机构或下设机构分别行使。具体组织和运行形式,还要在实践中逐步探索和完善。

7. 问:如何加强依法行政和制度建设?

答:遵守宪法和法律是政府工作的根本原则,必须全面推进依法行政,加快建设法治政府。要规范行政决策行为,完善科学民主决策机制。加强和改进政府立法工作。健全行政执法体制和程序。完善行政复议、行政赔偿和行政补偿制度。

要以强化责任为核心,建立、健全政府运行和管理的各项制度,坚持用制度管权、管事、管人。要推行政府绩效管理和行政问责制度,健全对行政权力的监督制度,完善政务公开制度,加强公务员队伍建设,加强政风建设和廉政建设。切实提高政府的执行力和公信力,确保政府的权力真正用于为人民谋利益。

8. 问:这次国务院机构改革的主要特点有哪些?

答:国务院机构改革是深化行政管理体制改革的重要组成部分。这次国务院机构改革是在以往改革基础上的继续和深化,围绕转变政府职能和理顺职责关系,在合理配置职能、优化组织结构方面迈出重要步伐。主要有以下特点:

一是加强和改善宏观调控以及重要领域的管理,促进科学发展。合理配置宏观调控部门的职能,形成科学权威高效的宏观调控体系;完善工业和信息化管理体制,加快走新型工业化道路;加强能源管理机构,保障能源安全;改进交通运输管理,加快形成综合交通运输体系;加大环境保护力度,促进环境友好型社会建设等,为促进经济又好又快地发展创造良好条件。

二是着眼于保障和改善民生,加强社会管理和公共服务部门建设。加强人力资源管理,建立、健全从就业到养老的服务和保障体系;加快建立住房保障体系,统筹城乡建设;理顺食品药品监管体制,进一步落实食品综合监督责任等,切实解决人民群众最关心、最直接、最现实的利益问题。

三是探索实行职能有机统一的大部门体制。对一些职能相近的部门进行整合实行综合设置,整合完善重要行业管理体制,加强与整合社会管理和公共服务部门,结合职能部门的调整和整合对议事协调机构及其办事机构进行精简和规范。

机构改革要坚持积极稳妥的方针。适应新时期新阶段经济社会发展需要,充分利用各方面有利条件,突出重点,抓住主要矛盾,迈出坚实步伐。同时,充分考虑到经济社会发展中面临的诸多困难和潜在风险,循序渐进,稳步实施,有的可以适当过渡,有的还可以根据形势任务的发展变化适时进行调整,不毕其功于一役。

9. 问:在加强和改善宏观调控方面有哪些考虑?

答:在社会主义市场经济条件下,加强和改善宏观调控是政府的一项重要任务。我国经济社会总体形势是好的,有利于发展的因素很多。但从国情特点、发展阶段和国际环境等方面看,我们还将面临许多新情况、新问题,保持经济平稳较快增长任务非常艰巨,宏观调控任务十分繁重。必须合理配置宏观调控部门职能,增强宏观调控的科学性、预见性、有效性,切实提高宏观调控水平。

发展改革委要进一步转变职能,减少微观管理事务和具体审批事项,深化投资体制改革,改进规划和产业政策管理,集中精力抓好宏观调控、指导推进和综合协调经济体制改革,为经济社会又好又快发展创造良好环境。财政部要改革完善预算和税政管理,健全中央和地方财力与事权相匹配的体制,加快形成统一、规范、透明的财政转移支付制度;围绕推进基本公共服务均等化和主体功能区建设,完善公共财政体系。人民银行要进一步健全货币政策体系,完善人民币汇率形成机制,加强与金融监管部门的统筹协调,防范和化解金融风险,维护国家金融安全。

为增强宏观调控合力,发展改革委、财政部、人民银行等部门要建立、健全协调机制,各司其职,相互配合,发挥国家发展规划、计划、产业政策在宏观调控中的导向作用,综合运用财税、货币政策,形成科学权威高效的宏观调控体系。

10.问:在加强能源环境管理机构方面有什么考虑?

答:能源关系国计民生、关系经济社会可持续发展和国家安全。妥善应对日益增长的能源需求和复杂的国际能源形势,是我们必须长期面对的战略性问题。加强能源管理机构主要有三点考虑:一是能源涉及经济、外交、资源等多领域多部门,必须从高层次上加强能源战略决策和统筹协调。二是完善能源行业管理,对相关职责进一步予以加强,主要是拟定并组织实施能源行业规划、产业政策和标准,发展新能源,促进能源节约等。三是能源管理从根本上讲是个长远问题、宏观问题,必须综合运用国家发展战略及规划、投资、价格等宏观政策和手段,促进能源管理与经济社会发展规划和宏观调控的有机结合。

环境保护是我国基本国策,关系中华民族的生存发展。在相当长一段时间内,我国将面临严峻的环境压力,必须按照科学发展的要求,加强环境管理机构,加大环境政策、规划和重大问题的统筹协调力度,落实国家减排目标,强化环境保护责任。

11.问:在整合完善重要行业管理体制方面有哪些考虑?

答:我国正处于工业化加速发展的重要阶段,走中国特色新型工业化道路,是当前和今后一个时期的重要任务,也是党的十七大提出的战略部署。目前,工业行业管理由多个部门分别负责,管理分散,不利于协调发展。有必要对相关职能进行整合,综合设置机构,加强整体规划和指导,推进信息化和工业化融合,推进高新技术和传统工业改造结合,促进工业由大变强。整合设置的新机构作为行业管理部门,主要是管规划、管政策、管标准,指导行业发展。要坚持政企分开的原则,不干预企业生产经营活动,确保企业的市场主体地位。

交通运输是国民经济的重要行业。改革开放以来,我国交通运输取得了重大成就,今后几年仍处于大建设、大发展时期。需要进一步优化交通布局,发挥整体优势和组合效率,加快形成便捷、通畅、高效、安全的综合运输体系。与之相适应,这次机构改革,要在整合完善交通运输行业管理体制方面迈出重要步伐。

12.问:在加强与整合社会管理和公共服务部门方面有什么考虑?

答:社会管理和公共服务是政府的重要职能。这次国务院机构改革,贯彻落实以人为本的执政理念,突出改善民生,把加强与整合社会管理和公共服务部门作为改革的一项重要任务。

一是完善人力资源和社会保障体制。主要是统筹机关和企事业单位人员管理,整合人才市场和劳动力市场,建立统一规范的人力资源市场,促进人力资源合理流动和有效配置,统筹就业和社会保障政策,建立、健全从就业到养老的服务和保障体系,更好地发挥我国人力资源优势,进一步解放和发展生产力。

二是完善住房和城乡建设管理体制。主要是深入推进住房制度改革,加快建立住房保障体系,完善廉租住房制度,着力解决低收入家庭住房困难,推动解决关系人民群众切身利益的住房问题;进一步加强城乡建设规划统筹,促进城镇化健康发展。

三是完善食品药品管理体制。主要是进一步落实食品安全综合监督责任,明确相关部门职责分工,强化关系人民群众身体健康和生命安全的食品药品安全监管。

13.问:对行政管理体制和机构改革的组织实施有什么要求?

答:今年是改革开放30周年,是贯彻落实党的十七大战略部署的第一年,确保行政管理体制改革顺利进行意义重大。党中央、国务院明确要求,各地区、各部门都要把这项改革摆在重要位置,主要领导同志要亲自负责,做到思想认识到位,组织领导到位,工作措施到位。在改革过程中,必须严格执行有关规定,及时研究解决出现的新情况、新问题,确保干部队伍思想稳定,确保改革顺利进行。

做好部门"三定"(定职责、定机构、定编制)是机构改革实施工作的中心环节。这次国务院机构改革,不论是调整变动的部门,还是机构未作调整的部门,都要通过制定和完善"三定"规定,具体落实转变职能的各项要求,理顺部门关系,强化部门责任,着力解决职责交叉、权责脱节、推诿扯皮等问题。同时,要抓紧研究提出地方政府机构改革、事业单位分类改革的指导意见及配套措施,确保各项改革相互衔接,协同推进。

十一届全国人大一次会议主席团在人民大会堂举行第二次会议

会议经过表决,决定将十一届全国人大一次会议关于政府工作报告、计划报告、预算报告的决议草案提请各代表团审议,将十一届全国人大一次会议选举和决定任命的办法草案提请大会全体会议表决。

主席团常务主席吴邦国主持会议。

3月5日至8日,各代表团认真审议了政府工作报告。代表们对国务院过去五年的工作给予了充分肯定,对报告提出的今年政府工作的基本思路、主要任务、预期目标和对九个方面的工作安排表示赞成,同时也提出了一些具体意见和建议。国务院根据代表们的意见,对政府工作报告认真进行了修改,共修改32处,其中比较重要的修改有12处。会议经过表决,决定将十一届全国人大一次会议关于政府工作报告的决议草案提请各代表团审议。

全国人大财政经济委员会主任委员石秀诗向会议作了财政经济委员会关于2007年国民经济和社会发展计划执行情况与2008年国民经济和社会发展计划草案的审查结果报告。财政经济委员会认为,2007年,国务院和地方各级人民政府认真落实中共中央确定的方针政策和十届全国人大五次会议的决议,国民经济和社会发展计划执行情况总体是好的。2008年国民经济和社会发展计划报告和计划草案体现了党的十七大和中央经济工作会议精神,符合"十一五"规划纲要的总体要求,主要目标和总体安排是可行的。财政经济委员会建议,批准国务院提出的《关于2007年国民经济和社会发展计划执行情况与2008年国民经济和社会发展计划草案的报告》,批准2008年国民经济和社会发展计划草案。

全国人大财政经济委员会副主任委员朱志刚向会议作了财政经济委员会关于2007年中央和地方预算执行情况与2008年中央和地方预算草案的审查结果报告。财政经济委员会认为,2007年预算执行情况是好的。2008年中央预算草案贯彻了党的十七大和中央经济工作会议精神,体现了落实科学发展观、实现国民经济又好又快发展和促进社会和谐的要求,预算草案是可行的。财政经济委员会建议,批准国务院提出的《2007年中央和地方预算执行情况与2008年中央和地方预算草案的报告》,批准2008年中央预算草案。

会议经过表决,通过了这两个审查结果报告。

3月7日至8日,各代表团认真审查了计划报告、计划草案和预算报告、预算草案。会议经过表决,决定将关于2007年国民经济和社会发展计划执行情况与2008年国民经济和社会发展计划的决议草案、关于2007年中央和地方预算执行情况与2008年中央和地方预算的决议草案,提请各代表团审议。

3月8日,各代表团认真审议了十一届全国人大一次会议选举和决定任命的办法草案,一致同意提请大会全体会议表决。会议经过表决,决定将办法草案提请大会全体会议表决。

主席团常务主席习近平、王兆国、路甬祥、乌云其木格、韩启德、华建敏、陈至立、周铁农出席会议。

十一届全国人大财政经济委员会关于2007年国民经济和社会发展计划执行情况与2008年国民经济和社会发展计划草案的审查结果报告

(2008年3月11日第十一届全国人民代表大会第一次会议主席团第二次会议通过)

十一届全国人大一次会议主席团:

第十一届全国人民代表大会第一次会议审查了国务院提出的《关于2007年国民经济和社会发展计划执行情况与2008年国民经济和社会发展计划草案的报告》以及2008年国民经济和社会发展计划草案。全国人民代表大会财政经济委员会在上届财政经济委员会对计划报告和计划草案初步审查的基础上,根据各代表团的意见,又进行了审查。国务院根据审查意见对报告作了修改。现将审查结果报告如下。

一、财政经济委员会认为,2007年,国务院和地方各级人民政府认真落实中共中央确定的方针政策和十届全国人大五次会议的决议,深入贯彻落实科学发展观,加强和改善宏观调控,努力推动经济社会又好又快发展,国民经济和社会发展计划执行情况总体是好的。经济平稳快速增长,质量效益继续提高,农业稳定发展,自主创新能力持续增强,节能减排工作取得新进展,改革开放继续推进,各项社会事业全面发展,人民生活进一步改善,群众得到更多实惠,我国的综合国力继续提升。今年年初,我国部分地区遭受了严重的低温雨雪冰冻灾害,广大军民在中央的坚强领导下,万众一心,顽强拼搏,取得重大的阶段性胜利。同时,经济社会发展仍面临一些突出的矛盾和问题。主要是:经济增长由偏快转为过热的风险不容忽视,防止通货膨胀任务相当艰巨,农业基础依然薄弱,投资率持续偏高,货币信贷投放过多,国际收支不平衡,节能减排形势依然严峻,在社会保障、收入分配、安全生产等涉及人民群众切身利益方面还存在不少问题,预防应对重大灾害的能力有待提高。

二、财政经济委员会认为,2008年国民经济和社会发展计划报告和计划草案体现了党的十七大和中央经济工作会议精神,符合"十一五"规划纲要的总体要求,指导思想明确,主要目标和总体安排是可行的。

财政经济委员会建议,批准国务院提出的《关于2007年国民经济和社会发展计划执行情况与2008年国民经济和社会发展计划草案的报告》,批准2008年国民经济和社会发展计划草案。

三、财政经济委员会认为，完成2008年国民经济和社会发展计划，要全面贯彻党的十七大和中央经济工作会议精神，深入落实科学发展观，着重做好以下工作。

（一）加强和改善宏观调控，促进经济平稳较快发展。要把防止经济增长由偏快转为过热、防止价格由结构性上涨演变为明显通货膨胀作为宏观调控的首要任务。实施稳健的财政政策和从紧的货币政策，密切关注国内外经济形势变化，把握好调控的节奏、重点和力度。要把加强和改善宏观调控与深化改革结合起来，创新体制机制，充分发挥市场在资源配置中的基础性作用。严格控制固定资产投资过快增长，从严控制新增建设用地和新开工项目，增强消费需求对经济增长的拉动作用。加强流动性管理，控制货币信贷总量和投放节奏，优化信贷结构。加快发展债券市场，促进股市稳定健康发展。加强市场价格监管，切实处理好稳定物价与理顺价格的关系，防止物价过快上涨。努力增加粮油肉等重要商品的供给，对受基本生活必需品价格上涨影响较大的低收入群众给予关注。继续做好抗灾救灾和灾后重建工作，认真总结经验教训，完善应急管理体制机制，提高防灾减灾能力。

（二）增强农业和农村经济发展活力，推进社会主义新农村建设。按照形成城乡经济社会发展一体化新格局的要求，加大统筹城乡发展力度。加强农业基础设施建设，巩固完善强化支农惠农政策，继续大幅度增加对农业和农村的投入。整合支农资金投入渠道，提高资金使用效益。采取有力措施，坚决制止违法违规占用耕地，确保最严格的耕地保护制度得到落实。加大对粮食主产区和种粮农民的扶持力度，落实支持畜牧业和油料发展的政策，加快农业科技创新和成果转化，促进农业生产方式变革，确保农业生产稳定发展。壮大县域经济，引导农村劳动力有序转移就业，加大扶贫开发工作力度，积极拓宽农民增收渠道。健全农业社会化服务体系，发展农民专业合作组织。继续推进农村综合改革，积极化解乡村债务。

（三）大力解决民生问题，促进经济社会协调发展。加大对涉及群众切身利益和关系长远发展方面的投入，让经济发展成果更多体现到改善民生上。采取综合措施合理调整国民收入分配格局，提高城乡居民收入在国民收入分配中的比重，提高劳动报酬在初次分配中的比重。规范收入分配秩序，遏制收入分配差距进一步扩大。继续优先发展教育，加大投入力度，优化教育资源配置，改善农村办学条件，着力促进教育公平。坚持实施积极的就业政策，健全创业服务体系。加快完善社会保障体系，尽快实现基本养老保险省级统筹，抓紧研究制定全国统一的社会保险转续办法，积极探索建立农村养老保险制度，完善城乡最低生活保障制度，加快发展养老服务业。进一步做好住房保障工作，加大廉租房建设力度，着力解决城镇低收入家庭住房困难。稳步实施医药卫生体制改革，健全城乡医疗服务体系，全面实行新型农村合作医疗制度。进一步完善保障产品质量安全的长效机制。加快发展文化事业和文化产业，提高国家文化软实力。全力办好2008年北京奥运会和残奥运。

（四）加大节能减排攻坚力度，加强环境保护。要增强全社会的生态文明观念，切实把节能减排作为促进科学发展的重要抓手，把节能减排目标的完成情况作为检验经济发展成效的重要标准，务求取得更大实效。严格执行节能环保法律和问责制，做好节能减排的统计、监测和考核工作。在推进产业结构调整的基础上，抓好重点行业、重点企业、重点领域节能环保工作，大力发展清洁生产和循环经济。出台和实施有利于节能减排的价格、财税、金融等激励政策，建立、健全资源有偿使用制度和生态环境补偿机制。加快制定和实施强制性能效标准和环保标准，提高市场准入门槛。采取综合措施，建立淘汰落后产能退出机制，按照规划加强先进生产能力建设。

（五）努力增强自主创新能力，推进经济结构调整。继续抓好国家中长期科技发展规划纲要的实施和配套政策措施的落实，提高全社会研发经费占国内生产总值的比重，加快重点领域科技创新，提高自主创新能力。建立和完善以企业为主体、市场为导向、产学研相结合的技术创新体系。加快落实有利于创新的财税、金融、消费和政府采购政策，培育和发展创业风险投资。优化科技资源配置，克服分散、重复、浪费现象，大力支持基础研究、前沿技术研究和社会公益性技术研究。加快调整产业结构，着力发展高新技术产业，改造提升传统产业，大力发展服务业，特别是现代服务业，完善支持振兴装备制造业的政策。落实区域布局规划和政策，进一步推动区域协调发展。

（六）继续推进改革开放，完善社会主义市场经济体制。坚持用改革的办法解决前进中的矛盾和问题，务求在重点领域和关键环节取得突破性进展，形成有利于推动科学发展、促进社会和谐的体制机制。继续深化国有企业改革，着力提高国际竞争力，推进集体企业改革，切实落实鼓励、支持和引导非公有制经济发展的各项政策。加快垄断行业改革。深化财政、税收、金融、价格、投资体制改革。以转变政府职能为核心，推进行政管理体制改革，建设服务型政府。努力转变外贸发展方式，大力实施科技兴贸战略，加快推进加工贸易转型升级，优化进出口结构，着力提高利用外资质量，把“引进来”和“走出去”更好地结合起来。拓展对外开放的广度和深度,不断提高对外开放质量和水平。

以上报告,请予审议。

全国人民代表大会财政经济委员会

2008年3月11日

十一届全国人大财政经济委员会关于2007年中央和地方预算执行情况与2008年中央和地方预算草案的审查结果报告

(2008年3月11日第十一届全国人民代表大会第一次会议主席团第二次会议通过)

十一届全国人大一次会议主席团:

第十一届全国人民代表大会第一次会议审查了国务院提出的《关于2007年中央和地方预算执行情况与2008年中央和地方预算草案的报告》以及2008年中央和地方预算草案。全国人民代表大会财政经济委员会在上届财政经济委员会对预算报告和预算草案进行初步审查的基础上,根据各代表团的审查意见又作了进一步审查。国务院根据审查意见对预算报告作了修改。现将审查结果报告如下。

一、财政经济委员会认为,2007年预算执行情况是好的。2007年,全国财政收入51304.03亿元,超过预算7239.18亿元,完成预算的116.4%;全国财政支出49565.4亿元,超过预算3050.55亿元,完成预算的106.6%。中央财政收入28589.49亿元,超过预算4168.41亿元,完成预算的117.1%;中央财政支出29557.49亿元,超过预算2686.41亿元,完成预算的110%。另有1032亿元列作中央预算稳定调节基金。中央财政赤字2000亿元,比预算减少450亿元,财政赤字占国内生产总值比重为0.8%。2007年末,中央财政国债余额为52074.65亿元,在全国人大批准的53365.53亿元限额之内。地方财政收支相抵,结转或结余2706.63亿元。

2007年12月,国务院向全国人大常委会作了中央财政超收收入安排使用情况的报告。中央财政超收收入主要用于增加对地方一般性转移支付和税收返还,增加农业、教育、社会保障和就业、医疗卫生、环境保护等改善民生和加强薄弱环节方面的支出,削减财政赤字,增加中央预算稳定调节基金等。

2007年,国务院和地方各级人民政府全面落实中共中央确定的方针政策和十届全国人大五次会议提出的各项要求,认真贯彻落实科学发展观,继续实施稳健的财政政策,加强和改善财政宏观调控,稳步推进财税改革。财政收入持续较快增长,财政对重点支出的保障力度进一步加大,国家财政在构建社会主义和谐社会中发挥了重要作用。同时必须看到,预算执行和财政运行中还存在一些亟待认真解决的问题。主要是:预算编制的预见性和准确性不够;部门预算制度不完善,固定资产投资资金年初分配到项目的到位率比较低,预算执行中追加较多的问题仍然突出;支出进度不均衡,资金使用效益仍需提高;财政转移支付结构不尽合理,专项转移支付比重偏高;财政管理不够精细,铺张浪费现象比较严重等。

二、2008年的预算安排,全国财政收入58486亿元,比上年增加7181.97亿元,增长14%;全国财政支出60786亿元,比上年增加11220.6亿元,增长22.6%。中央财政收入32531.72亿元,比上年增加3942.23亿元,增长13.8%,在这个安排的基础上,从中央预算稳定调节基金中调入500亿元纳入预算安排;中央财政支出34831.72亿元,比上年增加5274.23亿元,增长17.8%。中央财政收支相抵,赤字1800亿元。2008年年末,中央财政国债余额限额55185.85亿元。

财政经济委员会认为,2008年中央预算草案,贯彻了党的十七大和中央经济工作会议精神,体现了落实科学发展观、实现国民经济又好又快发展和促进社会和谐的要求,继续实施稳健的财政政策,财政支出结构进一步优化,加大了对公共服务的投入,坚持深化财税改革,加强财政管理。预算草案是可行的。

财政经济委员会建议,批准国务院提出的《2007年中央和地方预算执行情况与2008年中央和地方预算草案的报告》,批准2008年中央预算草案。地方各级政府预算由本级人民代表大会审查批准。

三、为更好地完成2008年预算,做好财政工作,财政经济委员会提出以下建议:

(一)加强收入征管

要加强税收收入和非税收入的征收管理工作,坚持依法征管,努力做到应收尽收。认真贯彻企业所得税法,做好实施企业所得税法的征收管理和有关政策衔接工作。加强个人所得税的征管工作,健全全员全额扣缴申报制度,加强对高收入者个人所得税的征管。改进纳税服务手段和方式,提高办税效率。要加强非税收入管理,建立、健全非税收入管理体系。对非税收入项目要严格清理,依法规范。积极采取措施,努力在2011年实现将非税收入纳入预算管理。

(二)加快调整财政支出结构

要调整财政支出结构,把更多的财政资金投向公共服务领域,扩大公共服务的覆盖范围。集中财力办大事,着力保障和改善民生。要继续加大对"三农"的投入力度,加强以农田水利为重点的农业生产条件建设,充分发挥科技对农业发展的支撑和引领作用。全面实施义务教育经费保障机制改革,提高义务教育保障水平。要积极推进医药卫生体制改革,完善政府卫生投入机制，合理划分各级政府的支出责任，提高政府卫生投入占经常性财政支出的比重。支持建立覆盖城乡居民的社会保障体系，完善城乡居民最低生活保障制度，在物价上涨的情况下，适时增加对低收入群众的补贴力度，探索建立农村养老保险制度。积极支持城镇廉租住房保障制度建设。进一步加大对节能减排和环境保护、科技创新、促进就业等方面的投入力度。鉴于今年年初部分地区发生了严重的低温雨雪冰冻灾害，各级政府要采取得力措施，调整支出结构，集中部分财力，加大对受灾地区的救助、重建和生产恢复工作。要在认真总结经验的基础上，加强应急体系和机制建设，提高预防和处置突发事件的能力。

(三)加强预算管理

要切实改进收入预算测算方法，提高预算编制的科学性和准确性。编制2009年政府预算时，关系民生、社会发展等重点支出要按新的收支科目编列到"款"。加快完善项目库建设，切实提高固定资产投资等项目的年初预算到位率。进一步规范部门预算，研究建立科学合理的人员经费和公用经费定额标准体系。切实控制行政经费增长。继续做好事业单位收入分配制度改革和规范公务员津贴补贴工作。推进国有资本经营预算的试编工作，加快建立完善国有资本经营预算制度。进一步研究建立社会保障预算制度。研究建立全口径政府预算收支管理制度。积极推进政府预算及部门预算的公开透明。建立、健全绩效评价制度，切实提高财政资金的使用效益。重视化解政府债务问题，防范财政风险。厉行节约，反对浪费，勤俭办一切事业。

(四)进一步深化财税体制改革

要加快研究确定国家基本公共服务的范围、水平和支出标准。围绕推进基本公共服务均等化和主体功能区建设，明确中央和地方政府公共服务的职责重点，建立、健全财力与事权相匹配的财税体制，在2008年内，研究提出初步方案。要以基本公共服务支出标准为核心，完善财政转移支付制度，提高一般性转移支付比重，规范专项转移支付项目的设立，增强资金分配、使用的科学性和透明度。及时下达对地方的税收返还和转移支付预算，以利于地方编制完整的预算，接受同级人大监督。研究和改革税收制度，健全税收法律制度。尽快出台新的资源税。认真总结增值税转型试点工作，争取2009年在全国推开。要积极推进省以下财政体制改革，促进省内地区间基本公共服务的均等化。加快建立县乡财政最低支出保障机制和省对下财力差异调控机制，促进财力向基层倾斜。

(五)进一步加强审计监督

要加强对预算执行的审计。在2007年中央预算执行和其他财政收支的审计工作报告中，要重点报告人大批准的预算的执行情况。进一步完善对部门决算的审签工作，逐步扩大审签范围，强化对部门执行预算的责任追究。加强绩效审计，促进提高财政资金使用效益。要把查处问题与促进改革、完善制度和强化管理结合起来，注重从体制、机制和制度上发现问题、分析原因、提出建议，充分发挥审计工作的建设性作用。

以上报告，请予审议。

全国人民代表大会财政经济委员会

2008年3月11日

国家发改委 环保总局负责人在十一届全国人大一次会议记者会上就节能减排保护环境等问题答记者问

今年节能减排幅度将大于去年

在回答去年节能减排工作成效以及今年工作举措时，国家发展和改革委员会副主任解振华说，2007年全国单位GDP能耗下降了3.27%，节能8980万吨标准煤；二氧化硫和化学需氧量排放总量分别下降了4.66%和3.14%，首次实现了双下降。

但是，解振华指出，目前节能减排的形势还很严峻，主要问题是：经济增长速度依然偏快，产业结构重型化格局还没有改变；企业主动淘汰落后产能和放慢"两高"产品生产的动力还不足，节能减排的一些重点治理设施建设比较滞后，企业节能减排的自觉性还没有全部激发出来；监督管理和处罚力度还没有到位，基础工作比较薄弱，特别是节能统计工作还是比较薄弱。

"从目前看，要完成'十一五'节能减排目标，节能的任务，要保证每年平均单位GDP能耗降低5%以上；减排任务，把总量减少到7%以上。"解振华说，"2008年很关键，我们将采取更强有力的措施，推进节能减排综合性工作方案的落实，打好节能减排攻坚战。温家宝总理在政府工作报告中，对节能减排工作提出十项任务。我们的任务就是要认真贯彻落实，确保今年的节能减排相关指标下降幅度比去年更大。"

北京奥运空气质量达标有保障

有记者问，外界对北京奥运期间空气质量问题非常关注，北京2001年申奥时对奥运空气质量的承诺能否兑现？

国家环保总局副局长张力军说，申奥时中国政府曾对北京奥运期间空气质量作出过庄严承诺，主要是三方面内容：一是北京每天要对二氧化硫、一氧化碳、二氧化氮和可吸入颗粒物进行监测；二是要致力于北京环境质量的全面改善；三是在奥运会期间，上述四项污染物的指标要达到国家标准和世界卫生组织的指导值，也就是保障北京奥运会期间空气质量优良。

经过多年努力，这三项承诺中的第一项和第二项已经兑现。北京市已经建立了比较完善的空气环境监测体系，完成了13个阶段、200多项的治理任务。北京市现在的空气质量得到了较大的改善，一氧化碳、二氧化硫、二氧化氮三项污染物已经达标，可吸入颗粒物也大幅度下降，北京蓝天的天数已经由1998年的100天增加到去年的246天。

关于第三项承诺，张力军说，目前，三项指标已经达标，还有可吸入颗粒物这项指标，虽然有了明显下降，但是还没有达标。研究表明，要保证北京奥运会期间的空气质量，除了北京自身因素之外，北京周边省市的污染物也会对北京空气质量产生影响。为此，北京市、国家环保总局和河北、天津、山西、内蒙古、山东等省市区政府以及北京大学、清华大学等专家，共同编制了北京奥运会空气质量保障措施。到目前为止，保障措施中所规定的治理任务和产业结构调整任务，大多已经完成。今年6月底前，保障措施中规定的各项任务将全部完成。专家预测，保障措施全部到位后，北京奥运会期间的空气质量达标是有保障的，能够兑现中国政府的庄严承诺。

节能减排问责制落实有力

在回答记者有关节能减排问责制的问题时，解振华说，去年11月，国务院发布了节能减排考核实施方案和办法，要求对各省级人民政府和千家重点耗能企业每年的节能减排情况进行统计、监测和考核。评价的结果要作为实施责任制、问责制的一个重要依据。

目前，按照办法和方案的要求，有关部门已经在组织核查组，对各省级人民政府节能减排的情况进行核查。今年3月，由各省级人民政府对千家重点企业的节能减排情况公布结果；今年5、6月，国务院要对各省级人民政府节能减排情况进行公布。没有完成任务的省和重点企业要作出说明，限期整改，而且这一年不能评先选优，也不能给予其他荣誉称号。另外，对这些地区和企业新上的高耗能项目，一律停止核准和实行区域限批。同时，核查结果还要交给组织部门和国资委，作为对各省政府政绩考核的重要内容，也作为对重点企业考核的重要内容。一些省级政府也实施了问责制，力度相当大。

张力军说，党中央、国务院高度重视节能减排和保护环境工作，地方各级党委和政府也把节能减排列入重要工作日程，同时，环保监管能力也在不断加强。“从这三方面看，我们可以得出结论，‘十一五’期间主要污染物排放削减10%的目标是完全可以做到的，我们非常有信心！”

全国绿化委员会办公室发布《2007年中国国土绿化状况公报》

3月12日

十一届全国人大一次会议主席团在人民大会堂举行第三次会议

主席团常务主席吴邦国主持会议。

3月9日，各代表团认真审议了全国人大常委会工作报告。代表们对常委会工作报告给予高度评价，普遍认为报告对过去五年工作成绩的总结实事求是，对存在问题的分析恰如其分，概括的四条经验从理论与实践的结合上回答了坚持和完善人民代表大会制度的若干重大问题，对今后五年特别是今年工作提出的总体思路和具体要求切实可行。大家一致同意批准这个报告。根据代表们提出的具体意见和建议，报告进行了多处修改，其中比较重要的修改有6处。主席团会议经过表决，决定将关于全国人大常委会工作报告的决议草案提请各代表团审议。

主席团会议经过表决，决定将关于最高人民法院工作报告的决议草案、关于最高人民检察院工作报告的决议草案提请各代表团审议。

各代表团认真审议了国务院机构改革方案，一致同意批准国务院机构改革方案。主席团会议经过表决，决定将关于国务院机构改革方案的决定草案提请各代表团审议。

受中共中央委托，中共中央政治局常委、中央书记处书记、十一届全国人大一次会议主席团常务主席习近平就中共中央向十一届全国人大一次会议主席团推荐的新一届国家机构组成人员人选名单作了说明。

习近平说，选举和决定任命新一届国家机构组成人员，是这次会议的主要任务之一，也是关系全局的一件大事。中共中央对推荐新一届国家机构领导人员人选十分重视，在研究十七大人事安排时，就作了通盘考虑。中共十七大闭幕后，中央政治局常委会和中央政治局即对全国人大、全国政协换届人事安排工作进行了研究。中共中央认为，新一届国家机构领导班子应当高举中国特色社会主义伟大旗帜，以邓小平理论和“三个代表”重要思想为指导，深入贯彻落实科学发展观，在中共中央的领导下，充分履行各自的职能，为全面完成中共十七大提出的各项战略任务而奋斗。中共中央提出，为推进国家机构组成人员的新老交替，进一步增强活力，使新一届国家机构更好地适应新形势、新任务的要求，现国家机构中一些年龄较大的同志将退下来，充实一些相对年轻的同志。新进入国家机构的人选应主要考虑本人的素质和条件，同时，也要考虑工作需要和结构要求。人选中应有各方面的领导骨干，也应有特定方面的代表性人物，还应有女同志和少数民族同志。新一届国家机构提名人选一般应为四十年代以后出生,个别民主党派领导人的提名年龄可适当放宽。要坚持干部队伍"四化"方针和德才兼备原则,按照统筹兼顾、合理安排的要求,着眼于我们事业的长远发展,着眼于发展社会主义民主政治、建设社会主义法治国家的需要,着眼于改革、发展、稳定的大局,切实做好换届人事安排工作。

习近平说,根据中共中央确定的原则,去年12月初对新提名为十一届全国人大常委会副委员长、全国政协副主席的中共预备人选,在正省部长级和正大军区职以上党员领导干部范围内进行了民主推荐。通过民主推荐,发扬了党内民主,拓宽了选人视野,使新提名人选具有较好的民意基础。对非中共人选,分别听取了各民主党派中央、全国工商联负责人的意见。对拟新提名的人选,有的结合十七大"两委"考察,有的结合省级领导班子和民主党派中央、全国工商联换届,还有的专门组成考察组进行了考察,同时就他们的党风廉政情况听取了有关部门的意见。经过广泛听取党内外各方面的意见,包括各民主党派中央、全国工商联负责人和无党派人士以及有关领导同志的意见,中央政治局常委和中央政治局成员反复酝酿,认真研究,并经中央政治局常委会和中央政治局全体会议讨论,提出了新一届国家机构领导人员人选建议名单。之后,又就这个建议名单同各民主党派中央、全国工商联负责人和无党派人士进行民主协商,听取了他们的意见。2月27日,中共十七届二中全会审议通过了这个建议名单。提请大会主席团审议的十一届全国人大常委会委员人选建议名单,是根据全国人大常委会的工作需要和结构要求,在各地各部门和各民主党派、全国工商联及其他有关方面推荐的基础上,经党内外反复酝酿、协商,中央政治局全体会议研究提出的。

习近平说,这次全国人大换届,有一些党内外的老同志由于年龄原因,没有继续提名。长期以来,他们为党和国家事业的发展辛勤工作,为改革开放和社会主义现代化建设作出了宝贵贡献,这次又以实际行动为实现国家机构组成人员的新老交替作出了新的贡献。我们向他们表示崇高的敬意。

主席团会议经过表决,决定将十一届全国人大常委会委员长、副委员长、秘书长、委员人选名单,中华人民共和国主席、副主席人选名单,中央军事委员会主席人选名单,作为主席团提名,交各代表团酝酿协商。

据介绍,中共中央推荐的新一届国家机构组成人员人选,提请大会主席团审议通过后,依照宪法和全国人大组织法的规定,全国人大常委会委员长、副委员长、秘书长、委员的人选,中华人民共和国主席、副主席的人选,中华人民共和国中央军事委员会主席的人选,最高人民法院院长的人选,最高人民检察院检察长的人选,由主席团提名,提交各代表团酝酿协商后,提请大会选举;大会根据中华人民共和国主席的提名,决定国务院总理的人选;根据国务院总理的提名,决定国务院其他组成人员的人选;根据中华人民共和国中央军事委员会主席的提名,决定中央军事委员会其他组成人员的人选。全国人大各专门委员会组成人员的人选,由主席团在代表中提名,提请大会表决。

主席团常务主席王兆国、路甬祥、乌云其木格、韩启德、华建敏、陈至立、周铁农出席会议。

外交部部长杨洁篪在十一届全国人大一次会议记者招待会上就中国对外政策和对外关系答中外记者问

杨洁篪说,很高兴和大家见面。温家宝总理在政府工作报告中全面阐述了中国的对外政策和对外关系,现在我愿意回答大家的提问。

中央电视台记者:有舆论认为,随着中国的发展和实力增强,中国的外交思想和理念正在悄悄发生变化,中国更加积极地参与有关国际问题的解决。你认为新时期中国外交的主要思想和理念是什么?

杨洁篪:关于新时期中国外交的新思想、新理念,胡锦涛总书记在中共十七大的报告里面已经作了全面的阐述,温家宝总理在今年的政府工作报告中再次予以强调。我想就和平发展、交流沟通、互利共赢、合作和谐对中国外交思想的重要性谈几点看法。

一要讲和平发展。中国是一个发展中国家,发展任务很艰巨,中国将始终不渝地走和平发展道路。同时,我们认为世界各国,不管是发达国家还是发展中国家,都应该走和平发展道路,以和平方式解决彼此之间的问题,以实现和睦相处,共同发展。

二要讲交流沟通。虽然我们生活在信息化社会,但这并不必然等于人们之间能进行有效沟通。我觉得国家之间一定要怀着换位思考的意识,抱着公正客观的态度,承认和照顾彼此合理利益需要,这样才能够增进互信,加强合作,增加共识。中国向来有礼尚往来、子诚我信的优良传统,我们愿意同各国交朋友,话沟通,谋合作。

三要讲互利共赢。不仅在经贸领域,在政治、安全、文化、教育等领域,国家之间都应该讲互利共赢,这样国家之间关系才有坚实的基础,才能保持其活力和旺盛生命力。

四要讲合作和谐。中国提出建设持久和平、共同繁荣的和谐世界的目标,我认为这也是全人类追求的目标。中国古人讲要"和合而谐",我们一定要加强沟通,密切合作,使得世界上和谐的成分能够增加一些,不和谐的成分减少一些,这样有利于加深和扩大各国之间的合作。

推动建设和谐世界,不仅是中国外交的长远目标,也是现实的任务。我们愿意同世界各国一起,为推动建设和谐世界,使世界更美好作出更大的努力。

俄通—塔斯社记者:前不久梅德韦杰夫先生当选俄罗斯新总统,如何评价中俄关系的现状?您对中俄战略协作伙伴关系有什么期待?

杨洁篪:中俄关系现状良好。不久前,梅德韦杰夫先生当选俄罗斯总统,中方对此表示热烈祝贺。同时,我们对普京总统多年来为推进中俄关系所作出的巨大贡献表示高度赞赏。

现在我们已经进入了中俄战略协作伙伴关系的第二个十年。双方一致同意,要以《中俄睦邻友好合作条约》为指导,继续推进双方关系。我们对中俄关系发展的前景充满信心。

我认为,中俄双方努力的重点应是:一是要进一步加强高层交流机制,保持高层会晤互访势头。加大在对方核心利益上的彼此支持。二是要进一步推进经贸合作,优化贸易结构,规范贸易秩序,努力把经贸关系提高到一个新水平。三是要扩大人文交流,办好2009年在中国举行的“俄语年”,2010年在俄罗斯举行的“汉语年”,加强相互交流。现在学中文的人很多,我希望在座的外国记者,也能抓紧学中文。我认为中文是世界上最容易学的语言之一,否则很难解释为什么有13亿多人讲中文。最后一点,双方要进一步加强在国际和地区事务中的合作,从而进一步有力地推动世界和平与发展事业。

美国全国广播公司记者:最近,有一个非常知名的运动员因为担心北京的空气污染而宣布退出奥林匹克竞赛,另外一个知名的运动员也在做类似的考虑。奥林匹克运动会已经非常近了,关于环保问题,你们对于参赛的运动员以及他们的国家和政府要讲什么话?

杨洁篪:我想世界上绝大部分要参加奥运会的各国运动员,对北京的空气质量、环境、运动设施都是满意的,都是有信心的。中国是一个体育强国,还是一个体育大国。中国很多运动员是在中国的运动场上,特别是在北京的运动场上打破了世界纪录,这一点不可抹杀。我相信,各国运动员在其他地方如果不能打破世界纪录的话,到北京来也许他们的机会会更多一些。中国十分重视应对气候变化,已经采取了一系列有力措施,我相信北京和中国的空气质量只会越来越好。

日本时事社记者:中日双方已就胡锦涛主席在樱花盛开时访日达成一致意见,但是现在有消息说可能会延期。如果这样,中方是否能够接受5月以后访问日本的建议。另外,有人认为访问延期与“毒饺子”事件有关。杨部长怎么看待这起事件对中日关系的影响?东海问题在胡主席访问日本之前有希望解决吗?

杨洁篪:我听说日本的春天非常美丽,樱花等各种鲜花盛开,中国人民和日本人民都希望胡锦涛主席在春天鲜花盛开的时候去日本进行访问。访问不存在什么推迟的问题,双方已经确定近期胡主席将对日本进行国事访问,现在外交部门正在就具体的访问日期进行积极协商。胡主席的这次访问是一次历史性的访问,必将推进两国关系显著地向前发展。中日关系通过两国领导人的“破冰”、“融冰”和“迎春”之旅,已经回到了正常的发展轨道,而且面临着重要的进一步发展机遇。

今年是《中日和平友好条约》缔结30周年,也是“中日青少年友好交流年”。这是胡锦涛主席作为中国国家元首,在新世纪第一次去日本进行国事访问。两国外交部门正在进行积极筹备,工作进展良好,我们希望通过这次访问,能够规划两国关系长期发展的蓝图,完善两国的交流机制,加深和扩大在各个领域务实合作,深化两国战略互惠关系的内涵,从而把中日关系纳入到一个长期、健康、稳定发展的轨道。

中国政府一贯高度重视食品安全问题,采取对中外消费者高度负责的态度。对于在日本发生的“饺子中毒”事件,中方高度关切,主管部门采取了一系列必要措施,开展了认真、负责的调查,已经公布了初步调查结果。我想在这里强调,为了查明真相,中方的调查工作将会继续进行下去。同时,解决这一跨境食品安全问题,离不开中日双方的合作。我们希望双方主管部门,特别是警方,能够继续加强沟通,密切合作,切实本着冷静、公正、客观、科学的态度,开展协作调查,尽快查明事件的真相,向两国人民作出负责任的交代。为了从机制上确保我们今后在这类问题上能够进行更为及时、更为有效的合作,我们认为需要尽早建立中日两国食品安全合作的长效机制。我想中国人民和日本人民都希望能够早日建立起这样的机制。

东海问题由来已久,十分复杂,关键是要找到双方都能够接受的双赢的解决办法。福田首相访华的时候,两国领导人就这个问题达成了四点新的共识。两国领导人一致同意,要以中日关系的大局为重,在推进中日关系的过程中,争取尽早解决这一问题。目前,两国外交部门正在根据领导人的共识,在迄今已经取得进展的基础上,积极探讨具体的解决办法。我们认为,人为地为磋商设限的做法是不明智的。

香港《商报》记者:近年来中欧关系出现一些新情况,欧洲一些国家领导人也出现了更换,中欧在人权、经贸,特别是在西藏问题上有一些分歧。你怎么看待现在的中欧关系?在你任内将怎样化解这些分歧?有消息说,美国“小鹰”号航母希望在4月份访港,外交部有没有接到相关的申请？会不会批准？

杨洁篪：自从1975年中国同欧洲经济共同体建立正式关系以来，中欧关系一直在平稳不断地向前发展，我们对此感到高兴。30多年来，双方的关系跨越了三个阶段，首先是建立了建设性伙伴关系，然后是全面伙伴关系，现在是全面战略伙伴关系。现在双方的贸易额超过了3000亿美元，欧盟是我们的第一大贸易伙伴，贸易额是1975年的100倍。我们对双方关系发展的前景是充满信心的。当然，经贸关系发展了，生意做多了，难免会有一些摩擦、纠纷，但这些问题是成长中的烦恼，问题会得到解决的。双方不久还要举行中欧高层经济对话。

我们非常重视在平等和相互尊重的基础上，同欧盟、欧洲国家就人权问题进行建设性的对话。实际上，双方在人权问题上有很多共同点。存在一些差异、分歧，主要是由于双方的社会制度不同、历史背景不同、文化传统不同、社会经济发展水平不同而导致的。

关于达赖问题，我想指出，越来越多的欧洲国家和人民认识到，这是一个关系到中国主权、领土完整的问题，而不是一个什么宗教问题或者民族问题。最近，德国方面明确表示，承认西藏是中国的一部分，不支持、不鼓励任何谋求西藏“独立”的图谋。我相信，越来越多的国家会朝着这个方向前进，会看穿达赖企图分裂中国的图谋。

我在这里也想谈一下即将于今年10月在中国北京举行的第七届亚欧首脑会议。这是中国首次主办这样的盛会，届时估计有40多个亚欧国家的元首和政府首脑出席。我们希望通过这次会议能够进一步加强亚欧在国际问题上的协作，深化双方经贸和其他领域合作，推进各种不同文明之间的对话，为国际体系进一步改进和发展，为人类的和平发展事业作出新贡献。

关于美国“小鹰”号航母访问香港一事，迄今为止，中方没有收到美方申请。如果我们收到的话，我们将会根据主权原则和相关程序进行审批。

《中国日报》记者：国际上有人认为，中国在国际事务当中应该承担更多的责任，例如中国在发展同非洲关系的时候，应该更多关注非洲的“良政”和人权，在应对气候变化、减少温室气体排放方面，中国也应承担更多的义务。您对此有何回应？

杨洁篪：中国是国际社会负责任的一员，我们始终以认真负责的态度来处理国际事务。同时，作为一个发展中的国家，坦率地讲，中国不能够承担超出它自身能力所能承受的国际责任。我还想强调一下，我们所要承担的国际责任，不是为特定的国家或者国家集团服务的，也不是以他们的标准来衡量的。在承担和履行国际义务方面，我们要为中国人民负责，要为世界负责，要为未来负责。随着中国自身力量的增强，我们当然会承担更多的国际责任，同世界各国人民一起来推进和平和发展事业。

关于非洲问题，我想谈几点看法：

第一，中国是非洲人民的老朋友、好朋友。我们始终认为，国家间的利益虽然重要，但是道义和感情也是十分重要的。如果一个国家只有利益，没有朋友，那就未免太孤单了，太无趣了。中国在非洲朋友很多，我们真诚地把非洲国家看作自己的朋友，致力于发展中非新型战略伙伴关系。中非关系的特点是真诚友好、平等相待、相互支持、共同发展。

第二，非洲国家有权根据自己的意愿来选择合作的伙伴，有权通过开展合作，将自己的资源优势化为发展优势，把潜在的优势变为现实的优势。非洲国家和人民是普遍欢迎中非合作的，这点人们看得很清楚。如果有人要评论中非合作的话，他们首先应该尊重非洲人民的意愿和非洲人民的意见，这种尊重以前好像少了一些。中国对非合作不仅为非洲的发展带来了动力，也推动其他国家更加关注和重视非洲，我听到的反映是非洲人民对此感到很高兴。

第三，关于气候变化问题，当前气候变化问题的主要原因，是发达国家的历史上长期排放和高人均排放。中国之所以排放总量大，主要原因是中国是世界上人口最多的国家，但是中国的人均温室气体排放量是很低的。按人均算，中国三个人的排放量还抵不上发达国家一个人的排放量。好比咱们吃早饭，一个人吃三片面包，另外三个人每人只吃一片面包，谁应该节食呢？如果按照“人人生而平等”的观点来看人均的能源消费，有一些人就不必那么振振有词地来宣传中国的排放量是如何之大，似乎他们占据了道义的制高点。发展中国家的人民生活水平要不要提高？要提高，我们不仅是按照中国政府的计划去做，而且是在努力地实施联合国“千年发展目标”。在中国的发展过程中，排放在一定时期内难免还会有所增加。中国已经为实现联合国的“千年发展目标”作出了巨大努力，成绩是相当可观的。我们将为实现这一目标作出更大的努力。

中国的产品相当一部分出口，造福于全世界消费者，我希望人们在使用价廉物美的中国产品的时候，也想一想中国在承受着不断增加的“转移排放”的压力。所以在谈排放问题的时候，不能只讲总量不讲人均，不能只讲当前不看历史，不能只讲生产不讲消费。这样做对谁都是不公平、不科学的。最后我要强调，中国欢迎巴厘路线图，中国正在为应对气候变化作出巨大努力。我们将继续以认真负责的态度，作出更大的努力。

英国《泰晤士报》记者：今年是奥运年，但是鉴于最近发生的恐怖劫机事件，中国如何确保外国游客在中国的旅行安全？这架飞机只停留了一小时，我们没有听到关于任何使它迫降或者确保它安全的报道。在这种情况下，外国游客怎样才能觉得在中国很安全呢？

杨洁篪：中国当然是世界上最安全的地方之一。如果不相信的话，可以去问问英国、美国或者其他西方国家的驻华大使，他们是在中国感到安全，还是在其他国家感到安全。每年来中国的游客越来越多，听说北京的旅馆虽然将在奥运会期间涨价，但订房间还是很困难。这表明，人们还是觉得北京挺安全的。不过宾馆房间涨价不是中国所特有的，我在美国参加一些活动的时候，比如说我去参加布什图书馆开幕的时候，房价就涨了三倍，我也只好付钱了，国家多出了外汇。

关于所谓的"恐怖劫机事件"，我不知道你讲的是什么事件，也有人问过我关于南航 CZ6901 航班的情况。据有关部门告知，3 月 7 日，南航 CZ6901 航班由新疆乌鲁木齐飞往北京，在飞行途中发现个别旅客持有可疑的液体。为了确保乘客安全，飞机在兰州中川机场备降，机上的乘客和机组人员安全无恙。这个航班随后安全抵达了北京，据了解，有关部门正在做进一步调查。

韩国联合通讯社记者：我有两个问题。第一个是中韩两国关系迈入新阶段，请问新阶段的具体内容是什么？两国的全面合作伙伴关系如何变成战略关系？第二个问题，希尔和金桂冠先生明天开始会谈，讨论核申报的问题。中方建议参考 1972 年的上海公报来解决问题。中国提出的具体建议是什么？六方会谈未来的前景怎样？中朝关系中似乎出现了一股奇怪的气流，你怎么看？

杨洁篪：我们对李明博先生出任韩国总统表示热烈祝贺。胡锦涛主席的特使、国务委员唐家璇日前出席韩国总统就职仪式期间，同李明博先生进行了广泛、深入谈话，取得了积极的成果。中韩全面合作伙伴关系正在稳步向前发展，我们愿意同韩方进一步推进这一符合两国人民根本利益的良好关系，希望加强双方高层的交流和沟通，保持高层互访的势头，进一步扩大双方在经贸、科技、文化、教育、卫生等各个领域的合作，并加强双方在国际和地区事务上的沟通、协调和合作。

中朝关系发展很正常，我看不到有什么异常现象。我们也注意到，希尔先生和金桂冠先生不久将在第三国进行会晤，我们希望他们双方共同努力，希望会晤有助于改善美国同朝鲜民主主义人民共和国的关系，有助于推进六方会谈。关于如何进一步推进六方会谈，中方认为，各方应该保持耐心，显示出创造性的思维，相向而行，使得落实共同声明的第二阶段行动能够得到均衡的实施。我们认为，现在是各方作出进一步努力的时候了。中方也将为实现半岛无核化，保持半岛的和平稳定，进而实现东北亚的和谐，发挥自己积极的建设性作用。

意大利广播电视公司记者：最近有一些国家，包括意大利，在联合国提出要暂停死刑或者冻结死刑，中国对此提出了反对意见。中国为什么会反对？为什么我们不能够知道在中国每年执行死刑的确切数字？

杨洁篪：各国是不是实行死刑，都是根据本国的实际情况来决定，来制定有关的法律。在世界上存在死刑的国家还是相当多的，中国不是唯一的国家。中国在执行死刑制度的时候是十分谨慎的，采取了非常认真、负责的态度。如你所知，中国最高人民法院已经收回了死刑的核准权。关于执行死刑数量的有关情况，很抱歉，我不是很了解，我建议你向中国的有关部门了解。

中国国际广播电台记者：近年来，外交部更加重视经济外交和公众外交。一方面帮助中国的企业"走出去"，另一方面邀请普通的老百姓走进外交部。您是如何看待和处理这两方面的工作的？今后还有什么打算？我们从电视中看到您和政协委员一起唱评弹的情景，给大家留下了深刻印象，请介绍一下您的业余生活。很多媒体评价您是儒雅不失睿智，沉稳又不失幽默，我们想知道这是您的性格使然，还是多年外交工作形成的风格？您认为您是什么风格的外交官？

杨洁篪：前一半问题比后一半问题好像好回答一点。近年来，外交部和驻外使领馆很注意发挥自己的优势，同有关部门通力协作，为推进中国的对外经贸合作做了一些工作。做生意总是喜欢跟朋友做生意。搞外交工作，首先要深化我们同其他国家的战略和政治互信，为我国对外经贸合作创造良好的国际和周边氛围。第二要大力推动多边、区域和双边的经贸合作，推动通过磋商和对话来妥善解决经贸领域的问题、摩擦和纠纷。第三是我们与有关部门通力合作，促成了一批重要的互利合作项目，并且坚定地维护海外中国公民和企业的合法权益。我们要继续做好经济外交这篇大文章，为祖国的现代化建设作出我们应有的贡献。

关于公众外交，我想强调的是，中国的外交是人民的外交，是为人民服务的。我们现在很注意通过各种渠道来了解广大人民群众对外交工作的建议和看法，并且我们也通过因特网和其他途径来介绍我们的外交信息和外交政策。外交部这几年还搞了"公众开放日"，我们一定要把这个制度坚持好，搞得更好。广大老百姓对祖国的外交事业表现出巨大的热情和有力的支持，这令我和我的同事们很受感动，这也是我们的力量和智慧的重要源泉。另外，公众外交从某种意义上讲，是促进维护世界和平、共同发展的外交。在对外交往和公众外交方面，国家领导人给我们树立了很好的榜样。国家领导人出访的时候，总是同国外各界进行广泛的交流和接触。我们驻外大使们、总领事们、外交官们也很注意做这方面的宣传工作。据我了解，有的大使一年演讲、接受采访达近百次，外交部一年也要接待几十个外国公众团的来访。我们越来越深刻地认识到公众外交深刻的意义和好处，今后要把这方面的工作做得更好。

关于个人的风格，中国历任外长都有自己的风格，但是有一点是共同的，就是忠于国家，忠于人民，广交天下的朋友，促进和平发展事业。作为新任外长，我会忠实地履行职责，牢记祖国人民重托，更好地为国家和人民的利益服务，为推动中国与世界各国和各国人民的互利友好合作关系作出努力。我是属老虎的，但是我在同外国同事们打交道的时候，都是平心静气地讨论如何促进双边和多边的关系，如何携手为解决地区和世界的问题共同作出努力。当然，他们肯定知道我会坚定地捍卫中国的利益。

我觉得工作和生活没有根本的矛盾，生活应该丰富多彩。我的兴趣极其广泛。现在要充实自己，更好地做好工作，晚上还是想挤点时间多看点书。我本人也喜欢练练毛笔字，打打乒乓球，听听南腔北调，特别是京剧和评弹。不过现在这种机会不是越来越多，而是越来越少了。

美联社记者：中国反对把奥林匹克运动会政治化。但是有些人说，这么重大的一个国际事件不可能完全排除政治化，而且有人讲中国本身也在把奥运会政治化，因为它试图利用奥运会这个机会加强爱国主义，提升中国在国际上的地位。您认为政治和体育能够完全分开吗？你们是不是会继续反对对你们的批评和压力？还是要把这种批评和压力看作是一个机会，和支持你们以及批评你们的人进行接触和沟通？另外请您评价一下美国总统初选过程中候选人发表的一些言论，他们指责说中国的贸易做法损害了美国的贸易利益，还批评中国的人权。你们是否关注中国在美国的大选中被当作替罪羊，或者是受到了不公正的待遇？

杨洁篪：首先，爱国主义和把奥运会政治化是两个根本不同的概念。难道是中国政府鼓动中国人民支持奥运会吗？我想只要公正、客观的人都会认识到，中国人民是发自内心地对奥运盛会表示巨大、衷心、热烈的支持。第二，我并不认为国际社会在把北京奥运会政治化，企图把北京奥运会政治化的是个别对中国极不友好的、具有巨大偏见的个人和势力，他们根本代表不了国际社会。第三，非政治化是《奥林匹克宪章》所规定的，那些攻击中国的人，口口声声标榜法律的重要性，他们为什么要明知故犯，违反《奥林匹克宪章》有关规定？我们愿意同各国人民、各方人士来讨论如何把北京奥运会办成一届有特色、高水平的奥运会，我们欢迎各方善意的建议和批评。但是如果想抹黑中国，请注意听清楚，我讲的是中国，这是办不到的。因为他们这么做遭到了中国人民、世界人民的反对，他们站到中国人民、世界人民的对立面，他们这样想办法抹黑中国，只能证明他们自己本身是什么颜色。我想指出，国际社会，世界各国政府和领导人、民众都是热情支持办好北京奥运会的，表现出对中国人民深厚的、友好的感情。

中美关系总体上保持稳定，并继续向前发展。中美贸易近年来又取得了长足的发展，这种经贸合作是对双方都有利的。我们认为，目前中美贸易存在逆差问题，是由多方面原因造成的。一是由于经济全球化，由于双方贸易结构所致。二是由于中国有着良好的投资环境，很多国家的企业都到中国来投资，中国向美国输出的60%产品都是外资企业或者合资企业生产的，其中不乏美国企业。所以美国方面从中国输美的产品中也是直接得益的。三是中国在货物贸易方面存在顺差，但是在服务贸易方面，美方拥有顺差。我想指出，美国现在在向中国输出高科技技术产品方面卡得太紧，这也是造成中国贸易顺差、美方贸易逆差的重要原因。我们愿意努力增加从美国的进口，实际上中国市场现在也是美国出口市场中增长最快的。我们愿意同美方进一步加强磋商与合作，推动战略经济对话和其他机制发挥更多的积极作用，使两国的经贸合作关系为两国人民带来更多的实惠。

关于人权问题，中国愿意在平等和相互尊重的基础上同美国进行人权对话，但是坚决反对固守“冷战”思维，以意识形态划线，在人权问题上搞对抗、搞双重标准，利用人权问题干涉中国内政。我们和美国的关系是非常重要的双边关系，希望双方都能够站得高、看得远，不断推进两国的建设性合作关系。

新加坡《联合早报》记者：第一个问题跟主权财富基金有关，欧盟和国际货币基金组织正在制定主权财富基金有关的准则。中国怎么看待这场国际金融问题的争议。有一种看法是中国不愿意接受这些准则，反映出中国要在国际游戏规则的制定方面有更大的话语权。第二是大国与小国关系。现在中国和越南在领土资源方面有一些争端，引起一些小国的关注。请问中国在整体外交政策中是怎样考虑与小国发展关系的问题？怎么让小国更放心？

杨洁篪：主权财富基金存在非始于今日，现在世界上几十个国家都有主权财富基金。中投公司成立于不久之前，完全根据商业运作模式进行活动，受到了不少国家的欢迎。据我了解，最近中投公司负责人去英国访问,受到了热烈的欢迎。根据国际游戏规则,利用好主权财富基金,对有关各方都是有利的。游戏规则当然应该大家来制定。

关于中越关系,如果你指的是南海问题,我就说几句。中国对南沙诸岛及其附近海域拥有无可争辩的主权。我们积极主张通过搁置争议、共同开发的方式来处理有关问题。突出分歧的做法是不可取的,也不利于问题的解决。希望有关各方能够落实《南海各方行为宣言》的后续行动,积极开展合作,我们愿意就此同各方进一步交流意见。中国一直强调,国家不分大小、强弱、贫富一律平等,中国愿意在和平共处五项原则和其他国际关系准则基础上,发展同其他国家的关系,不论大国与小国。我看我们跟新加坡的关系就发展得很不错嘛。

新华社记者:当前中国的发展引人注目,同时国际形势也在发生着深刻变化。您如何看待中国和外部世界的关系?未来五年,中国外交的主要机遇和挑战是什么?

杨洁篪:当今世界正处于广泛而深刻的变化之中,当代中国也正处于广泛而深刻的变革之中。中国的外交机遇和挑战并存,但是机遇大于挑战。这是今后五年大的趋势。一方面,和平和发展仍然是时代的主题,国际力量的对比是朝着有利于维护世界和平方向发展的,世界总体形势是稳定的。另一方面,这个世界还很不安宁,面临着诸多挑战和难题。随着中国的发展以及中国与世界关系发生的历史性变化,绝大多数国家都把中国看作是一个发展的机会。当然,也有一些人有这样那样的疑虑,个别人甚至鼓吹要牵制中国的发展,这就是我们面临的现状。

作为外长,我深知,今后五年,国际形势将会变得更加复杂,其中有积极的因素,也有消极的因素。无论国际形势、外部环境发生什么样的变化,我们都会坚定地执行中共十七大所确定的外交方针和政策。我们要更加善于应对挑战,抓住机遇。我们要化挑战为机遇,变机遇为现实,更好地为中国全面建设小康社会服务,同世界各国人民一起建设一个更加美好的明天。我们对中国和世界的前途充满信心。

最后,谢谢各位记者女士和先生抽出时间参加这场记者招待会,希望今后有更多的机会同大家见面、交谈,并且更多地听取你们的意见。谢谢姜恩柱先生主持今天的记者招待会。

记者招待会历时两小时,600多名中外记者出席。

商务部部长陈德铭在十一届全国人大一次会议记者会上就外经贸及国内市场情况答记者问

外贸出口还会保持平稳增长

有记者问,今年2月份我国的出口增幅明显下降,而进口增幅是上升的。这是否表明我国的外贸形势出现了转折?

陈德铭说,从我个人观点看,今年外贸出口还是会平稳增长的。2月份之所以出口增幅下降,而且下降比较大,有这样几个原因:一是春节因素。二是国际因素。受次贷危机的影响,美国经济明显放缓,美国消费支出也在减少。我们对美的出口,今年1—2月只增长0.4%。2月份对欧盟的出口也增长1%。三是政策因素。去年我们相继出台了一些外贸调控政策,这些政策效果在今年逐步展现出来。另外还有人民币升值、原材料涨价、工资上涨、环保成本上升等。这些原因可能影响今年出口,特别是影响到2月份的出口。

关于进口增幅上升,陈德铭说,进口价值的增长不完全代表数量的增长。今年进口增长有很大一部分是价格上涨。前两个月最主要的五种进口商品,原油、成品油、铁矿石、大豆、食用油,价格涨幅同比都在60%以上。这五种商品的涨价因素就拉动全国进口增幅将近12个百分点。

陈德铭认为,今年在保持出口平稳增长的同时,要特别注意优化出口结构,转变外贸增长方式。同时,要注意跟踪分析新情况、新问题,及时、灵活采取相应对策,根据宏观调控的实际需要把握调控的节奏重点和力度。

物价可能呈"高开低走"趋势

关于物价和市场供应问题,陈德铭预计,全年价格可能会呈"高开低走"趋势,先在高位趋稳。但是低走能走到多少,取决于我们的调控力度及国际不确定因素的走势。

陈德铭说,2月CPI涨幅达8.7%,原因是多方面的。第一,食品价格上升是主要因素。这主要是受南方低温雨雪冰冻灾害影响;另外,春节期间大量供求矛盾叠加在一起,造成食品供求矛盾适度增加,引发价格上涨。第二,价格上涨里有一部分是国内农产品价格的恢复性上涨,有一定的必然性和合理性。第三,国际市场上初级产品价格进入了一个比较全面的、大幅度的上升期,对国内CPI上涨产生推动作用。

陈德铭说,为稳定大宗食品价格,保证市场供应,商务部将着力加强农村流通体系建设和农村市场建设。我们调查发现,在商品销售价格中,有一半左右的价格是耗在了流通成本上,这比欧洲高出两倍以上。加强农产品流通体系建设,就是要减少流通成本和流通费用,把省下来的钱让给农民和消费者。

我国将进一步优化外资结构

关于利用外资,陈德铭说,从今年前两个月的情况看,大项目进入我国的速度在加快,特别是3000万美元以上的企业投资比去年增长了2.5倍,说明国际资本境外投资仍然看好中国经济发展。中国投资的增长总体说明我国的投资环境还是在一步一步地趋优。

陈德铭表示,我国将进一步优化外资的产业结构和地区布局,继续对"两高一资"投资进行一定限制,也要对一些违法违规项目进行处置。我国去年利用的748亿美元外资中,97%左右还是绿地投资,下一步,要发展股权跨国并购,鼓励并购方式参与国有企业改组改造,鼓励那些高新技术企业进一步到中国来投资。

简单从贸易逆差角度要求一个国家的货币升值是不合理的

关于人民币升值对外贸的影响,陈德铭说,坦率地讲,人民币升值对出口是有影响的。现在有些企业就因为升值的预期不敢订长期合同,大单子就要换成小单子。每当升值一部分以后,买卖双方还要重新进行讨价还价。

他同时指出,人民币升值的影响有负面的、也有正面的。正面的是有利于我们的进口,也有利于我们外贸结构的调整、外贸发展方式的转变。我们要充分利用它给我们进出口带来的正面影响,通过努力,加强管理创新,减少负面影响。

陈德铭说,中国并不刻意地追求顺差。在人民币升值的过程中,一些国家特别是和我们的贸易保持着比较大的逆差的国家、地区,希望我们加快升值,减少贸易上的不平衡。但是,外贸的结构是因为各国的经济结构不同以及国际分工造成的,我们对美国有1600多亿的顺差。但是美国对整个世界有几千亿的逆差,因为在经济结构调整中,美国把低端的、一般的制造业投到世界各地去,保留的是高端的制造业和服务业,这样的经济结构决定了美国在贸易上会形成逆差。简单地从贸易的顺差逆差角度要求一个国家的货币升值,这是不合理的。

陈德铭还就中俄、中日贸易,祖国大陆与台湾地区经贸交流与合作,出口食品安全等问题回答了记者提问。

全国政协十一届一次会议主席团在北京举行第三次会议

中共中央政治局常委、政协十一届一次会议主席团会议主持人贾庆林主持了会议。

会议通过了经全体委员酝酿讨论的政协第十一届全国委员会主席、副主席、秘书长、常务委员候选人名单,决定将这个名单提交13日下午举行的全体会议进行投票选举。会议通过了政协十一届一次会议选举办法,审议通过了54名监票人名单,确定董中原、甄贞为总监票人。会议还通过了政协十一届一次会议关于常务委员会工作报告的决议(草案)、政协十一届一次会议提案审查委员会关于政协十一届一次会议提案审查情况的报告(草案)、政协十一届一次会议政治决议(草案),决定将上述草案提请14日上午举行的闭幕会进行表决。

中共中央统战部部长杜青林就政协第十一届全国委员会主席、副主席、秘书长、常务委员候选人名单(草案)讨论情况作了说明。他说,3月11日上午,各委员小组对名单草案进行了酝酿讨论。委员们积极认真,畅所欲言,讨论气氛宽松、和谐,非常热烈,充分展现了对国家、对人民高度负责的精神。大家普遍认为,建议人选名单是中共中央在充分发扬民主、反复酝酿协商后产生的,整个推荐、提名过程符合政协章程和规定的程序,体现了人民政协大团结、大联合的精神。大家认为,建议人选的素质条件比较好,各方面结构比较合理,较好地照顾到了方方面面,有广泛的代表性,体现了统筹兼顾、全面安排的要求,是一个考虑比较周全的方案,能够适应新一届全国政协工作的需要。委员们都表示拥护和赞成这个建议方案。

杜青林说,在酝酿讨论中,有的委员对建议人选名单提出了一些意见和建议。还有的委员就选举办法等提出了一些意见和建议,我们将在今后的工作中进一步研究,使之更加完善。

政协十一届一次会议主席团常务主席王刚、廖晖、帕巴拉·格列朗杰、白立忱、陈奎元、阿不来提·阿不都热西提、李兆焯、黄孟复、董建华、张梅颖、张榕明参加会议。

国家主席胡锦涛根据全国人大常委会的决定任免驻外大使

一、免去赵进军的中华人民共和国驻法兰西共和国特命全权大使兼驻摩纳哥公国特命全权大使职务;

任命孔泉为中华人民共和国驻法兰西共和国特命全权大使兼驻摩纳哥公国特命全权大使。

二、免去关呈远的中华人民共和国驻欧盟使团团长、特命全权大使职务;

任命宋哲为中华人民共和国驻欧盟使团团长、特命全权大使。

中国34名杰出青年入选"全球青年领袖"名单

世界经济论坛公布了2008年度"全球青年领袖"入选名单,245名来自世界各地的商界、政界、文艺和体育等各界青年精英获此殊荣,其中包括34名中国杰出青年。

世界经济论坛发表公报说,论坛将此荣誉授予这245名青年精英,以嘉奖他们在各行各业的突出成就、对公益事业的贡献以及影响未来的潜力。入选的34

名中国杰出青年有31名来自中国大陆,3名来自中国香港,绝大多数是企业界人士。

中国第一座水电专业博物馆——吉林丰满水电博物馆建成

3月13日

国家主席胡锦涛同俄罗斯总统普京通电话

胡锦涛表示,普京总统执政以来,中俄关系健康深入发展,各领域交流合作成果丰硕。双方签署了中俄睦邻友好合作条约,彻底解决了历史遗留的边界问题,成功举办了"国家年"活动,共同发表了关于21世纪国际秩序的联合声明。胡锦涛高度评价普京总统为中俄战略协作伙伴关系发展作出的突出贡献,并相信在双方共同努力下,中俄战略协作伙伴关系一定会不断迈上新台阶,中俄友好事业一定会取得更加丰硕的成果。胡锦涛还对俄罗斯总统大选顺利举行表示祝贺。

普京高度评价他同胡锦涛进行的密切而富有成果的合作。普京表示,俄罗斯和中国是战略协作伙伴,俄方高度重视俄中关系。双方在"国家年"框架内举办了600多项活动,双边贸易额不断增长,在国际事务中进行了良好合作。俄方希望两国领导人继续保持密切交往,共同推动俄中战略协作伙伴关系不断向前发展。

普京预祝北京奥运会圆满成功。

全国政协十一届一次会议在人民大会堂举行第四次全体会议

大会选举中共中央政治局常委贾庆林为全国政协主席,同时选出25位全国政协副主席。

25位全国政协副主席是:王刚、廖晖、杜青林、阿沛·阿旺晋美、帕巴拉·格列朗杰、马万祺、白立忱、陈奎元、阿不来提·阿不都热西提、李兆焯、黄孟复、董建华、张梅颖、张榕明、钱运录、孙家正、李金华、郑万通、邓朴方、万钢、林文漪、厉无畏、罗富和、陈宗兴、王志珍。钱运录同时当选为政协第十一届全国委员会秘书长。

会议还选举产生了政协第十一届全国委员会常务委员298人。

新当选的全国政协主席、副主席平均年龄比十届下降2.8岁,其中民主党派和全国工商联、无党派人士13名,少数民族人士5名,女性4名。新当选的常务委员平均年龄为58.6岁,比十届下降3.3岁,其中非中共人士195名,占65.4%;少数民族人士37名;女性30名。

全国政协十一届全国委员会主席、副主席、秘书长、常务委员名单

主　席:贾庆林

副主席

王　刚　廖　晖　杜青林　阿沛·阿旺晋美(藏族)
帕巴拉·格列朗杰(藏族)　马万祺　白立忱(回族)
陈奎元　阿不来提·阿不都热西提(维吾尔族)
李兆焯(壮族)　黄孟复　董建华　张梅颖(女)
张榕明(女)　钱运录　孙家正　李金华　郑万通
邓朴方　万　钢　林文漪(女)　厉无畏　罗富和
陈宗兴　王志珍(女)

秘书长:钱运录(兼)

常务委员(按姓氏笔画排序)

一　诚　刀述仁(傣族)　万季飞　万学远　万鄂湘
马长庆(东乡族)　马志伟(满族)　马英林　马培华
王　晓　王少阶　王玉锁　王立平(满族)　王永庆
王亚保(黎族)　王光谦　王先琼(女,侗族)
王众孚　王宇田　王林旭　王明明　王金祥　王显政
王钦敏　王健林　王梅祥　王新陆　王新奎　韦建桦
方兆本　孔小均　艾努瓦尔(哈萨克族)
左焕琛(女)　厉以宁　石耀霖　卢志强　卢晓钟
叶小文　叶小钢　田　刚　田　岚(土家族)　田　静
田　震　田中群　田聪明　包俊臣(蒙古族)　冯　巩
冯明光　冯炯华　冯培恩　冯骥才　宁崇瑞　朱孝清
朱作言　朱祖良　朱维群　伍淑清(女)　任法融
全哲洙(朝鲜族)　刘　凡　刘　江　刘长铭　刘古昌
刘汉元　刘汉铨　刘光复　刘亦铭　刘志峰　刘迎龙
刘应明　刘泽彭　刘柏年　刘晓庄　刘晓峰　刘峰岩
刘淑莹(女)　刘新文(女)　刘慕仁　齐　让
江蓝生(女)　许仕仁　许仲林　许志功　许京军
孙　淦　孙永福　孙志强　孙怀山　孙晓郁
买买提·玉素甫(维吾尔族)　苏士澍(满族)　李　冰
李　宏　李　明　李　羚(女)　李　崴
李　蒞(女)　李卫华　李世济(女)　李庆云
李君如　李卓彬　李国璋　李昌鉴　李泽钜
李承淑(女,朝鲜族)　李栋恒　李铁林
李德洙(朝鲜族)　李德强　杨　岐　杨　健　杨孙西
杨春兴(苗族)　杨俊文　杨健强(白族)　杨崇汇
杨维刚　杨焱平(女,白族)　吴　江(无党派人士界)
吴玉谦　吴正德　吴光正　吴国祯　吴祖强
吴嘉甫(布依族)　吴蔚然　邱衍汉　何　维　何小平
何丕洁　何光暐　何柱国　何鸿燊　余国春　闵乃本
汪啸风　沈文庆　沈滨义　张　平　张　帆　张　健
张　海　张　黎　张大方　张大宁　张文康　张左己
张龙之　张圣坤　张来斌　张国宝　张泽熙　张宝文
张承芬(女)　张俊九　张桃林　张海迪(女)

张维庆 张道宏 张福森 阿什老轨(彝族)
陈 军(哈尼族) 陈 杰(女,高山族) 陈 旗
陈广元(回族) 陈云林 陈永棋 陈传阔 陈自力
陈进玉 陈抗甫 陈佐洱 陈昊苏 陈明义 陈明德
陈绍军 陈政立 陈勋儒 陈凌孚 陈章良 陈清华
陈福今 邵 鸿 武大伟 武四海(回族) 武维华
武献华 林而达 林兆枢 林明江 欧阳明高
欧阳淞 季允石 周文重 周汉民 周健民 周遇奇
郑小燕(女) 郑兰荪 郑军里(瑶族) 郑建邦
郑祖康 郑家纯 郑惠强 郑楚平 郑楚光 学 诚
赵 龙 赵 俊 赵少华(女,满族) 赵化勇 赵启正
赵雨森 赵晓勇 胡四一 胡永柱 胡家燕(女)
胡德平 钮小明(女) 段成桂 修福金 俞海潮
洪祖杭 姚志彬 秦大河 珠康·土登克珠(藏族)
袁汉民 袁祖亮 袁隆平 袁熙坤 贾庆国 夏 涛
夏培度 顾秉林 柴松岳 钱克明 徐 泽 徐 辉
徐冠华 徐振寰 徐展堂 栾恩杰(满族)
高 峰(宗教界) 高小玫(女) 高中兴 高体健
高俊良 郭炳湘 陶建幸
桑顶·多吉帕姆·德庆曲珍(女,藏族) 黄代放 黄志贤
黄格胜(壮族) 曹 亚(女) 曹 毅(土家族)
曹小红(女,回族) 曹其真(女) 龚世萍(女)
龚惠兴 康耀红 章祥荪 梁金泉 梁振英 葛东升
葛剑平 葛剑雄 董恒宇 董新光 蒋以任 蒋作君
蒋明麟 韩忠朝 韩美林 覃志刚(壮族)
程世峨(女) 程崇庆 傅先伟 傅惠民 曾 华
温思美 温熙森 靳尚谊 蒙进喜 赖 明
雷 蕾(女,满族) 蔡 威 蔡达峰 管国忠(傣族)
廖泽云 黎桂康 德哇仓(藏族) 滕文生
潘贵玉(女) 潘蓓蕾(女,高山族)
霍 达(女,回族) 磨长英(女) 戴德丰

全国政协办公厅中央统战部在钓鱼台国宾馆举行招待会招待港澳地区全国政协委员

全国政协主席贾庆林出席并致辞。

贾庆林指出,今年是全面贯彻中共十七大作出的战略部署的第一年,也是大事多、喜事多的一年。做好今年的工作,意义十分重大。港澳地区全国政协委员是香港、澳门各界有影响的代表人士,是在香港、澳门实践"一国两制"方针的重要力量。希望港澳委员坚定不移地贯彻"一国两制"、"港人治港"、"澳人治澳"、高度自治的方针,严格按照特别行政区基本法办事,全力支持特别行政区政府依法施政,广泛团结联系香港同胞、澳门同胞,集中精力发展经济,切实有效改善民生,循序渐进推进民主,包容共济促进和谐,努力保持香港、澳门长期繁荣稳定,在推进内地的改革开放和现代化建设中作出更大的贡献。

招待会由中共中央政治局委员、全国政协副主席王刚主持。

全国政协副主席廖晖、杜青林、董建华、钱运录、郑万通、万钢、林文漪,以及国务院港澳办,中央政府驻香港、澳门特别行政区联络办公室负责人等共400余人出席招待会。

3月14日

全国政协十一届一次会议在人民大会堂闭幕

会议号召,人民政协的各级组织、各参加单位和广大委员,紧密团结在以胡锦涛同志为总书记的中共中央周围,高举中国特色社会主义伟大旗帜,以邓小平理论和"三个代表"重要思想为指导,深入贯彻落实科学发展观,锐意进取、开拓创新,为夺取全面建设小康社会新胜利、谱写人民美好生活新篇章而努力奋斗。

全国政协主席贾庆林主持闭幕会。全国政协副主席王刚、廖晖、杜青林、帕巴拉·格列朗杰、白立忱、陈奎元、阿不来提·阿不都热西提、李兆焯、黄孟复、董建华、张梅颖、张榕明、钱运录、孙家正、李金华、郑万通、邓朴方、万钢、林文漪、厉无畏、罗富和、陈宗兴、王志珍在主席台前排就座。

胡锦涛、吴邦国、温家宝、曾庆红、李长春、习近平、李克强、贺国强等在主席台就座。

贾庆林宣布,中国人民政治协商会议第十一届全国委员会第一次会议应出席委员2236人,今天实到2148人,符合法定人数。

会议通过了中国人民政治协商会议第十一届全国委员会第一次会议政治决议、中国人民政治协商会议第十一届全国委员会第一次会议关于常务委员会工作报告的决议、中国人民政治协商会议第十一届全国委员会第一次会议提案审查委员会关于政协十一届一次会议提案审查情况的报告。

出席闭幕会的领导同志还有:王乐泉、王兆国、王岐山、回良玉、刘淇、刘云山、刘延东、李源潮、吴仪、汪洋、张高丽、张德江、俞正声、曹刚川、曾培炎、何勇、令计划、王沪宁、李铁映、司马义·艾买提、何鲁丽、丁石孙、成思危、许嘉璐、蒋正华、顾秀莲、热地、盛华仁、路甬祥、乌云其木格、韩启德、唐家璇、华建敏、陈至立、肖扬、贾春旺、王忠禹、李贵鲜、张思卿、罗豪才、张克辉、周铁农、郝建秀、徐匡迪、张怀西、李蒙等。

中共中央、国务院有关部门负责人列席闭幕会。各国驻华使节应邀旁听闭幕会。

全国政协主席贾庆林在全国政协十一届一次会议闭幕会上的讲话

各位委员：

刚才，我们表决通过了政协十一届一次会议关于常务委员会工作报告的决议、关于政协十一届一次会议提案审查情况的报告和政协十一届一次会议政治决议。至此，中国人民政治协商会议第十一届全国委员会第一次会议，已经圆满完成了预定的各项议程。

昨天，全体会议选举产生了政协第十一届全国委员会主席、副主席、秘书长、常务委员。感谢各位委员的信任，选举我们组成政协第十一届全国委员会常务委员会。此时此刻，我们深感使命光荣、责任重大。我们一定不辜负党和人民的重托，不辜负大家的期望，谦虚谨慎、戒骄戒躁，团结奋斗、扎实工作，不断把人民政协事业推向前进。部分十届全国政协委员因年龄等原因，没有继续提名为十一届全国政协委员，他们为人民政协事业的发展作出了重要贡献。我们向他们表示诚挚的感谢和崇高的敬意！

政协第十一届全国委员会第一次会议是在全国各族人民深入学习贯彻中共十七大精神，为夺取全面建设小康社会新胜利而奋斗的新形势下召开的。在中共中央、全国人大常委会、国务院的高度重视和有关部门的大力支持下，经过全体委员的共同努力，这次大会开得圆满成功，取得丰硕成果，是一次与时俱进、继往开来的大会，是一次民主团结、凝聚力量的大会，是一次求实鼓劲、催人奋进的大会。

会议期间，胡锦涛总书记和吴邦国、温家宝、曾庆红、李长春、习近平、李克强、贺国强等同志，以及党和国家其他领导同志，出席开幕会和闭幕会，参加小组讨论，与委员共商国是。胡锦涛总书记在看望参加本次会议的民革、台盟、台联委员时就发展两岸关系、促进祖国和平统一大业发表的重要讲话，对于切实做好新形势下的对台工作具有重要指导意义，在广大政协委员和社会各界产生了强烈反响。这些都充分体现了以胡锦涛同志为总书记的中共中央对人民政协的高度重视，体现了党和国家领导同志与政协委员共商国是的民主作风。中共中央和国务院有关部门负责人听取大会发言，参加小组讨论；最高人民法院、最高人民检察院负责人听取委员们对“两高”报告的意见，都对政协工作给予了大力支持。让我们以热烈的掌声，对他们表示衷心的感谢！

会议期间，委员们继承和发扬人民政协平等协商、求同存异、合作共事的优良传统，畅所欲言、集思广益，营造了民主、和谐、宽松、活跃的良好氛围。委员们通过大会发言、提交提案、反映社情民意信息、参加小组讨论等形式，重点就转变经济发展方式和完善社会主义市场经济体制、发展社会主义民主政治、推动社会主义文化大发展大繁荣、办好北京奥运会和残奥会、保障和改善民生等问题咨政建言，提出了很多有价值的意见和建议，充分体现了人民政协这一政治组织和民主形式的独特优势，展示了广大政协委员致力发展、关注民生的时代风采。

各位委员！

今年是全面贯彻落实中共十七大作出的战略部署的第一年，也是十一届全国政协的开局之年。做好今年的各项工作，意义重大，影响深远。人民政协要按照中共十七大作出的战略部署，适应形势发展的新变化，顺应人民群众的新期待，紧紧围绕党和国家工作大局，充分发挥自身特点和优势，更好地履行政治协商、民主监督、参政议政职能，为全面建设小康社会、坚持和发展中国特色社会主义作出新的贡献。要高举中国特色社会主义伟大旗帜，始终坚持党的领导、人民当家做主、依法治国有机统一，坚持和完善中国共产党领导的多党合作和政治协商制度，坚定不移地走中国特色社会主义政治发展道路，巩固和发展民主团结、生动活泼、安定和谐的政治局面。要坚持把促进发展作为履行职能的第一要务，深入学习实践科学发展观，进一步增强贯彻落实科学发展观的自觉性和坚定性，有组织、有计划地选择具有战略性、全局性、前瞻性的重大课题，深入调查研究，积极建言献策，促进经济社会又好又快发展。要牢牢把握团结和民主两大主题，扩大团结面、增强包容性，积极促进政党关系、民族关系、宗教关系、阶层关系、海内外同胞关系的和谐，巩固和壮大最广泛的爱国统一战线，团结一切可以团结的力量，调动一切积极因素，为全面建设小康社会提供强大力量支持。要切实加强人民政协的学习工作，搞好对政协委员特别是新委员的学习培训，进一步增强委员的政治观念、大局观念、群众观念、法制观念，进一步认识和把握人民政协工作的特点、规律、方式、方法，不断提高履行职责的能力和水平。

各位委员，2008年是回顾展望之年，更是开启征程之年。让我们更加紧密地团结在以胡锦涛同志为总书记的中共中央周围，以邓小平理论和“三个代表”重要思想为指导，深入贯彻落实科学发展观，高举爱国主义、社会主义旗帜，继承和弘扬优良传统，汇聚一切有利于改革发展的积极力量，为夺取全面建设小康社会新胜利、实现中华民族伟大复兴谱写新的篇章！

全国政协十一届一次主席会议在北京举行

中共中央政治局常委、全国政协主席贾庆林主持并讲话。

会议审议通过了政协第十一届全国委员会常务委

员会第一次会议的议程(草案)和日程，决定这次常委会议于3月14日至15日在北京召开；审议通过了政协十一届常委会关于设置专门委员会的决定(草案)，政协第十一届全国委员会各专门委员会主任、副主任名单(草案)和专门委员会委员名单；审议通过了政协第十一届全国委员会副秘书长任命名单(草案)。会议决定，将上述草案提请政协十一届常委会第一次会议审议。

会议听取了全国政协副主席、秘书长钱运录就有关草案所作的说明。

会议指出，刚刚闭幕的全国政协十一届一次会议，选举产生了新一届全国政协主席会议成员，这是党和人民的重托，是广大政协委员的信任。主席会议要按照政协章程和工作规则的要求，切实搞好自身建设，认真履行主席会议的职能，为做好本届政协的各项工作，推动人民政协事业发展，发挥应有的作用。第一，要在贯彻党和国家大政方针方面发挥带头作用。要坚持正确的政治方向，坚定不移地高举中国特色社会主义伟大旗帜，认真贯彻执行中共中央关于人民政协的方针政策，把党和国家的重大决策部署贯彻到政协的各项工作中去。要坚持围绕中心、服务大局，自觉把政协工作放在党和国家工作全局中来谋划、来推进，多研究改革发展稳定中的一些重大问题，多思考推动科学发展和促进社会和谐中的一些深层次问题，使政协的协商议政更好地体现战略性、全局性、前瞻性的特点和要求。要坚持与时俱进、开拓创新，适应新形势，正确认识、深入探讨人民政协面临的重大理论和实践问题，使政协的各项工作始终体现时代性、把握规律性、富于创造性。第二，要在履行政协职能方面发挥表率作用。要围绕主席会议、常委会议等确定的重大议题，带头开展专题调研、参加委员视察、反映社情民意，带头加强学习，努力熟悉和掌握人民政协工作的特点和规律，为做好政协工作奠定坚实的基础。第三，要在加强团结合作方面发挥模范作用。要坚持长期共存、互相监督、肝胆相照、荣辱与共的方针，保持和发扬人民政协平等协商、求同存异、合作共事的优良传统，营造宽松和谐、生动活泼的民主氛围，切实把主席会议这一政治协商形式搞得生动活泼、富有成效。

全国政协副主席王刚、廖晖、杜青林、帕巴拉·格列朗杰、白立忱、陈奎元、阿不来提·阿不都热西提、李兆焯、黄孟复、张梅颖、张榕明、孙家正、李金华、郑万通、万钢、林文漪、厉无畏、罗富和、陈宗兴、王志珍出席会议。

全国政协十一届常委会在北京举行第一次会议

中共中央政治局常委、全国政协主席贾庆林主持开幕会并在闭幕会上讲话。

会议审议通过了政协十一届常委会关于设置专门委员会的决定，各专门委员会主任、副主任名单和政协十一届全国委员会副秘书长任命名单。决定：政协十一届全国委员会设九个专门委员会，李铁林为提案委员会主任，张左己为经济委员会主任，张维庆为人口资源环境委员会主任，徐冠华为教科文卫体委员会主任，张福森为社会和法制委员会主任，田聪明为民族和宗教委员会主任，陈云林为港澳台侨委员会主任，赵启正为外事委员会主任，陈福今为文史和学习委员会主任。会议期间，常委会组成人员还研究讨论了新一届常委会的工作。

贾庆林在讲话中指出，刚刚闭幕的全国政协十一届一次会议选举产生了新一届常务委员会组成人员。我们要充分认识常委会在政协工作中的重要地位和作用，积极履行职责，扎实开展工作，不辜负党和人民的重托，不辜负广大政协委员的期望。

贾庆林对做好十一届政协常委会的工作提出三点要求。第一，要认真学习领会中共十七大和十七届二中全会精神，准确把握和贯彻发展社会主义民主政治的战略思想，把中国共产党领导的多党合作和政治协商制度坚持好、完善好、发展好，把人民政协这一政治组织和民主形式的独特优势运用好、发挥好，不断推进社会主义民主政治建设。要切实增强走中国特色社会主义政治发展道路的自觉性和坚定性，切实搞好中国共产党同民主党派、无党派人士在人民政协的合作共事，切实加强人民政协履行职能的制度建设。第二，要紧紧围绕经济社会发展中的重大问题议政建言，为推动科学发展、促进社会和谐贡献力量。要坚持把促进发展作为人民政协履行职能的第一要务，进一步增强贯彻落实科学发展观的自觉性和坚定性。认真选择具有战略性、全局性、前瞻性的课题开展专题调研，精心组织好常委会议、专题协商会等重要活动，积极做好提案、委员视察、反映社情民意信息等工作。第三，要以改革创新的精神切实加强常委会自身建设，包括思想建设、组织建设和作风建设等各方面建设，不断提高履行职能的能力和水平，努力增强人民政协事业发展的生机和活力。

贾庆林强调，时代的发展、人民的期望和委员的信任，使我们深感责任重大、使命光荣。政协十一届一次会议的圆满成功，为本届政协工作创造了一个良好的开局。我们一定要完成好党和人民交给的光荣任务，为推动人民政协事业的新发展，为实现中共十七大确定的各项任务，作出应有的贡献。

中共中央政治局委员、全国政协副主席王刚主持闭幕会。

全国政协副主席廖晖、杜青林、帕巴拉·格列朗杰、白立忱、陈奎元、阿不来提·阿不都热西提、李兆焯、黄孟复、张梅颖、张榕明、钱运录、孙家正、李金华、郑万通、邓朴方、万钢、林文漪、厉无畏、罗富和、陈宗兴、王志珍出席会议。

全国政协十一届一次会议政治决议

（2008年3月14日政协第十一届全国委员会第一次会议通过）

中国人民政治协商会议第十一届全国委员会第一次会议，于2008年3月3日至14日在北京举行。

会议听取并赞同温家宝总理代表国务院所作的政府工作报告，赞同《国务院机构改革方案（草案）》，赞同最高人民法院工作报告、最高人民检察院工作报告以及其他报告。会议批准贾庆林同志代表政协第十届全国委员会常务委员会所作的工作报告和张梅颖同志代表政协第十届全国委员会常务委员会所作的提案工作情况的报告。

会议认为，过去的五年是不平凡的五年。面对复杂多变的国际环境和艰巨繁重的改革发展任务，以胡锦涛同志为总书记的中共中央团结带领全国各族人民，高举邓小平理论和“三个代表”重要思想伟大旗帜，提出和贯彻落实科学发展观，战胜各种困难和风险，奋力推进改革开放和现代化建设，开创了中国特色社会主义事业新局面，开拓了马克思主义中国化新境界。委员们为过去五年我国取得的辉煌成就感到无比振奋。

会议认为，中国共产党第十七次全国代表大会高举中国特色社会主义伟大旗帜，描绘了在新的时代条件下继续全面建设小康社会的宏伟蓝图，开启了在新的历史起点上继续推进改革开放和社会主义现代化建设的新征程。人民政协的各级组织、各参加单位和广大委员要更加深入地学习贯彻中共十七大精神，进一步增强高举中国特色社会主义伟大旗帜的自觉性和坚定性，坚持中国特色社会主义道路不动摇，坚持中国特色社会主义理论体系不动摇。要深刻理解科学发展观的科学内涵、精神实质、根本要求，坚定不移地走科学发展道路，发挥协调关系、汇聚力量、建言献策、服务大局的重要作用，为实现全面建设小康社会的宏伟目标而不懈奋斗。

会议认为，人民民主是社会主义的生命，发展社会主义民主政治是我们始终不渝的奋斗目标。必须更高地举起人民民主的旗帜，切实保证国家一切权力属于人民；必须始终坚持中国共产党的领导、人民当家做主、依法治国有机统一，坚定不移地走中国特色社会主义政治发展道路；必须深化政治体制改革，不断适应我国经济社会发展的新形势和保障人民民主权利、维护社会公平正义的新要求。人民政协是中国特色社会主义民主政治的伟大创造，是实现人民民主的重要政治形式和组织形式，在推进中国共产党领导的多党合作事业、巩固和壮大爱国统一战线、扩大公民有序政治参与、凝聚全社会智慧和力量等方面具有独特的优势。要深刻认识加强和改进政协工作对于发展社会主义民主政治的重要作用，切实加强政治协商、民主监督、参政议政的制度建设，推动政治协商纳入决策程序，完善民主监督机制，提高参政议政实效，为深化政治体制改革、推进社会主义政治制度自我完善和发展作出新的更大贡献。

会议就国家经济社会发展中的重要问题和人民群众普遍关心的问题，进行了讨论协商。委员们强调，要科学把握宏观调控的节奏和力度，有效防止经济增长由偏快转为过热、防止价格由结构性上涨演变为明显通货膨胀，保持经济平稳较快发展。加大强农惠农政策力度，发展现代农业，增加农业投入，严格保护耕地，全面提高粮食综合生产能力和供给保障能力，确保国家粮食安全。要更加重视改善民生，切实解决好教育、就业、社会保障、公共医疗卫生服务、住房保障、环境保护等涉及人民群众切身利益的问题，把更多财政资金投向公共服务领域，把更多资源投向公共服务薄弱的农村、基层、欠发达地区和城乡困难群众，千方百计增加城乡居民收入，努力使全体人民学有所教、劳有所得、病有所医、老有所养、住有所居，形成社会和谐人人有责、和谐社会人人共享的生动局面。要努力推进社会主义核心价值体系建设，深入进行社会主义荣辱观教育，推动文化创新，保障人民基本文化权益，满足人民日益增长的、多样的文化需求，抓住举办北京奥运会和残奥会等有利时机，充分展示中华民族的璀璨文化和中国人民的时代风貌。要深刻总结抗击低温雨雪冰冻灾害斗争经验，完善应急管理体制机制，切实提高防灾减灾能力。要精心组织实施《国务院机构改革方案》，深化行政管理体制改革，建设人民满意的政府。人民政协要把推动这些问题的解决作为履行职能的重点，积极建真言、献良策。

会议指出，今年是改革开放30周年。要广泛宣传改革开放取得的伟大成就，认真总结改革开放的成功经验，深刻领会改革开放是决定当代中国命运的关键抉择，是发展中国特色社会主义、实现中华民族伟大复兴的必由之路，深刻领会只有改革开放才能发展中国、发展社会主义、发展马克思主义，才能切实促进社会公平正义、实现人的全面发展，进一步坚定坚持中国特色社会主义道路、坚持中国特色社会主义理论体系的信心和决心，奋力开拓中国特色社会主义更为广阔的发展前景。要认真总结人民政协伴随改革开放伟大事业一道前进的光辉历程，最大限度地激发参加人民政协的各党派团体和各族各界人士投身改革开放的积极性、主动性、创造性，在改革开放的伟大进程中推动人民政协事业蓬勃发展。

会议指出，胡锦涛总书记在看望参加本次会议的民革、台盟、台联委员时就发展两岸关系发表的重要讲话，对于切实做好新形势下的对台工作具有重要指导意义。参加人民政协的各党派团体和各族各界人士坚决拥护"和平统一、一国两制"的基本方针和新形势下发展两岸关系、推进祖国和平统一进程的八项主张，坚决拥护新形势下发展两岸关系的四点意见，牢牢把握两岸关系和平发展的主题，坚决反对和遏制"台独"分裂活动，为两岸同胞谋福祉，为台海地区谋和平。要继续促进两岸人员往来和经济文化交流，继续推动两岸直接"三通"进程，继续努力争取恢复和进行两岸协商谈判。要广泛团结海内外中华儿女，为开创两岸关系和平发展新局面、促进中华民族伟大复兴贡献力量。

会议认为，香港、澳门回归以来的事实充分证明，"一国两制"、"港人治港"、"澳人治澳"、高度自治的方针是完全正确的，香港同胞、澳门同胞完全有智慧有能力管理好、建设好香港、澳门，伟大祖国永远是香港、澳门繁荣稳定的坚强后盾。港澳地区全国政协委员要同广大港澳同胞一道，发扬爱国爱港、爱国爱澳的优良传统，全面准确地理解和贯彻执行"一国两制"方针，严格按照特别行政区基本法办事，全力支持特别行政区行政长官和政府依法施政，集中精力发展经济，切实有效改善民生，循序渐进推进民主，包容共济促进和谐，实现香港、澳门长期繁荣稳定，努力创造香港、澳门更加美好的明天。

会议指出，人民政协要继续肩负起时代赋予的使命，必须继承和发扬历届政协的优良传统，坚持中国共产党的领导，坚持团结和民主两大主题，坚持把促进发展作为履行职能的第一要务，坚持把实现好、维护好、发展好最广大人民的根本利益作为工作的出发点和落脚点，坚持推进履行职能的制度化、规范化、程序化，坚持全面加强自身建设，在推动国家各项事业的发展中创造新的辉煌。广大政协委员要珍惜崇高荣誉，常怀爱民之心，常谋富民之策，常为利民之举，努力在人民政协这个大舞台上创造出无愧于时代、无愧于人民的新业绩。

会议号召，人民政协的各级组织、各参加单位和广大委员，紧密团结在以胡锦涛同志为总书记的中共中央周围，高举中国特色社会主义伟大旗帜，以邓小平理论和"三个代表"重要思想为指导，深入贯彻落实科学发展观，锐意进取、开拓创新，为夺取全面建设小康社会新胜利、谱写人民美好生活新篇章而努力奋斗！

全国政协十一届一次会议提案审查委员会关于政协十一届一次会议提案审查情况的报告

（2008年3月14日政协第十一届全国委员会第一次会议通过）

政协第十一届全国委员会第一次会议期间，政协委员、各民主党派中央和全国工商联、有关人民团体，认真贯彻中共十七大精神，高举中国特色社会主义伟大旗帜，围绕国家中心工作以及人民群众普遍关注的热点问题，以高度的政治责任感和使命感，认真履行职能，积极通过提案建言献策。截至2008年3月9日下午2时，提案审查委员会共收到提案4772件，参与提案的委员1992人，占委员总数的89.14%。经审查，立案4526件；作为委员来信转送有关部门研究处理的191件；与提案者磋商后并案、撤案的55件。需要及时处理的已送交有关部门。在立案的提案中，委员提案4254件，各民主党派中央和全国工商联提案223件，有关人民团体提案4件，界别、小组提案45件。按类别分，有关经济建设方面的提案1863件，占41.16%；教科文卫体方面的提案1405件，占31.04%；政治法律和社会保障等方面的提案1258件，占27.80%。

本次会议提案整体质量较高，反映了委员们较强的参政议政能力。提案选题注重围绕中心工作与发挥提案者自身优势相结合，反映情况注重与调查研究相结合，提出建议注重与客观现实相结合。

本次会议提案内容十分丰富，涉及经济建设、政治建设、文化建设、社会建设各个方面。主要有：加强和改善宏观调控，促进经济平稳较快发展；增加有效供给和抑制不合理需求，防止价格总水平过快上涨；加强农业基础建设，促进农业发展和农民增收；推进经济结构调整，转变发展方式；提高自主创新能力，推进国家创新体系建设；实施区域发展总体战略，推动区域协调发展；加强能源资源节约和生态环境保护，增强可持续发展能力；健全产品质量安全监管体系，做好产品质量安全工作；推进国有企业改革，落实鼓励、支持和引导个体私营等非公有制经济发展的各项政策；深化财税体制改革，加快公共财政体系建设；加快金融体制改革，加强金融监管；拓展对外开放广度和深度，提高开放型经济水平；优先发展教育，优化教育结构；推进医药卫生事业改革和发展，提高全民健康水平；贯彻执行就业促进法和劳动合同法，努力扩大就业；深化收入分配制度改革，增加城乡居民收入；加快完善覆盖城乡居民的社会保障体系，保障人民基本生活；建立住房保障体系，推进住房改革和建设；加强应急体系和机制建设，提高抗灾救灾能力；深化文化体制改革，推动文化大发展大繁荣；扎实做好奥运会、残奥会各项筹办和组织工作，确保成功举办；加强社会主义民主法制建设，促进社会公平正义；加快行政管理体制改革，建设服务型政府；贯彻落实民族、宗教、侨务政策，促进民族关系、宗教关系、海内外同胞关系的和谐；加强内地与香港、澳门交流合作，实现优势互补、共同发展；反对“台独”分裂活动，推进祖国和平统一进程。

会议期间，委员们高度重视人民最关心、最直接、最现实的利益问题，积极提出政策建议。据初步统计，关于“三农”方面的提案509件，医疗卫生方面的提案389件，教育方面的提案310件，资源和环境保护方面的提案177件，就业和社会保障方面的提案287件，食品药品安全方面的提案193件，住房方面的提案139件。

会议期间，提案审查委员会就促进生态文明建设改善城乡人居环境、加快公共卫生服务体系建设方面的提案，以及京剧进中小学课堂试点工作，召开了三次办理协商会，邀请国家发改委、财政部、卫生部、教育部等18个部委的有关负责同志，与提出提案的民主党派中央、政协委员当面沟通情况，交换意见，共商解决问题的措施。

大会闭幕后，定于3月20日召开全国政协十一届一次会议提案交办会，将大会提案送交154个承办单位办理。

本次大会提案截止日期以后收到的提案，将及时审查立案，送交有关单位办理。

全国政协十一届全国委员会各专门委员会委员名单

（519名）（2008年3月14日政协第十一届全国委员会第一次主席会议审议通过）

提案委员会（56名）

委员（按姓氏笔画排序）：

王小兰（女）　王国强　王炳华　王富卿　王增祺
田淑兰（女）　包明德（蒙古族）　冯　巩　冯　远
宁　远　吕章申　任洪斌　刘元龙　刘环祥　刘逢君
江小涓（女）　许志功　孙晓华　纪　斌　苏立清
李　武　李成贵　李秀恒　杨文良　杨国庆
杨健强（白族）　吴先宁　辛树森（女）　宋南平
张　宁　张　沅　张　政　张化本　张近东　陈明金
范伯元　林贤郁（朝鲜族）　林淑娘（女）　国一民
金大鹏　周晋峰　赵光华　赵维绥　洪天慧（女）
夏　敏　钱克明　郗杰英　凌　锋（女）　黄　海
曹湘洪　崔大林　陶大为　蒋秋霞（女）　雷元亮
雷加富（满族）　蔡　玲（女）

经济委员会（67名）

委员（按姓氏笔画排序）：

丁仲篪　马军胜　马明哲　马蔚华　王大成　王为强
王玉英（女）　王玉锁　王建宙　王健林　王基铭
卢志强　宁高宁　朱孟依　刘公勤（女）　刘克崮
刘迎霞（女）　刘金虎　刘树成　刘德树　刘遵义
闫冰竹　许善达　苏　宁　李　勇　李育才　李剑阁
李德成　杨先明　杨凯生　邱立成　应仲树　汪建熙
沈滨义　宋晓梧　张元龙　张华峰　张宏伟　张国初
张国宝　张春江　张赛娥（女）　陈　峰　陈传阔
陈晓颖（女）　范小建　范福春　林金城　郑　晖
胡四一　洪敬南　贺　强　耿　亮　贾　康
唐大智（女）　唐双宁（满族）　黄方毅　梅兴保
梁季阳　梁燕君（女）　葛东升　蒋超良　谢　炳
谢渡扬　蔡继明　潘蓓蕾（女，高山族）　魏迎宁

人口资源环境委员会（61名）

委员（按姓氏笔画排序）：

卜漱和（女）　于天忱　马富才　王　曦　王训练
王光谦　牛文元　尹伟伦　田在玮　印　红（女）
朱光武　刘纪远　刘秀晨（回族）　刘衍泉　兰云升
许健康　孙文杰　严慧英（女）　李　猛　李永安
李河君　李学明　李晋峰　李烈荣　李铁军　杨　岐
杨　淳　杨文采　肖燕军（女）　吴晓青（满族）
邱衍汉　沈　瑾（满族）　沈德忠　张红武　陆启洲
陈必亭　林而达　林宗春　欧阳明高　周大兵
周中枢　周名江　孟宪来　经天亮　赵学敏　赵炳礼
茹　克　聂振邦　贾承造　倪晋仁　黄大卫　黄少良
蒋丽芸（女）　韩修国　舒兴田　谢正观
谢企华（女）　谢俊奇　蔡国雄　翟若愚　翟浩辉

教科文卫体委员会（95名）

委员（按姓氏笔画排序）：

丁　洁（女）　于文明　于魁智（回族）　马大龙
马国湘　王　宇　王成喜　王次炤　王国宾　王明明
邓亚萍（女）　龙　瑞　卢锡城　叶少兰
叶乔波（女）　田　静　田军利　申万胜　史康成
包为民　朱　星　邬贺铨　刘　晓　刘　敏（女）
刘　焱（女）　刘大为　刘迎龙　刘振英　齐　让
许树强　孙丽英（女，满族）　孙志辉　孙铁英（女，满族）
严望佳（女）　苏士澍（满族）　李　未　李立明
李栋恒　李济生　李胜素（女）　李维康（女）
杨　桦　杨元庆　吴明江　吴祖强　吴雁泽　邱贵兴
佘　靖（女）　宋祖英（女，苗族）　张　海　张会军
张景安　张新建　陈　红（女）　陈大卫　陈立人
陈仲强　陈邦柱　陈建民　陈建国　陈泽盛
范　利（女）　林金星　周遇奇　单霁翔
赵　卫（白族）　赵　平　胡定旭　胡海岩

柯　杨(女)　钟秉林　俞光岩　姚乃礼　顾秉林
徐　亮　徐　翔　徐延豪　徐沛东　徐晓兰(女)
高润霖　郭　为　郭传杰　黄大昉　黄如楷　黄洁夫
曹洪欣　曹淑敏(女)　常小兵　蒋效愚　韩美林
程天权　温熙森　蔡国斌　蔡冠深　瞿振元

社会和法制委员会(63名)

委员(按姓氏笔画排序)：

于　宁　方　工(回族)　方　方　王　征　王　晓
王乃坤(女)　王书平　王秀红(女)　王建沂
王俊峰　王宪鹏　石见元　华士飞　刘红宇(女)
刘志强　刘京生　许荣茂　许智明　孙南申　李小豹
李玉光　李庆云　李君如　李贤义　李顺桃　李铖锋
李瑞英(女)　李嘉音(女)　杨　超　杨海坤
吴　焰　何　悦(女)　何　维　宋林飞
张世平(女)　张秋俭(女)　陈智伦　林圣雄
林国文　周和平　屈万祥　郝明金　胡永柱　胡汉清
段正坤　侯欣一　姜建初　郭长江　陶斯亮(女)
黄文仔　黄英豪　曹义孙　崔永元　葛剑平　董　力
景天魁　曾智明　谢　卫　谢伯阳　甄贞(女)　黎振强
滕一龙　薄绍晔

民族和宗教委员会(71名)

委员(按姓氏笔画排序)：

一　诚　丁文方(回族)　丁常云　刀述仁(傣族)
于新粒　才　让(藏族)　马子龙(回族)
马国超(回族)　马英林　王　平(女)
王　健(布依族)　王四代(彝族)　王金祥　邓宗良
叶小文　田　青　印　乐　尼玛泽仁(藏族)
朴　英(女,朝鲜族)　伊丽苏娅(女,维吾尔族)
旭日干(蒙古族)　关牧村(女,满族)　汤伟奇
安阿玥(回族)　安信义　安家瑶(女)
那仓·向巴昂翁丹曲成来(藏族)
买买提·艾山(维吾尔族)　李玉玲(女)　李光富
李成日(朝鲜族)　李国安　杨　钊　杨志波(回族)
吴培娟(女)　何玉棠　何星亮　张千一(朝鲜族)
陈顺鹏　妙　江　尚绍华(女)
金　莉(女,俄罗斯族)　金　蔚(女)
金晏山(满族)　学　诚　房兴耀　郝时远(蒙古族)
洪长有(回族)　觉　醒　贺捷生(女,土家族)
根　通　贾列肯·别克西(哈萨克族)　钱利民(蒙古族)
高　峰　郭占春　唐诚青　海　霞(女,回族)
黄元河(壮族)　黄至安(女)　黄信阳　曹玉书
鄂义太(蒙古族)　彭丽媛(女)　韩兴旺(撒拉族)
湛　如　蒙进喜　雷世银　雷菊芳(女)
蔡世杰(回族)　德哇仓(藏族)
德德玛(女,蒙古族)

港澳台侨委员会(46名)

委员(按姓氏笔画排序)：

于　炼　万季飞　马介璋　王巨禄　王执礼　王晓玉
邓成城　史茂林　乐美真　庄绍绥　刘　凡　刘亦铭
刘泽彭　孙必达　孙宝启　李卓彬　李昌鉴　杨　瀚
杨思泽　吴承业　邱维廉　张　茵(女)
张闾蘅(女)　陈　杰(女,高山族)
陈寒枫　陈联合　林明江　林盛中　罗　援　郑建邦
胡葆琳(女)　侯伯文　钟小健　俞敏洪
贺定一(女)　贾宝兰(女)　高　杰
黄植诚(壮族)　黄紫玉(女)　黄楚标　彭磷基
董中原　董利翔(女)　程　红(女)　曾文仲
瞿弦和

外事委员会(47名)

委员(按姓氏笔画排序)：

马灿荣　马胜荣　王林旭　石　愚　冯　军　吕凤鼎
吕新华　刘文杰　刘古昌　刘梦熊　关呈远(满族)
孙　萍(女,回族)　孙振宇　苏树辉　李　冰　李大壮
李静杰　杨　澜(女)　吴玉谦　吴思科　张　骏
张九桓　张小济　张志军　张蕴岭　陆忠伟　陈经纬
图登克珠(藏族)　金一南　周文重　郝　平　柯小刚
袁　明(女)　贾庆国　徐振寰　高中兴　郭　涛
黄　庆(女)　黄友义(回族)　章新胜　蒋晓松
裘援平(女)　詹国枢　蔡名照　蔡建国　廖晓淇
魏建国

文史和学习委员会(43名)

委员(按姓氏笔画排序)：

万　捷　王天增　王文章　王兴东　王连生　王晓秋
左东岭　石　峰　叶培建　朱莲芬(女)
刘兰芳(女,满族)　刘庆柱　李东东(女)　李兴山
李国强　李景瑞　杨　波　杨力舟　余　辉　沈　悌
张　柏　张　健　张　皎　张华祝　张廷皓　张胜友
陈　力　陈　醉　陈建功　林　野　聂震宁
夏燕月(女)　高俊良　黄小同　黄书元　曹幸穗
曹鸿鸣　戚发韧　梁晓声　葛晓音(女)
董良翚(女)　程世峨(女)　滕矢初

十一届全国人大一次会议主席团在人民大会堂举行第四次会议

主席团常务主席吴邦国主持会议。

3月12日，主席团第三次会议提出了十一届全国人大常委会委员长、副委员长、秘书长、委员，中华人民共和国主席、副主席，中央军事委员会主席的人选名单后，各代表团进行了酝酿协商。主席团常务主席会议根据多数代表的意见，建议主席团确定以上各项人选为正式候选人，提请大会全体会议选举。

主席团会议经过表决，确定了各项正式候选人名

单，提请大会全体会议选举。

3月9日，各代表团共推选出监票人人选35名。主席团会议表决通过了监票人名单草案，并指定了总监票人人选，提请大会全体会议表决。

经过表决，主席团会议决定将十一届全国人大一次会议关于国务院机构改革方案的决定草案提请大会全体会议表决。

十一届全国人大一次会议副秘书长王万宾向主席团会议作了关于代表提出议案处理意见的报告。王万宾说，到大会规定的议案截止时间，共提出议案462件，其中由30名以上代表联名提出的议案460件，由代表团提出的议案2件。代表提出的议案有三个特点：一是议案内容广泛，涉及国家经济、政治、文化和社会生活各个领域，特别是以改善民生为重点的社会领域立法和进一步转变政府职能、深化行政管理体制改革等方面的立法议案占多数；二是紧紧围绕完善中国特色社会主义法律体系的目标提出议案，提出的法律案涉及213个立法项目；三是议案的准备比较充分，议案的质量比较高。大会秘书处经过分析，建议将代表议案分别交由全国人大有关专门委员会进行审议，各专门委员会审议后，将依法分别向全国人大常委会提出代表议案审议结果的报告。经由全国人大常委会审议通过后，将在明年召开的十一届全国人大二次会议上向全体代表提出报告。

主席团会议经过表决，通过了关于代表提出议案处理意见的报告。

主席团常务主席习近平、王兆国、路甬祥、乌云其木格、韩启德、华建敏、陈至立、周铁农出席会议。

关于第十一届全国人民代表大会第一次会议代表提出议案处理意见的报告

（2008年3月14日第十一届全国人民代表大会第一次会议主席团第四次会议通过）

十一届全国人大一次会议主席团：

在十一届全国人大一次会议上，代表们围绕全面贯彻党的十七大精神，深入贯彻落实科学发展观，加快全面建设小康社会进程的目标和任务，以对国家和人民高度负责的精神，认真履行宪法和法律赋予的职责，积极向大会提出议案。到大会规定的议案截止时间，共提出议案462件。其中，由30名以上代表联名提出的议案460件，由代表团提出的议案2件。

在这次会议上，代表们提出的议案有以下特点：一是议案内容广泛，涉及国家经济、政治、文化和社会生活各个领域，特别是以改善民生为重点的社会领域立法和进一步转变政府职能、深化行政管理体制改革等方面的立法议案占多数。经初步分析，属于宪法相关法类、民法商法类、社会法类的议案占全部议案的35.8%；行政法类的议案占全部议案的30%。这些都反映了代表们深入贯彻落实科学发展观、实现全面建设小康社会奋斗目标的愿望和要求。二是紧紧围绕完善中国特色社会主义法律体系的目标提出议案。提出的法律案，涉及213个立法项目，属于制定新法律的196件，占法律案总数的42.5%；属于修改完善现行法律的265件，占法律案总数的57.5%，其中有17个代表团1315人次分别联名提出42件议案要求修改刑法，反映了人民群众对在制定新法律的同时不断修改完善现行法律的要求和加快社会主义民主法治建设的愿望。三是议案的准备比较充分，议案质量比较高。一些代表在出席大会前积极参加学习活动，努力掌握提出议案的法律规定和基本要求；形成议案前，认真进行调查研究，深入了解社情民意，对拟定和提出议案进行了较充分的论证。大会期间，各代表团都按照大会统一安排的时间组织代表讨论和提出议案。代表联名的议案领衔代表与附议代表共同研究、互作补充；代表团提出的议案都经过全团代表集体讨论修改。

会议期间，大会秘书处一方面为代表提出议案做好咨询、文书等服务，另一方面对代表提出的议案逐件进行认真分析。经过分析认为，在这些议案中，没有需要列入本次大会审议的议案。为此，大会秘书处建议将代表议案分别交由全国人大有关专门委员会进行审议。其中，交由法律委员会审议137件，财政经济委员会审议136件，教育科学文化卫生委员会审议66件，内务司法委员会审议65件，环境与资源保护委员会审议30件，农业与农村委员会审议23件，外事委员会审议3件，华侨委员会审议1件，民族委员会审议1件。上述议案由各有关专门委员会审议后，将依法分别向全国人大常委会提出代表议案审议结果的报告。

做好代表议案处理工作，对坚持和完善人民代表大会制度有着重要意义。今年是十一届全国人大任期的第一年，认真负责地处理好本次会议代表提出的议案，对于保障全国人大代表依法履职，切实发挥代表议案在立法中的作用，加强全国人大的立法工作都具有重要影响。建议，在今后的工作中，把处理代表议案与制定立法规划和实施年度立法计划更好地结合起来，把代表议案作为确定立法项目、实施立法计划的重要依据。各专门委员会在审议代表议案时，邀请提出议案的代表参加，通过多种途径加强与代表的沟通，充分听取他们的意见。在起草、修改法律案的过程中，更多地邀请提出相关议案的代表参加座谈、调研等活动，尽可能地吸收代表议案的内容和代表提出的意见。把立法内容比较完整、立法条件比较成熟、文本质量比较高的代表议案作为基础，形成法律草案。全国人大常委会召开会议审议法律案时，邀请提出相关议案的代表列席会议，参与审议，进一步听取他们的意见。

今年大会代表提出的议案的审议结果和处理情况，经由全国人大常委会审议通过后，将在明年3月召开的十一届全国人大二次会议上向全体代表提出报告。

以上报告，请审议。

十一届全国人大一次会议秘书处

2008年3月14日

国务院任免国家工作人员

任命汪永清为国务院副秘书长，姚刚为中国证券监督管理委员会副主席。

免去李适时的国务院副秘书长职务，朱志刚的财政部副部长职务，唐军的人事部副部长职务，李元的国土资源部副部长、国家土地副总督察职务，汪永清的国务院法制办公室副主任职务。

中俄两国国防部建立直通电话

中华人民共和国中央军委副主席、国务委员兼国防部长曹刚川上将与俄罗斯联邦国防部长谢尔久科夫通过两国国防部直通电话进行了首次通话。

曹刚川和谢尔久科夫对两国国防部建立直通电话并成功进行首次通话表示热烈祝贺。

曹刚川说，中俄国防部建立直通电话，是两国政治互信和战略协作水平的又一生动体现，有利于今后双方就两军交往与合作等重大问题保持及时沟通，有利于双方就国际和地区热点问题及时交换看法、协调立场，从而不断推动中俄两军的交流与合作。希望双方利用好这一新的交流渠道，使其为发展两军关系，维护地区和世界和平发挥应有的积极作用。

谢尔久科夫认为，中俄两国国防部直通电话的开通再次证明了中俄战略协作伙伴关系的高水平。他表示，愿与中方一道，坚决落实两国元首达成的共识，通过直通电话，就两军合作和其他重大问题保持经常沟通，不断推动两军关系的深入发展。

两国国防部长还就双边关系及共同关心的其他问题坦诚交换了意见。

西藏自治区负责人就拉萨极少数人打砸抢烧破坏活动答新华社记者问

西藏自治区负责人说，近日，拉萨极少数人进行打、砸、抢、烧破坏活动，扰乱社会秩序，危害人民群众生命财产安全。有足够证据证明这是达赖集团有组织、有预谋、精心策划的，已引起西藏各族群众的强烈愤慨和严厉谴责。西藏有关部门正在依法采取有效措施予以妥善处置。我们完全有能力维护西藏社会稳定，维护西藏各族群众生命财产安全。极少数人破坏西藏安定和谐的图谋不得人心，是注定要失败的。

3月15日

十一届全国人大一次会议选举产生新一届国家领导人

第十一届全国人民代表大会第一次会议以无记名投票方式，选举胡锦涛为中华人民共和国主席、中华人民共和国中央军事委员会主席，选举吴邦国为第十一届全国人民代表大会常务委员会委员长，选举习近平为中华人民共和国副主席。

会议经过表决，批准了国务院机构改革方案。

十一届全国人大一次会议上午9时在人民大会堂举行第五次全体会议，大会执行主席、主席团常务主席王兆国主持。

今天的会议应出席代表2987人，出席2967人，缺席20人，出席人数符合法定人数。

会议首先经过表决，通过关于国务院机构改革方案的决定，批准了这个方案。会议要求，国务院要加强领导，周密部署，保证机构改革方案的顺利实施。

随后，会议进行选举。

王兆国宣布：

吴邦国当选为第十一届全国人民代表大会常务委员会委员长；王兆国、路甬祥、乌云其木格、韩启德、华建敏、陈至立、周铁农、李建国、司马义·铁力瓦尔地、蒋树声、陈昌智、严隽琪、桑国卫当选为第十一届全国人民代表大会常务委员会副委员长；李建国当选为第十一届全国人民代表大会常务委员会秘书长。

161人当选为第十一届全国人民代表大会常务委员会委员。

胡锦涛当选为中华人民共和国主席，习近平当选为中华人民共和国副主席。

胡锦涛当选为中华人民共和国中央军事委员会主席。

公布选举结果过程中，全场多次响起经久不息的掌声。

再次当选国家主席、中央军委主席的胡锦涛，起身向代表们鞠躬致意。全场再次响起长时间的热烈掌声。

再次当选全国人大常委会委员长的吴邦国、新当选国家副主席的习近平等，也向代表们鞠躬致意。

大会执行主席华建敏、周铁农、艾力更·依明巴海、刘胜玉、李建国、张文岳、钱运录、储波等在主席台执行主席席就座。

十一届全国人大一次会议主席团在人民大会堂举行第五次会议

主席团常务主席吴邦国主持会议。

根据《中华人民共和国宪法》第六十二条的规定，中华人民共和国主席胡锦涛向大会提出了国务院总理的人选，中央军事委员会主席胡锦涛向大会提出了中央军事委员会副主席、委员的人选，提请大会决定任命。主席团会议上，工作人员宣读了这两份提名信。

主席团会议决定，将胡锦涛提名的国务院总理人选和中央军事委员会副主席、委员人选，交各代表团酝酿。

3月12日，中共中央向大会主席团提出了最高人民法院院长、最高人民检察院检察长建议人选名单。主席团会议经过表决，决定将这两个人选名单作为主席团的提名，交各代表团酝酿协商。

主席团常务主席习近平、王兆国、路甬祥、乌云其木格、韩启德、华建敏、陈至立、周铁农出席会议。

十一届全国人大一次会议主席团在人民大会堂举行第六次会议

主席团常务主席吴邦国主持会议。

各代表团对国务院总理人选，中央军事委员会副主席、委员人选进行了酝酿，对人选名单一致表示赞成。主席团常务主席会议根据各代表团的酝酿意见，建议主席团将国务院总理人选和中央军事委员会副主席、委员人选，提请大会全体会议表决。

主席团会议决定，将这两个人选名单提请大会全体会议表决。

主席团第五次会议提出最高人民法院院长、最高人民检察院检察长人选名单后，各代表团于15日下午进行了酝酿协商。代表们对这两个人选名单表示赞成。主席团常务主席会议根据多数代表的意见，建议主席团确定这两项人选为正式候选人，提请大会全体会议选举。

主席团会议经过表决，确定了最高人民法院院长、最高人民检察院检察长正式候选人名单，提请大会全体会议选举。

主席团常务主席习近平、王兆国、路甬祥、乌云其木格、韩启德、华建敏、陈至立、周铁农出席会议。

中华人民共和国全国人民代表大会公告第一号

第十一届全国人民代表大会常务委员会委员长、副委员长、秘书长和委员，已由第十一届全国人民代表大会第一次会议于2008年3月15日选出，共175人。

委员长：吴邦国

副委员长

王兆国 路甬祥 乌云其木格(女，蒙古族) 韩启德
华建敏 陈至立(女) 周铁农 李建国
司马义·铁力瓦尔地(维吾尔族) 蒋树声 陈昌智
严隽琪(女) 桑国卫

秘书长：李建国(兼)

委员(按姓氏笔画排序)

丁仲礼 马启智(回族) 马福海(回族) 王万宾
王云龙 王云坤 王宁生 王佐书 王陇德 王建民
乌日图(蒙古族) 方 新(女) 尹成杰 邓秀新
石秀诗 石泰峰 龙 刚(苗族)
田玉科(女，土家族) 白克明 白景富 丛 斌
冯长根 达列力汗·马米汗(哈萨克族)
列 确(藏族) 吕 薇(女) 朱文泉 朱永新
朱志刚 朱 启 乔传秀(女) 乔晓阳 任茂东
庄 先 刘振伟 刘锡荣 刘新成 刘德培
齐续春(满族) 汤小泉(女) 许永跃
许志琴(女) 许振超 许智宏 孙文盛 孙安民
牟新生 严以新 李东生 李传卿 李连宁 李建华
李适时 李重庵 李祖沛 李乾元 李慎明 李肇星
杨正午(土家族) 杨永良 杨邦杰 杨 岳
杨贵新(女，侗族) 杨德清 吴启迪(女)
吴晓灵(女) 何晔晖(女) 余振贵(回族)
邹 萍(女，彝族) 汪光焘 汪纪戎(女) 汪恕诚
汪毅夫 沈春耀 宋法棠 张少琴 张中伟 张兴凯
张学忠 张柏林 张美兰(女，哈尼族) 张继禹
陆 兵(壮族) 阿不都热依木·阿米提(维吾尔族)
陈玉杰(女) 陈伟兰(女) 陈秀榕(女)
陈希明(女) 陈述涛(满族) 陈佳贵 陈宜瑜
陈 骏 陈斯喜 姒健敏 范徐丽泰(女) 林 强
卓新平(土家族) 金炳华 金硕仁(朝鲜族) 周玉清
周本顺 周声涛 庞丽娟(女) 郑功成 郑申侠
郑 苹 郎 胜 赵可铭 赵胜轩 郝如玉 郝益东
胡彦林 胡振鹏 胡康生 南振中 查培新
哈斯巴根(蒙古族) 信春鹰(女) 侯义斌 侯建国
姜兴长 姜福堂 姚建年 贺一诚 贺 旻(女)
贺 铿 袁 驷 索丽生 倪岳峰 徐荣凯 徐显明
高祀仁 高 洪(白族) 郭凤莲(女) 郭 雷
唐天标 唐世礼(女，布依族) 黄丽满(女)
黄跃金 黄智权 黄镇东 黄燕明 曹伯纯 龚学平
符桂花(女，黎族) 梁国扬 隋明太 彭祖意(瑶族)
蒋庄德 韩寓群 辜胜阻 程贻举 程津培 温孚江
谢克昌 蒲海清 雷鸣球 虞云耀
嘉木样·洛桑久美·图丹却吉尼玛(藏族) 蔡 昉
裴怀亮 管国芳(女，傣族)

现予公告。

中华人民共和国第十一届全国人民代表大会
第一次会议主席团
2008年3月15日于北京

中华人民共和国全国人民代表大会公告第二号

第十一届全国人民代表大会第一次会议于2008年3月15日选举：

胡锦涛为中华人民共和国主席；

习近平为中华人民共和国副主席。

现予公告。

中华人民共和国第十一届全国人民代表大会
第一次会议主席团
2008年3月15日于北京

中华人民共和国全国人民代表大会公告第三号

第十一届全国人民代表大会第一次会议于2008年3月15日选举胡锦涛为中华人民共和国中央军事委员会主席。

现予公告。

中华人民共和国第十一届全国人民代表大会
第一次会议主席团
2008年3月15日于北京

十一届全国人大第一次会议关于国务院机构改革方案的决定

(2008年3月15日第十一届全国人民代表大会第一次会议通过)

第十一届全国人民代表大会第一次会议听取了国务委员兼国务院秘书长华建敏关于国务院机构改革方案的说明，审议了国务院机构改革方案，决定批准这个方案。会议要求，国务院要加强领导，周密部署，保证机构改革方案的顺利实施。

全国政协十一届常委会关于设置专门委员会的决定

(2008年3月15日政协第十一届全国委员会常务委员会第一次会议通过)

根据《中国人民政治协商会议章程》第三十九条"中国人民政治协商会议全国委员会根据工作需要，设立若干专门委员会及其他工作机构，由常务委员会决定"的规定，中国人民政治协商会议第十一届全国委员会设置以下九个专门委员会：提案委员会、经济委员会、人口资源环境委员会、教科文卫体委员会、社会和法制委员会、民族和宗教委员会、港澳台侨委员会、外事委员会、文史和学习委员会。

全国政协十一届副秘书长任命名单

(2008年3月15日政协第十一届全国委员会常务委员会第一次会议通过)

任命：杨崇汇、蒋作君、孙怀山、潘贵玉(女)、陈抗甫、卞晋平、卢昌华、王胜洪、仝广成、陈喜庆、修福金、张宝文、马培华、刘晓峰、王钦敏、黄志贤、宋北杉、林智敏(女)十八位同志为政协第十一届全国委员会副秘书长。

全国政协十一届各专门委员会主任、副主任名单

(2008年3月15日政协第十一届全国委员会常务委员会第一次会议通过)

提案委员会(12名)

主任：李铁林

副主任(按姓氏笔画排序)：

王　占　王生铁　王显政　王瑞祥　毛林坤　朱树豪　刘志忠　刘峰岩　孙　淦　步正发　邵　鸿

经济委员会(20名)

主任：张左己

副主任(按姓氏笔画排序)：

王众孚　王钦敏　厉以宁　刘　江　刘永好　孙永福　孙晓郁　李家杰　李德水　张志刚　陈锡文　范西成　欧新黔(女)　郑新立　胡德平　柴松岳　郭廷标　董文标　颜延龄

人口资源环境委员会(17名)

主任：张维庆

副主任(按姓氏笔画排序)：

王广宪　王少阶　王玉庆　王曙光　任启兴　刘志峰　刘泽民　江泽慧(女)　李　元　李金明　汪啸风　张　黎　邵秉仁　林树哲　秦大河　郭　炎

教科文卫体委员会(15名)

主任：徐冠华

副主任(按姓氏笔画排序)：

于永湛　方兆祥　刘长乐　江绍高　杨胜群　张大宁　张文康　陈晓光　赵沁平　胡家燕(女)　栾恩杰　高敬德　覃志刚(壮族)　霍震霆

社会和法制委员会(14名)

主任：张福森

副主任(按姓氏笔画排序)：

万鄂湘　王东进　朱孝清　江蓝生(女)　许仲林　孙明山　张　穹　张俊九　罗平飞　赵少华(女,满族)　秦玉琴(女)　高金榜　谭耀宗

民族和宗教委员会(14名)

主任：田聪明

副主任(按姓氏笔画排序)：

马庆生(回族)　仲兆隆　任法融　刘柏年　张秀明

陈　洪(女)　　陈广元(回族)　　拉巴平措(藏族)
周明甫　赵金铎(满族)　　香根·巴登多吉(藏族)
蒋明麟　傅先伟
港澳台侨委员会(15名)
主任:陈云林
副主任(按姓氏笔画排序):
马有礼　王凤超　安　民　李炳才　吴国祯
陈丽华(女,满族)陈佐洱　陈明义　陈绍基　林兆枢
胡应湘　施祥鹏　楼志豪　蔡东士
外事委员会(8名)
主任:赵启正
副主任(按姓氏笔画排序):
万学远　马秀红(女)　　卢文端　陈昊苏　武大伟
赵进军　韩方明
文史和学习委员会(11名)
主任:陈福今
副主任(按姓氏笔画排序):
毛福民　计佑铭　冯骥才　范钦臣　郑欣淼　钟起煌
施子清　桑结加(藏族)　　崔占福　梁　华

中日青少年友好交流年活动在中国人民大学开幕　国家主席胡锦涛出席有关活动,国务院总理温家宝、日本首相福田康夫分别发来贺词。

胡锦涛主席会见了日方代表团主要成员,观看了两国青少年的茶艺交流、书法交流,与两国青少年代表共同植下象征中日青年世代友好的樱花树和玉兰树。

温家宝总理、福田康夫首相分别向“中日青少年友好交流年”发来贺词,希望两国青少年志存高远,胸怀天下,相互学习,共同进步,做和平的促进者、友谊的传承者、合作的拓展者,共同描绘两国未来的美好蓝图。

开幕式上,团中央书记处第一书记、“交流年”中方组委会主席胡春华和日本青少年友好使者代表团最高顾问、新一届中日友好21世纪委员会日方首席委员小林阳太郎分别致辞,中日双方青年代表共同为“交流年”会标揭幕。

中共中央书记处书记、中央办公厅主任令计划,国务委员唐家璇,外交部部长杨洁篪,教育部部长周济及日本驻华大使宫本雄二等出席了开幕式等有关活动。团中央书记处常务书记、中华全国青年联合会主席杨岳主持开幕式并宣布“中日青少年友好交流年”开幕。

民建九届二次中常会在北京召开　会议通过了《民建中央关于认真学习贯彻十一届全国人大一次会议和全国政协十一届一次会议精神的决议》,审议通过了关于设立九届中央专门委员会的决定及其他选项。

会议认为,民建作为密切联系经济界的参政党,要把学习贯彻十一届全国人大一次会议、全国政协十一届一次会议精神与学习贯彻中共十七大精神、本会九大精神结合起来,进一步增强高举中国特色社会主义伟大旗帜的自觉性和坚定性,坚持中国特色社会主义道路不动摇,坚持中国特色社会主义理论体系不动摇。

民建中央主席陈昌智主持会议并讲话。

3月16日

十一届全国人大一次会议在人民大会堂举行第六次全体会议　会议经过投票表决,决定温家宝为中华人民共和国国务院总理。

大会执行主席、主席团常务主席习近平主持会议。

今天的会议应出席代表2987人,出席2968人,缺席19人,出席人数符合法定人数。

这次会议的议程是:根据中华人民共和国主席胡锦涛的提名,决定国务院总理人选;根据中华人民共和国中央军事委员会主席胡锦涛的提名,决定中央军事委员会副主席、委员人选;选举最高人民法院院长;选举最高人民检察院检察长。

会议宣读了胡锦涛对国务院总理人选的提名信和对中央军事委员会副主席、委员人选的提名信。

根据《中华人民共和国宪法》第六十二条的规定,胡锦涛向大会提名温家宝为国务院总理人选;提名郭伯雄、徐才厚为中央军事委员会副主席人选,梁光烈、陈炳德、李继耐、廖锡龙、常万全、靖志远、吴胜利、许其亮为中央军事委员会委员人选。这两个人选名单经各代表团酝酿后,大会主席团会议决定提请大会全体会议表决。

最高人民法院院长的人选,最高人民检察院检察长的人选,主席团提名后,各代表团进行了酝酿协商,主席团会议根据多数代表的意见,确定了正式候选人名单,提请大会全体会议选举。

习近平宣布:

温家宝为中华人民共和国国务院总理;

郭伯雄、徐才厚为中华人民共和国中央军事委员会副主席,梁光烈、陈炳德、李继耐、廖锡龙、常万全、靖志远、吴胜利、许其亮为中华人民共和国中央军事委员会委员;

王胜俊当选为最高人民法院院长;

曹建明当选为最高人民检察院检察长。

表决、选举结果宣布后,全场响起热烈的掌声。

担任大会执行主席的还有:路甬祥、陈至立、石宗

源、刘焯华、欧广源、徐光春、强卫。

国家主席胡锦涛签署第1号令根据十一届全国人大一次会议决定任命温家宝为国务院总理

根据中华人民共和国第十一届全国人民代表大会第一次会议的决定，任命温家宝为中华人民共和国国务院总理。

中华人民共和国主席　胡锦涛

2008年3月16日

中华人民共和国全国人民代表大会公告第四号

根据中华人民共和国中央军事委员会主席胡锦涛的提名，第十一届全国人民代表大会第一次会议于2008年3月16日决定：

郭伯雄、徐才厚为中华人民共和国中央军事委员会副主席；

梁光烈、陈炳德、李继耐、廖锡龙、常万全、靖志远、吴胜利、许其亮为中华人民共和国中央军事委员会委员。

现予公告。

中华人民共和国第十一届全国人民代表大会

第一次会议主席团

2008年3月16日于北京

中华人民共和国全国人民代表大会公告第五号

第十一届全国人民代表大会第一次会议于2008年3月16日选举王胜俊为中华人民共和国最高人民法院院长。

现予公告。

中华人民共和国第十一届全国人民代表大会

第一次会议主席团

2008年3月16日于北京

中华人民共和国全国人民代表大会公告第六号

第十一届全国人民代表大会第一次会议于2008年3月16日选举曹建明为中华人民共和国最高人民检察院检察长。

现予公告。

中华人民共和国第十一届全国人民代表大会

第一次会议主席团

2008年3月16日于北京

十一届全国人大一次会议主席团在人民大会堂举行第七次会议

主席团常务主席吴邦国主持会议。

根据《中华人民共和国宪法》第六十二条的规定，国务院总理温家宝向大会提出了国务院其他组成人员的人选，提请大会决定任命。

主席团会议决定，将温家宝提名的国务院副总理、国务委员、各部部长、各委员会主任、中国人民银行行长、审计长、秘书长的人选，交各代表团酝酿。

十一届全国人大共设9个专门委员会，其中财政经济委员会组成人员名单已于3月5日表决通过。3月12日，中共中央向大会主席团提出了其他8个专门委员会的建议人选名单。

主席团会议分别经过表决，决定将十一届全国人大民族委员会、法律委员会、内务司法委员会、教育科学文化卫生委员会、外事委员会、华侨委员会、环境与资源保护委员会、农业与农村委员会主任委员、副主任委员、委员的人选，作为主席团的提名，交各代表团酝酿。

主席团常务主席习近平、王兆国、路甬祥、乌云其木格、韩启德、华建敏、陈至立、周铁农出席会议。

国家食品药品监督管理局负责人在两会新闻中心就食品药品安全问题答中外记者问

据国家食品药品监督管理局邵明立局长介绍，从2006年7月份开始的食品药品安全专项整治工作取得了明显的成效。在专项整治期间，国家和省级食品药品监管部门共向基层派出检查组、督察组、工作组12000多个，深入到监管一线开展工作，对药品的研究、生产、流通和使用四个环节进行全面整治。

在注册环节，食品药品监管部门完成了现场核查和药品批准文号的清查工作，监督申报人撤回药品注册申请7999个，注销、撤销药品批准文号、医疗器械注册证1604个。

在生产环节对生产企业执行GMP的情况进行专项检查，依法收回药品GMP证书157张，责令370多家药品和医疗器械的生产企业停产整顿，依法吊销药品和医疗器械生产企业的许可证27张。

在流通环节，开展了对药品和医疗器械市场的专项整治，吊销经营许可证1210张，取缔无证经营5719家，取缔挂靠经营726家。药监局和国家工商部门一起开展了虚假违法药品广告整治工作，撤销药品广告的批准文号170多个，查处各类药品、医疗器械违法案件32万多件，捣毁制假窝点1100多个，其中有450多件案件移交给司法机关依法处理。

有记者提问，国家食品药品监督管理局如何确保奥运会期间的食品药品安全，如何加强兴奋剂管理，吴浈副局长和食品安全协调司孙咸泽司长回答了提问。孙咸泽说，对供应北京奥运会的食品，都按照国际最高标准来组织生产，对奥运会食品的供应商、赞助商及奥组委认定的境外奥运备选企业的生产环境、安全指标以及动物性食品抗生素、激素残留情况开展动态监控，同时还建立了奥运食品安全监控和追溯系统，加强了突发事件的应急处理、信息搜集发布和日常监督协调机制。

吴浈说，食品药品监督管理局负责奥运会药源性的兴奋剂管理，药监局已经专门成立了兴奋剂管理领导小组，采取了一系列措施。第一，加强兴奋剂生产源头的检查。肽类激素和蛋白同化制剂的产品，要求必须有生产许可的企业才有资格生产，没有取得许可资格的一律停止生产。同时，对出口蛋白同化制剂和肽类激素的企业，必须通过药监部门的审批同意才能出口。第二，药品经营企业要批发、经营蛋白同化制剂和肽类激素必须取得相应的资质，没有资质的批发企业不允许进行经营。第三，零售药店只能出售胰岛素，除胰岛素以外的蛋白同化制剂和肽类激素，在零售药店一律停止销售，一律不准销售。第四，要求对含有兴奋剂的药品复方制剂，生产企业必须在药品包装上标明"运动员慎用"的标志，零售药店销售这些药品必须也要有"运动员慎用"的标志。凡是没有"运动员慎用"标志的含有兴奋剂的复方制剂，也要停止销售。

新闻发言人颜江瑛女士就最基本的临床用药品种定点生产情况回答了记者的提问。她说，为了解决城市社区和农村基本用药的供应，特别是能保障廉价药的供应，去年食品药品监督管理局和发改委、卫生部共同制定了10家定点生产企业和18个品种的定点生产政策，又专门就这项政策出台了一个关于城市社区和农村基本用药生产、流通和定价的通知，在这个通知中，要求10家定点企业和18个品种的城市社区和农村基本用药实行全国的统一定价，不进入招标采购，而且首先在社区和农村进行使用。这些定点生产的药品去年11月16日已经在10多个省开始上市，这一政策使城市社区和农村基本用药的价格大幅度下降。

3月17日

十一届全国人大一次会议在人民大会堂举行第七次全体会议

会议根据国务院总理温家宝的提名，决定了国务院其他组成人员，李克强、回良玉、张德江、王岐山为国务院副总理，刘延东、梁光烈、马凯、孟建柱、戴秉国为国务委员。

会议由大会执行主席、主席团常务主席路甬祥主持。

今天的会议应出席代表2987人，出席2946人，缺席41人，出席人数符合法定人数。

这次会议的议程是：根据国务院总理的提名，决定国务院副总理、国务委员、各部部长、各委员会主任、中国人民银行行长、审计长、秘书长人选；分别表决十一届全国人大民族委员会、法律委员会、内务司法委员会、教育科学文化卫生委员会、外事委员会、华侨委员会、环境与资源保护委员会、农业与农村委员会主任委员、副主任委员、委员名单草案。

会议宣读了国务院总理温家宝对国务院其他组成人员人选的提名信。

经过发票、写票、投票、计票等环节，路甬祥宣布：

李克强、回良玉、张德江、王岐山为国务院副总理；刘延东、梁光烈、马凯、孟建柱、戴秉国为国务委员。

路甬祥还宣布了国务院秘书长和国务院各部部长、各委员会主任、中国人民银行行长、审计长名单。

十一届全国人大共设9个专门委员会。其中，财政经济委员会组成人员名单已于3月5日表决通过。其他8个专门委员会组成人员人选，主席团提名后，各代表团进行了酝酿。主席团会议根据各代表团的酝酿意见，决定将这8个专门委员会组成人员的名单草案提请本次会议表决。

根据十一届全国人大一次会议表决十一届全国人大各专门委员会主任委员、副主任委员、委员人选的办法，大会采用无记名按表决器方式，分别表决通过了8个专门委员会组成人员名单。

国家主席胡锦涛签署第2号主席令，根据大会的决定，对这次大会表决通过的国务院其他组成人员予以任命。

担任大会执行主席的还有：乌云其木格、周铁农、卢展工、张宝顺、罗清泉、郭声琨等。

国家主席胡锦涛签署第2号令根据十一届全国人大一次会议的决定任免国务院其他组成人员

任命李克强、回良玉(回族)、张德江、王岐山为国务院副总理；

任命刘延东(女)、梁光烈、马凯、孟建柱、戴秉国(土家族)为国务委员；

任命马凯(兼)为国务院秘书长；

任命杨洁篪为外交部部长；

任命梁光烈(兼)为国防部部长；

任命张平为国家发展和改革委员会主任；

任命周济为教育部部长；

任命万钢为科学技术部部长；

任命李毅中为工业和信息化部部长；

任命杨晶(蒙古族)为国家民族事务委员会主任；

任命孟建柱(兼)为公安部部长；

任命耿惠昌为国家安全部部长；

任命马馼(女)为监察部部长;

任命李学举为民政部部长;

任命吴爱英(女)为司法部部长;

任命谢旭人为财政部部长;

任命尹蔚民为人力资源和社会保障部部长;

任命徐绍史为国土资源部部长;

任命周生贤为环境保护部部长;

任命姜伟新为住房和城乡建设部部长;

任命李盛霖为交通运输部部长;

任命刘志军为铁道部部长;

任命陈雷为水利部部长;

任命孙政才为农业部部长;

任命陈德铭为商务部部长;

任命蔡武为文化部部长;

任命陈竺为卫生部部长;

任命李斌(女)为国家人口和计划生育委员会主任;

任命周小川为中国人民银行行长;

任命刘家义为审计署审计长。

中华人民共和国主席 胡锦涛

2008年3月17日

十一届全国人大一次会议主席团在人民大会堂举行第八次会议

主席团常务主席吴邦国主持会议。

3月16日下午和17日上午,各代表团对国务院总理温家宝提名的国务院其他组成人员人选进行了酝酿,一致表示赞成。主席团常务主席会议根据各代表团的酝酿意见,建议主席团将国务院其他组成人员人选,提请大会全体会议表决。

主席团会议决定,将国务院副总理、国务委员、各部部长、各委员会主任、中国人民银行行长、审计长、秘书长的人选,提请大会全体会议表决。

3月16日下午和3月17日上午,各代表团还对十一届全国人大8个专门委员会组成人员人选进行了酝酿,对人选名单表示赞成。主席团常务主席会议根据多数代表的意见,建议主席团确定这8个专门委员会组成人员的人选为正式人选,提请大会全体会议表决。

主席团会议分别经过表决,确定了十一届全国人大民族委员会、法律委员会、内务司法委员会、教育科学文化卫生委员会、外事委员会、华侨委员会、环境与资源保护委员会、农业与农村委员会主任委员、副主任委员、委员的正式人选名单,提请大会全体会议表决。

3月16日下午,各代表团认真审议了大会的各项决议草案。主席团常务主席会议根据各代表团的审议意见,建议将各项决议草案提请大会全体会议表决。

主席团会议分别经过表决,决定将关于政府工作报告、2008年年度计划、2008年年度预算、全国人大常委会工作报告、最高人民法院工作报告、最高人民检察院工作报告的6个决议草案,提请大会全体会议表决。

主席团常务主席习近平、王兆国、路甬祥、乌云其木格、韩启德、华建敏、陈至立、周铁农出席会议。

十一届全国人大8个专门委员会主任委员、副主任委员、委员名单

(2008年3月17日第十一届全国人民代表大会第一次会议通过)

主任委员 马启智(回族)

副主任委员

列确(藏族) 周声涛 陆 兵(壮族)

阿不都热依木·阿米提(维吾尔族) 雷鸣球 牟本理

嘉木样·洛桑久美·图丹却吉尼玛(藏族)

哈斯巴根(蒙古族)

委员(按姓氏笔画排序)

龙 刚(苗族) 田玉科(女,土家族)

达列力汗·马米汗(哈萨克族) 杨贵新(女,侗族)

余振贵(回族) 邹 萍(女,彝族) 张美兰(女,哈尼族)

卓新平(土家族) 金硕仁(朝鲜族) 高 洪(白族)

唐世礼(女,布依族) 雪克来提·扎克尔(维吾尔族)

符桂花(女,黎族) 彭祖意(瑶族) 粟戎生(侗族)

赫冀成(满族) 管国芳(女,傣族) 谭永华

第十一届全国人民代表大会法律委员会主任委员、副主任委员、委员名单(24名)

主任委员 胡康生

副主任委员

张柏林 刘锡荣 洪 虎 乔晓阳 李适时 李重庵

孙安民

委员(按姓氏笔画排序)

王利明 石泰峰 李 飞 李连宁 吴晓华 沈春耀

陈斯喜 范方平 周玉清 周光权 胡彦林

信春鹰(女) 莫文秀(女) 徐显明 章百家 梁慧星

第十一届全国人民代表大会内务司法委员会主任委员、副主任委员、委员名单(26名)

主任委员 黄镇东

副主任委员

张学忠 许永跃 刘振华 白景富 隋明太 姜兴长

汪毅夫 辜胜阻

委员(按姓氏笔画排序)

王澜明 朱 启 朱曙光 乔传秀(女) 李建华

李惠东(回族) 李慎明 何晔晖(女) 陈秀榕(女)

周本顺 郑功成 郎 胜 赵锡君 楚鸿彦 鲍绍坤
褚 平 戴玉忠

第十一届全国人民代表大会教育科学文化卫生委员会主任委员、副主任委员、委员名单(36名)

主任委员 白克明

副主任委员

宋法棠 徐荣凯 李志坚 金炳华 李树文 唐天标
王佐书 程津培 任茂东

委员(按姓氏笔画排序)

丁仲礼 马 力(女) 马德秀(女) 王文荣 王陇德
方 新(女) 冯长根 朱文泉 朱永新 刘长瑜(女)
刘新成 刘德培 许 江 许智宏 严以新 李东生
李 牧 吴启迪(女) 吴忠泽 沈 岩 张诗明
庞丽娟(女) 郑 茎 姚建年 秦绍德 谢维和

第十一届全国人民代表大会外事委员会主任委员、副主任委员、委员名单(19名)

主任委员 李肇星

副主任委员

郑斯林 南振中 卢钟鹤 姜福堂 马文普 查培新
齐续春(满族) 郭 雷

委员(按姓氏笔画排序)

江亦曼(女) 李义虎 杨慧珠(女) 张富生 金 矛
姜吉初 徐根初 高之国 曹卫洲 裴怀亮

第十一届全国人民代表大会华侨委员会主任委员、副主任委员、委员名单(20名)

主任委员 高祀仁

副主任委员

虞云耀 陈玉杰(女) 黄丽满(女) 杨德清 李祖沛
梁国扬 杨邦杰

委员(按姓氏笔画排序)

于守初(女) 王建民 王珣章 申 丹(女) 李 玉
李昭玲(女) 李欲晞 张 瑞 陈伟兰(女) 陈希滔
黄跃金 黄燕明

第十一届全国人民代表大会环境与资源保护委员会主任委员、副主任委员、委员名单(28名)

主任委员 汪光焘

副主任委员

曹伯纯 蒲海清 李传卿 黄智权 张文台
陈希明(女) 汪纪戎(女) 倪岳峰 袁 驷

委员(按姓氏笔画排序)

马福海(回族) 包瑞玲(女,蒙古族) 许志琴(女)
许健民 苏书岩 杨庚宇 何少苓(女) 汪超群
张兴凯 张洪飚 陈宜瑜 周 原 郑申侠 孟 伟
赵志祥 顾逸东 崔雷平 蒋庄德

第十一届全国人民代表大会农业与农村委员会主任委员、副主任委员、委员名单(23名)

主任委员 王云龙

副主任委员

王云坤 孙文盛 张中伟 李乾元 尹成杰 索丽生

委员(按姓氏笔画排序)

马昌裔(回族) 王明义 乌兰巴特尔(蒙古族)
包克辛 任正隆 华福周(女) 庄 先 刘振伟
孙其信 李登海 李殿仁 张晓山 苟天林 梁 衡
程贻举 蔡 昉

西藏自治区主席向巴平措就拉萨打砸抢烧事件答中外记者问

向巴平措在国务院新闻办公室召开的新闻发布会上说,拉萨打砸抢烧事件是达赖集团“有组织、有预谋、精心策划煽动”,境内外“藏独”分裂势力相互勾结制造的。任何破坏西藏稳定、制造分裂的图谋都是不得人心的,是注定要失败的。

向巴平措说,3月14日,拉萨市区发生了打砸抢烧严重暴力犯罪事件。这是由达赖集团有组织、有预谋、精心策划煽动,境内外“藏独”分裂势力相互勾结制造的。3月14日上午11时许,一些僧人在小昭寺用石头攻击执勤民警,随后,一些暴徒开始在八廓街聚集,呼喊分裂国家的口号,大肆进行打砸抢烧活动,事态迅速蔓延,不法分子对拉萨市区主要路段的临街铺面、中小学校、医院、银行、电力和通信设施、新闻单位实施打砸抢烧,焚烧过往车辆,追打过路群众,冲击商场、电信营业网点和政府机关,给当地人民群众生命财产造成重大损失,使当地的社会秩序受到了严重破坏。

向巴平措介绍,追溯这一事件的发生,实际上在3月10日就已有一些不法分子非法聚集闹事。这些不法分子不听公安干警劝阻,呼喊“藏独”口号,冲撞、谩骂并用棍棒、石块、匕首暴力攻击执勤民警。根据目前掌握的情况,在这次拉萨发生的打砸抢烧暴力事件中,暴徒共砸烂、烧毁车辆56辆,烧死或砍死无辜群众13人,有数十名执勤公安民警受伤,其中重伤4人;有61名武警受伤,其中重伤6人。暴徒纵火300余处,焚烧民宅、店铺214间。暴徒重点在拉萨八廓街、林廓北路、色拉路、纳金路、二环路、北京中路等地段多处实施打砸抢烧。遭打、砸、抢、烧的有拉萨市二中、海城小学、冲赛康商场、中国银行西藏分行北京东路支行、电信移动营业网点,以及新华社西藏分社、西藏日报社等新闻单位和一些政府机构。

向巴平措特别指出,在这次打砸抢烧事件中,暴徒使用的手段极其残忍,令人发指,比如,有1名无辜群众被暴徒浇上汽油活活烧死,有1名执勤武警被暴徒打晕之后又被用刀子在臀部剜出拳头大的一块肉。

“对拉萨发生的这一打砸抢烧暴力犯罪事件,西藏各族人民表示了极大的愤慨和严厉谴责。西藏自治区迅速组织公安、武警和其他有关方面，扑灭着火点，救治受伤人员，并加强了对学校、医院、银行和政府机关的安全保卫，依法打击打砸抢烧暴力犯罪活动。”向巴平措说，“采取这些措施，就是为了维护社会稳定，维护国家法制，维护西藏各族群众的根本利益。目前，拉萨局势已经趋于平静，社会秩序恢复了稳定。”

向巴平措说：“我感到愤慨的是，达赖集团和西方国家的一些人士，把暴徒的打砸抢烧行为说成是‘和平示威’，把依法处置这一严重危害人民群众生命财产安全和社会秩序的暴力行为说成是‘镇压和平示威’，真是颠倒黑白，岂有此理。试问，世界上有哪个民主法治国家能容忍这种暴行？”

据向巴平措介绍，在依法处置这一事件中，公安、武警始终保持了极大克制，坚决依法执法、文明执法。在整个处置过程中，没有携带和使用任何杀伤性武器。

向巴平措强调，西藏各族人民反对分裂、维护祖国统一、维护社会稳定的决心是坚定不移的，任何破坏西藏稳定、制造分裂的图谋都是不得人心的，是注定要失败的。相信在中央的领导下，西藏自治区政府完全有能力维护西藏社会稳定，维护法律秩序，维护西藏各族群众的根本利益。

向巴平措还回答了中外记者的提问。

外交部发言人就拉萨发生打砸抢烧严重暴力犯罪事件答记者问

外交部发言人刘建超拉萨市发生的打砸抢烧严重暴力犯罪事件，是由达赖集团有组织、有预谋，精心策划和煽动，境内外“藏独”分裂势力相互勾结制造的。他呼吁有关国家尊重事实，明辨是非。

有记者问：近日，拉萨发生严重暴力事件。达赖集团称这是因西藏民众对中国政府长期压制藏人不满所致。某些国家要求中国政府尊重公民和平示威的权利，呼吁通过对话解决问题。你对此有何评论？

刘建超答：拉萨市发生的打砸抢烧严重暴力犯罪事件，给当地人民群众生命财产造成重大损失，使当地社会秩序受到了严重危害。这是由达赖集团有组织、有预谋，精心策划和煽动，境内外“藏独”分裂势力相互勾结制造的。

刘建超说，这些不法分子的行径根本不是什么“和平示威”，而是暴力犯罪。他们滥杀无辜，手段残忍，激起西藏各族人民极大愤慨和严厉谴责。西藏自治区有关部门依法予以处置，完全是为了维护社会稳定，维护国家法制，维护西藏各族人民群众的根本利益。在整个处置过程中，执法人员保持了极大克制。这次事件再一次暴露了达赖集团的分裂本质及所宣称的“和平”、“非暴力”的虚伪性和欺骗性。我们希望有关国家尊重事实，明辨是非。

西藏是中国领土不可分割的一部分，这是国际社会的广泛共识。中国政府在达赖问题上的立场得到了世界上主持正义的国家和人民的广泛理解和支持。达赖问题不是什么民族、宗教和文化问题，而是分裂和反分裂的问题。1959年西藏实行民主改革以来，西藏发生了翻天覆地的变化。维护国家统一、民族团结、社会和谐是西藏各族人民的共同愿望。

中国政府坚定不移地维护国家主权和领土完整，促进西藏发展稳定，保护西藏各族群众的生命财产安全。西藏的发展进步是任何势力所阻挡不了的，任何分裂祖国的图谋必将遭到包括藏族同胞在内的全中国各族人民坚决反对，是注定要失败的。

中联部部长王家瑞在北京会见古巴共产党中央书记处书记国际关系部部长雷米雷斯

3月18日

十一届全国人大一次会议在人民大会堂闭幕

大会执行主席、十一届全国人大常委会委员长吴邦国主持大会。

胡锦涛、温家宝、贾庆林、李长春、习近平、李克强、贺国强等党和国家领导人在主席台就座。

大会执行主席、十一届全国人大常委会副委员长王兆国、路甬祥、乌云其木格、韩启德、华建敏、陈至立、周铁农、李建国、司马义·铁力瓦尔地、蒋树声、陈昌智、严隽琪、桑国卫在主席台前排就座。

2932名代表出席今天的会议。

会议经过表决，通过了关于政府工作报告的决议，批准了政府工作报告。会议认为，过去的五年，我国改革开放和现代化建设取得了举世瞩目的重大成就。会议充分肯定国务院五年来的工作，同意报告提出的2008年经济社会发展目标任务和工作部署。

会议表决通过了关于2007年国民经济和社会发展计划执行情况与2008年国民经济和社会发展计划的决议，批准了2008年国民经济和社会发展计划；表决通过了关于2007年中央和地方预算执行情况与2008年中央和地方预算的决议，批准了2008年中央预算。

会议还表决通过了关于全国人大常委会工作报告的决议、关于最高人民法院工作报告的决议、关于最高人民检察院工作报告的决议，决定批准这三个报告。

这些决议通过时，全场响起热烈的掌声。

完成这些议程后，胡锦涛和吴邦国分别发表了重要讲话。

在主席台就座的还有：王刚、王乐泉、王岐山、回良玉、刘淇、刘云山、刘延东、李源潮、汪洋、张高丽、张德江、俞正声、何勇、令计划、王沪宁、梁光烈、马凯、孟建柱、戴秉国、王胜俊、曹建明、廖晖、杜青林、白立忱、陈奎元、阿不来提·阿不都热西提、李兆焯、黄孟复、董建华、张梅颖、张榕明、钱运录、孙家正、李金华、郑万通、邓朴方、万钢、林文漪、厉无畏、罗富和、陈宗兴、王志珍等，李铁映、司马义·艾买提、何鲁丽、丁石孙、成思危、许嘉璐、蒋正华、顾秀莲、热地、盛华仁、肖扬、贾春旺、王忠禹、李贵鲜、张思卿、罗豪才、张克辉、郝建秀、徐匡迪、张怀西、李蒙，中央军委委员陈炳德、李继耐、廖锡龙、常万全、靖志远、吴胜利、许其亮，以及乔清晨。

香港特别行政区行政长官曾荫权、澳门特别行政区行政长官何厚铧列席会议并在主席台就座。

中央党政军群领导机关负责人，各民主党派中央、全国工商联负责人和无党派代表人士列席大会。各国驻华使节旁听了大会。

国家主席胡锦涛在十一届全国人大一次会议闭幕会上的讲话

各位代表：

十一届全国人大一次会议已顺利完成各项议程。这次大会选举我继续担任中华人民共和国主席，我对各位代表和全国各族人民的信任，表示衷心的感谢！

担任中华人民共和国主席这一崇高职务，使命光荣，责任重大。我一定忠实履行宪法赋予的神圣职责，恪尽职守，勤勉工作，为民服务，为国尽力，决不辜负各位代表和全国各族人民的重托。

我们新一届国家机构工作人员肩负着人民赋予的重任，一定要响应时代的召唤、顺应人民的意愿，在履行职责的过程中切实做到：

第一，坚持民主法治。我们要始终遵循党的领导、人民当家做主、依法治国有机统一，坚定不移地维护社会主义民主制度、发展社会主义民主政治，坚定不移地维护社会主义法制的统一、尊严、权威，弘扬法治精神，促进社会公平正义，确保社会和谐稳定。

第二，坚持以人为本。我们要始终履行全心全意为人民服务的根本宗旨，尊重人民主体地位，发挥人民首创精神，保障人民各项权益，当好人民公仆，诚心诚意为人民造福。

第三，坚持求真务实。我们要始终发扬解放思想、实事求是、与时俱进的精神，深入实际、深入群众，抓住机遇、应对挑战，勇于变革、勇于创新，按照客观规律办事，不断开创各项工作新局面。

第四，坚持清正廉洁。我们要始终保持不骄不躁、艰苦奋斗的作风，自觉树立社会主义荣辱观，正确使用手中的权力，诚心诚意接受人民监督，严于律己、廉洁奉公，兢兢业业、干干净净为国家和人民工作。

各位代表，过去的五年里，我国改革开放和社会主义现代化建设取得了新的重大成就，经济实力、综合国力、人民生活水平都上了一个大台阶。这是全国各族人民团结一心、开拓进取、扎实奋斗的结果。光荣属于祖国，成就归功于人民！

在漫长的历史进程中，我国各族人民为创造自己的美好生活、为增进人类的共同福祉进行了不屈不挠的努力。新中国成立以来特别是改革开放以来，全国各族人民紧密团结在中国共产党周围，艰苦创业，发愤图强，使中国大地发生了翻天覆地的历史巨变，使中华民族巍然屹立于世界民族之林。我们为伟大祖国的发展进步感到无比自豪！

中华民族波澜壮阔的奋斗历程告诉我们：只有自强不息才能把握命运，只有与时俱进才能跟上时代，只有改革开放才能强国富民，只有艰苦奋斗才能成就伟业。

各位代表，当今世界正在发生广泛而深刻的变化，当代中国正在发生广泛而深刻的变革，我国改革发展进入了关键阶段。面对新形势新任务，我们一定要全面贯彻党的十七大精神，高举中国特色社会主义伟大旗帜，以邓小平理论和"三个代表"重要思想为指导，深入贯彻落实科学发展观，继续解放思想，坚持改革开放，推动科学发展，促进社会和谐，继续全面建设小康社会，加快推进社会主义现代化。

我们坚信，不管前进道路上出现什么样的困难和风险，只要我们坚定不移地走中国特色社会主义道路，紧密团结、锐意进取、居安思危、埋头苦干，我们就一定能够夺取全面建设小康社会新胜利，开创中国特色社会主义事业新局面！我们就一定能够实现中华民族伟大复兴，为人类作出新的更大的贡献！

全国人大常委会委员长吴邦国在十一届全国人大一次会议闭幕会上的讲话

各位代表：

我完全赞成胡锦涛主席的重要讲话。

第十一届全国人民代表大会第一次会议，在全体代表的共同努力下，圆满完成了各项预定任务。会议充分发扬民主，严格依法办事，开得很成功，是一次高举中国特色社会主义伟大旗帜、全面贯彻落实党的十七大精神的大会，是一次与时俱进、民主团结、求实鼓劲的大会！

会议期间，代表们肩负全国各族人民的重托，以主人翁的高度责任感，认真履行宪法和法律赋予的职责，使会议通过的各项决议和决定，充分体现了党的主张和人民意志的统一。会议审议批准的政府工作报告和其他报告，总结了在以胡锦涛同志为总书记的党中央领导下，五年来我国各方面工作取得的重大成就和有益经验，明确提出了今年乃至今后五年的主要任务和工作部署。会议依法选举和决定任命了新一届国家机构领导人员，为推动党和国家事业发展、实现党的十七大确定的目标任务提供了坚强的组织保证。这次大会必将进一步激励和动员全国各族人民，万众一心、奋发图强，为夺取全面建设小康社会新胜利、开创中国特色社会主义事业新局面而团结奋斗。

各位代表，十届全国人大及其常委会坚持党的领导、人民当家做主、依法治国有机统一，始终从最广大人民的根本利益出发，紧紧围绕党和国家工作大局开展工作，坚持依法按程序办事，在前几届工作的基础上与时俱进，形成了一套行之有效的工作机制和工作方法，立法工作成绩显著，监督实效明显增强，代表工作积极推进，对外交往更加活跃，自身建设不断加强，为坚持和完善人民代表大会制度、推进全面建设小康社会作出了重要贡献。在这里，请允许我代表十一届全国人大及其常委会，向十届全国人大代表，向十届全国人大常委会和各专门委员会组成人员，致以崇高的敬意和诚挚的感谢！

这次大会选举产生了十一届全国人大常委会，并选举我继续担任委员长。这是各位代表和全国各族人民对我们的信任，我代表十一届全国人大常委会组成人员表示衷心的感谢！我们深感使命崇高，责任重大。我们将同全体代表一起，忠诚履行宪法和法律赋予的职权，恪尽职守，勤勉工作，竭诚为国家和人民服务，不辜负全国各族人民的重托。

各位代表！

今后五年，是我国全面建设小康社会的关键时期。党的十七大分析了国内国际形势的新变化，回顾了党的十六大以来各项事业的新进展，总结了改革开放以来的新经验，提出了实现全面建设小康社会奋斗目标的新要求，为我们继续推动党和国家事业发展指明了前进方向。党的十七大明确提出，要坚定不移发展社会主义民主政治。强调人民民主是社会主义的生命，发展社会主义民主政治是我们党始终不渝的奋斗目标。强调要坚持中国特色社会主义政治发展道路，坚持党的领导、人民当家做主、依法治国有机统一，不断推进社会主义政治制度自我完善和发展。强调深化政治体制改革，必须坚持正确政治方向，以保证人民当家做主为根本，以增强党和国家活力、调动人民积极性为目标，扩大社会主义民主，建设社会主义法治国家，发展社会主义政治文明。强调支持人民代表大会依法履行职能，善于使党的主张通过法定程序成为国家意志，保障人大代表依法行使职权，密切人大代表同人民群众的联系，加强人大常委会制度建设。这些都对做好新形势下人大工作提出了新的更高的要求。十一届全国人大及其常委会要全面贯彻党的十七大精神，高举中国特色社会主义伟大旗帜，坚定不移地走中国特色社会主义道路，坚定不移地以中国特色社会主义理论体系为指导，坚持党的领导、人民当家做主、依法治国有机统一，围绕中心，突出重点，扎实工作，把人民代表大会制度坚持好、完善好，把依法治国基本方略贯彻好、实施好，把最广大人民的根本利益实现好、维护好。

我们要以完善中国特色社会主义法律体系为目标，继续加强和改进立法工作，抓紧制定在法律体系中起支架作用的法律，及时修改与经济社会发展不相适应的法律规定，督促有关方面尽快制定和修改与法律相配套的法规，坚持科学立法、民主立法，不断提高立法质量，更好地发挥法律在国家政治和社会生活中的规范、引导和保障作用。

我们要以增强监督实效为核心，继续加强和改进监督工作，全面贯彻落实监督法，加强宪法和法律实施，坚持公民在法律面前一律平等，维护社会公平正义，维护社会主义法制的统一、尊严、权威，更好地发挥人大监督对促进依法行政、公正司法和维护人民利益的作用。

我们要以深入贯彻中央九号文件为主线，加强和改进代表工作，努力提升服务保障水平，更好地发挥代表参与管理国家事务的作用。

我们要以制度建设为重点，继续加强常委会自身建设，严格依法按程序办事，自觉接受监督，更好地发挥最高国家权力机关、依法履行职责的工作机关、密切联系人民群众的代表机关的作用。

各位代表！

祖国的发展前景无限美好，改革开放的伟大事业催人奋进。让我们紧密团结在以胡锦涛同志为总书记的党中央周围，高举中国特色社会主义伟大旗帜，以邓小平理论和“三个代表”重要思想为指导，深入贯彻落实科学发展观，坚持改革创新、求真务实、团结奋进，为夺取全面建设小康社会新胜利、谱写人民美好生活新篇章而努力奋斗！

国家主席胡锦涛在中南海分别会见香港特别行政区行政长官曾荫权和澳门特别行政区行政长官何厚铧

胡锦涛在会见曾荫权时表示，在特区政府和香港社会各界的共同努力下，当前香港形势正继续向好的方向发展。中央相信，你和特区政府一定能够励精图治，依法施政，在发展经济、改善民生、推进民主、促进和谐等方面取得新成绩,为“一国两制”伟大事业在香港的成功实践作出新贡献。

胡锦涛在会见何厚铧时表示,保持澳门发展的良好势头,妥善处理发展中出现的新情况、新问题,推动澳门各项事业又好又快向前发展,是澳门公众的共同愿望。中央相信,你和特区政府一定能够依法施政、积极进取,团结带领澳门广大市民,促进经济健康发展,维护社会稳定与和谐,努力开创澳门更加美好的明天。

国家副主席习近平,国务委员刘延东,中共中央书记处书记、中央办公厅主任令计划,全国政协副主席、国务院港澳事务办公室主任廖晖等参加了会见。

十一届全国人大常委会在人民大会堂举行第一次委员长会议

会议决定3月19日上午举行十一届全国人大常委会第一次会议。

全国人大常委会委员长吴邦国主持会议。

委员长会议建议十一届全国人大常委会第一次会议的议程是:任命全国人大常委会副秘书长;吴邦国委员长发表讲话。

会议听取了全国人大常委会副委员长、秘书长李建国作的关于十一届全国人大常委会第一次会议议程草案和日程安排意见的汇报、关于十一届全国人大常委会副秘书长任命事项的汇报。

全国人大常委会副委员长王兆国、路甬祥、乌云其木格、韩启德、华建敏、陈至立、周铁农、司马义·铁力瓦尔地、蒋树声、陈昌智、严隽琪、桑国卫出席会议。

依照宪法和全国人大组织法的规定,委员长会议负责处理全国人大常委会的重要日常工作:决定常委会每次会议的会期,拟定会议议程草案;对向常委会提出的议案,决定交由有关的专门委员会审议或者提请常委会全体会议审议;指导和协调各专门委员会的日常工作;处理常委会其他重要日常工作等。

十一届全国人大一次会议在人民大会堂举行记者招待会

国务院总理温家宝和副总理李克强、回良玉、张德江、王岐山应十一届全国人大一次会议新闻发言人姜恩柱的邀请,与采访两会的中外记者见面,并回答记者的提问。

温家宝总理首先向中外记者介绍了各位副总理,他说,第十一届全国人民代表大会第一次会议闭幕了,会议产生了新一届政府。现在我把和我一同出席这次记者招待会的各位副总理向大家介绍一下:坐在我旁边的是李克强,他是我们副总理中最年轻的,也是中共中央政治局常委。这位是回良玉,大家都熟悉了,他是上届政府的副总理,这次是连任。我们还有两位新任副总理,一位是张德江,一位是王岐山,他们都曾经担任过“地方大员”。

凤凰卫视记者:上届政府曾经遇到两次令全球华人为之牵挂的突发性灾害。五年前,新任总理的您经历了“非典”,人们还不知道您当时的心路历程。五年之后,突如其来的南方冰雪灾害,人们又看到您走在抗击雪灾的前线,这场灾害让您感受到了什么?未来五年您将还会面临什么样的挑战?

温家宝:五年已经过去了,“行事见于当时,是非公于后世”。历史是人民创造的,也是人民书写的。一个领导者应该把眼睛盯住前方,把握现在,思考未来。我脑子里在盘旋四件事情:

第一,要使中国的经济继续保持平稳较快发展,同时有效地抑制通货膨胀。这就必须解决经济发展中的不稳定、不协调、不可持续的问题。目前最大的困难是物价过快上涨和通货膨胀的压力,隐藏的风险是经济可能出现的波动,我们必须在这两者之间走出一条光明的路子。

第二,经济体制改革和政治体制改革要有新的突破。这就必须解放思想。解放思想需要勇气、决心和献身精神。解放思想和改革创新,如果说前者是因的话,后者就是果。五年前,我曾面对大家立过誓言:“苟利国家生死以,岂因祸福避趋之。”今天我还想加上一句话,就是“天变不足畏,祖宗不足法,人言不足恤”。

第三,要推进社会的公平正义。如同真理是思想体系的首要价值,公平正义是社会主义国家制度的首要价值。公平正义就是要尊重每一个人,维护每一个人的合法权益,在自由平等的条件下,为每一个人创造全面发展的机会。如果说发展经济、改善民生是政府的天职,那么推进社会公平正义就是政府的良心。

第四,要加强社会主义精神文明建设。如果我们的国家有比黄金还要贵重的诚信、有比大海还要宽广的包容、有比爱自己还要宽宏的博爱,有比高山还要崇高的道德,那么我们这个国家就是一个具有精神文明和道德力量的国家。

朋友们,我想对你们说:为了国家的富强,为了社会的公平正义,为了让人们幸福快乐地过得更好,为了让孩子们上好学,为了使我们的民族在世界赢得应有的尊严,我愿献出我的全部心血和精力。

《人民日报》记者:两会期间,人民网和其他十多家网站都做了“两会关注热点”或者“我有问题问总理”的网上调查。参与网民达数千万,提出的问题超过百万。大家关注度最高的是物价问题。您在报告中提出,今年物价涨幅控制在4.8%左右,请问总理,新一届政府将采取哪些措施确保实现这个目标?

温家宝：两会期间我一直在上网。广大网民向我提问题、提建议，甚至为我分忧，多达数百万条，参与的恐怕有上亿人。这么多群众以如此高的热情关注两会，特别是关心政府的工作，使我深受感动。他们的意见、批评都是对政府的信任、支持、鼓励和鞭策。我一边看网，一边脑子里想起一段话，就是“民之所忧，我之所思；民之所思，我之所行”。群众之所以用这么大的精力来上网写问题、提建议，是要政府解决问题。在这里我不可能一一回答大家的问题。确实，在众多问题中，排在第一位的是物价问题。去年下半年以来，物价上涨过快，给群众生活特别是低收入群体的生活带来很大的困难。如何控制物价过快上涨，抑制通货膨胀，不仅是老百姓关注的问题，也是政府的重要任务。我们提出了今年CPI确定为4.8%左右的预测目标。说句老实话，实现这一目标是不容易的，特别是今年头两个月我们遇到了历史上罕见的冰雪灾害，这就给控制物价带来更大的压力。但我们依然没有改变这个目标，主要出于两点考虑：第一，它表明政府的决心，要把控制物价和抑制通货膨胀作为今年政府工作的首要任务。第二，它稳定老百姓对物价的预期。在物价上涨较快时，人们对物价的预期比物价上涨本身更可怕。我们之所以提出这样的目标，也是有根据的。现在我们的粮食储备还是在1.5亿吨到2亿吨之间，主要工业品供过于求的局面没有改变。只要政策得当，措施有力，我们完全有信心控制物价过快上涨的局面。

美国有线新闻网记者：我知道，您的任务是世界上最艰巨也是最庞杂的。我想提出两个问题，这两个问题都涉及英文字母“T”打头的问题。一个就是西藏问题，我们知道最近在西藏发生了暴力事件，有人指责镇压了和平的示威游行，达赖也指责中国在进行所谓的“文化灭绝”，甚至有些人呼吁要抵制北京的奥运会，您对这样一些说法和指责有何评论？第二个问题是台湾问题。您多次说过，中国决不容忍台湾“独立”，很快台湾地区将举行选举和公投，如果公投当中的议案被通过，也就是说选民通过选票认为应该以“台湾”的名义申请加入联合国的话，中国政府是否会认为这等同于事实上的“台独”宣言？是否会采取行动来制止这一做法？另外，现在陈水扁即将下台，您认为是否您和未来台湾新的领导人进行对话会出现更为光明的前景？

温家宝：你提的这两个问题都是涉及中国的统一、主权和领土完整的问题。首先，我回答一下关于西藏的问题。最近在西藏，主要是在拉萨发生了打、砸、抢、烧事件。详细情况，昨天西藏自治区政府领导人已经向记者做了通报。在这起事件中，极少数人打伤以至致死无辜群众，手段十分残忍。他们砸毁车辆和公用设施，烧毁民房、商店和学校。这起事件严重破坏了拉萨正常的社会秩序，给拉萨市人民群众生命财产带来极大的损失。我们有足够事实证明，这起事件是由达赖集团有组织、有预谋、精心策划和煽动起来的。这就更加暴露了达赖集团一贯标榜的“不追求独立”、“和平对话”是一派谎言。伪善的谎言掩盖不了铁的事实。当地政府和有关部门依照宪法和法律，采取十分克制的态度，迅速地平息了这起事件，维护了拉萨以至西藏各族人民的利益。我想在这里回答你，从西藏和平解放、实行民主改革到现在，西藏在进步、发展。那种所谓“中国政府灭绝西藏文化”，完全是造谣诬蔑。我们不仅有能力维护西藏的稳定和正常的社会秩序，而且要继续支持西藏的经济发展和社会进步，提高西藏各族人民的生活水平，保护西藏的文化和生态环境。这个立场是不会动摇的。

第二，关于台湾问题。我所关心的是要维护台海的和平与稳定，促进两岸关系和平发展，这应该成为两岸关系的主题和主旋律。我们之所以反对“入联公投”，就是因为如果这样一些主张得逞的话，它将改变大陆和台湾同属于一个中国的现状，势必冲击两岸关系，势必危害两岸人民的根本利益，势必造成台海局势的紧张，破坏台海和平以至亚太地区的和平。我在这里想再一次重申，凡属涉及中国主权和领土完整的事，必须由包括台湾同胞在内的全中国人民共同决定，任何人想把台湾从祖国分割出去都是不会得逞的，也是注定会失败的。我还想强调，我们希望在一个中国的前提下，尽早地恢复两岸对话与谈判，什么问题都可以谈，包括结束两岸敌对状态这样重大的问题。

英国金融时报记者：我有两个问题，其中一个问题英文字母打头是“T”。上一次中国面临高的通货膨胀压力，差不多是在上世纪90年代中期。当时中国采取的对策就是放缓经济的增长。所以这次我们想请教总理，中国面临同样的压力，是否也打算放缓经济的增长？如果这样做，意味着增加失业，使更多的人失去工作。第二个问题是您在开场白当中提到了一句话“祖宗不足法”，我记得中国从来没有和达赖喇嘛进行过直接的对话，但我们要看一看世界其他国家和地区处理类似事务的时候，比如说在南非、北爱尔兰，当时都有一些具有远见卓识的领导人主动与他们过去的敌人或者是反对者进行对话，所以我想问的是，如果达赖喇嘛不寻求西藏“独立”的话，中国是否有这样的远见卓识邀请他到北京来进行直接对话？

温家宝：我们在确定今年的经济政策时，提出“两个防止”。第一个防止就是要防止经济增长由偏快转为过热，这样才能使我们更好地解决经济运行中的一些问题。但是中国是一个有13亿人口的发展中国家，我们还必须保持经济有一定的发展速度来减轻就业的压力,通过发展解决前进中的问题。我们必须在经济发展和抑制通货膨胀之间找出一个平衡点。现在我们提出经济增长的预期目标是8%左右,而居民消费价格总水平控制在4.8%左右,就是想找到一个平衡点。我深知这件事情的困难。我曾经讲过,今年恐怕是中国经济最困难的一年。难在什么地方?难在国际、国内不可测的因素多,因而决策困难。我们必须密切关注经济局势的变化和走势,及时、灵活地采取对策,并且把握宏观调控的节奏、方向和力度,使经济既保持平稳较快发展,又能解决大约一千万就业人口的问题,还能有效地抑制通货膨胀。至于结果怎么样,要到明年的3月份我再给各位回答。但是我有一个信念,就是事不避难、勇于担当、奋勇向前。

关于第二个问题,我们多次郑重地申明,如果达赖放弃独立的主张,承认西藏是中国领土不可分割的一部分,承认台湾是中国领土不可分割的一部分,停止一切分裂破坏活动,我们同他对话的大门始终是敞开的。这一条是我们提出的,至今也没有改变。但是最近发生的事件,恰恰证明在这两个关键性的问题上他的虚伪面目。即使这样,我还想重申,我们原有的主张,说话是算数的,关键是要看他的行动。我想反问一句,在拉萨制造这样骇人听闻的事件,甚至妄想在中国其他一些地区也制造类似的事件,在国际上组织一些人冲击中国的使领馆,难道都同他无关吗?我们看待达赖,不仅要看他说什么,而且要看他做什么。

中央电视台记者:刚才总理说领导者的眼睛要盯住前方。总理在政府工作报告中谈到2008年的工作,这是比较近的前方,而本届政府所面对的五年是更远的前方。未来五年,中国经济社会发展的目标是什么?在目前宏观调控难度加大的情况下,怎样保证经济增长的速度不出现大的波动?

温家宝:我去年曾经说过,我这个人是一个充满忧患意识的人。我认为"患生治"。未来的五年是中国实现全面小康的关键时期,我们充满机遇和希望,但也面临困难和艰险。我在报告中只讲到2008年的任务,没有讲今后五年的打算。因为在作政府工作报告时,新一届政府还没有组成。现在,我确实应该考虑今后五年的任务。我在想,在今后的五年,要使中国经济有一个更大的发展,使人民生活有一个更大的提高,使社会公平正义有一个更大的推进,使改革开放迈出更大的步伐。首先,经济要保持平稳较快发展,抑制通货膨胀。这不是一年的任务,而是五年的任务。第二,要在结构调整和经济发展方式的转变上有新的突破。重点抓好两个环节,就是扩大内需和自主创新。第三,有三件工作必须紧紧抓住:一是大力加强农业,特别是增加农业的投入,使粮食和主要农产品保持稳定增长,使农民收入保持稳定提高。二是继续实行积极的就业政策,五年内要解决大约5000万人的就业问题。三是努力实现"十一五"确定的节能减排目标,使生态环境有一个明显的改善。第四,在社会发展和改善民生上,我们准备建立四个体系:义务教育的经费保障体系、覆盖城乡的医疗卫生服务体系、以廉租房和经济适用房为主的城市住房保障体系,以及包括失业、养老、医疗、最低生活保障为主要内容的社会保障体系。为此,我们需要继续加强和改善宏观调控,更充分地发挥市场配置资源的基础性作用,继续推进改革,包括农村改革、企业改革、金融改革、财税改革和政府自身改革。

德新社记者:刚才听了您对西藏问题的回应,我还想问一句,在西方世界也有一些人对抵制奥运会提出了质疑。您对此有何评论?

温家宝:在中国举办奥运会,是全世界人民的盛事。我们要秉承奥运会的宗旨,就是不能把奥运会政治化。其实记者先生已经看出了西藏最近出现这一事件的本质。他们就是想煽动破坏奥运会,企图达到他们不可告人的目的。我想在这里重申一下,中国是一个具有五千年文明历史的国家,举办奥运会是多少代人的梦想。我们希望通过奥运会在中国举办,加强同各国人民之间的友谊和合作。我们希望把奥运会办得更好一些,让运动员满意,让世界人民满意。我们还是一个不发达的国家,我们难免在筹备奥运会的工作中存在这样那样的问题。但是,中国人想把奥运会办好这颗心是真诚的。我相信,13亿人民微笑着面对世界,全世界人民也会微笑着对待中国。

台湾《工商时报》记者:这两年来,两岸关系虽然起伏很大,但是,两岸经贸关系的互动越来越频繁,大陆经济发展和一些宏观调控政策对台湾的资本市场也有一定程度的影响。再过几天,台湾内部要有一个变化,台湾老百姓对于这个变化的看法是,不管是什么人当选,他们都希望台湾的未来能够更好,台湾的经济发展更好,至少在区域经济竞争中不要再落后。请问总理,3月22日之后,大陆方面有没有可能和台湾在经贸合作方面有进一步的往来?大陆是否会对台湾实施更多的经贸优惠政策?比如两岸能不能协谈类似CEPA这样的协定,或者大陆开通"直通车"来提振台湾的资本市场?

温家宝:请记者女士转达我对台湾同胞的问候。正如你所说的,两岸经贸关系这些年有很大的发展,这符合两岸人民的根本利益。关于进一步发展两岸经贸关系,我在政府工作报告中已经讲得很清楚了,就是继续推进两岸经贸交流,特别是尽快实现直接"三通"。加强两岸经贸关系,可以用八个字来概括,就是"加强合作、互利共赢”,这是一条根本原则。我们在认真地履行自己的诺言,凡是对台湾同胞有利的事,我们一定要努力去做,而且要把它做好。从2005年到现在,我们对台湾同胞实施了大约60项优惠政策措施。为了台湾同胞的利益,我们甚至愿意作出必要的牺牲,比如说大陆与台湾的贸易,台湾保持着多年的巨额顺差。2007年两岸贸易额超过1200亿美元,台湾的顺差超过700亿美元。台湾至今限制大陆产品进入岛内,多达2000多种。即使这样,我们对台湾还是放开市场,包括农产品市场。在台湾同胞最困难的时候,我们主动来帮助同胞销售水果等农副产品。至今台湾还限制大陆的企业到台湾投资,而台湾进入大陆的企业已经多达7万多家,投资金额460亿美元,如果加上通过第三方进入中国大陆的投资超过700亿美元。我是一个爱国主义者,我脑子里总是在想:“一心中国梦,万古下泉诗”、“度尽劫波兄弟在,相逢一笑泯恩仇。”我们将继续扩大同台湾经贸交流的范围,包括投资、贸易、旅游、金融,提高合作的层次。在这些问题上,我们都可以本着平等互利的原则来进行协商。这样做,实际上是发挥了两岸互补和互利的优势。

路透社记者:今天有一个叫胡嘉的人正在北京接受审判,他的罪名是“颠覆国家政权”。我在此想请教的是,现在国际上有舆论批评中方在奥运会召开之前,进一步加大对一些持批评意见的人的逮捕力度。您有何评论?中国还没有批准《公民权利和政治权利国际公约》,我想问一下,中方是否打算在北京奥运会召开之前批准《公民权利和政治权利国际公约》?

温家宝:您所提到的是个案问题。我明确地讲,中国是法治国家,这些问题都会依法加以处理。所谓在奥运会之前抓捕异见人士,纯属无中生有,完全是不存在的。我们在积极推进政治体制改革,包括司法制度的改革。司法制度改革最根本的目标就是实现司法公正,这就需要保持司法的独立。我国司法制度改革已经迈出了较大的步伐,比如我们把死刑的核准权统一收归最高人民法院行使,并且严格地限制判处死刑。你提到的《公民权利和政治权利国际公约》,我们正在协调各方,努力地解决国内法与国际法相衔接的问题,尽快批准这个条约。

中央人民广播电台记者:这次国务院机构改革是1982年以来的第六次政府机构改革,人代会已经批准了这个方案。请问总理,下一步政府将如何实施这个方案?特别是政府,包括地方政府在内,将怎样加强自身建设,构建服务型政府?

温家宝:关于政府改革和机构改革,我们已经讲了很多。我今天就你这个问题再讲三个方面的看法:

第一,政府及其所有的机构都是属于人民的,遵守宪法和法律是政府工作的根本原则。政府的任务就是保护人民的自由、财产和安全。我们所说的公共服务,就是要为人民的根本利益服务。我们要在继续加强经济调节、市场监管的同时,更加重视社会管理和公共服务。

第二,要使政府的工作在阳光下运行,这就需要公开、透明。只有政府了解基层和群众的情况,它才能够进步;也只有人民了解政府作为的真实情况,人民才能给政府以有力的支持和合理的批评。我和我在座的同事们都懂得一个道理:只有把人民放在心上,人民才能让你坐在台上。

第三,我想讲一个公共财政的问题,这是很少涉及的问题。我们要推进财政体制改革,使公共财政更好地进行结构调整和促进经济发展方式的转变,更好地改善民生和改善生态环境。

其实,一个国家的财政史是惊心动魄的。如果你读它,会从中看到不仅是经济的发展,而且是社会的结构和公平正义的程度。在今后5年,我们要下决心推进财政体制改革,让人民的钱更好地为人民谋利益。

法新社记者:现在我想在座的很多人都希望能够去拉萨亲眼看一看那里到底发生了什么。现在不允许外国人前往西藏,而且有一些在西藏的外国人已经被逐出了西藏。所以我们特别希望能够有独立的媒体或者独立的人士去拉萨,现场评估当地发生的一切。对这样的呼声,总理您有何评论?做何反应?我们想知道,如果中方对自己所提供的事实真相如此有信心,为什么不允许外国或者独立人士前往西藏?

温家宝:我们理解各国新闻媒体对拉萨局势的关注。我可以向大家讲,拉萨这起事件已经基本得到平息。拉萨必将是开放的。我们会考虑组织境外的媒体去实地考察那里的情况。

美国彭博新闻社记者:今天早上亚洲股市下滑,上海跌了3%,香港跌了1.7%,美元兑日元跌到了12年的最低点,人民币兑美元上升到了2005年以来的最高点。今年的中国经济发展将会需要寻求一个平衡点。请问您会实施什么样的货币政策和汇率来达到这个平衡点,既保证中国经济有适当的增长,又能够在全球经济下滑的时候负起应有的责任?在1997年、1998年亚洲金融风暴的时候,中国人民币汇率并没有放开,给亚洲地区吃了一颗定心丸。今天,在全球经济下滑的时候,中国会不会更大幅度地放开人民币的汇率?

温家宝:最近因为美国次贷危机的影响,造成美元贬值,美联储几次降息,石油价格居高不下,已经达到每桶110美元,这对世界的股市也造成很大的影响,出现了震荡。我对世界经济特别是美国的经济十分关注,并且深感忧虑。中国实行从紧的货币政策和稳健的财政政策，是从中国的实际出发，主要是固定资产投资增长过快、货币信贷投放过多、外贸顺差过大。中国经济已经走入全球化，世界经济的各种变化不可能不反映到中国经济上来。因此，我们在实行这些政策的同时，要密切关注国际经济的走势，根据形势的变化，灵活、及时采取相应的对策。我们实行政策的效果，要从中长期来看，短短一两个月还很难看出来。我现在所忧虑的是，美元不断贬值，何时能够见底？美国究竟会采取什么样的货币政策，它的经济会走到什么地步？关于人民币汇率形成机制的改革，我们汇率的形成是依照市场供求变化，并参照一篮子货币加以确定。到目前为止，两年多来，人民币对美元已经升值15%，而且最近升值的幅度越来越大。我们在采取多种货币手段时，必须权衡利弊，综合研究、综合考虑。因为无论是利率的变动还是汇率的变动，都会有有利的一面，也有有害的一面。我深知，这对中国是极大的考验，但是我可以向大家讲明一点，就是中国经济的基本面是好的，中国市场的潜力，特别是农村市场的潜力还是巨大的。我们在发展的过程中有着很大的回旋余地，这是中国的优势。因此，我们对中国经济的发展抱有信心。

新华社记者：政府工作报告在总结过去五年工作经验的时候，把"必须坚持解放思想"放在六条经验之首。请问总理，继续解放思想对于经济、社会发展有什么现实针对性？另外，今年是改革开放30周年，两会期间，海内外舆论对我国的改革开放进程和下一步的走向十分关心，总理刚才讲到新的五年的财政体制改革方向，在您新的五年任期内还有没有其他改革开放的突破点？下一步深化政治体制改革有什么样的考虑？

温家宝：我想集中回答一下关于解放思想的问题。一般的道理大家都知道。我从中国的文化、传统和历史上讲一点自己的看法。我一直很欣赏两句话：一句话来自《诗经》，一句话来自《诗品》，就是"周虽旧邦，其命惟新"；"如将不尽，与古为新"。中国是一个既老又新的国家，五千多年来，中国的前进是同它不断的变革、维新分不开的。就是在30年前，邓小平先生提出来要"解放思想，实事求是，团结一致向前看"，从而推动了中国的改革开放事业。有人可能会问解放思想和改革开放还要进行多久，我可以明确告诉大家，将永不停止，一直到中国现代化成功，到那时也还需要解放思想。新时期的解放思想应该突出哪些方面呢？我想有三点：第一，要继续破除迷信，反对本本主义。只有这样，才能使我们的国家永远保持生机和活力；第二，要坚持实践是检验真理的唯一标准，鼓励大胆探索、实践和创新；第三，要使每个人，特别是领导干部的思想得到解放，也就是说要有独立思考、批判思维和创造能力。只有这样，我们的整个事业就会不断前进。

《印度时报》记者：近年来，我们看到印中关系出现了极大的改善和发展。请问总理，您对印方在达赖和西藏问题上有何期待？近期在达兰萨拉出现了一些事件，并且有"挺进西藏"的活动，您对印度政府在处理这些事件的时候所发挥的作用和采取的行动有何评价？同时请总理谈一谈您对印中边界问题解决的看法。

温家宝：正如这位记者所说的，中印关系这些年有了显著的改善和发展。我们对于印度政府在对待达赖集团策划的所谓"独立"活动所采取的立场和措施表示赞赏。西藏问题是中印关系的一个敏感问题。在这个问题上，我同瓦杰帕伊、辛格总理都有广泛的共识，我希望印度政府能够依照中印两国达成的共识，正确地对待和处理西藏问题。两国已经确立了解决边界问题的政治指导原则，并且开展了多轮谈判。这个历史遗留的十分复杂的问题，不是一朝一夕能够解决的。但是，只要中印双方都抱有诚意，本着平等相待、互谅互让的原则，我想解决边界问题的谈判会有新的进展。

这次会见在人民大会堂三楼中央大厅举行，历时两小时二十分钟。结束时，温家宝总理来到记者席前，同在场的中外记者亲切握手致意。参加采访的记者近千名。

《人民日报》发表社论《在新征程上团结奋进——热烈祝贺十一届全国人大一次会议胜利闭幕》

中共中央政治局常委贺国强在人民大会堂会见古巴共产党中央书记处书记国际关系部部长雷米雷斯

中联部部长王家瑞在北京会见德国联盟党议会党团外交政策发言人埃卡德·冯·克莱登

3月19日

国家主席胡锦涛在人民大会堂与秘鲁总统加西亚举行会谈

胡锦涛说，加西亚总统再次执政后，继续奉行对华友好政策，坚持一个中国原则，支持中国和平统一大业，中秘关系保持着良好的发展势头。我们对两国关系的发展感到高兴。

加西亚重申，秘鲁政府坚定地奉行一个中国政策，反对任何分裂、反叛行径。加西亚说，秘方公开明确反对包括"入联公投"在内的一切分裂行为，认为"入联公投"违反国际法准则，危害世界的和平与稳定。

胡锦涛说，中方愿与秘方共同努力，把中秘全面合作伙伴关系提高到新的水平。(一)要保持双方高层交往,深化平等互信的政治关系,加强两国政府部门、立法机构、执政党间的友好交流,促进两国关系全面发展。(二)要发挥互补性优势,扩大互利双赢的务实合作。积极、务实推进两国自贸区谈判,推动贸易、能矿、农、林、渔业、基础设施建设等领域的合作取得新成果。中国政府支持中方企业赴秘投资,与秘企业开展多种形式的互利合作。(三)要弘扬中秘传统友谊,促进内涵丰富的多领域交流。中方支持两国相互举办文化展览,在文化遗产保护领域开展交流,共同实施好两国文化交流执行计划,也愿同秘方加强扶贫领域的合作,相互学习借鉴开发扶贫、脱贫致富经验。中方还愿同秘方加强在旅游、空间科技、南极事务、传统医学、司法等领域的交流与合作。(四)要保持密切的多边合作,进一步加强在国际和地区组织,以及在重大国际问题上的磋商与协调,为维护双方及发展中国家的正当权益,促进世界的和平、稳定与发展而共同努力。中方支持并愿积极协助秘方办好2008年亚太经合组织(APEC)会议。

加西亚说,秘方愿成为中国的战略伙伴,进一步深化同中国的传统友谊,增进共识,拓展两国政治、经济、文化的交流与合作。秘方将与中方共同努力,积极推动两国自贸区谈判,扩大双边贸易,加强在农业、矿业、基础设施、航运、旅游等领域的合作。秘方欢迎中国企业赴秘鲁投资,将为中国企业提供良好投资和发展环境。加西亚还表示,秘鲁政府和人民热切期待胡锦涛主席出席今年在秘鲁举行的亚太经合组织(APEC)会议。

会谈后,两国元首共同出席了经济技术、文化交流、质检、新闻等合作文件的签字仪式。

中华人民共和国和秘鲁共和国发表联合新闻公报

一、应中华人民共和国主席胡锦涛邀请,秘鲁共和国总统阿兰·加西亚·佩雷斯于2008年3月18日至21日对中国进行了国事访问。

二、访问期间,中华人民共和国和秘鲁共和国两国元首强调,两国间存在友好合作的历史纽带,双边关系在近年建立的全面合作伙伴关系的推动下取得令人满意的发展。在此背景下,两国元首表示愿不断充实两国全面合作伙伴关系的内涵,以加强和扩大战略性合作。秘鲁政府重申坚定奉行一个中国的原则,认为台湾当局搞"入联公投"违背了1971年联大第2758号决议精神,将严重危害台海及亚太地区的和平与稳定。中方对秘方上述立场表示赞赏。

三、两国元首对双边贸易近年来增长显著、2007年突破60亿美元表示高兴,对两国自由贸易协议谈判取得的进展感到满意,一致认为两国经贸和投资水平通过该协议将得到提高。双方强调了两国经济合作的潜力与互补性,承诺推动经贸往来。秘方重申承认中国的完全市场经济地位。中方对此表示赞赏。

四、双方愿本着平等互利、共同发展的原则,进一步落实和开拓两国在矿业、能源、电信、电力、渔业以及基础设施建设等领域的合作。两国同意加强在文化、教育、科技、卫生等发展领域的交流。秘方高度评价中方在上述领域给予秘方的重要援助。

五、双方愿进一步促进两国旅游合作,鼓励各自公民赴对方国家旅游,支持两国空运企业探讨合作的可能性。中秘两国元首肯定了两国在扶贫领域所做的努力,承诺将采取共同行动,交流成功经验和做法,以强化两国旨在改善贫困人口生活的各项政策和计划。

六、中方预祝秘鲁今年在担任APEC东道主期间获得成功,重申中国政府愿与秘鲁政府协调配合,推动APEC各领域合作取得积极进展。秘鲁总统预祝中国成功举办2008年北京奥运会及2010年上海世博会,并确认秘鲁将参加世博会。世博会期间,秘鲁将展出前西班牙时期极具艺术及考古价值的文物。

七、加西亚总统访问期间,双方签署了《关于民事和商事司法协助的条约》《经济技术合作协定》《2008—2011年度文化交流执行计划》《关于促进能源和矿业领域合作的谅解备忘录》《关于卫生与植物卫生措施合作的谅解备忘录》《关于中国梨输秘植物检疫要求的议定书》《关于秘鲁芒果输华植物检疫要求的议定书》《中国中央电视台与秘鲁国家电视台合作协议执行协定》等重要协议。

八、加西亚总统对中华人民共和国主席及中国领导人在其访华期间给予其本人及代表团的热情友好接待深表感谢,并邀请胡锦涛主席今年11月对秘鲁进行国事访问。胡锦涛主席表示感谢并接受了邀请。

2008年3月19日于北京

国务院总理温家宝与英国首相布朗通电话

温家宝说,当前中英关系进入新的发展阶段,中方愿与英方一道,保持高层交往,通过一系列双边交流机制,增进了解,加深互信,扩大合作,推动中英全面战略伙伴关系进一步发展。

布朗表示,英国致力于不断发展英中关系,愿与中方在广泛领域加强合作。我将赴华观摩北京奥运会,相信北京奥运会将取得成功。

温家宝还应询介绍了近日拉萨发生的打砸抢烧严重暴力犯罪事件的真相,并阐述了中国政府有关原则立场。布朗表示,英方也反对暴力犯罪行为。

国务院总理温家宝在钓鱼台国宾馆会见英国前首相布莱尔

十一届全国人大常委会一次会议在人民大会堂举行

中共中央政治局常委、全国人大常委会委员长吴邦国主持会议。吴邦国强调，今后五年，是我国全面建设小康社会的关键时期。十一届全国人大及其常委会要全面贯彻党的十七大精神，高举中国特色社会主义伟大旗帜，坚定不移地走中国特色社会主义道路，坚定不移地以中国特色社会主义理论体系为指导，坚持党的领导、人民当家做主、依法治国有机统一，围绕中心，突出重点，扎实工作，把人民代表大会制度坚持好、完善好，把依法治国基本方略贯彻好、落实好，把最广大人民的根本利益实现好、维护好。

根据通过的议程，常委会会议经表决，任命王万宾、乔晓阳、张少琴、曹卫洲、王庆喜、李连宁、何晔晖、孙伟、刘振伟为全国人大常委会副秘书长。

吴邦国在会上发表重要讲话。他说，十一届全国人大常委会和各专门委员会已经开始依法履行职责。我们要恪尽职守，勤勉工作，竭诚为国家和人民服务，不辜负全国各族人民的重托。他强调，坚持正确政治方向是做好人大工作的根本。我们在这个重大原则问题上，头脑要十分清醒，立场要十分坚定，旗帜要十分鲜明，绝不能有丝毫动摇。要增强坚持中国特色社会主义道路的自觉性和坚定性，增强坚持中国特色社会主义理论体系的自觉性和坚定性，增强坚持和完善人民代表大会制度的自觉性和坚定性。一要充分认识实行人民代表大会制度的必然性，坚定不移地走自己的路。二要充分认识人民代表大会制度的本质特征，理直气壮地坚持自己的特色。他强调，我国人民代表大会制度与西方资本主义国家政体有着本质区别，人民代表大会与西方议会有着本质区别，人大和“一府两院”的关系与西方国家国家机关间的关系有着本质区别，人大代表与西方议员有着本质区别。三要充分认识坚持和完善人民代表大会制度的核心所在，毫不动摇地坚持党的领导。坚持和完善人民代表大会制度，根本的是坚持党的领导、人民当家做主、依法治国有机统一，核心是坚持党的领导。我们必须自觉坚持党的领导，把党的领导贯穿于人大依法履职整个过程、落实到人大工作各个方面。

吴邦国说，我们走的是中国特色社会主义政治发展道路，这是中国共产党领导中国人民选择的符合我国国情和实际的唯一正确道路，是我国发展社会主义民主政治的唯一正确道路。我们深化政治体制改革，目的是不断推进包括人民代表大会制度在内的社会主义政治制度自我完善和发展，必须坚持正确的政治方向。要坚持发挥党总览全局、协调各方的领导核心作用，保证党领导人民有效治理国家，使党始终成为中国特色社会主义事业的坚强领导核心。要切实保证国家一切权力属于人民，扩大人民民主，保证人民当家做主。要全面落实依法治国基本方略，加快建设社会主义法治国家。要坚持发挥社会主义政治制度的特点和优势，推进社会主义民主政治制度化、规范化、程序化，为党和国家兴旺发达、长治久安提供政治和法律保障。我们要积极借鉴人类社会创造的文明成果包括政治文明的有益成果，但决不照搬西方那一套，决不搞多党轮流执政、“三权鼎立”、两院制。

吴邦国指出，要努力把人大工作提高到一个新水平。要在提高立法质量的前提下，确保到2010年形成中国特色社会主义法律体系并不断加以完善。要从中国国情和实际出发完善法律体系，要始终把提高立法质量作为加强和改进立法工作的重点，积极推进科学立法、民主立法，并使之制度化、规范化、程序化。要在充分调查研究的基础上，立足长远、着眼当前，切实抓住那些带有普遍性和倾向性、经过努力可以解决的突出问题作为监督工作的突破口，从而增强人大监督工作的针对性。要充分发挥专门委员会的作用，特别是发挥各专门委员会人才荟萃、知识密集的特点和优势。要按照民主集中制原则，依照法定程序，集体行使职权，集体决定问题。

吴邦国指出，加强常委会自身建设，对于充分发挥全国人大及其常委会作为最高国家权力机关、依法履行职责的工作机关和密切联系人民群众的代表机关的作用至关重要。要加强学习，深入学习党的十七大精神，深刻领会邓小平理论和“三个代表”重要思想，准确把握科学发展观的科学内涵、精神实质和根本要求。要抓紧学习宪法和法律，熟悉人大工作的议事规则和议事程序，掌握人大工作的必备知识。要广泛学习各方面的知识，坚持理论联系实际，把加强学习与提高能力结合起来，更好地推动常委会各项工作。要完善制度，把加强常委会制度建设作为坚持和完善人民代表大会制度的重要内容。要改进作风，坚持走群众路线，坚持以人为本，把实现好、维护好、发展好最广大人民群众的根本利益作为人大一切工作的出发点和落脚点，自觉接受人大代表和人民群众的监督，以饱满的政治热情、良好的精神风貌做好人大工作。

全国人大常委会副委员长王兆国、路甬祥、乌云其木格、韩启德、华建敏、陈至立、周铁农、李建国、司马义·铁力瓦尔地、蒋树声、陈昌智、严隽琪、桑国卫出席会议。最高人民法院院长王胜俊、最高人民检察院检察长曹建明等列席会议。

全国人民代表大会常务委员会任命名单

（2008年3月19日第十一届全国人民代表大会常务委员会第一次会议通过）

任命王万宾、乔晓阳、张少琴、曹卫洲、王庆喜、李连宁、何晔晖（女）、孙伟、刘振伟为全国人民代表大会常务委员会副秘书长。

国务院总理温家宝在北京主持召开国务院常务会议

会议研究确定了国务院领导同志工作分工；讨论并原则通过《国务院工作规则》，决定将《国务院工作规则》提交即将召开的国务院第一次全体会议审议。

根据十一届全国人大一次会议批准的国务院机构改革方案，会议讨论并通过了国务院直属机构和单位的设置，对国务院议事协调机构和临时机构进行了精简和规范。

会议还研究了当前工作。会议要求，国务院各部门要认真贯彻党的十七大和十一届全国人大一次会议精神，按照各自职责，抓紧落实各项工作部署。要在以胡锦涛同志为总书记的党中央领导下，继续解放思想，勇于改革创新，以更加饱满的精神状态、更加强烈的责任感和使命感，奋发进取，扎实工作，努力开创政府工作新局面。

中国政府网发布《国务院办公厅关于加快发展服务业若干政策措施的实施意见》

央行发布《2007年国际金融市场报告》

《2007年国际金融市场报告》（以下简称《报告》）提出，将完善合格境外机构投资者（QFII）制度，引导和规范境外长期资金进入境内资本市场。

据悉，2007年，国家外汇管理局共批准6家QFII机构合计9.5亿美元的投资额度。截至2007年年末，已累计批准49家QFII共99.95亿美元的投资额度，累计汇入资金99.26亿美元，结汇约787.71亿元人民币。截至2007年年末，QFII中的长期投资机构所获投资额度占总额度的33.7%，比2006年提高了5.31个百分点。

《报告》披露，2007年，中国债券、股票、黄金、期货等市场规模的全球占比有所上升。截至2007年年末，上海证券交易所股票市值为36943.48亿美元，比上年同期增长302.7%，市值增幅列全球第一；深圳证券交易所股票市值为7845.19亿美元，比上年同期增长244.2%，市值增幅列全球第二。2007年上海证券交易所股票成交金额（含投资基金）为40700.72亿美元，成交额排名第七位（比2006年提高8位）；深圳证券交易所股票成交金额为21024.44亿美元，成交额排名第十一位（比2006年排名靠前了8位）。2007年年末，上证综指和深证综指同比分别上涨96.7%和162.8%。在全球主要股指中，中国主要股指2007年涨幅最高。

《报告》还披露，2007年，中资以更加多样化的形式参与国际金融市场。截至2007年年末，中国银行业金融机构"走出去"成效明显，共有5家中资银行控股、参股9家外资金融机构，有7家中资银行在海外共设立60家分支机构，海外总资产2674亿美元。

财政部 国家税务总局出台有关企业所得税优惠政策

主要内容包括鼓励软件产业和集成电路产业发展，鼓励证券投资基金发展等。

鼓励证券投资基金发展的优惠政策包括：对证券投资基金从证券市场中取得的收入，包括买卖股票、债券的差价收入，股权的股息、红利收入，债券的利息收入及其他收入，暂不征收企业所得税。对投资者从证券投资基金分配中取得的收入，暂不征收企业所得税。对证券投资基金管理人运用基金买卖股票、债券的差价收入，暂不征收企业所得税。

鼓励软件产业和集成电路产业发展的优惠政策包括：软件生产企业实行增值税即征即退政策所退还的税款，由企业用于研究开发软件产品和扩大再生产，不作为企业所得税应税收入，不予征收企业所得税。我国境内新办软件生产企业经认定后，自获利年度起，第一年和第二年免征企业所得税，第三年至第五年减半征收企业所得税。国家规划布局内的重点软件生产企业，如当年未享受免税优惠的，减按10%的税率征收企业所得税。

集成电路设计企业视同软件企业，享受上述软件企业的有关企业所得税政策。

财政部 国家税务总局公布支持廉租住房 经济适用住房建设以及支持住房租赁市场发展税收优惠政策

3月20日

全国人大常委会委员长吴邦国在人民大会堂会见秘鲁总统加西亚

国务院总理温家宝在北京分别会见秘鲁总统加西亚 韩国外长柳明桓

全国政协十一届一次会议提案交办会在北京举行

中共中央政治局委员、全国政协副主席王刚出席会议并作重要讲话。他强调，提案工作是人民政协的一项全局性工作,提案办理是整个提案工作的一个重要方面。各承办单位要从推进党和国家事业的高度,从发展社会主义民主政治的高度,从坚持和完善中国共产党领导的多党合作和政治协商制度的高度,齐心协力,扎实工作,圆满完成提案办理各项任务,为人民政协事业的新发展、为夺取全面建设小康社会新胜利作出新的贡献。

王刚在讲话中说,十届政协期间,人民政协提案办理工作取得了很大成绩。截至全国政协十一届一次会议召开前,99%以上的提案已经办复,许多提案反映的问题得到了及时妥善解决,一些重点提案还纳入了党和国家的重大决策和工作部署,为促进社会主义经济建设、政治建设、文化建设和社会建设发挥了重要作用。

王刚指出,全国政协十一届一次会议期间收到的提案,是委员们在慎重选题、反复思考、深入调研的基础上提出的,充分体现了委员们的高度政治责任感和历史使命感,凝结了委员们的智慧、心血和汗水,反映了各民族、各界别、各阶层代表人士的真知灼见,承载着广大人民群众的愿望和呼声。各承办单位要认真加以研究,努力给予满意答复。

王刚强调,各承办单位要充分认识做好提案办理工作的重要性,采取有力的措施切实抓紧抓好。一是要给予高度重视,坚决按照中央的要求,认真做好政协提案办理工作,协助党和政府进一步拓宽工作思路、解决工作难题、落实工作部署,推动决策的科学化、民主化。二是要突出办理重点,在认真研究、妥善办理每一件提案的过程中,注重区分轻重缓急,真正把那些关系党和国家工作全局、事关人民群众切身利益、建议措施可操作性强的提案选准抓住,指定专人负责、重点办理。三是要搞好沟通协商,一方面主动加强与提案者的联系和沟通,掌握提案者的意图,采纳他们对办理工作的意见,以实现"提"、"办"双方的良性互动;另一方面与全国政协提案委员会等有关方面及时沟通、密切协商,共同研究解决工作中遇到的问题,形成提案办理工作的合力。四是要加强组织领导,整合优势资源,明确责任分工,落实具体任务,为做好提案办理工作提供有力保障,特别是主要负责同志要把提案办理工作摆上重要议事日程,加强工作指导和督促检查,确保每一件提案都按照规定的时间完成好。

王刚要求政协各专门委员会积极参与到提案办理工作中去,努力为提案顺利办理创造条件,推动提案办理工作达到新水平。

全国政协十一届一次会议共收到提案4963件,经审查立案4663件。全国政协办公厅制定了有关提案办理的实施意见,要求各承办单位在今年8月底前将这些提案办复完毕。

国务院召开全国电视电话会议部署森林草原防火工作

国务院副总理回良玉在会上强调,近期我国森林草原火险等级居高不下,正处于森林草原防火的关键时期。各地区、各有关部门要充分认清今年森林草原防火工作的严峻形势,认真贯彻执行党中央、国务院的要求,思想上要倍加警惕,行动上要狠抓落实,措施上要细化强化,紧急动员起来,做到工作早部署、责任早明确、火患早排除、火险早预报、火情早发现、火灾早处置,严防重大森林草原火灾,严防重大人员伤亡,为促进经济社会又好又快发展提供有力保障。

回良玉指出,森林草原火灾突发性强,破坏力大,影响面广。近年来,我国森林草原防火工作取得显著成绩,火灾防控水平明显提高,对此应予充分肯定。近来,我国森林草原火险等级急剧升高,受历史罕见的低温雨雪冰冻灾害的影响,南方地区森林可燃物成倍增长,同时北方地区持续严重干旱,风干物燥,各地的火险隐患明显增多,火灾呈现高发频发态势。我们必须从全局和战略的高度,充分认识做好今年森林草原防火工作的极端重要性,清醒认识工作中存在的各种困难和面临的严峻挑战,切实把森林草原防火作为维护生态安全的基础工程、促进社会和谐的民生工程来抓,采取有力有效措施,努力夺取森林草原防火工作的全面胜利。

回良玉指出,做好森林草原防火工作,必须坚持以人为本、预防为主、积极消灭的工作方针,坚持政府全面负责、部门齐抓共管、社会广泛参与的工作机制,坚持依靠科学、依靠法制、依靠群众的工作原则,坚持因地制宜、分类指导、分区施策的工作举措,坚持专群结合、军地协同、各方支持的工作方式。要突出工作重点,坚决打好重点区域和重要时段的森林草原防火攻坚战。要狠抓关键环节,认真落实各项防范措施,加强火险预警,抓好隐患排查整改,严格火源管理。要加强应急处置,科学扑救,提高初发火的首次扑灭率,确保实现打早、打小、打了,努力做到有火不成灾。要切实加大投入力度,加紧修复灾毁森林草原防火基础设施,加强森林扑火队伍建设,提高森林草原火灾防控水平。

回良玉强调,森林草原防火责任重于泰山。要切实加强组织领导,认真落实森林草原防火政府行政首长负责制和部门分工责任制,健全森林防火绩效评估制度和责任追究制度。要充分发挥各级指挥部的统一指挥和调度作用,提高综合协调和应急处置能力。要继续加强各部门的配合,形成预防和扑救森林草原火灾的整体合力。要加大森林草原防火公益宣传,不断提高全社会的森林草原防火意识和能力,促进群防群控、依法防控、科学防控。

国家森林防火指挥部成员和中央有关部门负责人在主会场出席会议。各省、自治区、直辖市和计划单列市人民政府、新疆生产建设兵团分管负责同志,有关市(地)、县(市)政府主要负责同志,以及森林草原防火指挥部成员、武警森林部队和森工企业负责人在各地分会场出席会议。在会上,国家森林防火指挥部和农业部负责人作了工作安排,河北、吉林、黑龙江、湖南省政府负责人发了言。

中组部会同教育部 财政部 人社部在北京召开选聘高校毕业生到村任职工作座谈会

经中央同意,中央组织部等有关部门决定,从2008年开始,用五年时间选聘10万名高校毕业生到村任职。中共中央政治局委员、中央书记处书记、中组部部长李源潮在会上指出,选聘高校毕业生到村任职,是党中央作出的一项重大决策,对于深入贯彻落实科学发展观,加快推进社会主义新农村建设,培养造就经过基层实践锻炼、对人民群众有深厚感情的党政干部后备人才,具有重大而深远的战略意义。

李源潮指出,要充分认识选聘高校毕业生到村任职工作的重要意义,以改革创新精神做好这项工作。要实行公开选聘、竞争择优,让整个选聘工作在阳光下运行,确保把有志向、有热情、有潜力的大学生选拔出来。要切实抓好上岗教育培训,特别是要组织选聘的大学生到先进村进行"驻村培训",了解新农村建设情况,掌握"三农"工作的方针政策,学习开展农村工作的本领。要根据大学生的服务意愿和专业特长,充分发挥他们的作用。要制定和落实激励保障政策,加强跟踪管理和服务,妥善安排到村任职大学生的工作、学习和生活,为他们开展工作创造良好环境和条件。

李源潮要求,要加强对选聘高校毕业生到村任职工作的组织领导,坚持大学生自觉自愿原则,鼓励热爱农村、热爱农民、志愿到农村去经受艰苦生活磨炼的优秀大学生积极报名应聘;坚持从各地实际出发,注意质量、讲求实效,不追求数量。要营造良好舆论氛围,让社会各方面了解、支持这项工作,引导更多的高校毕业生到基层去、到农村去建功立业、成长成才。

中央组织部常务副部长沈跃跃主持会议。北京、山西、辽宁、江苏、河南等省市党委组织部和中国农业大学党委负责同志作交流发言。教育部、财政部、人力资源和社会保障部的负责同志就参与做好选聘工作作了讲话。中农办、公安部、民政部、农业部、国家林业局、国务院扶贫办、团中央等部门和各省区市、新疆生产建设兵团党委组织部负责同志及部分高等学校党委负责同志参加会议。

国务院印发《关于天津滨海新区综合配套改革试验总体方案的批复》

外交部部长杨洁篪就中美关系及共同关心的问题与美国国务卿赖斯通电话

中英互联网圆桌会议在伦敦举行

圆桌会议由中国国务院新闻办公室,英国商业、企业与制度改革部分别代表双方政府主办。国务院新闻办公室副主任蔡名照,英国商业、企业与制度改革部国务大臣维德拉女男爵,路透集团首席执行官汤姆·格罗瑟出席会议并作主旨演讲。中国驻英国大使傅莹出席了会议。会议在伦敦路透集团总部举行。

蔡名照在演讲中说,自1994年中国正式接入国际互联网以来,中国政府和人民就以极大的热情拥抱互联网时代的到来。当前,互联网已经渗透中国社会生活的方方面面。电子商务、远程教育、远程医疗、电子邮件、即时通信、个人博客等,成为越来越多的人工作生活的重要工具,通过互联网阅读新闻、交流观点、学习知识、展示才华、休闲娱乐等,使人们的精神文化生活变得丰富多彩。互联网使人们的视野更加开阔,提高了人们工作生活的质量和效率,使中国社会更加充满活力,也把中国和世界连成了一体。

蔡名照强调,由于互联网具有国际性的特征,建设和谐的互联网需要世界各国的共同努力。我们主张在世界范围内,广泛开展多形式、多渠道、多层次的国际交流和合作,共同研究和解决互联网发展过程中面临的各种问题。

会议期间,蔡名照与维德拉女男爵举行会谈,双方决定近期在四个方面开展合作。一是建立两国互联网对话交流机制,每年轮流举办中英互联网圆桌会议;二是中国互联网协会和英方有关组织联合开展垃圾邮件治理,双方成立专家组研究制订行动计划;三是加强互联网专业机构的交流与合作,中国互联网违法和不良信息举报中心与英国互联网监看基金会开展合作,处理两国公众的举报;四是利用电子商务平台,促进两国中小企业的商贸合作。

中国国务院新闻办、工业和信息化部、公安部、国家广电总局、国务院法制办、中国互联网协会、互联网违法和不良信息举报中心等部门和行业组织代表,新华网、中国网、新浪网、中华网、阿里巴巴、奇虎网等业界代表,以及清华大学、中国人民大学的专家教授等参加了圆桌会议。英国商业、企业与制度改革部,文化、媒体和体育部，报刊投诉委员会，路透社等机构的代表与中方代表进行了对话交流。中方专家还在英国皇家国际问题研究所与英方专家学者举行了专题座谈。

中英两国与会代表一致认为，本次圆桌会议富有成果。中英两国在互联网发展方面有许多共同的认识，在互联网治理方面有许多相似做法，加强两国互联网领域的交流与合作，不仅对双方有利，而且有利于促进全球互联网的发展。

全国首个合作社学院在青岛农业大学成立

3月21日

中央军委主席胡锦涛出席军事科学院50周年院庆活动并发表讲话

中共中央总书记、国家主席、中央军委主席胡锦涛在军委其他领导同志的陪同下，专程来到军事科学院，代表党中央、中央军委，对军事科学院成立50周年表示热烈祝贺。

胡锦涛说："新的形势和任务对军事科学研究提出了更高要求。希望军事科学院深入学习贯彻党的十七大精神，发扬优良传统、不断开拓创新，大力加强以军事科研为中心的全面建设，努力开创军事科学繁荣和发展的新局面。希望各位老同志继续关心军事科研事业，继续支持军事科学院的建设和发展。"

创新，是我军军事科学事业发展进步的不竭动力和活力源泉。考察结束时，胡锦涛对军事科学院领导说："军事理论是在军事实践中逐步形成和不断发展的，军事理论对于军事实践又具有重要的先导作用。党的十七大要求，在新的历史条件下，推进军事理论创新，繁荣和发展军事科学。军事科学院作为全军军事科学研究中心，使命光荣，责任重大。希望同志们坚持用中国特色社会主义理论体系武装头脑、指导科研、推动工作，始终坚持军事科研工作的正确方向。要适应世界军事发展新趋势和我军建设新要求，着力深化军事科研改革，着力深化对重大现实问题研究，着力推进军事理论创新。要高度重视军事科研人才队伍建设，培养造就一批理想信念坚定、理论功底扎实、综合素质过硬、治学作风严谨的高素质军事科研人才，为繁荣和发展军事科学提供有力的人才和智力支持，努力推动军事科研工作又好又快发展。"

国务院总理温家宝主持召开国务院第一次全体会议并发表讲话

会议宣布了国务院领导同志分工和国务院机构设置，讨论通过了《国务院工作规则》。会议分析了国内外形势，对当前政府工作作出部署。

温家宝指出，本届政府任期的五年，是全面建设小康社会的关键时期，任务艰巨而光荣。我们面临难得的机遇和条件，也面临许多困难和风险，要居安思危，增强忧患意识，紧紧抓住机遇，积极应对挑战，坚定信心，知难而进。他要求国务院组成人员，在以胡锦涛同志为总书记的党中央领导下，忠实履行宪法和法律赋予的职责，继续解放思想，勇于改革创新，勤勉尽责，锐意进取，兢兢业业做好新一届政府工作，决不辜负党和人民的信任与重托，努力开创政府工作的新局面。

温家宝指出，本届政府工作总的任务是：全面贯彻党的十七大精神，高举中国特色社会主义伟大旗帜，以邓小平理论和"三个代表"重要思想为指导，深入贯彻落实科学发展观，继续解放思想，坚持改革开放，推动科学发展，促进社会和谐，加强社会主义经济建设、政治建设、文化建设、社会建设，使国民经济有一个更大的发展、人民生活水平有一个更大的提高、社会公平正义有一个更大的推进、改革开放迈出更大的步伐，夺取全面建设小康社会的新胜利。

温家宝强调，今年是全面贯彻党的十七大精神的第一年，也是本届政府的开局之年。我们要按照党的十七大部署和刚刚结束的十一届全国人大一次会议精神，认真扎实地做好政府各项工作，促进经济社会又好又快发展。当前，要着重抓好九件事：(一)抓紧组织实施国务院机构改革方案。切实转变职能，进一步理顺部门职责分工和权限，突出强化部门责任，着力解决职责交叉、权责脱节问题。6月底前基本完成定职能、定机构、定编制的"三定"工作。(二)继续搞好灾后重建。抓紧电力、通信、供水、公路等基础设施的修复和重建，高度重视农业、林业、畜牧业的恢复生产，支持灾区农民开展生产自救。全面保障受灾群众的基本生活，确保春荒季节灾区缺粮农户的粮油供应，6月底前全面完成倒塌房屋恢复重建任务。(三)切实抓好春季农业生产。鼓励和引导农民扩大春播粮食、油料、蔬菜等农作物面积。认真落实促进粮食、生猪、奶业、油料发展和扶持蛋鸡养殖的政策措施。抓紧研究更加有力的支持农业生产政策措施。加强防控高致病性禽流感等重大动物疫病工作。组织好化肥等农业生产资料生产和供应。加强春季森林草原防火工作。搞好抗旱水源工程和农田水利建设。(四)努力保持物价基本稳定。关键是千方百计增加市场供应，抓好粮油肉菜等生活必需品的货源组织和市场调度。加强市场监管，依法实施对部分重要商品及服务的临时价格干预。(五)加强固定资产投资调控。

坚持控制投资过快增长，着力优化投资结构。加大对发展薄弱环节的投入，进一步控制高耗能、高排放和产能过剩行业新上扩能项目，严格执行项目建设程序和市场准入条件。（六）加大节能减排工作力度。抓紧落实2008年度分行业分地区淘汰落后产能的目标任务。加强节能减排工作评估考核。加快节能减排重点工程建设，推进企业节能减排技术改造。（七）认真抓好改革工作。积极推进集体林权制度改革，深化财税、金融改革，研究制定深化医药卫生体制改革方案，认真做好全部免除城市义务教育学杂费的准备工作。保持对外贸易政策基本稳定。（八）积极解决涉及群众切身利益的问题。切实做好高校毕业生、复转军人、残疾人和困难群体的就业服务工作。根据物价上涨情况，及时增加对低收入群众和受灾群众的补助，尽快将增加普通高校学生伙食补贴资金发放到学生手中。加强重大疾病防控。强化安全生产监管。维护社会大局稳定。（九）加强廉政建设和反腐败工作。近期将召开国务院廉政工作会议作出具体部署。

温家宝指出，要认真贯彻落实党的十七大和十七届二中全会精神，按照依法行政、务实高效、公开透明、勤政廉洁的要求，努力建设人民群众满意的政府。认真执行国务院工作规则，实行科学民主决策，坚持依法行政，大力推进政务公开，健全监督制度，加强廉政建设。温家宝说，为了适应新形势新任务，国务院及各部门必须在领导作风、思想作风、工作作风方面有一个大的转变。一要解放思想，与时俱进；二要牢记宗旨，执政为民；三要恪尽职守，严格纪律；四要求真务实，开拓创新；五要戒骄戒躁，艰苦奋斗；六要顾全大局，加强团结。他特别强调，国务院组成人员和各级领导干部要在廉洁自律、轻车简从、精简会议方面约法三章，并提出了具体要求。

国务院全体会议组成人员出席了会议。国务院其他部门、单位的负责人列席了会议。

国务院副总理王岐山在中南海紫光阁会见美国贸易代表苏珊·施瓦布就多哈回合谈判等问题交换意见

外交部部长杨洁篪在钓鱼台国宾馆与韩国外交通商部长官柳明桓举行会谈

新疆和田地区于田县（北纬35.6度，东经81.6度）发生7.3级地震

云南盈江县与缅甸交界地区（北纬24.5度，东经97.6度）发生5.0级地震

3月22日

中共中央政治局常委李长春抵达阿尔及尔开始对阿尔及利亚进行正式友好访问

李长春在机场发表了书面讲话，表示很高兴在中阿建交50周年之际访问阿尔及利亚。他说，阿尔及利亚是重要的伊斯兰、阿拉伯和非洲国家，在国际和地区事务中发挥着独特作用。中阿之间有着深厚的传统友谊。建交50年来，两国各领域的友好互利合作不断发展。2004年两国建立战略合作关系，将双边友好提升到了新的水平。李长春表示，他期待着就进一步巩固两国传统友谊、深化经贸合作，进一步落实中非合作论坛北京峰会有关举措以及共同关心的国际和地区问题与阿尔及利亚领导人深入交换看法，共同推动中阿关系结出更加丰硕的果实。

李长春的主要陪同人员中联部部长王家瑞、中宣部常务副部长吉炳轩、广电总局局长王太华、新闻出版总署署长柳斌杰、商务部副部长魏建国等同机抵达。

3月23日

国务院关于印发《国务院工作规则》的通知

各省、自治区、直辖市人民政府，国务院各部委、各直属机构：

《国务院工作规则》已经2008年3月21日召开的国务院第一次全体会议通过。现予印发。

国务院

2008年3月23日

国务院工作规则

第一章　总　则

一、第十一届全国人民代表大会第一次会议产生的新一届中央人民政府，根据《中华人民共和国宪法》和《中华人民共和国国务院组织法》，制定本规则。

二、国务院工作的指导思想是，高举中国特色社会主义伟大旗帜，以邓小平理论和"三个代表"重要思想为指导，深入贯彻落实科学发展观，执行党的路线方针政策，全面履行政府职能，努力建设服务政府、责任政府、法治政府和廉洁政府。

三、国务院工作的准则是，实行科学民主决策，坚持依法行政，推进政务公开，健全监督制度，加强廉政建设。

第二章　组成人员职责

四、国务院组成人员要履行宪法和法律赋予的职责，执政为民，忠于职守，求真务实，勤勉廉洁。

五、国务院实行总理负责制，总理领导国务院的工作。副总理、国务委员协助总理工作。

六、总理召集和主持国务院全体会议和国务院常务会议。国务院工作中的重大事项,必须经国务院全体会议或国务院常务会议讨论决定。

七、副总理、国务委员按分工负责处理分管工作。受总理委托,负责其他方面的工作或专项任务,并可代表国务院进行外事活动。

八、秘书长在总理领导下,负责处理国务院的日常工作。

九、总理出国访问期间,由负责常务工作的副总理代行总理职务。

十、各部、各委员会、人民银行、审计署实行部长、主任、行长、审计长负责制,由其领导本部门的工作。

各部、各委员会、人民银行、审计署根据法律和国务院的行政法规、决定、命令,在本部门的职权范围内,制定规章,发布命令。审计署在总理领导下,依照法律规定独立行使审计监督职能,不受其他行政机关、社会团体和个人的干涉。

国务院各部门要各司其职,各尽其责,顾全大局,精诚团结,维护政令统一,切实贯彻落实国务院各项工作部署。

第三章 全面履行政府职能

十一、国务院要全面履行经济调节、市场监管、社会管理和公共服务职能。

十二、健全宏观调控体系,主要运用经济、法律手段和必要的行政手段引导和调控经济运行,促进国民经济又好又快发展。

十三、严格市场监管,推进公平准入,完善监管体系,规范市场执法,形成统一开放竞争有序的现代市场体系。

十四、加强社会管理,强化政府促进就业和调节收入分配职能,完善社会保障体系,健全基层社会管理体制,妥善处理社会矛盾,维护社会公平正义和社会稳定,健全突发事件应急管理机制。

十五、强化公共服务,完善公共政策,健全公共服务体系,增强基本公共服务能力,促进基本公共服务均等化。

第四章 实行科学民主决策

十六、国务院及各部门要健全重大事项决策的规则和程序,完善群众参与、专家咨询和政府决策相结合的决策机制。

十七、国民经济和社会发展计划及国家预算,宏观调控和改革开放的重大政策措施,国家和社会管理重要事务、法律议案和行政法规等,由国务院全体会议或国务院常务会议讨论和决定。

十八、国务院各部门提请国务院研究决定的重大事项,都必须经过深入调查研究,并经专家或研究、咨询机构等进行必要性、可行性和合法性论证;涉及相关部门的,应当充分协商;涉及地方的,应当事先听取意见;涉及重大公共利益和人民群众切身利益的,要向社会公开征求意见,必要时应举行听证会。

十九、国务院在作出重大决策前,根据需要通过多种形式,直接听取民主党派、社会团体、专家学者、基层群众等方面的意见和建议。

二十、国务院各部门必须坚决贯彻落实国务院的决定,及时跟踪和反馈执行情况。国务院办公厅要加强督促检查,确保政令畅通。

第五章 坚持依法行政

二十一、国务院及各部门要严格按照法定权限和程序履行职责,行使行政权力。

二十二、国务院根据经济社会发展的需要,适时向全国人大及其常务委员会提出法律案,制定行政法规,修改或废止不相适应的行政法规、行政措施或决定。拟定和制定与群众利益密切相关的法律草案和行政法规,原则上都要公布草案,向社会征求意见。

行政法规实施后要进行后评估,发现问题,及时完善。

二十三、各部门制定规章和其他规范性文件,必须符合宪法、法律和国务院的行政法规、决定、命令,并征求相关部门的意见;涉及两个及以上部门职权范围的事项,应由国务院制定行政法规、发布决定和命令,或由有关部门联合制定规章或其他规范性文件。其中,涉及群众切身利益、社会关注度高的事项及重要涉外、涉港澳台事项,应当事先请示国务院;部门联合制定的重要规章及规范性文件发布前须经国务院批准。部门规章应当依法及时报国务院备案,由国务院法制机构审查并定期向国务院报告。

二十四、提请国务院讨论的法律草案和审议的行政法规草案由国务院法制机构审查或组织起草,行政法规的解释工作由国务院法制机构承办。

二十五、严格行政执法责任制和执法过错追究制,有法必依、违法必究,公正执法、文明执法。

第六章 推进政务公开

二十六、国务院及各部门要大力推进政务公开,健全政府信息发布制度,完善各类公开办事制度,提高政府工作透明度。

二十七、国务院全体会议和常务会议讨论决定的事项、国务院及各部门制定的政策,除需要保密的外,应及时公布。

二十八、凡涉及群众切身利益、需要群众广泛知晓的事项以及法律和国务院规定需要公开的其他事项,均应通过政府网站、政府公报、新闻发布会以及报刊、广播、电视等方式,依法、及时、准确地向社会公开。

第七章 健全监督制度

二十九、国务院要自觉接受全国人大及其常务委员会的监督,认真负责地报告工作,接受询问和质询,依法备案行政法规;自觉接受全国政协的民主监督,虚心听取意见和建议。

三十、国务院各部门要依照有关法律的规定接受司法机关实施的监督,同时要自觉接受监察、审计等部门的监督。对监督中发现的问题,要认真查处和整改并向国务院报告。

三十一、加强行政系统内部监督,健全政府层级监督制度。国务院各部门要严格执行行政复议法和规章备案制度,及时撤销或修改违反法律、行政法规的规章和其他规范性文件,纠正违法或不当的行政行为,并主动征询和认真听取地方政府及其部门的意见和建议。

三十二、国务院及各部门要接受新闻舆论和群众的监督。对新闻媒体报道和各方面反映的重大问题,国务院有关部门要积极主动地查处和整改并向国务院报告。

三十三、国务院及各部门要重视人民群众来信来访工作,进一步完善信访制度,确保信访渠道的畅通;国务院领导同志及各部门负责人要亲自阅批重要的群众来信。

三十四、国务院及各部门要推行行政问责制度和绩效管理制度,明确问责范围,规范问责程序,严格责任追究,提高政府执行力和公信力。

第八章 加强廉政建设

三十五、国务院及各部门要从严治政。对职权范围内的事项要按程序和时限积极负责地办理,对不符合规定的事项要坚持原则不得办理;对因推诿、拖延等官僚作风及失职、渎职造成影响和损失的,要追究责任;对越权办事、以权谋私等违规、违纪、违法行为,要严肃查处。

三十六、国务院及各部门要严格执行财经纪律,规范公务接待,不得用公款相互送礼和宴请,不得接受地方的送礼和宴请。要艰苦奋斗、勤俭节约,切实降低行政成本,建设节约型机关。

三十七、国务院组成人员要廉洁从政,严格执行中央有关廉洁自律的规定,不得利用职权和职务影响为本人或特定关系人谋取不正当利益;要严格要求亲属和身边的工作人员,不得利用特殊身份拉关系、谋私利。

第九章 会议制度

三十八、国务院实行国务院全体会议和国务院常务会议制度。

三十九、国务院全体会议由总理、副总理、国务委员、各部部长、各委员会主任、人民银行行长、审计长、秘书长组成,由总理召集和主持。国务院全体会议的主要任务是:

(一)讨论决定国务院工作中的重大事项;

(二)部署国务院的重要工作。

国务院全体会议一般每半年召开一次,根据需要可安排有关部门、单位负责人列席会议。

四十、国务院常务会议由总理、副总理、国务委员、秘书长组成,由总理召集和主持。国务院常务会议的主要任务是:

(一)讨论决定国务院工作中的重要事项;

(二)讨论法律草案、审议行政法规草案;

(三)通报和讨论其他重要事项。

国务院常务会议一般每周召开一次。根据需要可安排有关部门、单位负责人列席会议。

四十一、提请国务院全体会议和国务院常务会议讨论的议题,由国务院分管领导同志协调或审核后提出,报总理确定;会议文件由总理批印。国务院全体会议和国务院常务会议的组织工作由国务院办公厅负责,文件和议题于会前送达与会人员。

四十二、国务院领导同志不能出席国务院全体会议或国务院常务会议,向总理请假。国务院全体会议其他组成人员或国务院常务会议列席人员请假,由国务院办公厅汇总后向总理报告。

四十三、国务院全体会议和国务院常务会议的纪要,由总理签发。

四十四、国务院及各部门召开的工作会议,要减少数量,控制规模,严格审批。应由各部门召开的全国性会议,不以国务院或国务院办公厅名义召开,不邀请省、自治区、直辖市人民政府负责人出席,确需邀请的须报国务院批准。全国性会议应尽可能采用电视电话会议等快捷、节俭的形式召开。

第十章 公文审批

四十五、各地区、各部门报送国务院的公文,应当符合《国家行政机关公文处理办法》的规定。除国务院领导同志交办事项和必须直接报送的绝密事项外,一般不得直接向国务院领导同志个人报送公文。各部门报送国务院的请示性公文,部门间如有分歧意见,主办部门的主要负责人要主动协商,达成一致;不能取得一致意见的,应列出各方理据,提出办理建议。

四十六、各地区、各部门报送国务院审批的公文,由国务院办公厅按照国务院领导同志分工呈批,并根据需要由国务院领导同志转请其他国务院领导同志核批,重大事项报总理审批。

四十七、国务院制定的行政法规,发布的命令,向全国人民代表大会或全国人民代表大会常务委员会提出的议案，由总理签署。

四十八、以国务院名义发文，经国务院分管领导同志审核后，由总理签发。

以国务院办公厅名义发文，由国务院秘书长签发；如有必要，可由国务院分管领导同志签发或报总理签发。

属部门职权范围内事务、应由部门自行发文或联合发文的，不得要求国务院批转或国务院办公厅转发。

第十一章　纪律和作风

四十九、国务院组成人员要坚决贯彻执行党和国家的路线方针政策以及工作部署，严格遵守纪律，有令必行，有禁必止。

五十、国务院组成人员必须坚决执行国务院的决定，如有不同意见可在国务院内部提出，在没有重新作出决定前，不得有任何与国务院决定相违背的言论和行为；代表国务院发表讲话或文章，个人发表涉及未经国务院研究决定的重大问题及事项的讲话或文章，事先须经国务院同意。

五十一、国务院各部门发布涉及政府重要工作部署、经济社会发展重要问题、与群众利益密切相关事项的信息，要经过严格审定，重大情况要及时向国务院报告。

五十二、国务院组成人员要严格遵守保密纪律和外事纪律，严禁泄露国家秘密、工作秘密或者因履行职责掌握的商业秘密等，坚决维护国家的安全、荣誉和利益。

五十三、国务院组成人员要做学习的表率，国务院及各部门要建设学习型机关。

五十四、国务院领导同志要深入基层，调查研究，指导工作，解决实际问题。下基层要轻车简从，减少陪同，简化接待，不要地方负责人到机场、车站、码头及辖区分界处迎送。

五十五、国务院领导同志不为部门和地方的会议活动等发贺信、贺电，不题词，因特殊需要发贺信、贺电和题词，一般不公开发表。国务院领导同志出席会议活动、下基层考察调研的新闻报道和外事活动安排，按有关规定办理。

五十六、国务院组成人员要严格执行请销假制度。副总理、国务委员、秘书长离京出访、出差和休养，应事先报告总理，由国务院办公厅通报国务院其他领导同志。

各部门主要负责人离京外出，应事先向国务院办公厅报告，由国务院办公厅向国务院领导同志报告。

国务院直属特设机构、直属机构、办事机构、直属事业单位适用本规则。

国务院副总理李克强出席在北京召开的第九届中国发展高层论坛开幕式并致辞

李克强强调，要坚持改革开放，着力改善民生。李克强说，中国正处于加快推进现代化的关键时期，到2020年要全面建成惠及十几亿人口的更高水平的小康社会，从根本上说就是要使人民生活水平和质量得到全面提高。

全国人大常委会副委员长路甬祥出席开幕式。

本届中国发展高层论坛的主题是“中国2020：发展目标和政策取向”。来自国内外的专家学者、企业家、政府官员和国际组织代表参加开幕式。

国务院副总理李克强在第九届中国发展高层论坛开幕式上致辞

各位来宾、各位朋友：

很高兴参加第九届中国发展高层论坛，并与在座的中外专家学者、企业家、政府官员和国际组织代表见面。本次论坛以“中国2020：发展目标和政策取向”为主旨，探讨中国改革开放和现代化建设问题，具有重要意义。在此，我谨代表中国政府，对论坛的召开表示热烈的祝贺！对各位来宾表示诚挚的欢迎！

中国实行改革开放以来，现代化建设取得了举世瞩目的成就，人民生活实现了从温饱不足到总体小康的历史性跨越，各项社会事业显著进步。目前，经济总量已居世界第四位，进出口总额居世界第三位。面向未来，中国的发展已经站在一个新的历史起点上。同时我们也清醒地看到，中国仍然是一个发展中国家，人口多，底子薄，资源相对不足，人均国内生产总值水平还比较低。实现国家现代化，使全体人民过上富足生活，还需要经过长期艰苦的努力。

今后十几年，中国正处于加快推进现代化的关键时期。我们将牢牢扭住经济建设这个中心，聚精会神搞建设，一心一意谋发展，同时推进政治建设、文化建设、社会建设，到2020年全面建成惠及十几亿人口的更高水平的小康社会。主要目标是：在优化结构、提高效益、降低消耗、保护环境的基础上，人均国内生产总值比2000年翻两番；工业化基本实现，服务业增加值比重超过50%，城镇人口比重明显增加；自主创新能力显著提高，科技进步对经济增长的贡献率大幅上升，进入创新型国家行列。同时，社会主义民主政治进一步发展，社会公平正义得到更好保障；覆盖全社会的公共文化服务体系基本建立，适应人民需要的文化产品更加丰富；社会就业更加充分，覆盖城乡居民的现代教育体系、卫生服务体系、住房保障体系、社会保障体系基本建立；可持续发展能力增强，生态环境质量明显改善。从根本上说，全面建设小康社会，就是要使人民生活水平和质量得到全面提高。

在我们这样一个有着十几亿人口的发展中大国实现现代化,世界上没有先例可循。我们已经走出一条适合国情的发展道路,这就是中国特色社会主义道路。我们进一步总结中国发展实践,借鉴国外发展经验,适应新的发展要求,提出了以人为本、全面协调可持续的科学发展观。这是中国经济社会发展的重要指导方针,也是发展中国特色社会主义必须长期坚持的重大战略思想。推动科学发展,关键靠改革开放。要形成有利于科学发展的体制机制,为现代化建设提供动力源泉和制度保障。推动科学发展,目的是全面改善人民生活。顺应人民群众过上更好生活的新期待,是我们一切工作的出发点和归宿。为实现未来发展目标:

我们将继续深化改革,加快完善社会主义市场经济体制。当前,中国的改革仍处于攻坚阶段。需要我们用更大的决心和气力推进改革,在重要领域和关键环节不断取得新突破,从制度上更好地发挥市场在资源配置中的基础性作用,更好地发挥公民和社会组织在公共事务管理中的作用。同时,通过深化行政管理体制改革,加快转变政府职能,建设服务型政府,建设责任政府、法治政府和廉洁政府。

我们将进一步扩大开放,全面提高开放型经济水平。中国经济已与世界经济密不可分。我们将在世界经济大格局中审视自己,在国际形势变化中把握机遇,在内外经济互动中推进发展,统筹国内发展和对外开放,把引进来和走出去更好地结合起来,加强多边双边经贸合作,促进中国经济与世界经济共同发展。

我们将大力推进经济结构战略性调整,加快转变经济发展方式。我们已经把科技创新摆在了国家发展战略的核心位置,要继续立足国内需求开拓发展空间,推动经济增长由主要依靠投资、出口拉动向依靠消费、投资、出口协调拉动转变,由主要依靠第二产业带动向依靠第一、第二、第三产业协同带动转变,由主要依靠增加物质资源消耗向主要依靠科技进步、劳动者素质提高、管理创新转变,推动城乡、区域协调发展,全面建设资源节约型和环境友好型社会。我们将以保障和改善民生为重点,加快推进社会建设。随着经济持续发展和财政收入增加,我国已经有一定的实力扩大公共服务的覆盖面,提高服务水平和质量。我们将把解决重点民生问题放在更加突出的位置,在优先发展教育、扩大劳动就业、完善社会保障、调节收入分配的同时,加快解决医疗卫生、住房保障和环境质量等问题,进一步完善公共服务体系,大幅度增加财政投入,更加有效地向社会提供公共产品,推动基本公共服务均等化,促进社会和谐。

我们将奉行互利共赢的开放战略,始终不渝走和平发展道路。和平发展符合时代的潮流,符合中国的根本利益。中国的发展需要和平的国际环境,我们现在和将来都要走和平发展道路。在对外交往中,我们秉持共同分享发展机遇、共同应对各种挑战的理念,促进国际经济技术交流与合作,推动建设一个持久和平、共同繁荣的和谐世界。

当今世界,经济全球化深入发展,科技进步日新月异,产业结构调整和生产要素转移加快,这为各国发展提供了良好机遇。同时也要看到,世界经济发展中的不确定因素和潜在风险在增加。美国次贷危机还在发展,世界经济增速放缓,国际金融市场波动,全球初级产品价格上涨。对此,各国应携起手来,积极应对,维护世界经济稳定发展。

当前,我国经济形势总体是好的,呈现增长较快、结构优化、效益提高、民生改善的态势。同时,经济社会生活中也存在一些突出问题。我们将继续加强和改善宏观调控,进一步加强农业、环保、中西部地区发展和社会事业建设等薄弱环节,努力增加有效供给;优化投资结构,抑制不合理需求,保持价格总水平基本稳定。同时,根据新情况、新问题,合理把握宏观调控的节奏、重点和力度,避免经济出现大的起落。应当看到,中国正处于工业化、城镇化进程加快的时期,国内市场广阔,回旋余地大。我们有信心也有能力把经济平稳较快发展的好形势长期保持下去。

今年是中国改革开放30周年。改革开放是决定当代中国命运的关键抉择,是发展中国特色社会主义、实现现代化的必由之路。我们将进一步解放思想,勇于变革,创新求实,坚持改革开放,着力改善民生,坚定不移地把现代化建设的伟大事业不断推向前进。

中国改革发展的进程中有许多问题需要探讨,中国对外开放的扩大蕴含着新的发展机会。中国发展高层论坛已经连续举办了九届,成为中外有识之士相互交流的重要平台。希望参加本届论坛的各位来宾畅所欲言,各抒己见,为中国的发展贡献智慧。

最后,预祝会议取得圆满成功!祝各位来宾在北京生活愉快、工作顺利!

谢谢大家!

中组部追授20人“抗御雨雪冰冻灾害优秀共产党员”称号

为表彰在抗御雨雪冰冻灾害工作中因公殉职的共产党员,中央组织部决定追授汪国杰等20名同志“抗御雨雪冰冻灾害优秀共产党员”称号。他们是:

汪国杰(生前系浙江省永嘉县公路管理段职工)

林圣巧(生前系浙江省永嘉县公路管理段交通工程公司驾驶员)

王勇(生前系安徽省全椒县交通局工会副主任、法制股股长)

王坤鸣(生前系安徽省庐江县泥河镇沙溪村文书)

张新民(生前系安徽省合肥市公安局交警支队高速公路二大队主任科员)

徐翠萍(女,生前系安徽省庐江县泥河镇党委委员、副镇长)

程志国(生前系安徽省庐江县泥河镇副科级干部)

朱平(生前系江西三川水表股份有限公司党支部委员会委员、市场部大区经理)

黄快生(生前系江西省南城供电公司建昌供电所农电工)

郝法鹏(生前系华能沁北发电有限责任公司[电厂]党委委员、副总经理[副厂长])

周又山(生前系湖北省武汉市蔡甸区侏儒街镇宁堡村村委会副主任)

卢明强(生前系湖南省郴州市交通局干部)

曹述军(生前系湖南省桂阳县樟市镇水利水电管理站职工)

鄢志刚(生前系湖南省桃源县西安镇副镇长)

李彬(生前系贵州省贵阳市开阳县永温乡党委委员、纪委书记、工会主席)

吴声海(侗族,生前系贵州省黎平县永从乡管团村党支部书记)

武德顺(彝族,生前系贵州省大方县百纳彝族乡龙竹村村民)

欧光权(苗族,生前系贵州省台江县公安局看守所副科级侦查员、二级警督)

赵祖虎(生前系贵州省织金县公安局珠藏镇派出所所长)

孔晓岩(生前系陕西省延安市公安局交通警察支队高速公路大队三中队民警)

国务委员戴秉国在钓鱼台国宾馆会见日本自民党前干事长中川秀直一行

3月24日

全国人大常委会委员长吴邦国 国务院总理温家宝在人民大会堂分别会见老挝国会主席通辛

吴邦国指出,良好的政治关系应当推动经贸领域的务实合作。中方愿与老方一道,深化在基础设施、农业等领域的互利合作,扩大企业合作,加强人员交流与培训,为两国人民造福。他表示,中国全国人大将同老挝国会保持高层互访,继续开展专门委员会间的友好交往,进行治国理政经验交流,密切在国际和地区议会组织中的配合,为推动两国关系全面深入发展注入新活力。

温家宝在会见通辛时说,中方愿同老方保持高层交往,加深政治互信,扩大在经贸、金融、教育、科技、人力资源开发等领域的合作。中方将继续落实好对老挝的援助项目,帮助老方提高自主发展的能力。

通辛说,中国改革开放30年取得的伟大成就充分证明中国特色社会主义道路是完全正确的。老挝正在进行革新开放,希望加强双方各领域尤其是经济领域的合作,更好地学习借鉴中国的发展经验。他重申,老挝党、政府和人民坚定地站在中国人民一边,反对任何人以任何形式分裂中国的行径,支持北京奥运会取得圆满成功。

国务院总理温家宝在人民大会堂会见出席中国发展高层论坛2008年会的外方代表

全国政务公开领导小组第八次会议在北京召开

中共中央书记处书记、中央纪委副书记、全国政务公开领导小组组长何勇出席会议并讲话。他强调,要认真学习贯彻党的十七大、十七届二中全会、第十七届中央纪委第二次全会和全国两会精神,深入贯彻落实科学发展观,振奋精神,开拓进取,扎实做好2008年的政务公开工作,为发展社会主义民主政治,夺取全面建设小康社会新胜利作出应有的贡献。

何勇指出,党的十六大以来,党中央、国务院高度重视政务公开工作。各地区各部门按照中央的要求和部署,有计划、有步骤地开展政务公开工作,取得了明显成效。目前,全国乡镇和县(市)政务公开日趋规范,市(地)政务公开全面推行,省(区、市)和国务院部门政务公开正在积极推开,政务公开逐渐成为各级政府施政的一项基本制度。

何勇强调,要从发展社会主义民主政治的战略高度,加深对政务公开重要意义的认识。政务公开是发展人民民主、实现人民当家做主的重要途径;是加快行政管理体制改革、建设服务型政府的具体体现;是强化对权力的制约和监督、从源头上预防和治理腐败的必然要求。要以改革创新精神切实抓好2008年的政务公开工作。《政府信息公开条例》将于今年5月1日正式施行,要及时研究解决施行中可能遇到的困难和问题,确保《条例》顺利施行。要结合行政管理体制改革,继续深入推进行政权力公开透明运行。当前,要围绕南方低温雨雪冰冻特大灾害受灾群众恢复生产、灾后重建的各项政策措施,公开救灾物资发放和建设项目,把党和政府的温暖及时送到受灾群众中去。中央国家机关要进一步加大政务公开的工作力度,带头执行《政府信息公开条例》,把政务公开与业务工作紧密结合起来,做到相互促进、共同发展。要加强跟踪指导,认真总结推广政务公开示范点在实践中积累的好做法和新鲜经验,充分发挥示范点的辐射和带动作用,不断提高政务公开工作的质量和水平。

银监会发出《关于商业银行从事境内黄金期货交易有关问题的通知》

《关于商业银行从事境内黄金期货交易有关问题的通知》批准我国商业银行可从事境内黄金期货交易,这也是我国银行业首次从事境内期货业务。

中共中央政治局常委李长春在阿尔及尔会见阿尔及利亚总统布特弗利卡并签订中阿和平利用原子能合作协定和伙伴协议

外交部部长杨洁篪在北京会见马拉维外交与国际合作部部长班达

外交部部长杨洁篪就进一步推进两国关系加强高层交往同俄罗斯外长拉夫罗夫通电话

中组部部长李源潮在人民大会堂会见日本自民党前干事长中川秀直一行

中国和平出版社有限责任公司完成股份制改造并挂牌

有20多年历史的中国和平出版社正式更名为"中国和平出版社有限责任公司"并挂牌。改制重组后的和平出版社有限责任公司主管单位为中国宋庆龄基金会,主办单位为中国宋庆龄基金会和江西省出版集团公司。这个新的名称标志着和平出版社已由事业单位转企改制。此次改制重组是我国首家中央级出版单位实行股份制改造,也是第一次出版行业的跨地区重组,标志着中国新闻出版体制改革工作正在稳步推进。

北京奥运圣火在希腊成功采集

当地时间3月24日,希腊古奥林匹亚遗址,第二十九届北京夏季奥运会圣火采集仪式在这里隆重举行。希腊总统帕普利亚斯,希腊总理卡拉曼利斯,国际奥委会主席罗格,希腊奥委会主席克里亚库,奥林匹亚市市长艾东尼斯,中共中央政治局委员、北京市市委书记、北京奥组委主席刘淇等出席仪式。

北京奥运火炬传递首先在希腊境内进行,全程1528公里,为期7天,途中将举行29场庆祝活动。30日下午3时,"祥云"火炬将抵达1896年雅典第一届现代奥林匹克运动会举办地泛雅典体育场。届时希腊奥委会将圣火火种移交给北京奥组委。北京奥组委人员将乘专机护送圣火火种飞往北京。3月31日圣火抵达北京。从4月1日起将在五大洲开展以"和谐之旅"为主题的奥运火炬接力。8月6日,奥运火炬返抵北京,8月8日晚点燃国家体育场("鸟巢")北京奥运会主火炬。

3月25日

国家主席胡锦涛在人民大会堂与马拉维总统穆塔里卡举行会谈

胡锦涛说,中国政府愿在一个中国原则与和平共处五项原则基础上,同马方一道,为发展长期健康稳定的中马友好合作关系而不懈努力。胡锦涛高度评价穆塔里卡总统为中马关系的建立和发展作出的重要贡献,赞赏马拉维政府奉行一个中国政策,反对"台独",支持中国和平统一大业。

穆塔里卡说,我此次访华是为了寻求友谊、合作而来,马方期待着在国家发展和减贫事业中得到中方的支持与合作。穆塔里卡重申,马拉维将忠实地奉行一个中国政策,积极支持中国和平统一大业。他说,非洲和世界各国人民都期盼着参加北京奥运会,马拉维祝愿并相信北京奥运会取得成功。

胡锦涛表示,当前,双方要重点做好以下三个方面的工作:在政治上,要加强两国领导人、政府部门、执政党间的友好交往,进一步增进了解,加深互信。在涉及各自国家核心利益的重大问题上要相互理解,相互支持,在国际和地区事务中要加强协调,相互配合。在经济上,要扎实推进各领域务实合作,为两国人民谋取实实在在的好处。中方愿在平等互利,合作共赢、共同发展的基础上,扩大和加强两国经贸合作。中国政府支持有实力、信誉好的中方企业赴马拉维投资,与马方探讨在农业、渔业、矿产资源开发、基础设施建设等领域开展互利合作的可能性,两国政府主管部门要充分发挥统筹规划和指导协调作用,推动两国经贸合作健康深入发展。在人文领域,要积极开展文化、教育、医疗卫生、新闻媒体、青年、妇女、旅游等领域的交流,发展友谊,扩大合作。总之,中方愿与马方共同努力,让中马友谊深深植根两国人民心中,生生不息,世代相传,造福两国和两国人民。

穆塔里卡表示完全赞同中方关于发展两国友好合作关系的建议。他说,马方愿与中方加强交往,在农业、电力、交通运输、矿产资源开发、基础设施建设等领域开展互利合作,希望通过青年和教育交流增进两国人民的相互了解和友谊。

会谈后，两国元首共同出席了中马政府贸易、投资和技术合作协定，经济技术合作协定，中国政府向马拉维政府提供特殊优惠关税待遇的换文等双边合作文件的签字仪式。

国务院总理温家宝致电祝贺吉拉尼当选巴基斯坦总理

国务院召开新一届政府廉政工作会议

温家宝总理发表讲话。这次会议的主要任务是，贯彻党的十七大、十七届二中全会、中央纪委二次全会和胡锦涛总书记重要讲话精神，总结过去五年政府系统反腐倡廉工作，部署2008年的工作。

国务院副总理李克强、回良玉、张德江、王岐山，国务委员刘延东、梁光烈、戴秉国出席会议。国务委员兼国务院秘书长马凯主持会议。

中共中央政治局常委、中央纪委书记贺国强，中共中央书记处书记何勇应邀出席会议。

监察部、国土资源部、国资委和北京市、广东省等部门和省市政府主要负责同志在会上发言。

国务院各部委、各直属机构、办事机构、直属事业单位、部委管理的国家局、金融机构及有关单位主要负责人在主会场出席会议。中共中央有关部门、全国人大常委会办公厅和法工委、全国政协办公厅、中央军委办公厅，最高人民法院、最高人民检察院负责人，各人民团体、各民主党派中央、全国工商联负责人和无党派人士应邀出席了会议。

各省、自治区、直辖市政府，计划单列市和新疆生产建设兵团，市(地)、县(市)主要负责人和分管廉政建设的负责人在分会场参加会议。

国务院总理温家宝在新一届政府廉政工作会议上发表题为《认真贯彻党的十七大精神 大力推进廉政建设和反腐败工作》的讲话

这次廉政工作会议，是新一届国务院组成后召开的第一个全国性重要会议。主要任务是，贯彻党的十七大、十七届二中全会、中央纪委十七届二次全会和胡锦涛总书记重要讲话精神，总结过去五年政府系统反腐倡廉工作，部署2008年的工作。

一、过去五年廉政建设和反腐败工作取得明显成效

党中央、国务院历来高度重视反腐倡廉工作。上届政府认真贯彻落实中央的决策和部署，召开了五次廉政工作会议，重点围绕解决损害群众利益的突出问题，查办违法违纪案件、开展治理商业贿赂、加强惩治和预防腐败的制度建设、规范行政权力等方面，进行工作部署，廉政建设和反腐败工作迈出新的步伐。

(一)深入开展纠风专项治理，着力解决损害群众利益的突出问题。几年来，我们抓住教育收费、医药价格、涉农负担、农民工工资拖欠等群众反映强烈的问题，加大治理力度，纠正损害群众利益的不正之风。改革农村义务教育经费保障机制，严肃查处教育乱收费问题。整顿医药购销和医疗服务秩序，推行医疗服务价格公示等制度，规范诊疗、用药和收费行为。开展涉农收费专项治理，涉及农民负担的重大案件明显下降。解决公路“乱设卡、乱收费、乱罚款”问题取得重要进展。建设领域拖欠工程款和农民工工资问题得到基本解决。清理和规范了评比达标表彰活动。在全国开展了企业违法排污、食品药品安全等专项治理行动。通过这些工作，有效维护了群众的利益。

(二)全面推行依法行政，加快建设法治政府。国务院把推进依法行政作为政府工作的一项基本准则，公布全面推进依法行政实施纲要，提出建设法治政府的目标。加强政府立法工作，五年来国务院向全国人大提交法律议案39部，制定或修订行政法规137件，其中包括行政许可法、公务员法和政府信息公开条例等一批规范行政行为的重要法律、法规。改革行政执法体制，完善行政执法程序，全面推行行政执法责任制。积极推行行政处罚权相对集中和综合执法试点。截至2007年年底，全国共有1076个市县开展了相对集中行政处罚权工作，1013个市县开展了综合执法工作。基层政府依法行政工作稳步推进。各级政府及其工作人员依法行政意识不断增强，运用法律手段处理经济社会事务的能力不断提高，法治政府建设明显加快。

(三)着力推进改革和制度建设，从源头上防治腐败。行政审批制度改革不断深化，五年来国务院各部门分两批取消、调整行政审批项目692项，进一步改变行政审批事项过多过滥的状况。投资和财政体制改革稳步推进，开展中央预算内投资项目代建制试点，多数省级政府实行了政府投资项目代建制。中央政府部门全部实行部门预算，国务院批准的行政事业性收费项目基本上纳入了“收支两条线”管理。公共资源交易制度进一步完善，其中，全面建立了公共工程建设项目招标投标制度。经营性土地使用权出让全面实行“招拍挂”制度，工业用地使用权出让也开始实行“招拍挂”。国有产权有序交易格局和有效监管制度初步形成。政务公开已经成为各级政府施政的一项基本制度，市地级以下政府政务公开普遍实施，省级政府和中央国家机关政务公开加快推进。此外，还改革了公务员工资和津贴补贴制度，规范了政府机关公务接待。这些措施，促进了政府职能转变，增强了政府工作的透明

度和群众的参与度,强化了对行政权力的制约。

(四)坚决查办违法违纪案件,认真治理商业贿赂。我们严肃查处了滥用职权、贪污贿赂、腐化堕落、失职渎职的案件,惩治了一批腐败分子。五年中,受到行政处分的有24.3万人,其中开除公职2.6万人,有7655人被移送司法机关处理,这表明了党和政府反腐败的坚定决心。治理商业贿赂是近两年来反腐倡廉的一项重要工作。以治理工程建设、土地出让、医药购销等领域的商业贿赂为重点,在主管部门和企业事业单位开展自查自纠的同时,着重查办政府机关公务员利用审批权、执法权、监管权搞官商勾结、权钱交易的商业贿赂案件。2005年8月至2007年年底,全国共查结商业贿赂案件近4万件,涉案金额88.4亿元。商业贿赂滋生蔓延的势头得到初步遏制。

(五)坚持从严治政,强化责任追究。一是加大对贯彻执行中央重大决策部署监督检查力度。严肃查处了一批违反中央宏观调控政策,违规批土地上项目,违规建设高档楼堂馆所等突出问题,严肃追究有关领导干部的责任。各地共查结土地违法违规案件1.3万件,4788个违规建设的楼堂馆所项目正在进行整改。二是加大安全生产、食品药品安全、环境保护等方面的责任事故查处力度,查处了一批重大案件,对有关责任人进行了严肃处理。三是加大领导干部经济责任审计工作力度。审计党政领导干部和国有企业领导人员17.7万人,涉及违规资金4000多亿元。这些措施,强化了责任追究,增强了政府工作人员特别是领导干部的法纪政纪意识。

在这几年的实践中,我们更加深切地体会到,加强政府廉政建设和反腐败工作,必须坚持以人为本、执政为民,把解决损害群众利益的突出问题作为反腐倡廉的重要内容;必须推进依法行政、深化体制改革,加强制度建设,把监督制约权力作为反腐倡廉的根本保证;必须扩大民主,创造条件让人民群众更多地参与反腐倡廉建设;必须始终把查办案件作为反腐倡廉的重要手段,严肃查办大案要案,依法严惩腐败分子。

我们必须清醒地看到,当前政府廉政建设还存在不少问题;违法违纪案件在一些领域和部门仍然易发多发态势;少数领导干部特别是少数高级干部腐败案件涉案金额巨大、社会影响恶劣;食品药品、教育收费、医疗服务、居民住房、土地征用、环境保护、安全生产等方面损害群众利益的问题仍然突出;政府职能转变滞后,政企不分、职责不清、办事拖拉等问题还未根本解决;有法不依、执法不严、违法不究的现象依然存在;一些地方和部门形式主义、官僚主义严重,奢侈浪费之风屡禁不止。这表明腐败现象还比较严重,反腐倡廉的任务仍然艰巨。我们要充分认识新形势下加强反腐倡廉建设的重要性和紧迫性,切实增强责任感,坚定不移地推进廉政建设和反腐败工作。

二、以强化对权力的监督制约为重点,进一步加强廉政和反腐败制度建设

2008年是贯彻党的十七大精神的第一年,是本届政府履行职责的第一年,各项工作都要有良好开局,反腐败和廉政建设也要有新进展。总的要求是:高举中国特色社会主义伟大旗帜,以邓小平理论和"三个代表"重要思想为指导,深入贯彻落实科学发展观,坚持标本兼治、综合治理、惩防并举、注重预防的方针,加快推进惩治和预防腐败体系建设,认真做好领导干部廉洁自律、纠正损害群众利益的不正之风、查办违法违纪案件、从源头上防治腐败等各项工作,努力取得廉政建设和反腐败工作的新成效。

多年来的实践表明,权力过于集中而又得不到有效监督,是各种腐败现象产生、蔓延的重要原因。必须依靠制度加强对权力的监督制约,确保权力规范运行。这是从源头上防治腐败的重要保证。要把监督制约权力的制度建设和创新摆在突出位置,融入各项工作中去,进一步增强制度建设的科学性、针对性和实效性,切实发挥制度在防治腐败中的重要作用。2008年,在制度建设方面要重点做好以下几项工作:

(一)健全科学民主决策制度。政府机关及其领导人员掌握大量的公共权力和公共资源,要防止决策过程中发生腐败现象,防止决策失误给国家和人民的利益造成严重损失,必须实行科学民主决策。要针对决策过程中暴露出来的突出问题,不断健全决策机制。一要完善决策基本制度。要在坚持重大事项集体决策的基础上,进一步健全民主集中制、专家咨询、社会公示与听证、决策评估、合法性审查等制度,确保科学民主决策有章可循。二要完善重大事项决策的规则和程序。在作出重大决策前,要通过多种形式征求社会各方面意见。涉及重大公共利益和人民群众切身利益的决策,要向社会公开征求意见,必要时应举行听证会,增强群众参与度,接受群众监督;涉及重大财政支出的决策,必须进行充分评估论证。重大决策必须充分发扬民主,反复酝酿讨论,集体研究决定。三要建立、健全决策后评价、反馈纠偏和决策责任追究等制度。对超越法定权限、违反法定程序的决策行为,要坚决制止和纠正。这些方面已经建立了不少制度,问题是没有得到很好落实,2008年要在健全决策制度和狠抓落实上下功夫。

(二)规范重要领域权力运行制度。腐败现象在一些领域易发多发,重要原因在于制度不完善、体制机制有漏洞。必须深化改革,创新制度,坚持用制度管权、管事、管人,最大限度地减少以权谋私、权钱交易的体

制机制漏洞。一要深化行政审批制度改革,继续减少和规范行政审批事项,减少政府对微观经济的干预。2008年要结合机构改革和部门职能调整,对现有审批项目进行评估,力争再取消和调整一批。国务院有关部门要认真清理涉及项目审批的部门规章、文件,该取消的坚决取消。对保留审批项目的名称、设定依据等要向社会公布,对取消和调整的项目要加强后续监管。要建立、健全新设行政审批项目审查论证机制,新设立审批项目要于法有据,并通过多种形式听取社会各界的意见。加快推广行政审批电子监察系统,加强对审批的全程监控,约束行政审批行为。二要推进财政管理体制改革。要强化预算管理和监督,完善政府收支分类体系,尽快将政府非税收入全部纳入财政预算,实行"收支两条线"管理。现在有少数收费项目还没有实行"收支两条线",有的名义上实行了,但暗中还挂着钩。2008年要对"收支两条线"执行情况进行全面检查,继续对"小金库"问题进行专项治理;要进一步规范行政和事业单位经营性资产的管理,重点清理规范各类培训中心,切断收费和本单位收入挂钩的利益机制。加强对社保基金、住房公积金和扶贫救灾等专项资金的监管,加强审计和财政监督,维护资金安全。要进一步规范一般性转移支付制度。三要推进公共资源交易制度改革。继续完善土地、矿产资源开发使用、政府采购、国有产权交易等制度,公共资源都要通过公开透明和竞争方式交易,让市场机制充分发挥作用。2008年要对国有土地和矿产资源使用权出让情况开展专项清理和检查,推动工业用地全面纳入招标拍卖挂牌出让范围、土地出让收支全部纳入预算管理;落实探矿权、采矿权招标拍卖挂牌出让制度,把矿产资源管理纳入规范化轨道。四要深化国有资产经营管理体制改革。2008年要扩大国有资本经营预算试点,依法加强对国有资产的监管,完善资本运营、采购销售、收入分配等管理制度,防止国有资产流失。通过改革和制度建设,把能够由市场解决的问题交给市场,割断行政权力和微观经济活动的利益联系,形成防治腐败的长效机制。

(三)完善行政执法管理制度。行政执法是政府机关经常性的活动,特别是基层行政执法活动与人民群众的生产生活直接相关。当前,行政执法不规范的问题仍然突出,有的滥设执法事项,有的利用执法权设租寻租,有的有法不依、违法不究,有的粗暴执法,甚至执法犯法,人民群众对此反映强烈。必须深化行政执法体制改革,进一步规范行政执法权力。要结合行政管理体制改革,对行政执法部门和执法事项进行梳理,明确执法依据、执法权力、执法程序和相应责任。没有法律、法规依据的事项,要坚决取消,应该保留的要规范行为。继续推进相对集中行政处罚权和综合行政执法试点工作,从源头上解决多头执法、重复执法、执法缺位的问题。全面落实行政执法责任制,健全民主评议制度,严格执法过错责任追究。加强行政执法队伍的管理,实行行政执法主体资格合法性审查和行政执法人员资格制度。2008年要把加强涉及群众利益执法活动的管理作为重点,对群众反映强烈的问题开展专项治理,认真解决环境污染、制售假劣食品药品、违反安全生产规定、违法违规征地拆迁等问题,坚决纠正利用行政执法权谋取私利、损害群众利益的不正之风。

(四)健全政务公开制度。阳光是最好的"防腐剂"。政务公开,就是要保障群众的知情权、参与权、表达权和监督权,创造条件让人民更有效地监督政府。国务院制定的政府信息公开条例将于2008年5月1日起正式施行,各级政府及其部门要以此为契机,提高政府工作的透明度,确保权力在阳光下运行。要抓紧制定贯彻政府信息公开条例的具体办法,健全信息公开工作制度。要坚持公开是原则、不公开是例外,进一步拓宽政务公开的领域和内容。凡涉及群众利益和公共政策的事项,都要及时向群众公开。2008年要把行政收费、公务消费、政府重大投资工程预决算等政府收入和支出作为政务公开的重要内容,增强财政管理领域的透明度;要以教育、医疗、供水、供电、供气、供热、环保、公共交通等行业和领域作为重点,推动涉及群众利益的公共企业事业单位办事公开,方便群众办事和监督。要完善和增加政务公开的载体,继续推进电子政务建设,完善网上审批、服务办理、信息发布、沟通交流等功能。

(五)推行行政问责和绩效管理制度。行政问责制度是强化行政监督的有效形式。2008年要选择部分省市和国务院部门开展试点,加快实行以行政首长为重点的行政问责和绩效管理制度。要合理分清部门之间的职责权限,在此基础上落实工作责任和考核要求。要把行政不作为、乱作为和严重损害群众利益等行为作为问责重点。对给国家利益、公共利益和公民合法权益造成严重损害的,要依法追究责任。国务院有关部门要加强调查研究,认真总结地方的试点经验,抓紧制定对行政首长进行问责、行政过错责任追究和绩效评估等相关制度。

惩治腐败要一手抓制度建设,防患于未然;一手抓查办违法违纪案件,决不手软。少数政府工作人员贪污腐败、失职渎职,严重影响政府形象,群众深恶痛绝。要进一步加大查办案件的力度,对各种违法违纪行为严惩不贷,始终保持对腐败分子的高压态势。要以发生在领导机关和领导干部中的案件为重点,严肃查办官商勾结、权钱交易、权色交易和严重侵害群众利益的案件,不论涉及什么人,不论职务多高,都必须依纪依法严肃查处。要继续查处商业贿赂案件,对政府公务员、国有企业和事业单位以及金融机构领导人员利用职权索贿受贿的案件,要依法严肃查办,决不姑息。治理商业贿赂既要惩处受贿行为,又要惩处行贿行为。对国(境)外经济组织在我国内地的商业贿赂活动也要采取有效的打击措施。要坚决查处失职渎职方面的案件,对土地管理、安全生产、环境保护、食品药品监管等方面失职渎职问题,要坚决追究责任,并查处背后隐藏的腐败问题。要依法加大对腐败分子的经济处罚、赃款赃物追缴和缉捕追逃力度,决不让腐败分子在经济上占到便宜,决不让他们逍遥法外。

三、加强对廉政建设和反腐败工作的领导

推进反腐倡廉建设,责任在领导,关键在落实。各级政府要旗帜鲜明地反对腐败,坚持不懈地抓好廉政建设,努力建设廉洁政府。

第一,高度重视廉政建设和反腐败工作。各级政府及其部门要把廉政建设和反腐败工作放在更加突出的位置,坚持经济社会发展和反腐倡廉建设两手抓、两手都要硬,使两者相互协调、相互促进。要把狠抓各项反腐败制度的落实作为一件大事来抓,带头坚持制度,自觉遵守制度,认真落实制度,为贯彻制度创造良好的环境,切实提高制度的执行力。认真落实反腐倡廉建设责任制。政府及部门主要领导作为第一责任人,要对职责范围内的反腐倡廉工作负总责,敢抓敢管,分管领导对分管领域也要切实负起责任。要完善制度执行评估机制和责任追究机制,对发生重大违反制度问题的部门和单位,要按规定追究领导责任,维护制度的权威性。

第二,领导机关和领导干部要做廉政的表率。对各级政府领导机关和领导干部的廉政建设要有更高的标准、更严的要求。新一届国务院组成人员已经开始履行职责,一定要在廉政方面作出表率。从国务院领导、各部门负责同志到处长都要严格执行领导干部廉洁自律各项规定,严于律己、以身作则,做到两袖清风,一尘不染。要求下级机关和工作人员做到的,上级机关和领导干部必须带头做到,要求下级机关和工作人员不能做的,上级机关和领导干部必须首先不做。领导干部要认真执行《中央纪委关于严格禁止利用职务上的便利谋取不正当利益的若干规定》,不得利用职权和职务影响为本人或特定关系人谋取不正当利益。

第三,加强对公务员的教育和管理。深入开展理想信念教育、廉洁从政教育、优良传统教育、法制教育。完善政府机关工作规则,健全公务员行为规范。对公务员执行廉洁从政规定的情况要经常监督检查,做到防微杜渐,警钟长鸣。全体公务员都要牢记全心全意为人民服务的根本宗旨,恪尽职守,勤勉尽责,秉公用权,廉洁自律,清清白白做人,干干净净办事,做人民满意的公务员。

第四,加强机关作风建设。各级政府及其工作人员要坚持全心全意为人民服务,坚持群众路线,真诚倾听群众呼声,真实反映群众愿望,真情关心群众疾苦,多为群众办好事、办实事,做到权为民所用,情为民所系,利为民所谋,以求真务实的作风推动各项工作。加强调查研究,改进学风和文风,精简会议和文件,反对形式主义、官僚主义,反对弄虚作假。弘扬艰苦奋斗、勤俭办一切事业的优良传统,反对奢侈浪费,节约行政成本,提高行政效率,建设节约型机关。要严肃财经纪律,使用财政资金要严格把关,精打细算。规范公务接待,不得用公款相互送礼和宴请,不得接受下级送礼和宴请。这方面,中央已有明确规定,要严格执行。2008年要对公款出国出境旅游等问题进行专项治理。继续清理违规建设高档楼堂馆所等铺张浪费行为。

第五,健全监督机制。各级政府要自觉接受人大的监督,接受政协的民主监督,按照有关法律的规定接受司法机关实施的监督,接受社会舆论和人民群众的监督。同时要支持、保证监察、审计部门依法履行职责,实施专项监督。监察部门要紧贴政府工作,加强廉政监察、执法监察和效能监察,保证政令畅通,改善行政管理,促进政府廉洁高效。审计部门要加强对财政收支和预算执行情况、政府投资和国有资产的监管。要建立预防腐败工作的协调机制。2007年,我们成立了国家预防腐败局,一个重要目的是强化预防腐败的统筹规划和组织协调。国家预防腐败局要积极发挥职能作用,与最高人民检察院、发展改革委、财政部、人民银行、审计署等有关方面通力合作,以改革创新精神切实做好预防腐败的各项工作,督促有关部门及时完善制度,加强监管。

第六,确保政令畅通。近年来,中央密切关注和把握国内外发展动态,适时出台了一系列加强和改善宏观调控的政策措施。把这些政策措施贯彻落实好,对于促进经济社会又好又快发展至关重要。目前,有少数地方和部门单纯从局部利益出发考虑问题,忽视全局利益和长远发展,影响中央重大决策部署的落实,损害了政府的执行力和公信力,必须坚决予以纠正。各地区、各部门要坚持从改革发展稳定的大局考虑问题,与中央保持一致,落实好中央在节能减排、控制固定资产投资规模、节约集约用地、房地产调控、市场物价管理等方面的要求和部署,切实做到有令必行,有禁必止。有关部门对此要加强监督检查,保证政令畅通。

做好新形势下的政府廉政建设和反腐败工作意义重大。让我们在以胡锦涛同志为总书记的党中央领导下，高举中国特色社会主义伟大旗帜，振奋精神，锐意进取，求真务实，扎实工作，不断推动廉政建设和反腐败工作取得新进展，努力建设一个人民满意的政府！

国家主席胡锦涛根据全国人大常委会的决定任免驻外大使

一、免去孙玉玺的中华人民共和国驻印度共和国特命全权大使职务；

任命张炎为中华人民共和国驻印度共和国特命全权大使。

二、免去樊桂金的中华人民共和国驻乌干达共和国特命全权大使职务；

任命孙和平为中华人民共和国驻乌干达共和国特命全权大使。

三、免去李仲良的中华人民共和国驻赤道几内亚共和国特命全权大使职务；

任命严小敏为中华人民共和国驻赤道几内亚共和国特命全权大使。

四、免去成竞业的中华人民共和国常驻联合国日内瓦办事处和瑞士其他国际组织副代表、特命全权裁军事务大使职务；

任命王群为中华人民共和国常驻联合国日内瓦办事处和瑞士其他国际组织副代表、特命全权裁军事务大使。

五、免去董津义的中华人民共和国驻意大利共和国特命全权大使兼驻圣马力诺共和国特命全权大使职务；

任命孙玉玺为中华人民共和国驻意大利共和国特命全权大使兼驻圣马力诺共和国特命全权大使。

六、免去李元明的中华人民共和国驻巴哈马国特命全权大使职务；

任命胡定贤为中华人民共和国驻巴哈马国特命全权大使。

中共中央政治局常委李长春在努瓦克肖特会见毛里塔尼亚总统西迪·乌尔德·谢赫·阿卜杜拉希

中共中央政治局常委李长春在努瓦克肖特分别会见毛里塔尼亚民主与发展全国同盟主席叶海亚·乌尔德·瓦格夫和政府总理扎因·乌尔德·扎伊丹

国家副主席习近平在人民大会堂会见蒙古国外长桑加苏伦·奥云

外交部部长杨洁篪就中德关系及共同关心的问题同德国外长施泰因迈尔通话

中组部部长李源潮在人民大会堂会见由总书记索利托基·埃索率领的多哥人民联盟代表团

方永刚病逝

忠诚党的创新理论的模范教员、海军大连舰艇学院教授方永刚，3月25日22时08分在北京病逝。

方永刚，1963年4月出生，1985年7月毕业于上海复旦大学，同年入伍，先后在海军政治学院、海军大连舰艇学院任教，长期从事政治理论教学和研究工作。他坚持深入学习、坚定信仰、模范践行党的创新理论，深入工厂、农村、学校和社区，真情传播党的创新理论，被誉为“平民教授”、“大众学者”。

2007年6月，中央军委授予方永刚“忠诚党的创新理论的模范教员”荣誉称号。2007年10月，方永刚光荣出席了党的十七大。

方永刚的先进事迹和崇高精神经媒体宣传后，在社会各界引起强烈反响。2007年9月方永刚被评为“全国道德模范”，2008年1月被推选为中央电视台“感动中国2007年度人物”。

3月26日

国家主席胡锦涛同美国总统布什通电话

关于台湾问题，胡锦涛赞赏布什总统和美国政府多次表示坚持一个中国政策、遵守中美三个联合公报、反对“台独”、反对“入联公投”、反对台湾加入联合国及其他只有主权国家才能参加的国际组织的明确立场。胡锦涛希望中美双方继续为维护台海和平稳定共同努力。

胡锦涛表示，在“九二共识”的基础上恢复两岸协商谈判是我们的一贯立场。我们期待两岸共同努力、创造条件，在一个中国原则的基础上，协商正式结束两岸敌对状态，达成和平协议，构建两岸关系和平发展框架，开创两岸关系和平发展新局面。

关于拉萨最近发生的打砸抢烧暴力犯罪事件，胡锦涛指出，这次事件并不像达赖集团标榜的是什么“和平示威”、“非暴力”行动，而是赤裸裸的严重暴力犯罪活动。对于这种严重侵犯人权、严重扰乱社会秩序、严重危害人民群众生命财产安全的暴力犯罪活动，任何一个负责任的政府都不会坐视不管。

胡锦涛强调，中国政府对达赖的政策是明确的、一贯的。我们一直以极大的耐心保持着同达赖方面的接触。只要达赖真正放弃“西藏独立”的主张，停止分裂祖国的活动，特别是停止目前在西藏等地煽动策划暴力犯罪活动和破坏北京奥运会的活动，承认西藏和台湾是中国领土不可分割的一部分，我们愿意同他继续进行接触商谈。

双方还就朝鲜半岛核问题等交换了意见。

全国人大常委会委员长吴邦国在人民大会堂会见萨摩亚人权保护党代表团

国务院总理温家宝在中南海紫光阁会见马拉维总统穆塔里卡

国务院总理温家宝在北京主持召开国务院常务会议

会议研究扶持农业生产的政策措施,讨论并原则通过《国务院2008年工作要点》和《中华人民共和国消防法(修订草案)》。

会议指出,加强农业,对于保持经济又好又快发展,抑制通货膨胀,维护大局稳定,具有关键性的作用。为了更好地调动农民种粮积极性,保证农副产品的充足供给,会议决定,立即采取增加农资综合直补、增加良种补贴、提高粮食最低收购价格等一系列综合措施,进一步加大对农业和粮食生产的政策支持力度。近日将进行专门部署。

会议指出,为落实十一届全国人大一次会议审议通过的《政府工作报告》,加强全年工作的计划性和系统性,国务院制定了2008年工作要点,把任务分解到各部门、各单位,做到各负其责,以利监督检查,增强政府执行力和公信力。会议要求,国务院各部门、各单位要认真履行职责,立足全局,突出重点,抓紧制定本部门、本单位的工作要点,并狠抓落实。要加强调查研究,注意发现新情况,解决新问题,及时完善相关政策和工作措施,确保实现全年经济社会发展目标。

会议认为,《中华人民共和国消防法》自1998年施行以来,对预防和减少火灾危害,维护人民群众的生命财产安全,发挥了重要作用。但随着我国经济社会的发展,消防工作面临着一些新情况和新问题,有必要对《中华人民共和国消防法》进行修订。修订草案进一步完善了消防安全管理制度,规范了消防责任主体的义务和责任,强化了对消防机构依法履行职责的监督,加大了对火灾隐患的查处力度。会议决定,《中华人民共和国消防法(修订草案)》经进一步修改后,由国务院提请全国人大常委会审议。

会议还研究了其他事项。

国家林业局在郴州召开全国林业灾后恢复重建现场会

会议确定,2008年的主要任务是:5月底前基本完成重点区域木竹清理工作,修复或重建火险预测预报系统、林火瞭望监测系统、扑火保障系统、防火隔离系统等森林防火基础设施;6月底前完成基层重点林业机构基础设施恢复重建;9月底前完成重点区域森林防火道路修复,用1年时间基本恢复林木良种基地和苗圃的基础设施条件。确保今年春季森林防火不出现大的问题,力保今年造林绿化种苗需求,恢复林业基层单位职工群众的正常生产生活秩序。

会议要求,林业灾后恢复重建工作必须按照党中央、国务院关于灾后恢复重建的总体要求,科学规划、突出重点、着眼长远、稳步推进。在具体工作中,要把科技放在首要位置,严格遵循生态建设规律,合理确定建设重点和建设方式,提高林业现代化发展水平;要坚持民生为重,因地制宜制定惠农政策,着力解决群众生产、生活困难;要坚持基础为本,着眼于今后林业防灾减灾需要,夯实林业发展基础,增强灾害防御能力;要坚持质量为魂,把质量作为林业恢复重建的生命线,贯穿于恢复重建的全过程。当前,要切实抓好四项重点工作。一是及时做好受灾木竹清理销售,最大限度减少林农损失。二是着力推进科学造林营林,确保森林资源恢复高质高效。三是切实加强森林火灾和病虫害防控,确保人民群众生命财产安全。四是积极推进国有林场、国有苗圃、自然保护区、林业工作站等基础设施恢复重建工作,为林业又好又快发展创造良好条件。

中共中央政治局常委李长春在拉巴特会见摩洛哥参议长穆斯塔法·奥卡沙

国家副主席习近平在人民大会堂分别会见前来出席"第二届中日媒体人士对话"活动的日方代表和美国哈佛大学校长德鲁·吉尔平·福斯特一行

中科院首届国际科技合作奖在北京颁发美国斯坦福大学国际研究所罗斯高教授和瑞士联邦理工大学洛塔·雷教授获奖

世界旅游组织旅游可持续发展黄山观测站在安徽黄山景区揭牌

这是世界旅游组织首次在中国的世界遗产地设立观测站,主要目的是通过对黄山生物多样性等生态环境指标的监测,收集黄山旅游业可持续发展的多种指标数据。

世界旅游组织曾于2005年7月在广西阳朔设立了我国第一个"可持续发展观测站"。

3月27日

全国人大常委会委员长吴邦国在人民大会堂会见美国密苏里州代表团

国务院召开全国农业和粮食生产工作电视电话会议

中共中央政治局常委、国务院总理温家宝发表重要讲话。

国务院副总理李克强、张德江、王岐山，国务委员兼国务院秘书长马凯出席会议。国务院副总理回良玉主持会议。

温家宝指出，近几年我国农业农村发展呈现历史少有的好局面，为改革发展稳定全局作出了重要贡献。但必须清醒地认识到，农业仍然是国民经济的薄弱环节。进一步加强农业和粮食生产，是保证市场供给、抑制通货膨胀、实现今年经济社会发展目标的迫切要求，是应对国际农产品市场变化、保障国家粮食安全的重要举措，是顺利推进我国现代化建设的关键所在。我们一定要看到面临形势的严峻性，增强预见性，提高自觉性，用更大的决心和力量促进农业和粮食生产稳定发展。

温家宝指出，国务院在对当前形势进行认真分析研究的基础上，决定进一步加大对农业和粮食生产的政策支持力度。在今年预算安排“三农”投入5625亿元、比上年增加1307亿元的基础上，中央财政再增加252.5亿元投入，主要直接补贴给农民，采取十项重要措施，支持农业和粮食生产。

(一)再增加156亿元农资综合直补，使每亩粮食种植面积的农资综合补贴比上年增加23元，达到40元。

(二)再增加50亿元良种补贴，扩大补贴范围。对4.4亿亩水稻全部实行良种补贴，小麦良种补贴面积由1亿亩增加到2亿亩，玉米良种补贴面积由3000万亩增加到2亿亩。

(三)进一步提高粮食最低收购价。每斤稻谷最低收购价比上年提高7分钱，早籼稻达到每斤0.77元，中晚稻0.79元，粳稻0.82元。每斤白小麦最低收购价比上年提高5分钱，达到0.77元；红小麦和混合麦最低收购价比上年提高3分钱，达到0.72元。

(四)增加防汛抗旱资金和农业基础设施建设投入。中央财政增加20亿元特大防汛抗旱资金和小型农田水利补助资金；增加20亿元农业基础设施建设资金，主要用于农作物种子工程、旱作农业示范基地、大中型灌区节水改造及中部排涝泵站、油料和甘蔗生产基地等建设。

(五)增加基层动物防疫工作经费补助。在已安排经费的基础上，再增加6.5亿元，重点用于中西部地区，以调动基层防疫人员的积极性。

(六)将粮油肉生产大县增加的奖励资金用于贴息。今年增加的46亿元奖励资金，重点支持发展粮油肉生产、流通、加工等方面的贷款贴息，以及农业保险费补助等支出。

(七)延长鲜活农产品“绿色通道”全免通行费政策。对在全国五纵二横国道主干线“绿色通道”上运输鲜活农产品的车辆，继续免收通行费。

(八)加强农资和农产品市场调控。扶持化肥生产，加强化肥调运和价格监管，加强农用柴油市场调控，保障农业生产资料供应。增加农产品储备，确保主要农产品供给不断档、不脱销，价格不大涨、不大落。

(九)加强农村金融服务。对农业贷款的总体规模控制实行特别安排，确保农业贷款规模不低于上年水平，根据农村金融机构涉农贷款比率实施有差别的准备金利率，增加中西部和粮食主产区支农再贷款额度。

(十)抓好政策落实。尽快落实今年中央已出台和这次新出台的各项政策措施，加大宣传力度，充分发挥政策的引导和激励作用。

温家宝要求，各地区、各部门一定要增强政治意识、大局意识、责任意识，把“三农”工作放在全部工作的重中之重，认真落实粮食省长负责制和“菜篮子”市长负责制，加强协作与配合，形成合力。目前正值春耕备耕关键季节。要着力搞好灾区灾后重建和农业生产恢复，做好受旱地区的抗旱减灾工作。引导和鼓励农民扩大春播粮食、油料、蔬菜等作物面积，加强农作物田间管理，积极发展生猪、奶牛、禽蛋生产。加强重大动物疫病、植物病虫害防控和森林草原防火。采取有力措施，努力夺取夏季粮油丰收，为全年农业增产、农民增收奠定坚实基础。

回良玉在主持会议时指出，各地区、各部门要把思想统一到中央的决策和部署上来，进一步加强对农业和粮食生产的支持。要把中央政策迅速传达到农村广大基层干部和群众中去，尽快制订实施方案和具体办法，抓紧各项政策措施的落实，把好处和实惠不折不扣地给予农民。

国务院有关部门、单位主要负责人在主会场出席会议。党中央、全国人大、全国政协和解放军总后勤部负责人应邀出席会议。各省、自治区、直辖市政府、计划单列市和新疆生产建设兵团，市(地)、县(市)主要负责人和有关部门负责人在分会场参加会议。

全国政协在北京召开第三次主席会议

会议研究讨论了十一届全国政协今年的工作思路、政协第十一届常委会第二次会议议题和专题协商会议题。中共中央政治局常委、全国政协主席贾庆林主持会议。

会议认为，今年是全面贯彻落实中共十七大作出的战略部署的第一年，也是十一届政协的开局之年，做好今年的政协工作意义重大。会议提出,今年政协工作的指导思想是:认真贯彻中共十七大、十七届二中全会精神和全国两会精神,以邓小平理论和“三个代表”重要思想为指导,深入贯彻落实科学发展观,巩固和壮大最广泛的爱国统一战线,坚持和完善中国共产党领导的多党合作和政治协商制度,牢牢把握团结和民主两大主题,紧紧围绕党和国家工作大局,积极开展政治协商,完善民主监督机制,提高参政议政实效,充分发挥协调关系、汇聚力量、建言献策、服务大局的作用,推动科学发展,促进社会和谐,为全面建设小康社会、加快推进社会主义现代化作出新的更大的贡献。会议要求着重抓好六个方面工作:一是要切实加强学习工作;二是要精心组织好政协有关重要会议;三是要认真组织专题调研和委员视察;四是要加强同民主党派和无党派人士的合作共事;五是要进一步做好政协经常性工作、办好有关活动;六是要积极推进人民政协的制度建设。会议要求,办公厅和各专门委员会要围绕第二次常委会议的议题和专题协商会的议题,安排好委员视察和专题调研,做好前期筹备工作。

会议听取了全国政协副秘书长杨崇汇就有关问题所作的汇报。

全国政协副主席王刚、杜青林、白立忱、陈奎元、阿不来提·阿不都热西提、李兆焯、董建华、张梅颖、张榕明、孙家正、李金华、郑万通、邓朴方、万钢、林文漪、厉无畏、罗富和、王志珍出席会议。

中纪委 监察部 人社部 财政部 国家海洋局联合发布《海域使用管理违法违纪行为处分规定》

中央文明委印发《关于进一步做好评选表彰全国道德模范工作的决定》

为贯彻落实党的十七大精神,充分发挥道德模范榜样作用,推动公民道德建设深入发展,促进社会主义核心价值体系建设,现就进一步做好评选表彰全国道德模范工作,作出如下决定。

一、深入学习贯彻党的十七大精神,充分认识长期开展全国道德模范评选表彰活动的重要意义

(一)评选表彰全国道德模范,是深入贯彻党的十七大精神的重要举措。党的十七大强调要加强社会公德、职业道德、家庭美德、个人品德建设,发挥道德模范榜样作用,引导人们自觉履行法定义务、社会责任、家庭责任。公民道德建设是社会认同性、广泛性最强的领域,是时代的呼唤、社会的需要、人民的期待。评选表彰全国道德模范,是新形势下动员群众广泛参与道德建设的有力措施,对于凝聚社会各方面力量,把公民道德建设提高到一个新水平,具有重要意义。

(二)评选表彰全国道德模范,是实现全面建设小康社会奋斗目标的现实需要。2007年9月,中央文明办、全国总工会、共青团中央、全国妇联联合评选表彰了首批全国道德模范,充分展示了《公民道德建设实施纲要》颁布以来特别是党的十六大以来公民道德建设取得的丰硕成果,对于形成良好社会风尚、提高公民道德素质起到了重要推动作用。全面建设小康社会,需要有力的精神支撑和牢固的思想道德基础。进一步做好评选表彰全国道德模范工作,有利于深入持久地运用榜样的力量,普及道德规范,引领社会风尚,提高公民文明素质和社会文明程度,促进全面建设小康社会奋斗目标的实现。

(三)评选表彰全国道德模范,是建设社会主义核心价值体系的有效途径。道德模范具体生动形象地体现了社会主义核心价值体系的要求,开展评选表彰全国道德模范活动,有利于弘扬中华民族传统美德,有利于弘扬社会发展进步的时代精神,有利于加深人们对社会主义核心价值体系的理解认同,是用社会主义核心价值体系引领社会价值取向的有效途径和成功实践。社会主义核心价值体系建设是一项长期的任务,评选表彰全国道德模范活动也要长期开展下去。

二、明确指导思想和原则要求,坚持评选表彰活动的正确导向

(四)评选表彰全国道德模范活动,要高举中国特色社会主义伟大旗帜,以邓小平理论和“三个代表”重要思想为指导,深入贯彻落实科学发展观,以建设社会主义核心价值体系为根本,以树立社会主义荣辱观为主线,大力弘扬爱国主义、集体主义、社会主义思想,充分依靠和动员群众,不断改进创新方式方法,增强公民道德建设的针对性、实效性和吸引力、感染力,为促进经济发展、推动社会和谐提供强大的思想道德保障。

(五)评选表彰全国道德模范要坚持以下原则:

面向基层群众。坚持以人为本和群众参与,做到群众评、评群众,群众学、学群众,确保评选出的道德模范可信可亲可敬可学,使群众在参与过程中受到教育、得到提高。

重在推动工作。充分发挥评选表彰活动的激励推动作用,使评选表彰全国道德模范的过程,成为树立先进典型、弘扬真善美的过程,成为普及基本道德规范的过程,成为建设社会主义核心价值体系的过程,促进公民道德建设水平不断提高。

做到公平公正。评选过程要严谨、规范、公开,务实、节俭,评选的每个环节要置于社会监督之下,增强评选活动的权威性和公信力,真正把那些民意基础好、社会认同度高的道德模范评选出来。

三、严格评选标准和工作程序，确保评选出的道德模范经得起实践和群众的检验

（六）全国道德模范是中央文明委授予公民在道德领域的崇高荣誉称号。根据公民基本道德规范的要求和道德建设的实际，全国道德模范评选表彰设“全国助人为乐模范”、“全国见义勇为模范”、“全国诚实守信模范”、“全国敬业奉献模范”和“全国孝老爱亲模范”五个奖项；每个奖项各表彰10人左右。同时，设全国道德模范提名奖。

（七）全国道德模范的基本标准是：热爱祖国，拥护中国共产党领导，身体力行社会主义荣辱观，模范遵守公民道德规范，在日常工作、生活和人际交往中品德高尚、事迹突出、群众公认。

（八）全国道德模范的各奖项标准是：

全国助人为乐模范：长期主动给他人无私帮助，积极参加社会公益事业，赢得群众高度赞誉；

全国见义勇为模范：关键时刻临危不惧，挺身而出，勇于维护国家、集体利益和群众的生命财产安全，在社会上产生重大影响；

全国诚实守信模范：在经济活动和社会生活中，坚持诚信为本、操守为重，严格自律、履行承诺，享有很高的信誉；

全国敬业奉献模范：立足本职，爱岗敬业，艰苦奋斗，在提高服务质量、劳动效率等方面贡献突出，影响广泛；

全国孝老爱亲模范：孝敬父母，关爱子女，夫妻和睦，家庭和谐，事迹感人，群众颂扬。

（九）全国道德模范评选表彰活动在中央文明委领导下，由中央文明办、解放军总政治部、全国总工会、共青团中央、全国妇联联合成立全国活动组委会，下设评选委员会，负责审议候选人资格和组织投票评选；下设办公室负责日常工作。

（十）全国道德模范评选表彰每两年举办一届。

（十一）凡符合全国道德模范参评标准的中国公民，不分年龄、性别、民族、职业，均可被推荐为全国道德模范人选。

（十二）全国道德模范候选人由群众推荐或由所在基层组织征得群众同意后推荐，也可以自荐参加评选。被推荐人所在城乡社区、单位或事迹发生地精神文明建设委员会（领导小组）对被推荐人进行考察审核、征得本人同意、进行公示后，逐级向上推荐。各省（区、市）、新疆生产建设兵团文明委和中直工委、中央国家机关工委、解放军总政治部按规定程序向全国活动组委会推荐本地区、本系统的候选人。

（十三）全国活动组委会对各地各系统的推荐人选进行审核，确定正式候选人名单，通过中央主要新闻媒体和重点网站进行集中公示，并采取公众投票和评选委员会投票相结合的方式，确定全国道德模范建议名单，报中央文明委审定。

（十四）中央文明委授予全国道德模范荣誉证书和奖章；授予全国道德模范提名奖获得者荣誉证书。

四、广泛开展学习宣传道德模范活动，推动全社会道德水平提高

（十五）各级党委政府要重视发挥道德模范榜样作用，用他们的感人事迹、先进思想和崇高精神引领社会风尚。把学习宣传道德模范摆上重要日程，加强组织领导，深入开展多种形式的学习活动。善于总结和发现各方面的道德典型，运用典型力量推动道德建设，使人们学有榜样、赶有目标、见贤思齐，使道德模范的高尚行为逐步成为人们的自觉行动。

（十六）充分利用报刊、广播、电视和互联网、手机短信等各种媒体，通过新闻宣传、文艺作品、公益广告和群众性文化活动等多种方式，广泛宣传道德模范的感人事迹和优秀品质，大力弘扬助人为乐、见义勇为、诚实守信、敬业奉献、孝老爱亲的崇高精神。把学习宣传道德模范融入社会主义荣辱观学习实践活动之中，融入青少年思想道德建设之中，融入群众性精神文明创建活动之中，在全社会形成学习道德模范、关爱道德模范、敬重道德模范、争当道德模范的浓厚氛围。

（十七）由中央文明办制定《帮扶生活困难道德模范实施办法》，对生活困难的全国道德模范进行帮扶。

（十八）各地各有关部门可从实际出发制定奖励和帮扶办法，对本地区本系统全国道德模范及提名奖获得者给予奖励，从政治上、工作上、生活上关心帮助他们。

（十九）全国道德模范及提名奖获得者有严重违反社会主义道德或违纪违法行为的，按有关程序，撤销荣誉称号。

（二十）本决定由中央文明办牵头组织实施并负责解释。

“北京—首尔论坛”第二次会议在北京开幕

国务院副总理王岐山在中南海紫光阁会见美国密苏里州联邦参众议员州长代表团

3月28日

中共中央政治局召开会议对促进残疾人事业发展作出部署

中共中央总书记胡锦涛主持会议。

会议认为，关心残疾人是社会文明进步的重要标

志，残疾人事业是中国特色社会主义事业的重要组成部分。残疾人是一个数量众多、特性突出、特别需要帮助的社会群体。新中国成立特别是改革开放以来，我国残疾人事业不断发展，残疾人状况明显改善，残疾人生活水平和质量不断提高。同时，我国残疾人社会保障措施还不够完善，残疾人事业基础还比较薄弱，残疾人总体生活状况与社会平均水平存在较大差距。我国有8300多万残疾人，涉及2.6亿家庭人口。促进残疾人事业发展，改善残疾人状况，已成为全面建设小康社会和构建社会主义和谐社会一项重要而紧迫的任务。各级党委和政府要从坚持立党为公、执政为民的高度，充分认识发展残疾人事业的重要意义，进一步增强责任感和使命感，切实采取有力措施，促进残疾人事业在新的起点上加快发展。

会议指出，促进残疾人事业发展，必须高举中国特色社会主义伟大旗帜，以邓小平理论和“三个代表”重要思想为指导，深入贯彻落实科学发展观，紧紧围绕全面建设小康社会奋斗目标，着眼于解决残疾人最关心、最直接、最现实的利益问题，完善促进残疾人事业发展的政策和法律，健全残疾人社会保障制度，加强残疾人服务体系建设，营造残疾人平等参与的社会环境，缩小残疾人生活状况与社会平均水平的差距，实现残疾人事业与经济社会协调发展，努力使残疾人同全国人民一道向着更高水平的小康社会迈进。

会议强调，要加强残疾人医疗康复和残疾预防工作，保障残疾人享有基本医疗卫生服务，完善残疾人康复服务保障措施。要保障残疾人基本生活，按照重点保障和特殊扶助的要求，做好残疾人生活救助工作，建立残疾人参加社会保险制度，发展残疾人社会福利和慈善事业。要促进残疾人全面发展，发展残疾人教育，促进残疾人就业，繁荣残疾人文化体育事业。要改善对残疾人的服务，健全残疾人服务体系，加快无障碍建设，发展残疾人服务业。要优化残疾人事业发展环境，大力弘扬人道主义思想和中华民族传统美德，增强全社会扶残助残意识，加强残疾人事业法律和制度建设，推进国际交流合作。

会议要求，各级党委和政府要加强对残疾人工作的领导，进一步完善残疾人工作领导体制，把残疾人工作列入重要议事日程。要把残疾人事业纳入国民经济和社会发展总体规划、相关专项规划和年度计划，建立稳定的经费保障机制。各级政府残疾人工作委员会要强化职责，统筹协调有关促进残疾人事业发展的方针、政策、法规、规划的制定与实施。各有关部门要切实提高为残疾人提供社会保障和公共服务的水平。要充分发挥残疾人组织作用，加强残疾人专职、专业和志愿者队伍建设。各级残联要切实履行职能，代表残疾人共同利益，维护残疾人合法权益，努力为残疾人服务。社会各界要积极参与、支持残疾人事业。

会议还研究了其他事项。

中共中央国务院发出《关于促进残疾人事业发展的意见》

关心残疾人，是社会文明进步的重要标志。残疾人事业是中国特色社会主义事业的重要组成部分。为贯彻落实党的十七大精神，进一步促进残疾人事业发展，现提出以下意见。

一、增强促进残疾人事业发展的责任感和使命感

（一）认清残疾人事业发展的形势。残疾人是一个数量众多、特性突出、特别需要帮助的社会群体。我国有8300多万残疾人，涉及2.6亿家庭人口。党和政府历来十分关心残疾人，高度重视发展残疾人事业，特别是改革开放以来，采取了一系列重大举措，推动残疾人事业不断发展壮大，残疾人参与社会生活的环境和条件明显改善，生活水平和质量不断提高，我国残疾人事业发展在国际上赢得广泛赞誉。但是，必须清醒地看到，我国残疾人事业基础还比较薄弱，残疾人社会保障政策措施还不够完善，残疾人在基本生活、医疗卫生、康复、教育、就业、社会参与等方面还存在许多困难，总体生活状况与社会平均水平存在较大差距。一些地方和部门对发展残疾人事业重视不够，一些人扶残助残意识不强，歧视残疾人、侵害残疾人权益的现象时有发生。促进残疾人事业发展，改善残疾人状况，已成为全面建设小康社会和构建社会主义和谐社会一项重要而紧迫的任务。

（二）认识促进残疾人事业发展的重要意义。促进残疾人事业发展，有利于维护残疾人合法权益，促进社会公平正义，实现全体人民共享改革发展成果；有利于调动残疾人的积极性、主动性和创造性，发挥残疾人在促进改革发展稳定中的重要作用，实现经济社会又好又快发展；有利于促进我国人权事业全面发展，体现社会主义制度的优越性，树立我国良好的国际形象。各级党委和政府要从坚持立党为公、执政为民的高度，从全面建设小康社会、构建社会主义和谐社会的高度，充分认识发展残疾人事业的重要意义，进一步增强责任感和使命感，切实采取有力措施，促进残疾人事业在新的起点上加快发展。

（三）明确促进残疾人事业发展的总体要求。促进残疾人事业发展，必须高举中国特色社会主义伟大旗帜，以邓小平理论和“三个代表”重要思想为指导，深入贯彻落实科学发展观，紧紧围绕全面建设小康社会奋斗目标，着眼于解决残疾人最关心、最直接、最现实的利益问题，坚持政府主导、社会参与，国家扶持、市场

推动，统筹兼顾、分类指导，立足基层、面向群众，完善促进残疾人事业发展的法律、法规和政策措施，健全残疾人社会保障制度，加强残疾人服务体系建设，营造残疾人平等参与的社会环境，缩小残疾人生活状况与社会平均水平的差距，实现残疾人事业与经济社会协调发展，努力使残疾人同全国人民一道向着更高水平的小康社会迈进。

二、加强残疾人医疗康复和残疾预防工作

(四)保障残疾人享有基本医疗卫生服务。覆盖城乡居民的基本医疗卫生服务体系要为残疾人提供安全、有效、方便、价廉的服务。将残疾人纳入城镇职工基本医疗保险、城镇居民基本医疗保险和新型农村合作医疗制度，落实和完善残疾人医疗保障有关政府补贴政策。逐步将符合规定的残疾人医疗康复项目纳入城镇职工基本医疗保险、城镇居民基本医疗保险和新型农村合作医疗范围，保障残疾人的医疗康复需求。城乡医疗救助制度要将贫困残疾人作为重点救助对象。做好残疾人参加社会医疗保险和医疗救助的衔接工作。

(五)健全残疾人康复服务保障措施。将残疾人康复纳入国家基本医疗卫生制度和基层医疗卫生服务内容，逐步实现残疾人人人享有康复服务。大力开展社区康复，推进康复进社区、服务到家庭。继续实施国家重点康复工程，着力解决农村及边远地区贫困残疾人康复难的突出问题。制定和完善残疾人康复救助办法，对贫困残疾人康复训练、辅助器具适配等基本康复需求给予补贴。优先开展残疾儿童抢救性治疗和康复，对贫困残疾儿童康复给予补助，研究建立残疾儿童康复救助制度。支持开展残疾人康复科学技术研究和应用，提高康复质量和水平。

(六)建立、健全残疾预防体系。制订和实施国家残疾预防行动计划，建立综合性、社会化预防和控制网络，形成信息准确、方法科学、管理完善、监控有效的残疾预防机制。广泛开展以社区为基础、以一级预防为重点的三级预防工作。提高出生人口素质，开展心理健康教育和保健，注重精神残疾预防，做好补碘、改水等工作，强化安全生产、劳动保护和交通安全等措施，有效控制残疾的发生和发展。制定国家残疾标准，建立残疾报告制度，加强信息收集、监测和研究。普及残疾预防知识，提高公众残疾预防意识。

三、保障残疾人基本生活

(七)做好残疾人生活救助工作。按照重点保障和特殊扶助的要求，研究制定针对残疾人特殊困难和需求的社会保障政策措施。进一步完善城乡居民最低生活保障、农村五保供养等生活救助政策，保证符合条件的贫困残疾人能够享受城乡居民最低生活保障和有关生活救助待遇。着力解决好重度残疾、一户多残、老残一体等特殊困难家庭的基本生活保障问题，做好低收入残疾人家庭生活救助。安置和照顾好伤残军人。加快实施农村贫困残疾人家庭危房改造项目，城市廉租住房政策和农村危房改造计划优先照顾贫困残疾人家庭。

(八)完善残疾人社会保险政策。加强监督检查，确保城镇残疾职工按照规定参加基本养老、失业、工伤和生育保险。落实城镇贫困残疾人个体户参加基本养老保险补贴政策，鼓励并组织个体就业残疾人参加社会保险。已开展试点的地区帮助农村残疾人参加农村社会养老保险。

(九)发展残疾人社会福利和慈善事业。完善残疾人社会福利政策，逐步扩大残疾人社会福利范围，适当提高残疾人社会福利水平。重点做好残疾老人和残疾儿童的福利服务。各级政府要按照彩票公益金的使用宗旨，逐步加大彩票公益金支持残疾人事业的力度。鼓励社会捐赠，支持发展残疾人社会福利和慈善事业。

四、促进残疾人全面发展

(十)发展残疾人教育。鼓励从事特殊教育，加强师资队伍建设，提高特殊教育质量。完善残疾学生的助学政策，保障残疾学生和残疾人家庭子女免费接受义务教育。发展残疾儿童学前康复教育，加快发展高中阶段特殊教育，鼓励和支持普通高等学校开办特殊教育专业。逐步解决重度肢体残疾、重度智力残疾、失明、失聪、脑瘫、孤独症等残疾儿童少年的教育问题。采取多种措施扫除残疾青壮年文盲。积极开展残疾人职业教育培训，有条件的地方实行对残疾人就读中等职业学校给予学费减免等优惠政策。支持师范院校培养特殊教育师资。实施中西部地区特殊教育学校建设工程，落实特殊教育学校教师特殊岗位津贴政策。各级各类学校在招生、入学等方面不得歧视残疾学生。

(十一)促进残疾人就业。认真贯彻促进残疾人就业的法律、法规和政策措施，保障残疾人平等就业的机会和权利。依法推进按比例安排残疾人就业，鼓励和扶持兴办福利企业、盲人按摩机构、工(农)疗机构、辅助性工场等残疾人集中就业单位，积极扶持残疾人自主择业、自主创业。多形式开发适合残疾人就业的公益性岗位。党政机关、事业单位及国有企业要带头安置残疾人。完善资金扶持、税费减免、贷款贴息、社会保险补贴、岗位补贴、专产专营等残疾人就业保护政策措施。同等条件下，政府优先采购残疾人集中就业单位的产品和服务。将难以实现就业的残疾人列入就业困难人员范围，提供就业援助。加强残疾人职业培训和就业服务，增强残疾人就业和创业能力。切实将国家关于农村扶贫开发政策措施和支农惠农政策落实到农村贫困残疾人家庭,制定和完善针对残疾人特点的扶贫政策措施。扶持农村残疾人从事种养业、手工业和多种经营,有序组织农村残疾人转移就业,促进残疾人增加收入。

(十二)繁荣残疾人文化体育事业。组织残疾人开展形式多样、健康有益的群众性文化、艺术、娱乐活动,丰富残疾人精神文化生活,激发残疾人参与社会主义先进文化建设的热情和潜能。扶持残疾人文化艺术产品生产和盲人读物出版等公益性文化事业。发展残疾人特殊艺术,培养优秀特殊艺术人才。落实全民健身计划,开展残疾人群众性体育健身活动,增强体质、康复身心。开展残疾人体育科研和体育教育。实行公共文化、体育设施对残疾人优惠开放。开展残奥、特奥、聋奥运动,举办和参加国内外重大残疾人体育赛事。办好2008年北京残奥会和2010年广州亚洲残运会。

五、改善对残疾人的服务

(十三)健全残疾人服务体系。针对残疾人特殊性、多样性、类别化的服务需求,建立、健全以专业机构为骨干、社区为基础、家庭邻里为依托,以生活照料、医疗卫生、康复、社会保障、教育、就业、文化体育、维权为主要内容的残疾人服务体系。公共服务机构要为残疾人提供优先优惠的服务。残疾人专业服务机构要改善条件,完善功能,规范管理,扩大受益面,提高服务水平。研究制定残疾人服务领域的国家和行业标准,完善行业管理政策,加强对残疾人服务的支持引导和监督管理。

(十四)加快无障碍建设和改造。制定、完善并严格执行有关无障碍建设的法律、法规、设计规范和行业标准。新建改建城市道路、建筑物等必须建设规范的无障碍设施,已经建成的要加快无障碍改造。小城镇、农村地区逐步推行无障碍建设。加快推进与残疾人日常生活密切相关的住宅、社区、学校、福利机构、公共服务场所和设施的无障碍建设和改造,有条件的地方要对贫困残疾人家庭住宅无障碍改造提供资助。交通运输、铁路及城市公共交通要加大无障碍建设和改造力度。公共交通工具要配置无障碍设备,完善残疾人驾驶机动车的有关规定和管理办法,公共停车区要优先设置残疾人专用停车泊位。切实加强无障碍设施设备的管理和维护。积极推进信息和交流无障碍,公共机构要提供语音、文字提示、盲文、手语等无障碍服务,影视作品和节目要加配字幕,网络、电子信息和通信产品要方便残疾人使用。

(十五)发展残疾人服务业。依托社区开展为重度残疾人、智力残疾人、精神残疾人、老年残疾人等提供生活照料、康复养护、技能培养、文化娱乐、体育健身等公益性、综合性服务项目,推广"阳光之家"经验。鼓励发展残疾人居家服务,有条件的地方建立残疾人居家服务补贴制度。积极培育专门面向残疾人服务的社会组织,通过民办公助、政府补贴、政府购买服务等多种方式,鼓励各类组织、企业和个人建设残疾人服务设施,发展残疾人服务业。残疾人综合服务设施及康复、医疗卫生、教育、就业服务、托养、文化体育等服务设施建设要纳入城乡公益性建设项目,给予重点扶持,并适当向中西部地区和农村地区倾斜。鼓励和支持残疾人服务领域的科技研究、引进、应用和创新,提高信息化水平,扶持残疾人辅助技术和辅助器具研发、生产和推广,促进相关产业发展。

六、优化残疾人事业发展的社会环境

(十六)增强全社会扶残助残意识。围绕建设社会主义核心价值体系,在全社会大力弘扬人道主义思想和中华民族传统美德,倡导"平等、参与、共享"的现代文明社会残疾人观,消除对残疾人的歧视和偏见,形成人人理解、尊重、关心、帮助残疾人的良好社会风尚。宣传、文化、新闻、出版等部门和单位要采取有效措施,积极宣传残疾人事业,宣传残疾人自强模范和扶残助残先进事迹。教育部门要结合中小学德育等课程,开展人道主义、自强与助残教育。结合群众性精神文明创建活动,广泛开展形式多样的扶残助残活动。组织好"全国助残日"、"国际残疾人日"等活动。激励广大残疾人自尊、自信、自强、自立,融入社会,参与发展,共享发展成果。

(十七)加强残疾人事业法律、法规和制度建设。认真贯彻执行《中华人民共和国残疾人保障法》和相关法律、法规,加强执法监督检查。进一步完善残疾人事业法律、法规体系。制定、修订各项相关法律、法规和政策规定,要充分保障残疾人的平等权益,尊重残疾人对相关立法和残疾人事务的知情权、参与权、表达权、监督权。加强法制宣传教育,增强全社会依法维护残疾人权益的法制观念,提高残疾人依法维权的意识和能力。建立残疾人法律救助体系,做好残疾人法律服务、法律援助、司法救助工作。加大对侵害残疾人合法权益案件的查处力度。

(十八)推进残疾人事业国际交流合作。拓宽国际交流领域,提高国际合作水平,积极参与国际残疾人事务,做好《残疾人权利公约》的批约和履约工作,充分展示我国社会发展和残疾人人权保障成就,借鉴国外残疾人事业的有益经验和做法,增进相互了解和友谊,促进我国残疾人事业发展。

七、加强对残疾人工作的领导

(十九)健全残疾人工作领导体制。各级党委和政府要高度重视残疾人事业,把残疾人工作列入重要议事日程,进一步完善党委领导、政府负责的残疾人工作领导体制。党委和政府要分别明确一位领导同志联系和分管残疾人工作,定期听取汇报,认真研究部署。各级政府残疾人工作委员会要强化职责,及时研究解决重大问题,统筹协调有关促进残疾人事业发展的方针、政策、法规、规划的制定和实施,监督检查落实情况。中央和国家机关各有关部门、单位要将残疾人工作纳入职责范围和目标管理,密切配合协作,切实提高为残疾人提供社会保障和公共服务的水平。农村基层组织要抓好残疾人工作的落实。各地要把残疾人事业纳入当地国民经济和社会发展总体规划、相关专项规划和年度计划。残疾人事业经费要列入各级财政预算,并随着国民经济发展和财政收入增长逐步增加,建立稳定的残疾人事业经费保障机制。

(二十)发挥残疾人组织作用。各级残疾人联合会(以下简称"残联")是党和政府联系广大残疾人的桥梁和纽带。要支持残联依照法律、法规和章程开展工作,参与残疾人事业社会管理和公共服务。政府对残联承办的社会事务和专业服务项目要给予相应的政策支持。充分发挥残疾人组织和残疾人代表在国家经济、政治、文化、社会生活中的民主参与、民主管理和民主监督作用,拓宽残疾人组织民主参与渠道。各级残联要切实履行职能,代表残疾人共同利益,维护残疾人的合法权益,努力为残疾人服务,发展和管理残疾人事业。要加强各级残联的建设,健全基层残疾人组织,解决好人员待遇问题,为残疾人工作提供有力的组织保障。中国残联要加强对全国残疾人工作的指导。

(二十一)动员社会各界共同参与。工会、共青团、妇联等人民团体和老龄协会等社会组织要发挥各自优势,支持残疾人工作,维护残疾职工、残疾青年、残疾妇女、残疾儿童和残疾老人的合法权益。红十字会、慈善协会、残疾人福利基金会等慈善团体要积极为残疾人事业筹集善款,开展爱心捐助活动。企事业单位要增强社会责任感,为残疾人事业发展贡献力量。

(二十二)加强残疾人工作干部队伍建设。抓好残疾人专职、专业和志愿者队伍建设。选好配强各级残联领导班子,将残联干部队伍建设纳入干部队伍和人才队伍建设整体规划,加大培养、使用和交流力度,从政治上、工作上、生活上关心爱护,造就一支恪守"人道、廉洁、服务、奉献"职业道德的高素质残疾人工作干部队伍。做好残疾人干部的选拔、培养和使用工作。加强残疾人状况调查、监测、统计,重视残疾人事业政策理论研究,推进相关学科建设,加快培养高素质残疾人事业专业技术人才。培育基层残疾人工作者队伍,提高为残疾人服务的能力。广泛动员社会力量,发展壮大助残志愿者队伍。

贾庆林等党和国家领导人出席怀念敬爱的周总理大型情景音乐会

中共中央政治局常委李长春在拉巴特会见摩洛哥首相独立党总书记阿巴斯·法西并签订有关经济技术合作协定

国务院副总理李克强在中南海紫光阁会见世界卫生组织总干事陈冯富珍博士

外交部部长杨洁篪就推动中美合作关系以及推进六方会谈进程同美国国务卿赖斯通电话

全国人大常委会副委员长路甬祥在人民大会堂会见德国百名青年代表团

中国科学家张令玉在首尔获得韩国"蒋英实国际科学文化奖"大奖

全球首家正版免费网站——夸克电影网成立"夸克电影正版网络联盟"

3月29日

国务院印发《国务院2008年工作要点》并发出通知

国务院各部委、各直属机构:

《国务院2008年工作要点》已经2008年3月26日国务院第2次常务会议通过。现印发给你们,请认真贯彻落实。

2008年是全面贯彻党的十七大精神的第一年,也是本届政府的开局之年,改革发展任务繁重而艰巨。各部门、各单位要以对人民高度负责的精神,深入贯彻落实科学发展观,认真履行职责,立足全局,突出重点,抓住关键环节,着力解决经济社会发展中的突出矛盾,着力解决人民群众十分关切的问题。要切实加强调查研究,注意发现新情况,化解新矛盾,解决新问题,扎实做好各项工作,确保实现全年经济社会发展目标。

国务院

2008年3月29日

国务院2008年工作要点

根据党中央关于2008年工作部署和十一届全国人大一次会议精神,今年国务院工作总的要求是:高举中国特色社会主义伟大旗帜,以邓小平理论和"三个代表"重要思想为指导,深入贯彻落实科学发展观,更加重视加强和改善宏观调控,更加重视推进改革开放和自主创新,更加重视调整经济结构和提高发展质量,更加重视节约资源和保护环境，更加重视改善民生和促进社会和谐，推进社会主义经济建设、政治建设、文化建设、社会建设，加快全面建设小康社会进程。

一、搞好宏观调控，保持经济平稳较快发展

（一）加强和改善宏观调控。密切关注经济形势的发展变化，加强对经济社会发展中重大问题的分析研究，把握好宏观调控的节奏、重点和力度，加强经济运行调节，积极应对各种困难和风险，既要防止经济由偏快转为过热，抑制通货膨胀，又要防止经济下滑，避免大的起落。在优化结构、提高效益、降低消耗、保护环境的基础上，努力完成今年国内生产总值增长8%左右；居民消费价格总水平涨幅控制在4.8%左右；城镇新增就业1000万人，城镇登记失业率控制在4.5%左右；国际收支状况有所改善等预期目标。（发展改革委牵头）

（二）继续实行稳健的财政政策。发挥财政促进结构调整和协调发展的重要作用，增加对薄弱环节、改善民生、深化改革等方面的支出，减少财政赤字和长期建设国债，增加中央预算内经常性建设投资。继续调整财政支出和政府投资结构，较大幅度地增加“三农”、社会保障、医疗卫生、教育、文化、节能减排和廉租住房建设等方面支出。抓好增收节支，依法加强税收征管，规范非税收入管理，控制一般性支出。改革政府投资管理方式，提高投资使用效益。（财政部、发展改革委、税务总局负责）

（三）实行从紧的货币政策。综合运用多种货币政策工具，加大对冲流动性力度，合理发挥利率杠杆调节作用，完善人民币汇率形成机制，增强汇率弹性。着力优化信贷结构，严格执行贷款条件。控制中长期贷款增长，严格控制对高耗能、高排放企业和产能过剩行业的贷款；完善担保、贴息等制度，加大对“三农”、服务业、中小企业、自主创新、节能环保和区域协调发展等方面的贷款支持。深化外汇管理体制改革，发展外汇市场。完善结售汇制度，加强跨境资本流动监管，稳步推进资本项目可兑换。拓宽外汇储备使用渠道和方式。（人民银行、银监会、外汇局等负责）

（四）防止价格总水平过快上涨。增加有效供给，抑制不合理需求，保证市场供应和价格的基本稳定。严格控制粮食、化肥、煤炭等出口。坚决制止玉米深加工能力的盲目扩张。加快健全储备体系，改进和完善储备调节和进出口调节方式，适当增加国内紧缺重要消费品进口。把握好政府调价的时机和力度，防止出现轮番涨价。健全大宗农产品、初级产品供求和价格变动监测预警制度，做好市场供应和价格应急预案。加强市场和价格监管，抓好教育收费、医药价格、农资价格及涉农收费的监督检查，依法打击串通涨价、囤积居奇、哄抬物价等违法违规行为。完善和落实对低收入群众的补助办法，增加对生活困难群众和家庭经济困难学生的补贴。遏制生产资料尤其是农资价格过快上涨。（发展改革委牵头）

（五）做好低温雨雪冰冻灾害恢复重建工作。在统筹规划、科学论证的基础上，加快灾毁基础设施、农业设施、森林资源和灾区倒房等恢复重建，加快灾后农业和林业生产恢复。加强煤电油运协调工作，妥善安排受灾地区群众生活。加强电力、交通、通信等基础设施建设，提高防灾减灾能力特别是防范应对巨灾能力。认真总结低温雨雪冰冻灾害的经验教训。充分发挥保险在防损减灾和灾害事故处置中的重要作用。（发展改革委牵头）

二、加强农业基础建设，促进农业发展和农民增收

（六）大力发展粮食生产和保障农产品供给。切实稳定粮食种植面积，提高单产水平。加大对粮食主产区和种粮农民的扶持力度，实施粮食战略工程，加快建立粮食核心产区，全面提高粮食综合生产能力和供给保障能力。优化品种结构，促进各类重要农产品稳定增长。落实支持生猪、奶业、油料发展和扶持蛋鸡养殖的政策措施。积极发展畜牧水产业，扶持和促进规模化健康养殖。推进农业标准化生产，提高农产品质量安全水平。（农业部、发展改革委、财政部等负责）

（七）加强农业和农村基础设施建设。加快大中型和重点小型病险水库除险加固。搞好灌区改造和小型农田水利建设，大力发展节水灌溉。加大土地开发整理复垦力度，搞好中低产田改造，提高耕地质量，建设一批高标准农田。加强农村饮水、道路、电网、通信、文化等基础设施建设，改善农村人居环境。今年再解决3200万农村人口的安全饮水问题，增加500万沼气用户，支持建设一批大中型沼气项目。落实大中型水库移民后期扶持政策，加大对库区和移民安置区基础设施建设的支持力度。（发展改革委、水利部、农业部、国土资源部等负责）

（八）拓宽农民增收渠道。加快发展高产优质高效生态安全农业，支持农业产业化经营和龙头企业发展。加强农村现代市场流通体系建设，壮大和提升农村二三产业，发展乡镇企业，增强县域经济实力。加强农村职业教育和技能培训，提高农民转移就业能力，发展劳务经济。加大扶贫开发力度，继续减少贫困人口。（农业部、发展改革委、扶贫办等负责）

（九）强化和完善农业支持政策。大力增加农业投入。增加粮食直补、农资综合直补。扩大良种补贴规模和范围。增加农机具购置补贴种类，提高补贴标准，农机具购置补贴覆盖到所有农业县。根据情况提高粮食最低收购价。调整耕地占用税使用方向，改革城市

维护建设税使用办法,增加农村建设投入。(财政部、发展改革委、农业部负责)

(十)坚持最严格的耕地保护制度。加强基本农田保护,按土地利用总体规划和年度土地利用计划,从严审查调整各类规划的用地规模和标准,严格执行土地用途管制制度,依法严格管理农村集体和个人建设用地,坚决制止和查处违法违规占用耕地和林地行为。(国土资源部牵头)

(十一)完善农业科技推广和服务体系。加强农业科技创新和成果转化,强化以公益性为主的多元化农业技术推广服务。加快推进农业机械化。继续实施粮食丰产科技工程,加强良种、信息、农产品质量安全和防灾减灾体系建设,搞好动物疫病和植物病虫害防控。支持发展农业社会化服务。扩大测土配方施肥规模。(农业部、科技部等负责)

(十二)全面推进农村改革。加快推进农村综合改革,增加财政投入,化解农村义务教育"普九"债务。坚持农村基本经营制度,稳定和完善土地承包关系,健全土地承包经营权流转市场,有条件的地方可以发展多种形式的适度规模经营。建立、健全村级组织运转经费保障机制,探索建立农村公益事业建设"一事一议"财政奖补制度。推进减轻农民水费负担综合改革试点。大力发展农民专业合作组织。全面推进集体林权制度改革。(农村综合改革工作小组负责)

三、推进经济结构调整,转变发展方式

(十三)调整投资和消费关系。合理控制固定资产投资规模,优化投资结构。严把土地、信贷闸门和市场准入标准,加强和规范新开工项目管理,严格执行项目新开工条件。坚决控制高耗能、高排放和产能过剩行业盲目投资和重复建设,提高限制发展行业的准入标准和项目资本金比例。坚决停建违法违规项目。从严控制新增建设用地特别是工业用地,今年土地利用计划总规模控制在去年水平。加强和改进对全社会各类投资活动的引导、调控和监管,加大对经济社会发展薄弱环节、重点领域和中西部地区的支持力度。进一步完善消费政策,拓宽服务消费领域,稳定居民消费预期,扩大即期消费。加快现代市场体系建设,大力发展现代流通,深入整顿和规范市场秩序。(发展改革委、财政部、商务部、国土资源部、工商总局等负责)

(十四)推进产业结构优化升级。推进信息化与工业化融合,着力发展高新技术产业,大力振兴装备制造业,改造和提升传统产业,加快发展服务业特别是现代服务业。继续实施新型显示器、宽带通信与网络、生物医药等重大高技术产业化专项。围绕大型清洁高效发电装备、高档数控机床和基础制造装备等关键领域,推进重大装备、关键零部件及元器件自主研发和国产化。加强地质工作,提高资源勘查开发水平。积极发展现代能源原材料产业和综合运输体系。(发展改革委、工业和信息化部负责)

(十五)认真落实国家中长期科学和技术发展规划纲要。全面启动和组织实施大型飞机、水体污染控制与治理、大型油气田及煤层气开发等国家重大专项。实施基础研究、高技术研究和科技支撑计划。着力突破新能源汽车、高速轨道交通、工农业节水等一批重大关键技术。(科技部、发展改革委、工业和信息化部等负责)

(十六)推进国家创新体系建设。重点建设一批国家实验室、国家工程中心、面向企业的创新支撑平台和企业技术中心,加强科技基础能力建设。深化科技管理体制改革,统筹和优化科技资源配置。加强创新型人才队伍建设。加大中央财政科技投入。完善和落实支持自主创新的政策,充分发挥企业作为技术创新主体的作用,鼓励、引导企业增加研发投入。推进产学研结合,培育创新型企业,健全和完善现代科研院所制度。充分发挥国家高新技术开发区的集聚、引领和辐射作用。加大政府采购对自主创新产品的支持力度。扩大创业风险投资试点范围。(科技部、发展改革委、工业和信息化部等负责)

(十七)实施国家知识产权战略。进一步加强专利法律、法规体系建设。深入开展知识产权宏观管理工作。推进知识产权信息化和条件保障建设,提高专利审查综合能力。加强知识产权人才队伍建设,进一步推进知识产权国际合作与交流。(知识产权局牵头)

(十八)促进区域协调发展。深入推进西部大开发,开工建设一批重点工程,支持重点地区优先开发。继续搞好天然林保护、防沙治沙、石漠化治理,落实退耕还林后续政策。组织实施东北地区振兴规划,支持先进装备制造业、现代农业发展和资源枯竭型地区经济转型。编制和实施促进中部崛起规划,落实并完善相关政策。鼓励东部地区率先发展,着力提升国际竞争力。进一步加大对革命老区、民族地区、边疆地区、贫困地区发展的扶持力度。制定并实施主体功能区规划和政策。(发展改革委、财政部、扶贫办等负责)

四、加大节能减排和环境保护力度,做好产品质量安全工作

(十九)加大节能减排和环境保护力度。落实电力、钢铁、水泥、煤炭、造纸等行业淘汰落后产能计划,建立落后产能淘汰退出机制,完善和落实关闭企业的配套政策措施,加强这些行业先进生产能力建设。抓好重点企业节能,加快十大重点节能工程实施进度。提高城镇污水处理能力,尽快在36个大城市率先实现污水全部收集和处理。适当提高排污费、污水处理费和

垃圾处理费标准。完善和严格执行建筑标准,大力推进墙体材料革新和建筑节能。稳步推进城镇供热体制和市政公用事业改革。加大科技支撑力度,开发和推广节约、替代、循环利用资源和治理污染的先进适用技术,实施节能减排重大技术和示范工程。开发风能、太阳能等清洁、可再生能源。大力发展节能服务产业和环保产业。做好“三河三湖”、南水北调水源及沿线、三峡库区和松花江等重点流域水污染防治工作,实施渤海环境保护总体规划。提高重点流域污染物排放的国家标准。加强农村饮用水水源地保护,推进农村生活污染治理,严格控制农村地区工业污染,加强畜禽、水产养殖污染治理,控制农业面源污染。鼓励和支持发展循环经济,促进再生资源回收利用。全面推行清洁生产。保护和合理利用资源,严厉查处乱采滥挖矿产资源等违法违规行为。发展海洋经济。加强气象、地震、测绘基础研究和能力建设。实施应对气候变化国家方案,加强应对气候变化能力建设。完善能源资源节约和环境保护奖惩机制。执行节能减排统计、监测及考核制度,健全审计、监察体系,强化节能减排工作责任制。(发展改革委、环境保护部牵头)

(二十)大力推进节约集约用地。严格实行工业用地和经营性用地招标拍卖挂牌出让制度,全面落实工业用地最低价标准。加强土地储备管理,规范土地前期开发,依法查处闲置土地。健全建设用地标准体系,严格执行新修订的土地使用标准,修订城镇土地等别和划拨用地目录,开展土地集约利用潜力评价和考核。鼓励存量挖潜,探索建立节约集约用地激励机制。严格执行农村集体建设用地法律和政策,规范城乡建设用地增减挂钩试点,控制集体建设用地使用权流转范围。严肃查处“以租代征”土地违法违规行为。(国土资源部牵头)

(二十一)加强产品质量安全工作。完成食品、药品和其他消费品安全国家标准的制定修订工作,健全安全标准体系;加快制定修订涉及产品质量安全的法规,完善行政执法与刑事司法紧密衔接的机制,加大对违法违规企业的惩处力度。严格执行生产许可、强制认证、注册备案制度,严把市场准入关。提高涉及人身健康和安全产品的生产许可条件和市场准入门槛。加强食品、药品等重点监管工作,严把进出口商品质量关。认真落实产品质量安全责任制。(卫生部、质检总局等负责)

五、深化经济体制改革,提高对外开放水平

(二十二)推进国有企业改革。推动国有资本调整和国有企业重组。深化国有企业公司制股份制改革,完善公司法人治理结构。做好政策性关闭破产和主辅分离、辅业改制以及分离企业办社会职能工作,积极稳妥推进厂办大集体改革。深化垄断行业改革,加强政府监管和社会监督。严格规范国有企业改制和国有产权转让,防止国有资产流失,保障职工合法权益。推进集体企业改革,发展多种形式的集体经济、合作经济。落实鼓励、支持和引导个体私营等非公有制经济发展各项政策,解决市场准入和融资支持等方面的问题。(国资委、工业和信息化部、财政部负责)

(二十三)深化财税体制改革。改革预算制度,强化预算管理和监督。完善和规范财政转移支付制度,提高一般性转移支付规模和比例,加大公共服务领域投入。积极推进省以下财政体制改革。全面实施新的企业所得税法。改革资源税费制度,完善资源有偿使用制度和生态环境补偿机制。继续推进增值税转型改革试点,研究制订在全国范围内实施方案。扩大国有资本经营预算制度试点。(财政部、税务总局、发展改革委负责)

(二十四)加快金融体制改革。继续深化银行业改革,重点推进农业银行股份制改革和国家开发银行改革,研究进出口银行和农业发展银行改革问题。建立存款保险制度。加快农村金融改革,强化农业银行、农业发展银行和邮政储蓄银行为“三农”服务的功能,继续深化农村信用社改革,积极推进新型农村金融机构发展。优化资本市场结构,促进股票市场稳定健康发展,着力提高上市公司质量,维护公开、公平、公正的市场秩序,建立创业板市场,加快发展债券市场,稳步发展期货市场。深化保险业改革,积极扩大农业保险范围,做好政策性农业保险试点工作。依法严厉查处各种金融违法违规行为。切实防范和化解金融风险,维护金融稳定和安全。推进社会信用制度建设。(人民银行、金融监管机构等负责)

(二十五)加快转变外贸发展方式。优化出口结构,保持出口平稳增长,继续控制高耗能、高排放和资源性产品出口,鼓励自主知识产权和自主品牌产品出口,提高出口产品质量、档次及附加值。扩大服务出口,发展服务外包。积极扩大进口,重点增加先进技术设备、重要原材料和关键零部件及元器件进口。认真落实和完善出口退税、进出口关税和加工贸易政策。积极稳妥推进海关特殊监管区建设。(商务部、财政部、发展改革委、海关总署等负责)

(二十六)进一步做好利用外资工作。优化利用外资产业结构和地区布局,稳步推进服务业对外开放。继续鼓励外商投资高新技术、装备制造、新材料制造等产业以及节能环保领域,推动外资投向中西部地区和东北地区等老工业基地。进一步发挥国家级经济技术开发区在产业升级中的作用。限制或禁止高耗能、高排放和部分资源性外资项目,规范外资并购,加强监督

管理。切实纠正招商引资中违法违规做法。(商务部、发展改革委负责)

(二十七)引导和规范企业发展对外投资合作。创新对外投资和合作方式,落实和完善支持企业"走出去"的政策措施,积极稳妥推进境外经贸合作区建设。提高对外工程承包和劳务合作水平。加强多双边和区域经济合作。继续推进自由贸易区谈判,认真落实已签署的协定。维护公平的国际贸易秩序。(商务部、发展改革委负责)

六、更加注重社会建设,着力保障和改善民生

(二十八)普遍实行免费义务教育。在试点基础上,从秋季起全面免除城市义务教育学杂费。继续增加农村义务教育公用经费,提高保障水平。适当提高农村家庭经济困难寄宿生生活费补助标准。认真落实保障经济困难家庭、进城务工人员子女平等接受义务教育的措施。(教育部牵头)

(二十九)大力发展职业教育。进一步扩大中等职业教育招生规模,提高高中阶段教育毛入学率。加大对职业教育的投入,加强职业教育基础能力建设。深化职业教育管理、办学、投入体制和教育教学改革,大力推进工学结合、校企合作的办学模式,广泛推行订单培养,完善弹性学习制度,培养高素质技能型人才。继续落实中等职业学校家庭经济困难学生资助政策。(教育部牵头)

(三十)提高高等教育质量。深入实施高等学校本科教学质量与教学改革工程,深化人才培养模式改革,加强教育教学的实践环节。优化学科专业结构,推进高水平大学和重点学科建设。相对稳定招生规模,普通高校招生增量继续向中西部地区倾斜。(教育部牵头)

(三十一)推进教育改革创新。全面实施素质教育,深化教学内容和方式、考试和招生制度、质量评价制度等改革,切实减轻中小学生课业负担。重视学前教育,关心特殊教育。发展远程教育和继续教育。继续做好师范生免费教育试点工作,加强教师队伍特别是农村教师队伍建设,完善和落实教师工资、津贴补贴制度。中央和地方财政要加大教育事业投入,进一步规范教育收费。鼓励和规范民办教育发展。(教育部、财政部、人力资源和社会保障部负责)

(三十二)加快建设覆盖城乡居民的医疗保障制度。扩大城镇职工基本医疗保险覆盖面,城镇居民基本医疗保险试点扩大到全国50%以上的城市。新型农村合作医疗制度全面覆盖全国农村居民,提高筹资标准和财政对参合农民的补助标准,加强经办管理能力建设和基金监管,巩固和完善制度。健全城乡医疗救助制度。(人力资源和社会保障部、卫生部、民政部、财政部负责)

(三十三)完善公共卫生和城乡医疗服务体系。抓好重大疾病防治,落实扩大国家传染病免疫规划范围的政策措施,加大对艾滋病、结核病、血吸虫病等疾病患者免费救治力度。加强地方病、职业病、精神病防治。做好妇幼保健工作。在中西部地区农村实施住院分娩补助政策。健全公共卫生经费保障机制。健全农村三级卫生服务网络和城市社区医疗卫生服务体系。加大全科医护人员和乡村医生培养力度,鼓励高素质人才到基层服务。建立国家基本药物制度和药品供应保障体系。推进深化医药卫生体制改革工作,修改完善改革方案,制定相关配套政策措施。制定和实施扶持中医药和民族医药事业发展的措施。(卫生部、发展改革委、财政部、人力资源和社会保障部等负责)

(三十四)加强人口和计划生育工作。稳定现行生育政策和低生育水平,提高出生人口素质,综合治理出生人口性别比偏高问题。全面实施计划生育家庭特别扶助制度,扩大实施农村计划生育家庭奖励制度和少生快富工程范围,提高奖励扶助标准。加强流动人口计划生育服务管理。(人口计生委牵头)

(三十五)努力扩大就业。贯彻实施就业促进法和劳动合同法,实行积极的就业政策。加强就业和创业培训,鼓励自谋职业和自主创业,支持创办小型企业。加快建设城乡统一规范的人力资源市场,完善公共就业服务体系,促进形成城乡劳动者平等就业制度。加强高校毕业生就业指导和服务。完善就业援助制度,建立帮助零就业家庭解决就业困难的长效机制。督促各类企业同劳动者依法签订并履行劳动合同。加强劳动争议处理和劳动保障监察,严厉打击各种非法用工行为。(人力资源和社会保障部、财政部、教育部负责)

(三十六)增加城乡居民收入。深化收入分配制度改革,逐步提高居民收入在国民收入分配中的比重,提高劳动报酬在初次分配中的比重。多渠道增加农民收入,确保农民工工资按时足额发放,适当提高扶贫标准。建立企业职工工资正常增长和支付保障机制。推动企业建立工资集体协商制度,完善工资指导线制度,健全并落实最低工资制度。改革国有企业工资总额管理办法,加强对垄断行业企业工资监管。做好提高企业退休人员基本养老金水平工作。落实职工带薪年休假制度。(发展改革委、财政部、人力资源和社会保障部、国资委负责)

(三十七)完善社会保障体系。做好社会保险扩面和基金征缴工作,重点扩大农民工、非公有制经济组织就业人员、城镇灵活就业人员参加社会保险。解决关闭破产企业退休人员和困难企业职工参加基本医疗保险问题。完善社会统筹与个人账户相结合的企业职工

基本养老保险制度,扩大做实养老保险个人账户试点,加快省级统筹步伐,制定全国统一的社会保险关系转续办法。规范发展企业年金制度。探索事业单位养老保险制度改革。制定适合农民工特点的养老保险办法。鼓励各地开展农村养老保险试点,健全对被征地农民的社会保障制度。加快完善失业、工伤、生育保险制度。采取多种方式充实社会保障基金,强化基金监管,确保基金安全,实现保值增值。(人力资源和社会保障部、财政部等负责)

(三十八)健全社会救助体系。完善城乡居民最低生活保障制度,建立与经济增长和物价水平相适应的救助标准调整机制。健全临时救助制度。积极发展社会福利事业。鼓励和支持慈善事业发展。做好优抚安置工作。加强防灾减灾救灾工作。重视发展老龄事业,切实保障妇女和未成年人权益,关心和支持残疾人事业,落实促进残疾人就业政策。(民政部牵头)

(三十九)抓紧建立住房保障体系。制定住房规划和政策,重点发展面向中低收入家庭的住房。健全廉租住房制度,加大投入力度,加快廉租住房建设,增加房源供给,加强经济适用住房的建设和管理,积极解决城市低收入群众住房困难。增加中低价位、中小套型普通商品住房供应,建立多渠道投融资机制,通过多种途径帮助中等收入家庭解决住房问题。积极改善农民工居住条件。大力发展省地节能环保型住宅,增加中小套型住房用地供给。完善住房公积金制度,依法加强住房公积金的监督管理。加强对房地产市场的调控和监管,规范和维护市场秩序,严格房地产企业市场准入和退出条件。依法查处闲置囤积土地、房源问题,严厉打击炒地炒房等违法违规行为。加强农村住房建设规划和管理,切实解决农村困难群众住房安全问题。(住房和城乡建设部牵头)

七、深化文化体制改革,推动文化大发展大繁荣

(四十)推进文化体制改革和文化事业发展。进一步落实和完善文化体制改革政策,推动文化创新,繁荣文化市场,推进和谐文化建设。实施公民道德建设工程,建设社会主义核心价值体系。繁荣发展哲学社会科学,鼓励创作优秀精神文化产品。推进公共文化服务体系建设,加强社区和乡村文化设施建设。推进全国文化信息共享、广播电视村村通、农家书屋和农村电影放映工程。向社会免费开放具有公益性质的博物馆、纪念馆和全国爱国主义教育示范基地。加快乡镇综合文化站建设。加快文化产业基地和区域性特色文化产业群建设。加强网络文化建设和管理。坚持开展"扫黄打非"。加强民族文化遗产保护。加强中华优秀文化传统教育,推动其与时代精神的结合。扩大对外文化交流。(文化部、广电总局、新闻出版总署等负责)

(四十一)积极发展体育事业。加强城乡公共体育设施建设,广泛开展全民健身活动,不断提高竞技体育水平。扎实做好北京奥运会和残奥会各项筹办和组织工作,加强同国际奥委会和各国的密切合作,创造良好环境,确保成功举办一届有特色、高水平的体育盛会。(体育总局、北京奥组委、中国残联负责)

八、加强社会主义民主法制建设,促进社会公平正义

(四十二)加强民主制度建设。扩大人民民主,健全民主制度,丰富民主形式,拓宽民主渠道。发展基层民主,完善基层群众自治制度,扩大基层群众自治范围,推动城乡社区建设,深入推进政务公开、村务公开、厂务公开。加强社会组织建设,健全基层社会管理体制。发挥社会组织在扩大社会参与、反映群众诉求方面的积极作用,增强社会自治功能。(民政部、法制办负责)

(四十三)全面推进依法行政。加强改善民生、推进社会建设、节约能源资源、保护生态环境等方面的立法。制定与群众利益密切相关的行政法规、规章,原则上都要公布草案,向社会公开征求意见。合理界定和调整行政执法权限,全面落实行政执法责任制。健全市县政府依法行政制度。加强对行政事业性收费的规范管理,改革和完善司法、执法财政保障机制。加强法规、规章和规范性文件的备案审查工作。健全行政复议体制,完善行政补偿和行政赔偿制度。做好法律服务和法律援助工作。深入开展法制宣传教育。(法制办、财政部、司法部等负责)

(四十四)完善社会治安防控体系。加强社会治安综合治理,深入开展平安创建活动。改革和加强城乡社区警务工作。加强流动人口服务和管理。集中整治突出的治安问题和治安混乱地区,依法防范和打击违法犯罪活动,保障人民生命财产安全,确保社会大局稳定。高度警惕、严密防范、坚决打击"三股势力"、"藏独"势力以及境内外其他分裂势力的分裂渗透颠覆活动,确保北京奥运会顺利举办,为保持和促进改革发展稳定大局创造良好社会环境。加强国家安全工作。(公安部、安全部负责)

(四十五)切实维护群众合法权益。做好信访工作,完善信访制度,进一步落实信访工作责任制。深入开展矛盾纠纷排查化解工作,拓宽诉求表达渠道,健全社会矛盾调解机制,认真解决涉及群众切身利益的问题。依法规范信访工作行为和信访秩序。健全群众工作网络,创新工作机制,妥善处理人民内部矛盾。(信访局牵头)

(四十六)强化安全生产工作。加大源头治理力度,遏制重特大安全事故发生。巩固发展煤矿瓦斯治理和整顿关闭两个攻坚战成果,继续开展重点行业领域安全专项整治,防范打击非法违法建设、生产和经营

行为。加强对各类安全事故隐患的排查和治理工作,健全重大隐患治理、重大危险源监控制度,完善预报、预警、预防和应急救援体系。发展安全生产责任保险。实施安全生产规划,落实科技兴安战略,加强安全教育和培训,提升重点行业安全生产水平。依法加强监管,严肃查处生产安全事故。(安全监管总局牵头)

九、加快行政管理体制改革,加强政府自身建设

(四十七)加快转变政府职能。健全政府职责体系,全面正确履行政府职能,努力建设服务型政府。在加强和改善经济调节、市场监管的同时,更加注重社会管理和公共服务,维护社会公正和社会秩序,促进基本公共服务均等化。重视发挥行业协会、商会和其他社会组织的作用。(中央编办牵头)

(四十八)深化政府机构改革。优化政府组织机构,探索实行职能有机统一的大部门体制,完善运行机制。组织实施国务院机构改革方案,做好部门“三定”工作,力争上半年完成。合理配置宏观调控部门职能,调整和完善行业管理机制,加强社会管理和公共服务部门;界定部门分工和权限,理顺部门职责关系,健全部门间协调配合机制。精简和规范议事协调机构及其办事机构。加快推进事业单位分类改革。妥善处置机构变动部门和单位的经费和资产。(中央编办、国管局、财政部等负责)

(四十九)完善行政监督制度。加强行政权力监督,规范行政许可行为。强化政府层级监督,发挥监察、审计等专门监督的作用。推行行政问责制和政府绩效管理制度。严肃法纪政纪,坚决改变有令不行、有禁不止的现象。推行政务公开,健全政府信息发布制度,完善各类公开办事制度,提高政府工作透明度。(监察部、审计署等负责)

(五十)进一步加强应急管理工作。认真贯彻突发事件应对法,抓紧制定完善相关配套政策。建立、健全应急管理体制,强化工作责任制,完善信息通报、预防预警、指挥协调、应急处置、舆论引导和社会动员机制。全面实施突发事件应急体系建设规划,加快应急平台、监测预警、应急队伍、物资保障等重点项目建设。加强对现代条件下自然灾害发生特点和规律的研究,推进城市乡村应对灾害体系建设。深化应急预案体系建设,建立应急管理能力及重大突发事件风险评估体系,加强灾害风险动态监管,进一步推进基层应急管理。制定促进相关技术和产业发展的扶持政策,加强应急管理培训和科普宣教工作,提高全社会预防和处置突发事件能力。(国务院办公厅牵头)

(五十一)加强廉政建设。推进惩治和预防腐败体系建设。解决权力过分集中和缺乏制约问题。加强制度建设,规范财政转移支付、土地和矿产资源开发等公共资源管理。加大环境保护、食品药品安全、安全生产、土地征收征用和房屋拆迁等专项治理力度,坚决纠正损害群众利益的不正之风。大力提倡艰苦奋斗,坚决制止奢侈浪费。严肃查处各类违法违纪案件,深入治理商业贿赂,依法严惩腐败分子。(监察部牵头)

(五十二)积极推进人事工作和人才队伍建设。实施人才强国战略,加快推进各类人才队伍建设,加强公务员队伍建设。深化公务员工资制度改革,继续做好规范公务员津贴补贴工作。深化职称制度改革,加强职业资格清理规范工作,加快推进事业单位收入分配制度改革。(人力资源和社会保障部牵头)

十、加强民族宗教侨务、港澳台、国防外交工作

(五十三)进一步做好民族、宗教、侨务工作。坚持和完善民族区域自治制度,大力实施少数民族事业发展规划,促进少数民族和民族地区经济社会发展。落实宗教事务条例,依法加强对宗教事务的管理,发挥宗教界人士和信教群众在促进经济社会发展中的积极作用。做好新时期侨务工作,落实促进华侨农场改革和发展的政策,发挥海外侨胞和归侨侨眷在祖国现代化建设与和平统一大业中的作用。(国家民委、宗教局、侨办负责)

(五十四)积极支持国防和军队建设。完善国防动员体系,增强国防动员能力。深入开展国防教育,增强全民国防观念。全面加强现代后勤建设,推进军队后勤保障社会化改革。深化退役军人安置制度改革,做好军队转业干部和退役士兵安置工作。开展拥军优属、拥政爱民活动,巩固军政军民团结。(民政部、人力资源和社会保障部、国家国防动员委员会等负责)

(五十五)加强港澳工作。坚定不移地贯彻“一国两制”、“港人治港”、“澳人治澳”、高度自治的方针,严格按照特别行政区基本法办事,全力支持香港、澳门两个特别行政区政府依法施政。进一步加强内地与香港、澳门两个特别行政区在经贸、环保、科技、教育、文化、卫生、体育等领域的交流与合作。(港澳办牵头)

(五十六)推进祖国和平统一进程。鼓励两岸同胞加强交往、增进共识,积极促进两岸经济文化交流,推动直接“三通”。实施和充实惠及广大台湾同胞的政策措施,支持海峡西岸和其他台商投资相对集中地区经济发展。争取在一个中国原则的基础上尽快恢复两岸协商谈判,解决两岸同胞关心的重大问题。坚决反对“台独”分裂活动。(台办牵头)

(五十七)积极开展全方位外交。维护国家主权、安全和发展利益,推动建设持久和平、共同繁荣的和谐世界。努力发展同发达国家的关系,全面深化同周边国家的睦邻友好关系,大力加强同发展中国家的团结合作,积极开展多边外交,推动重大热点问题和全球性问题的妥善解决,维护我国公民和法人在海外的合法

权益。(外交部牵头)

国务院各部门和单位要根据本要点抓紧制定本部门和本单位的2008年工作要点,并报国务院备案。

3月30日

国务院总理温家宝在万象分别会见老挝国家主席朱马利和泰国总理沙马

国务院总理温家宝在万象与老挝总理波松举行会谈

温家宝说,近年来,中老关系发展很好,双方合作机制日益完善,合作领域不断扩大,合作成效更加明显。去年老挝对华出口增长70%,中国已成为老挝最大的投资国。这表明,发展中老长期稳定、睦邻友好、彼此信赖的全面合作关系,符合两国和两国人民的根本利益,也有利于促进地区和平稳定与共同发展。中国党和政府十分珍视中老传统友谊,愿与老方共同努力,推动中老睦邻友好和全面合作不断取得新的更大成果。

温家宝对进一步发展中老关系提出四点建议:一、保持高层交往,增进政治互信,在彼此重大关切和多边事务中继续相互理解和支持。二、深化经贸合作,实现互利共赢。中方愿增加进口老挝商品,并支持有实力的中国企业到老挝发展商品生产和投资水电、矿产开发,参与老方"资源变资产"战略。三、双方密切配合,落实好公路、桥梁、农业示范中心等重点援建项目,中国政府将继续向老挝提供力所能及的援助,帮助老挝增强自我发展能力。四、加强人员往来,特别是两国边境省区的友好交往,促进当地经济发展。双方还应扩大在人员培训、科技、教育、国防等领域的合作。

波松赞同温家宝上述建议,表示老方愿同中方保持高层交往,加强政治、安全合作,扩大贸易投资,增加农产品对华出口,欢迎中国企业和金融机构积极支持和参与老挝基础设施建设。

温家宝介绍了拉萨暴力犯罪事件的事实真相,阐述了中国政府有关原则立场。波松说,老挝政府谴责拉萨暴力犯罪事件,支持中国政府为维护西藏稳定和人民群众利益依法采取的各项措施。

波松说,北京奥运会是全世界的体育盛事,全体老挝人民祝愿北京奥运会取得圆满成功。

会谈后,两国总理还共同出席了中老经济技术合作协定等双边合作文件的签字仪式。

国务院总理温家宝在万象出席大湄公河次区域领导人与工商界代表对话会

中国国务院总理温家宝、柬埔寨首相洪森、老挝总理波松、缅甸总理登盛、泰国总理沙马、越南总理阮晋勇和亚洲开发银行行长黑田东彦共同出席,会议由波松主持。

对话围绕次区域贸易和投资、实施《大湄公河次区域便利客货跨境运输协定》和扩大中小企业出口等议题展开。次区域工商论坛代表就上述问题发表看法,建言献策。各国领导人一致表示工商企业界在次区域发展中发挥着重要作用。各国政府重视工商界提出的意见和建议,将予以认真考虑和研究,并采取有效措施,为各国企业参与次区域合作,促进次区域经济发展创造良好条件。

温家宝在发言中说,中国政府一贯重视贸易投资便利化。为改善次区域国家贸易环境,促进贸易投资平稳、快速增长,中方先后资助修建昆曼公路老挝段和跨湄公河大桥,对有关国家输华产品单方面实行零关税待遇,将在未来3年把次区域合作框架下提供的培训名额增至1000人次。

中共中央政治局常委李长春在卡萨布兰卡出席中摩企业家研讨会并发表题为《携手奋进 为中非合作不断注入新活力》的主旨演讲

北京奥运圣火交接仪式在雅典举行

当地时间3月30日15时28分,中共中央政治局委员、北京市市委书记、北京奥组委主席刘淇从希腊奥委会主席克里亚库手中接过圣火,并将火种存放在火种罐中,北京奥运会圣火交接仪式取得圆满成功。

3月31日

北京2008年奥运会圣火欢迎仪式暨火炬接力启动仪式在北京举行

中共中央总书记、国家主席胡锦涛在仪式上亲手点燃圣火盆,并宣布北京2008年奥运会火炬接力开始。

中共中央政治局常委、国家副主席习近平在仪式上致辞。

习近平在致辞中代表中国政府和13亿中国人民,对奥运圣火的到来表示热烈欢迎,对海内外各界朋友给予北京奥运会的关注和支持表示诚挚谢意。

习近平说,北京奥运会的火炬将在我国31个省、自治区、直辖市的113个城市中传递,以最广泛、最直接、最生动的形式,在13亿中国人民中传播奥林匹克理想,弘扬奥林匹克精神。这将有力地激发全国各族人民的奥运热情,在全社会形成空前热烈的奥运氛围,向世界展示我国人民期盼奥运、参与奥运、奉献奥运的精神面貌。这将进一步凝聚起全体人民的力量,为实现举办一届有特色、高水平奥运会的目标，为促进国家发展、社会进步和人民幸福作出新的更大的贡献！

习近平最后说，中国政府和人民将一如既往地全力支持筹办奥运，当好东道主，迎接各国各地区朋友们的到来。我们期盼着，13亿中国人民和全世界人民一道，在熊熊燃烧的奥运圣火下，共享奥运会的激情和荣耀，携手共建更加和谐、幸福、美好的明天。

第二十九届奥运会协调委员会主席维尔布鲁根代表国际奥委会主席罗格致辞，对圣火到达北京表示祝贺，感谢全体中国人民对北京奥运会和奥林匹克火炬接力的支持，感谢北京奥组委为此付出的巨大努力。

中共中央政治局委员、北京市市委书记、北京奥组委主席刘淇也在仪式上致辞。

出席仪式的领导同志还有：刘云山、刘延东、令计划、陈至立、马凯、孟建柱、戴秉国、邓朴方，中央军委委员李继耐。

中央和北京市有关方面负责同志，国际奥委会官员、希腊奥委会官员、部分外国驻华使节以及各界群众代表5000多人参加了仪式。仪式由北京市市长、北京奥组委执行主席郭金龙主持。

国家主席胡锦涛在人民大会堂会见阿联酋副总统兼总理迪拜酋长穆罕默德

双方进行了亲切友好的交谈。

胡锦涛积极评价中阿关系，赞赏阿方在台湾、西藏等问题上，坚持一个中国政策，支持中方维护国家主权和领土完整的正义立场。

胡锦涛表示，中阿两国是平等相待、真诚合作的好朋友、好伙伴，发展中阿长期稳定的友好合作关系，是中国政府的一贯政策。中方愿与阿方共同努力，进一步加强两国高层交往，充分利用有关机制，就双边关系和彼此关切的一些重大问题及时交换意见，加强协调，相互支持；进一步发挥两国经济互补性强的优势，积极探讨扩大合作的新途径、新方式，推动两国经贸、能源、投资等领域的合作取得新进展。中方鼓励两国企业增加相互投资，深化在基础设施建设、工程承包、通信、劳务等领域的互利合作；进一步开展文化、教育、旅游等领域的交流合作，加强民间友好交往；进一步加强中国同海湾合作委员会的集体对话与交流，全面发展中国同海合会的友好合作关系，密切在国际和地区事务中的协调与配合。

穆罕默德表示，阿联酋人民对中国人民怀着崇高的敬意，阿方政治上一贯支持中国的统一大业，希望中国成功举办奥运会。近年来，两国经贸合作发展迅速，合作领域不断扩大，阿方将继续致力于巩固和发展阿中友谊，深化各领域合作，推动两国关系更好更快地向前发展。

外交部副部长王毅等参加了会见。

全国人大常委会委员长吴邦国 全国政协主席贾庆林在人民大会堂分别会见加纳议长休斯

国务院总理温家宝出席在万象举行的大湄公河次区域经济合作领导人会议并发表讲话

出席会议的还有柬埔寨首相洪森、老挝总理波松、缅甸总理登盛、泰国总理沙马、越南总理阮晋勇，波松主持会议。在友好、务实和建设性的气氛中，各国领导人围绕加强联系性、提升竞争力、增强大家庭意识的主题深入交换意见，达成广泛共识。

温家宝在会上发表了题为《合作的纽带 共同的家园》的讲话。

各国领导人一致表示，建设融合、和谐、繁荣的次区域是本地区各国的共同愿望。为此，要加强基础设施建设，实现互联互通；要促进运输贸易便利化，将交通走廊转化为经济走廊；要创造有利条件，支持和推动私营部门参与次区域建设；要加强人力资源开发，增强本地区竞争力；要统筹协调经济增长与环境保护，实现可持续发展；要扩大与发展伙伴的融资合作，为次区域发展项目提供资金保障。

会议结束后，与会各国领导人共同签署了《领导人宣言》，参加了昆明至曼谷公路老挝段通车仪式和GMS信息高速公路一期工程竣工仪式，并见证了有关合作文件的签字仪式。

亚洲开发银行行长黑田东彦出席了会议。

国务院总理温家宝在大湄公河次区域经济合作第三次领导人会议上发表题为《合作的纽带 共同的家园》的讲话

尊敬的波松总理，各位同事：

我很高兴来到美丽的万象，出席大湄公河次区域经济合作第三次领导人会议，与大家共话友谊，再促发展。老挝政府为此次会议做了周到安排，我谨代表中方表示衷心感谢。

进入21世纪，大湄公河次区域经济合作不断迈上新台阶。2002年在柬埔寨举行的首次领导人会议批准了《次区域发展未来十年战略框架》，决定将次区域合作机制提升到领导人层次。2005年六国领导人聚首中国昆明，确立了"相互尊重、平等协商、注重实效、循序渐进"的合作指导原则，并通过了一系列重要的合作文件。3年来，各国积极落实会议成果，在交通走廊建设、生态环境保护、人力资源开发等领域又取得了可喜进展，有力地促进了次区域经济社会发展，给当地人民带来了实实在在的好处。与16年前相比,次区域内贸易总额和吸引外国直接投资额均有大幅度增长,各国自主发展能力明显提高,国与国之间关系更为紧密、融洽,构建次区域大家庭的理想日益深入人心。

中国一直是次区域合作的积极参与者和推动者。3年来,我们资助了南北经济走廊及大湄公河次区域信息高速公路一期工程的建设,制定了落实《大湄公河次区域贸易投资便利化战略行动框架》的国家计划,并从2006年1月1日起对柬埔寨83项、老挝91项和缅甸87项输华产品实行了单方面零关税待遇。中国还举办了首届大湄公河次区域农业部长会议,建成开通了大湄公河次区域农业信息网,推动举办了大湄公河次区域公共卫生论坛,并在电信、农业、卫生、能源、贸易投资等领域为各国提供了400多人次的培训。这些行动不仅推动大湄公河次区域合作走向深入,也为促进各国发展作出了贡献。

各位同事,

当前,经济全球化深入发展,科技进步日新月异,区域合作方兴未艾。我们所在的次区域总体保持稳定,经济一体化进程不断加快,正处于历史上最好的发展时期。但应该看到,与东亚其他地区相比,次区域贫困人口众多、基础设施薄弱、资金缺口较大等问题较为突出,实现发展与繁荣依然任重而道远。近来,国际政治、经济形势出现诸多不确定因素。特别是石油、粮食价格不断走高,美国次级贷潜在风险蔓延,美元持续贬值等,都不可避免地给次区域经济合作带来新的压力和挑战。在此背景下,次区域国家应该增强忧患意识,加强团结,密切合作,增强自身抵抗风险的能力,坚持走共同发展与繁荣的道路。

这次领导人会议以"加强联系性、提升竞争力"为主题,抓住了当前次区域合作的关键,反映了各国的共同愿望,顺应了当代发展潮流。加强联系性,提升竞争力应该成为我们下一阶段合作的中心。为此,我认为各国应该从以下几方面作出努力:

——始终以诚相待,加强沟通,增进互信。真正做到彼此心相连,情相容,力相合,巩固稳定、和谐、共赢的次区域合作环境。

——加快交通、电力、通信领域建设,逐步实现各国基础设施的互联互通和网络化,为提升次区域合作水平提供有力的支撑。

——统筹次区域合作规划和国别发展两个大局,兼顾人才、政策、产业、融资等各方面需求,利用好域内和域外两种资源,协调推进各领域合作。

——妥善处理经济效益与保护环境的关系,合理开发利用资源,重视生态保护和节能减排,实现次区域合作的可持续发展。

我相信,只要我们坚持互利共赢的合作思想,深化各领域各层次的互联互通,协调推进,注重实效,就一定能够推动次区域合作再上新台阶,更多地造福于域内人民。

关于下一阶段的合作内容,我愿提出以下建议和倡议:

一、关于基础设施建设

加快交通走廊建设,尽早形成四通八达的公路交通网。中国愿与泰国、亚行密切合作,加快昆曼公路跨湄公河大桥建设,争取在2011年前实现南北走廊的全线贯通。

加强泛亚铁路合作,打通次区域铁路连接。中国愿出资2000万元人民币对泛亚铁路东线缺失段(巴登至禄宁)进行工程可行性研究,愿与各方一道探讨建设融资的可行性,并提供技术、管理和设备支持,争取使东线早日贯通。

制定次区域电信发展战略,推动信息高速公路建设。中方愿主办首届大湄公河次区域电信部长会议,对此进行研讨。

大力发展电力联网与贸易,形成次区域统一的电力市场。中国愿继续牵头做好次区域电力信息数据库、电力合作门户网站和次区域电力规划等工作。

二、关于运输贸易便利化

全面落实《大湄公河次区域便利客货跨境运输协定》及其20个附件和议定书,并尽快启动中老磨憨—磨丁口岸、中缅瑞丽—木姐口岸实施《协定》谅解备忘录的谈判。通过深化运输贸易便利化带动贸易投资的发展。中方倡议成立"大湄公河次区域经济走廊论坛",吸引走廊沿线城市和企业的积极参与,带动沿走廊的贸易、投资和产业合作,形成以交通走廊为核心的经济增长带,将交通走廊真正转化为经济走廊。

三、关于促进农村发展

加快推广以沼气为主的生物质能源开发利用,改善农村生态环境,中方愿为次区域国家建设1500户农村户用沼气。加强跨境动物疫病联防联控能力,建立、完善边境动物疫病防控体系和预警体系,实现有关信息的共享和及时交换。中国还愿以中老"农村通信实验网"项目为示范,与各国交流和分享适用技术,在次区域建设农村通信示范工程。我们应花大力气推动广大农村地区的发展,使农民也能分享次区域合作的成果,更快地脱贫致富。

四、关于卫生合作

重点加强边境地区传染病的联防联控,以应对日益严峻的形势。为此,中国将于2009年举办大湄公河次区域第二届公共卫生论坛,并愿把与老挝、缅甸、越南等国的卫生合作项目扩展至次区域更多国家。

五、关于保护生态环境

高度重视气候变化给次区域合作带来的影响，加强各国适应气候变化的能力建设。继续深化次区域环境合作，执行好“生物多样性保护走廊”项目，并以此为框架开展生态恢复与扶贫、森林生态系统与生物多样性保护等合作。中国将加强三江源国家级自然保护区生态保护与建设工程，保护好湄公河发源地，并更多照顾下游国家的利益与关切。我们愿与各国一道，相互帮助，协力推进，共同呵护我们赖以生存的次区域家园。

六、关于人力资源开发

加强次区域人力资源开发合作机制，精心设计出更多更好的、符合各国需要的培训项目。今后3年，中国将把在大湄公河次区域经济合作框架下为各国提供的培训人次翻一番，增至1000人次。中国还将于2008年向次区域国家增加200个中国政府奖学金名额，供学生们到中国云南省、贵州省和广西壮族自治区的高等学校学习。

七、关于鼓励非政府力量参与合作

加强政府与工商界之间的伙伴关系，充分听取工商界意见，调动他们参与次区域合作的积极性。建议把领导人与工商代表对话会作为每次领导人会议的固定配套活动。

青年人代表次区域合作的未来。为使各国青年人有更多机会相互交流，共同进步，中方愿继续举办“澜沧江—湄公河青年友好交流项目”，并将该项目纳入大湄公河次区域经济合作的框架。

八、关于拓宽融资渠道

希望亚行进一步发挥融资带头作用，鼓励发展伙伴进一步加强资金支持，欢迎更多的国家和国际组织加入发展伙伴行列，为下一阶段合作拥有更强有力的资金支持。中方将继续为次区域合作提供力所能及的支持，并愿与各方一道，不断探索新的融资模式。

各位同事，

经过30年的改革开放，中国的现代化建设事业取得了重大成就，经济实力大幅提升，人民生活显著改善。同时，中国人口多、底子薄、发展不均衡，人均收入在世界上处于较低水平，仍然是一个发展中国家。我们将继续积极推进改革开放，加强和改善宏观调控，坚持以人为本，推动科学发展，促进社会和谐，实现国民经济又好又快发展。当前的主要任务是，采取有效措施，在保持经济平稳较快发展的同时，抑制物价过快上涨，防止出现明显通货膨胀。中国政府有信心，在今后五年中使经济有一个大的发展，改革有一个大的推进，社会公平正义有一个大的进步，人民生活水平有一个大的提高。

中国将始终不渝走和平发展道路，通过维护和平来发展自己，又通过自身的发展来促进和平。中国将坚持奉行互利共赢的开放战略，在开放中实现自身发展，以自身发展带动各国共同发展。事实已经并将继续证明，中国的发展不仅符合自身的根本利益，也有利于促进世界的和平与发展。

中国与次区域各国山水相连，友好往来源远流长。在新的历史时期，中国与次区域各国密切合作，相互依存，双方的前途和命运更加紧密地联系在一起，形成了你中有我、我中有你的大家庭。中国将坚持奉行“与邻为善、以邻为伴”的周边外交方针，巩固与次区域各国的传统友谊，加强同次区域各国的睦邻友好和务实合作，积极推动次区域经济社会发展。中国愿与次区域其他各国一道，为使我们共同的家园变得更加和谐与繁荣作出不懈努力。

谢谢大家！

国务院总理温家宝在万象会见亚洲开发银行行长黑田东彦

国务院总理温家宝看望德宏少数民族群众并召开基层少数民族群众座谈会

国务院副总理回良玉出席在北京召开的全国水利科技大会并发表讲话

回良玉指出，水利是国民经济和社会发展的重要基础设施。党中央、国务院历来高度重视水利事业，采取了一系列促进水利发展的重大政策措施，有力地推动了水利事业的快速发展。水利基础设施建设取得重大突破，科学防汛抗旱取得显著成效，节水防污型社会建设迈出重要步伐，水土保持和水生态环境建设得到明显加强，水利科学技术迅速发展，为保障人民群众生命财产安全、促进国民经济平稳较快发展、促进粮食稳定发展和农民持续增收作出了重大贡献。同时，也要清醒地认识到解决我国水资源问题的复杂性、长期性和艰巨性，我国水利科技的总体水平同贯彻落实科学发展观的新要求还不相适应，水利科技进步在水利事业发展中的支撑和保障作用需要进一步加强，水利科技创新的体制机制需要进一步完善，具有战略性、前瞻性、基础性的重大研究需要进一步深入，水利科技投入力度需要进一步加大。

回良玉强调，当前我国正处于加快推进改革开放和社会主义现代化建设的重要时期，处于全面实施国家中长期科学和技术发展规划纲要、建设创新型国家的关键时期，对加快水利科技创新、促进水利事业发展提出了新的更高的要求。水利科技工作要强化原始创新、集成创新和引进消化吸收再创新,加强基础理论研究、应用技术研发和高新技术利用,加速科技成果推广转化,集中力量开展科研攻关,努力实现水利科技创新的重大突破。要实现应对水旱灾害的科技新突破,为保障人民生命财产安全提供有力支撑;实现饮水安全和水资源优化配置的科技新突破,为保障人民健康和经济社会发展用水提供有力支撑;实现水资源高效利用的科技新突破,为推进节水型社会建设提供有力支撑;实现水环境保护和水生态修复的科技新突破,为促进人与自然和谐提供有力支撑;实现水利高新技术、信息化技术研究和应用的新突破,为推动水利现代化提供有力支撑。

回良玉要求,各地区、各有关部门要强化对水利科技工作的领导,把水利科技纳入科技发展总体规划;加大水利科技投入,建立以财政投入为主体的水利科技投入稳定增长机制;深化水利科技体制改革,着力构建水利科技创新体系;加强水利科技人才队伍建设,推进水利科技国际交流与合作。

这次会议是新中国成立以来召开的第一次全国性水利科技大会。会议表彰了第三届水利青年科技英才、全国水利科技工作先进集体和先进个人,颁发了2007年度大禹水利科学技术奖。

中共中央政治局常委李长春在突尼斯宪政民主联盟党部大楼与该党总书记哈迪·穆赫尼举行会谈

中共中央政治局常委李长春分别会见突尼斯总统本·阿里和众议长福阿德·迈巴扎

4月1日

全国人大常委会委员长吴邦国在北京考察

4月1日至2日，吴邦国和随行的全国人大常委会副委员长、秘书长李建国，在中共中央政治局委员、北京市市委书记刘淇，市长郭金龙等陪同下，来到国家体育场、国家游泳中心、自行车馆、篮球馆和棒球场等奥运场馆，亲切慰问工程设计者、建设者、调试运行人员和正在训练的运动员，详细了解奥运筹办工作。

考察期间，吴邦国听取了北京市工作汇报。他说，北京市贯彻落实中央方针政策是认真的，干部队伍的精神面貌是好的。近年来，北京市产业结构调整成效明显，基础设施深刻变化，社会事业全面推进，人民生活持续改善。特别是在党中央、国务院的领导下，发挥社会主义制度能够集中力量办大事的优越性，实践“绿色奥运、科技奥运、人文奥运”的理念，奥运会和残奥会的筹办工作紧张有序推进，场馆设施建设基本完成，竞赛组织工作进展顺利，服务保障措施不断完善，已经为举办奥运会和残奥会奠定了坚实基础。

吴邦国希望，北京市在深入贯彻党的十七大精神，全面落实科学发展观等方面走在全国前列。一要充分发挥科研教育实力雄厚、交通四通八达、文化底蕴深厚等优势，整合创新资源，凝集创新人才，形成创新环境，尽快实现党的十七大提出的经济发展方式的“三个转变”，着力推动产业结构优化升级。二要继续加强生态环境和市政基础设施建设，大力防治大气和水污染及汽车尾气污染，推进资源节约和循环利用，优先发展地铁等公共交通，尽力改善交通状况。三要努力提高城乡规划建设管理水平，进一步完善城市总体规划，加强城市设计，统筹城乡发展，保护古都风貌，妥善处理保护历史文化风貌和城市建设的关系，达到民族风格、地方特色、时代精神有机统一。

吴邦国强调，北京是祖国的首都，是全国政治、文化和国际交往中心，做好稳定工作，关系全局，意义重大。要坚持以人为本，加快推进以改善民生为重点的社会建设，促进社会公正正义，着力解决困难群众就业、上学、看病、住房等实际困难。要建立、健全社会公共安全、生产安全、食品药品安全和公共卫生安全防控体系，加强基层基础工作，及时化解矛盾纠纷，保证信息准确畅通，完善突发事件应急管理机制，确保社会和谐稳定。

《求是》杂志发表习近平题为《关于中国特色社会主义理论体系的几点学习体会和认识》的文章

国际奥委会第二十九届奥运会协调委第十次全会在北京召开

中共中央政治局委员、北京市市委书记、北京奥组委主席刘淇出席并致辞。中共中央政治局委员、国务委员、北京奥组委副主席刘延东，全国人大常委会副委员长、北京奥组委副主席陈至立，全国政协副主席、中国残疾人联合会主席、北京奥组委执行主席邓朴方出席开幕式。

刘淇说，北京奥运会所需的37个竞赛场馆中，已有36个完工，国家体育场也将在本月完工。京内的45个独立训练场馆已全部竣工。同时，客户群服务工作基本就绪；北京的环境保护工作深入进行，取得了新的成果；交通等城市运行工作进一步完善，残奥会筹办工作取得了显著进展。

国际奥委会第二十九届奥运会协调委员会主席维尔布鲁根主持会议并致辞。他感谢中国政府对北京奥运会筹办工作的大力支持，对北京市、北京奥组委在奥运会筹办工作中取得的成果表示钦佩，并表示国际奥委会将一如既往地支持北京奥运会的筹办工作，与北京奥组委一道共同实现举办一届成功奥运会的目标。

北京市副市长、北京奥组委执行副主席刘敬民围绕奥林匹克公园建设、火炬接力运行、品牌保护、票务、主运行中心、志愿者招募、奥林匹克遗产、奥林匹克文化等9方面工作向大会作了报告。

本次全会将围绕环境、媒体服务、观众、国家(地区)奥委会、奥林匹克大家庭、国际单项体育联合会、赞助商、残奥会等方面的工作议题，与北京奥组委举行工作会谈。会期3天，本月3日闭幕。

4月2日

国家主席胡锦涛在人民大会堂会见美国总统特别代表财政部部长保尔森

胡锦涛积极评价中美经贸合作和两国关系取得的进展。胡锦涛说，中美关系的发展符合双方共同利益，对世界的和平与发展发挥了重要作用。中方愿与美方一道，在相互尊重、平等互利、合作共赢的基础上，进一步加强对话与交流，不断增进战略互信，扩大务实合作，妥善处理有关敏感问题，推动中美建设性合作关系健康稳定发展。

胡锦涛说，中美双方已成功举行了三次战略经济对话，取得了积极成果，为推动中美经贸合作和两国关系的发展发挥了重要作用。中方高度重视健全和完善中美战略经济对话等双边磋商协调机制。作为全球经济体系中的重要成员，中美担负着维护全球经济健康稳定发展的共同责任。中方愿同美方加强宏观经济政策沟通协调，不断提升两国经贸合作水平，为保持世界经济增长、维护国际金融稳定而共同努力。

保尔森向胡锦涛介绍了美国经济运行情况和下一步发展趋势，表达了对美中经贸关系的看法。他表示，布什总统和胡锦涛主席共同启动的美中战略经济对话是成功的，正在不断取得进展。美方认为，美国和中国经济良好运行对对方都有帮助，美中整体关系发展对双方都很重要。希望双方继续努力，推进战略经济对话和中美关系继续向前发展。

国务院副总理王岐山，外交部部长杨洁篪和财政部部长谢旭人等参加了会见。

国务院总理温家宝在北京主持召开国务院常务会议

会议研究部署太湖流域水环境综合治理工作，审议并原则通过《历史文化名城名镇名村保护条例（草案）》。

会议讨论了国家发展改革委会同有关部门和地方编制的《太湖流域水环境综合治理总体方案》（以下简称《方案》）。会议指出，太湖流域是我国经济最发达的地区之一，随着经济快速发展，当地的污染物排放量不断增加。虽然近些年来太湖流域各地区积极加大水污染治理力度，取得一定成效，但太湖流域水环境问题依然严重，边治理、边污染现象依然存在，水环境恶化的趋势还在发展。这种状况不仅严重影响广大群众的正常生活，也影响这个地区经济社会可持续发展。切实加强太湖流域水环境综合治理，意义重大，刻不容缓。

会议强调，实施太湖流域水环境综合治理必须坚持高标准、严要求，坚持以人为本、科学发展，坚持统筹规划、标本兼治，着力调整产业结构与工业布局，加强工业点源、农村面源、城镇污水以及内源污染治理，加强生态修复，加大执法力度，建立、健全流域水环境监测体系、管理体制与运行机制，努力恢复太湖山青水美的自然风貌，为流域经济社会发展提供切实保障，为全国河湖水环境综合治理、建设环境友好型社会提供有益经验。

会议原则同意《方案》提出的太湖流域治理目标，要求到 2012 年，太湖湖泊富营养化趋势得到遏制，湖体水质有所改善，主要饮用水水源地水质基本达到三类。实现这一目标，一要优先保障饮用水安全，完善区域供水安全保障体系和蓝藻事故防范措施，建设饮用水安全监测系统和预警体系。今年要全力防止因水质黑臭影响饮用水安全。二要严格控污减排，对工业点源、农村面源及内源污染实行全方位控制，并逐级分解到行政区域予以考核。三要努力修复生态，适当扩大引江济太工程规模，恢复和建设重要湿地及生态林。四要切实加强水环境保护能力建设，建立、健全工业企业环保准入制度，制定农村面源污染控制标准，加强重大科技问题攻关，加快现有科技成果推广应用，完善流域监测网络和执法体系。五要加强组织领导和区域、部门协作，充分调动社会公众参与治理工作的主动性和积极性，落实地方各级政府水环境治理责任，以更大的决心、更大的力度，把太湖治理好，让人民群众满意放心。

会议认为，为保持和延续历史文化名城、名镇、名村的传统格局和历史风貌，维护历史文化遗产的真实性和完整性，继承和弘扬中华民族优秀传统文化，根据《中华人民共和国文物保护法》和《中华人民共和国城乡规划法》，制定《历史文化名城名镇名村保护条例》很有必要。条例草案明确了历史文化名城、名镇、名村的申报条件与批准程序；强调了保护规划的权威性，规定经依法批准的保护规划不得擅自修改；强化了保护措施，规定历史文化名城、名镇、名村应当整体保护，城市和县人民政府应当对历史建筑设置保护标志，建立档案。草案还明确规定了政府及其有关主管部门的法律责任，对破坏传统格局和历史风貌的行为设定了严格的法律责任。会议决定，该条例草案经进一步修改后，由国务院公布施行。

会议还研究了其他事项。

政协第十一届全国委员会第一次专门委员会主任会议在北京举行

中共中央政治局常委、全国政协主席贾庆林出席会议并讲话。全国政协副主席王刚主持会议。

贾庆林在讲话中指出，政协专门委员会是政协工作的重要基础，是政协履行职能的重要方式。做好专委会工作，有利于保持同政协委员的经常联系，调动委员履行职责的积极性和主动性，发挥委员的主体作用；有利于突出政协的界别特色，反映各界群众的愿望和诉求，扩大公民有序政治参与；有利于发挥政协优势，围绕关系国计民生的重大问题咨政建言，促进党和政府决策的科学化、民主化；有利于体现政协作为统一战线组织的性质和特点，维护社会稳定和民族团结，促进祖国和平统一，加强同各国人民的友好往来和合作。

贾庆林就进一步做好政协专委会的工作提出了四点要求。第一，坚持着眼大局、突出重点，更好地服从服务于党和国家事业的发展。要牢固树立大局意识和全局观念，自觉地把政协工作放到党和国家工作全局中加以谋划，把专委会工作放到政协工作全局中加以部署。要紧紧围绕中共十七大提出的重大理论观点、重大战略思想、重大工作部署，精心选题，深入实践，认真调研，努力提出现实针对性强的对策建议，为推动科学发展、促进社会和谐贡献智慧和力量。第二，坚持民主协商、平等议事，更好地促进各方面的团结合作。要把民主协商、平等议事的要求贯彻到开展工作的各个环节，落实到履行职能的整个过程，加强各党派团体的合作，促进各界别间的交流，加强专委会内部的协作，充分调动各方面的积极性、主动性，不断增强专委会工作的合力。第三，坚持发挥优势、讲求质量，更好地提高专题调研的实效。要充分发挥专委会“专家多、大家多、名家多”的优势，注重提高专题调研的质量，注重调研成果的转化，注重专题调研的宣传工作，努力推出一批有高度、有深度、有力度的调研报告，为党和政府科学民主决策服务。第四，坚持求真务实、强基固本，更好地推进专委会自身建设。要自觉加强学习，建立、健全制度，切实改进作风，努力提高履行职责的能力和水平。

全国政协各专门委员会负责同志汇报了今年的工作思路和重点，并对进一步做好专委会工作、发挥专委会作用提出了意见和建议。

全国政协副主席杜青林、陈奎元、阿不来提·阿不都热西提、张梅颖、张榕明、孙家正、郑万通、林文漪、厉无畏、罗富和、陈宗兴、王志珍出席会议。

国务院副总理王岐山在北京同美国总统特别代表财政部部长保尔森举行会谈

中共中央政治局常委李长春在大马士革分别与叙利亚复兴党民族领导机构副总书记阿卜杜拉·艾哈迈尔 地区领导机构副书记穆罕默德·赛义德·布希坦举行会谈

外交部部长杨洁篪就双边关系与印度外长慕克吉通话

4月3日

国家主席胡锦涛在人民大会堂接受9国新任或首任驻华大使国书

这9位大使分别是：文莱驻华大使张慈祥、斐济驻华大使何志美、马尔代夫首任驻华大使拉帝夫、挪威驻华大使司文、匈牙利驻华大使库绍伊、保加利亚驻华大使佩伊奇诺夫、塞拉利昂驻华大使科罗马、荷兰驻华大使裴靖康和沙特驻华大使叶海亚。

国务院总理温家宝在人民大会堂会见美国总统特别代表财政部部长保尔森

温家宝表示，经贸合作是中美关系的重要基础。目前，两国在贸易、投资、金融领域的合作已达到很高水平。中方为缓解双边贸易不平衡采取了积极措施，并开始取得成效。希望美方放宽对华出口限制，减少贸易和投资壁垒，与中方共同推动双边经贸关系继续健康稳定发展。

温家宝指出，中美加强能源和环保合作对两国以至世界经济可持续发展具有重要意义。中方愿同美方一道，加强对话和政策协调，推动有关项目取得进展，使能源和环保合作成为中美经济合作新的增长点。

温家宝表示，中美战略经济对话已成为两国增进战略互信、发展互利合作的重要渠道。双方要努力做好第四次对话的准备工作，加强磋商，密切配合，推动对话取得新的成果。

保尔森介绍了对美国经济形势及其发展前景的看法。保尔森表示，美中战略经济对话成功符合双方的利益。开展两国能源与环境合作十年合作规划工作是双方共同选择。美方高度重视战略经济对话的可持续性，愿同中方共同努力，推进美中战略经济对话的机制性建设。

国务院总理温家宝在人民大会堂与阿联酋副总统兼总理迪拜酋长穆罕默德举行会谈

温家宝说，阿方坚持一个中国政策，中方对此表示赞赏。阿联酋是中国在中东海湾地区最重要的经济合作伙伴之一，发挥着中国商品向中东、非洲出口集散中心的作用。两国在交通、通信、能源、建筑等领域开展了富有成果的合作，人员往来和文化交流日益密切。中方对双边关系发展的良好势头感到高兴。

温家宝表示，中阿都处于经济快速发展时期，深化互利合作符合两国的根本利益。中国高度重视发展同阿联酋的关系，愿与阿方一道，保持高层往来，增进互信，夯实合作的政治基础。在现有良好基础上，积极推进务实合作。希望双方不断丰富进出口产品种类，扩大贸易规模。中方欢迎阿联酋公司来华投资兴业，也愿鼓励有实力的中国企业赴阿投资，双方还可以探讨联合投资第三方的可能性。两国在能源和基础设施建设领域各有优势，可以成为稳定的全面合作伙伴。

温家宝指出，中国一贯主张中东问题有关各方在联合国决议、“土地换和平”原则和“阿拉伯和平倡议”等基础上，通过谈判解决彼此争端，实现阿以和平共处。作为阿拉伯国家的真诚朋友，中国愿为推动中东和平进程继续发挥建设性作用，并密切同海湾合作委员会的关系，推动双方的友好交往与合作取得新成果。

穆罕默德高度评价双边关系发展。他表示，阿方高度重视阿中双边关系，坚定支持中国的统一大业，反对干涉中国内政，衷心祝愿中国成功举办奥运会。阿方将继续致力于加强同中国的友好合作关系，进一步加强高层互访和各领域的人员交流，进一步发展两国在经贸、教育和文化等领域的合作。

穆罕默德希望加快海合会与中国的合作进程，阿联酋愿意成为中国面向海合会国家的窗口。

会谈后，两国领导人出席了《中华人民共和国和阿拉伯联合酋长国关于刑事司法协助的条约》等双边合作文件的签字仪式。

全国政协主席贾庆林在人民大会堂会见泰国公主诗琳通

内蒙古自治区十一届人大常委会一次会议第三次全体会议任命巴特尔为自治区副主席代理自治区主席职务

国务院新闻办公室就四川省阿坝藏族羌族自治州阿坝县的打砸抢烧事件举行中外媒体记者会

四川省阿坝藏族羌族自治州人民政府副州长肖友才在记者会上表示，从拉萨3月14日发生打砸抢烧事件，到3月16日阿坝县城发生打砸抢烧事件，不法分子采用的手法和整个事态的发展几乎如出一辙。这些打砸抢烧暴力活动都以分裂国家作为政治口号，一些不法僧人在这些事件中都充当了挑头闹事的角色，甚至直接参与打砸抢烧，这说明阿坝县发生的打砸抢烧暴力破坏活动不是孤立的，是达赖集团精心策划、有组织的暴力破坏活动的重要组成部分。

据肖友才介绍，阿坝县位于四川省西北部，有藏族人口5.71万人，占全县总人口的89%。3月16日，由格尔登寺的一些不法僧人挑头，阿坝县发生了一些不法分子在县城进行打砸抢烧的暴力犯罪事件，不法分子挥舞着"雪山狮子旗"，拿着达赖的画像，呼喊分裂国家的口号，在县城的主要街道打砸抢烧，烧毁了24间商铺和2个公安派出所，烧毁了81辆警用和民用车辆，打伤了很多无辜群众和200多名政府机关工作人员、执勤的公安民警。打砸抢烧造成的损失，相当于阿坝县过去10多年的财政收入的总和。

肖友才说，阿坝县打砸抢烧暴力犯罪事件发生后，当地迅速启动维护社会稳定的应急方案，并在各族群众的支持下，迅速依法平息了事态，维护了社会稳定，维护了法律秩序，维护了人民的根本利益。

肖友才指出，"达赖集团煽动组织打砸抢烧暴力破坏活动并裹挟许多不明真相的群众参与，就是企图制造大的流血事件。""公安民警和武警在处置这一事件中保持了极大的克制，依法处置，使达赖集团的图谋没有得逞。"

据肖友才介绍，3月28日，根据群众举报，公安机关在格尔登寺查获了一批武器弹药，其中包括小口径步枪16支、各种火药枪14支、子弹498发、火药4公斤、管制刀具33件，查获了数以千计的"藏独"宣传品，还查获了短信群发器和淫秽录像光碟等。

肖友才说，从这些查获的物品联系到一些不法僧人煽动、组织打砸抢烧暴力破坏活动这一事实，广大信教群众和不信教群众对此感到震惊和痛心。"在寺庙非法藏匿大量枪支弹药和分裂国家的宣传品。一些人究竟想干什么，他们在干什么，令人深思。"

肖友才强调："事实证明，中国依法处置打砸抢烧暴力破坏活动，根本不是什么民族问题，也根本不是什么宗教信仰自由不自由的问题，而是事关分裂国家与反对分裂国家，事关破坏社会稳定与反对破坏社会稳定，事关践踏国家法制秩序与反对并依法制止践踏国家法制秩序的问题。"

肖友才说，现在，阿坝县已经恢复了正常的生产秩序和生活秩序，人们又开始过着以往平静、安定的生活。他表示，"我们有能力维护阿坝地区的社会稳定和法律秩序，维护人民群众的根本利益，任何企图破坏社会稳定、制造分裂活动的行径都是不得人心的，是注定要失败的。"

国家副主席习近平在人民大会堂会见阿联酋副总统兼总理迪拜酋长穆罕默德

国务院副总理回良玉出席在北京召开的全国绿化委暨造林绿化表彰大会并发表讲话

回良玉指出，党中央、国务院历来高度重视国土绿化工作，过去五年国土绿化进程不断加快，成效显著。全国累计植树造林4.6亿亩，年均造林9000万亩。全国城市绿化覆盖率由29.5%上升到35.11%，人均公共绿地面积由6.49平方米增加到8.6平方米。全社会生态文明观念明显增强，自觉保护林地、绿地、树木的意识不断强化。同时，也要清醒地看到，我国依然是一个少林缺绿的国家，森林资源总量不足、质量不高的状况没有得到根本改观，土地沙化、水土流失、生物多样性破坏等生态问题仍较突出，巩固和发展国土绿化成果的压力很大。回良玉指出，搞好国土绿化，可以改善生态环境、提高人居质量、增加木材、草场等资源，各地区、各有关部门要从促进生态文明、促进人与自然和谐发展、促进农民增收的高度，充分认识国土绿化工作的重要性，按照党的十七大作出的建设生态文明的战略决策部署，切实加大造林绿化工作力度，继续推进生态工程建设，不断巩固和发展国土绿化成果。力争到

2010年,全国森林覆盖率达到20%,森林蓄积量达到132亿立方米以上,城市绿化覆盖率达到40%、人均公共绿地面积达到10平方米;到2020年使我国成为生态环境良好的国家。

回良玉强调,面对新的形势和任务要求,各地区、各有关部门要进一步行动起来,抢抓时机,加快造林进度,提高造林质量,切实完成好今年的植树造林绿化任务。要继续深入开展全民义务植树运动和重点生态工程建设,不断提高适龄公民义务植树尽责率,加强抚育管护和林业执法,拓展和扩大国土绿化成果。要结合林业灾后恢复重建和集体林权制度改革,开展受损林地补植补造和更新造林,努力恢复灾前国土绿化成果;建立责权利明晰的林业经营制度,进一步调动广大农民造林育林的积极性和爱林护林的自觉性,推动和促进国土绿化工作。要加大森林草原火灾和林业有害生物防控力度,加强对重点区域、重点部位的防控工作,确保不出现重大森林、草原火灾;着力抓好重点地区、重点有害生物的科学防治工作,努力降低成灾率,巩固和保护国土绿化成效。要认真落实目标责任制,加强监督、检查和考核、奖惩;进一步加强组织领导,将国土绿化工作摆上重要议事日程,形成工作合力,强化宣传教育,大力营造加快国土绿化的社会氛围。

中国社科院社会所发布《2007年全国公众环境意识调查报告》

报告显示,随着我国环保事业进一步发展,我国公众对于环境保护的重要性、必要性、责任感和紧迫感均有显著提升,但公众主动了解环保知识、参与环保活动行为不足。在调查列举的13项社会问题里,环境污染问题在13项社会问题中列第四位,其严重性仅次于医疗、就业、收入差距问题,已成为我国严重的社会问题。

4月4日

国务院副总理张德江在中南海紫光阁会见欧洲宇航防务集团首席运营官马赫万·拉胡德

张德江积极评价欧洲宇航防务集团在中国与欧洲航天及防务安全领域的合作中发挥的重要作用,并对该公司旗下空中客车公司与中国航空集团公司旗下中国国际航空公司等中方企业所建立的合作伙伴关系表示赞赏。他希望双方企业继续深化各领域合作,推动中欧企业界关系更好更快地向前发展。

拉胡德代表欧洲宇航防务集团对中国政府长期以来给予的支持表示衷心的感谢。他表示,欧洲宇航防务集团十分重视中国市场的开发,并对中国经济保持持续增长充满信心。

全国汽车驾驶人过亿

据《人民日报》报道,截至2007年年底,全国机动车保有量为159777589辆。其中,汽车56967765辆,摩托车87096613辆,挂车869124辆。全国机动车驾驶人163887372人,其中汽车驾驶人107087137人。

最新统计数字显示,2007年全国机动车保有量与2006年相比增加14548595辆,增长10.02%。

私人机动车继续保持增长。全国私人机动车保有量为121571500辆,与2006年相比,增加11965532辆,增长10.92%。其中,私人汽车35337531辆,占汽车保有量的62.03%。私人轿车保有量为15217911辆,占轿车总量的77.73%。

机动车驾驶人保持高增长态势。全国机动车驾驶人数量达163887372人,与2006年相比,增加13765300人,增长9.17%,增幅下降2.79个百分点。

中国审计博物馆在南通开馆

中国审计博物馆是迄今为止唯一以国家审计为主要内容的专题博物馆,也是世界上第一家国家审计博物馆。展馆建筑面积约5000平方米,展陈面积约4000平方米,分为基本陈列区、临时陈列区两个部分,集收藏、科研、宣传、教育等功能于一体。

吴学谦逝世

中国共产党的优秀党员,久经考验的忠诚的共产主义战士,无产阶级革命家,我国外交战线杰出的领导人,中国共产党第十二、第十三届中央政治局委员、国务院原副总理、中国人民政治协商会议第八届全国委员会副主席吴学谦因病医治无效,于2008年4月4日9时38分在北京逝世,享年87岁。

吴学谦1921年12月19日出生于上海市。1939年6月加入中国共产党。新中国成立前在上海从事地下党的学生工作,曾任上海地下党学委副书记、代理学委书记。1949年6月起任中华全国民主青年联合会派驻布拉格世界民主青年联合会的代表。新中国成立后,吴学谦历任中国共产主义青年团中央国际联络部副部长、部长,共青团中央委员、常委,全国青联国际部部长、全国青联副主席。1958年10月至1978年1月历任中共中央对外联络部五处处长、西亚非洲组组长、三局局长。1978年2月任中共中央对外联络部副部长。在中共中央对外联络部工作期间,他长期负责非洲及西亚地区的工作。1982年4月,吴学谦任外交部第一副部长、党组书记。1982年11月任外交部部长、党委书记。1983年6月任国务委员兼外交部部长。1987年11月,吴学谦任中央外事工作领导小组副组长,1988年4月任国务院副总理,1988年8月任中央对台工作领导小组副组长。1993年3月,吴学谦当选为政协第八届全国委员会副主席,同月担任中共政协第八届全国委员会党组副书记。中共中央第十二届、十三届委员,在十二届五中全会上增选为中央政治局委员,第十三届中央政治局委员。

4月5日

胡锦涛等党和国家领导人到奥林匹克森林公园参加义务植树活动

第二十四个首都全民义务植树日,党和国家领导人胡锦涛、吴邦国、温家宝、贾庆林、李长春、习近平、李克强、贺国强等来到北京奥林匹克森林公园,同首都劳动模范、奥运志愿者和少先队员代表一起植树。

在认真听取首都绿化情况介绍后,胡锦涛说,北京市这些年绿化工作很有成绩,特别是建成了北京奥林匹克森林公园,使北京多了一片"城市森林"。现在离举办北京奥运会和残奥会越来越近了,我们要进一步弘扬"绿色奥运"理念,吸引更多的市民参与到植树造林、美化环境的活动中来,以良好的环境迎接各国体育健儿的到来。

参加今天首都义务植树活动的领导同志还有王刚、王兆国、王岐山、回良玉、刘淇、刘云山、刘延东、李源潮、张德江、何勇、令计划、梁光烈、马凯、孟建柱、戴秉国等。中央和国家机关有关部门以及北京市的负责同志也参加了植树活动。

4月6日

国务院副总理李克强到湖北省调研考察

4月6日至8日,李克强在湖北省省委书记罗清泉、省长李鸿忠等陪同下,先后到恩施土家族苗族自治州、孝感、武汉等地,走进大山深处,来到田间地头,深入农村、社区、企业和农贸市场,同基层各族干部群众亲切交谈,着重对转变经济发展方式和解决重点民生问题进行调研。他在考察中指出,当前我国正处于改革发展的关键时期,国内外形势又出现了一些新情况、新问题,经济发展中的不确定因素增多。应对前进中的各种挑战和风险,要继续加强和改善宏观调控,加快转变经济发展方式,加大经济结构战略性调整力度,推进改革开放,着力解决发展中的突出矛盾,加强公共服务,着力解决重点民生问题,努力促进全面协调可持续发展。

李克强强调说,当前要落实好中央确定的各项支农惠农政策,调动和保护农民积极性,促进农业和粮食生产发展。对村民杨紫云反映的农资价格上涨较快问题,李克强说,国家已经采取了进一步加大对农业补贴等措施,一定要让农民种粮有好处。在考察孝感市三汊镇农贸市场时,李克强指出,当前我国粮食储备充足,农产品供给有保障,我们完全有能力保证市场供应和价格基本稳定。

在鄂期间,李克强考察了武汉钢铁集团公司、烽火通信科技股份有限公司、神龙汽车有限公司、东风本田公司等企业以及筹备中的武汉光电国家实验室,详细询问生产经营、科技创新等情况。他指出,推进产业结构优化升级,既是转变发展方式的重要任务,也是保持经济平稳较快增长的关键举措。要以市场为导向,以企业为主体,增强自主创新能力,大力发展先进制造业、高新技术产业。特别要加快发展服务业,扩大消费需求,开拓国内市场空间。

李克强听取了湖北省委省政府的工作汇报,他充分肯定了近年来湖北经济社会发展取得的成就,希望湖北广大干部群众抓住促进中部地区崛起的历史机遇,进一步解放思想,依靠改革开放推动科学发展,着力改善民生促进社会和谐,又好又快地推进全面建设小康社会进程。

黄河文化传播工程在北京 香港 新加坡 曼谷 悉尼 纽约同期启动

4月7日

第十六届国际奥协代表大会在北京召开

中共中央政治局常委、全国人大常委会委员长吴邦国出席开幕式并致辞。

吴邦国指出,发展奥林匹克运动,促进社会和谐发展,是中国人民和世界各国人民的共同心愿。中国政府积极支持和参与国际奥林匹克事务,先后派体育代表团参加了六届夏季奥运会、八届冬季奥运会并弘扬奥林匹克精神,普及奥林匹克运动,推动竞技体育与群众体育事业全面发展。2001年,北京成功申办2008年奥运会,极大地激发了中国人民的奥运热情,形成了迎接奥运、参与奥运、奉献奥运的良好氛围。我们相信,北京奥运会和残奥会的成功举办,必将对扩大中国同世界各国在体育、文化等领域的交流与合作,推进世界和平与发展的崇高事业产生重大而深远的影响。

吴邦国强调,中国政府和人民将恪守承诺,继续加强与国际奥委会、国际奥协和国际体育界的合作,抓紧各项筹办工作,确保北京奥运会和残奥会成功举办。我们热忱欢迎世界各国各地区的运动员、教练员和各界朋友前来参加、观摩和报道北京奥运会和残奥会。

中国政府和人民愿与世界各国人民一道，为弘扬奥林匹克精神，增进人民友好感情，谱写奥林匹克运动新篇章，创造人类社会更加美好的未来，共同作出新的更大的贡献。

国际奥协主席拉涅亚在致辞中说，国际奥协一直坚定支持北京奥运会的组织工作，并将继续全力协助北京奥运会使其在保障青年运动员的利益方面获得最大成功，为促进全世界青年和人民之间的友谊、团结与和平作出贡献。拉涅亚说，北京奥运会将为中国未来发展和中国奥林匹克运动谱写新的重要的篇章。

在开幕式上致辞的还有国际奥委会主席罗格，中共中央政治局委员、北京市市委书记、北京奥组委主席刘淇和国家体育总局局长、中国奥委会主席、北京奥组委执行主席刘鹏。中共中央政治局委员、国务委员、北京奥组委副主席刘延东，全国人大常委会副委员长、北京奥组委副主席陈至立，全国政协副主席、中国残疾人联合会主席、北京奥组委执行主席邓朴方，北京市市长、北京奥组委执行主席郭金龙等出席会议。

开幕式由北京奥组委执行副主席兼秘书长王伟主持。国际奥协代表大会各参会组织，中央国家机关和北京市、北京奥组委等方面代表共800多人出席了开幕式。

国际奥协由国际奥委会所属205个国家和地区奥委会组成，是仅次于国际奥委会的国际体育组织。国际奥协代表大会每两年举办一届，各国家和地区奥委会和各洲际奥协、各国际单项体育联合会、国际奥委会主席及全体执委均将出席，围绕一系列涉及各国家和地区奥委会的重要问题展开讨论。会议期间，国际奥委会将与国际奥协举行联席会议。本届会议将于9日结束。

全国人大常委会委员长吴邦国和国务院总理温家宝在人民大会堂分别会见土耳其大国民议会议长托普坦

吴邦国说，中方愿与土方一道，进一步挖掘合作潜力，丰富合作内涵，加强投资、旅游等领域的务实合作，共同推动两国关系更好更快发展。

吴邦国表示，中国全国人大将与土耳其大国民议会保持高层交往，加强各专门委员会和友好小组间的往来，开展治国理政、民主法制建设等方面的交流，加强在国际和地区议会组织中的协调与配合。

托普坦说，土方高度重视发展对华关系，希望进一步开拓合作领域，欢迎中方企业赴土耳其投资兴业。土方赞赏北京奥运会筹办工作，积极支持北京奥运会。

温家宝在会见托普坦时说，中方愿同土方加强政治交往，增进相互了解和信任；全面拓展两国经贸合作；共同打击恐怖主义、分裂主义、极端主义“三股势力”和其他形式的跨国犯罪；密切在国际和地区事务中的协调，维护地区和平与安宁。

托普坦表示欣喜地看到中国日新月异的发展与变化，并预祝北京2008年奥运会取得圆满成功。他说，土中两国各领域合作潜力巨大，土方期待加强与中方的交流与合作，推动双方的友好关系迈上新台阶。

国务院总理温家宝在人民大会堂与新西兰总理克拉克举行会谈

温家宝说，近年来中新关系发展呈现强劲活力，各领域务实合作不断取得新突破，给两国人民带来实实在在的好处。特别是此次如期签署双边自由贸易协定，在中国同发达国家关系中开创了良好的先例。这不仅对两国和两国人民有利，也体现了合作发展、互利共赢的时代潮流，具有重要而深远的意义。

温家宝表示，中新两国在促进亚太地区和平、稳定与繁荣方面拥有广泛的共同利益。自贸协定的签署为深化两国互利合作开辟了广阔前景，中新关系面临新的重要发展机遇。中方愿同新方一道，落实好两国领导人年度定期会晤机制，加强各层次磋商，夯实两国关系的政治基础；充分利用自贸协定的有利条件，提升农、林、畜牧业等传统合作的规模和层次。发挥双方在应对气候变化、节能环保、低碳经济等可持续发展领域的互补优势，培育经贸合作新的增长点；扩大文化、教育、科技、旅游、司法等领域的合作；密切在重大国际和地区问题上的沟通与协调，共同推动构建和谐亚太。

克拉克说，中国是新西兰重要的合作伙伴，新方从战略高度重视发展对华关系，明确坚持一个中国政策，主张加强对华接触合作，支持中国在国际上发挥积极作用。

克拉克说，新中达成了一个全面、互利、高质量的自由贸易协定，这是两国关系史上特殊而历史性的时刻。协定为深化双边友好合作奠定了更坚实的基础，成为两国关系的又一重要支柱。新政府和工商界强烈支持并将切实执行好该协定。新方愿同中方保持高层交往，加强在货物和服务贸易、农牧、节能环保、文化、教育等领域的交流与合作，密切在联合国、亚太经合组织中的磋商与合作。

会谈后，两国总理共同出席了《中国—新西兰自由贸易协定》等双边合作文件签字仪式并分别致辞。

国家副主席习近平到宁夏考察

4月7日至9日，习近平在宁夏回族自治区党委书记陈建国、自治区主席王正伟等陪同下，深入银川、吴忠、固原、中卫等地农村、企业、社区和工业园区，实地了解宁夏贯彻落实党的十七大精神、全国两会精神和全国组织工作会议精神的情况。他对近年来宁夏在改革发展稳定方面取得的成绩给予充分肯定,并就推动科学发展、增进民族团结和加强党的建设等问题,同宁夏党政领导干部进行了座谈。

习近平指出,实现经济社会又好又快发展,是党和国家的首要任务,也是宁夏各级党委和政府必须着力抓好的中心工作。在宁东能源建设基地、中银绒业有限公司、防沙治沙现场等处考察时,他反复强调,要把科学发展观转化为领导科学发展的思维方式、决策措施、工作部署和实际能力,大力推进社会主义新农村建设,推进经济结构调整和经济发展方式转变,不断深化经济体制改革,更好地沿着科学发展的轨道不断前进。习近平强调,要以改善民生为重点,进一步加大扶贫开发力度,继续大力开展就业指导、城乡医疗救助、困难家庭学生助学、农村五保户供养、教育救助、司法援助等工作,把党和政府的关怀送到千家万户。

习近平指出,在民族自治地区,切实加强民族宗教工作,对巩固民族团结、促进社会和谐、推动经济发展尤为重要。要全面贯彻党的民族宗教政策,进一步落实民族区域自治法和宗教事务条例,不断巩固和发展党同宗教界的爱国统一战线,着力维护和加强民族团结,充分发挥各族干部在改革发展稳定中的骨干和表率作用。

习近平强调,实现经济社会又好又快发展,关键在于把干部队伍和领导班子建设好。他特别指出,胡锦涛同志在十一届全国人大一次会议闭幕会上的讲话中明确提出领导干部要"干干净净为国家和人民工作",具有很强的现实意义。"干干净净"这四个字,朴素简洁、掷地有声,是对人民群众的郑重承诺,是对党和国家工作人员的明确要求,各级领导干部要认真学习、深刻领会、身体力行。

习近平强调,我们党是中国工人阶级的先锋队,同时是中国人民和中华民族的先锋队,党的性质和宗旨决定了领导干部必须干干净净为国家和人民工作。领导干部要做到干干净净干事,最根本的是要加强修养、提升境界,牢固树立正确的世界观、人生观和价值观。尤其要培养和树立六种意识:一是信仰意识,坚定正确的理想信念;二是公仆意识,心中有民、一切为民;三是自省意识,慎权、慎独、慎微、慎友;四是敬畏意识,常思贪欲之害;五是程序意识,严格按规矩办事;六是民主意识,善于集思广益。习近平指出,领导干部干干净净干事,既要靠自律,也要靠他律。要把干干净净干事作为领导班子思想政治建设的重要内容,筑牢领导干部的思想道德防线;要健全体制机制,堵塞制度、体制、机制漏洞,让权力在阳光下运行;要把弘扬正气与纪律约束结合起来,严肃查处各种违法违纪行为;要大胆起用干干净净干事的干部,树立正确的用人导向。

考察期间,习近平专程瞻仰了六盘山红军长征纪念馆和陕甘宁省豫海县回民自治政府旧址。

全国社会治安综合治理工作会议在广州召开

国务委员、中央综治委副主任、中央政法委副书记孟建柱在总结会上对学习贯彻会议精神抓好贯彻落实提出要求。他强调,要认真学习贯彻党的十七大精神,进一步推动社会治安综合治理工作深化和发展;要认真总结经验、推广典型,进一步形成比学赶超的良好氛围;要认真查找问题,切实改进工作,进一步推动综合治理各项措施在基层落实;要认真完善协作配合机制,进一步形成齐抓共管的工作局面。

中共中央政治局委员、中共广东省委书记汪洋出席会议。中央综治委副主任、全国人大常委会副委员长李建国,中央综治委副主任、最高人民法院院长王胜俊,中央综治委副主任、最高人民检察院检察长曹建明,中央综治委副主任陈冀平,中央综治委委员以及各省、自治区、直辖市及新疆生产建设兵团综治委主任出席了会议。

河南省十一届人大常委会二次会议决定任命郭庚茂为副省长代理省长

外交部部长杨洁篪就双边关系和共同关心的问题分别与加拿大外长贝尼耶和巴西外长阿莫林通电话

中联部部长王家瑞在北京会见以总书记恩塔巴为团长的马拉维民主进步党代表团

4月8日

全国政协主席贾庆林到广东调研

4月8日至13日,贾庆林在中共中央政治局委员、广东省省委书记汪洋,省长黄华华等陪同下,先后来到珠海、中山、佛山、韶关、广州等地,深入工厂企业、农村乡镇、科研院校和港口码头进行调研,同基层干部群众共商改革发展大计。调研期间,贾庆林听取了广东省委省政府的工作汇报。

贾庆林指出,广东的发展成就,是改革开放以来我国实现历史性变革和取得伟大成就的一个精彩缩影,是社会主义中国蓬勃生机和光明前景的一个生动反映,是我们党勇于站在时代前列带领人民不断开创事业发展新局面的一个有力印证。他勉励广东干部群众要深入贯彻落实科学发展观,增强开拓创新的意识、艰苦创业的意识、抢抓机遇的意识、放眼世界的意识，做继续解放思想、坚持改革开放、推动科学发展、促进社会和谐的“排头兵”，在建设中国特色社会主义历史进程中继续走在全国前列。

推动科学发展是贾庆林这次调研的一个重点。在广东威创视讯科技股份有限公司、格力电器股份有限公司、美的集团等企业，贾庆林详细了解企业增强自主创新能力的情况；在广州丰田汽车有限公司、南海奇美电子有限公司等三资企业，贾庆林仔细询问企业生产经营的状况。他强调，实现未来经济发展目标，关键要在加快转变经济发展方式、完善社会主义市场经济体制方面取得重大进展。要注重提高自主创新能力，以企业为主体、以体制为保障、以人才为关键，加快形成以科技进步和创新为基础的竞争新优势；注重产业结构优化升级，坚持走中国特色新型工业化道路，发展现代产业体系，鼓励发展具有国际竞争力的大企业集团；注重节能减排和生态建设，真正把建设资源节约型、环境友好型社会放在工业化、现代化发展战略的突出位置，落实到每个单位、每个家庭；注重增强发展的动力与活力，发挥好经济特区的示范和带动作用，进一步提高对外开放的质量和水平。要认真贯彻落实中央各项强农惠农政策，统筹城乡发展，继续加大对欠发达地区的支持力度，注重实现基本公共服务均等化，形成城乡、区域协调发展的良好局面。

调研期间，贾庆林瞻仰了孙中山故居，参观了黄埔军校旧址纪念馆，看望了广东省政协、统战部机关干部及民主党派、工商联负责人，以及少数民族群众和宗教界爱国人士。他强调，我们一定要从巩固党的执政地位、履行党的执政使命、推进党和国家事业发展的全局和战略的高度，真正重视统一战线，真正用好统一战线这个重要法宝，切实做好统战和政协工作，最广泛、最充分地调动一切积极因素，团结一切可以团结的力量，为夺取全面建设小康社会新胜利、开创中国特色社会主义事业新局面提供强大的力量支持。

全国纠风工作会议在杭州召开

中共中央政治局常委、国务院总理温家宝，中共中央政治局常委、中央纪委书记贺国强会前对纠风工作作出重要批示，强调要切实防止农民负担反弹，坚决纠正损害群众利益的不正之风。国务委员兼国务院秘书长马凯出席会议并讲话。

马凯强调，今年纠风工作要按照党的十七大、十七届中央纪委二次全会和国务院第一次廉政工作会议精神，围绕中心，服务大局，全面落实2008年纠风工作的实施意见，务求在重点领域和关键环节取得新突破。一要加强“两项督察”，督促落实中央宏观调控政策措施和惠民政策，维护政令畅通，严防惠民财政资金“跑、冒、滴、漏”；二要深化“三项治理”，着力解决涉农负担、教育收费、医疗卫生方面损害群众利益的问题，防止农民负担反弹，继续巩固和扩大教育收费、医疗卫生服务等方面不正之风专项治理的成果；三要强化“四项资金监管”，有效维护社保基金、住房公积金、扶贫资金、救灾资金等事关人民群众切身利益的公共资金安全，坚决纠正资金拨付、分配、管理、使用中的违规违纪行为；四要推进“两项建设”，促使政风和行风建设有新的明显改进。

马凯要求，各地区、各部门要高度重视纠风工作，增强责任感和紧迫感，认真落实责任制，把纠风工作纳入政府和部门工作总体规划，统一谋划、统一部署、统一检查、统一考核，确保各项任务落到实处，确保纠风工作取得明显成效。

各省(自治区、直辖市)纠风办主任、中央国家机关有关部门及纠风办的负责同志出席了会议。

国务院副总理回良玉出席在太原召开的春耕生产和农业工作座谈会并发表讲话

座谈会上，回良玉在认真听取部分粮食主产省负责同志的发言后指出，当前我国农业农村形势总的是好的，粮食连续四年增产，为保障主要农产品基本供给奠定了坚实基础。但也必须清醒地看到，我国农产品消费需求增长的压力在加大，农产品供求保持均衡的压力在加大，农业生产资源紧缺的压力在加大，农业比较效益下滑的压力在加大，国际农产品市场波动的压力在加大，农业受自然灾害频发影响的压力在加大。党中央、国务院对此高度重视，今年中央一号文件出台了一系列强农惠农重大政策，最近又采取十项政策措施，进一步加大对农业和粮食生产的支持力度。各地、各有关部门要细化实化方案，完善操作办法，加强政策宣传，发挥政策效应，引导和鼓励农民增加生产，形成促进农业持续发展的合力。

回良玉强调，我国的经济社会发展和国际农产品供给形势，对今年的农业和粮食生产提出了更高的要求。我们既要增加农产品产量实现总量平衡，又要调整农业结构实现品种均衡；既要抓好粮食生产保证粮食安全，又要发展多种经营满足多种需要；既要协调各地促进区域平衡，又要加强调控力保各个季节都不出问题；既要确保农产品基本供给不脱销、不断档，又要力保农产品价格不大涨、不大落；既要充分考虑消费者的承受能力，又要切实保证生产者有合理的收益。为此，务必要坚持今年农业和粮食发展目标不动摇，坚持促进农民增加收入不松劲，稳定发展粮食生产，恢复发展油料生产，促进养殖业健康协调发展，千方百计夺取农业丰收。

回良玉要求,各地各部门要进一步行动起来,加强组织领导,切实抓好当前春耕生产。一要稳定和扩大粮食、油料等农作物种植面积,加强农作物田间管理和病虫害防治,努力提高单产。二要搞好农资调剂调运,确保农资供应,控制农资价格过快上涨。三要立足抗灾夺丰收,加大防灾减灾力度,特别要高度重视加强抗旱工作,加快农田水利建设。四要搞好科技服务,组织科技人员深入一线,切实帮助农民解决春耕生产中的技术难题。五要加强重大动物疫病防控,加快春季畜禽补栏、水产补苗。六要统筹抓好农村改革发展各项工作。

傅雷诞辰100周年纪念座谈会在人民大会堂举行

2007年度全国十大考古新发现在北京揭晓

由国家文物局指导,中国文物报、中国考古学会主办的"2007年度全国十大考古新发现"在京揭晓。

这十大发现包括:河南许昌灵井旧石器遗址、河南新郑唐户遗址、浙江余杭良渚文化古城遗址、湖北郧县辽瓦店子遗址、河南荥阳关帝庙遗址、江西靖安李洲坳东周墓葬、新疆巴里坤东黑沟遗址、河南洛阳偃师东汉帝陵与洛阳邙山墓群、新疆库车友谊路晋十六国时期砖室墓、河北磁县东魏元祜墓与河南安阳固岸东魏北齐墓地。

4月9日

全国人大常委会委员长吴邦国在人民大会堂会见哈萨克斯坦总理马西莫夫

吴邦国说,建交16年来,中哈关系快速、良好发展,双方全面解决了历史遗留的边界问题,签署了睦邻友好合作条约和21世纪合作战略,确立了战略伙伴关系,政治互信达到前所未有的高水平,都将发展双边关系视为本国外交优先方向,并在上海合作组织、亚信、联合国等多边框架内密切协作,为维护地区和世界和平与稳定作出了积极贡献。中方愿与哈方携手努力,保持高层交往势头,大力推进经贸、能源等领域合作,造福两国人民。

吴邦国说,中国全国人大重视与哈萨克斯坦议会的关系,希望两国立法机构进一步加强交往,为增进两国人民的相互了解和友谊,推动两国友好合作作出更大贡献。

马西莫夫表示,中国是哈萨克斯坦重要的邻居和伙伴,哈萨克斯坦政府高度重视对华关系,希望在国家发展进程中加强同中国的互利合作,共同努力维护地区安全与稳定。哈萨克斯坦政府和人民坚定支持中国举办奥运会,祝愿北京奥运会取得成功。

全国人大外委会主任委员李肇星、外交部副部长王毅等在座。

国务院总理温家宝在人民大会堂会见国际奥委会主席罗格

温家宝首先对国际奥委会和罗格本人为发展奥林匹克运动,增进世界各国、各地区人民间的相互了解和友谊所作的重要贡献表示赞赏,感谢他们对北京奥运会筹办工作给予的宝贵支持。

温家宝指出,举办2008年北京奥运会是世界人民的盛事。目前奥运圣火正在全球传递。奥运圣火是和平、友谊、进步和光明的象征,代表着人类对美好未来的共同追求和祈盼。我们坚信,属于全人类的奥运圣火是不会熄灭的。

温家宝最后说,中国政府和13亿中国人民将秉承奥运宗旨和精神,努力做好北京奥运会各项筹办工作,加强同国际社会的合作,确保成功举办一届有特色、高水平的体育盛会,履行对全世界的郑重承诺。

罗格表示,国际奥委会高度评价中方为成功举办北京奥运会所做的大量卓有成效的工作,把奥运会举办权授予北京的决定是正确的,国际奥委会将一如既往地支持中国办好北京奥运会。罗格希望奥运火炬境外传递活动能够平安顺利地进行下去,相信中国政府有能力妥善解决当前出现的一些问题。

国务院总理温家宝在人民大会堂同哈萨克斯坦总理马西莫夫举行会谈

两国总理一致认为,中哈自2005年建立战略伙伴关系以来,高层互访频繁,政治互信加深,务实合作成效显著。在涉及国家主权、领土完整和社会稳定等重大问题上相互支持,在国际和地区事务中彼此配合。两国关系进入了全面发展的新阶段。

温家宝说,中方将哈萨克斯坦视为友好邻邦和重要合作伙伴,愿同哈方共同努力,不断丰富双方战略合作内涵,更好地造福于两国人民,促进地区和平与发展。下一阶段,双方应重点做好以下几方面工作:一、加强协调配合,确保中哈原油管道和中哈天然气管道等重点工程顺利进行,以及其他能源合作项目的早开发、早收益。二、发挥中哈合作委员会的作用,落实好《中哈非资源经济领域合作规划落实措施计划》,鼓励双向投资,创新融资渠道,推动两国务实合作取得新成果。三、加快边境口岸通关能力和交通道路建设,为两国货物和人员往来提供便利。四、加强教育、文化、科技、卫生、体育等领域的交流与合作。

马西莫夫说，哈中友好互利合作稳步快速发展，前景广阔。哈方将一如既往坚定地推动哈中战略伙伴关系向前发展。他表示，哈方重视加快推进两国在油气资源开发和非资源经济等领域的合作项目。完善两国边境口岸基础设施，早日实现跨境铁路、公路连接，加强两国海关、银行合作，促进双边贸易和人员往来。

温家宝指出，上海合作组织在促进中亚地区稳定、提高成员国社会经济发展水平方面发挥了重要作用。中方愿同哈方加强在上合组织框架内的协作，与其他成员国一道认真落实《上海合作组织成员国长期睦邻友好合作条约》，推动在政治、安全、经济、人文等领域的交流与合作深入发展。马西莫夫表示哈方愿同中方加强执法安全合作，打击“三股势力”。哈方愿与中方共同推动上海合作组织的发展。

马西莫夫表示，哈萨克斯坦坚定奉行一个中国政策，支持北京奥运会，愿为此作出贡献，纳扎尔巴耶夫总统将出席北京奥运会开幕式。温家宝对此表示感谢。

会谈后，两国总理共同签署了《中华人民共和国政府和哈萨克斯坦共和国政府联合公报》，并共同见证了中哈政府在非资源等领域多项双边合作文件的签署。

中华人民共和国政府和哈萨克斯坦共和国政府发表联合公报

应中华人民共和国国务院总理温家宝邀请，哈萨克斯坦共和国总理卡里姆·马西莫夫于2008年4月9日至12日对中华人民共和国进行正式访问并出席博鳌亚洲论坛2008年年会。访问期间，中国国家主席胡锦涛、全国人民代表大会常务委员会委员长吴邦国、国务院总理温家宝分别与马西莫夫总理举行会见、会谈。双方就中哈关系和共同关心的国际和地区问题深入交换意见，达成广泛共识。

一、双方认为，2005年中哈建立战略伙伴关系以来，两国政治、经济、能源、安全等各领域合作快速发展，给两国人民带来实际利益。双方决心将继续本着世代友好、睦邻互信、密切协作的原则和精神，不断深化双边关系，加强双方在国际事务中的协调和配合。

二、哈方高度赞赏中国改革开放30年取得的辉煌成就，认为中国的发展是促进世界和平与繁荣的积极因素。中方高度评价哈萨克斯坦宪政改革，认为这是哈萨克斯坦持续稳定发展的重要因素，并有益于推进中哈关系进一步深化。

三、哈方重申，哈萨克斯坦政府坚定奉行一个中国政策。哈方反对任何形式的“台湾独立”，反对任何制造“两个中国”、“一中一台”的图谋，反对台湾加入任何必须由主权国家参加的国际和地区组织。

四、双方重申，“三股势力”仍是本地区安全与稳定的威胁。双方将继续加强在维护国家安全，打击恐怖主义、分裂主义、极端主义、跨国犯罪、毒品贩运领域的合作。

五、双方认为，2008年北京奥运会是全世界各国人民增进友谊、加强合作的盛事。哈方支持中方为筹办奥运会所做的努力。哈方将本着2002年12月23日签署的《中华人民共和国和哈萨克斯坦共和国睦邻友好合作条约》的各项原则和精神，加大与中方配合力度，加强奥运安保合作，确保北京奥运会圆满、顺利举行。

六、双方积极评价近年来中哈经贸合作取得的成果。双方将共同努力，争取提前实现双边年贸易额在2015年达到150亿美元的目标。为此，双方将进一步完善中哈合作委员会的工作，充分发挥其潜力，努力优化商品结构，提高高科技和高附加值产品在双边贸易中的比重。双方将根据各自法律为对方国家从事投资贸易活动创造便利条件，采取有效措施保护对方国家公民的合法权益。

七、双方表示将继续深入开展非资源经济领域合作，尽快落实两国在石油化工、机械制造、食品工业、纺织工业、农业、电信、科技、交通物流服务、冶金、建材、旅游等领域优先合作项目。

八、双方将继续深化能源领域合作，促进合作项目的顺利实施。双方承认此前就中哈原油管道二期工程建设项目达成的各项协议。双方一致认为，中哈天然气管道项目具有重要现实意义。因此，双方将创造有利条件，确保该项目2009年年底前顺利建成。哈方支持中方参与里海大陆架的勘探和开发，双方将努力促进完成达尔汗区块项目谈判。

九、双方将加强金融合作，推进贸易结算便利化。双方认为，加强双方在金融监管、经验交流、信息共享等方面的合作，有助于共同提高抵御金融风险的能力。

十、双方认为，两国农业合作发展潜力巨大。双方应尽快建立相应工作机制，制订合作计划，充分利用地缘优势，以加强农业领域合作。

十一、双方支持边境地区经济和贸易的发展，将推动霍尔果斯国际边境合作中心尽早建成并运营。双方将继续加大力度，协调中哈边境口岸通关事务，采取措施改善口岸基础设施。

为扩大口岸通行能力，加强口岸联检合作，双方认为有必要加快霍尔果斯口岸和阿拉山口—多斯特克铁路口岸基础设施建设。

十二、双方积极评价中哈利用和保护跨界河流联合委员会的工作。双方将加强在该领域合作，本着公平、合理利用和保护跨界河流水资源的原则解决存在的问题。

十三、双方重视开展两国人文领域的交流与合作,鼓励两国文化、教育、科学、体育、旅游等各部门增进了解、加强沟通。双方将继续开展互办文化节活动,支持两国地方交往。加强在语言研究、互派教师和大学生方面的合作,鼓励两国高等教育学校和科研机构开展学术交流。

十四、双方将在国际和地区事务中继续加强协调,深化战略协作。双方指出,中哈两国进一步加强各层次、多领域的互利合作有助于促进本地区的稳定与发展。

双方指出,当前,上海合作组织发展势头良好,已成为促进中亚地区稳定的有效机制,在地区和国际事务中发挥着重要的建设性作用。双方决心与其他成员一道,认真落实《上海合作组织成员国长期睦邻友好合作条约》,推动上海合作组织政治、安全、经济、人文等各领域的交流和协作不断深化。

中华人民共和国国务院总理 温家宝　　哈萨克斯坦共和国总理 卡里姆·马西莫夫

2008年4月9日于北京

国务院总理温家宝主持召开国务院常务会议审议并原则通过《国家知识产权战略纲要》

会议原则同意知识产权局等部门研究起草的《国家知识产权战略纲要》。会议指出,当今世界科技进步日新月异,知识经济迅猛发展,经济全球化步伐明显加快,知识产权已经成为国际经济和企业竞争的一个焦点,并在经济社会发展中发挥着越来越重要的作用。制定和实施国家知识产权战略纲要,是一项关系国家前途和民族未来的大事。要通过不断优化和完善知识产权制度,鼓励社会成员的创造性劳动,激发全民族的创新精神,让一切创造活力竞相迸发,让一切创新才华充分施展,让一切创新成果得到尊重,将我国丰富的人力资源转化为智力资源,将我国巨大的市场潜力转化为对国际智力资源的巨大引力,加快创新型国家建设步伐,提高国家的核心竞争力。

会议指出,实施国家知识产权战略,要实行激励创造、有效运用、依法保护、科学管理的方针。一要优化知识产权制度,制定和完善知识产权法律、法规,建立、健全合理协调的知识产权体制和机制,加强行政执法体系建设,发挥司法保护的主渠道作用。二要推动企业成为知识产权创造的主体,充分发挥高等院校、科研院所在知识产权创造中的重要作用,鼓励群众性发明创造。三要鼓励和支持市场主体依法运用知识产权,促进各种创新和发明成果加快转化为现实生产力,造福社会,造福人民。四要切实加大知识产权执法力度,依法打击侵权行为,降低维权成本,提高侵权代价。五要合理界定知识产权界限,有效维护正常市场竞争秩序和社会公众的合法权益。六要加强国际合作,积极参与国际知识产权秩序的构建,遵守国际规则,促进人类文明成果的合理共享。七要大力培育知识产权文化,提高全社会的知识产权意识,形成尊重知识、鼓励创新、诚信守法的舆论氛围。

会议还研究了其他事项。

全国人大常委会办公厅在人民大会堂召开代表建议交办会

全国人大常委会副委员长、秘书长李建国主持会议并讲话。李建国指出,代表建议是代表们在深入调查研究、广泛听取群众意见的基础上,经过慎重思考提出来的,内容涉及经济建设、政治建设、文化建设、社会建设的方方面面,有的属于宏观性、综合性、长期性的问题。办理代表建议是一项直接面对全国人大代表的光荣任务,也是一项直接对人民群众负责的艰苦细致的工作。希望各承办单位进一步统一思想,加强组织领导,密切协调配合,增强办理工作实效,把代表建议办理好,给全国人大代表一个满意的答复。

作为换届选举后产生的新一届全国人大代表,十一届全国人大代表建言献策的积极性很高,大会期间共提出建议6279件,比十届全国人大五次会议增加188件。全国人大常委会副秘书长王万宾在交办会上说,大会秘书处议案组对代表建议逐件进行了分析,将全部建议分为10个方面、120类。根据建议的内容和各承办单位的职权范围,交由172个机关和组织研究处理。国务院副秘书长焦焕成对国务院单位做好代表建议办理工作提出了要求。

在对代表建议进行认真分析研究的基础上,全国人大常委会办公厅通过征求国务院办公厅、有关承办单位和全国人大有关专门委员会的意见,提出将11项建议作为今年重点办理的建议。

这11项重点办理建议由2个代表团、代表505人次提出的120件建议构成:关于大力发展职业教育的建议;关于深化医药卫生体制改革,建立国家基本药物制度的建议;关于重视发展老龄事业的建议;关于开发清洁可再生能源(风能、太阳能)的建议;关于大力推进建筑节能的建议;关于促进土地节约集约利用的建议;关于完善农业科技推广服务体系的建议;关于积极稳妥地化解乡村债务的建议;关于加大对低温雨雪冰冻灾害地区林业生态恢复扶持力度的建议;关于恳请国家支持宁夏中部干旱带高效节水补灌工程建设的建议;关于建立刑事被害人救助制度的建议。

国务院有关部委、最高人民法院、最高人民检察院等承办单位负责同志参加了会议。

据介绍，十届全国人大一次会议至五次会议期间，全国人大代表共提出建议 29323 件，在各方面的共同努力下，到 2007 年年底，代表建议所提问题已经解决或正在抓紧解决的比例已经达到 76%。

最高人民法院院长王胜俊到广东调研

4 月 9 日至 11 日王胜俊在广东中山、珠海、佛山等地调研时强调，当前，各级人民法院要严格依据法律规定，坚持宽严相济刑事政策，根据不同时期的社会治安状况，对严重危害社会治安的严重刑事犯罪分子，特别是那些严重暴力犯罪、带有黑社会性质的有组织犯罪和恐怖犯罪，坚决依法严厉惩罚，确保人民群众切实感受到法律的保护，切实增强人民群众的社会安全感。

中国—哈萨克斯坦高层商务论坛在北京召开

国务院副总理王岐山与哈萨克斯坦总理马西莫夫出席论坛并演讲。

王岐山表示，中哈建交 16 年来，双边关系不断发展，经济合作更加密切。2007 年双边贸易额达 139 亿美元，提前 3 年实现突破 100 亿美元的目标。双方在能源、铁路、电信、矿产资源等领域的合作不断加深，相互投资和经济技术合作规模日益扩大，两国合作机制逐步建立和完善。

王岐山指出，当前中哈经济都处于快速发展时期，双边经贸合作潜力巨大，中哈霍尔果斯国际边境合作中心、中哈原油管道、天然气管道、铁路等重大项目和基础设施建设加快推进，将为发展双边经贸创造更加有利的条件。中国愿继续全面深化中哈互利合作，不断丰富两国战略伙伴关系内涵。中哈合作将坚持以下原则：一、相互支持，共同繁荣，相互关注对方的关切，实现共同发展进步；二、扩大合作，互利共赢，发挥两国在贸易、投资、能源资源、技术等方面的互补优势，拓宽合作领域，提高合作水平；三、扎实推进，力求实效，在加强能源合作的同时，积极推动非能源领域合作，尽快启动一批经济技术合作项目。

王岐山强调，今年是中国改革开放 30 周年，中国经济的持续快速发展，不仅造福中国人民，也给各国企业家带来巨大商机。中国政府将一如既往地支持中哈两国企业开展多层次、宽领域的互利合作。

马西莫夫表示，哈萨克斯坦对发展同中国的战略伙伴关系高度重视。目前双方经贸合作领域进一步扩大，合作水平不断提高，双边经贸关系已成为两国关系的重要组成部分，两国贸易额可望在今年超过 150 亿美元。继能源、资源等领域合作取得进展之后，哈中双方在非资源领域的合作也将启动一批大项目。希望两国企业进一步扩大交流与合作，哈政府将积极为中国企业对哈投资创造有利条件。

论坛开幕前，王岐山会晤了马西莫夫一行，双方就进一步密切两国合作关系交换了意见。

本次论坛的主题为“迈向成功的伙伴关系”，中哈两国企业界共 400 多人参加了论坛。中国商务部部长陈德铭发表了题为《扩展合作领域　提升经贸水平》的致辞，哈萨克斯坦贸工部部长什科尔尼克也发表了致辞。论坛由中国商务部副部长于广洲主持。

外交部部长杨洁篪同阿根廷外长塔亚纳通电话

两国外长对中阿关系发展和各领域合作不断扩大和深化表示高兴。双方一致认为中阿关系具有重要战略意义，双方合作潜力大，前景广阔，同意共同努力，加强互利合作和相互支持，推动中阿战略关系长期稳定发展。

塔亚纳为阿根廷成为奥运火炬传递的国家感到荣幸。他指出，北京奥运会是体现奥运精神和体育精神的盛会，是全世界人民的荣耀。塔亚纳祝愿北京奥运会取得圆满成功，杨洁篪对此表示感谢。

六方会谈各方在北京举行会晤

外交部副部长武大伟在京分别会见了朝鲜副外相金桂冠、美国助理国务卿希尔、韩国六方会谈团长千英宇、日本六方会谈团长斋木昭隆和俄罗斯驻华大使拉佐夫，就进一步推进六方会谈进程交换了意见。各方积极评价六方会谈取得的进展，一致认为推进六方会谈进程符合各方共同利益。各方同意共同努力争取尽快全面均衡落实第二阶段行动，推动六方会谈进入新阶段。

4 月 10 日

国家主席胡锦涛在三亚同汤加国王图普五世举行会谈

胡锦涛表示，10 年前，中国同汤加建立外交关系，揭开了两国关系新篇章。建交以来，中汤关系取得长足发展。两国高层交往频繁，政治关系不断加深，在经贸、农业、教育、卫生、公共设施建设、人力资源培训等领域进行着富有成效的交流合作，在地区和国际问题上保持着良好的协调和配合。

胡锦涛指出，中汤两国都是发展中国家，都在积极探索适合本国国情的发展道路，拥有广泛的共同利益。我们始终把汤加视为中国人民的亲密朋友。不断发展中汤以及中国同太平洋岛国的友好合作关系是中国政府坚定不移的方针。中方愿同汤方继续在政治上相互尊重、相互支持，经济上互利合作、共同发展。中方将继续向汤加提供力所能及的援助，支持汤加开展经济建设和改善民生。我们愿以国王陛下这次访华和两国建交10周年为契机，深化各层次各领域交流合作，推动中汤关系长期健康稳定发展，更好地造福两国人民。

图普五世表示，汤加政府高度重视发展同中国的友好关系。汤中两国开展了包括经贸往来在内的全方位合作，成果显著。两国企业建立了密切的商业联系，在矿产资源勘探开发等领域进行了良好合作。汤加感谢中国向汤加提供的经济援助。汤加政府将继续致力于加强两国各领域互利合作。

图普表示，在台湾问题上，汤加坚定奉行一个中国政策。汤加坚决支持中国为处置拉萨破坏社会秩序事件所采取的措施，中国的事务只能由中国来解决，任何外国干预都是不能接受的。胡锦涛对此表示感谢。

会谈后，胡锦涛和图普五世共同出席了两国政府经济技术合作协定等3个合作文件签字仪式。

国家主席胡锦涛在三亚会见斯里兰卡总统拉贾帕克萨

胡锦涛表示，拉贾帕克萨总统去年2月访华期间，我们就推进中斯关系发展达成广泛共识。1年来，多项共识得到认真落实。中斯两国建交50周年暨“中斯友好年”庆祝活动办得很成功。双边贸易快速发展，能源、港口等大型合作项目进展顺利，两国体育、文化交流富有成效。中方对两国关系现状感到满意。

胡锦涛指出，中斯两国都处在经济发展的重要时期，加强两国经济贸易合作符合两国人民的根本利益，有利于促进两国经济社会发展。我们愿意同斯方一道，继续推进各领域互利合作，造福两国人民。

胡锦涛表示，第十五届南盟峰会将于今年在斯里兰卡举行，中方将派高级别代表团出席。相信斯里兰卡政府将成功举办本届峰会，希望斯方继续为推动中国—南盟合作发挥重要作用。拉贾帕克萨表示支持中国在国际和地区组织中发挥的作用。

拉贾帕克萨表示，斯里兰卡坚定奉行一个中国政策，在台湾、西藏问题上坚定支持中国政府的政策。他指出，任何破坏北京奥运会的企图都不会得逞。斯里兰卡衷心祝愿北京奥运会取得圆满成功。

胡锦涛强调，北京奥运会是中国人民的百年企盼，更是世界各国人民的共同期待，在世界各国人民大力支持下，我们有信心、有能力排除各种干扰，把北京奥运会办好、办成功。

全国人大常委会委员长吴邦国 国务院副总理李克强在人民大会堂分别会见澳大利亚总理陆克文

吴邦国说，中澳同为亚太地区的重要国家，经济互补性强，两国拥有广泛而重要的共同利益与合作基础。中方一贯重视发展中澳关系，将澳大利亚当作好朋友、好伙伴。希望双方在相互尊重主权和领土完整、互不干涉内政、平等互利等原则基础上，进一步加强对话与交流，深化政治互信，从战略高度规划和拓展互利合作，不断开创中澳关系新局面，更好地造福于两国人民，促进亚太地区和世界和平、稳定与发展。

吴邦国说，中国全国人大积极支持中澳关系发展，愿进一步加强同澳大利亚议会的联系，相互交流借鉴治国理政和民主法制建设经验，为增进两国人民相互了解和友谊，促进两国互利合作发挥更大作用。

陆克文说，澳方希望同中方深化经济、文化等各领域合作，加强议会、政党间的友好交往，推动两国关系更上一层楼。

李克强在会见时说，近年来，随着中澳关系的良好发展，两国经贸合作持续快速增长，已形成全方位、多层次、宽领域的发展格局，中国去年首次成为澳大利亚第一大贸易伙伴。事实证明，中澳经贸合作使两国人民都受益，是两国关系发展强大的推动力。

李克强强调，中方愿与澳方一道，继续推进中澳自由贸易协定谈判，进一步加强能源资源、环境等领域合作，积极鼓励和支持两国企业遵循市场规则开展战略合作，不断提升两国经贸合作的水平。

陆克文表示，澳方对澳中关系发展前景非常乐观。澳大利亚愿同中方发展长期合作伙伴关系。

国务院总理温家宝在人民大会堂与澳大利亚总理陆克文举行会谈

温家宝说，近年来中澳关系发展很快。高层互访频繁，各层次各领域对话机制日益完善。经贸合作成果丰硕，中国成为澳最大贸易伙伴，双向投资逐步增加。两国在重大国际和地区问题上保持了良好协作。中澳关系的发展，给双方带来了巨大利益，也促进了亚太地区的和平、稳定与发展。中方从战略高度和长远角度重视发展同澳大利亚的关系，愿在相互尊重、平等互利基础上，与澳方一道将两国关系推向新的高度。

陆克文说，澳中关系自建交以来取得长足进展，两国交流合作领域不断扩大，贸易、能源、资源、投资合作强劲有力。澳方理解并支持中国的发展，中国的发展对澳大利亚、对世界有利，澳大利亚从战略角度希望成为中国发展的长期合作伙伴。我对两国关系的未来感到乐观。

温家宝阐述了中国政府在台湾问题上的原则立场，介绍了中国西藏自治区发展经济、促进人权、保护文化的事实。陆克文表示理解，他重申，澳大利亚政府坚持一个中国政策，这一立场是一贯的。澳大利亚反对抵制北京奥运会,希望北京奥运会取得成功。

温家宝提出关于发展中澳关系的建议:加强高层接触,发挥中澳战略对话等磋商机制的作用,促进两国关系健康、稳定发展;积极、务实地推进中澳自贸协定谈判,争取早日达成一致;在能源、资源领域发展互利双赢、长期稳定的合作关系;建立中澳部长级工商及服务业圆桌会议机制,促进相关领域合作;在应对气候变化方面开展更紧密的合作;扩大在文化、教育、科技领域的交流,促进民间特别是青年交往;加强在联合国和亚太区域组织中的协调,以及在重大国际和地区问题上的沟通。

陆克文表示,澳方愿在能源、资源和制造业领域成为中国长期、可靠的合作方,为提升两国经贸合作水平,澳方愿加快双边自贸协定谈判进程,希望同中方拓展电信、金融服务业合作。此外,澳方愿同中方在气候变化问题上保持磋商,开展技术合作。

会谈后,中澳双方发表了《进一步密切在气候变化方面合作的联合声明》。

中华人民共和国政府和澳大利亚政府发表关于进一步密切在气候变化方面合作的联合声明

中国和澳大利亚高度重视气候变化问题,愿加强合作共同应对气候变化挑战。

双方重申对于《联合国气候变化框架公约》(以下简称《公约》)和《京都议定书》的承诺,再次强调发达国家应根据"共同但有区别的责任"原则和各自能力以及"巴厘路线图",在2012年后继续率先减少温室气体排放,并协助发展中国家提高应对气候变化的能力。

中澳双方认识到应加强谈判以实现"巴厘路线图"规定的时间表,双方将在即将举行的相关双边和多边论坛中密切合作,支持《公约》下的谈判。

中澳双方在气候变化方面有许多共同点。双方的伙伴关系和合作将集中于比较优势和共同利益,从而为全球应对气候变化的努力作出贡献。

双方同意通过加强部长级政策对话,以及开发执行协助双方应对气候变化的互惠互利的实质性项目强化务实合作,促进更紧密气候变化合作。

基于两国开展更紧密气候变化合作的精神,双方重申对中澳洁净煤技术联合协调小组工作的支持。

两国认为减少毁林排放应作为未来应对气候变化行动的一个方面,重申对中国于2007年9月在悉尼亚太经合组织会议上倡议发起的亚太森林恢复和可持续管理网络的支持。

中澳更紧密气候变化合作的初步领域:

1. 更紧密政策对话

中澳双方与其他各方在《公约》第十三次缔约方会议上共同努力,达成了关于未来应对气候变化国际框架的"巴厘路线图"。双方将在《公约》和《京都议定书》的指导下,继续共同努力推动气候变化谈判和相关国际合作。

为此,双方同意在现有气候变化机制基础上,举行年度部长级会议,加强双方在气候变化方面的经常性政策对话、合作和协调。第一次部长级会议将由澳方于2008年下半年举办。

2. 扩展中澳气候变化伙伴关系

中澳拥有成功的双边气候变化伙伴关系,这一伙伴关系汇聚了双方工业、科学和相关政府部门的资源和专家。

双方重申对已达成的合作项目的承诺,同意进一步扩展务实项目活动,尤其是在能力建设、可再生能源技术、能效、甲烷回收利用、气候变化和农业、土地利用、土地利用变化和林业、适应气候变化和气候变化科学等方面。

3. 开发清洁能源

中澳将合作开发低排放技术,协助两国在发展经济的同时尽可能减少温室气体排放,并满足两国对清洁发电技术不断增长的需要。

两国对目前双方在亚太清洁发展和气候伙伴计划、中澳洁净煤技术联合协调小组和双边气候变化伙伴关系有关领域内开展的合作表示欢迎。

中方欢迎澳方再次重申将向中澳洁净煤技术联合协调小组投入2000万澳元的承诺。

国务院总理温家宝在人民大会堂与卡塔尔首相兼外交大臣哈马德举行会谈

温家宝说,中卡建交20年来,两国关系在相互尊重、平等互利原则基础上不断发展。卡方始终坚持一个中国立场,中方对此表示赞赏。值得一提的是,近来两国能源合作取得可喜突破,带动了相关产业合作的开展,双方经济互补性强的优势正在转化为实实在在的成果。

温家宝表示,国家不分大小,都能为促进世界和平与发展作出贡献。中方高度重视发展同卡塔尔的关系,愿与卡方保持高层交往,增进相互信任;重点推进在能源和基础设施领域的合作,鼓励双向投资和扩大贸易规模;加强在文化、教育、新闻、航空、旅游等方面的交流与合作;密切在国际和地区事务中的协调与配合。

哈马德表示,卡塔尔高度重视卡中关系,坚定奉行一个中国政策,相信中国将成功举办奥运会。卡方愿以两国建交20周年为契机,与中方共同致力于发展两国战略性友好合作关系,进一步加强两国之间的高层交往,增进两国政治互信,推动两国能源、航空、投资等领域互利合作。卡方支持海合会与中国开展集体合作，愿与中方在共同关心的国际和地区问题上加强沟通与协调。

会谈后，两国领导人出席了《中华人民共和国国家发展和改革委员会和卡塔尔国能源工业部关于加强能源合作的谅解备忘录》《中华人民共和国和卡塔尔国教育文化协定文化合作2008—2011年执行计划》等双边合作文件的签字仪式。

中共中央政治局常委贺国强到湖南调研

4月10日至15日，贺国强在湖南省省委书记张春贤、省长周强等的陪同下，先后到长沙、湘潭、湘西土家族苗族自治州等地，同基层干部群众亲切交谈，与党政干部座谈交流，着重就加强换届后地方领导班子和领导干部作风建设进行调研。

贺国强指出，从2006年开始，全国地方党委、人大、政府、政协陆续进行了换届。新一届领导班子和领导干部以什么样的精神状态和工作作风带领广大干部群众干事创业，关系领导班子的创造力、凝聚力和战斗力，关系党和政府在人民群众中的威信，关系改革发展稳定的成效，从一开始就要十分重视加强作风建设，就要有好作风、新形象。

贺国强指出，各级领导班子和领导干部要严格遵守党的政治纪律，自觉在大局下行动，坚决贯彻中央的决策部署，确保中央政令畅通，坚决反对有令不行、有禁不止，"上有政策，下有对策"的行为。要坚持求真务实、改革创新，加强调查研究，注重真抓实干，坚决反对心浮气躁、做表面文章、搞形式主义的现象。要增强群众观念、公仆意识，真心实意地为群众谋利益，着力解决人民群众最关心、最直接、最现实的利益问题，坚决反对不关心群众疾苦甚至侵害群众利益的行为。要认真贯彻执行民主集中制，班子成员特别是党政主要负责同志之间要加强沟通，大事讲原则、小事讲风格，切实维护班子团结，努力形成心齐、气顺、风正、劲足的局面。要带头廉洁自律，经受住权力、金钱和美色的考验，严格要求配偶、子女和身边工作人员，决不能把权力变成谋取私利的工具。

贺国强非常重视县(市)领导班子和领导干部的作风建设。他在与县(市)领导干部座谈时指出，县(市)领导班子担负着把党的路线方针政策落实到城乡基层的重要职责，要注意吃透上情，把握下情，把中央精神与本地实际结合起来创造性地开展工作。他语重心长地说，县(市)领导干部事务性工作多，一定要减少应酬，挤出时间沉下心来多读点书，多思考点问题，不断增强素质、提高水平。他在走访困难群众时叮嘱随行的县(市)领导同志，走上领导岗位后，权力大了，听到的赞扬多了，越是这个时候就越要谦虚谨慎，越要增进与群众的感情，设身处地为群众着想，千方百计为群众排忧解难。他强调要发扬艰苦奋斗的优良传统，坚决反对铺张浪费、讲排场、比阔气等奢靡之风，把有限的资金资源、财力物力用到促进发展上，用到为群众谋利益上。

调研期间，贺国强听取了湖南省委、省政府和省纪委的工作汇报，对湖南省经济社会发展和反腐倡廉建设取得的成绩给予充分肯定。他还瞻仰了毛泽东、刘少奇、胡耀邦同志的故居和秋收起义旧址，看望了部分老同志和湖南省纪委监察厅机关干部。

国办转发国务院纠风办公室《关于2008年纠风工作实施意见》

意见指出，2008年纠风工作的主要任务有：采取有效措施，确保中央价格监管政策的落实；实施综合治理，坚决防止农民负担反弹；强化监督管理，确保社保基金、住房公积金和扶贫救灾资金等专项资金的安全；加大工作力度，继续解决教育、卫生等方面损害群众利益的突出问题；严格清理规范，坚决纠正评比达标表彰和节庆活动过多过滥问题；加强规范管理，认真解决公共服务行业、行业协会和市场中介组织侵害群众和企业利益问题；坚持纠建并举，进一步加强政风行风建设。

意见要求，各地区、各部门要加强督促检查，严肃查办违纪违规案件。要把定期的普遍检查与经常性的明察暗访作为推动纠风工作的重要手段，贯穿于全年工作的始终。

国防部部长梁光烈与美国国防部部长盖茨通过两国国防部直通电话进行首次通话

梁光烈指出，建立中美国防部直通电话，是两国国家和军队领导人从战略高度和长远利益出发作出的一项重大决策，也是中美两军加强务实合作的实际举措。希望双方利用好这种交流方式，使其为发展中美两军关系、维护地区和世界和平发挥应有作用。

梁光烈强调，当前台海局势依然敏感复杂，希望美方恪守一个中国原则，坚持中美三个联合公报的立场，停止售台武器和美台军事联系，与中方一道共同维护好台海和平稳定与中美关系大局。

盖茨说，两国国防部直通电话的开通是一个良好的开端，为双方进一步加强沟通、开展合作提供了一个新的机会。盖茨重申了美国政府在台湾问题上的原则与立场，表示美将继续坚持一个中国政策。

全国文化体制改革工作会议在北京举行

4月10日至11日，中共中央政治局委员、书记处书记、中宣部部长刘云山出席会议并讲话，强调要按照党的十七大和全国宣传思想工作会议精神，进一步解放思想、转变观念，加大力度、加快进度，推动文化体制改革取得新的实质性进展，为促进社会主义文化大发展大繁荣提供良好体制环境。中共中央政治局委员、国务委员刘延东出席会议并作总结讲话。

会议认为，党的十六大以来，各地各有关部门认真贯彻中央决策部署，在试点的基础上，全面推进文化体制改革。通过改革，文化体制机制创新迈出新步伐，市场体系和政策法规体系建设取得新进展，文化事业和文化产业发展开创新局面。文化发展的宏观体制环境不断优化，文化企事业单位的活力显著增强，新的文化发展格局初步形成，文化创作和文化市场空前繁荣，全社会参与文化建设的积极性日益高涨。

刘云山在讲话中强调，当前要认真学习领会党的十七大精神，深入贯彻落实科学发展观，不断提高对文化建设战略地位和重要作用的认识，清醒认识文化建设面临的新环境，牢固树立新的文化发展理念，以思想的新解放促进文化体制改革的新突破，努力使宣传文化战线在改革创新方面走在前列，走出一条中国特色文化发展的新路。

刘云山指出，各级党委和政府要充分认识文化体制改革的极端重要性，切实加强组织领导，把文化体制改革扎扎实实地推向前进。要围绕培育合格文化市场主体，努力在推进经营性文化单位转企改制、壮大骨干文化企业上取得新的进展。围绕改善服务、增强活力，努力在深化文化事业单位改革上取得新的进展。围绕完善投入保障、创新运行机制和服务方式，努力在构建公共文化服务体系上取得新的进展。围绕提升产业规模和效益，努力在推进文化产业结构调整上取得新的进展。围绕提高文化产品和服务市场化程度，努力在培育现代文化市场体系上取得新的进展。围绕转变政府职能，努力在加强和改善宏观管理上取得新的进展。

刘延东在总结讲话中要求，各地各有关部门要认真学习贯彻会议精神，把思想和行动统一到中央的要求和部署上来。她强调，要坚持文化体制改革的正确方向，把握科学发展的改革思路，体现人民群众在文化建设中的主体地位。要进一步健全文化体制改革的领导体制和工作机制，加强统筹规划，抓住关键，突出重点，有计划、有步骤地将改革引向深入。要落实和完善有关配套政策，深入调查研究，及时推广经验，加强督促检查，确保各项任务落到实处。

会上，中宣部、文化部、广电总局、新闻出版总署联合表彰了33家文化体制改革优秀企业。文化部、广电总局、新闻出版总署主要负责同志分别介绍了本系统改革进展情况和下一步工作要求，四川省、中国对外文化集团公司等20个地区和单位作了会议经验交流。

中央文化体制改革领导小组及其办公室成员，全国各省、自治区、直辖市党委宣传部和文化厅(局)、广电局(厅)、新闻出版局负责同志等参加会议。

156件文物从丹麦运回北京

从国家文物局获悉：两年前非法流失到丹麦的156件中国文物被成功追索。

据了解，这批失而复得的文物包括夏商至元明时期的相当数量的珍贵文物，并有难得一见的古代艺术珍品。

4月11日

国家主席胡锦涛在三亚同巴基斯坦总统穆沙拉夫举行会谈

胡锦涛就深化中巴战略伙伴关系提出五点建议。一、巩固两国战略合作的政治基础，保持政府、立法机构、政党、军队各层次交流合作，确保中巴战略关系的连续性和稳定性。充分用好战略对话等机制，加强在重大问题上的沟通和协调。二、拓展经贸领域的务实合作，加快服务贸易谈判进程，早日建成全面、高水平的自由贸易区，尽早实现双边贸易的远景目标。中国政府将继续鼓励中国企业加强同巴方在金融、电信、能源、交通等领域合作。三、加强非传统安全领域合作，继续开展反恐、禁毒非传统安全领域合作，加强奥运安保方面交流合作。四、扩大人文领域交流，加强文化、教育、卫生、体育、旅游、新闻媒体、学术团体等方面交流合作，鼓励妇女、青年、非政府组织扩大交往，加强人力资源开发、职业培训等领域的合作。五、加强国际多边合作，继续在联合国、上海合作组织、东盟地区论坛、南盟等多边组织中密切协调和配合，维护中巴和广大发展中国家的共同利益。

穆沙拉夫表示，巴中友谊已深深植根于两国人民心中，历久弥坚。双方友好合作领域广泛，成果丰硕。发展同中国的战略伙伴关系是巴基斯坦外交政策的支柱。巴方希望双方不断探索新途径、新方式，加强贸易、投资、能源、基础设施建设合作，扩大青年、教育、文化等人文领域交流。

穆沙拉夫指出，巴基斯坦祝愿并相信北京奥运会将取得圆满成功，愿意为此提供一切支持和合作。巴方将确保北京奥运会火炬在巴境内传递取得最佳效果。巴基斯坦坚决反对任何将北京奥运会政治化的企图和破坏奥运会的行为。穆沙拉夫强调，巴基斯坦坚定支持中国维护国家统一,坚定认为西藏是中国领土不可分割的一部分,坚决反对任何分裂中国的活动。巴方愿意同中方加强在打击恐怖势力、极端势力方面的合作。

会谈后,胡锦涛和穆沙拉夫共同出席了两国水资源管理和发展、科学技术、体育等领域3个合作文件的签字仪式。

国家主席胡锦涛在三亚会见蒙古国总统恩赫巴亚尔

胡锦涛指出,中方始终高度重视中蒙关系,愿同蒙方一道努力,不断提升双方合作水平,更好地造福两国和两国人民。胡锦涛提出:一、保持两国高层交往势头,进一步增进互信。中方愿继续同蒙方加强各部门各层次交流合作,共同搞好明年两国建交60周年纪念活动。二、加强双边交流合作,巩固互利友好局面。从宏观层面更好地指导和促进有关合作,早日签署两国经贸合作中期发展纲要、扩大和深化经贸合作框架协定等文件,加强旅游、环保、防灾、青少年交流等领域的交流合作。三、拓展多边领域合作,扩大共同利益。中方愿在区域合作、气候变化等重大国际问题上同蒙方加强沟通、相互配合。

恩赫巴亚尔表示,蒙中两国领导人经常性会晤和双方各层次、多领域的对话,对推动两国睦邻互信伙伴关系发展发挥了重要作用。蒙方坚定致力于同中国发展稳定的睦邻友好、平等互利关系,希望双方以明年两国建交60周年和蒙中友好合作条约签订15周年为契机,扩大各领域合作,推动两国关系深入发展。恩赫巴亚尔表示,蒙中双边贸易和投资合作快速增长,希望双方共同落实好基础设施建设、交通、能源资源等大型项目,扩大旅游、文化、教育、青少年、地方等领域的交流合作。蒙方希望两国加强在上海合作组织等地区和国际组织中的合作。恩赫巴亚尔重申蒙古将坚定奉行一个中国政策。

恩赫巴亚尔对中国改革开放30年来国家建设取得的巨大成就表示祝贺,祝愿今后中国经济社会发展取得更多成果。恩赫巴亚尔表示很高兴参加北京奥运会开幕式,祝愿这一体育盛会圆满成功。胡锦涛对此表示欢迎和感谢。

会见后,胡锦涛和恩赫巴亚尔共同出席了两国经济技术合作协定的签字仪式。

国家主席胡锦涛在三亚同坦桑尼亚总统基奎特举行会谈

胡锦涛强调,当前,中坦关系保持良好发展势头,双方高层交往密切,各领域合作成果丰硕,在国际事务中相互支持。中非合作论坛北京峰会成果落实工作在坦桑尼亚稳步推进。

胡锦涛指出,中方珍视中坦传统友谊,视坦桑尼亚为中国在非洲的重要合作伙伴,愿同坦方一道,推动两国友好合作关系全面发展。胡锦涛建议:一、加强双方政治交往。两国应该保持高层交往势头和各种形式的对话磋商,增进相互了解和友谊。两国立法机构和执政党应该加强合作,互相交流促进经济社会发展和治国理政的经验。两国政府部门应该广泛开展磋商和合作,积极拓展新的合作领域,不断充实中坦友好合作关系的内涵。二、扩大经贸等领域互利合作。双方应该落实好正在进行和已经商定的项目,积极探讨新的合作领域和途径。中国政府愿继续为坦桑尼亚经济社会发展提供力所能及的帮助,鼓励有实力的中国企业与坦方加强在基础设施建设、农业、资源开发、电信、人力资源培训等坦方优先发展领域的合作,促进共同发展。三、扩大人文交流。双方应该加强教育、文化、体育、卫生、旅游、新闻等领域交流,鼓励两国地方政府、学术团体、民间组织、妇女青年开展形式多样的交流合作,增进全面友好。四、深化在联合国等多边领域的磋商和合作,充分发挥两国外交部政治磋商机制的作用,及时就国际发展合作、联合国千年发展目标、多边贸易机制、气候变化等重大国际问题和非洲形势加强沟通和协调,维护两国和发展中国家的共同利益。

基奎特表示,中国是坦桑尼亚的好朋友、好伙伴。双方经贸、教育、医疗卫生等领域合作不断发展。长期以来,中国在许多领域向坦桑尼亚提供了宝贵支持和援助,坦桑尼亚能取得今天这样的发展进步是与中国的帮助分不开的。坦桑尼亚人民珍视同中国人民的友谊,坦方将继续加强同中方的合作。基奎特重申,坦桑尼亚坚定奉行一个中国政策。

基奎特说,坦桑尼亚为能成为北京奥运火炬接力传递国家感到高兴,将尽最大努力使这一活动在坦桑尼亚取得圆满成功,决不允许任何人干扰破坏火炬传递活动。当前,国际上有人企图破坏北京奥运会,坦桑尼亚和所有非洲国家人民对此坚决反对,我们坚决支持中国政府和人民所作的努力,坚信北京奥运会将取得圆满成功。胡锦涛对此表示感谢。

基奎特介绍了对非洲形势和地区热点问题的看法。他指出,长期以来,中国一直是非洲人民的真诚朋友,双方早在非洲人民争取国家独立和民族解放时期就结下了深厚友谊。中国政府和人民一直真诚帮助非洲,非洲各国人民对此表示感谢,希望中非新型战略伙伴关系不断向前发展。

胡锦涛指出,当前,非洲形势总体向好的方向发展,经济保持较快增长,区域合作和一体化步伐加快。

国际社会加大对非洲的关注和投入,非洲在国际上的影响上升,非洲发展面临新的机遇。胡锦涛指出,中非确立新型战略伙伴关系,标志着中非友好合作进入新的发展时期。中非务实合作符合中非人民的共同利益,也为国际社会更多关注和帮助非洲起到了积极推动作用。中方愿同非洲国家一道,秉承中非传统友好,深化务实合作,谋求互利共赢,促进中非合作论坛持续发展,为非洲和平与发展作出新贡献。

会谈后,胡锦涛和基奎特共同出席了两国经济技术合作协定等7个合作文件的签字仪式。

国家主席胡锦涛在三亚会见卡塔尔首相兼外交大臣哈马德

胡锦涛表示,自1988年建交以来,中卡两国相互尊重、相互支持,友好关系稳步发展,合作领域不断拓宽,经贸、能源等领域合作全面展开并取得重要进展,在重大国际和地区事务中保持着良好的沟通和协调。

胡锦涛强调,中方高度重视发展同卡塔尔的友好合作关系,愿意同卡方一道努力,积极推动两国高层往来,增进政治互信,加强战略合作;进一步发挥两国经济互补性强的优势,深挖合作潜力,扩大相互投资规模,推动能源、经贸、投资、承包工程等领域务实合作;加强两国在国际和地区事务中的协调和配合,共同促进中东海湾地区和平稳定;推动中国同海湾合作委员会的关系不断取得新进展,促进双方政治对话和经济合作,推进双方自由贸易区谈判。

哈马德表示,此次访问取得了丰富成果,双方就扩大能源、投资、民航合作达成一系列协议和共识,共同规划了两国关系发展的未来,卡中友好合作关系迎来了一个新起点。

哈马德指出,卡塔尔坚决支持中国举办奥运会,相信北京奥运会将取得圆满成功。胡锦涛表示,中国将尽最大努力履行对世界各国人民作出的承诺,全力做好各项准备工作,把北京奥运会办成功。

国家主席胡锦涛在三亚会见哈萨克斯坦总理马西莫夫

胡锦涛强调,中国政府高度重视发展中哈战略伙伴关系,愿意同哈方一道努力,本着世代友好、睦邻互信、密切协作、共同发展的精神,不断深化双方各层次交往,扩大两国各领域合作,加强双方在国际事务中的协调和配合,不断提高中哈战略伙伴关系水平。

胡锦涛指出,中哈务实合作潜力巨大、前景广阔。双方应该把握机遇,以诚相待,相向而行,实现共赢,落实好已商定的合作项目,积极探索新的合作方式和领域,不断充实中哈务实合作的内涵。

马西莫夫表示,近年来哈中关系保持高水平发展。两国元首就发展两国战略伙伴关系和各领域务实合作达成广泛共识,为两国关系深入发展奠定了坚实基础。哈方愿同中方一道,加强投资、金融、能源、农业、基础设施建设等领域的合作,促进两国经济共同发展。

马西莫夫表示希望加强哈萨克斯坦同中国海南省的交流合作。胡锦涛表示,海南省同哈萨克斯坦在旅游、贸易、农产品加工等领域有很好的合作前景,中方欢迎哈方有实力的企业来海南投资创业。

胡锦涛感谢哈方为保证北京奥运会火炬传递活动在阿拉木图顺利举行所做的大量工作,特别是感谢纳扎尔巴耶夫总统亲自参加火炬传递。希望双方继续加强合作,共同为北京奥运会取得成功作出努力。马西莫夫表示,纳扎尔巴耶夫总统将如期前来出席北京奥运会开幕式。哈方相信北京奥运会必将取得圆满成功,中国政府和人民有能力克服一切困难。哈方愿意为北京奥运会成功举办同中方通力合作。马西莫夫重申哈方奉行一个中国政策,将继续同中方加强打击"三股势力"方面的合作。

国务院总理温家宝在北京主持召开深化医药卫生体制改革工作座谈会

中共中央政治局常委、国务院总理温家宝4月11日、15日分别主持召开深化医药卫生体制改革工作座谈会。温家宝强调,深化医药卫生体制改革既是一项长期任务,也是一项紧迫工作。我们必须充分认识这项改革的重要性、艰巨性、复杂性,认真总结以往改革经验,加快推进和深化。

中共中央政治局常委、国务院副总理李克强,国务委员兼国务院秘书长马凯出席会议。

2006年6月20日,国务院常务会议决定成立以发展改革委和卫生部牵头、16个部门参加的深化医药卫生体制改革部际协调工作小组,研究提出深化医药卫生体制改革的总体思路和政策措施。经过一年多努力,形成了《关于深化医药卫生体制改革的意见(征求意见稿)》(以下简称《意见》)。

座谈会上,医务工作者和专家学者、药品生产和流通企业负责人、参加新农合的农民、农村医疗救助对象、农民工、企业工会主席、国企职工、外企职工、县级新农合管理办公室负责人、居委会负责人、中学校长等22名群众代表先后作了发言。大家畅所欲言,直抒己见,一致认为,经过广泛深入的调查研究、集思广益、反复修改,《关于深化医药卫生体制改革的意见(征求意见稿)》目标明确,思路清晰,系统全面,重点突出,充分考虑了基本国情,比较准确地把握了医药卫生事业的主要矛盾,符合党的十七大精神和科学发展观要求,符合医药卫生事业发展规律。

座谈会始终在轻松、热烈的气氛中进行。大家就政府投入，医疗保障体系建设，医疗行业监督，医学科研，公立医院管理体制改革，康复医学建设，中医药发展，加强社区医院、乡村卫生院等基层医疗机构建设，改进药品招标制，医疗救助等方面提出了许多意见和建议，并就《意见》稿提出了具体修改建议。

温家宝认真听取了每一个人的发言，不时插话交流，询问有关情况，并记下大家的发言要点和修改建议。他说，这是国务院第一次就深化医药卫生体制改革工作举行座谈会，听取医务工作者和基层群众的意见。我们打开中南海的大门，把群众请进来听取意见，就是启进善之门。这样的座谈会还要继续开，边座谈边研究。经过这一轮的征求意见之后，进一步修改完善《意见》稿，适当时候公开征求全国人民的意见。

温家宝说，深化医药卫生体制改革，要重视听取医务工作者意见，因为他们工作在第一线，最熟悉医疗卫生体制改革中存在的问题，既有实践经验，又有自己独到的见解。要重视听取基层群众的意见，因为医药卫生体制改革最终要面向人民群众，工作做得好坏，要靠群众评判，要以群众高兴不高兴、满意不满意作为标准，座谈中大家提出关于整体方案中的防、治、康三者的结合，医药之间的结合，城乡之间的结合，中医和西医的结合，整体规划和分步实施的结合等意见和建议都很宝贵，对修改《意见》稿很有帮助，工作小组和有关部门要认真研究吸收，使《意见》稿更加符合实际，更具操作性。

温家宝强调，医药卫生体制改革涉及每一个人、每一个家庭，人人关心，家家关心，是一项关系国计民生的重大改革，是一项极为艰巨和复杂的改革，党中央、国务院对此非常重视。我们要继续努力，确保《意见》稿在方向和目标上正确，确立的基本原则和主要措施切实可行，真正做到让老百姓得到实惠，让医务人员受到鼓舞，让监管人员易于掌握。要坚持以人为本，坚持公共医疗卫生的公益性质，加快建设覆盖城乡居民的医疗保障体系，完善公共卫生服务体系，推进城乡医疗服务体系建设，建立国家基本药物制度和药品供应保障体系。要经过认真讨论研究和广泛征求各方面意见，发现问题，充实内容，不断对《意见》稿加以修改、补充和完善。

国务院有关部门负责人参加座谈。

纪念王震同志诞辰100周年座谈会在人民大会堂举行

国家副主席习近平出席会议并发表讲话。

座谈会由李源潮主持。刘云山、张德江、邓朴方、邓力群、王瑞林等出席。座谈会上，解放军副总参谋长刘镇武，中央党史研究室副主任龙新民，中央文献研究室副主任杨胜群，中央党校副校长李君如，湖南省省委副书记梅克保先后发言。

出席座谈会的还有中央和国家机关有关部门、民主党派、人民团体、解放军和湖南省、新疆生产建设兵团的负责同志，王震同志的亲属、生前友好和原身边工作人员等。

国家副主席习近平在纪念王震同志诞辰100周年座谈会上的讲话

同志们：

今天，我们满怀敬仰和思念之情举行座谈会，纪念王震同志诞辰100周年，深切缅怀他为党和人民建立的卓越功勋，追思和学习他的革命精神与崇高风范，激励全党和全国各族人民为建设和发展中国特色社会主义而努力奋斗。

王震同志是中国共产党的优秀党员，伟大的无产阶级革命家、政治家、军事家，坚定的马克思主义者，党和国家的卓越领导人。他在六十多年的革命生涯中，为中国人民的解放和新中国的成立，为社会主义建设和改革开放事业，作出了重大贡献，深受全党全国各族人民的尊敬和爱戴。

王震同志出身于湖南省浏阳县一个农民家庭。在20世纪20年代的大革命洪流中，他开始接触进步思想和中国共产党的组织，并在工人运动中迅速成长起来。1927年1月加入中国共产主义青年团，同年5月转为中国共产党党员。大革命失败后，他毅然投身武装反抗国民党反动派的斗争，参加了湘赣苏区的创建工作，先后任红军湘东独立一师团政治委员、师政治委员、师党委书记，红八军师政治委员、军政治部主任、代理军长，中共湘赣省委委员，省军区代理司令员。在湘赣苏区斗争中，王震同志英勇善战，曾获三等红星奖章。他坚决执行毛泽东同志关于纠正肃反扩大化的指示和粉碎敌人“围剿”的战略战术原则，尽力保护同志，抵制“左”倾军事路线造成的影响。1934年7月起，王震同志先后任红六军团军政委员会委员、政治委员，在任弼时同志领导下，为执行中央红军长征先遣队的任务，与军团长萧克同志一起率部西征。同年10月与红二军团会师。此后，王震同志任中共湘鄂川黔省委委员、中央军委分会委员、代理军区司令员。1935年11月，为摆脱国民党重兵“围剿”，红二、红六军团主动转移，继续长征，于1936年7月初在四川甘孜地区与红四方面军胜利会师。其后，红二、红六军团与红三十二军组成红二方面军，王震同志与任弼时、贺龙、关向应等同志一道坚决反对和抵制张国焘分裂红军、分裂党的行径，坚决执行党中央北上抗日的正确方针。1936年10月，共同北上的红二方面军和红四方面军，在甘肃与红一方面军会合，胜利实现了红军三大主力在西北地区的大会师。

抗日战争全面爆发后，王震同志任八路军一二〇师军政委员会委员、一二〇师三五九旅副旅长，随一二〇师东渡黄河，奔赴山西抗日前线；1937年10月起任三五九旅旅长兼政治委员。他指挥部队对日寇英勇作战，配合忻口战役有力打击敌军，参与创建晋西北抗日根据地的斗争。其后，按照党中央部署挥师向晋察冀边区挺进，创建了以恒山为依托的雁北抗日根据地。1939年8月，王震同志奉命回师陕北，同年10月任绥德警备区司令员兼政治委员，为巩固陕甘宁根据地作出了特殊贡献。1941年年初，他率部进驻南泥湾，守卫陕甘宁边区的"南大门"，参加了粉碎国民党顽固派第二、第三次反共高潮的军事、政治斗争。1942年，他兼任中共延安地委书记，延安军分区司令员、卫戍区司令员。为克服根据地日益严重的物质生活困难，他率三五九旅部队在南泥湾开展了轰轰烈烈的大生产运动，为人民军队和抗日根据地树立了"自己动手、丰衣足食"的光辉旗帜。毛泽东同志为王震同志亲笔题词"有创造精神"。王震同志被选为陕甘宁边区劳动英雄，三五九旅被中共中央西北局誉为"发展经济的前锋"。

1944年10月，根据党中央的部署，由三五九旅为主力组成以王震同志任司令员、王首道同志任政治委员的八路军南下支队，执行南下作战、开辟新根据地的战略任务。部队长途跋涉，英勇转战，途经八个省份，跨越半个中国，行程两万余里，先后突破敌人一百多条封锁线，进行大小战斗三百余次，于1946年秋胜利返回延安，完成了党中央赋予的任务，谱写了一部革命英雄主义的壮丽史诗，被誉为"第二次长征"。在率领南下支队执行任务期间，在中国共产党第七次全国代表大会上，王震同志当选为中共中央候补委员。抗日战争胜利后，王震同志任中原军区副司令员兼参谋长，协助李先念同志成功指挥了中原突围。1946年11月，任中共吕梁区委书记、吕梁军区司令员兼政治委员，晋绥军区野战第二纵队司令员兼政治委员，先后参加指挥了吕梁战役和汾孝战役。1947年春，他率部从晋绥回师陕北，任西北野战兵团第二纵队司令员兼政治委员，参加保卫陕甘宁边区、保卫党中央的战斗，与兄弟部队一起取得了陕北三战三捷，继而展开陇东三边战役和榆林、沙家店等战役，粉碎了国民党军队的进攻，使西北战场的局面发生了根本转变。随后，率部参加和参与指挥西北战场人民解放军战略进攻的一系列重要战役战斗，取得重大胜利。1949年，他相继担任第一野战军第二军军长兼政治委员、第一兵团司令员兼政治委员。在党的七届二中全会上，王震同志主动请缨进军新疆，获得批准。陕甘宁青诸省解放后，1949年9月，他率部直逼新疆，促成新疆和平解放，为最终实现解放大西北的任务、巩固祖国的统一作出了重大贡献。

1949年10月新中国成立后，王震同志历任中共中央西北局委员、新疆分局第一书记、新疆军区第一副司令员、代司令员等职务。他认真贯彻执行党的民族政策，领导剿匪、土改等工作，改造和团结起义部队，指挥军队屯垦戍边、兴修水利、发展工业和各项事业，迅速稳定了新疆的社会秩序，实现了新疆财政经济状况的好转，为促进各族人民的团结，巩固新疆边防，倾注了全部精力，也为新疆现代化工农业的发展奠定了重要基础。新疆军区生产建设兵团，就是在他的积极建议下创建的。1954年2月，王震同志转任铁道兵司令员兼政治委员，同年任解放军副总参谋长。他亲赴一线，率领铁道兵部队抢建黎湛铁路、鹰厦铁路，圆满落实了中央军委关于开辟华南出海通道、巩固东南海防的战略部署。1956年以后，王震同志长期担任农垦部部长。他领导农垦战线的广大职工群众、转业官兵，在祖国边陲披荆斩棘、艰苦奋斗，创建了一大批军垦农场和地方国营农场，使之成为建设边疆、保卫边疆的一支主要力量，成为国家生产粮食和油、棉、橡胶等经济作物的重要基地，并创造了农工商贸一条龙的成功经验，锤炼出传承至今的艰苦奋斗、勇于开拓的农垦精神。1955年，王震同志被授予中国人民解放军上将军衔。1956年在党的八大当选为中共中央委员。

"文化大革命"中，王震同志遭受迫害。他置个人安危于不顾，同林彪、江青反革命集团进行了针锋相对的斗争。在党的九大、十大上，仍当选为中共中央委员。1972年，他参与国务院的业务领导。1975年1月，在第四届全国人民代表大会第一次会议上被任命为国务院副总理。他协助周恩来总理抓经济工作，支持邓小平同志进行全面整顿，发展国民经济。在粉碎"四人帮"的斗争中，他坚决支持党中央采取果断措施，为挽救党、挽救中国社会主义事业发挥了重要作用。此后，他积极参与推动平反冤假错案，反对"两个凡是"，支持真理标准问题的讨论，主张正确评价毛泽东同志的历史地位和毛泽东思想。在党的十一大、十二大上，他继续当选为中共中央委员，并任第十一届、第十二届中央政治局委员；曾经担任中共中央军委常委、中央顾问委员会副主任，兼任中央党校校长。在第五届全国人民代表大会第一次会议上连任国务院副总理。1988年4月，在第七届全国人民代表大会第一次会议上，王震同志当选为中华人民共和国副主席。他坚决贯彻执行十一届三中全会以来党的路线方针政策，衷心拥护中国特色社会主义伟大实践，始终坚持四项基本原则，努力推动改革开放各项事业的发展。在国务院分管国防工业部门工作和担任中央军委常委期间，他为改善我军装备，推进部队革命化、现代化、正规化建设和军转民生产做了大量工作。在党和国家领导人岗位上，他支持经济特区的创建，关心民族地区的建设，牵挂科技文教事业的发展，重视外交工作和同世界各国的友好往来。晚年岁月中，他坚决拥护和支持以邓小平同志、江泽民同志为核心的党的第二代、第三代中央领导集体，努力维护国家安定团结和社会政治稳定，对祖国的繁荣富强和完全统一寄予殷切期望。临终前，他仍然牵挂着国家的改革和建设事业，对党的前途和社会主义事业充满信心。

同志们！

王震同志的一生，是为党和人民的事业不懈奋斗、无私奉献的一生，是光辉的一生、壮丽的一生。他在六十多年革命生涯中表现出的无产阶级革命家的气魄、胆略和政治智慧，形成的崇高思想、品德和风范，是一笔宝贵的精神财富，永远值得我们学习。

我们要学习王震同志始终忠于党、忠于人民的高尚品质。从新民主主义革命到社会主义革命和建设，再到改革开放新时期，王震同志历经各种考验，始终表现出共产党人探索真理的勇气、忠贞不渝的信仰和高瞻远瞩的眼光。他坚信马克思主义是科学真理，坚信共产主义是人类最美好的理想，坚信中国特色社会主义一定能够取得成功。在民主革命时期，他始终坚持以毛泽东同志为主要代表的中国共产党人开辟的正确道路。“文化大革命”中，他坚信历史是公正的，前途是光明的，同林彪、江青反革命集团进行了坚决的斗争。在国际风云变幻、世界社会主义处于低潮之时，他反复强调，越是在复杂的环境中，越要坚定共产主义理想和社会主义信念。他语重心长地寄语中青年干部：要坚持运用马克思主义的立场、观点、方法，科学分析和对待新情况、新问题，不被局部的变动扰乱自己的视线，不因暂时的挫折而停止前进的步伐。在生命的最后时刻，他仍然坚信，全党同志在新的中央领导集体带领下，一定能把老一辈革命家开创的事业不断推向前进。

我们要学习王震同志坚忍不拔、勇于开拓的革命精神。王震同志在战争年代是革命猛将，在和平时期是建设闯将。他勇于并善于开创工作新局面，是我们党著名的实干家。革命战争时期，王震同志是湘赣苏区、湘鄂川黔革命根据地、晋绥抗日根据地和雁北抗日根据地的创建者之一，为这些根据地的巩固和发展浴血奋战，作出了重要贡献。新疆和平解放后，他一手抓剿匪、土改和建党、建政，一手抓经济、社会、文化等事业的恢复与发展，率领部队白手起家，进行大规模生产建设，为新疆的长期稳定和后来的全面发展创造了良好开端。上世纪50年代中期，他受命率领铁道兵在技术、装备落后的条件下修建铁路，为了保进度、抢工期，他把铁道兵总部从首都北京搬到现场。在他的有力指挥下，黎湛、鹰厦两条铁路线相继提前建成投入使用，开创了中外铁路建设史上的奇迹。他是新中国农垦事业的开创者和领导者，从天山山脉到东南大地，从北大荒到海南岛和西南边陲，他到处留下辛劳的足迹，为我国农垦事业的大发展树立了不朽的丰碑，为建设和保卫边疆建立了不可磨灭的功绩。党的十一届三中全会以后，他积极倡导引进国外先进技术和管理经验，是最早带队考察经济特区的中央领导人之一，也是海南建省和扩大沿海开放的积极倡议者之一。王震同志一生勇挑重担，勇往直前，是富有蓬勃朝气、昂扬锐气和浩然正气的老一辈革命家。

我们要学习王震同志坚持原则、顾全大局的崇高风范。王震同志具有坚强的党性原则，他始终把党和人民的事业放在第一位，识大体，顾大局，讲团结。在多年的革命生涯中，王震同志一直重视党性锻炼和修养，始终把自己担负的工作置于党组织的领导之下，克服各种困难努力完成党交给的各项任务，坚决同一切摆脱或削弱党的领导的错误言行进行斗争。1936年，在反对张国焘分裂主义的斗争中，他顶住压力，命令焚毁张国焘授意下发的鼓吹分裂党和红军的图书和宣传资料，成为维护党和红军团结的一段佳话。1954年，人民解放军实行整编，他从国家需要的大局出发，主动提出从井冈山时期他就参与创建的几个红军师与其他部队一起集体转业，参加新疆的生产建设。王震同志在自己工作过的每条战线、每个部门和地方，都自觉坚持党的原则，模范贯彻党的方针政策，这使他在党内外享有很高的威望。

我们要学习王震同志襟怀坦荡、率真赤诚的革命情怀。王震同志刚正不阿、光明磊落，胸怀宽广、无私无畏，具有高尚的人格魅力。长征路上，他与广大官兵同甘共苦，风雨共济，常常替换担架员抬担架，在过草地的艰难时刻把节省的干粮分给断粮的战士。王震同志尊重知识，尊重人才，爱护干部，善于团结使用知识分子。战争岁月，他不仅在肃反等运动中敢于抵制“左”倾错误，保护了一批知识分子干部，还积极吸收知识分子参加革命，加强部队建设。三五九旅南下时，他带了一批科学家、文学家和具有其他专长的知识分子到南方去开辟建立抗日根据地。新中国成立初期在新疆工作时，他高度重视吸收农业、畜牧、水利、地质、冶金等各方面的专家参加新疆的建设。在领导开发北大荒的日子里，他对被错划成右派下放的诗人艾青、作家丁玲夫妇等知识分子仍然以同志相待，给予他们真诚的关心和爱护，使他们重新树立起信心，投入北大荒的建设之中。在改革开放新时期，他大力推动落实党的知识分子政策，与许多知识分子建立起真诚的友谊，使知识分子的作用得到更大的发挥。

王震同志高度的革命坚定性和政治敏锐性，王震同志孜孜不倦、勤奋学习的刻苦精神，平易近人、密切联系群众的优良作风，艰苦朴素、廉洁奉公的优秀品质，也都值得我们永远缅怀和学习。

同志们，我们党正在带领全国各族人民建设的中国特色社会主义，是在包括王震同志在内的老一辈革命家开创的、几代共产党人为之不懈奋斗的中国革命和建设伟大基业上进行的，是承前启后、继往开来的事业，是中国历史上前所未有的非常伟大、非常豪迈、非常壮丽的事业。抚今追昔，展望未来，我们党肩负的历史使命神圣而光荣。当前，全面建设小康社会正站在新的历史起点上，我国改革发展正处在关键阶段。机遇前所未有，挑战也前所未有，机遇大于挑战。让我们更加紧密地团结在以胡锦涛同志为总书记的党中央周围，全面贯彻党的十七大精神，高举中国特色社会主义伟大旗帜，以邓小平理论和"三个代表"重要思想为指导，深入贯彻落实科学发展观，继续解放思想，坚持改革开放，推动科学发展，促进社会和谐，全面推进社会主义经济建设、政治建设、文化建设、社会建设和党的建设，求真务实，锐意进取，为把我国建设成为富强民主文明和谐的社会主义现代化国家而不懈奋斗！

首列国产时速350公里CRH3"和谐号"动车组下线

4月12日

博鳌亚洲论坛2008年年会开幕

中国国家主席胡锦涛、巴基斯坦总统穆沙拉夫、蒙古国总统恩赫巴亚尔、斯里兰卡总统拉贾帕克萨、坦桑尼亚总统基奎特、智利总统巴切莱特、汤加国王图普五世、瑞典首相赖因费尔特、哈萨克斯坦总理马西莫夫、澳大利亚总理陆克文以及香港特别行政区行政长官曾荫权、澳门特别行政区行政长官何厚铧在内的来自不同国家和地区的1700多名政界、工商界人士和专家学者出席开幕式。

胡锦涛在开幕式上发表题为《坚持改革开放　推进合作共赢》的主旨演讲。

陆克文、巴切莱特、马西莫夫、恩赫巴亚尔、穆沙拉夫、拉贾帕克萨、赖因费尔特、基奎特等先后在开幕式上发表讲话。

各国领导人在发言中热烈祝贺中国改革开放30年来取得的成就，称赞中国在过去30年中创造了经济发展奇迹，也拉动了亚洲区域经济发展。他们祝愿中国在未来取得更大成绩，祝愿北京奥运会取得圆满成功。

各国领导人表示，博鳌亚洲论坛自成立以来，已成为各国探讨亚洲和世界面临的机遇和挑战的重要平台。他们赞赏论坛为促进各国人民了解和合作作出的积极贡献。

各国领导人围绕本次年会主题"绿色亚洲：在变革中实现共赢"，就共同应对气候变化、实现可持续发展阐述了看法。

博鳌亚洲论坛秘书长龙永图主持了年会开幕式。

论坛理事长拉莫斯、瑞典沃尔沃集团公司首席执行官约翰森、韩国SK集团董事长崔泰源、德国赢创德固赛公司董事长英凯师也在开幕式上致辞。

开幕式后，胡锦涛还分别集体会见了论坛理事会成员、港澳企业家代表、改革开放30周年高层会议代表、与会外国部长和演讲嘉宾、与会企业家代表、青年领导人圆桌会议代表。

国家主席胡锦涛在博鳌亚洲论坛2008年年会开幕式上发表题为《坚持改革开放　推进合作共赢》的演讲

尊敬的各位贵宾，女士们，先生们，朋友们：

首先，我代表中国政府，对论坛年会的召开表示热烈的祝贺！对各位来宾表示诚挚的欢迎！

博鳌亚洲论坛成立以来，为增进亚洲各国人民的相互了解和友谊，为推进亚洲各国和企业界的沟通和合作，发挥了积极作用。我们为论坛的发展和取得的成绩感到由衷的高兴。

女士们、先生们、朋友们！

对中国而言，今年是一个具有特殊意义的年份。30年前，在邓小平先生倡导和带领下，中国人民毅然决然地踏上了改革开放的历史征程。这是中国在新的历史条件下进行的新的伟大革命。

斗转星移，春来秋去，转眼间30年过去了。30年来，中国人民以一往无前的进取精神和波澜壮阔的创新实践，坚定不移地推进改革开放和社会主义现代化建设，中国的经济实力、综合国力、人民生活水平都上了大台阶，中国的面貌发生了历史性变化。中国成功实现了从高度集中的计划经济体制到充满活力的社会主义市场经济体制、从封闭半封闭到全方位开放的伟大历史转折，中国经济快速发展，人民生活从温饱不足发展到总体小康，农村贫困人口从两亿五千多万减少到一千多万，政治建设、文化建设、社会建设等领域也取得了举世瞩目的发展成就。

在改革开放的伟大实践中,我们深刻认识到,在当今世界日趋激烈的竞争中,一个国家、一个民族要发展起来,就必须与时俱进、改革开放、着力发展、以人为本、促进和谐。

世界上没有放之四海而皆准的发展道路和发展模式,也没有一成不变的发展道路和发展模式,必须适应国内外形势的新变化、顺应人民过上更好生活的新期待,结合自身实际、结合时代条件变化不断探索和完善适合本国情况的发展道路和发展模式,不断增加全社会的生机活力,真正做到与时代发展同步伐、与人民群众共命运。

历史是继续前进的基础,也是开创未来的启示。中国仍然是世界上最大的发展中国家,中国基本实现现代化,实现全体中国人民共同富裕,还有很长的路要走。中国过去30年的快速发展,靠的是改革开放。中国未来的发展,也必须靠改革开放。改革开放是决定当代中国命运的关键抉择,也是13亿中国人民的共同抉择。中国人民将坚定不移地沿着改革开放的伟大道路走下去,继续为全面建设小康社会、进而基本实现现代化而奋斗,继续为人类和平与发展的崇高事业而奋斗。

女士们、先生们、朋友们!

经过30年的改革开放,中国与世界的关系发生了历史性变化。

中国经济已经成为世界经济的重要组成部分。中国国内生产总值占全球的比重由1978年的1%上升到2007年的5%以上,中国进出口总额占全球的比重由1978年的不足1%上升到2007年的约8%。中国的发展为国际资本提供了广阔市场,中国累计实际使用外资超过7800亿美元,中国企业对外直接投资也在大幅增长。

中国发展有力促进了世界经济和贸易增长。1978年以来,中国年均进口增速达到16.7%,已成为世界第三大、亚洲第一大进口市场。中国经济对世界经济增长的贡献率超过10%,对国际贸易增长的贡献率超过12%。2001年以来,中国年均进口额近5600亿美元,为相关国家和地区创造了约1000万个就业机会。

中国已经成为国际体系的重要成员。中国参加了100多个政府间国际组织,签署了300多个国际公约。中国积极参与国际和地区事务,认真履行相应的国际责任。迄今,中国共参与22项联合国维和行动,累计派出维和人员上万人次,现正在执行维和任务的有1900多人,是联合国安理会5个常任理事国中派出维和人员最多的国家。

30年改革开放的实践告诉我们,中国发展进步离不开世界,世界繁荣稳定也离不开中国。在世界多极化不可逆转、经济全球化深入发展、科技革命加速推进的世界大势之下,中国的前途命运日益紧密地同世界的前途命运联系在一起。

中国将始终不渝走和平发展道路。这是中国政府和人民作出的战略抉择。这个战略抉择,立足中国国情,顺应时代潮流,体现了中国对内政策与对外政策的统一、中国人民根本利益与世界人民共同利益的统一,是实现中华民族伟大复兴的必由之路。中国尊重各国人民自主选择发展道路的权利,不干涉别国内部事务,不把自己的意志强加于人,致力于和平解决国际争端,奉行防御性国防政策,永远不称霸,永远不搞扩张。

中国将始终不渝奉行互利共赢的开放战略。中国致力于推动世界经济持续稳定增长,坚持按照通行的国际经贸规则扩大市场准入,在实现本国发展的同时兼顾对方特别是发展中国家的正当关切,支持国际社会帮助发展中国家增强自主发展能力、改善民生,支持完善国际贸易和金融体制、推进贸易和投资自由化、便利化,支持各国共同防范金融风险、维护能源安全,坚持通过磋商协作妥善处理经贸摩擦,推动各国共同分享发展机遇、共同应对各种挑战。

中国将始终不渝推动建设持久和平、共同繁荣的和谐世界。中国遵循《联合国宪章》宗旨和原则,恪守国际法和公认的国际关系准则,在国际关系中弘扬民主、和睦、协作、共赢精神,尊重人类文明多样性,继续促进国际关系民主化,积极参与反恐、防扩散、气候变化、环境保护、流行性疾病防治等领域国际合作,推动国际秩序朝着更加公正合理的方向发展。

女士们、先生们、朋友们!

亚洲的发展不仅关系亚洲的命运,而且关系世界的前途。近年来,亚洲形势总体稳定,经济保持较快增长,各国坚持睦邻友好、致力于通过对话协商处理矛盾和分歧的意识在增强,各种区域、次区域合作机制在促进经济增长和地区稳定方面发挥着日益重要的作用,亚洲仍然是世界上最具发展活力的地区之一。同时,亚洲在经济发展、政治建设、安全稳定等方面也面临着一些需要认真对待的严峻挑战。实现亚洲持久和平、共同繁荣仍然是一项长期而艰巨的任务。中国愿同其他亚洲国家一道,抓住机遇,应对挑战,共建和平、发展、合作、开放的亚洲。为此,我建议亚洲各国在以下方面加强合作。

第一,增进政治互信。坚持相互尊重,平等相待,求同存异,和睦相处。通过对话解决争端,通过协商化解矛盾。尊重彼此安全关切,坚持互信、互利、平等、协作的新安全观,推动地区安全机制建设,共同应对安全威胁,维护本地区和平稳定。

第二,深化经济合作。推进区域自由贸易安排和投资保障机制建设,深化财政金融合作,促进亚洲基础设施建设互联互通。加强各国宏观经济政策协调,共同维护金融安全、能源安全、粮食安全。积极推动扶贫、人力资源开发等领域合作,缩小发展差距,促进本地区共同发展繁荣。

第三,共同应对挑战。反对一切形式的恐怖主义,加强反恐、防扩散等领域合作。携手打击跨国犯罪、非法移民、毒品走私。推进防灾减灾、公共卫生等领域合作。加强应对气候变化能力建设,促进环境保护、水资源合理利用等方面的交流合作,共同推进本地区生态文明建设。

第四,加强人文交流。开展各种形式的文化交流,加强不同文明对话,促进各国议会、民间团体、学术机构、新闻媒体的往来和合作。加强青少年交流,增进年青一代的相互了解,共同促进亚洲文化繁荣发展。

第五,坚持开放政策。保持地区合作的非排他性,积极借鉴世界其他地区的有益发展经验,通过亚太经合组织、亚欧会议、东亚—拉美合作论坛、亚洲—中东对话等平台,加强同世界其他地区的对话和合作,在同世界其他地区的广泛交流合作中实现共同进步。

祝博鳌亚洲论坛2008年年会圆满成功!谢谢大家!

国家主席胡锦涛在三亚会见澳大利亚总理陆克文

胡锦涛强调,中澳都是亚太地区重要国家,拥有广泛的共同利益和牢固的合作基础。中澳关系正站在新的历史起点上,面临进一步发展的重要机遇。希望双方抓住目前的有利时机,在以下四个方面进一步作出努力:一、始终从长远角度和战略高度把握中澳关系,不断扩大两国的共同利益,全方位推进各领域对话、交往、合作。二、充分发挥两国经济的高度互补性,特别是加强能源、资源、环保、服务业领域的合作,在互利互惠的基础上着力构建长期稳定的经贸合作关系。三、相互尊重和照顾彼此的利益,妥善处理两国关系中的敏感问题,确保中澳关系发展不受干扰。四、大力加强文化教育领域交流和民间交往,进一步夯实中澳关系的社会基础。

陆克文完全赞同胡锦涛就双边关系阐述的看法和建议。他重申,澳大利亚愿成为中国负责任的合作伙伴和长期稳定的能源资源供应国。陆克文说,澳中政治关系很好,两国领导人的接触对话越来越深入,有力推动了两国关系发展。澳大利亚视中国为澳大利亚长期的伙伴,我们的目标是使两国业已存在的良好关系成为更强大、更广泛、更深入的双边关系,共同推动两国各领域合作向前发展,共同应对包括气候变化、可持续发展在内的全球性和区域性问题。澳方把能源资源合作、工业品贸易、服务业交流作为澳中经贸合作三大支柱,期待同中方建立更强大的经济关系。澳方也希望不断扩大两国议会、政党、人员往来,加强体育、文化等领域交流。

关于中国西藏拉萨等地发生的严重暴力犯罪事件,胡锦涛强调,上述事件并不像某些人宣扬的是什么"和平示威"、"非暴力"行动,而是赤裸裸的暴力犯罪。对于这种严重侵犯人权、严重扰乱社会秩序、严重危害人民群众生命财产安全的暴力犯罪活动,任何一个负责任的政府都不会坐视不管。

胡锦涛指出,西藏事务完全是中国内政。我们和达赖集团的矛盾,不是民族问题,不是宗教问题,也不是人权问题,而是维护祖国统一和分裂祖国的问题。

胡锦涛强调,中国中央政府同达赖进行对话的大门是敞开的。现在双方接触商谈的障碍不在我们,而在达赖方面。如果达赖真有诚意,就应落实在行动上。只要达赖方面停止分裂祖国的活动,停止策划煽动暴力活动,停止破坏北京奥运会的活动,我们随时愿意同他继续接触商谈。

陆克文强调,澳大利亚完全承认中国对西藏和台湾的主权,澳大利亚奉行一个中国政策不会改变。澳大利亚希望成为中国真正的朋友,同中国发展友好合作关系是澳大利亚长期战略。陆克文祝愿北京奥运会取得圆满成功。

中共中央书记处书记、中央办公厅主任令计划,中共中央书记处书记、中央政策研究室主任王沪宁,国务委员戴秉国等参加会见。

国家主席胡锦涛在博鳌会见瑞典首相赖因费尔特

胡锦涛表示,当前,中瑞关系发展势头良好。两国各级别人员往来频繁,政治互信不断增强。经贸领域合作日益深化,科技、环保、能源等领域合作卓有成效,人文、教育、民间交流更加活跃。在国际事务中保持密切的沟通和协调。

胡锦涛指出,中方从战略高度和长远角度看待两国关系,我们愿同瑞方一道,在相互尊重、互利双赢等原则的基础上,密切和深化各领域务实合作,加强在国际事务中的沟通和协调,推动中瑞关系取得更大发展。

赖因费尔特说,1950年瑞中两国建交以来,瑞典一直在关注中国的发展,努力推动瑞中友好关系发展,加强各领域互利合作。赖因费尔特表示,北京奥运会成功举办对中国、亚洲、世界都非常重要,祝愿北京奥运会取得成功。

双方阐述了在气候变化问题上的立场,同意加强应对气候变化方面的合作。双方同意继续在平等和相互尊重的基础上开展人权对话。

中共中央书记处书记、中央办公厅主任令计划，中共中央书记处书记、中央政策研究室主任王沪宁，国务委员戴秉国等参加会见。

中共中央总书记胡锦涛在博鳌会见萧万长率领的台湾两岸共同市场基金会代表团一行

胡锦涛强调，当前，两岸经济交流合作面临着重要的历史性机遇，需要双方共同努力，大力推进。在新的形势下，我们将继续推动两岸经济文化等各领域交流合作，继续推动两岸周末包机和大陆居民赴台旅游的磋商，继续关心台湾同胞福祉并切实维护台湾同胞的正当权益，继续促进恢复两岸协商谈判。

会见中，胡锦涛首先对萧万长先生一行前来出席博鳌亚洲论坛2008年年会表示欢迎，并表示，众多的海内外各界人士出席本次论坛年会，从一个侧面反映了亚洲各国各地区加强交流、促进合作、寻求共赢的强烈愿望，也给我们在新形势下深入思考两岸经济交流合作提供了重要启示。

萧万长说，他自2003年以来每年都率团出席博鳌亚洲论坛年会，受益良多。萧万长表示，两岸经济密不可分。长期以来，两岸经贸关系发展一直发挥着稳定两岸关系的正面作用。两岸经济交流与合作克服了种种不利因素取得进展，得来不易。现在是一个新的开始。希望尽快启动两岸周末包机，并实现大陆居民来台湾旅游。希望能尽快恢复两岸协商，以利交流与合作。实现两岸直航和经贸关系正常化是必走的路，而且代表着海峡两岸人民近60年来首次实现全面开放性交流，具有长远的意义。政策要开放，态度要务实，步伐要稳健，两岸经济交流与合作才能走得顺，也才能为两岸人民创造更大的利益。希望能正视现实、开创未来，搁置争议，追求双赢，为两岸关系开创互信、互谅、互助、互利的新时代。

在认真听取了萧万长先生的意见后，胡锦涛表示，早在30年前，我们就主张开展两岸经济交流合作。自上个世纪80年代两岸同胞隔绝状态被打破以来，经过20年的发展，两岸经济交流合作取得了显著成就，形成了互惠互利的良好发展局面。事实充分证明，开展两岸经济交流合作，是两岸关系发展中最有活力的因素，是增进两岸同胞福祉、扩大两岸共同利益的有效途径。

胡锦涛指出，近8年来，由于众所周知的原因，两岸关系屡屡出现波折，两岸经济交流合作也因此受到严重干扰。这种局面是两岸同胞都不愿看到的。在当今世界经济竞争更为激烈的形势下，两岸同胞应该抓住难得机遇、共同应对挑战、切实加强合作、努力共创双赢。

胡锦涛强调，实现两岸关系和平发展，是两岸同胞的共同愿望所系、共同利益所在。当前两岸关系正朝着和平稳定的方向发展，两岸同胞加强两岸交流合作的愿望进一步增强。这是人心所向、大势所趋。两岸同胞是一家人，是血脉相连的命运共同体，两岸关系的前途应该掌握在两岸同胞自己手中。我们推动两岸关系和平发展的信念不会动摇。希望两岸同胞携手努力，共同开创两岸关系和平发展新局面。

会见结束时，胡锦涛请萧万长先生代为转达对马英九、吴伯雄、连战等人的问候。

中共中央书记处书记、中央办公厅主任令计划，中共中央书记处书记、中央政策研究室主任王沪宁，中共中央台湾工作办公室、国务院台湾事务办公室主任陈云林，中共海南省省委书记卫留成，中共中央总书记办公室主任陈世炬等参加了会见。

北京奥运村（残奥村）村长第一次工作会议在北京举行

会上宣布北京奥运村和残奥村设同一个村长工作班子，由全国人大常委会副委员长、北京奥组委副主席陈至立担任村长。

中共中央政治局委员、北京市市委书记、北京奥组委主席刘淇，中共中央政治局委员、国务委员、北京奥组委副主席刘延东，全国人大常委会副委员长、北京奥组委副主席、北京奥运村（残奥村）村长陈至立出席并讲话。

刘延东在会上宣读了北京奥运村和残奥村村长班子的通知：经中央批准，北京奥运村和残奥村设同一个村长工作班子，除陈至立担任村长外，北京市人大常委会主任杜德印、中国联合国协会会长陈健、国家体育总局副局长于再清、北京市副市长陆昊、中国残联副理事长程凯、青岛市市委统战部部长臧爱民、全国人大常委会香港特别行政区基本法委员会副主任委员梁爱诗担任副村长。

陈至立在工作会议讲话中指出，奥运村（残奥村）承担着奥运会服务的重要任务，是各国和地区运动员、代表团成员、媒体记者的赛时之家。奥运村的工作，是奥运会整体工作的重要组成部分，对于成功举办一届有特色、高水平的奥运会具有非常重要的意义。高水平的奥运村服务工作，将进一步增进我国同世界各国各地区运动员、官员、人民的相互了解和友谊，推动奥林匹克精神的传播。她强调，要明确职责，理顺机制，保证奥运村工作统一、高效、协调运转。要进一步增强责任感和紧迫感，大力弘扬在奥运筹办过程中形成的五种精神，以最好的精神状态、最大的工作热情、最高的工作标准，高水平地做好礼宾接待工作。要精益求精、周密安排，把工作做细、做实。

刘延东在讲话中指出，奥运村（残奥村）是赛时最重要的服务场所之一，直接为各国家和地区运动员、代表团成员及媒体记者服务，是他们了解中国、感受中国人民热情的重要窗口。做好奥运村服务接待及运行工作，是成功举办北京奥运会和残奥会的重要保障。奥运村工作是一项复杂的系统工程，要以对党和人民高度负责的态度，认真抓好各项工作的细节，按照“遵守惯例、标准统一、尊重个性、注重细节”的原则提供高水平的服务和运行。每一名工作人员都是友好使者，要通过热情周到的服务，给各国和地区运动员及来宾留下美好回忆。要认真排查各种安全隐患，不断完善各类应急预案。

刘淇在讲话中指出，党中央对北京奥运筹办工作高度重视，对奥运村（残奥村）工作也非常重视。我们要以高度的责任感、使命感和紧迫感做好奥运村（残奥村）运行工作。要牢固树立“以运动员为中心，以安全为根本，以国际奥委会规定为准绳，以团队为基础”的工作原则，以最大的热情、尽最大的努力，建设安全、有序、舒适、祥和的奥运村和残奥村。要统筹领导，统一指挥，密切配合，加强各团队之间的有效衔接和工作融合。要兑现承诺，遵守惯例，服务至上，高效运行。当前要认真梳理工作中的每一个细节，做好测试和演练工作，确保赛时运行万无一失，使生活、工作在奥运村（残奥村）内的运动员、代表团成员、媒体记者等客人，充分感受到北京奥运会、残奥会的人文关怀。

4月13日

国家主席胡锦涛在三亚同智利总统巴切莱特举行会谈

胡锦涛指出，加强中智关系符合两国和两国人民的根本利益，也有利于深化亚洲、拉美地区的互利合作。中方一贯从战略高度看待和处理中智关系，愿同智方一道努力，把中智关系不断推向前进。一是保持高层往来，加强对话磋商。不断增进政治互信，引领和推动双边关系发展。两国政府部门应进一步规划好各领域合作，立法机构应充分利用政治对话委员会机制，及时交换意见，扩大共识。二是发挥互补优势，实现互利共赢。以签署中智自由贸易协定关于服务贸易的补充协定为契机，进一步开放服务市场，促进贸易结构多元化。中国政府愿为双方企业合作提供便利，促进相互投资。中方积极支持两国质检部门加强相关合作并建立长效合作机制，为扩大优势农产品贸易提供有利条件。三是扩大人文交流，增进相互了解。加强文化、教育、体育、卫生、科技、旅游、司法、社会保障、扶贫和环保等领域的交流合作，支持两国地方省市、民间团体、学术界开展交往和合作，增进两国人民的相互了解和友谊。四是加强多边合作，促进共同发展。在联合国、世贸组织、亚太经合组织等国际和地区组织，以及在联合国改革、多哈回合谈判、应对全球气候变化、可持续发展等重大问题上加强沟通和协调，共同维护发展中国家的正当权益，推动国际秩序朝着更加公正合理的方向发展。

巴切莱特完全赞同胡锦涛关于发展两国关系的建议，并表示智中建交38年来，智利一直致力于发展智中关系，在很多方面在拉美国家中率先同中国发展关系和开展合作。智方对两国关系发展充满信心。智方希望同中方一道努力，给两国关系注入更大活力，加强两国政治、贸易、投资、农业、南极科学考察、教育、文化等领域的交流合作，密切在国际机制改革、应对气候变化等国际事务中的协调配合。智方愿意为中国发展同拉美国家关系发挥积极作用。

巴切莱特说，今年是中国改革开放30周年，在中国共产党领导下，中国人民在过去30年里取得了巨大成就，这对中国、对世界都具有重要意义。智中两国都在努力通过改革促进经济发展，致力于实现社会和谐团结。胡锦涛表示，在拉美国家中，智利率先在减贫方面实现了联合国千年发展目标，我们对此表示祝贺。

巴切莱特预祝北京奥运会取得圆满成功。胡锦涛表示，智利政府坚持奉行一个中国政策，在台湾、西藏问题上给予中方宝贵支持，中方对此表示赞赏和感谢。

会谈后，胡锦涛和巴切莱特共同出席了两国自由贸易协定关于服务贸易的补充协定、年度文化交流执行计划、智利部分输华产品检疫议定书等8个合作文件的签字仪式。

全国人大常委会委员长吴邦国在人民大会堂分别会见巴基斯坦总统穆沙拉夫和坦桑尼亚总统基奎特

在会见穆沙拉夫时，吴邦国高度评价中巴传统友谊和战略合作。他说，中巴两国始终真诚相待，高度互信，相互支持。拉萨暴力犯罪事件发生后，巴政府和人民坚定支持中国政府立场，支持中方为维护社会稳定和人民利益依法采取的措施，支持北京奥运会，中国政府和人民对此深表感谢。吴邦国强调，发展中巴全方位合作是中方坚定不移的方针。中方愿与巴方一道，保持政府、立法机构、政党等各方面的交往势头，拓展在经贸、投资、金融、基础设施建设等领域的务实合作，加强安全合作，共同打击“三股势力”，将中巴战略合作伙伴关系提高到新水平。

穆沙拉夫说，巴中合作基础牢固、领域广泛，巴方愿深化双方在政治、经贸、安全、国际等各领域的战略合作,不断赋予巴中传统友谊以新的内容。他重申,巴基斯坦反对任何破坏中国主权和领土完整的行为,强烈谴责任何破坏北京奥运会的企图。

在会见基奎特时吴邦国说,中坦友好合作关系是两国老一辈领导人亲自缔造和培育的,经受住了时间和形势变化的考验,堪称发展中国家真诚相待、团结合作的典范。中方珍视传统友谊,重视中坦关系,愿深化双边在经济、政治、文化等各领域的真诚合作,加强立法机构和政党间的友好交往,为实现两国共同发展和进步作出不懈努力,造福两国人民。

基奎特说,近30年来我多次访华,每次都看到中国发生的巨大变化。坦桑尼亚永远是中国可信赖的好朋友。这次访华的目的就是巩固友谊、加强合作,将业已存在的坦中友好关系引向深入。

国务院总理温家宝在中南海紫光阁分别会见坦桑尼亚总统基奎特 巴基斯坦总统穆沙拉夫和智利总统巴切莱特

在会见基奎特时,温家宝表示,中坦建交以来,始终相互尊重,相互支持,是全天候合作伙伴。中方愿继续向坦桑尼亚提供力所能及的经济援助,并同坦方一道扩大务实合作,培育新的增长点,巩固和深化中坦传统友好合作关系。

基奎特说,坦方珍视坦中传统友好合作关系,愿不断加深双方友谊,推进双边各领域互利合作。坦方感谢中方对坦桑尼亚国家建设给予的支持与帮助。坦桑尼亚全体人民热切期盼奥运火炬在坦桑尼亚传递。

在会见穆沙拉夫时,温家宝说,中巴战略伙伴关系的快速发展,切实维护了双方的共同利益,促进了地区和平与稳定。中方将积极参与巴基斯坦的大型基础设施建设,鼓励企业到巴基斯坦投资兴业,带去新的技术和管理经验,实现合作的可持续发展。两国要加强青年交流,落实联合办学计划,夯实中巴关系的社会基础,使中巴友好代代相传。

穆沙拉夫说,巩固和发展巴中传统友好合作关系是巴基斯坦政府和人民的强烈愿望,是巴基斯坦外交政策的基石。巴方愿同中方继续保持密切高层交往,继续推进双边自由贸易安排,深化各个领域的全方位合作,实现到2011年双边贸易额达到150亿美元的目标,共同促进区域经济发展。

在会见巴切莱特时,温家宝说,中智全面合作伙伴关系发展势头很好,经贸合作尤为突出。希望两国充分利用双边自贸协定提供的有利条件,促进矿业、农业等传统领域合作取得更多成果,积极探索新的合作领域和合作方式,更好地实现互利共赢。

巴切莱特说,智中建交38年来,双边关系发展取得重大进展。两国应加强战略合作,促进经贸等各领域交流,将双边关系提升到新水平。智利祝贺中国改革开放30年来取得的巨大成就,愿中国取得更大成绩。

全国政协主席贾庆林在人民大会堂会见巴基斯坦总统穆沙拉夫

全国社会保障基金理事会第三届理事大会第一次会议在北京召开

会议提出,要通过多种渠道充实全国社会保障基金,进一步扩大资金规模;进一步扩大对金融、交通运输、能源等重点项目的直接投资和股权基金的投资;力争到2010年年底全国社会保障基金规模超过1万亿元,年均收益率超过同期通货膨胀率。

据了解,截至2007年年末,全国社会保障基金权益4140亿元,加上受托管理的行业统筹基金和个人账户中央补助资金,基金总资产市值5162亿元。

《中国工业企业及工业协会社会责任指南》发布

中国工业经济联合会等11家工业行业协会日前发布《中国工业企业及工业协会社会责任指南》(以下简称《指南》),并提出了包括能源、环境法规、生产安全、产品安全、劳动保护、关心困难群体等内容的80项企业社会责任指标,以指导企业科学发展,树立负责任的企业形象。《指南》还为企业撰写社会责任报告提供了八个方面的基本内容:公开陈述、科学发展、保护环境、节约资源、安全保障、以人为本等。

4月14日

全国人大常委会委员长吴邦国在人民大会堂分别会见智利总统巴切莱特和瑞典首相赖因费尔特

在会见巴切莱特时,吴邦国积极评价中智关系。他说,近年来,中智关系取得长足发展,各领域友好交流与合作不断扩大,中国全国人大与智利议会政治对话委员会的交流逐步深入,中智自由贸易协定顺利实施,极大地推动了双方关系的发展,为两国人民带来了实实在在的利益。吴邦国强调,中方始终从战略高度看待同智利的关系,愿与智方共同努力,保持包括两国立法机构在内的各方面的友好交往,推进经贸、科技、文化等领域的务实合作,将双边关系提升到新水平。

巴切莱特说,智中历来相互尊重、平等相待,这是两国友好关系不断向前发展的基础。智利政府支持双方加强议会、政党、地方的友好往来,深化在经贸、能源、矿产、文化、旅游等领域的全方位合作,共同开创智中关系更加美好的未来。

在会见赖因费尔特时，吴邦国说，建交58年来，中瑞关系发展顺利，两国各领域交流与合作富有成果，在重大国际和地区问题上保持着有效沟通与协调。瑞典是欧盟重要国家，经济发达，科技先进。中国坚持科学发展观，致力于建设资源节约型、环境友好型社会，双方合作潜力巨大，前景广阔。中方愿与瑞方共同努力，在相互尊重、平等互利原则基础上，不断提高两国合作水平，造福两国人民。

赖因费尔特表示，瑞中关系发展良好。瑞典高度重视对华关系，希望同中方加强各层次的政治对话，深化互利合作，在节能减排、气候变化等领域拓展新的合作。

国务院总理温家宝在人民大会堂会见汤加国王图普五世

温家宝说，中方珍视中汤友谊，愿加强两国在各领域的务实合作，把双边关系提升到新的水平。我们支持中国企业到汤加投资，向汤方提供所需技术援助；希望双方共同探索新的合作领域和合作方式，扩大贸易往来，实现互利共赢。两国有关部门要密切配合，充分利用中方提供的援助和优惠贷款，建设好商定的工程项目，为汤加重振经济作出贡献。

图普五世表示，汤加珍视汤中建立在相互尊重基础上的良好关系，对双边经济、政治等各领域交流合作深感满意，对中国对汤加的真诚帮助十分感谢。汤方坚定奉行一个中国政策，愿意深化与中方的全方位合作。汤加对中国取得的成就表示祝贺，愿意看到中国在国际事务中发挥更大的作用。

国务院总理温家宝在人民大会堂同瑞典首相赖因费尔特举行会谈

温家宝指出，瑞典是第一个同新中国建交的西方国家。58年来，双方相互了解和信任不断加深，各领域合作日益扩大。特别是近几年，双边贸易额增长很快，中国已成为瑞典在亚洲最大的贸易伙伴，双向投资和科技合作成果丰硕，民间交往十分活跃，两国在国际事务中保持良好的协调。

温家宝表示，在经济全球化深入发展的背景下，中瑞加强合作符合双方的根本利益，也有利于促进中欧战略伙伴关系发展。中方愿与瑞方保持高层接触和各级别磋商；在平等和相互尊重基础上开展人权交流与合作；积极推进环保和节能技术合作，创造条件，鼓励企业投资和贸易往来；扩大在人文和社会发展领域的交流；加强在中欧框架内的协作，共同促进自由贸易和可持续发展。

赖因费尔特表示，瑞典重视同中国保持良好的对话与合作关系。瑞方倡导自由贸易，反对对华搞贸易保护主义，愿进一步扩大双边经贸、投资、知识产权保护合作，希望在“共同但有区别的责任”原则基础上，加强两国在节能减排、气候变化等领域的交流与合作。赖因费尔特表示，瑞典在台湾和西藏问题上坚持一个中国政策，祝愿北京奥运会取得成功。

会谈结束后，温家宝和赖因费尔特共同出席了两国有关部门在环保、可持续发展、通信等领域合作文件签字仪式。

国家副主席习近平在人民大会堂会见泰国外长诺巴敦

习近平说，中泰关系非常好，无论国际风云如何变幻，推进中泰友好合作始终是两国国内各界的共识。中方高度重视中泰关系，愿与泰方共同努力，推动两国战略性合作全面深入发展。

诺巴敦表示，泰国高度重视发展对华友好，坚定奉行一个中国政策。台湾和西藏问题都是中国内政，其他国家不应干涉。泰方愿与中方共同推进泰中战略性合作，实现共同发展。

习近平还向诺巴敦介绍了中国国内发展情况。

中华人民共和国和智利共和国发表联合新闻公报

一、应中华人民共和国主席胡锦涛邀请，智利共和国总统米歇尔·巴切莱特·赫里亚于2008年4月11日至15日对中国进行国事访问并出席博鳌亚洲论坛2008年年会。这是拉美国家元首首次应邀出席博鳌亚洲论坛年会。

二、访问期间，胡锦涛主席与巴切莱特总统举行了会谈，吴邦国委员长和温家宝总理分别会见了巴切莱特总统。两国领导人在亲切友好的气氛中就两国关系和共同关心的国际和地区问题深入交换了意见，达成了广泛共识。

三、两国元首回顾了中智建交以来双边关系的顺利发展和双方在多边组织中的良好合作，对近年来两国全面合作伙伴关系快速发展感到满意。双方均表示以战略眼光审视中智关系，认为两国关系在中拉关系、亚太经合组织和亚拉跨区域合作中具有重要作用。双方重申在国际事务中应倡导多边主义，愿共同努力推动多哈回合谈判取得积极进展。上述行动的宗旨是实现人类共同发展。

四、巴切莱特总统重申，智利坚定地奉行一个中国政策，尊重中华人民共和国的主权和领土完整，承认台湾和西藏是中国的一部分。中方对智方上述立场表示赞赏。

五、两国元首高兴地看到,中智自由贸易协定签署并顺利实施后,双边经贸关系充满活力,中国已成为智利产品的主要出口市场,并对中智自由贸易协定关于服务贸易的补充协定的签署予以高度评价。双方表示将进一步推动双边贸易和鼓励增加相互投资,为双边投资合作相关人员提供便利措施,支持双方企业在第三方市场合作投资,加强在矿产和质检领域的交流与合作,并同意建立质检领域长效合作机制。双方积极评价中智示范农场项目有效期延长,表示愿加强农产品加工合作和农业技术交流,并探讨在智设立农业示范项目的可能性。

六、双方表示愿加强在文化、教育、科技、体育、医疗卫生、旅游、司法、社会保障、环境保护等领域的交流与合作。智方宣布向中国学生提供研究生奖学金,并在京举办"马普切:智利的起源"展览,以增进相互理解。双方还表示愿在公共管理和社会政策等方面加强经验交流,促进各自社会的和谐发展与团结,并为此全面推动两国间业已存在的合作机制。双方积极评价两国立法机构的交流与对话对增进中智人民友谊所作的贡献。

七、巴切莱特总统祝愿2008年北京奥运会和2010年上海世博会取得圆满成功,并邀请中方参加2010年智利独立200周年庆祝活动。中方对此表示感谢。

八、访问期间,双方签署了《中智自由贸易协定关于服务贸易的补充协定》《2008—2011年度文化交流执行计划》《关于智利樱桃、李子输华检疫议定书》《中国柑橘、胡葱输智检疫议定书》《关于中智进出口猪肉、乳及乳制品检验检疫议定书》《关于防止盗窃、盗掘和非法进出境文物的协定》《关于开展文化遗产领域交流合作的协议》《关于中小企业合作的谅解备忘录》《智利参加2010年上海世博会参展合同》等重要合作文件,分别在京、沪举办两国企业家委员会第三次会议、中智经贸合作论坛和"智利——拉美的战略伙伴"中智企业家论坛等活动,取得圆满成功。

九、巴切莱特总统衷心感谢中华人民共和国政府和人民对她本人及智利代表团的热情友好款待,并邀请胡锦涛主席在方便的时候再次访问智利。胡锦涛主席对此表示感谢。

2008年4月14日于北京

中国智利经贸合作论坛在北京召开

国务院副总理王岐山与智利总统巴切莱特出席并讲话。

王岐山说,中智建交38年来,经贸合作持续发展,中国是智利第一大贸易伙伴,智利是中国在拉美的第三大贸易伙伴、第二大进口来源国。2007年双边贸易额达146亿美元,智利的葡萄酒、三文鱼、铜等产品越来越多地进入中国市场,中国的家电、轻纺和通信产品也受到智利消费者的欢迎,两国经贸合作空间不断扩展。

王岐山表示,智利是第一个同中国签署自由贸易协议的拉美国家,两国应建立更加紧密的经贸合作关系,为双方企业创造更多的商机。他就发展中智经贸关系提出三点建议:第一,抓住机遇,提升合作水平。以自贸区建设为契机,在更大范围、更高层次加强双边经贸合作;第二,创新方式,拓展合作领域。根据新签订的中智自贸区补充协议,两国将进一步相互开放计算机、管理咨询、采矿、体育等服务业市场,双方应充分利用有利条件,深化服务贸易领域的合作;第三,优势互补,促进共同发展。双方应在自贸区框架下,将农业、矿业和基础设施建设作为重点,推动双边经济技术合作稳定向前发展。

王岐山指出,中国的发展为世界发展注入新的活力,带来新的机遇,欢迎智利经济工商界人士来中国开展互利合作,从中国的发展中获得更多、更好的商机,中国政府也积极支持中国企业"走出去",到智利投资兴业。

巴切莱特表示,中国经济高速增长和加入世贸组织带来的吸引力使其成为世界上吸收外资最多的国家之一。智中同属太平洋沿岸国家,智利政治稳定、经济持续增长,已与53个国家签订了自由贸易协定。希望中国企业充分利用这些优势将智利作为进入拉美地区的重要平台。智利业界愿意与中方积极展开面向美洲第三国市场的合作。智利也希望与中方进一步巩固在政治、文化、教育等领域的合作。

王岐山和巴切莱特还共同出席了中国国家开发银行与智利银行开发性金融合作协议以及中国中小企业对外合作协调中心与智利生产力促进会合作备忘录的签字仪式。

中智两国工商界近400人参加了论坛,与会人士围绕在中智自贸区加快建设的新形势下加强双方经贸合作进行了交流。

国家文物局和智利外交部在北京就加强文化遗产领域合作签署协议

国家文物局局长单霁翔与智利外交部部长阿尔贝托·冯·克拉维伦签署了《中华人民共和国政府和智利共和国政府关于防止盗窃、盗掘和非法进出境文物的协定》,并签署《中华人民共和国文物局和智利共和国国家遗迹委员会关于开展文化遗产领域交流合作的协议》。

智利总统巴切莱特出席了签字仪式。

国家文物局局长单霁翔表示,中智两国同为文化遗产资源丰富的国家,也同是联合国教科文组织1970年《关于禁止和防止非法进出口文化财产和非法转让其所有权的方法的公约》的缔约国,都致力于保护人类文化遗产。"协定"、"协议"的签署,对于有效阻止两国文物非法流入对方国家及其他国家、加强两国文化遗产主管部门间的交流、推动两国文化遗产保护工作,都将产生积极影响。交流合作协议的签署,表明中智两国在文化遗产领域的合作已经进入了一个新的阶段。

目前,我国已经与意大利、印度、阿富汗、菲律宾、秘鲁等国签署了有关防止盗窃、盗掘和非法进出境文物的协定。

团中央 教育部 财政部 人社部在北京联合召开2008年大学生志愿服务西部计划电视电话会议

会议获悉:2008年由中央财政支持的西部计划全国项目计划新招7000名志愿者,其中本科生占85%。

从2008年开始,国家将适当提高服务西部志愿者生活待遇水平,包括两部分:一是适当提高生活补助标准。统一为每人每月680元,比原标准增加80元。二是享受艰苦边远地区津贴。全国有984个县、市、区纳入实施艰苦边远地区津贴范围,每月津贴标准分别为:一类区65元,二类区120元,三类区215元,四类区370元,五类区640元,六类区950元。

据了解,西部计划实施5年来,全国项目已招募33920名普通高校应届毕业生到中西部26个省(区、市)500多个贫困县的乡镇,从事为期1—2年的志愿服务。其中,12243名志愿者服务两年;5年累计在岗服务人数为46163人次。

教育部 财政部 保监会联合下发《关于推行校方责任保险完善校园意外伤害事故风险管理机制的通知》

2007年度"中华慈善奖"在北京揭晓

由民政部主办的2007年度"中华慈善奖"在京揭晓。陈光标、李家杰、赵在和、江苏省如皋市"爱心邮路"、中国远洋运输(集团)总公司、中天建设集团有限公司、恒大地产集团、汇丰银行(中国)有限公司、"红十字天使计划"、"2007年媒体慈善关爱行动"等个人、机构和项目,荣获2007年度"中华慈善奖"。长期致力于慈善事业的邵逸夫先生被授予"中华慈善奖终身荣誉奖"。

目前,我国有8300多万残疾人,57.3万孤儿,1.3亿60岁以上老年人,总的来说,我国慈善事业的发展空间是很大的,也就是说社会对慈善事业发展充满期待。据有关机构统计,2007年度我国慈善市场资金总额达到865亿元,其中来自境内公众和企业的慈善捐赠(款物)总额超过了223亿元。与社会需求相比,我国的慈善救助还是供不应求。

国务院副总理回良玉在中南海紫光阁会见中华慈善奖获奖代表

4月15日

国务院总理温家宝在中南海紫光阁会见英国首相布朗特别代表财政大臣达林

温家宝指出,中英都是有着重要影响的国家,双方在相互尊重、平等互利基础上加强对话交流,有利于加深互信,扩大共识,克服分歧,共同为促进世界和平、稳定与繁荣作出贡献。希望中英经济财金对话成为增进双方理解与合作的重要平台。

温家宝表示,中国反对投资和贸易保护主义,支持建立公正、公开、合理和非歧视的多边贸易体系。我们愿与包括英国在内的各国一道,推动多哈回合取得全面、平衡的成果。

达林表示,英国从长远角度重视对华关系,致力于维护两国关系的基础。英方愿同中方加强对话合作,促进两国共同发展,携手应对当前世界经济、金融、环境形势中出现的突出问题。贸易保护主义是非常错误的,英方支持承认中国完全市场经济地位,反对限制中国商品的措施,将在欧盟内部继续作出积极努力。

国务院副总理王岐山、财政部部长谢旭人等参加会见。

十一届全国人大常委会第二次委员长会议在人民大会堂举行

全国人大常委会委员长吴邦国主持会议。

委员长会议决定,十一届全国人大常委会第二次会议于4月22日至24日在北京举行。

委员长会议建议十一届全国人大常委会第二次会议的议程是:审议残疾人保障法修订草案、消防法修订草案;审议国务院关于提请审议批准中国和澳大利亚引渡条约的议案、关于提请审议批准中国和法国引渡条约的议案、关于提请审议批准中国和科威特关于民事和商事司法协助的协定的议案;听取国务院关于抗击低温雨雪冰冻灾害及灾后重建工作情况的报告;审议委员长会议关于提请审议全国人大常委会代表资格审查委员会主任委员、副主任委员、委员名单草案的议案,审议其他任免案等。

委员长会议听取了全国人大常委会副委员长、秘书长李建国作的关于十一届全国人大常委会第二次会议议程草案和日程安排意见以及相关工作事项的汇报,听取了全国人大相关专门委员会负责人关于十一届全国人大常委会第二次会议有关议程情况的汇报。

委员长会议还审议通过了全国人大常委会2008年工作要点、全国人大常委会2008年立法工作计划、全国人大常委会2008年监督工作计划。

按照吴邦国委员长在十一届全国人大一次会议上所作的全国人大常委会工作报告中有关"对食品安全法等与群众利益密切相关的法律,通过向社会全文公布法律草案,广泛听取各方面尤其是基层群众的意见"的要求,委员长会议决定将食品安全法草案向社会全文公布,广泛征求意见。

全国人大常委会副委员长王兆国、乌云其木格、韩启德、华建敏、陈至立、周铁农、司马义·铁力瓦尔地、蒋树声、陈昌智、严隽琪、桑国卫出席会议。

河北省十一届人大常委会二次会议决定任命胡春华为副省长 代理省长

第一百零三届广交会在广州举行

据《人民日报》报道,共有来自境内外的18721家企业参展,比上届增加3667家,是历史上规模最大的一届广交会。本届交易会出口成交382.3亿美元,比去年秋交会增长2.1%,比去年春交会增长5.1%。

中华人民共和国与巴基斯坦伊斯兰共和国发表联合声明

一、应中华人民共和国主席胡锦涛的邀请,巴基斯坦伊斯兰共和国总统佩尔韦兹·穆沙拉夫于2008年4月10日至15日对中华人民共和国进行国事访问。

二、访问期间,胡锦涛主席同穆沙拉夫总统举行了会谈。中国全国人大常委会委员长吴邦国、国务院总理温家宝、全国政协主席贾庆林分别会见了穆沙拉夫总统。

两国领导人在亲切、友好的气氛中举行了会谈。双方强调中巴友好关系的重要性,决心把中巴战略合作伙伴关系提升到新的高度。

三、双方对中巴各领域全面合作的发展表示满意,同意进一步加强在经贸、科技、文化等领域的合作,进一步扩大人员交流。

四、中方表示全力支持巴政府在促进巴经济社会发展方面所做的努力,愿继续在能源、矿产开发等方面向巴方提供帮助。中方同意加强两国金融领域的合作,支持中巴经贸合作五年发展规划框架下的项目。双方同意共同努力争取早日实现双边贸易额150亿美元的目标。

五、双方同意最大限度发挥中巴自由贸易协定的优势,尽早完成自由贸易协定服务贸易谈判。

六、双方同意就推动中巴两国陆路贸易加强协调与合作,采取措施改善陆路交通状况,以便利两国边境地区的联系。双方同意在水资源管理、环境保护和生物多样性等领域密切合作。

七、双方同意进一步加强国防和军工生产领域的合作。

八、中方表示支持巴方为维护主权、独立和领土完整所做的努力,赞赏巴方为促进地区和平、稳定与安全和国际反恐斗争所发挥的重要作用。

巴方重申将继续坚定奉行一个中国政策,全力支持中国和平统一大业,强烈谴责并反对极端主义、分裂主义和恐怖主义"三股势力"。

九、双方就国际和地区问题交换了意见并达成广泛共识。双方同意在国际和地区场合密切合作,共同努力维护世界和平与发展。

十、巴方就中国改革开放30周年取得的辉煌成就向中方领导人和中国人民表示热烈祝贺。

十一、巴方对中国政府和人民为举办北京奥运会所做的出色安排表示赞赏,并表示将尽全力配合、支持中国政府的努力。

十二、胡锦涛主席愉快地接受穆沙拉夫总统的邀请,表示愿在方便时再次访巴。

十三、访问期间,双方签署了《中华人民共和国水利部与巴基斯坦伊斯兰共和国水电部合作谅解备忘录》《中国国家体育总局与巴基斯坦体育部在体育领域合作的协议》《中国工程院和巴基斯坦科技部在工程和技术科学方面合作的谅解备忘录》《中华人民共和国财政部和巴基斯坦伊斯兰共和国财政部合作谅解备忘录》等合作文件。

2008年4月15日于北京

中英首次经济财金对话在北京举行

中国总理温家宝的特别代表、国务院副总理王岐山和英国首相布朗的特别代表、财政大臣达林共同主持对话,两国经济、财政、金融、贸易、外交等部门负责人与会。

中英双方在友好、坦诚、务实的气氛中就当前国际经济、金融形势交换了看法,介绍了各自经济、金融、贸易政策和运行情况,围绕经济可持续发展、金融服务业合作和经济全球化的机遇与挑战三项议题展开讨论,达成以下共识：

一、赞成市场开放和贸易投资自由化，反对保护主义，加大相互投资，扩大民用高科技产品贸易，促进双边货物贸易和服务贸易全面、平衡发展；共同推动世界贸易组织多哈发展回合谈判；英方承诺继续推动欧盟早日承认中国完全市场经济地位，欢迎中国主权财富基金到英投资。

二、中方欢迎英方金融机构扩大在中国中西部和农村地区的业务，英方愿为中资银行在英拓展业务提供便利；双方对美国利率持续走低、美元持续贬值以及美国次贷危机引发的国际金融市场剧烈动荡深表关注，同意加强两国金融监管部门合作，协调政策，共同参与和推动国际金融监管体制的完善。

三、本着"共同但有区别的责任"原则加强在应对气候变化问题上的合作，扩大在环保、能源等领域的技术转让和务实合作；加强在国际发展问题上的合作，共同推动千年发展目标早日实现。

全国总工会主席王兆国在人民大会堂会见芬兰工会代表团

外交部部长杨洁篪在北京与泰国外长诺巴敦举行会谈

中联部部长王家瑞在北京分别会见日本执政党代表团和泰国外交部部长 人民力量党副秘书长诺巴敦·巴达玛

4月16日

中共中央总书记胡锦涛致电祝贺普京当选俄罗斯统一俄罗斯党主席

中共中央总书记胡锦涛在人民大会堂会见由自民党干事长伊吹文明和公明党干事长北侧一雄率领的日本执政党代表团

胡锦涛说，近来中日关系呈现积极发展的态势。两国各级别交往频繁，各领域合作不断扩大。双方在地区和国际事务中以及彼此关切的重大问题上也保持着密切沟通与磋商。

胡锦涛表示，今年是《中日和平友好条约》缔结30周年，又是"中日青少年友好交流年"。中日关系面临着新的发展机遇。中国党和政府高度重视中日关系，发展长期稳定、睦邻友好的中日关系是我们坚定不移的方针。中方愿与日方一道，不断扩大各领域交流与合作，增进双方的了解和互信，全面推进中日战略互惠关系，为实现两国和平共处、世代友好、互利合作、共同发展的大目标不懈努力。

伊吹文明和北侧一雄赞同胡锦涛对双边关系的评价，并表示，日本执政党和全体国民将努力加强日中人民友谊的纽带，推动两国战略互惠关系焕发出更加强大的生命力，并更好地造福两国人民，更好地维护亚洲乃至世界的稳定和发展。伊吹文明表示，日本支持中国举办奥运会的立场是一贯的，今后也不会改变。北京奥运会是亚洲的盛典，日方预祝北京奥运会取得成功。

伊吹文明还向胡锦涛主席转交了日本首相福田康夫的亲笔信。

中联部部长王家瑞、副部长陈凤翔等参加了会见。

国务院总理温家宝主持召开国务院常务会议分析当前经济形势

会议认为，今年以来，面对国际经济环境变化和国内发生历史罕见的低温雨雪冰冻灾害，中央及时采取有力应对措施，在十分困难的情况下，夺取了抗灾救灾和灾后重建的重大胜利，保持了国民经济平稳快速发展。当前总体经济形势比预想的要好。农业稳定发展，工业较快增长；投资增长过快、货币投放过多、外贸顺差过大的矛盾有所缓解；结构调整取得新进展；财政收支状况较好；改革开放继续推进；就业和居民收入增加较多，人民生活进一步改善；社会大局保持稳定。这些情况说明，经济运行朝着宏观调控的预期方向发展，我国经济具有应对各种困难的强大动力与活力。

会议指出，目前国际经济环境复杂严峻，世界经济增长减缓、金融市场动荡，国际粮食、石油等初级产品价格持续上涨；国内经济运行中最突出的矛盾是价格总水平仍处于高位；制约农业生产和农民增收的因素比较多；固定资产投资反弹压力仍然存在；节能减排形势依然严峻。对面临的困难和问题，绝不能掉以轻心。

会议强调，要继续贯彻落实中央经济工作会议和十一届全国人大一次会议精神，推进经济结构调整和经济发展方式转变，坚持稳健的财政政策和从紧的货币政策，保持宏观经济政策的稳定性和连续性。要把防止经济增长由偏快转为过热、防止价格由结构性上涨演变为明显通货膨胀作为宏观调控的首要任务，特别要把控制物价上涨、抑制通货膨胀放在更加突出的位置。同时密切跟踪经济形势新变化，把握好促进经济增长与抑制通货膨胀的平衡点，保持经济平稳较快增长。会议对加强农业和粮食生产、搞好市场和物价调控、合理控制固定资产投资规模、做好财政和金融工作、保持外贸平稳增长、推进重要领域和关键环节改革、保障和改善民生等工作作了部署。

会议要求，各地区、各部门要在落实上狠下功夫，各项工作都要周密部署，明确责任，加强督促检查。要坚决维护中央宏观调控的统一性、权威性和有效性，增强政府公信力和执行力，确保政令畅通，把中央确定的各项政策措施真正落到实处，努力实现经济又好又快发展。

外交部部长杨洁篪就共同努力推动中美建设性合作关系与美国务卿赖斯通电话

中联部部长王家瑞在北京分别会见澳大利亚贸易部部长西蒙·克林和黎巴嫩社会进步党副主席杜雷德·亚杰

4月17日

全国政协主席贾庆林在北京出席平山郁夫艺术展开幕式

开幕式前，贾庆林会见了日本前首相村山富市和日中友协会长、著名画家平山郁夫一行。

贾庆林对“平山郁夫艺术展”在京开幕表示祝贺，并高度评价村山等人长期以来为发展中日友好关系作出的积极贡献。他说，中日两国有着悠久的友好交往历史，文化艺术交流为促进两国人民的友好发挥了重要作用。当前中日关系总体呈现良好发展态势，面临新的发展机遇。今年是中日和平友好条约缔结30周年和北京奥运年。中日双方应本着“以史为鉴、面向未来”的精神，抓住有利时机，不断扩大交流与合作，增进两国人民的相互了解和友好感情，推动中日战略互惠关系迈上新的台阶。

村山感谢贾庆林主席出席平山郁夫艺术展开幕式。他说，平山先生是著名艺术家，创作了许多与日中两国悠久的文化友好交流史相关的佳作。此次展览是在日中和平友好条约缔结30周年、胡锦涛主席访日前夕在北京举行的，具有特别意义。希望此次画展不仅有利于增进两国文化交流，也能为构筑日中战略互惠关系作出贡献。

开幕式后，贾庆林在平山等陪同下参观了展览。

村山一行是应中日友协的邀请，专程来京出席“平山郁夫艺术展”相关活动的。全国政协副主席孙家正、中日友协会长宋健、文化部部长蔡武、外交部副部长武大伟、对外友协副会长井顿泉和日本驻华大使宫本雄二等参加了上述活动。

国务院副总理回良玉到海南考察调研农垦体制改革和农业农村工作

4月17至20日，回良玉先后来到三亚、陵水、万宁、定安、海口等市、县，下场队、入果园、进胶林、看学校，实地考察农场生产经营情况，看望慰问农垦干部职工，体察关心困难群众生活，认真听取他们对改革的要求和建议，勉励他们弘扬农垦艰苦奋斗、勇于开拓的精神，强自身、练内力，再创垦区全面繁荣、职工共同富裕、海南快速发展的新辉煌。他深入田间地头查看粮油瓜菜作物长势，来到现代化猪场考察生猪生产和沼气建设项目，进村入户了解强农惠农政策落实情况。他还召开座谈会，与基层干部群众共谋推进农垦改革、发展现代农业之计，共商促进农业增效、农民增收之策，鼓励农民群众立足热带优势资源，大力发展热带高效农业，做大做强特色优势农产品。回良玉对近年来海南省经济社会发展取得的成就和农业农村工作以及今年第1号台风的防御工作给予了充分肯定。

回良玉强调，党中央、国务院对海南农垦体制改革高度重视，胡锦涛总书记和温家宝总理提出了明确要求。海南农垦的希望在于加快发展，动力在于改革创新，出路在于真抓实干。要深入贯彻落实科学发展观，加快建立富有效率的农垦管理体制和运行机制，确保海南农垦天然橡胶基地稳定发展，着力改善农垦职工生产生活条件，促进海南资源优势发挥和现代农业建设，推动海南农垦和全省经济社会又好又快发展。

回良玉指出，我国改革开放是从农村改革起步的，要以不断深化农村改革的实际行动纪念改革开放30周年。推进海南农垦体制改革是党和国家的一项重大决策。半个多世纪以来，海南农垦为保障国家天然橡胶供给安全，为支持国家经济建设和国防建设，为促进海南开发和社会和谐稳定作出了重大贡献。在新的形势下，必须与时俱进、抢抓机遇、顺势而为，着眼于更好地推进现代农业建设，着眼于更好地改善农垦职工的民生问题，着眼于更好地促进海南经济社会发展，加快推进海南农垦体制改革和机制创新。

回良玉强调，要按照政企分开、社企分离、建立现代企业制度的总体要求，加大农垦系统资源整合力度和企业重组，健全统分结合的农村双层经营体制，大力推进产业化经营，积极发挥农垦在海南现代农业建设中的示范和带动作用。要正确处理改革发展稳定的关系，切实把握好改革的力度、发展的速度和各方面的承受程度，妥善处理好国家、企业和职工的利益关系，把解决民生问题摆在更加突出的位置，让广大群众共享改革发展成果。

纪念中共中央“五一口号”发布60周年理论研讨会在北京召开

全国政协副主席、中共中央统战部部长杜青林出席会议并讲话。

杜青林指出，各民主党派、无党派人士积极响应中共中央“五一口号”，是一个在统一战线、多党合作乃至我国民主政治建设发展史上具有里程碑意义的重大历史事件。纪念“五一口号”发布60周年，就是要继承和发扬多党合作的优良传统，巩固多党合作的共同思想基础；总结多党合作的历史经验，推进多党合作事业蓬勃发展；着眼实现全面建设小康社会奋斗目标、推进中国特色社会主义伟大事业，充分发挥多党合作的巨大优越性。

杜青林强调，“五一口号”发布60周年来，我国多党合作事业走过了光辉历程，在维护国家政局稳定，推动经济社会发展，促进中国共产党科学执政、民主执政、依法执政，加强国家政权建设和推进我国民主政治建设中发挥了重要作用。60年不平凡的历程给我们诸多深刻启示：要把马克思主义中国化最新成果，科学发展观的基本要求，贯彻落实到多党合作事业的各个方面。必须面向实际，坚持走中国特色的政治发展道路；必须充分发扬民主，逐步扩大公民有序的政治参与；必须广泛凝聚力量，充分体现大团结大联合的主题；必须倡导包容存异，努力营造宽松稳定的政治环境；必须不断创新发展，始终保持多党合作的生机活力。

杜青林指出，在新的历史起点上推进多党合作事业实现新发展，要求我们始终坚持中国特色社会主义这一根本方向，坚持“长期共存、互相监督、肝胆相照、荣辱与共”这一基本方针，坚持服务全面建设小康社会伟大实践这一中心任务，坚持推进多党合作制度化、规范化、程序化建设这一重要保障。当前，要集中各方智慧和力量，深入研究、回答和解决构建中国特色社会主义政党制度理论体系，确保多党合作坚持走中国特色政治发展道路，参政党在国家政治社会生活中的功能定位，新一代党外代表人士的人才培养，完善多党合作运行机制等重大理论和实践问题，不断推动多党合作制度的完善和实践的发展，使这一基本政治制度更加富有中国特色，更加富有生机活力，更加富有实效，在推进中国特色社会主义事业伟大进程中再铸新的辉煌。

1948年4月30日发布的《中共中央纪念“五一”劳动节口号》提出：“各民主党派、各人民团体、各社会贤达迅速召开政治协商会议，讨论并实现召集人民代表大会，成立民主联合政府。”得到了各民主党派、无党派人士的热烈响应，标志着各民主党派和无党派人士公开、自觉地接受了中国共产党的领导，坚定地走上新民主主义、社会主义的道路。

各民主党派中央副主席、无党派人士代表和有关专家学者作了发言。中央统战部、各民主党派中央负责人、无党派人士等约100人参加会议。

全国工会领导干部理论研讨会在北京闭幕

会议为期两天。中共中央政治局委员、全国人大常委会副委员长、中华全国总工会主席王兆国出席会议。

中华全国总工会副主席、书记处第一书记孙春兰作总结讲话。孙春兰要求各级工会组织围绕大局、突出重点，进一步做好维护职工队伍和社会政治稳定工作，进一步推动《劳动合同法》等法律、法规的贯彻实施，进一步推动解决涉及职工切身利益的突出问题，切实维护农民工合法权益，进一步强化工会源头参与和宏观维护，切实加大基层工会组建工作力度，扎实做好工会十五大各项筹备工作。

孙春兰强调，站在新的历史起点上，做好新形势下的工会工作，必须弘扬改革创新精神，加大改革创新力度，加强工会自身建设，努力破解工作难题，推动工会工作的创新发展。各级工会组织要创新思想观念，始终保持昂扬向上、奋发有为的精神状态，努力在改革创新上下功夫，在突破重点、难点上下功夫，在做好基础工作上下功夫，在提高工作水平上下功夫，做到在继承中发展、在实践中完善、在创新中提高；要创新工会体制机制，努力使工会工作更好地适应社会主义经济发展的需要，与完善党的领导方式和执政方式相衔接，使工会组织更加具有生机和活力；要创新工会工作方式，增强工会工作实效，提高工会工作整体水平，以优异成绩迎接中国工会十五大的胜利召开。

吉林、广东、安徽、陕西、内蒙古、重庆6个省、自治区、直辖市总工会的负责同志作了大会发言，交流了各自的实践与研究成果。

外交部部长杨洁篪在东京同日本外相高村正彦举行会谈

中联部部长王家瑞在北京会见日本自民党前干事长野中广务和副干事长江崎铁磨一行

《党的文献》创刊20周年座谈会在北京举行

为纪念邓小平同志为《党的文献》题写刊名暨该刊创刊20周年，中共中央文献研究室和中央档案馆在北京举行座谈会。全国政协副主席孙家正等出席。

《党的文献》是中央批准的唯一一家以公布中国共产党、中华人民共和国及其领导人的重要历史文献和现实文献，反映党和国家领导人的生平、思想、风范和业绩的编研成果，反映毛泽东思想和中国特色社会主义理论体系研究成果，反映党史国史中的重大决策、重大事件和重大问题的研究成果的政治理论刊物。它创刊于1988年年初，由中共中央文献研究室和中央档案馆共同主办，邓小平同志题写刊名。20年来，《党的文献》坚持办刊宗旨，坚持正确导向，坚持存史、资政、育人相结合，陆续刊发了大量党和国家的重要文献及其研究文章，对推动党的理论建设和事业发展发挥了重要作用。

座谈会上，来自理论界的专家学者认为，《党的文献》围绕党的文献的编辑和研究，不断探索和改进，逐渐形成了史料性、学术性、理论性、可读性相统一的办刊特色，获得了良好的社会声誉，成为党史界、思想理论界有影响的理论刊物。

英国《自然》杂志刊登中国科学家关于藏羚羊迁徙活动的监测成果

研究成果表明，通过对青藏铁路沿线持续5年多的实地监测，藏羚羊的迁徙活动已基本适应青藏铁路野生动物通道。该研究成果有力回击了前一阶段少数境外媒体对"中国政府在青藏铁路环保中是否作出努力"的质疑。

4月18日

京沪高速铁路开工典礼在北京举行

中共中央政治局常委、国务院总理温家宝在北京出席了京沪高速铁路开工典礼，并宣布京沪高速铁路全线开工。

京沪高速铁路自北京南站至上海虹桥站，新建双线铁路全长1318公里，是世界上一次建成线路最长、标准最高的高速铁路，是新中国成立以来一次投资规模最大的建设项目。它贯穿北京、天津、河北、山东、安徽、江苏、上海7省市，连接环渤海和长江三角洲两大经济区，设计时速350公里，总投资2209.4亿元，总工期为5年左右。项目建成后，乘坐火车从北京至上海只需要5个小时。

开工典礼前，温家宝听取了铁道部负责人关于京沪铁路建设情况的汇报。在开工典礼上，他为京沪高速铁路股份有限公司揭牌，并与中国铁建的工人们一起为京沪高速铁路奠基。

中共中央政治局委员、国务院副总理张德江出席了开工典礼并讲话。他指出，建设京沪高速铁路，是党中央、国务院作出的一项重大决策。在我国人口最密集、城镇化程度最高、经济总量最大、运输需求最旺盛的地区，建设一条具有世界先进水平的现代化高速铁路，对于从根本上缓解铁路运输紧张状况，提高我国的自主创新能力，推进我国产业结构调整，促进经济社会又好又快发展，具有十分重要意义。目前，建设京沪高速铁路的时机已经成熟，条件完全具备。

张德江要求，各单位、各部门要精心组织、精心设计、精心施工、精心管理，把京沪高速铁路建设成为世界一流的高速铁路。国务院各有关部门、沿线各省市政府要把京沪高速铁路建设摆上重要议事日程，加强领导，密切合作，全力支持，确保工程顺利推进。各参建单位和全体建设者要坚持百年大计、质量第一，立足自主创新，抓好生态环境保护，重视节约土地资源，加强施工安全管理，提高投资综合效益，把京沪高速铁路建成技术创新工程、资源节约工程、环境友好工程、社会和谐工程。

京沪高速铁路建设总指挥长、高速铁路沿线7省市代表也分别发言。

国家副主席习近平在人民大会堂会见日本前首相村山富市和日中友协会长平山郁夫一行

习近平表示，发展长期稳定的中日睦邻友好合作关系，符合两国和两国人民根本利益，也有利于亚洲乃至世界的和平与稳定。

他说，今年是《中日和平友好条约》缔结30周年、中日青少年友好交流年，双方应以此为契机，加强在各个领域的交流与合作，推动两国关系长期稳定健康发展。

习近平对"平山郁夫艺术展"在京开幕表示祝贺。

村山表示，日本国民支持北京奥运会，期待北京奥运会顺利举行。

4月19日

中日青少年友好交流年招待会在北京举行

在中国工作和学习的日本人、有日本留学经验的中国人以及中日各界友好人士共600余人出席。

国际田联竞走挑战赛在"鸟巢"闭幕 中国队获2金3银2铜

4月20日

各民主党派中央新老领导人和无党派人士代表纪念响应中共中央"五一口号"60周年赴西柏坡参观学习

经中共中央批准，4月20日至21日，中央统战部组织各民主党派中央新老领导人和无党派人士代表赴当年中共中央所在地西柏坡参观学习并举行纪念会，纪念民主党派、无党派人士响应中共"五一口号"60周年。这是全国统战系统纪念"五一口号"发布60周年、开展“薪火相传，共创未来”主题系列活动的重要内容。

1948年4月30日，中国共产党为动员全国各阶层人民实现建立新中国的光荣使命，发布了纪念“五一”劳动节口号。“五一口号”得到了民主党派、无党派民主人士的热烈响应，他们发表宣言、通电和谈话，并接受邀请奔赴解放区，与中国共产党共商建国大计。

全国政协副主席、中共中央统战部部长杜青林在纪念会上指出，民主党派响应中共“五一口号”，标志着民主党派在政治上接受中国共产党的领导。中国人民政治协商会议第一届全体会议的召开，标志着中国共产党领导的多党合作和政治协商制度正式确立。纪念“五一口号”，就是要薪火相传，把民主党派、无党派人士与中国共产党团结合作的政治信念、高尚风范和革命传统永远传承，发扬光大；坚定走中国特色社会主义政治发展道路，增强坚持中国共产党领导的自觉性，进一步激发团结奋斗的豪迈情怀，继续谱写多党合作事业的崭新篇章，共创中国特色社会主义伟大事业的光辉未来。

杜青林强调，当前，我国的发展正处在一个新的历史起点上，中共十七大描绘了全面建设小康社会、加快推进社会主义现代化的宏伟蓝图。希望各民主党派、无党派人士重温多党合作历史，继承发扬优良传统，坚持走中国特色社会主义政治发展道路，坚定不移地接受中国共产党的领导，巩固发展团结和谐的社会主义政党关系，积极推进全面建设小康社会伟大事业，积极推进社会主义民主政治建设，加强参政党自身建设，实现新老交替基础上的政治交接，与中国共产党真诚团结、亲密合作，共同致力于中国特色社会主义伟大事业。

民革中央主席周铁农、民建中央主席陈昌智代表各民主党派中央在会上讲话。

周铁农说，“五一口号”的发布和民主党派、无党派人士的热烈响应，是我国多党合作发展史上具有里程碑意义的一件大事，标志着民主党派自觉接受了新民主主义革命的纲领、路线和中国共产党的领导。今天，高举中国特色社会主义伟大旗帜，已经成为中国共产党和各民主党派的共同信念和理想；坚持走中国特色社会主义政治发展道路，已经成为中国共产党和各民主党派长期合作的政治基础。

陈昌智说，60年来特别是改革开放30年来的巨大成就充分证明，中国共产党是领导全国人民战胜一切困难险阻，从胜利走向胜利的领导核心和根本保证。我们要努力继承和发扬在长期实践中形成的优良传统，不断加强自身建设，努力提高参政能力，多献求真务实之策，多做开拓创新之事，与中国共产党风雨同舟，并肩奋斗，共同战胜困难与挑战，完成历史赋予的使命。

纪念会上，民进中央原第一副主席张怀西、民盟中央主席蒋树声代表各民主党派中央向西柏坡纪念馆赠送“薪火相传，共创未来”牌匾并揭牌。中共中央统战部向西柏坡纪念馆赠送“共铸乾坤”油画。中共河北省省委书记张云川在会上作了发言。

韩启德、严隽琪、桑国卫、张梅颖、张榕明、万钢、林文漪、厉无畏、罗富和、陈宗兴、王志珍等民主党派中央负责人、无党派人士以及中共中央统战部和河北省有关负责人近200人参加了纪念活动。

中国地震速报时间缩短至10分钟

国家“十五”重大项目——中国数字地震观测网络项目在北京通过验收。据介绍，该项目的建成，使我国前兆、测震、强震台站的密度大大增加，监测设备数字化率达到了95%。地震速报时间从30分钟缩短到10分钟，地震监测的最低震级从4.5级改善到了2.5级。目前，在灾害性地震发生后10分钟内，中国地震应急指挥技术系统就可完成快速评估，20分钟内可完成辅助决策并上报有关信息，40分钟内就可启动指挥大厅和相关系统。

“航天员中心星”在北京命名

在京举行的中国航天员科研训练中心成立40周年纪念大会上，经国际天文学联合会相关组织批准，国家天文台将1997年1月2日发现的获得永久编号为35313号的小行星，命名为“航天员中心星”。

第九届中国国际蔬菜科技博览会在山东寿光市开幕

4月21日

国务院副总理回良玉主持召开国家防总全体会议并发表讲话

会议研究分析今年汛情旱情形势，进一步安排部署防汛抗旱救灾工作。回良玉强调，做好今年的防汛抗旱减灾救灾工作，对促进经济社会发展具有特殊重要的意义。当前，南方局部地区的强降雨已经造成一些损失，北方部分地区仍持续干旱，今年第1号台风已较早登陆，防汛抗旱形势不容乐观，思想不容麻痹，工作不容懈怠。各地区、各有关部门要以对人民群众高度负责的精神，深入贯彻落实科学发展观，坚持以人为本、科学防控、依法防控、群防群控，强化责任落实，强化指挥调度，强化监测预警，强化应急措施，全力做好防汛抗旱工作，妥善安排受灾群众生活，努力为经济社会又好又快发展提供保障。

回良玉指出，近年来我国气候总体异常，暴雨、洪涝、台风、干旱等灾害频繁交织发生。在党中央、国务院的正确领导下，在各地区、各部门以及解放军、武警部队等各方面的共同努力下，防汛抗旱工作取得了显著成效，大江大河、水库堤坝等防灾减灾基础工程建设取得突破性进展，政策法规、组织队伍、资金物资等保障能力明显提高，成功抵御和战胜了频繁发生的严重自然灾害，最大程度减轻了灾害造成的人员伤亡和财产损失。

回良玉强调，今年我国气候条件不确定性很大，大江大河防汛抗洪形势不容乐观，东北、西北等地旱情可能持续发展，东南沿海遭受严重台风灾害的可能性不能低估，防汛抗旱工作面临很大压力。各地区、各部门要切实履行防汛抗旱工作职责，进一步加强组织领导，科学指挥调度，密切协调配合，把问题估计得更充分些，把措施制定得更周全些，把工作做得更扎实些，确保防汛抗旱各项工作有力、有序、有效地进行。一要继续强化各项防汛准备，抓紧抢修病险水利工程，组织修订江河洪水防御方案，全面落实预案、队伍、资金、物料等各方面的准备措施并加强督促检查。二要着力做好灾害监测预警，特别要加强对局部性、突发性自然灾害的预测预报，及时发布预警信息，为防汛抗旱决策提供准确依据。三要全面落实灾害应对措施，妥善制定、严格落实台风影响区、洪涝灾害易发区、蓄滞洪区人员转移避险方案，科学调度江河洪水，合理避让灾害风险，确保大江大河和大中型水库安全。四要切实加强抗旱工作，加强水资源统一调度管理，大力推进节约用水，努力增辟抗旱水源，切实保障群众生活用水，努力满足工农业生产和生态用水。五要妥善安排受灾群众生活，加大资金物资投入，确保受灾群众有饭吃、有衣穿、有住处、有干净饮水、有病得到及时救治。加快因灾倒损房屋的恢复重建，全力帮助受灾群众重建家园。

第一届北京人权论坛在北京开幕

中国人权研究会会长罗豪才、国务院新闻办主任王晨出席开幕式并致辞。来自5大洲31个国家和国际组织的110多位中外人权高级官员和专家、学者参加论坛。

王晨说，作为联合国创始会员国和安理会常任理事国，中国一贯认真履行《联合国宪章》《世界人权宣言》的宗旨和原则，注重以人为本，坚持发展为了人民、发展依靠人民、发展成果由人民共享，使人民依法享有政治、经济、社会和文化各项权利。新中国成立半个多世纪特别是改革开放30年来，中国政府始终把解决人民的生存权和发展权问题置于首位，坚持以经济建设为中心，大力发展社会生产力，经济和社会发展突飞猛进，综合国力明显增强，人民生活水平大幅度提高，实现了从贫困到温饱和从温饱到小康的两次历史性跨越，人民的生存权和发展权得到显著改善，中国人权发展实现了历史性飞跃。公民政治权利得到有效保障，基层民主政治建设不断推进，民主选举、民主决策、民主管理和民主监督不断增强。以宪法为核心的人权保障法律体系日益健全，司法改革力度不断加大，司法体制不断完善，人权的司法保障不断加强。全体社会成员的政治、经济、社会、文化等权利得到了较充分的保障。同时，我们清醒地认识到，人权是一个不断发展的过程，中国是一个拥有13亿人口的发展中国家，受自然、历史、文化和经济社会发展水平的影响和制约，中国的人权发展还存在诸多问题和困难。尊重和保障人权，促进人权事业的全面发展是中国政府和人民的一项长期而艰巨的任务。

王晨说，中国不仅重视并致力于维护和发展本国人民的人权，而且努力促进世界人权事业的发展。中国一直以积极而负责任的态度，参加联合国人权机构的工作和国际人权法律文书的制定，通过多种渠道与国际广泛开展人权对话、合作与交流，充分利用国际舞台为捍卫世界各国人民的人权而努力，中国所倡导的人权普遍性原则必须与各国国情相结合、生存权和发展权是首要的基本人权、享受人权需要建设性对话与合作、全体社会成员的各项权利必须协调发展等观点和主张，得到国际社会的广泛认同。中国将一如既往地为促进世界人权事业的发展贡献自己的力量，我们愿与国际社会一道，共同致力于建设一个持久和平、共同繁荣、人人享有人权的和谐世界。

联合国日内瓦办事处总干事谢尔盖·奥尔忠尼启则和乌克兰议会最高人权代表卡尔帕乔娃也在开幕式上致辞。北京人权论坛是中国人权研究领域规格高、盛况空前的一次大型多边国际学术论坛。在为期3天的会议中，与会代表将就“发展、安全与人权”进行广泛而深入的探讨。

中国人权研究会会长罗豪才在2008年北京人权论坛开幕式上致辞

各位来宾、各位专家学者，女士们、先生们：

由中国人权研究会主办的“北京人权论坛”今天开幕了，在此，我谨代表主办单位，对与会的各位来宾表示最诚挚的欢迎和感谢！

今年是《世界人权宣言》诞生60周年。《世界人权宣言》是联合国关于人权问题的第一个专门性文件，对于唤起世界人民的人权理想、指导和推动国际人权发展，都发挥了积极的作用，是一份有重要影响的历史文献。60年来,在《世界人权宣言》的激励下,国际人权事业取得了长足的进步,人权的内涵也不断丰富。进入21世纪,发展和安全在人权中的地位越来越重要。

本次会议的主题是“发展、安全与人权”。发展权是一项不可剥夺的基本人权。每个人和每个国家都有权实现发展,并且享受发展的成果。可是,目前世界上还有数十个最不发达国家没有参与全球发展进程,还有10多亿人处于长年的饥饿和贫困状态,每年还有1100万儿童活不到5岁,有300万人死于艾滋病。对于这些人来说,发展权是首要的人权。解决发展问题是绝大多数发展中国家的中心议题,也是当今世界面临的最大人权问题,因为发展是全面实现人权的基础。只有首先实现了发展权,消除了饥饿和贫困,解决了基本的医疗卫生问题,才有可能推动其他人权的发展。在饥饿和贫困的状态下,根本无法实现人的价值、人的尊严和人的自由。

同样,安全也是一项基本人权。安全是一种免除了恐惧的生存状态。每个人都有权和平地、安全地生活。对和平与安全的威胁既来自国际战争和冲突,也来自国内暴力、有组织犯罪、恐怖主义以及大规模毁灭性武器。此外,贫穷、致命传染病和环境退化也严重威胁着人们的安全。长期以来,消除上面这些威胁,维护和平与安全,一直是世界人民的共同理想,也是国际社会努力实现的人权目标。安全权是实现其他人权的基础。恐惧会限制自由的范围。只有在和平与安全的条件下,社会才能把更多的自由赋予个人。发展、安全与人权密切相连,相互促进。没有发展,我们就无法享有安全;没有安全,我们就无法享有发展;不尊重人权,我们既不能享有安全,也不能享有发展。

女士们、先生们,今年是中国改革开放30周年。30年前,中国人民在邓小平先生的领导下,勇敢地踏上了对内改革和对外开放的艰难旅程。30年来,中国不但在经济建设方面取得了举世公认的成就,而且在人权建设方面也实现了巨大的进步。中国人民的公民权利和政治权利得到充分保障。在人民代表大会制度下,中国人民广泛参与政治生活,充分行使知情权、监督权、选举权和被选举权,并在城乡基层群众性自治组织中直接行使民主选举、民主决策、民主管理和民主监督的权利。

中国的经济、社会、文化权利不断发展。中国在消除贫困、改善贫困地区人民基本生活条件方面取得了重大进步,得到国际社会高度评价。中国农村没有解决温饱的贫困人口从1978年的2.5亿减少到2007年的1479万。30年来,中国GDP保持了年均9%左右的增长速度,使人民的生活水平迅速提高,目前已经达到中等收入国家水平。

中国司法领域的人权保障不断完善。我们从一个很低的起点出发,建立起了社会主义法治国家的基本框架,实现了对人权的比较系统的法律保障。中国宪法把“尊重和保障人权”确立为它的一项重要的原则。中国现行的法律、法规共有800多件、地方性法规7500多件。在这些法律中,包括大量像《物权法》《国家赔偿法》和《行政许可法》在内的保护人权的法律。中国修改了《刑事诉讼法》,确立了无罪推定原则。从2007年开始,由最高法院统一行使死刑核准权,大幅减少了死刑数量。有中国特色的公开审判制度、律师制度、司法救助和法律援助制度进一步完善,维护了人们获得公平审判的权利。

长期以来,中国坚持贯彻和实行民族区域自治制度,依法保护少数民族公民平等参与管理国家事务、自主管理本民族事务的权利。中国十分注重保护少数民族的文化和特性,各民族都有使用和发展本民族语言文字的权利,都有权利保持本民族的宗教信仰和生活习惯,有权利使用本民族语言接受教育。

中国人权理论研究也取得了重要进展。从20世纪90年代开始,以中国人权研究会为中心,中国已经建立了一支遍布全国各地,由高等院校、研究机构和有关专家组成的多学科的专业研究力量。中国学术界翻译出版了大量国外人权研究著作,编著了系统完整的人权研究资料,发表了数百部人权研究著作和数千篇有关人权的学术论文,并在社会上广泛普及人权知识,进行人权教育。

尽管中国人权事业取得了重大进步,但也存在着不少问题和困难。中国的政治、经济体制尚不完善,民主法制还不健全,城乡之间、区域之间发展还不平衡,在就业、教育、医疗、住房、社会保障、收入分配、安全生产和环境保护等方面还存在问题。中国政府从来不回避这些问题,而且公开承诺要通过经济社会的全面发展和民主法制的不断完善来解决这些问题。相反,一些西方国家却一贯在人权问题上实行双重标准,不时指责中国和其他发展中国家,对西方国家自己的人权问题却视而不见。

各位来宾、女士们、先生们,通过30年的探索和实践,中国已经走出了一条中国特色的人权发展道路。中国的人权保障同西方有明显区别。首先,中国认为,人权同其他任何权利一样,都不是绝对的。权利的享有应该同所尽的义务一致。没有无义务的权利,也没有无权利的义务。对某人是权利,对他人就意味着义务;对他人是权利,对自己就是义务。中国反对将权利和义务割裂开来。其次,中国认为人权不只是公民权利和政治权利,而是既包括公民权利和政治权利,也包括经济、社会、文化权利。各项人权相互联系、相互促进。要实现经济、社会、文化权利，就必须有相应的公民、政治权利的发展。没有一定程度公民、政治权利的发展，经济、社会、文化权利的发展是无法想象的。中国人权发展的历程恰好证明了这一点。30 年来，中国人民的生活水平快速提高，社会保障体系日益完善，医疗、教育、文化事业全面发展，这是所有人都承认的事实。但是，容易受到忽视的是，这一时期，《公民权利和政治权利国际公约》列举的几乎每一项人权，在中国都有了巨大的发展。中国人民享有前所未有的各种自由和基本人权，包括宗教信仰自由和参与政治的权利。中国公民、政治权利的发展，同经济、社会、文化权利的发展一样迅速。最后，中国认为，人权不仅仅是个人权利，还应包括集体人权。集体人权和个人人权是相辅相成的。个人人权若得不到保障，也就谈不上集体人权。同时，集体人权是个人人权得以充分实现的先决条件和必要保障。只有整个社会都进步了，个人人权才能真正实现。中国既重视保障个人人权，又重视保障集体人权。这是中国之所以实现国家稳定、社会和谐与人民自由的重要原因。

各位来宾，女士们、先生们，创造一个人人享有基本人权的世界，是全人类的共同目标。实现这个目标，需要各国政府和人民付出艰苦的努力，也需要密切的国际合作。国际合作是促进国际人权发展的良好途径。在人权领域，中国主张进一步加强交流与合作，增进了解，减少分歧，扩大共识。各国应相互包容，相互尊重，平等相待，相互学习，相互借鉴，共同促进国际人权事业的发展。中国愿意同世界各国进行更加广泛和深入的人权交流与人权合作，学习和借鉴世界各国在促进和发展人权方面的好经验和好做法，更好地发展中国的人权事业。中国一贯支持《联合国宪章》关于促进和保护人权的宗旨和原则，支持将人权与安全、发展共同确立为联合国三大支柱。中国积极参加联合国人权委员会的工作，并坚持主张联合国人权委员会的工作方法应以对话代替对抗。中国积极参与创立联合国人权理事会，并以建设性的态度参与联合国人权理事会的建章立制工作。中国积极参加联合国人权领域各种会议，积极参加有关人权议题的审议和讨论，以高度负责的精神提出自己的主张，为丰富国际人权概念的内涵，优化人权保护的方法，促进人权领域的国际合作作出了独特的贡献。中国的实践表明，人权事业是促进人类和平、增进人类安全和共谋人类发展的崇高事业。中国将为世界人权事业的健康发展作出自己应有的贡献，并将与世界各国人民一道共同开创世界人权事业的辉煌未来。

女士们、先生们，今年是中国奥运之年。北京奥运会火炬接力正在五大洲如火如荼地进行。北京奥运会火炬接力在中国境外将传递 33 天，总行程 9.7 万公里，在中国境内将传递 97 天，总行程约 4 万公里。在今年 8 月 8 日奥运圣火回到中国国家体育场熊熊燃烧的时候，来自世界各国的体育健儿，将在中国同台竞技，共同谱写更快、更高、更强的奥运历史新篇章。奥运会在北京举办承载了中国人民的百年期盼，中国将紧紧围绕“同一个世界、同一个梦想”的主题，秉持绿色、科技和人文奥运的理念，扎扎实实做好各项筹备工作。中国坚信，在国际奥委会的统一协调下，在世界各国人民的大力支持下，中国将成功举办一届有特色高水平奥运会。

女士们、先生们，我们祝愿，本届北京人权论坛成为中外人权工作者回顾世界人权发展历史，总结、交流、分享世界人权保护经验和展望世界人权美好前景的平台。我们期盼，在中外人权工作者的共同关心和支持下，北京人权论坛能定期举办，并越办越好。

最后，祝各位与会嘉宾和代表身体健康，精神愉快，工作顺利！

中国成为世界第三大产奶国

从第三届中国奶牛发展大会上获悉：目前我国奶量增长占世界奶量增长的一半以上，中国已成为世界第三大产奶国。2007 年全国奶牛存栏 1470 万头，比 2006 年增长 7.8%。奶类总产量 3650 万吨，比 2006 年增长 10.5%。

中联部部长王家瑞在北京分别会见越共中央宣教部代表团和毛里塔尼亚进步力量联盟主席穆罕默德·乌尔德·马乌鲁德

《习仲勋传》(上卷)出版

《习仲勋传》(上卷)一书由中央文献出版社出版。该书反映了习仲勋同志在新民主主义革命时期，作为陕甘宁边区根据地的主要创建者和领导者的革命经历和贡献。

陈良宇受贿 滥用职权案一审判决生效

天津市第二中级人民法院于 4 月 11 日对中共中央政治局原委员、中共上海市委原书记陈良宇案宣告一审判决，认定陈良宇犯受贿罪，判处其有期徒刑 14 年，没收个人财产人民币 30 万元；犯滥用职权罪，判处其有期徒刑 7 年，两罪并罚，决定执行有期徒刑 18 年，没收个人财产人民币 30 万元。按照法律规定，上诉期限于 4 月 21 日届满，陈良宇未提出上诉，现上述判决已发生法律效力。

4月22日

十一届全国人大常委会第二次会议在人民大会堂开幕

会议继续审议残疾人保障法修订草案，首次审议消防法修订草案，听取和审议国务院关于抗击低温雨雪冰冻灾害及灾后重建工作情况的报告等。

吴邦国委员长主持会议。

根据通过的议程，会议听取了全国人大法律委员会副主任委员张柏林作的关于残疾人保障法修订草案修改情况的汇报。法律委员会认为，修订草案的内容是基本可行的，建议本次常委会会议继续审议。如果审议意见比较一致，可以考虑本次常委会会议审议通过。

受国务院委托，公安部副部长刘金国就消防法修订草案作了说明。他说，消防法自1998年9月1日施行以来，对预防和减少火灾危害，保护人身、财产安全，维护公共安全发挥了重要作用。但近年来，消防工作面临着一些新情况和新问题，为了适应新时期消防工作的需要，公安部经过广泛征求意见，总结实践经验，拟定了消防法修订草案。他就消防安全管理制度、消防安全责任、消防执法监督等修订草案主要内容作了说明。

受国务院委托，国家发展和改革委员会主任张平向会议报告了抗击低温雨雪冰冻灾害及灾后重建工作的有关情况。

会议审议了国务院关于提请审议批准中国和澳大利亚引渡条约的议案、关于提请审议批准中国和法国引渡条约的议案、关于提请审议批准中国和科威特关于民事和商事司法协助的协定的议案。受国务院委托，外交部副部长武大伟对这三个议案作了说明。

会议审议了委员长会议关于提请审议全国人大常委会代表资格审查委员会主任委员、副主任委员、委员名单草案的议案，还审议了其他任免案等。

全国人大常委会副委员长王兆国、路甬祥、乌云其木格、韩启德、陈至立、周铁农、李建国、司马义·铁力瓦尔地、蒋树声、陈昌智、严隽琪、桑国卫出席会议。国务院副总理回良玉、最高人民法院院长王胜俊、最高人民检察院检察长曹建明等列席会议。

国家发改委主任张平向全国人大常委会报告抗击低温雨雪冰冻灾害及灾后重建工作的有关情况

张平认为，在这场抗击雨雪冰冻灾害的斗争中，从中央到地方都积累了许多宝贵经验，但这场斗争同时也是对我国防范应对突发重大自然灾害综合能力的一次全面检验，反映出我国经济社会发展和灾害应对工作中还存在着一些问题和薄弱环节。对此，国务院正在组织有关部门和受灾地区认真总结经验教训、完善应急机制，提出切实可行的改进措施，更好地防范和应对今后可能发生的重大自然灾害和各类突发事件。

灾害造成重大损失

据介绍，今年1月中旬到2月上旬，我国南方地区连续遭受4次低温雨雪冰冻极端天气过程袭击，总体强度为50年一遇。全国先后有20个省(区、市)和新疆生产建设兵团不同程度受灾。

交通运输严重受阻。京广、沪昆铁路因断电运输受阻，22万公里普通公路交通受阻，14个民航机场被迫关闭，造成几百万返乡旅客滞留。电力设施损毁严重。电网大面积倒塔断线，13个省(区、市)输配电系统受到影响，170个县(市)的供电被迫中断。电煤供应告急，部分电厂电煤库存急剧下降。农业和林业遭受重创。农作物受灾面积2.17亿亩，绝收3076万亩。工业企业大面积停产。居民生活受到严重影响。此次灾害共造成129人死亡，4人失踪；因灾直接经济损失1516.5亿元。

同舟共济抗灾救灾

张平在报告中指出，灾情发生后，党中央、国务院高度重视，迅即部署开展大规模的抗灾救灾斗争。人民解放军、武警部队勇挑重担、顽强拼搏，社会各界同舟共济、相互支援。

动员全社会力量，打好抢通道路攻坚战。动员社会各方面力量特别是人民解放军和武警官兵除雪破冰，及时抢通受阻公路并疏导滞留车辆；合理安排生产调运，打好抢运电煤攻坚战。各主要产煤省(区)和重点煤炭生产企业，千方百计增加煤炭生产。铁路、交通部门组织突击抢运电煤；集中优势兵力，打好抢修电网攻坚战。国家电网公司、南方电网公司在全国调集了大批技术力量赴重灾区抢修受损供电设施，解放军、武警官兵和社会各方面全力支援，奋战在电网抢修一线人员最多时达42万人；落实政策措施，打好保障灾区群众生活攻坚战。灾区各级政府和有关部门及时组织向灾区调拨粮食、棉衣被、发电机、成品油等救灾物资，中央财政紧急下拨中央自然灾害生活救助资金18.24亿元；加强组织调运和市场监管，打好保障灾区市场供应攻坚战。各有关部门适时投放储备肉及其他生活必需品，组织蔬菜、成品粮、食用油调运。

积极推进灾后重建

为了把中央确定的灾后重建政策落到实处，中央财政已筹措恢复重建资金295.37亿元。根据3月26日国务院常务会议的决定，在今年中央财政安排"三农"投入5625亿元、基建投资739亿元的基础上，再增加中央财政性资金252.5亿元,用于农业和粮食生产,继续向受灾地区倾斜。

据介绍,中央电网企业已经全面恢复正常运行,大部分地方电网也基本恢复正常。全国公路已在春运期间基本恢复正常通行能力。铁路、民航的设施修复重建工作基本完成。

2月19日,国务院召开全国农业抗灾减灾和春耕生产工作会议,对农业救灾复产工作作出进一步部署。目前,各受灾地区已补种改种各类农作物2932万亩,完成计划的75.6%。受灾地区的通信业务已恢复到灾前水平。

受灾地区均已制订倒损民房恢复重建方案,正在抓紧组织实施,中央补助资金已下拨到位。民政部门将进一步加强灾后恢复重建工作的指导督查。

国务院总理温家宝签署第524号令公布《历史文化名城名镇名村保护条例》

《历史文化名城名镇名村保护条例》已经2008年4月2日国务院第3次常务会议通过,现予公布,自2008年7月1日起施行。

总理 温家宝

2008年4月22日

历史文化名城名镇名村保护条例(略)

中央纪委 监察部决定在全国纪检监察系统深入开展"做党的忠诚卫士、当群众的贴心人"主题实践活动

中共中央政治局常委、中央纪委书记贺国强出席会议并讲话,中共中央书记处书记、中央纪委副书记何勇主持会议。

贺国强在讲话中指出,深入开展"做党的忠诚卫士、当群众的贴心人"主题实践活动,要全面贯彻党的十七大精神,高举中国特色社会主义伟大旗帜,以邓小平理论和"三个代表"重要思想为指导,深入贯彻落实科学发展观,按照"政治坚强、公正清廉、纪律严明、业务精通、作风优良"的要求,带头讲党性、重品行、作表率,着力解决在思想观念、工作作风、素质能力等方面存在的突出问题,切实做到对党和国家无限忠诚、对腐败分子和消极腐败现象坚决斗争、对广大干部和群众关心爱护、对自己和亲属严格要求,努力树立可亲、可信、可敬的形象。

贺国强强调,要通过深入开展主题实践活动,达到提高素质、改进作风、严格要求、树立形象的目的。要把加强学习、提高认识放在首位,切实使"做党的忠诚卫士、当群众的贴心人"的理念在纪检监察干部心中深深扎根;要坚持围绕中心工作开展主题实践活动,切实做到与机关业务工作"两不误、两促进";要坚持正面教育、自我教育为主,切实激发机关党员干部的内在动力和积极性;要牢牢把握边学边查边改这个重要方法,切实解决突出问题;要紧紧抓住建章立制这个根本,切实在建立、健全纪检监察机关自身建设长效机制上取得成效;要始终坚持与时俱进、开拓创新,不断探索加强纪检监察机关自身建设的新思路新途径、新办法。要加强对主题实践活动的领导,健全机构、落实责任,领导带头、作出表率,加强督察、推动落实,确保主题实践活动扎实深入开展、达到预期目的、取得应有的成效。

何勇在主持会议时指出,要认真学习、深刻领会贺国强同志的重要讲话精神,从政治和全局的高度充分认识在纪检监察系统深入开展"做党的忠诚卫士、当群众的贴心人"主题实践活动的重要意义,进一步增强开展主题实践活动的政治责任感。要引导广大党员干部结合岗位和职责,认真查找存在的差距和不足,切实解决在党性观念、思想品行、能力素质等方面存在的问题。要把开展主题实践活动与做好反腐倡廉工作紧密结合起来,用反腐倡廉工作的实际成果来衡量和检验主题实践活动的成效。

据了解,这项活动分两步进行:第一步是从4月至9月,在中央纪委监察部机关率先组织开展,同时选择北京市纪委监察局、江西省纪委监察厅、驻海关总署纪检组监察局、中国石油天然气集团公司党组纪检组监察部进行试点,为在全国纪检监察系统开展活动积累经验、做好准备。第二步是从第四季度开始,将配合全党开展的深入学习实践科学发展观活动,在全国纪检监察系统全面推开这项主题实践活动。

国家副总理回良玉出席在北京召开的中华农业英才奖表彰会并发表讲话

回良玉向获奖者表示热烈的祝贺。他强调,党中央、国务院对农业农村工作和农业科技发展高度重视。当前,农业面临的资源环境制约日益加深,气候变化影响日益加重,国际市场波动日益加剧,农业稳定发展对科技和人才的依赖日益加强,必须进一步强化农业科技和人才工作。我们要认真实施科教兴农战略,坚持走中国特色农业现代化道路,以全球的视角,站在战略的高度,紧扣现代农业发展的实际需要,瞄准世界农业科技前沿,采取切实有效的措施,推进农业科技创新和应用,加快人才培养,把农业科技发展提高到一个新水平。

回良玉指出,农业发展是经济社会发展的基础,科技进步是农业发展的关键,科技人才是农业科技进步的保证。中央采取了一系列重大政策措施,推进农业科技事业发展。改革开放30年来,农业农村发展取得辉煌业绩，农业科技进步贡献巨大，农业科技人才功不可没。目前在世界经济发展不确定性增多的情况下，我国经济社会发展仍然保持了良好态势，一个十分重要的原因是我国粮食连续四年增产，我们有较为充足的粮食等重要农产品供应。我国粮食和农业发展较好，一个重要的原因是农业科技进步加快，我们有一大批无私奉献的农业科技工作者。他们勇于创新，甘于吃苦，勤于学习，在农业科研和推广中孜孜探索，在服务"三农"中建功立业，付出了辛勤的劳动，作出了突出的贡献。

回良玉强调，新时期推进农业科技进步，要切实抓好以下六项工作：一是加快推进农业科技自主创新。研发和引进一批农业产业核心技术，突破和集成一批重大关键技术，建立和形成一批农业基础理论和战略技术领域原始创新成果，全面提高农业科技实力。二是加快推进农业科技成果转化应用。建立科研与生产紧密结合、科技成果高效转化的有效机制，形成科研课题从生产实践中来、科研成果到田间地头中去、科研论文写在大地上的良好机制，使更多的农业科技成果转化为现实生产力。三是加快推进农业科技人才队伍建设。造就一批紧跟世界农业科技潮流、锐意进取的科技领军人才、战略科学家和创新团队，造就一批紧扣农业生产实际需求、潜心科研的农业专业技术人才，造就一批情系"三农"、扎根基层、致力于科研成果转化的农业技术推广人才，形成一支数量充足、结构合理、素质优良的创新型农业人才队伍。四是强化农业科技投入力度。坚持把农业科研投入放在公共财政优先支持的位置，切实增加农业科研投入，建立支持农业科研机构、优秀农业科研人员的投入稳定增长机制。五是强化农业科技推广体系构建。科学界定职能，合理布局机构，加强基础建设，建立和完善以国家农业技术推广机构为主导、服务到位、充满活力的多元化的农业科技推广体系。六是强化农业科技国际合作与交流。在更大范围、更广领域和更高层次上推进农业科技国际合作与交流，积极引进、消化和吸收国际先进技术、科学方法与管理经验。

这次会上，共有傅廷栋等10位农业科技工作者被授予中华农业英才奖。

最高人民法院公布司法解释《关于涉台民事诉讼文书送达的若干规定》

《关于涉台民事诉讼文书送达的若干规定》(以下简称《规定》)将于4月23日起正式实施。

《规定》共11条，主要内容包括：1.规定适用的范围；2.送达或者代为送达的民事诉讼文书的种类；3.人民法院向住所地在台湾地区的当事人送达民事诉讼文书的途径、方式；4.涉台民事诉讼文书送达适用留置送达、传真和电子邮件送达的规定；5.在两岸法院相互委托送达的情况下，对送达主体和委托函的具体要求；6.涉台民事诉讼文书公告送达的具体规定；7.送达期限的规定。

根据这项司法解释，人民法院审理涉台民事案件，向住所地在台湾地区的当事人送达民事诉讼文书，以及人民法院接受台湾地区有关法院的委托代为向住所地在大陆的当事人送达民事诉讼文书，都可以依照《规定》进行。

中联部部长王家瑞在北京会见越共中央委员中央对外部部长陈文恒

中国—东盟广播电视高峰论坛在北京开幕

中国与东盟10国广播电视政府主管部门、东盟秘书处和广播电视机构的代表约100人出席了开幕式。

本次论坛的主题是"交流、合作、发展"。

国家广电总局局长王太华在开幕式上致辞说，上个世纪90年代初，中国和东盟开启了对话合作进程。十几年来，双方不断深化在各领域的合作，取得了丰硕的成果。

东盟秘书处文化与新闻部主任李茹珍女士表示，希望双方广播电视媒体之间建立起更紧密的合作关系。

陆永在全国男子举重锦标赛85公斤级比赛中以总成绩393公斤刷新全国纪录 超亚洲纪录

全国沿海防护林体系建设工程启动

2007年12月国务院批复《全国沿海防护林体系建设工程规划(2006—2015年)》(以下简称《规划》)。根据《规划》，全国沿海防护林体系建设工程4月22日启动，我国将投资百亿元构筑万里绿色海疆。

根据《规划》，全国沿海防护林体系从浅海水域向内陆延伸，由以红树林为主的消浪林带、海岸基干林带和纵深防护林三个层次组成，以生物措施为主的沿海防护林体系将与以工程措施为主的海堤相结合，共同构筑起沿海地区防灾减灾防御体系。据了解，沿海防护林体系建设工程规划总投资为99.84亿元。通过工程建设，沿海地区将基本建成生态功能稳定、防灾减灾效果显著的生态防护林体系。到2015年，沿海地区森林覆盖率达到37.3%，基干林带达标率92.3%，红树林恢复率95.1%，造林成活率85%以上，农田林网控制率85.0%，村屯绿化率90.0%。

4月23日

国务院总理温家宝主持召开国务院常务会议审议并原则通过《证券公司监督管理条例(草案)》《证券公司风险处置条例(草案)》和两个国家科技重大专项实施方案

会议认为,经过10多年的改革和发展,我国资本市场基础性制度建设明显加强,上市公司质量不断提高,投资者结构逐步改善,市场监管进一步加强,市场运行机制改革不断深化。资本市场已经成为国民经济的重要组成部分,增强了经济发展的活力。会议指出,要清醒地认识到,我国资本市场建立发育时间还不长,许多方面不够成熟,亟待完善,构建透明高效、结构合理、功能完善、运行安全的资本市场是一项长期任务。要坚持以科学发展观为指导,不断深化对资本市场发展和运行规律的认识,继续强化基础性制度建设和市场监管,维护公开公平公正的市场秩序,充分发挥市场机制的作用,推动资本市场稳定健康发展。

会议决定,《证券公司监督管理条例(草案)》和《证券公司风险处置条例(草案)》,经进一步修改后,由国务院公布施行。

会议指出,"核心电子器件、高端通用芯片及基础软件产品"和"极大规模集成电路制造装备及成套工艺"两个国家科技重大专项,是21世纪信息战略高技术的发展重点。要通过专项的实施,逐步实现核心电子器件的国产化,形成具有国际竞争力的高端通用芯片和基础软件研发与产业化体系;掌握具有自主知识产权的集成电路制造成套先进工艺与所需新材料技术,带动装备制造业和材料产业的发展,促进产业结构调整,提高国家核心竞争力。会议认为,以上两个重大专项经过科学、民主、严格的论证,已基本成熟,具备启动实施的条件,各有关部门要根据会议提出的意见进一步完善方案,抓紧组织实施。

国务院总理温家宝签署第522号令发布《证券公司监督管理条例》

《证券公司监督管理条例》已经2008年4月23日国务院第6次常务会议通过,现予公布,自2008年6月1日起施行。

总理　温家宝

2008年4月23日

证券公司监督管理条例(略)

国务院总理温家宝签署第523号令发布《证券公司风险处置条例》

《证券公司风险处置条例》已经2008年4月23日国务院第6次常务会议通过,现予公布,自公布之日起施行。

总理　温家宝

2008年4月23日

证券公司风险处置条例(略)

全国政协主席贾庆林在人民大会堂会见越共中央委员中央对外部部长陈文恒

贾庆林说,近年来,在"长期稳定、面向未来、睦邻友好、全面合作"十六字方针指导下,中越关系呈现良好的发展势头。双方高层互访频繁,经贸、文化、教育、科技、青年等领域的交流合作富有成效,两党在各领域的务实合作也取得了明显成果。贾庆林强调,中国党和政府高度重视并坚持从战略高度看待和把握中越关系,愿与越方携手推动两国睦邻友好与全面合作关系不断向前发展,使两国永做好邻居、好朋友、好同志、好伙伴。

贾庆林对越方在西藏、台湾等问题上支持中国的立场表示感谢。

陈文恒转达了农德孟对中国党和国家领导人的亲切问候以及农德孟致胡锦涛总书记的口信。他说,在十六字方针指引下,越中双方共同努力,推动两国传统友谊、全面合作关系朝着"四好"方向不断发展。目前双方各部门、各层级以及边境地区之间的交往持续加强,经贸等领域的互利合作也不断深化,越方对此十分满意。越方愿和中方一道努力,推动两国在建设社会主义道路上实现互利共赢、共同发展。

陈文恒重申越方在西藏、台湾等问题上支持中国的一贯立场,并表示,北京奥运会是全世界人民的盛事,预祝北京奥运会取得圆满成功。

中联部部长王家瑞参加了会见。

财政部 国家税务总局决定将证券(股票)交易印花税税率由3‰调整为1‰

国家副主席习近平在人民大会堂分别会见南非外长祖马 美国全国广播公司奥运部主席迪克·埃伯索尔和日本静冈县知事石川嘉延

在会见祖马时,习近平说,中方愿与南方一道,以两国建交10周年为契机,继续保持领导人互访势头,在涉及各自重大利益的问题上相互理解和支持;积极拓展经贸务实合作,不断探索深化两国互利合作的新领域、新方式;加强在国际事务中的沟通、合作,将中南战略伙伴关系提升到新水平。习近平祝贺南非即将迎来第十四个自由日及新南非成立以来取得的可喜成就。

祖马说,南非希望继续保持两国领导人的经常互访,深入开展两国在各个领域的友好合作,加强两国在国际事务中的配合。

在会见埃伯索尔时,习近平对美国全国广播公司对北京奥运会的积极报道与支持表示感谢。习近平说,我们将履行北京申办奥运时的承诺,为媒体在奥运会赛时的传播与报道提供周到的服务。他说,今天距北京奥运会开幕还有107天,北京正在全力以赴地进行各项筹备工作。希望美国全国广播公司继续支持我们的工作,为实现精彩奥运报道的共同目标而不懈努力。

埃伯索尔表示,美国全国广播公司将尽全力支持北京奥运会的各项筹办工作并期待北京奥运会圆满成功。

中共中央政治局委员、北京市市委书记、北京奥组委主席刘淇会见时在座。

在会见石川嘉延时,习近平说,中日邦交正常化30多年来,两国关系总体上不断向前发展,双方在各领域的友好合作取得了丰硕成果。希望中日双方抓住当前两国关系改善和发展的大好时机,努力推动中日成为"和平共处、世代友好、互利合作、共同发展"的好邻居、好伙伴。习近平表示,胡锦涛主席不久将对日本的访问是新时期两国关系中的一件大事,相信此访定将对加深双方的相互了解与友谊、推动两国各领域务实合作、全面推进中日战略互惠关系产生重大而深远的影响。

习近平说,希望中日双方继续加强民间交流和友好城市往来,不断充实中日友好的内涵,为两国关系发展注入新的动力。

石川嘉延表示,发展日中友好符合两国人民的根本利益。静冈县愿继续加强与中方在各领域各层级的互利合作和友好交流,为推动日中关系继续朝着积极方向发展作出自己的贡献。

中联部部长王家瑞、日本驻华大使宫本雄二等参加了会见。

中联部部长王家瑞在北京会见也门执政党全国人民大会代表团

第一届中国—阿拉伯国家新闻合作论坛在北京召开

中共中央政治局委员、书记处书记、中宣部部长刘云山出席了开幕招待会并致辞。

刘云山说,媒体间的交流与合作是国家关系的重要组成部分,中国政府一贯重视和支持中阿媒体的相互交流与合作,鼓励发挥媒体在增进中阿友好关系中的重要作用,进一步推动中阿新型伙伴关系的建设与发展。刘云山说,今年8月将在北京举办奥运会,这是13亿中国人民的百年期盼,也是全世界共同关注的体育盛会。我们真诚邀请阿拉伯国家的传媒界人士来北京报道奥运盛会。作为东道主,我们将为各国记者的采访报道提供热情周到的服务。

阿方与会代表表示,阿拉伯国家和人民热切期盼北京奥运会圆满成功。希望通过中阿新闻合作论坛不断增进彼此之间的了解和友谊。

国务院新闻办公室主任王晨等参加了会见。

此次论坛由国务院新闻办公室和阿拉伯国家联盟秘书处共同主办。来自阿盟22个国家的50余位代表与会。

中国国际友好联络会第四届理事会在北京成立

国务委员戴秉国到会祝贺,并会见了与会代表。第四届理事会聘请黄华、徐匡迪为名誉会长,许嘉璐、李贵鲜、赵南起为高级顾问,选举李肇星为会长。

4月24日

国家主席胡锦涛在人民大会堂会见法国参议长蓬斯莱

胡锦涛积极评价蓬斯莱为中法关系发展作出的重要贡献。胡锦涛说,中法建交44年来,在双方共同努力下,双边关系全面发展。两国各层次交往频繁,经贸合作不断扩大,务实合作成果显著。双方在多边场合和重大国际及地区问题上保持密切磋商与协调。中方赞赏法方在台湾、西藏等问题上坚持一个中国政策。

胡锦涛表示,近来,在法国发生了一系列对中国人民不友好的事情,尤其是北京奥运会火炬在巴黎传递时遭到干扰和冲击,伤害了中国人民的感情,这是我们不愿看到的。胡锦涛强调,中国政府始终高度重视中法关系,坚持中法友好、全面合作、共同发展的方针。希望法方正视出现的问题,同中方一起排除干扰,妥善处理两国关系中的新情况、新问题,共同推动中法全面战略伙伴关系健康稳定向前发展。

蓬斯莱说,历史已经证明法国人民对中国人民始终怀有特殊、深厚的感情,法国高度重视发展法中全面战略伙伴关系。加强对华关系是法国政府、议会和人民的共同愿望,这一立场始终没有改变。历届法国政府都尊重中国的主权和领土完整,认为西藏和台湾都是中国领土不可分割的一部分,西藏问题和台湾问题是中国的内政。我们对奥运圣火在巴黎传递受到干扰和冲击表示痛心和遗憾,对残疾人火炬手金晶小姐再次致以诚挚的慰问。法方充分理解和尊重中国人民的感情,反对将体育与政治挂钩,衷心祝愿和支持北京奥运会取得圆满成功。

全国人大常委会副委员长桑国卫等参加会见。

国务院总理温家宝在中南海紫光阁会见法国前总理拉法兰

温家宝说，法国是第一个与中国建交的西方大国，也是第一个与中国建立全面战略伙伴关系的欧盟国家。中方珍视两国几代领导人和两国人民共同培育的中法友谊。希望法方与中方一道，在相互尊重、平等互利原则基础上推动两国关系健康、稳定地向前发展。

温家宝阐明了在西藏拉萨等地发生的严重暴力犯罪事件真相以及中方的原则立场，并赞赏拉法兰为增进中法两国和两国人民之间的了解与合作所作的积极努力。

拉法兰说，法国重视并珍惜法中全面战略伙伴关系。自建交以来，法国就坚定奉行一个中国政策。维护中国统一和稳定符合世界各国的利益，欧洲和法国公众应增加对西藏真实情况的了解。

拉法兰说，奥运会是国际盛事，国际社会有义务为北京奥运会作出积极贡献。奥运火炬在巴黎传递过程中遇到的问题违背了奥林匹克精神，我们对此感到痛心。祝愿北京奥运会取得成功。

拉法兰表示，法国愿继续为促进法中、欧中关系发展作出积极努力。

十一届全国人大常委会第二次会议在人民大会堂闭会

会议经表决，通过了修订后的残疾人保障法，国家主席胡锦涛签署第3号主席令予以公布。

吴邦国委员长主持闭幕会。

会议表决通过了全国人大常委会关于批准中国和澳大利亚引渡条约的决定，关于批准中国和法国引渡条约的决定，关于批准中国和科威特关于民事和商事司法协助的协定的决定，批准了这三个条约。

会议表决通过了全国人大常委会代表资格审查委员会主任委员、副主任委员、委员名单，黄镇东为主任委员，李建华、何晔晖、严以新为副主任委员。会议经表决，任命于均波为全国人大华侨委员会副主任委员，房凤友为全国人大农业与农村委员会副主任委员；免去曹建明、姜兴长的最高人民法院副院长、审判委员会委员职务，任命沈德咏为最高人民法院副院长、审判委员会委员、审判员。会议还表决通过了其他任免案。

完成各项议程后，吴邦国发表讲话。他说，关心残疾人是社会文明进步的重要标志，体现了尊重和保障人权的宪法精神。促进残疾人事业发展，改善残疾人状况，是全面建设小康社会、构建社会主义和谐社会的一项重要任务。修订后的残疾人保障法，充实了禁止歧视残疾人的有关规定，并从康复、教育、劳动就业、文化生活、社会保障和无障碍环境建设等方面强化了对残疾人权利的保障，增强了法律的适用性和可操作性。它的颁布实施，对于维护残疾人合法权益，增强全社会扶残助残意识，促进残疾人平等参与社会生活，共享社会物质文化成果具有重要意义。

吴邦国说，今年1月中旬到2月上旬，我国南方地区遭受历史罕见的低温雨雪冰冻灾害。灾情发生后，党中央、国务院高度重视，及时作出部署，采取有力措施，在受灾地区干部群众的共同努力和全国人民的大力支援下，夺取了抗灾救灾和灾后重建工作的重大胜利。十一届全国人大一次会议期间，代表们对抗灾救灾工作给予高度评价，并十分关心灾后重建工作。根据代表们的意见，这次常委会会议专门安排听取和审议了国务院关于抗击低温雨雪冰冻灾害及灾后重建工作情况的报告。审议中，常委会组成人员和列席会议的同志充分肯定国务院、地方政府和有关方面的工作，希望各地区、各部门再接再厉，继续做好灾后重建和生产自救工作，切实保障受灾群众基本生活。同时希望认真总结这次抗灾救灾和灾后重建工作的经验，完善应急体制机制，提高防灾减灾能力和水平，促进经济社会又好又快发展。

吴邦国在讲话中还就加强和改进人大工作提出五点要求。一要坚持正确政治方向。人大主要是通过会议形式，按照民主集中制原则，依照法定程序，集体行使职权，集体决定问题。所以，人大工作坚持正确政治方向，要靠大家共同来把握。二要处理好与“一府两院”的关系。我国的国家机关虽然分工不同、职责不同，但目标是完全一致的，都是在中国共产党领导下、在各自职权范围内贯彻落实党的路线方针政策和宪法法律，为建设中国特色社会主义服务。人大开展监督工作，要紧紧围绕党和国家工作大局，抓住关系改革发展稳定全局、影响社会和谐、人民群众反映强烈的突出问题，着力推动有关方面改进工作，建立解决问题的长效机制。三要为老百姓办实事。人大代表人民行使国家权力，也是反映民意的地方，一定要为老百姓办实事。老百姓关心的问题，人大就要关心。要继续坚持以人为本，把改善人民生活作为正确处理改革发展稳定关系的结合点，准确把握最广大人民的根本利益、现阶段群众的共同利益和不同群众的特殊利益的关系，推动有关方面从制度上、机制上解决人民最关心、最直接、最现实的利益问题。四要调动好各方面的立法积极性。中国特色社会主义法律体系是协调统一的有机整体，不能在国家法律体系之下或以外，再搞自己部门或专门委员会的“法律体系”。人大常委会、各专门委员会要多在提高审议质量上下功夫。五要组织开展对现行法律的清理工作,分轻重缓急,进行分类处理,使中国特色社会主义法律体系在基本形成的基础上尽快完善,以适应我国社会主义经济建设、政治建设、文化建设、社会建设的客观需要。

全国人大常委会副委员长王兆国、路甬祥、乌云其木格、韩启德、陈至立、周铁农、李建国、司马义·铁力瓦尔地、蒋树声、陈昌智、严隽琪、桑国卫出席会议。国务院副总理张德江、最高人民法院院长王胜俊、最高人民检察院检察长曹建明等列席会议。

国家主席胡锦涛签署第3号令公布《中华人民共和国残疾人保障法》

《中华人民共和国残疾人保障法》已由中华人民共和国第十一届全国人民代表大会常务委员会第二次会议于2008年4月24日修订通过,现将修订后的《中华人民共和国残疾人保障法》公布,自2008年7月1日起施行。

中华人民共和国主席　胡锦涛

2008年4月24日

中华人民共和国残疾人保障法(略)

全国人大常委会关于批准《中华人民共和国和澳大利亚引渡条约》的决定

(2008年4月24日第十一届全国人民代表大会常务委员会第二次会议通过)

第十一届全国人民代表大会常务委员会第二次会议决定:批准2007年9月6日由外交部部长杨洁篪代表中华人民共和国在悉尼签署的《中华人民共和国和澳大利亚引渡条约》。

全国人大常委会关于批准《中华人民共和国和法兰西共和国引渡条约》的决定

(2008年4月24日第十一届全国人民代表大会常务委员会第二次会议通过)

第十一届全国人民代表大会常务委员会第二次会议决定:批准2007年3月20日由时任外交部副部长戴秉国代表中华人民共和国在巴黎签署的《中华人民共和国和法兰西共和国引渡条约》。

全国人大常委会关于批准《中华人民共和国和科威特国关于民事和商事司法协助的协定》的决定

(2008年4月24日第十一届全国人民代表大会常务委员会第二次会议通过)

第十一届全国人民代表大会常务委员会第二次会议决定:批准2007年6月18日由司法部部长吴爱英代表中华人民共和国在北京签署的《中华人民共和国和科威特国关于民事和商事司法协助的协定》。

十一届全国人大常务委员会代表资格审查委员会主任委员、副主任委员、委员名单

(2008年4月24日第十一届全国人民代表大会常务委员会第二次会议通过)

主任委员:黄镇东

副主任委员:李建华　何晔晖(女)　严以新

委员(按姓氏笔画排序)

乔传秀(女)　刘新成　李祖沛　杨　岳　陈秀榕(女)

卓新平(土家族)　胡彦林　哈斯巴根(蒙古族)　姚建年

全国人大常务委员会任命名单

(2008年4月24日第十一届全国人民代表大会常务委员会第二次会议通过)

一、任命于均波为第十一届全国人民代表大会华侨委员会副主任委员。

二、任命房凤友为第十一届全国人民代表大会农业与农村委员会副主任委员。

全国人大常务委员会任免名单

(2008年4月24日第十一届全国人民代表大会常务委员会第二次会议通过)

一、免去曹建明的最高人民法院副院长、审判委员会委员职务。

二、免去姜兴长的最高人民法院副院长、审判委员会委员职务。

三、任命沈德咏为最高人民法院副院长、审判委员会委员、审判员。

十一届全国人大常委会在人民大会堂举行履职学习专题讲座

吴邦国委员长主持。

这次履职学习专题讲座共分三讲,题目分别是《全国人大常委会的组织、职权和议事规则》《立法法和全国人大常委会的立法工作》《监督法和全国人大常委会的监督工作》。全国人大常委会、专门委员会全体组成人员参加学习。

十一届全国人大常委会成立伊始,吴邦国就对常委会组成人员如何加强学习、努力提高自身素质提出明确要求。一要深入学习党的十七大精神,深刻领会邓小平理论和"三个代表"重要思想,准确把握科学发展观的科学内涵、精神实质和根本要求,把思想统一到党的十七大精神上来,不断增强坚持和完善人民代表大会制度的自觉性和坚定性,坚定不移地走中国特色社会主义道路。二要抓紧学习宪法和法律,熟悉人大工作的议事规则和议事程序，掌握人大工作的必备知识。三要广泛学习各领域、各方面知识，善于用全局的、长远的眼光分析问题、提出意见。四要密切联系改革开放和社会主义现代化建设的实际，从人大工作的特点出发，重视在实践中学习，善于向群众学习，把加强学习与提高能力结合起来，更好地推动常委会各项工作。

常委会组成人员履职学习期间，全国人大法律委员会主任委员胡康生主讲了全国人大常委会的组织、职权和议事规则。他说，全国人大常委会是全国人大的常设机关，是最高国家权力机关的组成部分，在全国人大闭会期间行使宪法赋予的职权。宪法对全国人大常委会的组织、职权、活动原则和基本工作程序作了规定。他重点介绍了常委会的组成、产生和任期，委员长会议，常委会的立法权、监督权、重大事项决定权和人事任免权，以及常委会的会议制度和议事程序等方面的内容。

全国人大常委会法制工作委员会副主任信春鹰主讲了立法法和全国人大常委会的立法工作。她说，立法是一个国家最重要的政治活动之一。立法权是国家主权的重要组成部分。在我国，全国人大及其常委会行使国家立法权。她从立法和立法权，我国立法法确立的主要制度，中国特色社会主义法律体系基本形成，加强全国人大常委会的立法工作、完善我国社会主义法律体系等四个方面作了详细介绍。

全国人大常委会副秘书长乔晓阳主讲了监督法和全国人大常委会的监督工作。他说，监督权是宪法、法律赋予人大常委会的一项重要职权。2006年通过的监督法对各级人大常委会监督权的行使作出了统一的法律规范。在讲座中，他回顾了监督法的制定过程，讲解了人大常委会的经常性监督工作和非经常性监督工作，介绍了十届以来全国人大常委会的监督工作思路及探索形成的行之有效的工作机制和方法。

全国人大常委会副委员长王兆国、路甬祥、乌云其木格、韩启德、陈至立、周铁农、李建国、司马义·铁力瓦尔地、蒋树声、陈昌智、严隽琪、桑国卫听取了讲座。

九届以来，全国人大常委会在每次常委会会议后都举办法制讲座。十届全国人大常委会继续了这一做法，并把名称改为专题讲座，讲座内容更广泛。十一届全国人大常委会提出，将在总结经验的基础上继续办好专题讲座，进一步增强讲座的针对性和实效性。专题讲座有利于常委会组成人员熟悉法律和其他各方面的知识，有助于提高常委会组成人员的履职能力，保证常委会的审议质量。

国务院副总理李克强到海南考察

4月24日至27日，前来出席海南建省办经济特区20周年庆祝大会的中共中央政治局常委、国务院副总理李克强在海南省省委书记卫留成、省长罗保铭等陪同下，先后到海口、洋浦、三亚和陵水黎族自治县等地的工厂码头、医院学校、乡村农户，着重就深化改革开放、转变经济发展方式和解决重点民生问题进行调查研究。他强调，要全面贯彻党的十七大精神，坚定不移地走中国特色社会主义道路，始终不渝地坚持社会主义市场经济的改革方向，依靠改革开放把握机遇、应对挑战，高起点地推进经济结构调整，实现又好又快发展，更加注重保障和改善民生，将改革发展成果惠及广大人民群众。

李克强在考察中石化海南炼油有限公司和洋浦港码头时说，洋浦经济开发区与海南建省办经济特区，都是改革开放的产物；实现经济快速发展靠的是改革开放，实现未来发展目标还是要靠改革开放。海南过去在一些改革领域先行先试，作出了有益的探索。今后增创经济特区新优势，很重要的就是要“优”在构建更具活力的体制机制上。解放思想重在实际行动。海南要结合本地实际，进一步加大改革力度，力争在重要领域和关键环节取得新突破，继续为改革提供有益经验。

在谈到海南对外开放时，李克强指出，海南面向东南亚，背靠珠三角，有1500多公里的海岸线，区位优势十分明显。海运交通方便，港口条件优越，又是全国第三大侨乡。要注重运用好这些优势，集中力量办好洋浦经济开发区，发挥龙头带动作用，打造面向东南亚的航运枢纽、物流中心和出口加工中心，努力形成对外开放的新格局。

考察途中，李克强还瞻仰了琼崖第一个苏维埃政权诞生地——陵水县苏维埃政府旧址。他说，新的时代条件下，要继承和发扬党的优良传统，始终保持党和人民群众的血肉联系。

考察期间，李克强听取了海南省委省政府的工作汇报，他充分肯定了近年来海南经济社会发展取得的成就，希望海南各族干部群众抓住机遇、创新求实，把海南改革开放和社会主义现代化建设事业不断推向前进。

国务院副总理回良玉出席在北京召开的国务院残疾人工作委员会全体会议并发表讲话

会议学习贯彻《中共中央、国务院关于促进残疾人事业发展的意见》，研究部署今后一个时期的残疾人工作。回良玉强调，各地区、各部门要把思想统一到中央的决策部署上来，深刻认识发展残疾人事业的重要意义，切实增强做好残疾人工作的责任感和使命感，以中央文件下发为契机，抓住机遇，开拓进取，促进我国残疾人事业在新的起点上加快发展。

回良玉说，过去五年，我国残疾人事业取得了显著成绩，是我国社会事业发展的一个亮点，是和谐社会建设的一个闪光点，是改善民生工作的一个重点。这五年是我国广大残疾人获得实惠最多的五年，是残疾人事业基础性工作取得重大进展的五年，是残疾人参与社会环境显著改善的五年，是基层残疾人工作切实加强的五年，也是我国残疾人事业国际影响不断扩大的五年。

回良玉指出，中央文件是指导当前和今后一个时期残疾人工作的纲领。各地区、各有关部门要抓紧出台贯彻落实中央文件的方案和政策措施，明确任务分工，落实工作责任，确保中央文件得到全面贯彻。在开展工作过程中，一要把握发展这个主题，坚持以科学发展观统领残疾人工作，着力解决残疾人最关心、最直接、最现实的问题，实现残疾人事业与经济社会的协调发展。二要抓住改善民生这个根本，把改善民生作为残疾人工作的根本出发点和落脚点，实现好、维护好、发展好残疾人的根本利益，让残疾人学有所教、病有所医、生活有保障。三要加强制度建设，不断完善残疾人事业的法律、法规和政策体系，抓紧建立、健全残疾人社会保障、医疗康复、教育就业等方面的制度，以制度保障残疾人事业的可持续发展。四要营造为残疾人服务、促进残疾人平等参与的社会环境，加快无障碍建设和改造，加强残疾人服务体系建设，形成人人理解、尊重、关心、帮助残疾人的良好社会风尚。五要充分发挥残疾人的积极性、主动性、创造性，激发残疾人的自强、自立精神，构建残疾人事业发展的持久动力。

回良玉强调，发展残疾人事业是各级党委和政府义不容辞的责任。各地区要进一步完善党委领导、政府负责的领导体制，建立各部门密切配合、残疾人组织充分发挥作用的工作机制，为残疾人事业发展提供强有力的组织保证。要加强残疾人组织建设，发挥好桥梁纽带和参谋助手作用，不断提高为残疾人服务的能力和水平。

全国政协副主席、国务院残工委副主任、中国残联主席邓朴方对贯彻落实中央文件的部门分工和2008年国务院残工委的工作作了安排。国务院残工委各成员单位负责同志出席了会议，各省、自治区、直辖市及计划单列市人民政府、新疆生产建设兵团等有关负责同志列席了会议。

国务院副总理张德江出席在北京召开的国务院就业工作部际联席会议并发表讲话

会议研究部署全年就业再就业工作。张德江强调，要从战略和全局的高度，充分认识做好就业再就业工作的极端重要性，把扩大就业摆在党和国家工作更加突出的位置，用百倍的努力，切实把这项事关民生和社会和谐稳定的大事抓好。

张德江强调，当前影响经济发展和就业的不确定因素增多，就业形势十分严峻。要认真贯彻落实党的十七大精神和《政府工作报告》的部署，深入贯彻落实科学发展观，坚持实施扩大就业的发展战略，坚持实施积极的就业政策，一手抓扩大就业，一手抓失业调控，进一步加强组织领导，落实政策责任，努力把就业工作提高到新水平。当前，要重点抓好以下几项工作：努力稳定就业形势，千方百计扩大就业；完善落实各项政策措施，积极促进创业带动就业；广开渠道，重点做好高校毕业生就业工作；加强培训和服务，统筹做好各类就业困难人员就业援助工作；协调劳动关系，维护劳动者合法权益。

张德江要求，面对新形势新任务，要进一步完善联席会议制度，充分发挥这一协调机制的作用。各成员单位要按照分工，履行好各自职责。同时要加强协作，相互支持，形成强大合力。要研究解决就业工作面临的实际困难，协调解决政策落实中的问题。

国务院就业工作部际联席会议各成员单位，以及中宣部、国务院法制办的负责同志参加了会议。

台盟在北京举行纪念“五一口号”发布60周年座谈会

中联部部长王家瑞在北京分别会见法国参议长蓬斯莱和欧盟对外关系委员贝妮塔·费雷罗—瓦尔德纳

中国南非友好委员会在北京成立

气候变化与科技创新国际论坛在北京开幕

科学技术部部长万钢在论坛上指出，中国政府高度重视依靠科技进步应对气候变化。“十一五”已安排节能减排和气候变化的科研经费逾70亿元人民币，使我国节能减排和应对气候变化的科技能力有了明显增强。

这是中国政府迄今为止举办的规模最大的有关气候变化论坛，论坛的主题是依靠科学技术应对气候变化，来自联合国有关机构、国际组织以及有关国家的政府代表、科学家和企业代表共600多人参加。

此次论坛由科学技术部、外交部、国家发展和改革委员会、环境保护部、中国气象局、中国科学院以及联合国开发计划署、联合国环境规划署、联合国亚太经社理事会、世界气象组织联合主办，为期两天。

4月25日

国家主席胡锦涛在人民大会堂会见欧盟委员会主席巴罗佐

胡锦涛表示，在当前复杂多变的国际形势下，进一步巩固和加强中欧关系，不仅符合双方的根本利益，也有利于维护和促进世界的和平、稳定与发展。希望双方保持高层交往，加强战略对话和磋商，增加对彼此政策走向的了解和认同，扎实推进各领域交流与合作，深化在多边事务和全球性问题上的协调与配合，妥善处理和解决双方重大关切和分歧，确保中欧全面战略伙伴关系长期健康稳定发展。

巴罗佐表示，保持强有力的欧中关系对双方和国际社会都至关重要。维护国际能源、金融、粮食安全和稳定，解决气候变化、可持续发展、恐怖主义等全球性问题离不开欧中合作。欧盟致力于不断发展同中国的全面战略伙伴关系，愿本着相互尊重和建设性精神，通过对话处理彼此间的关切和分歧。

巴罗佐对中方一贯支持欧盟一体化建设表示感谢。他还祝愿北京奥运会取得成功。

国务院副总理王岐山等参加了会见。

全国人大常委会委员长吴邦国在人民大会堂与法国参议长蓬斯莱举行会谈

吴邦国说，近来，在法国发生了一系列对中国人民不友好的事情，尤其是北京奥运圣火在巴黎的传递遭到干扰和冲击，伤害了中国人民的感情，这是我们不愿意看到的。希望法方从中法关系的大局出发，在中方关切的重大问题上加深理解、坚定支持，不断巩固和发展两国关系的政治基础。他表示，中方高度重视中法关系，愿与法方一道，加强相互沟通与了解，落实两国元首达成的共识，继续推动中法全面战略伙伴关系健康稳定向前发展。

吴邦国说，议会交流是双边关系的重要组成部分。近年来，中国全国人大与法国议会以及双方外委会、友好小组一直保持着密切往来和合作，取得了积极成果，为深化两国和两国人民的友谊、发展双边关系发挥了不可替代的作用。他表示，双方即将签署建立定期交流机制的协议，标志着中国全国人大与法国参议院的交流与合作进入了一个新阶段，必将进一步推动双方关系全面发展。

在谈到中欧关系时，吴邦国强调，中国一贯重视发展中欧关系，支持欧盟一体化建设，欢迎欧盟在国际事务中发挥更加积极的建设性作用。今年是中欧关系发展进程中重要的一年，双边交往活动很多。法国将于下半年出任欧盟轮值主席国，希望法方在中欧关系中继续发挥积极作用。

蓬斯莱说，法中两国人民有着真诚、深厚的友谊。北京奥运火炬在巴黎传递遭遇示威，残疾人运动员金晶小姐受到袭击。这是极个别人挑起的事端，令法国人民感到震惊，并受到法国人民的强烈谴责。他表示，法国充分尊重中国的主权和领土完整，一贯坚持一个中国原则，始终认为台湾是中国领土不可分割的一部分，西藏问题是中国的内政。法方重视法中全面战略伙伴关系的进一步发展，愿与中方加强合作，为构建和谐世界作出更大的贡献。

会谈结束后，吴邦国与蓬斯莱共同签署了《中华人民共和国全国人民代表大会与法兰西共和国参议院建立定期交流机制的协议》。

全国人大常委会副委员长桑国卫等参加了上述活动。

国务院总理温家宝在人民大会堂与欧盟委员会主席巴罗佐举行会谈

温家宝说，近10年来，中欧之间的了解和信任明显加强，构建了全方位、宽领域、多层次的合作框架，战略伙伴关系内涵不断丰富和深化。双方确立了40多个对话磋商机制，涉及政治、经济、金融、科技、能源、文教等40多个领域。即将启动的中欧经贸高层对话将成为双方增进互信、实现互利共赢的又一个重要平台。欧盟是中国最大的经济贸易和科技合作伙伴。中欧务实合作给双方带来了巨大的利益，促进了世界和平与发展。

温家宝指出，当前经济全球化继续发展，国与国之间依存不断加深，能源、环保、气候变化等全球性问题突出，人类面临新的发展机遇和挑战。中欧加强合作符合彼此的根本利益，顺应时代发展要求。中欧之间的共同利益远大于矛盾和分歧。只要中欧相互尊重，相互信赖，相互借鉴，合作共赢，双方关系发展就一定会有更加广阔的前景。

巴罗佐说，欧中关系保持着积极发展势头，双方在政治、经贸、科技、人文等领域的交流与合作富有活力和建设性。此次随我访华的有9名欧盟委员会委员，这是欧盟历史上第一次派如此大型、高级别代表团出访，表明欧盟对发展对华关系的高度重视以及欧中合作的广泛和深入。巴罗佐表示，欧盟理解中国作为发展中大国面临的艰巨任务，钦佩并支持中国政府坚持改革开放，克服各种困难和挑战，致力于实现全面发展，提高人民生活水平。中国的发展对欧洲、对世界有利。欧方愿本着真正伙伴精神，同中方密切合作，携手应对全球化带来的机遇和挑战。

双方领导人一致表示：要继续推进中欧全面战略伙伴关系，保持高层交往和各级别磋商，坚持通过对话协商妥善处理分歧；本着公平开放，互利互惠的原则，扩大经贸合作，推动多哈回合谈判进程；创新科技合作模式，加强在节能减排、环保、气候变化和技术创新等可持续发展领域的合作；深化在产品质量和食品安全上的合作，切实维护双方人民的基本权益；促进民间交往和青年交流，夯实双方关系的社会人文基础。

温家宝最后表示，中国支持欧盟一体化建设，欢迎欧盟在国际事务中发挥更加积极的作用；愿意在相互尊重、平等互利原则基础上，与欧方分享机遇，携手应对挑战，为人类的进步事业作出更大贡献。

温家宝还介绍了西藏局势并阐述了中方立场。

巴罗佐表示，欧方用战略和长远眼光看待和处理对华关系，希望同中方在相互尊重的基础上就双边和国际事务进行坦诚对话，增进相互了解与信任。欧盟及其各成员国尊重中国的主权和领土完整，承认台湾、西藏都是中国的一部分，维护中国的稳定与繁荣符合国际社会的利益。欧盟反对抵制北京奥运会，祝愿北京奥运会取得成功。

会谈后，双方共同会见了记者，宣布启动中欧经贸高层对话。

国家发展和改革委员会主任张平，科技部部长万钢，人力资源和社会保障部部长尹蔚民，环境保护部部长周生贤，商务部部长陈德铭，外交部副部长王毅，海关总署署长盛光祖，国家质检总局局长李长江，中国驻欧盟使团团长、大使宋哲等参加会谈。

全国政协主席贾庆林在人民大会堂会见法国参议长蓬斯莱

贾庆林指出，两国关系的良好局面来之不易，凝聚了几代领导人的心血，值得我们倍加珍惜。良好关系最重要的政治基础是双方在彼此重大关切问题上相互理解与支持。当前中法关系遇到了一些困难和负面因素，希望法方正视出现的问题，与中方一道排除干扰，推动双边关系不断向前发展。贾庆林对法方长期坚持一个中国原则、坚决反对“台独”、“藏独”表示赞赏。

贾庆林说，中国全国政协与法国参议院自1991年建立联系以来，各层次交流不断，已成为中法全面战略伙伴关系的重要组成部分。中国全国政协愿进一步加强与法国参议院的交流与合作，为增进两国和两国人民间的相互了解与友谊发挥积极作用。

蓬斯莱说，我此次率领由法国各政党议员组成的参议院代表团访华，目的就是促进法中友好。法国人民对中国人民怀有深厚的感情，法国各政党和议员都高度重视发展对华关系。奥运火炬巴黎传递遭遇干扰，残疾人运动员金晶受到袭击，是极少数人的过激行为，也令巴黎人民痛心和遗憾。法国人民反对把体育和政治联系在一起，祝愿北京奥运会取得圆满成功。

马克思主义理论研究和建设工程在北京召开工作会议

会议总结工程实施4年来的工作，研究部署今后5年的工作。中共中央政治局常委李长春出席会议并作重要讲话。他指出，要深入学习宣传贯彻党的十七大精神，大力推进中国特色社会主义理论体系的研究和教育普及工作，全面完成工程各项任务，为坚持和发展中国特色社会主义提供思想保证、理论支持和精神动力。

李长春指出，马克思主义理论研究和建设工程实施4年来，在以胡锦涛同志为总书记的党中央高度重视和关心指导下，有关部门和专家学者共同努力，推动工程各项工作取得实质性进展。实践充分证明，以胡锦涛同志为总书记的党中央作出实施马克思主义理论研究和建设工程的决策是完全正确的。工程的实施，创新了马克思主义理论研究和建设的工作机制，推动了哲学社会科学界高扬马克思主义主旋律，巩固了党的理论阵地，促进了实际工作，团结和凝聚了广大理论工作者，成为关系中国特色社会主义事业发展全局的战略工程、基础工程。

李长春强调，党的十七大确立的一系列新思想新观点、新论断，中国特色社会主义事业的深入推进，国际形势的深刻变化和现代科学技术特别是互联网的快速发展，都对工程工作提出了新任务新要求，必须清醒认识和全面把握我国发展的新要求，人民群众的新期待，进一步增强使命感、责任感、紧迫感，推动工程工作取得新的突破。要高举中国特色社会主义伟大旗帜，以邓小平理论和“三个代表”重要思想为指导，深入贯彻落实科学发展观，解放思想，实事求是、与时俱进，贴近实际、贴近生活、贴近群众，大力推进理论创新，在中国特色社会主义理论体系研究方面取得重大进展，马克思主义中国化最新成果的教育普及方面取得重大进展，在马克思主义经典著作编译和基本观点研究方面取得重大进展，在建设充分反映马克思主义中国化最新成果的学科体系和教材体系方面取得重大进展，在马克思主义理论队伍建设方面取得重大进展，在马克思主义理论研究成果对外交流方面取得重大进展。进一步加强对思想理论工作的领导，把工程工作摆上重要议事日程，指导和支持工程工作。工程主管单位和专家学者，要增强政治意识、创新意识、精品意识和协作意识，确保工程各项工作取得实效。

中共中央政治局委员、中央书记处书记、中宣部部长刘云山主持会议。中共中央政治局委员、国务委员刘延东，全国政协副主席、中国社会科学院院长陈奎元出席会议。

中央宣传思想工作领导小组成员，马克思主义理论研究和建设工程主管单位负责人，工程咨询委员会委员，课题组首席专家和主要成员，全国邓小平理论和“三个代表”重要思想研究基地负责人，各省(区、市)党委宣传部分管理论工作的副部长，中央主要媒体负责人，共230人参加了会议。李景田、周济、汝信、韦建桦、袁贵仁、李慎明、逄锦聚作了发言。

中央纪委书记贺国强出席在北京召开的预防腐败工作联席会议第一次会议并发表讲话

贺国强强调，要深入学习贯彻党的十七大精神，全面贯彻标本兼治、综合治理、惩防并举、注重预防的战略方针，坚持惩治和预防两手抓、两手都要硬，既依法严惩腐败分子，又加大预防工作力度，以更加积极的态度、更加有力的措施做好预防腐败工作，不断铲除腐败现象滋生的土壤。

贺国强指出，当前和今后一个时期，加强预防腐败工作，要以完善惩治和预防腐败体系为重点，强化权力制约和监督，深化改革和创新体制，拓展从源头上防治腐败工作领域，努力形成拒腐防变教育长效机制、反腐倡廉制度体系、权力运行监控机制。抓紧制定《建立健全惩治和预防腐败体系2008—2012年工作规划》，进一步明确今后五年惩治和预防腐败工作的总体要求、指导原则、工作目标和主要任务，并认真抓好贯彻落实；加强对党员干部特别是领导干部的理想信念、党风党纪、廉洁从政和艰苦奋斗教育，筑牢拒腐防变的思想防线；做好领导干部廉洁自律工作，防止由小错铸成大错，使领导干部不犯或少犯错误；推进改革和制度建设，堵塞体制机制漏洞，努力从源头上防范和治理腐败；发挥查办案件的综合效能，剖析典型案件，认真总结教训，把查办案件与加强教育、完善制度、强化监督、深化改革结合起来。

贺国强强调，成立国家预防腐败局，是党中央、国务院科学判断形势，为深入推进预防腐败工作采取的一项重大举措。国家预防腐败局要认真履行职责，着重从国家层面和行政角度组织开展预防腐败工作，切实做好预防腐败的综合、协调、服务工作。要建立与中央纪委监察部机关内部各厅室局、中央国家机关各部门的协调联系机制，加强对预防腐败形势、工作进展情况等问题的调查研究，提出预防腐败工作计划，检查督促工作落实情况；及时向相关单位通报信息、听取意见，支持和配合他们抓好职责范围内的预防腐败工作；根据预防腐败工作部署，针对社会关注度高、群众反映强烈的突出问题，集中力量，重点突破，务求实效，取信于民。国家预防腐败局还要负责预防腐败的国际合作和国际援助。

贺国强指出，建立预防腐败工作联席会议制度，有利于统筹协调预防腐败工作的各项政策措施，形成预防腐败工作整体合力。联席会议各成员单位要立足工作实际，发挥自身优势，认真履行职责，推动工作落实；着眼全局，按照中央的部署和要求，围绕当前党和国家的中心工作，针对反腐败工作中存在的全局性、倾向性问题，研究提出对策建议；充分利用联席会议这个平台，加强协调配合，及时沟通情况、通报工作、交流信息、整合资源，落实好中央有关要求和联席会议提出的各项任务，努力开创预防腐败工作新局面。

中共中央书记处书记、中央纪委副书记何勇主持会议。

中央纪委副书记、监察部部长兼国家预防腐败局局长马馼介绍了建立预防腐败工作联席会议制度的背景等情况；中央纪委常委、监察部副部长兼国家预防腐败局副局长屈万祥宣读了预防腐败工作联席会议的主要职责和议事规则。

据了解，预防腐败工作联席会议由中央纪委、中央组织部、全国人大常委会法工委、最高人民法院、最高人民检察院、国家发改委、监察部、财政部、中国人民银行、审计署、国务院国资委、国家预防腐败局、国务院法制办13个部门和单位组成。

第一次中欧经贸高层对话在人民大会堂举行

国务院副总理王岐山和欧盟委员会贸易委员曼德尔森共同主持。

王岐山说，双方领导人从中欧关系发展大局出发，决定建立中欧经贸高层对话机制，为发展中欧全面战略伙伴关系注入了新动力。为搞好对话，中方建议：一、着眼长远发展，深化经贸合作。欧盟是中国最大的贸易伙伴，中国是欧盟第二大贸易伙伴。在经济全球化加速发展的大背景下，深化中欧经贸合作符合双方根本利益，有利于促进世界经济繁荣稳定。二、围绕对话主题，扩大双方共识。本着“增加互信、扩大合作、突出重点、协调发展”的指导思想，就经贸领域的战略性、前瞻性和规划性议题加强交流与合作，共同应对经济全球化带来的机遇和挑战。三、照顾彼此关切，促进互利共赢。在相互尊重、平等协商的基础上，以务实和创新精神妥善处理经贸关系中的分歧和摩擦。中方希望欧方尽快承认中国完全市场经济地位，解除对华出口民用高技术产品的限制。

曼德尔森表示，中欧是重要合作伙伴，双方共同利益和相互依赖远远大于问题和分歧，可以在广泛领域开展交流合作，中国的发展符合欧盟和世界的利益。欧盟高度重视发展对华战略合作，希望通过对话，加深相互了解，推进互利合作，共同解决有关问题，使中欧经贸关系平衡、顺利发展。

双方经济、贸易、财政、科技、能源、就业、环境、海关、工商、质检、外交等部门负责人围绕贸易和投资合作、和谐与可持续发展、创新和技术、消费者保护和产品安全、国际发展5项议题进行了坦诚交流，并就能源、知识产权、技术合作和贸易便利化4个问题进行了深入讨论。双方介绍了各自政策立场和经验举措，提出了各自关切的问题，探讨了开展合作的渠道和方式。欧方对中方在开放市场、节能减排、保护知识产权、保障产品质量和食品安全、帮助非洲发展等方面所做的积极努力表示赞赏。双方同意秉持公平开放原则，反对各种形式的贸易保护主义，加强对话协商，促进中欧经贸合作健康、稳定发展，实现互利共赢。

双方决定，对话每年举行一次，在中欧两地轮流举行。

中欧关系论坛在北京举行

100余名中欧专家学者济济一堂，就中欧政治、经济和文化关系的现状与发展前景进行了友好交流与深入探讨。这次学术交流活动是由中国人民外交学会和法国展望与革新基金会联合举办的，中国全国人大常委会副委员长路甬祥、法国参议院议长蓬斯莱、法国前总理拉法兰和外交学会会长杨文昌分别在会上致辞。

路甬祥副委员长指出，近年来中欧全面战略伙伴关系不断得到发展，双方高层交往频繁，经贸合作发展迅速，民间往来十分活跃。他相信，只要双方能本着相互学习、求同存异的原则，超越政治形态和社会制度差异，坚持交流与对话，就能不断增进理解和互信。中方愿与欧方一道，共同促进中欧关系健康稳定地向前发展。

法国前总理拉法兰高度评价中国改革开放以来取得的伟大成就，他希望此次论坛活动能够起到加强交流、扩大共识的作用。法国参议院议长蓬斯莱则表示，法国人民和议会支持北京奥运会，希望北京奥运会圆满成功。

中联部部长王家瑞在北京会见越共中央委员国会常委会委员国会对外委员会主任阮文山一行

北京奥运安保国际大会在北京开幕

国务委员、公安部部长孟建柱代表中国政府在大会致辞时指出，经过几年来的不懈努力，奥运安保筹备工作已经就绪。中国政府和中国人民有信心、有能力确保北京奥运会安全顺利举办。

孟建柱说，确保各项赛事的安全，确保各国与会人员的安全，是中国政府作出的郑重承诺。中国政府始终将安全问题视为奥运筹备工作的重中之重。经过几年来的不懈努力，奥运安保筹备工作已经就绪，中国政府和有关部门已经做好防范和应对各种安全威胁的充分准备。

孟建柱指出，北京奥运会要实现安全，需要世界各国广泛参与，密切合作。奥运会是不同肤色、不同语言、不同种族人士沟通思想、交流文化、联络感情、共享奥林匹克魅力与欢乐的盛会，历来是恐怖势力、分裂势力、极端势力制造影响、进行捣乱破坏的重要目标。孟建柱希望与会各方着重从三个方面作出努力：一是充分理解和支持北京奥运会采取的安保措施，提示本国奥运会代表团和来华游客自觉遵守奥林匹克章程以及中国的法律、习俗，支持配合北京奥运会安保工作。二是中国执法部门将与各方加强情报信息交流，以确保能够迅速采取有效措施，消除各种不安全因素。三是加强反恐的国际合作，积极交流突发事件防范等方面的做法和经验，共同应对突发事件。

孟建柱在开幕式前会见了国际刑警组织秘书长罗纳德·诺布尔，上海合作组织秘书长努尔加利耶夫，上海合作组织地区反恐怖机构执委会主任苏班诺夫、国际奥委会代表和安保顾问彼得·瑞恩等。

本次大会有来自120个国家和地区的近400名代表参加。据悉，国际奥委会协调委员会主席维尔布鲁根向大会发来贺信，预祝大会圆满召开。

4月26日

国务院副总理李克强出席在海口举行的省办经济特区20周年庆祝大会并发表讲话

李克强强调要全面贯彻党的十七大精神，紧密团结在以胡锦涛同志为总书记的党中央周围，高举中国特色社会主义伟大旗帜，坚持以邓小平理论和“三个代表”重要思想为指导，深入贯彻落实科学发展观，坚持以改革创新精神全面推进海南各项建设，更好发挥经济特区在改革开放中的重要作用，奋力夺取全面建设小康社会新胜利。

全国人大常委会副委员长韩启德、全国政协副主席李金华出席了庆祝大会。

庆祝大会上，劳动模范代表孙莲英、国有企业代表章建华、华侨代表陈修炳、海外投资企业代表荣智健先后发言。海南省省委书记卫留成致辞。庆祝大会由海南省省长罗保铭主持。

海南各族群众代表，驻琼解放军、武警部队代表，中央和国家机关、兄弟省(区、市)代表，以及海外和港澳嘉宾1500人出席了大会。

国务院副总理李克强在海南建省办经济特区20周年庆祝大会上的讲话

同志们、朋友们：

今天，我们在这里隆重集会，同海南各族人民一道，怀着喜悦的心情，庆祝海南建省办经济特区20周年。我代表党中央、国务院，向海南840万人民，表示热烈的祝贺！向为海南建设作出贡献的广大干部群众和解放军指战员、武警部队官兵，致以崇高的敬意！向长期以来关心和支持海南发展的国内外各界人士，表示衷心的感谢！

20年前，中央作出了海南建省办经济特区的重大决策。从此，海南这个祖国美丽的海岛获得了前所未有的发展机遇，进入了深化改革、扩大开放的历史新阶段。20年来，海南改革开放和社会主义现代化建设取得了令人瞩目的重大成就。

20年来，海南经济实力显著增强，地区生产总值实际增长7.6倍，地方财政收入大幅增加，特色农业、新型工业、现代服务业迅速成长，交通、电力、水利、通信等基础设施日趋完备，环岛高速公路、粤海铁路等重大项目建成投入使用。改革开放取得重要突破，从海南实际出发，实行省直管市县的行政管理体制，推行能源、物价、社会保险等方面的改革举措；先后设立了洋浦经济开发区和洋浦保税港区，成功举办了七届博鳌亚洲论坛，国际交流与合作空前扩大，对外贸易和实际利用外资快速增长。人民生活明显改善，城镇居民人均可支配收入增长了10.6倍，农民人均纯收入增长了6.6倍，教育、卫生、文化等社会事业加快发展，在全国率先建设生态省，大气和水体质量保持领先水平。各项建设全面推进，民族团结继续巩固，社会主义民主法制建设、精神文明建设不断加强，党的建设扎实推进，广大干部群众投身改革开放和社会主义现代化建设的积极性和创造热情持续高涨，城乡面貌发生了深刻变化。

这些成就充分证明，在邓小平同志倡导下，中央关于海南建省办经济特区的决策是完全正确的，海南经济特区设立以来，江泽民、胡锦涛等中央领导同志多次到海南考察指导推动工作。海南历届省委、省政府带领全省各族人民，艰苦创业，开拓进取。海南经济特区富有成效的实践告诉我们：必须坚定不移地走中国特色社会主义道路，始终不渝地坚持社会主义市场经济的改革方向，无论是把握机遇，还是应对挑战，都要靠推进改革开放。必须始终把发展作为执政兴国的第一要务，坚持科学发展，创新发展思路，实现全面协调可持续发展。必须坚持以人为本，着力改善民生，在发展的进程中不断提高人民生活水平，促进社会和谐。必须坚持突出特色，一切从国情、省情出发，发挥比较优势，走符合实际的有特色的发展路子。

同志们、朋友们！

海南建省办经济特区，是在全国改革开放的大背景下展开的。我国改革开放30年来，成功实现了从高度集中的计划经济体制到充满活力的社会主义市场经济体制、从封闭半封闭到全方位开放的伟大历史转折，实现了现代化建设的第二步战略目标，并向第三步战略目标迈进。我国改革开放的一项重要举措，就是设立经济特区，发挥经济特区对全国改革开放的示范、辐射、带动作用。20年前，把海南全省设立为经济特区，体现了中央加快改革开放的巨大魄力和坚强决心。在即将迎来我国改革开放30周年之际，我们庆祝海南建省办经济特区20周年，其重要意义在于，充分认识改革开放的历史功绩，认真总结改革开放的丰富经验，深刻把握改革开放的内在规律，进一步坚定改革开放的信心，毫不动摇地把改革开放的伟大事业继续推向前进。

当前，我国改革发展进入了一个关键时期。我们要全面贯彻党的十七大精神，按照继续解放思想、坚持改革开放、推动科学发展、促进社会和谐的总体要求，开拓中国特色社会主义更为广阔的发展前景。海南作为全国最大的经济特区和唯一的省级经济特区，要深入贯彻科学发展观，认真落实胡锦涛总书记前不久在海南考察时的重要讲话精神，从新的历史起点出发，进一步创新思路、凝聚力量、突出特色、增创优势，在全面建设小康社会的征途中迈出更大步伐、取得更大成绩，更好地发挥改革开放的“排头兵”作用。

要坚持不懈建设和发展中国特色社会主义，依靠改革开放解决前进中的问题。改革开放是决定当代中国命运的关键抉择，是发展中国特色社会主义、实现中华民族伟大复兴的必由之路。我国30年来的快速发展，靠的是改革开放；战胜前进道路上的艰难险阻，实现未来发展目标，也要靠改革开放。海南作为经济特区，要按照完善社会主义市场经济体制的要求，着眼全国大局，立足海南实际，加大改革力度，提高开放水平，增强综合实力，努力发挥经济特区在改革开放和科学发展中的重要作用。

要进一步解放思想，勇于探索改革开放和经济社会发展的新思路、新办法。解放思想是改革开放的先导，是发展中国特色社会主义的一大法宝。只有继续解放思想，才能不断变革创新，形成发展的新理念、改革的新举措、开放的新格局。解放思想重在实际行动。海南是改革开放的先行地区和前沿阵地，要把解放思想、实事求是、与时俱进作为自己的重大责任和突出品格，始终保持永不僵化、永不停滞的精神状态。用全球视野、战略思维谋划各项工作，敢于实践，勇于开拓，不断研究新情况、解决新问题、探索新模式、创造新经验，在改革开放中把经济特区建设奋力推向前进。

要在改革开放的重点领域和关键环节取得突破，加快形成有利于科学发展的体制机制。目前我国改革仍处于攻坚阶段，必须下更大的决心、用更大的力气，破除制约发展的体制机制障碍，加快转变经济发展方式。海南经济特区要着力深化改革开放，进一步构建具有海南特色的经济结构和更具活力的体制机制，深化国有企业、农业农垦、集体林权、行政管理体制等方面改革。积极参与区域经济合作，以洋浦经济开发区为龙头，努力打造面向东南亚地区的航运枢纽、物流中心、出口加工基地，最大限度地利用好博鳌亚洲论坛这一平台，全面提高开放型经济水平。海南有得天独厚的生态环境和区位、资源、政策、侨乡等优势。要高起点推进经济结构调整，大力增强自主创新能力，努力构建现代产业体系。着力建设生态文明，进一步增强可持续发展能力，坚持生态立省、环境优先，在青山绿水、碧海蓝天中建设现代化的海南。

要以改革创新精神加强各项建设，推动社会主义现代化取得新进展。要按照中国特色社会主义事业总体布局，全面推进经济建设、政治建设、文化建设、社会建设，把改革创新精神贯穿到建设的各个环节，推进各方面的体制改革机制创新。海南同全国一样，要在建设社会主义市场经济的同时，坚定不移地发展社会主义民主政治，推动社会主义文化大发展大繁荣，加快推进以改善民生为重点的社会建设，使人民享有更加充分的民主权利、具有更高的文明素质和精神追求、生活质量得到明显改善，人民生活水平全面提高，巩固和发展各族人民共同团结奋斗、共同繁荣进步的局面。

要努力促进经济平稳较快发展，为深化改革开放创造良好环境。当前，我国经济形势总体是好的，同时仍然存在一些突出矛盾和问题，国际经济环境不确定因素和潜在风险也在增加。要密切跟踪经济形势发展动态，继续加强和改善宏观调控，正确把握调控的节奏、重点和力度，保持经济平稳较快发展。海南要认真贯彻中央一系列方针政策，做好改革发展稳定的各项工作，为改革在重点领域和关键环节取得新突破提供有益经验。

中国特色社会主义事业是改革创新的事业，党的领导是各项事业发展的根本保证。必须进一步加强党的建设，不断提高党组织的创造力、凝聚力、战斗力，发挥海南各级党员干部的先锋模范作用，勤政为民、真抓实干，严于律己、廉洁奉公，团结带领各族群众努力谱写改革开放的新篇章。

同志们、朋友们！

海南四季都是播种的季节、收获的季节，海南宝岛是充满生机与希望的“南海明珠”。我们要紧密团结在以胡锦涛同志为总书记的党中央周围，高举中国特色社会主义伟大旗帜，坚持以邓小平理论和“三个代表”重要思想为指导，深入贯彻落实科学发展观，创新求实，团结奋斗，开创海南改革开放和社会主义现代化建设新局面，夺取全面建设小康社会新胜利！

祝海南各族人民幸福安康！

祝我们伟大祖国繁荣昌盛！

第三届中国中部投资贸易博览会在武汉开幕

中共中央政治局委员、国务院副总理王岐山出席开幕式及“万商西进”高峰论坛。他强调，大力促进中部地区崛起对于推动区域协调发展，加快全面建设小康社会进程，具有重大意义。今年是改革开放30周年，希望中部六省认真贯彻党的十七大精神，全面落实科学发展观，在新的起点上，开拓进取，努力开创中部地区发展新局面。

王岐山指出，党中央、国务院对中部地区发展高度重视。近年来，中部地区经济发展不断加快，对外开放不断扩大，城乡面貌不断改观，人民生活水平不断提高。实践证明，党中央、国务院关于促进中部地区崛起的战略决策是完全正确的。

王岐山强调，实现中部崛起，首先要在更新思想观念，创新体制机制上有更大的突破。中部地区要不断适应国内外形势发展变化，进一步强化改革意识、创新意识、开放意识、市场意识、法治意识，把握国内外产业转移和中部地区经济发展的规律，破解发展中的各种障碍和难题。全面推进各领域的改革，进一步扩大对外对内开放。

王岐山说，中部地区正处于加快发展时期，要把这个良好的势头保持下去，必须坚持好字优先，推动科学发展。坚持走中国特色新型工业化、城镇化和农业现代化道路，绝不能以牺牲环境为代价换取一时的发展，绝不能走高消耗、高排放、盲目铺摊子的老路。坚持以人为本，更加重视保障和改善民生，促进社会和谐。

王岐山要求，中部六省发挥承东启西、连南通北的区位优势，承接好国内外产业转移，积极引进外来资金、人才和技术，促进东中西部地区协调发展。充分利用能源、农业、人文、旅游等资源优势，加快建设能源和重要原材料基地、商品粮基地，打造特色文化和旅游基地。加强铁路、公路、水运等基础设施建设，加快建设服务型政府，为海内外投资者营造公平竞争的市场环境、法制环境，提供更加优质的服务。

香港特别行政区行政长官曾荫权、澳门特别行政区行政长官何厚铧、湖北省委书记罗清泉、商务部部长陈德铭及中部六省政府和国务院有关部门负责人出席了开幕式。湖北省省长李鸿忠、商务部副部长马秀红分别主持了开幕式和论坛。

司徒美堂先生诞辰140周年座谈会在北京召开

全国政协副主席、致公党中央主席、科技部部长万钢在座谈会上讲话。他说，司徒美堂先生的一生，是爱国的一生，是追求真理、追求进步、追求光明的一生，是致力于致公党事业的一生。司徒美堂先生是海外爱国华侨的光辉典范，是中华民族奋发自强的楷模，是致公党的优秀创始人之一。今天我们纪念司徒美堂先生，就要继承他的高贵品质和修养，薪火相传，进一步提高自身建设和履行参政党职能的能力和水平，推动多党合作事业的可持续发展；就是要按照凝聚侨心、汇集侨智、发挥侨力、维护侨益的要求，最大限度地把归侨侨眷和海外侨胞团结起来，最大限度地把归侨侨眷和海外侨胞的积极性调动起来，最大限度地把归侨侨眷和海外侨胞的独特优势发挥出来，进而汇聚起全民族为实现中华民族伟大复兴而共同奋斗的强大合力。

辛亥革命老人司徒美堂是与陈嘉庚齐名的著名爱国侨领、中国致公党的创始人之一。

知识产权与改革开放30周年座谈会在北京举行

国家知识产权局、国家工商总局、国家版权局为此联合主办"知识产权与改革开放30周年座谈会"，全国人大常委会副委员长路甬祥出席会议并发表讲话。

路甬祥指出，30年来，伴随着改革开放的不断深入，知识产权事业快速发展，取得了举世瞩目的成就。我国制定了较为完备系统的知识产权法律、法规，即将颁布实施国家知识产权战略。知识产权拥有量持续快速增长，知识产权执法水平不断提高，知识产权工作体系建设取得长足进展，企业知识产权管理和竞争能力不断增强，全社会知识产权意识逐步提高。

他强调，实施知识产权战略也是建设法治社会的必然要求。要通过实施知识产权战略，完善有中国特色的知识产权法律、法规体系，严格执法，公平执法，使知识产权法治观念深入人心，使知识产权法治融入到整个法治社会建设中去。

4月27日

国家副主席习近平在人民大会堂会见法国总统外事顾问雷维特

习近平强调，巩固和发展中法全面战略伙伴关系，不仅符合两国的根本利益，也有利于世界和平、稳定与发展。中方始终从战略高度和长远角度看待和处理中法关系，坚持中法友好、全面合作、共同发展的方针。我们希望法方高度重视中法关系目前面临的问题，从大局出发，采取实际行动，与中方共同努力，克服困难，增进友好，加深互信，使中法关系继续健康、稳定向前发展。

习近平还阐述了中国政府在西藏等问题上的原则立场，介绍了北京奥运会筹备进展情况，强调中国政府和人民有信心、有能力成功举办一届高水平、有特色的奥运会。

雷维特表示，法国政府和萨科齐总统高度重视改善和加强法中全面战略伙伴关系，愿为此尽一切努力。法国欢迎中国的发展，认为中国的发展对法国和世界有利。法国明确坚持一个中国政策，承认西藏、台湾都是中国领土不可分割的一部分。法国祝愿北京奥运会取得成功。

国务委员戴秉国参加会见。

国务委员戴秉国在北京与法国总统外事顾问雷维特举行会谈

双方达成以下共识：

一、中法全面战略伙伴关系弥足珍贵，应加倍珍惜和维护。双方应从战略高度与长远角度看待并处理两国关系。当前两国关系处于关键时期，双方要作出努力，排除障碍，增进互信，推动中法关系健康顺利发展。

二、法方坚定奉行一个中国政策，重申西藏和台湾是中国领土不可分割的一部分，西藏和台湾问题是中国的内政，支持中国和平统一大业。

三、奥运会是全世界人民的体育和友好的盛事，与政治毫无关系，法方祝愿和支持北京奥运会取得圆满成功。

四、法国积极评价中国在解决地区热点和全球性问题上发挥的越来越大的作用。中法全面战略伙伴关系可为维护世界的和平与稳定发挥更大作用。

五、今年下半年，中国将举办亚欧首脑会议，法国将任欧盟轮值主席国并主办第十一次中欧领导人会晤，双方愿共同努力，进一步推动中欧关系向前发展。

中央军委印发《关于加强和改进军队干部培训工作的意见》

为深入学习贯彻党的十七大精神，加紧培养高素质新型军事人才，根据中共中央《干部教育培训工作条例（试行）》和《2006—2010年全国干部教育培训规划》，经中央军委主席胡锦涛批准，中央军委日前印发了《关于加强和改进军队干部培训工作的意见》(以下简称《意见》)。

《意见》以邓小平理论和“三个代表”重要思想为指导,深入贯彻落实科学发展观,按照建设信息化军队、打赢信息化战争的战略目标,全面分析军队干部培训工作面临的新形势、新要求,深刻把握新形势下干部培训工作的特点规律,对加强和改进军队干部培训工作作出了总体部署。提出抓紧健全完善以逐级培训为主体、岗位培训为补充、培训与使用相一致的全程全员培训体系,努力形成院校教育与部队训练衔接、军事教育与依托国民教育并举、国内培养与国外培训结合的格局,充分发挥干部培训在我军建设中的战略性、基础性作用。要始终坚持党对军队绝对领导的根本原则和人民军队的根本宗旨,大力弘扬听党指挥、服务人民、英勇善战的优良传统,坚持不懈地用马克思主义中国化最新成果武装干部头脑,牢牢把握干部培训工作的正确方向。要在大力提高思想政治素质的同时,紧紧围绕提高干部队伍科技素质特别是信息化素养加强干部培训工作,牵引干部队伍整体素质跃升。要突出抓好联合作战急需的骨干人才培训,把联合作战指挥人才和高层次专业技术人才的培训,作为军事斗争人才准备的当务之急和重中之重,带动各级各类干部培训整体推进。要完善课程和教材体系,创新教学方法和手段,加强师资队伍建设,落实干部训用一致原则,着力提高干部培训工作的质量效益。

《意见》坚持思想性、创新性、指导性相统一,紧紧围绕加快推进中国特色军事变革这一主题,着眼解决干部培训中的现实矛盾问题,使文件主体内容向信息化聚焦,体现鲜明的时代特征和目标指向。在坚持干部训用一致原则,改进军兵种交叉培训模式,解决指挥院校教员经历单一,建立任职教育院校教学质量评估制度,完善专业技术干部继续教育学分制等方面,提出了一系列创新性举措。

《意见》要求军队各级党委和领导着眼军队长远发展,牢固树立科学的培训工作理念,进一步加强组织领导和宏观谋划,实施精确管理,落实干部培训工作责任制,规范干部培训工作秩序,搞好干部培训工作保障,积极为干部培训工作创造良好的环境和条件,促进军队干部培训工作深入扎实推进。

4月28日

中共中央政治局在北京召开会议

会议研究部署推进集体林权制度改革,审议并通过《建立、健全惩治和预防腐败体系2008—2012年工作规划》,讨论党代表大会代表任期制暂行条例。中共中央总书记胡锦涛主持会议。

会议认为,集体林地是国家重要的土地资源,是林业重要的生产要素,是农民重要的生活保障。实行集体林权制度改革,在坚持集体林地所有权不变的前提下,依法将林地承包经营权和林木所有权承包和落实到本集体经济组织的农户,确立农民作为林地承包经营权人的主体地位,对于充分调动广大农民发展林业生产经营的积极性,促进农民脱贫致富,推进社会主义新农村建设,建设生态文明,推动经济社会可持续发展,具有重大意义。

会议指出,集体林权制度改革,是农村生产关系的一次变革,事关全局,影响深远。必须坚持农村基本经营制度,确保农民平等享有集体林地承包经营权;坚持统筹兼顾各方利益,确保农民得实惠、生态受保护;坚持尊重农民意愿,确保农民的知情权、参与权、决策权;坚持依法办事,确保改革规范有序;坚持分类指导,确保改革符合实际。各地区各部门要切实加强组织领导,在认真总结试点经验的基础上,依法明晰产权、放活经营、规范流转、减轻税费,全面推进集体林权制度改革,逐步形成集体林业的良性发展机制,实现资源增长、农民增收、生态良好、林区和谐的目标。

会议指出,加强以完善惩治和预防腐败体系为重点的反腐倡廉建设,是从提高党的执政能力、保持和发展党的先进性的全局高度作出的重大决策,是发展中国特色社会主义、推进党的建设新的伟大工程的必然要求。改革开放以来,特别是党的十六大以来,反腐倡廉工作不断取得新的成效。但是,党风廉政建设和反腐败斗争面临的形势仍然严峻,任务仍然艰巨。全党必须充分认识反腐败斗争的长期性、复杂性、艰巨性,旗帜鲜明地反对腐败。要坚持党要管党、从严治党,全面坚持标本兼治、综合治理、惩防并举、注重预防的方针,把反腐倡廉建设放在更加突出的位置,扎实推进惩治和预防腐败体系建设。要把惩治与预防、教育与监督、深化改革与完善法律制度有机结合起来,在坚决惩治腐败的同时,更加注重治本,更加注重预防,更加注重制度建设,做到惩治和预防两手抓、两手都要硬,形成有利于反腐倡廉建设的思想观念、文化氛围、体制条件、法制保证。

会议强调,《建立、健全惩治和预防腐败体系2008—2012年工作规划》是今后5年推进惩治和预防腐败体系建设的指导性文件。各级党委要把贯彻落实工作规划作为学习贯彻党的十七大精神、加强反腐倡廉建设的重要政治任务,列入议事日程,深入学习宣传,认真组织实施。各级纪委要加强组织协调和监督检查,协助党委抓好任务分解和落实。中央和国家机关各部门要充分发挥示范带头作用,认真抓好本部门所承担的任务。各地区各部门要结合实际制定贯彻落实的实施办法，狠抓任务落实，务求取得实效。

会议认为，党的代表大会制度是党的组织制度的重要组成部分。党的十七大作出了党代表大会代表实行任期制的重大决策，这对进一步激发党代表大会代表参与党内事务的积极性和主动性，充分发挥党代表大会代表作用，扩大党内民主，提高党的执政能力和保持党的先进性，增强党的创新活力和团结统一，具有十分重要的意义。

会议强调，要建立、健全党代表大会代表履行职责的制度和机制，保障党代表大会代表各项权利，充分发挥党代表大会代表作用。党代表大会代表要认真学习宣传贯彻党的理论和路线方针政策，模范遵守党的章程，密切联系党员和群众，发挥表率作用，自觉接受党员和群众监督，积极参加同级党代表大会或者同级党的委员会组织的活动，加强对本地区经济社会发展、党的建设等重大问题的调查研究，提出意见和建议；加强同基层党员和群众的联系，了解党的决议、决定在执行中遇到的问题，反映基层单位党员和群众的意见和建议；按照党内有关规定，对同级党的委员会和纪律检查委员会及其成员进行监督。各级党组织要结合实际，以改革创新精神发挥好党代表大会代表作用，不断完善党的代表大会制度。

中共中央政治局进行第五次集体学习

中共中央总书记胡锦涛主持。他强调，加快转变经济发展方式，是关系国民经济全局紧迫而重大的战略任务，是提高我国经济国际竞争力和抗风险能力的根本举措，是实现全面建设小康社会奋斗目标的重要保证。我们要深刻认识转变经济发展方式的重大意义，大力推动经济增长由粗放型向集约型转变、由片面追求经济增长向全面协调可持续发展转变，不断赢得发展新优势、开创发展新局面。

中共中央政治局这次集体学习安排的内容是我国加快转变经济发展方式研究。中国社会科学院世界经济与政治研究所李向阳研究员、国家发展和改革委员会宏观经济研究院罗云毅研究员就这个问题进行讲解，并谈了对加快转变经济发展方式的意见和建议。

中共中央政治局各位同志认真听取了他们的讲解，并就有关问题进行了讨论。

胡锦涛在主持学习时发表了讲话。他指出，改革开放30年来，我国经济持续快速发展，人民生活明显改善，社会主义现代化建设取得举世瞩目的成就。目前，我国正处于改革发展的关键阶段，也正处于工业化、现代化的重要时期。能不能适应国际环境的新变化，适应我国发展的新要求，在转变经济发展方式上取得重大突破，关系到我们能不能牢牢把握发展的主动权，在较长时期内继续保持经济平稳较快发展。

胡锦涛强调，转变经济发展方式要取得实效，关键是要认认真真抓好落实。要按照科学发展观的要求，坚持走中国特色新型工业化道路，促进经济增长由主要依靠投资、出口拉动向依靠消费、投资、出口协调拉动转变，由主要依靠第二产业带动向依靠第一、第二、第三产业协同带动转变，由主要依靠增加物质资源消耗向主要依靠科技进步、劳动者素质提高、管理创新转变，推动产业结构优化升级，增强发展协调性和可持续性。

胡锦涛指出，要切实加强和改善宏观调控，准确把握全球经济增速放缓趋势及其对我国的影响，按照控总量、稳物价、调结构、促平衡的要求，提高宏观调控的科学性、预见性、有效性，调整优化投资结构，积极支持现代农业、节能减排、自主创新、生产性服务业等方面的建设，积极调整内需和外需结构，确保宏观经济目标的实现。要切实增强自主创新能力，坚持走中国特色自主创新道路，更加注重增强自主创新能力，深化科技管理体制改革，抓紧实施重大科技专项，积极营造鼓励企业创新的政策环境，大力实施人才强国战略，加快推进创新型国家建设，努力培育以科技进步和提高劳动者素质为基础的新竞争优势。要切实调整优化产业结构，立足自身优势和现有基础，瞄准国际产业链高端，大力开发节能节材、新能源、石油替代等方面的技术，积极发展先进装备制造业，支持传统产业加快工艺、装备改造和产品升级，推进信息化与工业化融合，加快发展服务业，努力构建现代产业体系。要切实统筹城乡发展，坚持走中国特色农业现代化道路，加快建立以工促农、以城带乡长效机制，形成城乡经济社会发展一体化新格局，扎实推进社会主义新农村建设。要切实加强生态文明建设，坚决打好节能减排攻坚战，大力发展循环经济，加快形成节约能源资源和保护生态环境的产业结构、增长方式、消费模式。

胡锦涛指出，转变经济发展方式，关键是各级党委和政府要在深入调查研究和科学分析的基础上，找准问题，明确方向，制定和完善切合实际的转变经济发展方式的总体规划和具体措施，坚持不懈地抓好落实。要坚持社会主义市场经济的改革方向，推进各方面体制机制创新，完善政府绩效考核体系，形成充满活力、富有效率、更加开放、有利于科学发展的体制机制，促进经济发展方式加快转变。要真正把科学发展观贯穿于经济社会发展的全过程、落实到经济社会发展的各个环节，在转变经济发展方式上不断取得实实在在的成效。

中共中央总书记胡锦涛 国务院总理温家宝就胶济铁路重特大交通安全事故作出重要指示

4月28日凌晨4时48分，北京至青岛的T195次客车下行至胶济线周村至王村区间时，尾部第九至第十七节车厢脱轨，与上行的烟台至徐州的5034次客车相撞，致使该客车机车和5节车厢脱轨，造成重大人员伤亡。到发稿时，死亡70人，伤416人，伤员中有4名法国旅客。

事故发生后，党中央、国务院高度重视，胡锦涛总书记、温家宝总理立即作出重要指示，要求全力抢救伤员，妥善处理善后，查明事故原因，尽快恢复铁路正常运输秩序。

受党中央、国务院委托，中共中央政治局委员、国务院副总理张德江28日上午紧急赶赴事故现场，指导救援和善后工作，并到医院看望慰问伤员，对遇难者表示哀悼，向伤亡者亲属转达党中央、国务院的亲切关怀。张德江要求铁道部、山东省和各有关方面按照中央要求，全力以赴做好抢救伤员、清理现场、抢修设施等工作，力争在最短时间内恢复正常铁路运输。

据初步调查，这是一起责任事故，基本上可以排除外部恐怖袭击的可能。事故详细原因正在调查中。

据悉，由国家安全生产监督管理总局、公安部、监察部、铁道部等部门组成的事故调查组已全面展开调查工作。另悉，铁道部已作出决定，免除济南铁路局党政主要负责人的职务，接受审查，听候处理。

全国政协主席贾庆林在人民大会堂会见中国国民党荣誉主席连战一行

贾庆林高度评价连战为促进国共两党关系和两岸关系发展作出杰出的贡献，希望两岸同胞更紧密地团结起来，共同开创两岸关系和平发展新局面。

贾庆林说，连主席这次来访，向北京奥林匹克体育中心赠送台湾著名雕塑艺术家的作品，表达台湾同胞支持北京奥运的美好心意，我们深表感谢。北京举办2008年奥运会，是包括台湾同胞在内的全体中华儿女的世纪盛事。台湾体育健儿来北京参加奥运会，大陆同胞一定会以最热情的方式表示欢迎，为他们加油喝彩。我们衷心祝愿台湾奥运健儿在北京奥运会上再创佳绩。

贾庆林指出，3年前，连主席率中国国民党代表团来大陆进行首次和平之旅。胡锦涛总书记与连主席举行了历史性的会谈，掀开了国共两党关系崭新的一页。这次访问和国共两党领导人的会谈，载入了两岸关系发展的史册。这些年来，国共两党进行多种形式的交流对话，达成了许多重要共识，产生了广泛的积极影响。近来，台湾局势发生了重大变化，两岸关系朝着和平稳定方向发展的势头增强。这是两岸同胞共同努力的结果。这一局面来之不易。连主席为促进国共两党关系发展，为增进两岸同胞相互了解、加强合作，为反对“台独”分裂活动，付出了大量心血，作出了杰出的贡献。

贾庆林说，胡锦涛总书记不久前在博鳌会见了萧万长先生，就加强两岸经济交流合作交换意见，台湾各界给予了高度评价。这反映了台湾民众普遍希望两岸加强交流、增进合作、实现双赢的心声。当前，两岸关系和平发展已经具有更坚实的基础、更强劲的动力、更有利的条件。希望两岸同胞更紧密地团结起来，牢牢把握两岸关系和平发展的主题，共同开创两岸关系和平发展新局面。

连战表示，3年前两岸关系紧张对立，我觉得两岸不能再持续对峙下去，毅然决定来大陆进行和平之旅，结果得到大多数两岸同胞的肯定。两岸同胞都希望两岸建立和平、和谐、合作的关系。近年来国共两党建立沟通平台，举行了3次经贸文化论坛及其他形式的交流，为两岸关系擘画未来发展方向。我们必须全力维护两岸关系和平发展，为后代子孙开创幸福环境。

会见结束后，贾庆林设宴欢迎连战和夫人一行。

国务委员戴秉国、中共中央台办主任陈云林等参加了会见和宴会。

民主党派在北京开展政治交接主题学习教育活动交流会

民革中央主席周铁农、民盟中央主席蒋树声、民建中央主席陈昌智、民进中央主席严隽琪、农工党中央主席桑国卫、九三学社中央主席韩启德、台盟中央主席林文漪、民盟中央第一副主席张梅颖、民建中央第一副主席张榕明等出席会议。

全国政协副主席、中共中央统战部部长杜青林应邀出席交流会并讲话。他指出，开展政治交接学习教育活动，是发展社会主义民主政治、实现统一战线和多党合作事业可持续发展的战略举措。一年多来，民主党派各级组织坚持“自觉、自主、自为”的方针，开展了形式多样、富有成效的活动，取得了阶段性重要成果，进一步增强了走中国特色社会主义政治发展道路的信念，增强了服务全面建设小康社会的责任感和使命感，继承发扬了与中国共产党长期合作形成的优良传统，加强了民主党派的自身建设。希望各民主党派把深入开展政治交接学习教育活动与纪念中共中央发布“五一口号”60周年、改革开放30周年活动有机结合起来，毫不动摇地坚持中国共产党的领导，深入贯彻落实科学发展观，坚持把思想建设贯穿始终，不断深化领导班子建设，建立、健全长效机制，切实把政治交接作为民主党派自身建设的历史课题,作为多党合作事业发展的基础性工程,不断向深度和广度推进。

民主党派的政治交接旨在推动各民主党派中央领导班子实现新老交替的同时,把民主党派老一辈在长期革命、建设和改革实践中形成的坚定政治信念、优良品质和优良作风一代一代传下去。经过长期的探索和努力,政治交接取得了显著成绩,多党合作的政治基础更加巩固,政党关系更加和谐,民主党派自身建设不断加强,在推进中国特色社会主义建设过程中发挥了积极作用。去年,为更好地完成各民主党派中央和省级地方组织领导班子换届,实现新一轮的新老交替,巩固多党合作的政治基础,各民主党派决定利用两年左右的时间,在广大成员中广泛开展以坚持中国特色社会主义为主题的政治交接学习教育活动。

各民主党派中央领导人和部分地方组织,中共中央统战部和各省、自治区、直辖市党委统战部负责同志出席交流会。

外交部部长杨洁篪在钓鱼台国宾馆与朝鲜外务相朴义春举行会谈

中联部部长王家瑞在北京会见的欧洲议会人民党党团代表团

东北亚名人会第三次会议在北京举行

来自中日韩三国政界、学界的知名人士围绕"可持续发展和东北亚区域合作"这一主题进行了充分讨论,并分别从贸易与金融、环境与资源、文化与教育三个方面提出"东北亚名人会共同倡议"。中国前国务院副总理钱其琛、韩国前国务总理李洪九、日本前首相中曾根康弘分别率三国代表团出席会议。

钱其琛在会议上发表演讲时说,虽然三国的自然、历史、社会和发展水平存在差异,但是,中日韩三国地域相连、人缘相亲、文化相融、经济相通,在实现可持续发展方面有很强的互补性。为推动区域一体化发展,不仅是三国政府,中日韩的知名学者、专家及民间人士也应当为此作出努力。

李洪九建议三国应当发挥各自所长,携手应对当前所出现的气候变化、金融危机、能源紧张等全球性问题。三国还应当加强清洁技术的开发研究。

中曾根康弘呼吁,日中韩三国无论如何都要坚持"和平友好"。三国紧握双手,集结力量才能提高亚洲在世界上的话语权,各种合作规划才能够实现。

李洪九和中曾根康弘都表示支持北京奥运,衷心祝愿北京奥运获得圆满成功。

"东北亚名人会"由新华社、韩国中央日报社和日本经济新闻社三家新闻机构共同发起,旨在促进中日韩三国的民间交流。

国家体育馆竣工

备受关注的2008年北京奥运会三大主场馆之一的国际体育馆已通过竣工验收。

国家体育馆南北长约335米,东西宽约207.5米,地上4层,地下1层,总建筑面积8.09万平方米,占地6.78公顷,建筑物高度为42.47米,是目前国内设施最先进、功能最完善的体育馆之一。

奥运会期间,国家体育馆将承担体操比赛、手球决赛和残奥会轮椅篮球赛等比赛。整个体育馆可容纳观众19000人。

4月29日

国家主席胡锦涛在人民大会堂会见日本前首相中曾根康弘

胡锦涛说,双方在政治、经贸、文化、防务、青少年等领域的交流合作取得了明显进展,在应对气候变化与可持续发展等全球性挑战,维护地区和世界的和平稳定等方面进行了良好的磋商和协调。我们对日本政府在台湾、西藏问题上坚持一个中国政策,支持中国办好北京奥运会表示赞赏和感谢。

胡锦涛表示,中日两国都是亚洲和世界的重要国家,发展中日战略互惠关系不仅符合两国和两国人民的根本利益,对亚洲乃至世界的和平与发展都具有重要意义。中国政府高度重视中日关系,始终坚持与邻为善、以邻为伴的周边外交方针,始终坚持和平共处、世代友好、互利双赢、共同发展。我们愿与日方携手努力,推动中日战略互惠关系持续深入向前发展。

中曾根表示,日中关系对两国和东亚地区发展至关重要。双方应坦诚相待,求同存异,在反省历史的基础上,面向未来,建立长期友好关系。当前日中关系已进入新阶段,希望双方以胡锦涛主席即将对日本的访问为契机,为两国关系打开新局面,开创新时代。

中曾根祝愿北京奥运会圆满成功。

中共中央总书记胡锦涛在钓鱼台国宾馆会见中国国民党荣誉主席连战

胡锦涛指出,当前台湾局势发生了积极变化,两岸关系呈现出良好发展势头。两岸双方应当共同努力,建立互信、搁置争议、求同存异、共创双赢,切实为两岸同胞谋福祉、为台海地区谋和平,开创两岸关系和平发展新局面。

会见时,胡锦涛首先感谢连战先生向大陆同胞赠送台湾著名艺术家的雕塑作品，表达广大台湾同胞对北京奥运会的真诚祝愿。

胡锦涛表示，今天与连战荣誉主席再度相见，有着特殊的意义。3年前的今天我们进行的会谈，是中国共产党和中国国民党的主要领导人时隔60年后的首次正式会谈。我们共同发布的“两岸和平发展共同愿景”，郑重宣示了国共两党推动两岸关系和平发展的决心和诚意，奠定了双方合作的政治基础，指明了两岸关系发展的正确方向。事实充分证明，在两岸关系发展的关键时刻，国共两党共同迈出的这历史性一步，是十分正确的。

胡锦涛指出，“两岸和平发展共同愿景”是国共两党向两岸同胞作出的庄严承诺。我们应该以此为遵循，大力加强两岸人员往来和经济文化等各领域交流合作，在“九二共识”的基础上尽早恢复两岸协商谈判，务实解决各种问题，切实为两岸同胞谋福祉、为台海地区谋和平。

胡锦涛强调，对于两岸关系发展面临的一些历史遗留问题和今后出现的新情况、新问题，只要双方以两岸同胞福祉为念、以两岸关系和平发展大局为重，建立互信、搁置争议、求同存异、共创双赢，就一定能够找到解决问题的办法，两岸关系和平发展的道路就一定会越走越宽广。

胡锦涛表示，中华民族正迎来实现伟大复兴的光明前景。这是两岸同胞和全体中华儿女的共同荣耀。两岸同胞是血脉相连的命运共同体，同属中华民族这个大家庭。衷心希望两岸同胞进一步携起手来，共同开创两岸关系和平发展新局面，共同实现中华民族伟大复兴，共同促进人类和平与发展的崇高事业。

连战表示，2005年以后，国共两党对两岸关系发展已形成共同的看法，并体现在“两岸和平发展共同愿景”中，成为两岸关系和平发展的指导方针，这是划时代的里程碑，意义重大。两岸人民的福祉必须建立在两岸关系和平发展基础上。两岸应当掌握契机，在经济、文化、教育、社会、安全等层面加强交流合作，创造有利条件和环境，在两岸关系和平发展的康庄大道上携手前进。

全国政协主席贾庆林出席在北京举行的纪念中共中央发布“五一口号”60周年座谈会并发表讲话

贾庆林在讲话中说，各民主党派、无党派人士热烈响应“五一口号”，标志着各民主党派、无党派人士自觉选择了中国共产党的领导，走上了新民主主义、社会主义的道路，揭开了我国多党合作事业发展的历史新篇章。60年来，我国多党合作事业蓬勃发展，为社会主义革命、建设和改革事业作出了重要贡献。

贾庆林指出，实践充分证明，中国共产党领导的多党合作和政治协商制度，是我国的一项基本政治制度，具有巨大的优越性，一定要始终不渝地坚持；是符合中国国情的伟大创造，具有强大的生命力，一定要毫不动摇地发展；是实现社会主义民主的重要形式，具有独特的作用，一定要坚定不移地推进。60年来，中国共产党和各民主党派、无党派人士在团结合作的实践中积累了丰富经验，为继续推动多党合作事业发展提供了重要启示，这就是必须坚持中国共产党的领导，必须坚持大团结大联合，必须坚持发扬社会主义民主，必须坚持平等协商，必须坚持民主监督。

贾庆林强调，当前，我国正处于改革发展的关键时期，多党合作事业面临着新的形势和任务。要以纪念中共中央发布“五一口号”60周年为契机，继承和发扬各民主党派、无党派人士在同中国共产党团结合作中形成的优良传统和宝贵经验，进一步推动多党合作事业蓬勃发展，巩固和壮大最广泛的爱国统一战线，共同把中国特色社会主义事业推向前进。要高举中国特色社会主义伟大旗帜，确保多党合作事业始终沿着正确方向前进；要努力推动科学发展，共同致力于实现全面建设小康社会奋斗目标；要坚持长期共存、相互监督、肝胆相照、荣辱与共的方针，搞好团结合作，发展我国各政党民主团结、生动活泼的和谐政治关系；要加强自身建设，把执政党建设和参政党建设更好地统一于多党合作、共创伟业的历史进程中，努力形成执政党建设同参政党建设相互促进的良好局面。

座谈会上，民革中央主席周铁农、民盟中央主席蒋树声、民建中央主席陈昌智、民进中央主席严隽琪、农工党中央主席桑国卫、致公党中央主席万钢、九三学社中央主席韩启德、台盟中央主席林文漪、无党派人士代表陈竺等分别发言。大家认为，各民主党派、无党派人士热烈响应中共中央“五一口号”，在我国多党合作发展史上具有里程碑意义。回顾历史是为了更好地面向未来，我国多党合作的历史和经验，集中到一点，就是只有中国共产党的领导，才能彻底实现国家独立和民族解放；只有坚持中国共产党的领导，中国人民才有光明的前途和未来。

座谈会由全国政协副主席、中共中央统战部部长杜青林主持。

张梅颖、张榕明、厉无畏、罗富和、陈宗兴、王志珍和何鲁丽、成思危、许嘉璐、蒋正华、罗豪才、张怀西、李蒙，各民主党派中央、全国工商联有关负责人，无党派人士代表，中央和国家机关有关部门、统战系统有关单位负责人以及出席“政治交接主题学习教育活动经验交流会”的全体人员出席了座谈会。

第四十三期省部级干部进修班暨第五十期地厅级干部进修班毕业典礼在中央党校举行

中共中央政治局常委、中央书记处书记、中央党校校长习近平出席毕业典礼，并为学员颁发毕业证书。

中共中央政治局委员、中央书记处书记、中央组织部部长李源潮，中央书记处书记、中央办公厅主任令计划出席毕业典礼。

第四十三期省部级干部进修班“社会主义经济建设”研究方向、第五十期地厅级干部进修班“中国特色社会主义理论体系”研究方向和“社会主义社会建设”研究方向，共有 144 名学员毕业。

适应党的事业发展和干部队伍建设的需要，本期进修班的教学，把学习中国特色社会主义理论体系作为中心内容，突出科学发展观等重大战略思想的学习，切实推进马克思主义中国化的最新成果进教材、进课堂、进头脑。具有学习时机好、教学方法有创新、研究选题现实针对性强三个明显特点。

学员们反映，通过对中国特色社会主义理论体系的学习领会，深化了对这一理论体系特别是科学发展观的认识，进一步提高了政治素质和理论素养；通过对一些重大理论和现实问题的研究思考，增强了理论联系实际的自觉性，进一步提高了战略思维能力和施政能力；通过对国内外大量信息的了解和把握，开阔了视野，进一步增强了大局意识和全局观念；通过实实在在的党性锻炼，提升了思想境界，进一步培养了良好的作风。

中央党校常务副校长李景田在讲话中指出，全体学员按照习近平同志在开学典礼上提出的要求，满腔热情地投入到党校的学习生活中来，学有所获，研有所得，完成了预定的学习任务。希望大家勇于实践，善于实践，在实践中继续深化认识，不断扩大学习成果；重视党的理论武装工作，为搞好学习实践科学发展观活动贡献智慧和力量；不断加强修养，不断自我完善，努力做一个始终得到人民拥护的优秀领导干部。

中央有关部门负责人、中央党校负责人出席了毕业典礼。

中央纪委监察部在北京召开贯彻落实中央关于推动科学发展重大决策部署情况调研座谈会

中共中央政治局常委、中央纪委书记贺国强在会上强调，要深入学习贯彻党的十七大精神，认真落实中央关于市场价格调控、节能减排、控制固定资产投资、节约集约用地、房地产市场调控等推动科学发展的五个方面重大决策部署，促进经济社会又好又快发展。

今年年初召开的十七届中央纪委第二次全会根据党的十七大精神，提出了今年党风廉政建设和反腐败工作七个方面的重点任务，中央纪委监察部计划就其中重要工作的落实情况逐项进行督促检查。加强对市场价格调控等五个方面工作的监督检查就是其中的一项。

在认真听取了国家发改委主任张平、环境保护部部长周生贤、住房和城乡建设部部长姜伟新、国土资源部部长徐绍史的发言后，贺国强指出，中央关于市场价格调控等五个方面的重大决策部署，是党的十七大精神的重要内容，是当前和今后一个时期贯彻落实科学发展观一项直接、现实而又紧迫的任务，也是中央和国家机关有关部门必须认真履行的政治责任。要从政治和全局的高度，充分认识做好上述重点工作的重要性和紧迫性，切实增强责任感和紧迫感，真正把这些工作摆上重要位置抓紧抓好。

贺国强强调，中央和国家机关各部门要严格遵守党的政治纪律，坚定不移地贯彻执行中央的决策部署，坚决反对有令不行、有禁不止，“上有政策、下有对策”的错误倾向，确保政令畅通。要结合本部门实际创造性地开展工作，深入调查研究，查找薄弱环节，制定有效措施，增强贯彻落实中央重大决策部署的针对性。要围绕妨碍科学发展、影响社会和谐的突出问题和群众反映强烈的热点问题，开展专项治理，坚决纠正违法违规行为。要坚持用改革的办法解决前进中的问题，在深化体制机制创新、加强制度建设、建立、健全长效机制上下功夫，为贯彻落实中央重大决策部署提供有力保障。要加强组织领导，落实目标责任，抓好勤政建设，提高工作效率，并注意部门之间、部门与地方党委政府之间的协调配合，推动中央重大决策部署的贯彻落实。

贺国强指出，纪检监察机关要把开展对贯彻落实科学发展观情况的监督检查作为维护党的政治纪律的重要任务，坚决纠正违背科学发展观的行为，严肃查办违纪违法案件，特别是要注意发现违纪案件背后的腐败问题，对那些索贿受贿、以权谋私、充当保护伞的领导干部，要依纪依法严厉惩处，决不手软；对那些贯彻落实中央关于科学发展重大决策部署不力的地方和单位，要追究相关领导干部的责任。要充分履行组织协调职责，与各主管部门一起加强调查研究，了解工作情况，把握工作规律，制定应对措施，增强督促检查工作的实效性。纪检监察机关要会同组织人事部门，把各地区各部门落实科学发展观的情况，列入对领导班子和领导干部的考核之中。各派驻机构要认真履行职责，进一步加强对驻在部门领导班子及其成员贯彻落实科学发展观情况的监督检查，促进中央重大决策部署在驻在部门和本系统本行业的贯彻落实。

中央书记处书记、中央纪委副书记何勇在主持会议时要求，要认真学习领会贺国强同志讲话精神，全力破解影响和阻碍中央重大决策部署贯彻落实的各种难题；要认真落实党风廉政建设责任制和政府系统目标管理责任制，既认真抓好中央重大决策部署任务的落实，又带头抓好本部门、本系统的党风廉政建设和反腐败工作，为维护改革发展稳定的大局作出新的贡献。

中央纪委副书记、监察部部长马馼，中央纪委常委、监察部副部长屈万祥出席会议。国家发改委、国土资源部、环境保护部、住房和城乡建设部的有关负责同志参加了会议。

全国总工会主席王兆国出席在北京召开的庆祝五一国际劳动节大会并发表讲话

王兆国指出，广大职工要始终站在改革发展的前列，立足本职、扎实工作，增强创新意识，提高创新本领，在推动经济又好又快发展中发挥更大的作用。要坚持用中国特色社会主义理论体系武装头脑，不断提高思想觉悟和道德水平，坚定不移地走中国特色社会主义道路。要增强民主法制意识，用理性合法的方式表达利益诉求，自觉维护工人阶级队伍的团结统一，自觉维护工人阶级同其他劳动群众的团结，自觉维护社会安定团结的局面。

王兆国强调，要充分发挥劳模的示范导向作用，在全社会广泛宣传劳模的先进事迹、优秀品质和高尚情操，努力营造劳动光荣、知识崇高、人才宝贵、创造伟大的良好社会风尚。各级工会组织要按照"组织起来、切实维权"的工作方针，坚持中国特色社会主义工会维权观，充分发挥组织职工、引导职工、服务职工和维护职工合法权益的作用，切实履行维护职工合法权益的神圣职责。各级党委和政府要始终坚持党的全心全意依靠工人阶级的指导方针，认真解决职工群众最关心、最直接、最现实的利益问题，保护好、调动好、发挥好广大职工投身改革开放和社会主义现代化建设事业的积极性、主动性和创造性。

全国人大常委会副委员长桑国卫，全国政协副主席、中华全国总工会副主席张榕明，全国政协副主席孙家正和倪志福出席了庆祝大会。

全总副主席、书记处书记乔传秀宣读了《中华全国总工会关于表彰先进集体、先进个人的决定》。430个先进集体荣获全国五一劳动奖状，1095名先进个人荣获全国五一劳动奖章；1055个先进集体荣获全国"工人先锋号"；1506个单位荣获全国模范职工之家，1499个集体荣获全国模范职工小家；1012名先进个人荣获全国优秀工会工作者，998名个人荣获全国优秀工会积极分子，199名个人荣获全国优秀工会之友。

中华全国总工会还授予抗雨雪冰冻灾害72个先进集体和133名先进个人全国五一劳动奖状、奖章。此外，32个单位和96名同志分别荣获全国工会系统先进集体和全国工会系统先进工作者称号。

中共中央政治局常委李长春在北京会见由主席约瑟夫·多尔率领的欧洲议会人民党党团代表团

李长春说，党际交往是中欧政治关系的重要组成部分。中国共产党愿在党际交往四项原则的基础上，同包括人民党党团在内的欧洲议会各党团开展内容丰富、形式多样的交往，共同促进中欧政治互信不断增强。希望人民党党团在欧洲议会多做增进中欧政治互信、促进中欧友好合作的事情。

李长春还用具体事实说明，中央政府为推动西藏经济社会发展、保护西藏文化和传统、提高藏族人民的文化教育水平和生活水平付出了巨大努力，西藏政治、经济、社会、文化得到了全面发展，西藏的文化进入了大发展大繁荣时期。中央政府对达赖的政策是一贯的，对话的大门是敞开的，关键要看达赖是否有诚意。

约瑟夫·多尔说，时隔十多年再次访华，通过与中方的坦诚交流，了解到许多关于中国尤其是西藏的真实情况，中国的发展成就令人惊叹。他认为，欧中双方应进一步加强交流与合作，共同应对人类面临的新挑战。他还就28日凌晨发生在山东的火车相撞事故对伤亡者及家属表示慰问。

国家副主席习近平在人民大会堂会见朝鲜外务相朴义春

习近平说，中朝友谊是两国老一代领导人亲手缔造和培育的，是两国人民共同的宝贵财富。不断巩固和发展中朝友好合作关系是中国党和政府坚定不移的方针。在新时期新形势下，中方愿与朝方继续本着"继承传统、面向未来、睦邻友好、加强合作"的方针，以中朝建交60周年为契机，不断深化各领域交流与合作，共同维护本地区的和平与稳定。

朴义春表示，朝方高度重视朝中友谊，愿根据形势发展的要求，同中方共同努力，推动朝中传统友好合作关系不断向前发展。朝方坚定奉行一个中国原则，坚决支持中方为维护西藏社会稳定所采取的措施，对中国在各方面的发展感到由衷高兴，祝愿北京奥运会取得圆满成功。

中央军委印发《中国人民解放军指挥军官考核评价纲要》

经中央军委主席胡锦涛批准，中央军委日前印发《中国人民解放军指挥军官考核评价纲要》。同时，总政治部印发《中国人民解放军指挥军官考核评价实施办法》和《中国人民解放军指挥军官考核评价标准(试行)》。这是深入学习贯彻党的十七大精神,落实科学发展观要求,加强指挥军官队伍建设的重大举措。三个文件的印发施行,标志着体现科学发展观要求的指挥军官考评体系初步形成,指挥军官考评工作进一步走上科学化、制度化、规范化轨道。

考评体系三个文件以邓小平理论和“三个代表”重要思想为指导,深入贯彻落实科学发展观,认真落实胡主席一系列重要论述,积极适应建设信息化军队、打赢信息化战争要求,进一步创新考评机制,明确考评标准,规范考评程序,改进考评方法,完善考评监督,对于全面准确、客观公正地考察识别指挥军官,充分发挥考评的综合效益,促进指挥军官队伍建设全面进步、协调发展,具有重要意义。

考评体系三个文件从不同侧面对指挥军官考评工作进行了规范,构成一个内容衔接、功能互补的完整系统。其中,考评纲要是规范考评工作的统领性文件,着重从宏观和政策层面,对指挥军官考评的指导思想和原则、内容标准、运行机制、组织领导等作出原则规定。考评实施办法是组织实施考评的基本遵循,重点对考评方法作出系统规范,对考评结果反馈、申诉和审定,以及考评纪律和监督等提出具体要求。考评标准是衡量指挥军官德才素质和履行职责情况的基本尺度,并对其培养提高起直接的牵引作用,依据指挥军官共性要求与岗位职责特殊要求,坚持定性与定量相结合,分别制定了通用考评标准和岗位考评标准。

文件要求,各级党委和政治机关要站在深入学习贯彻党的十七大精神的高度,进一步增强责任感和使命感,严格按照考评体系文件规定组织实施考评,注意研究解决考评工作中的新情况、新问题,在实践中不断总结完善,努力开创指挥军官考评工作新局面。

全国军队转业干部安置工作电视电话会议在北京召开

中共中央政治局委员、国务院副总理张德江,中央军委委员、总政治部主任李继耐出席会议并讲话。会议要求,各地区、各部门要全面贯彻落实党的十七大精神,深入贯彻落实科学发展观,认真落实中央关于军转安置工作的方针政策,认清形势,统筹安排,周密部署,扎实工作,确保完成军转安置各项任务。

张德江在讲话时指出,要充分认识军转安置工作的重要意义,切实增强做好这项工作的政治责任感,带着深厚的感情,千方百计把军转干部安置好。要树立大局意识,积极克服困难,拓宽安置渠道,充分挖掘安置潜力,认真落实好安置计划;严格执行军转安置工作的政策规定,自觉维护政策的严肃性和权威性;统筹兼顾,突出重点,推动军转安置各项工作协调发展;坚持改革创新,探索符合国情军情的军转安置新路子。各地区、各部门要切实加强领导、落实责任,加强协作、密切配合,加强指导、搞好服务,加强宣传、营造氛围,把军转干部安置任务落实好。

李继耐在讲话时指出,做好军转安置工作,事关国防和军队现代化建设,事关改革发展稳定大局,一定要从全面贯彻落实党的十七大精神的政治高度,进一步增强做好军转安置工作的责任感使命感。要认真落实中央的部署要求和政策规定,下功夫抓好重点、难点问题和关键环节,积极探索改进军转安置工作的有效途径和办法,着力提高军转安置工作质量,努力使军转干部得到妥善安置、合理使用。要切实加强组织领导,把军转安置工作摆上重要议事日程,加强对转业干部的教育管理,进一步搞好军地协调配合,高标准完成今年的军转安置任务。

2007年,在党中央、国务院、中央军委的正确领导下,经过军地双方共同努力、密切协作,全国共安置了5.9万余名军队转业干部。

国务院军转安置工作小组组长、中央组织部副部长、人力资源和社会保障部部长尹蔚民在会上作了工作报告。

4月30日

国务院总理温家宝主持召开国务院常务会议研究部署进一步加强安全生产工作

会议听取了安全监管总局关于全国安全生产形势及下一步工作安排的汇报。会议指出,近日发生的“4·28”胶济铁路特别重大安全事故,充分暴露出一些单位安全生产管理上存在责任不落实、措施不到位等严重问题和重大隐患,教训十分深刻。国务院对事故遇难者表示深切哀悼,对伤员及伤亡人员亲属表示亲切慰问。会议要求抓紧进行事故调查,依照法纪严肃追究责任。

会议强调,各地区、各部门要深刻吸取这次特别重大事故的教训,牢固树立以人为本、安全发展的理念,以对人民生命财产高度负责的精神,把安全生产摆在更加重要的位置,一刻都不能放松。一要切实加强领导,把安全生产责任落实到每一个单位、每一个岗位、每一个员工;二要深入排查安全隐患,不留死角,不留后患,防患于未然;三要全面落实生产领域安全防范措施,特别要抓好煤矿安全,加强非煤矿山、油气井以及易燃易爆、化学危险品等重点防控;四要做好铁路、公路、水运、民航等各类交通安全工作,坚决遏制重特大事故发生;五要加强旅游、消防等安全管理,确保公共场所安全;六要采取措施严防重大环境污染事件;七要狠抓综合治理,加强基层基础工作,加强体制机制建设，严格执法监督，严肃查处事故。

会议还研究了其他事项。

国办发出《关于进一步加强安全生产工作的通知》

各省、自治区、直辖市人民政府，国务院各部委、各直属机构：

党中央、国务院高度重视安全生产工作，各地区、各有关部门认真贯彻落实中央的一系列决策部署，做了大量工作。但安全生产形势依然严峻，一些地方和企业安全生产责任不落实、措施不到位等问题仍很突出，安全隐患大量存在，煤矿、交通运输、渔业船舶等行业领域安全事故时有发生。4月28日，在胶济铁路发生旅客列车脱轨倾覆相撞特别重大事故，截至30日，已造成71人死亡，416人受伤。事故调查工作正在进行。各地区、各部门要深刻吸取“4·28”特别重大铁路安全事故教训，认真贯彻落实科学发展观，坚持“安全第一、预防为主、综合治理”方针，以更加坚决有力的措施，有效遏制重特大事故。为此，经国务院同意，现就进一步加强安全生产工作有关事项通知如下：

一、切实加强领导，狠抓安全生产责任落实

各地区、各部门、各单位要以对人民生命安全高度负责的精神，把安全生产纳入重要议事日程，进一步加强组织领导。主要领导要亲自抓，认真研究解决本地区、本部门、本单位安全生产方面存在的突出问题，组织制定和落实安全防范措施。建立严格的安全生产责任制，切实把责任落实到每一个单位、每一个岗位、每一个员工。严格安全生产情况的考核，把安全生产工作作为对各地区、各部门、各单位及各级领导干部政绩业绩考核的重要内容。严肃责任追究，对于责任不落实、推诿扯皮、玩忽职守造成事故的，要依纪依法严肃处理。

二、深入排查治理隐患，确保防患于未然

要按照国务院已经作出的部署，全面深入排查治理各生产经营单位及其工艺系统、基础设施、技术装备、作业环境、防控手段等方面存在的隐患，做到排查不留死角、整治不留后患。要健全重大隐患公告公示、挂牌督办、跟踪治理和逐项整改销号制度，采取巡检、抽检等方式，深入基层和生产一线加强督促指导，充分依靠和发动广大从业人员参与隐患排查治理，推进安全生产各项措施落实。对隐患排查治理不认真、走过场的单位要予以公开曝光。

三、全面落实工矿商贸领域防范措施，确保生产安全

加大煤矿瓦斯治理力度，狠抓促进瓦斯抽采利用各项扶持政策的落实，严格执行“先抽后采、监测监控、以风定产”瓦斯治理方针，加强现场管理，严防瓦斯事故。深化煤矿整顿关闭工作，依法严厉打击非法和超层越界开采，严防已关闭矿井死灰复燃。加强非煤矿山、油气井等重点防控，防止坍塌、井喷等事故发生。针对烟花爆竹、民爆物品、建筑施工、冶金、电力、军工、特种设备等行业领域存在的问题，切实落实安全防范措施，严防事故发生。各地正陆续进入汛期，务必做好河道、水库、堤坝、桥梁、涵洞等除险加固，严防暴雨、台风、泥石流等自然灾害导致事故灾难。存在淹井隐患的矿井，暴雨期间一律严禁井下作业。

四、狠抓运输安全管理，确保交通安全

各级铁路、交通、民航、公安等部门要深刻吸取“4·28”铁路特别重大事故教训，举一反三，全面落实交通安全各项防范措施，坚决遏制重特大事故发生。要加强对铁路列车、线路、通信等运输设施设备的安全监控，加强调度指挥，加强主要干线、提速区段的安全检查和巡查，严格实行标准化作业，严肃查处超速等违规违章行为，严禁旅客携带易燃易爆等危险品进站上车，确保旅客和货物运输安全。要落实道路交通安全工作措施，严把运输市场准入关，严禁非客运车辆载客，严禁不具备安全条件的车辆上路行驶，加大对超速、超载、超限和危险路段治理力度，加强农村道路安全监管。要继续抓好水上交通防碰撞、防泄漏和渡口渡船专项整治，深入排查治理桥梁隐患，加强渔船和乡镇船舶安全监管，出海渔船必须配备救生和通信设备。要加大民航安全监管力度，加强飞行员培训和管理，严格机场安全检查，确保航空运输安全。城市轨道交通和其他公共交通要加强安全保卫工作，防止发生事故。

五、严防事故引发污染事件，确保环境安全

各地区、各有关部门要高度重视环境安全，加强对饮用水源地、居民集中居住区等环境敏感区域和医药、化工等高危企业环境安全隐患排查治理。针对汛期降雨集中、洪涝灾害多发的特点，加快病险尾矿库除险加固进度，严防垮坝事故导致污染事件。认真落实危险化学品生产、运输、储存、销售、使用和废弃处置等环节的各项安全措施，依法取缔各类非法经营的企业和网点，严格执行剧毒化学品运输许可制度，严防丢失、流散或泄漏。加大环境执法力度，加强对违法排污行为的监督检查，有针对性地开展预防工作，把污染隐患消灭在萌芽状态。各级环保部门要做好人员、物资、装备等各项准备，督促企业完善环境应急预案，落实应急救援和保障措施，强化区域联动，提高应对处置能力。

六、切实加强旅游、消防等安全管理，确保公共场所安全

目前已进入旅游旺季，要认真做好游船、缆车、索道等旅游设备的安全检查，达不到安全要求的一律停止运营使用；带有危险性的登山、探险、漂流等旅游项

目必须制定严密的安全保障措施。各类旅游场所要按照接待容量,控制高峰时段游客数量,合理疏导游客,严防发生拥堵、踩踏等事件。加强对各种体育、文化、娱乐等大型活动的组织管理,制订妥善的人群疏散方案和应急预案,切实做好安全保卫工作。消防部门要加强对宾馆饭店、车站、码头、学校、商场、集贸市场以及奥运场馆等人员密集场所的消防安全检查,确保疏散通道、安全出口畅通,确保消防设备设施齐全完好,严防火灾事故。

七、狠抓综合治理,构建安全生产长效机制

要加大治本力度,充分运用财税政策、市场调节和保险机制等经济手段,强化对安全生产的激励约束;加快法制建设,落实安全生产各项法律、法规和规章制度,把安全生产纳入法制化轨道;加快科研攻关和技术改造步伐,提高安全生产的科技保障水平;加强专业人才培养和安全知识普及,特别要抓好特殊工种和农民工的安全技能培训;强化安全生产基层基础工作,建立、健全安全生产规章、规程、制度和标准,大力提高企业安全管理水平;加强安全教育和宣传舆论工作,组织广大职工群众积极开展打击非法建设、生产、经营,反对违章指挥、违章作业、违反劳动纪律,整治生产企业超能力、超强度、超定员以及运输企业超载、超限、超负荷等活动,形成全社会重视、支持和参与安全生产的良好氛围。

八、从严执法,提高监管监察效能

各级安全监管监察部门和行业主管部门要完善体制机制,强化监管职责,加强督促检查。要更加注重对日常生产过程的安全监察,做到关口前移、重心下移。对不具备安全生产条件的企业或单位,坚决责令停产或予以关闭;对严重违反规定即使没有发生伤亡事故的,也要追究责任;对发生的每一起事故,要按照事故原因未查清不放过、责任人员未处理不放过、整改措施未落实不放过、有关人员未受到教育不放过的“四不放过”原则,严格事故查处,及时公布处理结果。要加大对事故频发、隐患突出的地区和单位的监督检查力度,发现重大问题要及时通报有关地方政府,并跟踪督导,确保实效。要做到严格执法、廉洁执法、公正执法,自觉接受舆论监督和社会监督。

国务院办公厅

2008年4月30日

国务院总理温家宝到宁波与工人共度五一国际劳动节

贾庆林 李长春等党和国家领导人在北京参观“西藏今昔”大型主题展

贾庆林说,西藏和平解放50多年来,在党中央的亲切关怀和全国人民的大力支援下,经过西藏各族人民的共同努力,社会面貌发生了翻天覆地的变化,当前西藏经济发展、政治稳定、社会进步、民族团结、人民安居乐业、生活水平不断提高,正处于历史上最好的时期。展览生动地展示了西藏自治区在政治、经济、社会、文化各个领域发生的日新月异的变化,充分证明了只有坚持党的领导、坚持民族区域自治制度、坚持中国特色社会主义道路,才能实现西藏的跨越式发展和长治久安,才能保证西藏各族人民的幸福安康。

李长春说,事实胜于雄辩。展览用大量的事实,揭露了达赖统治下的旧西藏政教合一封建农奴制社会的黑暗、残酷和落后,揭穿了十四世达赖“人权卫士”、“和平使者”、“精神领袖”的伪善面目。展览通过新旧西藏的对比,展示了中国共产党带领西藏人民消灭封建农奴制、实现当家做主、创造美好生活的光辉历程,展示了西藏自治区坚持发展依靠人民、发展为了人民、发展成果由各族人民共享的伟大实践。

中共中央政治局委员、国务院副总理回良玉,中共中央政治局委员、书记处书记、中宣部部长刘云山,国务委员兼国务院秘书长马凯,国务委员、公安部部长孟建柱,全国政协副主席、中共中央统战部部长杜青林也参观了展览。

“西藏今昔”大型主题展由中共中央统战部、国务院新闻办公室、国家民族事务委员会、西藏自治区联合主办。展览将持续至7月25日,并免费向公众开放。

北京奥运会倒计时100天誓师动员大会在人民大会堂举行

中共中央政治局常委、全国政协主席贾庆林出席大会并讲话。

贾庆林在讲话中指出,举办奥运会是中华民族历史上具有重要意义的大事,标志着我们国家综合实力显著增强、国际地位大幅提升,标志着中国人民正以朝气蓬勃、昂扬向上的精神风貌阔步走向世界。这是中华民族近百年来历经磨难、奋斗不息、顽强拼搏的结果。百年奥运梦想,百年期待向往,即将在我们这一代人的手中实现。我们为有机会参与这一历史盛事而感到自豪,我们对举办一届有特色、高水平的奥运会充满信心。

贾庆林强调,在2008年奥运会即将到来之际,在即将写下中华民族新的历史篇章之时,我们更要保持清醒的头脑,把满腔的爱国热情凝聚成克服一切困难办好奥运会的强大力量,落实到科学、严谨、扎实的筹办工作中,办好奥运会,当好东道主,不辱光荣使命,为国家和民族争光。贾庆林提出四点要求。第一,始终保持奋发进取的精神状态。第二,牢固树立科学严谨的工作作风。第三，充分发挥举国体制的强大优势。第四，努力营造欢乐祥和的奥运环境。

中共中央政治局委员、北京市市委书记、北京奥组委主席刘淇在动员报告中说，举办一届有特色、高水平的奥运会是中央的要求、人民的心愿。我们一定要在党中央领导下进一步坚定信心、凝聚力量、奋力争先，夺取筹办奥运的最后胜利。我们一定要更加全面深入地贯彻中央指示精神，充分发挥体制优势，切实兑现各项承诺，用更加高涨的工作热情，更加有力的工作措施，更高水平的工作成果，确保实现筹办奥运的最终目标，决不辜负党和人民的重托！

中共中央政治局委员、国务委员、北京奥组委副主席刘延东主持大会。中共中央政治局委员、中央书记处书记、中宣部部长刘云山，全国人大常委会副委员长、北京奥组委副主席陈至立，全国政协副主席、中国残疾人联合会主席、北京奥组委执行主席邓朴方出席会议。

北京奥运会场馆团队代表、京外赛区代表、志愿者代表在大会上先后发言，表达了不辱使命、做好本职工作的决心。

中央和北京市有关方面负责人、各界群众代表6000余人参加了大会。

中共中央政治局常委李长春到辽宁考察

4月30日至5月6日，李长春在辽宁省省委书记张文岳、省长陈政高陪同下，先后到大连、沈阳等地，深入企业、农村、社区、高校和基层文化单位，就全面贯彻落实科学发展观、振兴东北地区等老工业基地、加强公共文化服务体系建设等进行调研，听取辽宁省委、省政府工作汇报，对辽宁改革开放和现代化建设取得的成绩给予充分肯定。他希望辽宁全面贯彻落实科学发展观，把科学发展观的要求转化为谋划发展的正确思路、促进发展的政策措施、领导发展的实际能力，体现到振兴老工业基地的各个方面，积极打造具有国际竞争力的装备制造业基地。他强调，宣传思想文化战线要认真贯彻中央关于振兴东北地区等老工业基地的战略部署，始终关注、支持、宣传老工业基地振兴，为振兴老工业基地提供精神动力、思想保证、舆论支持和文化条件。

国务院副总理张德江出席在北京召开的全国道路交通安全工作部际联席会议并讲话

张德江强调，必须充分认识做好道路交通安全工作的极端重要性，坚持以人为本，坚持安全发展，更加注重制度建设、科学管理、综合治理、政策指导，尽职尽责，扎实工作，努力开创道路交通安全工作新局面。

张德江说，近五年来，经过各地区、各部门、各方面的共同努力，全国道路交通事故起数、死亡人数、万车死亡率大幅度下降。但是，当前全国道路交通安全形势依然比较严峻，必须把这项工作摆在更加突出的位置，切实抓紧抓好。

张德江指出，做好当前和今后一个时期的道路交通安全工作，必须深入贯彻落实科学发展观，坚持以人为本、安全发展，采取更加有力的措施，把事故数量降下来，把死伤人数降下来，确保道路交通安全形势进一步好转。重点要抓好以下几个环节：(一)进一步强化道路交通安全隐患的排查治理，坚持做到责任、措施、经费、时限和预案“五落实”。(二)进一步落实企业的道路交通安全主体责任，健全和完善企业内部安全机制，强化对从业车辆、人员以及交通运输全过程的动态安全监管。(三)进一步做好交通安全宣传教育工作，增强针对性、有效性。(四)进一步加强对涉及交通安全的企业及其生产、经营环节的安全监管，加强协调配合，加强督促检查。(五)进一步加强对道路交通安全工作的组织领导，各地方政府领导同志要高度重视，负起责任。

国务委员、公安部部长孟建柱主持会议，强调要清醒认识当前道路交通安全工作面临的严峻形势，进一步增强做好道路交通安全工作的紧迫感和责任感，明确工作目标，强化工作措施，落实工作责任，加大工作力度，形成工作合力，为北京奥运会成功举办创造良好的道路交通环境，确保实现2008年和本届政府任期内的道路交通安全工作目标，为经济社会发展和社会和谐稳定作出更大贡献。

全国道路交通安全工作部际联席会议召集人公安部副部长刘金国汇报了2007年工作情况和2008年工作意见。部际联席会议成员单位负责同志、联络员以及财政部有关负责同志出席了会议。

中宣部和全国总工会在北京召开窦铁成同志先进事迹座谈会

中共中央政治局委员、全国人大常委会副委员长、中华全国总工会主席王兆国在会见出席窦铁成同志先进事迹座谈会的全国各地高技能人才代表时指出，广大职工要不断用新知识解决新问题，用新技术创造新业绩，努力成为学习型、知识型、技术型、创新型人才，为夺取全面建设小康社会新胜利多做贡献。

王兆国高度评价了窦铁成同志忠于职守、爱岗敬业，勤奋学习、刻苦钻研，锐意进取、开拓创新，艰苦奋斗、甘于奉献的新型技术工人的时代精神。他强调，建设创新型国家不仅需要一大批具有世界前沿水平的高级知识分子和专家学者，也需要千千万万窦铁成式的掌握精湛技艺和高超技能的技术工人。广大职工要以先进模范人物为榜样，勤于学习新知识、善于掌握新本领、勇于钻研新技术，努力成为适应时代发展要求的新型技术工人，在推动经济又好又快发展中争创一流业绩。全社会要进一步加强高技能人才的培养工作，为高技能人才的健康发展、创新创业提供更加有利的环境和条件。

全总副主席、书记处第一书记孙春兰出席座谈会并讲话，她要求各级工会要按照党中央关于高技能人才工作的新要求，充分认识做好高技能人才工作的重要性和紧迫性，推动建立、健全高技能人才健康成长的体制机制，不断提高职工技能水平。要进一步关爱高技能人才的生产生活，加大对高技能人才的宣传力度，组织引导广大职工为推动企业发展、建设创新型国家献计出力。

座谈会由中宣部副部长翟卫华主持。部分进京参加“五一”庆祝活动的劳模代表和产业工人代表共50多人参加座谈会。

5月1日

中国航天器太空数据中转站正式建成

我国首颗数据中继卫星“天链一号01星”于4月25日23时35分在西昌卫星发射中心成功发射，于5月1日16时25分成功定点在东经77度赤道上空。这标志着我国航天器太空数据中转站正式建成。

中国载人航天工程副总指挥张建启说，“天链一号01星”将在“神舟”七号载人航天飞行中首次应用，届时，“神舟”飞船的测控覆盖率由原来的12%将大幅提高到60%左右。

中继卫星被称为“卫星的卫星”，可为卫星、飞船等航天器提供数据中继和测控服务，极大提高各类卫星使用效益和应急能力，能使资源卫星、环境卫星等数据实时下传，为应对重大自然灾害赢得更多预警时间。

5月2日

2008中国保护性耕作论坛在北京召开

会议通报，从2002年农业部启动“保护性耕作示范县建设”项目以来，中央累计投入项目资金1.7亿元，保护性耕作实施面积达到3062万亩，免耕播种面积约1亿亩，带动机械化秸秆还田3亿亩。

保护性耕作是我国正在力推的一项先进农业技术，它以保护生态环境、促进农田可持续利用和农业节本增产增效为目标，以秸秆覆盖留茬还田、免耕少耕播种施肥复式作业、轮作等为主要内容，具有节本增产增效、防治农田扬尘和水土流失、蓄水保墒、培肥地力、减少秸秆焚烧等作用。

据农业部农机化管理司司长宗锦耀介绍，目前，保护性耕作已在北方15个省(区、市)及新疆生产建设兵团、黑龙江农垦总局建设了173个国家级示范县、328个省级示范县，带动地方各级财政资金和农民及服务组织自筹资金17.28亿元。保护性耕作的实施产生了良好的经济、社会和生态效益。据农业部农机化管理司测算，保护性耕作实施年增产粮食40万—120万吨，节省灌溉用水12亿—18亿立方米，减少农田扬尘60万—120万吨，减少水土流失3000万—6000万吨，节本增收总效益可达15亿—23亿元。

北京奥运火炬在香港尖沙咀展开中国国土第一站的传递

上午10时，119名来自不同界别的火炬手分别以跑步、乘龙舟、骑马等方式，手持圣火途经香港的标志性景点。最后，圣火于17时抵达湾仔金紫荆广场，香港站的传递顺利完成。整个传递路程约26公里，历时近7个小时。

5月3日

中共中央总书记胡锦涛到北京大学考察

在北京大学建校110周年之际，中共中央总书记、国家主席胡锦涛到北京大学考察，代表党中央、国务院向全体师生员工和海内外校友表示热烈的祝贺和诚挚的问候。

中共中央政治局委员、北京市市委书记刘淇，中共中央政治局委员、国务委员刘延东，中共中央书记处书记、中央办公厅主任令计划等陪同考察。

胡锦涛来到北京大学英杰交流中心，同师生代表进行座谈，座谈会上胡锦涛发表了重要讲话。

中共中央总书记胡锦涛在北京大学师生代表座谈会上的讲话

老师们、同学们：

很高兴在北京大学建校110周年之际来到学校。座谈会前，我们参观了校史馆、赛克勒考古与艺术博物馆，到图书馆、生命科学学院重点实验室看望了部分师生和科研人员，还到学生宿舍看望了一些中外同学。所见所闻，都给我们留下了深刻印象。刚才，学校领导和师生代表作了发言，听了以后很受启发。在这里，我代表党中央、国务院，向北京大学全体师生员工和海内外校友表示热烈的祝贺和诚挚的问候！

北京大学是我国近代建立的第一所综合性大学。一个多世纪来，北京大学始终与民族共命运，与时代同进步，走过了不平凡的历程。北京大学是一所具有光荣革命传统的大学，是我国新文化运动的中心和“五四”运动的策源地，中国共产党早期的一些重要活动曾在这里举行。北京大学是一所享誉中外的高等学府，长期以来聚集了一大批学术名师，培养了一大批优秀人才，创造了一大批重要学术成果，为推动国家发展、社会进步、民族振兴作出了重要贡献。特别是改革开放30年来，北京大学按照面向现代化、面向世界、面向未来的要求，积极探索创建世界一流大学，教学和科研取得了新的可喜成绩，建设和管理展现出新的蓬勃活力。我们高兴地看到，爱国、进步、民主、科学的光荣传统在北京大学生生不息，勤奋、严谨、求实、创新的优良学风在北京大学代代相传。

当今世界正在发生广泛而深刻的变化，当代中国正在发生广泛而深刻的变革。我们面临的机遇前所未有，面临的挑战也前所未有。要增强我国的综合国力和国际竞争力，要实现又好又快发展，要牢牢把握自己命运、不断开辟美好前景，说到底，必须不断提高全民族的思想道德素质和科学文化素质，尤其必须造就一支庞大的高素质人才队伍。党的十七大站在发展中国特色社会主义的全局和战略高度，对今后一个时期我国建设的各个方面进行了全面部署。特别强调提高自主创新能力，建设创新型国家，是国家发展战略的核心，是提高综合国力的关键。教育是民族振兴的基石，要优先发展教育，建设人力资源强国。这些都对发展我国教育事业提出了新的更高要求。

面对新形势新任务，北京大学一定要肩负起崇高使命和历史责任，始终高举中国特色社会主义伟大旗帜，坚持正确办学方向，继承优良传统，借鉴国外经验，发挥自身优势，紧密联系改革开放和社会主义现代化建设的伟大实践，以更加广阔的视野、更加开放的姿态、更加执着的努力，加快推进创建世界一流大学步伐，谱写北京大学发展的崭新篇章。

借此机会，我给老师和同学们提四点希望。

第一，要大力弘扬爱国主义精神。在革命、建设、改革各个历史时期，北京大学师生满怀“以天下为己任”的赤诚，与全国人民一起投身民族振兴的伟业，形成了爱国主义的光荣传统。今天，大力弘扬这一光荣传统，就是要坚持爱国主义与社会主义的高度统一，时刻心系民族命运、心系国家发展、心系人民福祉，使爱国主义精神在新的时代条件下发扬光大。要不断深化对我国历史和国情的认识、对改革开放30年伟大进程的认识，进一步增强民族自尊心、自信心和自豪感，进一步坚定跟党走中国特色社会主义道路、实现中华民族伟大复兴的信念。要切实强化社会责任感和历史使命感，把个人的成长进步融入到推动国家发展、民族振兴的时代洪流中去，矢志为实现远大理想而不懈奋斗。当前，要把爱国热情转化为立足岗位、刻苦学习、发奋工作、支持奥运的实际行动，倍加珍惜我国安定团结的良好局面，自觉维护社会稳定，维护国家利益。

第二，要努力造就高素质人才。高素质人才是决定国家和民族前途命运的重要力量，是建设创新型国家的强大依托。希望同学们志存高远，刻苦学习，勤奋钻研，努力成为党和人民事业发展需要的优秀人才。要在深入学习中国特色社会主义理论体系上狠下功夫，努力用马克思主义中国化最新成果武装头脑，牢固树立科学的世界观、人生观、价值观，牢牢把握人生的正确航向。要在提高综合素质上狠下功夫，既努力学习科学知识，又积极陶冶文明素养；既努力增加知识积累，又积极加强品德修养；既努力锻炼强健体魄，又积极培养良好心理素质，真正实现自身的全面发展。要在提高实践本领上狠下功夫，积极参与社会实践，向人民群众学习，磨炼意志，增长才干，切实提高创造能力和创业能力，为今后走上社会、成就事业打下坚实基础。教师是学生成长进步的引路人，希望老师们切实负起传道授业的光荣职责，注重把教书与育人有机结合起来，不断更新教学理念，丰富教学内涵，改进教学方法，提高教学质量，努力把学生培养成德智体美全面发展的社会主义建设者和接班人。

第三，要不断创造一流学术成果。大学是基础研究、原始创新的重要阵地。北京大学学科门类齐全、科研力量雄厚，完全有条件有能力创造更多具有重要价值和广泛影响的学术成果。要着力强化基础研究，瞄准学科前沿，突出研究重点，加强协同攻关，不断在关键领域取得突破，努力推出更多国内外领先、能够填补空白的原创性成果，为提高我国自主创新能力贡献智慧和力量。要重视提高应用研究水平，坚持以重大理论和实际问题为主攻方向，更好地为党和政府决策服务，更好地为改革开放和社会主义现代化建设服务。要进一步完善科研体制机制，尊重学术自由，营造宽松环境，切实把广大科研人员的积极性、主动性、创造性激发出来。要广泛参与国际学术交流合作，及时了解国外最新学术动态和学科发展趋势，不断提高学术成果的国际化水平。

第四，要积极培育优良校风。校风反映一个学校的整体形象，一流大学应该有一流校风。北京大学作为我国著名高等学府，既要在教学科研方面走在前列，又要在校风建设方面起表率作用。希望老师们加强师德修养，淡泊名利，甘为人梯，认认真真教书，扎扎实实治学，带头营造良好学术风气。希望同学们尊敬师长，关心同学，热爱学校，热心公益，为形成蓬勃向上、文明和谐的校园文化氛围共同努力。

北京大学正站在一个新的发展起点上。我相信，在党和政府重视关怀下，在社会各界大力支持下，在全校师生共同努力下，北京大学各项工作一定能够迈出新步伐、创造新辉煌。

海关总署发布中国海关知识产权保护状况白皮书

白皮书显示，2007年，中国海关共采取知识产权保护措施8498次，扣留侵权货物7456票，价值人民币4.8亿元，分别比上年增长41%、33%和116%。

第十二届“中国青年五四奖章”评选在北京揭晓

荣获第十二届“中国青年五四奖章标兵”的分别是：中国人民解放军总参谋部某研究所总工程师于全、河南省人民检察院民事行政检察处副处长田凯、青岛港(集团)有限公司大港分公司装卸二队副队长皮进军、贵州省罗甸县班仁乡金祥村油落小学代课教师李兹喜、北京启明星辰信息技术股份有限公司董事长严望佳、河北省玉田县玉田镇东八里铺村农民宋志永、甘肃中天生物科技集团董事长陈耀祥、中国航天科工集团二院二十三所科技委副主任屈晓光、西藏自治区人民医院外一科医师洛桑次仁、湖北省京山县公安局新市派出所民警廖承枫10名同志。

同时,四川省林惠农业开发有限责任公司总经理马志惠等64名同志,荣获第十二届“中国青年五四奖章”。

共青团中央、全国青联还追授在抗御雨雪冰冻灾害中牺牲的罗海文、罗长明、周景华、熊大勇、鄢志刚、徐云辉、周泽良、肖建华、沈权武、郭燚、江玉新、王康文、王坤鸣、赵祖虎、陈斌、武德顺、彭显松、黄伟明18名同志,以及解放军某部战士周波、优秀青年志愿者熊宁“中国青年五四奖章”。

“中国青年五四奖章”系列奖项是共青团中央、全国青联授予青年的最高荣誉。设立“中国青年五四奖章”系列奖项,目的是树立和宣传当代青年的先进典型,引导和激励广大青年积极投身改革开放和社会主义现代化建设,在夺取全面建设小康社会新胜利的伟大实践中建功立业、健康成长。

2008年中国国际动漫节“美猴奖”在杭州揭晓

据《人民日报》报道,本届“美猴奖”奖金总额达202万元,为历届之最。

动画片《少年狄仁杰》《勇士》《精卫填海》《小鸡想飞》《中华小子》(中/法)、《弗拉基米尔王子》(俄)以及漫画《魔王》7部作品,分获各项动漫大奖,捧得最高荣誉“金美猴”奖杯;《星际飙车王》获得“美猴奖”评委会特别奖。

中国朱鹮野化放飞取得重大突破

国家林业局发布消息:据野外跟踪监测结果,去年5月底在陕西宁陕县首批正式野化放飞的朱鹮经历四季野外生存,特别是安全度过冬季食物短缺期后,于今春开始繁育后代,目前已繁育出幼鸟。这标志着我国朱鹮野化放飞取得重大突破。

5月4日

国家主席胡锦涛在人民大会堂接受日本16家驻京媒体联合采访

胡锦涛表示,今年是中日和平友好条约缔结30周年。30年来,在双方共同努力下,两国各领域交流合作取得丰硕成果,给两国人民带来了实实在在的利益,也为亚洲和世界的和平、稳定、繁荣作出了重要贡献。实践充分证明,发展长期稳定的中日睦邻友好关系,符合两国和两国人民的根本利益。

胡锦涛指出,我这次访问日本的目的是,增进互信,加强友谊,深化合作,规划未来,全面推进中日战略互惠关系。我期待着同天皇陛下见面,同福田康夫首相就发展双边关系和共同关心的问题深入交换意见,广泛接触日本各界人士。我相信,在双方共同努力下,这次访问一定能取得预期的成果。

关于增进中日两国人民的相互了解和友谊问题,胡锦涛表示,中日两国一衣带水、隔海相望。两国人民有着2000多年友好交往的历史。中日友好得到了两国人民广泛支持和拥护。这是发展中日友好事业的坚实基础。胡锦涛指出,国与国关系发展过程中,难免会出现一些矛盾和问题,有些不同看法是正常的。重要的在于,双方应该坦诚相见、友好交流、求同存异,共同促进两国人民友好,共同维护两国关系发展大局。

胡锦涛强调,增进两国人民的友好感情,最有效的途径就是不断加强两国人民特别是青少年的友好交流,在接触交往中增进了解、深化友谊,使和平共处、世代友好、互利合作、共同发展成为两国人民的坚定信念。

在回答关于对日本人印象的提问时,胡锦涛表示,1984年,我曾经负责接待过3000名日本青年访华。1985年,我率200名中国青年回访日本。1998年,我再次访问日本。我在北京也经常会见来自日本的客人。正因为如此,我结交了许多日本朋友,包括政治家、企业家、艺术家、民间友好人士等。通过同他们的交往,日本人民的热情友好、勤劳智慧、坚忍不拔给我留下了深刻印象。我深深感受到,日本人民同中国人民一样,希望中日两国友好相处。我希望在这次访问中会见老朋友、结识更多日本朋友。

关于北京奥运会,胡锦涛指出,北京奥运会是全世界的体育盛事,不仅属于中国人民,也属于亚洲各国人民、属于世界各国人民。办一届成功的奥运会,首先要弘扬团结、友谊、和平的奥林匹克精神,推进奥林匹克运动普及和发展,增进世界各国人民的相互了解和友谊。我相信,有包括日本人民在内的世界各国人民的广泛参与,有国际奥运大家庭的大力支持,北京奥运会一定能够办成一届有特色、高水平的体育盛会。当前,北京奥运会各项筹备工作正在紧张有序地进行。我们热烈欢迎世界各国各地区的体育健儿来北京参加奥运会,欢迎各国朋友来北京观看奥运会。我衷心祝愿包括日本运动员在内的世界各国各地区运动员在北京奥运会上取得好成绩。

在回答关于中国中央政府同达赖方面接触的提问时,胡锦涛指出,考虑到达赖方面多次提出恢复商谈的请求,中国中央有关部门负责人今天要同达赖喇嘛的私人代表进行接触磋商,希望这次接触取得积极成果。中国有句古话,叫“听其言,观其行”。我们判断一个人的立场,不仅要听他说了什么,而且要看他做了什么。我们对达赖的政策是一贯的、明确的,对话的大门始终是敞开的。我们真诚希望达赖方面以实际行动表明已经真正停止分裂祖国的活动、停止策划煽动暴力活动、停止破坏北京奥运会的活动,为下一步商谈创造条件。

胡锦涛强调,在少数民族聚居地区实行民族区域自治制度,是中国宪法的明确规定,是中国的一项基本政治制度。中国民族政策的基本内容是:各民族一律平等,国家保障各少数民族的合法权利和利益,维护和发展各民族平等团结互助和谐的社会主义民族关系。新中国成立50多年来的实践证明,中国的民族区域自治制度和民族政策是符合中国实际的。我们将继续坚持、完善并认真落实这一基本政治制度和各项行之有效的民族政策,继续为各族人民谋福祉。

在回答关于将在日本举行的八国集团同发展中国家领导人对话会议的提问时,胡锦涛表示,近几年来,八国集团加强同发展中国家的联系和对话,这是一个积极的趋势。这有利于推进南北对话和合作,有利于促进多边主义发展,也有利于推动全球性问题的解决。我们希望,今年的对话会能就各方共同关心的重大国际问题进行充分讨论,切实体现各参与方平等、互利、共赢的精神,为共同应对重大而紧迫的全球性问题作出贡献。

关于东海油气田共同开发问题,胡锦涛强调,中方高度重视东海问题,为解决这一问题作出了很大努力。两国外交部门根据两国领导人达成的共识进行了深入有益的磋商,取得了积极进展。我相信,在双方共同努力下,一定能够找出双方都认可的方案,这个问题一定能够得到妥善解决。

关于输日饺子问题,胡锦涛表示,中国政府高度重视食品安全,高度重视人民健康。中国政府对这一事件高度重视,已责成有关方面进行了认真深入的调查。有关调查情况,中方有关部门已同日方有关部门进行了充分沟通。我们也愿意就建立食品安全长效机制问题同日方开展磋商和合作。希望双方继续加强调查和合作,以尽早查明真相。

关于日方提出希望中方向日本提供一对大熊猫开展合作研究问题,胡锦涛表示,我们理解日本人民的愿望。我也注意到福田首相高度关注此事。我可以告诉大家,中方有关部门正在积极研究。

国务院总理温家宝与中国政法大学学生共度五四青年节

中共中央政治局常委李长春在沈阳出席辽宁高校加强和改进思想政治理论课工作座谈会

国家副主席习近平出席在北京召开的青年科技创新创业人才座谈会并发表讲话

座谈会由中共中央政治局委员、中央书记处书记、中央组织部部长李源潮主持。中共中央政治局委员、全国人大常委会副委员长、中华全国总工会主席王兆国,中共中央政治局委员、国务委员刘延东出席了座谈会。座谈会上,6位青年科技创新创业人才代表先后发言,汇报了他们的成绩和体会。

习近平在听取青年科技创新创业人才代表发言后作了重要讲话。他首先代表党中央、国务院,向出席座谈会的青年科技创新创业人才并通过他们向全国青年朋友表示亲切的慰问,致以节日的祝贺。习近平强调,青年是祖国的未来、民族的希望。我们党历来高度重视、关心和爱护青年,始终认为青年是社会上最有朝气、最富活力、最具创造性的群体。青年兴则国家兴,青年强则国家强,青年一代的健康成长和不断进步始终是党和人民事业兴旺发达的最大希望之所在。“五四”运动以来,在我国革命、建设和改革的各个历史时期,一代又一代青年在党的领导下,为争取民族独立和人民解放,为实现国家富强和人民幸福,进行了不懈奋斗,发挥了重大作用,作出了卓越贡献。历史一再表明,青年是推动我国社会发展进步的一支非常重要的力量。

习近平指出,全面建设小康社会正处在新的历史起点上,我国改革发展正处在关键阶段。党中央作出建设创新型国家的重大部署,强调要坚持走中国特色自主创新道路,这对我国科技工作者提出了新的更高要求,更对广大青年科技工作者寄予莫大期待和厚望。习近平殷切希望广大青年科技工作者要坚定理想信念,胸怀祖国、心系人民,自觉把个人的创新创业行动与推进国家的科技发展、经济繁荣、社会进步结合起来,坚定地走既灿烂又充实的人生之路;要不断发奋学习,努力掌握本领域最先进的知识和技术、最前沿的动态和趋势,力争在科技创新、产业发展、技能突破等方面不断取得新进步;要恪守科学精神,脚踏实地、埋头苦干,坚忍不拔、不畏挫折,淡泊名利、不浮不躁,始终保持探索真知的坚定意志和创新创业的高昂激情;要勇做创新先锋,善于攻坚克难,努力形成一流的科研成果,创办一流的科技企业,苦练一流的工作技能,成长为一流的创新创业人才,用自己的聪明才智创造无愧于时代和人民的业绩。

习近平强调,建设创新型国家,培养科技创新创业人才,各级党委和政府负有重要责任。要牢固树立人才资源是第一资源的理念,更好地实施人才强国战略,努力建设一支能够站在世界科技前沿、勇于开拓创新的高素质人才队伍。特别要大规模培养青年科技创新创业人才,建设有利于人才成长的教育培养体系,形成完整的人才培养成长链,建立人才培养的协调机制,造就大批一线的青年科技人才;要大力度吸引青年科技创新创业人才,进一步创新政策、完善体制,坚持用宏伟事业感召人才,用良好环境凝聚人才,用优质服务吸引人才,用合理待遇激励人才,充分调动青年科技人才创新创业的积极性;要大气魄使用青年科技创新创业人才,破除论资排辈、求全责备等观念,放开视野选人才,不拘一格用人才,为青年科技人才大胆创新创业提供更多机会,使他们人尽其才、才尽其用。

中央和国家机关有关部门负责人,全国各行各业青年科技创新创业人才代表出席了座谈会。

第十二届“中国青年五四奖章标兵”和 2007 年度全国优秀共青团员 全国优秀共青团干部颁奖座谈会在北京举行

中共中央政治局委员、全国人大常委会副委员长王兆国出席座谈会并讲话。他指出,全国广大团员和各族青年要以先进模范为榜样,弘扬爱国精神、树立报国之志,以实际行动维护和促进改革发展稳定大好局面,为夺取全面建设小康社会新胜利发挥突击队和生力军作用。

王兆国首先向全国团员、青年致以节日的问候。他强调,今年是我国改革开放 30 周年,社会主义现代化建设取得的举世瞩目伟大成就,凝结着一代又一代青年与祖国共奋进、与时代同发展、与人民齐奋斗的艰辛努力和拼搏奉献。实践证明,当代中国青年始终是推动我国经济社会发展的重要力量,是社会主义现代化建设的生力军。希望广大青年按照党的十七大提出的要求,进一步坚定理想信念,坚持不懈地用中国特色社会主义理论体系武装头脑,继续解放思想,坚持改革开放,推动科学发展,促进社会和谐,在全面建设小康社会的进程中,努力成长为党和国家事业发展的合格建设者和可靠接班人。要主动投身火热的社会实践,充分发挥自身的创造热情和创新潜能,在推动经济又好又快发展中建功立业。要倍加珍惜、自觉维护来之不易的大好局面和难得的发展机遇,把炽热的爱国情感转化为勤于学习、善于创造、甘于奉献的实际行动。各级共青团组织要进一步发挥好党的助手和后备军作用,国家政权的重要社会支柱作用,党和政府联系青年群众的桥梁和纽带作用,努力在组织青年、引导青年、服务青年、维护青年权益方面有新作为和新成效,为全国各族青年的健康发展、成长成才营造更好的环境和条件。

会前,王兆国为第十二届“中国青年五四奖章标兵”颁奖,并会见了 2007 年度“全国优秀共青团员”、“全国优秀共青团干部”代表。

座谈会由共青团中央书记处第一书记陆昊主持。

全国共青团员已达 7543.9 万人

团中央组织部日前公布的全国团内统计最新数据显示,截至 2007 年年底,全国共有共青团员 7543.9 万名,比 2006 年增加 194.3 万名,增长 2.64%。根据国家统计局提供的青年数计算,全国团青比例为 24.8%,比 2006 年增长 2.9%。

截至 2007 年年底,共有基层团组织 294.6 万个。全国共有 10.7 万个非公有制经济组织建立了团组织。

北京大学庆祝建校 110 周年

北京奥运会 残奥会志愿者誓师大会在北京举行

“微笑北京、志愿奥运——北京奥运会、残奥会志愿者誓师大会”在北京工人体育馆隆重举行。中共中央政治局常委、国家副主席习近平出席大会并讲话。

习近平在讲话中指出,青年是我国社会中最积极、最活跃、最有生气的一部分力量,中国一代又一代青年具有铁肩担道义的光荣传统,在中国近现代史上谱写了壮丽的青春史诗。中国青年志愿者事业是我们党领导的共青团在新的历史条件下创新工作领域、服务社会需求的一大创举。奥运青年志愿者行动就是中国青年志愿者事业的一个极为重要的组成部分。

习近平强调,奥运会既是运动员的盛会,也是志愿者的盛会。奥运志愿者是代表奥林匹克理想、体现奥林匹克文化、传承奥林匹克精神、奉献奥林匹克事业的形象大使。没有广大奥运志愿者的参与和奉献,就谈不上办一届有特色、高水平的奥运会。习近平对奥运志愿者提出 3 点要求。第一,奥运志愿者要成为奥林匹克精神的传播者。第二,奥运志愿者要成为志愿服务理念的践行者。第三,奥运志愿者要成为中国和平发展国家形象的代表者。

习近平说,北京奥运圣火正在继续激情传递,世界各国人民期盼已久的奥运盛会已经指日可待,中华民族的百年奥运梦想即将成为现实。让我们更加紧密地团结在以胡锦涛同志为总书记的党中央周围,高举中国特色社会主义伟大旗帜,继续解放思想、开拓进取,振奋精神、扎实工作,唱响奥运志愿者主题歌,放飞青春和理想,倾注智慧和汗水,共同为办一届有特色、高水平的北京奥运会、残奥会而尽情奉献、建功立业。

中共中央政治局委员、北京市市委书记、北京奥组委主席刘淇为北京奥运会、残奥会志愿服务总团授旗，标志着北京奥运会、残奥会志愿者总团正式成立。

大会由北京市市长、北京奥组委执行主席郭金龙主持。出席大会的领导同志还有：刘云山、陈至立、马凯、戴秉国、邓朴方。

中央、国家机关有关部门和北京市、北京奥组委负责同志，奥运志愿者代表等约6000人参加了大会。

第十一世班禅额尔德尼·确吉杰布在北京参观“西藏今昔”展

5月5日

国家主席胡锦涛通过《人民中国》杂志向日本读者致辞

全国人大常委会委员长吴邦国在人民大会堂会见巴巴多斯总理汤普森

吴邦国说，巴巴多斯是加勒比地区较早与中国建交的国家，建交31年来，双边关系健康稳定发展，双方高层交往日益密切，政治互信不断加深，经贸、文化等领域合作富有成果。中方感谢巴方在台湾问题上给予我们的理解和支持，支持巴巴多斯政府和人民根据本国国情选择的发展道路和制定的各项政策，支持巴巴多斯在加勒比一体化进程中发挥积极作用。

吴邦国表示，巴巴多斯是中国在加勒比地区的重要合作伙伴，中方高度重视发展中巴关系，愿与巴方共同努力，进一步扩大交流与合作，加强中国全国人大与巴巴多斯议会的友好交往，增进两国和两国人民相互了解与友谊，密切在国际和地区事务中的沟通与协调，实现互利双赢。

汤普森说，巴巴多斯政府和人民感谢中国政府和人民长期以来给予的支持和帮助，巴政府致力于巩固和加强同中国的友好合作关系，将继续坚定奉行一个中国政策，希望在经贸、旅游、文化等领域与中方拓展新的合作。巴方愿为促进加勒比地区与中国关系的发展作出积极努力。

全国人大常委会副秘书长王万宾参加了会见。

全国政协主席贾庆林在布加勒斯特会见罗马尼亚总统伯塞斯库与罗马尼亚参议长沃克罗尤举行会谈

贾庆林说，近年来，双方交往频繁，政治互信不断深化，各领域务实合作成果丰硕，在国际事务中相互支持、密切配合。中方珍视同罗马尼亚的传统友谊，视罗为可信赖的朋友和合作伙伴。明年将迎来中罗建交60周年，希望双方承前启后，继往开来，共同揭开中罗关系发展新篇章。

伯塞斯库表示，罗方珍视同中国的友好合作关系，愿继续保持同中方的高层政治交往与对话，以明年两国建交60周年为契机，推动双边关系不断取得新进展。伯塞斯库还表示，罗方积极支持北京成功主办奥运会，他期待赴京出席北京奥运会开幕式和亚欧首脑会议。

贾庆林还介绍了北京奥运会筹备情况以及中国政府在台湾、涉藏等问题上的立场。伯塞斯库重申罗方在台湾问题上坚定奉行一个中国政策，认为西藏事务是中国内政。

全国政协副主席兼秘书长钱运录等参加了上述会见活动。

贾庆林在与罗马尼亚参议长沃克罗尤会谈时介绍了中国全国政协的情况并表示，中国全国政协与罗马尼亚参议院一直保持密切合作关系，双方领导人互访不断，对口交流频繁，两机构间关系日臻机制化。这是中罗两国关系高水平的体现。中方重视发展同罗参议院的友好关系，希望通过加强交流，相互学习和借鉴治国理政的好经验、好做法，积极为两国经济繁荣和社会发展献计献策。

贾庆林还向对方介绍了中国政府在台湾、涉藏等问题上的原则立场。沃克罗尤表示，罗马尼亚政府和议会始终坚定奉行一个中国原则，认为台湾、西藏都是中国领土不可分割的一部分。罗方希望中国早日实现和平统一。贾庆林感谢罗方在涉及中国主权、领土完整等核心利益问题上给予中方的宝贵支持。

会谈结束后，贾庆林与沃克罗尤参议长共同出席了两国政府关于促成中小企业交流与合作的意向声明以及双方企业关于钢材、化工产品、木材等项目采购合同的签字仪式。

全国政协副主席兼秘书长钱运录等参加了上述活动。

全国政协主席贾庆林在罗马尼亚参议院发表题为《继往开来 共创友谊与合作的美好明天》的演讲

全国政协主席贾庆林在布加勒斯特会见罗马尼亚众议长奥尔泰亚努

中联部部长王家瑞在北京会见葡萄牙共产党代表团

中央军委主席胡锦涛签署通令为1个单位15名个人记功

近年来，全军部队坚决贯彻党中央、中央军委和胡主席的决策指示，忠实履行职能使命，全面加强部队建设，出色完成了以军事斗争准备为中心的各项任务，涌现出一批先进典型。为褒奖先进，激励士气，中央军委决定：

给海军某工程建设指挥部记二等功。

给第三军医大学高原医学系主任高钰琪，解放军总医院骨科主任、主任医师王岩，63767部队一室高级工程师韩忠民，95899部队某研究所副所长陈志杰，第二炮兵某研究院副总工程师杜晓春5名同志分别记一等功。

给后勤工程学院军事建筑工程系主任程华，第二军医大学第三附属医院生物信号转导实验室主任、主任医师王红阳，解放军总医院第三〇四临床部骨科主任、主任医师侯树勋，空军指挥学院副院长朱和平、徐洸，空军广州工程建设局局长林茂光6名同志分别记二等功。

给第二军医大学第二附属医院骨科主任医师贾连顺，桂林空军学院教研部实验中心主任张道炽，空军政治部原歌舞团创作室一级作曲孟庆云，广州军区政治部战士文工团一级导演李华4名同志分别记三等功。

中央军委号召，全军和武警部队广大官兵，要以上述单位和个人为榜样，高举中国特色社会主义伟大旗帜，以邓小平理论和“三个代表”重要思想为指导，深入贯彻落实科学发展观，认真学习贯彻党的十七大精神，开拓创新，扎实工作，为推进国防和军队现代化建设、切实履行新世纪新阶段我军历史使命而努力奋斗！

中国学者首次发现控制水稻产量基因

英国《自然—遗传学》网络版发表中国科学院院士、华中农业大学教授张启发科研团队的最新研究成果，该团队首次发现并成功克隆可以控制水稻产量等性状的基因Ghd7。这一发现有望应用于粮食增产等方面。

《江泽民文选》线装本出版发行

经中共中央文献研究室审定，《江泽民文选》(全三卷)线装本已由线装书局出版，即日起在全国发行。

这部线装书以人民出版社2006年8月出版的《江泽民文选》为版本，繁体大字竖排，16开，全套21册，分装三函。正文用上乘宣纸精印，蓝色真丝绢面，首印500套。精美的装帧，加上独特的印制材料和工艺，使该书具有浓厚的中华文化韵味，是可供收藏的珍本书。

《江泽民文选》主要收入了江泽民同志从20世纪80年代末至21世纪初具有代表性和独创性的重要著作。这些著作，生动记录了以江泽民同志为核心的党的第三代中央领导集体带领全党全国各族人民把中国特色社会主义事业推向前进的历史进程，科学总结了我们党领导人民战胜各种艰难险阻、全面开创中国特色社会主义事业新局面的宝贵经验，反映了“三个代表”重要思想孕育、形成、发展的过程，是中国特色社会主义理论体系中的经典著作。以富于中国传统特色的线装书形式出版《江泽民文选》，突出了这部经典著作的文献价值，丰富了其版本品类。《江泽民文选》线装书的出版，同先前出版的《毛泽东选集》《邓小平文选》线装书一起，形成了党的三代领导核心著作线装本系列。

5月6日

国家主席胡锦涛在东京出席日本首相福田康夫举行的非正式晚宴

国家主席胡锦涛在东京会见曾为中日友好作出杰出贡献的日本友人后代

国家主席胡锦涛国务院总理温家宝就缅甸遭受强台风袭击分别向缅甸领导人致慰问电

全国人大常委会委员长吴邦国到贵州调研

5月6日至9日，吴邦国和随行的全国人大常委会副委员长、秘书长李建国，在贵州省省委书记、省人大常委会主任石宗源，省长林树森等陪同下，先后到贵阳、黔西南和毕节等地进行调研。

吴邦国一直关心贵州交通建设。他强调，交通仍然是制约贵州经济社会发展的重要因素。要坚持交通优先发展战略，加强公路、铁路骨干网建设，加强县乡公路建设和改造，力争用10年时间使贵州交通状况得到彻底改善。

吴邦国指出，贵州非公有制经济发展潜力很大。要认真学习和借鉴其他省区的成功经验，解放思想，开阔思路，着力培养一批发展非公有制经济的人才，积极引进省外的知名非公有制企业，做大做强本地知名品牌，更好地活跃经济、解决就业、改善民生。

吴邦国强调，发展教育事业、保护生态环境是实现贵州可持续发展的长远大计。要加大教育投入，加强教师队伍建设，提高教学质量，发展寄宿教育，落实补助政策，力争用两代人时间把贵州教育水平搞上去。要优化产业结构，发展循环经济，推进清洁生产，加强资源综合利用，发展特色农业，遏制石漠化趋势，保住贵州的青山绿水。

调研期间，吴邦国还看望了贵州省人大机关的干部职工。

国务院总理温家宝在人民大会堂与巴巴多斯总理汤普森举行会谈

温家宝说，中方愿与巴方一道，密切各层次交往，增进相互了解和信任，扩大在经贸、旅游、建筑、可持续发展等领域的合作，促进人文交流，推动两国关系取得更大发展。

温家宝表示，中方支持加勒比一体化进程，愿在相互尊重、平等互利原则基础上，加强与加勒比共同体的对话，分享改革和发展经验，推动南南合作，实现共同繁荣。

汤普森说，巴中关系一直发展很好。巴巴多斯政府和人民感谢中国为巴经济、社会发展提供的宝贵支持和帮助，视中国为伟大的朋友和亲密的伙伴。巴方高度重视加强同中国的传统友好关系，将继续坚定奉行一个中国政策，扩大双方在经贸、投资、基础设施、人力资源等领域的合作。巴巴多斯支持北京成功举办奥运会，将积极参加2010年上海世博会。

汤普森表示，巴巴多斯愿为促进中国同加勒比共同体的关系作出积极贡献。巴巴多斯支持中国加入美洲开发银行。

会谈后，两国总理共同出席了中巴政府经济技术合作协定等双边合作文件签字仪式。

国家副主席习近平到山东考察

5月6日至10日，习近平在山东省省委书记姜异康、省长姜大明等陪同下，先后到青岛、潍坊、济南等地，实地了解山东贯彻落实党的十七大精神和全国两会精神的情况，并就推动科学发展、促进社会和谐、加强党的建设等问题进行调研。

习近平在海尔集团、青岛啤酒股份有限公司、海信集团、青岛港、潍柴动力、山东力诺瑞特新能源有限公司和诸城外贸有限公司、寿光蔬菜高科技示范园等单位调研时，详细了解它们贯彻落实科学发展观、转变生产方式、推进自主创新的情况。他强调，在新的起点上谋划科学发展，就要更加全面准确地把握科学发展观的科学内涵、精神实质和根本要求，坚持以科学发展观审视过去、总结经验得失，武装头脑、转变思想观念，分析现实、查找突出问题，规划未来、完善体制机制，切实把科学发展观转化为谋划发展的正确思路、促进发展的政策措施、领导发展的实际能力，使贯彻落实科学发展观的过程真正成为推动经济社会又好又快发展的过程。

习近平十分关注以改善民生为重点的社会建设。一路上，他深入农村、社区，慰问基层干部，看望困难群众和困难党员。习近平指出，关注民生、重视民生、保障民生、改善民生，是我们党搞革命、搞建设、搞改革的出发点和落脚点，是党的宗旨的根本要求，也是人民群众过上更好生活的热切期盼。他强调，要坚持统筹兼顾，促进经济与社会以及各项社会事业之间的协调发展，在加快经济增长的同时，更加注重城乡居民收入的增长；在加大经济建设投入的同时，更加注重教育、卫生、科技、文化等社会事业的投入；在提升经济质量的同时，更加注重环境质量的改善；在提高发展水平的同时，更加注重人口素质的增强。特别要千方百计扩大就业，加快建立覆盖城乡居民的社会保障体系，不断改善民生。

考察结束时，习近平同山东党政领导干部进行了座谈。他对山东近年来在改革发展稳定方面取得的成绩给予充分肯定。习近平指出，深入贯彻落实科学发展观，实现经济社会发展新跨越，关键在于以改革创新精神全面推进党的建设新的伟大工程。他强调，事业兴衰，唯在用人；用人之要，重在导向。我们抓发展、抓改革、抓稳定，都要既见物又见人，尤其要在配好班子、选准干部、用好人才上下功夫、见成效、上水平。要坚定不移地深化干部人事制度改革，完善选人用人机制，创新选人用人方式，规范选人用人程序，提高选人用人水平。习近平强调，我们共产党员都是为了建设和发展中国特色社会主义这个共同目的走到一起来的。为了实现这个共同目的，共产党员必须密切联系群众，真情关心群众，诚心诚意地帮助群众排忧解难；党内同志之间也要互相关心、互相尊重、互相激励、互相帮助。要建立、健全党内激励关怀帮扶机制，特别是对于老党员、生活困难党员，对于基层干部，更要给予关心和爱护。领导机关和领导干部要眼睛往“下”看、身子往“下”沉、劲头往“下”使，以更多的精力做好抓基层、打基础的工作。

中共中央政治局常委贺国强到河北考察

5月6日至9日，贺国强在河北省省委书记张云川、代省长胡春华等陪同下，先后到唐山、廊坊、保定、石家庄等地，就落实党风廉政建设责任制进行考察调研。他充分肯定了河北省近年来在经济建设、政治建设、文化建设、社会建设和党的建设等方面取得的新成绩。他强调，要认真总结10年来落实党风廉政建设责任制的经验，不断深化对党风廉政建设责任制工作规律的认识。要强化责任意识，明确工作任务，带头廉洁自律，切实形成全党动手抓党风廉政建设的整体合力。要严格考核程序，突出考核重点，运用考核成果，推动党风廉政建设责任制贯彻落实。要严格责任追究，认真查处违反党风廉政建设责任制的行为。要坚持改革创新，努力探索贯彻落实党风廉政建设责任制的新思路、新途径。

贺国强还到河北省纪委监察厅机关，看望了纪检监察干部，与省市县以及省直机关、高等院校的领导干部代表进行了座谈。

国务院副总理张德江出席在太原召开全国煤矿安全生产座谈会并发表讲话

张德江在会上强调，要充分认识做好煤矿安全生产的极端重要性，深入贯彻落实科学发展观，坚持实施安全发展战略，坚持标本兼治、重在治本，完善政策、健全制度，强化管理、落实责任，务必实现煤矿安全事故和死亡人数大幅度降低，努力实现全国煤矿安全生产形势稳定好转。

张德江认真听取了部分省及煤炭企业负责人的发言后指出，近年来全国煤矿安全生产工作取得了新的成绩，2007年与2002年相比，在煤炭产量增长80%的情况下，煤矿事故起数和死亡人数分别下降44.3%和45.9%，煤炭百万吨死亡率下降69.9%，重特大事故起数和死亡人数分别下降50%和50.9%。但必须清醒地认识到，当前煤矿安全生产形势依然十分严峻，事故总量仍然偏大，重特大事故尚未有效遏制，安全隐患特别是重大安全隐患还没有消除。我们必须以对国家和人民高度负责的精神，把煤矿安全摆在更加突出的位置，认真抓紧抓好。张德江强调，当前要着力抓好以下煤矿安全生产工作。(一)继续抓好瓦斯治理和综合利用。要加大投入，狠抓落实，做到应抽尽抽、先抽后采、不抽不采，有效遏制重特大瓦斯爆炸事故。(二)加大整顿关闭小煤矿的工作力度。通过三年努力，力争到2010年把小煤矿数量压到1万处以内。坚决杜绝已关闭的小煤矿死灰复燃，严格新建矿井审批，防止前关后建，边关边建。(三)把安全生产责任落到实处。各级政府主要领导要亲自抓煤矿安全生产，分管领导要负起责任。强化企业安全生产主体责任，把安全生产责任层层落实到区队、班组和个人。要建立严格的安全生产责任制和责任追究制。(四)夯实煤矿安全生产基础。努力提高煤矿安全生产技术水平，加强企业安全生产管理，依法对各类煤炭企业主要负责人、生产管理人员和特种作业人员进行强制培训，严格执行煤矿职工岗前培训有关规定，未经安全培训不允许下井作业。(五)加强安全监管监察。严格执行审批制度和监督检查，严把安全准入关。坚持关口前移，把功夫下在现场，下在隐患排查和督促整改上。要健全事故责任追究制，严格事故查处。

全国有煤炭企业的25个省(区、市)政府和新疆生产建设兵团分管安全生产的负责人及安全生产监管、煤矿安全监察部门负责人、国务院有关部门和部分煤炭企业负责人参加了会议。

全国煤矿安全生产座谈会召开前，5月3日至6日，张德江先后在内蒙古、山西深入神华集团神东公司、山西大同煤矿集团及部分小型煤矿生产现场考察安全生产工作，慰问井下职工。内蒙古自治区党委书记储波、内蒙古自治区政府代主席巴特尔、山西省省委书记张宝顺、省长孟学农和国务院有关部门负责同志陪同考察。

国家主席胡锦涛根据全国人大常委会的决定任免驻外大使

一、免去张备三的中华人民共和国驻安哥拉共和国特命全权大使职务；

任命张伯伦为中华人民共和国驻安哥拉共和国特命全权大使。

二、免去吕凤鼎的中华人民共和国驻瑞典王国特命全权大使职务；

任命陈明明为中华人民共和国驻瑞典王国特命全权大使。

三、免去薛捍勤(女)的中华人民共和国驻荷兰王国特命全权大使职务；

任命张军为中华人民共和国驻荷兰王国特命全权大使。

四、免去耿文兵的中华人民共和国驻塞舌尔共和国特命全权大使职务；

任命王卫国为中华人民共和国驻塞舌尔共和国特命全权大使。

五、免去李蓓芬(女)的中华人民共和国驻贝宁共和国特命全权大使职务；

任命耿文兵为中华人民共和国驻贝宁共和国特命全权大使。

六、任命刘玉和为中华人民共和国驻阿尔及利亚民主人民共和国特命全权大使。

七、免去朱邦造的中华人民共和国驻瑞士联邦特命全权大使职务；

任命董津义为中华人民共和国驻瑞士联邦特命全权大使。

国务院副总理回良玉在圣何塞会见哥斯达黎加总统阿里亚斯 副总统钦奇利亚

中联部部长王家瑞在北京会见瓦努阿图绿党联盟代表团

5月7日

国家主席胡锦涛在东京会见日本天皇明仁

国家主席胡锦涛在东京同日本首相福田康夫举行会谈

胡锦涛强调，中日关系正站在新的历史起点上，面临进一步发展的新机遇，双方应共同努力开创中日战略互惠关系全面发展新局面。双方一致认为，发展中日长期稳定的睦邻友好关系，符合两国和两国人民的根本利益，对亚洲和世界的和平、稳定、繁荣具有重要意义。

关于中日关系，胡锦涛表示，中国和日本一衣带水、毗邻而居。两国人民有着长达2000多年友好交往的历史，两国之间也有过一段不幸的历史。历史经验告诉我们，中日两国必须走和平、友好、合作之路，这是符合两国和两国人民根本利益的唯一正确选择。中日和平共处、世代友好、互利合作、共同发展，对亚洲和世界的和平、稳定、繁荣也至关重要。

胡锦涛提出以下建议。一、巩固中日关系的政治基础。双方应该恪守《中日联合声明》等三个政治文件的各项原则，本着以史为鉴、面向未来的精神，妥善处理历史问题、台湾问题等重大敏感问题，维护两国关系的政治基础。二、加强战略互信。双方应该相互视为长期合作伙伴，支持对方和平发展，照顾对方重大关切，坚持通过对话协商妥善处理彼此分歧。三、深化互利合作。双方应该充分发挥经济互补优势，营造新的重点合作领域和合作亮点，实现中日经贸合作由量到质的飞跃，巩固中日关系发展的物质基础。四、增进两国人民感情。双方应该着眼于中日关系长远发展，持之以恒地推进多层次、多渠道、多领域的人文交流，加深两国人民特别是青少年的相互了解和友好感情，巩固中日友好的社会基础。五、建立、健全各领域合作机制。双方应该不断完善政府、政党、立法机构、经济、文化、防务等领域交流合作机制，构筑两国关系长期健康稳定发展框架，为中日关系发展提供有力机制保障。六、扩大在国际和地区事务中的合作。双方应该以亚洲为重点，加强战略协调和合作，携手推动建立东北亚和平机制和亚洲区域合作，共同致力于亚洲振兴，共同应对全球挑战。

福田康夫热烈欢迎胡锦涛在中日和平友好条约缔结30周年之际对日本进行国事访问。他表示，日中两国有责任为亚洲乃至世界和平与发展作出努力，为此双方应不断增进了解，增强互信，加强合作。日方赞赏中国政府和人民建设和谐社会的努力，愿继续同中方开展合作。日方强烈期待北京奥运会取得圆满成功，并愿全力向中方提供合作。

胡锦涛就扩大两国交流合作提出以下重要建议。一、保持高层往来。双方建立领导人定期互访机制，同时继续在国际多边场合保持会晤。二、促进经贸、科技合作。加强和完善高层经济对话机制，加强技术贸易及创新合作，推进中小企业合作，交流在知识产权保护方面的经验，开展和平利用核能合作。三、推动环保合作。加强水污染治理、节能减排技术方面的交流合作，扩大循环型城市合作。四、扩大人文交流。以纪念中日和平友好条约缔结30周年为契机，大力推进人文交流，建立两国青少年交流长效机制，早日互设文化中心。五、加强防务交流。加强防卫部门高层互访，扩大多层次的防务交流合作。福田康夫对此表示赞同。两国领导人还同意继续加强合作，早日开始日本在华遗弃化学武器实质性销毁，加强在应对气候变化、实现朝鲜半岛无核化、促进东亚合作、支持非洲发展等方面的合作。

会谈后，胡锦涛和福田康夫签署了中日关于全面推进战略互惠关系的联合声明。

中共中央书记处书记、中央办公厅主任令计划，中共中央书记处书记、中央政策研究室主任王沪宁，国务委员戴秉国参加了上述活动。

中日发表关于全面推进战略互惠关系的联合声明

应日本国政府邀请，中华人民共和国主席胡锦涛于2008年5月6日至10日对日本国进行国事访问。访问期间，胡锦涛主席会见了明仁天皇，并同福田康夫内阁总理大臣举行会谈，就全面推进战略互惠关系达成广泛共识。双方发表联合声明如下：

一、双方一致认为，中日关系对两国都是最重要的双边关系之一。两国对亚太地区和世界的和平、稳定与发展有着重要影响，肩负着庄严责任。长期和平友好合作是双方唯一选择。双方决心全面推进中日战略互惠关系，实现中日两国和平共处、世代友好、互利合作、共同发展的崇高目标。

二、双方重申，1972年9月29日发表的《中日联合声明》、1978年8月12日签署的《中日和平友好条约》及1998年11月26日发表的《中日联合宣言》构成中日关系稳定发展和开创未来的政治基础，确认继续恪守三个文件的各项原则。双方确认，继续坚持和全面落实2006年10月8日及2007年4月11日发表的《中日联合新闻公报》的各项共识。

三、双方决心正视历史、面向未来，不断开创中日战略互惠关系新局面。双方将不断增进相互理解和相互信任，扩大互利合作，使中日关系的发展方向与世界发展潮流相一致，共同开创亚太地区和世界的美好未来。

四、双方确认，两国互为合作伙伴，互不构成威胁。双方重申，相互支持对方的和平发展。双方确信，坚持和平发展的中国和日本将给亚洲和世界带来巨大机遇和利益。

中国自改革开放以来取得的发展给包括日本在内的国际社会带来了巨大机遇，日方对此表示积极评价。中国愿为构建持久和平、共同繁荣的世界作出贡献，日方对此表示支持。

日本在战后60多年来，坚持走作为和平国家的道路，通过和平手段为世界和平与稳定作出贡献，中方对此表示积极评价。双方同意就联合国改革问题加强对话与沟通，努力增加共识。中方表示重视日本在联合国的地位和作用，愿意看到日本在国际事务中发挥更大的建设性作用。

双方坚持通过协商和谈判解决两国间的问题。

五、日方重申，继续坚持在《日中联合声明》中就台湾问题表明的立场。

六、双方决定在以下五大领域构筑对话与合作框架，开展合作。

（一）增进政治互信

双方确认，增进政治安全互信对构筑中日战略互惠关系具有重要意义。双方决定：

——建立两国领导人定期互访机制，原则上隔年互访，在多边场合频繁举行会晤。加强政府、议会、政党间的交流和战略对话机制，就双边关系和各自内外政策及国际形势加强沟通，努力提高政策透明度。

——加强安全保障领域的高层互访，促进多层次对话与交流，进一步加深相互理解和信任。

——为进一步理解和追求国际社会公认的基本和普遍价值进行紧密合作，不断加深对在长期交流中共同培育、共同拥有的文化的理解。

（二）促进人文交流，增进国民友好感情

双方确认，不断增进两国人民特别是青少年之间的相互了解和友好感情，有利于巩固中日世代友好与合作的基础。为此，双方决定：

——广泛开展两国媒体、友城、体育、民间团体之间的交流，开展丰富多彩的文化交流及知识界交流。

——持之以恒地开展青少年交流。

（三）加强互利合作

双方确认，中日两国作为对世界经济有重要影响的国家，将为世界经济的可持续增长作出贡献，决定重点开展以下合作：

——在能源和环境领域开展合作是我们对子孙后代和国际社会的义务，基于这一认识，要特别加强在这一领域的合作。

——在贸易、投资、信息通信技术、金融、食品及产品安全、知识产权保护、商务环境、农林水产业、交通运输及旅游、水、医疗等广泛领域开展互利合作，扩大共同利益。

——从战略高度有效运用中日经济高层对话。

——共同努力，使东海成为和平、合作、友好之海。

（四）共同致力于亚太地区的发展

双方确认，中日两国作为亚太地区重要国家，将就本地区事务保持密切沟通，加强协调与合作。双方决定重点开展以下合作：

——共同致力于维护东北亚地区和平与稳定。共同推动六方会谈进程。双方一致认为，日朝关系正常化对东北亚地区的和平与稳定具有重要意义。中方对日朝解决有关问题，实现关系正常化表示欢迎和支持。

——本着开放、透明和包容的原则，促进东亚区域合作，共同推动建设和平、繁荣、稳定和开放的亚洲。

（五）共同应对全球性课题

双方确认，中日两国在21世纪对世界的和平与发展肩负更大责任，愿就重大国际问题加强协调，共同推动建设持久和平、共同繁荣的世界。双方决定开展以下合作：

——双方将在《联合国气候变化框架公约》框架下，根据“共同但有区别的责任及各自能力”的原则，按照巴厘路线图积极参与构建2012年之后有实效的应对气候变化国际框架。

——双方确认能源安全、环境保护、贫困、传染病等全球性问题是双方面临的共同挑战，双方将从战略高度开展有效合作，共同为推动解决上述问题作出应有贡献。

中华人民共和国主席　日本国内阁总理大臣
胡锦涛　福田康夫
2008年5月7日于东京

中日两国政府关于加强交流与合作的联合新闻公报

应日本国政府邀请，中华人民共和国主席胡锦涛于2008年5月6日至10日对日本进行国事访问，与福田康夫内阁总理大臣举行了富有成果的会谈，双方发表了《中日关于全面推进战略互惠关系的联合声明》。为落实上述联合声明，双方达成如下共识：

一、日方邀请胡锦涛主席出席今年7月在北海道洞爷湖举行的八国集团同有关国家领导人对话会议，中方表示将认真积极研究。

二、中方邀请福田康夫首相出席今年10月在北京举行的第七届亚欧首脑会议，日方表示将认真积极研究。

三、日方提议今年秋天在日本举行中日韩领导人会议，中方表示将认真积极研究。

四、双方积极评价中日战略对话为推动中日关系改善与发展所发挥的重要作用，将继续重视这一对话。

五、在今年4月东京召开的中日外交部发言人磋商中,双方一致认为,为进一步增进两国人民相互了解,双方应在报道和宣传方面进行合作,加强两国宣传报道部门的直接联络机制,共同努力向两国媒体提供客观、准确的信息。双方对此表示欢迎,将在双方方便的时候在北京举行下次磋商。

六、为增进两国防务部门之间的相互信任,日本防卫大臣将于年内访华。

七、双方对今年3月举行的中日防务安全磋商表示欢迎。为加深两国防务部门之间的相互理解,将继续举行高级别防务安全磋商。

八、继今年2月日本联合参谋长访华后,中国人民解放军空军司令员将于今年6月访日,海军司令员、副总参谋长将于今年下半年分别访日。

九、继中国人民解放军海军舰艇去年11月访日后,日本海上自卫队舰艇将于今年6月访华。

十、为防止海上发生不测事态,建立中日防务部门海上联络机制首轮专家组磋商于4月下旬在北京举行,双方对此表示欢迎,将继续为早日建立该机制作出努力。

十一、双方将就扩大军兵种、防务相关教育机构、研究机构间的交流进行探讨。

十二、双方将探讨在联合国维和行动(PKO)、灾害救援等领域合作的可能性。

十三、为加深两国防务部门之间的相互理解和对对方国家的了解,双方同意加强中国人民解放军青年军官和日本自卫队年轻干部互访,年内将相互邀请约15名尉官级干部访问对方国家一周左右。

十四、新一届中日友好21世纪委员会在两国领导人的关心下,为推动中日关系改善和发展提出了有益建议,双方对此表示积极评价,期待该委员会今年年底提交最终报告。

十五、双方积极评价中日共同历史研究发挥的作用,同意继续开展这一研究。

十六、双方对去年两国人员往来达到500万人次表示欢迎,今后将继续扩大人员交往,为增进相互理解进行密切合作。

十七、双方对“中日青少年友好交流年”顺利启动表示满意。双方确认,今后4年每年开展4000人规模的青少年交流,并将为最大限度有效开展青少年交流作出努力。

十八、双方一致同意持之以恒地开展青少年友好交流,呼吁两国各界为促进青少年交流加强合作。

十九、双方一致认为,进一步加强两国中青年干部交流具有积极意义,今后将继续支持开展这一领域的交流与合作。

二十、双方一致希望北京奥运会取得成功,希望以北京奥运会为契机,进一步促进两国人民交流,增进相互理解和友谊。

二十一、双方对签署两国关于互设文化中心的协定表示欢迎,期待该中心为促进两国人民的相互理解发挥积极作用。

二十二、双方积极致力于人文领域的交流与合作,鼓励相关部门和社会团体在文化遗产保护等领域开展共同研究。

二十三、去年12月福田首相访华时,日方提出加强北京大学对日交流的计划,双方对有关准备工作取得进展表示欢迎,将继续为进一步加强知识界交流进行合作。

二十四、中日经济高层对话首次会议去年12月在北京召开,两国有关部长们会聚一堂,就各自宏观经济政策、包括气候变化问题在内的节能环保、贸易投资、检验检疫、地区及国际经济问题等开展跨部门直接对话,增进了相互理解,并为今后解决问题和推进合作指明了方向。双方对此表示高度评价。下次对话拟于今年秋天在东京举行。

二十五、两国相关部门签署了《关于互利共赢推动可持续经济发展一揽子合作的框架协议》《关于继续加强节能环保领域合作的备忘录》和《关于推进中小企业领域合作备忘录》三个协议。双方对此表示欢迎,并一致同意继续推动上述合作。

二十六、双方对当前的原油价格表示忧虑。双方一致同意继续开展中日部长级能源政策对话,探讨能源领域互惠合作。

二十七、双方表示,在煤炭领域技术合作方面,推动中方煤炭火力发电厂的设备诊断、设备改造、人才培训。双方将继续开展通过捕集和封存煤炭火力发电厂产生的二氧化碳(CCS)提高石油采收率(EOR)方面的实证研究。双方对继续开展钢铁、水泥领域的节能环境诊断表示欢迎。

二十八、双方认为,“中日节能环保商务示范项目”进展顺利,将与中国地方政府共同努力,进一步推进该项目,加强项目挖掘和成果普及。

二十九、双方高度评价通过日方培训节能人才在中国的节能法及节能政策方面取得的进展和成果。双方同意,今后在开展政策研修的同时,日方向中国派遣节能监测领域的有关专家,并对中方进一步加强节能体制建设和企业的能源管理提供支持。

三十、双方将推动建设与环境相关的研究生院网络,促进环境人才培养。

三十一、双方对福田康夫首相访华时确定的“中日节能环保合作咨询窗口”今年4月正式启动表示欢迎,并将努力通过这一窗口促进两国节能环保产业的发展。

三十二、双方同意,鉴于核能发电对保障能源安全及防止地球变暖的重要性,将加强在该领域的合作。

三十三、双方认为,包括双方在内的主要能源消费国,有必要就节能方面的政策措施等广泛交换意见,共享信息。

三十四、双方对天津市和北九州市、神户市在循环经济、节能环保方面开展合作表示欢迎,并将继续给予支持。

三十五、双方对两国环保部门签署合作实施小城镇分散型污水处理示范项目备忘录表示欢迎。

三十六、双方对两国合作推动沙尘暴共同研究取得进展表示评价,将继续促进亚洲国家在包括二氧化硫等大气环境领域的交流与合作。

三十七、双方将促进关于兼顾防治公害和减缓气候变化协同效应的具体合作。

三十八、双方对两国主管部门起草关于促进中国农村地区饮水安全供给及介绍并推广日本在普及简易自来水管道方面的成功经验等的备忘录表示欢迎,并将为实施备忘录进行合作。

三十九、关于有效管理水资源、预防水污染、治理水灾等水资源领域合作,双方认为,水是最易受地球变暖影响的资源,将从应对气候变化角度出发,进一步加强上述领域合作。

四十、双方积极评价两国政府间林业合作及中日民间绿化合作委员会的扎实工作。同时,将针对全球森林减少及退化问题,加强植树造林、打击非法采伐,促进亚洲地区森林恢复与可持续经营。

四十一、双方在坚持"不与人争粮、不与粮争地"的原则下,就发展生物燃料开展信息交换与技术交流。

四十二、双方高兴地看到,中方向日方提供的朱鹮正在顺利繁殖,今后将继续加强在朱鹮保护和野外放飞方面的合作。

四十三、为增进中日两国人民的友好感情,中方同意向日方提供一对大熊猫,共同开展合作研究,日方对此表示感谢。

四十四、双方愿继续进行矿物资源领域的对话,开展建设性讨论。双方达成共识,年内在双方认为方便的时间举行中日稀土交流会议,以便进一步深化该领域的交流与合作。

四十五、双方将继续加强知识产权领域的合作,利用两国知识产权交流的现有工作机制,交换知识产权立法、执法及行政审批的信息;增强双方企业间知识产权保护和利用的经验交流;共同开展各类人才的知识产权培训,扩大知识产权制度的影响力。

四十六、双方对中日韩改善商务环境行动计划达成一致表示欢迎。同时,双方对签署《关于就贸易投资相关法律制度开展研究交流的备忘录》表示欢迎,将加强贸易投资法律的交流与合作。

四十七、双方对两国有关部门签署《关于促进技术贸易顺利发展的合作备忘录》表示欢迎。

四十八、双方对两国有关部门签署《关于促进中小企业顺利开展海外业务的合作备忘录》表示欢迎,今后将创造更为宽松的商务环境,进一步推动中小企业合作。

四十九、双方将为保护两国人民生命和健康进一步加强合作。对于此次出现的冷冻加工食品中毒案件,双方将为尽早查明真相进一步加强调查与合作。

五十、双方对迄今为止在动植物检疫领域内的合作予以积极评价,并愿意进一步加强双方的合作和交流。妥善解决存在的技术问题,促进贸易的顺利发展。中方允许日本精米正式对华出口,日方对此表示欢迎。日方允许中国新鲜南瓜对日出口,中方对此表示欢迎。

五十一、双方积极评价信息通信领域开展的政策磋商,并将致力于共同促进信息通信领域的合作。

五十二、双方积极评价近期中日在加强金融及金融监管领域合作方面取得的成果,包括东京证券交易所开设北京代表处等,并表示今后将继续加强在该领域的合作。

五十三、双方对中日迄今为止的农业合作予以积极评价,愿进一步在现有机制下加强合作。

五十四、双方将进一步扩大旅游交流,积极推进在铁道、物流、海运、航空等领域的合作。

五十五、双方在去年年底官民访华团取得的成果的基础上继续开展癌症防治合作,促进中日医学交流,继续派遣官民使节团进行交流。双方将加强医药领域的信息交换。

五十六、双方将加快关于地球观测和预测的工作进度,共享数据和成果,努力构筑全球地球观测系统(GEOSS)。双方将推进气候变化领域的科学技术研究交流。

五十七、双方对草签中日领事协定表示欢迎,将争取尽快正式签署并完成生效手续。

五十八、双方将为《中日刑事司法协助条约》早日生效而加倍努力。

五十九、双方将开始关于缔结中日罪犯引渡条约的谈判,同时酌情尽早开始关于缔结中日被判刑人移管条约的谈判,争取同时签署两个条约。

六十、双方将根据《禁止化学武器公约》的规定,进一步加强合作,尽早销毁中国境内日本遗弃化学武器。

六十一、为实现亚洲经济持续稳定增长，双方认为开展清迈倡议多边化、亚洲债券市场倡议等区域财金合作十分重要，将共同推动这一合作取得更大进展。

六十二、日方表示，将按照日朝平壤宣言，解决包括核问题和人道问题在内的有关悬而未决问题，清算不幸的历史，实现日朝邦交正常化。双方确认日朝关系取得进展的重要性，中方表示，愿提供必要协助。

六十三、双方今年4月在北京举行了联合国改革问题司长级磋商，就联合国包括安理会改革问题等交换了意见，并一致同意今后继续进行磋商。

六十四、双方对签署中日关于应对气候变化合作的联合声明表示欢迎。

六十五、双方去年11月在北京举行了向第三国援助问题司局级对话，探讨了分享援外经验及在援外领域开展合作的可能性，并将继续开展工作层面的对话。

六十六、双方去年9月在东京举行了非洲政策司局级磋商，就各自对非政策及非洲形势等坦率交换了意见，并同意继续就开展可能的合作加强磋商。中方期待今年5月在日本召开的第4次非洲发展东京国际会议(TICAD)为促进非洲发展取得更大成果。

六十七、双方于今年4月在北京举行了湄公河政策对话，并就湄公河次区域现状、各自对湄公河次区域政策和促进湄公河次区域开发、贸易投资等问题展开了广泛讨论，双方对此表示欢迎。

六十八、双方去年5月在东京举行了中日军控与防扩散磋商，就当前国际军控和防扩散领域的主要问题广泛交换了意见，并将继续进行磋商。

六十九、双方同意在平等和相互尊重的基础上就人权问题进行对话，推动国际人权领域的对话与合作。

七十、双方认为，目前全球经济面临许多新的课题和困难，年内成功结束多哈回合谈判符合各方的共同利益，有助于加强多边贸易体制，维护世界经济的稳定和增长。双方将继续合作，推动多哈谈判达成广泛和平衡的协议，实现发展目标。

2008年5月7日于东京

国家主席胡锦涛在东京出席日本主要经济团体举行的欢迎午宴并发表题为《共享机遇，共同发展》的讲话

胡锦涛指出，不断扩大和深化中日经贸合作，符合两国和两国人民的根本利益，也是全面深化中日战略互惠关系的必然要求。在当前国际形势下，两国经济界应该从战略高度和长远角度看问题，紧紧抓住有利机遇，不断拓展合作领域和途径，将中日经贸合作推向更高发展阶段。

胡锦涛指出，长期以来，日本经济界一直是维护和推动中日友好的重要力量，为两国关系改善和发展发挥了重要作用。自1972年中日实现邦交正常化以来，两国经贸合作取得前所未有的发展，形成全方位、宽领域、多层次的良好格局。两国经济上相互依存，互为最重要的经贸伙伴之一。中国已成为日本增长最快的出口市场，日本已成为中国第一大外资来源国。两国经贸合作的巨大成就，为两国各自发展作出了重要贡献。

胡锦涛指出，展望未来，中日经济优势互补，经贸合作具有广阔的发展前景。中国经济持续快速增长，不仅将惠及13亿中国人民，也将为包括日本在内的各国合作伙伴提供更多商机，为中日经贸合作开辟更大空间。中国坚定不移推进改革开放，信守加入世贸组织的承诺，在更大范围、更广领域、更高层次上参与国际经济技术合作和竞争，将为中日经贸合作创造更加有利的条件。中日经贸合作机制不断完善，两国经济高层对话机制不断完善，将为中日经贸合作提供更有力的保障。东亚合作加速推进，区域内各种合作机制蓬勃发展、前景光明，将为中日经贸合作提供更广阔的舞台。

胡锦涛简要介绍了中国今年以来的经济形势，并就进一步发展中日经贸合作提出4点建议：

第一，重点加强节能环保领域合作。中国正在按照建设生态文明的要求，加紧建设资源节约型、环境友好型社会，日本拥有国际领先的节能环保技术，两国开展节能环保合作前景十分广阔。希望两国经济界积极参与，官民并举，将节能环保合作打造成两国经贸合作新的亮点和增长点。

第二，积极参与中国区域发展进程。中国将继续实施区域发展总体战略，深入推进西部大开发，全面振兴东北地区等老工业基地，大力促进中部地区崛起，这将带来广阔市场前景和巨大投资需求。欢迎日本经济界发挥优势，优先加强同中方在人员、技术等领域的交流合作。中方将继续为此提供便利。

第三，大力推进两国企业合作。两国大企业应该把握先机，扩大高新技术领域交流合作，不断提高合作层次。日本中小企业占企业总数的99%，在经济发展和海外投资中发挥着重要作用。中国政府高度重视中小企业的发展，出台了一系列扶持中小企业的政策。希望两国中小企业加强信息沟通，开展灵活多样的互利合作。

第四，在地区和全球经济事务中加强合作。为适应经济全球化深入发展，中国企业正在积极实施“走出去”战略，日本企业活跃在世界各地。双方各有优势，可以实现互补。双方可以从共同开拓国际市场入手，探讨在国际和地区经济事务中开展互利合作，进一步拓展合作空间。

胡锦涛最后说,中日经贸合作的发展空间无可限量。我衷心希望,日本经济界朋友们继续发扬优良传统,同中方一道努力,不断把中日经贸合作推向前进,促进两国共同发展繁荣,更好地造福两国人民。

日本经济团体联合会会长御手洗富士夫在午宴上致辞,代表日本经济界对胡锦涛的来访表示由衷的欢迎,并表示相信以胡锦涛主席的访问为契机,日中两国经济关系一定会得到进一步发展。

中共中央书记处书记、中央政策研究室主任王沪宁,国务委员戴秉国等出席了欢迎午宴。

国家主席胡锦涛在东京会见日本政党主要负责人

国家主席胡锦涛先后会见了日本自民党主要负责人伊吹文明、公明党代表太田昭宏、民主党代表小泽一郎、共产党委员长志位和夫、社民党党首福岛瑞穗。

胡锦涛指出,中日两国今天发表了中日关于全面推进战略互惠关系的联合声明,这是两国的第四个政治文件,将对今后中日关系发展发挥重要指导作用。胡锦涛指出,中日关系正站在新的历史起点上,面临进一步发展的新机遇。我们愿同日方一道努力,增进政治互信,加强经贸、环保、能源、信息、金融、人文、青少年、全球事务等领域交流合作,开创中日战略互惠关系全面发展新局面,共同推进中日战略互惠关系。

胡锦涛积极评价各政党重视并积极推动中日关系发展。胡锦涛指出,政党对话交流是两国战略对话的重要组成部分,希望双方共同努力,根据中日关系形势发展,创新交流形式,丰富交流内容,提高交流水平,为中日战略互惠关系发展作出新贡献。

各政党负责人热烈欢迎胡锦涛对日本进行国事访问,积极评价中日双方发表的第四个政治文件,指出这是一份具有历史意义的文件,是推动两国关系发展的重要文件。他们都表示,愿继续努力,为开创中日战略互惠关系全面发展新局面作出贡献。

国家主席胡锦涛和日本首相福田康夫共同会见记者

胡锦涛表示,我同福田首相在坦诚友好的气氛中就中日关系及共同关心的问题坦率深入地交换意见,达成了广泛共识。我们一致认为,中日两国作为近邻,作为亚洲和世界上有重要影响的国家,只能走和平、友好、合作之路。中日关系正站在新的历史起点上,面临进一步发展的新机遇,双方应共同努力开创中日战略互惠关系全面发展新局面。

胡锦涛指出,双方同意发表第四个政治文件。这个文件集中体现了中日关系的新发展,凝聚了双方的新共识,在继承迄今三个政治文件原则的基础上,确定了两国关系长远发展的指导原则,规划了中日关系的未来发展。我相信,在这一文件和前三个政治文件指引下,我们一定能够共同开创中日关系更加美好的未来。

在回答中日在亚洲开展合作问题时,胡锦涛表示,中日两国都是亚洲的重要国家,对亚洲的发展与和平肩负着重大责任。中日两国不仅应该而且完全能够发展在各个领域的合作,发展中日战略互惠关系。我们愿同日方共同致力于维护东北亚和平稳定,共同推进六方会谈进程,推动建设东北亚和平安全机制。我们愿同日方就东亚区域合作进一步加强沟通和协调,发挥各自优势,扎实推进“10 + 3”等合作机制,不断将东亚区域合作推向深入。我们愿同日方一道,充分利用各种区域和次区域合作机制,推动亚洲各国加强文化、旅游、青少年、人才培养等各领域交流,不断增进亚洲各国人民的相互了解和信任。

关于东海油气资源共同开发问题,胡锦涛表示,两国外交部门根据两国领导人达成的共识进行了深入磋商,取得了重要进展,已看到解决问题的前景。我对此感到高兴。我们商定双方继续加紧磋商,尽早达成协议。

关于输日饺子问题,胡锦涛表示,中国政府高度重视食品安全,高度重视人民健康。中国有关部门对这一事件进行了认真深入的调查。有关调查情况,中方有关部门已同日方有关部门及时进行了沟通。两国有关部门将继续进行调查,特别是加强双方合作,以尽早查明事实真相。

在回答关于中央政府同达赖方面接触磋商问题时,胡锦涛指出,中国中央有关部门负责人最近同达赖喇嘛的私人代表进行了接触磋商,下一次接触也将在适当时候进行。我们对同达赖方面接触商谈是严肃和认真的。我们希望达赖方面以实际行动表现出诚意,真正停止分裂祖国的活动、停止策划煽动暴力活动、停止破坏北京奥运会的活动,为下一步商谈创造条件。我们希望接触取得积极成果。

福田康夫积极评价两国领导人在会谈中达成的各项共识,表示将同中方一道努力,采取积极措施,落实这些共识,全面推进中日战略互惠关系。福田康夫表示,北京奥运会对中国、对世界意义重大,日方衷心祝愿北京奥运会取得圆满成功。

国家主席胡锦涛致电祝贺梅德韦杰夫就任俄罗斯联邦总统

国务院总理温家宝在北京主持召开国务院常务会议

会议听取卫生部关于大力开展夏季爱国卫生运动、加强传染病防治工作的汇报,研究部署加强电力系统抗灾能力建设,审议并原则通过《对外承包工程管理条例(草案)》。

会议强调,夏季是传染病高发季节,大力开展爱国卫生运动,加强传染病防治工作,对于提高人民群众健康水平,促进经济社会发展,具有重要意义。各地区、各有关部门要高度重视,坚持以人为本,把维护人民群众健康放在第一位。一要大力开展爱国卫生运动,动员和组织基层单位和群众搞好环境卫生,加强食品卫生监管,防止病毒性传染病和食源性传染病发生。二要广泛宣传普及预防疾病的卫生知识,引导群众正确认识疫病,养成良好卫生习惯。三要对各类传染病实行依法防治、科学防治,做到早发现、早诊断、早报告、早治疗,有效阻断传播途径,防止蔓延。当前,要集中力量,按照统一部署,做好手足口病防控工作。

会议指出,电力工业是关系国计民生的基础产业和公用事业。在今年年初我国南方地区遭受的大范围低温雨雪冰冻灾害中,电力设施大面积损坏,暴露出电力系统存在薄弱环节。主要是:重要电力设施设防标准偏低,电网各电压等级设施发展不协调,配电网建设相对滞后等。会议强调,必须认真总结抗击低温雨雪冰冻灾害的经验教训,努力提高电力系统抵御自然灾害的能力,最大限度减少自然灾害造成的损失,保障国家能源安全和国民经济正常运行。一要优化电源电网结构布局,坚持电网、电源协调发展。二要充分考虑自然灾害对电力安全的影响,电网输电线路应尽量避开自然灾害易发区和设施维护困难地区。三要对重要电力设施和线路实行差异化设计,适当提高设防标准。四要积极创新电力抗灾技术,兼顾安全性和经济性,修订和完善适合我国国情的电力建设标准和规范。五要高度重视工程建设质量管理,认真执行国家质量监督管理有关规定,健全安全保障体系。六要加强监测预报,气象、环保、国土和水利等部门要将与电网安全相关的数据纳入日常观测范围,提高灾害预测和预警能力。七要做好灾害防范应对,地方各级人民政府要制定并完善本地区抗御严重自然灾害的预案。八要严格执法,切实做好电力安全监管,督促电力企业强化安全意识,加强安全管理,提高电力系统安全水平。

会议认为,为提高我国对外承包工程的总体水平,有必要制定专门的行政法规,将对外承包工程纳入法制轨道,依法促进我国对外承包工程的健康持续发展。会议决定,《对外承包工程管理条例(草案)》经进一步修改后,由国务院公布施行。

国家副主席习近平在青岛出席奥运京外赛区筹办工作会议并发表讲话

北京市市委书记、北京奥组委主席刘淇,北京奥运会各专门协调小组负责人,以及上海、天津、青岛、沈阳、秦皇岛等北京奥运会协办城市负责人出席会议。

习近平一行在山东省委书记姜异康、省长姜大明等陪同下,参观了青岛城市规划展览馆,考察了浮山湾畔的青岛奥林匹克帆船中心的场馆区和配套设施,看望了前来参加国际残疾人帆船比赛的运动员、教练员、奥运志愿者和工作人员,并就场馆质量、服务水平等问题征求了国内外运动员的意见。

在这次会上,刘淇通报了京外奥运赛区筹办工作总体情况,强调要抓紧奥运筹办最后关键阶段的宝贵时间,全力做好各项重点工作,确保北京奥运会、残奥会筹办工作的全局成功。北京奥运会、残奥会各协办城市负责人交流了各自的筹办工作情况和下一步工作打算。

习近平在主持会议并作总结讲话时,首先传达了胡锦涛总书记等中央领导同志关于办好奥运会、残奥会的重要指示精神,并就京外奥运赛区前一阶段工作情况和下一阶段工作重点发表了重要意见。他指出,在党中央、国务院正确领导下,京外各协办城市党委、政府对筹办工作高度重视、全力以赴;各项筹办工作精心组织、扎实有效;场馆建设和城市保障统筹兼顾、相辅相成;奥运宣传和媒体服务工作推进有序、运行平稳;奥运氛围相当浓厚,群众参与热情日益高涨。目前,各项筹办工作进展顺利,软件和硬件条件基本达标,为成功举办一届有特色、高水平的北京奥运会、残奥会奠定了坚实基础。

习近平指出,高标准、高质量做好京外赛区筹办工作,是办一届有特色、高水平奥运会的题中应有之义。各协办城市要在前期工作基础上,以全面就绪为主线,推动奥运筹办关键阶段各项工作,实现奥运场馆、技术系统、管理标准全面就绪,场馆运行团队、安保体系、媒体服务、志愿服务团队全面就绪,城市运行和保障等工作全面就绪。

习近平要求各协办城市思想上高度重视、工作上加大力度,把确保奥运火炬在本地的安全、准时、顺利传递,同营造平安、有序、欢快、祥和的浓厚氛围结合起来,把让全国各族人民共享奥运欢乐同体现奥运会是奥林匹克大家庭共同的节日结合起来。要坚持高标准、严要求,切实抓好场馆运行工作,着力健全赛事指挥体系、完善场馆运行机制,着力建设具有优良专业技能的场馆运行团队。要切实做好京外赛区道路建设、交通治理、市容整顿、生态环境、水电供应、通信保障等城市运行和保障工作,为各国宾客提供符合奥运会标准的优质高效服务。

习近平强调,各协办城市既要全面实施“绿色奥运、科技奥运、人文奥运”理念,又要确保实现平安奥运目标，切实加强全方位安全保卫和风险防范工作。习近平还强调，采访北京奥运会的记者人数众多，高标准、高质量做好境外媒体记者服务与管理工作至关重要。他要求各协办城市认真制定境外记者服务指南，为境外记者的采访报道提供全方位服务。习近平还要求各协办城市加强对奥运志愿者教育和培训，引导广大赛会志愿者和城市志愿者，争做微笑使者、争当奥运先锋，真正成为奥林匹克精神的传播者，成为志愿服务理念的践行者，使广大志愿者发自内心的微笑和捧出真心的服务，成为2008北京奥运会、残奥会留给世人最难以忘怀的印象。

5月8日

国家主席胡锦涛在日本早稻田大学发表演讲

尊敬的白井克彦校长，尊敬的河野洋平先生，老师们、同学们、朋友们：

首先，我感谢白井克彦校长的邀请。有机会来到著名学府早稻田大学，同青年朋友和老师们相聚一堂，我感到十分高兴。我代表中国人民，向在座各位朋友，向日本人民，表示诚挚问候和良好祝愿！

早稻田大学是中国人民熟悉的学府，与中国有着很深的渊源。早在上世纪初，早稻田大学就招收了数以千计的中国留学生。在中国近代史上有着重要影响的廖仲恺、李大钊、陈独秀、彭湃等曾在这里负笈求学。今天，早稻田大学同中国许多大学和研究机构保持着良好关系、开展着广泛的学术交流，为推动两国人文交流发挥了积极作用。

来到这里，我不禁想起我认识的几位日本朋友，他们是竹下登、海部俊树、小渊惠三、森喜朗、福田康夫、河野洋平先生等。他们都是贵校的校友，为日本发展作出了贡献，也为中日友好事业作出了贡献。在去年早稻田大学建校125周年时，你们提出要建设“培养世界人的世界性大学”、“挑战21世纪的开放大学”。这符合时代要求。我衷心祝愿贵校培养出更多英才，为日本经济社会发展、为人类进步事业作出更大贡献。

中日是一衣带水的邻邦，两国关系正站在新的历史起点上，面临进一步发展的新机遇。我这次来贵国访问，怀着中国人民对日本人民的友好情谊，带着中国人民对发展中日关系的真诚期待。中国政府和人民真诚希望，同日本政府和人民一道努力，增进互信，加强友谊，深化合作，规划未来，开创中日战略互惠关系全面发展新局面。

老师们、同学们、朋友们！

“世界的道路通向早稻田”，这是早稻田大学的一句名言。我们要推动中日关系长期健康稳定发展、实现两国人民世代友好，就要不断增进两国人民的相互了解。这里，我想从历史和现实的视角谈一谈中国，希望有助于大家更加深入地认识中国。

中国是一个具有悠久历史的国家，也是一个正在发生深刻变革的国家。在5000多年文明发展的漫长进程中，中华民族以勤劳智慧的民族品格、不懈进取的创造活力、自强不息的奋斗精神创造了辉煌的中华文明，为人类文明进步作出了重大贡献。同时，中国也走过了艰难曲折的发展道路。特别是1840年鸦片战争以后，由于封建统治的腐朽没落和帝国主义列强的侵略蹂躏，中国饱经磨难、历经沧桑。为改变受人欺凌、积贫积弱的境遇，实现民族复兴的理想，中国人民奋起抗争、前仆后继、发愤图强。1911年辛亥革命推翻统治中国几千年的君主专制制度以来，中国的发展历程大致可以分为3个阶段。从1911年到1949年，中国人民经过长期浴血奋斗，实现了民族独立和人民解放，建立了人民当家做主的新中国，为实现中国发展繁荣创造了根本条件。从1949年到1978年，中国建立了社会主义制度，实现了历史上最深刻的社会变革，中国人民经过艰辛努力取得了国家建设的巨大成就。从1978年到现在，中国人民毅然决然地踏上改革开放的伟大征程，开始了新的历史条件下新的伟大革命。

今年是中国改革开放30周年，对中国和中国人民来说是一个具有特殊意义的年份。30年来，中国成功实现了从高度集中的计划经济体制到充满活力的社会主义市场经济体制、从封闭半封闭到全方位开放的伟大历史转折，中国经济总量从世界第十一位跃至世界第四位，中国成为世界第三大贸易国，中国人民的生活水平从温饱不足发展到总体小康，中国的面貌发生了历史性变化。

在改革开放的伟大实践中，我们深刻认识到，在当今世界日趋激烈的竞争中，一个国家、一个民族要发展起来，必须锐意改革、着力发展、坚持开放、以人为本、促进和谐。锐意改革，就是要跟上时代潮流，勇于变革、勇于创新，坚决冲破一切妨碍发展的思想观念，坚决改变一切束缚发展的规定和做法，坚决革除一切影响发展的体制弊端，为社会发展进步提供强大动力。着力发展，就是要始终把发展作为第一要务，坚持科学发展，着力把握发展规律、创新发展理念、转变发展方式、破解发展难题，不断解放和发展社会生产力，实现经济社会又好又快发展。坚持开放，就是要打开国门来搞建设，在互利共赢的基础上同所有国家开展经济技术合作，吸收和借鉴人类社会创造的一切优秀文明成果，既通过维护世界和平发展自己，又通过自身发展维护世界和平。以人为本，就是要坚持发展为了人民、发展依靠人民、发展成果由人民共享，尊重人民主体地位，发挥人民首创精神，始终把人民呼声作为第一信号，把人民利益放在第一位置，不断提高人民物质文化生活水平，促进人的全面发展。促进和谐，就是要以解决人民最关心、最直接、最现实的利益问题为重点，着力促进社会公平正义、增强社会创造活力，最大限度增加和谐因素，最大限度减少不和谐因素，确保人民安居乐业、社会安定有序、国家长治久安。

“苟日新，日日新，又日新。”“天行健，君子以自强不息。”这既是中华民族的先哲通过观察宇宙万物提出的重要思想，也深刻揭示了中华民族自强不息的民族精神，因此成为中国的千年传世格言。今天中国人民秉持的价值观念，既来自自己在当今时代的丰富实践，也源于中华文明的深厚根基，成为激励中国人民变革创新、与时俱进的强大精神力量。

总结中国改革开放的历程，中国人民得出了一个不可动摇的结论，这就是：中国过去30年的快速发展，靠的是改革开放。中国未来的发展，也必须靠改革开放。改革开放是决定当代中国命运的关键抉择，也是13亿中国人民的共同抉择。

我们清醒地认识到，尽管取得了前所未有的发展成就，但中国仍然是世界上最大的发展中国家。中国人口多、底子薄、发展很不平衡，在发展中遇到的矛盾和问题，无论是规模还是复杂性，都是世所罕见的。中国要建成惠及十几亿人口的更高水平的小康社会，要实现现代化、实现全体人民共同富裕，还有很长的路要走，必须持之以恒地艰苦奋斗。

中国将继续沿着中国特色社会主义道路前进。我们将以邓小平理论和“三个代表”重要思想为指导，深入贯彻落实科学发展观，统筹城乡发展、区域发展、经济社会发展、人与自然和谐发展、国内发展和对外开放，更加注重解决民生问题，更加注重增强发展协调性，全面推进经济建设、政治建设、文化建设、社会建设，努力构建生产发展、生活富裕、生态良好的文明发展格局。

中国将始终不渝走和平发展道路。这是中国政府和人民作出的战略抉择。这个战略抉择，立足中国国情，顺应时代潮流，体现了中国对内政策与对外政策的统一、中国人民根本利益与各国人民共同利益的统一，是实现中华民族伟大复兴的必由之路。中国坚定不移地奉行独立自主的和平外交政策，坚定不移地奉行互利共赢的开放战略，致力于推进国际关系民主化，推动经济全球化朝着均衡、普惠、共赢方向发展，促进人类文明交流互鉴，呵护人类赖以生存的地球家园，同世界各国一起分享发展机遇、共同应对风险挑战，推动建设持久和平、共同繁荣的和谐世界。中国奉行防御性的国防政策，不搞军备竞赛，不对任何国家构成军事威胁，永远不称霸，永远不搞扩张。

老师们、同学们、朋友们！

中日两国人民的友好交往绵延2000多年，堪称世界民族交往史上的奇迹。在漫长的历史进程中，中日两国人民相互学习、相互借鉴、相互交融，促进了各自国家发展进步，丰富了东亚文明和世界文明宝库。

到了近代，由于日本军国主义对中国发动侵略战争，两国友好关系受到严重破坏。这段不幸历史，给中华民族造成深重灾难，也使日本人民深受其害。历史是最富哲理的教科书。我们强调牢记历史并不是要延续仇恨，而是要以史为鉴、面向未来，珍爱和平、维护和平，让中日两国人民世世代代友好下去，让各国人民永享太平。

1972年，中日实现邦交正常化，揭开了两国关系新篇章。从那时以来，中日关系在各个领域都取得长足发展。双边贸易额由实现邦交正常化时的11亿美元增加到去年的2360亿美元。截至去年年底，两国友好城市达到236对，人员往来达到544万人次。中日关系的改善和发展，给两国和两国人民带来了实实在在的利益，为促进亚洲和世界的和平与发展作出了重要贡献。

今年是中日和平友好条约缔结30周年。在重温中日和平友好条约重大历史意义的时刻，我们深切缅怀那些为中日友好事业呕心沥血、辛勤耕耘的老一辈领导人和各界有识之士，更加感到今天中日友好合作的局面来之不易，值得倍加珍惜。

中日关系正站在新的历史起点上，面临进一步发展的新机遇。随着经济全球化深入发展，中日两国的共同利益不断拓展、合作空间不断扩大，在国际和地区事务中肩负的责任也不断加重。我昨天同福田首相举行了富有成果的会谈。我们就全面深化中日战略互惠关系达成广泛共识，确定了两国关系长期健康稳定发展的总体框架。我们一致同意，双方要共同努力，增进战略互信，深化互利合作，扩大人文交流，推动亚洲振兴，应对全球挑战，共同推进中日战略互惠关系。我愿就这几个问题谈些看法。

第一，增进战略互信。人与人要成为朋友，前提是互信；国与国关系要稳定，基础也在于互信。中日两国都是亚洲和世界的重要国家，双方应该客观认识和正确对待对方发展，相互视为合作双赢的伙伴，而不是零和竞争的对手；相互支持对方和平发展，视对方发展为机遇，而不是威胁；相互尊重对方的重大关切和核心利益，坚持通过对话协商解决分歧。

第二，深化互利合作。中日互为最重要的经贸伙伴。双方应该珍视长期以来两国经贸合作形成的良好格局，充分利用两国经济互补性强、合作潜力大的优越条件，加强两国节能、环保、金融、信息、知识产权保护等重点领域的合作，不断把两国经贸合作提升到更高层次，巩固两国关系的物质基础。

第三，扩大人文交流。人员交往是增进两国人民相互了解的桥梁，文化交流是沟通两国人民感情的渠道。我们应该持之以恒地开展两国人文交流，着力建立两国青少年交流长效机制，夯实中日世代友好的社会基础。

第四，推动亚洲振兴。亚洲振兴离不开中日两国的协调和合作。我们愿同日方及亚洲各国一道努力，推进多种形式的区域、次区域合作，加强共同安全，维护东北亚和平稳定，推进东亚合作进程和东亚共同体建设，在促进亚洲振兴中实现中日共同发展。

第五，应对全球挑战。当今世界面临的共同挑战日益增多，恐怖主义、气候变化、能源安全、粮食安全、金融风险、严重自然灾害、重大传染性疾病、大规模杀伤性武器扩散等影响各国发展和稳定，需要各国携手应对。中国愿同日本一道，积极参与各领域的国际合作，提高协作应对各种挑战的能力，共同推进人类和平与发展的崇高事业。

老师们、同学们、朋友们！

中日友好是两国人民的共同事业，需要两国人民为之不懈努力。通过同日本人民的广泛接触，我深深感到，发展中日友好在日本有着深厚的社会基础。长期以来，日本人民、社会各界和对华友好团体积极推进中日交流，友好合作始终是两国关系发展的主流。在中国现代化建设的进程中，日本政府向中国提供了日元贷款合作，支持中国的基础设施建设、环境保护、能源开发、科技发展，为促进中国现代化建设发挥了积极作用。日本各界友人以不同形式对中国现代化建设提供了热情帮助。对日本众多友好人士为中日友好事业倾注的心血，中国人民将永远铭记。

日本人民善于学习、善于创造，勤劳智慧、奋发向上。远在1400多年前，日本就先后20多次向中国派出遣隋使、遣唐使，借鉴中国的制度、典章、律令，引入佛教、汉字、技术，结合自己的实际形成了独具特色的日本文化。明治维新以后，日本人民努力学习吸收世界先进文明成果，逐步发展成为亚洲第一个现代化国家。日本人民以有限的国土资源创造出举世瞩目的发展成就，日本在制造业、信息、金融、物流等领域位居世界前列，拥有世界一流的节能环保技术。这是日本人民的骄傲，也值得中国人民学习。

这里，我要对两国青年朋友说几句话。曾在贵校学习过的李大钊先生说过，为世界进文明，为人类造幸福，以青春之我，创建青春之人类。两国青年是中日友好的生力军，中日友好的未来要靠你们开创。我曾多年从事青年工作，对青年朋友有着特殊感情。我喜欢同青年朋友们在一起，感受青春的活力，感受生命的火红。1984年，中国政府邀请3000名日本青年访华，举行规模盛大的中日青年友好联欢活动，我全程参加了那次活动，同日本青年朝夕相处，建立了深厚友谊。去年6月，我们邀请参加1984年中日青年友好联欢活动的日本朋友访华，大家再次欢聚，百感交集。我在致辞中表示："岁月可以改变人们的容颜，但改变不了人间的友情。"这样的经历告诉我，青年时代播下的友谊种子，将永远伴随着我们的人生。我们要共同努力，让中日友好的种子广泛播撒，让中日友好的旗帜代代相传。

今年是中日青少年友好交流年。双方将开展一系列内容丰富、形式多样的友好交流活动。在这里，我愿宣布，中国政府决定邀请100名早稻田大学学生访华。希望在座的青年学生能够加入这一计划，到中国去看一看。

老师们、同学们、朋友们！

再过3个月，第二十九届夏季奥运会将在北京举行。福田首相曾对我谈及日本人民对1964年东京奥运会的真挚情感，闻后感同身受。中国人民真诚希望办好北京奥运会。我们提出"同一个世界，同一个梦想"的口号，就是要通过北京奥运会，光大团结、友谊、和平的奥林匹克精神，增进世界各国人民的相互了解和友谊。借此机会，我愿感谢日本政府和各界人士对北京奥运会筹办的支持，欢迎日本各界朋友到北京观看奥运会，预祝日本体育健儿在北京奥运会上创造佳绩。

老师们、同学们、朋友们！

早稻田戏剧博物馆门楼上嵌刻着莎士比亚的名言"世界是一个大舞台"。古往今来，世界大舞台上演出的所有戏剧，主角始终都是各国人民。我衷心期望，中日两国人民手牵手、肩并肩，在中日合作的大舞台上，在振兴亚洲、促进世界和平与发展的大舞台上，共同创造中日关系更加美好的明天，共同创造世界更加美好的明天！

谢谢大家。

国家主席胡锦涛在东京出席中日青少年友好交流年日方开幕式并致辞

中日青少年友好交流年日方开幕式在东京早稻田大学举行，国家主席胡锦涛和日本首相福田康夫、前首相中曾根康弘共同出席。

胡锦涛在开幕式上致辞。他表示，很高兴在早稻田大学同两国青少年再次相聚，共同庆祝中日青少年友好交流年在日本开幕。他代表中国政府和人民，向两国青少年表示诚挚的问候。

胡锦涛指出，青少年象征着青春和活力，代表着希望和未来。中日世代友好归根到底要靠两国人民友好，两国人民世代友好归根到底要从两国青少年做起。他衷心希望，两国青少年紧紧携起手来，相互学习，相互借鉴，相互交流，相互信任，自觉肩负起传承中日友好的崇高使命。大家共同努力，让中日友好的种子广泛撒播，让中日友好的旗帜代代相传。胡锦涛祝中日青少年友好交流年活动取得圆满成功。

福田康夫在致辞中说，日中青少年友好交流年日方开幕式在这里举行，这标志着两国青少年友好交流的历史翻开了新的一页。福田康夫说，他同胡锦涛就加强两国青少年友好交流达成了共识，希望今天的开幕式成为两国青少年展开丰富多彩交流活动的开端，并希望这些友好交流活动成为两国人民增进理解、长期友好的纽带。福田康夫衷心祝愿胡锦涛访问日本取得成功，祝贺日中青少年友好交流年取得成功。

中曾根康弘在致辞中高度评价胡锦涛同福田康夫签署的中日关于全面推进战略互惠关系的联合声明，认为胡锦涛对日本的国事访问将对促进两国关系长期健康稳定发展发挥重要作用。他指出，两国举办青少年友好交流活动，有利于两国人民加深了解、促进长期友好合作。日中两国应该优势互补、加强合作，共同开创美好未来。

中共中央书记处书记、中央办公厅主任令计划，中共中央书记处书记、中央政策研究室主任王沪宁，国务委员戴秉国等陪同人员参加活动。

国家主席胡锦涛在东京分别会见日本众议院议长河野洋平和参议院议长江田五月

国家主席胡锦涛在东京会见日本前首相中曾根康弘 海部俊树 森喜朗 安倍晋三

国务院总理温家宝致电祝贺普京当选俄联邦政府总理

全国政协主席贾庆林在布达佩斯与匈牙利国会主席西利举行会谈

贾庆林就进一步发展中匈传统友谊，深化双边务实合作提出三点建议：第一，保持高层交往，深化政治互信。第二，扩大经贸合作，促进共同发展。中方将继续鼓励有实力的中国企业来匈投资办厂，继续采取有效措施，推动扩大自匈进口，鼓励双方企业界开展更加积极务实合作。第三，促进人文交流，增进相互理解。中方将继续大力支持匈中双语学校和罗兰大学孔子学院的建设。作为中匈建交60周年一项重要庆祝活动，中方明年还将在匈牙利举办“中国文化节”。贾庆林表示，中国全国政协愿与匈牙利国会加强联系与交流，开展多层次、多形式的交往与合作，为两国的共同繁荣与发展作出贡献。

西利完全赞同贾庆林提出的上述建议。她表示，希望双方继续保持高层互访，拓展经贸合作潜力和领域，扩大人文、教育、旅游等领域的交流与合作，以明年两国建交60周年为契机，推动双边关系全面、深入发展。西利还表示，匈方高度重视并将积极参与北京奥运会和上海世博会。

全国政协副主席兼秘书长钱运录等出席了上述活动。

全国政协主席贾庆林在布达佩斯会见匈牙利总理久尔恰尼

贾庆林说，近年来，中匈两国领导人就深化双边合作达成广泛共识，两国在政治、经贸、文教等领域的合作不断取得新进展。中方高度重视发展对匈关系，愿与匈方携手努力，继续保持双方密切交往，不断拓展经贸合作，进一步加强人文交流，增进两国人民的友谊与了解，做好明年中匈建交60周年筹备工作，推动两国友好合作关系迈上新台阶。

久尔恰尼说，匈中两国非常友好，双方之间没有任何矛盾，双方互访频繁，两国在经贸、科技、文化等各领域的交流与合作广泛、活跃，并不断取得积极成果。匈方高度重视并积极评价中国通过改革开放成功实现国家的现代化。匈方高度重视匈中关系，愿成为中国在本地区的重要战略合作伙伴，与中方共同努力，推动两国友好合作伙伴关系取得更大发展。

贾庆林介绍了中国政府在台湾、涉藏问题上的原则立场。久尔恰尼重申匈方将继续恪守一个中国原则，表示匈方理解并支持中方为维护国家主权和领土完整所做的努力。久尔恰尼还表示，匈方对北京奥运会各项筹备工作予以高度评价，不希望看到将奥运会政治化，并预祝北京奥运会取得成功。贾庆林祝愿匈牙利运动健儿在北京奥运会上取得优异成绩。

全国政协副主席兼秘书长钱运录等参加了会见。

纪念关于真理标准问题的讨论30周年座谈会在北京召开

座谈会由中共中央宣传部、中共中央党校、光明日报社联合召开。李长春出席会议并作重要讲话。

中共中央政治局委员、书记处书记、中宣部部长刘云山主持座谈会，全国政协副主席、中国社会科学院院长陈奎元出席座谈会。

邵华泽、邢贲思、李景田、王伟光、苟天林等同志在座谈会上发言。中央宣传思想工作领导小组成员、中央有关部门负责同志、理论界专家学者近200人参加座谈会。

中共中央政治局常委李长春在纪念关于真理标准问题的讨论30周年座谈会上的讲话

今年是关于真理标准问题的讨论30周年。30年前,在邓小平同志等老一辈无产阶级革命家的领导和支持下,在全国开展了一场关于实践是检验真理的唯一标准的讨论。这场大讨论,对重新确立党的思想路线,对重大历史关头实现伟大转折,对推进我国改革开放和社会主义现代化建设的历史进程,都具有重大意义和深远影响。今天,我们纪念这场大讨论,就是要认真学习贯彻党的十七大精神,高举中国特色社会主义伟大旗帜,以邓小平理论和"三个代表"重要思想为指导,深入贯彻落实科学发展观,更加自觉地继续解放思想,坚持改革开放,推动科学发展,促进社会和谐,为夺取全面建设小康社会新胜利而奋斗。

30年前,中国正处在一个重大的历史关头。粉碎"四人帮",结束"文化大革命",举国欢腾,人心思变,百业待举。但许多人还不能正确认识和对待毛泽东思想,还不能正确区分毛泽东同志的伟大历史功绩和晚年错误,"左"的思想的长期影响和"两个凡是"的禁锢依然是严重障碍,党和国家的工作在前进中出现徘徊的局面。针对这种情况,邓小平同志旗帜鲜明地指出,"两个凡是"不符合马克思主义,要完整准确地理解毛泽东思想。这就为我们党实现思想路线上的拨乱反正指明了方向。其他老一辈无产阶级革命家和不少老同志也逐渐从不同角度提出,要恢复和发扬党的实事求是的优良作风,正确认识与把握理论和实践的关系,把实践作为检验真理的标准。1978年5月10日,中央党校内部刊物《理论动态》发表经胡耀邦同志审定的《实践是检验真理的唯一标准》一文。5月11日,《光明日报》以特约评论员名义,公开发表了这篇文章,新华社向全国转发,在广大干部群众中引起强烈反响,引发了关于真理标准问题的讨论。针对当时一些同志不理解甚至不接受、不赞成的情况,邓小平同志等老一辈无产阶级革命家对这篇文章给予了充分肯定,一场顺应时代发展潮流、反映党心民心的大讨论在全国范围内逐步展开,对党和国家的事业、对中国特色社会主义的创立和发展产生极大影响。

第一,真理标准问题的讨论,为我们党冲破"两个凡是"的严重束缚、重新确立马克思主义的思想路线奠定了理论基础。邓小平同志明确指出了这场讨论的重大意义。他说:"目前进行的关于实践是检验真理的唯一标准问题的讨论,实际上也是要不要解放思想的争论。大家认为进行这个争论很有必要,意义很大。从争论的情况来看,越看越重要。一个党,一个国家,一个民族,如果一切从本本出发,思想僵化,迷信盛行,那它就不能前进,它的生机就停止了,就要亡党亡国。这是毛泽东同志在整风运动中反复讲过的。只有解放思想,坚持实事求是,一切从实际出发,理论联系实际,我们的社会主义现代化建设才能顺利进行,我们党的马列主义、毛泽东思想的理论也才能顺利发展。从这个意义上说,关于真理标准问题的争论,的确是个思想路线问题,是个政治问题,是个关系到党和国家的前途和命运的问题。"通过真理标准问题的讨论,我们党把毛泽东思想和毛泽东同志的晚年错误区别开来,明确了毛泽东思想永远是全党、全军、全国各族人民的最宝贵的精神财富,要完整准确地理解和掌握毛泽东思想的科学原理,并在新的历史条件下加以发展;明确了解放思想就是使思想和实际相符合、使主观和客观相符合,就是实事求是;明确了实践是检验真理的唯一标准这个马克思主义认识论的不可动摇的基本原则。由此,我们党恢复了毛泽东同志倡导的实事求是的思想路线,彻底摆脱了"两个凡是"的严重束缚,实现了思想路线的拨乱反正,为实现全面拨乱反正奠定了思想基础,带来了我们党和民族的新的伟大觉醒,孕育了理论和实践的伟大创造。

第二,真理标准问题的讨论,为党的十一届三中全会实现历史转折、我国迈向改革开放新时期做了思想准备。在领导和支持真理标准问题的讨论中,邓小平同志始终着眼大局,把推进社会主义现代化建设作为这场讨论的落脚点,使真理标准问题讨论的过程成为引导人们思考国家向何处去这一重大课题的过程。通过这场大讨论,党内外思想日益活跃,出现了打破习惯势力和主观偏见的束缚,努力研究新情况、解决新问题的生动景象。以此为基础,1978年12月召开的党的十一届三中全会,实现了建国以来我们党的历史上具有深远意义的伟大转折。邓小平同志在为这次全会做准备的中央工作会议上所作的《解放思想,实事求是,团结一致向前看》这一极其重要的讲话,实际上是开创我国社会主义事业发展新时期的宣言书。这次全会停止使用"以阶级斗争为纲"这个不适用于社会主义社会的口号,果断作出把党和国家的工作重点转移到社会主义现代化建设上来和实行改革开放的战略决策;这次全会实事求是地解决了一批重大历史事件和重要领导人的是非功过问题,对过去一些不符合客观实际的理论观点、形势估计和方针政策做了改变和调整,提出了一系列有利于增强党的团结和调动一切积极因素的方针政策;这次全会高度评价了关于真理标准问题的讨论,确定了解放思想、开动脑筋、实事求是、团结一致向前看的指导方针,要求全党同志和全国人民继续打破林彪、"四人帮"的精神枷锁,进一步解放思想,"开动机器",推动工作中心的转变,保证社会主义现代化建设顺利进行。两年之后,邓小平同志再次评价说:"真理标准问题的讨论,对于我们这几年来在政治、经济、组织等各方面进行一系列改革,对于我们在各条战线上取得显著成绩,起了极大的推动作用。"真理标准问题的讨论,是伟大历史转折的思想先导,激发了人民群众的创造活力,催生了改革开放和社会主义现代化建设的崭新实践,开启了中华民族振兴的新的伟大征程。

第三,真理标准问题的讨论,为我们党在改革开放30年中坚持和发展中国特色社会主义道路、形成中国特色社会主义理论体系提供了强大精神动力。改革开放是前无古人的开创性事业,没有现成的经验可循,只能在艰辛探索中开拓前进。每前进一步都是靠解放思想,靠大胆创新,才不断开辟新路。正是不断解放思想,坚持一切从实际出发,我们党领导人民开辟了一条崭新的中国特色社会主义道路,形成了中国特色社会主义理论体系。30年来,从农村改革到城市改革,从经济领域改革到其他各个领域改革,从沿海开放到沿江沿边开放,从东部开放到中西部开放,从尊重群众首创精神先行试点到逐步推开,这一历史上从未有过的大变革,极大地调动了亿万人民的积极性,极大地焕发了社会主义的生机活力。30年来,我国经济从一度濒于崩溃的边缘发展到总量跃居世界第四、进出口总额位居世界第三,人民生活从温饱不足发展到总体小康,农村贫困人口从两亿五千多万减少到一千多万,这一世界上少有的持续快速发展,深刻改变了我国的面貌,显著提升了我国的国际地位。30年来,从完整准确地理解毛泽东思想的科学体系到实现马克思主义中国化的第二次历史性飞跃,从确立邓小平理论和"三个代表"重要思想的指导地位,到提出科学发展观等重大战略思想,这一在实践基础上形成的马克思主义中国化最新成果,既坚持了科学社会主义基本原理又赋予其鲜明的中国特色,开辟了马克思主义发展的新境界。可以说,改革开放30年来,我们党历经艰辛开创的中国特色社会主义道路和中国特色社会主义理论体系,是与始终坚持实践是检验真理的唯一标准、始终坚持解放思想密不可分的。不解放思想,就打不开思路,就找不到出路,就不能解决时代新课题,就干不出新的事业,就不会取得举世瞩目的伟大成就。30年来,实践上每一次创造、理论上的每一次突破、事业上的每一次进步,无不闪耀着实践是检验真理的唯一标准的光辉。

第四,真理标准问题的讨论,使我们党在改革开放30年中坚持解放思想,形成了一系列行之有效的宝贵经验。主要有:必须始终牢记解放思想、实事求是、与时俱进是马克思主义活的灵魂,是我们适应新形势、应对新挑战、认识新事物、开拓新局面的根本思想武器;必须坚持马克思主义指导地位,把马克思主义基本原理同中国具体实际结合起来,推进理论创新,不断赋予当代中国马克思主义鲜明的实践特色、民族特色、时代特色,用马克思主义中国化最新成果武装全党、教育人民;必须坚持实践是检验真理的唯一标准,人民群众是实践的主体,尊重人民群众的首创精神,在实践中认识真理、发展真理、检验真理;必须始终立足于社会主义初级阶段的基本国情,自觉地把思想认识从那些不合时宜的观念、做法和体制的束缚中解放出来;必须坚持以我国改革开放和社会主义现代化建设的实际问题、以我们正在做的事情为中心,着眼于马克思主义理论的运用,着眼于对实际问题的理论思考,着眼于新的实践和新的发展,勇于开拓前进;必须树立世界眼光,以宽广的眼界观察和把握世界发展趋势,积极借鉴和吸收人类社会创造的一切有益文明成果;必须坚持把大胆探索的勇气同科学求实的精神统一起来,充分发扬民主,鼓励畅所欲言,既尊重差异、包容多样,又有力抵制各种错误和腐朽思想的影响,努力在多元多样中立主导,在交融交流中谋共识;必须在解放思想中统一思想,自觉用党的创新理论成果武装头脑、指导实践、推动工作。这些宝贵经验,是我们党在解放思想中形成的认识成果,为我们解放思想提供了基本遵循,必须倍加珍惜、很好坚持,并在实践中不断丰富和发展。

今天我们党领导的中国特色社会主义伟大事业正处于新的历史起点上。我们已经取得举世瞩目的伟大成就,但决不能骄傲自满,决不能停滞不前。面对当今世界正在发生的广泛而深刻的变化,面对当代中国正在发生的广泛而深刻的变革,面对实现人民群众新要求新期待的繁重任务,党的十七大突出强调要继续解放思想,并强调解放思想是发展中国特色社会主义的一大法宝。这是有深刻含义的,也是有现实针对性的。当今世界正处在大变革大调整之中,世界多极化不可逆转,经济全球化深入发展,科技革命加速推进,世界的力量组合和利益分配正在发生新的深刻变化,我国的前途命运日益紧密地同世界的前途命运联系在一起,我国的国际地位和国际影响日益提高,世界对我国的影响也比以往任何时候都更为直接而广泛。只有继续解放思想,进一步增强世界眼光和战略意识,更好地统筹国内国际两个大局,才能趋利避害、争取主动,在深刻变动的国际格局中赢得更多的发展机遇,获得更多的发展空间,取得更大的发展优势。我国改革发展正处于关键阶段,改革发展的任务艰巨繁重,既有巨大发展潜力和动力,又有各种困难和风险;既有难得机遇，又有严峻挑战。只有继续解放思想，勇于变革、勇于创新，不为任何风险所惧，不为任何干扰所惑，才能更好地解决我国改革发展面临的新课题新矛盾，更好地巩固和发展改革开放已经取得的理论成果和实践成果。新世纪新阶段人民群众过上更加美好生活的愿望日益强烈，不仅要求物质生活更加富足，而且要求政治参与更加充分、精神文化更加丰富、社会生活更加安定和谐。只有继续解放思想，坚持以人为本，着眼全面发展，急人民所急，想人民所想，才能更好地解决事关人民群众切身利益的突出问题，使人民群众共享改革发展的成果。在新的时代条件下、新的历史起点上、新的发展进程中，我们一定要充分认识解放思想的重大理论意义、实践意义、现实意义、历史意义，紧紧围绕贯彻落实党的十七大作出的各项战略部署，在继续解放思想上迈出新步伐，取得新成效。

1. 通过继续解放思想，进一步增强高举中国特色社会主义伟大旗帜的自觉性和坚定性，毫不动摇地坚持和发展中国特色社会主义。30年来解放思想的最大成果，就是形成了中国特色社会主义“一面旗帜，一条道路，一个理论体系”。在当代中国，只有中国特色社会主义旗帜而不是别的什么旗帜，能够最大限度地团结和凝聚不同社会阶层、不同利益群体的智慧和力量；只有中国特色社会主义道路而不是别的什么道路，能够指引中华民族实现伟大复兴；只有中国特色社会主义理论体系而不是别的什么主义，能够引领中国发展进步。继续解放思想，首要的就是始终做到高举中国特色社会主义伟大旗帜不动摇，坚持中国特色社会主义道路不动摇，坚持中国特色社会主义理论体系不动摇。坚持不懈地用中国特色社会主义理论体系武装全党、教育人民，深入开展中国特色社会主义理论体系宣传普及活动。继续实施马克思主义理论研究和建设工程，系统总结30年改革开放的实践经验，把马克思主义中国化最新成果的学习、研究、宣传不断引向深入。特别是要引导广大党员、干部紧密结合改革开放和现代化建设的生动实践，紧密结合自己的思想和工作实际，学习中国特色社会主义理论体系，努力掌握贯穿其中的马克思主义立场、观点、方法，做到真学、真懂、真信、真用，不断提高思想理论水平和实际运用能力。中国特色社会主义道路是不断拓展的、开创性的道路，中国特色社会主义理论体系是不断发展的、开放性的理论体系。在坚持和发展中国特色社会主义的过程中，仍然有许多未被认识或未被充分认识的领域和规律，仍然有待于我们继续由“必然王国”向“自由王国”前进。继续解放思想，就要求我们围绕改革发展稳定中的重大问题，围绕群众生产生活中的紧迫问题，围绕党的建设中存在的突出问题，继续研究新情况、总结新经验，不断以新的理论观点和科学思想丰富和发展中国特色社会主义的道路和理论体系，使中国特色社会主义道路越走越宽广，使中国特色社会主义理论体系越来越丰富，使中国特色社会主义伟大事业越来越兴旺。

2. 通过继续解放思想，进一步深入贯彻落实科学发展观，更好地推动科学发展、促进社会和谐。科学发展观是同马克思列宁主义、毛泽东思想、邓小平理论和“三个代表”重要思想既一脉相承又与时俱进的科学理论，是我国经济社会发展的重要指导方针，是发展中国特色社会主义必须坚持和贯彻的重大战略思想。科学发展观提出后，得到广大干部群众的衷心拥护，在实践中发挥了重要指导作用，取得了明显成效。但同时也要看到，把思想真正统一到科学发展观上来还有大量工作要做，解决影响科学发展的矛盾和问题还有大量工作要做。继续解放思想，就是要进一步把广大干部群众的思想认识引导到科学发展观上来，深刻把握科学发展观的科学内涵、精神实质和根本要求，切实转变不适应不符合科学发展观要求的思想观念，进一步树立以人为本的观念、全面发展的观念、协调发展的观念、可持续发展的观念。要不断增强贯彻落实科学发展观的自觉性和坚定性，凡是符合科学发展观要求的就全力以赴地去做，凡是不符合科学发展观要求的就毫不含糊地去改，着力解决影响和制约科学发展的突出问题，更加自觉地走科学发展道路。要提高运用科学发展观分析问题、指导实践的本领，把科学发展观转化为谋划科学发展的正确思路，转化为促进发展的政策措施，转化为领导发展的实际能力，转化为有利于科学发展的体制机制，更好地把握发展规律，创新发展理念，破解发展难题，提高发展的质量与效益，努力推动经济社会又好又快发展。

3. 通过继续解放思想，进一步深化改革、扩大开放，为发展中国特色社会主义提供强大动力。30年来，解放思想的过程始终是与改革开放的过程相伴随的。新时期最鲜明的特点就是改革开放。通过30年改革开放的洗礼，中华民族大踏步赶上了时代前进潮流、迎来了伟大复兴的光明前景，社会主义中国巍然屹立在世界东方。党的十七大报告指出，改革开放是决定当代中国命运的关键抉择，是发展中国特色社会主义、实现中华民族伟大复兴的必由之路；只有社会主义才能救中国，只有改革开放才能发展中国、发展社会主义、发展马克思主义。这是已经被实践证明并将继续被实践证明的真理。同时应当看到，改革开放是一场新的伟大革命，形成一套比较完整、比较定型的体制机制还有很长的路要走。特别是随着改革进入新的阶段，触及许多长期积累的深层次矛盾和问题，改革的复杂性和艰巨性大大增强，更需要坚定信心，付出艰苦的努力。对外开放要把“引进来”和“走出去”更好地结合起来,扩大开放领域,优化开放结构,提高开放质量,形成内外联动、互利共赢、安全高效的开放型经济体系,都面临着繁重的任务。继续解放思想,关键就是在推进改革开放上迈出新步伐。要进一步统一改革思想,凝聚改革共识,坚定改革开放的信心和决心,毫不动摇地坚持改革方向,坚持用改革和发展的办法解决前进中的矛盾和问题。要完善社会主义市场经济体制,推进各方面体制改革创新,不失时机地在一些重要领域和关键环节实现改革的新突破,加快构建充满活力、富有效率、更加开放、有利于科学发展的体制机制。要努力提高改革决策的科学性,做到理论准备更充分、政策思路更缜密、方法步骤更慎重,降低改革代价,提高改革效率。要增强改革措施的协调性,树立全局眼光和战略思维,加强对改革的总体指导和统筹规划,进一步协调改革思路、配套改革措施、规范改革行为,使经济、政治、文化、社会各方面改革有机衔接、协调推进。要坚持把改善人民生活作为正确处理改革发展稳定关系的结合点,切实把改革的力度、发展的速度和群众的可接受程度统一起来,使改革进一步兼顾各方面利益、照顾到各方面关切,始终得到人民拥护和支持。今年是我国改革开放30周年,中央决定举行隆重纪念活动,中央有关部门还将举办理论研讨会。我们要通过深入的理论研讨,把改革开放的伟大意义、巨大成就、成功经验、前进方向总结好、阐述好、宣传好,继续解放思想,推动理论创新,努力营造坚持改革开放的良好思想理论氛围,把改革开放伟大事业继续推向前进。

4.通过继续解放思想,进一步推进经济、政治、文化、社会各项建设,为夺取全面建设小康社会新胜利而奋斗。经济建设、政治建设、文化建设、社会建设,构成了中国特色社会主义事业的总体布局。30年来,解放思想的历程就是中国特色社会主义事业总体布局不断发展与完善的历程,就是人民生活总体上逐步达到小康水平并向更高水平小康社会迈进的过程。同时应当看到,我们现在达到的小康还是低水平的、不全面的、发展很不平衡的小康,巩固和提高目前达到的小康水平,全面建成惠及十几亿人口的更高水平的小康社会任重道远。党的十七大顺应各族人民过上更好生活的新期待,把握经济社会发展趋势和规律,对我国发展提出了新的更高要求,对我国社会主义经济建设、政治建设、文化建设、社会建设作出了全面部署。继续解放思想,就是要在加快转变经济发展方式、完善社会主义市场经济体制方面取得重大进展,大力推进经济结构战略性调整,更加注重提高自主创新能力、提高节能环保水平、提高经济整体素质和国际竞争力;就是要坚持中国特色社会主义政治发展道路,坚持党的领导、人民当家做主、依法治国有机统一,不断推进社会主义政治制度自我完善和发展,发展社会主义政治文明;就是要坚持社会主义先进文化前进方向,建设社会主义核心价值体系,兴起社会主义文化建设新高潮,激发全民族文化创造活力,提高国家文化软实力,更加自觉、更加主动地推动文化大发展大繁荣;就是要加快推进以改善民生为重点的社会建设,着力解决关系人民群众切身利益的实际问题,推进社会体制改革,扩大公共服务,完善社会管理,妥善处理人民内部矛盾,促进社会公平正义,推动建设社会主义和谐社会。我们要按照中国特色社会主义事业总体布局的要求,不断探索和解决关系全局的重大问题,努力实现经济发展和社会全面进步,为建设富强民主文明和谐的社会主义现代化国家打下更加牢固的基础。

5.通过继续解放思想,进一步以改革创新精神全面推进党的建设新的伟大工程,不断提高党的执政能力、保持党的先进性。真理标准问题的讨论和30年来解放思想的进程,是在我们党的领导和推动下展开的,我们党自身也在这个过程中不断焕发出新的生机和活力,党的建设取得丰硕成果,党的执政能力不断提高。同时应当看到,世情、国情、党情的发展变化,决定了以改革创新精神加强和改进党的建设既十分重要也十分紧迫。胡锦涛同志指出:“我们党之所以能够成为带领人民团结奋斗的坚强领导核心,归根到底,是因为我们党能够通过坚持不懈的改革创新来提高党的执政能力、保持和发展党的先进性。中央反复向全党同志强调,一个政党过去先进不等于现在先进,现在先进不等于永远先进;党的领导核心地位不是一劳永逸的,过去拥有不等于现在拥有,现在拥有不等于永远拥有。”继续解放思想,就是要深刻总结我们党加强自身建设的宝贵经验,紧密联系新形势下提出的新课题新挑战,以改革的思路寻求加强和改进党的建设的新途径新办法,以创新的举措推动各项制度、机制和工作方式的健全和完善。要按照党的十七大的要求,紧紧围绕党的执政能力建设和先进性建设这条主线,以坚定理想信念为重点加强思想建设,以造就高素质党员、干部队伍为重点加强组织建设,以保持党同人民群众的血肉联系为重点加强作风建设,以健全民主集中制为重点加强制度建设,以完善惩治和预防腐败体系为重点加强反腐倡廉建设,使党始终成为立党为公、执政为民,求真务实、改革创新,艰苦奋斗、清正廉洁,富有活力、团结和谐的马克思主义执政党。

真理标准问题的讨论和30年来我们党坚持解放思想,推动了中国特色社会主义的大发展,这是我们得出的重要结论。今天我们党号召继续解放思想,奋力开拓中国特色社会主义更为广阔的发展前景,这是对真理标准问题的讨论和30年坚持解放思想的最好纪念。全党同志特别是广大理论工作者、宣传工作者、新闻工作者、教育工作者,要继续发扬解放思想、实事求是、与时俱进的优良作风,继续保持开拓进取、奋发有为的精神状态,勇于做解放思想的先行者、改革创新的排头兵,在以胡锦涛同志为总书记的党中央领导下,高举中国特色社会主义伟大旗帜,锐意进取,不懈奋斗,为推进中国特色社会主义伟大事业、实现中华民族伟大复兴作出新的更大贡献!

国家副主席习近平致电祝贺火炬接力珠峰传递中国登山队顺利登顶珠峰

5月9日

国家主席胡锦涛在东京会见以众议院议长河野洋平为会长的日本支持北京奥运会议员联盟的领导成员

国家主席胡锦涛在横滨会见神奈川县知事松泽成文 横滨市市长中田宏

国家主席胡锦涛在大阪府会见日本大阪府知事桥下彻及日本关西地区各县市和各界负责人

全国政协主席贾庆林在布达佩斯出席中匈企业家早餐会并致辞

贾庆林表示,经贸合作是中匈友好合作伙伴关系的重要内容,也是双边关系持续健康发展的重要动力。中匈经贸合作拥有坚实基础和广阔前景。近年来,中匈经贸合作发展迅速,双边贸易额已从2000年的不足10亿美元上升到2007年的62亿美元。匈牙利已成为中国在中东欧地区的重要贸易伙伴,双方相互投资与合作涉及金融、航空、家电、通信、农牧、旅游等领域。中匈经贸合作给两国人民带来了实实在在的利益。

贾庆林指出,进一步扩大中匈双边经济合作规模,提升合作水平和质量,是摆在两国政府和企业家面前的共同任务。为此,他建议:第一,进一步加强两国企业界的交流,加强市场、商品、贸易信息交流,更好地了解对方市场,深挖合作潜力,不断扩大贸易规模,提高贸易产品的技术含量和附加值。第二,努力开发大型合作项目,扩大相互投资。中方欢迎匈牙利企业来华投资兴业,也支持本国有实力的企业到匈牙利发展。希望两国企业把贸易往来与投资合作相结合,在节能环保、汽车制造、基础设施建设等领域选择条件成熟的项目作为投资重点,扶持和开发大型合作项目。第三,积极探索高新技术领域合作,努力提高合作档次。匈牙利素有"发明家民族"的美誉,具备一定科技、人才优势。中国也在大力推进科技创新,加快发展高新技术产业,注重采用高新技术改造和提升传统产业。双方可进一步拓宽经济技术合作领域,在新能源、新材料、生物技术等领域开展技术创新和研发合作。

贾庆林希望两国企业界共同努力,使中匈经贸合作结出更加丰硕的果实,更好地造福两国和两国人民。

匈牙利国会主席西利出席早餐会并发表了讲话。

全国政协主席贾庆林在布达佩斯会见匈牙利前总理迈杰希

2008陆家嘴论坛在上海开幕

中共中央政治局委员、国务院副总理王岐山出席开幕式并发表演讲。

中共中央政治局委员、上海市委书记俞正声陪同出席了开幕式。

王岐山指出,改革开放30年来,中国经济社会发展取得了举世瞩目的巨大成就。我们将按照党的十七大部署,深入贯彻落实科学发展观,继续推进改革开放,坚持以人为本,促进社会和谐。在拥有13亿人口的中国实现现代化,是人类进步事业的一个伟大创举。

王岐山说,改革开放以来特别是近些年来,中国金融发生了历史性变化。银行、证券、保险业迅速发展,金融改革扎实推进,金融对外开放不断扩大,金融监管和金融法律、法规不断完善,区域性、系统性金融风险得到处置和化解。

王岐山强调,必须把加快转变金融发展方式作为重大而紧迫的战略任务,着力解决影响和制约金融业科学发展的突出问题。加快形成多层次金融市场体系。大力推进金融组织制度、产品和服务创新,加快培养和引进各类金融人才。不断提高金融调控和服务水平,促进国民经济又好又快发展。

王岐山指出,金融改革开放任重而道远。继续加大金融企业改革力度,使之经得起开放条件下市场竞争和经济周期变化的考验。加快农村金融改革,更好地服务于"三农"。进一步加强资本市场基础性制度建设,深化保险业改革。不断推进人民币汇率形成机制、利率市场化等改革。积极稳妥推进金融对外开放,使开放的节奏和力度与经济发展水平、市场发育程度和金融监管能力相适应。

王岐山强调,金融安全直接关乎国家经济社会稳定大局,关乎人民群众根本利益,必须把维护金融安全稳定放在首要位置。不断完善金融监管体制机制,继续加强金融监管,寓监管于服务之中,在有效监管、防范风险前提下促进金融创新。强化对跨境资本流动的监管。加快构建金融安全网。加强全社会金融知识普及和风险教育。

中国人民银行行长周小川、中国银监会主席刘明康、中国证监会主席尚福林、中国保监会主席吴定富、国务院副秘书长毕井泉、上海市市长韩正等出席了开幕式。

黑龙江省第十一届人民代表大会第二次会议选举吉炳轩为省人大常委会主任

中共中央政治局常委李长春在人民大会堂会见由总编辑金重协率领的朝鲜劳动新闻代表团

国务院副总理回良玉在加拉加斯会见委内瑞拉总统查韦斯

回良玉表示，中国政府高度重视两国战略伙伴关系的巩固和发展，愿与委方一道，继续本着互利共赢、共同繁荣的原则，认真落实两国元首发展双边关系、深化互利合作的重要共识，不断扩大双方在经贸、能源、农业、扶贫、基础设施建设等领域合作，造福两国人民。

查韦斯表示，委方高度重视两国的战略伙伴关系，将与中方共同努力，继续加强高层交往和各层次人员往来，不断深化两国在能源、农业、经贸、扶贫等领域的互利合作，促进共同发展。

查韦斯说，委方将继续坚定奉行一个中国政策。他指出，西藏事务纯属中国内政，委方完全支持中国政府的有关政策和措施，反对将奥运会政治化，相信北京奥运会将取得圆满成功。

会见后，双方共同出席了《中华人民共和国农业部和国家开发银行与委内瑞拉玻利瓦尔共和国农业及土地部和经济社会发展银行谅解备忘录》《中华人民共和国政府与委内瑞拉玻利瓦尔共和国政府关于联合融资基金的协议》等双边文件的签字仪式。

国务院副总理回良玉在加拉加斯与委内瑞拉副总统卡里萨莱斯举行会谈

第一家跨省重组文化产业发行公司在海口成立

经国家新闻出版总署和江苏、海南两省主管部门批准，由海南与江苏两省新华书店集团合资组建的海南凤凰新华发行有限责任公司在海口挂牌成立。这是我国发行业的首例跨地区战略重组项目。

国务院副总理李克强在北京出席全国爱卫会全体会议并发表讲话

李克强说，夏季是传染病的易发时期，大力开展爱国卫生运动具有十分重要的意义。要坚持以人为本，把维护人民群众健康放在第一位。坚持预防为主，以农村为重点，依靠科学技术，着力抓好健康教育、环境整治和疾病防控工作。坚持广泛发动群众、依靠群众、服务群众、造福群众，建立、健全政策法规体系，完善党委政府领导、部门组织协调、全社会共同参与的工作机制，不断掀起爱国卫生运动的新高潮。

李克强说，要明确今年夏季开展爱国卫生运动和加强传染病防治工作的主要任务。广泛宣传普及预防疾病的卫生知识，倡导科学、文明、健康的生活方式，引导群众正确认识疾病，养成良好的生活卫生习惯。加大环境卫生整治力度，动员组织基层单位和群众搞好环境卫生。对城乡环境卫生进行综合整治，清理城乡暴露垃圾，消除污水坑塘，大力推进改水改厕，倡导农村垃圾集中收集处理。采取多种方式，广泛宣传，动员广大人民群众积极参与爱国卫生运动，改造家园，美化环境，防治疾病。

李克强强调，当前，进一步加强传染病预防控制，要重点做好手足口病防控工作，落实已采取的一系列防控措施，集中力量，按照统一部署做到早发现、早诊断、早报告、早治疗，实行就近定点治疗，有效阻断传播途径。强化重点地区、重点场所、重点人群的预防控制，特别是抓好托幼机构、中小学校的防控措施。要依法及时准确公开发布疫情，全力做好少数重症患者救治工作。

会议充分肯定了爱国卫生运动取得的历史性成就，研究了新一届全国爱卫会工作，分析了当前疾病防控形势和城乡环境卫生状况，对今年夏季大力开展爱国卫生运动、进一步加强传染病防治工作进行了部署。

卫生部部长陈竺在会上汇报了近期爱国卫生和传染病防治工作情况。农业部、住房和城乡建设部、环境保护部负责同志发了言。全国爱国卫生运动委员会成员出席了会议。

5月10日

国家主席胡锦涛在大阪参观日本松下电器公司

国家主席胡锦涛在奈良会见日本奈良县知事荒井正吾和奈良市长藤原昭

全国政协主席贾庆林在卢布尔雅那会见斯洛文尼亚总统图尔克

刘翔以13秒19的成绩夺得国际田联大阪大奖赛男子110米栏冠军

5月11日

国务院总理温家宝在大型飞机重大专项研制工作有关会议上发表题为《让中国的大飞机翱翔蓝天》的讲话

大型飞机重大专项已经立项了,中国人要用自己的双手和智慧制造有国际竞争力的大飞机。让中国的大飞机飞上蓝天,既是国家的意志,也是全国人民的意志。我们一定要把这件事情做成功,实现几代人的梦想。这不仅是航空工业的需要,更是建设创新型国家的需要。大飞机研制会带动一批重大领域科技水平提升,将使中国整个客机制造业向更高领域迈进。

一、充分认识实施大型飞机重大专项的重要性

研制和发展大型飞机,是《国家中长期科学和技术发展规划纲要(2006—2020年)》确定的重大科技专项,是建设创新型国家,提高我国自主创新能力和增强国家核心竞争力的重大战略举措。研制和发展大型飞机,是一个国家工业、科技水平和综合实力的集中体现,也是全国人民多年的愿望,对增强我国的综合实力和国际竞争力,使我国早日实现现代化具有极为重要的意义。邓小平同志曾经讲过,搞一些重大科技项目,是一个国家兴旺发达的标志。我们要把大型飞机研制作为建设创新型国家的一项重要标志,以对历史负责、对人民负责的态度实施好这项工程。

实施大型飞机研制重大专项对我国经济和科技发展具有巨大的带动作用。航空工业产业链长、辐射面宽、连带效应强,在国民经济发展和科学技术进步中发挥着重要作用。人们说大型飞机是现代制造业的一颗明珠,就是因为大型飞机是现代高新技术的高度集成,能够带动新材料、现代制造、先进动力、电子信息、自动控制、计算机等领域关键技术的群体突破,能够拉动众多高技术产业发展,其技术扩散率高达60%。发展大型飞机,还将带动流体力学、固体力学、计算数学、热物理、化学、信息科学、环境科学等诸多基础学科的重大进展。做好这项工作,将会全面地、大幅度地提高我国的科学技术水平。

实施大型飞机重大专项有利于航空工业的发展。实施大型飞机重大专项要集成世界最新技术,研制出具有市场竞争力的大型客机,最终形成强大的航空工业。发展大型飞机可以为航空工业的发展提供突破口和增长点,有利于提高我国航空工业的制造能力和管理水平。

二、研制大飞机应正确认识和处理的几大关系

正确认识和处理安全性同经济性的关系。这对我们成功研制大型飞机乃至发展有市场竞争力的航空产业,具有战略性和全局性的意义。安全性是第一位的,必须确保,因为没有安全性,一切都无从谈起。但是,如果不注重经济性,不考虑成本,不考虑舒适性和环保性,造出的飞机缺乏商业竞争力,就不能形成一个有市场竞争力的航空产业。今后十几年,科学技术将不断变化,航空工业技术还可能有突破性的进展。一个突破性的、革命性的成果,可能带来航空工业巨大的变化,要密切关注,紧紧跟踪。没有预见性,就会落后。我们造出的飞机,只有在安全性和经济性方面具有世界先进水平,才能在市场竞争中占有优势。安全性和经济性相统一,关键在技术,只有采用国际先进的、一流的技术,才能实现两者的有机结合,这样国内外乘客才能认可、市场才能接受。这个目标是很高的,任务是很艰巨的,但又是非攀登不可、非完成不可的。因此,对安全性和经济性的具体目标以及实现的技术路线,要做深入论证。要大大增强适航意识,适航审定部门要按照国际和国内的适航标准,从飞机的初始设计到整机组装生产实行全过程的质量监控。安全性和经济性相统一,从方案制订一开始就要非常明确,并把这个指导思想贯穿到设计、工程、验收和产业化等各个阶段。

正确认识和处理自主创新同利用全球科技资源的关系。研制大型飞机是新世纪建设创新型国家的标志性工程,必须坚定不移地贯彻自主创新的方针。历史和实践告诉我们:核心技术是买不来的,只能靠我们自己。研制大型飞机,同样要下这样的决心,做这样的准备。研制工作必须坚持以我为主、自主创新,全方位考虑。大型飞机的总体设计和总装一定要自己搞,发动机、机载设备和材料等,最终也要靠自主研制。同时,必须清醒地看到,新中国成立50多年来,我们虽然依靠自己的力量,搞了支线飞机,但没有真正搞过拥有自己品牌的大型飞机。我们现在自主研制大型飞机,一方面要看到,无论是硬件、软件和人才,我们同世界先进水平相比都有很大的差距;另一方面也要看到我们在诸多方面具备一定的条件,包括经济实力、工业基础、市场需求和开放程度,同改革开放前相比确实有了巨大进步。我们的自主创新,完全可以在对外开放的条件下进行,完全可以利用全球科技资源为我服务。关起门来一切从头开始摸索,没有必要也不可能真正成功。我们要注重有效利用全球科技资源,注重集成国内外先进技术和成熟产品,注重在引进的基础上消化、吸收国际先进技术。还可考虑把批量购机、设立总装厂和零部件厂同航空制造技术的引进消化再创新结合起来,促进我国航空工业的快速发展。总之,要进一步搞清楚:大飞机的哪些技术是我们已有足够储备,可直接利用的;哪些技术我们已具备一定基础条件,依

靠自己力量可研发出来的；哪些技术是需要通过集成创新或引进消化再创新加以解决的；哪些技术是从外面既学不来又买不到，必须依靠自主创新、锲而不舍组织攻关的。总之，要把自主创新同集成创新、引进消化吸收再创新结合起来，突破制约大型飞机发展的关键技术。

正确认识和处理体制机制创新同发挥现有技术、人才、企业作用的关系。体制机制创新，是组织实施大型飞机重大专项成败得失的关键。大型飞机项目的成功实施，必须要有一个好的体制机制作保障。大型飞机投资大、周期长、技术要求高、市场变化因素多，把这一产业做大做强，必须解决好技术问题，必须严格遵循科学技术规律和市场经济规律。要进一步打破部门、地方和企业之间的人为壁垒，按照社会主义市场经济规律办事，优化和整合各类科技资源和生产要素，面向国内外市场，组建符合现代企业制度要求的大型客机项目公司，在产品研制生产、市场开发营销、用户支援服务和资金筹措运营等方面创新管理经营模式。制造出有竞争力的大飞机，重要的是靠人，靠每一位设计人员的智慧和创造力。一个国家的实力是有限的，但人的创造力是无限的。所以，大飞机制造靠国家实力，靠科技的综合能力，但归根结底要靠人、靠设计师。要把国家意志变为人的意志，变为设计师的意志。我国经过半个多世纪艰苦奋斗所形成的比较完整的航空工业体系，一批掌握先进设计技术和有一定实践经验的人才队伍，是研制大型飞机的基础条件和重要力量。现有的设计、科研、试验和生产等宝贵资源，不应该丢也丢不得。毫无疑问，我国自主研制大型飞机，为充分发挥我国现有技术、人才和基地的作用，提供了前所未有的机遇和舞台。我们应该从国家整体利益出发，通过深化体制机制改革，进一步打破部门、地方和企业之间的人为壁垒，优化整合各类科技资源和生产要素，使我国航空工业各方面参与大型飞机重大专项的积极性和创造性得以充分发挥。这就需要进行大量繁重而周密细致的组织工作。不适应新形势、新任务的“大锅饭”体制，必须坚决打破；同国际接轨、有利于集成和激发各方面自主创新活力的新体制、新机制，一定要建立起来。

正确认识和处理研制攻关同实现产业化的关系。大型飞机工程要经历研制和产业化两个相互依存、相对独立的阶段。研制阶段以研发和设计为主，风险很大。特别是核心技术的研发和突破，需要依靠以企业为主体、产学研相结合的技术创新体系，需要发挥社会主义制度集中力量办大事的优势，举全国之力联合攻关。造出样机只是成功的开端，还要通过不断试飞、不断总结经验和不断改进设计，逐步满足用户需要，才能谈得上产业化。从某种意义上说，大飞机的成功和声誉，不是造出来的，而是用出来的。产业化阶段是批量生产的阶段。大型客机的产业化阶段，要面向国内外市场多样化的需求，建立完整的大型客机产业组织，建立一流的售后服务体系，其技术和管理的难度、经营的风险要比研制阶段更多、更大。实现产业化，这是我们研制大型飞机所追求的总体目标。因此，对大型飞机在研制阶段和产业化阶段的工作目标、任务、风险和融资条件等，应做进一步的深入论证，做到统筹规划、科学组织、分步实施。

正确认识和处理政府主导同市场机制的关系。研制大型飞机是特别重大的项目，代表国家的意志，必须发挥政府的主导作用，从发展战略、行业立法、产业政策、财政投入等方面给予长期的、稳定的支持，提供多方面的服务。纵观国际航空产业发展史，国家长期稳定的支持是大型飞机项目成败的一个关键因素。同时我们也要看到，在我国现阶段研制大型飞机，技术创新本身离不开市场经济的环境和条件，必须遵循航空产业发展的规律，注重发挥市场机制在有效配置人才、技术、资金等方面的重要作用。我们的政策，应立足于培育国家航空工业科研和制造的长期竞争能力和持久创新活力。政策倾斜的目的是促进大型飞机项目公司在市场中逐步实现良性循环发展，而不是完全依赖政府。航空企业面临新的发展机遇和挑战，要继续深化体制改革，积极参与市场竞争，为振兴我国航空工业再立新功。

三、集中精力做好大型飞机重大专项的实施工作

研制大型飞机投资大、周期长、不确定因素多，是一项极其复杂的系统工程，面临许多风险和困难，任务十分艰巨。要生产出安全可靠、具有市场竞争力的大型飞机，并实现产业化，需要做许多艰苦细致的工作。

加强组织领导、集中力量、合力攻关。集中力量办大事，是我们在实践中总结的有益经验和制胜法宝，是社会主义制度的优势。新中国诞生后，我们在“一穷二白”的情况下，初步建立起一个独立的比较完整的工业体系和国民经济体系，特别是“两弹一星”的成功，靠的就是这个优势。改革开放以来，我们利用这个优势，集中力量建设和实施了三峡工程、青藏铁路、载人航天等一批重大工程，取得了世人瞩目的成就。在新的形势下，实施大型飞机重大专项，必须继续发挥这一优势，把有限资源加以整合，统筹安排，严格遵循科学技术规律和市场经济规律。

要牢固树立全局观念。研制大型飞机是国家意志的体现，国家利益高于一切。研制工作要全国一盘棋，各个方面要大力协同、密切配合。国务院有关部门、地方以及有关企业、科研机构，要按照中央的

决策和统一部署开展工作，树立全局观念，搞好协调配合，自觉服从国家的需要。不允许各行其是，推诿扯皮，不允许以局部利益损害整体利益。航空企业要在新形势下进一步深化改革，主动承担任务，积极参与竞争，密切协调配合，为建立强大的航空工业再立新功。

要充分调动各方面的积极性。实施大型飞机重大专项，要充分利用我国航空工业的现有基础，特别是充分发挥作为我国航空工业主力军的航空企业集团的作用，同时也要充分调动有关地方和企业的积极性。研制大型飞机必须充分调动科研人员的积极性，要培养、吸引、凝聚一大批优秀科技人才，尤其是学科和产业技术带头人，鼓励他们发扬“两弹一星”精神，发奋图强，攻克难关，为国家振兴建功立业。同时，有关部门要着手研究制定相关政策，以调动各方面的积极性。

要加强组织协调。大型飞机的研制生产工作，涉及方方面面，技术难度大，协作配合的部门和单位多。要进一步加强领导，建立、健全协调机制，及时解决工作中出现的矛盾和问题，确保大型飞机研制工作的顺利进行。大型飞机项目已经列入《国家中长期科学和技术发展规划纲要(2006—2020年)》和《国民经济和社会发展第十一个五年规划纲要》，这项任务需要几届政府、甚至几代人不停顿进行下去，因此需要有制度作保障。

研制大型飞机是党中央、国务院在新世纪作出的具有重大战略意义的决策，我们的研制工作一定还会面临诸多困难和挑战。要完成这一光荣的历史使命，需要我们有远见、勇气、信心和力量。只要我们有百折不挠的决心和钢铁般的意志，齐心协力，扎实工作，积极应对各种困难，我们就一定能够实现中华民族自主研制的大型飞机翱翔蓝天的梦想。

中国商用飞机有限责任公司在上海成立

中共中央政治局委员、国务院副总理张德江，中共中央政治局委员、上海市委书记俞正声出席成立大会并为公司揭牌。全国政协副主席、科技部部长万钢，全国政协原副主席、中国工程院院长徐匡迪等出席。

张德江在讲话时代表党中央、国务院对中国商用飞机有限责任公司的成立表示热烈的祝贺，强调要树立雄心壮志，锐意改革创新，让中国的大飞机早日飞上蓝天。

张德江指出，发展大型客机项目，是党中央、国务院作出的一项重大战略决策，对于促进我国航空工业跨越式发展，提高我国自主创新能力，满足我国快速增长的民用航空市场需求，增强民族凝聚力，具有十分重要的意义。党和人民对大飞机项目寄予厚望。我们要发扬“两弹一星”精神、载人航天精神和航空报国精神，发愤图强，埋头苦干，一定要研制出中国自己的大飞机。一要坚定信心和决心，克服一切艰难险阻，不干则已，干就干好，干就干成。二要坚持走中国特色自主创新道路，既要积极引进和消化吸收国外先进技术，又要以我为主，集中突破核心关键技术和掌握自主知识产权。三要坚持建立现代企业制度的改革方向，完善公司治理结构，引入竞争市场化、运行制度化、市场全球化的经营管理模式，广泛动员和吸收社会各方面的力量参与研制工作。四要坚持尊重知识、尊重人才，培养和吸引一大批航空方面的专业人才，充分发挥各类人才的积极性和创造性。五要坚持全面动员，整合资源，团结协作，各有关方面的工作都要有利于大型客机项目的推进与发展。

中国商用飞机有限责任公司是经国务院批准成立，由七家股东单位组成、国家控股的有限责任公司，主要从事民用飞机及相关产品的设计、研制、生产等业务。公司注册资金190亿元，总部设在上海。

中央国家机关有关部门负责人，部分省市及中央企业、金融机构、高等院校、科研机构负责人和中外来宾500余人参加了大会。

5月12日

四川省汶川县发生7.8级地震

14时28分，在四川省汶川县(北纬31度，东经103.4度)发生7.8级地震。

据中国地震局通报，四川汶川发生地震时，宁夏、青海、甘肃、河南、山西、陕西、山东、云南、湖南、湖北、上海、重庆、北京等地均有震感。

中共中央总书记胡锦涛就四川省汶川县发生7.8级地震作出重要指示

地震发生后，中共中央总书记胡锦涛立即作出重要指示，要求尽快抢救伤员，确保灾区人民群众生命安全。国务院总理温家宝已赴四川地震灾区，现场指挥抗震救灾工作。

中共中央政治局常务委员会召开会议全面部署当前抗震救灾工作

中共中央总书记胡锦涛主持会议。

会议听取了有关部门关于四川省阿坝藏族羌族自治州汶川县等地地震灾情的汇报。会议强调，灾情就是命令，时间就是生命。灾区各级党委、政府和中央各有关部门一定要紧急行动起来，把抗震救灾作为当前的首要任务，不怕困难，顽强奋战，全力抢救伤员，切实保障灾区人民群众生命安全，尽最大努力把地震灾害造成的损失减少到最低程度。

会议要求，要立即组织人民解放军、武警部队、民兵预备役和医疗卫生人员，尽快赶赴灾区，全力抢救受伤人员。要千方百计向灾区运送食品、饮用水、药品和帐篷、防寒衣被等救灾物资，确保灾区群众有饭吃、有衣穿、有干净水喝、有临时住处。要迅速组织力量，抓紧抢修受损的设施和设备，尽快恢复灾区的通路、通电、通信和供水。要严密监测地震灾情，采取有效措施，防止次生灾害发生，同时要科学组织救灾工作，防止造成新的伤亡。要切实做好稳定人心的工作，加强正面舆论引导，对那些散布谣言、干扰破坏抗震救灾的行为，要坚决依法处理，确保社会大局稳定。

为加强对抗震救灾工作的领导，中央决定成立抗震救灾总指挥部，由温家宝同志任总指挥，李克强、回良玉同志任副总指挥，全面负责当前的抗震救灾工作。

中央号召，灾区各级党组织和全体共产党员一定要坚持人民利益高于一切，奋不顾身地投入到抗震救灾第一线，急人民群众之所急，解人民群众之所难，把党和政府的关怀送到每一个受灾群众中去。全国各地区各部门一定要大力发扬“一方有难、八方支援”的精神，万众一心、众志成城，迎难而上、百折不挠，共同夺取抗震救灾斗争的胜利。

国务院总理温家宝抵达四川指挥抗震救灾

温家宝在飞机上就主持召开紧急会议部署工作。他说，四川发生了特别重大的地震灾害。据目前掌握的情况，灾情发生后，党中央、国务院高度重视，胡锦涛总书记作了重要指示，国务院成立了以我为总指挥的抗震救灾指挥部，并设立有关部门、军队、武警部队和地方党委、政府主要负责人参加的救援组、预报监测组、医疗卫生组、生活安置组、基础设施组、生产恢复组、治安组、宣传组等8个抗震救灾工作组。

温家宝说，这次抗震救灾工作时间特别紧迫，责任特别重大，任务特别艰巨，各级党委、政府要把保护人民生命财产安全放在第一位，全力做好被困群众和受伤群众的救治工作，安排好受灾群众生活，全力组织恢复受损的基础设施，特别要抓紧通水、通电、通路，保证通信畅通，保证重要基础设施和水库大坝、铁路公路涵洞的安全，保证社会秩序的正常。

温家宝强调，党中央、国务院要求，各级领导干部要站在抗震救灾的第一线，身先士卒，带领广大群众做好抗震救灾工作。要发扬不怕牺牲、不怕疲劳、连续作战的作风，一切想着人民，一切为了人民，一切为人民的利益而工作。

温家宝说，在灾害面前，最重要的是镇定、信心、勇气和强有力的指挥。我相信，在党中央和国务院的坚强领导下，广大军民团结一致，众志成城，我们一定能够战胜这场特别重大的地震灾害。

19时10分许，温家宝一行抵达成都后随即乘车前往震中地区。由于地震造成前往震中汶川的道路已经中断，温家宝率领指挥部在都江堰就地搭建的帐篷里开展工作。初步了解情况后，温家宝当即提出5点要求：一是部队要立即从南北两个方向向震中地区前进，要克服一切困难、就是步行也要尽快进入受灾最严重的地区，早一秒到达受灾地区，就可能早抢救更多的生命；二是要争分夺秒抢修公路，哪怕修一条临时道路，也要把道路打通；三是要进一步摸清受灾情况；四是各部门要想尽一切办法将包括药品和食品在内的救灾物资运进灾区；五是请地震部门抓紧会商，对地震趋势作出科学研判。

国务院总理温家宝在都江堰主持召开国务院抗震救灾指挥部会议

温家宝提出四项要求：

第一，现在第一位的工作是抓紧时间救人，多争取一分一秒的时间就可能多抢救出一个被困者。我们必须把抗震救灾工作组织好，尽最大力量救人。要调动更多的解放军和武警部队官兵紧急投入到抗震救灾中。

第二，要不惜一切代价连夜打通道路。这是目前抗震救灾工作的关键。同时，要采取措施，尽快恢复通水、通电、通讯，不能有丝毫耽误。

第三，卫生部要统筹协调，从各地调医疗人员赶赴灾区。要准备好足够的救护车、药品等。

第四，要全力妥善安置好受灾群众，要紧急从各地调运大批帐篷，满足群众避震、避雨需要。

温家宝强调，人命关天，救人要紧，抗震救援要科学、有序、统一进行。干部和党员要站在第一线，组织好抗震救灾工作。

全国人大常委会委员长吴邦国在人民大会堂会见几内亚比绍国民议会议长贝南特

全国政协主席贾庆林在卢布尔雅那会见斯洛文尼亚总理扬沙

贾庆林同斯洛文尼亚国民委员会主席会谈并会见斯洛文尼亚议会副议长佩切

国务院发布《国务院关于加强市县政府依法行政的决定》

各省、自治区、直辖市人民政府，国务院各部委、各直属机构：

党的十七大把依法治国基本方略深入落实，全社会法制观念进一步增强，法治政府建设取得新成效，作为全面建设小康社会新要求的重要内容。为全面落实依法治国基本方略，加快建设法治政府，现就加强市县两级政府依法行政作出如下决定：

一、充分认识加强市县政府依法行政的重要性和紧迫性

（一）加强市县政府依法行政是建设法治政府的重要基础。市县两级政府在我国政权体系中具有十分重要的地位，处在政府工作的第一线，是国家法律、法规和政策的重要执行者。实际工作中，直接涉及人民群众具体利益的行政行为大多数由市县政府作出，各种社会矛盾和纠纷大多数发生在基层并需要市县政府处理和化解。市县政府能否切实做到依法行政，很大程度上决定着政府依法行政的整体水平和法治政府建设的整体进程。加强市县政府依法行政，事关巩固党的执政基础、深入贯彻落实科学发展观、构建社会主义和谐社会和加强政府自身建设，必须把加强市县政府依法行政作为一项基础性、全局性工作，摆在更加突出的位置。

（二）提高市县政府依法行政的能力和水平是全面推进依法行政的紧迫任务。我国改革开放和社会主义现代化建设已进入新的历史时期，经济社会快速发展，一些深层次的矛盾和问题逐步显现，人民群众的民主法制意识和政治参与积极性日益提高，维护自身合法权益的要求日益强烈，这些都对政府工作提出了新的更高要求，需要进一步提高依法行政水平。经过坚持不懈的努力，近些年来我国市县政府依法行政已经取得了重大进展，但是与形势发展的要求还有不小差距，一些行政机关及其工作人员依法行政的意识有待增强，依法办事的能力和水平有待提高；一些地方有法不依、执法不严、违法不究的状况亟须改变。依法行政重点在基层，难点在基层。各地区、各部门要切实增强责任感和紧迫感，采取有效措施加快推进市县政府依法行政的进程。

二、大力提高市县行政机关工作人员依法行政的意识和能力

（三）健全领导干部学法制度。市县政府领导干部要带头学法，增强依法行政、依法办事意识，自觉运用法律手段解决各种矛盾和问题。市县政府要建立、健全政府常务会议学法制度；建立、健全专题法制讲座制度，制订年度法制讲座计划并组织实施；建立、健全集中培训制度，做到学法的计划、内容、时间、人员、效果“五落实”。

（四）加强对领导干部任职前的法律知识考查和测试。对拟任市县政府及其部门领导职务的干部，在任职前考察时要考查其是否掌握相关法律知识以及依法行政情况，必要时还要对其进行相关法律知识测试，考查和测试结果应当作为任职的依据。

（五）加大公务员录用考试法律知识测查力度。在公务员考试时，应当增加法律知识在相关考试科目中的比重。对从事行政执法、政府法制等工作的公务员，还要进行专门的法律知识考试。

（六）强化对行政执法人员的培训。市县政府及其部门要定期组织对行政执法人员进行依法行政知识培训，培训情况、学习成绩应当作为考核内容和任职晋升的依据之一。

三、完善市县政府行政决策机制

（七）完善重大行政决策听取意见制度。市县政府及其部门要建立、健全公众参与重大行政决策的规则和程序，完善行政决策信息和智力支持系统，增强行政决策透明度和公众参与度。制定与群众切身利益密切相关的公共政策，要向社会公开征求意见。有关突发事件应对的行政决策程序，适用突发事件应对法等有关法律、法规、规章的规定。

（八）推行重大行政决策听证制度。要扩大听证范围，法律、法规、规章规定应当听证以及涉及重大公共利益和群众切身利益的决策事项，都要进行听证。要规范听证程序，科学合理地遴选听证代表，确定、分配听证代表名额要充分考虑听证事项的性质、复杂程度及影响范围。听证代表确定后，应当将名单向社会公布。听证举行10日前，应当告知听证代表拟作出行政决策的内容、理由、依据和背景资料。除涉及国家秘密、商业秘密和个人隐私的外，听证应当公开举行，确保听证参加人对有关事实和法律问题进行平等、充分的质证和辩论。对听证中提出的合理意见和建议要吸收采纳，意见采纳情况及其理由要以书面形式告知听证代表，并以适当形式向社会公布。

（九）建立重大行政决策的合法性审查制度。市县政府及其部门作出重大行政决策前要交由法制机构或者组织有关专家进行合法性审查，未经合法性审查或者经审查不合法的，不得作出决策。

（十）坚持重大行政决策集体决定制度。市县政府及其部门重大行政决策应当在深入调查研究、广泛听取意见和充分论证的基础上，经政府及其部门负责人集体讨论决定，杜绝擅权专断、滥用权力。

（十一）建立重大行政决策实施情况后评价制度。市县政府及其部门作出的重大行政决策实施后，要通

过抽样检查、跟踪调查、评估等方式,及时发现并纠正决策存在的问题,减少决策失误造成的损失。

(十二)建立行政决策责任追究制度。要坚决制止和纠正超越法定权限、违反法定程序的决策行为。对应当听证而未听证的、未经合法性审查或者经审查不合法的、未经集体讨论作出决策的,要依照《行政机关公务员处分条例》第十九条第(一)项的规定,对负有领导责任的公务员给予处分。对依法应当作出决策而不作出决策,玩忽职守、贻误工作的行为,要依照《行政机关公务员处分条例》第二十条的规定,对直接责任人员给予处分。

四、建立、健全规范性文件监督管理制度

(十三)严格规范性文件制定权限和发布程序。市县政府及其部门制定规范性文件要严格遵守法定权限和程序,符合法律、法规、规章和国家的方针政策,不得违法创设行政许可、行政处罚、行政强制、行政收费等行政权力,不得违法增加公民、法人或者其他组织的义务。制定作为行政管理依据的规范性文件,应当采取多种形式广泛听取意见,并由制定机关负责人集体讨论决定;未经听取意见、合法性审查并经集体讨论决定的,不得发布施行。对涉及公民、法人或者其他组织合法权益的规范性文件,要通过政府公报、政府网站、新闻媒体等向社会公布;未经公布的规范性文件,不得作为行政管理的依据。

(十四)完善规范性文件备案制度。市县政府发布规范性文件后,应当自发布之日起15日内报上一级政府备案;市县政府部门发布规范性文件后,应当自发布之日起15日内报本级政府备案。备案机关对报备的规范性文件要严格审查,发现与法律、法规、规章和国家方针政策相抵触或者超越法定权限、违反制定程序的,要坚决予以纠正,切实维护法制统一和政令畅通。建立受理、处理公民、法人或者其他组织提出的审查规范性文件建议的制度,认真接受群众监督。

(十五)建立规范性文件定期清理制度。市县政府及其部门每隔两年要进行一次规范性文件清理工作,对不符合法律、法规、规章规定,或者相互抵触、依据缺失以及不适应经济社会发展要求的规范性文件,特别是对含有地方保护、行业保护内容的规范性文件,要予以修改或者废止。清理后要向社会公布继续有效、废止和失效的规范性文件目录;未列入继续有效的文件目录的规范性文件,不得作为行政管理的依据。

五、严格行政执法

(十六)改革行政执法体制。要适当下移行政执法重心,减少行政执法层次。对与人民群众日常生活、生产直接相关的行政执法活动,主要由市、县两级行政执法机关实施。继续推进相对集中行政处罚权和综合行政执法试点工作,建立、健全行政执法争议协调机制,从源头上解决多头执法、重复执法、执法缺位问题。

(十七)完善行政执法经费保障机制。市县行政执法机关履行法定职责所需经费,要统一纳入财政预算予以保障。要严格执行罚缴分离和收支两条线管理制度。罚没收入必须全额缴入国库,纳入预算管理。对下达或者变相下达罚没指标、违反罚缴分离的规定以及将行政事业性收费、罚没收入与行政执法机关业务经费、工作人员福利待遇挂钩的,要依照《违反行政事业性收费和罚没收入收支两条线管理规定行政处分暂行规定》第八条、第十一条、第十七条的规定,对直接负责的主管人员和其他直接责任人员给予处分。

(十八)规范行政执法行为。市县政府及其部门要严格执行法律、法规、规章,依法行使权力、履行职责。要完善行政执法程序,根据有关法律、法规、规章的规定,对行政执法环节、步骤进行具体规范,切实做到流程清楚、要求具体、期限明确。要抓紧组织行政执法机关对法律、法规、规章规定的有裁量幅度的行政处罚、行政许可条款进行梳理,根据当地经济社会发展实际,对行政裁量权予以细化,能够量化的予以量化,并将细化、量化的行政裁量标准予以公布、执行。要建立监督检查记录制度,完善行政处罚、行政许可、行政强制、行政征收或者征用等行政执法案卷的评查制度。市县政府及其部门每年要组织一次行政执法案卷评查,促进行政执法机关规范执法。

(十九)加强行政执法队伍建设。实行行政执法主体资格合法性审查制度。健全行政执法人员资格制度,对拟上岗行政执法的人员要进行相关法律知识考试,经考试合格的才能授予其行政执法资格、上岗行政执法。进一步整顿行政执法队伍,严格禁止无行政执法资格的人员履行行政执法职责,对被聘用履行行政执法职责的合同工、临时工,要坚决调离行政执法岗位。健全纪律约束机制,加强行政执法人员思想建设、作风建设,确保严格执法、公正执法、文明执法。

(二十)强化行政执法责任追究。全面落实行政执法责任制,健全民主评议制度,加强对市县行政执法机关及其执法人员行使职权和履行法定义务情况的评议考核,加大责任追究力度。对不依法履行职责或者违反法定权限和程序实施行政行为的,依照《行政机关公务员处分条例》第二十条、第二十一条的规定,对直接责任人员给予处分。

六、强化对行政行为的监督

(二十一)充分发挥社会监督的作用。市县政府要在自觉接受人大监督、政协的民主监督和司法机关依法实施的监督的同时,更加注重接受社会舆论和人民群众的监督。要完善群众举报投诉制度,拓宽群众监督渠道,依法保障人民群众对行政行为实施监督的权利。要认真调查、核实人民群众检举、新闻媒体反映的问题,及时依法作出处理;对社会影响较大的问题,要及时将处理结果向社会公布。对打击、报复检举、曝光违法或者不当行政行为的单位和个人的,要依法追究有关人员的责任。

(二十二)加强行政复议和行政应诉工作。市县政府及其部门要认真贯彻执行行政复议法及其实施条例,充分发挥行政复议在行政监督、解决行政争议、化解人民内部矛盾和维护社会稳定方面的重要作用。要畅通行政复议渠道,坚持便民利民原则,依法应当受理的行政复议案件必须受理。要改进行政复议审理方式,综合运用书面审查、实地调查、听证、和解、调解等手段办案。要依法公正作出行政复议决定,对违法或者不当的行政行为,该撤销的坚决予以撤销,该变更的坚决予以变更。要按照行政复议法实施条例的规定,健全市县政府行政复议机构,充实行政复议工作人员,行政复议机构审理行政复议案件,应当由2名以上行政复议人员参加;推行行政复议人员资格管理制度,切实提高行政复议能力。要认真做好行政应诉工作,鼓励、倡导行政机关负责人出庭应诉。行政机关要自觉履行人民法院作出的判决和裁定。

(二十三)积极推进政府信息公开。市县政府及其部门要加强对政府信息公开条例的学习宣传,切实做好政府信息公开工作。要建立、健全本机关政府信息公开工作制度,指定机构负责本机关政府信息公开的日常工作,理顺内部工作机制,明确职责权限。要抓紧清理本机关的政府信息,做好政府信息公开指南和公开目录的编制、修订工作。要健全政府信息公开的发布机制,加快政府网站信息的维护和更新,落实政府信息公开载体。要建立、健全政府信息公开工作考核、社会评议、年度报告、责任追究等制度,定期对政府信息公开工作进行考核、评议。要严格按照政府信息公开条例规定的内容、程序和方式,及时、准确地向社会公开政府信息,确保公民的知情权、参与权、表达权、监督权。

七、增强社会自治功能

(二十四)建立政府行政管理与基层群众自治有效衔接和良性互动的机制。市县政府及其部门要全面正确实施村民委员会组织法和城市居民委员会组织法,扩大基层群众自治范围,充分保障基层群众自我管理、自我服务、自我教育、自我监督的各项权利。严禁干预基层群众自治组织自治范围内的事情,不得要求群众自治组织承担依法应当由政府及其部门履行的职责。

(二十五)充分发挥社会组织的作用。市县政府及其部门要加强对社会组织的培育、规范和管理,把社会可以自我调节和管理的职能交给社会组织。实施社会管理、提供公共服务,要积极与社会组织进行合作,鼓励、引导社会组织有序参与。

(二十六)营造依法行政的良好社会氛围。市县政府及其部门要深入开展法制宣传教育,弘扬法治精神,促进自觉学法守法用法社会氛围的形成。

八、加强领导,明确责任,扎扎实实地推进市县政府依法行政

(二十七)省级政府要切实担负起加强市县政府依法行政的领导责任。各省(区、市)人民政府要把加强市县政府依法行政作为当前和今后一个时期建设法治政府的重点任务来抓,加强工作指导和督促检查。要大力培育依法行政的先进典型,及时总结、交流和推广经验,充分发挥典型的示范带动作用。要建立依法行政考核制度,根据建设法治政府的目标和要求,把是否依照法定权限和程序行使权力、履行职责作为衡量市县政府及其部门各项工作好坏的重要标准,把是否依法决策、是否依法制定发布规范性文件、是否依法实施行政管理、是否依法受理和办理行政复议案件、是否依法履行行政应诉职责等作为考核内容,科学设定考核指标,一并纳入市县政府及其工作人员的实绩考核指标体系。依法行政考核结果要与奖励惩处、干部任免挂钩。加快实行以行政机关主要负责人为重点的行政问责和绩效管理制度。要合理分清部门之间的职责权限,在此基础上落实工作责任和考核要求。市县政府不履行对依法行政的领导职责,导致本行政区域一年内发生多起严重违法行政案件、造成严重社会影响的,要严肃追究该市县政府主要负责人的责任。

(二十八)市县政府要狠抓落实。市县政府要在党委的领导下对本行政区域内的依法行政负总责,统一领导、协调本行政区域内依法行政工作,建立、健全领导、监督和协调机制。要把加强依法行政摆上重要位置,主要负责人要切实担负起依法行政第一责任人的责任,加强领导、狠抓落实,确保把加强依法行政的各项要求落实到政府工作的各个方面、各个环节,认真扎实地加以推进。要严格执行依法行政考核制度。对下级政府和政府部门违法行政、造成严重社会影响的,要严肃追究该政府或者政府部门主要负责人的责任。

(二十九)加强市县政府法制机构和队伍建设。健全市县政府法制机构,使机构设置、人员配备与工作任务相适应。要加大对政府法制干部的培养、教育、使用和交流力度,充分调动政府法制干部的积极性、主动性和创造性。要按照中办、国办有关文件的要求,把政治思想好、业务能力强、有较高法律素质的干部充实到基层行政机关领导岗位。政府法制机构及其工作人员要切实增强做好新形势下政府法制工作的责任感和使命

感,不断提高自身的政治素质、业务素质和工作能力,努力当好市县政府及其部门领导在依法行政方面的参谋、助手和顾问,在推进本地区依法行政中充分发挥统筹规划、综合协调、督促指导、政策研究和情况交流等作用。

(三十)完善推进市县政府依法行政报告制度。市县政府每年要向本级人大常委会和上一级政府报告本地区推进依法行政的进展情况、主要成效、突出问题和下一步工作安排。省(区、市)人民政府每年要向国务院报告本地区依法行政的情况。

其他行政机关也要按照本决定的有关要求,加强领导,完善制度,强化责任,保证各项制度严格执行,加快推进本地区、本部门的依法行政进程。

上级政府及其部门要带头依法行政,督促和支持市县政府依法行政,并为市县政府依法行政创造条件、排除障碍、解决困难。

中华人民共和国国务院

2008年5月12日

国务院副总理李克强在北京出席全国经济普查领导小组会议和电视电话会议并发表讲话

李克强强调,第二次全国经济普查是一次重大的国情国力调查,也是一次重要的社会动员活动。我们要全面贯彻党的十七大精神,深入贯彻落实科学发展观,认真做好第二次全国经济普查各项工作,全面准确客观真实地掌握经济情况,为促进经济又好又快发展提供科学依据。

李克强指出,经济普查是掌握国情国力的有效办法,党中央、国务院高度重视经济普查工作。第一次全国经济普查以来,我国经济规模、产业结构和企业组织发生了新的变化,人民群众对经济发展和生活改善有了新的期待。开展第二次全国经济普查对于加强和改善宏观调控、完善社会主义市场经济体制具有重要意义。他说,上次普查,全国经济总量比常规统计有所增加,一些地方经济总量也做了调整。再次开展普查,进一步掌握全国GDP总量以及各地生产总值的新变化,可以为宏观调控决策提供科学依据。同时,摸清全国各类单位和个体经营户的基本情况,可以为政府履行经济调节和市场监管职责、企业与社会公众正确判断经济形势提供基础信息,是完善体制机制的客观需要。

李克强指出,开展经济普查对于推进经济结构战略性调整、加快转变经济发展方式十分重要。目前,我国经济结构不合理的矛盾仍然突出,特别是一、二、三产业发展还不协调,服务业增加值占GDP的比重有所下降。推动产业结构优化升级,必须把各次产业的状况进一步摸清楚。同时,摸清全国以及各地能源资源消耗总的状况,是建立、健全节能减排的统计监测考核体系、制定可持续发展政策措施的迫切要求。

李克强还指出,经济普查是制定发展规划和产业政策的前提条件。第一次全国经济普查的成果,对于编制"十一五"规划,提供了重要的基础数据。开展第二次全国经济普查,摸清二、三产业的发展规模及布局状况,掌握各地资源环境承载能力和发展潜力情况,可以为研究编制"十二五"规划以及主体功能区规划,制定经济政策和产业政策,打下一个好的统计基础。

李克强强调,全面准确客观真实,是经济普查的核心要求。这就需要摸清"家底",使普查数据可信可靠。我们动员社会力量进行经济普查,就是要把全国以及各地的经济情况全面准确客观真实地摸清楚,做到全面准确,必须适应新形势,突出重点。长期以来,受传统物质生产统计体系以及"重生产、轻服务"倾向的影响,服务业统计相对薄弱,常规调查框架不完善。此外,能源资源统计不健全,难以满足节能减排工作的要求。搞好经济普查,要研究新情况、新问题,进一步揭示第二、第三产业及其基本单位的数量特征和运行规律,重点掌握常规统计不能完全反映的服务业实际情况,摸清全部二、三产业单位能源和水资源消耗状况。

李克强说,做到客观真实,必须依法普查,确保质量。质量是经济普查的生命线,也是数据可信可靠的体现,要把经济普查工作纳入法治轨道。各类普查对象要依法提供客观真实资料,各级普查机构和普查人员要依法查明客观真实情况。要牢固树立质量第一的意识,把确保质量贯穿于经济普查的全过程。

李克强最后指出,经济普查是我国经济生活中的一件大事,是促进科学发展的一项基础性工作。他要求,各地区、各部门、各级普查机构要按照全国统一领导、部门分工协作、地方分级负责、各方共同参与的原则,进一步统一思想、提高认识,加强组织领导,落实保障措施,强化协作配合,广泛宣传动员,防止漏报、虚报、瞒报,确保完成第二次全国经济普查的各项任务。

据了解,第二次全国经济普查的标准时点是2008年12月31日。2007年11月,国务院发出了开展第二次全国经济普查的通知。2008年4月,成立了国务院第二次全国经济普查领导小组。

国家统计局负责人在会上介绍了第二次全国经济普查准备和安排情况。国家发展改革委、财政部负责人发了言。第二次全国经济普查领导成员和有关部门负责人参加了会议。

国家副主席习近平在人民大会堂会见美国常务副国务卿内格罗蓬特

外交部部长杨洁篪与联合国秘书长潘基文通电话

潘基文说，惊悉中国四川省遭受严重地震灾害，我谨代表联合国向中国政府和人民表示深切同情和诚挚慰问，对死难者表示沉痛哀悼。

潘基文说，相信在中国政府和中国领导人坚强有力的领导下，灾区人民一定能够克服地震造成的困难，重建家园。联合国将全力支持中国的救灾和重建工作。

杨洁篪对潘基文的慰问表示感谢，并表示将把联合国的慰问尽快转达给灾区人民。

杨洁篪说，中国有关部门正在进一步查清震情。我们有信心在中国政府的坚强领导下，克服地震灾害造成的损失，帮助灾区人民迅速开展灾后重建，争取早日恢复正常的生产和生活。

外交部紧急启动应对地震灾情涉外工作应急机制，并向有关国家驻华使馆通报外交部 24 小时值班电话，以及时处理有关涉外工作。

最高人民法院院长王胜俊在北京会见葡萄牙最高法院院长纳西门托

中国人民外交学会第七届理事会大会在北京举行

戴秉国对外交学会理事换届暨第七届理事会大会的成功召开表示热烈祝贺。他说，外交学会是周恩来总理亲自倡导成立的新中国第一家专门从事民间外交的机构。长期以来，外交学会积极配合国家总体外交，广泛开展高层民间交往，在增进我国与世界各国人民的相互沟通和了解、促进我国与各国友好关系的建立和发展方面发挥了独特的作用。

杨洁篪在致辞中高度评价外交学会在开展民间外交工作中取得的成就。他希望新一届理事会以十七大精神为指针，为全面建设小康社会营造一个和平稳定、客观友善的国际环境，为推动和谐世界的建设作出新的努力。

外交学会第六届理事会已于 2007 年年底任期届满。为进一步拓展我国与世界各国民间友好交往，外交学会根据新形势和任务成立了新一届理事会。

《十六大以来重要文献选编》下册出版发行

经中共中央批准，由中共中央文献研究室编辑的《十六大以来重要文献选编》，继 2005 年 2 月和 2006 年 4 月中央文献出版社先后出版上册和中册后，现在出版下册，即日起在全国发行。

《十六大以来重要文献选编》下册，收入自 2005 年 10 月党的十六届五中全会后，到 2007 年 10 月党的十七大召开前这段时间的重要文献，共 96 篇，约 84 万字。其中，中共中央、全国人大、国务院作出的决议、决定和颁布的法律等 37 篇，中央领导同志的报告、讲话、文章等 59 篇。有 23 篇文献是第一次公开发表。

5月13日

国家主席胡锦涛同布什总统通电话感谢美方关切四川地震灾情

国务院总理温家宝在四川灾区主持会议部署抗震救灾

会议强调当前抗震救灾的核心任务仍然是救人。

温家宝说，面对这次特大自然灾害，在党中央、国务院领导下，截至目前，救援工作开展得有力、有序、有效。他强调，以人为本是救灾的核心，要抓住时机、抓紧时间抢救人员，这是整个抗震救灾工作的重中之重，目前阶段的全部工作都要紧紧围绕救人展开，在这样特大震情下，把人员伤亡降低到最低限度。

温家宝强调，为使整个救灾工作顺利进行，必须力争尽快通路、通电、通水，保障电讯畅通，这其中，通路是关键。要把灾民安置工作放在重要位置，在满足灾民物质生活需要的同时加强基层思想政治工作，干部要走到群众中间去，走到受灾群众当中去，真正地关心他们。

温家宝强调，要加强统一指挥，提高救人的效率。部队、武警、公安、消防、地震救援等多种救援力量要协调行动，使抗震救灾工作更加高效，更加有力。他同时要求卫生部门迅速从全国抽调 3000 名医护人员，以最快速度到达四川地震灾区，开展医疗救治工作。

在谈到救援人员仍然没有抵达汶川等个别重灾区的原因时，温家宝强调，这次特大地震灾害造成有些地方多处山体滑坡，导致公路多处中断；山体移位，近距离相靠，给抢修公路造成极大困难，尽管各方面投入了很大的人力、物力和机械，但由于受工作面狭窄的影响，抢修作业无法全面展开，温家宝再次强调，尽管困难很大，也要想尽一切办法，连夜抢修，尽快打通通往震中地区的公路。同时，参与抢险救灾的部队和武警官兵、公安干警要通过各种不同途径，采取空运、水路、步行、翻山等多种方式尽早进入汶川等重灾区。

温家宝要求会后各个工作组要立刻落实会议要求，连夜部署，连夜行动。会后，温家宝看望了受灾群众。

中共中央政治局常委李长春在北京主持召开抗震救灾宣传报道专题会议

会议传达中央政治局常委会议精神，对抗震救灾宣传报道工作作出部署。李长春强调，新闻宣传战线要认真贯彻落实中央精神，增强政治意识、大局意识、责任意识，以对党对人民高度负责的精神，牢牢把握正确舆论导向，坚持团结稳定鼓劲、正面宣传为主，大力营造万众一心、众志成城、迎难而上、百折不挠的社会氛围，为抗震救灾工作提供强大的精神动力、舆论支持和思想保证。中共中央政治局委员、书记处书记、中宣部部长刘云山出席会议。中央宣传部门和中央新闻单位主要负责同志参加会议。

中央党校2008年春季学期第二批进修班暨师资班开学典礼举行

中共中央政治局常委、中央书记处书记、中央党校校长习近平出席开学典礼并作重要讲话。他强调，新世纪新阶段，面对前所未有的机遇和挑战，各级领导干部要进一步增强大局意识、忧患意识、责任意识，按照党章的要求认认真真学习、老老实实做人、干干净净干事，在全面建设小康社会、开创中国特色社会主义新局面的伟大实践中锐意进取、建功立业。

全国总工会主席王兆国指示全国各级工会全力配合做好抗震救灾工作

中共中央印发《建立、健全惩治和预防腐败体系2008—2012年工作规划》

为全面贯彻党的十七大精神，进一步落实建立、健全惩治和预防腐败体系实施纲要，扎实推进惩治和预防腐败体系建设，制定本工作规划。

一、指导思想、基本要求和工作目标

坚决惩治和有效预防腐败，关系人心向背和党的生死存亡，是党必须始终抓好的重大政治任务。建立、健全惩治和预防腐败体系实施纲要颁布以来，各级党委、政府按照中央的部署和要求，认真抓好惩治和预防腐败体系建设任务的落实，取得了明显成效。我国已进入改革发展关键阶段，党风廉政建设和反腐败斗争面临许多新情况新问题，形势仍然严峻，任务仍然艰巨。全党必须充分认识反腐败斗争的长期性、复杂性、艰巨性，以完善惩治和预防腐败体系为重点，坚定不移地推进反腐倡廉建设。

(一)指导思想

高举中国特色社会主义伟大旗帜，以邓小平理论和“三个代表”重要思想为指导，深入贯彻落实科学发展观，切实贯彻维护党章，以党的执政能力建设和先进性建设为主线，坚持党要管党、从严治党，全面坚持标本兼治、综合治理、惩防并举、注重预防的方针，把反腐倡廉建设放在更加突出的位置，紧密结合党的思想建设、组织建设、作风建设和制度建设，根据新的时代条件和面临的新形势新任务，以改革创新精神整体推进惩治和预防腐败体系建设各项工作，为实现党的十七大作出的重大决策和战略部署提供有力保证。

(二)基本要求

——坚持围绕中心、服务大局。与科学发展观的要求、中国特色社会主义事业总体布局、完善社会主义市场经济体制、发展社会主义民主政治和推进党的建设新的伟大工程相适应，紧紧围绕党和国家工作大局，把反腐倡廉建设贯穿于社会主义经济建设、政治建设、文化建设、社会建设各个领域，体现在党的建设各个方面，既发挥服务和促进作用，又推动惩治和预防腐败体系逐步完善。

——坚持改革创新、开拓进取。以改革创新的精神状态、思想作风和工作方法，认识和把握新形势下反腐倡廉建设的特点和规律，加强和改进惩治和预防腐败各项工作，总结新经验、研究新情况，创新工作思路，完善工作机制，破解工作难题，使反腐倡廉建设更加适应世情、国情、党情的发展变化，更加富有实际成效。

——坚持惩防并举、重在建设。以建设性的思路、举措和方法推进反腐倡廉建设，使惩治与预防、教育与监督、深化体制改革与完善法律制度有机结合，在坚决惩治腐败的同时，更加注重治本，更加注重预防，更加注重制度建设，做到惩治和预防两手抓、两手都要硬，形成有利于反腐倡廉建设的思想观念、文化氛围、体制条件、法制保证。

——坚持统筹推进、综合治理。把改革的推动力、教育的说服力、制度的约束力、监督的制衡力、惩治的威慑力结合起来，把惩治和预防腐败的阶段性任务与战略性目标结合起来，立足当前，着眼长远，整合各方面资源和力量，增强惩治和预防腐败体系建设的科学性、系统性、前瞻性。

——坚持突出重点、分类指导。紧紧抓住腐败现象易发多发的重要领域和关键环节，以领导干部为重点，以规范和制约权力为核心，紧密结合实际，区分不同情况，加强政策指导，探索有效途径，不断取得新进展。

(三)工作目标

经过今后5年的扎实工作，建成惩治和预防腐败体系基本框架，拒腐防变教育长效机制初步建立，反腐倡廉法规制度比较健全，权力运行监控机制基本形成，从源头上防治腐败的体制改革继续深化，党风政风明显改进，腐败现象进一步得到遏制，人民群众的满意度有新的提高。

二、推进反腐倡廉教育

(一)加强领导干部党风廉政教育

深入开展理想信念和廉洁从政教育。大力推进中国特色社会主义理论体系的学习贯彻,教育和引导各级领导干部深刻领会科学发展观的科学内涵、精神实质和根本要求,坚定共产主义远大理想和中国特色社会主义共同理想,牢固树立马克思主义的世界观、人生观、价值观,牢固树立正确的权力观、地位观、利益观和社会主义荣辱观;认真学习党的三代中央领导集体反腐倡廉重要思想和以胡锦涛同志为总书记的党中央关于反腐倡廉的重要论述,认真学习党章等党内法规和国家法律、法规,加强党性修养和从政道德修养,增强法制观念和纪律意识,打牢廉洁从政的思想政治基础。制定《关于加强领导干部反腐倡廉教育的意见》。完善党委(党组)理论学习中心组学习制度,定期安排反腐倡廉理论学习。党政主要负责同志带头讲廉政党课。把反腐倡廉教育列入干部教育培训规划,纳入各级党校、行政学院及其他干部培训机构教学计划,定期举办领导干部廉洁从政教育专题培训班。在领导干部任职培训、干部在职岗位培训中开设廉政教育课程。

加强党的作风和纪律教育。中央纪委会同中央组织部、中央宣传部等部门组织开展党风党纪专题教育,教育和引导各级领导干部自觉遵守党的政治纪律、组织纪律、经济工作纪律和群众工作纪律,讲党性、重品行、作表率。切实改进领导干部和党政机关作风,着力解决一些领导干部在思想作风、学风、工作作风、领导作风和生活作风方面存在的突出问题,增强公仆意识,密切联系群众,做到为民、务实、清廉。继承党的光荣传统,牢记"两个务必",弘扬八个方面的良好风气。发扬艰苦奋斗精神,大兴求真务实之风,讲实话、察实情、办实事、求实效,大力精简会议和文件,改进会风和文风。切实改进国有企业领导人员作风,纠正一些国有企业领导人员在国内外公务活动中奢侈浪费、违规公款消费、重大问题个人说了算以及对职工困难漠不关心等群众反映强烈的问题,形成依法经营、廉洁从业、民主管理的风尚。切实改进高等学校领导人员作风,提高民主决策和校务公开制度化、规范化水平。切实改进农村基层、街道社区干部作风,认真解决少数基层站所存在的干部吃拿卡要、刁难群众和工作效率低下等问题,做到廉洁奉公、勤政为民。

(二)加强面向全党全社会的反腐倡廉宣传教育

把反腐倡廉宣传教育纳入全党宣传教育总体部署,融入全党开展的深入学习实践科学发展观活动之中。纪检监察、组织人事、宣传思想、文化教育、新闻出版、广播影视等部门要对反腐倡廉宣传教育作出年度工作安排。健全联席会议制度,完善反腐倡廉宣传教育工作格局。

落实《关于加强党员经常性教育的意见》。建设一批反腐倡廉教育基地,丰富"三会一课"内容,创新示范教育、警示教育、岗位廉政教育和主题教育形式,注重人文关怀和心理疏导,提高教育的针对性和有效性。

加大反腐倡廉宣传力度。深入宣传党的反腐倡廉理论、方针政策、基本经验和工作成果,宣传勤廉兼优的先进典型。党报党刊、电台电视台和重点新闻网站、政府网站继续办好反腐倡廉专栏、专题节目。完善反腐倡廉新闻发布制度。做好反腐倡廉对外宣传工作。严格执行反腐倡廉新闻宣传纪律。加强反腐倡廉网络文化建设和管理,开展反腐倡廉网上宣传和热点问题引导。积极营造良好的思想舆论氛围。

(三)加强廉政文化建设

按照推动社会主义文化大发展大繁荣的要求,在社会主义精神文明建设中,围绕建设社会主义核心价值体系,结合社会公德、职业道德、家庭美德、个人品德教育和法制教育,开展丰富多彩的廉政文化创建活动。制定《关于加强廉政文化建设的指导意见》。结合企业文化建设,深入开展依法经营、廉洁从业教育。充分利用农村党员干部现代远程教育系统,结合农村传统文化活动,加强农村廉政文化建设。按照《关于在大中小学全面开展廉洁教育的意见》,在学校德育教育中深入开展廉洁教育,丰富青少年思想道德实践活动。在家庭和社区中倡导清廉家风和文明风尚。引导社会组织及其从业人员增强依法执业、公正廉洁意识。发扬革命传统,挖掘中华优秀文化的丰厚资源,实施"廉政文化精品工程"。推动廉政文化内容形式和传播手段创新,扩大覆盖面,增强影响力,形成"以廉为荣、以贪为耻"的社会风尚。

三、健全反腐倡廉法规制度

(一)完善党内民主和党内监督制度

健全党内民主集中制的具体制度。完善党的地方各级全委会、常委会工作机制,修订《中国共产党地方委员会工作条例(试行)》。制定《中国共产党党组工作条例》。推行地方党委讨论决定重大问题和任用重要干部票决制。

健全党内民主制度。制定党代表大会代表任期制的具体实施办法,选择一些县(市、区)试行党代表大会常任制。制定《关于在党的地方和基层组织中实行党务公开的意见》,健全党内情况通报、情况反映、重大决策征求意见制度。改进候选人提名制度和选举方式,修订《中国共产党基层组织选举工作暂行条例》,推广基层党组织领导班子成员由党员和群众公开推荐与上级党组织推荐相结合的办法,逐步扩大基层党组织领导班子直接选举范围。

健全党内监督制度。建立、健全中央政治局向中央委员会全体会议、地方各级党委常委会向委员会全体会议定期报告工作并接受监督的制度。在试点基础上，研究制定《地方党委委员、纪委委员提出罢免或撤换要求处理办法(试行)》。修订《中国共产党党员领导干部廉洁从政若干准则(试行)》和《国有企业领导人员廉洁从业若干规定(试行)》。

(二)完善违纪行为惩处制度

制定《中国共产党纪律处分条例》和《行政机关公务员处分条例》的配套规定。健全对党的机关、人大机关、政协机关、民主党派机关公务员的纪律处分规定，制定对事业单位工作人员和国有企业人员的纪律处分规定。制定在查处违纪案件中规范和加强组织处理工作的意见。

修订《中国共产党纪律检查机关控告申诉工作条例》。制定纪检监察机关依纪依法办案、规范办案工作的若干意见。制定国(境)外中资企业及其工作人员违纪违法案件调查处理办法。进一步规范纪检监察机关与检察机关相互移送案件工作。

(三)完善反腐败领导体制和工作机制的具体制度

修订《关于实行党风廉政建设责任制的规定》。制定《国有企业纪律检查工作条例》和关于实行农村基层党风廉政建设责任制的规定。

(四)加强反腐倡廉国家立法工作

建立、健全防治腐败法律、法规，提高反腐倡廉法制化水平。在国家立法中，充分体现反腐倡廉基本要求。适时将经过实践检验的反腐倡廉具体制度和有效做法上升为国家法律、法规。在今后5年内有计划、分步骤地制定或修订一批法律、法规和条例。

四、强化监督制约

(一)加强对领导机关、领导干部特别是各级领导班子主要负责人的监督

加强对遵守党的政治纪律情况的监督。加大执行政治纪律力度，维护党章和其他党内法规，维护中央权威和党的集中统一，始终同以胡锦涛同志为总书记的党中央保持高度一致，确保党的路线方针政策贯彻执行，确保党的十七大确定的重大理论观点、重大战略思想、重大工作部署全面贯彻落实。

加强对贯彻落实科学发展观情况的监督。围绕加强和改善宏观调控、转变经济发展方式、增强自主创新能力、提高发展质量和效益、加强节能减排和生态环境保护、节约集约利用土地、保障和改善民生、建设社会主义新农村等重大政策和措施进行监督检查，防止和纠正违背科学发展观要求的行为。

加强对执行民主集中制情况的监督。认真开展对涉及全局性问题、重要干部推荐任免和奖惩等方面贯彻执行民主集中制情况的监督检查，保证党委全委会和常委会议事规则、决策程序的严格执行，反对和防止个人或少数人专断。

加强对落实领导干部廉洁自律规定情况的监督。重点治理领导干部违反规定收送现金、有价证券、支付凭证和收受干股，违反规定插手市场交易活动、利用职务上的便利获取内幕信息进行股票交易，以及在住房上以权谋私等问题。严格执行领导干部配偶、子女个人从业的有关规定。

加强上级党委和纪委对下级党委及其成员的监督，健全上级党委对下级党委常委的经常性考察和定期考核机制。加强常委会内部监督，主要负责人要自觉接受常委会成员的监督。加强同级纪委对常委会成员的监督。充分发挥党代表大会代表的作用，探索建立同级党代表大会代表、全委会对常委会工作进行评议监督制度。

加强巡视工作。制定《中国共产党巡视工作条例》。继续加强对省(区、市)的巡视。加强对金融机构、国有重要骨干企业、高等学校和国家重点工程项目的巡视。继续开展对中央和国家机关的巡视试点。各省(区、市)党委要认真开展对市(地、州、盟)的巡视，并延伸到县(市、区、旗)，逐步开展对所属国有企业、高等学校和直属机关的巡视。中央和国家机关可结合实际开展对直属单位、派出(驻)机构的巡视。

加强纪检监察机关派驻机构统一管理。制定纪检监察机关派驻机构工作有关规定，完善管理体制和工作机制。加强对驻在部门领导班子及其成员的监督，协助驻在部门党组和行政领导班子落实党风廉政建设责任制和组织协调反腐倡廉工作。

(二)加强对重要领域和关键环节权力行使的监督

加强对干部人事权行使的监督。落实《党政领导干部选拔任用工作条例》和《党政领导干部选拔任用工作监督检查办法(试行)》。坚持和完善干部选拔任用前征求同级纪委意见的制度，坚持和完善强化预防、及时发现、严肃纠正的干部监督工作机制。发挥干部监督工作联席会议作用。加强对干部选拔任用全过程的监督，有效防范考察失真和干部“带病提拔”。严肃查处跑官要官、买官卖官等问题，坚决整治用人上的不正之风。

加强对司法权行使的监督。完善纪委和党委政法委、组织部等部门在对司法机关党组织和党员干部监督工作中的协作配合机制。重视人大对司法机关的监督。加强检察机关的法律监督。强化公安、检察、审判机关在刑事诉讼中的分工负责、互相配合和互相制约。强化司法机关内部监督和外部监督，坚决防止和纠正执法不严、司法不公的问题，维护社会公平正义。

加强对行政审批权和行政执法权行使的监督。认真实施《中华人民共和国行政许可法》《中华人民共和

国行政处罚法》等法律、法规。推行行政审批电子监察系统。实行接办分离和程序公开,保证行政权力依法、公正、透明运行。

加强对财政资金和金融的监管。开展对部门预算、国库集中收付、政府采购、政府非税收入和“收支两条线”规定执行情况的监督检查,继续对“小金库”进行专项清理。强化对国有金融企业产权和上市金融企业股权交易的监督,规范上市金融企业股权激励制度。建立、健全金融监管协调机制。健全金融企业内控机制,提升监事会和内审、稽核、合规、监察等监督机构的专业性和独立性,加强案件防控工作。

加强对国有资产的监管。充分发挥国有资产监督管理机构、政府职能部门和外派监事会的作用,加强对企业国有产权和上市公司国有股权交易、重大投资决策等事项的监管。加强对企业重组、改制、破产和国有资本运营各个环节的监管。加大对国(境)外国有资产监管力度。开展对国有企业重大决策、重大项目安排、大额度资金运作事项及重要人事任免等实行集体决策情况的监督检查。

(三)发挥各监督主体的作用

加强和改进党内监督。落实《中国共产党党内监督条例(试行)》。切实改进民主生活会的方式方法,增强党内政治生活的原则性,积极开展批评与自我批评,加强领导班子成员之间相互监督。坚持领导干部参加双重组织生活会制度,接受党员群众的监督。执行党员领导干部报告个人有关事项的规定,实施地方党委委员、纪委委员党内询问和质询办法,落实领导干部述职述廉、诫勉谈话和函询制度。推进党务公开,尊重党员主体地位,落实党员在党内监督中的责任和权利,营造党内民主讨论环境。认真贯彻《中国共产党党员权利保障条例》,切实保障党员批评、建议、检举等权利。建立、健全党的纪检机关与组织部门有关情况通报制度。各级纪检监察机关及其工作人员要自觉接受党组织、党员和人民群众的监督。

支持和保证人大监督。实施《中华人民共和国各级人民代表大会常务委员会监督法》,通过听取和审议人民政府、人民法院、人民检察院的专项工作报告,审查和批准决算,听取和审议国民经济和社会发展计划、预算的执行情况报告和审计工作报告,组织执法检查,进行规范性文件备案审查等方式,加强人大对行政机关、审判机关、检察机关的监督。重视本级人大常委会统一安排的人大代表视察工作,认真办理人大代表议案和建议。

支持和保证政府专门机关监督。充分发挥行政监察职能作用,积极开展执法监察、廉政监察和效能监察。加强行政执法责任制落实情况的监督检查,推行政府绩效管理和行政问责制度。严肃查处违反政纪的案件。加强行政服务中心的建设和管理。落实地(厅)级及以下党政主要领导干部经济责任审计制度。试行省(部)级主要领导干部经济责任审计。加强对重点专项资金和重大投资项目的审计。依法公告审计结果,促进审计结果落实。支持公安、财政、土地、建设、环保等职能部门依法开展监督。

支持和保证司法监督。支持人民法院依法受理、审理和执行行政诉讼案件,监督和维护行政机关依法行政。支持人民检察院依法查办和预防职务犯罪,强化对刑事诉讼、民事审判活动和行政诉讼的法律监督。

支持和保证政协民主监督。把政治协商纳入决策程序,完善民主监督机制。支持政协运用会议、专题调研、委员视察、提案、反映社情民意信息等形式,对国家宪法和法律、法规的实施、重大方针政策的贯彻执行、国家机关及其工作人员履行职责和廉政情况等进行监督。各级党委、政府要发挥政协、民主党派和无党派人士的监督作用,认真听取他们的批评和建议,定期通报情况,自觉接受监督。认真办理政协委员的提案和建议。

支持和保证群众监督。实施《中华人民共和国政府信息公开条例》,推进政府上网工程,深化政务公开,健全政府信息发布制度,推行社会听证、专家咨询等制度,增强决策透明度和公众参与度。推进厂务公开、村务公开和公共企事业单位办事公开。发挥工会、共青团、妇联等人民团体的监督作用。落实领导干部接待群众来访制度,健全信访举报工作机制,畅通信访渠道。依法保障人民群众的知情权、参与权、表达权、监督权。

加强和改进舆论监督。认真贯彻落实《关于进一步加强和改进舆论监督工作的意见》,重视和支持新闻媒体正确开展舆论监督。各级领导干部要正确对待舆论监督,增强接受舆论监督的自觉性,听取人民群众的意见和呼声,推动和改进工作。新闻媒体要坚持科学监督、依法监督和建设性监督,遵守职业道德,把握正确导向,注重社会效果。

发挥国家预防腐败机构的职能作用。加强对预防腐败工作的组织协调、综合规划和政策制定,对预防腐败的重要改革措施进行调查研究和分析论证。建立预防腐败信息共享机制和腐败风险预警机制。总结预防腐败工作的有效做法,提高预防腐败工作水平。

完善监督制约机制。建立、健全决策权、执行权、监督权既相互制约又相互协调的权力结构和运行机制,切实把防治腐败的要求落实到权力结构和运行机制的各个环节,最大程度地减少权力“寻租”的机会。坚持党内监督与党外监督相结合,增强监督合力和实效。

五、深化体制机制制度改革

(一)推进干部人事和司法体制改革

完善干部选拔任用制度。坚持民主、公开、竞争、择优,形成干部选拔任用科学机制。规范干部任用提名制度,地方党委讨论任用重要干部推行无记名投票表决。完善公开选拔、竞争上岗、差额选举办法,着力解决民主推荐、民主测评及选举中的拉票贿选等问题,提高选人用人公信度。建立公务员正常退出机制,完善领导干部职务任期、回避和交流制度。完善干部考核评价体系,发挥考核结果在干部任用和监督管理中的作用。

优化司法职权配置。完善人民检察院对诉讼活动实行法律监督的程序、措施和范围。完善减刑、假释、保外就医、暂予监外执行、服刑地变更的条件和裁定程序。健全司法人员执法过错、违纪违法责任追究和领导干部失职责任追究等制度。健全涉法涉诉信访工作机制。改革完善司法管理制度和司法财政保障机制。积极推进审判公开、检务公开和警务公开。完善法律统一适用制度,规范司法人员自由裁量权行使,保证严格、公正、文明执法。

(二)推进行政管理和社会体制改革

贯彻落实《关于深化行政管理体制改革的意见》,加快推进政企分开、政资分开、政事分开、政府与市场中介组织分开。着力转变政府职能、理顺关系、优化结构、提高效能,建设服务政府、责任政府、法治政府和廉洁政府。

深化社会体制改革,扩大公共服务,完善社会管理。推进教育、卫生事业改革和发展,加强住房改革和建设,健全社会保障体系,努力使全体人民学有所教、劳有所得、病有所医、老有所养、住有所居。

(三)推进财税、金融和投资体制改革

深化预算管理制度改革,规范预算资金分配,完善和规范财政转移支付制度,逐步向社会公开预算内容和转移支付情况。完善国库集中收付运行机制,健全国库单一账户体系。深化"收支两条线"管理制度改革,建立、健全政府非税收入管理体系。切实将国有土地使用权出让收入纳入基金预算管理。推进党政机关领导干部及国有企事业单位领导人员职务消费改革。完善行政事业单位国有资产监管制度,严格执行资产配置管理办法和配置标准。进一步改革完善机关事业单位工资收入分配制度,继续清理规范津贴补贴。积极稳妥地推进税制改革,完善个人所得税制度,强化税收调节。规范各项税收优惠政策,严格控制税收减免。深入推行办税公开,健全税收管理员制度。

完善金融企业公司治理,建立、健全现代金融企业制度。健全支付监管体系,完善账户管理系统,依法落实金融账户实名制。完善反洗钱合作机制,逐步将特定非金融机构纳入统一的反洗钱监管体系,加强对大额资金和可疑交易资金的监测。完善防范和查处上市公司信息虚假披露和市场操纵等行为的制度。

制定《企业投资项目核准和备案管理条例》,规范企业投资核准制、备案制。健全政府投资项目决策机制,完善重大项目专家评议和论证制度、公示和责任追究制度。推行非经营性政府投资项目代建制。

(四)推进国有企业改革

深化国有企业公司制股份制改革。健全现代企业制度,完善公司法人治理结构。加强大型国有企业董事会建设,未设立董事会的企业逐步实行党委(党组)书记和总经理分设。推进国有企业监管体制改革。健全国有资本经营预算、企业经营业绩考核和企业重大决策失误追究等制度。建立、健全国有企业及国有资本占控股地位、主导地位企业领导人员的经济责任审计制度。健全国有企业经营管理者薪酬制度和国有企业管理层投资持股制度,规范收入分配秩序。完善国有金融资产、行政事业性资产和自然资源资产监管制度,建立具有中国特色的国有企业监管体制。

(五)推进现代市场体系建设及相关改革

完善工程建设项目招标投标制度。实施严格的资格预审、招标公告发布、投标、评标定标以及评标专家管理制度和惩戒办法。健全工程建设项目招标投标行政监督机制。研究制定电子化招标投标办法。逐步构建统一的招标投标信息平台,实现信息资源公开、共享。

规范土地征收和使用权出让制度。推进征地制度改革,规范征地程序,完善征地补偿和安置办法。进一步完善经营性用地招标拍卖挂牌出让制度,规范国有建设用地使用权出让程序。深化土地有偿使用制度和探矿权、采矿权有偿使用制度改革。

推进产权交易市场建设。建立完善国有产权交易监管法规体系,实行企业国有产权进场交易。完善企业国有产权和上市公司国有股权交易监管措施,重点建设和推广使用信息监测系统,实现交易动态监管。加强产权交易行业自律组织建设。

深化政府采购制度改革。扩大政府采购范围和规模。严格实行"管采分离",加强对政府采购各个环节的监管。研究建立统一的电子化政府采购系统。规范国有企业物资采购招标投标工作。

健全社会信用体系。完善行业信用记录。健全失信惩戒制度和守信激励制度。整合有关部门和行业信用信息资源,建立综合性数据库,逐步形成信用信息共享机制。

六、纠正损害群众利益的不正之风

(一)深入开展专项治理

重点解决物价、生态环境保护、食品药品质量、安全生产、征地拆迁等方面群众反映强烈的问题。加强对环境污染防治政策措施落实情况的监督检查,对不认真履行环保职责、严重损害群众环境权益的地方和单位,追究有关人员特别是领导干部的责任。健全食品药品安全监管制度,严肃处理重大质量安全事件。开展对安全生产法律、法规执行情况的监督检查,进一步加大责任事故调查处理力度,坚决查处事故背后的失职渎职行为和腐败问题。严肃查处征收征用土地和矿产资源开发中的违纪违法行为。

(二)加大纠风工作力度

强化对社保基金、住房公积金和扶贫救灾专项资金的监管。认真治理公共服务行业侵害群众消费权益等问题。加强对社会中介组织、行业协会的监督管理,规范服务和收费行为。深化农村义务教育经费保障机制改革,确保各项政策的落实。加强医德医风建设,健全医疗卫生机构绩效评价制度,推行网上药品集中采购,严格医药和医疗器械价格监管。规范涉及农民负担的行政事业性收费管理,治理涉农乱收费。整顿农资市场秩序,坚决纠正和查处截留挪用、克扣政府支农惠农补贴款等损害农民利益的行为。查处侵害农民和进城务工人员利益问题。继续做好清理规范评比达标表彰工作,纠正举办节庆活动过多过滥等问题。

(三)健全防治不正之风的长效机制

落实行风建设责任制,坚持"管行业必须管行风"。各省(区、市)、市(地、州、盟)进一步完善民主评议政风行风等制度,办好政风行风热线,督促有关部门及时解决群众的合理诉求。

七、保持惩治腐败的强劲势头

(一)坚决查处违纪违法案件

旗帜鲜明地反对腐败,对任何腐败分子都必须依法严惩,决不姑息。以查处发生在领导机关和领导干部中滥用职权、贪污贿赂、腐化堕落、失职渎职的案件为重点,严肃查处官商勾结、权钱交易和严重侵害群众利益的案件,利用干部人事权、司法权、行政执法权、行政审批权索贿受贿、徇私舞弊的案件。严肃查处违反政治纪律的案件。严肃查处规避招标、虚假招标及违法转包分包的案件,非法批地、低价出让土地、违规审批房地产开发项目或擅自变更规划获取利益的案件,违法审批探矿权和采矿权、违法入股矿产开发的案件,金融领域违规授信、内幕交易、挪用保险资金、违规发放核销贷款和资产处置的案件,隐匿、侵占、转移国有资产的案件。严肃查处为黄赌毒等社会丑恶现象和黑恶势力充当"保护伞"的案件。严肃查处贿赂案件,既要惩处受贿行为,又要惩处行贿行为。

(二)深入开展治理商业贿赂工作

继续推进自查自纠和专项治理。坚决纠正不正当交易行为,规范交易活动。重点查处工程建设、土地出让、产权交易、医药购销、政府采购、资源开发和经销等领域以及银行信贷、证券期货、商业保险等方面的商业贿赂案件。严禁中资企业和其他取得收入的组织在国(境)外的商业贿赂行为,依法查处国(境)外经济组织在我国内地的商业贿赂行为。制定在治理商业贿赂专项工作中推进市场诚信体系建设的意见和建立、健全防治商业贿赂长效机制的意见。建立和完善商业贿赂犯罪档案查询系统,把是否存在不正当交易行为尤其是行贿行为作为市场准入和退出的重要依据。

(三)提高执纪执法水平

坚持依纪依法办案。严格履行办案程序,按照规定权限正确使用办案措施。坚持严肃执纪、公正执法、文明办案,做到事实清楚、证据确凿、定性准确、处理恰当、手续完备、程序合法。司法机关依法履行批捕、起诉、审判职责,惩治各类职务犯罪和商业贿赂犯罪。加强出入境管理和经济侦查等相关工作。健全举报人和证人保护制度。对诬告陷害的,要严肃查处。为受到错告、诬告的同志澄清是非。加强对办案工作的监督管理。保障涉案人员的合法权益。

改进办案方式和手段。加强对新形势下办案工作特点和规律的研究,严格区分违纪与违法界限,正确把握政策和策略,综合运用法律、纪律、行政和经济处罚、组织处理等方式和手段,增加办案科技含量,提高办案能力和水平。

(四)健全查处案件的协调机制

加大查处案件的组织协调力度。由纪委书记担任同级党委反腐败协调小组组长,加强对重大案件的协调、指导和督办。加强纪检、审判、检察、公安、监察、审计等执纪执法机关的协作配合,完善跨区域协作办案及防逃、追逃、追赃机制,进一步形成惩治腐败的整体合力。

从我国实际出发,借鉴国外反腐败的有益做法,做好履行《联合国反腐败公约》的相关工作。建立、健全国际执法合作、司法协助和涉案人员外逃预警、遣返、引渡,以及涉案资产追回等工作机制,加强反腐败国际合作和交流。

(五)发挥查处案件的综合效应

深入剖析案件中暴露出的问题,查找体制机制制度方面存在的薄弱环节,建章立制,堵塞漏洞。利用典型案件开展警示教育,总结教训,引以为戒。实现查处案件的政治效果、社会效果、法纪效果相统一。

八、切实抓好《工作规划》的贯彻落实

(一)加强组织领导

各级党委是反腐倡廉建设的责任主体,担负着全面领导惩治和预防腐败体系建设的政治责任。要切实加强领导,把贯彻落实《工作规划》作为一项政治任务,列入党委、政府重要议事日程,同经济社会发展工作一起部署、一起落实、一起检查。严格执行党风廉政建设责任制,党委(党组)书记负总责,领导班子其他成员根据分工抓好职责范围内的工作,实行党政齐抓共管。各级纪委要充分履行党章赋予的职责,协助党委抓好《工作规划》各项任务的分解和落实,制订实施方案,作出具体安排,健全工作机构,组织有关部门抓好工作落实。中央和国家机关各部门处在党和国家工作的重要位置,对贯彻落实《工作规划》负有重要责任,要在惩治和预防腐败体系建设中充分发挥示范带头作用。

(二)狠抓工作落实

完善惩治和预防腐败体系,关键是扎扎实实地抓好落实。各地区各部门要按照《工作规划》的总体要求和任务分解,明确惩治和预防腐败体系建设的牵头单位和协办单位,落实工作责任。各牵头单位和协办单位要密切配合,相互支持,形成合力,保证工作任务的完成。要抓住惩治和预防腐败体系建设中的重点、难点问题,集中力量取得突破,以此推动面上工作。要加强调查研究,深入了解《工作规划》贯彻落实中的新情况、新问题,提出推进反腐倡廉建设的新思路、新举措,探索新途径、新方法,不断提高工作水平,务求取得明显成效。

(三)开展监督检查

各省(区、市)、中央和国家机关惩治和预防腐败体系建设各牵头单位,每年要对工作进展情况进行专项检查,查找问题,认真整改,总结经验,推动工作,并提交工作报告。各地区各部门要把贯彻落实《工作规划》情况列入对领导班子和领导干部的考核评价范围,作为工作实绩评定和干部奖惩的重要内容,严格责任考核,强化责任追究。中央纪委要会同有关部门加强督促检查,实施分类指导,确保《工作规划》确定的任务落到实处。

各地区各部门要根据《工作规划》,结合实际制定贯彻落实的实施办法。中国人民解放军和中国人民武装警察部队贯彻落实的实施办法,由中央军委参照本《工作规划》制定。

5月14日

中共中央政治局常务委员会在北京召开会议研究部署抗震救灾工作

中共中央总书记胡锦涛主持会议。

会议听取了国务院抗震救灾总指挥部关于当前抗震救灾工作的汇报。会议认为,面对这场特大地震灾害,在党中央、国务院、中央军委的坚强领导下,地方各级党委和政府紧急行动,人民解放军、武警部队冲锋在前,各有关部门大力支持,社会各界无私援助,目前抗震救灾各项工作正在有力有序有效进行,灾区社会秩序总体稳定。

会议指出,这次地震灾害影响范围广,人员伤亡多,抢救难度大,抗震救灾工作面临严峻挑战和困难。中央要求,各地各有关方面务必把抗震救灾工作作为当前最重要最紧迫的任务,不畏艰难,连续作战,团结协作,全力以赴,坚决打胜抗震救灾这场硬仗。

一、要把抢救被困群众放在第一位,只要有一线希望,就要尽一切努力施救。中央决定,增派人民解放军、武警部队、公安消防特警,并配备必要的器械和工具,迅即赶赴灾区一线,全力投入抢险救援。

二、要继续从各地和部队调集医护人员,组成医疗队和专家组,到灾区对受伤群众实施救治,并加强卫生防疫工作,防止灾区疫病流行。

三、要千方百计安排好灾区群众生活,继续筹措和调运灾区急需的食品、饮用水、衣被、帐篷等物资,切实解决好受灾群众的吃饭、饮水、穿衣、住宿等问题。同时,要深入细致地做好灾区群众思想工作,确保灾区社会稳定。

四、要抓紧抢修道路、电力、通信等基础设施,首先要想方设法尽快恢复通往灾区的公路交通,以保证整个抗震救灾工作顺利进行。还要切实防止次生灾害发生,避免造成新的损失。

五、要进一步加强对抗震救灾工作的领导,统一指挥,科学调度,加强协调,分工负责,严明纪律,确保中央抗震救灾决策部署落到实处。

中央号召,全党和全国军民要更加紧密地团结起来,一切为了灾区,全力支援灾区,以实际行动为抗震救灾贡献力量。中央坚信,有灾区干部群众不屈不挠、顽强奋战的大无畏英雄气概,有全国人民万众一心、共克时艰的社会主义协作精神,我们一定能够战胜这场特大地震灾害。

国务院总理温家宝深入北川汶川察看灾情强调把救人摆在抢险救灾工作第一位

《人民日报》发表评论员文章《紧急行动起来》

5月12日14时28分,四川省汶川县发生7.8级地震,全国许多省区市均有震感。这场地震强度之大,波及之广,为几十年来所罕见,人民群众生命财产安全受到严重威胁。

灾害牵动着党中央、国务院领导的心。地震发生后，胡锦涛总书记立即作出重要指示，要求尽快抢救伤员，确保灾区人民群众生命安全。温家宝总理当即赶赴灾区，现场指挥抗震救灾工作。当晚，中共中央政治局常委会召开会议，全面部署抗震救灾工作，还决定立即成立抗震救灾总指挥部。中国地震局、国家减灾委、民政部、卫生部、公安部、解放军总参谋部、四川省委省政府、成都军区等有关方面急援灾区抗震救灾。这一切，充分表明党中央十分关心灾区人民群众生命财产安全、高度重视抗震救灾工作，充分显示党和政府全力以赴抗震救灾的坚定决心，充分体现党和政府与灾区人民同呼吸共命运心连心。

灾害也牵动着全国人民的心。短短几个小时内，云南、西藏等周边省份已派出地震专家驰援灾区，中国扶贫基金会紧急发出募捐倡议，中国红十字会全力调拨物资救援，全国很多省市区已经做好支援灾区的准备。网络上无数情真意切的祈愿帖子传递着同胞情感，手机中接连不断的慰问信息温暖着灾区人心。人们关注着汶川传来的每一点信息，挂念着震区人民的生命安危。这一切，让人们看到了中华民族和衷共济、众志成城的伟大精神力量。

灾情火急，人命关天。抗震救灾工作特别紧迫，责任特别重大，任务特别艰巨。在突如其来的自然灾难面前，各级党委、政府和中央各有关部门一定要紧急行动起来，把抗震救灾作为当前的首要任务，尽最大努力把地震灾害造成的损失减少到最低程度。要立即组织人民解放军、武警部队、民兵预备役和医疗卫生人员，尽快赶赴灾区，全力抢救受伤人员。要千方百计向灾区运送食品、饮用水、药品和帐篷、防寒衣被等救灾物资，确保灾区群众有饭吃、有衣穿、有干净水喝、有临时住处。要迅速组织力量，抢修受损公共设施，尽快恢复灾区的通路、通电、通信和供水，保证重要基础设施和水库大坝、铁路、涵洞安全，保证社会秩序的稳定。

灾情就是命令，时间就是生命。各级领导干部和广大共产党员一定要坚持人民利益高于一切，奋不顾身地投入到抗震救灾第一线，急人民群众之所急，解人民群众之所难，把党和政府的关怀送到每一个受灾群众中去。要充分发挥先锋模范带头作用，充分发扬不怕牺牲、不怕疲劳、连续作战的作风，努力保护人民群众生命财产安全。我们相信，在党中央国务院的坚强领导下，全国人民万众一心、众志成城，迎难而上、百折不挠，就一定能够夺取抗震救灾斗争的胜利。

全国政协主席贾庆林在萨格勒布分别与克罗地亚总理萨纳德和议长贝比奇会见举行会谈

贾庆林说，中方愿与克方携手努力，进一步加强双方政治互信，促进经贸、文化、科教、旅游等领域的务实、互利合作，推动两国关系长期稳定、健康深入发展。

关于经贸合作，贾庆林说，近年来，中克经贸合作发展迅速，贸易额逐年攀升，已连续5年保持近70%的增幅，合作潜力巨大，前景广阔。双方应切实发挥两国政府经贸混委会和商会的引导作用，鼓励和推动双方企业加强直接合作，特别是中小企业的合作，欢迎克方企业赴华开拓市场，扩大相互投资，积极促进双边贸易平衡发展。

萨纳德说，克方坚定奉行一个中国政策，支持中国维护国家主权和领土完整，高度赞赏中国在国际事务中发挥的建设性作用。克方愿努力促进克中经贸关系，加强双方文化、教育、科技交流以及地方和企业间的直接交往与合作。克方期待与中方在国际和地区事务中密切协调与合作。

会见后，贾庆林和萨纳德共同出席了两国关于经济、文化合作文件的签字仪式。

同日，贾庆林同克罗地亚议长贝比奇举行会谈。

贾庆林表示，中国全国政协愿进一步加强同克罗地亚议会的友好交往，积极开展多层次、多渠道合作，为推动中克关系发展作出更大贡献。

贝比奇表示，中国政府致力于发展经济，建设和谐社会，与世界各国积极发展友好关系，克罗地亚对中国取得的伟大发展成就表示敬佩。他表示希望加强克议会各党派与中国全国政协的广泛联系，推动两国地方间的经济、文化、科技交流与合作，促进两国全面合作伙伴关系不断向前发展。贝比奇还积极评价中国政府和人民为举行北京奥运会所做的巨大努力，相信本届奥运会一定会成功举行。

萨纳德和贝比奇还对中国四川发生严重地震灾害造成重大人员伤亡和财产损失表示深切哀悼和诚挚慰问，相信伟大的中国人民一定能够克服困难，战胜这场自然灾害。

同日，贾庆林还出席了中克经贸论坛并致辞。

全国政协副主席兼秘书长钱运录等参加了上述活动。

全国政协主席贾庆林在中克经贸论坛开幕式上发表题为《深化互利合作　实现共赢发展》的致辞

女士们，先生们，朋友们：

在中克建交16周年之际，我很高兴来到美丽的萨格勒布，出席由中国贸促会和克罗地亚商会联合举办的中克经贸论坛。在此，我谨对论坛的隆重召开表示热烈的祝贺，并向长期致力于中克经贸合作的两国各界人士表示衷心的感谢！

克罗地亚是中东欧地区的重要国家，有着悠久的历史和灿烂的文化。克罗地亚人民勤劳、勇敢、智慧，为世界文明作出了重要贡献。近年来，贵国经济蓬勃发展，民族和睦相处，国际地位日益提高。我们为贵国取得的发展成就感到高兴，衷心祝愿贵国人民在这片美丽富饶的土地上创造更大辉煌。

中国和克罗地亚虽然相距遥远，但两国人民在长期的友好交往中结下了深厚友谊。建交16年来，在双方的共同努力下，双边关系平稳发展。特别是2005年，中克建立全面合作伙伴关系，成为两国关系发展史上的重要里程碑。3年来，中克关系又有新的发展。双方高层对话频繁，政治互信和相互了解不断加深，国际事务中沟通与协调密切，经贸、文化、教育、科技、旅游、体育等领域的务实合作富有成果。2007年，中克贸易额达到15.8亿美元，比上年增长69.6%，呈现出强劲的发展势头。中克关系已进入两国建交以来最好的发展时期，给两国人民带来了实实在在的利益，为世界和地区的和平、稳定与发展作出了积极贡献。

回顾过去，我们对双边关系的良好发展感到满意。展望未来，我们对两国关系的发展前景充满信心。巩固传统友谊，深化互利合作，实现双赢发展，是两国人民的共同愿望，符合两国的根本利益。中国政府历来高度重视发展同克罗地亚的友好合作关系，始终视克罗地亚为中国在中东欧地区的重要合作伙伴。我们愿与克方一道，继续本着相互尊重、平等互利原则，推动两国关系全面深入发展。

经贸合作是中克全面合作伙伴关系的重要内容，也是双边关系持续健康发展的重要动力。近年来，中克两国经济都实现了较快发展，为双方深化经贸合作奠定了坚实基础。更为可喜的是，随着中国改革开放深入发展和贵国加入欧盟一体化进程加快，双方相互需求日益上升，共同利益不断增多，提升合作规模和质量的热情空前高涨。为进一步推动中克经贸合作在互利双赢基础上取得新进展，双方应着力从以下三个方面共同努力。

第一，积极发挥政府作用。继续发挥两国政府经贸混委会的宏观指导作用，加强市场、商品、贸易信息交流，鼓励双方企业通过互办展览、洽谈等活动，不断挖掘合作潜力，探索新的合作途径，推动两国经贸合作向全方位、宽领域发展。希望贵国以参加2010年上海世博会为契机，为两国经贸合作创造新的增长点。

第二，不断优化贸易结构。积极开展两国在电信、医药、机械制造、交通运输、食品加工等领域的互利合作，逐步扩大高新技术产品在双边贸易中的比重，推动贸易结构多元化。我们欢迎克罗地亚名优产品更多进入中国市场，希望两国贸易在不断发展中逐步实现积极平衡。

第三，努力扩大相互投资。继续推动两国企业加强直接接触，特别是推动两国中小企业开展合作，扩大双向投资。希望克罗地亚企业界充分发挥自身优势，积极参与中国西部大开发、东北地区等老工业基地振兴。中国也将继续支持本国有实力的企业更多地来克投资兴业。要进一步发挥两国地方省市合作的积极性，建立两国经贸合作的新平台。

女士们、先生们、朋友们！

今年是中国改革开放30周年。30年前，在邓小平先生的倡导和带领下，中国人民踏上了改革开放的伟大征程，开启了建设中国特色社会主义的历史新时期。从那时以来，中国人民以一往无前的进取精神和波澜壮阔的创新实践，奋力推进改革开放和社会主义现代化建设，谱写了中华民族自强不息、顽强奋进新的壮丽史诗，中国的经济实力、综合国力、人民生活水平都上了大台阶，中国的面貌发生了历史性变化。从1978年到2007年，中国的国内生产总值从2165亿美元增长到3.28万亿美元，年均增长9.8%，经济总量由世界第十位跃居世界第四位；进出口总额从206亿美元增长到2.17万亿美元，成为世界第三大贸易体；外汇储备由1.67亿美元增加到1.53万亿美元，居世界首位。城镇居民人均可支配收入从343元增长到13786元，农村居民人均纯收入从134元增长到4140元。中国农村贫困人口从2.5亿减少到约1500万，人民生活从温饱不足发展到总体小康。三峡大坝、青藏铁路、西气东输、西电东送、南水北调等重大工程捷报频传，以"神舟"飞船为代表的一大批重大科技成果先后涌现。现在，中国社会主义市场经济体制初步建立，全方位对外开放格局基本形成，政治体制改革逐步深化，民主法制建设不断加强，科技、教育、文化、卫生事业全面发展，民族团结，边疆巩固，人民安居乐业，到处是欣欣向荣的蓬勃景象。

中国的发展不仅造福中国人民，而且有力地促进了世界经济和贸易增长。中国经济对世界经济增长的贡献率超过10%，对国际贸易增长的贡献率超过12%。2001年以来，中国年均进口额近5600亿美元，为相关国家和地区创造了约1000万个就业机会。改革开放的实践证明，中国发展进步离不开世界，世界繁荣稳定也离不开中国。面向未来，我们将继续解放思想，坚持改革开放，推动科学发展，促进社会和谐，为夺取全面建设小康社会新胜利而奋斗。我们将高举和平、发展、合作旗帜，坚持独立自主的和平外交政策，始终不渝走和平发展道路，始终不渝奉行互利共赢的开放战略，推动建设持久和平、共同繁荣的和谐世界。中国人民愿与包括克罗地亚在内的各国人民一道，共同分享发展机遇，共同应对风险挑战，共同推进人类和平与发展的崇高事业。

女士们、先生们、朋友们!

大家知道,5月12日,中国四川省汶川县发生了7.8级的严重地震,致使道路、交通、通信中断,房屋倒塌严重,给人民群众生命财产造成重大损失。地震发生后,中国政府高度重视,迅速采取措施,全面部署抗震救灾。各级政府和各有关部门紧急行动起来,人民解放军、国家地震减灾救援队、医疗卫生人员迅速赶赴灾区,全力抢救受伤人员。中国四川的地震灾情也引起了国际社会的广泛关注和同情。许多国家领导人纷纷向中国政府和人民表示深切同情和诚挚慰问。在地震发生当日,克罗地亚总统梅西奇代表克罗地亚政府和人民向中国国家主席胡锦涛和中国人民表示慰问。我们对此表示感谢。我相信,有党中央、国务院的坚强领导,有全国人民的团结奋斗,有国际社会的大力支持,我们一定能够夺取抗震救灾斗争的胜利。

女士们、先生们、朋友们!

当前,中克关系正处在新的历史起点上,面临着继往开来的新机遇。我相信,在两国经济工商界有识之士的共同努力下,中克经贸合作的明天一定会更加灿烂光明!

预祝中克经贸论坛取得圆满成功!

谢谢大家。

国务院副总理李克强在北京多次主持召开会议研究部署和协调救援保障工作

中共中央政治局委员、国务院副总理、抗震救灾总指挥部副总指挥回良玉参加会议。

李克强强调,灾情就是命令,时间就是生命。有关部门和地区要贯彻落实胡锦涛总书记一系列重要指示和温家宝总理主持召开的抗震救灾指挥部会议精神,紧急行动起来,坚持一切为了灾区、一切服务灾区,急群众之所急、办群众之所需、解群众之所难,各负其责,恪尽职守,全力提供抢险救援所需人力、财力、物力,努力做好抗震救灾各项保障工作,切实维护灾区正常生产生活秩序。

李克强指出,保障灾区救援和生活用品是当前抗震救灾的急迫需要。人民解放军、武警部队、民兵预备役、公安干警、医疗卫生人员和地震救援队伍已经赶赴灾区。我们要紧密配合前方行动,想方设法筹集抢险救援装备和工具,紧急调集医疗器械和药品,千方百计满足前方搜救和医疗紧急需要,尽最大可能营救被困人员,尽最大努力挽救受灾群众生命。同时,要全力以赴保障灾区人民基本生活,加大瓶装水、方便食品、帐篷、防寒衣被等生活必需品调运力度,确保受灾群众有饭吃、有衣穿、有干净水喝、有临时住所。

李克强说,抢修因灾受损设施和设备是抗震救灾的紧迫要求。要进一步采取行之有效的应急措施,最大限度提供保障,以尽快解决灾区以及救援人员通信问题;加快修复受损交通设施,确保公路、铁路、民航等运输通道畅通;抓紧抢修电力受损设备,保障灾区用电和电网安全运行;组织修复供水设施,保证灾区正常供水,为抗震救灾和生产生活提供有力的基础设施支撑。

李克强指出,严防发生次生灾害是抗震救灾的重要任务。必须进一步调集必要的技术力量和设备,加强地震监测和气象预报,密切监视震情发展,准确分析气象条件。要突出抓好水库安全运行,加强饮用水质监测和危险化学品污染防治,特别是要加大地质灾害监测力度,搞好群防群测、科学防治,减少泥石流、滑坡等灾害损失,维护人民群众生命财产安全。

李克强还指出,要统筹安排好其他地区经济工作,保障市场商品供应和物价稳定,维护生产生活秩序,保持经济平稳快速发展和社会稳定。他要求,各部门各地区要按照统一部署,围绕一线工作,齐心协力,密切配合,加强信息沟通,强化值班制度,完善应急预案,及时研究、解决和报告问题,把抗震救灾各项保障工作进一步落到实处。

中央纪委书记贺国强在北京主持召开中央纪委常委会

中央书记处书记、中央纪委副书记何勇出席会议。

贺国强指出,四川省汶川等地发生罕见地震灾害后,党中央、国务院十分关心灾区人民群众生命财产安全、高度重视抗灾救灾工作,迅速作出重要部署,提出明确要求。各级纪检监察机关和广大纪检监察干部要把思想统一到中央精神上来,坚信有党中央、国务院的坚强领导,有改革开放积累起来的经济实力、科技实力,有坚强的民族凝聚力,有人民解放军、武警部队、医疗卫生人员和全国各族人民的共同努力,一定能够夺取抗震救灾的胜利。

贺国强要求,受灾地区纪检监察机关和纪检监察干部要按照党委、政府的统一部署,发挥表率作用,奋不顾身地投入抗震救灾第一线,发扬不怕牺牲、不怕疲劳、连续作战的作风,不畏艰险、不怕困难,冲在前面、干在前面,努力保护人民群众生命财产安全;其他地区纪检监察机关和纪检监察干部要发扬"一方有难、八方支援"的精神,积极做好抗震救灾的服务工作,主动为受灾地区和受灾群众捐款捐物,帮助受灾群众渡过难关。要认真履行职责,加强对中央关于抗震救灾各项决策部署贯彻执行情况的监督检查,坚决纠正有令不行、有禁不止的行为,确保政令畅通。要加强对有关部门履行职能的监督检查,督促他们采取有力措施,确保抗震救灾各项工作扎实进行。要通过抗震救灾工作实际考验、考察干部,督促各级领导干部站在抗震救灾第一线,切实履行领导责任,对积极投身抗震救灾、表现优秀的干部,要表彰和鼓励;对敷衍塞责、玩忽职守、推诿扯皮、临危退缩的干部,要按照党纪政纪严肃处理。要加强对抗震救灾资金和物品的管理、使用情况的监督检查,保证以最快的速度用于受灾群众,对贪污、私分、截留、挪用行为,严惩不贷。要协助有关部门做好社会稳定工作,依纪依法严肃处理散布谣言、干扰破坏抗震救灾的行为。

贺国强指出,各级纪检监察机关和广大纪检监察干部要努力做好本职工作,以实际行动支持抗震救灾工作。要把正在中央纪委监察部机关开展的"做党的忠诚卫士,当群众的贴心人"主题实践活动与当前的抗震救灾工作结合起来,把对灾区人民的关心关切,转化为做好本职工作的强大动力,以卓有成效的工作推动反腐倡廉建设和各项工作,为全面建设小康社会贡献力量。

据了解,中央纪委监察部机关已开展募捐活动,支援受灾群众,并对受灾地区纪检监察机关恢复重建给予必要的支持和帮助。

全国人大常委会副委员长王兆国在人民大会堂会见匈牙利宪法法院代表团

2008年国家社科基金年度项目评审工作会议在北京召开

中共中央政治局委员、书记处书记、中宣部部长、全国哲学社会科学规划领导小组组长刘云山出席会议并讲话。

据了解,2008年国家社科基金22个学科共申报了18353项课题,申报数量为历年最多,申报质量也明显提高。经过匿名初评,有4000项课题入围本次会议评审,会议将评审出1600个左右拟立项目。会议强调,要牢固树立导向意识、大局意识、精品意识、服务意识,本着对国家负责、对人民负责、对学术负责的精神,坚持公平公正、质量第一的原则,严格把关、严格程序,认真做好今年国家社科基金项目评审工作。

全国人大环境与资源保护工作座谈会在天津市召开

5月15日

国务院总理温家宝在四川地震灾区主持召开国务院抗震救灾指挥部会议

温家宝说,经过地震系统的进一步研究,加上实地观察以及各地上报的情况,汶川地震重灾区的范围已经超过10万平方公里,汶川地震的强度、烈度都超过了唐山大地震。从震情看,这次地震是新中国成立以来破坏性最强、波及范围最大的一次地震。

温家宝说,今天是抗震救灾第四天,地震发生到现在接近80个小时。在特大灾害面前,我们坚决贯彻党中央、国务院的部署,迅速成立国务院抗震救灾指挥部开展工作,坚持抗震救灾工作以人为本,始终把抢救被困人员放在各项工作的首位,一刻也没有放松。我们发扬军民团结、干群团结、党群团结的优势,形成了一个强有力的救援体系。从目前看,前一阶段的工作是有序、有力、有效的。

谈起灾害造成的人员死亡情况,温家宝说,截至15日14时,四川地震灾区已经确认的死亡人数为19509人,估计死亡人数将超过5万人。这是因为目前还有两万多人被掩埋在废墟里,还有很多人失踪。

温家宝说,不管是抢救被困人员,还是将来善后处理、人员安置以至恢复重建,抗震救灾工作始终要坚持以人为本。他提醒说,下一阶段,两个问题可能会比较突出,一是善后,包括对遇难者遗体的处理、防止疫病出现等。二是灾民生活安置问题,伴随救援物资源源不断运到四川,要加强食品、药品和帐篷等救援物资的组织、协调、发放。

温家宝强调,当前抢救人仍然是首要任务,只要有生还希望,就要抓紧时间救人,摸清情况,统一部署,集中指挥,合理调配,搞好分工,落实责任,要做到忙而不乱,紧张有序;要加强基层工作,重视思想工作,维护社会安宁和稳定。

从北京飞抵四川的中共中央政治局委员、国务院副总理、国务院抗震救灾指挥部副总指挥回良玉和马凯、孟建柱等参加了15日晚的会议。当日,温家宝赶赴川北重灾区看望群众。

《人民日报》发表评论员文章《人民生命高于一切》

汶川地震造成人员严重伤亡,目前还有很多群众被困在废墟之下。确保灾区人民生命安全,把人员伤亡降到最低限度,是当务之急,重中之重。

在党中央、国务院的关心和周密部署下,灾区各级党委、政府和中央各有关部门紧急行动起来,全力做好各项抗震救灾工作。人民解放军、武警部队、民兵预备役和医疗卫生人员以最快速度赶赴灾区,全力抢救受伤人员。中国国际救援队和四川、重庆、山东等地的地震救援队分别抵达灾区,全力搜救埋压在废墟下的群众的生命。各相关抢险救援队伍争分夺秒抢修公路和受损公共设施,努力争取救援人员在最短的时间内抵达重灾区。这充分表明,在党和政府心中,在全体救援人员心中,人民生命高于一切。

抗震救灾,救人最紧要。以人为本是救灾的核心,抓住时机、抓紧时间抢救人员,是整个抗震救灾工作的重中之重,全部工作都要紧紧围绕救人展开。当此之际,身处危境中的人民群众,等待救援人员的心情最焦急,渴望被救助的企盼最迫切。当此之时,没有什么比最快出现在受伤群众身边更紧迫,没有什么比全力抢救群众生命更重要。只要有一线希望,我们就要尽最大的努力;只要有一点可能,我们就要不惜一切代价。废墟下哪怕还有一个人,我们都要竭尽全力,抢救到底。

时间就是生命,效率就是生命。确保灾区人民生命安全,要求我们克服一切困难、排除一切险阻,尽快通路、通电、通水、通信,早一秒到达灾区,多一分救灾保障,生命的抢救就多一分希望。要千方百计向灾区运送食品、饮用水、药品和帐篷、防寒衣被等救灾物资,才能确保群众有饭吃、有衣穿、有干净水喝、有临时住处。要妥善安置好受灾群众,做好被困群众和受伤群众的救治工作,安排好受灾群众生活,满足群众基本生活需要,让灾区群众感受温暖,稳定情绪,增强战胜地震灾害的自信心。要科学组织抗震救灾工作,把各种抗震救灾资源和力量有效地协调、整合起来,投入到灾情最严重的地方,投入到群众最需要的地方,提高救灾效率,加速救灾进展。

在突如其来的地震灾害面前,党和政府是灾区人民的主心骨。各级党委和政府要把保护人民生命安全放在首位,急人民群众之所急,解人民群众之所难,把各方面可能出现的情况和问题想得深些、想得透些,把各项抢救和安置工作做到实处、落到细处,把党和政府的关怀送到每一个受灾群众中去,把人民群众抢险救灾的积极性调动起来,组织起来,凝聚成万众一心、迎难而上,共御天灾的伟大力量。

国家副主席习近平在人民大会堂会见美国耶鲁大学校长莱文一行

双方就进一步加强中美教育交流与合作等问题交换了意见。

习近平说,中国政府将继续坚持把教育放在优先发展的战略地位,坚定不移地实施科教兴国和人才强国战略。教育和青年交流是中美两国人民增进相互了解和友谊的重要桥梁,也是推动中美关系健康、稳定发展的重要力量。耶鲁大学与中国的交往源远流长,目前与中国政府部门和大学建立了广泛而卓有成效的合作关系。习近平对莱文为中美两国关系所做的贡献表示赞赏,并希望耶鲁大学进一步加强与中国的交流与合作,欢迎更多的美国青年人来中国留学。

外交部部长杨洁篪在莫斯科出席中俄印三国外长会晤

外交部部长杨洁篪与俄罗斯外交部部长拉夫罗夫、印度外交部部长慕克吉共同出席了在俄罗斯叶卡捷琳堡举行的中俄印三国外长会晤。三国外长就加强在国际和地区事务中的沟通和协调、深化三国务实合作达成了广泛共识。

三方一致认为,中俄印作为具有悠久历史和正在快速发展的国家,都希望加强三方合作、谋求共同发展,积极致力于维护世界和地区和平、稳定和安全。

三方一致同意,致力于建立稳定与和谐的多极世界,推动国际关系民主化和国际秩序向更加公正合理的方向发展;致力于加强三国在联合国改革、气候变化、粮食安全、打击恐怖主义、毒品走私、跨国犯罪以及在阿富汗问题、伊朗核问题、朝鲜核问题、中东等问题上的对话与协调。

三方一致同意,加强在农业、减灾救灾、医药卫生等领域的合作,加强企业界之间的联系,增进学术界往来和对话,深化人文领域交流。

俄罗斯和印度两国重申支持北京奥运会,表示愿为其成功举办作出努力。两国对中国遭受特大地震灾害再次表示慰问,并重申愿意尽力提供帮助。中国和俄罗斯两国对印度发生恐怖袭击事件表示慰问,重申反对任何形式的恐怖主义。

会晤后,三国外长发表了《中华人民共和国、俄罗斯联邦和印度共和国外交部长会晤联合公报》,并共同会见了记者。

中华人民共和国 俄罗斯联邦和印度共和国外交部长会晤发表联合公报

2008年5月15日,中华人民共和国、俄罗斯联邦和印度共和国外交部长在俄罗斯叶卡捷琳堡举行第八次会晤。

三国外长满意地指出,作为历史和文化悠久、快速发展的多民族国家,中俄印之间的协作不断加强;强调三方协作有助于建立稳定与和谐的多极世界,推动国际关系民主化和国际秩序朝着更加公正合理的方向发展。

三国外长对三方根据2007年10月24日哈尔滨会晤取得的成果努力挖掘合作潜力予以积极评价。

三国外长高度评价今年2月在莫斯科举行的中俄印外交部地区司司长首次磋商。在此级别上就落实中俄印外长会晤达成的共识、筹备外长会晤等一系列问题开始定期交换意见。2008年4月28日在北京举行的中俄印农业合作论坛是促进三方农业领域合作的重要一步。三方还启动了建立减灾救灾、医药卫生主管部门间合作的具体工作，商定2008年举行这些领域的首次对口会晤。

三国外长指出，加强中俄印企业界之间的联系具有重要意义，积极评价2007年12月在新德里举行的三方企业家首次会议。2008年秋，中国国际贸易促进委员会、俄罗斯工商会和印度工商会的代表将在莫斯科举行会晤。三方企业家第二次会议将于2009年在中国举行。

三国外长认为，今年3月在新德里举行的三国官员和专家地缘战略趋势研讨会，进一步推动了三国政府和学术界的多领域对话。

三国外长表示，将积极深化三国对话与协作，三方高度重视人文领域的巨大合作潜力。三国外长认为，在促进和保护人权及基本自由方面开展国际合作意义重大，该合作应充分考虑到每个国家的历史和文化特点，尊重不同文明的传统价值观，以意识形态、价值观和地缘标准画线的做法无益于和平与和谐共存。三国外长强调，国际人道援助应集中在救灾和重建等方面，避免干预一国内政。

三国外长详细讨论了国际形势和主要的国际及地区问题，重申三国立场广泛一致。

三国外长重申，当今世界秩序的基础应是国际法治、加强多边主义和发挥联合国的中心作用。三国外长重申，需要对联合国进行全面改革，以提高其工作效率，更有效地应对当今各种全球性挑战。中俄两国外长重申，两国重视印度在国际事务中的地位，理解并支持印度在联合国发挥更大作用的愿望。

三国外长重申对《联合国气候变化框架公约》和《京都议定书》的承诺，强调需要进一步加强国际协作应对全球气候变化。三国外长声明，三国愿作出一切必要的努力落实《巴厘行动计划》。

三国外长认为，在联合国框架下确定应对新挑战和新威胁的一致立场具有特殊意义。三国外长确信，应在联合国系统和区域组织框架内积极支持三国反恐合作，呼吁所有联合国会员国遵守有关国际反恐公约及其相关议定书和安理会反恐决议。三国外长支持落实联合国全球反恐战略，强调所有会员国应齐心协力，尽快完成联合国全面反恐公约的起草，重申将致力于进一步加强三国间打击恐怖主义的合作。

三国外长研究了亚太局势后指出，亚太各国谋求和平和经济可持续发展是地区形势主流。应奉行多边主义和平安全的原则，构建互信、互利、平等、协作的地区安全体系。三国外长支持在互惠和非歧视基础上，根据开放的地区主义原则扩大亚太经济一体化。

三国外长重申，中俄印三国愿扩大同中亚国家的多领域合作，包括打击恐怖主义、分裂主义、极端主义、毒品走私、跨国犯罪。三国外长同意探索三方合作的不同形式，促进该地区发展。中俄外长欢迎印度作为观察员国在上海合作组织框架内发挥更大作用的愿望。

三国外长欢迎阿富汗重建进程取得进展，对恐怖袭击持续不断、塔利班和“基地”组织卷土重来导致阿富汗安全局势不断恶化表示担忧。强调应协助阿富汗政府解决保障安全、完善国家政权机构和发展社会经济等任务，应严格遵守对列入联合国安理会1267委员会名单中阿富汗极端主义首领及其他个人和实体的制裁，严厉打击阿富汗境内的恐怖和极端主义势力，进一步加大对阿富汗毒品威胁的遏制力度。三国外长指出，应发挥联合国核心协调作用，吸收阿富汗邻国参与，建立综合性的环阿富汗禁毒安全带。

三国外长指出，应继续谈判，通过政治和外交途径早日解决伊朗核问题。谈判旨在寻求各方均能接受的长期、全面的解决办法，恢复国际社会对伊朗核计划和平性质的信任，保障伊朗享有和平利用核能的权利，为与伊朗开展更广泛国际合作开辟道路。

三国外长呼吁有关各方继续积极推动朝鲜半岛核问题六方会谈，和平、彻底地实现朝鲜半岛无核化，使各方尽快履行此前在北京就此达成的各项协议。

三国外长指出根据国际法准则、由联合国发挥领导作用、以各方达成共识为基础解决科索沃地位问题的重要性。科索沃单方面宣布独立有悖于联合国安理会第1244号决议。在联合国作出新决定之前，该决议仍应作为解决科索沃问题的法律基础。三国外长呼吁贝尔格莱德和普里什蒂纳在国际法框架内行事，以通过谈判寻找解决问题的合适办法。俄罗斯和印度外长重申，两国支持北京奥运会，愿为其成功举办作出努力。

三国外长对会晤成果表示满意，决定下次会晤在印度举行。

国防部部长梁光烈在杜尚出席上合成员国国防部长会议

上海合作组织成员国哈萨克斯坦国防部长艾哈迈托夫、吉尔吉斯斯坦国防部长伊萨科夫、俄罗斯国防部第一副部长科尔马科夫、塔吉克斯坦国防部长海鲁洛耶夫、乌兹别克斯坦国防部副部长尼亚佐夫分别率团参加会议。

此次上海合作组织成员国国防部长会议分析了国际和地区安全形势，研究了上海合作组织成员国在防务安全领域深化合作的有关措施。此次国防部长会议由上海合作组织轮值主席国塔吉克斯坦国防部主办。

中国驻塔大使左学良、中国人民解放军副总参谋长马晓天、国防部外事办公室主任钱利华、中央军委办公厅副主任高遐明等出席了会议。

议结束后发表了联合公报。

联合公报指出，上海合作组织成员国防务部门间的合作将遵循《联合国宪章》的宗旨和原则、《上海合作组织宪章》《上海合作组织成员国长期睦邻友好合作条约》和公认的国际法准则。

联合公报说，会议签署了《上海合作组织成员国国防部合作协定》，该协定旨在加强军事领域的信任措施，协调应对地区安全面临的新挑战、新威胁的行动。按照该协定，上海合作组织成员国防务部门将着手制订并落实在相关领域加强合作的具体计划，包括打击恐怖主义、极端主义和分裂主义方面的合作。

联合公报重申，上海合作组织成员国军事领域的活动不谋求建立军事政治同盟，不针对第三方，并强调依托现有国际法体系而形成的多极世界模式是唯一的选择。

联合公报说，2007年8月在俄罗斯境内举行的“和平使命—2007”联合反恐军事演习，得到了上海合作组织各成员国元首的高度评价。部长们商定，下一次联合军事演习将于2010年在哈萨克斯坦境内举行。

联合公报指出，与会部长们强调了去年签署的《上海合作组织成员国关于举行联合军事演习的协定》的现实意义，以及尽快履行使该协定生效所必需的国内程序的重要性，并指出应完善法律、法规体系，以进一步发展上海合作组织成员国军事领域合作。

根据联合公报，下一次上海合作组织成员国国防部长会议将于2009年在俄罗斯召开。

5月16日

中共中央总书记胡锦涛赶赴四川地震灾区指导抗震救灾工作并看望受灾群众

胡锦涛指出，经过这几天的努力，抗震救灾工作已经全面展开，正在有力有序有效地进行，但面临的挑战仍然十分严峻，任务仍然十分艰巨，而且时间非常紧迫。现在虽然已经过了震后72小时的“黄金救援”时间，但仍然要把挽救人的生命作为当务之急、作为重中之重，同时要抓好伤员的救治，抓好交通、通信、电力等基础设施的恢复，解决好群众基本生活保障问题。

胡锦涛特别强调，当前，抗震救灾斗争已经到了最危急的时刻。我们一定要千方百计、争分夺秒，克服一切艰难险阻，奋力夺取抗震救灾斗争的胜利。

胡锦涛和先期抵达灾区的中共中央政治局常委、国务院总理、抗震救灾总指挥部总指挥温家宝，中共中央政治局委员、国务院副总理、抗震救灾总指挥部副总指挥回良玉等，一起研究部署抗震救灾工作。

随后，胡锦涛立即乘车赶往这次地震中受灾严重的北川羌族自治县看望受灾群众。

中共中央政治局委员、国务院副总理、抗震救灾总指挥部副总指挥回良玉，中共中央书记处书记、中央办公厅主任令计划，中共中央书记处书记、中央政策研究室主任王沪宁等一同看望慰问。

中共中央总书记胡锦涛在绵阳主持召开会议与国务院总理温家宝共同研究部署抗震救灾工作

会上，温家宝报告了四川特大地震的特点、灾情、前一阶段抗震救灾工作进展的情况、当前存在的困难和下一阶段工作的重点。胡锦涛就继续做好抗震救灾工作作出重要指示。

会议强调，在党中央、国务院和中央军委坚强领导下，在抗震救灾总指挥部直接指挥下，抗震救灾工作全面展开，正有力有序有效进行，为下一步工作打下了比较好的基础。现在时间十分紧迫，要继续发扬不怕疲劳、连续作战的作风，顽强拼搏，迎难而上，努力把地震灾害造成的损失减到最低程度，真正打好抗震救灾这场硬仗。

会议强调，抗震救灾工作要坚持以人为本，把抢救人民群众生命作为重中之重。要继续尽最大可能救人，只要有一线希望，就要作出百倍努力。

会议要求，增派的3万名部队官兵要尽快到位，立即投入抗震救灾一线。要采取措施保证救援队伍在进入所有乡镇的基础上，尽快进入所有村庄。救援队伍要与基层干部结合起来，深入到群众中去，广泛开展救援工作。要为救援人员配备必要的设备、进行必要的培训，真正实行科学救援。对已经救出的群众要及时转移，对其中的孤儿、孤老要妥善安置。要严密关注震情，加强余震防范，防止发生新的伤亡。要认真开展卫生防疫工作，防止灾后疾病流行。

中共中央政治局委员、国务院副总理、抗震救灾总指挥部副总指挥回良玉，中共中央书记处书记、中央办公厅主任令计划，中共中央书记处书记、中央政策研究室主任王沪宁，国务委员兼国务院秘书长马凯，国务委员孟建柱等参加会议。

国务院总理温家宝在四川地震灾区接受记者集体采访

温家宝在离川前接受新华社、中央人民广播电台、中央电视台记者集体采访时说，无论从破坏性，还是从波及范围来说，四川汶川地震都是新中国成立以来最大的，超过了唐山大地震。面对这场特大地震灾害，必须举全国之力，以救人为核心，克服重重困难，把抗震救灾工作进行到底。

温家宝说，前一阶段，在党中央、国务院领导下，抗震救灾工作始终坚持把抢救人员放在第一位的方针，组织健全了抢救体系，迅速调动了大批救援力量，果断开展了救援工作。这一阶段的工作是有序、有力、有效的，最大程度地减少了人员伤亡。

温家宝说，为了救人，我们从全国向灾区调派了10多万人的救援队伍。截至目前，救援队伍已经到达了所有受灾的县、乡。我们还围绕救治人员这一中心工作，组织了大批的专业力量，形成了救治合力，救出了大批掩埋在废墟中的群众和大量被困群众。为了解决一些重灾区交通中断的问题，我们还调动了100多架直升机，用于运送伤员、专业救援人员和急需的救援物资。现在，地震已经过去88个小时，抗震救灾工作仍然处在抢救人员的关键时刻，救人还是救灾工作的重中之重，只要有一线希望，就要用百倍的努力，决不轻言放弃。

温家宝强调，地震灾区大多位于崇山峻岭之中，交通极其不便，这给救灾工作带来极大困难。战胜这场特大地震灾害，必须充分估计到我们面临的困难和挑战，从组织上、思想上和工作上都要做好充分准备，必须付出巨大的力量，必须坚持到底。

温家宝时刻挂念着灾区的群众。他说，我到灾区已经五天了，几乎走到了四川所有的重灾区，我深深为受灾群众在困难面前所表现出来的顾全大局、团结互助和无私无畏的精神所感动。我也为那些被地震灾害夺去生命的人们感到万分悲痛，向他们表示默默的哀悼。生活总要继续下去，我相信，灾区人民一定能够用自己的双手把家乡建设得更好，把国家建设得更好。这也是对死者最大的慰藉。

温家宝强调，进一步推进抗震救灾工作，需要信心、决心、毅力和强有力的组织工作，需要紧张而有序地工作。我坚信，在党中央和国务院领导下，紧紧依靠广大人民群众，军民团结，军政团结，干群团结，万众一心，众志成城，一定能夺取抗震救灾工作的全面胜利。

《人民日报》发表评论员文章《打通生命之路 伤亡减到最低》

中共中央政治局常委会再次召开会议，进一步研究部署抗震救灾工作。中央要求，各地各有关方面务必把抗震救灾工作作为当前最重要最紧迫的任务，不畏艰难，连续作战，团结协作，全力以赴，坚决打胜抗震救灾这场硬仗。我们看到，从各级领导干部到人民子弟兵，从各地震救援队到广大医护人员，从各相关救援队伍到众多的抢险救灾志愿者，大家夜以继日，全力以赴，朝着一个共同的目标顽强奋战，不惜一切代价，采取一切措施，最大限度减少人员伤亡。

与地震灾害搏斗，必须争分夺秒。流逝每一分钟，都令人心焦。赢得每一分钟，都意味着生的希望。现在，一切工作都在紧紧围绕救人展开。全体救援人员心里的一个坚定信念，就是争取每一秒钟，不放弃一线希望，尽快搜救埋压在废墟下的群众。每一个救援人员心里都万分焦急，千万不能错过最佳救援时间，必须在最短的时间内赶到受困群众身边。我们一定要想尽一切办法，采取一切手段，排除一切困难，奋力打通生命之路，让更多的救援人员尽快到达重灾区。

这次大地震，影响范围广，人员伤亡多，抢救难度大，抗震救灾工作面临极为严峻的挑战。越是在复杂情况下，越是在紧急关头，抗震救灾工作越需要更加有力有序有效展开。科学组织救灾工作至关重要。统筹协调，精心组织，科学指挥，严明纪律，才能最大限度地发挥集体的智慧和组织的力量，确保人力、物力、财力投入到抗震救灾最需要的地方，确保党中央抗震救灾决策部署落到实处。

汶川地震以来，余震不断，部分公共设施也出现险情；连续的降雨等不利因素，容易导致山体滑坡、泥石流；灾后衍生疾病乃至瘟疫的可能性也很大。这些次生灾害更会使本来异常脆弱的灾区陷入连环困境之中。对此我们要高度警惕，切实做好预防工作，避免次生灾害对人民生命财产的再次损害，尤其要加强卫生防疫工作，防止灾区疫病流行。要继续筹措和调运灾区急需的食品、饮用水、衣被、帐篷等物资，努力解决受灾群众的吃饭、饮水、穿衣、住宿等问题，同时深入细致地开展灾区群众思想工作，确保灾区社会稳定。

“为什么我的眼里常含泪水，因为我对这土地爱得深沉。”从手拉手的那一刻起，就再也没有人会无助地哭泣。我们坚信，有灾区干部群众部队官兵不屈不挠、顽强奋战的大无畏英雄气概，有全国人民万众一心、共克时艰的社会主义协作精神，我们一定能够战胜这场特大地震灾害。

全国人大常委会委员长吴邦国在人民大会堂会见塞舌尔国民议会副议长卢卡斯

全国政协在北京举行政协委员抗震救灾捐赠活动

中共中央政治局常委李长春在北京看望慰问抗震救灾新闻工作者

李长春先后来到新华社和中央电视台，代表党中央、国务院和胡锦涛总书记，看望慰问抗震救灾新闻工作者，向奋战在抗震救灾宣传报道第一线的全体同志致以亲切的慰问和崇高的敬意。中共中央政治局委员、书记处书记、中宣部部长刘云山一同看望慰问。

李长春强调,当前,抗震救灾工作已经进入关键阶段,任务十分艰巨。宣传思想战线要广泛深入地宣传党中央、国务院关于抗震救灾的一系列重大决策部署,全面及时地报道抗震救灾工作的最新进展,宣传灾区各级党委政府全力抢救和妥善安置受灾群众的具体措施,宣传人民解放军指战员、武警部队官兵、公安干警为抢救人民生命冲锋在前、连续奋战的感人事迹,宣传灾区群众互帮互助、舍己为人的精神风貌,宣传全国各地和社会各界全力支援灾区的实际行动,深入挖掘和充分展示中华民族万众一心、共克时艰的伟大精神力量,唱响举国上下团结一致、不畏艰险、顽强斗争、敢于胜利的主旋律。

外交部部长杨洁篪在俄罗斯叶卡捷琳堡出席中俄印巴四国外长会晤

杨洁篪与俄罗斯外长拉夫罗夫、印度外长慕克吉、巴西外长阿莫林就加强四国务实合作和在国际和地区事务中的协调配合进行了深入讨论并达成广泛共识。

四国一致同意,推动在法治和多边主义基础上建立更加民主的国际体系,提高联合国在促进国际和平、安全与发展方面的中心作用,建立公正的全球经济体系,通过多边外交应对国际安全领域的共同挑战,用政治和外交手段和平解决国际争端,强调裁军和防扩散相辅相成,反对外空军备竞赛。俄罗斯、印度和巴西外长重申,三国支持北京奥运会。

会后,四国外长发表《中华人民共和国、俄罗斯联邦、印度共和国和巴西联邦共和国外交部长会晤联合公报》,并共同会见了记者。

中华人民共和国 俄罗斯联邦 印度共和国和巴西联邦共和国外交部长会晤发表联合公报

2008年5月16日,中国、俄罗斯、印度和巴西外交部长在俄罗斯叶卡捷琳堡举行会晤。

四国外长强调,四国开展对话系基于相互尊重、相互信任和共同利益,对解决全球发展领域的紧迫问题有着相同或相近的看法,对话的前景广阔。

四国外长一致认为,在法治和多边主义基础上建立更加民主的国际体系是当今时代的要求。四国承诺共同努力,并与其他各国合作,加强国际安全与稳定,确保各方享有平等的发展机会。

四国外长重申,当今世界秩序的基础应是国际法治、加强多边主义和发挥联合国的中心作用。四国外长重申,需要对联合国进行全面改革,以提高其工作效率,更有效地应对当今各种全球性挑战。中俄两国外长重申,两国重视印度在国际事务中的地位,理解并支持印度和巴西在联合国发挥更大作用的愿望。

四国外长认为,只有在一个公正的全球经济体系内,充分考虑各国利益,才能实现世界经济长期可持续发展,解决贫困、饥饿和疾病等当今时代紧迫的全球性问题。四国外长还讨论了全球粮食危机问题。中、俄、印外长欢迎巴西关于召开四国经济或财政部长会议以讨论全球经济和金融问题的倡议。

四国外长强烈希望通过多边外交应对国际安全领域的共同挑战,重申支持通过政治和外交努力和平解决国际关系中的争端,认为解决国际安全领域的问题应本着对话和相互理解的精神,考虑各方关切,采取合作方式。四国外长强调裁军和防扩散相辅相成,赞同需通过多边努力防止外空军备竞赛。

四国外长明确谴责各种形式的恐怖主义,不论其出于何种目的。四国外长重申,恐怖主义是对国际和平与安全最严重的威胁之一,国际社会应采取必要措施以加强合作,预防和打击恐怖主义。四国外长特别强调联合国合作框架的重要性,认为联合国所有会员国都需要落实所有联合国框架内的国际反恐公约和安理会反恐决议。

四国外长强调全面落实联合国全球反恐战略的重要性,认为联合国所有会员国应共同努力,尽快完成起草全面反恐公约。

四国外长注意到能源安全、经济社会发展和环境保护之间的密切关系,重申致力于加强多边努力,实现能源生产国、过境国和消费国之间的利益平衡。在此方面,各方强调应支持有关能源项目,包括加大能源的可及性,提高能效,发展和应用符合可持续发展要求、包括生物能源在内的新能源与可再生能源等。

四国外长支持在《联合国气候变化框架公约》和《京都议定书》框架下加强国际合作,共同应对气候变化。希望紧密合作,落实“巴厘行动计划”。

四国外长支持在全球伙伴关系基础上加强对话,推动实现国际社会商定的发展目标,特别是千年发展目标。四国外长支持国际社会在抗击贫困和饥饿方面的努力。

四国外长注意到,南南合作是国际社会在发展领域努力的重要组成部分。四国外长强调,南南合作是传统发展援助的补充,而非替代。

俄罗斯、印度和巴西外长重申三国支持北京奥运会。

四国外长商定将于2008年9月第六十三届联大期间在纽约举行下次外长会晤。由印度主办在四国本土举行的下次四国外长会晤。

中联部部长王家瑞在北京会见日本众议员日中协会会长野田毅一行

第四届中国(深圳)国际文化产业博览会开幕

5月17日

中共中央总书记胡锦涛在成都召开会议听取抗震救灾工作汇报研究部署下一步抗震救灾工作

中共中央政治局委员、国务院副总理、国务院抗震救灾总指挥部副总指挥回良玉主持会议。四川省委书记刘奇葆等汇报了四川当前抗震救灾工作情况和部队支援抗震救灾工作情况。

在汇报过程中,胡锦涛详细询问了灾区粮食供应、伤员救治、水库安全等方面问题,并就解决这些问题作出重要指示。听取汇报后,胡锦涛发表了重要讲话。

中共中央书记处书记、中央办公厅主任令计划,中共中央书记处书记、中央政策研究室主任王沪宁出席会议。

中共中央总书记胡锦涛在四川召开的抗震救灾工作会议上的讲话

这次到四川来,主要是实地考察地震灾情和抗震救灾工作的进展情况。

这次发生在四川汶川等地的特大地震灾害,其破坏之严重、人员伤亡之多、救灾难度之大都是历史罕见的,抗震救灾工作面临着十分严峻的困难局面。几天来,在党中央、国务院和中央军委坚强领导下,在国务院抗震救灾总指挥部直接指挥下,四川等受灾省份各级党委、政府和中央各有关部门紧急行动、全力以赴,奋力抗震救灾,抢险救援、医疗卫生、群众生活安置、基础设施抢修、资金物资保障、信息发布等各项工作都取得了重要进展,抗震救灾正在有力有序有效进行。人民解放军指战员、武警部队官兵、民兵预备役人员和公安民警以最快速度奔赴抗震救灾第一线,临危不惧,顽强奋战,争分夺秒解救被困群众,发挥了主力军和突击队的重大作用。全国各地区各部门和社会各界大力发扬"一方有难、八方支援"的精神,调集大批人力、物力、财力支援灾区抗震救灾,向灾区人民送温暖、献爱心,充分体现了万众一心、同舟共济的伟大民族精神。在这里,我代表党中央、国务院和中央军委,向英勇顽强的灾区干部群众,向为抗震救灾作出突出贡献的人民解放军指战员、武警部队官兵、民兵预备役人员和公安民警,向全力救死扶伤的广大医疗救护人员,向不畏艰险深入抗震救灾第一线采访报道的新闻工作者,向无私援助灾区的各地区各部门和全国各族人民,表示崇高的敬意!向支援我国抗震救灾的外国政府和国际友人,表示衷心的感谢!

目前,抗震救灾斗争形势依然严峻,任务艰巨,时间紧迫,正处在刻不容缓的紧要关头。灾区各级党委、政府和中央各有关部门务必坚决贯彻执行中央的决策部署,把抗震救灾作为当前最重要最紧迫的任务,以更加顽强的精神、更加迅速的行动、更加密切的配合,克服一切艰难险阻,坚决打胜抗震救灾这场硬仗。

当前,要着力抓好以下工作。

第一,要继续争分夺秒地搜救被困群众。抗震救灾工作必须坚持以人为本。抢救人民群众生命是首要任务,必须继续作为当前抗震救灾工作的重中之重。现在虽然已经过了震后72小时的"黄金救援"时间,但抢救被困群众的行动丝毫不能放松。只要有一线希望,只要有一点生还可能,我们就要作出百倍努力。要充分发挥人民解放军、武警部队和公安消防特警突击队作用,在救援队伍进入所有乡镇的基础上,尽快进入所有村庄,排查每一处倒塌房屋,竭尽全力搜救被困群众。要充分发挥专业救援队伍的优势,实行科学救援,尽最大努力抢救被困群众的生命。

第二,要全力救治受伤人员。这次地震后,截至目前,仅四川省收治的伤员就已达11.29万多人,其中不少人伤势十分严重,救治伤员的任务十分繁重。要加强对本地和从各地及部队调集来的医疗救护队伍的组织协调,尽最大努力抢救伤员生命、医治群众病痛。要切实保障灾区医疗急救物资供应,切实满足救治工作需要。现在,灾区医疗机构的负荷很重,为了保证伤员救治,要统筹安排,及时将部分能够安全转移的伤员送往外省市条件较好的医疗机构救治。目前,灾区防疫力量不足,应采取对口支援的办法,充实防疫专业力量,切实做好灾区卫生防疫工作,尤其要重视饮水和食品安全,严防灾区传染病流行,确保大灾之后无大疫。

第三,要想方设法安排好受灾群众基本生活。现在,灾区群众基本生活面临不少困难。要加强组织调运,继续筹措受灾群众急需的生活必需物资,想尽一切办法把粮食、食品、饮用水、药品、衣被等物资运往灾区。当前,灾区急需帐篷,要采取挖掘库存、抓紧调运、扩大生产、争取外援等办法加以解决,尤其要尽快把已经筹集到的帐篷送到灾区群众手中,确保灾区群众有饭吃、有衣穿、有干净水喝、有临时住处。要深入灾区群众特别是遇难者家属,耐心细致地做好思想工作,注重做好心理安抚,维护好特殊情况下的社会秩序,确保灾区社会安定、人心稳定。

第四,要抓紧抢修因灾毁坏的基础设施。尽快实现灾区通路、通电、通水、通信息,直接关系到整个抗震救灾工作的进展。当务之急是要组织精兵强将,克服各种困难,在最短时间内恢复通往重灾区的道路交通,确保抢险救援人员、设备和受灾群众急需的生活物资能够及时运进去,确保受伤群众能够及时得到救治。要采取应急措施,尽快解决灾区用电,解决灾区和救援人员的通信联络问题;抓紧修复供水设施,努力保证居民正常供水。当前,四川灾区仍然余震不断,我们必须保持高度警惕。要严密关注震情,深入开展防震知识的宣传普及,加强对余震的防范,避免造成新的损失。此外,还要加强对已通道路和现有基础设施的管理和维护,加强对塌方、泥石流等地质灾害的监测和预防,确保水库大坝等重点设施安全运行,防止发生次生灾害。

第五,要做好恢复重建准备工作。这次灾害之后,恢复重建任务十分艰巨。要在做好当前抗震救灾工作的同时,及早谋划恢复生产、灾后重建工作。要抓紧调查了解群众房屋倒塌、财产损失情况,尽快研究制定扶助措施。要在搞好规划的基础上,适时组织相关力量,帮助受灾群众重建家园。要及时调查了解工农业生产受灾情况,研究制定促进恢复生产的政策措施。这次灾情十分严重,倒塌的房屋数量巨大,临时安置的群众为数众多,帮助群众重建家园、恢复正常生活需要一定时间。因此,在部署恢复重建工作时,首先要对受灾群众的临时住处和生活作出妥善安排。对这次因灾害造成的孤儿、孤老和残疾人的安置,也要早做安排。

第六,要切实加强对抗震救灾工作的领导。越是危急时刻,越要加强领导。要建立强有力的指挥系统,加强协调,科学调度,强化责任,严明纪律。地方、部队及各方面救援力量要实行统一领导、统一指挥,特别是要加强军地协调,尽快形成大力协同、密切合作的机制,有序推进救灾工作。要充分发挥各级党委和政府的作用,建立、健全强有力的市县乡村抗震救灾领导体制,确保中央抗震救灾决策部署落到实处。要充分发挥各级党组织的战斗堡垒作用、各级领导干部的模范带头作用和广大共产党员的先锋模范作用。这场特大地震灾害,是对党员干部最现实最直接的考验。现在是关键时刻、危难关头,所有党员干部都要豁得出来、冲得上去。各级领导干部一定要把人民利益放在高于一切的位置,挺身而出,身先士卒,靠前指挥,到灾情最重的地方去,到困难最大的地方去,成为群众的主心骨。要大力宣传这次抗震救灾斗争中涌现出来的模范集体和先进人物,广泛宣传他们的先进事迹和崇高精神,激励广大干部群众振奋精神、坚定信心、自强不息、顽强拼搏、友爱互助,团结一心同地震灾害作斗争。对各方面自发前来参加抗震救灾的人员,要加强引导和管理,既发挥好他们的作用,又使各项工作有序进行。要加强对中央抗震救灾决策部署落实情况的监督检查,搞好救灾资金和物资的管理。

同志们,中华民族历来具有在艰难困苦面前不屈不挠、团结奋斗的光荣传统。只要全党全军全国各族人民众志成城、顽强拼搏,我们就一定能够克服各种困难,夺取这场抗震救灾斗争的全面胜利!

中共中央总书记胡锦涛深入四川特大地震震中区汶川县等地指导抗震救灾工作

胡锦涛抵达汶川县漩口镇,向当地干部询问灾情,听说伤员和大部分群众都已转移出去,总书记感到欣慰。

胡锦涛同四川省和部队、公安的负责同志现场研究救援工作。总书记强调,要加强领导,相互协调,发挥各种救援力量的优势。哪些地方掩埋的群众多,就要把专业救援队伍赶紧派往哪里,把生命探测仪等先进设备及时送到哪里。

胡锦涛叮嘱大家,现在许多村的灾情还不清楚。部队的同志、地方的同志要结合起来,组成小分队,尽快赶到村里。能走水路的走水路,能走陆路的走陆路,没路的地方就靠腿,要尽快进去,搞清楚灾情,解决群众眼前的困难,对伤员进行及时救治。

胡锦涛代表党中央、国务院和中央军委,向正在紧张救援的部队官兵和特警们表示崇高敬意和亲切慰问,要求大家继续把救人作为重中之重的任务,只要还有一线希望,就要尽最大努力,把灾害造成的损失减低到最低程度。

离开汶川县后,胡锦涛随即前往灾情严重的彭州市龙门山镇察看,了解抗震救灾工作进展情况。

中共中央政治局委员、国务院副总理、抗震救灾总指挥部副总指挥回良玉,中共中央书记处书记、中央办公厅主任令计划,中共中央书记处书记、中央政策研究室主任王沪宁等一同前往。

国务院总理温家宝在北京主持召开国务院抗震救灾总指挥部会议

会议分析了当前抗震救灾工作的形势,要求抗震救灾要始终坚持以人为本,把保护人民生命安全放在第一位。在搞好抢救工作的同时,要切实做好伤员救治和卫生防疫,妥善处理遇难者的善后工作,安排好受灾群众的生活,严密防范余震破坏和次生灾害,维护社会正常秩序。会议议定以下事项:

一、继续全力搜救被困人员。抢救工作不可放松。只要有一线希望,就要尽最大努力。一是扩大搜索范围,特别是重点地区和救援队新到达地区。在巩固县乡搜救工作的基础上,继续向村庄展开,确保搜救不留死角和盲点。二是科学施救。每支救援队伍要配备专业救援人员,加强技术指导,充分利用生命探测仪和搜救犬等实施搜救。凡发现生存人员的,要立即设法输送药品、牛奶，提供水和食品，并对倒塌建筑进行科学切割、破拆，千方百计施救。三是做好保障工作。要尽快调集起重设备，对大型建筑、工厂等进行全面清理，并提供运输、电力、通信等保障。四是加强搜救组织工作。对救援工作实行集中指挥、合理调度，科学分工、分片包干，落实责任。发挥境外救援队伍的作用，并做好相关保障工作。

二、抓紧被救伤病人员的救治工作。一是已经到达灾区的应急医疗队伍要全力开展有序、有效的救治，保护伤员生命安全；对少数医疗队伍尚未进入的乡镇，要尽快安排空运进入，迅速建立战地医院或医疗点，争分夺秒地抢救受伤群众。二是通过空运、陆运等方式把重伤员转运到省内城市医院实施救治。同时，统筹周边省、市的医疗资源，适度分流、转运、收治受伤群众。三是增派有经验的专家，调集急救设备，加大对重灾区以及偏远地区医药器械、药品供应力度，确保救出人员得到及时救助，尽全力减少伤员致死、致残。

三、着力安排好受灾群众生活。一是认真解决好吃的问题。在继续抓紧向灾区调运方便食品、瓶装水等生活物资的同时，要组织向灾区调运粮食、食用油等物资。国务院决定，在三个月内向灾区困难群众每人每天发放1斤口粮和10元补助金，民政部和财政部要立即制订具体规定。二是全力解决好饮水问题。做好应急饮用水保障工作。加强对城乡水源地进行监测和过滤；加快对损毁工程进行抢修，尽快恢复供水；修建小型应急集中供水系统；对恢复供水困难地区要把分散的水井作为临时水源，并做好临时水源卫生检验和防护。三是切实解决好住的问题。再组织生产调运70万顶帐篷。现有帐篷生产厂家加班增产，同时组织有条件的其他工厂临时转产生产帐篷，边生产边调运，尽早运达灾区。抓紧组织生产、调运、安装一批活动板房和简易房，重点解决临时课堂、卫生院和安置群众的用房。活动板房和简易房的建设要统一规划，合理选址，尽量集中。要通过多种方式，包括投亲靠友、对口安置等，动员社会力量安置群众。四是认真解决好穿的问题。要紧急采购和调运一批衣物和棉被，同时组织开展社会捐赠活动，动员大中城市向灾区捐赠衣被。五是搞活商品物资流通。有条件的商场店铺尽快恢复营业，并在受灾群众临时集中居住点开设小卖部等。坚决打击囤积居奇、哄抬物价等行为，维护市场秩序和物价基本稳定。六是做好抢险救援队伍的组织和保障。地方政府要全力协助保障部队、公安、地震、卫生等救援队伍的后勤补给，做好境外救援队伍的接待和保障工作，有效利用各方力量，为抢险救援创造条件，提供服务。

四、全面加强灾区卫生防疫工作。要把卫生防疫作为抗震救灾的重大任务摆在突出位置，确保大灾之后无大疫。要增派卫生防疫队伍，覆盖所有受灾县乡村，指导开展防疫工作。已经进入灾区的防疫人员要分片包干，合理设点，巡回指导，落实责任制。一是当务之急要尽快做好尸体的消毒和处理。二是搞好灾区水源监测消毒，加强食品和饮用水卫生监督。三是做好畜禽尸体无害化处理，以及垃圾、粪便消毒等环境卫生工作，保证消杀药品供应。四是加强疫情监测，实行重大传染病和突发卫生事件每日报告制度。五是普及卫生防病知识，组织开展环境卫生整治，防止传染病流行蔓延。

五、妥善做好遇难者善后处理工作。一是做好遇难者遗体的身份辨认和火化、埋葬工作。二是做好遇难者家属的抚慰工作，舒缓情绪，向因灾死亡人员的家属发放抚慰金。三是做好灾区孤儿、孤老、孤残的安置工作，确保基本生活。

六、进一步加强地震监测预报工作。地震部门要密切跟踪震情发展，做好趋势分析判定，准确把握主震区及全国震情变化；在灾区增加流动观测组，及时了解各地区地震征兆，全力做好余震防范工作，坚决防止余震造成新的人员伤亡。

七、严防次生灾害。重点防范由于降雨和强余震形成的滑坡、泥石流、滚石，造成人员伤亡和交通堵塞；重点防范水库、水电站、堤坝、堰塞湖破坏，引发水灾；防范恢复通电时可能引起的火灾；抓紧做好危险化学品生产储存设备、输油气管道、军工科研生产重点设施的震灾受损情况的排查，及时采取安全防范措施。

八、做好灾区稳定工作。要严密防范、严厉打击趁机进行盗窃、抢劫、哄抢救灾物资、以赈灾募捐名义诈骗敛取不义之财、传播谣言制造社会恐慌等违法犯罪活动。要充分发挥基层组织的作用，积极主动地做好群众的思想工作，及时化解各种不稳定因素。

会议强调，抗震救灾工作任务非常繁重，四川省等受灾地区、各有关部门要加强组织领导，强化协调指挥机制，落实责任分工，保证各项工作有力、有序、有效开展，确保抗震救灾工作落到实处。

中共中央政治局常委、国务院副总理、国务院抗震救灾总指挥部副总指挥李克强，国务委员兼国务院秘书长马凯，国务委员孟建柱和有关部门负责人出席会议。

国务院副总理回良玉在成都主持召开抗震救灾前方指挥部会议

外交部部长杨洁篪在钓鱼台国宾馆会见过境的印

尼外长哈桑

2008年全国科技活动周暨北京科技周在北京开幕

中国女子羽毛球队以3∶0战胜印尼队获得尤伯杯六连冠

5月18日

国务院公告2008年5月19日至21日为全国哀悼日

国家地震局将汶川地震震级从7.8级修订为8.0级

中共中央总书记胡锦涛在什邡市看望慰问受灾群众和救援人员

国务院总理温家宝在中国地震局召开抗震救灾总指挥部会议

会议要求加强地震监测预报，做好灾害评估，开展地震科学考察和专题研究，为保护群众生命安全和灾后重建提供科学依据。

会议听取了中国地震局关于汶川地震有关情况的汇报，并提出四点要求：

第一，加强监测，努力准确把握震情发展趋势。地震部门要加强余震监测和趋势分析，加密、强化现场流动观测，把握震情的发展变化，及时提供可靠的预警信息，做好余震防范工作，防止造成新的人员伤亡。同时，要统筹安排力量，科学部署，做好全国其他地区的地震监测工作。

第二，做好地震灾害评估工作。要结合灾区实际，抓紧做好地震灾区灾害评估，为人员搜救和灾后恢复重建提供科学依据。

第三，加强科学考察和研究。总指挥部成立"汶川地震专家委员会"，由全国各方面的专家组成，开展地震的科学调查、总结和专题研究，为抗震救灾和地震预报提供科学支持。

第四，继续发挥地震专业救援队伍在抢救工作中的骨干作用。

国务委员兼国务院秘书长马凯、国务委员孟建柱等出席会议。

关于国务院抗震救灾总指挥部工作组组成的通知

(2008年5月18日)

根据抗震救灾工作需要，国务院抗震救灾总指挥部决定设立9个工作组。现将各工作组工作职责、牵头单位和成员单位通知如下：

一、抢险救灾组

负责清理灾区现场，搜索营救被困群众和受伤人员，发动基层干部群众开展自救互救，组织救援人员和物资的空运、空投工作。

由总参谋部牵头，公安部、安全监管总局(国家安全生产应急救援指挥中心)、地震局、武警部队、成都军区参加。

二、群众生活组

负责制订实施受灾群众救助工作方案以及相应的资金物资保障措施，搞好灾区生活必需品供应，指导有关地区做好因灾倒房群众的紧急安置，保障灾区群众基本生活，保障灾区市场供应，接受和安排国内捐赠、国际援助，处理涉外事务。

由民政部牵头，外交部、发展改革委、财政部、住房和城乡建设部、农业部、商务部、红十字会参加。

三、地震监测组

负责地震监测和次生灾害防范，调集必要的技术力量和设备，密切监视震情发展，全力做好余震防御；加强对重大地质灾害隐患的监测预警，一旦发生险情及时组织疏散群众；加强河湖水质监测和危险化学品等污染物防控，切实保障核设施运行安全。

由地震局牵头，科技部、国土资源部、环境保护部、气象局、国防科工局参加。

四、卫生防疫组

负责医疗救助和卫生防疫，组织医疗救护队伍，调集医疗器械、药品，对受伤人员进行救治；检查、监测灾区饮用水源和食品，防范和控制各种传染病等疫病的暴发流行。

由卫生部牵头，发展改革委、农业部、质检总局、食品药品监管局、总后勤部、武警部队参加。

五、宣传组

负责灾情和抗震救灾信息新闻发布、宣传报道的组织工作，做好向国外和港澳台地区通报情况，及时准确发布灾情，加强舆情收集分析，正确引导国内外舆论。

由中央宣传部牵头，外交部、广电总局、台办、新闻办、港澳办、地震局参加。

六、生产恢复组

负责帮助群众抓紧开展生产自救，对受灾的工矿商贸和农业损毁情况进行核实，指导制订科学恢复生产方案，积极落实有关扶持资金、物资，开展恢复生产工作。

由工业和信息化部牵头，发展改革委、财政部、商务部、人力资源和社会保障部、农业部、国资委、安全监管总局、保监会、国防科工局参加。

七、基础设施保障和灾后重建组

负责铁路、公路、桥梁、隧道等交通设施，供电、供水、供气、通信等设施抢修维护；组织调集抢险救援装备，做好储备物资和医药调度，切实保障灾区抢险应急物资供应；协调运力，优先保证应急抢险救援人员和救灾物资的运输需要。

负责组织研究拟定灾后重建规划，指导协调灾后重建工作。

由发展改革委牵头，工业和信息化部、民政部、财政部、住房和城乡建设部、交通运输部、铁道部、农业部、国资委、广电总局、安全监管总局、银监会、电监会、邮政局、民航局、国家电网公司参加。

八、水利组

负责灾区水库安全，河道受灾造成变形的治理，研究解决饮用水源安全等问题。

由水利部牵头，发展改革委、财政部、国土资源部、环境保护部、住房和城乡建设部、卫生部、农业部、地震局、气象局、电监会、总参作战部参加。

九、社会治安组

负责协助灾区加强治安管理和安全保卫工作，预防和打击各种违法犯罪活动，维护社会治安，维护道路交通秩序，加强对党政机关、要害部门、金融单位、储备仓库等重要场所的警戒，切实维护社会稳定。

由公安部牵头，教育部、司法部、人民银行、银监会、证监会、旅游局、信访局、武警部队参加。

国务院办公厅负责承办总指挥部会议和总指挥、副总指挥召开的专题会议；统一收集、汇总、分析、报送、发布重要信息；负责总指挥部议定事项的督促落实；做好有关地区、部门以及军队、武警等方面重要事项的沟通、联络和协调；完成总指挥部交办的其他事项。

国务院副总理李克强深入四川地震灾区指导协调救援救治防疫工作

李克强听取了绵阳市委、市政府负责人的介绍。他指出，进一步做好抢险救援工作，救人是第一位的，同时要把救人救治同防疫有机结合起来，将防疫工作放在突出位置；要严防次生灾害，做好灾民安置和恢复重建等工作。

李克强高度重视灾区卫生防疫工作，他强调，防疫如同救灾，行动刻不容缓。必须全面加强灾区卫生防疫工作，确保大灾之后无大疫。要向灾区增派卫生防疫队伍，覆盖所有受灾县乡村。加强疫情监测，建立每日报告制度，分发指导手册，普及防疫知识，防止出现传染病。抓紧做好遇难者遗体登记、消毒和处理工作。

针对大地震后易发的次生灾害，李克强指出，要重点防范降雨和余震引发的滑坡、崩塌、泥石流和滚石，以免造成人员伤亡和道路被毁；防范水库溃坝、堰塞湖坍塌可能引起的水灾，要加强调查监测，逐一排查，严加防范。

在平武县行进途中，李克强看望慰问受灾群众，详细询问他们的生活情况。他说，做好灾民安置工作，首先是保障受灾群众吃、喝、住、穿，要落实中央决定，开仓赈灾，扶危济民，还要加快生产和调集大量帐篷，保障安置灾民需要。

李克强还看望了绵阳市抗震救灾应急指挥部的工作人员。

中组部发出《关于做好部分党员交纳“特殊党费”用于支援抗震救灾工作的通知》

5月19日

胡锦涛江泽民等党和国家领导人深切哀悼四川汶川大地震遇难同胞

胡锦涛、江泽民、吴邦国、温家宝、贾庆林、李长春、习近平、李克强、贺国强等在北京等地，同全国各族人民一起，向四川汶川大地震遇难同胞默哀。

王刚、王乐泉、王兆国、王岐山、回良玉、刘淇、刘云山、刘延东、李源潮、汪洋、张高丽、张德江、俞正声、李鹏、万里、乔石、朱镕基、李瑞环、宋平、刘华清、尉健行、李岚清、曾庆红、吴官正、罗干、何勇、令计划、王沪宁、路甬祥、乌云其木格、韩启德、华建敏、陈至立、周铁农、李建国、司马义·铁力瓦尔地、蒋树声、陈昌智、严隽琪、桑国卫、梁光烈、马凯、孟建柱、戴秉国、王胜俊、曹建明、廖晖、杜青林、阿沛·阿旺晋美、帕巴拉·格列朗杰、马万祺、白立忱、陈奎元、阿不来提·阿不都热西提、李兆焯、黄孟复、董建华、张梅颖、张榕明、钱运录、孙家正、李金华、郑万通、邓朴方、万钢、林文漪、厉无畏、罗富和、陈宗兴、王志珍和李德生、萧克、张劲夫、黄华、彭冲、王芳、谷牧、吕正操、郑天翔、刘复之、杨白冰、丁关根、田纪云、迟浩田、张万年、姜春云、钱其琛、吴仪、曹刚川、曾培炎、王汉斌、张震、倪志福、陈慕华、孙起孟、雷洁琼、李锡铭、王丙乾、邹家华、王光英、布赫、铁木尔·达瓦买提、吴阶平、彭珮云、周光召、曹志、李铁映、司马义·艾买提、何鲁丽、丁石孙、成思危、许嘉璐、蒋正华、顾秀莲、热地、盛华仁、唐家璇、肖扬、韩杼滨、贾春旺、钱学森、董寅初、叶选平、杨汝岱、钱伟长、任建新、宋健、钱正英、孙孚凌、朱光亚、万国权、胡启立、陈锦华、赵南起、毛致用、经叔平、王文元、王忠禹、李贵鲜、张思卿、丁光训、罗豪才、张克辉、郝建秀、徐匡迪、张怀西、李蒙、邓力群、张廷发、韩光,中央军委委员陈炳德、李继耐、廖锡龙、常万全、靖志远、吴胜利、许其亮,以及傅全有、于永波、王克、王瑞林、乔清晨等,也在北京等地向四川汶川大地震遇难同胞默哀。

《人民日报》发表评论员文章《坚决打胜抗震救灾这场硬仗》

在抗震救灾的危急时刻,在攻坚克难的紧要关头,正在四川指导抗震救灾工作的中共中央总书记、国家主席、中央军委主席胡锦涛,17日连夜在成都召开会议,研究部署下一步抗震救灾工作,并发表重要讲话。胡锦涛同志强调,要把抗震救灾作为当前最重要最紧迫的任务,以更加顽强的精神、更加迅速的行动、更加密切的配合,克服一切艰难险阻,坚决打胜抗震救灾这场硬仗。

胡锦涛同志的重要讲话,是党中央着眼于抗震救灾全局作出的全面战略部署,体现了党中央对人民群众生命安危的高度关切,体现了人民利益高于一切的根本要求,是夺取这场抗震救灾全面胜利的行动纲领。各级党委、政府和中央各有关部门务必坚决贯彻中央的决策部署,把各项要求坚决落实到抗震救灾的全部工作之中。

当前,抗震救灾斗争形势依然严峻,任务艰巨,时间紧迫。打胜抗震救灾这场硬仗,当务之急就是按照胡锦涛同志的部署,做好六个方面的工作:要继续争分夺秒地搜救被困群众,坚持以人为本,把抢救人民群众生命作为首要任务;要全力救治受伤人员,尽最大努力抢救伤员生命,医治群众病痛;要想方设法安排好受灾群众基本生活,继续筹措灾区群众急需的生活必需物资;要抓紧抢修因灾毁坏的基础设施,尽快实现灾区通路、通电、通水、通信息;要做好恢复重建准备工作,及早谋划恢复生产、灾后重建;要切实加强对抗震救灾工作的领导,尽快形成大力协同密切合作的机制。我们要遵照这些战略部署,更加积极主动地开展工作,把抗震救灾有力有序有效地推向深入。

抗震救灾是一场生死时速的较量。连日来,在党中央、国务院和中央军委坚强领导下,在国务院抗震救灾总指挥部直接指挥下,人民解放军指战员、武警部队官兵、民兵预备役人员和公安民警顽强奋战解救被困群众,灾区干部群众临危不惧奋起自救,全国各族人民患难与共全力支援,为我们打胜抗震救灾这场硬仗奠定了坚实基础。

六天奋战感天动地,气壮山河,但困难仍在眼前,挑战还在后头。自然界的大灾大难,是对一个民族意志和品格的锤炼。打胜抗震救灾这场硬仗,迫切需要顽强的精神、迅速的行动、密切的配合。我们只有咬紧牙关、鼓足勇气,凝聚起无坚不摧的力量,才能共同战胜一切风险挑战;我们只有争分夺秒,与死神抗争,才能创造更多生命奇迹;我们只有军民团结,齐心协力,才能共克时艰,战胜灾难。

每个时代,每个民族,都不可避免地要经历磨难和考验。在几千年历史长河中,中华民族虽历经沧桑,饱受磨难,但每一次都能以我们民族特有的毅力和勇气,化险为夷,转危为安,愈挫愈奋,愈折愈强。我们坚信,有中华民族不屈不挠、团结奋斗的光荣传统,有党中央沉着冷静、卓有成效的坚强领导,有全国各族人民众志成城、同舟共济的顽强拼搏,抗震救灾斗争的胜利必将属于伟大的中国人民!

国务院总理温家宝在北京主持召开国务院抗震救灾总指挥部第10次会议

会议听取被困人员搜救、伤病员救治、遇难者善后处理和灾区卫生防疫等工作情况汇报。会议议定以下事项:

第一,扩大搜救范围。部队要克服一切困难,确保24小时内进入到所有村庄。

第二,做好防疫工作。医疗救治、卫生防疫和医药器械物资要覆盖到所有灾区。尚无医疗防疫队伍进入的地区,要安排空运医疗防疫人员和药品。根据灾区防疫工作的需要,在5天内,每天增派卫生防疫人员500名,并派出1000名卫生监督员。国家发展改革委、卫生部负责从全国各地调运防疫物资,在四川或附近省市企业组织生产消毒杀菌药品。普及防疫知识,紧急印制500万份宣传材料,同时利用各种宣传媒体开设专栏。加强信息沟通和统一报送,已制作的400台带有疫情报告软件和GPS定位系统的手机要尽快发往成都,开展网络直报系统工作。

第三,做好善后处理工作。认真执行民政部、公安部、卫生部《关于"5·12"地震遇难人员遗体处理意见》。在遗体发现后尽快完成相关鉴别程序,并在卫生部门的指导下进行处理,同时,做好家属抚慰工作。做好孤儿、孤老、孤残的救助安置工作,确保他们的基本生活。国务院决定,3个月内,为每人每月提供600元基本生活费。民政部要抓紧核实确定"三孤"人员身份,采取就地安置和对口支援等多种形式进行安置。

国家副主席习近平赴陕西省地震重灾区指导抗震救灾工作

习近平在陕西省委书记赵乐际、省长袁纯清等陪同下,赶赴陕西理工学院和汉中市中心医院察看灾情、慰问群众。

习近平主持召开会议,听取陕西省委、省政府关于抗震救灾的工作汇报。他对陕西抗震救灾工作给予充分肯定，并鼓励大家再接再厉，进一步做好抗震救灾、灾后恢复工作。

中共中央政治局常委习近平在北京主持召开中央党的建设工作领导小组会议

会议认真学习贯彻胡锦涛在四川召开的抗震救灾工作会议上的重要讲话精神，对中央党的建设工作领导小组各成员单位围绕抗震救灾所做的工作进行了总结。地震灾害发生后，中央纪委立即召开常委会议并发出通知，对各级纪检监察机关在抗震救灾中如何做好纪检监察工作提出了明确要求。中央组织部先后两次发出通知，要求各级组织部门迅速动员组织广大基层党组织和党员干部投入抗震救灾。中央宣传部立即成立抗震救灾宣传报道工作领导小组，对抗震救灾宣传报道工作加强统筹协调和统一领导。中央直属机关工委、中央国家机关工委迅速召开抗震救灾动员会，组织中央和国家机关踊跃捐款，奉献爱心。截至5月18日，中央直属机关各单位共捐款2.5亿元，中央国家机关各单位共捐款6.18亿元。中央党的建设工作领导小组其他成员单位，也都采取有力措施支援抗震救灾。会议对下一步在抗震救灾中更好地发挥各级党组织和党员干部的作用进行了研究部署。

习近平指出，这场特大地震灾害是对党组织、领导干部和共产党员最现实最直接的考验。大灾面前，各级党组织要统筹部署抗震救灾和其他工作，紧张有序、忙而不乱，充分发挥核心领导作用和战斗堡垒作用，真正成为坚强的指挥部。危难之时，各级领导干部要挺身而出、身先士卒，靠前指挥、全力以赴，充分发挥模范带头作用，真正成为群众的主心骨。关键时刻，共产党员要豁得出来、冲得上去，不畏艰险、勇挑重担，充分发挥先锋模范作用，真正成为带领群众前进的先进分子。民政系统的党组织、领导干部和共产党员，要围绕安排好灾区群众基本生活，确保灾区群众有饭吃、有衣穿、有干净水喝、有临时住处等充分发挥作用。卫生系统的党组织、领导干部和共产党员，要围绕全力救治受伤人员、切实做好灾区卫生防疫工作、确保大灾之后无大疫等充分发挥作用。教育系统的党组织、领导干部和共产党员，要围绕全力救治受伤学生、抚慰灾区学生心灵、尽早恢复灾区教学秩序等充分发挥作用。交通运输和水利、电力、电信系统的党组织、领导干部和共产党员，要围绕抓紧抢修因灾毁坏的基础设施，尽快实现灾区通路、通电、通水、通信息，确保水库大坝等重点设施安全运行、防止发生次生灾害充分发挥作用。政法系统的党组织、领导干部和共产党员，要围绕维护社会治安、服务人民群众、确保社会稳定充分发挥作用。习近平强调，各条战线的党组织、领导干部和共产党员，都要结合本部门、本单位的职责，采取多种方式，在抗震救灾中充分发挥作用。全国各地的党组织、领导干部和共产党员，要继续以多种方式向灾区伸出援助之手，提供一切可能的支持，帮助灾区群众渡过难关，真正成为灾区和灾区人民的坚强后盾。

习近平强调，这次抗震救灾既是考验各级党组织和党员干部的战场，也是造就和涌现英雄群体和先进个人的战场。各级党委要大力宣传这次抗震救灾斗争中涌现出来的先进党组织和优秀干部、优秀共产党员，激励广大干部群众振奋精神、坚定信心、自强不息、顽强拼搏、友爱互助，团结一心地去夺取这场抗震救灾斗争的全面胜利。

中共中央政治局常委、中央纪委书记、中央党的建设工作领导小组副组长贺国强在会议上讲话指出，要进一步加强对抗震救灾工作的领导，搞好军地结合、条块结合，发挥各级党组织的战斗堡垒作用和党员的先锋模范作用，做好充实和健全灾区基层党组织的工作，切实救助灾区困难群众和党员。各级纪检监察机关在抗震救灾中要充分发挥职能作用，加强对中央抗震救灾决策部署落实情况的监督检查，搞好对救灾资金和物资管理的监督检查，对贪污、挪用、截留救灾资金和物资的，要严惩不贷。

中共中央政治局委员、中央书记处书记、中央组织部部长、中央党的建设工作领导小组副组长李源潮也在会议上讲了话，对进一步发挥基层党组织和基层党员干部在抗震救灾、恢复家园中的先锋模范作用，提出了要求。

中共中央书记处书记、中央政策研究室主任、中央党的建设工作领导小组成员王沪宁，以及中央党的建设工作领导小组其他成员出席了会议。中央有关部门党委(党组)的负责同志列席了会议。

国务院副总理回良玉在四川灾区看望慰问俄罗斯救援队

外交部部长杨洁篪在北京会见比利时外交大臣

第二届“10＋3”媒体合作研讨会在天津举行

本届研讨会是温家宝总理2007年11月在新加坡举行的第十一次东盟与中日韩领导人会议上倡议召开的。

中共中央政治局委员、天津市委书记张高丽，市长黄兴国会见了与会的中外方代表。

来自文莱、柬埔寨、印度尼西亚、老挝、马来西亚、缅甸、菲律宾、新加坡、泰国、越南、日本、韩国等国主要媒体的负责人和中国主流媒体负责人以及东盟秘书处高级官员李如珍出席了研讨会。北京奥组委执行副主席蒋效愚、商务部副部长易小准、文化部副部长孟晓驷、中国外交部亚洲司副司长杨燕怡等在研讨会上作了主旨发言。

5月20日

国务院总理温家宝在北京主持召开国务院抗震救灾总指挥部第11次会议

会议研究受灾群众生活安排、防范次生灾害等工作。会议议定以下事项：

第一，近日再向灾区紧急调运4万顶帐篷。从5月30日起，每天运抵灾区3万顶，一个月内新增90万顶。同时，另有80万顶简易棚支援灾区。

第二，两天内首批6000套安置房起运灾区，6月30日前达到25万套，三个月内达到100万套。

第三，对高危水库逐一排查，做到低水位或空库。落实保安行政责任人和管护责任人。制订和完善应急预案和下游人员转移方案。加强预报和巡防，24小时值班。水利部调集专家和抢险队员，实行分片负责，对险情严重的要立即实施应急除险加固。

第四，对堰塞湖情况进行全面核查。由水利部抽调专家与武警水电部队、四川省共同组成工作组迅即到达现场。对高危风险的堰塞湖要加强监测预警，制订转移预案，及时转移受威胁区群众和抢险人员。组织专家进行全面评估，制订除险方案，实行工程除险。部队和国土资源部在人力、技术和设施上予以支持。

国务委员兼国务院秘书长马凯，国务委员孟建柱和有关部门负责人出席会议。

国务院副总理回良玉在四川灾区现场协调解决有关问题

回良玉召集有关部门会商唐家山堰塞湖险情作出部署。他说，水库、电站、堰塞湖险情是当前最为突出的次生灾害，必须高度警惕，科学应对，确保不出大的问题。一是对震损水库和堰塞湖逐一进行险情排查，做到心中有数。二是对高危大坝和堰塞湖制订应急抢险预案，调集抢险力量，确保安全。三是加强监测预报，高危工程要进行24小时实时监控，有问题及时报警。交通不便地区特别要注意保障现场观测点通信畅通。四是确定下游群众转移避险方案，确保一旦有事群众能够及时转移。同时要注意受影响范围内救援人员、医护人员、志愿者等的转移问题，切实保护好他们的安全。

第十一届科博会在北京开幕

5月21日

中共中央总书记胡锦涛就《爱的奉献》抗震救灾大型募捐活动作出重要批示

《爱的奉献——2008宣传文化系统抗震救灾大型募捐活动》在中央电视台播出后，在全国各地和海外华人中间引起强烈反响。各界群众一致认为，这次活动震撼人心、催人泪下，极大地鼓舞了全国各族人民抗震救灾的斗志，极大地振奋了民族精神。胡锦涛总书记作出重要批示，对这次活动给予充分肯定和热情鼓励："感谢中央电视台和发起单位的同志们，感谢广大文艺工作者！我们心连心，同呼吸，共命运，就没有克服不了的困难。胜利一定属于英雄的中国人民。"

国务院总理温家宝在北京主持召开国务院常务会议研究部署当前抗震救灾和经济工作

会议指出，5月12日发生在四川汶川的8.0级特大地震，给人民生命财产造成重大损失。在党中央、国务院的统一部署和直接指挥下，灾区干部群众，解放军、武警官兵和公安民警迅速行动，奋力抗震救灾。全国人民万众一心，众志成城，一方有难，八方支援。在抗震救灾中涌现出许多感天动地的英雄事迹，表现出不屈不挠、团结奋斗的民族精神，凝聚了海内外华人的情感和力量，增强了全国各族人民战胜灾害的信心和勇气。目前，抗震救灾还面临许多困难和问题：重灾区道路抢通、保通难度大，一些边远乡村救灾物资运入和伤员运出困难；灾区环境卫生条件差，极易发生传染病疫情；不少水库、水电站、堤防等存在安全隐患，地震形成不少堰塞湖，次生灾害隐患多；大量受灾群众的吃饭、饮水、穿衣、住处等问题亟待解决，大量孤儿、孤老、孤残需要安置和抚慰；一些基层组织遭到很大损失，社会管理恢复正常的难度较大；灾区生产恢复和灾后重建任务十分艰巨。

会议分析了经济形势。当前经济运行继续保持总体平稳态势，农业生产形势较好，夏季粮油有望获得较好收成，生猪生产恢复势头继续向好，工业生产基本平稳，市场消费持续较旺。存在的突出矛盾主要是价格上涨压力仍然存在，部分地区煤电油供应较紧，财政支出压力较大等。汶川地震对灾区经济造成严重影响，也对整体经济运行增加了一些新的不确定因素，但不会改变经济发展的基本面。

会议强调，抗震救灾仍处在刻不容缓的紧要关头，要继续把抗震救灾作为当前最重要最紧迫的任务。要以科学发展观统揽全局，坚持"两手抓"，一手要毫不松懈地抓抗震救灾，坚持以人为本，加强领导，统筹协调，科学调度，强化责任，严明纪律，做好各项抗震救灾工作；一手要坚定不移地抓经济发展，进一步加强和改善宏观调控，着力控制物价上涨，着力保持经济平稳较快发展。

第一，全力做好抗震救灾工作。继续全力搜救被困人员，尽快将重伤员抢运到条件较好的医疗机构救治，增派和充实专业防疫力量，强化灾区防疫工作。做好灾区群众安置工作，确保灾区群众有饭吃、有衣穿、有干净水喝、有安全住处。抓紧抢修灾毁基础设施，重点抢护发生险情的水库、水电站和堰塞湖，严防次生灾害造成新的损失。中央财政安排250亿元，加大对抗震救灾的资金投入。

第二，及早谋划和适时开展恢复生产和灾后重建工作。在国务院领导下，尽快组织专门力量研究制订灾后重建规划和具体实施方案，充分考虑当地地质条件和资源环境承载能力，合理确定城镇、工农业生产布局和建设标准。举全国之力多渠道筹集灾后重建资金。中央财政今年先安排700亿元，建立灾后恢复重建基金，明后年继续做相应安排。建立严格的监管制度，管好用好捐赠款物。灾区干部群众要自力更生，奋起开展生产自救。

第三，保持经济平稳较快发展。切实加强农业生产，组织好小麦跨区机收，统筹做好夏种工作，稳定扩大玉米、水稻等粮食作物面积，做好防汛抗旱的各项准备，努力夺取全年农业丰收。抑制物价过快上涨，强化物价管理，加强重点商品价格监测预测预警，依法严厉打击价格违法和囤积居奇。确保煤电油运稳定供应，把保障电煤供应作为今年迎峰度夏的首要任务。搞好安全生产，加强社会治安综合治理，维护社会稳定。在全国开展支援灾区全民节约活动，各级党政机关和国有企事业单位要减少会议、接待、差旅和公车使用支出，压缩出国团组。严格控制公车购置，暂停审批党政机关办公楼项目。中央国家机关今年的公用经费支出一律比预算减少5%，用于抗震救灾。

会议指出，在党中央、国务院的坚强领导下，我们有决心、有信心、有能力克服一切艰难险阻，坚决打胜抗震救灾和促进经济社会又好又快发展这两场硬仗。

国务院总理温家宝在北京主持召开国家汶川地震专家委员会成立会议

国家汶川地震专家委员会在国务院抗震救灾总指挥部的领导下开展工作，开展灾害评估工作，组织地震科学考察和研究，为抗震救灾和灾区恢复重建提供科学依据。专家委员会由跨部门、多学科、老中青专家组成，来自中国地震局、科技部、国土资源部、中国科学院、中国工程院、教育部、水利部、环境保护部、住房和城乡建设部、中国气象局等10个部门，涉及地震学、地质学、地球物理学、大陆动力学、土木工程学、灾害学及水电工程、水环境与生态、气候等22个专业学科。30位专家中有13位院士，17位研究员和教授。中国科学院院士、中国地震局地质研究所名誉所长马宗晋担任专家委员会主任。

温家宝发表了讲话，他指出，成立专家委员会，为抗震救灾提供科学支持，对于受灾群众的安置、开展生产自救和灾后重建十分重要。专家委员会的主要任务是：第一，进行地震和地质构造的现场调查和评估，协助国家地震部门做好地震预报和次生灾害防治工作。第二，通过调查研究，为制定灾后重建规划提供科学依据。第三，通过资料收集、分析和研究，总结这次地震发生的原因、规律和趋势，为今后防震减灾工作提供科学意见。

来自各方面的专家发表了意见。

国务委员兼国务院秘书长马凯、国务委员孟建柱和有关部门负责人参加了会议。

全国政协主席贾庆林出席政协委员抗震救灾捐赠仪式并发表讲话

贾庆林指出，作为改革开放的受益者，广大非公经济人士致富思源，义利兼顾，发扬“一方有难、八方支援”的精神，急灾区人民所急，解灾区人民所难，积极履行社会责任，有力出力，有钱出钱，帮助灾区人民抗震救灾、重建家园，作出了重要贡献。广大非公人士的义举，弘扬了中华民族“扶危济困、乐善好施”的传统美德和崇高精神，表达了对灾区人民的一片真情，履行了所承担的一份社会责任。有关部门一定会以最快的速度把这些善款送达灾区，尽快发挥在抗震救灾、重建家园中的作用。

贾庆林强调，目前，抗震救灾的各项工作正在有力有序有效进行。我们坚信，在党中央、国务院的坚强领导下，有全国人民同舟共济、共克时艰的协作精神，我们一定能够战胜这场特大地震灾害，重建美好家园。

中共中央政治局委员、全国政协副主席王刚，全国政协机关和中华慈善总会有关负责同志参加了捐款仪式。捐款仪式由全国政协副主席兼秘书长钱运录主持。

国家副主席习近平到宝鸡察看灾情慰问受灾群众

习近平在陕西省委书记赵乐际、省长袁纯清等陪同下到宝鸡市地震灾区察看灾情，慰问干部群众，指导抗震救灾工作。

习近平主持召开会议，听取当地关于抗震救灾的工作汇报,同陕西各级领导干部和随行的中央有关部门负责同志一起,深入研究陕西下一步的抗震救灾工作。习近平强调,陕西的抗震救灾任务还很艰巨,特别是安置受灾群众和灾后重建有大量工作要做。他指出,要始终坚持以人为本,继续全力救治受伤人员,想方设法安排好受灾群众生活,尽快开展灾后恢复工作,及早谋划和开展灾后重建。

习近平强调,这次抗震救灾,是对我们民族精神的一次洗礼,是对我们民族力量的一次凝聚,也是对我们党执政能力最现实最直接的考验,是对各级党组织、领导干部和广大共产党员最现实最直接的考验。各级党委要以更加得力的举措、更加深入的作风、更加扎实的工作切实加强党的建设,在抗震救灾中进一步发挥好各级党委的领导核心作用、基层党组织的战斗堡垒作用、各级领导干部的模范带头作用和广大共产党员的先锋模范作用。要及时发现和总结抗震救灾中涌现出来的先进典型,利用各种媒体广泛宣传他们的先进事迹和崇高精神,弘扬自强互助的抗灾精神,激励广大党员干部带领群众振奋精神,团结一心,顽强拼搏,为抗震救灾作出更大贡献。

中央纪委书记贺国强到重庆指导抗震救灾工作

贺国强在重庆市委领导的陪同下,到学校、医院等亲切看望慰问受灾群众和救灾人员、指导抗灾自救和支援四川灾区工作之后,又来到解放军驻渝某部,看望赴四川抗震救灾的指战员。

考察结束时,贺国强还来到重庆市纪委机关,看望纪检监察干部并与他们座谈。贺国强要求纪检监察干部积极投身抗震救灾工作,发挥表率作用。他强调,各级纪检监察机关要认真履行职责,加强对中央关于抗震救灾各项决策部署贯彻执行情况的监督检查,加强对抗震救灾款物管理使用情况的监督检查,对贪污、挪用、截留的,要严惩不贷,确保人力、物力、财力及时投入到抗震救灾最需要的地方。

中央和国家机关相关部门负责同志陪同考察。

国务院副总理回良玉到四川考察救灾物资转运工作

中共中央政治局常委李长春在人民大会堂会见东盟10国和日本 韩国媒体代表

中阿合作论坛第三届部长级会议在巴林开幕

第十一世班禅额尔德尼·确吉杰布在北京雍和宫主持抗震祈愿法会

5月22日

中共中央政治局常务委员会在北京召开会议研究部署继续全力做好抗震救灾工作

中共中央总书记胡锦涛主持会议。

会议听取了国务院抗震救灾总指挥部关于当前抗震救灾工作的汇报。会议强调,四川汶川等地特大地震灾害发生后,在党中央、国务院和中央军委坚强领导下,四川等受灾省份各级党委、政府和中央各有关部门紧急行动,人民解放军指战员、武警部队官兵、民兵预备役人员和公安民警顽强奋战,广大医疗卫生人员、新闻工作者、科技工作者齐心协力,灾区广大干部群众奋勇自救,全国各地区各部门和社会各界全力支持,海外华侨华人踊跃捐助,国际社会积极施援,抗震救灾各项工作取得了重要进展,为打胜这场抗震救灾的硬仗奠定了坚实基础。全党全军全国各族人民以万众一心、同舟共济的伟大精神谱写了一曲中华民族自强不息、团结奋斗的英雄凯歌。

会议指出,当前,抗震救灾形势依然严峻,任务十分艰巨,要继续把抗震救灾作为当前最重要最紧迫的任务,扎扎实实做好各项工作。要继续搜救被困群众,切实把搜救工作落实到每一个乡村,特别是要抓紧彻底排查边远乡村,努力做到无一疏漏。要继续抓紧救治伤病群众,尽快将重伤员转送到条件较好的医疗机构救治,保证灾区医疗急救物资供应,尽最大努力保障受伤群众生命安全。要继续做好卫生防疫工作,尽快充实专业防疫力量,强化灾区防疫,加强疫情监测,确保大灾之后无大疫。要下大气力做好受灾群众安置工作,抓紧调运粮食、食品、饮用水、衣被等物资,加快帐篷、活动板房等急需物资的生产和调运,切实保障受灾群众基本生活,确保他们有饭吃、有衣穿、有干净水喝、有安全住处,特别要精心安置好孤儿、孤老、孤残。要继续抢修因灾毁损的基础设施,特别是要抢护发生险情的水库、水电站和堰塞湖,严防次生灾害造成新的损失。要继续做好思想工作,注重做好心理安抚和思想疏导,加强社会管理,维护好社会秩序,确保灾区社会安定、人心稳定。要在确保安全的条件下,组织灾区干部群众尽快恢复生产,积极帮助广大农民抢收抢种、恢复农业生产,积极创造条件帮助灾区学生恢复上课,努力把这场地震灾害造成的损失减少到最低程度。

会议强调,在全力做好抗震救灾工作的同时,各地区各部门要按照中央的决策部署,一手抓抗震救灾工作,一手抓经济社会发展,全力以赴支援灾区,努力保持经济平稳较快发展,努力保持社会和谐稳定。中央有关部门要指导受灾地区在深入调查、综合评估、科学规划的基础上，及早规划和适时开展灾后重建工作。

会议号召，各级党组织、各级领导干部和广大共产党员要牢记全心全意为人民服务的根本宗旨，真正做到想群众之所想、急群众之所急、办群众之所需、解群众之所难，团结带领广大群众继续信心百倍地同地震灾害作斗争，克服一切困难，排除一切险阻，坚决夺取这场抗震救灾斗争的全面胜利。

中共中央总书记胡锦涛赴浙江省湖州市考察救灾帐篷的生产情况

胡锦涛在浙江省委书记赵洪祝、省长吕祖善等陪同下实地考察救灾帐篷生产情况。

胡锦涛在德清县召开了部分救灾帐篷生产企业负责人座谈会。会上，民政部、浙江省、江苏省有关负责同志和江苏阿珂姆野营用品有限公司负责人，先后汇报了全国和本省、本企业生产救灾帐篷的情况。

在认真听取大家发言后，胡锦涛作了重要讲话。他说，这次历史罕见的四川汶川特大地震，给人民生命财产造成了巨大损失。灾害发生后，在党中央、国务院和中央军委的坚强领导下，全党全军全国各族人民紧急行动起来，开展了一场英勇顽强、气壮山河的抗震救灾斗争。目前，大批被困群众得到营救，大批受伤人员得到救治，受灾群众被转移到安全地带，整个抗震救灾工作正在有序推进。

胡锦涛强调，当前的抗震救灾形势依然严峻，特别是安置受灾群众的任务十分艰巨。目前需要大批帐篷、活动板房作为受灾群众的临时住所。没有帐篷，受灾群众就难以安顿下来，他们的基本生活就难以得到保障。提供足够的救灾帐篷已成为当前抗震救灾工作的一项紧迫任务。

胡锦涛希望所有具备生产能力的企业都要积极主动承担帐篷生产任务，所有承担帐篷生产任务的企业都要大力发扬“一方有难、八方支援”的精神，为国家分忧，为受灾群众解难，开足马力生产救灾帐篷，尽全力帮助受灾群众解决燃眉之急，积极为夺取抗震救灾斗争胜利贡献力量。他提出四点要求：一是要加紧生产。克服一切困难，充分挖掘潜力，发挥广大职工的主人翁作用，全力以赴，千方百计增加帐篷产量。二是要确保质量。越是时间紧迫，越是要坚持质量标准。在加紧生产的同时，一定要坚持质量第一，切实把好原材料关、生产工艺关、出厂检验关，严格杜绝质量问题，保证为受灾群众提供优质帐篷。三是要积极抢运。采取超常规抢运措施，科学调度，加大运力，搞好产运衔接，用最快速度把救灾帐篷运到灾区。四是要加强协调。各有关地区和部门务必加强对救灾帐篷生产的组织领导，积极协调、主动服务，采取一切必要措施，全力支持承担帐篷生产任务的企业开足马力生产，首先要保障生产用电、原材料供应和流动资金需要。

胡锦涛最后说，大灾当前，时间紧迫。各级领导干部务必以身作则、深入一线，及时解决工作中遇到的实际问题，确保中央下达的帐篷生产和调运任务如期完成。

十一届全国人大常委会在北京举行第四次委员长会议

会议听取国务院关于四川汶川大地震抗震抢险及救灾工作情况的汇报。全国人大常委会委员长吴邦国主持会议并发表重要讲话。他强调，要把思想和行动统一到中央的决策部署上来，同心同德，坚定信心，全力以赴夺取抗震救灾斗争全面胜利，奋发图强实现经济社会又好又快发展。

国务院副总理、国务院抗震救灾总指挥部副总指挥李克强列席会议并代表国务院作了汇报。

吴邦国指出，汶川大地震发生后，中央高度重视，胡锦涛总书记多次主持召开中央政治局常委会，研究部署抗震救灾工作，决定成立抗震救灾总指挥部，亲赴灾区慰问受灾群众、看望救援人员、指导抗震救灾工作，并发表重要讲话。温家宝总理在第一时间赶赴灾区指挥抗震救灾。党中央、国务院、中央军委其他领导同志也亲临灾区或以其他方式指导抗震救灾工作。在党中央、国务院、中央军委的坚强领导下，在国务院抗震救灾总指挥部的直接指挥下，受灾地区各级党委、政府和中央有关部门紧急行动，人民解放军指战员、武警部队官兵、民兵预备役人员、公安民警、医疗救护人员等救援人员和新闻工作者，迅速奔赴灾区，以不怕牺牲、不怕艰难的英雄气概投身抗震救灾战斗。灾区干部群众临危不惧，不屈不挠，奋起自救和互救。全国上下人不分老幼、地不分南北，有钱出钱、有力出力，万众一心、共克时艰。海外华侨华人心系祖国、情系灾区，踊跃捐助。抗震救灾工作正在有力有序有效加紧进行。

吴邦国代表全国人大及其常委会，向四川汶川大地震遇难同胞表示深切哀悼，向英勇顽强的灾区干部群众表示亲切慰问，向浴血奋战在抗震救灾第一线的所有救援人员表示崇高敬意，向爱心援助灾区的各界人士表示衷心感谢。

委员长会议组成人员对前一阶段抗震救灾工作给予充分肯定。吴邦国说，经过来自各方救援人员夜以继日、争分夺秒的英勇奋战，抗震救灾工作已经取得阶段性成效。他表示相信，有党中央、国务院、中央军委的坚强领导，有全党全军全国各族人民的众志成城，有灾区干部群众的顽强拼搏，我们一定能够战胜这场特大地震灾害，夺取抗震救灾斗争的全面胜利。

吴邦国强调，当前抗震救灾工作仍处在关键阶段，各有关方面要坚决落实胡锦涛总书记在四川抗震救灾工作会议上的重要讲话等一系列重要指示精神，坚决执行中央的决策部署，在国务院抗震救灾总指挥部的直接指挥下，继续尽最大努力搜救被困人员，同时要精心救治受伤人员，使重伤员尽快脱离生命危险；要妥善安排受灾群众生活，搞好善后处理工作，确保灾区社会稳定；要全面细致地做好灾区卫生防疫工作，确保大灾之后无大疫；要切实防止余震、滑坡、泥石流、洪水、环境污染等次生灾害，保护好救援人员人身安全，确保不发生新的重大损失；要继续恢复交通、通信、供水、供电等基础设施，着手谋划灾后重建的规划建设工作，保障抗震救灾工作有力有序有效地向前推进。

吴邦国强调，全国人大常委会全力支持抗震救灾工作。一是，决定将听取审议国务院关于抗震救灾工作情况的报告，列入6月下旬召开的十一届全国人大常委会第三次会议议程。二是，坚决落实党中央的决定，支持国务院集中财力投入抗震救灾的安排，对今年预算支出结构作出相应调整，以抗震救灾、保障灾区人民生活为根本，一切从抗震救灾工作实际情况出发，需要多少给多少。经全国人大批准的2008年中央预算中安排了中央预算稳定调节基金，根据特事特办的原则，同时又要保证正常预算执行，同意从中央预算稳定调节基金中调用一部分乃至大部分，作为建立灾后恢复重建基金的主要来源，按基金实际收支情况列入和调整年度预决算，以后再依法报全国人大常委会审查和批准。鉴于中央国库库款比较充裕，所需资金可先从中央国库库款中调拨。要确保抗震救灾和灾后重建资金及时到位，并加强对资金使用情况的审计和监督。对明后年的恢复重建资金要早做考虑、早做安排，及时足额纳入年度预算。三是，及时总结经验，研究修改突发事件应对法、防震减灾法等相关法律、法规，增强针对性和可操作性，为抗震救灾和应对突发事件提供更加有力的法律保障。

吴邦国指出，发展是硬道理。我们之所以能够抵御这场特大地震灾害，很重要的一条，就是靠改革开放30年的发展积累，要夺取抗震救灾斗争的全面胜利，归根到底也要靠发展。汶川大地震和低温雨雪冰冻灾害，给今年的经济工作带来始料未及的影响。实现全年经济社会发展目标，形势更加严峻，任务更加艰巨。我们要牢牢抓住发展这个党执政兴国的第一要务，全面贯彻落实党的十七大精神，深入贯彻落实科学发展观，加快经济发展方式的"三个转变"，促进经济社会又好又快发展。各地区、各部门要在继续支援抗震救灾的同时，更加奋发有为地做好本地区、本部门的工作，以实际行动为抗震救灾和经济社会发展贡献力量，努力夺取抗震救灾和经济社会发展"双胜利"，把这场特大地震灾害造成的损失降到最低程度。

会议开始时，全体与会人员肃立默哀，深切哀悼汶川大地震遇难同胞。

全国人大常委会副委员长王兆国、路甬祥、乌云其木格、陈至立、周铁农、李建国、司马义·铁力瓦尔地、陈昌智、严隽琪、桑国卫出席会议，全国人大各专门委员会和常委会各工作机构负责同志、国务院有关部门负责同志列席了会议。

国务院副总理回良玉看望在灾区救治伤员的台湾红十字会医疗团

国务院副总理张德江在国资委检查指导抗震救灾工作

中组部通报表彰第一批抗震救灾先进基层党组织优秀共产党员

为激励广大基层党组织和共产党员在抗震救灾中发挥战斗堡垒作用和先锋模范作用，中央组织部决定，对抗震救灾和灾后重建工作中涌现出来的先进典型，分期分批及时进行通报表彰。对在抗震救灾中表现突出的先进基层党组织和优秀共产党员，将分别授予"抗震救灾先进基层党组织"、"抗震救灾优秀共产党员"称号；对在抗震救灾中因抢救人民生命财产而英勇献身的共产党员，将追授为"抗震救灾优秀共产党员"。

中组部强调，当前抗震救灾斗争形势依然严峻，任务艰巨，时间紧迫。各级党组织和广大共产党员要坚决贯彻中央的部署和要求，以先进典型为榜样，把抗震救灾作为当前最重要、最紧迫的任务，以更加顽强的意志、更加得力的举措、更加深入的作风、更加扎实的工作，团结带领广大群众共同夺取这场抗震救灾斗争的全面胜利。

日前，中央组织部首批授予汶川县雁门乡萝卜寨村党支部等2个基层党组织"抗震救灾先进基层党组织"称号；授予青川县木鱼镇党委副书记、纪委书记赵忠兴等11名同志"抗震救灾优秀共产党员"称号。

表彰名单如下：

抗震救灾先进基层党组织(2个)

四川省汶川县雁门乡萝卜寨村党支部

四川省汉源县医院党总支

抗震救灾优秀共产党员(11名)

赵忠兴(四川省青川县木鱼镇党委副书记、纪委书记)

伏玉琼(女，四川省青川县委常委、组织部长)

夏　平(四川省安县桑枣镇飞龙村党支部书记)

瞿永安(羌族,四川省北川县委常委、副县长)

刘廷凯(四川省彭州市龙门山镇党委书记)

曹代成(四川省绵竹市广济镇仁贤社区党支部书记)

包世贵(四川省汉源县富林镇初中教师)

龙德强(藏族,四川省汶川县银杏乡沙坪关村党支部书记)

舒　云(四川省青川县石坝乡党委书记)

王　刚(生前系四川省汶川卧龙特别行政区森林公安局副局长)

刘全福(生前系四川省大邑县雾山乡虾口村党支部书记)

国台办主任陈云林就当前两岸关系问题发表谈话

在两岸同胞共同努力下,台湾局势发生了重大的积极变化。事实证明,搞"台独"不得人心。台湾同胞希望社会安定、经济发展、台海和平。两岸关系和平发展已成为两岸同胞共同愿望所系、共同利益所在。

当前,两岸关系呈现良好发展势头,面临难得的重要机遇。我们将继续贯彻发展两岸关系、实现祖国和平统一的大政方针,牢牢把握两岸关系和平发展的主题,继续反对和遏制"台独"分裂活动,为两岸同胞谋福祉,为台海地区谋和平,维护国家主权和领土完整,维护中华民族根本利益,努力开创两岸关系和平发展新局面。

两岸同胞是血脉相连的命运共同体,中国是两岸同胞共同的家园。实现两岸共同繁荣发展,是两岸同胞的共同期盼。2005年中国共产党和中国国民党领导人共同发布的"两岸和平发展共同愿景",指明了两岸关系发展的正确方向。对于两岸关系中存在的历史遗留问题和今后遇到的新问题,应当也完全可以在两岸关系和平发展的过程中寻求解决办法。在新形势下,台湾方面表达了促进两岸关系发展的积极愿望。我们希望,两岸双方以两岸同胞福祉和中华民族整体利益为重,建立互信,搁置争议,求同存异,共创双赢,扎实推动两岸关系不断改善和发展。

当前,两岸双方正为在"九二共识"基础上恢复协商谈判作出积极努力,并展开相关准备。我们期待,正式恢复协商后,双方共同努力,通过平等协商,务实解决台湾同胞关心的各种问题,并不断取得实际成果,促进两岸交流合作取得新进展,逐步构建两岸关系和平发展新框架,以造福两岸同胞。

在新的形势下,我们将更为努力地推动两岸直接"三通"进程,更为努力地促进两岸经济文化等各项交流合作,更为努力地推进两岸同胞和社会各界的交往,扩大两岸同胞的共同利益,厚植两岸同胞的共同文化根基,增进两岸同胞的手足亲情,让中华民族精神在两岸关系和平发展的进程中焕发新的光彩,世代永续传承。我们理解、信赖、关心台湾同胞,尊重台湾同胞爱乡爱土的情感、当家做主的愿望,将继续实施和充实惠及广大台湾同胞的政策措施,切实维护台湾同胞的正当权益。对于一些由于对大陆缺乏了解而对发展两岸关系存在误解、疑虑的台湾同胞,我们都将以诚相待,欢迎他们来大陆访问、交流,增进相互理解,努力实现两岸同胞大团结,促进两岸关系大发展。

在新的形势下,我们将继续加强与台湾各党派、团体和各界人士的交流,共同致力于促进两岸关系和平发展。对于那些曾经对"台独"抱有幻想、主张过"台独"甚至从事过"台独"活动的人,我们热忱欢迎他们回到两岸关系和平发展的正确道路上来。

四川汶川大地震发生后,广大台湾同胞以各种方式给予灾区同胞深切关怀和无私援助,充分体现了血浓于水的同胞爱、骨肉情。这一感人肺腑的篇章,将永载两岸关系的史册。

两岸关系和平发展的前途,掌握在两岸同胞自己手中。中华民族伟大复兴的美好未来,属于包括台湾同胞在内的全体中华儿女。我们相信,两岸同胞有足够的智慧和能力,共同开创两岸关系和平发展新局面,共同迎来中华民族繁荣昌盛的明天。

5月23日

国家主席胡锦涛在人民大会堂同俄罗斯联邦总统梅德韦杰夫举行会谈

胡锦涛再次祝贺梅德韦杰夫就任俄罗斯联邦新一届总统,对他就任后首次访华表示热烈欢迎。胡锦涛说,中俄战略协作伙伴关系建立12年来硕果累累。双方建立了完备的各级别会晤磋商机制,保持了高水平的政治互信;制定并签署了200多个法律文件,为两国关系发展奠定了牢固的法律基础;彻底解决了历史遗留的边界问题,为两国关系的发展创造了有利条件;两国经贸合作不断扩大,双边贸易额连续8年保持较高增长;双方成功举办了"国家年"活动,使各领域务实合作达到前所未有的高水平;两国在国际和地区事务中也进行了卓有成效的协调与合作。

胡锦涛就更好更快地发展中俄战略协作伙伴关系提出四点建议:(一)进一步增进政治互信,加强相互支持。双方要遵循《中俄睦邻友好合作条约》的宗旨和原则,全面贯彻世代友好、携手并进的思想,充分利用两国高层会晤及其他各级别磋商机制,及时就双边关系和共同关心的重大问题交换意见,在涉及对方主权、领土完整、国家安全、稳定和发展等重大问题上继续相互坚定支持。(二)深化务实合作,提高合作层次和水平。双方要稳步扩大双边贸易,改善贸易结构,提高机电产品贸易比例;加快推进油气能源、经济技术和大项目合作,促进相互投资;加强科技、环保和地方合作,积极推动科技成果产业化,保护好跨界水资源,促进两国毗邻地区振兴和发展。(三)全面推进人文合作,进一步增进两国人民的友好感情。双方要充分发挥两国政府人文合作委员会的作用,落实好互办"国家年"框架下的机制化活动。设计并办好"俄语年"和"汉语年"。(四)进一步加强在国际和地区事务中的战略协作。双方要密切在联合国、上海合作组织等多边框架内,以及在重大国际和地区问题上的协调与配合,共同应对各种全球性挑战,推动建设持久和平、普遍繁荣的和谐世界。

梅德韦杰夫表示,俄中两国是战略合作伙伴。俄中关系发展是全球和平稳定的重要因素。俄中关系建立在牢固的法律基础上,双方合作已形成完整体系,建立了多方面合作机制。俄方高度重视发展同中国的战略协作伙伴关系,愿同中方一道全力推动双方在经贸、能源、高科技、环保、人文、地方往来等方面的合作和在重大国际地区问题上的对话与配合。

梅德韦杰夫再次代表俄罗斯政府和人民就四川大地震造成重大生命和财产损失向中国政府和人民表示同情和慰问。他表示相信中国政府和人民一定能克服各种困难,取得抗震救灾的胜利,俄罗斯将继续向中国提供支持。梅德韦杰夫代表俄罗斯政府邀请地震灾区一些中小学生到俄罗斯疗养。

梅德韦杰夫赞赏中国为举办北京奥运会所做的积极努力,祝愿北京奥运会取得圆满成功。

胡锦涛高度评价并感谢俄方在我国四川汶川大地震发生后向中方提供的宝贵支援,以及对北京奥运会的大力支持。胡锦涛表示,在包括俄罗斯在内的国际社会的支持、帮助下,中国政府和人民一定能战胜这场特大地震灾害,重建美好家园;一定会切实履行对国际社会的承诺,同国际奥林匹克大家庭一道,继续努力,把北京奥运会办好。

会谈后,两国元首签署了《中俄关于重大国际问题联合声明》,出席了能源、航空、林业、旅游领域双边合作文件的签字仪式并共同会见记者。

中华人民共和国和俄罗斯联邦发表关于重大国际问题的联合声明

中华人民共和国和俄罗斯联邦(以下简称双方),基于作为联合国安理会常任理事国对世界和平与发展所负的责任以及对重大国际问题所持的一致立场,恪守1997年4月23日《中华人民共和国和俄罗斯联邦关于世界多极化和建立国际新秩序的联合声明》和2005年7月1日《中华人民共和国和俄罗斯联邦关于21世纪国际秩序的联合声明》,强调中俄建立战略协作伙伴关系和2001年7月16日签署《中华人民共和国和俄罗斯联邦睦邻友好合作条约》具有重要历史意义。

声明如下:

一、当今世界正处在大变革之中。求和平、谋发展、促合作已经成为时代的要求。世界多极化趋势不可逆转,经济全球化深入发展,科技进步速度加快,全球合作和区域合作方兴未艾。同时,在世界上单边主义和强权政治依然存在,民族和宗教矛盾引发的局部冲突此起彼伏,全球经济失衡加剧,新威胁、新挑战层出不穷。

鉴此,世界各国应携手努力,有效应对共同威胁和挑战,建设持久和平、共同繁荣的和谐世界。应遵循《联合国宪章》宗旨和原则,严格遵守互相尊重主权和领土完整、互不侵犯、互不干涉内政、平等互利、和平共处的原则及国际法和其他公认的国际关系准则,摒弃"冷战"思维和集团政治,弘扬平等、民主、协作精神。

二、双方支持联合国在国际事务中发挥主导作用。联合国在维护世界和平、促进各国合作、推动共同发展中的作用不可替代。双方一致赞同联合国进行必要、合理的改革,加强其权威,提高其效率,以增强应对新威胁、新挑战的能力。改革应本着循序渐进、协商一致的原则。

三、双方谴责一切形式的恐怖主义。双方指出,恐怖主义正企图在思想上进行扩张,同跨国有组织犯罪和贩毒的联系越来越紧密。双方对此表示关切。国际社会应以《联合国宪章》和公认的国际关系准则为基础,在多边框架内共同打击恐怖主义。反恐应摒弃双重标准,不能借反恐之名达到同维护国际稳定与安全任务相悖的目的。

为此,双方将共同致力于加强联合国在国际社会打击恐怖主义和应对其他新威胁和挑战过程中的中心协调作用,落实联合国重要反恐文件,包括《联合国全球反恐战略》,推动各方尽快就《关于国际恐怖主义的全面公约》达成一致。双方将采取积极措施,广泛动员包括非政府组织和实业界人士在内的社会力量,遏制恐怖主义思潮,消除新的威胁和挑战。

双方重申将坚定不移地在地区组织和论坛,首先是上海合作组织、东盟地区论坛、亚太经合组织及其他多边机构框架内加强合作,打击恐怖主义、贩毒和犯罪。双方将继续共同努力,在亚太地区建立国际地区组织及其反恐机构的伙伴网络。

四、双方愿共同推动经济全球化朝着均衡、普惠、共赢方向发展，呼吁国际社会，特别是发达国家增加发展援助，全面履行向发展中国家提供援助的承诺，为其发展营造有利的国际环境。

双方支持奉行互利共赢的开放战略，支持推动南北对话和南南合作，缩小南北差距。为此应完善国际贸易和金融体制，反对贸易保护主义和投资保护主义，通过平等磋商与合作解决经贸摩擦问题。

五、双方认为，为维护持久和平，世界各国应共同努力，以《联合国宪章》及互信、彼此照顾对方利益、平等合作、公开性、可预测性等原则为基础，推动国际安全体系向更符合时代要求和各国共同利益的方向发展。

双方认为，国际安全是全面的和不可分割的。不能以一些国家的安全为代价，保障另一些国家的安全，包括扩大军事政治同盟。双方强调，必须充分尊重和照顾有关国家的利益和关切。

双方愿在各国安全不受减损的前提下继续积极推进国际军控进程，努力促进多边军控和防扩散条约的普遍性和有效性。双方主张在国际法框架内，通过政治和外交手段解决大规模杀伤性武器及其运载工具的扩散问题，促进国际安全。

双方认为，建立全球导弹防御系统，包括在世界一些地区部署该系统或开展相关合作，不利于维护战略平衡与稳定，不利于国际军控和防扩散努力，不利于国家间互信和地区稳定。双方对此表示关切。

双方主张和平利用外空，反对外空武器化和外空军备竞赛，强调在日内瓦裁军谈判会议框架内谈判缔结防止在外空部署武器相关国际法律文书的重要性。

六、双方认为，可持续发展是国际合作的重要领域。各国应加强经验交流，保护自然资源和生物多样性，努力建立环境友好型、资源节约型社会。

双方高度重视气候变化问题，重申全面履行《联合国气候变化框架公约》及其《京都议定书》的义务，愿严格依据公约原则，特别是"共同但有区别的责任"原则和各自的能力，在这一领域开展对话与合作。发达国家应向发展中国家提供资金和技术支持，提高发展中国家应对气候变化的能力。

七、双方呼吁各国本着平等互惠的原则加强能源对话与协调，以稳定和完善国际能源供需市场，共同维护全球能源安全。双方支持树立和落实互利合作、多元发展、协同保障的新能源安全观，加快研发和推广有利于环境保护的新能源技术。

八、双方积极评价朝鲜半岛核问题六方会谈取得的进展，呼吁各方坚持对话谈判和平解决的方向，继续相向而行，显示灵活，推进六方会谈进程，早日实现半岛无核化，实现有关国家关系正常化，实现东北亚地区的长治久安。双方愿继续为此发挥积极作用。

双方主张，通过对话和平等协商解决伊朗核问题、伊拉克和阿富汗重建问题以及中东、科索沃、苏丹(达尔富尔)及其他紧迫的国际问题，呼吁各方在解决上述问题时，着眼全球和地区安全，致力于外交努力，避免使用武力和其他极端方式，谨慎对待使用制裁问题，并照顾当事国利益。

九、双方认为，文明、文化的多样性是人类进步的重要动力。各国应本着平等和相互尊重原则，加强不同文明、不同文化、不同宗教的对话，实现各种文明和文化的和谐发展和兼容并蓄。

十、双方重申，尊重人权的普遍性原则，同时认为，各国有权根据本国国情促进和保护人权。在人权问题上，各国应在主权平等和不干涉内政的基础上，通过对话与合作消除摩擦，反对将人权问题政治化和搞双重标准，反对借人权问题干涉别国内政，推动国际社会以客观和非选择性方式处理人权问题。

十一、双方愿共同致力于加强"八国集团"与发展中国家领导人对话，加强"金砖四国"、中俄印外长会晤等国际合作机制，愿在利益一致的基础上，推动建立和进一步发展上述及其他国际合作机制，针对全球、地区安全和可持续发展面临的挑战和威胁，寻找协商一致的解决办法。

双方欢迎地区一体化机构之间建立协作机制，特别是加强东亚地区的协作，扩大该地区政治对话、经济合作、社会和文化交往。中国支持俄罗斯更积极地融入东亚一体化进程。

双方认为，上海合作组织已成为巩固战略稳定、维护和平与安全、发展欧亚地区多种经济与人文合作的极为重要的因素。双方重申，将进一步巩固上海合作组织的团结。双方认为，为解决当代的紧迫问题并使各方都能够接受，在开放和不针对第三国的原则基础上深化上海合作组织同有关国家、国际组织和论坛的对话是非常重要的。

中华人民共和国主席　　俄罗斯联邦总统
胡锦涛　　德·阿·梅德韦杰夫

2008年5月23日于北京

国家主席胡锦涛在人民大会堂会见四川汶川地震俄罗斯救援队队员代表

国务院抗震救灾总指挥部第13次会议在列车上举行

国务院总理、国务院抗震救灾总指挥部总指挥温家宝主持会议。会议研究部署卫生防疫工作，决定成立灾后重建规划组。

会议指出，随着天气越来越热，汛期也将到来，卫生防疫工作的困难会越来越大。确保灾后无大疫是当前一项十分紧迫的任务，必须摆在突出位置。做好这项工作，要抓住四个要点：一是要保证有充足的防疫技术人员和督导员，覆盖到每个村；二是要保证防疫需要的药品，尤其是消毒剂、灭菌剂、杀虫剂；三是要切断污染源，防止污染扩散；四是要保证饮水和食品安全。

会议指出，灾后重建是一项长期而艰巨的任务，首先要做好规划。灾后重建规划组由发展改革委、四川省政府、住房和城乡建设部以及其他有关部门负责人组成。要在国家汶川地震专家委员会进行现场调查研究、科学论证、地质地理条件评估和建设项目科学选址的基础上，抓紧制订灾后恢复重建规划的总体方案，争取三个月内完成。重建规划总体方案要包括城镇体系规划、农村建设规划、基础设施建设规划、公共服务设施建设规划、生产力布局和产业调整规划、市场服务体系规划、防灾减灾规划等规划。

中共中央政治局委员、国务院副总理回良玉，国务委员兼国务院秘书长马凯出席会议。

政协第十一届全国委员会第四次主席会议在北京举行

全国政协主席贾庆林主持会议并讲话。他强调，各级政协组织和广大政协委员要切实把思想和行动统一到胡锦涛同志重要讲话精神上来，统一到中央的决策和部署上来，进一步增强投身抗震救灾的责任感和紧迫感，自觉讲大局、讲配合、讲奉献，与党和国家共命运，与灾区人民同呼吸，为夺取抗震救灾全面胜利、促进经济社会又好又快发展贡献智慧和力量。

国务院副总理、国务院抗震救灾总指挥部副总指挥李克强代表国务院到会通报了四川汶川特大地震抗震抢险及救灾工作情况。主席会议围绕做好下一阶段抗震救灾工作，认真进行了讨论，积极建言献策。

贾庆林在讲话时指出，四川汶川大地震发生后，党中央高度重视、坚强领导，展现出我们党以人为本、执政为民的根本理念；广大军民紧急行动、全力以赴，展现出不屈不挠、顽强奋战的大无畏英雄气概；全国各族人民众志成城、无私支援，展现出万众一心、同舟共济的伟大民族精神，显示了中华民族在危难关头的巨大向心力和凝聚力。各级政协组织和广大政协委员坚决拥护、认真贯彻执行中央关于抗震救灾工作的各项决策，迅速行动起来，以各种形式向灾区伸援手、献爱心、送温暖，以实际行动为抗震救灾做贡献，充分体现了人民政协围绕中心、服务大局的光荣传统和广大政协委员为国分忧、为民解难的高尚情怀。

贾庆林强调，目前抗震救灾形势依然严峻，任务艰巨。各级政协组织和广大政协委员，一定要按照中央的决策和部署，把抗震救灾作为当前最重要最紧迫的任务，以为国奉献、为民服务的态度，以不畏艰险、攻坚克难的斗志，以认真细致、深入扎实的作风，团结和动员参加人民政协的各党派团体和各族各界人士，积极协助党和政府做好抗震救灾工作，为夺取抗震救灾斗争的全面胜利作出更大的贡献。

贾庆林对各级政协组织和广大政协委员提出了五点要求。第一，要认真学习贯彻胡锦涛同志重要讲话精神，切实把思想和行动统一到中央的决策和部署上来，充分发挥人民政协大团结大联合组织的作用，为抗震救灾提供强大的力量支持。第二，要大力发扬人民政协关心国事、关注民生的优良传统，切实把抗震救灾工作作为当前人民政协工作的重中之重，心系灾区、奉献爱心，积极开展各种社会公益活动，力所能及地为抗震救灾贡献力量。第三，要努力协助党和政府维护灾区社会稳定，切实做好协调关系、理顺情绪、化解矛盾的工作，做好灾区群众的思想工作和心理抚慰，维护好灾区的社会秩序。第四，要紧紧围绕灾区重建献计出力，组织委员就灾区重建规划、受灾群众就业、医疗及交通、电力、水利、通信等基础设施建设，以及少数民族文化的保护等灾后重建的一些重大问题，开展研讨，向党和政府提出有针对性和可操作性的意见建议。第五，要以抗震救灾的精神推动政协工作，把抗震救灾中展现出的以人为本、众志成城、不畏艰险、顽强奋战等宝贵精神，贯穿于政协工作的各个方面、各个环节，不断把人民政协事业推向前进。

会议听取了全国政协参加抗震救灾工作情况和下一步工作设想的通报。书面通报了贾庆林主席访问罗马尼亚、匈牙利、斯洛文尼亚和克罗地亚的情况。会议审议并通过了政协第十一届全国委员会常务委员会第二次会议的议程（草案）和日程，决定这次常委会议于2008年7月2日至5日召开，建议常委会议的主要议题是“进一步推进改革和提高对外开放水平”以及“加快推进以改善民生为重点的社会建设”，并决定将议程（草案）提交第二次常委会议审议。会议还听取了第二次常委会议和专题协商会筹备工作情况的汇报。全国政协副主席兼秘书长钱运录，副秘书长杨崇汇、仝广成分别就有关议题作了说明。

会议开始时，全体与会人员肃立默哀，深切哀悼汶川大地震遇难同胞。

全国政协副主席王刚、廖晖、杜青林、白立忱、陈奎元、阿不来提·阿不都热西提、李兆焯、黄孟复、董建华、张梅颖、张榕明、孙家正、李金华、郑万通、邓朴方、万钢、林文漪、罗富和、陈宗兴、王志珍出席会议。

中共中央政治局常委李长春在北京主持召开中央主要新闻单位负责人会议部署抗震救灾宣传报道工作

中共中央政治局委员、书记处书记、中宣部部长刘云山出席会议。

李长春指出,汶川大地震以来,新闻单位和广大新闻工作者坚决贯彻中央决策,统一部署、迅速行动,及时、准确、权威、生动、丰富地宣传报道抗震救灾斗争,唱响了“万众一心、众志成城、迎难而上、百折不挠”的主旋律,掌握了社会舆论的主导权,积极影响了国际舆论,得到了党和人民的高度赞誉,得到了国际社会的普遍好评。

李长春强调,要继续把抗震救灾宣传报道作为当前最重要、最紧迫的任务,坚持正确导向,坚持及时准确、公开透明,贴近实际、贴近生活、贴近群众,进一步增强宣传报道的针对性、实效性和说服力、感染力,引导广大干部群众把思想和行动统一到中央决策部署上来。广大新闻工作者要继续发扬不怕疲劳、连续奋战的良好作风,写出更多生动感人的精品佳作,充分展示抗震救灾中激发的伟大民族精神、良好风貌和真挚情感,鼓舞和激励全国各族人民为夺取抗震救灾斗争的全面胜利而团结奋斗。

全国贯彻落实《建立健全惩治和预防腐败体系2008—2012年工作规划》电视电话会议在北京召开

中共中央政治局常委、中央纪委书记贺国强在讲话中指出,经中央批准下发的《建立健全惩治和预防腐败体系2008—2012年工作规划》(以下简称《工作规划》),紧紧围绕党和国家工作大局,从教育、制度、监督、改革、纠风、惩处等方面提出了今后五年惩治和预防腐败体系建设的工作目标和重点任务,是当前和今后一个时期惩治和预防腐败体系建设的指导性文件。要认真贯彻落实《工作规划》,力争经过几年的扎实工作,建成惩治和预防腐败体系基本框架,拒腐防变教育长效机制初步建立,反腐倡廉法规制度比较健全,权力运行监控机制基本形成,从源头上防治腐败的体制改革继续深化,党风政风明显改进,腐败现象进一步得到遏制,人民群众的满意度有新的提高。

贺国强强调,贯彻落实《工作规划》,扎实推进惩治和预防腐败体系建设,必须牢牢把握正确方向,围绕中心、服务大局,加强对推动科学发展重大决策部署贯彻落实情况的监督检查,认真解决损害群众利益的突出问题,切实维护党的政治纪律,确保中央政令畅通。当前特别要坚决贯彻执行中央关于抗震救灾的各项决策部署,克服一切艰难险阻,坚决打胜抗震救灾这场硬仗。必须全面贯彻反腐倡廉战略方针,坚持惩治和预防两手抓、两手都要硬,以领导干部为重点、以规范和制约权力为核心、以容易滋生腐败的重点领域和关键环节为突破口,完善惩治和预防腐败体系建设;必须坚持深化改革、完善制度,认真落实《工作规划》提出的各项改革举措,不断健全《工作规划》提出的各项法规制度,积极推进惩治和预防腐败体系建设理论和实践创新,努力使反腐倡廉建设体现时代性、把握规律性、富于创造性。

贺国强指出,反腐倡廉重在建设,贵在落实。各级党委、政府要认真抓好《工作规划》的学习宣传,使广大党员干部了解《工作规划》的精神实质、基本要求和主要内容;要把贯彻落实《工作规划》列入重要议事日程,同经济社会发展工作一起部署、一起检查、一起考核;要紧密结合实际,抓好任务分解,搞好协调配合,加强监督检查,推动工作落实。

贺国强特别强调,当前,要认真贯彻中央纪委等五部委的通知精神,加强对抗震救灾资金和物资管理、使用情况的监督检查,使受灾群众及时得到救助,对贪污、挪用、截留救灾资金和物资的,对那些企图发“国难财”的,要坚决查处,严惩不贷。

贺国强要求,要进一步加强领导干部作风建设。要增强政治意识、大局意识、责任意识、忧患意识,密切同人民群众的血肉联系,脚踏实地、求真务实,艰苦奋斗、勤俭节约,严以自律、清正廉洁,以良好的作风贯彻落实好《工作规划》,完成好抗震救灾和全年的各项工作,实现好党的十七大提出的各项任务。

中共中央书记处书记、中央纪委副书记何勇主持会议。

何勇指出,各地区各部门要增强贯彻落实《工作规划》的责任感和自觉性,按照中央的要求,狠抓落实,扎实工作。各级党委(党组)要切实加强对《工作规划》贯彻落实的组织领导,主要负责同志要负总责。各级纪委要切实承担起在《工作规划》贯彻落实中的重要责任,把工作重点放在完善惩治和预防腐败体系上,放在抓好《工作规划》的贯彻落实上。各级党委、政府和有关职能部门要充分发挥在《工作规划》贯彻落实中的重要作用,与各项改革紧密结合,统筹安排,整体推进。

财政部、国土资源部、住房和城乡建设部、江苏省、河南省、辽宁省6个单位负责同志在会上发了言。

中央政法委员会会议在北京召开

会议听取了中央政法各部门前一阶段抗震救灾工作汇报。

会议强调,全国政法机关和广大干警要继续把抗震救灾作为义不容辞的重大政治责任,继续发扬不怕疲劳、连续作战、能打硬仗的优良作风,积极主动地做好抗震救灾和维护社会稳定的各项工作。要尽最大努力做好继续搜救被困群众工作,保障运送伤病群众和抗震救灾物资车辆的安全顺利通行,做好受灾群众集中安置点的治安、消防工作,协助做好余震和次生灾害防范工作。要把警力最大限度地投放到乡村、社区,帮助灾区群众解决衣食住行等实际困难,加强法律宣传和法律服务,耐心做好灾区群众特别是遇难者家属的心理安抚、思想疏导工作,协助安置好灾区群众。要积极主动地推出便民利民措施,为灾区群众做好证照办理工作。要全面排查、及时化解灾后重建过程中的矛盾纠纷,严密防范、严厉打击盗窃、抢劫、哄抢救灾物资,囤积居奇、哄抬物价等扰乱、破坏灾区市场秩序,以赈灾募捐名义诈骗钱财,散布传播各种谣言、制造社会恐慌等违法犯罪活动,加强对灾区的治安巡逻控制工作,在受灾群众集中安置点设立临时警务工作站,加强对党政机关和金融邮电广播电视等重点单位、供水供电供气供油等重点部位的安全保卫,切实维护灾区治安秩序,增强灾区群众的安全感。要加强对监管场所的安全管理,防止发生安全事故。要做好灾区恢复重建过程中预防和查处腐败、渎职犯罪工作。要加大对在抗震救灾中牺牲、负伤干警的抚恤优待工作,建立对口支援机制,从人力、物力、财力上全力支持灾区政法机关恢复重建。

会议决定,中央政法委要适时表彰政法系统在抗震救灾斗争中涌现出来的英雄集体和英雄个人,进一步凝聚警心、鼓舞士气,激励广大干警为夺取抗震救灾斗争全面胜利,维护社会大局稳定,促进经济社会又好又快发展作出新贡献。会议还对加强以奥运会安全保卫为重点的社会稳定工作作了部署。

会议开始前,全体与会人员肃立默哀,深切哀悼汶川大地震遇难同胞,深切哀悼在抗震救灾中牺牲的公安政法干警。

中央政法委副书记、国务委员孟建柱,中央政法委委员、最高人民法院院长王胜俊、最高人民检察院检察长曹建明等出席了会议。

国务院副总理张德江赴109隧道现场检查指导抢险工作

中组部下发《关于做好在抗震救灾第一线发展党员工作的意见》

《关于做好在抗震救灾第一线发展党员工作的意见》(以下简称《意见》)强调要认真做好在抗震救灾第一线发展党员工作,对那些奋不顾身、舍己为人,在抢救人民群众生命财产中表现突出的,要及时发展入党。

《意见》指出,各级党组织对在抗震救灾第一线发展党员的工作要高度重视,严格把关,做到手续完备。对已作为党组织确定的入党积极分子或发展对象,以及在抗震救灾第一线递交入党申请书或向党组织提出入党申请的,经组织核查,本人一贯表现好、符合党员条件,在抗震救灾第一线表现特别突出,可及时吸收为预备党员。

对缩短培养考察期和没有确定为入党积极分子或发展对象而发展的预备党员,各级党组织要根据实际情况,在其预备期内,认真做好培训工作。在抗震救灾第一线成立的临时党组织,可按《意见》规定做好在抗震救灾第一线发展党员工作。

5月24日

中共中央总书记胡锦涛就宝成铁路恢复全线通车作出重要指示

在“5·12”汶川大地震中受到严重破坏的宝成线109隧道,24日上午9时50分胜利抢通,宝成铁路随之恢复正常运输。中共中央总书记、国家主席、中央军委主席胡锦涛对此作出重要指示。胡锦涛指出,宝成线提前实现全线通车,打通了西北、西南铁路大动脉,有力地保障了抗震救灾的需要。他向全体抢险人员表示亲切慰问和崇高敬意。

全国人大常委会委员长吴邦国 全国政协主席贾庆林 国家副主席习近平在北京分别会见俄罗斯总统梅德韦杰夫

中俄元首北京会晤发表联合公报

应中华人民共和国主席胡锦涛的邀请,俄罗斯联邦总统梅德韦杰夫于2008年5月23日至24日对中华人民共和国进行国事访问。胡锦涛主席与梅德韦杰夫总统举行了大、小范围会谈。中国全国人民代表大会常务委员会委员长吴邦国、中国人民政治协商会议全国委员会主席贾庆林和国家副主席习近平分别会见了梅德韦杰夫总统。

梅德韦杰夫总统再次就中国四川发生特大地震灾害向胡锦涛主席表示诚挚的慰问,对受灾群众表示深切同情,高度赞赏中国政府为抗震救灾采取的有力措施。梅德韦杰夫总统重申,俄方将继续提供必要的支援和协助。胡锦涛主席代表中国政府和人民对俄罗斯政府和人民提供的宝贵援助表示衷心感谢,指出此举体现了两国人民的友谊和中俄战略协作伙伴关系的高水平。

两国元首全面回顾了中俄战略协作伙伴关系近年来的发展成果和经验,本着相互理解和相互信任的精神讨论了中俄战略协作伙伴关系的现状和发展前景,确定了双边关系未来发展方向,就重大国际和地区问题坦诚深入地交换了意见,达成广泛共识。

在两国元首签署的《中华人民共和国和俄罗斯联邦关于重大国际问题的联合声明》中,双方阐述了两国对涉及世界发展最迫切和重大问题的共同立场,呼吁世界各国携手努力,有效应对共同威胁和挑战,维护持久和平,建设和谐世界。

一、双方满意地指出,在双方共同努力下,中俄战略协作伙伴关系达到前所未有的高水平,并处于快速发展阶段。双方重申,发展长期稳定的中俄战略协作伙伴关系是两国对外政策的优先方向,符合中俄两国和两国人民的根本利益,有利于两国的发展与繁荣,对地区及世界的和平、稳定与发展也具有重要意义。这一方针不会改变。

在顺利落实《〈中俄睦邻友好合作条约〉实施纲要(2005—2008年)》的基础上,双方正在制定下一阶段实施纲要(2009—2012年),并将在2008年两国元首会晤期间批准。

两国元首对中俄国界东段两地段勘界工作进展表示满意,指出尽快签署勘界成果文件具有重要意义。

两国元首强调,双方在涉及对方核心利益问题上相互支持,是中俄战略协作伙伴关系的核心内容。

俄方重申,在台湾问题上的原则立场不会改变,即台湾是中国不可分割的一部分,俄方反对任何形式的台湾"独立",反对台加入联合国和其他仅限主权国家参加的国际组织。

俄方声明,西藏是中国领土不可分割的一部分,西藏事务属中国内政,支持中方为维护西藏社会稳定而依法采取的措施。

两国元首高度评价2006年和2007年中俄互办"国家年"活动,认为这是中俄关系史上前所未有的重大事件。双方强调指出,在中国举办"俄罗斯年"和在俄罗斯举办"中国年"增进了双方的政治互信,促进了两国各领域合作,增进了两国人民的相互了解、相互尊重和传统友谊,为中俄战略协作伙伴关系注入了强大的动力。两国元首对中俄"国家年"活动机制化项目清单予以确认。

两国元首表示,2008年北京奥运会是全世界人民的盛事,反对任何将奥运会政治化的企图。两国元首重申,支持北京举办2008年夏季奥运会和俄罗斯索契市举办2014年冬季奥运会。

两国元首高度评价中俄总理定期会晤机制对发展双边关系所发挥的积极作用,表示双方愿继续努力完善该机制并提高其效率。

两国元首会晤期间,双方签署了下列文件:

——《中华人民共和国和俄罗斯联邦关于重大国际问题的联合声明》

——《中华人民共和国国家旅游局与俄罗斯联邦旅游署关于落实〈中华人民共和国政府与俄罗斯联邦政府旅游合作协议〉的合作计划(2008—2010年)》

——《中国原子能工业公司与俄罗斯技术供应出口公司关于技术协助建造离心四期工厂和向中国提供铀浓缩服务或铀浓缩产品合同基础条款的协议》

——《中国航空技术进出口总公司与俄罗斯乌拉尔光学机械厂合作总协议》

——《中国航空技术进出口总公司与俄罗斯直升机股份公司合作备忘录》

——《中国建设银行与俄罗斯外贸银行全面合作谅解备忘录》

——《中国烟台西北林业有限公司和俄罗斯联邦托木斯克州政府关于开展林业投资合作的备忘录》

二、两国元首指出,应进一步巩固中俄战略协作伙伴关系的物质基础。双方积极评价两国经贸合作持续稳定发展,表示将继续在平等互利和均衡的基础上提高两国经贸合作的质量和水平。

中俄双方将努力提高机电产品和高科技产品在两国贸易结构中的比重,增加相互投资和促进双边贸易平衡发展,切实改善两国经贸合作的质量。

边境和地方合作潜力巨大。两国有关部门和地方政府将继续共同努力,全面扩大和深化两国边境和地方在经济、科技、人文等领域的合作。

两国元首指出,能源合作是中俄战略协作伙伴关系的重要组成部分。中俄将继续开展在油气和电力领域的合作,包括大型双边合作项目。双方商定,建立两国副总理级能源合作协调机制。

两国元首认为,发展核领域的合作是双方经济合作的优先方向之一。双方对该领域合作的成果表示满意。两国将继续开展互利合作。

双方表示,将进一步加强在科技、航天、信息产业、民用航空、运输、银行等领域的合作,落实有关共同项目。

环保和移民问题对两国的发展及双边关系具有重要意义,双方将加强上述领域的合作。

三、两国领导人强调指出,全面扩大和深化人文领域合作,对巩固中俄战略协作伙伴关系广泛而牢固的社会基础具有重大意义。双方应重点落实好中俄"国家年"人文领域各项机制化项目,开展多种形式的青少年交流,进一步推动教育、文化、卫生、体育、旅游、媒体、电影和档案等领域的合作。

2009年在中国举办"俄语年"、2010年在俄罗斯举办"汉语年"是中俄双边关系中的又一件大事。双方应设计并办好“俄语年”和“汉语年”的各项活动，成立高级别国家组委会，以协调上述工作。

四、双方指出，中俄元首会晤在友好、合作、相互信任和相互理解的气氛中进行，会谈取得丰硕成果。双方对会谈成果表示满意。

俄罗斯联邦总统梅德韦杰夫邀请中华人民共和国主席胡锦涛于2009年方便的时候访俄。胡锦涛主席表示感谢并愉快地接受了邀请。访问具体时间将通过外交途径商定。

国务院总理温家宝在四川慰问受灾群众就受灾群众安置和恢复重建工作进行调查研究

温家宝在成都主持召开抗震救灾工作会议。在听取四川省委书记刘奇葆所作汇报后，温家宝发表讲话，总结了前一阶段的工作，对下一阶段的工作作出部署。他强调，要突出做好伤员救治和卫生防疫工作，确保大灾之后无大疫；着力安排好受灾群众生活，切实解决群众吃饭、住房、穿衣等问题；严密防范次生灾害，特别是防范由于降雨和余震引发的滑坡、泥石流、滚石造成人员伤亡，防范因水库、水电站、堤坝、堰塞湖垮塌而引起的水灾；要按照统筹规划、科学评估、分步实施的原则，组织专门力量研究制定灾后重建规划和具体实施方案；要加强组织领导，充分发挥基层组织的战斗堡垒作用和党员的先锋模范作用，把抗震救灾各项措施落到实处。

中共中央政治局委员、国务院副总理回良玉，中共中央政治局委员、书记处书记、中组部部长李源潮，国务委员兼国务院秘书长马凯等出席会议。

国务院总理温家宝在地震灾区与联合国秘书长潘基文会面

温家宝向潘基文介绍了灾情和抗震救灾工作取得的进展。温家宝说，地震发生后，国际社会纷纷迅速向中国表示同情、慰问，并提供了资金、物资和人员支援，联合国也向中方提供了紧急援助，这些善举充分体现了世界各国人民对中国人民的友好感情和崇高的人道主义精神，为中国的救灾工作作出了宝贵贡献，中国政府和人民对此表示衷心感谢。

温家宝说，当前我们正举全国之力投入抗震救灾工作。我们坚信，有国际社会的支持和帮助，中国人民众志成城、团结奋战，一定能克服一切艰难险阻，取得抗震救灾的胜利，重建灾区美好家园。

潘基文说，我对汶川大地震给灾区造成的重大生命和财产损失深感悲痛，我谨代表联合国，并以我个人名义向中国政府和人民表达深切同情和慰问。中国政府和中国领导人带领中国人民迅速投入到抗震救灾工作，让国际社会深受感动和鼓舞。中国人民抗震救灾的英勇事迹充分证明，中国人民是充满力量、勇敢无畏、坚忍不拔、富有自助和合作精神的伟大人民。我们相信中国政府和人民一定能够战胜这场自然灾害。

潘基文说，我来到这里，就是要表明包括联合国在内的广大国际社会同中国人民坚定地站在一起。联合国愿继续尽全力为中国灾区重建提供一切可能的支持和帮助。

温家宝和潘基文还在现场共同会见了正在灾区采访报道的中外记者。

国务院总理温家宝在四川地震震中汶川接受中外记者采访

温家宝向中外记者说，这次四川汶川大地震全国关注，举世关注，地震强度之大、范围之广、破坏之重，在历史上都是罕见的。地震发生后，解放军和武警官兵、公安民警在第一时间赶到现场，迅速展开了抗震救灾工作，短短几天内搜寻抢救超过6万人。现在搜寻工作仍在进行，同时，要把安置受灾群众和灾后恢复重建工作摆到突出位置。

谈到抗震救灾工作所面临的挑战，温家宝说，目前，安置受灾群众工作主要面临三个方面的挑战：第一，在解决受灾群众的衣食住行方面，最困难的是住，也就是说缺少帐篷。这次地震灾害倒塌和损毁的房屋达到1500万间，大量的受灾群众需要安置，我们已经调集了全国的帐篷，而且得到了国际社会的支持，但是帐篷仍然缺乏，中国政府要求能够生产帐篷的工厂每天生产和向灾区运输3万顶帐篷，一个月内运送90万顶，同时抓紧制作活动板房，争取用3个月时间把灾区安排有序，使灾区群众过上正常的生活。

温家宝说，第二个大问题是防疫，要确保大灾之后无大疫。重点做三项工作：一是要有充足的防疫技术人员。二是要保证防疫药品的供应。到目前为止，还没有发现传染病疫情，可以向大家保证，一旦出现，将会公开处理。三是要切断污染源，这是一项非常困难的工作。

温家宝强调，我们面临的第三个问题就是次生灾害还没有完全排除，其中最主要的就是堰塞湖，我们要采取有效措施，排除隐患，确保不因为次生灾害造成新的人员伤亡。

温家宝强调，我们将收集这次地震中倒塌的重要公共建筑，包括学校、医院、机关等的建筑资料，从这次地震灾害中总结经验，为日后重建提供科学依据。

温家宝说，人民解放军和武警出动了11万官兵，搜救了每一个村庄。各省区市和各路救援大军的物资纷纷运抵灾区，中央财政已经安排了数百亿元人民币用于救灾,并且我们为恢复重建建立了750亿元人民币的地震恢复重建基金,明后两年还要继续追加。

温家宝对包括港澳同胞、台湾同胞在内的全球华人对这次地震灾区给予的大力援助表示感谢。他同时表示,愿意借此机会向国际社会,向各国的领导人、各国政府和人民对于中国这次地震灾害所给予的关注、同情、支援和帮助表示诚挚的谢意。

温家宝说,这次救灾从一开始,我们就坚持以人为本和开放的方针,因为地震灾害不仅是中国人民的灾害,而且是全人类的灾害。面对这样大的震情,我们欢迎世界各国的记者前来采访,相信大家会用你们的良知、人道主义精神,公正、客观、实事求是地报道震情、灾情和我们所做的工作。在处理突发事件和其他问题时,我们将坚持以人为本的方针永远不会改变,坚持对外开放的方针永远不会改变。

国务院总理温家宝在灾区看望古巴和日本医疗队队员

国务院副总理李克强在北京主持召开会议并考察国家电力调度中心研究协调抗震救灾保障工作

李克强指出,当前安置受灾群众突出的是临时住所问题,帐篷、篷布和活动板房的生产要加大力度,加快进度,保质保量保运。要进一步加强医疗救治、疾病防疫、次生灾害防治所需人员、技术、设备和物资的保障,加大转送伤员的力度。狠抓各项措施的落实,努力做到有求即应,有需必保。同时,要考虑整个抗震救灾各阶段任务的相互衔接,提早谋划恢复生产和灾区重建工作。

李克强来到国家电力调度中心,察看了四川等受灾地区电网和全国电网运行情况。他还在现场召开座谈会,听取了国家发展改革委等部门的汇报。李克强强调,要进一步抓紧抢修灾区受损的电力设施,突出做好电煤调运入川工作,尽快全面恢复灾区电力供应,同时加大电网对保证四川电力供应的调度力度,确保满足抗震救灾和生产生活逐步恢复对电力的需求。

李克强指出,保证电力供应是抗震救灾和实现今年经济平稳较快发展的重要条件。要进一步加强综合协调,在确保灾区电力供应的同时,做好全国电力迎峰度夏的各项准备工作,加强煤电油气运综合协调,进一步搞好电力需求侧管理,为经济社会发展提供有力保障。要一手抓抗震救灾毫不松懈,一手抓经济社会发展坚定不移,打赢抗震救灾和经济社会发展这两场硬仗。

中美第十四次人权对话在北京举行

5月 24日至28日,中美第十四次人权对话在京举行。这是自2002年以来双方首次举行对话。中国外交部部长杨洁篪和部长助理刘结一分别会见和宴请美方代表团。外交部国际司司长吴海龙和美国国务院民主、人权与劳工事务助理国务卿克雷默主持对话。

双方介绍了各自人权领域新进展,就言论自由、宗教自由、反对种族歧视、联合国人权领域合作等问题广泛、深入地交换了意见。双方一致认为对话坦诚、开放,富有建设性,增进了相互理解,有助于缩小分歧,有利于促进中美关系持续健康稳定发展。

刘翔以13秒18的成绩夺得中国田径公开赛110米栏冠军

5月25日

中共中央总书记胡锦涛到河北廊坊考察救灾过渡安置房生产情况

胡锦涛在河北省委书记张云川、代省长胡春华等陪同下,考察了雅致集成房屋(廊坊)有限公司和中太建设集团股份有限公司。

在听了大家的情况汇报后,胡锦涛作了重要讲话。他指出,这次四川汶川大地震,给灾区人民群众生命财产造成了巨大损失。在党中央、国务院和中央军委坚强领导下,全国军民紧急动员,打了一场抗震救灾的攻坚战。现在,安置好受灾群众的任务十分艰巨、十分紧迫。中央对承担过渡安置房生产和装配任务的企业寄予厚望,灾区群众也对你们寄予期待。希望你们把受灾群众的困难当作自己的困难,把受灾群众的需要当作自己的需要,全力以赴,日夜奋战,保质保量并力争提前完成任务,为夺取抗震救灾斗争的全面胜利作出积极贡献。

胡锦涛就过渡安置房建设提出四点要求:一是要挖掘生产潜力,克服各种困难,千方百计增加产量,努力完成过渡安置房生产任务。二是要把质量放在首位,符合防震、防火、防水、通风、采光、卫生等方面的设计要求,坚持质量不合格决不出厂。三是要抓紧抢运装配,运输部门要扩大运力、特事特办,优先保证生产出来的过渡安置房第一时间运往灾区;装配企业要及时组织队伍赶赴灾区一线,迅速把过渡安置房装配起来,让受灾群众尽快住进去。四是要加强组织领导,各级政府部门要为过渡安置房生产企业提供服务,帮助这些企业解决原材料供给、零部件配套和流动资金等问题,为他们按期完成中央下达的任务创造有利条件。

胡锦涛强调,当前,要坚持一手抓抗震救灾工作,一手抓经济社会发展。全国各地要大力支援抗震救灾工作,同时要保持经济发展的良好势头、维护社会和谐稳定，这本身就是对灾区人民的有力支持。目前改革发展稳定的任务很重，希望大家努力工作，切实把本地区本部门的事情办好。

国务院总理温家宝签署第525号令公布《生猪屠宰管理条例》

《生猪屠宰管理条例》已经2007年12月19日国务院第201次常务会议修订通过，现将修订后的《生猪屠宰管理条例》公布，自2008年8月1日起施行。

总理　温家宝

2008年5月25日

生猪屠宰管理条例(略)

国务院副总理回良玉在成都主持召开抗震救灾前方指挥部专项会议

外交部部长杨洁篪在仰光分别会见缅甸总理登盛和联合国秘书长潘基文

5月26日

中共中央政治局召开会议研究部署抗震救灾和灾后重建工作

中共中央总书记胡锦涛主持会议。

会议指出，四川省汶川县发生的特大地震是新中国成立以来破坏性最强、波及范围最广、救灾难度最大的一次地震。地震发生后，在党中央、国务院和中央军委坚强领导下，全党全军全国各族人民万众一心、众志成城，各地区各部门各方面紧急行动、全力以赴，灾区广大干部群众不屈不挠、奋起自救，全社会奉献爱心、倾力支援，香港特别行政区同胞、澳门特别行政区同胞、台湾同胞以及海外华侨华人和衷共济、踊跃捐献，形成了抗击地震灾害的强大力量，开展了规模空前的抗震救灾斗争。众多外国政府、国际组织和国际友人积极支援，为抗震救灾提供了宝贵帮助。经过顽强努力，抗震救灾斗争取得了重大阶段性成果。这场抗震救灾斗争，显示了党和人民的伟大力量，弘扬了中华民族的伟大精神，增强了广大干部群众战胜前进道路上艰难险阻的勇气，必将激励我们信心百倍地把全面建设小康社会、加快推进社会主义现代化的伟大进程继续推向前进。

会议指出，当前，抗震救灾形势依然严峻，任务十分艰巨，仍处在刻不容缓的紧要关头。我们要坚持以人为本，在继续做好被困群众搜救工作的同时，把安置受灾群众、恢复生产、灾后重建摆在更加突出的位置，扎扎实实做好抗震救灾各项工作。

会议强调，要增派有经验的专家，保证医疗急救物资供应，做好部分伤员转移治疗工作，全力抢救受伤群众，尽最大努力保障伤员生命安全。要着力安排好受灾群众生活，调动各方面资源，抓紧生产和调运帐篷、篷布房材料、活动板房等物资，抓紧调运生活物资，确保灾区群众临时居住和基本生活。要全力开展卫生防疫工作，增派卫生防疫人员，及时调运防疫药品，迅速把卫生防疫力量覆盖到所有乡镇村庄，加强疫情监测报告，确保大灾之后无大疫。要严密防范次生灾害，加强地震监测预报，做好余震防范工作，重点做好堰塞湖险情处置。要抓紧抢修基础设施，尽快全面恢复灾区交通、通信、供电、供水。在确保安全的前提下，灾区企业要自力更生、奋起自救，农村要组织抢收、抢种，尽快恢复工农业生产。要创造条件帮助灾区学生恢复上课，妥善安排孤儿、孤老、孤残生活，深入做好受灾群众心理安抚和思想疏导工作，加强社会管理，维护好灾区社会秩序。要认真做好灾后重建前期工作，统筹规划、科学评估、分步实施，抓紧制定灾后重建规划和具体实施方案，建立对口支援机制，举全国之力，加快恢复重建。

会议强调，要进一步加强组织领导，加强地方、部队及各方面救援力量的协调配合，建立、健全强有力的市县乡村抗震救灾领导体制，充分发挥基层党组织的战斗堡垒作用、各级干部的模范带头作用、广大党员的先锋模范作用，确保抗震救灾各项工作和措施的落实。各级干部要坚持把群众利益放在第一位，深入灾区，深入基层，靠前指挥，把受灾群众安危冷暖放在心上，满腔热情帮助受灾群众排忧解难，尽心尽力帮助他们渡过难关。要引导灾区群众发扬自力更生、艰苦奋斗精神，互帮互助，苦干实干，在全国人民支持下满怀信心重建家园、创造美好生活。要加强宣传舆论工作，及时准确公布震情灾情和抗震救灾情况，深入宣传抗震救灾中涌现出来的先进集体和模范人物，激励广大干部群众振奋精神，团结一心搞好抗震救灾工作。

会议强调，当前，改革发展稳定任务很重。各地区各部门要按照中央的决策部署，坚持一手抓抗震救灾工作、一手抓经济社会发展，全力以赴支援灾区，全力以赴保持经济平稳较快发展、社会和谐稳定，切实做好奥运会和残奥会的筹备工作，以实际行动支持抗震救灾，坚决夺取这场抗震救灾斗争的全面胜利。

会议还研究了其他事项。

全国人大常委会委员长吴邦国赴四川地震灾区指导抗震救灾工作

5月26日至28日，吴邦国和随行的中共中央政治局委员、全国人大常委会副委员长、中华全国总工会主席王兆国，全国人大常委会副委员长兼秘书长李建国,在四川省委书记、省人大常委会主任刘奇葆,省长蒋巨峰等陪同下,到成都、德阳、绵阳等市和阿坝藏族羌族自治州,深入都江堰、映秀、汉旺、平通等重灾区,来到医院、车站、工厂和赈灾学校,走进病房、教室、帐篷和活动板房,实地察看灾情,看望慰问受灾群众和救援人员,指导抗震救灾工作。其间,他还听取了四川省抗震救灾工作情况的汇报。

吴邦国说,中央高度重视这场抗震救灾工作。胡锦涛总书记多次主持中央政治局常委会会议,及时研究部署抗震救灾工作,5月26日的中央政治局会议对下一步抗震救灾和灾后重建工作进行了全面部署,国务院已就抗震救灾的各项工作作出具体安排。四川一定要结合本省实际,坚决贯彻执行中央的决策部署,把抗震救灾的各项工作抓紧抓实抓好。关于当前的抗震救灾工作,吴邦国强调了三点:

一要全面细致搞好卫生防疫。要抓紧组织足够的防疫力量,调运相应的防疫药品,实施科学的防疫措施,建立全面覆盖的防疫体系,严格疫情监测报告制度,确保大灾之后无大疫。二要严密防范各种次生灾害。要加强地震可能引发次生灾害的监测、趋势分析和预报,尤其要对堰塞湖和受损水库大坝进行逐一排查除险。对堰塞湖垮塌引起的洪水灾害,要以确保下游群众生命安全为前提,一手抓抢险工程,一手抓科学制定转移群众等应急预案,不能有丝毫的侥幸心理。三要千方百计安置受灾群众。当前突出问题是解决350万户受灾群众的临时居住问题。要坚持因地制宜,尊重群众意愿,采取多渠道分流和集中与分散相结合的安置方式。要加强统筹规划,妥善处理临时安置与长期居住的关系,保证临时安置的群众能过冬,尽可能减少群众重复拆迁。要充分调动受灾群众的主动性和积极性,从政策上鼓励分散安置,鼓励群众自建和互帮互建。

吴邦国还提了四点希望:一是加强领导、分工负责。抗震救灾是四川省当前的中心工作,一定要加强领导、全力以赴,同时要坚持抗震救灾和经济社会发展两手抓,各级领导分工负责。即使抗震救灾工作本身,也要有人负责灾情评估、灾后重建和对口支援的衔接等工作。这些工作充分了、做实了,中央的扶持政策、各方面的支援帮助,才能发挥更大效用。二是保护好、引导好广大群众的积极性。要充分认识抗震救灾和灾后重建工作的长期性、复杂性和艰巨性,中央有关部门、各有关方面在加大帮扶力度的同时,要积极工作,将灾区广大干部群众的积极性引导到自力更生、重建家园上来。三是加强党的建设。做好群众工作,要依靠基层党组织。要抓紧恢复在地震中受损的基层党组织,有的要成立临时党支部,过好组织生活,对党员提出明确要求,充分发挥基层党组织的战斗堡垒作用和党员的先锋模范作用。四是加强对救灾钱物的管理和审计工作。要建立、健全救灾资金和物资分配使用制度,严格管理程序,增强透明度,做到来源有造册、去向有签收、分配有计划、使用有监督,从制度上、源头上防止救灾钱物被挪用、侵占和私分。要厉行节约、反对浪费,花小钱办大事,切实提高救灾资金和物资的使用效益。

吴邦国最后强调,有党中央的坚强领导,有灾区干部群众的顽强拼搏,有全国军民的团结奋战,有改革开放积累起来的强大国力,我们一定能够战胜眼前的困难,夺取抗震救灾斗争的全面胜利。

外交部部长杨洁篪在北京会见马尔代夫外交部部长阿卜杜拉·沙希德

5月27日

国家主席胡锦涛在人民大会堂同韩国总统李明博举行会谈

两国元首一致同意,顺应两国关系发展的现实需要和长远要求,将中韩全面合作伙伴关系提升为战略合作伙伴关系,共同开创中韩关系更加美好的未来。

胡锦涛说,中韩建交16年来,在双方共同努力下,两国关系不断迈上新台阶。双方高层交往不断,政治互信增强。经贸合作快速发展,双边贸易额连年攀升。中国已成为韩国最大贸易伙伴、最大出口市场和最大进口来源国。双方人文交流方兴未艾。在国际和地区事务中也进行了良好合作。中韩关系的发展符合两国人民的根本利益,有利于本地区及世界的和平与发展。

胡锦涛表示,中韩战略合作伙伴关系的建立,标志着两国关系进入了新的发展阶段。双方要不断充实和拓展中韩战略合作伙伴关系的内涵,推动各领域合作取得更加丰硕的成果。为此,一是加强友好交往,深化政治互信。两国高层和各级别要保持经常交往,充分利用各对话磋商机制,就共同关心的重大问题进行沟通和协调。要妥善处理双边关系发展中出现的问题,确保两国关系健康稳定发展。二是推进务实合作,实现互利双赢。双方要对《中韩经贸合作中长期发展规划》进行调整和充实,加强在经贸、投资、环保、物流、通信、能源等重点领域的互利合作,积极研究和推进中韩自贸区建设进程,建立更加紧密的经济关系。三是扩大人文交流,巩固友好基础。特别是要进一步加强两国青少年的交流,为中韩友好事业培养更多的生力军。两国有关部门要为双方人员往来创造更为便利的条件。四是密切多边合作,维护共同利益。双方要进一步加强在东北亚和平稳定、区域和次区域，以及联合国改革、应对气候变化等重大问题上的合作，使之成为中韩战略合作的重要内容和支点。

李明博表示，对华关系是韩国外交轴心之一。韩方高度重视进一步深化两国关系，此次双方同意将韩中全面合作伙伴关系提升为战略合作伙伴关系，将为两国关系发展开辟广阔前景。韩方希望保持两国高层互访，加强各层次磋商，密切双方在国际和地区问题上的协调合作，扩大人员交往，特别是青少年交流，积极深化和拓展双方在投资、金融、通信、能源、环保、科技、新能源开发利用等领域的互利合作，欢迎中国企业赴韩投资，支持韩方企业来华发展，促进双方中小企业间的合作。李明博强调，韩方愿成为中国真正的伙伴，与中方共同努力，推进两国关系向更深、更广、内涵日趋丰富的方向发展，并为促进东北亚地区的和平稳定作出积极贡献。

在谈到半岛形势时，胡锦涛表示，继续推进六方会谈进程，逐步实现9·19共同声明确定的各项目标，符合有关各方共同利益。中方愿与有关各方一道，共同努力，全面落实第二阶段行动，推动六方会谈进程不断向前迈进，实现半岛无核化目标。作为半岛的近邻和南北双方的朋友，中方将一如既往地坚定支持南北和解合作进程，为维护半岛和平稳定和实现东北亚长治久安发挥建设性作用。

李明博说，六方会谈在各方努力下有了进一步的进展。希望中方作为主席国，继续为完成第二阶段行动以及今后可能进行的第三阶段行动发挥重要作用。韩方愿就此同中方保持密切合作。

会谈后，两国元首出席了司法、科技、教育等合作文件的签字仪式并共同会见记者。

国家主席胡锦涛在人民大会堂接受格鲁吉亚和韩国新任驻华大使国书

国务院总理温家宝同俄罗斯总理普京通电话

普京就中国汶川地震再次向中方致以深切的同情和慰问，表示俄方愿继续尽全力向中方提供援助。

温家宝说，在此次抗震救灾斗争中，我们从精神和物质上都得到俄方迅速和强有力的支持，真切感受到俄罗斯人民的深情厚谊。我谨代表中国政府和人民向总理先生，向俄罗斯政府和人民，表达诚挚的谢意和崇高的敬意。

温家宝表示，梅德韦杰夫总统成功访华给中俄战略协作伙伴关系发展注入了新的动力。我期待着与总理先生密切合作，全面落实双方达成的共识，推动各领域务实合作取得更大进展，造福两国人民。

普京说，俄方高度评价梅德韦杰夫总统对中国进行的访问，愿一如既往，同中方共同努力，推动俄中战略协作伙伴关系继续向前发展。

中共中央总书记胡锦涛 国务院总理温家宝对堰塞湖排危抢险工作作出重要指示

中共中央总书记、国家主席、中央军委主席胡锦涛深夜给正在四川前方指挥抗震救灾的中共中央政治局委员、国务院副总理、国务院抗震救灾总指挥部副总指挥回良玉打电话，询问北川唐家山堰塞湖抢险进展情况，要求一定要坚持以人为本，把确保人民群众生命安全放在首位；要认真组织，精心安排，加强巡视，做好应急预案，确保紧急情况下不出大的问题。中共中央政治局常委、国务院总理、抗震救灾总指挥部总指挥温家宝要求唐家山堰塞湖排危抢险要立足主动、立足早动，把工程抢险和群众转移避险工作同时安排、同步进行，确保不出大的问题，确保群众生命安全。

国务院总理温家宝在北京主持国务院抗震救灾总指挥部第14次会议

会议传达贯彻中共中央政治局会议精神，总结前一阶段抗震救灾工作，研究部署下一阶段任务。

会议指出，当前抗震救灾工作已经进入新的阶段，要在继续做好被困群众搜救工作的同时，把安置受灾群众、恢复生产和灾后重建工作摆在更加突出的位置。总的要求是，坚持以人为本，切实做好伤员救治和卫生防疫，安排好受灾群众生活，严密防范余震破坏和次生灾害，维护社会正常秩序，同时部署恢复生产，规划灾后重建。

会议指出，尽早排除唐家山堰塞湖险情，是当前十分紧迫的任务。要调集足够的施工设备和人员，抓紧时机实施工程除险，尽最大努力降低堰塞坝引流渠高程，以减轻对下游造成的危害。同时，切实做好人员转移工作，确保施工安全和群众生命安全。

中共中央政治局常委、国务院副总理、国务院抗震救灾总指挥部副总指挥李克强，国务委员兼国务院秘书长马凯，国务委员孟建柱和有关部门负责人出席会议。

国务院抗震救灾总指挥部关于当前抗震救灾进展情况和下一阶段的工作任务

一、我国经历了一次历史罕见的大地震

5月12日14时28分，四川省汶川县发生8.0级特大地震。这次地震，是新中国成立以来破坏性最强、波及范围最广、救灾难度最大的一次地震。一是强度烈度高。震级达里氏8级，最大烈度达11度，均超过唐山大地震。二是影响范围广。波及四川、甘肃、陕西、重庆等16个省(区、市),417个县、4624个乡(镇)、46574个村庄受灾,灾区总面积44万平方公里,受灾人口4561万人。其中四川省灾区面积达28万平方公里,重灾区达12.5万平方公里,极重灾区达1.1万平方公里,受灾人口2961万人。三是余震频次多。截至5月27日12时,发生余震8668次,其中4级以上182次,5级以上28次,6级以上5次。据地震部门预测,余震活动还会持续一段时间,仍有发生6—7级地震的可能。四是救灾难度大。重灾区多为交通不便的高山峡谷地带,加上地震造成交通、通信中断、河道阻塞,天气恶劣,救援人员、物资、车辆和大型救援设备无法及时进入现场。

地震造成极大破坏。一是人员伤亡惨重。截至5月27日12时,已确认因灾遇难67183人,受伤361822人,其中四川省遇难66674人、受伤350133人。此外,尚有20790人失踪(四川20779人),其中相当数量可能已经遇难。估计这次地震遇难总人数将超过8万人。二是房屋大面积倒塌。倒塌房屋652.5万间,损坏房屋2314.3万间。北川县城、汶川县映秀镇等部分城镇夷为平地。三是基础设施严重损毁。震中地区周围的15条国道省道干线公路和宝成线等5条铁路中断,电力、通信、供水等系统大面积瘫痪。四是次生灾害多发。滑坡、崩塌、泥石流频发,江河阻塞形成堰塞湖35处,2385座水库一度出现不同程度险情。五是正常生产生活秩序受到严重影响。工矿商贸企业停产面较大,机关、学校、医院等严重受损。部分农田和农业设施被毁。四川省因灾损失畜禽4433.56万头(只)。

由于统计尚难完全,余震仍然不断,灾害所造成的损失还没有见底,实际情况可能更为严重。

二、抗震救灾工作有力有序有效,取得阶段性成果

党中央、国务院高度重视抗震救灾工作。地震发生后,胡锦涛总书记立即作出重要指示,连续主持召开中央政治局常委会议和政治局会议,全面部署抗震救灾工作,并亲赴四川灾区指导抗震救灾。国务院成立抗震救灾总指挥部,震后立即赶赴地震灾区,直接指挥抗震救灾工作。党中央、国务院和中央军委其他领导同志也对抗震救灾工作给予了有力指导和协调。按照中央的部署,抗震救灾工作正在紧张、全面地展开。

(一)全力解救被困人员。共动用解放军、武警部队兵力超过13万余人,公安民警、消防官兵和特警2万余人,国内外地震专业救援队5257人;累计出动各种飞机4560架次,解救被困人员、运送紧急物资。解放军和武警官兵组成小分队,冒着余震、泥石流、滚石等危险,翻山越岭,克服重重困难,于5月14日中午到达全部受灾县,15日24时到达全部重灾乡镇,19日14时28分到达灾区所有村庄。截至27日12时,共解救被困群众69.8万人,其中救活被掩埋人员6541人。

(二)救治受伤群众。从各地(包括军队、武警)向灾区派出14950名医疗卫生人员,共投入医疗卫生人员约9.13万人,其中投入一线6.5万人。截至27日12时,累计救治伤员36万人,其中送院治疗84810人,出院54374人,现有住院伤员16288人。已处理遇难者遗体64847具。卫生防疫工作全面展开,已无害化处理死亡畜禽2230.6万头(只),目前灾区未发生与地震有关的传染病暴发流行。

(三)安置受灾群众。截至27日12时,中央财政已拨付救灾资金151.26亿元,地方财政投入40.9亿元。已向各灾区调运救灾帐篷56.64万顶、活动板房5.32万套、衣被1184.52万件。先后向灾区运送食品、瓶装水等生活物资上千吨。全国共接受社会各界捐赠款物合计327.22亿元。各灾区累计紧急转移安置受灾群众1500.6万人。

(四)抢修受损设施。各重灾县和主要城镇实现了至少有一条干线公路对外连接。宝成线等因灾中断的5条铁路线均已恢复正常运行。四川54个重灾县已基本恢复或部分恢复供电。调运大批移动通信机站和卫星电话,抢通受损光缆,所有受灾区县对外通信已不同程度恢复。修复供水管线13649.6公里,通过架设临时供水管线、抢修村镇供水设施和临时送水等措施,基本解决群众临时用水问题。加强水库、水电站、堰塞湖险情及地质灾害监测排查、防险抢险工作,至今未发生重大次生灾害。

(五)加强震情监测。地震部门坚持24小时不间断跟踪监测地震序列活动,增设流动观测站,密切监视震情发展,加强趋势会商研判,全力做好余震防范工作。实时跟踪震情的动态变化。

(六)做好宣传报道。及时准确客观公布灾情和抗震救灾情况,全面深入报道抗震救灾工作,营造了良好的舆论氛围。广大军民在抗震救灾中表现出不屈不挠、团结奋斗的民族精神和感天动地的英雄事迹,凝聚了全国人民和全球华人的情感和力量,增强了战胜灾害的信心和勇气,赢得了国际社会的普遍尊重和赞誉。

经过前一阶段艰苦卓绝的努力,抗震救灾工作有力有序有效,最大程度抢救了被困群众,受灾群众基本生活初步得到安排,社会治安秩序保持总体稳定。这是党中央、国务院和中央军委坚强领导、统一指挥的结果,是灾区各级党委、政府和各地区、各部门紧急行动、全力以赴的结果,是解放军、武警部队官兵、民兵预备役人员和公安民警临危不惧、顽强奋战的结果,是全国各族人民万众一心、大力支持的结果。

三、下一阶段抗震救灾工作的主要任务

当前,抗震救灾形势依然严峻,任务十分艰巨。最为突出的,一是受灾群众生活安置面临很多困难。这次地震,受灾群众数量巨大,无家可归的人员多,伤病员多,"三孤"(孤儿、孤老、孤残)人员多,受灾群众吃饭、饮水、看病、上学等方面都有许多亟待解决的问题,尤其是住的问题更为突出。二是防疫形势严峻。灾区环境卫生特别是饮用水和食品卫生条件差,加上近期气温升高、降雨较多,极易发生传染病疫情,控制动物疫病和人畜共患病的难度也比较大。三是次生灾害隐患多。灾区水利设施密集,不少水库、水电站、堤防等存在安全隐患,山体滑坡形成了不少堰塞湖,加上余震不断和汛期来临,随时可能发生重大次生灾害。

这次抗震救灾工作的艰巨性还在于,重灾区道路通行和保障能力很低,特别是一些边远乡村救灾物资设备运入和伤员运出都十分困难,影响救灾工作进程;灾区基础设施和生产能力遭到很大破坏,许多保留下来的设施存在不少地质和建筑隐患,恢复生产十分困难;灾后重建需要开展地质条件评估论证等大量前期工作,不少城镇和乡村要异地重建,灾后重建需要较长时间;许多家庭失去亲人,遭受严重心理创伤,大量"三孤"人员需要安置和抚慰;一些基层组织遭受很大损失,社会管理恢复正常难度很大,灾后维护社会稳定任务繁重。

当前抗震救灾工作已经进入新的阶段,要在继续做好被困群众搜救工作的同时,把安置受灾群众、恢复生产和灾后重建工作摆在更加突出的位置。总的要求是,坚持以人为本,切实做好伤员救治和卫生防疫,安排好受灾群众生活,严密防范余震破坏和次生灾害,维护社会正常秩序,同时部署恢复生产,规划灾后重建。

(一)抓紧救治伤病人员。在不放弃搜救被困人员的同时,尽最大努力保障伤员生命安全。加强对当地和外来医疗救护队伍的组织协调,尽快空运医疗队到尚未进入的乡村,争分夺秒抢救受伤群众。增派有经验的专家,加大医疗急救物资供应力度,确保救出人员得到及时救治。及时把部分重伤员分流转运到省内外城市医院实施救治。

(二)着力安排好受灾群众生活。千方百计解决受灾群众临时居住问题,在1个月内再紧急生产调运90万顶帐篷和80万套篷布房材料,3个月内生产安装100万套活动板房,同时启动第二批再生产50万套的工作,实行对口支援,保质保量按时完成。灾区各级政府要统筹安排,搞好规划选址,制订分配使用方案。优先安排教学用房,尽快复课。同时,积极组织自救,通过投亲靠友,利用体育、文化、培训中心等公用设施,鼓励具备重建条件的受灾群众自建住房等多种渠道,因地制宜安置受灾群众。在继续应急供应方便食品、瓶装水的同时,抓紧向灾区组织调运粮食、食用油等生活物资。在3个月内向灾区困难群众每人每天发放1斤口粮和10元补助金。加快修复供水设施,修建小型应急集中供水系统,加强对城乡水源的水质监测、检验和防护,确保饮水安全。继续组织采购和捐赠,向灾区调运衣被。尽快恢复商业网点,搞活商品流通,维护市场和物价基本稳定。

(三)全面加强卫生防疫工作。把卫生防疫作为抗震救灾的重大任务摆在突出位置,确保大灾之后无大疫。继续增派卫生防疫人员,加强山区和边远地区防疫工作,保证每个行政村有1—3名防疫技术人员和卫生监督员,实行医疗救治与卫生防疫相结合,积极做好卫生防疫、健康知识宣传普及等工作;抓紧防疫药品的组织生产和运输,保证防疫工作需要;及时切断污染源,加快死亡动物的处理,加强动物防疫免疫和防控鼠害工作,认真组织好建筑物废墟等消毒工作,及时清运生活垃圾;加强对饮用水监测和食品卫生监督检查;精心组织易感人群免疫接种工作,建立免疫屏障;加强疫情监测,实行疫情零报告制度,防止传染病流行蔓延。

(四)妥善做好遇难者善后处理工作。尽快做好遇难者遗体身份辨认和火化、埋葬工作,对因灾遇难人员家庭按每位遇难者5000元的标准发放抚慰金。做好灾区孤儿、孤老、孤残安置工作,确保基本生活,在3个月内为"三孤"人员每人每月提供600元基本生活费。

(五)严防次生灾害。加强地震监测预报,准确把握震区及全国震情变化,做好余震防范工作。严密防范由于降雨和余震引发的滑坡、泥石流、滚石造成人员伤亡,防范因水库、水电站、堤坝等垮塌而引起的水灾。重点做好唐家山等堰塞湖险情的处置,实行统一指挥,加强水位和堰体监测,及时组织人员转移避险,抓紧实施工程除险。认真排查危险化学品生产储存设备、输油气管道、工业生产重点设施因灾造成的隐患,及时采取安全防范措施。

(六)组织恢复生产。抓紧抢修灾毁基础设施,尽快全面恢复重灾区的交通、供电、供水,恢复乡镇和行政村的通信保障。灾区企业要自力更生、奋起自救,在确保安全的前提下,尽快恢复生产。要积极组织广大农民抢收、抢种,保障"三夏"农资供应,尽快恢复农业生产。

(七)保持灾区社会稳定。严密防范、严厉打击盗窃、抢劫、哄抢救灾物资及以赈灾募捐名义诈骗敛取不义之财、散布传播各种谣言制造社会恐慌等违法犯罪活动。充分发挥政治优势、组织优势,组织党员干部深入灾区群众特别是要走访遇难者家属,耐心细致地做好心理安抚、思想疏导工作。积极主动帮助受灾群众解决实际困难,及时发现和化解各种不稳定因素,维护好灾区社会秩序。

(八)做好灾后重建前期工作。成立灾后重建规划组,按照统筹规划、科学评估、分步实施的原则,在国家汶川地震专家委员会现场调查研究、科学论证的基础上,开展地质地理环境条件评估和建设项目选址工作,抓紧编制灾后重建总体规划,并着手编制重建的各专项规划和具体实施方案,明确各项支持政策。要注意保护民族文化遗产,保护具有科学价值的地震遗址,对损毁的公共建筑要进行鉴定。通过政府投入、对口支援、社会募集,多渠道筹集灾后重建资金。建立和完善对口支援机制,实行一省帮一重灾县,几省帮一重灾市(州),举全国之力,加快恢复重建。

四、加强组织领导,确保抗震救灾各项措施的落实

(一)加强指挥协调。地方、部队及各方面救援力量要实行统一领导、统一指挥,加强军地协调,形成大力协同、密切合作的机制。受灾地区各级党委和政府要充分发挥作用,建立、健全强有力的市县乡村抗震救灾领导体制,确保党中央、国务院各项要求落到实处。

(二)做好资金保障工作。通过政府投入、对口支援、社会募集、市场运作,多渠道筹集灾后重建资金。中央财政加大支持力度,安排250亿元用于当前抗震救灾的各项支出,并将根据需要增加投入。今年安排700亿元建立灾后重建基金,明后两年中央预算还要再作相应安排。地方政府也要及时调整年度财政预算,增加抗震救灾资金投入。继续鼓励社会捐赠,动员各方面力量参与和支持救灾工作。全国各地和灾区都要倡导节约,反对浪费,用好每一分钱。加强对抗震救灾资金和物资的监管,提高救灾款物管理使用效益。救灾资金和物资的分配使用要公开透明,接受纪检、监察、审计等部门和群众监督。

(三)做好宣传舆论工作。继续及时准确公布震情灾情和抗震救灾情况。大力宣传中央关于抗震救灾的各项政策和决策部署,深入宣传抗震救灾中涌现出来的模范集体和先进人物,激励广大干部群众振奋精神、坚定信心,发扬自强不息、顽强拼搏、友爱互助的精神,团结一心搞好抗震救灾。

(四)充分发挥基层党组织的战斗堡垒作用和党员的先锋模范作用。抓紧健全灾区基层党组织和政权组织,带领广大群众开展生产自救、互帮互助、重建家园。广大共产党员要发挥先锋模范作用。各级领导干部要深入基层、靠前指挥,支持和帮助群众解决实际问题。

当前,抗震救灾仍处在刻不容缓的紧要关头,保持国民经济平稳发展仍面临许多挑战,北京奥运会、残奥会也日渐临近。面对十分繁重和艰巨的任务,要按照中央的决策和部署,坚持两手抓,一手毫不松懈地抓抗震救灾工作,一手坚定不移地抓经济社会发展,克服一切困难,排除一切险阻,坚决夺取抗震救灾斗争的全面胜利,努力保持经济平稳较快发展和社会和谐稳定,确保北京奥运会顺利举办。

全国政协主席贾庆林在钓鱼台国宾馆会见中国国民党主席吴伯雄

贾庆林说,在台湾局势发生积极变化、两岸关系呈现良好发展势头的形势下,吴伯雄主席应中共中央和胡锦涛总书记的邀请率团来访,意义重大。国共两党应当牢牢把握两岸关系和平发展的主题,不辜负两岸同胞寄予的厚望,悉心维护两岸关系发展的良好势头,抓住和用好难得的机遇,再接再厉,共同努力开创两岸关系和平发展的新局面。

贾庆林高度评价吴伯雄为推动两岸关系改善和发展作出的重要贡献。他指出,国民党坚持反对"台独"、认同"九二共识"、主张发展两岸关系的立场和政策,得到了大多数台湾同胞的支持。

贾庆林表示,发展经济、改善民生,是两岸面临的最重要任务。两岸双方要采取切实的积极措施,努力实现两岸经济互利双赢,增进和扩大两岸同胞的共同利益。当前,台湾各界十分期待两岸周末包机和大陆居民赴台旅游早日实现。我相信,通过两岸双方共同努力,就能够办成这两件好事,满足台湾同胞的愿望,增进两岸同胞的福祉。

吴伯雄说,在新的形势下,国共两党应加强交流对话,继续开展基层党组织交流,探讨解决两岸民众关注的问题。

贾庆林对吴伯雄关于加强国共两党交流对话的意见表示赞同。他说,3年来,国共两党积极落实两党领导人发布的"两岸和平发展共同愿景",向两岸同胞展现了推动两岸关系和平发展的决心和诚意,对推动两岸经济文化等领域的交流合作发挥了积极的作用,对促进两岸关系朝和平稳定方向发展产生了十分重要的影响。今后,国共两党的对话应当进一步深入,两党基层组织的交流应当进一步加强,使之成为鼓舞和带动两岸各界加强交往、扩大合作的重要渠道,成为共同促进两岸关系和平发展的重要推动力量。

贾庆林强调,国共两党应当坚定地沿着两岸关系和平发展的正确方向迈进。胡锦涛总书记提出,两岸双方应当建立互信、搁置争议、求同存异,共创双赢。马英九先生对此作出了积极回应。我相信,只要国共两党、两岸双方都以两岸同胞福祉为念、以两岸关系和平发展大局为重,就一定能够克服前进道路上的各种阻碍,找到化解矛盾、解决问题的办法,使两岸同胞的感情更融洽、合作更深化,使两岸关系和平发展的道路

越走越宽广。

中央纪委书记贺国强在北京会见老挝人民革命党中央纪委代表团

中联部部长王家瑞在北京会见莫桑比克解放阵线党代表团

"风云三号"01星成功发射

11时2分29秒,我国新一代极轨气象卫星"风云三号"01星在太原卫星发射中心发射,"长征四号"运载火箭将卫星成功送入太空。"风云三号"01星发射成功,标志着我国气象卫星和卫星气象事业发展进入了新的历史阶段。

国家副主席习近平实地考察北京奥运场馆

习近平强调要以实际行动贯彻落实5月26日召开的中央政治局会议精神,坚持一手抓抗震救灾工作、一手抓奥运筹办工作,真正把北京奥运会、残奥会最后阶段的各项筹办工作落到实处。

习近平在中共中央政治局委员、北京市市委书记刘淇,中共中央政治局委员、国务委员刘延东,中共中央书记处书记、中央办公厅主任令计划,国家体育总局局长刘鹏,北京市市长郭金龙等陪同下,先后考察了三所体育场馆的建设、运行和管理情况。

在听取了北京奥组委关于场馆建设与管理情况的汇报后,习近平说,办好奥运会、残奥会,场馆建设是基础,场馆运行是关键,场馆管理是根本。他指出,北京奥运场馆建设坚持高起点、高标准,追求高水平、高质量,体现了"绿色奥运、科技奥运、人文奥运"理念,体现了精心设计、精心组织、精心施工,体现了我国工程技术人员和工程建设者的智慧和创造,并成功破解了许多技术难题,取得了多项自主创新成果,谱写了中国和世界奥运建筑史上的光辉篇章。他还指出,北京各奥运场馆都顺利通过了"好运北京"各项体育赛事的测试检验,有效地锻炼了场馆运行团队,提升了管理素质和管理水平,为举办一届有特色、高水平的奥运会打下了良好的组织基础和管理基础。

习近平指出,奥运场馆是赛事运行和服务工作的主体,是联系国际体育组织的纽带。他要求北京奥组委和各奥运场馆抓紧奥运筹办阶段最后70多天的宝贵时间,以精益求精精神,进一步做好检验和检测工作。要更加注重各奥运竞赛场馆的功能完善和设施配套,更加注重提高各奥运场馆团队的管理能力和服务水平,更加注重对场馆比赛的周密安排和文明引导,确保各奥运场馆在赛事运行中安全顺畅、万无一失。

习近平强调,世界人民普遍关注、全国人民期盼已久的北京奥运会、残奥会筹办工作已到了最后关键阶段。我们既要坚持抓好支援抗震救灾工作,又要坚持抓好奥运筹办工作,切实把人民群众在抗震救灾中迸发的万众一心、众志成城、重建家园的坚强决心,化作为进一步激发全国人民迎接奥运、支持奥运、奉献奥运的精神动力。真正做到支援抗震救灾工作同奥运筹办工作两手抓、两不误、两促进。

5月28日

中共中央总书记胡锦涛在人民大会堂同中国国民党主席吴伯雄举行会谈

胡锦涛强调,在国共两党和两岸同胞共同努力下,台湾局势发生了积极变化,两岸关系发展面临着难得的历史机遇。这一局面来之不易,值得倍加珍惜。希望国共两党和两岸双方共同努力,建立互信、搁置争议、求同存异、共创双赢,继续依循并切实落实"两岸和平发展共同愿景",以富有成效的努力,扎扎实实推动两岸关系不断取得实际进展,增强广大台湾同胞对两岸关系和平发展的信心。

胡锦涛说,吴主席首次以国民党主席的身份率团来访,是新形势下国共两党关系和两岸关系的一件大事。希望我们能够在国共两党以往交流对话的基础上就新形势下促进两岸关系改善和发展深入交换意见,共同面向未来,努力推动两岸关系和平发展。

吴伯雄代表中国国民党和台湾同胞向汶川地震灾区同胞致以慰问。他表示,两岸同胞同属中华民族,国民党和台湾各界将积极协助灾后重建工作。

胡锦涛表示,当前,大陆同胞正全力以赴开展抗震救灾工作,各项工作正在有序进行。地震发生后的当天下午,中国国民党中央委员会立即发来慰问电。台湾社会各界以各种方式表达对地震灾区同胞的关心和慰问,给予慷慨援助和支持。广大台湾同胞的爱心和善举感人至深。我代表大陆同胞特别是灾区同胞,向广大台湾同胞表示衷心感谢。我们对在这次震灾中2890多名在四川境内的台湾同胞得到及时救助、平安返回台湾感到很欣慰,对两名台湾同胞不幸遇难感到很悲痛。我谨向遇难的台湾同胞表示深切哀悼,向他们的家属表示诚挚慰问。

胡锦涛指出,这次汶川大地震给我们带来了巨大伤痛,也使全民族更加紧密地团结在一起。包括台湾同胞在内的全体中华儿女在患难之时体现出的同胞之爱、手足之情格外珍贵。这不仅是中华民族团结互助、共克时艰的精神力量,也将成为两岸同胞相互扶持、携手合作、共同开创两岸关系美好未来的强大动力。

吴伯雄表示，两岸关系拨云见日、雨过天晴、建立互信、创新合作的时刻已经来临，台湾的主流民意期待两岸关系走向善意互动。国民党已经将2005年4月国共两党领导人共同发布的“两岸和平发展共同愿景”正式列入党的政纲，这不仅是对台湾民众而且是对两岸同胞作出的承诺。我这次来访，要特别强调国民党将一如既往继续加以推动落实。期盼两岸在“九二共识”基础上搁置争议、追求双赢，希望中断多年的两岸协商尽快恢复，在7月份实现两岸周末包机、大陆居民赴台旅游，并让深受台湾各界特别是小朋友们喜爱的大熊猫尽早到台湾定居，在适当时候邀请海协会长访问台湾。

胡锦涛高度肯定吴伯雄为促进国共两党交流对话和两岸关系朝着和平稳定方向发展作出的重要贡献，高度肯定国民党坚持“两岸和平发展共同愿景”所指引的两岸关系发展方向。他说，事实证明，国民党反对“台独”、坚持“九二共识”、积极发展两岸关系的立场和主张，得到了大多数台湾民众的肯定。

胡锦涛强调，“两岸和平发展共同愿景”奠定了国共两党交往的政治基础，也是两党向两岸同胞作出的庄严承诺。在新的形势下，国共两党应该共同把握和用好难得的历史机遇，继续依循并切实落实“两岸和平发展共同愿景”，开创两岸关系和平发展新局面，为两岸同胞谋福祉，为台海地区谋和平，不辜负两岸同胞的期待。

胡锦涛强调，国共两党和两岸双方应该共同努力，建立互信、搁置争议、求同存异、共创双赢。首先要建立互信，这对推动两岸关系和平发展至关重要。反对“台独”、坚持“九二共识”，是双方建立互信的根本基础。只要在这个核心问题上立场一致，其他事情都好商量。其次要搁置争议。必须看到，两岸关系发展中还存在一些历史遗留问题，也还可能遇到一些新情况新问题，其中一些症结问题一时不易解决。我们应该以实事求是的态度，务实面对，妥善处理。搁置争议需要政治智慧。希望双方都能够从两岸关系和平发展大局出发，把握好这一点。有了互信，再加上搁置争议，双方就能够求同存异，也就能够通过交流和协商不断累积共识、共创双赢。

胡锦涛指出，当前，恢复两岸协商谈判并取得实际成果，是两岸关系改善和发展的重要标志。我们应该在“九二共识”基础上尽快恢复海协会和海基会的交往协商，通过平等协商务实解决两岸间的有关问题。两会恢复协商后，首先要解决当前两岸同胞最为关心的两岸周末包机、大陆居民赴台旅游问题。只要双方共同努力，这两件事完全可以在最短时间内办成、办好。希望今后两会制度化协商能够顺利推进、不断取得成果，并在双方方便的时候进行两会领导人互访。台湾同胞期盼大陆同胞赠送的一对大熊猫“团团”和“圆圆”尽早到台湾去，我们会积极促成。

吴伯雄表示，一些台湾民众对两岸关系发展存在疑虑，国民党也十分重视台湾民众普遍关心的参与国际活动的问题。但国民党反对有人将“台湾意识”扭曲成“台独意识”。希望能通过两岸扩大交流、互惠合作、互利双赢，不断产生正面效益，化解一些台湾民众的疑虑。

胡锦涛表示，关于台湾同胞参与国际活动的问题，我们了解台湾同胞在这个问题上的感受。“两岸和平发展共同愿景”中已经明确，“促进恢复两岸协商后，讨论台湾民众关心的参与国际活动的问题，包括优先讨论参与世界卫生组织活动的问题”。我相信，双方共同努力，创造条件，通过两岸进行协商，这些问题会找到解决办法。

胡锦涛强调，中国共产党在发展两岸关系上始终坚持维护中华民族的根本利益、维护包括台湾同胞在内的全体中华儿女的共同利益。我们关心、尊重、信赖台湾同胞。对一些台湾同胞在两岸关系问题上存在误解和疑虑，我们不仅会基于同胞情怀予以理解，而且会采取积极措施予以化解。

吴伯雄说，国共两党今后需要继续加强交流对话，适时举办两岸经贸文化论坛或和平论坛，继续开展基层党务交流，让两党的交流平台根基更为稳固，效益更为深远。两岸协商恢复后，双方的制度化协商与国共两党的交流平台，应该同时发挥作用，就像两条腿走路，交替向前，可以行稳致远，这对两岸关系和平发展具有重要意义。希望两党共同努力，与两岸同胞携手共创和平、共促稳定、共谋发展、共享繁荣。

胡锦涛强调，2005年以来，国共两党举办论坛、开展基层党务交流取得了良好成效，对促进两岸关系发展产生了重要影响。新形势下，国共两党应该继续交流对话，发挥交流平台的作用。真诚希望国共两党以两岸同胞福祉和中华民族根本利益为重，面向未来，积极努力，坚定不移地推动两岸关系和平发展，共同实现中华民族伟大复兴。

会谈中，吴伯雄对北京奥运会表示祝福。胡锦涛预祝台湾体育健儿在北京奥运会上取得优异成绩，并邀请吴伯雄出席北京奥运会开幕式。吴伯雄表示感谢，并愉快地接受了邀请。

国务院总理温家宝　全国政协主席贾庆林在北京分别会见韩国总统李明博

温家宝说，中韩是友好邻邦，同为本地区具有重要影响的国家。在新形势下，双方需要携手应对挑战，切实维护共同利益。两国建立战略伙伴关系，有利于深化互利合作，促进东北亚的长期稳定与繁荣。中方愿与韩方一道，为充实两国关系战略内涵作出不懈努力。中韩经贸合作成果丰硕，但仍有很大发展空间。要加紧中韩自贸区建设的研究和商谈，力争更大规模实现互利共赢。

李明博表示，韩方对中国地震灾区的援助表达了韩方作为中国友好近邻的真诚心愿。韩方愿尽力向中方提供必要协助。中国虽遭受了罕见的特大自然灾害，但有中国政府的坚强领导和全国人民的团结奋斗，中国人民一定能渡过难关。

贾庆林说，中韩关系正在步入新的发展阶段。双方高层交往密切，政治互信增强，经贸等领域交流合作持续扩大。在重大国际和地区事务上保持着良好的协调与合作。此次两国元首宣布将中韩关系提升为战略合作伙伴关系，为两国关系长远发展进一步指明了方向，具有重要意义。中国全国政协重视与韩国国会及其他友好组织的关系，双方一直保持着密切交往和良好合作，为推动两国关系的发展作出了积极贡献。

李明博说，韩中关系提升为战略合作伙伴关系使两国关系进入全面、实质性发展的新时期，希望双方以此为契机，推动双边关系持续、深入发展。此访期间他将专程赴四川灾区慰问灾区人民。他还表示将出席北京奥运会开幕式。

中韩发表联合声明

应中华人民共和国主席胡锦涛的邀请，大韩民国总统李明博于2008年5月27日至30日对中国进行国事访问，受到中国政府和人民的隆重欢迎和热情接待。

访问期间，胡锦涛主席同李明博总统举行了会谈。李明博总统会见了国务院总理温家宝、全国政协主席贾庆林。

李明博总统对不久前四川汶川地震造成重大人员伤亡和财产损失表示深切哀悼和慰问，愿为中方救灾提供必要帮助。胡锦涛主席等中国领导人对韩国政府和人民关心中国灾情，提供紧急援助并派遣救援队表示衷心感谢。双方同意加强在应对地震、海啸、台风等自然灾害领域的交流与合作。

在会谈和会见中，双方就进一步发展中韩友好合作关系和共同关心的地区及国际问题深入交换意见，达成广泛共识。

一、发展两国关系

双方高度评价1992年建交以来中韩关系取得的迅速发展，一致同意将“中韩全面合作伙伴关系”提升为“中韩战略合作伙伴关系”，在外交、安全、经济、社会、文化、人员交流等各领域进一步加强交流与合作。

双方一致认为应进一步加强两国在外交和安全领域的对话与合作，商定建立两国外交部门高级别战略对话机制，并将双方现有的“外交安全对话”机制化。

双方商定进一步加强两国领导人、政府各部门、议会和政党之间的交流。

中方重申，世界上只有一个中国，台湾是中国领土不可分割的一部分。韩方对此表示充分理解与尊重，重申中华人民共和国政府是代表中国的唯一合法政府，韩方将继续坚持一个中国的立场。

二、扩大经贸合作

双方同意调整和补充2005年两国领导人确定的《中韩经贸合作中长期发展规划联合研究报告》，以反映两国经贸合作发展新形势，使之成为双方进一步开展务实经贸合作的基础。

双方对中韩自贸区官产学联合研究顺利进展表示赞赏，同意在有关成果的基础上，朝着互利互惠的方向继续积极研究推进中韩自贸区。

双方对《中韩投资保护协定》的修订和公布表示欢迎，一致认为该协定有助于切实保护和扩大中韩两国间相互投资，符合两国互利共赢的经贸关系发展方向。

双方同意共同努力，推动两国贸易在发展中逐步实现平衡。韩方表示将积极参加中国进出口商品交易会、中国国际中小企业博览会等各种贸易投资博览会，继续采取派遣采购团和投资考察团等措施。中方对此表示赞赏。

双方一致认为有必要加强两国移动通信领域具体合作，积极支持两国通信企业间扩大资本与技术合作，并将电子与信息通信领域合作扩大到软件、无线射频识别系统等领域。

双方同意在核电、石油储备、资源联合开发和可再生能源等能源领域继续加强广泛和互利的合作，并为在节能领域合作取得具体成果而努力。

双方同意在知识产权保护、食品安全及质检、物流、劳务合作等领域加强合作。

双方一致认为，加强金融领域合作有利于两国金融业发展，双方应借鉴和交流彼此在金融体系建设中取得的经验，推进双方金融市场的改革和开放，加强在国际和区域金融机构中的协调合作。

双方同意在南北极地科学技术等领域加强联合研究和调查等合作。

双方一致认识到加强环保领域合作的重要性，同意加强在环保产业、沙尘暴监测、黄海环境保护等领域的交流与合作。

双方同意为成功举办2010年上海世界博览会和

2012年丽水世界博览会开展积极合作。

三、加强人员文化交流

双方商定逐步扩大青少年邀请规模，在两国青少年交流中加强民宿、家访等交流活动，扩大政府互换奖学金规模。

双方同意积极研究采取签证便利化措施，扩大两国人员往来。

中方对韩方在中国武汉设立总领事馆表示欢迎。

双方一致认为，两国悠久的交往历史是中韩友好关系的宝贵财产。为加强相互理解，双方积极支持两国学术机构开展历史、文化等领域的交流。

四、推进地区及国际事务合作

中方重申，将继续坚定不移地支持朝鲜半岛南北双方通过对话协商改善关系，最终实现和平统一。韩方赞赏中方为维护朝鲜半岛和平与稳定所作努力，期待中方继续为此发挥建设性作用。

韩方表明了推动解决朝核问题、扩大南北经济社会等各领域交流合作的立场。中方对此表示理解，期待南北和解合作取得进展。

双方一致认为，六方会谈落实9·19共同声明第二阶段行动计划应按照“行动对行动”原则尽早全面均衡落实。双方同意与其他有关各方一道，研究和制订下一阶段行动计划，为全面落实9·19共同声明作出建设性努力。

双方一致认为，中韩合作是推进六方会谈和朝鲜半岛无核化进程的重要因素，同意为实现朝鲜半岛和东北亚的和平与稳定继续紧密合作。

双方重申联合国在解决世界性问题上的重要作用，同意在联合国事务中继续密切合作。双方一致认为，联合国改革应有助于增强联合国的权威、作用与效率，使联合国机制更加透明、民主和更具代表性，应以会员国间最广泛的一致为基础。双方支持联合国秘书长为提高联合国效率与责任所作的各项努力。

双方一致认为，中韩日合作对维护亚洲的和平、稳定与繁荣十分重要。双方同意共同努力，保持三国领导人、外交部长在三国轮流会晤等经常性交往。

双方同意为今年在北京举行的第七届亚欧首脑会议成功举办而共同努力。

双方同意就共同应对气候变化、防止大规模杀伤性武器扩散和打击国际恐怖主义、金融经济犯罪、海盗、高科技犯罪等共同关心的问题加强合作。

五、双方对两国签署《中韩移管被判刑人条约》《中国科技部与韩国教育科技部极地科学技术合作谅解备忘录》《中韩学位学历互认谅解备忘录》表示欢迎。

六、双方对李明博总统访华所取得的积极成果表示满意，一致认为此访对未来两国关系发展具有重要意义。

胡锦涛主席期待并欢迎李明博总统出席北京奥运会开幕式。李明博总统祝愿北京奥运会取得圆满成功，成为实现人类和谐与团结的盛典，并表示将出席开幕式。

李明博总统对中方盛情款待表示感谢，邀请胡锦涛主席早日访问韩国。胡锦涛主席对此表示感谢并愉快地接受了邀请。

2008年5月28日于北京

国务院总理温家宝在北京主持召开国务院常务会议研究部署当前煤电油气运和农资供应工作

会议指出，做好煤电油气运和农资供应工作，是推进灾区救灾和恢复重建，夺取全年农业丰收，促进经济社会又好又快发展的重要保证。当前我国煤电油气运和化肥供需总量基本平衡，但一些地区的电煤、柴油及电力供应仍比较紧张，稳定化肥等农资价格的压力加大，必须进一步采取有力措施，科学调度，协调配合，统筹解决突出矛盾。一是全力保障灾区煤电油运需要。在确保生产安全的前提下，加快恢复四川煤炭生产；继续组织电煤和成品油支援灾区，保证救灾和恢复重建急需；抓紧抢修电力设施，尽快恢复灾区供电。二是全力做好电力迎峰度夏工作。把保障电煤供应作为迎峰度夏的首要任务，努力增加煤炭生产；在迎峰度夏、度冬和举办奥运会期间，对主要煤炭运输公路开辟“绿色通道”；加强发输电设备检修维护，确保电网安全稳定运行；压缩高耗能、高污染排放企业和产能过剩行业用电，引导企业和居民错峰、避峰用电。三是做好成品油总量平衡和市场供应。抓紧投产新建炼油能力，加强产运销组织协调，支持企业增加生产。四是千方百计保证农业“三夏”用油。增加重点地区柴油投放数量，为农机作业提供快速加油通道、农业加油卡、送油到田间等服务。五是保证化肥供应，稳定化肥价格。保障重点化肥生产企业煤、电、气和原料的正常供应；充分挖掘潜力，增加国产钾肥供给；严格控制化肥及其原料出口，搞好淡季储备；整顿规范化肥市场秩序，加强价格、质量监管；推广测土配方施肥技术，引导农民合理施肥，鼓励增施有机肥。六是大力推进产业结构调整，引导能源合理消费。鼓励节约用能，抑制不合理需求。

会议还研究了其他事项。

国家副主席习近平在天津出席亚洲协会企业年会并发表演讲

以“全球商业新的纪元——中国和世界的可持续

发展”为主题的亚洲协会第十八届企业年会在天津开幕。国家副主席习近平在开幕式上发表主旨演讲时，阐述了改革开放30年来中国在发展和可持续发展方面取得的成绩，并强调当前中国抗震救灾斗争已取得重大阶段性成果，中国人民有决心有信心夺取抗震救灾全面胜利，同样有决心有信心办一届有特色高水平奥运会。

习近平指出，中国高度重视发展和可持续发展，把发展作为解决中国所有问题的关键，坚持走和平发展道路，聚精会神搞建设、一心一意谋发展。经过30年不懈努力，现在中国经济总量已跃居世界第四位，2007年对世界经济增长的贡献率超过10%，对国际贸易增长的贡献率超过12%。进入新世纪，我们总结自己的发展实践，借鉴国外的发展经验，适应新的发展要求，提出了以人为本、全面协调可持续发展的科学发展观，努力建设资源节约型、环境友好型社会，已在节能降耗和污染减排等方面取得一些进展，但目前经济增长付出的资源和环境代价依然过大。中国正按科学发展观要求，加快发展循环经济，推动建立可持续发展体制机制，形成节约能源资源和保护生态环境的产业结构、增长方式、消费模式。

习近平说，中国四川汶川县发生特大地震后，中国各族人民在党和政府坚强领导下奋起抗震救灾。许多外国政府、国际组织和国际友人也为中国抗震救灾提供了宝贵帮助。当前，中国人民正一手抓抗震救灾工作、一手抓经济社会发展，并切实做好奥运会和残奥会各项筹备工作，以实际行动支持抗震救灾。

习近平说，本届年会的举办地中国天津滨海新区，已成为带动区域经济发展特别是环渤海地区发展新的增长极，并将成为中国北方对外开放的门户、高水平的现代制造业和研发转化基地、北方国际航运中心和国际物流中心、宜居的生态型新城区。希望与会嘉宾通过本届年会，进一步了解中国，了解天津，了解天津滨海新区，关注中国经济发展的新机遇和科学发展的新理念，进一步促进中国同世界各国的经贸交流和合作，努力实现互利共赢、共同发展。

亚洲协会全球会长丁文嘉、天津市市长黄兴国分别致欢迎词。

中央纪委书记贺国强在北京出席抗震救灾资金物资监管工作汇报会并发表讲话

贺国强强调，加强抗震救灾资金物资监管，当前要重点抓好以下七项工作。

第一，成立抗震救灾资金物资监督检查领导小组，切实加强组织领导。中央已成立由中央书记处书记、中央纪委副书记何勇任组长，中央纪委副书记、监察部部长马馼和审计署审计长刘家义任副组长，中央纪委、监察部、民政部、财政部、审计署分管领导为成员的抗震救灾资金物资监督检查领导小组。四川等受灾地区及其市(地、州)、县(市、区)和乡(镇)，中央各有关部门和单位，都要建立相应的领导机构，认真履行职责，加强组织协调，迅速开展工作。

第二，建立、健全规章制度，为加强抗震救灾资金物资监管提供重要保障。一方面，要重申并严格执行已有的规章制度；另一方面，要根据新的形势和任务，有针对性地尽快制定出台一批新的规章制度，做到需要什么制度就制定什么制度，成熟一个就立即公布一个。

第三，充分发挥各方面作用，对抗震救灾资金物资管理使用情况进行全方位监督。纵向上，要把监督贯穿于抗震救灾资金物资募集、分配、拨付、管理、使用等每一个环节；横向上，要覆盖到所有涉及抗震救灾资金物资募集和管理使用的地区、部门和单位，确保不留死角。要自觉接受人大、政协、民主党派的监督，自觉接受新闻媒体和社会各界的监督，充分发挥特邀监察员的作用。

第四，开展专项审计，确保抗震救灾资金物资及时拨付、有效使用。要组织精干力量，对财政资金和社会捐赠款物进行全过程审计，发现违规问题要责令有关部门和单位及时整改。审计署要定期向社会公布阶段性审计情况。

第五，组织专项检查，及时发现和纠正抗震救灾资金物资管理使用过程中出现的问题。在前一阶段开展调研和检查的基础上，近日要派出两个专项检查组，分别对中央和国家机关有关部门、接受捐赠的民间组织和社会团体以及四川省抗震救灾资金物资管理使用情况进行检查。重点对涉及受灾群众基本生活、资金物资集中、社会公众关注程度高、容易发生问题的领域和环节进行检查。

第六，坚持公开透明，切实把抗震救灾资金物资管理使用置于阳光之下。要把公开透明原则贯穿于抗震救灾款物管理使用的全过程，主动公开抗震救灾款物的来源、数量、种类和去向。抗震救灾资金物资监督检查领导小组办公室要协调有关部门及时公布制定出台的规章制度和开展的监督检查等情况，设立咨询、举报电话，适时举办新闻发布会。

第七，严格执行纪律，从快从严从重处理抗震救灾资金物资管理使用中的违纪违法行为。对抗震救灾款物管理使用中出现的违纪违法问题，要快查严办重处。贪污、截留、挪用救灾款物，趁机发“国难财”，性质严重，天理难容，要发现一起迅速查处一起，严惩不贷并公开曝光。对在抗震救灾款物管理使用中玩忽职守、贻误工作的,也要严肃追究相关人员的责任。

会议由中央书记处书记、中央纪委副书记、抗震救灾资金物资监督检查领导小组组长何勇主持。中央纪委、监察部、民政部、财政部、审计署的负责同志汇报了近期开展抗震救灾资金物资监管工作的情况和下一步的工作安排。中央和国家机关有关部门,社会团体、群众组织的负责人参加了会议。

国家副主席习近平在人民大会堂会见由总书记保恩德率领的莫桑比克执政党解放阵线党代表团

5月29日

全国政协主席贾庆林赴四川地震灾区指导抗震救灾工作

贾庆林同全国政协副主席、中共中央统战部部长杜青林、民革中央主席周铁农、民盟中央主席蒋树声、民建中央主席陈昌智、民进中央主席严隽琪、农工党中央主席桑国卫、致公党中央主席万钢、九三学社中央副主席王志珍、台盟中央主席林文漪、全国工商联主席黄孟复,分析地震灾情和抗震救灾工作进展情况,研究部署抗震救灾工作。贾庆林说,灾情不仅时刻牵动着中共中央、国务院和全国各族人民的心,也紧紧牵动着各民主党派、工商联等统一战线各界人士的心。我们要以为国奉献、为民服务的态度,以认真细致、深入扎实的作风,深入了解灾区人民所急所需所盼,深入了解当前抗震救灾工作最重要、最紧迫的问题,提出更多有价值的意见建议,为党和政府科学决策提供重要参考。

贾庆林还会见了海内外佛教、道教界人士,对他们踊跃为地震灾区捐款捐物,并以各种方式开展祈福消灾活动,表示衷心感谢。

贾庆林强调,要认真学习领会胡锦涛总书记的重要讲话精神,坚决贯彻执行党中央、国务院的决策部署,坚持以人为本,在继续做好被困群众搜救工作的同时,把安置受灾群众、恢复生产、灾后重建摆在更加突出的位置,扎扎实实做好抗震救灾各项工作,坚决打胜抗震救灾这场硬仗。要妥善安置被转移的受灾群众,当务之急就是要全力解决住的问题;要充分发挥社会主义制度集中力量办大事的优势,举全国之力,切实抓好灾后重建;抗震救灾是刻不容缓,恢复生产是长远之计,要在做好抗震救灾工作的同时,统筹安排各方面力量,尽快恢复生产;要广泛动员统一战线成员和政协委员投身抗震救灾斗争,充分发挥统一战线和人民政协的优势和作用,为夺取抗震救灾和灾后重建的全面胜利作出重要贡献。

国务院副总理回良玉在成都主持召开四川农业生产恢复和发展专题会议

全国总工会主席王兆国赴四川看望慰问灾区群众

中国国际法学会在北京召开2008年学术年会

此次年会5月29日至30日召开,会议以"机遇与挑战:中国和平发展面临的国际法问题"为主题。

来自政府机构、相关高校和实务部门的200多位代表和嘉宾出席会议。中国国际法学会名誉会长、最高人民检察院检察长曹建明出席会议并讲话。会议选举全国人大常委会法制工作委员会主任李适时为新一届中国国际法学会会长。

中国福利会在人民大会堂举行创建70周年庆祝会和纪念座谈会

5月30日

中共中央总书记胡锦涛在人民大会堂与越共中央总书记农德孟举行会谈

双方高度评价两党两国关系取得的新进展,一致同意,在"长期稳定、面向未来、睦邻友好、全面合作"十六字方针和做"好邻居、好朋友、好同志、好伙伴"精神指导下,为发展中越全面战略合作伙伴关系而共同努力。

胡锦涛说,当前,中越关系保持良好发展势头。双方高层和各级别交往频繁,各磋商合作机制不断完善。经贸合作发展迅速,去年双边贸易额已超过150亿美元,提前三年实现双方确定的两国年贸易额的目标。双方各领域交流合作日趋活跃,治党治国经验交流不断深化,在国际和地区事务中的相互支持和协调配合日益加强。两国间历史遗留问题逐步得到妥善解决。

胡锦涛说,按照十六字方针和"四好"精神,建立和发展中越全面战略合作伙伴关系,为新时期中越关系的深入发展指明了方向。双方要共同努力,切实把这方面工作落到实处:一、保持两党两国领导人经常互访和接触的优良传统,随时就共同关心的问题深入交换意见。二、发挥双边合作指导委员会的指导和协调作用,推进各领域全面合作。深化治党治国经验和社会主义理论与实践的交流,继续加强两国在文化、教育、科技、农业等领域的合作和青少年交流。三、拓宽经贸合作领域,扩大合作规模。双方要抓紧编制《中越经贸合作五年发展规划》,做好"两廊一圈"具体合作项目调研,尽早实施有关大型合作项目。积极支持企业在基础设施建设、制造业、人力资源开发及其他重要领域开展长期互利合作。积极开拓双边贸易新的增长点，促进两国经贸合作健康深入发展。四、本着大局为重、友好协商、公平合理、互利共赢的精神，妥善处理两国关系中存在的问题。五、继续加强两国在国际和地区事务中的磋商协调，深化在联合国、世贸组织、亚太经合组织、中国—东盟、亚欧会议、大湄公河次区域等多边框架下的协调合作，维护和促进本地区及世界的和平与发展。

农德孟表示，越方愿和中方共同努力，全力以赴落实有关共识，继续保持和加强两党两国领导人的接触会晤，进一步加强双方高层领导对双边关系的关心指导；建立相应的机制，加强两党交流合作，深化治国理政经验交流；继续加强两国人民团体、群众组织特别是青少年之间的交流，开展各种越中传统友谊的宣传教育活动，营造发展越中友谊的社会氛围；继续加强双方各部门的交流，加强在经贸、科技、文化、教育、培训等领域的合作。越方欢迎中国来越投资大项目，促进越南实现快速可持续发展；继续在双方已达成的一系列共识的基础上，及时全面通报各自的重大关切，逐步解决双边关系中存在的问题；继续加大工作力度，确保年内完成两国陆地边界勘界立碑的任务并签署边境管理文件。

双方相互通报了各自国内和党的建设的有关情况。胡锦涛高度评价越南党、政府和人民妥善应对各种困难和挑战，努力探索适合本国国情的发展道路，在革新事业中取得的新成就。胡锦涛感谢越南党、政府和人民，坚定支持中国统一大业，坚决反对“台独”，以及在中国四川汶川大地震发生后，向中国党、政府和人民表示诚挚慰问和深切同情并提供宝贵支援。

农德孟高度评价中国改革开放30年中取得的巨大成就，重申越方支持中国统一大业、反对任何形式的“台独”的一贯立场，祝愿北京奥运会圆满成功。他说，在中国共产党英明领导下，中国人民一定能胜利完成中共十七大确定的任务和目标，继续在建设中国特色社会主义事业中取得新的胜利，并顺利实现全面建设小康社会的目标。农德孟再次代表越南党、国家和人民，对中国四川特大地震灾害造成的巨大人员伤亡和财产损失表示深切同情和诚挚慰问，并向中方再次提供价值20万美元的药品及其他物资。他表示相信，兄弟的中国人民在中国党和政府领导下，一定能早日战胜自然灾害、重建家园。

双方还就共同关心的国际和地区问题深入交换意见，达成广泛共识。

会谈后，胡锦涛和农德孟共同出席了两国政府间有关合作协议的签字仪式。

全国人大常委会委员长吴邦国在人民大会堂会见越共中央总书记农德孟

吴邦国积极评价中越两国立法机构的关系。他说，中国全国人大与越南国会的合作基础好、层次多、交流深入，有力地推动了国家关系的发展。中国全国人大愿与越国会共同努力，继续保持各级别的交往与对话，深化在治国理政、民主法制建设等方面的经验交流，为中越传统友谊结出更加丰硕的成果贡献力量。

农德孟说，此访的目的就是与中方进一步加深相互了解、坚定相互支持，共谋合作发展。越南党、政府支持两国立法机构开展更加积极、深入的合作。

他代表越南党、政府和人民就四川大地震造成重大生命和财产损失向中国党、政府和人民表示深切的同情和哀悼。他表示相信，在中国共产党坚强领导下，兄弟的中国人民一定能战胜自然灾害，克服困难，早日重建家园。

中联部部长王家瑞等会见时在座。

国务院总理温家宝主持抗震救灾总指挥部第15次会议研究加强抗震救灾款物的管理使用问题

会议指出，抗震救灾捐赠物资管理要遵循“自愿捐赠、不得摊派，尊重意愿、专款专用，统一规划、突出重点，公开透明、加强监督”的原则，切实保护捐赠人、受赠人和灾区受益人的合法权益。接收捐赠要按照《中华人民共和国公益事业捐赠法》及有关规定，做到手续完备、专账管理、专人负责、账款相符、账目清楚，切实保证捐赠款物全部用于抗震救灾和灾后重建，不被挪作他用。各种救灾捐赠都要在国务院和各级政府的统一协调下合理使用，充分尊重捐赠人的意愿，提高资金使用效益。

会议强调，抗震救灾物资的分配要根据受灾地区的情况，保证重点，做到公开、公平、公正。要向群众公布救助标准、享受救助条件及救灾物资数量，坚决杜绝优亲厚友、性别歧视和年龄歧视，维护灾区群众的基本生活权益。物资分配既要保证需求，又要避免浪费。要在灾民集中安置点设立抗震救灾物资发放点，推选若干名群众代表参与物资的发放和管理工作，并公示负责人名单和联系方式，让群众监督。

会议要求，建立抗震救灾资金物资使用管理信息公开制度。各级政府和接受捐赠的机构、社会团体要主动向社会公开以下事项：上级政府拨付和本级政府安排的资金数额、分配情况，接受捐赠资金的来源、数额、种类、分配去向及使用效果，采购物资项目的品种、数量、单价等，监察、审计部门要实行跟踪检查，并定期公布监督审计结果，向社会公众交一笔明白账。

中共中央政治局常委、国务院副总理、国务院抗震救灾总指挥部副总指挥李克强，中共中央书记处书记、中央纪委副书记何勇，国务委员兼国务院秘书长马凯，国务委员孟建柱和有关部门负责人出席会议。

全国政协主席贾庆林在成都主持召开各民主党派工商联抗震救灾座谈会

贾庆林指出，各民主党派、工商联和无党派人士，充分发挥自身优势，广泛动员各方面力量，支持和参与抗震救灾斗争，发挥了独特作用，作出了重要贡献。患难之际见真情。这次抗震救灾是对中国人民精神和意志的一次重大考验，也是各民主党派、工商联和无党派人士同中国共产党风雨同舟、团结奋斗的又一次深刻体现。他希望统一战线各方面成员切实增强做好抗震救灾工作的责任感和使命感，协助党和政府解决好当前灾区最重要最紧迫的问题；充分运用和挖掘各方面资源，努力为灾后重建献计出力；紧紧抓住发展这个第一要务，为促进经济社会又好又快发展作出贡献。

中共中央政治局委员、国务院副总理、国务院抗震救灾总指挥部副总指挥回良玉在座谈会上讲话。全国政协副主席、中共中央统战部部长杜青林出席座谈会。

民革中央主席周铁农、民盟中央主席蒋树声、民建中央主席陈昌智、民进中央主席严隽琪、农工党中央主席桑国卫、致公党中央主席万钢、九三学社中央副主席王志珍、台盟中央主席林文漪、全国工商联主席黄孟复、无党派人士代表陈竺，分别结合实地察看情况发言，就受灾群众安置、恢复生产、灾后重建等建言献策，提出许多有价值、有见地的意见和建议。他们表示要坚决贯彻执行中共中央的决策部署，团结和带领广大成员和所联系群众，自觉肩负起抗震救灾的重任，为夺取抗震救灾斗争胜利和促进经济社会发展作出更大贡献。

国务院副总理回良玉在成都与国家汶川地震专家委员会专家共同研究抗震救灾工作

国务院抗震救灾总指挥部召开会议部署进一步做好地震灾区学生伤亡有关善后工作

会议指出，在汶川地震中，一些学校校舍发生垮塌，造成学生伤亡，给许多家庭造成极大不幸。党和政府对此深感痛心，中央领导同志多次深入灾区，要求全力搜救和救治被困、受伤学生，并向遇难学生表示深切哀悼，对家长表示同情和慰问。解放军、武警官兵和公安干警及各方救援队伍，有关部门和地方为此做了大量工作。

会议要求，(一)各级政府要高度重视，坚持以人为本，积极稳妥地做好地震灾区学生伤亡的善后工作。要继续组织力量全力搜救失踪学生，全力救治受伤学生，尽最大可能降低死亡率和致残率。对地震造成的孤儿，要切实做好安置和救助工作。要采取各种有效措施，深入开展思想工作，重点疏导好遇难学生家长的情绪，有针对性地做好心理安抚，给予情感慰藉，尽可能帮助他们减轻心理创伤。(二)尽快组织力量对灾区所有学校建筑进行安全评估和鉴定，确保复课学生安全。发现危房必须立即停用；需要加固后才能使用的，必须采取措施进行加固。对损毁校舍建筑，要进行科学鉴定，收集、保存必要的资料和样本，为灾后规划建设提供科学依据。发现建筑设计和施工确属存在违法问题的，要依法查处。(三)对遇难学生家庭要给予特别的关爱和帮助。地方政府要对遇难学生家庭给予关心和照顾，对其中生活困难的优先安排住处，提供生活补助。要按照有关人口与计划生育地方性法规规定，对有子女在震灾中死亡或伤残的家庭，给予再生育政策照顾，免费提供生育咨询和技术服务；对其中有收养、领养地震孤儿意愿的，有关部门要按照规定优先安排。在灾区全面实行计划生育家庭特别扶助制度，对独生子女伤残死亡家庭给予定期补助。

会议强调，以上各项工作，由各有关地区政府负责落实。国务院有关部门要加强指导和督促，提供必要的协助。

5月31日

中共中央总书记胡锦涛在陕西考察抗震救灾和恢复重建工作

胡锦涛听取了陕西省关于抗震救灾和恢复重建工作的汇报。他在充分肯定陕西抗震救灾斗争取得的重大阶段性成果后强调，一定要认真贯彻执行中央决策部署，坚持一手抓抗震救灾工作，一手抓经济社会发展，继续把抗震救灾作为当前最重要最紧迫的任务抓紧抓实，扎扎实实做好各项工作，坚决打胜抗震救灾这场硬仗。

胡锦涛指出，坚持以人为本，必须贯穿抗震救灾斗争全过程。要坚持把人民利益放在高于一切的位置，尽最大努力挽救伤员生命、减轻伤员病痛，使伤员在生理和心理上都得到良好恢复。要着力加强卫生防疫力量，强化对饮用水和食品的卫生监督，防止灾区疫病流行。要千方百计安排好受灾群众生活，确保受灾群众有饭吃、有衣穿、有干净水喝，尤其要下最大的气力解决好受灾群众最急迫的临时住所问题，迅速筹集救灾帐篷、篷布房材料、活动板房，让受灾群众尽快安顿下来，让灾区学生尽快复课。

胡锦涛强调，要夺取抗震救灾的全面胜利，既需要依靠中央大力支持和全国人民无私援助，也需要发动灾区干部群众互帮互助、奋起自救。当务之急是要组织灾区群众搞好农业夏收夏种，组织灾区企业在确保安全的前提下尽快恢复生产，努力挽回灾害造成的损失。

中共中央书记处书记、中央办公厅主任令计划，中共中央书记处书记、中央政策研究室主任王沪宁等一同考察。

国务院总理温家宝在中南海紫光阁会见越共中央总书记农德孟

温家宝表示，为在现有良好基础上推动两国经贸关系向更高水平发展，应加紧商签和实施《中越经贸合作五年发展规划》；在开拓市场和扩大投资方面采取更有力的互惠措施，适应彼此经济发展需求。双方要密切配合，尽快启动工业、基础设施、能源等大型项目。中国政府积极支持中越经贸合作区建设，愿以此带动更多的中国企业对越投资。

农德孟赞同温家宝就全面发展两国关系特别是加强两国经贸合作提出的建议。他说，昨天我与中共中央总书记、国家主席胡锦涛进行了成功的会谈，就发展越中全面战略合作伙伴关系达成广泛共识，为新时期继续加强越中友好指明了方向。越方将与中方共同努力，全力以赴地去落实这些共识，推动越中传统友谊走向更加美好的未来。

国办发出《关于加强汶川地震抗震救灾捐赠款物管理使用的通知》

各省、自治区、直辖市人民政府，国务院各部委、各直属机构：

2008年5月12日汶川地震发生后，全国各族人民、港澳同胞、台湾同胞、海外华侨华人以及外国政府、国际组织和国际友人慷慨捐助，为抗震救灾提供了大量资金和物资。为加强和规范救灾捐赠款物的管理和使用，依据有关法律、法规，经国务院同意，现就有关问题通知如下：

一、加强救灾捐赠款物管理使用的基本原则

地方各级人民政府、各有关部门和单位要充分认识做好救灾捐赠工作的重要性，加强组织领导，规范救灾捐赠活动，管好用好救灾捐赠款物，切实保护捐赠人、受赠人和灾区受益人的合法权益。工作中要遵循以下原则：

（一）自愿捐赠，不得摊派。救灾募捐要坚持自愿的原则，不得摊派或变相摊派。

（二）尊重意愿，专款专用。救灾捐赠款物的使用要充分尊重和体现捐赠人的意愿，不得将捐赠款物挪作他用。

（三）统一规划，突出重点。救灾捐赠款物的使用要根据抗震救灾和灾后恢复重建实际需要，合理安排，有效使用，重点向受灾严重地区倾斜。

（四）公开透明，加强监督。规范救灾捐赠款物的安排使用程序，及时向社会公开安排使用情况，加强监督检查，确保救灾捐赠款物的安全。

二、规范救灾捐赠款物接收管理，保证捐赠工作有序进行

各级民政部门负责以政府名义接收救灾捐赠款物，各有关部门可接收本系统的捐赠款物。各级红十字会、慈善会等具有救灾宗旨的公募基金会可以救灾名义向社会开展募捐活动，接收救灾捐赠。没有救灾宗旨的公募基金会以救灾名义开展募捐活动，应经民政部门批准，未经批准已经开展募捐活动的公募基金会要及时到民政部门补办审批手续。其他社会组织接收的捐赠款物要及时移交民政部门或者红十字会、慈善会等具有救灾宗旨的公募基金会。组织开展义演、义赛、义卖等各类救灾募捐活动，要按规定报有关部门批准，募集的捐赠款物要及时移交民政部门或者红十字会、慈善会等具有救灾宗旨的公募基金会。

救灾捐赠款物接收部门和单位要依照《中华人民共和国公益事业捐赠法》及有关法规政策，制定严格的工作程序，明确纪律要求，建立责任制度。接收救灾款物必须做到手续完备、专账管理、专人负责、账款相符、账目清楚，并向捐赠人出具财政部或省级财政部门统一印制的票据。

民政部通过中央财政汇缴专户接收救灾捐赠资金，有关资金纳入财政专户，实行“收支两条线”管理。地方各级民政部门接收的救灾捐赠资金按省（区、市）人民政府现行规定执行，纳入专户管理。

三、加强规划引导，合理有效使用救灾捐赠款物

民政部要会同有关部门定期向接收捐赠的部门和单位及社会公布需求信息。救灾捐赠款物要在各级人民政府的统一协调下合理使用，提高使用效益，避免重复投入和浪费。灾民过渡安置房建设和灾后恢复重建要合理确定资金来源，可以协商方式引导接收捐赠部门和单位安排资金。

定向捐赠的款物，由接收捐赠部门和单位按照捐赠人意愿安排使用。在捐赠款物过于集中同一地方同一项目的情况下，接收捐赠部门和单位要主动征求捐赠人的意见，经捐赠人书面同意后，按有关规定调剂使用。民政部要根据抗震救灾需要和灾后恢复重建规划，按有关规定，提出其接收的非定向捐赠资金分配方案，财政部审核拨付。地方民政部门接收的非定向捐赠资金分配办法，由各省（区、市）人民政府制定。红十字会、

慈善会等公募基金会接收的非定向捐赠资金可根据抗震救灾需要和灾后恢复重建规划，自行安排使用并报民政部门备案，但不得用于增加本机构的原始基金。

各级民政部门在救灾捐赠工作中，一律不得在捐赠资金中列支管理费用，相关费用由财政部门按规定安排。红十字会、慈善会等公募基金会开支的管理费用要严格执行国家法律、法规及其自身章程的规定，并尽可能少提取或不提取管理费用，管理费用提取使用情况要向社会公布。

四、完善统计和信息公开制度，增强救灾捐赠工作透明度

救灾捐赠款物接收部门和单位要认真做好救灾捐赠款物的统计工作，按照捐赠人意愿，分清定向捐赠和非定向捐赠款物。要建立救灾捐赠款物信息公开制度，各省级民政部门要按照属地原则汇总统计本省(区、市)救灾捐赠款物的接收和分配使用情况并报民政部，中国红十字会总会、中华慈善总会等社会团体和组织要将捐赠款物的接收和分配使用情况报民政部，由民政部汇总并定期公布全国救灾捐赠款物的接收和分配使用情况。地方各有关部门以及红十字会、慈善会等公募基金会要定期向社会公布捐赠款物的接收和分配使用详细情况。

五、建立部门协调机制，加强对救灾捐赠工作的监督检查

各级人民政府有关部门要切实加强对救灾捐赠款物管理使用的监督检查，建立部门监管协调配合机制。民政部门要会同有关部门及时查处和取缔各类非法募捐活动。公安、司法部门要坚决打击借募捐名义从事诈骗活动等违法行为。审计、财政部门要对救灾捐赠款物接收部门和单位相关工作进行跟踪检查，定期公布检查结果，发现问题及时处理。监察部门要对救灾捐赠款物的管理使用情况，以及有关部门履行监管职责的情况开展专项检查，对违纪违法的单位和个人要迅速查办，从严处理。新闻媒体要充分发挥舆论监督作用，及时披露救灾捐赠活动中的违法违规行为。救灾捐赠款物接收部门和单位要加强内部监管，建章立制，自觉接受监察、审计、财政等部门及社会的监督。

中华人民共和国国务院办公厅

2008年5月31日

国务院副总理回良玉看望慰问四川民政系统干部职工和志愿者

国务院副总理张德江赴四川灾区检查指导抗震救灾工作

中组部通报表彰第二批抗震救灾先进基层党组织和优秀共产党员

为激励广大基层党组织和共产党员在抗震救灾工作中进一步发挥战斗堡垒作用和先锋模范作用，中央组织部通报表彰第二批抗震救灾先进基层党组织、优秀共产党员：决定授予四川省都江堰市向峨乡党委、汶川县水磨镇党委、什邡市红白镇党委、理县杂谷脑镇党委、彭州市宝山村党委5个基层党组织“抗震救灾先进基层党组织”称号，授予王理效(北川县委常委、组织部长)、王洪发(羌族，北川县民政局局长)、蒋晓娟(女，江油市公安局巡警大队民警)、蒋敏(女，羌族，彭州市公安局政工监督室民警)、李林国(羌族，北川擂鼓派出所副科级侦察员)、蒋青林(汶川县映秀镇党委副书记、镇长)、黄琼(女，绵阳市中医院手术室护士长)7名同志“抗震救灾优秀共产党员”称号，追授谭千秋同志(生前系德阳市东汽中学教导主任)为“抗震救灾优秀共产党员”。

中组部要求，各地区、各部门、各单位要认真学习、大力宣传抗震救灾先进基层党组织、优秀共产党员的先进事迹，充分运用在抗震救灾工作中发挥基层党组织战斗堡垒作用和共产党员先锋模范作用的经验，进一步推进党的基层组织建设和党员队伍建设，增强党的创造力、凝聚力和战斗力，为夺取抗震救灾和灾后重建的全面胜利，为全面建设小康社会，推进中国特色社会主义伟大事业提供坚强的组织保证。

6月1日

中共中央总书记胡锦涛到甘肃考察抗震救灾和恢复重建工作

胡锦涛在甘肃省省委书记陆浩和省长徐守盛等陪同下，深入到陇南市康县和武都区的重灾乡村考察，同灾区干部群众共商灾后恢复重建大计。

胡锦涛听取了甘肃省委和省政府关于抗震救灾和恢复重建工作的汇报。

胡锦涛指出，当前，甘肃的抗震救灾任务依然繁重，特别是安置受灾群众、恢复生产、灾后重建的任务十分艰巨。要全面掌握工农业生产受灾情况，有针对性地制定促进恢复生产的政策措施，当务之急是要搞好农业夏收夏种，尽量减少灾害对经济发展的影响。要加紧进行灾后重建准备，按照统筹规划、科学评估、分步实施的原则，制订科学合理的灾后重建方案，充分调动各方面的积极性，努力完成灾后重建的任务。

胡锦涛强调，要重视做好学校复课等工作。要在确保安全的前提下，积极创造条件帮助灾区学生复课。要落实好高考延期政策，为灾区学生提供更好的复习和生活条件，制定考场防震应急预案，保障考点和学生复习迎考安全。要认真谋划灾区学校重建工作，切实提高校舍建设的抗震标准，高度重视学校建筑质量，为师生们提供安全可靠的教学和生活环境。

胡锦涛说，这次抗震救灾，是对灾区各级党组织战斗力、广大党员干部素质作风的一次严峻考验。要在抗震救灾第一线考验考察干部，把干部在抗震救灾中的实际表现作为使用干部的重要依据。灾区各级党组织和广大党员干部要深入灾区一线，帮助群众解决实际困难，带领群众开展恢复重建，充分发挥出各级党组织的战斗堡垒作用、各级领导干部的模范带头作用、广大共产党员的先锋模范作用。

中央军委主席胡锦涛就成都军区抗震救灾部队运输直升机失事事件下达指示

正在陕西指导抗震救灾工作的中共中央总书记、国家主席、中央军委主席胡锦涛在得悉执行抗震救灾任务的解放军某部一架直升机失事的消息后，十分关切。胡锦涛指示立即组织力量搜救。

据成都军区抗震救灾联合指挥部介绍，这架直升机5月31日下午在执行运送第三军医大学防疫专家到理县的任务返回途中，在汶川县映秀附近突遇低云大雾和强气流，于14时56分失事。现查明，机上共有人员19人，其中机组人员5人、因灾受伤转运的群众及相关人员14人。

国家主席胡锦涛在甘肃地震灾区看望巴基斯坦国际医疗队

全国政协主席贾庆林在钓鱼台国宾馆会见越共中央总书记农德孟

中共中央政治局常委李长春到四川地震灾区指导抗震救灾

6月1日至3日，李长春先后到四川绵阳、德阳和成都，实地察看受灾情况，慰问干部群众和救援人员，指导抗震救灾工作。

李长春听取了四川省委省政府的汇报就进一步做好抗震救灾宣传报道工作与四川省委负责同志交换意见。他指出，当前，抗震救灾正进入新的重要阶段，我们要充分认识宣传报道工作的艰巨性、复杂性，思想上不松懈，行动上不松劲，怀着深厚的感情，与灾区人民心连心、同呼吸、共命运，想灾区人民之所想，急灾区人民之所急，全力以赴做好抗震救灾宣传报道工作。要大力宣传党中央国务院关于抗震救灾工作的一系列决策部署，大力宣传灾区党委政府全力以赴解决受灾群众生产生活困难的实际行动，大力宣传灾区人民自救自强自立、恢复生产重建家园的奋斗精神，大力宣传全国各地各部门和社会各界向灾区人民送温暖、献爱心的社会主义协作精神，大力宣传抗震救灾先进集体和模范人物的感人事迹，凝练和弘扬伟大的抗震救灾精神，激励灾区广大干部群众和全国人民在党中央、国务院的坚强领导下，团结一致，顽强拼搏，夺取抗震救灾斗争的全面胜利。

国家副主席习近平出席在北京召开的全国组织系统抗震救灾工作座谈会并发表讲话

习近平强调，各级党委要深入贯彻落实中央政治局会议精神和胡锦涛同志在四川抗震救灾工作会议上重要讲话精神，紧紧围绕一手抓抗震救灾工作、一手抓经济社会发展进一步推进党的建设和组织工作，大力发扬前一段抗震救灾中那种拼搏和奉献精神，充分发挥党委的领导核心作用、基层党组织的战斗堡垒作用、领导干部的模范带头作用和共产党员的先锋模范作用，为夺取抗震救灾和经济社会发展的双胜利提供坚强的思想、政治和组织保证。

习近平指出，这次抗震救灾是对我们党执政能力的一次重大考验。在党中央的坚强领导下，灾区各级党组织和广大党员、干部视灾情如命令、视时间如生命，奋不顾身地投入抗震救灾第一线，表现出很强的组织动员能力和战斗力；全国各地的党组织和广大党员、干部发扬“全国一盘棋”的大团结、大协作精神，以多种方式支援抗震救灾，同样表现出很强的组织动员能力和战斗力。这次抗震救灾斗争，再次有力地证明中华民族具有强大的凝聚力，再次有力地证明社会主义制度具有集中力量办大事的优越性，再次有力地证明我们党是一个能够应对各种风险、驾驭各种复杂局面、具有强大战斗力的马克思主义政党。

习近平强调，当前抗震救灾形势依然严峻，任务十分艰巨。灾区各级党委要继续把抗震救灾作为当前最重要最紧迫的任务，围绕抗震救灾进一步抓好党的建设和组织工作，引导和激励广大党员、干部发扬自力更生、艰苦奋斗精神，在安置受灾群众、恢复生产和灾后重建中更好地发挥作用，确保抗震救灾各项工作和措施的落实。非灾区各级党委要继续以多种形式支援抗震救灾，帮助灾区渡过难关。在抓好抗震救灾的同时，要全力以赴保持经济平稳较快发展、社会和谐稳定，切实做好奥运会和残奥会的筹备工作，以实际行动支援抗震救灾。

习近平强调，夺取抗震救灾和经济社会发展的双胜利，要举全国之力、全民之力，关键是把全党的力量动员好、组织好、发挥好。要切实加强党的思想建设，大力弘扬全党全军全国各族人民在抗震救灾中表现出来的伟大精神，大力宣传抗震救灾中涌现出来的先进典型，深入细致地做好理顺情绪、化解矛盾、协调关系的思想工作，为夺取抗震救灾胜利、推动经济社会又好又快发展提供强大的思想保证、精神动力和舆论支持。要切实加强基层党组织建设，引导灾区基层党组织积极开展工作、有效发挥作用，对需要重建的基层党组织和政权组织要采取多种方式抓紧健全。要切实加强灾区各级领导班子建设，抽调优秀干部充实配备重灾区党政领导班子，确保各级党委成为抗震救灾和灾后重建的坚强指挥部。要把抗震救灾和灾后重建第一线作为检验干部、考察干部的主战场，作为识别干部、使用干部的主阵地。要切实加强党员队伍建设，保护好、引导好广大党员参与抗震救灾的积极性，通过多种渠道、采取多种方式组织党员立足本职充分发挥先锋模范作用。要切实加强作风建设和反腐倡廉建设，在抗震救灾和推动经济社会又好又快发展中彰显党组织、领导干部和共产党员的良好形象。要切实加强对抗震救灾和灾后重建工作的组织领导，建立、健全强有力的市县乡村抗震救灾领导体制，把中央关于抗震救灾的各项决策和部署落到实处。要充分发挥工会、共青团、妇联等群众团体在抗震救灾和灾后重建中的作用，使它们更好地组织、引导和服务所联系的群众以多种方式积极投身抗震救灾和灾后重建。

中共中央政治局委员、中央书记处书记、中央组织部部长李源潮主持座谈会。

参加座谈会的有中央和国家机关有关部门负责同志、各省区市党委组织部部长等80多人。四川、陕西、甘肃、重庆、山东5省市党委组织部部长和国务院国资委负责同志发了言。

民政部颁布《汶川地震抗震救灾生活类物资分配办法》

《汶川地震抗震救灾生活类物资分配办法》(以下简称《办法》)对汶川地震救灾生活类物资分配、发放和使用的原则、程序、制度、监督等作出明确规定。《办法》规定，抗震救灾生活类物资应当根据受灾区域大小、受灾程度、人口密度、灾区群众需求进行分配，保证重点，确保及时、快捷、高效、公开、公平、公正发放。严禁物资发放中的优亲厚友、性别歧视、年龄歧视和孤残歧视行为，在保障需求的同时，避免浪费。

《办法》要求，抗震救灾生活类物资分配要建立责任制度，做到手续完备，专账管理，专人负责，账物相符。灾区各级政府应当设立抗震救灾生活类物资调配中心，负责统一管理、调配、组织发放抗震救灾生活类物资，对抗震救灾生活类物资的接收和发放应当建立严格的工作制度。灾区政府在灾民集中安置点统一设立抗震救灾生活类物资发放点，负责抗震救灾生活类物资的具体发放工作，并公示负责人名单和联系方式。物资发放点要吸收受灾群众推选的代表参与生活类物资的发放和管理工作。灾区乡镇政府必须严格执行收发制度，实行收发"实名制"，物资收发单以及存档记录应当由负责人签字。

《办法》规定，定向捐赠的物资，由接收单位按照捐赠者意愿安排使用。为充分发挥物资使用效益，在捐赠物资过于集中某一地区或某一品种的情况下，接收捐赠单位经捐赠人书面同意后，按有关规定调剂分配。

民政部强调，违反《办法》规定，玩忽职守、贻误工作的，对有关责任人员将依法给予处分，涉嫌犯罪的，将移送司法机关依法处理。本办法自公布之日起施行。

中联部部长王家瑞在北京会见尼泊尔共产党(毛主义)中央书记处书记、尼泊尔临时政府信息和通信部长马哈拉

6月2日

全国人大常委会未成年人保护法执法检查组第一次全体会议在人民大会堂举行

全国人大常委会委员长吴邦国作出重要批示，提出了明确要求。

批示说，保障未成年人合法权益、促进未成年人健康成长，关系亿万家庭，是全社会普遍关注的问题。执法检查要精心组织、突出重点、务求实效。要充分发挥人大监督工作的特点和优势，抓住影响未成年人身心健康、侵犯未成年人合法权益的突出问题，推动国家机关、社会团体加强未成年人保护工作，促使社会、学校、家庭等各方面更好地履行保护未成年人的责任。

会议首先传达了吴邦国委员长的批示精神。中共中央政治局委员、全国人大常委会副委员长王兆国，全国人大常委会副委员长、秘书长李建国，全国人大常委会副委员长蒋树声出席会议。

王兆国在讲话中指出，未成年人保护法颁布实施以来，经过全党全社会的不懈努力，我国未成年人的生存、保护和发展取得了长足进步。特别是这次汶川大地震发生后，在党中央、国务院的坚强领导下，全党全军全国人民团结一致抗震救灾，始终把救人放在第一位。最令人感动的场景之一，就是全力抢救和保护灾区的未成年人。这也从一个侧面反映了全社会在贯彻实施未成年人保护法方面的自觉性、主动性。在肯定成绩的同时，我们也要看到，目前在未成年人保护工作中仍然存在不少问题，有些还是比较突出且多年来一直未能得到解决的老大难问题。

王兆国强调，要以更加认真负责的态度，切实把这次执法检查工作做深、做好，作出实效。要深入实际，了解法律实施的真实情况，发现问题、分析问题，提出有针对性的建议；要与“一府两院”多沟通、多协调，把监督和支持有机结合起来；要综合运用多种监督形式，加强跟踪监督，推动建立、健全解决问题的长效机制；要将执法检查与舆论宣传相结合，扩大执法检查的效果。

今年是十一届全国人大常委会履行职责的第一年，常委会将对五部法律的实施情况进行执法检查，未成年人保护法是今年检查的第一部法律。根据全国人大常委会未成年人保护法执法检查方案，6月上旬和中旬，执法检查组将分赴内蒙古、辽宁、江苏、湖南、贵州等省区进行执法检查，并委托黑龙江、福建、山东、重庆、陕西、甘肃等省市人大常委会对当地未成年人保护法实施情况进行检查。这次执法检查的重点包括：学习、宣传未成年人保护法和制定配套法规、规章的情况，公益性文化设施向未成年人免费或优惠开放的情况，预防未成年人沉迷网络的情况，对孤儿、流浪乞讨等生活无着未成年人以及农村留守儿童的保护和教育的情况，对违法犯罪的未成年人进行教育、感化、挽救的情况等。

全国人大内务司法委员会主任委员黄镇东主持会议。公安部、民政部、文化部、最高人民法院、共青团中央负责人分别介绍了贯彻实施未成年人保护法的情况，教育部、工业和信息化部、司法部、国务院妇女儿童工作委员会和全国妇联作了书面汇报。

全国政协主席贾庆林在北京会见全国台湾同胞投资企业联谊会大会代表并发表讲话

贾庆林指出，经过20年的发展，两岸经济交流合作取得了显著成就，形成了互惠互利的良好发展局面。当前，两岸经济交流合作面临着重要的历史性机遇，加强合作、共创双赢已是人心所向、大势所趋。5月28日，中共中央总书记胡锦涛同中国国民党主席吴伯雄举行会谈，就促进两岸关系改善和发展达成广泛共识。在新形势下，我们将继续大力促进两岸经济交流与合作，全力推动实现两岸全面、直接、双向“三通”；继续实施和充实惠及台湾同胞的政策措施，切实维护台湾同胞的正当权益；支持和帮助台资企业转型升级和产业转移，促进台资企业在大陆的持续发展。我们衷心希望两岸同胞携起手来，促进两岸交流合作，共同开创两岸关系和平发展的美好未来。

贾庆林对台企联成立一年来所做的工作给予充分肯定。他指出，台企联各位代表和广大台商是两岸经济交流合作的参与者，也是两岸关系发展的推动者。希望台企联紧紧围绕办会宗旨，切实加强自身建设，充分发挥沟通台资企业与政府部门的桥梁和纽带作用，广泛团结台商，热情服务台商，为促进两岸经济合作和推动两岸关系和平发展作出更大贡献。

中共中央政治局常委李长春到四川地震灾区看望慰问一线新闻工作者

国家汶川地震灾后重建规划工作正式启动

根据国务院抗震救灾总指挥部决定，国家汶川地震灾后重建规划组已经成立，主要负责组织灾后恢复重建规划的编制和相关政策的研究。国家发改委为规划组组长单位，副组长单位是四川省人民政府、住房和城乡建设部、国务院30多个部门和有关方面为成员单位。

6月3日

中共中央总书记胡锦涛指示继续全力搜救失事直升机

国务院总理温家宝在北京主持抗震救灾总指挥部第16次会议

会议部署灾区恢复生产工作，讨论《国家汶川地震灾后重建规划工作方案》。

会议指出，当前，灾区在安置好群众生活的同时，要着力抓好恢复生产工作。第一，抓好农业生产。当务之急是搞好抢收抢种，及时调剂调运种子、农药、柴油等农业生产资料，切实做到应收尽收、应种尽种。要进一步强化动物疫病防控，做好无害化处理。要抢修受损的农田基础设施、农机具和农机提灌站等，尽快恢复灾区农业生产能力；修复受损的畜禽圈舍和良种繁育设施，恢复养殖业生产。要组织专家和技术人员深入生产一线进行技术指导和培训。

第二，恢复工业生产。在摸清情况的基础上，抓紧恢复能源、原材料的生产，加大煤炭、成品油、天然气、磷矿石的调运，优先恢复供电、供气、供水、煤矿企业生产。保证生产救灾、重建物资企业的恢复，重点支持大型骨干企业恢复生产，加强对中小企业恢复生产的政策指导。要确保安全生产，防范事故发生。

第三，加快基础设施恢复。必须集中力量抢修通往重灾区的国道、省道，同时，要向基层延伸、向乡村延伸，扩大抢通覆盖面。要加大电网特别是地方电网的修复力度。尽快恢复受灾地区的公众通信能力。要全力保障粮食、食品、饮用水、帐篷、活动板房等急需物资和伤病人员的运输。

第四，做好灾区商贸流通和服务业恢复工作。要切实保障灾区急需商品货源。尽快恢复商业网点，在居民安置点建立帐篷商店和便民商店。没有受损的商业网点要尽快恢复营业；受损较轻的商业网点要抓紧维修加固。要积极为灾区群众提供急需的基本生活服务，支持企业在重灾县(市)建设主食加工配送中心和餐饮网点，在重灾区群众集中安置点建设大众洗浴场所和理发店，为灾区群众提供安全、便利、卫生、实惠的生活服务。要抓紧恢复金融等服务业。

会议指出，灾后重建规划编制工作要全面贯彻落实科学发展观，坚持以人为本，优先安排受灾群众基本生活和公共服务设施；坚持尊重科学、尊重自然，充分考虑资源环境承载能力；坚持统筹兼顾，做到重建与经济社会长远发展相结合；坚持地方为主，充分发挥灾区干部群众自力更生、艰苦奋斗的精神，在国家的支持下实现灾后重建和发展目标。灾后重建规划的编制要统一部署、分工负责，区分缓急、突出重点，相互衔接、上下协调，规范有序、依法推进。在深入论证、科学规划的同时，尽可能加快工作进度。

中共中央政治局常委、国务院副总理、国务院抗震救灾总指挥部副总指挥李克强，中共中央政治局委员、国务院副总理、国务院抗震救灾总指挥部副总指挥回良玉，国务委员兼国务院秘书长马凯，国务委员孟建柱和有关部门负责人出席会议。

海峡两岸关系协会第二届理事会第一次会议在人民大会堂召开

这次会议是在台湾局势发生积极变化、两岸关系发展呈现良好势头的新形势下召开的。会议总结了海协会近年工作、进行了理事换届、产生了新的领导机构、规划了未来任务。

会议开始前，中共中央政治局常委、全国政协主席贾庆林亲切会见了全体代表并发表重要讲话。贾庆林代表党中央、国务院对海协会第二届理事会第一次会议的召开表示热烈祝贺，对海协会以往在推动两岸关系发展中发挥的积极作用给予高度肯定，对即将产生的海协会第二届理事会的工作给予热情勉励。

贾庆林指出，通过协商谈判推动两岸关系发展和祖国和平统一进程，是我们党和政府一贯的方针政策。今年3月下旬以来，台湾局势发生积极变化，“台独”势力及其分裂活动遭到沉重打击，两岸关系发展面临多年来难得的历史机遇，两岸同胞比以往更热切地期盼两岸关系改善与发展。恢复两岸协商谈判并取得实际成果，是当前两岸关系改善和发展的重要标志。海协会新一届理事会承担着新形势下推动两岸关系和平发展的重要任务，要坚持在“九二共识”基础上与海基会进行商谈，秉持“建立互信、搁置争议、求同存异、共创双赢”的精神，先易后难，先经济后政治，循序渐进，务实解决两岸同胞关心的问题，推动两岸协商谈判不断取得进展，在两岸关系发展中发挥积极作用。贾庆林希望海协会按照党的十七大关于对台工作的总体要求，坚定不移地贯彻中央对台工作的大政方针，遵循建会宗旨，认真履行职能，在中央的领导下，在各有关方面的支持配合下，同心协力，为开创两岸关系和平发展新局面作出重要贡献。

国务委员戴秉国出席会议，并发表重要讲话。戴秉国指出，这次会议对于尽快恢复海协会与海基会的交往与商谈、努力开创两岸关系和平发展新局面具有重要意义。戴秉国说，我们应当紧紧抓住两岸关系发展面临的难得历史机遇，努力开创两岸关系和平发展的新局面。两岸协商谈判的进展，历来是两岸关系发展水平的重要标志。当前，海协会与海基会均已表示在“九二共识”的基础上恢复联系往来和协商谈判。希望海协会与海基会复谈后，优先协商解决两岸同胞期待已久的两岸周末包机和大陆居民赴台旅游问题，争取尽快签署协议，尽早实施，以满足两岸同胞的迫切愿望。戴秉国还表示，在今后的两岸协商谈判中，双方要维护“九二共识”这一两岸协商谈判的政治基础，搁置一时不易解决的问题，先解决可以解决的问题，以利推动两岸关系取得实际进展，最终在两岸关系发展的过程中创造条件，寻求解决两岸关系中历史遗留问题和可能遇到的新问题的办法，还要努力解决两岸同胞交往中遇到的实际问题，保持两岸关系和平发展的势头。

中共中央台湾工作办公室、国务院台湾事务办公室主任王毅出席会议并讲话。王毅充分肯定了海协会十年来取得的工作成绩,希望海协会在新形势下承担起推进两岸协商谈判进程的重要使命。今后海协会要根据两岸关系形势发展和对台工作需要,与海基会就今后协商议题和步骤作出规划,努力解决两岸同胞关心的问题,推动两岸人员往来和经济文化交流,推动两岸全面直接双向"三通"进程;并且在建立互信、搁置争议、求同存异、共创双赢的过程中,积极创造条件,寻求解决两岸关系和平发展中遇到的问题,为构建两岸关系和平发展框架而努力。中共中央台办、国务院台办将一如既往地支持海协会的工作,保障海协会职能的顺利履行。

海协会第一届理事会常务副会长李炳才代表上一届理事会作了会务报告。李炳才指出,海协会在台海局势风云变幻、两岸关系十分困难的情况下,继续高举两岸协商谈判的旗帜,维护两岸协商谈判的政治基础;发挥受权民间团体作用,坚决反对和遏制"台独"分裂活动;与台湾和海外赞成发展两岸关系的团体和人士开展广泛的联系与合作;协助有关部门和地方妥善处理两岸同胞交往中遇到的问题,维护两岸同胞的正当权益,开展了大量工作,付出了艰辛努力。

会议闭幕时,新当选的海协会会长陈云林发表讲话,向新一届理事会报告了海协会近期工作设想。陈云林说,海协会与海基会已经互致函电,都表明了在"九二共识"基础上尽早恢复商谈的立场,两会商谈即将重新开始。海协会将按照党中央、国务院对海协会工作的明确要求,根据授权,切实发挥海协会通过与海基会商谈推动两岸关系发展的重要作用。海协会已经做好接待海基会董事长江丙坤及两会恢复接触后首次会谈的准备,希望两会恢复商谈的第一步能够顺利迈出,两岸周末包机、大陆居民赴台旅游两项商谈能够取得积极成果。海协会将本着先易后难、循序渐进的精神,与海基会就今后的协商议题和步骤作出规划。海协会已得到授权,就大陆同胞赠送台湾同胞的一对大熊猫早日到台湾安家落户事宜,与海基会协商作出安排。海协会还将积极推动海协会与海基会领导人互访,以进一步提升两会交往水平。陈云林表示,海协会将继续充分发挥受权民间团体的特点和优势,加强与台湾各界社会团体和人士的联系和交往;继续协助有关方面促进两岸各项交往和交流,推动两岸人员往来和经济文化交流迈向新层次、新水平;继续协助有关方面处理好两岸同胞交往中遇到的问题,维护两岸同胞的合法权益。海协会一定要珍惜并抓住两岸关系改善发展的难得机遇,推进两岸协商谈判进程,为构建两岸关系和平发展框架,作出历史性的贡献。

海峡两岸关系协会第二届理事会推举陈云林为海协会会长

全国人大与欧洲议会交流机制第二十六次会议在布鲁塞尔结束

双方就双边关系等多个议题广泛交流了意见,增进了彼此间的了解和互信。

中国全国人大外事委员会副主任委员、全国人大—欧洲议会关系小组主席查培新在总结本次会议时说,会议开得很好,增进了双方的了解,交流的议题更加深入,有助于推动中欧各个领域的全面合作。

在本次会议期间,双方在中欧政治、经贸关系、全球和地区安全局势、宗教、人权、司法制度和国际金融市场等诸多问题上坦诚地交换了意见。

中方代表团特别在西藏问题、奥运会、台湾问题、经贸摩擦、气候变化、中国完全市场经济地位等敏感问题上向欧方阐述了我方的立场。

6月4日

国务院总理温家宝在北京主持召开国务院常务会议

会议研究部署当前农业生产工作,审议并原则通过《汶川地震灾后恢复重建条例(草案)》。

会议指出,今年以来,党中央、国务院制定了一系列加强农业的政策措施,各地区、各有关部门加大工作力度,调动了农民的积极性,夏季粮油丰收在望。

会议对搞好"三夏"生产,力争全年农业丰收作出部署。一是抓好抢收抢种。保障柴油供给,确保跨区机收顺利进行;关注天气变化,突击抢收抢打,确保颗粒归仓;扩大玉米、水稻等粮食作物面积,确保不荒田。二是加强技术指导服务。推广增产增效实用技术,搞好田间管理,加强病虫害监测和防治。三是加强监测预警,落实防范洪涝、干旱、台风等灾害的措施。四是落实化肥生产扶持政策,加强农资市场调控和监管,组织好农资供应,稳定农资价格。五是加快农资综合直补和良种补贴拨付进度,将各项支农惠农政策及时兑现到户;要加大支农投入力度,形成促进农业稳定发展的政策合力。六是认真执行粮食最低收购价政策,做好当前夏粮收购工作,保护农民种粮积极性。

会议指出,汶川地震灾后恢复重建时间紧、任务重,涉及方方面面,制定《汶川地震灾后恢复重建条例》(以下简称《条例》),把灾后恢复重建工作纳入法制轨道十分必要。《条例》草案重点作了以下规定:一是明确了以人为本、科学规划、统筹兼顾、分步实施、自力更生、国家支持、社会帮扶的方针和相关原则。二是对过渡性安置的方式方法、安置地点选址、配套设施建设以及资金和物资的分配使用等作了明确规定,要求安置资金、物资和临时住所的分配使用公开透明。三是对地震灾害调查评估、损毁的重要公共设施的工程质量鉴定以及地震资料收集、保存、建档提出了明确要求。四是明确了恢复重建规划的编制主体、原则、要求和程序,要求编制规划吸收有关部门、专家参加,充分听取地震灾区干部群众意见,批准的规划要及时公布。五是对实施恢复重建的责任主体和相关环节等作了明确规定,要求灾后恢复重建优先安排交通、通信、电力、供水、住房、学校、医院等,并对学校、医院等公用设施的抗震设防提出特殊要求。六是明确了恢复重建的资金筹集与政策扶持原则。七是对恢复重建资金、物资和工程质量监管作出了严格规定。会议决定,该《条例》草案经进一步修改后,由国务院公布施行。

会议还研究了其他事项。

国务院副总理李克强在中南海紫光阁会见美国波音公司董事长总裁兼首席执行官詹姆斯·迈克纳尼一行

6月5日

中共中央政治局常务委员会召开会议研究部署汶川地震灾后恢复重建对口支援工作

中共中央总书记胡锦涛主持会议。

会议指出,四川汶川特大地震发生后,在党中央、国务院和中央军委坚强领导下,全党全军全国各族人民万众一心、众志成城、顽强奋战,夺取了抗震救灾斗争的重大阶段性胜利。在这场抗震救灾的艰苦斗争中,全国各省区市大力发扬一方有难、八方支援的精神,紧急派出大批抢险、医疗卫生等队伍奔赴灾区,全力参与搜救被困群众、救治伤员、防控疫情、抢修基础设施等工作,同时向灾区运送大批救灾物资,踊跃捐款捐物,千方百计帮助受灾群众解决临时和过渡住所,为抗震救灾工作作出了突出贡献。

会议指出,这次四川汶川特大地震是新中国成立以来破坏性最强、波及范围最广的一次地震。灾后恢复重建是一项十分艰巨的任务,为加快灾后恢复重建,必须充分发挥社会主义制度能够集中力量办大事的政治优势,举全国之力。要坚持一方有难、八方支援,自力更生、艰苦奋斗的方针,按照"一省帮一重灾县"的原则,合理配置力量,建立对口支援机制,组织有关省市对口支援灾区加快灾后恢复重建。

会议要求,对口支援机制建立后,承担对口支援任务的有关省市要按照中央的统一部署,积极为灾区提供人力、物力、财力、智力等各种形式的支援,优先解决受灾群众基本生活条件,帮助恢复建设城乡基础设施、公共服务设施和居民住房,开展人才培训、科技支持服务等。中央将统一研究制定对口支援的优惠政策。

会议强调,承担对口支援任务的地区和受援地区都要加强领导、精心组织,加强协调配合,严格遵循灾后重建规划布局、选址要求和建设标准,制订科学合理的建设计划,依据规划抓紧实施。受援地区要坚持自力更生、艰苦奋斗,充分发挥广大干部群众的积极性,互帮互助、苦干实干,全力开展生产自救,在全国人民大力支持下,用自己的双手和辛勤劳动加快重建美好家园。

会议决定,近期召开有关会议,对灾后恢复重建对口支援工作作出具体安排。

国务院总理温家宝赴四川察看唐家山堰塞湖

温家宝主持召开国务院抗震救灾总指挥部会议专题研究唐家山堰塞湖问题。温家宝首先充分肯定了前一阶段工作取得的成绩。他说,现在解决唐家山堰塞湖问题,在气候、地质、余震、坝体结构等方面还存在很多不确定因素。我们仍然要坚持安全、科学、快速三条原则,要制定时间表,尽快彻底排除安全隐患。这个问题不解决,群众就得不到安宁,也影响整个抗震救灾工作。要进一步加强水利部门和地方政府的会商机制,加强预警监测机制,进一步完善工程排险方案和人员转移避险方案。

国务委员兼国务院秘书长马凯一起察看了唐家山堰塞湖,并出席总指挥部会议。

全国政协主席贾庆林在北京会见匈牙利国会主席西利

贾庆林对匈牙利政府和议会长期奉行一个中国政策表示赞赏和感谢,希望今后在涉及中方核心利益问题上能继续得到匈方的理解和支持。他表示,中方愿以中匈建交60周年为契机与匈方共同推动中匈友好合作伙伴关系迈上新台阶。

西利说,匈方重视发展对华关系,希望通过匈中建交60周年等活动,进一步加强双方的经贸合作,把两国关系提升到新的水平。匈牙利国会将为此作出更多的努力。她重申,匈牙利将继续坚定地支持中国的统一大业。

全国政协副主席兼秘书长钱运录参加会见。

国务院副总理李克强到甘肃 陕西指导抗震救灾工作

6月5日至7日,李克强先后来到甘肃、陕西两省的地震严重灾区，代表党中央、国务院看望慰问受灾群众和救灾人员，实地考察群众安置情况，指导恢复重建工作。

考察期间，李克强听取了甘肃省、陕西省抗震救灾工作汇报。他指出，当前救灾工作正有力有序有效进行，灾区群众情绪稳定。他充分肯定了两省抗震救灾工作所取得的阶段性重大成果，并现场研究两省提出的实际问题。他强调，要坚持一手抓抗震救灾，一手抓经济社会发展，继续深入细致地做好受灾群众安置工作，搞好灾后重建对口支援衔接，谋划落实灾后重建各项措施，自力更生、艰苦奋斗，坚决夺取抗震救灾的全面胜利，努力实现经济平稳较快发展。

甘肃省委书记陆浩、省长徐守盛和陕西省委书记赵乐际、省长袁纯清分别陪同在甘、陕两地的考察。

国务院副总理回良玉深入防汛一线检查工作并召开南方抗洪减灾会议

国家主席胡锦涛根据全国人大常委会的决定任免驻外大使

一、免去黄杰民的中华人民共和国驻大阿拉伯利比亚人民社会主义民众国特命全权大使职务；

任命王旺生为中华人民共和国驻大阿拉伯利比亚人民社会主义民众国特命全权大使。

二、免去吴久洪的中华人民共和国驻科威特国特命全权大使职务；

任命黄杰民为中华人民共和国驻科威特国特命全权大使。

三、免去林琳的中华人民共和国驻埃塞俄比亚联邦民主共和国特命全权大使职务；

任命顾小杰为中华人民共和国驻埃塞俄比亚联邦民主共和国特命全权大使。

四、任命林松添为中华人民共和国驻马拉维共和国特命全权大使。

五、免去黄忠坡的中华人民共和国驻斯洛伐克共和国特命全权大使职务；

任命陈建福为中华人民共和国驻斯洛伐克共和国特命全权大使。

六、免去谢俊平(女)的中华人民共和国驻爱沙尼亚共和国特命全权大使职务；

任命黄忠坡为中华人民共和国驻爱沙尼亚共和国特命全权大使。

七、免去卢树民的中华人民共和国驻加拿大特命全权大使职务；

任命兰立俊为中华人民共和国驻加拿大特命全权大使。

外交部部长杨洁篪在北京会见美国负责军控与国际安全事务的代理副国务卿约翰·鲁德

外交部部长杨洁篪在钓鱼台国宾馆与印度外交部部长慕克吉举行正式会谈

中央军委主席胡锦涛批准解放军四总部联合颁布的《中国人民解放军军人委员会工作条例》

军人委员会是基层单位实行“三大民主”、开展群众性活动的基本组织，是基层党支部(党委)的得力助手。近年来，全军和武警部队认真学习贯彻胡主席和军委的决策指示，在发挥军人委员会作用、加强基层“三大民主”建设上做了大量工作，有效地调动了广大官兵的积极性创造性，增强了部队的凝聚力战斗力。但也有一些单位军人委员会存在组织不健全、制度不落实、活动不经常、作用不明显等问题，影响了基层民主建设的质量。军委、总部感到，新形势下官兵民主意识不断增强，部队转型发展面临许多新的矛盾和问题，充分发挥军人委员会作用、加强基层“三大民主”建设，对于贯彻以人为本理念，巩固和发展团结友爱和谐纯洁的内部关系，促进部队建设科学发展、安全发展，确保各项任务圆满完成具有重大意义。为此，决定在出台军队《党支部工作条例》《共青团工作条例》后，制定颁发《军人委员会工作条例》，为进一步加强基层组织建设、推进基层全面建设提供坚强有力的制度保证。

军委和四总部领导对制定《军人委员会工作条例》(以下简称《条例》)非常重视，多次提出明确要求，全程给予具体指导。条例起草组认真学习胡锦涛主席一系列重要指示和有关法规文件，深入部队调查研究，先后听取和征求了总部机关16个二级部、各大单位政治部和40多个军师旅团、120多个基层单位的意见建议，还专门召集一些旅团领导和基层官兵一起讨论修改，充分体现了“开门立法”的思想，保证了《条例》制定的质量。

新颁发的《军人委员会工作条例》(以下简称《条例》)以邓小平理论和“三个代表”重要思想为指导，深入贯彻落实科学发展观，围绕有效履行新世纪新阶段我军历史使命，坚持我军听党指挥、服务人民、英勇善战的优良传统，对新形势下军人委员会工作作出了明确具体规范。《条例》共8章42条，约6900字，主要是：明确总体要求，对军人委员会的性质地位、领导方式、基本权力，以及工作和建设的指导思想、基本任务、基本原则和目标要求等作了规范；规定组织设置，在规范基层单位军人委员会设置的同时，对机关和临时单位军人委员会设置提出了要求，并明确了军人委员会的主要职责及主任和委员的素质要求；规范民主活动，明确了开展民主议事、民主推荐、民主评议、民主监督、民主选举的主要内容、程序、方法，以及官兵参与民主活动的行为准则。

中央军委领导指出，《军人委员会工作条例》既很好坚持了我军"三大民主"建设的优良传统，又充分吸纳部队创造的实践经验，体现了与时俱进的精神，是加强军人委员会工作和基层民主建设的重要法规。强调在《条例》颁发之后，要认真搞好学习宣传，抓好贯彻落实，确保官兵主体地位得到尊重、民主权利得到保障、主体作用得到发挥，进一步增强部队的创造力、凝聚力、战斗力，促进部队建设又好又快发展。

国务院印发《国家知识产权战略纲要》并发出通知

各省、自治区、直辖市人民政府，国务院各部委、各直属机构：

现将《国家知识产权战略纲要》印发给你们，请认真贯彻实施。

2008年6月5日

国家知识产权战略纲要

为提升我国知识产权创造、运用、保护和管理能力，建设创新型国家，实现全面建设小康社会目标，制定本纲要。

一、序言

(1)改革开放以来，我国经济社会持续快速发展，科学技术和文化创作取得长足进步，创新能力不断提升，知识在经济社会发展中的作用越来越突出。我国正站在新的历史起点上，大力开发和利用知识资源，对于转变经济发展方式，缓解资源环境约束，提升国家核心竞争力，满足人民群众日益增长的物质文化生活需要，具有重大战略意义。

(2)知识产权制度是开发和利用知识资源的基本制度。知识产权制度通过合理确定人们对于知识及其他信息的权利，调整人们在创造、运用知识和信息过程中产生的利益关系，激励创新，推动经济发展和社会进步。当今世界，随着知识经济和经济全球化深入发展，知识产权日益成为国家发展的战略性资源和国际竞争力的核心要素，成为建设创新型国家的重要支撑和掌握发展主动权的关键。国际社会更加重视知识产权，更加重视鼓励创新。发达国家以创新为主要动力推动经济发展，充分利用知识产权制度维护其竞争优势；发展中国家积极采取适应国情的知识产权政策措施，促进自身发展。

(3)经过多年发展，我国知识产权法律、法规体系逐步健全，执法水平不断提高；知识产权拥有量快速增长，效益日益显现；市场主体运用知识产权能力逐步提高；知识产权领域的国际交往日益增多，国际影响力逐渐增强。知识产权制度的建立和实施，规范了市场秩序，激励了发明创造和文化创作，促进了对外开放和知识资源的引进，对经济社会发展发挥了重要作用。但是，从总体上看，我国知识产权制度仍不完善，自主知识产权水平和拥有量尚不能满足经济社会发展需要，社会公众知识产权意识仍较薄弱，市场主体运用知识产权能力不强，侵犯知识产权现象还比较突出，知识产权滥用行为时有发生，知识产权服务支撑体系和人才队伍建设滞后，知识产权制度对经济社会发展的促进作用尚未得到充分发挥。

(4)实施国家知识产权战略，大力提升知识产权创造、运用、保护和管理能力，有利于增强我国自主创新能力，建设创新型国家；有利于完善社会主义市场经济体制，规范市场秩序和建立诚信社会；有利于增强我国企业市场竞争力和提高国家核心竞争力；有利于扩大对外开放，实现互利共赢。必须把知识产权战略作为国家重要战略，切实加强知识产权工作。

二、指导思想和战略目标

(一)指导思想。

(5)实施国家知识产权战略，要坚持以邓小平理论和"三个代表"重要思想为指导，深入贯彻落实科学发展观，按照激励创造、有效运用、依法保护、科学管理的方针，着力完善知识产权制度，积极营造良好的知识产权法治环境、市场环境、文化环境，大幅度提升我国知识产权创造、运用、保护和管理能力，为建设创新型国家和全面建设小康社会提供强有力支撑。

(二)战略目标。

(6)到2020年，把我国建设成为知识产权创造、运用、保护和管理水平较高的国家。知识产权法治环境进一步完善，市场主体创造、运用、保护和管理知识产权的能力显著增强，知识产权意识深入人心，自主知识产权的水平和拥有量能够有效支撑创新型国家建设，知识产权制度对经济发展、文化繁荣和社会建设的促进作用充分显现。

(7)近五年的目标是：

——自主知识产权水平大幅度提高，拥有量进一步增加。本国申请人发明专利年度授权量进入世界前列，对外专利申请大幅度增加。培育一批国际知名品牌。核心版权产业产值占国内生产总值的比重明显提高。拥有一批优良植物新品种和高水平集成电路布图设计。商业秘密、地理标志、遗传资源、传统知识和民间文艺等得到有效保护与合理利用。

——运用知识产权的效果明显增强，知识产权密集型商品比重显著提高。企业知识产权管理制度进一步健全，对知识产权领域的投入大幅度增加，运用知识产权参与市场竞争的能力明显提升。形成一批拥有知名品牌和核心知识产权，熟练运用知识产权制度的优势企业。

——知识产权保护状况明显改善。盗版、假冒等侵权行为显著减少，维权成本明显下降，滥用知识产权现象得到有效遏制。

——全社会特别是市场主体的知识产权意识普遍提高，知识产权文化氛围初步形成。

三、战略重点

(一)完善知识产权制度。

(8)进一步完善知识产权法律、法规。及时修订专利法、商标法、著作权法等知识产权专门法律及有关法规。适时做好遗传资源、传统知识、民间文艺和地理标志等方面的立法工作。加强知识产权立法的衔接配套，增强法律、法规可操作性。完善反不正当竞争、对外贸易、科技、国防等方面法律、法规中有关知识产权的规定。

(9)健全知识产权执法和管理体制。加强司法保护体系和行政执法体系建设，发挥司法保护知识产权的主导作用，提高执法效率和水平，强化公共服务。深化知识产权行政管理体制改革，形成权责一致、分工合理、决策科学、执行顺畅、监督有力的知识产权行政管理体制。

(10)强化知识产权在经济、文化和社会政策中的导向作用。加强产业政策、区域政策、科技政策、贸易政策与知识产权政策的衔接。制定适合相关产业发展的知识产权政策，促进产业结构的调整与优化；针对不同地区发展特点，完善知识产权扶持政策，培育地区特色经济，促进区域经济协调发展；建立重大科技项目的知识产权工作机制，以知识产权的获取和保护为重点开展全程跟踪服务；健全与对外贸易有关的知识产权政策，建立和完善对外贸易领域知识产权管理体制、预警应急机制、海外维权机制和争端解决机制。加强文化、教育、科研、卫生等政策与知识产权政策的协调衔接，保障公众在文化、教育、科研、卫生等活动中依法合理使用创新成果和信息的权利，促进创新成果合理分享；保障国家应对公共危机的能力。

(二)促进知识产权创造和运用。

(11)运用财政、金融、投资、政府采购政策和产业、能源、环境保护政策，引导和支持市场主体创造和运用知识产权。强化科技创新活动中的知识产权政策导向作用，坚持技术创新以能够合法产业化为基本前提，以获得知识产权为追求目标，以形成技术标准为努力方向。完善国家资助开发的科研成果权利归属和利益分享机制。将知识产权指标纳入科技计划实施评价体系和国有企业绩效考核体系。逐步提高知识产权密集型商品出口比例，促进贸易增长方式的根本转变和贸易结构的优化升级。

(12)推动企业成为知识产权创造和运用的主体。促进自主创新成果的知识产权化、商品化、产业化，引导企业采取知识产权转让、许可、质押等方式实现知识产权的市场价值。充分发挥高等学校、科研院所在知识产权创造中的重要作用。选择若干重点技术领域，形成一批核心自主知识产权和技术标准。鼓励群众性发明创造和文化创新。促进优秀文化产品的创作。

(三)加强知识产权保护。

(13)修订惩处侵犯知识产权行为的法律、法规，加大司法惩处力度。提高权利人自我维权的意识和能力。降低维权成本，提高侵权代价，有效遏制侵权行为。

(四)防止知识产权滥用。

(14)制定相关法律、法规，合理界定知识产权的界限，防止知识产权滥用，维护公平竞争的市场秩序和公众合法权益。

(五)培育知识产权文化。

(15)加强知识产权宣传，提高全社会知识产权意识。广泛开展知识产权普及型教育。在精神文明创建活动和国家普法教育中增加有关知识产权的内容。在全社会弘扬以创新为荣、剽窃为耻，以诚实守信为荣、假冒欺骗为耻的道德观念，形成尊重知识、崇尚创新、诚信守法的知识产权文化。

四、专项任务

(一)专利。

(16)以国家战略需求为导向，在生物和医药、信息、新材料、先进制造、先进能源、海洋、资源环境、现代农业、现代交通、航空航天等技术领域超前部署，掌握一批核心技术的专利，支撑我国高技术产业与新兴产业发展。

(17)制定和完善与标准有关的政策，规范将专利纳入标准的行为。支持企业、行业组织积极参与国际标准的制定。

(18)完善职务发明制度，建立既有利于激发职务发明人创新积极性，又有利于促进专利技术实施的利益分配机制。

(19)按照授予专利权的条件，完善专利审查程序，提高审查质量。防止非正常专利申请。

(20)正确处理专利保护和公共利益的关系。在依法保护专利权的同时，完善强制许可制度，发挥例外制度作用，研究制定合理的相关政策，保证在发生公共危机时，公众能够及时、充分获得必需的产品和服务。

(二)商标。

(21)切实保护商标权人和消费者的合法权益。加强执法能力建设，严厉打击假冒等侵权行为，维护公平竞争的市场秩序。

(22)支持企业实施商标战略,在经济活动中使用自主商标。引导企业丰富商标内涵,增加商标附加值,提高商标知名度,形成驰名商标。鼓励企业进行国际商标注册,维护商标权益,参与国际竞争。

(23)充分发挥商标在农业产业化中的作用。积极推动市场主体注册和使用商标,促进农产品质量提高,保证食品安全,提高农产品附加值,增强市场竞争力。

(24)加强商标管理。提高商标审查效率,缩短审查周期,保证审查质量。尊重市场规律,切实解决驰名商标、著名商标、知名商品、名牌产品、优秀品牌的认定等问题。

(三)版权。

(25)扶持新闻出版、广播影视、文学艺术、文化娱乐、广告设计、工艺美术、计算机软件、信息网络等版权相关产业发展,支持具有鲜明民族特色、时代特点作品的创作,扶持难以参与市场竞争的优秀文化作品的创作。

(26)完善制度,促进版权市场化。进一步完善版权质押、作品登记和转让合同备案等制度,拓展版权利用方式,降低版权交易成本和风险。充分发挥版权集体管理组织、行业协会、代理机构等中介组织在版权市场化中的作用。

(27)依法处置盗版行为,加大盗版行为处罚力度。重点打击大规模制售、传播盗版产品的行为,遏制盗版现象。

(28)有效应对互联网等新技术发展对版权保护的挑战。妥善处理保护版权与保障信息传播的关系,既要依法保护版权,又要促进信息传播。

(四)商业秘密。

(29)引导市场主体依法建立商业秘密管理制度。依法打击窃取他人商业秘密的行为。妥善处理保护商业秘密与自由择业、涉密者竞业限制与人才合理流动的关系,维护职工合法权益。

(五)植物新品种。

(30)建立激励机制,扶持新品种培育,推动育种创新成果转化为植物新品种权。支持形成一批拥有植物新品种权的种苗单位。建立、健全植物新品种保护的技术支撑体系,加快制订植物新品种测试指南,提高审查测试水平。

(31)合理调节资源提供者、育种者、生产者和经营者之间的利益关系,注重对农民合法权益的保护。提高种苗单位及农民的植物新品种权保护意识,使品种权人、品种生产经销单位和使用新品种的农民共同受益。

(六)特定领域知识产权。

(32)完善地理标志保护制度。建立、健全地理标志的技术标准体系、质量保证体系与检测体系。普查地理标志资源,扶持地理标志产品,促进具有地方特色的自然、人文资源优势转化为现实生产力。

(33)完善遗传资源保护、开发和利用制度,防止遗传资源流失和无序利用。协调遗传资源保护、开发和利用的利益关系,构建合理的遗传资源获取与利益分享机制。保障遗传资源提供者知情同意权。

(34)建立、健全传统知识保护制度。扶持传统知识的整理和传承,促进传统知识发展。完善传统医药知识产权管理、保护和利用协调机制,加强对传统工艺的保护、开发和利用。

(35)加强民间文艺保护,促进民间文艺发展。深入发掘民间文艺作品,建立民间文艺保存人与后续创作人之间合理分享利益的机制,维护相关个人、群体的合法权益。

(36)加强集成电路布图设计专有权的有效利用,促进集成电路产业发展。

(七)国防知识产权。

(37)建立国防知识产权的统一协调管理机制,着力解决权利归属与利益分配、有偿使用、激励机制以及紧急状态下技术有效实施等重大问题。

(38)加强国防知识产权管理。将知识产权管理纳入国防科研、生产、经营及装备采购、保障和项目管理各环节,增强对重大国防知识产权的掌控能力。发布关键技术指南,在武器装备关键技术和军民结合高新技术领域形成一批自主知识产权。建立国防知识产权安全预警机制,对军事技术合作和军品贸易中的国防知识产权进行特别审查。

(39)促进国防知识产权有效运用。完善国防知识产权保密解密制度,在确保国家安全和国防利益基础上,促进国防知识产权向民用领域转移。鼓励民用领域知识产权在国防领域运用。

五、战略措施

(一)提升知识产权创造能力。

(40)建立以企业为主体、市场为导向、产学研相结合的自主知识产权创造体系。引导企业在研究开发立项及开展经营活动前进行知识产权信息检索。支持企业通过原始创新、集成创新和引进消化吸收再创新,形成自主知识产权,提高把创新成果转变为知识产权的能力。支持企业等市场主体在境外取得知识产权。引导企业改进竞争模式,加强技术创新,提高产品质量和服务质量,支持企业打造知名品牌。

(二)鼓励知识产权转化运用。

(41)引导支持创新要素向企业集聚,促进高等学校、科研院所的创新成果向企业转移,推动企业知识产权的应用和产业化,缩短产业化周期。深入开展各类知识产权试点、示范工作,全面提升知识产权运用能力和应对知识产权竞争的能力。

(42)鼓励和支持市场主体健全技术资料与商业秘密管理制度,建立知识产权价值评估、统计和财务核算制度,制定知识产权信息检索和重大事项预警等制度,完善对外合作知识产权管理制度。

(43)鼓励市场主体依法应对涉及知识产权的侵权行为和法律诉讼,提高应对知识产权纠纷的能力。

(三)加快知识产权法制建设。

(44)建立适应知识产权特点的立法机制,提高立法质量,加快立法进程。加强知识产权立法前瞻性研究,做好立法后评估工作。增强立法透明度,拓宽企业、行业协会和社会公众参与立法的渠道。加强知识产权法律修改和立法解释,及时有效回应知识产权新问题。研究制定知识产权基础性法律的必要性和可行性。

(四)提高知识产权执法水平。

(45)完善知识产权审判体制,优化审判资源配置,简化救济程序。研究设置统一受理知识产权民事、行政和刑事案件的专门知识产权法庭。研究适当集中专利等技术性较强案件的审理管辖权问题,探索建立知识产权上诉法院。进一步健全知识产权审判机构,充实知识产权司法队伍,提高审判和执行能力。

(46)加强知识产权司法解释工作。针对知识产权案件专业性强等特点,建立和完善司法鉴定、专家证人、技术调查等诉讼制度,完善知识产权诉前临时措施制度。改革专利和商标确权、授权程序,研究专利无效审理和商标评审机构向准司法机构转变的问题。

(47)提高知识产权执法队伍素质,合理配置执法资源,提高执法效率。针对反复侵权、群体性侵权以及大规模假冒、盗版等行为,有计划、有重点地开展知识产权保护专项行动。加大行政执法机关向刑事司法机关移送知识产权刑事案件和刑事司法机关受理知识产权刑事案件的力度。

(48)加大海关执法力度,加强知识产权边境保护,维护良好的进出口秩序,提高我国出口商品的声誉。充分利用海关执法国际合作机制,打击跨境知识产权违法犯罪行为,发挥海关在国际知识产权保护事务中的影响力。

(五)加强知识产权行政管理。

(49)制定并实施地区和行业知识产权战略。建立、健全重大经济活动知识产权审议制度。扶持符合经济社会发展需要的自主知识产权创造与产业化项目。

(50)充实知识产权管理队伍,加强业务培训,提高人员素质。根据经济社会发展需要,县级以上人民政府可设立相应的知识产权管理机构。

(51)完善知识产权审查及登记制度,加强能力建设,优化程序,提高效率,降低行政成本,提高知识产权公共服务水平。

(52)构建国家基础知识产权信息公共服务平台。建设高质量的专利、商标、版权、集成电路布图设计、植物新品种、地理标志等知识产权基础信息库,加快开发适合我国检索方式与习惯的通用检索系统。健全植物新品种保护测试机构和保藏机构。建立国防知识产权信息平台。指导和鼓励各地区、各有关行业建设符合自身需要的知识产权信息库。促进知识产权系统集成、资源整合和信息共享。

(53)建立知识产权预警应急机制。发布重点领域的知识产权发展态势报告,对可能发生的涉及面广、影响大的知识产权纠纷、争端和突发事件,制定预案,妥善应对,控制和减轻损害。

(六)发展知识产权中介服务。

(54)完善知识产权中介服务管理,加强行业自律,建立诚信信息管理、信用评价和失信惩戒等诚信管理制度。规范知识产权评估工作,提高评估公信度。

(55)建立知识产权中介服务执业培训制度,加强中介服务职业培训,规范执业资质管理。明确知识产权代理人等中介服务人员执业范围,研究建立相关律师代理制度。完善国防知识产权中介服务体系。大力提升中介组织涉外知识产权申请和纠纷处置服务能力及国际知识产权事务参与能力。

(56)充分发挥行业协会的作用,支持行业协会开展知识产权工作,促进知识产权信息交流,组织共同维权。加强政府对行业协会知识产权工作的监督指导。

(57)充分发挥技术市场的作用,构建信息充分、交易活跃、秩序良好的知识产权交易体系。简化交易程序,降低交易成本,提供优质服务。

(58)培育和发展市场化知识产权信息服务,满足不同层次知识产权信息需求。鼓励社会资金投资知识产权信息化建设,鼓励企业参与增值性知识产权信息开发利用。

(七)加强知识产权人才队伍建设。

(59)建立部门协调机制,统筹规划知识产权人才队伍建设。加快建设国家和省级知识产权人才库和专业人才信息网络平台。

(60)建设若干国家知识产权人才培养基地。加快建设高水平的知识产权师资队伍。设立知识产权二级学科,支持有条件的高等学校设立知识产权硕士、博士学位授予点。大规模培养各级各类知识产权专业人才,重点培养企业急需的知识产权管理和中介服务人才。

(61)制定培训规划,广泛开展对党政领导干部、公务员、企事业单位管理人员、专业技术人员、文学艺术创作人员、教师等的知识产权培训。

(62)完善吸引、使用和管理知识产权专业人才相关制度,优化人才结构,促进人才合理流动。结合公务员法的实施,完善知识产权管理部门公务员管理制度。按照国家职称制度改革总体要求,建立和完善知识产权人才的专业技术评价体系。

(八)推进知识产权文化建设。

(63)建立政府主导、新闻媒体支撑、社会公众广泛参与的知识产权宣传工作体系。完善协调机制,制定相关政策和工作计划,推动知识产权的宣传普及和知识产权文化建设。

(64)在高等学校开设知识产权相关课程,将知识产权教育纳入高校学生素质教育体系。制订并实施全国中小学知识产权普及教育计划,将知识产权内容纳入中小学教育课程体系。

(九)扩大知识产权对外交流合作。

(65)加强知识产权领域的对外交流合作。建立和完善知识产权对外信息沟通交流机制。加强国际和区域知识产权信息资源及基础设施建设与利用的交流合作。鼓励开展知识产权人才培养的对外合作。引导公派留学生、鼓励自费留学生选修知识产权专业。支持引进或聘用海外知识产权高层次人才。积极参与国际知识产权秩序的构建,有效参与国际组织有关议程。

2007年度中国国际科学技术合作奖在北京颁奖

国务委员刘延东代表中国政府向荣获此项殊荣的英国地球物理学专家李向阳博士、美国材料科学与工程专家刘锦川博士、德国生物学专家彼得·格鲁斯博士和国际水稻研究所代表罗伯特·齐格勒博士颁发奖章和获奖证书。

北京奥运将建二级赛事指挥体系

中共中央政治局委员、北京市市委书记、北京奥组委主席刘淇通过电视会议系统,向远在希腊雅典的国际奥委会执委会汇报北京奥运会筹办工作最新进展情况,他透露,北京奥运会和残奥会期间将建立二层结构的赛时指挥体系,按层次级别承担不同的职责任务。

刘淇介绍说,北京借鉴往届奥运会的经验,并根据中国的体制特点,将在奥运期间建立总指挥部和主运行中心的二级赛时指挥体系。上层设总指挥部,由北京奥组委和中央政府相关部门的领导人组成,刘淇任总指挥。总指挥部负责处理奥运会、残奥会组织运行中的重大问题,与国际奥委会的沟通协调以及各赛区运行中的政策问题。下层设主运行中心,由北京奥组委和北京市相关领导人组成,北京市市长郭金龙任指挥长。主运行中心负责奥运会、残奥会日常运行事务及北京市城市保障工作,下设调度中心、竞赛指挥组、宣传文化组、外事联络组、安全保卫组等11个工作机构。

刘淇表示,各类场馆得到充分授权,力争90%以上的运行问题都能在场馆层面得到解决。

6月6日

国家主席胡锦涛同沙特国王阿卜杜拉通电话感谢沙特向中国地震灾区提供救灾援助

全国人大常委会委员长吴邦国在人民大会堂会见匈牙利国会主席西利

吴邦国积极评价中匈关系,祝贺在中国举办的"匈牙利节"取得了圆满成功。他说,中方重视发展对匈关系,视匈牙利为中国在中东欧地区的重要合作伙伴和可信赖的朋友,愿与匈方一道,办好"中国文化年"等一系列庆祝中匈建交60周年的活动,进一步拓宽合作领域,挖掘合作潜力,丰富合作内涵,推动两国友好合作关系迈上新台阶。

吴邦国说,西利主席的来访进一步促进了中国全国人大与匈牙利国会关系的发展,希望双方在保持高层交往的同时,深化专门委员会、友好小组、办事机构之间往来,加强立法监督等领域的交流,推动经贸等领域的务实合作,为中匈关系的发展增添新内容、注入新活力。

西利说,匈方在发展对华关系上一直持积极态度,希望两国加强在科技、医药、贸易、金融等领域的合作,充分发挥匈牙利的区位优势,使匈牙利在发展欧中关系中起到桥梁作用。她强调,台湾、西藏问题纯属中国内政,别国无权干涉。匈方坚定奉行一个中国政策。

国务院总理温家宝继续在绵阳考察唐家山堰塞湖除险工作

国家副主席习近平在人民大会堂会见印度外交部部长慕克吉

中国代表在联合国人权理事会第八次会议上就西藏问题驳斥部分国家片面言论

中国代表团在联合国人权理事会会议上发言时指出,西藏问题不是什么民族、宗教和文化问题,更不是人权问题,而是分裂祖国与维护统一的问题。

正在日内瓦举行的联合国人权理事会第八次会议当天就国别人权议题进行了讨论。在讨论过程中,部分国家就中国西藏局势发表了片面看法。与会的中国代表团副代表钱波就此指出,西藏问题是一个纯属中国主权和内政的问题,把这个问题作为人权问题提出,是明显将人权问题化、搞双重标准。

钱波说,西藏的人权状况如何,事实最有发言权。和平解放以来,西藏经济快速发展,人民享受各项人权的水平不断提高。目前,藏族和其他少数民族在西藏县级以上人大代表中占80%以上,享有高度的自治权。西藏有各类宗教场所1780多处,僧尼4.6万多名,享有开展正常宗教活动的充分自由。

他说,西藏人均寿命由达赖统治时期的35.5岁提高到现在的67岁,卫生医疗机构覆盖全区农牧民,农牧民的健康水平大幅提高。西藏全区学校增至1000多所,藏语已成为中国第一个具有国际标准的少数民族文字,传统文化得到更好的传承。这些进步和成绩是任何谎言和诬蔑都无法抹杀的。

他说,拉萨今年3月发生的严重暴力犯罪事件是达赖集团有组织、有预谋、精心策划煽动的一场分裂活动,事实清楚,证据确凿,与人权根本无关。中国代表团反对那些不负责任的无理指责,希望人权理事会能排除干扰,切实促进和保护人权。

钱波还表示希望人权理事会能够彻底消除双重标准和政治化,确保非选择性、客观性和公正性。因为这不仅是各方达成的共识,更是人权理事会开展工作必须遵循的基本原则,关系到该理事会的权威和信誉。他还说,中国愿与各成员国一道携手合作,本着高度负责和建设性的态度,共同推动人权理事会为人类福祉作出更多贡献。

最高人民法院决定为抗震救灾英雄集体和个人记一等功

最高人民法院作出决定,为北川羌族自治县人民法院、汶川县人民法院、彭州市人民法院司法警察大队3个英雄集体记集体一等功;为北川羌族自治县人民法院副院长李芝军、青川县人民法院工作人员何延、北川羌族自治县人民法院副院长桂勇、汶川县人民法院院长邓吉安、都江堰市人民法院副院长余涛5名英雄个人记个人一等功。

最高人民检察院在绵竹市召开"检徽在地震灾区闪光"主题座谈会

最高人民检察院授予何淼、杨健川同志"检察系统抗震救灾英雄"荣誉称号。四川省检察院作出决定,给北川县检察院、都江堰市检察院、绵竹市检察院荣记集体一等功;给汶川县检察院检察长孙力、北川县检察院检察长李成、青川县检察院检察长李国平、安县检察院副检察长张绍平荣记个人一等功。

曹建明要求各级检察机关把协助做好受灾群众安置、恢复生产和灾后重建摆上更加突出的位置。坚决依法严厉打击危害灾区社会稳定、破坏抗震救灾的刑事犯罪活动,积极预防和坚决查办抗震救灾中的贪污、挪用、私分救灾款物和严重失职、渎职等职务犯罪,及时化解矛盾纠纷,保障抗震救灾和灾后重建工作的顺利进行。要认真做好受灾检察人员的安置安抚工作,做好对灾区检察机关的物资支援和对口支援工作,做好灾区检察机关恢复重建工作。

6月7日

国家环保部通报2007年中国环境状况

一是2007年全国主要污染物排放量首次出现"拐点"。全国装备脱硫设施的燃煤机组占全部火电机组的比例由2005年的12%提高到48%,城镇污水处理率由52%提高到60%;全年全国化学需氧量排放量比2006年下降3.14%,二氧化硫排放量比2006年下降4.66%,两项主要污染物排放量实现双下降,首次出现了"拐点"。

二是让不堪重负的江河湖海休养生息拉开序幕。国家制订并组织实施淮河、海河、辽河、松花江、三峡库区及上游、丹江口库区及上游、黄河中上游、滇池、巢湖流域水污染防治规划和太湖流域水环境综合治理总体方案,提出了让不堪重负的江河湖海休养生息的政策措施。

三是从再生产全过程制定环境经济政策,综合运用财政、税收、金融、信贷、价格、贸易等多种经济手段保护环境。提高了电力、钢铁、石化等13个高耗能、高排放行业建设项目的环境准入条件,积极推进淘汰落后产能,对总投资近1.5万亿元的377个项目作出了不予审批或暂缓审批的决定。进一步严格企业上市环保核查,去年否决或暂缓10家企业84亿元的上市融资申请。

四是走和谐发展的生态文明之路开始了新的探索。我国发布了生态补偿试点指导意见,开展异地开发区建设补偿、饮用水源地保护补偿试点,发布了《国家重点生态功能保护区规划纲要》。第一次全国污染源普查、环境宏观战略研究、水体污染治理与控制重大科技专项三大基础性战略性环保工程顺利推进。

6月8日

国务院总理温家宝签署第526号令公布《汶川地震灾后恢复重建条例》

《汶川地震灾后恢复重建条例》已经于2008年6

月4日国务院第11次常务会议通过，现予公布，自公布之日起施行。

总理　温家宝

2008年6月8日

汶川地震灾后恢复重建条例

第一章　总　则

第一条　为了保障汶川地震灾后恢复重建工作有力、有序、有效地开展，积极、稳妥恢复灾区群众正常的生活、生产、学习、工作条件，促进灾区经济社会的恢复和发展，根据《中华人民共和国突发事件应对法》和《中华人民共和国防震减灾法》，制定本条例。

第二条　地震灾后恢复重建应当坚持以人为本、科学规划、统筹兼顾、分步实施、自力更生、国家支持、社会帮扶的方针。

第三条　地震灾后恢复重建应当遵循以下原则：

(一)受灾地区自力更生、生产自救与国家支持、对口支援相结合；

(二)政府主导与社会参与相结合；

(三)就地恢复重建与异地新建相结合；

(四)确保质量与注重效率相结合；

(五)立足当前与兼顾长远相结合；

(六)经济社会发展与生态环境资源保护相结合。

第四条　各级人民政府应当加强对地震灾后恢复重建工作的领导、组织和协调，必要时成立地震灾后恢复重建协调机构，组织协调地震灾后恢复重建工作。

县级以上人民政府有关部门应当在本级人民政府的统一领导下，按照职责分工，密切配合，采取有效措施，共同做好地震灾后恢复重建工作。

第五条　地震灾区的各级人民政府应当自力更生、艰苦奋斗、勤俭节约，多种渠道筹集资金、物资，开展地震灾后恢复重建。

国家对地震灾后恢复重建给予财政支持、税收优惠和金融扶持，并积极提供物资、技术和人力等方面的支持。

国家鼓励公民、法人和其他组织积极参与地震灾后恢复重建工作，支持在地震灾后恢复重建中采用先进的技术、设备和材料。

国家接受外国政府和国际组织提供的符合地震灾后恢复重建需要的援助。

第六条　对在地震灾后恢复重建工作中作出突出贡献的单位和个人，按照国家有关规定给予表彰和奖励。

第二章　过渡性安置

第七条　对地震灾区的受灾群众进行过渡性安置，应当根据地震灾区的实际情况，采取就地安置与异地安置，集中安置与分散安置，政府安置与投亲靠友、自行安置相结合的方式。

政府对投亲靠友和采取其他方式自行安置的受灾群众给予适当补助。具体办法由省级人民政府制定。

第八条　过渡性安置地点应当选在交通条件便利、方便受灾群众恢复生产和生活的区域，并避开地震活动断层和可能发生洪灾、山体滑坡和崩塌、泥石流、地面塌陷、雷击等灾害的区域以及生产、储存易燃易爆危险品的工厂、仓库。

实施过渡性安置应当占用废弃地、空旷地，尽量不占用或者少占用农田，并避免对自然保护区、饮用水水源保护区以及生态脆弱区域造成破坏。

第九条　地震灾区的各级人民政府根据实际条件，因地制宜，为灾区群众安排临时住所。临时住所可以采用帐篷、篷布房，有条件的也可以采用简易住房、活动板房。安排临时住所确实存在困难的，可以将学校操场和经安全鉴定的体育场馆等作为临时避难场所。

国家鼓励地震灾区农村居民自行筹建符合安全要求的临时住所，并予以补助。具体办法由省级人民政府制定。

第十条　用于过渡性安置的物资应当保证质量安全。生产单位应当确保帐篷、篷布房的产品质量。建设单位、生产单位应当采用质量合格的建筑材料，确保简易住房、活动板房的安全质量和抗震性能。

第十一条　过渡性安置地点应当配套建设水、电、道路等基础设施，并按比例配备学校、医疗点、集中供水点、公共卫生间、垃圾收集点、日常用品供应点、少数民族特需品供应点以及必要的文化宣传设施等配套公共服务设施，确保受灾群众的基本生活需要。

过渡性安置地点的规模应当适度，并安装必要的防雷设施和预留必要的消防应急通道，配备相应的消防设施，防范火灾和雷击灾害发生。

第十二条　临时住所应当具备防火、防风、防雨等功能。

第十三条　活动板房应当优先用于重灾区和需要异地安置的受灾群众，倒塌房屋在短期内难以恢复重建的重灾户特别是遇难者家庭、孕妇、婴幼儿、孤儿、孤老、残疾人员以及学校、医疗点等公共服务设施。

第十四条　临时住所、过渡性安置资金和物资的分配和使用，应当公开透明，定期公布，接受有关部门和社会监督。具体办法由省级人民政府制定。

第十五条　过渡性安置用地按临时用地安排，可以先行使用，事后再依法办理有关用地手续；到期未转为永久性用地的，应当复垦后交还原土地使用者。

第十六条　过渡性安置地点所在地的县级人民政府，应当组织有关部门加强次生灾害、饮用水水质、食品卫生、疫情的监测和流行病学调查以及环境卫生整治。使用的消毒剂、清洗剂应当符合环境保护要求，避免对土壤、水资源、环境等造成污染。

过渡性安置地点所在地的公安机关，应当加强治安管理，及时惩处违法行为，维护正常的社会秩序。

受灾群众应当在过渡性安置地点所在地的县、乡(镇)人民政府组织下，建立治安、消防联队，开展治安、消防巡查等自防自救工作。

第十七条　地震灾区的各级人民政府，应当组织受灾群众和企业开展生产自救，积极恢复生产，并做好受灾群众的心理援助工作。

第十八条　地震灾区的各级人民政府及政府农业行政主管部门应当及时组织修复毁损的农业生产设施，开展抢种抢收，提供农业生产技术指导，保障农业投入品和农业机械设备的供应。

第十九条　地震灾区的各级人民政府及政府有关部门应当优先组织供电、供水、供气等企业恢复生产，并对大型骨干企业恢复生产提供支持，为全面恢复工业、服务业生产经营提供条件。

第三章　调查评估

第二十条　国务院有关部门应当组织开展地震灾害调查评估工作，为编制地震灾后恢复重建规划提供依据。

第二十一条　地震灾害调查评估应当包括下列事项：

(一)城镇和乡村受损程度和数量；

(二)人员伤亡情况，房屋破坏程度和数量，基础设施、公共服务设施、工农业生产设施与商贸流通设施受损程度和数量，农用地毁损程度和数量等；

(三)需要安置人口的数量，需要救助的伤残人员数量，需要帮助的孤寡老人及未成年人的数量，需要提供的房屋数量，需要恢复重建的基础设施和公共服务设施，需要恢复重建的生产设施，需要整理和复垦的农用地等；

(四)环境污染、生态损害以及自然和历史文化遗产毁损等情况；

(五)资源环境承载能力以及地质灾害、地震次生灾害和隐患等情况；

(六)水文地质、工程地质、环境地质、地形地貌以及河势和水文情势、重大水利水电工程的受影响情况；

(七)突发公共卫生事件及其隐患；

(八)编制地震灾后恢复重建规划需要调查评估的其他事项。

第二十二条　县级以上人民政府应当依据各自职责分工组织有关部门和专家，对毁损严重的水利、道路、电力等基础设施，学校等公共服务设施以及其他建设工程进行工程质量和抗震性能鉴定，保存有关资料和样本，并开展地震活动对相关建设工程破坏机理的调查评估，为改进建设工程抗震设计规范和工程建设标准，采取抗震设防措施提供科学依据。

第二十三条　地震灾害调查评估应当采用全面调查评估、实地调查评估、综合评估的方法，确保数据资料的真实性、准确性、及时性和评估结论的可靠性。

地震部门、地震监测台网应当收集、保存地震前、地震中、地震后的所有资料和信息，并建立完整的档案。

开展地震灾害调查评估工作，应当遵守国家法律、法规以及有关技术标准和要求。

第二十四条　地震灾害调查评估报告应当及时上报国务院。

第四章　恢复重建规划

第二十五条　国务院发展改革部门会同国务院有关部门与地震灾区的省级人民政府共同组织编制地震灾后恢复重建规划，报国务院批准后组织实施。

地震灾后恢复重建规划应当包括地震灾后恢复重建总体规划和城镇体系规划、农村建设规划、城乡住房建设规划、基础设施建设规划、公共服务设施建设规划、生产力布局和产业调整规划、市场服务体系规划、防灾减灾和生态修复规划、土地利用规划等专项规划。

第二十六条　地震灾区的市、县人民政府应当在省级人民政府的指导下，组织编制本行政区域的地震灾后恢复重建实施规划。

第二十七条　编制地震灾后恢复重建规划，应当全面贯彻落实科学发展观，坚持以人为本，优先恢复重建受灾群众基本生活和公共服务设施；尊重科学、尊重自然，充分考虑资源环境承载能力；统筹兼顾，与推进工业化、城镇化、新农村建设、主体功能区建设、产业结构优化升级相结合，并坚持统一部署、分工负责，区分缓急、突出重点，相互衔接、上下协调，规范有序、依法推进的原则。

编制地震灾后恢复重建规划，应当遵守法律、法规和国家有关标准。

第二十八条　地震灾后调查评估获得的地质、勘察、测绘、水文、环境等基础资料，应当作为编制地震灾后恢复重建规划的依据。

地震工作主管部门应当根据地震地质、地震活动特性的研究成果和地震烈度分布情况，对地震动参数区划图进行复核，为编制地震灾后恢复重建规划和进行建设工程抗震设防提供依据。

第二十九条　地震灾后恢复重建规划应当包括地震灾害状况和区域分析，恢复重建原则和目标，恢复重建区域范围，恢复重建空间布局，恢复重建任务和政策措施,有科学价值的地震遗址、遗迹保护,受损文物和具有历史价值与少数民族特色的建筑物、构筑物的修复,实施步骤和阶段等主要内容。

地震灾后恢复重建规划应当重点对城镇和乡村的布局、住房建设、基础设施建设、公共服务设施建设、农业生产设施建设、工业生产设施建设、防灾减灾和生态环境以及自然资源和历史文化遗产保护、土地整理和复垦等作出安排。

第三十条 地震灾区的中央所属企业生产、生活等设施的恢复重建,纳入地震灾后恢复重建规划统筹安排。

第三十一条 编制地震灾后恢复重建规划,应当吸收有关部门、专家参加,并充分听取地震灾区受灾群众的意见;重大事项应当组织有关方面专家进行专题论证。

第三十二条 地震灾区内的城镇和乡村完全毁损,存在重大安全隐患或者人口规模超出环境承载能力,需要异地新建的,重新选址时,应当避开地震活动断层或者生态脆弱和可能发生洪灾、山体滑坡、崩塌、泥石流、地面塌陷等灾害的区域以及传染病自然疫源地。

地震灾区的县级以上地方人民政府应当组织有关部门、专家对新址进行论证,听取公众意见,并报上一级人民政府批准。

第三十三条 国务院批准的地震灾后恢复重建规划,是地震灾后恢复重建的基本依据,应当及时公布。任何单位和个人都应当遵守经依法批准公布的地震灾后恢复重建规划,服从规划管理。

地震灾后恢复重建规划所依据的基础资料修改、其他客观条件发生变化需要修改的,或者因恢复重建工作需要修改的,由规划组织编制机关提出修改意见,报国务院批准。

第五章 恢复重建的实施

第三十四条 地震灾区的省级人民政府,应当根据地震灾后恢复重建规划和当地经济社会发展水平,有计划、分步骤地组织实施地震灾后恢复重建。

国务院有关部门应当支持、协助、指导地震灾区的恢复重建工作。

城镇恢复重建应当充分考虑原有城市、镇总体规划,注重体现原有少数民族建筑风格,合理确定城镇的建设规模和标准,并达到抗震设防要求。

第三十五条 发展改革部门具体负责灾后恢复重建的统筹规划、政策建议、投资计划、组织协调和重大建设项目的安排。

财政部门会同有关部门负责提出资金安排和政策建议,并具体负责灾后恢复重建财政资金的拨付和管理。

交通运输、水利、铁路、电力、通信、广播影视等部门按照职责分工,具体组织实施有关基础设施的灾后恢复重建。

建设部门具体组织实施房屋和市政公用设施的灾后恢复重建。

民政部门具体组织实施受灾群众的临时基本生活保障、生活困难救助、农村毁损房屋恢复重建补助、社会福利设施恢复重建以及对孤儿、孤老、残疾人员的安置、补助、心理援助和伤残康复。

教育、科技、文化、卫生、广播影视、体育、人力资源社会保障、商务、工商等部门按照职责分工,具体组织实施公共服务设施的灾后恢复重建、卫生防疫和医疗救治、就业服务和社会保障、重要生活必需品供应以及维护市场秩序。高等学校、科学技术研究开发机构应当加强对有关问题的专题研究,为地震灾后恢复重建提供科学技术支撑。

农业、林业、水利、国土资源、商务、工业等部门按照职责分工,具体组织实施动物疫情监测、农业生产设施恢复重建和农业生产条件恢复,地震灾后恢复重建用地安排、土地整理和复垦、地质灾害防治,商贸流通、工业生产设施等恢复重建。

环保、林业、民政、水利、科技、安全生产、地震、气象、测绘等部门按照职责分工,具体负责生态环境保护和防灾减灾、安全生产的技术保障及公共服务设施恢复重建。

中国人民银行和银行、证券、保险监督管理机构按照职责分工,具体负责地震灾后恢复重建金融支持和服务政策的制定与落实。

公安部门具体负责维护和稳定地震灾区社会秩序。

海关、出入境检验检疫部门按照职责分工,依法组织实施进口恢复重建物资、境外捐赠物资的验放、检验检疫。

外交部会同有关部门按照职责分工,协调开展地震灾后恢复重建的涉外工作。

第三十六条 国务院地震工作主管部门应当会同文物等有关部门组织专家对地震废墟进行现场调查,对具有典型性、代表性、科学价值和纪念意义的地震遗址、遗迹划定范围,建立地震遗址博物馆。

第三十七条 地震灾区的省级人民政府应当组织民族事务、建设、环保、地震、文物等部门和专家,根据地震灾害调查评估结果,制订清理保护方案,明确地震遗址、遗迹和文物保护单位以及具有历史价值与少数民族特色的建筑物、构筑物等保护对象及其区域范围,报国务院批准后实施。

第三十八条　地震灾害现场的清理保护，应当在确定无人类生命迹象和无重大疫情的情况下，按照统一组织、科学规划、统筹兼顾、注重保护的原则实施。发现地震灾害现场有人类生命迹象的，应当立即实施救援。

第三十九条　对清理保护方案确定的地震遗址、遗迹应当在保护范围内采取有效措施进行保护，抢救、收集具有科学研究价值的技术资料和实物资料，并在不影响整体风貌的情况下，对有倒塌危险的建筑物、构筑物进行必要的加固，对废墟中有毒、有害的废弃物、残留物进行必要的清理。

对文物保护单位应当实施原址保护。对尚可保留的不可移动文物和具有历史价值与少数民族特色的建筑物、构筑物以及历史建筑，应当采取加固等保护措施；对无法保留但将来可能恢复重建的，应当收集整理影像资料。

对馆藏文物、民间收藏文物等可移动文物和非物质文化遗产的物质载体，应当及时抢救、整理、登记，并将清理出的可移动文物和非物质文化遗产的物质载体，运送到安全地点妥善保管。

第四十条　对地震灾害现场的清理，应当按照清理保护方案分区、分类进行。清理出的遇难者遗体处理，应当尊重当地少数民族传统习惯；清理出的财物，应当对其种类、特征、数量、清理时间、地点等情况详细登记造册，妥善保存。有条件的，可以通知遇难者家属和所有权人到场。

对清理出的废弃危险化学品和其他废弃物、残留物，应当实行分类处理，并遵守国家有关规定。

第四十一条　地震灾区的各级人民政府应当做好地震灾区的动物疫情防控工作。对清理出的动物尸体，应当采取消毒、销毁等无害化处理措施，防止重大动物疫情的发生。

第四十二条　对现场清理过程中拆除或者拆解的废旧建筑材料以及过渡安置期结束后不再使用的活动板房等，能回收利用的，应当回收利用。

第四十三条　地震灾后恢复重建，应当统筹安排交通、铁路、通信、供水、供电、住房、学校、医院、社会福利、文化、广播电视、金融等基础设施和公共服务设施建设。

城镇的地震灾后恢复重建，应当统筹安排市政公用设施、公共服务设施和其他设施，合理确定建设规模和时序。

乡村的地震灾后恢复重建，应当尊重农民意愿，发挥村民自治组织的作用，以群众自建为主，政府补助、社会帮扶、对口支援，因地制宜，节约和集约利用土地，保护耕地。

地震灾区的县级人民政府应当组织有关部门对村民住宅建设的选址予以指导，并提供能够符合当地实际的多种村民住宅设计图，供村民选择。村民住宅应当达到抗震设防要求，体现原有地方特色、民族特色和传统风貌。

第四十四条　经批准的地震灾后恢复重建项目可以根据土地利用总体规划，先行安排使用土地，实行边建设边报批，并按照有关规定办理用地手续。对因地震灾害毁损的耕地、农田道路、抢险救灾应急用地、过渡性安置用地、废弃的城镇、村庄和工矿旧址，应当依法进行土地整理和复垦，并治理地质灾害。

第四十五条　国务院有关部门应当组织对地震灾区地震动参数、抗震设防要求、工程建设标准进行复审；确有必要修订的，应当及时组织修订。

地震灾区的抗震设防要求和有关工程建设标准应当根据修订后的地震灾区地震动参数，进行相应修订。

第四十六条　对地震灾区尚可使用的建筑物、构筑物和设施，应当按照地震灾区的抗震设防要求进行抗震性能鉴定，并根据鉴定结果采取加固、改造等措施。

第四十七条　地震灾后重建工程的选址，应当符合地震灾后恢复重建规划和抗震设防、防灾减灾要求，避开地震活动断层、生态脆弱地区、可能发生重大灾害的区域和传染病自然疫源地。

第四十八条　设计单位应当严格按照抗震设防要求和工程建设强制性标准进行抗震设计，并对抗震设计的质量以及出具的施工图的准确性负责。

施工单位应当按照施工图设计文件和工程建设强制性标准进行施工，并对施工质量负责。

建设单位、施工单位应当选用施工图设计文件和国家有关标准规定的材料、构配件和设备。

工程监理单位应当依照施工图设计文件和工程建设强制性标准实施监理，并对施工质量承担监理责任。

第四十九条　按照国家有关规定对地震灾后恢复重建工程进行竣工验收时，应当重点对工程是否符合抗震设防要求进行查验；对不符合抗震设防要求的，不得出具竣工验收报告。

第五十条　对学校、医院、体育场馆、博物馆、文化馆、图书馆、影剧院、商场、交通枢纽等人员密集的公共服务设施，应当按照高于当地房屋建筑的抗震设防要求进行设计，增强抗震设防能力。

第五十一条　地震灾后恢复重建中涉及文物保护、自然保护区、野生动植物保护和地震遗址、遗迹保护的，依照国家有关法律、法规的规定执行。

第五十二条　地震灾后恢复重建中，货物、工程和服务的政府采购活动，应当严格依照《中华人民共和国政府采购法》的有关规定执行。

第六章　资金筹集与政策扶持

第五十三条　县级以上人民政府应当通过政府投入、对口支援、社会募集、市场运作等方式筹集地震灾后恢复重建资金。

第五十四条　国家根据地震的强度和损失的实际情况等因素建立地震灾后恢复重建基金，专项用于地震灾后恢复重建。

地震灾后恢复重建基金由预算资金以及其他财政资金构成。

地震灾后恢复重建基金筹集使用管理办法，由国务院财政部门制定。

第五十五条　国家鼓励公民、法人和其他组织为地震灾后恢复重建捐赠款物。捐赠款物的使用应当尊重捐赠人的意愿，并纳入地震灾后恢复重建规划。

县级以上人民政府及其部门作为受赠人的，应当将捐赠款物用于地震灾后恢复重建。公益性社会团体、公益性非营利的事业单位作为受赠人的，应当公开接受捐赠的情况和受赠财产的使用、管理情况，接受政府有关部门、捐赠人和社会的监督。

县级以上人民政府及其部门、公益性社会团体、公益性非营利的事业单位接受捐赠的，应当向捐赠人出具由省级以上财政部门统一印制的捐赠票据。

外国政府和国际组织提供的地震灾后恢复重建资金、物资和人员服务以及安排实施的多双边地震灾后恢复重建项目等，依照国家有关规定执行。

第五十六条　国家鼓励公民、法人和其他组织依法投资地震灾区基础设施和公共服务设施的恢复重建。

第五十七条　国家对地震灾后恢复重建依法实行税收优惠。具体办法由国务院财政部门、国务院税务部门制定。

地震灾区灾后恢复重建期间，县级以上地方人民政府依法实施地方税收优惠措施。

第五十八条　地震灾区的各项行政事业性收费可以适当减免。具体办法由有关主管部门制定。

第五十九条　国家向地震灾区的房屋贷款和公共服务设施恢复重建贷款、工业和服务业恢复生产经营贷款、农业恢复生产贷款等提供财政贴息。具体办法由国务院财政部门会同其他有关部门制定。

第六十条　国家在安排建设资金时，应当优先考虑地震灾区的交通、铁路、能源、农业、水利、通信、金融、市政公用、教育、卫生、文化、广播电视、防灾减灾、环境保护等基础设施和公共服务设施以及关系国家安全的重点工程设施建设。

测绘、气象、地震、水文等设施因地震遭受破坏的，地震灾区的人民政府应当采取紧急措施，组织力量修复，确保正常运行。

第六十一条　各级人民政府及政府有关部门应当加强对受灾群众的职业技能培训、就业服务和就业援助，鼓励企业、事业单位优先吸纳符合条件的受灾群众就业；可以采取以工代赈的方式组织受灾群众参加地震灾后恢复重建。

第六十二条　地震灾区接受义务教育的学生，其监护人因地震灾害死亡或者丧失劳动能力或者因地震灾害导致家庭经济困难的，由国家给予生活费补贴；地震灾区的其他学生，其父母因地震灾害死亡或者丧失劳动能力或者因地震灾害导致家庭经济困难的，在同等情况下其所在的学校可以优先将其纳入国家资助政策体系予以资助。

第六十三条　非地震灾区的县级以上地方人民政府及其有关部门应当按照国家和当地人民政府的安排，采取对口支援等多种形式支持地震灾区恢复重建。

国家鼓励非地震灾区的企业、事业单位通过援建等多种形式支持地震灾区恢复重建。

第六十四条　对地震灾后恢复重建中需要办理行政审批手续的事项，有审批权的人民政府及有关部门应当按照方便群众、简化手续、提高效率的原则，依法及时予以办理。

第七章　监督管理

第六十五条　县级以上人民政府应当加强对下级人民政府地震灾后恢复重建工作的监督检查。

县级以上人民政府有关部门应当加强对地震灾后恢复重建建设工程质量和安全以及产品质量的监督。

第六十六条　地震灾区的各级人民政府在确定地震灾后恢复重建资金和物资分配方案、房屋分配方案前，应当先行调查，经民主评议后予以公布。

第六十七条　地震灾区的各级人民政府应当定期公布地震灾后恢复重建资金和物资的来源、数量、发放和使用情况，接受社会监督。

第六十八条　财政部门应当加强对地震灾后恢复重建资金的拨付和使用的监督管理。

发展改革、建设、交通运输、水利、电力、铁路、工业和信息化等部门按照职责分工，组织开展对地震灾后恢复重建项目的监督检查。国务院发展改革部门组织开展对地震灾后恢复重建的重大建设项目的稽查。

第六十九条　审计机关应当加强对地震灾后恢复重建资金和物资的筹集、分配、拨付、使用和效果的全过程跟踪审计，定期公布地震灾后恢复重建资金和物资使用情况，并在审计结束后公布最终的审计结果。

第七十条　地震灾区的各级人民政府及有关部门和单位，应当对建设项目以及地震灾后恢复重建资金和物资的筹集、分配、拨付、使用情况登记造册，建立、健全档案，并在建设工程竣工验收和地震灾后恢复重建结束后，及时向建设主管部门或者其他有关部门移交档案。

第七十一条　监察机关应当加强对参与地震灾后恢复重建工作的国家机关和法律、法规授权的具有管理公共事务职能的组织及其工作人员的监察。

第七十二条　任何单位和个人对地震灾后恢复重建中的违法违纪行为，都有权进行举报。

接到举报的人民政府或者有关部门应当立即调查，依法处理，并为举报人保密。实名举报的，应当将处理结果反馈举报人。社会影响较大的违法违纪行为，处理结果应当向社会公布。

第八章　法律责任

第七十三条　有关地方人民政府及政府部门侵占、截留、挪用地震灾后恢复重建资金或者物资的，由财政部门、审计机关在各自职责范围内，责令改正，追回被侵占、截留、挪用的地震灾后恢复重建资金或者物资，没收违法所得，对单位给予警告或者通报批评；对直接负责的主管人员和其他直接责任人员，由任免机关或者监察机关按照人事管理权限依法给予降级、撤职直至开除的处分；构成犯罪的，依法追究刑事责任。

第七十四条　在地震灾后恢复重建中，有关地方人民政府及政府有关部门拖欠施工单位工程款，或者明示、暗示设计单位、施工单位违反抗震设防要求和工程建设强制性标准，降低建设工程质量，造成重大安全事故，构成犯罪的，依法追究刑事责任；尚不构成犯罪的，对直接负责的主管人员和其他直接责任人员，由任免机关或者监察机关按照人事管理权限依法给予降级、撤职直至开除的处分。

第七十五条　在地震灾后恢复重建中，建设单位、勘察单位、设计单位、施工单位或者工程监理单位，降低建设工程质量，造成重大安全事故，构成犯罪的，依法追究刑事责任；尚不构成犯罪的，由县级以上地方人民政府建设主管部门或者其他有关部门依照《建设工程质量管理条例》的有关规定给予处罚。

第七十六条　对毁损严重的基础设施、公共服务设施和其他建设工程，在调查评估中经鉴定确认工程质量存在重大问题，构成犯罪的，对负有责任的建设单位、设计单位、施工单位、工程监理单位的直接责任人员，依法追究刑事责任；尚不构成犯罪的，由县级以上地方人民政府建设主管部门或者其他有关部门依照《建设工程质量管理条例》的有关规定给予处罚。涉嫌行贿、受贿的，依法追究刑事责任。

第七十七条　在地震灾后恢复重建中，扰乱社会公共秩序，构成违反治安管理行为的，由公安机关依法给予处罚。

第七十八条　国家工作人员在地震灾后恢复重建工作中滥用职权、玩忽职守、徇私舞弊的，依法给予处分；构成犯罪的，依法追究刑事责任。

第九章　附　则

第七十九条　地震灾后恢复重建中的其他有关法律的适用和有关政策，由国务院依法另行制定，或者由国务院有关部门、省级人民政府在各自职权范围内作出规定。

第八十条　本条例自公布之日起施行。

中共中央国务院发出《关于全面推进集体林权制度改革的意见》

新中国成立后，特别是改革开放以来，我国集体林业建设取得了较大成效，对经济社会发展和生态建设作出了重要贡献。集体林权制度虽经数次变革，但产权不明晰、经营主体不落实、经营机制不灵活、利益分配不合理等问题仍普遍存在，制约了林业的发展。为进一步解放和发展林业生产力，发展现代林业，增加农民收入，建设生态文明，现就全面推进集体林权制度改革提出如下意见。

一、充分认识集体林权制度改革的重大意义

（一）集体林权制度改革是稳定和完善农村基本经营制度的必然要求。集体林地是国家重要的土地资源，是林业重要的生产要素，是农民重要的生活保障。实行集体林权制度改革，把集体林地经营权和林木所有权落实到农户，确立农民的经营主体地位，是将农村家庭承包经营制度从耕地向林地的拓展和延伸，是对农村土地经营制度的丰富和完善，必将进一步解放和发展农村生产力。

（二）集体林权制度改革是促进农民就业增收的战略举措。林业产业链条长，市场需求大，就业空间广。实行集体林权制度改革，让农民获得重要的生产资料，激发农民发展林业生产经营的积极性，有利于促进农民特别是山区农民脱贫致富，破解“三农”问题，推进社会主义新农村建设。

（三）集体林权制度改革是建设生态文明的重要内容。建设生态文明、维护生态安全是林业发展的首要任务。实行集体林权制度改革，建立责权利明晰的林业经营制度，有利于调动广大农民造林育林的积极性和爱林护林的自觉性，增加森林数量，提升森林质量，增强森林生态功能和应对气候变化的能力，繁荣生态文化，促进人与自然和谐，推动经济社会可持续发展。

（四）集体林权制度改革是推进现代林业发展的强大动力。林业是国民经济和社会发展的重要公益事业和基础产业。实行集体林权制度改革，培育林业发展的市场主体，发挥市场在林业生产要素配置中的基础性作用，有利于发挥林业的生态、经济、社会和文化等多种功能，满足社会对林业的多样化需求，促进现代林业发展。

二、集体林权制度改革的指导思想、基本原则和总体目标

(五)指导思想。全面贯彻党的十七大精神，高举中国特色社会主义伟大旗帜，以邓小平理论和“三个代表”重要思想为指导，深入贯彻落实科学发展观，大力实施以生态建设为主的林业发展战略，不断创新集体林业经营的体制机制，依法明晰产权、放活经营、规范流转、减轻税费，进一步解放和发展林业生产力，促进传统林业向现代林业转变，为建设社会主义新农村和构建社会主义和谐社会作出贡献。

(六)基本原则。坚持农村基本经营制度，确保农民平等享有集体林地承包经营权；坚持统筹兼顾各方利益，确保农民得实惠、生态受保护；坚持尊重农民意愿，确保农民的知情权、参与权、决策权；坚持依法办事，确保改革规范有序；坚持分类指导，确保改革符合实际。

(七)总体目标。用5年左右时间，基本完成明晰产权、承包到户的改革任务。在此基础上，通过深化改革，完善政策，健全服务，规范管理，逐步形成集体林业的良性发展机制，实现资源增长、农民增收、生态良好、林区和谐的目标。

三、明确集体林权制度改革的主要任务

(八)明晰产权。在坚持集体林地所有权不变的前提下，依法将林地承包经营权和林木所有权，通过家庭承包方式落实到本集体经济组织的农户，确立农民作为林地承包经营权人的主体地位。对不宜实行家庭承包经营的林地，依法经本集体经济组织成员同意，可以通过均股、均利等其他方式落实产权。村集体经济组织可保留少量的集体林地，由本集体经济组织依法实行民主经营管理。

林地的承包期为70年。承包期届满，可以按照国家有关规定继续承包。已经承包到户或流转的集体林地，符合法律规定、承包或流转合同规范的，要予以维护；承包或流转合同不规范的，要予以完善；不符合法律规定的，要依法纠正。对权属有争议的林地、林木，要依法调处，纠纷解决后再落实经营主体。自留山由农户长期无偿使用，不得强行收回，不得随意调整。承包方案必须依法经本集体经济组织成员同意。

自然保护区、森林公园、风景名胜区、河道湖泊等管理机构和国有林(农)场、垦殖场等单位经营管理的集体林地、林木，要明晰权属关系，依法维护经营管理区的稳定和林权权利人的合法权益。

(九)勘界发证。明确承包关系后，要依法进行实地勘界、登记，核发全国统一式样的林权证，做到林权登记内容齐全规范，数据准确无误，图、表、册一致，人、地、证相符。各级林业主管部门应明确专门的林权管理机构，承办同级人民政府交办的林权登记造册、核发证书、档案管理、流转管理、林地承包争议仲裁、林权纠纷调处等工作。

(十)放活经营权。实行商品林、公益林分类经营管理。依法把立地条件好、采伐和经营利用不会对生态平衡和生物多样性造成危害区域的森林和林木，划定为商品林；把生态区位重要或生态脆弱区域的森林和林木，划定为公益林。对商品林，农民可依法自主决定经营方向和经营模式，生产的木材自主销售。对公益林，在不破坏生态功能的前提下，可依法合理利用林地资源，开发林下种养业，利用森林景观发展森林旅游业等。

(十一)落实处置权。在不改变林地用途的前提下，林地承包经营权人可依法对拥有的林地承包经营权和林木所有权进行转包、出租、转让、入股、抵押或作为出资、合作条件，对其承包的林地、林木可依法开发利用。

(十二)保障收益权。农户承包经营林地的收益，归农户所有。征收集体所有的林地，要依法足额支付林地补偿费、安置补助费、地上附着物和林木的补偿费等费用，安排被征林地农民的社会保障费用。经政府划定的公益林，已承包到农户的，森林生态效益补偿要落实到户；未承包到农户的，要确定管护主体，明确管护责任，森林生态效益补偿要落实到本集体经济组织的农户。严格禁止乱收费、乱摊派。

(十三)落实责任。承包集体林地，要签订书面承包合同，合同中要明确规定并落实承包方、发包方的造林育林、保护管理、森林防火、病虫害防治等责任，促进森林资源可持续经营。基层林业主管部门要加强对承包合同的规范化管理。

四、完善集体林权制度改革的政策措施

(十四)完善林木采伐管理机制。编制森林经营方案，改革商品林采伐限额管理，实行林木采伐审批公示制度，简化审批程序，提供便捷服务。严格控制公益林采伐，依法进行抚育和更新性质的采伐，合理控制采伐方式和强度。

(十五)规范林地、林木流转。在依法、自愿、有偿的前提下，林地承包经营权人可采取多种方式流转林地经营权和林木所有权。流转期限不得超过承包期的剩余期限，流转后不得改变林地用途。集体统一经营管理的林地经营权和林木所有权的流转，要在本集体经济组织内提前公示，依法经本集体经济组织成员同意，收益应纳入农村集体财务管理，用于本集体经济组

织内部成员分配和公益事业。

加快林地、林木流转制度建设,建立、健全产权交易平台,加强流转管理,依法规范流转,保障公平交易,防止农民失山失地。加强森林资源资产评估管理,加快建立森林资源资产评估师制度和评估制度,规范评估行为,维护交易各方合法权益。

(十六)建立支持集体林业发展的公共财政制度。各级政府要建立和完善森林生态效益补偿基金制度,按照"谁开发谁保护、谁受益谁补偿"的原则,多渠道筹集公益林补偿基金,逐步提高中央和地方财政对森林生态效益的补偿标准。建立造林、抚育、保护、管理投入补贴制度,对森林防火、病虫害防治、林木良种、沼气建设给予补贴,对森林抚育、木本粮油、生物质能源林、珍贵树种及大径材培育给予扶持。改革育林基金管理办法,逐步降低育林基金征收比例,规范用途,各级政府要将林业部门行政事业经费纳入财政预算。森林防火、病虫害防治以及林业行政执法体系等方面的基础设施建设要纳入各级政府基本建设规划,林区的交通、供水、供电、通信等基础设施建设要依法纳入相关行业的发展规划,特别是要加大对偏远山区、沙区和少数民族地区林业基础设施的投入。集体林权制度改革工作经费,主要由地方财政承担,中央财政给予适当补助。对财政困难的县乡,中央和省级财政要加大转移支付力度。

(十七)推进林业投融资改革。金融机构要开发适合林业特点的信贷产品,拓宽林业融资渠道。加大林业信贷投放,完善林业贷款财政贴息政策,大力发展对林业的小额贷款。完善林业信贷担保方式,健全林权抵押贷款制度。加快建立政策性森林保险制度,提高农户抵御自然灾害的能力。妥善处理农村林业债务。

(十八)加强林业社会化服务。扶持发展林业专业合作组织,培育一批辐射面广、带动力强的龙头企业,促进林业规模化、标准化、集约化经营。发展林业专业协会,充分发挥政策咨询、信息服务、科技推广、行业自律等作用。引导和规范森林资源资产评估、森林经营方案编制等中介服务健康发展。

五、加强对集体林权制度改革的组织领导

(十九)高度重视集体林权制度改革。各级党委、政府要把集体林权制度改革作为一件大事来抓,摆上重要位置,精心组织,周密安排,因势利导,确保改革扎实推进。要实行主要领导负责制,层层落实领导责任。建立县(市)直接领导、乡镇组织实施、村组具体操作、部门搞好服务的工作机制,充分发挥农村基层党组织的作用。改革方案的制定要依照法律、尊重民意、因地制宜,改革的内容和具体操作程序要公开、公平、公正。在坚持改革基本原则的前提下,鼓励各地积极探索,确保改革符合实际、取得实效。要加强对领导干部、林改工作人员包括农村基层干部的培训,强化调度、统计、检查、督导和档案管理工作。要严肃工作纪律,党员干部特别是各级领导干部,要以身作则,决不允许借改革之机,为本人和亲友谋取私利。要健全纠纷调处工作机制,妥善解决林权纠纷,及时化解矛盾,维护农村稳定。

(二十)切实加强和改进林业管理。各级林业主管部门要适应改革新形势,进一步转变职能,加强林业宏观管理、公共服务、行政执法和监督。要深入调查研究,认真总结经验,加强工作指导,改进服务方式。推行林业综合行政执法,严厉打击破坏森林资源的违法行为。要加强森林防火、病虫害防治等公共服务体系建设,健全政府主导、群防群治的森林防火、防病虫害、防乱砍滥伐的工作机制。建立科技推广激励机制,加大培训力度,实施林业科技入户工程。加强基层林业工作机构建设,乡镇林业工作站经费纳入地方财政预算。

(二十一)努力形成各方面支持改革的合力。集体林权制度改革涉及面广、政策性强。各有关部门要各司其职,密切配合,通力协作,积极参与改革,主动支持改革。各群众团体和社会组织要发挥各自作用,为推进集体林权制度改革贡献力量。加强舆论宣传,努力营造有利于集体林权制度改革的社会氛围。

集体林权制度改革是农村生产关系的重大变革,事关全局、影响深远。我们要紧密团结在以胡锦涛同志为总书记的党中央周围,高举中国特色社会主义伟大旗帜,以邓小平理论和"三个代表"重要思想为指导,深入贯彻落实科学发展观,解放思想,坚定信心,开拓进取,扎实推进集体林权制度改革,为夺取全面建设小康社会新胜利作出新的贡献。

6月9日

国务院总理温家宝主持抗震救灾总指挥部第18次会议研究进一步做好灾区医疗防疫和甘陕抗震救灾工作

会议指出,地震发生后,参加医疗和卫生防疫的各有关方面团结合作,共同努力,取得了抗震救灾医疗防疫工作的阶段性成果。目前,全面防疫工作正在有力、有序、有效展开,实现了灾区县、乡、村和受灾群众安置点的卫生防疫工作全覆盖。灾区没有发生聚集性传染病疫情和突发公共卫生事件。

会议指出,目前,灾区的医疗防疫形势仍很严峻,任务十分艰巨,一刻也不能放松。要重点做好以下几项工作:

(一)继续做好伤员救治工作。集中力量救治危重伤员，最大限度降低重症伤员死亡率和致残率。

（二）切实做好卫生防疫工作。尽快恢复地方疾病预防控制和卫生监督工作体系。强化地方政府职责，组织当地卫生防疫队伍，合理调配防疫支援力量，加强卫生防疫监督工作；加强灾区环境卫生综合整治；加强传染病疫情监测报告；按期完成对重点人群的甲肝、乙脑等疫苗接种工作；加强饮用水卫生监督监测和集体供餐的卫生监督管理，防止重大食物中毒和食源性疾病发生；做好堰塞湖泄水后的防疫工作。

（三）尽快恢复灾区正常医疗卫生服务秩序。统筹灾区医疗卫生资源，合理调配各方面支援力量，保障群众基本医疗卫生需求。合理规划灾区医疗卫生系统恢复重建工作。

（四）坚持“地方为主，对口支援”的原则。制订对口支援灾区医疗防疫工作方案和灾区群众基本医疗、残疾伤员安置康复等政策措施。按照中央统一部署和要求，实行“一省帮一县”的办法，落实卫生防疫工作责任制，确保大灾之后无大疫。

会议听取了关于甘肃、陕西抗震救灾工作的汇报。会议指出，甘肃、陕西两省部分市县在汶川特大地震中受到严重损失。党中央、国务院对两省灾情和救灾工作高度重视，地方党委、政府迅速反应、紧急动员，采取了一系列有力措施，解放军、武警官兵以及社会各界对两省抗震救灾工作给予了大力支持。目前，受灾群众人心安定、社会稳定，抗震救灾工作取得了阶段性成果。

会议要求，甘肃、陕西两省各级党委和政府要认真贯彻落实中央关于抗震救灾工作的部署，全面安排，统筹规划，带领灾区人民自力更生、艰苦奋斗，尽快恢复生产，修复基础设施，做好灾后重建各项工作。中央有关部门要在政策、资金、物资等方面对两省的抗震救灾工作给予支持，有关省市要做好对口支援工作。

中共中央政治局常委、国务院副总理、国务院抗震救灾总指挥部副总指挥李克强，中共中央政治局委员、国务院副总理、国务院抗震救灾总指挥部副总指挥回良玉，国务委员兼国务院秘书长马凯，国务委员孟建柱和有关部门负责人出席会议。

共青团第十六次全国代表大会在人民大会堂举行预备会和主席团第一次会议

预备会由团中央书记处第一书记陆昊代表共青团十五届中央委员会主持。

预备会通过了共青团十六大议程。大会的主要议程是：听取和审议共青团第十五届中央委员会的报告；审议通过《中国共产主义青年团章程（修正案）》；选举产生共青团十六届中央委员会。

预备会还通过了共青团十六大代表资格审查委员会名单、大会主席团和秘书长名单，通过了关于确认共青团第十五届四中全会增补团中央委员的决定的决议。

共青团十六大主席团举行第一次会议。会议推选陆昊、杨岳、尔肯江·吐拉洪、王晓、张晓兰、贺军科、卢雍政为大会主席团常务主席。

主席团会议通过了大会代表资格审查委员会关于代表资格的审查报告。代表资格审查委员会认为，39个选举单位选举产生的1534名代表，符合团章和团中央关于选举团十六大代表文件的规定，代表资格有效。

会议还通过了大会日程、大会执行主席分组名单、大会副秘书长名单。

外交部部长杨洁篪在卢布尔雅那与欧盟“三驾马车”外长会晤

外交部部长杨洁篪在斯洛文尼亚首都卢布尔雅那同欧盟轮值主席国斯洛文尼亚外长鲁佩尔、欧盟理事会秘书长兼欧盟负责外交和安全政策的高级代表索拉纳、欧盟委员会对外关系委员瓦尔德纳、欧盟下任轮值主席国法国外交部国务秘书茹瓦扬代举行了会晤。

杨洁篪指出，当前双方工作重点是：一、为北京奥运会取得成功共同努力。中方坚决反对奥运“政治化”，赞赏欧盟反对抵制奥运会的立场。中方愿与包括欧盟在内的国际社会一道为世界和平和体育文明事业做出贡献。二、共同努力办好第七届亚欧首脑会议。欧盟是推动亚欧合作进程的主要力量，中国愿与欧方加强合作，推动本届首脑会议取得成功。三、搞好第十一次中欧领导人会晤、第四轮中欧战略对话及各级别政治对话，努力使对话取得实质性成果。四、尊重彼此重大关切，通过对话和磋商妥善处理双方分歧，推动中欧关系继续沿着正确的方向向前发展。

欧方对欧中关系发展表示满意并指出，欧中是全面战略合作伙伴，欧中面临共同的全球性挑战，涵盖政治、安全、能源、粮食等方方面面，要解决这些问题，欧中合作不可或缺。欧盟感谢中国以积极和负责任的态度参与国际事务，推动国际与地区问题的解决。

杨洁篪阐述了中国在涉藏问题和中央政府同达赖方面接触磋商的立场。欧方表示尊重中国国家主权和领土完整。

外交部部长杨洁篪在卢布尔雅那同斯洛文尼亚外长鲁佩尔举行会谈

西班牙国王卡洛斯和首相萨帕特罗在马德里分别会见外交部部长杨洁篪

中国第一颗直播卫星“中星九号”发射成功

6月10日

共青团第十六次全国代表大会在北京开幕

胡锦涛、吴邦国、温家宝、贾庆林、李长春、习近平、李克强、贺国强等党和国家领导人到会祝贺。

大会主席团常务主席陆昊宣布大会开幕。

李长春代表党中央发表了题为《在发展中国特色社会主义的伟大征程上创造新的青春业绩》的祝词。

中华全国总工会副主席、书记处第一书记孙春兰代表中华全国总工会、中华全国妇女联合会、中国文学艺术界联合会、中国作家协会、中国科学技术协会、中华全国归国华侨联合会、中华全国台湾同胞联谊会、中国残疾人联合会向大会致贺词。贺词指出,党的十七大描绘了全面建设小康社会新的宏伟蓝图。实现这一目标,需要当代青年同全国各族人民一道团结奋斗。当代青年一定会牢记使命,按照党的要求,创造出无愧于时代和人民的崭新业绩。

陆昊代表共青团第十五届中央委员会作了题为《高举中国特色社会主义伟大旗帜团结带领广大青年为夺取全面建设小康社会新胜利而奋斗》的报告。报告分为8个部分:过去五年的工作;改革开放进程中的中国青年;新时期共青团的光荣职责;组织动员青年为全面建设小康社会做贡献;用社会主义核心价值体系教育引导青年;把服务青年工作提高到一个新水平;代表和维护好青少年的合法权益;以改革创新精神推进团的建设。

到会祝贺的领导同志还有:王刚、王兆国、王岐山、回良玉、刘淇、刘云山、刘延东、李源潮、张德江、何勇、令计划、王沪宁、陈至立、周铁农、李建国、梁光烈、马凯、孟建柱、戴秉国、王胜俊、曹建明、杜青林、白立忱、张梅颖等。

中央和国家机关各部门、解放军总政治部、武警总部、各人民团体、北京市的负责同志,在京历届团中央负责人,首都各族各界团员和青年代表参加了开幕式。

中共中央政治局常委李长春在共青团第十六次全国代表大会上发表题为《在发展中国特色社会主义的伟大征程上创造新的青春业绩》的祝词

青年朋友们,同志们:

中国共产主义青年团第十六次全国代表大会今天隆重开幕了。开好这次大会,对于共青团全面贯彻党的十七大精神,进一步团结带领广大青年高举中国特色社会主义伟大旗帜,为夺取全面建设小康社会新胜利而奋斗,具有十分重要的意义。我受党中央委托,向大会的召开表示热烈的祝贺!向全国各族青年、全体共青团员和广大青少年工作者致以亲切的问候!

我国改革开放已经走过了30年波澜壮阔的伟大历程。改革开放的30年,是社会主义中国深刻变革、高歌猛进的30年。中国共产党领导全国各族人民,以邓小平理论和“三个代表”重要思想为指导,深入贯彻落实科学发展观,坚定不移地推进改革开放和社会主义现代化建设,成功实现了从高度集中的计划经济体制到充满活力的社会主义市场经济体制、从封闭半封闭到全方位开放的伟大历史转折,经济建设、政治建设、文化建设、社会建设都取得了举世瞩目的成就,社会主义中国巍然屹立在世界东方。

改革开放的30年,是我国青年运动蓬勃开展、成绩斐然的30年。共青团团结带领广大青年与祖国共奋进、与时代同发展,为深化改革、扩大开放、加快发展、保持稳定作出了重要贡献。团十五大以来的5年,各级共青团组织紧紧围绕党和国家工作大局,充分发挥自身优势,广泛深入开展“我与祖国共奋进”主题教育、青年马克思主义者培养工程、青年就业创业行动、青年志愿者、青年文明号、保护母亲河、希望工程等许多有特色、有影响、有成效的活动,有力推动了经济社会发展,促进了青年健康成长,在共青团历史上谱写了新的篇章。

在推进改革开放的伟大进程中,青年始终是一支生机勃勃的重要力量。我们欣喜地看到,在党的领导下,在社会主义现代化建设的第一线,在国家重大发展战略和重点工程项目的实施中,在重大科研攻关的攀登中,在应对各方面重大挑战的斗争中,到处都活跃着青年顽强拼搏、无私奉献的身影,留下了青年开拓创新、艰苦奋斗的足迹。以张海迪、李向群、秦文贵、杨利伟等为代表的一批又一批优秀青年成长成才,展示了当代中国青年蓬勃向上的精神风貌,昭示着党和国家事业发展的美好未来。

今年以来,面对历史罕见的雨雪冰冻灾害和特大地震灾害,广大青年大力弘扬高尚的奉献精神,怀着对祖国和人民的挚爱,义无反顾地投身抢险救灾和灾区重建;面对境内外敌对势力对北京奥运会火炬境外传递的干扰破坏,面对一些西方媒体对拉萨“3·14”打砸抢烧事件的歪曲报道,广大青年焕发出强烈的爱国热情,旗帜鲜明地维护国家利益和民族尊严,谱写了感人肺腑、可歌可泣的青春乐章。

实践充分表明,在改革开放中成长起来的新一代青年,是热爱党、热爱祖国、热爱人民的一代,是充满理想、大有希望、值得信赖的一代!

当前,我国发展站在了一个新的历史起点上。党的十七大全面把握国内国际发展大势，提出了实现全面建设小康社会奋斗目标的新要求，描绘了在新的历史条件下继续全面建设小康社会、加快推进社会主义现代化的宏伟蓝图。过去的30年，我们已经打下了坚实的发展基础；再经过几十年的努力，到本世纪中叶，我们将在全面建成小康社会的基础上，基本实现国家现代化，迎来中华民族伟大复兴的光明前景。伟大的事业需要一代代人接力，美好的未来需要一代代人奋斗。希望当代青年按照胡锦涛总书记提出的要求，努力成为理想远大、信念坚定的新一代，品德高尚、意志顽强的新一代，视野开阔、知识丰富的新一代，开拓进取、艰苦创业的新一代，勇敢肩负起时代重任，继续为党和人民建功立业。

当代青年要用中国特色社会主义理论体系武装头脑。中国特色社会主义理论体系，是马克思主义中国化最新成果，是党领导的改革开放伟大实践的重要理论结晶，也是我们进一步推进改革开放和社会主义现代化的强大思想武器。在当代中国，只有中国特色社会主义道路和中国特色社会主义理论体系能够引领我们发展进步。当代青年必须高举中国特色社会主义伟大旗帜，坚持不懈地用中国特色社会主义理论体系武装头脑，坚定跟党走中国特色社会主义道路的信念。广大青年学习和掌握这一理论体系，要与把握我国社会主义初级阶段基本国情和当前发展的阶段性特征结合起来，加深对科学发展观科学内涵、精神实质和根本要求的理解，不断增强贯彻落实科学发展观的自觉性和坚定性。要与深入了解改革开放的伟大实践结合起来，深刻认识改革开放的历史进程、光辉成就和宝贵经验，不断坚定推进改革开放的决心和信心。要与弘扬爱国主义精神结合起来，坚持爱国主义与社会主义的高度统一，把强烈的爱国热情转化为推动中国特色社会主义伟大事业的实际行动，倍加珍惜安定团结的良好局面，使爱国主义精神焕发出绚丽的时代光芒。

当代青年要在全面建设小康社会中奋发有为。创业维艰，奋斗以成。在中国这样一个有着十几亿人口的发展中大国全面建设小康社会，是一项前无古人的事业，是一项充满艰辛、充满创造的事业，需要一代又一代人的不懈奋斗。我们必须牢牢把握我国发展的重要战略机遇期，全面建设小康社会，不断夺取全面建设小康社会的新胜利。青年朝气蓬勃，蕴藏着巨大的创造潜力。当代青年只有用满腔的创造活力和热情推动科学发展、促进社会和谐，青春才不会虚度。要争做创新的尖兵，勇敢地走在解放思想的前列，敢于探索和突破，勇于扬弃和变革，在知识创新、技术创新、制度创新、管理创新和其他各方面创新中发挥聪明才智，为提高自主创新能力、推动经济社会又好又快发展做贡献。要争做创业的先锋，在平凡岗位上脚踏实地、勤勉敬业、锐意进取、争创一流，在新兴产业、新兴领域闯新路、创新业，在基层、在艰苦的环境中、在祖国和人民最需要的地方默默奉献、建功立业，书写壮丽青春，实现人生价值。当前在党中央、国务院和中央军委坚强领导下，全国军民正在打响一场气壮山河的抗震救灾攻坚战。广大团员青年要进一步行动起来，发扬不怕困难、连续作战的精神，在安置群众、治病防疫、抢修设施、恢复生产、重建家园等各项任务中勇挑重担，攻坚克难，为夺取抗震救灾斗争的全面胜利贡献力量。非灾区广大团员青年要以促进经济社会又好又快发展的实际行动支援抗震救灾。

当代青年要在树立社会主义新风尚中勇于争先。提高全民族的思想道德素质和全社会的文明程度，是全面建设小康社会的重要内容，是发展中国特色社会主义的必然要求。青年的道德风貌，在很大程度上体现和决定着一个社会、一个民族的文明素养。希望广大青年发扬开风气之先的优良传统，努力成为良好社会风尚的倡导者、实践者和推动者。要切实加强思想品德修养，自觉践行社会主义核心价值体系，牢固树立社会主义荣辱观，始终保持积极的人生态度、良好的道德品质、健康的生活情趣。要大力弘扬社会文明新风，踊跃投身群众性精神文明创建活动，积极参与扶贫助困、抢险救灾、环境保护、资源节约等志愿服务，热诚关爱他人，以实际行动促进社会进步。今年我国将举办北京奥运会和残奥会，圆中华民族百年奥运梦，世界各国人民无不把关注的目光投向中国。广大青年要利用这一契机，充分展示中国青年的风采，积极参与“迎奥运、讲文明、树新风”活动，为成功举办一届有特色、高水平的体育盛会作出应有贡献。

当代青年要练就适应时代要求的过硬本领。我们所处的时代，经济全球化加快发展，科技进步日新月异，国际竞争日趋激烈。在这样的环境中实现既定的发展目标，我们必须努力建设创新型国家和人力资源强国，占据科技制高点，形成人才新优势。今天的青年，是未来推动国家发展、参与国际竞争的主力军，更应当从现在起，以面向现代化、面向世界、面向未来的姿态，勤于学习，勇于实践，练就过硬本领，争做栋梁之材。要主动适应知识更新不断加快的趋势，把学习内化为人生态度、生活方式和毕生追求，不断拓宽学习领域，完善知识结构，学习新知识，掌握新技能。要主动适应信息技术加快推广应用的趋势，充分利用互联网等现代手段获取知识和信息。要主动适应我国对外开放不断扩大、国际化程度不断提高的趋势，培养世界眼光，开阔国际视野，学习人类创造的一切优秀文明成果，为参与国际合作和竞争打下坚实基础。

共青团是党领导的先进青年的群众组织，团结带领青年为党的事业而奋斗是共青团的光荣任务。在新的征途上，共青团要高举中国特色社会主义伟大旗帜，以邓小平理论和“三个代表”重要思想为指导，深入贯彻落实科学发展观，发扬光荣传统，紧跟时代步伐，更好地发挥组织青年、引导青年、服务青年、维护青年合法权益的作用，努力开创新时期共青团工作的新局面。

要牢牢把握党对共青团提出的根本要求。在我们党成为执政党并长期执政的历史背景下，党对共青团的根本要求就是不断巩固和扩大党执政的阶级基础和群众基础。把握这一根本要求，共青团必须坚持用马克思主义中国化最新成果教育广大青年，努力培养一大批坚定的青年马克思主义者；必须坚持用党的先进性吸引广大青年，加强对青年的教育、锻炼和培养，为党源源不断地输送新鲜血液；必须坚持竭诚服务青年，密切联系青年，努力把广大青年紧紧团结在党的周围。

要把推动科学发展、促进社会和谐作为共青团工作的重要任务。推动科学发展、促进社会和谐是党和国家的重大任务，同样应当成为共青团的重要任务。共青团要认真思考和把握推动科学发展、促进社会和谐对自身工作的新要求，紧紧围绕这一重要任务来谋划、推进工作，采取切实有效的措施，团结带领广大青年在推动科学发展中大显身手，在促进社会和谐中发挥作用。

要以改革创新精神推进共青团工作和建设。共青团要主动适应我国经济社会的深刻变革和当代青年在思想观念、行为方式、群体分布等方面呈现的新特点，在工作思路、工作方式、自身建设上不断创新，在强化基层基础、稳步推进团内民主等方面积极探索，不断扩大团的工作的覆盖面和影响力。要充分发挥共青团在青联中的核心作用，加强对学联的指导和对少先队的领导，引导青年社团健康发展，进一步巩固和完善青年组织体系，进一步做好新形势下党的青年群众工作。

共青团干部是党的干部队伍的重要组成部分。长期以来，广大团干部忠诚党的事业，热爱团的岗位，竭诚服务青年，为党的青年群众工作尽心竭力，辛勤奉献，作出了重要贡献。面对新形势新任务，广大团干部一定要增强责任感和使命感，不断提高服务大局、服务青年的本领，努力做到让党放心、让青年满意。要树立坚定信念，不断提高思想政治素质，坚持不懈地用中国特色社会主义理论体系武装头脑；要弘扬创新精神，继续解放思想，始终保持蓬勃向上的朝气、开拓进取的锐气、不畏艰险的勇气，创造性地推进团的工作；要倡导学习风气，树立终身学习的观念，养成勤于学习的习惯，通过不断学习培养世界眼光，增强战略思维能力，提高综合素质；要培养优良作风，增强服务青年、服务基层的意识，求真务实，埋头苦干，沉下心来干事业，扑下身子抓工作，更好地带领青年完成党赋予的光荣使命。

共青团的事业是党的事业的重要组成部分，青年工作是党的群众工作的重要方面。各级党委要从巩固党执政的群众基础，保证党的事业薪火相传、后继有人的战略高度，充分认识做好新形势下共青团和青年工作的重大意义。要充分信任、热情关心青年，正确引导、严格要求青年，密切联系、切实帮助青年。要进一步加强和改进对共青团的领导，坚持以党的建设带动团的建设，认真研究和解决新形势下共青团工作面临的问题，为团组织开展工作创造更好的条件。要关心团干部的成长，为他们提供更多的学习锻炼机会，让共青团这所学校为党培养更多想干事、能干事、干成事的优秀人才。

青年朋友们，同志们：光明的前景、美好的未来属于我们伟大的祖国和人民，属于为远大理想而不懈奋斗的中国青年。让我们紧密团结在以胡锦涛同志为总书记的党中央周围，高举中国特色社会主义伟大旗帜，朝着党的十七大确定的宏伟目标奋勇前进！

共青团十六大主席团常务主席陆昊代表共青团第十五届中央委员会作题为《高举中国特色社会主义伟大旗帜团结带领广大青年为夺取全面建设小康社会新胜利而奋斗》的报告

各位代表，同志们：

现在，我代表中国共产主义青年团第十五届中央委员会向大会作报告，请审议。

这次大会的主题是：全面贯彻党的十七大精神，高举中国特色社会主义伟大旗帜，以邓小平理论和“三个代表”重要思想为指导，深入贯彻落实科学发展观，牢记使命，坚定信念，开拓创新，锐意进取，团结带领广大青年为夺取全面建设小康社会新胜利而奋斗。

一、过去五年的工作

五年来，共青团在党的坚强领导下，围绕中心、服务大局，带领青年建功立业，促进青年成长发展，着力推动工作思路、工作方式和自身建设的创新，各项工作在继承中发展，在开拓中前进，开创了共青团事业的新局面。

以理想信念教育为核心，加强青少年思想道德建设。学习实践邓小平理论和“三个代表”重要思想、贯彻落实科学发展观的活动深入推进，“我与祖国共奋进”主题教育实践活动蓬勃开展，进一步坚定了广大青年跟党走中国特色社会主义道路的信念。实施未成年人思想道德建设工程和青年马克思主义者培养工程，提高了青少年的思想道德素质，培养了一批政治坚定的青年骨干。加强青少年爱国主义教育阵地建设，开展网上思想道德教育活动，树立一大批优秀青少年典型，举办青年群英会，青少年思想教育的形式和载体更加丰富。

着力开发人力资源，充分发挥青年在经济发展中的生力军作用。大力实施青春建功新农村行动，开展科技培训和技能培训，帮助大批农村青年发展现代农业、实现转移就业，促进了农村青年增收成才。不断深化青年科技创新行动，持续实施青工技能振兴计划，深入开展"挑战杯"大学生科技竞赛活动，设立中国青少年科技创新奖励基金，促进了一大批创新型、技能型青年人才的成长。组织青年企业家到中西部地区、东北老工业基地等开展经济合作，深化"博士服务团"活动，促进了区域协调发展。积极为海外学人回国创业牵线搭桥。保护母亲河行动成效显著，增强了广大青少年的生态环保意识，面向海内外筹集资金 4 亿多元，建设生态环保示范林 239 万亩。

积极倡导文明新风，引导青年在促进社会和谐中展现青春风采。深入推进青年志愿者行动，组织 7 万多名高校毕业生参与志愿服务西部计划，动员 150 多万名青年为即将举办的北京奥运会、残奥会提供志愿服务，在抢险救灾、扶贫开发、社区建设、生态环保、大型赛会等领域开展志愿服务，由共青团率先倡导的志愿精神正在全社会大力弘扬。加强青年文化建设，举办青年文化节、"青春中华"系列活动，深入实施团的"五个一工程"，基层青年文化活动丰富多彩。各级青年文明号集体成为传播职业文明的窗口。"三下乡"、"手拉手"等活动取得新的成效。

针对青少年的实际需要，努力服务青少年成长发展。扎实推进青年就业创业行动，通过观念引导、技能培训、岗位对接、创业扶持等方式，有效服务了青年就业创业。深入开展大中学生素质拓展、雏鹰争章等工作，帮助青少年全面提高素质。开展济困助学活动，筹措上亿元资金资助家庭经济困难大学生；希望工程五年共募集资金 14.4 亿元，援建希望小学 4900 所，"圆梦行动"资助了 10 万多名贫困学生。创建优秀"青少年维权岗"，建设"12355 青少年服务台"，实施未成年人保护行动，推进"为了明天——预防青少年违法犯罪工程"，切实维护青少年的合法权益。

建立新平台，不断拓展与港澳台青少年的交流。举办"中华龙腾"、两岸青年联欢节、两岸青年论坛、"同心同根万里行"等一系列大型活动，与港澳台青少年交流的人数大幅增长。加强与港澳台各界青年人士的联系，与有关青少年社团建立友好关系，在经贸、科技、文化等领域的交流合作更加广泛深入。

服务国家总体外交和党的对外交往，大规模开展青年国际交流。加强与外国政府机构、政党和社会民间组织开展双边和多边领域的交流与合作，进一步增进了中国青年同各国青年的相互了解和友谊。在环保、创业等领域有效实施一系列国际合作项目。实施青年志愿者海外服务计划，向多个国家派出青年志愿者。青年对外交往已经成为党和国家对外工作的重要组成部分。

坚持党建带团建，进一步加强团的自身建设。紧跟党建发展步伐，实施基层团建基础工程，巩固学校、国有企业和机关事业单位团的建设，着力加强和探索农村、城市社区和新经济组织、新社会组织的团建工作。大力推进青年中心建设。全团扎实开展增强共青团员意识主题教育活动，努力形成增强团员意识的长效机制。加大团员发展力度，目前全国有共青团员 7544 万人。做好"推优"工作，五年共推荐 486 万名优秀团员加入党组织。加强团干部作风建设和教育培训，提高团干部素质。全团带队工作深入推进。《军队共青团工作条例》的颁发，推进了全军和武警部队共青团工作的科学化、制度化、规范化。

当前，我们必须清醒地认识到，在经济社会深刻变革的时代背景下，共青团工作和建设面临新的挑战：针对社会组织形式多样、青年流动加快以及部分基层团组织不健全和软弱涣散的现状，如何实现对团员青年的广泛联系和有效覆盖，增强基层团组织的吸引力和凝聚力；面对社会思想深刻变化、青年思想更加活跃的情况，如何有针对性地加强教育引导，使社会主义核心价值体系更加深刻地融入青年思想之中；在政府职能转变、市场功能深化、社会组织兴起的背景下，如何找准服务青年的切入点，提高服务青年的能力；面对青少年权益意识增强、维权需求增多的情况，如何从青少年普遍性的维权诉求入手，更好地维护青少年的合法权益；随着信息化对青年生活方式、行为方式、思维方式的影响日益深刻，如何运用网络手段创新工作方式，通过网络引导和服务青年，提高团的组织和动员能力；针对少数团干部中存在的工作浮躁、工作不够深入、有短期行为的现象，如何加强培养锻炼，建设一支信念坚定、作风扎实、本领过硬的团干部队伍。这些都需要我们深入思考、认真研究，在今后的工作中切实加以解决。

各位代表，同志们，回顾过去的五年，我们深切地感到，共青团事业的蓬勃发展，是在党中央的高度重视和亲切关怀下、在各级党委和政府的有力领导下取得的，离不开社会各界的大力支持，凝结着广大团员青年、团干部和青少年工作者的共同努力。在此，我们向以胡锦涛同志为总书记的党中央致以崇高的敬意！向各级党委和政府及社会各界表示衷心的感谢！向广大团员青年、团干部和青少年工作者表示诚挚的问候!

二、改革开放进程中的中国青年

长期以来,党始终对青年一代寄予厚望,广大青年始终沐浴着党的关怀。毛泽东同志曾生动地把青年比作早晨八九点钟的太阳,指出青年是推动国家发展和社会进步的生机勃勃的力量。邓小平同志曾饱含深情地指出,青年一代的成长是我们的事业必定要兴旺发达的希望所在,青年要成长为有理想、有道德、有文化、有纪律的社会主义新人。江泽民同志深刻指出,青年兴则国家兴,青年强则国家强,青年有希望,未来的发展就有希望。新世纪、新阶段,胡锦涛同志殷切希望广大青年勤于学习,善于创造,甘于奉献,努力成为理想远大、信念坚定的新一代,成为品德高尚、意志顽强的新一代,成为视野开阔、知识丰富的新一代,成为开拓进取、艰苦创业的新一代。党对青年的嘱托和期望,时刻激励着广大青年沿着党指引的方向奋勇前进。

今年是我国改革开放30周年。30年来,党领导全国各族人民团结奋斗,我国经济持续快速健康发展,人民生活显著改善,综合国力不断增强,国际地位明显提升,中国特色社会主义事业焕发出勃勃生机。全国亿万青年无不为改革开放的辉煌成就而欢欣鼓舞,无不为伟大祖国的繁荣富强而倍感自豪。

30年来,青年的奋斗实践始终与改革开放紧密相连。在波澜壮阔的改革开放进程中,一代又一代青年积极响应党的号召,与祖国共奋进,与时代同发展,满怀豪情地投身建设祖国的火热实践,在改革开放和社会主义现代化建设的各条战线辛勤工作、开拓进取,为推进中国特色社会主义事业作出了重要贡献。一批批青年成长为党和国家事业的新生力量和工作骨干,青年突击队、新长征突击手、青年志愿者、青年五四奖章获得者、十大杰出青年等优秀青年群体不断涌现。改革开放的征程,留下了青年一代奋斗的足迹。

经受了改革开放的洗礼,当代青年展现出鲜明的时代特点。当代青年富有理想,拥护党的领导,对中国特色社会主义事业充满信心;当代青年热爱祖国,具有强烈的民族自信心和自豪感;当代青年在社会主义市场经济大潮中,勇于面对压力,勇于参与竞争,努力追求事业成功;当代青年紧跟科技发展步伐,积极主动地学习新知识新技能,创新意识和创造活力不断增强;当代青年面对日益丰富的社会生活,意识更加自主,追求更加多样,个性更加鲜明;当代青年顺应世界的大变革、大调整和我国对外开放的不断扩大,以更加开阔的视野、更加积极的姿态走向世界。

今年以来,在北京奥运会火炬传递过程中,广大青年、海外留学生焕发出强烈的爱国热情,自觉而坚定地维护国家利益和民族尊严,为新一代青年赢得了光荣与信赖!面对历史罕见的雨雪冰冻灾害和特大地震灾害,广大青年特别是青年官兵和青年志愿者积极响应党的号召,怀着对国家的无限忠诚、对人民的无限热爱,不怕牺牲,不畏艰险,冲锋在前,无私奉献,以实际行动谱写了新的壮丽的青春篇章!

伟大的事业需要一代又一代青年为之不懈奋斗。在党的领导下夺取全面建设小康社会新胜利,进而到本世纪中叶基本实现现代化,把我国建设成为富强民主文明和谐的社会主义现代化国家,实现中华民族伟大复兴,这是全国各族人民的共同理想,也是时代赋予当代青年的光荣使命。我们要切实增强历史使命感和社会责任感,把个人的追求和全国人民的共同理想紧密相连,坚定不移地跟党走在时代前列,继续解放思想,坚持改革开放,努力做推动科学发展、促进社会和谐的"排头兵"。

三、新时期共青团的光荣职责

党的要求和青年的使命始终决定着共青团的光荣职责。我们党已经从领导人民为夺取全国政权而奋斗的党,成为领导人民掌握全国政权并长期执政的党。共青团作为党领导的先进青年的群众组织,在新的历史条件下,必须不断巩固和扩大党执政的青年群众基础,团结带领青年为实现中华民族伟大复兴而奋斗。这是共青团的根本职责所在。

各级团组织要紧紧围绕履行根本职责,坚持先进性与群众性的统一,充分发挥党的助手和后备军作用、国家政权的重要社会支柱作用、党和政府联系青年群众的桥梁和纽带作用;从增强共青团在青年中的吸引力和凝聚力入手,切实做好组织青年、引导青年、服务青年和维护青年合法权益的工作。

党的十七大为继续推动党和国家事业发展指明了前进方向,对共青团履行根本职责、做好新形势下的青年群众工作提出了新的更高要求。共青团全面贯彻党的十七大精神,最根本的就是要高举中国特色社会主义伟大旗帜,深入贯彻落实科学发展观。

高举中国特色社会主义伟大旗帜,就要坚持中国特色社会主义道路和中国特色社会主义理论体系。要深刻认识到,中国特色社会主义伟大旗帜是当代中国发展进步的旗帜,中国特色社会主义道路是实现国家富强、民族振兴、人民幸福唯一正确的道路,中国特色社会主义理论体系是全国各族人民团结奋斗的共同思想基础。要引导广大青年自觉按照中国特色社会主义伟大旗帜指引的方向前进,不管国际风云如何变幻,不管前进道路如何坎坷,都矢志不渝地跟党走中国特色社会主义道路,坚持不懈地用中国特色社会主义理论体系武装头脑,努力成为中国特色社会主义事业的合格建设者和可靠接班人。

深入贯彻落实科学发展观,就要自觉用科学发展观指导实践、推动工作。要深刻认识科学发展观是同马克思列宁主义、毛泽东思想、邓小平理论和“三个代表”重要思想既一脉相承又与时俱进的科学理论,是发展中国特色社会主义必须坚持和贯彻的重大战略思想,深刻认识贯彻落实科学发展观是青年一代适应时代要求、促进自身发展、推动社会进步的必然要求,从而不断增强贯彻落实科学发展观的自觉性和坚定性。要引导广大青年积极践行科学发展观,为推动经济社会全面协调可持续发展做贡献。要坚持用科学发展观指导和推动团的工作,坚持以青年为本,充分尊重青年的主体地位,促进青年全面发展,不断开创共青团事业发展新局面。

四、组织动员青年为全面建设小康社会做贡献

党的十七大对实现全面建设小康社会奋斗目标提出了新要求。我们要按照党的十七大作出的全面部署,组织动员广大青年在社会主义经济建设、政治建设、文化建设、社会建设中建功立业。

组织动员青年积极参与经济建设。要积极创造条件,鼓励和推动青年创新创业,在促进经济又好又快发展中充分发挥生力军和突击队作用。帮助青年职工立足岗位,提高职业技能,争做岗位能手。鼓励青年科技工作者在自主创新中有更大作为。深化青春建功新农村行动,着力培育有文化、懂技术、会经营的青年农民,培育农村青年专业合作组织,引导青年积极发展现代农业、转移就业。为青年企业家参与区域经济合作牵线搭桥。深入实施保护母亲河行动,引导青年树立生态文明观念,积极参与保护生态环境的实践,为建设资源节约型、环境友好型社会做贡献。

组织动员青年积极参与政治建设。要引导青年深刻认识中国特色社会主义政治发展道路是历史的选择、人民的选择。帮助青年增强民主意识、法制意识、公民意识和国防、国家安全观念。组织青年积极有序地参与民主选举、民主决策、民主管理、民主监督等民主实践。发展壮大青年爱国统一战线,推动不同民族、不同界别、不同阶层海内外中华青年的大团结、大凝聚,为维护国家统一、民族团结和社会稳定贡献力量。

组织动员青年积极参与文化建设。青年是文化的传承者和创造者。要充分发挥青年在传承优秀传统文化、推动文化创新中的积极作用。广泛开展青年文化节、青年风采展示等富有时代气息、符合青年特点的文化活动,加强青年文化人才培养,发展团属文化事业和产业,推动文化精品生产。推进青少年网络建设工程,引导青少年发展健康向上的网络文化。深入开展青年文明号、“三下乡”、“手拉手”等群众性精神文明创建活动,促进和谐文化建设。

组织动员青年积极参与社会建设。共青团组织网络比较健全、联系青年广泛、社会动员能力较强,在推动和谐社会建设中应当发挥更大的作用。要按照党的十七大提出的要求,积极参与社会管理和公共服务,配合政府部门做好青年社团、青年流动人口的管理和服务工作,参与社会矛盾调处和社会治安综合治理;动员广大青年和社会力量推动科技、教育、文化、卫生、体育等社会事业发展,广泛开展扶贫济困、敬老助残、赛会服务等公益活动。

根据多年来青年志愿者工作的积累和共青团的组织动员优势,我们要把青年志愿者的精神、热情、专长和社会的需要结合起来,构建深入持续有效推动志愿服务的工作机制,探索新的社会动员机制。特别要在汶川地震灾后重建、北京奥运会和残奥会、上海世博会的志愿服务工作中发挥重要作用。

五、用社会主义核心价值体系教育引导青年

社会思想越是多样化,越需要在青年思想教育中唱响主旋律。共青团要旗帜鲜明地弘扬社会主义核心价值体系,引导青年确立正确的价值取向。

用中国特色社会主义共同理想教育引导青年。要在青年中广泛开展中国特色社会主义理论体系宣传教育活动和学习实践科学发展观活动,深入推进“我与祖国共奋进”主题教育实践活动和青年马克思主义者培养工程,帮助青年充分了解我国改革开放和社会主义现代化建设的伟大成就,全面认识我国仍处于并将长期处于社会主义初级阶段的基本国情,正确看待改革发展过程中的矛盾和问题,进一步坚定对中国共产党领导、社会主义制度、改革开放事业、全面建设小康社会目标的信念和信心。在各族青少年中加强民族团结教育,引导青少年自觉促进各民族共同团结奋斗、共同繁荣发展。

切实加强青少年思想道德建设。要遵循青少年的成长规律,根据不同年龄段青少年的实际感受和认知水平,科学设计教育引导的内容,大力弘扬社会主义荣辱观。深化未成年人思想道德建设工程,引导青少年从养成良好行为习惯入手,从小事做起,分清是非,明辨善恶,有爱心。广泛开展道德教育,树立可敬、可亲、可学的道德榜样,引导青少年弘扬社会公德、职业道德和家庭美德,自觉履行法定义务,做明礼诚信、有社会责任感的人。引导青少年增强忧患意识,培养艰苦奋斗、坚忍不拔、自强不息的意志品质。大力弘扬爱国主义精神,坚持爱国主义与社会主义的统一,坚持民族精神和时代精神相结合,帮助青少年树立正确的世界观、人生观、价值观。

增强教育引导的针对性和实效性。要认真分析青少年的思想意识,准确把握哪些值得褒扬,哪些应当尊

重，哪些需要引导。坚持贴近实际、贴近生活、贴近青少年，把先进性要求和广泛性要求结合起来，把思想认知和具体实践结合起来，把解决思想问题和解决实际问题结合起来，把教育引导和人文关怀、心理疏导结合起来。充分发挥文化的育人作用。利用互联网的互动性、开放性、迅捷性特点，积极探索网上引导的有效方式。

六、把服务青年工作提高到一个新水平

当代青年成长发展的环境发生了深刻变化，青年的需求更加广泛、具体。要全面把握青年身心健康、个人成长、事业发展、社会参与和权利表达的不同需求，深入研究政府、市场和社会组织服务青年的总体供给机制，找准共青团的工作切入点，实施工作项目，把服务青年的工作进一步做深做实。

重点服务迫切需求。全团要高度重视、配合政府做好青年就业促进工作，调动一切可以调动的资源，全面推进青年就业创业行动，帮助青年提高就业技能，扶持青年自主创业，推动青年就业创业政策的制定和落实。要努力服务青年学习成才，为青年职工、青年农民学习新知识新技能提供帮助，为大中学生开展实践锻炼创造条件。要关心青年的身心健康，帮助青年缓解人际沟通、社会竞争、恋爱婚姻等方面遇到的压力，让青年朝气蓬勃地学习、工作和生活。

优先服务困难群众。困难青少年群众最需要帮助，共青团要热情关心、扎实服务。要积极帮助家庭经济困难学生，针对不同地区的实际情况，深化和拓展希望工程；开展济困助学、勤工助学、就业见习等活动，鼓励他们自立自强，顺利完成学业，努力实现就业。切实关爱农村留守未成年人、进城务工家庭子女、零就业家庭子女、社区闲散青少年和孤残青少年，为他们提供情感关怀、学习指导和生活扶助。想方设法帮助进城务工青年和农村贫困青年解决实际困难。热情关心失足青少年，帮助他们健康成长。

努力增强服务能力。要适应政府职能转变，积极参与和促进制定政府青少年事业发展规划，承担政府委托的青少年事务。善于运用市场机制，借助社会中介组织力量，广泛动员社会资源，大力发展青少年公益事业，为青少年服务。协调团内资源，发挥好青少年发展基金会、青少年教育文化机构、青少年活动阵地的作用，丰富服务项目，为服务青少年提供有力依托。

七、代表和维护好青少年的合法权益

共青团作为党领导的先进青年的群众组织，作为党和政府联系青年的桥梁和纽带，必须在维护全国人民总体利益的同时，代表和维护好青少年的具体利益。在社会主义民主法制建设不断推进、青少年权益意识明显增强的形势下，各级团组织要深入实施青少年维权工程，继续坚持法制化、规范化，更好地代表和维护青少年合法权益。

切实代表青少年利益。要深入青少年，倾听呼声，了解意愿，把握青少年较为普遍的利益诉求。及时反映青少年关注的问题和要求，向社会发布青少年发展状况，针对涉及青少年利益的重大问题发表意见，积极参与和推动有关法规、政策的制定和落实。要探索建立依靠各级青年人大代表和青年政协委员发挥作用、维护青少年合法权益的有效方式，努力使青少年的利益在社会总体利益格局中得到充分的尊重和体现。

依法维护青少年权益。要依照法律、法规和团的章程，以未成年人为重点，切实维护好青少年的合法权益。贯彻《未成年人保护法》和《预防未成年人犯罪法》的要求，特别关注法律、法规实施中出现的问题，提高未成年人运用法律武器维护自身权益的意识和能力，增强全社会保护未成年人的责任感。积极为受到侵害的青少年提供法律援助和舆论支持。发挥好社会监督的作用，配合有关部门坚决扫除损害青少年身心健康的社会丑恶现象，优化青少年的成长环境。

完善代表和维权工作机制。要努力探索和不断完善诉求表达、矛盾调处、权益保障等经常性工作机制，推动成立有关工作机构，建立相应的工作队伍，加强“12355”工作平台建设，拓宽合法、有序、有效的组织化渠道，为切实做好代表和维权工作提供保障。

八、以改革创新精神推进团的建设

面对经济社会的深刻变革，适应党的事业发展需要，顺应广大青年期望，履行好团的根本职责，我们必须始终坚持党建带团建，把握现实突出问题，积极推进团的建设理论创新、制度创新和工作创新，切实加强和改进团的自身建设。

大力推动团的基层组织建设。基层组织建设决定着共青团最本质的影响力、战斗力和生命力。全团要从巩固和扩大党执政的青年群众基础的战略高度，下大力气抓好基层组织建设。越是团的领导机关，越要高度重视基层建设。要注意到一个组织的总体功能在不同层级有不同要求，准确把握团的各级组织在履行职责中的工作侧重点，基层组织要特别强调对青年的吸引和凝聚。要充分认识经济社会变革对团的基层组织建设带来的挑战，本着走近青年的要求，大胆探索和创新基层组织建设方式，通过持之以恒的努力，不断扩大组织覆盖面，增强组织活力。

要把学校共青团、少先队建设摆在基础性战略地位，构建从小学、中学到大学的团队分层思想教育体系，一体化推进学校团队建设。加快城市社区、新经济组织和新社会组织团建步伐，增强国有企业、机关事业单位团的活力，整体推进城市共青团建设。注重发挥县级团委的统筹协调作用,强乡带村,灵活设置农村基层团组织,积极推动大学生“村官”、“西部计划”志愿者、“三支一扶”志愿者以多种方式参与农村基层团组织建设,构建与区域化推进农村共青团工作相适应的组织格局。加强对民族地区基层团组织的支持,培养工作骨干,加大投入力度。加强团员队伍建设,增强团员意识。深化推荐优秀团员作党的发展对象工作,源源不断地为党输送新鲜血液。要积极探索在统筹城乡发展进程中团的组织建设的新方式;要积极探索基层团组织依托互联网进行组织建设、运行联络的新方式;要积极探索在有条件的青年自组织中建立团的组织。

加强团干部队伍建设。共青团事业承载着党的重托和青年的期待,是光荣而神圣的事业。团的岗位富有挑战、大有可为。广大团干部要按照忠诚党的事业、热爱团的岗位、竭诚服务青年的要求,树立强烈的政治意识、责任意识、学习意识,把全部精力放在工作上,在全身心的工作投入中提高做好工作的本领。要把工作激情、科学精神和务实作风结合起来,艰苦奋斗,开拓创新,谦虚谨慎,廉洁自律;密切联系青年,深入了解青年,与青年交朋友,为青年办实事。要加强对团干部的教育培训,积极拓宽团干部培养锻炼和交流、转岗渠道,特别要多关心基层团干部。要根据青少年工作的专业化特点和新的要求,培养一支专业化、职业化的青少年事务社会工作者队伍。

积极发展团内民主。要把发展团内民主作为增强基层组织活力、选拔优秀团干部、提高领导机关决策水平的重要方式。尊重团员在团组织中的主体地位,保障团员民主权利,拓宽团员参与团内事务的渠道,积极推进团务公开。稳步扩大基层团干部直接选举范围,积极探索扩大团内基层民主多种实现形式。完善团的代表大会制度,探索实行团的代表大会代表任期制,试行代表提案、建议制度。坚持民主集中制,加强团的各级领导班子民主建设,推进团内决策的科学化、民主化。

完善青年组织体系。充分发挥共青团在青年组织体系中的核心作用。增强青联组织的凝聚力,重点推进省、市两级青联组织建设。增强学联组织在学生中的影响力,更好地活跃校园文化、参与学校管理、服务学生成长。履行好全团带队职责,抓好团队衔接和推优入团工作。继续抓好青年中心建设。加强对青年社团的服务与管理。各级团组织要高度关注青年自组织,把握青年中相同兴趣爱好者之间需要交流互助、共同提高专业水平的特点,深入研究青年自组织产生和发展的趋势,加强同青年自组织沟通联系,配合有关部门做好对青年自组织的引导和管理,同时要主动培育和发展具有自组织特点的青年社团。

各位代表,同志们,保持香港、澳门长期繁荣稳定,是全国各族人民的共同责任;实现祖国完全统一,是海内外中华儿女的共同心愿。中国青年坚决拥护“和平统一、一国两制”的基本方针和中央关于新形势下对台工作的一系列决策和主张,积极促进两岸关系和平发展,坚决反对任何形式的“台独”分裂活动。我们要加强内地青少年与香港、澳门青少年的交流,拓展海峡两岸青少年交往,为推进“一国两制”实践和祖国和平统一大业作出积极贡献。

国家间友好归根到底是人民友好,人民友好归根到底要从青年做起。中国青年要以世界眼光、开放态度积极参与国际合作和竞争。我们要进一步扩大中国青年与世界各国青年的交流,增进了解,加深友谊,促进发展,共同建设和谐世界,共同开创美好未来。

各位代表,同志们,党和国家事业的发展正站在新的历史起点上,中华民族伟大复兴的灿烂前景已经展现在我们面前。光荣的使命召唤着当代青年,崇高的责任激励着中国共青团。让我们更加紧密地团结在以胡锦涛同志为总书记的党中央周围,高举中国特色社会主义伟大旗帜,以邓小平理论和“三个代表”重要思想为指导,深入贯彻落实科学发展观,团结带领全国各族青年,为夺取全面建设小康社会新胜利、实现中华民族伟大复兴而努力奋斗!

《人民日报》发表社论《为中国特色社会主义伟大事业奉献青春——热烈祝贺中国共产主义青年团第十六次全国代表大会开幕》

中共中央总书记胡锦涛向失事直升机遇难人员表示沉痛悼念

据成都军区抗震救灾联合指挥部消息,成都军区抗震救灾部队失事的米—171运输直升机残骸,经全力搜寻,于6月10日10时55分在执行任务航线附近深山峡谷密林中找到,机上人员全部遇难。

胡锦涛在得悉这一消息后,立即作出批示,向遇难机组人员和机上群众表示沉痛悼念,向遇难人员亲属表示亲切慰问,向执行搜救失事直升机任务的部队官兵和民兵预备役人员表示衷心感谢!

胡锦涛指出,成都军区某陆航团的同志们急中央之所急,办受灾群众之所需,不畏艰险,不怕牺牲,顽强奋斗,为抗震救灾作出了突出贡献。我们要学习他们的英勇事迹和崇高精神,为夺取抗震救灾全面胜利而努力奋斗。

该直升机5月31日下午执行运送地震中受伤群众的任务,因高山峡谷局部气候瞬时变化,突遇低云大雾和强气流撞山失事。

国务院总理温家宝与德国总理默克尔通电话

默克尔再次就中国汶川地震向中方致以慰问，表示德方愿继续向中方提供支持和帮助，祝愿灾区人民早日重建家园。默克尔表示，德国重视对华关系，将继续坚持奉行一个中国政策，预祝北京奥运会取得成功。

温家宝向默克尔介绍了抗震救灾工作进展情况，感谢德国政府和人民给予中方的支持和援助。温家宝表示，中方愿在相互尊重、平等互利原则基础上，加强与德方的交流与合作，推动双边关系健康稳定向前发展。

全国政协主席贾庆林在人民大会堂会见德国前总理施罗德

国家副主席习近平在人民大会堂与苏丹副总统塔哈举行会谈

习近平说，中方赞赏苏丹北南双方三年来为落实《全面和平协议》所作出的积极努力，希望双方通过对话和协商解决有关矛盾和分歧，继续推动全面和平进程向前发展。习近平感谢苏丹领导人在我国四川发生大地震后来函慰问和苏方提供的捐款，并表示，目前，我们正一手抓抗震救灾，一手抓经济社会发展，努力实现抗震救灾和经济社会发展的双胜利。习近平还介绍了北京奥运会的筹办情况，表示有信心、有能力举办一届高水平有特色的奥运会。

关于达尔富尔问题，习近平赞赏苏方在这一问题上所作的不懈努力，希望苏方继续推动达尔富尔问题朝着解决的方向发展。中方愿与国际社会一道，推动该问题早日得到妥善解决。

塔哈说，苏中两国合作卓有成效。苏方愿与中方共同努力，推动双方在各领域友好合作关系进一步发展。苏方将继续坚持一个中国政策，高度赞赏中方为筹办2008年北京奥运会所作出的不懈努力。塔哈表示，苏丹北南双方认真实施《全面和平协议》，取得了很大进展，感谢中方为解决达尔富尔问题所作的积极努力，苏丹政府将尽力推动达尔富尔问题的解决，坚持谈判解决达尔富尔问题。

中联部部长王家瑞在北京会见美国对外政策理事会代表团

国务院总理温家宝 中央军委主席胡锦涛签署通令给武警新疆总队医院院长庄仕华记一等功

庄仕华，男，1955年12月出生，1973年12月入伍，武警新疆总队医院院长，专业技术5级。庄仕华入伍35年来，忠实履行人民军队根本宗旨，扎根边疆，爱岗敬业，先后被武警部队评为“中国武警十大忠诚卫士”、“优秀共产党员”，被新疆维吾尔自治区表彰为“民族团结模范”。他勇于创新、精益求精，完成了全国首例腹腔镜下肝包虫内囊摘除术，7项成果填补了国内空白，创造了5.8万余例手术无一失误的佳绩。他心系边疆、为民奉献，想方设法为群众排忧解难，带头为患者捐款4.6万元，常年资助3名家庭经济困难学生。他真诚爱兵、履职尽责，走遍雪域边防哨所，为官兵诊疗近20万人次，巡诊行程累计38万公里，为部队建设和民族团结作出了突出贡献。

6月11日

国家主席胡锦涛在人民大会堂会见苏丹副总统塔哈

胡锦涛积极评价中苏关系取得的进展，表示在相互尊重、真诚友好、平等互利的基础上，发展长期稳定的中苏友好合作关系，是中国政府的一贯方针。中方愿与苏方一道，以两国建交50周年为契机，加强政治对话和交流，扩大各领域务实合作，为两国关系的发展不断充实新内容、注入新活力。

在谈到苏丹达尔富尔问题时，胡锦涛表示，为进一步缓和达尔富尔地区局势，早日妥善解决达尔富尔问题，应充分发挥苏丹政府、非盟和联合国“三方机制”主渠道作用，通过对话和平等协商，推动“混合行动”部署尽早到位；应平衡推进维和行动和政治进程，尽快恢复政治谈判，争取使谈判取得实质性进展；应推动有关各方实现全面停火，不断改善人道和安全状况，在此基础上帮助达尔富尔人民重建家园。国际社会应继续向达尔富尔地区提供援助，特别是发展援助。中方愿与苏方及其他有关各方加强磋商与协调，为实现上述目标继续发挥建设性作用。

塔哈说，苏中两国在各领域的合作蓬勃发展。巩固和发展双边友好合作符合两国人民的共同利益，得到两国人民的拥护和支持，对地区的和平与稳定将起到重要的推动作用。明年是两国建交50周年，双方将共同庆祝这一值得纪念的日子。苏方愿与中方共同努力，认真落实两国领导人就发展双边关系达成的共识，进一步加强双方在各领域的友好合作，并相信两国关系的发展会越来越好。

塔哈高度赞赏中方为推动达尔富尔问题所发挥的重要作用，感谢中方向达尔富尔地区派遣维和部队和为达尔富尔地区提供的人道和发展援助。塔哈表示，苏方将积极配合联合国和非盟在达尔富尔地区部署“混合行动”，推进和平进程，推动达尔富尔问题得到妥善解决。

商务部部长陈德铭等参加会见。

国务院总理温家宝与西班牙首相萨帕特罗通电话

萨帕特罗再次就中国汶川地震向中方致以慰问,表示西班牙愿继续为灾区重建提供帮助。萨帕特罗表示,发展对华友好合作关系对西班牙非常重要,西班牙坚定奉行一个中国政策,支持北京成功举办奥运会。

温家宝感谢西班牙政府和人民对中国抗震救灾的支持和援助。温家宝表示,中方高度重视发展同西班牙的关系,愿以两国建交35周年为契机,加强高层交往,推动各领域互利合作取得更大发展。

国务院总理温家宝在北京主持召开国务院常务会议

会议研究部署地震灾区恢复生产工作,审议并原则通过大型油气田及煤层气开发、艾滋病和病毒性肝炎等重大传染病防治两个国家科技重大专项实施方案。

会议认为,做好地震灾区恢复生产工作,对于搞好抗震救灾,促进灾区经济社会发展,具有重要意义。会议指出,开展地震灾区恢复生产工作,必须贯彻落实科学发展观,充分发挥地方、企业和广大干部群众的主体作用,坚持自力更生、生产自救,加大政府支持力度,鼓励社会广泛援助,调动各方面积极性,形成合力。一要统筹安排,确保重点。以修复重要基础设施、搞好重点工程、抓好农业抢收抢种、搞活商贸流通、保障群众生活为重点,分类指导,分步实施。二要调整结构,优化布局。坚持恢复生产与调整区域生产力布局和产业结构相结合,贯彻国家产业政策。按照市场需求,结合当地资源、环境条件,发展优势产业;推进节能减排,淘汰落后生产能力,推动产业升级,促进可持续发展。三要主动自救,多方支援。加大国家政策支持和社会帮扶力度,充分依靠灾区各级人民政府,组织受灾企业和干部群众开展生产自救,减轻灾害损失。四要注重安全,维护稳定。加强地震监测,防范次生灾害,加强隐患排查治理,严格安全审查验收,确保在安全条件下恢复生产。五要广开渠道,扩大就业。实施多种形式的就业援助,开展以工代赈,增加就业机会。六要加强领导,协调配合。把恢复生产和灾后重建摆在更加突出的位置,建立、健全强有力的恢复生产领导体制。各级政府和有关部门要认真负责、加强协调,切实抓好灾区工业、农业、商贸流通、金融服务、旅游、基础设施等重点行业和领域的恢复生产工作。

会议审议了大型油气田及煤层气开发、艾滋病和病毒性肝炎等重大传染病防治两个国家科技重大专项实施方案。会议要求,要通过实施大型油气田及煤层气开发重大专项,突破陆上油气、海洋油气、煤层气等勘探开发关键技术,整体提升我国石油天然气和煤层气产业自主创新和开发能力,为国家油气需求提供可靠保障。要通过艾滋病和病毒性肝炎等重大传染病防治重大专项的实施,研发传染病诊断、预防和防护产品,建立适合我国国情的重大传染病临床治疗方案,全面提高我国传染病预防、诊断、治疗和控制水平,造福人民群众,造福子孙后代。

会议认为,以上两个重大专项实施方案经过科学、民主、严格的论证,已基本成熟,各有关部门要根据会议提出的意见进一步完善方案,抓紧组织实施。要充分发挥专项领导小组、牵头组织单位和专家的作用,精心组织,形成合力;坚持科技体制改革与创新,加强产学研结合,优化科技资源配置;注意跟踪世界前沿科学发展和先进技术的新突破,建立、健全科学合理的动态调整机制,确保重大专项顺利实施并实现预期目标。

中共中央政治局常委李长春 习近平出席在人民大会堂举行的抗震救灾英模事迹首场报告会并会见报告团成员

李长春在讲话中指出,这场举世瞩目的抗震救灾斗争,充分显示了党和人民的伟大力量,展现了我们党以人为本、执政为民的执政理念,展现了人民利益高于一切、全心全意为人民服务的根本宗旨,展现了社会主义制度的巨大优越性,展现了伟大的民族精神和时代精神,展现了改革开放以来中国各族人民的精神风貌,涌现出许许多多英雄模范集体和模范人物。这次报告团的37位同志,都来自抗震救灾第一线,是参加抗震救灾的解放军指战员、武警官兵、公安干警、医护人员、学校师生、基层党员干部群众和各行各业的优秀代表。他们虽然来自不同地方、不同单位,承担的任务不同,具体的事迹也不一样,但他们都有高尚的情操,他们不愧为党和人民的骄傲,不愧为全社会学习的楷模,赢得了全社会的尊敬。

李长春强调,当前,要按照中央要求,一手抓抗震救灾毫不松懈,一手抓经济社会发展坚定不移。要把伟大的抗震救灾精神转化为自力更生、艰苦奋斗、重建家园的坚定意志,转化为办好奥运、建设祖国的实际行动,转化为推动科学发展、促进社会和谐的强大力量。要把弘扬伟大抗震救灾精神作为建设社会主义核心价值体系的重要内容,更加自觉地高举中国特色社会主义伟大旗帜不动摇,坚持中国特色社会主义道路不动摇,坚持中国特色社会主义理论体系不动摇,进一步坚定对党的信任、对改革开放的信心、对中国特色社会主义的信仰。

李长春指出,经过这场斗争,我们中华民族又经受住了一场严峻的考验,伟大民族精神和时代精神再一次得到锤炼和升华。我们坚信,在以胡锦涛同志为总书记的党中央坚强领导下,在中华民族精神的激励下,在全国人民共同努力下,一定能够战胜前进道路上的各种艰难险阻,信心百倍地夺取全面建设小康社会的新胜利。

中共中央政治局委员、中央书记处书记、中宣部部长刘云山,中共中央政治局委员、中央书记处书记、中组部部长李源潮等参加会见并出席了报告会。

报告会由中央宣传部、中央组织部、解放军总政治部、中央直属机关工委、中央国家机关工委、中共北京市委、中共四川省委共同举办。中央直属机关、中央国家机关和北京市干部,驻京部队指战员、武警部队官兵、公安干警和首都高校师生以及社会各界代表3500多人参加报告会。

据了解,首场报告会结束后,报告团还要为中央和国家机关干部、驻京部队指战员、武警官兵、公安干警和首都高校师生作报告,并赴全国各地巡回报告。

国办印发《汶川地震灾后恢复重建对口支援方案》并发出通知

各省、自治区、直辖市人民政府,国务院各部委、各直属机构:

《汶川地震灾后恢复重建对口支援方案》已经国务院同意,现印发给你们,请认真贯彻执行。

国务院办公厅

2008年6月11日

汶川地震灾后恢复重建对口支援方案

灾后恢复重建是一项十分艰巨的任务。为举全国之力,加快地震灾区灾后恢复重建,并使各地的对口支援工作有序开展,经党中央、国务院同意,建立灾后恢复重建对口支援机制。

一、灾后恢复重建对口支援的基本原则

(一)坚持一方有难、八方支援,自力更生、艰苦奋斗的方针,承担对口支援任务的有关省市积极为灾区提供人力、物力、财力、智力等各种形式的支援;受援地区树立地方为主的思想,充分发挥干部群众的积极性,互帮互助,苦干实干,生产自救,重建家园。

(二)根据各地经济发展水平和区域发展战略,中央统筹协调,组织东部和中部地区省市支援地震受灾地区。

(三)按照"一省帮一重灾县"的原则,依据支援方经济能力和受援方灾情程度,合理配置力量,建立对口支援机制。在具体安排时,尽量与安置受灾群众阶段已形成的对口支援关系相衔接。

(四)对口支援期限按3年安排。在国家的支持下,集各方之力,基本实现灾后恢复重建规划的目标。

二、对口支援安排方案

(一)支援方。

东部和中部地区共19个省市,考虑海南省的实际情况不作安排;同时考虑重庆市是直辖市,且与四川的历史联系,西部地区安排重庆市承担对口支援任务。支援省市为19个,即广东、江苏、上海、山东、浙江、北京、辽宁、河南、河北、山西、福建、湖南、湖北、安徽、天津、黑龙江、重庆、江西、吉林。

(二)受援方。

根据国家地震局提供的汶川地震烈度区划和四川省提供的受灾县(市)灾情程度,将四川省北川县、汶川县、青川县、绵竹市、什邡市、都江堰市、平武县、安县、江油市、彭州市、茂县、理县、黑水县、松潘县、小金县、汉源县、崇州市、剑阁县共18个县(市),以及甘肃省、陕西省受灾严重地区作为受援方。

(三)对口支援安排。

考虑支援方的经济实力和受援方的灾情程度,兼顾安置受灾群众阶段已形成的对口支援格局,对口支援安排如下:

1. 山东省——四川省北川县
2. 广东省——四川省汶川县
3. 浙江省——四川省青川县
4. 江苏省——四川省绵竹市
5. 北京市——四川省什邡市
6. 上海市——四川省都江堰市
7. 河北省——四川省平武县
8. 辽宁省——四川省安县
9. 河南省——四川省江油市
10. 福建省——四川省彭州市
11. 山西省——四川省茂县
12. 湖南省——四川省理县
13. 吉林省——四川省黑水县
14. 安徽省——四川省松潘县
15. 江西省——四川省小金县
16. 湖北省——四川省汉源县
17. 重庆市——四川省崇州市
18. 黑龙江省——四川省剑阁县
19. 广东省(主要由深圳市)——甘肃省受灾严重地区
20. 天津市——陕西省受灾严重地区

(四)未纳入对口支援的受灾县(市、区)由所在省人民政府组织本省范围内的对口支援。

社会各界及境外提出对口支援的,由受灾省人民政府统筹安排。

三、对口支援的内容、方式和任务

坚持"硬件"与"软件"相结合,"输血"与"造血”相结合，当前和长远相结合，调动人力、物力、财力、智力等多种力量，优先解决灾区群众基本生活条件。对口支援的内容和方式有：

(一)提供规划编制、建筑设计、专家咨询、工程建设和监理等服务。

(二)建设和修复城乡居民住房。

(三)建设和修复学校、医院、广播电视、文化体育、社会福利等公共服务设施。

(四)建设和修复城乡道路、供(排)水、供气、污水和垃圾处理等基础设施。

(五)建设和修复农业、农村等基础设施。

(六)提供机械设备、器材工具、建筑材料等支持。选派师资和医务人员，人才培训、异地入学入托、劳务输入输出、农业科技等服务。

(七)按市场化运作方式，鼓励企业投资建厂、兴建商贸流通等市场服务设施，参与经营性基础设施建设。

(八)对口支援双方协商的其他内容。

基层政权建设由中央和地方财政为主安排，各级党政机关办公设施不列入对口支援范围。

各支援省市每年对口支援实物工作量按不低于本省市上年地方财政收入的1%考虑。具体内容和方式与受援方充分协商后确定。

四、工作要求

(一)加强领导，精心组织。灾后恢复重建工作复杂，任务艰巨，支援和受援双方要按照中央统一部署，设立机构，协调配合，抓好各项措施落实。为争取时间，支援方要尽早参与规划设计等前期工作。

(二)依据规划，有序推进。灾后恢复重建要严格按照灾后重建规划布局、选址要求和各类建设标准组织实施。制订科学合理的建设计划，防止盲目建设，防止盲目攀比。

(三)统一政策，统筹安排。为鼓励对口支援的积极性，中央统一研究制定对口支援的优惠政策。同时要对中央财政建设资金、对口支援资金、社会捐助资金以及受灾地区自筹资金统筹安排，合理使用，严格管理，精打细算，努力提高资金使用效益。

(四)善始善终，搞好衔接。在安置受灾群众阶段已经部署的帐篷、活动板房等对口支援工作，要继续按照原工作部署完成。灾后恢复重建阶段对口支援的各项工作统一按此次安排方案执行。

国务院副总理李克强在人民大会堂会见澳大利亚国库部部长斯旺一行

国务院副总理王岐山在中南海紫光阁会见来华出席中黑经贸联委会第一次例会的黑山副总理拉佐维奇

6月12日

国家主席胡锦涛在人民大会堂会见南非非国大主席雅各布·祖马

胡锦涛表示，中方高度重视中南关系，始终把发展对南关系置于中国外交的重要位置。我们愿与南非朋友一道，以两国建交10周年为契机，进一步扩大双方的交流合作，加强两国政党友好交往，增进两国人民的了解和友谊，推动中南战略伙伴关系不断向前发展。

胡锦涛还感谢非国大、南非政府和人民，在中国四川汶川特大地震灾害发生后，通过各种方式向中国政府和人民表示同情和慰问，并向灾区提供人道主义救助。

祖马说，非常高兴有机会再次访华。非国大与中国共产党友好关系历史久远，中国共产党对非国大废除南非种族隔离制度的斗争给予了巨大支持，南非人民深表谢意。非国大成为执政党后，面临许多新的挑战，愿加强与中国共产党在治党理政经验方面的交流，巩固非国大的执政地位。祖马对中国遭受地震灾情表示慰问，并简要介绍了南非国内情况。

中联部部长王家瑞、副部长李进军等参加了会见。

共青团第十六次全国代表大会选举产生共青团第十六届中央委员会

共青团十六大下午在人民大会堂举行第二次全体会议，1491名代表以无记名投票方式选举产生了中国共产主义青年团第十六届中央委员会。

新一届团中央委员会由191名委员、129名候补委员组成。其中，专职团干部247名，占委员总数的77.2%；各条战线的先进模范人物、先进集体代表73名，占委员总数的22.8%；党员288名，占委员总数的90%；女委员107名，占委员总数的33.4%；少数民族委员48名，占委员总数的15%；研究生以上文化程度125名，占委员总数的39.1%；大学文化程度的委员153名，占委员总数的47.8%；大专文化程度的委员32名，占委员总数的10%；大专以下文化程度的委员10名，占委员总数的3.1%；平均年龄33.26岁；25岁以下的委员会成员58名；委员会成员中年龄最小的为16岁。

为进一步扩大团内民主，共青团第十六届中央委员、候补委员差额比例在上届5.3%和10.9%的基础上都有提高，分别为8.4%和15.5%。

共青团第十六届中央委员会委员候补委员名单

(2008年6月12日共青团十六大第二次全体会议选举产生)

共青团第十六届中央委员会委员

(191名 按姓氏笔画为序)

丁 纯 丁小强 万超岐 卫 华(女) 马 磊 马建立(回族) 马皖东 王 力(藏族) 王 干 王 丽(女) 王 宏(女) 王 晓 王 斌 王 磊(女) 王少玄 王永前 王志杰 王树勤 王振勇 王晓栋 王晓锋 王雪峰 王朝晖 车路光(女) 牛剑峰 方 力 尹冬梅(女) 孔 杰 卢雍政 田 野 宁 龙 加 胜 邢 鹏 邢正军 毕 华(女) 吐逊江·艾力(维吾尔族) 曲东林 朱东杰 向南林 全桂寿 伞翔宇 刘 军 刘 剑 刘 燕(女) 刘小泉 刘可为 刘志强(天津) 刘志强(解放军) 刘俊彦 刘秤荣 刘润民 刘道刚 刘筱柳(女) 关海祥(蒙古族) 江拥洛追(藏族) 江勇西绕(藏族) 安桂武 许振凌(女,黎族) 许高峰 许毅青 孙 喆(女) 孙先振 孙爱军 孙黎明(女) 杜小刚 李 飞 李 泽(壮族) 李 茜(女) 李 晖(女) 李 彬 李小豹 李卫东 李为民 李建华 李跃旗 李新生 李豪岩 李豫琦 杨 岳 杨 鹏 杨成云 杨国民 杨洪涛 吴宏韬 吴拥军(女) 吴佳松 吴娅娟(女) 吴晓丽(女,壮族) 吴海英(女) 邱继兴 何 雄 何升元 何亚兵(回族) 邹 零(女) 汪玉琼(女,藏族) 汪鸿雁(女) 张 永 张 彤 张 坤 张 剑 张 腾(女) 张 慧(女) 张 璐 张宁宁 张有林 张忠林 张学军 张相红 张晓兵 张恩亮(满族) 张值恒 张家柬 陆 平 陆 昊 陆晓播 阿勒泰古丽·居马(女,哈萨克族) 陈 飞 陈 东 陈吉炜 陈志荣 陈昌旭 陈奕辉 范红英(女) 范金华 林 戎 尚 炜 罗 青(蒙古族) 罗 梅(女,藏族) 罗永斌 岳 震 周 帅(女,回族) 周 键 周长奎 周柳军 郑 震 屈国阳 练月琴(女) 赵 庆 赵 宏(女,满族) 赵 涛 赵 鹏 赵巨峰 赵永浩(朝鲜族) 赵恒峰 赵银丽(女) 胡亚波 胡达古拉(女,蒙古族) 柳 鹏 饶南湖(女) 胥伟华 贺军科 贾怡芸(女) 夏光志 顾晓红 晏拥军 钱桂仑 倪 健 倪邦文 徐秀芝(女) 高 键 高 薇(女) 高京燕(女) 郭 瑞 郭美荐 唐显凯 涂 猛 诸葛燕喃(女) 陶 宏 黄 山 梅世彤 曹 刚 曹爱华(女) 梁冶中 梁启英 隋 霞(女) 续文利 董 悦 韩 流 韩志强 韩晓东 傅国文 鲁 俊(女) 曾 锋 谢忠岩 赖 军 廖 岷 谭君铁 熊 卓 滕 红(女,布依族) 潘 敏 魏永军

共青团第十六届中央委员会候补委员

(129名 按得票多少为序)

蒋代娟(女) 林凤玉(女) 魏兆媛(女) 索朗德吉(女,藏族) 曹于亚(女) 韩玉英(女,撒拉族) 次仁德吉(女,藏族) 孙 柱 陈 瑶(女) 徐 谦 郭建伟 曹 佳(女) 曾华成 任晋阳 刘芳颖(女,高山族) 李春燕(女,苗族) 吴 松 张若冰 胡 丹 施 洋(女) 姚 刚 桂林波 郭志英(女,达斡尔族) 蒋 俊 蔡 昱(女) 潘 伟 杨 坤(女) 杨跃峰 杨 鹏(女) 何 华(白族) 张 杰 胡铃心 姜新波 雷 霖(女) 廖 华 刘 威 杜晓东(满族) 李 忠 杨怀保 何秀丽(女) 何晓蕾(女,仫佬族) 宋志广 张正祥 张明亚 张钰坤(女) 周振民 贾铁松 吴东峻 邱怡华(女) 宋小莉(女) 赵颖慧(女) 高秋月(女) 郭 燕(女) 雷洁畅(女,畲族) 谭 诤(女) 尔古阿呷(女,彝族) 冯胜光 宁 博(蒙古族) 孙歆然(女,满族) 肖 兰(女) 吴清平 吴雅楠(回族) 何铭峰 汪旭红(女) 宋英韬(满族) 张开军 张 怡(女) 张 锦(女) 徐 斌 高 欣(女) 刘海健 汤兆洋 李美芳(女) 李 娇(女,佤族) 李 静(女) 肖 倩 粟薇薇(女,土家族) 曾 梦(女) 雷禄新(畲族) 兰亚明 西西玛(藏族) 孙 政 张 琳(女) 阿力马娜依普·如孜阿卜杜拉(女,维吾尔族) 者连成(回族) 金 莲(女,藏族) 袁 静(女) 王彦群 巴依尔太(女,蒙古族) 安玉华(女) 杨再礼 张一晓(女) 吕海乾 刘爱晖(女) 许显青(女) 李 斌 鲁 莎(女) 操学诚 魏银寿 申利洲 毕文权 刘 谦 妙旭嫣(女) 王志勇 孔叶萍(女) 吕晓莉(女) 刘宏健(女) 邓芳芳(女,壮族) 许 芳(女,土家族) 李 妍(女) 郝 运 滕海滨 马晓燕(女,羌族) 王盛泰 王泽森 王 溪 王 澜(女) 马晶晶(女) 马 燕(女,回族) 王 莉(女) 王大可(满族) 王玉霞(女,鄂伦春族) 马 婷(女,东乡族) 王中华 王君松 王 祎(女) 王 剑 王 芳(女) 左 左(女)

中央纪委书记贺国强在北京会见抗震救灾英模事迹报告团的纪检监察干部并发表讲话

贺国强在中央纪委机关亲切会见了参加全国抗震

救灾英模事迹报告团的纪检监察干部——四川省彭州市公安局政工监督室副主任科员蒋敏和四川省青川县木鱼镇党委副书记、纪委书记赵忠兴。他认真听取了蒋敏和赵忠兴关于自己和同事们抗震救灾的事迹汇报,仔细询问了灾区情况和蒋敏、赵忠兴的工作生活情况,向灾区干部群众表示亲切慰问,向所有战斗在抗震救灾第一线的纪检监察干部致以崇高敬意!

贺国强说,在这次抗震救灾斗争中,各级纪检监察机关和广大纪检监察干部视灾情如命令、视时间如生命,迅速投身到抗震救灾工作中,深入到一线,深入到灾情最严重的地方,深入到困难最大的地方,涌现出许许多多感人至深、催人泪下的先进事迹和模范人物。蒋敏、赵忠兴就是其中的杰出代表。你们忍受着失去亲人、失去家园的巨大悲痛,毅然决然地带领群众抗震救灾,认真履行纪检监察职责,用满腔热忱和扎实工作践行了"做党的忠诚卫士,当群众的贴心人"的要求,充分展现了纪检监察干部可亲、可信、可敬的良好形象,不愧为党和人民的好干部、纪检监察干部的好榜样,我们都应该向你们学习。

贺国强指出,在党中央、国务院的坚强领导下,在各级党委、政府的积极组织下,在全国人民和社会各界的关心、支持下,经过前一阶段顽强努力,抗震救灾斗争取得了重大阶段性胜利。目前,受灾群众安置、灾后生产自救和恢复重建等工作正有条不紊地进行,灾区社会秩序保持总体稳定。相信灾区广大干部群众一定能够认真贯彻胡锦涛总书记关于一手抓抗震救灾工作、一手抓经济社会发展的重要指示精神,发扬自力更生、艰苦奋斗精神,互帮互助,奋起自救,建设更加美好的家园、创造更加美好的生活。

贺国强强调,当前,抗震救灾工作进入安置受灾群众和恢复重建前期准备阶段,实现今年经济社会发展预期目标进入关键时期,北京奥运会开幕在即,任务十分艰巨。各级纪检监察机关和广大纪检监察干部要以抗震救灾斗争中涌现出来的英雄模范人物为榜样,在党委、政府的领导下,继续以高度的政治责任感和对人民生命高度负责的精神,不畏艰险、不怕困难,冲在前面、干在前面,充分发挥先锋模范作用,夺取抗震救灾斗争的全面胜利。要认真履行职责,加强对中央各项决策部署贯彻执行情况的监督检查,确保中央的决策部署落到实处;加强对抗震救灾资金物资管理的监督检查,确保救灾款物真正用于灾区和受灾群众。要立足岗位多做贡献,把对灾区人民的关心关怀,转化为做好反腐倡廉工作的强大动力,扎实做好当前的各项工作,推动党风廉政建设和反腐败斗争,为促进经济平稳较快发展与社会和谐稳定、开好奥运会作出应有的贡献。

中共中央政治局常委李长春在北京参观"抗震救灾众志成城——2008中国抗震救灾大型新闻图片展"

国家副主席习近平实地考察北京奥运城市运行保障工作并发表讲话

习近平和随行的中共中央政治局委员、北京市市委书记刘淇,中共中央政治局委员、国务委员刘延东,中共中央书记处书记、中央办公厅主任令计划,北京市市长郭金龙等,先后考察了地铁十号线和奥运支线、北京奥运食品安全监控中心、环保监测中心和公安交管局指挥中心,并在公安交管局指挥调度大厅通过无线通信指挥系统慰问了执勤民警,勉励他们和各相关部门干部职工以行百里者半九十的严谨态度,更加有针对性地做好奥运交通、环境、餐饮等方面的工作,为成功举办北京奥运会、残奥会奠定更加扎实的基础。

在实地考察后,习近平在北京公安交管局指挥中心召开座谈会,听取了北京市市长郭金龙和北京市交通委、工商局、环保局负责同志的情况汇报,并就落实中央有关指示精神,进一步做好北京在奥运赛时的交通顺畅、空气达标、食品安全工作发表讲话。习近平指出,党中央、国务院高度重视奥运交通、环境质量和餐饮安全问题,采取了一系列重要措施,北京市委、市政府也积极会同周边地区和中央有关部门,做了大量工作。经过连续数年奋斗,北京市交通畅通程度进一步提高、环境和空气质量明显改善、食品安全工作明显加强。中央对北京市确保奥运赛时交通顺畅、空气达标、食品安全既充满期待又充满信心。

习近平强调,必须按照办一届有特色、高水平奥运会的要求,按照绿色奥运、科技奥运、人文奥运的理念,抓住离奥运开幕不到两个月的宝贵时间,及时发现问题,针对薄弱环节,加大工作力度,实现中央提出的既要让国际奥委会、各国运动员、媒体和来宾满意,又要让人民群众满意的要求。他要求北京市会同中央有关部门和北京周边地区,把确保奥运交通畅通和交通安全结合起来,坚决落实有关管理办法,既确保奥运赛时北京城市交通畅通,又确保城市交通特别是轨道交通运行安全。要围绕环境绿化、市容美化、空气净化,严格落实国务院批准的奥运期间北京空气质量保障措施,加大环境整治和确保空气质量的工作力度,加大执行更加严格的排放标准和控制措施的力度,确保兑现申奥时关于空气质量的承诺。要建立、健全奥运食品安全保障机制和长效机制,坚决落实对奥运食品安全的全过程监控机制、全覆盖运行机制和全方位保障机制,确保奥运食品从源头到餐桌的质量安全。

习近平强调,做好奥运赛时确保交通顺畅、空气达标、食品安全工作,既要发挥社会主义制度的政治优势，又要发挥科学技术的力量。现在北京市同世界上许多现代化城市一样，不仅依托卫星遥感、激光遥测等先进技术装备，建立了空气质量自动监测系统，而且构建了覆盖全市的监测网络，还有整合首都各方面力量共同监测的良好机制。在确保食品安全方面借助现代科技和信息手段，构建了奥运食品安全追溯体系、违禁药物控制和检测网络。他要求在奥运筹办最后关键阶段，一定要充分发挥这些技术设施的监测、预报和评估、保障作用，把奥运交通顺畅、空气达标、食品安全建立在更加科学可靠的基础之上。

2008年度国家社科基金项目评审结果在北京揭晓

1588项课题获得全国哲学社会科学规划领导小组批准立项资助。

今年国家社科基金项目22个学科共受理申报18353项，比去年增加2126项，增长13.1%。

6月13日

中共中央国务院在北京召开省区市和中央部门主要负责同志会议

胡锦涛、吴邦国、温家宝、贾庆林、李长春、习近平、李克强、贺国强等出席会议。

中共中央总书记胡锦涛在会上发表重要讲话，全面分析了当前形势，提出了做好抗震救灾和恢复重建、推动经济社会又好又快发展、筹办北京奥运会等工作的总体要求和主要任务。温家宝在讲话中通报了前一阶段抗震救灾工作情况和当前经济形势，对地震灾后恢复重建对口支援、保持经济发展良好势头等工作作了具体部署。

会议强调，这次会议是在国际国内形势出现不少新的复杂因素、党和国家工作面临不少新的严峻挑战的情况下召开的。今年以来，全党全国全面贯彻党的十七大精神，以邓小平理论和"三个代表"重要思想为指导，深入贯彻落实科学发展观，全面推进经济建设、政治建设、文化建设、社会建设和党的建设，党和国家各项工作取得了新的重大进展。同时，我们也遇到了不少严峻挑战。面对这些复杂因素和严峻挑战，中央及时作出决策部署，各级党委和政府坚决贯彻落实中央的要求，带领广大干部群众万众一心、团结奋斗、沉着应对，保持了改革发展稳定的大局。当前，抗震救灾工作进入安置受灾群众和恢复重建前期准备阶段，实现今年经济社会发展预期目标进入关键时期，北京奥运会开幕在即，形势逼人，任务艰巨，全党同志必须统一思想认识、坚定必胜信心、全力做好工作。

会议强调，四川汶川特大地震是新中国成立以来破坏性最强、波及范围最广、救灾难度最大的一次地震，给四川、甘肃、陕西、重庆等地人民生命财产和经济社会发展造成重大损失。地震发生后，在党中央、国务院和中央军委坚强领导下，在国务院抗震救灾总指挥部直接指挥下，全党全军全国各族人民众志成城，各省区市和各部门紧急行动，人民解放军指战员、武警部队官兵、民兵预备役人员和公安民警勇挑重担，广大医疗卫生人员、新闻工作者、科技工作者齐心协力，灾区广大干部群众奋勇自救，各民主党派、各人民团体以及社会各界全力支援，各方志愿者自觉参与，香港同胞、澳门同胞、台湾同胞以及海外华侨华人踊跃捐助，国际社会积极施援，形成了抗击地震灾害的强大力量，展开了气壮山河的抗震救灾斗争。经过前一阶段艰苦卓绝的努力，最大限度地解救了被困群众，受灾群众基本生活初步得到安排，社会秩序保持总体稳定，抗震救灾工作取得了重大阶段性胜利，显示了党和人民的伟大力量，弘扬了中华民族的伟大精神，谱写了自强不息、团结奋斗的英雄凯歌。

会议指出，当前抗震救灾形势依然严峻、任务十分繁重。要坚持以人为本，继续全力以赴做好救治伤员、安置受灾群众、加强卫生防疫、防范次生灾害、抢修基础设施等方面的工作，并在这个基础上，尽快开展灾后恢复重建工作。地震灾后恢复重建是一项十分艰巨的任务，必须全面贯彻落实科学发展观，充分发挥社会主义制度能够集中力量办大事的政治优势，举全国之力，精心规划、精心组织、精心实施，扎扎实实做好工作。一是要坚持一方有难、八方支援。灾区群众是祖国大家庭的一员，帮助灾区群众及早重建家园、恢复正常生活生产，是大家的共同心愿和义不容辞的职责。中央决定，按照"一省帮一重灾县"的原则，建立对口支援机制。要按照加强领导、抓紧实施，依据规划、有序开展，统一政策、有力保障，善始善终、搞好衔接的要求，在规划编制、建筑设计、专家咨询、工程建设和监理、城乡居民住房和基础设施、公共服务设施建设、恢复生产等方面认真做好对口支援工作。中央将采取一系列政策措施，拨出专项资金，大力支持地震灾后恢复重建。中央各部门也要按照中央要求做好支持地震灾后恢复重建工作。二是要坚持自力更生、艰苦奋斗。要动员和激励灾区广大干部群众发扬在抗震抢险斗争中表现出来的英勇气概，注重把政府推动和运用社会各方面力量结合起来、把建设物质家园和建设精神家园结合起来，坚定大灾面前压不垮、大难面前不低头的决心和信心，互帮互助、苦干实干，在中央和全国各地大力支持下，用自己的双手和辛勤劳动重建美好家园。三是要坚持科学规划、分步推进。地震灾后恢复重建是百年大计，要从长计议，经得起实践和历史的检验。要尊重规律、运用规律，深入调查、缜密研究，发扬民主、集思广益，总体安排、分步推进，坚持科学民主决策，充分听取包括地震灾区干部群众在内的各方面的意见和建议，在科学规划、科学设计、科学施工的前提下有重点、分步骤、高质量地推进恢复重建工作。四是要坚持因地制宜、分类指导。地震灾后恢复重建要从当地实际出发，与经济社会发展水平相适应，全面统筹、分类指导，立足当前、着眼长远，保证重点、兼顾一般，加强资源综合利用，努力争取最大效益和最好效果，让灾区人民满意，让全国人民满意。

会议指出，为了加快地震灾后恢复重建，中央制定了《汶川地震灾后恢复重建对口支援方案》，组织广东、江苏、上海、山东、浙江、北京、辽宁、河南、河北、山西、福建、湖南、湖北、安徽、天津、黑龙江、重庆、江西、吉林，对口支援四川省18个县(市)和甘肃省、陕西省受灾严重地区。承担对口支援任务的地方，要按照中央的统一部署，积极为灾区提供人力、物力、财力、智力等各种形式的支持，优先解决受灾群众基本生活条件，夯实灾区自我发展的基础和能力。

会议指出，重大自然灾害给人类造成重大损失，也加深了人类对客观规律的认识。我们要组织力量，对这次汶川特大地震以及抗震救灾工作进行系统的研究总结，从而更加深刻地认识和把握我国自然灾害频发的国情，更加有效地提高防灾减灾能力、加强全社会灾害防范教育、完善应急体制机制，更加有力地保护人民生命财产安全和经济社会发展成果。

会议强调，实践再一次告诉我们，发展是党执政兴国的第一要务，只有发展才能为我们应对各种困难和风险打下坚实物质基础。今年以来，各级党委和政府坚决贯彻落实中央关于今年经济工作的决策部署，保持了经济平稳较快发展的势头。特大地震灾害和国际经济不利因素没有改变我国经济平稳较快发展的基本面，国民经济继续朝着宏观调控的预期方向发展。这说明中央的方针政策和部署是完全正确的，宏观调控是卓有成效的，也说明我国经济社会发展具有强劲的动力和活力，具有应对困难局面的能力。同时，我们也要看到，今年经济社会发展面临十分复杂的局面，不确定因素增加。我们既要正确估计我国经济社会发展的有利条件和积极因素，坚定做好各项工作的信心；又要充分认识面临的问题和挑战，增强风险意识和忧患意识，积极做好应对各种困难局面的充分准备。

会议强调，我们要继续深入贯彻落实科学发展观，加强和改善宏观调控，增强宏观调控的预见性、针对性、灵活性，把握好宏观调控的重点、节奏、力度，深化改革开放，推进经济结构调整和发展方式转变，加大稳健的财政政策对结构调整、保障民生、地震灾后恢复重建的支持，全面完成经济社会发展各项任务。一是要综合运用经济、法律和必要的行政手段，以经济手段为主，注重标本兼治、远近结合，着力在治本上下功夫，千方百计抑制价格总水平过快上涨。要加强粮食、食用植物油、肉类等基本生活必需品和其他紧缺商品的生产，完善储备体系，确保重要产品和物资的有效供给。要提高价格调控的预见性，加强价格监测，加强市场监管，维护市场秩序。二是要全力抓好农业生产。要落实各项支农惠农政策，加大对农业的投入力度，提高农业综合生产能力。要始终坚持立足国内，实现粮食基本自给的方针，牢牢把握解决粮食问题的主动权。要加强对农业生产的组织，确保夏收夏种顺利完成，抓好秋粮生产，力争全年粮食获得好收成。受灾地区尤其要落实好各项扶持政策，抓好抢收抢种，严密防控重大动物疫情，加快水利重建，切实抓好农业生产恢复和发展。要强化协调配合，强化技术指导，切实做好防汛抗洪减灾工作。三是要扎实推进经济发展方式转变。要加快产业结构优化升级，加紧推进节能减排各项工作，大力优化投资结构，稳定和完善外贸政策。四是要进一步加强金融监管，促进资本市场健康发展，保持房地产市场稳定，切实防范金融风险。五是要积极推进重点领域和关键环节改革，在正确处理改革发展稳定的关系下，积极应对挑战，勇于克服困难，努力拓展对外开放广度和深度，加快提高开放型经济水平。要在全国大力开展增收节支、勤俭节约活动，优化支出结构，提高资金使用效益，严格控制行政开支，把资源更多用在地震灾后恢复重建上，用在解决群众生产生活困难上，用在国家经济社会发展最急需的地方。

会议强调，举办奥运会，是中华民族的百年期盼，是海内外中华儿女的共同心愿，也是我们对国际社会的郑重承诺。不论遇到什么困难和挑战，我们都要顺应全国各族人民的共同心愿，履行我们作出的国际承诺，坚决办好北京奥运会。现在距北京奥运会开幕不到两个月了，时间非常紧迫。我们必须更加发奋努力、更加深入细致地做好各项筹办工作，确保办成一届有特色、高水平的奥运会。要抓紧做好抗震救灾工作，尽快把受灾群众安置好，为举办北京奥运会营造良好氛围。要加强宣传舆论工作，引导广大干部群众深刻认识办好北京奥运会的重大意义，以任何困难都压不倒的英雄气概，更加出色地当好东道主、办好奥运会。要抓紧做好北京奥运会开幕式、闭幕式筹备工作，鼓励我国体育健儿大力发扬抗震救灾斗争中表现出来的顽强精神，强化训练，扎实备战，努力在北京奥运会上取得优异成绩。要深入做好奥运宣传工作，广泛开展迎奥运、讲文明、树新风活动，结合各类群众性精神文明创建活动开展丰富多彩的活动，形成讲文明、重礼仪、团结友善、热情好客的良好风尚。要全力做好奥运安保工作。

会议强调，要坚持在经济发展的基础上，进一步调整国民收入分配和财政支出结构，不断加大保障和改善民生工作力度，加强就业和社会保障工作，加快建立覆盖城乡居民的社会保障体系，大力发展教育、卫生、文化事业，加快建立基本医药卫生制度，切实解决好人民最关心、最直接、最现实的利益问题。当前，要重点做好困难群众就业、高校毕业生就业工作，及时帮助零就业家庭解决就业困难，特别是要大力帮助受灾地区劳动力就业，尽可能安排受灾群众参与灾后恢复重建；重点完善和落实城乡居民最低生活保障制度，加强对受灾群众、城乡特困户等困难群众的社会救助，妥善安排灾区孤儿、孤老、孤残生活；重点帮助受灾地区学生恢复上课，保证考上大学的贫困家庭子女和受灾地区学生都能入学；重点做好灾区卫生防疫工作，做好临时安置群众医疗卫生工作；重点保障受灾群众有临时和过渡住所，扶持有条件的受灾群众尽快重建家园，多渠道解决城市低收入家庭住房困难。

会议指出，各级党委和政府要全面分析和把握影响社会稳定的各种因素，抓紧完善维护社会稳定的体制机制和政策措施，确保社会大局稳定。要深刻认识和准确把握新形势下人民内部矛盾的特点和规律，发挥党和政府主导的维护群众权益机制的作用，加强思想政治工作，加强基层基础工作，深入开展矛盾纠纷排查化解工作，依法及时合理处理群众反映的问题。尤其要深入了解受灾群众的利益要求，对涉及群众切身利益的各种问题能够解决的要抓紧解决，引导他们稳定情绪、增强生活勇气，积极投入地震灾后恢复重建工作中去。要加强社会治安综合治理，深入开展平安创建活动，营造良好社会治安环境。要深入做好维护西藏和其他藏区社会稳定工作，坚决维护社会主义法制、维护人民群众根本利益。

会议强调，各级党委要增强政治意识、大局意识、责任意识，坚决贯彻落实中央的决策部署，紧紧围绕全党的中心任务，坚持一手抓抗震救灾工作，一手抓经济社会发展，更好地发挥领导核心作用。各级领导干部要深入基层、深入群众、深入一线，及时发现和解决工作中存在的突出矛盾和问题。要继续按照党的十七大对加强和改进党的建设作出的战略部署，全面推进党的建设各项工作，尤其要把深入学习实践科学发展观活动和引导广大干部讲党性、重品行、作表率与当前工作紧密结合起来，在各项工作中充分发挥党委的领导核心作用、基层党组织的战斗堡垒作用、领导干部的模范带头作用、共产党员的先锋模范作用。

会议指出，要大力弘扬抗震救灾的伟大精神，大力宣传抗震救灾斗争中涌现出来的先进思想和模范事迹，使之转化为自力更生、艰苦奋斗、重建家园的坚定意志，转化为办好奥运、建设祖国的实际行动，转化为推动科学发展、促进社会和谐的强大力量。广大党员、干部要牢记全心全意为人民服务的根本宗旨，关心群众疾苦，倾听群众呼声，千方百计为群众排忧解难，带头发扬艰苦奋斗精神，做到吃苦在前、享受在后。各级干部特别是领导干部要坚持实事求是、求真务实，扎扎实实为人民群众办实事、办好事，使我们作出的决策、采取的举措、开展的工作符合实际情况和客观规律，符合人民群众的愿望和利益，努力创造经得起实践、人民、历史检验的实绩。

会议强调，在前进道路上，我们还会遇到这样那样的困难和风险的挑战。我们一定要居安思危、未雨绸缪，把前进道路上可能遇到的困难设想得更严峻一些，把各项应对预案搞得更周密一些，把各方面工作做得更细致一些，经受住任何困难和风险考验，不断把党和国家事业推向前进。

王刚、王乐泉、王兆国、王岐山、回良玉、刘淇、刘云山、刘延东、李源潮、汪洋、张高丽、张德江、俞正声、何勇、令计划、王沪宁、路甬祥、乌云其木格、韩启德、华建敏、陈至立、周铁农、李建国、蒋树声、陈昌智、严隽琪、桑国卫、梁光烈、马凯、孟建柱、戴秉国、王胜俊、曹建明、廖晖、杜青林、白立忱、陈奎元、阿不来提·阿不都热西提、李兆焯、黄孟复、董建华、张梅颖、张榕明、钱运录、孙家正、李金华、郑万通、邓朴方、林文漪、厉无畏、罗富和、陈宗兴、王志珍和顾秀莲，中央军委委员陈炳德、李继耐、廖锡龙、常万全、靖志远、吴胜利、许其亮等出席了会议。

各省区市、中央各部门、中央管理的部分企业主要负责同志，军队各大单位和武警部队主要负责同志出席会议。国务院抗震救灾总指挥部、北京奥组委等有关方面负责同志列席会议。

中共中央总书记胡锦涛在钓鱼台国宾馆会见台湾海基会董事长江丙坤

胡锦涛指出，海协会和海基会在“九二共识”的共同政治基础上恢复商谈并取得实际成果，标志着新形势下两岸关系改善和发展有了一个良好开端，表明两岸双方有智慧、有能力通过协商谈判解决有关问题，造福两岸同胞。只要双方秉持建立互信、搁置争议、求同存异、共创双赢的精神，就一定能够不断推动两岸商谈进程，不断取得更多积极成果。

胡锦涛指出，这次江丙坤董事长率海基会代表团来到北京，同海协会进行会谈，是两会商谈中断9年之后举行的首次会谈，是两岸关系发展进程中的一件大事。两会经过协商,就两岸周末包机、大陆居民赴台旅游签署了两项协议。这两项协议的实施,有利于增进两岸同胞往来和交流,有利于推动两岸直接“三通”,有利于扩大两岸互利合作。

胡锦涛强调,建立互信、搁置争议、求同存异、共创双赢的主张已经得到了两岸双方的认同,我们应该把这一精神贯彻于两会商谈之中。希望两会今后在商谈中做到平等协商、善意沟通、积累共识、务实进取。平等协商,就是在商谈中双方要平等相待,不把自己的意志强加于对方。善意沟通,就是在商谈中要充分考虑对方的实际情况,多从善意的角度理解对方的想法,消除不必要的疑虑。积累共识,就是要不断扩大共识、缩小分歧,这样才能取得更多更大的成果。务实进取,就是要实事求是地寻求双方都能接受的解决办法,真正解决问题,做到行稳致远。

江丙坤说,台湾政治形势发生变化,有必要根据1992年达成的共识,尽快恢复协商。两会为此互致函电,构成了恢复商谈的基础。两会恢复协商并就两岸周末包机和大陆居民赴台旅游两项议题达成协议,为两岸交流写下了历史新页。两岸人民同属中华民族,相信通过两岸双方共同努力,两岸关系必然可以重新出发,步入合作双赢的良性循环。两岸经济要持续发展,今后应推动两岸经济整合,实现互补双赢的目标。

中共中央台办、国务院台办主任王毅,海峡两岸关系协会会长陈云林等参加了会见。

国务院总理温家宝在中南海紫光阁会见德国副总理兼外长施泰因迈尔

温家宝说,保持健康稳定的中德关系有利于两国和两国人民,也是携手应对全球挑战的时代要求。中德之间共同利益远大于分歧。只要坚持相互尊重、平等互利的原则,加强对话与协商,双方在各领域的合作就能够不断取得新进展。

施泰因迈尔表示,德国高度重视对华关系,愿同中方加强在双边和国际事务中的沟通与合作,共同促进德中关系的发展。

共青团第十六次全国代表大会在人民大会堂闭幕

会议通过了中国共产主义青年团第十六次全国代表大会关于第十五届中央委员会报告的决议。大会认为,报告全面总结了过去五年共青团的工作,阐明了当代青年的光荣使命和新时期共青团的光荣职责,对未来五年的共青团工作和团的建设作出了总体部署,体现了党的要求和青年的期望,具有很强的时代性和针对性,是今后一个时期全团工作的重要指导性文件。大会决定批准这一报告。

大会认为,报告确定的主题阐明了新的历史条件下共青团工作的指导思想、主要任务和奋斗目标。全团要全面贯彻党的十七大精神,高举中国特色社会主义伟大旗帜,以邓小平理论和“三个代表”重要思想为指导,深入贯彻落实科学发展观,牢记使命,坚定信念,开拓创新,锐意进取,团结带领广大青年为夺取全面建设小康社会新胜利而奋斗。

大会认为,共青团作为党领导的先进青年的群众组织,在新的历史条件下,必须不断巩固和扩大党执政的青年群众基础,团结带领青年为实现中华民族伟大复兴而奋斗。这是共青团的根本职责所在。党的十七大对共青团履行根本职责、做好新形势下的青年群众工作提出了新的更高要求。共青团全面贯彻党的十七大精神,最根本的就是要高举中国特色社会主义伟大旗帜,深入贯彻落实科学发展观。

大会同意报告对今后五年共青团工作的部署。全团要紧紧围绕履行根本职责,坚持先进性与群众性的统一,充分发挥党的助手和后备军作用、国家政权的重要社会支柱作用、党和政府联系青年群众的桥梁和纽带作用,切实做好组织青年、引导青年、服务青年和维护青年合法权益的工作。

大会强调,要以改革创新精神推进团的建设。为适应党的事业发展需要,顺应广大青年期望,履行好团的根本职责,共青团必须始终坚持党建带团建,把握现实突出问题,切实加强和改进团的建设。特别要大力推动团的基层组织建设。基层组织建设决定着共青团最本质的影响力、战斗力和生命力。全团要从巩固和扩大党执政的青年群众基础的战略高度,下大力气抓好基层组织建设。

大会还通过了中国共产主义青年团第十六次全国代表大会关于《中国共产主义青年团章程(修正案)》的决议。大会一致同意把深入贯彻落实科学发展观写入团章。大会认为,作为党的助手和后备军,共青团必须深入贯彻落实科学发展观,自觉用科学发展观武装头脑、指导实践、推动工作。大会一致同意在团章中对共青团的奋斗目标、现阶段的基本任务进行充实,一致同意在团章中强调团的建设必须坚持改革创新精神。

大会号召,各级团组织和广大团员青年要紧密团结在以胡锦涛同志为总书记的党中央周围,高举中国特色社会主义伟大旗帜,以邓小平理论和“三个代表”重要思想为指导,深入贯彻落实科学发展观,团结带领全国各族青年,为夺取全面建设小康社会新胜利、实现中华民族伟大复兴而努力奋斗。

团中央书记处第一书记陆昊主持了会议。

共青团十六届一中全会举行第二次会议选举产生新一届团中央领导机构

全会选举陆昊为共青团第十六届中央委员会书记处第一书记，杨岳、王晓、贺军科、卢雍政、罗梅、汪鸿雁为书记处书记。经差额选举，万超岐、王晓、王志杰、王雪峰、卢雍政、吐逊江·艾力(维吾尔族)、刘剑、刘可为、刘道刚、关海祥(蒙古族)、安桂武、李小豹、杨岳、汪鸿雁(女)、张学军、陆昊、罗梅(女，藏族)、周长奎、贺军科、倪健、倪邦文、唐显凯、陶宏、韩晓东、鲁俊(女)、谭君铁、潘敏27人当选为共青团第十六届中央委员会常委。

中央纪委书记贺国强在四川地震灾区指导抗震救灾和恢复重建工作

6月13日至15日，贺国强深入四川地震灾区察看灾情，看望慰问受灾群众和救援人员，指导抗震救灾和恢复重建工作。

贺国强听取四川省委、省政府抗震救灾工作汇报并给予充分肯定。他指出，当前抗震救灾已经进入安置受灾群众和恢复重建前期准备阶段，形势依然严峻，任务十分艰巨。要把抓好抗震救灾继续作为全省最重要、最紧迫的任务，继续全力救治受伤人员、妥善安置受灾群众，搞好灾后恢复重建规划，做好对口支援的组织协调工作；要以抗震精神做好当前经济发展各项工作，受灾严重的地区要抓紧恢复生产，积极开展生产自救，认真谋划灾后重建，受灾较轻或没有受灾的地区要以更高的标准推进经济社会又好又快发展，力争超额完成全年任务，多做贡献；要加强党的建设，充分发挥各级党组织和广大党员干部的作用。

贺国强要求，切实把监督检查工作贯穿到抗震救灾资金物资管理使用的各个环节，认真履行职责，确保廉洁救灾，确保最近出台的一系列规章制度落到实处；把公开透明贯穿于抗震救灾款物管理使用的全过程；严明纪律，严肃查处救灾款物管理使用中的违法违纪行为；整合监督资源，形成监督合力，加强正面宣传，在全社会形成良好舆论氛围。

考察期间，贺国强还到四川省纪委、监察厅看望纪检监察干部，会见抗震救灾先进集体和优秀纪检监察干部代表。

中共中央书记处书记、中央纪委副书记何勇，以及中央和国家机关相关部门负责同志陪同考察。

国办印发《关于汶川地震抗震救灾捐赠资金使用指导意见》

各省、自治区、直辖市人民政府，国务院各部委、各直属机构：

为做好汶川地震抗震救灾和灾后恢复重建工作，引导各类捐赠资金的合理配置、规范使用，充分体现捐赠人意愿，提高捐赠资金的使用效益，避免交叉重复和损失浪费，经国务院同意，现就汶川地震抗震救灾捐赠资金使用提出以下指导意见：

一、本意见所指的捐赠资金包括：各类机关、事业单位、人民团体和社会组织接收的向汶川地震灾区捐赠的各类资金和中央组织部接收的特殊党费。

二、捐赠资金使用要依照有关法律、法规和章程的规定，坚持尊重捐赠者意愿和政府引导相结合的原则，符合国家灾后恢复重建规划的要求。在统筹安排各类捐赠资金时，对有明确捐赠意向的，要按捐赠人意向安排使用；对重复集中于同一地区或同一项目的定向捐赠资金，要按照规划要求，在与捐赠人协商后调整使用。

捐赠资金全部用于汶川地震受灾省份，优先用于民生项目，同时兼顾地区之间、项目之间投资规模和建设标准的基本均衡。安排捐赠资金遵循以下顺序：一是房屋倒损农户住房重建；二是学校、医院、社会福利等公共服务设施及配套设备；三是对特困群众、“两孤一残”人员等特殊群体的生活补助；四是农村道路、桥梁等基础设施建设。

三、各类捐赠资金按以下要求安排：

中央和国家机关及事业单位、人民团体接收的各类捐赠资金，中央组织部接收的特殊党费，集中到在民政部开设的汶川地震抗震救灾捐赠专户，按照规划安排使用。

中国红十字会总会、中华慈善总会和经民政部批准的可接收捐赠的其他公募基金会，可根据国家公布的灾后恢复重建规划，与受灾省份人民政府协商，认建或认领项目。

承担对口支援任务的省份接收的捐赠资金，由该省级人民政府按照国家灾后恢复重建规划与受援省级人民政府协商安排使用。

未安排对口支援任务的省份接收的捐赠资金，可按照国家灾后恢复重建规划，直接用于与受灾省份人民政府协商确定的项目，也可以集中到在民政部开设的汶川地震抗震救灾捐赠专户，统一安排使用。

四川、甘肃、陕西、重庆、云南五省市接收的捐赠资金，在符合捐赠者意愿的前提下，原则上留归本省市用于抗震救灾和恢复重建。

其他机构和社会组织接收的捐赠资金或缴入民政部开设的汶川地震抗震救灾捐赠专户，或缴入中国红十字会总会、中华慈善总会，按规定安排到受灾省份使用。

四、为保障捐赠资金规范管理和有效使用，在国务院抗震救灾总指挥部领导下，建立由民政部、财政部和发展改革委组成的指导协调机制，沟通相关工作信息，提出捐赠资金总体安排意见，加强对地方政府的指导和协调。受灾省份也要建立相应的指导协调机制，及时研究解决捐赠资金安排使用中的问题。

五、捐赠资金的管理使用要规范、高效、公开、透明，确保资金使用的安全、有效。民政部门要建立捐赠信息统计制度，定期统计和报告捐赠资金来源、规模、捐赠者意愿等情况，及时公开发布。各有关部门和接收捐赠的机构要按照《国务院办公厅关于加强汶川地震抗震救灾捐赠款物管理使用的通知》(国办发〔2008〕39号)要求，强化监督管理，提高资金使用效益，切实保护捐赠者的合法权益。

国务院办公厅

2008年6月13日

国务院抗震救灾总指挥部灾后重建规划组公布《国家汶川地震灾后重建规划工作方案》

国家发改委有关负责人就此方案表示，灾后重建将首先从灾区群众最现实、最迫切的需要入手，优先解决灾区群众居住以及教育、医疗等基本公共服务和基础设施，加快恢复生产，解决就业和收入等问题，使灾区群众有房住、有安全饮用水、有学上、有病能医、听上广播、看上电视。然后，用三年左右时间基本完成灾后重建的主要任务，恢复正常的生产生活秩序。至于灾后重建规划范围的最终确定，他表示，国家汶川地震专家委员会正会同有关地方政府和部门进行调查研究，科学论证，此后将提出综合评估意见。

《国家汶川地震灾后重建规划工作方案》(以下简称《工作方案》)指出，灾后重建规划的编制要全面贯彻落实科学发展观，坚持以人为本，优先恢复重建受灾群众基本生活和公共服务设施；坚持尊重科学、尊重自然，充分考虑资源环境承载能力，科学民主决策；坚持统筹兼顾，与推进工业化城镇化和新农村建设及扶贫开发相结合，与主体功能区建设和产业结构优化升级相结合，与保护弘扬中华民族的人文精神相结合；坚持以地方为主体，充分发挥灾区干部群众自力更生、艰苦奋斗精神，在国家和兄弟省(区、市)的支持下实现灾后重建和发展目标。

据介绍，《工作方案》还明确了规划编制的工作任务包括专项评估、规划编制和政策研究，并已经分解落实到有关部门和地区，明确了责任主体和时间要求。

专项评估工作包括灾害范围评估、灾害损失评估和资源环境承载能力评价三个方面。规划编制工作包括编制总体规划和城镇体系、农村建设、城乡住房、基础设施、公共服务设施、生产力布局和产业调整、市场服务体系、防灾减灾和生态修复、土地利用等专项规划。政策研究工作主要是对灾后重建的各项政策进行专题研究，提出支持的建议。包括：财政政策、税费政策、金融政策、土地政策、产业政策，以及对口支援、社会募集等其他措施。

《工作方案》明确对在原地重建的居民住房和相关公共服务设施，对恢复生产和恢复重建有先导作用的基础设施项目等，可先行启动建设。

为增加规划编制的透明度和社会参与度，灾后重建规划组办公室在国家发展改革委网站上开设了《国家汶川地震灾后重建规划建言献策》专栏，欢迎国内外各界人士积极参与，共绘重建美好家园的蓝图。网站地址为：www.ndrc.gov.cn。

海协会和海基会在钓鱼台国宾馆签署《海峡两岸包机会谈纪要》与《海峡两岸关于大陆居民赴台湾旅游协议》

海峡两岸关系协会会长陈云林与海峡交流基金会董事长江丙坤在钓鱼台国宾馆签署了《海峡两岸包机会谈纪要》与《海峡两岸关于大陆居民赴台湾旅游协议》。纪要与协议都自签署之日起7日后生效。

这是在1993年“汪辜会谈”签署4项协议后“两会”签署的首批协议，是“汪辜会谈”后两岸协商谈判取得的重要成果。200多名中外记者在现场记录并见证了这一历史时刻。

依据《海峡两岸包机会谈纪要》与《海峡两岸关于大陆居民赴台湾旅游协议》，两岸周末包机将从7月4日起正式实施，大陆居民赴台旅游将自7月18日起正式实施，7月4日启动首发团。

海协会与海基会就开通两岸客运包机和货运包机等事宜，经平等协商形成了《海峡两岸包机会谈纪要》，内容涉及承运人、搭载对象、飞行航路、通关便利、保税措施、互设机构、辅助安排、申请程序、准用事项、货运事宜、定期航班以及联系机制等方面。

根据纪要附件，两岸周末包机时段为每周五至下周一计4个全天。大陆方面同意先行开放北京、上海(浦东)、广州、厦门、南京5个航点，并陆续开放成都、重庆、杭州、大连、桂林、深圳，以及其他有市场需求的航点；台湾方面同意开放桃园、高雄小港、台中清泉岗、台北松山、澎湖马公、花莲、金门、台东8个航点。双方同意在周末包机初期阶段，每周各飞18个往返班次，共36个往返班次。根据市场需求等因素适时增加班次。

根据纪要，双方同意：凡持有效旅行证件往返两岸的旅客均可搭乘客运包机；尽快协商开通两岸直达航路和建立双方空管方面的直接交接程序，在直达航路开通前，包机航路得暂时绕经香港飞行(航)情报区；包机承运人得在对方航点设立办事机构，台湾方面同意大陆承运人于6个月内设立办事机构；在周末客运包机实施后3个月内就两岸货运包机进行协商，并尽速达成共识付诸实施；尽快就开通两岸定期直达航班进行协商。

《海峡两岸关于大陆居民赴台湾旅游协议》内容涉及联系主体、旅游安排、诚信旅游、权益保障、组团社与接待社、申办程序、逾期停留、互设机构等方面。

根据协议，双方同意赴台旅游以组团方式实施，采取团进团出形式，团体活动，整团往返；双方应共同监督旅行社诚信经营、诚信服务，禁止“零负团费”等经营行为，倡导品质旅游，共同加强对旅游者的宣导；双方同意各自建立应急协调处理机制，相互配合，化解风险，及时妥善处理旅游纠纷、紧急事故及突发事件等事宜，并履行告知义务；双方同意就旅游者逾期停留问题建立工作机制，及时通报信息，经核实身份后，视不同情况协助旅游者返回；双方同意互设旅游办事机构，负责处理旅游相关事宜，为旅游者提供快捷、便利、有效的服务。

根据协议附件，接待一方旅游配额以平均每天3000人次为限。组团一方视市场需求安排。第二年双方可视情协商作出调整。旅游团每团人数限10人以上，40人以下，自入境次日起在台停留期间不超过10天。

6月14日

国家主席胡锦涛 国务院总理温家宝就日本东北地区发生地震向日本首相福田康夫致慰问电

胡锦涛等党和国家领导人在中南海怀仁堂同共青团中央新一届领导班子成员和共青团十六大部分代表座谈

中共中央政治局常委李长春、习近平出席了座谈会。

胡锦涛发表了重要讲话。他在讲话中高度评价了青年在中国革命、建设、改革的伟大进程中创造的辉煌业绩。胡锦涛特别指出，改革开放30年来，广大青年听从党的号召、响应时代召唤，积极投身中国特色社会主义伟大事业，在改革开放和社会主义现代化建设各个领域创优争先、开拓奋进，奏响了新时代的青春之歌。在最近这场气壮山河的抗震救灾斗争中，广大青年表现出顽强的奋斗意志和崇高的奉献精神，涌现出许多可歌可泣的感人事迹，为夺取抗震救灾斗争胜利作出了重要贡献。实践充分证明，在改革开放伟大进程中成长起来的当代中国青年是值得信赖的，是能担当重任的。

胡锦涛强调，党的十七大适应国内外形势的新变化，顺应各族人民过上更好生活的新期待，从新的历史起点出发，进一步描绘了全面建设小康社会的宏伟蓝图，对社会主义经济建设、政治建设、文化建设、社会建设和党的建设作出了全面部署。实现党的十七大确定的各项战略任务，需要包括广大青年在内的全国各族人民共同努力。党中央对青年一代充满期待、寄予厚望。广大青年一定要不负重托、不辱使命，更加勤奋地学习，更加扎实地工作，更加顽强地奋斗，把火红的青春奉献给全面建设小康社会、发展中国特色社会主义的壮丽事业。胡锦涛向全国广大青年提出四点希望：

一是要坚定理想信念。广大青年要认真学习马克思列宁主义、毛泽东思想、邓小平理论和“三个代表”重要思想，认真学习科学发展观，深刻理解中国特色社会主义理论体系，努力用马克思主义中国化最新成果武装头脑，在人生的关键时期确立起正确的世界观、人生观、价值观，立志为发展中国特色社会主义事业终生奋斗。要善于从抓住和用好我国发展重要战略机遇期的高度来看问题，从维护我国改革发展稳定大局的高度来看问题，从促进中华民族长远发展的高度来看问题，时刻牢记国家和人民的根本利益，用刻苦学习、勤奋工作的实际行动报效祖国，同心同德地把我们国家建设得更加强大。

二是要勤奋刻苦学习。广大青年要在学习上下更大的气力，只争朝夕地学习，如饥似渴地学习，持之以恒地学习。要努力打牢知识基础，培养严谨学风，一步一个脚印地积累知识；要努力拓展世界眼光，广泛学习各种新知识新技能，使自己的知识结构适应时代发展的要求，不断增强为祖国和人民服务的本领；要努力参加社会实践，把“读万卷书”与“行万里路”结合起来，自觉向实践学习，向人民群众学习，在实践中汲取丰富营养、提高综合素质，真正成为既学识广博又能干实事的新一代建设人才。

三是要勇于艰苦创业。广大青年要焕发创业热情和创造活力，在改革开放和社会主义现代化建设中建功立业。要立足本职、扎实苦干，努力在平凡的岗位上追求卓越、创造一流；要勇挑重担、攻坚克难，敢于在最困难、最艰苦的地方大显身手，把青年的生力军和突击队作用充分发挥出来；要大胆探索、锐意进取，自觉站在改革开放的前列，站在自主创新的前列，为国家繁荣富强贡献聪明才智。

四是要培养高尚品德。广大青年要紧紧围绕建设社会主义核心价值体系，积极参与和谐文化建设，为提高全社会的文明程度发挥应有的作用。要自觉传承中华民族传统美德，使中华文化的优秀传统代代相传，使党和人民在长期奋斗中形成的光荣传统薪火永续；要积极倡导社会文明新风，大力发扬团结互助、扶贫济困、平等友爱、诚信和谐的社会风尚，从我做起，从小事做起，从身边做起，在全社会带头践行社会主义荣辱观，充分展现当代青年的良好精神风貌。

胡锦涛强调，在现阶段，党需要共青团更好地团结带领广大团员青年，为实现全面建设小康社会的奋斗目标而不懈努力。各级团组织一定要发扬“党有号召、团有行动”的优良传统，不断完善工作思路，全面履行职能作用，大力加强自身建设，力争使团的基层组织网络覆盖全体青年，使团的各项工作和活动影响全体青年，把广大青年紧紧团结在党的周围，为实现党的任务努力奋斗，保证党的事业兴旺发达、后继有人。

胡锦涛说，团干部队伍是共青团工作的骨干力量。要推动共青团工作再上新台阶，关键是要按照“让党放心、让青年满意”的要求，建设一支高素质的团干部队伍。胡锦涛对团干部提出三点要求：一是政治上要过硬，始终忠于党、忠于人民，坚持用中国特色社会主义理论体系武装头脑，努力做共产主义远大理想和中国特色社会主义共同理想的坚定信仰者，认真实践科学发展观，自觉地为党的事业而奋斗。二是作风上要扎实，切实增强事业心和责任感，深入基层、深入青年，踏踏实实地工作，努力在团的岗位上作出实实在在的业绩。三是自律上要严格，着力加强自身修养，从严要求，防微杜渐，经得住诱惑，管得住小节，切实走好人生的每一步。

胡锦涛最后要求各级党委牢固树立赢得青年就是赢得未来的思想，进一步加强对共青团工作的领导，促进青年健康成长、发奋成才。

中共中央政治局委员、全国人大常委会副委员长王兆国主持了今天的座谈会。中共中央政治局委员、中央书记处书记、中宣部部长刘云山，中共中央政治局委员、中央书记处书记、中组部部长李源潮，中央书记处书记、中央办公厅主任令计划，中央书记处书记、中央政策研究室主任王沪宁等出席了座谈会。

座谈会上，团中央书记处第一书记陆昊介绍了团十六大的召开情况，浙江省宁波市宁波港集团股份有限公司桥吊司机竺士杰、山东省泰安市吉利标准化养猪专业合作社理事长侯彦卫、中国空空导弹研究院工程师牛尚飞、天津工业大学信息与通信工程学院研究生徐伟、沈阳军区某部高炮团修理连士官向南林、四川省北川羌族自治县团委书记马晓燕6名团十六大代表先后发言。

全国人大常委会副委员长王兆国会见共青团第十六届中央委员会全体委员

全国总工会决定授予抗震救灾先进集体和先进职工全国“五一”劳动奖状奖章

为进一步激励广大企事业单位和干部职工发扬敢于吃苦、连续奋战、顽强拼搏、甘于奉献的精神，夺取抗震救灾和恢复生产、重建家园的全面胜利，中华全国总工会决定，授予东方汽轮机有限公司等10个集体全国“五一”劳动奖状，授予裴福兴等10名同志全国“五一”劳动奖章。

对在前一阶段抗震救灾一线为抢救人民生命财产、安置受灾群众、维护社会稳定作出突出贡献的先进集体、先进职工和优秀工会干部也进行了表彰。授予四川省都江堰市虹口乡工会等16个单位“全国抗震救灾先进基层工会”称号，授予四川省彭州市总工会党组书记、副主席郑贵华等17名同志“全国抗震救灾优秀工会干部”称号。

第二次中日韩外长会在东京举行

外交部部长杨洁篪、日本外相高村正彦、韩国外交通商部长官柳明桓出席。三国外长积极评价三国合作取得的进展，并就三国合作未来发展方向、具体领域的合作以及共同关心的国际和地区问题交换了意见。

杨洁篪说，本次中日韩外长会是在三国呈现良好合作态势的背景下举行的。三国合作面临新契机，站在新起点。进一步发展三国合作是三国人民的共同期盼，有利于三国和本地区和平发展。我们应当抓住机会，积极推动三国合作朝着和平共处、全面合作、互利互惠、共同发展的方向前进。各方要恪守双边达成的政治承诺，增进理解与互信，扩大物流、金融等产业合作和社会、文化领域的交流，加强在区域合作和重大国际与地区问题上的沟通，不断完善三国合作机制。

三国外长一致认为，三国合作对维护亚洲和平、稳定与繁荣十分重要，应当抓住机遇，把握友好合作大方向，积极落实领导人互访成果，在政治、外交、经济、社会、文化、人员交流等各领域进一步加强交流与合作，将灾害管理和救灾合作作为三国合作的新领域、新内容。

三国外长同意保持三国领导人和外长经常性交往，一致商定于今年9月在日本举行中日韩领导人会议。

三国外长还一致主张，三国在重大国际和地区问题上加强沟通与协调，在促进朝鲜半岛和东北亚和平稳定、共同应对气候变化、环境保护、粮食安全、能源安全及支持非洲发展、推进联合国改革等方面加强合作。高村正彦和柳明桓祝愿北京奥运会圆满成功。

与会期间，杨洁篪还分别与高村正彦和柳明桓举行会谈，同他们就进一步发展双边关系，加强在国际和地区事务中的合作交换意见。

中联部部长王家瑞在北京会见尼泊尔共产党(联合马列)中央常委巴拉特·莫汉·阿迪卡里

中央军委主席胡锦涛签署命令授予成都军区某陆航团荣誉称号

胡锦涛签署的命令指出，成都军区某陆航团在这次抗震救灾斗争中，执行命令坚决，完成任务出色，是忠实履行新世纪新阶段我军历史使命的先进典型，是特别能吃苦、特别能战斗、特别能奉献的英雄集体。全军和武警部队都要向成都军区某陆航团学习，学习他们坚决听党指挥，忠诚履行使命的高度政治觉悟；学习他们牢记我军宗旨，视人民利益高于一切的崇高思想境界；学习他们冲锋在前，抢挑重担，顽强拼搏的战斗精神；学习他们不畏艰险、不怕牺牲，勇于挑战极限的英雄气概。全军部队特别是参加抗震救灾的广大官兵要以他们为榜样，在党中央、中央军委的坚强领导下，大力弘扬我军听党指挥、服务人民、英勇善战的优良传统，团结一致，众志成城，为夺取抗震救灾斗争的全面胜利而奋斗。

中央军委主席胡锦涛签署通令给邱光华同志追记一等功

成都军区某陆航团副师职飞行员邱光华同志，1957年4月出生，1974年4月入伍，1976年6月入党，大校军衔。入伍34年来，邱光华同志忠诚使命，恪尽职守，长期坚守在飞行第一线，出色完成了开辟川藏青藏航线、国防科研试验、抢险救灾等重大任务，先后荣立二等功2次、三等功4次。5月12日，四川汶川特大地震发生后，邱光华积极请战参加抗震救灾，主动承担急难险重飞行任务，在气候复杂多变、通信联络不畅的情况下，冒着生命危险，频繁执行汶川、北川、茂县等重灾区的飞行任务，先后飞行63架次，运送救灾物资25.8吨，输送救灾人员87人，转移受灾群众234人，为抗震救灾作出了突出贡献。5月31日，邱光华同志率机组执行运送受伤群众任务，因高山峡谷局部气候瞬时变化、突遇低云大雾和强气流撞山失事，与机组成员一起不幸遇难，以身殉职。

成都军区日前给李月、王怀远、陈林、张鹏等遇难机组其他4名同志也追记一等功。

国务院公布第二批国家级非物质文化遗产名录和第一批国家级非物质文化扩展项目名录

在我国第三个“文化遗产日”到来之际，国务院公布了第二批国家级非物质文化遗产名录，共计510项；以及第一批国家级非物质文化扩展项目名录，共计147项。

2007年1月，文化部部署了第二批国家级非物质文化遗产名录项目申报工作。各省、自治区、直辖市和新疆生产建设兵团、澳门特别行政区以及中央直属单位共申报了2540个项目。在第二批国家级非物质文化遗产名录入选项目评选过程中，始终坚持项目的典型性、代表性和重大影响，体现国家级水平，对反映中华民族杰出智慧和独特创造力具有重大价值，在海内外华人中具有重大影响，以及对少数民族项目予以重点关注。

经过严格的专家评审、征求有关部门意见、公示、非物质文化遗产保护工作部际联席会议审议等程序，确定了民间文学、传统音乐(民间音乐)、传统舞蹈(民间舞蹈)、传统戏剧、曲艺、传统体育、游艺与杂技(杂技与竞技)、传统美术(民间美术)、传统技艺(传统手工技艺)、传统医药、民俗等项目为第二批国家级非物质文化遗产名录，其中包括元宵节、木活字印刷技术、武术、象棋、围棋、蚕丝织造技艺、传统中医药文化、珠算、藏族服饰、维吾尔族赛乃姆等。

6月15日

央行发布《中国金融稳定报告(2008)》

报告认为，当前我国金融改革发展正面临新的形势，存在一些影响金融稳定的国际国内因素。报告提出需要重点关注九个方面的风险。

据悉，这九个方面的风险：一是密切关注国际经济金融形势变化，防范国际金融市场动荡引发的传染性风险；二是继续完善宏观调控，防止经济结构不合理产生的风险；三是改善国际收支状况，建立、健全跨境资本流动监测预警机制；四是采取有力措施，防止价格总水平过快上涨；五是改进资产市场运行机制，防范资产价格大幅波动的风险；六是大力发展债券市场，切实改善融资结构；七是加快推进金融改革和创新，增强金融机构风险管理能力和竞争力；八是加强投资风险教育，增强投资者自我保护能力；九是加强金融监管协调，建立、健全金融安全网。

报告认为，2007年我国经济持续平稳快速发展，金融改革、金融调控、金融监管和金融对外开放稳步推进，金融体系继续保持稳定。

基于对我国2007年银行、证券和保险业的分行业评估，报告指出，银行业金融机构资产总额继续提高，资本充足率达标银行数量进一步增加，商业银行不良贷款率继续下降。证券公司基础性制度建设不断加强，综合治理实现既定目标，风险处置基本结束，客户交易结算资金第三方存管制度全面实施，证券公司资产和利润大幅增加。基金业发展迅速，基金规模和净值均比上年大幅增长，市场影响力显著提高。保险业整体实力进一步增强，保险服务领域进一步拓宽，政策性农业保险取得突破，保险公司资产规模、保费收入和保险资金运用收益率比上年均大幅提高。

外交部部长杨洁篪就美国中西部发生严重洪水灾害向美国国务卿赖斯致慰问电

中宣部部长刘云山出席在北京召开的全国宣传部长座谈会并发表讲话

会议认为，今年以来，宣传思想战线认真落实胡锦涛总书记提出的“高举旗帜、围绕大局、服务人民、改革创新”的总要求，认真学习宣传贯彻党的十七大精神，集中组织了抗击雨雪冰冻灾害、拉萨“3·14”事件和抗震救灾等重大宣传战役，极大地激发了爱国热情、振奋了民族精神，展示了党和政府的良好形象，有力配合了党和国家工作大局，为妥善应对突发事件、战胜自然灾害、促进社会和谐稳定提供了强大思想舆论支持。

刘云山在讲话中指出，当前抗震救灾宣传引导的任务十分繁重。要突出宣传党中央、国务院关于抗震救灾、恢复重建的决策部署和规划安排，宣传受灾地区党委政府组织动员群众自力更生、艰苦奋斗、恢复生产、重建家园，宣传各地各部门对口支援灾区建设，激励广大干部群众积极投身抗震救灾斗争。要大力弘扬伟大抗震救灾精神，推出一批抗震救灾中涌现出来的先进集体和模范人物，推出一批系统反映抗震救灾和灾后重建的重点报道，创作一批反映抗震救灾伟大斗争的优秀文艺作品，唱响万众一心、众志成城、不畏艰险、百折不挠的主旋律。

刘云山指出，一手抓抗震救灾工作，一手抓经济社会发展，是党中央根据当前形势作出的重要决策。宣传思想战线一定要紧紧围绕全党的中心任务，进一步加强贯彻落实科学发展观的宣传，加强经济形势政策的宣传，引导广大干部群众更加自觉、更加坚定地坚持聚精会神搞建设、一心一意谋发展。要继续组织好“高举旗帜 科学发展”主题宣传，大力宣传党中央、国务院关于经济社会发展的决策部署，宣传各地各部门学习实践科学发展观的新经验新成效，宣传有效治理通货膨胀，全力抓好农业生产，推进经济发展方式转变，防范经济风险，着力改善民生，开展增收节支、勤俭节约活动等重大措施，为打胜抗震救灾和经济社会又好又快发展两场硬仗作出积极贡献。

刘云山强调，要精心组织好北京奥运会和残奥会的宣传，大力宣传中国政府认真履行承诺、全力办好北京奥运会和残奥会的举措，宣传“绿色奥运、科技奥运、人文奥运”的理念，展示我国人民热爱和平、奉献奥运的巨大热情，唱响“同一个世界、同一个梦想”，为举办一届有特色、高水平的奥运会营造良好舆论氛围。要突出宣传北京奥运会是世界各国人民共同的体育盛会、办好北京奥运会是国际大家庭的共同责任，宣传国际奥委会和其他有关国际体育组织对办好北京奥运会的期待，反映各代表团齐聚北京、广泛参与奥运的盛况。要深入开展“迎奥运、讲文明、树新风”活动，广泛普及奥运知识和文明礼仪常识，形成讲文明、重礼仪、团结友善、热情好客的良好风尚。

各省区市党委宣传部部长、外宣办主任，中央宣传文化部门和单位负责同志出席会议。

6月16日

十一届全国人大常委会第五次委员长会议在人民大会堂举行

吴邦国委员长主持会议。

委员长会议决定，十一届全国人大常委会第三次会议于6月24日至26日在北京举行，建议会议审议国务院关于四川汶川特大地震抗震救灾及灾后恢复重建工作情况的报告等议案。

委员长会议建议十一届全国人大常委会第三次会议的其他议程是：审议国务院关于提请审议2008年中央预算调整方案草案的议案；审议国有资产法草案、循环经济法草案、消防法修订草案；审议国务院关于提请审议批准残疾人权利公约的议案、关于提请审议批准上海合作组织成员国长期睦邻友好合作条约的议案、关于提请审议批准中国和阿尔及利亚关于刑事司法协助的条约的议案、关于提请审议批准中国和阿尔及利亚引渡条约的议案；审议代表资格审查委员会关于个别代表的代表资格的报告；审议任免案等。

鉴于当前抗震救灾和灾后重建工作任务十分繁重，委员长会议同意对原计划安排常委会第三次会议审议的保险法修订草案、防震减灾法修订草案，国务院关于年度决算的报告和审计工作报告的审议延后安排。

委员长会议听取了全国人大常委会副委员长兼秘书长李建国作的关于十一届全国人大常委会第三次会议议程草案和日程安排意见以及相关工作事项的汇报，听取了全国人大相关专门委员会负责人关于十一届全国人大常委会第三次会议有关议程情况的汇报。

全国人大常委会副委员长王兆国、路甬祥、乌云其木格、韩启德、华建敏、陈至立、周铁农、蒋树声、陈昌智、严隽琪、桑国卫出席会议。

国务院总理温家宝在北京主持召开抗震救灾总指挥部第19次会议研究防范地震次生灾害工作

会议指出，这次特大地震导致山体滑坡、崩塌，堵塞了道路、河流，形成很多堰塞湖，损毁了水利工程，给人民生命财产造成巨大威胁。由于余震持续时间长，进入主汛期后降雨量明显增加，随时可能引发新的次生地质灾害。必须高度重视，把防范次生地质灾害作为一项紧迫任务，采取切实有力措施，避免给人民群众造成新的损失，为灾后恢复重建奠定良好基础。

一、抓好地震灾区安全度汛。要加快震损水利工程除险加固，尽快完成高危险情水库、水电站应急除险加固工作，早日完成重点河流、重要河段、重大险情的堤防应急除险工作。要落实堰塞湖安全度汛措施，对完成工程排险任务的堰塞湖进行全面风险评估验收，对已完成工程措施但尚未完全消除溃坝风险的堰塞湖要进一步采取工程措施，根除险情和隐患，一旦发现新形成的堰塞湖，要立即处理。要加强雨情、水情、险情的监测和预警预报，进一步落实防汛责任制，完善预测预警措施和人员转移避险方案，确保安全度汛。

二、高度重视地质灾害的防范工作。要尽快完成灾区次生地质灾害隐患应急排查，形成灾区地质灾害防治方案；开展灾区地质灾害危险性评估，作为恢复生产和灾后重建规划布局的依据；恢复健全地质灾害群测群防体系，落实相关措施和责任，提高监测和预警能力；按期完成地震灾区地质灾害防治规划、土地利用规划和地质灾害危险性评估工作；高度重视和开展以地震灾区和南方为重点的全国汛期地质灾害防治工作。

三、做好汶川地震余震活动的跟踪监视和趋势研判，防止余震造成新的灾害。继续加强地震监测，特别是震区两端余震活动的监测分析，动态跟踪监视断层活动和余震发展趋势；开展不间断滚动会商，密切跟踪震情发展；做好强余震的应对处置工作。

中共中央政治局常委、国务院副总理、国务院抗震救灾总指挥部副总指挥李克强，中共中央政治局委员、国务院副总理、国务院抗震救灾总指挥部副总指挥回良玉，国务委员兼国务院秘书长马凯，国务委员孟建柱和有关部门负责人出席会议。

《求是》杂志发表贺国强的文章《切实抓好换届后地方新一届领导班子和领导干部作风建设》

国务院副总理回良玉在北京主持召开国家防总紧急办公会议进一步研究部署当前防汛抗洪救灾工作

回良玉在听取当前雨情汛情灾情的会商后指出，面对南方严重的洪涝灾害，各级党委政府和各有关部门高度重视，认真贯彻落实胡锦涛总书记、温家宝总理的重要指示和南方抗洪减灾工作会议精神，坚持把确保人民生命安全放在首位，及时启动应急响应，扎实部署防汛工作，抗洪救灾抓得是好的，取得了显著的成效。

回良玉对当前的防汛抗洪救灾工作提出了明确要求。一要进一步强化认识。要从政治和全局的高度，充分认清做好今年防汛抗洪工作的极端重要性，以对党和人民高度负责的精神做好工作，确保防汛不出大的问题，大意不得，忽视不得，松懈不得。二要进一步强化责任制。国家防总和监察部已向社会公布大江大河、水库、重点堤防等的防汛责任人名单，必须落实到位，确保工作有人抓、问题有人管。各地也要对重点防洪部位明确责任人。三要进一步强化雨情汛情的监测、预报和预警。各级气象、水文等部门要再接再厉，及时、准确地进行滚动预报，为防汛工作提供有力支持。四要进一步强化应急抢险措施的落实。要进一步加大工作力度，加强堤防巡查和防守，及时补充防汛料物，落实抢险队伍，做到险情早发现、早处理。五要进一步强化水库等防洪工程的调度。在确保水库、水电站安全的前提下，充分发挥水利工程的拦洪错峰作用，尽可能减轻下游的防洪压力。六要进一步强化受洪水威胁人员的转移安置。要督促各地切实做好各种洪水量级和洪水位下的人员转移安置准备，制定水库下游、山洪灾害威胁区等人员转移预案和措施，落实到街道、落实到村组、落实到户、落实到人。要根据险情，果断决策，及时组织转移，绝不能存有侥幸心理。许多地方在这方面已经积累了成功的经验，要总结完善。七要进一步强化组织领导和各方面的协调配合。要充分发挥中国特色的政治优势，各级党委政府的主要领导要亲自过问、亲自抓防汛。要及时与人民解放军和武警部队沟通联系，充分发挥其主力军和突击队的作用。

国务院副总理李克强在北京参加2008年节能宣传周活动并发表讲话

中共中央政治局委员、北京市市委书记刘淇，北京市市长郭金龙一同参加节能宣传周活动。

李克强在北京市和中央有关部门负责同志陪同下，来到位于酒仙桥电子科技园区的北京毕捷电机股份有限公司，在现场主持召开了节能工作座谈会。他指出，当前我国经济保持平稳较快发展，同时要看到，我国能源资源相对不足，环境承载能力较弱，经济发展付出的资源环境代价较大。近年来，世界能源资源价格持续攀升，我国能源资源消费快速增长，供需矛盾日益突出。李克强强调，缓解能源资源对经济发展的严重制约，不仅要努力提高供给能力，而且要进一步加强需求侧管理，大力推进节约能源资源，减少能源资源消耗，这也是从源头上减少环境污染的重大措施。我们必须充分认识新形势下开展节能减排工作的极端重要性和紧迫性，以高度的历史责任感和使命感，全面贯彻《节约能源法》，全民行动，依法节能，逐步完善促进节能经济政策，把节能减排各项措施落到实处。

李克强在参观考察过程中强调，在大力推进节电节油节能的同时，要进一步加强煤电油气运生产调运和衔接协调，千方百计增加有效供给，为夺取抗震救灾斗争全面胜利、办好北京奥运会、保障农业生产、促进经济社会又好又快发展，提供有力的能源保障。

我国节能宣传周活动已经举办了18个年头。2008年全国节能宣传周活动的主题是“依法节能、全民行动”，由国家发展改革委等14个部门共同举办。

全国妇联授予160名抗震救灾先进个人“全国三八红旗手”称号

全国妇联决定授予在抗震救灾斗争中作出突出贡献的四川省成都市消防支队队长孙国利等160名同志“全国三八红旗手”荣誉称号，中国人民解放军成都军区昆明总医院医疗队等53个单位“全国三八红旗集体”荣誉称号。

此次全国妇联表彰的全国三八红旗手、全国三八红旗集体主要来自四川省、重庆市、陕西省、云南省、甘肃省等重灾区和卫生、水利、新闻战线、解放军、武警部队以及基层妇联组织中参与支援灾区抗震救灾、恢复生产、重建家园工作的基层妇女干部、女军人、女教师、女医务工作者、女公安干警、女新闻工作者、女科技工作者和女志愿者等。

全国妇联在表彰决定中指出，这些先进个人和先进集体坚持以人民的利益高于一切，在关键时刻行动迅速、组织有力，在危难之际临危不惧、奋不顾身，在紧急关头不畏艰险、冲锋在前，在抢救人民生命财产、救治受灾群众、实施家庭志愿服务、开展心理抚慰、维护特殊时期社会秩序、开展震后重建等方面作出了突出贡献。她们身上，体现着大无畏的英雄气概，闪耀着时代精神的光芒，是我们时代的楷模，是广大妇女学习的榜样。

6月17日

十一届全国政协第一期委员学习研讨班在北京举办

中共中央政治局常委、全国政协主席贾庆林出席开班仪式并讲话。

贾庆林对委员学习工作提出四条要求：第一，始终坚持坚定正确的政治方向。坚持正确的政治方向，最根本的就是坚持中国共产党的领导、人民当家做主和依法治国的有机统一。我们要高举中国特色社会主义伟大旗帜，进一步增强走中国特色社会主义道路的自觉性和坚定性。要深入领会和贯彻我国发展社会主义民主政治的战略思想，坚定不移地走中国特色社会主义政治发展道路，坚持和完善中国共产党领导的多党合作和政治协商制度，使人民政协事业始终沿着正确的方向前进；第二，认真学习人民政协理论和方针政策。特别是要认真学习党的三代中央领导集体和以胡锦涛同志为总书记的中共中央关于人民政协的一系列重要论述，认真学习中共中央关于加强人民政协工作的意见，认真学习政协章程和与章程配套的各项规章制度，充分认识人民政协在党和国家事业发展中的重要地位和作用，掌握政协工作的程序、方式和方法，努力成为政协工作的行家里手；第三，切实增强政协委员意识。政协委员是各党派团体和各族各界人士的代表，既是一种荣誉，也是一种责任。要树立服务大局的意识、团结合作的意识、民主协商的意识、履职为民的意识、遵守法制的意识，时刻不忘记委员身份，认真履行委员职责，把政协委员的优势和作用充分发挥出来；第四，大力弘扬理论联系实际的优良学风。要把学习同人民政协的工作实际结合起来，同研究解决人民政协事业发展的突出问题结合起来，把学习的成效体现到扎实履行职责、开创工作新局面上来。

开班式由中共中央政治局委员、全国政协副主席王刚主持。全国政协副主席兼秘书长钱运录出席。本期学习研讨班为期4天，共有296名全国政协委员参加。

中央纪委书记贺国强在北京主持召开中纪委常委会研究进一步加强抗震救灾资金物资监督检查工作

中共中央书记处书记、中央纪委副书记何勇出席会议。

贺国强指出，在党中央、国务院的坚强领导下，在各级党委、政府的积极组织下，在全国人民和社会各界的关心、支持下，经过前一阶段顽强努力，抗震救灾斗争取得了重大阶段性胜利。按照中央的要求，抗震救灾资金物资监督检查工作起步早，措施得力，及时出台了相关制度和纪律处分规定，开展了有力的监督检查，为抗震救灾斗争取得阶段性胜利提供了重要保证。

贺国强强调，当前抗震救灾进入到安置受灾群众和恢复重建前期准备阶段，中央高度重视抗震救灾资金物资监督管理工作。抗震救灾资金物资数额巨大，如何加强对这些抗震救灾资金物资的管理使用，社会各界十分关注。各级纪检监察机关和广大纪检监察干部要从政治的高度提高对抗震救灾资金物资监督检查工作重要性的认识，认真履行职责，建立横向到边、纵向到底的全方位监督检查机制，确保抗震救灾资金物资真正有效用于灾区和受灾群众。

贺国强要求，要制订抗震救灾款物监管工作的总体工作方案，并根据抗震救灾工作的实际，分阶段组织实施，突出重点，狠抓落实。要把公开透明原则贯穿于抗震救灾款物管理使用的全过程，主动向社会公开抗震救灾款物的来源、数量、种类和去向，接受社会监督。要严格执行纪律，对抗震救灾资金物资管理使用中的违纪违法行为，必须依纪依法从快从严从重处理，公开曝光处理结果。对在抗震救灾款物管理使用中玩忽职守、贻误工作的，也要严肃追究相关人员的责任。

国家副主席习近平在平壤分别会见朝鲜最高人民会议常任委员会委员长金永南 副委员长杨亨燮

在会见金永南时，习近平说，这次访问朝鲜，是我到中央工作以后首次出访的第一站。以胡锦涛同志为总书记的中国共产党新一届领导集体一如既往地重视发展中朝友好关系。中朝友谊是两国老一代领导人亲手缔造和培育的，是留给我们的宝贵财富。不断巩固和发展中朝友好合作关系是中国党和政府坚定不移的方针。我们愿同朝方一道，推动中朝关系取得更大发展。

金永南说，朝中关系继续良好向前发展。习近平副主席此访表明，中国新一届领导集体对朝中关系的高度重视。不断巩固和加强朝中友好合作关系是朝鲜党和政府一贯政策。朝方愿同中方共同努力，将深厚悠久的朝中传统友谊进一步发扬光大。朝鲜人民祝愿中国在落实科学发展观、构建和谐社会和实现祖国和平统一方面不断取得新的伟大成就。

在会见杨亨燮时，习近平说，朝方在台湾、涉藏等问题坚定支持中方。北京奥运火炬在平壤市的传递取得很大成功。中国四川汶川大地震发生后，朝方又给予中方真诚慰问和援助，这些都体现了朝鲜党、政府和人民对中国人民的深情厚谊。我们对此表示衷心感谢。习近平还对双方这些年在经贸、文化等各领域合作不断有新的发展，在国际和地区事务中保持着良好协调和合作给予很高评价。

习近平在同杨亨燮就中朝关系和加强双边交往与合作交换意见时建议：一、保持高层交往势头，加强政治沟通。进一步密切两党之间的交往，就治国理政和党的建设交流经验。保持在重大问题上的沟通。二、在明年中朝建交60周年之际，举办“中朝友好年”活动。三、深化务实合作，实现互利双赢。积极探讨农业、轻工业、信息产业、科技、物流、边境地区基础设施建设等领域的合作，中方支持有实力、有信誉的企业赴朝投资。加强口岸建设，方便人员和物资往来。四、活跃人文领域交流。中方欢迎朝鲜派团参加今年9月将在中国举办的第十届亚洲艺术节，将继续派高水平艺术团参加朝“四月之春”艺术节。五、加强多边协调与配合。继续保持在六方会谈、地区对话机制、联合国等多边框架内的协调与配合，更好地维护两国利益。

杨亨燮完全赞同习近平提出的有关建议，表示朝方愿与中方共同努力，加强高层交往，保持在重大问题上的沟通和相互支持，积极探讨符合两国国情，互利互惠的合作方式，通过举办“朝中友好年”活动，加强传统友谊，进一步推动朝中关系的发展。

双方在会见时通报了各自国内发展形势，并就朝鲜半岛核问题、东北亚安全形势等问题坦诚交换了意见。

习近平与杨亨燮共同出席了质检、运输、民航等领域双边合作文件的签字仪式。

外交部部长杨洁篪在北京与赤道几内亚外交国际合作和法语国家事务部部长帕斯托尔·米查举行会谈

6月18日

国务院总理温家宝在北京主持召开国务院常务会议

会议研究支持汶川地震灾后恢复重建的政策措施，审议并原则通过《关于推进海南农垦管理体制改革的意见》，部署在中央和国家机关开展节能活动。

会议指出，为支持灾区人民开展生产自救、重建家园，必须统筹各方力量，加大政策扶持力度。会议决定，主要从财政、金融、税收、土地、就业和粮食收购等方面采取措施，大力支持灾后恢复重建。一是建立中央财政灾后恢复重建基金，统筹和引导地方财政、社会捐赠、对口支援、银行贷款等各类资金，重点对城乡居民倒塌房屋、公共服务设施、基础设施恢复重建以及工农业恢复生产给予支持。二是减轻受灾严重地区企业、单位和个人的税收及行政事业性收费等负担，促进企业尽快恢复生产，对受灾严重地区基础设施、房屋建筑物等恢复重建给予税收优惠，并实施鼓励社会各界支持抗震救灾和灾后恢复重建以及促进就业的税收政策。三是尽快全面恢复金融机构服务功能，实施向受灾地区倾斜的信贷政策，对重点基础设施、中小企业和“三农”发展加大信贷支持力度。四是大力开展就业援助，将因地震灾害造成就业困难的人员及时纳入就业援助范围，优先保证零就业家庭至少一人就业；大力开发公益性岗位，对失业人员创业和灵活就业人员等给予适当补贴和信贷支持。五是采取产业扶持政策和土地矿产资源政策，支持受灾地区恢复生产，调整产业结构，优化布局。六是完善稻谷最低收购价政策，稳定受灾地区粮食市场，保障困难群众口粮供应；粮食直补和农资综合直补政策适当向灾区倾斜，促进粮食生产和农民增收。会议强调，要注重发挥政策的引导作用，鼓励灾区人民自力更生、艰苦奋斗。

会议认为，半个多世纪来，海南农垦为支持国家经济建设、开发建设海南作出了重要贡献。随着经济社会发展形势的变化，需要对海南农垦的现行管理体制进行改革。会议决定，按照政企分开、社企分离、建立现代企业制度的总体要求，深化海南农垦管理体制改革，由海南省全面管理海南农垦，使海南农垦的体制融入地方、管理融入社会、经济融入市场，促进海南农垦和海南省经济社会又好又快发展。推进海南农垦管理体制改革，要妥善处理国家、企业和职工的利益关系，解决职工群众最关心、最直接、最现实的问题，充分调动广大干部职工的积极性，确保改革顺利进行。

会议听取了国务院机关事务管理局关于中央和国家机关节能减排有关情况的汇报。会议指出，搞好节能减排，完成“十一五”规划的约束性指标，是一项十分艰巨的任务，需要采取综合措施，需要全体人民共同努力。中央和国家机关要在节能减排和建设节约型社会中起表率作用，采取有效措施，严格管理制度，切实抓好节油、节电工作，确保2008年公务用车油耗降低20%，以实际行动节约能源资源，减少公用经费支出，支援抗震救灾，服务北京奥运会。

民革全国对台工作会议在北京召开

民革中央主席周铁农在开幕式上指出，当前我们正面临着开创两岸关系和平发展新局面的难得重要机遇，民革全党要在中共中央的统一部署下，为构建两岸关系和平发展框架，促进祖国和平统一大业，作出新的更大贡献。

周铁农说，民革全党近年来深刻学习领会和积极贯彻落实中共中央对台工作方针政策，坚持把参政议政作为民革对台工作的核心任务，努力将做好台湾人民工作贯穿于民革全党对台工作的始终，以积极进取、开拓创新作为推动民革对台工作的强大动力，这些经验和做法今后应进一步发扬光大。

周铁农要求各地民革组织在今后的对台工作中，深入学习贯彻中共十七大精神和胡锦涛总书记一系列对台工作重要讲话精神，全面、准确地把握当前台湾政局和两岸关系的总体形势，以科学务实的精神积极搞好对台调研工作，深入扎实地做好台湾人民工作，促进两岸交流交往，努力推动两岸关系的和平发展。

他强调，对台工作是一项长期、艰巨、复杂的战略任务，希望民革全党共同努力，在已有工作基础上，打造出一批有较大影响、特色突出的对台工作新“品牌”，以推动民革对台工作跃上一个新的台阶。

民革中央常务副主席厉无畏主持开幕式。民革中央副主席修福金在开幕式上作了题为《抓住机遇，开拓进取，努力开创民革对台工作的新局面》的工作报告。

中共中央台办副主任孙亚夫，中共中央统战部有关负责人以及民革有关方面代表共80余人出席了会议。

国家副主席习近平在平壤会见朝鲜劳动党总书记国防委员会委员长金正日

习近平表示，中朝传统友谊是两国老一辈领导人亲手缔造和培育，两国人民用鲜血凝成的。中朝两国人民始终相互理解、相互同情、相互支持、相互帮助，中朝友谊历经风雨、牢不可破。进入新世纪，中朝关系继续快速发展，有力地维护了两国共同利益，也为本地区和平与发展作出了积极贡献。不断巩固和发展中朝传统友好合作关系是中国党和政府坚定不移的战略方针。我们愿同朝方一道，继续本着“继承传统、面向未来、睦邻友好、加强合作”的精神，保持高层交往，深化经贸合作，搞好明年“中朝友好年”活动，就双方共同关心的地区和国际事务加强协调，使中朝关系在新形势下焕发出更大生机和活力。

金正日说，朝中友谊是两国老一辈革命家留给我们的宝贵遗产，在过去、现在和将来都弥足珍贵。始终不渝地致力于发展朝中传统友谊是朝方坚定不移的立场。明年是两国建交60周年，双方将举办“朝中友好年”活动，朝方愿以此为契机，与中方一道，进一步推动朝中友好合作关系向前发展。

在谈到朝鲜半岛核问题时，习近平说，在各方共同努力下，六方会谈取得一些积极进展，有关各方之间新一轮积极互动正在展开。中方一向支持朝方同美、日通过对话改善关系。目前，六方会谈面临克服暂时困难，再次向前迈进的机遇。希望各方继续相向而进，共同致力于早日全面均衡落实第二阶段行动，推动六方会谈进程步入新阶段。中方将继续为此发挥建设性作用，愿同朝方加强沟通和合作。

金正日阐述了朝方有关立场。金正日说，六方会谈虽有曲折，但达成了许多重要协议和共识。中方作为主席国发挥了重要作用。希望朝中双方今后继续进行良好的合作。

第四次中美战略经济对话在美国马里兰州安纳波利斯闭幕

国家主席胡锦涛的特别代表、国务院副总理王岐山和美国总统布什的特别代表、财政部部长保尔森共同主持闭幕式并总结对话成果。

王岐山表示，中美双方围绕第四次中美战略经济对话的主题和议题进行了深入讨论，增进了相互理解和战略互信，取得了丰硕成果。

王岐山指出，这次对话最突出的成果是中美在能源和环境领域扩大了合作。两国即将签署的《中美能源环境十年合作框架》文件对中美未来经济合作具有重大影响，也将为全球可持续发展作出贡献，显示了中美战略经济对话的重要意义和战略影响。

王岐山表示，对话过程中，中美双方均强调坚持自由贸易和投资便利化原则，致力于改善投资环境，同意正式启动中美双边投资保护协定谈判；双方深入探讨了中美经济发展面临的重大问题，包括美国次贷危机、国际金融市场动荡、全球粮食安全，同意加强财政政策、货币政策等宏观经济政策和公共投资的沟通与协调，共同应对经济全球化的挑战；双方同意，建设创新型社会是中美各自国家利益的体现，加强知识产权保护是建设创新型社会的根本前提，从战略高度探讨知识产权问题，并对中美商贸联委会形成指导意见，是非常有益的。

王岐山强调，第四次中美战略经济对话是一次成功的、具有深远影响的对话。双方要共同努力落实对话的后续工作，深化中美经贸合作，推动中美建设性合作关系发展，更好地造福中美两国人民。

保尔森表示，本次对话很成功，成果显著，双方为此作出了重要努力。双方讨论深入、对话直接、沟通顺畅。《美中能源环境十年合作框架》文件的达成是双方在该领域合作的重要一步，为今后合作奠定了重要基础。双方启动投资保护协定谈判也是双方合作有勇气的一步，意义重大。希望双方长期合作，为美中双方共同利益作出努力。

国务院副总理王岐山在华盛顿出席美中贸易全国委员会 美中关系全国委员会 美国商会等友好团体共同举办的晚宴并发表即席演讲

王岐山对美国政府、社会各界和人民对中国抗震救灾给予的支持和援助表示感谢。王岐山在演讲中强调中国坚持改革开放，走科学发展道路。

王岐山说，我这次来美国之前，很多人对我说，你要小心，美国盛行着贸易保护主义，开放的大门就要关上了。但是，我觉得不应该这样。历史上，美国是容纳了世界各民族人民的一块热土，依靠贸易立国。在我访美的第一站密苏里州，矗立着一座巨型拱门，“有框无门”。我想，美国应该像这座拱门一样，永远开放。

王岐山说，当前经济全球化席卷世界，各国经济都出现许多新的问题，这既有自身原因，也有外部原因。在这种情况下，产生贸易保护主义并不奇怪，因为谁都希望从外面拿到安全的、没有风险的利益。第四次中美战略经济对话能够成功举办，就在于对话双方都反对贸易保护主义。

王岐山指出，从历史看，谁封闭谁就落后！中国曾经先进过，但后来又长期关闭了大门，经济发展处于落后状态。30年前，邓小平先生提出改革开放，走中国特色的社会主义道路。中国由此发生了历史性的变化，取得了巨大成就，国内生产总值总量位居世界第四位。中国的历史教育我们，不开放不改革就没有出路。

王岐山说，也要清醒地认识到，中国和美国都是大国，但不是一个概念。中国人均国内生产总值只有美国的6%，排在世界100位之后，发展快，带来的问题也不少。城乡、区域发展很不平衡，人与自然还不协调，资源环境压力大。当前的难题是如何把速度和结构质量效益统一起来。速度不快，就业压力会很大；质量和效益不高，发展不可能持续。作为有13亿人口的中国，我们的工业化、城市化不可能重复发达国家大量消耗能源资源、先污染后治理的发展道路。胡锦涛主席提出了走科学发展的道路，加快转变发展方式，促进国民经济又好又快发展。我们认定这是一条正确的道路，是中国人民共同选择的必由之路。

王岐山表示，对于当前的金融动荡、能源和粮食等价格持续上涨，专家们的意见不一致，一些政治家也互相指责。我认为，我们应该充满自信地正视和解决自身的问题，迎接全球化带来的挑战，把挑战化为机遇，相互指责不解决问题。中国和美国作为最大的发展中国家和最大的发达国家应当在这方面带个头，以战略经济对话为平台，灵活耐心地加强沟通，不断解决彼此间出现的矛盾和问题。中美两国都有着光辉的历史，都有着可爱的人民，更有着共同的利益，没有理由不加强对话和合作，更不应该对抗。我们期待同美国继续开展对话，推动中美建设性合作关系不断向前发展。

美国财政部部长保尔森、农业部部长谢弗、商务部部长古铁雷斯、劳工部部长赵小兰、常务副国务卿内格罗蓬特等美国政要及美国工商界人士500多人出席晚宴。

中日就东海问题达成原则共识

外交部发言人姜瑜宣布，中日双方通过平等协商，就东海问题达成原则共识。

一、关于中日在东海的合作

为使中日之间尚未划界的东海成为和平、合作、友好之海，中日双方根据2007年4月中日两国领导人达成的共识以及2007年12月中日两国领导人达成的新共识，经过认真磋商，一致同意在实现划界前的过渡期间，在不损害双方法律立场的情况下进行合作。为此，双方迈出了第一步，今后将继续进行磋商。

二、中日关于东海共同开发的谅解

作为中日在东海共同开发的第一步，双方将推进以下步骤：

(一)由以下各坐标点顺序连线围成的区域为双方共同开发区块(附示意图)：

1. 北纬29°31′，东经125°53′30″
2. 北纬29°49′，东经125°53′30″
3. 北纬30°04′，东经126°03′45″
4. 北纬30°00′，东经126°10′23″
5. 北纬30°00′，东经126°20′00″
6. 北纬29°55′，东经126°26′00″
7. 北纬29°31′，东经126°26′00″

(二)双方经过联合勘探，本着互惠原则，在上述区块中选择双方一致同意的地点进行共同开发。具体事宜双方通过协商确定。

(三)双方将努力为实施上述开发履行各自的国内手续，尽快达成必要的双边协议。

(四)双方同意，为尽早实现在东海其他海域的共同开发继续磋商。

三、关于日本法人依照中国法律参加春晓油气田开发的谅解

中国企业欢迎日本法人按照中国对外合作开采海洋石油资源的有关法律，参加对春晓现有油气田的开发。

中日两国政府对此予以确认，并努力就进行必要的换文达成一致，尽早缔结。双方为此履行必要的国内手续。

中联部部长王家瑞在北京会见由副总主席阿贡·拉克索诺率领的印度尼西亚专业集团党代表团

北京奥运会 残奥会总指挥部在北京召开第一次会议

中共中央政治局委员、北京市市委书记、北京奥组委主席刘淇主持会议。中共中央政治局委员、国务委员、北京奥组委副主席刘延东，全国人大常委会副委员长、北京奥组委副主席陈至立，国务委员戴秉国，全国政协副主席、北京奥组委执行主席邓朴方出席会议。

会上，邓朴方通报了关于北京残奥会火炬传递的有关情况。北京市市长、北京奥组委执行主席郭金龙通报了关于北京奥运会、残奥会国际贵宾接待工作的有关情况。北京市副市长、北京奥组委执行副主席刘敬民汇报了运行指挥部关于目前筹备工作中的有关问题。会议对相关工作进行了讨论。

刘淇指出，要认真学习贯彻党中央关于筹办奥运的指示精神。中央高度重视奥运筹办工作，今年以来，中央政治局常委会多次听取奥运筹办工作汇报。6月13日，胡锦涛总书记在省区市和中央部门主要负责同志会议上的讲话中，就当前的奥运筹办工作作出了重要部署，具有很强的针对性和重要的指导意义。我们一定要认真学习、坚决贯彻中央的指示精神和胡锦涛总书记的重要讲话精神，把思想和行动统一到中央的要求上来，进一步坚定信心、振奋精神，以满腔的工作热情、科学严谨的工作态度，兢兢业业、扎扎实实做好奥运筹办的各项工作。

刘淇强调，要认真履行好北京奥运会、残奥会总指挥部的职责。现在，总指挥部已开始正式运转。下一步，随着各项工作的推进，我们还要进一步完善各项工作制度、规则，进一步健全工作机制，同时加强总指挥部各位领导同志和成员之间的沟通与联系，更好地发挥集中指挥、统筹协调的作用。

刘淇强调，当前要加强各项工作的落实，重点抓好以下几个方面：一是要把确保安全放在各项工作的首位，“平安奥运”重于泰山，奥运平安人人有责，要把“平安奥运”落实到奥运筹办工作的各个方面；二是要做过细的工作，以更加精益求精的工作标准、更加科学严谨的工作作风，抓好工作中的每一个细节；三是要按照奥运会、残奥会的赛事标准，抓紧做好各项工作的演练，不断提高指挥体系实际运转的能力和水平，为赛事期间的高效运转奠定基础。

刘淇要求，要把以人为本的要求落实到奥运筹办工作中。要及时、准确地了解各方面的需求，使我们的工作更有针对性，更容易为人们所接受。要按照以人为本的要求，深入细致地做好各国来宾的接待服务工作。在奥运筹办过程中，要更多地方便人民群众。

北京奥运会、残奥会总指挥部有关负责同志出席会议。

6月19日

第五届亚欧议会伙伴会议在北京举行

本届会议以“加强亚欧合作、促进共同发展”为主题。中国全国人大常委会委员长吴邦国出席开幕式并发表演讲。

中国全国人大常委会副委员长、秘书长李建国主持了开幕式。中国外交部部长杨洁篪、第四届亚欧议会伙伴会议东道国芬兰第一副议长凯里艾宁也分别在

开幕式上致辞。

印度尼西亚国会议长阿贡、泰国上议院议长巴索素、马来西亚上议院议长哈米德、巴基斯坦参议院副主席贾迈里、罗马尼亚参议院副议长尼古拉、立陶宛副议长佩克柳纳斯、捷克众议院副主席菲利普、希腊第一副议长苏尔拉斯、泰国下议院第二副议长阿披旺等来自亚欧国家议会的151名代表出席了会议。

全国人大常委会委员长吴邦国在第五届亚欧议会伙伴会议开幕式上的演讲

同事们,女士们,先生们:

很高兴在北京与各位新老朋友相聚。首先,我谨代表中国全国人大和中国人民,对第五届亚欧议会伙伴会议在北京召开表示热烈祝贺,对印度、巴基斯坦、蒙古、罗马尼亚、保加利亚五国议会的加入表示诚挚欢迎,向各位议长、议员朋友的到来表示衷心感谢。

加强亚欧合作、促进共同发展,是亚欧各国人民共同关心的问题。我们这次会议以此为主题,探讨议会合作应发挥的作用,顺应了时代潮流和亚欧各国人民的心愿,对增进相互了解,推进务实合作,促进共同繁荣具有重要意义。

同事们,女士们,先生们:

5月12日,中国四川汶川发生了强度为8.0级、烈度为11度的特大地震,给人民生命财产和经济社会发展造成了重大损失。面对这场新中国成立以来破坏性最强、波及范围最广、救灾难度最大的地震灾害,中国党和政府团结带领全国军民顽强奋战,克服重重困难,在第一时间从地震废墟中救活被掩埋人员6500多人,及时救治伤员170多万人次,紧急转移安置了1500多万受灾群众,其中解救被困和转移群众140多万人,还用最短时间打通通往灾区的交通线,恢复了灾区通信和电网,有效化解了堰塞湖等重大次生灾害险情,确保了大灾之后无大疫,灾区生产自救和灾后重建工作已有序展开,目前灾区社会稳定、人心安定,抗震救灾斗争取得了重大阶段性胜利。

抗震救灾是人类共同的课题。前几天,我会见几位外国政要,他们对中国抗震救灾的成效给予高度评价,并问了一个同样的问题,就是在这么短的时间内、在救援条件如此艰难的情况下,中国抗震救灾工作成效显著,靠的是什么。我想,这当中最重要的有三个方面。

一是,依靠中国特色社会主义的制度优势。中国是中国共产党领导的社会主义国家,人民代表大会制度是中国的根本政治制度。中国的国家制度,确保了人民当家做主,人民利益高于一切,以人为本、执政为民是我们崇高的执政理念;确保了各族人民的大团结,具有把13亿中国人凝聚起来的巨大力量,最大限度地调动人民群众的积极性、主动性和创造性;确保了全国一盘棋,能够集中力量办大事,提高工作效率。我们之所以能够取得抗击这场特大地震灾害的显著成效,很重要的一条就是靠中国特色社会主义的制度优势。在抗震救灾斗争中,我们以对人民高度负责的精神,不惜一切代价,只要有一线希望,就尽最大努力抢救人的生命,最大限度地减少了人员伤亡。我们举全国之力,从中央到地方政令畅通、步调一致,动员和组织各方力量,形成强大合力。用最短的时间调集人民解放军、武警部队13.9万多人,公安民警、消防官兵和特警2.8万多人,民兵预备役人员7.56万人,医疗卫生人员9.68万人,国内外地震专业救援队5200多人,奔赴灾区,争分夺秒,展开了史无前例的生死大营救,还有20多万志愿者从四面八方赶赴灾区参加抗震救灾。我们的胡锦涛主席、温家宝总理等国家领导人亲临灾区,与受灾群众并肩战斗。我们灾区的各级领导干部,特别是基层干部身先士卒,在危急关头豁得出去、冲得上去,赢得了人民的信赖,成为群众的主心骨。

二是,依靠改革开放30年的发展积累。中国是快速发展的国家。改革开放以来,我们始终坚持以经济建设为中心,把发展作为党执政兴国的第一要务,国家的面貌发生了历史性变化。从1978年到2007年,中国国内生产总值由2165亿美元增加到3.23万亿美元,年均增长9.6%,综合国力大幅提升;人均国内生产总值由226美元增加到2100美元,增长了8倍多,人民生活显著改善;财政收入由1132亿元增加到5.13万亿元,增长了44倍多,国家财力大大增强。我们之所以能够取得抗击这场特大地震灾害的显著成效,很重要的一条就是靠改革开放30年的发展积累。到6月17日,各级政府已投入抗震救灾资金539亿多元,其中中央财政投入490多亿元;调运救灾帐篷140多万顶、活动板房36万多套;调运棉被480多万床、衣物1400多万件,还有大量粮食、食品、药品等救援物资源源不断地抢运到灾区,保证抗震救灾需要,保障了灾区人民的基本生活。全国人大常委会按照特事特办的原则,决定及时调整2008年中央预算,建立灾后恢复重建基金,以保证抗震救灾和灾后重建的资金需要。

三是,依靠中华儿女自强不息的民族精神。中国是有巨大民族凝聚力的国家。千百年来,中华民族历经磨难而信念愈坚,饱尝艰辛而斗志愈强,形成了以爱国主义为核心的伟大民族精神。越是危难之时,中华儿女越是不屈不挠,表现出患难与共、一往无前的英雄气概。在这场惊心动魄的抗震救灾斗争中,中华民族万众一心、众志成城、不畏艰险、百折不挠,再次经受住了严峻考验，伟大的民族精神得到发扬光大。受灾群众临危不惧，奋起自救和互救，共克时艰。“一方有难、八方支援”，13亿中国人拧成一股绳，有钱出钱，有力出力。海外华人华侨心系祖国、情系灾区，踊跃捐助。广大救援人员以非凡的勇气、坚定的信念、顽强的意志，与震魔进行殊死抗争，谱写了惊天地、泣鬼神的英雄史诗。在经济比较发达省份的请缨下，我们已建立19个省份分别帮助四川等重灾区县(市)灾后恢复重建的对口支援机制。

在这里，我还要强调的是，中国这次抗震救灾得到了包括亚欧国家在内的世界各国政府和人民的大力支持和援助，一些国家的救援队和医疗队还与中国人民一起抗震救灾，充分体现了世界各国人民对中国人民的深情厚谊。在此，我代表中国政府和人民，再次向国际社会表示衷心的感谢。

经历这场抗震救灾斗争的洗礼，中国人民进一步增强了民族凝聚力，进一步提高了坚持改革开放、推动科学发展的自觉性，进一步坚定了走中国特色社会主义道路的信念。尽管前进的道路上还会遇到这样或那样的困难和挑战，但我们有信心、有决心、有能力战胜一切艰难险阻，不断夺取全面建设小康社会新胜利，实现中华民族伟大复兴。

同事们，女士们，先生们：

我们所处的亚洲和欧洲，都是人类文明的摇篮，是当今世界的重要力量，在人类和平与发展的崇高事业中扮演着十分重要的角色。亚洲人口众多、资源丰富，市场广阔、经济活跃，是全球最具发展潜力的地区之一。欧洲技术进步、资金雄厚，经济一体化程度高，是世界上最大的发达经济体。当前，国际形势总体趋向缓和，亚欧各国面临着难得的发展机遇，也面临着诸多挑战。作为世界多极化的重要力量和经济全球化的参与者，亚洲和欧洲的相互关联性和依存度比以往任何时候都更加紧密，深化亚欧合作的紧迫性和战略性比以往任何时候都更加凸显。我们高兴地看到，亚欧会议成立12年来，合作机制逐步健全，合作领域持续拓展，合作内容不断充实，合作成果日益增多，有力地推动了亚欧伙伴之间的政治安全对话、经济贸易合作和社会文化交流。在新的形势下，进一步加强亚欧对话与合作，不仅符合双方的根本利益，也有利于促进世界的和平、发展与合作。

议员代表人民，议会反映民意。议会交往是国家关系的重要组成部分，议会多边合作在国际合作中发挥着独特作用。亚欧议会伙伴会议成立以来，成员从最初的26个增加到43个，已举行四次会议，发表了多个共同文件，阐明在一些重大国际和地区问题上的共同立场，推动了各成员议会间的对话、沟通与合作，为促进亚欧会议进程发挥了积极作用。应当说，亚欧议会伙伴会议正逐步走向成熟，日益成为各成员议会间加强对话、增进互信、推动合作的重要平台，显示出巨大的合作潜力和广阔的发展前景。下面，我愿就亚欧议会伙伴会议今后的发展问题提几点建议，与各位同事共同探讨。

第一，坚持在亚欧会议框架下开展工作。亚欧会议是一个全方位、多领域的跨区域对话与合作进程，亚欧议会伙伴会议是亚欧交流的重要渠道和组成部分。我们要按照亚欧议会伙伴会议的宗旨，密切与亚欧会议的联系，加强与其他合作机制的配合与协调，紧紧围绕亚欧会议的根本目标和主要任务开展工作，充分发挥议会多边交往对多边合作进程的积极作用。要参照亚欧首脑会议的议题和重点合作领域，拟定亚欧议会伙伴会议的主题，积极有效地参与和推动亚欧会议进程，共同推动亚欧新型伙伴关系不断向前发展。

第二，坚持在平等互信基础上加强对话。亚欧议会伙伴会议成员国的国情不同，国家有大有小、人口有多有少、国力有强有弱，但都是国际社会平等的一员，大国应该尊重小国，强国应该扶持弱国，富国应该帮助穷国。要尊重文明的多样性，尊重国家的主权和领土完整，尊重各国根据本国国情选择的发展道路，不干涉别国内政。要充分考虑各成员国重大关切，坦诚对话，耐心沟通，在平等协商、求同存异的基础上，妥善解决分歧，最大限度地达成共识，不断扩大共同利益的汇合点。

第三，坚持发挥自身特点优势推动合作。各成员议会要充分发挥职能作用，及时批准本国政府签署的有关多边协议并督促实施，为亚欧会议进程提供有力的法律保障。要加强国内立法和监督，支持各国政府采取切实行动，减少贸易和投资壁垒，促进贸易开放，增加相互投资，推动落实亚欧首脑会议确定的合作目标。要发挥议会联系广泛、人才荟萃、信息密集的优势，为深化务实合作献计献策，为企业和地方合作牵线搭桥。要大力推动人文领域交流，加深对彼此历史和文化传统的了解，增进人民之间的友谊与信任，不断扩大合作的民意基础和社会基础。

同事们，女士们，先生们：

中国作为亚欧会议的一员，一贯支持并积极参与亚欧合作进程。中国全国人大愿加强与亚欧议会伙伴会议各成员的合作，共同推动亚欧议会伙伴会议健康发展，为加深亚欧人民友谊，促进亚欧互利合作，共筑亚欧繁荣和谐而不懈努力。

最后，预祝第五届亚欧议会伙伴会议圆满成功！

谢谢大家。

全国人大常委会委员长吴邦国在人民大会堂会见出席第五届亚欧议会伙伴会议的各代表团团长

吴邦国说，亚洲是世界上最具经济活力的地区，欧洲是世界上最大的发达地区。这两大区域在地理上相连接，经济上互补性强，共同利益很多，在国际和地区事务中发挥着不可替代的作用，为推动世界和平与发展作出了重要贡献。当前，亚欧两大洲均处于重要发展阶段，深化亚欧新型伙伴关系，符合双方的共同利益。中国是亚欧合作的坚定支持者和积极参与者。中方愿在和平共处五项原则的基础上，继续发展与亚欧各国的友好合作关系，为推动亚欧合作作出积极努力。

吴邦国对罗马尼亚、保加利亚、印度、巴基斯坦、蒙古五国成为亚欧议会伙伴会议新成员表示祝贺。他说，议会合作是亚欧新型伙伴关系的重要组成部分。中国全国人大将继续大力支持和积极参与亚欧议会伙伴会议，与亚欧各国议会和议会组织一道，加强在国际和地区问题上的交流与对话，促进亚欧会议进程，推动亚欧各国在各领域的交流与合作。

各代表团团长感谢中方为此次会议提供的热情服务和周到安排，对中国人民在抗震救灾中取得的胜利表示赞赏和敬佩。他们说，各成员议会的代表在此次会议上就政治、经济、文化等领域进行了富有成效的交流和讨论，相信会议将取得积极成果，为推动亚欧议会间的合作作出贡献。

全国人大常委会副委员长兼秘书长李建国、全国人大常委会副委员长桑国卫等会见时在座。

中组部表彰第三批抗震救灾先进基层党组织优秀共产党员

为激励广大基层党组织和共产党员在抗震救灾工作中进一步发挥战斗堡垒作用和先锋模范作用，中央组织部通报表彰第三批抗震救灾先进基层党组织、优秀共产党员。

中央组织部决定授予26个基层党组织为第三批“抗震救灾先进基层党组织”，他们是：

甘肃省陇南市文县中庙乡中坪村党支部；甘肃省甘南藏族自治州舟曲县人民医院党支部；陕西省公安消防总队党委；陕西省宁强县广坪镇党委；重庆市第三人民医院外科党支部；首都师范大学资源环境与旅游学院地理信息系统系党支部；天津市抗震救灾第二批医疗队临时党总支；宋志永爱心志愿者服务小分队临时党支部；山西省抗震救灾卫生防疫工作队临时党支部；辽宁省水利水电工程局党委；吉林省医疗队驻华西医院医疗分队党支部；上海公安赴四川抗震救灾应急救援队临时党委；江苏省赴川抗震救灾医疗卫生救援队临时党委安徽省合肥市公安局特警（巡警）支队党委；福建省公安边防总队赴四川灾区抗震救灾医疗队临时党总支；江西省公安消防总队南昌市支队特勤大队抗震救灾临时党支部；山东省公安消防总队赴四川抗震救援大队临时党委；河南省抗震救灾医疗防疫救援队临时党委；湖北省武汉市急救中心党委；湖南省长沙中联重工科技发展股份有限公司党委；中央电视台抗震救灾新闻报道组临时党支部；新华社新华视点采编室党支部；中国地震局国家地震灾害紧急救援队党支部；铁道部成都铁路局绵阳工务段党委；中国铁路工程总公司中国中铁股份有限公司党委；中国铁道建筑总公司中铁第一勘察设计院集团有限公司宝成铁路109号隧道抢险队临时党支部。

授予9名同志为第三批“抗震救灾优秀共产党员”，他们是：

许伟（甘肃省文县范坝乡初级中学校长）；李树德（甘肃省陇南市武都区第一人民医院神经外科主任）；张玉民（陕西省略阳县军供站站长）；方徐林（重庆市梁平县礼让镇中心小学党支部书记、校长）；刘亚民（黑龙江省哈尔滨市公安局党委委员、巡警支队党委书记、支队长）；祁友富（浙江省绍兴县顺利喷花服饰有限公司董事长）；林卫（广东省公安厅治安管理局政委）；龚达发（人民日报社记者部主任、党委书记）；刘宁（水利部总工程师）。

中组部表彰决定指出，当前，抗震救灾斗争形势依然严峻，任务十分繁重。各级党组织和广大共产党员要紧密团结在以胡锦涛同志为总书记的党中央周围，坚决贯彻中央的部署和要求，坚持一手抓抗震救灾工作，一手抓经济社会发展，在党中央的坚强领导下，以更加顽强的意志、更加得力的举措、更加深入的作风、更加扎实的工作，团结带领广大群众共同夺取这场抗震救灾斗争的全面胜利！

国务院副总理回良玉到河北考察“三夏”生产和农业农村工作

全国总工会主席王兆国出席在北京召开的全国产业工会工作会议

国家副主席习近平在乌兰巴托会见蒙古总统恩赫巴亚尔并同蒙古总理巴亚尔举行会谈

习近平说，两国关系取得长足进展的根本原因在于双方相互尊重独立、主权和领土完整，尊重各自选择的发展道路，不断增进相互理解与信任。两国在各领域的合作富有成果，给两国人民带来了实实在在的利益。中国政府高度重视同蒙古的关系，愿同蒙方共同努力，巩固友好，加强沟通，推进合作，推动中蒙关系持续健康发展,使两国永做好朋友、好伙伴。

恩赫巴亚尔说,巩固和发展同中国的睦邻友好合作是蒙坚定不移的方针。明年是两国建交60周年,蒙方希望通过与中方共同举办庆祝活动,推动两国关系进一步发展。蒙古政府将一如既往地奉行一个中国政策,支持中国政府在台湾、涉藏问题上的立场。

恩赫巴亚尔表示相信,中国政府和人民一定能够尽快重建灾区美好家园和成功举办奥运会。

在与巴亚尔总理会谈时,习近平向巴亚尔转达了温家宝总理的诚挚问候。习近平说,近年来,两国高层交往频繁,经贸合作日益扩大,中国已连续多年成为蒙最大贸易伙伴和投资国,双方人文领域交流日趋活跃,在地区和国际事务中保持良好的协调与配合。当前,中蒙关系正面临新的发展机遇,为全面推进两国交往与合作,中方建议:

一、保持高层交往,加强两国政党、议会及政府各部门之间的交流,搞好明年两国建交60周年暨友好合作条约签订15周年纪念活动。尽早商签《中蒙国界管理制度协定》。

二、落实好《中蒙经贸合作中期发展纲要》,完善合作机制,积极探讨务实合作的新领域、新方式,扎实推进在矿产资源开发、基础设施建设等领域的合作。

三、扩大人文交流。中方邀请60名蒙古青少年明年访华。中方支持蒙古汉语教学。在卫生、旅游、考古、防灾等领域开展合作。

四、拓展多边领域合作。中方支持蒙方在东北亚事务和地区组织中发挥积极作用。中方愿同蒙方加强在应对气候变化等问题上的合作。

巴亚尔说,蒙古人民感谢中国长期以来为蒙经济社会发展提供的宝贵支持和帮助,蒙方高度重视两国合作。愿与中方加强高层往来,深化在资源能源和基础设施领域的开发与合作,改善两国边境口岸建设,促进双方在人文、教育、司法和执法领域的合作交流。蒙方愿与中方共同致力于维护东北亚的和平稳定。

习近平与巴亚尔共同出席了《中蒙经贸合作中期发展纲要》、中蒙政府间经济技术合作协定以及外交、卫生、林业、畜牧业、质检等领域多项双边合作文件签字仪式。

国务院副总理王岐山在华盛顿会见美国总统布什

布什积极评价第四次战略经济对话取得的重要成果。他说,美中即将签署的《美中能源环境十年合作框架》文件表明两国在该领域有着广泛共同利益,在环境保护问题上的态度是认真的。双方应确定长期目标,共享环保技术。布什对双方同意启动双边投资保护协定谈判表示高兴,希望谈判能早日取得成果。布什指出,贸易保护主义不符合美中双方的利益,贸易应秉持开放、公正原则。布什强调,强有力的美中关系符合双方的国家利益,期待两国关系继续向前发展。

王岐山表示,中方高度评价布什长期以来为发展中美建设性合作关系作出的重要贡献。他指出,中美战略经济对话是胡锦涛主席和布什总统共同倡导的,得到两国元首的关心和支持。我们愿同美方一道,继续积极工作,落实两国元首达成的共识,推动对话不断取得新成果。

布什表示,举办奥运会是令中国人民自豪的盛事,我期待着出席北京奥运会开幕式,分享中国人民的自豪。王岐山对布什出席北京奥运会开幕式表示热烈欢迎。

当天下午,王岐山与美国财政部部长保尔森在美国财政部共同签署了《中美能源环境十年合作框架》文件。

同日,王岐山还会见了国际货币基金组织总裁卡恩。王岐山表示,中方重视同国际货币基金组织的关系,愿意在相互理解和尊重的基础上继续开展双方的合作。卡恩表示,中国在世界经济中发挥着越来越重要的作用,国际货币基金组织同中国的关系非常重要,希望继续得到加强。

6月20日

中共中央总书记胡锦涛到人民日报社考察工作

在《人民日报》创刊60周年之际,中共中央总书记、国家主席、中央军委主席胡锦涛和中共中央政治局常委李长春来到人民日报社考察工作,代表党中央向《人民日报》创刊60周年表示热烈的祝贺,并向全国新闻宣传战线的同志们致以崇高的敬意。

胡锦涛同人民日报社编委会全体成员、各部门主要负责人和一线编辑记者代表进行了座谈。

人民日报社社长张研农汇报了报社工作情况,卢新宁、王慧敏、胡锡进等一线编辑记者代表先后发言。

在认真听取大家的发言后,胡锦涛发表了重要讲话。

中共中央总书记胡锦涛在人民日报社考察工作时的讲话

同志们:

在《人民日报》创刊60周年之际,我们来到人民日报社,看望大家。首先,我代表党中央,向《人民日报》创刊60周年表示热烈的祝贺!向报社全体工作人员和离退休老同志致以诚挚的问候!向全国新闻宣传战线的同志们致以崇高的敬意！

《人民日报》是党中央机关报，党中央对《人民日报》始终非常重视和关心。60年来，《人民日报》坚持正确办报方向，积极宣传党的理论和路线方针政策，积极宣传中央的重大决策部署，及时传播国内外各领域的信息，讴歌真善美，鞭挞假恶丑，为我们党团结带领人民夺取革命、建设、改革的重大胜利作出了重要贡献。特别是改革开放以来，《人民日报》深入宣传中国特色社会主义理论体系，深入宣传改革开放和社会主义现代化建设的巨大成就，深入宣传广大干部群众团结奋进的先进事迹，高唱奋进凯歌，弘扬民族精神，为激励全党全国各族人民积极投身改革开放的伟大事业作出了积极贡献。今年以来，《人民日报》在宣传党的十七大精神，特别是在抗击低温雨雪冰冻灾害、维护西藏社会稳定、筹办北京奥运会、抗震救灾等重大报道中发挥了很好的舆论引导作用。中央对《人民日报》的工作是充分肯定的。

新闻舆论处在意识形态领域的前沿，对社会精神生活和人们思想意识有着重大影响。当今社会，随着经济社会快速发展和科技不断进步，信息传递和获取越来越快捷，新闻舆论的作用越来越突出。做好新闻宣传工作，关系党和国家工作全局，关系改革和经济社会发展大局，关系国家长治久安。我们要充分认识新闻宣传工作的重大意义，更好地发挥新闻宣传工作在推动经济发展、引导人民思想、培育社会风尚、促进社会和谐等方面的重要作用。

当前，全党全国各族人民正在为实现党的十七大提出的各项任务而奋斗。在前进道路上，我们面临着难得的机遇，也面临着严峻的挑战。我们既要抓住机遇、乘势而上，不断推动经济社会又好又快发展，又要迎接挑战、居安思危，时刻准备应对各方面的困难和风险。特别值得注意的是，当前，世界范围内各种思想文化交流、交融、交锋更加频繁，“西强我弱”的国际舆论格局还没有根本改变，新闻舆论领域的斗争更趋激烈、更趋复杂。在这样的情况下，新闻宣传工作任务更为艰巨、责任更加重大。

全面贯彻党的十七大精神，高举中国特色社会主义伟大旗帜，以邓小平理论和“三个代表”重要思想为指导，深入贯彻落实科学发展观，继续解放思想，坚持改革开放，推动科学发展，促进社会和谐，夺取全面建设小康社会新胜利，开创中国特色社会主义事业新局面，需要新闻宣传工作在打牢全党全国各族人民团结奋斗的共同思想基础方面发挥积极作用，在传播社会主义核心价值体系方面发挥积极作用，在为推进党和国家事业发展凝聚强大精神力量方面发挥积极作用，在营造健康向上、丰富生动的主流舆论方面发挥积极作用，在促进社会和谐方面发挥积极作用。新闻战线的同志一定要充分认识肩负的重大责任，保持奋发有为的精神状态，发扬认真负责的工作作风，兢兢业业做好新闻宣传工作，进一步引导广大干部群众把思想统一到党的十七大精神上来，把力量凝聚到实现党的十七大提出的各项任务上来。当前，新闻宣传工作尤其要为做好抗震救灾和恢复重建、推动经济社会又好又快发展、筹办北京奥运会等工作作出积极贡献。

新形势下，新闻宣传工作要高举旗帜、围绕大局、服务人民、改革创新，坚持正确舆论导向，提高舆论引导能力，营造良好舆论环境，更好地发挥宣传党的主张、弘扬社会正气、通达社情民意、引导社会热点、疏导公众情绪、搞好舆论监督的重要作用。要把提高舆论引导能力放在突出位置，进行深入研究，拿出切实措施，取得新的成效。

第一，必须坚持党性原则，牢牢把握正确舆论导向。舆论引导正确，利党利国利民；舆论引导错误，误党误国误民。要牢固树立政治意识、大局意识、责任意识、阵地意识，把坚持正确导向放在新闻宣传工作的首位，坚持团结稳定鼓劲、正面宣传为主，唱响主旋律，打好主动仗，更加自觉主动地为人民服务、为社会主义服务、为党和国家工作大局服务。要增强政治敏锐性和政治鉴别力，严格宣传纪律，做到守土有责，在重大问题、敏感问题、热点问题上把好关、把好度。

第二，必须坚持以人为本，增强新闻报道的亲和力、吸引力、感染力。坚持以人为本，是做好新闻宣传工作的根本要求。要坚持把实现好、维护好、发展好最广大人民的根本利益作为新闻宣传工作的出发点和落脚点，坚持贴近实际、贴近生活、贴近群众，把体现党的主张和反映人民心声统一起来，把坚持正确导向和通达社情民意统一起来，尊重人民主体地位，发挥人民首创精神，保证人民的知情权、参与权、表达权、监督权。要面向基层、服务群众、深入实际，多报道人民群众的工作生活，多反映人民群众的利益要求，多宣传人民群众中涌现的先进典型，激励全体人民信心百倍地创造美好生活。同时，要注重在报道新闻事实中体现正确导向，在同群众交流互动中形成社会共识，在加强信息服务中开展思想教育，用事实说话、用典型说话、用数字说话，化解矛盾，理顺情绪，引导各方面群众共同前进。

第三，必须不断改革创新，增强舆论引导的针对性和实效性。新闻宣传工作必须坚持解放思想、实事求是、与时俱进，适应国内外形势的新变化，顺应人民群众的新期待，以改革创新精神做好工作。要坚持用时代要求审视新闻宣传工作，按照新闻传播规律办事，创新观念、创新内容、创新形式、创新方法、创新手段，努力使新闻宣传工作体现时代性、把握规律性、富于创造性，不断提高舆论引导的权威性、公信力、影响力。要认真研究新闻传播的现状和趋势，深入研究各类受众群体的心理特点和接受习惯，加强舆情分析，主动设置议题，善于因势利导。要完善新闻发布制度，健全突发公共事件新闻报道机制，第一时间发布权威信息，提高时效性，增加透明度，牢牢掌握新闻宣传工作的主动权。在这次抗震救灾斗争中，我们及时公布震情灾情和抗震救灾情况，深入宣传抗震救灾中涌现出来的先进集体和模范人物，大力弘扬抗震救灾的伟大精神，为鼓舞广大干部群众坚定信心、团结一致做好抗震救灾各项工作发挥了重要作用，赢得了广大干部群众高度评价，也得到了国际社会好评。其中的成功经验值得认真总结，并要形成制度长期坚持。

第四，必须加强主流媒体建设和新兴媒体建设，形成舆论引导新格局。要从社会舆论多层次的实际出发，把握媒体分众化、对象化的新趋势，以党报党刊、电台电视台为主，整合都市类媒体、网络媒体等多种宣传资源，努力构建定位明确、特色鲜明、功能互补、覆盖广泛的舆论引导新格局。要把发展主流媒体作为战略重点，加大支持力度，扩大覆盖面和影响力。互联网已成为思想文化信息的集散地和社会舆论的放大器，我们要充分认识以互联网为代表的新兴媒体的社会影响力，高度重视互联网的建设、运用、管理，努力使互联网成为传播社会主义先进文化的前沿阵地、提供公共文化服务的有效平台、促进人们精神生活健康发展的广阔空间。

第五，必须切实抓好队伍建设，增强凝聚力和战斗力。做好新闻宣传工作，关键在班子、在队伍、在人才。要大力加强新闻宣传战线领导班子建设，把思想政治坚定、组织能力突出、熟悉新闻宣传工作、富有改革创新精神的优秀干部选拔到领导岗位上来，确保新闻宣传工作的领导权牢牢掌握在忠于马克思主义、忠于党、忠于人民的人手里。要坚持马克思主义新闻观，深化"三项学习教育"活动，引导广大新闻宣传工作者不断提高思想政治水平、增强业务本领，努力建设一支政治强、业务精、作风正、纪律严的新闻宣传队伍。要加强对中青年骨干的培养锻炼，采取多种措施培养造就更多人民群众喜爱的名记者、名编辑、名评论员、名主持人。广大新闻宣传工作者要加强自身思想道德修养，带头实践社会公德，恪守职业道德，作积极实践社会主义荣辱观的表率。

《人民日报》具有辉煌的历史、优良的传统，一代又一代人为党的新闻宣传事业付出了大量心血、作出了重要贡献，是一支党和人民信赖的队伍。希望《人民日报》的同志认真贯彻中央精神，加倍努力工作，求真务实，开拓创新，勤奋敬业，团结和谐，进一步把《人民日报》办好，让党放心，让人民满意。

全国人大常委会委员长吴邦国在人民大会堂分别会见泰国上议院议长巴索素和马来西亚上议院议长哈米德

在会见巴索素时，吴邦国说，中方高度重视中泰关系，愿根据双方已签署的《战略性合作共同行动计划》，不断拓展和深化两国战略性合作，实现互利共赢，共同发展。吴邦国对泰国王室、政府和国会一直把推进中泰友好、加强中泰合作置于对外关系的重要位置，坚持一个中国的立场表示赞赏。

在谈到中国全国人大与泰国国会之间交往时，吴邦国说，议会关系是两国关系的重要组成部分。中国全国人大愿与泰国会保持高层互访势头，加强专门委员会、友好小组和办事机构的交流与合作，促进中泰关系稳步向前发展。

巴索素说，泰国会真诚希望继续加强与中国全国人大的交流与合作，学习、借鉴中国在社会和经济领域的立法经验，为推动泰中关系作出更大贡献。

在会见哈米德时，吴邦国说，中马两国关系很好。高层交往频繁，经贸合作发展迅速，人员往来更加密切，在国际和地区事务中也保持着良好的配合，给两国人民带来了实实在在的利益。中方重视发展中马关系，愿与马方一道，推进中马战略性合作不断向前发展。中国全国人大愿与马来西亚议会加强在立法、执法监督等领域的相互合作，为增进两国人民友谊、深化中马互利合作发挥更加积极的作用。

哈米德说，我非常赞同阁下在开幕式上的演讲，马来西亚人民和世界人民一样对中国抗震救灾的显著成效表示钦佩，相信中国的经济社会发展一定会取得更大成就、北京奥运会将取得圆满成功。

国务院总理温家宝在陕西 甘肃检查抗震救灾工作

6月20日至22日，温家宝到受汶川大地震波及的陕西、甘肃灾区检查指导抗震救灾工作，看望干部群众。他强调，灾区广大干部群众要发扬自力更生、艰苦奋斗的精神，依靠自己的双手重建家园。

考察期间，温家宝分别听取了陕西、甘肃两省的抗震救灾工作汇报，对陕、甘两省组织动员群众奋力抗震救灾，不等不靠，积极开展生产自救和恢复重建工作给予充分肯定。他对下一步抗震救灾工作提出四点要求：

第一，继续做好受灾群众安置工作。要坚持以人为本，使群众基本生活得到保障，使灾区不发生大的疫情。希望两省再经过两个月的努力，使群众的生产生活秩序基本恢复正常，各项工作井然有序。

第二，抓紧开展恢复重建工作。争取用两年时间基本完成恢复重建任务。陕、甘两省因地震受损的主要是农民的住房，恢复重建工作的主要任务是损毁房屋的修复和重建。新建住房一定要按照安全、经济、适用、省地的原则选好新址，把安全放在首位。学校、医院等重要公共建筑要科学规划、严格标准、精心设计、搞好施工，建成最牢固、最安全、最让家长和群众放心的工程。同时，要加快修复受损的基础设施。在恢复重建中，要把国家支持、社会援助和生产自救结合起来，调动和发挥当地干部群众的积极性，通过辛勤劳动和艰苦努力，用自己的双手重建家园；把恢复重建和扶贫工作结合起来，加大对受灾贫困地区的支持力度，从根本上改变贫困地区的生产生活条件，促进贫困地区经济社会发展。

第三，坚持“两手抓”。一手抓抗震救灾毫不松懈，一手抓经济社会发展毫不动摇。做好抗震救灾工作，尽快使灾区得到恢复和发展，对全国人民也是一种鼓舞和激励。抓好经济社会发展，才能更好地为抗震救灾提供坚实的物质基础。大灾之年，我们要克服困难，千方百计完成经济社会发展的各项目标和任务。

第四，做好余震和次生灾害防范工作。要加密监测，防范余震和滑坡、泥石流等次生灾害。凡是有可能发生次生灾害的地方都要进行科学调查，该治理的治理，该避险的避险，绝不能因次生灾害造成新的人员伤亡。要把防范次生灾害和建立防灾减灾体系结合起来，把防灾减灾工作纳入恢复重建的整体规划。

国务委员兼国务院秘书长马凯一起参加考察。

全国政协主席贾庆林实地考察北京奥运场馆建设及运行情况

贾庆林和随行人员先后来到位于朝阳区、海淀区、石景山区的18个奥运场馆，实地考察场馆建设、运行和管理情况。

在国家体育场、国家体育馆、奥体中心体育馆等场馆，贾庆林详细了解和察看场馆运行情况。他指出，我们要进一步认真贯彻绿色奥运、科技奥运、人文奥运理念，搞好场馆内外和周边地区的市容环境，完善科学环保的硬件设施，深入细致地做好竞赛服务工作。要继续做好场馆软硬件的检验和检测工作，更加精益求精，确保奥运场馆运行顺畅。要全面落实平安奥运的目标要求，进一步完善安保政策和应急预案，提高全社会安全防范意识和能力，确保万无一失。贾庆林希望，各场馆运行团队工作人员要更加注重专业化、细节化，进一步提高管理能力和服务水平。

贾庆林指出，为办好奥运会贡献智慧和力量，是统一战线和人民政协围绕中心、服务大局的必然要求，也是广大统一战线成员和政协委员应当肩负的重要责任。在场馆建设阶段港澳台侨同胞踊跃捐助，表现出强烈的爱国情怀和血浓于水的骨肉亲情。我们要继续发挥统一战线大团结大联合的优势，紧紧围绕奥运会筹办工作，最广泛地团结一切可以团结的力量，最大限度地调动一切积极因素，形成筹办奥运会、残奥会的强大合力，为确保办成一届有特色、高水平的奥运会而贡献力量。

国家副主席习近平在乌兰巴托会见蒙古国国家大呼拉尔主席伦代姜灿

国家副主席习近平在乌兰巴托出席中蒙经贸论坛开幕式并致辞

习近平在致辞中表示，经贸合作是推动中蒙关系持续稳定发展的重要动力，当前，中蒙经贸合作面临着良好机遇。两国有睦邻互信的良好政治关系，都把对方国家发展视为机遇。两国有地理相邻的区位优势与经济上的互补优势。双边经贸合作机制逐步健全，对话与合作平台正在增多，东北亚区域合作已提上日程。区内各领域跨国合作大有可为。两国政府和企业家要抓住机遇，提升中蒙经贸合作水平。双方可以在以下五方面共同努力：

第一，结合各自发展战略，努力寻找共同利益的契合点，互通有无，相互促进，谋求共同发展。

第二，深化重点领域合作。加强在矿产资源开发和基础设施建设两大重点领域的合作。中国政府支持双方开展大型合作项目，鼓励有实力的中国企业加强同蒙方的合作，也欢迎蒙古国企业到中国投资。

第三，加强两国企业界交流，不断扩大贸易、投资规模。两国政府部门应为企业交流提供平台和服务。

第四，在上海合作组织等多边框架下，推进经贸、资源能源、物流等方面的双边合作。

第五，创造良好合作环境。完善法律、法规，健全合作机制，规范合作秩序，及时妥善处理合作中出现的问题。

习近平强调，中国将继续坚持改革开放，始终不渝走和平发展道路，始终不渝奉行互利共赢的开放战略。相信在中蒙双方共同努力下，中蒙经贸合作必将取得更加丰硕的成果。

蒙古国交通运输和旅游部部长拉希在致辞中说，中国是蒙古国重要的合作伙伴，双方在矿产资源开发、基础设施建设、农业、环保、旅游等领域合作潜力巨大，发展前景广阔。蒙方欢迎中方企业来蒙投资兴业，并将不断改善蒙古国内投资环境。

中蒙经贸论坛由中国国际贸易促进委员会和蒙古

国国家工商会联合举办。

第五届亚欧议会伙伴会议在北京闭幕

受本届会议主席、全国人大常委会委员长吴邦国的委托，全国人大常委会副委员长桑国卫主持了闭幕式。

在为期两天的会议中，来自33个成员议会的150余名代表在坦诚友好的气氛中，围绕“加强亚欧合作，促进共同发展”的主题展开深入对话。会议通过了《第五届亚欧议会伙伴会议宣言》(以下简称《宣言》)，达到了加强亚欧会议成员国议会间对话、增进亚欧人民之间的了解、促进亚欧会议进程的预期目的。

《宣言》强调世界贸易组织现行的以规则为基础、开放的多边贸易体制对全球贸易平衡、各国和各地区经济增长及金融稳定的重要意义，承诺将要求各自政府推动世界贸易组织多哈回合谈判早日结束，并取得全面、均衡的结果，确保实现多哈发展议程的目标，使发展中成员真正受益。议员们呼吁所有成员显示更大诚意和灵活性，以便能尽快在农业和其他相关领域谈判取得显著进展。议员们重申，亚欧成员应加强合作，共同致力于深化亚欧经济伙伴关系，采取切实行动减少贸易和投资壁垒，促进亚欧间贸易开放，增加相互投资，共同推动千年发展目标在全球如期实现。议员们同意国际社会应为发展中国家的减贫和发展创造良好的外部环境，呼吁发达国家尽快兑现承诺，落实官方发展援助占国民总收入0.7%的目标。

《宣言》肯定联合国气候变化框架公约是应对气候变化国际合作的主要合法机制，呼吁亚欧会议成员注意公约的规定、原则和目标，尤其是“共同但有区别的责任”，鼓励亚欧会议成员加强合作，促进2009年气候变化大会取得具体成果。

《宣言》认为，全球化背景下加强不同文化与文明对话的需要变得更加迫切，重申将采取一致行动继续推动文化与文明对话，促进不同信仰间的交融与和解，增进区域和国际合作，努力营建一个和平与和谐的世界。

《宣言》呼吁亚欧会议成员继续加强在政治、经济和社会文化领域的对话与合作，使合作成果更多惠及亚欧广大人民。议员们强调应继续加强亚欧议会伙伴会议与亚欧会议的联系，重申愿为推动亚欧会议进程作出积极贡献。

与会各方还就食品安全、国际粮食价格持续上涨、世界金融动荡、消除贫困等问题发表了看法。

会议还决定接纳印度、巴基斯坦、蒙古、罗马尼亚、保加利亚五国议会为新成员，一致推举比利时为2010年第六届亚欧议会伙伴会议东道国。

以全国人大外事委员会主任委员李肇星为团长的中国代表团在“推动世贸组织多哈回合谈判、促进亚欧贸易和投资”和“加强不同文明对话”两大议题的讨论发言中阐述了中方的立场和观点，得到了与会代表的广泛支持。会议期间，中国代表团还向与会代表介绍了当前中国经济社会发展情况，阐述了中国尊重和保障人权、保护信教群众充分享有宗教信仰自由的政策主张。

各代表团一致称赞中方精心承办了此次会议，认为会议内容充实、讨论深入。会议通过的成果文件充分反映了各方达成的共识，体现了各方对加深相互了解和信任、深化互利合作、促进共同发展的意愿。各方表示将共同努力，进一步发挥亚欧议会伙伴会议的桥梁作用，在相互尊重、平等对话、循序渐进、充分协商的基础上，深化政治对话，密切经济联系，加强人文交往，提升亚欧会议的影响力，推动亚欧合作进程。

与会外国代表高度评价中国政府的抗震救灾工作，预祝北京2008年奥运会成功。

6月21日

国家主席胡锦涛致电慰问中国和各国南极考察工作者

全国政协主席贾庆林在人民大会堂会见出席第五届亚欧议会伙伴会议的泰国上议院议长巴索素

国家副主席习近平在吉达会见沙特阿拉伯国王阿卜杜拉并与王储苏尔坦举行会谈

在会见阿卜杜拉国王时，习近平说，中沙关系发展顺利，特别是2006年两国元首成功互访，有力地推动了双边关系全面发展。中方高度重视中沙关系，始终把沙特看作亲密朋友和伙伴，愿同沙方共同努力，落实好两国元首达成的重要共识，不断巩固和发展中沙友好合作关系，同时共同致力于维护地区与世界和平稳定，促进人类共同发展和进步。

阿卜杜拉说，沙中关系基础牢固，沙特赞赏中国对沙特的友好政策以及在国际事务中的公正立场，珍视同中国的传统友谊，愿同中方继续保持高层交往，加强各领域交流合作。

在同苏尔坦王储会谈时，习近平说，近年来，中沙各领域合作发展迅速，沙特已经连续7年成为中国在西亚非洲地区的最大贸易伙伴。中国高度重视发展中沙友好合作关系，愿同沙方一道，扎实推进各领域务实合作。

习近平就进一步发展中沙关系提出以下建议：一是保持两国高层往来和沟通，密切各层次的磋商与协调，扩大共识，增进互信，加强在国际和地区事务中的相互支持与合作。二是发挥互补优势，扩大经贸和能源合作，推动建立、健全有效的相互投资合作体系，加强双方在基础设施建设、工程承包、劳务输出、职业培训等方面的合作。三是加强人文交流，促进文明对话，加深两国人民相互了解和友谊。

苏尔坦说，沙特人民对中国人民怀有深厚的友好情谊，将中国视为重要合作伙伴。沙方希望增加与中方的交往，加强双方在双边和国际及地区事务中的沟通协调，充分发挥两国经贸混委会的作用，加快推进经贸、能源、科技、文化等领域的合作，支持两国企业开展合作，将两国关系提升到更高水平。

会谈后，习近平与苏尔坦共同签署了《中华人民共和国和沙特阿拉伯王国关于加强合作与战略性友好关系的联合声明》，以进一步加强两国在政治、经贸、财政、人文等领域和国际事务中的交流合作。习近平还同苏尔坦共同见证了两国政府关于基础设施建设领域合作文件签字仪式。

6月22日

全国政协主席贾庆林在北京会见罗马尼亚参议长沃克罗尤

最高人民法院院长王胜俊出席在北京召开的全国高级法院院长会议并发表讲话

国家副主席习近平在吉达出席国际能源会议并发表讲话

国际能源会议在沙特阿拉伯吉达举行。正在沙特进行访问的中国国家副主席习近平应邀率中国代表团出席会议并发表讲话，全面阐述中国政府对当前国际能源问题的看法、中国的能源政策和关于国际能源合作的主张。

沙特国王阿卜杜拉在致辞中说，目前国际石油价格高企，有许多不合理因素，包括国际投机者兴风作浪，加重了石油消费国的负担。能源问题是各国共同关心的问题，各国应共同研究如何加强国际合作，应对国际石油市场出现的问题，特别是减轻高油价给发展中国家和穷国带来的困难。沙特愿继续增加石油产量，以平抑油价。

国家副主席习近平在国际能源会议上的讲话

尊敬的阿卜杜拉国王陛下，尊敬的苏尔坦王储殿下，各位部长，女士们，先生们：

在我对沙特阿拉伯王国进行正式访问之际，很高兴应阿卜杜拉国王邀请出席本次会议。首先，我谨对国王陛下和沙特政府为会议所做的周到安排表示衷心的感谢！

诚如我们所知，一段时期以来，由于多方面因素的影响，国际石油价格大幅上涨，全球经济出现了新的不确定因素，引起国际社会高度关注。这个局面，对石油生产国和消费国都是严峻挑战。全面把握和合理解决这个问题，需要包括石油生产国和消费国在内的国际社会共同努力，加强对话和合作，综合采取措施。在这个背景下召开这次会议，大家共同研究探讨稳定国际石油市场生产、供应、消费等重大问题，是非常及时的。

能源是人类赖以生存和发展的重要物质基础，人类文明每一次重大进步都伴随着能源的改进和更替，能源的合理开发利用和可持续发展对世界经济和人类社会发展具有重大意义。

能源问题是全球性问题。促进世界能源供求平衡、维护世界能源安全，是世界各国共同面临的紧迫任务。为保障全球能源安全，国际社会应该树立和落实互利合作、多元发展、协同保障的新能源安全观。

——深入开展能源开发领域的协商和合作，加强能源出口国和消费国的对话和沟通，强化能源政策磋商和协调，促进石油天然气资源开发，维护合理的国际能源价格，满足各国发展对能源的正常需求。

——全面加强先进能源技术的研发推广，促进各国提高能源节约能力、利用水平、使用效率，推动洁净能源、新能源、可再生能源等领域技术合作，建立清洁、经济、安全可靠的世界能源供应体系。

——共同营造能源发展的良好国际环境，携手维护能源生产国的局势稳定，保持国际能源市场正常秩序，抑制市场过度投机，确保国际能源通道安全和畅通，推动形成长期稳定的能源生产、运输、消费格局。

女士们，先生们！

中国是世界上最大的发展中国家，既是能源消费大国，也是能源生产大国。中国的能源主要靠国内供应，多年来能源自给率一直保持在90%左右。近年来，随着中国经济社会快速发展，中国能源消费增长较快，但总体水平依然较低，人均能源消费水平只相当于世界平均水平的84%，人均石油消费只相当于世界平均水平的二分之一，石油人均进口量只相当于世界平均水平的37%。

中国是国际能源合作负责任的积极参与者，在国际能源合作中发挥着建设性作用。中国将坚持走科学发展道路，坚持节约发展、清洁发展、安全发展，实行可持续的能源战略，努力为促进世界能源可持续发展、维护世界能源安全作出积极贡献。我们在能源发展中将始终遵循以下原则。

第一，坚持节约优先。中国将坚持实行能源开发和节约并举、节约优先的方针，积极转变经济发展方式，加快调整经济和产业结构，大力开展节能技术和节能产品研发推广，大力发展循环经济，不断提高能源使用效率，加快形成节约能源资源和保护生态环境的产业结构、增长方式、消费模式。中国已明确提出到2010年单位国内生产总值能源消耗比2005年降低20%左右的目标，我们将采取一切措施实现这一目标。各位知道，今年6月20日，我国调整了成品油价格，这有利于增加国内成品油供给，保障市场供应，并促进石油资源节约。

第二，坚持立足国内。中国将坚持依靠国内增加能源供给，稳步提高供给能力，满足经济社会发展和人民生活改善对能源的需求。中国作为能源需求结构以煤炭为主的国家，国内能源供应仍有巨大潜力。中国煤炭资源丰富，大量水电资源尚未开发，核电、风力发电、生物质发电刚刚起步，还有很大发展余地。燃料乙醇、甲醇、二甲醚以及煤炭液化等替代能源发展前景广阔。

第三，坚持多元发展。中国将有序发展煤炭，积极发展电力，加快发展石油天然气，鼓励开发煤层气，大力发展水电、风电、太阳能等可再生能源，积极推进核电建设，合理发展替代能源，优化能源结构，实现多种能源互补，保证能源稳定供应。

第四，坚持依靠科技。中国将大力推进能源领域的科技进步和创新，增强自主创新能力，突破能源发展技术瓶颈，开创能源开发利用新途径，增强发展后劲。

第五，坚持保护环境。中国将着力建设生态文明，以建设资源节约型、环境友好型社会为目标，兼顾经济性和清洁性的双重要求，积极促进能源与环境协调发展，在发展中实现保护、在保护中促进发展。

第六，坚持互利合作。中国将本着对人类、对未来高度负责的态度，在平等互惠、互利共赢的原则下加强同各能源生产国和消费国的合作，同世界各国一道，为促进世界能源供求平衡、维护世界能源安全而共同努力。

女士们，先生们!

我相信，只要世界各国共同努力，我们就能不断促进世界能源可持续发展，为实现世界的和平与发展作出积极贡献!

谢谢大家!

国家副主席习近平在吉达出席中沙经贸研讨会开幕式并发表讲话

中国沙特经贸研讨会在吉达举行，中国国家副主席习近平出席开幕式并发表了题为《发展中沙友好 推动互利合作》的讲话。

研讨会由中国国际贸易促进会和沙特商工会共同举办，两国企业界人士共约400人出席。

国家副主席习近平在中沙经贸研讨会上发表题为《发展中沙友好 推动互利合作》的讲话

尊敬的阿卜杜拉·辛纳勒先生，沙特·麦特哈米先生，阿卜杜—拉赫曼·拉希德先生，萨利赫·图尔基先生，女士们，先生们，朋友们:

我很高兴出席中沙经贸研讨会。在座的各位企业界人士长期以来为发展中沙关系特别是双边经贸合作作出了积极贡献。我对你们表示诚挚的谢意，并预祝这次会议取得成功。

我第一次访问美丽富饶的沙特，给我留下了深刻印象。中沙两国人民的友好交往源远流长。2000多年前的古丝绸之路，中华文明和伊斯兰文明的交流互鉴，以及中国明代航海家郑和远航吉达，都在人类文明交流史上刻下了光辉印记。中沙建交以来，两国各领域友好合作取得了长足发展，特别是2006年胡锦涛主席和阿卜杜拉国王的成功互访使两国友好合作关系进入了一个新的发展阶段。

中沙是真诚合作的朋友和伙伴。在双方共同努力下，双边经贸合作发展迅猛，呈现出全面快速发展的新格局。现在，双边贸易额比18年前建交时增长了80多倍，达到253.6亿美元，沙特已成为中国在西亚非洲地区的最大贸易伙伴。双方能源、基础设施建设、投资、劳务等领域合作规模不断扩大。这些都得益于两国领导人的关心支持和两国人民的传统友谊，得益于两国经济快速发展所带来的合作机遇和潜力，也得益于两国企业界人士的不懈努力。

在两天的访问中，我感到阿卜杜拉国王陛下、苏尔坦王储殿下等沙特领导人对发展中沙关系高度重视，体会到中沙两国人民友谊深厚，看到了沙特经济充满生机活力。这使我对中沙经贸合作的前景充满信心。

追溯两国人民友好交往的历史，放眼双方经贸合作蓬勃发展的现实，我们有必要从加强两国战略性友好合作关系的高度出发，深入规划双边经贸合作的未来，特别是要把握好以下几个原则。

第一，坚持相互尊重、真诚相待，走友好合作之路。相互尊重、相互信任，是中沙经贸合作顺利发展的基础和保证。双方企业界应该秉承这一宗旨，着眼中沙传统友谊，发展真诚相待的伙伴关系，使经贸合作不仅成为联系两国企业的利益纽带，而且进一步成为连接两国人民的友谊桥梁。

第二，坚持互利互惠、共同发展，走双赢合作之路。中沙在资源禀赋、产业结构等方面各具特色、互补性强，双方又都处于经济快速发展阶段，合作潜力巨大。两国企业应该发挥自身优势，继续扩大贸易规模，积极开展相互投资，在现有能源合作的基础上，探索油气勘探、开发、加工等各环节合作，加强在基础设施建设和工程承包领域的合作，使资金、资源、技术、市场等经济要素在两国合作中达到优化配置，实现互利双赢。

第三，坚持开拓进取、积极探索，走创新合作之路。希望两国企业界发扬创新精神，不断探索高新技术、职业教育、环境治理等新的合作领域，努力发展商会、行业组织、中小企业等新的合作渠道，积极探讨风险创业投资等新的合作模式，形成双边经贸合作发展和两国产业结构升级相互促进的良好局面。

女士们，先生们，朋友们！

包括沙特在内的海湾合作委员会成员国是国际政治、经济事务中的一支独特力量，在维护地区和平稳定、保障国际能源供应等方面发挥着重要作用。

近年来，中国同海湾合作委员会成员国的合作呈现出全面发展的势头，双方的友谊和互信不断巩固，经贸合作成果丰硕，在国际事务中的协调配合日益密切。海湾合作委员会成员国已成为中国第八大贸易伙伴，2007年双方贸易额达到580亿美元，并连续两年以30%的速度增长，中国各类企业活跃在海湾国家的基础设施建设等领域。去年，中国从海湾合作委员会成员国进口原油超过4000万吨。随着双方经济快速增长、相互投资快速兴起，近年来出现了一大批中国和海湾合作委员会成员国的合资企业。双方人员往来空前活跃，每周有70多个客运航班往返于中国和海湾合作委员会成员国之间。

在这里，我还要特别指出，上个月中国四川汶川特大地震发生后，海合会各成员国领导人纷纷致电我国领导人表示慰问，成员国政府及时提供紧急援助，社会各界也慷慨解囊。这充分体现了海合会成员国政府、人民对中国的深情厚谊，我们深受感动、深表感谢！

中国高度重视同海湾合作委员会成员国的关系，将继续推进双方各领域合作，同时完善同海湾合作委员会的集体合作机制，加强双方的政治、经贸、能源对话，特别是大力推进自由贸易区谈判，争取早日取得积极成果，将双方互利合作提高到一个新的水平。我相信，中国同海湾合作委员会成员国关系的进一步发展必将为双方企业合作开辟更加广阔的前景。

女士们，先生们，朋友们！

国家的发展，国与国之间的合作，都离不开和平稳定的外部环境。维护中东、海湾地区和平稳定，是中沙双方共同的利益所在。我们愿同沙方一道努力，继续推动有关国家加强对话和谈判，化解矛盾，消除分歧，使地区问题得到公正、妥善的解决，为双边合作和地区发展创造良好外部环境。

现在，中国同包括中东、海湾地区在内的全世界的利益和命运已越来越紧密地联系在一起。中国将始终不渝走和平发展道路，始终不渝奉行互利共赢的开放战略，始终不渝推动建设持久和平、共同繁荣的和谐世界。这是我们对国际社会的郑重宣示，也是我们同沙特等中东、海湾地区国家开展各领域友好合作所秉承的原则。一个更加繁荣开放的中国，必将为中东、海湾地区国家带来巨大发展机遇，也必将为促进中东、海湾地区和平稳定作出更大贡献。

女士们，先生们，朋友们！

再过48天，2008年北京奥运会就要开幕了，历经连续多年努力，各项筹备工作已基本就绪。我们相信，有包括海合会各成员国在内的国际奥林匹克大家庭的共同支持，北京奥运会一定能够圆满成功。我们衷心祝愿海合会各成员国运动员在北京奥运会上取得好成绩！

女士们，先生们，朋友们！发展需要合作，合作促进发展，发展造福各国。我深信，在两国领导人关心支持下，在两国政府和企业界共同努力下，中沙经贸合作前程似锦。让我们携手努力，为中沙友好合作注入不竭动力，进一步造福两国人民！

谢谢大家。

第十一届上海国际电影节闭幕

“金爵”奖8个奖项的评选结果在颁奖仪式暨闭幕式上揭晓。俄罗斯影片《陌生的亲情》凭借影片中展现的一种特殊的父女情打动了观众并最终获得了最佳影片奖。而国产影片《千钧一发》则分别荣获本届电影节评委会大奖和最佳男演员奖。此外，立陶宛影片《迷失》获得了最佳导演奖和最佳音乐奖，捷克电影《空虚》捧走了最佳编剧奖和最佳女演员奖，德国影片《我母亲的眼泪》则获得了最佳摄影奖。

在颁奖仪式上，上海国际电影节组委会、上海市老年基金会和上海文广科技有限公司共同将35套数字电影放映系统设备和2套广播发射设备捐赠给都江堰市，全场群情交集。本届共有78个国家和地区1094部影片前来报名，放映了近300部共700多场电影，涵盖22个国家和地区，为历年之最；国际学生短片单元收到了来自21个国家和地区400多部短片的报名；86家海内外展商与409位专业买家在电影交易市场进行了洽谈，最后达成交易200多项；中国电影项目创投与合拍片项目洽谈共收到162个项目报名，最后35个项目达成合作意向。国际论坛共邀请到61位国际业内外高层在10场论坛头脑风暴，为产业发展指路。

6月23日

中国科学院第十四次院士大会 中国工程院第九次院士大会在人民大会堂开幕

中共中央总书记胡锦涛出席会议并发表重要讲话。

吴邦国、温家宝、贾庆林、李长春、李克强等出席会议。

这次两院院士大会，是我国科学技术和工程技术界最高学术团体召开的一次盛会。胡锦涛代表党中央、国务院向大会的召开表示热烈的祝贺，向两院院士和全国广大科技工作者致以诚挚的问候。

出席大会的中央领导同志还有：王刚、王兆国、王岐山、回良玉、刘淇、刘云山、刘延东、李源潮、张德江、何勇、令计划、王沪宁、韩启德、李建国、蒋树声、桑国卫、马凯、戴秉国、杜青林、张榕明、钱运录、郑万通、万钢、王志珍和宋健、钱正英等，以及中央军委委员陈炳德、李继耐、廖锡龙、常万全。

全国人大常委会副委员长、中国科学院院长路甬祥致开幕词。大会由中国工程院院长徐匡迪主持。

近1200位两院院士，中央和国家机关有关部门负责人出席大会。

中共中央总书记胡锦涛在中国科学院第十四次院士大会和中国工程院第九次院士大会上的讲话

各位院士，同志们：

首先，我代表党中央、国务院，向中国科学院第十四次院士大会和中国工程院第九次院士大会的召开表示热烈的祝贺！向两院院士和全国广大科技工作者致以诚挚的问候！

5月12日，我国四川汶川发生特大地震，给受灾地区群众生命财产和经济社会发展造成重大损失。地震发生后，在党中央、国务院和中央军委坚强领导下，全党全军全国各族人民万众一心、众志成城，夺取了抗震救灾斗争的重大阶段性胜利，奏响了一曲感天动地的英雄凯歌。在这场艰苦卓绝的重大斗争中，中国科学院学部、中国工程院急国家之所急、帮灾区之所需，充分发挥集体智慧和力量，为抗震救灾工作有力有序有效进行发挥了重要作用。同志们紧紧围绕抗震救灾，积极投身灾情评估、余震监测、伤员救治、灾区防疫、次生灾害处置、基础设施修复、灾后恢复重建等工作，深入开展研究，提出了一系列具有指导性、综合性、前瞻性的意见和建议，为党和国家组织领导抗震救灾提供了科学依据。广大院士还踊跃捐款捐物，奉献爱心。目前，抗震救灾工作已进入安置受灾群众和灾后恢复重建阶段，任务十分艰巨。希望广大院士进一步集成已有的知识积累，充分发挥跨部门、跨单位、跨学科、跨领域团结协作的精神，用科技的力量积极支援地震灾后恢复重建，帮助灾区人民早日重建美好家园，为夺取抗震救灾斗争的全面胜利作出更大贡献。

下面，我想就改革开放30年来我国科技事业发展、走中国特色自主创新道路、发挥科技界在党和政府决策中的重要作用这3个问题讲些意见。

一、改革开放以来我国科技事业发展的伟大实践

这次两院院士大会，是在全党全国各族人民全面贯彻党的十七大精神、迎来改革开放30周年的重要时刻召开的。此时此刻，我们大家都不由得回想起1978年3月18日召开的全国科学大会。也就是在那一年，我们党召开了具有重大历史意义的十一届三中全会，作出了把党和国家的工作重点转移到社会主义现代化建设上来和实行改革开放的战略决策，实现了新中国成立以来我们党历史上具有深远意义的伟大转折，开启了改革开放历史新时期，也迎来了科学的春天。

改革开放一开始，我们党就深刻认识到，面对世界发展大势，面对日趋激烈的国际竞争，只有把科学技术摆在国家发展的战略地位，才能赢得发展的战略主动权，才能实现社会主义现代化。也就是在1978年召开的那次全国科学大会上，邓小平同志全面阐述了科学技术的重要地位、发展趋势、战略重点、科技人员的政治地位、人才培养等重大问题，旗帜鲜明地提出科学技术是生产力、知识分子是工人阶级的一部分、四个现代化关键是科学技术现代化等著名论断。从那时以来，党和国家始终高度重视并大力推进科技事业，强调科学技术是第一生产力，强调要大力实施科教兴国战略、推进科技进步和创新，强调要走中国特色自主创新道路、实施人才强国战略、建设创新型国家，实施一系列推进科技发展的重大方针政策，不断推进科技体制改革，极大地激发了我国广大科技工作者投身科技进步和创新、推动社会主义现代化建设的热情，迎来了我国科技事业大发展的历史新时期。

改革开放30年来，我国从科学研究理念到科技工作地位、从科技体制机制到科研环境条件、从科研布局到科技实力等各个方面都发生了历史性的深刻变化。我国形成了比较完整的科学研究和技术开发体系，建立了较为完备的学科领域，形成了相当规模和一定水平的专业技术人才队伍；杂交水稻、高性能计算机、高温超导研究、人类基因组测序等基础研究方面取得重大成果和突破，表面科学、非线性科学、认知科学以及地球系统科学等新兴交叉学科迅速发展，北京正负电子对撞机、兰州重离子加速器、大天区面积多目标光纤光谱天文望远镜、超导托卡马克聚变实验装置、国家农

作物基因资源工程等国家重大科学工程建设为我国基础科学研究取得重大进展创造了良好条件；三峡工程、载人航天工程、首次月球探测工程、青藏铁路、高速铁路建设等获得重大成功，数控机床、核电、集成电路等国家重大技术装备制造水平和自主化率稳步提高，高技术研究和高新技术产业化取得明显进步；科技体制改革取得突破性进展，初步形成适应社会主义市场经济的新型科技体制，国家创新体系建设进展顺利，以科技进步法为核心的科技法律、法规不断完善。

总之，改革开放30年来，我国整体科技发展水平已位居发展中国家前列，有些科研领域已达到国际先进水平，我国科技发展为我国经济发展、社会进步、民生改善、国家安全提供了重要支撑。我国科技事业取得的举世瞩目的成就，是全党全国大力支持、团结奋斗的结果，是全国广大科技工作者不懈努力、顽强拼搏的结果。包括两院院士在内的全国广大科技工作者，为我国改革开放和社会主义现代化建设作出了巨大贡献，建立了历史功绩，党和人民感谢你们！

改革开放以来我国科技事业发展的生动实践，丰富了我们对科技发展规律和科技工作战略地位的认识，深化了我们对中国特色社会主义发展规律的认识，为我们继续推进全面建设小康社会进程、更好地发展中国特色社会主义提供了重要而深刻的启示。

第一，必须坚持科学技术是第一生产力。科学技术是第一生产力，是先进生产力的集中体现和主要标志，这是我们党对马克思主义关于科学技术和社会生产力理论的重大发展，是中国特色社会主义理论体系关于科技思想的基本观点。必须坚定不移地实施科教兴国战略，充分发挥科学技术第一生产力的作用，加快缩小我国与世界先进水平的发展差距，为推动经济社会又好又快发展，实现全面建设小康社会、基本实现社会主义现代化的战略目标提供强大科技支撑。

第二，必须坚持人才资源是第一资源。人才是国家发展的战略资源，科技进步和创新的关键是人才。必须坚定不移地实施人才强国战略，坚持尊重劳动、尊重知识、尊重人才、尊重创造的重大方针，形成广纳群贤、人尽其才、能上能下、充满活力的用人机制，努力造就数以亿计的高素质劳动者、数以千万计的专门人才和一大批拔尖创新人才，把优秀人才集聚到国家科技事业中来，开创人才辈出的生动局面。

第三，必须坚持提高自主创新能力。自主创新能力是国家竞争力的核心。独立自主，自力更生，无论过去、现在和将来，都是推动我国科技事业发展的根本立足点。在关系国民经济命脉和国家安全的关键领域，真正的核心技术和关键技术只能依靠我们自己，只能依靠自主创新。必须把提高自主创新能力摆在全部科技工作的首位，建设创新型国家，真正掌握核心技术，抢占科技制高点，奋力在世界高技术领域占有一席之地，切实增强国家核心竞争力，牢牢把握我国发展的战略主动权。

第四，必须坚持发挥社会主义制度能够集中力量办大事的政治优势。坚持全国一盘棋，集中力量办大事，统一规划、统一调度、统一安排，是我国科技发展必须坚持的重要组织方式。必须统筹科技发展和经济建设，统筹各类创新主体和各种创新要素，统筹基础研究、应用开发研究、高技术研究，充分发挥政府的主导作用，充分发挥市场在科技资源配置中的基础性作用，充分发挥企业在技术创新中的主体作用，充分发挥国家科研机构的骨干和引领作用，充分发挥大学的基础和生力军作用，充分激发全社会的创新活力，形成推动科技进步和创新的强大合力。

第五，必须坚持科技为经济社会发展服务、为人民服务。为经济社会发展服务、为人民服务，是我国科技事业发展的正确方向。必须面向现代化建设、面向广大人民需求，把经济发展、社会进步、民生改善、国家安全中亟待科技提供支撑的领域作为重点，把科技进步和创新与提高人民生活水平和质量、提高人民科学文化素质和健康素质紧密结合起来，集中力量在解决制约经济社会发展的重大科技问题、关系国民经济命脉和国家安全的关键领域取得突破，努力掌握关键技术和共性技术、解决重大公益性科技问题。

第六，必须坚持弘扬科学精神。发展创新文化，培育全社会创新精神，是科技进步和创新最深厚、最持久的社会基础。必须坚持解放思想、实事求是、与时俱进，不断推进理论创新、制度创新、文化创新，在全社会大力传播科学知识、科学方法、科学思想、科学精神，提倡敢为人先、敢冒风险、勇于实践、不屈不挠的精神，倡导敢于创新、勇于竞争、诚信合作、宽容失败的精神，形成讲科学、爱科学、学科学、用科学的社会风尚，为科技创新提供科学理论指导、有力制度保障、良好文化氛围。

二、坚定不移地走中国特色自主创新道路

当前，我国正处于改革发展的关键阶段，机遇前所未有，挑战也前所未有，机遇大于挑战。世界科技发展突飞猛进，创新创造日新月异，世界科技正孕育着新的重大突破，知识在经济社会发展中的作用日益突出，科技竞争在综合国力竞争中的地位也日益突出，科技已成为支撑和引领经济发展和人类文明进步的主要动力。当今世界，谁掌握了先进科学技术，谁就掌握了经济社会发展的主动权。

经过30年的改革开放，我国经济社会发展取得了举世瞩目的成就，但我国仍处于并将长期处于社会主义初级阶段的基本国情没有变，人民日益增长的物质

文化需要同落后的社会生产之间的矛盾这一社会主要矛盾没有变，同时我国发展也呈现出一系列新的阶段性特征。当前，我国发展面临的突出矛盾和问题主要是，经济社会发展水平不高，城乡、区域、经济社会发展仍然不平衡，长期形成的结构性矛盾和粗放型增长方式尚未根本改变，经济增长的资源环境代价过大；我国科技总体水平同世界先进水平相比仍有较大差距，关键技术自给率低，自主创新能力不强，特别是企业核心竞争力不强，优秀拔尖人才还比较少。落实好发展这个党执政兴国的第一要务，转变发展方式、实现经济社会又好又快发展，促进人口健康、保障公共安全，维护国家安全和战略利益，迫切需要坚实的科学基础和有力的技术支撑，迫切需要我们加紧建设创新型国家、实现我国科学技术跨越式发展。

正是基于这样的全局性考虑，党的十七大提出，提高自主创新能力，建设创新型国家，这是国家发展战略的核心，是提高综合国力的关键；要坚持走中国特色自主创新道路，把增强自主创新能力贯彻到现代化建设各个方面。我们要全面贯彻党的十七大精神，以邓小平理论和“三个代表”重要思想为指导，深入贯彻落实科学发展观，更好实施科教兴国战略、人才强国战略、可持续发展战略，坚持自主创新、重点跨越、支撑发展、引领未来的指导方针，把增强自主创新能力作为发展科学技术的战略基点、作为调整产业结构和转变发展方式的中心环节，把建设创新型国家作为面向未来的重大战略选择，更加自觉、更加坚定地走中国特色自主创新道路。

第一，走中国特色自主创新道路，必须把提高自主创新能力作为科技发展的首要任务。这是统领建设创新型国家的战略主线。要把提高自主创新能力摆在全部科技工作的首位，认真落实国家中长期科学和技术发展规划纲要，加快组织实施国家重大科技专项，加大对自主创新的投入，激发创新活力，增强创新动力。要大力推进原始创新、集成创新和引进消化吸收再创新，着力突破制约经济社会发展的关键技术，支持基础研究、前沿技术研究、社会公益性技术研究，在若干重要领域掌握一批核心技术，拥有一批自主知识产权，造就一批具有国际竞争力的企业，创造一批具有核心知识产权和高附加值的国际著名品牌。要高度关注基础学科之间、基础学科和应用学科、科学和技术、自然科学和人文社会科学的交叉融合，准确把握微观和宇观的统一、还原论和整体论的结合等当代科学发展前沿的主要特征，对基础学科和应用学科等进行全面布局，促进创新能力显著提升，推动多学科多领域协调发展。要坚持把以人为本、改善民生作为科技事业发展的根本出发点和落脚点，使科技进步和创新成果惠及广大人民群众。要建成若干世界一流的科研院所和大学以及具有国际竞争力的企业研究开发机构，加快建设国家创新体系，使技术创新体系、知识创新体系、国防科技创新体系、区域创新体系、科技中介服务体系协调统一。要坚持对外开放的基本国策，扩大多种形式的国际和地区科技交流合作，认真学习和充分吸收国际先进科技成果，有效利用全球科技资源。

第二，走中国特色自主创新道路，必须以制度创新促进科技进步和创新。推动科技进步和创新、提高自主创新能力迫切需要体制机制创新。要以服务国家目标、调动广大科技人员积极性和创造性为出发点，以促进全社会科技资源高效配置和综合集成为重点，以加快建立以企业为主体、市场为导向、产学研相结合的技术创新体系为突破口，以推进国家创新体系建设为重要目标，深化科技体制改革和各项配套改革，形成有利于促进科技进步和创新、有利于推动科技成果向现实生产力转化、既体现中国特色又符合科技发展规律的充满活力的体制机制。要建立、健全国家科技决策机制和宏观协调机制，加强对重大科技政策制定、重大科技计划实施、科技基础设施建设的统筹，加快科研布局和结构调整，改革科技成果评价和奖励制度，促进科技资源有效配置。

第三，走中国特色自主创新道路，必须培养造就宏大的创新型人才队伍。人才直接关系我国科技事业的未来，直接关系国家和民族的明天。杰出科学家和科技人才是国家科技事业发展的决定性因素。要坚持人才资源是第一资源，全面实施人才强国战略，按照促进人的全面发展的要求，实行有利于人才成长的政策措施，营造有利于人才成长和发挥作用的体制机制和环境。要遵循创新型科技人才成长规律，不拘一格，广纳群贤，在创新实践中发现人才、使用人才，在创新活动中培育人才、锻炼人才，在创新事业中凝聚人才、成就人才。要改进和完善职称制度、院士制度、政府特殊津贴制度、博士后制度等高层次人才制度，完善项目投资体系和结构，形成有利于优秀人才脱颖而出的体制机制。要把教育摆在优先发展的地位，更新教育观念，深化教育改革创新，全面推进素质教育，调整学科和专业结构，创新人才培养模式。要加大引进人才、引进智力工作的力度，尤其是要积极引进海外高层次人才和智力，吸引广大出国留学人员回国创业。

第四，走中国特色自主创新道路，必须以创新文化激励科技进步和创新。文化传承和发展对科技进步和创新有着直接的重大影响。要大力弘扬以爱国主义为核心的民族精神和以改革创新为核心的时代精神，弘扬热爱祖国、无私奉献，自力更生、艰苦奋斗，大力协同、勇于登攀的“两弹一星”精神，弘扬特别能吃苦、特别能战斗、特别能攻关、特别能奉献的载人航天精神，提倡改革创新、敢为人先的创业精神。要最大限度地鼓励和支持科技创新，最大限度地激发科技人员的创新激情和活力，最大限度地鼓励人才干事业、支持人才干成事业、帮助人才干好事业，特别是要为年轻人才施展才干提供更多机会和更大舞台，在全社会营造尊重和鼓励创新创业的良好氛围。

三、发挥科技界在党和国家决策中的重要作用

当前，全党全国各族人民正在按照党的十七大作出的战略部署，按照中国特色社会主义事业总体布局和实现全面建设小康社会奋斗目标的新要求，全面推进我国社会主义经济建设、政治建设、文化建设、社会建设。党和国家迫切需要科技界研究分析经济社会发展面临的重大问题，为国家宏观决策提供科学的咨询意见。

中国科学院学部、中国工程院是国家在科学技术和工程方面的最高咨询机构，是国家的科学技术思想库。长期以来，两院院士团结带领全国科技界，围绕国家经济社会发展中的战略问题、世界和我国科技发展中的重大问题等积极建言献策，提出了许多重要咨询意见，为中央决策提供了科学依据。从十二年科学技术发展远景规划的制定、自然科学基金会的建立、“863”计划的提出到国家重大科学工程建设和国家中长期科学和技术发展规划的研究制定，从主体功能区规划的出台到构建可持续能源体系和应对气候变化建议的提出，等等，无不凝聚着两院院士的心血和智慧。

两院院士作为我国科学技术和工程技术界的领军人物，要继续团结带领全国科技界更加积极主动地参与决策咨询，努力为解决经济社会发展中的战略问题提供咨询建议，为国家宏观决策提供科学依据。当前，尤其要科学分析我国全面参与经济全球化的新机遇新挑战，全面认识工业化、信息化、城镇化、市场化、国际化深入发展的新形势、新任务，深刻把握我国发展面临的新课题、新矛盾，大力推进经济发展方式转变，大力推进经济结构战略性调整，从根本上改变我国人均劳动生产率低、产品附加值低以及经济增长物耗高、能耗高、生态环境代价高的状况。要更加关注能源、水资源、环境保护、全球气候变化问题，更加关注信息技术、新材料技术、生物技术、空天技术、海洋技术等领域的发展，更加关注基础科学、前沿技术研究特别是交叉学科的研究，更加关注工农业生产亟须解决的重大科学技术问题，更加关注关系民生的食品、卫生、公共健康等重大问题。要建立、健全国家宏观决策咨询制度，建立、健全科学民主决策的评估制度、监督机制、责任制度，探索推进国家宏观决策咨询制度法制化的有效途径，为两院院士发挥咨询作用提供舞台。各级党委和政府要充分发挥两院院士和各方面专家的作用，积极推进决策科学化、民主化。

在2006年召开的两院院士大会上，我专门讲了建设宏大的创新型科技人才队伍问题。今天，我再一次强调，一定要把加速培养造就优秀科技人才特别是科技领军人才作为十分紧迫的战略任务抓紧抓好。希望两院院士更加关注人才培养，把发现人才、培养人才、举荐人才作为自己工作的重中之重，发扬我国科技界甘当人梯、提携后学的光荣传统，在培养创新型人才方面发挥重要作用。

这里，我还要专门讲一讲防灾减灾问题。自然灾害是人类社会面临的共同挑战。我国是世界上自然灾害最为严重的国家之一，灾害种类多，分布地域广，发生频率高，造成损失重。地震、洪涝、台风、干旱、风雹、雷电、高温热浪、沙尘暴、地质灾害、风暴潮、赤潮、森林草原火灾、植物森林病虫害等灾害在我国都有发生。我国70%以上的城市、50%以上的人口分布在气象、地震、地质、海洋等自然灾害严重的地区。这些年来发生的1998年长江流域特大洪涝、2006年重庆和四川特大干旱、2007年淮河流域特大洪涝、2008年南方低温雨雪冰冻灾害和这次四川汶川特大地震等重大自然灾害，更是给我国人民生命财产和经济社会发展造成了重大损失。因此，我们必须把自然灾害预测预报、防灾减灾工作作为关系经济社会发展全局的一项重大工作进一步抓紧抓好。从长远看，要做好以下几方面的工作：一是要加强对自然灾害孕育、发生、发展、演变、时空分布等规律和致灾机理的研究，为科学预测和预防自然灾害提供理论依据。二是要加强自然灾害监测和预警能力建设，在完善现有气象、水文、地震、地质、海洋、环境等监测站网的基础上，增加监测密度，提升监测水平，构建自然灾害立体监测体系，建立灾害监测—研究—预警预报网络体系。三是要深入研究各种自然灾害之间、灾害和生态环境、灾害和经济社会发展的关系，开展全国自然灾害风险综合评估，加强防灾减灾关键技术研发，强化应对各类自然灾害预案的编制。四是要加快遥感、地理信息系统、全球定位系统、网络通信技术的应用以及防灾减灾高技术成果转化和综合集成，建立国家综合减灾和风险管理信息共享平台，完善国家和地方灾情监测、预警、评估、应急救助指挥体系。五是要优化整合各类科技资源，将依靠科技建立自然灾害防御体系纳入国家和各地区各部门发展规划，并将灾害预防等科技知识纳入国民教育，纳入文化、科技、卫生“三下乡”活动，纳入全社会科普活动，提高全民防灾意识、知识水平和避险自救能力。六是要围绕人类面临的共同挑战和灾害防治工作中尚未解

决的科学难题广泛开展国际交流合作，既学习国外的有益经验和先进技术，也对人类社会共同防灾减灾作出贡献。

各位院士、同志们！

建设创新型国家，是时代赋予我们的光荣使命。让我们更加紧密地团结起来，高举中国特色社会主义伟大旗帜，抓住机遇，迎接挑战，坚持走中国特色自主创新道路，努力攀登世界科技高峰，为全面建设小康社会、加快推进社会主义现代化作出新的更大的贡献！

国家主席胡锦涛在人民大会堂同希腊总统帕普利亚斯举行会谈

胡锦涛说，中希建交 36 年来，双边关系发展顺利，特别是中希全面战略伙伴关系建立以来，两国关系进入了新的发展阶段。双方高层交往频繁，政治上相互信任。经贸合作持续扩大，其他领域的合作成果显著。“希腊文化年”的举办，进一步加深了两国人民的相互了解和友谊。中方高度赞赏希腊政府一贯坚持一个中国政策，在反对“台独”、“藏独”等问题上给予中方的宝贵支持。

胡锦涛表示，当前，中希关系面临进一步发展的良好机遇。中方愿与希方一道，从以下四个方面拓展双方务实合作，共同开创两国关系更加美好的未来：一、密切友好交往，增进战略互信。两国领导人通过多种方式保持经常接触，进一步加强两国政府、立法机构、政党及地方的友好往来。相互理解和支持各自重大利益关切。二、深化务实合作，实现互利双赢。双方要充分利用两国经贸混委会等合作机制，发挥各自在货物贸易和服务贸易上的比较优势，调整和优化贸易结构，加强相互投资、中小企业合作和海运合作，实现两国经贸合作的新跨越。三、扩大人文交流，巩固传统友谊。两国文化、教育、科技等部门及机构应组织更多的受到双方欢迎的交流活动。中方愿继续协助希方办好“希腊文化年”，欢迎希腊作为主宾国参加“相约北京—2008”活动及北京国际图书博览会，支持中希语言教学合作，鼓励两国青年开展友好交往。四、密切国际合作，维护共同利益。中方愿与希方就联合国改革、气候变化、环境保护、可持续发展等重大问题保持沟通和磋商，加强双方在联合国、世贸组织、亚欧会议等国际多边组织中的协调与配合，共同促进世界的和平、稳定与发展。

帕普利亚斯表示，希中 2006 年建立全面战略伙伴关系为两国关系进一步发展掀开新的一页，奠定了良好基础，双边关系发展前景广阔。帕普利亚斯表示，希方愿不断增进双方友好互信，促进双边经贸合作，进一步加强在海运、旅游、文化、教育等重点合作领域的交流合作，推动新兴科技领域的人才交流，全面深化各领域务实合作，为两国人民带来更多实实在在的利益。

会谈后，两国元首出席了司法、教育、发展合作等双边合作文件的签字仪式。

第六届“北京 2008”奥林匹克文化节暨“相约北京——2008”文化活动开幕

国家主席胡锦涛和正在中国进行国事访问的希腊总统帕普利亚斯一同出席了第六届“北京 2008”奥林匹克文化节暨“相约北京——2008”文化活动开幕晚会。

中共中央政治局委员、北京市市委书记、北京奥组委主席刘淇，中共中央政治局委员、国务委员、北京奥组委副主席刘延东，国务委员戴秉国，全国政协副主席、中国残联主席邓朴方，及有关方面负责人参加晚会。

晚会由文化部、国家广电总局、国家体育总局、北京市委、市政府、北京奥组委、中国残联和中国文联共同主办。

国家主席胡锦涛就菲律宾遭受台风袭击向菲律宾总统阿罗约致慰问电

全国人大常委会委员长吴邦国在人民大会堂会见罗马尼亚参议长沃克罗尤

吴邦国说，近年来，两国高层互访频繁，在对方关切的重大问题上相互理解、坚定支持，政治互信日益加深。中方感谢罗方长期以来在台湾、西藏等问题上给予的宝贵支持。他强调，中方始终把罗马尼亚作为中国在中东欧地区重要的合作伙伴，愿与罗方共同努力，深化在电信、基础设施、人力资源培训等方面的务实合作，密切在国际事务中的协调配合，推动两国关系不断向前发展。

吴邦国积极评价中罗两国立法机构的交往与合作。他说，中国全国人大与罗马尼亚参、众两院已有良好的合作基础，希望双方在继续保持高层互访的同时，密切各专门委员会和友好小组之间的交流，加强青年代表和议员之间的友好交往，推动两国各领域的务实合作，造福两国人民。

沃克罗尤说，多年来罗中关系在高水平上快速发展，这是两国领导人高度重视和亲自推动的结果。罗方不会忘记在罗马尼亚最困难的时候，是中国政府和人民给予了无私的帮助。他表示，罗各党派在发展对华关系问题上是高度一致的。罗马尼亚参议院希望进一步加强同中国全国人大的交流与合作，为推动罗中全面友好合作伙伴关系发展作出更大贡献。

国家副主席习近平在多哈会见卡塔尔埃米尔哈马德并同王储塔米姆会谈

习近平说，建交20年来，中卡关系持续稳步发展。双方合作务实高效，富有成果，前景广阔。中方高度重视发展两国长期稳定的友好合作关系，愿同卡方一道，保持高层往来和在重大国际和地区问题上的沟通对话，同时，发挥两国经济上的互补优势，扩大合作领域，推动双边关系上新的台阶。

哈马德埃米尔说，卡塔尔为中国的发展感到高兴，中国的稳定和发展对亚洲和世界至关重要。卡愿加强与中国的交往与合作，将认真落实两国达成的各项重要共识，也愿意为促进海湾合作委员会同中国的合作作出积极贡献。卡塔尔衷心祝愿中国繁荣进步，祝愿北京奥运会取得成功。

在同塔米姆王储会谈时，习近平说，中卡友好合作面临前所未有的良好机遇。为推动两国友好合作关系更快、更好发展，建议双方重点做好以下方面工作：一、加强高层往来和沟通，引导和规划两国各领域合作。二、加强经贸、能源、金融等领域合作，促进相互投资和联合投资。三、规范和加强基础设施建设合作，希望卡方为中国企业参与卡建设提供便利。

塔米姆表示，卡方希望在上述领域深化同中方的合作，欢迎中国企业来卡投资。

习近平还和塔米姆共同出席了关于成立中卡投资促进委员会的协议、北京市与多哈市建立友好城市关系协议书以及劳务、船务、旅游、石化等领域双边合作文件签字仪式。

当天，习近平还会见了海湾合作委员会秘书长阿提亚。习近平说，中方愿加强同海合会及其成员国在政治、经济、文化等领域的合作，并保持在地区热点问题上的沟通与磋商，继续为维护中东海湾地区的和平稳定发挥建设性作用。阿提亚表示，海合会及其成员国重视发展同中国的关系，赞赏中国在中东问题上秉持公正的立场，希望同中方加强对话与合作。

中央纪委书记贺国强在哈瓦那与古共中央政治局委员 国务委员会第一副主席兼部长会议第一副主席马查多举行会谈

中央纪委书记贺国强在哈瓦那会见古共中央第二书记 国务委员会主席兼部长会议主席劳尔·卡斯特罗

国办印发《关于进一步做好地震灾区医疗卫生防疫工作的意见》

各省、自治区、直辖市人民政府，国务院各部委、各直属机构：

汶川地震发生后，在党中央、国务院坚强领导下，各地区、各有关部门和解放军、武警部队紧急行动，数万名医疗卫生防疫人员及时赶赴灾区，全面开展医疗救治和卫生防疫工作。目前，灾区大规模集中应急医疗救治工作基本结束，卫生防疫工作正在有力、有序、有效展开，没有发生聚集性传染病疫情和突发公共卫生事件。但是灾区的医疗卫生防疫形势仍很严峻。一是卫生环境遭受严重破坏，公共卫生设施严重不足，食品和饮用水安全隐患突出，特别是夏季气温升高，容易导致传染病流行；二是一些重症伤员需要较长时间治疗，大批出院人员需要妥善安置，大批伤员需要康复治疗，部分残疾伤员需要装配辅助器具；三是医疗卫生基础设施损坏严重，一些地方卫生人员伤亡较多，医疗卫生服务不能满足群众需要；四是一段时期内群众生产生活困难，医疗支付能力普遍较弱。

各地区、各有关部门要充分认识做好地震灾区医疗卫生防疫工作的紧迫性和艰巨性，认真贯彻落实党中央、国务院的决策部署，进一步采取有效措施，切实做好地震灾区医疗卫生防疫工作，维护人民群众生命安全和身体健康。经国务院同意，现就做好地震灾区下一阶段医疗卫生防疫工作提出以下意见：

一、进一步做好重症伤员的医疗、康复和安置工作

卫生部门要继续发挥军地协同优势，加强对重症伤员医疗救治的组织和指导，最大限度地提高治疗效果，降低死亡率和致残率。

民政部门要做好伤员出院后安置工作。对符合卫生部规定出院标准的伤员，要动员和支持其返乡。对从救治地返乡的伤员和陪护人员，救治地民政部门给予交通等费用补助，原籍地民政部门做好接收和安置工作。所需经费由省级政府从社会捐赠资金中解决。

民政、卫生部门和残联要密切配合，共同做好伤员的康复工作，提高他们的生活质量。对其中符合条件的残疾伤员，及时转移到康复机构安装假肢、矫形器或者配发轮椅等康复辅助器具，并妥善安排康复训练，改善肢体运动功能。卫生、中医药部门要提供必要的技术支持。所需经费由省级政府在社会捐赠的有关资金中安排。

二、落实卫生防疫工作措施，防止传染病流行蔓延

要坚持以灾区政府为主，继续做好灾区环境卫生综合整治工作。对受灾群众安置点的医疗废弃物、生活垃圾、粪便和动物尸体进行无害化处理，有重点、有针对性地开展科学防疫和消毒、杀菌、灭蚊蝇工作。卫生、环保、建设等部门按照职责分工，做好居民生活区环境卫生管理工作。灾区政府要充分发挥基层组织作用，动员群众积极参与，广泛开展以治理卫生环境为重点的爱国卫生运动。

加强疫情监测工作,保证疫情报告渠道畅通。灾区县、乡要尽快恢复建立传染病疫情和突发公共卫生事件网络直报系统,修复或购置疫情网络直报设备,及时、准确报告疫情。做好传染病疫情的搜索、分析和预测工作,加强聚集性病例的监测、调查与处理,防止疫病扩散。加强传染病病因及食品、饮用水的现场快速检测,及时发现传染病流行苗头。高度重视并切实防控人畜共患疾病的发生和传播。要坚持中西医并重,充分发挥中医药作用,采用方便、快捷的方式,做好常见病、多发病的预防控制工作。

及时开展应急疫苗接种,尽快恢复常规预防接种服务。做好适龄儿童的乙脑、甲肝等疫苗接种,建立有效免疫屏障。发展改革部门要保证疫苗的生产、供应,食品药品监管部门要加强监管,保证疫苗质量。卫生部门要做好疫苗储备、运输和接种工作。教育等部门要协助做好托幼儿童、学生及其他人群的预防接种组织工作。农业部门要做好狂犬病、猪链球菌病等人畜共患病的免疫接种工作。

卫生、农业、商务、工商、质检和食品药品监管等部门要按照职责分工,加强协调配合,切实落实食品安全监管责任,尽快恢复食品安全检验检测能力,全力保障受灾群众安置点、集中生活区及救灾物资集中分发场所的食品安全。加强农产品和捐赠食品质量的监管,开展安全检查,严防假冒伪劣、腐败变质和超过保质期等不合格食品流入灾区。尽快恢复灾区正常的农产品和食品流通秩序,保障市场供应。重点加强集中供餐单位的餐饮原料采购、储存、加工和餐饮器具消毒的卫生监督管理,改善集中供餐场所的食品加工环境和设施。要严防重大食物中毒事件和食源性疾病的发生。

卫生、环保、建设、水利和农业等部门要密切配合,积极采取措施,切实做好灾区饮用水安全保障工作。环保部门要加强污染源排查和整治,加强集中式饮用水源地水质监测,保证饮用水水源安全。水利和建设部门要加快受损供水设施和管网的抢修,尽快恢复正常供水能力。受灾群众安置点要配备必要的饮用水净化处理设施或消毒设施,卫生部门要加强对饮用水的监督检查,保障群众饮水安全。特别要加强学校、医院等公共场所供水设施建设,保障饮用水达到卫生标准。各有关部门要建立协作机制,按照职责分工,做好水源地、公共供水设施、集中供水点和末梢水的水质监测工作,做到信息共享。要尽快恢复灾区饮用水安全检验检测能力。

要加强卫生防病宣传教育,普及卫生防病知识,增强群众卫生防病参与意识和自我保护意识。积极开展心理援助工作,依托现有医疗、心理卫生服务网络,对不同人群特别是高危人员实施分类干预,及时治疗精神疾患。

三、尽快恢复灾区正常医疗卫生服务秩序

要尽快将医疗服务、医疗收费和费用支付纳入正常管理轨道。灾区省级政府要统筹规划并组织好临时医疗卫生基础设施建设,尽快建立临时医疗服务和卫生防疫机构,添置必要设备,开展医疗卫生服务,恢复药品检验检测条件。要编制好灾区卫生系统恢复重建规划,优先恢复基本医疗服务和卫生防疫设施,地震灾后恢复重建基金相应给予支持。灾区省要尽快在省内调配专业人员支持医疗卫生人员伤亡较多的县、乡卫生机构,对口支援省(市)可选派必要的医疗卫生人员,帮助灾区恢复正常医疗卫生工作。对重灾县的县级公共卫生机构、县乡医疗机构的人员经费和公用经费以及乡村医生的工作经费补助等,由灾区省级政府统筹安排,保证正常医疗卫生服务工作的开展。对各地向灾区派出的医疗防疫队所需费用,由各省(区、市)酌情给予补助,有对口支援任务的省(市)从对口支援经费中给予必要补助。

要抓紧恢复灾区各项医疗保障制度的运行,妥善解决受灾群众看病就医问题。伤员应急救治工作完成后,受灾群众的医疗费用原则上通过现行社会保障制度解决。今年内可在重灾县、乡实行过渡性医疗照顾措施,向受灾群众免费提供基本医疗卫生服务,包括一般常见病、传染病和卫生防疫。具体办法和所需经费由灾区省级政府统筹研究确定。要推进灾区城镇居民基本医疗保险试点工作。2009年、2010年灾区困难群众参加城镇居民基本医疗保险和新型农村合作医疗所需的个人缴费,由城乡医疗救助资金帮助解决。各级社会保险经办机构和农村合作医疗经办机构要加强管理服务,按规定及时结算并支付医疗费用,切实保障城乡居民的基本医疗保障权益。

四、落实医疗卫生对口支援

按照汶川地震灾后恢复重建对口支援方案,做好对口支援灾区医疗卫生防疫工作,推进灾区县、乡医疗卫生服务体系建设。医疗卫生对口支援工作遵循属地管理、分级负责、省外支援与省内支援相结合的原则。各支援省(市)要与受援地一起,制订医疗卫生对口支援工作方案,明确支援医疗卫生人员的规模、结构和分布,落实好卫生帮扶的各项任务和措施。要制订对口支援工作计划,加强人员培训,购置必要设备,加大智力支持,重点加强县、乡两级医疗卫生服务体系建设,帮助灾区尽快恢复正常医疗卫生服务秩序,提高医疗卫生工作质量和水平。卫生部要继续组织国家专业机构予以指导,并根据实际情况,对各地赴灾区医疗队的规划、管理、轮换统盘考虑,统筹安排。

灾区医疗卫生防疫工作要坚持地方政府为主、对口支援协助、国家有关部门指导监督的原则。灾区各级政府要保障必要的经费,中央财政酌情给予适当支持。各有关方面要明确责任,加强协调,密切配合,确保今年实现以下目标:7月底前,灾区县、乡和受灾群众安置点普遍恢复建立医疗卫生服务体系,开展基本医疗和卫生防疫及动物疫病防治工作。9月底前,全面完成灾区县、乡临时医疗卫生机构建设,基本恢复正常医疗卫生服务和动物防疫秩序。年底前,全面恢复灾区医疗卫生服务体系和动物防疫体系,配备比较齐全的临时业务用房、基本设备和技术人员,能够全面开展正常医疗服务和卫生防疫工作,确保不发生重大传染病疫情。

国务院办公厅

2008年6月23日

6月24日

全国人大常委会委员长吴邦国 国务院总理温家宝在北京分别会见希腊总统帕普利亚斯

吴邦国表示,中希建交以来,特别是2006年建立全面战略伙伴关系以来,双方政治互信加强,经贸合作加深,人文交流扩大,奥运合作活跃,在彼此重大关切上相互理解和支持。希望双方加强海运合作,深化经贸、旅游、奥运、人文交流与合作,推动两国关系不断迈上新台阶。

吴邦国表示,中国全国人大与希腊议会各层次友好交往频繁,为中希关系发展发挥了积极推动作用。希望双方发挥议会人才荟萃、联系广泛的优势,为促进两国各领域务实合作,推动两国关系发展作出更大贡献。

帕普利亚斯说,23日两国元首成功举行会谈,为深化双方互利合作指明了方向,希望双方加强合作,切实落实两国元首达成的共识,推进各领域合作深入发展。

温家宝感谢希腊政府和人民对中国抗震救灾的同情和援助,以及对北京奥运会的支持。温家宝说,中方为在欧盟中有希腊这样的好朋友感到高兴。温家宝表示,中国政府支持双边贸易的平衡发展,鼓励扩大服务贸易和相互投资。两国在海运、物流、旅游、电信、中小企业等领域合作前景广阔。希望双方有关部门和企业加强接触,创新合作方式,实现互利共赢。

帕普利亚斯说,希方愿与中方携手努力,推进海运、旅游、电信、高科技、农业等领域的互利合作,共创两国关系美好未来。他还说,继希腊之后,奥运会在中国举办,具有特殊历史意义。希腊全力支持北京奥运会,全体希腊人民衷心祝福北京奥运会成功举办。

十一届全国人大常委会第三次会议在人民大会堂开幕

会议听取和审议国务院关于四川汶川特大地震抗震救灾及灾后恢复重建工作情况的报告,审议关于提请审议2008年中央预算调整方案草案的议案,继续审议国有资产法草案、循环经济法草案、消防法修订草案等。

吴邦国委员长主持会议。

受温家宝总理委托,国务院副总理、国务院抗震救灾总指挥部副总指挥回良玉向会议报告了前一阶段四川汶川特大地震抗震救灾及灾后恢复重建有关工作情况。

受国务院委托,财政部部长谢旭人向会议作了关于提请审议2008年中央预算调整方案草案的议案的说明。

会议审议了全国人大法律委员会副主任委员洪虎、李重庵、乔晓阳分别作的关于国有资产法草案、循环经济法草案、消防法修订草案的修改情况的汇报。法律委员会建议本次常委会会议继续审议这三部法律草案。

会议审议了国务院关于提请审议批准《残疾人权利公约》的议案、《上海合作组织成员国长期睦邻友好合作条约》的议案、中国和阿尔及利亚关于刑事司法协助的条约的议案、中国和阿尔及利亚引渡条约的议案。受国务院委托,外交部副部长武大伟就上述议案作了说明。

会议还听取了全国人大常委会代表资格审查委员会主任委员黄镇东作的关于个别代表的代表资格的报告;审议了有关任免案。

全国人大常委会副委员长王兆国、乌云其木格、韩启德、华建敏、陈至立、周铁农、李建国、蒋树声、陈昌智、严隽琪、桑国卫出席会议。最高人民法院院长王胜俊、最高人民检察院检察长曹建明等列席会议。

国务院副总理回良玉向十一届全国人大常委会第三次会议报告抗震救灾及灾后恢复重建有关工作情况

目前灾区五个突出问题

回良玉说,当前,抗震救灾工作已经进入了新的阶段,但形势依然严峻,任务十分艰巨。最为突出的问题包括:

——受灾群众安置工作面临很多困难,吃饭、饮水、看病、上学等方面都有不少问题需要解决,其中居住问题尤为突出。

——灾后卫生防疫形势十分严峻,灾区环境卫生条件差,受灾群众安置相对比较集中,极易发生传染病疫情。

——次生灾害隐患仍然突出,受余震和强降雨等不利因素影响，滑坡、泥石流、堰塞湖等灾害防范治理工作压力很大。

——恢复正常生产生活秩序刻不容缓，就业援助亟待加强。

——灾后恢复重建工作异常繁重，灾区各类公用、民用建筑以及基础设施遭到很大破坏，许多保留下来的也存在不少地质和建筑隐患，不少城镇和乡村还要异地重建。

下一步将重点做好五项工作

回良玉说，针对抗震救灾面临的形势和任务，下一步要重点做好以下几方面工作：

——妥善安置受灾群众生活。继续组织调运粮油、蔬菜、衣被、药品等物资，确保灾区供应。着力解决好受灾群众临时住所和学校、医院等公共设施用房问题，切实使用好前期安排并已生产调运的90万顶帐篷，抓紧完成已安排的活动板房生产调运任务，积极采取措施帮助受灾群众搭建简易住房。坚持以群众自建为主，通过政府补助、对口支援和社会帮扶等多种途径，加快农村倒房重建。倒房重建坚持因地制宜、科学安全，节约和集约利用土地，保护耕地。

——全面做好医疗防疫工作。继续全力以赴做好伤员救治，集中力量抢救危重伤员，最大限度降低死亡率和致残率。继续做好遇难者遗体消毒处理、死亡畜禽无害化处理等工作，全面做好受灾地区环境卫生清理。继续加强传染病疫情监测和报告，做好甲肝、乙脑等疫苗调拨与接种工作，大力普及卫生防病知识，严防传染病流行蔓延。

——加快基础设施抢修进度。集中力量抢通重灾区国省道干线公路仍未修复的路段，进一步加大乡村公路抢修力度，扩大抢通覆盖面，并做好后续保通工作，全力保障灾区急需物资的运输。抓紧完成修复因灾损毁的供水设施，保证城乡群众用水需要。加快电网特别是地方电网修复工作，尽快恢复受灾地区的通信能力。

——进一步做好次生灾害防范。继续做好余震监测预防。抓紧做好水库、水电站、堤防等除险加固工作，加快堰塞湖险情处置进度，全力做好洪涝灾害防御工作，确保安全度汛。严格落实地质灾害隐患排查、治理和防范措施。对受灾地区的桥隧、供水、供电、供气等基础设施以及各类建筑物进行安全隐患排查，及时采取修复加固等措施，落实安全防范责任制度，严防伤亡事故发生。

——尽快恢复灾区生产。加大扶持力度，积极创造条件，在确保安全的前提下，全力组织灾区工矿商贸企业和农民群众尽快恢复生产。

坚持自力更生、国家支持、社会帮扶的方针

回良玉介绍，灾后恢复重建是一项紧迫而长期的任务，准备用三年左右时间在“十一五”期间初步完成重建，在“十二五”期间继续巩固发展。要按照《汶川地震灾后恢复重建条例》的要求，坚持以人为本、科学规划、统筹兼顾、分步实施、自力更生、国家支持、社会帮扶的方针，做好灾后恢复重建各项工作。

——认真做好评估论证。充分发挥国家汶川地震专家委员会的作用，在现场调查研究、科学论证的基础上，抓紧做好地震机理研究、地质地理环境条件评估和建设项目选址等工作。同时，组织专门力量开展灾害范围评估、损失评估和资源环境承载能力评价，充分听取包括地震灾区干部群众在内的各方面的意见和建议，组织专家对重要事项进行论证，为灾后恢复重建规划提供依据。

——科学编制重建规划。抓紧编制灾后恢复重建总体规划，以及城镇体系、农村建设、城乡住房建设、基础设施建设、公共服务设施建设、生产力布局和产业调整、市场服务体系、防灾减灾和生态恢复、土地利用9个专项规划。

——制定完善重建政策。加快制定包括政府投入、税费优惠、金融支持、用地保障、对口支援、社会募集、转移安置、倒房重建等方面的政策措施，充分发挥市场机制的作用，为恢复重建提供资金保障。中央财政今年拟先安排700亿元，建立灾后恢复重建基金，明后年继续作出相应安排。从灾后恢复重建基金中安排400亿元，专项用于补助汶川地震房屋倒损农户重建住房。有关地方财政也将调整预算安排，支持灾区恢复重建。

——组织实施对口支援。为充分发挥社会主义制度集中力量办大事的政治优势，加快灾后恢复重建，中央决定建立对口支援机制，按照“一省帮一重灾县”的原则，组织有关省市对口支援灾区，已召开会议对此作出全面部署。根据各地经济发展水平，合理配备力量，组织19个省(市)对口支援四川省18个重灾县(市)和甘肃、陕西两省受灾地区。承担对口支援任务的省(市)按照中央统一部署，为灾区提供人力、物力、财力、智力等各种形式的支持。对口支援按三年期限实施，各支援省(市)每年大体按本地上年地方财政收入的1%来安排对口支援的实物工作量。国务院各部门也将按照中央要求，做好支持地震灾后恢复重建工作。

——坚持地方为主开展灾后重建。各受灾地区恢复重建工作将以地方为主，充分发挥广大干部群众的积极性和主动性，坚持自力更生，互帮互助，苦干实干，在中央和全国各地的大力支持下，用自己的双手和辛勤劳动重建美好家园。

财政部部长谢旭人向十一届全国人大常委会第三次会议作关于提请审议2008年中央预算调整方案草案的议案的说明

已投入抗震救灾资金543亿元

四川汶川8.0级特大地震发生后，中央和地方财政及时安排救灾经费，从财力上支持保障抗震救灾工作。截至目前，中央和地方各级财政已投入抗震救灾资金543.13亿元；截至6月14日，中央财政共投入491.54亿元。

谢旭人介绍说：由于受国内外经济形势发展的不确定性、南方罕见的低温雨雪冰冻灾害、汶川地震及证券交易印花税税率调低等因素影响，今年中央财政收支形势不容乐观，“财政能否超收尚不能确定，难以从中安排资金用于灾后恢复重建”。

2006年中央财政建立了中央预算稳定调节基金，目前尚有1032亿元可以动用。“从中调用一部分资金用于建立地震灾后恢复重建基金，既不影响正常预算执行，也能适当满足今年恢复重建工作需要。”谢旭人说。

按照多渠道筹集灾后恢复重建资金的原则，中央财政除调用中央预算稳定调节基金外，还将对今年预算支出做相应调整，通过车辆购置税、彩票公益金、中央国有资本经营预算安排部分资金用于灾后恢复重建。

从四个方面筹集重建基金

根据谢旭人介绍，今年的700亿元地震灾后恢复重建基金将从四个方面进行筹集，分别是：

——为避免影响正常年度预算，保持2008年中央预算平衡，从中央预算稳定调节基金1032亿元中调入600亿元，通过“划转地震灾后恢复重建基金”科目列支后，转入地震灾后恢复重建基金。

——从车辆购置税中调整安排50亿元，由“车辆购置税支出”科目列支后，转入地震灾后恢复重建基金。

——从政府性基金预算列收列支的彩票公益金中调整安排10亿元，由“彩票公益金”支出科目列支后，转入地震灾后恢复重建基金。

——从国有资本经营预算调入40亿元，通过国有资本经营预算相关科目列支后，转入地震灾后恢复重建基金。

谢旭人表示，以上调整后，十一届全国人大一次会议通过的2008年中央预算中，“中央财政收入”仍为32531.72亿元，没有变化；另“调入中央预算稳定调节基金”增加600亿元。“中央财政支出”增加600亿元，总额为35431.72亿元。

“今年中央财政安排的地震灾后恢复重建基金数额较大，今后中央财政还将根据灾后恢复重建和资金来源变化情况，对地震灾后恢复重建基金做相应安排。”谢旭人说。

提高基金分配使用透明度

如何提高地震灾后恢复重建基金分配使用的透明度，充分发挥这笔资金的效益？

据介绍，这笔基金的主要用途包括：一是因灾倒塌损坏民房的重建补助；二是学校、医院、政府机关及事业单位恢复重建；三是交通、电力、城市供水、污水处理、供气、受损水库等基础设施恢复重建；四是农林水、工业生产及商业流通恢复，以及震后地质灾害治理、移民搬迁等方面的支出。

“地震灾后恢复重建基金安排使用情况将向全国人民代表大会及其常务委员会报告。”谢旭人说。

他提出，为充分发挥资金效益，当前要严格依照《汶川地震灾后恢复重建条例》，认真做好灾后恢复重建前期工作，统筹规划，合理布局，科学评估，分步实施，抓紧制定灾后恢复重建规划和具体实施方案。

他还特别提出，中央和地方财政要根据灾后恢复重建规划的总体安排，进一步健全制度，抓紧制定地震灾后恢复重建基金预算管理和资金分配使用办法，强化预算约束，规范基金的筹集、分配和使用，加强对抗震救灾和灾后恢复重建资金的拨付和使用的监督管理，增强资金和物资分配、使用的透明度，防止侵占、截留、挪用。

集中财力投入抗震救灾和灾后重建

四川汶川大地震发生后，全国人大常委会非常关心抗震救灾及灾后恢复重建工作。5月22日，吴邦国委员长主持召开全国人大常委会委员长会议，专门听取国务院关于抗震抢险及救灾工作情况的汇报，强调全国人大常委会全力支持抗震救灾工作，同意国务院对今年预算支出结构作出调整，以抗震救灾、保障灾区人民生活为根本，一切从抗震救灾工作实际情况出发，需要多少给多少，集中财力投入抗震救灾和灾后重建。

全国人大财经委在关于国务院关于提请审议2008年中央预算调整方案草案的议案的审查报告中提出，调整中央预算、建立灾后恢复重建基金是必要的，有利于集中财力用于支持灾区恢复重建，对尽快恢复灾区正常生产生活秩序、保持灾区社会稳定，具有十分重要的意义，建议十一届全国人大常委会第三次会议批准2008年中央预算调整方案草案。

全国人大财经委副主任委员朱志刚表示，中央财政要在统筹考虑灾后恢复重建资金需求的基础上，对于明后年的灾后恢复重建资金提早谋划，早做安排，确保足额纳入年度预算。要结合其他各个渠道汇集的抗震救灾资金，统筹安排使用好中央财政投入的资金。

在加大财政投入的同时，要明确相关政策，充分运用税收、财政贴息、信贷等手段，多方位地支持灾后恢复重建和生产自救；要厉行节约，反对浪费，进一步压缩一般性支出，将节省出的资金用于灾后恢复重建。

国务院总理温家宝向两院院士大会作报告

国务院总理温家宝在中国科学院第十四次院士大会和中国工程院第九次院士大会上向两院院士通报抗震救灾工作和当前经济形势，对新形势下做好科技工作提出要求，强调依靠科学技术支撑经济社会发展。

温家宝指出，抗震救灾工作已进入灾后恢复重建阶段，要充分发挥科学技术的作用，组织相关专家，开展灾后调查评估、建筑抗震设防标准修订、资源环境承载能力评价等工作，使恢复重建工作建立在科学论证的基础之上。广大科技工作者要发挥跨部门、跨学科、跨领域的专业优势和整体合力，为抗震救灾提供科学依据和决策咨询。

温家宝说，今年以来，面对国际经济环境的重大变化和国内自然灾害的突然冲击，党中央、国务院沉着应对，果断决策，一手抓抗灾救灾，一手抓经济社会发展，保持了经济平稳较快发展的势头与社会和谐稳定的局面，形势比预料的要好。但是，当前经济运行中还存在一些突出矛盾和问题。我们要继续深入贯彻落实科学发展观，保持宏观经济政策的连续性和稳定性，增强宏观调控的预见性、针对性和灵活性，努力保持经济平稳较快发展，避免出现大的起落；坚决抑制物价过快上涨，保持市场和物价的基本稳定；切实加强"三农"工作，大力发展农业和粮食生产；着力抓好节能减排，大力推进结构调整和发展方式转变；努力增收节支，保障金融安全；深化改革开放，注重改善民生，全面完成经济社会发展的各项任务。

温家宝说，改革开放30年来，我国科技事业取得了辉煌成就，成为经济社会发展的强大动力。但是，科技总体水平与我国经济社会发展的客观要求还不相适应。必须深化科技体制改革，充分发挥企业在科技创新中的主体作用，充分发挥政府在科技发展中的主导作用，充分发挥市场在配置科研资源中的基础性作用。要加快我国科技事业发展，使科学技术在改善能源供给和促进节能降耗，推动结构调整和提高产业竞争力，促进农业发展和确保粮食安全，加强重大疾病预防控制，应对气候环境变化和防灾减灾等方面发挥更大作用。

温家宝最后指出，发展科学技术，需要造就一批世界一流的科学家和科技领军人物。两院院士要在我国科技重点领域继续发挥关键和带动作用。希望各位院士善于发现青年才俊，大力提携后学；多为政府工作建言献策，促进科学民主决策。

全国政协在政协礼堂召开专题协商会

会议围绕"防止经济增长由偏快转为过热、防止价格由结构性上涨演变为明显通货膨胀，促进国民经济又好又快发展"问题建言献策。中共中央政治局常委、全国政协主席贾庆林出席并讲话。

中共中央政治局常委、国务院副总理李克强到会听取委员建议并讲话。

贾庆林在讲话中指出，今年以来，我国经济保持了平稳较快发展的势头，经济社会发展形势比预料的要好。我们要继续深入贯彻落实科学发展观，加强和改善宏观调控，深化改革开放，推动经济又好又快发展。一是要保持物价稳定，坚决抑制价格总水平过快上涨；二是要加强农业基础地位，切实保障农产品有效供给；三是要搞好节能减排，有效缓解能源资源约束和环境压力；四是要防范金融风险，确保国家金融安全；五是要做好抗震救灾和恢复重建工作，努力把地震灾害对经济的影响降到最低限度。

贾庆林希望广大政协委员要继续密切关注世界经济走势，深入分析国际市场不确定因素，要进行前瞻性研究，及时向党和政府提出有价值的建议；要继续密切关注我国宏观经济运行状况，针对物价、能源和原材料供应、粮食安全、金融监管等方面的问题进行持续、深入的跟踪研究，提出切实可行的应对之策；要继续密切关注国家宏观调控政策的贯彻落实情况，及时发现和反映有关政策措施执行过程中出现的新情况、新问题，努力提出政策性的意见和建议，为增强宏观调控的预见性、针对性和灵活性，避免经济出现大的起落，发挥积极作用。

在认真听取委员们的发言后，李克强说，政协委员人才荟萃，是支持科学民主决策的重要力量。新时期以来，人民政协不断创新参政议政方式，深入调查研究，积极建言献策，在推动国家各项事业发展中发挥了重要作用。这次专题协商会，围绕经济发展中的一些重大问题，就加强和改善宏观调控，提出了许多有见解、有分量的意见和建议。

李克强介绍了当前经济运行以及完善能源价格形成机制的有关情况。他说，我国经济社会发展形势总体是好的，特大地震灾害和国际经济不利因素没有改变经济发展的基本面。要继续把保持经济平稳较快发展、控制物价过快上涨，作为宏观调控的首要任务。坚持用发展和改革的办法解决前进中的问题，要加强和改善宏观调控，增强宏观调控的预见性、针对性和灵活性，把握好宏观调控的重点、节奏和力度，深化改革开放，推进发展方式转变，注重改善民生，全面完成经济社会发展的各项任务。

中共中央政治局委员、全国政协副主席王刚,全国政协副主席张梅颖分别主持了专题协商会。全国政协副主席杜青林、阿不来提·阿不都热西提、黄孟复、张榕明、钱运录、郑万通出席会议。

专题协商会上,全国政协经济委员会负责同志汇报了专题协商会的筹备情况,国家发展和改革委员会、国家统计局负责同志分别介绍了有关实现"双防"宏观调控目标措施的执行情况以及上半年国民经济运行情况。13位全国政协委员围绕更好地贯彻中央经济战略部署、抑制通货膨胀、做好灾后重建、保持经济平稳较快发展作了发言。财政部、商务部和中国人民银行的负责同志针对委员提出的建议作了交流发言。中央国家机关有关部门负责同志,各民主党派中央、全国工商联的负责同志,全国政协办公厅、各专门委员会的负责同志,部分全国政协委员和专家学者及地方政协的代表出席专题协商会。

国务委员孟建柱在北京主持召开国际禁毒委员会全体会议

为贯彻落实中央领导同志重要指示精神,国务委员、公安部部长孟建柱24日在京主持召开国家禁毒委员会全体会议,传达学习有关指示精神,通报近年来禁毒工作情况,研究部署下一阶段禁毒工作。

孟建柱在讲话中指出,各地区、各有关部门要认真学习贯彻中央领导同志重要指示精神,全面落实党中央、国务院的决策部署,以对党、对国家、对人民高度负责的精神,锐意进取,扎实工作,把禁毒斗争深入持久地进行到底。要扎扎实实做好禁毒宣传教育、禁吸戒毒、堵源截流、缉毒执法、禁毒重点整治等各项工作,努力实现禁毒斗争形势的持续好转,在新的起点上开创禁毒工作的新局面。

国家禁毒委员会各成员单位有关负责同志出席了会议。

国家副主席习近平在萨那与也门副总统哈迪举行会谈

习近平说,中方珍视同也门的传统友谊,为把中也友好合作关系进一步推向前进,双方应在以下方面作出努力:一、继续在涉及对方重大利益问题上相互支持。二、加强基础设施建设、能源、通信等领域务实合作,中方将继续为也门经济发展提供力所能及的帮助。三、加强在教育、卫生、体育等领域交流合作,中方将继续向也门派遣医疗队。四、加强在多边领域中的协调和配合。

哈迪说,也中关系在相互尊重、相互支持、平等互利的基础上始终顺利发展,堪称国与国关系的典范。也门人民衷心感谢中国长期以来为促进也门民族团结和国家发展提供的宝贵支持和帮助,高度赞赏中国发展取得的巨大成就,也方完全赞同中方就进一步加强两国合作提出的建议,愿与中方共同努力,推动也中关系不断向前发展。

在谈到中东等国际和地区热点问题时,习近平说,中方一贯主张有关各方在联合国有关决议、"土地换和平"原则、"阿拉伯和平倡议"和"中东和平路线图"计划基础上,通过政治谈判解决彼此争端,实现阿以和平共处。中方愿继续为促进实现中东和平稳定发挥积极作用。哈迪对此表示赞同。

会谈后,习近平和哈迪共同出席了两国政府经济技术合作协定以及在卫生、教育等领域双边合作文件签字仪式。

国务院副总理张德江在中南海紫光阁会见美国英特尔公司董事长贝瑞特

外交部部长杨洁篪在阿斯塔纳分别会见哈萨克斯坦总统纳扎尔巴耶夫 总理马西莫夫并和外长塔仁举行会谈

邵华逝世

中国共产党的优秀党员、久经考验的忠诚的共产主义战士,军事科学院原军事百科研究部副部长(正军职)邵华同志因病医治无效,于6月24日在北京逝世,终年69岁。

邵华同志是毛泽东次子毛岸青的夫人,1938年10月出生于延安,1953年加入中国共产主义青年团,1979年加入中国共产党。1939年,随父母前往苏联途中被军阀关押。1946年,经党组织营救出狱回到延安。1960年,与毛岸青结婚。1967年参加工作后,她历任干事、副师职助理员、正师职研究员等职,出版各类著作80余部。作为中国摄影家协会主席和中国女摄影家协会主席,她在红色题材摄影创作等方面也取得了重要成就。

邵华同志是第七、八、九、十届全国政协委员,1995年晋升为少将军衔。

6月25日

中共中央总书记胡锦涛实地考察北京市奥运会配套交通设施

胡锦涛在中共中央政治局委员、北京市市委书记、北京奥组委主席刘淇,北京市市长、北京奥组委执行主席郭金龙等陪同下,先后来到北京南站、轨道交通机场线、首都国际机场3号航站楼考察。

考察过程中,胡锦涛对北京奥组委负责同志说,北京奥运会筹办工作已进入最后冲刺阶段。良好的交通环境是成功举办奥运会的重要保证。要把奥运交通保障放在更加突出的位置来抓,进一步完善交通设施,加强交通管理,搞好交通服务,保证交通安全,真正履行好我们对国际社会作出的“交通安全顺畅”的承诺,让中外宾客满意,让广大人民群众满意。

国务院总理温家宝在北京主持召开国务院常务会议

会议审议通过部分国务院组成部门、直属机构和部委管理国家局的《主要职责、内设机构和人员编制规定》。

会议指出,制定和完善职责、机构和编制的“三定”规定,是贯彻落实党的十七届二中全会精神、进一步深化行政管理体制改革的重要举措,是实施国务院机构改革的中心环节,对于全面正确履行政府职能,建设服务政府、责任政府、法治政府和廉洁政府具有重要意义。

这次“三定”工作的主要特点:一是紧紧围绕转变政府职能这个核心,按照政企分开、政资分开、政事分开、政府与市场中介组织分开的原则,取消、下放或移交了一些不该管的事项,加强了能源管理、环境保护以及涉及群众切身利益、关系国计民生的社会管理和公共服务职责。二是按照一件事情由一个部门负责的原则,明确部门职能分工,理顺部门职责关系,解决了一些长期存在的职责交叉问题;对确需多个部门办理的事项,明确牵头部门,分清主次责任,建立、健全协调配合机制。三是按照权责一致的原则,在赋予部门职能的同时,明确应承担的责任,做到有权必有责、权责对等,为推行行政问责制、加强责任追究提供必要的依据。四是按照精简、统一、效能的原则,严格控制人员编制和领导职数。

会议强调,我国经济社会发展形势总体上是好的。但是,改革发展的任务十分艰巨,在改善宏观调控、强化公共服务等方面还有大量繁重的工作,国际国内形势出现不少新的复杂因素,政府工作面临不少新的严峻挑战,需要我们全面提高综合协调能力和抵御风险能力。各部门要尽快按照新的“三定”规定运转起来,提高国务院工作整体效能,确保全面完成各方面任务,努力创造经得起实践、人民、历史检验的实绩。

会议还研究了其他事项。

全国政协主席贾庆林在人民大会堂会见希腊总统帕普利亚斯

国家副主席习近平在萨那分别会见也门总统萨利赫 总理穆贾瓦尔

国家副主席习近平在萨那出席中国—也门双边投资研讨会开幕式并致辞

习近平在致辞中说,深化互利合作,共创发展繁荣,是中也两国经济发展必然要求,也是中也传统友谊应有之义。也门拥有优越的地理位置和丰富的自然资源,中国企业具有技术和经验优势,中也投资合作具有许多良好条件,潜力巨大,大有可为。

习近平希望两国企业界弘扬传统友谊,增进相互了解,开展真诚合作,在合作中发挥互补优势,坚持互利共赢,促进共同发展。他还鼓励两国企业界人士加强交流,就改善投资环境、拓宽投资渠道、优化投资结构等问题积极进行探讨。习近平表示相信,在两国政府积极推动下,在两国企业界共同努力下,中也友好合作一定能够取得更大发展。

穆贾瓦尔在致辞中说,中国是也门重要的合作伙伴,两国经贸合作势头喜人,前景广阔。也门欢迎中国企业前来投资兴业,在能源、矿业资源、渔业、基础设施等领域开展合作,参与也门经济自由区建设。也门政府将为此创造良好的投资环境。

研讨会由中国国际贸易促进会和也门共和国投资总局共同举办,两国政府有关部门和企业界人士共约300人出席。

中央纪委书记贺国强在西班牙港会见特多总统乔治·理查兹

中央纪委书记贺国强在西班牙港与特多总理帕特里克·曼宁举行会谈

会谈结束后,贺国强和曼宁共同出席了两国政府《关于成立中特经贸联委会的谅解备忘录》、中国进出口银行与特多财政部《关于特多铝厂项目出口买方信贷协议》等4个经济技术合作协议的签字仪式。

全国总工会主席王兆国在人民大会堂会见拉美加勒比各国工会领导人

陈嘉庚科学奖 光华工程科技奖在北京颁奖

28位科学家分别获得2008年度陈嘉庚科学奖和第七届光华工程科技奖。

陈嘉庚科学奖旨在奖励近年来获得或被认定的原创性重大科学技术成就的在世中国公民,目前共设数理科学、化学科学、生命科学等6个奖项,每两年评选一次。2008年度陈嘉庚科学奖评出数理科学奖、化学科学奖、地球科学奖3个获奖项目，获奖科学家分别为山东大学彭实戈教授、中国科学技术大学侯建国教授、中国科学院地球环境研究所安芷生研究员。

光华工程科技奖旨在奖励在工程科技及管理领域取得突出成绩和重要贡献的工程师和科学家，包括成就奖、工程奖和青年奖3个奖项，每两年评选一次。共有25位科学家获得第七届光华工程科技奖，其中，核物理学专家朱光亚获得成就奖，铁路重载运输专家耿志修等16位科学家获得工程奖，航空推进技术专家李应红等8位科学家获得青年奖。

秦大河获国际气象组织奖

从中国气象局获悉：世界气象组织执行理事会第六十次届会经过投票，将第五十三届国际气象组织奖授予中国的秦大河院士。这是时隔5年，我国科学家第二次获得这一世界气象组织最高荣誉。

国际气象组织奖每年颁发给1位在气象、水文和地球物理科学领域作出杰出贡献的人士。秦大河院士是世界著名的冰川学家和气候学家、中国科学院院士、第三世界科学院院士。

周雅菲以57秒95的成绩夺得全国青年游泳锦标赛女子100米蝶泳项目冠军并打破亚洲纪录

6月26日

十一届全国人大常委会第三次会议在人民大会堂闭幕

会议经表决，通过了关于四川汶川特大地震抗震救灾及灾后恢复重建工作情况报告的决议，批准了国务院提出的2008年中央预算调整方案。

吴邦国委员长主持闭幕会。

本次常委会会议审议了国务院关于四川汶川特大地震抗震救灾及灾后恢复重建工作情况的报告，通过了关于这个报告的决议。决议充分肯定并高度评价前一阶段的抗震救灾工作，同意报告提出的关于灾后恢复重建工作的安排。

会议经表决，通过了关于批准2008年中央预算调整方案的决议，决定批准国务院提出的2008年中央预算调整方案。

会议还表决通过了全国人大常委会关于批准《残疾人权利公约》的决定，关于批准《上海合作组织成员国长期睦邻友好合作条约》的决定，关于批准中国和阿尔及利亚关于刑事司法协助的条约的决定、关于批准中国和阿尔及利亚引渡条约的决定，批准了上述公约和条约。

会议表决通过了全国人大常委会香港特别行政区基本法委员会组成人员名单。吴邦国为第三任香港特别行政区基本法委员会组成人员颁发了任命书。

会议表决通过了全国人大常委会代表资格审查委员会关于个别代表的代表资格的报告。根据常委会的有关公告，十一届全国人大现在实有代表2987人。会议还表决通过了其他任免案。

完成各项议程后，吴邦国委员长发表重要讲话。他说，这次常委会会议，是在抗震救灾斗争取得重大阶段性胜利的形势下召开的。会议专门安排听取和审议了国务院关于四川汶川特大地震抗震救灾及灾后恢复重建工作情况的报告，审查了国务院提出的2008年中央预算调整方案，并作出相关决议。决议高度评价前一阶段抗震救灾工作取得的显著成效，充分肯定国务院和地方的工作，要求灾区广大干部群众、承担对口支援的省市，要认真贯彻中央的部署，继续做好受灾群众安置和灾后恢复重建工作。这次会议还批准了调整后的2008年中央预算，同意建立灾后恢复重建基金，为抗震救灾和灾后恢复重建工作顺利推进提供资金保障。全国人大将继续全力支持抗震救灾和灾后恢复重建工作。

他说，今年以来，在党的十七大精神指引下，我国各项事业取得了新的重大进展。同时，汶川特大地震和年初低温雨雪冰冻灾害，以及国际市场石油、粮食等初级产品价格攀升和美国次贷危机造成的影响，也给我国今年经济工作带来了不少困难。尽管这些不利因素并没有改变我国经济发展的基本面，但我们应当清醒地认识到，要实现全年经济社会发展目标，形势更加严峻、任务更加艰巨。因此，我们必须毫不动摇地坚持发展是硬道理的战略思想，全面贯彻党的十七大精神，深入贯彻落实科学发展观，认真落实6月13日中央召开的省区市和中央部门主要负责同志会议精神，坚持一手抓灾后重建，一手抓经济社会发展，高度重视、及时研究、切实应对经济运行中出现的突出矛盾，用发展和改革的办法解决前进中的问题，着力推进经济发展方式的“三个转变”，防止经济增长由偏快转为过热、防止价格由结构性上涨演变为明显通货膨胀，实现经济社会又好又快发展。继续支持奥运会筹办、组织等各项工作，排除各种干扰，确保把北京奥运会办成一届有特色、高水平的奥运会。切实做好维护社会稳定工作，及时有效化解和处置影响社会稳定的各种问题，确保社会大局稳定。

在谈到常委会自身建设时，吴邦国强调，常委会自身建设，事关人大及其常委会职权的正确行使和作用的充分发挥。本届常委会组成伊始，就高度重视自身建设。3个月来，在总结前几届经验的基础上，从政治建设、能力建设、作风建设和制度建设等方面加强了自身建设。一是坚持正确政治方向，增强走中国特色社会主义政治发展道路的自觉性和坚定性。二是集中开展履职培训，熟悉人大的组织、职权、议事规则和议事程序，掌握人大立法、监督的必备知识，学习补充自己不熟悉的知识。三是切实转变工作作风，充分发挥组成人员实践经验丰富、理论功底扎实等优势，加强调查研究，使人大工作更有针对性、更具活力。四是及时修改工作规则，对前几届制定的委员长会议议事规则等6个工作规则进行了全面梳理，根据新形势、新任务的要求，对其中的4个进行了必要的修改完善，推动常委会工作与时俱进。

全国人大常委会副委员长王兆国、路甬祥、乌云其木格、韩启德、华建敏、陈至立、周铁农、李建国、蒋树声、陈昌智、严隽琪、桑国卫出席会议。国务委员刘延东、最高人民法院院长王胜俊、最高人民检察院检察长曹建明等列席会议。

全国人大常委会关于四川汶川特大地震抗震救灾及灾后恢复重建工作情况报告的决议

（2008年6月26日第十一届全国人民代表大会常务委员会第三次会议通过）

第十一届全国人民代表大会常务委员会第三次会议听取和审议了国务院副总理回良玉代表国务院所作的《关于四川汶川特大地震抗震救灾及灾后恢复重建工作情况的报告》。会议充分肯定并高度评价前一阶段的抗震救灾工作，同意报告提出的关于灾后恢复重建工作的安排。

会议认为，四川汶川特大地震灾害发生后，在党中央、国务院和中央军委坚强领导下，在国务院抗震救灾总指挥部直接指挥下，全党全军全国各族人民万众一心、顽强奋战，各地区各部门紧急行动，人民解放军指战员、武警部队官兵、民兵预备役人员、公安民警勇挑重担，医疗卫生人员、新闻工作者、科技工作者和广大志愿者迅速投身抗震救灾，灾区广大干部群众不屈不挠、奋起自救，全社会奉献爱心、倾力支援，香港同胞、澳门同胞、台湾同胞和海外华侨华人踊跃捐助，开展了规模空前的抗震救灾斗争。国际社会积极支援，为抗震救灾提供了宝贵帮助。经过顽强努力，最大限度地解救了被困群众，受灾群众基本生活初步得到安排，社会秩序保持总体稳定，抗震救灾斗争取得了重大阶段性胜利，显示了党和人民的伟大力量，显示了中国特色社会主义制度的优越性，弘扬了中华民族自强不息、团结奋斗的伟大精神。

会议要求，要全面贯彻落实科学发展观，充分发挥社会主义制度能够集中力量办大事的政治优势，举全国之力，扎扎实实做好地震灾后恢复重建各项工作。要坚持以人为本，继续抓紧救治伤病人员，着力安排好受灾群众生活，全面加强卫生防疫工作，妥善做好遇难者善后工作，严防次生灾害，组织恢复生产，保持灾区社会稳定。要认真做好灾后重建前期工作，统筹规划、科学评估，抓紧制定灾后重建规划和具体实施方案。要发扬“一方有难、八方支援”的精神，实施好对口支援，加快恢复重建。受灾地区要坚持自力更生，艰苦奋斗，在全国人民的大力支持下，重建美好家园。要切实加强抗震救灾资金、物资的监管，确保救灾款物真正用于受灾地区和受灾群众。要及时总结经验，研究制定和修改有关法律、法规，为抗震救灾和应对突发事件提供更加有力的法律保障。要切实做好北京奥运会和残奥会筹办工作，以实际行动支持抗震救灾。要按照中央的决策部署，坚持一手抓抗震救灾工作、一手抓经济社会发展，努力夺取抗震救灾和经济社会发展的全面胜利。

全国人大常委会关于批准2008年中央预算调整方案的决议

（2008年6月26日第十一届全国人民代表大会常务委员会第三次会议通过）

第十一届全国人民代表大会常务委员会第三次会议听取了财政部部长谢旭人代表国务院对《国务院关于提请审议2008年中央预算调整方案（草案）的议案》所作的说明，审查了国务院提出的2008年中央预算调整方案，同意全国人民代表大会财政经济委员会在审查报告中提出的建议。会议决定，批准2008年中央预算调整方案。

全国人大常委会关于批准《中华人民共和国和阿尔及利亚民主人民共和国关于刑事司法协助的条约》的决定

（2008年6月26日第十一届全国人民代表大会常务委员会第三次会议通过）

第十一届全国人民代表大会常务委员会第三次会议决定：批准2006年11月6日由时任外交部部长李肇星代表中华人民共和国在北京签署的《中华人民共和国和阿尔及利亚民主人民共和国关于刑事司法协助的条约》。

全国人大常委会关于批准《中华人民共和国和阿尔及利亚民主人民共和国引渡条约》的决定

（2008年6月26日第十一届全国人民代表大会常务委员会第三次会议通过）

6月27日

中共中央政治局召开会议研究部署北京奥运会筹办最后阶段重点工作

中共中央总书记胡锦涛主持会议。

会议认为，今年以来，在全国各族人民和海内外中华儿女坚定支持下，在国际奥委会和国际社会积极帮助下，北京奥运会组委会同北京市及京外分赛区城市紧密配合，认真贯彻落实中央关于做好北京奥运会、残奥会筹办工作的指示精神，做了大量富有成效的工作，取得了重要阶段性成果。北京奥运会火炬境外接力传递胜利结束，境内传递正有序进行；奥运场馆及基础设施建设基本完成；奥运城市运行和奥运安全保卫、新闻宣传、外事、运动员训练等工作进一步加强；残奥会筹备工作同步进行。当前，北京奥运会筹办形势总的很好，各项筹办工作基本就绪。

会议强调，现在距北京奥运会开幕只有1个多月时间，筹办工作进入最后关键阶段。全党全国要坚持一手抓抗震救灾工作、一手抓经济社会发展，把在抗震救灾斗争中焕发出来的伟大精神转化为办好北京奥运会的实际行动，坚定办好北京奥运会的信心和决心，更加奋发努力、更加深入细致地做好各项筹办工作。要围绕举办一届有特色、高水平奥运会的目标，切实履行我们对国际社会的庄严承诺，以最大热情、尽最大努力把北京奥运会办好，做到让国际社会满意，让各国运动员满意，让人民群众满意。

会议要求，要认真实施北京奥运会、残奥会赛时运行指挥体制，充分发挥统筹协调作用，确保指挥通畅、运转高效，使各方面既分工负责又相互配合。要继续做好北京奥运会火炬境内传递工作，进一步凝聚广大人民群众支援灾区、奉献爱心和迎接奥运、支持奥运的强大力量。要着力做好开幕式、闭幕式筹备工作。要扎实做好北京和京外分赛区城市运行保障工作，实现城市运行与奥运运行紧密衔接，为办好北京奥运会提供坚实基础。要全力加强奥运安全保卫工作，积极开展奥运安保国际合作，努力实现平安奥运目标。要深入开展奥运宣传工作，加大新闻报道力度，营造浓厚社会氛围，按照国际通行规则为境外记者采访北京奥运会提供便利。要抓好训练工作，提高为国争光意识，鼓励我国体育健儿夺取运动成绩和精神文明双丰收。要切实做好残奥会各项筹办工作，实现两个奥运同样精彩的目标。要广泛开展迎奥运、讲文明、树新风活动和丰富多彩的群众性文化体育活动，继续以为祖国争光、为奥运添彩为主题开展当好东道主、热情迎嘉宾活动，深化文明礼仪教育，形成讲文明、重礼仪、团结友善、热情好客的良好风尚，各行各业要以做好本职工作的实际行动迎接北京奥运会，在全社会形成迎接北京奥运会的热烈气氛。

会议还研究了其他事项。

中共中央政治局进行第六次集体学习

中共中央总书记胡锦涛主持。他强调，必须以对中华民族和全人类长远发展高度负责的精神，充分认识应对气候变化的重要性和紧迫性，坚定不移地走可持续发展道路，采取更加有力的政策措施，全面加强应对气候变化能力建设，为我国和全球可持续发展事业进行不懈努力。

中共中央政治局这次集体学习安排的内容是全球气候变化和我国加强应对气候变化能力建设。中国气象局国家气候中心罗勇研究员、清华大学低碳能源实验室何建坤教授进行了讲解，并谈了对我国加强应对气候变化能力建设的意见和建议。

中共中央政治局各位同志认真听取了他们的讲解，并就有关问题进行了讨论。

胡锦涛在主持学习时发表了讲话。他指出，我国正处于全面建设小康社会的关键时期，同时也处于工业化、城镇化加快发展的重要阶段，发展经济和改善民生的任务十分繁重，应对气候变化的任务也十分艰巨。妥善应对气候变化，事关我国经济社会发展全局和人民群众切身利益，事关国家根本利益。

胡锦涛强调，我国是发展中国家，在应对气候变化问题上，我们坚持《联合国气候变化框架公约》及其《京都议定书》确定的共同但有区别的责任原则，主张发达国家应该率先承担减排义务，并向发展中国家提供资金援助和技术转让。同时也主张发展中国家通过促进可持续发展为应对气候变化作出努力。为了更好地应对气候变化，我国政府制订了应对气候变化国家方案，采取了一系列政策措施，相关工作取得了明显成效。党的十七大明确提出了建设生态文明的重大任务，我们必须把建设资源节约型、环境友好型社会放在工业化、现代化发展战略的突出位置，落实到每个单位、每个家庭。

胡锦涛强调，应对气候变化，要深入贯彻落实科学发展观，统筹考虑经济发展和生态建设、国内和国际、当前和长远，全面实施应对气候变化国家方案，把应对气候变化与实施可持续发展战略，加快建设资源节约型、环境友好型社会，建设创新型国家结合起来，以保障经济发展为核心，以节约能源、优化能源结构、加强生态保护和建设为重点，以科技进步为支撑，努力控制和减缓温室气体排放，不断提高适应气候变化能力，不断增强可持续发展能力，促进经济发展与人口资源环境相协调，为改善全球气候作出新贡献。

胡锦涛指出，要重点抓好以下几方面的工作。一是要大力落实控制温室气体排放的措施，坚持实施节约资源和保护环境的基本国策，坚持走中国特色新型工业化道路，加快转变经济发展方式，强化能源节约和高效利用，积极发展循环经济、低碳经济，不断扩大森林覆盖率。二是要大力增强适应气候变化能力，加强农田基本建设，合理开发和优化配置水资源，继续开展生态保护重点工程建设，加强气候变化综合影响评估。三是要大力发挥科技进步和创新的作用，加快减缓和适应气候变化领域重大技术的研发和示范，加强应对气候变化基础研究，加强气候变化领域国际科技合作。四是要大力健全应对气候变化的体制机制，完善应对气候变化的法律、法规，推进能源管理体制和价格改革，完善多灾种的监测预警应急机制、多部门参与的决策协调机制、全社会广泛参与应对气候变化的行动机制，特别是要提高应对极端气象灾害的综合监测预警能力、抵御能力、减灾能力。五是要大力提高全社会参与的意识和能力，营造全民应对气候变化的良好环境。

胡锦涛强调，各级党委和政府要把应对气候变化作为贯彻落实科学发展观、实现可持续发展的重要内容，纳入经济社会发展规划，制定符合本地区本部门实际的措施，增强应对气候变化工作的组织和实施能力。实现“十一五”规划确定的节能减排约束性目标，任务繁重，时间紧迫，各级党委和政府务必加大力度、迎难而上、加快推进，把节能减排放在更加突出的位置来抓，认真实施节能减排统计体系、监测体系、考核体系，突出抓好重点行业和重点领域，深入开展节能减排全民行动，坚决打好节能减排攻坚战。

国家副主席习近平到四川考察调研

6月27日至29日，习近平和同行的中共中央政治局委员、中央书记处书记、中央组织部部长李源潮，在四川省省委书记刘奇葆、省长蒋巨峰等陪同下，深入游仙、平武、北川、江油、都江堰、汶川等灾区，看望慰问受灾群众、基层党员干部、各方面救灾人员和组工干部，调研党建工作。

习近平主持召开座谈会，听取抗震救灾工作汇报，同四川的党政负责同志和随行的中央有关部门负责同志一起，深入研究贯彻省区市和中央部门主要负责同志会议精神，统筹抓好抗震救灾、恢复重建和经济社会发展的问题。他指出，越是在特殊环境和关键时刻，各级党委和政府越是要认真贯彻落实科学发展观，继续坚持“两手抓”，一手坚持不懈地抓抗震救灾，做好灾区生产自救和恢复重建，一手坚定不移地抓经济社会发展，促进经济平稳较快发展和社会和谐稳定。习近平指出，四川是奥运火炬在进入北京之前进行传递的最后一个省份，要按照安全、准时、顺利的要求精心组织，使火炬传递与抗震救灾和恢复重建更好地结合起来，既把奥运会和抗震救灾斗争共同体现的人类互助互爱和自强不息精神传递给灾区人民，又把这种精神通过火炬传递带进北京，传播在整个北京奥运会上。

考察期间，习近平还会见了受中央组织部表彰的四川省先进基层党组织和优秀共产党员代表。

中央纪委书记贺国强在马瑙斯会见巴西亚马孙州代州长贝拉米诺·林斯

中共中央政治局常委李长春在北京出席“抗震救灾英雄少年”颁奖晚会

中央文明办教育部团中央全国妇联下发决定表彰“抗震救灾英雄少年”和“抗震救灾优秀少年”

决定指出，在“5·12”四川汶川特大地震灾害中，涌现出一大批沉着镇定、临危不惧、坚强勇敢、勇于救人的少年儿童。他们不顾自身安危，奋力抢救老师和同学，有的甚至献出了宝贵生命。他们在灾难面前所表现出的非凡勇气、顽强意志和可贵的爱心，体现了当代未成年人的优秀品质，感动了全国人民。

决定强调，为了大力表彰灾区少年儿童在抗震救灾中所表现出的英雄行为和高尚品质，用他们的感人事迹激励广大未成年人奋发向上、健康成长，中央文明办、教育部、共青团中央、全国妇联组织开展了“抗震救灾英雄少年”评选表彰活动。经群众推荐、审核上报、发布事迹、公众投票和综合评定等程序，林浩等20名同学荣获“抗震救灾英雄少年”，马小凤等30名同学荣获“抗震救灾优秀少年”。希望受到表彰的少年儿童，在今后的学习生活中珍惜荣誉、戒骄戒躁，自强不息、积极进取，加倍努力学习，不断增长本领，成长为德智体美全面发展的中国特色社会主义事业接班人。要在全社会广泛宣传“抗震救灾英雄少年”、“抗震救灾优秀少年”的先进事迹，形成学习先进、崇尚先进的浓厚氛围。要积极开展向“抗震救灾英雄少年”、“抗震救灾优秀少年”学习活动，把他们的先进事迹作为生动的思想品德教材，加强社会主义核心价值体系宣传教育，推动未成年人思想道德建设深入发展。

“抗震救灾英雄少年”名单

马　健　四川省阿坝藏族羌族自治州汶川县映秀

镇漩口中学初三年级学生

王　波　四川省德阳市绵竹市东汽中学高一年级学生

王　亮(羌族)　四川省绵阳市北川中学高二年级学生

王　博　陕西省宝鸡市陈仓区拓石镇中心小学四年级学生

王　樊　重庆市梁平县文化镇中心小学六年级学生

王　磊　甘肃省陇南市武都区桔柑学校四年级学生

王佳明(羌族)　四川省绵阳市北川中学高三年级学生

申　龙(羌族)　四川省绵阳市北川中学高三年级学生

杨　琳(女)　四川省成都市都江堰市聚源中学初二年级学生

杨松尚(羌族)　四川省阿坝藏族羌族自治州汶川县映秀镇漩口中学高二年级学生

何翠青(女)　四川省广元市青川县木鱼中学初一年级学生

宋　雪(女)　生前系四川省德阳市绵竹市土门小学五年级学生

张春玲(女)　四川省绵阳市平武县石坎小学六年级学生

陈　浩　四川省成都市温江区玉石乡实验学校六年级学生

邹雯樱(女,藏族)　生前系四川省阿坝藏族羌族自治州汶川县映秀小学五年级学生

林　浩　四川省阿坝藏族羌族自治州汶川县映秀镇渔子溪小学二年级学生

郑小鹏　四川省德阳市什邡市红白中学初一年级学生

贾　龙　四川省成都市都江堰市向峨中学初三年级学生

童世强　甘肃省陇南市礼县祁山乡中王小学六年级学生

雷楚年　四川省成都市彭州市磁峰中学初三年级学生

“抗震救灾优秀少年”名单：

马小凤(女)　四川省德阳市绵竹市东汽中学高二年级学生

王　彬(女)　重庆市梁平县文化镇中心小学二年级学生

邓清清(女)　四川省德阳市什邡市蓥华镇中学初一年级学生

刘　刚(羌族)　四川省绵阳市北川中学高二年级学生

刘　潮　陕西省汉中市略阳县高台小学五年级学生

曲柄年　甘肃省陇南市文县碧口二中九年级学生

许中政　四川省成都市都江堰市新建小学三年级学生

阳玉洁(女)　四川省成都市彭州市白鹿中心学校六年级学生

李　阳(羌族)　四川省绵阳市北川中学高一年级学生

李剑波(羌族)　四川省绵阳市北川羌族自治县民族中学初三年级学生

何亚军(女,羌族)　四川省绵阳市北川羌族自治县曲山小学五年级学生

余友富　四川省阿坝藏族羌族自治州汶川县漩口中学高二年级学生

张　博(回族)　四川省阿坝藏族羌族自治州理县中学高三年级学生

张　强　四川省德阳市什邡市蓥华镇中学初三年级学生

张　强　陕西省汉中市宁强县巨亭乡中心小学五年级学生

张兴成(羌族)　四川省阿坝藏族羌族自治州茂县凤仪小学六年级学生

张庚杰　四川省广元市剑阁县下寺小学二年级学生

欧阳宇航　四川省成都市彭州中学高三年级学生

赵　彬　四川省绵阳市安县茶坪初级中学初三年级学生

莘长林　四川省巴中市通江县永安坝村小学二年级学生

卿静文(女)　四川省德阳市绵竹市东汽中学高一年级学生

高志军(羌族)　四川省绵阳市平武县平通中学初三年级学生

黄　霖　四川省绵阳市安县桑枣镇千柏村小学六年级学生

康　洁(女)　四川省阿坝藏族羌族自治州汶川县映秀小学六年级学生

梁　强　四川省成都市都江堰中学高一年级学生

韩加育　四川省广元市青川职业高级中学高二年级学生

韩贵霞(女)　甘肃省甘南藏族自治州舟曲县东山乡石家山小学六年级学生

甯加驰　四川省成都市都江堰市聚源中学初三年级学生

熊琬呈(羌族)　四川省绵阳市北川羌族自治县禹里小学六年级学生

薛　枭　四川省德阳市绵竹市东汽中学高二年级学生

6月28日

国家副主席习近平在都江堰市会见由香港特区行政长官曾荫权澳门特区行政长官何厚铧率领的四川灾区考察团

习近平高度评价了香港、澳门特别行政区政府和社会各界为抗震救灾作出的积极贡献,并代表中央政府向香港、澳门特别行政区政府和社会各界表示衷心的感谢。他说,四川汶川大地震发生后,香港、澳门特别行政区政府和社会各界心系灾区、踊跃捐助、倾力支援,特区政府还派出了包括专业搜救队、医疗救护队和防疫专家在内的多批救援队伍奔赴灾区参加救援。这些都充分体现了我们国家"一方有难、八方支援"的优良传统和中华民族血浓于水的手足深情。

习近平向考察团介绍了抗震救灾的最新进展,对香港、澳门两个特别行政区参与灾后重建工作给予充分肯定。他表示,有中央的坚强领导,有灾区人民的自力更生、艰苦奋斗,有包括港澳同胞在内的全国人民的大力支持,我们一定能够重建美好家园。

全国政协副主席、国务院港澳事务办公室主任廖晖,四川省委书记刘奇葆、省长蒋巨峰等参加了会见。

财政部 证监会 国家审计署 银监会 保监会联合发布《企业内部控制基本规范》

北京2008年奥运会主体育场"鸟巢"举行落成典礼

6月29日

国务院总理温家宝致函祝贺非盟首脑会议在埃及召开

国务院发布《关于支持汶川地震灾后恢复重建政策措施的意见》

各省、自治区、直辖市人民政府,国务院各部委、各直属机构:

汶川特大地震给四川、甘肃、陕西等地人民生命财产和经济社会发展造成重大损失。为支持和帮助受灾地区积极开展生产自救,重建家园,鼓励和引导社会各方面力量参与灾后恢复重建工作,使地震灾区早日恢复正常的生产生活秩序,现就支持汶川地震灾后恢复重建有关政策措施提出以下意见:

一、指导思想和基本原则

(一)指导思想。

以邓小平理论和"三个代表"重要思想为指导,深入贯彻落实科学发展观,坚持以人为本,充分发挥社会主义制度集中力量办大事的政治优势,举全国之力支持地震灾后恢复重建,统筹规划、精心组织,明确政策、加强保障,突出重点、分类指导,努力争取灾后恢复重建的最大效益和最好效果,让灾区人民满意,让全国人民满意。

(二)基本原则。

1.全面支持,突出重点。政策措施支持范围覆盖灾后恢复生产和重建的各方面,同时重点支持城乡居民倒塌毁损住房、公共服务设施和基础设施等恢复重建。

2.统筹协调,形成合力。综合运用财政、税收、金融、产业、就业等各类政策,统筹协调中央和地方各项财政投入、对口支援、国内银行贷款等资金,引导使用好各类捐赠资金,使政策安排、资金投入及重建规划相互衔接,有机配合,形成合力。

3.因地制宜,分类指导。根据受灾程度、恢复重建对象的不同,实行分类支持。对受灾严重地区给予重点支持;对公共服务设施和公益性基础设施恢复重建,以政府投入为主,社会捐赠等其他投入为辅;对工商等企业恢复生产和重建,运用市场机制,以企业生产自救为主,国家给予财税等政策支持,带动银行信贷资金投入。

4.立足自救,各方帮扶。贯彻"一方有难、八方支援,自力更生、艰苦奋斗"的方针,把国家支持、社会援助和生产自救结合起来,调动和发挥受灾地区干部群众等各方面的积极性,立足自力更生,加快恢复重建。

5.加大力度,简便易行。根据受灾地区损失严重、恢复重建任务艰巨等特殊情况,依法加大政策措施支持的力度和针对性,同时做到科学简明,便于操作,容易执行。

二、政策措施的主要内容

(一)中央财政建立地震灾后恢复重建基金。

为支持受灾地区恢复重建,统筹和引导各类资金,中央财政建立地震灾后恢复重建基金。所需资金以中央一般预算收入安排为主,中央国有资本经营预算收入、车购税专项收入、中央彩票公益金、中央分成的新增建设用地有偿使用费用于灾后重建的资金也列入基金。2008年中央财政安排灾后恢复重建基金700亿元,明、后两年继续做相应安排。同时调整经常性预算安排的有关专项资金使用结构,向受灾地区倾斜。

在加大中央财政投入的同时,要统筹使用好受灾地区财政投入、对口支援、国内银行贷款以及国际组织贷款等资金,引导各类捐赠资金合理配置、规范使用,提高资金使用效益。受灾地区主要是四川省财政比照中央财政做法,相应建立地震灾后恢复重建基金。

(二)财政支出政策。

中央财政地震灾后恢复重建基金支出,按照"统筹安排、突出重点、分类指导、包干使用"的原则,采取对居民个人补助、项目投资补助、企业资本金注入、贷款贴息等方式,对城乡居民倒塌毁损住房、公共服务设施、基础设施恢复重建以及工农业恢复生产和重建等给予支持。

1. 倒塌毁损民房恢复重建。对房屋倒塌或严重损坏、无房可住的农户住房建设,中央财政原则上按平均每户1万元的标准给予补助;对其他损房的农户给予适当补助。

对房屋倒塌或严重损坏的城镇居民和其他城镇无房可住居民(包括中央在受灾地区的机关、企事业单位职工)住房建设,中央财政采取对项目投资补助、居民个人补助等方式给予支持。受灾地区根据实际情况,可组织建设安居房出售或出租给符合条件的家庭;由政府投资建设适量廉租住房按照低租金出租给符合条件的家庭;对居民购买各类住房(包括安居房)或其他方式自行解决住房的,每户按一定标准给予补助。对城镇居民住房经鉴定需除险加固的,给予适当补助。

2. 公共服务设施恢复重建。对教育、卫生、基层政权等公共服务设施,恢复重建资金原则上由中央和受灾地区财政按比例负担,其中中央垂直管理部门(含直属事业单位)由中央财政负担。同时,对口支援和社会捐赠资金要优先用于教育、卫生等公共服务设施建设。

3. 工商企业恢复生产和重建。中央财政对国资委管理的中央国有重点骨干企业恢复生产和重建,采取按因灾毁损恢复重建投资的一定比例注入资本金或贷款贴息方式给予支持。其中,注入资本金资金从中央国有资本经营预算收入中安排。

中央财政对中央军工企事业单位恢复生产和重建,通过项目投资补助或贷款贴息给予支持。

对地方工商、旅游等企业恢复生产和重建,除中央财政对受灾严重地区的重点行业给予贷款贴息支持外,原则上由地方负责统筹考虑资金支持办法。鼓励地方政府通过财政注资等方式,支持受灾严重地区地方法人金融机构恢复重建。

4. 农业、林业恢复生产和重建。中央财政对种子、种苗、种畜等农业生产资料、土地整理以及受损农田水利设施、规模化种养殖棚舍池、良种繁育设施、农林推广和服务基础设施、森林防火设施、受损林木和农林业病疫情控制等,采取项目投资补助、贷款贴息等方式给予适当支持。中央财政增加扶贫贷款贴息资金。

5. 基础设施恢复重建。中央财政重点对破坏严重需整体重建或搬迁的非经营性城镇市政设施给予项目投资补助;对经营性或有收费(收入)来源的城镇市政设施恢复重建给予贷款贴息。

中央财政对交通基础设施恢复重建采取项目投资补助、贷款贴息等方式给予支持。其中公路包括受损国道、省道及桥梁、涵洞、县乡公路,所需资金以车购税专项收入调剂安排为主,中央一般预算收入适当安排为辅。

中央财政对受损水库结合病险水库除险加固工程给予投资补助;对受灾严重地区的其他水利设施给予适当支持。

6. 其他恢复重建。中央财政对震后地质灾害治理、环保监测设施等给予项目投资补助。

(三)税收政策。

促进企业尽快恢复生产:

1. 自2008年7月1日起,对受灾严重地区实行增值税扩大抵扣范围政策,允许企业新购进机器设备所含的增值税进项税额予以抵扣。国家限制发展的特定行业除外。

2. 对受灾严重地区损失严重的企业,免征2008年度企业所得税;对受灾地区企业取得的救灾款项以及与抗震救灾有关的减免税收入,免征企业所得税。

3. 对受灾地区企业、单位或支援受灾地区重建的企业、单位进口国内不能满足供应并直接用于灾后重建的大宗物资、设备等,在三年内给予进口税收优惠。

减轻个人税收负担:

对受灾地区个人取得的各级政府发放的救灾款项、接受捐赠的款项;对抗震救灾一线人员,按照地方各级政府及其部门规定标准取得的与抗震救灾有关的补贴收入,免征个人所得税。

支持受灾地区基础设施、房屋建筑物等恢复重建:

1. 由政府为受灾居民组织建设的安居房免征城镇土地使用税,转让时免征土地增值税。

2. 对地震中住房倒塌的农民重建住房的,在规定标准内的部分免征耕地占用税。

3. 由政府组织建设的安居房,所签订的建筑安装、销售、租赁合同,免征印花税。

4. 对在地震中损毁的应缴而未缴契税的居民住房,不再征收契税;对受灾居民购买安居房,按法定税率减半征收契税。

5. 经省级人民政府批准,在2008年年底前免征损毁房产、土地的房产税、城市房地产税和城镇土地使用税。

鼓励社会各界支持抗震救灾和灾后恢复重建:

1. 对单位和个体经营者将自产、委托加工或购买的货物通过公益性社会团体、县级以上人民政府及其部门无偿捐赠给受灾地区的,免征增值税、城市维护建设税及教育费附加。

2. 对企业、个人通过公益性社会团体、县级以上人民政府及其部门向受灾地区的捐赠，允许在当年企业所得税前和当年个人所得税前全额扣除。

3. 财产所有人将财产(物品)捐赠给受灾地区所书立的产权转移书据免征应缴纳的印花税。

4. 对专项用于抗震救灾和灾后恢复重建、能够提供抗震救灾证明的新购特种车辆，免征车辆购置税。

促进就业：

1. 受灾严重地区的企业在新增加的就业岗位中，招用当地因地震灾害失去工作的城镇职工，经县级劳动保障部门认定，按实际招用人数予以定额依次扣减营业税、城市维护建设税、教育费附加和企业所得税。

定额标准为每人每年 4000 元，可上下浮动 20%，由灾区省级人民政府根据本地实际情况具体确定。

2. 受灾严重地区因地震灾害失去工作的城镇职工从事个体经营的，按每户每年 8000 元的限额扣减其当年实际应缴纳的营业税、城市维护建设税、教育费附加和个人所得税。

以上优惠政策中，除增值税扩大抵扣范围政策外，凡未注明优惠期限的，一律执行至 2008 年年底止。确需延长期限的，由国务院另行决定。

(四)政府性基金和行政事业性收费政策。

为了减轻受灾严重地区的企业、单位和个人基金、收费负担，三年内对受灾严重地区减免部分政府性基金和行政事业性收费。

1. 减免部分政府性基金。对受灾严重地区内的用电企业、单位和个人，免收三峡工程建设基金、大中型水库移民后期扶持基金；对企业和有关经营者免收属于中央收入的文化事业建设费、国家电影事业发展专项资金、水路客货运附加费。

四川、甘肃、陕西省根据本地实际情况，对受灾严重地区酌情减免属于地方收入的政府性基金。

2. 减免部分行政事业性收费。对受灾严重地区内的建筑企业，全部免收属于中央收入的工程定额测定费、建设工程质量监督费、占用农业灌溉水源及设施补偿费、水利建设工程质量监督费、铁路工程质量监督费；对矿产资源开采企业，全部免收属于中央收入的矿产资源补偿费、探矿权采矿权使用费、石油(天然气)勘查开采登记费、采矿登记费、矿产资源勘查登记费；对银行、信用社、邮政储蓄机构(包括注册地在受灾地区的法人机构及在受灾地区的分支机构)，全部免收银行业机构监管费和业务监管费；对保险公司、保险中介机构(包括注册地在受灾地区的法人机构及在受灾地区的分支机构)，全部免收保险业务监管费；对证券、基金、期货公司(包括注册地在受灾地区的法人机构及在受灾地区的分支机构)，全部免收证券市场监管费；对电力企业全部免收电力监管费。

四川、甘肃、陕西省根据本地实际情况，对受灾严重地区酌情减免由中央级批准属于地方收入的行政事业性收费，以及本省出台的行政事业性收费。

(五)金融政策。

支持金融机构尽快全面恢复金融服务功能：

1. 支持金融机构基层网点恢复重建。加快修复和合理布设金融基层网点，加强和改进对受灾居民集中安置点的金融服务。对受灾损失严重的全国性金融机构由其总行(部)提供对口援助，对受灾损失严重的地方法人金融机构，鼓励有实力、经营稳健的金融机构按照市场化原则对其兼并重组。鼓励金融机构在有效控制风险的前提下到受灾地区设立分支机构。

2. 保障支付清算、国库、现金发行、证券期货交易和邮政汇兑系统的安全运营，为受灾地区资金汇划提供便捷、高效的金融服务。

3. 支持适当减免金融业收费。支持适当减免受灾严重地区金融机构缴纳的交易场所会费、投资者保护基金、保险保障基金等收费。鼓励受灾地区金融机构适当减免客户账户查询、挂失和补办、转账，证券持有人的证券账户卡挂失与补办、证券查询、证券继承等收费。

鼓励银行业金融机构加大对受灾地区信贷投放：

1. 对受灾地区实施倾斜和优惠的信贷政策。在坚持总量从紧宏观政策的同时，对受灾地区信贷投放实行区别对待、有保有压。全国性银行业金融机构要加大系统内调剂力度，将信贷资源向受灾地区倾斜。受灾地区地方性法人银行业金融机构可在满足资本充足率等要求的前提下充分运用资金，支持当地恢复重建合理的信贷需求。允许银行业金融机构开展并购贷款业务，在受灾地区没有营业网点的银行业金融机构可以开展跨地区贷款业务，支持受灾地区恢复重建。对灾前已经发放、灾后不能按期偿还的各项贷款延长还款期限六个月，在 2008 年年底前不催收催缴、不罚息，不作为不良记录，不影响其继续获得受灾地区其他信贷支持。

2. 加大对受灾地区重点基础设施、重点企业、支柱产业、中小企业和因灾失业人员的信贷支持力度。对受灾地区吸纳就业强、产品有前景、守信用的中小企业加大支持力度。对因灾失业人员和吸纳受灾群众就业达到一定比例的劳动密集型中小企业，参照下岗失业人员小额担保贷款政策执行。

3. 加大对受灾地区“三农”发展的信贷支持力度。积极发展适合受灾地区特点的村镇银行、农村资金互助社、贷款公司和小额贷款公司等新型农村金融机构。采取专项票据兑付等方式增强农村信用社信贷投放能力。拓宽农村贷款抵押担保范围,鼓励发展农村小额信贷。鼓励各金融机构大力发放面向受灾地区农户的小额信用贷款和农户联保贷款,对农村种养大户、特色种养业予以重点扶持。增加对受灾地区扶贫贴息贷款,支持农村受灾群众恢复生产。

4. 对受灾地区实行住房信贷优惠政策。各商业银行对政府组织的住宅恢复重建项目优先给予贷款支持。对国家确定的重灾区的普通商品住宅和经济适用住房开发建设项目,鼓励银行业金融机构在贷款条件方面给予优惠。鼓励商业银行发放农民自建住房贷款,用于重建和修复因灾损毁住房。对受灾地区居民购置自住房的贷款利率下限由人民银行规定的现行水平统一下调为贷款基准利率的0.6倍,最低首付款比例下调为10%;具体利率水平和首付款比例由商业银行根据风险管理原则自主确定。个人住房公积金贷款利率各档次均优惠1个百分点。

支持受灾地区金融机构增强贷款能力:

1. 加大对受灾地区的再贷款(再贴现)支持力度。2008年增加受灾地区200亿元再贷款(再贴现)额度,今后根据实际需要可再适当增加支农再贷款额度,并相应拓宽其使用范围,再贷款利率在现行优惠支农再贷款利率水平上再降1个百分点。

2. 继续对受灾地区地方法人金融机构执行倾斜的存款准备金政策;允许受灾地区金融机构提前支取特种存款,增加信贷资金来源。

发挥资本、保险市场功能支持灾后恢复重建:

1. 支持受灾机构通过债券市场募集灾后重建资金。支持符合条件的地方法人金融机构通过发行各类债券用于补充资本金和灾后重建信贷资金来源。鼓励符合条件的企业集团财务公司、非金融企业等通过债券市场发行企业债券、公司债券、短期融资券等债务融资工具。鼓励融资创新,支持有稳定收益的交通、水务等基础设施项目发行资产证券化产品。鼓励开展针对受灾地区重建发展的直接投资和集合理财、专项理财业务。

2. 支持受灾地区企业通过股票市场融资。在符合法定条件下,优先安排受灾地区企业申请首次公开发行股票和上市公司再融资,优先审核拟将募集资金投向受灾地区和生产受灾地区重建、安置急需物资的公司的融资申请。支持受灾地区上市公司并购重组、资产注入和整体上市。支持证券交易所适当减免受灾地区上市公司的上市年费等费用。加强对受灾地区企业的上市培育服务,推动符合条件的企业上市。

3. 积极引导保险机构参与灾后恢复重建。积极引导和协调保险机构,将保险资金优先投资受灾地区关系国计民生的重大项目,支持受灾地区基础设施恢复重建。发挥保险产品的功能作用,提供受灾地区所需的各类保险,给予费率优惠。大力发展针对受灾地区的保险产品。

4. 鼓励和引导各类基金支持灾后恢复重建。

加强受灾地区信用环境建设:

1. 保护受灾地区客户合法权益。加快整理核实受灾地区金融机构客户基本信息。对暂时无主客户的债权,另账保存。依法确认和保护遇难者账户资金、金融资产所有权和继承权。为遇难者亲属妥善办理周到、便利、快捷的各项金融服务。原则上按合同进行地震保险赔付。加快保险理赔进度,提高理赔效率。

2. 对于符合现行核销规定的贷款,按照相关政策和程序及时核销。积极鼓励和支持金融机构对因灾形成的不良债务实施有效重组,促使企业和个人恢复生产和偿债能力。金融业按照市场化、法制化、可持续的原则支持灾后重建,防止金融风险和道德风险。

3. 推进受灾地区信用体系建设。加强受灾地区金融运行监测,保持受灾地区金融秩序和金融安全。加强受灾地区信贷统计、征信和金融知识普及宣传工作。

(六)产业扶持政策。

1. 恢复特色优势产业生产能力。大力支持符合国家产业政策、当地资源环境条件、灾后恢复重建规划的特色优势产业发展。重点恢复重建农牧业、农副产品加工业、大型发电设备基地、高新技术、环保建材等产业以及化肥、农药、饲料等农业生产资料生产。把旅游业作为先导产业,加快重点旅游景区、景点的恢复重建。

2. 调整产业结构。产业恢复重建要高起点、高标准、高水平,发展循环经济,加强节能减排,提高技术水平。坚决淘汰高耗能、高污染企业以及不符合国家产业政策和不具备安全生产条件的落后产能,关闭重要水源保护区内的污染严重企业。中央财政对地方淘汰"两高一资"落后产能给予适当奖励。

3. 优化产业布局。对不适宜原地重建的企业要异地迁建。在成都、德阳、绵阳、广元等地将企业相对集中,形成资源集约利用、土地节约使用、环境综合治理、功能有效发挥的产业集中区。

4. 改善产业发展环境。在恢复重建期内,按灾后恢复重建规划要求适度调整煤炭新建项目规模限制。实行直购电试点。

(七)土地和矿产资源政策。

1. 免收新增建设用地土地有偿使用费和土地出让收入。对受灾地区为安置受灾居民新建各类安置住房以及非地震受灾地区为安置受灾居民新建各类安置住房;受灾地区的行政机关、学校等事业单位、各类企业、人民团体、社会团体等单位因地震造成房屋倒塌、毁损，需要在原地区进行重建或迁至异地重建的，免收新增建设用地土地有偿使用费和土地出让收入。

2. 划拨土地。对利用政府投资、社会捐助以及自筹资金为受灾居民建设非商品住宅用地；采取BOT、TOT等方式建设的经营性基础设施、公益性设施用地；规划易地重建村庄确需用地；按规划需要整体搬迁并收回其原有土地的工商企业用地，实行划拨土地。

3. 降低地价。对投资规模大、促进经济发展作用明显的新建工业或大型商业设施等项目用地，可根据实际情况降低地价。

4. 增加矿产资源补偿费等留成。为支持受灾严重地区的矿山企业恢复生产和发展，三年内将四川、甘肃、陕西三省的矿产资源补偿费、探矿权采矿权使用费、矿业权价款收入等中央分成部分全额留给地方。

(八)就业援助和社会保险政策。

加大就业援助：

除前面所列鼓励就业的税收和金融政策外，加大对受灾地区的就业援助力度。

1. 将省级人民政府确定的因地震灾害出现的就业困难人员按规定及时纳入就业援助的对象范围，优先保证受灾地区零就业家庭至少有一人就业。

2. 将本地就业困难人员正在参与的抗震救灾相关工作，按规定纳入现有和新开发的公益性岗位认定范围，时限为三个月。对从事公益性岗位工作的就业困难人员，按规定提供岗位补贴和社会保险补贴。

3. 对受灾地区企业在重建中吸收就业困难人员的，按规定给予相应的社会保险补贴。

4. 对从事灵活就业的就业困难人员，按规定享受社会保险补贴。

5. 对因灾中断营业后重新开业的个体工商户，按规定给予小额担保贷款扶持。

6. 省级人民政府在确保失业保险基金按时足额发放的前提下，对受灾地区企业采取适当降低失业保险费率等措施。

7. 按规定对受灾地区从事个体经营的有关人员实行三年内免收管理类、登记类和证照类等有关行政事业性收费。

8. 受灾地区企业恢复生产、公路、农田水利等基础设施以及对口支援项目建设，要优先吸纳当地受灾群众。组织引导好受灾群众参加以工代赈和生产自救活动。

9. 对受灾地区实行就业援助所需相关资金，按规定从就业专项资金中列支，中央财政通过专项转移支付给予适当支持。

保障工伤保险待遇支付：

1. 为解决四川受灾地区工伤保险基金收不抵支问题，对参加工伤保险的职工伤亡的，在核实伤亡人数、伤残等级及具体待遇标准的基础上，按规定支付相关待遇，所需资金在地方尽快实行市级或省级统筹、动用历年结余、加大基金调剂力度解决的基础上，仍有不足的，可动用部分全国社会保障基金。

2. 对未参加工伤保险伤亡职工的待遇支付，由职工所在企业(单位)负责解决，企业(单位)无力支付或不存在，并符合救助条件的，可通过相关的社会捐助、社会救助制度予以帮助。

保障养老保险待遇支付：

对因灾困难企业距法定退休年龄不足5年的职工，可按《国有企业富余职工安置规定》(国务院令第111号)有关规定办理内部退养，达到退休年龄后，享受相应的养老保险待遇；对受灾较重、暂停生产的企业，允许缓缴社会保险费；对因灾关闭破产企业欠缴的养老保险费，应按国家有关规定使用破产财产清偿，不足部分应按规定报批后予以核销。

保障受灾困难人员基本生活：

对受灾地区符合《失业保险条例》(国务院令第258号)规定的失业人员，按时足额发放失业保险金；符合享受城市居民最低生活保障条件的人员，按规定纳入城市低保范围，享受城市低保待遇；符合享受临时生活救助条件的人员，按规定实施临时生活救助。

(九)粮食政策。

1. 稳定受灾地区粮食市场。适时充实受灾地区中央和地方粮食储备，增加受灾地区市场供应。对已安排出库的抗震救灾中央储备粮，新粮上市后要及时补库。做好市场应急调控预案，运用中央和地方粮食储备吞吐，确保当地市场稳定。中央财政对抛售的中央储备粮统负盈亏。

2. 支持受灾地区受损粮库维修重建。中央财政对四川省专门安排应急维修资金，用于抢修该省地震灾区受损粮库。受灾地区确需恢复重建的粮食仓房，纳入灾后重建规划统筹考虑。

3. 促进受灾地区种粮农民增收。粮食直补、农资综合直补等资金适当向受灾地区倾斜，促进受灾地区粮食增产和农民增收。

上述九个方面的政策属于新制定或扩大了原有政策执行范围。凡现行法律、法规及政策中适用于抗震救灾和灾后恢复重建的各项优惠政策措施，受灾地区均继续执行。

三、工作要求

(一)统一思想，加强领导。各地区、各部门要切实把思想和行动统一到党中央、国务院各项决策部署上来，进一步增强政治意识、大局意识、责任意识，加强领导、周密部署，把大力支持抗震救灾和灾后恢复重建工作作为当前的一项重要任务，切实抓紧抓好。

（二）明确责任，密切配合。各地区、各部门要各负其责，加强协调配合。国务院有关部门要尽快落实好相关政策措施，并加强指导和监督检查。受灾地区省级人民政府要立即全面部署本地支持地震灾后恢复重建工作，明确相关部门的责任、分工和工作要求。承担对口支援任务的省市人民政府要抓紧做好对口支援各项工作。

（三）细化政策，完善办法。国务院有关部门要尽快制定有关政策措施的具体实施办法，明确政策措施适用范围和执行期限，并根据灾后恢复重建进展情况和实际需要，及时调整和完善各项政策措施。受灾地区省级人民政府要结合本地区实际制定贯彻实施具体操作办法，便于各项政策措施执行。

中华人民共和国国务院

2008年6月29日

国务院副总理李克强到河北考察能源生产和市场供应情况

李克强近日来到河北省廊坊、沧州两市，考察能源生产供应和保障民生各项措施落实情况。他强调，坚持用发展和改革的办法解决前进中的问题，进一步做好煤电油气运保障工作，促进经济平稳较快发展；落实好能源价格调整补贴措施，保障人民群众基本生活。

李克强在河北省省委书记张云川、代省长胡春华的陪同下，李克强来到华北油田、华北石化公司、固安县和霸州市加油站、固安县高速公路收费站和农村客运站、任丘市商品超市，并深入农户和城镇低保户、出租车司机家庭，与职工群众和基层干部亲切交谈，深入进行调查研究。

考察中，李克强说，能源是经济社会发展的重要基础，也是人民生活的必要保障。当前形势下，促进经济平稳较快发展，必须抓住煤电油气运等关键环节，切实增加有效供给，保证经济正常运行和城乡居民基本生产生活需要。他强调，解决前进中的矛盾和困难，要坚持用发展和改革的办法，要推进科学发展，注重保障民生。增加能源生产、稳定市场供应，要梳理能源价格关系，完善价格形成机制，同时充分考虑各方面承受能力，维护人民群众切身利益。

外交部部长杨洁篪在钓鱼台国宾馆与美国国务卿赖斯举行会谈

2008世界草地与草原大会在呼和浩特召开

为期一周的2008世界草地与草原大会在内蒙古自治区呼和浩特市开幕。这是国际两大全球性草业学术组织——国际草地大会和国际草原大会首次联合召开大会，也是中国首次举办世界草业界的盛会。

全国人大常务委员会副委员长韩启德、全国政协副主席阿不来提·阿不都热西提出席大会。

6月30日

国家主席胡锦涛在人民大会堂会见美国国务卿赖斯

胡锦涛表示，当前，中美关系正处在承前启后的重要阶段，进一步巩固和发展中美关系，符合两国和两国人民的根本利益，对亚太地区乃至世界的和平、稳定与发展也将产生重要而深远的影响。无论国际形势和美国国内形势发生什么变化，我们发展中美建设性合作关系的方针都不会改变。我们愿同美方一道，在相互尊重、平等互利、共同发展的基础上，加强对话和交流，增进理解和互信，扩大共识和合作，推动中美关系持续健康稳定向前发展，以更好地造福两国人民和世界人民。

赖斯表示，美中两国领导人之间保持着良好的交往，这对促进美中关系的发展发挥了重要的作用。当前美中关系保持着积极的势头。布什总统期待着与胡锦涛主席在即将举行的八国集团与有关国家领导人对话会期间进行会晤，就两国关系及其他重大国际和地区问题交换意见。美方将在布什总统任期内继续推动美中关系向前发展，并愿在推动六方会谈进程等问题上同中方加强合作。美方祝愿北京奥运会筹备工作取得成功。

胡锦涛重申了在台湾问题上的立场。赖斯强调，美方坚持一个中国政策。

国务院总理温家宝在中南海紫光阁会见美国国务卿赖斯

温家宝表示，近年来中美加强各级别交往与磋商，增进了相互理解和共识，在经贸、反恐、能源、环保等领域的合作富有成果，两国关系取得重要进展。巩固和深化中美建设性合作关系，是双方的共同责任，也是时代的要求。我们愿同美方一道，坚持对话协商，照顾彼此关切，更好地实现互利共赢。

赖斯说，中国政府和人民的抗震救灾工作非常了不起，给我留下了深刻印象。美方愿继续为灾区重建提供支持和帮助。赖斯说，过去7年多来，美中关系取得了重要进展，双方领导人保持了密切沟通，建立了战略经济对话、战略对话等机制，在朝核、伊核等重大国际地区问题上进行了良好的合作。美中关系对世界至关重要，布什政府将继续致力于推进美中关系，并帮助下一届美国政府充分了解保持美中关系稳定发展的重要性。

温家宝指出，当前世界经济出现诸多不稳定因素，对发展中国家和发达国家都构成巨大挑战。中国正采取措施，克服各种困难，确保经济平稳较快发展。希望美国尽快度过次贷危机，稳定美元汇率，这对全世界具有重要意义。

温家宝积极评价第四次中美战略经济对话取得的成果，希望对话能够实现机制化和长期化，为妥善处理分歧，促进双边贸易和投资的持续平衡增长以及反对贸易保护主义发挥积极作用。

赖斯说，在当前世界经济不确定因素增多的情况下，美中应加强在能源、气候变化等领域的合作，共同应对全球经济面临的困难和挑战。美中双方还应共同努力，促进贸易自由化，推动多哈回合贸易谈判取得积极进展。

国务院总理温家宝在人民大会堂与泰国总理沙马举行会谈

温家宝希望双方根据《中泰战略性合作共同行动计划》，扎实推进各领域友好交往和务实合作。一是保持高层互访势头，巩固和深化政治互信。二是提升经贸合作水平，加快商签《关于扩大和深化双边经贸合作的协定》，鼓励双向投资，特别是在基础设施领域的合作。三是扩大在文化、教育、卫生、农业、国防领域的合作，促进青少年交流和技术培训。四是共同推动中国—东盟战略伙伴关系，确保东亚合作顺利稳步向前发展。

沙马完全赞同温家宝提出的建议，表示泰方愿与中方共同努力，进一步加强两国在经贸、教育、农业、旅游、基础设施建设、水资源利用、国防等领域的合作，加强各层次的人员交流，推动两国战略性合作关系迈上新台阶。沙马说，泰方愿与中方密切配合，为中国—东盟战略伙伴关系和东亚合作顺利发展作出积极贡献。

中共中央在中南海怀仁堂召开抗震救灾先进基层党组织和优秀共产党员代表座谈会

中共中央总书记胡锦涛出席座谈会并发表重要讲话。

中共中央政治局常委吴邦国、温家宝、贾庆林、李长春、习近平、李克强等出席座谈会。座谈会由习近平主持。

习近平在主持座谈会时说，胡锦涛总书记的重要讲话，全面回顾了抗震救灾斗争中我们党发挥核心领导作用、各级党组织和广大共产党员发挥中流砥柱作用的情况，精辟揭示了伟大抗震救灾精神的科学内涵和重大意义，深刻总结了抗震救灾斗争中充分发挥党组织和党员干部作用给我们提供的宝贵经验和重要启示，对加强和改进党的建设提出了明确要求。讲话高屋建瓴、思想深刻，鼓舞人心、催人奋进，对于进一步做好抗震救灾和恢复重建工作，对于推进中国特色社会主义伟大事业和党的建设新的伟大工程具有重要指导意义。

出席座谈会的领导同志还有：回良玉、刘云山、李源潮、何勇、令计划、王沪宁、马凯、孟建柱等。

受到中央组织部表彰的 54 个抗震救灾先进基层党组织代表、57 名抗震救灾优秀共产党员、6 名被追授为抗震救灾优秀共产党员的亲属代表出席座谈会。

中共中央总书记胡锦涛在抗震救灾先进基层党组织和优秀共产党员代表座谈会上的讲话

同志们：

今天，党中央召开抗震救灾先进基层党组织和优秀共产党员代表座谈会，以纪念中国共产党成立 87 周年，具有十分重要的意义。刚才，几位同志的发言很生动、很感人，听了以后深受教育和鼓舞。你们的先进事迹，集中体现了各级党组织和广大共产党员在抗震救灾斗争中可歌可泣的英雄壮举和感天动地的崇高精神。在这里，我代表党中央，向出席今天座谈会的各位代表，向受到表彰的抗震救灾先进基层党组织和优秀共产党员，致以崇高的敬意！向全国各级党组织和广大共产党员，致以节日的问候！

回顾党的历史，我们可以清楚地看到，中国共产党成立以来的 87 年，是为中华民族独立、解放、繁荣和中国人民自由、民主、幸福而不懈奋斗的 87 年，是推动中国发生翻天覆地变化、不断实现历史性进步的 87 年，也是一代又一代中国共产党人在革命、建设、改革进程中发挥先锋模范作用、团结带领人民战胜各种困难和风险顽强奋进的 87 年。87 年来，一批又一批先进基层党组织和优秀共产党员涌现出来，他们以崇高的精神、无私的奉献、一流的业绩为党和人民作出了突出贡献，为党旗增添了光彩。各级党组织和广大共产党员在抗震救灾斗争中的英勇表现，为我们党 87 年的光辉历史书写了新的篇章。

对于抗震救灾工作，中央将在适当时候进行全面总结。今天，我主要结合前一段时间的抗震救灾斗争，就加强和改进党的建设讲几点意见。

这次发生的四川汶川特大地震，是新中国成立以来破坏性最强、波及范围最广、救灾难度最大的一次地震。能不能战胜这场特大地震灾害，是对党的执政能力和先进性的严峻考验。面对突如其来的特大地震灾害，全党全军全国各族人民在党中央、国务院和中央军委坚强领导下，众志成城，迎难而上，顽强奋战，最大程度地抢救了被困群众，最大限度地减低了灾害损失。目前，受灾群众基本生活得到初步安排,灾后恢复重建正在逐步展开。抗震救灾斗争取得的重大阶段性胜利,显示了党和人民的伟大力量,弘扬了中华民族的伟大精神,谱写了中国人民自强不息、团结奋斗的英雄凯歌。

抗震救灾斗争能够迅速取得重大阶段性胜利有多方面的原因,其中最重要的一个原因就是党的坚强领导,各级党组织和广大共产党员发挥了中流砥柱作用。

面对特大地震灾害,各级党委快速反应、果断决策、有力指挥,充分发挥了领导核心作用。地震发生后,党中央立即作出部署,迅速成立国务院抗震救灾总指挥部,把抗震救灾作为最重要最紧迫的任务,举全国之力抗震救灾。我们建立上下贯通、军地协调、全民动员、区域协作的工作机制,紧急调集人民解放军、武警部队、民兵预备役人员、公安民警和医疗卫生人员、新闻工作者、科技工作者等各方面力量赶赴灾区,向灾区运送大批救灾物资,开展了一场我国历史上救援速度最快、动员范围最广、投入力量最大的抗震救灾斗争。四川、甘肃、陕西、重庆等受灾地区各级党委坚决贯彻执行中央决策部署,在第一时间成立抗震救灾指挥部,在第一时间带领灾区干部群众奋力开展抗震救灾。从中央到地方各级党委的迅速反应、坚强领导、周密组织、科学调度,展现了强有力的总体指挥能力、群众动员能力、资源调配能力、统筹协调能力和处理突发事件、驾驭复杂局面的能力,使人民群众深切感受到党和政府抗震救灾的坚定决心和对人民群众的深厚感情,极大鼓舞和坚定了全国各族人民团结一心夺取抗震救灾斗争胜利的勇气和信心。

面对特大地震灾害,参加抗震救灾的基层党组织紧急动员、迅速行动、有力组织,充分发挥了战斗堡垒作用。在地动山摇的危急关头,广大基层党组织高高举起党的旗帜,自觉担当抗震救灾重任,组建各类"党员突击队"、"党员抢险队",形成了一个个坚强战斗堡垒。广大基层党组织组织党员群众认真排查每一处倒塌房屋、尽力搜救每一个被困人员,创造了无数生命奇迹;全力组织救治受伤人员,全力展开卫生防疫,全力防范次生灾害,想方设法安排好受灾群众基本生活,化解了无数群众的痛苦;带领群众化悲痛为力量,从废墟上勇敢站起来,自力更生、艰苦奋斗,恢复生产、重建家园。在应对这场特大灾难的考验中,广大基层党组织向世人展示了压不垮的战斗堡垒的光辉形象,赢得了人民群众高度赞誉。

面对特大地震灾害,参加抗震救灾的各级干部挺身而出、身先士卒、靠前指挥,充分发挥了模范带头作用。在严峻考验面前,奋战在灾区一线的各级干部以身作则、冲锋在前,用血肉之躯筑起钢铁战线,成为灾区群众的主心骨和贴心人。所有灾区特别是灾情最严重的地方、受灾群众最集中的地方、抗震救灾困难最大的地方,都能看到干部的身影、听到干部的声音。各级干部在危难关头率先垂范、无私奉献,以自己的实际行动为广大党员群众抗震救灾作出了表率、树立了榜样。

面对特大地震灾害,参加抗震救灾的广大共产党员舍生忘死、无私无畏、勇往直前,充分发挥了先锋模范作用。广大共产党员在危难时刻做到了豁得出来、冲得上去。许多党员刚刚从废墟中爬出来,就带着满身伤痛去抢救受伤群众;许多党员把生的希望留给群众,把死的威胁留给自己,用鲜血和生命保卫群众安全;许多党员强忍失去亲人的悲痛,舍小家、顾大家,以非凡的坚强意志投身抗震救灾。广大共产党员的英勇行为集中展现了新时期共产党人的光辉形象,彰显了共产党员的先进性。

面对特大地震灾害,全国各级党组织和广大党员、干部同心同德、和衷共济、共渡难关,充分发扬了全国一盘棋的大团结大协作精神。"灾难无情、人间有爱","一方有难、八方支援",这是地震灾害发生后响彻在中国大地上的最强音。全国各级党组织和广大党员、干部想灾区之所想、急灾区之所急,视灾区群众为亲人,视支援灾区为己任,迅速组织和调集大批人力、物力、财力,广泛开展送温暖、献爱心活动。在各级党组织和广大党员、干部引领和带动下,从城市到乡村、从厂矿到部队、从街道到学校,规模空前的生命大营救,历经险阻的千里大驰援,处处涌动的爱心大奉献,共克时艰的社会主义大协作,汇聚成全民族风雨同舟、生死与共的强大合力。

抗震救灾斗争直接检验了我们党的领导水平和执政能力,直接检验了各级党组织的战斗力和广大共产党员的先进性。实践再一次有力地证明,中华民族具有高度的凝聚力,历经曲折而愈挫愈勇,饱受磨难而自强不息;我国社会主义制度具有巨大的优越性,能够集中力量办大事、团结各方渡难关;中国共产党具有强大的战斗力,能够应对各种风险考验、驾驭各种复杂局面;各级党组织和广大共产党员具有鲜明的先进性,对党充满忠诚,对人民充满感情,对事业充满责任。

这次受到表彰的先进基层党组织和优秀共产党员,是在抗震救灾斗争中涌现出来的英模群体和先进人物的杰出代表。各级党组织和广大党员、干部要向这次受到表彰的先进基层党组织和优秀共产党员学习,把在抗震救灾斗争中培育和体现出来的好思想、好作风、好精神长期坚持下去、不断发扬光大,以更加坚定的信心、更加饱满的热情、更加扎实的工作,为夺取全面建设小康社会新胜利、开创中国特色社会主义事业新局面而努力奋斗。

同志们!

在同特大地震灾害的艰苦搏斗中,我们的民族和人民展示出了十分崇高的精神。这就是万众一心、众志成城,不畏艰险、百折不挠,以人为本、尊重科学的伟大抗震救灾精神。

万众一心、众志成城,体现了中国人民团结奋进的强大力量。在特大灾难面前,全党全国各族人民坚持一方有难、八方支援,举国上下患难与共,前方后方同心协力,海内海外和衷共济,各地区各部门各方面以灾情为最高命令、以救灾为神圣使命,紧急行动,守望相助,倾力支持,无私奉献,凝聚起抗震救灾的强大合力,显示了中国人民和中华民族的伟大力量。

不畏艰险、百折不挠,体现了中国人民泰山压顶不弯腰的英勇气概。面对极其惨烈的灾难,面对极其严重的困难,广大军民临危不惧、奋不顾身、舍生忘死,哪里灾情危急就向哪里冲去,哪里有生死考验就向哪里挺进,哪里有受灾群众就向哪里集结,展现了中国人民压倒一切困难而不为任何困难所压倒的超人勇气,体现了中国人民战胜一切艰难险阻的大无畏精神。

以人为本、尊重科学,体现了对人民的高度关爱、对科学的高度尊重。广大军民把人的生命放在高于一切的位置,坚持只要有一点生还可能就要作出百倍努力,最大限度地抢救了人民生命;坚持依靠科学、运用科学,把科技的力量与顽强的斗争紧密结合起来,既充分发挥人的能动精神,又充分发挥科技的重要作用,攻克道道难题,化解种种风险,使科技成为战胜地震灾害的强有力支撑。

抗震救灾精神,是爱国主义、集体主义、社会主义精神的集中体现和新的发展,是我们党和军队光荣传统和优良作风的集中体现和新的发展,是中华民族民族精神在当代中国的集中体现和新的发展。

历史和现实都告诉我们,民族精神是一个国家综合国力的重要组成部分;一个国家要发展,一个民族要自立于世界民族之林,不仅要通过发愤图强积累强大的物质基础,而且要通过艰苦奋斗形成强大的精神力量。中华民族历来具有伟大的民族精神。以爱国主义为核心的民族精神,是中华民族5000多年生生不息、发展壮大的强大精神支撑,是我国各民族世世代代自强不息、团结奋斗的牢固精神纽带,是我们不断开辟新征程、开创新未来的不竭精神动力。

抗震救灾精神是党和人民极为宝贵的精神财富。我们要在全党全社会大力弘扬抗震救灾精神,大力宣传抗震救灾斗争中涌现出来的先进思想和模范事迹,使之转化为自力更生、艰苦奋斗、重建家园的坚定意志,转化为办好奥运、建设祖国的实际行动,转化为推动科学发展、促进社会和谐的强大力量,为中国特色社会主义事业不断发展提供强大精神动力。

同志们!

多难兴邦,多难砺党。联系87年来党的建设的实践,总结各级党组织和广大党员、干部在抗震救灾斗争中的表现和作用,从中可以得到许多重要启示。

第一,必须坚持正确的理想信念,始终把教育全党坚定不移地为发展中国特色社会主义而奋斗作为党的建设的根本任务。共产主义远大理想和中国特色社会主义共同理想是中国共产党人的崇高追求和强大精神支柱,对理想信念坚贞不渝是我们党的强大政治优势。有了正确而坚定的理想信念,广大共产党员就能够自觉地、满腔热情地为党和人民事业而奋斗。在革命战争年代,无数革命先烈抛头颅、洒热血,在生死考验面前威武不屈、英勇无畏,就是因为他们对崇高理想和坚定信念矢志不移。在和平建设时期,许多共产党员为党和人民事业鞠躬尽瘁、死而后已,也是因为有崇高理想和坚定信念的激励。在抗震救灾斗争中,广大共产党员大灾面前不低头、大难面前不弯腰,始终以高昂的斗志、饱满的热情奋战在最前线,充分显示了理想信念的强大力量。事实再一次说明,只要广大共产党员理想信念坚定,并把这种坚定性体现到为实现党的基本路线和基本纲领而奋斗的实践上,体现到努力做好本职工作上,体现到关键时刻、危难关头豁得出来、冲得上去的行动上,我们党就一定能够带领人民经受住各种风浪的考验,不断开创中国特色社会主义事业新局面。

第二,必须坚持立党为公、执政为民,始终把实现好、维护好、发展好最广大人民的根本利益作为党的建设的核心价值。全心全意为人民服务是党的根本宗旨,是党的全部价值所在。我们党87年的历史,就是一部全心全意为人民服务的奋斗史。浴血奋战推翻三座大山,开展大规模社会主义建设,进行改革开放和社会主义现代化建设,党始终坚持人民利益高于一切、重于一切、大于一切,始终把实现好、维护好、发展好最广大人民的根本利益作为党的庄严使命。在抗震救灾斗争中,各级党委和政府把以人为本作为最高准则,把挽救人的生命作为重中之重,再次生动诠释了立党为公、执政为民的执政理念。人民群众说,世间有真情,人间有大爱。中国共产党人最博大的爱就是爱人民,最深切的爱也是爱人民,最真挚的爱还是爱人民。事实再一次说明,只要始终做到心中装着人民、工作依靠人民、一切为了人民,我们就一定能够获得取之不尽、用之不竭的力量源泉,永远立于战无不胜、攻无不克的不败之地。

第三,必须坚持在实践中培养造就干部,始终把提高各级领导班子和领导干部的领导水平和执政能力作为党的建设的关键环节。党的执政能力建设是党执政后的一项根本建设。加强党的执政能力建设,重点在各级领导班子和领导干部,关键是要通过加强教育培训和实践锻炼,推动各级领导班子和领导干部提高领导科学发展、服务人民群众、应对突发事件和驾驭复杂局面的能力。平常抓得紧,关键时刻才用得上。这次特大地震灾害,成为对各级领导班子和领导干部领导水平和执政能力的一场特殊考试。各级领导班子和领导干部勇挑重担、敢于负责,表现了很强的领导和组织能力,为抗震救灾斗争提供了坚强组织保证。事实再一次说明,只要我们坚持不懈地加强党的执政能力建设,引导和推动领导干部增强忧患意识、做到居安思危,在丰富生动的实践中学习学习再学习、提高提高再提高,在攻坚克难、应对复杂局面的磨炼中锻炼成长,我们就一定能够战胜前进道路上的各种艰难险阻。

第四,必须坚持抓基层、打基础,始终把增强基层党组织的凝聚力、战斗力作为党的建设的基础工程。党的基层组织是党的全部工作和战斗力的基础。抓好基层、打好基础,是我们党应对各种困难和风险的重要法宝。这些年来,我们党按照围绕中心、服务大局,拓宽领域、强化功能的基本思路,大力推进基层党组织建设,使基层党组织的凝聚力、战斗力不断增强。在这场抗震救灾斗争中,灾区以及参加抗震救灾的基层党组织充分发挥了战斗堡垒作用。群众发自肺腑地说:"只要党组织在,我们就感到有希望、有依靠、有信心。"这是人民对基层党组织的最高评价。事实再一次说明,只要我们一以贯之地坚持抓基层、打基础,形成分布广泛、完善严密、坚强有力的基层党组织体系,把广大党员紧紧团结在党的旗帜下,把人民群众紧紧凝聚到党组织周围,我们就一定能够不断提高全国各族人民的组织程度,形成开发自然、改造社会、战胜灾害、建设祖国的强大力量。

第五,必须坚持共产党员的党员意识,始终把保持和发展党员的先进性作为党的建设的永恒主题。党员意识是共产党员的立身之本,是党保持和发展先进性的重要前提,必须把增强党员意识作为执政党建设带有根本性的问题来抓,坚持教育、管理、服务并重,教育引导党员坚定理想信念、遵守组织纪律、争当先锋模范,永葆先进性。在抗震救灾斗争中,哪里灾情最重,哪里群众最需要,哪里就有共产党员;广大党员踊跃缴纳"特殊党费",支援抗震救灾;许多群众受党组织和党员先锋模范作用的感召,在抗震救灾一线宣誓入党。事实再一次说明,只要坚持不懈地推进党的先进性建设,只要全党同志自觉加强自我教育、自我提高,我们就一定能够把广大党员的先进性最大限度地激发出来、把广大党员的先锋模范作用最大限度地发挥出来,创造出无愧于历史和时代的伟业。

同志们!

当前,抗震救灾工作进入安置受灾群众和恢复重建阶段,实现今年经济社会发展预期目标进入关键时期,北京奥运会开幕在即,形势逼人,任务艰巨。各级党委要全面贯彻党的十七大精神,以邓小平理论和"三个代表"重要思想为指导,深入贯彻落实科学发展观,大力弘扬抗震救灾精神,坚决贯彻落实中央决策部署,紧紧围绕一手抓抗震救灾工作、一手抓经济社会发展,以改革创新精神全面推进党的建设新的伟大工程,在各项工作中更好地发挥党委的领导核心作用、基层党组织的战斗堡垒作用、领导干部的模范带头作用、共产党员的先锋模范作用,为夺取抗震救灾斗争全面胜利、推动经济社会又好又快发展提供坚强保证。

我们要坚持用中国特色社会主义理论体系武装全党,认真开展深入学习实践科学发展观活动。要把学习贯彻中国特色社会主义理论体系摆在加强党的思想理论建设、强化理论武装工作的首要位置,帮助广大党员特别是党的各级干部努力掌握贯穿其中的马克思主义立场、观点、方法,自觉用这一理论体系指导客观世界和主观世界的改造,提高运用科学理论解决实际问题的能力。按照党的十七大作出的部署,深入学习实践科学发展观活动正在有关地区、部门和单位进行试点。要及时总结试点工作,为全面开展学习实践活动提供指导。各地区各部门要按照中央统一部署组织好、开展好深入学习实践科学发展观活动,推动广大党员、干部特别是领导干部树立符合科学发展的思想观念,提高领导科学发展的能力素质,促进解决制约科学发展的突出问题,构建有利于科学发展的体制机制,真正做到干部受教育、发展上水平、群众得实惠。地震灾区各试点单位要把抗震救灾和恢复重建作为贯彻落实科学发展观最具体的实践,用抗震救灾和恢复重建的实际行动和成效检验试点工作成效。

我们要坚持抓好各级领导班子、基层党组织、党员队伍建设,把党组织建设得更加坚强有力。要认真总结和运用抗震救灾斗争中强化党组织功能、发挥基层党组织战斗堡垒作用、发挥党员先锋模范作用的经验,进一步加强和改进领导班子建设、基层党组织建设、党员队伍建设。要建立、健全集中领导、统一指挥、反应灵敏、运转高效的工作机制,提高各级党组织应对突发事件的能力。要坚持正确用人导向,按照德才兼备、注重实绩、群众公认原则选拔干部,把抗震救灾和恢复重建中经受住考验、表现突出的干部选拔到领导岗位上来。要把应对突发事件、重大灾害的实践作为生动教材,显著增强各级领导班子和干部应对突发事件的能力和水平。在抗震救灾斗争中,灾区不少基层党员、干部遇难,不少基层党组织遭受严重损失。各级党委要统筹当地干部人才资源,抽调优秀干部和人才充实班子、充实一线、充实基层,确保参加抗震救灾和恢复重建的各级领导班子坚强有力、有效运转。各级党组织要格外关心和爱护灾区基层党员、干部,理解他们的心情,关爱他们的健康,满腔热情地帮助他们做好工作。要积极开展党内帮扶活动,组织非受灾地区党组织与受灾地区党组织结对,重点帮扶受灾严重地区的党组织和困难群众。承担对口支援任务地区的党组织要加强领导、精心组织,积极为灾区提供支援,帮助灾区群众早日恢复生产、重建家园。

我们要在全党大力发扬抗震救灾的优良作风,保持党同人民群众的血肉联系。党的优良作风凝聚党心民心。要把抗震救灾斗争中涌现出来的先进事迹和先进人物作为党员干部作风建设的生动教材,教育广大党员、干部特别是领导干部继承优良传统、牢记根本宗旨、心系人民群众,切实做到权为民所用、情为民所系、利为民所谋。要总结和运用抗震救灾斗争中宣传群众、动员群众、组织群众、团结群众的成功经验,加强和改进新形势下党的群众工作,提高团结带领群众推动科学发展、促进社会和谐的实际能力。广大党员、干部要始终做到全心全意为人民服务,关心群众疾苦,倾听群众呼声,千方百计为群众排忧解难,带头发扬艰苦奋斗精神,做到吃苦在前、享受在后。各级干部特别是领导干部要坚持实事求是、求真务实,扎扎实实为人民群众办实事、办好事,努力创造经得起实践、人民、历史检验的实绩。要加强对党员领导干部廉洁从政的教育和监督,健全惩治和预防腐败体系,加大反腐倡廉工作力度,使党员领导干部始终保持共产党人的政治本色,做到干干净净干事、清清白白做人。要加强对抗震救灾资金和物品管理使用情况的监督检查,确保救灾款物真正用于抗震救灾、用于受灾群众。

同志们!

中国共产党在87年的风雨历程中团结带领人民战胜了无数惊涛骇浪、克服了无数艰难险阻,开创了党和人民事业欣欣向荣的大好局面。全党同志要更加紧密地团结起来,以邓小平理论和"三个代表"重要思想为指导,深入贯彻落实科学发展观,带领全国各族人民开拓进取、埋头苦干,切实做好抗震救灾和恢复重建各项工作,切实做好北京奥运会筹办各项工作,切实做好推动科学发展、促进社会和谐各项工作,为夺取改革开放和社会主义现代化建设新胜利而努力奋斗!

国务院发表公告感谢国际社会对中国抗震救灾工作提供支持和援助

公告全文如下:

2008年5月12日14时28分,中国汶川发生8级特大地震,造成重大生命和财产损失。在中国人民遭受这场特大灾难的时刻,国际社会表达真诚同情和慰问,提供了各种形式的支持和援助,充分体现出崇高的人道主义精神和对中国人民的友好情谊。中国政府和人民谨对所有向我们表达深切同情和提供宝贵援助的国家政府、团体和个人、国际组织以及华侨华人,表示衷心的感谢!

这次地震是中华人民共和国成立以来破坏性最强、波及范围最广、救灾难度最大的一次地震。灾难发生后,中国政府举全国之力投入抗震救灾,各族人民万众一心、众志成城、顽强奋战、共克时艰,夺取了抗震救灾斗争的重大阶段性胜利。在这一过程中,国际社会的帮助和支持发挥了积极作用。当前,抗震救灾工作已进入了安置受灾群众和恢复重建阶段。我们坚信,在全国人民的共同努力和国际社会的继续支持下,灾区人民一定能够战胜灾害,重建美好家园。

中组部表彰抗震救灾先进基层党组织优秀共产党员

中共中央组织部在北京隆重举行抗震救灾先进基层党组织、优秀共产党员表彰仪式,54个基层党组织被授予"抗震救灾先进基层党组织"称号,59名党员被授予"抗震救灾优秀共产党员"称号,6名牺牲的党员被追授"抗震救灾优秀共产党员"称号。中共中央政治局常委、中央书记处书记、国家副主席习近平和中共中央政治局委员、中央书记处书记、中组部部长李源潮出席表彰仪式,并为每一位获奖优秀党员、追授为"抗震救灾优秀共产党员"的亲属颁发奖章和证书,为获奖的先进基层党组织代表颁发奖牌和证书。

国务院副总理张德江在成都主持地震灾区恢复工业生产和扩大就业座谈会并发表讲话

张德江说,加快推进灾区恢复工业生产,要坚持自力更生、国家扶持、社会援助的方针,坚持科学评估、科学规划这个前提,做到"八个结合"。一是要与调整生产力布局相结合,通过恢复重建,促进全国和灾区内部产业布局优化;二是要与调整产业结构相结合,坚决淘汰高耗能、高污染和落后生产能力;三是要与促进企业技术进步相结合,防止简单地"克隆"原来的企业,防止低水平重复建设和简单扩大生产能力;四是要与推进产业集聚和工业园区建设相结合,形成产业集群,促进区域经济集约发展;五是重点突破要与全面推进相结合,重点推进重灾区恢复工业生产,重点推进灾区支柱产业、骨干企业、基础性产业和建材企业的恢复重建;六是快速恢复要与长期发展相结合,先帮助那些有恢复条件的企业恢复生产经营活动,对已经完全毁坏和毁坏严重需要重建的企业,根据恢复重建整体规划,在灾后恢复重建中有序推进;七是要与促进就业再就业相结合,尽可能多地吸收灾区劳动力就业;八是要与安全生产相结合,确保恢复生产过程中和企业恢复生产后的生产安全。

张德江强调,扩大灾区就业,关系到灾民的生计,关系到灾区的稳定和发展。地震灾区要大力开展生产自救,鼓励劳动力自谋职业、自主创业,积极组织劳务输出,加强就业服务,开展以工代赈,稳定和扩大就业。对口援助省市要千方百计为灾区提供就业岗位,帮助灾区劳动力转移就业;在援建工作中,也要千方百计安排灾区劳动力就业。要认真开展就业援助,努力帮助因灾失去工作的城镇职工、零就业家庭、失去收入来源的农民、大中专毕业生实现就业再就业。落实和完善灾区扩大就业的政策措施,充分发挥政策促进就业的作用。

会议召开前,张德江还深入到长虹电子集团公司、攀钢集团四川长城特殊钢有限责任公司、四川矿山机器有限责任公司、绵阳九洲工业园区、拉法基水泥有限责任公司考察了工业企业恢复生产的情况,到都江堰查看了就业招聘会现场。

会上,19个对口支援省市和广东省深圳市与四川、甘肃、陕西省签订了20份就业援助协议,支援省市承诺9月底前,向灾区提供10万个就业岗位,帮助17.5万人实现就地培训就业。

江苏、广东、浙江、山东等19个省市和深圳市,川、甘、陕受灾省以及国务院有关部门负责同志参加了会议。

全国总工会主席王兆国在北京会见工会抗震救灾先进事迹报告团成员

中共中央政治局常委李长春在北京出席并观看《向祖国报告》迎“七一”暨抗震救灾文艺晚会

7月1日

国家主席胡锦涛在人民大会堂会见泰国总理沙马

胡锦涛说，建交33年来，中泰关系不断向前发展，始终走在中国同周边国家关系的前列。中方高度评价普密蓬国王、泰国王室和政府把发展对华关系置于泰国对外关系的优先位置，感谢泰方在台湾、涉藏、北京奥运会等重大问题上给予中方的宝贵支持。胡锦涛表示，中方珍惜中泰传统友谊，重视发展中泰关系，坚持中泰睦邻友好与长期合作是中国政府坚定不移的方针。我们愿与泰方一道，按照《中泰战略性合作共同行动计划》确定的目标，拓展和深化两国战略性合作，为实现互利双赢、共同发展而共同努力。

沙马说，泰国始终坚持一个中国政策，对中国应对灾害的能力表示赞赏，相信灾区人民一定能克服困难，重建美好家园。沙马表示，北京奥运会是亚洲人民和世界人民的盛事，泰国反对将奥运会政治化，祝愿北京奥运会圆满成功。沙马说，泰方将与中方共同努力，深化各领域合作，推动两国关系继续向前发展。

外交部部长杨洁篪、中国驻泰国大使张九桓等参加了会见。

国家副主席习近平在北京主持召开深入学习实践科学发展观活动试点工作座谈会并发表讲话

中央组织部部长、中央深入学习实践科学发展观活动试点工作领导小组组长李源潮出席座谈会。中央试点工作领导小组办公室负责同志汇报了前一段的试点工作，江苏省、财政部、唐山市、中国海洋石油总公司和浙江大学5个试点单位的负责同志分别介绍了本地区本部门本单位试点工作情况和下一步打算。

习近平在听取大家发言后作了重要讲话。他指出，根据党的十七大作出的战略部署和党中央的决定，深入学习实践科学发展观活动自今年3月以来在有关地区、部门和单位进行试点。各试点单位主要领导亲自挂帅，紧密结合各自实际，按照中央要求坚持把做好试点工作同抗震救灾、做好经济社会发展的各项工作紧密结合起来，注重处理好坚持正面教育为主与着力解决问题的关系、突出实践特色与搞好思想武装的关系、解决突出问题与形成长效机制的关系、突出重点与全员参与的关系，试点工作取得了重要阶段性成果，创造和积累了有益经验。

习近平强调，现在试点工作已经整体进入解决问题、完善制度以及群众满意度测评阶段。这一阶段的工作能否继续取得实效，是衡量学习实践活动是否取得成效最重要的标志，广大党员和群众最为关注。各试点单位要进一步提高认识、增强信心，再接再厉、乘势前进，善始善终地做好试点工作。习近平指出，做好下一步试点工作，各试点单位要更加注重组织好党员干部学习，为解决问题、健全机制提供坚实的思想基础；要更加注意集中精力解决突出问题，办几件群众迫切希望办的实事取信于民；要更加注重创新体制，逐步形成贯彻落实科学发展观的长效机制；要更加注重吸收群众参与，建立整改情况群众监督评议制度；要更加注重解放思想、改革创新，在深化对科学发展观的认识和明确科学发展的思路上取得新进步；要更加注重总结试点经验，提出符合中央要求、符合基层实际、符合群众意愿的意见和建议，努力形成具有普遍指导意义的成果。

习近平强调，各试点单位要进一步加大领导力度，经常分析试点工作进展情况，研究解决存在的问题，进一步改进工作。要坚持统筹兼顾，把试点工作同贯彻落实党的十七大的一系列战略举措结合起来，与做好抗震救灾和恢复重建、推动经济又好又快发展、成功举办北京奥运会结合起来，与总结改革开放30年的经验结合起来，与推动本地区本部门的工作结合起来，与解决党性党风党纪方面存在的突出问题结合起来，真正做到两手抓、两不误、两促进，使试点工作成为群众满意工程。

中央深入学习实践科学发展观活动试点工作领导小组成员，23个试点单位学习实践活动试点工作领导小组负责同志，中央组织部部务会成员等，共约100人参加了座谈会。

全国党员总数达7415.3万名

中央组织部发布最新党内统计数据：截至2007年年底，全国党员总数为7415.3万名。

全国现有党的基层组织366.3万个，比上年增加9.9万个，其中基层党委17.6万个，总支部22.2万个，支部326.5万个。女党员占党员总数的20.4%，比上年增长0.7个百分点。少数民族党员占总数的6.5%，比上年增长0.1个百分点。具有大专以上学历的党员占32.4%，比上年增长1.7个百分点。

2007年，全国发展党员278.2万名，比上年多发展14.7万名，增幅为5.6%。全国申请入党人数1950.6万人，比上年增加43.3万人，增幅为2.3%。其中，入党积极分子998.9万人。

中共中央政治局常委贺国强在巴西利亚会见巴西劳工党主席里卡多·贝佐尼并出席驻巴使馆纪念建党87周年座谈会

贺国强说，劳工党是巴西的重要政党，长期以来为发展民族经济、促进社会进步、改善人民生活发挥了重要作用。自2003年执政以来,劳工党领导巴西人民在发展经济、增加就业、改善卫生和教育条件等方面取得了显著成就。

贺国强表示,中国共产党十分重视发展同巴西劳工党的友好交往,愿在独立自主、完全平等、互相尊重、互不干涉内部事务原则基础上,同巴劳工党进一步发展友好关系,推动中巴战略伙伴关系深入发展。应对方要求,贺国强介绍了中国经济社会发展及对一些国际热点问题的看法。

贝佐尼说,巴西劳工党与中国共产党的友好关系是劳工党对外交往的重要组成部分,也是巴中战略伙伴关系的重要组成部分,有力促进了巴中经贸合作。两党之间保持经常性交流,不仅有利于各自党的建设,而且有利于促进巴中国家关系的稳定发展。

中共中央政治局常委贺国强在巴西利亚分别会见巴西参议长加里巴尔迪·阿尔维斯和众议长阿林多·基纳利亚

外交部部长杨洁篪在北京与塞浦路斯外长基普里亚努举行会谈

国务院副总理王岐山在北京考察奥运服务保障工作

7月2日

国家主席胡锦涛在人民大会堂会见联合国秘书长潘基文

胡锦涛说,在新世纪新形势下,联合国作为最具普遍性、代表性和权威性的政府间国际组织,对世界的和平与发展担负着越来越重要的责任。作为安理会常任理事国和最大的发展中国家,中国是联合国的坚定支持者,也是重要的合作伙伴。中国坚决维护《联合国宪章》的宗旨和原则,全面参与联合国各领域工作,认真履行承担的责任和义务,愿就重大国际和地区问题与联合国保持密切沟通和协调。中国赞成联合国通过民主协商进行必要、合理的改革,以提高联合国的权威和效率。中国将继续本着负责和建设性的态度,进一步加强同联合国的合作,支持和配合秘书长的工作。

潘基文说,中国经济发展,政治和社会稳定,成就举世瞩目。作为安理会常任理事国,中国在重大国际和地区事务中发挥着重要建设性影响。

潘基文表示,联合国高度重视中国在维护世界和平和促进共同发展方面的作用,高度赞赏中方在推进六方会谈进程、促进非洲发展方面作出的贡献。联合国希望加强与中国的合作,共同应对当今世界纷繁复杂的问题。希望中国在实现千年发展目标、应对气候变化、粮食安全等全球挑战方面发挥更大作用。

潘基文高度评价中国政府抗震救灾工作,衷心祝愿中国战胜自然灾害,重建美好家园。潘基文高度赞赏北京奥运会筹备工作进展,表示相信中国定会举办一届历史上最为成功的奥运会,预祝北京奥运会取得圆满成功。潘基文表示,联合国将继续坚定奉行一个中国政策。

外交部部长杨洁篪、中国常驻联合国代表王光亚等会见时在座。

国务院总理温家宝在中南海紫光阁分别会见联合国秘书长潘基文及美国政府企业和救援组织联合代表团

温家宝再次感谢联合国和潘基文本人对中国遭受特大地震灾害的同情和帮助,并介绍了救灾和重建的最新情况。

潘基文高度赞赏中国政府在抗震救灾中展现的卓越领导能力,以及中国人民在巨大灾难面前展现的坚强和艰苦奋斗精神,表示中国的经验值得国际社会学习。他对中国抗震救灾转入恢复重建阶段感到高兴,表示深信在中国政府领导和中国人民的努力下,灾区一定能重建美好家园。

温家宝高度评价联合国在维护世界和平,促进人类和谐与发展方面所发挥的重要作用。温家宝指出,当前全球性的困难和挑战层出不穷,这些问题归根结底要依靠发展加以解决。作为最大的发展中国家,中国高度重视并积极落实联合国千年发展目标,愿同国际社会密切合作,帮助其他发展中国家,实现共同进步和繁荣。

温家宝表示,中国用不到全球9%的土地养活了世界22%的人口,为世界粮食安全作出了贡献。面对世界粮食短缺问题,各方应本着平等、互利、共赢的全球发展伙伴精神,加强多边合作,通过援助、金融、贸易、技术等手段综合应对。中国支持联合国发挥领导和协调作用,并愿积极参与有关行动。

潘基文高度评价中国在维护世界和平和促进共同发展方面发挥的重要建设性作用。他说,当今世界面临的各种问题相互交织,需要各国共同迎接挑战,希望中国发挥更大影响和作用。

双方还就气候变化等国际和地区问题交换了看法。

在会见由美国国际开发署署长福尔和强生公司首席执行官韦尔登率领的美国政府、企业和救援组织联合代表团时，温家宝欢迎该代表团专程赴四川地震重灾区考察，研究参与灾后重建工作。温家宝说，中国政府在整个抗震救灾中始终坚持以人为本和对外开放，尽最大努力保证群众的生命安全，妥善安置受灾群众的生活，举全国之力帮助灾区人民重建家园。我们欢迎来自国际社会各个方面的支持，包括人力、资金、物资的援助。美国政府首次协调大企业和救援组织联合对华提供援助，体现了美国人民对中国人民的友好情谊，有助于加深双方了解，促进两国关系发展。

福尔再次转达了布什总统、赖斯国务卿和保尔森财长对中国遭受地震灾害的慰问。

福尔说，通过在四川汶川映秀重灾区的考察，不仅对地震所造成的严重损失有了更全面的了解，也真切感受到中国政府和人民抗震救灾的勇气、信心和决心。中方在大灾面前的表现值得全世界学习。代表团回国后一定将在灾区的所见所闻告诉美国政府和社会各界，动员各方力量参与灾区恢复重建。美方愿与中方密切配合，尽自己所能帮助灾区人民，为增进两国人民之间的友谊与合作作出贡献。

国务院总理温家宝在北京主持召开国务院常务会议

会议讨论并原则通过《国家粮食安全中长期规划纲要》和《吉林省增产百亿斤商品粮能力建设总体规划》(以下简称《规划》)。

会议指出，粮食安全关系国民经济发展和社会稳定的全局，党中央、国务院始终高度重视，把这项工作摆在突出的位置。当前我国粮食安全总体形势是好的，粮食综合生产能力稳步提高，食物供给日益丰富，供需基本平衡。但随着工业化、城镇化发展，人口增加和人民生活水平提高，粮食消费需求呈刚性增长；耕地减少、水资源短缺、气候变化等因素对粮食生产的约束日益突出，我国粮食供需将长期处于紧平衡状态，保障粮食安全面临严峻挑战。

会议强调，必须立足于基本靠国内保障供给，加大政策和投入的支持力度，依靠科技进步，提高粮食综合生产能力，加快构建适应社会主义市场经济发展要求、符合我国国情的粮食安全保障体系。要通过实施《国家粮食安全中长期规划纲要》，使粮食自给率稳定在95%以上，2010年粮食综合生产能力稳定在1万亿斤以上，2020年达到10800亿斤以上。实现这个目标，必须下大的决心，有大的举措：(一)坚持家庭承包经营责任制长期稳定不变，推进农业经营体制机制的创新。(二)采取强有力的措施保护耕地，不能有丝毫松懈。全国耕地保有量不低于18亿亩，基本农田不低于15.6亿亩。(三)下大力气加强农业基础设施建设，特别是农田水利建设，稳步提高耕地基础地力和产出能力。(四)努力增加农民收入。国家财政支出重点向农村倾斜，逐步理顺粮食价格，逐年较大幅度增加对农民的种粮补贴。(五)强化科技支撑，大力推进农业关键技术研究，着力提高粮食单产，力争有大的突破。(六)继续深化粮食流通体制改革，健全粮食市场体系，加强粮食物流体系建设。(七)完善粮食储备体系，优化储备布局和品种结构，健全储备粮调控机制。(八)健全农业服务体系，加大金融对农村、农业的支持力度。(九)引导科学、节约用粮，在全社会形成爱惜粮食、反对浪费的良好风尚。

会议强调，保障国家粮食安全，必须建立、健全中央和地方粮食安全分级责任制，形成有效的粮食安全监督检查和绩效考核体系，全面落实粮食省长负责制。不断完善政策，进一步调动各地、各部门和广大农民发展粮食生产的积极性。

会议指出，吉林是我国粮食主产省之一，也是粮食增产潜力较大的重点区域。组织实施《吉林省增产百亿斤商品粮能力建设总体规划》，用五年左右时间，使吉林省粮食生产能力提高100亿斤以上，对于保障国家粮食安全具有重要战略意义。实施这一《规划》，要坚持内涵式开发的原则，根据市场需求合理确定增产粮食的品种结构。加强水资源论证和节水工作，完善生态环境保护的对策措施。坚持多渠道筹措资金，加大对吉林省粮食生产的支持力度。会议要求，国务院有关部门和粮食增产潜力较大的地区要抓紧研究增加粮食生产的规划和措施。

全国政协十一届常委会第二次会议在北京开幕

会议主题是围绕“进一步推进改革和提高对外开放水平”和“加快推进以改善民生为重点的社会建设”问题建言献策。中共中央政治局常委、全国政协主席贾庆林主持开幕会。

中共中央政治局委员、国务院副总理张德江到会作了关于当前经济形势和国有企业改革、就业再就业、社会保障工作的报告。国务院抗震救灾总指挥部向会议提供了《关于四川汶川特大地震抗震救灾及灾后恢复重建工作情况的报告》。

贾庆林在主持讲话中指出，本次常委会议是十一届全国政协第一次专题议政性的常委会议，希望常委们围绕主题畅所欲言，各抒己见，向党中央、国务院提供更多有价值的意见和建议。

贾庆林充分肯定了前一阶段各级政协组织、政协各参加单位和广大政协委员参与抗震救灾的工作。他说，四川汶川特大地震发生后，在党中央、国务院和中央军委坚强领导下，在国务院抗震救灾总指挥部的直接指挥下，全党全军和全国各族人民众志成城，展开了气壮山河的抗震救灾斗争。在这场抗震救灾斗争中，各级政协组织、政协各参加单位和广大政协委员坚决拥护和认真贯彻执行中央的各项决策，积极响应中央的号召，踊跃向灾区伸援手、献爱心、送温暖，积极捐款捐物，还以各种不同形式，积极参与抗震救灾和灾后重建工作，充分体现了人民政协组织围绕中心、服务大局的光荣传统，充分体现了广大政协委员为国分忧、为民解难的高尚情怀。

贾庆林强调，当前，抗震救灾形势依然严峻、任务十分繁重。人民政协有责任、有义务继续为抗震救灾和灾后恢复重建作出贡献。要按照中央的部署，全力协助党和政府做好抗震救灾及灾后恢复重建工作。

张德江在报告中通报了当前经济运行情况。他指出，今年以来，我国经济社会发展经受了最为严峻的重大挑战和考验。面对国际环境重大变化和国内严重自然灾害的突然冲击，党中央、国务院及时作出决策部署，各级党委、政府沉着应对，扎实工作，保持了经济平稳较快发展的势头。下一阶段，要按照中央的要求，坚持一手坚持不懈地抓抗震救灾，做好灾区生产自救和恢复重建；一手坚定不移地抓经济社会发展，促进经济平稳较快发展和社会和谐稳定。

张德江在谈到国有企业改革时说，改革开放30年来，国有企业改革取得重大进展。今后一个时期，要进一步加大改革力度，力争在重点领域和关键环节取得新突破、新进展。要加快公司制股份制改革步伐，健全现代企业制度；继续优化国有经济布局，推动国有企业做强做大；进一步完善国有资产管理体制和制度，加强国有资产监管。

在谈到就业再就业工作时，张德江说，就业再就业工作取得了显著成绩，但任务仍然十分艰巨。要深入贯彻落实科学发展观，坚持以人为本，坚持实施扩大就业的发展战略，坚持实施积极的就业政策，一手抓扩大就业，一手抓失业调控，进一步加强组织领导，落实政策责任，努力把就业工作提高到新水平。

在谈到社会保障工作时，张德江说，当前，我国社会保障体系建设进入了关键时期。我们要充分利用经济发展和财政形势比较好的难得机遇，增加社会保障投入，加大工作力度，确保在本届政府任期内把中国特色社会保障体系框架建立起来，为到2020年实现"基本建立覆盖城乡居民的社会保障体系，人人享有基本生活保障"的战略目标打好基础，努力实现让全体人民"学有所教、劳有所得、病有所医、老有所养、住有所居"的目标。

本次常委会议为期四天。按照议程，常委会组成人员将围绕七个专题进行讨论，审议全国政协有关视察情况的报告和外事出访报告。

全国政协副主席王刚、廖晖、白立忱、陈奎元、阿不来提·阿不都热西提、李兆焯、黄孟复、董建华、张梅颖、张榕明、钱运录、孙家正、李金华、郑万通、万钢、林文漪、厉无畏、罗富和、陈宗兴、王志珍出席会议。

中共中央和国务院有关部门负责人应邀列席开幕会。

全国政协主席贾庆林在人民大会堂会见日本自民党总务会长二阶俊博

贾庆林说，今年5月胡锦涛主席对日本"暖春之旅"取得圆满成功，开创了中日战略互惠关系的新局面。双方领导人共同签署的《中日关于全面推进战略互惠关系的联合声明》，成为指导两国关系发展的第四份政治文件。贾庆林表示，今年是中日青少年友好交流年和中日和平友好条约缔结30周年，中方愿以此为契机，在四个政治文件指导下，继续深化中日互利合作，加强人文交流，妥善处理好敏感问题，推动两国关系长期健康稳定发展。贾庆林感谢日本政府和民间各界在四川发生特大地震后给予的援助以及对北京奥运会的宝贵支持。

二阶俊博感谢贾庆林会见。他高度评价胡锦涛主席对日"暖春之旅"，对中国政府和人民在抗震救灾中表现出的众志成城、坚忍不拔的优秀品质表示钦佩，对北京奥运会取得圆满成功充满信心。二阶表示愿为加强两国人文交流、巩固日中世代友好的社会基础继续贡献力量。

二阶一行是应中国人民外交学会邀请来华访问的。

中共中央政治局常委贺国强在巴西利亚会见巴西总统卢拉·达席尔瓦

贺国强说，中巴两国均为发展中的大国，中方高度重视发展中巴关系，愿继续保持两国高层交往，不断提升经贸合作水平，努力扩大两国议会、政党、文化、教育、科技、旅游等领域的交流，加强在国际事务中的交流和合作，继续推动两国战略伙伴关系向前发展。贺国强还感谢巴西政府坚持一个中国原则和对中国在反对"台独"等斗争中给予的一贯支持。

卢拉表示巴中政党交流在两国交往中始终发挥着重要作用，巴西政府将继续支持两国政党开展各种形式的友好交流与合作。卢拉积极评价当前两国在政治、经济等领域的良好合作，对巴中国家关系的发展感到满意，愿继续加强巴中战略伙伴关系。

贺国强向卢拉介绍了北京奥运会筹办情况，并欢迎卢拉应邀出席北京奥运会开幕式。贺国强还向卢拉赠送了“鸟巢”模型。卢拉高兴地表示，他期待着届时出席北京奥运会开幕式，并相信中国人民一定能够向世界展示一届精彩的奥运会。

外交部部长杨洁篪在钓鱼台国宾馆与联合国秘书长潘基文举行会谈

中国最大天然气处理厂建成投产

中国石油长庆油田第三采气厂在内蒙古苏里格气田建设的第二天然气处理厂正式投入生产。该厂年处理能力为50亿立方米，是目前国内建成的最大的天然气处理厂。

中国软件产业规模居世界第四位

从第十二届中国国际软件博览会上获悉：我国软件产业规模已达5834亿元，居世界第四位。

我国软件产业目前已发展成为国家基础性、先导性、战略性产业，成为信息产业、先进制造业和现代服务业的核心。软件产业的收入由2000年的593亿元上升到2007年的5834亿元，占全球软件产业的份额从1.2%提升到8.7%。

7月3日

国务院发出《关于做好汶川地震灾后恢复重建工作的指导意见》

各省、自治区、直辖市人民政府，国务院各部委、各直属机构：

汶川地震灾后恢复重建是一项艰巨繁重的任务。为有力、有序、有效地做好灾后恢复重建各项工作，尽快恢复灾区正常的经济社会秩序，力争用三年左右时间完成灾后恢复重建的主要任务，使灾区群众的基本生活生产条件达到和超过灾前水平，并为可持续发展奠定坚实基础，现提出以下意见：

一、指导思想和基本原则

(一)指导思想。

深入贯彻落实科学发展观，坚持以人为本、尊重自然、科学重建。优先恢复灾区群众的基本生活条件和公共服务设施，尽快恢复生产条件，合理调整城镇乡村、基础设施和生产力的布局，逐步恢复生态环境。坚持自力更生、艰苦奋斗，以灾区各级政府为主导、广大干部群众为主体，在国家、各地区和社会各界的大力支持下，精心规划、精心组织、精心实施，又好又快地重建家园。

(二)基本原则。

1. 科学规划、有序推进。灾后恢复重建必须建立在科学规划的基础之上，认真做好灾害评估和地质地理条件、资源环境承载能力分析等基础工作，考虑经济、社会、文化、自然等各方面因素，突出重点、兼顾一般，先急后缓、统筹安排，有计划、分步骤地开展恢复重建工作。

2. 因地制宜、分类指导。灾后恢复重建要从灾区实际出发，尊重民意，注重实效，立足当前、着眼长远，科学界定适宜重建和不适宜重建的区域，调整优化城乡布局、人口分布、产业结构和生产力布局。

3. 自力更生、艰苦奋斗。灾区各级政府要充分发挥领导组织作用，充分调动广大干部群众的积极性、主动性和创造性，增强信心、振奋精神，自己动手、生产自救，苦干实干、重建家园。

4. 一方有难、八方支援。要大力弘扬中华民族的优良传统，充分发挥社会主义制度的优势，把政府主导和充分调动社会资源结合起来，组织实施好对口支援工作，广泛动员社会各界力量，采取多种形式，加快灾区恢复重建。

二、主要任务和工作要求

(三)城乡住房。要把修复重建城乡居民损毁住房摆在突出和优先的位置。针对城乡居民住房建设的不同特点，制定相应的政府补助政策。对于可以修复的住房，要尽快查验鉴定，抓紧维修加固；对于需要重建的住房，要科学选址、集约用地、合理确定抗震设防标准，尽快组织实施。让受灾城乡居民早日住上安全、经济、适用、省地的住房。

农村居民住房的恢复重建，要与建设社会主义新农村和扶贫开发相结合。充分尊重农民意愿，实行农户自建、政府补助、社会帮扶相结合。要改进建筑结构，提高建筑质量，符合抗震设防要求，满足现代生活需要，体现地方特色和民族传统风貌，节约用地，保护生态。灾区各级政府要对农村建房的安全选址进行指导，组织规划设计力量，为农村居民免费提供多样化的住房设计样式和施工技术指导。

城镇居民住房的恢复重建，要按照政府主导、市场运作、政策支持、群众自助的原则，实行原址重建、异地新建和维修加固相结合，优先安排维修加固轻微损坏和中等损坏住房。与现行城镇住房供应体系相衔接，在搞好城镇总体规划的基础上抓紧建设廉租住房、经济适用住房和普通商品住房，满足受灾城镇居民多层次的住房需求。

(四)公共服务设施。整合资源，优化布局，推进标准化建设，提高抗震设防标准和建筑质量。优先安排学校、医院等公共服务设施的恢复重建，严格执行强制性建设标准规范，将其建成最安全、最牢固、群众最放心的建筑。

合理调整学校布局，整合教育资源，提高教育质量。农村地区普通高中、中等职业(技工)学校原则上建在县城，初中建在中心乡镇，小学布局相对集中。

重点恢复重建县乡两级医疗卫生机构和计划生育机构，全面恢复市县乡村基本医疗和公共卫生服务体系。加强基层计划生育、妇幼保健、医疗服务资源的有效整合。

合理布局公共文化、体育设施，抓好县级文体设施的恢复重建，加强资源共享。实现广播电视村村通。

注重民族文化的抢救和保护，对世界文化遗产、重要文物保护单位实施抢险修缮，保护具有历史价值和少数民族特色的建筑物。建设地震遗址及纪念设施。

恢复重建社会福利、社会救助、优抚安置和残疾人服务、劳动就业、社区管理等设施。

在基本完成公共服务设施建设的基础上，按照节俭实用的要求，恢复重建各级行政机关办公设施。

(五)基础设施。各类基础设施的恢复重建，要把恢复功能放在首位，根据地质地理条件和城乡分布合理调整布局，与当地经济社会发展规划、城乡建设规划、土地利用规划相衔接，远近结合，合理确定建设标准，增强安全保障能力。

交通设施的恢复重建，要着眼于完善综合交通体系，重点恢复重建干线铁路、干线公路、农村公路和通往重要工矿企业、重点林区的专用道路以及受损民航设施，抓紧恢复旅游交通。

通信设施的恢复重建，要体现资源共享、先进实用、安全可靠的要求，重点加强通信干线网的恢复重建，做好公众通信网和应急通信能力建设。恢复重建邮政设施。

能源设施的恢复重建，要与节约资源，保护环境、安全生产和体制改革相结合，重点恢复重建高压输变电设施、城乡低压配电网和油气管线，修复重建水电、火电、油库、加油站和符合建矿标准的大中型煤矿。

水利设施的恢复重建，要统筹考虑防洪安全、饮水安全、恢复生产等需求。重点抓好水库工程、堰塞湖及河道淤堵处理工程、堤防工程、乡村供水设施、灌排水利设施、水文水资源设施等的恢复重建。

市政公用设施的恢复重建，要符合调整后的城镇总体规划，恢复重建城镇供水、排水、污水处理、燃气、供热、垃圾处理、公园绿地和避难场所等设施。积极推进农村基础设施建设。

(六)产业结构调整和生产力布局。以市场为导向，根据资源环境承载能力、产业政策和就业需要，与转变经济发展方式、促进产业结构优化升级有机结合，合理安排受灾企业的原地重建、异地迁建和关停并转，支持发展特色优势产业。

加快恢复农业、林业、畜牧业生产能力，抓紧农村水利、畜禽圈舍、养殖池塘、农机提灌站等基础设施和良种繁育、动植物病虫害防控、农技服务等设施的重建，恢复发展特色种养业和农副产品加工业。

加大旅游业恢复重建工作力度，充分发挥其带动就业、拉动消费和增加收入的重要作用。加快恢复重建重要旅游景区景点和旅游基础设施，加强旅游市场的宣传促销。

引导各类企业适度集中布局，发展循环经济，促进资源集约利用、土地节约使用和环境综合治理。积极扶持为恢复重建直接服务、符合节能环保要求的建材产业，重点支持重大装备和农业生产资料生产企业，支持中央和地方骨干企业和军工企业。扶持特色优势中小企业发展，淘汰高耗能、高污染的企业和不符合国家产业政策及安全生产要求的落后产能。

(七)市场服务体系。按照稳定市场、保障供应、满足需求、便民安全、增加就业的要求，优先恢复重建对保障灾区群众基本生活和恢复生产具有重要作用的市场服务设施，恢复市场服务体系基本功能。

恢复重建粮库、食用油库、粮油供应站和军供站点等粮食流通设施，成品油、通用物资等国家物资储备设施。恢复完善日用消费品网点和农副产品贸易网点。

恢复金融服务功能，加快修复和合理布设金融机构基层网点，完善服务网络，配备营业设备，保障金融系统安全运营。

(八)防灾减灾和生态修复。坚持尊重自然、尊重规律、尊重科学，建立、健全防灾减灾体系，加强生态保护和环境治理，促进人口、资源、环境协调发展。

重视防治威胁灾区群众生命安全和重要基础设施安全的各种次生灾害，抓紧治理危险性大的地质灾害点。加强土地整治和复垦，做好耕地特别是基本农田的修复。

坚持自然恢复与人工治理相结合，逐步修复生态系统的功能。重点做好天然林保护、退耕还林等重点生态工程区的森林恢复，抓好补植补造和抚育管理。加快森林防火、林木种苗、动植物病害防控等基础设施重建。有计划地开展水源涵养区、自然保护区、风景名胜区、森林公园、地质公园、大熊猫自然保护区的恢复重建。

结合城镇乡村和工业集中区的恢复重建工作，恢复重建各级环境监测设施，加强水源地和土壤污染治理，做好废墟清理、垃圾无害化处理、危险废弃物和医疗废弃物处理。

加强防灾减灾体系建设，恢复和强化气象、防汛抗旱、防震、地质灾害、水污染预警预报系统和指挥调度系统，提高灾害监测预测预防能力。

三、实施步骤和保障措施

(九)坚持规划先行。灾后恢复重建规划是恢复重建工作的重要依据,必须建立在全面调研、科学评估、充分论证的基础上。规划编制要充分听取灾区干部群众的意见和建议,借鉴国内外灾后恢复重建的有益经验,组织专家对重大问题进行深入论证,科学民主决策。要加强总体规划与各专项规划之间的衔接协调,形成有机整体。灾区的市、县人民政府要在省级人民政府的指导下,组织编制本行政区域的灾后恢复重建规划和实施计划。切忌在没有规划的情况下盲目动工,仓促上马。

(十)精心组织实施。灾区各级政府要按照精心组织、精心施工、精心管理的要求,统筹安排好恢复重建的各项工作。要抓紧做好永久性住房建设与过渡性安置的衔接,确保受灾群众安全度过灾后第一个冬天。在明确选址和抗震设防标准的前提下,先行启动建设居民住房、公共服务设施和对恢复生产有先导作用的基础设施。要根据灾后恢复重建规划,制订年度计划,明确建设时序,落实责任主体。严格实行项目法人责任制、招标投标制、合同管理制和工程监理制,严把设计、施工、材料质量关,确保高质量地完成恢复重建任务。

(十一)加大政策支持。认真落实《国务院关于支持汶川地震灾后恢复重建政策措施的意见》,综合运用财税、金融、土地、产业、就业等政策手段,支持灾后恢复重建。各地区、各部门要各负其责,各司其职,尽快落实好、组织实施好相关政策措施。要继续鼓励社会各界自愿捐助,引导国内外捐助资金用于灾后重建。运用市场机制,鼓励国有大企业集团多承担社会责任,支持各类企业到灾区投资兴业。加大以工代赈力度,鼓励灾区群众投身灾后重建。制定异地务工经商的灾区群众及其家属由就业地政府安排就地落户的政策措施。

(十二)落实工作责任。地方各级人民政府和国务院有关部门要充分认识灾后恢复重建任务的艰巨性、复杂性和紧迫性,树立全局意识,切实加强组织领导,全面做好灾后恢复重建的各项工作。灾区各级政府要建立、健全灾后恢复重建工作领导机构。灾区省级人民政府对本地区的灾后恢复重建负总责,统一领导、组织协调、督促检查灾后恢复重建规划的实施,市、县人民政府具体承担和落实恢复重建的各项任务。国务院有关部门要按照职责分工,做好指导、协调和帮助恢复重建的各项工作。

(十三)强化监督检查。灾区各级人民政府要按照《汶川地震灾后恢复重建条例》(国务院令第526号)的要求,加强重建工程项目的管理,不超标准,不盲目攀比,不铺张浪费。定期公布恢复重建资金和物资的来源、数量、发放和使用情况,主动接受社会监督。加强对恢复重建资金拨付和使用的管理,并进行全过程跟踪审计。加强对建设工程质量和安全以及产品质量的监督,组织开展对重大建设项目的稽查。加大对恢复重建所需重要物资的价格监管力度,严格控制主要建材价格,必要时可采取临时价格干预措施。

(十四)做好宣传工作。要加强新闻宣传工作,正确把握舆论导向,大力弘扬抗震救灾的伟大精神,大力宣传恢复重建中涌现出来的先进集体和模范人物,鼓舞和激励广大干部群众自力更生、艰苦奋斗,振奋精神、同心协力,做好灾后恢复重建工作。要定期公布灾后恢复重建进展情况,做到公开透明,有效发挥舆论监督的作用。

中华人民共和国国务院

2008年7月3日

全国政协十一届常委会第二次会议举行专题分组讨论

常委会组成人员围绕"进一步推进改革和提高对外开放水平"、"加快推进以改善民生为重点的社会建设"问题建言献策。中共中央政治局常委、全国政协主席贾庆林出席。

为了使讨论更加深入,这次常委会议分设七个专题,一是加快财税、金融等体制改革,完善宏观调控体系;二是深化文化体制改革,推动文化大发展大繁荣;三是拓展对外开放广度和深度,提高开放型经济水平;四是发挥港澳台侨人士优势和作用,扩大对外开放;五是扩大就业,深化收入分配制度改革;六是加快建立社会保障体系,完善社会管理;七是优先发展教育和建立基本医疗卫生制度。

讨论会场气氛热烈,发言踊跃。常委们一致认为,改革开放以来,我国经济社会发展取得了巨大成就。当前正处在全面建设小康社会的关键时期,要继续解放思想,坚定不移推进改革开放。要按照十七大的战略部署,加快重点领域和关键环节的改革步伐。要全面提高开放型经济水平,形成经济全球化条件下参与国际经济合作和竞争新优势。

常委们提出,今年以来我国经济形势总体良好,但国际经济环境出现了许多新的情况,使宏观调控面临严峻挑战,经济和社会发展面临着新的考验。宏观调控应"有保有压",要加强对薄弱环节的政策扶持,积极推进发展方式的转变,大力调整产业结构,采取更加有力的措施推进节能减排工作。还有常委提出,应从财税和信贷方面给予更多支持,政府应该立足消费、投资和进出口贸易"三驾马车"以及就业问题来研究治理通货膨胀问题,应从金融、财政、税收等政策方面有计划地引导消费,既要扩大消费,又要避免因消费增长助长全面通货膨胀。

常委们建议,大力发展教育、卫生、文化事业,加快建立覆盖城乡居民的社会保障体系,要完善体制机制和政策措施,强化政府责任,加大财政投入,开辟多种渠道筹措资金,切实解决人民群众最关心、最直接、最现实的利益问题,确保社会大局稳定。

中共中央政治局委员、全国政协副主席王刚和全国政协部分副主席分别参加了专题分组讨论。中共中央和国务院有关部门负责人应邀到会听取意见和建议。

全国政协副主席杜青林会见达赖喇嘛私人代表甲日·洛迪、格桑坚赞一行

杜青林向甲日·洛迪一行介绍了四川汶川特大地震和抗震救灾情况。他指出,中华民族越是危难时刻,越能显示血脉相连的强大民族凝聚力;越是面对灾难,越能体现守望相助的团结大爱精神。抗震救灾是中国维护人权的生动写照。生命至上的国家信念,举国动员的生死营救,及时通畅的信息披露,体现了中国共产党以人为本、执政为民的执政理念,彰显了社会主义制度的优越性。

杜青林指出,今年是改革开放30周年,西藏与全国一样,坚持改革开放,坚持科学发展,走上了生产发展、生活改善、生态良好、资源节约的发展道路。在西藏,坚持中国共产党的领导,坚持社会主义制度,坚持民族区域自治制度是决不会动摇的。中央将一如既往实行对西藏的方针政策,一如既往支持西藏经济社会发展,一如既往提高西藏各族人民的生活水平。

杜青林强调,中央对达赖喇嘛的政策是一贯的、明确的,对话的大门始终是敞开的。达赖喇嘛要是真的希望在有生之年为国家、为民族、为西藏人民的福祉做有益的事,就应公开、明确承诺并以实际行动不支持干扰破坏北京奥运会的活动,不支持策划煽动暴力犯罪活动,不支持并切实约束"藏青会"的暴力恐怖活动,不支持一切谋求"西藏独立"、分裂祖国的主张和活动。

中央统战部常务副部长朱维群、副部长斯塔与甲日·洛迪一行进行了谈话,阐明中央对达赖喇嘛的原则要求,并就一些具体问题交换了意见。指出,如果达赖喇嘛方面确实有积极表现,年底前可以进行下一次接触商谈。甲日·洛迪、格桑坚赞就有关问题陈述了想法,并表示将把这次接触情况向达赖喇嘛如实汇报。

在京期间,甲日·洛迪一行参观了北京奥运场馆,并与在京的一些藏学专家学者座谈。

最高人民法院公布《关于内地与香港特别行政区法院相互认可和执行当事人协议管辖的民商事案件判决的安排》

国务院副总理李克强在中南海紫光阁会见国外测绘专家代表

中共中央政治局常委贺国强在罗安达与安哥拉人民解放运动总书记马特乌斯举行会谈

中共中央政治局常委贺国强在罗安达会见安哥拉总统安哥拉人民解放运动主席若泽·爱德华多·多斯桑托斯

贺国强说,中安两国有着深厚的传统友谊。建交25年来,双边关系稳定发展。自2006年起,安哥拉已成为中国在非洲的第一大贸易伙伴。中方愿进一步落实胡锦涛主席在2006年中非合作论坛北京峰会上提出的8项举措,全面推进与非洲各国的友好合作,加强中安双方在经贸领域的合作并鼓励有实力、守信誉的中国企业参与安国内建设。贺国强说,中安合作潜力巨大,希望双方共同努力,不断总结经验,创新合作方式,把互利合作不断推向更高水平。贺国强还简要介绍了中国当前的国内情况。

贺国强还对安哥拉人民解放运动长期重视发展与中国共产党的友好关系表示赞赏,并表示中国共产党愿继续巩固和发展中安两党关系,努力推动中安国家关系不断开创新局面。

多斯桑托斯请贺国强转达他对胡锦涛主席的良好祝愿。他说,近年来,安中关系发展顺利,经贸领域的合作成效显著,安哥拉人民解放运动与中国共产党的友好交流也日益深入。安中关系是战略合作关系,两国全方位合作对安战后重建事业发挥了巨大作用。安政府和人民深切感受到中国党、政府和人民对非洲以及安哥拉的真挚情谊。安方愿与中方一道,继续挖掘潜力,努力推动安中友好互利合作在各领域不断取得新成果。多斯桑托斯再次就四川汶川发生严重地震灾害表示诚挚慰问。

贺国强祝愿安哥拉人民迅速医治好战争创伤,重建美好家园。

双方还就共同关心的国际和地区问题广泛深入地交换了意见。

会见结束后,贺国强出席了两国有关经贸合作协议的签字仪式。

全国人大常委会副委员长陈昌智在北京会见乌兹别克斯坦最高会议立法院外委会主席捷沙巴耶夫一行

7月4日

《求是》杂志社举行创刊50周年纪念大会

中共中央总书记胡锦涛致信祝贺。中共中央政治局常委李长春出席纪念大会并发表重要讲话。

胡锦涛在贺信中指出,《求是》暨《红旗》杂志是党中央指导全党全国工作的重要思想理论阵地。自创刊以来,为探索我国社会主义建设和党的建设规律作出了艰辛努力。特别是在改革开放的历史新时期,深入宣传马克思列宁主义、毛泽东思想、邓小平理论和“三个代表”重要思想,深入宣传科学发展观,着力阐述党的路线方针政策和中央的决策部署,及时回答广大干部群众关心的重大理论和实际问题,为提高全党的马克思主义理论水平、推动党和国家各项事业发展作出了重要贡献。

胡锦涛强调,党的十七大从新的历史起点出发,对社会主义经济建设、政治建设、文化建设、社会建设和党的建设作出了全面部署。希望《求是》杂志社的同志们认真贯彻党的十七大精神,始终坚持正确的办刊方向,紧紧围绕用中国特色社会主义理论体系武装全党这一战略任务,下大气力创新思路、丰富内容、改进文风,进一步办出特色、办出水平,切实发挥党中央机关刊的重要作用,为夺取全面建设小康社会新胜利、开创中国特色社会主义事业新局面作出新的更大的贡献。

李长春在讲话中指出,胡锦涛总书记的贺信,充分肯定了党中央机关刊《求是》暨《红旗》的地位和作用,充分肯定了改革开放以来《求是》杂志的工作,对《求是》杂志今后的工作提出了明确的要求,指明了前进方向,寄予厚望。求是杂志社一定要认真学习贯彻贺信精神,深刻认识自己肩负的历史使命,以改革创新精神办好《求是》杂志,让党中央放心,让广大读者满意。

李长春强调,《求是》杂志作为党中央的机关刊,作为党的理论武装工作的重要阵地,要紧紧围绕坚持和发展中国特色社会主义这一根本要求,紧紧围绕用中国特色社会主义理论体系武装全党、教育人民这一战略任务,紧紧围绕打牢全党全国各族人民团结奋斗的共同思想基础这一总体目标,着力宣传马克思主义中国化最新成果,着力推进实践基础上的理论创新,着力推动社会主义核心价值体系建设,着力回答干部群众关心的重大理论和现实问题,创新思路、丰富内容、改进文风,办出特色、办出水平,进一步提高《求是》杂志的理论性、指导性、权威性,切实发挥党中央机关刊的重要作用,不断开创党刊事业发展的新局面。

中共中央政治局委员、书记处书记、中宣部部长刘云山,中共中央政治局委员、国务委员刘延东,全国政协副主席、中国社会科学院院长陈奎元以及中央宣传思想工作领导小组成员出席了会议。

国务院总理温家宝在江苏 上海就经济运行情况进行调查研究

7月4日至5日,温家宝在江苏省省委书记梁保华、省长罗志军陪同下,到无锡、苏州的企业和农村调查研究。他先后考察了清华紫光软件集团公司、苏州工业园区综合保税区、龙腾光电等高科技企业。

考察期间,温家宝分别听取了江苏省委、省政府,上海市委、市政府的工作汇报。他对江苏、上海认真贯彻落实科学发展观,在经济社会发展各方面所做的工作和取得的成就予以充分肯定。温家宝指出,面对当前国际国内的新情况和新挑战,各地区各部门要把思想认识统一到中央的总体部署上来,扎实工作,迎难而上,推动经济又好又快发展。当前要重点抓好以下几个方面工作:一要切实转变经济发展方式,加快结构调整,把握好宏观调控的重点、节奏和力度,保持经济在较长时间平稳较快发展,避免出现大的起落。二要把抑制通货膨胀放在宏观调控的突出位置,多管齐下,标本兼治,努力把物价涨幅控制在经济社会发展可承受的范围内。三要切实加强“三农”工作,促进农业生产和农民增收。认真落实米袋子省长负责制,坚持最严格的耕地保护制度,确保粮食安全。四要千方百计增加就业,促进经济社会协调发展。重点做好困难群众就业、高校毕业生就业工作,帮助零就业家庭解决就业困难。五要加快转变外贸发展方式,着力优化进出口结构,提高出口产品市场竞争力,提高对外开放水平。

温家宝指出,江苏是经济大省,在全国具有举足轻重的地位。实现新形势下的发展,江苏必须搞好两个统筹:一是统筹区域协调发展。要充分发挥苏北地区后发优势,特别是推进苏北沿海地区综合开发,实现新型工业化和城市化互动并进。苏南地区要着力推进集约发展,自主创新,进一步提高国际竞争力。同时做好产业梯度转移,在更高层次上实现南北共同发展。二是统筹城乡发展。要推进现代农业、新农村建设和城镇化协调发展。统筹城乡产业布局、基础设施建设和社会事业发展,继续促进农村劳动力转移,大力发展县域经济,增强城市对农村的辐射带动作用,加快构建新型工农关系、城乡关系。他希望江苏省通过调整结构和转变发展方式,在高起点上争创新优势,实现新跨越,全面提升经济社会发展水平。

温家宝强调,上海的发展,在长三角乃至全国具有龙头和示范作用。上海要进一步贯彻落实科学发展观,充分发挥综合优势,以国际金融中心和国际航运中心建设为重点，大力发展服务业。要把金融发展放在更加突出的战略位置，完善政策支持体系，加大对金融业发展的支持力度，提升金融服务功能，培养和吸引人才，全力营造良好的金融发展环境，推进上海国际金融中心建设。要紧紧围绕建成东北亚国际枢纽港的目标，大力发展现代航运服务体系，着力打造航运服务资源集聚中心，加快上海国际航运中心建设。他希望上海要大胆探索，敢于创新，扎实工作，勇攀高峰，加快现代化国际大都市建设。

国务委员兼国务院秘书长马凯参加了调研。

全国政协十一届常委会第二次会议在北京举行全体会议

16位常委和委员作大会发言。中共中央政治局常委、全国政协主席贾庆林出席。

陶武先委员代表四川省政协介绍了省政协在抗震救灾中全力以赴、同心协力、主动作为、服务救灾大局的工作。张帆常委代表民进中央提出完善“教育系统突发公共事件应急预案”的建议。李卓彬常委代表致公党中央作了《弘扬中华民族精神，促进海外侨胞为我国改革开放创造有利的外部环境做贡献》的发言。马培华常委代表民建中央建议把发展服务外包业提升到国家产业发展的战略层面，尽快明确定位，完善政策。修福金常委代表民革中央就正确引导和帮助中小台资企业顺利转型提出具体建议。郑小燕常委代表农工党中央强调要加强村级卫生室建设，确保“人人享有基本医疗卫生服务”。杨健常委代表台盟中央建议以海峡西岸的发展为起点，发挥跨海效应，推动海峡东西岸经济的全面融合，构建一个“经济互补、产业对接、通道畅通、文化融合”的“海峡经济区”。黄代放常委代表全国工商联作了《改革和完善财税政策促进中小企业健康发展》的发言。艾努瓦尔常委建议在西部开放中完善资源价格形成机制，将资源开发和使用过程中的环境代价、资源枯竭后的退出成本计入资源定价中。张文康常委代表新型农村合作医疗制度建设视察团就不断巩固和完善新型农村合作医疗制度提出若干建议。赵启正常委提出要改善对外传播能力，重视引导涉及国际经济合作的国际舆论，努力拓展对外宣传的广度和深度。于永湛委员代表教科文卫体委员会以《深化改革繁荣我国出版发行业》为题作了发言。王东进委员代表社会和法制委员会就加快推进新型农村社会养老保险制度建设问题发言。魏建国委员代表外事委员会提出要进一步提升沿边开放水平，加快沿边省区开放型经济发展。汪啸风常委提出要注意多策并举引导农民有序转移就业。陈佐洱常委代表港澳台侨委员会对新形势下如何进一步发挥好港澳人士的作用提出建议。

全国政协副主席黄孟复主持会议。全国政协副主席王刚、杜青林、白立忱、阿不来提·阿不都热西提、李兆焯、董建华、张梅颖、张榕明、钱运录、孙家正、李金华、郑万通、万钢、林文漪、厉无畏、罗富和、陈宗兴、王志珍出席会议。

国家副主席习近平到广东考察

7月4日至5日，习近平在中共中央政治局委员、广东省省委书记汪洋和省长黄华华等陪同下，深入深圳、东莞等地乡镇、企业、社区、港口、研究机构，对进一步推进粤港澳合作、加强和改进党的建设等问题进行调研。一路上，习近平边看边听边问，对广东的工作给予充分肯定。

在调研中，习近平十分注意了解粤港澳互利合作情况。在深圳考察盐田国际集装箱码头有限公司、威明实业有限公司、虚拟大学园等港方投资或合作项目时，当了解到有些港资企业受国外消费需求下降、石油和原材料涨价等因素影响，生产经营出现较大幅度下滑的情况，习近平鼓励他们通过多种方式克服当前困难，并叮嘱随行的地方和部门负责同志要采取措施帮助类似企业，为他们排忧解难。

习近平主持召开广东党政负责同志座谈会，在听取地方工作汇报后发表了重要讲话。他深刻阐述了推动粤港澳互利合作的重要意义、指导方针和实施重点。他指出，深化粤港澳合作，促进港澳经济发展，对于保持港澳长期繁荣稳定，彰显“一国两制”的成功实践，最终实现祖国统一大业，具有重要意义。广东要充分发挥独特的地理优势和与港澳经贸联系紧密等优势，坚持按照“一国两制”方针和香港、澳门两个特别行政区基本法办事，相互尊重、互利互惠，进一步加大粤港澳合作力度，提高合作水平，开创粤港澳合作新局面，为香港、澳门长期繁荣稳定作出新的更大贡献。要按照突出重点、先易后难、分步实施的原则，务实推进粤港澳合作。当前，要把推进粤港澳合作的着力点放在服务业等方面。

全国政协副主席、国务院港澳办主任廖晖参加有关考察活动。

全国人大常委会副委员长乌云其木格在天津出席全国人大民族工作座谈会并发表讲话

乌云其木格指出，要切实增强做好人大民族工作的紧迫感、责任感和使命感，大力加强民族法制建设，依法调整民族关系，努力维护社会稳定。

乌云其木格还提出，做好人大民族工作要依法促进民族地区实现科学发展。要在法定职责范围内，通过严格履行法定程序,开展各项人大民族工作。要深入贯彻落实科学发展观,不断激发民族自治地方促进经济社会发展的内在动力,认真督促民族自治地方的上级国家机关全面履行法定职责。在促进民族地区经济发展的同时,注重加强民族地区的医疗卫生、教育文化和人才培养等各项社会事业的发展。

国务院副总理回良玉到天津指导防汛工作并主持召开北方防汛工作会议

7月4日至5日,回良玉先后来到海河流域的独流减河进洪闸枢纽等地,实地察看除险加固、河道整治、城市防洪工程情况,仔细询问地面沉降和淤积程度,详细了解海河流域的历史来水和防洪调度方案。

在随后召开的防汛工作会议上,回良玉在听取有关地区、部门和流域机构的汇报后指出,今年我国降雨时空分布极为不均,汛期来得早,降雨强度大,洪水量级高,山洪灾害多,局部地区降雨超过百年一遇。面对强降雨和洪涝灾害,各有关方面做了大量卓有成效的工作,加上我们多年的水利基础设施建设发挥效益,尽管汛情重于常年,但灾害损失轻于常年,减灾成效十分明显。同时必须清醒地看到,当前气候的变化越来越呈现异常趋势,突发性极端天气事件频繁发生,近日我国南方和北方部分地区仍有强降雨过程,防汛抗洪救灾形势不容乐观,决不能有丝毫的麻痹。

中央深入学习实践科学发展观活动试点工作领导小组在北京召开会议

会议研究贯彻落实胡锦涛同志关于做好深入学习实践科学发展观活动试点工作指示精神,部署解决问题、完善制度阶段工作。中共中央政治局委员、中央书记处书记、中央组织部部长李源潮在会上要求,一是要按照前一阶段学习实践科学发展观形成的共识,抓好整改落实方案的制订,把整改落实措施进一步目标化、具体化、责任化。二是要按照科学发展观的要求和人民群众的迫切愿望,切实解决影响和制约本地区、本部门、本单位科学发展的几个突出问题,办好群众迫切希望办的几件实事,进一步以实际成效取信于民。三是要以改革创新的精神抓好科学发展机制的创新。要在前一阶段工作基础上加强政策研究,条件成熟的制度要抓紧出台;需要统筹协调、长远考虑的,要从实际出发,积极稳妥地推进。要注意把学习实践活动与当前中心工作紧密结合起来,促进做好灾后恢复重建、推动经济社会又好又快发展和北京奥运会筹办等工作。

中共中央政治局常委贺国强在路易港会见毛里求斯政府总理工党领袖纳文·拉姆古兰

7月5日

全国政协十一届常委会第二次会议在北京闭幕

中共中央政治局常委、全国政协主席贾庆林出席闭幕会并讲话。

贾庆林指出,这次常委会议是在抗震救灾取得重大阶段性胜利的新形势下召开的一次重要会议。中共中央、国务院对这次会议高度重视,中共中央政治局委员、国务院副总理张德江到会作了报告。国务院抗震救灾总指挥部还向会议提供了关于四川汶川特大地震及灾后恢复重建工作情况的报告。这对我们准确把握中央精神,深入了解有关情况,更加积极有效地履行职能很有帮助。常委们高度评价了前一阶段的抗震救灾工作,全国政协常委会将继续发挥自身优势和作用,全力支持抗震救灾和灾后恢复重建工作。

贾庆林强调,要继续解放思想,坚定不移地推进改革开放。他说,中共十一届三中全会开启了改革开放历史新时期。这场前所未有的大改革大开放,极大地焕发了社会主义的生机和活力,显著提升了我国的国际地位。面向未来,我国改革开放和社会主义现代化建设事业正处在新的历史起点上。必须清醒地认识到,改革开放是一场新的伟大革命,形成一套比较完整、比较定型的体制机制还有很长的路要走。特别是当前改革进入关键时期,触及长期积累的深层次矛盾和问题,这些问题都是发展中的问题、前进中的问题,要用发展和改革的办法来解决。这就要求我们必须进一步解放思想、更新观念,以新的思想解放破解改革难题,取得改革发展的新成效;必须坚定不移地坚持对外开放的基本国策,不断增强发展的动力和活力。要认真研究解决物价过快上涨问题、大力发展非公有制经济问题、加快内地和沿边开放等问题。贾庆林指出,面对复杂多变的国际形势和艰巨繁重的国内改革发展任务,我们要按照十七大作出的战略部署,牢牢抓住发展这个党执政兴国的第一要务,加快重点领域和关键环节改革步伐,着力构建充满活力、富有效率、更加开放、有利于科学发展的体制机制,形成经济全球化条件下参与国际经济合作和竞争的新优势。

贾庆林指出,加快推进以保障和改善民生为重点的社会建设,是我们党从全面建设小康社会和构建社会主义和谐社会的高度作出的重大战略部署。我们要认真贯彻落实中央的决策部署,大力发展教育、卫生、文化等社会事业,加快建立覆盖城乡居民的社会保障体系,切实解决好人民群众最关心、最直接、最现实的利益问题,确保社会稳定。

贾庆林说,再过一个多月,北京奥运会就要开幕了。目前,各项准备工作基本就绪。各级政协组织和广大政协委员要积极主动地支持奥运、服务奥运,配合有关部门做好工作,为成功举办奥运会营造良好的社会氛围。

贾庆林强调,当前改革发展稳定的任务很重,我们要按照中央的要求,发挥人民政协的独特优势和作用,一手毫不放松地抓抗震救灾和恢复重建工作,一手坚定不移地抓经济社会发展,为夺取抗震救灾斗争全面胜利,保持经济平稳较快发展和社会和谐稳定,成功举办奥运会,作出积极贡献。

中共中央政治局委员、全国政协副主席王刚主持会议。全国政协副主席杜青林、白立忱、陈奎元、阿不来提·阿不都热西提、李兆焯、黄孟复、董建华、张梅颖、张榕明、钱运录、孙家正、李金华、郑万通、邓朴方、万钢、林文漪、厉无畏、罗富和、陈宗兴、王志珍出席会议。

中共中央和国务院有关部门负责人应邀列席闭幕会。

全国政协十一届常委会在北京举办第一次学习讲座

中共中央政治局常委、全国政协主席贾庆林主持讲座。

北京奥运会组委会执行副主席蒋效愚、中国藏学研究中心总干事拉巴平措应邀到会分别作了《奥林匹克运动及其人文精神》和《所谓“西藏问题”的历史由来及现状》的专题报告。蒋效愚介绍了北京奥运会、残奥会筹办工作的最新进展情况以及中国在筹办过程如何做到突出以人为本、促进社会和谐所采取的举措,阐述了奥林匹克及其人文精神的内涵。拉巴平措以大量史料为根据,指出西藏自古就是中国的一部分。新中国的建立,开辟了西藏历史的新纪元。在中央的亲切关怀和全国各族人民的大力支援下,西藏改革开放和现代化建设取得了举世瞩目的巨大成就。当前,西藏社会稳定,经济发展,人民安居乐业。西藏广大人民群众坚决反对达赖集团的分裂破坏活动。

贾庆林在主持讲话中指出,常委们一直十分关注北京奥运会、残奥会和西藏地区及其他藏区的发展和稳定问题。举办奥运会是中华民族的百年期盼,是海内外中华儿女的共同心愿。现在距离北京奥运会开幕只有一个多月的时间,筹办工作已进入最后关键阶段。各级政协组织和广大政协委员要充分认识办好奥运会的重要意义,大力支持奥运,热情参与奥运,真诚服务奥运,积极为办好奥运会建言献策,为成功举办一届有特色、高水平的奥运会和残奥会贡献智慧和力量。

贾庆林强调,西藏自古以来就是中国领土的一部分。西藏的发展稳定和安全,直接关系到西藏各族人民的根本利益,关系到民族团结、祖国统一和国家安全。各级政协组织和广大政协委员要坚决贯彻中央关于西藏工作的方针政策,充分发挥自身的优势和作用,紧紧围绕西藏发展稳定中的重大问题深入调查研究,积极协助党和政府开展民族团结进步教育活动,向国际社会广泛宣传我国宗教信仰自由的真实状况和西藏发展的巨大成就,为实现西藏跨越式发展和长治久安作出应有的贡献。

全国政协副主席王刚、白立忱、陈奎元、阿不来提·阿不都热西提、李兆焯、黄孟复、张梅颖、张榕明、钱运录、孙家正、李金华、郑万通、万钢、罗富和、陈宗兴、王志珍出席学习讲座。

7月6日

全国政协主席贾庆林到陕西 甘肃调研抗震救灾和恢复重建工作

7月6日至10日,贾庆林和随行的全国政协副主席、中央统战部部长杜青林,在陕西省省委书记赵乐际、省长袁纯清和甘肃省省委书记陆浩、省长徐守盛的陪同下,先后到陕西、甘肃两省,就深入贯彻落实省区市和中央部门主要负责同志会议精神,做好抗震救灾和恢复重建工作,切实维护藏区稳定,促进经济社会又好又快发展,进行调查研究。

贾庆林分别听取陕西、甘肃的工作汇报,对两省抗震救灾和经济社会发展取得的巨大成就给予充分肯定。贾庆林指出,当前抗震救灾工作进入安置受灾群众和恢复重建阶段,任务艰巨繁重。要坚持以人为本,继续做好食品、饮用水、衣被等生活必需品调运工作,集中力量抓好住房建设,抓紧研究解决受灾群众的生计问题,妥善安置好受灾群众生活。要制定科学合理的规划,统筹考虑基础设施和公共服务设施建设、城乡布局和生产力布局、生态环境保护和次生灾害防治,提高设防标准,有序推进灾区恢复重建进程。要充分发挥地方、企业和干部群众的积极性、主动性、创造性,加大政府支持力度,鼓励社会广泛援助,尽快恢复灾区的工农业生产。要做好对口支援工作,搞好规划论证,选好支援项目,抓好组织实施,努力争取最大效益和最好效果。要鼓励灾区人民自力更生,保持大灾面前压不垮、大难面前不低头的英勇精神,互帮互助、苦干实干,用自己的双手重建美好家园。

如何推动经济社会又好又快发展,是贾庆林此次调研的一个重点。他走进天水风动机械有限公司、华天电子集团、兰州兰电电机有限公司、兰州大学以及航天公司510研究所等企业和科研院校,向企业员工、科研人员详细了解生产经营、自主创新等情况。他强调,今年以来,尽管我们经受了最为严峻的重大挑战和考验,但我国经济平稳较快发展的基本面没有改变,国民经济继续朝着宏观调控的预期方向发展。我们要坚决贯彻中央的决策和部署,深入贯彻落实科学发展观,把伟大抗震救灾精神转化为致力发展的坚定决心、谋划发展的正确思路和加快发展的强大动力。要加强和改善宏观调控,把握好节奏、重点和力度,有效避免经济出现大的起落;要加快转变经济发展方式,推动产业结构优化升级,真正把科技资源优势转化为自主创新优势,把自然资源优势转化为经济优势,把区位优势转化为发展优势;要大力发展农业生产,促进农业增产和农民增收;要着力保障和改善民生,切实解决人民群众切身利益问题。

维护藏区社会稳定,是贾庆林十分关心的问题。他来到甘肃省甘南藏族自治州,慰问少数民族干部群众,在拉卜楞寺同藏传佛教界人士进行了座谈。贾庆林强调,要加大寺庙法制宣传教育工作力度,加快藏区经济社会发展,加深藏传佛教工作研究,加强藏区基层政权和党组织建设,推动实现藏区的长治久安和跨越式发展。贾庆林希望藏传佛教界人士坚持爱国爱教、遵守国家法规、守持佛教戒律、潜心研修佛法,努力成为政治上靠得住、学识上有造诣、品德上能服众的爱国爱教人士,为维护社会稳定、民族团结和祖国统一发挥积极的作用。

调研期间,贾庆林专程看望了甘肃省统战、政协、民族、宗教工作部门机关干部和各民主党派、工商联负责人。他充分肯定了统一战线和人民政协为抗震救灾工作所做的积极贡献,要求各级党委和政府切实加强对统一战线和人民政协工作的领导,多给他们出题目、压任务,帮助他们解决工作中的困难和问题,为他们更好地发挥作用创造有利条件。

国家副主席习近平在香港会见香港特别行政区行政长官曾荫权

习近平在下榻的酒店会见了香港特别行政区行政长官曾荫权。他说,中央对香港特别行政区行政长官和特别行政区政府的工作是满意的。当前香港形势总体上是好的,要继续密切关注外部经济环境变化,进一步促进经济发展和民生改善。对于香港特别行政区政府提出的需要内地支持和帮助的政策事项,中央政府已要求有关部门和地方加紧研究,成熟一项,推出一项。

全国政协副主席、国务院港澳事务办公室主任廖晖等参加会见。

国家副主席习近平在香港检查北京奥运会 残奥会马术比赛筹办工作

习近平在香港特别行政区行政长官曾荫权陪同下,先后视察了北京奥运会、残奥会双鱼河、沙田马术比赛场地,听取了香港特别行政区政府关于奥运马术比赛筹办情况的汇报,亲切会见了北京奥运会、残奥会香港代表团成员和志愿者、义工代表。

在听取曾荫权和有关方面负责人关于北京奥运会、残奥会马术比赛筹办工作汇报后,习近平指出,香港特别行政区政府为协办奥运投入了大量人力、物力和财力,工作卓有成效。马术比赛场馆建设和配套设施建设达到世界一流水平,希望在运行管理中也创造世界一流水平,使香港奥运马术比赛成为北京奥运会、残奥会的一个亮点。

在谈到奥运马术比赛期间的各项城市运行保障工作时,习近平指出,香港在以往举行大型国际会议和活动方面有比较成熟的经验,要在国际奥委会和北京奥组委指导下,参照国际惯例,完善城市运行保障工作责任制,确保赛会期间交通顺畅、环境整洁、食品安全、服务周到。

习近平强调,香港参与协办北京奥运会,既是香港的荣耀,也是香港的责任。他希望香港特别行政区政府以“行百里者半九十”的务实精神,更加奋发努力、更加深入细致地做好奥运筹办最后关键阶段各项工作,切实把相关服务工作组织好,把平安奥运目标实现好,确保北京奥运会、残奥会马术比赛热烈、精彩、成功。

在会见北京奥运会、残奥会香港体育代表团成员、志愿者和义工代表时,习近平勉励香港体育代表团成员特别是运动员,抓紧时间,认真搞好参赛备战,奋力夺取运动成绩和精神文明双丰收,为祖国争光,为民族争气,为人生添彩。他说,香港同胞曾为新中国体育事业作出过杰出贡献,也一定会在北京奥运会、残奥会上创造新的辉煌。习近平说,奥运志愿者和义工是奥林匹克事业的形象大使。他希望大家在服务北京奥运会、残奥会的崇高岗位上恪尽职守、奉献爱心,展示一流的服务质量和过硬的服务本领,构筑一道真诚服务、微笑服务的亮丽风景线。

全国政协副主席、国务院港澳事务办公室主任廖晖等陪同考察。

国务院副总理李克强到浙江考察经济运行情况

7月6日至8日,李克强在浙江省省委书记赵洪祝、省长吕祖善的陪同下,冒着高温酷暑,先后来到温州、杭州等地,考察了一些轻纺、机电和高新技术企业,并主持召开经济情况座谈会,着重就企业发展改革、国内外市场环境等问题深入进行调研。

李克强主持召开企业和政府部门代表参加的经济情况座谈会,认真听取大家的发言。一些企业反映,近来国际市场变化较大,企业生产经营面临不少新问题。

李克强说，企业是市场的主体，微观是宏观的基础。要审时度势，精心指导，把握好宏观调控的重点、节奏和力度，增强宏观调控的预见性和灵活性。各级政府要进一步强化服务意识，完善政策措施，帮助企业尤其是中小企业解决面临的具体困难，办实事、解难题，为企业发展创造良好环境。

李克强还考察了杭州市社区卫生服务中心。他指出，我们发展的最终目的就是为了改善人民生活。要坚持以人为本、为民服务，下大决心、花大力气，解决好教育、卫生、社保、住房、环境等重点民生问题。

考察期间，李克强还听取了浙江省委、省政府的工作汇报。他充分肯定了近年来浙江经济社会发展取得的成就，希望浙江广大干部群众团结奋进，锐意创新，走在全面建设小康社会的前列。

中国银行业海外总资产超过外资银行在华总资产

从中国银行业改革开放热点问题学术论坛上获悉：截至2007年年底，工行、建行等5家中资银行控股、参股了9家外资金融机构，同时中资银行机构在29个国家和地区设立60家分支机构，海外机构总资产达2674亿美元，而在华外资银行资产总额为1715亿美元，中资银行在海外分支机构总资产远大于外资银行在华总资产，基本维持着双向、健康的对外开放态势。

目前外资银行在华占国内银行资产比例仍然偏低。据中国银行业协会专职副会长杨再平介绍，截至2008年3月末，在华外资银行资产总额达到1930.94亿美元，占我国银行业金融机构总资产的2.44%，而根据国际货币基金组织对105个国家统计结果显示，2005年年末外资银行占国内银行总资产的平均比例已经达到3%。

7月7日

全国人大常委会委员长吴邦国到内蒙古考察

7月7日至10日，吴邦国和随行的全国人大常委会副委员长、秘书长李建国，在内蒙古自治区党委书记、人大常委会主任储波，自治区代主席巴特尔等陪同下，先后到呼伦贝尔、满洲里、鄂尔多斯、呼和浩特等地考察。

考察期间，吴邦国听取了内蒙古自治区工作汇报，对内蒙古的工作给予了充分肯定。他说，内蒙古自治区党委、政府团结带领全区各族群众，认真贯彻落实科学发展观，开拓创新，扎实工作，全区经济社会发展上了一个大台阶，结构调整、产业升级取得显著成效，节能减排、生态环境建设得到明显加强，民族团结和睦，社会和谐稳定。

吴邦国指出，内蒙古煤、油、气等能矿资源丰富，地域辽阔，发展潜力巨大。要始终坚持发展是硬道理的战略思想，紧密结合内蒙古实际，认真贯彻中央精神，创造性地开展工作，着力推动经济发展方式的“三个转变”，因地制宜地发展特色经济，继续加大结构调整和产业升级力度，把已有的优势企业做大做强，把知名的品牌巩固提高，引进国际国内知名大企业，坚持高起点，把资源优势转化为经济优势，在西部地区发展中起到率先作用。

吴邦国强调，自主创新是调整经济结构、推进节能减排、转变经济发展方式的内在支撑和不竭动力。要抓住内蒙古经济结构调整、产业优化升级的有利时机，从发展新型特色产业出发，走出一条以企业为主体、以市场为导向、产学研相结合的自主创新路子。要大力培养、吸引创新人才，培育创新体制机制，加大科技投入，充分发挥后发优势，实现科技跨越发展。

他指出，内蒙古自治区东西跨度大，发展差距也大，城乡二元结构矛盾比较突出，要采取有效措施，加快解决区域发展不平衡的问题，努力缩小东西部和城乡差距，使各族人民共享改革发展成果。

吴邦国强调，内蒙古是我国北方重要的生态屏障。由于自然地理等原因，内蒙古又是生态环境十分脆弱的地区。生态环境保护和建设，是任何时候都不能放松的一项重要工作。同时要加强资源综合利用，大力发展循环经济，着力推进节能减排，在保护生态环境的前提下发展经济，努力实现生态不断改善、经济持续发展的良性循环。

考察期间，吴邦国还亲切看望了内蒙古自治区人大常委会机关干部职工。

国家副主席习近平出席香港特别行政区政府欢迎晚宴并发表讲话

习近平在欢迎晚宴上代表中央政府，代表胡锦涛主席向全体香港市民致以诚挚问候和良好祝愿，对给予内地抗震救灾强有力支持的香港特别行政区政府、社会各界人士和广大香港同胞表示衷心感谢。

在欢迎晚宴上，特别行政区行政长官曾荫权发表了热情洋溢的欢迎词。他代表香港市民和特区政府对习近平副主席的到来表示衷心的欢迎。

全国政协副主席廖晖、董建华等出席了欢迎晚宴。

国家副主席习近平在香港特别行政区政府欢迎晚宴上的致辞

同胞们，朋友们：

在我国抗震救灾取得重大阶段性胜利之后，在举世瞩目的北京奥运会开幕之前，在香港回归祖国11

周年之际，我们一行来到香港，实地考察北京奥运会、残奥会马术比赛筹办情况，亲身感受香港回归祖国以来的深刻变化。今晚，香港特别行政区政府举行欢迎晚宴，能有机会同大家欢聚一堂，我感到非常高兴。首先，我代表中央政府，代表胡锦涛主席，向在座各位，并通过你们向全体香港市民致以诚挚问候和良好祝愿！

当前，中央政府正在一手抓抗震救灾工作、一手抓经济社会发展，并号召全国各族人民把在抗震救灾中焕发出来的万众一心、众志成城，不畏艰险、百折不挠，以人为本、尊重科学的伟大精神转化为办好北京奥运会的实际行动，在全社会形成迎接北京奥运会的热烈气氛，以最大热情、尽最大努力把北京奥运会办好，做到让国际社会满意、让各国运动员满意、让人民群众满意。

我们高兴地看到，在行政长官曾荫权先生领导下，香港对内地的抗震救灾给予了强有力的支持。香港特别行政区政府在第一时间拨款3.5亿港元，还及时派出飞行服务队以及多支搜救队、医疗队、防疫队参与救援行动。香港社会各界踊跃捐款约20亿港元，许多社会团体和演艺界人士组织义演等赈灾活动，众多香港新闻工作者深入灾区一线及时进行了大量报道。最近，继行政长官曾荫权先生率团专程到四川地震灾区考察后，立法会主席范徐丽泰和立法会部分议员也访问了四川地震灾区，表达了参与灾区恢复重建的热切愿望。所有这一切，都充分体现了香港同胞与内地同胞血浓于水的深厚情谊。在这里，我代表中央政府和灾区人民，向香港特别行政区政府、社会各界人士和广大香港同胞表示衷心感谢！

我们高兴地看到，香港特别行政区政府和广大香港同胞在协办2008年北京奥运会、残奥会方面作出了重要贡献。香港是北京奥运会的6个协办城市之一，香港马术比赛是北京奥运会的一个重要组成部分。在香港特别行政区政府高度重视和精心组织下，经过香港奥马委、香港奥委会和社会各界共同努力，仅用3年左右时间就建成了两个高水平、现代化的奥运马术赛场，奥运马术比赛各项组织工作和城市运行保障工作也在顺利推进。香港市民对北京奥运会热情期待、积极参与，5月2日北京奥运会火炬在香港传递时的壮观场面与热烈祥和的气氛，给国人和世人都留下了深刻印象。我深信，有香港特别行政区政府和广大香港同胞的共同努力，一定能把北京奥运会、残奥会马术比赛办得热烈、精彩、成功。

我们还高兴地看到，香港回归祖国11年来，在中央政府和祖国内地大力支持下，在董建华、曾荫权两位行政长官带领下，香港特别行政区政府和广大香港同胞自强不息、团结奋进，克服了亚洲金融危机、"非典"疫情等带来的严重困难和挑战，使香港保持了国际金融、贸易、航运中心的地位，进一步加强了与祖国内地在各个领域的交流合作，取得了可喜成就。今天的香港，社会稳定、经济增长、民生改善，形势令人鼓舞。实践已经并将不断证明，"一国两制"方针是完全正确的，是有强大生命力的；广大香港同胞完全有智慧、有能力管理好、建设好香港。在这里，我高兴地告诉大家，国家商务部不久将与香港特别行政区政府签署有利于香港服务业进入内地尤其是广东省的有关安排文件，希望这一安排能够为香港服务业的发展提供新的机遇。今后，只要是对香港经济发展、民生改善有利的事情，中央政府都会继续积极予以支持。

同胞们、朋友们！

今年3月6日，胡锦涛主席在会见港澳全国人大代表和全国政协委员时，对两个特别行政区政府和社会各界人士提出了四句话的总要求，这就是：集中精力发展经济，切实有效改善民生，循序渐进推进民主，包容共济促进和谐。这四句话，精辟概括了香港回归以来实践"一国两制"的成功经验。集中精力发展经济，就能使香港更加繁荣，在国家整体发展中扮演更加重要的角色，在国际竞争中占据更加有利的地位；切实有效改善民生，就能帮助市民大众提高生活水平，让他们共享香港繁荣发展的成果；循序渐进推进民主，就能广泛凝聚共识，稳步推进香港的民主进程；包容共济促进和谐，就能在拥护"一国两制"方针和基本法的原则基础上，为建设和谐香港、繁荣香港创造有利的社会环境。

同胞们、朋友们！

从1997年7月1日回归祖国那一刻起，香港的前途就已牢牢地掌握在香港同胞手中，香港的命运就更加紧密地同祖国的命运联结在一起。我们坚信，有伟大祖国作坚强后盾，依靠香港特别行政区政府和社会各界人士共同团结奋斗，香港就一定能克服前进道路上的任何风险、困难和挑战，香港的明天必定会更加美好，香港市民生活必定会更加幸福，祖国的东方之珠必定会更加璀璨！

最后，让我们共同预祝北京奥运会、残奥会及由香港承办的奥运马术比赛取得圆满成功！让我们共同预祝"一国两制"伟大事业取得更大胜利！

谢谢大家！

国务院副总理王岐山在中南海紫光阁会见参加"携手共建——知名侨资企业家四川行"活动的代表

全国人大常委会副委员长陈至立在人民大会堂会

见由主席亚当·基南·韦赫利耶率领的肯尼亚国民议会国防与外交事务委员会代表团

全国人大常委会副委员长乌云其木格在人民大会堂会见智利驻华大使费尔南多·雷耶斯·马塔

“中德对话论坛”第四次会议在北京召开

论坛中方主席、中国工程院院长徐匡迪在发言中指出,“中德对话论坛”第四次会议是在中德关系处于关键时期召开的,是及时、有益的。他希望双方成员通过友好、坦诚、深入的对话交流,增进相互了解,争取在一些重要问题上形成共识,为促进中德友好关系的深入发展作出贡献。

会议期间,中德双方成员就“中德关系未来”、“媒体在发展双边关系中的作用”、“进一步深化中德经贸合作”以及“中国建设和谐社会与德国建设福利社会的经验”等议题进行了深入交流,并提出了两国不断深化这些领域合作的建议。

“中德对话论坛”是中德两国总理倡议成立的高级别非官方论坛。

第七届“中国十大杰出志愿者”评选在北京揭晓

由团中央、中国青年志愿者协会主办的第七届“中国十大杰出志愿者”和“中国十大杰出志愿服务集体”评选在京揭晓。

获得“中国十大杰出志愿者”称号的是:发挥专业救援特长,从地震废墟里救出20多个孩子的四川成都东莞实业有限公司经理陈岩;组织120名志愿者、自带60台挖掘机36小时内赶赴灾区抢险的江苏黄埔再生资源利用公司董事长陈光标;身残志坚、12年来带动10万余人次的志愿者帮助近10万名困难群众的辽宁大连“心连心志愿者工作站”韩伟;从小热心环保公益活动并致力于环保发明创造、服务绿色奥运的北京市第六十五中学学生袁日涉;创办“赵广军生命热线”、常年热心帮助困难青少年的广东省广州浚华物业公司房管员赵广军;不畏艰险,第一时间前往灾区参与废墟救人、失事飞机搜寻的四川资阳青年农民尹春龙;连续3年远赴贵州边远山区和非洲爱心支教的华中农业大学研究生徐本禹;长期坚持结对资助贫困学生,多次赴贫困地区支教的上海师范大学辅导员孙雅艳;勇担责任,组织在京务工同乡投身抗震救灾的“宁夏农民工志愿服务队”负责人郭昊东;利用业余时间9年独自走边防、把歌声带进天山南北哨所的新疆军区政治部文工团演员夏米力·夏克尔。

获“中国十大杰出志愿服务集体”称号的是:河北唐山十三义士、四川绵竹青年志愿者协会、中国上海青年志愿者赴老挝服务队、湖南三一重工集团抗震救灾志愿服务队、浙江湖州市罗爱儿爱心帮扶志愿服务集体、中国青年志愿者赴津巴布韦山东援外服务队、北京公交青年志愿者服务队、河南郑州市12355青少年维权和心理咨询中心青年志愿者服务队、贵州青年志愿者抗震救灾医疗救援服务队、福建省同人助残志愿服务中心。

福建土楼被联合国教科文组织第三十二届大会列入《世界遗产名录》

7月8日

国家主席胡锦涛在日本北海道同印度 巴西 南非 墨西哥领导人举行集体会晤

国家主席胡锦涛同应邀出席八国集团同发展中国家领导人对话会议的印度总理辛格、巴西总统卢拉、南非总统姆贝基、墨西哥总统卡尔德龙在日本北海道首府札幌举行集体会晤。五国领导人就推动南南合作、推进南北对话、促进共同发展及共同关心的全球性问题等交换了看法。

胡锦涛在会晤时发表了讲话。

会晤后,五国领导人发表了集体会晤政治声明。声明指出,人类正处于关键的历史性十字路口。全球化和创新提高人类生活水平的潜力前所未有。与此同时,全球和平与安全、可持续发展面临的风险和挑战也前所未有。当前全球经济放缓,这主要体现在金融领域存在不确定性,贸易保护主义危害持续存在,粮食价格快速上涨,能源市场不可持续,气候变化更是带来新的威胁。这些因素相互作用,为当前国际形势增加了复杂性。

声明强调,各国相互依存程度上升,需要采取综合和协调的方式共同应对上述全球性挑战。我们必须确保各国及全球发展繁荣的可持续性。这是我们这一代的历史性挑战。为实现这一基本目标,我们必须通过协调合作实现兼顾环境的公平增长,以国际合作的方式承担共有责任。

国家主席胡锦涛在发展中五国领导人集体会晤时的讲话

尊敬的卡尔德龙总统,各位同事:

很高兴同大家再次见面。我愿同各位就我们共同关心的问题坦诚交换意见。

首先,我要代表中国政府和人民,衷心感谢各国政府和人民对中国抗击汶川特大地震灾害给予的大力支持和真诚帮助,衷心感谢各国人民对中国人民表达的同情和慰问。中国政府和人民有决心、有信心,在国际社会关心和支持下,战胜这场特大地震灾害,帮助灾区人民早日重建美好家园。

当今世界正处在大变革大调整之中。世界多极化不可逆转,经济全球化深入发展,科技革命加速推进,国与国相互依存日益紧密。共同分享发展机遇,共同应对各种挑战,推进人类和平与发展的崇高事业,事关各国人民的根本利益,也是各国人民的共同心愿。

发展中国家是维护世界和平、促进共同发展的重要力量。近年来,发展中国家整体力量上升、团结合作加强,在国际事务中的影响和作用日益增长。我们五国都是重要的发展中国家,人口占世界的42%,国内生产总值占世界的12%,派出的维和人员数量占目前联合国维和行动人员总数的16%。加强五国的协调合作,不仅有利于各自国家发展,也有利于加强南南合作、推动南北对话、推进人类和平与发展的崇高事业。

过去的一年里,我们五国初步建立起多个层面的协调机制,围绕同八国集团举行对话会议密切沟通、加强协调,取得了积极成果。我们应该以此为基础,重点在以下几方面继续作出努力。

(一)团结协作,促进共同发展。我们五国积极参与经济全球化进程,同国际市场的关联性日益增强,已成为世界经济体系的重要组成部分和世界经济增长的重要推动力量。当前,世界经济增长中的不确定不稳定因素增多,直接关系并影响到我们五国的发展。我们应该就此加强沟通和协调,开展互惠互利的双边和多边合作,共同应对不利因素,保持经济较快发展的势头和活力,继续为世界经济发展作出贡献。

(二)加强协调,推动南南合作。南南合作是发展中国家取长补短、实现共同发展的重要途径。我们应该为促进南南合作作出积极贡献、起到表率作用。一方面,我们应该共同促进多边主义和国际关系民主化,增强发展中国家在国际事务中的参与权和决策权,为发展中国家发展争取有利外部环境。另一方面,我们应该积极推动国际经济、金融、贸易、发展体系改革,维护发展中国家正当权益,提高发展中国家应对各种风险和挑战的能力,促进世界经济均衡、协调、可持续发展。

(三)着眼长远,推进南北对话。在经济全球化深入发展的条件下,世界各国利益相关、命运与共。如果发展中国家长期落后,世界经济就不可能实现持久发展。发达国家和发展中国家只有携手合作,才能有效解决全球性问题。我们应该继续本着积极务实、求同存异的原则,推动南北国家建立平等、互利、合作、共赢的新型伙伴关系。我们应该加强同发达国家的磋商,推动他们更多倾听发展中国家呼声,充分运用国际社会的资源,加大对促进全球发展的投入。

(四)共同努力,承担应尽责任。当今世界的多数热点问题都与发展中国家的利益息息相关。我们有必要也有责任携手合作,共同对全球事务施加积极影响,增强发展中国家的发言权,为建设持久和平、共同繁荣的和谐世界作出更大贡献。当前,我们要通过今年举行的联合国千年发展目标高级别会议、发展筹资问题后续会议等重要国际会议,积极推动取得有利于发展中国家的实质成果。

总之,我们五国合作潜力很大,在维护世界和平、促进共同发展方面可做的事情很多。加强团结合作不仅符合我们五国人民的利益,也符合世界各国人民的共同利益。

各位同事!

近期,粮食价格上涨已成为世界经济中的突出问题。高粮价加大了全球减贫压力,影响了地区稳定。发展中国家是全球粮价上涨的最大受害者,我们五国也不同程度地受到影响。值得注意的是,近来国际上出现所谓"发展中大国责任论",把当前全球粮价上涨归咎于发展中大国的发展,这是极其不负责任的。事实上,全球粮价上涨原因是多方面的,也是复杂的。国际社会只有加强合作,采取综合措施,才能维护世界粮食安全。

我们五国都是世界粮食生产和消费大国,应该共同推动国际社会为维护粮食安全作出积极努力。我们应该支持并推动联合国全球粮食危机工作组制定粮食安全国际合作框架;加强相互协调,在农业种植、病虫害防治、粮食储备等方面开展技术交流和务实合作;积极参与国际社会关于粮食安全的讨论,宣传发展中国家为维护世界粮食安全所做的努力和贡献,引导有关讨论向有利于发展中国家的方向发展。

中国愿在南南合作框架内继续同发展中国家分享农业发展经验,提供各种力所能及的帮助,包括加大向发展中国家派遣农业技术人员力度、为发展中国家培训更多农业技术和管理人员、进一步增加对发展中国家的农业援助等,共同提高发展中国家农业综合生产能力。

谢谢大家!

国家主席胡锦涛在日本北海道首府札幌会见巴西总统卢拉

胡锦涛指出,中巴作为东西半球最大的发展中国家,加强战略对话和合作,既符合两国人民共同利益,也有利于加强南南合作。中方愿同巴方一道,重点从以下几方面深化中巴战略伙伴关系。一、继续密切高层交往,深化政治互信。中方愿意同巴方适时举行两国高委会第二次会议。二、坚持互惠互利,拓展务实合作。中方愿同巴方一道努力,优化贸易结构,扩大相互投资,加强双方基础设施建设、能源资源、农业等领域合作。推进地球资源卫星项目合作,积极探讨扩大在高技术领域合作。密切教育、文化、旅游等领域交流合作。中方支持在巴西设立孔子学院。三、加强多边对话,扩大战略合作。中方愿同巴方在联合国、世贸组织、“金砖四国”、发展中五国等机制内加强对话和合作,在世界经济、粮食安全、联合国千年发展目标、气候变化、环境保护、减贫等问题上加强沟通和协调,共同维护发展中国家正当权益。

卢拉表示,巴西和中国都处于发展的重要时期,两国关系取得了长足发展。巴中建立了战略伙伴关系,政治、经贸关系不断加强。巴西坚定奉行一个中国政策,支持中国维护领土完整和祖国统一。巴西期待两国领导人继续开展高层互访,欢迎中国参加今年将在圣保罗召开的国际生物燃料会议。希望巴中两国加强能源、气候变化、粮食安全等领域的磋商,加强推进多哈回合谈判的合作。

胡锦涛对巴西政府和人民对中国人民抗震救灾给予的同情和支持表示衷心感谢。卢拉表示,巴西人民同中国人民站在一起,坚定支持中国人民抗震救灾的一切努力。

卢拉表示相信中国一定能够举办一届出色的奥运会,他很高兴出席北京奥运会开幕式,并表示巴西将派出阵容最强大的奥运代表团参加北京奥运会。胡锦涛对此表示欢迎,并祝愿巴西体育健儿在北京奥运会上取得好成绩。

国家主席胡锦涛在日本北海道首府札幌会见南非总统姆贝基

关于中南关系,胡锦涛表示,去年年初我访问南非以来,中南关系继续全面深入发展。两国贸易和投资规模进一步扩大,文化、教育、科技、卫生、旅游等领域合作取得新进展。双方在彼此关切的重大问题上相互理解和支持,在国际事务中保持密切协调和配合。今年是中南建立外交关系10周年,双方精心组织了丰富多彩的庆祝活动。中方愿同南方一道,以中南建交10周年为契机,将中南战略伙伴关系推向新的水平。

姆贝基赞同胡锦涛对两国关系的评价,表示期待再次访问中国,继续推动南中战略伙伴关系向前发展。

姆贝基对中国四川汶川地震给中国人民造成的生命和财产损失表示同情和慰问。姆贝基祝愿北京奥运会取得圆满成功。胡锦涛对此表示感谢。

国家主席胡锦涛在日本北海道首府札幌会见印度总理辛格

胡锦涛表示,当前,中印关系正处于历史上最好时期之一,面临着难得的发展机遇。中方愿同印方一道,全面推进两国各领域交流合作,不断充实中印战略合作伙伴关系的内涵,推动两国关系长期稳定健康发展。

胡锦涛指出,当今世界正处在大变革大调整之中,一个突出特点是中印等发展中大国兴起,这是任何力量都阻挡不了的。作为发展中大国,中印都面临着发展经济、改善民生的共同任务,肩负着维护世界和平、促进共同发展的重要使命。在气候变化、能源安全、粮食安全、多哈回合谈判等问题上,中印面临着共同的压力和挑战,有着相同或相近的立场和主张。中方愿同印方加强沟通和协调,维护发展中国家的正当权益,实现共同发展。

胡锦涛强调,中印同为亚洲重要国家。中印睦邻友好、互利合作、共同发展,不但将造福两国24亿人民,也将对亚洲乃至世界的和平与发展产生重大影响。两国要从全球和战略的高度出发,在重大地区和国际问题上加强协调和合作,共同营造和平稳定、平等互信、合作共赢的地区环境,推动建设持久和平、共同繁荣的和谐世界。

辛格表示,印度和中国是战略合作伙伴,发展同中国友好合作关系是印度政府和人民的共识。在过去几年中,印中经贸关系迅速发展,防务和安全交流令人满意。双方在气候变化、粮食价格等全球和地区问题上开展了磋商和合作。印度政府和人民高度重视印中关系发展,希望继续推进两国友好关系和各领域合作,加强在国际事务中的合作,造福两国人民,为世界和平稳定作出贡献。

关于边界问题,胡锦涛表示,希望双方继续本着和平友好、平等协商、互相尊重、互相谅解的精神,争取早日找到一个公平合理、双方都能接受的解决方案。在边界问题得到最终解决之前,双方要共同努力,切实维护两国边境地区和平安宁。

辛格表示,印中两国边界问题上取得重要进展,两国就解决边界问题确立了政治指导原则,保持了边境地区和平安宁。希望双方继续推进这一进程。

国务院在中南海召开经济形势座谈会听取地方负责人和经济专家意见和建议

7月8日至11日,国务院在中南海连续召开三次经济形势座谈会,分别听取地方负责人和经济专家的意见和建议。国务院总理温家宝主持会议,国务院副总理李克强、回良玉、张德江、王岐山,国务委员兼国务院秘书长马凯出席会议。

上半年刚过，在基本部署好地震灾区群众生活安置和灾后恢复重建规划工作后，国务院领导同志立即着手对当前经济工作进行调查研究，分别到长三角、珠三角、东北、华北等地考察、了解经济运行情况。为了全面正确判断当前经济形势，提出下半年经济工作的政策措施，国务院又召开地方负责人和经济专家、企业界人士座谈会，广泛听取意见。

7月8日，在地方负责人座谈会上，广东、安徽、陕西、辽宁、山东、湖北、广西7个省区的负责人普遍反映，今年上半年各地经济保持平稳较快增长，财政收入大幅度提高，经济结构进一步优化，人民生活继续改善，保持良好的发展态势。但是，物价上涨的压力依然较大，煤电油等基础原材料产品供应紧张，出口面临不少困难。他们提出了继续加强和改善宏观调控，支持中小企业发展，稳定增加就业，运用财政政策鼓励自主创新，保持对外贸易政策基本稳定等建议。7月10日，国务院又邀请8位经济学家就宏观经济形势进行座谈，专家们一致认为，当前的经济形势是好的，政府的宏观调控是有成效的。但要在保持经济平稳较快发展、控制通货膨胀、促进就业等方面完善政策。7月11日，国务院第三次召开专家座谈会，重点分析金融和房地产形势，听取促进金融和房地产业稳定健康发展的政策建议。

座谈会上，温家宝指出，当前我国经济继续朝着宏观调控的预期方向发展，国际经济不利因素和严重自然灾害没有改变我国经济发展的基本面。但体制性、结构性矛盾依然存在，又面临通货膨胀压力较大等一些新的问题。做好当前的经济工作，要处理好六大关系：一是促进经济平稳较快发展和控制通货膨胀的关系，把握好两者之间的平衡点；二是当前发展和中长期发展的关系，不仅要促进今年的发展，更重要的是为明后年以至更长时间的平稳较快发展创造条件；三是总量和结构的关系，既要保证总量平衡，又要加快结构调整；四是内需和外需的关系，重视扩大内需拉动经济增长，同时提高对外开放的水平；五是局部和全局的关系，有针对性地解决各地区、各领域存在的突出矛盾和问题，真正做到区别对待、有保有压；六是发展和改革的关系，坚持以改革促进发展。他要求国务院各部门认真研究地方和专家的意见。

7月15日和16日，国务院连续两个半天举行常务会议。讨论了上半年经济形势和下半年经济工作，提出了下半年经济社会发展的总体要求和重点工作。温家宝强调，我们既要高度重视面临的困难和问题，增强风险意识和忧患意识，又要坚定做好各项工作的信心。我国处于发展的重要战略机遇期，这个判断没有改变；劳动力和资金供给总体充裕，储蓄率较高；国内市场广阔，发展潜力大，有较大的回旋余地；企业竞争力和活力不断提高，适应市场变化的能力增强；宏观调控的能力也在实践中得到改善和提高。我们有条件、有能力克服前进中的各种困难，巩固和发展当前的好形势。

温家宝指出，做好下半年经济工作，要把保持经济平稳较快发展、控制物价过快上涨作为宏观调控的首要任务，把抑制通货膨胀放在突出的位置。各级领导要把思想认识统一到中央对经济形势的判断和工作部署上来，继续密切跟踪分析国际经济形势的变化，及时研究国内经济出现的新情况和新问题，既要保持宏观经济政策的连续性和稳定性，又要增强宏观调控的预见性、针对性和灵活性，把握好宏观调控的重点、节奏和力度，努力完成今年经济发展的各项任务。

最高人民检察院在北京召开深入贯彻党的十七大精神全面加强和改进检察工作座谈会

中央纪委书记贺国强出席在北京召开的纪检监察系统抗震救灾先进事迹报告会并发表讲话

在与大家一道认真听取报告后，贺国强指出，这场抗震救灾先进事迹报告会，是纪检监察系统学习胡锦涛同志在抗震救灾先进基层党组织和优秀共产党员代表座谈会上重要讲话、弘扬伟大抗震救灾精神的一个实际行动，也是中央纪委监察部机关“做党的忠诚卫士、当群众的贴心人”主题实践活动的一项重要内容。纪检监察机关和纪检监察干部学习抗震救灾英模的先进事迹，要与学习贯彻胡锦涛同志在抗震救灾先进基层党组织和优秀共产党员代表座谈会上的重要讲话精神结合起来，与学习贯彻前不久中央召开的省区市和中央部门主要负责同志会议精神结合起来，与学习贯彻第十七届中央纪委第二次全会和国务院第一次廉政工作会议精神结合起来，与在纪检监察机关开展的主题实践活动结合起来，切实把抗震救灾精神转化为做好纪检监察工作的强大精神动力，进一步以改革创新精神推进反腐倡廉建设，为抗震救灾和灾后恢复重建、推动经济社会又好又快发展、筹办好北京奥运会作出积极贡献。

贺国强强调，弘扬抗震救灾精神，要以抗震救灾英模为榜样，学习他们对党忠诚、为党分忧的坚定政治立场，更加自觉地同党中央保持高度一致，坚决贯彻执行党的路线方针政策和各项决策部署；学习他们人民利益高于一切的崇高思想境界，更加努力地实现好、维护好、发展好最广大人民的根本利益；学习他们团结一心、顾全大局的集体主义精神，更加紧密地围绕党和国家工作大局开展工作；学习他们不畏艰险、百折不挠的革命英雄主义,更加无私无畏地推进党风廉政建设和反腐败斗争;学习他们恪尽职守、无私奉献的崇高职业道德,更加扎实地加强纪检监察干部队伍建设,从而以更加坚定的信心、更加饱满的热情、更加扎实的作风,切实履行好党和人民赋予的神圣职责和光荣使命。

中共中央书记处书记、中央纪委副书记何勇在主持会议时指出,要认真学习、深刻领会贺国强同志的重要讲话精神,深入开展向抗震救灾英雄模范学习活动,扎实做好"做党的忠诚卫士、当群众的贴心人"主题实践活动,把学习抗震救灾英雄模范先进事迹产生的精神力量转化为立足本职、勤奋工作、深入推进反腐倡廉建设的实际行动,以更加坚定的信心、更加积极的态度、更加有力的措施,进一步加大工作力度,切实抓好反腐倡廉各项工作的落实,为开创反腐倡廉建设新局面,夺取全面建设小康社会新胜利作出新的更大的贡献。

中央纪委监察部领导同志参加会议。

民革中央主席周铁农出席在哈尔滨召开的新农村人才战略研讨会并发表讲话

周铁农在研讨会上说,长期以来,在中共中央把"三农"工作作为全党工作重中之重的同时,民革中央也把研究解决"三农"问题作为参政议政的工作重点。

周铁农说,我们在许多农村地区调研时了解到,现阶段新农村建设中普遍存在的一个突出问题就是人才问题。许多地方新农村建设的成功经验表明,凡是经济社会发展比较好比较快的地方,都与那些地方各方面人才比较多、能够较好地发挥作用有关。同时,凡是经济社会发展比较滞后的农村地区,人才缺乏都是重要的制约因素。

周铁农认为,从战略的高度重视新农村建设中的人才问题,是深入贯彻落实科学发展观、全面建设小康社会的必然要求,是解决现阶段农业农村发展中突出问题的必然要求,是贯彻落实人才强国战略的必然要求。要解决好新农村人才战略问题,一方面需要总结推广各地的成功经验;另一方面更需要从实际出发,努力改革创新,不断深入研究和积极探索。

国务院副总理张德江出席在沈阳召开的全国煤矿瓦斯治理现场会并发表讲话

7月8日至9日,国务院安全生产委员会在沈阳召开全国煤矿瓦斯治理现场会,总结交流煤矿瓦斯治理经验,研究部署"十一五"后三年煤矿瓦斯治理工作。中共中央政治局委员、国务院副总理张德江出席会议并讲话。

张德江指出,近年来,各地区、各部门和煤矿企业认真贯彻落实党中央、国务院的方针政策和决策部署,做了大量扎实细致的工作,我国煤矿瓦斯治理取得了明显成效,重特大瓦斯事故起数和死亡人数大幅度下降,涌现出一些瓦斯治理先进地区和一大批先进企业,创造和积累了许多宝贵的经验。但是,我国煤矿瓦斯治理还存在一些突出问题,有效遏制和防范瓦斯重特大事故的基础还不牢固,瓦斯治理任务仍然十分艰巨。要坚持实施安全发展战略,坚持"先抽后采、监测监控、以风定产"的瓦斯治理工作方针,建立"通风可靠、抽采达标、监控有效、管理到位"的瓦斯综合治理工作体系,进一步加强领导,落实责任,增加投入,依靠科技,严格管理,强化监察,推动煤矿安全生产再上新水平。

张德江说,当前和今后一个时期,瓦斯治理要重点抓好五项工作:一是认真落实瓦斯治理的相关政策,加大瓦斯治理投入,促进瓦斯根本性治理。二是高度重视瓦斯隐患排查治理,建立、健全重大瓦斯隐患分级管理和监控机制,做到隐患排查治理制度化、经常化。三是切实加强瓦斯防控现场管理,建立、健全和严格执行各项规章制度。四是加快建立瓦斯防治科技支撑体系,加大瓦斯治理重大问题的科技攻关力度,开发和推广应用关键技术设备。五是进一步做好安全监管监察工作,对存在重大瓦斯问题的煤矿,要责令停产整顿或依法实施关闭,严格事故查处,依法追究责任。

会议召开前,张德江参观了全国瓦斯治理装备和仪表展示,到辽宁铁法煤业集团公司大兴煤矿考察瓦斯治理工作,并深入井下查看瓦斯防治现场。近年来,辽宁省加大投入,强化管理,创新科技,重视培训,瓦斯治理工作上了一个新台阶。张德江充分肯定了辽宁省瓦斯治理工作取得的成绩,要求其他地方和煤矿企业认真学习借鉴辽宁省的经验和做法。辽宁省省委书记张文岳、省长陈政高及国务院有关部门负责同志陪同考察。

中联部部长王家瑞在北京分别会见东帝汶独立革命阵线干部考察团和塞浦路斯社会民主运动高级干部考察团

中宣部 教育部在北京联合召开加强和改进高校思想政治理论课工作会议

李长春会见会议代表并作出重要讲话。

李长春指出,高校思想政治理论课是对大学生进行思想政治教育的主渠道,对大学生世界观、人生观、价值观的形成有着不可替代的作用,是培养中国特色社会主义事业合格建设者和可靠接班人的重要途径,也是社会主义大学的本质体现。在以胡锦涛同志为总书记的党中央高度重视下,高校思想政治理论课教育工作取得明显阶段性成果。

李长春强调，进一步加强和改进高校思想政治理论课教育，是国内外形势发展的需要，是全社会的期盼，也是高校广大教师、学生的呼唤。要以党的十七大精神为指导，以教材建设和学科建设为基础，以教师队伍建设为重点，以教学方法创新为关键环节，以加强组织领导为保障，全面推进高校思想政治理论课建设，争取经过若干年的努力，把高校思想政治理论课建设成为大学生真心喜爱、终身受益的优秀课程。各级高校党委、广大教师要以这次会议为新的起点，进一步增强责任感、使命感、光荣感，扎实工作，开拓创新，把高校思想政治理论课教学工作提高到一个新水平，为推进中国特色社会主义事业作出更大贡献。

中共中央政治局委员、中央书记处书记、中宣部部长刘云山，中共中央政治局委员、国务委员刘延东，全国政协副主席、中国社会科学院院长陈奎元，以及中央宣传思想工作领导小组成员出席会见活动。

部分省(市)党委政府分管教育工作的领导、各省(区、市)党委宣传部门负责人和教育工作部门负责人、部分高校负责人以及高校思想政治理论课一线教师代表参加了会见活动和会议。

江西三清山被联合国教科文组织第三十二届世界遗产大会列入《世界遗产名录》

第二届“国家环境友好工程”在北京颁奖

由环境保护部主办的此项评选，旨在奖励在环境影响评价、施工期环境管理、环保“三同时”竣工验收过程中取得显著成绩的建设项目。获得第二届“国家环境友好工程”称号的10个项目分别是：新建铁路青藏线格尔木至拉萨段工程、山东阳谷祥光铜业有限公司年产40万吨阴极铜(一期20万吨)工程、浙江华能玉环电厂四台百万级超临界机组工程、三峡—上海±500千伏直流输电工程、黄河公伯峡水电站工程、宁波万华聚氨酯有限公司16万吨/年MDI工程、重庆市快速轨道交通较场口—新山村线路工程、中国石油塔里木沙漠公路防护林生态工程、常德至张家界高速公路工程和东风本田12万辆乘用车固定资产投资工程。

中国第一个湿地保护基金会在湖北诞生

7月9日

国家主席胡锦涛在日本北海道洞爷湖出席八国集团同发展中国家等领导人对话会议并发表讲话

八国集团同中国、印度、巴西、南非和墨西哥5个发展中国家领导人对话会议在日本北海道洞爷湖举行。会议主要讨论了世界经济、粮食安全、千年发展目标等议题。国家主席胡锦涛出席会议，并就上述议题阐述了原则立场。

日本首相福田康夫主持会议并发言。与会领导人围绕对话会议议题发言交换意见。

胡锦涛发表重要讲话。胡锦涛最后表示，欢迎各国体育健儿来北京参加奥运会，欢迎各国朋友届时来北京观看奥运会比赛。

国家主席胡锦涛在八国集团同发展中国家领导人对话会议上的讲话

尊敬的福田首相，各位同事：

很高兴来到风景秀丽的洞爷湖畔，同各位同事就共同关心的全球性问题交换意见。我对福田首相和日本政府为会议所作的周到安排表示感谢。

首先，我谨代表中国政府和人民，衷心感谢各国政府和人民在中国发生汶川特大地震后所表达的同情和给予的真诚帮助。目前，抗震救灾工作已进入受灾群众安置和灾后恢复重建阶段。中国政府和人民有决心、有信心，在国际社会关心和支持下，战胜这场特大地震灾害，帮助灾区人民早日重建美好家园。

当前，经济全球化深入发展，国与国相互依存日益紧密，求和平、谋发展、促合作已成为不可阻挡的时代潮流，世界面临难得的发展机遇。同时，近来世界经济增长中的不确定不稳定因素增多，金融市场持续动荡，能源资源价格上涨，粮食安全问题突出，全球通胀压力增大。建设持久和平、共同繁荣的和谐世界，仍面临不少严峻挑战。

八国集团和中国、印度、巴西、南非、墨西哥、韩国、印度尼西亚、澳大利亚的人口占世界的60%，经济总量占世界的3/4。我们有责任携手合作，共同应对挑战，促进世界经济稳定发展。与此同时，我们应该着眼长远，站在全球和战略的高度，从体制机制等基础问题入手，促进世界经济均衡、协调、可持续发展。为此，我愿提出以下几点建议。

第一，建设可持续发展的世界经济体系。各国应该秉持可持续发展理念，加强宏观政策协调，协力保持世界经济增长。八国集团应该更多倾听外部的声音和意见。发达国家和发展中国家要建立平等、互利、共赢的全球发展伙伴关系，共同推动经济全球化朝着均衡、普惠、共赢方向发展。

第二，建设包容有序的国际金融体系。各国应该共同推动增加发展中国家在国际金融机构中的发言权和代表性，增强国际金融体系的有效性。世界银行应该作出更大努力，帮助发展中国家适应经济全球化和实现联合国千年发展目标。国际货币基金组织应该加大对国际金融市场特别是短期资本流动和金融创新风险的监督和预警，在维护国际金融稳定方面发挥更大作用。

第三，建设公正合理的国际贸易体系。各国应该共同反对贸易保护主义，支持加强多边贸易体制，推动多哈回合谈判早日取得全面、均衡的成果，实现发展回合的目标。各国应该支持世界贸易组织“促贸援助”的努力。

第四，建设公平有效的全球发展体系。发达国家应该切实履行承诺，向发展中国家增加援助、减免债务、开放市场、转让技术。发展中国家应该加强能力建设。联合国应该继续发挥指导和协调作用，推动国际社会加大发展投入，保障发展资源，加强发展机构。《蒙特雷共识》要落到实处，联合国千年发展目标要争取如期实现，特别是要进一步向非洲倾斜发展资源，支持非洲加快发展。

各位同事！

近来，粮食价格上涨已成为国际社会普遍关注的问题。中国有句古话：“民以食为天。”粮食问题不仅事关各国经济和民生，也事关全球发展和安全。目前，全球仍有8亿多人面临饥饿威胁，粮价上涨将使这个数字大幅增加，这不利于实现世界持久和平、共同繁荣。

当前粮价上涨是多种因素综合作用的结果。把全球粮食需求增加归咎于发展中国家的发展，既不符合事实，也不是解决问题的建设性态度。在人类社会农业生产力空前提高的今天，我们并不缺乏解决粮食问题的手段，关键是要本着共同发展的理念，积极有效协调政策和行动，共同维护世界粮食安全。

当务之急是要加大援助力度，支持联合国发挥协调作用，努力稳定粮价，帮助发展中国家尽快渡过难关。同时，国际社会应该重视发展农业，以更广阔的视野、更长远的眼光看待粮食问题，制定长远的国际粮食合作战略。为此，我愿提出以下四点建议。

第一，重视粮食生产。各国应该从战略高度看待粮食的基础性地位，依靠科技提高粮食产量，增加粮食库存。主要粮食生产国应该为此作出更多努力。发展中国家应该不断提高生产能力，发达国家应该提供必要的资金和技术支持。

第二，改善贸易环境。要营造有利的国际农产品贸易环境，建立公平合理的国际农产品贸易秩序。各国特别是发达国家在多哈回合农业谈判中应该拿出更大诚意，消除贸易壁垒，在削减农业补贴等方面显示灵活，充分考虑发展中成员的特殊关注，并切实给予最不发达国家双免待遇。

第三，加强宏观协调。各国政府应该加强对农产品市场监管，促进政策协调，抑制过度投机，努力稳定粮价。要形成以联合国为主导的国际合作机制，争取建立集早期预警、监测监督、宏观调控、紧急救援为一体的全球粮食安全保障体系。

第四，创造有利条件。各国应该用相互联系的眼光看待粮食问题，在金融、贸易、援助、环境、知识产权、技术转让等各个领域多管齐下，为维护粮食安全营造有利条件。在应对能源、气候变化等领域所面临挑战的同时，应该充分考虑粮食安全因素，不能顾此失彼。

中国一贯高度重视农业特别是粮食问题，坚持立足国内、基本自给、适当利用进出口调剂余缺的粮食安全政策。中国用世界9%左右的耕地解决了世界20%左右人口的粮食问题，这是对世界粮食安全的重大贡献。近10年来，中国粮食自给率一直保持在95%以上，小麦、大米、玉米等主要谷物年均净出口800万吨。当前，中国农产品平均关税仅为世界平均水平的1/4。

中国积极参与国际粮农合作，在力所能及的范围内对外提供援助。2003年以来，中国对外提供粮食援助近30万吨，援建14个农业类成套项目，在海外建设了20多个农技示范中心，在农业领域为发展中国家培训了4000多名管理官员和技术人员。我们愿在南南合作框架内继续同发展中国家分享农业发展经验，提供各种力所能及的帮助。

各位同事！

今年是联合国千年发展目标中期审评年。从全球范围看，实现千年发展目标取得了积极进展，但各领域各区域进展不平衡，特别是非洲国家在很多方面仍面临严峻挑战。当前的世界经济状况为实现千年发展目标增加了新的复杂因素。国际社会应该以千年发展目标中期审评为契机，进一步体现政治意愿、动员各种资源，将中间点变为转折点，推动千年发展目标在全球取得全面、均衡的进展。关键是要做到以下几点。

第一，建立真正的发展伙伴关系。发展中国家对本国发展承担首要责任，发达国家也应该提供必要帮助。国际社会应该为发展中国家减贫和发展营造良好外部环境。

第二，制定公平的进展评估框架。既全面评估各国在实现千年发展目标方面取得的进展、面临的挑战，也认真评估国际发展援助承诺的落实情况。

第三，提供有力的资金技术支持。发达国家应该兑现官方发展援助承诺，超越短期商业利益，减少技术垄断。发展中国家也应该加大科技研发力度，增强自身经济竞争力。

第四，加强国际社会的对非援助。国际社会应该照顾非洲特殊需要，进一步加大资金、技术支持力度，同时也应该尊重非洲国家自主权，着力帮助其增强自我发展能力。

中国根据本国国情，提出了全面建设小康社会的奋斗目标，强调要深入贯彻落实以人为本、全面协调可持续发展的科学发展观，坚定不移走生产发展、生活富裕、生态良好的文明发展道路，这同千年发展目标是一致的。目前，中国在消除贫困方面提前实现了千年发展目标。中国在南南合作框架内，通过无偿援助、无息贷款、优惠贷款等方式向近160个发展中国家提供了援助，帮助其实现千年发展目标。

各位同事！

今年是中国改革开放30周年。经过30年的改革开放，中国经济已成为世界经济的重要组成部分，对世界经济增长作出了积极贡献。我们在实践中认识到，国家发展必须适应世界发展大势，顺应本国人民利益要求，从本国国情出发，坚持以经济建设为中心，坚持改革开放，聚精会神搞建设、一心一意谋发展，全面推进经济建设、政治建设、文化建设、社会建设，正确处理改革发展稳定的关系，真正做到发展为了人民、发展依靠人民、发展成果由人民共享。中国将始终不渝走和平发展道路，始终不渝奉行互利共赢的开放战略，始终不渝同世界各国一道推动建设持久和平、共同繁荣的和谐世界。

最后，欢迎各国体育健儿来北京参加奥运会，欢迎各国朋友届时来北京观看奥运会比赛。

谢谢各位。

国家主席胡锦涛在日本洞爷湖出席经济大国能源安全和气候变化领导人会议并发表讲话

这次会议在洞爷湖畔的温莎饭店举行。日本首相福田康夫主持会议，与会领导人围绕议题自由发言。

八国集团成员国和中国、巴西、印度、南非、墨西哥以及澳大利亚、印度尼西亚、韩国领导人出席了会议。

会议通过了领导人宣言。宣言指出，气候变化是当前全球面临的巨大挑战之一。作为发达和发展中经济大国领导人，我们认识到为应对这些挑战所承担的领导责任，承诺根据共同但有区别的责任原则和各自能力，应对气候变化和与之相关的包括能源和粮食安全以及人类健康等可持续发展方面的挑战。

国家主席胡锦涛在经济大国能源安全和气候变化领导人会议上的讲话

尊敬的福田首相，各位同事：

很高兴同各位同事相聚在风景秀丽的洞爷湖畔，就气候变化问题交换意见。

随着世界经济特别是各国工业化快速发展，全球能源、环境、气候变化问题日益突出，成为各国面临的共同挑战。去年在德国海利根达姆举行的八国集团同发展中国家领导人对话会议上，大家就气候变化问题坦诚深入交换意见。此后举行的联合国气候变化会议通过了“巴厘路线图”，树立了国际社会携手应对气候变化的重要里程碑。我们今天的会议，既是国际社会为共同应对气候变化作出的新努力，也是为推动落实“巴厘路线图”采取的重要行动。希望会议能促进沟通、凝聚共识，为气候变化国际合作注入新的动力。

气候变化问题，从根本上说是发展问题，应该在可持续发展框架内综合解决。气候变化国际合作，应该以处理好经济增长、社会发展、保护环境三者关系为出发点，以保障经济发展为核心，以增强可持续发展能力为目标，以节约能源、优化能源结构、加强生态保护为重点，以科技进步为支撑，不断提高国际社会减缓和适应气候变化的能力。

参加今天会议的各国发展阶段不同、科技水平不同、所处环境不同，应该本着共同但有区别的责任原则，为应对气候变化积极作出自己的努力，并力求有所作为。我们认为，要做好以下几点。

第一，要在履行《联合国气候变化框架公约》及其《京都议定书》方面发挥示范作用。《联合国气候变化框架公约》及其《京都议定书》确定了气候变化国际合作的框架、原则、目标，反映了各国经济发展水平、历史责任、人均排放的差异，规定了发达国家和发展中国家应该作出的努力。发达国家应该严格履行《京都议定书》确定的减排目标，并切实兑现向发展中国家提供资金和技术转让的承诺。发展中国家要在可持续发展框架内，积极采取减缓和适应气候变化的政策措施，为应对气候变化作出力所能及的贡献。

第二，要在推动国际谈判方面发挥积极作用。今明两年是落实“巴厘路线图”的关键年份。“巴厘路线图”为国际社会探讨2012年后气候变化国际制度安排指明了方向，确定了时间表。国际社会应该共同努力，推动气候变化国际谈判取得积极进展。在这一过程中，要坚持共同但有区别的责任原则，发达国家要明确作出继续率先减排的承诺；要平衡推进、按时完成双轨谈判，切实体现对减缓、适应、技术、资金四方面的同等重视；要坚持把《联合国气候变化框架公约》及其《京都议定书》作为气候变化国际谈判和合作主渠道、其他倡议和机制作为有益补充的安排。我们应该表现政治意愿，显示灵活，为谈判成功作出积极贡献。

第三，要在开展务实合作方面发挥带头作用。资金和技术是应对气候变化合作的关键环节，也是现实薄弱环节。目前，气候变化国际合作资金缺口巨大。我们应该推动完善全球环境基金等现有资金机制，尽快落实适应基金下的活动，为发展中国家适应气候变化提供新的额外的资金支持。科技进步和创新是减缓温室气体排放、提高适应能力的有效途径，在应对气候变化的努力中发挥着先导性、基础性作用。国际社会应该积极探讨建立有效的技术转让和推广机制，实现技术共享，确保广大发展中国家买得起、用得上气候和环境友好型技术。我们各国相互有很强的互补性，完全可以在开展技术合作方面走在前列。

各位同事！

中国是遭受气候变化不利影响较为严重的国家之一。观察中国的排放问题，要注意以下三个因素：一是中国属于发展中国家，正处于工业化、现代化的过程中，城乡、区域、经济社会发展仍不平衡，人民生活水平还不高，中国目前的中心任务是发展经济、改善民生；二是中国人均排放较低，人均累积排放更低，而且排放总量里很大一部分是保证人民基本生活的生存排放；三是由于国际分工变化和制造业转移，中国承受着越来越大的国际转移排放压力。

中国政府一向本着对中国人民和各国人民负责的态度，高度重视气候变化问题。我们已经把建设生态文明确定为一项战略任务，强调要坚持节约资源和保护环境的基本国策，努力形成节约能源资源和保护生态环境的产业结构、增长方式、消费模式。我们结合经济社会发展规划和可持续发展战略，制订了《中国应对气候变化国家方案》，成立了国家应对气候变化领导小组，颁布了一系列法律、法规，并采取一系列措施应对气候变化。

我们把积极开展节能减排作为应对气候变化的切入点，采取了节约能源、优化能源结构、提高能源效率、开展植树造林等一系列措施，取得了显著成效。我们明确要求，到2010年单位国内生产总值能源消耗比2005年降低20%左右，主要污染物排放总量减少10%，森林覆盖率由2005年的18.2%提高到20%。我们实现这些目标的决心是坚定不移的。

为适应气候变化，中国不断增强在农业、自然生态系统、水资源等领域的适应气候变化能力，高度重视防灾减灾，努力减少灾害性天气和极端气候事件造成的损失。

各位同事！

中国将根据《联合国气候变化框架公约》及其《京都议定书》的要求，坚持共同但有区别的责任原则，积极推动落实“巴厘路线图”谈判，为气候变化国际合作作出更大贡献。中国愿同国际社会一道，为推动世界实现和谐发展、清洁发展、可持续发展而不懈努力。

谢谢各位。

国家主席胡锦涛在日本北海道洞爷湖会见美国总统布什

胡锦涛首先感谢布什总统、美国政府和人民就四川汶川特大地震灾害向中国政府和人民表达的诚挚慰问和提供的慷慨援助。胡锦涛表示，在包括美国在内的国际社会支持和帮助下，中国政府和人民有信心、有能力克服困难，夺取抗震救灾全面胜利。

布什再次对四川汶川大地震给中国人民造成的巨大生命财产损失表示同情和慰问，对中国政府迅速有效的救灾行动予以高度评价。

胡锦涛指出，近来中美关系继续保持良好发展势头。中美第四次战略经济对话取得积极成果。两国在经贸、反恐、能源、环保等领域进行了有效合作。在朝鲜半岛核问题、伊朗核问题等重大国际和地区问题上保持有效沟通和协调。这一局面符合双方利益，值得双方共同珍惜。进一步加强中美关系符合两国人民根本利益，对世界和平与发展具有重要意义。我们愿同美方一道，牢牢把握中美建设性合作关系的大方向，加强对话、交流、合作，确保中美关系沿着健康稳定的轨道持续向前发展。

关于台湾问题，胡锦涛指出，近来台海局势出现积极变化。不久前，大陆海协会和台湾海基会在“九二共识”的基础上恢复了协商谈判，取得积极成果。在新形势下，我们将牢牢把握两岸关系和平发展的主题，加强两岸人员往来和经济文化各领域交流合作，努力开创两岸关系和平发展新局面。胡锦涛强调，我们坚持一个中国原则、反对“台独”分裂活动的立场不会改变。中方赞赏美国政府多次重申坚持一个中国政策、遵守中美三个联合公报、反对“台独”。希望美方继续恪守这些承诺，支持两岸关系和平发展。

布什对两岸关系的改善表示高兴。

关于朝鲜半岛核问题，胡锦涛强调，近来，六方会谈取得重要进展。这一成果是六方共同努力的结果。要真正实现半岛无核化目标，还有很多事情要做。希望各方落实第二阶段剩余行动，争取开创六方会谈进程新阶段，早日实现半岛无核化目标。

布什表示，六方会谈取得了看得见的成果。他积极评价中方为推进六方会谈进程发挥的积极作用，希望以可核查和验证的方式完成第二阶段行动。

关于多哈回合谈判，胡锦涛表示，中方一直关注并以积极和负责任的态度参与多哈回合谈判，保持市场开放，认真履行了加入世界贸易组织的承诺。中方愿继续发挥建设性作用，同各方一道努力推动这一轮谈判取得成果，改善国际贸易体制。

布什表示，美方愿在推进多哈回合谈判进程中加强同中方的对话和沟通。

布什表示，我本人和我的家人热切期待出席北京奥运会开幕式，预祝北京奥运会取得成功。

胡锦涛表示，北京奥运会各项筹办工作正在积极紧张进行。布什总统决定出席北京奥运会开幕式，表明总统先生珍惜中美两国人民的友谊。我们欢迎布什总统出席北京奥运会开幕式，高度评价布什总统多次重申奥运会不应被政治化的立场。

国家主席胡锦涛在日本北海道洞爷湖会见俄罗斯总统梅德韦杰夫

胡锦涛表示，俄罗斯政府和人民在中国人民遭受特大地震灾害的艰难时刻，向中方表达了诚挚慰问和提供了慷慨援助，梅德韦杰夫总统访华期间盛情邀请四川地震灾区中小学生赴俄罗斯疗养。这充分体现了梅德韦杰夫总统和俄罗斯人民对中国人民的深情厚谊，我们对此深表感谢。双方已商定，近日将组织1000名四川地震灾区中小学生赴俄罗斯疗养，相信这一活动对推动中俄世代友好具有积极意义。

胡锦涛向梅德韦杰夫介绍了中俄双方落实两国领导人就加强各领域合作达成的共识的情况。胡锦涛表示，中方已提交《〈中俄睦邻友好合作条约〉实施纲要(2009年至2012年)》新的草案，将同俄方加紧研究，争取早日达成一致；双方已确定两国能源谈判代表，并将该机制纳入中俄总理定期会晤机制框架内；中方已确定中俄“语言年”中方组委会主席，希望俄方也确定俄方组委会主席，以便双方尽快启动2009年中国“俄语年”和2010年俄罗斯“汉语年”筹备工作。

胡锦涛希望双方有关部门加紧磋商和合作，落实跨境基础设施建设等项目，扩大两国机电产品贸易和合作。胡锦涛表示相信，在双方共同努力下，中俄各领域合作将开启崭新局面，两国战略协作伙伴关系也将迈上新台阶。

梅德韦杰夫赞同胡锦涛对两国关系的评价和建议。他表示，俄中关系处于高水平，两国元首保持密切沟通和对话，对两国关系发展至关重要。俄中各领域合作进展顺利。希望双方能源谈判代表尽快会晤，开展工作。俄方将尽快任命“语言年”俄方组委会主席。俄方感谢中方高度重视两国机电产品贸易和合作，希望双方进一步努力，使有关合作取得更大成果。

双方还就加强在上海合作组织框架内的合作交换了意见，表示将同其他成员国一道，共同为推进上海合作组织发展、加强组织内合作作出积极努力。梅德韦杰夫祝愿北京奥运会取得圆满成功。胡锦涛对此表示感谢。

国家主席胡锦涛在日本北海道洞爷湖会见法国总统萨科齐

胡锦涛表示，去年11月萨科齐总统成功访华，中法双方就一些重大问题深入交换意见，达成广泛共识，有力推动了中法关系向前发展。我们赞赏萨科齐总统坚持一个中国政策，反对“台独”，重申西藏是中国领土不可分割的一部分。

胡锦涛强调，前一个时期，中法关系出现了不应有的困难局面，这是双方都不愿看到的。坦率地讲，这其中的原因不在中方。近来法方作出努力，采取了一些改善中法关系的措施，我们对此予以积极评价。希望双方共同努力把这一页翻过去，都从战略高度和长远角度对待中法关系，排除干扰，相向而行，推动中法关系健康稳定向前发展。

萨科齐表示，世界的和平稳定需要中国，世界上许多问题的解决离不开中国，法国希望看到中国在国际和地区事务中发挥更大作用。中国是法国的战略伙伴，法国高度重视发展同中国的关系，期待同中国加强在双边和国际及地区事务中的对话合作。萨科齐强调，法国无论是在台湾问题上还是在涉藏问题上都坚定奉行一个中国政策，决不动摇。

萨科齐指出，北京奥运会对中国和13亿中国人民具有重要意义，是一件盛事，谁也没有权力破坏这一盛事。我将以法国总统和欧盟理事会轮值主席的身份出席北京奥运会开幕式。

胡锦涛表示，萨科齐总统决定出席北京奥运会开幕式，这是总统先生作出的一个正确决定。胡锦涛预祝法国体育健儿在北京奥运会上取得好成绩。

国家主席胡锦涛在日本北海道洞爷湖会见日本首相福田康夫

胡锦涛指出，发展中日战略互惠关系，符合两国和两国人民的根本利益，有利于亚洲和世界的和平、稳定、繁荣。我5月访问日本时，双方发表了中日第四个政治文件，规划了中日关系未来发展蓝图。中方愿同日方一道努力，积极落实双方达成的共识。一、继续密切高层往来。亚欧首脑会议、中日韩领导人会议、亚太经合组织领导人非正式会议和东亚系列峰会将于年内举行，两国领导人可在上述多边场合举行会晤，及时就中日关系和共同关心的其他问题加强沟通。二、年内举行中日经济高层对话机制第二次会议，就两国宏观经济政策进行深入交流，推动两国经贸合作特别是节能环保合作取得实质进展。三、大力推进人文交流。今年是中日和平友好条约缔结30周年、中日青少年友好交流年。双方应该大力开展人员和文化交流，增进两国人民特别是青少年的相互了解和友好感情。四、加强防务交流，不断增进安全互信。

福田康夫赞同胡锦涛对发展日中关系的建议。他表示，近年来，日中战略互惠关系取得重要进展。希望双方继续加强政治对话，扩大人员和文化往来，继续开展防务领域交流。

福田康夫表示将出席北京奥运会开幕式，并祝愿北京奥运会取得圆满成功。

胡锦涛表示，北京奥运会筹办得到了日本政府、日本奥委会、日本支持北京奥运会议员联盟以及各界友好人士的真诚关心和大力支持。我们欢迎福田首相出席北京奥运会开幕式，欢迎日本朋友到北京观看奥运会，祝愿日本体育健儿在北京奥运会取得好成绩。

国家主席胡锦涛在日本北海道洞爷湖会见加拿大总理哈珀

胡锦涛表示，自建交以来，中加关系总体发展顺利，两国各领域交流合作取得重要成果。中加经济发展水平、社会制度、文化背景不同，难免在一些事情上存在分歧。双方应该遵循相互尊重主权和领土完整、互不干涉内政、平等互利等原则，从战略高度和长远角度看待中加关系，牢牢把握中加战略伙伴关系的大方向，充分挖掘两国合作潜力，相互照顾彼此关切，妥善处理敏感问题和分歧，推动中加关系沿着健康稳定的轨道不断向前发展。

胡锦涛指出，中加应该将双边关系建立在增强政治互信的基础上，发挥两国经济互补优势和企业界的巨大热情，进一步扩大经贸合作，促进人文领域交流合作，加强在重大国际和地区问题上的沟通，为两国带来实实在在的利益。

哈珀赞同胡锦涛对两国关系发展的看法，表示加拿大政府高度重视发展对华关系，愿同中方在相互尊重的基础上开展广泛对话。希望两国加强环保、卫生、投资、科技、旅游等领域的合作，在已有基础上取得更大进展。

胡锦涛欢迎加拿大运动员和观众来华参加和观看奥运会，预祝加拿大体育健儿取得好成绩。哈珀祝愿北京奥运会取得圆满成功。

国家主席胡锦涛在日本北海道洞爷湖同四国领导人举行会晤

胡锦涛同俄罗斯总统梅德韦杰夫、印度总理辛格、巴西总统卢拉在日本北海道洞爷湖举行会晤，就进一步推动四国合作交换意见。

胡锦涛表示，“金砖四国”对许多重大国际和地区问题有相同或相似的看法，加强对话和合作有利于维护世界和平、促进共同发展，符合国际社会的共同利益。建议四国就共同关心的重大和紧迫问题加强沟通和协调，发挥建设性作用。

其他三国领导人赞同胡锦涛的看法，表示四国应该加强高层接触和沟通，就重大国际问题进行磋商和协调，在国际事务中发挥更加积极的作用。

同日，胡锦涛还简短会晤了前来出席经济大国能源安全和气候变化领导人会议的印度尼西亚总统苏西洛、德国总理默克尔、意大利总理贝卢斯科尼、英国首相布朗。

国务院总理温家宝主持召开国务院常务会议

会议审议并原则通过《关于2008年深化经济体制改革工作的意见》和转基因生物新品种培育科技重大专项。

会议指出，我国改革开放走过了30年的历程，社会主义市场经济体制初步建立，经济社会发展取得了举世瞩目的成就。当前我国正处在全面建设小康社会的重要时期，改革发展的任务十分艰巨。在新的形势下，我们要以纪念改革开放30周年为契机，解放思想，凝聚共识，全面贯彻党的十七大精神，高举中国特色社会主义伟大旗帜，深入贯彻落实科学发展观，进一步加大改革开放力度，注重制度建设和创新，坚持以改革推动经济发展，以改革推进改善民生，以改革促进社会和谐，以改革解决发展中的深层次矛盾和问题，努力实现经济社会又好又快发展。

会议审议并原则通过的《关于2008年深化经济体制改革工作的意见》，按照“十一五”规划关于经济体制改革的总体部署，围绕重点领域和关键环节，进一步明确了具体任务，确定了各项改革任务的牵头负责部门和实施步骤。会议要求，各地区、各部门要加强领导，搞好改革的总体规划和统筹部署；突出重点，力求在关系经济社会发展全局的重大体制改革方面取得突破性进展；明确责任分工，认真督促落实，全面完成各项目标任务。

会议认为，实施转基因生物新品种培育科技重大专项，对于增强农业科技自主创新能力，提升我国生物育种水平，促进农业增效和农民增收，提高我国农业国际竞争力，具有重大战略意义。实施这一重大专项的目标，是要获得一批具有重要应用价值和自主知识产权的基因，培育一批抗病虫、抗逆、优质、高产、高效的重大转基因生物新品种，提高农业转基因生物研究和产业化整体水平，为我国农业可持续发展提供强有力的科技支撑。会议指出，专项实施方案经过科学、民主、严格的论证，已基本成熟，各有关部门要充分认识实施这项重大工程的重要性和紧迫性，进一步完善方案，抓紧组织实施。

国务院副总理回良玉出席在北京召开的第二次全国农业普查工作总结会议并发表讲话

会议研究普查成果的开发利用和加强农村统计调查工作。

国务院副总理、第二次全国农业普查领导小组组长回良玉说,历时三年的第二次全国农业普查,经过各方面的共同努力,取得圆满成功。这是关系经济社会发展全局的一件大事,是"三农"工作领域的一项重要成果。我们要充分开发利用普查所获得的丰富信息,系统深入分析"三农"重大问题,准确把握新时期农村发展变化趋势,科学有效指导农业和农村工作。同时,进一步加强农村统计调查工作,构建符合我国国情、适应社会主义市场经济要求、具有国际先进水平的农村统计工作平台,为党和政府以及社会各方面提供更加优质的统计信息服务。

回良玉说,第二次全国农业普查共组织动员了700多万名普查人员,对全国2.3亿农户、40万个农业生产经营单位、65万多个村和4万多个乡镇进行了规模空前的调查,获得了宝贵的第一手资料。普查结果如实体现了我国农村改革30年来取得的巨大成就,系统反映了我国农业的生产力水平和农村发展变化情况,全面摸清了农业、农村、农民的家底,不仅填补了不少统计数据空白,并且对常规统计进行了完善,为科学认识新形势下的"三农"问题提供了权威资料,为党和政府加强"三农"工作提供了决策依据,也为国际社会客观了解我国"三农"情况提供了大量信息。要有效利用这次普查的丰硕成果,认真分析研究保障粮食安全和主要农产品基本供给、促进农民就业增收和扩大农民消费、建设社会主义新农村和推进工业化、城镇化协调发展等重大问题,为制定经济社会发展规划、统筹城乡经济社会发展提供科学依据。

回良玉指出,第二次全国农业普查是一项重大的国情国力调查,普查内容之多、涉及范围之广、工作难度之大都前所未有。面对艰巨而繁重的任务,各级政府高度重视、认真负责,各级农业普查机构和广大普查人员迎难而上、辛勤工作,各有关部门通力协作、密切配合,社会各界广泛参与、积极支持,出色地完成了各项工作。这次普查取得圆满成功,得益于坚强有力的组织领导和科学有效的普查方法,得益于声势浩大的社会动员和有章可循的法律条例保障。回良玉代表国务院,向先进集体和先进个人表示热烈的祝贺,向参加和支持农业普查的全体普查人员和各界人士表示诚挚的感谢。

回良玉强调,当前我国经济社会发展正处在重要的战略机遇期,农业农村发展正站在一个新的历史起点上,农村统计调查工作肩负着光荣的使命、承担着繁重的任务。要切实巩固农业普查成果,大力加强农村统计调查工作。一要加快农村统计方法制度改革,完善指标体系,强化监测预警,满足国家宏观决策需要。二要认真做好历史数据修正和衔接工作,确保统计数据真实反映经济社会运行状况。三要大力加强基层统计队伍建设,培养造就一支政治强、作风正、业务精的统计调查队伍。四要加强以信息化为重点的基础设施建设,努力提高农村统计技术装备水平。五要切实加大对农村统计调查的支持力度,为提高数据质量、推动农村统计调查工作上新台阶提供有力保障。

会上,国务院第二次全国农业普查领导小组对在普查工作中表现突出的先进集体和先进个人进行了表彰。

国务院第二次全国农业普查领导小组成员、各省(区、市)和新疆生产建设兵团农业普查领导小组办公室主任、获奖单位和个人代表及有关方面负责人出席了会议。

北京奥运会 残奥会赛时工作动员大会在人民大会堂举行

中共中央政治局常委、国家副主席习近平在大会上讲话。

大会由中共中央政治局委员、北京市市委书记、北京奥组委主席刘淇主持。运动员备战训练、志愿者、窗口服务行业和市民、竞赛场馆、媒体服务、安保交通、京外赛区城市、主办城市等方面的代表分别发言。

出席大会的领导同志还有:刘云山、刘延东、陈至立、马凯、孟建柱、邓朴方,中央军委委员李继耐。

中央和国家机关有关部门负责人,北京奥运会、残奥会总指挥部和运行指挥部负责人,北京市、北京奥组委、京外赛区有关负责人,以及首都各界代表约3000人参加大会。

国家副主席习近平在北京奥运会 残奥会赛时工作动员大会上的讲话

同志们:

今天是北京奥运会开幕倒计时30天。我们召开赛时工作动员大会的目的,就是要动员全党全国各族人民把在抗震救灾斗争中焕发出来的万众一心、众志成城,不畏艰险、百折不挠,以人为本、尊重科学的伟大精神转化为办好北京奥运会的实际行动,做好奥运筹办最后关键阶段各项工作,确保北京奥运会、残奥会热烈、精彩、成功,让国际社会满意,让各国运动员满意,让人民群众满意。

举办奥运会,是中华民族的百年期盼,是海内外中华儿女的共同心愿,也是我们对国际社会的郑重承诺。

北京奥运会、残奥会筹办工作开展以来,在党中央、国务院坚强领导下,在全国各族人民和海内外中华儿女坚定支持下,在国际奥委会和国际社会积极帮助下,各项筹办工作扎实有序推进,取得重要阶段性成果。刚才8位同志的发言从各个不同侧面反映了这一点。在这里,我代表党中央、国务院,向为奥运筹办工作付出辛劳、作出贡献的各级党委、政府和所有筹办工作者,向支持和参与奥运筹办工作的海内外中华儿女和国际友人致以衷心感谢!向正在紧张备战北京奥运会、残奥会的我国体育健儿致以诚挚问候!

6月25日,总书记对北京市奥运会配套交通设施进行了实地考察。6月27日,中央政治局召开会议研究部署了北京奥运会筹办最后阶段重点工作。党中央、国务院的高度重视,进一步鼓舞和推动了奥运筹办工作,同时这也意味着经过整整7年艰苦努力,奥运各项筹办工作即将接受奥运大赛、国际社会和各国运动员的检验,接受党中央、国务院和全国各族人民的检验,我们要努力交出合格答卷。

在奥运筹办最后30天,我们一定要全力做好奥运安保工作,确保实现平安奥运目标。平安奥运是北京奥运会取得成功的最大标志,也是展现我国国家形象最重要的标志。已经建立的奥运安保指挥系统和运行机制,要进一步加强综合演练,不断提高奥运安保工作水平,确保北京奥运会、残奥会火炬接力、开闭幕式、贵宾接待、场馆运行以及重点场所、重点设施等方面的安全防范措施落实到位。各地区各部门要深入贯彻落实中央提出的奥运安保工作要求,为实现平安奥运目标贡献力量。北京市、北京周边地区和京外赛区所在省市,要进一步明确和落实奥运安保责任,细化和深化各项安保措施,制定和演练应对各种突发事件的预案。要广泛动员人民群众积极支持和参与奥运安保工作,同时,要继续加强奥运安保国际合作,形成平安奥运的强大合力。

在奥运筹办最后30天,我们一定要认真做好赛时运行指挥体制综合演练和场馆运行工作,确保指挥通畅、运转高效。奥运会是当今世界规模最大、覆盖面最广的国际体育盛会,北京奥运会、残奥会赛时运行指挥体制和奥运场馆同所在区县"双向进入"的运行机制,正是根据这一情况建立的。必须抓紧最后30天深入进行实战演练,进一步完善指挥体制、磨合运行机制,确保奥运赛会期间指挥通畅、运转高效。办好奥运会、残奥会,场馆建设是基础,场馆运行是关键,场馆管理是根本。临近奥运开赛,要把狠抓场馆运行效率和场馆管理质量放到重要位置上来,对奥运场馆运行管理的每一个岗位、每一个细节进行再演练、再磨合、再完善,确保在赛时瞬息多变的情况下及时发现并灵活处置各种复杂问题,做到全面实现赛事目标、有效维护赛场秩序、科学调控场馆氛围。

在奥运筹办最后30天,我们一定要深入做好新闻宣传和媒体服务工作,为北京奥运会营造良好舆论氛围。要继续突出宣传奥运会是世界人民共同的体育盛会和团结、友谊、进步的奥林匹克精神,宣传各国人民期盼北京奥运会成功举办和各国各地区运动员备战奥运会的盛况。同时,还要突出宣传我国各族人民喜迎北京奥运会的浓郁氛围,宣传我国地震灾区人民对办好奥运会的热切期待,宣传绿色奥运、科技奥运、人文奥运理念。要把高质量的奥运新闻宣传同高水平的媒体服务结合起来。目前已有几万名境外媒体记者报名采访北京奥运会,全球几乎所有重要广电传媒均已入住北京奥运会国际广播中心,奥运赛时将吸引全球几十亿电视观众。一定要按照我国有关法律、法规、国际通行惯例和我们所作的承诺,切实做好媒体服务和管理工作,特别是通过赛会期间国际新闻中心每天举行的两场新闻发布会和每天安排的场外集体采访活动,把奥运媒体服务和奥运国际传播搞得丰富多彩、有声有色,让世界人民分享奥运欢乐。

在奥运筹办最后30天,我们一定要精心做好涉奥运外事工作,切实做到让贵宾们高兴而来、满意而归。奥运会是规模空前的对外交往活动,要高效率、高质量做好奥运国际贵宾接待服务工作。要做到对大国和小国、富国和穷国贵宾一视同仁、平等对待。要科学安排好涉奥运重大外事活动和重要国际会议。还要加强统筹协调、细化接待方案,热情接待好各国各地区代表团,使他们切身感受到中国人民的友好情谊。

在奥运筹办最后30天,我们一定要精心做好城市运行和保障工作,努力提供优质高效服务。有特色、高水平的奥运会,呼唤有特色、高水平的城市运行和保障,特别是要确保在奥运赛时交通顺畅、空气达标、食品安全。要精心组织实施北京奥运会、残奥会期间交通及城市公共交通运行方案,做到既保障奥运交通顺畅,又不影响城市正常生产生活。要进一步严格落实控制大气污染的各项措施,确保奥运会期间主赛区和京外赛区空气质量达标,实现向国际社会的承诺。要进一步整治、维护好市容环境和秩序,为奥运会创造优美整洁的城乡环境。要加大食品安全、公共卫生安全等各个领域的管理监督力度,确保水电气热供应和通信等城市运行保障设施的安全有序运行。

在奥运筹办最后30天,我们一定要切实做好残奥会各项筹办工作,努力实现两个奥运同样精彩。要落实好国际残奥会工作组会确定的各项重点任务,逐个审查残奥会场馆的转换期计划和赛时运行计划。进一步做好对无障碍设施的检查和完善工作。要广泛开展残奥会宣传文化活动,广泛动员社会各界关注残奥运动、关注残奥会、关注残疾人体育,以举办一届成功的北京残奥会,书写国际残奥运动和我国残疾人体育事业新的历史篇章。

在奥运筹办最后30天,我们一定要深入抓好运动员参赛备战工作,夺取运动成绩与精神文明双丰收。我国体育健儿将参加北京奥运会全部28个大项、38个分项和残奥会全部20个大项的比赛。我国体育代表团的广大运动健儿都渴望抓住机遇、奋发有为,为祖国争光、为民族争气、为人生添彩。要引导广大运动员抓紧做好最后30天各项参赛备战工作,坚持严格训练、科学训练,进一步锤炼思想作风和心理素质。特别要把坚决反对使用兴奋剂的思想教育同严格的处罚措施结合起来,确保参加北京奥运会、残奥会的我国体育健儿都能以良好的精神风貌、高尚的体育道德、优异的运动成绩回报祖国和人民。为体现现代奥运会重在参与的理念,还要深入开展好全民健身活动,真正做到"全民健身与奥运同行"。

在奥运筹办最后30天,我们一定要深入开展当好东道主、热情迎嘉宾活动,向世界展示我国礼仪之邦的良好形象。举办奥运会,是对我国国民素养和社会文明程度的重要检验。要深入开展迎奥运、讲文明、树新风活动,动员社会各界参与奥运、服务奥运、奉献奥运。要继续以为祖国争光、为奥运添彩为主题,结合北京奥运会、残奥会火炬境内传递等工作,深入开展各类群众性精神文明创建活动,深化文明礼仪教育,加强窗口行业人员文明举止教育培训,弘扬讲文明、重礼仪、团结友善、热情好客的良好风尚。要积极开展赛场文明建设,引导我国观众坚持文明观赛,尊重所有国家和地区运动员的努力,坚决防止出现赛场不文明现象。

同志们,北京奥运会即将开幕,中华民族的百年期盼即将实现。各级党委和政府要把协同做好奥运筹办工作摆在更加重要的位置,加强领导、明确任务、落实措施。中央各有关部门、有关单位及各专项工作协调小组要切实履行好各自职责,积极主动做好服务奥运的各项工作。北京奥组委要加强同国际奥委会、各国际单项体育联合会及各国各地区奥委会的联系和协调工作,精心做好北京奥运会、残奥会开闭幕式最后合练彩排和奥运村开村准备工作。各场馆团队要尽心尽职地搞好赛时一线服务和保障工作,努力创建"五好团队"。广大奥运志愿者要以真诚的微笑和热忱的服务,认真负责地做好赛会志愿服务和城市志愿服务工作。全国各行各业、各条战线的干部群众要树立人人都维护奥运环境、人人都代表国家形象的意识,立足本职岗位,自觉服务奥运。

同志们,让我们紧密团结在以胡锦涛同志为总书记的党中央周围,更加奋发努力、更加深入细致地做好奥运筹办最后关键阶段的各项工作,把办一届有特色、高水平奥运会的承诺进一步落到实处,决不辜负党和人民的重托。

中国发现世界鸟类新种"弄岗穗鹛"

我国科学家在广西弄岗国家级自然保护区发现一个世界鸟类新种,中文名为"弄岗穗鹛",英文名Nonggang Babbler。

这一成果刊登在最新出版的2008年第2期世界权威鸟类学杂志《The Auk》上,由广西大学动物科技学院教授周放和他的学生蒋爱伍合作发表。

据周放介绍,这种鸟个子不大,浑身棕黑色,脸颊有一道月牙状白斑,喉部有黑白相间的斑纹,眼睛是蓝色的虹膜,非常奇特;它们成小群生活在弄岗地区怪石嶙峋、山岩陡峭的喀斯特季雨林里,基本是在丛林密布的地面活动,目前发现的分布范围十分狭小,估计仅有100多对。

7月10日

国家副主席习近平出席中央党校2008年春季学期毕业典礼并为学员颁发毕业证书

19家央企入围"世界500强"

美国《财富》杂志日前公布2008年度"世界500强"名单。国务院国有资产监督管理委员会10日发布,共有19家中央企业榜上有名。

在"世界500强"排行榜上,中国入围企业达到35家(包括内地企业26家、香港3家、台湾6家),其中19家为中央企业。中国石化以1592.6亿美元的年销售额排名第16位,成为500强中排名最靠前的中国企业,在亚洲仅次于日本丰田公司。

国家电网和中国石油分列第24位和第25位,中国移动列第148位。中国石油也是中国企业中盈利最高的公司,去年盈利达149.25亿美元。

朝核问题六方会谈团长会在钓鱼台开幕

中共中央政治局常委李长春考察北京奥运会新闻报道筹备工作

李长春来到2008北京国际新闻中心,先后到新闻发布厅、记者工作间、综合服务大厅等场所仔细察看,了解情况。他强调,要按照我国有关法律、法规和国际通行规则,为各国记者提供优质服务。要认真搞好新闻发布,积极组织集体采访,为记者采访活动提供方便,向世界全面介绍我国经济发展、政治稳定、民族团结、文化繁荣、社会和谐的大好形势,介绍我国人民当好东道主、办好奥运会的良好风貌。李长春与在场的外国记者亲切交谈,询问他们对中心提供的服务满不满意,希望他们既充分报道奥运赛事,也积极采访报道中国经济社会发展情况,向全世界展示一个真实的中国、友好的中国、前进的中国,在中国人民和世界人民之间架起一座友谊的桥梁。

中共中央政治局委员、北京市市委书记、北京奥组委主席刘淇,中共中央政治局委员、书记处书记、中宣部部长刘云山一同参观考察。

7月11日

国家主席胡锦涛在人民大会堂同墨西哥总统卡尔德龙举行会谈

胡锦涛表示,中方愿同墨方共同努力,着重做好以下几方面工作,把中墨战略伙伴关系推上更高水平。(一)加强政治对话。继续保持两国高层接触,增进双方各领域各层次往来,继续落实好《2006—2010年共同行动计划》,为两国战略伙伴关系深入发展注入新的活力。(二)积极发展互利双赢的经贸合作。中国政府鼓励有实力的中国企业积极参与墨西哥港口、公路、水电站等基础设施建设。支持两国企业在矿产、通信、加工组装、农业、渔业等领域开展互利合作,在包括新能源和可再生能源在内的整个能源领域开展实质性合作,支持相互投资,促进双边贸易健康发展。(三)扩大两国人文交流。共同实施好文化交流项目。促进两国教育部门、高等院校、科研机构加强人员往来,开展学术交流,积极探讨在传统医学、防灾减灾、社会发展等领域开展合作,加强人力资源建设、减贫研究、信息共享等方面的交流。(四)稳步推进两国多边领域合作,加强在重大国际和地区问题上的磋商和协调,为维护两国及发展中国家正当权益,促进世界和平、稳定和繁荣而共同努力。

卡尔德龙说,墨西哥将永远是中国在拉美可信赖的伙伴。随着两国的发展,加强墨中在经贸、人文、国际事务中的战略合作,有利于双方的共同进步。双方应深化投资领域合作,为双向投资创造良好条件,为两国经贸合作注入有力的资金支持。墨方愿积极扩大对华出口。双方应加强在农业、环保、可再生能源开发方面的交流,共同应对全球在粮食、能源领域面临的挑战。

胡锦涛赞赏和感谢墨西哥政府在台湾、涉藏等问题上坚持一个中国政策,给予中方理解和支持;再次感谢墨西哥政府和人民在中国四川汶川特大地震发生后,向中国政府和人民表示同情和慰问,并提供救灾援助。

卡尔德龙说,墨西哥钦佩中国改革开放30年来取得的巨大成就,愿真诚学习中国的有益经验。墨方高度赞赏中国政府和人民抗震救灾努力,愿积极参与地震灾区重建工作。墨方祝愿北京奥运会取得圆满成功。墨方将继续坚定奉行一个中国政策,尊重中国的主权和领土完整。

会谈后,两国元首共同出席了《中墨促进与相互保护投资协定》等双边合作文件的签字仪式。

中华人民共和国与墨西哥合众国发表联合新闻公报

一、应中华人民共和国主席胡锦涛邀请,墨西哥合众国总统费利佩·卡尔德龙·伊诺霍萨于2008年7月9日至12日对中国进行了国事访问。

二、访问期间,胡锦涛主席与卡尔德龙总统举行了会谈,吴邦国委员长和温家宝总理分别会见了墨西哥总统。两国领导人在亲切友好的气氛中就两国关系和共同关心的国际和地区问题深入交换了意见,达成了广泛共识。

三、两国元首一致认为,近年来两国战略伙伴关系全面深入发展,互利友好合作富有成果。两国元首一致同意两国建立战略对话机制,以进一步加强两国在双边及多边重大问题上的战略互信和战略合作。

四、墨西哥总统重申墨西哥政府奉行一个中国原则,视其为双边关系的基石,尊重和支持中国政府有关台湾问题的立场。同时,重申墨西哥政府关于西藏是中国领土不可分割的一部分,西藏事务是中国内政的立场。中方对墨方立场表示赞赏。

五、两国元首对中墨政府间两国常设委员会第三次会议今天在北京成功召开表示祝贺,一致赞同进一步完善和加强两国常设委员会机制。

六、双方对近年来两国经贸合作取得积极进展感到满意。双方重申,进一步确定和落实在基础设施建设、交通、通信、能源、矿业、农业、渔业、环境保护、海关等领域的合作行动,鼓励和促进两国相互投资,推动两国经贸合作向更高水平发展。

七、两国元首表示将继续加强两国在教育、科技、文化、卫生和医药、旅游、社会发展、预防灾害等领域的交流与合作,进一步增进两国人民的相互了解和友谊。

八、两国元首一致同意继续加强两国在联合国及其他国际和地区组织框架内的紧密协作以进一步加强多边主义;巩固和维护发展中五国的团结,进一步协调立场,推动同八国集团开展平等、务实、富有成果的对话;继续就联合国改革、气候变化、南南合作、能源安全、粮食安全和人权等重大问题保持对话、沟通与协调。

九、卡尔德龙总统预祝中国成功举办2008年北京奥运会和2010年上海世博会，并确认墨将参加上海世博会。

十、中墨两国元首见证了以下双边协议的签署：《引渡条约》《促进和相互保护投资协定》《关于进出口猪肉检验检疫议定书》《社会救助与社会福利的技术合作协议》《2008—2010年社会发展合作计划》《两国常设委员会第三次会议纪要》。

十一、卡尔德龙总统对胡锦涛主席及中方领导人在其访华期间给予其本人及代表团的热情友好接待深表感谢，并邀请胡锦涛主席再次访问墨西哥，胡锦涛主席对此表示感谢。

2008年7月11日于北京

全国人大常委会委员长吴邦国和国务院总理温家宝在北京分别会见墨西哥总统卡尔德龙

吴邦国表示，中国全国人大重视发展同墨西哥国会的友好合作，愿加强高层交往，开展各层次友好交流，密切在国际和地区议会组织中的合作，为巩固和扩大中墨战略伙伴关系作出新贡献。

卡尔德龙说，墨方高度重视发展对华关系，愿与中方继续加强政府、议会、地方等各方面友好往来，拓展经贸、投资等领域的务实合作。墨方将坚定奉行一个中国政策。相信北京奥运会一定能够成为增进世界各国人民友谊的桥梁和纽带。

温家宝表示，《中墨促进与相互保护投资协定》的签署在两国关系史上具有里程碑意义。双方政府部门和企业要加强交流，推动经贸合作向投资合作、产业合作和技术合作延伸，促进两国经济发展。中方希望与墨方在相互尊重、平等互利原则基础上进一步拓展贸易和投资合作，推动两国间建立互利共赢的经贸合作关系，促进双方在政治、经贸、文化等各领域合作关系全面深入发展。

卡尔德龙说，墨中两国都是世界重要的经济体，中国是墨西哥第二大贸易伙伴，进一步密切两国经贸关系，扩大双方贸易和相互投资符合双方的利益，墨方愿与中方进一步密切两国经贸关系。

全国人大常委会委员长吴邦国在人民大会堂会见埃塞俄比亚人民代表院议长特肖梅

吴邦国说，近年来，两国高层互访更加频繁，政治互信不断加强，各层次人员往来日益增多，在经贸、文教、卫生、人力资源培训、基础设施建设等领域的合作成果显著，在国际事务中配合密切，中方对此感到满意。中方视埃塞俄比亚为中国在非洲的重要合作伙伴，愿与埃方一道，本着“加深了解、增进互信、巩固友谊、发展合作”的原则，把两国全面合作伙伴关系不断推向新的水平。吴邦国还对埃方坚定奉行一个中国政策表示赞赏。

吴邦国积极评价了两国立法机构业已存在的良好交往与合作。他表示，中国全国人大重视发展同埃联邦议会的关系，愿在保持双方领导人互访势头的同时，加强包括专门委员会、双边友好小组和办事机构在内的各层次的友好交流与合作，为两国关系发展注入新的活力。

特肖梅说，中国人民是埃塞俄比亚人民的真诚朋友，埃政府和人民都对中方给予的无私援助表示由衷的感谢。他相信，在中方的精心组织和筹备下，北京奥运会一定能成为高水平、有特色的体育盛会。他表示，埃人民代表院高度重视发展与中国全国人大的关系，愿进一步加强和扩大双方的交往，为两国关系的发展作出更大贡献。

全国政协主席贾庆林在人民大会堂会见第九届海外杰青汇中华交流团全体成员

贾庆林说，从1999年至今，在各方面的共同努力下，海外杰青汇中华交流活动已经成功举办了八届，取得了丰硕成果，产生了广泛影响。大批海外杰出青年以此为桥梁，加深了对中华文化和当代中国的了解。

贾庆林回顾了改革开放30年来我国经济社会发展取得的巨大成就，介绍了今年以来我国的国内形势，特别是抗震救灾和北京奥运会、残奥会筹办情况。他指出，四川汶川特大地震灾害发生后，包括在座各位青年朋友在内的广大海外华侨华人，纷纷慷慨解囊、捐款捐物，以拳拳赤子情怀筑起了爱心长城，为夺取抗震救灾斗争的胜利发挥了积极作用。这一切都将载入中华民族的光辉史册。

贾庆林强调，青年代表着未来和希望，是推动国家发展和社会进步的生机勃勃的力量。希望同学们继承老一辈爱国爱乡的优良传统，始终关心、支持改革开放和现代化建设，努力为中国的富强和中华民族的振兴贡献力量。要珍惜大好年华，树立远大志向，练就适应时代要求的过硬本领，努力成为推动社会发展进步的栋梁之材。要充分发挥自身优势，进一步促进两岸交流与人员往来，推动两岸关系和平稳定发展，为早日完成祖国统一大业作出更加积极的努力。要深入了解中华文化，将东西方文明融会贯通，推动所在国与中国的交流与合作，为发展中国同世界各国的友好关系作出应有的贡献。

全国政协副主席、中共中央统战部部长杜青林和有关方面负责人参加了会见。

中国港口货物吞吐量连续5年位居世界第一位

从江苏太仓举行的2008年中国航海日活动上获

悉:我国亿吨大港已达14个。

交通运输部水运司副司长张守国表示,改革开放30年来,港口和航运业的快速发展为我国国民经济和对外贸易增长提供了有力保障。我国外贸货物量90%以上由海运完成,港口货物吞吐量和集装箱吞吐量连续5年位居世界第一位,亿吨大港达到14个,船队规模位居世界第四位。

外交部部长杨洁篪同墨西哥外长埃斯皮诺萨在人民大会堂共同主持召开中墨政府间两国常设委员会第三次会议

全国人大常委会副委员长王兆国在人民大会堂会见美国凯雷投资集团有限公司创始人威廉·康威一行

中泰在清迈举行陆军特种兵反恐联合训练

代号为“突击—2008”的中泰陆军特种作战联合训练在泰国北部清迈举行。

中国共派出24名陆军特种兵参加,与相同规模的泰国特种兵混编成4个班进行训练。联合训练主题是反恐行动,包括基础训练、技能训练、战术训练和综合演练4个阶段。

据介绍,此次中泰联合训练是根据两军达成的共识举行的,目的在于增进相互了解,深化两军交流,加强在反恐等非传统安全领域的合作,共同维护地区和平与稳定。广州军区副司令员郑勤少将率领的中方观摩团与泰国陆军特战司令部副司令素帕叻少将率领的泰方观摩团共同参加了今天的开训仪式。

第二十一届国际摄影测量与遥感大会在北京闭幕

四年一度的国际测绘盛会——第二十一届国际摄影测量与遥感大会在北京闭幕,并发布大会近百年历史上的首个大会宣言《北京宣言》,这个以主办城市名字命名的宣言,倡导全世界和平利用地理空间技术,让影像信息造福人类。

据了解,本届大会代表人数和论文数量均创历届之最,并首次设立并颁发了以中国人命名的国际测绘大奖“王之卓奖”,以纪念我国摄影测量与遥感事业奠基人王之卓院士和表彰在国际空间信息领域取得突出成绩的科学家。

7月12日

国务院总理温家宝主持国务院抗震救灾总指挥部第23次会议

会议研究地震灾区困难群众后续救助政策等问题。

会议指出,汶川地震发生后,国家对灾区困难群众实施临时生活救助,出台了3个月救助政策。截至目前,已救助因灾无房可住、无生产资料和无收入来源的困难群众881.5万人,救助孤儿、孤老、孤残人员26.1万人。这项临时生活救助政策的实施,切实解决了受灾群众基本生活困难问题,在缓解受灾群众灾后的紧张情绪、树立恢复重建家园的信心、维护灾区社会的稳定等方面发挥了重要作用。预计进入9月份,大部分受灾地区生产生活秩序基本恢复正常。但在一些重灾区,部分受灾群众生活仍处于不稳定状态,还会存在很多困难。为此,会议决定,在3个月临时生活救助政策到期后,政府对生活仍不稳定的受灾群众继续给予救助。救助对象主要包括“三孤”人员、生活困难的遇难(含失踪)者、重伤残者家庭人员、异地安置人员、因灾住房倒塌或严重损坏且生活困难的受灾群众。后续救助政策以现金补助为主,不再发放口粮。人均每月补助200元,在此基础上适当提高“三孤”等人员的补助标准。补助期限为9月至11月。后续救助政策到期后,对于生活困难需救助的灾区群众,可分别纳入城乡低保、农村五保供养和冬春灾民临时生活困难救助制度,保障其基本生活。

会议听取了国家汶川地震专家委员会关于汶川地震活动特征与灾损评估研究结果的汇报。会议认为,国家汶川地震专家委员会自5月21日成立以来,做了大量工作,在对主余震形势的认识、对地震发生机理及外围动力环境的认识、对地震灾害及次生灾害综合评估标准与方法的探索等方面取得一定进展,并从整体与局部协调发展、区域间平衡发展、产业结构与地域文化配套发展的角度为灾区尽快恢复社会和生产秩序形成了原则性的建议,这对于抗震救灾和灾后重建工作都具有重要的参考价值。

会议根据专家委员会的意见提出三点要求:(一)对震区的余震再严密监视两个月。(二)对汶川地震灾区大面积地质灾害的潜在危险性进行现场测查,在认识灾区次生灾害起因和发生条件的基础上,给出可能出现重大地质灾害的地域,并估算可能造成的损失程度,以保证灾区恢复重建和可持续发展。(三)尽快确定地震遗迹遗址保护点,并对有可能长期保留的遗迹遗址进行保护。

会议听取了民政部关于汶川地震灾害范围评估情况和发展改革委《关于灾后恢复重建规划范围的意见》的汇报。按照《国务院办公厅关于印发国家汶川地震灾后重建规划工作方案的通知》要求,民政部、发展改革委、财政部、国土资源部、中国地震局、国家统计局、国家汶川地震专家委员会会同四川、甘肃和陕西3

省人民政府开展了汶川地震灾害范围评估工作,完成了《汶川地震灾害范围评估报告》。综合考虑四川、甘肃和陕西3省的实际情况,确定汶川地震极重灾区为10个县(市),包括汶川县、北川县、绵竹市、什邡市、青川县、茂县、安县、都江堰市、平武县、彭州市,重灾区为41个县(市、区);一般灾区为186个县(市、区)。评估结果将作为灾后重建的参考依据。会议确定上述极重灾区和重灾区为灾后恢复重建国家规划范围。

中共中央政治局常委、国务院副总理、国务院抗震救灾总指挥部副总指挥李克强,中共中央政治局委员、国务院副总理、国务院抗震救灾总指挥部副总指挥回良玉,国务委员兼国务院秘书长马凯和有关部门负责人出席会议。

朝核问题六方会谈团长会闭幕并发表新闻公报

在北京钓鱼台国宾馆完成三天议程后,朝核问题六方会谈团长会在各方掌声中闭幕并发表新闻公报。以下为新闻公报全文:

2008年7月10日至12日,中华人民共和国、朝鲜民主主义人民共和国、日本国、大韩民国、俄罗斯联邦、美利坚合众国在北京举行六方会谈团长会。

中国外交部副部长武大伟、朝鲜外务省副相金桂冠、日本外务省亚洲大洋洲局局长斋木昭隆、韩国外交通商部朝鲜半岛和平交涉本部长金塾、俄罗斯外交部副部长阿列克谢·博罗达夫金、美国国务院东亚和太平洋事务助理国务卿克里斯托夫·希尔分别率团与会。

中国外交部副部长武大伟主持会谈。

会议高度评价落实共同声明第二阶段行动取得的积极进展,一致认为这些进展有利于维护东北亚地区的和平与稳定。六方就全面均衡落实第二阶段行动达成重要共识。

一、根据2005年9月19日六方会谈共同声明,六方同意在六方会谈框架内建立验证机制,验证朝鲜半岛无核化。

验证机制由六方专家组成,对无核化工作组负责。

验证机制的验证措施包括视察设施、提供查阅文件、技术人员面谈,以及六方一致同意的其他措施。

验证机制在有必要时可以欢迎国际原子能机构(IAEA)对有关验证提供咨询和协助。

验证的具体方案和实施,由无核化工作组根据协商一致原则决定。

二、六方同意在六方会谈框架内建立监督机制。

监督机制由六方团长组成。

监督机制的职责是确保各方信守并履行各自在六方会谈框架内作出的承诺,包括不扩散和对朝经济与能源援助。

监督机制将以六方认为有效的方式履行监督职能。

六方团长可以授权适当官员履行其职责。

三、六方制定了完成宁边核设施去功能化和经济能源援助的时间表。

朝宁边核设施去功能化与其他方对朝剩余重油和替代物资援助同步全面落实。

各方对朝重油和替代物资援助争取于2008年10月底前完成。

美俄争取于2008年10月底前完成剩余对朝重油援助。

中韩争取于2008年8月底以前与朝就提供剩余替代物资签署有约束力的协议。

日本表示愿意在环境具备时尽快参与对朝经济与能源援助。

朝宁边核设施去功能化争取于2008年10月底前完成。

四、六方一致同意进一步深入探讨"维护东北亚和平与安全的指导原则"。

五、六方重申适时在北京召开六方外长会。

六、六方就落实9·19共同声明第三阶段行动初步交换了意见。六方一致同意继续全面推进六方会谈进程,共同致力于东北亚的持久和平与稳定。

外交部部长杨洁篪在钓鱼台国宾馆会见参加六方会谈团长会的各方团长

国家长城保护工程试点工程——山海关长城保护工程竣工

国家副主席习近平在北京实地考察奥运会服务保障工作

习近平在中共中央政治局委员、北京市市委书记刘淇,国务委员、北京奥组委副主席刘延东等陪同下,先后考察了北京市轨道交通首都机场线、首都国际机场3号航站楼和北京奥运村。

实地考察后,习近平在北京奥运村国奥中心召开座谈会,在听取首都机场、北京奥组委、北京奥运村有关负责同志情况汇报后,作了讲话。习近平指出,正如胡锦涛总书记在考察北京奥运会交通配套设施时所强调的,我们不仅要建设一流的设施,而且要有一流的管理、一流的服务,他勉励大家以创造性的工作和优质高效的服务保障,为办一届有特色、高水平的北京奥运会、残奥会作出贡献。

习近平强调,做好奥运服务保障工作,一定要把确保安全放在首位,严格落实各项安保措施,做到平安奥运警钟长鸣。现在,各项奥运服务保障工作已逐步进入赛时状态,要抓紧进行奥运宾客抵离、餐饮、住宿等方面服务保障的全流程再演练、再磨合、再完善。要从赛时的工作实际出发,通过认真演练,及时发现每一个服务保障岗位和每一个环节中的漏洞和问题,有针对性地进行整改,以最好的精神状态、最高的工作标准做好北京奥运会各项服务保障工作。

习近平指出,要牢固树立以人为本和人文奥运理念,体现人文关怀。要深入了解各国运动员和来宾的具体要求,充分尊重他们不同的文化背景、民族习俗、宗教信仰和个性特点,有针对性地提供热情周到、温馨舒适的服务,让他们有宾至如归的感觉。既要为各国运动员和来宾提供快捷顺畅的抵离服务,又要为来自不同国家、不同民族、不同宗教背景的运动员提供温馨舒适的餐饮和住宿服务,使他们吃得满意、住得舒适、休息得充分,以保持良好竞技状态。

习近平说,做好奥运交通网络和北京奥运村的各项服务保障工作,是对我们国家特别是对主办城市文明素质、服务质量的严格检验。必须高度重视并认真抓好服务保障工作中的每一个细节,努力在细节中体现水平和质量、突出特点和亮点。

7月13日

中组部委托国家统计局就干部群众对组织工作的满意度开展民意调查

经中央批准,中组部已委托国家统计局从2008年起每年在全国31个省区市以及中央和国家机关、中央企事业单位开展组织工作满意度民意调查。

在全国开展组织工作满意度调查,是中央组织部为贯彻落实党的十七大精神,努力把组织部门建设成为高举中国特色社会主义伟大旗帜、深入贯彻落实科学发展观的模范部门,把组工干部队伍建设成为讲党性、重品行、作表率的过硬队伍而采取的一项重要举措。调查的内容主要是,干部群众对组织工作、组工干部形象、干部选拔任用工作、防止和纠正用人上的不正之风工作的满意程度,以及对组织工作的具体意见、建议。中央组织部有关负责同志表示,开展组织工作满意度民意调查的目的,是要全面了解和把握干部群众对组织工作和组工干部形象的真实意见、看法,找出影响干部群众满意度的主要因素和存在的突出问题,以客观评价组织工作和组工干部形象,切实改进组织工作和加强组织部门自身建设。他指出,通过抽样调查听取干部群众意见建议,把选人用人、防止和纠正用人上的不正之风等重要工作放在干部群众面前,接受干部群众的评价,不仅是推进党务公开、发展党内民主的一个重要举措,也是保障人民群众对组织工作知情权、参与权、表达权、监督权,提高组织工作公众参与度的重要渠道。

为了使干部群众能够客观、真实地反映对组织工作的意见、看法,民意调查委托国家统计局负责组织实施。为此,国家统计局统一印制了专门的调查方案。调查方案强调,要保证调查范围的广泛性、调查对象的代表性、调查内容的完整性和调查过程的规范性。据了解,组织工作满意度民意调查将采用抽样问卷调查的方式,在中央机关、省、市、县、乡、村各层次的干部和群众中抽取近8万人开展调查。第一次调查已于今年7月开始组织实施。

日前,中央组织部专门下发通知,要求各级组织部门不得以任何方式干预民意调查工作的正常进行,以确保统计部门独立完成民意调查工作。

中组部在北京召开领导班子思想政治建设座谈会

中共中央政治局委员、中央书记处书记、中央组织部部长李源潮出席会议并讲话。他指出,思想政治建设是领导班子和领导干部队伍建设的核心和灵魂,要以高举旗帜、坚定信念、践行宗旨为根本,以提高领导水平和执政能力为核心内容,以贯彻执行民主集中制、树立正确用人导向、改进领导作风为重点,努力把各级领导班子建设成为坚定贯彻党的理论和路线方针政策、善于领导科学发展的坚强集体。

党的十六大以来,以胡锦涛同志为总书记的党中央把领导班子思想政治建设摆在更加突出的位置,各地各部门狠抓领导班子思想政治建设各项任务的落实,形成了全面加强、整体推进的好局面。李源潮在讲话中回顾总结了近年来领导班子思想政治建设取得的成效,分析了面临的形势和存在的问题。他说,新形势下加强领导班子思想政治建设,首要任务是用中国特色社会主义理论体系武装头脑、指导实践、推动工作。要坚定共产党人的理想信念,高举旗帜、践行宗旨,提高走中国特色社会主义道路的自觉性,党委(党组)中心组学习要把坚定理想信念作为必学内容。要深入学习实践科学发展观,努力把科学发展观的要求转化为班子谋划发展的共识、领导发展的思路、促进发展的政策。要加强对党的方针政策的学习研究,提高与党中央在思想政治上保持一致的自觉性。

李源潮强调,各级领导班子及其成员要进一步增强政治意识、忧患意识、责任意识,不断解放思想,不断开拓创新。要强化培训和实践,加强对现代知识和管理经验的学习,敢于走进矛盾、善于破解难题,在实践历练中提高民主办事、依法办事的能力,提高敢做善成、化解矛盾的能力,提高处理突发事件、驾驭复杂局面的能力。要创新领导机制，建立、健全责任机制、协同机制、总结反思机制，形成领导科学发展的开拓创新合力。

李源潮要求，各级领导班子要坚持和完善民主集中制，领导班子内部要充分发扬民主，严格执行议事规则和决策程序，健全和落实谈心谈话制度，切实提高民主生活会的质量。要坚持德才兼备、以德为先，按照科学发展观和正确政绩观要求考核评价干部，树立有利于科学发展的用人导向。选用干部既要重能力，更要重品行。要重用那些政治坚定，有开拓创新精神，工作有实绩，清正廉洁，群众公认的优秀干部，不用那些以权谋私、为己干事、干部群众信不过的人，不用那些不负责任、拉私人关系、投机钻营的人，不用那些不讲原则、不分是非的“老好人”，不用那些不干实事、无所作为混日子的人。要扩大选人用人的民主，坚决整治选人用人不正之风，提高选人用人公信度。要践行党的根本宗旨，大力弘扬求真务实精神，严格落实廉洁从政的各项规定，始终保持密切联系群众和清正廉洁的良好作风。

中央组织部常务副部长沈跃跃作了会议总结。中央和国家机关各部委、各人民团体有关负责同志，各省区市、副省级城市和新疆生产建设兵团党委组织部长参加会议。

《刘华清军事文选》出版

经中共中央、中央军委批准，《刘华清军事文选》近日由解放军出版社正式出版发行。

《刘华清军事文选》分为上、下两卷，共收入刘华清同志1939年9月至1997年9月间有关军队和国防建设方面的文章、报告、讲话、谈话、批示等213篇，约85万字。上卷收入1939年9月至1988年1月的文稿109篇，主要是作者到中央军委工作前的文稿。下卷收入1988年2月至1997年9月的文稿104篇，主要是作者在中央军委工作时期的文稿。所收文稿大部分是首次公开发表。

中国第一个基因重组人源化单克隆抗体药物——泰欣生(尼妥珠单抗)成功上市

7月14日

全国人大常委会委员长吴邦国到天津考察

7月14日至15日，吴邦国和随行的中共中央政治局委员、全国人大常委会副委员长王兆国，全国人大常委会副委员长、秘书长李建国等，来到京津城际高速铁路和京沪高速铁路的起点站——北京南站。吴邦国认真听取工程设计和建设情况介绍。当了解到车站建设采用了许多节能、环保技术，旅客可以实现无障碍行走和零换乘，吴邦国点头称赞，并向参加设计施工和设备安装调试的工程技术人员表示亲切慰问。

吴邦国就我国铁路规划发展、高速铁路运行管理、9项关键技术自主创新等问题，同铁道部负责同志和有关专家进行了深入探讨。吴邦国指出，铁路是国家经济的大动脉，加快铁路改造、建设，是我国陆路交通发展的重点。高速铁路的建设，标志着我国铁路科技、制造、运营、管理进入跨越式发展的新阶段。要坚持引进消化吸收再创新，通过实施这一项目，攻克和掌握高速铁路建设的关键设备和核心技术。要坚持高标准、严要求，通过这一铁路的运营，为建设京沪高速铁路积累运营管理经验。京津城际高速铁路即将正式投入运营，一定要坚持安全第一，严格管理规范，确保运营安全。

经过29分钟旅程，吴邦国一行抵达天津站。吴邦国在中共中央政治局委员、天津市委书记张高丽，市长黄兴国，市人大常委会主任刘胜玉等陪同下，详细了解天津站交通枢纽改造工程情况，实地察看了站前广场。

吴邦国听取了航天产业化基地建设情况汇报。他说，建设新一代大推力运载火箭产业基地，是国家的重大决策，是提升我国航天国际竞争力的重大举措，务必精心设计、精心建设，以进一步巩固和提高我国航天技术实力。在空客A320系列飞机总装线厂房，他详细了解项目最新进展，希望在加强中外合作中带动我国航空产业的发展。在滨海新区中心商务商业区的沙盘前，他听取了该区规划、设计、建设情况汇报，要求滨海新区在提升金融服务、现代商务、高端商业等功能上下功夫。在临港工业区建设工地，吴邦国希望园区充分利用独特优势，建设现代化工基地、装备制造业基地和港口物流基地。在东疆保税港区码头，吴邦国实地察看了国际集装箱码头以及物流仓库的运营情况，希望保税港区通过开放、宽松的环境，不断发展壮大，推动建设北方国际航运中心和国际物流中心。在天津奥林匹克中心体育场，他仔细询问体育场运行一年多来的情况，要求各有关方面精心组织、优质服务，确保奥运会相关足球赛事顺利进行。

考察期间，吴邦国对天津产业结构调整、旧城保护改造、滨海新区开发、基础设施建设、人民生活改善等各方面工作取得的成绩给予充分肯定。他指出，天津有优良的海港，工业基础雄厚，土地资源充裕，又迎来了滨海新区开发和新一轮产业优化升级的历史机遇。他强调，要紧紧抓住历史机遇，发挥比较优势，坚持发展是硬道理的战略思想，加快经济发展方式的“三个转变”，推进产业结构优化升级，走中国特色新型工业化道路，着力提高自主创新能力、节能环保水平和经济整体素质，把天津建设成为经济繁荣、环境优美、人民富裕的北方经济中心和国际港口城市。

全国人大常委会委员长吴邦国 全国政协主席贾庆林在人民大会堂分别会见几内亚国民议会议长松帕雷

吴邦国说，几内亚是第一个同新中国建交的撒哈拉以南非洲国家。近半个世纪以来，双方真诚友好、平等相待，政治互信不断加强，各领域合作成效显著，在国际事务中相互支持和配合。他强调，明年我们将迎来中几建交50周年。希望双方以此为契机，进一步加强友好交往，扩大包括在中非合作论坛下的务实合作，不断开创中几友好关系的新局面。吴邦国说，全国人大重视发展与几内亚议会的友好关系，愿加强各种形式的往来，增进双方在立法、民主法制建设、治国理政等方面的交流，推动两国关系全面发展。

贾庆林在会见松帕雷时说，中几关系在中国对非关系中占有重要地位。中几都是发展中国家，都面临着共同的发展任务，合作前景广阔。中方愿同几内亚共同努力，增进政治互信，深化务实合作，推动两国传统友好合作关系不断迈上新的台阶。他对几内亚政府、议会坚定奉行一个中国政策表示感谢。他说，中国全国政协愿与几内亚议会开展交流与合作，共同推动两国传统友好不断取得新进展。

松帕雷说，中国与非洲的合作不附加任何政治条件，包括几内亚在内的非洲国家从中受益良多。几中关系面临着新的发展机遇，希望双方充分发挥经济互补性优势，进一步挖掘潜力，创新方式。他重申，几内亚政府和议会一贯坚定支持一个中国政策。

中组部 中宣部等六部门联合作出开展向冯理达同志学习活动的决定

海军总医院原副院长冯理达同志的先进事迹经过媒体报道后，在全国各地引起强烈反响。最近，中组部、中宣部、人力资源和社会保障部、卫生部、总政治部、总后勤部决定，在广大党员干部、知识分子和全军官兵中广泛开展向冯理达同志学习的活动。中组部同时决定追授冯理达同志"全国优秀共产党员"称号，人力资源和社会保障部、卫生部决定追授冯理达同志"白求恩奖章"荣誉称号。

央行公布上半年金融数据

中国人民银行公布的上半年金融统计数据显示，6月末，国家外汇储备余额为18088亿美元，同比增长35.73%。上半年国家外汇储备增加2806亿美元，同比多增143亿美元。4月末、5月末的外汇储备余额分别为17566.55亿美元和17969.61亿美元。

中联部部长王家瑞在北京会见伊朗总统代表副外长侯赛尼

中央军委主席胡锦涛签署命令授予武文斌同志"抗震救灾英雄战士"荣誉称号

济南军区某师炮兵指挥连士官武文斌，男，1982年10月出生，2002年12月入伍，2005年9月考入解放军信息工程大学测绘学院士官一队，2007年分配到某师炮兵指挥连实习。今年6月18日在随部队参加四川汶川抗震救灾中，因连续奋战、过度劳累引发肺血管畸形破裂出血光荣牺牲。根据武文斌同志生前一贯表现和在抗震救灾中作出的突出贡献，集团军党委追认他为中共正式党员并批准他为烈士，济南军区党委作出了向武文斌同志学习的决定。

中央纪委书记贺国强实地考察北京奥运建设工程运行管理情况

贺国强在中共中央政治局委员、北京市市委书记、北京奥组委主席刘淇和北京市市长、北京奥组委执行主席郭金龙等陪同下，实地察看了奥运建设工程运行、管理情况。贺国强首先来到被称为"鸟巢"的国家体育场，对其独特的设计、宏伟的建筑赞不绝口。贺国强指出，"鸟巢"作为奥运会、残奥会开、闭幕式场地和主要比赛场馆，既要有一流的建设，也要有一流的管理，既要搞好硬件建设，也要搞好软件建设，确保赛时顺利运行。

贺国强在奥运村国奥中心召开座谈会，听取了北京奥组委、第二十九届奥运会监督委员会有关负责同志的情况汇报，对北京奥组委的工作给予充分肯定，对奥运会、残奥会筹办工作表示满意。贺国强指出，奥运监督工作是奥运筹办工作的重要组成部分，也是确保奥运会成功举办的重要保证。从奥运筹备一开始，中央就组建了奥运会监督委员会。几年来，监督委员会认真履行职责，做了大量卓有成效的工作，从目前监督检查的情况看，总体情况是好的。随着奥运会的临近，要进一步加强对中央有关奥运筹办工作指示精神贯彻落实情况的监督检查，坚决纠正有令不行、有禁不止的行为，确保中央政令畅通；要继续加强对奥运场馆工程建设质量的监督检查，在奥运会正式开幕前，要在原有工作的基础上，对工程质量再进行一次全面检查，消除隐患，确保万无一失；要继续加强对奥运资金使用情况的监督检查，严格控制奥运会预算总规模，科学管理并合理使用资金，确保奥运场馆工程建设资金和奥运会运行资金使用合规合法、安全高效，向党和人民交一个明白账、放心账；要着力加强对赛时纪律执行情况的监督检查，及时发现并纠正工作中存在的问题，防止各类违规违纪问题的发生，确保奥运会各项管理和服务工作规范有序、顺畅高效地运行。

贺国强强调，奥运监督工作使命光荣、责任重大。各级奥运监督部门要以良好的精神状态和工作作风认真履行监督检查职责，切实把奥运监督工作贯穿于奥运会筹办和赛时的全过程和各个方面，以做好奥运监督工作的实际成效，确保实现"节俭办奥运、廉洁办奥运"的工作目标，为举办一届有特色、高水平的奥运会作出积极贡献。

中央和国家机关有关部门负责同志，北京市及北京奥组委、第二十九届奥运会监督委员会等有关负责同志陪同考察。

北京奥运会 残奥会《奥运场馆观赛规则》公布

7月15日

中央军委在八一大楼举行晋升上将军衔仪式

中央军委主席胡锦涛向晋升上将军衔的同志颁发命令状。

这次晋升上将军衔的高级军官是：总政治部副主任刘振起、沈阳军区政治委员黄献中、济南军区司令员范长龙。

中央军委委员梁光烈、陈炳德、李继耐、廖锡龙、常万全、靖志远、吴胜利、许其亮出席晋衔仪式。

出席晋衔仪式的还有解放军四总部、驻京各大单位和军委办公厅的领导等。

十一届全国人大财经委员会在北京举行第五次全体会议

会议听取了国家发展和改革委员会、农业部、商务部、人民银行和国家统计局关于今年上半年经济形势的汇报，并进行了讨论。全国人大其他专门委员会负责同志出席会议。

委员们认为，今年以来，我国经济和社会发展经受了严峻的考验。世界经济增长放缓，全球性通胀压力加大，国际金融市场动荡。国内接连发生历史罕见的低温雨雪冰冻灾害、四川汶川特大地震等灾害，使灾区人民生命财产遭受严重损失。面对国际环境的重大变化和国内严重的自然灾害，各地区、各部门坚决贯彻落实中央各项方针政策和部署，扎实推进各项工作，努力保持经济平稳较快发展。工农业生产稳步增长，夏粮实现连续五年丰收，产业结构继续优化，节能减排取得新成效，财政收入持续增加，就业规模继续扩大，人民生活水平不断提高，改革开放有序推进。总的看，当前我国经济社会发展形势是好的，重大自然灾害和国际经济不利因素不会改变我国经济发展的基本态势，国民经济继续朝着宏观调控的预期方向发展。

但是，经济运行中面临一些比较突出的困难和问题：物价总水平持续上涨，通货膨胀压力加大；影响农业稳定生产和农民持续增收的制约因素较多，农民种粮积极性受到影响；外贸出口形势不容乐观，部分行业和企业经营困难对就业影响不容忽视；煤电油运保障供应的难度较大，节能减排形势依然严峻；外汇储备增长仍然过快，资本市场波动较大，房地产市场不确定性增加，潜在金融风险不容忽视。

委员们认为，做好下半年经济工作，要坚决贯彻落实科学发展观，进一步把思想认识统一到中央的判断、决策和部署上来，在形势复杂多变、困难多、任务重的情况下，始终保持昂扬斗志，牢固树立全局观念和大局意识，团结一致，艰苦奋斗，全力保持经济平稳较快发展和社会和谐稳定。

全国人大财经委员会主任委员石秀诗主持会议。广东、河南、青海和内蒙古人大财经委的负责同志列席了会议。

中央纪委发布《国有企业领导人员违反廉洁自律"七项要求"适用〈中国共产党纪律处分条例〉若干问题的解释》

为贯彻执行中国共产党第十七届中央纪律检查委员会第二次全体会议提出的国有企业领导人员廉洁自律"七项要求"，严肃惩处相关违纪行为，现对国有企业领导人员中的共产党员违反"七项要求"行为适用《中国共产党纪律处分条例》的若干问题解释如下。

一、处理国有企业领导人员中的共产党员违反第十七届中央纪委第二次全会提出的廉洁自律"七项要求"的行为，适用本解释。

国有企业领导人员是指国有及国有控股企业领导人员，包括国有独资企业以及国有独资企业所属具有独立经营权的单位和授权经营单位(或分支机构)的中层以上领导人员；国有独资企业委派到其他企业的领导人员；国有资产占控股地位或者主导地位的公司中由上级党组织、行政机关或者国有资产授权经营单位委派、任命、聘用的领导人员以及其他经上述单位批准执行职务的领导人员；国有及国有控股企业党组织的领导人员。

国有企业领导人员违反"七项要求"行为涉及的特定关系人是党员的，按照共同违纪处理。

二、不准利用职务上的便利通过同业经营或关联交易为本人或特定关系人谋取利益。

利用职务上的便利通过同业经营为本人或者特定关系人谋取利益，有下列情形之一的，依照《中国共产

党纪律处分条例》第一百零三条的规定处理:

(一)本人经营或者为特定关系人经营与其所任职企业相同或者有竞争关系的业务;

(二)为本人或者特定关系人谋取属于本企业的商业机会;

(三)利用本企业商业秘密、知识产权、业务渠道、资质、品牌或者商业信誉,为本人或者特定关系人谋取利益。

利用职务上的便利通过关联交易为本人或者特定关系人谋取利益,有下列情形之一的,依照《中国共产党纪律处分条例》第一百一十二条的规定处理:

(一)与本人或者特定关系人经营或者实际控制的企业订立合同或者进行交易;

(二)本人或者特定关系人在本企业的关联企业或者与本企业有业务关系的企业从事证券投资以外的投资入股;

(三)不按照独立企业之间的业务往来支付价款、费用,或者以优于对非关联方同类交易的条件进行交易;

(四)为本人或者特定关系人经营的企业拆借资金、提供担保或者转嫁风险;

(五)不按照规定披露关联交易信息。

三、不准相互为对方及其配偶、子女和其他特定关系人从事营利性经营活动提供便利条件。

相互为对方及其配偶、子女和其他特定关系人从事营利性经营活动提供便利条件,有下列情形之一的,依照《中国共产党纪律处分条例》第一百零四条的规定处理:

(一)将本单位的盈利业务交由对方及其配偶、子女和其他特定关系人经营;

(二)以明显高于市场的价格向对方及其配偶、子女和其他特定关系人经营管理的单位采购商品、提供服务或者以明显低于市场的价格向对方及其配偶、子女和其他特定关系人经营管理的单位销售商品、提供服务;

(三)向对方及其配偶、子女和其他特定关系人经营管理的单位采购不合格商品;

(四)向对方及其配偶、子女和其他特定关系人经营管理的单位提供本企业的商业机会或者商业秘密;

(五)为对方及其配偶、子女和其他特定关系人经营管理的单位拆借资金、提供担保或者承担风险;

(六)通过虚假招标、串通招标或者控制中标结果等方式为对方及其配偶、子女和其他特定关系人谋求中标。

授意、指使下属单位、关联企业、与本企业有业务关系的企业或者人员从事前款所列行为的,按照前款规定处理。

四、不准在企业资产整合、引入战略投资者等过程中利用职权谋取私利。

在企业重组改制、资产整合、引入战略投资者等过程中,利用职务上的便利,索取他人财物,或者收受他人财物,非法处置国有资产权益的,依照《中国共产党纪律处分条例》第八十五条的规定处理;

隐匿、截留、转移国有资产的,依照《中国共产党纪律处分条例》第八十三条的规定处理;

在国家法律、法规规定外,以经济补偿金、企业年金、商业保险等名义将国有资产集体私分给个人的,依照《中国共产党纪律处分条例》第八十四条的规定处理;

为谋求业绩,编造或者提供虚假财务报告的,依照《中国共产党纪律处分条例》第一百二十五条的规定处理;

为谋取其他不正当利益,不履行或者不正确履行职责,造成国有资产流失的,依照《中国共产党纪律处分条例》第一百二十七条的规定处理。

五、不准擅自抵押、担保、委托理财。

擅自以企业资产抵押的,依照《中国共产党纪律处分条例》第一百二十六条的规定处理;

擅自以企业资产为他人提供担保的,依照《中国共产党纪律处分条例》第一百二十一条的规定处理;

擅自将企业资金、证券等金融性资产委托他人管理投资的,依照《中国共产党纪律处分条例》第一百二十六条的规定处理。

六、不准利用企业上市或上市公司并购、重组、定向增发等过程中的内幕信息为本人或特定关系人谋取利益。

本人或者特定关系人利用企业上市或者上市公司并购、重组、定向增发等过程中的内幕信息进行证券、期货等交易的,依照《中国共产党纪律处分条例》第一百一十一条的规定处理;

本人或者特定关系人利用企业上市或者上市公司并购、重组、定向增发等过程中的内幕信息进行证券、期货交易以外的营利性活动的,依照《中国共产党纪律处分条例》第一百一十二条的规定处理;

向他人提供企业上市或者上市公司并购、重组、定向增发等过程中的内幕信息,本人或者特定关系人索取或者收受他人财物的,依照《中国共产党纪律处分条例》第八十五条的规定处理。

七、不准授意、指使、强令财会人员提供虚假财务报告。

授意、指使、强令财会人员提供虚假财务报告的,依照《中国共产党纪律处分条例》第一百二十五条第二款的规定处理。

八、不准违规自定薪酬、兼职取酬、滥发补贴和奖金。

违反规定自行决定本级领导人员薪酬的，依照《中国共产党纪律处分条例》第八十二条的规定处理；

违反规定兼职或者兼职取酬的，依照《中国共产党纪律处分条例》第七十七条第一款的规定处理；

违反规定滥发补贴和奖金的，依照《中国共产党纪律处分条例》第一百二十六条的规定处理。

九、违反“七项要求”，构成本《解释》未做规定的贪污、贿赂、挪用公款、滥用职权等违纪行为的，依照《中国共产党纪律处分条例》的相关规定处理。

外交部部长杨洁篪在北京同黑山外长罗琴举行会谈

中联部部长王家瑞在北京会见日本民主党副党首冈田克也

中国作家首获芥川奖

日本最有权威性的文学奖芥川奖评审委员会在东京召开会议，评选旅日中国作家杨逸（44岁）的《浸着时光的早晨》为第139届芥川奖文学作品。中国籍作家获得芥川奖还是第一次。

杨逸1987年赴日留学，毕业于御茶水女子大学。芥川奖是为纪念日本已故著名作家芥川龙之介而在1935年创立的，该奖作为日本最有权威性的文学奖而评发给崭露头角的作家，过去大江健三郎、村上龙等都曾得过该奖，是日本作家成名的重要一步。

国家副主席习近平实地考察北京奥运会足球比赛秦皇岛赛区筹办工作

习近平在中共中央政治局委员、北京市市委书记、北京奥组委主席刘淇，河北省委书记张云川、代省长胡春华等陪同下，来到秦皇岛赛区奥运安保指挥中心二层指挥大厅实地考察，并听取了秦皇岛赛区安保工作情况汇报。习近平对秦皇岛赛区建立具有高科技含量和现代管理水平的多功能奥运安保指挥中枢系统，坚持以面保点、以平安城市打造平安奥运的做法给予充分肯定。

习近平一行来到奥运官方接待饭店——秦皇岛海景假日饭店，实地察看运动员、奥运会官员住宿、餐饮、健身等生活服务设施。习近平指出，京外赛区秦皇岛市不单独设立奥运村，参加北京奥运会秦皇岛赛区足球比赛的球员和奥委会官员都下榻这里，酒店具有奥运村功能。要以严格的服务和保障措施，确保各国运动员和来宾的出行安全、食品安全、住宿安全。他要求饭店管理层和广大员工立足本职岗位，自觉服务奥运，努力以一流的管理、一流的服务，让各国运动员和奥委会官员切身感受到秦皇岛人民的热情好客和秦皇岛市的宾至如归。

得知中国女子足球队正在国家体育总局秦皇岛训练基地训练，习近平特地前往训练基地看望她们，同她们亲切交谈，勉励她们弘扬铿锵玫瑰高度团结、刻苦训练的优良传统，在奥运会上争取新的光荣，为祖国争光、为民族争气、为人生添彩。

国家统计局 国家发改委 国家能源局公布《2007年各省 自治区 直辖市单位GDP能耗等指标公报》

唐敖庆逝世

全国政协原常委、国家自然科学基金委员会原主任、中国科学院资深院士、杰出化学家唐敖庆同志，因病医治无效，于2008年7月15日在北京医院逝世，享年93岁。

唐敖庆1915年11月生于江苏宜兴，1951年12月加入中国民主同盟，1958年6月加入中国共产党。唐敖庆于1946年至1949年在美国哥伦比亚大学化学研究院攻读研究生，获博士学位。1950年1月回国，历任北京大学、东北人民大学教授，吉林大学校长。1986年至1990年任国家自然科学基金委员会主任。是我国现代理论化学的开拓者和奠基人。

唐敖庆是中共十大、十一大、十二大代表，第二、三届全国人大代表，全国政协第六、七、八届委员。

7月16日

中共中央总书记胡锦涛在中南海看望即将赴俄罗斯疗养的地震灾区中小学生代表

全国人大常委会委员长吴邦国在人民大会堂会见莫桑比克议长穆伦布韦

吴邦国说，近年来，双方高层交往更加频繁，双边贸易增长迅速，在中非合作论坛框架下开展的基础设施建设、农业、教育、卫生、体育等领域合作成效明显，政党、立法机构、社会团体间友好交流日益密切，人民之间的友谊不断加深，在国际事务中相互支持与配合，两国关系进入了新的发展阶段。

穆伦布韦说，莫政府、议会和人民都希望进一步发展对华关系，学习中方经济社会发展经验，加强农业、矿产等领域的合作，开展地方间的交流。莫议会愿作出更大努力，为提升两国关系、增进人民友谊发挥积极的作用。他重申,莫方坚定奉行一个中国政策,并祝愿北京奥运会取得圆满成功。

中共中央印发《中国共产党全国代表大会和地方各级代表大会代表任期制暂行条例》

第一章 总 则

第一条 为发挥党代表大会代表作用,坚持和完善党代表大会制度,推进党内民主建设,提高党的执政能力,保持党的先进性,根据《中国共产党章程》和党内有关规定,制定本条例。

第二条 本条例适用于党的全国代表大会代表,党的省、自治区、直辖市代表大会代表,设区的市和自治州代表大会代表,县(旗)、自治县、不设区的市和市辖区代表大会代表。

第三条 党代表大会代表按照党内选举的有关规定选举产生。严格代表资格审查,保证代表的先进性。

第四条 实行党代表大会代表任期制。党代表大会代表每届任期与同级党代表大会当届届期相同。如下一届党代表大会提前或者延期举行,其代表任期相应地改变。代表在党代表大会召开和闭会期间,享有代表资格,行使代表权利,履行代表职责,发挥代表作用。

第二章 党代表大会代表的权利与职责

第五条 党代表大会代表要认真学习宣传贯彻党的理论和路线方针政策,认真学习宣传贯彻党代表大会精神,模范遵守党的章程、党内各项规定和国家法律、法规,维护党的团结和统一,密切联系党员和群众,在生产、工作、学习和社会生活中发挥表率作用,认真行使职权,自觉接受党员和群众的监督,不得利用代表身份谋求任何私利和特权。

第六条 党代表大会代表有下列权利与职责:

(一)在同级党代表大会召开期间参与听取和审查党的委员会、纪律检查委员会的报告;

(二)在同级党代表大会召开期间参与讨论和决定有关重大问题;

(三)在同级党代表大会上行使表决权、选举权,有被选举权;

(四)了解同级党的委员会、纪律检查委员会以及所在选举单位党组织贯彻执行党的决议、决定的情况;

(五)向同级党代表大会或者同级党的委员会就经济建设、政治建设、文化建设、社会建设和党的建设的重大问题提出意见和建议;

(六)对同级党的委员会、纪律检查委员会及其成员进行监督;

(七)参加同级党代表大会或者同级党的委员会组织的活动;

(八)受同级党代表大会或者同级党的委员会的委托,完成有关工作。

第三章 党代表大会代表开展工作的方式

第七条 党代表大会代表履行代表职责,主要是参加同级党代表大会和同级党的委员会组织的活动。

第八条 党代表大会召开期间,党代表大会代表联名可以向大会提出属于同级党代表大会职权范围内的提案。提案应当有案由、案据和方案。提出提案的代表可以要求撤回提案。

第九条 党代表大会闭会期间,党代表大会代表可以由个人或者以联名的方式,采用书面形式向同级党的委员会提出属于同级党代表大会和党的委员会职权范围内的提议;可以通过参加座谈、列席会议等方式,对本地区经济社会发展、党的建设等重大决策和党内重要文件的制定,提出意见和建议。

第十条 党代表大会代表受同级党代表大会和党的委员会的委托,可以在本地区对涉及同级党代表大会和党的委员会职权范围内的有关重大决策、重要事项进行调查研究。

第十一条 党代表大会代表应当采取适当方式,与基层党员和群众加强联系,了解党的决议、决定在执行过程中遇到的问题,反映基层单位党员和群众的意见和建议。

第十二条 党代表大会代表应邀可以列席同级党的委员会全体会议等会议,发表意见。

第十三条 党代表大会代表根据同级党的委员会安排,可以参加对本地区重要干部的民主推荐和对同级党的委员会、纪律检查委员会领导班子及其成员的民主评议,参加对同级党的委员会常务委员会工作的评议。

第四章 党代表大会代表履行职责的保障

第十四条 县级以上党的委员会委员、纪律检查委员会委员应当采取适当方式与同级党代表大会代表加强联系。

党的各级委员会领导班子成员到基层检查工作和调查研究,应当注意听取党代表大会代表的意见。

第十五条 党的各级委员会应当有计划地组织同级党代表大会代表参加学习培训,增强其代表意识,提高其履行代表职责的能力。

第十六条 党代表大会代表参加同级党代表大会和党的委员会安排的活动,代表所在单位应当给予时间保障。

第十七条 党的各级委员会要为党代表大会代表按照其安排开展工作提供必要的经费。

无固定工资收入的代表按照同级党的委员会安排开展工作,根据实际情况由同级党的委员会负责给予适当补贴。

第十八条　党的各级委员会对同级党代表大会代表提出的提案和提议，应当责成有关党组织或者有关部门、单位研究办理并负责答复。

第十九条　党的各级委员会应当建立党代表大会代表联络工作机构，负责代表联络服务工作。

第二十条　为便于党代表大会代表开展工作，党代表大会可以为同级代表制发代表证。

第二十一条　党的各级委员会要保障代表的知情权，按照党内有关规定，采取适当方式向同级党代表大会代表通报党的决议、决定贯彻落实情况及党内其他重要情况。

第二十二条　党的各级代表大会召开前，党的委员会应当征求同级本届党代表大会代表和同级下一届党代表大会代表对党的委员会、纪律检查委员会报告稿的意见。

党的各级委员会召开全体会议前，可以就会议有关事项征求同级党代表大会有关代表的意见。

党的各级委员会可以根据工作需要，邀请有关代表列席同级党的委员会全体会议。

第二十三条　党代表大会代表所在党组织、所在选举单位的党员，可以通过一定方式，向代表反映情况并了解代表开展工作的情况。

第二十四条　各级党组织必须尊重和保障党代表大会代表的权利。

对有义务协助代表开展工作而拒绝履行义务的党组织和党员，同级党的委员会应当予以批评教育。

对妨碍代表开展工作或者对代表开展工作进行打击报复的，按照有关规定追究相关责任人的责任。

第五章　党代表大会代表资格的终止和停止

第二十五条　党代表大会代表在任期内，有下列情形之一的，其代表资格终止：

(一)受留党察看以上处分的；

(二)被停止党籍，或者丧失中华人民共和国国籍的；

(三)辞去代表职务被接受的。

第二十六条　党的地方各级代表大会代表因组织关系迁出或者工作需要等原因调离同级党代表大会所属范围的，停止执行代表职务。

第二十七条　因其他原因需要终止代表资格或者停止执行党代表大会代表职务的，按照本章上述规定处理。

第二十八条　党代表大会代表资格终止，由所在选举单位或者基层党组织提出，由同级党代表大会选举产生的党的委员会决定，报上级党的委员会备案。

党的全国代表大会代表资格的终止，由党的中央委员会决定。

第六章　附　则

第二十九条　党的基层代表大会代表参照本条例有关规定执行。

第三十条　省、自治区、直辖市党的委员会可以根据本条例，结合各地实际，制定党代表大会代表任期制的具体实施办法，并报中央备案。

第三十一条　中国人民解放军和中国人民武装警察部队实行党代表大会代表任期制工作，由中央军委根据本条例制定实施办法。

第三十二条　本条例由中共中央组织部负责解释。

第三十三条　本条例自发布之日起施行。

国家副主席习近平出席在北京召开的全国干部教育培训工作会议并发表讲话

中共中央政治局委员、中央书记处书记、中央宣传部部长刘云山出席会议。中共中央政治局委员、中央书记处书记、中央组织部部长李源潮主持会议。

习近平在讲话中全面分析了干部教育培训工作面临的形势和任务，深刻总结了改革开放30年来的干部教育培训工作。他指出，改革开放30年来，干部教育培训工作得到了长足发展，取得了辉煌成就，也积累了宝贵经验，概括起来主要是：干部教育培训工作必须坚持以发展着的马克思主义为指导，始终把提高干部思想政治素质作为第一位的任务；必须紧紧围绕党和国家工作大局，始终为改革开放和社会主义现代化建设服务；必须着眼于提高党的执政能力，始终把提高干部的领导水平和执政本领贯穿于教育培训全过程；必须适应形势任务的发展变化坚持与时俱进，始终把改革创新作为提高教育培训质量和效益的不竭源泉。这些经验既是30年来干部教育培训工作的实践总结，也是今后干部教育培训工作应当遵循的指导原则。

习近平在讲话中对新一轮大规模培训干部工作提出了明确要求。他强调，从新的历史起点出发，今后几年干部教育培训工作的主要任务是：坚持用中国特色社会主义理论体系武装干部，深入进行邓小平理论和“三个代表”重要思想的教育培训，突出抓好科学发展观的教育培训，着力提高领导和推动科学发展的本领；坚持用党的路线方针政策和国家法律、法规培训干部，着力提高科学执政、民主执政、依法执政的本领；坚持用改革开放的生动实践和新鲜经验培训干部，着力提高推动事业发展的开拓创新本领；坚持用各类业务知识和科学文化知识培训干部，着力提高履行岗位职责的本领；坚持用党的优良传统和作风教育干部，引导干部讲党性、重品行、作表率，增强忧患意识，切实做到为民、务实、清廉。在干部培训工作中,要以坚定理想信念、增强执政本领、提高领导科学发展能力为重点,把提高培训质量和效益摆在更加突出的位置,积极推进教育培训改革创新,坚持干什么学什么、缺什么补什么的原则,实施全覆盖、多手段、高质量的培训,促进学习型政党、学习型社会建设,使干部教育培训工作更好地为干部健康成长服务、为科学发展服务。

中央和国家机关各部委、各人民团体分管负责同志,各省、自治区、直辖市有关负责同志,解放军总政治部、武警总部有关同志等参加了会议。

全国人大常委会副委员长王兆国在北京会见共青团抗震救灾先进典型及第七届中国十大杰出志愿者和杰出服务集体代表

国务院副总理李克强在人民大会堂会见日本民主党副党首冈田克也

首个国家级数字出版基地在上海张江正式挂牌成立

北京奥运会共录用赛会志愿者74615人

7月17日

国务院副总理李克强出席在北京召开的国务院三峡建设委员会第十六次全体会议

国务院副总理、国务院三峡工程建设委员会副主任回良玉参加了会议。

在听取三峡办、国土资源部等部门和专家组的汇报后,李克强说,三峡建委第十五次全体会议以来,各项工作稳步推进,工程建设进展顺利,目前三峡枢纽工程和输变电工程接近完成,已进入后期建设关键时刻。同时,汛期即将来临,安全度汛任务很重。工程建设必须善始善终,坚持质量第一、安全第一,严格遵循进度服从质量和安全的原则,精心组织、科学管理,确保三峡工程建设经得起历史检验。要进一步优化水库调度,周密部署防洪度汛工作,加强科学管理,确保工程安全稳定运行,使三峡工程创造出更好的社会效益、经济效益、生态效益。

李克强指出,生态环境建设与保护是三峡工程和库区发展的重要保障,必须按照可持续发展的要求,加强生态文明建设,促进人与自然和谐相处。要切实采取有效措施,进一步加强水污染防治,下大力气解决影响水质突出问题,建设水库周边生态保护带,控制水土流失,减少泥沙淤积;推进三期地质灾害防治工程,完善环境监测体系,把三峡库区建成长江流域生态屏障。

李克强说,水库移民安置是三峡工程建设的关键,要作为一项长期的工作抓好落实。必须采取更加有力的措施,保证移民基本生活有保障、劳动就业有着落、脱贫致富有盼头,同心同德建设和谐稳定新库区。他强调,要进一步落实移民后期扶持扶助政策,加强职业教育和技能培训,千方百计扩大就业,深入开展对口支援,完善各项社会保障制度,加快发展库区经济,着力推动社会事业,认真解决人民群众最关心、最直接、最现实的利益问题,使广大移民搬得出、稳得住、逐步能致富。

李克强最后指出,全面实现三峡工程建设各项目标,任务繁重,责任重大。各方面要进一步提高认识,再接再厉,扎实工作。切实加强领导,搞好组织协调,强化监督检查。周密制订方案,完善体制机制,保持工作的连续性和稳定性,确保工程长期安全运行,持续发挥综合效益。

回良玉在讲话中对三峡工程建设取得的显著成绩予以充分肯定,他指出,当前三峡工程建设运行正处于关键阶段,要圆满完成水利枢纽和输变电工程建设任务,全面做好试验性逐步提高蓄水位的各项准备,探索和完善工程运行管理的体制机制。要把移民安置工作放在突出位置,加快转变库区经济发展方式,大力发展特色优势产业。现在正值汛期,要密切监测水雨情变化和工程情况,统筹搞好三峡水库防洪调度和运行管理。同时对枯水期的调度工作也要优化方案,以切实发挥三峡等水利枢纽的综合效益。

国务院有关部门、湖北省、重庆市负责人,以及有关专家等参加了会议。

全国人大常委会副委员长桑国卫在北京会见莫桑比克共和国议会代表团

中联部部长王家瑞在北京会见吉尔吉斯斯坦“光明道路”人民党代表团

中央军委主席胡锦涛签署命令发布施行《中国人民解放军安全条例》

《中国人民解放军安全条例》(以下简称《条例》)共设置12章14节100条,涵盖了军队各领域、各系统、各环节安全管理的内容,进一步明确了我军安全管理的地位作用、指导思想、基本原则、基本任务、基本要求,规范了军队人员和机关的安全管理职责,建立、健全了事故防范、应急处置和责任追究等机制,是全军和武警部队安全管理的基本依据。

《条例》贯彻了安全发展理念,首次明确了安全建设的相关内容,并重点规范了安全教育的时机、内容以及实施方法;重点明确了安全原理学习、典型案例研究、特情处置训练、模拟训练和适应性训练等安全训练方法;重点强调了安全规章制度建设、安全设施设备建设、安全管理人才建设,以及安全经费保障等方面的要求。

《条例》坚持预防为主的方针,建立、健全了安全分析预测、安全风险评估、安全检查监督等防范机制。其中,风险评估作为现代安全管理的一个新理念,首次写进我军条例。

《条例》贯彻依法治军、从严治军方针,在细化军政主官职责和机关职责的基础上,新增了军队人员在安全管理方面的一般职责,对事故等级与分类进行了调整。进一步完善了事故应急处置、事故调查处理和事故责任追究等机制,重点规范了应急救援、应急保障的内容、程序和方法;规范了事故调查的权限、方法、时限和任务;规范了事故责任追究的目的、要求,规定了事故发生后应当追究相关人员的直接责任和领导责任,并重点明确了领导责任追究的权限、层次和方式。

全球首家激光影院在北京问世

由我国自主研发的全球首家激光影院在北京华星国际影城诞生,这标志着我国的激光显示技术在产业化方面迈出了重要一步。

科技部副部长曹健林在揭幕仪式上说,激光显示技术及其产业化是我国显示产业自主创新的重要组成部分,全球首家激光影院的诞生,将有望改变电视等显示产业一味依赖核心技术引进和关键部件进口的被动局面,对整个电子信息产业升级转型、结构提升和经济增长方式转变都具有重要意义。

北京残奥会中国体育代表团成立

代表团总人数547人,其中运动员332人,将参加残奥会全部20个大项的比赛。这是我国自1984年首次参加残奥会以来规模最大的残奥会代表团,也将是参加北京残奥会规模最大的代表团。

中国残奥会体育代表团中,男运动员197名,女运动员135名,年龄最大的51岁,最小的15岁,平均年龄为25.8岁,比雅典残奥会中国体育代表团平均年龄降低了0.2岁。运动员中有公务员、学生、农民、自由职业者,均为业余运动员。他们都是4年来通过参加国内外比赛,按照公平、公正、公开的原则,依据规范的选拔标准逐一确定的。

残奥会中国代表团有4个特点:一是规模大,全团人数比上届增加261人,其中运动员比上届增加132人。二是项目全,雅典残奥会上,我国只参加了11个大项的比赛,这次将是中国运动员首次参加全部大项的比赛。三是覆盖面广,代表团成员来自全国31个省、自治区和直辖市,其中运动员来自29个省、自治区和直辖市,充分显示了我国残疾人体育发展的广泛性和普及性。四是新人多,代表团中首次参加残奥会的运动员有226人,占运动员总数的80.5%。

7月18日

中央纪委书记贺国强出席在北京召开的中纪委中组部巡视工作会议并发表讲话

中共中央政治局委员、中央书记处书记、中央组织部部长李源潮主持会议。中共中央书记处书记、中央纪委副书记何勇出席会议。

贺国强指出,党的十六大以来,在党中央的坚强领导下,在中央纪委、中央组织部以及地方党委的共同努力下,巡视工作取得了重要进展和明显成效。党的十七大提出要完善巡视制度,并把实行巡视制度正式写进党章。我们要按照中央的要求,加快建立、健全相关规章制度,进一步提高巡视工作的制度化、规范化水平。既要抓紧制定和完善巡视工作的有关法规制度,逐步形成比较完备的巡视工作制度体系;又要严格执行已有的规章制度,把“认真”、“严格”的要求贯穿于巡视工作的每个环节和各个方面,通过认真执行各项制度提高巡视工作水平。

贺国强强调,要突出重点、抓住关键,进一步规范巡视的内容和范围。要把贯彻执行党的路线方针政策特别是贯彻落实科学发展观的情况、领导干部廉政勤政情况、执行民主集中制和干部选拔任用的情况、处理改革发展稳定的情况,作为巡视的重点内容。当前特别要认真贯彻落实前不久中央召开的省区市和中央部门主要负责同志会议、抗震救灾先进基层党组织和优秀共产党员代表座谈会精神,紧紧围绕做好抗震救灾和恢复重建工作、推动经济社会又好又快发展、做好北京奥运会筹办工作等三大任务开展巡视。要坚持从实际出发,合理确定巡视范围,中央的巡视工作要重点放在对省(区、市)和新疆生产建设兵团的巡视上。同时有选择地开展对国有重要骨干企业、中央金融机构和重点工程项目的巡视,继续对中央国家机关进行巡视工作试点,并探索总结将巡视工作与派驻机构工作相结合的机制和方法。省级党委的巡视工作要重点加强对地(市、州、盟)的巡视,并延伸到县(市、区、旗),同时逐步开展对省直机关、省属国有企业和高等院校的巡视(或试点)。

贺国强强调,要进一步创新巡视工作方式方法,把总结经验与大胆探索结合起来,使巡视工作形式更灵活、方法更多样、成效更明显；把加强监督与促进工作结合起来，紧紧依靠被巡视地方和部门的党委(党组)开展工作；把巡视工作与其他监督方式结合起来，努力提高党内监督的整体水平。

贺国强指出，要切实加大巡视成果运用力度，督促被巡视单位根据巡视反馈意见认真改进工作、针对巡视中发现的问题建立、健全相关制度，把在巡视工作中了解到的干部工作、生活、作风及其他方面的情况运用到干部考核和选拔任用工作中，把在巡视工作中发现的案件线索及时移交给纪检监察机关、组织部门或其他相关部门。

贺国强指出，要高度重视和大力加强巡视队伍建设，积极支持巡视机构开展工作，认真研究解决巡视工作中遇到的问题和实际困难，努力为巡视工作创造良好条件。广大巡视干部要自觉加强学习和锻炼，严格遵守党纪政纪和巡视工作的纪律要求，努力提高自身素质，树立巡视干部的良好形象。

李源潮在主持会议时指出，要把深入整治用人上的不正之风作为巡视工作的一项重要任务，加强对选拔任用干部情况的监督检查。要按照党的十七大提出的提高选人用人公信度的目标，进一步遏制选人用人上的不正之风，争取经过3至5年的努力，使人民群众对干部选拔任用工作的满意度明显提高、对整治用人上不正之风的满意度明显提高。组织人事部门要敢于坚持原则，既要旗帜鲜明地同选人用人上的不正之风作斗争，又要为坚持原则而得罪人的干部主持公道。

中央纪委、中央组织部有关负责同志马馼、干以胜、沈跃跃、张纪南出席会议。

国务院副总理张德江出席在北京召开的中央企业抗震救灾总结表彰大会并发表讲话

张德江强调，当前抗震救灾工作进入安置受灾群众和恢复重建阶段，实现今年经济社会发展预期目标进入关键时期。我们要认真学习贯彻胡锦涛总书记在抗震救灾先进基层党组织和优秀共产党员代表座谈会上讲话精神，以科学发展观为指导，坚决贯彻中央的决策部署，大力推动国有企业改革发展，为夺取抗震救灾全面胜利、推动经济社会又好又快发展作出更大贡献。一要大力弘扬伟大的抗震救灾精神，深入学习先进单位、先进个人和模范事迹，以高度的主人翁责任感和更加高昂的热情，做好国有企业改革发展各项工作。二要坚持自力更生、国家扶持、社会援助，坚持科学评估、科学论证、科学规划，坚持远近结合、突出重点、有序推进，努力做到恢复重建与优化生产力布局相结合，与调整产业结构相结合，与促进企业技术进步相结合，与促进就业再就业相结合，增强企业竞争力，提高经济发展质量。三要进一步做强、做大国有企业，充分发挥国有经济在促进经济社会发展、维护社会和谐稳定中的骨干作用。四要清醒认识面临的严峻形势，采取更加有力的措施，全面完成今年中央企业改革发展的各项任务。要确保供电、供水、供气和交通、通信顺畅，确保安全生产，为成功举办奥运会提供有力保障。

国资委主任、党委书记李荣融对中央企业抗震救灾工作作了总结。会上表彰了199个抗震救灾先进集体、271名先进个人和136个先进基层党组织、178名优秀共产党员。

中组部印发《关于交纳抗震救灾“特殊党费”工作告一段落的通知》

通知指出，经认真研究，中央组织部决定，截至2008年7月18日，共产党员交纳抗震救灾“特殊党费”活动告一段落。

5月18日，中央组织部印发《关于做好部分党员交纳“特殊党费”用于支援抗震救灾工作的通知》以来，各地各单位广大党员积极响应，踊跃交纳抗震救灾“特殊党费”。截至7月17日，全国已有4324.5万名党员参加交纳“特殊党费”活动，共交纳“特殊党费”90.8亿元，目前均已到账。广大党员踊跃自愿交纳抗震救灾“特殊党费”，不仅有力地支援了抗震救灾和恢复重建工作，也充分显示了党的号召力和凝聚力，体现了党的先进性，在党内外产生了广泛而积极的影响。

通知要求，按照中央组织部《关于抗震救灾“特殊党费”收缴、使用和管理的暂行办法》规定，各地区各部门党组织要把党员交纳的“特殊党费”统一上缴中央组织部，不得截留或挪作他用。对于一些地方和单位收缴的抗震救灾“特殊党费”尚未全部上缴的，要督促抓紧做好汇款工作。要坚持公开透明，把“特殊党费”收缴、上缴和管理的相关情况，向广大党员和社会公开，自觉接受监督。各级党委组织部门要按照《中共中央组织部、审计署关于做好“特殊党费”审计监督工作的通知》要求，配合审计部门做好抗震救灾“特殊党费”收缴、使用和管理的审计工作，确保“特殊党费”收缴、使用和管理工作不出现任何问题。

通知强调，各地区各部门党委组织部门要认真做好为交纳“特殊党费”的党员开具收据工作，确保交纳“特殊党费”的每一名党员都能领取到党委组织部门的收据，其中，交纳1000元以上“特殊党费”的党员，都能领取到中央组织部的收据。各级党委组织部门要对这次党员参加交纳抗震救灾“特殊党费”活动的新鲜经验，及时进行总结宣传，不断探索激发党员自觉参加党的活动、接受党的教育、不断增强党员意识、发挥先锋模范作用的有效方法和途径，以改革创新精神不断推进基层党建工作。

另据了解，为了切实用好全国各地各单位党员交纳的抗震救灾"特殊党费"，5月下旬，中央组织部书面征求了各省(区、市)党委组织部、中央各大系统对抗震救灾"特殊党费"使用的意见建议，同时还在网上公开征求了广大党员群众的意见建议。中央组织部将根据党中央、国务院的有关要求，充分考虑各级党组织和广大党员意愿，将这次全国各地党员自愿交纳的"特殊党费"及时划拨给四川、甘肃、陕西、重庆、云南五个灾区省(市)，全部用于灾后重建工作，使用情况将适时予以公布。

国务院副总理王岐山在中南海主持召开驻外经商机构参赞座谈会并发表讲话

在听取我驻越南、沙特阿拉伯、坦桑尼亚、巴西、美国和欧盟经商参赞的发言后，王岐山强调，驻外经商参赞要在新的起点上，全面提高服务和管理水平，进一步做好对外经贸工作。

王岐山指出，改革开放30年来，中国现代化建设取得巨大成就，特别是加入世界贸易组织以来，中国和世界经济的相互影响和作用越来越大。驻外经商机构作为经济外交工作的第一线，做了大量工作，取得很大成绩。大家要结合实际，认真学习贯彻党的十七大精神，深入贯彻落实科学发展观，继续解放思想，实事求是，与时俱进，努力为中央总体外交布局服务，为营造有利于国内发展的国际经济环境服务，为利用好国际国内"两个市场、两种资源"服务，为加快转变外贸发展方式服务，为双边贸易和企业投资服务。

王岐山强调，当前国际国内形势十分复杂，驻外经商机构要研究新情况，解决新问题，抓住经济全球化带来的机遇，有效应对各种挑战和风险。积极推动所在国和中国的经贸合作，坚定维护中国的经济外交利益。

王岐山要求，驻外经商机构要全面深入了解所在国政治、经济、文化、社会等情况，做好基础工作，加强信息采集、加工和处理，处理好管理与服务的关系，寓管理于服务之中。

中央汇金公司董事会完成改组 楼继伟出任董事长

大陆居民赴台游正式实施

国务院新闻办发表《中国的药品安全监管状况》白皮书

全国首个"全国海洋宣传日"在青岛启动

7月19日

国家主席胡锦涛与柬埔寨王国国王诺罗敦·西哈莫尼互致贺电庆祝两国建交50周年

吴邦国等党和国家领导人与柬埔寨领导人互致贺电庆祝建交50周年

国务院总理温家宝到广东就经济运行情况进行调研

7月19日至20日，温家宝在中共中央政治局委员、广东省委书记汪洋，省长黄华华等陪同下，冒着高温酷暑来到广州、东莞、深圳等地，深入广州永胜钢铁制品有限公司、东莞华宝鞋业有限公司、宏威数码机械有限公司、深圳市好易通科技有限公司、康佳集团股份有限公司等企业，和干部职工、科技人员亲切交谈，了解生产、销售和研发情况，倾听大家的意见。

考察期间，温家宝听取了广东省委、省政府关于经济发展情况的汇报。他对广东省坚持改革开放，认真贯彻落实科学发展观，在经济社会发展方面所取得的成就和经验给予充分肯定。

温家宝指出，广东是我国改革开放先行地区和前沿阵地，30年来经济社会发展取得巨大成就，实现了历史性跨越，为全国改革开放和现代化建设作出了重要贡献。今天，广东特别是深圳站在新的历史起点，面对发展的新机遇、新挑战和新要求，要继续当好全国改革开放的排头兵。要通过深化改革开放，在实现科学发展、参与全球竞争、构建社会主义和谐社会等方面走在全国的前列。

温家宝强调，当前广东经济社会发展同全国一样，形势是好的，但面临不少新的困难和问题，特别是世界经济增长放缓，外部需求收缩，对珠三角地区一些面向出口的中小企业影响加大。应对这些挑战，根本出路在于深化改革开放，推动科学发展。重点要做好几个方面的工作：一要加快转变经济发展方式，推动产业结构优化升级，着力打造世界先进制造业基地和现代服务业区域中心。二要拓展对外开放广度和深度，着力增强国际竞争力，大力提高"引进来"的水平，加快实施"走出去"战略，把开放型经济提高到一个新水平。三要坚持互利共赢、平等协商的原则，创新合作思路和方式，大力推进粤港澳紧密合作。

温家宝指出，改革开放是促进经济社会发展的强大动力，是发展中国特色社会主义、实现中华民族伟大复兴的必由之路，将贯穿我国现代化建设的全过程。不失时机地推进改革开放，既是形成更加具有活力的体制机制、从根本上解决制约生产力发展诸多矛盾和问题的必然选择，也是适应日益激烈的国际竞争的迫切需要。我国改革开放仍处于攻坚阶段，任务相当繁重和艰巨。要继续以解放思想为先导，引领改革开放深入向前推进，为发展中国特色社会主义提供强大动力和体制保障。

国务委员兼国务院秘书长马凯一起参加了调研。

中联部部长王家瑞在北京分别会见刚果(金)争取重建与民主人民党高级干部考察团和卢旺达爱国阵线干部考察团

7月20日

中共中央总书记胡锦涛到青岛考察奥运筹办工作和经济发展情况

胡锦涛和随行的中共中央政治局委员、北京市市委书记、北京奥组委主席刘淇，在山东省委书记姜异康和省长姜大明等陪同下，来到山东省青岛市，实地考察北京奥运会帆船比赛筹办工作，并就当前形势下企业生产经营情况进行调研。

在奥帆赛场海域浒苔处置工作应急指挥部，胡锦涛仔细察看浒苔清理示意图和打捞上来的浒苔样品，详细了解浒苔的爆发原因、分布情况、治理措施和目前赛场海域水质情况。他勉励大家常备不懈，继续努力，加强对浒苔的监测和围栏设施的维护，保持良好的海域环境，确保奥帆赛顺利举办。

随后胡锦涛考察了奥帆赛运行指挥系统。胡锦涛希望大家进一步增强责任感和紧迫感，扎扎实实、深入细致地做好各项筹办工作，确保奥帆赛圆满成功，让国际社会满意、运动员满意、人民群众满意，为举办一届有特色、高水平的奥运会作出积极贡献。

今年以来，我国经济保持了平稳较快发展的势头，但也遇到了一些新的情况和问题，经济发展面临的困难和挑战增大。胡锦涛总书记对此十分关注。

在考察海尔集团、青岛金王集团的过程中，胡锦涛特别强调，当前世界经济增长总体趋缓，不确定不稳定因素增多，这不可能不对我国经济发展带来不利影响。我们要化压力为动力，变挑战为机遇，加快转变经济发展方式，以推进自主创新来提高产品的市场竞争力和企业的国际竞争力，以改善企业经营管理来提高劳动生产率、降低生产成本，努力保持企业生产经营的好势头。各级党委和政府要加强对企业特别是中小企业发展的政策支持和服务，帮助企业解决生产经营上的困难，努力实现经济又好又快发展的目标。

在考察途中，胡锦涛听取了山东省委和省政府的工作汇报。他对山东省在推进改革开放和社会主义现代化建设、支援抗震救灾和灾后恢复重建、筹办北京奥运会等方面所做的工作给予充分肯定。胡锦涛希望山东省各级党委和政府高举中国特色社会主义伟大旗帜，以邓小平理论和“三个代表”重要思想为指导，深入贯彻落实科学发展观，继续解放思想，坚持改革开放，努力在推动经济又好又快发展方面取得新进步，在保障和改善民生、促进社会稳定和谐方面取得新成绩。

中共中央政治局常委李长春到黑龙江考察

7月20日至23日，李长春在黑龙江省委书记吉炳轩、省长栗战书陪同下，先后到漠河、黑河、大庆、哈尔滨等地，深入农村、社区、企业和基层文化单位，就深入贯彻落实科学发展观、振兴东北地区等老工业基地、加强公共文化服务体系建设等进行调研，听取黑龙江省委、省政府工作汇报，对黑龙江改革开放和现代化建设取得的成绩给予充分肯定。

李长春时强调，宣传思想文化战线要深入贯彻党的十七大精神，扎扎实实地把科学发展观的要求体现到社会主义文化建设的各个方面，转化为谋划文化发展的正确思路、促进文化发展的政策措施、领导文化发展的实际能力，在贯彻落实科学发展观的过程中推动社会主义文化大发展大繁荣。

李长春希望黑龙江紧紧抓住国家实施振兴东北地区等老工业基地战略的历史机遇，全面贯彻落实科学发展观，在继续解放思想、坚持改革开放、推动科学发展、促进社会和谐方面取得新突破，不断开创经济社会又好又快发展的新局面。

李长春强调，宣传思想文化战线要始终坚持围绕中心、服务大局，认真贯彻中央关于振兴东北地区等老工业基地的战略部署，大力宣传振兴老工业基地取得的积极进展，大力营造解放思想、实事求是、与时俱进的良好氛围，营造推动科学发展、促进社会和谐的良好氛围，引导广大干部群众把心思集中到发展上来，把力量凝聚到发展上来，把行动统一到发展上来，为振兴老工业基地提供强有力的精神动力、思想保证、舆论支持、文化条件。

加强基层文化建设是李长春此次调研的重点。李长春强调，建设公共文化服务体系的重点和难点在基层、在农村，要向基层倾斜，向农村倾斜。当前，要优先安排关系群众切身利益的文化惠民项目，保障群众的基本文化权益，丰富基层文化生活，让人民群众最大限度地享受文化发展的成果。李长春指出，社区文化阵地建设关键要在普及上下功夫，在提高整体水平上下功夫，在吸引社区居民广泛参与上下功夫，更好地满足人们就近便捷享受公共文化服务的需求。李长春还来到黑龙江动漫产业发展基地,饶有兴致地观看了动漫制作流程和产品演示。他鼓励黑龙江深化文化体制改革,加快发展文化产业,完善政策措施,培养复合型人才,打造在国内外有影响力的知名品牌,不断增强文化产业的实力和竞争力。

考察期间,李长春参观了铁人王进喜纪念馆。他强调,"铁人精神"充分体现了创业、创新、爱国、奉献的崇高精神,是大庆石油工人在社会主义建设时期创造的宝贵精神财富,是以爱国主义为核心的民族精神和以改革创新为核心的时代精神的重要组成部分,是社会主义核心价值体系的重要体现。在改革开放的新形势下,要大力弘扬"铁人精神",并不断赋予新的时代内涵,使之成为促进经济社会发展的强大精神动力。

中国第一条铁路客运专线——胶济铁路客运专线正式运营

中央军委主席胡锦涛签发《组织抗震救灾部队分期分批回撤》命令

在安排足够兵力确保圆满完成抗震救灾任务的前提下,按照"统筹安排、保障需要、区分缓急、分期分批"的要求,有计划组织部队分期分批回撤。根据中央军委命令,第一批部队将于7月21日起组织回撤,其余部队待完成任务后陆续回撤归建。

7月21日

国家主席胡锦涛在人民大会堂会见俄罗斯外长拉夫罗夫

胡锦涛说,当前,中俄关系持续健康稳定发展。两国领导人交往密切,我和梅德韦杰夫总统已两次成功会晤。双方各领域交流合作日益深化,在国际和地区事务中保持密切协调和配合。我们高度评价并感谢俄方在台湾、涉藏、北京奥运会等问题上给予中方的有力支持,以及在中国遭受特大地震灾害的危难时刻,迅速向中方提供救灾援助,还特意邀请1000名地震灾区中小学生赴俄罗斯疗养。这一切都充分体现了中俄两国和两国人民之间的深情厚谊。胡锦涛表示,中俄两国是好邻居、好朋友、好伙伴。中方始终把发展对俄关系作为中国外交的优先方向,我们愿与俄方一道,进一步落实双方达成的各项协议和共识,扎实推进务实合作,不断深化战略协作,把中俄战略协作伙伴关系提高到新的更高水平。

拉夫罗夫表示,全面发展和深化俄中战略协作伙伴关系是俄罗斯外交政策的重要优先方向。两国领导人的频繁交往为俄中关系打下了良好基础,两国关系在高水平上发展。双方在一系列重大国际地区问题上进行了良好磋商与合作。俄方希望继续深化两国战略安全磋商,推进能源谈判机制,落实好《俄中睦邻友好合作条约》,加强在国际事务中的战略协作。

拉夫罗夫表示,俄方高度重视来自中国地震灾区的中小学生来俄休养,将给予他们温暖的接待。

拉夫罗夫预祝北京奥运会取得圆满成功。

国务院总理温家宝在中南海紫光阁会见俄罗斯外长拉夫罗夫

温家宝表示,当前中俄在政治互信、务实合作和战略协作方面进入了新的阶段,达到了新的高度。希望双方加紧落实各项共识和协议,在经贸、能源、基础设施建设、人文交流等领域取得新进展,不断丰富中俄战略协作伙伴关系。

拉夫罗夫说,俄中战略协作伙伴关系不断深化,两国领导人密切交往在这一过程中发挥了重要作用。俄方希望双方共同努力,推进能源谈判机制,办好"俄语年"和"汉语年",力争今年内就《〈俄中睦邻友好合作条约〉实施纲要(2009年至2012年)》达成一致,加强救灾领域合作。

国务院总理温家宝签署第527号令公布《对外承包工程管理条例》

《对外承包工程管理条例》已经2008年5月7日国务院第8次常务会议通过,现予公布,自2008年9月1日起施行。

总理　温家宝

2008年7月21日

对外承包工程管理条例(略)

全国政协主席贾庆林到天津调研

7月21日至23日,贾庆林在天津调研时强调,要全面贯彻党的十七大精神,做好统一战线和人民政协工作,更好发挥天津滨海新区在改革开放和自主创新中的重要作用,推动经济社会又好又快发展。

贾庆林和随行的中共中央政治局委员、全国政协副主席王刚,全国政协副主席兼秘书长钱运录,全国政协副主席郑万通,以及徐匡迪等,来到京津城际铁路和京沪高速铁路的起点站——北京南站。贾庆林向工程负责人详细了解科技创新情况,对京津城际铁路的建设给予高度评价,并勉励他们通过不懈努力在世界高科技领域占有一席之地,增强国家核心竞争力。在考察天津火车站时,贾庆林希望要抓住京津城际铁路开通运营的机遇,做好推动天津经济社会不断发展这篇文章。

到天津后，贾庆林等在中共中央政治局委员、天津市委书记张高丽，市长黄兴国等陪同下，深入工厂企业、港口等地调查研究。调研期间，贾庆林听取了天津市委、市政府的工作汇报，对天津改革开放和现代化建设取得的显著成绩给予充分肯定。

如何保持经济平稳较快发展，是贾庆林此次调研的一个重点。他指出，要按照中央部署，深入贯彻落实科学发展观，加强和改善宏观调控，增强宏观调控的预见性、针对性、灵活性，把握好调控重点、节奏和力度，推动经济又好又快发展。要认真研究解决好物价、中小企业发展、金融风险等经济社会发展中的一些宏观性、全局性、战略性问题。要着力推进节能减排，深入持久地开展"节能减排全民行动"，不断增强可持续发展能力。要统筹城乡发展，搞活农村经济，把城市的基础设施和公共服务向农村延伸，形成城乡经济社会发展一体化新格局。

贾庆林十分关心天津滨海新区的开发开放。他来到响螺湾商务区、临港工业区、天津经济技术开发区、东疆保税港区、天津港保税区等地，深入企业生产车间，同工人们亲切交谈，询问他们的生产、生活情况，向管理人员仔细了解企业运营情况。贾庆林说，看到滨海新区蓬勃发展的可喜景象和美好前景，感到很振奋。要着眼国家区域发展总体战略的全局，科学制定发展规划，着力突出发展特色，切实改善发展环境，全面加快发展步伐，努力把滨海新区建设成高水平的现代制造、研发基地和国际物流中心，成为带动区域发展的新的经济增长极。要着力提高自主创新能力，使滨海新区不仅成为先进技术引进、消化、吸收的承接地和扩散地，而且成为高新技术的原创地和产业化基地。要着力拓展对外开放的广度和深度，提升开放型经济水平，使滨海新区成为环渤海区域和北方各省区市走向国际市场的绿色通道。

贾庆林强调，现在距北京奥运会开幕只有十几天时间，筹办工作已进入最后关键阶段。作为奥运会协办城市，天津要进一步增强荣誉感、责任感和紧迫感，坚持安全第一、服务至上，以一流的设施、一流的管理、一流的服务，确保协办奥运工作取得圆满成功。

调研期间，贾庆林专程看望了天津市统战和政协系统干部。他指出，统一战线和人民政协要坚持"两手抓"，为夺取经济社会发展和抗震救灾双胜利贡献力量。各级党委和政府要进一步加强领导，加大支持力度，充分发挥统一战线和人民政协的独特作用和优势，更好地把统一战线和人民政协事业推向前进。

国家副主席习近平考察北京奥运服务场所及设施情况

习近平和随行的中共中央政治局委员、北京市市委书记、北京奥组委主席刘淇，中共中央书记处书记、中央办公厅主任令计划，先后来到北京奥运会安保指挥中心前沿指挥机构仰山桥指挥部、绿色家园媒体村、国际广播中心、奥运会兴奋剂检测中心考察。

实地考察后，习近平在奥体中心体育馆召开座谈会，在听取各有关部门情况汇报后，就落实中央有关指示精神，做好北京奥运安保、媒体运行服务和兴奋剂检测工作，为办一届有特色、高水平奥运会建功立业发表讲话。

习近平强调，平安奥运是办一届有特色、高水平奥运会的前提；没有平安奥运，一切无从谈起。必须坚持平安奥运目标不动摇，坚持安保从严要求不放松，抓紧磨合赛时运行机制，细化优化各项安保工作方案和应急预案，在尽可能多惠民、少扰民的前提下，把奥运安保工作做得更严密、更得体。

习近平指出，为奥运会提供高水平媒体服务是我们向国际社会作出的郑重承诺。要把高水平媒体服务同高质量奥运新闻宣传结合起来，按照我国有关法律、法规、国际通行惯例，在奥运媒体服务工作中体现专业化、国际化特色，把各项服务工作做得更出色。

习近平在引用了萨马兰奇先生关于北京奥运会最大的考验将是禁药事件，每个参加奥运会的奥委会都有责任把最清白、干净的运动员带到北京的观点后强调，要严格按照有关国际条例和国际标准，以对兴奋剂"零容忍"的严肃态度，把兴奋剂检测工作做得更完善。他要求加大赛前、赛中各个环节检测力度，确保奥运赛场的纯洁、干净，为参赛运动员提供公平公正的竞赛环境。

陪同习近平考察的还有北京市市长、北京奥组委执行主席郭金龙以及有关方面负责同志。

中组部部长李源潮在北戴河看望海外留学回国创新创业专家代表并召开座谈会听取专家意见

中共中央政治局委员、中央书记处书记、中央组织部部长李源潮，国务委员兼国务院秘书长马凯，代表党中央、国务院，到北戴河看望参加暑期休假活动的海外留学回国创新创业专家代表，召开座谈会听取专家们对编制《全国人才队伍建设中长期规划纲要》的意见。

党中央、国务院高度重视人才队伍建设，非常关心广大专家学者的身心健康，从2001年起每年邀请各领域专家代表及家属到北戴河休假，并听取专家意见，共有400多名专家参加了休假活动。

审计署发布《2008至2012年审计工作发展规划》

外交部部长杨洁篪在北京同俄罗斯外长拉夫罗夫举行会谈

双方同意：保持高层密切交往，精心准备年内两国元首的会晤、中俄总理第十三次定期会晤等活动；确保中俄总理定期会晤委员会、人文合作委员会及其各分委会会议如期举行；加强战略安全磋商和两国外交部之间的沟通与协调；继续在涉及对方核心利益的问题上相互支持；抓紧协商《〈中俄睦邻友好合作条约〉实施纲要(2009年至2012年)》，推进在经贸、能源、防灾减灾、地方、跨境基础设施建设、保护和合理利用跨界水资源等领域的合作，规范和便利两国人员往来，共同搞好中俄“语言年”活动。

双方还就朝鲜半岛核问题、伊朗核问题、上海合作组织框架内合作等交换了意见。

会谈后，杨洁篪与拉夫罗夫共同签署了《中华人民共和国政府和俄罗斯联邦政府关于中俄国界线东段补充叙述议定书》及其附件。这标志着中俄长达4300多公里的边界全线勘定。双方商定，将尽快完成各自国内核准程序，通过外交换文确认议定书生效。

外交部部长杨洁篪在钓鱼台国宾馆会见叙利亚副外长梅克达德

中国队以总分217分获第四十九届国际数学奥林匹克竞赛团体第一名

7月22日

国务院总理温家宝签署第528号令公布《国务院关于修改〈营业性演出管理条例〉的决定》

现公布《国务院关于修改〈营业性演出管理条例〉的决定》，自公布之日起施行。

总理 温家宝

2008年7月22日

国务院关于修改《营业性演出管理条例》的决定

国务院决定将《营业性演出管理条例》第十二条第一款修改为：“香港特别行政区、澳门特别行政区的投资者可以在内地投资设立合资、合作、独资经营的演出经纪机构、演出场所经营单位；香港特别行政区、澳门特别行政区的演出经纪机构可以在内地设立分支机构。”

本决定自公布之日起施行。

《营业性演出管理条例》根据本决定做相应的修改，重新公布。

营业性演出管理条例(略)

中央纪委会同有关部门召开实施《联合国反腐败公约》第二阶段有关工作会议

中共中央政治局常委、中央纪委书记贺国强出席会议并讲话。他强调，要按照中央的要求，继续做好实施《联合国反腐败公约》(以下简称《公约》)第二阶段的有关工作，进一步加强反腐败国际合作，积极借鉴各国防治腐败的有益做法和经验，更加积极有效地惩治和预防腐败，展示我们党和政府兑现郑重承诺、履行公约义务、坚决惩治腐败的坚定决心和实际成效，为反腐倡廉建设营造良好的国际环境。

贺国强指出，我国加入《公约》以来，中央纪委和有关部门认真落实中央要求，积极开展工作，有计划有步骤地组织实施，在第一阶段工作的基础上，第二阶段工作进展顺利。继续做好第二阶段的有关工作，要按照党的十七大精神，把实施《公约》与贯彻落实《建立、健全惩治和预防腐败体系2008—2012年工作规划》(以下简称《工作规划》)结合起来，根据落实《工作规划》和实施《公约》的总体要求，把实施《公约》第二阶段的主要任务，比如履行预防腐败职责、加强反腐倡廉国家立法、开展大中小学廉洁教育以及建立执法合作、司法协助、外逃人员遣返、涉案资金返还方面的反腐败国际合作机制等，纳入贯彻落实《工作规划》的总体方案，进一步明确任务、落实责任，加强领导、精心组织，切实使各项工作有计划、有步骤地协调推进。要积极借鉴《公约》的先进理念和成熟做法，努力把《公约》中规定的、符合中央反腐败方针政策的理念、思路、措施和办法吸收到贯彻落实《工作规划》的各项工作中，促进惩治和预防腐败体系建设。

贺国强指出，要从完善中国特色社会主义法律体系的全局出发，通盘考虑有关国内法与《公约》的衔接问题，积极稳妥地加以推进。要本着先易后难、急用为先、成熟一个解决一个的原则，开展法律的立、改、释、废工作。同时，要注意处理好修订制定国家法律与完善其他反腐倡廉制度特别是相关党内法规的关系，切实做到通盘考虑、协调推进、互为补充。要把《公约》的普适性与我国的特殊性结合起来，既认真履行相关国际义务，又切实从我国社会主义初级阶段基本国情出发，把握好实施《公约》各项工作的推进时机、力度和节奏。

贺国强强调，要充分运用《公约》提供的平台和渠道，积极参与反腐败国际合作，努力在能力建设、将腐败分子绳之以法、追缴和返还腐败资产等方面取得实质性合作成果。要积极组织力量参与研究制定、细化

《公约》规则的工作，及时提出我关于《公约》规则细化、补充、完善的意见和建议。要对利用反腐败侵犯我国主权、干涉我国内政的行为进行坚决斗争，维护我国根本利益。要加强统一领导，注重统筹协调，完善协作机制，加强各相关单位的联系与合作，及时总结工作经验、沟通信息情况、研究政策对策、完善工作机制，共同推进工作。

中共中央书记处书记、中央纪委副书记何勇主持会议。他指出，要认真学习贯彻贺国强同志重要讲话精神，扎实做好研究实施《公约》的各项工作。要把开展第二阶段工作，纳入贯彻落实《工作规划》的总体部署中，协调推进。要充分发挥研究实施《公约》工作协调小组的作用，加大所涉及单位共同调研论证和征求意见的力度，加强对重要工作的指导和督查。要以高度的政治责任感和历史使命感，加强领导，深入调研，密切协作，扎实推进各项工作，为完善惩治和预防腐败体系，推动经济社会又好又快发展作出应有的贡献。

中央纪委监察部有关领导同志马馼、干以胜、吴玉良、屈万祥出席会议。最高人民法院、最高人民检察院、全国人大常委会法工委、外交部、公安部、司法部、中国人民银行、国务院法制办等23个部门的负责同志参加了会议。

1898部规章被废止或宣布失效

据《人民日报》报道：从国务院法制办获悉，全国行政规章清理结果，1898部规章被废止或宣布失效，330部规章进行了修改。

据了解，拟被废止或宣布失效的规章还有422部，拟修改的规章2212部。在清理中发现问题的规章共达4862部，占到列入清理范围12695部规章的近四成。

这次被修改的规章，主要有四种情况：一是个别条款与法律、法规或新发布的规章相矛盾；二是部分条款内容实际已不存在；三是个别条款不适应新形势的要求；四是有关规定之间衔接不够。

全国人大成为美洲议会论坛观察员

美洲议会论坛秘书处执行秘书伊曼纽尔·佩丽蒂埃致函全国人大常委会副委员长兼秘书长李建国，确认中国全国人大正式成为美洲议会论坛的常任观察员。

李建国在复函中表示，全国人大愿以正式成为美洲议会论坛常任观察员为契机，与美洲议会论坛和美洲各国议会一道，为中国与美洲国家的友好关系不断发展，为建设一个持久和平、共同繁荣的和谐世界作出共同努力。

美洲议会论坛成立于2001年，是由美洲国家组织成员国立法机构组成的一个独立机构，现有包括美国、加拿大、巴西等国家议会在内的35个成员。

近年来，全国人大加强与国际和地区议会组织的联系与合作，已经加入12个国际和地区议会组织，并成为4个多边议会组织的观察员。

东盟与中日韩外长会议及东亚峰会外长非正式磋商在新加坡举行

外交部部长杨洁篪在出席东盟与中日韩外长会议时表示，中国的发展与亚洲的发展、东亚的发展密切联系在一起。作为东亚的一员，中国政府高度重视东盟十国与中日韩三国(10 + 3)合作。此外，杨洁篪还在出席东亚峰会外长非正式磋商时，就能源安全、气候变化等问题阐述了中国政府的政策主张。

杨洁篪提出五点建议：第一，同心同德，精诚协作，增加投入，将第二份《东亚合作联合声明》及其《工作计划》确定的任务落实好，将互利合作的意愿转化为共同发展的成果。第二，加强“10 + 3”财金合作，推进“清迈倡议”多边化、外汇储备库和亚洲债券市场的建设。第三，促进本地区经济增长和可持续发展，在“10 + 3”框架内加强对东亚自贸区的研究，并适时提升层次。第四，将加强“10 + 3”农业合作放在更加突出的位置，更好地应对全球粮食危机。为此，中方将同各国密切合作，提供支持，包括分享农业发展经验，拓展农业技术合作，加强人员培训项目等。第五，加强“10 + 3”合作的组织和资金保障。中方愿为“10 + 3合作基金”的有效运作提供支持，希望通过“基金”落实好各领域项目。

杨洁篪说，中方将一如既往，坚持与邻为善、以邻为伴，加强区域合作。中方将在“10 + 3”框架内，与东盟和日本、韩国增进相互理解和相互信赖，扩大各领域的互利合作，推动“10 + 3”合作不断登上新台阶，取得新成就。

杨洁篪出席东亚峰会外长非正式磋商时就能源安全、气候变化等问题阐述了中国政府的政策主张。

杨洁篪说，为保障全球能源安全，应该树立和实践新能源安全观。要开展能源开发领域的协商和合作，加强能源出口国和消费国的对话和沟通，强化能源政策磋商和协调，维护合理的国际能源价格。要加强先进能源技术的研发推广，提高能源节约能力、利用水平和使用效率，推动洁净能源、新能源、可再生能源的技术合作。要维护能源生产国局势稳定。要保持国际能源市场正常持续，抑制市场过度投机，确保国际能源通道安全和畅通。

杨洁篪说，中方重视东亚合作框架内的能源安全合作，认为东亚峰会宜侧重进行能源政策对话，应将推广先进技术、资金支持作为努力方向。

关于气候变化问题，杨洁篪强调，应根据《联合国气候变化框架公约》及其《京都议定书》的要求，坚持共同但有区别的责任原则，积极推动落实"巴厘路线图"谈判。发达国家应继续率先减排，向发展中国家提供资金和技术，切实体现对减缓、适应、技术、资金四方面的同等重视。发展中国家要在可持续发展框架内，采取减缓和适应气候变化的政策措施。要坚持把《联合国气候变化框架公约》及其《京都议定书》作为气候变化国际谈判和合作的主渠道、其他倡议和机制作为有益补充的安排。中方愿与东亚各国就气候变化问题加强对话合作。

汶川等十县市被评估为极重灾区

民政部、发展改革委、财政部、国土资源部、地震局联合印发了汶川地震灾害范围评估结果，四川省汶川县等10个县(市)被评估为极重灾区。

据介绍，此次汶川地震灾害范围评估分为极重灾区、重灾区、一般灾区三个等级。具体为：

极重灾区，共10个县(市)

分别是四川省汶川县、北川县、绵竹市、什邡市、青川县、茂县、安县、都江堰市、平武县、彭州市。

重灾区，共41个县(市、区)

四川省(29个)：理县、江油市、广元市利州区、广元市朝天区、旺苍县、梓潼县、绵阳市游仙区、德阳市旌阳区、小金县、绵阳市涪城区、罗江县等。

甘肃省(8个)：文县、陇南市武都区、康县、成县、徽县、西和县、两当县、舟曲县。

陕西省(4个)：宁强县、略阳县、勉县、宝鸡市陈仓区。

一般灾区，共186个县(市、区)

四川省(100个)：郫县、成都市金牛区、成都市青白江区、成都市新都区、成都市成华区、成都市锦江区等。

甘肃省(32个)：礼县、宕昌县、清水县、崇信县、天水市秦州区、临潭县、武山县等。

陕西省(36个)：宝鸡市金台区、南郑县、留坝县、凤县、汉中市汉台区、陇县、麟游县、太白县等。

重庆市(10个)：合川区、荣昌县、潼南县、大足县、双桥区、铜梁县、北碚区等。

云南省(3个)：绥江县、水富县、永善县。

宁夏回族自治区(5个)：隆德县、泾源县、西吉县、彭阳县、固原市原州区。

据了解，根据《汶川地震灾后恢复重建条例》及《国务院办公厅关于印发国家汶川地震灾后重建规划工作方案的通知》要求，民政部、发展改革委、财政部、国土资源部、地震局、统计局、国家汶川地震专家委员会会同四川、甘肃、陕西三省人民政府，对汶川地震灾害范围进行了全面的、客观的评估，从而得出了此次评估的结果。

7月23日

中共中央总书记胡锦涛实地考察北京奥运备战工作

胡锦涛和中共中央政治局常委、中央书记处书记、国家副主席习近平来到国家体育总局训练局，考察奥运备战工作，看望运动员、教练员和工作人员，代表党中央向大家表示诚挚的问候。

胡锦涛首先听取了国家体育总局负责人的汇报。目前，我国运动员已获得北京奥运会28个大项、38个分项、262个小项的参赛资格，是我国参加奥运会人数最多、项目最全的一次。得知各项训练工作进展良好，总书记十分高兴。

胡锦涛对运动员、教练员说，看到你们正以高昂的斗志和顽强的毅力，不辞辛劳，抓紧备战，我们深受感动。我国体操健儿拥有较强的实力。希望你们刻苦训练，科学训练，提高竞技水平，保持良好心态，在北京奥运会上取得优异成绩。

在国家体育总局训练局，胡锦涛等还观看了"历史与未来——奥林匹克反兴奋剂四十年"展览。总书记强调，做好反兴奋剂工作是成功举办奥运会的重要前提。我国作为本届奥运会的东道主，有责任在反兴奋剂方面作出表率。他希望有关方面进一步采取有效措施，确保我国体育代表团干干净净地参加奥运会，为维护奥林匹克运动的纯洁性作出积极努力。

考察结束时，胡锦涛对国家体育总局负责同志说，全国人民热切期待着北京奥运会办得精彩纷呈，也热切期待着中国体育代表团在本届奥运会上取得好成绩。希望你们利用这段宝贵时间，着力抓好赛前训练，使运动员做到以最佳竞技状态参赛；着力抓好思想工作，引导运动员以良好的心态对待比赛；着力抓好后勤保障，为运动员备战和参赛创造良好条件。胡锦涛祝愿我国体育健儿在北京奥运会上取得运动成绩和精神文明双丰收。

国务院总理温家宝在北京主持召开国务院常务会议

会议研究部署加强节油节电工作和开展全民节能行动，审议并原则通过《公共机构节能条例(草案)》和《民用建筑节能条例(草案)》。

会议指出，随着工业化、城镇化加速发展，能源供应紧张已成为制约经济社会发展的重要因素。与此同时，我国能源消费不合理、利用效率低的状况仍然比较严重，国家机关、企事业单位、大型公共建筑、城市景观以及家庭用电等方面还存在许多浪费现象，节约潜力很大。解决我国能源问题，必须坚持节约与开发并举、节约优先的方针，把节油节电工作摆在更加突出的位置。

会议强调，要突出重点，抓住汽车、锅炉、电机系统、空调、照明等应用面广、潜力大、见效快的关键领域，采取综合配套措施，形成有效的激励机制，大幅度提高能源利用效率。一要抓好汽车节油。严格执行车辆淘汰制度，对节能环保型汽车实行消费税优惠政策，提高大排量汽车消费税率，大力发展公共交通。二要抓好锅炉节油。把关停燃油发电机组作为关停小火电的重点，加大对节约和替代石油项目的支持力度。三要抓好电机系统节电。制定低效落后电机及拖动设备淘汰目录和淘汰计划，加快淘汰进度。鼓励使用节能专用设备，实施节能改造。四要抓好空调节电。实行鼓励消费者购买高效节能空调的财税政策。五要抓好照明节电。加大高效照明产品推广力度，今明两年大中城市政府机关、城市道路照明、宾馆饭店、公共场所等全部淘汰低效照明产品。六要抓好办公节能。会议要求，要突出抓好重点用电用油单位的节能工作，加强电力需求侧管理，落实节油节电的价格政策，依法查处各种浪费石油和电力的行为，保证各项节能措施的落实。

会议强调，节约能源是全体人民的共同责任。会议决定在全国开展全民节能行动，主要包括开展能源紧缺体验活动、每周少开一天车、严格控制室内空调温度、减少电梯使用、控制路灯和景观照明、普及使用节能产品、使用节能环保购物袋、减少使用一次性用品、夏季公务活动着便装、培养良好节约习惯等10项举措。要通过深入开展全民节能行动，进一步增强能源忧患意识和节能意识，在全社会大力倡导节约型生产方式、消费模式和生活方式，促进经济社会可持续发展。

会议指出，国家机关、事业单位和团体组织等公共机构带头节能，对增进全社会节能意识具有重要的引导和示范意义。为推动公共机构节约能源，提高公共机构能源利用效率，有必要制定《公共机构节能条例》。条例草案明确了公共机构及其负责人在节能工作中的责任，规定公共机构应建立、健全节能管理规章制度，提高节能管理水平，及时发现和纠正能源浪费现象，并接受社会监督。

2007年6月，根据国务院常务会议精神，《民用建筑节能条例(草案)》向社会公布，广泛征求意见。有关部门根据收集到的意见和建议对草案进行了修改。修改后的草案进一步明确了民用建筑节能标准的适用范围，规定了既有建筑节能改造的原则、要求、范围以及国家机关办公建筑节能改造的程序和要求，强调国家推广使用节能新技术、新工艺、新材料和新设备，限制使用或禁止使用高耗能的技术、工艺、材料和设备，并规定了相应的法律责任。

会议决定，上述条例草案经进一步修改后，由国务院公布施行。

外交部部长杨洁篪出席在新加坡举行的中国—东盟外长会议

杨洁篪在会上说，过去的一年是中国—东盟合作取得积极进展的一年。中国—东盟战略伙伴关系不断加强，双方合作深入发展，各层次交往势头良好，在东亚合作及重大地区和国际事务中保持了良好的沟通与协调。

杨洁篪强调，目前，世界经济增长放缓，美元一再贬值，石油和粮食价格持续高涨，贸易保护主义抬头，自然灾害接连不断，这对广大发展中国家构成新的挑战。在此背景下，中国和东盟国家要加强团结合作。作为近期目标，中方愿在以下几方面加强与东盟的交流与合作：

一、保持高层和各层次政策交流，就双方关系及重大问题交换看法，交流发展经验。

二、密切沟通与协调，中国政府决定设立驻东盟大使。

三、全面推进中国—东盟自贸区建设，加紧《投资协议》谈判，争取年内达成一致。

四、逐步推进公路、铁路、水路、航空、港口、信息通信等的互联互通。

五、促进社会和文化领域的交流，加强在农业、能源、环保、气候变化等领域的合作。

六、扩大和深化湄公河流域开发、东盟东部增长区等次区域合作。

七、如期于年内签署《建立中国—东盟中心谅解备忘录》，通过设立中心，为双方合作提供信息和服务。

八、探索在非传统安全领域的交流与合作，加强减灾救灾合作，提升在反恐、打击跨国犯罪等领域的合作水平。

九、推动落实《南海各方行为宣言》后续行动，在南海各方之间开展对话，推进南海务实合作与共同开发。

杨洁篪表示，中方高度重视东盟在维护地区和平、促进共同发展、实现东亚共同体长远目标方面的独特地位和作用，将一如既往地支持东盟在区域合作中发挥主导作用,支持东盟一体化和东盟共同体建设。

东盟各国外长再次就中国汶川特大地震向中方表示慰问。他们一致表示,东盟—中国关系的发展充满活力,取得了非凡的成就,双方建立了战略伙伴关系,高层及其他各层次交往频繁,政治互信不断增强,互利合作成果丰硕。

东盟各国感谢中方对东盟建设的支持,将中国视为患难与共的好伙伴。中国的发展为东盟提供了巨大机遇,东盟完全赞同中国就加强双方合作提出的建议和主张,愿与中方一道,重点推进自贸区建设、基础设施建设、能源安全、气候变化等领域的合作,促进人文交往,特别是青少年之间的往来,加强在地区事务中的协调与配合,共同致力于维护地区和平与稳定,促进共同发展。东盟各国一致祝愿北京奥运会取得成功。

外交部部长杨洁篪在新加坡分别会见部分亚洲国家部长

2008全民健康志愿者行动在北京启动

7月24日

中央纪委 监察部 人社部 国家信访局联合颁布《关于违反信访工作纪律适用〈中国共产党纪律处分条例〉若干问题的解释》(以下简称本解释)和《关于违反信访工作纪律处分暂行规定》(以下简称本规定)

关于违反信访工作纪律适用《中国共产党纪律处分条例》若干问题的解释

为严格执行处理信访突出问题及群体性事件工作责任制,切实落实领导责任,惩处信访工作违纪行为,维护信访工作秩序,保护信访人合法权益,促进社会和谐稳定,现就信访工作违纪行为适用《中国共产党纪律处分条例》若干问题解释如下。

一、党和国家机关、人民团体、企业、事业单位中对信访工作违纪行为负有领导责任的人员和其他直接责任人员中的共产党员,依照本解释追究责任。

二、本解释所称违反信访工作纪律,是指违反党和国家有关信访工作的规定的行为。

三、本解释所称领导责任,是指有关领导人员在处理信访突出问题及群体性事件时,承担的与领导工作职责相关的责任,分为主要领导责任和重要领导责任。

四、有下列情形之一的,依照《中国共产党纪律处分条例》第一百二十八条规定处理:

(一)决策违反法律、法规和政策,严重损害群众利益,引发信访突出问题或群体性事件的;

(二)主要领导不及时处理重要来信、来访或不及时研究解决信访突出问题,导致矛盾激化,造成严重后果的;

(三)对疑难复杂的信访问题,未按有关规定落实领导专办责任,久拖不决,造成严重后果的。

五、有下列情形之一的,依照《中国共产党纪律处分条例》第一百三十一条规定处理:

(一)拒不办理上级机关和信访工作机构交办、督办的重要信访事项,或者编报虚假材料欺骗上级机关,造成严重后果的;

(二)拒不执行有关职能机关提出的支持信访请求意见,引发信访突出问题或群体性事件的;

(三)本地区、单位或部门发生越级集体上访或群体性事件后,未认真落实上级机关的明确处理意见,导致矛盾激化、事态扩大或引发重复越级集体上访,造成较大社会影响的;

(四)不按有关规定落实信访工作机构提出的改进工作、完善政策、给予处分等建议,造成严重后果的。

六、有下列情形之一的,依照《中国共产党纪律处分条例》第一百三十二条规定处理:

(一)在处理信访事项过程中,工作作风简单粗暴,造成严重后果的;

(二)对信访事项应当受理、登记、转送、交办、答复而未按规定办理或逾期未结,或者应当履行督查督办职责而未履行,造成严重后果的;

(三)在处理信访事项过程中,敷衍塞责、推诿扯皮导致矛盾激化,造成严重后果的;

(四)对重大信访突出问题和群体性事件,应到现场处置而未到现场处置或处置不当,造成严重后果或较大社会影响的。

七、有下列情形之一的,依照《中国共产党纪律处分条例》第一百三十四条规定处理:

(一)超越或者滥用职权,侵害公民、法人或者其他组织合法权益,导致信访事项发生,造成严重后果的;

(二)应当作为而不作为,侵害公民、法人或者其他组织合法权益,导致信访事项发生,造成严重后果的;

(三)因故意或重大过失导致认定事实错误,或者适用法律、法规错误,或者违反法定程序,侵害公民、法人或者其他组织合法权益,导致信访事项发生,造成严重后果的。

八、违反规定使用警力处置群体性事件,或者滥用警械、强制措施,或者违反规定携带、使用武器的,依照《中国共产党纪律处分条例》第一百三十六条规定处理。

九、在信访工作中有其他失职、渎职行为,引发信访突出问题或群体性事件的,依照《中国共产党纪律处分条例》第一百二十七条规定处理。

十、有本解释第四条至第九条规定的行为，可同时建议有关机关给予组织处理。

十一、有本解释第四条至第九条规定的行为，但未造成较大影响或严重后果的，可以责令作出深刻检查或给予通报批评。

关于违反信访工作纪律处分暂行规定

第一条　为严格执行处理信访突出问题及群体性事件工作责任制，切实落实领导责任，惩处信访工作违纪行为，维护信访工作秩序，保护信访人合法权益，促进社会和谐稳定，根据《中华人民共和国行政监察法》《中华人民共和国公务员法》《信访条例》《行政机关公务员处分条例》及其他有关法律、法规，制定本规定。

第二条　本规定适用于各级行政机关公务员。

第三条　本规定所称违反信访工作纪律，是指违反党和国家有关信访工作的规定的行为。

第四条　本规定所称领导责任，是指有关领导人员在处理信访突出问题及群体性事件时，承担的与领导工作职责相关的责任，分为主要领导责任和重要领导责任。

主要领导责任，是指在其职责范围内，对直接主管的工作不履行或不正确履行职责，对造成的影响或后果负直接领导责任。

重要领导责任，是指在其职责范围内，对应管的工作或参与决策的工作不履行或不正确履行职责，对造成的影响或后果负次要领导责任。

第五条　有下列情形之一的，对负有直接责任者，给予记大过、降级、撤职或者开除处分；负有主要领导责任者，给予记大过、降级或者撤职处分；负有重要领导责任者，给予记过、记大过或者降级处分：

(一)决策违反法律、法规和政策，严重损害群众利益，引发信访突出问题或群体性事件的；

(二)主要领导不及时处理重要来信、来访或不及时研究解决信访突出问题，导致矛盾激化，造成严重后果的；

(三)对疑难复杂的信访问题，未按有关规定落实领导专办责任，久拖不决，造成严重后果的。

第六条　有下列情形之一的，对负有直接责任者，给予记大过、降级、撤职或者开除处分；负有主要领导责任者，给予记过、记大过、降级或者撤职处分；负有重要领导责任者，给予警告、记过、记大过或者降级处分：

(一)拒不办理上级机关和信访工作机构交办、督办的重要信访事项，或者编报虚假材料欺骗上级机关，造成严重后果的；

(二)拒不执行有关职能机关提出的支持信访请求意见，引发信访突出问题或群体性事件的；

(三)本地区、单位或部门发生越级集体上访或群体性事件后，未认真落实上级机关的明确处理意见，导致矛盾激化、事态扩大或引发重复越级集体上访，造成较大社会影响的；

(四)不按有关规定落实信访工作机构提出的改进工作、完善政策、给予处分等建议，造成严重后果的；

(五)对可能造成社会影响的重大、紧急信访事项和信访信息，隐瞒、谎报、缓报，或者授意他人隐瞒、谎报、缓报，造成严重后果的。

第七条　有下列情形之一的，对负有直接责任者，给予记过、记大过、降级或者撤职处分；负有主要领导责任者，给予记过、记大过或者降级处分；负有重要领导责任者，给予警告、记过或者记大过处分：

(一)在处理信访事项过程中，工作作风简单粗暴，造成严重后果的；

(二)对信访事项应当受理、登记、转送、交办、答复而未按规定办理或逾期未结，或者应当履行督查督办职责而未履行，造成严重后果的；

(三)在处理信访事项过程中，敷衍塞责、推诿扯皮导致矛盾激化，造成严重后果的；

(四)对重大信访突出问题和群体性事件，应到现场处置而未到现场处置或处置不当，造成严重后果或较大社会影响的。

第八条　有下列情形之一的，对负有直接责任者，给予记大过、降级、撤职或者开除处分；负有主要领导责任者，给予记过、记大过、降级或者撤职处分；负有重要领导责任者，给予警告、记过、记大过或者降级处分：

(一)超越或者滥用职权，侵害公民、法人或者其他组织合法权益，导致信访事项发生，造成严重后果的；

(二)应当作为而不作为，侵害公民、法人或者其他组织合法权益，导致信访事项发生，造成严重后果的；

(三)因故意或重大过失导致认定事实错误，或者适用法律、法规错误，或者违反法定程序，侵害公民、法人或者其他组织合法权益，导致信访事项发生，造成严重后果的。

第九条　违反规定使用警力处置群体性事件，或者滥用警械、强制措施，或者违反规定携带、使用武器的，对负有直接责任者，给予记过、记大过、降级或者撤职处分。造成严重后果的，对负有直接责任者，给予撤职或者开除处分；负有主要领导责任者，给予记过、记大过、降级或者撤职处分；负有重要领导责任者，给予警告、记过、记大过或者降级处分。

第十条　在信访工作中有其他失职、渎职行为，引发信访突出问题或群体性事件的，对负有直接责任者，给予记大过、降级、撤职或者开除处分；负有主要领导责任者，给予记过、记大过、降级或者撤职处分；负有重要领导责任者,给予警告、记过、记大过或者降级处分。

第十一条 有本规定第五条至第十条规定的行为,除给予政纪处分外,对负有领导责任的人员,可同时建议有关机关给予组织处理。

第十二条 有本规定第五条至第十条规定的行为,但未造成较大影响或严重后果的,可以责令作出深刻检查或给予通报批评。

第十三条 对法律、法规授权的具有公共事务管理职能的事业单位中经批准参照《中华人民共和国公务员法》管理的工作人员和其他事业单位中由国家行政机关任命的人员有本规定第五条至第十条规定的行为的,参照本规定执行。

第十四条 本规定由监察部、人力资源和社会保障部、国家信访局负责解释。

第十五条 本规定自公布之日起施行。

国务院副总理李克强出席在北京召开的全国农村环保工作电视电话会议并发表讲话

李克强强调,农村环境保护,事关广大农民的切身利益,事关全国人民的福祉和整个国家的可持续发展,要全面贯彻党的十七大精神,深入贯彻落实科学发展观,切实把农村环保放到更加重要的战略位置,全面建设资源节约型、环境友好型社会。

李克强指出,近年来,各地区、各部门坚持环境保护基本国策,不断加大农村污染防治和生态保护力度,取得了积极成效。同时也要清醒地看到,农村环保工作仍然十分薄弱,农村环境形势依然严峻。他说,我国仍然是农业大国,大多数人口生活在农村,绝大多数自然资源开发利用活动也发生在农村,做好农村环保工作具有十分重要的意义。

李克强强调,建设生态文明,统筹城乡发展,建设社会主义新农村,保障改善民生,都迫切需要加强农村环境保护。他说,农村和农业是连接人与自然的主要纽带,农村地区是中华民族生存和发展的重要根基,必须站在国家生态安全的战略高度,推进农村生态文明建设。环境是人们生存和发展的基本条件,是关系民生的重大问题。随着经济社会发展,农民群众对生活质量和环境质量有了更高的期盼,要求切实解决关系民生的突出环境问题,为广大农村实现全面小康提供良好的环境保障。城市环境与农村环境是有机整体,务必改变农村环境保护薄弱的状况,保障城乡居民的"菜篮子"、"米袋子"和"水缸子"安全,促进城乡全面协调可持续发展。

李克强指出,加强农村环境保护,要深入贯彻落实科学发展观,坚持统筹规划、突出重点,着力解决危害农民群众身体健康、威胁城乡居民食品安全、影响农业农村可持续发展的突出环境问题;坚持依靠科技、创新机制,着力建立、健全农村环境保护的政策体系和长效机制。

李克强强调,农村环保是一项系统工程,需要分步实施。近期重点要突出抓好农村饮水安全,加大饮用水水源保护和监管力度,有序推进乡镇污水处理设施建设,加快解决部分农村人口喝不上干净水的问题,建设清洁水源。要着力防治工农业生产污染,严格工矿企业环境准入和达标排放,强化节能减排,加强土壤污染和农业面源污染防治,建设清洁田园。要稳步推进农村环境综合整治,实行"以奖促治"集中整治危害严重的环境问题,实行"以奖代补"鼓励开展生态示范创建,建设清洁家园。综合整治一定要从实际出发,尊重农民意愿,务求实效。

李克强说,在新的形势下,做好农村环保工作,要处理好农村经济发展与环境保护的关系,在经济发展中促进保护,在保护环境中求得发展,实现经济发展与环境保护"双赢";处理好城市环保与农村环保的关系,逐步改变农村与城市环境保护不平衡的状况,从总体上全面改善环境质量;处理好主动预防与被动治理的关系,预防和治理并重,多还旧账不欠新账。他最后要求,各地区、各部门要进一步提高认识,加强领导、明确责任,完善政策、增加投入,统筹规划、分步实施,推进环境保护历史性转变,使改善农村环境质量不断取得新成效。

会议确定我国农村环境保护的主要目标是:到2010年,农村饮用水水源地水质有所改善,农业面源污染防治取得一定进展,严重的农村环境健康危害得到有效控制。农村生活污水处理率、生活垃圾处理率、畜禽粪便资源化利用率、测土配方施肥技术覆盖率、低毒高效农药使用率均提高10%以上。到2015年,农村人居环境和生态状况明显改善,农村环境监管能力显著提高。

这次会议是新中国成立以来首次召开的全国农村环境保护会议。会上,环境保护部、发展改革委、财政部负责同志提出了加强农村环保的政策措施和工作要求,江苏、浙江、四川省政府负责同志介绍了有关做法和经验。中共中央、全国人大常委会、国务院和全国政协有关部门及解放军总后勤部负责同志在北京主会场参加了会议。各省、自治区、直辖市和新疆生产建设兵团负责同志,各地(市)和县(区)主要负责同志在分会场参加了会议。

国务院副总理张德江在中南海紫光阁会见澳大利亚前总理霍克一行

外交部部长杨洁篪在新加坡出席东盟地区论坛外长会并会见韩美澳三国外长

杨洁篪在新加坡分别会见了出席东盟地区论坛外长会的韩国外长柳明桓、美国国务卿赖斯和澳大利亚外长史密斯。

杨洁篪说，经过15年的发展，东盟地区论坛已成为促进对话合作、维护地区和平的重要力量，为本地区和国际社会寻求超越“冷战”思维，探索新型安全观的新型区域合作模式提供了宝贵经验。在新形势下，论坛开始从建立信任措施逐步走向预防性外交，既面临机遇，也面临挑战。为发挥论坛作用，提升论坛合作水平，中方建议：

一、将建立信任措施贯穿于论坛发展新阶段的整个过程中，不断积累互信，增加共识，推动务实合作。

二、立足于亚太地区的实际需求，有效推进论坛的预防性外交，不能照抄照搬其他地区模式。

三、秉持相互尊重、平等对话、协商合作、互利共赢的安全理念和安全模式。论坛的预防性外交应遵循合作原则而不是干涉理论，是创造和谐而不是制造对抗。

四、重点就防范和应对跨国性问题和非传统安全挑战开展预防性外交，特别是在救灾、打击跨国犯罪、反恐、海上安全等领域加强对话合作。

五、坚持东盟主导，同时尊重和调动论坛成员国对话合作的积极性，提高论坛的决策水平、合作效率和效益。

杨洁篪表示，中国致力于维护亚太地区的和平与稳定，主张坚持多边主义、实现共同安全，坚持互利合作、实现共同繁荣，坚持包容精神、共建和谐世界。中国是亚太地区和平、发展、合作、繁荣的积极参与者和建设者。中方将一如既往，积极实践互信、互利、平等、协作的新安全观，为营造和平稳定、平等互信、合作共赢的地区环境作出新贡献。

中国互联网络信息中心发布《第22次中国互联网络发展状况统计报告》

报告表明，我国互联网发展在网民数量、宽带网民数和国家域名注册量已跃居世界第一，标志着我国已步入互联网大国的行列。

报告显示，我国网民规模继续呈现持续高速发展的趋势，与去年同期相比增加了9100万人，是历年来增长最多的一年，同比增长达56.2%。仅2008年上半年，我国网民数量就净增4300万人，达到了2.53亿，一举成为世界上网民人数最多的国家。报告显示，中国宽带网民数已达到2.14亿人，宽带网民规模居于世界第一位。此外，截至7月22日，我国.cn域名注册量达1218.8万个，成为全球第一大国家顶级域名。我国在网络规模上的突破，成为综合国力不断增强的一个重要标志。

7月25日

中共中央政治局召开会议决定召开十七届三中全会

中共中央政治局召开会议，决定今年10月在北京召开中国共产党第十七届中央委员会第三次全体会议，主要议程是，中共中央政治局向中央委员会报告工作，研究推进农村改革发展问题。会议还研究了当前经济形势和经济工作。中共中央总书记胡锦涛主持会议。

会议认为，农业、农村、农民问题关系党和国家事业发展全局。党的十一届三中全会以来，我们党全面把握国内外发展大局，尊重农民首创精神，率先在农村发起改革，并以磅礴之势推向全国。农村改革发展的伟大实践，极大解放和发展了农村社会生产力，极大改善了广大农民的物质文化生活，为实现人民生活从温饱不足到总体小康的历史性跨越、推进社会主义现代化、开辟中国特色社会主义道路作出了巨大贡献。在改革开放30周年之际，系统回顾总结我国农村改革发展的光辉历程和宝贵经验，进一步统一全党全社会认识，加快推进社会主义新农村建设，对于全面贯彻党的十七大精神，夺取全面建设小康社会新胜利、开创中国特色社会主义事业新局面具有重大而深远的意义。

会议指出，在新形势下推进农村改革发展，要全面贯彻党的十七大精神，高举中国特色社会主义伟大旗帜，以邓小平理论和“三个代表”重要思想为指导，深入贯彻落实科学发展观，坚定不移地继续推进社会主义新农村建设，坚定不移地走中国特色农业现代化道路，坚定不移地加快形成城乡经济社会发展一体化新格局，坚持工业反哺农业、城市支持农村和多予少取放活方针，始终把实现好、维护好、发展好广大农民根本利益作为农村一切工作的出发点和落脚点，充分调动广大农民的积极性、主动性、创造性，大力推进改革创新，加强农业基础地位，提高农业综合生产能力，加快发展农村公共事业，促进农民全面发展、农村全面进步，推动农村经济社会又好又快发展。

会议认为，今年以来，我国经济社会发展经受了严峻的挑战和重大的考验。在党中央、国务院坚强领导下，全党全国各族人民团结一心、共同奋斗，有效应对历史罕见的严重自然灾害，保持了经济平稳较快发展。农业保持良好发展势头，经济发展协调性增强，发展质量和效益进一步提高，改革开放迈出新步伐，改善民生取得积极成效。总的来看，国际经济不利因素和严重自然灾害没有改变我国经济发展的基本面,国民经济继续朝着宏观调控预期方向发展,成绩来之不易。当前,国际环境中不确定不稳定因素增多,国内经济运行中的一些矛盾也比较突出,保持经济平稳较快发展面临的挑战和困难增大。我们既要坚定信心,看到促进经济社会又好又快发展具有很多有利条件和积极因素,又要保持清醒头脑,增强忧患意识,扎实做好应对各种困难局面的准备。

会议强调,做好下半年经济工作,对于夺取抗震救灾全面胜利、办好北京奥运会、纪念改革开放30周年意义十分重大。要深入贯彻落实科学发展观,把保持经济平稳较快发展、控制物价过快上涨作为宏观调控的首要任务,把抑制通货膨胀放在突出位置。继续加强和改善宏观调控,保持宏观经济政策的连续性和稳定性,着力解决经济运行中的突出矛盾和问题,增强宏观调控的预见性、针对性、灵活性,把握好调控重点、节奏、力度;深化改革开放,着力推进经济结构调整和发展方式转变,提高经济发展质量和效益,切实加强节能减排和生态环境保护;更加注重改善民生,促进经济社会又好又快发展。各地区各部门要把思想和行动统一到中央对形势的分析判断和总体部署上来,不折不扣地把中央确定的各项方针政策落到实处,保持经济平稳较快发展,着力抑制物价过快上涨,毫不放松地抓好农业生产,促进对外经济平稳发展,加强和改善财政、金融调控,坚定不移地推进结构调整和节能减排,扎实做好震后恢复重建工作,积极推进重点领域和关键环节改革,着力改善人民生活,夺取经济社会发展更大成绩。

会议还讨论了其他事项。

中共中央就当前经济形势和经济工作在中南海召开党外人士座谈会听取意见

中共中央总书记胡锦涛主持座谈会并发表重要讲话。他强调,做好经济工作,对于夺取抗震救灾全面胜利、办好北京奥运会、纪念改革开放30周年都具有十分重要的意义。我们要深入贯彻落实科学发展观,坚持发展是硬道理的战略思想,增强忧患意识,坚定必胜信心,牢牢掌握主动权,全面扎实做好各项经济工作。

中共中央政治局常委温家宝、贾庆林、习近平、李克强出席座谈会。温家宝通报了当前我国经济运行的情况,并介绍了中共中央、国务院关于做好下半年经济工作的基本方针和主要任务。

座谈会上,民革中央主席周铁农、民盟中央主席蒋树声、民建中央主席陈昌智、民进中央主席严隽琪、农工党中央主席桑国卫、致公党中央主席万钢、九三学社中央主席韩启德、台盟中央主席林文漪、全国工商联主席黄孟复、无党派人士胡四一先后发言。他们认为,今年以来,在以胡锦涛同志为总书记的中共中央领导下,我们一手抓抗震救灾工作,一手抓经济社会发展,保持了我国经济平稳较快发展的势头。他们表示赞成中共中央、国务院对当前我国经济形势的分析和对下半年经济工作的考虑,并就搞好宏观调控、抑制物价过快上涨、完善金融和财税政策、推进科技创新、加快结构调整、推进节能减排、关心群众生活、做好地震灾区恢复重建工作等提出了意见和建议。

在认真听取了大家的发言后,胡锦涛发表了重要讲话。他说,大家提出了很有见地的意见和建议,我们将认真研究、积极采纳。

胡锦涛指出,今年以来,面对复杂多变的国际国内环境,我们认真贯彻落实中共十七大精神,以邓小平理论和“三个代表”重要思想为指导,深入贯彻落实科学发展观,坚持改革开放,加强和改善宏观调控,着力解决突出问题,保持了经济平稳较快发展的势头。胡锦涛代表中共中央、国务院,对各民主党派、工商联和无党派人士为抗灾救灾和灾后恢复重建、促进经济社会又好又快发展作出的积极贡献表示衷心的感谢。

胡锦涛强调,在充分肯定成绩的同时,我们必须深入分析当前我国经济发展面临的国际国内挑战和风险,加强研判,妥善应对。我们的战略判断仍然是:机遇前所未有,挑战也前所未有,机遇大于挑战。下半年经济工作的目标,要继续保持经济平稳较快增长、努力推动经济社会又好又快发展,继续把抑制物价过快上涨摆在突出位置、努力把物价涨幅控制在合理的区间内。为了实现这个目标,必须稳定政策,保持政策的连续性和稳定性;必须适时微调,把握好宏观调控的重点、节奏、力度;必须坚持区别对待、有保有压,灵活而准确地解决问题。

胡锦涛就做好下半年经济工作提出六点要求。一是全力保持经济平稳较快发展。要着力扩大国内需求尤其是消费需求,同时保持对外贸易平稳增长,充分利用国际国内两个市场、两种资源推动经济发展。要努力增加煤电油供给,支持中小企业解决生产经营困难,引导资本市场、房地产市场健康发展,稳定对经济发展的预期。二是有效抑制物价过快上涨。要继续综合运用经济、法律和必要的行政手段,着力在增加有效供给和抑制不合理需求上下功夫。要扩大市场供给,特别是要努力增加粮油肉菜等基本生活必需品的生产,强化市场监管。三是切实抓好农业生产。要努力实现粮食总产稳定增长,注意搞好品种结构平衡。要进一步落实和完善各项强农惠农政策,加大对农业的支持和补贴力度,采取措施降低农业生产成本,保护农民种粮积极性。四是积极推动经济发展方式转变。要推动产业结构优化升级，大力推进企业科技进步和创新，全力做好节能减排工作。五是继续推进改革开放。要坚定不移地推进改革开放，特别是要根据条件抓紧在重要领域和关键环节上取得新进展。要加快完善资本市场体系，深化行政管理体制改革，扩大对外开放。六是精心做好保障民生工作。要切实做好抗震救灾和灾后恢复重建工作，完善对口支援机制，尤其要抓紧把受灾群众生产生活安排好。要继续实施积极的就业政策，切实做好困难群众就业、高校毕业生就业工作，大力帮助受灾地区劳动力就业。要关注物价上涨对低收入群众生活水平的影响，加大财政对保障民生的支持力度，努力保证低收入群众生活水平不下降。

胡锦涛希望各民主党派、工商联和无党派人士加强对广大成员和所联系群众的引导，使他们既充分看到我国经济社会发展取得的巨大成就，又清醒认识面临的困难和挑战，坚定信心，迎难而上，以改革创新的精神、迎难而上的锐气、求真务实的作风，为夺取抗震救灾全面胜利、促进经济社会又好又快发展、确保北京奥运会圆满成功作出新贡献。

温家宝在通报时指出，做好下半年经济工作，一要保持经济平稳较快发展，把物价涨幅控制在合理的区间和经济社会发展可承受的范围内，把握好经济增长和抑制通货膨胀的平衡点；二要立足当前，着眼长远，着力解决制约经济长远发展的突出矛盾，为明年和更长时间经济持续健康发展创造条件；三要切实转变发展方式，加快调整经济结构，提高经济增长质量和效益；四要努力扩大国内需求特别是消费需求，同时在更高层次上利用两个市场、两种资源；五要加强总体布局、统筹区域协调发展，同时有针对性地解决各地区各领域存在的突出矛盾和问题；六要坚持以改革促发展，用改革的办法解决体制性、结构性矛盾，为科学发展提供体制机制的保障。

王岐山、回良玉、张德江、令计划、王沪宁、杜青林，中央和国家机关有关部门负责人出席座谈会。

出席座谈会的党外人士还有张梅颖、张榕明、厉无畏、罗富和、陈宗兴、王志珍和张宝文、马培华、王钦敏、陈抗甫、汪毅夫、孙安民、李稻葵等。

最高人民检察院召开座谈会征求各民主党派中央全国工商联负责人和无党派人士意见

最高人民检察院检察长曹建明表示，各级检察机关将坚持把接受民主监督作为检察工作健康发展的重要保证，进一步加强和改进与民主党派、工商联和无党派人士的联系，不断推进联系工作制度化、规范化。

目前，我国各级检察院共有担任副检察长职务的民主党派成员和无党派人士363人。自1990年以来高检院已先后五届聘请了96名民主党派和无党派人士担任特约检察员。

外交部部长杨洁篪在杜尚别出席上海合作组织外长会议

上海合作组织外长会议在塔吉克斯坦首都杜尚别举行。中国外长杨洁篪、哈萨克斯坦副外长叶尔梅克巴耶夫、吉尔吉斯斯坦外长卡拉巴耶夫、俄罗斯外长拉夫罗夫、塔吉克斯坦外长扎里菲、乌兹别克斯坦第一副外长涅马托夫及上海合作组织秘书长努尔加利耶夫出席。

会议研究、分析了上海合作组织面临的形势，总结了1年来比什凯克峰会共识和决议落实情况，为下月召开的本组织杜尚别峰会进行了政治准备，并就当前重大国际和地区问题交换了意见。

杨洁篪在会议上说，上海合作组织是保障地区安全和稳定，促进成员国共同发展的有效机制，完全符合各成员国的根本利益。各成员国应以落实《长期睦邻友好合作条约》和各国领导人达成的共识作为下一阶段中心工作，巩固成员国睦邻互信，加强团结合作，在涉及成员国主权和领土完整、安全和发展的重大原则问题上相互坚定支持，在国际和地区事务中加强协调与配合，全面提升各领域务实合作水平，为本组织发展注入新的活力。中方建议：一、加强政治磋商与合作，做好杜尚别峰会各项准备工作。二、深化安全合作，共同打击恐怖主义、毒品等跨国犯罪活动。三、挖掘经贸合作潜力，推动农业、交通、投资、金融等领域合作。四、拓展人文合作，加强救灾、卫生、科技、青年、旅游等领域合作。五、本着开放、透明、不针对第三方的原则，广泛同有关国家和国际组织开展联系和合作。

杨洁篪强调，中方高度重视上海合作组织，积极参与本组织事务，愿与各成员国一道，推动其不断发展。

会议认为，各成员国在重大国际和地区问题上的立场相同或相近，安全、外交、经贸和人文等领域的合作富有成果，各成员国将坚持不懈地落实《长期睦邻友好合作条约》，增进相互信任与全面协作，深化与观察员国在共同关心领域的务实合作，在加强与各有关国际组织合作的同时，尽快建立对话伙伴机制，并与所有对本组织感兴趣的国家和国际组织建立联系。

会后，外长们签署了杜尚别峰会筹备工作及本组织建设有关决议并共同会见了记者。

与会期间，杨洁篪会见了乌兹别克斯坦第一副外长涅马托夫，同他就加强双边友好合作和上海合作组织发展等问题交换了意见。

外交部部长杨洁篪在杜尚别同塔吉克斯坦外长扎里菲举行会谈

北京奥运会中国体育代表团成立

参加北京奥运会的中国体育代表团参赛选手共639人,不但创了中国历届奥运参赛人数之最,也是本届奥运会上规模最大的代表团。

中共中央政治局委员、国务委员刘延东出席北京奥运会中国体育代表团成立暨誓师动员大会并讲话。她强调,党中央、国务院高度重视备战参赛工作,全体运动员、教练员和工作人员要努力完成好各项备战参赛任务,不辜负党和人民的殷切希望。一要顽强拼搏,再创辉煌,把总书记的亲切教诲转化为为国争光的强大动力,在奋斗实践中追求人生理想、实现人生价值。二要坚定信心,调适心态,轻装上阵,以必胜的信心和顽强的意志把最好的竞技水平发挥出来,赛出风格,赛出水平。三要文明参赛,当好东道主,把良好的体育道德和文明风范充分表现出来,发扬中华体育精神和奥林匹克精神,取得精神文明和运动成绩双丰收。四要科学安排,精益求精,毫不松懈地把冲刺阶段和各项准备工作部署好、落实好,确保多年的心血和努力转化为现实的成果。她预祝中国体育代表团圆满完成各项参赛任务。

中国奥运选手来自全国31个省区市和体育协会,将参加北京奥运会全部28个大项、38个分项、262个小项的比赛,平均年龄为24.4岁。

中国奥运军团这届的运动员人数超过了美国代表团(596人)和俄罗斯代表团(500人左右),不但规模空前,而且,参加过奥运会的选手也比4年前增加了一倍多。除奥运选手外,中国体育代表团还包括官员、教练、医生等,总人数为1099人,团长是国家体育总局局长刘鹏。

刘鹏在动员中强调,中国代表团必须尽最大努力,实现一个综合的、全面的参赛目标,不但要充分发挥应有的竞技水平,努力创造更好的运动成绩,还要发扬奥林匹克精神,弘扬中华体育精神。

第二十九届奥运会中国体育代表团名单(略)

7月26日

中共中央政治局进行第七次集体学习

中共中央政治局这次集体学习安排的内容是现代奥林匹克运动和办好北京奥运会。国家体育总局于再清同志、北京奥运会组委会王伟同志进行了讲解,并谈了对办好北京奥运会、残奥会的意见和建议。

中共中央政治局各位同志认真听取了他们的讲解,并就有关问题进行了讨论。

胡锦涛在主持学习时发表了讲话。他指出,举办奥运会,是中华民族的百年期盼,是海内外中华儿女的共同心愿,也是我们对国际社会的郑重承诺。在党中央、国务院坚强领导下,在全国各族人民和海外华侨华人坚定支持下,在国际奥委会和国际社会积极帮助下,北京市委和市政府、北京奥组委、京外分赛区所在省市以及全国各省区市认真贯彻绿色奥运、科技奥运、人文奥运理念,精心组织、密切配合,全面推进场馆建设、城市运行保障建设等各项筹办工作,深入开展迎奥运、讲文明、树新风活动,为成功举办北京奥运会、残奥会奠定了坚实基础。香港特别行政区也为北京奥运会马术比赛做了精心准备。

胡锦涛强调,北京奥运会、残奥会属于中国人民,也属于世界各国人民。我们要通过成功举办北京奥运会、残奥会,弘扬团结、友谊、和平的奥林匹克精神,推动奥林匹克运动普及和发展,增进我国人民同世界各国人民的相互了解和友谊,展示我国人民蓬勃向上的精神风貌,推动全面建设小康社会进程,推进人类和平与发展的崇高事业。

胡锦涛就进一步做好北京奥运会筹办工作提出六点要求。一是要继续做好完善奥运赛时运行指挥体制和场馆运行工作,明确岗位职责和领导责任,提高场馆团队运行管理和服务保障能力,做到集中指挥、统筹协调、运转顺畅、反应迅速。二是要精心做好涉奥运外事工作,热情周到、安全高效地做好奥运外宾接待工作,营造宾至如归的氛围,让他们感受到中国人民的热情好客。三是要全面做好奥运服务保障工作,坚持以人为本,按照遵守惯例、标准统一、尊重个性、注重细节的要求,提供一流的奥运服务保障,实现城市运行与奥运会运行紧密衔接,既保障奥运会顺利进行,又保障城市生产生活有序开展。四是要广泛做好奥运群众参与工作,以为祖国争光、为奥运添彩为主题,引导广大群众形成讲文明、重礼仪、团结友善、热情好客的良好风尚。参加北京奥运会、残奥会的我国运动员、工作人员、志愿者都要成为名副其实的中国和奥运的形象大使。我国参赛运动员要赛出风格,赛出水平,努力争取运动成绩和精神文明双丰收。五是要深入做好奥运新闻宣传工作,做好媒体服务和管理工作,把奥运新闻传播搞得丰富多彩,让世界各国人民共享奥运欢乐。六是要切实做好奥运安保工作,切实把平安奥运要求贯彻于北京奥运会、残奥会全过程、各环节,落实平安奥运重如泰山、奥运平安人人有责的要求。

胡锦涛指出,要抓紧做好残奥会各项筹办工作,落实残奥会各项筹办任务,广泛动员社会各界关注残奥运动、关注残奥会、关注残疾人体育事业,努力实现两个奥运同样精彩。

胡锦涛强调，北京奥组委、北京市、京外分赛区所在省市、中央和国务院各相关部门一定要全力以赴做好赛前最后阶段的筹办工作和赛时运行各项工作。各级党委和政府要牢固树立全国一盘棋思想，把协同办好北京奥运会、残奥会摆在更加重要的位置，切实抓好经济发展、保障民生、维护稳定等方面的工作，为成功举办北京奥运会、残奥会作出应有的贡献。

国务院总理温家宝在中南海紫光阁会见俄罗斯副总理谢钦

温家宝说，中俄启动副总理级能源谈判机制，标志着两国能源合作进入新阶段。希望双方在原油贸易、油气管道建设、勘探开发、炼化等大项目方面取得更多进展，继续推进核能合作，共同致力于建立全面、长期稳定、互利共赢的能源合作关系。

谢钦转交了俄罗斯总理普京致温家宝总理的信。他说，俄方愿同中方共同努力，充分发挥中俄能源谈判机制的作用，推动两国能源合作取得丰硕成果，进而全面推进两国友好合作关系不断向前发展。

国务院副总理王岐山在人民大会堂同俄罗斯副总理谢钦举行会谈

外交部部长杨洁篪在杜尚别分别会见塔吉克斯坦总统拉赫蒙 总理阿基洛夫

7月27日

全国总工会主席王兆国到黑龙江考察调研

7月27日至8月2日，王兆国和随行的全总副主席、书记处第一书记孙春兰在黑龙江省委书记吉炳轩、省长栗战书等陪同下，深入工厂企业考察调研，了解振兴老工业基地、企业生产经营和工会工作情况，看望劳模、慰问职工。

王兆国指出，各级工会要立足自身特点，进一步加大培养学习型、知识型、专家型、管理型职工的工作力度，在推动科学发展、转变经济发展模式、提高自主创新能力、建设创新型国家的过程中发挥工会应有的作用。要尊重劳模、爱护劳模、关心劳模，为劳模的发展进步创造条件，鼓励广大职工学习劳模、争当劳模，把新时代的劳模精神切实转化为立足岗位、创业创造的实际行动。要推动政府和企业坚持以人为本、着力改善民生，不断提高职工生活水平和质量，有计划、有步骤地解决涉及职工群众切身利益的热点难点问题。要坚持深入困难企业和困难职工，配合有关部门稳定职工的就业岗位，提高职工的收入水平，完善职工的社会保障，特别是要采取有力措施，改善低收入职工的生活状况。要加强职工思想政治工作，多做理顺情绪、化解矛盾的工作，推动建设和谐稳定的劳动关系，充分调动广大职工的积极性、创造性，为经济社会又好又快发展作出更大贡献。

东亚及太平洋地区中央银行行长会议组织在西安召开第十三届行长会议

7月27日至28日，东亚及太平洋地区中央银行行长会议组织（以下简称EMEAP）召开了第十三届行长会议。EMEAP2008年度行长会主席、中国人民银行行长周小川在发言中说，在经济全球化日益发展的今天，亚太地区的中央银行应充分利用EMEAP这个平台，共同探讨应对影响本地区金融发展和稳定的对策，这对促进本地区经济金融的持续健康发展，维护本地区的货币和金融稳定具有十分重要的意义。

中国人民银行副行长胡晓炼透露说，在本次会议上，行长们讨论了全球特别是本地区的经济金融最新进展情况，美国及欧洲的经济金融形势对本地区的影响，能源和食品价格飙升对本地区通胀造成的压力以及中央银行应采取的应对措施。行长们还听取了EMEAP第三十四届副手会的工作汇报和EMEAP机制下货币与金融稳定委员会一年来的工作进展情况报告，批准了EMEAP金融市场工作组、银行监管工作组、支付和结算工作组及科技局长会的工作报告。

胡晓炼表示，相信EMEAP将在区域金融合作中发挥日益重要的作用。中国人民银行也将一如既往地积极参与EMEAP事务并在其中发挥更加建设性的作用。

《张万年军事文选》出版

经中央军委批准，《张万年军事文选》近日由解放军出版社正式出版发行。

《张万年军事文选》收入了张万年同志1966年5月至2002年11月间的重要文稿，共有报告、讲话、文章、谈话、批示、命令、信件等178篇，60余万字。大部分文稿是首次公开发表。这些文稿系统反映了张万年同志在各个领导岗位上军事思想和军事实践活动的主要内容。

北京奥运村正式开村

7月28日

全国人大法律委员会全国人大常委会法制工作委员会在北京举行食品安全法（草案）立法论证会

与会者围绕食品安全法是否应当规定对食品、食品添加剂和食品相关产品实行电子监管码制度这个问题各自阐明了自己的观点和论据。

参加立法论证会的代表包括全国人大代表、地方人大常委会有关同志、专家学者、企业联合会、食品行业协会、食品以及电子信息技术企业有关人员。全国人大教科文卫委员会、国务院法制办、卫生部、国家质检总局、国家工商总局的有关同志也参加了论证会。

食品安全法是一部预防和控制食源性疾病的发生,消除和减少食品有害因素造成的危害,保证食品安全,保障公众生命安全和身体健康的重要法律。这部法律草案于2007年12月提请十届全国人大常委会第三十一次会议进行了初审。今年4月20日,经委员长会议决定,将草案向社会公布征求意见。一个月时间内,全国人大常委会法工委共收到社会各方面意见11327件。

中央纪委 监察部召开深入推进纠风工作调研座谈会

贺国强在认真听取教育部部长周济、卫生部党组书记高强、农业部部长孙政才、交通运输部副部长翁孟勇、民政部副部长窦玉沛、人力资源和社会保障部部长尹蔚民的发言后,充分肯定了各地各部门开展纠风工作的成绩,对做好下一步的纠风工作提出了要求。他指出,开展纠风工作,要抓住专项治理这个有效形式,对涉及全局、危害严重、群众反映最强烈、最迫切需要解决的问题,当前有条件治理的问题或经过一段时间治理可以取得成效的问题进行调查研究,找准问题的症结,下决心进行集中整治,坚决刹住几股群众反映强烈的不正之风,并切实防止反弹。今年要围绕教育乱收费治理、医疗卫生专项治理、涉农负担治理、规范收费公路和畅通绿色通道、扶贫救灾资金监管、社会保障基金和住房公积金监管等方面的热点难点问题开展专项治理,确保取得实实在在的成效。

贺国强强调,要抓住刹风整纪这个有效手段,坚决查处不正之风涉及的失职渎职和背后隐藏的腐败问题。当前要重点查处价格监管、环境保护、土地管理、征地拆迁、食品药品质量、安全生产等方面的违纪违法案件,查处贪污、截留、挤占、挪用教育经费、医疗保障经费、涉农补贴、社保基金、住房公积金、扶贫救灾专项资金的案件。要认真查找和分析不正之风发生的原因,对疏于监管、滥用职权、给人民群众生命财产安全造成重大损失的行为,作风粗暴恶劣、肆意欺压群众的行为,要坚决追究责任。对不正之风和失职渎职问题背后隐藏的官商勾结、权钱交易、权色交易等腐败问题,要深挖细查、一查到底,决不手软。

贺国强指出,要抓住深化改革和完善制度这个治本之策,加大从源头上防治不正之风的力度,建立、健全管理体制、机制和制度,切实规范权力运行,健全政务公开制度,推行行政问责制度,努力从源头上铲除不正之风滋长的土壤和条件。要认真落实中央的惠民政策和改革措施,确保中央惠民政策真正惠及群众。要加强组织领导,各地各部门党组(党委)和行政领导班子要按照“谁主管谁负责”和“管行业必须管行风”的原则,切实担负起纠正不正之风、维护群众利益的政治责任;纪检监察机关、纠风办、派驻纪检监察机构要加强对部门、系统、行业纠风工作落实情况的监督检查,加强对突出问题的督促整改,确保纠风工作各项任务落到实处。

中共中央书记处书记、中央纪委副书记何勇主持会议。他指出,要按照中央的统一部署,进一步明确纠风工作的任务和要求,细化工作措施,加大工作力度。要认真落实党风廉政建设责任制,切实加强对纠风工作的组织领导。要紧密结合本部门业务工作的实际,抓住重点领域和关键环节,坚持纠建并举、寓纠于建,着力改革体制机制,切实加强制度建设,逐步健全防治不正之风的长效机制。纪检监察派驻机构要切实履行职责,积极主动地协助党组,准确把握纠风工作中出现的新情况新问题,及时提出解决的措施和办法,并抓好对工作完成情况的监督检查,确保纠风工作各项任务落到实处。

国务院副总理王岐山到四川灾区考察金融商贸等部门落实支持灾后恢复重建政策措施情况

7月28日至29日,中共中央政治局委员、国务院副总理王岐山来到四川灾区绵阳市涪城区、北川县和都江堰市等重灾区,检查金融、商贸等部门落实支持灾后恢复重建政策措施的情况。他强调,金融、商贸等部门要为灾区群众生产生活搞好服务,全力以赴支持灾后恢复重建。

考察期间,王岐山还同随行的有关部门、四川省负责同志,就如何更好地支持灾后恢复重建进行座谈。在听取大家的发言后,他说,这次考察深受教育和震撼。金融、商贸等部门在抗震救灾和灾后恢复重建中做了大量卓有成效的工作,经受住了考验,下一步任务仍很艰巨,要按照党中央、国务院和抗震救灾总指挥部的部署,对已经确定的支持政策措施,要细化方案,抓紧落实;对灾后恢复重建面临的困难和问题,要及时研究和完善政策措施,能办的尽快办。他要求有关部门大力支持和配合地方政府做好工作,努力帮助灾区群众战胜困难、重建家园。

科技部 国资委 全国总工会在北京召开创新型企业建设工作会议

会议联合发布了首批“创新型企业”名单。中国航天科技集团公司等91家企业在开展了两年的试点工作后，经评价被命名为首批“创新型企业”。这是科技部、国务院国资委和中华全国总工会于2006年7月启动的建设创新型企业试点工作，分两批选择287家企业开展试点。

通过试点，首批创新型企业在多个方面取得重要进展。一是研发投入大幅增加，二是创新能力建设明显加强，三是掌握了越来越多的自主知识产权，四是新产品收入和劳动生产率稳步提高，五是经济总量不断扩大。两批试点企业有15家企业在《财富》500强之列，其中首批创新型企业有6家。

首批《国家珍贵古籍名录》颁证暨首批全国古籍重点保护单位授牌仪式在北京举行

仪式上，发展改革委、文化部等有关部门负责同志向入选第一批2392部《国家珍贵古籍名录》的有关单位代表和第一批51家全国古籍重点保护单位颁证和授牌。

中国世界遗产数居全球第三

住房和城乡建设部、文化部、国家文物局等有关部门负责人就我国文化遗产和自然遗产保护情况在2008北京国际新闻中心召开的新闻发布会回答了中外记者的提问。会议上获悉，中国拥有世界文化遗产26处，自然和文化混合遗产4处，自然遗产7处，计37处，位居全球第三。我国文化遗产和自然遗产保护工作稳步推进。

在可移动文物保护方面，目前我国2400余座博物馆共收藏文物2000多万件，民间文物收藏快速发展。据统计，全国文物收藏者超过7000万人；文物拍卖企业243家，2007年全国文物拍卖总额达240亿元。

而在非物质文化遗产保护方面，我国抢救保护了一批珍贵、濒危的非物质文化遗产。继2006年5月公布第一批国家级非物质文化遗产名录518项，今年6月国务院批准公布了第二批国家级非物质文化遗产名录510项，以及第一批国家级非物质文化遗产扩展项目名录共计147项。

代表性传承人保护制度和国家级民族民间文化生态保护区制度的设立推动了非物质文化遗产工作持续深入进行。截至现在，文化部已公布第一批民间文学、杂技与竞技、民间美术、传统医药等五大类的226名国家级非物质文化遗产项目代表性传承人，第二批民间音乐、民间舞蹈、传统戏剧、曲艺和民俗等五大类551名国家及非物质文化遗产项目代表性传承人，传承人总数已达777人。福建省闽南文化生态保护实验区、安徽省徽州文化生态保护实验区等10个保护区正在建设之中。

在我国风景名胜区的发展规划、政策方面，我国国家级风景名胜区已经达到187处，占国土面积的1%；国家历史文化名城109座；中国历史文化名镇、名村157处；24处风景名胜区、历史文化名城（镇、村）城市园林列入《世界遗产名录》。

7月29日

国务院副总理李克强到山西就煤炭电力生产供应和能源节约工作进行考察调研

7月28日至29日，李克强在山西省委书记张宝顺、省长孟学农的陪同下，冒着高温酷暑，先后来到大同、太原等地，深入工矿企业，走访居民家庭，与企业干部职工和居民群众亲切交谈，着重就煤炭电力生产供应和能源节约工作进行深入调研。

考察中，李克强强调，缓解当前能源供求矛盾，维护长远能源供应安全，既要增加有效供给，更要强化节约，加强需求侧管理。必须坚持开发与节约并举。在太原钢铁（集团）有限公司，看到企业近年来吨钢能源资源消耗和污染物排放总量大幅下降，李克强表示肯定。他说，要坚持走可持续发展道路，进一步采取有效措施，切实加强节油节电节煤节气工作。企业要强化节能改造，发展循环经济，推行清洁生产。全社会要进一步增强能源忧患意识和节约意识，从我做起，自觉行动，形成节约型生产方式、消费模式和生活方式。在考察太原第一机床厂、富士康科技工业园时，看到企业通过创新技术、调整结构，能源效率明显提高时，李克强指出，结构调整是节能减排的根本措施，要完善政策、健全机制，优化提升产业结构，控制高耗能产业发展，促进经济发展方式加快转变。

全国法院系统抗震救灾先进表彰大会暨英模报告会电视电话会议在北京举行

最高人民法院院长王胜俊强调，要大力弘扬抗震救灾的伟大精神，把抗震救灾伟大精神贯穿到为北京奥运会提供有力司法保障上来，贯穿到深入开展“大学习、大讨论”活动上来，贯穿到做好法院各项工作上来。

最高人民法院授予四川省北川羌族自治县人民法院等4个集体“抗震救灾英雄集体”荣誉称号；授予四川省北川羌族自治县人民法院副院长李芝军等8名同志“抗震救灾英雄个人”荣誉称号；授予四川省成都市

中级人民法院等25个集体"抗震救灾先进集体"荣誉称号;授予四川省成都市中级人民法院副院长王平等60名个人"抗震救灾先进个人"荣誉称号。

北川羌族自治县人民法院副院长桂勇、汶川县人民法院院长邓吉安、彭州市人民法院司法警察大队大队长尹华志、北川羌族自治县人民法院副院长李芝军、都江堰市人民法院副院长余涛、松潘县人民法院司法警察任跃强等6位英雄集体和英雄个人代表在大会上作报告。

全国总工会表彰抗震救灾先进集体和个人

从全国总工会获悉:"5·12"汶川大地震以来,中华全国总工会先后命名了北京大学医学部抗震救灾医疗队等1199个先进集体"抗震救灾重建家园'工人先锋号'"。同时,全总还授予赵薇等122名个人"全国抗震救灾优秀工会干部"称号,授予中国电子科技集团第29研究所工会委员会等121个单位"全国抗震救灾先进基层工会"称号。

据介绍,全总授予的"抗震救灾重建家园'工人先锋号'"集体中,既有参加抢险救灾、医疗救助、卫生防疫、基础设施抢修、受灾群众安置、生产自救、重建家园的先进集体,也有出色完成灾区帐篷、活动板房等急需物资生产和运输任务的行业企业。

商务部与香港特区财政司在香港签署《〈CEPA〉补充协议五》

经国务院批准,商务部副部长姜增伟与香港特区政府财政司司长曾俊华在香港签署了《〈内地与香港关于建立更紧密经贸关系的安排〉补充协议五》(简称《〈CEPA〉补充协议五》),该协议将于2009年1月1日起正式实施。

《〈CEPA〉补充协议五》在CEPA及其四个补充协议的基础上,对香港进一步扩大开放。在服务贸易方面,内地在17个领域共采取29项具体措施,其中对会计、建筑、医疗、人员提供与安排、印刷、会展、分销、环境、银行、社会服务、旅游、海运、航空运输、公路运输和个体工商户等15个领域在原有开放承诺基础上,进一步采取简化审批程序、放宽市场准入条件、取消股权限制、放宽经营范围和经营地域等措施,同时新增加与采矿相关服务、与科学技术相关的咨询服务两个领域。此外,双方还增加"品牌合作"作为贸易投资便利化方面新的合作领域,在原有的电子商务和知识产权保护领域增加合作内容;在专业人员资格互认方面,提出了深化会计、建筑领域互认工作的措施。本次补充协议不但包括在全国范围实施、开放力度较大的措施,也有为深化粤港合作而采取的在广东省先行先试的措施,这些措施将为促进粤港两地的交流与合作发挥积极作用。

香港特别行政区行政长官曾荫权、国务院港澳办副主任周波、中央政府驻港联络办副主任郭莉出席了签署仪式。

国家副主席习近平在人民大会堂会见苏丹总统特使贾兹

习近平表示,中方十分关注国际刑事法院检察官起诉苏丹领导人事。中方认为,当前国际社会应重点推动"混合行动"尽快部署到位和达尔富尔地区政治进程取得实质性进展。有关方面应重视阿盟和非盟在该问题上的立场,谨慎行事,避免干扰和损害达尔富尔地区和平进程。

贾兹说,苏方愿与包括中国在内的友好国家就此加强沟通。他还表示,苏丹政府将继续推动达尔富尔问题得到妥善解决。

冯理达先进事迹报告会在人民大会堂举行

中组部、中宣部、全国妇联、人力资源和社会保障部、卫生部与解放军总政治部、总后勤部在人民大会堂联合举行冯理达同志先进事迹报告会。

中共中央政治局常委李长春在北京出席并观看《百年圆梦——迎2008北京奥运会文艺晚会》

中国设立首个南极特别保护区

从国家海洋局极地考察办公室获悉:在不久前召开的第三十一届南极条约协商会议上,我国提出的格罗夫山哈丁山南极特别保护区管理计划获得会议批准,这是我国设立的第一个南极特别保护区。

我国设立的首个保护区位于南极格罗夫山中部的哈丁山一带(东经74°53′—75°12′,南纬72°51′—72°57′),长约12公里,宽约10公里,呈不规则四边形。该区域距离我国南极中山站约400公里,为北北东—南南西向、岛链状分布的冰原岛峰构成的山脊纵谷地貌。该区域保留着冰盖表面升降遗迹,分布着自然界罕见的、极易被破坏的典型冰蚀地貌与风蚀地貌。这些冰川地质现象既有重要的科学价值,又具备罕见的荒野价值和美学价值,人类的无序活动将会对其造成无法修补的永久性破坏。我国选择在这个区域设置特别保护区,必将对该区域的环境保护作出贡献。

据了解,目前国际上对南极的管理主要体现在对南极的环境管理和资源管理方面。截至目前,共有14个南极条约协商国设立了70个特别保护区和7个特别管理区。

据悉,我国极地考察主管部门2006年开始启动南极特别保护区建设工作。今年我国又将修改后的管理计划再次提交第三十一届南极条约协商会议,在现场回应了有关国家的意见后,最后管理计划获得通过。

7月30日

国务院总理温家宝在北京主持召开国务院常务会议

会议研究部署全面免除城市义务教育阶段学生学杂费工作,审议并原则通过《中华人民共和国专利法修正案(草案)》。

会议决定,从2008年秋季学期开始,在全国范围内全部免除城市义务教育阶段学生学杂费。对享受城市居民最低生活保障政策家庭的义务教育阶段学生,继续免费提供教科书,对家庭经济困难的寄宿学生补助生活费。

会议指出,在全面实施农村义务教育经费保障机制改革的基础上,免除城市义务教育阶段学生学杂费,进一步强化政府对义务教育的保障责任,对推动义务教育均衡发展,促进教育公平,具有重要意义。各地区、各有关部门要统一思想,提高认识,精心组织,确保免除城市义务教育阶段学生学杂费工作顺利实施,把好事切实办好。一要完善城市义务教育经费保障机制,加强预算管理,严格按照预算办理各项支出,严禁挤占、截留、挪用义务教育经费。二要规范城市义务教育阶段服务性收费和代收费。收费项目和标准要经省级人民政府审定,坚持学生自愿和非营利原则,严格执行教育收费公示制度。三要切实解决好进城务工人员随迁子女就学问题。进城务工人员随迁子女接受义务教育以流入地为主、公办学校为主解决;对符合当地政府规定接收条件的随迁子女,要统筹安排在就近的公办学校就读,免除学杂费,不收借读费。四是在接受政府委托、承担义务教育任务的民办学校就读的学生,按照当地公办学校免除学杂费标准,享受补助。

会议强调,在免除城市义务教育阶段学生学杂费的同时,各地要进一步加大农村义务教育支持力度,经费投入继续向农村倾斜,重点加固和改造存在安全隐患的校舍,加强农村寄宿制学校建设,增加对家庭经济困难寄宿学生的补助,逐步解决好农村义务教育教师待遇和农村留守儿童在校学习生活问题。

会议指出,为提高自主创新能力,建设创新型国家,促进技术推广应用,行使我国参加的国际公约赋予的权利,需要对现行专利法加以修改。专利法修正案草案对专利权的授予标准和程序、专利权人的保护、专利技术的推广运用等现行规定,进一步作了补充和完善。会议决定,该草案经进一步修改后,由国务院提请全国人大常委会审议。

会议还研究了其他事项。

全国政协向不再连任的在京十届全国政协常委颁发纪念牌

全国政协人口资源环境委员会在北京举行海南国际旅游岛建设专题调研情况通报会

会议听取海南省关于海南国际旅游岛建设的情况介绍,围绕海南国际旅游岛建设问题进行座谈、研讨。全国政协副主席孙家正出席并讲话。

孙家正在讲话中指出,党中央、国务院对海南特区的发展特别是旅游业的发展十分关注,今年3月,国务院原则同意海南省在旅游业对外开放和体制机制等方面先行试验。全国政协已将海南国际旅游岛建设问题列为今年的重要调研课题。孙家正指出,为做好这项专题调研,第一要发挥人民政协的优势,积极为改革开放和体制机制创新建言献策。第二要解放思想,深入研究,促进海南国际旅游岛建设取得突破。第三要加强配合,齐心协力,共同做好海南国际旅游岛的专题调研。

国务院副总理张德江在首都国际机场考察奥运航空运输保障工作

张德江先后视察了专机楼、公务机楼、T 3航站楼、空管指挥塔台等机场服务设施和奥运航空运输保障工作现场指挥部,检查各项奥运航班的服务流程和保障措施落实情况,慰问机场一线工作人员和奥运志愿者。

张德江指出,举办一届高水平、有特色的奥运会,是全国各族人民的共同心愿,也是我们对国际社会的郑重承诺。民航承担着为各国体育代表团、海内外来宾以及各类旅客提供航空服务的重要任务,是展示北京奥运会服务水平和我国国民素质的重要窗口。奥运航空运输保障规模大、任务重,提供安全优质的航空运输服务,事关奥运会的成功举办,事关国家形象,对民航和相关单位是一次业务能力、政治素质、精神状态的集中检验。要以高度的责任感和使命感,全力以赴、精益求精、扎实细致地做好各项工作,以实际行动为奥运会作出贡献。

张德江强调,经过几年的艰苦努力,奥运航空运输保障工作顺利扎实推进,目前已进入最后的冲刺阶段,要坚决贯彻党中央、国务院的部署，进一步加强组织领导，落实责任，完善措施，千方百计做好各项保障工作。一要坚持安全第一，认真细化各项安全保障措施，层层落实安全责任制，确保万无一失。二要进一步完善应急预案，特别要做好因极端天气等原因造成航班大面积延误的各项应对准备，周密安排飞机备降、地面交通、食宿以及贵宾专机、包机、航班的服务保障等。三要坚持统一指挥，加强协调配合，健全工作机制，做到指挥灵敏，信息传递准确，及时解决各种问题，确保高效运行。四要坚持以人为本，旅客至上，突出优质服务，做到热情友好、规范细致，充分展示我国礼仪之邦的良好形象。

2008泛北部湾经济合作论坛在北海开幕

首届中国(日照)国际工艺品博览会开幕

7月31日

中央纪委书记贺国强到吉林考察

7月31日至8月4日，贺国强在吉林省委书记王珉、省长韩长赋等陪同下，先后来到延边朝鲜族自治州、白山市和长春市，深入街道社区、工厂车间、边境口岸、农户家中，就贯彻落实中央关于做好当前工作的指示精神，以及加强县级纪检监察机关建设等问题进行调研。

加强县级纪检监察机关建设是贺国强这次调研的重点。他专程到吉林省纪委监察厅和白山市抚松县纪委监察局看望纪检监察干部，他强调，各级纪检监察机关要围绕中心、服务大局，切实加强对改善宏观调控、推动科学发展，震后恢复重建、搞好对口支援，维护社会稳定、确保平安奥运等工作的监督检查，为党和国家事业顺利发展提供有力政治保证。在白山市抚松县召开的加强县级纪检监察机关建设座谈会上，贺国强认真听取了基层干部的意见和建议。他指出，要高度重视和大力加强县级纪检监察机关建设，把思想政治建设放在首位，把能力建设放在突出位置，把作风建设作为紧迫任务，不断增强政治和业务素质，改进工作作风，提高执纪水平，努力塑造新时期基层纪检监察干部队伍可亲、可信、可敬的形象，同时，要切实帮助解决基层纪检监察机关存在的实际困难。

考察期间，贺国强听取了吉林省委、省政府的工作汇报，对近年来吉林省经济社会发展和党的建设取得的成绩给予充分肯定。恰逢"八一"建军节，他还走访慰问了边防官兵。

人力资源和社会保障部机构改革基本完成

人力资源和社会保障部组建后召开第一次新闻发布会。发布会上，部新闻发言人、政策研究司副司长尹成基正式向外透露，经过4个月的努力，人力资源和社会保障部机构改革工作基本完成，共设置25个司局。

"人力资源和社会保障部作为这次机构改革中大部门体制探索的部门之一，通过'三定'(即主要职责、内设机构和人员编制)积极探索职能有机统一的大部门体制，是我们的重要责任。"尹成基表示，人力资源和社会保障部"三定"规定的起草主要把握了两点：

——准确界定职责。明确人力资源和社会保障部职能涉及两大领域：一是以促进就业和完善社会保障体系为核心的社会管理和公共服务职能；二是以机关事业单位公职人员管理为核心的公共人事管理职能。

——科学设置机构。两部原有27个司局，而新组建的人力资源和社会保障部则只设置了25个司局。

新部对原人事部和劳动和社会保障部7个综合部门进行彻底整合，对职能相近、业务交叉的5个司局重新整合，其他7个业务司局原则上不动。同时还设置6个新的机构：农民工工作司、事业单位人事管理司、人力资源市场司、调解仲裁管理司、政策研究司和劳动监察局。

尹成基表示，通过这样的内设机构设置，达到了精简、统一、效能的目标。

国务院副总理张德江在中南海紫光阁会见美国惠普公司董事长兼首席执行官马克·赫德一行

国防部在人民大会堂举行招待会庆祝中国人民解放军建军81周年

中国一航西安飞机工业(集团)有限责任公司向奥凯航空有限公司交付首架新舟60飞机

国务院副总理李克强在北京考察奥运场馆和奥运村及运行情况

北京奥林匹克青年营营委会成立 刘淇担任营委会主席

《全国生态功能区划》在北京发布

由环境保护部和中科院共同编制完成的《全国生态功能区划》在北京发布。这一区划对我国生态空间特征进行了全面分析，对生态敏感性、生态系统服务功能及其重要性进行了评价,确定了不同区域的生态功能,提出了全国生态功能区划方案。据此方案,全国被划分为216个生态功能区。在216个生态功能区中,具有生态调节功能的生态功能区148个,占国土面积的78%;提供产品的生态功能区46个,占国土面积的21%;人居保障功能区22个,占国土面积的1%。全国生态功能区划是我国继自然区划、农业区划等工作之后,在生态保护与建设领域的重要基础性工作。

8月1日

国家主席胡锦涛在人民大会堂接受来自世界各大洲25家外国媒体的联合采访

胡锦涛就筹办和举办北京奥运会、北京奥运会对中国的影响及当前中国经济社会发展形势等问题回答了记者的提问。

俄罗斯俄新社记者问，中国筹办奥运会7年来最大的成就是什么？奥运会将给中国留下哪些遗产？

胡锦涛表示，在过去7年里，北京奥组委紧紧围绕举办一届有特色、高水平奥运会的目标，全面兑现申奥承诺，按照绿色奥运、科技奥运、人文奥运理念，在场馆和基础设施建设、环境保护、城市运行、安全保卫、新闻服务等各个方面做了大量工作，取得了显著成果。这些成果，不仅为北京奥运会顺利举行提供良好条件，也为中国未来发展、为中国人民继续创造美好生活提供良好条件。

北京奥运会的举办，将为我们留下一批体育场馆和基础设施。我们十分珍惜这些物质遗产，并将充分发挥它们的功能和作用。同时，我们认识到，北京奥运会的精神遗产更为持久、更为宝贵。最重要的有三个方面。一是弘扬团结、友谊、和平的奥林匹克精神。二是实践绿色奥运、科技奥运、人文奥运理念。三是促进世界各国文化的相互交流、相互借鉴。我们更加珍惜北京奥运会留给我们的精神遗产，并努力使之发扬光大。

南非广播公司记者问，每个奥运会举办城市在举办这样一个全球体育盛事中都有自身独特的关切。中国政府的主要关切是什么？

胡锦涛说，我们希望通过筹办北京奥运会，努力推动城市科学发展、促进社会和谐。我们的关切主要有以下三个方面。一是高度关注生态文明建设。生态文明建设是中国经济社会发展的一项战略任务，也是中国人民极为关心的一件大事。我们努力通过举办北京奥运会，大力推进生态环境保护，努力使天更蓝、地更绿、水更清，让生态文明观念深入人心。二是高度关注科技进步和创新。注重将创新科技成果广泛应用到奥运场馆建设和奥运筹办的各个领域。比如，国家体育场“鸟巢”是目前世界上跨度最大的钢结构体育场；国家游泳中心“水立方”采用了国际首创的空间多面体结构；奥运场馆建设在建筑节能、地热、太阳能利用等方面都作出了积极努力。三是高度关注提高人民文明素质。我们在全国4亿多青少年中开展奥林匹克教育活动，广泛普及奥林匹克精神，全面开展迎奥运、讲文明、树新风活动，开展丰富多彩的群众性文化体育活动，大力弘扬讲文明、重礼仪、团结友善、热情好客的良好风尚。

在回答印度报业托拉斯记者关于奥运会被政治化的提问时，胡锦涛指出，举办奥运会是中国人民的百年期盼。早在1908年，中国人就提出了中国什么时候能举办奥运会的问题。100年后，奥运会终于来到中国。中国人民十分珍惜这一宝贵机遇。中国人民只有一个心愿，就是把北京奥运会这一全世界的体育盛会办好，让世界各国人民欢聚在五环旗下，使奥林匹克精神得到发扬光大。

奥运会是各国运动员实现光荣和梦想的舞台，是世界各国人民增进了解、加深友谊的平台。世界上不同地方的人们在不同的问题上有不同看法，这是在所难免的。应该在相互尊重的基础上通过平等协商，缩小分歧、扩大共识。将奥运会政治化，不仅不利于问题的解决，而且违背奥林匹克精神，违背世界各国人民的共同心愿，最终也会损害国际奥林匹克运动发展。

路透社记者问，北京奥运会之后，中国将面临哪些主要内外挑战？中国将如何应对？奥运投资拉动了投资和经济增长，在中国改革开放30周年之际，中国在经济方面将优先采取哪些政策以保持发展势头？

胡锦涛表示，毫无疑问，筹办奥运会有力推动了北京的经济社会发展，但由于北京的经济总量只占全国的很小部分，因此筹办奥运会对中国经济发展的推动作用不宜估计过高。今年以来，中国经济发展经受了严峻挑战和重大考验，中国人民团结奋斗，有效应对历史罕见的低温雨雪冰冻灾害和特大地震灾害，保持了经济社会发展的良好势头。上半年中国的国内生产总值增长了10.4%，但我们也看到，当前国际环境中不确定不稳定因素增多，国内经济发展面临的挑战和困难增大。针对这些情况，我们明确提出，要深入贯彻落实科学发展观，把保持经济平稳较快发展、控制物价过快上涨作为宏观调控的首要任务。为此，我们要求，第一，继续加强和改善宏观调控，着力解决经济运行中的突出矛盾和问题；第二，继续深化改革开放，着力推进经济结构调整和发展方式转变，提高经济发展质量和效益；第三，切实加强生态环境保护和节能减排；第四，更加注重改善民生。我们还将继续在全国人民团结奋斗和国际社会大力支持下，进一步搞好灾区灾后恢复重建工作，帮助受灾群众早日建成美好家园。

在不断深化经济体制改革、努力推动经济又好又快发展的同时，我们将继续深化包括政治体制改革在内的全面改革，继续扩大社会主义民主，建设社会主义法治国家，加快行政管理体制改革，提高国家机关工作效率和服务水平，更好地保障人民各项权益，巩固和发展民主团结、生动活泼、安定和谐的政治局面。

在回答墨西哥特莱维萨电视台记者关于使北京奥运会成功的决定因素是什么的提问时,胡锦涛表示,各届奥运会都有自己的特点,都让世界各国人民留下了难忘的记忆。举办一届成功的奥运会,涉及多方面因素,如场馆建设和运行、城市运行保障、环境整治、新闻宣传、志愿者服务、安全保障等。这些因素都很重要,缺少哪个方面都不行。但是,我认为,举办一届成功奥运会的决定因素是要大力弘扬团结、友谊、和平的奥林匹克精神,为各国运动员提供一个公平竞赛的舞台,让他们能够赛出风格、赛出水平,让五大洲的朋友加强相互了解和友谊,让世界各国人民共享奥运欢乐。

《澳大利亚人报》记者问,奥运口号是“同一个世界,同一个梦想”。这一口号对你和中国意味着什么?你的梦想和中国的梦想是什么?

胡锦涛强调,“同一个世界,同一个梦想”的口号,集中体现了奥林匹克精神,生动反映了北京奥运会宗旨。这个口号表达了我们的真诚愿望,就是中国人民愿同世界各国人民一道,在奥林匹克精神感召下,加强交流合作,共同谱写国际奥林匹克运动新篇章,共同创造人类更加美好的未来。

我的梦想和中国人民的梦想是一致的。我始终认为,作为国家领导人,必须倾听人民呼声、尊重人民意愿、关心群众疾苦、维护人民利益。要想人民之所想、办人民之所需。中国人民的梦想,就是要加快国家现代化建设,实现中华民族伟大复兴,同世界各国人民一道追求和平进步、和睦相处、和谐发展。

卡塔尔半岛电视台记者问,中国成功举办奥运会,将增强中国综合实力,你是否担心这会在国际上强化“中国威胁论”?

胡锦涛指出,奥运会是和平与友谊的盛会。北京奥运会将向世界展示中国人民热爱和平的形象和决心。

改革开放30年来,中国的现代化建设取得了举世瞩目的成就,但中国仍然是世界上最大的发展中国家,中国在发展进程中遇到的矛盾和问题,无论是规模还是复杂性,都是世界上所罕见的。我们要全面建成惠及十几亿人口的更高水平的小康社会,进而实现国家现代化,实现全体人民共同富裕,还有很长的路要走。

中国早就明确向世界宣布,中国奉行防御性的国防政策,永远不称霸,永远不搞扩张。中国将始终不渝走和平发展道路,始终不渝奉行互利共赢的开放战略,谋求和平的发展、开放的发展、合作的发展。中国的发展不会影响和威胁任何人。中国人民愿意同世界各国人民一道携手努力,共同建设持久和平、共同繁荣的和谐世界。

在回答日本富士电视台记者关于奥运之后外国记者在华采访条件的提问时,胡锦涛说,中国对外开放的大门始终是敞开的。无论在北京奥运会期间还是之后,我们都一如既往地欢迎外国记者来华采访,一如既往地为外国记者在华工作提供方便。我们也希望外国记者在华采访期间遵守中国法律,客观公正地报道中国,增进中国和世界各国的相互沟通和理解。

在回答美国全国广播公司记者关于北京奥运会投资规模的提问时,胡锦涛强调,我们在筹办北京奥运会的过程中明确提出了节俭办奥运的方针,并努力把它贯彻到筹办工作各方面。比如,北京奥组委每一笔经费开支都要经过严格的审查程序,这就从制度上保证资金发挥最大效益。北京奥组委注意充分利用已有的体育设施,改建和扩建场馆占全部场馆的一半左右,大大减少了新建场馆的数量;有些新建场馆建在大学校园里,赛后可以作为学生开展体育活动的场所。环保、地铁、机场、车站等城市基础设施建设项目的投资是比较大,但这些项目都是北京城市发展的一部分,不仅对保障北京奥运会成功举办具有重要意义,对北京城市发展和市民生活条件改善更具有长远意义。因此这方面的投资是值得的。

韩国《东亚日报》记者问,为了让世界了解中国,中国奥运会期间将安排哪些文化活动?

胡锦涛表示,开展奥运文化活动,促进文化交流,是很多城市举办奥运会都十分关注并精心安排的一项内容。2003年以来,北京奥组委每年都在北京和香港、青岛、上海等城市举办一届奥林匹克文化节。第六届2008年奥林匹克文化节于6月至9月举办,有各类文化活动3000场(次)。奥运村也安排了来自不同国家和地区、反映不同民族风情的文化活动。世界各地的朋友们可以在这里领略到精彩纷呈的各国文化。

法国法新社记者问,本届奥运会上,你最关注的中国运动员和外国运动员是谁?

胡锦涛表示,我对各国运动员在北京奥运会上的表现都很关注,祝愿他们在比赛中取得优异成绩。我希望中国运动员同各国运动员相互学习、相互切磋,在比赛中赛出风格、赛出水平。

中共中央书记处书记、中央办公厅主任令计划,中共中央书记处书记、中央政策研究室主任王沪宁,外交部部长杨洁篪参加上述采访活动。

国务院总理温家宝在北京主持召开国务院常务会议

会议讨论并原则通过《中华人民共和国保险法(修订草案)》,审议并原则通过《中华人民共和国外汇管理条例(修订草案)》和《国务院关于经营者集中申报标准的规定(草案)》。

会议认为,为进一步规范保险公司的经营行为,加强对被保险人利益的保护,加强和改善对保险市场的监管,有效防范和化解风险,促进保险业健康发展,有必要针对我国保险业快速发展中出现的新情况、新问题,对现行保险法进行修改。保险法修订草案进一步明确了保险活动当事人的权利、义务,对保险行业的基本制度和自律规定作了进一步补充、完善,并强化了保险监管机构的职责和监管手段,规定了相应的法律责任。会议决定,《中华人民共和国保险法(修订草案)》经进一步修改后,由国务院提请全国人大常委会审议。

会议指出,为适应国际收支形势的变化和深化外汇管理体制改革的需要,有必要修订外汇管理条例。修订草案以便利贸易投资活动、促进国际收支平衡和国民经济健康发展为目标,对均衡管理外汇资金的流入流出,完善人民币汇率形成机制及金融机构外汇业务管理制度,建立国际收支应急保障制度,强化跨境资金流动监测,健全外汇监管手段和措施等作出了规定,并相应明确了有关法律责任。

会议认为,经营者通过合并或取得股权、资产等方式实现对其他经营者的控制等经营者集中行为,直接关系正常的市场竞争秩序。控制经营者集中是反垄断法确立的一项重要制度。为防止因经营者集中导致排除、限制市场竞争,有必要立足我国实际,借鉴国际经验,制定关于经营者集中申报标准的规定。草案根据参与集中的经营者上一年度全球营业额和境内营业额两个指标,明确规定了经营者集中的申报标准。经营者集中达到规定标准的,应当事先向国务院商务主管部门申报。

会议决定,《中华人民共和国外汇管理条例(修订草案)》和《国务院关于经营者集中申报标准的规定(草案)》经进一步修改后,由国务院公布施行。

会议还研究了其他事项。

国务院总理温家宝签署第530号令公布《民用建筑节能条例》

《民用建筑节能条例》已经2008年7月23日国务院第18次常务会议通过,现予公布,自2008年10月1日起施行。

总理　温家宝

2008年8月1日

民用建筑节能条例(略)

国务院总理温家宝签署第531号令公布《公共机构节能条例》

《公共机构节能条例》已经2008年7月23日国务院第18次常务会议通过,现予公布,自2008年10月1日起施行。

总理　温家宝

2008年8月1日

公共机构节能条例(略)

中央和国家机关贯彻落实《建立健全惩治和预防腐败体系2008—2012年工作规划》任务分解部署会在北京召开

中共中央书记处书记、中央纪委副书记、惩治和预防腐败体系建设领导小组组长何勇出席会议并讲话。

何勇指出,《建立健全惩治和预防腐败体系2008—2012年工作规划》(以下简称《工作规划》)是党的十六大以来反腐倡廉理论发展和实践经验的科学总结,是贯彻落实党的十七大精神的重要体现,是扎实推进惩治和预防腐败体系建设的总体部署。一定要把思想和行动统一到中央的决策部署上来,认真学习领会,坚决贯彻落实。何勇强调,要善于抓住腐败现象易发多发的重点领域和关键环节以及群众反映强烈的突出问题,整体推进惩治和预防腐败的各项工作。一是要紧紧抓住领导干部这个重点,在加强反腐倡廉教育方面取得突破。二是要抓住规范和制约权力这个核心,在有效监督方面取得突破。三是要突出体制改革和制度创新,在源头防治腐败方面取得突破。四是要切实维护最广大人民的根本利益,在解决人民群众反映强烈的突出问题方面取得突破。

何勇要求,反腐倡廉建设必须坚持惩防并举,既要加强预防腐败工作,又要保持查办案件的强劲势头。要以查处发生在领导机关和领导干部中滥用职权、贪污贿赂、腐化堕落、失职渎职的案件为重点,严肃查处官商勾结、权钱交易和严重侵害群众利益等案件。深入开展治理商业贿赂工作,继续把查办大案要案作为深入推进治理商业贿赂工作的重中之重,认真贯彻落实《关于在治理商业贿赂专项工作中推进市场诚信体系建设的意见》,巩固和扩大自查自纠的成果。各执纪执法机关要认真履行职责,加强查办案件工作,进一步完善跨区域协作办案及防逃、追逃、追赃机制,不断提高办案的水平和能力。

何勇强调,要以真抓实干的作风,狠抓落实、务求实效。各部委党组(党委)要切实加强对贯彻落实《工作规划》的领导,将其列入重要议事日程,及时掌握工作情况,研究解决突出问题。中央和国家机关推进惩防体系建设牵头单位要制订工作计划,细化工作目标,提出具体方案,认真完成牵头任务。协办单位要主动配合,认真做好职责范围内的工作。要健全联席会议制度,加强信息沟通,形成工作合力。要把贯彻《工作规划》工作与年初中央部署的反腐倡廉各项任务紧密结合起来,统一谋划,统一实施。要加强对《工作规划》贯彻落实情况的监督检查,列入体现科学发展观要求的领导班子和领导干部考核评价范围,作为巡视工作的重要内容,把这项工作不断推向深入。

国务院成立反垄断委员会

根据《中华人民共和国反垄断法》有关规定,国务院日前成立了反垄断委员会。主要职责是:研究拟定有关竞争政策;组织调查、评估市场总体竞争状况,发布评估报告;制定、发布反垄断指南;协调反垄断行政执法工作等。

外交部部长杨洁篪就推动中德关系深化合作同德国副总理兼外长施泰因迈尔通电话

中共中央政治局常委李长春在北京考察国家中影数字制作基地

李长春指出,国家中影数字制作基地的建成,是文化体制改革的成果,是文化产业发展壮大的重要标志,充分表明中央关于文化体制改革的决策是完全正确的。他希望中国电影集团公司认真贯彻落实党的十七大精神,以改革创新的精神推动影视产业大发展大繁荣。要多出经验,大力推进体制创新、机制创新、管理创新、科技创新、艺术创新,为振兴我国影视产业创造更多新鲜经验,发挥示范带动作用;要多出成果,努力创作生产更多思想性、艺术性、观赏性俱佳,人民群众喜闻乐见的影视产品,不断提高国内市场占有率,增强国际竞争力;要多出人才,积极营造尊重劳动、尊重知识、尊重人才、尊重创造的浓厚氛围,增强对人才的吸引力和凝聚力,发挥人才的积极性、主动性、创造性,努力培养一批懂影视文化、懂经营管理、懂现代科技的影视经营管理人才,一批懂艺术、懂编导、懂数字和网络技术的现代编导人才,一批掌握现代信息技术、精通电脑制作、熟悉新型影视设备的专业技术人才,为运用高新技术成果推动影视产业发展提供有力的人才保障。李长春最后希望各方面关心支持影视产业的发展,为增强我国影视产品的国际影响力和竞争力、提高国家文化软实力创造有利条件。

中国第一条具有完全自主知识产权的高速铁路——京津城际铁路通车运营

2008年奥林匹克科学大会在广州开幕

气候集团在伦敦发表题为《中国绿色革命》的报告

报告说,中国在利用可再生能源方面居世界领先地位,在探索有价值的经济机会、创造绿色工作和发展低碳排放技术等方面已超过一些发达国家。

该报告认为,中国政府为加快低碳排放技术创新步伐,提高能源效率和发展可再生能源,投入了大量资金,并提供了强有力的政策支持,中国正在逐步转变成一个低碳排放国。

气候集团首席执行官斯蒂夫·霍瓦德说,有些国家认为中国在温室气体减排上力度不大,其实这种观点是不对的,中国政府正在努力通过减排手段实现经济增长和能源安全的目标。气候集团中国区总裁吴昌华指出,中国政府非常重视气候变化,正在努力提高能源利用效率,并加快低碳产业的发展。

气候集团是一个非营利国际组织,成立于2004年。

8月2日

国务院总理温家宝在北京看望季羡林 钱学森和何泽慧老人

中组部部长李源潮到山东调研学习实践科学发展观活动试点工作

商务部部长陈德铭在北京就WTO小型部长会议以及多哈回合谈判热点问题接受新闻界集体采访

陈德铭说,随着经济全球化发展,越来越多的国家认识到多边规则的重要性。多哈回合实际上就是要确立多边贸易新秩序,从而有效抵制贸易保护主义,削减扭曲贸易,逐步开放市场,扩大发展机会。自2001年以来,谈判几经失败。这次在日内瓦的谈判异常激烈,由于僵持不下,WTO总干事拉米决定由7个成员(G7)进行小范围磋商,即美国、欧盟、澳大利亚、巴西、印度、中国和日本,这7个成员贸易量占了世界贸易总量80%,中国首次成为谈判核心层的成员,这本身就反映了中国国力的强大,反映了中国在和平崛起中所具有的重要作用。

陈德铭说,如果此次谈判成功,对当前面临下行风险的世界经济会是一针强心剂。会议讨论了12个最重要议题,但最后在发展中国家农产品特保技术问题上,两个主要国家意见不一致,导致谈判失败。对此我们深感遗憾。

陈德铭指出,尽管WTO总理事会和所有代表都认为取得了大量成果,但这次谈判受挫,对非常脆弱的世界多边贸易体系是沉重一击,不利于目前全球经济的稳定发展。没有新的规则,大家还得回到弊端丛生的老规则。中国是世界第三大贸易国,已实现“大进大出”,谈判失败可能使中国外贸的外部环境趋紧,贸易摩擦增多。我们会加快制定一些调整经济结构、转变增长方式的政策适应变化的环境,以便更好地应对。

对于一些西方媒体称“中国终于从帘子后面走出来”,并把谈判失败原因归咎于中国,陈德铭回应说,这不是事实。中国一贯积极支持和参与多哈谈判,认为它有利于中国外贸和经济发展,中方的出价也被评为这次出价表现最好的国家之一,但我们毕竟是WTO新成员,还要享受新成员待遇。当然中国在迅速发展,贸易量越来越大,在世界贸易特别是多边体系中的话语权会逐渐增加。这次中国第一次进入了谈判的核心层,进入了规则的制定层,理所应当。这么重要的多边规则制定,没有中国的参加、没有中国的话语权是不完整、不公正的。谈判破裂与中国是没有关系的,我们尽全力做了多方面工作。谈判几度陷入僵局时,中国都顾全大局,坚持公正公开原则,认真务实地主动站出来协调,表现出足够的灵活性,多次在谈判的关键时刻发挥了建设性作用。所有参加会议和谈判的成员在谈判失败后都向中方表示感谢。

陈德铭透露,虽然多哈回合遭受挫折,但此次日内瓦会议取得的成果应予保留。预计多边贸易体制会出现一段低潮,中方的责任是一方面做好应对贸易摩擦的准备,加快结构调整,一方面加强区域合作,作为一个发展中的大国,我们要进一步加强与弱小经济体和最不发达国家的贸易往来,支持他们发展。他强调,WTO谈判专业性和技术性较强,但在全球化大背景下,中国经济与世界经济的联系愈加紧密,谈判跟我国企业和产业的利益密切相关,企业应增强国际化意识,更多关注多边贸易规则。

陈德铭用“悲壮”形容多哈回合,“悲”就悲在最后没能成功,“壮”就壮在这是探索全球经贸新秩序的一次勇敢、伟大的尝试,会在世界贸易发展史上留下一座丰碑。历史上每一次多边贸易谈判之路都是曲折的,虽然尚不明确多哈谈判何时重启,但人类历史还要发展,世界贸易的步伐还要前行,此次失败浓墨重彩的一笔,将为未来的磋商和谈判打下基础。他表示,相信世界贸易的多边规则最终会被全人类所接受、所推进。

中共中央政治局常委李长春观看奥运会开幕式预演并慰问主要演职人员

国家副主席习近平实地考察北京奥运服务保障工作

习近平在北京市市委书记、北京奥组委主席刘淇等陪同下,来到奥林匹克大家庭总部饭店北京饭店考察。在看望国际奥委会主席罗格等官员时,习近平说,中国作为第二十九届奥林匹克运动会东道国,北京市作为奥运会承办城市,在国际奥委会指导帮助和国际社会积极支持下,筹办工作已全面就绪,13亿中国人民热情欢迎奥林匹克国际大家庭和各国各地区宾客到来。我们有决心有信心配合国际奥委会办好北京奥运会、残奥会,兑现对国际社会的郑重承诺。

在考察饭店安保指挥中心、国际奥委会120次全会会场,并听取奥林匹克大家庭饭店团队工作汇报后,习近平叮嘱大家通过热情周到专业细致的工作和生活服务,确保奥运赛时指挥中心运行顺畅、安全可靠,确保奥运官员住宿和食品安全、出行和工作安全。

随后,习近平来到东城区地坛奥运文化广场。习近平说,奥运会既是国际体育盛会,又是国际文化交流的大舞台。北京市要把奥运文化广场活动扎实组织好,使之成为弘扬奥林匹克精神、增进各国人民友谊的桥梁和纽带,成为奥运赛场之外又一个展示中国人民精神风貌的窗口。

北京公交集团公司是北京市地面公共交通运营主体。习近平考察了公交场站、车辆设备和调度室,并与乘客和公交司售人员亲切交谈。习近平说,奥运公共交通运输至关重要,希望大家以李素丽同志为榜样,以“三个满意”为目标,为方便广大群众观看奥运比赛和保证城市正常生产生活秩序提供精心周到的服务。习近平还充分肯定北京公交配备2.5万名安保巡查员的做法,指出这是保障奥运期间公交车辆运行安全的重要举措。

接着,习近平一行来到北京市公安局110指挥中心,亲切慰问正在值班的公安干警。在考察了指挥中心警务动态管理、指挥调度等情况后,习近平勉励大家牢记胡锦涛总书记关于平安奥运重如泰山、奥运平安人人有责的要求,把专门机构的严密防范、快速反应同奠定平安奥运坚实群众基础结合起来,确保奥运场馆和社会面安保工作取得圆满成功。

最后,习近平一行来到北京电网调度中心考察。在仔细询问奥运期间北京电网运行、场馆保障、应急抢修等方面的情况后,习近平说,电力保障是夏季奥运会最重要的运行保障。在中央政府和兄弟省市大力支持下,北京奥运用电保障很充分,关键是要防止电力故障和随时准备实施应急供电。习近平充分肯定北京市在奥运会开幕式首次彩排时,组织100余名供电人员对相关供电设施进行重点盯防,同时组织50辆应急发电车,多次开展应急发电保障供电演练的做法。他要求抓紧赛前最后一周时间,坚持用电保障和防范故障两手抓,确保奥运期间北京用电需求。

国际奥委会执委会最后一次听取北京奥组委关于奥运筹办工作的陈述

北京市市委书记、北京奥组委主席刘淇代表北京奥组委作陈述报告。

国际奥委会主席罗格主持会议,国务委员、北京奥组委副主席刘延东,国际奥委会执委会全体委员以及国际奥委会协调委员会主席维尔布鲁根等出席会议。

关于保障赛时空气质量工作,刘淇说,自筹办以来北京市为改善空气质量做了大量工作。经过7年的不懈努力,北京的空气质量得到明显改善。今年1至7月,北京空气质量达到或超过二级的天数有149天,占总天数的70%。7月份以来,一氧化碳、二氧化氮浓度比去年同期下降了15%和27%,可吸入颗粒物浓度下降了24%。中国环保部和北京、天津、河北、山西、内蒙古、山东6省区市共同制定了《奥运会残奥会北京空气质量保障措施》,以北京为主、周边5个省区市联合行动,共同采取污染控制措施。今年7月20日至9月20日期间,北京市采取的措施有6项:一是实行机动车限行;二是加强对施工工地的管理;三是对重点污染企业实行停产和限产;四是燃煤设施污染减排;五是减少有机废气排放;六是强化奥运期间环境监测和评估。此外,北京市还制订了应对极端不利天气、保证空气质量的方案,对北京、天津、河北三省市进一步加大限制污染物排放的措施,共同保证奥运期间北京大气质量良好。

在谈到赛事协调机制时,刘淇说,目前已形成一个高效的指挥体制。奥运会期间,北京奥组委主运行中心、各职能部门将与国际奥委会、国际单项体育组织、各国家和地区奥委会、转播商、赞助商等保持密切的沟通和联络,就赛时发生的各类重要问题进行协调,每天将召开协调会、电话会以及新闻发布会,就赛时运行中出现的各类问题进行快速沟通、确保及时解决。

关于奥运安保工作,刘淇说,目前北京奥运会安保工作已基本就绪。一是形成了国家、赛区、场馆三个层级的赛时指挥机制,建立了奥运安保指挥系统;二是制定了52项奥运安保总体规划,形成了周密细致的奥运安保计划体系;三是在场馆、奥运村等场所加强了安保力量;四是中国政府动员了各方力量,组织招募了大量志愿者参与奥运安保服务,组建了业务精通、训练有素、亲和文明的奥运安保队伍;五是进一步加强对贵宾的安保工作。

谈到奥运媒体服务工作,刘淇说,北京奥运会主新闻中心和国际广播中心已于7月8日正式启用,2008北京国际新闻中心也于同日启用。截至8月1日,两个新闻中心共举办新闻发布会58场,共有境内外媒体120余家、记者3690人次参加,受理采访申请501件。从7月8日开始至奥运会举办期间,奥运会主新闻中心和2008北京国际新闻中心每天至少各举行一次新闻发布会。主新闻中心和2008北京国际新闻中心已分别设立了新闻服务台,24小时受理采访申请。

会上,国际奥委会执委纷纷发言,对北京奥运筹办工作给予充分肯定。他们说,北京奥运会奥运村是运动员温暖的家,是一个大花园,为各国和地区来宾提供了非常好的服务。他们亲眼所见证明,中国人民已经做好了迎接奥运会的准备。

罗格发言时说,北京奥运会的筹办工作可以用"十分出色"来评价,他相信本届奥运会将是一届成功的奥运会。

中西论坛体育合作会议在钓鱼台国宾馆举行

中国奥委会主席、国家体育总局局长刘鹏向国际奥委会荣誉主席、中西论坛西班牙委员会主席萨马兰奇授予中国奥委会最高荣誉勋章。

8月3日

国务院总理温家宝实地考察北京奥运保障工作

温家宝在北京市市委书记、北京奥组委主席刘淇,国务委员、北京奥组委副主席刘延东,北京市市长、北京奥组委执行主席郭金龙等陪同下深入场馆、社区和能源企业考察奥运保障等工作。

在位于五棵松的奥林匹克篮球馆,温家宝看望志愿者和运动员。他叮嘱志愿者们,现在奥运会筹办工作已经进入最后冲刺阶段,要认真负责、一丝不苟、毫不松懈、精益求精地做好各项工作,用良好的服务确保奥运会的顺利进行。

在丰台区大井社区,温家宝对群众说,奥运在我家,成功靠大家,你们的口号很好。北京近年来进行的基础设施建设、场馆建设、绿化建设和环保建设,一方面是为奥运会的举办创造条件;另一方面也是为北京的可持续发展和改善民生创造条件。北京市委、市政府做了大量工作,居民也付出很大努力。奥运会会结束,而大家还要长期生活在这里,要让居民成为奥运会最大的受益者。

温家宝说,奥运志愿者维护社会治安,搞好社会服务,促进社会和谐,用实际行动参与奥运,为奥运会作出了贡献。他走进居民史林家,亲切询问生活情况,看到这家人对现在生活环境的改善很满意,温家宝笑着说,奥运会是短暂的,但是留下的精神却是永远的。我和刘淇书记立个保证,奥运会后,北京还要保持这么干净,北京要永远干净。

最后,温家宝来到为奥运提供能源保障的华电(北京)热电有限公司。温家宝说,我们是一个负责任的国家,一定要认真履行奥运会的各项承诺,把奥运会办好,办出特色、办出水平。同时,要继续努力,让北京越来越美、越来越绿、越来越文明,实现可持续发展。

8月4日

国际奥委会第一百二十次全会开幕式在北京举行

国家主席胡锦涛出席开幕式并发表致辞。

国家副主席习近平,北京市市委书记、北京奥组委主席刘淇,中宣部部长刘云山,国务委员、北京奥组委副主席刘延东,中央书记处书记、中央办公厅主任令计划,全国人大常委会副委员长、北京奥组委副主席陈至立,国务委员兼国务院秘书长马凯,国务委员兼公安部部长孟建柱,国务委员戴秉国,全国政协副主席、中国残疾人联合会主席、北京奥组委执行主席邓朴方,全国政协副主席、台盟中央主席林文漪,中央军委委员、解放军总政治部主任李继耐等分别参加上述活动。

国际奥委会委员,国际奥委会有关方面代表,北京奥运会、残奥会总指挥部负责人,国家有关部门、北京市、北京奥组委1600余人参加开幕式。

国际奥委会全会是国际奥委会一年一度的内部会议。参加会议的人员为国际奥委会委员,相关国际单项体育联合会、国家(地区)奥委会代表等。在全会开始前一天举行全会开幕式。本次全会将于8月5日至7日在北京举行。

国家主席胡锦涛在国际奥委会第一百二十次全会开幕式上的致辞

尊敬的国际奥委会主席罗格先生,尊敬的各位国际奥委会委员,女士们,先生们,朋友们:

值此国际奥委会第一百二十次全会隆重召开之际,我谨代表中国政府和13亿中国人民,向全会的召开,表示诚挚的祝贺!向参加本次全会的各位委员和朋友们,表示热烈的欢迎!

现代奥林匹克运动创立以来,在国际奥委会领导下,弘扬团结、友谊、和平的奥林匹克精神,为推动世界体育运动发展、增进各国运动员和人民的友谊、促进世界和平与发展作出了突出贡献,赢得了世界各国人民高度评价。

自中国重返国际奥林匹克大家庭之后,国际奥委会积极支持和扩大双方交流合作,为中国体育运动发展提供了宝贵帮助。特别是在北京申办和筹办第二十九届夏季奥运会的过程中,国际奥委会给予了多方面的重要指导和热情支持,为北京奥运会筹办工作顺利进行提供了重要保证。借此机会,我谨向罗格主席和各位委员,表示衷心的感谢!

中国是有着绵延五千多年文明的历史古国,也是正在改革开放中阔步迈向现代化的发展中大国。中华民族历来热爱体育运动,通过体育锻炼实现强身健体是中国人民的优良传统。中国政府一贯高度重视发展体育事业,致力于提高全体人民的身体素质和健康水平,始终把参加体育活动作为在民众中倡导和推广文明生活方式的重要途径,始终把体育锻炼作为促进青少年身心健康成长的重要方式。改革开放30年来,中国经济社会发展取得了巨大成就,中国体育事业同样也取得了巨大成就,中国体育界同国际奥委会和各国体育界的交流合作不断加强。体育已经成为促进中国经济社会发展的重要力量,成为中国开展对外交流合作、增进中国人民同世界各国人民相互了解和友谊的重要桥梁。

奥运会是当今世界规模最大的体育盛会,是全人类共叙友情、共享和平的节日庆典。把北京奥运会办成一届有特色、高水平的奥运会,是中国政府和人民向国际社会作出的郑重承诺。我们希望通过举办北京奥运会,更加有力地推动国际奥林匹克运动发展,更加广泛地弘扬奥林匹克精神,更加积极地开展中国同世界各国在体育及各个领域的合作,更加充分地表达中国人民同世界各国人民共享发展成果、共创美好未来的真诚愿望。

再过4天,北京奥运会将隆重开幕。中国政府和人民将恪守承诺,在国际奥委会和国际奥林匹克大家庭支持下,以最大的热情,尽最大的努力,举办一届有特色、高水平的奥运会,为推动国际奥林匹克运动发展,为推动建设持久和平、共同繁荣的和谐世界作出贡献!

最后,预祝国际奥委会第一百二十次全会圆满成功!

祝各位委员在华期间愉快!

谢谢大家。

全国政协主席贾庆林出席在北京召开的全国政协机关党组中心组学习研讨会并发表讲话

全国政协机关党组中心组8月4日至6日举行学习研讨会。会议主题是以党的十七大精神为指导,深入贯彻科学发展观,结合纪念改革开放30周年,就积极推进社会主义民主政治建设和政协工作创新开展学习研讨。

贾庆林指出,要坚持中国特色社会主义政治发展道路,积极推进社会主义民主政治建设。人民政协作为我国政治体制的重要组成部分,是发扬社会主义民主的重要形式,在我国政治生活中发挥着重要的作用。

要适应新的形势和任务的需要，按照党的十七大和十七届二中全会的部署，认真总结人民政协在推进社会主义民主政治建设方面积累的经验，进一步丰富政治协商的形式，使人民政协的政治协商成为科学民主决策的重要环节；要在知情、沟通、反馈环节上完善民主监督机制，使人民政协的民主监督成为社会主义监督体系的重要组成部分；要切实提高参政议政的实效，使人民政协的参政议政成为社会各界有序政治参与的重要渠道。

贾庆林强调，要坚持围绕中心服务大局，努力推动科学发展和社会和谐。人民政协只有围绕国家发展的大目标，立足国家建设的大格局，才能有所作为、多做贡献；只有围绕中心谋划工作，紧贴中心开展工作，才能体现自身的价值和意义。下半年，政协面临的任务很重，要做的工作很多。要把思想认识统一到中央对经济形势的判断和工作部署上来，继续密切跟踪国际经济形势变化，及时研究国内经济出现的新情况和新问题，进一步增强围绕中心、服务大局的自觉性，为促进科学发展服务。要建立、健全课题遴选机制、工作协调配合机制、成果转化机制，最大限度地发挥政协委员的主体作用，为推动科学发展、促进社会和谐做出贡献。

国务院副总理回良玉赴安徽 江苏考察指导防汛工作

8月4日至5日，受胡锦涛总书记、温家宝总理委派，国家防汛抗旱总指挥部总指挥回良玉深入安徽、江苏察看汛情、了解灾情，看望慰问奋战在抗洪抢险一线的广大军民，检查指导防汛抗洪工作。

考察期间，回良玉分别听取了安徽、江苏两省抗洪抢险工作的汇报。他指出，面对罕见的强降雨，两省领导高度重视，靠前指挥，科学调度，全力防守，及时拦洪错峰，相机分洪，有序转移，防汛抗洪工作取得了阶段性胜利。他强调，目前滁河干流水位仍然处于高位，退水期间水库大坝与堤防极易发生滑坡等各类险情，同时全国正处于主汛期和台风多发期，大范围、高强度、持续性暴雨随时可能发生，防汛抗洪救灾形势依然严峻，务必要始终保持高度警惕，千万马虎不得、松懈不得。各地要针对近期防汛抗洪工作中暴露出的薄弱环节和问题，采取切实有效的措施。要进一步加强组织领导，落实各项责任，严肃防汛纪律；做好气象、水文预测预报，密切监视雨情、水情和汛情，为科学决策提供可靠信息；加强堤防巡查和防守，及早发现险情，及时有效抢护；科学调度防洪工程，全力抽排涝水，努力减少灾害损失，大力开展救灾工作，积极恢复生产，妥善安排好群众生活，奋力夺取抗灾救灾工作的全面胜利。

世界翻译大会在上海开幕

《中国科学技术史》系列丛书出版

由中国科学院自然科学史研究所主持，集全国研究力量合作撰著的《中国科学技术史》系列丛书已经圆满完成，由科学出版社出版。

有关专家表示，这套丛书是迄今为止由中国学者撰著的展示中国古代科技文明的最系统、最权威的学术著作，具有较高的国际水平。

《中国科学技术史》编撰1992年获中国科学院立项批准并启动，集中全国一流学者，研究撰述18年，完成学科史、综合史和相关工具书28卷，在研究内容、科学见解、新史料挖掘以及对科学与文化的整体把握方面都取得了重大的学术成果，为充分认识和理解中国古代的科技与文明作出了贡献。

8月5日

国务院总理温家宝在北京主持抗震救灾总指挥部第24次会议

会议讨论汶川地震灾后恢复重建总体规划。

汶川地震发生后，在做好抢救人员、安置受灾群众工作的同时，国务院抗震救灾总指挥部决定，由国家发改委会同有关部门和四川、甘肃、陕西省政府组成重建规划组，共同制定灾后恢复重建总体规划。规划工作从5月23日开始，历时两个多月。规划组先后10余次组织编制人员深入灾区开展实地调研和考察评估工作，听取灾区干部群众对恢复重建的意见和建议。在有关部门的专项规划和四川、甘肃、陕西三省重建规划的基础上，规划组进行衔接协调，综合平衡重建任务、重建资金、政策措施等工作，形成总体规划稿。在规划制订过程中，多次召开专家咨询会，并在网上开辟灾后恢复重建建言献策专栏，广泛听取社会各界的建议和意见。重建规划范围包括四川、甘肃和陕西三省中处于极重灾区和重灾区的51个县(市、区)，1271个乡镇，14565个行政村，总面积132596平方公里，总人口1986.66万人。

会议指出，灾后恢复重建工作要深入贯彻落实科学发展观，坚持以人为本、尊重自然、统筹兼顾、科学重建。优先恢复灾区群众的基本生活条件和公共服务设施，尽快恢复生产条件，合理调整城镇乡村、基础设施和生产力的布局，逐步恢复生态环境。坚持自力更生、艰苦奋斗，以灾区各级政府为主导、广大干部群众为主体，在国家、各地区和社会各界的大力支持下，精心规划、精心组织、精心实施，又好又快地重建家园。

会议要求，规划要坚持以人为本，民生优先；尊重自然,科学布局;统筹兼顾,协调发展;创新机制,协作共建;安全第一,保证质量;厉行节约,保护耕地;传承文化,保护生态;因地制宜,分步实施的原则。用3年左右时间完成灾后重建的主要任务,实现家家有房住,户户有就业,人人有保障,设施有提高,经济有发展,生态有改善。重建后灾区的基本生活条件和经济发展水平达到或超过灾前水平,努力建设安居乐业、生态文明、安全和谐的新家园,为灾区经济社会可持续发展奠定坚实基础。

会议决定,规划组按照会议提出的意见对规划作进一步修改后对外公布,征求社会各界的意见。

中共中央政治局常委、国务院副总理、国务院抗震救灾总指挥部副总指挥李克强,中共中央政治局委员、国务院副总理、国务院抗震救灾总指挥部副总指挥回良玉,国务委员兼国务院秘书长马凯,国务委员孟建柱出席会议。

国务院总理温家宝签署第532号令发布《中华人民共和国外汇管理条例》

《中华人民共和国外汇管理条例》已经2008年8月1日国务院第20次常务会议修订通过,现将修订后的《中华人民共和国外汇管理条例》公布,自公布之日起施行。

总理 温家宝

2008年8月5日

中华人民共和国外汇管理条例

第一章 总 则

第一条 为了加强外汇管理,促进国际收支平衡,促进国民经济健康发展,制定本条例。

第二条 国务院外汇管理部门及其分支机构(以下统称外汇管理机关)依法履行外汇管理职责,负责本条例的实施。

第三条 本条例所称外汇,是指下列以外币表示的可以用作国际清偿的支付手段和资产:

(一)外币现钞,包括纸币、铸币;

(二)外币支付凭证或者支付工具,包括票据、银行存款凭证、银行卡等;

(三)外币有价证券,包括债券、股票等;

(四)特别提款权;

(五)其他外汇资产。

第四条 境内机构、境内个人的外汇收支或者外汇经营活动,以及境外机构、境外个人在境内的外汇收支或者外汇经营活动,适用本条例。

第五条 国家对经常性国际支付和转移不予限制。

第六条 国家实行国际收支统计申报制度。

国务院外汇管理部门应当对国际收支进行统计、监测,定期公布国际收支状况。

第七条 经营外汇业务的金融机构应当按照国务院外汇管理部门的规定为客户开立外汇账户,并通过外汇账户办理外汇业务。

经营外汇业务的金融机构应当依法向外汇管理机关报送客户的外汇收支及账户变动情况。

第八条 中华人民共和国境内禁止外币流通,并不得以外币计价结算,但国家另有规定的除外。

第九条 境内机构、境内个人的外汇收入可以调回境内或者存放境外;调回境内或者存放境外的条件、期限等,由国务院外汇管理部门根据国际收支状况和外汇管理的需要作出规定。

第十条 国务院外汇管理部门依法持有、管理、经营国家外汇储备,遵循安全、流动、增值的原则。

第十一条 国际收支出现或者可能出现严重失衡,以及国民经济出现或者可能出现严重危机时,国家可以对国际收支采取必要的保障、控制等措施。

第二章 经常项目外汇管理

第十二条 经常项目外汇收支应当具有真实、合法的交易基础。经营结汇、售汇业务的金融机构应当按照国务院外汇管理部门的规定,对交易单证的真实性及其与外汇收支的一致性进行合理审查。

外汇管理机关有权对前款规定事项进行监督检查。

第十三条 经常项目外汇收入,可以按照国家有关规定保留或者卖给经营结汇、售汇业务的金融机构。

第十四条 经常项目外汇支出,应当按照国务院外汇管理部门关于付汇与购汇的管理规定,凭有效单证以自有外汇支付或者向经营结汇、售汇业务的金融机构购汇支付。

第十五条 携带、申报外币现钞出入境的限额,由国务院外汇管理部门规定。

第三章 资本项目外汇管理

第十六条 境外机构、境外个人在境内直接投资,经有关主管部门批准后,应当到外汇管理机关办理登记。

境外机构、境外个人在境内从事有价证券或者衍生产品发行、交易,应当遵守国家关于市场准入的规定,并按照国务院外汇管理部门的规定办理登记。

第十七条 境内机构、境内个人向境外直接投资或者从事境外有价证券、衍生产品发行、交易,应当按照国务院外汇管理部门的规定办理登记。国家规定需要事先经有关主管部门批准或者备案的,应当在外汇登记前办理批准或者备案手续。

第十八条 国家对外债实行规模管理。借用外债应当按照国家有关规定办理,并到外汇管理机关办理外债登记。

国务院外汇管理部门负责全国的外债统计与监测,并定期公布外债情况。

第十九条　提供对外担保,应当向外汇管理机关提出申请,由外汇管理机关根据申请人的资产负债等情况作出批准或者不批准的决定;国家规定其经营范围需经有关主管部门批准的,应当在向外汇管理机关提出申请前办理批准手续。申请人签订对外担保合同后,应当到外汇管理机关办理对外担保登记。

经国务院批准为使用外国政府或者国际金融组织贷款进行转贷提供对外担保的,不适用前款规定。

第二十条　银行业金融机构在经批准的经营范围内可以直接向境外提供商业贷款。其他境内机构向境外提供商业贷款,应当向外汇管理机关提出申请,外汇管理机关根据申请人的资产负债等情况作出批准或者不批准的决定;国家规定其经营范围需经有关主管部门批准的,应当在向外汇管理机关提出申请前办理批准手续。

向境外提供商业贷款,应当按照国务院外汇管理部门的规定办理登记。

第二十一条　资本项目外汇收入保留或者卖给经营结汇、售汇业务的金融机构,应当经外汇管理机关批准,但国家规定无须批准的除外。

第二十二条　资本项目外汇支出,应当按照国务院外汇管理部门关于付汇与购汇的管理规定,凭有效单证以自有外汇支付或者向经营结汇、售汇业务的金融机构购汇支付。国家规定应当经外汇管理机关批准的,应当在外汇支付前办理批准手续。

依法终止的外商投资企业,按照国家有关规定进行清算、纳税后,属于外方投资者所有的人民币,可以向经营结汇、售汇业务的金融机构购汇汇出。

第二十三条　资本项目外汇及结汇资金,应当按照有关主管部门及外汇管理机关批准的用途使用。外汇管理机关有权对资本项目外汇及结汇资金使用和账户变动情况进行监督检查。

第四章　金融机构外汇业务管理

第二十四条　金融机构经营或者终止经营结汇、售汇业务,应当经外汇管理机关批准;经营或者终止经营其他外汇业务,应当按照职责分工经外汇管理机关或者金融业监督管理机构批准。

第二十五条　外汇管理机关对金融机构外汇业务实行综合头寸管理,具体办法由国务院外汇管理部门制定。

第二十六条　金融机构的资本金、利润以及因本外币资产不匹配需要进行人民币与外币间转换的,应当经外汇管理机关批准。

第五章　人民币汇率和外汇市场管理

第二十七条　人民币汇率实行以市场供求为基础的、有管理的浮动汇率制度。

第二十八条　经营结汇、售汇业务的金融机构和符合国务院外汇管理部门规定条件的其他机构,可以按照国务院外汇管理部门的规定在银行间外汇市场进行外汇交易。

第二十九条　外汇市场交易应当遵循公开、公平、公正和诚实信用的原则。

第三十条　外汇市场交易的币种和形式由国务院外汇管理部门规定。

第三十一条　国务院外汇管理部门依法监督管理全国的外汇市场。

第三十二条　国务院外汇管理部门可以根据外汇市场的变化和货币政策的要求,依法对外汇市场进行调节。

第六章　监督管理

第三十三条　外汇管理机关依法履行职责,有权采取下列措施:

(一)对经营外汇业务的金融机构进行现场检查;

(二)进入涉嫌外汇违法行为发生场所调查取证;

(三)询问有外汇收支或者外汇经营活动的机构和个人,要求其对与被调查外汇违法事件直接有关的事项作出说明;

(四)查阅、复制与被调查外汇违法事件直接有关的交易单证等资料;

(五)查阅、复制被调查外汇违法事件的当事人和直接有关的单位、个人的财务会计资料及相关文件,对可能被转移、隐匿或者毁损的文件和资料,可以予以封存;

(六)经国务院外汇管理部门或者省级外汇管理机关负责人批准,查询被调查外汇违法事件的当事人和直接有关的单位、个人的账户,但个人储蓄存款账户除外;

(七)对有证据证明已经或者可能转移、隐匿违法资金等涉案财产或者隐匿、伪造、毁损重要证据的,可以申请人民法院冻结或者查封。

有关单位和个人应当配合外汇管理机关的监督检查,如实说明有关情况并提供有关文件、资料,不得拒绝、阻碍和隐瞒。

第三十四条　外汇管理机关依法进行监督检查或者调查,监督检查或者调查的人员不得少于2人,并应当出示证件。监督检查、调查的人员少于2人或者未出示证件的,被监督检查、调查的单位和个人有权拒绝。

第三十五条　有外汇经营活动的境内机构，应当按照国务院外汇管理部门的规定报送财务会计报告、统计报表等资料。

第三十六条　经营外汇业务的金融机构发现客户有外汇违法行为的，应当及时向外汇管理机关报告。

第三十七条　国务院外汇管理部门为履行外汇管理职责，可以从国务院有关部门、机构获取所必需的信息，国务院有关部门、机构应当提供。

国务院外汇管理部门应当向国务院有关部门、机构通报外汇管理工作情况。

第三十八条　任何单位和个人都有权举报外汇违法行为。

外汇管理机关应当为举报人保密，并按照规定对举报人或者协助查处外汇违法行为有功的单位和个人给予奖励。

第七章　法律责任

第三十九条　有违反规定将境内外汇转移境外，或者以欺骗手段将境内资本转移境外等逃汇行为的，由外汇管理机关责令限期调回外汇，处逃汇金额30%以下的罚款；情节严重的，处逃汇金额30%以上等值以下的罚款；构成犯罪的，依法追究刑事责任。

第四十条　有违反规定以外汇收付应当以人民币收付的款项，或者以虚假、无效的交易单证等向经营结汇、售汇业务的金融机构骗购外汇等非法套汇行为的，由外汇管理机关责令对非法套汇资金予以回兑，处非法套汇金额30%以下的罚款；情节严重的，处非法套汇金额30%以上等值以下的罚款；构成犯罪的，依法追究刑事责任。

第四十一条　违反规定将外汇汇入境内的，由外汇管理机关责令改正，处违法金额30%以下的罚款；情节严重的，处违法金额30%以上等值以下的罚款。

非法结汇的，由外汇管理机关责令对非法结汇资金予以回兑，处违法金额30%以下的罚款。

第四十二条　违反规定携带外汇出入境的，由外汇管理机关给予警告，可以处违法金额20%以下的罚款。法律、行政法规规定由海关予以处罚的，从其规定。

第四十三条　有擅自对外借款、在境外发行债券或者提供对外担保等违反外债管理行为的，由外汇管理机关给予警告，处违法金额30%以下的罚款。

第四十四条　违反规定，擅自改变外汇或者结汇资金用途的，由外汇管理机关责令改正，没收违法所得，处违法金额30%以下的罚款；情节严重的，处违法金额30%以上等值以下的罚款。

有违反规定以外币在境内计价结算或者划转外汇等非法使用外汇行为的，由外汇管理机关责令改正，给予警告，可以处违法金额30%以下的罚款。

第四十五条　私自买卖外汇、变相买卖外汇、倒买倒卖外汇或者非法介绍买卖外汇数额较大的，由外汇管理机关给予警告，没收违法所得，处违法金额30%以下的罚款；情节严重的，处违法金额30%以上等值以下的罚款；构成犯罪的，依法追究刑事责任。

第四十六条　未经批准擅自经营结汇、售汇业务的，由外汇管理机关责令改正，有违法所得的，没收违法所得，违法所得50万元以上的，并处违法所得1倍以上5倍以下的罚款；没有违法所得或者违法所得不足50万元的，处50万元以上200万元以下的罚款；情节严重的，由有关主管部门责令停业整顿或者吊销业务许可证；构成犯罪的，依法追究刑事责任。

未经批准经营结汇、售汇业务以外的其他外汇业务的，由外汇管理机关或者金融业监督管理机构依照前款规定予以处罚。

第四十七条　金融机构有下列情形之一的，由外汇管理机关责令限期改正，没收违法所得，并处20万元以上100万元以下的罚款；情节严重或者逾期不改正的，由外汇管理机关责令停止经营相关业务：

(一)办理经常项目资金收付，未对交易单证的真实性及其与外汇收支的一致性进行合理审查的；

(二)违反规定办理资本项目资金收付的；

(三)违反规定办理结汇、售汇业务的；

(四)违反外汇业务综合头寸管理的；

(五)违反外汇市场交易管理的。

第四十八条　有下列情形之一的，由外汇管理机关责令改正，给予警告，对机构可以处30万元以下的罚款，对个人可以处5万元以下的罚款：

(一)未按照规定进行国际收支统计申报的；

(二)未按照规定报送财务会计报告、统计报表等资料的；

(三)未按照规定提交有效单证或者提交的单证不真实的；

(四)违反外汇账户管理规定的；

(五)违反外汇登记管理规定的；

(六)拒绝、阻碍外汇管理机关依法进行监督检查或者调查的。

第四十九条　境内机构违反外汇管理规定的，除依照本条例给予处罚外，对直接负责的主管人员和其他直接责任人员，应当给予处分；对金融机构负有直接责任的董事、监事、高级管理人员和其他直接责任人员给予警告，处5万元以上50万元以下的罚款；构成犯罪的，依法追究刑事责任。

第五十条　外汇管理机关工作人员徇私舞弊、滥用职权、玩忽职守，构成犯罪的，依法追究刑事责任；尚不构成犯罪的，依法给予处分。

第五十一条　当事人对外汇管理机关作出的具体行政行为不服的，可以依法申请行政复议；对行政复议决定仍不服的，可以依法向人民法院提起行政诉讼。

第八章　附　则

第五十二条　本条例下列用语的含义：

（一）境内机构，是指中华人民共和国境内的国家机关、企业、事业单位、社会团体、部队等，外国驻华外交领事机构和国际组织驻华代表机构除外。

（二）境内个人，是指中国公民和在中华人民共和国境内连续居住满1年的外国人，外国驻华外交人员和国际组织驻华代表除外。

（三）经常项目，是指国际收支中涉及货物、服务、收益及经常转移的交易项目等。

（四）资本项目，是指国际收支中引起对外资产和负债水平发生变化的交易项目，包括资本转移、直接投资、证券投资、衍生产品及贷款等。

第五十三条　非金融机构经营结汇、售汇业务，应当由国务院外汇管理部门批准，具体管理办法由国务院外汇管理部门另行制定。

第五十四条　本条例自公布之日起施行。

全国人大常委会副委员长陈至立在北京奥运村会见卢森堡大公亨利一行

中联部部长王家瑞在北京会见韩国大国家党最高委员郑梦准

北京上海环境交易所成立

8月6日

国务院总理温家宝在北京主持召开国务院常务会议审议并原则通过《进一步推进长江三角洲地区改革开放和经济社会发展的指导意见》

会议指出，长江三角洲地区是我国综合实力最强的区域，在社会主义现代化建设全局中具有重要战略地位和带动作用。在新形势下，加快提升长江三角洲地区经济整体素质和国际竞争力，促进这一地区科学发展、和谐发展、率先发展、一体化发展，对全国改革开放和经济社会发展具有重大意义。

会议指出，推进长江三角洲地区改革开放和经济社会发展，必须坚持走科学发展之路，加快经济发展方式转变和经济结构调整，显著增强区域综合实力、创新能力和可持续发展能力；全面深化改革开放，推进体制机制创新，增强发展的动力；加快推进区域一体化进程，促进区域协调和城乡统筹发展；强化服务和辐射功能，充分发挥对周边地区、长江流域及其他地区的带动作用；加强政治、经济、文化、社会建设，推动物质文明、精神文明、政治文明、生态文明共同进步。

会议要求，要重点抓好以下工作：一是加快调整产业结构，努力形成以现代服务业为主的产业结构。二是全面推进工业结构优化升级，努力建设国际先进制造业基地。三是统筹城乡发展，全面深化农村改革，大力发展现代农业。四是坚持走新型城市化道路，构建完备的城镇体系，完善和提升城市功能。五是大力推进自主创新，营造鼓励自主创新的政策环境，加强创新人才的培养和引进，构建具有国际竞争力的区域创新体系。六是积极推进重大基础设施一体化建设，增强区域发展支撑能力。七是提高土地节约和集约利用水平，大力推进节能降耗和环境保护，全面提高可持续发展能力。八是推进教育、卫生、文化、体育等社会事业发展，加快完善就业和社会保障体系，促进经济社会协调发展。九是继续推进重大改革试验，加快建设统一开放的市场体系，率先建立完善的社会主义市场经济体制。十是全面提升对外开放水平，加快转变外贸增长方式，提高利用外资质量。

会议强调，推进长江三角洲地区改革开放和经济社会发展是一项系统工程，上海、江苏、浙江和中央有关部门要加强统筹协调，完善合作机制，创造性地开展工作，促进长江三角洲地区在高起点上争创新优势，实现新跨越。

央行 银监会 证监会 保监会联合发布《关于汶川地震灾后重建金融支持和服务措施的意见》

中联部部长王家瑞在北京分别会见纳米比亚西南非洲人民组织前主席前总统努乔马和越南共产党中央委员会委员越南《人民报》总编辑丁世兄

中国建立全海域巡航制度

据《人民日报》报道，经过10年的发展，建队10周年的中国海监总队已在我国北海、东海、南海3个海区建立了定期维权巡航制度，实现了真正意义上对我国全部管辖海域300万平方公里的管理。

中国海监总队隶属于国家海洋局，依照有关法律和规定对我国管辖海域实施巡航监视。据介绍，自2001年12月开始，中国海监相继开展了多次重大且持续时间较长的维权执法专项行动。2006年7月20日，经国务院批准，中国海监启动了东海定期维权巡航执法任务。海监船舶和飞机以每天至少保持执法船6艘、执法飞机4架次在海上执勤的频率，对我国东海管辖海域实施了全方位的海空协同巡航执法，取得了显著效果。截至2006年11月,中国海监在东海海域内发现的侵权活动数量,达到了前三年总和的3倍。

2007年2月1日,经上级批准,中国海监在成功实施东海巡航制度的基础上,将巡航区扩展到黄海、南海北部海域。2007年12月,实施了我国全部管辖海域的定期维权巡航执法。至此,我国全海域定期维权巡航制度全面建立,300万平方公里的管辖海域得到全天候的巡航。

14个试点省区锁定农村"普九"债务额

据《人民日报》报道,国务院农村综合改革工作小组与试点省(区)人民政府签订了《清理化解农村义务教育"普九"债务责任书》,确保农村"普九"债务得到全部化解,确保不发生新的农村义务教育债务。首批14个试点省(区)高度重视农村义务教育债务清理化解工作,农村"普九"债务清理化解工作正在有条不紊地进行,并取得了明显的成效。

截至目前,14个试点省(区)已锁定了农村"普九"债务额,平均每省(区)达7.3万笔,涉及债权人13.3万人。

北京奥林匹克青年营开营

8月7日

国家主席胡锦涛在人民大会堂分别会见前来出席北京奥运会开幕式的外国领导人

胡锦涛在会见老挝国家主席朱马利时表示,中老经贸合作应与两国发展规划相结合,把老挝的"资源变资产"战略与中国的"走出去"战略相结合,把老方的资源、劳动力与中方的资金、技术、市场相结合,真正做到优势互补、互利共赢。

朱马利表示,老中关系不断取得积极进展,两国领导人达成的共识正在得到积极落实,双方在国际和地区事务中相互支持和配合。朱马利感谢中国为老挝经济社会发展提供的宝贵支持和援助,希望双方继续加强友好合作。

胡锦涛在会见巴西总统卢拉时指出,中国和巴西同为发展中大国,在国际事务中有着广泛的共同利益和重要责任。中巴等发展中国家在发展、气候变化、粮食安全、能源安全等问题上紧密配合,维护了发展中国家的共同利益。中巴加强双边合作、密切在国际事务中的协调,是两国应对新形势新挑战的共同选择,对加强南南合作、促进南北对话具有重要意义。胡锦涛希望双方充分利用现有的各种对话和合作机制,规划好下阶段两国政治、经贸、科技、文化等各领域合作,丰富两国战略伙伴关系的内涵。

胡锦涛表示,巴西政府最近在加强对华经贸合作方面采取一些新举措,我们对此表示欢迎。中国市场对巴西产品是开放的。我们支持有实力的中国企业到巴西投资。希望双方共同努力,推动双边经贸关系继续健康稳定发展。

卢拉表示,巴西对巴中战略伙伴关系有着明确的认识,致力于深化这一关系。巴方希望通过两国领导人互访,更加有力地推动两国关系发展。卢拉表示,当前,两国贸易规模不断扩大,但还有巨大潜力。巴方期待双方加强经贸领域互利合作。

关于多哈回合谈判,卢拉表示愿意同中方加强沟通协调,推动恢复多哈回合谈判。胡锦涛强调,中方一贯支持多哈回合谈判,将继续积极参与并支持多边贸易体制,愿同包括巴方在内的各方加强合作,推动谈判早日恢复。

胡锦涛在会见阿尔及利亚总统布特弗利卡时表示,2006年年底,我们就新形势下发展两国战略合作关系达成重要共识。近两年来,这些共识得到很好的贯彻落实。两国高层往来频繁,政治互信增强;各领域互利合作日益拓宽,务实合作水平进一步提高;在国际事务中进行了良好合作。中阿关系呈现积极良好发展势头。今年是中阿建交50周年,我们愿以此为契机,同阿方一道努力,加强各层次友好交往,深化经贸关系,加强在联合国等国际事务中合作,推动两国战略合作关系全面深入发展。

布特弗利卡表示,阿中两国长期友好,长期相互支持。阿尔及利亚坚定支持中国维护国家主权和领土完整。布特弗利卡表示,两国领导人每一次会晤都有力推动了阿中关系发展,希望双方保持高层往来,加强经贸关系,密切在国际事务中的协调和合作,将阿中关系不断提高到新水平。

胡锦涛在会见哈萨克斯坦总统纳扎尔巴耶夫时表示,今年4月,北京奥运会火炬在中国境外首站阿拉木图市的接力传递成功举行。纳扎尔巴耶夫总统亲自担任第一棒火炬手,表明哈萨克斯坦坚定支持北京奥运会。中方对此高度评价。纳扎尔巴耶夫表示为能成为火炬手、表达对中国人民的尊重和支持感到高兴。

胡锦涛指出,中方始终从战略高度看待中哈关系,把中哈关系作为中国外交优先方向之一。为巩固和深化中哈战略伙伴关系,建议双方保持高层密切交往,加强政府、立法机构、政党友好交往,增强政治互信;深化多边协作,继续在涉及双方国家主权、安全、领土完整等重大问题上相互支持,深化在联合国、上海合作组织、亚信论坛等多边框架内的沟通和协作,特别是要巩固成员国的团结互信，推动上海合作组织健康持续发展；扩大务实合作，落实好资源和非资源领域合作项目；扩大人文、青年交流，深化地方省州交流合作。

纳扎尔巴耶夫表示，两国领导人去年8月会晤时达成的共识正在得到有效落实，双边贸易迅速增长，能源领域合作顺利推进。希望双方不断扩大各领域务实合作。纳扎尔巴耶夫强调，哈方支持中方在台湾、涉藏问题上的立场，支持共同打击“三股势力”，愿意同中方加强安全领域合作，希望双方继续加强在上海合作组织框架内的合作。

胡锦涛在会见白俄罗斯总统卢卡申科时表示，双方政治互信不断增强，各领域合作机制运行良好，在国际事务中密切协作，在涉及国家独立、主权和领土完整的重大问题上相互支持。中国政府和人民理解和尊重白俄罗斯人民根据本国国情选择的发展道路和奉行的内外政策，支持白方为维护国家稳定、发展民族经济所作的努力。胡锦涛指出，中方愿在平等互利的基础上继续深化中白全面友好合作关系。

卢卡申科表示，白俄罗斯和中国是真诚的朋友，双方始终相互理解、相互支持，在诸多国际和地区问题上进行了良好协调和合作。希望双方继续深化各领域友好互利合作。

胡锦涛在会见朝鲜最高人民会议常任委员会委员长金永南时表示，近年来，中朝关系深入发展，各领域交流合作不断深化，在重大国际和地区事务中保持着良好的协调和配合。明年是中朝建交60周年，也是双方商定的“中朝友好年”，希望双方将有关活动办出特色、办出水平，达到增进了解、深化合作、巩固友好的目的。胡锦涛指出，不断巩固和发展中朝友好合作关系始终是中国党和政府坚定不移的战略方针。我们愿同朝方一道，推动中朝关系在新世纪新形势下取得新的更大的发展。

金永南首先转达了朝鲜最高领导人金正日对北京奥运会的诚挚祝愿。他表示，中朝友谊永远是两国人民的宝贵财富。明年将迎来朝中建交60周年，朝方将同中国一道，办好“朝中友好年”，为朝中友谊和合作作出不懈努力。

胡锦涛在会见越南国家主席阮明哲时表示，不久前，农德孟总书记成功访华，我们就巩固和加强两党两国关系坦诚、深入地交换意见，一致同意发展中越全面战略合作伙伴关系。中国党和政府愿同越南党和政府一道，从战略和全局的高度，继续把握好中越关系发展的大方向，把中越全面战略合作伙伴关系不断提高到新水平，更好地造福两国人民。

阮明哲赞同胡锦涛对两国关系的看法。他表示，越方高度重视发展同中国的友好关系，愿意同中方一道，积极落实两国领导人达成的重要共识，将两国关系不断推上新台阶。

关于南海问题，胡锦涛指出，中越双方应该从两国关系大局和两国人民的根本利益出发，努力维护南海稳定，积极探讨共同开发，扎实推进务实合作。阮明哲表示希望双方共同维护两国和平友好。

胡锦涛在会见斯里兰卡总统拉贾帕克萨时表示，发展中斯睦邻友好关系，符合两国人民的根本利益，也有利于两国共同发展。中方愿同斯方一道，保持双边关系良好发展势头，不断深化两国各领域合作，将中斯关系推向更高水平。

拉贾帕克萨表示，长期以来，斯里兰卡得到了中国的支持和帮助，目前一些重要合作项目正在积极建设，斯方对此表示感谢，希望双方继续加强经贸、人员培训等领域合作。

胡锦涛祝贺斯里兰卡成功举办第十五届南盟峰会并表示，中方愿本着平等互信、合作共赢的精神，同南盟开展平等对话和务实合作，为推动南盟合作进程发挥建设性作用。拉贾帕克萨表示，南盟希望同中国建立更紧密的联系。

胡锦涛在会见塞尔维亚总统塔迪奇时强调，不管西巴尔干地区和国际形势如何变化，我们重视发展对塞关系的方针不会改变。中方愿同塞方继续加强政治对话，促进务实合作。中方将继续鼓励和支持有实力的中国企业赴塞投资兴业。胡锦涛指出，中方一贯尊重塞尔维亚人民根据本国国情选择的发展道路和内外政策，赞赏塞尔维亚奉行睦邻友好政策，理解和支持塞尔维亚融入欧洲一体化进程的努力。

塔迪奇表示，塞中两国人民传统友谊深厚，塞尔维亚永远是中国的朋友。塞尔维亚政府和人民感谢中方对塞尔维亚维护国家主权努力的宝贵支持，希望双方不断加强各领域互利合作。

胡锦涛在会见黑山总统武亚诺维奇时表示，两国政治互信日益加强，经贸、旅游、广电、体育等领域合作不断扩大，在国际事务中相互支持。我们一贯主张，国家不论大小、贫富、强弱，都是国际社会的平等一员。中方愿同黑方加强政治对话，推进务实合作。胡锦涛指出，中方赞赏黑山为维护西巴尔干地区稳定所作的积极努力，希望该地区各国从国家和民族发展的长远利益出发，通过对话妥善解决历史遗留问题，共同建设一个长期稳定、繁荣发展的西巴尔干。

武亚诺维奇表示，黑山和中国有着真诚的传统友好情谊。黑山独立后，中国第一时间同黑山建交，我们对此深表感谢。黑中关系发展顺利，经贸合作发展迅速，合作领域广阔。黑方希望同中方加强互利合作，期待中国企业赴黑山投资。

胡锦涛在会见东帝汶总统奥尔塔时表示，希望双方保持高层交往，中方欢迎东帝汶领导人访华；加强经贸关系，拓展经贸领域互利合作；继续落实好中国对东帝汶的有关援建和培训项目，推进安全、教育、卫生等领域交流；加强在联合国事务中的协调和配合，中方将继续积极参与联合国在东帝汶机构的工作。

奥尔塔表示，感谢中方对东帝汶国家建设的宝贵支持，中方在基础设施建设、卫生、人员培训等方面给予东帝汶的重要援助，体现了中国人民对东帝汶人民的友好情谊。东帝汶希望双方加强经贸合作。奥尔塔强调，东帝汶支持中国维护国家主权和领土完整的努力。

中共中央书记处书记、中央办公厅主任令计划，中共中央书记处书记、中央政策研究室主任王沪宁，国务委员戴秉国参加上述会见。

全国人大常委会委员长吴邦国在人民大会堂分别会见前来出席北京奥运会开幕式的外国领导人

在会见老挝国家主席朱马利时，吴邦国表示，中国全国人大愿进一步深化与老挝国会的合作，为促进双边关系全面发展作出更大贡献。

朱马利表示，老挝党和政府高度重视老中关系，愿不断深化双方友好交流与合作。老方感谢中方支持和帮助，祝愿北京奥运会取得圆满成功。

在会见巴西总统卢拉时，吴邦国表示，两国立法机构之间的交往频繁，合作和友谊日益加深。中方愿与巴方一道，不断扩大互利友好合作，推动两国战略伙伴关系迈上新台阶。

卢拉表示，巴西政府高度重视发展对华关系，巴中友好合作潜力巨大，巴方愿与中方继续加强政府、议会、民间等交往，拓展各领域务实合作，不断深化两国战略伙伴关系。

在会见朝鲜最高人民会议常任委员会委员长金永南时，吴邦国欢迎金永南出席北京奥运会开幕式，感谢朝方对北京奥运会的积极支持。吴邦国说，中朝具有传统友谊，两国关系发展很好。中方高度重视对朝关系，希望双方以中朝建交 60 周年暨“中朝友好年”为契机，促进中朝友好更加深入人心，推动中朝关系取得更大发展。

金永南说，不断巩固和发展朝中友谊是朝鲜党和政府坚定不移的立场。朝方愿同中方共同努力，加强交流与合作，办好友好年活动，使两国关系进一步向前发展。

全国政协主席贾庆林在人民大会堂分别会见前来出席北京奥运会开幕式的外国客人

在会见越南国家主席阮明哲时，贾庆林表示，中国全国政协愿与越南祖国阵线加强合作，增进两国人民之间的相互了解，巩固中越友好的社会基础。

阮明哲表示，越南党和政府对越中关系的良好发展势头感到满意，愿不断拓展对华合作，推动越中关系全面深入发展。

在会见墨西哥前总统塞迪略时，贾庆林表示，中方高度重视发展同墨西哥的关系，愿与墨方共同努力，推动两国战略伙伴关系全面发展。

塞迪略对中国领导人为国家进步所做的努力表示钦佩，对能够应邀出席北京奥运会开幕式表示感谢，祝愿北京奥运会取得圆满成功。

全国政协主席贾庆林在人民大会堂会见中国国民党主席吴伯雄

贾庆林说，我要特别讲几句话，请吴主席转达给广大台湾同胞：第一，向热情关心、大力支持和积极参与北京奥运会的台湾各界人士，表示衷心感谢。第二，向参与北京奥运会志愿者服务工作的台湾同胞表示诚挚敬意。第三，向所有前来观看奥运比赛的台湾同胞表示热烈欢迎，希望他们来到这里，就像在自己家里一样，与大陆兄弟姐妹共享奥运会的激情、欢乐和荣耀。第四，衷心祝愿台湾体育健儿在本届奥运会上取得优异成绩，大陆同胞一定会为他们热情加油、助威。

贾庆林说，今年 5 月，胡锦涛总书记同吴伯雄主席举行会谈，就发展两岸关系达成重要共识。在两岸关系呈现良好发展势头的新形势下，国共两党应该进一步加强交流对话，落实“两岸和平发展共同愿景”，扎实推动两岸关系取得新进展、新成果。

吴伯雄说，台湾 2300 万同胞都和我们一样，祝福北京奥运会成为一届空前成功的奥运会，祝愿两岸体育健儿发挥最高水平、取得最好成绩。他表示，中国国民党十分珍惜两岸关系发展难得的机遇，希望国共两党加强善意沟通，巩固互信，推动两岸关系不断取得新成就。

国务院副总理李克强在北京实地考察电力企业并主持召开座谈会

中共中央政治局常委、国务院副总理李克强近日在大唐集团公司考察并召开电力生产情况座谈会，分析电力供求形势，进一步研究部署迎峰度夏工作。

李克强说，今年我国部分地区遭受严重自然灾害，国际市场基础产品价格大幅上涨，对电力等能源生产造成很大影响。中央和地方政府采取了一系列缓解能源供求矛盾的措施，电力等能源生产企业做了大量工作，取得了积极成效，但仍有一些地方电煤、电力供应偏紧。各有关方面要进一步增强责任感和紧迫感，齐心协力，再接再厉，做好煤电油气运保障工作。

李克强强调，电力是现代社会使用最广泛的二次能源，电力生产供应直接关系国计民生。近年来我国电力工业发展很快，装机容量已居世界第二位，完全有能力保证电力供应。发电企业要强化电煤采购，保证电煤合理库存，挖掘生产潜力，降低经营成本，尽可能做到多发电。同时，高度重视安全生产，改善企业管理，搞好设备维护，确保安全、稳定供电。

李克强指出，电力调度是电网运营的中枢。电网企业要科学安排电力调度，提高电网安全运行水平，优化电力资源配置，加大跨省跨区电力余缺调剂力度，切实保障奥运用电、居民生活用电和重点领域用电。推进节能调度，充分发挥可再生能源和高效节能机组的潜力，减轻电煤供应压力。

李克强要求，各有关方面要高度重视，积极配合，落实责任。要发挥好煤电油气运协调机制的作用，统筹兼顾，全力做好保障工作。要加强服务，帮助电力等能源生产企业克服困难，解决实际问题。他向奋战在电力生产一线的广大干部职工表示慰问，希望大家继续发扬不怕吃苦、勇挑重担，大力协同、服务社会的优良传统，进一步做好电力迎峰度夏工作，为国家建设和发展作出新的贡献。

国务院有关部门、电力企业联合会负责人，有关发电企业、电网企业、电力投资企业负责人参加了座谈会。

国务院副总理王岐山在中南海紫光阁会见出席清华大学经济管理学院顾问委员会 2008 年年会的企业家和著名学者

中共中央政治局常委李长春在人民大会堂会见纳米比亚人组党前主席前总统努乔马

国家副主席习近平在人民大会堂分别会见前来出席北京奥运会开幕式的外国领导人

全国总工会主席王兆国在人民大会堂会见出席北京奥运会开幕式的外国工会领导人

联合国秘书长潘基文致信北京奥运志愿者

联合国秘书长潘基文致信给北京奥运会全体志愿者，北京志愿者协会被同时授予“联合国卓越志愿服务组织奖”。

潘基文在信中说：“在第二十九届奥运会开幕前夕，我谨对即将服务于北京 2008 年奥运会、残奥会的全体志愿者致以崇高的敬意和极大的鼓励。”他在信中对广大志愿者在筹办北京奥运、支援抗震救灾、支持环保教育等方面的重要作用表示充分的认可，他希望有越来越多的人能够加入到志愿者的事业当中。

联合国副秘书长、联合国环境规划署执行主任施泰纳先生高度评价了北京奥运志愿者工作，并授予北京志愿者协会“联合国卓越志愿服务组织奖”。共青团北京市市委书记、北京志愿者协会会长刘剑接受该奖。

国际奥委会主席罗格在奥运主新闻中心召开新闻发布会高度评价北京奥运会

罗格说，奥运会让中国会变得更好，也让世界更好地理解中国。

北京奥运会即将在拥有世界 1/5 人口的中国举办，罗格主席对此表示期待。对于奥运会在中国举办，罗格主席认为，这对中国的意义是非常大的，世界各国各地区的人民可以通过奥运会来了解中国。罗格说，中国对于世界上大部分国家的人民来讲还有一点神秘。北京奥运会可以让世界各国的人民看到一个非常出色的国家，看到中国五千年的传统和文化，这会改变世界对于中国的看法，这对于世界其他国家的人民来讲同样是非常重要的。罗格说，奥运会让中国展示在世界面前，会让中国变得更好，让中国能够更好地理解世界，让世界也能够更好地理解中国。

同时，罗格主席对北京奥运会的筹备工作给予了高度评价，并盛赞中国政府在治理环境污染等方面作出的努力。罗格主席说，中国政府已经采取了所能做的一切可行且人性化的措施来解决环境问题，中国政府所作出的努力是非凡的，这些努力包括植树造林、提高汽车尾气排放标准、使用新型能源、搬迁污染企业等等。罗格主席评价说，目前污染治理工作已取得了很大进展，现在北京的环境对于运动员来讲是安全的。他希望北京能够继续努力，进一步巩固奥运会对城市带来的积极影响。

于再清在国际奥委会第 120 次全会上当选国际奥委会副主席

8月8日

第二十九届奥林匹克运动会在北京开幕

国家主席胡锦涛出席开幕式并宣布本届奥运会开幕。

江泽民、吴邦国、温家宝、贾庆林、李长春、习近平、李克强、贺国强等党和国家领导人，国际奥委会主席罗格、终身名誉主席萨马兰奇,以及来自世界各地的领导人和贵宾出席开幕式,同全场观众共同见证这一激动人心的历史时刻。

共有204个国家和地区的代表团参加本届奥运会。中国体育代表团共1099人,其中参赛选手639人,创中国历届奥运会参赛人数之最,也是本届奥运会参赛运动员最多的代表团。

北京奥运会组委会主席刘淇、国际奥委会主席罗格分别在开幕式上致辞。

出席开幕式的各国各地区贵宾有:土库曼斯坦总统别尔德穆哈梅多夫、马达加斯加总统拉瓦卢马纳纳、马来西亚最高元首米詹、马里总统杜尔、乌兹别克斯坦总统卡里莫夫、巴西总统卢拉、文莱苏丹哈桑纳尔、毛里求斯总统贾格纳特、瓦努阿图总统马塔斯凯莱凯莱、东帝汶总统奥尔塔、以色列总统佩雷斯、加纳总统库福尔、加蓬总统邦戈、卢森堡大公亨利、圣马力诺执政官扎费拉尼、圣马力诺执政官阿马蒂、布隆迪总统恩库伦齐扎、白俄罗斯总统卢卡申科、亚美尼亚总统萨尔基相、刚果(金)总统卡比拉、吉尔吉斯斯坦总统巴基耶夫、安哥拉总统多斯桑托斯、老挝国家主席朱马利、克罗地亚总统梅西奇、库克群岛女王代表古德温、阿尔及利亚总统布特弗利卡、阿富汗总统卡尔扎伊、阿塞拜疆总统阿利耶夫、拉脱维亚总统扎特莱尔斯、法国总统萨科齐、波黑主席团轮值主席西拉伊季奇、罗马尼亚总统伯塞斯库、哈萨克斯坦总统纳扎尔巴耶夫、挪威国王哈拉尔五世、柬埔寨国王西哈莫尼、美国总统布什、莫桑比克总统格布扎、密克罗尼西亚总统莫里、菲律宾总统阿罗约、萨摩亚国家元首埃菲、塔吉克斯坦总统拉赫蒙、斯里兰卡总统拉贾帕克萨、斯洛伐克总统加什帕罗维奇、朝鲜最高人民会议常任委员会委员长金永南、越南国家主席阮明哲、韩国总统李明博、黑山总统武亚诺维奇、塞尔维亚总统塔迪奇、塞舌尔总统米歇尔、塞浦路斯总统赫里斯托菲亚斯、新西兰总督萨蒂亚南德、瑞士联邦委员会主席库什潘、蒙古总统恩赫巴亚尔、摩纳哥国家元首阿尔贝二世亲王、几内亚总理苏瓦雷、巴基斯坦总理吉拉尼、日本首相福田康夫、瓦努阿图总理利尼、乍得总理阿巴斯、吉布提总理迪莱塔、安道尔首相潘塔、汤加首相塞韦莱、芬兰总理万哈宁、阿尔巴尼亚总理贝里沙、俄罗斯总理普京、泰国总理沙马、荷兰首相巴尔克嫩德、斐济临时政府总理姆拜尼马拉马、缅甸总理登盛、澳大利亚总理陆克文、丹麦王储腓特烈、比利时王储菲利普、卡塔尔王储塔米姆、汤加王储图普托阿、西班牙王储费利佩、阿联酋哈雅公主、英国公主安妮、泰国公主诗琳通、荷兰王储亚历山大、关岛总督卡马乔、佛得角总统夫人阿德尔西娅、南非总统夫人扎内莱、津巴布韦总统夫人格蕾丝、格鲁吉亚总统夫人桑德拉·鲁洛夫斯等。

出席开幕式的党和国家领导人还有:王刚、王兆国、王岐山、回良玉、刘云山、刘延东、李源潮、汪洋、张高丽、张德江、俞正声、李瑞环、尉健行、李岚清、吴官正、罗干、何勇、令计划、王沪宁、乌云其木格、韩启德、华建敏、陈至立、周铁农、李建国、司马义·铁力瓦尔地、蒋树声、陈昌智、严隽琪、桑国卫、梁光烈、马凯、孟建柱、戴秉国、王胜俊、曹建明、杜青林、白立忱、陈奎元、阿不来提·阿不都热西提、李兆焯、黄孟复、董建华、张梅颖、张榕明、钱运录、孙家正、李金华、郑万通、邓朴方、万钢、林文漪、罗富和、陈宗兴、王志珍和杨白冰、丁关根、迟浩田、张万年、吴仪、曹刚川、曾培炎、王汉斌、倪志福、铁木尔·达瓦买提、彭珮云、周光召、曹志、李铁映、司马义·艾买提、何鲁丽、成思危、许嘉璐、蒋正华、顾秀莲、热地、盛华仁、肖扬、韩杼滨、贾春旺、宋健、胡启立、陈锦华、毛致用、王文元、王忠禹、李贵鲜、罗豪才、张克辉、郝建秀、徐匡迪、张怀西、李蒙等,中央军委委员李继耐、廖锡龙、常万全、靖志远、吴胜利、许其亮,以及傅全有、于永波、乔清晨。

香港特别行政区行政长官曾荫权、澳门特别行政区行政长官何厚铧出席开幕式。

中国国民党荣誉主席连战、中国国民党主席吴伯雄、亲民党主席宋楚瑜也出席开幕式。

国际奥林匹克委员会、各国际单项体育联合会负责人等出席开幕式。

北京奥组委主席刘淇在第二十九届奥林匹克运动会开幕式上的致辞

尊敬的胡锦涛主席和夫人,尊敬的罗格主席和夫人,尊敬的各位来宾,女士们,先生们,朋友们:

今天,来自奥林匹亚的圣火,跨越五大洲、四大洋,将在这里熊熊燃起。在这激动人心的历史时刻,我谨代表第二十九届奥林匹克运动会组织委员会,向来自世界各国家、地区的运动员、教练员和来宾表示热烈的欢迎!向国际奥林匹克委员会、各国际单项体育组织,向参与奥运会筹办的建设者和工作者,向所有关心、支持北京奥运会的朋友们表示衷心的感谢!

举办奥运会是中华儿女的百年梦想。7年前,13亿中国人民与奥运有了一个美好的约定。从那时起,在国际奥委会的指导帮助下,中国政府和人民满怀激情,以最大的努力实践绿色奥运、科技奥运、人文奥运理念,认真做好筹备工作,兑现向国际社会作出的郑重承诺,使奥林匹克精神在中华大地得到了更广泛的传播。

在我国四川发生特大地震灾害后,国际社会和国际奥委会的支持与援助使中国人民感到温暖,也使我们增强了重建美好家园、办好北京奥运会的信心。

奥林匹克运动的魅力在于她的巨大包容力。今天，全世界204个国家、地区，不同民族，不同宗教信仰的人们相聚在五环旗下，增进了解，加深友谊，共同奏响“同一个世界，同一个梦想”的乐章。

奥林匹克精神的真谛在于追求以人为本，实现人的自我超越和自我完善。每一位运动员，都将在公平竞争的环境中，展现精湛技艺，迸发参与激情，创造心中向往的辉煌。

北京奥运会的重要使命在于促进世界各国文化的交流。我们真诚地希望，中华民族悠久的历史文化、充满生机活力的城市和农村、热情好客的人民，能给朋友们留下美好的记忆。

朋友们：

——“北京欢迎您！”

——Welcome to Beijing!

——Bienvenue à Beijing!

现在，我非常荣幸地邀请国际奥委会主席罗格先生致辞。

国际奥委会主席罗格在第二十九届奥林匹克运动会开幕式上的致辞

中华人民共和国主席先生，刘淇先生，奥组委的成员们，亲爱的中国朋友们，亲爱的运动员们：

长久以来，中国一直梦想着打开国门，邀请世界各地的运动员来北京参加奥运会。

今晚，梦想变成了现实，祝贺北京！

你们选择“同一个世界，同一个梦想”作为本届奥运会的主题，今晚就是这个主题的体现。

我们处在同一个世界，所以我们像你们一样，为四川的地震灾难而深感悲恸。中国人民的伟大勇气和团结精神使我们备受感动。

我们拥有同一个梦想，所以希望本届奥运会带给你们快乐、希望和自豪。

各位运动员，我们的创始人皮埃尔·德·顾拜旦是因为你们而创立了现代奥林匹克运动会。奥运会属于你们。让奥运会成为运动员的盛会。

请大家牢记，奥运会不仅仅意味着比赛成绩。

奥运会还是和平的聚会。204个国家和地区奥委会相聚于此，跨越了民族、性别、宗教以及政治制度的界限。

请大家本着奥林匹克的价值和精神，即卓越、友谊和尊重，投身于比赛。

亲爱的运动员们，请记住，你们是世界青年的楷模，请拒绝兴奋剂，向作弊说不。

你们的成就和表现应该让我们感到骄傲。

当我们把奥林匹克梦想变成现实之时，我们要诚挚地感谢北京奥组委，感谢他们不辞劳苦的工作。我们还要特别感谢成千上万、无私奉献的志愿者们，没有他们，这一切都不可能实现。

北京，你是今天的主人，也是通往明天的大门。感谢你！

现在，我荣幸地邀请中华人民共和国主席先生宣布第二十九届现代奥林匹克运动会开幕。

《人民日报》发表社论《同一个世界 同一个梦想——热烈祝贺第二十九届夏季奥林匹克运动会开幕》

今夜，当五星红旗、五环旗在国家体育场冉冉升起，奥林匹克运动的宏伟篇章将翻开崭新一页。

今夜，当奥林匹克会歌在万众瞩目中悠扬奏响，奥林匹克理想在古老的中华大地激情飞扬。

今夜，当第二十九届奥运会的圣火燃亮北京的星空，人类文明的长河再次汇入来自东方的泉流。

奥林匹克运动第一次将盛典的舞台，搭建在这东方的沃土。13亿中国人第一次在自己的家园，唱响团结、友谊、和平的奥运之歌。从雅典到北京，欢乐依旧，激情依旧，梦想依旧，而世界将有所不同。

北京欢迎你，魅力迸发的奥林匹克！北京欢迎你，四海五洲的老友新朋！

现代奥林匹克运动走过的这一个世纪，是人类历史上最跌宕辉煌的章节。过去100年间，人们经历了世界大战的炮火硝烟，经历了冷战的封锁对峙，也分享着航空航天、移动通讯、电视、互联网等新发明带来的伟大变革，打开了宇宙探索的广阔视野。自人类文明诞生以来，没有哪一个世纪的灾难和悲剧，如此频繁深重；也没有哪一个世纪的奋争和进步，如此激动人心。

一个多世纪以来，奥运会从一个侧面记录了人类文明拾级而上的进程。与坎坷激荡的世界历史紧密相随，现代奥运会承载着人类的共同理想，成为当今世界无与伦比的文化现象和文明载体。摒弃异见和分歧，奥林匹克圣火照亮人类共同前进的道路，推动着世界体育运动的发展，折射出不同文化交流了解的热望。五环旗下，不同国家、不同信仰、不同肤色、不同种族的人们，为了共同的梦想汇聚在同一条跑道上。

中国是奥林匹克运动的坚定追随者。从奥林匹亚山到万里长城，圣火辉映着文明传播与沟通的征程，见证了一个古老民族融入世界潮流的步履。

一个世纪前，有识之士“中国什么时候能举办奥运”的殷殷期盼中，我们领略过它的渴望；76年前，刘长春孑然一身代表中国参加奥运会的孤独步履里，我们听到过它的足音；29年前，改革开放的中国重返国际奥林匹克大家庭的积极努力中,我们体会到它的决心;15年前,蒙特卡洛申奥失利后"坚定不移地走向世界"的含泪誓言里,我们感受过它的坚强。今天,历史悠久的奥林匹克与源远流长的东方文明交融汇聚,绿色奥运、科技奥运、人文奥运,13亿中国人用实际行动,为奥林匹克注入了属于自己的梦想。

奥运会来到拥有世界1/5人口的中国,意义非凡。这是世界对中国的信任,也是中国对世界的奉献。中国重返奥林匹克大家庭的30年,正与当代中国波澜壮阔的发展进程相契合。这30年里,中华民族打开国门走向世界,世界张开臂膀拥抱中国。2008年北京奥运会,树起了中国30年改革开放的新界标,熔铸了世界对一个发展中大国的新期许。虽然世界上不同地方的人们在不同的问题上有不同看法,但绝大多数人相信,中国发展离不开世界,世界繁荣稳定也离不开中国;绝大多数人坚信,奥运会在北京举办,"将给中国和世界留下独一无二的宝贵遗产"。

俯仰百年,人们越来越深切地认识到,在这个越来越"小"的星球上,我们有着共同的命运。世界变得比历史上的任何时候更加密不可分。奥运会不仅是各国运动员实现光荣和梦想的舞台,也是世界各国人民增进了解、加深友谊的平台。奥林匹克的旗帜,让不同文化百花齐放、和谐共荣:非洲草原浸透阳光的奔跑、桑巴足球华丽唯美的舞步、威猛剽悍的拳击举重、修身养性的柔道……在这个大家庭里,金牌的争夺从来不是最重要的目标,世界各国文化的相互交流、相互借鉴,才是最值得珍惜的精神遗产。诚恳迎接不同文化的交流交汇,以平常心面对多种文化的精彩纷呈,政治尊重、文化多样和价值包容,同样是奥林匹克精神的体现。

7年筹办,中国人民以最大的热情,鼎力托举起当今世界规模最大的体育盛会;7年践诺,古老中华尽最大的努力,精心酝酿这全人类共叙友情、共享和平的节日盛典。

今夜,大幕将启。同一个世界,同一个梦想,16天里,我们将一起分享奥林匹克的魅力和欢乐;五环旗下,我们将尽情演绎"更快、更高、更强"的体育精神,共同奏响"团结、友谊、和平"的伟大乐章。

中国人民,世界人民,这是我们的共同时刻。

国家主席胡锦涛举行宴会欢迎出席北京奥运会的贵宾

吴邦国、温家宝、贾庆林、李长春、习近平、李克强、贺国强等党和国家领导人,胡锦涛主席夫人刘永清,国际奥委会主席罗格,国际奥委会终身名誉主席萨马兰奇,来自80多个国家和地区的贵宾出席欢迎宴会。

胡锦涛发表了题为《弘扬奥林匹克精神 共创世界美好未来》的祝酒词。

欢迎宴会由中共中央政治局委员、北京市市委书记、北京奥组委主席刘淇主持。

前来出席北京奥运会开幕式的世界各国各地区领导人和贵宾出席欢迎宴会。

党和国家有关领导人也出席欢迎宴会。

国家主席胡锦涛在北京奥运会欢迎宴会上发表题为《弘扬奥林匹克精神 共创世界美好未来》的祝酒词

尊敬的国际奥委会主席罗格先生,尊敬的国际奥委会名誉主席萨马兰奇先生,尊敬的各位国家元首、政府首脑和王室代表,尊敬的各位国际奥委会委员,尊敬的各位贵宾,女士们,先生们,朋友们:

今晚,北京奥运会将隆重开幕,我们共同期待的这个历史性时刻就要到来了。我谨代表中国政府和人民,对各位嘉宾莅临北京奥运会,表示热烈的欢迎!

在北京奥运会申办和筹办的过程中,中国政府和人民得到了各国政府和人民的真诚帮助,得到了国际奥委会和国际奥林匹克大家庭的大力支持。在这里,我谨向你们并通过你们,向所有为北京奥运会作出贡献的人们,表示诚挚的谢意!

借此机会,我对国际社会为中国抗击汶川特大地震提供的真诚支持和宝贵帮助,表示衷心的感谢!世界各国人民的深情厚谊,中国人民将永远铭记!

女士们、先生们、朋友们!

2800多年前在神圣的奥林匹亚兴起的奥林匹克运动,是古代希腊人奉献给人类的宝贵精神和文化财富。诞生于1896年的现代奥林匹克运动,继承了古代奥林匹克传统,发展成为当今世界参与最广泛、影响最深远的文化体育活动。在历届奥运会上,各国运动员秉承更快、更高、更强的宗旨,顽强拼搏,追求卓越,创造了一个又一个佳绩,推动了世界体育运动蓬勃发展。

奥运会是体育竞赛的盛会,更是文化交流的平台。国际奥林匹克运动把不同国度、不同民族、不同文化的人们聚集在一起,增进了世界各国人民的相互了解和友谊,为推进人类和平与发展的崇高事业作出了重大贡献。

当今世界既面临着前所未有的发展机遇,也面临着前所未有的严峻挑战。世界从来没有像今天这样需要相互理解、相互包容、相互合作。北京奥运会不仅是中国的机会,也是世界的机会。我们应该通过参与奥运会,弘扬团结、友谊、和平的奥林匹克精神,促进世界各国人民沟通心灵、加深了解、增进友谊、跨越分歧,推动建设持久和平、共同繁荣的和谐世界。

女士们、先生们、朋友们!

举办奥运会,是中华民族的百年期盼,是全体中华儿女的共同心愿。2001年北京申奥成功以来,中国政府和人民认真履行对国际社会的郑重承诺,坚持绿色奥运、科技奥运、人文奥运理念,全力做好各项筹办工作。我相信,在国际奥委会和国际奥林匹克大家庭支持下,我们一定能够共同把北京奥运会办成一届有特色、高水平的奥运会。

现在,我提议:

为国际奥林匹克运动蓬勃发展,

为世界各国人民团结和友谊不断加强,

为各位嘉宾和家人身体健康,

干杯!

国家主席胡锦涛在人民大会堂会见法国总统萨科齐

胡锦涛强调,中国政府十分珍惜中法关系,始终从战略高度和长远角度看待和处理中法关系,将继续坚持中法友好、全面合作、共同发展的方针。希望双方继续共同努力,排除各种干扰,不断增进互信,推动中法全面战略伙伴关系健康稳定发展。

萨科齐强调,从戴高乐将军担任法国总统开始,法国就一直把中国作为重要战略伙伴。中国政治、经济方面取得的成就令人敬佩。中国在维护世界和平稳定方面发挥着重要作用,很多国际和地区问题的解决都需要中国。同中国发展战略伙伴关系是法国外交政策的原则,不会改变。

胡锦涛指出,今年是中欧关系十分重要的一年。我们期待并相信法方在稳定和发展中欧关系方面能发挥更加积极的建设性作用。希望双方密切合作,把第七届亚欧首脑会议办成一届合作共进、面向未来的会议,以巩固亚欧伙伴关系;办好第十一次中欧领导人会晤,进一步充实中欧关系战略内涵,深化各领域务实合作,推动中欧全面战略伙伴关系不断迈上新台阶。

萨科齐表示将出席今年10月在北京举行的第七届亚欧首脑会议,法国将为欧中关系发展作出努力。

国家主席胡锦涛在人民大会堂会见日本首相福田康夫

胡锦涛指出,发展中日战略互惠关系,符合两国和两国人民的根本利益,也有利于亚洲和世界的和平、稳定、繁荣。我们愿继续同日方一道,全面落实两国领导人达成的重要共识,精心维护目前来之不易的中日关系发展的良好局面,保持高层交往的良好势头,开好经济高层对话机制第二次会议,办好青少年友好交流年等活动,推动中日战略互惠关系不断深入发展。

福田表示,今年5月胡锦涛主席访日期间以及两国领导人7月在洞爷湖会晤期间,两国领导人达成一系列重要共识,希望双方共同努力,把这些共识落实好,加强两国环保、能源领域合作,搞好两国青少年交流和防务交流,开好两国经济高层对话机制第二次会议,加强在重大国际和地区问题上的沟通和协调。

国家主席胡锦涛在人民大会堂会见前来出席北京奥运会开幕式的外国领导人

胡锦涛在会见阿富汗总统卡尔扎伊时表示,中方愿同阿方一道,积极落实《中阿睦邻友好合作条约》,推动中阿全面合作伙伴关系向前发展。胡锦涛指出,中方尊重阿富汗主权、独立和领土完整,尊重阿方自主选择的发展道路,支持阿方为维护本国安全稳定所做的努力。中方重视并积极参与阿富汗重建进程,并愿提供力所能及的支持。中国政府将继续鼓励有实力的企业参与阿富汗资源开发和基础设施建设,促进阿富汗经济社会发展。

卡尔扎伊感谢中国为阿富汗重建提供的支持和援助,期待更多中国企业赴阿投资,相信在包括中国在内的国际社会关注和支持下,阿富汗明天会更好。卡尔扎伊强调,阿方谴责发生在中国的恐怖主义行径,坚定支持中方反对恐怖主义的努力,将同中方开展全面反恐合作。

胡锦涛在会见以色列总统佩雷斯时表示,中以两国相互尊重、相互支持,各领域合作成效显著,在重大国际和地区事务中保持着良好沟通和协调。希望双方继续开展各层次友好交往,不断增进相互信任;发挥互补性强的优势,扩大互利合作;加强文化、教育、旅游合作,中方愿学习和借鉴以色列在农业、医药、科技、水资源、新能源等领域的先进经验和技术;促进两国人文交流,加深两国人民友谊。

佩雷斯表示,奥运会在拥有5000年历史的中国举办,体现了中国发展的巨大成就和中国人民生活水平的迅速提高。我坚信,一个更加美好的中国将带来一个更加美好的世界,将造福全人类。佩雷斯希望两国加强高层往来,扩大文化、农业等方面的交流合作。

胡锦涛在会见罗马尼亚总统伯塞斯库时表示,中方高度评价罗方为中欧关系发展发挥的积极作用。明年我们将迎来中罗建交60周年,这是两国关系发展进程中的重要里程碑,希望双方以此为契机,推动中罗关系迈上新台阶。

伯塞斯库表示,罗中长期友好,两国关系发展顺利。双方经贸合作富有成效,罗方感谢中方为实现两国贸易平衡所作的积极努力。明年将迎来两国建交60周年喜庆时刻,罗方将同中方一道安排好各种庆祝活动，加深两国人民友谊，巩固两国友好关系。

胡锦涛在会见克罗地亚总统梅西奇时表示，中方愿同克方一道努力，继续本着相互尊重、平等互利的原则，加强对话交流，扩大务实合作，推动两国关系长期稳定健康发展。胡锦涛指出，中方一贯尊重克罗地亚的独立、主权和领土完整，尊重克罗地亚人民根据本国国情选择的发展道路和为融入欧洲一体化进程所作的努力。

梅西奇表示，克罗地亚的独立得到了中国支持，克方对此深表感谢。他指出，克中两国在双边和多边领域都进行了良好合作，两国都坚持发挥联合国在和平解决国际和地区问题上的作用。克方高度重视发展对华关系，愿同中方加强投资、旅游、地方的交流合作，实现互利双赢。

会见时，胡锦涛代表中国政府和人民衷心感谢各国政府和人民对中国抗击四川汶川特大地震灾害提供的宝贵支持和援助。

各国领导人表示，他们坚定支持中方在台湾、涉藏问题上的原则立场，坚定支持中方维护国家主权和领土完整的努力。胡锦涛对此表示感谢。

中共中央总书记胡锦涛在人民大会堂分别会见中国国民党荣誉主席连战 中国国民党主席吴伯雄 亲民党主席宋楚瑜

在会见连战时，胡锦涛指出，几年来，台湾各界人士以各种方式热情支持和积极参与北京奥运会筹办工作，表达了对北京奥运会成功举办的美好祝愿。我相信，在国际奥委会和国际奥林匹克大家庭大力支持下，在包括台湾同胞在内的海内外中华儿女共同努力下，我们一定能够把北京奥运会办成一届有特色、高水平的国际体育盛会。希望两岸双方抓住难得的历史机遇，大力加强两岸各领域交流合作，多为两岸同胞做实事、做好事，继续推动两岸关系和平发展。

连战表示，很高兴能躬逢北京奥运会这一中华民族的历史盛会，祝福两岸体育健儿取得好成绩，期盼两岸关系发展取得新成就。

在会见吴伯雄时，胡锦涛表示，在双方共同努力下，近两个多月来，两岸协商在“九二共识”基础上得到恢复并取得积极成果。总的看，两岸关系发展在新形势下有了一个良好开局。两岸双方应该本着建立互信、搁置争议、求同存异、共创双赢的精神，继续共同努力，保持这一良好势头。国共两党应该继续依循并切实落实《两岸和平发展共同愿景》，开创两岸关系和平发展新局面，不辜负两岸同胞的期待。

吴伯雄表示，台湾同胞都关心北京奥运，祝福北京奥运圆满成功。国民党十分珍惜两岸关系改善的局面，将进一步加强国共两党对话，促进善意沟通，推动两岸关系和平发展。

在会见宋楚瑜时，胡锦涛强调，当前，两岸关系发展迎来了难得的历史机遇，呈现出良好的发展势头。这一局面来之不易，值得倍加珍惜。两岸同胞比以往更加热切地期待增进相互了解、加深彼此感情、加强交流合作、实现共同发展。两岸的中国人有智慧、有能力妥善处理好存在的矛盾和分歧。我衷心希望，两岸双方积极面向未来，大力加强两岸交流合作。

宋楚瑜表示，大陆改革开放30年取得了巨大成就。当前两岸关系发展势头良好。两岸同胞不仅同宗，还要同心、同步，共同开创中华民族的美好未来。

全国人大常委会委员长吴邦国在人民大会堂会见前来出席北京奥运会开幕式的法国国民议会议长阿克耶

吴邦国表示，中国全国人大愿与法国国民议会继续保持高层交往，开展多层次、多渠道的友好往来，加强立法、监督等领域的交流，就共同关心的问题深入交换意见，加深相互了解，促进务实合作，为中法关系全面发展不断注入新内容、增添新活力。

阿克耶预祝北京奥运会圆满成功，并表示法国国民议会重视发展对华关系，愿进一步加强与中国全国人大的交流与合作，为促进法中全面战略伙伴关系深入发展作出新的贡献。他重申，法国政府和议会坚定奉行一个中国政策。

国务院总理温家宝在人民大会堂会见前来出席北京奥运会开幕式的外国领导人

在会见法国总统萨科齐时，温家宝说，希望中法关系的全面性、战略性和长期性能够保持下去。我们愿与法方加强磋商与协调，推动第十一次中欧领导人会晤和第七届亚欧首脑会议取得积极成果，促进中欧关系和亚欧关系深入发展。

萨科齐说，中国的发展有利于世界和平与稳定，解决全球重大问题离不开中国的合作。法国高度重视对华关系，愿同中国共同努力，开创法中关系新局面。法方愿为推动欧中关系发展继续发挥积极作用。

在会见俄罗斯总理普京时，温家宝表示，发展中俄战略协作伙伴关系不仅符合两国和两国人民的根本利益，也有利于世界的和平、稳定与发展。中俄关系发展势头很好，两国领导人接触频繁，务实合作和战略协作成效显著。中方愿与俄方充分发挥总理定期会晤机制的作用，将优化贸易结构、促进相互投资、深化能源合作、共同开展高技术研发、办好两国“语言年”等作为下一阶段工作重点，以更加丰硕的成果迎接明年中俄建交60周年。

普京说,俄中两国致力于加强睦邻友好和战略协作,在许多重大问题上相互理解、相互支持,政治、经济、人文等领域交流合作成效显著,在国际事务中密切协调配合,这符合双方的共同利益。对华关系是俄外交的优先方向,俄方愿同中方保持高层交往,加强经贸、能源、科技等领域合作,共同搞好互办"语言年"活动,使俄中关系在高水平上不断向前发展。

在会见日本首相福田康夫时,温家宝说,中方愿与日方保持高层交往,增进政治互信;发挥中日经济高层对话的作用,携手应对全球化挑战;深化经贸合作,加强节能环保合作;通过共同纪念中日和平友好条约缔结30周年和中日青少年友好交流年活动,增进两国人民的相互了解,使中日友好世代相传。

福田康夫说,日方致力于深化日中战略互惠关系,愿认真落实双方达成的各项重要共识,保持两国领导人密切交往,加强双边合作,扩大人文交流,与中方共同搞好两国经济高层对话,推动两国关系全面发展。福田表示,日方愿继续支持中国地震灾区重建工作。

在会见巴基斯坦总理吉拉尼时,温家宝说,中方将一如既往地支持巴基斯坦为维护国家稳定和发展经济的努力,愿与巴方一道,始终从战略高度和长远角度把握两国关系,促进睦邻友好和互利合作,推动中巴战略伙伴关系迈上新台阶。

吉拉尼说,发展巴中友好合作关系是巴基斯坦人民的普遍愿望,也是巴各界和各政党的高度共识。巴方希望同中方加强在经贸、基础设施建设等领域的合作,在多边领域继续相互坚定支持和配合,促进两国人民的友好交往、传承两国传统友谊。

在会见澳大利亚总理陆克文时,温家宝表示,两国的共同利益远大于分歧。中国愿与澳大利亚深化能源资源合作,继续推进双边自贸谈判,妥善处理彼此关切。只要双方遵循相互尊重和平等互利原则,加强对话磋商,就能够在众多领域成为密切合作的伙伴,为促进亚太地区和平与繁荣作出贡献。

陆克文表示,在当前全球面临石油、粮食价格上涨和气候变化等挑战的背景下,澳中应紧密合作,共同有效应对。澳大利亚希望成为中国长期稳定的合作伙伴,愿与中方共同推动两国自贸谈判取得实质进展。

在会见泰国总理沙马时,温家宝表示,中方愿与泰方加强战略性合作,深化与东盟的友好关系,携手应对挑战,实现共同发展。

沙马表示,泰方致力于推动泰中传统友好合作关系不断发展,赞赏中方为加强东盟与中国的友好合作发挥的重要作用,愿与中方携手促进东盟—中国关系取得新进展。

在会见缅甸总理登盛时,温家宝表示,中方希望并相信缅甸政府和人民能够通过民主协商,实现政局稳定、经济发展和民族和解。中方将一如既往地对缅甸奉行睦邻友好政策,与国际社会一道帮助缅甸克服困难,并为缅甸有关问题的解决发挥建设性作用。

登盛再次感谢中方在缅甸遭受风灾后提供的支持和帮助,希望中方继续支持和参与缅甸灾后重建和经济发展。登盛还介绍了缅甸推进国内民主进程的有关情况。

在会见吉布提总理迪莱塔时,温家宝表示,中方赞赏吉布提政府坚持一个中国政策以及在中方重大关切上给予的支持。我们将继续为吉方发展经济和改善人民生活提供力所能及的帮助,愿以两国建交30周年为契机,推动双方在经贸、教育、卫生和文化领域的交流与合作取得新进展。

迪莱塔表示,吉布提政府和人民感谢中方长期给予的宝贵支持和帮助,在台湾等问题上将继续坚定地同中国人民站在一起。

在会见乍得总理阿巴斯时,温家宝表示,复交两年来,双方在彼此重大关切上相互支持,农业、基础设施建设和能源等领域的合作进展顺利。中方支持乍得政府为维护国家稳定和促进经济发展所做的努力。

阿巴斯积极评价乍中关系,表示乍得政府和人民对中国怀有深厚的情谊,希望同中国加强多种形式的友好合作。

全国政协主席贾庆林在人民大会堂会见前来出席北京奥运会开幕式的泰国总理沙马

全国政协主席贾庆林在北京会见华侨华人代表

国家副主席习近平在人民大会堂分别会见朝鲜和沙特领导人

外交部部长杨洁篪致电东盟主席国泰国外长德·汶纳祝贺东盟成立41周年

首届奥林匹克博览会在北京展览馆开幕

国家邮政局发行奥运会开幕式 博览会纪念邮票

8月9日

国家主席胡锦涛在中南海瀛台会见前来出席北京奥运会开幕式的俄罗斯总理普京

胡锦涛表示,当前,中俄战略协作伙伴关系正按照我们共同确定的目标全面向前推进,中俄两国发展既面临着众多机遇，也有不少挑战，中俄应该在以下方面继续加强战略协作。一是继续共同推动世界多极化和国际关系民主化进程，建立公正合理的国际政治经济新秩序。二是加强政治领域合作，加强多边合作。三是坚持互利双赢，实现共同发展。

普京表示，俄罗斯对华友好方针不会动摇。当前俄中关系发展顺利，边界勘界工作成功完成，政府间合作机制不断完善，我们正在期待两国总理第十三次定期会晤，将两国各领域务实合作提高到新水平。

胡锦涛再次对俄罗斯为中国人民抗击四川汶川特大地震灾害提供宝贵支持和无私援助表示衷心感谢。胡锦涛说，俄方的援助体现了俄罗斯人民对中国人民的深厚情谊，显示了中俄战略协作伙伴关系的高水平。中国地震灾区中小学生刚刚结束在俄罗斯的疗养，这次活动对促进中俄世代友好具有重要意义。

普京表示，我们相信中国政府和人民完全有能力战胜地震灾害，我们的援助是友好情谊和睦邻友好的表现，这是好邻居应该做的。

国家主席胡锦涛在人民大会堂分别会见前来出席北京奥运会开幕式的外国领导人

胡锦涛在会见韩国总统李明博时表示，今年5月，中韩宣布建立战略合作伙伴关系，两国关系面临新的发展机遇。推进战略合作符合两国人民根本利益，有利于本地区和平发展。我期待着即将对韩国进行国事访问，同韩方一道规划两国关系发展未来。

李明博表示，我们期待胡锦涛主席对韩国进行国事访问，同中方就推动两国关系深入发展坦率交换意见。

李明博表示，六方会谈正朝着好的方向迈进，韩方相信只要各方保持耐心，共同努力，就能取得良好结果。韩方也将努力推动半岛南北关系向好的方向发展。

胡锦涛表示，希望六方会谈各方继续加强沟通和协调，推动会谈进程步入新阶段。胡锦涛指出，南北和解合作符合朝鲜半岛全体人民的根本利益，也有利于本地区的和平、稳定、发展，中方将一如既往地坚定支持南北和解合作。

胡锦涛在会见菲律宾总统阿罗约时表示，中菲关系很好，双方政治互信不断增强，各领域互利合作成效显著，防务安全合作日益深化。菲律宾是东盟重要成员，我们愿同菲方密切合作，不断推动两国战略性合作取得新成果。胡锦涛指出，中菲经贸合作近年来取得较快发展，给两国人民带来实实在在的好处。希望中菲共同努力，落实好双方业已达成一致的合作项目，并积极探讨开展新的合作。

阿罗约表示，当前，菲中两国关系发展迅速，不受一时一事的影响，反映出双边关系的高水平。菲律宾坚定奉行一个中国政策。菲方期待同中方全面深化和扩大经济、社会、文化、安全领域合作。阿罗约宣布菲方将邀请100名中国地震灾区少年儿童赴菲律宾访问休整。胡锦涛对此表示感谢。

胡锦涛在会见蒙古总统恩赫巴亚尔时表示，中蒙友好合作潜力巨大、前景广阔。希望双方把握机遇，着眼长远，把两国关系不断推向前进。明年是中蒙建交60周年，希望双方通过举办各种纪念活动，增进友好，促进交流；本着互利共赢的精神，拓展务实合作的广度和深度；加强在联合国、上海合作组织、东北亚区域合作等框架内的合作。

恩赫巴亚尔表示，蒙古历届政府高度重视发展同中国关系，两国领导人频繁交往对推动蒙中关系发展发挥了重要作用。希望双方保持高层交往，继续加强基础设施建设等领域合作，密切在国际和地区问题上的协调和配合。

胡锦涛在会见乌兹别克斯坦总统卡里莫夫时表示，中乌关系持续快速发展，在一些重大问题上相互理解、相互支持，经贸、能源、人文合作成果显著。近年来一些大型合作项目相继上马，把两国经贸合作提高到了新水平。中方将继续对乌方经济社会发展提供援助。中乌安全合作成效显著，中方愿继续密切同乌方的合作。

卡里莫夫表示，乌兹别克斯坦人民不会忘记中国人民提供的支持和帮助，乌方希望同中方扩大各领域务实合作。乌方坚定支持中国在台湾、涉藏问题上维护国家主权和领土完整的努力，将继续同中国开展打击“三股势力”方面的合作。

双方同意同其他成员国一道努力，加强上海合作组织框架内的合作。

胡锦涛在会见澳大利亚总理陆克文时表示，面对全球金融形势复杂多变，石油、粮食等初级产品价格持续大幅攀升、各种热点问题层出不穷等新的情况，中澳两国应携手合作，共同应对全球性挑战。我们愿同澳方一道，始终从战略高度看待和处理中澳关系。双方要密切高层交往，深化在经贸、能源资源、教科文、气候变化等广泛领域的务实合作，积极稳妥地推进中澳双边自由贸易协定谈判，加强在重大国际和地区问题上的对话和沟通，将中澳互利共赢的全面合作关系不断推向前进。

陆克文表示，澳方希望加强同中方在经贸领域的务实合作，推进两国自贸区谈判。澳方将继续坚定不移地坚持一个中国原则。陆克文就澳方关于建立“亚太共同体”倡议作了说明。胡锦涛表示，中方愿就此同澳方保持沟通。

会见中，胡锦涛向有关国家领导人介绍了四川汶川特大地震灾后恢复重建情况，并代表中国政府和人民对各国政府和人民对中国抗击地震灾害提供的宝贵支持和援助表示感谢。

国家主席胡锦涛在钓鱼台国宾馆集体会见部分非洲国家和非盟委员会领导人

国家主席胡锦涛在钓鱼台国宾馆集体会见了前来出席北京奥运会开幕式的加蓬总统邦戈、安哥拉总统多斯桑托斯、马里总统杜尔、刚果(金)总统卡比拉、马达加斯加总统拉瓦卢马纳纳、毛里求斯总统贾格纳特、莫桑比克总统格布扎、布隆迪总统恩库伦齐扎、非盟委员会主席让·平。

胡锦涛表示，非洲国家和人民长期以来给予中国坚定支持，尤其是在台湾、涉藏等事关中国主权和领土完整等核心利益的问题上，我们始终得到非洲国家政府和人民的支持。胡锦涛强调，中国政府和人民珍视中非传统友谊，重视同非洲发展全面合作关系，将继续本着真诚友好、平等相待、互利互惠、共同发展的对非方针，加强同非洲国家各领域合作，同非洲朋友一道，落实好2006年中非合作论坛北京峰会成果，把中非关系提升到新的水平。

加蓬总统邦戈代表参加会见的非洲国家领导人发言。他表示，长期以来，中国政府和人民为非洲做了很多，我们铭记在心。在新形势下，希望双方巩固传统友谊，加强互利合作，使非中关系不断取得新成果。

李长春、贺国强等参加了会见。

国家主席胡锦涛在人民大会堂集体会见部分中亚和外高加索地区领导人

国家主席胡锦涛在人民大会堂集体会见了前来出席北京奥运会开幕式的土库曼斯坦总统别尔德穆哈梅多夫、吉尔吉斯斯坦总统巴基耶夫、亚美尼亚总统萨尔基相、阿塞拜疆总统阿利耶夫、塔吉克斯坦总统拉赫蒙。

胡锦涛指出，中国同各国政治互信不断加深，在彼此关切的重大问题上相互支持，在经贸、能源、安全、人文等各领域合作成果显著。中方珍惜同5国的传统友谊，愿同5国一道努力，将双边关系提高到新水平。

5国领导人积极评价同中国的友好合作关系，表示将继续同中国加强各领域互利合作，推动双边关系不断向前发展。

国家主席胡锦涛与大阿拉伯利比亚人民社会主义民众国“九·一”革命领导人穆阿迈尔·卡扎菲上校互致贺电庆祝两国建交30周年

全国人大常委会委员长吴邦国在人民大会堂分别会见前来出席北京奥运会开幕式的外国客人

在会见罗马尼亚众议长奥尔泰亚努时，吴邦国说，中方愿与罗方一道，以中罗建交60周年为契机，精心筹划组织相关活动，着力加强包括议会交往在内的各领域务实合作，共同推动中罗全面友好合作伙伴关系迈上新台阶。

奥尔泰亚努表示，罗马尼亚议会高度重视发展与中国全国人大的友好交往，并希望进一步加强年轻议员与代表间的交流，为两国关系持续发展做贡献。

在会见欧洲议会欧中友好小组主席德瓦时，吴邦国希望进一步发挥中国全国人大与欧洲议会定期交流机制的重要作用，中方欢迎更多欧洲议员来华访问，亲身感受和客观认识中国。

德瓦表示，欧中友好小组愿在欧洲议会内发挥积极影响，为增进欧中人民的了解与友谊多做工作。

在会见美国霍尼韦尔公司董事长兼首席执行官高德威时，吴邦国对包括霍尼韦尔公司在内的美国社会各界对四川汶川地震灾区给予的支持再次表示感谢。他指出，中美拥有广泛的共同利益，两国经济互补性强，合作潜力巨大，扩大经贸等领域的互利合作，符合双方的共同利益，有利于中美建设性合作关系的发展。

高德威表示，霍尼韦尔公司将继续加强与中国企业的互利合作，为促进美中经贸合作和美中关系发展而不懈努力。

全国政协主席贾庆林在人民大会堂会见中国国民党荣誉主席连战

全国政协主席贾庆林在人民大会堂会见由日本前首相森喜朗率领的“支持北京奥运会议员联盟”代表团一行

全国政协主席贾庆林在人民大会堂分别会见一些外国前政要

在会见印度尼西亚前总统梅加瓦蒂时，贾庆林指出，中国和印尼关系正步入一个快速健康稳定发展的新时期，希望双方共同努力，推动两国战略伙伴关系向纵深发展，为地区和世界的和平与发展作出新的贡献。

梅加瓦蒂表示将继续为两国友好关系发展贡献自己的力量。

在会见塞浦路斯前总统帕帕佐普洛斯时，贾庆林表示，中塞双方在经贸、文化等领域合作水平不断提高，在海运、农业、司法、环保、文物保护等领域的交流与合作也不断取得新的进展。中方高度重视与塞浦路斯的友好合作关系,愿与塞方一道努力,不断巩固两国政治基础,推动双边关系迈上新台阶。

帕帕佐普洛斯祝贺北京奥运会开幕式取得巨大成功,表示塞方重视对华关系,坚持一个中国政策,愿与中方共同努力,不断深化各领域合作。

国家副主席习近平在钓鱼台国宾馆集体会见来华出席北京奥运会开幕式的外国王室成员

国家副主席习近平在钓鱼台国宾馆集体会见了来华出席北京奥运会开幕式的比利时王储菲利普、丹麦王储腓特烈、荷兰王储亚历山大、卡塔尔王储塔米姆、西班牙王储费利佩、泰国公主诗琳通、汤加王储图普托阿等,对他们表示热烈欢迎。

习近平积极评价中国与各国的友好关系,希望各位王室成员继续关注中国,为双边关系发展作出更大贡献。

参加会见的王室成员感谢中国政府和人民的盛情款待,祝贺北京奥运会开幕式取得圆满成功,积极评价中国经济社会发展,表示将继续致力于发展同中国的友好交往与合作。

国家副主席习近平在北京分别会见卡塔尔和肯尼亚领导人

国家副主席习近平在北京分别会见来华出席北京奥运会开幕式的卡塔尔王储塔米姆和肯尼亚副总统穆西约卡。

在会见塔米姆时,习近平说,中方对近年来中卡各领域友好合作取得的成果感到满意,愿以中卡建交20周年为契机,与卡方共同努力,进一步巩固中卡友谊,深化能源、投资、基础设施建设、教育等领域的互利合作,推动双边关系更快、更好发展。习近平祝愿卡塔尔运动员在北京奥运会上取得好成绩。

塔米姆祝贺北京奥运会成功开幕,表示卡塔尔重视同中国发展友好合作关系,以造福于两国和两国人民。

在会见穆西约卡时,习近平说,中方珍视中肯传统友谊,愿与肯尼亚联合政府携手努力,进一步加强各领域合作,共同推动两国关系深入发展。

穆西约卡祝贺北京奥运会成功开幕。他说,齐贝吉总统和肯尼亚政府高度重视肯中友谊,感谢中方长期以来给予肯尼亚的支持和援助。肯尼亚政府将始终奉行一个中国政策,并致力于加强同中国的友好合作。

国务院副总理李克强在人民大会堂会见外国领导人和前政要

全国政协副主席王刚在北京会见前来出席北京奥运会开幕式的巴基斯坦人民党主席比拉瓦尔一行

中宣部部长刘云山在人民大会堂会见亚洲政党国际会议常委会主席德贝内西亚

陈燮霞以总成绩212公斤夺得奥运会女子举重48公斤级项目金牌并且打破奥运会纪录

在北京航空航天大学体育馆举行的女子举重48公斤级决赛中,中国选手陈燮霞以抓举95公斤、挺举117公斤和总成绩212公斤轻松为中国代表团夺得北京奥运会第一枚金牌,同时也打破了挺举和总成绩两项奥运会纪录。

在获悉陈燮霞获得中国体育代表团首枚金牌后,中共中央政治局委员、国务委员刘延东代表党中央、国务院发出贺信,向获奖运动员及中国体育代表团表示热烈祝贺和亲切慰问。

解放军总政治部致电祝贺解放军女子举重运动员陈燮霞在第二十九届奥运会女子举重48公斤级比赛中,夺得中国体育代表团在本届奥运会上的首枚金牌。

庞伟以总成绩688.2环夺得奥运会射击男子10米气手枪项目金牌

8月10日

国家主席胡锦涛在中南海瀛台会见来华出席北京奥运会开幕式及相关活动的美国总统布什

胡锦涛指出,两国高层及各级别交往密切,各领域对话磋商机制不断完善,经贸、反恐、能源、环保、执法等领域交流合作持续推进,中美战略经济对话取得重要成果。双方在朝鲜半岛核问题、伊朗核问题、苏丹达尔富尔问题等重大国际和地区问题上的磋商和协调富有成效。布什总统执政7年多来,为推动中美建设性合作关系发展作出了重要贡献,我对此高度评价。

胡锦涛强调,一个良好并不断发展的中美关系符合两国和两国人民的根本利益,对亚太地区乃至世界和平、稳定、繁荣具有深远影响。中方始终从战略高度和长远角度认识和对待中美关系,愿同美方一道,加强对话交流,增进了解和互信,尊重和照顾彼此利益关切,妥善处理敏感问题,确保中美建设性合作关系沿着正确轨道持续健康稳定向前发展。

布什赞同胡锦涛对美中关系的看法,表示美中关系是非常重要的、建设性的、坦率的双边关系。布什说,在我任期结束之前,美方将继续同中方一道努力,把美中关系建设在更加牢固的基础上。布什表示相信,美中关系会继续向前发展。

关于台湾问题,胡锦涛强调,在新形势下,中国政府将继续推动两岸关系和平发展,加强两岸人员往来和经济文化等各领域交流合作。无论两岸关系发生什么变化,我们坚持一个中国原则、反对"台独"分裂活动的立场不会改变,也不能改变。希望美方妥善处理台湾问题,支持两岸关系和平发展。布什表示,美方对两岸关系得到改善感到高兴。

双方积极评价中美战略经济对话取得的进展,同意共同努力,使对话取得更多积极成果。

双方还就朝鲜半岛核问题、伊朗核问题等交换意见,同意保持沟通和协调,共同为妥善解决这些问题作出努力。

国家主席胡锦涛在北京集体会见一些外国领导人

国家主席胡锦涛在北京集体会见了来华出席北京奥运会开幕式及相关活动的波黑主席团轮值主席西拉伊季奇、文莱苏丹哈桑纳尔、库克群岛女王代表古德温、卢森堡大公亨利、马来西亚最高元首米膺、密克罗尼西亚联邦总统莫里、摩纳哥国家元首阿尔贝二世亲王、新西兰总督萨蒂亚南德、挪威国王哈拉尔五世、萨摩亚国家元首埃菲、圣马力诺执政官扎费拉尼和阿马蒂、瑞士联邦委员会主席库什潘、瓦努阿图总统马塔斯凯莱凯莱。

李长春、贺国强等参加会见。

国务院总理温家宝在中南海紫光阁分别会见前来出席北京奥运会开幕式及相关活动的一些外国领导人

在会见美国总统布什时,温家宝说,确保中美关系持续、健康、稳定发展是两国的共同责任,也是国际社会的期待。近年来,两国建设性合作关系有了很大发展,希望这一良好势头能够保持下去。温家宝希望美国经济增长和美元稳定,并提出为推动中美经贸关系取得更大发展,要坚持平等、发展、互利原则,充分利用中美战略对话、商贸联委会等机制,加强对话和磋商,妥善处理分歧;要切实照顾彼此关切,中国政府愿在促进贸易平衡发展、加强知识产权保护等方面作出努力,希望美方放宽高技术产品对华出口并承认中国完全市场经济地位;要共同防止贸易保护主义蔓延,反对将经贸问题政治化,推动建立公正、公开、合理和非歧视性的多边贸易体制;要加强宏观经济政策协调和在国际经贸领域的沟通,共同应对国际金融市场动荡、全球能源和粮食价格上涨等挑战。

布什说,现在的中国与1975年我第一次访华时相比发生了巨大的积极变化。中国的发展对世界有利。现在的美中关系比我上任之初基础更加牢固,共同利益更加广泛。美中关系是共同发展的关系,不是你赢我输的关系。美方期待着同中国加强对话合作,继续保持战略经济对话等机制,加强能源、环境合作,共同应对气候变化等全球性挑战,使其成为21世纪两国合作的良好平台。无论是现在还是将来,我都将继续积极致力于推动发展更加密切和真诚的美中合作关系。

在会见几内亚总理苏瓦雷时,温家宝说,中几有着传统友好关系。我们愿以明年两国建交50周年为契机,开展多种形式的交流活动,增进两国人民的友谊。双方要抓紧落实中非合作论坛北京峰会成果,使几内亚人民早日受益。中几在资源开发和基础设施建设领域各有优势,两国企业可以建立长期稳定的合作关系,实现互利共赢。

苏瓦雷对中国长期以来为几内亚国家建设提供的帮助表示感谢。他说,几内亚人民对中国人民怀有兄弟般的友好感情,衷心祝愿中国取得更大发展。几内亚愿同中方加强合作,欢迎中国企业积极参与几内亚经济建设。

在会见汤加首相塞韦莱时,温家宝说,双方高层往来不断,在经贸、农业、文教、卫生等领域的交流与合作日益扩大,在国际和地区事务中进行了良好的沟通与协调。中方珍视中汤友谊,愿在现有良好基础上,与汤方探索新的合作途径和方式,推动中汤关系不断发展。

塞韦莱感谢中方多年来向汤加提供的支持和帮助。他表示,汤加王室、政府和人民高度重视汤中关系,汤加将继续恪守一个中国政策,在经贸、基础设施建设等领域同中方加强合作,在国际和地区事务中支持中方,使汤中关系在相互信任和尊重的基础上不断向前发展。

在会见瓦努阿图总理利尼时,温家宝说,中方愿保持两国高层交往势头,继续向瓦努阿图提供不附带政治条件的经济技术援助,鼓励中国企业到瓦努阿图投资,开展互利合作,造福两国人民。

利尼说,中国是瓦努阿图重要的发展合作伙伴,中方给予的帮助使瓦努阿图人民受益。瓦方珍视瓦中友谊,愿在瓦努阿图经济和社会发展进程中继续进一步同中方加强交往与合作。

在会见斐济临时政府总理姆拜尼马拉马时,温家宝说,中方尊重斐济人民自主选择的发展道路,相信斐济人民有能力、有智慧管理和建设好自己的国家。中方愿在相互尊重、平等互利原则基础上,与斐方加强各领域的互利合作,落实好援助项目,为两国关系发展注入新的活力。

姆拜尼马拉马表示,斐济将继续坚定奉行一个中国的政策。希望进一步加强同中国的友好合作关系,愿同中方积极配合,落实好中方援斐合作项目。

在会见芬兰总理万哈宁时，温家宝说，双方在林业、造纸、通信等传统领域的合作成果丰硕，在节能、环保、科技创新、纳米等新兴领域的合作也取得可喜进展。两国还开展了丰富多彩的文化交流活动。我们愿与芬方一道，在相互尊重、互利共赢的基础上，推动两国关系迈上新台阶。

万哈宁说，芬中关系发展良好，芬兰已成为中国在北欧最大的贸易伙伴。芬方希望同中方保持高层交往，重点推进科技创新等领域合作，愿同中方在共建科技环保型城市方面进行探讨。芬方愿积极支持和配合中方筹办年内在北京举行的第七届亚欧首脑会议。

在会见荷兰首相巴尔克嫩德时，温家宝说，近年来中荷保持各级别交往，政治互信加深。荷兰连续5年成为中国在欧盟的第二大贸易伙伴。两国在农业、科技、水利领域的合作给双方带来了实实在在的利益。我们愿与荷方共同努力，使中荷友好合作关系取得更多成果。

巴尔克嫩德表示，中国是荷兰重要和可靠的合作伙伴。荷方将继续奉行一个中国的政策，希望同中方加强对话合作，共同应对气候变化等全球性挑战，妥善解决地区热点问题，推动世贸组织多哈回合谈判取得进展。

在会见阿尔巴尼亚总理贝里沙时，温家宝说，近年来，双方高层交往增多，在彼此重大关切上相互支持。中方愿与阿方探索扩大贸易和相互投资的有效方式，使中阿友好合作更多地造福于两国人民。

贝里沙说，阿尔巴尼亚政府和人民珍视阿中传统友谊，感谢中国长期以来给予的支持和帮助。阿方希望同中国发展全面合作关系，欢迎中国企业赴阿投资。

当天，温家宝还会见了德国前总理施罗德。温家宝说，中德在经贸合作、技术转让、法治国家对话和文化交流方面都取得了突出成就。这是两国领导人和社会各界长期共同努力的结果。中方愿在相互尊重和平等互利原则基础上，与德方一道，将两国具有全球责任的伙伴关系推向新的高度。温家宝赞扬施罗德为发展两国关系作出的重要贡献，希望他继续致力于促进中德友好合作事业。

施罗德表示，德中之间有广泛的共同利益，合作领域不断扩大。我对德中关系的发展前景表示乐观，愿继续为此作出贡献。

国资委在北京举行新闻发布会通报央企运营情况

国资委主任李荣融在举行的国际新闻中心新闻发布会上对中外记者透露，国资委成立5年以来，央企每年销售收入平均增长13000亿元，每年增长利润为1500亿元，上缴的税收平均每年增长1000亿元，国有资产总额每年增长15000亿元。2002—2007年，全国国有企业营业收入、实现利润、上缴税金分别年均增长18.7%、36%和20.4%。其中，2007年，全国国有企业上缴税金1.77万亿元，占全国财政收入的34.5%。

李荣融说，5年来，我国国有资产监管体系框架基本建立并逐步完善，国有资产监管得到加强，保值增值责任层层落实，国有企业改革不断深化，国有企业重组也不断提速。2002—2007年，国有企业数量从15.87万户减少到11.51万户。中央企业从196家减少至149家。国有企业政策性破产项目5000户，安置职工1000万人。

李荣融表示，今后，国有企业将加快改革和重组，中央企业重组将由自愿组合转向由国资委主动推进，相当一部分不属于国家经济命脉和国家安全的企业将进入市场竞争。根据国有经济布局调整的要求，中央企业到2010年减少至80—100家的目标不变。

国家副主席习近平在中南海会见美国总统布什

国务委员戴秉国在中南海会见非洲联盟委员会主席让·平

国务委员刘延东在中南海会见联合国教科文组织总干事松浦晃一郎

国际军事体育理事会在八一大楼向中方授勋

为感谢中国军队对国际军事体育运动作出的贡献，国际军事体育理事会在八一大楼向中国军队领导人、国际军体村组委会有关官员以及中国人民解放军优秀运动员代表授勋。

国务委员兼国防部长梁光烈，中央军委委员、总参谋长陈炳德，副总参谋长刘镇武，国际军体理事会负责人及来京参加国际军体村活动的11个成员国的30余名官员出席了授勋仪式。

中国外文局和美国耶鲁大学获颁美国休战基金会拓展奖

为表彰中国外文局和美国耶鲁大学在大型出版项目《中国文化与文明》中所做的贡献，美国休战基金会在北京举行仪式，向中国外文局和耶鲁大学颁发拓展奖。

中国国务院新闻办公室副主任兼中国外文局局长蔡名照代表中方、美国耶鲁大学校长雷文代表美方共同出席了颁奖仪式，并接受颁奖。包括萨马兰奇在内的国际奥委会和美国奥委会的高级官员、运动员代表等125人出席了颁奖活动。

美国休战基金会认为,中国外文局和耶鲁大学出版社的《中国文化与文明》项目在展示多彩的中国文明时,克服了来自文化、商业、政治、学术、语言等方面的障碍,在向世界介绍中国文化,推动中美两国增进交流、理解和信任方面作出了重大贡献,这正是奥林匹克休战的精髓。在北京奥运会期间向两者颁奖,更具有特殊的意义。

《中国文化与文明》项目开始于1990年,是迄今为止中美之间最大的合作出版活动,在中美两国获得国家图书大奖。

郭文珺以总成绩492.3环夺得奥运会射击女子10米气手枪项目金牌并打破奥运会纪录

郭晶晶和吴敏霞以总成绩343.50分夺得奥运会跳水女子双人3米跳板项目金牌

冼东妹夺得奥运会柔道女子52公斤级项目金牌

龙清泉以总成绩292公斤夺得奥运会举重男子56公斤级项目金牌

8月11日

国家主席胡锦涛在人民大会堂分别会见前来出席北京奥运会开幕式及相关活动的一些外国领导人

胡锦涛在会见柬埔寨国王西哈莫尼时表示,中国政府和人民愿同柬埔寨政府和人民一道,以中柬建交50周年为契机,加强友好往来,扩大互利合作,促进共同发展,推动中柬睦邻友好和全面合作再上新台阶。

西哈莫尼表示,柬中友谊是两国几代领导人共同缔造和发展的。多年来,两国保持亲密的关系,在政治、经济、文化、教育等领域开展了全面合作。柬埔寨王室、政府和人民感谢中国长期以来提供的宝贵支持和援助,将继续坚定致力于发展同中国的睦邻友好合作关系。

胡锦涛在会见塞浦路斯总统赫里斯托菲亚斯时表示,当前,双方各领域合作取得积极成果,在国际事务中相互配合。中方愿同塞方一道努力,加强两国高层交往,扩大各方面、各层次友好交流,增进两国人民友谊;深化经贸合作,中方愿增加塞方产品进口,继续推动中国企业赴塞投资,拓展文化、卫生、教育、旅游、农渔业、环保领域的合作;密切在联合国、亚欧会议等国际组织和多边事务中的协调。

胡锦涛指出,中国一贯主张塞浦路斯的独立、主权和领土完整应该得到尊重,塞浦路斯问题应在联合国有关决议的基础上得到公正合理的解决。

赫里斯托菲亚斯表示,中国是塞浦路斯亲密友好的朋友,塞方感谢中方支持塞维护国家统一。塞中合作空间广阔,希望双方继续加强经贸等领域合作。塞方将继续为推动欧中关系发展作出努力。

胡锦涛在会见斯洛伐克总统加什帕罗维奇时表示,近年来,中斯两国关系发展很好。双方高层交往不断,政治互信日益加深,各领域务实合作富有成果,双边贸易额屡创新高,科技、文化、教育、体育等领域合作取得长足发展,在国际事务中密切协调和配合。中国视斯洛伐克为可信赖的朋友和伙伴。明年是中斯建交60周年,我们愿同斯方一道努力,以此为契机,推动双边友好合作关系迈上新台阶。

加什帕罗维奇表示,斯中关系发展良好,互利合作进展顺利。斯方重视中国在国际事务中的重要影响,希望继续深化斯中合作,推动两国关系取得更大发展。加什帕罗维奇表示,在全球化的背景下,欧中关系十分重要,斯洛伐克将继续为欧中关系发展作出积极努力。

胡锦涛在会见拉脱维亚总统扎特莱尔斯时表示,中方重视发展同拉脱维亚的关系,愿同拉方保持各级别交往,加强两国政府、立法机构、政党接触,拓展经贸合作渠道,扩大科技、文化、教育领域交流合作,在国际事务中保持良好协调和配合,共同推动双边关系全面发展。

扎特莱尔斯赞同胡锦涛对两国关系的看法。他表示,拉中两国交通运输合作取得良好成果,拉方愿同中方加强经贸领域合作,大力开展教育、文化领域交流。

会谈中,胡锦涛代表中国政府和人民对各国政府和人民为中国抗击地震灾害提供的援助表示感谢。

全国政协主席贾庆林在北京会见前来出席北京奥运会开幕式的柬埔寨太皇诺罗敦·西哈努克

全国政协主席贾庆林在人民大会堂会见台湾亲民党主席宋楚瑜一行

贾庆林说,当前两岸关系发展正面临多年来难得的历史机遇。我们一定要紧紧抓住并切实用好来之不易的机遇,大力加强两岸交流合作,维护和增进中华民族的整体利益。两岸关系的前途掌握在两岸同胞自己手中。希望双方本着“建立互信、搁置争议、求同存异、共创双赢”的精神,积极面向未来,共同开拓两岸关系和平发展的道路。

宋楚瑜表示,北京奥运会是两岸同胞、中华民族的盛事,也反映了大陆改革开放的辉煌成就。亲民党将秉持“炎黄子孙不忘本,两岸兄弟一家亲”的理念,继续发挥积极作用,与台湾各界共同努力,为两岸关系和平发展创造有利条件。

银监会更新2007年度《中国银行业农村金融服务分布图集》

《中国银行业农村金融服务分布图集》显示，零金融机构乡镇数进一步减少，2007年年末为2868个，比上年减少434个。农民人均拥有银行业金融机构网点数和金融服务人员数有所提高，平均每万名农民拥有银行业金融机构1.54个，略高于上年的1.26个；有8809万户农民获得贷款支持，比上年增加90万户。

国家副主席习近平在人民大会堂会见孟加拉国客人

外交部部长杨洁篪在北京会见来华出席北京奥运会开幕式的加拿大外交部部长埃默森

2008奥林匹克美术大会开幕式暨颁奖典礼在北京举行

中共中央政治局常委李长春和国际奥委会主席罗格、终身名誉主席萨马兰奇出席并为获奖者颁奖。

2008奥林匹克美术大会由国际奥委会主办，以"中国·世界"为主题，以"艺术，让奥林匹克更美"为口号，旨在以艺术的形式诠释现代奥林匹克精神，宣传北京奥运会的"人文奥运"理念。活动自今年1月启动以来，共征集到来自40多个国家和地区艺术家的近万件美术作品，从中挑选出800多件在大会期间展出。

刘淇、刘云山、刘延东、陈奎元、孙家正一同出席。

林跃和火亮以总成绩468.18分夺得奥运会跳水男子双人10米跳台项目金牌

陈艳青以总成绩244公斤夺得奥运会举重女子58公斤级项目金牌

张湘祥以总成绩319公斤夺得奥运会举重男子62公斤级项目金牌

8月12日

国务委员刘延东在人民大会堂会见前来出席北京奥运会开幕式及相关活动的乌克兰副总理瓦休尼克

中国男子体操队以总成绩286.125分夺得奥运会体操男子团体赛项目金牌

王鑫和陈若琳以总成绩363.54分夺得奥运会跳水女子双人10米跳台项目金牌

仲满以15比9击败法国选手夺得奥运会击剑男子佩剑个人赛项目金牌

廖辉以总成绩348公斤夺得奥运会举重男子69公斤级项目金牌

8月13日

国务院总理温家宝在北京主持召开国务院常务会议

会议审议并原则通过《全国土地利用总体规划纲要(2006—2020年)》(以下简称《纲要》)。

会议指出，土地利用总体规划是落实土地宏观调控和土地用途管制、规划城乡建设的重要依据，是实行最严格土地管理制度的一项基本手段。科学制定并严格实施土地利用总体规划，关系国家和人民的长远利益，必须坚持节约资源和保护环境的基本国策，坚持保护耕地和节约集约用地的根本指导方针，统筹土地利用与经济社会协调发展，不断提高土地资源对经济社会全面、协调、可持续发展的保障能力。

新修订的《纲要》围绕全面建设小康社会的总体目标，从保障粮食安全、经济安全和社会稳定出发，提出了坚守18亿亩耕地红线的目标，到2010年和2020年，全国耕地保有量分别保持在18.18亿亩和18.05亿亩。围绕规划目标，《纲要》明确了土地利用的主要任务：一是保护和合理利用农用地。严格控制非农建设占用耕地，严格落实补充耕地的法定义务，加强基本农田保护和建设，提高农用地综合利用效益。二是节约集约利用建设用地。严格控制新增建设用地规模，引导城镇用地内部结构调整，加强农村宅基地管理，提高基础设施用地效率，重点加强对城乡建设用地扩展边界的控制。三是协调土地利用和生态建设。加强天然林、天然草场等基础性生态用地保护，强化土地生态环境整治，因地制宜改善土地生态环境。四是统筹区域土地利用。根据各地区土地资源条件、利用现状和潜力，加强各类主体功能区域的土地利用调控，实行差别化的区域土地利用政策，强化对省级行政辖区土地利用的调控。五是完善规划实施保障措施。严格执行保护耕地和节约集约用地目标责任制，强化土地利用总体规划的整体控制作用，健全保护耕地和节约集约用地的市场调节机制。推进土地利用规划立法，从严制定用地标准和供地政策。

会议强调，各地区要根据《纲要》确定的主要目标和任务，组织修编好各级土地利用总体规划。要严格依据土地利用总体规划，从严审查各类规划用地规模和标准，凡不符合土地利用总体规划的，必须及时调整和修改，核减用地规模，调整用地布局；加强规划实施动态监管，切实落实土地用途管制制度。地方政府主要负责人对本行政区域内土地利用总体规划和年度计划执行情况负总责。

会议还研究了其他事项。

全国政协主席贾庆林在民族文化宫参观迎奥运“格萨尔千幅唐卡展”

全国政协主席贾庆林在北京中国国际展览中心参观2008奥林匹克美术大会展览

国务院副总理回良玉到青海考察

8月13日至16日，国务院副总理回良玉先后到青海平安、化隆、循化、共和、湟中等县，考察农牧业生产、新农村建设、扶贫开发、生态保护和民族工作。他深入到田间地头、温室大棚、养殖场圈、农牧人家、龙头企业，实地察看粮油作物长势和特色蔬菜、畜牧业生产，详细了解各项惠农政策落实情况。在平安县兴发养殖场，回良玉认真听取当地干部群众对发展畜牧业生产的意见，强调要切实防止生猪等畜产品生产大起大落，勉励青海努力提高肉蛋奶自给水平。他指出，因地制宜发展特色农牧业，是建设现代农业的重要内容。青海具有独特的地理气候条件和农牧业资源，要积极推进特色农牧业规模化生产、区域化布局、产业化经营，强化科技示范带动，加大设施农牧业投入，把特色做大做强，作出品牌和效益。他还指出，青海的油菜单产水平全国第一、出油率高于全国平均水平，现在国家已经并正在进一步采取措施扶持油料生产，希望青海为全国作出更大贡献。

青海的生态地位在全国极端重要，回良玉专门考察了青海湖流域生态环境保护治理工程和龙羊峡水利工程。他说，青海生态环境保护和建设关系中华民族的长远利益，要认真实施“三江源”生态保护和建设工程，加强青海湖等重点地区的生态治理，认真做好退耕还林、天然林保护、沙漠化治理和生态移民工作。同时要科学规划好黄河上游水电资源的滚动开发。要把草原保护和建设放在更加突出的位置，组织实施好退牧还草工程，解决好禁牧休牧后农牧民的生产生活问题，实现草原植被恢复与产业开发、农牧民增收的有机统一。

青海是我国少数民族人口比例最高的省。回良玉十分关心少数民族群众的生产生活和青海的扶贫开发工作。他走进各族群众家中，与他们促膝而坐，问寒问暖，详细询问他们生产生活中有什么困难。在全国唯一的撒拉族自治县循化，他对当地干部群众说，党中央、国务院高度重视包括撒拉族在内的人口较少民族的发展，制定并实施了专项扶持规划，你们的生活一定会越来越好。他强调，共同团结奋斗、共同繁荣发展是民族工作的主题，我们要讲感情、动真格、求实效，支持民族地区经济社会加快发展，促进各民族和睦相处、和衷共济、和谐发展。在考察青海整村推进扶贫项目时，回良玉说，青海农村的贫困面还比较大，要继续坚持开发式扶贫的方针，不断创新整村推进、产业化扶贫、劳动力转移培训等扶贫工作机制，增强贫困人口和贫困地区的发展能力。

考察期间，回良玉听取了青海省委、省政府的工作汇报，对近年来青海经济社会发展、农业农村工作、生态环境保护建设和民族工作等方面取得的成绩予以充分肯定。

国务院副总理张德江到黑龙江调研

8月13日至16日，国务院副总理张德江先后到佳木斯、哈尔滨等地，深入企业、就业和社会保障服务机构，考察就业和社会保障工作。其间，主持召开东北三省和国务院有关部门负责同志参加的座谈会。他对黑龙江、吉林、辽宁三省就业和社会保障工作取得的成绩给予充分肯定，希望东北三省全面落实党的十七大精神，贯彻中央的决策部署，锐意改革创新，扎实细致工作，设身处地替职工群众着想，帮助他们解决实际困难，促进就业和社会保障事业发展，加快振兴东北老工业基地，为国家的现代化建设作出新的贡献。

张德江说，就业是民生之本，扩大就业是执政为民的重要体现。要坚持实施扩大就业的发展战略，落实和完善积极的就业政策，一手抓扩大就业，一手抓失业调控，继续完善公共就业服务和就业援助制度，加强职业培训，促进以创业带动就业，不断扩大就业规模，改善就业结构，提高就业质量，努力实现社会就业更加充分的战略目标。

张德江指出，构建和谐劳动关系事关保护劳动者合法权益，事关保障职工及家庭生活。要坚决贯彻实施《劳动合同法》等法律、法规，确保职工工资按时足额发放，抓紧解决企业工资历史拖欠问题，防止发生新的拖欠，切实维护劳动者合法权益。

张德江强调，建立、健全社会保障体系是构建社会主义和谐社会、实现国家长治久安的重要保证。要继续深化改革，加强制度建设，完善政策措施，增加资金投入，提高统筹水平，加快完善中国特色社会保障体系。当前，要重点推进基本养老保险制度改革，尽快建立覆盖所有城镇居民的基本养老保险制度，积极探索建立农民工养老保险和农村养老保险制度。

黑龙江省委书记吉炳轩、省长栗战书和国务院有关部门负责同志陪同调研。

中国女子体操队以总成绩188.90分夺得奥运会体操女子团体赛项目金牌

陈颖以总成绩793.4环夺得奥运会射击女子25米运动手枪项目金牌

王峰和秦凯以总成绩469.08夺得奥运会跳水男子双人3米跳板项目金牌

刘春红以总成绩286公斤夺得奥运会举重女子69公斤级项目金牌并打破世界纪录

第十一世班禅额尔德尼·确吉杰布在民族文化宫参观迎奥运"格萨尔千幅唐卡展"

8月14日

国务院总理温家宝在中南海紫光阁会见前来观看北京奥运会比赛的匈牙利总理久尔恰尼

大陆赠台大熊猫"团团""圆圆"获准入住台北市立木栅动物园

《中华人民共和国和阿富汗伊斯兰共和国睦邻友好合作条约》互换批准书仪式在北京举行

中国外交部部长助理胡正跃和阿富汗驻华大使埃克利尔·艾哈迈德·哈基米分别代表各自政府签署了互换批准书的证书。

《中华人民共和国和阿富汗伊斯兰共和国睦邻友好合作条约》是国家主席胡锦涛于2006年6月19日在北京与阿富汗总统卡尔扎伊共同签署的。中国全国人大常委会和阿富汗议会先后完成审议工作并批准该条约。双方互换批准书，标志着两国已完成国内全部法律程序，条约自2008年8月14日起正式生效。

刘子歌以2分04秒18的成绩夺得奥运会游泳女子200米蝶泳项目金牌并打破世界纪录

杜丽以总成绩690.3环夺得奥运会射击女子50米步枪三姿射击项目金牌

杨威以总成绩94.575分夺得奥运会体操男子个人全能项目金牌

张娟娟以总成绩110环夺得奥运会射箭女子个人赛项目金牌

杨秀丽夺得奥运会柔道女子78公斤级项目金牌

2008奥林匹克青年(北京)论坛举行

来自200多个国家和地区的400多名青年代表，围绕着"青年创造未来"这一主题，进行了交流讨论。"现代奥林匹克之父"顾拜旦先生的后人雅克·顾拜旦在论坛上作了主旨发言，国际顾拜旦协会主席穆勒博士，国际奥委会总干事乌尔斯·拉科特等多位嘉宾参加了论坛并发言。

雅克·顾拜旦在其主旨发言中指出，奥林匹克未来要靠在座的青年，只有青年的发展才能创造美好的未来。我们要充分利用举办奥林匹克盛会这一历史契机，为在世界各国传播奥林匹克精神、创造青年的共同发展和进步作出自己的贡献。

8月15日

国家主席胡锦涛在人民大会堂会见前来观看北京奥运会比赛的新加坡总统纳丹

胡锦涛指出，中方高度重视同新加坡的关系，中新两国在经济社会发展等方面互补性强，在当前复杂多变的国际形势下，我们应该进一步加强合作，共同发展。中方愿同新方一道努力，推动中新关系不断向新的水平迈进。

纳丹表示，新中合作领域不断扩大，互补水平提高。新方认为，中国迅速发展将使本地区国家受益，提高本地区人民生活水平。新加坡珍视新中关系，期待双方加强友好互利合作，密切在国际和地区事务中的沟通和协调。

胡锦涛介绍了中国抗震救灾和灾后恢复重建工作情况，对新加坡派救援队来华参加救灾工作、向中方提供援助表示衷心感谢。纳丹表示相信，中国政府和人民将取得灾后恢复重建工作的胜利。灾区人民将迎来更加美好的明天。

国务院副总理李克强在人民大会堂分别会见前泰国副总理沙南和美国微软公司董事长比尔·盖茨

在会见沙南时，李克强说，双方政治上高度互信，各领域互利合作不断拓展，在国际和地区事务中的协调与配合日益密切。中方赞赏泰方一直把推进中泰友好置于对外关系的重要位置。中方视泰国为亲密的朋友和可信赖的合作伙伴，愿与泰方一道，不断拓展和深化两国战略性合作，实现互利共赢、共同发展，造福两国人民。

沙南高度评价两国关系，表示泰方愿一如既往推动泰中友好关系向前发展。

在会见比尔·盖茨时，李克强说，信息产业已成为推动经济社会发展的重要力量。中国经济持续快速发展，广阔的市场前景是任何一个有战略眼光的投资者都不应忽视的。我们愿与包括微软公司在内的世界知名企业深化合作，促进软件业发展与信息化建设。希望微软公司与中国合作伙伴本着互利共赢的原则，扩大技术、投资及软件外包等方面的合作，实现共同发展。

比尔·盖茨表示，微软公司致力于在中国的发展，将继续与中国有关方面深化和扩大合作。

《汶川大地震：精神永存》《抗震救灾英雄谱》出版

为配合在全党、全社会大力学习弘扬伟大抗震救灾精神，不断为中国特色社会主义事业发展提供强大精神动力，新华月报社编纂了《汶川大地震：精神永存》和《抗震救灾英雄谱》两种图书，日前已由人民出版社出版。

曹磊以总成绩282公斤夺得奥运会女子举重75公斤级项目金牌

佟文夺得奥运会女子柔道+78公斤级项目金牌

陆永以总成绩394公斤夺得奥运会男子举重85公斤级项目金牌

杜婧 于洋以2:0战胜韩国队夺得奥运会羽毛球女了双打项目金牌

8月16日

张宁夺得奥运会羽毛球女子单打项目金牌

8月17日

国务院副总理回良玉在北京会见法国农业部长米歇尔·巴尼耶

外交部部长杨洁篪在钓鱼台国宾馆会见来北京观看奥运会比赛的日本外相高村正彦

全国人大常委会副委员长陈至立在奥运村会见日本国会参议院议员 日本田径协会副会长中曾根弘文

郭晶晶以总成绩415.35分夺得奥运会跳水女子3米跳板项目金牌

林丹夺得奥运会羽毛球男子单打项目金牌

张怡宁 王楠 郭跃夺得奥运会乒乓球女子团体赛项目金牌

肖钦以15.875分的成绩夺得奥运会体操男子鞍马项目金牌

邹凯以16.050分的成绩夺得奥运会体操男子自由体操项目金牌

王娇夺得奥运会摔跤女子72公斤级项目金牌

唐宾 金紫薇 奚爱华 张杨杨以6分16秒06的成绩夺得奥运会女子四人双桨项目金牌

邱健以总成绩1272.5环夺得奥运会射击男子50米步枪三姿射击项目金牌

8月18日

十一届全国人大常委会第八次委员长会议在人民大会堂举行

吴邦国委员长主持会议。

委员长会议决定，十一届全国人大常委会第四次会议8月25日至29日在北京举行，建议会议审议循环经济法草案、食品安全法草案、刑法修正案(七)草案、保险法修订草案、专利法修正案草案等法律案。

根据委员长会议建议的议程，十一届全国人大常委会第四次会议还将审议国务院关于提请审议批准《万国邮政联盟组织法第七附加议定书》的议案、关于提请审议批准中国和纳米比亚关于刑事司法协助的条约的议案、关于提请审议批准中国政府和巴基斯坦政府关于刑事司法协助的协定的议案、关于提请审议批准中国和日本关于刑事司法协助的条约的议案。

十一届全国人大常委会第四次会议还将审议国务院关于2007年中央决算的报告，审查和批准2007年中央决算；审议国务院关于2007年度中央预算执行和其他财政收支的审计工作报告；审议国务院关于今年以来国民经济和社会发展计划执行情况的报告；审议国务院关于促进农民稳定增收情况的报告；审议全国人大常委会执法检查组关于检查未成年人保护法实施情况的报告；审议全国人大常委会代表资格审查委员会关于个别代表的代表资格的报告；审议有关任免案等。

委员长会议听取了全国人大常委会副委员长兼秘书长李建国作的关于十一届全国人大常委会第四次会议议程草案和日程安排意见的汇报，听取了全国人大有关专门委员会、常委会有关工作委员会负责人关于十一届全国人大常委会第四次会议有关议程情况的汇报。

全国人大常委会副委员长王兆国、路甬祥、乌云其木格、韩启德、华建敏、陈至立、周铁农、司马义·铁力瓦尔地、蒋树声、陈昌智、严隽琪、桑国卫出席会议。

全国人大常委会委员长吴邦国在人民大会堂分别会见前来观看北京奥运会的一些外国客人

在会见黑山议会议长克里沃卡皮奇时，吴邦国说，我们一贯主张国家不分大小、贫富、强弱都是国际社会的平等一员。中方高度重视同黑山发展长期、稳定、全面的友好合作关系，愿与黑山一道努力，加强包括立法机构在内的各方面的友好交往，扩大经贸等领域的务实合作，促进共同发展。

克里沃卡皮奇表示，黑山议会愿加强与中国全国人大的交往与合作，为两国关系发展注入新的动力。他重申，黑山将始终坚定奉行一个中国政策。

在会见阿尔及利亚国民议会议长齐阿里时，吴邦国说，成功举办北京奥运会是中国人民的百年企盼。现在奥运会赛程过半，赛事进展顺利，来自204个国家和地区的1万多名运动员在竞技场上奋勇拼搏，不断创造佳绩，充分体现了"同一个世界，同一个梦想"的理念。我们将继续履行对国际社会的郑重承诺，一定能把北京奥运会办成一届有特色、高水平的体育盛会。他表示，中方愿以中阿建交50周年为契机，促进两国政治友好，深化互利合作，推动中阿战略合作关系不断向前发展。

齐阿里说，两天来我到了不少场馆，北京奥运会的良好组织和周到服务给我留下深刻印象，这也再次向全世界展示了中国改革开放的崭新风貌。阿议会愿加强同中国全国人大的友好交往，促进各领域的务实合作。

在会见日本众议院议长河野洋平时，吴邦国说，胡锦涛主席5月对日本进行了成功的"暖春之旅"，全面规划了两国关系未来的发展，开创了中日战略互惠关系新局面。中日关系已经站在新的历史起点上，面临向更广阔空间发展的重要机遇。中国全国人大愿与日本众议院进一步加强合作，充分发挥双方定期交流机制的作用，全面落实两国领导人达成的共识，推动中日战略互惠关系取得新发展。他还感谢日本政府、国会和人民对北京奥运会的支持，对日本国会成立由各党派议员组成的"支持北京奥运议员联盟"表示赞赏，并祝愿日本运动员取得优异成绩。

河野洋平表示，日本各界都十分关心和支持北京奥运会。日本众议院愿为增进日中人民的友好感情、促进两国关系全面发展发挥更加积极的作用。

全国人大常委会副委员长兼秘书长李建国会见时在座。

全国政协主席贾庆林在人民大会堂会见由国会副议长文喜相率领的韩国超党派国会议员代表团

贾庆林指出，当前中韩关系发展势头喜人。胡锦涛主席即将对韩国进行的国事访问，将有力地推动中韩关系迈向新的更高阶段。贾庆林说，党际交往在促进两国友好合作中发挥着十分重要的作用，中国共产党愿与韩各政党不断深化交流内涵，增进相互信任，扩大友好合作，共同为推动中韩战略合作伙伴关系继续向前发展作出新的贡献。

文喜相说，韩国朝野各党、政府和人民热切期待着胡锦涛主席对韩国的访问。北京奥运会的成功举行给包括韩国人民在内的世界各国人民带来了无尽的喜悦。

国务院副总理李克强到天津考察

8月18日至19日，李克强在中共中央政治局委员、天津市委书记张高丽和市长黄兴国的陪同下，深入工厂车间、建设工地、港口码头以及商贸服务区和居民住宅区，着重就经济运行和改革开放进行考察调研。

在一汽丰田汽车的生产车间考察时，李克强说，今年以来，我国经济经受了严峻考验，保持了良好的发展势头。我们要统一思想，坚定信心，巩固和发展好的形势；同时也要认清面临的多种复杂因素，保持清醒头脑，积极应对困难和挑战。要把保持经济平稳较快发展、控制物价过快上涨作为宏观调控的首要任务，贯彻落实中央确定的各项政策措施，全面做好经济工作。

东疆保税港区、临港工业区、中新天津生态城是近年来天津改革开放的新亮点。李克强说，今年是改革开放30周年，我国现代化建设取得的巨大成就靠的是改革开放，实现经济长期平稳较快发展也要靠改革开放。必须以改革开放破解难题、转变机制、激发活力、提升水平。要用国际视野和战略眼光，在更高层次上审视结构调整中的问题，不断拓展对外开放的广度和深度，着力增强国际竞争力。要针对经济生活中存在的深层次矛盾，推进体制机制创新，深化企业改革，促进多种所有制经济共同发展，健全市场体系，不断开创发展的新局面。

天津滨海新区依托京津冀、服务环渤海、辐射"三北”、面向东北亚。看到天津滨海新区蓬勃发展的可喜势头,李克强十分高兴。他说,要加快推进滨海新区综合配套改革,按照科学发展观的要求,确定滨海新区的功能定位,努力把滨海新区建成我国北方对外开放的门户、现代制造业和研发转化基地、北方国际航运和物流中心,为促进环渤海地区结构优化升级,经济社会协调发展提供有力支撑,形成战略支点。他指出,环渤海地区综合优势明显,发展潜力巨大,在全国经济社会发展中占有重要位置。要进一步壮大区域经济实力,积极拓展国内需求和发展空间,使其成为继珠江三角洲、长江三角洲之后我国又一重要经济增长区,带动北方和更大区域发展,更好地造福于广大人民群众。

中国参与14个国际能源合作机制

国家能源局在2008北京国际新闻中心举行新闻发布会,国家发改委副主任、国家能源局局长张国宝介绍了中国能源供需的整体状况和国际合作情况。在国际能源合作方面,张国宝介绍了中国与哈萨克斯坦和俄罗斯等国的能源合作,并透露国家能源局已参与了14个国际多边合作机制,包括中国和海湾合作组织能源合作、中国和欧佩克能源合作、上海合作组织能源工作组、中亚区域合作能源协调委员会、亚太清洁发展和气候变化新伙伴关系计划和亚太经合组织能源合作等。这些合作机制为中国促进全球能源价格稳定和供需平衡,以及确保中国能源安全提供了重要的平台。

国务委员戴秉国会见来华观看奥运会的俄罗斯联邦安全会议秘书帕特鲁舍夫

中联部部长王家瑞在北京会见由国会副议长文喜相率领的韩国超党派国会议员代表团

国家副主席习近平致电慰问因伤退出奥运会预赛的110米栏选手刘翔

王励勤 王皓 马琳夺得奥运会乒乓球男子团体项目金牌

何雯娜以总成绩37.80分夺得奥运会蹦床女子个人项目金牌

何可欣以16.725分的成绩夺得奥运会体操女子高低杠项目金牌

陈一冰以16.600分的成绩夺得奥运会体操男子吊环项目金牌

8月19日

国家主席胡锦涛在人民大会堂会见前来观看北京奥运会比赛的保加利亚总统珀尔瓦诺夫

胡锦涛指出,多年来,中国和保加利亚遵循相互尊重、平等相待、互不干涉内政的原则,积极发展双边关系。特别是近年来,双方保持高层交往,各领域合作富有成果。在国际和地区事务中保持着密切协调和配合。中方重视发展中保关系。明年两国将迎来建交60周年,这是两国关系发展进程中的重要里程碑,中方愿同保方一道,以此为契机,深化两国各领域务实合作。

珀尔瓦诺夫高度评价保中关系和双方各领域合作。他表示,保加利亚人民对中国人民充满友好感情,保方希望两国保持高层往来,加强经贸联系,扩大投资合作,促进文化交流,在国际和地区事务中密切配合、相互支持。

双方还就中欧关系交换看法,同意共同为促进中欧关系发展作出努力。

胡锦涛感谢保加利亚政府邀请中国地震灾区中小学生赴保加利亚疗养。珀尔瓦诺夫再次向地震灾区人民表示诚挚慰问。

令计划、王沪宁、戴秉国参加会见。

中国农业银行发起设立村镇银行

由中国农业银行作为主发起人发起设立的两家村镇银行,湖北汉川农银村镇银行和克什克腾农银村镇银行在湖北、内蒙古同时成立。这两家村镇银行的成立,开创了国有商业银行发起设立村镇银行的先河,标志着农业银行多渠道服务“三农”迈出了重要步伐。

据介绍,由农业银行参股、控股的村镇银行今后将统一以“农银”命名,前期在湖北、内蒙古两省区试点成功后,将逐步扩大范围。发起设立村镇银行,将有利于解决长期以来农村基层客户分散化与大型商业银行服务集中化之间的矛盾,降低服务“三农”的门槛,进一步拓宽服务“三农”的覆盖面。

中国农业银行副行长张云表示,今后农行将充分利用其在县域、农村的传统优势和大银行资源,在品牌、技术、产品、培训等方面,给予村镇银行大力支持,引导村镇银行组建完善的公司治理架构,建立稳健的经营管理体系,形成良好的市场竞争和客户服务能力,实现商业可持续发展,使其在“三农”金融服务方面发挥更好的作用。

国家主席胡锦涛根据全国人大常委会的决定任免驻外大使

一、免去刘玉和的中华人民共和国驻突尼斯共和国特命全权大使兼驻巴勒斯坦国特命全权大使职务；

任命李蓓芬(女)为中华人民共和国驻突尼斯共和国特命全权大使。

二、免去章启月(女)的中华人民共和国驻比利时王国特命全权大使职务；

任命张援远为中华人民共和国驻比利时王国特命全权大使。

三、免去兰立俊的中华人民共和国驻印度尼西亚共和国特命全权大使职务；

任命章启月(女)为中华人民共和国驻印度尼西亚共和国特命全权大使。

四、免去陈晓东的中华人民共和国驻伊拉克共和国特命全权大使职务；

任命常毅为中华人民共和国驻伊拉克共和国特命全权大使。

五、免去程文举的中华人民共和国驻塞拉利昂共和国特命全权大使职务；

任命邱绍芳为中华人民共和国驻塞拉利昂共和国特命全权大使。

六、免去张利民的中华人民共和国驻拉脱维亚共和国特命全权大使职务；

任命程文举为中华人民共和国驻拉脱维亚共和国特命全权大使。

七、免去李国邦的中华人民共和国驻塞尔维亚共和国特命全权大使职务；

任命魏敬华为中华人民共和国驻塞尔维亚共和国特命全权大使。

八、免去施隆壮的中华人民共和国驻萨摩亚独立国特命全权大使职务；

任命马崇仁为中华人民共和国驻萨摩亚独立国特命全权大使。

九、免去宫建伟的中华人民共和国驻摩尔多瓦共和国特命全权大使职务；

任命施隆壮为中华人民共和国驻摩尔多瓦共和国特命全权大使。

十、免去张援远的中华人民共和国驻新西兰特命全权大使兼驻库克群岛特命全权大使职务；

任命张利民为中华人民共和国驻新西兰特命全权大使兼驻库克群岛特命全权大使、驻纽埃特命全权大使。

何冲以总成绩572.90分夺得奥运会跳水男子3米跳板项目金牌

陆春龙以总成绩41.00分夺得奥运会蹦床男子个人项目金牌

邹凯以16.200分的成绩夺得奥运会体操男子单杠项目金牌

李小鹏以16.450分的成绩夺得奥运会体操男子双杠项目金牌

8月20日

国家主席胡锦涛就赞比亚总统姆瓦纳瓦萨逝世向赞比亚代总统致唁电

国家主席胡锦涛 国家副主席习近平实地考察中国体育代表团备战北京残奥会和北京市社区残疾人服务情况

胡锦涛一行先后来到中国残疾人奥林匹克运动管理中心、西城区什刹海街道残疾人温馨家园。胡锦涛首先听取了中国体育代表团备战情况和管理中心建设情况汇报。

在管理中心考察过程中，胡锦涛对教练员和工作人员说，你们从事的是一项崇高而又艰辛的事业。长期以来，你们默默无闻、忘我工作，为我国残疾人体育事业发展作出了重要贡献。党和人民感谢你们。北京残奥会即将开幕，全国人民热切期盼着北京残奥会能和北京奥运会一样精彩。希望同志们继续精心做好各项备战工作，为在北京残奥会上取得比赛成绩和精神文明双丰收而奋发努力。

离开中国残疾人奥林匹克运动管理中心，胡锦涛一行又来到北京市西城区什刹海街道残疾人温馨家园，考察这个社区为残疾人康复、教育、就业、开展文体活动等提供服务的情况。

胡锦涛说，残疾人是社会大家庭中最需要关爱的群体。帮助残疾人是党和政府的责任。我们要采取更多的措施，下更大的气力，进一步推进残疾人事业发展，让所有残疾人都能在祖国的怀抱里幸福生活。

回良玉、刘淇、令计划、王沪宁、邓朴方等参加考察。

国务院总理温家宝在北京主持召开国务院常务会议

会议审议并原则通过《关于进一步促进宁夏经济社会发展的若干意见(送审稿)》《废弃电器电子产品回收处理管理条例(草案)》和《中华人民共和国畜禽遗传资源进出境和对外合作研究利用审批办法(草案)》。

会议指出，改革开放以来，特别是实施西部大开发战略以来，宁夏经济社会发展明显加快，进入了历史上最好的发展时期。在新起点上实现宁夏经济社会发展的新跨越，对于促进区域协调发展，提高各族人民生活水平，实现各民族共同发展、共同繁荣，具有重要意义。

会议强调，要在全国改革开放的大背景下，进一步明确宁夏经济社会发展的战略定位、发展重点和重大政策措施，着力转变经济发展方式和开发优势资源，着力加强基础设施建设和保护生态环境，着力改善民生和提高公共服务水平，着力深化改革和发展内陆开放型经济，着力促进民族团结和社会和谐，走出一条符合宁夏实际、有特色的新路子，努力实现全面建设小康社会和现代化建设的宏伟目标。为此，要重点做好以下工作：一是优化水资源配置，推进生态建设和环境保护，建设节水型社会。二是强化农业基础地位，大力发展特色农业和特色农产品加工业，拓宽农民就业和增收渠道。三是加快建设宁东能源化工基地，推动产业结构优化升级，注重节能节水降耗，促进资源型城市可持续发展。四是加大扶贫开发力度，改善中部干旱带和南部山区群众基本生存条件。五是加快发展综合交通运输体系和现代物流，发展旅游和金融等服务业。六是大力推动社会事业发展，把保障和改善民生作为宁夏发展的根本目的。七是不断深化改革，继续提高对内对外开放水平。八是巩固和加强民族团结，保持社会和谐稳定。

会议要求，中央有关部门和单位要把支持和促进宁夏经济社会发展摆上重要议事日程，增强指导工作的针对性、预见性和有效性，特别要重视发挥市场机制作用，加强政策引导。要加强对宁夏的帮扶工作。宁夏回族自治区要立足发挥自身优势，发扬自力更生、艰苦奋斗的创业精神，开创各项工作新局面。

会议指出，我国是电器电子产品生产和消费大国。随着经济社会发展和人民生活水平提高，各种废弃淘汰的电器电子产品大量增加。为促进资源综合利用，发展循环经济，建设节约型社会，并防止和减少环境污染，保障人体健康，有必要制定专门的行政法规，规范废弃电器电子产品处理活动。条例草案规定对废弃电器电子产品处理实行目录管理、多渠道回收和集中处理制度，国家建立废弃电器电子产品处理专项基金。草案还规定了电器电子产品生产者、销售者、维修机构、售后服务机构、回收经营者和处理企业的责任及政府监督管理职责。

会议认为，为加强对畜禽遗传资源进出境和对外合作研究利用的管理，保护和合理利用畜禽遗传资源，促进我国畜牧业持续健康发展，有必要根据《中华人民共和国畜牧法》，制定《中华人民共和国畜禽遗传资源进出境和对外合作研究利用审批办法》。办法草案规定了畜禽遗传资源进出境和对外合作研究利用的条件，规范了畜禽遗传资源进出境和对外合作研究利用的审批程序，加强了对外转让畜禽遗传资源信息的管理，并明确了相关法律责任。

会议决定，上述草案经进一步修改后，由国务院公布施行。

国务院总理温家宝在中南海紫光阁分别会见前来观看北京奥运会比赛的爱沙尼亚总理安西普和英国前首相布莱尔

中共中央 国务院 中央军委联合发出《关于做好全国抗震救灾英雄集体和抗震救灾模范推荐评选工作的通知》

近日，中共中央办公厅、国务院办公厅、中央军委办公厅联合发出《关于做好全国抗震救灾英雄集体和抗震救灾模范推荐评选工作的通知》(以下简称《通知》)。为大力弘扬伟大抗震救灾精神，激励广大干部群众奋力推进改革开放和社会主义现代化建设事业，不断夺取全面建设小康社会新胜利，经中央同意，决定以党中央、国务院、中央军委的名义对全国抗震救灾先进集体和先进个人进行表彰，分别授予“全国抗震救灾英雄集体”和“全国抗震救灾模范”荣誉称号。

《通知》指出，四川汶川特大地震给四川、甘肃、陕西等受灾地区人民生命财产和经济社会发展造成重大损失。面对这场突如其来的特大自然灾害，在党中央、国务院和中央军委坚强领导下，全党全国各族人民万众一心、众志成城，各地区各部门紧急行动，人民解放军指战员、武警部队官兵、民兵预备役人员和公安民警勇挑重担，医疗卫生人员、新闻工作者、科技工作者齐心协力，灾区干部群众奋勇自救，各民主党派、各人民团体以及社会各界全力支援，广大志愿者自觉参与，形成了抗击地震灾害的强大力量，展开了气壮山河的抗震救灾斗争。经过顽强努力，抗震救灾斗争取得了重大阶段性胜利。在这场抗震救灾斗争中，涌现出一大批可歌可泣的先进集体和先进个人。

这次评选表彰的范围是：在抗震救灾一线解救被困群众、救治伤病人员、安置受灾群众、抢修损毁基础设施、加强卫生防疫、降低次生灾害威胁、抓紧灾后恢复重建、加强对抗震救灾款物分配使用监管、维护灾区社会稳定、做好宣传报道等方面作出突出贡献的集体和个人。

《通知》强调，推荐评选工作要坚持公开、公平、公正的原则，坚持以抗震救灾中的政治表现、工作实绩和贡献大小作为衡量标准，严格把关，优中选优。推荐出来的英雄集体和模范个人要有突出的事迹和广泛的社会影响，确保其先进性、典型性和代表性。推荐评选的重点是在抗震救灾一线表现突出的基层单位、干部群众和志愿者，以及公安、教育、民政、卫生、交通运输、水利、地震、气象、新闻等系统的先进集体和个人。

为加强对评选表彰工作的组织领导，成立全国抗震救灾英雄集体和抗震救灾模范评选表彰领导小组，负责评选表彰工作的组织领导和评审工作。领导小组办公室设在人力资源和社会保障部，具体工作由人力资源和社会保障部、解放军总政治部和国务院办公厅承担。各省（自治区、直辖市）党委和人民政府、中央直属机关工委、中央国家机关工委、公安部、国务院国资委、解放军总政治部负责推荐。

《通知》要求各地区、各有关部门和单位要加强领导，周密部署，精心组织，以高度的政治责任感认真做好推荐评选工作。

全国人大常委会副委员长陈至立在奥运村会见前来观看奥运会的多米尼克总统利物浦和总理斯凯里特一行

吴静钰夺得奥运会跆拳道女子49公斤以下级项目金牌

殷剑夺得奥运会帆船帆板女子尼尔级项目金牌

华国锋逝世

中国共产党的优秀党员，久经考验的忠诚的共产主义战士，无产阶级革命家，曾担任党和国家重要领导职务的华国锋同志，因病医治无效，于8月20日在北京逝世，享年87岁。

华国锋同志1921年2月16日出身于山西省交城县一个制革工人家庭，原名苏铸，因革命工作需要，改名为华国锋。在学生时代，他关心国家的前途和命运，发愤苦读，成绩优异。抗日战争爆发后，他目睹日本侵略者占领家乡的暴行，立志抗日救国。1938年6月，他参加了山西牺盟会交城抗日游击队，从此走上革命道路，同年10月加入中国共产党。1940年2月，他受组织委派回家乡交城县开展工作，先后任交城县牺盟会秘书，县抗日救国联合会主任兼分区农民部部长，中共交城县委宣传部部长兼抗日救国联合会主任。他积极宣传党的抗日主张，广泛发动群众，建立抗日群众组织，领导群众减租减息，开展大生产运动，组织抗日武装，在极端艰苦的条件下坚持敌后抗战，为发展壮大当地抗日武装力量和开展党的工作作出了贡献。

抗日战争胜利后，华国锋同志历任中共交城县委书记，晋绥八地委组织部副部长，阳曲县委书记，带领当地军民同阎锡山反动政权进行了顽强斗争，先后参加了汾孝战役、开栅保卫战、黄崖战斗、古交战斗等。他在指挥战斗中，采取武装打击和政治攻势相结合的方式消灭、瓦解敌军，取得显著成绩，被中共晋绥分局作为经验推广。他坚决贯彻中共中央关于土地问题的指示精神，领导了交城、阳曲等地的土地改革，纠正了土地改革中"左"的偏差。他深入农村，放手发动群众，开展反奸清算、清匪反霸斗争，极大地调动了广大农民革命和生产积极性，为建立和巩固新生的人民民主政权作出了很大贡献。

1949年年初，华国锋同志任晋中南下支队一地委宣传部部长，随军南下。同年2月至1956年3月，历任中共湖南省湘阴县委书记，湘潭县委书记，湘潭地委副书记、专员、地委书记。他深入农村调查研究，总结基层经验，运用典型示范和逐步推广的方法，积极领导开展农村互助合作运动，同时抓好粮食收购、销售和管理工作，使当地农业较大幅度增产增收。1956年3月，调任湖南省人民委员会文教办公室主任、中共湖南省委文教部部长。1957年8月，任中共湖南省委统战部部长。其间，他在贯彻"双百"方针、促进文化教育事业发展、扩大统一战线等方面，开展了卓有成效的工作。1958年7月，当选为湖南省副省长，主管农村工作。1959年9月，任中共湖南省委书记处书记，同年12月任省政协副主席。他参与领导了全省农村工作和农田水利基本建设，强调贵在鼓劲和科学精神，作出了显著成绩。

"文化大革命"初期，华国锋同志受到冲击并被批斗。1967年7月以后，任湖南省革命委员会筹备小组副组长、省革命委员会副主任、主任，省革命委员会党的核心小组副组长、组长。1969年4月，在党的九大上当选为中央委员。1970年11月，当选为中共湖南省委第一书记，并任省军区第一政治委员、省军区党委第一书记。华国锋同志在湖南工作20余年，对湖南各族人民怀有深厚感情，致力于新湖南建设，为改变湖南面貌、造福三湘人民付出了心血和汗水。他以身作则，深入工农业生产第一线，工作细致认真，与干部群众同甘共苦、艰辛创业，被毛泽东同志评价为"讲老实话，是老实人"。他重视经济建设，关心群众生活，主持兴修了洞庭湖排涝、韶山灌区等大型水利工程，致力于发展煤炭、钢铁等基础工业，积极支持发展地方工业，支持发展杂交水稻，对湖南的工农业生产和经济社会发展发挥了重要作用。"文化大革命"期间，他为维护全省的稳定和维持生产秩序做了大量工作。

1971年1月，华国锋同志调国务院工作，任国务院业务组副组长，之后列席中央政治局会议。"九一三"事件中，在周恩来同志的直接领导下，他参与处理林彪集团问题的工作。同年10月，兼任广州军区政治委员、军区党委书记。1973年7月，任国务院计划生育领导小组组长。同年8月,在党的十届一中全会上当选为中央政治局委员,协助周恩来同志主抓农业工作,使全国粮食生产保持比较稳定的增长。他还在进口成套化纤化肥技术设备,输油输气管道建设,保证市场供应和物价稳定等方面做了大量工作。1975年1月,任国务院副总理兼公安部部长,同年2月,在国务院常务会议上被确定为常务副总理之一。在主管政法和科学等方面工作期间,他认真贯彻中央关于落实干部政策的精神,在分管的部门解放了大批干部。他注重科学技术工作的发展和高科技人才的培养,并领导和支持高端国防项目的研制攻关工作。1976年1月8日,周恩来同志逝世。2月,根据毛泽东同志提议,中央政治局通过,华国锋同志为国务院代总理,主持中央日常工作。同年4月,根据毛泽东同志提议,中央政治局通过,任中共中央第一副主席、国务院总理。1976年7月28日,河北省唐山市发生7.8级强烈地震,他立即召开紧急会议,成立中央抗震救灾指挥部,研究实施了一系列抗震救灾措施。8月4日,他亲临灾区指导抗震救灾工作,慰问灾区群众,转达党中央对灾区人民的关怀,鼓励灾区人民抗震救灾、重建家园。

1976年9月9日,毛泽东同志逝世,全国人民沉浸在巨大的悲痛之中。在党和国家的几位主要领导人相继逝世后,华国锋同志同"四人帮"篡党夺权的阴谋活动进行了坚决斗争,并提出要解决"四人帮"的问题,得到了叶剑英、李先念等中央领导同志的赞同和支持。同年10月,他和叶剑英等同志代表中央政治局,执行党和人民的意志,采取断然措施,一举粉碎"四人帮",挽救了党,挽救了社会主义事业,党和国家事业的发展翻开了新的一页。华国锋同志在粉碎"四人帮"这场关系党和国家命运的斗争中起了决定性作用。党和人民不会忘记他作出的重要贡献。

粉碎"四人帮"后,华国锋同志担任了中共中央主席、中央军委主席和国务院总理等职务。在此期间,他先后主持了党的十届三中全会、十一大、十一届三中全会等重要会议。他在老一辈无产阶级革命家的支持下,拨乱反正,恢复党和国家政治生活的正常秩序,动员组织广大干部群众积极投入经济建设各项工作,揭发批判"四人帮"的罪行,清查他们的帮派体系,取得了很大成绩。他根据广大干部群众的要求,开始复查、平反冤假错案。他强调千方百计把经济搞上去,使工农业生产得到比较快的恢复和发展。在他的推动下,教育科学文化工作开始走向正常,外交工作取得了新的进展。华国锋同志在领导揭批"四人帮"和动员全党全国各族人民建设社会主义现代化强国方面作出了很大努力。

1980年9月,华国锋同志不再兼任国务院总理职务。1981年6月,在党的十一届六中全会上,他辞去中共中央主席、中央军委主席职务,至1982年9月任中央政治局常委、中共中央副主席。

华国锋同志是中共第九届、十届、十一届、十二届、十三届、十四届、十五届中央委员,第十届、十一届中央政治局委员、常委,党的第十六次、十七次全国代表大会特邀代表。

8月21日

国家主席胡锦涛 国务院总理温家宝就马德里机场发生严重空难事件向西班牙领导人致慰问电

国务院批准印发《国家发展和改革委员会主要职责内设机构和人员编制规定》

国务院副总理李克强在中南海紫光阁分别会见古巴部长会议副主席兼古巴奥委会主席费尔南德斯和英国石油公司首席执行官唐熙华

在会见费尔南德斯时,李克强说,近年来,中古两国高层互访频繁,政治互信增强,经贸合作扩大,双方在国际事务中相互支持、密切配合,两国友好合作关系处于全面发展的新阶段。中方高度重视中古友好合作关系,愿与古方一道,推动两国关系不断向前发展。他还对古巴运动员在北京奥运会上取得的佳绩表示祝贺。

费尔南德斯表示,古巴愿为深化两国友好合作关系作出新的努力,相信北京奥运会必将圆满成功。

在会见唐熙华时,李克强说,能源是经济发展的重要基础性资源。目前,国际油价仍处于较高水平,世界各国普遍关注。有关各方应加强对话与合作,共同努力,维护全球能源安全。中国将坚持科学发展,继续强化节能减排措施,推广先进适用技术,提高能源利用效率,促进可持续发展。希望英国石油公司与中方合作伙伴加深和拓展合作,实现优势互补、互利共赢。

唐熙华表示,英国石油公司重视中国市场的发展潜力,将继续与中国加强合作。

国务院副总理回良玉在中南海会见前来出席奥运会闭幕式的美国良知基金会主席施奈尔

全国人大常委会副委员长陈至立在奥运村会见前来观看奥运会的冰岛总统格里姆松一行

全国人大常委会副委员长陈至立在奥运村会见前来观看奥运会的比利时首相伊夫·莱特姆一行

全国政协副主席王刚会见前来观看北京奥运会比赛并出席闭幕式的泰国上议院第一副议长尼空一行

陈若琳以总成绩447.70分夺得奥运会跳水女子10米跳台项目金牌

8月22日

国家主席胡锦涛在人民大会堂会见前来观看北京奥运会比赛并出席北京奥运会闭幕式的英国首相布朗

胡锦涛指出，北京、伦敦相继举办奥运会，为两国深化合作提供了良好机遇。中方愿同英方分享举办奥运会的经验，落实好双方奥运合作计划，使之成为中英合作的新亮点。祝愿2012年伦敦奥运会取得圆满成功。

布朗表示，中国政府和人民成功举办了一届盛大、精彩的奥运会，世界各国人民的梦想在北京得以实现，中国运动员在奥运会赛场上取得优异成绩，英国政府和人民对此表示热烈祝贺。他说，英国愿意借鉴中国在举办奥运会和在一些体育项目上取得的成功经验，把伦敦奥运会办成一届高水平的体育盛会。

胡锦涛指出，中方重视发展同英国的关系，希望双方共同努力，坚持从战略高度和全球视野看待中英关系，尊重和照顾彼此重大关切，不断深化互利合作，推动中英全面战略伙伴关系健康稳定发展。

胡锦涛强调，当今世界正处在大变革大调整之中，经济形势严峻复杂。作为世界上有重要影响的国家，中英在维护世界和平、促进共同发展方面合作潜力很大，双方可以通过多边和双边渠道就重大国际问题保持密切沟通和协调，推动有关热点问题妥善解决；在推动重启世贸组织多哈回合谈判、促进世界经济稳定发展等方面加强合作；在应对气候变化、促进能源安全等方面不断探索合作的新领域新方式，共同呵护地球家园。

布朗赞同胡锦涛对中英关系的看法和主张。他表示，英中战略伙伴关系正在不断推进，双边贸易增长迅速，文化、教育、人员交流活跃。英方希望同中方加强科学技术、应对气候变化、核能和可再生能源利用、帮助非洲国家实现联合国千年发展目标等方面的合作，开展文化、人员交流、人权领域交流对话。英方愿意同中方共同打击贸易保护主义，推进世界贸易谈判，推动建立开放稳定的全球贸易体系，推动国际机制改革进程。

双方还就能源、粮食等共同关心的国际和地区问题交换意见。

令计划、王沪宁、戴秉国参加了会见。

全国人大常委会委员长吴邦国在人民大会堂会见前来出席北京奥运会闭幕式的澳大利亚总督杰弗里

吴邦国说，中澳两国拥有广泛而重要的共同利益。中方从战略高度和长远角度看待和发展中澳关系。目前中澳关系处于历史最好时期。中方愿与澳方一道，本着相互尊重、互利共赢的原则，加强各领域对话、交往与合作，将中澳关系不断推向新的高度，更好地造福于两国人民。

杰弗里对北京奥运会取得巨大成功以及中国运动员的优异成绩表示祝贺。杰弗里说，近年来澳中关系取得了前所未有的发展。澳大利亚政府重视发展对华关系，奉行一个中国的政策。澳方希望进一步加强两国在经贸、能源、环境、教育、人文等广泛领域的交流与合作，共同应对人类面临的问题和挑战。

国务院总理温家宝在钓鱼台国宾馆会见英国首相布朗

国家副主席习近平在人民大会堂宴请在华出席北京奥运会活动的奥林匹克大家庭成员

习近平在致辞中说，在2008年北京奥运会上，来自世界各国家和地区的运动员创造了骄人的竞赛成绩，有力推动了国际奥林匹克运动发展，大力弘扬了现代奥林匹克精神，加深了各国家和地区人民的相互了解和友谊。本届奥运会不仅是世界体育运动的盛会，而且是人类和平友谊的盛会。北京奥运会的筹办工作离不开国际奥委会和各位朋友的大力支持和帮助。中国人民将永远铭记北京奥运会的空前盛况，也将永远铭记国际奥委会和各位朋友为此作出的杰出贡献。

国际奥委会主席罗格在致辞中说，自2001年7月以来，国际奥委会和北京奥组委结下了深厚的友谊，我们在一起走过了不平凡的7年。北京奥运会是一届非常成功的奥运会。感谢所有参与北京奥运会筹办工作的人们，正是大家的辛勤努力给我们带来了一届令人难忘的奥运会。

宴会由刘淇主持，刘云山、刘延东、陈至立、马凯、孟建柱、戴秉国、邓朴方参加了宴会。

国际奥委会终身名誉主席萨马兰奇、北京奥运会协调委员会主席维尔布鲁根、国际奥委会委员、各国家和地区奥委会主席、各国际单项体育联合会主席等参加宴会。

国务院副总理张德江在中南海紫光阁会见美国陶氏化学公司董事长兼首席执行官利伟诚一行

外交部部长杨洁篪就巴基斯坦爆炸事件向巴外长

致慰问电

北京残奥会火炬接力计划公布

北京奥组委执行副主席蒋效愚在新闻发布会上宣布,北京残奥会火炬接力以“超越、融合、共享”为主题,以“点燃激情,奉献关爱”为口号,总行程大约13000公里,火炬手计划选拔850名。中外火炬手将沿着“中华文明”和“时代风采”两条线,在中国11个省、自治区、直辖市的11个传递城市进行为期9天的传递活动。

据悉,北京残奥会的圣火采集仪式将在今年8月28日上午,在北京天坛举行。天坛是中国古代祭天的场所,残奥圣火采集仪式在天坛举办,意味着“天人合一”的中国传统文化核心理念,体现中国人对“人与自然和谐”的追求,同时也契合北京残奥会会徽“天、地、人”的理念。

残奥会圣火火种将使用凹面镜,利用聚光来点燃火种,这也寓意着采自太阳之火。

从8月29日到9月6日,为期9天的北京残奥会火炬接力的传递活动将沿着“中华文明”、“时代风采”两条路线同时进行传递。

“中华文明线”从北京出发,途经中国著名的文化古都以及历史名城西安、呼和浩特、长沙、南京、洛阳,来充分展现中华文明的悠久历史和壮丽秀美的自然风貌。

“时代风采线”也同样从北京出发,途经深圳、武汉、上海、青岛、大连,在突出东部沿海地区经济建设在中国改革开放进程中起到的带头作用的同时,也展示了中部地区经济崛起的成果,集中来展现中国改革开放建设的伟大成就和时代风采。

9月5日,经过两条路线传递的残奥圣火将在北京汇集,并且将在北京进行传递。9月6日将到达残奥会主会场,也就是国家体育场“鸟巢”,点燃第十三届残疾人奥运会的主火炬。

中国城市绿化覆盖率达36%

从国家林业局2008北京国际新闻中心举行的新闻发布会上获悉,中国城市绿化覆盖率已由2000年的28.15%上升到36%,人均公共绿地面积达8.6平方米。2008年北京及周边省市非常成功地控制了美国白蛾和其他森林病虫害的危害,有效保证了绿色奥运的优良环境。

国家林业局植树造林司司长魏殿生在新闻发布会上说,近年来,随着城市化进程的加快,城市生态环境问题日益突出,广大市民对城市生态建设要求越来越高。2001年国务院颁发了《关于加强城市绿化建设的通知》,要求把城市绿化作为重要的基础设施和城市现代化建设的重要内容来推进。我国城市绿化从片面追求绿化景观效果向满足大绿量生态功能转变。经过多年努力,目前,我国城市绿化覆盖率已由2000年的28.15%上升到36%,人均公共绿地面积由2000年的6.52平方米增加到8.6平方米。全国已评选出“全国绿化模范城市(区)”36个,“国家森林城市”7个,“国家园林城市(区)”138个。

张怡宁夺得奥运会乒乓球女子单打项目金牌

8月23日

国务院总理温家宝在中南海紫光阁分别会见前来出席北京奥运会闭幕式及相关活动的一些外国领导人

在会见立陶宛总理基尔基拉斯时,温家宝说,立陶宛是中国在波罗的海地区的重要合作伙伴,双方在国际事务中配合良好。中方赞赏立陶宛坚持一个中国政策,愿与立陶宛加强高层交往,在相互尊重、互利共赢原则基础上,共同推动两国关系向前发展。

基尔基拉斯表示,立中两国交往频繁,双边贸易额逐年递增。立陶宛重视中国的快速发展,愿同中方加强各领域合作以及在国际事务中的沟通协调,希望以明年在立陶宛举行亚欧交通部长会议为契机,推进双方相关合作。

在会见拉脱维亚总理戈德马尼斯时,温家宝表示,中方重视发展同拉脱维亚的友好关系,愿在现有良好基础上,加强双边各级别磋商,发展互利、平衡的经贸关系,推进交通运输和相关领域的合作,促进青年交流,更好地造福于两国人民。

戈德马尼斯说,中国发生了巨大的发展变化。拉脱维亚希望同中方加强在经贸、投资、农牧渔业、交通物流等领域合作,促进两国文化交流和民间往来。

在会见比利时首相莱特姆时,温家宝说,近年来,中比政治互信增强,双边贸易和投资增长较快,两国在核能、航天医学、生物等领域合作取得显著成效。比利时坚持一个中国政策,妥善处理涉台、涉藏问题,我们对此表示赞赏。中方愿与比方一道,推动双方互利合作不断取得新成果。

莱特姆表示,中国在世界上发挥着非常重要和积极的作用。比利时尊重中国的发展成就,是中国可以信赖的合作伙伴。比方希望同中方加强在政治、经济、文化等领域和国际事务中的对话与合作。

在会见美国总统代表团团长、劳工部长赵小兰及卫生部长莱维特时,温家宝说,近年来中美关系取得了长足发展,这一局面来之不易,应当倍加珍惜。良好的中美关系符合两国和两国人民的根本利益，也有利于世界和平、稳定与繁荣。双方一定要从战略高度和长远角度出发，牢牢把握建设性合作的大方向，牢牢把握共同利益，不断加强互信与合作，妥善处理分歧和敏感问题，推动中美关系持续、健康、稳定发展。社会保障、医疗卫生、检验检疫领域的交流与合作是中美关系的重要组成部分。双方应积极落实已签署的合作协议，相互学习和借鉴，更好地保护人民健康和促进社会福祉。

赵小兰和莱维特说，布什总统很高兴携家人一起来华出席北京奥运会开幕式并观摩比赛。北京奥运会使美国人民对中国有了新的认识。美中两国应进一步加强交流与合作。目前双方在劳动就业、社会保障、卫生和食品安全等领域合作良好，希望这些合作取得更多成果。美方再次就中国发生汶川特大地震表示慰问，愿继续为灾区重建提供支持。

国家副主席习近平在人民大会堂会见前来出席北京奥运会闭幕式及相关活动的蒙古总理巴亚尔

人社部 国家邮政局联合颁布《快递业务员国家职业标准》

中联部部长王家瑞在北京会见蒙古人民革命党主席政府总理巴亚尔

马琳夺得奥运会乒乓球男子单打项目金牌

孟关良 杨文军以1分41秒025的成绩夺得奥运会皮划艇男子双人划艇500米项目金牌

8月24日

第二十九届奥林匹克运动会在北京闭幕

胡锦涛、江泽民、吴邦国、温家宝、贾庆林、李长春、习近平、李克强、贺国强等党和国家领导人，国际奥委会主席罗格、终身名誉主席萨马兰奇，以及来自世界各地的领导人和贵宾出席闭幕式。

北京奥运会是在奥林匹克运动史上留下辉煌一页的体育盛会。来自204个国家和地区的1万余名运动员在过去16天里挑战极限、攀越新高，刷新了38项世界纪录和85项奥运会纪录，多个国家和地区实现了奥运会金牌和奖牌零的突破，奏响了更快、更高、更强的激情乐章，描绘了团结、友谊、和平的壮丽画卷。作为东道主的中国，为把北京奥运会办成一届有特色、高水平的奥运会作出了巨大努力，完善的比赛场馆设施，出色的组织服务工作，赢得了奥林匹克大家庭和国际社会的广泛好评。中国体育代表团取得了51枚金牌、100枚奖牌的优异成绩，第一次名列奥运会金牌榜首位，创造了中国体育代表团参加奥运会以来的最好成绩。

北京奥运会组委会主席刘淇在闭幕式上致辞。他代表北京奥组委向国际奥委会、各国际单项体育组织、各国家和地区奥委会，向所有为本届奥运会作出贡献的朋友们表示衷心的感谢。刘淇说，熊熊燃烧的奥运圣火即将熄灭，但中国人民拥抱世界的热情之火将永远燃烧。我们真诚地祝愿奥林匹克运动不断发展。

国际奥委会主席罗格在闭幕式上致辞。他说，这是一届真正的无与伦比的奥运会，16个光辉的日子将在我们心中永远珍藏。他代表国际奥委会，感谢中国人民，感谢所有出色的志愿者，感谢北京奥组委。最后，罗格宣布第二十九届奥林匹克运动会闭幕，并号召4年后在伦敦举办的第三十届奥林匹克运动会上相聚。

随后，奥林匹克会旗交接仪式开始。北京市市长郭金龙从执旗手手中接过五环旗，向全场观众挥动，然后交给国际奥委会主席罗格。罗格将会旗交给下届奥运会主办城市伦敦市市长鲍里斯·约翰逊。

出席闭幕式的各国贵宾有：冰岛总统格里姆松、多米尼克总统利物浦、芬兰总统哈洛宁、瑞典国王卡尔十六世·古斯塔夫、澳大利亚总督杰弗里、比利时首相莱特姆、立陶宛总理基尔基拉斯、尼泊尔总理普拉昌达、多米尼克总理斯凯里特、拉脱维亚总理戈德马尼斯、英国首相布朗、蒙古总理巴亚尔、西班牙公主克里斯蒂娜、英国公主安妮、荷兰王储亚历山大、菲律宾总统丈夫何塞、黑山议长克里沃卡皮奇、印尼副总统卡拉、布隆迪副总统恩蒂塞泽拉纳、比利时副首相雷恩代尔、波兰副总理谢蒂纳、俄罗斯副总理茹科夫、比利时外交大臣德古特、美国劳工部长赵小兰和卫生部长莱维特、加拿大保守党首席督导希尔等。

出席闭幕式的党和国家领导人还有：王刚、王兆国、王岐山、回良玉、刘云山、刘延东、李源潮、张高丽、张德江、尉健行、李岚清、吴官正、罗干、何勇、令计划、王沪宁、路甬祥、乌云其木格、韩启德、华建敏、陈至立、周铁农、李建国、司马义·铁力瓦尔地、陈昌智、严隽琪、桑国卫、梁光烈、马凯、孟建柱、戴秉国、曹建明、杜青林、白立忱、阿不来提·阿不都热西提、李兆焯、黄孟复、董建华、张梅颖、张榕明、钱运录、孙家正、李金华、郑万通、邓朴方、万钢、罗富和、陈宗兴、王志珍和杨白冰、张万年、姜春云、曾培炎、王汉斌、倪志福、铁木尔·达瓦买提、彭珮云、周光召、李铁映、何鲁丽、成思危、许嘉璐、蒋正华、顾秀莲、盛华仁、肖扬、韩杼滨、贾春旺、胡启立、陈锦华、罗豪才、张克辉、张怀西、李蒙等，中央军委委员李继耐、廖锡龙、常万全、靖志远、吴胜利、许其亮以及乔清晨。

国际奥委会、国际各单项体育联合会负责人等出席闭幕式。

中共中央国务院致第二十九届奥运会中国体育代表团的贺信

中国体育代表团：

在举世瞩目的第二十九届奥林匹克运动会上，中国体育健儿肩负祖国和人民的殷切期望、怀着为国争光的强烈信念，顽强拼搏，奋勇争先，取得了51枚金牌、21枚银牌、28枚铜牌的优异成绩，位居金牌榜第一位，创造了中国体育代表团参加奥运会以来的最好成绩，实现了重大历史性突破，书写了中国体育事业发展的新篇章，为把北京奥运会办成一届有特色、高水平的奥运会作出了重大贡献。祖国和人民为你们自豪！党中央、国务院向为祖国和人民赢得巨大荣耀的中国体育代表团，致以热烈的祝贺，表示亲切的慰问！

在北京奥运会赛场内外，中国体育健儿大力弘扬中华体育精神和奥林匹克精神，以坚定的意志品质、精湛的运动技艺、良好的文明礼仪，取得了运动成绩和精神文明双丰收，实现了你们出征前许下的为人生添彩、为奥运增辉、为民族争气、为祖国争光的誓言，向世界展现了中华儿女积极进取、昂扬向上的蓬勃朝气，展现了中华民族自强不息、团结奋斗、和平进步的精神风貌。你们同世界各国各地区体育健儿交流技艺、提高水平、增进友谊，为促进世界各国各地区人民的相互了解和友谊作出了新的贡献。你们用自己的实际行动，极大激发了全国各族人民的爱国热情和拼搏精神，给正在积极推进改革开放和社会主义现代化建设的全国各族人民以巨大鼓舞，为国际奥林匹克事业作出了突出贡献。

希望你们发扬优良传统，认真总结经验，戒骄戒躁，再接再厉，不断为祖国和人民赢得更大荣耀，为推动我国体育事业向前发展，为弘扬奥林匹克精神和促进国际奥林匹克运动，为夺取全面建设小康社会新胜利、开创中国特色社会主义事业新局面再立新功！

中共中央　国务院

2008年8月24日

《人民日报》发表社论《光荣属于伟大的奥林匹克——热烈祝贺第二十九届夏季奥林匹克运动会闭幕》

国家主席胡锦涛在钓鱼台国宾馆举行宴会欢迎前来出席北京奥运会闭幕式及相关活动的国际贵宾

胡锦涛代表中国政府和人民热烈欢迎来华出席北京奥运会闭幕式及相关活动的国际贵宾。

国家副主席习近平，胡锦涛主席夫人刘永清，国际奥委会主席罗格，国际奥委会终身名誉主席萨马兰奇，来自20多个国家和地区的贵宾出席宴会。

胡锦涛发表祝酒词。

前来出席北京奥运会闭幕式的外国国家元首、政府首脑、王室代表、有关国家政府代表、国际组织代表及配偶出席宴会。

中国党和国家有关领导人出席宴会。

国家主席胡锦涛在欢迎出席北京奥运会闭幕式国际贵宾宴会上的祝酒词

尊敬的国际奥委会主席罗格先生，尊敬的国际奥委会名誉主席萨马兰奇先生，尊敬的各位国家元首、政府首脑、王室代表，女士们，先生们，朋友们：

从8月8日到今天，我们共同度过了一段激动人心的美好时光。今晚，北京奥运会将圆满落下帷幕。在这里，我谨代表中国政府和人民，对各位嘉宾莅临北京奥运会闭幕式，表示热烈的欢迎！对国际奥委会和国际奥林匹克大家庭为北京奥运会成功举办提供的支持和帮助，表示诚挚的谢意！对各国各地区运动员在北京奥运会上取得的优异成绩，表示衷心的祝贺！

北京奥运会开幕以来，来自世界五大洲的朋友相聚北京，共同感受国际奥林匹克运动的魅力。各国各地区运动员牢记更快、更高、更强的格言，奋勇拼搏，公平竞争，挑战自我，体现了高超的竞技水平和良好的体育精神。中国人民以极大的热情欢迎各方嘉宾，同世界各国人民共享欢乐和喜悦。北京奥运会弘扬了团结、友谊、和平的奥林匹克精神，成为世界各国人民共同见证和参与的国际体育竞赛和文化交流的盛会。

北京奥运会的成功，是中国人民和世界各国人民共同努力的结果。荣誉属于国际奥林匹克大家庭，属于在比赛场上奋勇争先的运动员，属于来自世界各地的志愿者，属于以各种方式参与北京奥运会的五大洲朋友。

北京奥运会的举办，将更加有力地促进中国体育事业向前发展，将更加广泛地促进中国同国际奥林匹克大家庭的交流合作，将更加深入地促进中国人民同世界各国人民的相互了解和友谊。

女士们、先生们、朋友们！

再过几天，北京残奥会即将开幕。我们将按照两个奥运同样精彩的要求，努力举办一届高水平、有特色的残奥会，继续为推动国际奥林匹克运动发展作出贡献。

我相信，在世界各国人民共同努力下，奥林匹克精神将得到进一步弘扬，人类的未来将更加美好！

让我们共同期待4年后在伦敦再次相聚！

现在，我提议：

为奥林匹克运动蓬勃发展，

为世界各国人民团结和友谊不断加强，

为各位嘉宾的健康，

干杯！

国家主席胡锦涛在钓鱼台国宾馆会见前来出席北京奥运会闭幕式的尼泊尔总理普拉昌达

胡锦涛表示，不久前，尼泊尔成功举行制宪会议选举，正致力于建设一个新的尼泊尔联邦民主共和国。中国政府高度重视同尼泊尔发展睦邻友好合作关系，尊重尼泊尔自主选择的社会制度和发展道路，支持尼方维护主权独立和领土完整的努力，愿继续为尼方经济社会发展提供力所能及的帮助，推动中尼睦邻伙伴关系长期稳定发展。中尼应就相关问题保持密切沟通和合作，为本地区和平、稳定、繁荣作出贡献。

普拉昌达表示，尼泊尔高度重视同中国发展睦邻友好合作关系，视中国为可信赖的朋友，希望在实现国家永久和平、推动经济发展方面继续得到中国的帮助，期待同中国开展基础设施建设、旅游、投资等领域合作。尼方愿意同中方密切合作，将尼中友好关系提高到新水平。

胡锦涛感谢尼泊尔坚持一个中国政策，在涉藏问题上给予中方坚定支持。普拉昌达表示尼泊尔坚定奉行一个中国政策，不允许任何人在尼泊尔从事损害中国利益的活动。

胡锦涛对尼泊尔政府和人民在中国遭遇四川汶川特大地震时表达的同情和给予的支持表示感谢。普拉昌达祝愿中国地震灾区人民早日重建家园。

国家副主席习近平在人民大会堂分别会见来华出席北京奥运会闭幕式及相关活动的布隆迪副总统恩蒂塞泽拉纳和印度尼西亚副总统卡拉

国务委员戴秉国在北京会见出席北京奥运会闭幕式的华侨华人代表

陈燮霞等女运动员中国女子体操队等单位获全国三八红旗手 全国三八红旗集体荣誉称号

为表彰我国女运动员在第二十九届奥林匹克运动会上取得的骄人成绩，全国妇联决定，授予在第二十九届奥运会上获得金牌的举重女运动员陈燮霞、曹磊，射击女运动员郭文珺、陈颖，跳水女运动员陈若琳、王鑫，游泳女运动员刘子歌，射箭女运动员张娟娟，柔道女运动员杨秀丽、佟文，羽毛球女运动员杜婧、于洋，赛艇女运动员唐宾、金紫薇、奚爱华、张杨杨，摔跤女运动员王娇，体操女运动员何可欣，蹦床女运动员何雯娜，帆船女运动员殷剑，跆拳道女运动员吴静钰全国三八红旗手荣誉称号，授予中国女子体操队、中国女子乒乓球队全国三八红旗集体荣誉称号。

在此次奥运会上获得金牌的郭晶晶、吴敏霞、冼东妹、陈艳青、刘春红、杜丽、张宁、张怡宁等女运动员此前已获得过全国三八红旗手荣誉称号。

张小平夺得奥运会拳击男子81公斤级项目金牌

邹市明夺得奥运会拳击男子48公斤级项目金牌

魏纪中担任国际排联第三任主席

黄永玉获奥林匹克艺术奖

国际奥委会主席罗格和国际奥委会文化与奥林匹克教育委员会主席何振梁共同向著名艺术家黄永玉颁发了一枚与比赛无关的“金牌”——“奥林匹克艺术奖”，这是国际奥委会向奥运会主办国艺术家颁发的最高奖项。他也成为现代奥运史上第五位获此殊荣的艺术家，也是唯一的中国人。该奖项堪称中国军团的“第五十二块金牌”。

魏巍逝世

8月24日晚7时18分，著名作家魏巍辞世，享年88岁。

魏巍（原名魏鸿杰），出生于1920年3月6日，中国著名作家、诗人，曾用笔名红杨树。河南郑州人。中国共产党党员。当代诗人，著名散文作家、小说家，毕业于延安抗日军政大学。1937年抗日战争爆发后参加八路军，1938年加入中国共产党。1950年年底，奔赴朝鲜前线，和志愿军一起生活、战斗。

回国后发表了一批文艺通讯，其中《谁是最可爱的人》在全国引起了广泛影响。毛泽东主席读后，立即批示“印发全军”，并建议其他领导人认真读一读这篇文章。从此，“最可爱的人”成了志愿军的代名词。后来《谁是最可爱的人》入选中学语文课本，影响了数代中国人。1978年，创作完成了抗美援朝题材长篇小说《东方》，于1983年获首届茅盾文学奖。

8月25日

国家主席胡锦涛在首尔青瓦台同韩国总统李明博举行会谈

胡锦涛强调，中韩关系发展应以实现长期共同发展为基本目标,共享发展机遇,共同应对挑战,全面深化合作。双方应始终相互尊重彼此的社会制度和发展模式,相互支持和平发展;应本着优势互补、互利共赢的原则,拓展合作的广度和深度;应广泛开展青少年、媒体、友城、民间团体等方面的交流,加深两国人民的相互理解和友好感情;应共同致力于东北亚地区和平稳定,加强在国际和地区事务中的沟通和协调。

胡锦涛就当前和今后一个时期中韩合作重点提出以下建议:一、增进政治互信。保持领导人经常接触,促进两国立法机构、政党沟通和交流,加强外交部门对话和防务当局联络机制。二、深化经贸合作。尽早完成《中韩经贸合作中长期发展规划联合研究报告》的调整和补充,为两国扩大中长期经贸合作提供有力指导,加强通信、能源、金融、物流、环保等重点领域合作。三、扩大人文交流。结合上海世博会、丽水世博会的举办,将2010年、2012年分别定为中国访问年和韩国访问年,扩大两国人员往来,继续办好青少年互访活动。四、加强在国际和地区事务中的协调和合作。共同致力于推进六方会谈进程,推动区域和次区域合作。在打击恐怖主义、应对气候变化等重大全球性问题上加强沟通和协调,为促进世界和平与发展贡献力量。

李明博完全赞同胡锦涛对韩中关系发展的看法和主张。他表示,韩中关系面临新的发展机会,韩方希望同中方加强外交、安全、政治、防务对话,推进经济、贸易、金融、投资、通信、节能、旅游合作,密切两国领导人、民间、媒体往来和交流,加强防扩散、反恐、打击毒品和跨国犯罪、环境保护等全球事务中的合作,不断深化双方互信和友好合作关系,共同致力于促进世界和平繁荣。

李明博强调,韩方在台湾、涉藏问题上坚定奉行一个中国政策。胡锦涛对此表示赞赏。

会谈后,胡锦涛和李明博共同出席两国节能、科技、经贸、教育等领域合作文件签字仪式并共同会见记者。

当天,中韩双方发表了《中韩联合公报》。

中韩发表联合公报

一、应大韩民国总统李明博邀请,中华人民共和国主席胡锦涛于2008年8月25日至26日对韩国进行国事访问。访问期间,胡锦涛主席同李明博总统举行会谈,达成广泛共识。

二、两国元首对1992年中韩建交以来,两国关系在政治、经济、社会、文化等各领域取得的巨大发展表示满意,认为这不仅促进了两国的发展,也为亚洲乃至世界的和平与发展作出了积极贡献。

三、李明博总统对中国成功举办北京奥运会表示祝贺。胡锦涛主席对李明博总统专程出席北京奥运会开幕式以及韩方对北京奥运会的支持表示感谢。

四、双方一致认为,中韩关系对双方而言均是重要的双边关系。双方决定在2008年5月李明博总统访华时双方发表的《中韩联合声明》基础上,全面推进中韩战略合作伙伴关系。双方将以实现长期共同发展为基本目标,全方位扩大和深化相互合作,加强在地区和国际重大问题上的协调,为推动建设持久和平、共同繁荣的世界,为人类的发展与进步贡献力量。为此,双方决定从以下方向推动两国关系发展:

(一)增进政治信任,相互支持和平发展。保持并加强两国高层往来。扩大和深化两国政府、议会、政党的交流与对话。加强防务对话与交流。

(二)深化互利合作。本着优势互补、互利共赢的原则,不断发掘双方新的合作领域,拓展合作的广度和深度,通过务实合作,促进两国的可持续发展。

(三)促进人文交流。以双方悠久的交往历史和深厚的人文纽带为依托,广泛开展交流,加深两国人民的相互理解和友好感情。

(四)加强在地区及全球性问题上的协调与合作。共同致力于维护朝鲜半岛及东北亚的和平与稳定。积极参与亚洲区域合作。加强在国际多边舞台上的对话与合作。就攸关人类生存与发展的重大问题积极开展合作。

五、韩方表示将通过和解与合作发展相生共荣的南北关系。中方重申继续支持南北双方推进和解与合作进程,改善关系,最终实现和平统一。在台湾问题上,韩方重申2008年5月《中韩联合声明》中的立场,继续坚持一个中国政策。

六、为发展两国关系,双方决定重点在以下具体方面开展合作:

(一)政治领域

1. 两国高层领导人将保持经常性互访和接触。

2. 于2008年内举行首次外交部门高级别战略对话,以此启动旨在就涉及两国共同利益的重大问题交换意见的战略对话机制。将两国外交部工作层业务磋商机制化,以加强在对外政策及国际形势方面的沟通。

3. 由两国专家学者就全面推进中韩交流与合作开展联合研究,并向两国政府提交相关报告。

4. 开展两国防务当局高层互访,加强相互联络机制,开展多层次、多领域交流合作。

5. 尽早解决中韩海域划界问题对于两国关系的长期稳定发展具有重要意义,为此将加快协商。

(二)经贸领域

6. 共同努力将双边年贸易额达到2000亿美元的目标提前至2010年实现,为此在贸易投资便利化、质量检验检疫、贸易救济、知识产权等领域加强合作。

7. 根据2008年5月两国元首达成的共识，继续推进《中韩经贸合作中长期发展规划联合研究报告》的调整和补充工作。

8. 为扩大两国经贸合作，进一步加强两国经贸磋商和贸易实务合作机制。

9. 进一步加强在环保、信息通信、金融、物流、能源等重点领域的合作。

10. 扩大相互投资有利于两国经济互利发展，为此加强政府层面的合作与支持，努力营造良好的投资环境。

11. 在中韩自贸区官产学联合研究的基础上，根据互惠原则，积极研究推进中韩自贸区进程。

12. 为成功举办2010年上海世界博览会和2012年丽水世界博览会，双方签署《中国2010年上海世博会与韩国2012年丽水世博会合作交流谅解备忘录》等协议，加强合作，分享经验，交流信息。

13. 根据两国政府间协议，启动雇佣许可制劳务合作，保护两国劳务人员的合法权益。

14. 欢迎双方金融领域互利合作所取得的成果，在两国金融机构进入对方金融市场方面加强合作。

15. 两国有关部门和企业签署《关于信息技术创新合作的谅解备忘录》，进一步加强和发展在信息技术领域的合作。

16. 为建设环境友好型、资源节约型社会相互开展积极合作。

17. 加强在应对地震、海啸、台风等自然灾害领域的交流与合作。

18. 签署《开展节能领域合作的谅解备忘录》，推进节能咨询、人员交流、技术开发等合作。

19. 双方共同意识到保护地球生态环境的重要性，一致同意签署《防治沙漠化科学技术合作的谅解备忘录》，通过开展合作研究、专家交流和信息交换等方式，促进和加强双方在防治沙漠化领域的科学技术合作。

20. 签署《合作运行与维护中韩经贸合作网站的谅解备忘录》，开通两国经贸合作网站，提供最新贸易投资信息。

21. 签署《高技术领域合作的谅解备忘录》，今后5年在电子信息、通信技术、新能源等领域开展合作，积极发掘高技术合作项目。

22. 签署《进出口水产品卫生管理协议》，加强在水产品进出口检验检疫、法律信息交流、水产品检疫人员互访等卫生管理方面的合作。

（三）人文交流领域

23. 将目前600万人次左右的年人员往来规模进一步扩大，为此提供一切必要的便利，包括研究采取签证便利化措施。

24. 将2010年和2012年分别定为中国访问年和韩国访问年，届时举办旅游等多种双边交流活动，促进两国人员往来。

25. 中方宣布将中国驻韩国大使馆驻光州领事办公室升格为中国驻光州总领事馆，韩方对此表示欢迎。

26. 签署《2008—2010年教育交流与合作协议》，将互换政府奖学金生名额从每年40名增加至60名，每年邀请青少年互访，实施青少年交流计划。

27. 活跃两国文化界、媒体、友城、学术界、民间团体间的交流，增进相互理解，支持两国民间团体在文化和媒体领域开展交流活动，支持两国学术机构开展历史、文化等领域交流。

28. 签署《中国赠送朱鹮以及朱鹮繁殖和种群重建合作的谅解备忘录》，中方决定向韩方赠送一对朱鹮，韩方对此表示感谢，双方决定加强拯救濒危物种朱鹮的合作。

（四）地区和国际事务

29. 继续加强在六方会谈框架内的沟通与合作，推动尽快全面均衡落实第二阶段行动，为全面落实9·19共同声明作出建设性努力。

30. 在东盟与中韩日（10+3）、中韩日、东亚峰会、东盟地区论坛、亚太经合组织、亚洲合作对话会、亚欧会议、东亚—拉美论坛、亚洲—中东对话、亚非峰会等方面保持协调与合作。

31. 建立两国外交部门联合国事务磋商机制，加强在联合国事务中的相互理解与合作。

32. 推进在国际人权领域的对话与合作。

33. 在防止大规模杀伤性武器扩散和打击国际恐怖主义、毒品、金融经济犯罪、高科技犯罪、海盗等问题上加强合作。

34. 与国际社会一道，为应对气候变化这一全球共同关心的问题作出不懈努力。

七、双方一致同意，为认真落实上述各领域共识，充分利用两国外交部门高级别战略对话、经贸联委会、旅游部长会议等双边机制，进行具体规划并予有效推进。

八、中方对韩方在胡锦涛主席访韩期间给予的热情友好接待表示感谢。

2008年8月25日于首尔

国家主席胡锦涛与伊拉克总统塔拉巴尼互致贺电庆祝两国建交50周年

国务院总理温家宝同伊拉克总理马利基互致贺电庆祝两国建交50周年

十一届全国人大常委会第四次会议在人民大会堂开幕

会议听取了循环经济法草案、食品安全法草案、刑法修正案(七)草案、保险法修订草案、专利法修正案草案等法律案和有关议案的说明。

吴邦国委员长主持会议。

根据通过的议程，会议听取了全国人大法律委员会副主任委员李重庵作的关于循环经济法草案审议结果的报告。为使本法的名称与内容相衔接，法律委员会建议将法律名称改为循环经济促进法。法律委员会认为，草案经过常委会两次审议修改，已经比较成熟，建议本次常委会会议审议通过。

食品安全问题关系到公众身体健康和生命安全，食品安全法草案此前已经过十届全国人大常委会初次审议，之后向社会公布草案广泛征求意见，有关部门还通过召开座谈会、立法论证会等方式征求各方面意见。全国人大法律委员会副主任委员刘锡荣汇报了食品安全法草案修改情况。法律委员会建议，本次常委会会议继续审议。

为了进一步完善刑法有关规定，适应打击犯罪的需要，受委员长会议委托，全国人大常委会法制工作委员会根据全国人大代表提出的修改刑法的议案和有关部门提出的修改刑法的建议，拟订了刑法修正案(七)草案。这个草案对刑法中贪污贿赂犯罪、破坏社会主义市场经济秩序犯罪、侵犯公民权利犯罪以及其他犯罪的有关条款进行了修改。受委员长会议委托，全国人大常委会法制工作委员会主任李适时作了关于这一修正案草案的说明。

受国务院委托，中国保险监督管理委员会主席吴定富作了关于保险法修订草案的说明。他说，近几年，我国保险业快速发展，保险业的内部结构和外部环境都发生了很大变化，出现了一些新情况、新问题，现行保险法已不能完全适应当前保险业改革发展的需要，有必要进行修改。他从进一步明确保险活动当事人的权利和义务、加强对被保险人利益的保护，进一步完善保险行业基本制度，加强保险行业自律管理，明确保险监管机构的职责、强化监管手段和措施，进一步明确法律责任、打击保险违法行为等5个方面报告了修订草案的主要内容。

受国务院委托，国家知识产权局局长田力普就专利法修正案草案作说明。他说，现行专利法实施以来，对鼓励和保护发明创造，促进科技进步和创新，推动我国经济社会发展，都发挥了重要作用。随着国内、国际形势的发展，需要进一步完善我国专利法律制度。他还从激励自主创新、提高自主创新能力，促进技术推广应用，与相关国际条约进行对接等三个方面，对修正案草案的主要内容作了说明。

会议审议了国务院关于提请审议批准《万国邮政联盟组织法第七附加议定书》的议案、关于提请审议批准中华人民共和国和纳米比亚共和国关于刑事司法协助的条约的议案、关于提请审议批准中华人民共和国政府和巴基斯坦伊斯兰共和国政府关于刑事司法协助的协定的议案、关于提请审议批准中华人民共和国和日本国关于刑事司法协助的条约的议案。受国务院委托，国家邮政局局长马军胜、外交部副部长何亚非分别就相关议案作了说明。

会议还听取了全国人大常委会代表资格审查委员会主任委员黄镇东作的关于个别代表的代表资格的报告，审议了有关任免案等。

全国人大常委会副委员长王兆国、路甬祥、乌云其木格、韩启德、华建敏、陈至立、周铁农、李建国、司马义·铁力瓦尔地、蒋树声、陈昌智、严隽琪、桑国卫出席会议。国务委员孟建柱、最高人民法院院长王胜俊、最高人民检察院检察长曹建明等列席会议。

中央纪委书记贺国强到天津考察

8月25日至27日，贺国强在中共中央政治局委员、天津市委书记张高丽，市长黄兴国等陪同下，实地考察城市建设、滨海新区建设和新农村建设，看望慰问基层干部群众，了解当地经济社会发展情况。贺国强强调，要深刻认识中央关于建立、健全惩治和预防腐败体系的重大意义，认真抓好《建立健全惩治和预防腐败体系2008—2012年工作规划》(以下简称《工作规划》)的贯彻落实，切实提高反腐倡廉建设成效，开创党风廉政建设和反腐败工作新局面。

贺国强强调，要集中精力抓好《工作规划》的贯彻落实，除了省一级外，地(市)以下一般不要再层层制定规划，要把重点放在提出有针对性的实施意见上，放在落实上，保证每年都能抓好几件事；要紧紧抓住腐败现象易发多发的重点领域和关键环节，不断加大从源头上防治腐败工作力度；要以规范和制约权力运行为核心，加强党内监督和其他形式的监督，防止权力失控、决策失误和行为失范；要以改革创新精神把制度建设贯穿于反腐倡廉工作各个环节，不断深化对新形势下反腐倡廉建设特点和规律的认识，研究提出惩治和预防腐败体系建设的新思路、新办法、新举措。

考察期间，贺国强还到天津市纪委、监察局，亲切看望了纪检监察干部。

中央编委在北京召开地方政府机构改革工作电视电话会议

国务委员兼国务院秘书长、中央编委委员马凯出席会议并讲话。马凯强调,要围绕深化行政管理体制改革的总体目标,结合各地实际,改革创新,积极探索,扎实推进地方政府机构改革,建设人民满意的政府。

马凯说,党的十七届二中全会明确提出了到2020年建立起比较完善的中国特色社会主义行政管理体制的总体目标。按照中央部署,国务院机构改革已完成阶段性任务,适时跟进地方政府机构改革十分必要和迫切。深化地方政府机构改革,是新形势下加强政府自身建设、全面正确履行政府职能的必然要求,是加快完善社会主义市场经济体制、发展社会主义民主政治的必然要求,是推动科学发展、促进社会和谐、全心全意为人民服务的必然要求。

马凯指出,深化地方政府机构改革要深入贯彻落实科学发展观,着力解决制约地方经济社会发展的突出矛盾,着力解决群众最关心、最直接、最现实的利益问题。一是转变职能。坚持把转变职能作为地方政府机构改革的核心,加快推进政企分开、政资分开、政事分开、政府与市场中介组织分开;突出不同层级政府履行职责的重点,形成全面衔接、分工合理的职能体系;加强直接面向基层和群众的"窗口"机构的服务与管理。二是优化结构。地方各级政府要加强机构优化整合,在实行大部门体制方面进行积极探索;充分考虑政府职能特点设置机构;清理规范议事协调机构和部门管理机构。三是强化责任。着力解决职责交叉、权责脱节等突出问题,不断健全部门协作机制,积极探索明确和强化责任的途径及方法。继续推进省直接管理县的财政体制改革,理顺和明确垂直管理部门与地方政府的权责关系。四是严控编制。要按照中央规定严格控制机构数量和人员编制总量,认真执行机构编制审批和备案制度。

马凯强调,地方政府机构改革关系政府工作全局和广大干部群众的切身利益。各地要按照中央统一部署,加强领导,精心组织,统筹安排,切实把工作做细、做扎实。要处理好改革发展稳定的关系,加强宣传和舆论引导,为改革顺利开展营造良好社会环境。要加强宏观指导、组织协调和督促检查,严格遵守国家法律、法规和有关规定,切实维护机构编制管理的权威性、严肃性和有效性,保证改革平稳推进,保证各项工作正常开展。

中央编办和国务院有关部门的负责同志在北京主会场出席了会议。各省、自治区、直辖市和新疆生产建设兵团编委负责同志和有关部门的负责同志在各分会场参加了会议。

国务院副总理张德江在中南海紫光阁就促进人力资源和社会保障领域合作关系会见美国劳工部长赵小兰一行

中联部部长王家瑞在北京会见尼泊尔共产党(毛)主席政府总理普拉昌达

海峡两岸第七届海洋科学研讨会在杭州开幕

本次会议为期3天,主题是围绕中国河口、近海和大洋区的环流、生物地球化学、海洋生物与生态等领域以及介绍两岸进行中或规划中的大型研究计划,讨论参与、配合或交换观测资料的可行性,讨论加强双方实质合作研究关系。与会专家将根据各自研究的不同领域,分组进行论文汇报和讨论。

研讨会上,有关科学家提出,两岸海洋合作应该进一步开展海洋科学研究的实质性合作;逐步推动海洋防灾减灾的业务合作;积极探讨两岸在极地领域上科学考察与研究的合作;继续加强海洋法及海洋事务方面的务实合作以维护共同利益。

海峡两岸海洋科学研讨会是海峡两岸海洋学者用母语进行学术交流的盛会,是两岸科学家最早开展的民间学术交流研讨会之一,自1991年以来成功举办了6届,已经成为两岸学术沟通的桥梁。不过,从1999年至今近10年时间内,没有开展实质性的海峡两岸合作调查研究。

北京奥运会上获金牌运动队和运动员获全国"五一"劳动奖状 奖章

为了表彰我国体育健儿在第二十九届奥运会上取得的优异成绩,中华全国总工会决定授予荣获金牌的中国女子体操队等4个团队全国"五一"劳动奖状,授予陈燮霞等荣获金牌的53名运动员全国"五一"劳动奖章。

在举世瞩目的第二十九届奥林匹克运动会上,我国体育健儿不畏强手、顽强拼搏、团结协作、奋勇争先,取得了金牌51枚、奖牌100枚的优异成绩,位居金牌榜第一位,实现了我国竞技体育在奥运会上重大历史性突破,为把北京奥运会办成一届有特色、高水平的奥运会作出了重大贡献。我国体育健儿的优异表现,再一次向全世界展示了中华民族自强不息、奋发有为的精神风貌和中华儿女积极进取、蓬勃向上的朝气和活力,给全国各族人民带来了巨大激励和鼓舞。

全总还号召全国广大职工要学习体育健儿团结协作、奋力拼搏、自强不息、勇创一流的精神,发扬工人阶级的优良传统,把更快、更高、更强的奥林匹克精神融入到本职工作中。

国际奥委会在北京颁授奥林匹克勋章

北京市市委书记、北京奥组委主席刘淇获得奥林匹克金质勋章；国务委员、北京奥组委副主席刘延东，全国人大常委会副委员长、北京奥组委副主席陈至立，全国政协副主席、北京奥组委执行主席邓朴方等14人获得奥林匹克银质勋章。

在授奖仪式上，国家体育总局局长、中国奥委会主席、北京奥组委执行主席刘鹏代表中国奥委会向罗格授予中国奥委会勋章。北京市市长、北京奥组委执行主席郭金龙代表北京人民从罗格手中接受了奥林匹克奖杯。

8月26日

国家主席胡锦涛在首尔出席韩国经济四团体午餐会并发表演讲

国家主席胡锦涛在首尔出席了韩国贸易协会、大韩商工会议所、全国经济人联合会、中小企业中央会经济四团体举行的午餐会并发表重要演讲。

韩国贸易协会会长李熙范代表四团体致辞。他说，韩中建交16年来，两国各领域交流合作取得丰硕成果。韩国经济界热烈欢迎胡锦涛主席和李明博总统就扩大和深化合作达成的共识，将为扩大两国经贸领域合作付出更大努力。

韩升洙在致辞中表示，通过举办共享人类科技成果的世博会，韩中两国共享经验，不仅有利于成功举办两次世博会，也必将对韩中关系作出贡献，进一步推动两国友好合作关系向前发展。

在会上，双方有关部门签署了中韩加强世博会合作的有关文件。

国家主席胡锦涛在韩国经济四团体午餐会上发表题为《深化互利合作　共创美好未来》的演讲

尊敬的李熙范会长，女士们，先生们，朋友们：

很高兴同韩国经济界的新老朋友见面，感谢你们的盛情邀请和款待。借此机会，我谨向长期以来为推进中韩友好合作作出贡献的两国经济界人士，致以诚挚的问候！

这次访问韩国的主要目的，是同韩方就推进中韩关系坦诚深入交换意见，巩固共识，增进友好，推进合作，开创两国关系发展新局面。访问期间，我同韩国领导人达成一系列新的重要共识。双方一致同意，增进政治互信，深化互利合作，促进人文交流，维护地区和平稳定，共同应对地区及全球性问题，把中韩关系不断推向前进。访问取得了多方面的成果。我相信，在双方共同努力下，中韩关系的明天一定会更加美好。

经贸合作是中韩关系的重要组成部分，在两国关系发展中起到了重要作用。2007年，双边贸易额接近1600亿美元，同建交初期相比增长32倍。截至目前，双方相互投资累计超过410亿美元，增长近90倍。这是中韩双方共同努力的结果，也包含着在座各位的积极贡献。借此机会，我谨向你们表示衷心的感谢！

中韩两国地理相近、文化相通、经济互补性强，发展经贸合作具有良好的自然和人文条件。近年来，两国经济合作机制日臻完善，双边贸易和投资日趋活跃，双方合作广度和深度不断拓展。中韩战略合作伙伴关系的建立，给深化两国经贸合作带来了新的机遇、打开了广阔空间。

同时，我们也要看到，在复杂多变的国际经济环境中，中韩经贸合作也面临着诸多挑战。特别是一段时间以来，世界经济环境中的不确定不稳定因素增多，金融市场持续动荡，石油、粮食价格高位运行，原材料价格不断上涨，全球通胀压力增大，世界经济增长趋缓，这对中韩经济发展和双边经贸合作也带来一定影响。在这种情况下，中韩双方应该加强协调和合作，充分用好机遇，妥善化解挑战。今后一个时期，双方可以重点在以下几方面作出努力。

第一，推进重点领域合作。中韩经贸合作的最大优势是互补性强。中国市场广阔，经济持续快速增长。韩国在技术产业化、企业管理等方面积累了丰富经验。双方应进一步发挥各自的优势，加强通信、金融、能源、物流、环保等重点领域交流合作，创造双方合作新的增长点，提升合作质量和水平。

第二，促进相互投资。双方要积极适应投资环境的变化，不断拓展投资领域、完善投资模式。我们欢迎更多韩国企业积极参与中国中西部地区、东北老工业基地的基础设施和生态环境建设，加大有关重点领域的对华投资。中国政府将继续为此提供支持和便利。中国政府也将继续鼓励和支持更多有实力的中国企业到韩国投资兴业，希望韩方为赴韩投资的中国企业提供良好环境。

第三，扩大国际经济事务中的合作。随着经济全球化深入发展，中韩两国在地区和世界经济事务中的协调和合作正在增多。两国企业可以在制定国际标准、开拓国际市场、参与区域一体化进程等方面加强探讨、拓展合作。

企业家和企业是中韩经贸合作的生力军。中国政府一向重视和支持两国企业开展互利合作，愿同韩国政府一道努力，通过完善合作机制、营造有利环境、提供优质服务，为两国企业合作多办好事、多办实事。我相信，中韩战略合作伙伴关系不断发展，必将为两国企业家发挥聪明才智、实现互利双赢开辟广阔天地。

女士们、先生们、朋友们！

在国际奥委会和国际奥林匹克大家庭支持和帮助下,举世瞩目的北京奥运会取得圆满成功并于两天前胜利闭幕。北京奥运会弘扬了团结、友谊、和平的奥林匹克精神,实践了绿色奥运、科技奥运、人文奥运理念,促进了世界各国文化相互交流、相互借鉴。借此机会,我愿向包括韩国在内的所有支持北京奥运会的国家和人民,表示衷心的感谢!向在北京奥运会上取得优异成绩的韩国体育健儿,表示热烈的祝贺!

今年是中国改革开放30周年。改革开放以来,中国人民以一往无前的进取精神和波澜壮阔的创新实践,成功实现了从高度集中的计划经济体制到充满活力的社会主义市场经济体制、从封闭半封闭到全方位开放的伟大历史转折,中国经济持续快速发展,人民生活从温饱不足发展到总体小康,农村贫困人口从两亿五千多万减少到一千多万,政治建设、文化建设、社会建设也取得了举世瞩目的发展成就。同时,我们也清醒地认识到,中国仍是世界上最大的发展中国家,我们在发展进程中遇到的矛盾和问题,无论是规模还是复杂性,都是世所罕见的。中国要全面建成惠及十几亿人口的更高水平的小康社会,进而基本实现现代化、实现全体人民共同富裕,还有很长的路要走,还要继续艰苦奋斗。中国过去30年的发展靠的是改革开放,中国未来的发展也必须靠改革开放。中国人民将坚定不移地推进改革开放,继续为全面建设小康社会、加快推进社会主义现代化而奋斗。

在世界多极化不可逆转、经济全球化深入发展、科技革命加速推进的世界大势下,中国的前途命运同世界的前途命运日益紧密地联系在一起。在这里,我愿重申,中国将始终不渝走和平发展道路,始终不渝奉行互利共赢的开放战略,谋求和平的发展、开放的发展、合作的发展。中国人民愿同世界各国人民一道,致力于建设持久和平、共同繁荣的和谐世界。

女士们、先生们、朋友们!

中韩关系发展前景广阔、大有可为。我衷心希望两国经济界朋友携起手来,牢牢把握机遇,全面深化互利合作,共同开创中韩关系更加美好的未来。

谢谢大家!

国家主席胡锦涛在首尔会见韩国总理韩升洙

胡锦涛指出,当前和今后一个时期,两国政府应在推进双边关系发展方面着重做好以下几方面工作。第一,在政治领域加强沟通,增进相互理解和信任。希望双方充分利用两国政府各部门沟通和合作机制,特别是即将启动的两国外交部战略对话机制,使之进一步发挥统筹协调、规划引导的作用。第二,在经贸领域深化合作,实现互利双赢。希望双方加强通信、金融、物流、环保等重点领域互利合作,就举办世博会加强交流合作。第三,在人文领域扩大交流,增进两国人民友好感情。希望双方利用2010年中国上海世博会和2012年韩国丽水世博会的契机,规划和组织好中国访问年和韩国访问年活动,继续搞好两国青少年交流活动。第四,在国际和地区事务中加强协调,维护两国共同利益。希望双方继续积极推进六方会谈进程,维护朝鲜半岛及东北亚和平稳定,加强在区域合作以及重大国际和地区问题上的协调和配合。

韩升洙赞同胡锦涛对两国关系的主张。他表示,韩中高层往来对双边关系发展至关重要,希望双方保持这一势头;在当前世界经济不景气的情况下,希望双方加强协调,深化经贸合作;韩中文化交流源远流长,希望双方加快人员交流,加深两国人民相互了解;中国在实现东北亚和平稳定、推动六方会谈进程方面发挥了领导作用,希望双方继续加强在本地区和联合国等国际事务中的合作。

韩升洙祝贺北京奥运会圆满成功,祝愿北京残奥会圆满成功。胡锦涛对此表示感谢。

国家主席胡锦涛在首尔会见韩国国会议长金炯旿

政协第十一届全委会第六次主席会议在北京举行

会议决定10月召开政协第十一届全国委员会常务委员会第三次会议,建议这次常委会议的主要议题是学习贯彻中共十七届三中全会精神。中共中央政治局常委、全国政协主席贾庆林主持会议并讲话。

会议审议并通过了政协第十一届全国委员会常务委员会第三次会议的日程和议程草案,决定将这个议程草案提请第三次常委会议审议;会议听取了关于“统筹城乡发展,促进形成城乡经济社会发展一体化新格局”专题协商会筹备情况的汇报。全国政协副秘书长杨崇汇、仝广成分别就有关议题作了说明。

会议对北京奥运会取得圆满成功和中国体育代表团取得优异成绩表示祝贺。

会议指出,统筹城乡发展是全面建设小康社会、开创中国特色社会主义事业新局面的一项重大战略任务,对于从根本上解决“三农”问题,实现共同富裕,推动科学发展,促进社会和谐,具有十分重要的意义。中共十六大以来,我们全面贯彻落实科学发展观,着力促进“三农”发展,办成了一些多年想做而没有条件做的大事,实施统筹城乡发展取得了明显成效。

会议强调,人民政协要以科学发展观为指导,发挥自身优势,突出工作重点,围绕统筹城乡发展中的一些综合性、全局性、前瞻性问题积极建言献策。全国政协召开协商会专题研究统筹城乡发展问题,充分体现了协商于决策之前的原则,有利于协商成果的转化,也有利于增强人民政协履行职能的实效。要充分认识专题协商会的重要意义,深入研究当前国际国内经济形势的深刻变化,根据中央关于解决"三农"问题和统筹城乡发展的一系列重大理论观点和战略部署,努力提出一批有分量、高水平的意见建议。会议要求,要认真做好专题协商会的组织筹备工作,加强和有关民主党派、全国政协各专门委员会、国务院有关部委的沟通协调,认真研究重庆、成都两个实验区及有关地方的经验和问题,使专题协商会内容更加丰富、形式更加新颖、气氛更加活跃,为统筹城乡发展、深化农村改革贡献智慧和力量。

全国政协副主席王刚、杜青林、白立忱、陈奎元、阿不来提·阿不都热西提、李兆焯、黄孟复、张梅颖、张榕明、钱运录、孙家正、李金华、郑万通、万钢、林文漪、厉无畏、罗富和、陈宗兴、王志珍出席会议。

全国政协主席贾庆林到黑龙江调研

8月26日至30日,贾庆林和随行的全国政协副主席兼秘书长钱运录,在黑龙江省委书记吉炳轩、省长栗战书等陪同下,先后到佳木斯、双鸭山、哈尔滨等地,深入垦区农场、农村乡镇、工业企业、科研院所进行调研。调研期间,贾庆林听取了黑龙江省委、省政府的工作汇报,对黑龙江近年来经济社会发展取得的显著成绩给予充分肯定,希望黑龙江抓住机遇、乘势而上,推动经济社会发展实现新的跨越。

加强农业基础地位,促进农村经济社会又好又快发展,是贾庆林此次调研的一个重点。在益海(佳木斯)米业公司、友谊农场、七星农场、二道河农场、抚远县鲟鳇鱼繁育养殖基地和九三集团哈尔滨惠康食品有限公司,贾庆林详细询问发展现代农业、推进农业机械化、进行粮油深加工、促进农业增效和农民增收的情况。他指出,黑龙江是我国最大的商品粮生产基地,水土资源丰富,农业科技力量雄厚,拥有机械化、规模化、标准化、产业化水平很高的农垦企业,对发展现代农业具有很好的示范和带动作用。要大力发展粮食生产,进一步加大对农业特别是粮食生产的投入,加强以农田水利为重点的农业基础设施建设,提高农业科技进步贡献率,调动农民种粮的积极性,努力把黑龙江打造成一个稳固、优质、可靠的"大粮仓"。要切实推进农业产业化经营,进一步发挥好农垦企业的辐射带动作用,着力培育壮大一批成长性好、带动性强的龙头企业,完善利益联结机制,让农民更多地分享产业化经营成果。要按照统筹城乡发展的要求,进一步扩大公共财政覆盖农村范围,大力发展农村公共事业,加快提高农村公共产品供给水平,扎实推进社会主义新农村建设。

如何坚持走中国特色新型工业化道路,振兴装备制造业,是贾庆林十分关注的问题。在哈尔滨锅炉厂有限责任公司、哈尔滨电机厂有限责任公司、哈尔滨量具刃具集团和哈尔滨工业大学,贾庆林向企业员工、科研人员仔细了解生产经营和自主创新的情况。他强调,黑龙江省是我国重要的老工业基地,装备制造业实力雄厚,为我国工业化和国防建设作出过重要贡献。要着力培育大企业大集团,大力提高自主创新能力,进一步深化改革,增强装备制造业发展的动力与活力,为全面振兴我国装备制造业、建设创新型国家作出更大贡献。要充分发挥黑龙江独特的区位优势,把边境口岸建设好、利用好,进一步扩大对俄贸易和经济合作规模,不断提高开放型经济水平。

贾庆林非常关心少数民族群众的生产生活。他专程来到同江市街津口乡赫哲族民俗文化村,走进渔业村村民尤金玉家,同赫哲族干部群众亲切交谈。看到赫哲族群众衣食住行条件不断改善,精神文化生活不断丰富,贾庆林感到非常欣慰,强调要继续全面贯彻党的民族政策,大力扶持人口较少民族发展,帮助他们过上富裕、文明、和谐、幸福的新生活。调研期间,贾庆林还看望了黑龙江省政协、统战部机关及各民主党派、工商联负责人,希望各级政协组织和统战部门紧紧围绕振兴东北老工业基地履行职能,认真总结改革开放30年来人民政协工作的宝贵经验,切实推进社会主义多党合作事业。各级党委要切实加强对统一战线和人民政协的领导,多为他们建言献策出题目、压担子,多为他们开展工作解难题、办实事,多为他们发挥作用创造条件、搭建平台,广泛团结各党派团体、各族各界人士,共同致力于实现全面建设小康社会的宏伟目标。

国务院副总理回良玉出席第七届长春国际农业·食品博览会开幕式并发表讲话

由农业部、吉林省人民政府、长春市人民政府共同主办的第七届中国长春国际农业·食品博览(交易)会在吉林省长春市农博园开幕。中共中央政治局委员、国务院副总理回良玉出席开幕式并宣布农博会开幕。

回良玉在参观农博会时指出,今年,在党中央、国务院的正确领导下,各地区、各有关部门一手抓抗灾救灾,一手抓生产发展,夏粮首次实现连续五年增产,夏收油料扭转了连续三年下滑的局面,农村其他各项事业全面推进,全国农业农村继续保持平稳较快发展,为国民经济和社会发展提供了重要支撑。吉林作为农业大省,省委、省政府高度重视农业和农村工作,近年来坚持抓粮食生产不动摇,呈现出粮食连续增产、农民持续增收、农业产业化蓬勃推进、农村社会事业全面发展的良好势头。

本届农博会以“科技与绿色、交流与发展”为主题，以“引领现代农业、扩大经贸交流、推动产业发展、构建新型农村”为宗旨，旨在搭建交流合作平台，加快农民增收致富的步伐。农博会共安排两大类16项内容，全面展示了吉林省作为粮食大省，在改革开放30年来农业上的发展与成就。其中，展示类项目7项，包括产品展销、现代种植业展、精品畜牧业展、农业机械及食品加工机械展、新农村住宅设计展、农村能源环保项目展等；活动类项目包括经贸交流、科普大集、专家论坛等。16项内容涵盖了“从田间到餐桌”，从产业引领到新农村小康建设的全过程。

国务委员刘延东出席在北京召开的2008年北京奥运会中国体育代表团总结大会并发表讲话

国家体育总局在北京召开2008年北京奥运会中国体育代表团总结大会。中共中央政治局委员、国务委员、北京奥组委副主席刘延东出席并作重要讲话，她指出，在第二十九届奥运会上，我国体育健儿肩负党和人民的期望和重托，遵照胡锦涛总书记的重要指示精神，顽强拼搏，奋勇争先，取得了奥运会金牌总数第一的优异成绩，实现了历史性突破，创造了中国竞技体育新的辉煌。

刘延东强调，奥运会期间，我国体育健儿与各国各地区的运动员一起，为世界奉献了一幕幕精彩的奥运竞赛，在奥林匹克运动史上书写了浓墨重彩的一笔。我国体育健儿不畏强手，敢于胜利，把党和人民的关怀和重托化为超越自我的动力，向世人展现出坚强决心和昂扬斗志，展现出团结协作、顾全大局的团队精神和不骄不躁的良好心态，为祖国赢得了荣誉；尊重对手，尊重裁判，尊重观众，公平竞争，以精湛的体育运动技能和良好的体育道德精神，既赛出了水平，又赛出了风格，实现了运动成绩和精神文明双丰收；秉持“更快、更高、更强”的奥林匹克精神，弘扬“团结、友谊、进步”的奥林匹克宗旨，促进了不同国家、不同种族、不同文化的沟通交流，彰显了“同一个世界，同一个梦想”的北京奥运会主题；通过奥运的大舞台，向世界展示了中华儿女的优秀风采，展示了当代中国繁荣、文明、民主、开放的国家形象，展示了中国人民崇尚和平、追求共同繁荣的和谐世界的真诚愿望。我国体育代表团的辉煌成绩，必将进一步激发全国人民的爱国主义热情，对中国特色社会主义伟大事业产生巨大推动力。

8月27日

国家主席胡锦涛在杜尚别民族宫同塔吉克斯坦总统拉赫蒙举行会谈

双方就全面推进中塔睦邻友好和互利合作、加强上海合作组织框架内合作、维护地区和平稳定等达成重要共识。

胡锦涛表示，建交16年来，中塔关系始终保持健康稳定发展的良好势头，各领域合作取得显著成果。双方高层互访频繁，相互理解不断加深。两国签署了《中塔睦邻友好合作条约》等100多个双边合作文件，为中塔关系发展奠定了牢固法律基础。两国彻底解决了历史遗留的边界问题，世代友好理念深入人心。两国务实合作不断扩大，双边贸易额持续快速增长，给两国人民带来实实在在的利益。双方在国际和地区事务中也进行了卓有成效的协作，为促进中亚地区稳定和发展作出了贡献。

胡锦涛指出，发展中塔睦邻友好合作关系，是中国政府的既定方针。中方愿同塔方一道，重点从以下方面推动中塔关系进一步发展。一、增进政治互信，加强相互支持。在涉及对方国家主权、安全、发展等重大问题上继续相互坚定支持。二、深化务实合作，实现互利双赢。促进双边贸易额快速增长，改善投资环境，扎实推进大项目合作。三、扩大人文交流，加深传统友谊。促进双方文化、教育、体育、青年交流等领域合作。通过互办文化日、艺术节等多种形式的活动，增进两国人民的相互了解和友谊。四、推动地方合作，促进共同发展。发挥两国有关省州地理和人文优势，扩大人员往来和民间贸易。五、密切多边协作，维护共同利益。加强两国在上海合作组织、联合国等多边框架内的沟通和协作，为推动建设持久和平、共同繁荣的和谐地区不懈努力。

拉赫蒙表示，胡锦涛主席在北京奥运会结束后即对塔吉克斯坦进行国事访问，再次证明中国坚定奉行中塔睦邻友好合作的外交政策，此访将成为中塔友好关系的重要里程碑。

拉赫蒙完全赞同胡锦涛对中塔关系的看法和建议。他表示，塔中关系进入了一个新的发展阶段，双方高度互信、关系稳定、合作深入。中国是好邻居、好朋友、好伙伴，巩固和加强对华友好关系是塔吉克斯坦对外关系优先方向之一。塔中互利合作潜力巨大，塔方将按照《中塔睦邻友好合作条约》所确定的原则和精神，同中方加强各领域交流合作。希望双方充分发挥高层会晤和部门合作机制作用，在经贸、交通、矿产、边境省份交往、人文等方面扩大合作。拉赫蒙指出，塔中两国在国际和地区问题上立场相同或相近，共同致力于维护地区和平安全，应对国际社会面临的挑战。塔方高度重视并愿意同中方加强在上海合作组织框架内合作，共同打击“三股势力”和毒品交易，加强在联合国事务中的合作。

拉赫蒙表示，塔方坚定支持中国领土完整，坚定奉行一个中国政策。胡锦涛对此表示赞赏。

会谈后，两国元首共同签署并发表了《中华人民共和国和塔吉克斯坦共和国关于进一步发展睦邻友好合作关系的联合声明》，出席两国政治、经贸、金融、文化等领域合作文件签字仪式并共同会见记者。

同日，胡锦涛向塔吉克斯坦民族和解与复兴纪念碑敬献花圈。

令计划、王沪宁、戴秉国出席上述活动。

中华人民共和国和塔吉克斯坦共和国发表关于进一步发展睦邻友好合作关系的联合声明

应塔吉克斯坦共和国总统埃莫马利·拉赫蒙邀请，中华人民共和国主席胡锦涛于2008年8月26日至27日对塔吉克斯坦共和国进行了国事访问。两国元首就中塔关系及其他共同关心的国际和地区问题深入交换意见，达成以下共识：

一、中华人民共和国和塔吉克斯坦共和国(以下简称双方)一致认为，2007年1月15日两国元首签署的《中华人民共和国和塔吉克斯坦共和国睦邻友好合作条约》具有重要的历史和现实意义，为中塔关系长期稳定健康发展奠定了坚实的法律基础。双方决心恪守条约确定的方针和原则，认真落实两国建交以来签署的所有双边政治文件，推动中塔睦邻友好合作关系不断向前发展。

二、两国元首高度评价中塔睦邻友好合作关系发展现状，认为两国各领域合作快速发展，给两国人民带来实际利益。双方强调，将保持经常性的高层互访，就双边关系和国际局势的重大问题及时交换意见。双方将进一步密切两国政府和各部门之间的联系，扩大和深化两国政治、经贸、安全、人文等各领域的交流与合作，不断提升中塔睦邻友好合作关系水平。

三、双方将进一步支持中国全国人民代表大会与塔吉克斯坦议会以及各专门委员会和友好小组间的交流与合作，不断完善双边关系法律基础，巩固传统友谊，加深两国人民的相互理解。

四、双方重申，中塔国界划定具有重要意义。双方将严格遵守两国签订的所有关于边界问题的协定和文件，并决心在两国边境地区保持永久和平和世代友好。

五、双方表示，将继续在涉及彼此国家主权和领土完整的重大问题上相互支持。塔方重申坚定奉行一个中国政策，承认中华人民共和国政府是代表全中国的唯一合法政府，台湾是中国领土不可分割的一部分。塔方反对任何制造“两个中国”、“一中一台”的图谋，反对“台湾独立”，反对台湾加入任何仅限主权国家参加的国际和地区组织；不与台湾建立和开展任何形式的官方关系和往来。塔方支持中国政府为实现国家统一所做的一切努力，认为台湾问题是中国的内政，外部势力无权干涉。中方对塔方这一原则立场表示高度赞赏，重申支持塔方为维护国家独立、主权和领土完整以及为维护国内稳定、发展民族经济所做的努力。

六、双方认为，打击“东突”恐怖势力是国际反恐斗争的重要组成部分。双方表示将根据《中华人民共和国和塔吉克斯坦共和国关于打击恐怖主义、分裂主义和极端主义的合作协定》和《打击恐怖主义、分裂主义和极端主义上海公约》的规定，继续在安全领域开展密切合作，采取有力措施，共同打击包括“东突”恐怖势力在内的一切形式的恐怖主义，以维护两国和本地区的和平、安宁与稳定。

七、双方认为，毒品犯罪严重威胁地区各国的社会稳定和国家安全，将进一步加强协调与配合，采取有效措施打击包括毒品生产、非法贩运在内的各种形式的毒品犯罪活动。

八、中方高度评价并感谢塔方在汶川特大地震灾害后表达的同情和慰问以及向中方提供资金和物资援助，帮助灾区人民抗震救灾和灾后重建。

九、塔方对中国成功举办2008年北京奥运会表示祝贺，认为这是中国为推动国际奥林匹克事业发展、推动建设和谐世界做出的巨大贡献。

十、双方认为，加强双边经贸合作对全面推进两国关系发展具有重要意义。双方同意加强两国政府间经贸合作委员会的工作，进一步优化贸易结构，促进经济技术合作，改善贸易投资环境，在平等互利的基础上扩大在交通、通信、采矿和加工、农业、基础设施建设等领域的合作。

十一、双方将继续挖掘公路交通运输和过境运输合作潜力，提高口岸接运能力，在公路、铁路和航空运输方面相互提供便利。双方将在平等互利基础上实行鼓励边境贸易的政策，促进边境地区的务实合作。

十二、双方将根据各自法律为在对方国家从事投资贸易活动和经济技术合作创造便利条件，保护对方国家公民的人身、财产安全和合法权益。

十三、双方将进一步扩大教育、文化、科技、新闻、旅游、体育、卫生、社会保障等领域的交流与合作，支持两国高等院校、科研机构、青年和民间友好组织之间的交流与合作。

十四、双方认为，当前，上海合作组织发展势头良好，已成为在互信、互利基础上深化成员国睦邻关系的重要平台，对促进中亚地区稳定、推动成员国共同发展发挥着重要的建设性作用。双方将继续共同努力，不断深化上海合作组织框架内安全、经济和人文等领域的务实合作。

十五、双方强调，中亚国家有独特的历史文化传统,国际社会应尊重中亚各国人民根据本国国情自主选择的发展道路。中亚各国的稳定与安全、经济的持续发展和社会的不断进步,符合本地区各国人民的共同意愿和根本利益。中方高度评价塔方为促进中亚地区安全、稳定与发展所做的努力。

十六、双方指出,双方在一系列重大国际和地区问题上立场相同或相近,强调将进一步加强两国在联合国及其他国际组织框架内的合作。双方将恪守《联合国宪章》的宗旨和原则以及其他公认的国际法准则,并在此基础上推动建立互信、互利、平等、协作的新安全架构。双方主张通过和平方式解决国际争端,充分发挥联合国在维护世界和平与安全方面的主导作用,尊重世界文明多样性和发展模式多样化,推动建设持久和平、共同繁荣的和谐世界。

十七、中华人民共和国主席胡锦涛对塔吉克斯坦共和国总统埃莫马利·拉赫蒙和塔吉克斯坦共和国政府给予中方代表团的热情友好接待表示感谢,并邀请塔吉克斯坦共和国总统埃莫马利·拉赫蒙对中华人民共和国进行正式友好访问。拉赫蒙总统愉快地接受了邀请。访问日期将通过外交渠道商定。

中华人民共和国主席　　塔吉克斯坦共和国总统
胡锦涛　　埃莫马利·拉赫蒙
2008年8月27日于杜尚别

国家主席胡锦涛在塔吉克斯坦议会大厦会见塔吉克斯坦议会上院议长乌拜杜洛耶夫和下院议长海鲁洛耶夫

胡锦涛表示,中方高度重视对塔关系,愿同塔方加强政治、经济、安全、人文等各领域合作,推动双边关系深入发展。多年来,中塔立法机构保持着良好合作。当前,中塔都致力于促进经济发展、加强法制建设。两国立法机构开展多层次多渠道交流合作十分必要,我们支持双方增进相互了解,就完善经济立法、行政监督、立法为经济建设和对外交往服务等方面交流经验、相互学习,积极推动两国各领域务实合作。

乌拜杜洛耶夫表示,中国企业和资金为塔吉克斯坦经济社会发展发挥了重要作用,塔方高度评价塔中双边合作和在上海合作组织框架内的合作。同中国发展睦邻友好合作是塔方外交政策的重要组成部分。塔方希望同中方一道努力,深化战略合作,巩固睦邻友好,推动双边关系不断向前发展。塔吉克斯坦议会愿为此作出积极努力。

国家主席胡锦涛在塔吉克斯坦国宾馆会见塔吉克斯坦总理阿基洛夫

胡锦涛表示,当前,中塔经贸合作全面展开,两国政府经贸混委会运转顺利,在指导和协调双边经贸合作方面发挥了重要作用。下阶段,双方应该重点做好以下工作。一、确保大型合作项目按期保质完工,双方继续为大项目合作顺利实施创造条件。二、扩大矿产开发领域合作,中方支持中国企业在塔吉克斯坦开展投资经营活动。三、加强农业领域合作,双方可在农业生产、加工和土壤改良等方面加强合作,中方愿帮助塔方建设农业技术示范中心,培训农业人才。四、改善投资环境,积极推动贸易投资便利化。

阿基洛夫表示,塔吉克斯坦独立以来一直得到中方的支持和援助,促进了塔吉克斯坦经济发展和人民生活水平提高。塔中双方在交通、电力设施等大型项目合作方面进展良好,其中有的项目已经投入使用,成为中亚地区的重要基础设施。塔方希望同中方加强在铁路、公路等基础建设、矿产资源开发、人员培训等方面的合作,塔方将在改善投资环境方面作出努力。

当天下午,胡锦涛亲切看望了中国驻塔吉克斯坦使馆工作人员和中资机构代表。

国家主席胡锦涛在杜尚别会见前来出席上海合作组织峰会的俄罗斯总统梅德韦杰夫

胡锦涛表示,3天前,北京奥运会落下了帷幕,在国际社会大力支持下,本届奥运会取得了圆满成功。在北京奥运会筹办和举办过程中,俄罗斯政府和人民给予了大力支持和帮助,我们对此表示衷心感谢。俄罗斯运动员在本届奥运会上表现出色,我对此表示祝贺。中方坚定支持俄方举办2014年索契冬奥会,愿就做好奥运会组织和安保等方面工作同俄方深入交流合作。

梅德韦杰夫表示,俄方对北京奥运会取得圆满成功、中国代表团取得金牌总数第一名表示热烈祝贺。北京奥运会组织工作周到,在奥运会历史上是一届与众不同的精彩的奥运会。俄罗斯代表团表现也很好,我们对此感到高兴。

胡锦涛表示,应梅德韦杰夫总统邀请,不久前1000名中国地震灾区中小学生到俄罗斯进行疗养。此举在两国社会各界引起广泛反响。我们相信,这1000名中小学生将成为中俄友谊的传播者和中俄友好事业的接班人。中国政府和人民对俄罗斯政府和人民为中国抗震救灾提供的宝贵援助表示衷心感谢。

胡锦涛指出,当前,中俄战略协作伙伴关系保持良好发展势头。不久前,双方就中俄能源谈判机制及能源合作的重大问题深入交换意见,就中俄战略安全磋商机制运作及第三轮磋商的议题和形式等问题进行了探讨。上述两个机制及两国间其他机制的顺利运行将增进双方政治互信,加强两国战略协作,为提升中俄战略协作伙伴关系水平发挥重要作用。

梅德韦杰夫表示，俄中关系进展顺利，各领域合作发展迅速，大型合作项目进展良好，能源合作不断扩大并机制化。同中国开展务实合作是俄罗斯对外合作的重要方向，俄方希望早日同中方签署俄中睦邻友好合作条约新的实施纲要，深化各领域合作。

关于上海合作组织合作，胡锦涛强调，上海合作组织面临新的机遇和新的挑战。希望中俄两国同其他各方一道，加强协调，推动上海合作组织在深化政治、经贸、安全等方面合作上迈出新步伐。梅德韦杰夫表示，俄中两国合作对中亚地区发展发挥着重要作用，俄方愿意同中方在上海合作组织内加强协调合作，共同维护中亚地区和平稳定。

梅德韦杰夫介绍了南奥塞梯和阿布哈兹的有关情况和俄方立场。胡锦涛表示，中方注意到南奥塞梯和阿布哈兹局势发生的最新变化，希望有关各方通过对话协商妥善解决问题。

十一届全国人大常委会第四次会议在人民大会堂举行第二次全体会议

会议听取国务院关于2007年中央决算的报告、国务院关于2007年度中央预算执行和其他财政收支的审计工作报告、全国人大财政经济委员会关于2007年中央决算的审查报告、国务院关于今年以来国民经济和社会发展计划执行情况的报告。

吴邦国委员长出席会议。会议由王兆国副委员长主持。

受国务院委托，财政部部长谢旭人提出了2007年中央决算报告和中央决算草案。他说，2007年，中央预算执行情况较好，各项财政工作取得新进展。汇总中央和地方决算，全国财政收入51321.78亿元，增加12561.58亿元，增长32.4%，完成预算的116.5%；全国财政支出49781.35亿元，增加9358.62亿元，增长23.2%，完成预算的107%。中央财政收入28611.95亿元，增加7368.06亿元，增长34.7%，完成预算的117.2%；中央财政支出29579.95亿元，增加6087.1亿元，增长25.9%，完成预算的110.1%。中央财政赤字2000亿元，占GDP的比重下降到0.8%，比十届全国人大五次会议批准的2450亿元的预算赤字减少450亿元，与2008年3月向十一届全国人大一次会议报告的赤字数持平。2007年中央财政运行的主要情况是：财政收入较快增长；财政宏观调控进一步改善；财政支出结构不断优化；财税改革继续深化；财政管理和监督不断加强。

谢旭人还报告了2008年1月至7月财政运行的主要情况：一是财政收支形势总体较好，全国财政收入40881.71亿元，比2007年同期增加9551.55亿元，增长30.5%，完成预算的69.9%，全国财政支出27443.46亿元，同比增加6286.91亿元，增长29.7%，完成预算的45.1%；二是抗灾救灾保障有力，中央财政已统筹安排抗震救灾资金274.82亿元，安排灾后恢复重建基金700亿元；三是财政宏观调控作用有效发挥；四是各项强农惠农财税政策扎实落实；五是支持教育、医疗卫生、社会保障等社会事业加快发展；六是公共财政体制改革稳步推进；七是财政科学化、精细化管理不断加强。

受国务院委托，审计署审计长刘家义报告了2007年度中央预算执行和其他财政收支的审计情况。他说，审计工作围绕党和政府中心工作、经济社会发展大局、关系人民群众切身利益的重大事项，进一步突出了对重点部门、重点行业、重点项目和资金的审计监督，加大了绩效审计力度，注重从体制、机制和制度层面揭示问题、分析原因、提出建议，促进深化改革和规范管理。审计结果表明，2007年国民经济保持了增长较快、结构优化、效益提高、民生改善的良好态势，中央财政在改善宏观调控、构建和谐社会、促进国民经济又好又快发展等方面发挥了重要作用。刘家义说，有关部门认真整改去年审计发现的问题，根据审计建议完善各项制度规定305项，追回或归还被挤占挪用的资金41.95亿元；审计发现的117起涉嫌违法犯罪案件线索移送纪检监察和司法机关查处后，已有88人被依法逮捕、起诉或判刑，104人受到党纪政纪处分。

刘家义说，从今年审计情况来看，中央预算执行和其他财政收支中还存在一些违法违规和管理不规范问题，影响了相关政策措施的实施效果，以及财政资金和国有资产的安全完整。在依次报告中央财政管理审计情况、中央转移支付资金审计情况、中央部门预算执行审计情况、铁路建设项目审计情况、财政专项审计和审计调查情况、金融机构审计情况、企业审计情况后，刘家义说，对审计发现问题的全面整改情况，国务院将在今年年底前向全国人大常委会作出专题报告。对各部门、单位的审计结果和整改情况，审计署将依法予以公告。刘家义还提出了加强财政管理的意见：一是进一步改进预算编制，提高预算的准确性、科学性和透明度；二是加强预算执行管理，统筹考虑财政资金使用、国债发行和货币政策的协调；三是积极推进财政体制改革，完善财政转移支付制度；四是完善中央政府投资管理，提高财政建设资金使用效益；五是明确金融国有资产的收益分配和预算管理制度，确保国有资产安全。

会议听取了全国人大财政经济委员会副主任委员朱志刚作的关于2007年中央决算的审查报告。受国务院委托，国家发展和改革委员会副主任朱之鑫向会议报告了今年以来国民经济和社会发展计划执行情况。

全国人大常委会副委员长路甬祥、乌云其木格、韩启德、华建敏、陈至立、周铁农、李建国、司马义·铁力瓦尔地、蒋树声、陈昌智、严隽琪、桑国卫出席会议。国务委员刘延东、最高人民法院院长王胜俊、最高人民检察院检察长曹建明等列席会议。

全国人大财经委副主任委员朱志刚在第十一届全国人大常委会第四次会议上作关于2007年中央决算的审查报告

2008年8月11日,全国人民代表大会财政经济委员会听取了财政部《关于2007年中央决算的报告》和审计署《关于2007年度中央预算执行和其他财政收支的审计工作报告》,并结合审计工作报告,对中央决算草案和决算报告进行了审查。现将审查结果报告如下。

国务院报告的2007年中央决算:中央财政收入28612亿元,比预算增加4191亿元,完成预算的117.2%;中央财政支出29580亿元,比预算增加2709亿元,完成预算的110.1%。其中中央对地方的转移支付支出14017亿元,比预算增加2242亿元,完成预算的119.0%;中央对地方的税收返还4121亿元,比预算增加87亿元,完成预算的102.1%。中央财政赤字2000亿元,比预算减少450亿元,与2008年3月向全国人民代表大会报告的赤字数持平。2007年年末,中央财政国债余额52074.65亿元,在全国人大批准的限额以内。中央预算超收收入安排使用情况已依法向全国人大常委会和全国人民代表大会作了报告。

财政经济委员会认为,2007年中央决算草案较好地反映了预算执行情况。国务院及其财政等部门,认真贯彻科学发展观,继续实施稳健财政政策,努力组织财政收入,加大了重点支出力度,积极推进预算管理和财税改革,全面完成了十届全国人大五次会议批准的中央预算。财政经济委员会建议批准国务院提出的《2007年中央决算(草案)》。

同时,财政经济委员会认为,中央预算执行中依然存在一些问题。主要是中央预算还不够细化,部分非税收入未纳入预算管理,省以下财政体制还不完善,转移支付结构不尽合理,一些县级财政保障水平偏低,少数投资项目审批把关不严、监督管理不够到位等。审计工作报告反映了对中央预算执行审计的情况,提出了改进预算管理的意见。建议国务院责成有关部门对审计查出的问题,严格责任追究,认真从体制和机制上分析原因,切实进行整改,并将纠正情况和处理结果向全国人大常委会报告。

为进一步严格预算管理,做好财政工作,财政经济委员会提出以下建议:

一、深化财税体制改革

要按照党的十七大报告和十一届全国人大一次会议提出的要求,抓紧进行财税体制改革。根据财力与事权相匹配的原则,优先界定义务教育、公共卫生等基本公共服务支出方面的责任,将一些应由地方管理的事务,连同责任和财力一并明确给地方。尽快出台县级财政最低支出保障机制的改革方案,用2—3年的时间,建立起较为完善的县级财政最低支出保障机制。要深化税制改革,抓紧做好明年在全国推开增值税转型的准备工作,改进资源税费制度和个人所得税制度,逐步完善地方税体系。

二、规范财政转移支付

要建立一般性转移支付稳定增长的机制,完善转移支付结构,较大幅度地增加一般性转移支付的规模和比例。加强对专项转移支付的管理,一是对现有专项进行清理和规范,确需新增的专项,必须经国务院批准;二是研究将适合地方管理的专项转移支付具体项目审批和资金分配工作下放给地方政府。加快形成统一规范透明的财政转移支付制度。

三、调整财政支出结构

中央财政要继续做好灾后恢复重建的财政资金保障工作,加强政策协调和资金监管,落实好灾后重建的各项政策。按照保持经济平稳较快发展、控制物价过快上涨的要求,通过税收等财税政策,支持企业改革发展,促进经济发展方式转变。加大对"三农"的支持力度,针对农民种粮比较效益下降的问题,研究提出促进粮食生产、增加农民收入的有效措施。进一步调整支出结构,加大财政对保障民生的支持力度,努力保证低收入群众生活水平不下降。要坚持勤俭办一切事业,坚决反对铺张浪费,严格控制一般性开支,降低行政成本。今年中央财政如有超收,除按法律、法规和财政体制规定增加有关支出,以及用于削减财政赤字、解决历史债务、特殊的一次性支出等必要支出外,原则上不再追加具体支出,都列入中央预算稳定调节基金,转到以后年度经过预算安排使用。

四、加强预算管理监督

要建立包括各项政府收支在内的完整的政府预算体系,尽快完善国有资本经营预算制度和编制方法。加强金融国有资产管理,确保金融国有资产保值增值。要深化政府投资管理改革,积极开展中央预算内投资项目公示试点工作,逐步建立政府投资决策责任追究制度。认真落实十一届全国人大一次会议预算决议中提出的"关系民生、社会发展等重点支出编列到'款'"的要求,进一步改革和完善政府收支科目体系,研究提供行政开支、基本建设支出等人大代表关注的预算信息,提高预算的透明度。要建立、健全部门预算责任制,改进部门预算编制方法,开展对部门预算支出的绩效评价。高度重视预算执行进度偏慢的问题,针对专项转移支付资金拨付较晚导致地方预算结余资金较多的情况,切实加强对结余结转资金的管理,建议明年对中央各部门以及地方预算结余项目进行一次专项清理检查。

以上报告,请予审议。

全国人民代表大会财政经济委员会

2008年8月27日

国家发改委副主任朱之鑫向第十一届全国人大常委会第四次会议报告今年以来国民经济和社会发展计划执行情况

报告显示,今年以来,我国积极应对复杂的国际国内经济环境和重特大自然灾害的挑战,保持了经济平稳较快发展的势头,社会事业和统筹区域协调发展等方面取得新进展。

经济增长高位平稳适度回落

上半年GDP增长10.4%

新农合基本覆盖全国农村

前7个月实现新增就业756万人

单位GDP能耗同比下降2.88%

今年以来,我国经济社会发展经受了近几年最为严峻的挑战和重大考验,各地区、各部门坚持一手抓抗灾救灾,一手抓经济社会发展,有效应对各种重大挑战的冲击,保持了经济社会平稳较快发展。

国民经济继续朝着宏观调控预期方向发展。具体表现为以下几方面:一是经济增长高位平稳适度回落。上半年,国内生产总值增长10.4%,增幅同比回落1.8个百分点。其中,一、二季度分别增长10.6%和10.1%。三大需求增长趋于均衡。二是农业保持良好发展势头。夏粮总产量达到2408亿斤,连续5年增产,单产和优质率再创历史新高。早稻丰收,秋粮长势普遍较好。夏收油菜籽产量达1075万吨,增产72万吨。三是产业结构继续优化。四是区域发展的协调性增强。

科技、教育、文化、卫生等社会事业全面发展。自主创新能力建设进一步加强,上半年受理国内专利申请29万件,同比增长34.1%;专利授权16.4万件,增长15.2%。在实施农村免费义务教育的基础上,从9月1日起免费义务教育政策将在全国城镇实施,有1200万名中等职业学校学生春季学期享受了国家助学金。新型农村合作医疗基本覆盖全国农村,参合农民超过8亿人,中西部地区中央财政补助标准由每人20元提高到40元;城镇居民基本医疗保险试点新增229个城市,覆盖人口近6000万人。

前7个月,全国累计实现城镇新增就业756万人,完成全年目标任务的76%,农民工参加工伤保险和医疗保险人数分别增加559万人和623万人。年初以来,中央财政共安排自然灾害生活补助金422亿元,累计应急安置群众2100万人次,救助因灾生活困难群众6000多万人。采取多种措施,增加市场供给,缓解了部分地区一度出现的粮油价格过快上涨的矛盾。

节能减排工作取得积极成效。上半年,共关停小火电机组836万千瓦,淘汰了近2000万吨落后水泥产能、37.5万吨落后造纸产能;新增城镇污水日处理能力500万立方米、脱硫机组4000万千瓦以上。单位GDP能耗同比下降2.88%,降幅比上年同期扩大0.1个百分点;预计化学需氧量和二氧化硫排放量在一季度分别下降1.0%、1.9%的基础上,将继续保持下降趋势。

重点领域和关键环节改革迈出新步伐。行政管理体制改革取得新突破。国务院机构改革进展顺利,46个部门的"三定"规定已发布实施。农村改革继续推进,集体林权制度改革全面推开。国有企业和垄断行业体制改革步伐加快,财税、金融、价格改革继续深化。

经济运行存在四个突出矛盾

物价上涨压力依然较大

影响农业稳定发展因素较多

节能减排形势依然严峻

部分行业和企业生产经营困难

当前国际环境更趋严峻复杂,不确定不稳定因素增多,对我国的不利影响还会继续显现,国内经济运行中的一些矛盾也比较突出。据朱之鑫介绍,主要表现在:

物价上涨压力较大。前7个月,居民消费价格上涨7.7%,其中7月上涨6.3%。下一步推动价格上涨的因素仍然较多。国际初级产品价格仍居高位,国内土地、劳动力等要素价格的上升都将增加企业的成本,加上初级产品需求较旺,抑制物价上涨的任务十分艰巨。

影响农业稳定发展和农民增收的制约因素依然较多。今年重大自然灾害使部分地区农业基础设施严重损毁,后期天气情况还存在不少不确定因素,农业病虫害的影响和重大动物疫情的风险也不容忽视。种粮比较效益低的问题仍比较突出,特别是农资价格上涨较快,前7个月涨幅达到21.3%,增加了农业生产成本。

节能减排形势依然严峻。经济发展方式总体上仍比较粗放,经济增长过度依赖资源消耗的状况没有根本改变,工业结构重型化的特征仍很明显,淘汰落后产能的难度很大,促进节能减排的政策、机制还不完善,一些方面监督管理不到位。

部分行业和企业生产经营困难。由于国际市场需求减弱，成本上升，部分中小企业，尤其是以出口为主的企业生产经营压力加大。

与此同时，在收入分配、医疗卫生、居民住房、安全生产等领域也存在一些需要高度重视和认真解决的问题。

把抑制通胀放在突出位置

着力解决经济运行中的突出矛盾和问题

着力推进经济结构调整和发展方式转变

更加注重改善民生，促进经济社会又好又快发展

朱之鑫说，按照中央的要求，要把保持经济平稳较快发展、控制物价过快上涨作为宏观调控的首要任务，把抑制通货膨胀放在突出位置，保持宏观经济政策的连续性和稳定性，着力解决经济运行中的突出矛盾和问题，增强宏观调控的预见性、针对性、灵活性，把握好调控重点、节奏、力度；深化改革开放，着力推进经济结构调整和发展方式转变，提高经济发展质量和效益，切实加强节能减排和生态环境保护；更加注重改善民生，促进经济社会又好又快发展。下半年要突出抓好以下工作：

保持经济平稳较快发展，在优化结构的前提下保持合理投资规模，严格控制"两高"行业新上扩能项目，进一步增强消费对经济增长的拉动作用，继续做好房地产市场调控，促进房地产业稳定健康发展；抑制价格过快上涨，积极增加粮油肉菜等居民基本生活必需品的生产，做好产运销衔接和进出口调控，加强流通体系建设，确保市场稳定供应，抓好对重点产品价格变化的预测预警工作，提高价格调控的预见性、有效性，严厉查处各种违法违规涨价行为，严格控制新增收费项目，完善和落实好对低收入群体和大学生等的补贴政策；抓好农业生产；加强财政和金融调控；推进节能减排和结构调整；加快社会事业发展；深化重点领域和关键环节改革；做好震后恢复重建工作；促进民生改善和社会和谐。

国务院总理温家宝在北京主持召开国务院常务会议审议并原则通过《汶川地震灾后恢复重建总体规划》

会议指出，根据国务院抗震救灾总指挥部第24次会议要求，发展改革委将《汶川地震灾后恢复重建总体规划》公开征求国内外社会各界意见，并在充分吸收各方面意见和建议的基础上，对总体规划做了修改完善，进一步明确了恢复重建的指导思想、基本原则、重建目标、重点任务和政策措施。总体规划是开展恢复重建工作的重要依据，对加快灾区经济社会发展，重建美好家园，具有重要指导作用。

会议指出，修改后的总体规划围绕用3年左右时间使灾区的基本生活条件和经济社会发展达到或超过灾前水平的重建目标，提出了灾后恢复重建的主要任务。一是根据资源环境承载能力，科学安排恢复重建的空间布局，将规划区的国土空间划分为适宜重建、适度重建、生态重建3类，并分别明确这3类重建区城乡、产业布局和人口安置的基本原则。二是根据城乡居民住房建设和消费的不同特点，明确居民住房恢复重建的要求和相关政策。三是按照恢复完善功能、统筹安排的要求，优化城镇布局，增强防灾能力，改善人居环境。四是与统筹城乡综合配套改革、新农村建设和扶贫开发相结合，恢复重建农村生产生活设施，建设一批优质粮油、特色经济等生产基地。五是根据城乡布局和人口规模，推进教育科研、医疗卫生、文化体育、自然遗产、就业和社会保障等公共服务设施建设。六是根据地质地理条件和城乡经济社会发展需要，合理确定建设标准，恢复交通、通信、能源、水利设施，增强安全保障能力。七是合理引导受灾企业原地重建、异地新建和关停并转，支持发展特色优势产业。八是加强防灾减灾体系和综合减灾能力建设，提高灾害预防和紧急救援能力。九是尊重自然、尊重规律、尊重科学，加强生态修复和环境治理，促进人口、资源、环境协调发展。十是弘扬抗震救灾精神和中华民族优秀传统文化，重塑灾区群众积极乐观向上的精神面貌，抢救和保护具有历史价值、民族特色的非物质文化遗产。

规划明确了财政、税费、金融、土地、产业、对口支援、社会援助等方面的政策要求，对资金、项目和重要物资的监管等作出了具体规定。

会议强调，汶川地震灾后恢复重建任务异常繁重，工作十分艰巨，必须切实加强党和政府的领导，紧紧依靠灾区广大干部群众，切实搞好地区之间对口支援与合作，精心规划，精心组织，精心实施，使灾区人民在恢复重建中赢得新的发展机遇，与全国人民共同全面建设小康社会。

全国政协第61期干部培训班在北京开班

第七次中国与东盟经济部长磋商会在新加坡举行

中蒙在乌兰巴托举行第三次防务安全磋商

8月28日

国家主席胡锦涛在杜尚别出席上海合作组织峰会并发表讲话

哈萨克斯坦总统纳扎尔巴耶夫、吉尔吉斯斯坦总

统巴基耶夫、俄罗斯总统梅德韦杰夫、塔吉克斯坦总统拉赫蒙、乌兹别克斯坦总统卡里莫夫同时出席会议。胡锦涛在峰会上发表了重要讲话。成员国元首共同签署了《上海合作组织成员国元首杜尚别宣言》等重要文件,会议发表了《上海合作组织成员国元首理事会会议联合公报》。

胡锦涛在会上作了题为《携手建设持久和平、共同繁荣的和谐地区》的重要讲话。

与会其他领导人在发言中总结了比什凯克峰会以来上海合作组织在政治、安全、经济、人文、对外交往领域取得的成果,部署了本组织下阶段工作,并就共同关心的国际和地区问题深入交换意见,达成了广泛共识。

拉赫蒙表示,上海合作组织在维护地区安全、促进经济发展方面发挥了更加积极的作用,国际地位进一步巩固。本组织应加大对阿富汗的投入,从源头上打击恐怖主义和毒品走私;加强交通设施建设,推动贸易投资便利化,提升各成员国经贸合作水平。

纳扎尔巴耶夫表示,上海合作组织应采取预防性措施,同联合国等国际组织协调配合,努力消除产生国际恐怖主义的根源;建立安全地带,防范和打击大规模毒品犯罪活动;加强机制和法律建设,促进经贸能源合作。

巴基耶夫表示,上海合作组织已成为维护安全稳定、促进共同发展的重要地区组织。本组织应适应新形势,应对新挑战,加强打击"三股势力"能力建设,推进交通、能源资源合作,开展防灾减灾合作,扩大人文、青年交流,把组织内合作提高到新水平。

梅德韦杰夫表示,打击恐怖主义、促进经贸合作、加强人文交流是上海合作组织的要旨,俄罗斯即将担任本组织主席国,将同各方一道,加强合作,努力实现元首峰会确定的各项目标。

卡里莫夫表示,上海合作组织在加强能力和制度建设、维护各成员国安全、促进地区经济发展、提高人民生活水平、扩大国际影响力方面做了很多富有成效的工作。本组织应更多关注阿富汗局势,支持其为促进经济发展、维护安全、打击毒品走私所作出的努力。

作为观察员国出席峰会的伊朗领导人和印度、蒙古国、巴基斯坦领导人代表也在会上发言。他们表示,在国际和地区形势发生深刻变化、世界经济政治面临一系列挑战的情况下,上海合作组织在不断向前发展。他们表示希望同上海合作组织及其成员国建立更紧密的联系,加强经贸、人文、安全领域合作。

各国祝贺中国政府和人民成功举办北京奥运会,胡锦涛感谢各国对北京奥运会的支持。

在峰会上,6个成员国元首批准了《上海合作组织对话伙伴条例》。

会议宣布,上海合作组织元首理事会第九次会议将于2009年在俄罗斯叶卡捷琳堡举行。

会议结束后,6个成员国元首签署了《上海合作组织成员国元首杜尚别宣言》,并出席了《上海合作组织成员国组织和举行联合反恐演习的程序协定》《上海合作组织成员国政府间合作打击非法贩运武器、弹药和爆炸物品的协定》《上海合作组织银行联合体与欧亚开发银行伙伴关系基础备忘录》等重要文件签字仪式。

会议发表了《上海合作组织成员国元首理事会会议联合公报》。

国家主席胡锦涛在上海合作组织成员国元首理事会第八次会议上发表题为《携手建设持久和平、共同繁荣的和谐地区》的讲话

尊敬的拉赫蒙总统,尊敬的各位同事:

很高兴同各位同事相聚在风光秀丽的杜尚别。感谢拉赫蒙总统、塔吉克斯坦政府和人民的盛情款待和精心安排。塔方担任主席国一年来,为推动上海合作组织发展做了大量富有成效的工作,中方对此予以高度评价。

几天前,北京奥运会圆满落幕。在北京奥运会举办过程中,各成员国和观察员国根据比什凯克峰会共识,在北京奥运会安保、火炬接力传递等方面给予中方积极协助和配合,为北京奥运会取得成功提供了良好条件。中国四川汶川特大地震发生后,成员国和观察员国向中国人民表达了真诚同情、提供了宝贵帮助。这一切,充分体现了我们各国团结互助、精诚合作的深厚情谊,是本组织贯彻"上海精神"和《上海合作组织成员国长期睦邻友好合作条约》宗旨和原则的具体体现。我谨代表中国政府和人民,对此表示衷心的感谢!

上海合作组织成立7年来,努力维护地区安全稳定、促进地区经济发展,使本地区的政治生态、安全环境、发展状况得到明显改善。比什凯克峰会以来,本组织自身建设和务实合作取得积极成果,继续向团结更加巩固、合作更加紧密、行动更加有力、成效更加显著的目标迈进。各成员国在事关独立、主权、安全的重大核心问题上相互坚定支持,在有关成员国遇到严重困难时毫不犹豫地伸出援手,使成员国感受到集体的力量;就共同关心的国际和地区问题积极磋商、协调立场,维护成员国整体利益;不断挖掘合作潜力,深入开展交通、通信、救灾、环保、海关、农业、科技、文化等领域合作。上海合作组织的发展成就有目共睹。

各位同事!

当今世界正处在大变革大调整之中。世界多极化、经济全球化深入发展,求和平、谋发展、促合作成为时代潮流,国际形势总体稳定。同时,世界仍然很不安宁,国际关系日趋复杂,局部冲突和热点问题此起彼伏,全球经济失衡加剧,传统安全威胁和非传统安全威胁相互交织;本地区面临的“三股势力”、毒品走私、跨国有组织犯罪等威胁远未消除,国际政治经济环境中的不确定不稳定因素增多。

解决本地区问题,归根结底要靠本地区国家联合自强。深化区域合作,是应对当前面临的威胁和挑战的有效途径。上海合作组织成员国应该更加紧密地团结起来,共同应对各种挑战,共同分享发展机遇,全面落实《上海合作组织成员国长期睦邻友好合作条约》,将构建持久和平、共同繁荣的和谐地区作为本组织一项长期任务来共同落实。为实现上述目标,我提出以下几点建议。

第一,加强战略磋商,巩固政治互信。遵循本组织宪章和《上海合作组织成员国长期睦邻友好合作条约》,坚持不懈地在涉及成员国安全、发展等重大问题上加大相互支持力度。充分利用外长理事会、国家协调员理事会等机制,就影响各国和地区安全、稳定、发展的重大敏感问题加强战略磋商。本次峰会发表的《杜尚别宣言》就国际政治经济热点等问题阐述了成员国共同主张。今后,成员国应该深化外交磋商,就涉及本地区的重大问题及时协调立场、采取有效措施。

第二,密切安全合作,维护地区和平。成员国在北京奥运会安保方面的合作卓有成效。中方建议认真总结经验,在今后成员国举行类似大型国际活动时继续就安保问题密切合作。同时,将北京奥运会安保合作中比较成熟、行之有效的内容常态化、机制化。实践表明,国家安全会议秘书会议、国防部长、最高法院院长、最高检察院检察长会议等会晤机制对维护本地区安全稳定发挥了重要作用,应该不断完善和深化。

建议成员国在联合缉捕“三股势力”和贩卖毒品等其他跨国有组织犯罪分子方面深化合作,推动联合反恐演习机制化,落实好禁毒合作协议和保障国际信息安全行动计划。

第三,深化经济合作,实现互利共赢。本组织内既有经济大国、产粮大国,也有能源资源富集国和巨大消费市场,深化经济合作、防范国际经济波动冲击的条件得天独厚。各成员国应该有效利用这种优势,继续推进贸易投资便利化,继续遴选并实施新一批交通、能源、通信等领域的示范性项目,加强金融和农业领域合作。中方对本组织《国际道路运输便利化协定》商谈顺利结束表示满意,愿本着最大诚意同各成员国及联合国、亚洲开发银行等国际组织和金融机构合作,商谈协定附件。希望各成员国切实落实海关互助协定,加强海关监管、人员培训方面的合作。

在比什凯克峰会上,中方宣布愿向成员国提供更大规模的信贷支持。目前,已初步选定一批促进成员国发展经济、改善民生的基础建设项目。中方将本着负责任的态度,继续同有关国家协商选定实施项目,切实做好贷款落实工作。截至今年年底,中方为成员国培训1500名专家和管理人才的工作将胜利完成。明年起,中方将继续同成员国和观察员国等进行人力资源合作,为促进有关国家发展培养人才。

第四,推进人文合作,搭建友谊桥梁。扎实推进文化、教育、科技、体育、旅游等领域合作,促进学术界交流和青少年往来,符合本组织及成员国长远利益。本地区自然灾害频发,我们应该加强防灾、减灾、救灾方面的合作。希望各国救灾部门尽快研究建立本组织救灾中心。严重传染性疾病、公共疫情等成为人类的新威胁。中方支持成员国在传染病防治、跨境医疗、卫生突发事件应急协调、传统医药及人员培训等方面加强合作。

第五,贯彻开放原则,共创地区和谐。深化同观察员的务实合作是近年来本组织对外交往的重点。中方高兴地看到,今年本组织同观察员合作有了实质性进展。中方主张加大本组织同观察员合作力度,全面吸收观察员参加安全、经贸、能源、交通、海关、文化等部门间合作。交通、文化领域合作可以成为本组织成员国同观察员合作的示范领域。

中方对本组织即将批准《上海合作组织对话伙伴条例》予以高度评价,欢迎有关国家和国际组织通过对话伙伴这一平台同本组织共同致力于促进本地区稳定和发展。

各位同事!

今年是中国改革开放30周年。30年的实践告诉我们,中国发展离不开世界,世界繁荣稳定也离不开中国。无论国际风云如何变幻,中国政府和人民都将始终不渝坚持走和平发展道路,始终不渝奉行互利共赢的开放战略,更加积极地参与上海合作组织事务,同成员国一道建设持久和平、共同繁荣的和谐地区。

谢谢各位。

上海合作组织成员国元首杜尚别宣言

上海合作组织(以下简称本组织)成员国元首在杜尚别举行元首理事会会议,讨论了重大国际问题和地区局势,发表声明如下:

一、21世纪各国相互依存极大提高,安全和发展日益不可分割。当前,任何一个国际问题都不可能通过武力解决,这在客观上降低了武力因素在全球和地缘政治中的作用。

企图单纯依靠武力解决问题是完全行不通的。这只会阻碍局部冲突的综合解决;只有充分考虑各方利益，将各方纳入谈判进程，而不是将其孤立，才能全面解决现存问题。以损害其他国家安全为代价巩固自身安全的企图不利于维护全球安全和稳定。

元首们重申，必须尊重每个国家和每个民族的历史和文化传统，以及根据国际法为维护国家统一和领土完整、促进各民族和睦相处、共同发展所作的努力。

二、应在恪守《联合国宪章》和公认的国际法准则基础上，寻求应对全球性共同威胁和挑战的有效途径，并通过各国共同努力来实现。应发挥多边外交的作用，摒弃对抗思维、集团政治和单边主义。

本组织成员国认为，在当代条件下，国际安全应建立在互信、互利、平等、协作的原则基础上。建立全球反导系统不利于维护战略平衡、国际社会就军控和核不扩散作出的努力、增强国家间信任和地区稳定。

三、本组织成员国对不久前围绕南奥塞梯问题引发的紧张局势深表担忧，呼吁有关各方通过对话和平解决现有问题，致力于劝和促谈。

本组织成员国欢迎 2008 年 8 月 12 日在莫斯科就解决南奥塞梯冲突通过六点原则，并支持俄罗斯在促进该地区和平与合作中发挥积极作用。

四、本组织成员国重申，将推动开展预防性外交，将其作为有效解决安全和发展问题的重要手段，加强联合国在预防危机方面的关键作用。

本组织成员国认为，预防冲突应遵守《联合国宪章》、安理会有关决议及国际法基本准则。联合国安理会对维护世界和平与安全负有主要责任，在该领域具有主导作用。

鉴于地区组织潜力不断增长，在预防性外交领域发挥着日益积极的作用，本组织成员国主张根据《联合国宪章》第八章规定，全面发展和完善联合国与地区组织的合作。

五、本组织成员国主张，在解决人类资源需求问题上进行广泛国际合作，不以破坏环境为代价，应寻求全球共同发展，包括在保障所有国家平等享受全球化带来的益处基础上消除国家间的技术差距、消除贫困。

在世界经济增长放缓的情况下，执行负责任的金融货币政策、对资本流动进行监控、保障粮食和能源安全具有特殊意义。

六、本组织成员国对本组织框架内打击恐怖主义、分裂主义和极端主义的合作不断巩固表示满意，将发挥地区反恐怖机构的作用，使成员国安全合作提高到一个新水平。

本组织成员国重申，应维护联合国在国际反恐斗争中的核心协调作用，坚定不移地推进《联合国全球反恐战略》，尽快商定《打击国际恐怖主义全面公约》。

本组织成员国将坚决打击恐怖主义对意识形态领域的渗透，愿进行密切合作，落实联合国安理会第 1624 号决议，并开展文明和文化间对话。在此情况下，依靠公民社会、实业界、媒体和非政府组织的力量十分重要。

七、元首们强调，第 62 届联合国大会通过 62/17 号决议——《从国际安全角度看信息和电信领域的发展》具有重要意义，愿共同推动落实文件中提出的建议。

元首们指出，本组织框架内在建立保障国际信息安全合作的国际法基础和具体合作机制方面的工作富有成果。

八、元首们支持本组织与联合国，以及独联体、东盟、欧亚经济共同体、集体安全条约组织、经济合作组织和联合国亚太经社会根据已签订的谅解备忘录深化合作。

九、元首们强调，在考虑到各方关切的前提下，本组织成员国就有效合理利用水能资源开展对话十分重要。

在应对全球气候变化的背景下，成员国密切合作开发新型能源技术具有特殊意义。因此，本组织成员国高度重视制定共同立场，应对气候变化带来的消极后果，发展环保清洁型能源。

十、本组织成员国重申恪守保护和促进人权领域的基本文件和标准：

(一)根据所承担的国际义务和本国法律保障人的基本权利、自由和少数民族的权利；

(二)就履行人权领域的国际条约问题交流经验；

(三)落实人文领域现行的多边和双边条约；

(四)加强在联合国人权领域的磋商与合作；

(五)就人文合作和促进保障人权问题与其他地区组织和一体化机制合作。

十一、本组织成员国指出，中亚的地缘政治、经济意义日益上升。本组织的蓬勃发展将促进本地区巩固战略稳定、维护和平与安全、开展经济和人文等多领域合作。

十二、安全领域面临的外部威胁与挑战成为扰乱本地区局势的因素。阿富汗局势仍在发展，毒品走私规模扩大，跨国有组织犯罪猖獗，因此必须加强合作，建立对上述威胁和挑战进行共同分析、预防和反应的机制。

元首们认为，联合国安理会授权的驻阿富汗国际安全援助部队应与阿富汗伊斯兰共和国政府、邻近国家及其他有关国家合作，更加关注打击阿富汗毒品生产和走私问题。元首们建议，在联合国安理会例行讨论阿富汗局势时将这一任务列入国际安全援助部队的权限。

本组织成员国将继续共同努力，与有关国家和地区性国际组织紧密合作，建立广泛的伙伴关系网，应对恐怖主义和毒品威胁。

元首们强调，在对阿富汗工作方面，应加强上海合作组织—阿富汗联络组的工作，筹备召开本组织倡导的阿富汗问题特别国际会议，讨论共同打击恐怖主义、非法贩运毒品和有组织犯罪问题。

十三、元首们认为，建立中亚无核武器区是巩固国际核不扩散条约体系的重要步骤。2006年塞米巴拉金斯克条约将促进地区和平与稳定，有助于打击国际核恐怖主义，防止非国家实体掌握核材料、核技术。

十四、上海合作组织奉行开放原则，愿与所有赞成本组织宗旨和原则的国际和地区组织进行建设性对话，并根据《联合国宪章》和国际法准则开展自身活动。鉴此，本组织愿研究与其他国际组织建立合作关系的可能性，以保障地区稳定、安全与和谐发展，最大限度地惠及本组织成员国。

哈萨克斯坦共和国总统　努尔苏丹·纳扎尔巴耶夫

中华人民共和国主席　胡锦涛

吉尔吉斯共和国总统　库尔曼别克·巴基耶夫

俄罗斯联邦总统　德米特里·梅德韦杰夫

塔吉克斯坦共和国总统　埃莫马利·拉赫蒙

乌兹别克斯坦共和国总统　伊斯兰·卡里莫夫

2008年8月28日于杜尚别

上海合作组织成员国元首理事会会议发表联合公报

2008年8月28日，上海合作组织(以下简称本组织)成员国元首理事会例行会议在杜尚别举行。哈萨克斯坦共和国总统纳扎尔巴耶夫、中华人民共和国主席胡锦涛、吉尔吉斯共和国总统巴基耶夫、俄罗斯联邦总统梅德韦杰夫、塔吉克斯坦共和国总统拉赫蒙、乌兹别克斯坦共和国总统卡里莫夫与会。

会议由塔吉克斯坦共和国总统拉赫蒙主持。

本组织秘书长努尔加利耶夫、本组织地区反恐怖机构(以下简称地区反恐怖机构)执委会主任苏班诺夫出席了会议。

伊朗伊斯兰共和国总统艾哈迈迪—内贾德、印度共和国石油和天然气部长德奥拉、蒙古国外交部长奥云、巴基斯坦伊斯兰共和国总理国家安全顾问杜拉尼作为本组织观察员国代表团团长，以及阿富汗伊斯兰共和国总统卡尔扎伊、联合国秘书长代表延恰、独联体执委会主席、执行秘书列别捷夫、欧亚经济共同体秘书长曼苏罗夫、集体安全条约组织副秘书长布祖巴耶夫作为主席国客人列席会议。

元首们就国际问题和地区形势交换了意见。指出，各方在所讨论的问题上持相同或相近立场，其内容已在《杜尚别宣言》中得到体现。

本组织成员国全权代表签署了《上海合作组织成员国组织和举行联合反恐演习的程序协定》《上海合作组织成员国政府间合作打击非法贩运武器、弹药和爆炸物品的协定》。同时，还签署了《上海合作组织银行联合体与欧亚开发银行伙伴关系基础备忘录》。

会议期间，在传统的友好、相互理解和建设性气氛中，元首们总结了比什凯克峰会以来本组织的工作成果，确定了本组织到下次元首会议前及更长一段时期内的优先工作方向。

元首们指出，比什凯克峰会制定的任务以及达成的共识正在顺利落实。

元首们听取并批准了本组织秘书长关于过去一年本组织工作的报告和地区反恐怖机构理事会关于地区反恐怖机构2007年工作的报告。

元首们向中国国家主席胡锦涛祝贺北京奥运会成功举办。中方对本组织成员国在北京奥运会筹备和举办期间给予的全面支持表示感谢。各方高度评价本组织框架内的奥运安保合作。

代表团团长们出席了本组织成员国第四届艺术节开幕式。

元首们强调，2007年8月在比什凯克签署的《上海合作组织成员国长期睦邻友好合作条约》对加强本组织在共同应对新挑战、新威胁、巩固世界和平与安全、维护全球和地区稳定方面的合作具有重要意义。

切实落实该条约将有助于改善本组织区域内社会经济形势和深化一体化进程。

元首们指出，在应对新挑战和新威胁方面，地区反恐怖机构作为协调本组织成员国主管机关合作及提供信息分析保障的有效机制，工作日益活跃。元首们赞赏《上海合作组织成员国打击恐怖主义、分裂主义和极端主义2007年至2009年合作纲要》的顺利落实。成员国联合演习，包括在俄罗斯车里雅宾斯克举行的“和平使命—2007”反恐演习有助于提高本组织的反恐能力。联合演习将继续进行。各方将在近期研究2009年年初举行首次成员国公安和内务部长会晤的可能性。

元首们对现代信息通信技术可能被用于破坏国际稳定和安全的目的并造成威胁表示担忧。认为本组织成员国国际信息安全专家组在落实2007年通过的《上海合作组织保障国际信息安全行动计划》方面的工作富有成效。为建立该领域合作的法律基础，有必要制订本组织框架内国际信息安全领域的政府间协定。

元首们认为，为落实《上海合作组织成员国关于合作打击非法贩运麻醉药品、精神药物及其前体的协议》，应重点完成查明和切断经成员国边界非法贩毒渠道的任务，并尽快启动该领域务实合作。

责成成员国禁毒部门领导人在2009年上半年召开特别会议,研究在本组织框架内建立禁毒机制、制定打击阿富汗毒品及其前体走私战略和计划等问题。

元首们强调必须加强上海合作组织—阿富汗联络组的工作。

元首们赞同进一步扩大本组织的国际交往。将在考虑到本组织观察员国——印度、伊朗、蒙古国和巴基斯坦愿望的基础上提升双方合作水平。

为同世界上其他相关国家和国际组织开展互利合作创造条件,元首们批准了《上海合作组织对话伙伴条例》。

元首们决定成立特别专家组,综合研究本组织扩员问题。

元首们指出,贸易投资便利化、挖掘交通和过境运输潜力、发展现代信息通信技术等一系列共同关心的经贸领域合作发展势头良好。强调必须更加积极地利用本组织实业家委员会和银联体的潜力,以巩固本组织区域内的投资环境便利化并吸引企业界落实大型联合经济项目。为推动本组织框架内的务实伙伴关系,开展海关领域的合作十分重要。

元首们对启动本组织框架内的农业问题对话表示满意。

元首们强调,人文领域合作是不断巩固和扩大本组织成员国人民睦邻友好和相互理解的社会基础的关键因素,意义重大。愿推动本组织感兴趣的成员国立法机关间开展交往。

元首们指出,在本组织框架内开展卫生合作,包括防治传染病,对促进本地区国家经济可持续发展和提高人民福祉至关重要。

元首们表示,愿继续开展教育、科技合作,以及文化和青年交流,以巩固本组织相关成员国人民之间的相互理解和友谊。

元首们指出,生态领域合作发展良好,继续制订本组织环保合作构想十分重要。

元首们对紧急救灾部门的合作表示满意,认为有必要加快建立本组织救灾中心。

元首们高度评价塔吉克斯坦共和国在担任主席国期间所做的工作,对塔方在杜尚别峰会期间给予的热情接待表示感谢。

本组织成员国元首理事会下次会议将于2009年在叶卡捷琳堡举行。根据《上海合作组织宪章》,本组织下任主席国将由俄罗斯联邦担任。

国家主席胡锦涛在杜尚别会见前来出席上海合作组织峰会的吉尔吉斯斯坦总统巴基耶夫

胡锦涛表示,近年来,中吉各领域务实合作迅速扩大,经贸合作快速发展,希望双方共同落实好公路、铁路交通基础设施建设和口岸合作项目,深化中吉经贸合作。中方愿以本次上海合作组织成员国开展的北京奥运会安保合作为契机,同吉方加大安全合作力度,共同为维护本地区和平稳定作出努力。

巴基耶夫表示,在胡锦涛主席去年访问吉尔吉斯斯坦之后,吉中两国在各层面、各级别加强交往,双边贸易增长强劲,铁路、电力、资源等领域合作项目取得积极进展,双方在上海合作组织和其他多边机构中合作密切。吉尔吉斯斯坦政府、议会、政党将全力推动吉中关系和双方各领域合作进一步发展。

关于中亚地区形势,胡锦涛指出,中方十分关注中亚局势发展变化,愿为增进中亚国家团结、促进各国社会稳定和经济发展作出自己的努力,也愿同吉方密切协作,使中亚地区成为持久和平、共同繁荣的和谐地区。巴基耶夫表示,吉方将继续同中国等本地区各国加强合作,维护本地区和平稳定。

十一届全国人大常委会第四次会议在人民大会堂举行第三次全体会议

会议听取全国人大常委会执法检查组关于检查未成年人保护法实施情况的报告、国务院关于促进农民稳定增收情况的报告。

吴邦国委员长出席会议。会议由路甬祥副委员长主持。

为了保障未成年人合法权益,促进未成年人健康成长,全国人大常委会决定今年开展未成年人保护法执法检查。这是本届全国人大常委会进行的第一次执法检查。执法检查组于今年6月分成5个小组赴五省区进行检查,并同时委托六省市人大常委会在本行政区域内进行检查。全国人大常委会副委员长、秘书长李建国向会议报告了这次执法检查情况。他说,我国有3亿多未成年人,他们的健康成长,是亿万家庭的最大关切,也是我国社会主义现代化建设事业兴旺发达、后继有人的根本保障。党和国家历来高度重视未成年人保护工作,始终把这项工作作为党和国家事业的重要组成部分,采取了一系列重要措施。从检查的情况看,各有关国家机关、社会团体、中小学校、基层组织和广大群众对学习贯彻这部法律是重视的,法律实施总体情况是好的,但也存在一些不容忽视的问题,需要进一步研究解决。

针对法律实施中存在的问题,李建国在执法检查报告中逐一提出了整改建议:关于未成年人沉迷网络问题,建议进一步加强对网络游戏的管理、加强对网吧的管理,大力开展文明上网、文明办网活动,积极研究矫治未成年人上网成瘾的措施;关于公益性文化设施的建设和向未成年人免费优惠开放问题，建议进一步加大公益性未成年人活动场所的投入，充分发挥现有活动场所的作用，稳步推进学校文体设施在节假日和双休日对未成年人免费优惠开放；关于农村留守儿童保护问题，建议加强农村学前教育机构建设，建立农村留守儿童托管机构；关于未成年人违法犯罪问题，建议大力发展职业教育、加快普及高中阶段教育，加强和改进专门学校（工读）教育，进一步加强司法保护工作；关于制定完善实施未成年人保护法的配套法规、规章问题，建议根据修订后的未成年人保护法，对有关规定加以梳理，该修改的及时进行修改，并同时根据新形势、新情况的需要，制定新的规范性文件，保障法律的贯彻实施。

受国务院委托，农业部部长孙政才向全国人大常委会报告近几年促进农民稳定增收的有关情况。他说，千方百计增加农民收入是全面建设小康社会的重点和难点，是落实扩大内需方针的必然要求。党的十六大以来，中央把促进农民增收作为农业和农村工作的中心任务，采取了一系列重大措施，扭转了农民收入一度低迷徘徊的局面，呈现快速增长的态势。这些重大措施包括：加大政策扶持力度；大力发展农业农村经济；积极引导农村劳动力外出就业；切实加强农业农村基础设施建设；加快推进农村社会事业发展；深入推进农村改革。

孙政才还报告了当前农民增收存在的突出问题：城乡收入差距呈扩大趋势、农业生产比较效益持续下降影响农民增收、农民外出就业增收难度加大、农业灾害对农民增收的影响不可低估。孙政才说，为促进农民增收，今年将重点做好以下工作：一是促进农业生产全面发展，进一步挖掘农业内部增收潜力；二是强化农业科技和服务体系，切实提高农业生产效益；三是加强和改善农产品市场调控，大力促进农民增收减支；四是加大对农业农村的投入力度，着力构建农民持续增收的长效机制；五是多渠道转移农民就业，努力增加农民的劳务收入；六是加强农村基础设施建设，不断优化农民增收的外部条件；七是大力发展农村社会事业，为农民增收创造良好环境；八是继续深化农村改革，为农民增收减负提供体制保障。

全国人大常委会副委员长王兆国、乌云其木格、韩启德、华建敏、陈至立、周铁农、司马义·铁力瓦尔地、蒋树声、陈昌智、严隽琪、桑国卫出席会议。国务院副总理王岐山、最高人民法院院长王胜俊、最高人民检察院检察长曹建明等列席会议。

北京残奥会圣火采集暨火炬接力启动仪式在天坛祈年殿举行

中共中央政治局常委、国务院总理温家宝在仪式上点燃圣火盆，宣布北京2008年残奥会火炬接力开始。

中共中央政治局常委、国家副主席习近平和国际残奥委会主席菲利普·克雷文出席仪式。

中共中央政治局委员、北京市市委书记、北京奥组委主席刘淇和国际残奥委会主席菲利普·克雷文分别致辞。

全国政协副主席、中国残联主席、北京奥组委执行主席邓朴方也在仪式上致辞。

出席仪式的领导同志还有回良玉、刘云山、刘延东、陈至立、马凯、孟建柱，以及中央军委委员李继耐。

中央和北京市有关方面负责同志，国际残奥委会官员、部分外国驻华使节以及各界群众代表1000多人参加了仪式。仪式由北京市市长、北京奥组委执行主席郭金龙主持。

北京2008年残奥会火炬接力以"点燃激情，奉献关爱"为口号，自8月29日起，将分为"中华文明"和"时代风采"两条线路，前往11个省区市的11个城市同时传递。9月6日，经过940名火炬手、约13000公里传递的圣火，将到达残奥会主会场——国家体育场，点燃残奥会的主火炬。

国务院总理温家宝签署第533号令公布《中华人民共和国畜禽遗传资源进出境和对外合作研究利用审批办法》

《中华人民共和国畜禽遗传资源进出境和对外合作研究利用审批办法》已经2008年8月20日国务院第23次常务会议通过，现予公布，自2008年10月1日起施行。

总理 温家宝

2008年8月28日

中华人民共和国畜禽遗传资源进出境和对外合作研究利用审批办法（略）

中组部等部门追授冯理达"全国优秀共产党员"和"白求恩奖章"

国务院副总理李克强到内蒙古考察

8月28日至30日，李克强在内蒙古自治区党委书记储波、政府代主席巴特尔的陪同下，先后来到满洲里、鄂尔多斯、呼和浩特等地，深入工厂车间、商贸市场、草原牧区和城市居民家庭，进行调查研究。

在满洲里购物中心，李克强说，蒙东地区既属于西部又紧邻东北，既是内陆地区又是沿边地区，地域辽阔，市场容量和增长潜力大。要紧紧抓住深入推进西部大开发和振兴东北地区等老工业基地的双重机遇，找准发展定位，在更高层次上利用两个市场、两种资源，多元拓展国际市场，进一步扩大国内需求，积极承接国内外产业转移，不断壮大经济实力。他指出，中西部地区要发挥比较优势，促进有条件的地方形成新的经济增长点，促进国民经济长期平稳较快发展。

在考察鄂尔多斯集团、蒙牛乳业集团、伊利实业股份有限公司、晟纳吉光伏材料公司等企业时，李克强仔细听取情况介绍，与干部群众共同探讨进一步发展之计。他说，推进经济结构战略性调整，是实现扩大国内需求、培育新的经济增长点的重要途径。内蒙古面向我国环渤海地区，背靠俄罗斯和蒙古，区位优势明显，自然资源富集。在新的起点上继续前进，必须走科学发展的道路，推动集约发展、循环发展、和谐发展，适应国内外市场变化，着力推进产业结构优化升级。要因地制宜发展特色经济和优势产业，大力发展现代农牧业，合理开发利用矿产资源，加快高新技术产业发展；发挥沿边、生态、人文等优势，积极发展现代物流、旅游休闲等服务业。在神华集团调研时，李克强指出，当前能源特别是电力用煤保障任务仍然繁重，又将迎来采暖用煤需求高峰。内蒙古作为我国重要的能源基地，要在确保安全的前提下，努力增加煤炭等能源的有效供给，加大电煤外运力度，为经济发展和人民生活提供可靠能源支撑。同时，加快发展循环经济，推广清洁生产，厉行节能减排，着力提升发展质量和水平。

李克强十分重视中小企业发展。在考察满洲里宝石洁具公司等中小企业时，李克强鼓励企业注重技术研发和自主品牌，不断提高档次和水平。他指出，中小企业和劳动密集型企业具有很强的成长性，是我们的重要优势。要运用多种政策手段加大支持力度，依靠改革创新激发企业活力，延长产业链，开创大中小企业相互促进、共同发展的新局面，不断拓展新的发展空间。

民生问题是李克强此次考察的一个重点。李克强对随行的当地干部说，提高各族人民生活水平，是我们一切工作的出发点和落脚点，也是扩大内需的基础条件。要坚持以人为本、促进社会和谐，多渠道增加城乡居民收入，逐步提高群众生活水平和质量，在继续做好教育、就业、社会保障等工作的同时，着力解决好基本住房、基本医疗等重点民生问题。他指出，内蒙古是我国北方地区的重要生态屏障，要进一步加强生态建设和环境保护，不断改善人居环境，为可持续发展奠定坚实基础。

考察中，李克强听取了内蒙古自治区党委政府的工作汇报，充分肯定内蒙古经济社会发展取得的巨大成就，希望内蒙古广大干部群众齐心协力、开拓进取，巩固和发展民族团结，奋力走在西部大开发的前列。

国务院副总理王岐山在人民大会堂与台湾工商界代表座谈

在认真听取台商代表发言后，王岐山说，大家畅所欲言，对推动两岸经济交流合作提出了许多中肯又有针对性的意见和建议，他要求国务院有关部门认真研究，并妥善解决台商在大陆投资经营中遇到的问题和困难。

王岐山说，两岸同胞同宗同文，血脉相连。改革开放以来，广大台商积极参与大陆经济建设，作出了重要贡献。特别在这次汶川特大地震发生后，台湾同胞慷慨解囊，倾力相助，两岸同胞血浓于水、患难与共的真情令人感动。广大台商和台湾同胞为举办北京奥运会积极贡献智慧和力量，台湾体育健儿在奥运会上受到热烈欢迎，两岸同胞共同见证了中华民族百年奥运梦想的实现。

王岐山指出，今年以来，台湾局势发生重大积极变化，扩大和深化两岸经济交流合作面临难得的历史机遇。两岸在“九二共识”基础上恢复协商，在“建立互信、搁置争议、求同存异、共创双赢”的原则指引下，两岸周末包机、大陆居民赴台旅游顺利实施。两岸经济相互融合日益加深，经济交流合作不断扩大。两岸同胞要抓住机遇，继续加强经济文化交流，拓展合作领域，提高合作层次，尽快实现直接“三通”，促进两岸各领域交流合作迈上新台阶，推动两岸关系和平发展。

在谈到经济形势时，王岐山说，当前世界金融市场动荡、通胀压力加大、经济增长放缓，我们将继续努力克服国内外各种不利因素的影响，保持经济平稳较快增长，控制物价过快上涨。为了更好地推进现代化建设，我们将按照中共十七大的部署，坚定不移地走中国特色社会主义道路，深入贯彻落实科学发展观，继续推进改革开放，坚持以人为本，促进经济社会全面协调可持续发展。

王岐山表示，我们高度重视台商代表反映的问题，已经并将继续采取措施，更好地保障台湾同胞投资合法权益，保护知识产权，为台商在大陆发展创造良好的环境。

国务院台湾事务办公室主任王毅主持座谈会。国务院22个部门负责人，60多位台湾工商界知名人士和大陆台商代表参加了座谈会。

最高人民法院院长王胜俊在人民大会堂会见利比里亚最高法院首席大法官约翰尼·刘易斯一行

共青团中央 全国青联决定授予中国男子体操队等4个青年集体“中国青年五四奖章集体”和陈燮霞等53名运动员“中国青年五四奖章”

获得“中国青年五四奖章集体”的是中国男子体

操队、中国女子体操队、中国女子乒乓球队、中国男子乒乓球队。获得“中国青年五四奖章”的是陈燮霞、庞伟、郭文珺、郭晶晶、吴敏霞、冼东妹、龙清泉、林跃、火亮、陈艳青、张湘祥、陈若琳、王鑫、仲满、廖辉、陈颖、王峰、秦凯、刘春红、刘子歌、杜丽、杨威、张娟娟、杨秀丽、曹磊、佟文、陆永、杜婧、于洋、张宁、邱健、唐宾、金紫薇、奚爱华、张杨杨、王娇、邹凯、肖钦、林丹、陈一冰、何可欣、何雯娜、李小鹏、陆春龙、何冲、殷剑、吴静钰、张怡宁、孟关良、杨文军、马琳、邹市明、张小平等53名运动员。

在举世瞩目的第二十九届北京奥运会上，我国体育健儿取得了前所未有的优异成绩，极大地激发了包括亿万青少年在内的全国人民的爱国热情和拼搏精神，共青团中央、全国青联号召全国广大青少年向我国体育健儿学习。

8月29日

国家主席胡锦涛在阿什哈巴德同土库曼斯坦总统别尔德穆哈梅多夫举行会谈

胡锦涛表示，中方愿同土方携手努力，促进两国友好合作关系更好更快发展。一、密切友好交往，增强相互信任。加强两国高层往来，增进双方政府、立法机构及地方交流合作，深化两国有关部门磋商和对话。二、完善合作机制，推动务实合作。早日启动副总理级中土合作委员会，指导和协调两国各领域合作。三、深化安全合作，维护地区稳定。加强两国执法和安全部门在信息共享、经验交流、人员培训等方面的合作，坚决打击“三股势力”。四、加强多边协作，维护共同利益。密切双方在联合国等多边框架内的沟通和协调，加大在彼此关切问题上的相互支持。五、扩大人文合作，巩固友好基础。加强文化、体育、教育、新闻、卫生、旅游等领域合作。

别尔德穆哈梅多夫表示，双方通过政府和社会各界对话和合作，不断增进相互信任，巩固双边关系基础。我们感谢中方尊重土方中立地位和政策，土方将继续坚定奉行一个中国政策。

别尔德穆哈梅多夫说，中国是土库曼斯坦最主要、最可靠的合作伙伴之一。土中两国在经贸、能源、交通、通信、纺织等领域开展了良好合作，取得了重要效益。土中能源合作是双边经贸合作的重要内容，也是实现世界能源安全努力的组成部分。双方文化、教育等人文领域合作也非常活跃。土方愿意同中方一道，继续致力于两国政治、经贸、人文、安全等领域合作，为两国关系发展不断注入新动力。

会谈后，胡锦涛和别尔德穆哈梅多夫共同出席两国政治、经贸、交通等领域合作文件签字仪式并会见记者。

中华人民共和国和土库曼斯坦发表联合声明

应土库曼斯坦总统库尔班古力·别尔德穆哈梅多夫邀请，中华人民共和国主席胡锦涛于2008年8月28日至29日对土库曼斯坦进行国事访问。两国元首就中土关系和共同关心的国际和地区问题全面交换意见，达成广泛共识。

一、双方满意地指出，近年来，中国和土库曼斯坦友好合作关系健康稳定发展，各领域合作日益扩大，取得丰硕成果。双方强调，将继续保持两国高层互访并开展各级别交往，不断增进政治互信，切实落实双方达成的各项协议和共识，全面深化和扩大各领域合作，推进中土友好合作关系向前发展。

二、双方表示将继续加强中国全国人民代表大会与土库曼斯坦国民议会的交往，开展多层次的友好交流与合作，进一步完善双边合作的法律基础。

三、双方强调，进一步巩固和发展中土友好合作关系互为两国外交政策的既定方针。中方高度评价土库曼斯坦在国家建设、社会经济发展过程中取得的显著成就。中方重申将一如既往地支持土库曼斯坦走符合本国国情的发展道路，尊重土库曼斯坦奉行“永久中立”政策。土方高度评价中国改革开放30年来取得的辉煌成就，认为中国的发展是促进世界和平与繁荣的积极因素，相信中国人民一定能够成功实现国家发展的宏伟目标。

四、土方重申坚定奉行一个中国政策，承认中华人民共和国政府是代表全中国的唯一合法政府，台湾是中国的一部分。土方坚决反对任何形式的“台湾独立”，反对任何制造“两个中国”、“一中一台”的图谋，反对台湾加入任何仅限主权国家参加的国际和地区组织。土方支持中国政府为实现国家统一所做的一切努力。中方高度赞赏土方这一原则立场，重申支持土方为维护国家独立、主权和领土完整以及维护国内稳定、发展民族经济所做的努力。

五、中方高度评价土方在打击“东突”等“三股势力”问题上坚定支持中方立场。双方重申将恪守《中华人民共和国和土库曼斯坦关于打击恐怖主义、分裂主义和极端主义的合作协定》，不断深化安全领域合作，坚决打击“三股势力”，维护两国安全和本地区的稳定。

六、中方高度评价并感谢土方在汶川特大地震灾害后表达的同情和慰问以及向中方提供物资援助，帮助灾区人民抗震救灾和灾后重建。

七、土方对中国成功举办2008年北京奥运会表示祝贺，认为这是中国为推动国际奥林匹克事业发展、推动建设和谐世界作出的巨大贡献。

八、双方商定成立中国和土库曼斯坦合作委员会。双方表示，将充分发挥中土合作委员会的指导和协调作用，全面推进中土经贸、能源、安全、人文领域合作。

九、双方强调，将本着平等互利、合作共赢的原则，推进双方能源、交通、电信、化工、纺织、建材等领域合作。双方表示，将创造便利条件加快实施双方商定的合作项目，确保中土天然气管道如期建成。双方将进一步完善开展经贸合作的法律基础，挖掘合作潜力，拓展合作领域，探讨新的合作方式，将中土务实合作提高到新的水平。

十、双方将根据各自法律为对方国家的自然人、法人和其他经济实体在本国境内从事投资贸易活动和经济技术合作创造便利条件，采取有效措施保护对方国家公民的人身、财产和合法权益。

十一、双方将继续推动扩大两国人文领域的交流和联系，继续扩大文化、艺术、体育、教育、新闻、卫生、旅游等领域合作，加强在语言教学、互派留学人员、教育团组等方面合作。

十二、双方一致认为，中亚国家有独特的历史文化传统，国际社会应尊重中亚各国人民根据本国国情自主选择的发展道路。维护中亚地区的稳定与和平，促进中亚各国经济不断发展与繁荣，符合本地区各国人民的共同意愿。中方高度评价土方为促进中亚地区安全、稳定与发展所做的努力。

十三、双方强调，将进一步加强在联合国等多边框架内合作，就国际和地区事务继续加强协调，深化协作，为两国发展创造良好的国际环境。中方高度评价土方为建立联合国中亚地区预防外交中心所做的工作，将继续支持和配合该中心开展工作。

中华人民共和国主席　　　　土库曼斯坦总统
胡锦涛　　　　库尔班古力·别尔德穆哈梅多夫
2008年8月29日于阿什哈巴德

国家主席胡锦涛在土库曼斯坦议会大厦会见土库曼斯坦国民议会主席努尔别尔德耶娃

胡锦涛表示，随着中土天然气管道等大型能源项目启动，两国经贸、能源、电信、金融等各领域务实合作将全面发展。深化双方务实合作，需要两国立法机构大力支持和配合。希望土库曼斯坦议会一如既往地关心和支持中土关系发展。

努尔别尔德耶娃表示，近年来，土中关系发展迅速，双方高层往来频繁，两国签署了一系列合作协议，促进了包括能源合作在内的各领域务实合作。当前，土中两国经济社会事业都在快速发展，开展互利合作潜力巨大。土库曼斯坦议会坚定支持两国发展友好合作关系。

胡锦涛说，多年来，中国全国人大和土库曼斯坦议会保持良好合作关系。目前，中土都致力于深化改革、发展经济、加强民主法制建设，两国立法机构可加强交流、相互借鉴。希望两国立法机构为推动双边关系持续发展作出更大努力。

努尔别尔德耶娃介绍了土库曼斯坦议会情况并表示，土中两国立法机构交往密切，土库曼斯坦议会愿同中国全国人大加强交流合作。

十一届全国人大常委会第四次会议在人民大会堂闭会

会议经表决，通过了循环经济促进法，国家主席胡锦涛签署第4号主席令予以公布。

吴邦国委员长主持闭幕会。

会议表决通过了全国人大常委会关于批准《万国邮政联盟组织法第七附加议定书》的决定，关于批准中华人民共和国和纳米比亚共和国关于刑事司法协助的条约的决定，关于批准中华人民共和国政府和巴基斯坦伊斯兰共和国政府关于刑事司法协助的协定的决定，关于批准中华人民共和国和日本国关于刑事司法协助的条约的决定，批准了这四个条约。

会议表决通过了全国人大常委会关于批准2007年中央决算的决议，决定批准2007年中央决算。

会议表决通过了全国人大常委会代表资格审查委员会关于个别代表的代表资格的报告。根据全国人大常委会发表的公告，十一届全国人大代表现在实有2986人。

会议还表决通过有关任免名单。

完成各项议程后，吴邦国发表讲话。他说，会议通过的循环经济促进法，总结国内外发展循环经济的有益经验，把鼓励减量化、再利用、资源化的政策措施以法律的形式固定下来，对促进我国循环经济的发展，增强全社会环境意识，推进资源节约型、环境友好型社会建设必将产生积极的影响。

吴邦国说，食品安全事关老百姓的身体健康和生命安全，是群众普遍关心的问题。制定食品安全法是全国人大代表最为关注、代表议案最为集中的立法项目之一，也是这两届全国人大常委会重点抓的立法项目。去年12月的十届全国人大常委会第三十一次会议，初次审议了食品安全法草案。根据委员长会议的决定，今年4月又将食品安全法草案向社会全文公布征求意见，共收到各方面意见1.1万多件，有关专门委员会还召开了座谈会、论证会，并根据常委会会议初审的意见和各方面的建议，对草案作了认真修改，提请本次会议再次审议。会议还初次审议了刑法修正案(七)草案和保险法、专利法等两个修订草案。审议中，常委会组成人员和列席会议的同志提出了许多很好的修改意见和建议。会后，法律委员会要会同有关方面在深入研究各方面意见的基础上，认真修改这4件法律草案，提请以后的常委会会议审议。

他说，这次会议的一项重要内容是审议国务院提出的2007年中央决算报告、审计工作报告，审查批准2007年中央决算。审议中，常委会组成人员和列席会议的同志对去年的中央财政和审计工作给予充分肯定，认为2007年中央预算执行情况是好的，对去年审计工作报告指出问题的整改也是认真的。中央财政收入继续大幅增加，财政支出得到有效控制，财政赤字和国债余额都控制在全国人大批准的范围内，中央预算超收收入安排使用情况也依法向全国人大及其常委会作了报告。同时，大家希望国务院及其有关部门进一步加强财政工作，严格预算管理。一是深化财税体制改革，鉴于当前部分县乡财政困难，财权与事权不相适应的情况，建议在调查研究的基础上，逐步建立较为完善的县乡财政最低支出保障机制。二是规范财政转移支付，建议在清理专项转移支付的基础上，建立一般性转移支付稳定增长机制。三是调整财政支出结构，当前要切实保障抗灾救灾等重点支出。四是加强预算管理监督，建立包括各项政府收支在内的完整的政府预算体系。对审计工作报告指出的问题，建议责成有关部门和地方，认真从体制机制上分析原因，严格追究责任，切实进行整改，并请国务院在今年年底前将纠正情况和处理结果向全国人大常委会报告。

吴邦国指出，对今年上半年的经济社会发展形势，全国人大代表和常委会组成人员都十分关心。会议认真听取和审议了国务院关于今年以来国民经济和社会发展计划执行情况的报告。大家认为，今年以来，我国经济社会发展经受了近几年最为严峻的挑战和重大考验，但经济社会发展的基本面没有改变。面对国际市场石油、粮食等初级产品价格攀升和美国次贷危机等带来的国际经济环境重大变化和汶川特大地震等国内严重自然灾害的冲击，党中央审时度势，及时召开省区市和中央部门主要负责同志会议进行全面部署，坚持一手抓抗震救灾，一手抓经济社会发展，同时要求深入细致地做好北京奥运会各项筹办工作，切实维护社会稳定。经过全国上下的共同努力，我们有效应对了历史罕见的严重自然灾害，国民经济保持平稳较快运行，继续朝着宏观调控预期方向发展；震后重建稳步推进，对口支援全面展开；北京奥运会获得圆满成功，成为举世公认的一届有特色、高水平的奥运会；其他各项工作都取得了新进展，成绩来之不易。国务院和地方各级政府为此做了大量工作，应予充分肯定。大家强调，在看到成绩的同时，要保持清醒头脑，增强忧患意识，正视前进中的问题，充分认识做好下半年经济社会发展工作的复杂性和艰巨性，把思想和行动统一到中央对形势的分析判断和总体部署上来，坚持发展是硬道理的战略思想，深入贯彻落实科学发展观，把保持经济平稳较快发展、控制物价过快上涨作为宏观调控的首要任务，着力解决经济社会发展中的突出矛盾和问题，着力化解不稳定不和谐因素，着力推进经济发展方式的“三个转变”，促进经济社会又好又快发展。同时，要切实加强灾后恢复重建工作，确保受灾群众安全过冬。

吴邦国说，增收是农民最现实的利益问题，也是“三农”工作的重点和难点。为了促进农民增收工作，这次常委会会议专门安排听取和审议了国务院的有关专项工作报告。审议中，大家充分肯定国务院和地方各级政府为此所做的努力，同时指出，要高度重视农民收入水平不高、城乡居民收入差距仍在拉大、农业比较效益还在下降等问题，进一步加大“三农”投入，逐步理顺粮食等农产品价格，不断改善强农惠农金融、科技服务，大力支持农民多渠道转移就业，使农民收入能够持续稳定增长。

吴邦国说，检查未成年人保护法的实施情况，是今年全国人大常委会监督工作的一个重点，也是本届全国人大常委会开展的第一次执法检查。在审议执法检查报告时，大家充分肯定检查组的工作，赞成执法检查报告，希望有关方面切实重视和加强未成年人保护工作，共同促进未成年人健康成长。

在谈到监督工作时，吴邦国强调，监督权是宪法和法律赋予全国人大及其常委会的一项重要职权。十届全国人大常委会确定了“围绕中心、突出重点、讲求实效”的监督工作思路，不断加强和改进监督工作，形成了一套工作机制和方法，取得了实实在在的效果。本届全国人大常委会的监督工作将坚持十届以来行之有效的工作思路、机制和方法，并在实践中不断加以完善。常委会今年的监督工作计划的安排和调整，在充分体现这一精神的基础上，还有两个方面的特点：一是围绕党和国家工作大局，及时调整工作计划，以全力支持国务院的工作。二是坚持以人为本，研究制订今年监督工作计划时，明确把人民群众最关心、最直接、最现实的利益问题作为监督重点。做好计划安排的监督工作，将惠及我国人口的大部分，对于保障和改善民生、构建社会主义和谐社会都具有重要意义。

全国人大常委会副委员长王兆国、路甬祥、乌云其木格、韩启德、华建敏、陈至立、周铁农、李建国、司马义·铁力瓦尔地、蒋树声、陈昌智、严隽琪、桑国卫出席会议。国务院副总理张德江、最高人民法院院长王胜俊、最高人民检察院检察长曹建明等列席会议。

国家主席胡锦涛签署第4号令发布《中华人民共和国循环经济促进法》

《中华人民共和国循环经济促进法》已由中华人民共和国第十一届全国人民代表大会常务委员会第四次会议于2008年8月29日通过,现予公布,自2009年1月1日起施行。

中华人民共和国主席　胡锦涛

2008年8月29日

中华人民共和国循环经济促进法

第一章　总　则

第一条　为了促进循环经济发展,提高资源利用效率,保护和改善环境,实现可持续发展,制定本法。

第二条　本法所称循环经济,是指在生产、流通和消费等过程中进行的减量化、再利用、资源化活动的总称。

本法所称减量化,是指在生产、流通和消费等过程中减少资源消耗和废物产生。

本法所称再利用,是指将废物直接作为产品或者经修复、翻新、再制造后继续作为产品使用,或者将废物的全部或者部分作为其他产品的部件予以使用。

本法所称资源化,是指将废物直接作为原料进行利用或者对废物进行再生利用。

第三条　发展循环经济是国家经济社会发展的一项重大战略,应当遵循统筹规划、合理布局,因地制宜、注重实效,政府推动、市场引导,企业实施、公众参与的方针。

第四条　发展循环经济应当在技术可行、经济合理和有利于节约资源、保护环境的前提下,按照减量化优先的原则实施。

在废物再利用和资源化过程中,应当保障生产安全,保证产品质量符合国家规定的标准,并防止产生再次污染。

第五条　国务院循环经济发展综合管理部门负责组织协调、监督管理全国循环经济发展工作;国务院环境保护等有关主管部门按照各自的职责负责有关循环经济的监督管理工作。

县级以上地方人民政府循环经济发展综合管理部门负责组织协调、监督管理本行政区域的循环经济发展工作;县级以上地方人民政府环境保护等有关主管部门按照各自的职责负责有关循环经济的监督管理工作。

第六条　国家制定产业政策,应当符合发展循环经济的要求。

县级以上人民政府编制国民经济和社会发展规划及年度计划,县级以上人民政府有关部门编制环境保护、科学技术等规划,应当包括发展循环经济的内容。

第七条　国家鼓励和支持开展循环经济科学技术的研究、开发和推广,鼓励开展循环经济宣传、教育、科学知识普及和国际合作。

第八条　县级以上人民政府应当建立发展循环经济的目标责任制,采取规划、财政、投资、政府采购等措施,促进循环经济发展。

第九条　企业事业单位应当建立、健全管理制度,采取措施,降低资源消耗,减少废物的产生量和排放量,提高废物的再利用和资源化水平。

第十条　公民应当增强节约资源和保护环境意识,合理消费,节约资源。

国家鼓励和引导公民使用节能、节水、节材和有利于保护环境的产品及再生产品,减少废物的产生量和排放量。

公民有权举报浪费资源、破坏环境的行为,有权了解政府发展循环经济的信息并提出意见和建议。

第十一条　国家鼓励和支持行业协会在循环经济发展中发挥技术指导和服务作用。县级以上人民政府可以委托有条件的行业协会等社会组织开展促进循环经济发展的公共服务。

国家鼓励和支持中介机构、学会和其他社会组织开展循环经济宣传、技术推广和咨询服务,促进循环经济发展。

第二章　基本管理制度

第十二条　国务院循环经济发展综合管理部门会同国务院环境保护等有关主管部门编制全国循环经济发展规划,报国务院批准后公布施行。设区的市级以上地方人民政府循环经济发展综合管理部门会同本级人民政府环境保护等有关主管部门编制本行政区域循环经济发展规划,报本级人民政府批准后公布施行。

循环经济发展规划应当包括规划目标、适用范围、主要内容、重点任务和保障措施等,并规定资源产出率、废物再利用和资源化率等指标。

第十三条　县级以上地方人民政府应当依据上级人民政府下达的本行政区域主要污染物排放、建设用地和用水总量控制指标,规划和调整本行政区域的产业结构,促进循环经济发展。

新建、改建、扩建建设项目,必须符合本行政区域主要污染物排放、建设用地和用水总量控制指标的要求。

第十四条　国务院循环经济发展综合管理部门会同国务院统计、环境保护等有关主管部门建立和完善循环经济评价指标体系。

上级人民政府根据前款规定的循环经济主要评价指标，对下级人民政府发展循环经济的状况定期进行考核，并将主要评价指标完成情况作为对地方人民政府及其负责人考核评价的内容。

第十五条　生产列入强制回收名录的产品或者包装物的企业，必须对废弃的产品或者包装物负责回收；对其中可以利用的，由各该生产企业负责利用；对因不具备技术经济条件而不适合利用的，由各该生产企业负责无害化处置。

对前款规定的废弃产品或者包装物，生产者委托销售者或者其他组织进行回收的，或者委托废物利用或者处置企业进行利用或者处置的，受托方应当依照有关法律、行政法规的规定和合同的约定负责回收或者利用、处置。

对列入强制回收名录的产品和包装物，消费者应当将废弃的产品或者包装物交给生产者或者其委托回收的销售者或者其他组织。

强制回收的产品和包装物的名录及管理办法，由国务院循环经济发展综合管理部门规定。

第十六条　国家对钢铁、有色金属、煤炭、电力、石油加工、化工、建材、建筑、造纸、印染等行业年综合能源消费量、用水量超过国家规定总量的重点企业，实行能耗、水耗的重点监督管理制度。

重点能源消费单位的节能监督管理，依照《中华人民共和国节约能源法》的规定执行。

重点用水单位的监督管理办法，由国务院循环经济发展综合管理部门会同国务院有关部门规定。

第十七条　国家建立、健全循环经济统计制度，加强资源消耗、综合利用和废物产生的统计管理，并将主要统计指标定期向社会公布。

国务院标准化主管部门会同国务院循环经济发展综合管理和环境保护等有关主管部门建立、健全循环经济标准体系，制定和完善节能、节水、节材和废物再利用、资源化等标准。

国家建立、健全能源效率标识等产品资源消耗标识制度。

第三章　减量化

第十八条　国务院循环经济发展综合管理部门会同国务院环境保护等有关主管部门，定期发布鼓励、限制和淘汰的技术、工艺、设备、材料和产品名录。

禁止生产、进口、销售列入淘汰名录的设备、材料和产品，禁止使用列入淘汰名录的技术、工艺、设备和材料。

第十九条　从事工艺、设备、产品及包装物设计，应当按照减少资源消耗和废物产生的要求，优先选择采用易回收、易拆解、易降解、无毒无害或者低毒低害的材料和设计方案，并应当符合有关国家标准的强制性要求。

对在拆解和处置过程中可能造成环境污染的电器电子等产品，不得设计使用国家禁止使用的有毒有害物质。禁止在电器电子等产品中使用的有毒有害物质名录，由国务院循环经济发展综合管理部门会同国务院环境保护等有关主管部门制定。

设计产品包装物应当执行产品包装标准，防止过度包装造成资源浪费和环境污染。

第二十条　工业企业应当采用先进或者适用的节水技术、工艺和设备，制订并实施节水计划，加强节水管理，对生产用水进行全过程控制。

工业企业应当加强用水计量管理，配备和使用合格的用水计量器具，建立水耗统计和用水状况分析制度。

新建、改建、扩建建设项目，应当配套建设节水设施。节水设施应当与主体工程同时设计、同时施工、同时投产使用。

国家鼓励和支持沿海地区进行海水淡化和海水直接利用，节约淡水资源。

第二十一条　国家鼓励和支持企业使用高效节油产品。

电力、石油加工、化工、钢铁、有色金属和建材等企业，必须在国家规定的范围和期限内，以洁净煤、石油焦、天然气等清洁能源替代燃料油，停止使用不符合国家规定的燃油发电机组和燃油锅炉。

内燃机和机动车制造企业应当按照国家规定的内燃机和机动车燃油经济性标准，采用节油技术，减少石油产品消耗量。

第二十二条　开采矿产资源，应当统筹规划，制定合理的开发利用方案，采用合理的开采顺序、方法和选矿工艺。采矿许可证颁发机关应当对申请人提交的开发利用方案中的开采回采率、采矿贫化率、选矿回收率、矿山水循环利用率和土地复垦率等指标依法进行审查；审查不合格的，不予颁发采矿许可证。采矿许可证颁发机关应当依法加强对开采矿产资源的监督管理。

矿山企业在开采主要矿种的同时，应当对具有工业价值的共生和伴生矿实行综合开采、合理利用；对必须同时采出而暂时不能利用的矿产以及含有有用组分的尾矿，应当采取保护措施，防止资源损失和生态破坏。

第二十三条　建筑设计、建设、施工等单位应当按照国家有关规定和标准，对其设计、建设、施工的建筑物及构筑物采用节能、节水、节地、节材的技术工艺和小型、轻型、再生产品。有条件的地区，应当充分利用太阳能、地热能、风能等可再生能源。

国家鼓励利用无毒无害的固体废物生产建筑材料,鼓励使用散装水泥,推广使用预拌混凝土和预拌砂浆。

禁止损毁耕地烧砖。在国务院或者省、自治区、直辖市人民政府规定的期限和区域内,禁止生产、销售和使用黏土砖。

第二十四条　县级以上人民政府及其农业等主管部门应当推进土地集约利用,鼓励和支持农业生产者采用节水、节肥、节药的先进种植、养殖和灌溉技术,推动农业机械节能,优先发展生态农业。

在缺水地区,应当调整种植结构,优先发展节水型农业,推进雨水集蓄利用,建设和管护节水灌溉设施,提高用水效率,减少水的蒸发和漏失。

第二十五条　国家机关及使用财政性资金的其他组织应当厉行节约、杜绝浪费,带头使用节能、节水、节地、节材和有利于保护环境的产品、设备和设施,节约使用办公用品。国务院和县级以上地方人民政府管理机关事务工作的机构会同本级人民政府有关部门制定本级国家机关等机构的用能、用水定额指标,财政部门根据该定额指标制定支出标准。

城市人民政府和建筑物的所有者或者使用者,应当采取措施,加强建筑物维护管理,延长建筑物使用寿命。对符合城市规划和工程建设标准,在合理使用寿命内的建筑物,除为了公共利益的需要外,城市人民政府不得决定拆除。

第二十六条　餐饮、娱乐、宾馆等服务性企业,应当采用节能、节水、节材和有利于保护环境的产品,减少使用或者不使用浪费资源、污染环境的产品。

本法施行后新建的餐饮、娱乐、宾馆等服务性企业,应当采用节能、节水、节材和有利于保护环境的技术、设备和设施。

第二十七条　国家鼓励和支持使用再生水。在有条件使用再生水的地区,限制或者禁止将自来水作为城市道路清扫、城市绿化和景观用水使用。

第二十八条　国家在保障产品安全和卫生的前提下,限制一次性消费品的生产和销售。具体名录由国务院循环经济发展综合管理部门会同国务院财政、环境保护等有关主管部门制定。

对列入前款规定名录中的一次性消费品的生产和销售,由国务院财政、税务和对外贸易等主管部门制定限制性的税收和出口等措施。

第四章　再利用和资源化

第二十九条　县级以上人民政府应当统筹规划区域经济布局,合理调整产业结构,促进企业在资源综合利用等领域进行合作,实现资源的高效利用和循环使用。

各类产业园区应当组织区内企业进行资源综合利用,促进循环经济发展。

国家鼓励各类产业园区的企业进行废物交换利用、能量梯级利用、土地集约利用、水的分类利用和循环使用,共同使用基础设施和其他有关设施。

新建和改造各类产业园区应当依法进行环境影响评价,并采取生态保护和污染控制措施,确保本区域的环境质量达到规定的标准。

第三十条　企业应当按照国家规定,对生产过程中产生的粉煤灰、煤矸石、尾矿、废石、废料、废气等工业废物进行综合利用。

第三十一条　企业应当发展串联用水系统和循环用水系统,提高水的重复利用率。

企业应当采用先进技术、工艺和设备,对生产过程中产生的废水进行再生利用。

第三十二条　企业应当采用先进或者适用的回收技术、工艺和设备,对生产过程中产生的余热、余压等进行综合利用。

建设利用余热、余压、煤层气以及煤矸石、煤泥、垃圾等低热值燃料的并网发电项目,应当依照法律和国务院的规定取得行政许可或者报送备案。电网企业应当按照国家规定,与综合利用资源发电的企业签订并网协议,提供上网服务,并全额收购并网发电项目的上网电量。

第三十三条　建设单位应当对工程施工中产生的建筑废物进行综合利用;不具备综合利用条件的,应当委托具备条件的生产经营者进行综合利用或者无害化处置。

第三十四条　国家鼓励和支持农业生产者和相关企业采用先进或者适用技术,对农作物秸秆、畜禽粪便、农产品加工业副产品、废农用薄膜等进行综合利用,开发利用沼气等生物质能源。

第三十五条　县级以上人民政府及其林业主管部门应当积极发展生态林业,鼓励和支持林业生产者和相关企业采用木材节约和代用技术,开展林业废弃物和次小薪材、沙生灌木等综合利用,提高木材综合利用率。

第三十六条　国家支持生产经营者建立产业废物交换信息系统,促进企业交流产业废物信息。

企业对生产过程中产生的废物不具备综合利用条件的,应当提供给具备条件的生产经营者进行综合利用。

第三十七条　国家鼓励和推进废物回收体系建设。

地方人民政府应当按照城乡规划,合理布局废物回收网点和交易市场,支持废物回收企业和其他组织开展废物的收集、储存、运输及信息交流。

废物回收交易市场应当符合国家环境保护、安全和消防等规定。

第三十八条 对废电器电子产品、报废机动车船、废轮胎、废铅酸电池等特定产品进行拆解或者再利用,应当符合有关法律、行政法规的规定。

第三十九条 回收的电器电子产品,经过修复后销售的,必须符合再利用产品标准,并在显著位置标识为再利用产品。

回收的电器电子产品,需要拆解和再生利用的,应当交售给具备条件的拆解企业。

第四十条 国家支持企业开展机动车零部件、工程机械、机床等产品的再制造和轮胎翻新。

销售的再制造产品和翻新产品的质量必须符合国家规定的标准,并在显著位置标识为再制造产品或者翻新产品。

第四十一条 县级以上人民政府应当统筹规划建设城乡生活垃圾分类收集和资源化利用设施,建立和完善分类收集和资源化利用体系,提高生活垃圾资源化率。

县级以上人民政府应当支持企业建设污泥资源化利用和处置设施,提高污泥综合利用水平,防止产生再次污染。

第五章 激励措施

第四十二条 国务院和省、自治区、直辖市人民政府设立发展循环经济的有关专项资金,支持循环经济的科技研究开发、循环经济技术和产品的示范与推广、重大循环经济项目的实施、发展循环经济的信息服务等。具体办法由国务院财政部门会同国务院循环经济发展综合管理等有关主管部门制定。

第四十三条 国务院和省、自治区、直辖市人民政府及其有关部门应当将循环经济重大科技攻关项目的自主创新研究、应用示范和产业化发展列入国家或者省级科技发展规划和高技术产业发展规划,并安排财政性资金予以支持。

利用财政性资金引进循环经济重大技术、装备的,应当制订消化、吸收和创新方案,报有关主管部门审批并由其监督实施;有关主管部门应当根据实际需要建立协调机制,对重大技术、装备的引进和消化、吸收、创新实行统筹协调,并给予资金支持。

第四十四条 国家对促进循环经济发展的产业活动给予税收优惠,并运用税收等措施鼓励进口先进的节能、节水、节材等技术、设备和产品,限制在生产过程中耗能高、污染重的产品的出口。具体办法由国务院财政、税务主管部门制定。

企业使用或者生产列入国家清洁生产、资源综合利用等鼓励名录的技术、工艺、设备或者产品的,按照国家有关规定享受税收优惠。

第四十五条 县级以上人民政府循环经济发展综合管理部门在制订和实施投资计划时,应当将节能、节水、节地、节材、资源综合利用等项目列为重点投资领域。

对符合国家产业政策的节能、节水、节地、节材、资源综合利用等项目,金融机构应当给予优先贷款等信贷支持,并积极提供配套金融服务。

对生产、进口、销售或者使用列入淘汰名录的技术、工艺、设备、材料或者产品的企业,金融机构不得提供任何形式的授信支持。

第四十六条 国家实行有利于资源节约和合理利用的价格政策,引导单位和个人节约和合理使用水、电、气等资源性产品。

国务院和省、自治区、直辖市人民政府的价格主管部门应当按照国家产业政策,对资源高消耗行业中的限制类项目,实行限制性的价格政策。

对利用余热、余压、煤层气以及煤矸石、煤泥、垃圾等低热值燃料的并网发电项目,价格主管部门按照有利于资源综合利用的原则确定其上网电价。

省、自治区、直辖市人民政府可以根据本行政区域经济社会发展状况,实行垃圾排放收费制度。收取的费用专项用于垃圾分类、收集、运输、贮存、利用和处置,不得挪作他用。

国家鼓励通过以旧换新、押金等方式回收废物。

第四十七条 国家实行有利于循环经济发展的政府采购政策。使用财政性资金进行采购的,应当优先采购节能、节水、节材和有利于保护环境的产品及再生产品。

第四十八条 县级以上人民政府及其有关部门应当对在循环经济管理、科学技术研究、产品开发、示范和推广工作中作出显著成绩的单位和个人给予表彰和奖励。

企业事业单位应当对在循环经济发展中作出突出贡献的集体和个人给予表彰和奖励。

第六章 法律责任

第四十九条 县级以上人民政府循环经济发展综合管理部门或者其他有关主管部门发现违反本法的行为或者接到对违法行为的举报后不予查处,或者有其他不依法履行监督管理职责行为的,由本级人民政府或者上一级人民政府有关主管部门责令改正,对直接负责的主管人员和其他直接责任人员依法给予处分。

第五十条 生产、销售列入淘汰名录的产品、设备的,依照《中华人民共和国产品质量法》的规定处罚。

使用列入淘汰名录的技术、工艺、设备、材料的，由县级以上地方人民政府循环经济发展综合管理部门责令停止使用，没收违法使用的设备、材料，并处五万元以上二十万元以下的罚款；情节严重的，由县级以上人民政府循环经济发展综合管理部门提出意见，报请本级人民政府按照国务院规定的权限责令停业或者关闭。

违反本法规定，进口列入淘汰名录的设备、材料或者产品的，由海关责令退运，可以处十万元以上一百万元以下的罚款。进口者不明的，由承运人承担退运责任，或者承担有关处置费用。

第五十一条　违反本法规定，对在拆解或者处置过程中可能造成环境污染的电器电子等产品，设计使用列入国家禁止使用名录的有毒有害物质的，由县级以上地方人民政府产品质量监督部门责令限期改正；逾期不改正的，处二万元以上二十万元以下的罚款；情节严重的，由县级以上地方人民政府产品质量监督部门向本级工商行政管理部门通报有关情况，由工商行政管理部门依法吊销营业执照。

第五十二条　违反本法规定，电力、石油加工、化工、钢铁、有色金属和建材等企业未在规定的范围或者期限内停止使用不符合国家规定的燃油发电机组或者燃油锅炉的，由县级以上地方人民政府循环经济发展综合管理部门责令限期改正；逾期不改正的，责令拆除该燃油发电机组或者燃油锅炉，并处五万元以上五十万元以下的罚款。

第五十三条　违反本法规定，矿山企业未达到经依法审查确定的开采回采率、采矿贫化率、选矿回收率、矿山水循环利用率和土地复垦率等指标的，由县级以上人民政府地质矿产主管部门责令限期改正，处五万元以上五十万元以下的罚款；逾期不改正的，由采矿许可证颁发机关依法吊销采矿许可证。

第五十四条　违反本法规定，在国务院或者省、自治区、直辖市人民政府规定禁止生产、销售、使用黏土砖的期限或者区域内生产、销售或者使用黏土砖的，由县级以上地方人民政府指定的部门责令限期改正；有违法所得的，没收违法所得；逾期继续生产、销售的，由地方人民政府工商行政管理部门依法吊销营业执照。

第五十五条　违反本法规定，电网企业拒不收购企业利用余热、余压、煤层气以及煤矸石、煤泥、垃圾等低热值燃料生产的电力的，由国家电力监管机构责令限期改正；造成企业损失的，依法承担赔偿责任。

第五十六条　违反本法规定，有下列行为之一的，由地方人民政府工商行政管理部门责令限期改正，可以处五千元以上五万元以下的罚款；逾期不改正的，依法吊销营业执照；造成损失的，依法承担赔偿责任：

（一）销售没有再利用产品标识的再利用电器电子产品的；

（二）销售没有再制造或者翻新产品标识的再制造或者翻新产品的。

第五十七条　违反本法规定，构成犯罪的，依法追究刑事责任。

第七章　附　则

第五十八条　本法自2009年1月1日起施行。

全国人大常委会关于批准《万国邮政联盟组织法第七附加议定书》的决定

（2008年8月29日第十一届全国人民代表大会常务委员会第四次会议通过）

第十一届全国人民代表大会常务委员会第四次会议决定：批准2004年10月5日由第23届万国邮政联盟代表大会通过的《万国邮政联盟组织法第七附加议定书》。

全国人大常委会关于批准《中华人民共和国和纳米比亚共和国关于刑事司法协助的条约》的决定

（2008年8月29日第十一届全国人民代表大会常务委员会第四次会议通过）

第十一届全国人民代表大会常务委员会第四次会议决定：批准2006年5月26日由司法部部长吴爱英代表中华人民共和国在北京签署的《中华人民共和国和纳米比亚共和国关于刑事司法协助的条约》。

全国人大常委会关于批准《中华人民共和国政府和巴基斯坦伊斯兰共和国政府关于刑事司法协助的协定》的决定

（2008年8月29日第十一届全国人民代表大会常务委员会第四次会议通过）

第十一届全国人民代表大会常务委员会第四次会议决定：批准2007年4月17日由时任外交部部长李肇星代表中华人民共和国在北京签署的《中华人民共和国政府和巴基斯坦伊斯兰共和国政府关于刑事司法协助的协定》。

全国人大常委会关于批准《中华人民共和国和日本国关于刑事司法协助的条约》的决定

（2008年8月29日第十一届全国人民代表大会常务委员会第四次会议通过）

第十一届全国人民代表大会常务委员会第四次会议决定：批准2007年12月1日由外交部部长杨洁篪代表中华人民共和国在北京签署的《中华人民共和国和日本国关于刑事司法协助的条约》。

全国人大常委会关于批准2007年中央决算的决议

(2008年8月29日第十一届全国人民代表大会常务委员会第四次会议通过)

第十一届全国人民代表大会常务委员会第四次会议,听取了财政部部长谢旭人受国务院委托作的《关于2007年中央决算的报告》和审计署审计长刘家义受国务院委托作的《关于2007年度中央预算执行和其他财政收支的审计工作报告》。会议结合审议审计工作报告,对《2007年中央决算(草案)》和中央决算的报告进行了审查,同意全国人民代表大会财政经济委员会提出的《关于2007年中央决算的审查报告》,决定批准《2007年中央决算》。

全国人大常委会公告(十一届)第三号

新疆维吾尔自治区人大常委会罢免了宋德玺的第十一届全国人民代表大会代表职务。依照代表法的有关规定,宋德玺的代表资格终止。

现在,第十一届全国人民代表大会实有代表2986人。

特此公告。

全国人民代表大会常务委员会

2008年8月29日

全国人大常委会免职名单

(2008年8月29日第十一届全国人民代表大会常务委员会第四次会议通过)

免去蒋志培的最高人民法院审判委员会委员、民事审判第三庭庭长、审判员职务。

全国人大常委会免职名单

(2008年8月29日第十一届全国人民代表大会常务委员会第四次会议通过)

一、免去戴玉忠、张建南的最高人民检察院检察委员会委员、检察员职务。

二、免去尚南征、张兵的最高人民检察院检察员职务。

十一届全国人大常委会在人民大会堂举行第五次专题讲座

讲座题目是《公共财政建设与人大预算监督》。吴邦国委员长主持讲座。

政府预算作为财政的主要载体和核心内容,涉及国计民生,关系到最广泛的公共利益。审查监督政府预算,是宪法和法律赋予人大的重要职权,是人大行使国家权力的重要体现。为更好地依法开展和加强预算监督,贯彻落实科学发展观,积极推动公共财政建设,保证党和国家的各项方针政策落到实处,全国人大常委会特地安排了这次专题讲座。

此次专题讲座的主讲人是全国人大常委会预算工作委员会主任朱志刚。他主要从建立与社会主义市场经济相适应的公共财政体制、着力推进基本公共服务的均等化、按照科学发展观要求积极推动财政改革三个方面作了详细讲解。

朱志刚说,建立和完善公共财政体制,是建立和完善社会主义市场经济体制的重要组成部分。公共财政具有公共性、公平性、非营利性、法治性的基本特征。近些年来,我国财政改革不断深化,公共财政建设取得了初步成效。人大预算监督要围绕公共财政的基本特征和要求来进行,监督财政政策是否符合宏观经济发展要求,监督财政收支的基本平衡状况,监督财政赤字的规模以及赤字占国内生产总值的比重情况,监督涉及民生的重点支出。

朱志刚说,公共财政的最基本目标是要实现基本公共服务的均等化,这对深入贯彻落实科学发展观和构建社会主义和谐社会具有重大意义。推进基本公共服务均等化的主要手段包括:建立财力与事权相匹配的财政体制,使地方具备提供基本公共服务的财力保障;当前要加大财政转移支付特别是要较大幅度地增加一般性转移支付的力度;从推动建立县级最低财力保障机制入手,进一步推进基本公共服务的均等化。

朱志刚提出,当前及今后一个时期,在进一步推进公共财政体制建设过程中,人大应加强对以下几个方面的监督:积极推动明确划分中央与地方事权,建立财力与事权相匹配的财政体制;积极推动建立符合科学发展观要求的财税政策体系;积极推动建立财政绩效评价制度;积极推动公共财政的公开、公正和透明;加快财政立法,提高财政法治化水平。

全国人大常委会副委员长王兆国、路甬祥、乌云其木格、韩启德、华建敏、陈至立、周铁农、李建国、司马义·铁力瓦尔地、蒋树声、陈昌智、严隽琪、桑国卫等听取讲座。

国务院总理温家宝在北京主持召开国家科技教育领导小组会议研究部署《国家中长期教育改革和发展规划纲要》制定工作

中共中央政治局委员、国务委员、国家科技教育领导小组副组长刘延东,国务委员兼国务院秘书长马凯等出席会议。

会议指出,教育事关民族兴旺、人民福祉和国家未来。党中央、国务院历来高度重视教育事业,把教育放在优先发展的战略地位。为了适应全面建设小康社会的新要求,适应国内外发展的新形势,适应人民群众对教育的新期盼，有必要制定《国家中长期教育改革和发展规划纲要》。

会议强调，规划纲要应从我国现代化建设的总体战略出发，对未来12年教育改革和发展作出全面规划和部署。一要在优先发展教育、促进教育公平、培养创新型人才、提高教育服务经济社会发展的能力等方面，提出符合国家战略和群众需求、反映教育规律和发展趋势的指导方针。二要贯彻科学发展观，体现面向未来、面向世界、面向现代化，立足国情，改革创新。三要以提高国民素质、建设人力资源强国为核心，科学确定到2020年我国教育改革与发展的战略目标、总体任务和重大部署，对教育规模、结构、质量以及分阶段和分地区的目标提出具体要求。四要综合考虑人口变化、学龄人口结构、经济结构、就业结构和社会发展的特点，对各级各类教育的改革与发展作出专题性规划。五要系统研究基础教育、职业教育、高等教育的体制改革和教学改革、教师培养、教育发展保障等重大问题，找准症结，提出思路，使规划纲要具有战略性、前瞻性、针对性、操作性。

会议强调，《国家中长期教育改革和发展规划纲要》是进入21世纪以来我国第一个教育规划纲要，是指导教育改革和发展的纲领性文件。制定这个规划纲要，是一项十分复杂的社会系统工程。要加强领导，精心组织，广泛听取专家学者、社会各界、学生及家长的意见，重大问题在社会公开讨论，使规划编制过程成为发扬民主、集思广益的过程，成为统一思想、凝聚共识的过程，力争制定出一个人民群众满意、符合中国国情和时代发展要求的高水平规划纲要。

路甬祥、陈奎元、万钢、徐匡迪及国家科技教育领导小组成员参加了会议。

全国工会维护农民工合法权益经验交流暨表彰电视电话会议在北京召开

中华全国总工会主席王兆国会见全国工会维护农民工权益先进集体和先进个人代表。

王兆国说，农民工是我国改革开放和工业化、城镇化进程中涌现出来的新兴劳动大军，是产业工人的重要组成部分。党中央对农民工问题高度重视，自觉承担起维护农民工合法权益的职责，促进形成和谐稳定的劳动关系，是新时期工会组织的重大政治任务。各级工会组织和广大工会干部要充分认识新形势下维护农民工合法权益工作的重要性和艰巨性，增强维护农民工合法权益的责任感和使命感，采取切实有效措施，努力维护农民工的合法权益。

王兆国强调，各级工会要加强源头参与，主动依法科学维权，积极推动涉及农民工权益的法律、法规和政策的落实。要加强工会组建工作，把农民工最大限度地组织到工会中来，提高农民工的组织化程度。要加强劳动关系协调工作，通过指导帮助农民工签订劳动合同，维护农民工的经济利益。要加强教育培训工作，不断提高农民工自身素质，使他们尽快成为高素质的产业工人大军。要加强制度建设和机制创新，以制度和机制保证维护农民工权益工作取得更大实效。特别是各级工会要在党委的领导下，努力构建社会化的维权工作格局，积极推动政府、企业和社会形成维护农民工合法权益工作的合力，为推动科学发展、促进社会和谐作出更大的贡献。

会上，中华全国总工会决定，授予张金城等10人“全国工会维护农民工合法权益工作标兵”荣誉称号，授予北京市在京外地施工企业工会联合会等100个工会组织“全国工会维护农民工合法权益工作先进集体”，授予温大光等84人“全国工会维护农民工合法权益工作先进工作者”荣誉称号。这是全总首次表彰为维护农民工合法权益作出突出贡献的先进集体和个人。

全总副主席、书记处第一书记孙春兰在会上讲话。

中联部部长王家瑞在北京会见以越共中央委员中央组织部副部长陈留海为团长的越南党政干部考察团

“曙光”百万亿次计算机研制成功

由中国科学院计算技术研究所、曙光信息产业有限公司自主研发制造的百万亿次超级计算机“曙光5000A”已研制成功并将下线。这标志着中国成为继美国之后第二个能制造和应用超百万亿次商用高性能计算机的国家，也表明我国生产、应用、维护高性能计算机的能力达到世界先进水平。

第七届中国金鹰电视艺术节在湖南长沙举行

国家副主席习近平实地考察北京残奥会筹办工作

8月30日

2008中国企业500强名单发布

中国石油化工集团公司以营业收入超过1.2万亿元的业绩，再次稳居综合榜榜首。国家电网公司、中国石油天然气集团公司分别名列综合榜第二名和第三名。

这是中国企业联合会、中国企业家协会自2002年以来第七次向社会发布中国企业500强及其分析报告。报告同时披露，2008年度世界企业500强中有26

家中国内地公司入围，中国石化集团名列第十六位，是中国公司在世界企业500强中的最好名次，中国内地的中交集团、中铝集团、中冶集团、联想集团成为新上榜公司。

《残疾人权利公约》纪念墙在北京残奥村和平广场揭幕

国务院副总理、国务院残疾人工作委员会主任回良玉，北京市市委书记、北京奥组委主席刘淇，国际残奥委会主席菲利普·克雷文出席仪式并分别致辞。全国人大常委会副委员长、北京奥组委副主席、北京残奥村村长陈至立，全国政协副主席、中国残联主席、北京奥组委执行主席邓朴方出席仪式。

回良玉在致辞中说，残疾人是社会大家庭的重要成员，残疾人事业是光荣而崇高的人道主义事业。《残疾人权利公约》的签署，充分体现了国际社会对残疾人事务的高度关注和共识，充分展示了各国政府保障残疾人权利的坚强决心和意志。《残疾人权利公约》是国际社会处理残疾人事务的纲领性文件，是人类社会文明进步的重要标志，必将对全球残疾人事业的发展产生重要而深远的影响。中国政府对残疾人工作高度重视，为残疾人权益保障和残疾人事业发展作出了不懈努力，取得了显著成效。中国政府是《残疾人权利公约》的积极倡导者和坚定支持者，愿与国际社会和世界各国共同努力，为残疾人事业的发展、为和谐世界的建设作出新的贡献。他指出，设立《残疾人权利公约》纪念墙，寓示着“平等·参与·共享”的公约主旨与“超越·融合·共享”的残奥精神交相辉映，为北京残奥会注入了丰富的精神内涵，是对人文奥运理念的进一步阐释。他呼吁国际社会更加关注残疾人，以履行《残疾人权利公约》为契机，积极行动起来，努力创建一个更加平等、更加包容、更加和谐的世界。

刘淇在致辞中说，《残疾人权利公约》是世界上唯一的专门保障残疾人权益的国际公约。今天，我们在这里举行《残疾人权利公约》纪念墙揭幕仪式，迎接北京残奥会，具有重要意义。中国政府高度重视保障残疾人权益和发展残疾人事业。我国残疾人事业的发展造福了广大残疾人群众，推动了社会的和谐进步。举办一届有特色、高水平的残奥会，是我国政府和人民的郑重承诺。我们期望通过这届残奥会，大力弘扬人道主义精神和奥林匹克精神，促进残疾人奥林匹克运动的发展，进一步激发全社会关爱残疾人、扶残助残的良好风尚，进一步增进中国与世界各国残疾人朋友的合作与友谊。镌刻着人类崇高精神和博大胸怀的《残疾人权利公约》纪念墙，必将成为北京残奥会的宝贵遗产，为促进世界残疾人事业、增进各国人民的团结，增添新的光彩！

菲利普·克雷文在致辞中感谢北京奥组委、中国残疾人联合会为《残疾人权利公约》纪念墙的建立给予的支持和合作。他说，我身后的这面墙上有大片空白，为各国运动员、教练员、官员提供了签名支持《残疾人权利公约》的机会，同时，这面墙也将成为残奥运动史上的一个重要象征。我期待看到大家在这面墙上的签名，也期待看到它将给北京乃至整个中国所带来的影响。

北京残奥会《残疾人权利公约》纪念墙是残奥会历史上首次以联合国公约为主题的纪念墙，设立的目的在于敦促人们遵守今年5月3日正式生效的联合国《残疾人权利公约》。公约纪念墙在残奥会期间将供运动员、教练员、体育官员以及残奥村访客签名，所有签名将在残奥会后予以保留，以作纪念。

北京残奥村开村

8月31日

国务院总理温家宝主持召开国务院抗震救灾总指挥部会议研究进一步做好地震灾区受灾群众安置工作

8月31日晚和9月1日晚，正在四川考察的中共中央政治局常委、国务院总理、国务院抗震救灾总指挥部总指挥温家宝在列车上主持召开总指挥部第25次会议，分别听取四川省和国务院有关部门关于地震灾区受灾群众安置工作的汇报，研究部署下一步的工作措施。

会议认为，汶川地震发生后，经过3个多月的努力，受灾群众得到了妥善安置，目前，灾区群众吃饭、饮水和临时住房问题基本得到解决，中小学生全部复课，受伤群众得到医治，大灾之后无大疫，工农业生产基本恢复，社会保持稳定。这说明前一阶段抗震救灾工作成绩是巨大的。

会议研究了当前受灾群众安置工作中需要解决的突出矛盾和问题，明确要求当前要着重抓好以下几个方面的工作：(一)突出抓好受灾群众安全过冬问题。冬季很快就要来临，要加快完善安置点水、电、路、环卫等配套设施，任务较重的阿坝州9月底前完成；年底前全面完成受损农房维修加固任务；在全国组织开展向灾区困难群众捐赠衣被活动；确保冬季枯水期居民安置点的正常供水。(二)稳定灾区建材和居民生活必需品价格。要加快建筑材料的恢复生产，提高钢材、水泥和制砖供应能力；保障急需物资的运输，全力保通映秀至汶川段213国道；加强价格监管，坚决抑制建材价格不合理上涨；加快恢复商贸流通和服务业，中央财政给予支持。(三)对住房毁损导致无房可住和受损需要除险加固的城镇家庭,中央财政给予适当补助,地方要抓紧制定具体办法。(四)保证灾区学校正常开学复课。要进一步做好维修加固校舍、配备教学用具等工作;继续实施教师特岗计划,招聘教师到灾区任教,中央财政予以补助;认真落实国务院刚刚出台的对来自重灾区的高中和高等教育阶段经济困难家庭学生实行免除一年学费并资助生活费的政策,使每个学生都能正常上学。(五)结合灾后恢复重建,采取多种措施对灾区实施重点就业援助,努力实现"零就业家庭"至少一人就业。(六)做好困难群众和孤残人员的救助安置工作。抓紧研究临时生活救助政策到期后对生活困难群众的接续政策,纳入冬令春荒救助统筹安排,及早做好准备。孤残人员由民政部门按照国家福利政策统一安置。

国务委员兼国务院秘书长马凯出席会议。

国务院总理温家宝到四川地震灾区考察

8月31日至9月3日,温家宝在四川省委书记刘奇葆、省长蒋巨峰的陪同下,来到汶川、青川、北川、都江堰等地震灾区进行考察,深入村庄、学校、医院、企业、居民临时安置点和道路抢通现场,看望慰问受灾群众和施工队伍,鼓励大家共同努力,建设美好家园。

温家宝在成都召开的四川省干部会议上作了重要讲话。他指出,抗震救灾斗争取得了重大阶段性胜利,目前已经进入恢复重建的重要阶段。他要求灾区各级党委、政府要认真组织实施国务院批准的《汶川地震灾后恢复重建总体规划》,坚持以人为本、尊重自然、统筹兼顾、科学重建,坚持自力更生、艰苦奋斗,带领广大干部群众用自己的聪明智慧和勤劳双手建设新家园,力争用3年左右时间完成恢复重建的主要任务。

国务委员兼国务院秘书长马凯参加考察。

2008年洪涝灾害造成经济损失721亿元

据国家防汛抗旱总指挥部统计,截至8月31日,全国因洪涝灾害造成农作物受灾6627千公顷,成灾3584千公顷,因灾死亡436人,倒塌房屋37万间,直接经济损失721亿元。由于各项措施有力,洪涝灾害损失大大低于历史同期水平。与1991年以来的多年同期均值相比,今年洪涝灾害造成的死亡人数和农作物受灾面积分别减少了79%和44%。

最高人民法院公布《关于审理民事案件适用诉讼时效制度若干问题的规定》

2008北京国际出版论坛在天津举行

《中国新闻年鉴》2008年卷出版

《中国新闻年鉴》2008年卷是该刊自1982年创刊以来连续出版的第二十七卷,由中国社会科学院新闻与传播研究所主办。该卷记录了2007年我国报刊业、广播电视业、网络传播业、新闻宣传与管理、新闻教育以及新闻与传播研究的重大事件、改革举措等情况,增设了"新媒体"栏目,增加了吴玉章人文社会科学奖新闻学论著的评奖内容及中央新闻单位驻国外及港澳地区新闻机构名录。

9月1日

国家副主席习近平出席中央党校秋季学期开学典礼并发表讲话

中共中央政治局委员、中央书记处书记、中央组织部部长李源潮，中央书记处书记、中央纪委副书记何勇，中央书记处书记、中央办公厅主任令计划出席了开学典礼。

习近平的讲话以“改革开放30年党的建设回顾与思考”为题目，共讲了四个问题：一、30年党的建设的历史背景和伟大进程；二、30年党的建设取得的成绩和进步；三、30年党的建设的理论创新成果；四、30年党的建设的几点启示。

习近平指出，改革开放30年来党的建设是在世情、国情、党情发生重大而深刻变化的大背景下进行的，是在党的历史方位发生重大转变的大环境中进行的。在以邓小平同志为核心的党的第二代中央领导集体、以江泽民同志为核心的党的第三代中央领导集体和以胡锦涛同志为总书记的党中央的坚强领导下，我们党一以贯之地坚持党要管党、从严治党，党的建设经历了波澜壮阔、与时俱进的伟大进程，在思想建设、组织建设、作风建设、制度建设和反腐倡廉建设上都取得了重大成绩和进步。30年来，我们党经受住长期执政、改革开放和发展社会主义市场经济的考验，不仅团结带领全国各族人民取得改革开放和社会主义现代化建设的巨大成就，而且党的执政能力不断得到提高，党的执政地位不断得到巩固。实践再一次证明，中国共产党不仅能够领导中国革命取得胜利，而且能够领导改革开放和社会主义现代化建设取得胜利，不愧为中国特色社会主义事业的坚强领导核心，是无负于人民重托和希望的马克思主义执政党。

习近平指出，30年来我们党紧紧围绕在长期执政、改革开放和发展社会主义市场经济条件下“建设一个什么样的党、怎样建设党”这个根本问题，积极探索、与时俱进，提出了一系列新思想、新观点、新论断，丰富和发展了马克思主义建党学说。从30年党的建设中可以得到许多重要启示：第一，必须毫不动摇地高举中国特色社会主义伟大旗帜，推动全党同志不断增强学习贯彻党的基本理论、基本路线、基本纲领、基本经验的自觉性和坚定性。第二，必须紧密联系党的中心任务建设党，尤其要抓好发展这个党执政兴国的第一要务，深入贯彻落实科学发展观，推动经济社会又好又快发展。第三，必须坚持立党为公、执政为民，把实现好、维护好、发展好最广大人民的根本利益作为党的核心价值，始终保持党同人民群众的血肉联系。第四，必须在实践中形成坚强的中央领导集体，必须坚决维护中央的权威，以确保党的决策正确和有效实施。第五，必须根据世情、国情、党情的发展变化，坚持以改革创新精神推进党的建设，不断为党的肌体注入新活力。

习近平强调，改革开放30年来党的各方面建设，是在以毛泽东同志为核心的党的第一代中央领导集体成功开创的党的建设伟大工程的基业上展开的。80多年来，中国人民的无数英烈，一代又一代中国共产党人，前仆后继、不怕牺牲，艰苦奋斗、锐意进取，才奠定了中国今天的局面。抚今追昔，展望未来，当代中国共产党人肩负的使命神圣而光荣。我们要紧密团结在以胡锦涛同志为总书记的党中央周围，高举中国特色社会主义伟大旗帜，以邓小平理论和“三个代表”重要思想为指导，深入贯彻落实科学发展观，继续解放思想，坚持改革开放，推动科学发展，促进社会和谐，为夺取全面建设小康社会新胜利，推进中国特色社会主义伟大事业和党的建设新的伟大工程，作出新的更大的贡献。

中央党校常务副校长李景田主持开学典礼。有关部门负责人、中央党校负责人以及2008年秋季学期全体学员、党校教职员工，共1800多人参加了开学典礼。

第四届东北亚经济合作论坛在长春举行

本届论坛由联合国工业发展组织和东北亚博览会组委会共同主办。

来自联合国及日本、韩国等各国的学者、专家、政要及企业家等10余名代表围绕着大图们江区域投资发展与东北亚经济合作，以及东北老工业基地振兴与东北亚经济合作两个主题作了主旨发言。联合国助理秘书长兼财务总监沃伦·萨希在以“构建繁荣和谐东北亚，发挥联合国在区域合作中的作用”为题的主旨演讲中表示，联合国将继续通过支持图们江区域开发以促进东北亚区域加快区域一体化进程。

国务院副总理李克强在中南海紫光阁会见德国财长佩尔·施泰因布吕克

中联部部长王家瑞在北京会见由副主席普拉卡什·曼·辛格率领的尼泊尔大会党代表团

全国政协副主席王刚在人民大会堂会见以辛格为团长的尼泊尔大会党代表团

中国代表李保东在联合国人权理事会社会论坛上发表讲话

中国常驻联合国日内瓦办事处和瑞士其他国际

组织代表李保东在日内瓦开幕的联合国人权理事会2008年社会论坛上指出，中国是全球减贫事业重要的实践者。中国经济的稳定和快速增长有力地促进和保障了中国人民的生存权与发展权。

李保东说，贫困是当今人类面临的最严峻的挑战之一，消除贫困不仅与人类的生存和发展息息相关，而且是促进和保护人权的一项重要内容，更是进一步保障公民、政治、经济、社会、文化等各项权利的重要前提。

他介绍说，中国农村绝对贫困人口由1978年的2.5亿减少到2007年的1479万。按照世界银行的评估，中国减少的贫困人口占全球减贫人数的55%，占发展中国家的75%。中国提前实现了联合国千年发展目标中使贫困人口比例减半的目标。

李保东认为，全球当前存在的贫困问题，既有一些国家社会历史和自然条件等方面的原因，也与不公正、不合理的国际政治经济秩序密切相关。消除贫困不仅需要各国自身努力，而且需要国际社会的团结与合作。他说，中国政府积极参与消除贫困领域的国际合作，努力推动南南合作，逐步增加对其他发展中国家的发展援助，设立了“中国减贫与区域合作基金”，为63个国家培训了239名中高级扶贫官员。他认为，当务之急是各国共同努力，认真解决能源、气候变化、粮食和金融等全球性危机，推动多哈谈判早日取得成果。李保东说，各国在消除贫困的过程中，应自主选择符合本国实际的发展道路和发展模式。消除贫困应把握重视科学发展、坚持和谐共建、维护和平稳定和加强国际合作等4个方面的问题。

为期3天的联合国人权理事会2008年社会论坛的议题是“国家在消除贫困中的作用与责任”。

中央文明办颁发《全国未成年人思想道德建设工作测评体系(试行)》

这是我国第一个评价与考核未成年人思想道德建设工作成效的指标体系，有利于推进加强和改进未成年人思想道德建设工作科学化、规范化、制度化。

《全国未成年人思想道德建设工作测评体系(试行)》(以下简称《测评体系》)立足于各地各部门贯彻党的十七大精神，落实中共中央、国务院《关于进一步加强和改进未成年人思想道德建设的若干意见》的工作实践，依据未成年人思想道德建设方面的政策法规，总结了近年来推进未成年人思想道德建设的成功经验，借鉴了国内外未成年人教育研究成果。《测评体系》的研制历时两年，多次征求基层单位、社会各界代表的意见，先后在不同类型的城市进行中试。《测评体系》主要考察各地加强和改进未成年人思想道德建设工作的进展成效，同时也考察当地未成年人的思想道德素质状况，适用对象为地级及地级以上城市，测评范围包括城区和农村。

《测评体系》共设置了6个方面的测评项目，包括未成年人思想道德建设领导体制和工作机制、“学校、家庭、社会”三结合教育体系、文化产品和文化服务、净化社会文化环境、未成年人特殊群体的教育管理、工作成效评价等。以创造未成年人健康成长的良好社会环境、促进未成年人全面发展为重点，明确了21个测评指标、75个测评内容、262个测评标准。《测评体系》的颁发试行，将为评价考核各地开展未成年人思想道德建设工作的情况提供基本依据。

文化体制改革试点城市经验交流会在沈阳举行

中共中央政治局委员、书记处书记、中宣部部长刘云山，中共中央政治局委员、国务委员刘延东出席会议并讲话。

刘云山在讲话中指出，当前，文化体制改革正处于由试点向面上全面推开的关键时期，进入破解深层次矛盾和问题的关键阶段。要实现改革的新突破，必须从全局和战略高度，深刻认识文化体制改革的重要性紧迫性，不断增强改革的自觉性坚定性。要深入贯彻落实科学发展观，进一步解放思想、转变观念，牢固树立新的文化发展理念，努力以思想的新解放推动改革的新突破，在开拓创新中走出一条中国特色社会主义文化发展的新路。要抓住关键、突出重点，紧紧围绕影响改革发展的主要矛盾，在一些关键环节上实现重点突破。要抓住国有经营性文化单位转企改制、重塑市场主体这一重点，推动文化产业快速发展；抓住创新公共文化服务运行机制这一重点，推动公共文化服务体系建设；抓住文化市场综合行政执法改革这一重点，推动行政管理体制改革和政府职能转变。要把深化改革与加快发展有机结合起来，以改革促进发展，围绕发展推进改革，统筹文化事业和文化产业，统筹宏观控制力和微观竞争力，统筹城乡和区域文化发展，努力实现文化的全面、协调和可持续发展。

刘延东在总结讲话中要求，各地各部门要努力把思想和行动统一到中央的决策和部署上来，把文化体制改革摆上重要议事日程，建立和完善文化体制改革工作领导体制和工作机制，认真落实和完善有关配套政策，做到组织领导到位，部门协调到位，政策措施到位。她强调，要深入调查研究，加强分类指导，坚持典型引路，及时总结推广改革中的好经验好做法，把学习借鉴典型经验同解决自身改革发展的实际问题结合起来，使各地和各单位学有目标、做有遵循。要增强改革政策的针对性和实效性，以改革促进文化繁荣发展，让广大群众分享改革成果。要周密计划部署，明确进度要求，加强督促检查，狠抓工作落实，确保如期完成各项改革任务。

沈阳、北京、上海等21个试点城市在会上作了经验交流。中央文化体制改革工作领导小组及其办公室成员，各省(区、市)党委宣传部及各试点城市代表200余人参加会议。与会代表实地参观考察了辽宁出版集团公司、沈阳市于洪区文化中心、沈阳杂技演艺集团公司、浑南动漫产业基地等9个文化单位。

第十五届北京国际图书博览会在天津开幕

中国实现城乡义务教育全部免除学杂费

9月2日

全国人大常委会委员长吴邦国 全国政协主席贾庆林在人民大会堂分别会见柬埔寨参议院主席谢辛

吴邦国说，中国珍视中柬友好，愿与柬方共同努力，以两国建交50周年和“中柬友好年”为契机，推动中柬睦邻友好与全面合作再上新台阶。他强调，中国全国人大与柬埔寨立法机构有良好的合作基础，希望双方进一步加强交流与合作，保持高层互访势头，开展各专门委员会之间的友好往来，为促进两国关系发展作出新贡献。

贾庆林在会见谢辛时说，此访正值中柬建交50周年和“中柬友好年”，对进一步深化中柬友好关系有着积极意义，我们愿意与柬方共同努力，扎实推进中柬关系向多领域、深层次、全方位发展。贾庆林赞赏柬王室、议会、政府、执政党和人民始终坚定奉行一个中国政策，对去年9月谢辛以人民党主席名义发表声明，反对“台独”分裂活动表示感谢。

谢辛说，作为柬埔寨领导人，将顺应人民意愿，继续沿着柬中两国老一辈领导人开拓的友好之路走下去，不断深化各领域互利合作。我此访的目的之一就是为了加强与中方立法机构的交流，学习借鉴中国治国理政和民主法制建设经验。他重申，柬埔寨将坚定奉行一个中国政策，坚决反对“台独”分裂活动。

国务院总理温家宝在四川省抗震救灾工作会议上发表题为《努力做好汶川地震灾后恢复重建工作》的讲话

汶川特大地震发生以来，我们经历了100多个惊心动魄的日日夜夜。在党中央、国务院和中央军委坚强领导下，在国务院抗震救灾总指挥部直接指挥下，灾区各级党委、政府带领广大军民，有力有序有效地展开了气壮山河的抗震救灾斗争，谱写了中国人民众志成城、团结奋斗的壮丽篇章。现在，我们要认真总结前一阶段抗震救灾工作，全面部署灾后恢复重建任务。

一、抗震救灾斗争取得重大阶段性胜利

5月12日发生的汶川特大地震，是新中国成立以来破坏性最强、波及范围最广、救灾难度最大的一次地震，给灾区人民生命财产和经济社会发展造成了巨大损失，举国震惊，举世关注。我们竭尽全力抢救了被困群众，最大限度减低了灾害损失，灾后安置重建有序推进，抗震救灾斗争取得重大阶段性胜利。

(一)全力解救被困群众，紧急救治伤病人员。抗震救灾的首要任务是救人，我们提出，只要有一线希望，就要作出百倍努力，决不放弃。我们克服重重困难，用最短的时间到达全部受灾乡镇和村庄，从废墟中抢救出生还者8.4万人，解救和转移148.6万人。共收治伤病人员296万人次，住院治疗9.6万多人，已治愈出院9.2万多人。加强卫生防疫和疫情监测，确保灾后无大疫。

(二)妥善安置受灾群众，全面保障基本生活。累计救助受灾困难群众1058.4万人、“三孤”人员28.6万人，转移安置受灾群众1510.62万人。在3个月内向灾区困难群众每人每天发放1斤口粮和10元补助金，在后3个月内对仍需救助群众每人每月发放200元补助金；对孤儿、孤老、孤残人员每人每月提供600元基本生活费。向因灾死亡人员家庭按照每位遇难者5000元的标准发放慰问金。采取多种措施妥善解决了受灾群众临时居住问题，保证了灾区学校按期中考、高考和秋季按时开学复课。维护了灾区人心安定、社会稳定的良好局面。

(三)迅速抢修基础设施，尽快恢复灾区生产。目前，重灾区绝大多数干线公路和乡镇公路均已抢通，宝成线等9条受损的铁路干线已全部恢复正常运行，90%以上的10千伏以上输电线路得到修复，因灾中断的公众通信已全部恢复正常运行，绝大部分受损广播电视发射台站已恢复播出，基本完成水利工程应急除险工作。受损水厂、供水管道修复率已达97%，城乡居民饮水基本得到解决。

(四)严密防范次生灾害，努力避免伤亡损失。全力做好余震监测工作，严密防范地质等灾害隐患，开展环境安全隐患排查整改，成功排除堰塞湖险情，特别是处理了国内外高度关注的唐家山堰塞湖险情，创造了世界上处理大型堰塞湖的奇迹。降低和避免了次生灾害损失。

(五)增加财政资金投入，加大政策扶持力度。中央财政建立地震灾后恢复重建基金，今年先安排700亿元，明后年将继续作出相应安排，其中400亿元专项用于农房恢复重建。此外，中央财政还安排了250亿元资金专项用于救灾。截至目前，中央财政累计向地震灾区投入应急抢险救灾资金和灾后恢复重建资金670.47亿元。国务院先后下发了《关于地震灾区恢复生产的指导意见》《关于支持汶川地震灾后恢复重建政策措施的意见》《关于做好汶川地震灾后恢复重建工作的指导意见》，制订了财政投入、税费优惠、金融支持、用地保障、对口支援、社会募集、人员安置、就业援助、社会保险、倒房重建等方面的一系列政策措施，有力地推动了灾后恢复生产和恢复重建工作。

（六）建立对口支援机制，有效调动各方力量。中央制定了《汶川地震灾后恢复重建对口支援方案》。全国19个省（市）对口支援四川省18个重灾县（市）以及甘肃、陕西两省灾区。目前，对口支援和各方面援助行动全面展开。各对口支援省（市）领导和专家赴灾区现场指导，抓紧制定细化对口支援实施方案，并先行启动了灾区急需的部分重建项目。国内外通过各种形式支援灾区，捐赠款物总计达592.74亿元。4285万多名党员共交纳“特殊党费”90.41亿元。

（七）依法推进恢复重建，科学编制重建规划。国务院及时颁布实施《汶川地震灾后恢复重建条例》，使灾后恢复重建纳入依法进行的轨道。成立国家汶川地震专家委员会，进行地震形成机理研究、地质地理环境条件评估和建设项目选址工作。组织专门力量开展灾害范围评估、灾害损失评估和资源环境承载能力评价，为制定灾后恢复重建规划提供科学依据。在此基础上，组织各方面专家编制灾后恢复重建总体规划和10个专项规划。以各种形式广泛征求并吸收社会各界的意见。最近国务院常务会议批准了这个规划。

（八）做好宣传报道工作，弘扬抗震救灾精神。中央主要新闻单位和其他媒体，派出强大的新闻队伍深入灾区一线，争分夺秒编发重要新闻，向国内外及时准确地披露了灾情和抗震救灾的进展情况，报道了在抗震救灾中激发的伟大民族精神和感天动地的英雄事迹，凝聚起全国各族人民的共同力量，赢得国际社会的大力支持。

在这场艰苦卓绝的抗震救灾斗争中，充分展示出万众一心、众志成城，不畏艰险、百折不挠，以人为本、尊重科学的伟大抗震救灾精神，再一次充分检验和印证了社会主义制度的优越性、党和政府的执政能力、人民军队的战斗力、中华民族的凝聚力。

二、坚决打好灾后恢复重建这场硬仗

当前，抗震救灾工作进入恢复重建的重要阶段，党中央、国务院对灾后恢复重建工作进行了全面部署。《汶川地震灾后恢复重建总体规划》即将实施。我们要充分认识恢复重建工作的重要性、艰巨性和复杂性，进一步增强责任感、紧迫感和使命感，全面落实和完成规划提出的每一项任务，坚决打好灾后恢复重建这场硬仗。

恢复重建总的指导思想是：深入贯彻落实科学发展观，坚持以人为本、尊重自然、统筹兼顾、科学重建。优先恢复灾区群众的基本生活条件和公共服务设施，尽快恢复生产条件，合理调整城镇乡村、基础设施和生产力的布局，逐步恢复生态环境。坚持自力更生、艰苦奋斗，以灾区各级政府为主导、广大干部群众为主体，在国家、各地区和社会各界的大力支持下，精心规划、精心组织、精心实施，又好又快地重建家园。力争用三年左右时间完成恢复重建的主要任务，基本生活条件和经济发展水平达到或超过灾前水平，努力建设安居乐业、生态文明、安全和谐的新家园，实现家家有房住、户户有就业、人人有保障、设施有提高、经济有发展、生态有改善的目标。

第一，毫不松懈地继续妥善安置受灾群众生活。这仍然是一项十分紧迫而艰巨的任务。现在气温一天天变凉，冬季就要到了，必须提前做好受灾群众过冬的各项工作。一是全面完成过渡安置房建设任务，对冬天仍需使用的临时过渡住房进行保暖防寒改造，加快推进受损房屋鉴定加固，准备足够的棉衣被、取暖设备等物资，保证受灾群众安全过冬。二是落实好受灾群众后续救助政策，抓好从临时救助向城乡低保、农村五保、冬令春荒救助等政策的衔接，特别要安置好“三孤”人员生活。三是加强救灾生活物资的筹集和调拨，严格落实救灾款物管理有关规定，所有救灾生活物资都要公开透明、高效使用。重点做好粮油、蔬菜、方便食品等生活必需品供应工作，确保灾区群众基本生活有保障。四是抓紧受损校舍维修加固和板房教室建设，组织好教材供应，确保灾区学校正常复课，让所有孩子都能上好学。五是继续做好伤病群众的医疗救治工作，加强灾区群众的心理疏导和社区人文关怀，采取多种心理干预措施医治灾区群众心灵创伤，努力营造全社会关心帮助灾区群众的社会氛围。六是继续加强社会治安管理，做好情绪疏导和矛盾纠纷排查化解，维护灾区社会稳定。

第二，推进以城乡居民住房为重点的城镇和农村建设。城乡居民住房建设，是恢复重建的重中之重，首先要让灾区群众能够住上放心房。要针对城乡居民住房建设的不同特点，切实做好危房评估、废墟清理、重建选址、建材供应工作。对可以修复的住房，要尽快查验鉴定，抓紧维修加固；对需要重建的住房，要科学选址、集约用地、以确保安全为原则科学确定抗震设防标准，尽快组织实施。农村居民住房的恢复重建，必须充分尊重农民意愿，实行农户自建、政府补助、社会帮扶相结合。要组织规划设计力量，为农村居民免费提供多样化的住房设计样式和施工技术指导，让农民住上方便适用又体现地方特色和民族风貌的新居。力争用一年多时间，基本完成因灾倒塌和严重损毁农房重建任务，保证受灾群众在2009年12月底前住进新房。城镇居民住房的恢复重建，要按照市场运作、政策支持的原则，依据城镇总体规划和近期建设规划，实行维修加固、原址重建和异址新建相结合。对一般损坏的住房要进行加固，对倒塌和严重破坏的住房进行重建。中央财政对倒损房屋的家庭给予适当补助。同时，做好与现行城镇住房供应体系的衔接，重点组织好廉租住房和经济适用房建设，合理安排普通商品住房建设。

城镇建设和农村建设是灾后恢复重建的两个重要方面。城镇恢复重建，要按照恢复完善功能、统筹安排、适度超前的要求，优化分区布局，增强防灾能力，改善人居环境，为城镇可持续发展奠定基础。特别要建设好与人民生活密切相关的市政公用设施，优先恢复城镇道路、桥梁和公共交通系统，统筹考虑生产生活需要和应急救灾需要，安排好供水、供电、供气、通信、广播电视等各方面设施。农村生产生活设施恢复重建，要符合统筹城乡发展的要求，与新农村建设和扶贫开发相结合，做到资源整合、分区设计、分级配置、便民利民、共建共享，重点搞好乡村道路、供水供电、垃圾污水处理、农村能源等项设施，改变农村发展环境和面貌。要切实抓好历史文化名城名镇名村的恢复重建，尽可能保存历史风貌，明确严格的建设控制要求和整治措施，注重保护和传承羌族等少数民族文化。

第三，加快公共服务设施和重点基础设施恢复重建。公共服务设施和基础设施全面恢复重建将是一项长期艰巨的任务。公共服务设施的恢复重建，要根据城乡布局和人口规模，整合资源，调整布局，推进标准化建设，促进基本公共服务均等化。优先安排学校、医院等公共服务设施的恢复重建，严格执行强制性建设标准规范，建成最安全、最牢固、群众最放心的建筑。要引导资金的合理使用，不能搞豪华的形象工程。各级各类教育基础设施恢复重建要以义务教育为重点，高质量地恢复重建中小学校，扩大寄宿制学校规模和寄宿生比重。农村地区普通高中、中等职业学校原则上建在县城，初中建在中心乡镇，小学布局要相对集中。要尽快恢复市县乡村基本医疗和公共卫生服务体系，重点恢复重建县级医院和疾病预防控制、妇幼保健、计划生育服务机构，以及乡镇卫生院、中心乡镇计划生育服务站。要合理布局公共文化和体育设施，抓好各类设施的恢复重建，为广大灾区群众提供公共文化和体育场所。

在基础设施恢复重建中，要把恢复功能放在首位，把确保安全作为重点，根据地质地理条件和城乡分布合理布局，科学确定建设标准，增强安全保障能力。公路恢复重建要充分利用原有公路和设施，以干线公路为重点，兼顾高速公路，打通必要的县际、乡际断头路，适当增加必要的迂回路线，初步形成生命线公路网。按照资源共享、先进实用、安全可靠的要求，加快公众通信网的恢复重建，加强应急通信能力建设，推进网络化综合信息服务平台建设，提升通信服务水平和灾备应急能力。恢复重建重点输电设施、骨干电源与外送通道，以及城乡中低压配电网络和进户设施，规划建设电力结构与布局调整项目。要对影响防洪安全的受损堤防、水库进行全面除险加固，疏浚淤堵河道，恢复防洪能力，消除堰塞湖坝对防洪的影响，恢复重建水文及预警预报等设施。

第四，坚持以扩大就业为导向推进产业重建与发展。产业重建是发展灾区经济、扩大灾区就业、维护灾区稳定的根本出路。要根据资源环境承载能力、产业政策和就业需要，以企业为主体，以市场为导向，合理引导受灾企业原地恢复重建、异地新建和关停并转，支持发展特色优势产业，推进经济结构调整，促进发展方式转变。工业方面，力争有恢复能力的企业在年底前基本达到灾前水平。对短期内可以恢复生产的重点骨干企业，组织专门力量重点帮扶。积极引导国内同行业、同类企业尤其是大型骨干企业对受灾严重的企业进行对口帮扶，吸引东部地区企业通过联合、兼并、重组等多种方式参与企业恢复和重建。要按照国家产业政策和行业准入标准，优化工业布局，培育产业集群，设立循环经济集聚区。农业方面，抓紧恢复重建和抢修受损农田、畜禽圈舍、温室大棚、养殖池塘、农机具等，引导受灾群众发展效益农业，解决好农产品因灾卖难问题，尽力弥补灾害损失。要因地制宜恢复发展优势特色农产品和生产基地，扶持农业产业化龙头企业和各类农业专业合作组织，恢复重建各种农业服务体系和基础设施，稳步提高农业综合生产能力。要考虑贫困村、国有农场和国有林场的特殊情况，统筹安排建设相关设施。服务业方面，重点搞好商贸流通恢复经营，抓紧维修加固商业、银行、证券等网点，积极引导商贸流通企业和个体工商户搞活商品流通。实施重振旅游工程，加强重点旅游区和精品旅游线建设，恢复重建重要景区景点。

就业是民生之本，在灾区尤为突出。灾后恢复重建要把扩大就业放在特殊重要的位置，产业重建要坚持就业优先的原则，积极支持个体私营企业、中小企业、劳动密集型产业发展，落实好促进就业的各项政策，实现恢复重建与扩大就业良性互动。要恢复重建就业服务设施，加大就业援助力度，通过对口支援、劳务输出、定向招工、以工代赈、自主创业、创造公益性岗位等多种措施，解决规划区内100万左右劳动力稳定就业问题，重点帮助零就业家庭实现至少一人就业。

第五，进一步加强次生灾害防范和防灾减灾能力建设。必须进一步做好次生灾害防范，思想上不能有丝毫麻痹，工作上不能有丝毫松懈。要继续加强余震监测预防，制订完善处置方案，提高综合预报和监测水平。继续开展水库、水电站、堤防等除险加固，全力做好洪涝灾害防御工作。强化滑坡、泥石流等地质灾害隐患监测、治理和防范措施。抓紧完成因灾受损桥梁、隧道、供水、供电、供气等基础设施的安全隐患排查和修复加固，落实安全防范责任制度，严防伤亡事故发生。受灾群众集中安置点，要继续采取防范和避让措施，加强普及防灾减灾救灾宣传教育。

要加强重要基础设施灾害风险评估，全面落实抗灾设防有关标准，特别要适当提高学校、医院等公共服务设施抗震设防标准。要加强铁路、公路、民航等运输保障能力、电力系统抗灾能力建设、通信网络容灾备份能力建设，强化对城乡建设工程的抗震设防监管，完善农村民居地震安全管理体制机制，将应急避难场所等防灾设施建设纳入城乡规划。要进一步提高紧急救援救助能力，充实骨干力量，提高装备水平，健全抢险抢修和应急救援救助专业队伍。要健全应急管理体制机制，完善各类防灾应急预案，健全救灾物资储备体系。要将灾害教育纳入国民教育体系，让防灾减灾救灾科学知识进学校、进工厂、进农村、进家庭，提高公民与社会的风险防范意识。

第六，着力抓好生态修复、环境整治和土地整理复垦。生态环境的恢复重建，要尊重自然、尊重规律、尊重科学，加强生态修复和环境整治，促进经济发展与人口资源环境相协调。在生态修复方面，要坚持自然修复与人工治理相结合，以自然修复为主。做好天然林保护、退耕还林、退牧还草、封山育林、人工造林和小流域综合治理，恢复受损植被。在岷江、嘉陵江、涪江上游地区和白龙江流域实施生态修复工程，逐步恢复水源涵养、水土保持等生态功能。加强各级自然保护区、风景名胜区、森林公园和地质公园保护设施的恢复重建。在环境整治方面，要加强对污染源和环境敏感区域的监督管理，做好水源地和土壤污染治理、废墟清理、垃圾无害化处理、危险废弃物和医疗废弃物处理。恢复重建灾区环境监测监管设施，提升环境监管能力。在土地整理复垦方面，要重点做好耕地特别是基本农田的修复。对损毁耕地，要宜修尽修，最大限度地减少耕地损失。对抢险救灾临时用地和过渡性安置用地，要适时清理，尽可能恢复成耕地。对损毁的城镇、村庄和工矿旧址，以及其他具备整理成建设用地条件的地块，要抓紧清理整治，尽可能减少恢复重建对耕地的占用。

第七，确保中央确定的恢复重建政策措施落实到位。中央已经制定了一整套支持灾后恢复重建的政策措施，灾区各级政府和国务院有关部门要不折不扣地抓好落实，让全国人民放心，让灾区人民满意。一是加强对政策落实情况和资金、项目、重要物资的跟踪与管理，自觉接受同级人大、政协和社会各界的监督。二是定期公布恢复重建资金和物资的来源、数量、分配、拨付及使用情况，定期公布国内外捐赠款物的接受使用情况，主动接受社会监督。三是加强对恢复重建资金和物资的筹集、分配、拨付、使用和效果的全过程跟踪审计，定期公布审计结果，确保重建资金按照规定专款专用，不被侵占、截留和挪用。四是严格实行项目法人责任制、招标投标制、合同管理制和工程监理制。加强建设工程质量和安全以及产品安全质量的监管，组织开展对重大项目的稽察。五是对建设项目以及恢复重建资金和物资的筹集、分配、拨付、使用情况登记造册，建立、健全档案，在建设工程竣工验收和恢复重建结束后，及时向有关部门移交档案。六是要对地震中遇难和失踪人员名单登记造册，通过地方媒体公布，最终核实，这是对遇难者的尊重。

三、全面加强灾后恢复重建工作领导

恢复重建是一项重大而紧迫的民心工程。我们要进一步增强政治意识、大局意识、责任意识、质量意识，全面做好和按时完成各项恢复重建任务，向灾区群众和全国人民交出一份经得起实践和历史检验的答卷。

第一，加强领导，落实责任。灾后恢复重建的总体规划已经公布，基本政策已经确定，资金来源基本落实。关键要做到责任到位，明确具体任务、责任主体和完成时限。需要强调的是，在国务院领导下，恢复重建的主要责任在受灾地区各级政府。省级人民政府对本地区的灾后恢复重建负总责，统一领导、统一协调、督促检查灾后恢复重建规划的实施，并负责制定本省恢复重建年度计划。市、县人民政府统筹组织实施城乡住房、农业生产和农村基础设施、公共服务、社会管理、商贸以及其他可以分级落实到县的防灾减灾、生态修复、环境整治和土地整理复垦等重建任务。涉及交通、通信、能源、水利等基础设施和其他跨行政区的重建任务，由省级人民政府和国务院有关部门组织实施。特别要加强灾情统计工作，搞清基本灾情，为制定政策和用好政策，为科学开展恢复重建工作提供准确信息。同时，要建立恢复重建目标考核体系，确保各责任主体在规定时限按质按量完成各项任务。

第二，自力更生，艰苦奋斗。这是我们党的优良传统，也是全国人民的传家宝。目前，我国仍然处在社会主义初级阶段,国家和各地是在不富裕的情况下支援灾区恢复重建。灾区广大干部群众要从全局出发,继续发扬勤俭节约和艰苦奋斗精神,主要依靠自己的聪明智慧和勤劳双手建设新家园,确保每一笔资金物资都用在灾区建设最急需的地方,确保每一个建设项目都能更好地满足灾区群众的需要,发挥出最大的经济效益、社会效益和环境效益。需要指出的是,恢复重建要坚持统筹兼顾、综合平衡、精打细算、量力而行。对口支援双方要就对口支援任务、方式、重建项目和有关建设标准等问题加强沟通衔接,制定符合灾区实际的建设计划,防止恢复重建由于地区间差距过大产生新的矛盾。同时,要引导和鼓励其他地区和国内外企业依托灾区资源优势,开展市场化运作,加强对灾区产业、技术、人才和投资项目等方面的支持,增强灾区自我发展能力。灾区各级领导干部要深入基层、靠前指挥,及时解决恢复重建中的实际困难和问题。要加快健全灾区基层组织,充分发挥基层党组织的战斗堡垒作用。广大党员要吃苦在前,发挥先锋模范作用,成为带领广大群众重建家园的排头兵。

第三,有效指导,强化服务。国务院有关部门要按照职责分工,抓紧完善并组织实施各专项规划,并做好指导、协调和帮助恢复重建的各项工作。中央支援恢复重建的财政资金和各部门专项资金一经全国人大批准,要及时足额到位,确保专款专用;对于恢复重建规划已经明确的灾区部分急需的恢复重建项目,本着特事特办、急事急办的原则,开辟绿色通道,抓紧先行启动建设;对灾区恢复重建重要物资的货源组织、运输保障给予支持,做好协调工作;进一步完善财政、税费、金融、土地、产业等方面的政策,特别要抓紧制定城镇异地迁建、人口安置、地区平衡、资金筹措等方面的具体政策措施;对建筑损毁后土地使用权处置、农村土地损毁后承包经营权处理、房屋损毁灭失引发的责任等问题,要依法做好有关法律的修订、司法解释以及配套法规政策的制定工作。要深入灾区调查研究,了解工作进展情况,调整完善相关政策,帮助解决实际问题。国家发改委要牵头组织好规划实施的中期评估和规划实施结束时的全面总结工作。

推进灾后恢复重建和经济社会发展,任务艰巨,责任重大,意义深远。我们要紧密团结在以胡锦涛同志为总书记的党中央周围,弘扬在抗震救灾斗争中锤炼和升华的伟大民族精神,迎难而上,扎实工作,努力夺取灾后恢复重建和经济社会发展的新胜利!

国务院总理温家宝在汶川映秀镇答记者问

在四川地震灾区考察的中共中央政治局常委、国务院总理、国务院抗震救灾总指挥部总指挥温家宝,在赴汶川大地震震中——汶川县映秀镇慰问受灾群众后,就近在居民安置点举行了一场别开生面的"记者招待会",回答了记者的提问。

温家宝:同志们,今天,地震已经过去110多天了。我们在震中映秀镇举行一个简单的"记者招待会",回答随行的记者同志们的问题。现在,请你们提问。

新华社记者:总理,您好。我是新华社记者,跟随您5次到灾区、4次到四川。正像您刚才说的那样,到今天,地震已经过去110多天了,回头看这110多天所走过的路,您怎样评价前一阶段的抗震救灾工作?有什么样的经验和启示给后人、给世界?

温家宝:过去的110天,可以说是惊心动魄的110天,也是感天动地的110天。在党中央、国务院、中央军委的领导和部署下,在省委、省政府的直接指挥下,在灾区广大干部群众的共同努力下,可以说,抗震救灾工作取得了阶段性的伟大胜利。100多天,时间不长。但是我们做的事情是值得历史记载的,也是铭刻在每个人心中的,是世人有目共睹的。

我们做了几件什么事情呢?

第一,千方百计抢救被困人员,也就是把救人摆在第一位。我们提出,只要有一线希望,就要用百倍努力,决不放弃。我们一共从废墟中救出8.4万人。

第二,妥善安置了群众。这次地震震级高、烈度大、涉及的范围广,救灾十分困难,仅重灾区就有13万平方公里,涉及两千万人口。通过灾区干部群众的自力更生、艰苦奋斗和全国各地的支援和帮助,灾区群众衣、食、住、医得到了妥善安置。我们共转移安置群众1500万人,救助1000万人,抢救伤员近300万人,入院治疗的9.6万人。现在大家可以看到,老百姓的生活基本上得到了妥善的安置。这同100多天以前我来映秀的时候大不一样。

第三,抓紧恢复基础设施。修复基础设施,是保障民生、恢复生产的关键所在。我们迅速组织各方面的力量,抢修道路、电力、供水、电信,现在主要的国道线和省道线基本修复。大家刚才看到最难的一段,就是213国道都江堰到汶川段,这段路96公里有87座桥梁、10个隧道,交通部门的干部职工以顽强拼搏的精神创造了修复、修建公路史上的奇迹,他们的业绩是史无前例的,他们的精神也是史无前例的。到现在为止,电力除了北川老县城、青川两个镇没有恢复通电以外,四川全部灾区的电都通了。通讯基本畅通。灾区3000多座水库、800多座水电站、1000多公里的堤坝,在整个抗震救灾中无一溃坝决口。

第四,我们派出了大批医疗队,进行卫生防疫工作和伤员救治工作,确保了大灾之后无大疫,而且灾后常见病的发病率还低于常年。

第五,应急处置次生灾害。汶川地震主震以后余震不断,到现在为止超过26000次,6级以上的地震达到8次。到今天还在震。我们加密了地震监测,加强了地震预报工作,对多处滑坡体进行了地质勘察,并且设计了治理的方案。值得一提的是我们成功地处理了大批的堰塞湖,其中最主要的就是唐家山堰塞湖,这在世界处理堰塞湖的历史上是最大的、最难的,也是最成功的。成功处理唐家山堰塞湖,没有造成一人伤亡。我还可以列举很多,但是在这里我想讲的,就是除了我们做的这些工作以外,我们还形成了伟大的抗震精神,形成了应对突发事件的宝贵经验。这些成绩的取得,充分体现了社会主义制度的优越性,体现出万众一心、众志成城,不畏艰险、百折不挠,以人为本、尊重科学的伟大抗震精神。这是更为宝贵的,而且是更为长久的,将永远留在灾区,留在全国人民心中。

《四川日报》记者:总理,您好。我是《四川日报》的记者,在地震发生后,我们看到您已经是第四次来四川灾区了。相信您每次来,所见所闻所感都不一样。请问总理,您对这100多天以来四川攻坚破难的抗震救灾工作有什么样的评价?灾区干部群众的精神状态给您留下什么印象?最深刻的印象是什么?

温家宝:我是地震发生后几小时就赶到地震灾区。我和省委、省政府的领导同志一道受中央的委托来指挥和领导这次抗震救灾工作。我4次来灾区,可以说4次的心情都不一样。但是,我一直受到四川人民所表现出的伟大英雄精神的鼓舞,这是我永远铭刻在心的。我们做了一些工作,群众感谢党和政府。但是我们首先想到的,是应该感谢广大人民群众、广大基层干部、广大人民子弟兵、广大医护人员。

在抗震救灾中四川人民所形成的伟大英雄精神,主要表现在:第一,在大难面前无比坚强勇敢、不怕困难、勇于奋斗的精神。地震灾害来了以后,四川人民特别是灾区人民没有被吓倒,涌现了许多可歌可泣的英雄事迹,干部救群众,群众互救,老师救学生,学生救同学,到处可见。山崩地裂、河道变形,许多孩子为了求生翻山越岭,步行数十里,走到安全地带;许多人不顾自己和家庭去抢救别人。这些精神我们每个人都不应该忘记。

第二,在灾难面前,四川人民特别是灾区人民表现出自强不息、百折不挠、庄严不屈、奋斗不止的精神。他们很快地掩埋了受难者的遗体,又立刻投入灾后重建工作。确实像他们自己说的,"出自己的力、流自己的汗、自己的事情自己干","有手有脚有条命,天大的困难能战胜"。这就是自力更生、艰苦奋斗的精神,有了这种精神,映秀镇一定会建设得比过去还要美丽,灾区一定会建设得比过去更加美好。

第三,在灾难面前,四川人民特别是灾区人民表现出万众一心、众志成城、团结协作的精神。他们知道,这是天灾,天灾来临的时候,只有勇敢地去面对,而不能退缩;他们知道,祖国有大爱,人间有大爱,人类也有大爱,大爱无疆,人们需要互相帮助。在这次抗震救灾中,我们到处看到了动人的互相支持、互相帮助、互相关爱的各种情景。灾区的人民不会忘记这段日子,也不会忘记曾经帮助和支持他们的全国人民,会以百倍努力的工作和学习,把家乡建设好,来报答他们。

通过这次灾害,我对四川人民更加了解、更加热爱了。我想,在党中央领导下,我们这届政府一定和四川的干部群众一道,把灾区的恢复重建工作做好。

在这次灾害中,遇难的超过8万人,让我们记住他们。还是这句话,一个民族付出的必定会以民族的进步得到应有的补偿,发扬四川人民的伟大英雄精神,一个更加美好的四川一定会在我们手中建成。

中央人民广播电台记者:总理,您好,我是中央人民广播电台记者。灾区的大规模重建即将展开了,您认为当前最急需解决的问题是什么?最重的任务又是什么?怎样去解决?

温家宝:灾区大规模的重建工作是异常艰巨而繁重的,因为涉及的面积太大,人口太多,发展又很不平衡。但是我们确立了一个方针和一个目标,这就是以人为本、尊重自然、统筹兼顾、科学重建,要用3年的时间基本使灾区的生产生活条件得到恢复,争取超过震前;使灾区的基础设施、公用设施和生产能力得到恢复,而且有比较大的提高。这是一项繁重的任务,为此,我们已经制定了一个关于灾区恢复重建的规划。

你问我最紧迫、最难的是什么?我以为有两点:第一,就是城乡倒塌和受损住房的重建工作。我们已经制定了政策,在农村,中央政府和地方政府补助每户受灾家庭平均2万元左右,根据人口的多少具体确定,银行发放优惠贷款,群众自筹资金,三方共同努力,争取用一年多的时间把房子盖好。在城市,我们将对所有倒塌的、损毁的房屋进行鉴定,在此基础上实行政府补助与市场机制相结合的方式,尽快开展城市的房屋建设,政府很快就要制定具体办法。

第二件事情,还是基础设施。基础设施最难的是路。因为修路不仅是施工,而且要治山治水;不仅要修通,而且要保障通畅。这件事十分困难。我还要说都江堰到汶川的公路,地震第一天我们就急着要修通这条路。专家查勘以后曾经判断没有一到两年的时间这条路修不通,到处都是滚石、塌方,桥梁倒塌,涵洞变形。我没有想到,就用100多天的时间,这条路修通了。今天,我们就是坐着汽车,沿着这条公路来到这里。但是保通,难度还很大。还有山区的另外几条公路需要抢修,昨天晚上总指挥部开会确定,在年底以前争取能够通车,哪怕从便道开始、从轻载开始,逐步建成规范的路。

中央电视台记者:总理,您好。现在天气转凉了,群众的住房安置建设已经成为当务之急,请您介绍相关方面情况。灾区群众住房建设大概到了什么进度,能否赶上天气的变化。

温家宝:我们在有计划、有步骤地加快灾区城乡住房建设,但是在入冬以前把损毁的房屋全部建设好是不可能的。因此,我们研究了一系列的措施。第一,就是确保临时建筑特别是板房、群众自建的简易房能够有一个保暖的条件。整个灾区一共有大概157万顶帐篷、66万套板房、180万套群众自建的过渡安置房。我们要保证这些临时安置点水、电、路、环卫设施完备,同时提早做过冬的准备,比如说简易的安置房要很快用泥糊起来,挡风、遮雨、避寒。这是一件事。

第二件事,就是我们准备在10月份在全国号召向灾区捐赠衣被。现在我们生活条件好了,大家要各尽所能,帮助灾区。

第三,冬季到了,保证临时安置地点的供水十分重要。有些地方使用的是山泉水,要提早架设管道,或者延长管道。

第四,要保证医疗条件和孩子们上学。首先,要让教室保暖。对民用住房建设,我们要求安全、适用、经济、省地,对学校还要加一个条件,就是要让学校成为家长最放心、老师最放心、社会最放心的地方。还有一个就是建设好医院。

四川电视台记者:总理,您好,我是四川电视台记者,您昨天去了北川,看到灾区的孩子和其他地方的孩子一样在同一时间走进了新学期的课堂。看到孩子们的笑脸,您最大的感受是什么?

温家宝:你说到我最伤心的地方。我到北川4次,但是前3次我没有笑,我也笑不出来。我甚至连学校孩子死难的人数都不敢问,我怕勾起孩子们难过的心理。但是昨天我在北川中学看到新入学的孩子,笑了,童心未泯。我即席讲了一段话,我说太阳总会出来的,未来总会是光明的,那既是鼓励孩子们的,也是鼓励我自己。就是说,我要和孩子们一块奋斗,去建设一个新的北川。我昨天在北川县城大概走了一个钟头,那里和映秀一样,是地震以后留下的、最严重的灾难遗址。看了以后,催人泪下,但是我们从那里也悟出了北川人民、汶川人民、青川人民,整个四川人民在灾难面前所表现出来的坚强勇敢、大无畏的精神。我昨天参加北川中学开学仪式,注意到有20多位坐轮椅的孩子,他们是在这次地震灾害中受伤的,我走过去,和他们一一握手,我只能说出一句话,"要坚强",就像地震开始的时候我告诉孩子们的那样,既然活下来,就要好好活下去,而且要活得更好。

"记者招待会"历时约40分钟。10多家中央和地方新闻媒体的记者参加。

全国政协在政协礼堂召开专题协商会

会议按照中央关于全面贯彻落实科学发展观的要求,围绕"统筹城乡发展,促进形成城乡经济社会发展一体化新格局"问题建言献策。中共中央政治局常委、全国政协主席贾庆林出席并讲话。

中共中央政治局委员、国务院副总理回良玉到会听取意见并讲话。

贾庆林指出,统筹城乡发展对推动科学发展、改变城乡二元结构、实现共同富裕、促进社会和谐具有重大意义。中共十六大提出统筹城乡发展战略以来,各地区、各部门贯彻落实中央的决策和部署,着眼农业、农民、农村工作中的重点、难点问题,调整思路、完善政策、深化改革,把农民增收、农业增效放到整个国民经济的全局中加以谋划,逐步形成了促进统筹城乡发展的政策体系,农村经济社会面貌有了明显改善。国家批准重庆市、成都市设立全国统筹城乡综合配套改革试验区以来,在推进城乡经济社会发展一体化方面积极探索,统筹城乡综合配套改革试验取得了积极成效。

贾庆林强调,统筹城乡发展,促进形成城乡经济社会发展一体化新格局,是一项长期艰巨的历史任务,也是一个复杂的系统工程,要积极探索、循序渐进。一是要加快建立促进城乡经济社会发展一体化机制,完善户籍、就业、土地等体制和政策,创新农村金融体制。二是要加大公共财政向"三农"倾斜的力度,加快完善国家支持农业保护体系,切实加强农业基础设施建设,加快发展农村公共事业。三是要充分发挥城市对农村的辐射带动功能,优化城乡产业布局,统筹城乡劳动力就业,培育有文化、懂技术、会经营的新型农民。四是要协调推进城镇化和新农村建设,坚持走中国特色城镇化道路,扎实推进社会主义新农村建设。

中共中央政治局委员、国务院副总理回良玉认真听取了委员们的发言。回良玉指出,统筹城乡发展,要把加快"三农"发展作为根本立足点,把发展粮食和农业生产作为基本支撑点,把壮大县域经济实力作为重要着力点,把协调推进城镇化与新农村建设作为战略着眼点,把破除不利于统筹城乡发展的体制机制作为关键依托点,坚持因地制宜,开拓创新,扎实推进。

中共中央政治局委员、全国政协副主席王刚,全国政协副主席厉无畏分别主持会议。全国政协副主席白立忱、陈奎元、李兆焯、钱运录、孙家正、李金华、郑万通、万钢、林文漪、罗富和、王志珍出席会议。

会上，国家发展和改革委员会、重庆市和成都市人民政府负责同志就统筹城乡发展、促进形成城乡经济社会发展一体化新格局的有关工作情况和试验区设立以来的工作进展情况作了介绍。13位全国政协委员围绕统筹城乡发展中的若干问题作了发言。国务院有关部门负责同志针对委员提出的建议作了交流发言。

国务院副总理张德江到燕山石化公司考察

张德江视察了80万吨乙烯项目、组合膜法污水回用装置、千万吨炼油项目和安全生产指挥中心。在听取企业生产运行和安全生产情况汇报后，张德江指出，燕山石化公司从大局出发，千方百计保证生产正常运行和成品油供应，为保障经济发展和人民生活发挥了重要作用，为成功举办北京奥运会和残奥会作出了积极贡献。

张德江强调，今年以来，中央企业克服困难，运行良好，生产经营保持稳步较快增长，特别是在应对汶川特大地震灾害中，紧急行动，发挥了骨干带头作用，为抗震救灾和保障经济社会发展作出了重要贡献。今年还剩四个月，中央企业要按照中央关于下半年经济工作的决策部署，深入贯彻落实科学发展观，坚持改革创新，克服面临困难，全面完成各项目标任务。(一)继续加快推进公司制股份制改革，继续扩大建立规范的董事会试点，完善公司治理结构，加快推进企业内部制度改革，促进工业和整个经济平稳较快发展。(二)大力推动企业自主创新，推进企业布局结构调整，推进产品结构优化升级，促进发展方式转变，提高发展质量及效益。(三)坚决推进节能减排，加快节能技术改造，落实节能降耗责任制，发展循环经济，降低能源资源消耗。(四)全面加强安全生产，强化安全教育和事故预防演练，增强安全意识，做好隐患排查治理工作，遏制重特大安全事故发生。(五)自觉履行社会责任，积极参与地震灾后恢复重建和社会公益事业，维护社会和谐稳定，为全国企业作出表率，为全国经济社会发展作出新贡献。(六)切实抓好深入开展实践科学发展观活动，加强企业党风建设和反腐倡廉工作，加强职工民主管理和职工队伍素质建设。

张德江强调，当前要特别关注个体私营企业、三资企业和中小企业的发展，根据情况变化，制定相应的扶持政策措施，为企业排忧解难，促进企业健康发展。

第四届中国吉林·东北亚投资贸易博览会在长春开幕

中共中央政治局委员、国务院副总理王岐山出席开幕式并宣布博览会开幕并发表演讲。

王岐山说，近年来，东北亚地区合作领域不断拓宽，贸易和投资规模快速增长，能源合作迈出重要步伐，人员往来密切，相互间经济合作日益活跃。特别是中国实施的振兴东北地区等老工业基地战略，为东北亚地区合作注入了新的生机和活力。中国将坚持实施互利共赢的开放战略，继续加强同周边国家的睦邻友好和务实合作，与东北亚各国一道共同开创经济合作新局面。

关于深化东北亚经济合作，王岐山提出几点意见：

第一，深化能源资源合作。中国将继续立足国内增加能源供给，并愿与各国加强合作，加快推进石油、天然气等重大能源资源合作项目建设。把先进能源技术合作放在更加突出的位置，大力推进能源节约，提高能源利用效率。

第二，推进物流体系建设。加快铁路、公路、海运、航空和管道等基础设施建设，建立、健全物流产业标准化体系，完善物流信息共享机制，大力开展物流从业人员培训。

第三，扩大贸易和投资合作。加强进出口贸易合作，消除贸易壁垒，扩大贸易规模。继续加强相互投资，扩大能源资源、基础设施、高新技术、农业、现代服务业等领域的投资。鼓励外资参与振兴东北地区等老工业基地，支持中国有条件的企业"走出去"建设生产基地和经济贸易合作区。

第四，完善合作协调机制。在发挥现有合作机制作用的基础上，健全多边合作机制，加强磋商、协调和信息沟通，探讨和解决地区合作中的全局性、战略性和长期性问题。

在此次博览会上有62户世界500强企业，95户国外著名商会或协会，82户金融投资机构，78户大型国内外采购商及跨国采购商、100余位国内外副部级以上政要参会。

此次博览会继续坚持面向世界办展的原则，除东北亚各国及来自东南亚、非洲的一些国家外，今年还增加了美国、德国、加拿大等，使参会参展的国家和地区达到69个。国内有26个省(区、市)组团参会。

中共中央政治局常委李长春在中国科学技术馆新馆参观"奇迹天工——中国古代发明创造文物展"

9月3日

国家主席胡锦涛就美国部分地区遭受飓风袭击向美国总统布什致慰问电

国家主席胡锦涛就古巴遭受飓风袭击向古巴国务委员会主席兼部长会议主席劳尔·卡斯特罗致慰问电

中央纪委书记贺国强出席在北京召开的全国监察厅(局)长研讨班座谈会并发表讲话

贺国强指出，今年是我国改革开放30周年，也是党的纪律检查机关恢复重建30周年，要认真总结监察机关恢复组建以来特别是党的纪律检查机关与监察机关合署办公以来的实践经验，努力把握行政监察工作规律，不断提高行政监察工作的科学性；要全面把握党的十七大提出的新任务新要求，高举中国特色社会主义伟大旗帜，深入贯彻落实科学发展观，认真研究行政监察工作面临的新情况新问题，不断推进行政监察工作理念、思路、方法和体制机制创新。

贺国强强调，加强执法监察、廉政监察、效能监察，是监察机关的重要职能，各级监察机关要紧密结合新形势新任务，围绕服务政府、责任政府、法治政府、廉洁政府建设，全面加强和改进行政监察工作，发挥行政监察的职能作用。要认真开展执法监察，当前特别要加强对中央关于改善宏观调控、促进科学发展、搞好抗震救灾和恢复重建等重大决策部署贯彻执行情况的监督检查，严肃查处有令不行、有禁不止和“上有政策、下有对策”的行为，确保中央政令畅通；要认真开展廉政监察，加强对贯彻执行党风廉政建设责任制、规范重要领域和关键环节权力运行、推进政务公开等方面的监督检查，严肃查办违纪违法案件，进一步严明行政纪律、规范权力运行；要认真开展效能监察，围绕优化发展环境、重大公共投资项目和群众关心的热点问题，加强对行政机关及其公务员工作效率、管理效益的监察，坚决纠正不履行或不正确履行法定职责的行为，推动政府转变职能、改进作风、提高效率。

何勇在主持会议时指出，各级纪检监察机关要按照贺国强同志的讲话精神，准确把握行政监察工作的新任务新要求，增强做好行政监察工作的政治责任感和历史使命感，推动行政监察工作不断取得新进展新成效。要坚持把党的纪律检查工作和行政监察工作作为一个整体来考虑，结合实际研究进一步加强和改进行政监察工作的思路和对策。要切实增强全面履行纪检监察两项职能的意识，重视并做好行政监察工作，进一步形成党政监督合力，提高监督效能，推动反腐倡廉建设不断向前发展。

中央纪委监察部有关领导同志马馼、吴玉良、王伟、姚增科、郝明金出席会议。各省(区、市)、副省级城市、新疆生产建设兵团监察厅(局)长、监察委员会主任参加会议。

农业部发布新一轮《全国优势农产品区域布局规划(2008—2015年)》

经国务院审批，农业部发布了新一轮《全国优势农产品区域布局规划(2008—2015年)》，提出未来8年将重点培育水稻、小麦、玉米、大豆、马铃薯等16个优势品种，在全国划定58个优势区。这意味着我国现代农业发展的区域化步伐将进一步加快，农业产业集中度、产业化水平将进一步提高。

农业部副部长危朝安接受采访时说，这是进一步优化农业生产力布局，加强农业基础建设，发挥农业区域比较优势，切实保障主要农产品有效供给的一项重大举措。到2015年，形成一批国内外有一定影响的优势农产品产业带，建设一大批优势农产品生产重点县，形成一批现代农业产业示范区，力争把优势区域建设成为保障主要农产品基本供给的骨干区。

16种农产品优势区域明确了主攻方向：水稻、小麦、玉米、马铃薯，强调立足国内实现基本自给，突出保障粮食安全，划定了16个优势区；大豆和油菜，从食用植物油国内供给不足的实际出发，强调提高自给率，划定了7个优势区；棉花、甘蔗、天然橡胶，强调突出保障产业安全，提高国内供给能力，划定了9个优势区；苹果、柑橘和出口水产品，强调进一步发挥比较优势，继续扩大出口，划定了10个优势区；肉牛、肉羊、奶牛和生猪，强调转变养殖方式，保障基本供给，划定了16个优势区。

为应对加入世贸的挑战、深化农业结构战略性调整，农业部2003年启动实施了《优势农产品区域布局规划(2003—2007年)》。规划实施5年，成效显著，一是优势农产品区域化生产格局初步形成。2007年，水稻、小麦、玉米、大豆集中度分别达到98%、80%、70%和59%，棉花、甘蔗、柑橘、奶牛集中度分别达到99.9%、63%、54%和50%。二是优势区域综合生产能力稳步提升。四大粮食品种9个优势区域对全国粮食增产的贡献率超过85%，优势区域棉花、油菜、甘蔗、苹果、牛奶产量占全国比重分别达到99.9%、90%、72.4%、63%、60.7%。三是优势农产品产业化水平明显提高。四是优势农产品竞争力不断增强。2007年，水稻、小麦、玉米、大豆四大粮食品种优质化率分别达到72.3%、61.6%、47.1%、70.3%；两大苹果优势区鲜苹果出口量、出口额分别占全国的54%和70%。五是优势区域农民收入快速增长。2007年，甘蔗优势区蔗农人均收入、优势出口水产品“两带一区”渔民人均收入分别比2002年增加500元以上和1100元以上。

中新天津生态城联合协调理事会第一次会议在天津举行

会议由中共中央政治局委员、国务院副总理、理事会中方主席王岐山和新加坡副总理、理事会新方主席黄根成共同主持。中共中央政治局委员、天津市市委书记张高丽出席会议。

会议充分肯定了中新天津生态城的前期工作。在双方共同努力下，生态城指标体系、总体规划和起步区详细规划已原则通过，土地征用、起步区基础设施建设和环境整治等工作取得积极进展，中新合资公司完成组建，为生态城正式开工和全面建设奠定了基础。

会议指出，中新天津生态城是继苏州工业园之后中新两国合作的又一个新亮点。中新双方选择在天津滨海新区这样一片土地盐渍、淡水匮乏的荒滩上建设生态城，无论从环境、经济还是示范推广等方面看，都具有重要的现实意义和战略意义。

会议强调，中新天津生态城要成为可持续发展的典范。生态城设计建设的起点要高，建成资源节约型、环境友好型、社会和谐型的可持续发展城市，推动城市发展由粗放式向集约式转变。一要在资源利用上可持续，发展循环经济，单位产出的能耗、水耗和污染排放等指标达到国际领先水平。二要在生态环境上可持续，加快污水和盐碱地治理等生态修复，实行生态保护性开发。三要在发展模式上实现可持续，建立可持续发展的体制机制，努力提高发展的质量和效益。更重要的是，把以人为本的理念贯穿生态城建设的各个方面，努力实现人与人、人与环境、人与经济活动的和谐共存。

王岐山、黄根成还共同视察了中新天津生态城起步区，听取了规划和建设情况汇报，双方表示要把中新天津生态城建成互利共赢的项目，推动中新两国长期友好合作关系不断向前发展。

最高人民法院院长王胜俊在人民大会堂会见乌克兰最高法院院长奥诺边科·瓦西里一行

瑞士联邦主席库什潘 联邦委员兼外长卡尔米—雷伊在伯尔尼分别会见全国人大常委会副委员长王兆国

第十八届中国新闻奖评选在北京揭晓

中国记协主办的全国优秀新闻作品年度最高奖——第十八届中国新闻奖评选3日揭晓。来自全国报社、通讯社、广播电台、电视台和新闻网站的261件作品获奖，其中一等奖39件，二等奖79件，三等奖143件；还有19个设奖名额空缺，其中一等奖空缺7个。

由新闻主管部门、中央和地方新闻单位、新闻教研机构68位代表组成的评委会，从全党全国工作大局和新闻界实际出发，牢牢把握正确评选导向，坚持评选标准，统筹兼顾，评选出的261件获奖作品充分反映出2007年全党全国在政治、经济、社会、文化等各个领域取得的巨大成就和显著进步，展示了2007年全国新闻战线高举旗帜、围绕大局、服务人民、改革创新的生动实践，体现了全国新闻界深化“三项学习教育活动”，进一步提高舆论引导能力，加强新闻队伍建设的丰硕成果。

国际残奥委会在北京召开执委会会议

中共中央政治局委员、北京市市委书记、北京奥组委主席刘淇在会上致辞时说，北京残奥会的各项筹备工作已全面就绪。

会议由国际残奥委会主席菲利浦·克雷文主持。国际残奥委会执委会全体成员及全国政协副主席、中国残联主席、北京奥组委执行主席邓朴方等出席会议。

刘淇说，在国际残奥委会的指导帮助下，在中国政府和人民的大力支持下，北京残奥会的各项筹备工作已经全面就绪。目前，4万多名残奥会工作人员和志愿者已全部到位，北京与青岛、香港等协办城市已在竞赛组织、接待服务、城市运行等各方面做好充分准备，正热情迎接世界各地的残疾人运动员和朋友们的到来，共享残疾人奥林匹克运动和北京残奥会的荣誉与欢乐。

克雷文对北京残奥会筹办工作予以充分肯定。他说，北京残奥会的筹办工作非常全面，国际残奥委会确实“感受到了两个奥运同样精彩”，他相信本届残奥会将取得圆满成功，书写残疾人奥林匹克运动新的篇章。

9月4日

国务院总理温家宝主持召开国务院常务会议

会议研究部署2007年度中央预算执行审计查出问题的整改工作，审议并原则通过《中华人民共和国劳动合同法实施条例(草案)》。

会议指出，今年上半年，审计署对中央预算执行和其他财政收支情况进行了审计，最近向全国人大常委会作了报告，并向社会公布了审计结果，引起了社会各界的广泛关注。总的看，有关地区、部门和单位对审计查出的问题高度重视，认真整改，及时、主动纠正存在问题，并着眼治本，加强建章立制工作，中央预算执行和管理情况有了较大改善。

会议强调，审计监督是《中华人民共和国宪法》和《中华人民共和国审计法》赋予审计机关的重要职责，是规范政府运作，提高资金使用效益的重要机制保障。各地区、各部门、各单位要自觉接受审计监督，进一步做好2007年度审计查出问题的整改工作，着力健全制度，严格依法行政、依法理财。一是建立整改工作责任制。审计署要将促进整改作为一项重要工作来抓，逐步建立促进整改的长效机制；各地区、各部门和单位主要负责人要亲自过问、督促和检查整改情况，把整改措施落到实处。二是大力推进预算公开。要根据政务公开的要求，在去年11个中央部门预算公开的基础上，继续扩大公开范围。三是加强制度建设。及时修订和完善有关法律、法规，用制度规范管理，不断提高预算执行和财务管理水平。把审计监督与行政监察、行政问责结合起来，建立、健全预算执行和管理问责制度。四是继续深化改革。从完善体制、机制角度，认真分析和研究审计查出的问题，做到标本兼治。会议要求，有关地区、部门和单位在10月底前将整改情况报告国务院。国务院将在年底前向全国人大常委会报告。

会议认为，《中华人民共和国劳动合同法》是促进劳动关系和谐稳定的一部重要法律，自公布施行以来，对规范用人单位与劳动者的劳动关系产生了重要的积极作用。为更好地贯彻实施劳动合同法，增强劳动合同制度的可操作性，有必要制定《中华人民共和国劳动合同法实施条例》。为制定好条例，今年5月国务院法制办等部门公开向社会各界征求意见。条例草案进一步细化了劳动合同法的一些条款，对社会普遍关注的劳动合同的订立、解除和终止，劳务派遣及相关法律责任，经济补偿与赔偿金的关系等作出了具体规定。会议要求，有关部门要加强劳动合同法及实施条例的培训，加大劳动监察力度，使用人单位和劳动者全面、准确理解劳动合同法及实施条例的精神和主要内容，自觉遵守劳动法规，努力构建和谐稳定的劳动关系。会议决定，草案经进一步修改后，由国务院公布施行。

会议还研究了其他事项。

中央纪委书记贺国强出席在北京召开的中央抗震救灾资金物资监督检查领导小组扩大会议并发表讲话

贺国强在认真听取有关单位工作情况汇报后，充分肯定了前一阶段中央抗震救灾资金物资监督检查领导小组和各地区各部门的工作。他指出，从检查了解的情况看，抗震救灾资金物资管理情况总体上是好的，基本做到了款物专用、账目清楚、公开透明。但是也还存在一些问题，比如，捐赠资金移交的有关规定在一些部门尚未得到落实，抗震救灾资金物资分配使用在个别地区存在结构性不平衡和积压现象，捐赠款物使用情况的公示还不够全面及时，少数地方存在夸大灾情、虚报冒领以及截留挪用抗震救灾款物的问题，等等。需要引起我们的高度重视，并认真加以解决。

贺国强强调，下一步要重点做好以下六个方面的工作：

第一，要确保监管工作不留死角、不留盲区。各级抗震救灾资金物资监督检查领导小组要加强组织协调，督促参与恢复重建的地方、部门和单位切实抓好职责范围内的监管工作，强化协作配合，增强监管合力。要建立抗震救灾资金物资监督检查常态工作机制和对口衔接机制，保证监管工作层层负责、“无缝”对接。

第二，要有针对性地制定并认真落实有关规章制度。及时对有关工作制度进行细化、充实、调整和完善，建立、健全援建资金划拨、物资采购、项目招投标、工程监理、验收交接等方面的规章制度。要严格执行已有的制度规定，做到执行制度不打折扣、不搞变通。

第三，要突出重点，深入开展专项检查。综合运用专项检查与一般检查、个别抽查等多种方式，加强对重点领域、重点环节、群众关注问题解决情况的检查，紧盯重大项目安排、工程招投标、大额度资金调拨，实施全程跟踪监督。充分运用检查成果，针对检查出来的问题，督促有关地方和部门认真整改。

第四，要把公开透明贯穿于抗震救灾资金物资管理使用的全过程。及时公布救灾款物的来源、数量、种类和去向，如实把捐款使用情况反馈给捐赠人和向社会公示。严格执行物资采购、工程建设等方面规定，凡是有条件的都要公开招标。充分发挥群众监督作用，自觉接受人大、政协、民主党派的监督，接受新闻媒体和社会各界的监督，提高抗震救灾资金物资监督检查工作的社会参与度和可信度。

第五，要严肃查处违纪违法行为。对违纪违法行为决不姑息，一查到底。特别是对贪污私分、截留克扣、挤占挪用救灾款物、违规插手工程建设招投标以及失职渎职造成严重后果的，要严肃处理有关责任人。要重视人民群众信访举报工作，注意从社会热议和媒体关注的问题中发现违纪违法线索，并认真排查核实。

第六，要切实搞好宣传舆论工作。加强抗震救灾资金物资分配政策、使用及监管情况的舆论宣传，深入宣传正面典型和先进事迹，适时曝光典型案例，努力营造良好的舆论环境。

会议由中共中央书记处书记、中央纪委副书记、中央抗震救灾资金物资监督检查领导小组组长何勇主持。

中央纪委、监察部、民政部、财政部、审计署、四川省纪委的负责同志汇报了前一阶段开展抗震救灾资金物资监管工作的情况和下一步工作安排。中央和国家机关有关部门，社会团体、群众组织的负责人参加了会议。

国新办发布汶川地震造成直接经济损失数据

从国务院新闻办公室举行的发布会上获悉：汶川地震造成直接经济损失8451.4亿元，其中四川的损失占到总损失的91.3%，甘肃占5.8%，陕西占2.9%，其他各省的损失之和不到20亿元。文物损失、档案损失和生态环境破坏等间接损失未入统计。

据介绍，建筑物和基础设施的损失很大，占到了总损失的七成。民房和城市居民住房的损失最大，占总损失的27.4%。基础设施包括道路、桥梁和其他城市基础设施的损失为其次，占21.9%，包括学校、医院在内的其他非住宅用房的损失为第三，占20.4%。

央行发布《2007年中国反洗钱报告(摘要)》

报告显示，自2003年起5年间，中国高效率确立了反洗钱法律、监管和组织机构的基本框架，建立起了较为完整的反洗钱制度。

报告披露，去年央行对4533家金融机构进行了反洗钱现场检查，处罚金融机构350家，罚金共计2652.42万元。其中，有347家涉及未按规定识别客户身份或是未按规定报告大额和可疑交易，其余3家涉及未按规定建立、健全反洗钱内部控制。

国家工商总局公布个体工商户数据

近年来，个体经济保持了平稳的发展态势。到今年6月底，全国工商机关共登记个体工商户2759万户，比上年年底增加17.6万户；从业人员5609万人，增加113万人；资金数额8052亿元，增加701亿元。个体工商户户数、从业人员、资金数额三项主要指标，分别比上年年底增长0.64%、2.06%和9.53%。

外交部部长杨洁篪在卢萨卡会见非洲联盟(非盟)主席国坦桑尼亚总统基奎特和非盟委员会主席让·平

中央军委批转《关于进一步加强军队领导干部经济责任审计工作的意见》

经胡锦涛主席批准，中央军委日前批转了《关于进一步加强军队领导干部经济责任审计工作的意见》(以下简称《意见》)，这对于落实从严治军要求、推动依法管家理财、提高经费物资保障效益、强化干部监督管理、促进党风廉政建设具有重要意义。

《意见》紧紧围绕贯彻党的十七大精神，坚持以科学发展观为指导，明确了领导干部经济责任审计工作的重点对象，规范了审计评价的主要内容，强调了审计结果运用的基本原则，对加大党委领导力度、发挥领导小组作用、完善工作运行机制和重视审计队伍建设提出了明确要求。

《意见》强调，把掌管经费物资较多、具有保障资源分配权与调节权、负责大项工程建设与大宗物资采购的单位和部门主要领导，以及列入后备干部的领导，作为领导干部经济责任审计的重点对象，优先安排单位和部门主要领导的任中审计。把领导干部经济决策权、经费审批权、资金使用权、物资调配权作为重点审计内容，着力查处经济领域里的决策失误、执行走样、管控不力等问题。审计评价以经济活动为重心、以客观事实为依据、以政策法规为准绳，把党委评价与民主测评、个人述职与个别谈话、审计查证与综合分析结合起来，确保审计评价符合实际、经得起历史和实践的检验。

《意见》首次提出把审计评价结果作为干部考核评价、调整使用的重要依据。对履行经济责任好、业绩突出的领导干部，同等条件下可优先提升使用；对履行经济责任较好的领导干部，干部考核评价等次不能为优秀；对履行经济责任一般、财经管控不力的领导干部，要进行诫勉谈话，并视情调整工作岗位；对履行经济责任差、有经济问题的领导干部，应免除其现任职务，并追究相关责任。对履行经济责任一般以下的领导干部，不得确定为后备干部。

中国政府向联合国提交2007年度军事开支报告

9月5日

中共中央政治局在北京召开会议研究部署在全党开展深入学习实践科学发展观活动工作

会议决定从今年9月开始，用一年半左右时间，在全党分批开展深入学习实践科学发展观活动。中共中央总书记胡锦涛主持会议。

会议认为，科学发展观，是对党的三代中央领导集体关于发展的重要思想的继承和发展，是马克思主义关于发展的世界观和方法论的集中体现，是同马克思列宁主义、毛泽东思想、邓小平理论和"三个代表"重要思想既一脉相承又与时俱进的科学理论，是我国经济社会发展的重要指导方针，是发展中国特色社会主义必须坚持和贯彻的重大战略思想。党的十七大决定在全党开展深入学习实践科学发展观活动，这是用中国特色社会主义理论体系武装全党的重大举措，是推动经济社会又好又快发展的迫切需要，是提高党的执政能力、保持和发展党的先进性的必然要求。全党必须坚持不懈地走科学发展道路，奋力开拓中国特色社会主义更为广阔的发展前景。

会议指出，在今年2月至8月开展的深入学习实践科学发展观活动试点工作中，各试点单位组织广大党员、干部认真学习和深刻理解科学发展观的科学内涵、精神实质、根本要求，坚持理论联系实际，坚持改革创新，坚持群众路线，贯彻落实科学发展观的自觉性和坚定性进一步增强，推进科学发展的思路进一步完善，影响科学发展的突出问题得到初步解决，为全党开展学习实践活动积累了经验。

会议强调，开展深入学习实践科学发展观活动，要全面贯彻党的十七大精神，高举中国特色社会主义伟大旗帜，以邓小平理论和"三个代表"重要思想为指导，组织广大党员特别是各级领导班子和党员领导干部深入学习实践科学发展观，紧紧围绕党员干部受教育、科学发展上水平、人民群众得实惠，进一步解放思想、实事求是、改革创新，切实增强贯彻落实科学发展观的自觉性和坚定性，着力转变不适应、不符合科学发展要求的思想观念，着力解决影响和制约科学发展的突出问题以及党员干部党性党风党纪方面群众反映强烈的问题，着力构建有利于科学发展的体制机制，提高领导科学发展、促进社会和谐的能力，使党的工作和党的建设更加符合科学发展观的要求，把全社会的发展积极性进一步引导到科学发展上来，把科学发展观贯彻落实到经济社会发展各个方面。

会议要求，各级党组织和广大党员、干部一定要深刻认识开展学习实践科学发展观活动的重大现实意义和紧迫性，积极投入到学习实践活动中来。学习实践活动以县级以上领导班子和党员领导干部为重点，全体党员参加。各级党组织要把学习实践活动摆上重要议事日程，高度重视，精心组织，着重把握坚持解放思想、突出实践特色、贯彻群众路线、正面教育为主的原则，落实领导责任，加强分类指导，鼓励探索创新，搞好舆论引导，坚持统筹兼顾，努力达到提高思想认识、解决突出问题、创新体制机制、促进科学发展的目标，确保活动取得实效。

会议还讨论了其他事项。

国务院总理温家宝在中南海紫光阁分别会见来华出席北京残奥会开幕式的波兰副总理帕夫拉克和新加坡副总理黄根成

国家发改委发出《关于加强煤制油项目管理有关问题的通知》

国务委员刘延东在北京会见古巴国务委员会办公厅代表里斯特·迪亚斯·卡斯特罗率领的古巴教育代表团一行

北京2008年残奥会中国体育代表团名单(略)

9月6日

北京2008年残奥会开幕

国家主席胡锦涛出席开幕式并宣布北京残奥会开幕。来自147个国家和地区的残疾人运动员，同全场9万多名观众共同分享这一期盼已久的盛会。

党和国家领导人江泽民、吴邦国、温家宝、贾庆林、李长春、习近平、李克强、贺国强等，国际残奥委会主席克雷文，国际奥委会终身名誉主席萨马兰奇，以及来自世界各地的贵宾出席开幕式。

147个国家和地区的4000多名运动员将在未来11天里参加20个大项的比赛。中国体育代表团共547人，其中运动员332人，是我国自参加残奥会以来规模最大、也是北京残奥会上人数最多的代表团。

北京奥组委主席刘淇、国际残奥委会主席克雷文分别在开幕式上致辞。

出席开幕式的各国各地区贵宾有：伊朗总统艾哈迈迪·内贾德、德国总统克勒、韩国总理韩升洙、厄瓜多尔副总统莫雷诺、克罗地亚副总理科索尔、波兰副总理帕夫拉克、马来西亚总理夫人珍妮、比利时公主阿斯特丽、卢森堡王子费利克斯、约旦亲王拉阿德、约旦亲王费萨尔、西班牙公主埃莱娜、荷兰公主玛格丽特、瑞士联邦委员会委员施密德、密克罗尼西亚外长罗伯特、加拿大安大略省省督昂利、美国退伍军人事务部长皮克、越南劳动部长阮氏金银、日本自民党前干事长加藤纮一等。

出席开幕式的党和国家领导人还有：王刚、王岐山、回良玉、刘云山、刘延东、李源潮、张高丽、张德江、俞正声、李瑞环、尉健行、李岚清、吴官正、罗干、何勇、令计划、路甬祥、乌云其木格、华建敏、陈至立、周铁农、李建国、司马义·铁力瓦尔地、陈昌智、马凯、孟建柱、戴秉国、王胜俊、曹建明、杜青林、白立忱、陈奎元、黄孟复、张梅颖、张榕明、钱运录、孙家正、李金华、邓朴方、万钢、林文漪、罗富和、陈宗兴、王志珍和杨白冰、张万年、王汉斌、倪志福、布赫、铁木尔·达瓦买提、彭珮云、李铁映、何鲁丽、许嘉璐、顾秀莲、盛华仁、肖扬、贾春旺、杨汝岱、胡启立、陈锦华、罗豪才、张克辉、张怀西、李蒙，中央军委委员李继耐、廖锡龙、靖志远、吴胜利。

澳门特别行政区行政长官何厚铧出席开幕式。

国际残奥委会、各国际残疾人单项体育组织负责人等出席开幕式。

北京奥组委主席刘淇在北京2008年残奥会开幕式上致辞

尊敬的胡锦涛主席和夫人，尊敬的克雷文主席和夫人，尊敬的各位来宾，女士们，先生们，朋友们：

在北京2008年残奥会隆重开幕之际，我谨代表北京奥组委，向来自世界各国家、地区的运动员、教练员和各位来宾表示热烈的欢迎！向国际残奥委会，向所有参与北京残奥会筹办工作的建设者、工作者和关心支持本届残奥会的朋友们表示衷心的感谢！

北京残奥会是全世界残疾人运动员的盛会。来自147个国家、地区的4000多名残疾人运动员将在“超越、融合、共享”的主题下，参与各项竞赛，展示自强不息、顽强拼搏、热爱生活、超越自我的精神风貌，尽情享受残奥运动带来的激情与梦想。

北京残奥会是全世界残疾人的盛会。残奥会不仅可以激发人们对生活的热爱，也将给人们以激励和启迪，唤起人们对残疾人更多的理解、尊重与关爱，使人道主义精神得到大力弘扬，残疾人事业得到进一步发展。

北京残奥会还是全世界人民的盛会。来自五大洲的朋友们将在北京残奥会上加强交流与合作，共享团结、友谊、和平的精神，奏响“同一个世界，同一个梦想”的乐章，推动人类的文明进步，促进世界的和谐发展。

朋友们，中华民族崇尚自强不息的精神，具有扶残助残的美德。举办北京2008年残奥会是世界对中国的信任。中国政府和人民以极大的热情支持北京残奥会。北京奥组委本着“两个奥运，同样精彩”的要求，加强无障碍设施建设，努力为来自各个国家、地区的运动员和来宾提供特殊服务。我们热切地期盼，北京残奥会成为共享欢乐与友谊、梦想与成功的盛会。我们将把中国人民拥抱世界的热情呈现给世界。

北京欢迎你！ Welcome to Beijing!

现在，我非常荣幸地邀请国际残奥委会主席菲利普·克雷文先生致辞。

国际残奥委会主席菲利普·克雷文爵士在北京2008年残奥会开幕式上的致辞

尊敬的胡锦涛主席及夫人，各位运动员、各位官员，尊敬的各位来宾，来自世界各地的残奥运动支持者们：

晚上好，欢迎你们！

今晚，我们在此相聚，共同庆祝北京2008年残奥会隆重开幕。

本届残奥会的规模空前，无论是运动员人数、参赛国家和地区数量还是体育项目数量，都超过往届残奥会。

这是残奥运动史上的一座里程碑。我们为此感到欢欣鼓舞，我们的心也与今年上半年接连遭受自然灾害的数百万中国人民在一起。

灾难没能阻挠中国，没能阻挠北京奥组委和刘淇主席继续筹办奥运会。北京奥运会精彩绝伦，相信北京残奥会也一定会圆满成功。

我想对你们致以谢意，感谢你们的出色工作。七年以来，我们的合作一直是友善、坦诚、稳健、互敬和富有建设性的。

我还要感谢国际奥委会给予我们的支持，感谢雅克·罗格主席，感谢终身名誉主席胡安·安东尼奥·萨马兰奇先生，今晚他也与我们在一起。

毋庸置疑，今晚以及此后的十一天当中，运动员们将是真正的英雄。

残奥运动员们，你们为了来到这里，历经了无数个春秋的苦练。你们一定要淋漓尽致地发挥，一定要尊重公平竞赛的精神。谁人都无法预知，你们将如何超越最大胆的梦想。

你们来到这里，也是为了愉悦身心，结交朋友，将北京、青岛和香港留存为永恒的记忆。这不是关于希望，而是关于远见卓识和你们所代表的一切。无论你们在运动场上展现风采，还是在国际残奥委会运动员委员会选举中坦陈意见，我们都想从中领略你们的自信与独立。

此刻，我想与大家一同欣赏这座美轮美奂的体育场。“鸟巢”是一个活生生的例证，象征着中国对于建设现代化世界的承诺。

我们都可以看到，这座由钢筋、混凝土、玻璃和其他高科技材料建造而成的建筑气势恢宏。然而在今夜，当你们大家，观众们、演员们和运动员们置身于这座极富建筑美感的体育场时，它才真正被赋予了生命。而当随队官员、赛事官员、媒体、赞助商以及中国无与伦比的志愿者们也来到这里时，你们将共同创造独一无二的残奥经历。

从明日起，我们将看到一幕幕的好戏，我们将看到胜利，我们将看到失望。然而，最为重要的是，当我们相聚在一起，我们将融入那独特的力量之源，它似乎触手可及，又的确可被呼吸，它存在于残奥运动的核心，我们称之为残奥精神。它一旦占据你的心灵，你将难以割舍。它将伴随你的一生！

在北京2008年残奥会的十二天当中，你将会发现，那些你本以为存在于世上的差别其实远非那么明显。

你们将会看到我们共处同一个世界。

谢谢！

下面，我非常荣幸地邀请中华人民共和国主席胡锦涛先生宣布北京2008年残奥会开幕。

《人民日报》发表社论《同属一个世界 共求美好梦想——热烈祝贺北京二〇〇八年残奥会开幕》

国家主席胡锦涛在人民大会堂为出席北京残奥会的国际贵宾举行欢迎宴会

胡锦涛发表了题为《促进国际残奥事业 携手共建美好世界》的祝酒词。

吴邦国、温家宝、贾庆林、李长春、习近平、李克强、贺国强等党和国家领导人，胡锦涛主席夫人刘永清，国际残奥委会主席克雷文，国际奥委会终身名誉主席萨马兰奇等出席欢迎宴会。

欢迎宴会由中共中央政治局委员、北京市市委书记、北京奥组委主席刘淇主持。

全国政协副主席、中国残联主席、北京奥组委执行主席邓朴方，国际残奥委会执委、荣誉委员和配偶，出席残奥会开幕式的国际贵宾和配偶，国际残奥委会邀请的贵宾和配偶出席宴会。

中国党和国家有关领导人出席宴会。

国家主席胡锦涛在北京残奥会欢迎宴会上发表题为《促进国际残奥事业 携手共建美好世界》的祝酒词

尊敬的国际残奥委会主席克雷文先生，尊敬的各位国际残奥委会执委，尊敬的各位贵宾，女士们，先生们，朋友们：

今晚，北京残奥会将隆重开幕。首先，我谨代表中国政府和人民，对各位嘉宾莅临北京残奥会，表示热烈的欢迎！向所有为北京残奥会作出贡献的朋友们，表示诚挚的谢意！

上世纪60年代第一届残奥会举办以来，在国际社会共同努力下，残奥会已经成为增进人类相互了解和友谊、促进世界文明发展的重要文化体育盛事。北京残奥会将有140多个国家和地区的4000多名运动员参加，充分体现了世界各国对于残疾人体育事业的关心和支持。

"精神寓于运动"，是国际残疾人奥林匹克运动的格言。通过参与残奥会，各国残疾人运动员展示自尊、自信、自强、自立，感受欢乐、友谊、梦想、成功，实现挑战自我、追求生命价值的目标。国际残疾人奥林匹克运动激励着残疾人和健全人在世界大家庭中相互交融，共享社会权利，共建和谐世界。

女士们、先生们、朋友们！

关心残疾人是社会文明进步的重要标志。中国有8300万残疾人。中国政府和人民一贯重视残疾人事业，坚持以人为本，弘扬人道主义精神，倡导平等，反对歧视，关怀弱者，尊重人权。我们采取一系列政策措施，推动全社会关心关爱残疾人，大力推动残疾人事业全面发展，取得了举世瞩目的成就。中国广大残疾人自强不息，顽强奋斗，为经济社会发展作出了突出贡献，赢得了全社会的尊重。我们将以北京残奥会为契机，进一步发扬人道主义精神，致力于维护残疾人权益，保证残疾人平等参与社会生活、共享经济社会发展成果。

中国政府高度重视发展残疾人体育事业，积极参与残疾人奥林匹克运动。自2001年获得北京残奥会举办权以来，中国政府和人民在国际残奥委会和国际社会大力支持下，认真履行对国际社会的郑重承诺，按照两个奥运同样精彩的要求，坚持超越、融合、共享理念，全力做好北京残奥会筹办工作。我相信，在国际残奥委会和国际社会支持下，我们一定能够把北京残奥会办成一届有特色、高水平的残奥会！

女士们、先生们、朋友们！

"同一个世界，同一个梦想"是北京奥运会、残奥会共同的口号。我相信，北京残奥会作为增进各国残疾人朋友相互了解和友谊的舞台，将为世界残疾人体育事业留下十分宝贵的精神财富。让我们携起手来，不断推进世界残疾人事业，为建设更加美好的世界而共同努力！

现在，我提议：

为北京残奥会圆满成功，

为国际残疾人奥林匹克运动不断发展，

为世界各国人民团结和友谊不断加强，

为各位嘉宾的健康，

干杯！

国家主席胡锦涛在人民大会堂会见前来出席北京残奥会开幕式的伊朗总统艾哈迈迪·内贾德

胡锦涛表示，近年来，中伊关系得到新的发展。两国相互了解加深，经贸合作势头良好，在禁毒、反恐、地区安全等问题上合作起步顺利。中伊都是发展中大国，两国经济互补性强，合作潜力大。中国政府珍视同伊朗的传统友谊，愿同伊方一道努力，在相互尊重、平等互利的基础上，推动两国关系不断向前发展。希望两国加强政治往来，巩固传统友谊，保持沟通和接触；挖掘经济潜力，深化互利合作，保持两国贸易发展的良好势头，培育双边合作新的增长点；加强国际合作，共同维护地区和世界和平稳定。

内贾德祝贺北京奥运会取得圆满成功，祝愿北京残奥会也取得圆满成功。内贾德说，伊中两国都是文明古国，加强交往和合作是两国的共同愿望。当前双方经贸、文化等领域合作进展良好，潜力很大，伊方希望同中方在双边领域以及国际和地区事务方面发展友好合作关系。

关于伊朗核问题，胡锦涛指出，中方尊重伊方和平利用核能的权利，主张维护国际核不扩散体系，坚持通过对话和谈判和平解决伊朗核问题。当前，伊朗核问题面临难得的复谈机遇，希望有关各方把握机遇，体现灵活，努力使形势朝着和平解决的方向发展。中方将一如既往地致力于推动通过和平谈判解决伊朗核问题，并继续为此发挥建设性作用。

内贾德表示,有关方面已就解决伊朗核问题提出了两个方案,希望能找到各方都能接受的解决办法。伊方愿意同中方保持沟通和磋商。

令计划、王沪宁、戴秉国参加会见。

国务院副总理回良玉在中南海紫光阁会见国际特奥会主席蒂姆·施莱佛先生一行

回良玉说,残疾人事业是推动人类和平、友谊、进步的崇高事业,2007年上海世界特奥会和2008年北京残奥会的举办,为全世界残疾人构筑了梦想腾飞的平台,也进一步推动中国残疾人事业的发展。他高度赞赏国际特奥会多年来一直致力于在全球范围内推动特奥运动,促进智力残疾人全面发展。希望国际特奥会继续关注、支持中国特奥运动,双方加强合作,推动特奥事业取得更大进步。

蒂姆·施莱佛先生祝贺中国成功举办奥运会,预祝北京残奥会取得成功。并表示,国际特奥会愿进一步扩大与中国的合作和交流,分享特奥领域的经验。

外交部部长杨洁篪在北京分别会见来华出席北京残奥会开幕式的伊朗总统艾哈迈迪·内贾德和密克罗尼西亚外长罗伯特

环境与灾害监测预报小卫星星座A、B星在太原卫星发射中心发射成功

9月7日

国家主席胡锦涛在人民大会堂分别会见前来出席北京残奥会开幕式的德国总统克勒和日本自民党前干事长 日中友好协会会长加藤纮一

在会见克勒时,胡锦涛表示,经过双方共同努力,中德关系呈现良好发展势头。两国经贸合作增势强劲,文化、青年、法律等领域交流合作成效显著,在重大国际和地区事务中保持沟通和合作。胡锦涛指出,发展中德友好是两国人民的共同愿望。在经济全球化深入发展的背景下,中德两国既有许多共同利益,也面临着诸多挑战。进一步巩固和全面发展中德关系,不仅能造福两国和两国人民,也有利于促进世界和平与发展。中方愿同德方一道努力,坚持相互尊重、平等互利的原则,加强对话、增进互信、深化合作,妥善处理分歧,推动中德关系长期稳定健康发展。

克勒表示,北京残奥会开幕式隆重热烈,体现了对残疾人的尊重和关爱,展示了残疾人为达到人生更高目标的顽强拼搏精神,祝愿北京残奥会取得圆满成功。克勒说,德方赞赏中国改革开放30年来在各方面取得的成就,高度重视德中合作关系,愿同中方相互交流借鉴各自在经济社会发展方面取得的经验,加强对话,共同致力于世界和平与发展。

在会见加藤纮一时,胡锦涛指出,中日两国都是亚洲和世界上有重要影响的国家,都肩负着维护本地区和世界和平、促进共同发展的重要责任和使命。进一步巩固和发展中日战略互惠关系,符合两国和两国人民的共同利益,有利于亚洲和世界的和平、稳定、繁荣。中方愿同日方一道,加强政治对话、深化互利合作、扩大人文交流,将中日战略互惠关系提高到新水平。胡锦涛高度评价日中友好协会为两国关系改善和发展发挥的重要作用,强调中日友好归根结底是两国人民的友好,中日友好事业发展必须依靠两国人民共同努力,希望日中友好协会发扬优良传统,坚定友好信念,焕发新的活力,为发展中日友好事业作出新贡献。

加藤纮一说,北京奥运会取得圆满成功,北京残奥会开幕式隆重盛大,这两大盛会必将载入人类史册,我们对此表示由衷祝贺。加藤纮一表示,日中友好协会从事日中友好事业近60年,我们愿同中方一道努力,扩大两国各领域交流合作,增进两国人民友好感情,继续致力于推动日中关系健康稳定发展。

国家主席胡锦涛致电祝贺阿西夫·阿里·扎尔达里当选巴基斯坦总统

国务院总理温家宝在中南海紫光阁会见来华出席北京残奥会开幕式的韩国总理韩升洙

温家宝说,我们希望通过成功举办北京残奥会,鼓舞和帮助残疾人更好地参与社会生活,提升全社会的奉献和服务意识,让世界多一些关爱和微笑。

温家宝表示,中韩高层交往增进了双方的互信,巩固了两国关系长期稳定发展的政治基础。中方愿与韩方加强在环保、通信、金融、物流、能源等领域的合作,推动建立中韩自贸区进程,分享调整产业结构的经验,使两国经济在可持续发展中实现互利共赢。

韩升洙说,中国政府和人民克服特大地震灾害,为成功举办北京奥运会和残奥会付出巨大努力,为世人敬佩。韩升洙表示,韩方愿与中方一道,认真落实两国元首达成的各项共识,加强和拓展各领域互利合作,推动双边关系进一步发展。韩升洙还积极评价中方在六方会谈中发挥的重要作用。

中国—太平洋岛国经济发展合作论坛投资贸易旅游部长级会议在厦门召开

商务部部长陈德铭在会上说,近年来,中国与太平洋岛国的友好关系进一步加强,合作领域不断扩大。

双方贸易额今年有望突破 20 亿美元。陈德铭还提出了今后双方经贸合作的发展目标和重点合作领域,包括扩大双边贸易规模,鼓励投资合作,鼓励双向合作开发旅游市场,继续开展能源合作以及农业合作等。

来自商务部、外交部、国家旅游局和萨摩亚、库克群岛等 11 个太平洋岛国、两个地区性国际组织的高级官员出席会议。

2008 青年行动者论坛在北京举行

由英国驻华使馆文化教育处和中国残疾人联合会合作举办的 2008 青年行动者论坛于 7 日至 11 日在北京举行。来自世界各地近 200 名残疾和健全青年齐聚北京中国残疾人奥林匹克运动管理中心,接受一系列内容丰富而有趣的技能培训,并作为志愿者推广"激励、坚持、参与、平等"的残奥精神。

此次论坛是"2008 青年行动者计划——发扬残奥精神"系列活动之一,得到了国际残奥委员会的支持。参加论坛的青年行动者年龄在 18 岁至 25 岁之间,残疾和健全青年各占一半。他们将通过参与舞蹈、戏剧、体育科技、电影制作等多项培训,增强信心,提高领导力和沟通能力,以有助于在未来积极服务于地方社区。同时,身为志愿者,他们也将在残奥会结束后继续传承残奥精神,增进整个社会对残奥会、残奥精神的了解,增强社会的包容性。

9 月 8 日

胡锦涛等党和国家领导人联名致电朝鲜劳动党总书记金正日等祝贺朝鲜国庆 60 周年

中共中央总书记胡锦涛到河南考察

胡锦涛于 9 月 8 日至 10 日来到河南省考察工作。在河南省委书记徐光春和代省长郭庚茂等陪同下,总书记先后到焦作、郑州等地,深入田间地头、农科院所、龙头企业和农户家中,询民情、听民意,同基层干部群众共商推进新形势下农村改革发展大计。

在河南考察期间,胡锦涛召集河南省委和省政府主要负责同志、综合经济部门负责人和焦作市、县、乡、村干部代表,围绕农村改革发展问题进行座谈,当面听取意见和建议。

在听取大家发言后,胡锦涛发表了重要讲话。他指出,30 年农村改革发展取得了重大成果和丰富经验。这些成功经验是中国特色社会主义理论体系的重要组成部分,必须长期坚持并在新的实践中不断丰富和发展。要始终坚持农业基础地位,始终坚持保障农民权益,始终坚持农村改革的社会主义市场经济取向,始终坚持统筹城乡经济社会发展,始终坚持党对农村工作的领导。

胡锦涛说,当前,我国农村改革发展正站在新的历史起点上。农村改革仍然是我国改革的关键环节,农业农村发展仍然是我国发展的战略基础。我们必须适应我国农村经济社会发展的新形势,顺应亿万农民过上美好生活的新期待,坚定不移推进社会主义新农村建设,坚定不移走中国特色农业现代化道路,坚定不移加快形成城乡经济社会发展一体化新格局,毫不松懈地继续推进农村改革发展,努力开创农村改革发展的新局面。

胡锦涛强调,当前和今后一个时期,推进农村改革发展,关键是要在以下三个方面取得重大突破。一是要大力加强制度建设,稳定和完善农村基本经营制度,推进农业经营方式转变,不断完善有利于农业农村发展的体制机制。二是要大力发展现代农业,加快转变农业发展方式,提高土地产出率、资源利用率、劳动生产率,增强农业抗风险能力、国际竞争能力、可持续发展能力,不断提高农业综合生产能力。三是要大力发展农村公共事业,统筹城乡公共资源分配,扩大公共财政覆盖农村的领域和范围,不断促进农村社会全面进步。

胡锦涛指出,党的领导是推进农村改革发展的根本政治保证。要适应当前农村经济社会的深刻变化,坚持把党的执政能力建设和先进性建设作为主线,抓住在全党开展深入学习实践科学发展观活动的契机,以改革创新精神全面推进农村党的建设,不断提高党领导农村工作的水平。

胡锦涛对河南近年来经济社会发展特别是农村改革发展取得的成绩给予充分肯定。他希望河南广大干部群众全面贯彻党的十七大精神,紧紧抓住国家大力促进中部地区崛起的宝贵机遇,以更加开阔的视野、更加扎实的作风、更加有力的措施,在继续解放思想、坚持改革开放上取得新进展,在推动科学发展、促进社会和谐上迈出新步伐,在全面建设小康社会、加快推进社会主义现代化进程中谱写中原崛起的新篇章。

中共中央总书记胡锦涛 国务院总理温家宝对临汾新塔矿业公司尾矿库溃坝事故作出重要指示

山西省临汾市新塔矿业有限公司尾矿库发生溃坝事故。党中央、国务院高度重视,胡锦涛总书记、温家宝总理立即作出重要指示,要求采取一切有效措施,全力组织抢险救援和伤员救治,认真负责地做好善后工作,彻底查明事故原因,依法追究责任,深刻吸取教训,举一反三,切实加强安全生产管理工作。

受温家宝总理委托,国务委员兼国务院秘书长马凯率国务院有关部门负责人紧急赶赴事故现场,指挥抢险救援和善后处理工作,看望受伤人员和伤亡者亲属。

山西省和有关部门认真落实中央领导同志指示精神,正在全力以赴做好抢救伤员、清理现场等工作,同时对事故原因进行调查。截至发稿时,临汾新塔矿业有限公司尾矿库溃坝事故已造成死亡128人,伤35人。由安全监管总局、监察部、国土资源部、工业和信息化部、全国总工会等部门组成的国务院事故调查组已全面展开事故调查工作。

全国政协主席贾庆林在北京出席朝鲜驻华大使崔镇洙举行的朝鲜建国60周年庆祝宴会并发表讲话

贾庆林代表中国党、政府和人民对朝鲜建国60周年表示热烈祝贺。他说,60年来,在金日成主席、金正日总书记的领导下,朝鲜人民在经济建设、社会发展以及对外交往等各个方面取得了显著成就。我们对此感到由衷的高兴。祝愿朝鲜人民在国家建设方面不断取得新的更大成就。

贾庆林说,中朝两国是山水相连的友好邻邦。中朝关系保持着良好发展势头。我们愿同朝方一道,继续本着“继承传统、面向未来、睦邻友好、加强合作”的精神,推动中朝关系继续向前发展。

崔镇洙在宴会上致辞,表示朝方高度重视朝中友好合作关系,愿同中方一道,以明年两国建交60周年为契机,办好“朝中友好年”活动,推动两国关系进一步发展。崔镇洙还对北京奥运会取得圆满成功表示祝贺。

中央财政对汶川地震灾区恢复重建贷款实施贴息政策

为支持汶川地震灾区恢复重建工作,根据《汶川地震灾后恢复重建条例》和《国务院关于支持汶川地震灾后恢复重建政策措施的意见》精神,财政部日前印发了《汶川地震灾后恢复重建贷款中央财政贴息管理办法》(以下简称《贴息办法》),中央财政对汶川地震灾区恢复重建贷款实施贴息政策。

办法进一步明确了贴息政策的具体内容。贴息范围主要包括汶川地震灾区基础设施恢复重建、企业恢复生产和重建以及农业、林业恢复生产和重建贷款等。贴息期限为2008年5月12日至2011年12月31日,在此期间发放的恢复重建贷款,贷款期限不长于3年的,按实际贷款期限贴息;贷款期限长于3年的,按3年贴息。贴息资金由中央财政从灾后恢复重建基金中安排。《贴息办法》还规定了办理贴息程序和方式,有关部门和借款人职责、监督管理方式、违规处罚措施等内容。

中央财政对汶川地震灾区恢复重建贷款实施贴息政策,有利于切实减轻灾区企业、居民恢复重建负担,有利于引导信贷资金投入灾后重建工作,有利于加快灾区恢复正常生产生活秩序。财政部要求各有关部门要高度重视,加强组织领导,切实做好贴息管理工作,努力实现贴息资金及时到位,并确保贴息资金安全。

截至9月8日,各级财政部门共投入抗震救灾资金674.72亿元。其中,中央财政投入600.77亿元(用于应急抢险救灾资金277.52亿元,灾后恢复重建资金323.25亿元);地方财政投入73.95亿元。

国务院副总理王岐山在厦门出席第十二届中国国际投资贸易洽谈会开幕式并在2008国际投资论坛发表演讲

王岐山强调,中国将继续坚持对外开放的基本国策不动摇,不断完善利用外资和对外投资的政策措施,为外资企业在华发展开辟更加广阔的空间。

王岐山说,今年是中国改革开放30周年,30年来,中国成功实现了从计划经济体制到社会主义市场经济体制、从封闭半封闭到全方位开放的伟大历史转折,经济社会发展取得了举世瞩目的巨大成就。特别是加入世贸组织以来,中国进入了全面开放的新阶段,中国与全球经济的融合日益加深。但是,中国要实现现代化任重而道远。

在充分肯定利用外资对推动中国经济发展的重要作用后,王岐山阐述了中国的利用外资和对外投资政策。第一,更加注重改善投资环境。继续加快建设服务型政府,寓管理于服务之中,为广大投资者营造公平竞争的市场环境、公开透明的法治环境和稳定可预见的政策环境。第二,着力提高利用外资质量。充分发挥利用外资在推进自主创新、产业升级和促进区域协调发展等方面的积极作用,优化利用外资产业结构和地区布局。第三,不断创新利用外资方式。在完善外商投资政策、建立、健全监管体系的基础上,鼓励外商依法通过多种方式参与国有企业改组改造,鼓励外商设立创业投资企业,鼓励跨国公司加快本土化。第四,强化企业社会责任。引导和督促企业维护劳动者权益,节约能源资源和保护生态环境,参与公益事业。第五,积极支持有条件的国内企业“走出去”。

来自120个国家、地区和7个国际组织的外宾,国务院有关部门和省区市负责人出席开幕式及论坛。

国家副主席习近平在钓鱼台国宾馆分别会见美国总统代表团团长退伍军人事务部长皮克和厄瓜多尔副总统莫雷诺

国务院副总理李克强在人民大会堂会见克罗地亚副总理科索尔

国务院副总理张德江在柏林会见德国总理默克尔

中国残疾人事业发展状况在北京发布

中国残疾人事业是在国家改革开放进程中崛起和发展的,已从单一的福利救济型工作发展成为领域广阔的综合性社会事业。我国现有残疾人8296万,占全国人口的6.34%,已经全部纳入社会保障体系。

中国残疾人联合会副理事长孙先德介绍,今年是中国残疾人联合会成立20周年。20多年来,党和国家采取了一系列重大举措,两次开展全国残疾人抽样调查,颁布《残疾人保障法》《残疾人教育条例》《残疾人就业条例》等法律、法规,出台《中共中央、国务院关于促进残疾人事业发展的意见》,制定涉及残疾人康复、教育、就业、社会保障等各领域的政策措施,形成了比较完整的促进残疾人就业的法律体系和政策体系。建立新型、统一的残疾人组织,广泛开展扶残助残活动,促进残疾人事业发展。

人力资源和社会保障部就业促进司司长于法鸣说,中国政府高度重视残疾人就业工作,将其纳入就业促进工作的总体战略,统筹规划,重点考虑。截至2007年年底,全国城镇残疾人就业人数已经达到433.7万人,农村残疾人就业人数达到了1696.6万人。

据介绍,我国目前已建立残疾人康复服务机构近两万个,实施白内障手术复明、聋儿语训、精神病防治康复等一批重点康复工程和社区康复项目,使1524万残疾人得到不同程度的康复;盲、聋、弱智三类残疾儿童少年入学率达到80.7%,特殊教育学校发展到1667所,建立高等特殊教育学院14所,近2万名残疾人在普通高校就读;636万残疾人享受城乡最低生活保障待遇,60多万残疾人享受集中供养和五保供养,370多万人得到政府不同形式的救助;扶贫开发帮助1000多万农村残疾人解决了温饱,对28.7万户农村贫困残疾人家庭进行危房改造;大中城市普遍开展无障碍环境建设。我国群众性残疾人体育快速发展,参加残奥、特奥、聋奥等运动的残疾人260多万;建立助残志愿者联络站10万多个,登记在册志愿者139万名。广大残疾人发扬自尊、自信、自强、自立精神,融入社会,参与发展,作出了贡献,实现了人生价值。

9月9日

国务院总理温家宝邀请8位来自基层的中小学教师参观中南海并进行座谈

温家宝说,教育是国家发展的基石。有一流的教育,才能有一流的人才,才能建设一流的国家。我们必须目光远大,把教育搞上去。办好教育,教师是关键。他对教师们提出几点希望:第一,要志存高远、爱国敬业。人民教师的神圣职责就是传授知识、传承民族精神、弘扬爱国主义,为祖国和人民培养合格的人才。教师要忠诚于人民教育事业。第二,要为人师表。教书者须先强己,育人者须先律己。教师的道德品质和人格对学生有重要影响。要重言教,更要重身教。第三,要严谨督学,与时俱进。教师在教育创新中承担着重要使命,教师富有创新精神,才能培养出创新人才。教师是知识的重要传播者和创造者,连接着文明进步的历史、现在和未来,更应该与时俱进,不断以新的知识充实自己,成为热爱学习、学会学习、终身学习的楷模。

温家宝最后说,百年大计,教育为本;教育大计,教师为本。中华民族素有尊师重教的优良传统,在老师面前,做学生的无论走到哪里,无论作出什么业绩,对老师的感激和爱戴之情永远不会改变。长期以来,我国广大教师特别是广大农村和边远贫困地区的教师,在艰苦清贫的条件下恪尽职守、默默耕耘,为祖国的教育事业无私奉献,涌现出了许多可歌可泣的先进人物,充分体现了陶行知先生当年倡导的“捧出一颗心来,不带半根草去”的崇高精神。这种平凡而伟大的精神,永远值得我们学习和发扬。

全国政协主席贾庆林在人民大会堂会见罗马尼亚前总统社民党名誉主席伊利埃斯库

贾庆林简要介绍了中国改革开放30年的成就和基本经验,积极评价中罗关系,赞赏伊利埃斯库作为中国人民的老朋友,长期以来为发展双边关系所做的努力。贾主席说,罗马尼亚是世界上最早承认中华人民共和国的国家之一,双方在政治、经贸、文化科技等领域有着良好的合作。中方高度重视中罗关系,珍视同罗马尼亚的传统友谊,愿与罗马尼亚一道共同推动中罗关系在新时期持续、健康、和谐发展。伊利埃斯库是中国人民的老朋友,希望伊今后继续为中罗关系发展作出贡献。

伊利埃斯库转达了罗马尼亚参议长沃克罗尤对贾主席的亲切问候并表示,中国取得的巨大成就举世瞩目,中国的快速发展不仅惠及中国人民,也有利于世界的和平与发展。中国的改革开放政策是成功的。罗马尼亚所有政党都愿意发展罗中关系,对两国在各个领域的友好合作感到满意,并愿共同努力进一步推动双边关系不断向前发展。

中华海外联谊会二届六次常务理事会在北京召开

全国政协副主席、中央统战部部长、中华海外联谊会会长杜青林出席会议并作工作报告。

杜青林在工作报告中回顾了中华海外联谊会二届五次常务理事会一年来的工作和成绩，分析了当前海联会工作面临的新形势、新任务，明确了今后一段时期海联会工作的总体思路。会议决定中华海外联谊会三届一次理事大会于9月26日在北京召开。会议审议通过了中华海外联谊会三届一次理事大会会议议程和大会主席团主席、执行主席和主席团名单，中华海外联谊会三届理事会理事人选、名誉理事人选建议名单。

会议由中央统战部常务副部长、中华海外联谊会副会长朱维群主持。中华海外联谊会副会长李德洙、梁金泉、郭东坡、杜宜瑾、黄跃金、楼志豪、陈喜庆、斯塔、霍震寰、廖泽云和来自海内外的常务理事共60人出席了会议。

外交部部长杨洁篪在新德里就中印关系发表题为《和平友好 互利合作 共同发展》的演讲

杨洁篪说，中印是世界上两个最大的发展中国家，两国都需要集中精力发展自己，都需要和平稳定的国际和地区环境。中印之间不存在根本的利害冲突，拥有广泛的共同利益。两国是合作伙伴，不是竞争对手。中印和平友好、互利合作、共同发展，符合两国和两国人民的根本利益，对世界的和平与发展也具有重大影响，必将深刻改变亚洲乃至世界的面貌。中印关系远远超出双边关系范畴，具有全球和战略意义。我们要以战略的高度和长远的眼光，看待和把握两国关系。

杨洁篪说，近年来，在两国领导人亲自关心和推动下，中印关系呈现出全面发展的良好势头，当前正处在历史最好时期，面临进一步发展的重要机遇。为推动中印战略合作伙伴关系不断取得新进展，中方建议：一、加强相互交往，增进战略互信。二、提升经贸合作，谋求互利共赢。三、扩大人文交流，夯实社会基础。四、加强多边合作，维护共同利益。五、照顾彼此关切，妥善处理分歧。

杨洁篪介绍了中国改革开放30年取得的成就，指出中国仍是一个发展中国家，中国要全面建设小康社会，还需要付出长期艰苦努力。中国将始终不渝地走和平发展道路，始终不渝地奉行互利共赢的开放战略，谋求和平的发展、开放的发展、合作的发展。中印都面临着发展经济、深化改革、实现可持续发展的共同任务，两国经济发展具有很强的互补性，双方可以相互学习，取长补短，实现互利双赢。

杨洁篪最后说，中印关系正站在一个新的历史起点上。中印的发展与繁荣、亚洲的和谐与振兴、世界的和平与进步，都离不开中印友好相处和互利合作。让我们携手努力，不断谱写中印友好合作的新篇章。

印度世界事务委员会执行主任库马尔和印度中国问题研究所名誉研究员坎纳在讲话中说，印中互为重要的邻居，在世界上发挥着越来越大的作用。两国必须加强互利合作。希望印中战略合作伙伴关系不断向前发展。

印度各界人士300余人出席了演讲会。

全国人大常委会副委员长王兆国在伊尔库茨克会见俄罗斯联邦会议联邦委员会(议会上院)主席米罗诺夫

全国征兵工作电视电话会议在北京召开

会议安排部署了2008年全国冬季征兵工作，要求各级地方政府和各级军事机关要从战略高度，进一步提高对做好征兵工作重要性的认识，增强责任感和使命感，确保圆满完成国务院、中央军委赋予的征兵任务。

会议指出，今年是全面落实党的十七大作出的战略部署的第一年，也是在新的历史起点上推进国防和军队现代化建设的重要一年。国家和军队建设的新形势，对征兵工作提出了更高的要求。今冬征兵，征集对象的主体为各级各类院校(普通本科、高职高专、普通高中、普通中专、职业高中、技工学校)2008年度应届毕业生。优先征集学历高的青年入伍，优先征集应届毕业生入伍，优先征集在抗震救灾和灾后恢复重建工作中表现突出的青年入伍。征集年龄为：男青年年满18岁至20岁，高中毕业文化程度的放宽到21岁，大专以上文化程度的放宽到22岁；女青年18岁至19岁。为适应部队的需要，根据本人自愿，可征集部分年满17岁的女青年和应届高中毕业的男青年入伍。征兵开始的时间为11月1日。

会议要求，各级地方政府和兵役机关，要把做好征兵工作、保证新兵质量作为一项严肃的政治任务，加强组织领导，周密安排部署，抓好工作落实，为提高我军应对多种安全威胁、完成多样化军事任务能力提供可靠的兵员保证。要搞好征兵宣传，积极深入地开展国防教育、爱国主义教育和依法服兵役的教育，增强广大干部、群众的国防观念，激发适龄青年踊跃报名参军，形成全社会关心支持国防和军队建设的良好氛围。要抓住从应届毕业生中征集高素质兵员这个工作重心，转变思想观念，理清工作思路，完善政策措施，发挥典型作用，创造性地开展工作。要加强廉洁征兵，抓好思想教育，完善监督机制，加大查处力度，坚决防止和纠正不正之风。要严格执行政策规定，加大改革创新力度，不断研究新情况，总结新经验，解决新问题，努力开创征兵工作新局面。

会议强调，做好新形势下的征兵工作，任务艰巨，责任重大，使命光荣。各级要高举中国特色社会主义伟大旗帜，以邓小平理论和“三个代表”重要思想为指导，深入贯彻落实科学发展观，与时俱进，开拓进取，扎实工作，圆满完成国务院、中央军委赋予的征兵任务。

国家图书馆二期暨国家数字图书馆在北京开馆

“重大新药创制”专项在北京启动

科技部、国家发改委、财政部等11个部门参与的“重大新药创制”专项正式启动，此举旨在推动医药产业由仿制为主向自主创新为主的战略性转变。

“重大新药创制”是《国家中长期科学和技术发展规划纲要(2006—2020年)》确定实施的16个科技重大专项之一。其目标是研制一批具有自主知识产权和市场竞争力的新药，形成支撑我国药业自主发展的新药创新能力与技术体系，为人民群众提供更多安全、有效、质量可靠的药品。

9月10日

中共中央总书记胡锦涛在河南看望特殊教育学校和农村学校师生

第二十四个教师节来临之际，正在河南考察工作的中共中央总书记、国家主席、中央军委主席胡锦涛，在河南省委书记徐光春和代省长郭庚茂等陪同下，专程来到一所特殊教育学校和一所农村中学看望师生。胡锦涛代表党中央，向全国广大教师致以节日的问候和崇高的敬意。

国务院总理温家宝主持召开国务院常务会议审议《关于深化医药卫生体制改革的意见》

会议审议《关于深化医药卫生体制改革的意见》，决定再次向社会公开征求意见。

会议指出，根据国务院的部署，发展改革委、卫生部等部门组织各方面力量，深入调查研究，广泛听取意见，用两年多的时间，形成了《关于深化医药卫生体制改革的意见》。国务院领导同志多次召开专题座谈会，直接听取各行各业代表的意见，对文件又作了修改完善。《关于深化医药卫生体制改革的意见》提出了医药卫生体制改革的方向、目标、基本原则和主要措施。总体目标是，到2020年，基本建立覆盖城乡居民的基本医疗卫生制度，包括比较完善的公共卫生服务体系和医疗服务体系，比较健全的医疗保障体系，比较规范的药品供应保障体系，比较科学的医疗卫生机构管理体制和运行机制，为群众提供安全、有效、方便、价廉的医疗卫生服务，实现人人享有基本医疗卫生服务，不断提高人民群众健康水平。为此，必须深入贯彻落实科学发展观，坚持公共医疗卫生的公益性质，坚持预防为主、以农村为重点、中西医并重，积极探索政事分开、管办分开、医药分开、营利性和非营利性分开，努力建立协调统一的医药卫生管理体制、高效规范的医药卫生机构运行机制、政府主导的多元卫生投入机制、科学合理的医药价格形成机制、严格有效的医药卫生监管体制、可持续发展的医药卫生科技创新机制和人才保障机制、实用共享的医药卫生信息系统，建立、健全医药卫生法律制度。

会议强调，医药卫生体制改革涉及面广、难度大，需要经过艰苦努力和坚持不懈的探索；需要统筹兼顾，把完善制度体系与解决当前突出问题结合起来。近期要从解决群众反映强烈的“看病难”、“看病贵”问题入手，重点抓好五项改革：一是加快推进覆盖城乡的基本医疗保障制度建设。较大幅度提高参保率，妥善解决流动人口医保问题，健全城乡医疗救助制度。二是建立国家基本药物制度。科学合理确定基本药物，控制基本药物价格，减轻群众药费负担。三是健全基层医疗卫生服务体系。加快农村乡镇卫生院、村卫生室和城市社区卫生服务机构建设。完善基层医疗卫生机构经费保障机制，加强队伍建设，提高服务水平。四是促进基本公共卫生服务均等化。完善城乡公共卫生服务体系，提高服务效率和质量。五是推进公立医院改革试点。改革公立医院管理体制和运行机制，推进结构调整和合理布局。加大政府投入，规范收支管理。改进医院内部管理，优化服务流程，规范诊疗行为。

会议还研究了其他事项。

国务院总理温家宝签署第534号令公布《国务院关于修改〈外商投资电信企业管理规定〉的决定》

现公布《国务院关于修改〈外商投资电信企业管理规定〉的决定》，自公布之日起施行。

总理 温家宝

2008年9月10日

国务院关于修改〈外商投资电信企业管理规定〉的决定

为了适应我国电信行业对外开放的需要，促进我国通信业的发展，国务院决定对《外商投资电信企业管理规定》做如下修改：

一、将第四条、第六条、第八条、第十一条、第十三条、第十五条、第十七条到第二十一条中的“国务院信息产业主管部门”修改为“国务院工业和信息化主管部门”。

二、将第五条修改为：

“外商投资电信企业的注册资本应当符合下列规定：

“(一)经营全国的或者跨省、自治区、直辖市范围的基础电信业务的，其注册资本最低限额为10亿元人民币；经营增值电信业务的，其注册资本最低限额为1000万元人民币；

“(二)经营省、自治区、直辖市范围内的基础电信业务的，其注册资本最低限额为1亿元人民币；经营增值电信业务的，其注册资本最低限额为100万元人民币。”

三、将第十一条、第十四条中的“项目建议书”修改为“项目申请报告”，删去第十一条、第十三条中“可行性研究报告”的表述。

四、删去第十二条。

五、删去第十四条第二款。

六、将第十五条中的“国务院计划主管部门或者国务院经济综合管理部门审批”修改为“国务院发展改革部门核准”。

七、将第十六条、第十九条、第二十条、第二十一条中的“对外经济贸易主管部门”修改为“商务主管部门”。

八、删去第二十三条。

根据以上修改，对条文的顺序做相应调整。

本决定自公布之日起施行。

《外商投资电信企业管理规定》根据本决定做相应修改，重新公布。

国家副主席习近平在人民大会堂会见前来观看北京残奥会比赛的瑞典王储维多利亚公主

习近平积极评价两国关系。他说，中瑞建交58年来，双边关系稳步发展，各领域交流与合作不断深化，给两国人民带来了实实在在的好处。中方愿与瑞方共同努力，在相互尊重、平等互利的原则基础上推动两国友好合作关系不断向前发展。习近平还简要介绍了北京奥运会、残奥会有关情况和中国在维护残疾人权益方面取得的成就。

维多利亚公主表示，近年来两国高层交往十分密切，各领域合作富有成果。她本人致力于发展慈善事业，希望两国加强在相关领域的合作。北京奥运会取得圆满成功，相信北京残奥会一定会同样精彩。

国务院副总理张德江出席在汉堡举行的中欧论坛第三次会议开幕式并发表主旨演讲

德国副总理兼外交部长施泰因迈尔出席了开幕式。

张德江发表了开幕式主旨演讲。他说，中欧合作潜力巨大，中欧关系发展前景无限广阔，中欧发展平等互利的全面战略伙伴关系符合双方人民的根本利益，有利于地区和世界和平。

张德江说，2008年中国经受了四川汶川特大地震灾害的严峻挑战，取得了抗震救灾重大的阶段性胜利。北京奥运会成功举办，有力地增进了中国人民和世界人民之间的相互了解和友谊。中国改革开放30年来，中国的经济实力、综合国力、人民生活水平显著提高，中国的面貌发生了历史性变化。但是，我们也清醒地认识到，中国还是一个发展中国家，人口多、底子薄、经济发展水平低的基本国情尚未改变。在今后相当长的时期内，中国最主要的任务仍然是集中精力发展自己，提高人民的物质和文化生活水平，努力实现到2020年全面建成小康社会的奋斗目标。我们将继续以科学发展观为指导，坚持以人为本，坚持统筹兼顾，促进经济社会全面协调可持续发展。

张德江表示，中国的发展离不开世界，世界的发展也离不开中国。中国的改革开放和不断发展，不仅造福于中国人民，也惠及欧洲和世界。中国坚持走和平发展道路，始终是推进世界和平与发展事业的重要力量。事实证明，一个稳定、开放、发展和繁荣的中国，对世界和欧洲各国是机遇，而不是挑战，是伙伴，而不是威胁。

张德江指出，中国高度重视发展同欧盟的关系。在双方共同努力下，中欧全面战略伙伴关系已日趋成熟。中欧之间共同点远大于分歧，共同利益远多于矛盾。中国政府始终以建设性的态度积极致力于解决中欧间的矛盾与分歧。双方应立足当前，放眼未来，用世界视野和战略观点审视中欧关系。中国始终支持欧盟一体化建设，欢迎欧盟在国际事务中发挥更加积极的建设性作用。中方愿与欧方一道，深化双方各领域务实合作，共同发展，实现共赢，谱写中欧关系发展新篇章。

施泰因迈尔说，中国是全球重要的新生力量，世界新秩序的建立离不开与中国的对话，而汉堡论坛已经成为欧中之间重要的对话平台，它是东西合作、欧亚合作、德中合作丰硕成果的代表。

本次会议为期3天。除有关领导人会晤外，会议期间还将通过主题演讲、分组会议、座谈等多种形式的活动重点讨论中欧双边贸易关系、气候和环境保护、中国发展前景等10多个热门话题。380余名来自中欧乃至全球的政界、工商界和科技界高层人士应邀与会。汉堡商会前会长尼古劳斯·许埃斯是该论坛的发起人，并担任本次会议主席。

斯里兰卡总统拉贾帕克萨 总理维克勒马纳亚克在科伦坡分别会见外交部部长杨洁篪

全国政协副主席王刚在人民大会堂会见英国前副首相普雷斯科特率领的英国青年政治家代表团

国务委员刘延东在北京出席第四届高等学校教学名师奖表彰大会并发表讲话

刘延东指出,名师作为高等教育的宝贵资源,发挥了教学示范、科研模范和学风典范作用。表彰杰出高校名师,有助于确立注重教师、注重教学、注重质量的导向,强化教学是学校中心工作的理念,促进教授讲授基础课专业课,带动广大教师把主要精力投入到培养人才上,推动职业教育"双师型"教师培养,有助于提高高等教育质量,建设高水平大学。

刘延东指出,高素质教师队伍是大学的核心竞争力,是提高高等教育质量的关键。高校要把发现、引进、培养优秀人才作为学校发展的战略任务,汇聚高水平的优秀教师,培养中青年学术带头人,建设勇于创新的教学科研团队,带动教师队伍整体水平的提高。她强调,各级政府和高校都要关心教师,服务教师,改善教学和生活条件,解除他们的后顾之忧。要健全法制,完善政策,强化体制机制保障,改革人事和分配制度,激发教师的积极性与创造性,让广大教师干事有舞台、创新有动力、发展有后劲。

刘延东希望广大教师深刻认识肩负的重大使命和历史责任,在教书育人的伟大事业中有更大作为。她勉励教师忠诚于中国特色社会主义伟大事业,忠诚于党的教育事业,忠诚于人民教师的光荣职责;热爱三尺讲台,关爱每一位学生;具有渊博的学识和高深的专业水准;探索创新教书育人的新思路、新方法、新举措;为人师表,师德高尚。

教育部部长周济主持会议,有关部门负责同志,第四届高校教学名师奖获奖代表,各省、区、市教育部门负责人,在京高校教师、学生代表等参加了会议。

9月11日

胡锦涛等党和国家领导人在北京观看大型音乐舞蹈《我的梦》作品五

中国残疾人艺术团在北京保利剧院演出大型音乐舞蹈《我的梦》作品五。党和国家领导人胡锦涛、吴邦国、温家宝、贾庆林、李长春、习近平、李克强、贺国强等,国际残奥委会主席克雷文,国际奥委会终身名誉主席萨马兰奇等观看了演出。

观看演出的领导同志还有:刘淇、刘云山、刘延东、令计划、马凯、孟建柱、戴秉国,以及中央军委委员李继耐等。

国际残奥委会副主席、执委,一些国家和地区残奥委会主席、秘书长,参加北京残奥会的有关国家体育部部长,部分国家王室成员、驻华使节也观看了演出。

国务院副总理回良玉出席在长沙召开的全国油茶产业发展现场会并发表讲话

现场会11日至12日召开。中共中央政治局委员、国务院副总理回良玉出席会议并讲话。他强调,发展油茶等木本粮油产业兼具经济效益、社会效益、生态效益。要认真贯彻胡锦涛总书记和温家宝总理关于发展油茶产业的重要指示精神,科学规划,统筹部署,以全面推进集体林权制度改革为契机,广泛调动山区农民和龙头企业的积极性,运用现代科技手段改良品种、提高单产,进一步挖掘山地资源利用潜力,努力把油茶等木本粮油产业做大做强,为保障国家粮食安全、提高食用植物油自给水平、改善食物消费结构、促进山区农民增收作出新的贡献。

回良玉指出,我国山区面积广,宜林荒山荒地多,发展油茶等木本粮油生产、广辟食物来源的潜力巨大。要把发展油茶等木本粮油产业,作为保障国家粮食安全、生态安全的重要举措来科学谋划,作为有效利用国土资源、繁荣山区经济的重要途径来大力推进,作为推动集体林权制度改革、促进林业又好又快发展的重要工作来具体部署。各有关适宜地区要像关注耕地一样关注山地和林地,像重视草本粮油一样重视木本粮油,像抓大豆、油菜一样抓油茶。要将油茶等木本粮油产业发展纳入当地经济社会发展全局中统筹考虑,摆上重要议事日程认真研究,切实加强组织领导,充分挖掘土地、劳力、技术等各种要素的潜力,努力推动油茶等木本粮油产业快速发展。

回良玉强调,发展油茶等木本粮油产业要着力转变发展方式,创新发展思路,务求发展实效,走现代林业发展之路。一是尊重规律、科学规划。综合考虑气候、品种、市场等各种因素,突出资源优势和区域特色,既努力扩大新造高产油茶林面积、又充分挖掘现有油茶林增产潜力,既加强试验示范基地建设、又注重面上推广与发展,既努力扩大油茶产量、又大力促进精深加工。二是科技支撑、提升层次。加强优良新品种及其栽培技术的研究开发,不断培育产量更高、抗性更强、适应范围更广的优良新品种。加强茶油产品加工新技术、新工艺的研究创新,搞好深加工,开发新产品,切实提高油茶生产的科技含量。三是农民主体、龙头带动。全面推进集体林权制度改革,把集体林地经营权和林木所有权落实到农户,确立农民的经营主体地位,激发农民发展林业生产经营的积极性。探索企业建基地、基地带农户的产业化发展模式，不断提高油茶等木本粮油产业的规模化、集约化经营水平。四是市场主导、政策扶持。在坚持市场导向、充分发挥市场机制基础性作用的同时，注重发挥政策的引导、扶持作用，研究制定良种补贴、技术培训、生产大县奖励、基地建设等扶持政策，调动农民、企业和地方政府发展油茶产业的积极性。五是密切协作、合力推进。各有关部门要主动参与，密切配合，共同为油茶产业发展提供有力支持，促使油茶产业加快发展，使之真正成为农民增收致富的重要渠道，现代林业建设的新亮点，山区综合开发的突破口。

会议期间，国家林业局局长贾治邦对油茶产业发展进行了具体部署，与会代表实地考察了浏阳市油茶新品种对比试验林、高接换冠示范林、高产示范林和湖南省油茶种苗基地。中央有关部门和部分省(区、市)的代表参加了会议。

中共中央政治局常委李长春在人民大会堂会见由主席洛塔尔·比斯基率领的欧洲左翼党代表团

全国人大常委会副委员长严隽琪在新西兰议会大厦会见新西兰议长玛格丽特·威尔逊

第二十九届奥运会中国体育代表团报告会在北京举行

来自中央国家机关和社会各界的6000余名听众参加了报告会。

报告会由中宣部、中央国家机关工委、中直机关工委、教育部、国家体育总局、北京市委联合举行，中国体育代表团的杜丽、郭晶晶、刘春红、刘子歌、孟关良、杨威、仲满、周苏红、马弋博等运动员以及张传良、刘国梁等教练分别作了报告。

国家体育总局局长、中国体育代表团团长刘鹏在会上首先发言。他介绍说，中国体育代表团共有639名运动员参加了28个大项、262个小项的比赛，获得51枚金牌、21枚银牌、28枚铜牌，奖牌总数100枚，创4项世界纪录，位列奥运会金牌榜第一，奖牌榜第二，取得了中国参加奥运会历史上的最好成绩。

刘鹏表示，中国体育代表团以运动成绩与精神文明双丰收的优异成绩，向党和人民交上了一份满意的答卷。中国体育代表团取得的成绩归功于党中央、国务院的高度重视、亲切关怀和坚强领导，归功于改革开放的伟大时代，归功于全国人民和社会各界的大力支持，归功于几代体育工作者半个多世纪来的艰苦奋斗和努力拼搏。

国务院副总理李克强出席在北京召开的国家人口计生委兼职委员会议并发表讲话

李克强强调，人口和计划生育工作事关人民生活，事关经济社会发展全局，事关国家和民族的未来。当前，我国人口计生工作已经进入稳定低生育水平、统筹解决人口问题、促进人的全面发展的新阶段，任务更加繁重。要按照深入贯彻落实科学发展观、构建社会主义和谐社会的要求，以改革创新精神全面做好新时期人口计生工作，为促进经济社会全面协调可持续发展提供有效保障。

李克强指出，我国实行计划生育基本国策以来，取得了举世瞩目的成就，人口再生产类型实现历史性转变，有力促进了经济发展和社会进步，也为世界人口与发展事业作出了重要贡献。他强调，我国是世界上人口最多的发展中国家，人口众多、经济发展和人均资源的水平较低仍然是基本国情，今后十几年我国总人口每年平均仍将增加800万左右；人口问题将长期是制约全面协调可持续发展的重大问题。对此我们必须有清醒的认识，把稳定低生育水平、统筹解决人口问题作为一项重大战略任务，推动人口长期均衡发展，保障人口安全，促进人的全面发展，推动我国由人口大国向人力资源强国转变。

李克强强调，进一步做好人口计生工作，要适应新的形势，按照建设服务型政府的要求，加快转变职能。要创新工作理念，坚持以人为本，更加注重依法行政和开展人文关怀；创新工作方法，强化服务意识，更加注重建立和完善政策引导和优质服务等体制机制；创新工作体系，优化公共资源配置，健全服务和管理体系。

在谈到当前人口计生工作时，李克强要求着重解决面临的突出问题。他说，稳定低生育水平是现阶段人口计生工作的首要任务，要保持现行计划生育政策的稳定性、连续性，坚持依法行政和利益导向相结合，不断增强计划生育工作的针对性、有效性。高度重视并采取综合措施治理出生人口性别比偏高的问题，全面开展出生缺陷预防工作，优化人口结构，提高出生人口素质，维护人民群众切身利益、促进社会和谐稳定。他强调，人口计生工作的重点在农村，难点在流动人口。要将农村人口计生工作纳入社会主义新农村建设的部署，将流动人口服务管理纳入地方经济社会发展规划，建立流动人口计划生育统一管理、优质服务新体制，切实做好重点地区和重点人群的计划生育与优生优育工作。同时，重视开展人口长期发展趋势、人口合理分布、人口老龄化问题应对等重大战略问题研究，增强人口计生工作的预见性和科学性，搞好人口战略与经济社会发展战略的衔接。

李克强充分肯定了近年来各级人口计生部门和各

兼职委员单位的工作,希望人口计生系统充分发挥职能作用,抓住重点,突破难点,不断提高服务能力和管理水平;希望各兼职委员单位完善工作机制,加强协作配合,不断增强工作的合力。他最后强调,各级党委和政府要坚持人口与发展综合决策,进一步加强对人口计生工作的领导,研究解决重大问题,完善人口目标管理责任制度,加大公共财政投入力度,把各项工作落到实处。各级领导干部要带头严格执行计划生育政策,发挥表率作用。

会上,国家人口计生委负责人通报了近年来人口计生工作情况,部分兼职委员发了言。会议对加强流动人口计划生育服务管理、综合治理出生人口性别比偏高问题等重点任务做了分工,并落实到有关兼职委员单位。

国家人口计生委兼职委员单位负有结合本部门业务特点,协调督促本系统与人口计生部门共同抓好工作,参与研究制定有关政策、规划等职责。

国务院就山西襄汾特大尾矿库溃坝事故成立事故调查组

国家安监总局局长王君任调查组组长,山西省省长孟学农、国家安监总局副局长王德学、监察部副部长郝明金、国土资源部副部长王世元、全国总工会副主席张鸣起、山西省副省长张建民等担任调查组副组长。

事故调查组成员有国家安监总局、工业和信息化部、国土资源部、全国总工会、山西省安监局、山西省监察厅、山西省公安厅、山西省总工会等部门的人员,调查组还邀请了最高人民检察院参加这次事故调查。

9月8日,山西省临汾市襄汾县塔山矿区新塔矿业公司尾矿库发生溃坝事故。记者从山西襄汾“9·8”特大尾矿库溃坝事故抢险指挥部获悉,截至11日14时,溃坝事故发现的遇难人数升至151人,35人受伤。调查工作全面展开。

中国国际福祉博览会在北京开幕

9月12日

国务院副总理张德江在萨拉热窝同波黑部长会议主席什皮里奇举行会谈

张德江表示,中国政府高度重视对波黑关系,始终视波黑为值得信赖的好朋友、好伙伴。巩固和深化两国互利合作,符合双方的根本利益。中国愿与波黑共同努力,继续在相互尊重、平等互利的基础上,进一步挖掘合作潜力,推动两国友好合作关系快速、全面、深入发展。为此,张德江建议:一、扩大友好交往,增进政治互信。二、加强经贸合作,实现共赢发展。三、密切人文交流,夯实友好基础。

什皮里奇说,波黑与中国建交以来关系发展良好,波黑坚定奉行一个中国政策,始终认为台湾是中国领土不可分割的一部分。在涉藏问题上,波黑将继续坚定地支持中国政府的政策。

什皮里奇感谢中国长期以来对波黑的帮助和支持,希望进一步加强两国在经贸和文化等领域的合作,不断巩固两国友好关系的基础,造福两国人民。

会谈后,双方出席了两国文化合作执行计划等文件的签字仪式,并共同会见了记者。

国务院副总理张德江在萨拉热窝会见波黑主席团轮值主席西拉伊季奇和主席团成员拉德马诺维奇

张德江感谢波黑对北京奥运会的支持。张德江说,中波建交13年来,两国积极发展双边关系并取得可喜成绩。两国业已成为政治上相互信赖、经济上互利互惠、国际事务中彼此支持的好朋友、好伙伴。中方高度赞赏波方坚定奉行一个中国的政策,积极支持中国和平统一大业。

张德江表示,中方珍视同波黑的传统友谊,高度重视发展对波关系,中方愿与波方一道,继续本着互利双赢、共同发展的原则,加强各级别政治对话,深化两国在经贸等领域的交流与合作,不断提升中波关系的发展水平。

西拉伊季奇祝贺北京奥运会圆满成功,表示奥运会开幕式展现了中国悠久的历史文化、对世界和平的期盼以及和谐世界的理念。

西拉伊季奇说,波中两国始终相互尊重,相互支持,在国际和地区事务中保持良好合作。波中友好有着广泛和深厚的民意基础,波方将继续保持高访势头,进一步扩大经贸合作,推动两国友好合作关系继续向前发展。

俄罗斯国家杜马主席及主要政党领导人在莫斯科会见中联部部长王家瑞

《共和国老一辈教育家传略》首发式在北京举行

全国人大常委会副委员长陈至立出席并讲话。

《共和国老一辈教育家传略》记录了新中国成立前后在高等教育领域作出突出贡献的18位教育家的生平、教育思想、教育成果。这18位教育家包括:吴玉章、陈垣、马寅初、刘仙洲、李达、陈望道、孟宪承、杨石先、成仿吾、彭康、王亚南、周培源、苏步青、贺绿汀、江隆基、匡亚明、屈伯川、蒋南翔等。

9月13日

全国政协在全国政协礼堂举行中秋联谊晚会

中共中央政治局常委、全国政协主席贾庆林与各界人士400多人欢聚一堂,共庆中秋佳节。

中共中央政治局委员、全国政协副主席王刚在晚会上致辞。他首先代表全国政协和贾庆林主席向共同致力于人民政协事业的政协各参加单位、各级政协组织、广大政协委员以及政协机关干部职工致以节日的问候和良好的祝愿。

王刚说,今年以来,在中共中央坚强领导下,全国政协坚持围绕中心、服务大局,全面履行职能,扎实推进各项工作,充分发挥了协调关系、汇聚力量、建言献策、服务大局的重要作用。特别是积极参与抗击低温雨雪冰冻灾害和抗震救灾斗争,努力为办好北京奥运会和残奥会献计出力,紧紧围绕推动科学发展、促进社会和谐的重大问题开展议政建言,为推动党和国家事业发展作出了重要贡献。

王刚指出,今年是我国改革开放30周年。30年前,中国共产党召开了具有重大历史意义的十一届三中全会,开启了改革开放的历史新时期,中国的面貌由此发生了翻天覆地的变化。今年下半年,中国共产党将召开十七届三中全会,研究推进农村改革发展问题,还将举办系列活动隆重纪念改革开放30周年。全国政协要按照中央的统一部署和要求,认真贯彻全会精神,全面总结30年来人民政协事业发展取得的重大成就和宝贵经验,深入探索新形势下人民政协工作的特点和规律,推动人民政协事业不断向前发展。

王刚说,在这月圆之夜,我们倍加思念海峡对岸的台湾同胞和侨居他乡的华人华侨,衷心祝愿早日完成祖国统一大业,实现海内外全体中华儿女的大团圆。

全国政协副主席兼秘书长钱运录主持晚会。

周铁农、陈昌智、杜青林、白立忱、陈奎元、黄孟复、张梅颖、张榕明、孙家正、李金华、郑万通、林文漪、罗富和、陈宗兴和何鲁丽、宋健、孙孚凌、胡启立、赵南起、王文元、王忠禹、罗豪才、李蒙出席晚会。

国务院副总理王岐山在北京主持召开国务院反垄断委员会第一次会议审议《国务院反垄断委员会工作规则》

会议强调,要充分认识实施反垄断法的重要意义,充分认识反垄断工作的艰巨性、复杂性,稳妥推进反垄断法的实施。既要保护和促进市场竞争,又要鼓励能够提高市场效率的集中、兼并;既要鼓励企业做大做强,提高市场竞争力,又要防止不当兼并、集中形成市场垄断;既要保证国有企业在重点行业和关键领域的控制力,又要防止企业滥用市场支配地位,侵犯其他经营者和广大消费者的合法权益;既要一视同仁地保护包括外商在内的所有投资者的合法权益,又要防止外资恶意并购,维护国家经济安全。

国务院反垄断委员会的主要职责是:(1)研究拟定有关竞争政策;(2)组织调查、评估市场总体竞争状况,发布评估报告;(3)制定、发布反垄断指南;(4)协调反垄断行政执法工作;(5)国务院规定的其他职责。反垄断委员会聘请法律、经济等方面的专家组成专家咨询组,对委员会需要研究的重大问题提供咨询。国务院反垄断委员会工作规则还规定了委员会组成、会议制度、工作制度和工作程序。工作规则中明确,反垄断委员会主要通过召开委员会全体会议、主任会议和专题会议履行职责,不替代成员单位和有关部门依法行政。商务部、发展改革委、工商总局三个部门要依法履行反垄断执法的职责。

根据国务院反垄断委员会第一次会议的部署,近期各有关部门的主要任务是:制定反垄断法的配套规章;组织起草市场总体竞争状况评估报告的大纲;研究起草行业分类和评估标准;研究建立反映各行业市场集中状况的数据库;开展反垄断法宣传和学习培训等。

第十七届金鸡百花电影节在大连落幕

电影《集结号》捧得4项大奖。陈强、袁乃晨两位老电影艺术家被授予金鸡奖终身成就奖。

百花奖是由观众直接票选的电影奖项。影片《集结号》中的张涵予、邓超分获最佳男主角和最佳男配角奖,冯小刚摘取最佳导演奖,该片还捧走了最佳故事片奖。最佳女主角、女配角由出演《云水谣》的李冰冰、归亚蕾获得,该片与《隐形的翅膀》分获优秀故事片奖。出演《隐形的翅膀》的雷庆瑶获得最佳新人奖。

国务院就三鹿婴幼儿奶粉事件启动国家重大食品安全事故Ⅰ级响应

近期,甘肃等地陆续报告多起婴幼儿泌尿系统结石病例。现已初步查明,导致这些婴幼儿患病的主要原因是患儿服用的三鹿牌婴幼儿奶粉中含有三聚氰胺。三鹿牌部分批次婴幼儿奶粉中含有三聚氰胺,是为增加原料奶或奶粉的蛋白含量而人为加入的。

党中央、国务院对此高度重视,对严肃处理三鹿牌婴幼儿奶粉事件专题作出部署。一是立即启动国家重大食品安全事故Ⅰ级响应,成立由卫生部牵头、质检总局等有关部门和地方参加的国家处理三鹿牌婴幼儿奶粉事件领导小组。二是全力开展医疗救治,对患病婴幼儿实行免费救治,所需费用由财政承担。三是全面开展奶粉市场治理整顿，由质检总局负责会同有关部门对市场上所有婴幼儿奶粉进行全面检验检查，对不合格奶粉立即实施下架。四是尽快查明婴幼儿奶粉污染原因，组织地方政府和有关部门对婴幼儿奶粉生产和奶牛养殖、原料奶收购、乳品加工等各环节开展检查。五是在查明事实的基础上，严肃处理违法犯罪分子和相关责任人。六是有关地方和部门要认真吸取教训，举一反三，建立完善食品安全和质量监管机制，切实保证人民群众的食品消费安全。

目前，国务院已责成河北省政府对三鹿集团采取停产等处理措施，卫生部会同有关部门组成联合调查组已赴河北调查事件原因，质检总局正在对全国婴幼儿奶粉生产企业进行全面检查。

9月14日

国家主席胡锦涛就俄罗斯民航客机空难事件向俄罗斯总统梅德韦杰夫致慰问电

中共中央国务院对山西“9·8”特别重大尾矿库溃坝事故负有领导责任人员作出严肃处理

2008年9月8日，山西省临汾市襄汾县新塔矿业有限公司尾矿库发生特别重大溃坝事故，造成重大人员伤亡。根据国务院事故调查组初步调查，这是一起特别重大责任事故，在社会上造成了特别恶劣的影响。

鉴于山西省省长孟学农同志、副省长张建民同志对上述事故负有领导责任，依据《国务院关于特大安全事故行政责任追究的规定》和其他有关规定，经党中央、国务院批准，同意接受孟学农同志引咎辞去山西省省长职务的请求，同意免去张建民同志的山西省副省长职务。对此次事故涉及的其他责任人员，由山西省委、省政府提出处理意见；涉嫌犯罪的，移送司法机关依法追究刑事责任。国务院事故调查组正在对事故做进一步深入调查，彻底查清违法行为，依法认定相关单位和人员责任。

发生事故的尾矿库隶属山西省临汾市襄汾县新塔矿业有限公司塔儿山铁矿，位于襄汾县陶寺乡。该尾矿库总库容约30万立方米，坝高约50米。9月8日8时许，该尾矿库发生溃坝事故，尾砂流失量约20万立方米，沿途带出大量泥沙，流经长度达2公里，最大扇面宽度约300米，过泥面积30.2公顷。截至9月14日18时，已经确认254人死亡，34人受伤。经初步调查，导致发生事故的主要原因是，企业违法违规生产和建库，隐患排查治理走过场，安全整改指令不落实，当地政府及有关部门监督管理不得力。

事故发生后，党中央、国务院高度重视，要求全力组织搜救工作，认真负责地做好善后工作，迅速查清事故原因，依法追究责任，并要求举一反三，切实把加强安全生产的各项措施落到实处。近日，国务院办公厅发出紧急通知，要求各地区、各部门、各单位深刻吸取山西“9·8”特别重大尾矿库溃坝事故教训，以对人民生命财产安全高度负责的精神，切实做好安全生产工作。当前，要立即开展一次以尾矿库为重点的安全隐患排查治理和专项整治工作，坚决落实企业安全生产主体责任、政府及有关部门安全监管主体责任，依法打击违法行为，严肃查处责任人员，有效遏制重特大事故发生。

山西省第十一届人民代表大会常务委员会第五次会议接受孟学农辞去省长职务 任命王君为副省长代理省长

9月15日

央行下调贷款利率和存款准备金率

为了贯彻党中央、国务院对下半年经济工作的部署，解决当前经济运行中存在的突出问题，落实区别对待、有保有压、结构优化的原则，保持国民经济平稳较快持续发展，中国人民银行决定下调人民币贷款基准利率和中小金融机构人民币存款准备金率。

央行决定，从2008年9月16日起，下调一年期人民币贷款基准利率0.27个百分点，其他期限档次贷款基准利率按照短期多调、长期少调的原则作相应调整；存款基准利率保持不变。这是2004年10月29日以来的首次降息。

从2008年9月25日起，除工商银行、农业银行、中国银行、建设银行、交通银行、邮政储蓄银行暂不下调外，其他存款类金融机构人民币存款准备金率下调1个百分点，汶川地震重灾区地方法人金融机构存款准备金率下调2个百分点。这是2003年9月21日以来存款准备金率的首次下调。

据悉，个人住房公积金贷款基准利率也作相应调整，其中，五年以下(含五年)贷款基准利率从4.77%下调至4.59%，下调0.18个百分点，五年以上贷款基准利率从5.22%下调至5.13%，下调0.09个百分点。

国务院副总理张德江在斯科普里与马其顿总统茨尔文科夫斯基举行会谈

张德江说，中马建交15年来，两国关系不断发展。双方加紧落实两国元首签署的《中马关于深化互利合作关系的联合声明》及双方领导人达成的各项共识，各层次政治对话频繁，经济合作日益扩大，文化、教育、体育等领域不断取得新进展。马方坚定奉行一个中国政策,明确反对"台独",积极支持中国和平统一大业。我们对此表示赞赏和感谢。

张德江表示,中国政府高度重视发展对马关系,始终视马为在西巴尔干地区的重要合作伙伴。中方愿与马方一道,继续本着相互尊重、平等互利原则,不断拓宽合作领域,丰富合作内容,努力将中马关系提升到更高的发展水平。

张德江还就双方进一步加强经贸合作提出以下建议:一、充分发挥政府、商会的宏观指导作用,拓宽新的合作领域。二、推动两国企业直接接触,开展多形式、多渠道的合作。三、调动地方政府积极性,加强地方经贸合作。

茨尔文科夫斯基祝贺中国出色举办奥运会,对中国改革开放以来取得的巨大成就表示钦佩,感谢中方长期以来对马方的帮助和支持。

茨尔文科夫斯基说,马方高度重视发展对华关系,将继续坚定奉行一个中国政策,愿与中方共同合作,进一步加强两国在政治、经贸和多边领域的合作,推动两国关系不断向前发展。

国务院副总理张德江在斯科普里同马其顿副总理斯塔夫雷夫斯基举行会谈

全国人大常委会副委员长严隽琪在堪培拉会见澳大利亚众议院议长詹金斯和参议院议长霍格

芬兰总统哈洛宁和总理万哈宁在赫尔辛基会见全国政协副主席王刚及其率领的全国政协代表团

9月16日

国家主席胡锦涛在人民大会堂同来华访问并出席北京残奥会闭幕式的几内亚比绍总统维埃拉举行会谈

胡锦涛表示,近年来,两国关系迅速发展,农业、渔业、卫生、人力资源培训等领域合作进展顺利。我们赞赏几内亚比绍政府坚持一个中国政策,在台湾、涉藏等问题上给予中方宝贵支持。

胡锦涛指出,中方愿同几内亚比绍方面一道,推动两国关系持续深入发展。双方应增强政治互信,扩大两国政府、立法机构、政党及人民的交流合作;集中精力落实好政府间合作项目,抓紧实施在建项目;拓展企业合作,中国政府支持有实力的中国企业到几内亚比绍投资兴业,加强双方在渔业、能源、基础设施建设等方面合作;扩大医疗卫生、人力资源培训等领域合作。

维埃拉表示,同中国的友好关系是几内亚比绍在争取民族独立时期建立的,这一关系在新时期得到进一步巩固和发展。当前,两国合作领域不断扩大,合作项目进展顺利,中国为几内亚比绍经济社会发展提供了宝贵支持和援助。两国在中非合作论坛、中国—葡语国家经贸合作论坛、联合国等国际和地区组织中合作良好。几内亚比绍坚定支持中国在台湾、涉藏问题上的立场,几内亚比绍希望同中国加强交通、电信、贸易、投资、能源、基础设施建设等领域合作。

关于中非关系,胡锦涛强调,巩固和发展同非洲国家的友好合作是中国独立自主和平外交政策的重要组成部分,也是中国的长期战略选择。中国政府在中非合作论坛北京峰会上宣布的对非洲8项政策措施的落实取得重要成果。中方对非援助进一步增加,免债、免关税举措基本完成,中非发展基金顺利启动,援建学校、医院、农业技术示范中心等项目正在分批实施,对非人力资源培训已达8400人次。中方将继续同非洲国家全面落实北京峰会成果,扎实推进中非新型战略伙伴关系。

维埃拉表示,几内亚比绍愿意同中国加强在中非合作论坛框架内的合作。

会谈后,胡锦涛和维埃拉共同出席两国经济技术协定等合作文件的签字仪式。

国家主席胡锦涛在人民大会堂分别会见孟加拉国看守政府总理法赫尔丁和尼日尔总理奥马鲁

在会见法赫尔丁时,胡锦涛表示,不管国际风云和各自国内情况如何变化,中孟关系始终健康顺利发展。孟加拉国政府坚持对华友好,始终将对华关系置于优先位置,在台湾、涉藏等问题上坚定支持中国。中国四川汶川特大地震发生后,孟加拉国政府和人民在自身经济遇到不少困难的情况下向中国灾区运送援助物资并举行全国哀悼日,充分体现了孟加拉国人民对中国人民的友好情谊,我们对此表示衷心感谢。

胡锦涛指出,中方高度重视发展中孟友好关系,愿同孟方一道努力,不断扩大双方政治、经济、科技、农业和人文领域的务实合作,加强在国际事务中的协调和配合,推动中孟全面合作伙伴关系不断取得新进展。

法赫尔丁说,孟加拉国同中国是相互信赖的好朋友,建交30多年来,两国经济、农业、文化、教育等领域合作不断扩大,我们对此感到高兴,希望同中方加强贸易、投资、经济特区建设、教育、人员培训等领域交流合作,密切在国际和地区事务中的磋商和配合。法赫尔丁重申孟加拉国坚定奉行一个中国政策。

在会见奥马鲁时,胡锦涛表示,当前,中尼友好合作关系发展顺利,双方在政治上相互信任,在经贸等领域真诚合作,在国际事务中密切配合。尼日尔政府坚持一个中国政策，支持中国统一大业，中方对此表示赞赏。

胡锦涛指出，中尼同为发展中国家，在实现互利共赢、促进共同发展的事业中互为重要合作伙伴。双方应共同规划好下一阶段两国政治、经贸等领域合作，继续加强各领域各层次人员往来，不断探索双边合作的新领域新模式，相互交流和学习推动经济发展、维护社会稳定的经验，保持在国际事务中的磋商和配合。

奥马鲁祝贺中国成功举办北京奥运会、残奥会。他说，长期以来，中国帮助尼日尔建设供水工程，提供粮食援助，免除尼日尔所欠债务，为尼日尔发展提供了许多宝贵支持，尼日尔人民对此非常感激。尼日尔正致力于消除贫困，希望继续得到中国支持，期待同中国加强基础设施建设、资源能源开发等领域合作。

全国人大常委会委员长吴邦国在人民大会堂会见来华出席北京残奥会闭幕式的阿根廷临时参议长潘普罗

吴邦国强调，中阿经济互补性强，经贸合作潜力巨大、前景广阔。中方将继续从战略高度重视发展对阿关系，愿同阿方一道，加强经贸等领域的务实合作，不断充实中阿战略伙伴关系内涵，推动两国关系全面持续深入向前发展。

吴邦国积极评价两国立法机构间业已存在的良好关系，表示中国全国人大愿进一步加强同阿根廷参、众两院在各层次、各领域的交流与合作，继续为深化中阿战略伙伴关系作出贡献。

潘普罗对北京奥运会圆满成功表示祝贺，并预祝北京残奥会同样精彩。他说，阿根廷议会、政府都重视发展阿中战略伙伴关系，阿根廷参议院愿与中国全国人大一道，为深化两国政治、经济、文化等领域合作，增进人民友谊发挥更加积极的作用。

国务院总理温家宝在人民大会堂同孟加拉国看守政府总理法赫尔丁举行会谈

温家宝表示，中孟建交33年来，两国关系发展顺利，各领域互利合作取得积极成果，给两国人民带来了实实在在的利益，也为本地区和平与发展作出了贡献。中方愿继续采取措施，推动两国经贸合作深入发展，增进两国人民之间的友谊，使中孟长期友好、平等互利的全面合作伙伴关系取得新进展。

法赫尔丁祝贺北京奥运会和北京残奥会取得成功。他说，孟中关系在和平共处五项原则基础上稳步发展。孟加拉国人民感谢中国长期以来为孟经济发展提供的帮助。孟方希望同中国发展更为紧密的合作伙伴关系，继续保持高层交往，扩大经贸合作，欢迎中国企业赴孟加拉国投资。

会谈后，温家宝与法赫尔丁共同出席了两国经济技术合作协定等双边合作文件的签字仪式。

国务院总理温家宝在人民大会堂同尼日尔总理奥马鲁举行会谈

温家宝表示，中尼复交以来，两国政治互信加深，在涉及彼此核心利益的问题上相互支持，经贸和人文领域合作成果丰硕。希望双方保持各级别友好交往，加强在国际事务中的沟通与协调，扩大互利合作领域，造福于两国人民。

奥马鲁祝贺北京奥运会和北京残奥会成功举办。他说，在尼日尔人民建设国家、与贫困作斗争的事业中，中国是尼日尔真诚的朋友和伙伴。尼方致力于同中方进一步加强友好合作，希望中方继续支持和参与尼日尔经济社会发展。

会谈后，温家宝与奥马鲁共同出席了两国经济技术合作协定等双边合作文件的签字仪式。

全国人大常委会义务教育法执法检查组第一次全体会议在人民大会堂举行

全国人大常委会委员长吴邦国作出重要批示，强调九年义务教育仍是本届人大监督重点。

吴邦国指出："九年义务教育关系到少年儿童的健康成长。十届全国人大虽多次对义务教育法进行执法检查，并全面修订了义务教育法，但仍是家长和社会的重大关切，也是人大代表重点关注的问题之一，仍应成为本届人大监督的重点。今年的执法检查，建议抓住农村义务教育经费保障机制的落实、教师队伍的建设和素质教育中的突出问题作为重点，推动工作，促进中小学生德、智、体的全面发展。"

全国人大常委会高度重视义务教育的立法和监督工作。2006年，常委会对实施近20年的义务教育法作了全面修订，对许多重大问题作出了突破性规定；2007年，又对刚实施7个月的新法进行了执法检查。为了持续推动这部重要法律的实施，加速实现义务教育普及、提高、均衡发展的目标，十一届全国人大常委会再次将其列入执法检查工作计划。

全国人大常委会副委员长王兆国、路甬祥、蒋树声出席了会议。

王兆国在讲话中指出，推动义务教育事业发展，是贯彻落实科学发展观的本质要求，是构建社会主义和谐社会的重要内容，是建设人力资源强国、实现中华民族伟大复兴的必然选择。在党中央、国务院的正确领导下，改革开放30年来，我国教育事业实现了跨越式发展，取得了令人振奋的重大成就。特别是近些年来，农村义务教育全面纳入财政保障范围,免费义务教育全面实现,义务教育管理体制和经费保障机制发生了深刻变革,必将对我国教育事业的发展产生重大而深远的影响。

王兆国强调,随着经济社会发展对教育的要求和人民群众对教育的期望越来越高,我国教育事业在发展中还面临着不少困难和问题,与新义务教育法的要求还有一定差距。现在,让孩子们有学上的问题已经基本解决,上好学的问题成为突出矛盾;数量和规模的问题已经基本解决,质量和结构的问题成为突出矛盾。这次执法检查必须适应我国教育事业发展的新形势、新要求,抓住主要矛盾,突出重点问题。

路甬祥介绍了这次执法检查的目的和重点。他说,开展义务教育法执法检查,就是要督促和支持国务院及其有关部门依法行政,及时解决义务教育法实施中存在的问题,切实保障法律的各项规定得到有效落实,依法推进我国义务教育事业的全面发展。这次执法检查的重点,一是检查农村义务教育经费保障情况;二是检查义务教育教师队伍建设情况;三是检查提高义务教育质量,促进义务教育均衡发展情况。同时,也要检查学校的安全情况。

根据安排,全国人大常委会执法检查组将于9月中下旬分赴黑龙江、湖北、云南、甘肃4省进行检查,并委托河北、内蒙古、安徽、福建、广东、重庆、四川、贵州、陕西、新疆10个省区市人大常委会对当地义务教育法的实施情况进行检查。

全国人大教科文卫委员会主任委员白克明主持会议。教育部、财政部、人力资源和社会保障部、住房和城乡建设部负责人分别汇报了贯彻实施义务教育法的情况,发展改革委、公安部、审计署和中编办作了书面汇报。

国家副主席习近平在北京会见孟加拉国看守政府总理法赫尔丁

全国政协副主席王刚与芬兰议长尼尼斯特在斯德哥尔摩进行会谈

国务院有关部门负责人就三鹿牌婴幼儿奶粉重大安全事故的有关情况答新华社记者问

问:这次事故发生后,国家质检总局立即组织了专项检查,请问检查结果如何?

答:我们组织对全国所有的婴幼儿奶粉生产企业进行了以三聚氰胺为重点的专项检查。检查结果表明,大多数企业生产的婴幼儿奶粉是安全的。

目前,全国共有175家婴幼儿奶粉生产企业,在这之前已经停止生产婴幼儿奶粉的企业有66家。我们对其余的109家产品生产企业的491批次婴幼儿奶粉进行了检验,其中22家企业69批次检出含量不同的三聚氰胺,占这些企业的20.18%,占总批次的14.05%。在检出三聚氰胺的产品中,石家庄三鹿牌婴幼儿奶粉三聚氰胺含量很高,最高的达2563毫克/公斤。其他品牌的婴幼儿奶粉三聚氰胺含量在0.09—619毫克/公斤之间。

需要指出的是,这次被检出含有三聚氰胺产品的企业,不是所有批次的婴幼儿奶粉都有问题,比如,伊利、蒙牛、雅士利、施恩等企业被抽检的产品有几十个批次,但有问题的只有几个批次。

问:对检查出有问题的69批次婴幼儿奶粉如何处理?

答:没有出厂的立即就地封存,不得出厂;已经进入流通领域的,立即下架、封存;已经售出的全部召回。要采取措施确保所有问题奶粉不再流入市场,对出现问题的,要查明原因,查清责任,依法严肃处理。

凡购买了这69批次有问题奶粉的,可以向经营者和生产者要求换货或退货。国家工商总局对此已下发了紧急通知。

问:有问题产品的22家生产企业是否允许继续生产和销售?

答:对那些查出某些批次产品存在问题的企业,在坚决处理其有问题的批次产品的同时,对其他没有问题的产品,允许继续销售,以保证市场供应;企业在严格检验原料奶质量,严格检验出厂产品,确保产品质量安全的前提下,可以继续生产。

问:如何确保这次专项检查后生产的婴幼儿奶粉是安全的?

答:为了切实保证婴幼儿奶粉质量安全,从9月17日起,质检部门对每一家婴幼儿奶粉生产企业派驻监管员,监督企业把好原料进口和生产各环节关,对产品实行批批检验,未经检验或者检验不合格的,一律不得出厂,确保这次专项检查后,每一批出厂婴幼儿奶粉都符合质量安全的要求。

问:为什么说婴幼儿只有在大量摄入三聚氰胺的情况下才会致病?

答:三聚氰胺是一种常用有机化工原料。实验表明,三聚氰胺的毒性较低,在动物体内代谢很快而且不会残留在体内,主要对膀胱和肾脏有影响,引发动物膀胱炎、膀胱结石、肾脏炎症等,但没有发现对人类有致癌作用。

据食品安全专家陈君石院士介绍,美国食品药品监管局(FDA)根据啮齿类动物试验所得最小无作用水平(NOEL)63毫克/公斤体重作为依据,按100倍推算到人体安全性,设定三聚氰胺的人群每天耐受摄入量(TDI)为0.63毫克/公斤体重。我们在进行三聚氰胺风险评估时,以三聚氰胺的人群每天耐受摄入量(TDI)

0.63毫克/公斤体重为依据,考虑不同月龄婴幼儿的体重和推荐配方奶粉的食用量,进行婴幼儿配方奶粉中安全阈值的推算,以最严格的0—6月龄的婴幼儿作为保护对象,每天最大摄入奶粉150克(以6月龄婴儿计),体重以7.0公斤计算,则婴幼儿配方奶粉中的安全阈值应为15毫克/公斤。

经临床专家分析,婴幼儿在摄入含有高浓度三聚氰胺污染的奶粉后,可引起泌尿系统疾患。目前患泌尿系统结石的婴幼儿,主要是食用了三聚氰胺含量特别大的三鹿牌婴幼儿奶粉引起的。对甘肃省进行的流行病学调查结果表明,大多数患儿是摄入了三聚氰胺浓度为高达2563毫克/公斤的三鹿牌婴幼儿奶粉3至6个月后发病的。截至16日22时,卫生部门还没有收到食用其他品牌婴幼儿奶粉引起泌尿系统结石患儿的报告。

医学专家认为,如果摄入的三聚氰胺含量较低,会很快经肾脏排出,不会对人体健康造成危害。食用被三聚氰胺污染的婴幼儿奶粉导致泌尿系统结石病情较轻的患儿预后较好;即使发生急性肾功能衰竭,如及时治疗,肾功能也可以恢复。

问:食用问题婴幼儿奶粉,什么情况下要到医院就诊?

答:婴幼儿食用了三鹿牌婴幼儿奶粉3至6个月,特别是出现不明原因的哭闹、呕吐、发热、尿液混浊、血尿、少尿或无尿等症状,应立即就近到医疗机构筛查就诊。食用含有三聚氰胺的其他品牌婴幼儿奶粉,只有出现上述症状时,才需要立即到医院筛查就诊。

问:国家在患儿医疗救治方面采取了哪些措施?

答:目前,各地卫生行政部门和医疗机构都已经做好了充分准备,卫生部下发了诊疗方案,各地对医务人员进行了相关培训,国家制定了免费诊疗政策,具体内容包括:一是对患儿实行免费诊治,所需费用由接诊医疗机构先行垫付,保证患儿得到及时诊治。二是医疗机构垫付确有困难的,可由同级财政垫付。三是事故责任查明后,医疗救治费用由相关责任主体按法律、法规赔偿。四是对于医疗卫生机构开展医疗救治所需必要的设备购置等费用,同级财政要安排资金予以保障,确有困难的中央财政予以适当支持。

9月17日

北京2008年残奥会闭幕式在国家体育场举行

党和国家领导人胡锦涛、江泽民、吴邦国、温家宝、贾庆林、李长春、习近平、李克强、贺国强等,国际残奥委会主席克雷文,国际奥委会主席罗格,以及来自世界各地的贵宾出席闭幕式。

北京奥组委主席刘淇致辞。他代表北京奥组委,向所有参加北京残奥会的运动员表示热烈的祝贺,向国际残奥委会、各国家和地区残奥委会、各国际残疾人单项体育组织和乐于奉献的志愿者,以及所有为北京残奥会作出贡献的朋友们表示衷心的感谢。他说,在北京残奥会圣火即将熄灭的时候,我们真诚地祝愿:以激情点燃的熊熊火焰,化作绚丽的彩虹,联结起深厚的友谊,传递出人间大爱。

国际残奥委会主席克雷文在闭幕式上致辞。他称赞北京残奥会是有史以来最伟大的一届残奥会,希望所有运动员、教练员和官员把北京残奥会独一无二的体育精神带往地球的四面八方,以此鼓励更多的人参与运动,结交朋友,点燃心灵之火。克雷文宣布北京2008年残奥会闭幕,并号召世界各地的残奥健儿4年后相聚伦敦。最后,克雷文用中文饱含深情地大声说:"谢谢香港,谢谢青岛,谢谢北京,谢谢中国!"

出席闭幕式的各国贵宾有:几内亚比绍总统维埃拉、约旦国王阿卜杜拉二世、尼日尔总理奥马鲁、约旦首相扎哈比、孟加拉国看守政府总理法赫尔丁、萨摩亚总理图伊拉埃帕、土库曼斯坦副总理奥拉佐夫和亚兹穆哈梅多娃、老挝常务副总理宋萨瓦、汤加副首相坦吉、爱沙尼亚总统夫人伊芙琳、约旦亲王拉阿德、阿根廷临时参议长潘普罗、利比里亚团结党全国主席克拉克、苏丹全国大会党副主席纳菲阿、越南劳动部长阮氏金银、巴基斯坦穆斯林联盟(领袖派)主席舒贾特、土耳其正义与发展党副主席戈克塞尔、伊拉克库尔德斯坦爱国联盟思想与意识局负责人凯里姆、匈牙利社会党国际书记多博伊、印度共产党中央书记昌德拉潘、塞浦路斯劳动人民进步党政治局委员扎奈多斯、亚洲政党国际会议常委会联合主席郑义溶等。

出席闭幕式的党和国家领导人还有:王兆国、回良玉、刘云山、刘延东、李源潮、尉健行、李岚清、吴官正、罗干、令计划、王沪宁、乌云其木格、陈至立、周铁农、陈昌智、马凯、孟建柱、戴秉国、王胜俊、曹建明、杜青林、阿不来提·阿不都热西提、张梅颖、钱运录、孙家正、邓朴方、罗富和、陈宗兴和杨白冰、迟浩田、张万年、倪志福、布赫、铁木尔·达瓦买提、彭珮云、许嘉璐、顾秀莲、盛华仁、肖扬、韩杼滨、贾春旺、陈锦华、罗豪才、李蒙,中央军委委员李继耐、廖锡龙、常万全、吴胜利等。

国际残奥委会、各国际残疾人单项体育组织负责人等出席闭幕式。

中共中央国务院致北京2008年残奥会中国体育代表团的贺信

北京2008年残奥会中国体育代表团:

我国残奥健儿在举世瞩目的北京残奥会上,自强不息，超越自我，挑战极限，奋勇争先，取得了89枚金牌、70枚银牌、52枚铜牌，位居金牌榜和奖牌榜第一位，实现了历史性突破，为祖国赢得了重大荣誉，谱写了我国残疾人体育事业发展新篇章，为实现两个奥运同样精彩的目标作出了重要贡献。党中央、国务院向你们致以热烈的祝贺和亲切的慰问！

在北京残奥会赛场上，我国残奥健儿实现了运动成绩和精神文明双丰收，再一次向世界充分展示了我国残疾人自尊、自信、自强、自立的良好形象，充分展示了中华民族自强不息的精神风貌，为弘扬残奥精神、促进世界各国人民的相互了解和友谊作出了积极贡献，极大地鼓舞了全国各族人民。祖国为你们骄傲，人民为你们自豪！

希望你们认真总结经验，发扬优良传统，不断提高自身素质和竞技水平，进一步推动我国残疾人体育事业发展，帮助广大残疾人参与社会生活、共享社会文明进步成果，为祖国和人民再创佳绩，为夺取全面建设小康社会新胜利、开创中国特色社会主义事业新局面再立新功！

中共中央

国务院

2008年9月17日

国家主席胡锦涛在钓鱼台国宾馆举行宴会欢迎来华出席北京残奥会闭幕式的国际贵宾

胡锦涛强调，残奥会是世界各国残疾人朋友的体育盛会，也是人类超越自我、珍视参与、享受快乐的人文盛会。北京残奥会所坚持的超越、融合、共享理念，代表着各国人民的美好愿望，为世界残疾人事业留下了宝贵的精神财富。

国家副主席习近平，胡锦涛主席夫人刘永清，以及国际奥委会主席罗格，国际残奥委会主席克雷文等国际贵宾出席宴会。

胡锦涛发表祝酒词。

前来出席北京残奥会闭幕式的外国国家元首、政府首脑、王室成员、国际组织代表及配偶出席宴会。

中国党和国家有关领导人出席宴会。

国家主席胡锦涛在欢迎出席北京残奥会闭幕式国际贵宾宴会上的祝酒词

尊敬的国际奥委会主席罗格先生，尊敬的国际残奥委会主席克雷文先生，尊敬的各位国家元首、政府首脑、王室成员，女士们，先生们，朋友们：

今晚，北京残奥会将落下帷幕。我谨代表中国政府和人民，对各位嘉宾莅临北京残奥会闭幕式，表示热烈的欢迎！对所有为北京残奥会成功举办作出贡献的朋友们，表示诚挚的谢意！对各国各地区残疾人运动员在北京残奥会上取得佳绩，表示衷心的祝贺！

在过去的12天里，各国各地区残疾人运动员积极参与北京残奥会各项活动，展现了自强不息、乐观进取的精神风貌，谱写了壮丽辉煌的生命赞歌。中国人民认真履行对国际社会的郑重承诺，以极大的热情欢迎各方嘉宾，向世界奉献了一届有特色、高水平的残奥会。中国人民和世界各国人民共同分享了北京残奥会的成功和欢乐。

残奥会是世界各国残疾人朋友的体育盛会，也是人类超越自我、珍视参与、享受快乐的人文盛会。北京残奥会所坚持的超越、融合、共享理念，代表着各国人民的美好愿望，为世界残疾人事业留下了宝贵的精神财富。

中国政府和人民将以北京残奥会为契机，一如既往发扬人道主义精神，进一步推动中国残疾人事业全面发展，并同世界各国政府和人民一道努力，共同推进世界残疾人体育运动和残疾人事业。

女士们、先生们、朋友们！

北京奥运会、残奥会弘扬了团结、友谊、和平的奥林匹克精神，展现了世界人民交流合作的和谐图景，促进了中国人民同世界各国人民的相互了解和友谊。中国将坚定不移推进改革开放，始终不渝走和平发展道路，始终不渝奉行互利共赢的开放战略，同世界各国一道努力，共创世界美好未来！

现在，我提议：

为国际残疾人奥林匹克运动不断发展，

为世界各国人民团结和友谊不断加强，

为各位嘉宾和家人的健康，

干杯！

国家主席胡锦涛在人民大会堂同约旦国王阿卜杜拉二世举行会谈

胡锦涛欢迎阿卜杜拉二世来华出席北京残奥会闭幕式，感谢约旦政府和人民对北京奥运会、残奥会的支持，以及对中国人民抗击四川汶川特大地震灾害提供的支持和援助。

胡锦涛表示，中国和约旦各领域合作不断取得新进展，中方重视加强同约方在政治、经济等领域交流合作，希望双方不断拓宽合作渠道，充实合作内涵。一、加强双边关系总体协调，保持两国领导人就双边关系中重要问题的沟通，继续完善双边战略对话机制，协调推进双方政治、经贸、科技等领域交流合作。二、照顾彼此的核心利益和重大关切，中方赞赏约方长期坚持一个中国政策，支持约方维护国家稳定、促进经济社会发展的努力，支持约方在地区和国际事务中发挥更大作用。三、积极推进资源开发等领域务实合作，推动两国经贸关系全面深入发展。

阿卜杜拉二世表示，中国政府和人民成功举办北京奥运会、残奥会，给国际社会留下深刻印象，他对此表示热烈祝贺。阿卜杜拉二世表示，约方坚定奉行一个中国政策，坚定致力于同中国发展战略性合作关系，加强资源开发、基础设施建设、贸易、科技、文化、人力资源开发等领域交流合作。中国在中东和非洲地区发挥着重要作用，约方欢迎和支持中国在本地区继续发挥建设性作用。

会谈后，胡锦涛和阿卜杜拉二世共同出席了两国经济技术、农业技术、资源开发等领域合作文件的签字仪式。

国家主席胡锦涛在人民大会堂会见萨摩亚总理图伊拉埃帕

胡锦涛欢迎图伊拉埃帕来华出席北京残奥会闭幕式，感谢萨摩亚政府和人民对北京奥运会、残奥会的支持。胡锦涛表示，中萨两国人民友谊源远流长。1975年建交以来，两国在经贸、农业、体育、文化、教育、卫生等领域以及国际事务中开展了卓有成效的合作。中萨关系现已进入快速发展的新时期，成为中国同太平洋岛国友好合作的典范。中方愿继续为支持萨摩亚经济社会发展做更多实事，同萨方保持高层及各级别交往，加强各领域互利合作，真心实意帮助萨摩亚增强自主发展能力，把中萨传统友谊提高到新的水平。

胡锦涛说，中国四川汶川特大地震发生后，萨摩亚政府在本国财政并不宽裕的情况下，捐款支持中国人民抗震救灾，我们对此表示感谢。

图伊拉埃帕热烈祝贺北京奥运会、残奥会取得圆满成功。他说，建交30多年来，萨中关系发展很好。中国长期以来向萨摩亚提供了宝贵的经济技术支持和援助，萨摩亚人民对此深表感谢。近来，双方又就旅游、基础设施建设等领域合作达成一系列协议，希望双方共同努力加以落实。图伊拉埃帕表示，萨摩亚将继续坚定奉行一个中国政策。

国务院总理温家宝在人民大会堂会见约旦国王阿卜杜拉二世

国务院总理温家宝在人民大会堂同萨摩亚总理图伊拉埃帕举行会谈

国务院总理温家宝主持召开国务院常务会议决定全面检查奶制品整顿奶制品行业

会议认为，三鹿牌婴幼儿奶粉事件的发生，反映出奶制品市场混乱，监管机制存在漏洞，监管工作不力，必须认真吸取教训，以对人民高度负责的态度，做好事故处理，完善检验监督体制，加强监管工作。会议决定：一、要认真落实中央最近作出的部署和各项政策。全力救治患者，落实免费治疗政策，尤其要重视对农村和边远地区婴幼儿患者的检查。二、不合格的产品要全部下架、封存和销毁，不留死角。三、对奶制品进行全面检查，整顿奶制品行业，使奶制品的质量安全和市场秩序有一个根本性的改变。四、严格监管奶制品生产企业，监管部门派出驻厂人员，对每一批次出厂产品进行严格检验，确保生产的乳制品质量安全。五、尽快修订监管法规，严格法律追究制度。六、对奶农实施扶持政策，支持产品质量好的企业增加生产，确保市场供应，尽快恢复奶制品行业的健康发展。七、彻底查明事故原因，及时公布调查结果。坚决依法惩处违法犯罪分子，对负有责任的企业、监管部门和行政负责人要严肃追究责任，向人民作出交代。

商务部 国家统计局 国家外汇管理局联合发布《2007年度中国对外直接投资统计公报》

据《2007年度中国对外直接投资统计公报》(以下简称《公报》)显示，我国对外直接投资净额(以下简称流量)去年达265.1亿美元，较上年增长25.3%。

截至2007年年底，中国7000多家境内投资主体在全球173个国家(地区)设立境外直接投资企业超过1万家，对外直接投资累计净额(以下简称存量)1179.1亿美元。去年我非金融类境外企业实现销售收入3376亿美元，境外纳税总额29.4亿美元，境内投资主体通过境外企业实现的进出口额1189亿美元，2007年末境外企业就业人数达65.8万人，其中雇用外方员工29.5万人。

《公报》分析，去年我国对外直接投资有两大特点：一是投资继续保持两位数快增；通过收购、兼并实现的直接投资较上年减少两成；流向批发和零售业、商务服务业、交通运输仓储业、采矿业、制造业、金融业的投资占到当年对外直接投资流量的91%；当年流量超1亿美元的国家(地区)数量较上年增加17个。二是存量突破千亿美元，行业分布比较齐全，商务服务业、批发零售业、金融业和采矿业、交通运输、仓储和邮政业合计占存量的八成；亚洲、拉丁美洲地区仍是中国对外直接投资存量最集中的地区。

农业部在北京召开全国首次农业机械化质量工作会议

会议上获悉：全国农机系统通过开展推广鉴定、选型鉴定、专项鉴定、质量跟踪调查和安全普查等工作，大力提升了农业机械的适用性、安全性和可靠性。抽样统计显示，我国谷物联合收割机的平均故障间隔时间已从10年前的8.8小时提高到现在的40小时以上，主要农机零配件产品质量抽样合格率显著提高。目前，农民对联合收割机和植保机械质量满意度达到96%以上，我国农业机械质量状况基本可以满足当前实际生产的需要。

据了解，目前我国农业机械化总体上已经进入中级发展阶段，农业机械化质量评价监督工作体系正逐步完善，全国已拥有部、省和地(市)农业机械试验鉴定机构52个，累计对1万多个产品进行了推广鉴定。建立了部、省、市、县各级农机产品质量投诉监督站1348个，基本形成了覆盖全国的农机产品质量投诉监督网络。此外，农业部还组建了中国农机产品质量认证中心并加强了工作站建设，对近400个产品和企业开展了合格认证、强制认证和体系认证。

国务院副总理李克强在中南海紫光阁分别会见土库曼斯坦和汤加领导人

国务院副总理王岐山在洛杉矶出席第十九届中美商业贸易联委会

第十九届中美商业贸易联委会在洛杉矶尼克松图书馆举行。中国国务院副总理王岐山出席，并与美国商务部部长古铁雷斯和贸易代表施瓦布共同主持会议，美国农业部部长谢弗参加。双方就各自关注的议题深入交换意见，达成广泛共识，取得积极成果。

双方一致同意，加强中美商贸联委会框架下知识产权、产品安全、农业、工业和信息产业等12个工作组的合作，继续通过协商妥善解决双方关注的经贸问题；启动信息安全产品对话；召开中美邮政改革和快递服务研讨会；举行标准与合格评定会议，继续进行“非正式钢铁对话”、“保险对话”；认真落实《中美药品、医疗器械安全合作协议》，加强对原料药的监管；通过中美投资论坛进行外资并购国家安全审查的交流；开展投资促进、生物能源、执法培训、膳食补充剂、标准与合格评定、贸易统计等方面的合作。双方还就中方恢复美部分禽肉、猪肉生产企业对华出口资格，美方解除部分中国企业水产品输美自动扣留措施等达成共识。

王岐山指出，在中美即将迎来建交30周年、中美商贸联委会创立25周年之际，在开启中美关系的美国前总统尼克松先生的图书馆举行本届中美商贸联委会，具有特殊重要的意义。中美领导人历来重视中美商贸联委会的建设和发展，25年来，这一机制成为双方贸易、投资等领域磋商的重要平台，对不断推动解决中美经贸关系中的问题，扩大两国经贸合作发挥了重要作用。在本届联委会上，双方按照扩大合作、促进发展、缓解矛盾、增进互信的原则，着眼长远，突出合作，在平等互利基础上，取得重要成果。

古铁雷斯表示，美方高度重视美中商贸联委会机制，愿与中方不断深化在该机制下的对话与合作，加强伙伴关系，共创美中经贸关系美好未来。施瓦布表示，尼克松访华时，美中几乎没有贸易关系，现在中国已成为美国的第二大贸易伙伴。美方愿通过商贸联委会机制，与中方解决在扩大经贸合作过程中出现的问题，保持两国经贸关系的长期稳定发展，造福两国人民。

王岐山代表中国政府对美国近期遭受飓风灾害和在加利福尼亚州火车相撞事件中的遇难人员表示慰问和哀悼。

会后，王岐山与古铁雷斯、施瓦布共同会见记者并出席了两国涉及食品安全、医疗器械进口贷款、农业合作、数字电视推广、贸易统计等领域合作的5项协议、备忘录、换文的签字仪式。

中国商务部长陈德铭、海关总署署长盛光祖、中国驻美大使周文重以及外交部等22个部门的负责人出席了本届联委会。

全国人大常委会副委员长严隽琪在阿皮亚分别会见萨摩亚国家元首埃菲和议长托洛富艾瓦莱莱

第十届中国科协年会在郑州开幕

包括100余位两院院士在内的一万多名来自全国各地、各学科领域，工作在科研、生产、教学第一线的科技工作者及国际友人参加了本届年会。

中共中央政治局委员、全国人大常委会副委员长王兆国出席开幕式并讲话。他强调，广大科技工作者要切实担负起时代赋予的历史使命和社会责任，为夺取全面建设小康社会新胜利提供坚实的科学基础和有力的技术支撑。

王兆国充分肯定了广大科技工作者在抗震救灾过程中的突出表现和为实践绿色奥运、科技奥运、人文奥运理念作出的积极努力。他指出，面对发达国家经济技术长期占优势的巨大压力，广大科技工作者要坚持走中国特色自主创新道路，着力突破重大关键技术和共性技术，努力在关系国民经济命脉和国家安全的关键领域真正掌握一批核心技术，把创新驱动贯穿到经济社会发展的各个环节、各个方面。要发挥科技优势，加强调查研究，积极建言献策，推动形成群众参与、专家咨询、政府决策相结合的决策机制，促进决策科学化、民主化。要自觉把发现、培养、举荐人才作为科研活动的重要组成部分，尽快培养造就一大批世界一流的科学家、科技领军人才和经济社会发展急需的高层次人才,造就一支规模宏大的高技能人才队伍。要发挥科普工作主力军的作用,积极参与公民科学素质建设工作,广泛参与科普活动。特别是要在全社会大力弘扬科学精神,传播科学思想,倡导科学方法,推动形成有利于创新的社会文化氛围。

开幕式上还颁发了周光召基金会农业科学奖及杰出青年基础科学奖、求是杰出科学家奖和中国科协求是杰出青年奖,并对中国科协抗震救灾先进集体和先进个人进行了表彰。

姚明等获得联合国艾滋病规划署艾滋病防治特殊贡献奖

联合国副秘书长兼艾滋病规划署执行主任彼得·皮澳特博士在清华大学向中国篮球巨星姚明,宏盟公司副总裁、联合国艾滋病规划署特别代表杜孟,以及清华大学新闻与传播学院常务副院长李希光教授颁发了"联合国艾滋病规划署艾滋病防治特殊贡献奖"。姚明获此殊荣,是由于他为消除针对艾滋病感染者的社会歧视所做出的表率作用和重要贡献。

正在四川参与地震灾后重建、救助灾民工作的姚明通过录像发表了他的获奖感言:"获得这一抗击艾滋病的重要奖项,我感到十分荣幸。我非常愿意尽我所能地参与到艾滋病防治的行列中来， 因为,我认为艾滋病已经成为影响全球的重要议题之一。为遏制艾滋、消除歧视,我们能够,我们也应该出一份力。"

9月18日

全国人大常委会劳动合同法执法检查组第一次全体会议在人民大会堂举行

全国人大常委会委员长吴邦国作出重要批示,强调劳动合同法的立法宗旨在于调整劳动关系,保护劳动者合法权益,促进社会和谐,要通过这次检查,推动劳动合同法的有效实施。

吴邦国指出:"劳动合同法是社会普遍关注的一部法律。该法的立法宗旨在于调整劳动关系、保护劳动者合法权益、促进社会和谐。该法是今年执法检查的重点之一,希望通过这次检查,重点解决劳动合同签约率低、劳动合同短期化、劳务派遣不规范等侵犯劳动者利益的问题,尤其是农民工的合法权益问题,以充分体现该法的立法宗旨,推动劳动合同法的有效实施。"

全国人大常委会副委员长华建敏、陈昌智、桑国卫出席会议。

华建敏在讲话中指出,劳动关系是最基本的社会关系,劳动关系和谐与否,不仅关系到劳动者和用人单位的权益保障,影响到企业生产经营与工作效率,而且关系到整个社会的和谐稳定。从劳动合同法实施8个多月的情况来看,社会各界对劳动合同法的评价是积极的。大家普遍认为,劳动合同法是一部适应改革开放以来劳动关系发展需要,反映广大劳动者与用人单位要求,体现更好贯彻科学发展观、构建社会主义和谐社会精神的重要法律,是全国人大常委会推进科学立法、民主立法的又一重大成果。

华建敏强调,由于社会上一些人对劳动合同法存在一些模糊认识,法律出台又遇到国内外经济环境出现的一些新变化,劳动合同法实施中也遇到了一些矛盾和问题。这次执法检查工作一定要集中力量,抓住关键,提高效率,从解决实际问题入手,围绕劳动者合法权益保护中的突出问题,督促各级政府及其有关部门、司法机关依法履行职责,加大执法力度,推动建立适应社会主义市场经济的和谐稳定的劳动关系。通过这次执法检查,继续推动用人单位与劳动者签订劳动合同;大力扭转劳动合同短期化倾向;切实纠正劳务派遣用工不规范问题;有效防止用人单位随意约定服务期及违约金等侵害劳动者合法权益问题。

全国人大财政经济委员会主任委员石秀诗主持会议并介绍了这次执法检查的工作安排。根据安排,全国人大常委会执法检查组将于9月中旬分赴辽宁、江苏、广东、陕西、山东、福建开展检查工作,并委托吉林、黑龙江、安徽、江西、湖北、湖南、广西、云南、甘肃9个省区人大常委会分别对本行政区域内劳动合同法的实施情况进行检查。

人力资源和社会保障部、最高人民法院、中华全国总工会、国务院国资委、全国工商联、中国企业联合会等部门和单位负责人分别汇报了贯彻实施劳动合同法的情况。

国务院总理温家宝签署第535号令公布《中华人民共和国劳动合同法实施条例》

《中华人民共和国劳动合同法实施条例》已经2008年9月3日国务院第25次常务会议通过,现予公布,自公布之日起施行。

总理　温家宝

2008年9月18日

中华人民共和国劳动合同法实施条例

第一章　总　则

第一条　为了贯彻实施《中华人民共和国劳动合同法》(以下简称劳动合同法),制定本条例。

第二条　各级人民政府和县级以上人民政府劳动行政等有关部门以及工会等组织,应当采取措施,推动劳动合同法的贯彻实施,促进劳动关系的和谐。

第三条　依法成立的会计师事务所、律师事务所等合伙组织和基金会，属于劳动合同法规定的用人单位。

第二章　劳动合同的订立

第四条　劳动合同法规定的用人单位设立的分支机构，依法取得营业执照或者登记证书的，可以作为用人单位与劳动者订立劳动合同；未依法取得营业执照或者登记证书的，受用人单位委托可以与劳动者订立劳动合同。

第五条　自用工之日起一个月内，经用人单位书面通知后，劳动者不与用人单位订立书面劳动合同的，用人单位应当书面通知劳动者终止劳动关系，无需向劳动者支付经济补偿，但是应当依法向劳动者支付其实际工作时间的劳动报酬。

第六条　用人单位自用工之日起超过一个月不满一年未与劳动者订立书面劳动合同的，应当依照劳动合同法第八十二条的规定向劳动者每月支付两倍的工资，并与劳动者补订书面劳动合同；劳动者不与用人单位订立书面劳动合同的，用人单位应当书面通知劳动者终止劳动关系，并依照劳动合同法第四十七条的规定支付经济补偿。

前款规定的用人单位向劳动者每月支付两倍工资的起算时间为用工之日起满一个月的次日，截止时间为补订书面劳动合同的前一日。

第七条　用人单位自用工之日起满一年未与劳动者订立书面劳动合同的，自用工之日起满一个月的次日至满一年的前一日应当依照劳动合同法第八十二条的规定向劳动者每月支付两倍的工资，并视为自用工之日起满一年的当日已经与劳动者订立无固定期限劳动合同，应当立即与劳动者补订书面劳动合同。

第八条　劳动合同法第七条规定的职工名册，应当包括劳动者姓名、性别、公民身份号码、户籍地址及现住址、联系方式、用工形式、用工起始时间、劳动合同期限等内容。

第九条　劳动合同法第十四条第二款规定的连续工作满10年的起始时间，应当自用人单位用工之日起计算，包括劳动合同法施行前的工作年限。

第十条　劳动者非因本人原因从原用人单位被安排到新用人单位工作的，劳动者在原用人单位的工作年限合并计算为新用人单位的工作年限。原用人单位已经向劳动者支付经济补偿的，新用人单位在依法解除、终止劳动合同计算支付经济补偿的工作年限时，不再计算劳动者在原用人单位的工作年限。

第十一条　除劳动者与用人单位协商一致的情形外，劳动者依照劳动合同法第十四条第二款的规定，提出订立无固定期限劳动合同的，用人单位应当与其订立无固定期限劳动合同。对劳动合同的内容，双方应当按照合法、公平、平等自愿、协商一致、诚实信用的原则协商确定；对协商不一致的内容，依照劳动合同法第十八条的规定执行。

第十二条　地方各级人民政府及县级以上地方人民政府有关部门为安置就业困难人员提供的给予岗位补贴和社会保险补贴的公益性岗位，其劳动合同不适用劳动合同法有关无固定期限劳动合同的规定以及支付经济补偿的规定。

第十三条　用人单位与劳动者不得在劳动合同法第四十四条规定的劳动合同终止情形之外约定其他的劳动合同终止条件。

第十四条　劳动合同履行地与用人单位注册地不一致的，有关劳动者的最低工资标准、劳动保护、劳动条件、职业危害防护和本地区上年度职工月平均工资标准等事项，按照劳动合同履行地的有关规定执行；用人单位注册地的有关标准高于劳动合同履行地的有关标准，且用人单位与劳动者约定按照用人单位注册地的有关规定执行的，从其约定。

第十五条　劳动者在试用期的工资不得低于本单位相同岗位最低档工资的80%或者不得低于劳动合同约定工资的80%，并不得低于用人单位所在地的最低工资标准。

第十六条　劳动合同法第二十二条第二款规定的培训费用，包括用人单位为了对劳动者进行专业技术培训而支付的有凭证的培训费用、培训期间的差旅费用以及因培训产生的用于该劳动者的其他直接费用。

第十七条　劳动合同期满，但是用人单位与劳动者依照劳动合同法第二十二条的规定约定的服务期尚未到期的，劳动合同应当续延至服务期满；双方另有约定的，从其约定。

第三章　劳动合同的解除和终止

第十八条　有下列情形之一的，依照劳动合同法规定的条件、程序，劳动者可以与用人单位解除固定期限劳动合同、无固定期限劳动合同或者以完成一定工作任务为期限的劳动合同：

(一)劳动者与用人单位协商一致的；

(二)劳动者提前30日以书面形式通知用人单位的；

(三)劳动者在试用期内提前3日通知用人单位的；

(四)用人单位未按照劳动合同约定提供劳动保护或者劳动条件的；

(五)用人单位未及时足额支付劳动报酬的；

(六)用人单位未依法为劳动者缴纳社会保险费的；

(七)用人单位的规章制度违反法律、法规的规定，损害劳动者权益的；

（八）用人单位以欺诈、胁迫的手段或者乘人之危，使劳动者在违背真实意思的情况下订立或者变更劳动合同的；

（九）用人单位在劳动合同中免除自己的法定责任、排除劳动者权利的；

（十）用人单位违反法律、行政法规强制性规定的；

（十一）用人单位以暴力、威胁或者非法限制人身自由的手段强迫劳动者劳动的；

（十二）用人单位违章指挥、强令冒险作业危及劳动者人身安全的；

（十三）法律、行政法规规定劳动者可以解除劳动合同的其他情形。

第十九条　有下列情形之一的，依照劳动合同法规定的条件、程序，用人单位可以与劳动者解除固定期限劳动合同、无固定期限劳动合同或者以完成一定工作任务为期限的劳动合同：

（一）用人单位与劳动者协商一致的；

（二）劳动者在试用期间被证明不符合录用条件的；

（三）劳动者严重违反用人单位的规章制度的；

（四）劳动者严重失职，营私舞弊，给用人单位造成重大损害的；

（五）劳动者同时与其他用人单位建立劳动关系，对完成本单位的工作任务造成严重影响，或者经用人单位提出，拒不改正的；

（六）劳动者以欺诈、胁迫的手段或者乘人之危，使用人单位在违背真实意思的情况下订立或者变更劳动合同的；

（七）劳动者被依法追究刑事责任的；

（八）劳动者患病或者非因工负伤，在规定的医疗期满后不能从事原工作，也不能从事由用人单位另行安排的工作的；

（九）劳动者不能胜任工作，经过培训或者调整工作岗位，仍不能胜任工作的；

（十）劳动合同订立时所依据的客观情况发生重大变化，致使劳动合同无法履行，经用人单位与劳动者协商，未能就变更劳动合同内容达成协议的；

（十一）用人单位依照企业破产法规定进行重整的；

（十二）用人单位生产经营发生严重困难的；

（十三）企业转产、重大技术革新或者经营方式调整，经变更劳动合同后，仍需裁减人员的；

（十四）其他因劳动合同订立时所依据的客观经济情况发生重大变化，致使劳动合同无法履行的。

第二十条　用人单位依照劳动合同法第四十条的规定，选择额外支付劳动者一个月工资解除劳动合同的，其额外支付的工资应当按照该劳动者上一个月的工资标准确定。

第二十一条　劳动者达到法定退休年龄的，劳动合同终止。

第二十二条　以完成一定工作任务为期限的劳动合同因任务完成而终止的，用人单位应当依照劳动合同法第四十七条的规定向劳动者支付经济补偿。

第二十三条　用人单位依法终止工伤职工的劳动合同的，除依照劳动合同法第四十七条的规定支付经济补偿外，还应当依照国家有关工伤保险的规定支付一次性工伤医疗补助金和伤残就业补助金。

第二十四条　用人单位出具的解除、终止劳动合同的证明，应当写明劳动合同期限、解除或者终止劳动合同的日期、工作岗位、在本单位的工作年限。

第二十五条　用人单位违反劳动合同法的规定解除或者终止劳动合同，依照劳动合同法第八十七条的规定支付了赔偿金的，不再支付经济补偿。赔偿金的计算年限自用工之日起计算。

第二十六条　用人单位与劳动者约定了服务期，劳动者依照劳动合同法第三十八条的规定解除劳动合同的，不属于违反服务期的约定，用人单位不得要求劳动者支付违约金。

有下列情形之一，用人单位与劳动者解除约定服务期的劳动合同的，劳动者应当按照劳动合同的约定向用人单位支付违约金：

（一）劳动者严重违反用人单位的规章制度的；

（二）劳动者严重失职，营私舞弊，给用人单位造成重大损害的；

（三）劳动者同时与其他用人单位建立劳动关系，对完成本单位的工作任务造成严重影响，或者经用人单位提出，拒不改正的；

（四）劳动者以欺诈、胁迫的手段或者乘人之危，使用人单位在违背真实意思的情况下订立或者变更劳动合同的；

（五）劳动者被依法追究刑事责任的。

第二十七条　劳动合同法第四十七条规定的经济补偿的月工资按照劳动者应得工资计算，包括计时工资或者计件工资以及奖金、津贴和补贴等货币性收入。劳动者在劳动合同解除或者终止前12个月的平均工资低于当地最低工资标准的，按照当地最低工资标准计算。劳动者工作不满12个月的，按照实际工作的月数计算平均工资。

第四章　劳务派遣特别规定

第二十八条　用人单位或者其所属单位出资或者合伙设立的劳务派遣单位，向本单位或者所属单位派遣劳动者的，属于劳动合同法第六十七条规定的不得设立的劳务派遣单位。

第二十九条　用工单位应当履行劳动合同法第六十二条规定的义务，维护被派遣劳动者的合法权益。

第三十条　劳务派遣单位不得以非全日制用工形式招用被派遣劳动者。

第三十一条　劳务派遣单位或者被派遣劳动者依法解除、终止劳动合同的经济补偿，依照劳动合同法第四十六条、第四十七条的规定执行。

第三十二条　劳务派遣单位违法解除或者终止被派遣劳动者的劳动合同的，依照劳动合同法第四十八条的规定执行。

第五章　法律责任

第三十三条　用人单位违反劳动合同法有关建立职工名册规定的，由劳动行政部门责令限期改正；逾期不改正的，由劳动行政部门处2000元以上2万元以下的罚款。

第三十四条　用人单位依照劳动合同法的规定应当向劳动者每月支付两倍的工资或者应当向劳动者支付赔偿金而未支付的，劳动行政部门应当责令用人单位支付。

第三十五条　用工单位违反劳动合同法和本条例有关劳务派遣规定的，由劳动行政部门和其他有关主管部门责令改正；情节严重的，以每位被派遣劳动者1000元以上5000元以下的标准处以罚款；给被派遣劳动者造成损害的，劳务派遣单位和用工单位承担连带赔偿责任。

第六章　附　则

第三十六条　对违反劳动合同法和本条例的行为的投诉、举报，县级以上地方人民政府劳动行政部门依照《劳动保障监察条例》的规定处理。

第三十七条　劳动者与用人单位因订立、履行、变更、解除或者终止劳动合同发生争议的，依照《中华人民共和国劳动争议调解仲裁法》的规定处理。

第三十八条　本条例自公布之日起施行。

国家副主席习近平在人民大会堂会见中印边界问题印方特别代表

习近平会见了来京参加中印边界问题特别代表第十二轮会晤的印度特别代表、国家安全顾问纳拉亚南。

习近平积极评价中印关系全面发展的良好势头，强调中印友好，利在双方，惠及亚洲和世界。中国致力于同印度发展面向和平与繁荣的战略合作伙伴关系。双方都应以战略和长远的眼光看待和把握两国关系，不断扩大共同利益，妥善处理分歧，推动中印关系长期稳定地向前发展。

习近平表示，中印边界问题特别代表会晤取得进展于双方有利，有助于增进战略互信。在两国领导人指导下，希望双方通过平等协商和友好对话，尽快达成公平合理、双方都能接受的解决框架。在边界问题解决之前，双方应继续保持边境地区的和平与安宁。

纳拉亚南祝贺北京奥运会、残奥会成功举办。他表示，印度政府高度重视发展对华关系，希望落实两国领导人的共识，争取尽早解决边界问题。印方愿同中方共同努力，推动两国关系不断取得新的进展。

中印边界问题特别代表第12次会晤在北京举行

9月18日至19日，中印边界问题特别代表第12次会晤在北京举行。中方特别代表戴秉国国务委员和印方特别代表、印度国家安全顾问纳拉亚南在务实和坦诚友好的气氛中就中印边界问题的解决框架深入地交换意见。双方表示，将积极落实两国领导人的指示，以政治指导原则为基础，保持谈判势头，寻求公平合理和双方都接受的解决方案。

双方商定下一次特别代表会晤将在印度举行。

坦桑尼亚总统贾卡亚·基奎特在阿鲁沙会见中纪委副书记何勇率领的中国共产党代表团

西班牙众议院代议长库尼耶拉在马德里会见全国政协副主席王刚一行

国际残奥委会向为北京残奥会作出突出贡献的人士颁发残奥会勋章

中共中央政治局委员、国务院副总理回良玉，中共中央政治局委员、北京市市委书记、北京奥组委主席刘淇，中共中央政治局委员、国务委员、北京奥组委副主席刘延东，全国人大常委会副委员长、北京奥组委副主席陈至立，全国政协副主席、中国残联主席、北京奥组委执行主席邓朴方，国家体育总局局长、北京奥组委执行主席刘鹏，北京市市长、北京奥组委执行主席郭金龙获颁残奥会勋章。

国际残奥委会主席克雷文亲自颁授勋章和奖牌。

克雷文说，北京残奥会是有史以来最伟大的一届残奥会。参加比赛的运动员告诉他，这里的一切都非常棒。来自147个国家和地区的4000多名运动员同场竞技；190万张门票销售一空，60万张门票通过教育计划等分发；5500多名记者和转播商将北京残奥会的盛况传递给全世界，北京残奥会将成为体育赛事的一个里程碑。在北京，从竞技水平、竞技能力到新的世界纪录，残奥会的标准都已经被提高了。北京残奥会绝对与北京奥运会同样精彩，并且达到了有特色、高水平的目标。

刘淇在致辞中说，北京残奥会满载着各代表团运动员的荣誉，满载着对所有残疾人的关爱，满载着对残奥精神的崇敬圆满闭幕了。2008年残奥会的成功，是中国政府正确领导、广大人民积极支持的成果，是在国际残奥委会指导下双方密切合作的成果，是朋友们热心支持、广泛参与的成果。他向国际残奥委会和所有关心支持帮助残疾人事业的朋友们表示崇高的敬意。中国将以成功举办2008年残奥会为起点，进一步密切与国际残奥委会的友好合作关系，为大力弘扬残奥精神，为促进残疾人体育事业和各项事业的发展，为增进人民的相互了解与友谊，共同建设持久和平、共同繁荣的和谐世界，作出新贡献。

有关方面领导刘京、项兆伦、何亚非、刘敬民、王伟、蒋效愚、李炳华等，以及杨树安获颁残奥荣誉奖牌，汤小泉、赵文芝获颁残奥会特殊贡献勋章。

国办发出《关于废止食品质量免检制度的通知》

各省、自治区、直辖市人民政府，国务院各部委、各直属机构：

为了保证食品质量安全，维护人民群众身体健康，国务院决定废止1999年12月5日发布的《国务院关于进一步加强产品质量工作若干问题的决定》(国发〔1999〕24号)中有关食品质量免检制度的内容。

各地区、各部门一定要切实加强领导，狠抓落实，严格履行职责，按照有关食品质量安全的法律、法规加强对食品质量安全的检验和监督检查，确保食品质量安全。

国务院办公厅

2008年9月18日

国家质检总局公布第109号令对《产品免于质量监督检查管理办法》(国家质量监督检验检疫总局令第9号)予以废止

9月19日

《人民日报》发表社论《发展中国特色社会主义的重大战略部署》

党中央决定，从2008年9月开始，用一年半左右的时间，在全党分批开展深入学习实践科学发展观活动。这是认真贯彻落实党的十七大精神，在新的历史起点上发展中国特色社会主义的重大战略部署。在四川汶川特大地震抗震救灾斗争取得重大胜利、北京奥运会和残奥会取得圆满成功的形势下，9月19日，中央召开全党深入学习实践科学发展观活动动员大会暨省部级主要领导干部专题研讨班，胡锦涛总书记发表了重要讲话，对在全党开展深入学习实践科学发展观活动进行了全面部署。

胡锦涛总书记的重要讲话，站在党和国家工作全局和战略的高度，精辟分析了在全党开展深入学习实践科学发展观活动的重大现实意义和紧迫性，明确提出了把贯彻落实科学发展观提高到新水平必须遵循的重要原则，深刻阐述了在全党开展深入学习实践科学发展观活动的总的要求和主要任务。认真学习、全面贯彻中央精神，对于我们弘扬伟大抗震救灾精神，充分利用北京奥运会、残奥会成功举办的好形势，推动全面贯彻党的十七大精神、做好改革发展稳定各项工作，意义十分重大。

科学发展观，是对党的三代中央领导集体关于发展的重要思想的继承和发展，是马克思主义关于发展的世界观和方法论的集中体现，是同马克思列宁主义、毛泽东思想、邓小平理论和“三个代表”重要思想既一脉相承又与时俱进的科学理论，是我国经济社会发展的重要指导方针，是发展中国特色社会主义必须坚持和贯彻的重大战略思想。在全面建设小康社会、发展中国特色社会主义的伟大实践中，科学发展观越来越显示出强大的真理力量，越来越成为全社会的基本共识和自觉行动，越来越得到全党全国人民的衷心拥护。我们还应当清醒地认识到，当今世界正处在大变革大调整之中，我国发展既面临着前所未有的机遇，也面对着前所未有的挑战，国际环境中不稳定不确定因素增多，我国发展的外部条件复杂多变；我国发展形势总的是好的，但也面临着不少突出矛盾和问题，如果不抓紧采取措施解决这些突出矛盾和问题，必将对我国经济社会发展特别是长远发展产生重大影响；随着改革开放和社会主义市场经济不断发展，随着党执政时间的增加和党的队伍的变化，党的自身建设面临许多新课题新考验，党面临的执政考验、改革开放考验、发展社会主义市场经济考验将是长期的、复杂的，管党治党的任务比过去任何时候都更为繁重。我们要在世情、国情、党情发生深刻变化的条件下，把党的十七大提出的重大理论观点、重大战略思想、重大工作部署落到实处，更好地用中国特色社会主义理论体系这一马克思主义中国化最新成果武装全党和统一全党思想，动员全党更好地为实现党的十七大提出的宏伟蓝图和行动纲领而团结奋斗。

开展深入学习实践科学发展观活动，是用中国特色社会主义理论体系武装全党的重大举措。只有坚持用马克思主义中国化最新成果武装全党，我们才能进一步引导广大党员、干部特别是领导干部自觉用发展着的马克思主义指导客观世界和主观世界的改造，不断提高运用科学理论分析和解决实际问题的能力。开展深入学习实践科学发展观活动，是深入推进改革开放、推动经济社会又好又快发展、促进社会和谐稳定的迫切需要。改革开放是决定当代中国命运的关键抉择，我国过去30年的快速发展靠的是改革开放，我国未来的发展也必须靠改革开放。发展是解决中国一切问题的"总钥匙"，同时发展必须是以人为本、全面协调可持续的科学发展。科学发展是全党全国人民的共同事业，我们推动科学发展的根本目的是做到发展为了人民、发展依靠人民、发展成果由人民共享。只有深入贯彻落实科学发展观，用科学发展观武装头脑、指导实践、推动工作，坚持走科学发展道路，才能把改革开放伟大事业不断推向前进，才能实现经济社会又好又快发展，才能实现社会和谐稳定，把广大人民群众组织起来共同为全面建设小康社会、进而基本实现现代化而奋斗。开展深入学习实践科学发展观活动，是提高党的执政能力、保持和发展党的先进性的必然要求。实践证明，只有按照科学发展观的要求，切实加强和改进党的自身建设，才能为科学发展提供可靠的政治和组织保障，使我们党始终保持蓬勃生机和旺盛活力。

开展深入学习实践科学发展观活动，要全面贯彻党的十七大精神，高举中国特色社会主义伟大旗帜，以邓小平理论和"三个代表"重要思想为指导，组织广大党员特别是各级领导班子和党员领导干部深入学习实践科学发展观，紧紧围绕党员干部受教育、科学发展上水平、人民群众得实惠，进一步解放思想、实事求是、改革创新，切实增强贯彻落实科学发展观的自觉性和坚定性，着力转变不适应、不符合科学发展要求的思想观念，着力解决影响和制约科学发展的突出问题以及党员干部党性党风党纪方面群众反映强烈的问题，着力构建有利于科学发展的体制机制，提高领导科学发展、促进社会和谐的能力，使党的工作和党的建设更加符合科学发展观的要求，把全社会的发展积极性进一步引导到科学发展上来，把科学发展观贯彻落实到经济社会发展各个方面。这是学习实践活动的指导思想，深刻领会、准确把握这个指导思想，全面贯彻、始终坚持这个指导思想，对于我们开展好学习实践活动至关重要。

开展深入学习实践科学发展观活动，是全党政治生活中的一件大事。广大党员干部要积极投入到学习实践活动中来，各级党组织要把学习实践活动摆上重要议事日程，高度重视，认真谋划，精心组织，加强领导，把深入学习、提高认识贯穿始终，把解放思想、改革创新贯彻始终，把解决问题、完善体制机制贯穿始终，把依靠群众、发扬民主贯穿始终，坚持进度服从质量，确保活动取得实效。要落实领导责任，加强分类指导，鼓励探索创新，搞好舆论引导，坚持统筹兼顾。要牢牢把握中央提出的坚持解放思想、突出实践特色、贯彻群众路线、正面教育为主的主要原则，努力实现提高思想认识、解决突出问题、创新体制机制、促进科学发展的目标。

目标具体明确，任务光荣艰巨。我们要以更加昂扬的精神状态，更加务实的工作作风，扎扎实实开展好深入学习实践科学发展观活动，把党的政治优势和组织优势转化为推动经济社会又好又快发展的强大力量，为全面推进社会主义经济建设、政治建设、文化建设、社会建设以及生态文明建设，为全面推进党的建设新的伟大工程，为实现全面建设小康社会的宏伟目标，进一步奠定重要的思想基础、政治基础和组织基础。

全党深入学习实践科学发展观活动动员大会暨省部级主要领导干部专题研讨班开班式在中央党校举行

中共中央总书记、国家主席、中央军委主席胡锦涛发表重要讲话。他强调，适应新形势，完成新任务，实现新发展，要求我们必须深化用中国特色社会主义理论体系武装全党工作，把深入学习实践科学发展观摆在突出位置，把党的政治优势和组织优势转化为推动经济社会又好又快发展的强大力量，为全面推进社会主义经济建设、政治建设、文化建设、社会建设以及生态文明建设，为全面推进党的建设新的伟大工程，为实现全面建设小康社会的宏伟目标，进一步奠定重要的思想基础、政治基础、组织基础。

中共中央政治局常委吴邦国、温家宝、贾庆林、李长春、李克强、贺国强等出席。中共中央政治局常委习近平主持。

胡锦涛指出，这次大会和研讨班，是在经过全党全军全国各族人民团结奋斗，四川汶川特大地震抗震救灾斗争取得重大胜利，北京奥运会、残奥会取得圆满成功的形势下举行的，这对于我们弘扬伟大抗震救灾精神，充分利用北京奥运会、残奥会成功举办的好形势，推动全面贯彻党的十七大精神、做好改革发展稳定各项工作，具有十分重要的意义。

胡锦涛强调，在全党开展深入学习实践科学发展观活动，是党的十七大作出的战略决策，是用中国特色社会主义理论体系武装全党的重大举措，是"三个代表"重要思想学习教育活动和保持共产党员先进性教育活动的继续，是深入推进改革开放、推动经济社会又好又快发展、促进社会和谐稳定的迫切需要，是提高党的执政能力、保持和发展党的先进性的必然要求。党的十七大提出在全党开展深入学习实践科学发展观活动，就是要在世情、国情、党情发生深刻变化的条件下，更好地用中国特色社会主义理论体系这一马克思主义中国化最新成果武装和统一全党思想，动员全党更好地为实现党的十七大提出的宏伟蓝图和行动纲领而团结奋斗。深入学习实践科学发展观，是在深刻变化的国际环境中推动我国发展的迫切需要，是落实实现全面建设小康社会奋斗目标新要求的迫切需要，是以改革创新精神全面推进党的建设新的伟大工程的迫切需要。

胡锦涛强调，改革开放以来，我们党高度重视自身建设，坚持党要管党、从严治党，全面推进党的建设新的伟大工程，推动党的建设在不断改进中得到加强。同时，我们必须清醒地看到，随着改革开放和社会主义市场经济不断发展，随着党执政时间的增加和党的队伍的变化，党的自身建设面临许多新课题新考验，党面临的执政考验、改革开放考验、发展社会主义市场经济考验将是长期的、复杂的，管党治党的任务比过去任何时候都更为繁重。当前，党的执政能力与新形势新任务的要求还不完全适应、不完全符合，一些党员、干部的思想观念、能力素质与党的先进性要求还不完全适应、不完全符合，一些基层党组织的管理手段和创新能力与经济社会发展任务还不完全适应、不完全符合，一些地方的党组织、领导班子、领导干部党性党风党纪方面还存在这样那样的问题。今年以来，一些地方发生重大生产安全事故和食品安全事故给人民群众生命财产造成重大损失。从这些事件中反映出，一些干部缺乏宗旨意识、大局意识、忧患意识、责任意识，作风飘浮、管理松弛、工作不扎实，有的甚至对群众呼声和疾苦置若罔闻，对关系群众生命安全这样的重大问题麻木不仁。我们对这些事件及其后果的严重性必须充分估计，对其中的惨痛教训必须牢牢记取。这些事件再一次告诫我们，只有抓紧解决党员干部队伍中存在的突出问题，使全党同志始终坚持立党为公、执政为民，始终坚持以人为本，始终把人民群众安危冷暖放在心上，我们党才能更好地带领广大人民群众为夺取全面建设小康社会新胜利而奋斗。

胡锦涛强调，在开展学习实践活动中要着重从以下几方面作出不懈努力。第一，进一步深刻理解贯彻落实科学发展观的重大意义。组织广大党员、干部深入学习贯彻党的十七大精神，认真学习领会毛泽东、邓小平、江泽民同志关于科学发展的重要思想和党的十六大以来我们党关于科学发展的一系列重要观点，认真总结和学习我国改革开放30年的经验，着力推动广大党员、干部深刻理解和全面把握科学发展观的科学内涵、精神实质、根本要求，增强贯彻落实科学发展观的自觉性和坚定性。第二，进一步抓好发展这个党执政兴国的第一要务。必须坚持不懈地抓好发展这个党执政兴国的第一要务，任何时候任何情况下都不能动摇、不能放松。同时，发展必须是以人为本、全面协调可持续的科学发展。要着力增强广大党员、干部贯彻党的基本理论、基本路线、基本纲领的自觉性和坚定性，使全党同志更加自觉、更加坚定地牢牢扭住经济建设这个中心，团结带领人民继续聚精会神搞建设、一心一意谋发展，不断为发展中国特色社会主义打下更为坚实的基础。第三，进一步实现好、维护好、发展好最广大人民的根本利益。着力把最广大人民的根本利益作为贯彻落实科学发展观的根本出发点和落脚点，努力兴办人民群众希望办的实事好事，使贯彻落实科学发展观的过程成为不断为民造福的过程，成为不断提高人民生活质量和水平的过程，成为不断提高人民思想道德素质、科学文化素质和健康素质的过程，成为不断保障人民经济、政治、文化、社会权益的过程，让发展成果惠及广大人民群众。第四，进一步坚持解放思想、改革创新。着力坚持解放思想、实事求是、与时俱进，深刻把握我国经济社会发展趋势和规律，继续坚定不移地把改革创新精神贯彻到治国理政各个环节，加快重要领域和关键环节改革步伐，着力构建充满活力、富有效率、更加开放、有利于科学发展的体制机制。第五，进一步提高党员干部队伍素质。着力提高各级党组织、领导班子和领导干部贯彻落实科学发展观的本领，努力把各级党组织建设成为贯彻落实科学发展观的坚强堡垒、把干部队伍建设成为贯彻落实科学发展观的骨干力量，为推动科学发展提供坚强组织保证。第六，进一步动员广大人民群众投身科学发展的伟大实践。必须紧紧依靠人民群众，做到谋划发展思路向人民群众问计，查找发展中的问题听人民群众意见，改进发展措施向人民群众请教，落实发展任务靠人民群众努力，衡量发展成效由人民群众评判，最大限度地把全社会的发展积极性引导到科学发展上来。

胡锦涛指出，这次学习实践活动总的要求是：全面贯彻党的十七大精神，高举中国特色社会主义伟大旗帜，以邓小平理论和“三个代表”重要思想为指导，组织广大党员特别是各级领导班子和党员领导干部深入学习实践科学发展观，紧紧围绕党员干部受教育、科学发展上水平、人民群众得实惠，进一步解放思想、实事求是、改革创新，切实增强贯彻落实科学发展观的自觉性和坚定性，着力转变不适应不符合科学发展要求的思想观念，着力解决影响和制约科学发展的突出问题以及党员干部党性党风党纪方面群众反映强烈的突出问题，着力构建有利于科学发展的体制机制，提高领导科学发展、促进社会和谐的能力，使党的工作和党的建设更加符合科学发展观的要求。在学习实践活动中，各地区各部门各单位要牢牢把握中央提出的坚持解放思想、突出实践特色、贯彻群众路线、正面教育为主的原则，努力实现提高思想认识、解决突出问题、创新体制机制、促进科学发展的目标。

胡锦涛指出，要坚持用中国特色社会主义理论体系武装全党，大兴求真务实之风，坚持讲党性、重品行、作表率，进一步把科学发展观转化为推动科学发展的坚强意志、谋划科学发展的正确思路、领导科学发展的实际能力、促进科学发展的政策措施，使人民群众感受到新变化新气象。

胡锦涛强调，这次学习实践活动的重点是县级以上领导班子和党员领导干部。各级领导干部特别是党委(党组)主要负责同志能否发挥示范带头作用，对学习实践活动的成效有着重要影响。领导干部带头，首先要从中央政治局常委同志做起。希望大家带头学习、深入学习，带头调查研究，带头坚持解放思想、实事求是，带头分析检查，带头整改落实。

习近平在主持会议时指出，胡锦涛总书记的重要讲话，科学分析国际国内形势的新变化，全面把握党和国家事业发展的新要求，精辟阐述了在全党开展深入学习实践科学发展观活动的重大意义，全面部署了把贯彻落实科学发展观提高到新水平的目标任务，明确提出了确保学习实践活动取得实效的基本要求。我们要认真学习、深刻领会，深刻认识开展学习实践活动的重大现实意义和紧迫性，深刻理解中央关于开展学习实践活动的指导思想、工作目标、方法步骤、基本要求，为在全党开展学习实践活动做好充分思想准备和工作准备，确保学习实践活动取得实效。

王乐泉、王兆国、王岐山、回良玉、刘淇、刘云山、刘延东、李源潮、汪洋、张高丽、张德江、俞正声、令计划、王沪宁、马凯、孟建柱、戴秉国等出席会议。

参加这次大会和研讨班的有各省区市、中央和国家机关以及军队各大单位主要负责同志。

第一批深入学习实践科学发展观活动工作会议在北京召开

第一批深入学习实践科学发展观活动工作会议19日至21日在北京召开。中共中央政治局常委、中央书记处书记习近平出席会议并作重要讲话。他强调，党中央已经制定下发了《在全党开展深入学习实践科学发展观活动的意见》，明确提出了学习实践活动的指导思想、主要原则和目标要求。参加第一批学习实践活动的各单位党委要全面正确把握、坚决贯彻落实，着力转变不适应不符合科学发展观要求的思想观念，着力解决影响和制约科学发展的突出问题以及党员干部党性党风党纪方面群众反映强烈的突出问题，着力构建有利于科学发展的体制机制，提高领导科学发展、促进社会和谐的能力。

中共中央政治局委员、中央书记处书记、中央宣传部部长刘云山出席会议，中共中央政治局委员、中央书记处书记、中央组织部部长李源潮主持会议并作会议总结。

在全党开展深入学习实践科学发展观活动，是党的十七大作出的一项重大战略部署。根据这一部署，2008年2月至8月在江苏省、中央组织部等23个单位进行了试点。在取得成功经验的基础上，党中央决定，从2008年9月开始，用一年半左右的时间，在全党分批开展深入学习实践科学发展观活动。参加第一批的单位主要是省部级党政机关、中管金融机构。召开这次会议，主要任务是对在全党开展深入学习实践科学发展观活动作出部署，对第一批开展活动的单位进行动员。

中央深入学习实践科学发展观活动领导小组部分成员，各省区市有关负责同志，中央和国家机关各部委、各人民团体分管负责同志等参加会议。

国家主席胡锦涛接受5国新任或首任驻华大使国书

国家主席胡锦涛在人民大会堂接受了阿根廷、马拉维、巴哈马、喀麦隆和越南5国新任或首任驻华大使递交的国书。

这5位大使分别是：阿根廷驻华大使马约拉尔、马拉维首任驻华大使纳蒙德维、巴哈马驻华大使坎贝尔、喀麦隆驻华大使姆帕纳和越南驻华大使阮文诗。

全国政协副主席阿不来提·阿不都热西提在人民大会堂会见朝中友好协会中央委员会委员长崔昌植一行

全国政协副主席孙家正在人民大会堂会见由主席团成员多博伊率领的欧洲社会党代表团

《毛泽东 邓小平 江泽民论科学发展》《科学发展观重要论述摘编》出版

国家副主席习近平出席在钓鱼台国宾馆召开的北京奥运会 残奥会答谢招待会并致辞

习近平代表中国政府和中国人民，向各国各地区运动员在北京奥运会、残奥会上取得的优异成绩表示衷心祝贺，向所有为北京奥运会、残奥会圆满成功作出贡献的人们表示诚挚感谢。

习近平表示，2008年北京奥运会、残奥会已先后落下帷幕，中国兑现了办一届有特色、高水平奥运会和两个奥运同样精彩的郑重承诺。北京奥运会、残奥会是各国运动员实现光荣和梦想的舞台，也是世界各国人民友好相处、增进了解、加深友谊的载体。北京奥运会、残奥会的成功,是中国人民和世界人民共同努力的结果。

习近平指出,奥运会、残奥会是短暂的,中国人民和世界人民的友谊是永恒的。北京奥运会、残奥会为我们留下了团结、友谊、合作的精神财富,使世界进一步了解中国,也使中国进一步了解世界,我们为共同收获这些精神财富而自豪。

回良玉、刘淇、刘云山、刘延东、令计划、孟建柱、戴秉国、邓朴方出席招待会。

招待会由外交部部长杨洁篪主持,中央和国务院有关部门负责人以及380多位外国驻华使节或代表和国际组织驻华机构代表参加招待会。

中国残联在人民大会堂召开2008年北京残奥会中国体育代表团总结大会

中共中央政治局委员、国务院副总理、国务院残疾人工作委员会主任回良玉,中共中央政治局委员、北京市市委书记、北京奥组委主席刘淇,中共中央政治局委员、国务委员、北京奥组委副主席刘延东,全国政协副主席、中国残联主席、北京奥组委执行主席邓朴方出席大会并和全体与会人员合影。邓朴方作重要讲话。

邓朴方说,继成功举办第二十九届奥运会之后,北京残奥会完美落幕。中国残疾人体育代表团肩负党和人民的期望和重托,遵照胡锦涛总书记的重要指示精神,在残奥会的赛场上自强不息、奋勇争先,取得了优异成绩,实现了运动成绩和精神文明双丰收,为祖国和人民赢得了重大的荣誉。

邓朴方说,北京残奥会书写了残奥运动发展的辉煌篇章。9月6日至17日,在12个难忘的日夜,4000多名各国各地区的残疾人运动员欢聚北京,创造了残奥运动发展新的高峰。各国残疾人运动员展示自尊、自信、自强、自立,感受欢乐、友谊、梦想、成功,实现了挑战自我、追求生命价值的目标,谱写了壮丽辉煌的生命赞歌,给世界带来了感动、激励和震撼。

总结大会上,全国总工会、共青团中央和全国妇联负责同志分别宣读了对成绩突出的运动员进行表彰的决定。

国办发出通知要求进一步做好婴幼儿奶粉事件处置工作

9月20日

国务院总理温家宝在省部级主要领导干部专题研讨班作报告

国务院总理温家宝在全党深入学习实践科学发展观活动动员大会暨省部级主要领导干部专题研讨班上作了"关于深入贯彻落实科学发展观若干重大问题"的专题报告。他强调,要坚持以人为本,把科学发展的成果体现在提高人民生活水平上,体现在满足人民物质文化需求上,体现在人的全面发展上。要抓住机遇,迎接挑战,把各方面的积极性引导到科学发展上来,坚持经济发展与社会进步结合,政治体制改革与经济体制改革结合,开放兼容与自主创新结合,时代精神与文化传统结合,实现更长时间、更高水平、更好质量的发展。

中共中央政治局常委习近平出席,中共中央政治局常委李克强主持。

温家宝指出,深入贯彻落实科学发展观,必须加强和改善宏观调控,促进经济长期又好又快发展;必须统筹城乡发展,坚持把解决"三农"问题作为全党工作的重中之重;必须着力推进自主创新,加快经济结构战略性调整;必须坚持资源节约和环境保护的基本国策,增强可持续发展能力;必须坚持以人为本、执政为民,着力发展以改善民生为重点的社会事业;必须深化改革开放,构建有利于科学发展的体制机制。

温家宝强调,保持经济平稳较快发展,防止大的起落,是促进科学发展的首要目标。今年是近些年来经济发展最困难的一年。国际经济形势复杂多变,国际金融动荡,全球经济明显减速,形势还可能进一步加剧。这些变化对我国的影响不可低估。国内经济运行中的突出问题也不少,价格上涨压力尚未根本缓解,一些地区和行业增长速度回落。对此,我们密切观察形势的变化,沉着应对,及时采取了一系列有针对性的调控措施,正在收到积极成效。我们有广阔的国内市场、比较充裕的资金和素质不断提高的劳动力优势,还有改革开放30年奠定的物质基础和体制基础,有多年来积累的应对风险的经验,完全有信心、有能力巩固经济发展的好势头。我们要正确把握宏观调控的方向、力度和节奏,抓住关键,突出重点,区别对待,有保有压,提高调控的有效性、针对性、灵活性,特别要把握好经济平稳较快发展和抑制通货膨胀的平衡点,保持宏观经济的稳定,保持金融市场的稳定,保持证券市场的稳定。

温家宝指出,最近一个时期,一些地方连续发生食品安全事件和生产安全事故,严重损害人民生命健康,造成了极其恶劣的社会影响,教训十分深刻。各级党委和政府必须把食品安全和安全生产工作摆到重要的日程上来,任何时候都不能松懈,这是贯彻落实科学发展观的要求。绝不能以损害人民生命健康来换取企业发展和经济增长。要强化行政问责制,出了问题必须严格追究领导责任。要加强公民道德、职业道德、企业道德、社会道德建设,在全社会形成诚信守法的良好环境。要切实加强对食品研发、生产、流通、消费各个环节的监管,大力整顿食品行业市场秩序,坚决打击违法犯罪行为,确保食品质量安全,让人民群众吃得放心。

王乐泉、王岐山、回良玉、刘淇、刘云山、刘延东、李源潮、汪洋、张高丽、张德江、俞正声、令计划、王沪宁、马凯出席会议。

各省区市、中央和国家机关及军队各大单位主要负责同志出席了今天的会议。

国务院副总理李克强到河北定兴县医院看望三鹿婴幼儿奶粉事件中患病儿童并考察患儿救治工作和奶制品市场情况

李克强强调,要认真落实党中央、国务院的部署,本着对人民高度负责的精神,全力精心做好患病婴幼儿救治工作,务求使患儿尽快恢复健康;在对奶制品进行全面检查、对行业开展全面整顿的同时,确保合格奶制品市场供应和价格稳定,保障消费需求。

李克强强调,各地区、各部门要认真贯彻党中央、国务院的要求,高度重视婴幼儿奶粉事件处置工作。要加强协调配合,狠抓工作落实,及时有效处理问题,对奶制品进行全面检查,保证新出的产品质量合格;对奶制品行业开展全面整顿,使奶制品质量和市场秩序有一个根本改观,促进奶制品行业健康发展;对奶农实行扶持政策,确保他们的利益不受大的影响;对发现的奶制品质量安全问题,要彻底查明原因、查清情况,依法依纪追究责任、严肃处理,切实保障人民健康,维护群众根本利益。

河北省委书记张云川、代省长胡春华和国务院有关部门负责同志陪同考察。

外交部发言人姜瑜就美国会参院通过涉藏决议案答记者问

姜瑜表示中方坚决反对美国会参院通过干涉中国内政的涉藏决议案。

有记者问:据报道,美国会参院近日通过了所谓“呼吁达赖和中国政府就西藏人民权利加强对话”的决议案。请问中方对此有何评论?

姜瑜说,西藏事务纯属中国内政,中国政府与达赖接触商谈问题完全是中国内部事务。中方坚决反对美国会参院通过干涉中国内政的涉藏决议案。

她说,我们敦促美国会参院恪守国际关系基本准则,停止支持和纵容“藏独”分裂势力,停止干涉中国内政和损害中美关系的错误言行。

“万众一心 众志成城——抗震救灾主题展览”在军事博物馆开幕

《新世纪新阶段国防和军队建设》出版

由解放军总政治部组织编写,全国干部培训教材编审指导委员会审定的《新世纪新阶段国防和军队建设》教材,由人民出版社、党建读物出版社出版。这是我国首部专门为党政领导干部学习培训编写的国防教育读本。

《国家社科基金成果文库》第三批优秀成果出版

《国家社科基金成果文库》第三批10部优秀成果由人民出版社、商务印书馆、中国社会科学出版社、中央编译出版社、学习出版社共同出版。

据了解,这10部著作包括:《中国民俗史(6卷本)》(钟敬文、萧放著)、《理气性心之间——宋明理学的分系与四系》(向世陵著)、《秦至汉初简帛文字研究》(黄文杰著)、《重识老子与〈老子〉——其人其书其术其演变》(尹振环著)、《古罗马文学史》(王焕生著)、《〈二十四诗品〉诗歌美学》(张国庆著)、《中国军旅文学50年》(朱向前著)、《〈昭明文选〉研究发展史》(王书才著)、《郑玄三礼注研究》(杨天宇著)、《明代国家宗教管理制度与政策研究》(赵轶峰著)。

9月21日

国家主席胡锦涛在人民大会堂会见由名誉会长御手洗富士夫和会长张富士夫率领的日本日中经济协会代表团

胡锦涛高度赞赏日中经济协会为促进两国经贸合作,推动中日关系改善和发展作出的重要贡献,感谢日本各界对中国抗震救灾提供的宝贵援助和对北京奥运会、残奥会给予的大力支持。

胡锦涛说,中国政府高度重视中日关系,愿同日方一道,在中日四个政治文件的指引下,进一步增进战略互信,深化互利合作,扩大人文交流,加强地区和国际事务中的协调配合,妥善处理有关敏感问题,推动中日战略互惠关系持续深入发展。

胡锦涛表示,希望中日双方进一步深化两国经贸合作,为实现互利双赢、共同发展而共同努力,为亚洲和世界经济的稳定增长与繁荣发展作出贡献。

御手洗富士夫、张富士夫感谢胡锦涛主席拨冗会见,他们祝贺北京奥运会和残奥会取得圆满成功,表示愿与中方共同努力,不断拓展和深化双方在各个领域的交流与合作,推动日中战略互惠关系全面向前发展。

国务院总理温家宝在北京看望三鹿婴幼儿奶粉事件患病儿童并考察奶制品市场

温家宝首先来到北京儿童医院。温家宝对医护人员们说，你们辛苦了。发生这样的事件，我们要把群众的身体健康安全放在第一位。他希望医护人员要认真、耐心、细致地检查，不漏过一例患儿，对群众负责；检查出患病的孩子，一定要抓紧治疗。

接着，温家宝来到北京市复兴门北大街社区，走进北京光电设备厂退休高工陈士杰的家。得知陈士杰的外孙女健康状况良好，喝奶没有受到影响，温家宝十分欣慰。他说："这几天，政府和有关部门采取了很多紧急措施，第一，彻底检查全部的婴幼儿奶粉，接着又检查液态奶和成人奶粉，还要检查其他各种奶制品，要做到彻底，不留死角。第二，发现有问题的奶制品，一律下架、封存、销毁，决不允许流入其他地方。第三，对吃过问题奶粉的患者免费检查和治疗。"

温家宝对大家说："出了这样一起特大食品卫生事件，做父母的痛心，我们也很痛心。虽然老百姓很理解，但是作为政府，我们感到很内疚。这暴露出我们前一阶段在奶源的收购检查、生产企业产品质量监督检查、奶制品市场管理等环节都存在一些问题。人最重要的是生命健康，而健康离不开食物。这次事件对整个食品安全都是一个警示。通过处理这件事情，我们要认真总结和反思，把食品安全工作进一步抓好，让坏事变成好事。"

离开陈士杰家，社区中的居民纷纷围拢上来，热情地问候总理。面对大家关切的询问，温家宝郑重地说："我们现在要做的，就是保证以后不再发生这样的事。在这起事件中，暴露出政府监管不力，也反映出一些企业缺乏职业道德和社会公德，用老百姓的话说就是'没良心'。我们不仅要追究领导责任，对这样的企业，也要坚决整顿、处理，一个也不放过！"

中共中央政治局委员、北京市市委书记刘淇，北京市市长郭金龙陪同考察。

纪念程思远同志诞辰100周年座谈会在人民大会堂举行

中共中央政治局常委、全国政协主席贾庆林出席座谈会。

程思远同志是著名的无党派爱国民主人士，杰出的社会活动家，中国共产党的亲密朋友，曾任第八、九届全国人民代表大会常务委员会副委员长，中国人民政治协商会议第七届全国委员会副主席。

全国人大常委会副委员长兼秘书长李建国在座谈会上讲话。他说，程思远同志一生始终保持着崇高的爱国主义情操，为维护祖国统一、推动两岸关系发展作出了重要贡献，为坚持和完善人民代表大会制度、推进社会主义民主法制建设进程付出了大量心血。我们纪念程思远同志，就是要学习他胸怀祖国、热爱人民的爱国主义精神，为实现祖国和平统一大业和中华民族的伟大复兴而不懈奋斗；学习他衷心拥护中国共产党领导、矢志不渝走中国特色社会主义道路的坚定信念，把老一辈无党派爱国民主人士与中国共产党肝胆相照、荣辱与共、真诚合作、不断进步的优良传统继承下来发扬光大；学习他坚持原则、追求真理的高尚品德，以对党、对国家、对人民事业高度负责的精神，求真务实，廉洁奉公，克勤克俭，堂堂正正做人，干干净净为党、为国家、为人民工作。

座谈会由全国政协副主席、中共中央统战部部长杜青林主持。全国政协副主席、民革中央常务副主席厉无畏，中国和平统一促进会副会长何鲁丽出席座谈会。

中共中央统战部常务副部长朱维群，全国政协副秘书长卞晋平，无党派人士代表陈章良，广西壮族自治区党委常委、统战部长黄道伟等先后发言。有关方面负责人和程思远同志的亲属、生前友好及在京无党派人士代表等共200余人出席座谈会。

中央深入学习实践科学发展观活动领导小组发出通知要求认真学习贯彻胡锦涛总书记的讲话

通知要求参加学习实践活动的各地区各部门各单位认真学习贯彻胡锦涛总书记在全党深入学习实践科学发展观活动动员大会暨省部级主要领导干部专题研讨班上的讲话。

通知指出，胡锦涛总书记的重要讲话是开展深入学习实践科学发展观活动、把贯彻落实科学发展观提高到一个新的水平的重要指导文件。《讲话》站在党和国家工作全局的战略高度，科学分析了世情、国情、党情的新变化，深刻阐明了在全党开展深入学习实践科学发展观的重大现实意义和紧迫性，对在全党开展深入学习实践科学发展观活动提出了明确要求。深入学习领会和贯彻落实《讲话》精神，对于切实搞好深入学习实践科学发展观活动，进一步推动科学发展观深入贯彻落实，动员全党更好地为实现党的十七大提出的宏伟蓝图和行动纲领团结奋斗，具有重大意义。

通知强调，要深刻理解、准确把握《讲话》的主要内容和精神实质，把学习《讲话》和学习党的十七大报告，学习《毛泽东邓小平江泽民论科学发展》《科学发展观重要论述摘编》《深入学习实践科学发展观活动领导干部学习文件选编》结合起来。着重理解和准确把握科学发展观是对党的三代中央领导集体关于发展的重要思想的继承和发展，是马克思主义关于发展的世界观和方法论的集中体现，是同马克思列宁主义、毛泽东思想、邓小平理论和“三个代表”重要思想既一脉相承又与时俱进的科学理论，是我国经济社会发展的重要指导方针，是发展中国特色社会主义必须坚持和贯彻的重大战略思想。着重理解和准确把握深入学习实践科学发展观，是在深刻变化的国际环境中推动我国发展的迫切需要，是落实实现全面建设小康社会奋斗目标新要求的迫切需要，是以改革创新精神全面推进党的建设新的伟大工程的迫切需要。着重理解和准确把握把贯彻落实科学发展观提高到新水平，必须进一步深刻理解科学发展观的重大意义，进一步抓好发展这个党执政兴国的第一要务，进一步实现好、维护好、发展好最广大人民的根本利益，进一步坚持解放思想、改革创新，进一步提高党员干部队伍素质，进一步动员广大人民群众投身科学发展的伟大实践。着重理解和准确把握中央关于开展学习实践活动的总体部署和要求，坚持用中国特色社会主义理论体系武装全党，努力在科学发展观的认识上取得新的提高；坚持突出实践特色，努力在解决群众反映强烈、影响和制约科学发展的突出问题上取得新的突破；坚持推进重点领域和关键环节的改革，努力在构建有利于科学发展的体制机制上取得新的进展；坚持讲党性、重品行、作表率，努力在改进作风上取得新的成效。各级领导干部特别是主要负责同志要深刻理解胡锦涛总书记的殷切希望，带头学习、深入学习，带头调查研究，带头坚持解放思想、实事求是，带头分析检查，带头整改落实。

通知要求，要以《讲话》精神为指导，切实搞好学习实践科学发展观活动。在学习实践科学发展观活动中，要认真学习贯彻胡锦涛总书记的重要讲话精神。参加第一批学习实践活动的各地区各部门各单位，以及各省区市确定的试点市、县、国有企业和高等学校，要认真贯彻落实《中共中央关于在全党开展深入学习实践科学发展观活动的意见》和《第一批开展深入学习实践科学发展观活动的实施意见》，以《讲话》精神为指导，充分认识在全党开展深入学习实践科学发展观活动的重大意义，切实把思想统一到中央的决策部署上来；正确把握学习实践活动的指导思想、主要原则和目标要求，着力解决影响和制约科学发展的突出问题；抓住关键环节，确保学习实践活动深入开展；扎实有序展开学习实践活动，切实加强对学习实践活动的领导和指导，务求学习实践活动取得实实在在的成效。参加第二批、第三批学习实践活动的单位要结合实际，认真组织学习贯彻胡锦涛总书记的重要讲话精神，深入贯彻落实科学发展观，推动经济社会又好又快发展，积极做好开展学习实践活动的准备工作。

国家副主席习近平在北京参加全国科普日活动

习近平与王兆国、刘淇、刘云山、刘延东、李源潮、令计划、路甬祥、韩启德等中央领导同志，来到中国科学院植物研究所北京植物园，同首都各界群众和青少年一起参加今年的全国科普日活动。

今年全国科普日活动的主题是“节约能源资源、保护生态环境、保障安全健康”。围绕这一主题，全国各级科协、学会及社会各界将组织开展3500多项科普活动。北京主场活动的主题为“坚持科学发展，建设生态文明”。

习近平等中央领导同志首先来到“坚持科学发展，建设生态文明”主题展览活动区。习近平充分肯定今年全国科普日活动的主题，他说，这一主题紧紧围绕深入贯彻落实科学发展观，配合了党和国家中心工作，是科协工作围绕中心、服务大局的生动体现。

在参观反映我国地震、洪涝等自然灾害的影像和图片时，习近平说，我国是世界上自然灾害最为严重的国家之一，仅今年就先后发生了雨雪冰冻灾害和四川汶川特大地震灾害。将防灾减灾纳入科普活动，有助于提高全社会防灾减灾的意识和能力，最大限度地减少自然灾害对经济社会发展造成的损失。

在认识粮食、节约粮食体验活动区，习近平等中央领导同志来到孩子们中间，同他们一起做起了实验。习近平语重心长地对小学生们说，你们在课堂上学习过“谁知盘中餐，粒粒皆辛苦”的诗句，但还要通过大量的社会实践，才能真正感悟到这句诗的含义。希望同学们利用节假日多到农村体验生活，更好地认识我们的国情、民情，更加自觉地节约粮食。

习近平等中央领导同志还参观了中国科学院植物研究所北京植物园科普实践中心、植物标本馆、系统与进化植物学国家重点实验室等，看望了在这里工作的科技工作者。习近平说，当前，全党正在开展深入学习实践科学发展观活动。贯彻落实科学发展观，很重要的一项任务就是要提高全民科学素质。希望广大科技工作者在搞好科学研究的同时，积极参与到科普活动中来，为提高全民科学素质，为实施科教兴国战略和建设创新型国家，作出新的贡献。

外交部部长杨洁篪就巴基斯坦发生自杀式爆炸袭击致电巴基斯坦外长库雷西表示慰问

9月22日

国家主席胡锦涛同美国总统布什通电话

布什首先祝贺北京奥运会、残奥会取得圆满成功，感谢中方对他在出席北京奥运会相关活动期间给予的热情款待。胡锦涛感谢美国政府和人民对北京奥运会、残奥会的支持。

布什向胡锦涛介绍了美国经济金融形势近况，表示美国政府认识到问题的严重性，已经并将继续采取措施稳定美国和国际金融市场。

胡锦涛表示，我们注意到美国政府为稳定国内金融市场已采取了一些重要措施，希望这些措施能够迅速见到成效，以使美国经济金融状况逐步得到改善和好转。这既符合美国利益，也符合中国利益，也有利于维护国际金融市场稳定，促进世界经济平稳健康发展。

胡锦涛说，近年来，中美关系总体保持积极发展的良好势头。两国高层往来密切，各领域交流合作不断加强，中美战略经济对话和战略对话机制不断深化并取得积极成果。中方愿同美方继续共同努力，加强对话、交流、合作，妥善处理彼此利益和重大关切，特别是要妥善处理台湾问题，推动中美建设性合作关系持续稳定向前发展。

中共中央国务院对三鹿牌婴幼儿奶粉事件有关责任人员作出严肃处理

根据国家处理奶粉事件领导小组事故调查组调查，三鹿牌婴幼儿奶粉事件是一起重大食品安全事件。依据《国务院关于特大安全事故行政责任追究的规定》《党政领导干部辞职暂行规定》等有关规定，鉴于河北省省委常委、石家庄市委书记吴显国同志对三鹿牌奶粉事件负有领导责任，对事件未及时上报、处置不力负有直接责任，经党中央、国务院批准，免去吴显国同志河北省省委常委、石家庄市市委书记职务；鉴于在多家奶制品企业部分产品含有三聚氰胺的事件中，国家质量监督检验检疫总局监管缺失，对此，局长李长江同志负有领导责任，同意接受李长江同志引咎辞去国家质量监督检验检疫总局局长职务的请求。

国务院任免国家工作人员

同意李长江辞去国家质量监督检验检疫总局局长职务。

任命王勇为国家质量监督检验检疫总局局长；免去其国务院副秘书长职务。

中共中央政治局常委贺国强率中央代表团参加宁夏回族自治区成立50周年庆祝活动

代表团副团长是：中共中央政治局委员、国务院副总理回良玉，全国人大常委会副委员长韩启德，全国政协副主席、中央统战部部长杜青林，全国政协副主席白立忱，中央军委委员、总参谋长陈炳德。

中央代表团由43人组成。成员还包括有关省、自治区，中央和国家机关有关部门，解放军，有关人民团体的负责同志。

由胡锦涛总书记亲笔题写鼎名的"民族团结宝鼎"赠鼎仪式在宁夏博物馆宝鼎广场隆重举行。中共中央政治局常委、中央纪委书记、中央代表团团长贺国强和宁夏回族自治区党委书记陈建国一起拉动大红绸布，为中央人民政府赠送宁夏回族自治区的宝鼎揭幕。

中共中央政治局委员、国务院副总理、中央代表团副团长回良玉在赠鼎仪式上致辞。

中央代表团副团长、全国人大常委会副委员长韩启德在赠鼎仪式上宣读了中央代表团向宁夏回族自治区各族干部群众赠送的纪念品清单。其中，包括民族团结宝鼎、民族团结进步事业基金、文化教育建设经费、救护车、投影设备、信息化终端设备、棉大衣、慰问杯等共8项。

中央代表团副团长杜青林、白立忱、陈炳德和代表团全体成员，宁夏各有关部门和单位负责人、各族各界群众等参加了赠鼎仪式。

第五届中国国际中小企业博览会在广州开幕

中共中央政治局委员、国务院副总理张德江出席开幕式。

张德江参观了博览会国际馆、亚欧馆、韩国馆、中小企业服务馆和电子信息馆，并与参展客商交谈，听取他们的意见和要求。张德江在参观时指出，中国国际中小企业博览会创办以来，规模越来越大，内容越来越丰富，效果越来越明显。要不断总结经验，更好地为中小企业服务，努力把博览会办出特色、办出水平，使其成为国际中小企业交流合作、相互促进、共同发展的重要平台。

第五届中国国际中小企业博览会暨中韩中小企业博览会于9月22日至25日举行，为期4天。本届博览会在招展、招商、展会、服务等方面都实现了新的突破。有50多个国家和地区的客商、政要参展参会，国家和地区数为历届之最；参会客商达10万人，其中境外客商1万人，参会人数也为历届之最。博览会期间，还将举办中小企业高峰论坛、专题培训、融资论坛、信息化论坛、采购说明会等活动。

外交部部长杨洁篪在纽约出席第六十三届联合国大会非洲发展高级别会议并发表讲话

杨洁篪指出，近年来，非洲和平安全形势不断改善，区域合作和一体化进程稳步推进，经济实现了较快增长，发展步伐加快，势头令人鼓舞。同时，非洲在前进道路上仍面临艰巨挑战。

杨洁篪说,没有非洲的发展进步,就没有世界的和平繁荣。国际社会应加大重视非洲问题,支持非洲各国政府和人民实现发展的努力,继续维护非洲的和平稳定,落实对非援助承诺,增强非洲能力建设,帮助非洲应对全球性挑战。

杨洁篪表示,中非合作是南南合作的重要组成部分。进一步加强同非洲的友好关系,支持非洲实现和平与发展,是中国政府坚定不移的方针。半个多世纪以来,中国政府向非洲提供了力所能及的援助。在中非合作论坛框架下,中国免除了34个非洲重债穷国和最不发达国家债务308笔,为非洲培训了2.2万多名各类人才。今后中方将继续与非洲国家加强沟通,密切配合,进一步落实好中非合作论坛北京峰会成果,采取切实有效措施支持非洲发展,扎实推进中非新型战略伙伴关系。未来5年内,中国还将在农业、教育、卫生、医疗、清洁能源等领域向非洲国家提供进一步援助和支持。

与会各国代表围绕“非洲的发展与需要”这一主题,就非洲和平与安全、发展与减贫、防治疾病等问题展开了讨论。来自非洲和其他国家的40多位国家元首和政府首脑以及国际组织的代表出席了会议。

外交部部长杨洁篪在纽约与美国国务卿赖斯举行双边会见

外交部部长杨洁篪在纽约会见联大主席 阿盟秘书长及一些国家外长

外交部部长杨洁篪分别会见了第六十三届联合国大会主席布罗克曼、阿拉伯国家联盟秘书长穆萨、韩国外交通商部长官柳明桓、荷兰外交大臣费尔哈亨、津巴布韦外长蒙本盖圭和埃及外长盖特。

全国人大常委会副委员长陈至立在纽约出席白宫全球扫盲会议

应美国总统夫人劳拉·布什的特别邀请,全国人大常委会副委员长陈至立出席白宫全球扫盲会议,并作了“推进全球扫盲:共享自由、和谐与繁荣”的主题发言。

陈至立指出,扫盲是构建社会公平和个人自由的基础,不仅是教育的重要组成部分,也是改善人民生活状态、实现社会公平的重要手段。中国政府历来把扫除文盲作为国家最基本的政策目标之一,经过59年,特别是改革开放30年的不懈努力,文盲人数大幅度降低,为全世界扫除文盲作出了积极贡献。

她说,中国政府采取了一系列重要措施加强扫盲工作。一是把普及和巩固九年义务教育作为防止产生新文盲的最根本的途径。实施了西部“两基”攻坚计划、农村中小学现代远程教育工程和农村寄宿制学校建设工程等一系列工程,并于2008年在全国实现了免费九年义务教育。中国小学适龄儿童入学率达99%以上,初中毛入学率达到97%以上。

二是加强扫盲教育的实效性和针对性,使扫盲教育成为改善生活质量的有效手段。利用现代远程教育网络和农村成人学校等资源,开展劳动力培训和农村实用技术推广。2000年以来,参加农村实用技术培训的农民超过4.6亿人次。努力加强妇女扫盲教育,重点扫除农村15岁至24岁青年妇女文盲。

三是加强少数民族地区的扫盲工作。实施了人口较少民族的扫盲工程,通过集中办学和送教上门、开发具有民族特色的课程和教材,对少数民族文盲进行扫盲培训。

四是建立奖励机制,加大扫盲经费投入。

陈至立强调,中国将一如既往地推动扫盲教育,加强这一领域的国际交流与合作,并呼吁各国携起手来,为实现全球扫盲和全民教育目标作出新的努力和贡献。

此次白宫扫盲会议由联合国教科文组织和美国政府联合主办,是继2006年后的第二次会议,主要内容是落实联合国扫盲十年计划和千年发展目标。

与会期间,陈至立会见了联合国教科文组织总干事松浦晃一郎。

葡萄牙代总统兼代议长阿莱格雷和总理苏格拉底在里斯本分别会见全国政协副主席王刚率领的中国全国政协代表团

解放军四总部制定《关于进一步加强士官队伍建设的若干意见》

经胡锦涛主席批准,解放军四总部制定的《关于进一步加强士官队伍建设的若干意见》(以下简称《意见》),日前下发全军和武警部队贯彻执行。

《意见》以科学发展观为重要指导方针,认真贯彻胡主席一系列重要指示,围绕建设一支高素质士官队伍,从7个方面提出了20条具体措施和办法。针对一些单位士官选取风气方面存在的问题,对加强党委统一领导、搞好基层民主推荐、发挥纪委监督作用等环节的工作作了具体规范;着眼提高素质能力,重点明确了士官培训、在职学习、技能鉴定等工作的组织实施办法;围绕增强士官教育管理实效,突出强调建立相对独立的教育体系、坚持依法从严管理、加强自我教育管理;从严格党员发展标准、加强先进性建设、提高士官支委工作能力等方面,对建设过硬的士官党员队伍提出了具体办法;针对士官的实际困难,提出了适当放宽中级以上士官在驻地找对象年龄、完善社会保险制度、做好住房保障工作等办法措施。

国务委员刘延东出席在北京召开的国务院第三次全国文物普查领导小组第二次(扩大)会议并发表讲话

刘延东说,第三次全国文物普查工作是25年来国务院部署的一项重大国情国力调查,是繁荣发展社会主义文化的重要工程。各地区、各有关部门按照国务院的统一部署和要求,认真履行职责,做了大量工作,取得了显著成绩,基本完成了文物普查第一阶段工作任务,文物普查得到社会各界广泛支持,形成了政府部门主导、全社会共同参与的良好局面。

刘延东强调,文物作为有形文化遗产,凝聚着先人的智慧,是悠久历史的物证,是文化传承的载体。要从保护中华民族生存、发展的文化根基、建设国家软实力的高度,提高认识,增强文物普查和保护的使命感责任感。要切实纠正一些地方重建设、轻文物的倾向,谨防走先破坏、再重建的弯路。她说,目前文物普查工作已转入实地调查的关键阶段,各地区、各有关部门要高度重视,做到领导到位,责任到位。

9月23日

国务院总理温家宝在纽约出席美国友好团体欢迎午宴并就中美关系发表演讲

国务院总理温家宝当地时间23日在纽约出席了美国友好团体举行的盛大欢迎午宴,并发表了题为《继往开来,共创中美关系更加美好的明天》的演讲。

演讲结束后,温家宝还回答了听众有关中国食品安全的提问。温家宝说,最近,中国发生了婴幼儿奶粉事件。中国政府高度重视,立即采取一系列果断措施。我们要从事件中吸取教训。第一,要确保产品质量,特别是食品安全,绝不能以牺牲人民的健康和生命换取企业的发展。第二,要加强制度建设,从原料生产、加工、流通、消费每个环节都要进行严格监督和检查。第三,要重视社会道德建设。一个企业家身上应流着道德的血液。温家宝表示,中国要采取有力的措施确保产品质量和食品安全。中国的出口产品不仅要符合国际标准,还要符合进口国的要求。中方愿在此方面加强同美方合作。

温家宝的演讲赢得了全场听众热烈掌声。美中关系全国委员会主席希尔斯、美国劳工部长赵小兰、美国前国务卿基辛格先后致辞,他们热烈祝贺北京奥运会成功举办,一致表示,加强美中两国合作对维护世界和平与稳定,解决世界面临的诸多问题和挑战至关重要,美国应继续保持对华接触与合作关系。

国务院总理温家宝在美国友好团体欢迎午宴上发表题为《继往开来,共创中美关系更加美好的明天》的演讲

尊敬的基辛格博士,尊敬的希尔斯大使、布朗先生、赵小兰部长,女士们、先生们:

首先,我要感谢美中关系全国委员会、美中贸易全国委员会、美国对外关系委员会、亚洲协会、美国商会、美国中国总商会、百人会、美中政策基金会、美国中国论坛、商业圆桌会议和华美协进社共同举办这场活动,使我们有机会同各位老友新朋再次相聚,共叙情谊。

记得2003年我对美国进行正式访问期间,你们在华盛顿也举办了这样盛大的宴会。那次我发表了题为《共同谱写中美关系新篇章》的演讲,对中美关系作出三条结论:一是中美两国合则两利,斗则俱伤;二是中美两国有合作的基础和共同的利益;三是中美合作有利于亚太地区的稳定,也有利于世界的和平与发展。

转眼5年过去了,我高兴地看到,这三条结论经受住了时间的检验,中美关系取得了重要的发展。

首先,中美高层接触比以往任何时期都要频繁。中美之间各种对话和磋商机制已超过60个,特别是中美战略经济对话和战略对话机制,为增进双方战略互信发挥了重要作用。

第二,双边贸易额从2003年的1260亿美元增加到去年的3020亿美元,五年中增长了近一倍半,中美互为第二大贸易伙伴。双方在能源资源、气候变化、产品质量和食品安全等一系列新领域开展了对话与合作。不久前,两国签署的《中美能源环境十年合作框架文件》就是一个突出例子。

第三,中美在反恐、防扩散等全球安全领域和朝鲜半岛核问题等地区和国际热点问题上保持了沟通与协调,共同致力于维护世界和平与稳定。

女士们,先生们:

"国之交在于民相亲"。中美关系的发展还体现在两国人民之间的友好感情不断加深。

四川汶川特大地震发生后,美方向中国提供了大量援助资金和物资,总价值超过1亿美元,其中大部分来自民间。记得大地震发生后的第二天,我在受灾最严重的北川县察看灾情时,偶遇三个美国青年。交谈中得知,他们是从成都赶来的美国志愿者。这是我在灾区见到的第一批外国志愿者。后来,由美国国际开发署牵头,美国一些著名企业和机构的代表冒着余震危险,前往重灾区考察,为恢复重建工作出谋献策。这在两国交往中也是首次,我在北京会见了他们。目前,在美国政府和社会各界的大力促成下,150名来自地震灾区的中国大学生正在纽约州立大学学习。我相信他们学成回国后一定能更好地为家乡建设服务,也一定会加入到促进中美友好的事业中来。

在上个月结束的北京奥运会上,我们同样见到许多中美友好的感人场景。例如,布什总统全家三代人来到北京,与中国观众一起为两国运动员加油;由中国教练执教的美国女排和体操队与中国队同场竞技;在美国NBA打球的中国运动员很受人们喜爱;美国花样游泳队在赛场上高举“谢谢你,中国”的标语,中国观众对此报以热烈的掌声,等等。

这些例子再次证明,中美两国人民心灵是相通的,情感是相连的。借此机会,我要向长期致力于促进中美友好事业的美国各界人士表示崇高的敬意,对美国政府和人民对中国抗震救灾和举办奥运会的大力支持表示衷心感谢!

女士们,先生们:

再过一个多月美国将举行总统选举。有不少人问我如何看待美国大选后的中美关系?我告诉他们,不管谁出任美国下届总统,中国都希望与美国保持和发展建设性合作关系。同时,我们坚信,无论谁入主白宫,中美关系都要向前发展,历史的潮流不会逆转。这是因为:

第一,中美两国从未像今天这样拥有广泛的共同利益。从维护世界和平与稳定,到应对日益增多的全球性挑战和推动贸易与投资自由化,中美合作的领域和意义已远远超出双边范畴,正在全球产生越来越重要的影响。中美关系稳定发展符合两国人民的根本利益,也顺应时代潮流。

第二,中美社会制度、发展水平和历史文化不同,两国在一些问题上存在分歧,这并不是什么可怕的事情。只要双方坚持在相互尊重的基础上开展平等对话协商,就能够逐步消除疑虑,加深互信。

第三,中美两个民族都具有海纳百川、好学求新的品质。美国在短短200多年时间里,成为世界上最强大的国家,在经济、科技领域取得了辉煌成就。中国悠久的文明绵延5000年不中断,在新的时代日益焕发出勃勃生机。不同的历史,同样精彩,靠什么?靠开放包容、博采众长。两个相互欣赏,相互学习的民族,也应该是友好相处、共同进步的民族。

第四,中国的发展不会损害任何人,也不会威胁任何人。中国是国际体系的积极参与者和建设者,不是破坏者。中国是一个负责任的大国。中国经济对世界经济增长的贡献率已超过10%。中国积极参与解决朝鲜半岛核问题、伊朗核问题等重大国际和地区问题。中国愿与国际社会一道,共同应对金融动荡、能源紧张、粮食短缺、气候变化等全球性挑战。

中美不是竞争对手,而是合作伙伴,也可以成为朋友。布什总统在出席北京奥运会期间对我说,美中关系不是一种你输我赢或你赢我输的关系,中国所得并不意味着美国所失,反之亦然。美国可以从中国的繁荣发展中获益,美中两国可以共同发展。我也高兴地看到,美国共和、民主两党阵营都重视中美关系。我认为,这体现了布什总统和美国两党阵营的战略眼光和政治智慧,也代表了全体美国人民的愿望。

我要强调的是,中国政府历来重视发展中美关系。我们真诚希望,中美友好合作能够走出一条不同文化背景的大国和谐相处、共同发展的光明大道。

台湾问题始终是中美关系中最核心、最敏感的问题。历史证明,中美关系能否顺利发展,很大程度上取决于台湾问题能否得到妥善处理。

今天,台湾新领导人回归“九二共识”,海峡两岸关系呈现出缓和改善的积极势头。海协会与海基会在中断商谈9年后举行首次会谈,两岸周末包机直航和大陆观光客赴台顺利实现,更多促进两岸人员和经济文化交往的重要举措正在商议之中。

当前和今后一段时间是海峡两岸关系发展的关键时期。我们愿本着“建立互信、搁置争议、求同存异、共创双赢”的原则,在“九二共识”的基础上务实解决各种问题,为两岸关系的进一步发展创造条件。

5年前,布什总统公开表明反对“台独”的立场,在国际上产生积极影响,赢得了中国人民的赞赏和尊敬,也使中美关系得以继续向前发展。5年后的今天,我们希望美方能够恪守承诺,坚持一个中国政策和中美三个联合公报,反对“台独”,支持两岸改善关系,实现共同发展。这对两岸人民有利,对中美关系有利,对世界和平有利。

女士们,先生们:

现在,国际上很关注北京奥运会之后中国的走向。明天我将在联合国的讲台上作出回答,简而言之就是:中国坚持走和平发展道路,坚持改革开放,坚持独立自主的和平外交政策。

虽然北京奥运会取得了成功,但中国实现现代化还有很长的路要走。对中国来讲,把自己的事情办好,保持稳定和发展,就是对世界最大的贡献,就是承担了最大的国际责任。同时,我们将继续与各国一道,坚定维护世界和平与稳定,积极参与国际经济合作,促进不同文明之间的对话和交流,推动实现世界的和谐与可持续发展。

女士们,先生们:

我们即将迎来中国改革开放30周年和中美建交30周年。30年来,中国大地发生了翻天覆地的变化,中美关系也实现了巨大发展。这一切与其说是历史的巧合，不如说是历史的必然。富兰克林·罗斯福总统曾经说过，"时代要求我们大胆地相信，人类经过努力可以改变世界，可以达到新的、更美好的境界。"今天，我们有充分的理由期待和相信，一个世界上最大的发展中国家和最强的发达国家，有足够的勇气和智慧跨越任何艰险和阻碍，继往开来，共创更加光明美好的未来！

谢谢大家！

国务院总理温家宝在纽约会见美国前国务卿基辛格

国务院总理温家宝在纽约联合国总部会见联合国秘书长潘基文

温家宝表示，维护世界和平与稳定、维护世界经济金融稳定、实现千年发展目标是当今世界面临的三个重要问题。贫穷是造成地区不稳定的一个重要因素。国际经济金融形势出现新动荡、油价高企、粮食供应紧张使这些国家更加困难。希望这次举行的联合国千年发展目标高级别会议在全世界引起积极反响，有力推动落实千年发展目标。

温家宝重申，中国政府将继续支持联合国秘书长的工作，遵守《联合国宪章》的宗旨和原则，让联合国更好地发挥作用。

潘基文感谢中国对联合国及他本人工作的支持，高度评价中国抗震救灾的努力和北京奥运会取得圆满成功。他说，温总理亲自出席联合国千年发展目标高级别会议对联合国及广大会员国都具有十分特殊的意义，期待温总理在会议上与各国分享中国实现经济社会发展、落实千年发展目标的经验。

中共中央政治局常委贺国强率中央代表团出席宁夏回族自治区成立50周年庆祝大会并发表讲话

中共中央政治局委员、国务院副总理、中央代表团副团长回良玉在会上宣读了中共中央、全国人大常委会、国务院、全国政协、中央军委为庆祝宁夏回族自治区成立50周年发来的贺电。贺国强发表了热情洋溢的讲话。

宁夏回族自治区党委书记陈建国在大会上讲话。他表示，我们一定要更加紧密地团结在以胡锦涛同志为总书记的党中央周围，高举中国特色社会主义伟大旗帜，全面贯彻落实科学发展观，团结全区各族人民，奋力开创全面建设小康社会新局面，为建设经济繁荣、环境优美、民族团结、社会和谐、人民富裕的新宁夏，为实现中华民族的伟大复兴而努力奋斗。

中央代表团副团长韩启德、杜青林、白立忱、陈炳德和代表团全体成员出席了大会。

中共中央政治局常委贺国强在宁夏回族自治区成立50周年庆祝大会上的讲话

同志们、朋友们：

举世瞩目的北京奥运会、残奥会刚刚圆满闭幕，我们又迎来了宁夏回族自治区五十华诞。在这喜庆的时刻，我们中央代表团带着以胡锦涛同志为总书记的党中央的重托，带着全国各族人民的祝福来到这里，与宁夏各族人民一道，共同庆祝这一盛大的节日。首先，我代表中共中央、全国人大常委会、国务院、全国政协、中央军委，向宁夏各族工人、农民、知识分子、干部和各界人士，向人民解放军驻宁夏部队指战员、武警宁夏部队官兵和公安干警，致以热烈的祝贺和亲切的问候！向所有为宁夏发展进步作出贡献的同志们、朋友们，表示衷心的感谢和崇高的敬意！

宁夏是祖国西北的璀璨明珠，素有"塞上江南"的美誉，具有悠久的历史文化。宁夏各族人民勤劳勇敢智慧，富有光荣的革命传统。土地革命时期，我们党就在同心、海原地区建立了我国第一个回族自治政权——豫海县回民自治政府，为探索正确解决国内民族问题创造了宝贵经验。抗日战争时期，在党的领导下，主要由宁夏回民组成的抗日回民骑兵团，为发展壮大抗日民族统一战线、夺取中国人民抗日战争胜利作出了重要贡献。解放战争时期，回汉各族人民为保卫陕甘宁边区，夺取全国胜利，成立新中国，进行了不屈不挠的英勇斗争，建立了不可磨灭的历史功勋。

新中国成立以来，在党的三代中央领导集体和以胡锦涛同志为总书记的党中央坚强领导下，宁夏发生了三次深刻而又广泛的社会变革：走上社会主义道路，为宁夏发展进步奠定了根本政治基础；成立宁夏回族自治区，为宁夏发展进步提供了重要制度保障；实行改革开放，为宁夏发展进步注入了新的强大动力。昔日苦甲天下，今朝繁荣发展。宁夏大地的面貌，发生了翻天覆地的巨大变化，一个生机勃勃、正在崛起的新宁夏展现在世人面前！

回首五十年，宁夏经济持续快速发展，人民生活水平大幅改善。宁夏回族自治区成立之初，全区生产总值只有3.29亿元，工业几乎一片空白，基础设施十分落后。五十年来，特别是改革开放和实施西部大开发战略以来，经过各方面共同努力，2007年宁夏全区生产总值达到889亿元，按可比价格计算，比1958年增长了59倍，人均生产总值超过1.4万元。农民人均纯收入达到3180元，城镇居民人均可支配收入达到10859元，按可比价格计算，分别比1958年增长了26倍和30倍。扶贫开发工作取得巨大成就，绝对贫困人口从2000年的52.7万人减少到目前的8.8万人。具有地方特色和比较优势的经济体系基本形成，工业对经济发展的带动作用日益明显。基础设施条件极大改善，城乡面貌焕然一新。各族群众生活总体上实现了从贫困到小康的历史性跨越，正意气风发地朝着全面建设更高水平的小康社会目标阔步前进。

回首五十年，宁夏各族人民共同当家做主，平等团结互助和谐的社会主义民族关系不断巩固和发展。五十年来，宁夏各族人民认真落实民族区域自治制度，充分行使宪法和法律赋予的自治权利，携手建设社会主义新宁夏，形成了共同团结奋斗、共同繁荣发展的生动局面。五十年来，无论国际风云如何变幻，无论前进道路上遇到多少曲折和坎坷，宁夏各族人民始终同呼吸、共命运、心连心，始终坚定维护民族团结、社会稳定和祖国统一，有力促进了宁夏各项事业的发展，也有力推动了我国改革发展稳定的大局。实践充分表明，宁夏各民族大团结，是我国各族人民大团结的典型缩影，是中华民族强大凝聚力的重要体现。

回首五十年，宁夏文化建设和各项社会事业全面进步，各族人民的思想道德素质、科学文化素质和健康素质显著提高。宁夏在大力发展经济、改善人民生活的同时，不断加强文化建设和社会建设，积极促进人的全面发展。经过三十年改革开放，宁夏各族人民坚持中国特色社会主义道路的信念更加坚定，对国家和宁夏的未来更加充满信心，思想观念更加解放，精神面貌更加昂扬向上。回族的历史文化遗产得到有效保护，民族民间文化得到全面继承和发展，各族群众的文化权益得到切实保障，精神生活更加丰富多彩。各级各类教育全面加强，人才队伍不断壮大，卫生、体育等社会事业蓬勃发展。这一切，已经并将进一步为宁夏社会主义现代化建设提供强大精神动力。

回首五十年，宁夏各族人民大力弘扬自力更生、艰苦奋斗的优良传统，为推动党和国家事业发展作出了重要贡献。宁夏的建设是在条件艰苦、基础薄弱、起点较低的情况下展开的。五十年来，宁夏各族干部群众继承和弘扬老区人民的光荣传统，凭着那么一股“不到长城非好汉”的英雄气概，那么一种“敢教日月换新天”的豪情壮志，自强不息、埋头苦干，取得了一个个令人惊叹的业绩，创造了一个个人间奇迹。一批批来自全国各地的干部、知识分子在宁夏扎根，贡献了他们的青春和力量。经过一代又一代拓荒者和建设者的辛勤耕耘，宁夏已经建设成为全国重要的商品粮生产基地和能源化工基地。宁夏人民在治沙防沙方面进行的创造性探索，不仅确保了西北交通大动脉包兰铁路畅通无阻，而且为全国乃至全世界防沙治沙提供了成功范例，贡献了宝贵经验。在庆祝宁夏回族自治区五十华诞的时候，宁夏各族干部群众不畏艰难、顽强拼搏，自力更生、奋发图强，艰苦创业、无私奉献的精神必将进一步发扬光大。

五十年的光辉历程，五十年的沧桑巨变，深刻地启示我们：实现宁夏发展进步和长治久安，必须坚持中国共产党的领导，高举中国特色社会主义伟大旗帜，坚持和完善民族区域自治制度，不断巩固和发展平等团结互助和谐的社会主义民族关系；必须坚持以经济建设为中心，大力推进改革开放，促进经济社会协调发展，不断增强自我发展的能力和后劲；必须坚持以人为本，不断改善民生，做到发展为了人民、发展依靠人民、发展成果由人民共享；必须坚持自力更生、艰苦奋斗、勤俭创业，充分发挥各族干部群众的积极性主动性创造性，不断形成推进社会主义现代化建设的强大合力。这些宝贵经验，我们一定要始终坚持，并在实践中发扬光大。

同志们、朋友们！

我们已经踏上了新的征程，正在万众一心地为夺取全面建设小康社会新胜利而奋斗。以胡锦涛同志为总书记的党中央，深切关怀宁夏各族人民，高度重视宁夏改革发展稳定的各项工作。党的十六大以来，胡锦涛总书记等党和国家领导人多次来宁夏考察工作，对宁夏改革开放和社会主义现代化建设作出重要指示。最近，国务院颁发了关于进一步促进宁夏经济社会发展的若干意见，出台了一系列优惠政策措施。宁夏的发展正面临着前所未有的历史机遇。

中央殷切期望宁夏各族干部群众全面贯彻党的十七大精神，高举中国特色社会主义伟大旗帜，把自治区成立五十周年作为新的起点，以更加开放的思想观念、更加执着的奋斗精神、更加扎实的工作作风，加快建设经济繁荣、环境优美、民族团结、社会和谐、人民富裕的新宁夏，为谱写各族人民美好生活新篇章再立新功。

我们要牢牢把握高举中国特色社会主义伟大旗帜，着力在继续解放思想、坚持改革开放上实现新突破。中国特色社会主义伟大旗帜，是当代中国发展进步的旗帜，是全党全国各族人民团结奋斗的旗帜。要以纪念改革开放三十周年为契机，深刻认识改革开放是发展中国特色社会主义、实现宁夏发展进步的必由之路，切实增强解放思想、实事求是、与时俱进的自觉性和坚定性，切实增强坚持改革开放、发展中国特色社会主义的自觉性和坚定性。要立足社会主义初级阶段的基本国情，顺应工业化、信息化、城镇化、市场化、国际化深入发展的新趋势，努力走出一条适合实际、具有特色的发展新路。要把握全面建设小康社会的奋斗目标，加快推进改革创新，完善社会主义市场经济体制，抓好重要领域和关键环节的改革；加快推进政府职能转变，强化社会管理和公共服务；加快推进对内对外开放，构筑内陆开放型经济新格局，充分利用国际国内两个市场、两种资源，为全面建设小康社会不断注入新活力。

我们要牢牢把握深入贯彻落实科学发展观的根本要求，着力在推动又好又快发展上取得新进展。要按照中央的决策和部署，扎实开展深入学习实践科学发展观活动，牢固树立符合科学发展的思想观念，提高领导科学发展的能力素质，解决制约科学发展的突出问题，切实推动经济社会又好又快发展。宁夏能源、矿产资源富集，农业资源丰富，自然风光、历史文化、民族风情独特。要紧紧依托自身优势，坚持以人为本，统筹新型工业化、特色城镇化和农业现代化建设，统筹区域、城乡、经济社会协调发展。要高水平地把宁东建设成为国家重要的大型煤炭基地、煤化工基地、“西电东送”基地和循环经济示范区，推动宁夏进一步发展。要坚持走生产发展、生活富裕、生态良好的文明发展道路，大力加强资源节约型、环境友好型社会建设，特别要下大气力抓好节水和生态环境保护与建设，构筑祖国西部的生态安全屏障。

这里，我代表党中央、国务院重申：支持少数民族和民族地区加快发展，是中央的一项基本方针，是西部大开发的重要任务。中央将随着财政收入的增加和综合国力的增强，进一步加大支持力度，为宁夏经济社会又好又快发展创造更加有利的条件。

我们要牢牢把握社会主义民主政治发展方向，着力在坚持和完善民族区域自治制度上迈出新步伐。要站在坚持和发展中国特色社会主义的高度，坚持和完善民族区域自治制度，进一步彰显这一基本政治制度的巨大优越性和强大生命力。要深入学习、宣传、贯彻民族区域自治法，抓紧制定与之相配套的法律、法规，充分行使各项自治权利，进一步保障少数民族的正当权益。要大力培养选拔少数民族干部，加强人才资源开发，增进各族干部团结合作，进一步夯实坚持和完善民族区域自治制度的组织人才基础。

我们要牢牢把握构建社会主义和谐社会的历史任务，着力在改善民生、增进和谐上见到新成效。要更加注重社会建设，紧紧抓住改善民生这个关键，着力解决教育、就业、社会保障、医疗卫生等各族群众最关心、最直接、最现实的利益问题，促进社会公平正义，实现社会安定有序。要进一步加大扶贫开发工作力度，特别要尽最大努力解决好中部干旱带和宁南山区群众的脱贫致富问题，让全区农村贫困人口和低收入人口早日过上小康生活，共享改革发展成果。宁夏是我国回族人口最集中的聚居区，是信仰伊斯兰教群众较为集中的地区，做好民族工作、宗教工作意义特别重大。最近，胡锦涛总书记就民族团结进步问题作出重要指示，指出民族团结是国家长治久安、兴旺发达的保证，促进民族团结、实现共同进步是民族工作的根本任务，无论在什么情况下，都要坚定不移地维护民族团结。我们要认真学习贯彻胡锦涛总书记的指示精神，全面贯彻执行党的民族政策，扎实开展民族团结进步创建、表彰活动，坚持“三个离不开”的思想，共同团结奋斗、共同繁荣发展，促进各民族和睦相处、和衷共济、和谐发展。要认真贯彻党的宗教工作基本方针，不断增进信教群众与不信教群众、各种宗教以及不同教派之间的团结，形成社会和谐人人有责、和谐社会人人共享的生动局面。

同志们、朋友们！

做好宁夏各项工作，加强党的自身建设是关键。我们要坚持党要管党、从严治党的方针，以加强党的执政能力建设和先进性建设为主线，全面推进党的建设新的伟大工程。希望宁夏各级党政干部特别是领导干部，进一步发扬求真务实的优良作风，坚持解放思想，不断改革创新，把中央的决策部署同宁夏的具体实际结合起来，创造性开展工作，努力为党和国家事业发展作出新贡献。进一步发扬艰苦奋斗的优良作风，坚持做到经济再发展、条件再改善，艰苦创业的精神不能丢、奋发进取之志不可丧、铺张奢侈之风不可长，时刻保持共产党人的蓬勃朝气、昂扬锐气、浩然正气。进一步发扬为民务实清廉的优良作风，坚持全心全意为各族人民服务，坚持权为民所用、情为民所系、利为民所谋，以优良的党风促政风带民风。

天下黄河富宁夏，发展前景美如画。让我们高举中国特色社会主义伟大旗帜，更加紧密地团结在以胡锦涛同志为总书记的党中央周围，同心同德，奋勇前进，为开创中国特色社会主义事业新局面、实现中华民族伟大复兴而努力奋斗！

祝宁夏回族自治区兴旺发达！

祝宁夏各族人民幸福安康！

祝我们伟大的祖国繁荣昌盛！

中共中央 全国人大常委会 国务院 全国政协 中央军委电贺宁夏回族自治区成立50周年

中共宁夏回族自治区委员会、宁夏回族自治区人大常委会、宁夏回族自治区人民政府、宁夏回族自治区政协、宁夏军区：

值此宁夏回族自治区成立50周年之际，中共中央、全国人大常委会、国务院、全国政协、中央军委向全区各族工人、农民、知识分子、干部和各界爱国人士，向人民解放军驻宁夏部队指战员、武警宁夏部队官兵和公安民警，向所有关心和支持宁夏回族自治区改革开放和社会主义现代化建设的同志们和朋友们，致以热烈的祝贺和亲切的慰问！

50年前，在中央亲切关怀和党的民族政策光辉照耀下，宁夏回族自治区正式成立。这是我国民族关系发展史上的一件大事，掀开了宁夏发展的历史新篇章。

50年来，特别是党的十一届三中全会以来，在中央正确领导和全国人民大力支持下，宁夏各族干部群众同心同德、艰苦创业，使宁夏的面貌发生了历史性变化。全区经济持续快速发展，人民生活显著改善；民族区域自治制度不断完善，各族群众合法权益得到充分尊重和切实保障；各项社会事业全面进步，各族群众的思想道德素质、科学文化素质和健康素质普遍提高；各族群众和睦相处、和衷共济、和谐发展，汉族离不开少数民族、少数民族离不开汉族、各少数民族之间也相互离不开的思想深入人心。今天的宁夏，政通人和、百业兴旺，欣欣向荣、蒸蒸日上，各族干部群众正意气风发地朝着全面建设小康社会的宏伟目标阔步前进。

宁夏回族自治区成立50年来取得的辉煌成就，是党的民族政策的巨大成功，是全区各族干部群众团结奋斗的共同成果，是中国特色社会主义的伟大胜利。历史和现实都充分证明：只有坚持中国共产党的领导，坚持走中国特色社会主义道路，坚持民族区域自治制度，坚持各民族共同团结奋斗、共同繁荣发展，才能实现宁夏全面进步，促进国家兴旺发达。

当前，我国改革发展已站在一个新的历史起点上。把握机遇，乘势而上，加快宁夏经济社会发展，巩固和发展平等团结互助和谐的社会主义民族关系，是宁夏各族群众的根本利益所在，也是中央和全国各族人民的共同愿望。党和国家将一如既往地大力支持宁夏各项建设事业，为宁夏实现又好又快发展创造更加有利的条件。希望宁夏各族干部群众紧密团结在以胡锦涛同志为总书记的党中央周围，全面贯彻党的十七大精神，高举中国特色社会主义伟大旗帜，坚持以邓小平理论和“三个代表”重要思想为指导，深入贯彻落实科学发展观，以庆祝宁夏回族自治区成立50周年为契机，努力在继续解放思想上迈出新步伐，在坚持改革开放上实现新突破，在推动科学发展上取得新进展，在促进社会和谐上见到新成效，在巩固民族团结和军政军民团结上开创新局面，为建设更加繁荣富裕、更加团结和谐的新宁夏，为夺取全面建设小康社会新胜利、开创中国特色社会主义事业新局面、实现中华民族伟大复兴而不懈奋斗！

祝宁夏回族自治区繁荣昌盛！

祝宁夏各族人民幸福安康！

中共中央
全国人大常委会
国务院
全国政协
中央军委
2008年9月23日

中共中央政治局常委习近平出席在北京召开的省部级主要领导干部专题研讨班结业式并发表讲话

习近平指出，科学发展观作为中国特色社会主义理论体系的重要组成部分，以丰富的思想内涵构建了第一要义是发展、核心是以人为本、基本要求是全面协调可持续、根本方法是统筹兼顾的科学理论。科学发展观强调的发展是又好又快发展，它不但关注发展的规模和速度，更注重发展质量的提升；不但关注社会财富的创造和涌流，更注重社会利益的分配和调整；不但关注经济实力的增长，更注重经济、政治、文化、社会以及生态等各方面的均衡发展；不但关注开发和利用自然为人类造福，更注重人与自然和谐发展；不但关注群众基本需求的满足，更注重生活质量的提高和人的全面发展。只有全面地而不是片面地、准确地而不是模糊地、系统地而不是零碎地理解和掌握，才能真正学懂弄通，自觉地用科学发展观指导工作。

习近平强调，实践性是科学发展观的本质特征。开展深入学习实践科学发展观活动，必须突出实践特色，在学习中推动实践，在实践中深化认识，使广大党员干部牢固树立科学发展理念，形成科学发展共识，更加自觉地以科学发展观审视过去、总结经验得失，以科学发展观武装头脑、转变思想观念，以科学发展观分析现实、查找突出问题，以科学发展观规划未来、完善体制机制，不断增强贯彻落实科学发展观的自觉性和坚定性。

习近平指出，解放思想是推动科学发展的先导，改革创新是实现科学发展的必由之路。开展深入学习实践科学发展观活动，必须坚持马克思主义的思想路线，把解放思想、改革创新贯穿于学习实践活动的各个阶段，以改革创新精神推动科学发展实践，用改革创新办法破解科学发展难题，靠改革创新思路构建科学发展的长效机制，让解放思想、改革创新成为科学发展的强大动力。

习近平强调，人民群众是科学发展的受益者，也是科学发展的实践者和推动者。开展深入学习实践科学发展观活动，必须最充分地调动人民群众的积极性、主动性和创造性，最大限度地集中全社会全民族的智慧和力量，最广泛地动员和组织亿万群众投身贯彻落实科学发展观的实践，努力使科学发展取得的各方面成果体现在不断提高人民群众的思想道德素质和科学文化素质上，体现在不断提高人民群众的生活质量和健康水平上，体现在充分保障人民群众享有的经济、政治、文化、社会等各方面权益上，让发展成果惠及广大人民群众。

李源潮主持今天的会议。王乐泉、王岐山、刘淇、刘云山、刘延东、汪洋、张高丽、张德江、俞正声、令计划、王沪宁、马凯等出席了会议。

各省区市、中央和国家机关以及军队各大单位主要负责同志，参加第一批学习实践活动单位的有关负责人和中央深入学习实践科学发展观活动领导小组成员参加了会议。

民革中央主席周铁农在北京会见以李庆安为团长的“第二届中国国民党青年菁英大陆参访团”一行

公安部部长孟建柱出席在南京召开的全国公安厅局长座谈会并发表讲话

座谈会于23日至25日在江苏南京召开。

孟建柱指出，公安信息化是一场新的警务革命，不仅是提高公安机关整体战斗力的重要途径，也是提升基层基础工作水平的重要载体，同时也是牵动警务机制改革的重要纽带。要大力推进公安信息化建设，必须坚持向信息化要警力、要战斗力，以信息化带动基层基础工作，以信息化推动警务机制创新、提升警务工作效能，全面提高公安机关的实战能力。

孟建柱强调，坚持严格、公正、文明执法，是公安工作的生命线，也是公安机关和公安民警最基本的履职要求和价值所在。一定要狠抓执法规范化建设，不断提高公安机关的执法公信力。

孟建柱指出，科学发展观的核心是以人为本，人民警察肩负着人民的重托，必须坚持人民利益高于一切。要切实加强对民警的思想政治教育，有针对性地加强对民警的宗旨意识和群众观念、群众路线教育，切实做好新形势下的群众工作，提高与人民群众联系沟通的能力，着力构建和谐的警民关系，做党的忠诚卫士，做人民群众的贴心人。

座谈会召开之前，孟建柱还深入到江苏省公安厅及一些基层派出所进行调研。

国务院副总理李克强在人民大会堂分别会见以会长张富士夫为团长的日中经济协会代表团和来华出席国际矿物加工大会的外方代表

国务院副总理王岐山在中南海紫光阁会见西非国家经济共同体委员会主席钱巴斯一行

中央军委颁发《建立、健全军队惩治和预防腐败体系2008—2012年工作规划》

9月24日

国家主席胡锦涛在人民大会堂与委内瑞拉总统查韦斯举行会谈

胡锦涛说，当前，中委两国都处在重要的发展阶段，加强两国各领域务实合作，实现共同发展、共同繁荣，是双方共同的目标。中方愿与委方一道，以总统先生此访为契机，从四个方面进一步推进中委共同发展的战略伙伴关系：一、深化真诚友好的政治关系。双方要保持两国高层交往势头，加强两国政府、立法机构和执政党之间的对话交流，就双边合作和彼此关切的重大问题及时交换意见。要继续发挥好中委高级混委会机制对两国关系发展的规划、指导和协调作用。二、加强互利双赢的务实合作。中方愿与委方深化石油领域上下游一体化合作，将继续支持中国企业赴委内瑞拉投资，在委内瑞拉设立经贸合作区，参与委内瑞拉铁路系统、通讯网络、社会住房和水利等基础设施建设项目。双方要从互补优势和实际需要出发，积极开展农业合作，尽早制定两国近中长期农业合作规划，确定和落实具体合作项目。三、扩大丰富多样的人文交流。中方愿与委方继续开展文教、科技、司法、体育、新闻、扶贫等人文和社会领域的交流与合作，相互学习和借鉴，促进各自经济社会事业的发展。四、密切国际和地区事务合作。双方要继续加强在多边组织，以及在全球性问题上的沟通与协调，推动南南合作，维护广大发展中国家的正当权益，共同促进世界的和平与发展。

查韦斯赞同胡锦涛对中委关系的评价和建议。他说，委中经贸合作进展顺利，增长有力，石油领域合作不断迈出新步伐，农业、科技、基础设施建设等领域合作取得重要成果。在当今世界不断发生经济、能源、生态、粮食危机的情况下，委内瑞拉从战略高度看待和发展同中国的友好合作关系，愿同中方加强政治关系，增加政府、政党、立法机构、地方友好往来，扩大能源、融资、农业、机电产品制造等领域务实合作，增进青年、文化交流，将委中关系不断提高到新水平。

会谈后，两国元首出席了两国经济、石油、教育、司法协助等领域合作文件的签字仪式。

中央军委主席胡锦涛在北京会见全军大单位党委书记座谈会代表并发表讲话

胡锦涛指出，军队党的建设是军队全部工作的基础和关键。近年来，全军各级党委认真贯彻党中央、中央军委的决策部署，以党组织能力建设和先进性建设为主线，紧紧围绕使命任务和中心工作，全面加强党的建设，确保了以军事斗争准备为龙头的各项任务圆满完成，在实践中积累了许多好的经验和做法，值得认真总结和记取。

胡锦涛强调，坚持从严治党，首先要在思想教育上从严。要着力抓好党的创新理论武装工作，认真开展深入学习实践科学发展观活动，切实打牢高举旗帜、听党指挥、履行使命的思想政治基础；要在贯彻党章和党的制度上从严，不断提高党的建设制度化、规范化水平；要在遵守党的纪律上从严，坚决维护党的纪律的严肃性；要在干部教育管理上从严，大力倡导讲党性、重品行、作表率，努力建设坚强有力、奋发有为的领导班子和领导干部队伍。从严治党是从严治军的根本保证。要以从严治党的实际成效促进从严治军方针的贯彻落实，推动部队建设全面发展、全面过硬。胡锦涛希望大家在加强和改进军队党的建设上不断取得新成绩，努力开创新局面。

全国人大常委会委员长吴邦国在人民大会堂会见委内瑞拉总统查韦斯

吴邦国积极评价中委关系。他说，两国政治互信日益加深，能源、农业、基础设施等领域务实合作富有成效，人文社会领域交流逐步开展，在重大国际问题上保持密切沟通与配合。中方感谢委方在台湾、涉藏等问题上坚定支持中国。吴邦国强调，中委关系发展有利于两国和两国人民，也有利于世界和平、稳定、发展。中方将继续致力于推动中委战略伙伴关系全面、稳定、深入发展。

吴邦国表示，中国全国人大与委内瑞拉全国代表大会保持着友好交流与合作，在两国关系发展中发挥了独特和积极的作用。中国全国人大愿与委内瑞拉全代会保持高层交往，扩大交流合作，密切双方在国际和地区议会组织中的配合，为加深人民友谊，增进相互了解，深化互利合作，推动中委战略伙伴关系全面发展作出新的贡献。

查韦斯表示，近10年来，委中关系取得了很大发展，政治、能源、金融、科技等领域合作取得重要成果，双方合作项目稳步推进。委内瑞拉从战略高度看待委中关系，将为全面推动两国关系和务实合作向前发展作出不懈努力。

国务院总理温家宝在纽约举行的第六十三届联合国大会一般性辩论上作题为《坚持改革开放 坚持和平发展》的发言

主席先生：

今年，对于中国来说，是不平凡的一年。我们经历了两件大事：第一件事是汶川特大地震灾害造成了巨大的生命财产损失。中国人民在灾难面前表现了坚强、勇敢、团结和不屈不挠的精神。目前，受灾群众得到了妥善安置，恢复重建工作正在有条不紊地展开。第二件事是北京奥运会成功举办。这一体育盛会不仅为来自世界各地的运动员展示风采创造了良好的条件，而且让世界更多地了解中国，让中国更多地了解世界。在抗震救灾和举办奥运会的过程中，我们得到了国际社会的广泛理解、支持和帮助。在此，我代表中国政府和人民表示诚挚的感谢。

世界都在关注北京奥运会后中国政治经济走向。我可以明确地告诉大家，中国将继续坚定不移地走和平发展道路，继续坚持改革开放不动摇，继续贯彻独立自主的和平外交政策。这符合中国人民的根本利益，也符合世界人民的根本利益，顺应世界潮流。

这次北京奥运会是在中国这样一个最大的发展中国家举行的。国际社会对中国政府和人民为此做出的努力给予了高度评价。奥运会的成功举办，使中国人民受到了极大的鼓舞，增强了实现现代化的信心和力量。同时，我们清醒地看到，中国有13亿人口，虽然经济总量已经位居世界前列，但人均收入水平仍排在世界100位之后，城乡发展和区域发展很不平衡，农村特别是西部地区农村还很落后，还有数以千万计的人口没有解决温饱。中国仍然是一个发展中国家，生产力不发达的状况没有根本改变，进一步发展还受到资源、能源、环境等瓶颈的制约。中国的社会主义市场经济体制还不完善，民主法制还不健全，一些社会问题还比较突出。中国实现现代化的任务还很繁重，道路还很漫长。摆在我们面前的机遇和挑战都是空前的。抓住机遇，迎接挑战，聚精会神搞建设，一心一意谋发展，这就是中国政府和中国人民的理念和行动。

中国发展靠什么？靠改革开放。今年是中国改革开放30周年。改革开放从根本上改变了中国长期封闭落后和沉闷僵化的状况，打破了束缚人们的思想桎梏，调动了亿万人民群众的积极性，大大解放了生产力，有力地推动了经济社会的大发展，给中国大地带来了蓬勃生机和活力。中国30年的变化，得益于改革开放。中国要实现富强民主文明和谐的现代化目标，仍然要靠改革开放。改革开放是决定当代中国命运的关键抉择，也是决定中国未来前途的战略方向。中国坚持改革开放的政策是坚定不移的。中华民族自古以来就有崇尚革新、兼收并蓄、博采众长的优秀传统和智慧。今天，中国人更从30年改革开放的切身经验中体会到，只有不断而深入地推进经济体制、政治体制等各项改革，才是经济发展和社会进步的永恒动力；只有全面而持久地扩大对外开放，才是国家富强和民族繁荣的正确道路。这不但是实践探索的结论，也是历史经验的总结。

主席先生：

世界需要和平，和平才能发展。中国要实现自己的发展目标，渴望有一个和平的国际环境。中国政府坚定不移地奉行独立自主的和平外交政策，愿同各国加强合作，共同促进人类和平与发展的崇高事业。

尊重主权和互不干涉内政是国与国之间发展关系的前提。近代屈辱的历史使中国人民懂得，一个国家丧失主权，人民就没有尊严和地位。中国坚决捍卫来之不易的国家主权和领土完整，决不允许任何外来干涉。同时，中国坚持平等相待，尊重别国的主权和领土完整，尊重各国人民自主选择的社会制度和发展道路。

中国愿意在平等互利基础上，同所有国家发展友好关系，不以意识形态和社会制度定亲疏。在国际事务中，我们依照事情本身的是非曲直独立作出判断，根据国家利益和世界人民的福祉决定自己的立场，不盲从，不屈服于任何势力。在国际关系中，中国不结盟，更不当头，而且永远不结盟、不当头。

和平解决国际争端是联合国的宗旨，也是国际法的基本原则。中国坚持以对话和协商的方式处理与其他国家的历史遗留问题和现实分歧。同时，作为联合国安理会常任理事国，中国将一如既往地为推动和平解决国际热点问题和地区冲突发挥积极的建设性作用。

中国的发展是和平的发展，不会损害任何人，也不会威胁任何人。中国现在不称霸，将来也绝不称霸。中国保持和发展适当的军事力量，完全是为了维护国家主权和领土完整。当代中华民族的自信和荣光是建立在经济发展、社会公正、国民素质和道德力量的基础之上的。中国将以自身的发展促进世界的和平与发展。

主席先生：

在人类漫长的发展史上，世界各国的命运从未像今天这样紧密相连，休戚与共。面对气候变暖、环境恶化、资源紧缺、疫病和自然灾害频发、恐怖主义蔓延等一系列威胁人类生存和发展的全球性问题，面对当前金融、能源、粮食三大难题交织爆发的严峻局面，任何一个国家都无法置身其外，也难以单独应对。特别是当前国际金融动荡，已经波及许多国家，影响还会加剧，各国应当通力合作，迎接挑战。全世界的人们，尤其是各国的领导者，只要消除敌视、隔阂和偏见，以包容开放的胸怀坦诚相待，携手前行，人类一定会战胜各种困难，也一定会拥有一个更加光明美好的未来。中国作为一个负责任的发展中大国，愿与国际社会一道，加强合作，共同分享机遇，应对挑战，为推动实现世界的和谐与可持续发展贡献力量。

谢谢大家！

国务院总理温家宝在纽约分别会见黎巴嫩总统苏莱曼 哥伦比亚总统乌里韦 印度总理辛格 西班牙首相萨帕特罗 巴基斯坦总统扎尔达里和英国首相布朗

国务院总理温家宝在纽约与美国经济金融界人士座谈

温家宝说，中美经贸关系的迅速发展不仅使两国和两国人民获得了巨大利益，实现了互利共赢，也促进了世界经济发展。当前世界经济面临诸多挑战，中美加强对话合作，增进互信具有重要意义。希望美方承认中国的完全市场经济地位，放宽对华高技术出口管制，从根本上缓解中美贸易不平衡问题。我们愿同美方拓展在投资、能源、环保、气候变化等领域合作，加强宏观经济政策协调，共同反对任何形式的贸易保护主义。

温家宝说，美国次贷危机引发了国际金融市场剧烈动荡，全球经济前景不容乐观。同时也应看到，过去几十年，世界经济历经风风雨雨，最终都度过了危机，实现了新的发展。今天，国际社会抵御金融风险的能力不断增强，经验更加丰富。面对危机，关键是要鼓起勇气和信心，这比黄金更重要。

我们注意到美国政府和金融界已为稳定国内金融市场采取了一系列重要措施，希望能尽快收到积极成效。中国也将根据经济形势变化，及时调整政策，加强宏观调控的灵活性、针对性，保持宏观经济稳定，保持金融市场稳定，保持资本市场稳定。我们愿与美方加强协调与配合，也希望世界各国团结一致，克服困难，共同维护国际金融市场的稳定。这对美国有利，对中国有利，对世界也有利。

与会的美国经济金融界人士有：纽约联邦储备银行行长盖特纳，花旗集团董事长、美国前财长鲁宾，美中贸易全国委员会主席、陶氏化学公司董事长利伟诚，诺贝尔经济学奖得主、哥伦比亚大学教授斯蒂格利茨，美国外交关系委员会主席哈斯。他们谈了对当前美国金融危机的看法，就如何应对这场危机提出建议。他们认为，目前美国金融危机持续时间长，波及面广，其影响已超出金融领域。应对这场危机需要信心，采取有效措施。此外，要从危机中汲取教训，大力改革银行机制，加强监管。各国要加强合作，共同应对危机。中国是世界经济和金融体系的稳定和促进因素。在当前形势下，中国经济保持平稳较快发展，是对世界的重要贡献。他们表示，保持美中经贸关系健康发展符合两国利益，也有利于世界。美中应加强对话协调，扩大合作。美国公司对中国经济发展前景有信心，愿继续增加对华投资。

国务院总理温家宝在纽约与当地华文媒体负责人座谈

温家宝与《侨报》、美国中文电视、《世界日报》《星岛日报》《明报》、凤凰卫视6家美当地及香港华文媒体负责人进行了座谈。

温家宝就当前海外华侨华人普遍关心的问题同各家媒体进行对话交流。

华文媒体负责人告诉温总理,海外侨胞无不为“神舟”七号即将发射感到欢欣鼓舞。温家宝说,中国航天事业的进步,表明中华民族正在逐步走向强大。温家宝强调,中国的发展是和平的发展,不会损害任何人,也不会威胁任何人。

华文媒体充分肯定中国政府在抗震救灾和处理婴幼儿奶粉事件中表现出的信息公开、及时和透明。温家宝强调,信息公开重要的是政务公开。政府的工作必须透明,在阳光下进行。一个政府除了责任、服务、奉献和廉洁外,不应当有任何其他特权。我们始终坚持两条原则,一是把人民群众生命安全放在第一位,二是实行信息公开。政务公开要制度化,并在实践中不断完善。

华文媒体负责人表示,海外华侨华人对两岸关系得到改善感到欣慰,也关心中国政府如何处理台湾参与国际活动问题。温家宝说,台湾新领导人上任后,台湾当局重新回到“九二共识”上,这是个进步。两岸关系出现了改善的积极势头,使海外侨胞们看到了希望。温家宝说,我们了解台湾民众在参与国际活动问题上的感受。两岸人民同属中华民族,中国外交的一项重要任务就是维护包括台湾同胞在内的全体中华民族的利益。在一个中国原则前提下,我们愿意认真研究涉及台湾人民福祉和切身利益的问题,通过两岸协商,共同努力,创造条件,寻求妥善解决的办法。

“针对最近中国大陆奶制品问题,台湾也很关切。两岸直接沟通可不可行?”有华文媒体问。温家宝说,中央政府得知有关情况后,立即向台湾方面作了通报。今后两岸要加强食品安全合作,建立良好的沟通机制,保障两岸人民的利益。

华文媒体都关心美国金融危机对中国的影响以及中国如何应对的问题。温家宝说,面对变化的形势,中国采取灵活、审慎、富有弹性的政策。最重要的是保持经济长期平稳较快发展。这是解决中国自身一切问题的关键,对稳定世界经济也很重要。经过30年改革开放,中国经济实力有了很大增强,抵御各种风险的能力提高,经验更加丰富。只要树立信心,沉着应对,就能度过这场危机。

温家宝惦记正在纽约州立大学学习的150名来自四川地震灾区的大学生。他请华文媒体转达他对孩子们的想念和问候,希望他们努力学习,掌握本领,成为勇敢、坚强、有作为的人,将来建设家乡,报效祖国。

此外,温家宝还应询介绍了中国经济、政治体制改革、抗震救灾、青少年道德教育、互联网使用等方面的情况。

当听说温总理时常通过华文媒体了解海外华侨华人的情况后,各家媒体负责人提出请温总理寄语华文媒体。温家宝说,中华民族五千年的悠久历史和文化是我们共同的根,海外华文媒体起着凝聚海外侨胞的重要作用。希望你们为侨胞服务,为祖国服务,为促进中国和其他国家人民之间的友谊服务,发挥好纽带和桥梁作用。

6家媒体负责人表示,温总理在繁忙的日程中专门与他们座谈,体现了祖国对海外侨胞的关心和慰问。广大侨胞愿为加快祖国建设、促进祖国和平统一、推动中外交流合做贡献力量。

国务院总理温家宝电贺麻生太郎就任日本首相

国务院副总理张德江出席在北京召开的全国安全生产电视电话会议并发表讲话

张德江指出,今年以来,各地区、各部门认真贯彻落实党中央、国务院的决策部署,在安全生产方面采取了一系列措施,全国生产安全事故起数和伤亡人数总量下降,但近一段时间以来,连续发生多起特别重大事故,造成人民群众生命财产重大损失和极其严重的社会影响。

张德江要求,要在努力完成好全年生产目标和经济社会发展任务的同时,切实抓好当前和今后一个时期的安全生产工作。一要严厉打击非法违法生产行为,坚决依法关停、取缔非法生产、无证无照、违反安全生产规定的生产经营单位。二要严格规范企业安全生产行为,认真执行安全生产法律、法规和规章规程,确保安全措施落实到每一个生产环节和岗位。三要进一步深化煤矿、金属非金属矿山、道路交通、烟花爆竹、消防、化工等重点行业和领域的隐患排查治理。四要全面落实安全生产责任制度,严格实行安全生产问责制,确保政府、部门和企业各方的安全生产责任落实到位。五要加强安全生产监管工作,严格安全准入审核,完善联合执法机制,建立企业安全生产诚信制度,切实提高监管水平。六要按照“四不放过”原则,严肃查处各类事故,严厉追究事故责任。

全国总工会第十四届执行委员会主席团第十七次全体(扩大)会议在北京召开

中共中央政治局委员、全国人大常委会副委员长、中华全国总工会主席王兆国出席会议并指出，各级工会干部和全国广大职工要坚持以邓小平理论和“三个代表”重要思想为指导，深入贯彻落实科学发展观，以良好的精神状态和出色的工作成绩迎接中国工会十五大的胜利召开。

王兆国指出，召开中国工会十五大是各级工会干部和广大职工群众政治生活中的一件大事。高举中国特色社会主义伟大旗帜，认真贯彻党中央关于工人阶级和工会工作的一系列指示精神，努力开好中国工会十五大，对于不断开创工会工作新局面，建设中国特色社会主义工会，团结动员全国广大职工为夺取全面建设小康社会新胜利而奋斗，具有十分重要的意义。各级工会要以高度负责的精神、严谨细致的作风，扎实做好中国工会十五大的各项筹备工作，努力把中国工会十五大开成一个团结、民主、务实、奋进的大会。

会议听取了全总副主席、书记处第一书记孙春兰作的关于中国工会十五大报告(讨论稿)的说明，听取了全总副主席、书记处书记徐振寰作的关于中国工会章程修正案(讨论稿)的说明；审议通过了中国工会十五大报告(讨论稿)及相关决议；审议通过了工会章程修正案(讨论稿)及相关决议；审议通过了财务工作报告(讨论稿)及相关决议；审议通过了经审工作报告(讨论稿)及相关决议；通过了全总十四届六次执委会议议程。

中国政府在纽约联合国总部发布2008年版《中国实施千年发展目标进展情况报告》

中国外交部副部长何亚非和联合国发展系统执行办公室主任、开发计划署署长德尔维什共同出席发行仪式并致辞。

何亚非表示，中国将千年发展目标有机融入全面建设小康社会的发展规划中，提前实现了将贫困人口减半和普及初级教育两项目标，并有望在2015年前实现所有目标。中国愿继续尽其所能，为促进千年发展目标在全球的实现作出贡献。

德尔维什盛赞中国执行千年发展目标方面取得的成绩，表示中国在消除贫困方面的努力为全世界消除贫困与饥饿作出了重大贡献。联合国愿继续与中国加强合作，推动千年发展目标如期实现。

此报告由中国外交部与联合国驻华系统共同编写。

国务院副总理李克强出席在北京举行的中国—委内瑞拉高级混合委员会第七次会议闭幕式并致辞

委内瑞拉总统查韦斯同时出席会议闭幕式并致辞。

李克强说，自2001年中委建立共同发展的战略伙伴关系以来，双边关系进入了全面快速发展的新阶段，各领域各层次交往频繁，政治互信不断增强，经贸合作快速扩大，科技文化交流稳步发展。中委双方的互利合作，符合两国人民的根本利益。

李克强说，中国一贯高度重视发展与拉美国家的关系，愿与委方在增进政治互信的同时，坚持相互尊重、优势互补、突出重点、注重实效的原则，进一步加强经济技术交流，深化能源、农业、基础设施等领域的务实合作，不断充实中委共同发展的战略伙伴关系的内涵。

查韦斯在致辞中对中委高委会的工作给予积极评价，并表达了加强中委双边关系和各领域互利合作的意愿。

中委高委会是中委两国政府沟通协调双方各领域合作的重要机制。会上，两国有关单位签署了能源、农业等领域多项合作协议。中国和委内瑞拉有关部门和企业的负责人约200人参加会议。

全国人大常委会副委员长路甬祥在人民大会堂会见坦桑尼亚国民议会外交国防和安全委员会代表团

全国人大常委会副委员长李建国在东京分别会见日本国会众议院议长河野洋平和参议院议长江田五

国务院副总理张德江在中南海紫光阁会见西北大陆架澳大利亚液化天然气公司总裁克利里一行

全国妇联表彰残奥会女运动员运动队

为表彰我国女运动员在北京2008年残奥会上取得的骄人成绩，全国妇联决定，授予在北京2008年残奥会上获得金牌的黄丽莎、董红娇、刘文君、张婷、郭华萍、崔娜、林海燕、吴晴、肖翠娟、袁艳萍、刘静、李倩、周影、米娜、孟根吉米素、王君、周杨静、谢青、青素萍、江福英、黄敏、王丽静、张春翠、周红转、汤红霞全国“三八”红旗手荣誉称号，中国女子乒乓球队团体F1—3、中国女子乒乓球队团体F4—5、中国女子乒乓球队团体F6—10、中国女子射箭队团体反曲弓—公开级被授予全国“三八”红旗集体荣誉称号。

9月25日

“神舟”七号载人飞船发射成功

北京时间9月25日21时10分04秒，我国自行研制的“神舟”七号载人飞船在酒泉卫星发射中心发射升空，21时19分43秒准确进入预定轨道。在随后的飞行过程中，我国航天员将首次进行空间出舱活动。中共中央总书记、国家主席、中央军委主席胡锦涛亲临酒泉卫星发射中心现场观看飞船发射。

吴邦国、贾庆林、李长春、习近平、李克强等领导同志在北京航天飞行控制中心观看飞船发射实况。

胡锦涛等在酒泉卫星发射中心听取了“神舟”七号载人航天飞行任务有关情况汇报并看望执行这次飞行任务的3名航天员翟志刚、刘伯明、景海鹏。

胡锦涛发表了重要讲话。他说，“神舟”七号飞船发射成功，标志着这次载人航天飞行任务首战告捷。胡锦涛代表党中央、国务院、中央军委，向参加这次任务的全体科技工作者、干部职工、部队官兵表示热烈祝贺。

胡锦涛说，实施“神舟”七号载人航天飞行任务，是今年我国最具代表性、最具影响力的国家级重大科研实践活动，是中国人民攀登世界科技高峰的又一伟大壮举。这次飞行中，我国航天员将首次实施空间出舱活动，任务技术难度更大，可靠性要求更高，状态变化较多，对任务的组织实施提出了更高的标准。在“神舟”七号飞船顺利升空、准确入轨之后，希望同志们毫不松懈，再接再厉，聚精会神地做好各项后续工作，夺取“神舟”七号任务的全面胜利。

在酒泉卫星发射中心和北京航天飞行控制中心分别观看飞船发射的还有：王刚、王兆国、王岐山、刘淇、刘云山、刘延东、李源潮、张德江、何勇、令计划、王沪宁、路甬祥、梁光烈、马凯、戴秉国和曹刚川，中央军委委员李继耐、廖锡龙、靖志远、吴胜利、许其亮。

这次“神舟”七号载人航天飞行的主要任务是实施我国航天员第一次空间出舱活动，突破和掌握出舱活动相关技术，同时开展卫星伴飞、卫星数据中继等空间科学和技术试验。这次载人航天飞行技术跨度大、任务风险大、航天员操作强度大、实施难度大、参试系统庞大。此次飞船发射是长征系列运载火箭第109次升空，也是继1996年10月以来我国火箭发射连续第六十七次获得成功。飞船在轨运行期间，有关地面测控站和“远望”号测量船将进行持续跟踪、测量、控制，通过航天员生理遥测参数和回传图像及话音通信，了解航天员身体和生活工作状态。“神舟”七号载人飞船完成飞行任务后，3名航天员将乘坐飞船返回舱在位于内蒙古自治区中部的主着陆场着陆。

纪念廖承志同志诞辰100周年座谈会在人民大会堂举行

中共中央政治局常委、全国人大常委会委员长吴邦国出席会议。

廖承志同志是中国共产党的优秀党员、无产阶级革命家、杰出的社会活动家、党和国家的优秀领导人，曾任中共第十二届中央政治局委员、第五届全国人大常委会副委员长等重要职务。

中共中央政治局委员、全国人大常委会副委员长王兆国主持会议并讲话。王兆国在回顾廖承志同志为民族独立、人民解放和国家富强建立的不朽历史功绩后说，廖承志同志一生勤勤恳恳为党工作，在长期的革命斗争中，在社会主义建设事业中，在巩固和发展爱国统一战线的大团结、实现祖国统一的事业中，在加强同世界各国人民的友好关系和争取世界和平的斗争中，建立了不可磨灭的历史功绩。我们纪念廖承志同志，就是要学习他始终不渝地坚持理想信念，始终不渝地忠于党、忠于祖国、忠于人民；就是要学习他实事求是，坚持原则，求真务实；就是要学习他勇于并善于开拓新局面的精神，学习他丰富的工作经验和工作艺术。

王兆国指出，当前，全党全国各族人民正在深入学习贯彻党的十七大精神。我们纪念廖承志同志，一定要继承老一辈无产阶级革命家的遗志，更加紧密地团结在以胡锦涛同志为总书记的党中央周围，高举中国特色社会主义伟大旗帜，以马克思列宁主义、毛泽东思想、邓小平理论和“三个代表”重要思想为指导，深入贯彻落实科学发展观，锐意创新、开拓进取，为全面建设小康社会、推进中国特色社会主义伟大事业、实现中华民族伟大复兴的宏伟目标而不断努力奋斗！

全国政协副主席廖晖、陈奎元出席会议，国务院港澳事务办公室原主任鲁平，国务院侨务办公室主任李海峰，中共中央台湾工作办公室主任、国务院台湾事务办公室主任王毅，中国人民对外友好协会副会长井顿泉，中共广东省委副书记、广东省省长黄华华先后发言。有关方面负责人和廖承志同志的亲属、生前友好等200余人出席座谈会。

国务院总理温家宝在纽约联合国总部出席联合国千年发展目标高级别会议并作主旨发言

主席先生、秘书长先生：女士们、先生们：

八年前的今天，联合国庄严通过了《千年宣言》，世界上广大贫困人口从中看到了新的希望。

中国是世界上人口最多的国家。1978年以来，中国主要依靠自己努力，改革开放，加快发展，在不到30年时间内使绝对贫困人口从2.5亿减少到1500万；在全国特别是农村实行了9年免费义务教育；在8亿农民中建立了政府投入为主的新型合作医疗制度；同时还建立了农村村民和城市居民自治制度，实行政务公开、民主监督和基层直接选举。

当代中国人的一切努力，归根到底都是为了一件事——消灭贫困，及在此基础上实现富强民主文明和谐的现代化。

中国作为一个负责任的发展中大国，尽管并不富裕，但已兑现对《千年宣言》的承诺，为世界上一些最不发达国家作出了力所能及的贡献。截至2008年6月底，中国累计免除亚非等49个重债穷国和最不发达国家债务247亿元；提供各类援款2065亿元，其中无偿援助908亿元；对42个最不发达国家的商品给予零关税待遇，税目为736—1115个，占最不发达国家对中国出口贸易额的98%。中国还为非洲培训了15000名各类人才，派遣100名高级农业技术专家，派出医疗队，援建30所医院、100所农村学校，无偿提供防治疟疾药物。2007年年底中国为增强非洲的自我发展能力，决定提供23.77亿元的无偿援助和7亿元的无息贷款。

去年世界银行公布的数据表明，过去25年全球脱贫事业成就的67%来自中国。联合国《千年宣言》的要求，正在中国广袤土地上逐步变为现实。这也是当代中国人应尽的最重大国际责任。

但是不能不看到，世界上还有10亿左右人口生活在贫困线以下，数亿人在饥饿中煎熬。中国也面对人口资源环境的压力，存在城乡区域经济社会发展不平衡和广大低收入群体的问题。

全球实现《千年宣言》目标，任重道远，不容乐观。

女士们、先生们：

从今天算起，实现《千年宣言》提出的到2015年年底世界上每日收入低于1美元的人口比例减半和挨饿人口比例减半等目标，还剩下7年；到2020年年底使至少1亿贫民窟居民的生活得到重大改善，也只有12年，任务十分艰巨。我希望同今天到会的各国领导人一道，负起作为政治家的更大责任，把更多的目光和关爱投向世界上的贫穷地区和贫困人口。

为此，我倡议：

——坚持政府第一要务是发展的理念。不发达国家要把通过发展来消除贫困作为中心任务，发达国家要为不发达国家提供有利于发展的条件。发展，首先是经济发展，教育、文化和社会建设也要放到重要位置。

——坚持鼓励和支持各个国家走适合本国国情的发展道路，探索有利于本国发展和消除贫困的发展模式。要把尊重各国人民自主选择发展道路和模式的权利，作为民主政治的基础和前提。

——坚持用和平方法而不是武力解决地区冲突和种族矛盾。努力实现国际关系民主化，推动各个国家平等协商、求同存异，互利共赢、和谐相处。

——坚持加强国际援助，发达国家尤其要承担起帮助不发达国家的责任，援助应当是无私的和不附加任何条件的。特别要加大对最不发达国家和地区的援助力度，重点解决饥饿、医疗和儿童求学问题。倡议各捐助国在未来五年内将其向世界粮食计划署捐款增加一倍。国际社会应进一步减免最不发达国家债务，给予最不发达国家出口产品零关税待遇。

——坚持完善联合国《千年宣言》发展目标的工作机制。协调国际组织，共同应对发展中国家面临的困难，包括当前油价、粮价上涨等急迫问题，制定规划、筹集援助资金并切实落实。

为促进千年目标的实现，中国愿意作出以下行动：

一、中国在未来五年内将援建发展中国家的农业技术示范中心数量翻一番，增至30个；对外派遣的农业专家和技术人员数量也翻一番，增加1000人；同时为发展中国家提供3000人次的来华农业培训。

二、中国向联合国粮农组织捐款3000万美元设立信托基金，用于帮助发展中国家提高农业生产能力的项目和活动。

三、向粮食紧缺的国家增加出口和援助。

四、在未来五年内，中国向发展中国家新增10000个来华留学奖学金名额，同时专门为非洲国家培训1500名校长和教师；为对非洲国家援建的30所医院配备适当数量的医生和医疗设备，同时为有关受援国培训医生、护士和管理人员1000名。

五、中国将免除最不发达国家2008年年底对华到期未还的无息贷款，给予有关最不发达国家95%的产品零关税待遇。

六、在未来五年内，为发展中国家援建100个小水电、太阳能、沼气等小型清洁能源项目。

女士们、先生们：

世界五分之四的人口在发展中国家，发达国家人口只占五分之一。人人都有平等的生存权利。如果广大发展中国家继续贫困，说明当今世界是不公平、不和谐的，也注定是不稳定的。

想想那些骨瘦如柴的母亲和嗷嗷待哺的儿童，我们还有什么分歧不能搁置，什么障碍不能超越？只要各国政府怀有强烈的责任感和使命感，各国人民富于同情心和爱心，地不分南北，人不分种族，团结起来，共克时艰，我们一定能够实现千年目标。

我希望有一天，贫困的人们不再受饥饿的折磨，都能靠自己的勤劳和节俭丰衣足食；所有的孩子都能好好上学，每个人都享受良好的医疗条件；大家都能生活在一个民主、自由的社会里，人人都有追求幸福的机会和权利；人们不再因肤色、种族和信仰的不同而受到歧视，人类的大家庭更加和谐。

我相信，这不单是我的希望，也是今天这里每一个人的共同希望。让我们在《千年宣言》的目标下行动起来,迎接这一天的早日来临。

全国政协主席贾庆林在人民大会堂会见出席第二届亚洲制造业论坛的外国主要嘉宾

贾庆林说,改革开放以来,中国的制造业总体规模持续扩大,产业结构和技术水平不断提升,对全球制造业的影响日益明显。中国制造业在为世界制造业的繁荣和发展贡献力量的同时,也越来越离不开亚洲和世界制造业的发展。中国制造业要继续向世界先进企业学习,加强交流,分享经验,实现合作共赢,与亚洲国家一起共同构建可持续发展的亚洲制造业。

韩国LG电子株式会社社长禹南均代表参加会见的外国嘉宾感谢贾主席拨冗会见。他说,此次亚洲制造业论坛召开得非常及时,为制造业企业提供了交流的好机会。参加会见的外国企业代表均表示,愿与中国加强交流与合作,促进共同发展。

全国政协副主席、全国工商联主席黄孟复,全国政协副秘书长王胜洪,外交部副部长武大伟,全国工商联副主席谢经荣,中国社科院副院长、亚洲制造业协会会长陈佳贵等参加了会见。

全国总工会第十四届执行委员会第六次全体会议在北京召开

会议于9月25日至26日召开。中共中央政治局委员、全国人大常委会副委员长、中华全国总工会主席王兆国出席并主持会议。

中华全国总工会副主席、书记处第一书记孙春兰代表全总十四届主席团,作了题为《全面贯彻党的十七大精神以优异成绩迎接中国工会十五大胜利召开》的工作报告。

会议审议了中国工会十五大报告(讨论稿)、中国工会章程修正案(讨论稿)、财务工作报告(讨论稿)、经审工作报告(讨论稿)等,通过了相关决议。

国新办发布《西藏文化的保护与发展》白皮书

前　言

中国是一个统一的多民族国家,西藏是中国不可分割的一部分,藏族是中华民族大家庭中的重要一员。藏民族具有悠久的历史、灿烂的文化。西藏文化是中华文化中的一颗璀璨明珠,也是世界文化中的一份宝贵财富。

藏民族世代生活在青藏高原,面对独特的自然条件和艰苦的生存环境,表现出顽强的生命力和对美好生活的不懈追求。在对自然、社会和自身的认知、适应、改造、发展的漫长历史进程中,在与汉族等中国其他民族以及南亚、西亚一些民族的文化交流、融合和借鉴过程中,藏族人民创造了内容丰富、特色鲜明、形态多样的文化,其中包括语言文字、哲学宗教、藏医藏药、天文历算、音乐舞蹈、戏剧曲艺、建筑美学、雕塑绘画、工艺美术等。西藏文化是藏民族世代繁衍、生生不息的精神支柱,也是在同其他文化特别是汉文化的相互影响和不断交融中得到发展的。

历史上,西藏曾经历了比欧洲中世纪还要黑暗的政教合一的封建农奴制社会,这种状况一直延续到上世纪中叶。在1959年之前,十四世达赖喇嘛作为藏传佛教首领和西藏地方政府首脑,集政教大权于一身。占总人口不足5%的农奴主占有着西藏全部生产资料和文化教育资源,垄断着西藏的物质精神财富,而占人口95%以上的农奴和奴隶没有生产资料和人身自由,遭受着极其残酷的压迫和剥削,民生凋敝,根本谈不上享受文化教育的权利。长期政教合一的封建农奴制统治窒息了西藏社会的生机和活力,使西藏文化日益走向没落和衰败。

中华人民共和国的成立,给西藏文化的保护和发展带来了希望。1951年西藏实现和平解放,摆脱了帝国主义的侵略和羁绊,打破了长期封闭和停滞不前的局面,为西藏文化与全国一起实现共同进步与繁荣发展创造了基本前提。和平解放后,中央人民政府积极帮助西藏保护和发掘传统文化,发展现代文化教育和卫生事业,开启了西藏文化发展的崭新进程。1959年,西藏实行民主改革,彻底废除了政教合一的封建农奴制度,结束了少数上层封建贵族、僧侣垄断文化教育的历史,广大农奴和奴隶在政治、经济和精神上获得了翻身解放,成为保护、发展和享受西藏文化的真正主人,使西藏文化成为人民的文化,并为西藏文化的发展开辟了广阔的前景。

半个世纪以来,特别是改革开放以来,中国政府高度重视西藏文化的保护与发展,根据《中华人民共和国宪法》和《民族区域自治法》的规定,以极大的热情和高度负责的态度,投入大量人力、物力、财力,倾力保护和弘扬西藏优秀传统文化,同时,大力发展现代科学教育文化事业,使西藏文化得到了前所未有的保护与发展。

为增进国际社会对西藏文化保护与发展状况的了解,用事实戳穿达赖集团编造的"西藏文化灭绝"的谎言,揭露达赖集团所谓"西藏文化自治"的实质,同时也为进一步推动西藏文化的保护与发展,特发表本白皮书。

一、藏语言文字的学习、使用和发展

藏语文属汉藏语系,千百年来一直是西藏人民的重要交际工具,是西藏文化的重要标志和载体,在中华民族多元语言文化中占有独特地位。半个多世纪以来,中国政府高度重视保障西藏人民学习使用藏语言文字的权利，为促进藏语文的学习、使用和发展作出了巨大努力，取得了重大进展。

藏语言文字的学习、使用受到法律保障。中国《宪法》和《民族区域自治法》均明确规定，保障少数民族使用和发展自己语言文字的自由。西藏自治区还先后于1987年和1988年颁布实施《西藏自治区学习、使用和发展藏语文的若干规定(试行)》和《西藏自治区学习、使用和发展藏语文的若干规定(试行)的实施细则》，明确规定在西藏实行藏、汉语文并重，以藏语文为主；2002年，西藏自治区将原来试行的有关规定修订为《西藏自治区学习、使用和发展藏语文的规定》，从而使藏语文的学习、使用和发展获得了可靠的法律保障。为促进这项工作的开展，1988年西藏专门成立自治区藏语文工作指导委员会，现更名为西藏自治区藏语文工作委员会。各地(市)、县相继成立了藏语文编译机构。目前，西藏有100多个藏语文翻译机构，专门从事各类翻译和藏语文工作的人员有近1000人。

藏语言文字得到广泛学习和传承。旧西藏，学习藏语文是上层贵族和少数僧侣的特权，占总人口95%以上的广大农奴和奴隶根本没有学习藏语文的权利。中央人民政府从西藏和平解放之日起就十分重视藏语文的学习和推广，对进藏人员学习使用和推广藏语文提出明确要求，并于20世纪50年代先后在昌都、拉萨、日喀则等地开办藏语文短期训练班、青年训练班、社会教育班、农业技术训练班、财会训练班和电影技术训练班等，积极鼓励、支持和组织各族群众学习藏语文和科学技术。西藏自治区成立后，明确规定各级各类学校要重视藏语文的学习和使用，加强藏语文的教学。西藏教育系统全面推行以藏语文授课为主的双语教育体系。目前，所有农牧区和部分城镇小学实行藏汉语文同步教学，主要课程用藏语授课。中学阶段也同时用藏语和汉语授课，并在内地西藏中学开设藏语文课。在高校和中等专业学校的招生考试中，藏语文作为考试科目，成绩计入总分。西藏现有双语教师15523人，各级各类学校有藏语专任教师10927人。西藏自治区已编译完成从小学到高中共16门学科的181种课本、122种教学参考书和16种教学大纲。藏语文在西藏所有学校都得到了空前的普及。

藏语言文字在西藏得到广泛使用。西藏自治区成立以来，各级人民代表大会通过的决议、法规，西藏各级人民政府及所属部门下达的正式文件和发布的公告都使用藏、汉两种文字。在司法诉讼程序中，对藏族诉讼参与人都使用藏语文审理案件，法律文书也使用藏文。各单位的公章、证件、表格、信封、信笺、稿纸、标识以及机关、厂矿、学校、车站、机场、商店、宾馆、餐馆、剧场、旅游景点、体育场馆、图书馆等的标牌和街道、交通路标等，均使用藏、汉两种文字。

西藏人民广播电台自1959年建台以来，始终以办好藏语广播为重点，共开办有42个藏语(包括康巴语)节目(栏目)，藏语新闻综合频率每天播音达21小时；康巴语广播频率每天播音18小时。藏语节目年译制能力由1996年的1200小时增加到2007年的9235小时。西藏电视台藏语卫视频道于1999年正式开播，每天播出大量的藏语专栏节目和藏语影视译制片，现有藏语电视栏目21个，深受西藏各族人民的喜爱。自2007年10月1日起，藏语卫视实现了24小时滚动播出。西藏电视台2007年藏语影视剧译制量达500小时(639集)，译制电影拷贝564个，译制节目35个。每年保证有25部新译制的藏语电影在农牧区和基层群众中放映，广大农牧区实现了电影藏语化。

藏文图书报刊发展很快。全国有中国藏学出版社、民族出版社、西藏人民出版社、西藏古籍出版社等9家出版社出版藏文图书，每年出版藏文图书上千种。许多古代藏文秘本、孤本，经专家整理后出版发行。目前，西藏有14种藏文杂志、10种藏文报纸。全国有20多种杂志有藏文版。《西藏日报》藏文版2002年7月扩版后，每周从28个版增加到36个版，日发行达2.5万份。《西藏科技报》《西藏科技信息报》《致富之友》等藏文报刊，成为广大农牧民学习科技知识、掌握致富经验和方法的必读物。

西藏自治区现有文艺工作者4000余人，其中藏族占90%以上，专业艺术团体10个、少儿艺术团体4个、民间艺术团18个、乡村业余文艺队500多个、藏戏队160个。这些文艺团体经常深入农牧区，用藏文创编节目，用藏语表演，深受广大群众的欢迎。

藏语言文字得到全面发展。1984年开发出了与汉英兼容的藏文处理系统，实现了藏文精密照排。藏文编码国际标准于1997年获得国际标准组织通过，成为中国少数民族文字中第一个具有国际标准的文字。目前，西藏已全面建立面向机器自动处理的藏语语法框架和语法体系，正在实现藏语文本的机器自动分词和组块识别。完成了大型藏汉双语机载词典(12万条)，建立了为藏、汉、英机器翻译所需的藏语语法属性电子词典以及大规模藏语真实文本数据，为西藏文化在信息化时代的传承、传播和弘扬奠定了坚实的基础。

计算机技术的运用和互联网的普及，为藏语文的学习、使用和发展提供了新的平台。国内自主开发的先进藏文编辑系统、激光照排系统、电子出版系统已经在西藏新闻出版领域得到广泛应用。通过互联网和手机的藏语文平台浏览阅读、收听、收看国内外新闻和各类资讯，满足了广大藏族群众的信息需求。西藏邮电业务广泛使用藏语文，开辟了藏文电报、藏语寻呼以及藏文手机短信等服务项目。藏文文档识别系统的问世，拉开了藏文识别应用于藏文数字化建设的序幕。

藏语文规范化、标准化工作取得重大进展。2005年，审议制定了《新词术语翻译和借词使用规则》的原则，共审定统一了3500余条有关市场经济和中小学教育等方面的藏文术语，审定了近6万条科技术语，翻译审定了8000多条计算机界面术语。多年来，各级出版社陆续出版了《格西曲扎藏文辞典》《藏文大词典》《藏汉口语词典》《汉藏对照词汇》《藏汉词汇》《藏汉词典》《市场经济藏汉文对照词典》《藏汉对照法律词典》等多部藏文辞书。现已完成《制定藏语标准语方案》的起草工作和《藏族人名汉字音译转写规范手册》的搜集整理工作。

二、文化遗产的继承、保护和弘扬

西藏文化遗产是中国文化遗产的重要组成部分。中央人民政府高度重视保护和发展西藏的传统文化，投入巨大的人力、财力、物力，运用法律、经济和行政等多种手段，使西藏优秀传统文化在有效保护的基础上得到了继承、弘扬和发展。

文物古迹得到有效保护。民主改革以后，中央人民政府高度重视西藏文物保护工作，从政策、人才、资金、技术等方面给予大力支持，西藏的文物管理机构逐步健全，文物保护队伍不断壮大，文物保护体系渐趋完善，文物研究和保护的能力不断提高。西藏自治区颁布了《文物保护条例》《寺庙文物管理暂行条例》《文物单位消防安全管理办法》《流散文物管理暂行规定》《布达拉宫保护管理办法》等十几个法规，使文物保护工作走上了法制化、规范化轨道。

国家先后在西藏进行过两次文物普查(目前正在进行第三次文物普查)，并对青藏铁路西藏段沿线的文物进行了详尽调查，较为全面地掌握了各类文物古迹和遗址的分布、数量和现存状况，对处于濒危状态的文物古迹进行了抢救性发掘、整理和修缮，使流散于社会的2万余件文物被博物馆征集收藏。截至2006年年底，西藏已登记在册的各类文物保护点2330余处，有各级文物保护单位329处。其中，国家级重点文物保护单位35处，自治区级112处，市(县)级182处。布达拉宫被列入世界文化遗产，大昭寺、罗布林卡被列入其扩展项目。拉萨市、日喀则市和江孜镇被列为全国历史文化名城。全区现有馆藏文物数十万件，其中国家级文物1万余件。

上世纪80年代以来，国家投入巨额资金，对西藏重要文物古迹进行保护维修，恢复开放了一大批重点文物保护单位。其中，80—90年代，中央人民政府共投资3亿多元人民币，帮助西藏修复开放了1400多座寺庙，对昌都卡若、拉萨曲贡、山南昌果沟等新石器时代遗址进行了科学发掘，填补了西藏史前考古的空白。对扎什伦布寺、萨迦寺、桑耶寺、大昭寺、强巴林寺、夏鲁寺、江孜宗山抗英遗址、罗布林卡、白居寺等古建筑、古遗址进行了重点维修保护。特别是1989年到1994年，国家拨出5500万元人民币和大量黄金、白银等珍贵物资对布达拉宫进行了一次大规模维修。2001年起，又拨专款3.3亿元人民币，用于维修布达拉宫和罗布林卡、萨迦寺三大文物古迹。2006—2010年，中央人民政府将再次拨出5.7亿元人民币，对西藏22处重点文物保护单位进行维修保护。如此巨额投入和大规模维修在中国文物保护史上是空前的。近年来，中国西藏文化保护与发展协会等非政府组织相继成立，在促进西藏文化的保护和发展方面发挥了积极作用。

非物质文化遗产得到有效保护、传承和发展。上世纪70年代以来，西藏自治区及各地市成立了专门的民族文化遗产抢救、整理和研究机构，对全区民间文化艺术遗产进行全面普查，将流传于民间的戏剧、舞蹈、音乐、曲艺、民歌、谚语、故事等文学艺术资料搜集起来，加以整理、研究，先后采录整理藏汉文资料3000多万字，发表有关藏族传统文化的学术论文1000多篇，出版发行文艺研究专著30多部。2003年以来，中央人民政府和西藏自治区人民政府启动实施非物质文化遗产保护工程。西藏自治区和各地市政府成立了非物质文化遗产保护工作领导小组和专门的工作机构，对全区非物质文化遗产情况进行了更大范围和更深层次的普查，对濒临失传的遗产进行有效保护。全区命名的自治区级民间艺术之乡19个，120个项目被列为自治区级非物质文化遗产代表作名录，61个项目被列入国家非物质文化遗产代表作名录，31位传承人入选国家级非物质文化遗产项目代表性传承人名录。大批藏文文献典籍得到及时抢救。编辑出版了中国戏曲志、中国民间歌谣集成、民族民间舞蹈集成、谚语集成、曲艺集成、民族民间歌曲集成、戏曲音乐集成、民间故事集成等十大文艺集成志书西藏卷，结束了西藏文化艺术缺乏文字记载的历史，使大量重要文化遗产得到及时抢救和有效保护。《格萨尔王传》是一部大型口头说唱英雄史诗，长期以来仅靠师徒相承。国家将收集、整理、出版《格萨尔王传》作为重点科研项目，设立专门机构、拨出专门经费，现已录制艺人说唱磁带5000小时，搜集300余部，整理出版藏文版120部，蒙古文版25部，汉译本20多部，学术专著20部，并有多部被译成英、日、法等文种出版。

西藏文艺创作进入历史上最好的发展时期。藏族传统艺术在与现代艺术相结合的过程中不断创新和发展。西藏和平解放后，各族文艺工作者深入生活，发掘继承优秀的民族文艺传统，创作出一大批诗歌、小说、歌舞、音乐、美术、电影、摄影等作品，不断完善西藏的艺术门类，丰富文艺形式，提高艺术水平。近年来，先后推出了大型乐舞《珠穆朗玛》，大型歌舞《金色岁月》《多彩哈达》《天上西藏》《和谐颂》，话剧《穿越巅峰》，新编藏戏《朵雄的春天》，以及融京剧和藏戏于一体的新编历史剧《文成公主》等一大批文艺作品。这些作品题材新颖，民族特色突出，时代气息强烈，提升了西藏的整体艺术水平，极大地丰富和活跃了各族群众的文化生活。其中，《文成公主》入选"国家舞台艺术精品工程"十大精品剧目。近 5 年来，自治区直属的 3 个专业文艺团体新编剧目 34 台，7 个地市专业文艺团体新编剧(节)目 300 多个，演出 3000 多场(次)，观众 500 多万人次，获国家级奖 40 多个，自治区奖 270 多个。西藏文化的对外交流蓬勃开展。近 30 年来，西藏先后派出文化艺术团(组)360 个，访问了美国、加拿大、俄罗斯等 50 多个国家和地区，出访人员达 4320 人(次)；先后接待 30 多个国家和地区的 200 余名艺术家前来演出交流。

旧西藏没有面向普通百姓的文化设施，如今，西藏已基本形成比较完整的公共文化设施网络。西藏现有大型现代图书馆 12 座，博物馆 2 座，多功能群众艺术馆 6 座，县级综合文化活动中心 37 座，文化信息资源共享工程卫星站点 22 个，乡级文化站 175 座，村级文化室 550 余个。文化产业发展迅速，西藏现有文化娱乐场所 2596 家，从业人员达 18350 人，各类文化旅行社、艺术广告装潢社、画廊、度假村、休闲林卡等 3000 余家。这些公共文化设施建设和文化产业的发展，对于丰富群众文化生活，弘扬西藏文化发挥着越来越重要的作用。

藏医藏药事业加速发展。藏医藏药是藏族传统文化的一朵奇葩。然而，在旧西藏，仅有拉萨门孜康即藏医星算学院和药王山医学利众院以及日喀则"仙人聚集堂"三所规模极小的官办医疗机构，从业人员不足百人，主要为达官、贵族和上层僧侣服务，广大劳动人民有病得不到医治。民主改革后，国家投入巨资，大力发展藏医药事业，保障人民健康。截至 2007 年年底，西藏有藏医院 18 所，所有县都设立了藏医科等医疗机构。目前，西藏有藏医病床 650 张，藏医医疗机构从业人员 1484 人，乡村及民间藏医 678 人。2007 年全区藏医诊疗病人达 48.9 万人次，其中住院治疗 7340 人次。藏药生产由手工作坊向现代工业化大生产迈进，藏药加工迈入标准化、规范化、规模化和科学化管理的轨道。西藏现有藏药生产企业 18 家，生产藏药 360 多个品种。西藏所有藏药品种均列入国家医保目录。2007 年藏药产值达 6.6 亿元人民币，销售收入 4.5 亿元人民币，一些藏药产品销往全国各地和其他国家。

藏医药科学研究和教学工作成果丰硕。西藏自治区藏医药研究院和各级藏医机构积极开展藏医药科学研究，搜集、整理、编著和出版了《中国医学百科全书·西藏分卷》《藏传天文历算大全》《甘露本草明镜》《四部医典》(藏汉文版)、《四部医典八十幅彩色唐卡系列挂图全集》《晶镜本草》《藏医诊断学》《藏药方剂大全》等一批具有很高学术价值的著作。1989 年西藏藏医学院的成立，使传统的藏医药教育教学模式逐步迈入了现代高等医学教育的轨道。截至 2007 年，西藏藏医学院共培养了 1200 多名藏医药大中专毕业生、56 名硕士博士研究生，现有在校生 1194 人、硕士研究生 54 人。藏医药学这门传统民族医药学正焕发出勃勃生机，为提高西藏人民的健康水平，造福人类，发挥着重要的作用。

三、宗教信仰和民族习俗得到尊重

藏传佛教是西藏大多数群众信奉的宗教，是西藏传统文化的重要组成部分。西藏人民在漫长的历史进程中形成了独特的民俗民风和生活习惯。西藏和平解放以来，中国政府高度重视并充分尊重西藏各族人民的宗教信仰自由和民族风俗习惯。

旧西藏实行的是与欧洲中世纪类似的政教合一的宗教制度。以达赖为总代表的上层势力操纵政治、经济和文化命脉，把持信众进入天国的"入场券"，对广大信教群众实行神权统治和宗教专制，根本谈不上宗教信仰自由。这种体制成为窒息社会活力、束缚人们思想的沉重枷锁。1959 年的民主改革，彻底推翻了腐朽落后的政教合一制度和以达赖为首的寺庙活佛的教权统治，实现了政教完全分离和寺庙公共事务管理的民主化，为实现宗教信仰自由提供了制度保障。

国家把藏传佛教作为藏民族传统文化给予有效保护。为了满足信教群众宗教信仰的需要，国家采取有力措施，妥善保护宗教寺庙和文物古迹，不仅把布达拉宫、大昭寺、哲蚌寺、色拉寺、甘丹寺、扎什伦布寺、萨迦寺等众多宗教活动场所列入全国和自治区重点文物保护单位，而且每年拨出大量专款进行维修。上世纪 80 年代以来，中央和西藏地方财政先后拨款 7 亿多元人民币和大量黄金、白银等物资，修缮了一大批宗教场所。目前，西藏有各类宗教活动场所 1700 多座，住寺僧尼 4.6 万余人。寺院的壁画、雕刻、塑像、唐卡、经卷、法器、佛龛等宗教文化载体，受到保护和修缮。大量宗教文献典籍得到抢救、整理、出版。各寺庙的传统印经院得到继承和发展，现有木如寺印经院、布达拉宫印经院等大型传统印经院近 60 家，年印经卷 6.3 万种，民间经书销售摊点 20 家。1984 年西藏自治区政府将藏文大藏经《甘珠尔》拉萨版赠送给中国佛教协会西藏分会，并资助拉萨印经院刻制提供给区内外寺庙使用。1990年，又拨专款50万元人民币在拉萨木如寺资助刻制藏文大藏经《丹珠尔》新木版，已刻制的160卷帙正在印刷之中，这是西藏有史以来《丹珠尔》第一次在拉萨刻制、印刷。国家还投入4000多万元人民币，组织上百名藏文专家，历时20余年，完成了对藏文大藏经《甘珠尔》《丹珠尔》的对勘出版，现已出齐124部《丹珠尔》，108部《甘珠尔》预计2008年内出齐。迄今已印出大藏经《甘珠尔》1490部，并印行藏传佛教的仪轨、传记、论著等经典单行本。1998年，西藏藏文古籍出版社和西藏人民出版社分别整理出版了《苯教甘珠尔》和《苯教丹珠尔》(大藏经)。一大批有关佛教的专著，如《贝叶经的整理研究》《西藏苯教寺庙志》等相继问世。

正常的宗教活动和宗教信仰依法受到保护。西藏自治区和7个地市均设有佛教协会。中国佛协西藏分会办有西藏佛学院、藏文印经院和藏文会刊《西藏佛教》。国家创办了中国藏语系高级佛学院，专门培养藏传佛教高级人才，西藏已有100余名活佛、高僧进入该院深造。寺庙学经、辩经、晋升学位、受戒、灌顶、修行等传统宗教活动正常进行。活佛转世作为藏传佛教特有的传承方式得到国家的尊重，已有40多位新转世活佛按宗教仪轨和历史定制得到认定。

西藏的宗教活动内容丰富，形式多样。上世纪80年代以来，西藏陆续恢复了各种类型宗教节日40余个。信教群众每年自由参加萨噶达瓦节、雪顿节等各种各样的宗教活动。西藏随处可见悬挂的经幡、刻有佛教经文的玛尼堆以及从事宗教活动的信教群众。信教群众家中普遍设有经堂或佛龛，经常进行转经、朝佛、请寺庙僧尼做法事等宗教活动。

西藏人民的风俗习惯得到尊重和保护。和平解放后，中国政府特别注意尊重和保护藏族及其他各民族的传统风俗习惯，尊重和保障他们按照自己意愿从事宗教和民俗活动的自由。50多年来，西藏的藏族和其他少数民族保持着本民族的服饰、饮食、住房等传统风格，每年如期举行各种传统节庆活动。与此同时，一些与封建农奴制相伴随的腐朽、落后、蔑视劳动群众的旧习俗，随着社会的进步与发展而被群众所摒弃，代之以现代、文明、健康的新风尚。西藏每年举行的各种节庆集会，既有大量传统节日和宗教节日如藏历新年、沐浴节、望果节、酥油灯节、达玛节、煨桑节、噶尔恰钦节、赛马会等，又有国庆节、国际劳动妇女节、五一国际劳动节等全国性和世界性的节庆活动，还创立了山南雅砻艺术节、昌都的康巴艺术节、日喀则的珠峰艺术节、林芝的杜鹃花节等现代民族节日。藏族传统的优秀文化与现代文明的新思想、新文化相结合，为西藏民俗文化增添了新的风采。

四、现代科学教育和新闻事业全面发展

西藏和平解放以来，随着现代化的发展，不仅藏族传统优秀文化得到了继承、保护和弘扬，现代科学教育和新闻文化也得到全面发展。

教育事业实现了历史性飞跃。旧西藏没有一所现代意义上的学校，能接受文化教育的均为贵族子弟，广大劳动人民根本没有受教育的机会。和平解放后，国家采取有力措施，发展西藏教育事业。1952年至2007年，国家累计投资225.62亿元人民币(其中近5年就投入139.89亿元人民币)，各省市也对西藏教育事业在人力、物力、财力上给予有力支援，迄今全国已选派7000余名教师援藏，帮助发展西藏教育。从1985年开始，国家对西藏义务教育阶段的农牧民子女采取“包吃、包住和包学习费用”的措施，2007年又全部免除中小学生学杂费，使西藏成为全国第一个实现免费义务教育的地方。近年来，国家加大投入改善学校设施和办学条件，2000年至2006年投入18.5亿元人民币新建和改扩建校舍150万平方米；2004年至2007年建成计算机教室133个，卫星收视点983个，教育资源系统1763个，使西藏大多数中小学拥有了现代化教学手段。西藏现已形成包括幼儿教育、中小学义务教育、中等教育、高等教育和职业教育、成人教育、远程教育、函授教育和特殊教育等在内的比较完备的现代教育体系。

教育水平和文化素质得到显著提高。西藏现有小学884所、初中94所、教育点1237个，在校学生54.7万人。文盲率从旧西藏的95%以上降至目前的4.76%。适龄儿童入学率从旧西藏的2%上升到现在的98.2%，初中入学率达90.97%，已基本普及九年制义务教育。有高级中学14所，完全中学9所，高中阶段入学率为42.96%；中等职业学校7所，2007年在校学生1.9万人；高等院校6所，在校生达2.7万人，入学率17.4%。现有大、中、小学在校专任教师30652人，其中藏族和其他少数民族占80%以上。全国有33所学校办有西藏班，其中初中19所、高中12所、师范2所，招收西藏插班生的内地重点高中53所。到2008年6月底，已招收藏族学生34650人，在校生达17100人。内地西藏班学生的高考合格率和升学率达90%以上。与此同时，内地有90余所高校招收西藏学生，已毕业1.5万人，在校5200余人。一大批博士、硕士、科学家、工程师等人才脱颖而出，成为推动西藏发展的生力军。

现代科学技术从无到有，迅速发展。国家制定多项政策法规，投入大量资金，促进西藏科技发展。目前，西藏有科研机构42所，各类学术团体56个，农牧业技术推广机构140多个，科技示范基地和示范点37

个，重点实验室5个，工程技术研究中心3个。现有各类专业技术人员42525人，其中藏族和其他少数民族技术人员占74.04%。仅2000年至2007年，西藏就完成了613个重点科研项目，其中国家级重点项目148项。特别是在宇宙射线观测、高原大气研究、青藏高原深部探测、泥石流等地质灾害防治、地热和太阳能等清洁能源开发利用、高原医学研究等领域，西藏的科研成果相当卓著，部分成果在全国乃至世界居于领先地位。到2007年，西藏科技对农牧业经济增长的贡献率达36%，农牧民已成为科技发展的巨大受益者。

藏学研究事业空前发展。在旧西藏，藏学研究的范畴主要是大五明（即工巧明、医方明、声明、因明、内明）、小五明（诗词、辞藻、韵律、戏曲、历算），关注的领域主要是宗教，服务的对象是占总人口极少数的贵族和上层僧侣。如今，藏学研究已成为国家社会科学研究的一个重要学科，研究领域涉及藏族及其社会各个方面，成为服务于国家和西藏全体人民的一项重要事业。全国现有中国藏学研究中心等50多个藏学研究机构，近3000名藏学专家学者。藏学研究形成了较为完备的学科体系，在国际藏学界享有十分重要的地位。据不完全统计，国内已编写出版《西藏通史——松石宝串》《历史造就的统一体》《敦煌吐蕃历史文书》《元代汉藏艺术交流》等研究著作数百部，编辑出版《新旧唐书·藏文史料》《明实录·藏族史料》《清实录·藏族史料》等藏事汉文文献丛书400多种，整理出版了《萨班·贡嘎坚赞全集》《敦巴西饶全集》等70多部藏文古籍文献，在各类报刊发表藏学研究论文2.4万多篇。

新闻传播事业蓬勃发展。旧西藏没有现代意义上的出版业，只有数量有限的几所印刷经书的木刻印经院。目前，西藏有2家图书出版社、2家音像出版社，初步形成了遍及全区的出版发行体系。现已出版各类藏汉图书11300余种2.5亿册，其中藏文图书3000多种，《四部医典要注》《新编藏医药学》《西藏百科全书》等200多种图书获得全国性奖励。藏文图书连续5年保持20%的增速。西藏音像出版社1989年成立以来，先后出版发行《今日西藏》《朗玛堆谐》《西藏轻音乐》《藏西极地》等各种音像电子出版物100多种，销售发行音像制品33万多盘。近5年音像电子出版连续保持13%的发展速度。目前，西藏有各类印刷厂35个，电子排版、平版胶印、电子分色、多色印刷等新技术得到广泛应用。图书发行网络覆盖全区，仅2002年至2007年，投资1008万元人民币新建、改扩建了35个新华书店，使新华书店总数达到67个；发行单位272家，年发行图书20多万种，发行量4000多万册。投资1800多万元人民币新建自治区出版物物流配送中心，日配送图书、报刊、音像、电子出版物5万多种56万册（盘）。

旧西藏仅有清朝末年在拉萨创刊的石印藏文《西藏白话报》，印量不足百份。目前，西藏公开发行的报刊已达57种，其中报纸23种、期刊34种；7个地市都有藏汉文两种报纸。2007年，西藏出版报纸5550万份，期刊267万册，均连续5年保持两位数增长。《西藏研究》《西藏旅游》等期刊多次获国家期刊奖提名奖、重点社科期刊奖等奖项。

广播影视业在旧西藏处于空白状态。西藏和平解放50多年来，中央和西藏地方财政用于西藏广播影视发展的资金达12亿元人民币，中央有关部门和其他兄弟省市在技术人员和物资器材等方面提供了大力援助，并为西藏培养了大批专业人员。到2007年，西藏有广播电视台9座，中波转播发射台39座，100瓦以上调频广播转播发射台76座，50瓦以上电视转播发射台80座，县级以上有线电视转播发射台76座，乡村级广播电视站9111座，广播、电视人口覆盖率分别达到87.8%和88.9%，实现了行政村村村通广播电视。目前，西藏人民广播电台有4套节目，日播出79小时55分钟。西藏电视台有3个频道，日播出59小时30分钟。西藏有线网络传输中心可接收传送50套模拟信号有线电视节目、90套数字电视节目、11套广播节目。各地市和部分县（市）也相继建成了有线电视网络，覆盖全区的广播电视网初步形成。西藏现有电影放映机构559个，管理机构82个，农牧区放映队472个，放映点7918个，电影放映已覆盖98%的行政村，全区农牧民每月人均看电影1.6场。

网络文化建设方兴未艾。互联网和手机等新媒体异军突起，普及率和应用水平不断提高。西藏互联网始于1997年，1999年实现宽带上网，2000年创办第一家网站“西藏之窗”。2007年年底，西藏已有互联网站760家，互联网用户82858户，网民约20万，占总人口的6%。西藏的移动电话业务始于1993年8月，当时交换机容量仅为4500户，移动基站只有1个，如今移动基站已达8300多个，手机用户达到80万户。新媒体已成为西藏人民了解新闻、获取信息和知识、休闲娱乐的重要渠道，丰富了群众精神文化生活，拉近了西藏与世界的距离。

结束语

事实表明，半个多世纪来，西藏文化不仅没有灭绝，恰恰相反，具有民族特色的传统文化得到了合理的继承、有效的保护和大力的弘扬，面向现代化、面向未来、面向世界的现代文化随着西藏经济社会的发展在开放中得到迅速、全面的发展。西藏文化在新时代焕发出了新的生机和活力，以其丰富的内涵和创新的形态，深刻地影响着当代西藏人民的生活和西藏现代化的发展，并以其独特的魅力吸引着国内外的目光，丰富着中华民族的多元一体文化，影响着世界文化。可以毫不夸张地说，今天西藏文化的保护、繁荣与发展状况是西藏过去任何一个历史时期都无法比拟的，也是任何一个尊重事实的人士都不会否认的。

达赖集团无视客观事实，在国际上散布“西藏文化灭绝论”是发人深思的。众所周知，十四世达赖喇嘛及其政治集团是旧西藏落后的封建农奴制的总代表，是旧西藏政教合一的神权文化和宗教专制文化的总代表，是旧西藏政治、经济和文化资源的垄断者和既得利益者。西藏民主改革以来，推翻了封建农奴制度，从根本上改变了由极少数封建农奴主垄断西藏文化的不合理的文化占有和分配制度，改变了政教合一、宗教支配社会政治生活的宗教专制主义文化特性，剔除了旧西藏腐朽、落后、阻碍社会进步与发展的文化糟粕，实现了西藏文化的民主化、现代化，解放了西藏文化生产力，使西藏文化作为全体西藏人民的共同精神财富在继承、保护中实现了与时俱进和繁荣发展。事实证明，达赖集团是旧西藏落后文化的代表者和维护者，中国中央人民政府和西藏自治区人民政府是西藏文化的真正保护者和发展者。

十四世达赖喇嘛及其政治集团出逃国外近半个世纪，从未对西藏文化的保护和发展出过一点力、做过一点贡献，却俨然以“西藏文化保护者”自居，显然是荒诞可笑的。达赖集团之所以颠倒黑白，大叫“西藏文化灭绝”，不是因为别的，正是因为西藏文化不可阻挡的发展使他们曾经拥有的文化统治权及其所代表的文化制度不可挽回地遭到了“灭绝”，使他们的文化特权和既得利益不可挽回地遭到了“灭绝”。达赖集团提出什么“西藏文化自治”的主张，其实质是妄图借“文化自治”之名，恢复其对西藏和其他藏区的神权文化统治，进而实现“大藏区独立”的政治图谋。这种开历史倒车的图谋是绝不可能得逞的。

时代要前进，社会要进步，文化要发展，这是不可抗拒的历史潮流。当前，世界正处于全球化、信息化深入发展的时代。现代化潮流浩浩荡荡，顺之者昌，逆之者亡。无论哪个民族、哪种文化，只有顺应现代化潮流，与时俱进，在继承中创新，在保护中弘扬，在开放中发展，才能保持民族特色和旺盛的生命力。达赖集团和一些西方反华势力自己享受着现代文明和文化的成果，却以“保护西藏文化”为名，要求藏民族和西藏文化永远停留在中世纪状态，成为活化石，这显然是别有用心，是包括西藏人民在内的中国各族人民不会答应的。

第二十三届中欧经贸混委会在北京召开

会议由中国商务部部长陈德铭与欧盟委员会贸易委员曼德尔森共同主持。

通过此次会议，中欧双方在多个领域达成广泛共识。双方同意加快《中欧海关知识产权执法合作行动计划》谈判进程；中欧将在2008年度实施总金额7380万欧元的发展合作计划，用于支持政策对话、环境、能源、气候变化和人力资源开发领域的合作；中方对欧盟及其成员国在中国汶川地震中提供的紧急和人道主义援助表示赞赏，双方同意，就欧方向中方官员提供紧急事件管理和灾难应对培训以及地震灾区重建合资的具体方式进行探讨；双方同意充分发挥中欧纺织品对话的作用；在低碳经济、绿色产品与技术贸易和投资、清洁发展机制等领域进一步推进相关合作；中方对欧盟发起的鞋类产品等多起涉华产品反倾销调查表示高度关注，双方重申在此类调查过程中透明度和程序公平的重要性。

国务院副总理王岐山在中南海紫光阁分别会见上合组织经贸部长会议各代表团团长和欧盟贸易委员曼德尔森

外交部部长杨洁篪在纽约出席“金砖四国”外长会晤并会见一些国家和地区组织外长

外交部部长杨洁篪在纽约出席第六十三届联合国大会期间出席由中国、俄罗斯、巴西、印度参加的“金砖四国”外长会晤，并分别会见了海湾合作委员会“三驾马车”外交大臣、欧盟“三驾马车”外长及南非外长祖马、德国外长施泰因迈尔。

9月26日

中共中央总书记胡锦涛在酒泉卫星发射中心接见“神舟”七号载人航天飞行任务参研参试单位代表

胡锦涛发表了重要讲话。

胡锦涛指出，现在，我们已经迈出了载人航天工程“三步走”战略的第二步，但今后的任务还十分艰巨。他殷切希望参研参试单位的同志们大力弘扬“两弹一星”精神和载人航天精神，再接再厉，自强不息，顽强拼搏，为确保“神舟”七号任务取得圆满成功、推动我国载人航天事业不断发展，作出新的更大贡献。

中共中央政治局委员、国务院副总理张德江，中共中央书记处书记、中央办公厅主任令计划，中共中央书记处书记、中央政策研究室主任王沪宁和曹刚川等参加接见。

全国政协主席贾庆林在人民大会堂会见出席海联会三届一次理事大会全体理事

贾庆林说，成立11年来的实践证明，中华海外联谊会是开展港澳台海外联谊工作的重要依托，是推动中华儿女大团结大联合的有效载体。

贾庆林指出，当前我国正处在一个新的历史起点上。中华海外联谊会要继承和弘扬爱国主义优良传统，更好地发挥自身优势，继续支持和参与祖国内地改革开放和现代化建设。要加强与港澳各界人士特别是港澳社团和专业界代表人士的联系，不断壮大爱国爱港、爱国爱澳力量，维护香港、澳门长期繁荣稳定。要秉持建立互信、搁置争议、求同存异、共创双赢的精神，促进两岸的人员往来和各领域的交流合作，推动两岸关系和平发展。要加强自身建设，扩大覆盖面，增强影响力，培养一支结构合理、代表性强、整体素质高的理事队伍。

贾庆林强调，中华海外联谊会要把坚决同一切分裂祖国的势力进行斗争作为新形势下的一项重要任务。要广泛宣传我国的民族、宗教工作方针政策，充分发挥海外华侨华人社团、爱国侨领的作用，争取更多的海外同胞心向祖国，形成海内外中华儿女共同维护民族团结和国家统一的强大合力。

韩启德、周铁农、戴秉国、杜青林、厉无畏等参加了会见。

中共中央政治局常委李长春在北京看望著名科学家钱学森

国务院任免国家工作人员

任命王光亚、李辉、何亚非为外交部副部长；任命孟建民为国务院国有资产监督管理委员会副主任；任命马建堂为国家统计局局长。

免去张业遂的外交部副部长职务；免去王瑞祥的国务院国有资产监督管理委员会副主任职务；免去谢伏瞻的国家统计局局长职务。

中华海外联谊会三届一次理事大会在北京举行

全国政协副主席、中共中央统战部部长杜青林当选为中华海外联谊会会长。

杜青林在理事大会上作工作报告。他说，当前，中国发展正处于新的历史起点上，中华海外联谊会要高举中国特色社会主义伟大旗帜，坚持以邓小平理论和“三个代表”重要思想为指导，深入贯彻落实科学发展观，发扬爱国主义优良传统，秉承“统一祖国、振兴中华”的根本宗旨，为促进改革开放和现代化建设，保持港澳长期繁荣稳定和推动两岸关系和平发展，维护民族团结和国家统一，增进中国人民与世界各国人民的友谊，作出新的更大贡献。

韩启德、周铁农、厉无畏等出席了开幕大会。

中华海外联谊会第三届理事会理事共738人。

会议审议通过了海联会二届理事会工作报告，选举产生了新一届海联会领导机构。全国政协副主席、中共中央统战部部长杜青林当选为中华海外联谊会会长。厉无畏、李德洙、杨晶、朱维群、杨崇汇、全哲洙、黄跃金、楼志豪、陈喜庆、斯塔、汪毅夫、李卓彬、谢经荣、王明明、徐展堂、廖泽云、霍震寰、李家杰、颜延龄当选为副会长。大会还选举出84位常务理事。

在完成各项议程之后，中华海外联谊会三届一次理事大会顺利闭幕。

国务院副总理王岐山在北京主持召开旅游工作专题会并发表讲话

会议研究旅游业发展，部署“十一”假日旅游工作。

王岐山指出，旅游业是国民经济的重要产业和现代服务业的重点领域。加快发展旅游业，对于促进消费、扩大内需、满足人民群众日益增长的物质文化需求具有重要作用。要结合学习贯彻胡锦涛、温家宝同志在“全党深入学习实践科学发展观活动动员大会暨省部级主要领导干部专题研讨班”上的重要讲话精神，密切联系实际，加快转变旅游业发展方式，整顿旅游市场秩序，提升旅游服务质量，营造良好的旅游环境，推动旅游业又好又快发展。

王岐山强调，今年“十一”长假是新的休假制度调整后的第一个黄金周，外出旅游人员多，出行时间集中。各地区、各部门要切实做好“十一”假日旅游工作。所有工作都要服从于确保安全，明确责任，加强基层和基础工作，做到“情况明、数字准、责任清”，制定严格的目标责任制。要寓管理于服务之中，加强交通运输、参观游览、住宿接待、信息发布等各方面的服务工作。有关部门要加强协调，密切配合，突出重点，全面排查安全隐患，做好应急预案，提高假日旅游安全保障能力。让人民群众过一个安全、欢乐、祥和的假期。

全国假日旅游部际协调会议成员及有关部门负责同志出席会议。

国务院副总理回良玉在北京会见出席“亚太森林恢复与可持续管理网络”启动会的部分代表

中联部部长王家瑞在北京会见黑山总理 社会主义者民主党主席米洛·久卡诺维奇

外交部部长杨洁篪在纽约出席七十七国集团第三十二届外长年会以及联合国秘书长潘基文同安理会五个常任理事国外长工作早餐会

杨洁篪在七十七国集团第三十二届外长年会上发言说，七十七国集团是发展中国家协调合作、共同应对当今世界各类挑战的有效机制。面对新形势，七十七国集团更需加强团结，有效协作，积极维护发展中国家的共同利益。

他还表示，中国愿与七十七国集团共同努力，积极推动落实千年发展目标；加强协调合作，应对全球性挑战；团结一致，争取和维护共同利益；实现互利共赢，促进南南合作。

杨洁篪在出席联合国秘书长同安理会五个常任理事国外长工作早餐会时表示，五国对维护国际和平与安全负有特殊责任，五国保持建设性合作并加强与联合国秘书长的沟通与协调，有助于安理会更好地履行联合国宪章赋予的职责。

联合国秘书长潘基文同各国与会外长就南奥塞梯、苏丹达尔富尔、伊朗核问题进行了讨论。

第十届亚洲艺术节在郑州开幕

国务院副总理回良玉出席在北京召开的全国救灾救助工作会议并发表讲话

会议对当前四川汶川地震灾区的防汛抗洪工作和东南沿海抗击台风工作做了进一步部署。回良玉在会上强调，近期四川地震灾区发生了严重的暴雨山洪灾害，第14号台风给沿海部分地区造成了人员财产损失，第15号台风又已生成并可能影响我国。党中央、国务院对此高度重视，胡锦涛、温家宝等中央领导同志多次作出重要指示。我们要发扬连续作战精神，切实做好防御台风和防汛抗洪工作，科学转移受灾害威胁群众，妥善安排受灾群众生活，尽快恢复受损基础设施，及时处理唐家山堰塞湖的险情，严防新的次生灾害。

回良玉指出，今年以来，我国自然灾害形势严峻，灾害强度之大、范围之广、损失之巨历史罕见。党中央、国务院对受灾群众和困难群众生产生活高度关切，对救灾救助工作高度重视。目前，我国灾害应急管理体制初步建立，减灾救灾能力明显增强，社会救助体系基本形成，有效地保障了受灾群众和困难群众的基本生活，为国家经济发展和社会和谐作出了重要贡献。特别是在汶川地震抗震救灾中，广大民政干部职工不畏艰辛，夜以继日奋战在救灾第一线，赢得了党和人民的高度赞誉。

回良玉强调，当前和今后一个时期的救灾救助工作，要以建立、健全灾害应急体系和社会救助体系为目标，重点抓好以下三个方面：一要抓紧汶川特大地震灾民安置和困难群众生活安排，切实抓好农村受灾群众住房恢复重建工作，解决好受灾群众安全过冬问题，继续安置好困难群众和孤残人员，落实好灾区教育救助政策和就业救助政策。二要不断完善城乡居民最低生活保障制度，适时调整有关标准，加大分类救助力度，确保困难群众基本生活水平不因物价上涨而下降。要加快建立低保对象能进能出的动态管理机制，规范低保申请、审核、审批等程序，做到不漏保、不错保。三要积极推进城乡社会救助体系建设，构建以最低生活保障为基础，以灾民救助、五保供养、医疗救助、流浪乞讨人员救助为主要内容，以临时救助为补充，与住房、教育、司法救助衔接配套，覆盖城乡全体居民的社会救助体系，切实保障城乡困难群众的基本生活。

回良玉要求，各地区、各有关部门要把救灾救助工作列入重要议事日程，纳入当地经济社会发展总体规划，各司其职，各负其责，加强协调配合，形成救灾救助工作合力。要积极推进救灾救助工作的改革创新，健全基层救灾救助服务网络，夯实救灾救助工作的基础。要不断改进工作作风，弘扬抗震救灾和"孺子牛"精神，多为群众做好事、办实事、解难事。

9月27日

中国航天员成功实施首次空间出舱活动

9月27日16时41分00秒，我国航天员翟志刚打开"神舟"七号载人飞船轨道舱舱门，首度实施空间出舱活动，茫茫太空第一次留下中国人的足迹。中共中央总书记、国家主席、中央军委主席胡锦涛在北京航天飞行控制中心观看航天员出舱活动实况，并在出舱活动结束后同航天员通话。

中共中央政治局常委、中央纪委书记贺国强一同观看。

在北京航天飞行控制中心参加活动的还有：张德江、令计划、王沪宁、梁光烈等，以及中央军委委员陈炳德、李继耐、廖锡龙、常万全、靖志远、吴胜利、许其亮等。

第二届夏季达沃斯论坛年会在天津开幕

国务院总理温家宝出席开幕式并致辞。

世界经济论坛主席施瓦布、圭亚那总统贾格德奥、黑山总理久卡诺维奇、新加坡国务资政吴作栋等出席会议。

中共中央政治局委员、天津市委书记张高丽出席开幕式。

来自世界近90个国家和地区的政界、工商界、学术界和新闻界代表1300余人与会。本届年会主题是“下一轮增长浪潮”,下设“走向全球”、“驾驭风险”、“未来成长的动力”、“科技与创新:下一轮浪潮”和“中国:全球化的积极参与者”五个议题。会议将重点关注新一代快速成长的跨国公司应对当前经济挑战和未来机遇的方法等问题。

世界经济论坛由施瓦布于1971年创立,总部设在瑞士日内瓦,每年年初在瑞士达沃斯召开年会。夏季达沃斯论坛年会是世界经济论坛在达沃斯以外举行的全球性会议。今年会议中方协办单位是国家发展和改革委员会,天津市为承办城市。

国务院总理温家宝在2008年夏季达沃斯论坛上发表题为《改革开放是中国发展的永恒动力》的讲话

尊敬的克劳斯·施瓦布主席,尊敬的各位来宾,女士们,先生们:

2008年夏季达沃斯论坛在天津召开。首先,我谨代表中国政府,并以我个人的名义表示热烈的祝贺!对各位来宾表示诚挚的欢迎!

达沃斯论坛创办37年来,已成为国际交流与对话的重要平台,为世界的发展和进步发挥了积极作用。去年达沃斯论坛在中国大连成功举办了首届夏季年会,今年又在天津举办第二届年会。我们为论坛的发展和成就,为论坛与中国的进一步合作感到由衷的高兴。

今年是中国改革开放30周年。30年前的中国是个什么样子?那时,我们刚刚结束了“文化大革命”,整个国家处于封闭半封闭的落后状况,国民经济走到了崩溃的边缘。中国向何处去?这个重大而紧迫的问题摆在了中国人民面前。我们坚持解放思想,实事求是,选择了改革开放的道路,这是决定当代中国命运的关键抉择。

中国的改革发端于农村。开始时是涓涓细流,后来发展成势不可挡的洪流。改革从农村到城市,从经济领域到政治、文化和社会等各个领域。中国的开放则从建立深圳等四个经济特区到沿海、沿江、沿边城市,再到全方位、多层次的全面开放。我们成功实现了从高度集中的计划经济体制到充满活力的社会主义市场经济体制、从封闭半封闭状态到全方位对外开放的历史性转变。确立了社会主义初级阶段的基本经济制度,建立了适应市场经济要求的现代企业制度,形成了统一开放竞争有序的现代市场体系,建立了以经济手段和法律手段为主的宏观调控体系,完善了按劳分配为主体、多种分配方式并存的分配制度,逐步健全以公平正义为目标的社会保障等体系。同时,推进了教育、文化、科技、卫生等社会领域的改革,推进了以社会主义民主政治建设为主要内容的政治体制改革,确立依法治国、建设法治国家的方略。

改革开放从根本上改变了中国长期闭关锁国和沉闷僵化的状况,打破了束缚人们的思想和体制桎梏,极大地调动了亿万人民群众的积极性和创造性,给中国大地带来了蓬勃生机和活力,有力地推动了经济社会的大发展。中国经济连续30年保持高速增长,国内生产总值占全球的比重由1978年的1%上升到2007年的5%以上,对外贸易总额占全球的比重由不足1%上升到8%左右。广大人民群众真正从改革开放中得到了实惠,实现了从温饱不足到总体小康的转变。更为重要的是,改革开放使整个社会活跃起来了,人们能够自由地依靠自己的勤劳、节俭和智慧创造幸福美好的生活。

女士们,先生们:

中国30年的变化,得益于改革开放。中国要实现富强民主文明和谐的现代化目标,仍然要靠改革开放。中国正处于并将长期处于社会主义初级阶段,经济社会还存在许多不容忽视的问题,城乡之间、地区之间、经济与社会发展之间不平衡、不协调,经济发展方式粗放,人口、资源、环境压力大,劳动就业、社会保障、收入分配、教育卫生等方面问题仍然较多,还有贪污腐败现象严重等问题。解决这些问题归根到底要靠深化改革。只有坚持改革开放,坚定不移地走中国特色社会主义道路,国家才有光明的前途,从这个意义上说,改革开放一定要贯穿于中国现代化建设的全过程。

——我们要继续深化经济体制改革。进一步完善基本经济制度,健全市场体系;深化财税、金融体制改革,完善宏观调控体系。当前,特别要加快资源性产品价格形成机制改革,更好地发挥市场在资源配置中的基础性作用;继续深化国有企业股份制改革,健全现代企业制度;进一步完善公共财政体系和转移支付制度,全面推进增值税转型改革;建立、健全资源有偿使用制度和生态环境补偿机制,适时推进资源税制度改革;大力发展各类金融市场,促进资本市场稳定健康发展,完善人民币汇率形成机制,逐步实现资本项目可兑换。通过深化改革,使整个体制更加适应现代经济发展的要求。

——我们要继续推进政治体制改革和其他方面改革。人民民主是社会主义的生命,没有民主,就没有社会主义。我们不仅要通过发展经济改善人民生活,还要通过民主法制建设保障人民的民主权利,实现社会公平和正义。我们要建设社会主义法治国家,依法管理国家事务和社会事务,创造条件让人民更有效地批评和监督政府,努力造就人人心情舒畅、生动活泼的政治局面，促进社会和谐。要办好人民满意的教育，让每个孩子都能上得起学、上好学；建立基本医疗卫生制度，让全体人民都享有基本医疗保障；加快健全覆盖城乡的社会保障体系，更好地关爱社会弱势群体，让全体人民共享改革和发展成果。

——我们要进一步拓展对外开放的深度和广度。开放也是改革，只有开放兼容，国家才能富强。中国的对外开放是长期的、全面的、互利的。一切有利于对外开放的政策，我们都会坚持下去。我们要不断学习和借鉴人类创造的一切优秀文明成果。我们积极参与经济全球化的进程，推动建设公正合理的国际贸易体系和金融体制，坚定地支持多哈回合谈判早日达成平衡的结果，支持完善国际贸易准则，推进贸易投资自由化便利化，继续在多边经贸体系中发挥建设性作用。继续深化涉外经济体制改革，完善涉外经济法律、法规和政策，扩大市场准入，加大知识产权保护力度，改善外商来华投资兴业环境。一个制度更加完善、社会充满活力、持续稳定发展、对外更加开放的中国，不仅有利于增加13亿中国人民的福祉，而且必将对世界和平与发展作出更大的贡献。

女士们，先生们：

今年年初，我曾经讲过，今年恐怕是中国经济最为困难的一年。我国遭受了严重的雨雪冰冻灾害和特大地震灾害，又面临国内外复杂多变的环境。我们克服重重困难，保持了经济平稳较快发展的态势。上半年国内生产总值同比增长10.4%；农业发展势头良好，夏粮连续五年增产；投资、消费、出口三大需求增长趋向均衡，经济发展协调性增强；产业结构调整加快，节能减排取得明显成效，财政收入和企业利润保持较快增长，发展质量和效益进一步提高；城镇就业持续增加，城乡居民收入继续提高；近几个月来，居民消费价格指数涨幅逐月回落。总的看，中国经济发展的基本面没有改变，正朝着宏观调控的预期方向发展。

大家很关心中国经济能不能继续保持平稳较快发展。我的看法是，当前困难不少，一方面，国际经济环境更趋严峻复杂，金融动荡加剧，经济明显减速；另一方面，国内价格上涨压力仍然很大，农业基础还很薄弱，能源资源制约经济发展的矛盾比较突出，部分行业和企业生产经营困难，金融领域存在不少隐患。但是，我认为，中国所遭遇的困难，是发展过程中的困难。保证中国经济持续、快速增长的有利条件很多。中国正处在工业化、城市化加快发展的阶段，经济增长潜力很大。今后一个比较长的时期，中国发展仍处于重要战略机遇期。我国劳动力和资金供给仍然充裕，国内消费和投资需求持续增长的潜力还很大，市场广阔，企业竞争力和活力不断增强，宏观调控能力和水平在实践中继续提高，政治社会稳定，特别是我们在改革开放中已经形成符合中国国情和人民意愿的路线、战略和方针政策，这些都是长期起作用的因素。和平与发展仍然是当今世界的主题，国际环境总体上对我国发展有利。我们完全有信心、有能力克服前进中的各种困难，保持国民经济在更长时间内又好又快发展。

举办这次会议的天津是中国近代工业的重要发祥地和最早对外开放的城市之一，也是中国的国际港口城市。现在天津滨海新区开发开放已纳入国家总体发展战略布局规划，成为中国一个新的经济增长极。在座的许多企业都是全球成长型企业，最富活力、竞争力和发展潜力，欢迎大家到中国来投资，到天津来兴业，抓住机会发展壮大自己。我真诚地祝愿本次论坛获得圆满成功！

国务院总理温家宝在天津会见出席夏季达沃斯论坛的外国领导人和世界经济论坛主席

温家宝会见了来华出席夏季达沃斯论坛的圭亚那总统贾格德奥、黑山总理久卡诺维奇和世界经济论坛主席施瓦布。

温家宝在会见贾格德奥时表示，中圭建交36年来，双边关系发展顺利。两国在贸易、经济技术合作等领域开展了富有成效的合作。中方愿继续向圭亚那提供力所能及的援助，在平等互利基础上扩大经贸合作，推动双方友好关系取得新的进展。

贾格德奥表示，圭亚那感谢中方为圭社会经济发展提供的援助，愿与中方一道推动双方友好合作不断向前发展。贾格德奥重申圭亚那将坚定地奉行一个中国政策。

温家宝在会见久卡诺维奇时表示，中黑建交以来，双方相互尊重，平等相待，理解和支持彼此重大关切。我们愿与黑山加强人员往来，推进务实合作，开创两国友好关系的新局面。

久卡诺维奇表示，黑山愿与中方加强高层交往，深化经贸、港口、旅游等领域合作，将两国友好关系推向更高水平。久卡诺维奇重申，黑山将继续奉行一个中国政策，支持中国政府维护国家主权和领土完整的努力。

温家宝在会见施瓦布时表示，在中国纪念改革开放30周年之际，世界经济论坛再次在中国举办夏季达沃斯"新领军者年会"，对促进世界对中国的了解和中国经济与世界经济的融合具有重要意义。

温家宝指出，当前国际金融市场动荡加剧，世界经济面临更加复杂的形势。国际社会应当加强沟通和协作，共同应对挑战，促进世界经济稳定增长。希望夏季达沃斯年会为此发挥积极作用。

施瓦布感谢中方为第二届“新领军者年会”所做的各项工作。他说，世界经济论坛与中方保持着多年的良好合作关系。夏季达沃斯论坛已成为具有全球影响的高层次商业峰会。论坛希望通过对世界经济形势深入的建设性讨论，重树国际社会的信心，推动建立真正可持续的全球经济社会合作体系。施瓦布说，中国经济已进入全新的现代化阶段，希望“新领军者年会”能继续在中国办下去，为全球企业界提供一个良好的交流与合作平台。

国务院总理温家宝在夏季达沃斯论坛年会开幕式和企业家座谈会上回答提问

问：中国有一个全面的经济政策体系，对于企业界也有很多政策，你对在座的企业界领导人有什么建议？他们如何能做得更好？

答：中国的经济政策最根本的是要长期保持平稳较快发展，这不仅是中国的需要，而且有利于世界的稳定。为此，我们将坚定不移地坚持改革开放，同时面对当前国际金融经济动荡，采取灵活审慎的宏观经济政策，解决遇到的问题和矛盾。我们对中国经济的发展抱有信心。

企业是经济的主体，我想对企业家提两点希望。第一，要坚持创新。要想成为领军人物、领军企业、领军经济体，没有创新，不走在别人前头是没有出路的。第二，企业家要有道德。每个企业家都应该流着道德的血液，每个企业都应该承担起社会责任。合法经营与道德结合的企业，才是社会需要的企业。

欢迎世界各地的企业到中国来投资。中国将给你们创造一个平等的竞争环境和完备的法治环境。希望你们不仅在中国投资兴业，而且能够带来新技术，这样对于企业发展有利，对于我们的合作也有利。

问：您认为应该怎样应对当前的国际经济危机？

答：当前对国际经济和金融最为严重的挑战，就是美国次贷危机发展到部分金融企业，以至影响到实体经济，造成了世界经济减速。面对当前的危机，最为重要的是三点。第一，各国要加强合作。有关国家都要采取积极的应对措施，只有合作才能有力地应对危机。第二，当金融和经济危机到来的时候，经济学家、企业家的信心尤为重要，人民的信心尤为重要，国家领导人的信心也尤为重要。这个时候，信心比黄金和货币还要贵重。第三，中国保持强有力的、平稳较快的经济增长态势，不出现大的起落，这就是对世界经济的最大贡献。

问：您在演讲中提到，您曾经经历了很多挑战，中国经济也经历了很多挑战，比如说中国经历了雪灾和地震等自然灾害，您在面临这样的挑战中表现出的领导力、决断力让全世界的人们都很钦佩。现在，全世界正在面临一场金融危机，中国经济也面临国内高通胀和全球经济下滑的挑战。您认为应该如何应对目前的挑战？

答：今年对中国来说确实是不平凡的一年，可以说有喜有悲，甚至不夸张地说，有大喜大悲。这对于全中国人民和中国政府都是严峻的考验。在灾难和困难面前，作为一个领导者，最重要的是勇于面对，毫不退缩，并且能够及时地采取果断措施。在灾难面前，我们的民族确实表现出了自强不息、独立不惧、努力奋斗的精神。他们从灾难中失去的总会从进步中得到应有的补偿。

最近，我们遇到两个问题。一个是国际上出现的金融动荡和经济问题，我们必须善加应对。我们必须在经济增长、就业和通货膨胀之间找到一个平衡点；我们必须解决经济不协调、不可持续的问题，使经济有序发展；我们必须注意节能、环保以提高应对人口、资源和环境的能力。我总默念一句话，就是事不避难，知难不难。只要我们政策把握得当，把人民团结起来，就一定能渡过这个难关。

我们遇到的第二个问题，就是最近出现的“问题奶粉”事件。这从一个方面暴露出我们在生产监管环节还有许多问题，政府是负有责任的。同时也暴露出一个国家在发展的过程中应该重视企业道德、职业道德、社会公德建设。要解决这些问题，必须从三个方面着手。第一，认真查处这起事件，决不放过，使它在全国起到一个警醒的作用。第二，建立和完善各个方面的监督检查制度。第三，要在全社会树立良好的道德风尚，这需要比较长的时间。道德建设必须从教育抓起，甚至从孩子的教育抓起。我们会迅速提出振兴奶制品行业的规划。不仅是奶制品，也不仅是食品，要使整个中国制造成为中国人信赖、世界人民信赖、有信誉的产品。

昨天我在电视上看到曼德尔森先生，他喝了一杯中国的牛奶，以表示他对中国产品的信任，我心里非常感动。因为他看到的不仅是眼前，还有未来。中国发现这个问题，没有丝毫掩盖，我们坦诚面对，而且勇敢地加以解决。我们不会让在座的企业家失望，也不会让我们的人民以至世界人民失望。

问：中国的经济发展成绩斐然。我想了解，中国什么时候以及通过什么方式才能将出口提升到一个新的水平，能够出口中国自己品牌的商品，能够在质量和创新上有更大的进步？

答：中国出口增长很快，但正如你所说，我们缺乏自己的自主品牌，尤其是缺乏自己的知识产权。而当前世界的竞争，归根到底就是知识产权的竞争。我相信，中国人还是聪明的。只要我们政策对头，创造一个自由的、平等的竞争环境，把人民的聪明才智发挥出来，我们出口产品的质量就会提高，自主品牌和知识产权就会增加，但这是一个艰巨的过程。

问：中国在哪些领域可以采取有力措施以保证经济的平稳较快发展？

答：中国具有经济保持平稳较快发展的条件。第一，中国有一个大的国内市场。在世界经济动荡的时候，我们还有很大的回旋余地。第二，必须把经济发展的立足点放在扩大内需，特别是消费需求上。现在整个社会储蓄达到46万亿，居民储蓄超过16万亿，资金充裕。第三，我们有素质不断提高的人力资源。因此，我对中国的持续发展还是抱有信心的。

问：近期出现的金融和经济问题带来了众多问题，我们需要整个国际社会共同努力，也需要有一个强有力的全球领导角色来应对这些对国际社会和整个人类的挑战。美国在这方面发挥的作用现在有所削弱。未来中国是否走上前台，承担起全球领导的角色？中国是否已经对此做好准备？

答：实事求是讲，我们还做不到。中国经济平稳较快发展已经30年了。要继续保持20年的平稳较快发展，需要做很大的努力。第一，中国这样的发展中国家，一定要避免大的周期波动。第二，要使我们的发展成为全面的、协调的、可持续的，就需要应对气候变化，节约资源，保护环境。第三，关键在人，在人的头脑和聪明才智。中国人要想领军，要想赶上或者走在别国的前面，就必须勇于创新，制度创新、科技创新、企业创新、产品创新，没有这一条，一切都不会持续。

问：刚才您谈到中国希望采取各种措施来稳定国内经济的增长。要实现这一点，您谈到需要大家精诚合作。除了这种合作之外，我认为中国也应该采取主动来保证经济的快速平稳发展。中国将主动采取什么措施呢？

答：你问的主动采取措施就是我们政策的取向。我以为四个字可以概括，就是“灵活审慎”。这就是我们宏观政策的取向。在这个时候，要密切关注世界经济发展的动向，并根据中国的情况采取灵活审慎的宏观政策。其实细心一点的人可以看到，中国正在行动着。

国务院总理温家宝到天津考察

9月27日至28日，温家宝在天津出席夏季达沃斯论坛期间，对京津城际铁路、滨海新区、老市区进行了考察。

温家宝在北京南站认真听取了工作人员的汇报。他对京津城际铁路的运营提出四点要求：一是安全，不出事故；二是便民，为民服务，方便群众；三是管理，加强线路、机车等各方面的管理，完善制度；四是效益，通过科学管理提高铁路机车使用效率，使这条铁路更好地发挥作用。

在出席夏季达沃斯论坛开幕式后，温家宝在中共中央政治局委员、天津市市委书记张高丽，天津市市长黄兴国的陪同下考察了滨海新区的建设情况。温家宝在听取天津市关于滨海新区开发开放的情况汇报后，作了重要讲话。他指出，天津滨海新区要在新形势下，当好深化改革开放、推动科学发展的“排头兵”，用新思路、新体制、新机制提高综合实力、创新能力、服务能力和国际竞争力。要扎实推进综合配套改革，构建促进科学发展的体制机制；全面提高对外开放水平，发展更具活力的开放型经济；不断增强自主创新能力，加快建立现代产业体系；加强资源节约和环境保护，努力建设生态型新城区；加快基础设施建设，增强区域综合服务功能。

在天津考察期间，温家宝还来到居民小区看望社区群众，到超市了解奶制品供应情况，到天津市儿童医院看望因为喝了“问题奶粉”而排队检查的婴幼儿。

全国政协主席贾庆林出席在北京召开的纪念中国和平统一促进会成立20周年座谈会

纪念中国和平统一促进会成立20周年座谈会在人民大会堂举行。中共中央政治局常委、全国政协主席、中国和平统一促进会会长贾庆林出席座谈会并发表重要讲话。

贾庆林指出，20年来，中国统促会高举爱国主义旗帜，坚持“和平统一、一国两制”基本方针，肩负促进两岸关系发展、推进祖国和平统一进程的光荣使命，走过了光辉历程。近些年来，中国统促会认真贯彻现阶段发展两岸关系、推进祖国和平统一进程的八项主张和新形势下发展两岸关系的四点意见，坚决反对“台独”分裂势力及其活动，为维护国家主权和领土完整作出了新的贡献；积极促进两岸交流交往，为密切两岸同胞关系发挥了新的作用；广泛凝聚海内外力量，为巩固、壮大反“独”促统的统一战线创造了新的业绩，已成为联系海内外各界人士的重要纽带，成为加强海峡两岸同胞往来的重要桥梁，成为促进两岸关系和平发展、推动祖国和平统一进程的重要力量。

贾庆林强调，实现两岸关系和平发展，是两岸同胞的共同利益所系、共同责任所在。在新形势下，我们将牢牢把握两岸关系和平发展的主题，继续依循并切实落实“两岸和平发展共同愿景”，大力加强两岸各领域交流合作，多为两岸同胞办实事、做好事，真诚为两岸同胞谋福祉；始终警惕和遏制“台独”分裂势力及其活动,切实为台海地区谋和平,维护国家主权和领土完整,维护中华民族根本利益;最广泛地团结台湾同胞,密切两岸同胞联系,融洽两岸同胞情感;继续推进两岸协商谈判进程,努力构建两岸关系和平发展框架,开创两岸关系和平发展新局面。要通过两岸关系和平发展,努力为和平统一大业奠定更为坚实的基础,提供更为强劲的动力,创造更为有利的条件。

贾庆林还就推进今后中国统促会的工作和反"独"促统运动提出了四点意见:围绕和平统一目标,营造两岸关系和平发展的有利环境;反对一切分裂活动,维护两岸关系和平发展的良好势头;加强对台交流交往,增添两岸关系和平发展的积极因素;壮大反"独"促统队伍,凝聚两岸关系和平发展的支持力量。

全国政协副主席、中共中央统战部部长、中国和平统一促进会执行副会长杜青林主持座谈会。

中国和平统一促进会副会长韩启德、周铁农、何鲁丽、罗豪才、张克辉,名誉会长孙孚凌、王文元,以及有关方面负责人参加了座谈会。

国务院副总理习近平在人民大会堂会见中国侨商联合会第三次会员代表大会全体代表

习近平指出,今年是中国改革开放30周年。改革开放之初,广大侨商响应祖国召唤,回国投资兴业,有力促进了沿海、沿江、沿边和内陆对外开放。随着改革开放的深入发展,侨商群体在增加,侨商力量在加强,侨资和侨属企业的层次也在提高,已成为我国国民经济重要组成部分,成为社会主义现代化建设事业的重要力量。

习近平强调,一切为我国社会主义现代化建设作出贡献的劳动都是光荣的,境内外各类投资者为我国现代化建设事业进行的创业活动都是应当受到鼓励的。各级党委和政府要依法保护广大侨商的合法权益,积极为他们参与祖国建设创造各种有利条件。各级侨联要充分发挥桥梁纽带作用,成为归侨侨眷、海外侨胞之家,坚持以侨为本,热情为侨服务,努力团结侨界群众,共同为实现中华民族伟大复兴而努力奋斗。

王兆国、回良玉、韩启德、万钢等参加会见。

中央纪委书记贺国强出席在北京召开的中央纪委常委会并发表讲话

会议传达学习胡锦涛总书记在全党深入学习实践科学发展观活动动员大会暨省部级主要领导干部专题研讨班上的重要讲话。中共中央政治局常委、中央纪委书记贺国强主持会议并讲话。

贺国强强调,中央纪委监察部是全国纪检监察系统的领导机关,是第一批开展学习实践活动的机关,要以更高的标准、更严的要求、更好的成效开展学习实践活动,为全国纪检监察系统开展学习实践活动作出表率。要通过开展学习实践活动,重点解决好三个问题,一是全面履行纪检监察职责,保证和促进科学发展观贯彻落实;二是以科学发展观统领纪检监察工作,努力开创党风廉政建设和反腐败工作新局面;三是通过开展学习实践科学发展观活动,巩固和发展"做党的忠诚卫士、当群众的贴心人"主题实践活动成果,进一步加强机关自身建设。要按照中央的部署和要求,精心组织、周密安排、务求实效。一要切实加强领导,一级抓一级、层层抓落实;二要认真学习文件,开展专题讨论,进一步用科学发展观武装头脑;三要紧密联系实际,认真查找问题,切实抓好整改;四要搞好分类指导,增强学习实践活动的针对性和有效性;五要加强监督检查,确保中央的部署和要求不折不扣地落到实处;六要坚持统筹兼顾,切实做到学习实践活动和业务工作"两不误、两促进"。

贺国强指出,地方各级纪检监察机关和委部派驻机构,要在所在党委(党组)领导下开展学习实践活动,中央纪委监察部要加强指导。要在全系统学习实践活动中以"做党的忠诚卫士、当群众的贴心人"主题实践活动为载体,切实加强纪检监察机关自身建设,努力做到对党和国家无限忠诚、对腐败分子和消极腐败现象坚决斗争、对广大干部和群众关心爱护、对自己和亲属严格要求。要认真总结运用中央纪委监察部机关和试点单位开展主题实践活动的好经验、好做法,下功夫解决纪检监察机关自身建设中存在的突出问题,切实使主题实践活动达到提高素质、增强本领、改进作风、树立形象的目的,努力以自身建设的新成效保证学习实践活动的顺利进行,推动科学发展观的贯彻落实。

贺国强强调,中央纪委常委会及各级纪检监察领导班子成员要以身作则、率先垂范,带头深入学习,带头调查研究,带头分析检查,带头整改落实,以自身的模范行动带领和引导广大纪检监察干部积极投身学习实践活动,确保活动取得实实在在的成效。

中国和平统一促进会七届四次常务理事会在北京召开

会议审议决定有关人事事项,增补全国政协副主席、中共中央统战部部长杜青林为中国和平统一促进会执行副会长;审议通过《关于召开中国和平统一促进会第八届理事大会的决议》。

杜青林在会上指出,解决台湾问题、实现祖国完全统一,是中华民族的核心利益。要坚持"和平统一、一国两制"的基本方针,牢牢把握两岸关系和平发展的主题,深入贯彻胡锦涛总书记关于新形势下发展两岸关系的一系列方针，积极推动两岸关系继续朝着和平稳定的方向发展；要高举爱国主义旗帜，壮大反“独”促统力量，为早日解决台湾问题创造有利条件；要积极宣传我国的民族宗教工作方针政策，引导广大港澳台同胞和海外侨胞坚决反对一切企图分裂祖国的势力。

中国和平统一促进会副会长周铁农主持会议。中国和平统一促进会副会长何鲁丽、罗豪才、张克辉及常务理事出席会议。

民建中央在北京举行座谈会纪念黄炎培诞辰130周年

侨务工作与改革开放30周年座谈会在人民大会堂举行

全国人大华侨委员会、国务院侨务办公室、全国政协港澳台侨委员会、致公党中央和中国侨联在人民大会堂召开侨务工作与改革开放30周年座谈会。全国政协副主席、致公党中央主席万钢出席会议并讲话。

万钢表示，30年侨务工作的实践证明：分布在世界各地的几千万海外侨胞和3000多万归侨侨眷是实现中华民族伟大复兴的重要资源。他们是中国扩大对外开放、全面建设小康社会最积极最热情的参与者；是遏制“台独”分裂势力、实现中国统一大业最积极最热情的促进者；是增强国家文化软实力、弘扬中华优秀文化最积极最热烈的传播者；是拓展民间外交、发展中国人民与世界各国人民友好交往最积极最热情的推动者。

致公党中央原主席罗豪才等出席了座谈会。

中国侨商联合会第三次会员代表大会在北京举行

大会选举产生了新一届理事会，中国侨联副主席、香港侨界联合会会长、香港中华总商会永远荣誉会长陈有庆当选为中国侨商联合会第三届会长。

在随后举行的大会上，代表们审议并通过了《中国侨商联合会第二届理事会工作报告》，修改和完善了《中国侨商联合会章程》。

全国政协副主席、中国致公党中央主席万钢出席了大会开幕式。来自39个国家和地区的海内外侨商代表、海外祝贺团代表及有关涉侨单位负责人等750多人参加了会议。

2008年度“友谊奖”颁奖大会在人民大会堂举行

中共中央政治局委员、国务院副总理张德江，全国政协副主席白立忱向分别向来自澳大利亚、奥地利、保加利亚等19个国家的50名外国专家颁发了“友谊奖”。他们从事的行业领域主要涉及工业农业、能源环保、教育科技、文化体育等。

张德江在颁奖大会上致辞。张德江指出，中国改革开放30年来，引进外国智力事业全面展开，一大批优秀外国专家活跃在我国各个领域，遍及全国各地，成为中国现代化建设的一支重要力量，在改革开放和经济社会发展中发挥着不可替代的作用。中国现代化建设取得的辉煌成就，是与外国专家积极参与和大力支持分不开的，中国人民将永远铭记外国专家付出的辛勤努力和作出的重要贡献。

张德江强调，中国将继续坚持对外开放的基本国策，积极引进国外人才和智力，大力开展国际交流合作，真诚欢迎更多的外国专家、海外华人华侨专家和国际友人，以各种方式参与中国的现代化建设；真诚希望外国专家继续发挥桥梁纽带作用，让更多的国家和人民认识中国、理解中国、支持中国，增进中国人民与世界各国人民的友谊。中国政府将努力为外国专家创造良好的工作和生活条件，及时帮助解决困难和问题，保护好外国专家的合法权益。

国家外国专家局局长季允石宣读了授予50名外国专家“友谊奖”的决定。

外交部部长杨洁篪在纽约出席五国外长会晤并会见一些国家外长

中国外交部部长杨洁篪在纽约出席中国、印度、巴西、南非、墨西哥发展中五国外长会晤，并会见了俄罗斯外长拉夫罗夫和英国外交大臣米利班德。

中非经贸合作座谈会在北京举行

会议由中国非洲人民友好协会和中国非洲问题研究会共同举办。

全国政协副主席、中非友协会长阿不来提·阿不都热西提出席座谈会并致辞。他说，中非合作论坛开启了中非友好合作的新纪元，推动中非经贸合作进入快速发展新时期。近年来，中非贸易额以每年近40%的速度递增。目前，中非经贸合作已进入全方位、多层次、宽领域的发展阶段。中非双方经济互补性很强，合作潜力巨大，认真落实中非合作论坛北京峰会成果，有助于把中非关系提升到新的水平。

第九届长江韬奋奖评选在北京揭晓

由中国记协主办的全国优秀新闻工作者最高奖——第九届长江韬奋奖评选结果揭晓，19名德才兼备的优秀新闻工作者喜获殊荣。

荣获第九届长江韬奋奖长江系列的10名获奖者是(按姓氏笔画排序)：人民日报社王义堂、中央电视台白岩松、福建广播影视集团电视东南频道成洋、科技日报社刘亚东、吉林日报社伊秀丽(女)、解放军报社江宛柳(女)、光明日报社杨荣、山西广播电视总台李占鳌、云南人民广播电台张秋玲(女)、海南广播电视台陆海鹰(女)。荣获第九届长江韬奋奖韬奋系列的9名获奖者是(按姓氏笔画排序):新华通讯社万武义、青岛人民广播电台王玮、北京日报社李乔、兵团日报社张富强、黑龙江电视台周国梁、新华日报报业集团周跃敏、辽宁人民广播电台姜丽彬(女)、重庆晚报社姜春勇、西藏电视台格桑尼玛。

韩光逝世

中国共产党的优秀党员,久经考验的忠诚的共产主义战士,无产阶级革命家,我党纪律检查战线的杰出领导人,中共中央纪律检查委员会原常务书记韩光同志,因病医治无效,于9月27日5时06分在北京逝世,享年96岁。

韩光,黑龙江省齐齐哈尔人。1912年3月24日出生。1930年加入共青团,1931年转入中国共产党。30年代初,任共青团北满特委书记、省委秘书长、东北工作委员会副书记。1945年10月,受中共中央东北局派遣到大连,建立党政组织,任中共大连市委书记兼大连市警察总局(后大连公安总局)政委。

1946年1月当选大连市临时参议会副议长。1946年7月后历任中共旅大地委书记兼旅大公安总局政委、关东公署副主席,中共旅大地委第一副书记、旅大地区党委第一副书记。旅大行政公署主席。中华人民共和国成立后,先后任旅大市市长、中共旅大市委第一副书记。

1952年,调任中共黑龙江省委第二书记,黑龙江省省长。后任国家科委常务副主任。中共十一届三中全会后,任国家建委主任、党组书记。

先后当选为中共八届中央候补委员,十一届中央委员,十二届中央纪律检查委员会书记,1985年当选为中共中央纪律检查委员会常务书记。

9月28日

"神舟"七号载人飞船着陆成功

9月28日17时37分,"神舟"七号载人飞船返回舱安然着陆。专程前来观看飞船回收实况的中共中央政治局常委、国务院总理温家宝,和在场的载人航天工程指挥、技术人员一起热烈鼓掌,共贺"神舟"七号载人航天飞行获得圆满成功。

载人航天工程总指挥常万全宣布:"神舟"七号载人航天飞行任务圆满成功。

温家宝宣读了中共中央、国务院、中央军委的贺电。

观看回收实况的领导同志还有:刘云山、李源潮、张德江、何勇、梁光烈、马凯,中央军委委员陈炳德、李继耐、廖锡龙、靖志远、吴胜利、许其亮。

中共中央 国务院 中央军委对"神舟"七号载人航天飞行成功发去贺电

总装备部、工业和信息化部、中国科学院、国家国防科技工业局、中国航天科技集团公司、中国电子科技集团公司并参加"神舟"七号载人航天飞行任务的全体同志:

在中华人民共和国成立59周年到来之际,"神舟"七号载人航天飞行获得圆满成功,中共中央、国务院和中央军委向圆满完成这次飞行任务的英雄航天员,向所有参加这次任务的广大科技工作者、干部职工和部队官兵,表示热烈的祝贺和亲切的慰问!

"神舟"七号载人航天飞行圆满成功,实现了我国空间技术发展具有里程碑意义的重大跨越,标志着我国成为世界上第三个独立掌握空间出舱关键技术的国家。这是我国航天科技领域的又一次重大胜利,是中国人民在建设中国特色社会主义伟大进程中取得的重大成果,对于增强我国经济实力、科技实力、国防实力和民族凝聚力,鼓舞全党全国各族人民夺取全面建设小康社会新胜利、开创中国特色社会主义新局面具有重大而深远的意义。祖国和人民将永远铭记你们的历史功勋!

发展载人航天技术,和平开发利用太空,始终是中国人民的不懈追求。希望你们在以胡锦涛同志为总书记的党中央领导下,高举中国特色社会主义伟大旗帜,坚持以邓小平理论和"三个代表"重要思想为指导,深入贯彻落实科学发展观,大力弘扬"两弹一星"精神和载人航天精神,自力更生、艰苦奋斗,团结协作、拼搏进取,为继续推动我国航天事业发展、为实现中华民族伟大复兴不断作出新的更大贡献。

中共中央
国务院
中央军委
2008年9月28日

《人民日报》发表社论《飞天路上的壮丽凯歌——热烈祝贺我国"神舟"七号载人航天飞行圆满成功》

五星红旗飘扬太空,世界目光聚焦中国。9月28日,我国航天员在顺利完成首次空间出舱任务后安全返回,"神舟"七号载人航天飞行取得圆满成功。我国由此成为世界上第三个独立掌握出舱活动关键技术的国家，中华民族漫步太空的梦想终成现实。我们向参加“神舟”七号载人航天飞行任务的广大科技工作者、干部职工和解放军指战员表示热烈的祝贺，向英雄的航天员们表示诚挚的慰问，向支持和关心我国航天事业发展的全国各族人民和国际友人表示衷心的感谢！

载人航天是造福全人类的伟大事业，也是增强国家实力、提高国际地位、振奋民族精神的宏伟工程。我国载人航天工程实施以来，在短短16年的时间内，就实现了从无人到三人、从舱内到舱外的巨大跨越，成果举世瞩目，成就来之不易。这是党中央、国务院、中央军委科学决策和正确领导的结果，凝结着航天战线无数科技人员、干部职工、部队官兵的心血和智慧，得到了全国人民的大力支持。几代航天人建立的历史功勋，党和人民永远不会忘记。

“神舟”七号载人航天飞行的圆满成功，是我国航天发展史上的又一里程碑。作为载人航天工程第二步任务的首次飞行，“神舟”七号飞行任务的技术难度更大，可靠性要求更高，状态变化更多，对任务的组织实施提出了更高标准。广大航天工作者以勇攀高峰的昂扬斗志、严谨细致的科学作风、沉着冷静的良好心态、顾全大局的协作精神，成功突破飞船气闸舱、舱外航天服、航天测控中继卫星、伴飞小卫星等一系列关键技术，胜利实现“准确入轨、正常运行，出舱活动圆满、安全健康返回”的目标，为下一步自主建设长期有人照料的空间站奠定了基础。这次飞行任务的圆满成功，是我国改革开放30年来综合国力不断增强、科技水平不断提高的重要体现，必将极大地鼓舞全国各族人民的爱国热情和开创更加美好未来的雄心壮志。

“神舟”七号载人航天飞行的圆满成功，充分显示了科学发展观在实践中的巨大威力。在任务的实施过程中，广大航天人自觉坚持以人为本，把确保航天员的安全健康放在首要位置，着力提高安全保障能力；自觉坚持统筹兼顾、全面协调，把各参研参建参试单位之间的协同配合作为任务顺利实施的重要保证，着力确保各大系统、各个环节运转的高效有序；自觉坚持人才强国战略，把人才培养作为任务实施的重要目标，着力增强可持续发展能力。“神舟”七号任务的实施过程充分说明，提高自主创新能力，建设创新型国家，是国家发展战略的核心和提高综合国力的关键。只有加快科技进步，培养创新人才，才能促进经济社会又好又快发展，实现现代化建设目标；才能在世界高科技领域占有一席之地，赢得国际社会的尊重。

“神舟”七号飞行，太空迈出一小步，中国前进一大步。太空探索永无止境，改革发展任重道远。面对无垠的太空，中国人民将同世界各国人民一道为和平利用太空而继续努力，为人类和平与发展的崇高事业不断作出新的贡献。面对未来的征途，渴望发展的中国人民将更加自觉地贯彻落实科学发展观，坚定不移地推进改革开放，在实现中华民族伟大复兴的道路上不断谱写新的篇章。

中共中央政治局召开会议讨论拟提请十七届三中全会审议的文件

会议讨论党的十七大和十七届一中全会以来中央政治局的工作，研究推进农村改革发展等问题。中共中央总书记胡锦涛主持会议。

会议决定，中国共产党第十七届中央委员会第三次全体会议于10月9日至12日在北京召开。

中共中央政治局听取了《中共中央关于推进农村改革发展若干重大问题的决定》稿在党内外一定范围征求意见的情况报告，决定根据这次会议讨论的意见进行修改后将文件稿提请十七届三中全会审议。

会议认为，在这次征求意见的过程中，各地区各部门各有关方面和党的十七大代表对文件稿提出了许多很好的意见和建议，文件稿修改要充分吸收和反映，以集中全党和各方面智慧，制定好文件，使之成为当前和今后一个时期全党全国推进农村改革发展的指导性文件。

会议强调，当前，国际形势继续发生深刻变化，我国改革发展进入关键阶段。我们要抓住和用好重要战略机遇期，胜利实现全面建设小康社会的宏伟目标，加快推进社会主义现代化，就要更加自觉地把继续解放思想落实到坚持改革开放、推动科学发展、促进社会和谐上来，毫不动摇地推进农村改革发展。推进新形势下的农村改革发展，必须巩固和加强农业基础地位，始终把解决好十几亿人口吃饭问题作为治国安邦的头等大事，坚持立足国内实现粮食基本自给方针，加大国家对农业支持保护力度，加快现代农业建设，实现农业全面稳定发展；必须切实保障农民权益，始终把实现好、维护好、发展好广大农民根本利益作为农村一切工作的出发点和落脚点，坚持以人为本，尊重农民意愿，着力解决农民最关心最直接最现实的利益问题，充分发挥农民主体作用和首创精神，紧紧依靠亿万农民建设社会主义新农村；必须不断解放和发展农村社会生产力，始终把改革创新作为农村发展的根本动力，加强和改善国家对农业农村发展的调控和引导，健全符合社会主义市场经济要求的农村经济体制，使农村经济社会发展充满活力；必须统筹城乡经济社会发展，始终把着力构建新型工农、城乡关系作为加快推进现代化的重大战略，统筹工业化、城镇化、农业现代化建设，加快建立、健全以工促农、以城带乡长效机制，使广大农民平等参与现代化进程、共享改革发展成果；必须坚持党管农村工作,始终把加强和改善党对农村工作的领导作为推进农村改革发展的政治保证,坚持党在农村的基本政策,保持党同农民群众的血肉联系,形成推进农村改革发展强大合力。

会议指出,推进农村改革发展,关键在党。要把党的执政能力建设和先进性建设作为主线,以改革创新精神全面推进农村党的建设,增强各级党组织的创造力、凝聚力、战斗力,不断提高党领导农村工作水平。各级党委和政府要坚持把农村工作摆上重要议事日程,在政策制定、工作部署、财力投放、干部配备上切实体现全党工作重中之重的战略思想,加强对农村改革发展重大理论和实践问题的调查研究,坚持因地制宜、分类指导,创造性地开展工作。

会议还研究了其他事项。

中共中央政治局进行第八次集体学习

中共中央总书记胡锦涛主持学习。

中共中央政治局这次集体学习安排的内容是中国特色社会主义理论体系研究。中央党校严书翰教授、中国人民大学秦宣教授就这个问题进行讲解,并谈了对学习贯彻中国特色社会主义理论体系的意见和建议。

中共中央政治局各位同志认真听取了他们的讲解,并就有关问题进行了讨论。

胡锦涛在主持学习时发表了讲话。他指出,中国特色社会主义理论体系,就是包括邓小平理论、“三个代表”重要思想以及科学发展观等重大战略思想在内的科学理论体系。我们要从党和国家事业发展全局的高度,紧密联系国内外形势发展变化,着眼于推进党和国家工作,增强坚持和发展中国特色社会主义理论体系的自觉性和坚定性,进一步在武装头脑、指导实践、推动工作上下功夫,不断提高全党的思想理论水平,不断夯实全国各族人民团结奋斗的共同思想基础,充分发挥科学理论的指导作用。

胡锦涛强调,深入学习中国特色社会主义理论体系,是贯彻落实好中国特色社会主义理论体系的前提。要紧密联系党的基本路线、基本纲领、基本经验,紧密联系中国特色社会主义的发展道路、发展阶段、发展战略,紧密联系社会主义经济建设、政治建设、文化建设、社会建设和党的建设的基本目标,全面把握中国特色社会主义理论体系,深刻领会中国特色社会主义理论体系的根本立场、基本观点、科学方法,着力从世界观和方法论上提高马克思主义理论水平和认识世界、改造世界的能力,努力做到认识上有新提高、思想上有新收获。

胡锦涛指出,理论的活力植根于实践,学习的目的全在于运用。学习中国特色社会主义理论体系,必须同党带领人民进行的发展中国特色社会主义的生动实践紧密结合起来,同推进改革发展稳定各项工作的实际紧密结合起来,同党员、干部改造客观世界和主观世界的实际紧密结合起来,坚持用中国特色社会主义理论体系研究新情况、解决新问题,努力做到学以致用、用以促学、学用相长。要坚持运用中国特色社会主义理论体系指导继续解放思想的实践,指导改革开放的实践,指导推动科学发展、促进社会和谐的实践,指导全面推进党的建设新的伟大工程的实践,努力在落实实现全面建设小康社会奋斗目标的新要求方面取得更大成效,在加强党的执政能力建设和先进性建设方面取得更大成效。

胡锦涛强调,发展中国特色社会主义是一项长期历史任务,必须坚持不懈地为之奋斗。发展中国特色社会主义理论体系也是一项长期历史任务,必须随着中国特色社会主义实践的发展而发展。要始终坚持解放思想、实事求是、与时俱进,紧密结合新的时代条件,在丰富实践的基础上大胆探索,在科学认识的前提下勇于创新,不断有所发现、有所创造、有所前进,不断深化对共产党执政规律、社会主义建设规律、人类社会发展规律的认识。

胡锦涛指出,各级党委要把用中国特色社会主义理论体系武装全党、教育人民作为一项长期任务和经常性工作,有计划有步骤地抓好落实。要切实抓好用中国特色社会主义理论体系武装全党工作,切实加强马克思主义理论队伍建设,切实推进中国特色社会主义理论体系大众化,把学习贯彻中国特色社会主义理论体系的成效转化为高举中国特色社会主义伟大旗帜的坚定意志,转化为推动科学发展、促进社会和谐的实际能力,转化为同人民群众同呼吸、共命运、心连心的真挚情感,转化为增强党性修养、提高思想觉悟的自觉行动。

国务院总理温家宝在天津会见来华出席夏季达沃斯论坛的新加坡国务资政吴作栋

温家宝说,改革开放以来,中新合作一直走在时代的前列。建设天津生态城是两国共同应对全球气候变化、实现可持续发展的一个创举,具有重要的示范作用。希望双方加强协作,确保项目取得成功。中方愿与新方加强在人才培养方面的合作,促进双边关系取得更大发展。

吴作栋说,中国在成功举办北京奥运会、残奥会之后,又成功发射“神七”,实现宇航员的太空行走,对此他表示衷心的祝贺。他说,新中关系不断取得新进展,今年双方签署了自贸区协定,生态城在较短时间内就实现开工。新方愿进一步加强两国在教育、人才培训等领域的合作,推动新中友好合作深入发展。

会见后,温家宝与吴作栋共同出席了天津生态城开工仪式。

全国政协办公厅等五单位在人民大会堂联合举行国庆招待会

全国政协办公厅、中共中央统战部、国务院侨办、国务院港澳办和国务院台办在人民大会堂宴会厅联合举行国庆招待会。中共中央政治局常委、全国政协主席贾庆林,中共中央政治局常委、国家副主席习近平,中共中央政治局常委、国务院副总理李克强同3500余名海外侨胞、港澳同胞、台湾同胞和华人朋友欢聚堂,共同庆祝中华人民共和国成立59周年。

贾庆林在招待会上致祝酒词。他首先代表中共中央、国务院,向参加国庆招待会的各位来宾表示热烈欢迎,向香港同胞、澳门同胞、台湾同胞和海外侨胞,致以亲切问候和良好祝愿。他说,59年前,中华人民共和国宣告成立,实现了近代以来中国人民梦寐以求的民族独立和解放,开辟了中华民族发展的历史新纪元。30年前,改革开放历史新时期的开启,吹响了走自己的路、建设中国特色社会主义的时代号角。30年来,中国经济社会全面发展,综合国力显著提升,各族人民在改革开放的伟大征程上阔步前进。实践充分证明,改革开放是决定当代中国命运的关键抉择,是发展中国特色社会主义、实现中华民族伟大复兴的必由之路。

贾庆林表示,中国所取得的进步和成就,无不凝聚着海内外中华儿女的心血和奉献。特别是今年以来,中国先后遭受了低温雨雪冰冻灾害和汶川特大地震灾害,广大港澳同胞、台湾同胞和海外侨胞慷慨解囊、奉献爱心,展现出万众一心、同舟共济的伟大民族精神。在北京奥运圣火境外传递过程中,广大海外侨胞和留学生热情支持、积极参与,为确保奥运火炬顺利传递作出了突出贡献。

贾庆林指出,当前,香港、澳门继续保持着社会稳定、经济增长、民生改善的良好局面。中央政府将继续坚定不移地贯彻"一国两制"方针和基本法,全力支持行政长官和特区政府依法施政,进一步促进内地与港澳的交流合作。

贾庆林强调,今年以来,台湾局势发生了积极变化,两岸关系发展面临难得的历史机遇,在新的形势下,我们将继续贯彻现阶段发展两岸关系、推进祖国和平统一进程的八项主张和新形势下发展两岸关系的四点意见,牢牢把握两岸关系和平发展的主题,大力加强两岸人员往来和经济文化等领域的交流,推动两岸直接"三通",继续实施和充实惠及台湾同胞的政策措施,切实维护台湾同胞的正当权益,以最大诚意、尽最大努力,为两岸同胞谋福祉、为台海地区谋和平,维护国家主权和领土完整,维护中华民族根本利益,努力开创两岸关系和平发展新局面。

贾庆林指出,几千万海外侨胞是中国大发展的独特有利条件,是促进中国人民与世界各国人民友好交往的重要桥梁。中国政府将一如既往地关心海外侨胞在当地的长期生存和发展,认真落实各项侨务政策,维护侨胞的正当合法权益,支持海外侨胞参与中国的现代化建设与和平统一大业。

招待会由国务委员戴秉国主持。王刚、王兆国、王岐山、刘淇、刘延东、韩启德、周铁农、陈昌智、桑国卫、廖晖、杜青林、黄孟复、张梅颖、张榕明、钱运录、林文漪、厉无畏、陈宗兴、王志珍出席了招待会。

全国总工会决定授予对"神七"贡献突出的先进集体和个人全国"五一"劳动奖状和奖章

中华全国总工会决定授予在"神舟"七号载人航天飞行任务中作出突出贡献的7个先进集体全国"五一"劳动奖状、17名先进个人全国"五一"劳动奖章荣誉称号。

中国侨联在人民大会堂举行座谈会纪念改革开放30周年暨中国侨联恢复活动30年

中共中央政治局委员、全国人大常委会副委员长王兆国出席座谈会。

中国侨联主席林军在座谈会上指出,改革开放30年来,广大归侨侨眷和海外侨胞以高尚深厚的爱国情怀、敢为人先的进取精神,积极支持和参与改革开放,为祖国现代化建设作出了重要贡献。

他说,30年来,各级侨联在党的领导下,紧紧围绕经济建设中心,充分运用海内海外"两个平台"和财力智力"两个资源"的优势,配合政府有关部门招商引资、招贤引智;强化参政议政职能,倾听侨界呼声,反映侨界群众的愿望、意见和要求,推动《归侨侨眷权益保护法》的制定和贯彻实施,积极参与社会主义民主法制建设;广泛开展海外联谊,以增进亲情、乡情、友情为纽带,加强与海外侨胞的联系,在促进祖国统一、传播中华文化、增进中国人民与世界各国人民友好交往等方面发挥积极作用。30年来,侨联工作最重要的原则是坚持党的领导,最基本的主线是凝聚侨心、汇集侨智、发挥侨力,最根本的宗旨是维护侨益、为侨服务,最鲜明的特色是立足"侨"的特点与优势,最有力的保障是全面加强自身建设。

林军强调,各级侨联要继承发扬光荣传统,团结动员广大归侨侨眷和海外侨胞在贯彻落实科学发展观,夺取全面建设小康社会新胜利的进程中发挥更大的作用。

全国政协港澳台侨委副主任、中国侨联顾问林兆枢，中国侨联副主席、香港侨界社团联会创会会长陈有庆等先后发言。他们结合在改革开放中的亲身经历，回顾侨联组织的发展历程，畅谈广大归侨侨眷和海外侨胞为祖国改革开放作出的贡献。

来自海内外侨界的100多名代表参加了座谈会。

中共中央政治局常委李长春在北京出席观看国庆59周年音乐会“辉煌中国”

中共中央国务院作出《关于表彰北京奥运会 残奥会先进集体和先进个人的决定》

在党中央、国务院坚强领导下，在国际奥委会、国际残奥委会和国际奥林匹克大家庭、国际残奥大家庭大力支持下，在全国各族人民热情参与下，经过北京奥运会、残奥会全体建设者、工作者、志愿者共同努力，北京奥运会、残奥会取得了圆满成功，实现了中华民族的百年期盼，实现了我国人民向国际社会作出的举办一届有特色、高水平的奥运会和两个奥运同样精彩的郑重承诺。

北京奥运会、残奥会的成功举办，弘扬了奥林匹克精神，增进了我国人民同世界各国人民的相互了解和友谊，促进了中外文化交流，向世界展示了我国改革开放和社会主义现代化建设的巨大成就，展示了我国人民昂扬向上的精神风貌，对于推进我国改革开放和社会主义现代化建设，对于推进人类和平与发展的崇高事业，具有十分重大的意义。

北京获得2008年奥运会、残奥会举办权以来，北京奥运会组委会和国家体育总局、中国残疾人联合会等工作协调机构和有关部门加强指导、科学统筹，北京市和上海、天津、青岛、沈阳、秦皇岛、香港等协办城市全力以赴、精心组织，全国各地区各部门顾全大局、密切配合，人民解放军、武警部队和公安民警勇挑重担、顽强奋战，广大人民群众积极参与、真情奉献，体育健儿和体育工作者刻苦训练、顽强拼搏，在体育竞赛、火炬传递、开闭幕式、赛事组织、场馆运行、工程建设、安全保卫、新闻宣传、媒体服务、外事活动、城市运行、食品安全、环境改善、志愿服务等方面做了大量艰巨繁重的工作，取得了显著成绩，为成功举办北京奥运会、残奥会作出了突出贡献。

为了总结和发扬成功经验，进一步激励全党全国各族人民为夺取全面建设小康社会新胜利、开创中国特色社会主义事业新局面而努力奋斗，党中央、国务院决定，对为成功举办北京奥运会、残奥会作出突出贡献的北京奥运会组委会等332个集体和丁伯成等566名同志予以表彰，分别授予“北京奥运会残奥会先进集体”和“北京奥运会残奥会先进个人”荣誉称号。

这次受到表彰的先进集体和先进个人的事迹，集中体现了为国争光的爱国精神、艰苦奋斗的奉献精神、精益求精的敬业精神、勇攀高峰的创新精神、团结协作的团队精神。这些精神是以爱国主义为核心的民族精神和以改革创新为核心的时代精神的生动体现，不仅为成功举办北京奥运会、残奥会提供了重要思想保证，也为全面建设小康社会、加快推进社会主义现代化、实现中华民族伟大复兴提供了强大精神动力。全党全国全社会都要以这次受到表彰的先进集体和先进个人为榜样，认真学习并大力发扬他们的崇高品质和优良作风。希望受到表彰的先进集体和先进个人珍惜荣誉、谦虚谨慎、再接再厉，不断为党和人民作出新的更大的贡献。

中央号召，全党全国各族人民紧密团结在以胡锦涛同志为总书记的党中央周围，全面贯彻党的十七大精神，高举中国特色社会主义伟大旗帜，以邓小平理论和“三个代表”重要思想为指导，深入贯彻落实科学发展观，围绕中心、服务大局，开拓进取、扎实工作，创先争优、建功立业，努力在继续解放思想上迈出新步伐、在坚持改革开放上实现新突破、在推动科学发展上取得新进展、在促进社会和谐上见到新成效，为实现党的十七大确定的各项目标任务而努力奋斗！

国务院作出《关于表彰第二十九届奥林匹克运动会组织委员会马术委员会(香港)的决定》

在国际奥委会和国际奥林匹克大家庭大力支持下，在全国各族人民热情参与下，经过北京奥运会、残奥会全体建设者、工作者、志愿者共同努力，北京奥运会、残奥会取得了圆满成功，实现了中华民族的百年期盼，实现了中国人民向国际社会作出的举办一届有特色、高水平的奥运会和两个奥运同样精彩的郑重承诺。

在筹办2008年北京奥运会、残奥会马术比赛的过程中，第二十九届奥林匹克运动会组织委员会马术委员会(香港)精心组织，认真准备，做了大量卓有成效的工作，为北京奥运会、残奥会马术比赛的圆满成功作出了突出贡献，为国家赢得了荣誉。国务院决定，授予第二十九届奥林匹克运动会组织委员会马术委员会(香港)“北京奥运会残奥会先进集体”荣誉称号。希望香港特别行政区政府和社会各界人士再接再厉，团结奋斗，为国家的经济社会全面发展和香港的长期繁荣稳定不断作出新的贡献！

9月29日

北京奥运会残奥会总结表彰大会在人民大会堂举行

中共中央总书记、国家主席、中央军委主席胡锦涛在会上发表重要讲话。

吴邦国、贾庆林、李长春、李克强、贺国强等出席大会。大会由温家宝主持,习近平宣读《中共中央、国务院关于表彰北京奥运会残奥会先进集体和先进个人的决定》和《国务院关于表彰第29届奥林匹克运动会组织委员会马术委员会(香港)的决定》。

胡锦涛等领导同志为受表彰的先进集体和先进个人代表颁奖。

表彰大会上,北京奥组委主席刘淇,奥运体育代表团代表、国家举重队运动员刘春红,残奥体育代表团代表、中国残疾人体育代表团乒乓球队主教练袁锋,志愿者代表、清华大学博士研究生梁苏会,奥运开闭幕式工作方面代表、北京奥组委开闭幕式工作部部长张和平,京外赛区代表、青岛市市长夏耕,奥运安保工作方面代表、北京市公安局局长马振川,援奥部队代表、解放军某部部队长姚小旋先后发言。

出席表彰大会的领导同志还有:王刚、王兆国、王岐山、回良玉、刘云山、刘延东、李源潮、张德江、何勇、令计划、王沪宁、乌云其木格、韩启德、陈至立、周铁农、蒋树声、陈昌智、桑国卫、梁光烈、马凯、孟建柱、戴秉国、王胜俊、曹建明、廖晖、杜青林、白立忱、陈奎元、阿不来提·阿不都热西提、李兆焯、黄孟复、张梅颖、张榕明、钱运录、孙家正、李金华、郑万通、邓朴方、万钢、林文漪、厉无畏、罗富和、陈宗兴、王志珍等,中央军委委员陈炳德、李继耐、廖锡龙、靖志远、吴胜利、许其亮。

中央和国家机关各部门、解放军各大单位主要负责同志,北京奥运会、残奥会筹办工作领导小组及有关工作机构负责同志,北京市、京外及香港赛区负责人,北京奥运会、残奥会中国体育代表团运动员和教练员、工作人员代表等,约6000人参加大会。

国家主席胡锦涛在北京奥运会残奥会总结表彰大会上的讲话

同志们,朋友们:

举国关注、举世瞩目的北京奥运会、残奥会已经胜利落下帷幕。从8月8日北京奥运会火炬点燃的那一刻,到9月17日北京残奥会火炬熄灭的那一天,我国人民和世界各国人民共同经历了激动人心的历史时光,共同分享了激情澎湃的奥运欢乐,共同书写了奥林匹克运动新的辉煌篇章。

举办一届有特色、高水平的奥运会、残奥会,实现两个奥运同样精彩,这是中国人民对国际社会的郑重承诺。经过7年多不懈努力,我们终于取得北京奥运会、残奥会的巨大成功,广泛弘扬了团结、友谊、和平的奥林匹克精神,大力促进了世界各国人民的相互了解和友谊,让同一个世界、同一个梦想的口号响彻寰球。中国人民以坚忍不拔的执着和努力,实现了中华民族的百年期盼,完成了海内外中华儿女的共同心愿,履行了对国际社会的郑重承诺,赢得了国际社会高度评价,在现代奥林匹克运动史册上深深钤上了彤红的中国印。

北京奥运会、残奥会的成功,凝结了全国各条战线无数人们的智慧和心血。广大奥运建设者、工作者、志愿者满怀为国争光的豪情壮志,在北京奥运会、残奥会各个岗位上无私奉献、奋力拼搏,涌现出一大批支持奥运、参与奥运、奉献奥运可歌可泣的先进集体和先进个人。今天,我们在这里隆重集会,就是要全面总结北京奥运会、残奥会创造的成功经验,弘扬北京奥运会、残奥会培育的崇高精神,进一步动员全党全国各族人民为实现党的十七大描绘的宏伟蓝图而继续奋斗。

同志们、朋友们!

为了实现举办奥运会这个中华民族的百年期盼,中国人民追求和奋斗了整整一百年,付出了几代人锲而不舍的顽强努力。

1908年,中国人就发出了中国要参加奥运会、举办奥运会的第一声呼唤。1932年,我国只有一名运动员参加了洛杉矶第十届奥运会,开启了中国参与现代奥林匹克运动的艰难征程。新中国成立前,我国运动员费尽周折参加了3届奥运会,虽然竭尽全力,但从未获得一块奖牌。这也是旧中国苦难深重、积贫积弱在体育事业上的反映。

新中国成立后,我国体育事业进入蓬勃发展的新时代。党和政府对我国参与国际奥林匹克运动高度重视。1952年,我国派出40人的代表团参加赫尔辛基第十五届奥运会,五星红旗第一次在奥运赛场上高高飘扬,向世界宣告了新中国奥林匹克运动的存在。后来,由于种种原因,我国同国际奥委会的关系被遗憾地中断了。1978年,我们实行改革开放新政策,我国体育事业迎来了跨越式发展的新时期。1979年,我国重返国际奥林匹克大家庭。1984年,在洛杉矶第二十三届奥运会上,我国体育健儿一举实现中国奥运金牌零的突破,掀开了中国参与现代奥林匹克运动历史的崭新一页。

开放的中国期盼奥运。早在改革开放初期,邓小平同志就明确表示,中国不但要参加奥运会,而且可以承担举办奥运会的义务。1991年,党和国家作出决策,支持北京市申办2000年第二十七届奥运会。尽管当时未能获得举办权，但中国人民向国际社会表达了举办奥运会的热切期望。进入新世纪，党和国家再次作出决策，支持北京市申办2008年第二十九届奥运会，13亿中国人民又一次向国际社会表达了举办奥运会的热切期望。2001年7月13日，国际奥委会作出决定，将第二十九届奥运会举办权授予中国北京。在那个激动人心的历史性时刻，全体中华儿女迸发出共同的心声：中华民族的百年期盼就要实现了。

国运兴，体育兴。随着改革开放和社会主义现代化建设不断推进，我国大踏步迈入世界体育大国行列。13亿中国人民用真诚感动了世界。当北京奥运会火炬在国家体育场上空熊熊燃起的时候，我们可以告慰无数为中华体育发展呐喊奋斗过的志士仁人，中华民族的百年期盼终于实现了。

同志们、朋友们！

为了实现中华民族的百年期盼，为了履行中国人民对国际社会的郑重承诺，全党全军全国各族人民为北京奥运会、残奥会成功举办付出了艰苦卓绝的努力。

7年来，在党中央、国务院坚强领导下，北京奥组委和国家体育总局、中国残疾人联合会等各机构科学统筹，北京市和上海、天津、青岛、沈阳、秦皇岛、香港等协办城市精心组织，全国其他各部门各地区积极参与，各民主党派、工商联、无党派人士，各人民团体，广大香港同胞、澳门同胞、台湾同胞和海外华侨华人热情支持，在北京奥运会、残奥会体育竞赛、火炬传递、开闭幕式、赛事组织、场馆运行、工程建设、安全保卫、新闻宣传、媒体服务、外事活动、城市运行、食品安全、环境改善、群众参与、志愿服务等方面做了大量工作，为北京奥运会、残奥会成功举办作出了突出贡献。

7年来，广大奥运建设者、工作者、志愿者坚持坚定正确的政治方向、科学严谨的工作态度，以过硬的作风、周密的措施、细致的工作，确保北京奥运会、残奥会各个环节实现了有特色、高水平的要求。来自全国各地的26万建设者夜以继日、精益求精，许多建设者在5年的建设工期中有整整3年的夜晚是在火热的建筑工地上度过的，建造了以“鸟巢”、“水立方”为代表的一批具有时代特色、民族风韵的建筑精品。开闭幕式团队巧妙构思、匠心独运，进行了长达3年的艰辛努力，为世界各国人民奉献了精彩纷呈、震撼心灵的两个奥运开闭幕式盛典。奥运火炬珠峰登顶传递团队挑战极限、勇攀高峰，实现了奥运圣火登上世界最高峰的历史性创举。人民解放军、武警部队和公安民警勇挑重担、吃苦耐劳，主动承担急难险重任务，高标准做好反恐处突、安全保卫、开闭幕式演出、赛时服务保障等各项工作，为实现平安奥运作出了突出贡献。广大文艺工作者、科技工作者、设计工作者、新闻工作者、外事工作者、气象工作者、医疗卫生工作者、后勤保障工作者以及其他各条战线上的全体工作人员齐心协力、积极主动，认真履行职责，自觉追求一流，把各项工作做得有声有色。广大奥运服务接待工作者热情周到、体贴入微，为各国朋友提供优质服务，特别是为残疾人朋友提供温馨的个性化、差别化服务，给各国来宾留下了难忘的美好回忆。广大奥运志愿者真心奉献、友爱互助，向世界展现了中国志愿者的时代风采，为祖国和当代中国青年赢得了巨大荣誉。广大奥运建设者、工作者、志愿者自觉把个人追求融入全民族的奥运理想之中，把个人的命运与祖国的命运紧密结合起来，把实现个人价值与为国家做贡献紧密结合起来，以强烈的使命感、荣誉感、责任感，创造了无愧于祖国、无愧于人民、无愧于时代的光辉业绩。

7年来，国家体育总局组织广大运动员、教练员刻苦训练，我国参赛体育健儿牢记祖国和人民的重托，不畏强手、奋勇争先、超越自我，铸就了力量和美的辉煌，创造了生命和爱的奇迹。中国体育代表团名列北京奥运会、残奥会金牌榜第一位，取得了运动成绩和精神文明双丰收，实现了“为人生添彩、为奥运增辉、为民族争气、为祖国争光”的誓言，向祖国和人民交上了优异答卷！

在这里，我代表党中央、国务院，向为北京奥运会、残奥会成功举办作出突出贡献的全体建设者、工作者、志愿者，向人民解放军指战员、武警部队官兵和公安民警，向为北京奥运会、残奥会辛勤工作的各条战线的同志们，向各民主党派、工商联和无党派人士，向全国各族人民，致以崇高的敬意和诚挚的慰问！向在北京奥运会、残奥会上取得优异成绩的我国体育健儿，表示热烈的祝贺！向热情支持北京奥运会、残奥会的广大香港同胞、澳门同胞、台湾同胞和海外华侨华人，表示衷心的感谢！

7年来，国际奥委会、国际残奥委会、国际奥林匹克大家庭、国际残奥大家庭对我们的工作给予了具体指导和帮助，各国政府和人民、国际友好人士给予了大力支持，众多国家领导人亲自前来出席北京奥运会、残奥会。各国各地区体育健儿秉承奥林匹克精神，在北京奥运会、残奥会赛场上，奋力追求更快、更高、更强，完美展示超越、融合、共享，表现了高超的竞技水平和良好的竞赛风格，创造了骄人的运动成绩。

在这里，我谨代表中国政府和13亿中国人民，向国际奥委会、国际残奥委会、国际奥林匹克大家庭、国际残奥大家庭，表示衷心的感谢！向世界各国各地区的朋友们，表示衷心的感谢！向在北京奥运会、残奥会上顽强拼搏的各国各地区体育健儿，表示崇高的敬意！

同志们、朋友们！

我们尤其难以忘怀的是，在北京奥运会、残奥会筹办的关键阶段，突然发生了震惊世界的四川汶川特大地震，给灾区群众生命财产和经济社会发展造成巨大损失。地震发生后，在党中央、国务院坚强领导下，全国各族人民万众一心、众志成城，展开了气壮山河的抗震救灾斗争，谱写了感天动地的英雄凯歌。在严峻的抗震救灾斗争中，各国政府和人民给予我们真诚同情和宝贵援助，增强了中国人民战胜困难的信心和勇气。对此，中国人民将永远铭记。在罕见的灾难面前，中国人民以泰山压顶不弯腰的大无畏气概，把伟大抗震救灾精神转化为筹办北京奥运会、残奥会的强大动力，特别是灾区人民表现了深明大义、顾全大局的崇高情怀，我们以更好的质量、更高的水平完成了北京奥运会、残奥会各项筹办工作。事实再次充分证明，任何困难都压不倒伟大的中华民族和英雄的中国人民！

回顾7年的奋斗历程，北京奥运会、残奥会能够取得成功，靠的是改革开放30年我国持续快速增强的综合国力，靠的是社会主义制度能够集中力量办大事的优越性，靠的是全国各族人民的团结奋斗，靠的是世界各国人民和国际社会的大力支持。北京奥运会、残奥会成功举办的事实再次向世人昭示：中国人民有能力为人类文明进步作出更大贡献。

同志们、朋友们！

在办好北京奥运会、残奥会的过程中，我们以邓小平理论和“三个代表”重要思想为指导，深入贯彻落实科学发展观，坚持正确理念，发挥制度优势，依靠人民群众，加强国际合作，为北京奥运会、残奥会成功举办创造了有利条件。

第一，坚持贯彻绿色奥运、科技奥运、人文奥运理念。这是北京奥运会、残奥会最鲜明的特色，是北京奥运会、残奥会成功举办的关键，也是贯彻落实科学发展观的具体体现。北京奥运会、残奥会是庞大的系统工程，只有坚持正确理念，才能有效统领千头万绪的工作，才能更好地体现奥林匹克精神、时代发展精神、我们伟大的民族精神，才能真正把筹办奥运会与推动经济社会又好又快发展结合起来。绿色奥运，就是要推进生态文明建设，加强生态环境保护，努力使天更蓝、地更绿、水更清，让生态文明观念深入人心，促进人与自然、人与社会和谐。科技奥运，就是要推进科技进步和创新，既注重将创新科技成果应用于北京奥运会、残奥会各个领域，又通过北京奥运会、残奥会推进各方面自主创新，充分体现现代科技的力量。人文奥运，就是要坚持以人为本，提高人民文明素质和健康素质，普及奥林匹克精神，全面开展迎奥运、讲文明、树新风活动，尊重和维护人类文明多样性和发展模式多样化，致力于实现不同文明共同进步。

第二，坚持发挥举国体制作用。举办北京奥运会、残奥会涉及的领域、部门、地区众多，需要举全国之力。围绕成功举办北京奥运会、残奥会这个中心任务，中央奥运筹办工作领导小组加强统筹协调，各有关部门加强配合，跨部门协调小组密切协作，各省区市讲大局、讲风格，形成了上下贯通、内外衔接、协调运行的工作格局。北京市周边各省区市为北京奥运会、残奥会安全保卫、空气质量、交通保障等工作提供了全天候、全方位的有力支持。全国各行各业自觉服从和保证奥运大局，主动把困难留给自己，把方便让给奥运，凝聚成办好北京奥运会、残奥会的强大合力。举国上下同心同德、同舟共济，这是北京奥运会、残奥会成功举办的强大力量，也是我国改革开放和社会主义现代化事业不断前进的强大力量。

第三，坚持依靠广大人民群众。全国各族人民坚持祖国利益高于一切，以主人翁精神，对北京奥运会、残奥会倾注巨大热情、给予强大支持，大力弘扬讲文明、重礼仪、团结友善、热情好客的良好风尚，充分展现昂扬向上的精神风貌和热情友好的东道主风采，这是北京奥运会、残奥会成功举办最根本的依靠。我们在全国4亿多青少年中开展奥林匹克知识教育活动，使奥林匹克运动实现了历史上最大规模的传播和普及。我们把奥林匹克重在参与的理念与我国群众体育活动有机结合，开展全国亿万学生阳光体育运动，推动“全民健身与奥运同行”活动，在广袤的中华大地上掀起了全民健身热潮。北京奥运会火炬在我国31个省区市的106个城市和香港、澳门进行传递，北京残奥会火炬在我国11个城市进行传递，亿万人民热情参与。尤其应该提到的是，在北京奥运会火炬境外接力传递活动中，千千万万海外华侨华人踊跃参与，挺身维护奥运圣火的纯洁性，这是对奥林匹克精神的有力捍卫，也是爱国情怀的生动展现。来自100多个国家和地区的35万多香港同胞、澳门同胞、台湾同胞和海外华侨华人踊跃捐资建设“水立方”，不仅再次见证了同胞们永不泯灭的赤子之心，而且充分彰显了中华民族的强大凝聚力和向心力。

第四，坚持开展国际交流合作。奥运会、残奥会是世界体育盛会，必须得到国际社会支持和配合。我们顺应和平与发展的时代潮流，提出同一个世界、同一个梦想的响亮口号，把中国人民和世界各国人民的共同愿望连接在携手办好北京奥运会、残奥会这个聚焦点上。我们加强同国际奥委会、国际残奥委会、国际奥林匹克大家庭、国际残奥大家庭的合作，积极争取国际社会、各国政府和人民的支持。北京奥运会火炬境外接力传递先后在五大洲19个城市进行,受到当地政府和人民积极支持和热情欢迎。“鸟巢”、“水立方”等奥运场馆设计和建造凝聚了世界许多设计大师的智慧和心血。奥运志愿者招募以及会徽、主题口号、吉祥物征集得到世界各国人民热烈响应。北京奥运会、残奥会让世界各国人民相聚北京、相聚在五环旗下,成为世界各国人民加强交流、加深理解、增进友谊的盛会,使世界进一步了解了中国,也使中国进一步了解了世界。

同志们、朋友们!

成功举办北京奥运会、残奥会,我们得到了鲜花、奖牌、赞誉,更收获了一笔丰厚的物质精神财富,特别是收获的精神财富弥足珍贵,我们一定要倍加珍惜、大力发扬。

伟大的事业孕育伟大的精神,伟大的精神推进伟大的事业。广大奥运建设者、工作者、志愿者牢记党和人民的重托,勇于承担中华民族百年圆梦的光荣使命和伟大时代提供的难得机遇,大力培育和弘扬了为国争光的爱国精神、艰苦奋斗的奉献精神、精益求精的敬业精神、勇攀高峰的创新精神、团结协作的团队精神,为北京奥运会、残奥会成功举办提供了强大精神支撑。这是以爱国主义为核心的民族精神和以改革创新为核心的时代精神的生动体现,是伟大的中华民族精神在当代中国的生动体现。在全面建设小康社会、加快推进社会主义现代化的征程上,我们要大力弘扬北京奥运会、残奥会培育的崇高精神,使之成为推动我国各项事业发展的强大精神动力。

我们要认真总结和发扬北京奥运会、残奥会体制创新方面的宝贵经验,进一步解放思想、实事求是、与时俱进,锐意改革,勇于创新,继续完善各方面体制机制,不断增强各方面工作的活力。我们要认真总结和发扬北京奥运会、残奥会场馆运行方面的宝贵经验,进一步加强维护和管理,提高使用效率,使奥运场馆在举办大型国际活动、开展全民健身运动、发展体育旅游产业等方面持续发挥作用,不断让北京奥运会、残奥会的物质成果惠及广大人民群众。我们要认真总结和发扬北京奥运会、残奥会安全保卫方面的宝贵经验,进一步坚持打防结合、预防为主、专群结合、依靠群众的方针,健全社会治安防控体系,加强社会治安综合治理,深入开展平安创建活动,维护社会稳定,保障国家安全。我们要认真总结和发扬北京奥运会、残奥会宣传报道方面的宝贵经验,进一步牢牢把握正确导向,健全新闻报道机制,加大媒体服务力度,加强舆论引导,改进对外宣传,繁荣文艺创作,努力展示民主进步、文明开放的国家形象,营造客观友善、于我有利的国际舆论环境,不断增强中华文化的国际影响力。我们要认真总结和发扬北京奥运会、残奥会外事工作方面的宝贵经验,进一步高举和平、发展、合作旗帜,恪守维护世界和平、促进共同发展的外交政策宗旨,增强同世界各国人民的相互了解和友谊,发展同世界各国的友好合作关系,不断推进人类和平与发展的崇高事业。我们要认真总结和发扬北京奥运会、残奥会城市运行方面的宝贵经验,进一步推进生态文明建设,加强城市交通、食品安全、环境改善等方面的工作,着力建设资源节约型、环境友好型社会,不断为人民群众创造安居乐业的良好环境。我们要认真总结和发扬北京奥运会、残奥会志愿服务方面的宝贵经验,进一步开展群众性精神文明创建活动,完善社会志愿服务体系,以相互关爱、服务社会为主题,深入开展城乡社会志愿服务活动,不断发挥志愿服务在促进社会和谐方面的重要作用。我们要认真总结和发扬北京奥运会、残奥会群众参与方面的宝贵经验,进一步调动广大人民群众的积极性、主动性、创造性,尊重人民主体地位,发挥人民首创精神,不断为党和国家事业发展凝聚攻无不克、战无不胜的强大力量。我们要认真总结和发扬北京残奥会成功举办的宝贵经验,进一步弘扬人道主义精神,尊重和保障人权,推动全社会关心关爱残疾人、维护残疾人权益,不断推动残疾人事业全面发展。

同志们、朋友们!

奥林匹克精神是人类文明进步的重要体现。我们要继续弘扬团结、友谊、和平的奥林匹克精神,继续实践绿色奥运、科技奥运、人文奥运理念,继续促进各国文化相互交流、相互借鉴。我们要坚持社会主义先进文化前进方向,结合社会主义核心价值体系建设,继续在广大人民群众特别是广大青少年中大力普及奥林匹克知识、弘扬奥林匹克精神,努力提高全社会文明素质,激发全民族文化创造活力,提高国家文化软实力,使社会文化生活更加丰富多彩、人民群众精神风貌更加昂扬向上。

体育是社会发展和人类文明进步的重要标志,是综合国力和社会文明程度的重要体现。成功举办北京奥运会、残奥会,极大激发了亿万人民的体育热情,极大地推动了我国体育事业发展。我们要坚持以增强人民体质、提高全民族身体素质和生活质量为目标,高度重视并充分发挥体育在促进人的全面发展、促进经济社会发展中的重要作用,实现竞技体育和群众体育协调发展,进一步推动我国由体育大国向体育强国迈进。

——要继续发展群众体育事业。体育是人民的事业。要坚持以人为本,把北京奥运会、残奥会激发的群众体育热情保持下去,增强广大人民群众特别是青少年体育健身意识,培养人民健身习惯,开展丰富多彩的群众体育活动和全民健身运动。要着眼于满足人民群众体育需求，加强城乡体育健身场地和设施建设，健全群众体育组织，完善全民健身体系，为人民提供更多更好的体育公共服务，让人民分享体育发展成果、享受体育带来的健康和快乐，形成健康文明的生活方式。

——要继续提高体育运动技术水平。体育是不懈追求、永无止境的事业。要发扬以顽强拼搏、为国争光为核心的中华体育精神，探索当代体育发展规律、提高科学训练水平，在坚持我国竞技体育举国体制、保持我国竞技体育特点和优势的同时，积极挖掘潜力、优化结构、提高效益，推动竞技体育内部各门类均衡发展，不断增强我国竞技体育的综合实力和国际竞争力。要重视竞技体育人才培养和队伍建设，特别是要加强竞技体育后备人才培养工作。要关心运动员的长远利益和全面发展，高度重视并切实加强运动员社会保障工作。要发挥竞技体育振奋民族精神、增强民族凝聚力、促进国际交流的重要作用，充分发挥竞技体育的社会功能。

——要继续推进体育改革创新。体育事业发展活力在于改革创新。要适应社会主义市场经济不断发展的新形势，适应全面建设小康社会的新要求和各族人民过上更好生活的新期待，以改革创新精神不断创新体育发展体制，拓宽体育发展渠道，增强体育发展活力，夯实体育发展基础。要加强和改进对体育工作的领导，强化政府发展体育事业、提供基本体育公共服务的责任，更好地满足人民群众多方面体育需求。要发展体育产业，引导更多社会力量兴办体育，促进体育事业和体育产业协调发展。

体育界常说这样一句话：从领奖台上走下来，一切从零开始。我国广大体育工作者要在新的起点上再接再厉、再创辉煌，为祖国和人民争取更大荣誉，为推动我国体育事业发展、促进世界体育事业发展作出新的更大的贡献。

同志们、朋友们！

百年奥运梦想成功实现，这是我们在实现中华民族伟大复兴征程上的又一次历史性跨越，也是我们沿着中国特色社会主义道路奋勇前进的又一个新的起跑线。全党全军全国各族人民一定要以北京奥运会、残奥会成功举办为契机，更加紧密地团结起来，全面贯彻党的十七大精神，高举中国特色社会主义伟大旗帜，坚持以邓小平理论和“三个代表”重要思想为指导，深入贯彻落实科学发展观，坚定信念、锐意进取，谦虚谨慎、埋头苦干，努力在继续解放思想、坚持改革开放上迈出更大步伐，在推动科学发展、促进社会和谐上作出更大成绩，在发展体育运动、强健民族体魄上创造更大辉煌，继续为夺取全面建设小康社会新胜利、开创中国特色社会主义事业新局面而团结奋斗！

国务院在人民大会堂举行国庆招待会庆祝中华人民共和国成立59周年

胡锦涛、吴邦国、温家宝、贾庆林、李长春、习近平、李克强、贺国强等党和国家领导人与1000多名中外人士欢聚一堂，共庆佳节。

国务院总理温家宝发表讲话。

招待会由国务委员兼国务院秘书长马凯主持。

柬埔寨太皇诺罗敦·西哈努克和太后莫尼列·西哈努克等应邀出席招待会。

出席招待会的还有：王刚、王兆国、王岐山、回良玉、刘淇、刘云山、刘延东、李源潮、张德江、何勇、令计划、乌云其木格、韩启德、陈至立、周铁农、蒋树声、陈昌智、桑国卫、梁光烈、孟建柱、戴秉国、王胜俊、曹建明、廖晖、杜青林、白立忱、陈奎元、阿不来提·阿不都热西提、李兆焯、黄孟复、张梅颖、张榕明、钱运录、孙家正、李金华、郑万通、万钢、林文漪、罗富和、陈宗兴、王志珍和杨白冰、丁关根、张万年、姜春云、曹刚川、王汉斌、倪志福、布赫、铁木尔·达瓦买提、彭珮云、曹志、何鲁丽、成思危、许嘉璐、顾秀莲、热地、盛华仁、唐家璇、肖扬、韩杼滨、贾春旺、杨汝岱、宋健、孙孚凌、胡启立、赵南起、王文元、王忠禹、罗豪才、张克辉、郝建秀、李蒙等，中央军委委员陈炳德、李继耐、廖锡龙、常万全、靖志远、吴胜利、许其亮，以及王克。

中央和国家机关有关部门负责人，解放军和武警部队负责人，各民主党派、全国工商联负责人和无党派人士代表，各人民团体主要负责人，北京市负责人，香港特别行政区和澳门特别行政区的一些人士，台湾同胞，华人、华侨代表，在华访问的部分外宾、国际知名人士、著名友好人士，各国驻华使节、各国际组织驻华代表、部分外国专家和配偶，也出席了招待会。

国务院总理温家宝在庆祝中华人民共和国成立59周年国庆招待会上的讲话

各位来宾、各位朋友、各位同志：

在秋风送爽的美好时节，我们迎来了中华人民共和国成立59周年。我代表中共中央、国务院，向全国各族人民致以节日的祝贺！向香港澳门同胞、台湾同胞以及海外侨胞，致以亲切的问候！向关心支持我国改革开放和现代化建设的国际友人，表示诚挚的感谢！

2008年是我国发展进程中极不平凡的一年。

我们战胜了罕见的低温雨雪冰冻灾害和汶川特大地震灾害，谱写了感天动地的英雄凯歌。

我们成功举办了北京第二十九届奥运会和北京2008年残奥会，实现了中华民族的百年梦想。

我们圆满完成了“神舟”七号载人航天飞行，实现了空间技术发展具有里程碑意义的重大跨越。

我们克服国际经济环境重大变化的不利影响，加强和改善宏观调控，保持了经济社会发展的良好势头。

当前，我们在推进社会主义现代化建设中还面临许多困难和问题。我们对解决这些问题充满信心。我们的信心来自党和政府的坚强领导，来自全国各族人民的团结奋斗，来自对困难的充分认识和积极应对，来自改革发展积累的成功经验和国力基础。

今年是中国改革开放30周年。改革开放是决定当代中国命运的关键抉择，是实现中华民族伟大复兴的必由之路。改革开放给中国带来了蓬勃生机，整个社会充满希望地活跃起来了，我们的国家持续快速地发展起来了。

我们将继续解放思想，坚持改革开放，推动科学发展，促进社会和谐，为夺取全面建设小康社会新胜利而奋斗。

我们将继续同广大港澳同胞一道，共同维护和促进香港和澳门的长期繁荣稳定；继续同台湾同胞一道，共同开创两岸关系和平发展的新局面。

我们将始终不渝地走和平发展道路，奉行独立自主的和平外交政策，推动建设持久和平、共同繁荣的和谐世界。

让我们在以胡锦涛同志为总书记的党中央领导下，高举中国特色社会主义伟大旗帜，以邓小平理论和“三个代表”重要思想为指导，深入贯彻落实科学发展观，扎实工作，开拓进取，努力创造伟大祖国更加美好的明天！

现在，我提议：

为庆祝中华人民共和国成立59周年，

为祖国的繁荣富强和各族人民的幸福，

为中国人民和世界各国人民的友谊与合作，

为来宾们、朋友们和同志们的健康，

干杯！

国务院总理温家宝在人民大会堂会见2008年度中国政府“友谊奖”获奖外国专家

温家宝代表中国政府和人民向本年度获得中国政府“友谊奖”的外国专家表示热烈的祝贺，对他们为中国的现代化建设所做出的突出贡献表示感谢，并向在华工作的所有外国专家和国际友人及其亲属表示问候。

温家宝强调，今年是中国改革开放30周年。实践证明，只有全面而持久的开放，才是国家发展和民族繁荣的正确道路。中国将一如既往地坚持改革开放不动摇。中国的现代化建设需要各国优秀人才的参与。我们真诚地欢迎世界各国的专家以各种方式帮助中国的现代化建设。我们要努力为在华的外国专家创造更好的工作和生活条件，依法保护外国专家的合法权益，使他们能够在中国施展自己的才华，开创自己的事业，实现自己的理想。

“友谊奖”是中国政府为在我国经济建设和社会发展中作出突出贡献的外国专家设立的，是中国政府授予外国专家的最高荣誉奖项，自1991年设立到目前，已有来自58个国家的999名外国专家获奖。

国家发改委 中宣部 财政部 国家旅游局等14个部门联合发布《关于进一步促进红色旅游健康持续发展的意见》

文件约3300字，共分6部分，包括“充分认识新形势下发展红色旅游的重要意义”、“加快提升红色旅游发展质量”、“统筹推进红色旅游融合发展”、“加大红色旅游投入支持力度”、“加强红色旅游宣传推广”和“完善发展红色旅游的体制机制”。

《关于进一步促进红色旅游健康持续发展的意见》（以下简称《意见》）要求加快提升红色旅游发展质量，做好红色旅游资源保护、精品景区和线路建设、运行机制和发展理念创新等工作，加强人员培训，规范导游员、讲解员的讲解内容。同时，杜绝迷信色彩，保持红色旅游讲解的真实性、客观性、权威性。

根据《意见》，各地、各部门要统筹推进红色旅游与自然生态、历史文化、民族风情、乡村休闲、都市生活等各类旅游资源的融合发展；加大红色旅游投入支持力度，进一步增加资金投入，拓宽红色旅游融资渠道，稳步推进博物馆、纪念馆免费开放工作。

14个部门要求加强红色旅游的宣传和推广，深入宣传发展红色旅游的重要意义和政策措施，积极介绍红色旅游经典景区、精品线路和重点红色旅游地区，及时推广各地开展红色旅游的好经验和好做法。

全国人大与日本众议院合作委员会第四次会议在东京结束

军队支援北京奥运会 残奥会总结大会在北京召开

北京市发布交通管理措施试行机动车按车牌尾号每周停驶一天

9月30日

中共中央总书记胡锦涛到安徽农村考察

9月30日，胡锦涛在安徽省委书记王金山和省长王三运等陪同下，深入田间地头、龙头企业、农户家中，同干部群众共商农村改革发展大计。

胡锦涛对小岗村农民群众生产生活的新变化感到

十分高兴。总书记还归纳出乡亲们当前最关心的3件事,并一一做了解答。

在谈到乡亲们希望农村基本经营制度能够保持长期不变时,胡锦涛说,我要明确告诉乡亲们,以家庭承包经营为基础、统分结合的双层经营体制是党的农村政策的基石,不仅现有土地承包关系要保持稳定并长久不变,还要赋予农民更加充分而有保障的土地承包经营权。同时,要根据农民的意愿,允许农民以多种形式流转土地承包经营权,发展适度规模经营。

就乡亲们提出的希望党和政府能够强化强农惠农政策,总书记表示,随着国家经济发展和财力增加,中央将不断加大强农惠农政策力度,大幅度增加对农业、农民、农村的投入,促进农业发展、农民增收、农村繁荣。

乡亲们关心的第三件事是希望自己的生活能够不断得到改善。胡锦涛明确说,中央对提高广大农民生活水平高度重视,将继续采取一系列有效的政策措施,积极推动社会主义新农村建设,不断改善农民生产生活条件,不断提高农民收入水平,让广大农民共享改革发展成果,最终实现共同富裕。

胡锦涛对当前奶制品行业健康发展高度关注。他特地考察了蚌埠市两家奶制品生产企业。

考察途中,胡锦涛听取了安徽省委和省政府的工作汇报。他强调,要加大统筹城乡发展力度,加强农村制度建设,加快发展现代农业,促进农村社会全面进步,扎扎实实把农村改革发展推向前进。胡锦涛希望安徽广大干部群众高举中国特色社会主义伟大旗帜,以邓小平理论和"三个代表"重要思想为指导,深入贯彻落实科学发展观,用继续解放思想、坚持改革开放的新举措,用推动科学发展、促进社会和谐的新成效,不断开创安徽各项事业发展新局面。

中共中央书记处书记、中央办公厅主任令计划,中共中央书记处书记、中央政策研究室主任王沪宁一同考察。

国务院总理温家宝在中南海紫光阁接受美国《科学》杂志主编布鲁斯·艾伯茨的专访

卫生部部长陈竺、科技部副部长李学勇等在座。《科学》杂志由托马斯·爱迪生创办于1880年,是目前国际科学界影响最大、读者最多、发行最广、最受科学家重视的科学类专业学术期刊。艾伯茨是著名生物化学家,曾担任美国国家科学院院长,现执教于美国加州大学旧金山分校,从2008年3月起担任《科学》杂志主编。访谈内容如下:

温家宝:我非常高兴接受这次采访。我想先说两句话:一是如果我不从事政治的话,我也可能成为一位很好的科学家。二是在我从政这几十年当中,一直没有离开过对科学技术的关注。我认为一位好的领导者,是应该具备科学素养和科学知识的。我今天把您作为朋友,倾心交谈,我们彼此之间都不必拘束,您可以问我问题,我们也可以讨论问题。

艾伯茨:我很高兴今天能来到这里。首先我想对中国的"神舟"七号飞船成功发射表示祝贺,这是非常不容易的,是多年来中国科技事业发展的成果。最近一期《科学》杂志刊登了一篇来自中国的论文,介绍中国种植的转基因棉花不仅减少了棉花杀虫剂的使用,而且也减少了附近其他农作物杀虫剂的用量。

温家宝:在10年前没有用转基因抗虫棉的时候,棉铃虫泡在农药里都死不掉。自从我们实施了棉花转基因工程后,棉花不仅抗虫害能力增强,而且产量也提高了。因此,我力主大力发展转基因工程,特别是最近发生的世界性粮食紧缺更增强了我的信念。

艾伯茨:我祝贺中国在这一领域达到世界领先水平。我曾经联合一些科学院和研究机构,试图将科学的思维方式引入农业领域。您知道,转基因作物在欧洲遭到强烈抵制,从而影响这一重要技术在非洲广泛应用。

温家宝:不要把转基因这种科学同贸易壁垒联系在一起,那就会阻挡科学的发展。

艾伯茨:您在地震发生后立即赶赴灾区,对中国应对灾害产生了巨大影响,您也因此蜚声世界。您是否能进一步介绍一下您是如何应对地震灾害的,以及中国今后将采取哪些防震减灾的措施?

温家宝:5月12日下午2点28分在汶川发生特大地震。当时我正坐在办公室里。因为这次地震震级高,烈度大,北京也在晃动,我的办公室也在晃动。作为总理,我组织这场抗震救灾工作,主要是出于我对人民的热爱。但是,科学也给予我很大的帮助。地震后,一系列数据:震级7.8级(后经校正为8.0级),烈度最高11度,人口密度每平方公里300人……让我很快就知道这场灾害波及面广,受灾严重程度深。我决定立即到现场,我清楚地懂得"黄金72小时"的重要性,特别是第一天对拯救人的生命的重要性。简单地说,就是越快越好。人们需要信心、冷静、坚定和勇气,这都需要领导人的智慧和强有力的指挥。我的指挥部就设在地震中心地带的马路旁。我当时布置工作,第一是救人。早一点把受伤者从瓦砾中救出来,他们就可以获得生命。一定要尽快派人进入震中地区、灾害最重的地区。这就需要打通道路,并且紧急调配军队和专业救援队赶赴灾区。在三天时间内,我们调集了10多万人,从废墟中抢救出了8万人。第二是加强地震监测,预防余震。动员群众从家里出来避险,同时调运大量帐篷和物资,安置好群众生活。第三是预防次生灾害。由于这次地震太大,出现了上百个堰塞湖,其中最大的唐家山堰塞湖积水量超过3亿立方米。一旦溃口,将威胁绵阳等大城市以及沿线的几百万人口。我多次赴堰塞湖现场,和工程技术专家一起组织研究技术方案,确定了安全、科学、快速处理的方针。我们成功地处理了世界上最大的堰塞湖,无一人伤亡。这次地震是印度板块向北俯冲,造成青藏板块向南东俯冲,地震区处在龙门山断裂带,断裂西部向东仰冲,然后向北东走滑。经过精确测量,震中地区地壳水平位移1.5米,断层的东部下陷70厘米。四是防疫。地震死亡人数超过8万人。在这种情况下,卫生防疫非常重要。我们确实做到了灾后没有发生大的疫情。我再回到开始时说的那两句话:抗震救灾一是出于对人民的热爱,二是要科学地进行组织领导工作。

到现在为止,已经发生余震33000多次,其中6级以上的余震达8次。在这样一个地震活动地带如何恢复重建?我们从当地的地质地理状况出发,将重建区划分成3种类型。一是适宜重建区,二是适度重建区,三是生态重建区。地震是不可抗拒、破坏力很强的自然灾害,但是我们要加强严密的监测预报,避开地震断裂带进行重建工作。这涉及10多万平方公里的土地和几千万人口,要逐步恢复这个地区的生产、生活和生态功能,这是一项十分艰巨的任务。

艾伯茨:在这个地区重建的建筑物是否将采取特殊的建筑方式,以具备更高的抗震能力?

温家宝:建筑的安全对于预防地震灾害十分重要。我们必须按照这个地区可能发生地震的强度和烈度来制定房屋建筑的设防标准,特别是对那些公共设施,学校、医院等,要采取更为安全的措施,使家长们放心,孩子们安心。选址非常重要,要避开断裂带。

艾伯茨:在一个月时间里,我们每天都在关注中国正在进行的抗震救灾工作,从报章中,我们了解到中国政府在应对灾害中令人印象深刻的表现,还了解到中国各地的人们奔赴灾区做志愿者的情况。整个事件让美国人民对中国产生了很好的印象。

温家宝:我们实行了对外开放的方针,在第一时间将地震的消息向全国乃至世界宣布。之所以这样做,完全是为了人民。人们要知道还有没有余震,什么时候发生余震。我们要告诉他们避震的方法,并给予妥善的安置。

艾伯茨:中国正在开展落实科学发展观活动,但是我们不了解科学发展观的确切含义。您能否解释一下科学发展观?科学家将在其中发挥什么作用?

温家宝:科学发展观,第一是以人为本,就是要通过发展生产来满足人们日益增长的物质文化需求,就是要使每一个人都能在平等自由的环境下得到全面发展、和谐发展。第二,全面发展,主要是指经济发展与社会发展的结合,经济体制改革与政治体制改革的结合,开放兼容与自主创新的结合,先进文明与传统文化的结合。第三,统筹兼顾,就是要解决我们国家在发展进程中存在的贫富差距、地区差距和城乡差距的问题。第四,可持续发展,就是要解决13亿人口在实现现代化进程中所面临的人口、资源和环境的压力,走资源节约和生态友好型的道路,实现可持续发展,要实现这4个目标都离不开科学技术,都离不开自主创新。

艾伯茨:您考虑如何把科技引入农村?

温家宝:我想介绍一点中国农村运用科技的情况。第一,实用技术推广,包括良种良法、节水节肥、高产高效。第二,农村社会的发展,就是要让农业科技下乡,农业科技人员下乡,农村需要科技,需要大批的科技人员。在这方面因特网将发挥很大作用,它可以传播科技知识,可以帮助农民销售农产品。第三,促进农村社会进步,特别是在农村普及九年免费义务教育。这一点我们已经做到了,而且对贫困地区还实行了免除书本费,并且对寄宿生实行生活资助。我们还将实行农村高中阶段教育的奖助学金制度,对职业学校实行全部免费。我曾经讲过穷人经济学和穷人教育学的观点,因为在中国乃至世界,穷人还是绝大多数。我们的经济发展和教育发展要面向穷人。今天我还想补充一个观点,就是我们的科技工作也要面向农村,面向广大穷人。科技在农村是大有作为的,比如沼气、太阳能发电都方兴未艾。

艾伯茨:中国正在建设创新体系。要实现这个目标,中国不仅需要吸引更多的外国人才,还需要培养自己的创新人才。中国已经有了一个积极的计划,未来将如何去做?

温家宝:这是两个方面的任务。一个方面是培养我们自己的大批的创新人才。首先要从孩子做起,使他们从小就养成独立思考的能力,在他们进入中学、大学后,使他们能够在自由的环境下培养创造性、批判性思维。我常讲:提出问题、发现问题比解决问题更为重要。我们正是需要这样的人才。第二,要使科技和经济社会发展紧密结合。因为只有在经济社会发展中科技才能找到自己的源泉,因此我们大力推进产学研相结合。第三,要培养科学家的科学道德。最重要的就是要坚持真理,实事求是,勇于创新,宽容失败。只有科学精神和实事求是的态度才能救中国,对于这一点我坚信不疑。

第二个方面是吸收和引进外国人才。我们实行对外开放的方针是坚定的、持久的。在对外开放中,引进智力资源、引进科技人才是最为重要的。从这一点来说，科学家可以跨越意识形态的障碍、国界的障碍，而为全人类服务。我们一定为国外科学家到中国工作创造良好的环境。但我以为这还不是主要的，应该使他们感到在中国他们的事业有发展的条件，他们得到中国的尊重，他们的成果得到中国的尊重，这就要保护他们独立的创造精神和知识产权。

艾伯茨：真正的创新都是来源于20到25年以前的基础科学研究，我们担心美国缺乏对基础科学研究的支持。如果没有对基础科学研究的支持，如何能开创一个具有创新能力的未来？我了解到，中国把基础科学研究投入的比例确定为总体科研投入的5%，您认为这个比例是否足够？

温家宝：我个人非常重视基础科学研究，我认为，任何科技应用和开发的研究都离不开基础科学研究作为源泉和动力。而在我们这个世界里，往往因为急功近利而忽视基础科学研究，这是应该加以避免的。我们这些年不断加大力度，但我以为这个比重还是不够的。

艾伯茨：我的经验告诉我，发展基础科学是培养优秀青年科学家的最佳途径，因为他们可以通过团队工作来培养自己的才干，然后在此基础上进一步从事应用科学研究。

温家宝：您说对了。中国青年，特别是学生，从事基础科学研究是有优势的，他们勤奋，他们专心，而且十分投入。

艾伯茨：在美国，我也有许多中国学生。令我印象深刻的是美籍华人对中国的强烈归属感，大多数人每年都要回来帮助中国。在美国的华人科学家有一个有效的组织，帮助中国发展科技事业。这是与众不同的。

温家宝：我们对他们的政策是来去自由，可以以不同方式为祖国服务。

艾伯茨：他们是我们两国的纽带。他们在美国备受尊重，他们的子女也成为了美国公民。我认为这对世界和平是一项投资，他们可以跨越国界进行沟通。

温家宝：我们不加任何限制，而且对他们努力促进中美科技合作，发展两国人民友谊采取鼓励的方式。

艾伯茨：你也许知道美国国立健康研究院最近采取一种有效的方式，支持年轻科学家创新。我在中国见到了许多非常出色的年轻科学家、研究人员和学生，如果能获得类似的机会，将是对他们的巨大鼓舞。

温家宝：我们要重视年轻科学家。应该说，这一点我们做得还不够。在科学上不应该论资排辈，而要鼓励年轻人超过老年人，因为他们精力旺盛，富有创造精神。也许在前进的路上会出现这样那样的问题，但他们代表着未来。我们今后一定要加强对青年科学家的资助。

艾伯茨：中国政府对奶粉事件的反应给我留下深刻印象。请您介绍一下中国对保证食品安全有什么计划？

温家宝：我们想做三件事情。第一，严肃认真地处理这起奶粉事件，并从中吸取深刻的教训。第二，研究制定振兴中国食品业的规划。第三，加强立法，依法治理和监督从田地到餐桌的每一个环节。这次奶粉事件使我们感到非常痛心。我们觉得，事情发生在企业，但政府有责任，特别是在监管方面。奶制品产业的几个重要环节，原奶生产、收购、运输、加工、配方和制成品，这些环节都要有明确的标准和检测要求，而且要有相应的责任，乃至法律责任。我再一次郑重强调，决不能以牺牲人的生命和健康来换取一时的经济发展。我向您保证，我们的政府一定能带领人民渡过这段由奶品事件所造成的困难，使中国的食品业有一个大的改观。所有的食品都要符合国际标准，出口食品还要符合进口国的标准。我以为，在质量检测、监督管理各个环节都离不开科学技术。我们已经确定卫生部作为食品监管的主要部门。

艾伯茨：另一个全球科学家和工程师可以合作的领域是开发更加高效的利用能源的方法。我们面临全球性危机，包括温室气体排放，资源短缺。美国和中国在这一领域如何做，将对全世界可持续发展具有重要意义。中国在能源使用和开发方面有什么计划？

温家宝：中国是使用能源的大国，也是温室气体排放的大国。因此，摆在我们面前十分重要的任务就是节能减排，搞好环境保护。我们一定要合理地使用能源，立足于节约，这就需要调整经济结构，转变发展方式，使经济发展转移到更多地依靠科技进步和劳动者素质提高上来。我们要采取坚决措施，包括经济、法律和必要的行政手段，严格限制高耗能、高污染企业的发展，鼓励节能环保企业的发展。现在中国每年自产约1.8亿吨石油，进口约1.7亿吨，对外依存度几乎达到50%。煤炭产量也超过25亿吨。这样大量消耗能源，特别是不可再生的化石能源，将是不可持续的。我们已经确定了一个目标，就是在今后经济发展中，单位GDP能耗每年要减少4%，化学需氧量和二氧化硫排放要减少2%，我们还要采取多方面的措施减少石油和煤炭的使用量，以减少温室气体的排放量，包括节能技术和碳捕获技术。我们的工业化才走了几十年的路，而发达国家已经走了200年的路。但我们要承担起应该承担的责任，这就是《联合国气候变化框架公约》和《京都议定书》所确定的共同但有区别的责任。我们已经意识到这个问题对整个世界的严重性。

艾伯茨：在应对这些全球性危机方面，美国和中国可以共同发挥特殊作用。我想我们是否可以在碳捕获等领域开展大规模合作。目前两国都在积极研究这项技术。美中两国科学家密切合作不仅可以加快进展,而且将向全世界发出强有力的信号,表明我们两国都认真重视这个问题,并愿意采取行动。

温家宝:刚刚签署的《中美能源环境十年合作框架》文件,是我们两国合作的一个新亮点。我们加强合作,向世界发出共同的信息,一道努力保护我们共同生活的家园。无论美国选举结果如何,我们都愿意同美国继续加深合作。

艾伯茨:我想问一个涉及范围更广泛的问题,我们是否可以运用科学来推进外交?您是否认为各国科学家可以在这方面发挥更大作用,通过合作研究,在科学界架起新的桥梁,来促进世界和平?

温家宝:我认为完全可以。首先,世界各国的科学家通过科学研究,在追求真理、崇尚科学和实事求是这一点上都有共同的愿望,共同的特点,加强他们之间的密切合作与联系,容易增强共识,增进互信。第二,科学家所从事的工作同经济社会发展和人们的生活联系越来越密切,比如因特网,因此科学家的相互联系交流也会促进国与国之间在经济社会方面的相互合作与交流。多一点科学语言,少一点外交辞令,这个世界可能会更加美好。

国家主席胡锦涛根据全国人大常委会的决定任免驻外大使

一、免去程永华的中华人民共和国驻马来西亚特命全权大使职务;

任命刘健为中华人民共和国驻马来西亚特命全权大使。

二、免去仇伯华的中华人民共和国驻莱索托王国特命全权大使职务;

任命高德毅为中华人民共和国驻莱索托王国特命全权大使。

三、免去王开文的中华人民共和国驻格鲁吉亚特命全权大使职务;

任命宫建伟为中华人民共和国驻格鲁吉亚特命全权大使。

四、免去张喜云的中华人民共和国驻哈萨克斯坦共和国特命全权大使职务;

任命程国平为中华人民共和国驻哈萨克斯坦共和国特命全权大使。

10月1日

胡锦涛等党和国家领导人向人民英雄纪念碑敬献花篮

党和国家领导人胡锦涛、吴邦国、温家宝、贾庆林、李长春、习近平、李克强、贺国强等，同首都各界代表一起来到天安门广场，向人民英雄纪念碑敬献花篮，深切缅怀为实现民族独立、人民解放和国家富强、人民幸福英勇献身的革命先烈。

敬献花篮仪式由中共中央政治局委员、北京市市委书记刘淇主持。

参加仪式的领导同志还有：王刚、王兆国、王岐山、回良玉、刘云山、刘延东、李源潮、张德江、何勇、令计划、王沪宁、乌云其木格、周铁农、李建国、陈昌智、梁光烈、马凯、孟建柱、戴秉国、王胜俊、廖晖、白立忱、陈奎元、李兆焯、黄孟复、张梅颖、张榕明、钱运录、孙家正、李金华、郑万通、万钢、林文漪、罗富和等，中央军委委员陈炳德、李继耐、廖锡龙、常万全、靖志远、吴胜利、许其亮。

中央党政军群有关部门和北京市主要负责人，各民主党派中央、全国工商联负责人和无党派人士代表，也参加了敬献花篮仪式。

《人民日报》发表社论《祖国，巍然屹立在世界东方——庆祝中华人民共和国成立59周年》

"神舟"七号胜利返航了，三位航天员满面笑容走出返回舱。"神舟"七号载人航天飞行圆满成功，实现了我国空间技术发展具有里程碑意义的重大跨越，是中国人民攀登世界科技高峰的又一伟大壮举，也是献给伟大祖国59岁华诞的珍贵礼物和诚挚祝福。

今年，在新中国的发展史上很不寻常。面对严峻挑战和困难，我国经济继续保持平稳较快发展，各项社会事业稳步向前推进，全国各族人民团结奋斗，顽强拼搏，共克时艰，在改革开放和现代化建设的道路上迈出了新的步伐，取得了新的成就。今年以来，我国相继发生雨雪冰冻灾害、四川汶川大地震等重大自然灾害。特别是四川汶川大地震发生后，全国人民展开了气壮山河、感天动地的斗争，形成了万众一心、众志成城，不畏艰险、百折不挠，以人为本、尊重科学的伟大抗震救灾精神。这种精神弥足珍贵，激励着灾区人民坚定信心勇气，重建美好家园；鼓舞着全国人民为实现全面建设小康社会的目标而努力奋斗。

北京奥运会和残奥会的成功举办，实现了中华民族的百年梦想。中国运动员以出色的竞技能力和顽强的拼搏精神夺得金牌总数第一，创造了历史最好成绩。开、闭幕式表演、赛事组织工作、志愿者服务、场馆设施和中国人民的精神风貌，给世界留下深刻美好的印象，赢得了国际社会的高度评价，更收获了一笔丰厚的物质精神财富。北京奥运会，使世界进一步了解中国，中国进一步走向世界。北京奥运会和残奥会的成功举办，标志着中华民族以崭新的姿态屹立世界的东方，中国人民正满怀豪情走向更加光明灿烂的未来。

在这不寻常的一年里，有多少悲壮，有多少感动，有多少梦想，有多少光荣，铭记在中国人民的心里，写进了共和国的历史画卷。我们深深地感受到，以胡锦涛同志为总书记的党中央坚定沉着，统揽全局，驾驭各种困难和复杂的局面，克服各种艰难险阻，是我们建设中国特色社会主义伟大事业的坚强领导核心。我们深深地感受到，改革开放是中国实现现代化的必由之路。回首30年，中国共产党和中国人民以一往无前的进取精神和波澜壮阔的创新实践，谱写了中华民族自强不息、顽强奋进的壮丽史诗，中国人民的面貌、社会主义中国的面貌、中国共产党的面貌发生了历史性变化。"神七"一飞冲天，奥运成功举办，这些具有里程碑意义的辉煌成就，令中国人民倍感自豪，人们发自内心地赞叹：共产党好，社会主义好，改革开放好。

我们已经取得了光荣伟大的成就，我们必将书写更加雄伟壮美的篇章。中国正站在一个新的发展起点上。对中华民族来说，抓住并用好重要的战略机遇期，促进科学发展，构建和谐社会，符合亿万人民的根本利益，也是摆在我们面前的重大战略任务。我们要全面贯彻党的十七大精神，高举中国特色社会主义伟大旗帜，深入开展学习实践科学发展观活动，努力在继续解放思想上迈出新步伐，在坚持改革开放上实现新突破，在推动科学发展上取得新进展，在促进社会和谐上见到新成效，为夺取全面建设小康社会新胜利、开创中国特色社会主义新局面、实现中华民族伟大复兴而不懈奋斗。

祝愿伟大的祖国繁荣富强，祝愿全国各族人民幸福安康。

国务院副总理张德江到山西检查安全生产工作

中共中央政治局委员、国务院副总理张德江10月1日至2日在山西省检查安全生产工作。

在听取地方和企业安全生产情况汇报后，他指出，要深入学习领会科学发展观的精神实质、丰富内涵和基本要求。科学发展观第一要义是发展，发展是硬道理。发展必须是科学的发展，不科学的发展就没有道理。要坚持正确的政绩观，牢固树立抓经济发展是政绩，抓安全生产也是政绩的观念，绝不能以破坏环境和浪费资源为代价换取一时的发展，更不能不顾人民群众的生命财产安全盲目追求发展。张德江一再叮嘱企业负责人和矿工,安全生产是职工的根本权益,要靠加大投入和科技进步保安全,要靠加强管理和落实责任保安全,要靠强化职工培训和提高素质保安全。广大职工要增强安全生产意识,提高安全生产技能,积极参与和监督企业安全生产工作。张德江还充分肯定山西省对全国经济社会发展做出的重大贡献,希望总结经验教训,进一步做好安全生产各项工作。

张德江查看襄汾县新塔矿业有限公司"9·8"尾矿库特别重大溃坝事故现场,检查陶寺乡利明选矿厂尾矿库排险整改和安全监控情况,并到医院看望了"9·8"事故受伤人员。在听取国务院事故调查组和临汾市有关情况汇报后,张德江说,"9·8"事故是一起特别重大的安全生产责任事故,损失特别惨重,影响极其恶劣,教训十分深刻。要妥善做好善后工作,全力医治受伤群众,照顾好伤残人员和遇难者家属的生活。调查组要坚持"四不放过"原则,彻底查清事故原因,依法严惩有关责任人员。各地区各部门各单位要认真吸取教训,亡羊补牢、举一反三,坚持以人为本,始终把人民群众安危冷暖放在心上,对安全生产要警钟长鸣,常抓不懈。要进一步加大打击非法生产经营的力度,对无证无照生产经营的,坚决取缔关闭,没收非法所得,追究刑事责任;加强安全生产领域的反腐倡廉工作,坚决查处安全生产责任事故背后的权钱交易等腐败行为,坚决打掉非法生产背后的关系网和保护伞。要对各类安全生产隐患进行全面排查,逐一落实整改措施;整改不合格的,不能恢复生产。严格规范企业安全生产行为,全面落实安全生产责任制度,加强安全生产监管工作。要做好节日期间和节后安全生产工作,促进第四季度安全生产形势稳定好转。

山西省委书记张宝顺、代省长王君和国务院有关部门负责同志陪同考察。

10月2日

国务院决定再次延长"三西"农业建设专项补助资金使用期限

国务院决定再次延长"三西"农业建设专项补助资金使用期限,即从2009年起延续至2015年,并将资金总量从目前的每年2亿元增加到3亿元。据悉,这是国务院第三次延长"三西"农业建设专项补助资金。

"三西"地区是指甘肃河西、定西和宁夏西海固干旱地区,素以干旱、缺水、贫穷、落后、"苦瘠甲于天下"而著称。为了改变该地区的落后面貌,1983年中央设立了"三西"农业建设专项补助资金,用于支持该地区农村基础设施建设、农业产业发展等方面。20多年来,在党中央、国务院的正确领导和支持下,在社会各界的帮助下,经过甘肃、宁夏两省(区)广大干部群众的艰苦奋斗,"三西"地区扶贫开发取得显著成效,生产生活条件明显改善。主导产业初具规模,文化、卫生、教育等社会事业得到全面协调发展,贫困面貌明显改观。到2007年年底,其农村绝对贫困人口由1982年的784万人下降到134.7万人,贫困发生率由62%下降到8.3%;甘肃、宁夏两省(区)"三西"地区的农民人均纯收入分别从1982年的96.3元和126.6元增加到2141元和2214元。"三西"地区扶贫开发所取得的成效,不仅极大地推动了甘肃、宁夏两省(区)的扶贫开发工作,也开创了全国区域开发式扶贫的先河。

由于受自然、历史等因素制约,目前该地区仍处于发展的初级阶段,农业生产条件尚未得到根本改善,农民收入水平与全国平均水平的差距仍然较大,从根本上改变该地区贫困面貌的任务仍然繁重。为了进一步巩固"三西"地区扶贫成果,全面推进"三西"地区小康社会建设,同时也为了贯彻落实《国务院关于进一步促进宁夏经济社会发展的若干意见》精神,国务院决定再次延长"三西"农业建设专项补助资金使用期限并进一步加大支持力度。

10月3日

中国担任联合国安理会本月轮值主席

第一届世界智力运动会在北京开幕

第一届世界智运会由国际智力运动联盟主办,国家体育总局棋牌运动管理中心和北京市体育局承办,于10月3日至18日在北京举行,共设桥牌、国际象棋、围棋、国际跳棋和象棋5个比赛项目,共有来自143个国家和地区的3000余名运动员参加比赛。

10月4日

国务院总理温家宝到广西考察

10月4日至5日,温家宝在广西壮族自治区党委书记郭声琨和自治区政府主席马飚等陪同下,来到北海、钦州、防城港等地,深入企业、港口码头、乡村农户,看望各族各界群众,和大家共商经济社会发展大计。温家宝强调,今年以来,我们克服各种困难,保持了经济社会发展的良好势头。当前,国际经济金融正在经历严重的挑战,我们要居安思危、审时度势,坚定信心、扎实工作,采取灵活审慎的经济政策,妥善应对各种复杂局面,保持国民经济平稳较快发展。

温家宝来到永昶科技电子有限公司、广西长城计算机有限公司和国投钦州电厂煤炭码头、防城港20万吨码头以及钦州中石油千万吨级炼油项目等企业车间和施工现场，和干部职工亲切交谈，了解北部湾地区的开放开发情况。他对北部湾地区的开放开发工作提出三点要求：第一，要贯彻落实科学发展观，把北部湾地区的总体设计和规划做好。要把北部湾建设成为带动西部大开发的新的基地和重要的国际区域经济合作区，成为沿海重要的经济增长区域，成为广西科学发展的“排头兵”、率先发展的先行区、改革开放的试验区；第二，要重视技术创新，形成高起点的产业发展结构。要加快培育壮大临港产业集群，打造泛北部湾海上通道和港口物流中心，形成通达的公路网、铁路网和航空网，大力发展高起点、高水平的沿海工业、高技术产业和现代服务业，形成特色鲜明、竞争力强、带动作用大的产业结构；第三，要处理好人与自然的关系，把保护生态环境放在第一位。生态环境是优势，生态环境也是竞争力，北部湾地区的开放开发，无论是设计，还是施工，都要注重生态环境建设。要按照总体规划确定的功能定位、空间布局、发展重点选择和安排建设项目，建立整体优化、生态良好、可持续发展的良性循环机制。

在钦州市钦南区康熙岭镇高沙村，温家宝走进田间地头查看水稻生长情况，来到农户家里进行调查研究。温家宝指出，中央高度重视农业和粮食生产，出台了一系列强农惠农的政策措施，粮食实现连续5年丰收，为经济社会发展创造了良好条件。我们要始终抓住农业不放松，当前，要在抓好秋收的同时搞好秋冬种生产，稳定小麦种植面积，扩大油菜种植面积，为明年农业丰收打好基础。国家将进一步加大对农业的支持力度，继续增加对农民的补贴，提高粮食最低收购价，充分调动农民的积极性。

考察期间，温家宝指出，今年以来，世界经济形势急剧变化，美国次贷危机不断恶化，影响日益加深，对世界金融市场形成强烈的冲击，国际经济增速放缓。面对国际国内诸多不利因素，我们未雨绸缪，积极应对，努力提高宏观调控的预见性、针对性和灵活性，及时解决经济运行中的突出矛盾和问题，保持了经济平稳较快发展的势头。总的看，我国经济的基本面并没有改变，正朝着宏观调控的预期方向发展。此外，我国金融机构实力普遍增强，盈利能力和抗风险能力提高，市场流动性总体充裕，金融体系是稳健的、安全的。这对于我们应对外部冲击的不利影响提供了有力支撑，我们对中国经济发展和金融稳定充满信心。他强调，应对这场金融危机，最重要的是把我们自己的事情办好，保持经济稳定、保持金融稳定、保持资本市场稳定。一个有13亿人口的大国长期保持经济平稳较快发展，就是对世界的最大贡献。

考察期间，温家宝还听取了广西壮族自治区党委和政府的工作汇报，对广西的工作给予充分肯定。温家宝指出，广西壮族自治区成立50年来，经济发展，社会进步，民族团结，人民群众安居乐业。自治区党委、政府认真贯彻落实科学发展观，带领全区人民团结奋斗、开拓进取，经济社会呈现良好发展势头。广西是我国少数民族人口最多的地区，要认真落实民族区域自治法和党的民族政策，加快民族地区经济社会发展，促进各民族共同繁荣进步。

全国人大外事委员会负责人就美国政府售台先进武器发表谈话

这位负责人说，10月3日，美国政府不顾中国政府多次严正交涉，作出向台湾出售总价值64.63亿美元先进武器装备的决定。对美方这种公然违背在“八·一七”公报中向中方作出的严肃承诺、粗暴干涉中国内政、危害中国国家安全、干扰和破坏两岸关系和平发展的错误行径，我们表示极大愤慨，予以强烈谴责。我们坚决支持中国政府就此采取的严正立场。

这位负责人说，世界上只有一个中国，台湾是中国的一部分，这是包括美国在内的国际社会公认的事实。当前，两岸关系出现了改善和发展的良好势头，这符合两岸人民的共同利益和心愿，有利于亚太地区乃至全世界的和平与稳定，符合中美两国人民的根本利益。美国政府决定向台湾出售武器，实际上是在海峡两岸之间制造紧张局势，阻挠和破坏两岸关系的改善。美国这种明目张胆干涉中国内政的行径，理所当然地遭到全中国人民的强烈反对和愤怒谴责。

这位负责人表示，台湾问题事关中国主权和领土完整，始终是中美关系中最重要、最敏感的核心问题。在涉及中国的主权、内政和尊严问题上，中国人民决不让步。美国售台武器严重损害了中国人民的根本利益，损害了中美关系。我们强烈要求美方从中美两国人民的长远利益和两国关系大局出发，切实履行坚持一个中国政策、遵守中美三个联合公报和反对“台独”的承诺，立即撤销有关对台军售项目，停止售台武器和美台军事联系，停止向“台独”分裂势力发出任何错误信号，停止任何为两岸关系改善和中美关系发展设置障碍的行动。

全国政协外事委员会负责人就美国实施售台武器计划问题发表谈话

这位负责人说，10月3日，美国政府不顾中方坚决反对，宣布将向台湾出售总价值64.63亿美元的先进武器装备。美方这一错误行径是对中美三个联合公报特别是“八·一七”公报的粗暴践踏，严重干涉中国内政，给两岸关系和平发展蓄意制造障碍。参加中国人民政治协商会议的各党派、团体和各族各界人士对此表示强烈愤慨和坚决反对，对中国政府就此向美方表明的严正立场表示坚决支持。

这位负责人表示，世界上只有一个中国，台湾是中国的一部分，这是包括美国在内的国际社会公认的事实。国家统一是中华民族不可动摇的意志，是包括台湾同胞在内的全中国人民的共同心愿。我们真诚希望祖国早日统一，我们也在竭尽全力排除一切干扰，争取实现和平统一。当前，两岸关系在新形势下呈现出良好的发展势头，两岸同胞由衷欢迎两岸扩大交流合作，期盼共同努力开创两岸关系和平发展的新局面。这也符合包括美国在内全世界的共同利益。然而，就在这种时刻，美国政府却违背自己的承诺，再次作出粗暴干涉中国内政的错误决定，向“台独”分裂势力发出严重错误信号，严重干扰两岸关系的和平发展，严重危害台海乃至亚太地区的和平与稳定。这是我们坚决反对和绝不能接受的。

这位负责人说，在涉及中国主权、内政和尊严的问题上，中国人民从来是讲原则的，决不会妥协和退让。我们奉劝美方认清时代发展潮流，恪守承诺，立即纠正向台湾出售先进武器的错误决定，停止售台武器，不要再做损害两国关系发展、不利于世界和平事业的事情。

外交部发言人刘建超就美政府通知国会决定售台武器发表谈话

刘建超表示，中国政府和人民坚决反对和谴责美方这一严重损害中国利益和中美关系的行径。

10月3日，美国政府不顾中方一再严正交涉，通知国会决定向台湾出售“爱国者—3”反导系统、“E—2T”预警机升级系统、“阿帕奇”直升机等武器装备，总价值达64.63亿美元。刘建超说，中国政府和人民坚决反对和谴责美方这一严重损害中国利益和中美关系的行径。外交部副部长何亚非已奉命召见美国驻华使馆临时代办，向美方提出强烈抗议。

刘建超表示，中方坚决反对美国向台湾出售武器，这一立场从来是明确和坚定不移的。美方同意售台上述先进武器，严重违反中美三个联合公报特别是“八·一七”公报原则，粗暴干涉中国内政，危害中国国家安全，给两岸关系和平发展制造干扰和障碍，理所当然激起中国政府和人民的强烈愤慨。

刘建超说，我们正告美方，世界上只有一个中国，台湾是中国的一部分。任何人也不能动摇中国政府和人民维护国家主权和领土完整，反对外来干涉的坚定意志。任何人也阻挡不了两岸推进交流合作，开创两岸关系和平发展新局面的历史潮流。

他说，我们再次敦促美方认清售台武器的严重危害性，切实履行坚持一个中国政策、遵守中美三个联合公报、反对“台独”的承诺，立即采取措施纠正错误，撤销有关对台军售计划，停止美台军事联系，停止干扰两岸关系和平发展，以免给中美关系和台海和平稳定造成进一步损害。中方保留作出进一步反应的权利。

国防部新闻发言人胡昌明就美国政府通知国会决定售台武器发表谈话

华盛顿时间10月3日，美国政府通知国会，决定向台出售“爱国者—3”反导系统、“E—2T”预警机升级为“鹰眼2000”型相关设备和服务、“阿帕奇”直升机、“标枪”型导弹、潜射“鱼叉”导弹和飞机零部件等6项武器装备，总价值64.63亿美元。美方的做法严重违反美方在台湾问题上向中方作出的严肃承诺，严重背离了两国领导人就中美建设性合作关系达成的共识，严重违背了美方支持两岸关系和平发展的表态，粗暴干涉中国内政，危害中国国家安全，也严重干扰中美两国两军关系，中国军方对此表示强烈不满和坚决反对。

美国在台湾问题上是向中方作出了明确承诺的，并且正式写入了中美三个联合公报。美国在中美两国于1982年8月17日共同发表的“八·一七”公报中明确承诺，不寻求执行一项长期向台湾出售武器的政策，将逐步减少并最终解决售台武器问题。事实证明，美方言而无信。

近年来，中美两军关系总体上呈现出积极发展的良好势头，两军各层次、各领域的交流与合作进展顺利。在此情况下，美方宣布实施售台武器计划，无疑毒化了两军关系发展的良好气氛，为两军的交流与合作造成了严重干扰，我们要求美方认清形势，切实履行中美三个联合公报，恪守在台湾问题上向中方作出的郑重承诺，立即停止实施并取消售台武器计划，以免给中美两国两军关系以及台海和平稳定造成进一步损害。我们保留作出进一步反应的权利。

10月5日

中共中央总书记胡锦涛致信祝贺西藏民族学院建校50周年

中国国际漫画节在广州落幕

本届漫画节由国家新闻出版总署和广东省人民政府主办的。自9月29日开幕以来，漫画节相继推出了原创漫画动画大赛、中国漫画家大会、动漫创作与出版圆桌会议、国际动漫名家论坛等多项活动,50多万动漫迷们参与了此次“动漫画黄金周”。

漫画节期间颁发了第五届金龙奖。金龙奖是我国目前规模最大的动漫奖项之一,来自国内外的数十名动漫画家和创作者赢得总额超过20万元的大奖。其中,“80后”作家郭敬明凭新作《小时代》获得最佳漫画脚本奖;作品《那些关于记忆的事》和《千茗列传》分获最佳漫画画技奖和最佳漫画造型奖;歌手郑钧也凭跨界创作的《摇滚藏獒》,夺得最佳漫画编剧奖。

中国漫画家大会发表了“振兴中国漫画”的中国漫画家宣言,强调“发展中国动漫必先振兴中国漫画”。

新疆乌恰县(北纬39.5度,东经73.9度)发生6.8级地震

10月6日

国务院总理温家宝与澳大利亚总理陆克文通电话

双方就中澳关系以及国际金融危机、气候变化等问题交换了看法。

温家宝积极评价两国互利合作取得的进展,并表示中国愿与澳大利亚和国际社会加强协调与配合,应对当前诸多复杂的全球性挑战,共同促进世界的和谐与可持续发展。

陆克文赞赏中方为应对国际金融危机所发挥的积极作用和表明的立场。他说,国际社会需要加强合作,建立、健全相关制度,保证国际金融体系的透明度和一致性。澳方愿意继续加强同中方在该领域以及各双边领域的沟通与合作。

中央精神文明建设指导委员会发出《关于深入开展志愿服务活动的意见》

各省、自治区、直辖市和新疆生产建设兵团精神文明建设委员会,中央精神文明建设指导委员会各成员单位:

我国的志愿服务作为伴随改革开放出现的新生事物,是长期开展的学雷锋活动的发展和延续,有着广泛群众基础和独特优势。近年来各种形式的志愿服务活动发展很快,党员志愿者、社区志愿者、职工志愿者、青年志愿者、大学生志愿者、巾帼志愿者、家庭志愿者、老年志愿者、扶残助残志愿者、红十字志愿者、治安志愿者、科普志愿者等各类志愿服务队伍比较活跃,成为社会主义精神文明建设的重要力量。在迎接和举办北京奥运会残奥会、四川汶川抗震救灾等重大活动和重大事件中,志愿服务都发挥了突出作用。为深入贯彻落实党的十七大精神,进一步完善社会志愿服务体系,积极培育文明风尚,不断提高公民文明素质、社会文明程度和群众生活质量,现就在全社会深入开展志愿服务活动提出如下意见。

一、充分认识深入开展志愿服务活动的重要意义,明确指导思想和基本原则

1. 深入开展志愿服务活动具有重要意义。志愿服务体现着公民的社会责任意识,是人们自觉为他人和社会服务、共同建设美好生活的生动实践,是现代社会文明程度的重要标志,是新形势下推进精神文明建设的有效途径。志愿服务领域宽、渠道广,能够广泛动员社会资源,有效弥补政府服务和市场服务的不足,为政府分忧、为百姓解难,有利于在全社会形成团结互助、平等友爱、共同进步的社会氛围和人际关系,增加和谐因素、促进公平正义、维护社会稳定。志愿服务以自愿、无偿为前提,以弘扬志愿精神为核心,能够把服务他人、服务社会与实现个人价值有机结合起来,引导人们在做好事、献爱心的过程中陶冶情操、提升境界,有利于倡导爱国、敬业、诚信、友善等基本道德规范,提高公民思想道德素质,把建设社会主义核心价值体系的任务落到实处。志愿服务形式多种多样、方式灵活便捷,适应了社会结构、社会组织形式、社会利益格局发生深刻变化的新特点,能够满足不同层次人们关爱他人、服务社会、展示特长的愿望,有利于充分发挥群众的主体作用,激发群众的参与热情,为精神文明创建活动注入新的生机与活力。要把组织开展志愿服务活动作为提高公民文明素质和社会文明程度的一项战略任务,深入持久地开展下去。

2. 深入开展志愿服务活动的指导思想是:坚持以邓小平理论和“三个代表”重要思想为指导,深入贯彻落实科学发展观,紧紧抓住社会主义核心价值体系建设这个根本,贴近实际、贴近生活、贴近群众,广泛普及志愿理念,大力弘扬志愿精神,着力壮大志愿者队伍,着力完善志愿服务体系,着力建立志愿服务社会化运行模式,推动志愿服务有一个新的更大发展,使更多的人成为志愿者,使更多的志愿者成为良好社会风尚的倡导者,成为社会主义精神文明的传播者、实践者。

3. 深入开展志愿服务活动的基本原则是:坚持以相互关爱、服务社会为主题,始终把公益性放在首位,充分体现无偿、利他的基本要求;坚持志愿服务与政府服务、市场服务相衔接,有针对性地设计项目、开展活动,做到量力而行、务求实效;坚持志愿服务与实现个人发展相统一,让人们在为他人送温暖、为社会做贡献的过程中经受锻炼、增长才干;坚持自愿参与和社会倡导相结合,既尊重人们的服务意愿,鼓励人们自主参与,又强调公民的社会责任,努力扩大志愿服务活动的覆盖面,增强志愿服务活动的影响力;坚持社会化运行

模式,把党政各部门、社会各方面组织动员起来,形成强大工作合力。

二、普及志愿理念、弘扬志愿精神,努力营造关心、支持和参与志愿服务的浓厚社会氛围

4. 创造有利于志愿服务的舆论文化环境。以奉献、友爱、互助、进步为主要内容的志愿精神,体现了中华民族传统美德,反映了社会发展进步的时代要求,是志愿服务活动的核心,也是推动志愿服务活动长期深入开展的内在动力和有力支撑。必须广泛普及志愿理念,大力弘扬志愿精神,推动形成关心、支持和参与志愿服务的良好氛围。新闻媒体是思想文化传播的重要载体,是传播志愿理念、弘扬志愿精神的主渠道。要切实加大志愿服务的宣传力度,充分发挥报刊、广播、电视、互联网、手机短信等大众传媒的作用,运用新闻报道、言论评论、公益广告等形式,普及志愿服务知识,宣传志愿服务活动的经验和志愿者的感人事迹,引导人们尊重志愿者和志愿者的劳动,营造有利于志愿服务的浓厚舆论氛围。精神文化产品潜移默化地影响着人们的思想观念和价值判断,在弘扬志愿精神方面有着不可替代的独特作用。要通过生动感人的文艺作品和丰富多彩的文化活动,展现志愿者的良好风貌和高尚情操,寓教于乐、寓教于文,形成有利于志愿服务的良好文化环境。

5. 加大学校教育和社会教育的力度。青年是志愿服务的生力军,学校是开展志愿服务教育的主阵地。要把志愿精神作为未成年人思想道德建设和大学生思想政治教育的重要内容,纳入学校的教育教学,体现到课堂教学、课外活动和社会实践中,不断增强广大青少年的志愿服务意识。社区是群众生活的基本单元,是经常性志愿服务的主要场所。要充分利用社区服务中心、宣传文化站等多种途径,加大志愿服务宣传教育力度,使之家喻户晓、深入人心。要动员广大党员干部、共青团员和社会知名人士带头参加志愿服务活动,为全社会作出示范。

6. 注重在实践中培养志愿服务意识。各种形式的志愿服务活动,是弘扬和践行志愿精神的有效载体。要从经济社会发展需要和人民群众愿望出发精心设计志愿服务项目,把志愿精神融入活动的全过程,使人们在参与志愿服务的过程中享受心灵的快乐、加深对志愿精神的理解。要继续发现和培养社会各界参与志愿服务活动的先进典型,组织志愿者积极撰写心得体会,把志愿精神的种子播撒到人们心中,使志愿服务理念得到越来越多人的接受和认同,吸引和感召更多的人加入到志愿服务的行列。

三、深入开展多种形式的志愿服务活动,为人们关爱他人、奉献社会搭建平台

7. 着眼于讲文明树新风开展志愿服务活动。讲文明树新风涵盖了精神文明建设的主要内容,要紧紧围绕讲文明树新风组织志愿服务活动,不断拓展志愿服务的领域,丰富志愿服务的内涵。组织开展普及文明风尚志愿服务,更好地传播文明理念,倡导团结互助精神,引导人们知礼仪、重礼节、讲道德。组织开展科技、文体、法律、卫生志愿服务,普及科学知识、传播先进文化、开展法律援助、提供医疗卫生服务,不断丰富广大群众重点是农村、偏远地区和进城务工人员的精神文化生活。组织开展社会治安志愿服务,普及法律知识,加强治安防范,完善群防群治网络。组织开展窗口行业志愿服务,动员公共服务行业和涉外窗口行业的干部职工以志愿服务的形式,为人们提供各种延伸服务和便民服务。组织开展保护生态环境志愿服务,宣传生态文明观念和环境保护知识,大力推动义务植树、绿化美化、清理脏乱、整治污染等行动,使天更蓝、水更清、地更绿,逐步形成良好的人居环境和生态环境。

8. 着眼于扶危济困开展志愿服务活动。大力弘扬我国扶危济困、助人为乐的传统美德,坚持从办得到、群众又迫切需要的事情做起,把生活困难群众和老年人、残疾人作为重点对象,积极开展送温暖、献爱心志愿服务活动,努力为困难群众排忧解难。广泛开展居家养老、扶残助残志愿服务活动,组织志愿者为孤寡老人、"空巢"老人、残疾人提供生活救助和照料服务,弘扬人道主义精神。以关爱帮困、便民利民为重点,大力开展社区志愿服务活动,让居民在参与中感受友谊和谐,看到社会美好,享受幸福生活。

9. 着眼于大型社会活动顺利进行开展志愿服务。要认真总结大型社会活动志愿服务的成功经验,切实组织好举办重大活动、重要会议和大型文体赛事的志愿服务,着力改进服务方式、提高服务水平,营造良好人文环境。组织开展公共秩序志愿服务活动,动员志愿者到公共场所、道路交通和赛会场馆等重点部位,宣传文明行为规范,劝导不文明言行,努力创造规范有序的社会公共秩序。组织开展赛会志愿服务活动,动员志愿者参加接待、咨询、联络、秩序维护等方面的工作,为大型社会活动的顺利进行提供有力保障。

10. 着眼于应急救援开展志愿服务活动。应急救援志愿服务是专业救援的重要辅助力量,是国家应急救援体系的重要组成部分。要组织开展应急救援志愿服务活动,动员志愿者广泛普及防灾避险、疏散安置、急救技能等应急处置知识,参与重大自然灾害和突发事件的抢险救援、卫生防疫、群众安置、设施抢修和心理安抚等工作,提高社会和公民的应急处置能力。要把应急救援志愿服务纳入政府应急反应体系,依托有关职能部门、行业协会和专门学会,组织有相关知识、经验和资质的志愿者成立专业救援服务队,提高应急

救援的专业化水平,保证志愿者关键时刻能服务、会服务。

四、进一步建立、健全志愿服务活动的运行机制,不断提高志愿服务的科学化、规范化、专业化和社会化水平

11. 规范招募和注册。志愿者的招募和注册,是把人们切实组织动员起来,完成所确定的志愿服务任务的重要环节。依法登记或备案的志愿者组织,要根据志愿服务的需要,及时发布招募信息,明确志愿服务所需的条件和要求,组织开展经常性招募和应急性招募,不断壮大志愿者队伍。全面推行志愿者注册制度,依托有关部门和行业协会成立的全国性志愿者组织,建立完善志愿者注册管理系统和志愿服务信息平台,并实现互联互通、信息共享,把志愿服务资源有效整合起来,引导志愿者长期参加志愿服务活动。

12. 加强培训和管理。做好志愿者的培训和管理工作,是提高志愿者素质和志愿服务水平的重要举措。各级各类志愿者组织要根据志愿服务项目的要求,依托行业协会、专门学会和基层宣传教育阵地,对志愿者进行相关知识和技能培训,提高服务意识、服务能力和服务水平。要重视志愿者骨干的培养,使他们成为志愿服务的中坚力量。要跟踪掌握志愿者接受培训、参加服务的情况,合理安排服务时间和服务任务,实现志愿者、服务对象和活动项目的有效衔接。

13. 建立和完善激励机制。在志愿者组织内部建立以服务时间和服务质量为主要内容的星级认定制度。鼓励机关、学校和企事业单位,在同等条件下优先录取和聘用有志愿服务经历且表现突出者,并作为评先创优的重要条件。把开展志愿服务活动作为创建文明城市、文明村镇、文明单位的重要内容,作为考核的重要指标。定期评选表彰优秀志愿者和优秀志愿者组织。

14. 提供政策和法规保障。认真总结推广志愿服务地方性立法的经验,加快全国志愿服务立法进程。在制定和实行各项经济、社会政策时,充分体现志愿服务的要求,提倡和鼓励志愿服务的行为,维护志愿者的正当权益,防止因具体政策不当挫伤人们参加志愿服务活动的积极性。把志愿服务的要求渗透到社会管理之中,体现在市民公约、乡规民约、学生守则、职业规范之中,使志愿服务逐步成为人们的自觉行动和生活方式。

五、切实加强对志愿服务活动的组织领导,推动志愿服务持续健康发展

15. 健全领导体制、整合社会资源。各级党委政府要把深入开展志愿服务活动,作为精神文明建设的一件大事摆上重要议事日程,切实抓紧抓好,推动志愿服务机制化、常态化。要在中央文明委领导下,成立由中央文明办牵头,民政部、全国总工会、共青团中央、全国妇联、中国科协、中国残联、中国红十字总会和全国老龄办共同参加的全国志愿服务活动协调小组,负责全国志愿服务活动的总体规划和协调指导,督促检查各地各部门开展志愿服务活动的情况,总结推广先进经验。各级文明委要加强统筹,把各方面的力量动员起来,形成齐抓共管的工作格局。文明办要加强与各有关方面的联系沟通,认真做好各项组织协调工作。各有关部门要结合工作特点,发挥自身优势,各负其责、各展所长,组织开展多种形式的群众乐于参与便于参与的志愿服务活动。民政部门要积极推动社区志愿服务活动,工会组织要广泛开展职工志愿服务活动,共青团组织要不断深化青年志愿者行动,妇联组织要扎实推进巾帼和家庭志愿服务活动,科协组织要认真抓好科普志愿服务活动,残联组织要继续深化扶残助残志愿服务活动,红十字会要广泛开展人道救助志愿服务活动,老龄组织要积极动员老年人参加志愿服务活动。大力发展各类志愿者组织。重视发挥各类民间组织特别是慈善机构和非营利性社会团体的作用。积极推动志愿服务的国际合作与交流。

16. 加大经费投入、提供基本保障。要充分发挥政府投入的引导作用,采取适当方式为开展志愿服务活动提供必要的经费支持。积极鼓励企事业单位、公募性基金会和公民个人对志愿服务活动进行资助,形成多渠道、社会化的筹资机制。成立中国志愿服务基金会,设在中央文明办。根据需要为志愿者参加志愿服务购买保险和提供物质保障,把人们参与志愿服务的积极性保护好、引导好、发挥好,促进志愿服务活动持续健康发展。

各省、自治区、直辖市和新疆生产建设兵团文明委,中央文明委各成员单位,要按照本意见的精神,结合实际,制定贯彻落实的具体措施。

中央精神文明建设指导委员会

2008年10月6日

国务院印发《全国土地利用总体规划纲要(2006—2020年)》并发出通知

各省、自治区、直辖市人民政府,国务院各部委、各直属机构:

国务院同意国土资源部会同有关部门编制的《全国土地利用总体规划纲要(2006—2020年)》(以下简称《纲要》),现印发给你们,请认真贯彻执行。

当前和今后一个时期,我国工业化、城镇化仍处于快速发展阶段,建设用地供需矛盾更加突出,保护农用地特别是耕地的形势日趋严峻,统筹协调土地利用的

任务相当艰巨。为实现全面建设小康社会的宏伟目标，必须从我国国情出发，以科学发展观为统领，坚持保护耕地和节约集约用地的根本方针，统筹土地利用与经济社会发展，不断提高土地资源对经济社会全面协调可持续发展的保障能力。

土地利用总体规划是指导土地管理的纲领性文件，是落实土地宏观调控和土地用途管制、规划城乡建设的重要依据。各省、自治区、直辖市人民政府要按照《中华人民共和国土地管理法》的要求，科学分解并层层落实《纲要》确定的土地利用主要指标，尽快组织完成地方各级土地利用总体规划的修编工作，并依照法定程序报批。地方各级土地利用总体规划中的主要用地指标和用地布局安排必须服从上一级土地利用总体规划。各部门、各行业编制相关规划，也必须符合土地利用总体规划确定的用地规模和总体布局安排。要强化土地利用总体规划的整体控制作用，严格依据土地利用总体规划，从严审查各类建设规划中的用地规模和标准，不符合土地利用总体规划的，必须及时调整和修改，核减用地规模，调整用地布局。

各地区、各有关部门要切实加强组织领导，注重协调配合，认真落实《纲要》提出的各项任务和措施，确保土地利用总体规划顺利实施，确保规划目标的实现。地方各级人民政府主要负责人要对本行政区域内的土地利用总体规划和年度计划执行情况负总责，严格落实保护耕地目标责任制，确保《纲要》确定的耕地保有量和基本农田保护面积不减少、质量有提高。

国务院

2008年10月6日

全国土地利用总体规划纲要(2006—2020年)(略)

南京荣获联合国人居奖最高奖项

联合国人类住区规划署(人居署)在内罗毕宣布，中国南京市政府荣获本年度联合国人居奖特别荣誉奖，绍兴市政府、张家港市政府获得联合国人居奖荣誉奖。

今年获得人居奖荣誉奖的还有俄罗斯的布古利马、卢旺达首都基加利和墨西哥的华雷斯。

人居署在内罗毕发表的一份声明说，在当前世界陷入金融危机，欧美许多国家民众都在为自身住房贷款问题担忧之际，中国城市在改善人居条件方面为世界提供了许多值得借鉴的经验。因此，今年6个获得联合国人居奖的城市中3个来自中国，而且其中的最高奖项特别荣誉奖有史以来首次颁给一个城市而非个人。

人居署指出，南京成功治理并开发流经市区的秦淮河，绍兴在经济快速发展的同时对古城历史文化遗产妥善保护，张家港在城乡综合发展方面的开拓创新，是获奖的主要原因。

联合国副秘书长、人居署执行主任蒂巴伊朱卡说："我们可以从这些中国城市取得的巨大进步中吸取经验……它们(获奖)表明，在推动价格可承受的住房建设方面，政府必须发挥领导作用，兑现自己的承诺。"

目前，人类居住环境在人口迅速增长的压力下不断恶化，全世界有超过10亿人缺少住房或居住条件恶劣。为促使国际社会对人居问题给予充分重视，并鼓励和表彰为人类住区发展作出杰出贡献的政府、组织、个人和项目，联合国人居署1989年创立了"联合国人居奖"。截至2007年，中国已16次获奖。

10月7日

胡锦涛等党和国家领导人在军事博物馆参观抗震救灾主题展览

胡锦涛、吴邦国、温家宝、贾庆林、李长春、习近平、李克强、贺国强等分别来到中国人民革命军事博物馆，参观正在这里举行的"万众一心 众志成城——抗震救灾主题展览"。

参观过程中，胡锦涛表示，这个主题展览办得很好。看了以后，令人震撼、令人振奋。胡锦涛强调，气壮山河的抗震救灾斗争铸就了伟大的抗震救灾精神。大力弘扬伟大的抗震救灾精神，我们就一定能够战胜前进道路上的任何艰难险阻，把党和国家各项事业不断推向前进。

参观展览的领导同志还有：王刚、王兆国、王岐山、回良玉、刘淇、刘云山、刘延东、李源潮、张高丽、张德江、俞正声、罗干、何勇、令计划、陈至立、司马义·铁力瓦尔地、梁光烈、马凯、孟建柱、陈奎元、阿不来提·阿不都热西提、李兆焯、张榕明、钱运录、孙家正、李金华、万钢、罗富和和张万年、彭珮云、曹志、成思危、热地、杨汝岱、张怀西、李蒙等，以及中央军委委员李继耐、常万全、许其亮等。

这个展览是由中央宣传部、国家发展和改革委员会、解放军总政治部联合举办的。展览自9月20日开幕以来，已接待参观群众约30万人次。

中央深入学习实践科学发展观活动领导小组向第一批学习实践活动单位派出指导检查组

近日，中央深入学习实践科学发展观活动领导小组向全国参加第一批学习实践活动的单位派出23个指导检查组，其中向省区市和新疆生产建设兵团派出7个指导检查组，向中央和国家机关部委、中管金融机构、人民团体派出16个指导检查组。

派出中央学习实践活动指导检查组，是中央加强对学习实践活动指导和督促检查的重要举措，是以往开展党内集中学习教育活动的成功经验，是确保学习实践活动健康发展、取得实效的重要保证。加强指导检查，有利于全面准确地贯彻中央精神，保证学习实践活动的正确方向；有利于促进各地区各部门各单位学习实践活动扎实开展，创造性地搞好学习实践活动；有利于及时总结经验，发现和解决问题，确保学习实践活动取得让人民满意的成果。

中央学习实践活动指导检查组的主要职责是，了解掌握和检查学习实践活动的进展情况，向联系单位提出工作建议；总结推广学习实践活动的经验，发现和分析活动中存在的问题并督促解决；及时向中央深入学习实践活动领导小组反映情况，提出意见建议。

国务院总理温家宝 副总理回良玉作出批示全力支持西藏 新疆地震灾区抗震救灾

新疆维吾尔自治区乌恰县6.8级地震和西藏自治区当雄县6.6级地震发生后，党中央、国务院高度重视，温家宝总理、回良玉副总理立即作出重要批示，要求有关部门全力支持新疆、西藏灾区做好抗震救灾工作，尽快恢复交通等基础设施，抓紧调运灾区急需的帐篷、保暖衣物和食品等物资，做好地震监测预报工作。根据国务院领导同志批示精神，国家减灾委、民政部、财政部、中国地震局及时启动应急预案，派出工作组和救援队紧急赶赴地震灾区，协助开展抗震救灾工作。

根据灾区需求，10月7日，民政部向西藏地震灾区紧急调运2000顶棉帐篷，3000套棉衣裤和3000床棉被褥。财政部、民政部紧急向新疆和西藏地震灾区各下拨首批1000万元中央救灾资金，帮助受灾群众解决生活困难。新疆、西藏自治区党委、政府高度重视抗震救灾工作，震后立即启动应急响应，调集救援人员赴灾区开展救灾工作，并调集救灾帐篷、食品、衣被等物资支援灾区。

据初步统计，西藏当雄县因地震造成9人死亡(另，浪卡子县因避震意外死亡1人)、重伤11人、轻伤8人；新疆乌恰地震造成房屋倒损721间，未造成人员伤亡。

政协第十一届全国委员会第七次主席会议在北京召开

中共中央政治局常委、全国政协主席贾庆林主持会议并讲话。

贾庆林指出，当前，全党正在开展深入学习实践科学发展观活动。人民政协要把开展学习实践活动作为一项重大而紧迫的政治任务，按照中央统一部署和要求，加强领导，精心安排，切实把这项活动组织好、开展好。他强调，一是要充分认识这次学习实践活动的重大意义，扎扎实实地抓好学习。要学好理论，提高认识，统一思想，转变观念，进一步增强贯彻落实科学发展观的自觉性和坚定性。二是要突出实践特色，确保学习实践活动出成果、见实效。要把学习实践活动同人民政协履行职能的实践紧密结合起来、同促进各党派团体和各族各界人士团结合作结合起来、同纪念改革开放30周年结合起来、同自身建设结合起来，进一步规范政治协商的内容和程序，积极探索并完善民主监督机制，努力提高参政议政实效。三是要加强组织领导，落实责任。各级政协机关中的中共党员领导干部要发挥表率作用，注意发扬民主，把群众满意作为评价活动成效的重要依据。

会议审议了有关人事事项。全国政协副主席、中央统战部部长杜青林，全国政协副主席兼秘书长钱运录分别就有关事项作了说明。

全国政协副主席王刚、廖晖、白立忱、陈奎元、阿不来提·阿不都热西提、李兆焯、黄孟复、董建华、张梅颖、张榕明、孙家正、李金华、郑万通、邓朴方、林文漪、厉无畏、罗富和、陈宗兴、王志珍出席会议。

中央纪委书记贺国强出席在北京召开的中央纪委监察部开展深入学习实践科学发展观活动动员大会并发表讲话

贺国强强调，要认真学习贯彻胡锦涛总书记9月19日重要讲话精神，按照中央的统一部署和要求，高标准、高质量地开展好学习实践活动，切实做到以科学发展观统领纪检监察工作，为深入贯彻落实科学发展观提供坚强的政治保证和纪律保证。

贺国强指出，纪检监察机关是党内监督和行政监督的专门机关，开展好学习实践活动，不仅对于加强自身建设、做好纪检监察工作、推进反腐倡廉建设具有重要意义，而且对于全党深入贯彻落实科学发展观具有重要促进作用。我们要着眼党和国家工作大局，立足纪检监察工作实际，从高举伟大旗帜、坚持正确政治方向，服从服务大局、促进经济社会又好又快发展，切实履行职责、开创反腐倡廉建设新局面，加强自身建设、提高纪检监察干部队伍素质等方面充分认识开展深入学习实践科学发展观活动的重大现实意义和紧迫性，切实增强搞好学习实践活动的使命感和责任感，加强领导，精心组织，扎实工作，确保学习实践活动取得应有成效。

国务院副总理张德江在中南海紫光阁会见德国下萨克森州州长武尔夫一行

中共中央国务院中央军委关于表彰全国抗震救灾英雄集体和抗震救灾模范的决定

今年5月12日发生的四川汶川特大地震，是新中国成立以来破坏性最强、波及范围最广、救灾难度最大的一次地震，给灾区人民生命财产和经济社会发展造成巨大损失。面对突如其来的特大地震灾害，在党中央、国务院和中央军委坚强领导下，全党全军全国各族人民众志成城、迎难而上、顽强奋战，竭尽全力抢救被困群众，最大限度地减低了灾害损失。目前，受灾群众基本生活得到妥善安置，灾后恢复重建正在有序推进，抗震救灾斗争取得重大胜利。在这场抗震救灾斗争中，涌现出一大批临危不惧、勇往直前、舍生忘死、无私奉献的先进集体和先进个人。他们在抗震救灾斗争中的英勇表现，显示了党和人民的伟大力量，弘扬了中华民族的伟大精神，唱响了中国人民自强不息、团结奋斗的英雄凯歌，书写了中华民族发展史册上新的壮丽篇章。

为大力弘扬万众一心、众志成城，不畏艰险、百折不挠，以人为本、尊重科学的伟大抗震救灾精神，激励全党全军全国各族人民奋力推进改革开放和社会主义现代化建设事业，党中央、国务院和中央军委决定，授予成都市公安局交通警察支队等319个集体“全国抗震救灾英雄集体”荣誉称号；追授雷勇等5名同志“全国抗震救灾模范”荣誉称号；授予蒋敏等517名同志“全国抗震救灾模范”荣誉称号。希望被授予荣誉称号的集体和个人珍惜荣誉，再接再厉，争取更大的成绩。

中央号召，全党全军全国各族人民要以受表彰的先进集体和先进个人为榜样，更加紧密地团结在以胡锦涛同志为总书记的党中央周围，以邓小平理论和“三个代表”重要思想为指导，深入贯彻落实科学发展观，切实把伟大抗震救灾精神转化为艰苦奋斗、重建家园的坚强意志，转化为努力工作、建设祖国的实际行动，转化为推动科学发展、促进社会和谐的强大力量，以更加坚定的信心、更加饱满的热情、更加扎实的工作，为夺取全面建设小康社会新胜利、开创中国特色社会主义事业新局面而不懈奋斗！

国务委员刘延东出席在北京召开的“973计划”10周年纪念大会并发表讲话

刘延东强调，要深入学习贯彻科学发展观，全面落实《国家中长期科学和技术发展规划纲要》，认真总结“973计划”实施的成功经验，坚持着眼未来，突出支撑引领，加大支持力度，不断开创我国基础研究事业的新局面。

刘延东说，“973计划”是国家重大战略目标导向的基础研究计划。实施10年来，产生了一批重大科研成果，培养了一批优秀科研人才，探索出一套科学管理机制，为提升我国自主创新能力和未来竞争力、促进经济社会可持续发展作出了重要贡献。

刘延东强调，基础研究是科技进步的先导，是自主创新的源泉。要深入实施“973计划”等国家重大科学研究计划，推动我国基础研究在新的起点上实现新的更大发展。一要加大对有长远价值项目的支持力度，对基础研究超前部署，对重大科学研究计划强化支持，对重点研究基地给予持续稳定支持。二要造就优秀人才，着力加强科研队伍建设。制定切实可行的扶持政策，凝聚更多优秀人才投身基础研究，着力造就世界一流科学家和科技领军人才。推进人事制度改革，促进科研与教育的结合，营造激励创新的用人环境。三要突出支撑引领，提炼关键科学问题和瓶颈问题，力争重大课题重点突破，促进基础研究与经济社会发展紧密结合。她指出，《国家中长期科学和技术发展规划纲要》提出的蛋白质、量子调控、纳米、发育与生殖研究4个重大科学研究计划，是当前和今后一个时期基础研究的重点任务，要抓好落实，努力实现跨越式发展。

“973计划”的实施，是党中央、国务院高瞻远瞩，为加强我国基础研究作出的重大决策，对推动基础研究的发展具有重要意义。自1998年实施以来，“973计划”围绕农业、能源、信息、资源环境、人口与健康、材料、综合交叉与重要科学前沿等领域进行战略部署，2006年又启动了蛋白质、量子调控、纳米、发育与生殖4个重大科学研究计划。

全国政协副主席、科技部部长万钢，科技部党组书记、副部长李学勇，中科院副院长白春礼，“973计划”专家顾问组组长、中国科协名誉主席周光召，有关部门负责同志，“973计划”专家顾问组和领域专家咨询组成员、项目首席科学家和承担单位代表等共约200人出席会议。

国家安监总局通报9起特别重大事故都是责任事故

国家煤监局副局长、国家安监总局新闻发言人黄毅指出，这9起特别重大事故都是责任事故，其中，山西省临汾市襄汾县新塔矿业公司“9·8”特别重大溃坝事故，广东省深圳市龙岗区舞王俱乐部“9·21”特别重大火灾事故，还存在腐败线索，有关情况正在调查中。截至目前，在这9起事故中，有95人批捕或刑拘，23名相关责任人的行政职务被免去。

通报的其他7起特别重大事故是：河南省登封市新丰二矿“9·21”特别重大煤与瓦斯突出事故，黑龙江省鹤岗市南山区富华煤矿“9·20”特别重大火灾事故，四川省巴中市“9·13”特别重大交通事故，山西省娄烦尖山铁矿“8·1”特别重大排土场垮塌事故，广西壮族自治区百色市右江矿务局那读煤矿“7·21”特别重大透水事故，山西省吕梁市孝义市安信煤业有限公司“6·13”特别重大炸药爆炸事故，山东胶济铁路“4·28”特别重大交通事故。

据黄毅介绍，今年以来，特别是进入9月份以来，重特大事故多发。这9起事故充分暴露出一些企业、地方和有关部门安全生产存在着严重问题：一是事故企业和矿主无视法律，非法违法生产，非法营业，非法盗采国家资源；二是发生事故的企业无视安全，管理混乱；三是隐患排查治理不认真、走过场；四是发生事故的地方及有关部门贯彻中央方针政策不认真、不坚决，对安全生产工作不重视；五是事故背后存在腐败问题。

10月8日

中共中央 国务院 中央军委在人民大会堂举行全国抗震救灾总结表彰大会

中共中央总书记、国家主席、中央军委主席胡锦涛在会上发表重要讲话。

吴邦国、贾庆林、李长春、习近平、李克强、贺国强等出席大会。大会由温家宝主持。

李克强宣读了《中共中央、国务院、中央军委关于表彰全国抗震救灾英雄集体和抗震救灾模范的决定》。

温家宝在主持大会时说，胡锦涛总书记的重要讲话全面总结了抗震救灾斗争取得重大胜利的重要经验，充分肯定了各地区各部门各单位抗震救灾工作取得的重大成绩，高度评价了全党全军全国各族人民在抗震救灾斗争中表现出的伟大抗震救灾精神，明确提出了灾后恢复重建的工作目标、指导方针和总体要求，我们一定要认真贯彻落实。

表彰大会上，全国抗震救灾英雄集体代表、四川省都江堰市向峨乡党委书记罗鸿亮，全国抗震救灾英雄集体代表、四川省公安消防总队成都市支队支队长孙国利，全国抗震救灾英雄集体代表、中国人民解放军某部部队长王凯，全国抗震救灾模范代表、四川省成都东冠实业有限公司副总经理陈岩先后发言。他们饱含真情、催人泪下的发言，在全场激起一阵阵热烈的掌声。

出席表彰大会的领导同志还有：王刚、王乐泉、王兆国、王岐山、回良玉、刘淇、刘云山、刘延东、李源潮、汪洋、张高丽、张德江、俞正声、何勇、令计划、王沪宁、路甬祥、乌云其木格、韩启德、华建敏、陈至立、李建国、司马义·铁力瓦尔地、蒋树声、陈昌智、严隽琪、梁光烈、马凯、孟建柱、王胜俊、曹建明、廖晖、杜青林、白立忱、陈奎元、阿不来提·阿不都热西提、李兆焯、黄孟复、董建华、张梅颖、张榕明、钱运录、孙家正、李金华、郑万通、邓朴方、万钢、林文漪、厉无畏、罗富和、陈宗兴和顾秀莲、徐匡迪，以及中央军委委员陈炳德、李继耐、廖锡龙、常万全、靖志远、吴胜利、许其亮。

各省、自治区、直辖市主要负责人，中央和国家机关各部门主要负责人，解放军各总部、各大单位和武警部队主要负责人，中央管理的部分企业主要负责人，全国抗震救灾英雄集体代表和抗震救灾模范，以及各方面代表等，约6000人参加大会。

大会召开前，胡锦涛、吴邦国、温家宝、贾庆林、李长春、习近平、李克强、贺国强等亲切会见了全国抗震救灾英雄集体代表和抗震救灾模范。

中共中央总书记胡锦涛在全国抗震救灾总结表彰大会上的讲话

同志们，朋友们：

2008年5月12日14时28分，我国发生了震惊世界的四川汶川特大地震，受灾地区人民生命财产和经济社会发展蒙受了巨大损失。坚决战胜这场灾害，保护人民生命财产安全、保卫改革开放和社会主义现代化建设成果，是对中国人民意志、勇气、力量的严峻考验，也是对我们党执政能力和先进性的重大检验。在党中央、国务院和中央军委坚强领导下，全党全军全国各族人民众志成城、迎难而上，迅速展开气壮山河的抗震救灾工作，奋勇夺取抗震救灾斗争重大胜利，谱写了感天动地的英雄凯歌。

今天，我们隆重召开全国抗震救灾总结表彰大会，就是要全面总结抗震救灾工作，表彰抗震救灾英雄集体和抗震救灾模范，号召全党全军全国各族人民学习他们的先进思想和模范事迹，弘扬伟大抗震救灾精神，为夺取全面建设小康社会新胜利、开创中国特色社会主义事业新局面而不懈奋斗。

在这里，我代表党中央、国务院和中央军委，向受到表彰的抗震救灾英雄集体和抗震救灾模范，向在抗震救灾第一线英勇奋战的广大干部群众，人民解放军指战员、武警部队官兵、民兵预备役人员和公安民警，医疗卫生工作者、新闻工作者、科技工作者、工程建设者和志愿者，致以崇高的敬意！向大力支持抗震救灾的全国各条战线的广大干部群众，各民主党派、工商联和无党派人士、各人民团体以及社会各界，向踊跃为灾区提供援助的香港同胞、澳门同胞、台湾同胞以及海外华侨华人，表示衷心的感谢！

抗震救灾期间，许多国家的领导人、政府、政党、社会团体和驻华使馆，联合国有关组织和一些国际机构、外资企业以及国际友好人士，积极提供救援物资、捐助救灾资金、派遣救援队和医疗队，以各种方式向中国人民表达真诚同情、提供宝贵支持。在这里，我代表中国政府和中国人民，向他们致以诚挚的谢意！

此时此刻，我们特别要向为夺取抗震救灾斗争重大胜利而英勇献身的烈士们，向在地震灾害中不幸罹难的同胞们，表达深切的思念和沉痛的哀悼！

我提议，全体起立，为他们默哀。

同志们、朋友们！

四川汶川特大地震是新中国成立以来破坏性最强、波及范围最广、救灾难度最大的一次地震，震级达里氏8级，最大烈度达11度，余震3万多次，涉及四川、甘肃、陕西、重庆等10个省区市417个县(市、区)、4667个乡(镇)、48810个村庄。灾区总面积约50万平方公里、受灾群众4625万多人，其中极重灾区、重灾区面积13万平方公里，造成69227名同胞遇难、17923名同胞失踪，需要紧急转移安置受灾群众1510万人，房屋大量倒塌损坏，基础设施大面积损毁，工农业生产遭受重大损失，生态环境遭到严重破坏，直接经济损失8451亿多元，引发的崩塌、滑坡、泥石流、堰塞湖等次生灾害举世罕见。

灾情就是命令，时间就是生命。我们组织开展了我国历史上救援速度最快、动员范围最广、投入力量最大的抗震救灾斗争，最大限度地挽救了受灾群众生命，最大限度地减低了灾害造成的损失。我们坚持把抢救人的生命摆在第一位，只要有一线希望就尽百倍努力，84017名群众被从废墟中抢救出来，149万名被困群众得到解救，430多万名伤病员得到及时救治，其中1万多名重伤员被快速转送全国20个省区市375家医院。我们千方百计安置受灾群众生活，1510万名紧急转移安置受灾群众基本生活得到妥善安排，881万名灾区困难群众得到救助，中小学校在新学期开始前全面复课开学，采取有效措施确保大灾之后无大疫，切切实实做到了让灾区人民有饭吃、有衣穿、有干净水喝、有住处、有病能及时得到医治。我们全力抢修交通、电力、通信、广电、水利、供水、供气等基础设施，及时处理和化解堰塞湖等次生灾害，切实做好余震监测、气象服务、科技支撑、煤电油运保障等各项工作，及时准确公布灾情，为抗震救灾和灾后恢复重建创造了有利条件。我们积极组织资金拨付和物资供应，并及时采取措施加强对管理使用情况的监督检查，确保抗震救灾资金物资及时有效用于灾区和受灾群众。我们加强政策扶持，全力抓好灾区生产恢复工作，灾区工业、农业、旅游业等恢复取得重大进展。我们科学开展评估和规划工作，及时制定有关条例、指导意见和规划，中央财政建立专项基金，组织实施对口支援，依法有序实施灾后恢复重建。目前，各项恢复重建工作全面推进，灾区人民正在勇敢地走向新生活。

中国人民以无所畏惧的英雄气概、团结一致的强大力量、可歌可泣的伟大壮举，书写了中华民族发展史上新的壮丽诗篇。

面对特大地震灾害，从中央到地方各级党委和政府坚强领导、科学指挥，始终与灾区人民心连心、同呼吸、共命运。党中央总览全局、审时度势，在震后第一时间就把抗震救灾确定为全党全国最重要最紧迫的任务，成立国务院抗震救灾总指挥部，周密组织、科学调度，建立上下贯通、军地协调、全民动员、区域协作的工作机制，迅速组织各方救援力量赶赴灾区，紧急调集大批救灾物资运往灾区，精心部署受灾群众安置工作，及时推动灾后恢复重建，举全国之力抗震救灾。各地区各部门大力发扬全国一盘棋思想，一方有难、八方支援，一切为了灾区，全力支援灾区，在调集人员、支援物资、收治伤员、安置移民、建造临时和过渡住所等方面做了大量工作。承担对口支援任务的19个省市党委和政府积极落实中央部署，义不容辞地支援灾区恢复重建。这一切，充分体现了党和政府始终坚持以人为本、人民利益高于一切的理念，生动展现了危难时刻党和政府强有力的领导和指挥能力，极大地鼓舞和坚定了全国各族人民夺取抗震救灾斗争胜利的勇气和信心。

面对特大地震灾害，灾区各级党委和政府、广大干部群众紧急动员、迅速行动，充分发挥了中流砥柱作用。在山崩地裂的危急关头，灾区各级党委和政府处变不惊、指挥若定，带领群众化悲痛为力量、从废墟上勇敢站立起来，沉着冷静地开展抗震救灾工作。各级干部挺身而出、身先士卒，组织群众争分夺秒抢救被困人员，想方设法安置受灾群众，带领群众抓紧恢复生产、重建家园。广大共产党员舍生忘死、勇往直前，做到了关键时刻、危难关头豁得出来、冲得上去，展现了新时期共产党人的光辉形象。灾区人民临危不乱、守望相助，全力开展自救互救。在千钧一发的生死关头，多少人瞬间作出把生的希望留给他人、把死的威胁留给自己的抉择，多少父母用双臂为孩子撑起生命的天空，多少老师用身躯为学生挡住死神的威胁，多少干部舍小家为大家、奋不顾身地奋战在第一线。我们可爱的孩子们，有的在废墟下唱起嘹亮的歌曲，有的机智地搜救同学，表现出非凡的勇气和可贵的爱心。灾区各级党委和政府、广大干部群众凭着这样的顽强意志，在满目疮痍的土地上创造了惊天地、泣鬼神的感人业绩。

面对特大地震灾害，人民解放军指战员、武警部队官兵、民兵预备役人员和公安民警冲锋在前、勇挑重担，发挥了主力军和突击队作用。14万6千名人民子弟兵，心系灾区人民安危，肩负党和人民期望，从高级将领到普通士兵，发扬英勇顽强、不怕牺牲、连续作战的战斗作风，承担起抗震救灾最紧急、最艰难、最危险的任务。英雄的人民子弟兵勇于突进震中地带，敢于跨越生死界线，克服千难万险，进入千村万户，为灾区人民带去生命的希望和生活的勇气。7万5千名民兵预备役人员自觉行动,成为解救受灾群众、医疗救护、卫生防疫、公路运输、油料保障、电力抢修、恢复生产等方面的重要突击力量。广大消防特勤、特警、边防等公安救援队伍和公安民警恪尽职守,全力救助群众,全力维护社会稳定,全力保障灾后恢复重建,为金色盾牌增添了新的光彩。

面对特大地震灾害,全国人民心系灾区、情系灾区,形成了齐心协力抗击灾害的磅礴力量。在抗震抢险的日日夜夜里,全国各族人民忧心如焚、戮力同心、生死与共。灾难无情、人间有爱,汶川加油、中国加油,成为响彻中华大地的最强音。多少人自发从天南地北赶赴灾区做默默奉献的志愿者,多少人自发前往遍布全国的献血点争先恐后无偿献血,多少人自发为灾区慷慨解囊,多少共产党员自发向党组织交纳特殊党费。广大医疗卫生工作者发扬救死扶伤精神,夜以继日地抢救生命、严防疫情,完成了非战争状态下最大规模的生命抢救和伤员转运。广大新闻工作者冒着生命危险深入一线,及时传递党中央的声音,深入报道抗震救灾进展情况,生动展现广大军民的英雄事迹,为抗震救灾提供了强大舆论支持。地震、气象、交通、电力、通信、广电、水利、供水、供气以及其他战线的广大科技工作者、工程建设者密切协作,为抗震救灾提供了有力支持。广大文艺工作者热情讴歌伟大抗震救灾精神,为抗震救灾斗争提供了有力精神鼓舞。从城市到乡村、从部队到厂矿、从机关到基层、从街道到学校,规模空前的生命大营救,历经险阻的千里大驰援,处处涌动的爱心大奉献,共克时艰的社会主义大协作,汇聚成全民族风雨同舟的强大合力。

这场特大地震灾害,既是人世间的一场重大磨难,也是前进中的一场重大考验。我们的党、我们的军队、我们的人民用坚定信念、坚强意志、坚韧努力战胜了磨难、经受住了考验,向历史交出了一份合格答卷。抗震救灾斗争重大胜利,展现了全心全意为人民服务的中国共产党和中国社会主义国家政权的伟大力量,展现了人民军队的伟大力量,展现了13亿中国人民的伟大力量,展现了改革开放的伟大力量,展现了中国特色社会主义的伟大力量,进一步增强了全国各族人民的民族自信心和自豪感,必将激励灾区人民排除万难重建家园、创造美好生活,必将鼓舞全国各族人民满怀信心地把改革开放和社会主义现代化事业继续推向前进。

同志们、朋友们!

在波澜壮阔的抗震救灾斗争中,我们用理想凝聚力量、用信念铸就坚强、用真情凝结关爱,大力培育和弘扬了万众一心、众志成城,不畏艰险、百折不挠,以人为本、尊重科学的伟大抗震救灾精神。

在同特大地震灾害的艰苦搏斗中,我们的党、我们的军队、我们的人民万众一心、众志成城,充分展现了中华民族和衷共济、团结奋斗的民族品格。众人同心就有其利断金的力量,风雨同舟就有所向披靡的信心。在特大地震灾害面前,举国上下患难与共,前方后方同心协力,海内海外和衷共济,凝结成坚如磐石、牢不可破的生命共同体。这种团结奋进的强大力量,是我们的人民和民族在生与死、血与火的严峻考验中的本色反映,是中华民族从历史深处走来的内在力量,显示了中国人民和中华文明生生不息的旺盛生命力。

在同特大地震灾害的艰苦搏斗中,我们的党、我们的军队、我们的人民不畏艰险、百折不挠,充分展现了中华民族自强不息、敢于胜利的民族品格。坚强是战胜磨难的利器,勇气是创造奇迹的支撑。在极其惨烈的灾难突袭而来之际,广大军民泰山压顶不弯腰,生死较量不战栗,千难万险不放弃,顽强挑战体力极限、精神极限、生存极限,哪里灾情危急就向哪里冲去,哪里有生死考验就向哪里挺进,哪里有受灾群众就向哪里集结。这种压倒一切困难而不为任何困难所压倒的勇气,是中华民族历经磨难而信念愈坚、饱尝艰辛而斗志更强,勇于自立于世界民族之林的重要精神支柱。

在同特大地震灾害的艰苦搏斗中,我们的党、我们的军队、我们的人民坚持以人为本、尊重科学,充分展现了中华民族关爱生命、崇尚理性的民族品格。人的生命高于一切、先于一切、重于一切。在抗震救灾的全过程中,我们和时间赛跑、同死神抗争,充分体现了我国社会主义制度珍爱生命、保护人民的本质。在全国哀悼日里,13亿人共同为不幸遇难的同胞默哀,体现出全民族对人的生命的尊重。我们坚持把科技的力量与顽强的抗争紧密结合起来,既充分发挥人的能动精神,又充分发挥科技的重要作用。这种对生命的高度关爱、对科学的高度尊崇,是中国人民始终与时代发展同步伐、实现人的全面发展、建设创新型国家的重要推动力量。

民族精神是一个国家综合国力的重要组成部分,其内涵总是在历史进步中不断得到丰富、在灾难考验中不断得到升华。伟大抗震救灾精神,集中体现和进一步发展了爱国主义、集体主义、社会主义精神,集中体现和进一步发展了我们党和军队的光荣传统和优良作风,集中体现和进一步发展了中华民族的伟大民族精神和当代中国人民的时代精神,是党和人民极为宝贵的精神财富。我们要在全党全社会大力弘扬伟大抗震救灾精神,使之转化为艰苦奋斗、重建家园的坚定意志,转化为推动经济社会又好又快发展的强大力量。

同志们、朋友们!

在这场波澜壮阔的抗震救灾斗争中,我们积累了应对突发事件、抗击特大自然灾害的宝贵经验,也从中收获了许多极其宝贵的启示。

——抗震救灾斗争再一次证明,社会主义中国具有强大发展活力。这场抗震救灾斗争充分显示了我国社会主义制度能够集中力量办大事的政治优势。新中国的成立和社会主义制度的建立开启了中华民族发展的历史新纪元,改革开放使社会主义在中国进一步焕发出蓬勃的生机活力,中国特色社会主义展现出美好的发展前景。只有社会主义才能救中国,只有中国特色社会主义才能发展中国,这是中国人民发自内心的真实感受和坚定信念。只要我们始终坚持中国特色社会主义道路,不断推动我国社会主义制度自我完善和发展,使社会主义制度的优越性更加充分地发挥出来,我们就一定能够继续推动中国特色社会主义事业披荆斩棘向前发展。

——抗震救灾斗争再一次证明,人民是推动中国社会发展进步的真正动力。抗震救灾斗争重大胜利,归根到底是人民的胜利。人民是历史创造者,是振兴中华最深厚的力量。在我国几千年发展的历史长河中,种种磨难都没有打断中华文明的顽强发展进程,千难万险都没有磨灭中华民族不屈不挠的奋斗意志。正是紧紧依靠人民,我们才取得了革命、建设、改革的伟大胜利。只要我们始终坚持以人为本,切实做到发展为了人民、发展依靠人民、发展成果由人民共享,充分发挥广大人民群众的积极性、主动性、创造性,我们就一定能够依靠人民团结起来的巨大力量和集中起来的无穷智慧,万众一心地实现中华民族伟大复兴。

——抗震救灾斗争再一次证明,人民军队是保卫人民的钢铁长城。在同地震灾害的搏斗中,人民子弟兵用忠诚和血肉之躯又一次在人民心中筑起了巍然屹立的不朽丰碑,又一次向世人昭示我们的人民军队不愧为人民的子弟兵。人民军队诞生81年来,为中国人民解放事业,为我国社会主义建设和改革开放事业,为捍卫国家主权、安全、领土完整,建立了卓越功勋。只要我们始终坚持以马克思主义军事理论为指导,大力弘扬听党指挥、服务人民、英勇善战的优良传统,全面推进革命化、现代化、正规化建设,不断提高履行新世纪新阶段军队历史使命能力,我们就一定能够使人民军队始终成为人民共和国的忠实保卫者和建设者。

——抗震救灾斗争再一次证明,中国共产党是中国特色社会主义事业的坚强领导核心。事实告诉人们,中国共产党是能够应对各种风险、驾驭各种复杂局面、具有强大战斗力的马克思主义政党,不愧为13亿中国人民的主心骨。我们党成立87年来,始终站在时代前列,始终代表中国最广大人民的根本利益,团结带领各族人民为国家独立、人民解放和国家富强、人民幸福不懈奋斗,作出了最大牺牲,赢得了全国各族人民衷心拥护。办好中国的事情,关键在党。只要我们坚持科学理论和正确的路线方针政策,牢记全心全意为人民服务的根本宗旨,不断提高党的执政能力、保持和发展党的先进性,不断提高拒腐防变和抵御风险能力,我们就一定能够团结带领全国各族人民战胜前进道路上的一切困难和挑战、不断创造中华民族发展壮大的历史基业。

抗震救灾使我们更加深切地感受到:社会主义祖国大家庭最温馨,人民群众最可敬,人民子弟兵最可爱,中国共产党人最贴心。我国社会主义制度的优越性,中华民族的优秀品质,人民军队的政治本色,中国共产党的坚强领导,是我们国家和民族的显著政治优势,我们必须倍加珍惜、永远坚持。

同志们、朋友们!

今年以来,全党全军全国各族人民团结奋斗,奋勇战胜南方部分地区严重低温雨雪冰冻灾害、四川汶川特大地震灾害,成功举办北京奥运会、残奥会,胜利实施"神舟"七号载人航天飞行任务,全面推进经济社会发展,为党和人民事业发展奠定了新的重要基础。在前进道路上,我们要全面贯彻党的十七大精神,高举中国特色社会主义伟大旗帜,以邓小平理论和"三个代表"重要思想为指导,深入贯彻落实科学发展观,更加自觉地把继续解放思想落实到坚持改革开放、推动科学发展、促进社会和谐上来,扎实推进社会主义经济建设、政治建设、文化建设、社会建设以及生态文明建设,奋力夺取抗震救灾斗争全面胜利,为实现党的十七大描绘的宏伟蓝图而团结奋斗。

我们要进一步推进改革发展,不断增强我国的综合国力和抵御风险能力。抗震救灾斗争以一种特殊的方式全面检阅和展示了我国改革开放30年的伟大成就。改革开放以来我国综合国力大幅跃升、社会繁荣进步,为抗震救灾提供了坚实物质保障和社会基础。改革开放是强国之路。要继续坚持解放思想、实事求是、与时俱进,坚定不移地把改革创新精神贯彻到治国理政各个环节,着力构建充满活力、富有效率、更加开放、有利于科学发展的体制机制,为发展中国特色社会主义提供强大动力和体制保障。发展是硬道理。要继续坚持不懈地抓好发展这个党执政兴国的第一要务,聚精会神搞建设、一心一意谋发展,更加自觉、更加坚定地推动科学发展,努力实现经济社会又好又快发展,为发展中国特色社会主义打下更加牢固的物质基础。

我们要进一步抓好灾后恢复重建工作,大力支持灾区人民重建美好家园。当前,灾后恢复重建任务十分繁重。要全面落实党和国家关于灾后恢复重建的方针政策和工作部署,坚持科学规划、分步实施、尊重规律，贯彻统筹兼顾、分类指导，立足当前、着眼长远的原则，一切从实际出发，争取最大效益和最好效果，努力建设人民安居乐业、城乡共同繁荣、人与自然和谐相处的幸福美好新家园，实现家家有房住、户户有就业、人人有保障、设施有提高、经济有发展、生态有改善的目标。要坚持以解决民生问题为重点，毫不松懈地安排好群众基本生活，妥善安排孤儿、孤老、孤残生活，实施多种形式的就业援助，优先恢复群众基本生活条件和公共服务设施，尽快恢复生产条件。当前，要抓紧解决好受灾群众安全过冬问题。要把灾后恢复重建与推进工业化、城镇化和社会主义新农村建设、扶贫开发紧密结合起来，与主体功能区建设和产业结构优化升级紧密结合起来，与保护民族文化遗产紧密结合起来，与促进灾区生态环境尽快恢复并不断改善紧密结合起来，努力实现可持续发展。承担对口支援任务的各个省市要积极为灾区提供各种形式的支援，受援地区干部群众要苦干实干、自立自强。要加强对抗震救灾资金和物资管理使用情况的监督检查，确保救灾款物真正用于灾后恢复重建、用于受灾群众。

我们要进一步加强防灾减灾工作，显著提高防灾减灾能力。提高防灾减灾能力，是保护人民生命财产安全、保卫改革开放和社会主义现代化建设成果的必然要求。要坚持兴利除害结合、防灾减灾并重、治标治本兼顾、政府社会协同，全面提高全社会对自然灾害的综合防范和抵御能力。要加快完善防灾减灾各项法规和综合性配套政策，强化各级政府防灾减灾意识和职责，加快构建覆盖各地区各行业各单位的防灾减灾预案体系，增强防灾减灾力量资源整合和协调配合。要强化城乡防灾能力建设，提升防灾减灾科技水平，增强灾害监测预警能力，加强防灾减灾基础设施建设，健全对各类灾害的风险监控、应急处置、灾害救助、恢复重建等防灾减灾措施。要强化对自然灾害预防、避险、自救、互救等知识普及，全面提高全社会风险防范意识、技能和灾害救助能力。要加强防灾减灾领域信息管理、宣传教育、专业培训、科技研发及国际人道主义援助等方面的国际交流合作，积极借鉴国外防灾减灾的成功做法和经验，建立、健全同有关国际机构和各国政府在防灾减灾领域的合作机制，充分发挥我国在国际防灾减灾领域的重要作用。

我们要进一步加强应急管理能力建设，大力提高处置突发公共事件能力。要认真总结抗震救灾的成功经验，形成综合配套的应急管理法律、法规和政策措施，建立、健全集中领导、统一指挥、反应灵敏、运转高效的工作机制，提高各级党委和政府应对突发事件的能力。要大力建设专业化与社会化相结合的应急救援队伍，健全保障有力的应急物资储备和救援体系，长效规范的应急保障资金投入和拨付制度，快捷有序的防疫防护和医疗救治措施，及时准确的信息发布、舆论引导、舆情分析系统，管理完善的对口支援、社会捐赠、志愿服务等社会动员机制，符合国情的巨灾保险和再保险体系。通过全方位推进应急管理体制和方式建设，显著提高应急管理能力，最大限度地减少突发公共事件造成的危害，最大限度地保障人民生命财产安全。

我们要进一步加强社会主义核心价值体系建设，切实巩固全党全军全国各族人民团结奋斗的共同思想基础。广大军民在抗震救灾中表现出来的昂扬精神风貌，充分反映了社会主义精神文明建设特别是社会主义核心价值体系建设取得的重大成效。要坚持不懈地用马克思主义中国化最新成果武装全党、教育人民，用中国特色社会主义共同理想凝聚力量，用以爱国主义为核心的民族精神和以改革创新为核心的时代精神鼓舞斗志，用社会主义荣辱观引领风尚。要把抗震救灾斗争培育和弘扬的好思想、好作风作为社会主义核心价值体系建设的生动教材，引导人们进一步坚定对改革开放的信心、对中国特色社会主义的信念，为党和人民事业发展提供强大思想保证和精神支撑。

我们要进一步加强党的建设，不断提高党的执政能力。要继续以改革创新精神全面推进党的建设新的伟大工程，为夺取抗震救灾斗争全面胜利、推动经济社会又好又快发展提供坚强政治保证。要始终把教育全党坚定不移地为发展中国特色社会主义而奋斗作为党的建设的根本任务，教育和引导广大党员坚定理想信念，矢志不渝地为实现党的基本路线、基本纲领而奋斗，兢兢业业做好本职工作，真正做到关键时刻、危难关头豁得出来、冲得上去。要始终把实现好、维护好、发展好最广大人民的根本利益作为党的建设的出发点和落脚点，始终做到心中装着人民、工作依靠人民、一切为了人民。要始终把提高各级领导班子和领导干部的领导水平和执政能力作为党的建设的关键环节，推动各级领导班子和领导干部提高领导科学发展、促进社会和谐的能力，增强应对突发事件的能力和水平。要始终把增强基层党组织创造力、凝聚力、战斗力作为党的建设的基础工程，做到抓基层、打基础一刻不放松，把广大人民群众紧紧凝聚到党组织周围。要始终把保持和发展党员的先进性作为党的建设的永恒主题，教育引导广大党员坚定理想信念、遵守组织纪律、争当先锋模范。各级党组织要格外关心和爱护灾区基层党员、干部，理解他们的心情，体谅他们的困难，关爱他们的健康，满腔热情地帮助他们做好工作。广大党员、干部要牢记全心全意为人民服务的根本宗旨，坚持实事求是、求真务实，带头发扬艰苦奋斗精神，以人民利益为重、以人民期盼为念，千方百计为群众排忧解难，努力作出经得起实践、人民、历史检验的实绩。

同志们、朋友们！

人类是大自然的一员，大自然是人类赖以生存和发展的物质基础。在改造客观世界和主观世界的实践中不断认识自然，在顺应自然规律的基础上合理开发自然，在同自然的和谐相处中发展自己，是人类生存和进步的永恒主题。自然界运动是不以人们的意志为转移的。开发利用自然首先要认识自然、尊重自然、按自然规律办事。自然灾害给人类带来磨难，同时又促使人类更加自觉地去认识和把握自然规律、增强抵御自然灾害能力，进而推动人类文明进步。正如恩格斯所说，“没有哪一次巨大的历史灾难，不是以历史的进步为补偿的”。

一个善于从自然灾害中总结和汲取经验教训的民族，必定是日益坚强和不可战胜的。我国是世界上自然灾害最为严重的国家之一，灾害种类多、分布地域广、发生频率高、造成损失重。我们要深刻认识这一基本国情，更加自觉地处理好人与自然的关系，从而更加合理地开发利用自然为人民生活、经济建设、社会发展服务。人类对自然规律的认识和把握，是一个永不停息的过程，规律性的东西往往要通过现象的不断往复和科学技术的不断发展才能更明确地被人们认知。只要我们坚定不移地走科学发展道路，锲而不舍地探索和认识自然规律，坚持按自然规律办事，不断增强促进人与自然相和谐的能力，就一定能够不断有所发现、有所发明、有所创造、有所前进，就一定能够做到让人类更好地适应自然、让自然更好地造福人类。

同志们、朋友们！

我们以坚如磐石的团结和一往无前的拼搏夺取了抗震救灾斗争重大胜利。事实再一次告诉我们，团结就是力量，拼搏才能胜利。全党全军全国各族人民一定要更加紧密地团结起来，大力弘扬伟大抗震救灾精神，共同为我们伟大的祖国加油，共同为我们伟大的民族加油，共同为我们伟大的改革开放和社会主义现代化事业加油，万众一心地沿着中国特色社会主义道路继续奋勇前进！

中央军委主席胡锦涛在北京会见全军抗震救灾总结大会代表

胡锦涛向参加抗震救灾的解放军指战员、武警部队官兵和民兵预备役人员致以崇高的敬意，向受到表彰的军队抗震救灾英雄集体和模范表示热烈的祝贺。胡锦涛说，党中央、国务院、中央军委隆重召开全国抗震救灾总结表彰大会，全面总结近半年来抗震救灾的伟大实践，大力表彰全国抗震救灾英雄集体和模范。在这场波澜壮阔的抗震救灾斗争中，军队和武警部队官兵以大无畏的英雄气概，冲锋在前，勇挑重担，顽强拼搏，连续奋战，发挥了主力军和突击队作用，为打赢这场抗震救灾硬仗作出了突出贡献，为祖国和人民建立了新的卓越功勋。

胡锦涛强调，要认真总结和汲取军队参加抗震救灾斗争的实践经验，不断提高应对多种安全威胁、完成多样化军事任务的能力。要在全军和武警部队广泛开展学习抗震救灾英雄模范的活动，进一步激励广大官兵奋发进取、建功立业。受到表彰的单位和个人，要珍惜荣誉，再接再厉，在今后的工作中为党和人民作出新的更大的贡献。

解放军四总部领导，全军各大单位和武警部队主要领导，以及军委办公厅领导参加会见。

国务院国资委发布《关于规范国有企业职工持股、投资的意见》

《关于规范国有企业职工持股、投资的意见》(以下简称《意见》)要求严格控制职工持股企业范围，职工入股原则上限于持有本企业股权，严格限制职工投资关联关系企业。

针对不同规模的国有企业，《意见》采取了区别对待，分类指导的原则。对于国有中小企业，鼓励职工自愿投资入股的方式；对于国有大中型企业主辅分离辅业改制，鼓励辅业企业的职工持有改制企业股权，但国有企业主业企业的职工不得持有辅业企业股权。对于国有大型企业改制，《意见》明确企业应择优选取投资者，职工持股不得处于控股地位。

中联部部长王家瑞在北京会见由政治局委员穆罕默德·阿卜杜勒·卡迪尔·艾哈迈德率领的伊拉克库尔德斯坦民主党代表团

中联部部长王家瑞北京会见澳大利亚工党全国主席南澳州州长迈克·兰恩

中国生态文化协会在北京成立

中共中央政治局常委、全国政协主席贾庆林致信祝贺，中共中央政治局委员、国务委员刘延东出席成立大会并致辞，全国人大常委会副委员长路甬祥、全国政协副主席孙家正出席成立大会。

贾庆林在贺信中说，中国生态文化协会的成立，符合发展生态文化、建设生态文明的需要，是生态文明建设进程中的一件大事。希望中国生态文化协会坚持以邓小平理论和“三个代表”重要思想为指导，深入贯彻落实科学发展观，秉持“弘扬生态文化，倡导绿色生活，建设生态文明”的宗旨，深入挖掘我国人与自然和谐相处的民族文化资源，大力宣传生态文明观念，创新生态文化形式和内容，促进生态文化的发展，为建设资源节约型、环境友好型社会，为推动社会主义文化的发展和繁荣作出积极贡献。

刘延东在致辞中指出，建设生态文明是我们党在对经济社会发展规律深刻认识和对生态环境保护进行深刻反思的基础上作出的重大战略决策，对促进我国可持续发展具有重大意义，对维护全球生态安全、推动人类社会文明发展具有深远影响。

中国生态文化协会是经国务院批准成立的全国性社会团体。协会的宗旨是弘扬生态文化，倡导绿色生活，共建生态文明。

10月9日

国务院总理温家宝签署第536号令发布《乳品质量安全监督管理条例》

《乳品质量安全监督管理条例》已经2008年10月6日国务院第28次常务会议通过，现予公布，自公布之日起施行。

总理　温家宝

2008年10月9日

乳品质量安全监督管理条例

第一章　总　则

第一条　为了加强乳品质量安全监督管理，保证乳品质量安全，保障公众身体健康和生命安全，促进奶业健康发展，制定本条例。

第二条　本条例所称乳品，是指生鲜乳和乳制品。

乳品质量安全监督管理适用本条例；法律对乳品质量安全监督管理另有规定的，从其规定。

第三条　奶畜养殖者、生鲜乳收购者、乳制品生产企业和销售者对其生产、收购、运输、销售的乳品质量安全负责，是乳品质量安全的第一责任者。

第四条　县级以上地方人民政府对本行政区域内的乳品质量安全监督管理负总责。

县级以上人民政府畜牧兽医主管部门负责奶畜饲养以及生鲜乳生产环节、收购环节的监督管理。县级以上质量监督检验检疫部门负责乳制品生产环节和乳品进出口环节的监督管理。县级以上工商行政管理部门负责乳制品销售环节的监督管理。县级以上食品药品监督部门负责乳制品餐饮服务环节的监督管理。县级以上人民政府卫生主管部门依照职权负责乳品质量安全监督管理的综合协调、组织查处食品安全重大事故。县级以上人民政府其他有关部门在各自职责范围内负责乳品质量安全监督管理的其他工作。

第五条　发生乳品质量安全事故，应当依照有关法律、行政法规的规定及时报告、处理；造成严重后果或者恶劣影响的，对有关人民政府、有关部门负有领导责任的负责人依法追究责任。

第六条　生鲜乳和乳制品应当符合乳品质量安全国家标准。乳品质量安全国家标准由国务院卫生主管部门组织制定，并根据风险监测和风险评估的结果及时组织修订。

乳品质量安全国家标准应当包括乳品中的致病性微生物、农药残留、兽药残留、重金属以及其他危害人体健康物质的限量规定，乳品生产经营过程的卫生要求，通用的乳品检验方法与规程，与乳品安全有关的质量要求，以及其他需要制定为乳品质量安全国家标准的内容。

制定婴幼儿奶粉的质量安全国家标准应当充分考虑婴幼儿身体特点和生长发育需要，保证婴幼儿生长发育所需的营养成分。

国务院卫生主管部门应当根据疾病信息和监督管理部门的监督管理信息等，对发现添加或者可能添加到乳品中的非食品用化学物质和其他可能危害人体健康的物质，立即组织进行风险评估，采取相应的监测、检测和监督措施。

第七条　禁止在生鲜乳生产、收购、贮存、运输、销售过程中添加任何物质。

禁止在乳制品生产过程中添加非食品用化学物质或者其他可能危害人体健康的物质。

第八条　国务院畜牧兽医主管部门会同国务院发展改革部门、工业和信息化部门、商务部门，制定全国奶业发展规划，加强奶源基地建设，完善服务体系，促进奶业健康发展。

县级以上地方人民政府应当根据全国奶业发展规划，合理确定本行政区域内奶畜养殖规模，科学安排生鲜乳的生产、收购布局。

第九条　有关行业协会应当加强行业自律，推动行业诚信建设，引导、规范奶畜养殖者、生鲜乳收购者、乳制品生产企业和销售者依法生产经营。

第二章　奶畜养殖

第十条　国家采取有效措施，鼓励、引导、扶持奶畜养殖者提高生鲜乳质量安全水平。省级以上人民政府应当在本级财政预算内安排支持奶业发展资金，并鼓励对奶畜养殖者、奶农专业生产合作社等给予信贷支持。

国家建立奶畜政策性保险制度，对参保奶畜养殖者给予保费补助。

第十一条　畜牧兽医技术推广机构应当向奶畜养殖者提供养殖技术培训、良种推广、疫病防治等服务。

国家鼓励乳制品生产企业和其他相关生产经营者为奶畜养殖者提供所需的服务。

第十二条 设立奶畜养殖场、养殖小区应当具备下列条件：

(一)符合所在地人民政府确定的本行政区域奶畜养殖规模；

(二)有与其养殖规模相适应的场所和配套设施；

(三)有为其服务的畜牧兽医技术人员；

(四)具备法律、行政法规和国务院畜牧兽医主管部门规定的防疫条件；

(五)有对奶畜粪便、废水和其他固体废物进行综合利用的沼气池等设施或者其他无害化处理设施；

(六)有生鲜乳生产、销售、运输管理制度；

(七)法律、行政法规规定的其他条件。

奶畜养殖场、养殖小区开办者应当将养殖场、养殖小区的名称、养殖地址、奶畜品种和养殖规模向养殖场、养殖小区所在地县级人民政府畜牧兽医主管部门备案。

第十三条 奶畜养殖场应当建立养殖档案，载明以下内容：

(一)奶畜的品种、数量、繁殖记录、标识情况、来源和进出场日期；

(二)饲料、饲料添加剂、兽药等投入品的来源、名称、使用对象、时间和用量；

(三)检疫、免疫、消毒情况；

(四)奶畜发病、死亡和无害化处理情况；

(五)生鲜乳生产、检测、销售情况；

(六)国务院畜牧兽医主管部门规定的其他内容。

奶畜养殖小区开办者应当逐步建立养殖档案。

第十四条 从事奶畜养殖，不得使用国家禁用的饲料、饲料添加剂、兽药以及其他对动物和人体具有直接或者潜在危害的物质。

禁止销售在规定用药期和休药期内的奶畜产的生鲜乳。

第十五条 奶畜养殖者应当确保奶畜符合国务院畜牧兽医主管部门规定的健康标准，并确保奶畜接受强制免疫。

动物疫病预防控制机构应当对奶畜的健康情况进行定期检测；经检测不符合健康标准的，应当立即隔离、治疗或者做无害化处理。

第十六条 奶畜养殖者应当做好奶畜和养殖场所的动物防疫工作，发现奶畜染疫或者疑似染疫的，应当立即报告，停止生鲜乳生产，并采取隔离等控制措施，防止疫病扩散。

奶畜养殖者对奶畜养殖过程中的排泄物、废弃物应当及时清运、处理。

第十七条 奶畜养殖者应当遵守国务院畜牧兽医主管部门制定的生鲜乳生产技术规程。直接从事挤奶工作的人员应当持有有效的健康证明。

奶畜养殖者对挤奶设施、生鲜乳贮存设施等应当及时清洗、消毒，避免对生鲜乳造成污染。

第十八条 生鲜乳应当冷藏。超过2小时未冷藏的生鲜乳，不得销售。

第三章 生鲜乳收购

第十九条 省、自治区、直辖市人民政府畜牧兽医主管部门应当根据当地奶源分布情况，按照方便奶畜养殖者、促进规模化养殖的原则，对生鲜乳收购站的建设进行科学规划和合理布局。必要时，可以实行生鲜乳集中定点收购。

国家鼓励乳制品生产企业按照规划布局，自行建设生鲜乳收购站或者收购原有生鲜乳收购站。

第二十条 生鲜乳收购站应当由取得工商登记的乳制品生产企业、奶畜养殖场、奶农专业生产合作社开办，并具备下列条件，取得所在地县级人民政府畜牧兽医主管部门颁发的生鲜乳收购许可证：

(一)符合生鲜乳收购站建设规划布局；

(二)有符合环保和卫生要求的收购场所；

(三)有与收奶量相适应的冷却、冷藏、保鲜设施和低温运输设备；

(四)有与检测项目相适应的化验、计量、检测仪器设备；

(五)有经培训合格并持有有效健康证明的从业人员；

(六)有卫生管理和质量安全保障制度。

生鲜乳收购许可证有效期2年；生鲜乳收购站不再办理工商登记。

禁止其他单位或者个人开办生鲜乳收购站。禁止其他单位或者个人收购生鲜乳。

国家对生鲜乳收购站给予扶持和补贴，提高其机械化挤奶和生鲜乳冷藏运输能力。

第二十一条 生鲜乳收购站应当及时对挤奶设施、生鲜乳贮存运输设施等进行清洗、消毒，避免对生鲜乳造成污染。

生鲜乳收购站应当按照乳品质量安全国家标准对收购的生鲜乳进行常规检测。检测费用不得向奶畜养殖者收取。

生鲜乳收购站应当保持生鲜乳的质量。

第二十二条 生鲜乳收购站应当建立生鲜乳收购、销售和检测记录。生鲜乳收购、销售和检测记录应当包括畜主姓名、单次收购量、生鲜乳检测结果、销售去向等内容，并保存2年。

第二十三条 县级以上地方人民政府价格主管部门应当加强对生鲜乳价格的监控和通报，及时发布市场供求信息和价格信息。必要时，县级以上地方人民政府建立由价格、畜牧兽医等部门以及行业协会、乳制品生产企业、生鲜乳收购者、奶畜养殖者代表组成的生鲜乳价格协调委员会，确定生鲜乳交易参考价格，供购销双方签订合同时参考。

生鲜乳购销双方应当签订书面合同。生鲜乳购销合同示范文本由国务院畜牧兽医主管部门会同国务院工商行政管理部门制定并公布。

第二十四条 禁止收购下列生鲜乳：

(一)经检测不符合健康标准或者未经检疫合格的奶畜产的；

(二)奶畜产犊7日内的初乳，但以初乳为原料从事乳制品生产的除外；

(三)在规定用药期和休药期内的奶畜产的；

(四)其他不符合乳品质量安全国家标准的。

对前款规定的生鲜乳，经检测无误后，应当予以销毁或者采取其他无害化处理措施。

第二十五条 贮存生鲜乳的容器，应当符合国家有关卫生标准，在挤奶后2小时内应当降温至0—4℃。

生鲜乳运输车辆应当取得所在地县级人民政府畜牧兽医主管部门核发的生鲜乳准运证明，并随车携带生鲜乳交接单。交接单应当载明生鲜乳收购站的名称、生鲜乳数量、交接时间，并由生鲜乳收购站经手人、押运员、司机、收奶员签字。

生鲜乳交接单一式两份，分别由生鲜乳收购站和乳品生产者保存，保存时间2年。准运证明和交接单式样由省、自治区、直辖市人民政府畜牧兽医主管部门制定。

第二十六条 县级以上人民政府应当加强生鲜乳质量安全监测体系建设，配备相应的人员和设备，确保监测能力与监测任务相适应。

第二十七条 县级以上人民政府畜牧兽医主管部门应当加强生鲜乳质量安全监测工作，制定并组织实施生鲜乳质量安全监测计划，对生鲜乳进行监督抽查，并按照法定权限及时公布监督抽查结果。

监测抽查不得向被抽查人收取任何费用，所需费用由同级财政列支。

第四章 乳制品生产

第二十八条 从事乳制品生产活动，应当具备下列条件，取得所在地质量监督部门颁发的食品生产许可证：

(一)符合国家奶业产业政策；

(二)厂房的选址和设计符合国家有关规定；

(三)有与所生产的乳制品品种和数量相适应的生产、包装和检测设备；

(四)有相应的专业技术人员和质量检验人员；

(五)有符合环保要求的废水、废气、垃圾等污染物的处理设施；

(六)有经培训合格并持有有效健康证明的从业人员；

(七)法律、行政法规规定的其他条件。

质量监督部门对乳制品生产企业颁发食品生产许可证，应当征求所在地工业行业管理部门的意见。

未取得食品生产许可证的任何单位和个人，不得从事乳制品生产。

第二十九条 乳制品生产企业应当建立质量管理制度，采取质量安全管理措施，对乳制品生产实施从原料进厂到成品出厂的全过程质量控制，保证产品质量安全。

第三十条 乳制品生产企业应当符合良好生产规范要求。国家鼓励乳制品生产企业实施危害分析与关键控制点体系，提高乳制品安全管理水平。生产婴幼儿奶粉的企业应当实施危害分析与关键控制点体系。

对通过良好生产规范、危害分析与关键控制点体系认证的乳制品生产企业，认证机构应当依法实施跟踪调查；对不再符合认证要求的企业，应当依法撤销认证，并及时向有关主管部门报告。

第三十一条 乳制品生产企业应当建立生鲜乳进货查验制度，逐批检测收购的生鲜乳，如实记录质量检测情况、供货者的名称以及联系方式、进货日期等内容，并查验运输车辆生鲜乳交接单。查验记录和生鲜乳交接单应当保存2年。乳制品生产企业不得向未取得生鲜乳收购许可证的单位和个人购进生鲜乳。

乳制品生产企业不得购进兽药等化学物质残留超标，或者含有重金属等有毒有害物质、致病性的寄生虫和微生物、生物毒素以及其他不符合乳品质量安全国家标准的生鲜乳。

第三十二条 生产乳制品使用的生鲜乳、辅料、添加剂等，应当符合法律、行政法规的规定和乳品质量安全国家标准。

生产的乳制品应当经过巴氏杀菌、高温杀菌、超高温杀菌或者其他有效方式杀菌。

生产发酵乳制品的菌种应当纯良、无害，定期鉴定，防止杂菌污染。

生产婴幼儿奶粉应当保证婴幼儿生长发育所需的营养成分，不得添加任何可能危害婴幼儿身体健康和生长发育的物质。

第三十三条 乳制品的包装应当有标签。标签应当如实标明产品名称、规格、净含量、生产日期，成分或者配料表，生产企业的名称、地址、联系方式，保质期，产品标准代号，贮存条件，所使用的食品添加剂的化学通用名称，食品生产许可证编号，法律、行政法规或者乳品质量安全国家标准规定必须标明的其他事项。

使用奶粉、黄油、乳清粉等原料加工的液态奶，应当在包装上注明；使用复原乳作为原料生产液态奶的，应当标明“复原乳”字样，并在产品配料中如实标明复原乳所含原料及比例。

婴幼儿奶粉标签还应当标明主要营养成分及其含量，详细说明使用方法和注意事项。

第三十四条　出厂的乳制品应当符合乳品质量安全国家标准。

乳制品生产企业应当对出厂的乳制品逐批检验，并保存检验报告，留取样品。检验内容应当包括乳制品的感官指标、理化指标、卫生指标和乳制品中使用的添加剂、稳定剂以及酸奶中使用的菌种等；婴幼儿奶粉在出厂前还应当检测营养成分。对检验合格的乳制品应当标识检验合格证号；检验不合格的不得出厂。检验报告应当保存2年。

第三十五条　乳制品生产企业应当如实记录销售的乳制品名称、数量、生产日期、生产批号、检验合格证号、购货者名称及其联系方式、销售日期等。

第三十六条　乳制品生产企业发现其生产的乳制品不符合乳品质量安全国家标准、存在危害人体健康和生命安全危险或者可能危害婴幼儿身体健康或者生长发育的，应当立即停止生产，报告有关主管部门，告知销售者、消费者，召回已经出厂、上市销售的乳制品，并记录召回情况。

乳制品生产企业对召回的乳制品应当采取销毁、无害化处理等措施，防止其再次流入市场。

第五章　乳制品销售

第三十七条　从事乳制品销售应当按照食品安全监督管理的有关规定，依法向工商行政管理部门申请领取有关证照。

第三十八条　乳制品销售者应当建立并执行进货查验制度，审验供货商的经营资格，验明乳制品合格证明和产品标识，并建立乳制品进货台账，如实记录乳制品的名称、规格、数量、供货商及其联系方式、进货时间等内容。从事乳制品批发业务的销售企业应当建立乳制品销售台账，如实记录批发的乳制品的品种、规格、数量、流向等内容。进货台账和销售台账保存期限不得少于2年。

第三十九条　乳制品销售者应当采取措施，保持所销售乳制品的质量。

销售需要低温保存的乳制品的，应当配备冷藏设备或者采取冷藏措施。

第四十条　禁止购进、销售无质量合格证明、无标签或者标签残缺不清的乳制品。

禁止购进、销售过期、变质或者不符合乳品质量安全国家标准的乳制品。

第四十一条　乳制品销售者不得伪造产地，不得伪造或者冒用他人的厂名、厂址，不得伪造或者冒用认证标志等质量标志。

第四十二条　对不符合乳品质量安全国家标准、存在危害人体健康和生命安全或者可能危害婴幼儿身体健康和生长发育的乳制品，销售者应当立即停止销售，追回已经售出的乳制品，并记录追回情况。

乳制品销售者自行发现其销售的乳制品有前款规定情况的，还应当立即报告所在地工商行政管理等有关部门，通知乳制品生产企业。

第四十三条　乳制品销售者应当向消费者提供购货凭证，履行不合格乳制品的更换、退货等义务。

乳制品销售者依照前款规定履行更换、退货等义务后，属于乳制品生产企业或者供货商的责任的，销售者可以向乳制品生产企业或者供货商追偿。

第四十四条　进口的乳品应当按照乳品质量安全国家标准进行检验；尚未制定乳品质量安全国家标准的，可以参照国家有关部门指定的国外有关标准进行检验。

第四十五条　出口乳品的生产者、销售者应当保证其出口乳品符合乳品质量安全国家标准的同时还符合进口国家（地区）的标准或者合同要求。

第六章　监督检查

第四十六条　县级以上人民政府畜牧兽医主管部门应当加强对奶畜饲养以及生鲜乳生产环节、收购环节的监督检查。县级以上质量监督检验检疫部门应当加强对乳制品生产环节和乳品进出口环节的监督检查。县级以上工商行政管理部门应当加强对乳制品销售环节的监督检查。县级以上食品药品监督部门应当加强对乳制品餐饮服务环节的监督管理。监督检查部门之间，监督检查部门与其他有关部门之间，应当及时通报乳品质量安全监督管理信息。

畜牧兽医、质量监督、工商行政管理等部门应当定期开展监督抽查，并记录监督抽查的情况和处理结果。需要对乳品进行抽样检查的，不得收取任何费用，所需费用由同级财政列支。

第四十七条　畜牧兽医、质量监督、工商行政管理等部门在依据各自职责进行监督检查时，行使下列职权：

（一）实施现场检查；

（二）向有关人员调查、了解有关情况；

（三）查阅、复制有关合同、票据、账簿、检验报告等资料；

（四）查封、扣押有证据证明不符合乳品质量安全国家标准的乳品以及违法使用的生鲜乳、辅料、添加剂；

(五)查封涉嫌违法从事乳品生产经营活动的场所,扣押用于违法生产经营的工具、设备;

(六)法律、行政法规规定的其他职权。

第四十八条　县级以上质量监督部门、工商行政管理部门在监督检查中,对不符合乳品质量安全国家标准、存在危害人体健康和生命安全危险或者可能危害婴幼儿身体健康和生长发育的乳制品,责令并监督生产企业召回、销售者停止销售。

第四十九条　县级以上人民政府价格主管部门应当加强对生鲜乳购销过程中压级压价、价格欺诈、价格串通等不正当价格行为的监督检查。

第五十条　畜牧兽医主管部门、质量监督部门、工商行政管理部门应当建立乳品生产经营者违法行为记录,及时提供给中国人民银行,由中国人民银行纳入企业信用信息基础数据库。

第五十一条　省级以上人民政府畜牧兽医主管部门、质量监督部门、工商行政管理部门依据各自职责,公布乳品质量安全监督管理信息。有关监督管理部门应当及时向同级卫生主管部门通报乳品质量安全事故信息;乳品质量安全重大事故信息由省级以上人民政府卫生主管部门公布。

第五十二条　有关监督管理部门发现奶畜养殖者、生鲜乳收购者、乳制品生产企业和销售者涉嫌犯罪的,应当及时移送公安机关立案侦查。

第五十三条　任何单位和个人有权向畜牧兽医、卫生、质量监督、工商行政管理、食品药品监督等部门举报乳品生产经营中的违法行为。畜牧兽医、卫生、质量监督、工商行政管理、食品药品监督等部门应当公布本单位的电子邮件地址和举报电话;对接到的举报,应当完整地记录、保存。

接到举报的部门对属于本部门职责范围内的事项,应当及时依法处理,对于实名举报,应当及时答复;对不属于本部门职责范围内的事项,应当及时移交有权处理的部门,有权处理的部门应当立即处理,不得推诿。

第七章　法律责任

第五十四条　生鲜乳收购者、乳制品生产企业在生鲜乳收购、乳制品生产过程中,加入非食品用化学物质或者其他可能危害人体健康的物质,依照《刑法》第一百四十四条的规定,构成犯罪的,依法追究刑事责任,并由发证机关吊销许可证照;尚不构成犯罪的,由畜牧兽医主管部门、质量监督部门依据各自职责没收违法所得和违法生产的乳品,以及相关的工具、设备等物品,并处违法乳品货值金额15倍以上30倍以下罚款,由发证机关吊销许可证照。

第五十五条　生产、销售不符合乳品质量安全国家标准的乳品,依照《刑法》第一百四十三条的规定,构成犯罪的,依法追究刑事责任,并由发证机关吊销许可证照;尚不构成犯罪的,由畜牧兽医主管部门、质量监督部门、工商行政管理部门依据各自职责没收违法所得、违法乳品和相关的工具、设备等物品,并处违法乳品货值金额10倍以上20倍以下罚款,由发证机关吊销许可证照。

第五十六条　乳制品生产企业违反本条例第三十六条的规定,对不符合乳品质量安全国家标准、存在危害人体健康和生命安全或者可能危害婴幼儿身体健康和生长发育的乳制品,不停止生产、不召回的,由质量监督部门责令停止生产、召回;拒不停止生产、拒不召回的,没收其违法所得、违法乳制品和相关的工具、设备等物品,并处违法乳制品货值金额15倍以上30倍以下罚款,由发证机关吊销许可证照。

第五十七条　乳制品销售者违反本条例第四十二条的规定,对不符合乳品质量安全国家标准、存在危害人体健康和生命安全或者可能危害婴幼儿身体健康和生长发育的乳制品,不停止销售、不追回的,由工商行政管理部门责令停止销售、追回;拒不停止销售、拒不追回的,没收其违法所得、违法乳制品和相关的工具、设备等物品,并处违法乳制品货值金额15倍以上30倍以下罚款,由发证机关吊销许可证照。

第五十八条　违反本条例规定,在婴幼儿奶粉生产过程中,加入非食品用化学物质或其他可能危害人体健康的物质的,或者生产、销售的婴幼儿奶粉营养成分不足、不符合乳品质量安全国家标准的,依照本条例规定,从重处罚。

第五十九条　奶畜养殖者、生鲜乳收购者、乳制品生产企业和销售者在发生乳品质量安全事故后未报告、处置的,由畜牧兽医、质量监督、工商行政管理、食品药品监督等部门依据各自职责,责令改正,给予警告;毁灭有关证据的,责令停产停业,并处10万元以上20万元以下罚款;造成严重后果的,　由发证机关吊销许可证照;构成犯罪的,依法追究刑事责任。

第六十条　有下列情形之一的,由县级以上地方人民政府畜牧兽医主管部门没收违法所得、违法收购的生鲜乳和相关的设备、设施等物品,并处违法乳品货值金额5倍以上10倍以下罚款;有许可证照的,由发证机关吊销许可证照:

(一)未取得生鲜乳收购许可证收购生鲜乳的;

(二)生鲜乳收购站取得生鲜乳收购许可证后,不再符合许可条件继续从事生鲜乳收购的;

(三)生鲜乳收购站收购本条例第二十四条规定禁止收购的生鲜乳的。

第六十一条　乳制品生产企业和销售者未取得许

可证,或者取得许可证后不按照法定条件、法定要求从事生产销售活动的,由县级以上地方质量监督部门、工商行政管理部门依照《国务院关于加强食品等产品安全监督管理的特别规定》等法律、行政法规的规定处罚。

第六十二条 畜牧兽医、卫生、质量监督、工商行政管理等部门,不履行本条例规定职责、造成后果的,或者滥用职权、有其他渎职行为的,由监察机关或者任免机关对其主要负责人、直接负责的主管人员和其他直接责任人员给予记大过或者降级的处分;造成严重后果的,给予撤职或者开除的处分;构成犯罪的,依法追究刑事责任。

第八章 附 则

第六十三条 草原牧区放牧饲养的奶畜所产的生鲜乳收购办法,由所在省、自治区、直辖市人民政府参照本条例另行制定。

第六十四条 本条例自公布之日起施行。

商务部在北京召开中非经贸合作专题新闻发布会

发布会通报:自2006年中非合作论坛北京峰会召开以来,中非双方共同努力,紧密合作,北京峰会上所确定的8项政策措施落实情况进展顺利,目前已取得阶段性成果:

——中国已与20个非洲国家签署了优惠贷款框架协议,支持27个项目;

——优惠出口买方信贷已落实3亿美元,其余贷款有望在2008年内全部落实到项目;

——非盟会议中心已完成设计,计划2008年12月开工,2011年竣工;

——中非发展基金已投资6个项目,投资额近1亿美元,带动中国企业对非投资近4亿美元;

——现已有30个非洲最不发达国家的466种输华商品享受零关税待遇;

——已免除了32个非洲国家150笔债务;

——已有10家企业在赞比亚经贸合作区投资建厂,9家企业在埃及苏伊士经贸合作区投资,4家企业入驻尼日利亚莱基合作区,毛里求斯天利经贸合作区、尼日利亚广东经贸合作区、埃塞俄比亚东方工业园、阿尔及利亚—中国江铃经贸合作区已不同程度取得阶段性进展,招商工作也在进行中;农业技术示范中心项目增加到14个,考察已完成,计划2009年上半年全部开工;

——为非洲培训了8627名各类人才;向非洲派遣了113名青年志愿者,年内还将再派出50名志愿者;已在全国范围内选拔出100名农业专家,正在陆续派出,计划明年上半年全部派出;19所援非医院将于2008年内开工建设,年内将向3国现有医院提供医疗设备,其余医院将于2009年开工建设;已向33个国家提供了抗疟药品,并设立了10个抗疟中心,2009年将再设立10个抗疟中心,其余中心将根据受援国需要,结合中国援建医院进行设立;49所农村学校已开工建设,其余学校将于2008年内全部开工,100所学校将在2009年年底前全部建成并投入使用。

据了解,今年1—8月份,中非贸易总额达739.3亿美元,同比增长62%,其中中国向非洲出口327.8亿美元,同比增长40%;进口411.5亿美元,同比增长84%。直接投资方面,今年1—6月份,中国对非直接投资已达3.1亿美元。中非经贸关系进入全面快速发展的新阶段。

国务院副总理王岐山在中南海紫光阁会见德国前总理施罗德

东亚峰会气候变化适应能力建设研讨会在北京举行

中国就加强发展中国家适应气候变化能力提出四点倡议。

一是建立适应气候变化的国际机构。中国主张在公约框架下建立"适应气候变化委员会",委员会可下设若干专家组,以协助委员会履行其职责。

二是加强发展中国家适应气候变化的能力建设活动。国际社会应采取积极而有效的措施帮助发展中国家深化对气候变化影响的科学认识,提高科学评估能力,建立灾害预警及紧急响应机制,制定和实施各国适应气候变化的政策和措施,全面提高发展中国家适应气候变化的能力。

三是加强适应气候变化的技术开发与转让。技术在适应气候变化方面发挥着至关重要的作用。国际社会应加强适应技术的合作开发和推广应用。发达国家应消除障碍,采取切实有效措施向发展中国家转让适应技术,并帮助发展中国家提高适应技术应用的能力和效率。

四是加强对发展中国家适应气候变化的资金支持。国际社会应当根据发展中国家适应气候变化的实际需求,在公约下建立"适应基金",由发达国家提供资金;同时应扩充现有京都议定书"适应基金"的资金来源。

研讨会由科技部、国家发展和改革委员会、外交部联合主办,东亚峰会成员国的高级官员、东盟秘书处、联合国开发计划署、联合国环境规划署等国际组织的代表和科学家等100多人与会。

环保部在北京发布《2007年全国城市环境管理与综合整治年度报告》

《2007年全国城市环境管理与综合整治年度报告》首次纳入公众对城市环境保护满意率调查结果。在被调查的地级及地级以上城市中,山东省的临沂市、东营市、日照市、烟台市,黑龙江省的大庆市、黑河市等6个城市公众满意率大于90%,而山西省的大同市和广西壮族自治区的贺州市等城市公众满意率较低。

环境保护部有关负责人说,目前一些城市的环境综合整治工作还有待加强。在全国地级及地级以上城市中,内蒙古自治区的巴彦淖尔市和乌兰察布市、甘肃省的白银市、新疆维吾尔自治区的乌鲁木齐市、湖北省的黄冈市等城市的空气质量较差;河北省的衡水市和沧州市、山西省的临汾市、安徽省的阜阳市、陕西省的铜川市、甘肃省的武威市等城市水环境功能区(城市考核断面)水质达标率较低。

10月10日

国家主席胡锦涛根据全国人大常委会的决定任免驻外大使

免去王光亚的中华人民共和国常驻联合国代表、特命全权大使职务;

任命张业遂为中华人民共和国常驻联合国代表、特命全权大使。

交通部 国家发改委 财政部联合发布《收费公路权益转让办法》

《收费公路权益转让办法》已于2007年6月15日经第七次部务会议通过,现予以公布,自2008年10月1日起施行。

交通运输部部长 李盛霖
国家发展和改革委员会主任 张平
财政部部长 谢旭人
2008年8月20日

收费公路权益转让办法(略)

全国人大常委会副委员长王兆国在人民大会堂会见由越南胡志明共青团中央书记处书记阮黄协率领的越南青年代表团

亚欧艺术、文化与气候变化研讨会在北京举行

亚欧"关于艺术、文化与气候变化的对话"研讨会在中央美术学院举行。亚欧40多名气候专家、文化学者以及艺术家共同讨论如何从社会和艺术视角看待气候变化,探求衣食住行的可持续与创造性解决方案,搭建艺术、科学和文化间的桥梁。

亚欧基金会是亚欧会议唯一常设机构,由亚欧会议成员于1997年2月15日建立。

10月11日

世界首张大熊猫基因组序列图谱绘制完成

中国科学家在深圳宣布:世界首张大熊猫基因组序列图谱绘制完成。该图谱的诞生填补了大熊猫基因组及分子生物学研究的空白,从基因组学的层面上为濒危物种的保护、疾病监控及人工繁殖提供了科学依据。

第十届中国(深圳)国际高新技术成果交易会在深圳开幕

10月12日

中国共产党第十七届中央委员会第三次全体会议公报

(2008年10月12日中国共产党第十七届中央委员会第三次全体会议通过)

中国共产党第十七届中央委员会第三次全体会议,于2008年10月9日至12日在北京举行。

出席这次全会的有,中央委员202人,候补中央委员166人。中央纪律检查委员会常务委员会委员和有关方面负责同志列席了会议。党的十七大代表中从事农业农村工作的部分基层同志和研究农业、农村、农民问题的部分专家学者也列席了会议。

全会由中央政治局主持。中央委员会总书记胡锦涛作了重要讲话。

全会听取和讨论了胡锦涛受中央政治局委托作的工作报告,审议通过了《中共中央关于推进农村改革发展若干重大问题的决定》。回良玉就《决定(讨论稿)》向全会作了说明。

全会充分肯定党的十七届一中全会以来中央政治局的工作。一致认为,中央政治局全面贯彻党的十七大和十七届一中、二中全会精神,高举中国特色社会主义伟大旗帜,以邓小平理论和"三个代表"重要思想为指导,深入贯彻落实科学发展观,继续解放思想,坚持改革开放,推动科学发展,促进社会和谐,团结带领全党全国各族人民紧紧抓住发展机遇,积极应对来自国际国内形势复杂变化和自然界的严峻挑战,奋勇夺取抗击南方部分地区严重低温雨雪冰冻灾害和四川汶川特大地震抗震救灾斗争重大胜利,成功举办北京奥运会、残奥会,圆满完成"神舟"七号载人航天飞行任务,全面推进社会主义经济建设、政治建设、文化建设、社会建设和党的建设,各项工作取得新进展,社会安定团结大局得到巩固和发展。

全会全面分析了形势和任务特别是经济形势,强调我国总体形势是好的,经济保持较快增长,金融业稳健运行,我国经济发展的基本态势没有改变。当前,国际金融市场动荡加剧,全球经济增长明显放缓,国际经济环境中不确定不稳定因素明显增多,国内经济运行中也存在一些突出矛盾和问题,我们必须增强忧患意识、积极应对挑战。最重要的是要把我国自己的事情办好。要更加自觉、更加坚定地抓好发展这个党执政兴国的第一要务,更加自觉、更加坚定地推动科学发展,坚定信心、冷静观察,多管齐下、有效应对,采取灵活审慎的宏观经济政策,着力扩大国内需求特别是消费需求,保持经济稳定、金融稳定、资本市场稳定,保持社会大局稳定,做好保障和改善民生工作,继续推动经济社会又好又快发展。

全会研究了新形势下推进农村改革发展的若干重大问题,认为在改革开放30周年之际,系统回顾总结我国农村改革发展的光辉历程和宝贵经验,进一步统一全党全社会认识,加快推进社会主义新农村建设,大力推动城乡统筹发展,对于全面贯彻党的十七大精神,深入贯彻落实科学发展观,夺取全面建设小康社会新胜利、开创中国特色社会主义事业新局面,具有重大而深远的意义。

全会指出,农业、农村、农民问题关系党和国家事业发展全局。在革命、建设、改革各个历史时期,我们党坚持把马克思主义基本原理同我国具体实际相结合,始终高度重视、认真对待、着力解决农业、农村、农民问题,成功开辟了新民主主义革命胜利道路和社会主义事业发展道路。1978年,党的十一届三中全会作出把党和国家工作中心转移到经济建设上来、实行改革开放的历史性决策。我们党全面把握国内外发展大局,尊重农民首创精神,率先在农村发起改革,并以磅礴之势推向全国,领导人民谱写了改革发展的壮丽史诗。农村改革发展的伟大实践,极大调动了亿万农民积极性,极大解放和发展了农村社会生产力,极大改善了广大农民物质文化生活。更为重要的是,农村改革发展的伟大实践,为建立和完善我国社会主义初级阶段基本经济制度和社会主义市场经济体制进行了创造性探索,为实现人民生活从温饱不足到总体小康的历史性跨越、推进社会主义现代化作出了巨大贡献,为战胜各种困难和风险、保持社会大局稳定奠定了坚实基础,为成功开辟中国特色社会主义道路、形成中国特色社会主义理论体系积累了宝贵经验。实践充分证明,只有坚持把解决好农业、农村、农民问题作为全党工作重中之重,坚持农业基础地位,坚持社会主义市场经济改革方向,坚持走中国特色农业现代化道路,坚持保障农民物质利益和民主权利,才能不断解放和发展农村社会生产力,推动农村经济社会全面发展。

全会指出,当前,国际形势继续发生深刻变化,我国改革发展进入关键阶段。我们要抓住和用好重要战略机遇期,胜利实现全面建设小康社会的宏伟目标,加快推进社会主义现代化,就要更加自觉地把继续解放思想落实到坚持改革开放、推动科学发展、促进社会和谐上来,毫不动摇地推进农村改革发展。继续解放思想,必须结合农村改革发展这个伟大实践,大胆探索、勇于开拓,以新的理念和思路破解农村发展难题,为推动党的理论创新、实践创新提供不竭源泉。坚持改革开放,必须把握农村改革这个重点,在统筹城乡改革上取得重大突破,给农村发展注入新的动力,为整个经济社会发展增添新的活力。推动科学发展,必须加强农业发展这个基础,确保国家粮食安全和主要农产品有效供给,促进农业增产、农民增收、农村繁荣,为经济社会全面协调可持续发展提供有力支撑。促进社会和谐,必须抓住农村稳定这个大局,完善农村社会管理,促进社会公平正义,保证农民安居乐业,为实现国家长治久安打下坚实基础。

全会认为,我国农村正在发生新的变革,我国农业参与国际合作和竞争正面临新的局面,推进农村改革发展具备许多有利条件,也面对不少困难和挑战,特别是城乡二元结构造成的深层次矛盾突出。农业基础仍然薄弱,最需要加强;农村发展仍然滞后,最需要扶持;农民增收仍然困难,最需要加快。我们必须居安思危、加倍努力,不断巩固和发展农村好形势。

全会认为,我国总体上已进入以工促农、以城带乡的发展阶段,进入加快改造传统农业、走中国特色农业现代化道路的关键时刻,进入着力破除城乡二元结构、形成城乡经济社会发展一体化新格局的重要时期。我们要牢牢把握我国社会主义初级阶段的基本国情和当前发展的阶段性特征,适应农村改革发展新形势,顺应亿万农民过上美好生活新期待,抓住时机、乘势而上,努力开辟中国特色农业现代化的广阔道路,奋力开创社会主义新农村建设的崭新局面。

全会强调,要全面贯彻党的十七大精神,高举中国特色社会主义伟大旗帜,以邓小平理论和“三个代表”重要思想为指导,深入贯彻落实科学发展观,把建设社会主义新农村作为战略任务,把走中国特色农业现代化道路作为基本方向,把加快形成城乡经济社会发展一体化新格局作为根本要求,坚持工业反哺农业、城市支持农村和多予少取放活方针,创新体制机制,加强农业基础，增加农民收入，保障农民权益，促进农村和谐，充分调动广大农民的积极性、主动性、创造性，推动农村经济社会又好又快发展。

全会提出，到2020年，农村改革发展基本目标任务是：农村经济体制更加健全，城乡经济社会发展一体化体制机制基本建立；现代农业建设取得显著进展，农业综合生产能力明显提高，国家粮食安全和主要农产品供给得到有效保障；农民人均纯收入比2008年翻一番，消费水平大幅提升，绝对贫困现象基本消除；农村基层组织建设进一步加强，村民自治制度更加完善，农民民主权利得到切实保障；城乡基本公共服务均等化明显推进，农村文化进一步繁荣，农民基本文化权益得到更好落实，农村人人享有接受良好教育的机会，农村基本生活保障、基本医疗卫生制度更加健全，农村社会管理体系进一步完善；资源节约型、环境友好型农业生产体系基本形成，农村人居和生态环境明显改善，可持续发展能力不断增强。

全会强调，实现上述目标任务，要遵循以下重大原则：必须巩固和加强农业基础地位，始终把解决好十几亿人口吃饭问题作为治国安邦的头等大事；必须切实保障农民权益，始终把实现好、维护好、发展好广大农民根本利益作为农村一切工作的出发点和落脚点；必须不断解放和发展农村社会生产力，始终把改革创新作为农村发展的根本动力；必须统筹城乡经济社会发展，始终把着力构建新型工农、城乡关系作为加快推进现代化的重大战略；必须坚持党管农村工作，始终把加强和改善党对农村工作的领导作为推进农村改革发展的政治保证。

全会对当前和今后一个时期推进农村改革发展作出了部署，强调要大力推进改革创新，加强农村制度建设；积极发展现代农业，提高农业综合生产能力；加快发展农村公共事业，促进农村社会全面进步。

全会提出，实现农村发展战略目标，推进中国特色农业现代化，必须按照统筹城乡发展要求，抓紧在农村体制改革关键环节上取得突破，进一步放开搞活农村经济，优化农村发展外部环境，强化农村发展制度保障。要稳定和完善农村基本经营制度、健全严格规范的农村土地管理制度、完善农业支持保护制度、建立现代农村金融制度、建立促进城乡经济社会发展一体化制度、健全农村民主管理制度。

全会提出，发展现代农业，必须按照高产、优质、高效、生态、安全的要求，加快转变农业发展方式，推进农业科技进步和创新，加强农业物质技术装备，健全农业产业体系，提高土地产出率、资源利用率、劳动生产率，增强农业抗风险能力、国际竞争能力、可持续发展能力。要明确目标、制定规划、加大投入，集中力量办好关系全局、影响长远的大事。要确保国家粮食安全、推进农业结构战略性调整、加快农业科技创新、加强农业基础设施建设、建立新型农业社会化服务体系、促进农业可持续发展、扩大农业对外开放。要加强农业标准化和农产品质量安全工作，严格全程监控，切实落实质量安全监管责任，杜绝不合格产品进入市场。

全会提出，建设社会主义新农村，形成城乡经济社会发展一体化新格局，必须扩大公共财政覆盖农村范围，发展农村公共事业，使广大农民学有所教、劳有所得、病有所医、老有所养、住有所居。要繁荣发展农村文化、大力办好农村教育事业、促进农村医疗卫生事业发展、健全农村社会保障体系、加强农村基础设施和环境建设、推进农村扶贫开发、加强农村防灾减灾能力建设、强化农村社会管理。

全会强调，推进农村改革发展，关键在党。要把党的执政能力建设和先进性建设作为主线，以改革创新精神全面推进农村党的建设，认真开展深入学习实践科学发展观活动，增强各级党组织的创造力、凝聚力、战斗力，不断提高党领导农村工作水平。要完善党领导农村工作体制机制，强化党委统一领导、党政齐抓共管、农村工作综合部门组织协调、有关部门各负其责的农村工作领导体制和工作机制。各级党委和政府要坚持把农村工作摆上重要议事日程，在政策制定、工作部署、财力投放、干部配备上切实体现全党工作重中之重的战略思想，加强对农村改革发展理论和实践问题的调查研究，坚持因地制宜、分类指导，创造性地开展工作。要加强农村基层组织建设，以领导班子建设为重点、健全党组织为保证、三级联创活动为载体，把党组织建设成为推动科学发展、带领农民致富、密切联系群众、维护农村稳定的坚强领导核心。要加强农村基层干部队伍建设，着力拓宽农村基层干部来源，提高他们的素质，解除他们的后顾之忧，调动他们的工作积极性。要巩固和发展先进性教育活动成果，做好发展党员工作，改进党员教育管理，增强党员意识，建设高素质农村党员队伍。要加强农村党风廉政建设，推进农村惩治和预防腐败体系建设，弘扬求真务实、公道正派、艰苦奋斗的作风，以维护农民权益为重点，围绕党的农村政策落实情况加强监督检查，切实纠正损害农民利益的突出问题，严肃查处涉农违纪违法案件。广大党员、干部要坚持权为民所用、情为民所系、利为民所谋，关心群众疾苦，倾听群众呼声，集中群众智慧，讲实话、办实事、求实效，坚决反对形式主义、官僚主义，努力创造实实在在的业绩。

全会按照党章规定，决定递补中央委员会候补委员王新宪为中央委员会委员。

全会审议并通过了《中共中央纪律检查委员会关

于于幼军同志问题的审查报告》,决定撤销于幼军中央委员会委员职务,确认中央政治局2008年9月5日作出的给予其留党察看两年处分。

全会号召,全党同志要紧密团结在以胡锦涛同志为总书记的党中央周围,锐意改革,加快发展,在推进中国特色社会主义伟大事业进程中努力开创农村工作新局面!

中共中央关于推进农村改革发展若干重大问题的决定

(2008年10月12日中国共产党第十七届中央委员会第三次全体会议通过)

中国共产党第十七届中央委员会第三次全体会议全面分析了形势和任务,认为在改革开放三十周年之际,系统回顾总结我国农村改革发展的光辉历程和宝贵经验,进一步统一全党全社会认识,加快推进社会主义新农村建设,大力推动城乡统筹发展,对于全面贯彻党的十七大精神,深入贯彻落实科学发展观,夺取全面建设小康社会新胜利、开创中国特色社会主义事业新局面,具有重大而深远的意义。全会研究了新形势下推进农村改革发展的若干重大问题,作出如下决定。

一、新形势下推进农村改革发展的重大意义

农业、农村、农民问题关系党和国家事业发展全局。在革命、建设、改革各个历史时期,我们党坚持把马克思主义基本原理同我国具体实际相结合,始终高度重视、认真对待、着力解决农业、农村、农民问题,成功开辟了新民主主义革命胜利道路和社会主义事业发展道路。

一九七八年,党的十一届三中全会作出把党和国家工作中心转移到经济建设上来、实行改革开放的历史性决策。我们党全面把握国内外发展大局,尊重农民首创精神,率先在农村发起改革,并以磅礴之势推向全国,领导人民谱写了改革发展的壮丽史诗。在波澜壮阔的改革开放进程中,我们党坚持以马克思列宁主义、毛泽东思想、邓小平理论和"三个代表"重要思想为指导,深入贯彻落实科学发展观,解放思想、实事求是、与时俱进,不断推进农村改革发展,使我国农村发生了翻天覆地的巨大变化。废除人民公社,确立以家庭承包经营为基础、统分结合的双层经营体制,全面放开农产品市场,取消农业税,对农民实行直接补贴,初步形成了适合我国国情和社会生产力发展要求的农村经济体制;粮食生产不断跃上新台阶,农产品供应日益丰富,农民收入大幅增加,扶贫开发成效显著,依靠自己力量稳定解决了十三亿人口吃饭问题;乡镇企业异军突起,小城镇蓬勃发展,农村市场兴旺繁荣,农村劳动力大规模转移就业,亿万农民工成为产业工人重要组成部分,中国特色工业化、城镇化、农业现代化加快推进,切实巩固了新时期工农联盟;农村社会主义民主政治建设和精神文明建设不断加强,社会事业加速发展,显著提高了广大农民思想道德素质、科学文化素质和健康素质;农村党的建设不断加强,以村党组织为核心的村级组织配套建设全面推进,有效夯实了党在农村的执政基础。农村改革发展的伟大实践,极大调动了亿万农民积极性,极大解放和发展了农村社会生产力,极大改善了广大农民物质文化生活。更为重要的是,农村改革发展的伟大实践,为建立和完善我国社会主义初级阶段基本经济制度和社会主义市场经济体制进行了创造性探索,为实现人民生活从温饱不足到总体小康的历史性跨越、推进社会主义现代化作出了巨大贡献,为战胜各种困难和风险、保持社会大局稳定奠定了坚实基础,为成功开辟中国特色社会主义道路、形成中国特色社会主义理论体系积累了宝贵经验。

实践充分证明,只有坚持把解决好农业、农村、农民问题作为全党工作重中之重,坚持农业基础地位,坚持社会主义市场经济改革方向,坚持走中国特色农业现代化道路,坚持保障农民物质利益和民主权利,才能不断解放和发展农村社会生产力,推动农村经济社会全面发展。

当前,国际形势继续发生深刻变化,我国改革发展进入关键阶段。我们要抓住和用好重要战略机遇期,胜利实现全面建设小康社会的宏伟目标,加快推进社会主义现代化,就要更加自觉地把继续解放思想落实到坚持改革开放、推动科学发展、促进社会和谐上来,毫不动摇地推进农村改革发展。继续解放思想,必须结合农村改革发展这个伟大实践,大胆探索、勇于开拓,以新的理念和思路破解农村发展难题,为推动党的理论创新、实践创新提供不竭源泉。坚持改革开放,必须把握农村改革这个重点,在统筹城乡改革上取得重大突破,给农村发展注入新的动力,为整个经济社会发展增添新的活力。推动科学发展,必须加强农业发展这个基础,确保国家粮食安全和主要农产品有效供给,促进农业增产、农民增收、农村繁荣,为经济社会全面协调可持续发展提供有力支撑。促进社会和谐,必须抓住农村稳定这个大局,完善农村社会管理,促进社会公平正义,保证农民安居乐业,为实现国家长治久安打下坚实基础。

我国农村正在发生新的变革,我国农业参与国际合作和竞争正面临新的局面,推进农村改革发展具备许多有利条件,也面对不少困难和挑战,特别是城乡二元结构造成的深层次矛盾突出。农村经济体制尚不完善,农业生产经营组织化程度低,农产品市场体系、农业社会化服务体系、国家农业支持保护体系不健全,构建城乡经济社会发展一体化体制机制要求紧迫;农业发展方式依然粗放,农业基础设施和技术装备落后,耕地大量减少,人口资源环境约束增强,气候变化影响加剧,自然灾害频发,国际粮食供求矛盾突出,保障国家粮食安全和主要农产品供求平衡压力增大;农村社会事业和公共服务水平较低,区域发展和城乡居民收入差距扩大,改变农村落后面貌任务艰巨;农村社会利益格局深刻变化,一些地方农村基层组织软弱涣散,加强农村民主法制建设、基层组织建设、社会管理任务繁重。总之,农业基础仍然薄弱,最需要加强;农村发展仍然滞后,最需要扶持;农民增收仍然困难,最需要加快。我们必须居安思危、加倍努力,不断巩固和发展农村好形势。

全党必须深刻认识到,农业是安天下、稳民心的战略产业,没有农业现代化就没有国家现代化,没有农村繁荣稳定就没有全国繁荣稳定,没有农民全面小康就没有全国人民全面小康。我国总体上已进入以工促农、以城带乡的发展阶段,进入加快改造传统农业、走中国特色农业现代化道路的关键时刻,进入着力破除城乡二元结构、形成城乡经济社会发展一体化新格局的重要时期。我们要牢牢把握我国社会主义初级阶段的基本国情和当前发展的阶段性特征,适应农村改革发展新形势,顺应亿万农民过上美好生活新期待,抓住时机、乘势而上,努力开辟中国特色农业现代化的广阔道路,奋力开创社会主义新农村建设的崭新局面。

二、推进农村改革发展的指导思想、目标任务、重大原则

新形势下推进农村改革发展,要全面贯彻党的十七大精神,高举中国特色社会主义伟大旗帜,以邓小平理论和"三个代表"重要思想为指导,深入贯彻落实科学发展观,把建设社会主义新农村作为战略任务,把走中国特色农业现代化道路作为基本方向,把加快形成城乡经济社会发展一体化新格局作为根本要求,坚持工业反哺农业、城市支持农村和多予少取放活方针,创新体制机制,加强农业基础,增加农民收入,保障农民权益,促进农村和谐,充分调动广大农民的积极性、主动性、创造性,推动农村经济社会又好又快发展。

根据党的十七大提出的实现全面建设小康社会奋斗目标的新要求和建设生产发展、生活宽裕、乡风文明、村容整洁、管理民主的社会主义新农村要求,到二〇二〇年,农村改革发展基本目标任务是:农村经济体制更加健全,城乡经济社会发展一体化体制机制基本建立;现代农业建设取得显著进展,农业综合生产能力明显提高,国家粮食安全和主要农产品供给得到有效保障;农民人均纯收入比二〇〇八年翻一番,消费水平大幅提升,绝对贫困现象基本消除;农村基层组织建设进一步加强,村民自治制度更加完善,农民民主权利得到切实保障;城乡基本公共服务均等化明显推进,农村文化进一步繁荣,农民基本文化权益得到更好落实,农村人人享有接受良好教育的机会,农村基本生活保障、基本医疗卫生制度更加健全,农村社会管理体系进一步完善;资源节约型、环境友好型农业生产体系基本形成,农村人居和生态环境明显改善,可持续发展能力不断增强。

实现上述目标任务,要遵循以下重大原则。

——必须巩固和加强农业基础地位,始终把解决好十几亿人口吃饭问题作为治国安邦的头等大事。坚持立足国内实现粮食基本自给方针,加大国家对农业支持保护力度,深入实施科教兴农战略,加快现代农业建设,实现农业全面稳定发展,为推动经济发展、促进社会和谐、维护国家安全奠定坚实基础。

——必须切实保障农民权益,始终把实现好、维护好、发展好广大农民根本利益作为农村一切工作的出发点和落脚点。坚持以人为本,尊重农民意愿,着力解决农民最关心最直接最现实的利益问题,保障农民政治、经济、文化、社会权益,提高农民综合素质,促进农民全面发展,充分发挥农民主体作用和首创精神,紧紧依靠亿万农民建设社会主义新农村。

——必须不断解放和发展农村社会生产力,始终把改革创新作为农村发展的根本动力。坚持不懈推进农村改革和制度创新,提高改革决策的科学性,增强改革措施的协调性,充分发挥市场在资源配置中的基础性作用,加强和改善国家对农业农村发展的调控和引导,健全符合社会主义市场经济要求的农村经济体制,调整不适应农村社会生产力发展要求的生产关系和上层建筑,使农村经济社会发展充满活力。

——必须统筹城乡经济社会发展,始终把着力构建新型工农、城乡关系作为加快推进现代化的重大战略。统筹工业化、城镇化、农业现代化建设,加快建立、健全以工促农、以城带乡长效机制,调整国民收入分配格局,巩固和完善强农惠农政策,把国家基础设施建设和社会事业发展重点放在农村,推进城乡基本公共服务均等化,实现城乡、区域协调发展,使广大农民平等参与现代化进程、共享改革发展成果。

——必须坚持党管农村工作,始终把加强和改善党对农村工作的领导作为推进农村改革发展的政治保证。坚持一切从实际出发,坚持党在农村的基本政策,加强农村基层组织和基层政权建设,完善党管农村工作体制机制和方式方法,保持党同农民群众的血肉联系,巩固党在农村的执政基础,形成推进农村改革发展强大合力。

三、大力推进改革创新,加强农村制度建设

实现农村发展战略目标,推进中国特色农业现代

化,必须按照统筹城乡发展要求,抓紧在农村体制改革关键环节上取得突破,进一步放开搞活农村经济,优化农村发展外部环境,强化农村发展制度保障。

(一)稳定和完善农村基本经营制度。以家庭承包经营为基础、统分结合的双层经营体制,是适应社会主义市场经济体制、符合农业生产特点的农村基本经营制度,是党的农村政策的基石,必须毫不动摇地坚持。赋予农民更加充分而有保障的土地承包经营权,现有土地承包关系要保持稳定并长久不变。推进农业经营体制机制创新,加快农业经营方式转变。家庭经营要向采用先进科技和生产手段的方向转变,增加技术、资本等生产要素投入,着力提高集约化水平;统一经营要向发展农户联合与合作,形成多元化、多层次、多形式经营服务体系的方向转变,发展集体经济、增强集体组织服务功能,培育农民新型合作组织,发展各种农业社会化服务组织,鼓励龙头企业与农民建立紧密型利益联结机制,着力提高组织化程度。按照服务农民、进退自由、权利平等、管理民主的要求,扶持农民专业合作社加快发展,使之成为引领农民参与国内外市场竞争的现代农业经营组织。全面推进集体林权制度改革,扩大国有林场和重点国有林区林权制度改革试点。推进国有农场体制改革。稳定和完善草原承包经营制度。

(二)健全严格规范的农村土地管理制度。土地制度是农村的基础制度。按照产权明晰、用途管制、节约集约、严格管理的原则,进一步完善农村土地管理制度。坚持最严格的耕地保护制度,层层落实责任,坚决守住十八亿亩耕地红线。划定永久基本农田,建立保护补偿机制,确保基本农田总量不减少、用途不改变、质量有提高。继续推进土地整理复垦开发,耕地实行先补后占,不得跨省区市进行占补平衡。搞好农村土地确权、登记、颁证工作。完善土地承包经营权权能,依法保障农民对承包土地的占有、使用、收益等权利。加强土地承包经营权流转管理和服务,建立、健全土地承包经营权流转市场,按照依法自愿有偿原则,允许农民以转包、出租、互换、转让、股份合作等形式流转土地承包经营权,发展多种形式的适度规模经营。有条件的地方可以发展专业大户、家庭农场、农民专业合作社等规模经营主体。土地承包经营权流转,不得改变土地集体所有性质,不得改变土地用途,不得损害农民土地承包权益。实行最严格的节约用地制度,从严控制城乡建设用地总规模。完善农村宅基地制度,严格宅基地管理,依法保障农户宅基地用益物权。农村宅基地和村庄整理所节约的土地,首先要复垦为耕地,调剂为建设用地的必须符合土地利用规划、纳入年度建设用地计划,并优先满足集体建设用地。改革征地制度,严格界定公益性和经营性建设用地,逐步缩小征地范围,完善征地补偿机制。依法征收农村集体土地,按照同地同价原则及时足额给农村集体组织和农民合理补偿,解决好被征地农民就业、住房、社会保障。在土地利用规划确定的城镇建设用地范围外,经批准占用农村集体土地建设非公益性项目,允许农民依法通过多种方式参与开发经营并保障农民合法权益。逐步建立城乡统一的建设用地市场,对依法取得的农村集体经营性建设用地,必须通过统一有形的土地市场、以公开规范的方式转让土地使用权,在符合规划的前提下与国有土地享有平等权益。抓紧完善相关法律、法规和配套政策,规范推进农村土地管理制度改革。

(三)完善农业支持保护制度。健全农业投入保障制度,调整财政支出、固定资产投资、信贷投放结构,保证各级财政对农业投入增长幅度高于经常性收入增长幅度,大幅度增加国家对农村基础设施建设和社会事业发展的投入,大幅度提高政府土地出让收益、耕地占用税新增收入用于农业的比例,大幅度增加对中西部地区农村公益性建设项目的投入。国家在中西部地区安排的病险水库除险加固、生态建设等公益性建设项目,逐步取消县及县以下资金配套。拓宽农业投入来源渠道,整合投资项目,加强投资监管,提高资金使用效益。健全农业补贴制度,扩大范围,提高标准,完善办法,特别要支持增粮增收,逐年较大幅度增加农民种粮补贴。完善与农业生产资料价格上涨挂钩的农资综合补贴动态调整机制。健全农产品价格保护制度,完善农产品市场调控体系,稳步提高粮食最低收购价,改善其他主要农产品价格保护办法,充实主要农产品储备,优化农产品进出口和吞吐调节机制,保持农产品价格合理水平。完善粮食等主要农产品价格形成机制,理顺比价关系,充分发挥市场价格对增产增收的促进作用。健全农业生态环境补偿制度,形成有利于保护耕地、水域、森林、草原、湿地等自然资源和农业物种资源的激励机制。

(四)建立现代农村金融制度。农村金融是现代农村经济的核心。创新农村金融体制,放宽农村金融准入政策,加快建立商业性金融、合作性金融、政策性金融相结合,资本充足、功能健全、服务完善、运行安全的农村金融体系。加大对农村金融政策支持力度,拓宽融资渠道,综合运用财税杠杆和货币政策工具,定向实行税收减免和费用补贴,引导更多信贷资金和社会资金投向农村。各类金融机构都要积极支持农村改革发展。坚持农业银行为农服务的方向,强化职能、落实责任,稳定和发展农村服务网络。拓展农业发展银行支农领域,加大政策性金融对农业开发和农村基础设施建设中长期信贷支持。扩大邮政储蓄银行涉农业务范围。县域内银行业金融机构新吸收的存款,主要用于当地发放贷款。改善农村信用社法人治理结构,保持县(市)社法人地位稳定,发挥为农民服务主力军作用。规范发展多种形式的新型农村金融机构和以服务农村为主的地区性中小银行。加强监管,大力发展小额信贷,鼓励发展适合农村特点和需要的各种微型金融服务。允许农村小型金融组织从金融机构融入资金。允许有条件的农民专业合作社开展信用合作。规范和引导民间借贷健康发展。加快农村信用体系建设。建立政府扶持、多方参与、市场运作的农村信贷担保机制。扩大农村有效担保物范围。发展农村保险事业,健全政策性农业保险制度,加快建立农业再保险和巨灾风险分散机制。加强农产品期货市场建设。

(五)建立促进城乡经济社会发展一体化制度。尽快在城乡规划、产业布局、基础设施建设、公共服务一体化等方面取得突破,促进公共资源在城乡之间均衡配置、生产要素在城乡之间自由流动,推动城乡经济社会发展融合。统筹土地利用和城乡规划,合理安排市县域城镇建设、农田保护、产业聚集、村落分布、生态涵养等空间布局。统筹城乡产业发展,优化农村产业结构,发展农村服务业和乡镇企业,引导城市资金、技术、人才、管理等生产要素向农村流动。统筹城乡基础设施建设和公共服务,全面提高财政保障农村公共事业水平,逐步建立城乡统一的公共服务制度。统筹城乡劳动就业,加快建立城乡统一的人力资源市场,引导农民有序外出就业,鼓励农民就近转移就业,扶持农民工返乡创业。加强农民工权益保护,逐步实现农民工劳动报酬、子女就学、公共卫生、住房租购等与城镇居民享有同等待遇,改善农民工劳动条件,保障生产安全,扩大农民工工伤、医疗、养老保险覆盖面,尽快制定和实施农民工养老保险关系转移接续办法。统筹城乡社会管理,推进户籍制度改革,放宽中小城市落户条件,使在城镇稳定就业和居住的农民有序转变为城镇居民。推动流动人口服务和管理体制创新。扩大县域发展自主权,增加对县的一般性转移支付、促进财力与事权相匹配,增强县域经济活力和实力。推进省直接管理县(市)财政体制改革,优先将农业大县纳入改革范围。有条件的地方可依法探索省直接管理县(市)的体制。坚持走中国特色城镇化道路,发挥好大中城市对农村的辐射带动作用,依法赋予经济发展快、人口吸纳能力强的小城镇相应行政管理权限,促进大中小城市和小城镇协调发展,形成城镇化和新农村建设互促共进机制。积极推进统筹城乡综合配套改革试验。

(六)健全农村民主管理制度。坚持党的领导、人民当家做主、依法治国有机统一,发展农村基层民主,以扩大有序参与、推进信息公开、健全议事协商、强化权力监督为重点,加强基层政权建设,扩大村民自治范围,保障农民享有更多更切实的民主权利。逐步实行城乡按相同人口比例选举人大代表,扩大农民在县乡人大代表中的比例,密切人大代表同农民的联系。继续推进农村综合改革,二〇一二年基本完成乡镇机构改革任务,着力增强乡镇政府社会管理和公共服务职能。完善与农民政治参与积极性不断提高相适应的乡镇治理机制,实行政务公开,依法保障农民知情权、参与权、表达权、监督权。健全村党组织领导的充满活力的村民自治机制,深入开展以直接选举、公正有序为基本要求的民主选举实践,以村民会议、村民代表会议、村民议事为主要形式的民主决策实践,以自我教育、自我管理、自我服务为主要目的的民主管理实践,以村务公开、财务监督、群众评议为主要内容的民主监督实践,推进村民自治制度化、规范化、程序化。加强农村法制建设,完善涉农法律、法规,增强依法行政能力,强化涉农执法监督和司法保护。加强农村法制宣传教育,搞好法律服务,提高农民法律意识,推进农村依法治理。培育农村服务性、公益性、互助性社会组织,完善社会自治功能。采取多种措施增强基层财力,逐步解决一些行政村运转困难问题,积极稳妥化解乡村债务。继续做好农民负担监督管理工作,完善村民一事一议筹资筹劳办法,健全农村公益事业建设机制。

四、积极发展现代农业,提高农业综合生产能力

发展现代农业,必须按照高产、优质、高效、生态、安全的要求,加快转变农业发展方式,推进农业科技进步和创新,加强农业物质技术装备,健全农业产业体系,提高土地产出率、资源利用率、劳动生产率,增强农业抗风险能力、国际竞争能力、可持续发展能力。要明确目标、制定规划、加大投入,集中力量办好关系全局、影响长远的大事。

(一)确保国家粮食安全。粮食安全任何时候都不能放松,必须常抓不懈。加快构建供给稳定、储备充足、调控有力、运转高效的粮食安全保障体系。把发展粮食生产放在现代农业建设的首位,稳定播种面积,优化品种结构,提高单产水平,不断增强综合生产能力。各地区都要明确和落实粮食发展目标,强化扶持政策,落实储备任务,分担国家粮食安全责任。抓紧实施粮食战略工程,推进国家粮食核心产区和后备产区建设,加快落实全国新增千亿斤粮食生产能力建设规划,以县为单位集中投入、整体开发,今年起组织实施。支持粮食生产的政策措施向主产区倾斜,建立主产区利益补偿制度,加大对产粮大县财政奖励和粮食产业建设项目扶持力度,加快实现粮食增产、农民增收、财力增强相协调,充分调动农民种粮、地方抓粮的积极性。完善粮食风险基金政策,逐步取消主产区资金配套。产销平衡区和主销区要加强产粮大县建设,确保区域内粮

田面积不减少、粮食自给水平不下降。坚持放开市场,积极搞活流通,完善产销衔接。提高全社会节粮意识,强化从生产到消费全过程节粮措施。加强粮食领域国际交流合作,为改善全球粮食供给作出贡献。

(二)推进农业结构战略性调整。以市场需求为导向、科技创新为手段、质量效益为目标,构建现代农业产业体系。搞好产业布局规划,科学确定区域农业发展重点,形成优势突出和特色鲜明的产业带,引导加工、流通、储运设施建设向优势产区聚集。采取有力措施支持发展油料生产,提高食用植物油自给水平。鼓励和支持优势产区集中发展棉花、糖料、马铃薯等大宗产品,推进蔬菜、水果、茶叶、花卉等园艺产品集约化、设施化生产,因地制宜发展特色产业和乡村旅游业。加快发展畜牧业,支持规模化饲养,加强品种改良和疫病防控。推进水产健康养殖,扶持和壮大远洋渔业。发展林业产业,繁荣山区经济。发展农业产业化经营,促进农产品加工业结构升级,扶持壮大龙头企业,培育知名品牌。强化主要农产品生产大县财政奖励政策,完善农产品加工业发展税收支持政策。加强农业标准化和农产品质量安全工作,严格产地环境、投入品使用、生产过程、产品质量全程监控,切实落实农产品生产、收购、储运、加工、销售各环节的质量安全监管责任,杜绝不合格产品进入市场。支持发展绿色食品和有机食品,加大农产品注册商标和地理标志保护力度。加强海峡两岸农业合作。

(三)加快农业科技创新。农业发展的根本出路在科技进步。顺应世界科技发展潮流,着眼于建设现代农业,大力推进农业科技自主创新,加强原始创新、集成创新和引进消化吸收再创新,不断促进农业技术集成化、劳动过程机械化、生产经营信息化。加大农业科技投入,建立农业科技创新基金,支持农业基础性、前沿性科学研究,力争在关键领域和核心技术上实现重大突破。加强农业技术研发和集成,重点支持生物技术、良种培育、丰产栽培、农业节水、疫病防控、防灾减灾等领域科技创新,实施转基因生物新品种培育科技重大专项,尽快获得一批具有重要应用价值的优良品种。适应农业规模化、精准化、设施化等要求,加快开发多功能、智能化、经济型农业装备设施,重点在田间作业、设施栽培、健康养殖、精深加工、储运保鲜等环节取得新进展。推进农业信息服务技术发展,重点开发信息采集、精准作业和管理信息、农村远程数字化和可视化、气象预测预报和灾害预警等技术。深化科技体制改革,加快农业科技创新体系和现代农业产业技术体系建设,加强对公益性农业科研机构和农业院校的支持。依托重大农业科研项目、重点学科、科研基地,加强农业科技创新团队建设,培育农业科技高层次人才特别是领军人才。稳定和壮大农业科技人才队伍,加强农业技术推广普及,开展农民技术培训。加快农业科技成果转化,促进产学研、农科教结合,支持高等学校、科研院所同农民专业合作社、龙头企业、农户开展多种形式技术合作。继续办好国家农业高新技术产业示范区。发挥国有农场运用先进技术和建设现代农业的示范作用。

(四)加强农业基础设施建设。以农田水利为重点的农业基础设施是现代农业的重要物质条件。大规模实施土地整治,搞好规划、统筹安排、连片推进,加快中低产田改造,鼓励农民开展土壤改良,推广测土配方施肥和保护性耕作,提高耕地质量,大幅度增加高产稳产农田比重。搞好水利基础设施建设,加强大江大河大湖治理,集中建成一批大中型水利骨干工程,加快大中型灌区、排灌泵站配套改造、水源工程建设,力争二〇二〇年基本完成大型灌区续建配套和节水改造任务。加快病险水库除险加固,确保二〇一〇年底完成大中型和重点小型水库除险加固任务。创新投资机制,采取以奖代补等形式,鼓励和支持农民广泛开展小型农田水利设施、小流域综合治理等项目建设。推广节水灌溉,搞好旱作农业示范工程。支持农用工业发展,加快推进农业机械化。按照现代化水平高、覆盖范围广的要求,加强良种繁育体系和农产品批发市场网络建设,加快建设现代粮食物流体系和鲜活农产品冷链物流系统。

(五)建立新型农业社会化服务体系。建设覆盖全程、综合配套、便捷高效的社会化服务体系,是发展现代农业的必然要求。加快构建以公共服务机构为依托、合作经济组织为基础、龙头企业为骨干、其他社会力量为补充,公益性服务和经营性服务相结合、专项服务和综合服务相协调的新型农业社会化服务体系。加强农业公共服务能力建设,创新管理体制,提高人员素质,力争三年内在全国普遍健全乡镇或区域性农业技术推广、动植物疫病防控、农产品质量监管等公共服务机构,逐步建立村级服务站点。支持供销合作社、农民专业合作社、专业服务公司、专业技术协会、农民经纪人、龙头企业等提供多种形式的生产经营服务。开拓农村市场,推进农村流通现代化。健全农产品市场体系,完善农业信息收集和发布制度,发展农产品现代流通方式,减免运销环节收费,长期实行绿色通道政策,加快形成流通成本低、运行效率高的农产品营销网络。保障农用生产资料供应,整顿和规范农村市场秩序,严厉惩治坑农害农行为。

(六)促进农业可持续发展。按照建设生态文明的要求,发展节约型农业、循环农业、生态农业,加强生态环境保护。继续推进林业重点工程建设,延长天然林保护工程实施期限，完善政策、巩固退耕还林成果，开展植树造林，提高森林覆盖率。实施草原建设和保护工程，推进退牧还草，发展灌溉草场，恢复草原生态植被。强化水资源保护。加强水生生物资源养护，加大增殖放流力度。推进重点流域和区域水土流失综合防治，加快荒漠化石漠化治理，加强自然保护区建设。保护珍稀物种和种质资源，防范外来动植物疫病和有害物种入侵。多渠道筹集森林、草原、水土保持等生态效益补偿资金，逐步提高补偿标准。积极培育以非粮油作物为原料的生物质产业，推进农林副产品和废弃物能源化、资源化利用。推广节能减排技术，加强农村工业、生活污染和农业面源污染防治。

（七）扩大农业对外开放。坚持“引进来”和“走出去”相结合，提高统筹利用国际国内两个市场、两种资源能力，拓展农业对外开放广度和深度。按照鼓励出口劳动密集型和技术密集型产品、适度进口结构性短缺产品的原则，完善农产品进出口战略规划和调控机制，加强国际市场研究和信息服务。强化农产品进出口检验检疫和监管，提高出口优势产品附加值和质量安全水平。引导外商投资发展现代农业。健全符合世界贸易组织规则的外商经营农产品和农业生产资料准入制度，建立外资并购境内涉农企业安全审查机制。统筹开展对外农业合作，培育农业跨国经营企业，逐步建立农产品国际产销加工储运体系。积极参与国际农产品贸易规则和标准制定，促进形成公平合理的贸易秩序。

五、加快发展农村公共事业，促进农村社会全面进步

建设社会主义新农村，形成城乡经济社会发展一体化新格局，必须扩大公共财政覆盖农村范围，发展农村公共事业，使广大农民学有所教、劳有所得、病有所医、老有所养、住有所居。

（一）繁荣发展农村文化。社会主义文化建设是社会主义新农村建设的重要内容和重要保证。坚持用社会主义先进文化占领农村阵地，满足农民日益增长的精神文化需求，提高农民思想道德素质。扎实开展社会主义核心价值体系建设，坚持用中国特色社会主义理论体系武装农村党员、教育农民群众，引导农民牢固树立爱国主义、集体主义、社会主义思想。推进广播电视村村通、文化信息资源共享、乡镇综合文化站和村文化室建设、农村电影放映、农家书屋等重点文化惠民工程，建立稳定的农村文化投入保障机制，尽快形成完备的农村公共文化服务体系。扶持农村题材文化产品创作生产，开展农民乐于参与、便于参与的文化活动，建立文化、科技、卫生“三下乡”长效机制，支持农民兴办演出团体和其他文化团体，引导城市文化机构到农村拓展服务。重视丰富农民工文化生活，帮助他们提高素质。广泛开展文明村镇、文明集市、文明户、志愿服务等群众性精神文明创建活动，倡导农民崇尚科学、诚信守法、抵制迷信、移风易俗，遵守公民基本道德规范，养成健康文明生活方式，形成男女平等、尊老爱幼、邻里和睦、勤劳致富、扶贫济困的社会风尚。加强农村文物、非物质文化遗产、历史文化名镇名村保护。发展农村体育事业，开展农民健身活动。

（二）大力办好农村教育事业。发展农村教育，促进教育公平，提高农民科学文化素质，培育有文化、懂技术、会经营的新型农民。巩固农村义务教育普及成果，提高义务教育质量，完善义务教育免费政策和经费保障机制，保障经济困难家庭儿童、留守儿童特别是女童平等就学、完成学业，改善农村学生营养状况，促进城乡义务教育均衡发展。加快普及农村高中阶段教育，重点加快发展农村中等职业教育并逐步实行免费。健全县域职业教育培训网络，加强农民技能培训，广泛培养农村实用人才。大力扶持贫困地区、民族地区农村教育。增强高校为农输送人才和服务能力，办好涉农学科专业，鼓励人才到农村第一线工作，对到农村履行服务期的毕业生代偿学费和助学贷款，在研究生招录和教师选聘时优先。保障和改善农村教师工资待遇和工作条件，健全农村教师培养培训制度，提高教师素质。健全城乡教师交流机制，继续选派城市教师下乡支教。发展农村学前教育、特殊教育、继续教育。加强远程教育，及时把优质教育资源送到农村。

（三）促进农村医疗卫生事业发展。基本医疗卫生服务关系广大农民幸福安康，必须尽快惠及全体农民。巩固和发展新型农村合作医疗制度，提高筹资标准和财政补助水平，坚持大病住院保障为主、兼顾门诊医疗保障。完善农村医疗救助制度。坚持政府主导，整合城乡卫生资源，建立、健全农村三级医疗卫生服务网络，重点办好县级医院并在每个乡镇办好一所卫生院，支持村卫生室建设，向农民提供安全价廉的基本医疗服务。加强农村卫生人才队伍建设，定向免费培养培训农村卫生人才，妥善解决乡村医生补贴，完善城市医师支援农村制度。坚持预防为主，扩大农村免费公共卫生服务和免费免疫范围，加大地方病、传染病及人畜共患病防治力度。加强农村药品配送和监管。积极发展中医药和民族医药服务。广泛开展爱国卫生运动，重视健康教育。加强农村妇幼保健，逐步推行住院分娩补助政策。坚持计划生育的基本国策，推进优生优育，稳定农村低生育水平，完善和落实计划生育奖励扶助制度，有效治理出生人口性别比偏高问题。

（四）健全农村社会保障体系。贯彻广覆盖、保基本、多层次、可持续原则，加快健全农村社会保障体系。

按照个人缴费、集体补助、政府补贴相结合的要求，建立新型农村社会养老保险制度。创造条件探索城乡养老保险制度有效衔接办法。做好被征地农民社会保障，做到先保后征，使被征地农民基本生活长期有保障。完善农村最低生活保障制度，加大中央和省级财政补助力度，做到应保尽保，不断提高保障标准和补助水平。全面落实农村五保供养政策，确保供养水平达到当地村民平均生活水平。完善农村受灾群众救助制度。落实好军烈属和伤残病退伍军人等优抚政策。发展以扶老、助残、救孤、济困、赈灾为重点的社会福利和慈善事业。发展农村老龄服务。加强农村残疾预防和残疾人康复工作，促进农村残疾人事业发展。

(五)加强农村基础设施和环境建设。把农村建设成为广大农民的美好家园，必须切实改善农民生产生活条件。科学制定乡镇村庄建设规划。加快农村饮水安全工程建设，五年内解决农村饮水安全问题。加强农村公路建设，确保"十一五"期末基本实现乡镇通油(水泥)路，进而普遍实现行政村通油(水泥)路，逐步形成城乡公交资源相互衔接、方便快捷的客运网络。推进农村能源建设，扩大电网供电人口覆盖率，推广沼气、秸秆利用、小水电、风能、太阳能等可再生能源技术，形成清洁、经济的农村能源体系。实施农村清洁工程，加快改水、改厨、改厕、改圈，开展垃圾集中处理，不断改善农村卫生条件和人居环境。推进广电网、电信网、互联网"三网融合"，积极发挥信息化为农服务作用。发展农村邮政服务。健全农村公共设施维护机制，提高综合利用效能。

(六)推进农村扶贫开发。搞好新阶段扶贫开发，对确保全体人民共享改革发展成果具有重大意义，必须作为长期历史任务持之以恒抓紧抓好。完善国家扶贫战略和政策体系，坚持开发式扶贫方针，实现农村最低生活保障制度和扶贫开发政策有效衔接。实行新的扶贫标准，对农村低收入人口全面实施扶贫政策，把尽快稳定解决扶贫对象温饱并实现脱贫致富作为新阶段扶贫开发的首要任务。重点提高农村贫困人口自我发展能力，对没有劳动力或劳动能力丧失的贫困人口实行社会救助。加大对革命老区、民族地区、边疆地区、贫困地区发展扶持力度。继续开展党政机关定点扶贫和东西扶贫协作，充分发挥企业、学校、科研院所、军队和社会各界在扶贫开发中的积极作用。加强反贫困领域国际交流合作。

(七)加强农村防灾减灾能力建设。我国农村自然灾害多、受灾地域广、防灾抗灾力量弱，必须切实加强农村防灾减灾工作，加强灾害性天气、地质灾害、地震监测预警，提高监测水平，完善处置预案，加强专业力量建设，提高应急救援能力，宣传普及防灾减灾知识，提高灾害处置能力和农民避灾自救能力。加强防洪排涝抗旱设施和监测预警能力建设，加快农村危房改造，提高农村道路、供电、供水、通信设施抗灾保障能力，提高农村学校、医院等公共设施建筑质量，落实安全标准和责任。全力做好汶川地震灾区农村恢复重建工作，加大投入，对口支援，发动群众，加快受灾农户住房重建，搞好农业生产设施重建，尽早恢复农业生产和农村经济。采取综合措施，促进灾区生态环境尽快修复并不断改善。

(八)强化农村社会管理。坚持服务农民、依靠农民，完善农村社会管理体制机制，加强农村社区建设，保持农村社会和谐稳定。健全党和政府主导的维护农民权益机制，拓宽农村社情民意表达渠道，做好农村信访工作，加强人民调解，及时排查化解矛盾纠纷。农村广大干部要进村入户做好下访工作，切实把矛盾和问题解决在基层、化解在萌芽状态。深入开展平安创建活动，加强农村政法工作，推进农村警务建设，实行群防群治，搞好社会治安综合治理。建立、健全农村应急管理体制，提高危机处置能力。巩固和发展平等团结互助和谐的社会主义民族关系。全面贯彻党的宗教工作基本方针，依法管理宗教事务。反对和制止利用宗教、宗族势力干预农村公共事务，坚决取缔邪教组织，严厉打击黑恶势力。

六、加强和改善党的领导，为推进农村改革发展提供坚强政治保证

推进农村改革发展，关键在党。要把党的执政能力建设和先进性建设作为主线，以改革创新精神全面推进农村党的建设，认真开展深入学习实践科学发展观活动，增强各级党组织的创造力、凝聚力、战斗力，不断提高党领导农村工作水平。

(一)完善党领导农村工作体制机制。强化党委统一领导、党政齐抓共管、农村工作综合部门组织协调、有关部门各负其责的农村工作领导体制和工作机制。各级党委和政府要坚持把农村工作摆上重要议事日程，在政策制定、工作部署、财力投放、干部配备上切实体现全党工作重中之重的战略思想，加强对农村改革发展理论和实践问题的调查研究，坚持因地制宜、分类指导，创造性地开展工作。党委和政府主要领导要亲自抓农村工作，省市县党委要有负责同志分管农村工作，县(市)党委要把工作重心和主要精力放在农村工作上。加强党委农村工作综合部门建设，建立职能明确、权责一致、运转协调的农业行政管理体制。注重选好配强县乡党政领导班子特别是主要负责人。坚持和完善"米袋子"省长负责制、"菜篮子"市长负责制。完善体现科学发展观和正确政绩观要求的干部考核评价体系，把粮食生产、农民增收、耕地保护、环境治

理、和谐稳定作为考核地方特别是县(市)领导班子绩效的重要内容。支持人大、政协履行职能,发挥民主党派、人民团体和社会组织积极作用,共同推进农村改革发展。

(二)加强农村基层组织建设。党的农村基层组织是党在农村工作的基础。以领导班子建设为重点、健全党组织为保证、三级联创活动为载体,把党组织建设成为推动科学发展、带领农民致富、密切联系群众、维护农村稳定的坚强领导核心。改革和完善农村基层组织领导班子选举办法,抓好以村党组织为核心的村级组织配套建设,领导和支持村委会、集体经济组织、共青团、妇代会、民兵等组织和乡镇企业工会组织依照法律、法规和章程开展工作。创新农村党的基层组织设置形式,推广在农村社区、农民专业合作社、专业协会和产业链上建立党组织的做法。加强农民工中党的工作。健全城乡党的基层组织互帮互助机制,构建城乡统筹的基层党建新格局。抓紧村级组织活动场所建设,两年内覆盖全部行政村。

(三)加强农村基层干部队伍建设。建设一支守信念、讲奉献、有本领、重品行的农村基层干部队伍,对做好农村工作至关重要。着力拓宽农村基层干部来源,提高他们的素质,解除他们的后顾之忧,调动他们的工作积极性。注重从农村致富能手、退伍军人、外出务工返乡农民中选拔村干部。引导高校毕业生到村任职,实施一村一名大学生计划。鼓励党政机关和企事业单位优秀年轻干部到村帮助工作。加大从优秀村干部中考录乡镇公务员和选任乡镇领导干部力度。探索村党组织书记跨村任职。通过财政转移支付和党费补助等途径,形成农村基层组织建设、村干部报酬和养老保险、党员干部培训资金保障机制。整合培训资源,广泛培训农村基层干部,增强他们带领农民建设社会主义新农村的本领。扎实推进农村党员干部现代远程教育,两年内实现全国乡村网络基本覆盖。

(四)加强农村党员队伍建设。巩固和发展先进性教育活动成果,做好发展党员工作,改进党员教育管理,增强党员意识,建设高素质农村党员队伍。扩大党内基层民主,尊重党员主体地位,保证党员按照党章规定履行义务、行使权利。组织农村党员学习党的理论和路线方针政策、法律、法规、实用技术。广泛开展党员设岗定责、依岗承诺、创先争优等活动。关心爱护党员,建立、健全党内激励、关怀、帮扶机制,增强党组织的亲和力。加强和改进流动党员管理,建立、健全城乡一体党员动态管理机制。加大在优秀青年农民中发展党员力度。探索发展党员新机制,不断提高发展党员质量。

(五)加强农村党风廉政建设。大力发扬党的优良传统和作风,密切党群干群关系,是做好农村改革发展工作的重要保证。坚持教育、制度、监督、改革、纠风、惩治相结合,推进农村惩治和预防腐败体系建设。以树立理想信念和加强思想道德建设为基础,深入开展反腐倡廉教育,弘扬求真务实、公道正派、艰苦奋斗的作风,筑牢党员、干部服务群众、廉洁自律的思想基础。以规范和制约权力运行为核心,全面推进政务公开、村务公开、党务公开,健全农村集体资金、资产、资源管理制度,做到用制度管权、管事、管人。以维护农民权益为重点,围绕党的农村政策落实情况加强监督检查,切实纠正损害农民利益的突出问题,严肃查处涉农违纪违法案件。广大党员、干部要坚持权为民所用、情为民所系、利为民所谋,关心群众疾苦,倾听群众呼声,集中群众智慧,讲实话、办实事、求实效,坚决反对形式主义、官僚主义,努力创造实实在在的业绩。

实现全面建设小康社会的宏伟目标,最艰巨最繁重的任务在农村,最广泛最深厚的基础也在农村。全党同志要紧密团结在以胡锦涛同志为总书记的党中央周围,锐意改革,加快发展,在推进中国特色社会主义伟大事业进程中努力开创农村工作新局面!

国务院总理温家宝同马其顿总理尼古拉·格鲁埃夫斯基互致贺电庆祝中马建交15周年

10月13日

国家副主席习近平到江西调研考察

10月13日至15日,习近平在江西省省委、省政府主要负责同志的陪同下,深入赣州、吉安、南昌等地农村、企业、社区、院校进行调研考察。他强调,党的十七届三中全会进一步采取有力措施推进农村改革发展,适应了农村经济社会发展的阶段性特征和亿万农民的共同心愿,是发展中国特色社会主义的必然要求。各级党组织要认真学习、深刻领会、全面贯彻党的十七届三中全会精神,发挥农民首创精神,大力推进农村改革创新,努力开创“三农”工作新局面。在泰和县禾市镇熊瓦村,习近平来到稻田中和收割稻谷的农民交谈,询问收成和收入情况。在村子的院场上,习近平与村民们坐在一起拉家常,详细了解他们的生产生活情况,当他得知这个村从实际出发推进新农村建设,村民的经济状况、精神面貌和居住环境发生明显变化时,感到由衷的高兴。在赣县茅店镇洋塘村,他对来这里任职的大学生村官投身农村基层一线表示赞赏,希望他们在基层实践中切身体验国情,培养群众感情,丰富人生经历,提高自身素质,更好地服务农民群众。

习近平十分关注民生问题。调研考察中他深入基层，深入群众，关切地询问他们就业、就医、居住生活等情况。他强调，只有解决好民生问题，人民才会安居乐业，社会才能和谐稳定。在推动科学发展的进程中，要更加注重保障和改善民生，更加注重加强社会建设和社会管理，始终坚持民生为先、民生为重、民生为本，坚持把新增财力向困难群众倾斜、向农村倾斜、向基层倾斜、向社会事业倾斜，使人民群众共享改革发展成果。

习近平专程到瑞金瞻仰了第一次、第二次全国苏维埃代表大会会址等革命旧址，到井冈山瞻仰了茨坪革命旧居旧址群并参观了井冈山革命博物馆，向瑞金红军烈士纪念塔和井冈山革命烈士陵园敬献了花篮、花圈，还看望慰问了老红军。他饱含深情地说，无数革命先烈用鲜血和生命换来的江山为我们创造美好生活奠定了坚实基础，他们留下的优良传统是永远激励我们前进的宝贵财富，任何时候都不能丢。我们要把继承优良传统和坚持改革创新结合起来，把解放思想和尊重执政党建设规律结合起来，深入研究党的建设中的新问题，在新的起点上全面加强和改进党的建设，不断提高党建工作水平。

调研考察结束时，习近平同江西党政领导干部进行了座谈。他指出，在全党开展深入学习实践科学发展观活动，既是科学发展的重要抓手，又是党的建设的有力举措，要以此为契机，更加自觉地以科学发展观审视过去、总结经验、规划未来，把科学发展观的要求转化为谋划发展的正确思路、促进发展的政策措施、领导发展的实际能力，使贯彻落实科学发展观的过程真正成为推动经济社会又好又快发展的过程。

习近平还考察了中国井冈山干部学院，就如何做好新形势下的干部教育培训工作同师生进行了座谈。

最高人民法院启动巡视工作

最高人民法院日前正式启动巡视工作，将于近日对江苏、安徽两省高级人民法院进行巡视。最高人民法院院长王胜俊提出，要通过不断加强和完善巡视工作，促进反腐倡廉建设，保证党的路线方针政策、国家的法律、法规和最高人民法院的工作部署得到不折不扣执行。

王胜俊说，当前，人民群众对司法工作的要求和期待越来越高，对人民法院和人民法官的廉政问题越来越关注。尽管全国各级人民法院已经采取了各项措施加强廉政建设，但司法不公和司法腐败现象时有发生，要通过巡视工作不断加强党风廉政建设和法官的作风建设，促进司法公正，保障社会公平正义，不断满足人民群众的新要求和新期待。

据介绍，最高人民法院首批巡视组的巡视工作将分3个阶段进行，以听取汇报、走访相关部门、个别谈话、随机抽查、公认度调查等方式具体实施，将于明年1月底前结束。

国务院副总理张德江在桂林出席贵广铁路开工动员大会

贵广铁路开工动员大会在广西壮族自治区桂林市灵川县贵广铁路甘棠江特大桥桥址举行。中共中央政治局委员、国务院副总理张德江出席开工动员大会，宣布贵广铁路开工并为贵广铁路奠基。

贵广铁路是铁路“十一五”规划的重点项目，自贵州省贵阳市至广东省广州市，是一条客货兼顾、以客为主、完善西部路网布局的区际快速铁路干线。全长857公里，沿线共设30个车站，为双线电气化国家Ⅰ级铁路，设计时速200公里，年运输能力为货运量3500万吨，日开行客车100对，设计工期6年，投资估算总额858亿元。

国务院副总理李克强在中南海紫光阁会见新加坡国防部长张志贤一行

外交部部长杨洁篪在北京会见巴基斯坦外长库雷西

全国人大常委会副委员长陈至立在人民大会堂会见美国参议院共和党副督导、外委会资深议员查克·哈格尔

国务院副总理回良玉出席在北京召开的第十四届世界地震工程大会并代表中国政府致辞

回良玉表示，自然灾害是人类面临的共同挑战，我们将秉持科学的减灾理念，着力提高综合防震减灾能力，加强国际交流与合作，推动地震工程技术创新和应用，共同为人类社会防御和减轻地震灾害作出更大的贡献。

回良玉首先对大会的召开表示热烈祝贺，向与会代表表示真挚欢迎。他说，本届大会以“创新、安全、应用”为主题，体现了当今世界地震工程科技发展趋势和防震减灾要求；大会的召开，必将有力推动世界地震工程学及相关领域的发展，促进地震科技创新，对于提升世界工程性抗御地震灾害能力发挥重要作用。

回良玉就防御和减轻地震灾害提出五点建议：一是坚持预防为主，树立科学减灾理念，更加重视灾前防范，最大限度地减轻地震灾害造成的人员伤亡和经济损失。二是加强地震基础研究，力争在地震成灾机理和预测预报等基础性、关键性的科学问题上取得突破，提高人类对地震发生规律的认知水平，增强抗御地震灾害的能力。三是推动工程抗震技术创新应用,设计建造更加安全的居所、社区、城市,为人类提供更加安全的庇护。四是健全防震减灾预案体系,加强防震减灾基础设施建设,完善应急救灾物资储备,大力开展防震减灾宣传教育和科学普及,提高综合防震减灾能力。五是加强国际交流与合作,共同研究探索地震科学难题,共享地震工程领域最新成果,共同建设地震安全家园。

开幕式前,回良玉会见了国际地震工程协会主席片山恒雄等部分中外与会代表。

世界地震工程大会是地震工程领域最有影响力的学术性会议,由国际地震工程协会主办,每4年召开一次。本届大会由中国地震工程联合委员会承办,来自68个国家和地区、有关国际组织的官员、专家、学者参加大会。大会将广泛交流地震工程最新学术成果,展望地震工程科技发展。

国家测绘局公布中国内陆最低点测绘数据

经国家测绘局精确测量,我国陆地最低点为新疆吐鲁番艾丁湖洼地,海拔高程确定为-154.31米。

据国家测绘局副局长李维森介绍,艾丁湖洼地是中国内陆最低处,也是世界著名低地,其最低点的高程是重要地理信息数据。以前使用的艾丁湖洼地高程数据是新疆维吾尔自治区测绘局1979年用传统测量仪器获得。由于环境及地质结构变化,艾丁湖洼地最低点的位置和高程发生了一定变化。

第十三届“全国十佳少先队员”受表彰

在中国少年先锋队建队59周年之际,共青团中央、教育部、全国少工委和中央电视台在人民大会堂举行第十三届“全国十佳少先队员”、第九届“全国十佳少先队辅导员”、第八届“全国十佳少先队志愿辅导员”表彰会,全国政协副主席孙家正出席表彰会。同时受到表彰的还有,在抗震救灾和抗击雨雪冰冻灾害中表现突出的26名少先队员和10名少先队辅导员,他们分别荣获“全国十佳少先队员”特别奖和“全国十佳少先队辅导员”特别奖。

当选的第十三届“全国十佳少先队员”是:黑龙江省肇东市实验小学少先队员王涣杰,湖北省宜昌市特殊教育学校少先队员刘丹阳,北京市东城区府学胡同小学少先队员安怡霏,青海省西宁市虎台中学少先队员张书鸣,广东省深圳市龙岗区福安学校少先队员张家林,江西省萍乡市师范学校附属小学少先队员李鹤仪,山西省阳泉市矿区西河路小学少先队员杨懿,新疆维吾尔自治区哈巴河县加依勒玛乡寄宿学校少先队员胡特别克·阿新(哈萨克族),天津市东丽区津门小学少先队员郭洪宇,宁夏回族自治区银川市第二十一小学少先队员锁佳樱(回族)。

10月14日

国务院总理温家宝在北京主持召开国务院抗震救灾总指挥部会议第26次会议

会议总结四川汶川特大地震抗震救灾工作,研究部署灾后重建任务。

中共中央政治局常委、国务院副总理、总指挥部副总指挥李克强,中共中央政治局委员、国务院副总理、总指挥部副总指挥回良玉,国务委员兼国务院秘书长马凯,国务委员孟建柱出席会议。

会议讨论了《四川汶川特大地震抗震救灾工作总结报告》。会议指出,在党中央、国务院、中央军委的领导下,总指挥部有力有序有效地组织开展了抗震救灾工作。深入贯彻落实科学发展观,坚持以人为本,贯穿于整个抗震救灾工作的全过程;坚持统一指挥协调,确保抗震救灾工作高效运转;坚持依靠各方面力量,形成强大攻坚合力;坚持按客观规律办事,充分发挥科学技术在抗震救灾和灾后重建工作中的作用。在灾区党委、政府直接领导下,经过灾区干部群众和解放军、武警官兵、公安民警以及社会各界的共同努力,抗震救灾工作取得了重大胜利。

会议强调,当前,抗震救灾已进入灾后恢复重建的阶段。要力争用三年左右时间完成恢复重建的主要任务,使灾区基本生活条件和经济发展水平达到或超过灾前水平。一要加快恢复重建工作。这不仅有利于灾区早日恢复正常的生产生活秩序,让群众安居乐业,也有利于扩大国内需求,促进国民经济又好又快地发展。要根据灾后恢复重建总体规划,抓紧启动一批重要建设项目,包括学校、医院等公共设施,交通、通讯、电力、水利等基础设施,以及需要恢复重建的生产企业等。二要确保中央制定的各项政策措施落实到位。各有关地区和部门要进一步明确具体任务、责任主体和完成时限,抓好落实工作。三要明确恢复重建的领导工作机制。在国务院领导下,灾区省级人民政府对本地区恢复重建负总责。国务院成立恢复重建工作协调小组,负责协调重大政策问题,指导重建规划落实,组织好规划实施的中期评估和规划实施结束时的全面总结工作,不再保留国务院抗震救灾总指挥部。支援省份要与受援地区建立、健全密切协调、相互配合的对口支援工作机制,全面落实中央提出的支援任务。

民革中央主席周铁农在北京会见“南台湾社团精英大陆参访团”

农业部召开在京渔业系统纪念改革开放30周年座谈会

会议通报,中国的水产品总产量自1989年以来连续18年位居世界首位。作为世界主要渔业国中唯一养殖产量超过捕捞产量的国家,中国养殖产量占全球养殖产量的70%。

但同时,随着工业的发展和城市扩容,渔业水域、滩涂被大量占用,部分宜渔水域受到污染,珍稀水生野生动植物濒危程度加剧。

国务院副总理王岐山在中南海紫光阁会见美国联邦参议员查克·哈格尔

全国总工会主席王兆国在人民大会堂会见来华参加非洲国家工会领导人研修班的非洲工会领导人

中俄双方在黑瞎子岛举行中华人民共和国与俄罗斯联邦国界东段界桩揭幕仪式

中国外交部大使赵希迪和俄罗斯外交部一亚局副局长马雷舍夫共同为中俄界桩揭幕。两国外交、国防、公安等部门及地方代表共同出席了仪式。同日,中国外交部和俄罗斯外交部通过换文确认《中华人民共和国政府和俄罗斯联邦政府关于中俄国界线东段补充叙述议定书》及其附件正式生效。两国边防部队已开始按双方勘定的国界线履行防务。

中国国际核聚变能源计划执行中心在北京成立

中国盲人数字图书馆在北京开通

亚洲开放大学协会第二十二届年会在天津举行

10月15日

国家主席胡锦涛在人民大会堂与巴基斯坦总统扎尔达里举行会谈

胡锦涛说,建交57年来,中巴关系经历了国际风云变幻和各自国内情况变化的考验,始终健康顺利发展。这主要得益于两国领导人对两国关系高度重视,发挥了重要的推动作用。两国本着互利双赢,共同发展的精神,积极拓展和深化互利合作。两国都致力于维护地区和世界的和平与稳定,在国际和地区事务中保持良好的协调与配合。胡锦涛表示,巴基斯坦是中国重要邻国和战略合作伙伴,中方高度重视中巴关系,始终把发展中巴关系作为中国外交的优先方向之一。

扎尔达里说,巴中两国人民的友谊源远流长,两国真诚友好,相互支持。我将中国作为上任后第一个正式出访的国家,以显示巴新政府对进一步提升双边关系的高度重视。继承和发展巴先辈们开创的巴中友好事业是我的历史使命。巴方感谢中国政府和人民对巴经济建设的大力支持和帮助,将一如既往地坚持对华友好政策,为两国关系健康稳定发展作出不懈努力。

胡锦涛说,当前,中巴经贸合作势头强劲,《中巴自由贸易协定》《中巴经贸合作五年发展规划》和有关合作协议总体执行良好,一些重要合作项目取得积极进展。双方要继续落实好已签署的协议,抓好重点项目实施工作,优先推进条件成熟项目,探讨扩大合作的新方式新途径,积极发展边境贸易和过境贸易,使两国人民得到更多实惠。

胡锦涛表示,人文交流是中巴友谊传承和发展的重要纽带。双方要加强两国社会各界友好交往,扩大文化、教育、卫生、新闻等领域的交流合作,继续组织和实施好已商定的交流合作项目,特别要搞好两国青少年交流活动,完善两国青年百人团互访机制,为中巴友好事业培养生力军和接班人,使中巴友谊世代相传。

会谈后,两国元首共同出席了经济技术、贸易、矿产、农业、环保、通信卫星、广播电影电视等双边合作文件的签字仪式。

全国人大常委会委员长吴邦国在人民大会堂会见瑞士联邦议会国民院议长安德烈·比尼翁

吴邦国说,两国高层交往频繁,政治互信不断增强。经贸合作成效显著,中瑞互为对方重要的经贸和技术合作伙伴。双方在文教、科技、旅游、环保和人员培训等领域的合作蓬勃开展。事实表明,发展中瑞关系符合两国和两国人民的根本利益。中方重视同瑞士的关系,赞赏瑞方坚持奉行一个中国政策,愿与瑞方一道,认真落实双方达成的共识,加强对话,增进互信,深化合作,妥善处理分歧,推动中瑞关系不断向前发展。

比尼翁说,此次访华给我留下了美好而深刻的印象。积极发展对华关系是瑞士政府、议会和人民的共同愿望,瑞士联邦议会愿积极推动两国各领域的务实合作,为瑞中关系的发展作出贡献。

十一届全国人大常委会第十一次委员长会议在人民大会堂举行

吴邦国委员长主持会议。

委员长会议决定,十一届全国人大常委会第五次会议10月23日至28日在北京举行,建议会议继续审议企业国有资产法草案、消防法修订草案、食品安全法草案,首次审议国家赔偿法修正案草案、防震减灾法修订草案、邮政法修订草案等。

委员长会议建议十一届全国人大常委会第五次会

议审议国务院关于提请审议批准《核材料实物保护公约》修订案的议案、关于提请审议批准《移动设备国际利益公约》和《移动设备国际利益公约关于航空器设备特定问题的议定书》的议案、关于提请审议批准《中华人民共和国和葡萄牙共和国引渡条约》的议案。

委员长会议还建议本次常委会会议审议国务院关于加强金融宏观调控情况的报告,最高人民法院关于加强刑事审判工作维护司法公正情况的报告,最高人民检察院关于加强刑事审判法律监督工作维护司法公正情况的报告;审议全国人大常委会执法检查组关于检查农民专业合作社法实施情况的报告和关于检查环境影响评价法实施情况的报告。

委员长会议建议的本次常委会会议议程还有:审议全国人大民族委员会、内务司法委员会、财政经济委员会关于十一届全国人民代表大会第一次会议主席团分别交付审议的代表提出的议案审议结果的报告;审议全国人大常委会代表资格审查委员会关于个别代表的代表资格的报告;审议有关任免案等。

委员长会议听取了全国人大常委会副委员长兼秘书长李建国作的关于十一届全国人大常委会第五次会议议程草案和日程安排意见的汇报,听取了全国人大有关专门委员会、全国人大常委会有关工作委员会负责人关于十一届全国人大常委会第五次会议有关议程情况的汇报。

全国人大常委会副委员长王兆国、路甬祥、乌云其木格、韩启德、华建敏、陈至立、周铁农、司马义·铁力瓦尔地、蒋树声、陈昌智、严隽琪、桑国卫出席会议。

国务院总理温家宝主持召开国务院常务会议研究部署支持青海等省藏区经济社会发展工作

会议指出,青海、四川、云南、甘肃省藏区是藏族与其他民族共同聚居的民族自治地方,是长江、黄河、澜沧江等江河的发源地及水源涵养区,是我国重要的高原生态屏障。改革开放特别是实施西部大开发战略以来,这些地区生态保护得到加强,经济得到发展,民生得到改善,正处在历史上最好的发展时期。但这些地区地处高寒缺氧地带,生态环境脆弱,自然灾害频繁,基础设施薄弱,自我发展能力不强。为加快这些地区经济社会发展,国务院有关部门在深入调查研究的基础上,制定了支持青海等省藏区经济社会发展的意见。

会议强调,支持青海等省藏区经济社会发展,要深入贯彻落实科学发展观,坚持民族区域自治制度,从青海等省藏区实际出发,以加强生态保护和建设为重点,以改善民生为核心,把生态建设、改善民生、发展经济与维护稳定更紧密地结合起来。争取到2012年,使这些地区生态环境局部有明显改善,城乡居民收入接近或达到西部地区平均水平,基础设施进一步加强,重点产业和特色经济初具规模;到2020年,生态环境总体改善,城乡居民收入接近全国平均水平,基础设施比较完善,特色优势产业形成规模,全面实现小康社会目标。为此,要重点抓好以下工作:一是强化生态保护和建设。加强青海三江源地区、青海湖流域等重要生态功能区的保护和建设,加快建立生态补偿机制,切实解决好转产转业农牧民的长远生计。二是加大扶贫开发力度,切实改善农牧区生产生活条件,增加农牧民收入。加快发展生态畜牧业和高原特色农业,加快解决农牧区饮水难、行路难、用电难、通信难等突出问题。三是大力发展社会事业,提高公共服务能力。优先发展教育事业,提高寄宿生补助标准,解决学校取暖问题。完善州、县、乡三级公共卫生和基本医疗服务体系,发展民族文化体育和广播影视事业,逐步提高社会保障水平。四是加强基础设施建设,提高区域发展支撑能力。支持青海等省藏区加强水利建设,完善公路路网结构,消除铁路瓶颈制约,完善航空网络布局,促进电力、煤炭、天然气、生物质能和太阳能综合利用体系建设。五是促进优势特色产业发展,培育新的经济增长点。加快柴达木优势资源综合开发利用和循环经济试验区建设,发展特色旅游业和商贸服务业,扶持高原特色加工业发展,严格限制污染企业向藏区转移。

会议还研究了其他事项。

政协第十一届全国委员会常务委员会第三次会议在北京开幕

会议主要议题是学习贯彻中共十七届三中全会精神,为新形势下推进农村改革发展建言献策。中共中央政治局常委、全国政协主席贾庆林主持开幕会。中共中央政治局委员、国务院副总理回良玉应邀到会作了关于中共十七届三中全会会议情况和会议精神的报告。

贾庆林指出,刚刚闭幕的中共十七届三中全会是在国际形势继续发生深刻变化,我国改革发展进入关键阶段召开的一次十分重要的会议。全会的召开,对于全面贯彻党的十七大精神,坚持以邓小平理论和“三个代表”重要思想为指导,深入贯彻落实科学发展观,夺取全面建设小康社会的新胜利、开创中国特色社会主义事业新局面,具有重大而深远的意义。

贾庆林强调,解决好农业、农村、农民问题,事关全面建设小康社会大局,始终是党和政府工作的重中之重,也是人民政协履行职能、开展工作的重大课题。多年来,全国政协常委会、各专门委员会和广大政协委员围绕农业、农村和农民问题进行了大量工作。希望常委会组成人员认真学习中央全会精神,积极建言献策,更加自觉地将继续解放思想落实到坚持改革开放、推动科学发展、促进社会和谐上来，毫不动摇地推进农村改革发展，为夺取全面建设小康社会新胜利、开创中国特色社会主义事业新局面作出贡献。

回良玉在报告中指出，中共十七届三中全会通过的《决定》，是在中共中央政治局常委会领导下，充分发扬民主，广泛听取各方面意见和建议的基础上形成的，具有坚实的实践基础和群众基础，是全党全国各族人民集体智慧的结晶。《决定》从中国特色社会主义事业总体布局和全面建设小康社会战略全局出发，深刻总结了30年农村改革发展的巨大成就和基本经验，深入分析了当前推进农村改革发展面临的机遇和挑战，明确提出了新形势下推进农村改革发展的指导思想、目标任务、重大原则和战略举措，是当前和今后一个时期推进农村改革发展的纲领性文件。

回良玉着重从五个方面介绍了《决定》的重要精神和主要内容。他强调，我国总体上已进入以工促农、以城带乡的发展阶段，进入加快改造传统农业、走中国特色农业现代化道路的关键时刻，进入着力破除城乡二元结构、形成城乡经济社会发展一体化新格局的重要时期。推进农村改革发展，要把建设社会主义新农村作为战略任务，把走中国特色农业现代化道路作为基本方向，把加快形成城乡经济社会发展一体化新格局作为根本要求，大力推进改革创新、加强农村制度建设，积极发展现代农业、提高农业综合生产能力，加快发展农村公共事业、促进农村社会全面进步，加强和改善党的领导、为推进农村改革发展提供坚强政治保证。

本次常委会议为期四天。按照议程，会议还将审议全国政协委员赴山西等省市视察和考察情况的报告，审议外事出访报告及有关人事事项。

全国政协副主席王刚、杜青林、白立忱、陈奎元、阿不来提·阿不都热西提、李兆焯、黄孟复、董建华、张梅颖、张榕明、钱运录、李金华、郑万通、邓朴方、林文漪、厉无畏、罗富和、陈宗兴、王志珍出席会议。

中共中央和国务院有关部门负责人应邀参加开幕会。

中国联合网络通信有限公司在北京成立

第七届亚欧人民论坛在北京闭幕

以“促进社会公正和环境保护”为主题的第七届亚欧人民论坛在通过《最后宣言》后闭幕。论坛呼吁亚欧各国政府和人民通过采取以人为本的措施，共同应对包括粮食、能源、气候、安全和环境在内的全球挑战以及当前的金融危机，宣言强调在应对危机的过程中，要切实考虑南方各国人民的需要，构建一个公正、平等和可持续的世界。

本届论坛是13日在北京开幕的。共有500多名来自亚洲、欧洲的非政府组织代表和中国的社会组织代表与会。论坛针对传统和非传统安全的挑战、全球化下的人权保障以及发展模式的变革等问题举行了3场圆桌会议，并举行了30多场专题会议，就跨文化对话和理解、联合国千年发展目标、提高妇女的政治参与、粮食主权与安全、全球气候变化、亚欧投资流向、欧盟与亚洲在新能源方面的合作等问题进行讨论。论坛还特别针对当前的金融危机进行了热烈探讨。

中联部部长王家瑞在北京与巴基斯坦人民党秘书长穆罕默德·杰行吉尔·巴达尔签署《中国共产党与巴基斯坦人民党交流合作谅解备忘录》

解放军四总部和全军大单位党委机关深入学习实践科学发展观活动全面展开

10月16日

全国人大常委会委员长吴邦国在人民大会堂分别会见巴基斯坦总统和马达加斯加参议院议长

吴邦国分别会见来访的巴基斯坦总统扎尔达里和我爱马达加斯加党全国主席、马达加斯加参议院议长伊万·兰德里亚桑德拉特里尼乌尼。

会见扎尔达里时，吴邦国高度评价中巴传统友好关系。他说，两国在政治上相互信赖、平等相待；经济上互利合作、共同发展；其他领域的交流合作不断扩大、成果显著；在国际和地区事务中相互支持、密切配合。中方始终从战略高度和长远角度看待中巴关系，把巴基斯坦看作可信赖的朋友，愿同巴方一道努力，将两国各领域务实合作不断推向新的高度，造福两国人民。

吴邦国表示，中国全国人大与巴基斯坦议会已经并将继续开展多层次、多渠道的友好交流，加深两国人民友谊，为推动中巴战略合作伙伴关系全面发展注入新的活力。

扎尔达里表示，巴基斯坦新政府致力于不断促进巴中战略合作伙伴关系向前发展。巴中两国人民有着兄弟般的友谊，巴方愿学习和借鉴中国的发展经验，扩大两国经贸合作，努力为中国公司赴巴投资发展提供良好的合作环境。

在会见伊万时，吴邦国说，两国在政治、经贸、文化、卫生、教育等领域的交流合作不断深化，给两国人民带来实实在在的利益，中方对两国的良好合作表示满意。发展同包括马达加斯加在内的非洲国家关系是中国对外政策的基础。中方愿与马方一起,密切合作,推动中马关系不断走向深入。

吴邦国指出,政党交流和议会往来都是中马关系的重要组成部分。我们愿继续加强与爱马党和马达加斯加国民议会、参议院之间的交流,就治国理政经验、党建等方面充分交换意见,为推动中马国家关系全面发展作出更大贡献。

伊万完全赞同吴邦国对两国关系的评价。他说,我此访的目的就是为了推动与中方在政党、议会、政府等各方面的友好交流与合作,学习借鉴中国的成功经验。

国务院总理温家宝在中南海紫光阁会见巴基斯坦总统扎尔达里

中华人民共和国与巴基斯坦伊斯兰共和国发表联合声明

一、应中华人民共和国主席胡锦涛的邀请,巴基斯坦伊斯兰共和国总统阿西夫·阿里·扎尔达里于2008年10月14日至17日对中华人民共和国进行国事访问。

访问期间,胡锦涛主席同扎尔达里总统举行了会谈,中国全国人大常委会委员长吴邦国、国务院总理温家宝和全国政协主席贾庆林分别会见了扎尔达里总统。两国领导人在亲切、友好和相互理解的气氛中就新形势下进一步巩固和深化中巴战略合作伙伴关系及共同关心的国际和地区问题深入交换意见,达成广泛共识。扎尔达里总统还和中国工商界和金融界人士进行了广泛的讨论。

二、两国领导人满意地回顾了建交57年来中巴关系的发展历程,一致认为,无论国际、地区和两国国内形势如何变化,中巴友谊都经受住了时间和实践的考验。全天候友谊和全方位合作已成为中巴关系的显著特征。

双方认为,两国加强睦邻友好、开展互利合作、深化中巴战略合作伙伴关系符合两国人民的根本利益,有利于本地区的和平与发展,在新形势下要继续发扬光大。

三、双方一致认为,2005年4月两国签订的《中华人民共和国和巴基斯坦伊斯兰共和国睦邻友好合作条约》具有重要的历史和现实意义,为中巴关系长期稳定健康发展奠定了坚实的法律基础。双方决心恪守条约确定的方针和原则,认真履行两国建交以来签署的双边法律文件,进一步加强在经济、防务、科技、人文等各领域的交流与合作,推动中巴战略合作伙伴关系不断向前发展。

四、中方强调,巴基斯坦是中国的好邻居、好朋友、好兄弟、好伙伴。中国将继续从战略高度和长远角度看待中巴关系,继续支持巴基斯坦应对经济挑战、实现国家发展目标所做的努力,并愿与巴方一道,推动中巴战略合作伙伴关系不断迈上新台阶。

巴方强调,对华关系是巴外交政策的基石,对华友好是巴举国上下的共识。巴方感谢中国政府和人民对巴经济建设的大力支持和帮助,将一如既往地坚持对华友好政策,为两国关系健康稳定发展作出不懈努力。

五、巴方重申将继续坚定奉行一个中国政策,认为台湾是中国领土不可分割的一部分,巴方全力支持中国和平统一大业。

中方感谢巴方长期以来在涉及中国领土主权问题上给予的坚定支持,重申支持巴方为维护主权、独立和领土完整所作的努力,赞赏巴方为促进地区和平、稳定与安全和国际反恐斗争所发挥的重要作用。

六、双方重申反对一切形式的恐怖主义、极端主义和分裂主义,双方决心为打击上述"三股势力"继续相互支持与合作。中方对巴方为打击恐怖主义作出的努力和贡献表示赞赏。

七、双方一致认为经济合作是两国战略伙伴关系的重要内容。两国经济具有很强的互补性,要充分发掘两国经济合作中的巨大潜力,全面深化互利合作。

双方同意加快落实中巴经贸合作五年发展规划,充分发挥两国自由贸易协定及中巴联合投资公司的作用,促进货物贸易和投资的发展。双方同意尽早召开《中巴经贸合作五年发展规划》工作组会议。双方还商定在双方都方便的时候召开经贸联合委员会下次会议。

双方同意就进一步开发巴基斯坦矿产和能源加强合作,拓宽两国在金融和银行领域的合作。双方同意通过发展包括光纤通信在内的新的通信方式来进一步加强联系,探讨边界联合管理机制、过境贸易和发展跨境贸易区的内涵。

八、双方将继续在重大国际和地区问题上保持沟通与协调,维护共同利益。双方同意在联合国改革、气候变化、能源和粮食安全等问题上继续密切合作,促进世界和平与发展。

九、扎尔达里总统对中国政府和人民成功举办北京奥运会、残奥会和"神舟"七号载人航天飞行圆满成功表示祝贺。胡锦涛主席祝贺扎尔达里当选巴基斯坦总统,感谢巴方在中国四川汶川地震后提供的宝贵援助和对北京奥运会和残奥会成功举行提供的支持。巴方赞赏中国改革开放30年取得的辉煌成就,相信中国的发展有利于世界的和平与繁荣。

十、扎尔达里总统邀请胡锦涛主席在方便的时候再次访问巴基斯坦,胡锦涛主席对此表示感谢。

十一、访问期间,双方签署了以下文件:

(一)《中华人民共和国政府和巴基斯坦伊斯兰共和国政府经济技术合作协定》

(二)《中华人民共和国政府和巴基斯坦伊斯兰共和国政府自由贸易协定补充议定书》

(三)《中华人民共和国外交部与巴基斯坦伊斯兰共和国内政部互换关于中国驻巴基斯坦使馆置换馆舍的照会》

(四)《中华人民共和国国家发展和改革委员会与巴基斯坦石油和自然资源部关于矿产领域合作的框架协议》

(五)《中华人民共和国国土资源部和巴基斯坦伊斯兰共和国石油和自然资源部关于地质矿产领域合作的谅解备忘录》

(六)《中华人民共和国环境保护部和巴基斯坦伊斯兰共和国环境部环境保护合作协定》

(七)《中国国家广播电影电视总局与巴基斯坦新闻广播部广播电影电视领域合作框架协议》

(八)《中华人民共和国长城工业总公司和巴基斯坦伊斯兰共和国空间及外层大气层研究委员会Paksat-1R通信卫星采购合同》

(九)《中华人民共和国农业科学院和巴基斯坦伊斯兰共和国农业研究委员会农业领域合作协议》

(十)《北京自然历史博物馆与巴基斯坦自然历史博物馆合作协议》

(十一)《中国板球协会与巴基斯坦板球理事会合作谅解备忘录》

(十二)《中华人民共和国教育部清华大学同方威视技术股份有限公司与巴基斯坦内政部关于集装箱检测系统的谅解备忘录》

2008年10月16日于北京

全国政协主席贾庆林在钓鱼台国宾馆先后会见瑞士联邦议会国民院议长比尼翁和巴基斯坦总统扎尔达里

在会见比尼翁时,贾庆林表示,中国全国政协愿与瑞士联邦议会国民院加强交流与合作,为促进两国人民的相互了解和友谊,推动双边关系全面深入发展作出贡献。

比尼翁说,通过此访,他看到了一个经济繁荣、社会稳定的中国。他对中国农业和农村方面取得的巨大成就表示由衷赞叹。瑞士联邦议会愿通过自身努力,推动两国关系持续、稳定向前发展。

在会见扎尔达里时,贾庆林说,中国四川汶川大地震发生后,巴基斯坦政府和人民将所有库存帐篷捐献给中方,并向甘肃灾区派出医疗队,在中国引起热烈反响。贾庆林感谢巴基斯坦政府和人民长期以来在涉及中方核心利益问题上给予的坚定支持。

贾庆林表示,中国全国政协一贯致力于加强中国同世界各国的友好往来与交流合作,愿与巴方有关机构一道,为促进中巴两国人民之间的友谊而不懈努力。

扎尔达里说,在此访问期间,我与中方领导人及各界人士进行了广泛、深入接触,与中方就进一步推进巴中战略合作伙伴关系达成新的共识,访问取得丰硕成果。巴方愿与中方密切合作,巩固睦邻友好,促进互利合作,使巴中友好世代发展下去。

全国人大机关深入学习实践科学发展观活动动员大会在北京召开

全国人大常委会委员长吴邦国就《全国人大机关深入学习实践科学发展观活动实施方案》作出批示,指出方案符合中央要求,符合人大机关工作实际,希望认真实施,取得实效。

全国人大常委会副委员长兼秘书长李建国主持全国人大机关深入学习实践科学发展观活动动员大会并讲话。

李建国就全国人大机关开展学习实践活动提出三点要求:一是深入学习,提高认识,在坚持用科学发展观武装头脑上下真功夫。要结合人大工作实际,继续认真学习中央领导同志关于坚持人民代表大会制度和坚持中国特色民主政治发展道路的重要论述,增强坚持和完善人民代表大会制度的自觉性和坚定性。二是突出实践特色,坚持从实际出发,着力解决突出问题。要认真查找在服务科学发展思想观念上的差距,认真查找在参谋助手服务保障上的突出问题,研究提出整改方案;认真查找人大机关各级领导班子和党员干部队伍中存在的突出问题,努力在改进作风上取得新成效;努力建设充满活力、富有效率的和谐机关,在全机关进一步形成充满人文关怀的和谐人际关系。三是党员领导干部要发挥示范带头作用,在学习实践活动中带头学习、深入学习,深入基层、深入群众,解放思想、实事求是,确保全国人大机关深入学习实践科学发展观活动达到预期目的。

政协第十一届全国委员会常务委员会第三次会议在北京举行全体会议

16位全国政协常委、委员围绕学习贯彻中共十七届三中全会精神作大会发言。中共中央政治局常委、全国政协主席贾庆林出席会议。

全国政协副主席董建华主持会议。

围绕学习贯彻中共十七届三中全会精神,为新形势下推进农村改革发展建言献策。袁隆平常委建议大力实施超级杂交稻"种三产四"丰产工程,提高农民种粮的经济效益，确保国家粮食安全；何丕洁常委代表民革中央建议进一步完善农村法制环境建设，促进社会主义新农村和谐发展；张圣坤常委代表民盟中央作了《学习领会〈决定〉精神，为推进农村改革贡献力量》的发言；李说常委代表民建中央提出巩固农业基础地位，促进农业健康发展；潘贵玉常委代表民进中央提出了“推进农科教一体化，促进农村可持续发展”的建议；陈绍军常委代表农工党中央建议深化农村综合改革，探索中国特色现代农业发展道路；王钦敏常委代表致公党中央以《完善粮食价格体系，促进粮农持续增收》为题作了发言；赖明常委代表九三学社中央提出，要解放思想，开拓创新，切实提高农业生产比较效益；黄志贤常委代表台盟中央提出了关于我国粮食安全问题的两点思考；林而达常委代表无党派人士界就促进农业农村的可持续发展问题提出若干建议；王少阶常委代表全国政协委员视察团建议进一步加大扶贫开发力度，推进新农村建设步伐；王全书委员代表河南省政协作了《关于建设国家粮食核心产区的几点建议》的发言；杨俊文常委以《推进新农村建设的一些思考》为题作了发言；郑新立委员建议加强农村制度建设，推动农村发展；夏培度常委就解决“老农民建设新农村”问题提出了若干建议；邱衍汉常委建议加强农村土地承包纠纷仲裁工作，尽快出台《农村土地承包纠纷仲裁法》。

发言同志认为，中共十七届三中全会专题研究新形势下推进农村改革发展问题，通过《中共中央关于推进农村改革发展若干重大问题的决定》，充分体现了中国共产党一贯高度重视农业、农村、农民工作的战略思想，表示完全赞同中共中央对农村改革发展30年来的历程回顾和经验总结，一致拥护推进农村改革发展的指导思想、目标任务、重大原则、各项措施。解决好农业、农村、农民问题是人民政协参政议政的重要方面，要继续把“三农”问题作为围绕中心、服务大局的重中之重，深入调查研究，积极建言献策，不断探索服务农村改革发展的新思路新途径，为社会主义新农村建设作出更大的贡献。

全国政协副主席王刚、杜青林、白立忱、阿不来提·阿不都热西提、李兆焯、黄孟复、张梅颖、张榕明、钱运录、李金华、郑万通、林文漪、厉无畏、罗富和、陈宗兴、王志珍出席会议。

中共中央和国务院有关部门负责人应邀参加会议。

国家副主席习近平在北京出席中央党校深入学习实践科学发展观活动动员大会并发表讲话

习近平强调，开展深入学习实践科学发展观活动，既是加强中央党校自身建设的内在需要，也是推动中央党校科学发展的难得机遇。要通过开展这次活动，把科学发展观的要求转化为推进党校各方面工作的自觉行动，进一步提高党校工作水平。

习近平指出，中央党校开展深入学习实践科学发展观活动，要以党的十七大精神为指导，以深入学习贯彻《中国共产党党校工作条例》和全国干部教育培训工作会议精神为实践载体，达到提高思想认识、解决突出问题、创新体制机制、促进科学发展的目标。在提高思想认识上，要使全校党员深刻理解科学发展观的科学内涵、精神实质和根本要求，系统掌握科学发展观所体现的马克思主义立场、观点、方法，在服务科学发展、促进党校事业科学发展等重大问题上进一步统一思想、凝聚共识。在解决突出问题上，要进一步明确在新的历史起点上全面开创党校工作新局面所面临的新课题、新矛盾和新任务，着力转变不适应、不符合党校事业科学发展的思想观念，着力找准并解决影响和制约科学发展的突出问题以及党员干部党性党风党纪方面群众反映强烈的突出问题。在创新体制机制上，要把解决问题与建立长效机制紧密结合起来，建立、健全相关制度，把坚持党校姓党原则具体化为从严治校、从严施教、从严管理的制度和措施，逐步完善党校事业科学发展的长效机制，从制度和机制上保证把科学发展观的要求落到实处。在促进科学发展上，要努力在提高教学水平上迈出新步伐，在推动科研工作上取得新成绩，在提高学习研究宣传科学发展观和服务科学发展能力上取得新成效，在加强教师队伍建设和管理队伍建设上取得新进展。

习近平强调，中央党校的学习实践活动要严格按照中央的部署和要求，精心组织、周密安排，坚持高标准、严要求，突出党校特点，突出实践特色，以学习实践活动推动各项工作开展、以各项工作的成绩检验学习实践活动的成效。党校各级领导班子和领导干部要率先垂范、走在学习实践活动前列，带头学习文件，带头调查研究，带头解放思想，带头分析检查，带头整改落实，以自身的模范行动带动和促进学习实践活动扎扎实实地进行，带动和促进科学发展观在中央党校的贯彻落实。

在动员大会上，中央党校常务副校长李景田作了动员报告，中央指导检查组组长王众孚讲了话。中央党校负责人及全校党员1500多人参加了动员大会。

中国工会第十五次全国代表大会预备会议在人民大会堂举行

中共中央政治局委员、全国人大常委会副委员长、中华全国总工会主席王兆国主持会议。

此次大会应到代表1800名,实到1765名,符合法定人数。

会上,代表们以举手表决的方式,通过了大会主席团名单、大会秘书长名单、大会代表资格审查委员会名单。

会议还通过了关于确认增补全总十四届执委会委员的决议,关于确认免去全总十四届执委会委员的决议、关于确认免去全总十四届经费审查委员会委员的决议。

预备会议通过的中国工会十五大议程包括:审议并通过中华全国总工会第十四届执行委员会报告;审议并通过中国工会章程(修正案);审议并通过中华全国总工会第十四届执行委员会财务工作报告;审议并通过中华全国总工会第十四届经费审查委员会工作报告;选举中华全国总工会第十五届执行委员会;选举中华全国总工会第十五届经费审查委员会。

中国工会第十五次全国代表大会主席团第一次会议在人民大会堂举行

中共中央政治局委员、全国人大常委会副委员长、中华全国总工会主席王兆国主持会议。

大会以举手表决的方式推选了中国工会十五大主席团常务主席,通过了中国工会十五大各次全体会议执行主席名单、副秘书长名单,通过了大会代表资格审查报告和大会日程。

中国工会第十五次全国代表大会主席团名单

(2008年10月16日中国工会第十五次全国代表大会预备会议通过)(按姓氏笔画为序)

丁大建(女) 于清波 万先勇 马力强
马兰翠(女) 马俊岩 王以才 王玉英(女)
王尔平(满族) 王亚伟 王兆国 王秀芳(女)
王保安 王俊莲(女) 王晓龙 王悦华
王银香(女) 王瑞祥 韦 辉(女,壮族)
云秀梅(女,蒙古族) 公衍慧(女) 邓维龙
邓富强(羌族) 叶和章 史改梅(女) 史南征
央 金(女,藏族) 尔肯江·吐拉洪(维吾尔族)
包 秦(蒙古族) 包 惠(女) 冯 志 冯占祥
邢明军 达古拉(女,鄂伦春族) 成丽娴(女)
曲 磊(女) 朱 毅 朱思泽 乔传秀(女)
刘 奇 刘 涛 刘玉功 刘玉明 刘运富 刘国生
刘明珠 刘金玉(女) 刘建民 刘奕璇
刘莲玉(女) 刘海华(女) 刘继臣 刘新民
米勇生 江广平 江巴吉才(藏族) 安金林 许振超
许慧玲(女) 孙 健 孙 慧(女) 孙宝树
孙春兰(女) 孙效东 芮宗金 杜永春 李 皓
李 斌 李小和(女) 李元法 李中兴 李世明
李世彬 李汉泉 李守镇 李忠华 李学东 李秋明
李铁桥 李登菊(女) 李滨生 杨 丽(女,白族)
杨 琦 邴先福 邱小平 何界生(女)
何晔晖(女) 谷常生 汪忠汉 张 帆
张 艳(女) 张成富 张昌尔 张鸣起
张建国(满族) 张树春 张秋俭(女)
张炳素(女) 张津策 张湘平 张榕明(女)
陈 豪 陈九生 陈永良 陈有德 陈伟光
陈秀榕(女) 陈荣书 陈屏璋 邵敬春(女)
苗丰仁 苟 琴(女,藏族) 范 坚 范秀林(女)
范凯声 范继英(女) 林明达(回族)
林建凤(女) 林道本 国一民 罗 明 周文芳
周贺云(女) 冼富兰(女) 郑章石 郑道溪
屈增国 赵 凡 赵 凯 赵晓光 赵铁锤
胡 晓(女) 胡小燕(女) 胡健康 胡康生
郜风涛 信春鹰(女) 姚亚平 贾艳敏(女)
顾志中 倪健民 徐文彦 徐振寰 徐德明(满族)
郭 军 郭文忠 郭海亮 郭稳才 陶 源
黄 玮(女) 黄笑影(女) 黄燕明 盛明富
雪 怡(女,藏族) 常瑞明 常毅民 符 兴 梁 伟
董 力 董秀彬 蒋建勋 喻红秋(女)
楚白兰(女) 雷 鸣 颜 辉 潘冬青
穆东升(回族) 鞠秀礼

中国工会第十五次全国代表大会秘书长名单

(2008年10月16日中国工会第十五次全国代表大会预备会议通过)

孙春兰(女)

国务院副总理王岐山在中南海紫光阁会见以辜濂松为团长的台湾工商界考察团

王岐山强调,两岸要抓住机遇,营造良好环境,推动两岸经贸合作不断深化。

王岐山说,两岸工商界加强交流合作,是两岸关系和平发展的重要基础。大陆方面将秉持建立互信、搁置争议、求同存异、共创双赢的精神,加快两岸商谈进程,推动两岸直接、全面、双向"三通",促进两岸产业合作拓展领域、提高层次,探索建立两岸经济合作机制,共同开创两岸经济交流合作新局面。我们将营造更好的法制、政策等环境,支持台商在大陆有更大作为。

第六届中国国际农产品交易会在北京举行

中共中央政治局委员、国务院副总理回良玉出席开幕式并宣布交易会开幕。

本届农交会集中展示了改革开放30年来我国农村

改革和农业发展取得的辉煌成就,全面反映了现代农业发展和社会主义新农村建设的最新成果。同往届相比,今年农交会进一步加大市场化、专业化、信息化和国际化力度,以企业为主体,突出贸易与交流,使展出形式发展扩大到展、销、商、会、网五个方面。此外,农业部和浙江省人民政府合作,在农交会期间还设立了农交会网上展厅暨农民信箱网上农博会,并在农交会结束后继续开放,使农交会真正成为永不落幕的交易会。

全国人大常委会副委员长乌云其木格,全国政协副主席、中央统战部部长杜青林,全国政协副主席李金华也出席了开幕式并参观交易会展厅。

中国成为国际标准化组织(ISO)常任理事国

在16日结束的第三十一届国际标准化组织(ISO)大会上,我国按ISO贡献率排名第六,正式成为ISO常任理事国。这是我国自1978年加入国际标准化组织以来首次成为常任理事国,它标志着我国标准化工作实现了历史性突破。

中联部部长王家瑞在北京同我爱马达加斯加党代表团进行工作会谈

全国人大常委会副委员长王兆国在北京会见瑞士联邦议会国民院议长比尼翁

第二次全国文化系统文化产业工作会议在西安召开

会议通报:近年来我国文化产业开始进入加速发展的新时期。据国家统计局统计,2005年以来,全国文化产业增加值的同比增长速度每年均超过两位数,大大高于同期经济增长速度。

据了解,全国31个省、自治区、直辖市和新疆生产建设兵团以及5个计划单列市都把文化产业作为文化建设的重要抓手,其中23个省、市、区设立了文化产业发展专项资金。文化产业的迅速发展极大促进了各地的经济发展与文化繁荣,部分省市文化产业占GDP比重超过5%。深圳市2006年文化产业增加值达381.96亿元,同比增长25.9%,占全市GDP比重达6.7%。

第三十一届世界戏剧节在南京举行

10月17日

中国工会第十五次全国代表大会在人民大会堂开幕

胡锦涛、吴邦国、温家宝、贾庆林、李长春、习近平、李克强、贺国强等党和国家领导人到会祝贺。

中共中央政治局常委、中央书记处书记、国家副主席习近平代表党中央发表了题为《在夺取全面建设小康社会新胜利中充分发挥工人阶级主力军作用》的祝词。

中共中央政治局委员、全国人大常委会副委员长、大会主席团常务主席王兆国主持开幕式,并代表中华全国总工会第十四届执行委员会向大会作了题为《高举中国特色社会主义伟大旗帜,团结动员亿万职工为夺取全面建设小康社会新胜利而奋斗》的报告。

全国妇联党组书记、副主席、书记处第一书记黄晴宜和解放军总政治部副主任刘振起,分别代表各人民团体和解放军、武警部队向大会致贺词。

大会还以书面报告的形式向代表提交了《中国工会章程(修正案)》《中华全国总工会第十四届执行委员会财务工作报告》《中华全国总工会第十四届经费审查委员会工作报告》,请代表审议。

出席开幕式的领导同志还有:王刚、王岐山、回良玉、刘淇、刘云山、刘延东、李源潮、张德江、尉健行、罗干、何勇、令计划、王沪宁、韩启德、周铁农、李建国、蒋树声、陈昌智、严隽琪、梁光烈、马凯、孟建柱、戴秉国、王胜俊、曹建明、杜青林、张榕明、钱运录、郑万通、林文漪、陈宗兴和倪志福等。

国家副主席习近平在中国工会第十五次全国代表大会上发表题为《在夺取全面建设小康社会新胜利中充分发挥工人阶级主力军作用》的祝词

各位代表、同志们:

中国工会第十五次全国代表大会今天隆重开幕了。这是全国广大职工政治生活中的一件大事。开好这次大会,对于全面贯彻党的十七大精神,在新的历史起点上开创工会工作新局面,团结动员全国广大职工在夺取全面建设小康社会新胜利中充分发挥主力军作用,具有十分重要的意义。在这里,我受党中央委托,向大会的召开表示热烈祝贺!向全国各族职工和工会工作者致以亲切问候!

中国工会十五大是在全党全国各族人民满怀胜利豪情迎接改革开放30周年的重要时刻召开的。30年前,邓小平同志在中国工会九大的致辞中深刻指出,中国工人阶级最重要的特点之一,就是同社会化大生产相联系,因此觉悟最高、纪律性最强,能在经济进步和社会进步中起领导作用,工人阶级要在改革中起大公无私的模范先锋作用,工会组织要为顺利实现改革作出新的杰出贡献。

30年来,我国工人阶级在党的领导下,视改革开放为己任、与时代发展同步伐,以高度负责的主人翁精神，积极投身改革开放和社会主义现代化建设，为发展中国特色社会主义伟大事业作出了不可磨灭的历史性贡献。在奋斗实践中，我国工人阶级队伍日益壮大，整体素质不断提高，先进性明显增强，利益进一步实现，领导阶级地位更加巩固，主力军作用得到充分发挥。

30年来，各级工会组织坚持解放思想、实事求是、与时俱进，始终围绕中心、服务大局，努力找准定位、发挥优势，在团结动员全国广大职工贯彻党的基本路线、完成党的中心任务方面做了大量扎实有效的工作。工会组织把竭诚为职工群众服务作为一切工作的出发点和落脚点，全面履行职能，加强思想引导，注重职工维权，协调劳动关系，在维护全国人民总体利益的同时，更好表达和维护了职工群众具体利益，有效调动了广大职工群众投身改革发展的积极性、主动性、创造性，充分发挥了党联系职工群众的桥梁纽带作用和国家政权重要社会支柱的作用。特别是中国工会十四大以来，各级工会组织自觉围绕全面建设小康社会这个主题，广泛开展有影响、有特色的活动，在动员组织职工建功立业、维护职工合法权益、提高职工整体素质、加强工会组织建设等方面取得了新的成绩。今年以来，在抗击南方部分地区严重低温雨雪冰冻灾害、四川汶川特大地震灾害和成功举办北京奥运会、残奥会等重要工作中，工会组织也作出了积极贡献。

党中央历来高度重视工人阶级和工会工作。江泽民同志在阐述"三个代表"重要思想时反复强调，我们党必须始终全心全意依靠工人阶级。党的十六大以来，以胡锦涛同志为总书记的党中央明确指出，工人阶级作为国家领导阶级的地位不能动摇，作为改革开放和社会主义现代化建设主力军的作用不能削弱，全心全意依靠工人阶级的根本指导方针不能改变。要求工会组织充分发挥组织职工、引导职工、服务职工、维护职工合法权益的重要作用，扩大工会工作覆盖面，增强工会组织凝聚力。这些都为新形势下做好工会工作提出了明确要求，指明了前进方向。

党的十七大适应国内外形势的新变化、顺应各族人民过上更好生活的新期待，提出了实现全面建设小康社会奋斗目标的新要求。夺取全面建设小康社会新胜利，是新的历史起点上充分发挥工人阶级主力军作用的聚焦点，也是发挥各级工会组织优势和作用的切入点。全面建设小康社会既要切实造福工人阶级，又要始终依靠工人阶级。我国工人阶级一定要承担起历史赋予的崇高使命，积极发挥主力军作用，充分展现主人翁风采，为夺取全面建设小康社会新胜利建功立业。

全面建设小康社会要求继续解放思想、坚持改革开放。我国过去30年的快速发展靠的是改革开放，我国未来的发展也必须靠改革开放。工人阶级在夺取全面建设小康社会新胜利中充分发挥主力军作用，就要以解放思想为先导、以改革创新为动力，在新的思想高度上形成改革开放的共识。要继续弘扬劳动光荣、知识崇高、人才宝贵、创造伟大的时代新风，在放手让一切劳动、知识、技术、管理、资本的活力竞相迸发，让一切创造社会财富的源泉充分涌流的实践中奋发有为。要在党的领导下奋力推进各方面体制创新，更自觉、更坚定地推动构建充满活力、富有效率、更加开放、有利于科学发展的体制机制。要用发展的眼光正确看待深化改革中的利益关系调整，坚信广大职工群众必将通过深化改革进一步创造和实现新的利益。

全面建设小康社会要求推动科学发展、促进社会和谐。科学发展与社会和谐是内在统一的，都是为了人民、依靠人民、造福人民的。工人阶级在夺取全面建设小康社会新胜利中充分发挥主力军作用，就要为推动科学发展、促进社会和谐贡献力量。要坚定信心、振奋精神，爱岗敬业、奋力拼搏，在推动经济社会又好又快发展，推动城乡、区域协调发展，推动资源节约、环境保护以及节约发展、清洁发展、安全发展等方面，创造一流的工作业绩。要继续发扬识大体、顾大局的光荣传统，增强主人翁意识，倍加顾全大局，倍加珍视团结，倍加维护企业和社会稳定，为形成全体人民各尽所能、各得其所而又和谐相处的局面发挥积极作用。

全面建设小康社会要求显著提高全民族自主创新能力。党中央2006年在全国科学技术大会上提出，到2020年要使我国进入创新型国家行列，为全面建设小康社会提供强有力的科技支撑。工人阶级在夺取全面建设小康社会新胜利中发挥主力军作用，就要坚持走中国特色自主创新道路，在加快建立以企业为主体、市场为导向、产学研相结合的技术创新体系，引导和支持创新要素向企业集聚，促进科技成果向现实生产力转化方面贡献智慧和力量。要在广大职工群众中营造浓厚的学习探索风气、革新创造风气、求真务实风气，使创新智慧竞相迸发、创新能量充分释放、创新成果大量涌现。要在创新实践中全面提升职工队伍整体素质，培养更多掌握新知识、新技能、新本领的知识型工人和一线创新人才，为建设创新型国家和创新型企业充分施展才华。

工会是党领导的工人阶级群众组织。在新的历史起点上，各级工会组织要高举中国特色社会主义伟大旗帜，以邓小平理论和"三个代表"重要思想为指导，深入贯彻落实科学发展观，更加自觉地围绕中心，服务大局，团结动员全国广大职工为夺取全面建设小康社会新胜利而不懈奋斗。

要坚定不移地走中国特色社会主义工会发展道路。中国工会在长期探索实践中形成的中国特色社会主义工会发展道路，是中国特色社会主义道路的重要组成部分。这条道路体现了共产主义远大理想同中国特色社会主义共同理想的统一，体现了时代要求与中国国情的统一，体现了工人阶级长远利益与当前利益的统一。在新的历史起点上，全国各级工会组织要坚持中国特色社会主义理论体系、坚定不移地走中国特色社会主义道路，始终做到与时代发展同步伐、与改革开放共命运、与党和职工群众心连心，使中国特色社会主义工会发展道路越走越宽广。

要切实维护好广大职工群众的合法权益。这是新形势下党和政府对工会工作的迫切要求，是广大职工群众对工会组织的热切期待。各级工会要把坚决贯彻中央的路线方针政策和各项工作部署，同创造性地做好新形势下的工会工作结合起来，全面履行职能，充分发挥工会组织在改革发展稳定中的重要作用。要继续全心全意为职工群众服务，通过加强思想教育和技能培训，不断提高职工队伍思想道德素质和科学文化素质，努力建设学习型、知识型、创新型职工队伍。要进一步发挥工会组织贴近基层、贴近职工的优势，增强服务意识，提高服务能力，完善服务手段，拓展服务领域，形成服务体系，特别是加大对困难职工的帮扶力度，努力为包括农民工在内的广大职工办实事、做好事、解难事，把党和政府的关怀和温暖送到亿万职工群众心坎上。要在党和政府主导的维护职工权益机制中发挥工会的特点和优势，切实维护职工合法权益，大力加强源头参与，推动形成利益协调、诉求表达、矛盾调处和权益保障机制，推动健全以职代会为基本形式的企事业单位民主管理制度，全面维护职工经济、政治、文化、社会权益，进一步发展社会主义和谐劳动关系。

要以改革创新精神进一步加强工会组织自身建设。要结合开展深入学习实践科学发展观活动，着眼于把工会建设成为学习型、服务型、创新型的工人阶级群众组织，不断创新组织体制、运行机制和活动方式。要继续在各类所有制企业广泛建立工会，扩大工会工作覆盖面，把包括农民工在内的广大职工凝聚到工会组织中来，巩固党的阶级基础，扩大党的群众基础。要不断提高广大工会干部的理论素养和业务能力，牢固树立政治意识、大局意识、责任意识和群众意识，真诚倾听职工呼声，真实反映职工愿望，真情关心职工疾苦，在发挥组织职工、引导职工、服务职工、维护职工合法权益作用中体现新作为、展现新风貌。

工会组织要加强同香港特别行政区、澳门特别行政区工会和劳动界的交流合作，为保持香港、澳门长期繁荣稳定发挥积极作用；要扩大同台湾地区工会和劳动界的交流交往，促进两岸关系和平发展；要加强同国际工会组织和各国工会组织的交往合作，为推动建设持久和平、共同繁荣的和谐世界作出贡献。

工会工作是党的群众工作的重要组成部分。各级党委和政府要坚决贯彻落实全心全意依靠工人阶级的方针，进一步重视发挥工会组织的重要作用，切实加强和改善对工会工作的领导，支持工会依照法律和自己的章程开展工作，及时研究解决工会工作中的重大问题和实际困难。要把更多资源和手段赋予工会组织，把党政所需、职工所急、工会所能的事更多地交给工会组织去办，不断扩大工会组织的社会影响，为工会事业发展创造更好环境。

各位代表、同志们，伟大的事业在鼓舞我们，宏伟的蓝图在激励我们，崇高的使命在召唤我们。让我们高举中国特色社会主义伟大旗帜，紧密团结在以胡锦涛同志为总书记的党中央周围，谦虚谨慎、埋头苦干，开拓创新、锐意进取，为夺取全面建设小康社会新胜利而努力奋斗！

最后，预祝中国工会第十五次全国代表大会圆满成功！

全国总工会主席王兆国在中国工会第十五次全国代表大会上作题为《高举中国特色社会主义伟大旗帜　团结动员亿万职工为夺取全面建设小康社会新胜利而奋斗》的报告

中共中央政治局委员、全国人大常委会副委员长、中华全国总工会主席王兆国在中国工会第十五次全国代表大会上，代表中华全国总工会第十四届执行委员会作了题为《高举中国特色社会主义伟大旗帜　团结动员亿万职工为夺取全面建设小康社会新胜利而奋斗》的报告。王兆国在报告中回顾了中国工会十四大以来工人阶级作出的卓越贡献，高度评价五年来工会工作取得的巨大成绩。

王兆国指出，党的十六大以来，以胡锦涛同志为总书记的党中央高度重视工人阶级和工会工作，为工会工作蓬勃发展指明了前进方向、创造了良好条件。在我们党的正确领导下，我国工人阶级始终走在建设中国特色社会主义伟大事业的最前列，在推进社会主义经济建设、政治建设、文化建设、社会建设中充分发挥了主力军作用；各级工会牢牢把握全面建设小康社会这个当代中国工运的主题，坚定不移地走中国特色社会主义工会发展道路，坚持“组织起来、切实维权”的工作方针，树立和落实“以职工为本，主动依法科学维权”的工会维权观，促进企业(事业)发展、维护职工权益，以理论创新带动体制创新和工作创新，着力解决面临的重点、难点问题，工会事业得到全面发展，工会工作取得重大成就。

王兆国指出，各级工会团结动员广大职工进一步发挥工人阶级的主力军作用,在推动经济社会又好又快发展中作出了新贡献;工会组建工作实现历史性突破,巩固了党的阶级基础和扩大了党的群众基础,工会作为党联系职工群众的桥梁纽带作用更加显著;树立和落实工会维权观,促进了企业劳动关系和谐与社会稳定;参与立法和政策制定取得显著进展,推动了维护职工权益法律体系的初步形成;困难职工帮扶体系逐步健全,基本实现了经常化、制度化、社会化,在党和政府加快推进以改善民生为重点的社会建设中发挥了重要作用;工会对外交往开创新局面,扩大了中国工会的国际影响;工会理论创新取得新成果,推动了工会各项工作蓬勃发展。特别是在今年抗击低温雨雪冰冻灾害和四川汶川特大地震灾害斗争,以及成功举办北京奥运会、残奥会中,工会都发挥了重要作用。

王兆国强调,中国工会十四大以来的五年,是工会继续解放思想、不断开拓创新的五年,是工会服务大局成绩显著、社会作用更加突出的五年,是工会工作覆盖面不断扩大、工会组织凝聚力进一步增强的五年,是工会维权机制逐步完善、服务职工能力明显提升的五年,是工会对外交流日益活跃、国际影响显著提高的五年,是中国工会发展的最好时期之一。

报告中,分析了当前工会工作面临的形势,提出了今后五年工会工作的主要任务。要求各级工会按照党的十七大作出的战略部署,适应国内外形势的新变化,顺应广大职工过上更好生活的新期待,在党和国家工作大局中展现新作为,更好地推进工会工作的创新发展。

王兆国指出,我们正处在一个深刻变革的时代。实现全面建设小康社会奋斗目标的新要求、建设创新型国家,提高职工队伍素质、促进职工全面发展,维护职工权益、促进社会和谐,应对更加开放的外部环境、扩大中国工会的国际影响,要求工会肩负起光荣使命、承担起繁重任务。工会工作的机遇前所未有,挑战也前所未有,机遇大于挑战。

王兆国强调,适应新形势的要求,今后五年工会工作的主要任务是:推动科学发展,以创建"工人先锋号"为载体,广泛开展职工建功立业活动,大力实施职工素质建设工程,更加充分地发挥工人阶级主力军作用;促进社会和谐,以创建劳动关系和谐企业为手段,大力发展和谐劳动关系,维护职工队伍和社会稳定;推动共建共享,以劳动就业、收入分配、社会保障和劳动安全卫生为重点,健全完善维权机制,不断增强维权实效;加强民主管理和基层民主建设,以职代会为基本制度,扩大有序参与,维护职工民主政治权利;激发组织活力,以加强基层工会建设为着力点,提高领导机关服务基层、服务职工的水平,增强工会组织吸引力、凝聚力。

王兆国指出,各级工会要紧紧围绕目标任务,全面布局、突出重点,深化调研、创新体制,研究新情况,总结新经验,解决新问题。要加强对新形势下群众性建功立业活动的组织领导,提高活动的针对性和实效性,激发职工创造活力,团结动员广大职工为推动科学发展作出更大贡献;要用社会主义核心价值体系教育引领职工,大力推进职工文化、企业文化建设,不断提高职工队伍的思想道德素质和科学文化素质,培养和造就数以亿计的高素质劳动者队伍;要紧紧围绕职工最关心、最直接、最现实的利益问题,发展和谐劳动关系,以劳动就业、收入分配、社会保障、劳动安全卫生为重点,推动职工在共建的基础上共享经济社会发展成果;要完善基层民主制度,扩大职工有序政治参与,保障职工享有更多更切实的民主权利,为推进社会主义民主政治建设作出应有贡献;要以改革创新精神加强自身建设,努力提高工会服务科学发展、服务职工群众的能力和水平,不断增强工会组织的吸引力和凝聚力,努力开创中国工会事业的新局面。

报告中指出,中国工会要坚定不移地高举中国特色社会主义伟大旗帜,以邓小平理论和"三个代表"重要思想为指导,深入贯彻落实科学发展观,坚持走中国特色社会主义工会发展道路,努力建设中国特色社会主义工会。

王兆国指出,伴随着改革开放和社会主义现代化建设的历史进程,中国工会坚持中国特色社会主义理论体系,认真贯彻落实党中央关于工人阶级和工会工作的一系列重要指示精神,紧紧围绕"建设什么样的工会、怎样建设工会"这一重大时代课题,继承优良传统,致力改革创新,旗帜鲜明支持改革开放,全力以赴投身社会主义现代化建设,积极协调劳动关系,维护职工权益,不断扩大覆盖面、增强凝聚力,最大限度地调动职工群众的积极性、主动性、创造性,在促进经济发展和社会进步中作出了历史性贡献,探索出了一条中国特色社会主义工会发展道路。

王兆国强调,中国特色社会主义工会,是马克思主义工运理论与新时期中国工会实践相结合的产物。它与推进中国特色社会主义伟大事业联系在一起,与实现中国工人阶级的崇高使命联系在一起,具有鲜明的中国特色、社会主义性质和时代特点。站在新的历史起点上,不断开创中国工会事业新局面,就必须准确全面把握中国特色社会主义工会的基本内涵。要坚持中国共产党对工会的领导,以马克思主义中国化最新理论成果武装工会、教育职工,把党的路线方针政策体现到工会的各项工作之中;要坚持发挥工人阶级的主力军作用,推动全心全意依靠工人阶级方针的贯彻落实;

要坚持以职工为本，主动依法科学维权，切实把维护广大职工群众的利益作为工会一切工作的出发点和落脚点；要坚持维护工人阶级团结和工会组织统一，增强工人阶级的整体力量；要坚持独立自主、互相尊重、求同存异、加强合作、增进友谊的工会对外方针，积极同各国工会和国际工会组织建立和发展关系，为维护世界和平、促进共同发展作出积极贡献。

王兆国强调，新世纪、新阶段开创中国特色社会主义事业新局面，对中国工会提出新的任务。只有抓住机遇、应对挑战，与时俱进、开拓创新，努力建设中国特色社会主义工会，才能切实担负起时代赋予的崇高使命。坚持走中国特色社会主义工会发展道路，努力建设中国特色社会主义工会，一定要立足国情会情、把握时代特点，遵循客观规律、坚持正确方向，必须以中国特色社会主义理论体系为指导、深入贯彻落实科学发展观；必须服从服务于党和国家工作大局；必须不断扩大覆盖面、增强凝聚力；必须坚持解放思想、改革创新。

王兆国指出，建设中国特色社会主义工会，是党和国家事业发展赋予我们的一项光荣职责，也是一个长期而艰巨的任务。广大职工和工会干部要进一步增强责任感和使命感，在继承中发展，在实践中完善，在创新中提高，努力把中国特色社会主义工会建设好、完善好、发展好，谱写中国工会更加辉煌的新篇章。

全国人大常委会委员长吴邦国到广西调研

10月17日至21日，吴邦国和随行的全国人大常委会副委员长兼秘书长李建国，在广西壮族自治区党委书记、人大常委会主任郭声琨，自治区主席马飚等陪同下，先后到柳州、百色等地，深入企业、农村、学校进行调研，对广西壮族自治区在经济社会发展、产业结构调整、基础设施建设、城乡面貌改变、人民生活改善、民族团结和睦等各方面取得的成绩，给予了充分肯定。

了解党的十七届三中全会精神和中央强农惠农政策落实情况，是吴邦国这次调研的一个重点。吴邦国指出，刚刚闭幕的党的十七届三中全会对新形势下推进农村改革发展作出了全面部署，进一步扩大了强农惠农政策。广西农村人口多，没有农民的全面小康就根本谈不上广西的全面小康。要继续把解决“三农”问题作为广西全部工作的重中之重，认真贯彻落实党的十七大和十七届三中全会精神，扎实工作，把中央关于推进农村改革发展的各项部署和政策措施落到实处。要大力发展特色现代农业，加强农田水利建设，推广先进适用农业技术，促进集约化、设施化生产，建立品种、标准、检测、认证、保鲜、包装、储存、运输、销售网络、质量安全监管等农业社会化服务体系，培育和发展本地知名品牌，切实提高农业综合生产能力，确保农民收入持续增长。要加大扶贫开发力度，积极组织农民外出务工，着力解决农村饮水、道路和危房改造等问题，使贫困农民共享改革发展成果。

调研期间，吴邦国专程前往百色起义纪念馆，向邓小平同志等老一辈革命家塑像敬献了花篮，深切缅怀他们的丰功伟绩。

国务院总理温家宝主持召开国务院常务会议分析当前经济形势安排部署四季度经济工作

会议认为，今年以来，我国经济社会发展经受了多方面严峻考验，党中央、国务院带领全国各族人民，克服了特大自然灾害和世界经济金融形势急剧变化造成的冲击，保持了国民经济平稳较快发展和社会和谐稳定。物价总水平涨幅得到控制，就业持续增加，粮食连续五年增产，调整经济结构和节能减排取得积极成效，改革开放继续深化，以改善民生为重点的社会建设进一步加强。总的看，国际不利因素和国内严重自然灾害没有改变我国经济发展的基本态势，我国经济发展具有抵御风险的能力和强劲活力。

会议指出，当前国际金融市场急剧动荡，世界经济增长明显放缓，国际经济环境中不稳定因素明显增多，对我国的影响逐步显现，国内经济运行中出现了一些新情况、新问题。主要是经济增长放缓趋势明显，企业利润和财政收入增速下降，资本市场持续波动和低迷。我们既要充分估计国际环境的复杂性和严峻性，深刻认识保持我国经济平稳较快发展的重要性和艰巨性，增强忧患意识，又要正确认识我们的有利条件和积极因素，坚定信心，冷静观察，多管齐下，有效应对，努力把好的形势巩固和发展下去。

会议强调，做好四季度经济工作，对于全面完成今年任务，为明年的发展打下良好基础，尤为重要。要按照科学发展观的要求，采取灵活审慎的宏观经济政策，尽快出台有针对性的财税、信贷、外贸等政策措施，继续保持经济平稳较快增长。同时，推进结构调整和发展方式转变。(一)认真贯彻十七届三中全会的部署，加大强农惠农政策力度。较大幅度提高粮食最低收购价格，制定并发布增加各项农业补贴的方案，扩大补贴范围，提高补贴标准。做好粮棉收购工作，尽快出台振兴奶业和稳定生猪生产的政策，做好重大动物疫病防控工作。(二)促进中小企业的发展。完善中小企业担保体系，鼓励金融机构增加对中小企业贷款，拓宽中小企业直接融资渠道，加大对中小企业技术创新的财政支持力度。(三)保持进出口稳定增长。提高服装、纺织等劳动密集型产品和高附加值机电产品出口退税率，支持优势企业和产品出口，增加国内需要的产品进口，促进国际收支基本平衡。(四)加大投资力度。加快地震灾区恢复重建，抓紧农业、水利、能源、交通、城镇等基础设施和民生等领域的重大项目建设，保持合理的投资规模。(五)继续控制价格上涨。改善主要农产品和能源等基础产品的供求关系，加大价格监督检查力度。积极稳妥推进价格改革，抓紧理顺重要能源资源产品的价格关系。(六)扎实推进节能减排工作。全面落实节能降耗和污染减排目标责任制，加强对节能减排工作的监督和行政执法，督促地方和企业淘汰落后产能，严格环保监控，强化重点污染源监管。(七)抓好财政增收节支工作。加强税收征管，规范非税收入管理，对用于解决民生问题的支出，要确保资金及时足额拨付到位，严格控制一般性支出，特别是防止年底突击花钱，坚决制止各种铺张浪费。(八)加强金融监管，防范金融风险。继续加强资本市场基础性制度建设，努力保持资本市场稳定健康发展。(九)认真做好食品安全和安全生产工作。抓紧落实《乳品质量安全监督管理条例》，加快制定配套规章和工作方案。加大重点行业、重点领域的安全隐患排查力度，确保安全生产。(十)努力解决好涉及民生的问题。出台并落实保障低收入群众和特殊群体基本生活的政策措施。对高校家庭经济困难学生发放临时伙食补贴，对汶川地震重灾区高中和高等教育阶段家庭经济困难学生给予特别资助。提高优抚对象等人员抚恤和生活补助标准。加大保障性住房建设规模，降低住房交易税费，支持居民购房。继续做好困难群众就业帮扶工作，特别要做好受灾地区劳动力就业和倒闭、转产企业职工的社会保障工作。加快灾区公共设施建设，确保群众安全过冬。

国务院总理温家宝签署第537号令公布《中华人民共和国外国常驻新闻机构和外国记者采访条例》

《中华人民共和国外国常驻新闻机构和外国记者采访条例》已经2008年10月17日国务院第31次常务会议通过，现予公布，自2008年10月17日起施行。

总理　温家宝

2008年10月17日

中华人民共和国外国常驻新闻机构和外国记者采访条例

第一条　为了便于外国常驻新闻机构和外国记者在中华人民共和国境内依法采访报道，促进国际交往和信息传播，制定本条例。

第二条　本条例所称外国常驻新闻机构，是指外国新闻机构在中国境内设立、从事新闻采访报道业务的分支机构。

本条例所称外国记者包括外国常驻记者和外国短期采访记者。外国常驻记者是指由外国新闻机构派遣，在中国境内常驻6个月以上、从事新闻采访报道业务的职业记者；外国短期采访记者是指在中国境内停留期不超过6个月、从事新闻采访报道业务的职业记者。

第三条　中国实行对外开放的基本国策，依法保障外国常驻新闻机构和外国记者的合法权益，并为其依法从事新闻采访报道业务提供便利。

第四条　外国常驻新闻机构和外国记者应当遵守中国法律、法规和规章，遵守新闻职业道德，客观、公正地进行采访报道，不得进行与其机构性质或者记者身份不符的活动。

第五条　中华人民共和国外交部(以下简称外交部)主管外国常驻新闻机构和外国记者事务。国务院新闻办公室和其他部门在各自职责范围内负责外国常驻新闻机构和外国记者有关事务。

地方人民政府外事部门受外交部委托，办理本行政区域内外国常驻新闻机构和外国记者事务。地方人民政府新闻办公室和其他部门在各自职责范围内负责本行政区域内外国常驻新闻机构和外国记者有关事务。

第六条　外国新闻机构在中国境内设立常驻新闻机构、向中国派遣常驻记者，应当经外交部批准。

第七条　外国新闻机构申请在中国境内设立常驻新闻机构，应当直接或者通过中国驻外使领馆向外交部提交以下材料：

(一)由该新闻机构总部主要负责人签署的书面申请；

(二)该新闻机构情况介绍；

(三)拟设立机构的负责人、拟派遣的常驻记者以及工作人员情况介绍；

(四)该新闻机构在所在国设立的证明文件副本。

第八条　在中国境内设立常驻新闻机构的申请经批准后，该常驻新闻机构负责人应当自抵达中国之日起7个工作日内，持本人护照到外交部办理外国常驻新闻机构证；其中，驻北京市以外地区的常驻新闻机构，其负责人应当自抵达中国之日起7个工作日内，持本人护照到外交部委托的地方人民政府外事部门办理外国常驻新闻机构证。

第九条　外国新闻机构申请向中国派遣常驻记者，应当直接或者通过中国驻外使领馆向外交部提交以下材料：

(一)由该新闻机构总部负责人签署的书面申请；

(二)拟派遣记者情况介绍；

(三)拟派遣记者在所在国从事职业活动的证明文件副本。

两个以上外国新闻机构派遣同一名常驻记者的，应当依照前款规定分别办理申请手续，并在各自的书面申请中注明该记者所兼职的外国新闻机构。

第十条　向中国派遣常驻记者的申请经批准后，被派遣的外国记者应当自抵达中国之日起7个工作日内，持本人护照到外交部办理外国常驻记者证；其中，驻北京市以外地区的常驻记者，应当自抵达中国之日起7个工作日内，持本人护照到外交部委托的地方人民政府外事部门办理外国常驻记者证。

外国记者办理外国常驻记者证后，应当到居住地公安机关办理居留证。

第十一条　外国常驻新闻机构变更机构名称、常驻地区等事项，应当向外交部提交书面申请，经批准后办理变更手续。

外国常驻新闻机构变更负责人、办公地址等事项，应当在变更后7个工作日内书面告知外交部；其中，驻北京市以外地区的常驻新闻机构变更负责人、办公地址等事项，应当在变更后7个工作日内书面告知外交部委托的地方人民政府外事部门。

第十二条　外国常驻记者证有效期届满需要延期的，外国常驻记者应当提前向外交部或者外交部委托的地方人民政府外事部门提出申请，办理延期手续；逾期不办理的，视为自动放弃外国常驻记者资格，其外国常驻记者证将被注销。

第十三条　外国常驻新闻机构拟终止业务的，应当在终止业务30日前告知外交部，并自终止业务之日起7个工作日内到外交部或者外交部委托的地方人民政府外事部门办理外国常驻新闻机构证及其常驻记者的外国常驻记者证注销手续。

外国常驻新闻机构连续10个月以上无常驻记者，视为该机构已经自动终止业务，其外国常驻新闻机构证将被注销。

外国常驻记者在中国境内居留时间每年累计少于6个月的，其外国常驻记者证将被注销。

外国常驻新闻机构应当在其常驻记者离任前到外交部或者外交部委托的地方人民政府外事部门办理该记者外国常驻记者证注销手续。

第十四条　外国常驻新闻机构证、外国常驻记者证被注销后，应当向社会公布。

外国常驻记者证被注销的记者，其记者签证自注销之日起10日后自动失效。

外国常驻记者证被注销的记者，应当自外国常驻记者证被注销之日起10日内持相关证明，到居住地公安机关申请办理签证或者居留证变更登记。

第十五条　外国记者常驻或者短期采访，应当向中国驻外使领馆或者外交部授权的签证机构申请办理记者签证。

第十六条　外国记者随国家元首、政府首脑、议长、王室成员或者高级政府官员来中国访问，应当由该国外交部或者相关部门向中国驻外使领馆或者外交部授权的签证机构统一申请办理记者签证。

第十七条　外国记者在中国境内采访，需征得被采访单位和个人的同意。

外国记者采访时应当携带并出示外国常驻记者证或者短期采访记者签证。

第十八条　外国常驻新闻机构和外国记者可以通过外事服务单位聘用中国公民从事辅助工作。外事服务单位由外交部或者外交部委托的地方人民政府外事部门指定。

第十九条　外国常驻新闻机构和外国记者因采访报道需要，在依法履行报批手续后，可以临时进口、设置和使用无线电通信设备。

第二十条　外国人未取得或者未持有有效的外国常驻记者证或者短期采访记者签证，在中国境内从事新闻采访报道活动的，由公安机关责令其停止新闻采访报道活动，并依照有关法律予以处理。

第二十一条　外国常驻新闻机构和外国记者违反本条例规定的，由外交部予以警告，责令暂停或者终止其业务活动；情节严重的，吊销其外国常驻新闻机构证、外国常驻记者证或者记者签证。

第二十二条　外国常驻新闻机构和外国记者违反中国其他法律、法规和规章规定的，依法处理；情节严重的，由外交部吊销其外国常驻新闻机构证、外国常驻记者证或者记者签证。

第二十三条　本条例自2008年10月17日起施行。1990年1月19日国务院公布的《外国记者和外国常驻新闻机构管理条例》同时废止。

政协第十一届全国委员会常务委员会第三次会议进行分组讨论

常委会组成人员一致认为，中共十七届三中全会是在国际形势继续发生深刻变化，我国改革发展进入关键阶段召开的一次十分重要的会议。全会通过的《中共中央关于推进农村改革发展若干重大问题的决定》，深刻总结了30年农村改革发展的伟大实践和基本经验，明确提出了新形势下推进农村改革发展的指导思想、目标任务、重大原则，部署了推进农村改革发展的主要任务，适应农村改革发展的新形势，顺应各族人民特别是亿万农民过上美好生活的新期待，具有很强的战略性、指导性、针对性，是今后一个时期推动农村改革发展的行动纲领，必将凝聚全社会力量，兴起推进农村改革发展的新热潮，开创社会主义新农村建设的崭新局面。

常委会组成人员提出，农业、农村、农民问题事关改革发展全局，只有农业安全稳固、农村安定有序、农民安居乐业，才能实现国家的长治久安。要全面深化农村改革，大力发展现代农业，巩固和加强农业基础地位。要坚持长期稳定和不断完善农村基本经营制度，现有土地承包关系保持稳定和长期不变，严格规范农村土地管理制度，守住18亿亩耕地的底线，确保国家粮食安全。统筹好城乡经济社会发展，继续加大对农村农业的投入力度，提高农民收入，加快农村各项公共事业建设，推动农村经济社会又好又快发展。社会主义新农村建设离不开农民的主体作用，要不断壮大有文化、懂技术、会经营的新型农民队伍。要加强领导，协调好各方面的工作，理顺关系，齐心协力把各项工作做好。

大家表示，人民政协的各参加单位、各级组织和广大委员，要团结各族各界人士，把思想统一到中共十七届三中全会的精神上来，把力量和智慧凝聚到贯彻落实全会提出的各项任务上来，围绕全会确定的各项任务，深入调查研究，积极参政议政，反映社情民意，为加快推进社会主义新农村建设，夺取全面建设小康社会新胜利贡献力量。

全国政协副主席王刚、白立忱、阿不来提·阿不都热西提、李兆焯、黄孟复、董建华、张梅颖、张榕明、钱运录、李金华、郑万通、厉无畏、罗富和、陈宗兴、王志珍参加了分组讨论。

中国工会第十五次全国代表大会主席团在北京举行第二次会议

会议讨论提出了中华全国总工会第十五届执行委员会委员、经费审查委员会委员候选人预备人选名单，大会选举办法（草案），大会预选监票人名单（草案），大会选举监票人名单（草案）。

会议由中共中央政治局委员、全国人大常委会副委员长、中华全国总工会主席王兆国主持。

根据会议讨论的结果，中华全国总工会第十五届执行委员会组成人员为276人，按委员实行差额选举的办法，提名298人，差额比例为8%，差额人数为22人；中华全国总工会第十五届经费审查委员会组成人员为40人，按委员实行等额选举的办法，提名40人；大会选举办法将由中国工会十五大全体会议通过后生效；大会全体会议正式选举设监票人36名。

会上，中组部领导同志就全总换届人事安排作了说明，中华全国总工会副主席、书记处书记乔传秀就中国工会十五大三项人事工作作了说明。

国务院副总理回良玉出席在北京召开的改革开放与中国减贫模式暨千年目标进程高层论坛开幕式并致辞

回良玉说，今年是中国改革开放30周年，本次论坛总结交流中国改革开放进程中发展与减贫的经验，分析研究减贫领域的重大议题，这对促进中国乃至全球减贫事业发展、加快千年发展目标进程，将会产生积极的影响。

回良玉指出，改革开放30年来，我国经济持续快速发展，人民生活水平不断提高，贫困人口大幅度减少，成为全球首先实现千年发展目标要求的极端贫困人口减半的国家，为世界减贫事业作出了积极贡献。我们坚持改革开放，促进经济平稳快速增长，奠定了大规模减贫的坚实基础；坚持政府主导，实施开发式扶贫，推动了大规模减贫事业的快速发展；坚持以人为本，构建和谐社会，促进了千年发展目标的稳步实施；坚持社会动员，促进国际合作，凝聚了减贫与发展的强大合力。

回良玉强调，刚刚闭幕的中国共产党十七届三中全会对扶贫开发工作作了新的部署。我们要加快完善国家扶贫战略和政策体系，对农村低收入人口全面实施扶贫政策，把尽快稳定解决扶贫对象温饱并实现脱贫致富作为新阶段扶贫开发的首要任务，重点提高农村贫困人口自我发展能力。我们要继续努力，加快千年发展目标实施进程，以自身不断减少贫困、坚持和平发展、走向繁荣富强的行动，为推进世界减贫事业、促进共同发展贡献自己的力量。

本次论坛由国务院扶贫办与联合国驻华系统联合举办，联合国秘书长潘基文为论坛发来书面致辞，来自国内外有关机构的200余人参加了论坛。

农业部在北京召开全国渔业安全生产工作会议

会议获悉：近年来，中央不断加大对渔港、渔业保险等安全设施建设和渔业安全生产的财政投入。据统计，中央财政1998—2007年间投入渔港工程建设资金达15亿元，建设了47个国家中心渔港、78个一级渔港和22个内陆重点渔港；建设和完善渔业安全通信网络、渔政指挥中心和南沙作业渔船船位监控系统，并对近2万艘渔船配备救生设备予以补贴。

国家副主席习近平在人民大会堂分别会见日本长崎县知事金子原二郎和由总书记帕特里克·德维吉昂率领的法国人民运动联盟代表团

中联部部长王家瑞在北京会见由总书记帕特里克·德维吉昂率领的法国人民运动联盟代表团

中联部部长王家瑞在北京会见由原副总书记、新社会民主主义论坛会长曾我祐次率领的日本社民党友好代表团

中国首次向亚洲用户提供卫星在轨交付服务

中国长城工业总公司与巴基斯坦空间和外大气层研究委员会(SUPARCO)在北京签署了巴基斯坦1R通信卫星(Paksat-1R)项目合同。

巴基斯坦1R通信卫星计划定点于东经38°,将主要用于巴基斯坦国内通信和广播服务。卫星将由中国航天科技集团公司所属中国运载火箭技术研究院研制的"长征三号乙"运载火箭计划于2011年上半年从西昌卫星发射中心发射升空,在轨交付用户使用。

第一届世界智力运动会在北京结束

中国代表团最终以12金、8银和6铜的成绩列金牌和奖牌榜首位。俄罗斯队以4金、1银和3铜位列金牌榜第二位,乌克兰队以2金、4银和3铜列金牌榜第三位。

10月18日

政协第十一届全国委员会常务委员会第三次会议在北京闭幕

中共中央政治局常委、全国政协主席贾庆林出席闭幕会并讲话。

这次常委会议的主要议题是学习贯彻中共十七届三中全会精神,为新形势下推进农村改革发展建言献策。会议期间,常委会组成人员认真学习中共十七届三中全会文件和会议公报,听取了中共中央政治局委员、国务院副总理回良玉同志关于中共十七届三中全会会议情况和会议精神的报告,并围绕推进农村改革发展进行了广泛深入的讨论,提出了许多宝贵的意见和建议。常委会组成人员完全赞同和拥护胡锦涛同志受中央政治局委托作的工作报告和重要讲话,高度评价中共十七届一中全会以来中央政治局的工作,完全赞同和拥护《中共中央关于推进农村改革发展若干重大问题的决定》。会议还反映了当前的社情民意,审议部分委员视察、考察报告和外事出访报告,通过了有关人事任免事项。会议开得生动活泼、富有成效,达到了预期目的。

贾庆林在讲话中指出,当前,人民政协要按照中共中央的部署和要求,组织参加人民政协的各党派团体和各族各界人士,认真学习中共十七届三中全会文件,准确把握中央精神,切实将思想和认识统一到全会精神上来。要深刻认识改革开放以来我国农村改革发展的光辉历程和宝贵经验,进一步增强解决好农业、农村、农民问题的信心和决心。要深刻认识我国农村经济社会发展的阶段性特征和面临的新情况新问题,进一步增强推动农村改革发展的紧迫感和责任感。要深刻认识推进农村改革发展的指导思想、目标任务和重大原则,进一步增强贯彻落实中央方针政策的自觉性和坚定性。要深刻认识新形势下推进农村改革发展的战略部署,进一步明确人民政协为推进农村改革发展服务的重点,积极为加强农村制度建设、发展现代农业、加快发展农村公共事业建言献策。他指出,一是要抓紧抓好推进农村改革发展的战略任务,加快建设社会主义新农村。二是要坚持推进农村改革发展的基本方向,走中国特色农业现代化道路。三是要认真落实推进农村改革发展的根本要求,加快形成城乡经济社会发展一体化新格局。

贾庆林强调,要重视国家粮食安全问题。把发展粮食生产放在现代农业建设的首位,坚持最严格的耕地保护制度,建立起科学、合理、有效的制度保障,确保农村发展战略目标的实现。

贾庆林对全国政协今后一段时间的工作进行了部署。要求以改革创新精神全面加强人民政协自身建设,切实抓好各项工作。认真开展深入学习实践科学发展观活动,切实搞好改革开放30周年纪念活动,积极做好十一届政协开局之年的总结工作。他强调,人民政协要密切关注、深入研究美国金融危机对世界经济和我国经济的影响,及时向中央建言献策。

会议决定:任命严隽琪为中央社会主义学院院长,因年龄原因,何鲁丽不再担任中央社会主义学院院长;决定增补王国卿为政协第十一届全国委员会委员;决定任命卞晋平为全国政协文史和学习委员会副主任(驻会)、张秋俭为全国政协教科文卫体委员会副主任(驻会)、邓宗良为全国政协民族和宗教委员会副主任(驻会)、王国卿为全国政协提案委员会副主任(驻会);因工作变动,卞晋平不再担任政协第十一届全国委员会副秘书长。

中共中央政治局委员、全国政协副主席王刚主持闭幕会。

全国政协副主席杜青林、白立忱、阿不来提·阿不都热西提、李兆焯、董建华、张梅颖、张榕明、钱运录、孙家正、李金华、郑万通、邓朴方、林文漪、厉无畏、罗富和、陈宗兴、王志珍出席闭幕会。

中共中央和国务院有关部门负责人应邀参加闭幕会。

政协第十一届全国委员会常务委员会在北京举办第二次学习讲座

中共中央政治局委员、全国政协副主席王刚主持。

全国政协常委、国家发展和改革委员会副主任、国家能源局局长张国宝同志作了题为《我国能源形势和发展战略问题》的报告,报告全面介绍了我国当前能源形势和今后一个时期的能源战略任务与政策措施。提出通过坚持节约优先、立足国内、多元发展、保护环境等措施，加强国际互利合作，努力构筑稳定、经济、清洁、安全的能源供应体系，以能源的可持续发展支持中国经济社会可持续发展。

全国政协副主席白立忱、阿不来提·阿不都热西提、李兆焯、张梅颖、张榕明、钱运录、孙家正、罗富和出席了讲座。

全国政协主席贾庆林到吉林调研

10月18日至22日，贾庆林在吉林省委书记王珉、省长韩长赋等陪同下，深入到长春市、松原市的工厂企业、农村乡镇、科研院校和建设工程现场进行调查研究。

学习贯彻党的十七届三中全会精神，推进农村改革发展，是贾庆林此次调研的重点。在九台市雨田生态水稻农机生产合作社，在长春皓月清真肉业股份有限公司、长春大成实业集团有限公司、华润赛力事达玉米工业有限公司，在吉林省哈达山水利枢纽工程建设工地，贾庆林详细了解发展现代农业、建立农业社会化服务体系、发展农业产业化经营、加强农业基础设施建设等方面的情况。他强调，粮食生产关系国计民生，粮食安全关系国家安全。在发展粮食生产、确保国家粮食安全方面，吉林省有得天独厚的优势，也有义不容辞的责任。要认真组织实施国务院讨论通过的《吉林省增产百亿斤商品粮能力建设总体规划》，大力加强以农田水利为基础的农业基础设施建设，加快农业科技进步与推广应用，稳定播种面积，优化品种结构，提高单产水平，尽早实现粮食增产目标，为确保国家粮食安全作出更大贡献。要加大扶持力度，精心培育和壮大农业产业化龙头企业，大力发展畜牧养殖业和农产品加工业，扩大经营规模，延长产业链条，提高经济效益，充分发挥龙头企业在促进农业增产、农民增收、农村繁荣中的重要作用。要积极探索建立新型农业合作组织，加快构建新型农业社会化服务体系，提高农业社会化服务水平。要加快发展农村社会公共事业，促进农村社会事业全面进步，使广大农民平等参与现代化进程、共享改革发展成果。

中国工会第十五次全国代表大会主席团在北京举行第三次会议

会议表决通过了中华全国总工会第十五届执行委员会委员候选人预选名单、经费审查委员会委员候选人名单、大会选举办法(草案)、大会选举监票人和总监票人名单(草案)。

会议由中共中央政治局委员、全国人大常委会副委员长、大会主席团常务主席王兆国主持。

根据会议通过的选举办法(草案)，中华全国总工会第十五届执行委员会组成人员为276人，按委员实行差额选举的办法，提名候选人预备人选298人，差额比例为8%，差额人数为22人；中华全国总工会第十五届经费审查委员会组成人员为40人，按委员实行等额选举的办法，提名候选人40人。大会选举将采用无记名投票方式。

此前，大会主席团常务主席会议听取了各代表团关于人事问题讨论情况的汇报。

中法经济和贸易混合委员会第十八次会议在巴黎结束

会议讨论了双边经贸合作的相关议题，并就世界经济形势、多哈回合谈判、中欧经贸关系等共同关心的问题交换了意见。中国商务部长陈德铭，法国经济、财政与就业部长拉加德和法国负责贸易事务的国务秘书伊德拉克共同主持了会议。

陈德铭说，双方均认为在当前国际金融市场动荡加剧的情况下，应进一步加强中法、中欧合作，以共同应对挑战。双方积极评价中法近年来的经贸合作，表示将继续发展核能、航空航天、农业等领域的合作，推动可持续发展和区域经济协调发展，进一步推动两国中小企业间的交流。

拉加德指出，要走出金融危机阴影，相关各方必须联手抵制贸易保护主义。法国将在技术转让等方面作出更多努力，希望双方在投资领域进一步合作。

中共中央政治局常委李长春到广东考察

10月18日至20日，李长春在中共中央政治局委员、广东省委书记汪洋陪同下，先后到深圳、东莞、广州等地，深入农村、企业、街道、社区和基层文化单位，就深入贯彻落实科学发展观、推动经济社会又好又快发展、加强社会主义文化建设等进行调研，召开专题座谈会，并听取广东省委、省政府工作汇报。

今年是改革开放30周年。考察期间，李长春专程来到深圳市莲花山，向邓小平同志塑像敬献花篮，缅怀邓小平同志的丰功伟绩。他强调，广东经济社会发展取得的巨大成就雄辩地证明，改革开放是决定当代中国命运的关键抉择，是发展中国特色社会主义、实现中华民族伟大复兴的必由之路。要用生动的事实引导广大干部群众深刻认识只有改革开放才能发展中国、发展社会主义、发展马克思主义，进一步增强坚持改革开放的自觉性和坚定性，在新的历史起点上继续把改革开放伟大事业推向前进。

李长春十分关心基层和农村文化建设。在深圳市北头社区、东莞市拔蛟窝社区和岭南文化区等地，李长春详细了解文化信息资源共享工程、农家书屋、公共文化设施等建设和使用的情况。他指出，要充分体现公益性、基本性、均等性、便利性的原则，坚持以政府为主导，以公共财政为支撑，以公益性文化事业单位为骨干，以基层为重点，鼓励全社会积极参与，创新公共文化服务方式，努力建设覆盖城乡的公共文化服务体系，实现好、维护好、发展好人民群众的基本文化权益。

加快发展文化产业是李长春此次调研的一个重点。考察期间，他深入深圳华强文化科技集团等文化企业，了解文化科技创新等方面的情况。他强调，文化产业具有科技含量高、资源消耗低、环境污染少、发展潜力大等优势，是新的经济增长点，也是经济结构调整的重要着力点。要进一步深化文化体制改革，积极推进国有经营性文化单位转企改制，重塑市场主体，完善市场体系，改善宏观管理，推进文化创新，努力形成以公有制为主体、多种所有制共同发展的文化产业格局和以民族文化为主体、吸收外来有益文化的文化市场格局，更好地满足人民群众多层次、多方面、多样性的精神文化需求。

中宣部部长刘云山出席在北京召开的第五届中国公民道德论坛

第十届中国上海国际艺术节开幕

第四届环境与发展中国(国际)论坛在北京召开

本届论坛由环境保护部和中国社会科学院联合主办、中华环保联合会等承办，主题为“关注气候变化、推进节能减排、防治大气污染、促进国际合作”，为期两天。论坛将针对节能减排与全球气候变化、大气污染治理技术措施、节能减排新技术与新趋势等问题进行深入探讨。环境保护部部长周生贤作了题为《让中国人的呼吸更加甜美》的主旨报告。

谢晋去世

谢晋(1923—2008)，浙江上虞人，1941年入江安国立戏剧专科学校学习。1948年毕业于南京国立戏剧专科学校导演系。新中国成立后，历任上海电影制片厂导演，中国影协第四届理事、第五届主席团委员，中国文联第五届、第六届执行副主席。第七届全国政协委员，第八届、九届全国政协常委。

谢晋在新中国成立后执导了36部影片，为中国留下了无数个鲜活的、代表民族精神的银幕形象。他拍摄的《女篮五号》《红色娘子军》《天云山传奇》《牧马人》《高山下的花环》《芙蓉镇》《鸦片战争》等影片，感动了无数观众。

10月19日

中国工会第十五次全国代表大会第二次全体会议在人民大会堂举行

会议选举产生中华全国总工会第十五届执行委员会和经费审查委员会。

中共中央政治局委员、全国人大常委会副委员长、大会主席团常务主席王兆国出席会议。

会议由大会主席团常务主席孙春兰主持。孙春兰宣布，大会应到代表1800名，实到代表1771名，符合法定人数。

大会以举手表决的方式通过了选举监票人、总监票人名单，随后以无记名投票方式选举产生了中华全国总工会第十五届执行委员会委员和中华全国总工会第十五届经费审查委员会委员。

中华全国总工会第十五届执行委员会由丁大建等276名同志组成；中华全国总工会第十五届经费审查委员会由王玉玲等40名同志组成。当大会宣布选举结果时，全体与会代表热烈鼓掌，祝贺中国工会新一届领导机构产生。

中国工会第十五次全国代表大会主席团在北京举行第四次会议

会议表决通过了中华全国总工会第十五届执行委员会委员候选人名单(草案)、关于全总十四届执行委员会报告的决议(草案)。

会议由中共中央政治局委员、全国人大常委会副委员长、大会主席团常务主席王兆国主持。

会议首先听取了各代表团讨论审议全总十四届执委会报告、中国工会章程(修正案)、财务工作报告、经审会工作报告情况的汇报，随后以举手表决的方式，通过了全总十五届执行委员会委员候选人名单(草案)、关于全总十四届执委会报告的决议(草案)、关于中国工会章程(修正案)的决议(草案)、关于全总十四届执委会财务工作报告的决议(草案)、关于全总十四届经审会工作报告的决议(草案)。

中华全国总工会第十五届执行委员会委员名单

(276名)(按姓氏笔画为序)

丁大建(女)　于大中　于宝国　于春明(女)
万先勇　马力强　马兰翠(女)
马秀红(女，东乡族)　马启龙　马振东　马培华
王　平　王　玲(女)　王　炯　王　倩(女)

王以才 王尔平(满族) 王亚伟 王亚钧 王兆国
王志学 王秀芳(女) 王保安 王俊文
王俊莲(女) 王剑明 王洪亮 王洪章
王桂馥(女) 王晓龙 王海红(女) 王悦华
王瑞生 王瑞江 韦辉(女,壮族)
云秀梅(女,蒙古族) 车德云 公衍慧(女)
尹 利 邓保平 邓维龙
艾地巴·毛勒提汗(女,哈萨克族) 龙文举 卢正国
卢晓露 叶和章 叶惠成 史南征 央 金(女,藏族)
尔肯江·吐拉洪(维吾尔族) 包秦(蒙古族)
包 惠(女) 冯占祥 冯作良 邢明军 吉永华
成丽娴(女) 曲磊(女) 吕明辰 朱 毅 朱建方
朱思泽 乔传秀(女) 向清秀(女,土家族)
庄毅群 刘 奇 刘 涛(内蒙古)
刘 涛(国家机关) 刘 勤 刘凤山 刘玉功 刘玉明
刘运富 刘林宗 刘明珠 刘建民 刘莲玉(女)
刘晓敏(女) 刘海华(女) 刘继臣 刘新民
刘新会 刘碧芳(女) 齐洪恩 齐桂秋(女)
米勇生 江广平 江巴吉才(藏族) 安金林 许 光
许立荣 许振超 许慧玲(女) 许德森 那音太
(蒙古族) 孙 洁(女) 孙 骞 孙兆媛(女)
孙宝树 孙春兰(女) 孙效东 苏 玲(女)
李 扬 李 军 李 智(壮族) 李 皓 李元法
李世明 李守镇 李志敏(女) 李忠华 李学东
李秋明 李铁桥 李维勇 李登菊(女) 李滨生
杨 丽(女,白族) 杨钊(回族) 杨广宏(回族)
杨文化 杨亚森 杨丽霞(女) 肖刚强 肖堃涛
时玉宝 吴玉斌 吴立疆 吴清彬 邱小平
何晔晖(女) 谷常生 冷相明 汪忠汉 汪金德
汪集刚 宋锦绣 张 帆 张 江(女) 张 宇
张 良 张 艳(女) 张玉娥(女)
张世平(女) 张成富 张延卿 张芬芳(女)
张社义 张昌尔 张鸣起 张建民 张建国(满族)
张春耀 张荣祥 张树春 张炳素(女) 张津策
张海珍(女) 张鸿生 张殿纯
阿尼乔嘎(女,藏族) 陈 菁(女) 陈 琳
陈 豪 陈 毅 陈永良 陈有德 陈光明 陈伟光
陈秀榕(女) 陈宗文 陈荣书 陈笑冰(女)
陈培福 陈新权 邵敬春(女) 范 坚
范秀林(女) 范凯声 范振华 范继英(女)
林明达(回族) 林树汉 林道本 国一民 罗 明
罗萍(女,哈尼族) 罗玉芝(女) 罗茂乡 金 明
金长征(女,回族) 金贞海(女,朝鲜族) 周久才
周新民 冼富兰(女) 郑章石 郑道溪 屈增国
降 初(藏族) 赵 凡 赵 凯 赵晓光 赵铁锤
郝建华 胡 晓(女) 胡小燕(女) 胡书捷
胡亚炜 胡建岳 胡健康 胡康生 郜风涛
信春鹰(女) 侯纯禄 洪 玫(女,满族) 姚亚平
姚亚非(女) 姚寿鹏 姚桂清 秦素琴(女)
栗建华 贾艳敏(女) 顾东武 倪政新 倪健民
徐文彦 徐国忠 徐学春 徐振寰 徐崇先 高凤平
郭军 郭文忠 郭国顺 郭学勤(女)
郭俊苹(女) 郭海亮 郭稳才 唐方平 唐永水
陶 源 桑金科 黄玮(女) 黄丹华(女) 黄国庆
黄笑影(女) 黄燕明 曹志安 盛明富 常毅民
符 兴 梁 伟 董秀彬 董春德 蒋定之 蒋建勋
韩 炜 惠远霖 喻红秋(女) 傅世武 傅福荣
焦苏华 曾 城 楚白兰(女) 雷 鸣
路 平(女) 窦翔燕(女) 蔡 军 裴江淮
颜 辉 潘向宇 穆东升(回族) 戴祝水 鞠秀礼
魏思都 糜青于

中非合作论坛第六届高官会在开罗举行

中国和非洲双方在中非合作论坛第六届高官会闭幕式上达成共识,表示要继续深化中非新型战略伙伴关系,全面落实中非合作论坛北京峰会的后续行动。

中非合作论坛第六届高官会于18日、19日在埃及首都开罗举行,中国和49个非洲成员国及部分区域组织代表出席了会议。与会代表们回顾和总结了2006年中非合作论坛北京峰会后续行动的落实情况,并一致认为中非双方在政治、经贸、社会发展、人文领域、人员交流和论坛机制建设等方面合作成果丰硕。

在此次会议上,中非双方达成共识要继续深化中非新型战略伙伴关系。双方表示要继续增进中非政治互信、充分发挥中非合作论坛对中非关系发展的政治引领和推动作用;以中国对非务实合作八项举措为重点,全面落实中非在论坛框架下经济社会发展领域的各项合作;确立中非未来重点合作领域,加大对改善非洲民生的关注;加强中非在各领域和机构的合作,不断丰富论坛内涵;进一步加强中非合作论坛机制建设。

与会代表们还讨论了“中非农业合作与粮食安全”和“基础设施建设”两个议题。中方表示将继续加强与非洲国家在农业和基础设施领域的合作,在力所能及范围内向非洲国家提供帮助,以应对粮食安全和经济社会发展的挑战。中国政府将继续鼓励中国企业赴非洲投资、合作,为非洲国家经济社会发展作出贡献。

此次会议还决定于2009年第四季度在埃及沙姆沙伊赫举行中非合作论坛第四届部长级会议及此前的第七届高官会。

中国在线阅读网民超过1亿人

从在广西南宁市举行的中国—东盟新闻部长会议

上获悉:目前,我国新阅读模式、网上书店、网络阅读技术平台等不断更新和扩大。目前,我国市场上流通的电子书有30多万种,在线阅读网民人数超过1亿人。据介绍,目前,我国出版的图书有20多万种;报纸平均期印数近20亿份;刊物平均期印数1.6亿多册;录音制品1.5万多种,出版数量2亿多盒(张);录像制品近1.8亿种,出版数量3.23亿盒(张);电子出版物7000多种,1.6亿多张。

白雪 陈荣和张莹莹分别获得北京国际马拉松赛前三名

10月20日

中央纪委和中央有关部门在北京召开全国落实党风廉政建设责任制电视电话会议

今年是党中央、国务院颁布实施《关于实行党风廉政建设责任制的规定》10周年。近日,中共中央总书记胡锦涛就落实党风廉政建设责任制作出重要指示。他强调,党风廉政建设责任制是深入推进党风廉政建设和反腐败斗争的一项基础性制度。10年来,各级党委、政府认真贯彻落实党风廉政建设责任制,推动党风廉政建设和反腐败斗争取得明显成效,但我们也要清醒地看到工作中仍存在的问题。他指出,党的十七大强调要把反腐倡廉建设放在更加突出的位置,旗帜鲜明地反对腐败。各级党委、政府要认真贯彻党的十七大精神,毫不松懈地抓好党风廉政建设和反腐败斗争,严格执行党风廉政建设责任制,扎实推进惩治和预防腐败体系建设,进一步加大解决党风廉政建设方面突出问题力度,为推动科学发展、促进社会和谐提供有力的政治保障。

今天,中央纪委和中央有关部门召开全国落实党风廉政建设责任制电视电话会议,传达学习贯彻胡锦涛总书记重要指示,总结交流10年来落实党风廉政建设责任制的经验,对下一步工作进行研究部署。中共中央政治局常委、中央纪委书记贺国强出席会议并讲话。他强调,胡锦涛总书记的重要指示,为继续抓好党风廉政建设责任制的落实,推动党风廉政建设的深入开展指明了方向,我们一定要认真学习领会,坚决贯彻落实。各级党委政府要按照胡锦涛总书记的要求,认真总结《关于实行党风廉政建设责任制的规定》实施10年来的成功经验,从巩固党的执政地位、推进党和国家事业发展全局的高度充分认识加强反腐倡廉建设的重大意义,正确认识和妥善处理好抓经济建设、业务工作与反腐倡廉工作的关系,认真研究解决落实党风廉政建设责任制工作中存在的问题,切实负起抓党风廉政建设的政治责任,进一步巩固和发展全党动手抓党风廉政建设和反腐败工作的局面。

贺国强指出,落实党风廉政建设责任制,要紧紧围绕责任分解、责任考核、责任追究三个关键环节,细化工作责任和目标要求,将责任制落到实处。当前和今后一段时间,落实党风廉政建设责任制、推进反腐倡廉工作,要着力抓好三项重点任务:一是要加强对贯彻执行党的路线方针政策的监督检查,严肃党的政治纪律,确保中央政令畅通,坚决维护中央权威,切实把中央关于推动科学发展的重大决策部署和保障改善民生的各项政策措施落到实处;二是要认真学习贯彻党的十七届三中全会精神,抓好农村基层党风廉政建设,推动中央农村改革发展方针政策和决策部署的贯彻落实;三是要认真贯彻《建立、健全惩治和预防腐败体系2008—2012年工作规划》,着力抓好查处一批腐败案件、整治一批损害群众利益的不正之风、解决一批领导干部违反廉洁自律规定的突出问题、出台一批反腐倡廉制度规定、推进一批改革措施等工作。

贺国强指出,落实党风廉政建设责任制,关键在各级党政领导班子和领导干部。各级党委、政府及其职能部门要切实负起责任,把党风廉政建设和反腐败工作纳入党委、政府的总体工作规划,通盘考虑,协调推进。各级领导干部既要严格遵守廉洁从政的各项规定,又要切实抓好职责范围内的党风廉政建设和反腐败工作,做到工作职责和掌握的权力管到哪里,党风廉政建设的职责就延伸到哪里。各级纪检监察机关要抓好组织协调,加强督促检查,实行分类指导,保证党风廉政建设责任制落到实处。

中共中央政治局委员、中央书记处书记、中央组织部部长李源潮主持会议。他指出,各地区各部门要认真学习贯彻胡锦涛总书记重要指示和这次会议精神,把思想统一到中央要求上来。党政主要负责同志要履行好第一责任人的政治职责。要对落实党风廉政建设责任制情况进行一次检查,提出进一步落实的有效办法。各级组织部门要会同纪检监察机关,把落实党风廉政建设责任制情况作为党政领导班子和领导干部考核的重要内容,把考核结果作为领导干部业绩评定、选拔任用的重要依据。要坚决执行干部人事工作"十严禁"纪律,坚决整治用人上不正之风和腐败现象,树立正确的用人导向。

中央书记处书记、中央纪委副书记何勇,中央书记处书记、中央办公厅主任令计划,国务委员兼国务院秘书长马凯出席会议。江苏省、公安部、中国远洋运输(集团)总公司、北京外国语大学、广东省茂名市、吉林省抚松县6个单位党委(党组)负责人在会上发了言。中央和国家机关各部门、在京中央管理的国有企业、金融机构和高校主要负责同志在北京主会场参加会议，各省(区、市)及地(市)党风廉政建设责任制领导小组成员，省直部门、京外中央管理的国有企业、金融机构和高校主要负责同志在分会场参加了会议。

全国总工会第十五届执委会选举产生主席团

中华全国总工会第十五届执行委员会召开第一次全体会议，选举中华全国总工会十五届执委会主席、副主席和主席团委员。王兆国当选为中华全国总工会主席。

会议由中共中央政治局委员、全国人大常委会副委员长、工会十五大主席团常务主席王兆国主持。在选举开始前，到会的271位新一届执委以举手表决的形式一致通过了第十五届执委会选举办法，通过了监票人、总监票人名单。

在民主协商的基础上，中华全国总工会第十五届执行委员会全体委员对主席、副主席和主席团委员候选人建议名单进行了酝酿，最后以无记名投票方式选出中华全国总工会主席、副主席和主席团委员。

根据《中国工会章程》规定，中华全国总工会主席团由主席、副主席和主席团委员组成。孙春兰、乔传秀、徐振寰、马培华、孙宝树、陈秀榕、黄丹华、张鸣起、倪健民、王炯、陈荣书、尔肯江·吐拉洪等12位同志当选为中华全国总工会副主席；马兰翠等54位同志当选为执委会主席团委员。

主席团成员产生后，接着举行的主席团第一次会议推选了书记处书记：孙春兰为第一书记，乔传秀、徐振寰、张鸣起、倪健民、王炯、陈荣书、王瑞生、李世明、喻红秋为书记。

中华全国总工会第十五届执行委员会主席、副主席、主席团委员

主席

王兆国

副主席

孙春兰(女) 乔传秀(女) 徐振寰
马培华(兼) 孙宝树(兼) 陈秀榕(兼，女)
黄丹华(兼，女) 张鸣起 倪健民 王 炯 陈荣书
尔肯江·吐拉洪(兼，维吾尔族)

主席团委员(按姓氏笔画为序)

马兰翠(女) 王秀芳(女) 王保安
王俊莲(女) 王晓龙 王悦华 王瑞生
云秀梅(女，蒙古族) 邓维龙 央 金(女，藏族)
包 秦(蒙古族) 邢明军 刘 奇 刘玉功 刘玉明
刘莲玉(女) 刘海华(女) 刘新民 米勇生
江巴吉才(藏族) 孙效东 李世明 李铁桥
李登菊(女) 邱小平 何晔晖(女)
张 艳(女) 张世平(女) 张成富 张昌尔
陈 豪 范 坚 林明达(回族) 国一民 郑道溪
赵 凡 赵 凯 赵铁锤 胡健康 郜风涛 姚亚平
贾艳敏(女) 徐文彦 郭海亮 陶 源
黄 玮(女) 黄燕明 盛明富 符 兴 梁 伟
董秀彬 喻红秋(女) 颜 辉 穆东升(回族)

中华全国总工会第十五届执行委员会主席团书记处第一书记、书记

第一书记

孙春兰(女)

书记

乔传秀(女) 徐振寰 张鸣起 倪健民 王 炯
陈荣书 王瑞生 李世明 喻红秋(女)

全国总工会第十五届执委会第一次全体会议在北京召开

中共中央政治局委员、全国人大常委会副委员长、中华全国总工会主席王兆国出席会议并讲话。

王兆国指出，全总十五届执委会要勤奋学习、坚定信念，振奋精神、奋发有为，解放思想、开拓创新，不辜负党和人民的重托，不辜负广大职工和工会干部的期盼，团结带领全国亿万职工为夺取全面建设小康社会新胜利作出积极贡献。

王兆国强调，党中央的祝词高度评价了工人阶级的历史性贡献，充分肯定了工会工作取得的新成绩，并对工人阶级和工会组织提出了新的更高的要求。要完成工会十五大确立的各项任务，全总十五届执委会必须带头学习贯彻党中央重要指示精神，继续解放思想，切实改进作风，深入职工群众，不断开创工会工作的新局面。当前，要带头开展深入学习实践科学发展观活动，着力解决工会干部和工会工作中存在的不适应、不符合科学发展观要求的思想观念和突出问题，着力提高各级工会领导班子贯彻落实科学发展观的能力，着力推动工会工作建立、健全符合科学发展观要求的体制机制。要带头深入实际，开展调查研究，顺应工会工作的新变化和职工群众的新期待，认真分析工会工作面临的新情况新问题，及时提出新的工作思路、对策和举措，不断推进工会理论、体制和工作创新，在党和国家工作大局中发挥应有的作用。

会议由中华全国总工会副主席、书记处第一书记孙春兰主持。

中央批准上海启动新一轮机构改革

中共中央办公厅、国务院办公厅最近正式批复上

海市机构改革方案,这是中共中央、国务院批准的第一个地方机构改革方案。经过调整,上海市政府将设置工作部门44个,其中,办公厅和组成部门23个,直属机构21个;另设部门管理机构6个,符合中央对地方政府机构设置的要求。

国务院副总理回良玉在中南海紫光阁会见越共中央委员越南民族委员会主任江销富

国务院副总理王岐山在中南海紫光阁会见世界贸易组织总干事拉米

中联部部长王家瑞在北京会见俄罗斯国家杜马国际事务委员会主席 统一俄罗斯党总委员会副书记科萨切夫

全国人大常委会副委员长陈至立在人民大会堂会见俄罗斯国家杜马国际事务委员会代表团

".中国"域名可开放申请

世界互联网名字与编号分配机构(ICANN)负责人近日在北京表示,中国已具备".中国"域名的运行能力。从2009年开始,国际互联网将出现".中国"域名,这也意味着全中文标识邮箱地址(如 ×××@×××.中国)将被使用,邮箱注册的英文时代将被打破。

国务院副总理李克强参观2008中国北京国际节能环保展览会并发表讲话

李克强与中共中央政治局委员、北京市市委书记刘淇一同来到展览现场,李克强强调,面对当前国内外经济形势,要按照科学发展观的要求,采取灵活审慎的宏观经济政策,在保持经济平稳较快增长的同时,促进结构调整和发展方式转变,增强经济发展活力和抵御风险能力。资源环境领域蕴藏着很大的需求潜力,要把节能环保作为扩大内需的重要方面,大力推广应用新产品新技术,开拓新的市场,拉动新的需求,推动经济又好又快发展。

李克强指出,节能减排是推动科学发展的重要任务,也是促进产业升级的重要途径。要加大结构调整力度,推进企业改造重组,提升能源使用效率和产业发展水平,提高经济增长质量和效益。在观看十大重点工程、水泥厂余热余压利用、污泥焚烧、企业用电用热在线监测平台等项目和技术展示时,李克强说,要进一步增加节能环保投入,加快企业技术改造,推行节能产品和服务,培育新的经济增长点。

本次展览会由北京市政府、国家发展改革委共同主办,主题是技术进步与机制创新。

10月21日

国家主席胡锦涛同美国总统布什通电话

双方就召开国际金融峰会、加强国际合作、应对国际金融危机交换看法。

布什表示,美方希望同国际社会一道努力,探讨应对当前金融危机的措施,共同维护世界经济稳定。

胡锦涛强调,我们注意到美国政府为稳定国内金融市场所作出的努力,希望有关措施尽快见到实效,恢复投资者信心,阻止危机进一步向实体经济蔓延。这有利于世界经济金融稳定发展。中国政府为应对这场金融危机采取了一系列重大举措,以保持金融市场和资本市场稳定,保持经济平稳较快增长势头。中国政府将继续以对中国人民和各国人民负责的态度,同国际社会密切合作,共同维护世界经济金融稳定。

中共中央总书记胡锦涛在人民大会堂同全国总工会新一届领导班子成员和中国工会十五大部分代表座谈

中共中央政治局常委、中央书记处书记、国家副主席习近平出席座谈会。

胡锦涛在讲话中首先代表党中央对中国工会十五大成功召开表示衷心的祝贺,向全国广大职工和工会干部表示诚挚的问候。他指出,长期以来,在中国共产党领导下,我国工人阶级始终站在时代前列,艰苦奋斗,锐意进取,积极投身革命、建设、改革的时代洪流,作出了彪炳史册的杰出贡献。

胡锦涛强调,实现党的十七大提出的各项目标任务,对工人阶级进一步发挥主力军作用提出了新要求。我国工人阶级要成为继续解放思想、锐意改革创新的时代先锋,坚持解放思想、实事求是、与时俱进,立足基本国情,树立世界眼光,顺应时代潮流,与时代发展同步伐、与改革开放共命运,始终以国家主人翁的姿态积极投身改革创新的伟大实践,坚定不移为改革开放伟大事业贡献力量。我国工人阶级要成为推动科学发展、促进社会和谐的行动楷模,大力弘扬劳模精神,胸怀全局、立足本职,热情开展创新创造,为推动社会主义经济建设、政治建设、文化建设、社会建设以及生态文明建设作出新贡献,发扬工人阶级识大体、顾大局的光荣传统,为形成全体人民各尽其能、各得其所而又和谐相处的局面作出新贡献。

在谈到做好工会工作时,胡锦涛指出,面对新的形势和任务,工会一定要坚持以邓小平理论和"三个代表”重要思想为指导，深入贯彻落实科学发展观，充分发挥自身优势，全面履行各项职能，切实把党的路线方针政策贯彻落实到各项工作中去，更好地团结动员全国广大职工为夺取全面建设小康社会新胜利而奋斗。要坚持走中国特色社会主义工会发展道路，把坚决按照工会章程和有关法律、法规独立自主开展工作同自觉接受党的领导紧密结合起来，把维护职工群众具体利益同维护全国人民根本利益紧密结合起来，把服务职工、维护职工合法权益同组织职工、教育引导职工紧密结合起来，不断提高为职工群众服务的能力和水平。要全面提高职工队伍思想道德素质和科学文化素质，充分发挥工会“大学校”作用，坚持在全国广大职工中深入开展社会主义核心价值体系建设，特别是要引导广大职工群众牢固树立中国特色社会主义共同理想和实现中华民族伟大复兴的坚定信念，着力培养造就一大批知识型、技术型、创新型的高素质职工，不断推动我国职工队伍知识化进程。要继续强化社会主义和谐劳动关系，认真倾听职工群众呼声，及时反映职工群众愿望，扎扎实实为职工群众做好事、办实事、解难事，特别是要为困难职工排忧解难，完善劳动关系协调机制，促进实现体面劳动，促进劳动关系和谐，促进社会和谐稳定。要以改革创新精神不断加强工会自身建设，以解放思想为先导、以改革创新为动力，深入研究工会工作面临的新情况新问题，探索新形势下做好工会工作的新思路新办法，继续推动工会工作改革创新，最广泛地把广大职工群众组织到工会中来、团结在党的周围。

胡锦涛指出，各级党委要牢牢坚持全心全意依靠工人阶级的方针，尊重职工首创精神，充分发挥工人阶级主力军作用。要完善广大职工群众参与国家事务、社会事务管理和企事业民主管理的制度，认真解决广大职工群众最关心、最直接、最现实的利益问题，使广大职工群众共享改革发展成果。要加强和改善党对工会工作的领导，支持工会创造性地开展工作，把更多资源和手段赋予工会组织。

中共中央政治局委员、全国总工会主席王兆国主持座谈会。中共中央政治局委员、中央书记处书记、中宣部部长刘云山，中共中央政治局委员、中央书记处书记、中组部部长李源潮，中央书记处书记、中央纪委副书记何勇，中央书记处书记、中央办公厅主任令计划，中央书记处书记、中央政策研究室主任王沪宁等出席座谈会。

座谈会上，新当选的全国总工会副主席、书记处第一书记孙春兰介绍了中国工会十五大的情况，6位中国工会十五大代表发言。

国务院总理温家宝在北京主持召开国务院常务会议审议并原则通过《农业银行股份制改革实施总体方案》

会议指出，中国农业银行作为大型国有商业银行，多年来在服务“三农”、服务经济社会发展中作出了重要贡献。近年来，农业银行按照中央关于推进国有商业银行改革的部署，积极进行股份制改革准备工作，目前已基本具备条件。会议要求，农业银行改革要以建立完善现代金融企业制度为核心，以服务“三农”为方向，稳步推进整体改制，成为资本充足、治理规范、内控严密、运营安全、服务优质、效益良好、创新能力和国际竞争力强的现代化商业银行。要紧紧围绕农村经济社会发展的金融需求，进一步强化面向“三农”的市场定位和责任，稳定和发展在农村地区的网点和业务，建立县域事业部制管理体制，不断增加对“三农”的信贷支持，全面改进金融服务。要继续深化内部改革，强化监督管理，转换经营机制，建立完善公司治理结构和风险控制体系，为推进农村改革发展服务。

会议研究了加强基础设施建设，核准了公路、机场、核电站、抽水蓄能电站等一批建设项目，决定加快南水北调中、东线一期工程建设进度。

中国工会第十五次全国代表大会在人民大会堂闭幕

大会闭幕式由中共中央政治局委员、全国人大常委会副委员长、中华全国总工会主席王兆国主持。

大会首先宣布了当选的中华全国总工会第十五届执行委员会主席、副主席、主席团委员、主席团书记处组成人员名单和经费审查委员会主任、副主任、常务委员名单；大会以举手表决的方式通过了关于全总十四届执委会报告的决议、关于《中国工会章程(修正案)》的决议、关于全总十四届执委会财务工作报告的决议和关于全总十四届经审会工作报告的决议。

中华全国总工会副主席、书记处第一书记孙春兰在致闭幕词时，代表全总十五届执委会对全体代表和全国广大职工的信任表示衷心的感谢。她表示，今后五年工会工作面临着新的机遇和挑战，新一届执委会一定要认真学习贯彻党中央的重要指示精神，坚定不移地走中国特色社会主义工会发展道路，努力建设中国特色社会主义工会；一定要坚持用中国特色社会主义理论体系武装头脑，以邓小平理论和“三个代表”重要思想为指导，深入贯彻落实科学发展观，提高服务科学发展、服务职工群众的水平和能力；一定要牢固树立群众意识，全心全意为职工群众服务；一定要解放思想、锐意进取，在组织、引导、服务职工和维护职工合法权益中体现新作为，展现新风貌。

尉健行、罗干、张榕明、倪志福等出席闭幕式。

国务院副总理王岐山在南宁会见出席第五届中国—东盟博览会 商务与投资峰会的东盟各国政要

王岐山分别会见前来出席第五届中国—东盟博览会、商务与投资峰会的柬埔寨首相洪森、缅甸总理登盛、越南副总理黄忠海和老挝国家副主席本扬，就双边关系及共同关心的问题交换了意见。

王岐山高度评价中国与东盟全面战略合作伙伴关系。他强调，中国与东盟国家的友好关系不断发展，双方政治上高度互信，经贸投资等领域互利合作不断深化，在国际和地区事务中密切配合，是好邻居、好朋友、好伙伴。在当前国际金融动荡加剧的新形势下，中方愿与各国共同努力，推动双边合作迈上新台阶，为本地区繁荣稳定作出贡献。

东盟国家领导人热烈祝贺北京奥运会和“神舟”七号载人航天飞行取得圆满成功，祝贺中国改革开放30在起到的促进作用。

中联部部长王家瑞在北京会见老挝人民革命党中央政治局委员中联部部长通伦

第三届中国劳动论坛在北京举行

10月22日

国家主席胡锦涛在人民大会堂会见来华出席第七届亚欧首脑会议的丹麦首相拉斯穆森

胡锦涛表示，两国各级别人员往来频繁，政治互信不断增强；经贸领域合作日益深化，双向投资呈现积极势头；科技、环保、能源等领域合作卓有成效，人文、教育、民间交流日趋活跃。两国在国际事务中也保持着密切沟通和协调。中方对中丹互利合作关系顺利发展感到高兴。

胡锦涛强调，中国重视同丹麦的关系，赞赏丹方长期坚持一个中国政策。中丹关系正面临向前发展的重要机遇，希望双方从战略高度和长远角度看待中丹关系，保持两国高层交往势头，深化各领域务实合作，加强在国际事务中的沟通和协调，实现两国关系全面发展。

拉斯穆森表示，丹方希望同中方建立全面战略伙伴关系，不断深化和扩大两国能源、环保等各领域合作。丹麦高度重视中国在国际政治经济事务中发挥的重要作用，希望同中方共同推进亚欧合作。

关于气候变化问题，胡锦涛表示，中国政府高度重视并积极应对气候变化，积极推动可持续发展，将一如既往地本着负责任态度，尽己所能为应对气候变化作出积极努力。中方支持2009年年底在丹麦哥本哈根举行《联合国气候变化框架公约》第十五次缔约方会议，希望会议推动谈判按照“巴厘路线图”指明的正确方向前进，最终就加强2012年后应对气候变化国际合作作出安排。

拉斯穆森表示，丹方希望各方共同努力，在哥本哈根会议上就气候变化问题达成全球性协议。丹方高度赞赏中国政府高度重视气候变化和环境问题以及为应对气候变化所采取的积极措施，期待中方继续发挥积极作用。

胡锦涛阐述了中国政府关于加强国际合作、共同应对国际金融危机的立场，拉斯穆森赞赏中方的积极立场，期待同中方加强合作。

国家主席胡锦涛在人民大会堂会见来华出席第七届亚欧首脑会议的越南总理阮晋勇

胡锦涛表示，中方高度重视发展对越关系，愿同越方一道努力，按照长期稳定、面向未来、睦邻友好、全面合作十六字方针，推动中越全面战略合作伙伴关系又好又快发展。

胡锦涛指出，当前和今后一个时期，两国政府应着重在以下方面推进双边关系发展。一、坚持中越关系发展大方向不动摇。面对新形势新挑战，中越两国需要加强团结，密切合作，共享发展机遇，携手应对风险，这符合两国和两国人民根本利益，也有利于亚洲地区稳定和发展。双方应始终从战略高度和长远角度，牢牢把握中越关系发展的正确方向，推动中越全面战略合作伙伴关系沿着健康稳定的轨道不断向前发展。二、坚持增进战略互信。中方愿同越方保持高层接触和交往，就两国关系中的重大问题及时交换意见，妥善处理两国关系中存在的问题，全力维护中越友好大局。希望双方加强磋商，早日完成陆地边界勘界工作，使陆地边界真正成为两国和平、友好、合作的纽带。三、坚持加强全面合作。希望双方充分发挥好中越双边合作指导委员会等合作机制的作用，统筹规划、全面推进两国各领域、各地方、各层次交流合作。

阮晋勇表示，在农德孟总书记和胡锦涛总书记就发展两国全面战略合作伙伴关系达成的共识指引下，越中关系迅速发展，经贸、投资等领域合作增长强劲。越南人民永远不会忘记中国政府和人民在越南人民争取民族解放和国家统一斗争中提供的巨大支持，坚定把发展越中关系置于越南外交政策优先位置，希望同中方一道，继续推进两国全面战略伙伴关系向前发展，使两国人民友谊世代相传。阮晋勇积极评价双方为陆地边界勘界立碑作出的重要努力，希望双方继续从两国关系大局出发，尽早达成共识。

关于南海问题，胡锦涛指出，双方应始终以两国关系大局和两国发展大计为重，着眼长远，着眼全局，正确看待和妥善处理南海问题，努力寻求在南海加强合作的途径和方式，使南海成为和平、合作、友好之海。

阮晋勇表示，越方坚持通过谈判寻求南海问题和平、长久解决，希望在相互信任、相互尊重、相互理解的基础上缩小分歧，以同志加兄弟的精神解决出现的问题。越方愿意在油气勘探、海洋环保、海洋科研、海上搜救、打击海盗等方面在南海同中方开展合作。

全国人大常委会委员长吴邦国在人民大会堂会见摩尔多瓦议长卢普

吴邦国指出，议会交往是加强中摩友好交往及务实合作的重要桥梁。中国全国人大愿与摩尔多瓦议会继续保持各层次交往，相互借鉴在治国理政和民主法制建设等方面的经验，密切在国际和地区议会组织中的配合，为推动两国务实合作、促进双边发展作出新的贡献。

卢普说，摩尔多瓦政府、政党和议会都愿意与中方密切交流与合作，共同推动摩中全面友好关系迈上新台阶。他重申，在涉及中方核心利益的问题上，摩尔多瓦将一如既往坚定地站在中国人民一边。

国务院总理温家宝在人民大会堂与丹麦首相拉斯穆森举行会谈

双方就建立中丹全面战略伙伴关系达成一致。

温家宝说，中方赞赏丹麦政府坚持奉行一个中国原则，愿与丹方保持各级别的对话，增进相互了解与信任；加强在科技、环保、能源和创新领域合作，增强两国经济发展和抵抗风险的能力；扩大人文交流，为两国关系发展注入新的活力。

拉斯穆森说，丹麦高度重视同中国发展全面战略伙伴关系。出于这一愿望，丹麦政府制订了《中国行动计划》，希望同中国加强交往，重点推进在环境、可再生能源、教育、研究等领域合作。当前，国际金融危机不断加剧。丹麦愿同中国加强合作，共同维护国际金融市场稳定。

会谈结束后，双方共同出席了两国有关部门在气候变化、可再生能源、科技、创新等领域合作文件签字仪式。

中华人民共和国政府和丹麦王国政府关于建立全面战略伙伴关系的联合声明

应中华人民共和国国务院总理温家宝的邀请，丹麦王国首相安诺斯·福格·拉斯穆森阁下于2008年10月20日至25日来华出席第七届亚欧首脑会议并对中国进行正式访问。访问期间，胡锦涛主席会见了拉斯穆森首相，温家宝总理同拉斯穆森首相举行了会谈。

双方领导人回顾了两国自1950年建交以来双边关系的长足发展及在政治、经济、文化、教育、科技等领域富有成果的合作，认为双边关系得到稳步提升，政治互信和相互尊重日益增强，经贸合作不断拓展。

双方一致认为，在双边、多边和全球事务上开展合作符合两国共同利益。为彰显此种互利关系，双方同意建立涵盖双边关系所有领域的全面战略伙伴关系，并采取以下措施加强两国在双边和多边领域的合作：

一、双方同意加强双边政治和经济对话。保持高层互访势头，加强两国政府、立法机构和地方政府间不同形式、不同级别的友好往来，增进相互了解，建立实质性合作。

促进两国外交部间加强政治对话，开展更为密切的磋商与合作，继续保持副部级政治磋商机制，力争在北京和哥本哈根轮流举行年度会晤。

在有关交往、双边磋商和会见中，双方可探讨加强合作的新途径，包括政府领导人或外交部长在双边或多边场合进行会晤。

双方将共同努力，推动在2010年通过适当的高层互访等方式庆祝两国建交60周年。

丹麦重申坚定奉行一个中国政策，不支持台湾加入仅限主权国家参加的国际组织，不与台湾进行官方往来。中方对丹方这一原则立场表示赞赏。丹方表达了希望通过建设性对话和平解决台湾问题的愿望。中方重申了在台湾问题上的原则立场。

双方均对中欧关系的良好发展感到高兴，愿继续为深化中欧全面战略伙伴关系作出贡献。丹麦确认，愿基于2004年中欧领导人会晤发表的联合声明和欧洲理事会随后的结论，继续朝着促成欧盟解除对华军售禁令的方向前进。

二、中丹两国均完全支持公平、公正、建立在规则基础之上的多边国际体系，支持联合国在处理全球事务，以及通过协商与谈判寻求政治解决国际争端中发挥核心作用。双方支持联合国进行合理、必要的改革。鉴此，双方将加强在联合国、亚欧会议、中欧关系领域及其他多边和地区机制内的合作。

双方同意在联合国及其维和任务框架内加强经验交流。

三、双方一致谴责任何形式以及任何人、在任何时间、出于任何目的所策划的恐怖主义活动。双方决定加强在反恐领域的磋商与交流，重申联合国应在打击恐怖主义中发挥主导作用。反对在反恐问题上将恐怖主义与特定的民族、宗教挂钩。

四、双方领导人均表示愿在防扩散领域加强交流与合作。

五、双方重申了关于促进和保护人权的承诺，继续重视在平等和相互尊重的基础上开展人权交流与合作。双方均强调在人权领域采取实质性步骤的重要性。

六、双方承诺继续支持非洲的持续发展。中丹将在支持非洲发展方面加强交流，以探讨更有效地开展对非合作。双方表示将全力支持实现千年发展目标和全球可持续发展。

七、双方同意继续在气候变化、能源、环境、研究、创新和教育领域加强合作。丹麦将通过积极落实在首相访华期间发表的《丹麦—中国：互利伙伴关系》行动计划中的优先领域来实现这一目标。中方对丹方关于加强合作的建议表示赞赏。

双方均强调应对气候变化的重要性，支持《联合国气候变化框架公约》作为全球应对气候变化的主渠道，在“共同但有区别的责任”等原则基础上，共同推动在2009年哥本哈根联合国气候变化框架公约第15次缔约方会议上达成各方接受的结果并通过一项决定。双方同意将在各个级别保持密切联系，加强合作，力争实现这一目标。

丹麦支持中国风能行业的发展，将在2009年启动一个旨在支持中国发展可再生能源国家规划的项目，包括可再生能源中心的组建，以及通过中丹研发部门和私营部门的合作转让和开发新的、创新型的可再生能源技术。两国领导人共同见证了中丹在可再生能源领域总额1亿丹麦克朗的新项目意向书的签字仪式。

在环境领域，双方将加强在水污染防治、空气污染防治以及废物管理领域的合作。

双方同意加强在高等教育、研究和创新领域的合作，共同提高两国促进经济社会发展的竞争力和知识水平。双方将根据2007年9月签订的《关于加强中丹科技合作的谅解备忘录》，通过支持建立研究伙伴关系、鼓励科研人才交流实现这一目标。两国领导人共同见证了中科院与丹麦科技创新部签订的《关于建立“中丹教育与研究中心”的谅解备忘录》。

八、双方将继续深化和扩大经贸互利合作，充分利用并不断改善中丹经贸联委会以及其他现有的磋商与合作机制，加强在贸易、投资和技术等领域的对话，鼓励两国企业界特别是中小企业间的交流与合作。双方将在发展经贸关系的同时，支持企业积极承担社会责任。

丹麦支持中国希望尽早得到欧盟承认其完全市场经济地位的愿望，并将在双方找到达成这一决定的合适框架时积极促成此事。中方对丹麦一贯支持自由贸易、反对贸易保护主义的立场表示赞赏。

九、双方将扩大在文化和旅游领域的合作，支持两国人民之间的接触与交流。

国务院总理温家宝在人民大会堂与越南政府总理阮晋勇举行会谈

温家宝说，加强经贸合作对于两国应对当前国际金融危机，保持经济增长具有重要意义。双方要发挥已有机制的作用，密切配合，落实《中越经贸合作五年发展规划》；大力推进农业渔业、交通基础设施、能源等重点领域和项目的合作，扩大贸易和相互投资，争取形成平衡、可持续发展的贸易关系；加强信息交流和政策协调，共同防范金融风险。

温家宝希望双方有关部门加紧工作，尽快解决陆地边界勘界遗留问题，共同维护安全和谐的边境环境。

阮晋勇说，越方愿同中方保持高层交往，加强两国外交、国防、执法等部门的沟通，充分发挥双边合作指导委员会的作用，全面落实双方达成的各项协议和共识，扩大经贸、投资、基础设施建设、旅游等领域合作，推进“两廊一圈”、经贸合作区等重点合作项目，鼓励两国地方往来和人文交流。越方希望同中方加强协调合作，共同应对国际金融危机。

国务院总理温家宝同日本首相麻生太郎就中日和平友好条约缔结30周年互致贺电

中央深入学习实践科学发展观活动领导小组办公室负责人答求是杂志社记者问

党中央决定，从2008年9月开始，用一年半左右的时间，在全党分批开展深入学习实践科学发展观活动。这是认真贯彻落实党的十七大精神，在新的历史起点上发展中国特色社会主义的重大部署。9月19日，中央召开了全党深入学习实践科学发展观活动动员大会暨省部级主要领导干部专题研讨班，胡锦涛同志发表重要讲话，对在全党开展深入学习实践科学发展观活动进行了全面部署。紧接着，中央召开第一批深入学习实践科学发展观活动工作会议。在这次会上，求是杂志社记者（以下简称记者）就全党开展深入学习实践科学发展观活动有关重要问题，采访了中央深入学习实践科学发展观活动领导小组办公室负责人。

记者：在“三个代表”重要思想学习教育活动和全党保持共产党员先进性教育活动之后，为什么要开展深入学习实践科学发展观活动？如何理解这项学习实践活动的重大现实意义和紧迫性？

答：在全党开展深入学习实践科学发展观活动，是党的十七大作出的战略决策，是用中国特色社会主义理论体系武装全党的重大举措，是“三个代表”重要思想学习教育活动和保持共产党员先进性教育活动的继续，是深入推进改革开放、推动经济社会又好又快发展、促进社会和谐稳定的迫切需要，是提高党的执政能力、保持和发展党的先进性的必然要求，是顺应人民新期待、进一步密切党同人民群众血肉联系的重要步骤。

改革开放以来，我们党高度重视自身建设，坚持党要管党、从严治党，全面推进党的建设新的伟大工程，推动党的建设在不断改进中得到加强。同时，我们必须清醒地看到，随着改革开放和社会主义市场经济不断发展，在党长期执政和党的队伍不断发展变化的情况下，党的自身建设面临许多新课题新考验，党面临的执政考验、改革开放考验、发展社会主义市场经济考验是长期的、复杂的，管党治党的任务比以往任何时候都更为艰巨繁重。当前，一些党员、干部的思想观念、能力素质与党的先进性要求还不完全适应、不完全符合，一些基层党组织的管理手段和创新能力与经济社会发展任务还不完全适应、不完全符合，一些地方的党组织、领导班子、领导干部党性党风党纪方面还存在这样那样的问题。今年以来，一些地方发生重大生产安全事故和食品安全事故，给人民群众生命财产造成重大损失。从这些事件中反映出，一些干部缺乏宗旨意识、大局意识、忧患意识、责任意识，作风飘浮、管理松弛、工作不扎实，有的甚至对群众的呼声和疾苦置若罔闻，对关系群众生命安全这样重大的问题麻木不仁。我们对这些事件及其后果的严重性必须充分估计，对其中的惨痛教训必须牢牢记取。这些事件再一次告诫我们，只有坚定不移地贯彻落实科学发展观，抓紧解决党员干部队伍中存在的突出问题，使全党同志始终坚持立党为公、执政为民，始终坚持以人为本，始终把人民群众的安危冷暖放在心上，我们党才能更好地带领广大人民群众为夺取全面建设小康社会新胜利而奋斗。

记者：请您介绍一下这次学习实践活动的指导思想、主要原则和目标要求。

答：日前，中央制定下发了《中共中央关于在全党开展深入学习实践科学发展观活动的意见》（以下简称《意见》），明确提出了这次学习实践活动的指导思想、主要原则和目标要求，为全党开展学习实践活动提供了基本遵循。

学习实践活动的指导思想，是“高举一面旗帜、突出一个主题、围绕一个总要求、明确三个着力点”。高举一面旗帜，就是高举中国特色社会主义伟大旗帜。突出一个主题，就是科学发展。围绕一个总要求，就是党员干部受教育，科学发展上水平，人民群众得实惠。明确三个着力点，就是要着力转变不适应不符合科学发展观要求的思想观念，着力解决影响和制约科学发展的突出问题以及党员干部党性党风党纪方面群众反映强烈的突出问题，着力构建有利于科学发展的体制机制，提高领导科学发展、促进社会和谐的能力。学习实践活动中，要紧紧围绕这三个着力点下功夫、求突破、见成效，推动经济社会又好又快发展，让群众切身感受到学习实践活动的成效。

关于学习实践活动的主要原则。《意见》明确提出，在学习实践活动中，各地区各部门各单位要牢牢把握坚持解放思想、突出实践特色、贯彻群众路线、正面教育为主的原则。这四条主要原则是总结我们党开展集中学习教育活动特别是学习实践活动试点工作经验的重要成果，在整个活动中要自始至终地把握好、贯彻好、落实好。

关于学习实践活动的目标。《意见》指出，这次学习实践活动，要达到提高思想认识、解决突出问题、创新体制机制、促进科学发展的目标。这四个方面是相互联系、相互促进的有机整体。其中，提高思想认识是基础，解决突出问题是重点，创新体制机制是关键，促进科学发展是目的。对此我们要全面理解和把握。

关于学习实践活动要解决的重点问题。根据《意见》精神，这次学习实践活动要解决五个方面的重点问题。一要解决发展思路不清、发展信心不足、发展方式落后、发展质量不高、发展后劲不足等问题，切实把发展作为解决我国所有问题的关键，聚精会神搞建设，一心一意谋发展，不断解放和发展社会生产力，进一步落实发展是第一要义的要求。二要解决执政为民意识淡薄，不深入了解群众愿望、倾听群众要求，对民生问题特别是困难群众的疾苦关注不够、对群众合法权益维护不够、对社会和谐稳定重视不够等问题，切实把实现好、维护好、发展好最广大人民的根本利益作为一切工作的出发点和落脚点，尊重人民主体地位，发挥人民首创精神，保障人民各项权益，促进人的全面发展，做到发展为了人民、发展依靠人民、发展成果由人民共享，进一步落实核心是以人为本的要求。三要解决片面发展、盲目发展、只顾眼前发展等问题，切实按照中国特色社会主义事业总体布局，全面推进经济建设、政治建设、文化建设、社会建设以及生态文明建设，促进现代化建设各个环节、各个方面相协调，促进生产关系与生产力、上层建筑与经济基础相协调，坚持生产发展、生活富裕、生态良好的文明发展道路，实现经济社会长期持续发展，进一步落实全面协调可持续发展的要求。四要解决全局意识不强，缺乏战略思维，不能妥善处理中央和地方、局部利益和整体利益、个人利益和集体利益、当前利益和长远利益的关系，有令不行、有禁不止、政令不畅通等问题，切实把统筹兼顾作为处理各方面矛盾和问题必须坚持的根本方法,更加自觉地运用到实际工作中去,总览全局,协调各方,充分调动一切积极因素,正确反映和兼顾不同方面的利益,进一步落实统筹兼顾的要求。五要解决党性不强、党风不正、执行党纪不严的问题,在世界观、人生观、价值观和权力观、地位观、利益观方面存在的问题,以改革创新精神全面推进党的建设,努力把各级党组织建设成为贯彻落实科学发展观的坚强堡垒,把干部队伍建设成为贯彻落实科学发展观的骨干力量,为科学发展提供可靠的政治和组织保障,进一步落实贯彻科学发展观必须加强和改进党的建设的要求。

这里需要强调的是,以上五个方面的问题是就总休而言的,具体到一个地方、一个部门、一个单位,到底哪些问题最突出,哪些问题最需要抓紧解决,哪些问题在学习实践活动期间能够解决,可能不尽相同。各地区各部门各单位要坚持从实际出发,突出重点,按照科学发展观的要求,找准那些影响和制约本地区本部门本单位科学发展的主要问题,集中精力解决好,防止面面俱到、影响活动效果。

记者:这次全党学习实践活动共分三批,请您简要介绍一下批次安排的有关情况。

答:根据十七大关于在全党开展深入学习实践科学发展观活动的重大战略部署,2008 年 2 月至 8 月,在江苏省、中央组织部等 23 个地方和单位进行了学习实践活动的试点。在取得成功经验的基础上,针对学习实践活动涉及各行各业、各条战线,政策性强,覆盖面广,要求很高,任务很重这一实际,中央研究决定,全党学习实践活动从今年 9 月开始,用一年半左右的时间,自上而下分三批展开,每批时间半年左右,到 2010 年 2 月基本完成。其中,第一批,从 2008 年 9 月开始,2009 年 2 月基本完成,包括:中央和国家机关、省(自治区、直辖市)党政机关;全国、省(自治区、直辖市)人大、政协机关,人民法院、人民检察院和人民团体机关;新疆生产建设兵团机关;中管金融机构及其分支机构;党中央、国务院直属事业单位,中央直属机关、中央国家机关各部门管理的事业单位,省(自治区、直辖市)直属事业单位。第二批,从 2009 年 3 月开始,2009 年 8 月基本完成,包括:市(地、州、盟)、县(市、区、旗)党政机关;市(地、州、盟)、县(市、区、旗)人大、政协机关,人民法院、人民检察院和人民团体机关;新疆生产建设兵团师、团机关;中央企业;省(自治区、直辖市)直属企业,市(地、州、盟)直属企业事业单位;高等学校、中等专业学校。第三批,从 2009 年 9 月开始,2010 年 2 月基本完成,包括:乡(镇)、街道;村、社区;新疆生产建设兵团基层单位;中小学校;未参加第二批活动的企业、社会团体、社会中介组织等。

记者:为什么中央把省部级党政机关、中管金融机构作为第一批开展学习实践活动的单位?

答:首先,省部级领导机关是管方向、管宏观、管政策的,在国家经济、政治、文化、社会建设和党的建设中处于重要地位,承担着领导和服务科学发展的重大责任。其次,参加第一批的这些单位领导干部特别是高级干部十分集中,据统计,在参加第一批学习实践活动的各单位中,副省部级以上党员领导干部共有 1800 余名,占在职省部级干部的 80%以上,厅局级干部数量也很大。这些领导干部对科学发展观的认识水平如何、领导和推动科学发展的能力如何,直接影响经济社会发展的各项决策,关系到全党贯彻落实科学发展观的成效,关系到全面建设小康社会的进程。第三,切实搞好第一批学习实践活动,不仅对于第二批、第三批学习实践活动有着重要的示范和导向作用,还有利于省部级机关在抓好自身学习实践活动的基础上,集中精力抓好后两批的工作,这也是我们党开展集中教育活动的成功经验。参加第一批学习实践活动的各单位党组织和领导干部,要进一步增强责任感和使命感,切实抓好学习实践活动,更加自觉地用科学发展观武装头脑、谋划发展、解决问题、推动工作。这些单位的广大党员要积极投身到学习实践活动中来,努力在活动中增强党性、提升素质,更好地在推动科学发展、促进社会和谐的实践中发挥先锋模范作用。

记者:党中央已经对第一批学习实践活动作出具体部署,请问确保第一批学习实践活动深入扎实,要抓哪些关键环节?

答:在《意见》基础上,中央深入学习实践科学发展观活动领导小组研究制定了《关于第一批开展深入学习实践科学发展观活动的实施意见》(以下简称《实施意见》),对全党开展学习实践活动和第一批学习实践活动提出了明确要求。根据中央《意见》和《实施意见》的安排,第一批学习实践活动分学习调研、分析检查、整改落实 3 个阶段,每个阶段包括 3 个环节,加上活动开始前的准备环节和活动结束时的总结测评环节,共有 11 个环节。各单位要紧密结合自身实际,认真抓好每个阶段每个环节的工作,确保学习实践活动扎实有序推进。

第一,准备环节。做好思想准备、组织准备、工作准备,是开展学习实践活动的第一步。这是试点单位的共同经验。这一环节要着重抓好 3 件事:一是制定学习实践活动方案;二是成立领导小组和办事机构;三是筹备召开动员大会。

第二,学习调研阶段。学习调研是整个学习实践活动的基础。这一阶段要抓好学习培训、深入调查研究、解放思想讨论 3 个环节。

第三，分析检查阶段。这一阶段是把认识成果转化为实践成果的关键阶段。要围绕《意见》提出的5个方面重点问题，广泛征求意见、深刻分析原因、明确改进思路。这一阶段也要抓好3个环节：一是召开检查贯彻落实科学发展观情况的领导班子专题民主生活会；二是形成领导班子分析检查报告；三是组织群众评议。

第四，整改落实阶段。学习实践活动的成效，最终要落实在整改实践上。这一阶段要抓好制定整改落实方案、解决突出问题、创新体制机制3个环节：一是制定整改落实方案；二是集中解决突出问题；三是完善体制机制。

第五，总结和测评环节。这是学习实践活动最后一个环节。各单位要认真总结学习实践活动取得的成效和经验，在此基础上做好满意度测评工作。

以上11个环节的各项任务，有的是阶段性的，有的则需要贯穿于学习实践活动全过程。比如，深入学习、解放思想、解决问题、完善机制等，都要自始至终抓好。这次学习实践活动不作统一转段要求，各地区各部门各单位要注意各个环节之间的相互联系和相互衔接，坚持进度服从质量，以每个环节的高质量保证整个活动的高质量。要注意讲成本、重实效，防止形式主义。

记者：关于学习实践活动的领导关系问题，请问应该如何把握？

答：中央《意见》明确指出，学习实践活动的领导关系，原则上按照党组织的隶属关系确定。比如，中管金融机构所属各分支机构及基层单位党的关系在系统内的，其学习实践活动全部由总部党委领导；各地税务、海关等垂直管理部门的下属机构党的关系在地方的，其学习实践活动由所在地方党委领导，上级业务主管部门协助。根据中央《意见》规定，国有企业和高等学校等单位学习实践活动的领导关系，按照干部管理权限确定，党的关系在地方的由地方党委协助。

记者：为了确保第一批学习实践活动取得实实在在的成效，要采取哪些有力措施？

答：中央对开展学习实践活动的部署和安排已经十分明确，现在的主要任务就是抓好落实。参加第一批学习实践活动的单位要按照中央的要求，把学习实践活动作为当前党的建设的重中之重，切实抓紧抓好。

一要加强组织领导，落实领导责任。抓好学习实践活动，关键在领导，责任在班子。为了加强对学习实践活动的领导，中央决定成立中央深入学习实践科学发展观活动领导小组，在党中央领导下开展工作。领导小组下设办公室，负责对学习实践活动的具体指导。各地区各部门各单位也要成立相应的领导机构和工作机构，明确党委（党组）主要负责同志是开展学习实践活动的第一责任人，分管领导是直接责任人，加强对学习实践活动的领导，做到认识到位、组织到位、措施到位、工作到位。各单位党员领导干部特别是党委（党组）主要负责同志要发挥表率作用，带头深入学习，带头调查研究，带头解放思想，带头分析检查，带头整改落实。要积极参加领导班子和所在支部的活动，结合各自分工建立联系点，提倡把困难大、问题多的地方确定为联系点，努力把联系点建成学习实践活动的示范点，发挥以点带面的作用。学习实践活动中，要充分发挥党支部的作用，积极探索有效形式，确保党员全体参与、全程参加。中央及各级学习实践活动领导小组将分别派出若干指导检查组，负责政策指导、发现问题、督促检查等工作。第一批开展学习实践活动的单位也要抽调党性强、作风好、有较高政策理论水平、熟悉党务和经济工作的得力干部，组建指导检查组，防止活动走过场、出偏差。

二要坚持从实际出发，积极探索创新。第一批开展学习实践活动的单位要在坚持学习实践活动基本要求的前提下，从中央国家机关和地方等不同层面、东中西部等不同地域出发，根据机关事业单位和金融机构的不同特点，根据党员领导干部和机关党员等不同对象，提出有针对性的具体要求，创新活动载体，搭建实践平台。要坚持时间服从质量，合理把握进度，鼓励和支持各地区各部门各单位在开展学习实践活动的具体方式方法上因地制宜作出安排，进行探索。开展学习实践活动一定要讲成本、重实效，防止铺张浪费、搞文山会海，力戒形式主义。

三要加强舆论宣传和引导，营造浓厚氛围。要以中央文件精神和这次会议精神为基本依据，充分运用报刊、广播、电视、图书、互联网等媒体，在全社会大力宣传科学发展观的科学内涵、精神实质和根本要求，宣传开展学习实践活动的重大意义、指导思想、目标要求和主要原则，宣传学习实践科学发展观的先进典型。要及时总结和推广学习实践活动中的好做法、好经验，及时报道学习实践活动取得的成效，为学习实践活动的顺利开展营造良好舆论氛围。

四要把开展学习实践活动同推动当前工作紧密结合起来，做到两不误、两促进。各地区各部门各单位要把学习实践活动当作推动工作的重要机遇和强大动力，把学习实践活动同深入贯彻落实党的十七大精神结合起来，同开展纪念改革开放30周年活动结合起来，同推动广大党员特别是党员领导干部讲党性、重品行、作表率结合起来。要正确处理开展学习实践活动和做好当前各项工作的关系，做到围绕中心、服务大局、统筹兼顾、合理安排。要把各级领导班子贯彻中央部署要求、组织开展学习实践活动情况，党员领导干部在学习实践活动中的态度、表现、取得的成效情况，纳入领导班子和领导干部考核的重要内容，注意在学习实践活动中发现干部、辨别干部。要把学习实践活动的成效体现到解决突出问题、促进各项工作上，用各项工作的实际成果来衡量和检验学习实践活动的成效。

全国总工会主席王兆国出席在北京召开的全国总工会第十五届执委会主席团第二次全体（扩大）会议并发表讲话

王兆国强调，学习好、宣传好、贯彻好、落实好胡锦涛总书记在与全总新一届领导班子和工会十五大部分代表座谈时发表的重要讲话精神，是当前各级工会组织和广大工会干部的首要政治任务。

王兆国说，胡锦涛总书记的重要讲话思想深刻、内涵丰富，具有很强的思想性、理论性、指导性、针对性。讲话对中国工人阶级在30年改革开放和社会主义现代化建设中作出的历史性贡献给予充分肯定，要求工人阶级在新的历史条件下要做继续解放思想、锐意改革创新的时代先锋，做推动科学发展、促进社会和谐的行动楷模，对工人阶级发展先进性、在夺取全面建设小康社会新胜利中发挥主力军作用提出了新的更高的要求。要求各级工会坚持走中国特色社会主义工会发展道路，全面提高职工队伍思想道德素质和科学文化素质，继续强化社会主义和谐劳动关系，以改革创新精神不断加强工会自身建设，为做好新形势下的工会工作进一步指明了方向。

王兆国指出，胡锦涛总书记的重要讲话是全会上下大力推进工会事业向前发展的共同思想理论基础。当前要把学习贯彻胡锦涛总书记的重要讲话精神，与深入学习实践科学发展观活动结合起来，与学习习近平同志代表党中央的祝词精神结合起来，与贯彻落实工会十五大确定的目标任务结合起来，把中央的指示精神切实转化为广大职工立足本职、建功立业的生动实践，转化为各级工会干部锐意进取、真抓实干的工作状态。各级工会组织和广大工会干部要按照讲话要求，切实改进工作作风，认真履行维护职责，坚持深入基层、深入职工，不断提高服务职工群众的能力和水平，为推动科学发展、促进社会和谐、维护社会稳定作出新的更大的贡献。

国家副主席习近平出席在北京召开的第十一届亚欧工商论坛开幕式并发表演讲

习近平在主旨演讲中就金融安全、能源合作、中小企业发展、贸易和投资便利化、环境和气候变化等论坛议题作了重要阐述。

习近平指出，当前，国际金融市场急剧动荡，世界经济增长明显放缓，国际经济环境中不稳定因素明显增多。应对国际金融危机，需要世界各国共同努力。要加强财金对话和协调，探索新的合作领域，促进国际金融体制改革，努力提高共同抵御金融风险的能力；扩大发展道路、发展模式、发展经验交流和对广大发展中国家技术援助，加强金融能力建设；处理好金融创新和金融监管的关系，建立金融预警机制，促进财金领域务实合作，切实维护国际金融安全。

习近平强调，能源问题是全球性问题。维护世界能源安全，是世界各国共同面临的紧迫任务。亚欧各国在能源领域开展务实合作，有助于维护国际能源市场秩序和保障能源安全。中国奉行节约优先、立足国内、多元发展、保护环境、加强国际合作的能源政策，愿意在亚欧会议框架内，就能源政策对话和协调、能源勘探和使用、能源技术研发和转让等方面与各成员国一道作出努力，共同维护国际能源市场稳定。

习近平表示，中小企业是亚欧各国经济发展的活跃力量。中方支持各国积极落实《加强亚欧会议成员间中小企业合作的北京宣言》，充分发挥亚欧工商论坛和中小企业部长级会议的平台作用，加强政府和工商界的伙伴关系，共同推进多领域特别是服务业、技术转让、知识产权、企业社会责任等方面的合作，为亚欧地区中小企业发展创造良好环境。

习近平指出，贸易是连接各国利益的纽带。中方支持亚欧各国在互利共赢基础上扩大贸易往来，增进资本、技术、人员流动；逐步改善市场准入，提高政策透明度，加强成员间信息交流和共享；促进《贸易便利行动计划》和《投资促进行动计划》的落实；针对企业实际需求，积极完善具体性、实质性便利化措施，为亚欧企业和经贸发展奠定坚实基础。

习近平强调，环境和气候变化关系我们子孙后代的生存发展。中国高度重视环境和气候变化，在节能减排、防灾减灾、保护生态等方面作出了积极努力。中国支持《联合国气候变化框架公约》及其《京都议定书》，希望各成员国积极携手加大节能环保领域的政策协调、经验交流、技术合作，共同保护好我们赖以生存的地球家园。

来自亚洲和欧洲约800名工商界人士出席开幕式。

国务院副总理王岐山在南宁出席第五届中国—东盟商务与投资峰会开幕式

第五届中国—东盟博览会在广西南宁开幕，国务院副总理王岐山出席开幕式，并在中国—东盟商务与投资峰会上发表演讲。他指出，加强中国与东盟合作具有牢固基础和巨大潜力，双方应当进一步深化各领域合作,共同促进本地区经济金融稳定健康发展。

柬埔寨首相洪森、缅甸总理登盛、菲律宾众议长诺格拉雷斯、越南副总理黄忠海、老挝国家副主席本扬、联合国贸发会议秘书长素帕猜出席会议并发表演讲。来自中国和东盟国家的政府官员、商协会代表、企业负责人、专家学者等1200人参加会议。

国务院副总理王岐山在第五届中国—东盟商务与投资峰会开幕式上的演讲

尊敬的各位嘉宾,女士们,先生们,朋友们:

我代表中国政府,对莅临会议的东盟国家领导人和各位嘉宾表示热烈的欢迎!

中国与东盟各国政府高度重视发展友好关系和互利合作。自2004年首次举办中国—东盟博览会和商务与投资峰会以来,双方积极推进中国—东盟自由贸易区建设,先后签署并实施货物贸易协议、服务贸易协议,不断降低关税水平和扩大市场准入,深化大湄公河、东盟东部增长区等次区域经济合作,推动贸易和投资更加便利化。中国与东盟贸易额由2004年的1059亿美元增加到2007年的2025亿美元,提前三年实现双方领导人提出的2000亿美元的贸易目标。今年1—9月,双方贸易额达1804亿美元,比去年同期增长23%,已互为第四大贸易伙伴。相互投资不断扩大,东盟对华投资已形成相当规模,中国企业对东盟投资快速增长。东盟10国都已成为中国公民的旅游目的国,人员往来更加频繁。双方各领域合作呈现出平等互信、互利共赢的良好发展态势。

中国和东盟各国同处于经济快速发展的阶段,山水相连,文化相通,经济互补,加强合作不仅具有牢固的基础,而且具有巨大的潜力。当前,国际经济不确定不稳定因素明显增多,美国金融危机继续蔓延,国际金融市场动荡加剧,世界经济增长明显减缓,对亚洲地区已产生重大影响。面对这样前所未有的挑战,加快推进中国与东盟合作具有特别重要的意义。为此,我愿就加强中国—东盟经贸合作提出以下建议:

(一)深化贸易和投资合作。进一步深化双方货物贸易、服务贸易合作。继续就《中国—东盟自贸区投资协议》加强沟通协商,力争早日结束谈判并签署协议,确保如期建成中国—东盟自贸区。中国政府将鼓励和支持企业进一步加大对东盟国家的投资,推动在东盟国家建立经济贸易合作区。

(二)加强次区域合作。中方积极支持东盟经济一体化建设,与有关国家共同推动大湄公河次区域由交通走廊向经济走廊转型,探讨开展泛北部湾经济合作。中国政府将支持加快北部湾经济区开放开发,使之成为中国—东盟合作新的增长极。

(三)完善合作机制。进一步发挥现有沟通与合作机制的作用,继续办好中国—东盟博览会和商务与投资峰会,推动多层次、多领域交流对话。鼓励中介机构为企业合作提供服务,特别是支持中小企业开展更有效的合作。

(四)共同应对挑战。顺应经济全球化的潮流,加强区域经济合作,有利于抓住发展机遇,应对重大挑战。中方将继续以负责任的态度,与东盟各国加强在金融、能源、环保、粮食安全等领域的协调与合作,共同促进本地区经济金融稳定健康发展。

女士们,先生们,朋友们!

对中国来说,今年是极不平凡的一年。在国际形势发生复杂变化和国内出现突发性困难的情况下,我们继续保持经济较快增长和金融安全稳定,夺取了汶川特大地震抗震救灾重大胜利,成功举办北京奥运会、残奥会,圆满完成“神舟”七号载人航天飞行任务。这充分显示出中国改革开放30年奠定的坚实国力基础。总的看,中国经济发展的基本面没有改变,正朝着宏观调控的预期方向发展。今年前三季度,国内生产总值同比增长9.9%,近几个月物价涨幅逐步回落。当前,最重要的是把自己的事情办好。中国政府已经并将继续采取措施应对外部冲击,努力保持经济稳定、金融稳定、资本市场稳定。我们有信心、有条件、有能力战胜各种困难和挑战。

中国的发展将为世界各国特别是周边国家带来更多机遇。我们将坚定不移地走中国特色社会主义道路,深入贯彻落实科学发展观,加快转变经济发展方式,灵活审慎地调整宏观经济政策,着力扩大国内需求特别是消费需求,努力实现发展的速度与结构、质量、效益相统一,促进国民经济持续平稳较快发展。中国将继续推进改革开放,实施互利共赢的开放战略,推动贸易和投资自由化、便利化,反对任何形式的保护主义。我们将始终不渝走和平发展道路,坚持与邻为善、以邻为伴,加强同周边国家的睦邻友好和务实合作,努力以自身的发展促进本地区的共同发展。

广西作为中国—东盟博览会和商务与投资峰会的举办地,在推动中国与东盟合作中具有独特的优势和重要的作用。希望中国和东盟国家各界朋友充分运用这个平台,加强交流,增进了解,努力达成更多的合作成果,为不断扩大中国与东盟经贸合作,巩固和发展战略伙伴关系作出新贡献。

祝本届中国—东盟博览会和商务与投资峰会圆满成功!

谢谢大家。

国务院副总理李克强分别在钓鱼台国宾馆和人民

大会堂会见越南总理阮晋勇 摩尔多瓦议长卢普

国务院副总理回良玉在中南海紫光阁会见与中方共同主持中乌经贸混委会会议的乌克兰副总理瓦休尼克

全国人大常委会副委员长周铁农在人民大会堂会见罗马尼亚宪法法院院长伊万·维达一行

全国人大常委会副委员长兼秘书长李建国在人民大会堂会见德国联邦议院内政委员会代表团

全国政协副主席王刚在北京会见也门社会党总书记努曼率领的也门社会党代表团

中联部部长王家瑞在北京会见以总书记亚辛·赛义德·努曼为团长的也门社会党代表团

国务委员刘延东在北京主持召开科技重大专项组织实施推进会并发表讲话

10月22日和23日，中共中央政治局委员、国务委员刘延东主持召开科技重大专项组织实施推进会，逐个听取民口8个重大专项的汇报，检查工作进度，进一步明确工作方针和具体目标要求。她强调，重大专项是国家重大战略性科技任务，要深入学习实践科学发展观，强化科学部署，加快组织实施，按时保质完成，促进我国综合国力大幅提升。

刘延东指出，目前多数重大专项已进入组织实施阶段，这一阶段的核心任务是研发攻关。要进一步理顺和创新体制机制，统筹协调各方面优势力量，加强系统设计，优化资源配置，加快组织实施进程。一要坚持、完善和创新举国体制，发挥政府主导作用，在国家层面建立多部门协作机制和合作大平台，形成部门、地方、全社会参与的格局。积极引入市场机制，鼓励、引导金融资金参与支持重大专项研发。二要健全组织管理体系，落实工作责任制。领导小组要发挥统筹资源、集成力量的作用，牵头组织单位要管好人财物，专项实施管理办公室要做好日常行政管理和条件保障。专项总体组作为技术责任主体，要为决策提供技术支持。要强化监督，不仅要评价实施进程、目标完成程度，还要评估组织管理效率和资金使用效益。三要按照系统工程的思维和方法组织实施重大专项，把明确具体目标和强化系统设计放在任务落实的首位。各专项总体组要组织制定技术发展路线图，系统性地分解任务，明确科研进度。考核和奖励要以完成路线图的任务为依据，强调团队和协作的整体进度。四要统筹重大专项与国家其他科技计划、工程和项目，统筹重大专项的项目、基地和人才队伍建设，统筹中央和地方资源，统筹行业内和行业外的优势单位，统筹国内外科技资源，充分利用好现有资源和全社会各类优势资源，实现原始创新同集成创新、引进消化吸收再创新的紧密结合。五要充分发挥各类创新主体的作用，促进产学研用结合。突破制约产学研用结合的体制机制障碍，强化企业技术创新主体地位，鼓励企业牵头，以产学研联盟和产业技术联盟方式承担任务。六要凝聚和培养创新人才。选拔科研水平高、协调能力强、有战略眼光的人担任项目领军人物。大力引进海外高层次人才参与项目实施，最大限度地发挥其作用。

刘延东要求，各级管理部门和有关方面要加大工作力度，加强组织领导，确保人员、机构和政策措施到位，为专项实施创造良好条件。她希望所有参与人员以对历史负责、对人民负责的态度，发扬我国科技工作者的优良传统，把全部智慧和力量倾注到这项伟大事业中来，只争朝夕，抓紧工作，争取早日见到成果，为建设创新型国家贡献力量。

全国人大常委会副委员长桑国卫，全国政协副主席、科技部部长万钢，相关重大专项领导小组组长、副组长，牵头组织单位主要负责同志，实施管理办公室主任、副主任，总体组技术总师、副总师出席会议。

吴阶平医学研究奖——保罗·杨森药学研究奖在北京举行第十届颁奖仪式

本届“吴杨奖”设感染、血液内科、整形外科、生化与生物技术药物、药剂5个专业，中国医学科学院王建祥、北京大学张强等24名来自全国医院和科研院所的中青年医药卫生工作者分获各专业一、二、三等奖。中国药学会理事长桑国卫院士被授予特殊贡献奖，以表彰他长期以来在中国药学领域的卓越成就，尤其是在创新药品研究和药品安全评价技术方面作出的特殊贡献。

“吴杨奖”创立于1994年，至今设立10届，设奖专业领域达45个，296名专家获奖，成功促进和开发了一批有价值的科研成果，鼓励了中青年医药工作者的研究积极性。其中，方圻、吴蔚然、钟南山、桑国卫4位杰出科学家先后被授予特殊贡献奖。

10月23日

国家主席胡锦涛在人民大会堂分别会见来华出席第七届亚欧首脑会议的一些外方领导人

胡锦涛在会见印度尼西亚总统苏西洛时表示，中方愿同印尼方面一道，充实两国战略伙伴关系内涵，尽快就两国战略伙伴关系行动计划达成一致并做好落实工作；充分发挥双边合作机制作用，探讨发展双边关系的新途径新方式；扎实推进和拓展经贸、基础设施建设、人文等领域交流合作，造福两国人民；加强在国际和地区事务中的协调和配合，在维护能源和粮食安全、应对气候变化、反对恐怖主义等方面加强合作。

苏西洛表示，印尼和中国签署战略伙伴关系联合宣言以来，双边关系和政治、经贸、司法等领域合作发展非常迅速。印尼希望双方尽快制定两国战略伙伴关系行动计划，加强能源、电子、信息、基础设施建设、金融等领域长期战略性合作。

胡锦涛指出，当前，世界经济形势复杂严峻。新兴市场和发展中国家正面临着金融风险、外需疲软、通胀压力加大等不利国际环境。我们愿同印尼方加强交流合作，相互支持，共同应对当前所面临的挑战，为本地区金融稳定和经济健康发展作出贡献。

苏西洛表示，印尼希望同中国等本地区国家加强合作，落实清迈倡议，帮助受到金融危机严重影响的国家。

胡锦涛在会见文莱苏丹哈桑纳尔时指出，中方愿同文方一道，加强交通、通信、能源、农业、基础设施建设、旅游等领域合作。努力推动中文关系不断迈上新台阶。文莱作为亚洲协调员，在第七届亚欧首脑会议筹备过程中承担了大量协调工作，对中方主办会议给予大力支持，中方对此表示感谢，愿同文方继续合作，共同努力使会议取得成功。

哈桑纳尔对文莱同中国保持良好关系和密切合作表示高兴，希望双方加强水稻生产、能源开发等领域合作。他表示，本届亚欧首脑会议是在一个关键时刻召开的，文莱作为亚洲协调员，愿为会议成功作出贡献。

胡锦涛在会见芬兰总统哈洛宁时表示，近年来，两国领导人频繁接触，双方政治互信日益加强，经贸、电信、造纸、节能、环保等领域合作卓有成效。历史证明，芬兰是中国可以信赖的好朋友、好伙伴。我们重视同贵国的关系，愿同芬方一道努力，推动中芬关系持续深入发展，在经济全球化进程中继续实现互利双赢，造福两国人民。中方愿同芬方加强在国际事务中的合作。

哈洛宁表示，芬方在废水处理和再利用、可再生能源等领域有一些经验，愿同中方开展合作。中国在世界经济发展中发挥着建设性作用，为世界各国共同应对当前国际金融危机提供了重要支持。芬方希望同中方在加强联合国作用、促进非洲发展、应对气候变化等方面进一步开展合作。

胡锦涛在会见意大利总理贝卢斯科尼时表示，两国贸易结构不断优化，双向投资日益扩大，科技、环保合作成果显著，意大利文化年的举办促进了两国人文交流和民间交往。双方保持高层接触，深化政治互信；加强贸易投资合作，扩大人文交流；密切在国际事务中的配合，共同维护世界和平稳定；以第七届亚欧首脑会议和第十一次中欧领导人会晤为契机，推动亚欧、中欧关系发展。两国还应同国际社会一道，防止国际金融危机的扩散和蔓延，减少其对实体经济不利影响，避免出现全球性经济衰退，探索国际金融体系改革，共同维护世界经济稳定运行和国际金融稳定。

贝卢斯科尼表示，意大利决定参加2010年上海世博会，并将于2015年举办世博会，愿意同中方交流经验，开展合作。中方关于构建和谐世界的主张，有利于促进世界和平和全球繁荣。意大利重视中国在国际事务中的作用，希望同中国合作，共同防范金融危机给世界经济带来严重影响。

胡锦涛在会见马耳他总理贡齐时表示，两国高层保持交往，经贸合作不断加强，文化、教育、司法等领域交流活跃，在重大国际和地区问题上相互理解、相互支持。中马关系成为不同社会制度、不同历史文化传统国家平等相待、友好相处的典范。中国重视发展同马耳他的关系，希望双方继续保持高层互访和接触，不断提升双边经贸合作水平，增进两国人民的相互了解和友谊，推动中马关系取得更大发展。当前，中欧全方位、宽领域、多层次合作深入发展，希望马方继续发挥积极作用，推动中欧关系健康稳定向前发展。

贡齐表示，希望双方继续加强经贸、教育、旅游等领域合作。贡齐表示，马耳他是中国在欧盟的好朋友，我们期待即将举行的欧中领导人会晤取得积极成果。

胡锦涛在会见欧盟委员会主席巴罗佐时指出，目前中欧关系正处在承前启后的重要发展阶段，中方愿同欧方一道努力，推动中欧全面战略伙伴关系不断迈上新台阶。一是以加强战略互信为原则，巩固中欧关系政治基础，牢牢把握中欧关系稳定发展大局。二是以互利双赢为原则，扎实推进和拓展各领域务实合作，积极探索双方利益契合点。三是以相互尊重、平等协商为原则，妥善处理和解决双方重大关切和分歧，确保中欧全面战略伙伴关系长期健康稳定发展。中方愿意加强同欧盟沟通和协调，共同应对当前国际金融危机，维护国际金融市场稳定。

巴罗佐表示，欧中关系是战略性、强有力、成熟的关系。当前，世界面临金融、粮食、能源危机以及气候变化、贫困、恐怖主义威胁，需要采取全球性应对措施。欧盟赞赏中国在应对国际金融危机中采取的负责态度，希望同中方协调立场，加强合作，在改革国际金融体系、推动哥本哈根应对气候变化国际会议取得积极成果等方面作出努力，推动全球可持续发展。

国务委员戴秉国参加上述会见。

国家主席胡锦涛在人民大会堂会见来华出席第七届亚欧首脑会议的新加坡总理李显龙

胡锦涛表示，中新自由贸易协定的签署标志着两国经贸关系进入新阶段，充分体现了双方扩大开放、推动自由贸易进程的信心和决心。天津生态城已开始建设，希望双方共同努力，使其成为中新合作的又一典范工程。在国际形势发生深刻变化的背景下，中新合作面临新的机遇和挑战。中方高度重视同新加坡的关系，愿深化中新互利合作，发挥各自优势，切实推动共同发展，为亚洲稳定和发展作出贡献。

李显龙表示，新中关系很好。双方开展了一系列大项目合作，开创了两国互利双赢合作的新局面。两国刚刚签署了自由贸易协定，这将有力推动中新关系，也将推进东亚区域合作。当前，亚洲经济总体发展条件和态势良好，面对国际金融危机，亚洲国家要加强合作，提高应对金融危机能力，增强金融市场信心，保持经济活力，共同为维护国际金融稳定作出贡献。

国家主席胡锦涛在人民大会堂会见来华出席第七届亚欧首脑会议的荷兰首相巴尔克嫩德

胡锦涛表示，两国保持高层和各级别往来，政治互信不断加强，经贸合作成果丰硕，荷兰连续5年保持中国在欧盟第二大贸易伙伴地位。双方农业、科技、水利等领域良好合作已成为中荷乃至中欧互利合作的重要标志。

胡锦涛指出，中方一贯高度重视发展中欧关系，支持欧盟一体化建设，欢迎欧盟在国际事务中发挥更加积极的建设性作用，希望双方共同努力，推动中欧关系不断迈上新台阶。

巴尔克嫩德表示，荷兰同中国有着很好的关系，双方合作领域广阔，涉及经贸、投资、科技、水利、可持续发展、司法等诸多方面。中国在发展经济、加强法制建设方面取得重要成就，在维护世界经济稳定等国际事务中发挥着越来越重要作用。荷方愿意在平等和相互尊重的基础上加强同中方对话合作，深化荷中关系，推动欧盟和中国关系发展，共同应对国际社会面临的金融危机等挑战。

国家主席胡锦涛在人民大会堂会见来华出席第七届亚欧首脑会议的波兰总理图斯克

胡锦涛指出，中波建交半个多世纪以来，两国关系稳步发展。特别是2004年双边关系提升为友好合作伙伴关系以来，双方政治交往密切，经贸关系发展势头良好，文化、教育、科技等领域合作富有成果，在国际事务中保持密切沟通和协调。明年将迎来两国建交60周年，这是双边关系的重要里程碑。我们愿同波方一道，以庆祝这一盛事为契机，在相互尊重、平等互利原则的基础上推动中波关系不断向前发展。

胡锦涛强调，中波经济合作基础好，前景广阔，中方愿同波方扩大环保、财政、农业科技、铜业、采煤等传统领域合作，积极探讨在高技术、清洁能源、劳务、基础设施建设等新领域的合作，将两国经贸合作提高到新水平。

图斯克表示，此访过程中亲眼目睹了中国改革开放以来在国家建设方面所取得的伟大成就。波兰尊重中国选择的发展道路，愿意更加深入地了解中国在各方面所采取的政策立场，相信中国将为建立更为平衡的国际新秩序发挥更大作用。波兰和中国建交近60年来，世界和两国都发生了很大变化，但建立在相互尊重和坚实基础上的两国人民友谊没有改变。波方希望同中方在经贸、文化、科技等领域开展富有成效的合作。波方愿意为推动欧盟同中国关系发展作出积极努力。

全国人大常委会委员长吴邦国在人民大会堂分别会见越南总理阮晋勇和新加坡总理李显龙

十一届全国人大常委会第五次会议在人民大会堂举行第一次全体会议

会议继续审议企业国有资产法草案、消防法修订草案、食品安全法草案，首次审议国家赔偿法修正案草案、防震减灾法修订草案、邮政法修订草案等。

吴邦国委员长主持会议。

根据通过的议程，会议听取了全国人大法律委员会副主任委员洪虎作的关于企业国有资产法草案审议结果的报告，全国人大法律委员会副主任委员乔晓阳作的关于消防法修订草案审议结果的报告。法律委员会认为，这两部草案经过常委会两次审议，已经比较成熟，建议本次常委会会议审议通过。

食品安全关系公众身体健康和生命安全。食品安全法草案此前已经十届全国人大常委会初次审议，之后向社会公布草案全文，广泛征求意见，对草案进行修改完善。今年8月，十一届全国人大常委会第四次会议对草案进行了第二次审议，并于会后再次向有关部门征求意见。三鹿牌婴幼儿奶粉事件发生后，全国人大法律委员会、常委会法制工作委员会着重就法律制度上如何预防和处置这类重大食品安全事故问题进行了认真研究，对草案作出了有针对性的修改，修改内容包括加强地方政府及其有关部门的监管职责、加强食品安全风险监测和评估、明确制定食品安全标准的基本原则、加强对食品加工小作坊和食品摊贩的管理、加强对食品添加剂的监管、完善食品召回制度、加强食品检验、完善食品安全事故处置机制等八个方面。全国人大法律委员会副主任委员刘锡荣向今天的会议作了关于食品安全法草案修改情况的汇报。法律委员会建议本次常委会会议继续审议食品安全法草案。

受全国人大常委会委员长会议委托，常委会法制工作委员会主任李适时向会议作了关于国家赔偿法修正案草案的说明。他说，国家赔偿法的制定和实施，对于保障公民、法人和其他组织依法取得国家赔偿的权利，促进国家机关及其工作人员依法行使职权，化解矛盾纠纷，维护社会和谐稳定，具有重要意义。与此同时，在实施中也存在一些问题。根据国家赔偿法的实施情况和各方面的意见，常委会法制工作委员会在深入调研并认真研究各方面意见的基础上，经同有关部门协商沟通，起草了国家赔偿法修正案草案。李适时就修正案草案的主要内容作了说明。

受国务院委托，中国地震局局长陈建民向会议作了关于防震减灾法修订草案的说明。他说，1997 年通过的防震减灾法对防御和减轻地震灾害，保护人民生命和财产安全，保障社会主义建设顺利进行，发挥了十分积极的作用。随着经济社会的发展，相同单位国土面积上的经济总量越来越大，人口密度越来越高，现行防震减灾法的一些规定已不能适应形势变化的需要。特别是 5 月 12 日发生的四川汶川特大地震也反映出了防震减灾工作遇到的一些新问题。对现行防震减灾法进行修订，是十分必要的。修订草案对防震减灾工作的成功做法特别是对四川汶川抗震救灾的成功经验予以制度化；在现行法律的基础上，重点对防震减灾规划、地震监测预报、地震灾害预防、地震应急救援、震后恢复重建等作了修改完善，新增了地震灾后过渡性安置和监督管理等方面的内容。

受国务院委托，国务院法制办公室主任曹康泰向会议作了关于邮政法修订草案的说明。他说，现行邮政法的公布施行对于保护通信自由和通信秘密，保障邮政工作的正常进行，促进邮政事业发展发挥了积极作用。2005 年，我国启动了邮政体制改革，根据政企合一体制制定的现行邮政法，已经明显不适应改革和发展的需要。国务院法制办会同有关部门在反复征求各方面意见的基础上，借鉴其他国家好的经验和做法，对现行邮政法进行了较为全面的修改。曹康泰就修改的主要内容作了说明。

会议审议了国务院关于提请审议批准《核材料实物保护公约》修订案的议案、关于提请审议批准《移动设备国际利益公约》和《移动设备国际利益公约关于航空器设备特定问题的议定书》的议案、关于提请审议批准《中华人民共和国和葡萄牙共和国引渡条约》的议案。受国务院委托，工业和信息化部副部长奚国华、中国民用航空局局长李家祥、外交部副部长武大伟分别就上述议案作了说明。

会议听取了全国人大常委会代表资格审查委员会主任委员黄镇东作的关于个别代表的代表资格的报告，审议了有关任免案等。

全国人大常委会副委员长王兆国、路甬祥、乌云其木格、韩启德、华建敏、陈至立、周铁农、李建国、司马义·铁力瓦尔地、蒋树声、陈昌智、严隽琪、桑国卫出席会议。国务院副总理王岐山、最高人民法院院长王胜俊、最高人民检察院检察长曹建明等列席会议。

国务院总理温家宝在人民大会堂与新加坡总理李显龙举行会谈

温家宝说，自改革开放以来，中新合作在许多领域保持领军态势，取得了丰硕成果，产生了积极影响。双方要秉承友好、合作、创新精神，为两国关系发展注入新的活力。

温家宝希望充分发挥双边合作机制的作用，实施、规划好重点合作项目；切实履行中新自贸协定，扩大贸易和投资，促进彼此经济增长；加强人才交流和培训，为合作提供人力资源保障；密切在多边领域的协作，推动区域合作不断深化。

李显龙说，新中关系发展很好，合作与创新是双边关系的重要标志。新中生态城建设进一步拓展了两国合作，新中自贸协定的签署充分显示了双方合作程度以及进一步深化互利合作的意愿，有利于促进新中经贸合作。

会谈后，双方签署了中新自由贸易协定和劳务合作谅解备忘录。

中国 新加坡政府在人民大会堂签署《中华人民共和国政府和新加坡共和国政府自由贸易协定》

在国务院总理温家宝和新加坡总理李显龙的共同见证下，商务部长陈德铭与新加坡贸工部长林勋强代表各自政府在北京人民大会堂签署了《中华人民共和国政府和新加坡共和国政府自由贸易协定》(以下简称《协定》)。同时，双方还签署了《中华人民共和国政府和新加坡共和国政府关于双边劳务合作的谅解备忘录》。

中国—新加坡自由贸易区谈判启动于 2006 年 8 月，经过 8 轮艰苦而坦诚的磋商，双方于今年 9 月圆满结束谈判。《协定》涵盖了货物贸易、服务贸易、人员流动、海关程序等诸多领域，是一份内容全面的自由贸易协定。双方在中国—东盟自贸区的基础上，进一步加快了贸易自由化进程，拓展了双边自由贸易关系与经贸合作的深度与广度。根据《协定》，新方承诺将在 2009 年 1 月 1 日取消全部自华进口产品关税；中方承诺将在2012年1月1日前对97.1%的自新进口产品实现零关税,其中87.5%的产品从《协定》生效时起即实现零关税。双方还在医疗、教育、会计等服务贸易领域作出了高于WTO的承诺。

商务部有关负责人表示,《协定》的签署是中新双边关系发展历程中新的里程碑,将进一步全面推进中新双边经贸关系的发展,也将对东亚经济一体化进程产生积极影响。同时,在全球共同应对金融动荡的时刻,《协定》的签署有利于维护两国经济与贸易的稳定和增长,为维持世界经济稳定和促进贸易自由化作出积极贡献。

国务院总理温家宝在人民大会堂与荷兰首相巴尔克嫩德举行会谈

温家宝表示,面对国际金融危机和诸多全球性问题,中荷应该加强双边合作,促进中欧合作,更好地维护共同利益。一要尊重和照顾彼此重大关切,增进相互了解信任;二要在贸易、农业、水利等传统领域挖掘合作潜力,大力推进在节能、环保、通信、生命科学等高科技领域的合作,增强两国经济持续发展能力,以适应建设资源节约型、环境友好型社会的需要;三要采取共同行动,更有效地打击腐败、贩毒、跨国犯罪等活动,并进一步活跃在人文领域的交流,为两国关系发展营造健康、积极的社会环境。

巴尔克嫩德说,荷方认为双方面临共同的挑战,希望进一步加强贸易投资、农业、司法等各领域互利合作,实现共同发展。荷方尊重中国的主权和领土完整,愿通过对话加深相互了解。巴尔克嫩德祝愿2010年上海世博会能像北京奥运会一样精彩、成功。

国务院总理温家宝在北京与波兰总理图斯克举行会谈

温家宝表示,中波应该从战略高度和长远角度看待和发展双边关系,尊重彼此选择的发展道路,妥善处理敏感问题;结合各自优势和发展战略,拓展合作新领域,加强在基础设施建设、环保、采矿等领域的务实合作,为两国经贸关系注入新的活力,并使双边贸易在发展中逐步实现平衡;继续促进文化、教育等领域的交流和民间往来,扩大两国关系的民意基础。

图斯克说,波方愿继续本着相互尊重、求同存异、扩大合作的原则,与中方密切配合,推动双方友好合作关系取得更大发展。

国务院总理温家宝在人民大会堂与德国总理默克尔举行会谈

温家宝说,在两国领导人和各界努力下,双方保持了各级别对话,增进了相互了解。今年双边贸易额有望突破1000亿美元。人文交流十分活跃。中德关系正在恢复良好的发展。

温家宝表示,中德加强合作对两国人民有利,对中欧关系有利,对世界和平与发展有利。双方要始终从战略高度和长远角度看待和发展两国关系,尊重彼此重大关切,扩大利益共同点,坚持互利共赢;不断丰富中德具有全球责任伙伴关系内涵,在全球性问题和重大国际地区问题上加强协调与配合,促进世界和谐与可持续发展;积极推动青少年和民间交往,增进两国民众之间的理解、包容和友好,扩大中德关系的民意基础。

温家宝说,中德经贸合作有着坚实的基础和广阔的前景。面对当前的国际金融危机,加强两国互利合作具有战略意义。中国正在采取措施扩大内需,保持经济平稳较快增长,这也为双方合作提供了机遇。相信在双方的共同努力下,中德经贸关系一定能在克服困难中取得更大发展。

默克尔说,我就任总理以来,每年都来华访问,这是正确的选择。德中两国在努力寻求共识、妥善解决问题和克服困难中推进双边关系不断向前发展。德方愿继续密切同中方在经贸、文化、人员往来、青年交流、金融等各领域的合作,就重建多边经济金融新秩序加强交流,在深化互利合作中实现共同发展,并为世界的和平与发展作出共同贡献。

默克尔还表示,面对全球金融危机,国际社会只有进行合作才能有效应对。相信随着中国经济的不断发展,中国将对稳定世界经济、金融形势发挥越来越重要的作用。

双方还就地区和国际问题交换了看法。

国务院总理温家宝在人民大会堂会见来京出席第七届亚欧首脑会议的爱尔兰总理考恩和意大利总理贝卢斯科尼

在会见考恩时,温家宝说,爱尔兰在信息技术领域有优势,中国正在进行产业结构调整和产品升级换代。双方应根据形势发展不断创新合作方式,开辟新的合作领域,加强金融合作,实现互利共赢。两国还应加强文化交流和人员往来,带动其他领域的互利合作。

考恩说,爱方希望与中方共同努力,挖掘合作潜力,深化经贸、科技、教育、文化、金融、农业等领域合作,推动爱中、欧中关系不断向前发展。

在会见贝卢斯科尼时,温家宝说,我们愿与意方保持高层交往和各级别磋商,密切在国际事务中的协作;扩大在环保、新能源、城市建设、创意设计等领域的合作;加强知识产权保护,促进双边贸易和投资持续增长；进一步活跃人文领域的交流，增进两国人民之间的相互了解和友谊。

贝卢斯科尼表示希望继续双方的良好合作，全面推动两国关系向前发展。他对中国近年来取得的发展成就表示钦佩，并祝贺中国今年在北京奥运会、“神七”发射方面取得的成功。

全国政协主席贾庆林在人民大会堂会见摩尔多瓦议长卢普

第四次中美钢铁对话在北京举行

10月23日至24日，第四次中美钢铁对话在北京举行。

中方在对话中表示，作为世界上最大的钢铁生产国和消费国，中国致力于加大节能减排力度，并重视与世界各国钢铁业的交流与合作，注意维护全球钢材市场的平衡，中国钢铁企业在公平的市场环境下与国外同行竞争，不但不存在政府补贴，还采取多项措施控制钢材出口。中方希望美方能通过对话加深对中国钢铁业的了解，避免对华钢铁产品滥用贸易救济措施，并确保案件的审理和裁决符合WTO规则。

中美双方均表示，这次对话是成功和富有成效的，希望今后双方行业进一步加强交流与合作，共同应对金融危机带来的挑战。

对话由商务部、工业和信息化部、中国钢铁工业协会、中国五金矿产进出口商会及相关企业组成的中方代表团与美国贸易代表办公室、美国商务部及美国钢铁行业代表进行，双方就钢铁行业市场情况、金融危机对钢铁业的影响、节能环保等双方关注的问题进行了交流和讨论。

国务院副总理李克强在人民大会堂会见新加坡总理李显龙

全国人大常委会副委员长司马义·铁力瓦尔地在北京会见由卢普议长率领的摩尔多瓦议会代表团

全国政协副主席王刚在北京会见以豪尔赫·布罗韦托主席为团长的乌拉圭广泛阵线干部考察团

中联部部长王家瑞在北京会见乍得爱国拯救运动总书记 总统特别顾问穆罕默德·萨利赫·阿杜姆

中联部部长王家瑞在北京会见由议会副议长工党国际部负责人科莉特·阿维泰尔率领的以色列工党代表团

10月24日

第七届亚欧首脑会议在北京开幕

中国国家主席胡锦涛发表题为《亚欧携手 合作共赢》的重要讲话，强调面对金融危机这一全球性挑战，世界各国需加强政策协调、密切合作、共同应对。中国将继续本着负责任的态度，同国际社会一道努力维护国际金融稳定和经济稳定。

45个亚欧会议成员的国家元首、政府首脑、地区组织领导人和代表，中国党和国家领导人出席开幕式。国务院总理温家宝主持开幕式。

温家宝在主持开幕式时对亚欧会议成员领导人聚首北京表示热烈欢迎，他指出，当前，国际金融危机不断加剧和蔓延，对国际金融稳定以及世界经济增长造成冲击。同时，能源、粮食、环境、自然灾害、贫困等全球性问题更加突出。人类发展面临诸多严峻挑战。本次会议以对话合作互利共赢为主题，显示了亚欧会议成员团结合作的强烈政治意愿，具有重要的现实意义。我们将重点讨论国际金融问题，并就国际和地区形势、粮食安全、救灾合作、可持续发展和加强不同文明对话等全球性问题，坦诚、务实、深入地交换意见，凝聚共识，为推动亚欧合作进程，为促进世界和谐与可持续发展作出积极贡献。

第六届亚欧首脑会议东道国、亚欧首脑会议协调员芬兰总统哈洛宁，以及其他3位协调员欧盟委员会主席巴罗佐、文莱苏丹哈桑纳尔、法国总统萨科齐先后致辞。他们高度评价中国致力于亚欧合作，感谢中国为举办第七届亚欧首脑会议作出的精心安排。

哈洛宁说，过去两年，亚欧大家庭进一步扩大，亚欧合作取得进一步进展，在当前世界面临金融危机和气候变化挑战的情况下，本次会议以对话合作、互利共赢为主题非常合乎时宜，各方应该以开放、坦率的态度开展对话，不断深化亚欧伙伴关系。

巴罗佐说，我们为亚欧会议在政治、经济、文化交流合作上取得的进展深受鼓舞。全球化给我们带来了机遇，也带来了挑战。今天，亚欧伙伴们云集北京，要在相互理解和协调的基础上采取更多行动，通过对话达成远见卓识，通过采取前所未有的措施来迎接全球挑战。

哈桑纳尔说，东盟各国制定了2015年发展目标，为实现这一目标，需要欧盟和亚洲伙伴的支持。东盟国家愿意以建设性态度，同亚欧伙伴们分享经验，开展合作，为亚欧合作进程作出贡献。

萨科齐说，这次会议是在发生国际金融危机，世界仍然面临贫困、饥饿、气候变化挑战的背景下召开的。

应对这些问题需要亚欧合作，欧洲需要亚洲的快速增长、亚洲人民的智慧和创造力，亚洲需要欧洲的技术、经验。希望双方携手合作，共同迎接挑战。

出席开幕式的亚欧会议成员领导人或代表有文莱苏丹哈桑纳尔、法国总统萨科齐、欧盟委员会主席巴罗佐、保加利亚总统珀尔瓦诺夫、塞浦路斯总统赫里斯托菲亚斯、芬兰总统哈洛宁、印度尼西亚总统苏西洛、韩国总统李明博、蒙古国总统恩赫巴亚尔、菲律宾总统阿罗约、斯洛文尼亚总统图尔克、奥地利总理古森鲍尔、比利时首相莱特姆、柬埔寨首相洪森、丹麦首相拉斯穆森、爱沙尼亚总理安西普、德国总理默克尔、印度总理辛格、爱尔兰总理考恩、意大利总理贝卢斯科尼、日本首相麻生太郎、老挝总理波松、拉脱维亚总理戈德马尼斯、卢森堡首相容克、马来西亚总理巴达维、马耳他总理贡齐、荷兰首相巴尔克嫩德、巴基斯坦总理吉拉尼、波兰总理图斯克、新加坡总理李显龙、西班牙首相萨帕特罗、瑞典首相赖因费尔特、泰国总理颂猜、越南总理阮晋勇、捷克副总理冯德拉、东盟秘书处秘书长素林、匈牙利外长根茨、立陶宛外长瓦伊蒂埃库纳斯、缅甸外长吴年温、葡萄牙外长阿马多、罗马尼亚外长科默内斯库、斯洛伐克外长库比什、英国外交大臣米利班德、希腊副外长瓦里纳基斯。

中国党和国家领导人吴邦国、贾庆林、李长春、习近平、李克强、贺国强、王岐山、回良玉、刘延东、张德江、令计划、王沪宁、马凯、孟建柱、戴秉国等出席开幕式。

亚欧会议成立于1996年，目前有45个成员，其中亚洲17个，包括东盟10个成员、东盟秘书处、中国、日本、韩国、印度、巴基斯坦和蒙古；欧洲成员28个，包括欧盟27个成员国和欧盟委员会。亚欧会议是亚洲和欧洲之间级别最高、规模最大的政府间论坛。本届会议将围绕对话合作互利共赢的主题，就国际经济金融形势、粮食安全及救灾合作、可持续发展、国际和地区形势、加强不同文明对话等议题进行深入讨论。

国家主席胡锦涛在第七届亚欧首脑会议开幕式上发表题为《亚欧携手　合作共赢》的讲话

尊敬的各位贵宾，女士们，先生们，朋友们：

首先，我对第七届亚欧首脑会议的召开，表示热烈的祝贺！对各位同事和嘉宾的到来，表示诚挚的欢迎！

在过去的几个月里，中国人民度过了一段非同寻常的岁月。中国人民既经受了四川汶川特大地震灾害的严峻考验，又同国际社会一道共享了北京奥运会、残奥会的欢乐时光。在这个过程中，中国人民得到了国际社会特别是亚欧各国的真诚帮助和有力支持，我谨代表中国政府和人民对此表示衷心的感谢！

女士们、先生们！

近来，由美国次贷危机引发的金融危机对国际金融市场造成严重冲击，给世界各国经济发展和人民生活带来严重影响，引起了世界各国政府和人民的忧虑。面对这一全球性挑战，世界各国需加强政策协调、密切合作、共同应对。在此关键时刻，坚定信心比什么都重要。只有坚定信心、携手努力，我们才能共同渡过难关。

中国赞赏和支持有关国家为应对这场金融危机采取的积极措施，希望这些措施尽快取得成效。中国在力所能及的范围内为应对这场金融危机作出了积极努力，采取了一系列重大举措，包括确保国内金融体系稳定、增加金融市场和金融机构的流动性、密切同其他国家宏观经济政策的协调和配合，等等。中国将继续本着负责任的态度，同国际社会一道努力维护国际金融稳定和经济稳定。

今年以来，中国积极应对国际经济环境复杂变化和自然界严峻挑战，经济保持较快增长，金融业稳健运行，经济发展的基本态势没有改变。同时，全球金融危机使中国经济发展面临的不确定不稳定因素明显增多，中国经济发展面临诸多困难和挑战。中国是一个拥有13亿人口的发展中国家，中国经济同世界经济的联系日益紧密，中国经济保持良好发展势头本身就是对全球金融市场稳定和世界经济发展的重要贡献。为此，我们首先要把国内的事情办好。将根据国内外经济形势变化，加强宏观调控的预见性、针对性、有效性，及时调整政策，着力扩大国内需求特别是消费需求，保持经济稳定、金融稳定、资本市场稳定，继续推动经济社会又好又快发展。

女士们、先生们！

当前，亚欧大陆正在经历深刻的变化和调整。亚洲政治形势总体稳定，各种区域、次区域合作机制竞相发展，成为世界最具发展活力的地区之一。欧洲一体化深入推进，对外合作日益扩大，在国际事务中的作用不断增强。同时，亚欧两大洲和平与发展仍然面临诸多问题和挑战：局部冲突和热点问题时起时伏，传统安全威胁和非传统安全威胁相互交织，特别是国际金融市场剧烈动荡，能源、粮食安全问题突出，通货膨胀压力增大，对全球经济发展构成了严峻挑战。在经济全球化深入发展的大背景下，亚欧大陆的前途命运日益紧密地同整个世界的前途命运联系在一起。亚欧携手、合作共赢是我们最好的选择。这届亚欧首脑会议以对话合作、互利共赢为主题，完全切合当前亚欧关系发展形势的要求。

1996年首届亚欧首脑会议以来，亚欧会议在各个领域取得显著成果，成为亚欧对话和合作的重要平台。

面对新的时代要求,亚欧双方应该进一步利用好这一平台,加强对话,扩大共识,增进信任,深化合作。亚欧双方应该尊重各自的社会制度、意识形态、文化背景、发展模式,提高对彼此发展政策和方向的认识。亚欧双方应该本着开放的精神,充分利用经济互补性强这一优势,既深化现有合作,又不断培育新的合作增长点,通过平等对话和磋商妥善处理经贸摩擦。亚欧双方应该加强协调和配合,共同应对全球性挑战,促进国际能源市场、粮食市场稳定,加强防灾减灾领域合作,积极应对气候变化,推动实现联合国千年发展目标,促进多边主义,促进国际和地区热点问题的妥善解决,共同推进世界和平与发展。亚欧双方应该弘扬平等、开放、包容的精神,提倡不同文明和谐共处、互相学习、彼此借鉴,共同为促进人类文明繁荣进步作出贡献。

加强和发展同亚欧国家友好合作,是中国对外政策的重要组成部分。中国将坚持同亚洲国家和谐相处、共同发展,继续发展同欧盟及其成员国的互利合作,深化中欧全面战略伙伴关系,积极参与亚欧会议进程,为推进亚欧合作作出自己的贡献。

女士们、先生们!

我们的先辈曾经开拓出古"丝绸之路",在亚欧关系史上写下了辉煌的一页。今天,我们更应该以超越前人的远见卓识,开创亚欧合作新局面,造福亚欧各国人民。让我们携起手来,为共创亚欧新型伙伴关系,推动建设持久和平、共同繁荣的和谐世界而不懈努力。

最后,我衷心祝愿第七届亚欧首脑会议圆满成功。

谢谢大家!

国家主席胡锦涛在人民大会堂同来华出席第七届亚欧首脑会议的斯洛文尼亚总统图尔克举行会谈

胡锦涛就推动中斯友好合作关系提出以下建议。一、深化政治互信。保持高层交往势头,扩大双方政府、立法机构、政党和人民友好交往,加强磋商和对话,增进相互了解和信任,在涉及各自国家核心利益问题上相互支持和配合。二、扩大经贸合作。更好地规划、指导、协调两国经贸合作。改善投资环境,推动企业合作,加强基础设施建设、科技创新、节能环保、港口运输等领域务实合作,努力培育双边合作新的增长点。三、密切人文交流。深化文化、教育、体育、卫生、旅游、新闻等领域人员往来和信息交流,鼓励两国青年、民间团体、地方政府扩大友好交往,巩固双边关系社会基础。四、加强多边协作。在联合国、亚欧会议等多边和区域机制内,就重大地区和全球性问题保持磋商协调,共同促进世界和平、稳定、繁荣。

图尔克赞同胡锦涛对两国关系的评价和建议。他表示,当前,斯中政治关系发展良好,经贸合作增长迅速。在国际金融危机的情况下,斯方希望同中方探讨进一步加强双边经贸、投资合作的方式和途径。斯方致力于推动欧盟和中国关系发展,也希望同中方就加强联合国作用等国际事务进一步开展磋商和合作。

国家主席胡锦涛在人民大会堂会见来华出席第七届亚欧首脑会议的法国总统萨科齐

胡锦涛表示,在双方共同努力下,中法关系翻开了新的一页。明年中法将迎来建交45周年,两国关系面临新的重要发展机遇。希望双方以此为契机,总结过去,规划未来,将中法关系不断推向更高水平。胡锦涛建议双方共同规划好今明两年中法高层交往,加强两国战略对话;就当前重大全球性问题和地区热点问题加强磋商和协调,密切两国在联合国等多边机构框架内的对话和合作;高度重视并处理好彼此重大核心利益和关切,不断深化双方政治互信;深化务实合作,推进两国重大经贸项目合作,开拓新的合作领域;加强文化交流和旅游合作,增加互派留学生,增进两国人民的相互了解和友谊。

萨科齐表示,我始终认为中国是法国的战略合作者,这一立场没有改变。希望两国继续深化各领域合作,同时共同搞好两国建交45周年庆祝活动,进一步推进法中关系。

胡锦涛对法方作为欧盟轮值主席为会议发挥的独特作用和给予的积极配合表示感谢,相信在与会各方共同努力下,会议一定会取得积极成果,谱写亚欧首脑会议新篇章。

萨科齐表示,亚欧首脑会议是继北京奥运会后,中国举办的又一次重要国际会议。这次会议是在发生国际金融危机的背景下召开的,非常及时。相信亚欧国家将加强协调和合作,共同努力稳定国际金融市场,为召开国际金融峰会打下基础,做好准备。

国家主席胡锦涛在人民大会堂会见来华出席第七届亚欧首脑会议的德国总理默克尔

胡锦涛表示,当前,中德关系总体发展良好。两国高层保持密切接触,在当前世界经济金融动荡的情况下,双边经贸关系仍在迅速发展。两国文化、教育、青年、司法等领域交流合作卓有成效,两国人民相互了解和友谊不断加深,在重大国际和地区事务中保持良好沟通和协调。中德关系良好发展势头来之不易,值得双方共同珍惜。

胡锦涛强调,中国视德国为重要合作伙伴,重视德国在欧洲和国际事务中的重要作用。中德两国都处于重要发展阶段。两国国情不同,但没有根本利害冲突,拥有广泛而重要的共同利益。中方愿同德方一道,从战略高度和长远角度看待和处理中德关系，牢牢把握两国共同利益，坚持相互尊重、平等互利原则，加强交流对话，深化务实合作，妥善处理分歧，共同推动中德关系稳定健康向前发展。胡锦涛阐述了中方关于应对国际金融危机的立场，介绍了中国所采取的政策措施，表示愿意就有关问题同德方进行沟通。

默克尔表示，德中关系发展得很好，双方都发出了进一步发展双边关系的强有力信号。在世界经济遇到困难的情况下，两国尤其有必要进一步加强经贸合作。应对当前国际金融危机，必须开展国际合作，建立新的国际金融体系。中国在应对世界面临的挑战方面发挥着越来越重要角色，德方希望德中合作能在所有领域进一步推进，愿同中方在政治、经济、文化领域和国际事务方面加强政府间磋商。

国家主席胡锦涛在人民大会堂会见来华出席第七届亚欧首脑会议的日本首相麻生太郎

胡锦涛强调，中国愿同日方一道努力，推动中日战略互惠关系持续深入向前发展。希望双方根据中日四个政治文件的原则和精神，加强对话和交流，增进相互了解和信任，维护两国关系政治基础；充分发挥经济高层对话等机制作用，加强信息沟通和政策协商，大力拓展深化重点领域合作，巩固两国关系发展物质基础；大力开展人文交流，增进两国人民特别是青少年的相互了解和友好感情，强化两国关系的感情纽带和社会基础；继续携手推动地区热点问题的解决和东亚区域合作，共同应对全球性挑战，不断扩大共同利益。

麻生太郎表示，日中两国根据两国和平友好条约精神，开展互利双赢合作是时代的要求。两国领导人经常通过各种方式就双边关系和全球性问题保持沟通交流有助于将两国战略互惠关系具体化，加深相互了解和信任。近年来，日中两国加强人员往来特别是青少年交流，加深了两国人民的相互了解。在当前世界面临一系列重大挑战情况下，日中两国尤其应该加强沟通和合作。

纪念中日和平友好条约缔结30周年招待会在人民大会堂举行

国家主席胡锦涛和日本首相麻生太郎出席招待会并致辞。

胡锦涛在致辞中指出，30年前，邓小平同志和福田赳夫先生等两国老一辈政治家审时度势、高瞻远瞩，作出战略决断，推动两国缔结了中日和平友好条约。这是继1972年两国政府签订中日联合声明、实现中日邦交正常化之后，两国关系发展进程中的又一个重要历史文件。中日和平友好条约第一次以法律形式为中日这两个一衣带水的近邻确立了和平共处、世代友好的大方向，确认了中日联合声明提出的各项重要原则，为推动两国关系沿着正确方向发展发挥了重要作用。

胡锦涛强调，中日和平友好条约缔结30年来，中日关系尽管遇到过困难、出现过曲折，但和平、友好、合作始终是中日关系的主流，中日友好合作在各个领域取得了巨大发展。双方先后发表中日联合宣言、中日关于全面推进战略互惠关系的联合声明，这两个文件同中日联合声明、中日和平友好条约一起构成指导两国关系发展的四个政治文件，为两国关系长期稳定发展奠定了政治基础。

胡锦涛指出，中日友好合作取得今天这样的成就十分不易。长期以来，不管国际形势和各自国内形势如何变化，两国各界有识之士，包括日中友好七团体，始终秉持中日友好信念，把中日友好事业作为不懈追求，兢兢业业、孜孜不倦进行努力，做了大量艰苦细致、卓有成效的工作，作出了重要贡献。在这里，我谨代表中国政府和人民，向所有为中日友好作出贡献的日本友好团体和各界人士，致以崇高的敬意！

胡锦涛表示，中日关系已经站在新的历史起点上，正面临着新的重要发展机遇和更加广阔的发展空间。我们愿同日方一道，牢牢把握两国关系发展的正确方向，增进政治互信，深化互利合作，扩大友好交流，推动中日战略互惠关系持续健康深入向前发展。

麻生太郎在致辞中表示，30年过去了，日中两国在广泛领域里不断展开交流与合作。今天中日关系的良好发展，归功于为日中友好付出辛勤努力的人们。日中两国是永恒的邻居，日中关系是一种互不可缺的伙伴关系，两国应该继续开展各层次对话和交流，本着互利共赢的精神加强磋商与合作，实现共同发展，致力于亚洲乃至世界的稳定和繁荣。

第七届亚欧首脑会议在人民大会堂举行第一次全体会议

会议讨论国际金融经济形势和促进亚欧贸易与投资问题。亚欧会议45个成员的领导人和代表出席会议。中国国务院总理温家宝主持会议。

温家宝在引导发言中指出，我们之所以把国际金融经济形势列为会议的首要议题，是因为这是当前国际上最为关注的问题，也是事关亚欧各成员切身重大利益的问题。这场金融危机是一场罕见的严重危机。有关国家和组织已纷纷采取措施，希望能够尽快取得成效。战胜危机还需要全球行动、合力应对。亚欧国家是维护国际金融稳定和促进世界经济增长的重要力量。我们要齐心协力，向世界展示信心、团结与合作。

亚欧会议成员领导人和代表在会上就应对当前国

际金融危机、促进亚欧贸易与投资进行了深入、热烈讨论。

当晚,温家宝总理举行工作晚宴,欢迎与会来宾。席间各方领导人和代表就第一次全体会议议题继续深入交换看法。

会议发表了关于国际金融形势的声明。

第七届亚欧首脑会议发表关于国际金融形势的声明

领导人深入讨论了当前国际经济金融形势和发展趋势,关注不断蔓延的国际金融危机对世界经济的影响、特别是给亚欧国家金融稳定和经济发展带来的严重挑战。

领导人认为,各国政府应体现远见和魄力,坚定、果断、负责、及时地采取有效措施,妥善应对当前金融危机的挑战。领导人对通过共同努力克服危机充满信心。

领导人欢迎有关国家和组织为确保金融体系和实体经济的顺利运作所采取的一系列措施,呼吁国际社会继续加强协调合作,综合运用有效可行的经济和金融手段,恢复市场信心,稳定全球金融市场,促进全球经济增长。

领导人同意国际货币基金组织在向遭受危机严重影响国家提供帮助方面应发挥关键作用。

领导人认为,解决金融危机,要处理好金融创新与金融监管的关系,维持稳健的宏观经济政策。他们认识到有必要加强对所有金融从业机构的监督和规范,特别是加强对其问责。

领导人呼吁各国采取负责任和稳健的货币、财政和金融监管政策,提高透明度和包容性,加强监管,完善危机处置机制,保持自身经济发展和金融市场稳定。领导人承诺为保持金融体系稳定采取必要及时的措施。

领导人决心对国际货币与金融体系进行有效和全面的改革,将与所有利益攸关方和国际金融机构进行协商,尽快提出适当的倡议。国际货币基金组织等国际金融机构应在国际金融体系中切实发挥其职责所赋予的作用,帮助稳定国际金融形势。

领导人支持于11月15日在华盛顿举行国际峰会,就应对当前危机、改革国际金融体系的原则以及维护世界经济长期稳定发展等进行探讨。

领导人同意充分利用亚欧会议等区域合作机制,加强在金融领域的信息沟通、政策交流和监督管理等务实合作,有效监测、防范、应对金融风险,实现经济持续、稳定、健康增长。

2008年10月24日于北京

国务院总理温家宝在人民大会堂分别会见来华出席第七届亚欧首脑会议的一些外方领导人

在会见柬埔寨首相洪森时,温家宝说,今年是两国建交50周年和"中柬友好年"。中方愿以此为契机,与柬方共同努力,加强交往与合作,推动中柬关系迈上新台阶,造福两国人民。温家宝表示,中方将一如既往支持柬埔寨发展经济,愿扎实推进双方重点合作项目,在大湄公河次区域合作框架内与柬方加强交通、通信等基础设施建设的合作。

洪森表示,"柬中友好年"活动进一步加深了两国人民的传统友谊。柬埔寨人民感谢中方长期以来提供的宝贵帮助。柬方希望中方继续支持和参与柬经济发展,在水利、基础设施建设等领域加强合作。

在会见泰国总理颂猜时,温家宝说,中方愿与泰方保持高层交往,巩固中泰睦邻友好,推进两国战略性合作。一是深化经贸合作。中国政府支持中方企业参与泰国基础设施建设,并积极促进两国贸易持续增长。二是促进人文交流。希望双方早日落实两国互设文化中心,加强青少年交往。三是密切在地区和国际事务中的合作。中方愿配合泰方办好年底在曼谷举行的东亚领导人系列会议,推动东亚合作。

颂猜说,泰国愿进一步加强同中国在各领域的交流与合作。

在会见日本首相麻生太郎时,温家宝说,通过近年来中日两国领导人的破冰、融冰、迎春、暖春之旅,中日关系不断改善和发展。我们要珍惜来之不易的良好局面。中国政府坚定奉行中日友好政策,愿同日方一道,按照中日四个政治文件确定的各项原则和精神,深化政治互信,认真落实双方达成的一系列共识和举措,推进中日战略互惠关系,造福两国人民,并共同为维护地区和平与稳定做出努力。温家宝说,面对当前的国际金融危机,中日双方要加强政策对话和协调,稳定金融市场,这对亚洲金融稳定至关重要。此外,两国应扩大经济、技术合作,促进本国和区域经济增长。温家宝强调,中国政府在食品安全问题上是负责任的,愿加强同包括日本在内的有关国家的合作。中日已就东海问题达成原则共识。双方要继续努力,妥善解决有关问题,使东海成为和平、合作、友好之海。

麻生说,日中是近邻,两国应发展战略互惠关系。日方愿与中方保持高层交往,及时就双边关系以及地区和国际问题交换意见,就国际金融、六方会谈等重大问题加强沟通协调。日方高度重视日中经济高层对话,希望不断完善这一机制,扩大两国在重点领域的合作。日方愿采取措施,积极鼓励青少年交往,增进两国民间友好。麻生表示,日方希望在食品安全、东海等问题上同中方加强协商合作,妥善解决有关问题。

会见后，双方还共同出席了两国领事协定签字和刑事司法协助条约批准书换文仪式。

在会见奥地利总理古森鲍尔时，温家宝表示，中方珍视两国人民之间的友好感情，赞赏奥方希望加强对华合作的积极态度。在新形势下，推进中奥关系不仅符合双方的共同利益，也是发展中欧关系，密切亚欧联系的需要。我们愿同奥方加强各级别对话，增进相互了解和信任。奥地利在环保、节能、生态农业等领域有着先进技术和经验，中国具有广阔和日趋成熟的市场。双方要本着互利共赢的精神，积极开展务实合作。中奥文化交流是中西文化交流中的亮点，深受两国民众的欢迎，应充分发挥这一优势，促进双方更广泛地开展交流和人员往来，推动两国关系发展。

古森鲍尔说，奥地利重视对华关系，希望同中国保持高层交往，加强政治、经贸、科技、文化、教育等领域合作，及时就重大国际问题交换意见，共同应对金融危机、气候变化等全球性挑战。奥地利愿为促进欧中关系发展作出贡献。

在会见欧盟委员会主席巴罗佐时，温家宝说，中欧建立全面战略合作伙伴关系，目标是推动双方关系长期稳定健康发展，这对促进世界和平与发展具有重要意义。中方重视欧盟在国际事务中的重要地位，愿在相互尊重与信任的基础上，加强同欧盟在重大地区和国际问题上的协调。

温家宝指出，中欧务实合作领域广阔。当前，最主要的一是加强经贸合作，这对保持双方经济增长、共同克服国际金融危机将发挥积极作用。二是加强政治、法制对话。双方应坚持“和而不同”、“和为贵”、“和则两利”的原则，为不同社会体制和文明和谐相处，共同发展树立榜样。

温家宝说，这次亚欧会议是在国际金融危机不断加深和蔓延的背景下召开的。中国愿与欧盟密切合作，推动会议取得成果。我们需向外界传递积极信号，即亚欧国家都有坚定的信心和决心，采取措施，维护金融和经济稳定，共同合作度过这场危机。

巴罗佐说，欧盟愿本着相互尊重、相互理解的精神同中国加强全面战略合作伙伴关系，共同应对金融稳定、气候变化等全球性问题和挑战，这对欧盟、对世界都很重要。欧方期待着在年内举行的第十一次欧中领导人会晤上同中方就当前重大国际问题及欧中关系深入交换意见，希望欧中经贸高层对话机制不断取得新成果。

巴罗佐说，中国应对国际金融危机的态度、主张和举措是负责任的。中国是世界经济中的重要稳定因素。本次亚欧首脑会议时机和意义非同寻常。欧方愿利用本次会议同中方及其他各方加强沟通协调，共同维护国际金融市场稳定，维护世界经济健康发展。欧盟坚持奉行开放的贸易政策，反对借当前形势搞贸易保护主义。

国务院总理温家宝在人民大会堂会见斯洛文尼亚总统图尔克

商务部发布中国与亚欧国家经贸合作数据

据统计，中国与亚欧会议成员国贸易额2007年达1万亿美元，约占中国当年贸易总额的一半，欧盟、日本、东盟、韩国和印度分别为中国2007年第一、第三、第四、第六和第十大贸易伙伴。去年亚欧会议成员在华投资项目9939个，实际投资金额156.4亿美元，占当年中国吸收外资总额的21%。

——中国与东盟：2007年贸易额达到2025亿美元，比上年增长25.9%。今年1—8月，双方贸易额达到1596亿美元，同比增长25%。双方互为第四大贸易伙伴。截至今年上半年，双方累计相互投资总额已达519亿美元。中国与东盟国家之间人员往来超过700万人次。

——中国与日本：2007年贸易总额为2360亿美元，日本对华实际投资35.9亿美元。日本是中国第三大贸易伙伴。中国是日本最大贸易伙伴。今年7月，中国超过美国，首次成为日本单月最大出口市场。

——中国与印度：2007年双边贸易额达到386亿美元，同比增长56%。中国已成为印度的第一大贸易伙伴，印度是中国的第八大贸易伙伴。2008年1—8月，中印贸易379亿美元，增幅达到59%。2008年双边贸易额有望超过500亿美元，接近或达到600亿美元。

——中国与巴基斯坦：2007年贸易额已达65亿美元，中国成为巴基斯坦第二大进口来源国和第七大出口市场。截至今年8月，中国在巴签订承包工程与劳务合作合同额153.4亿美元。中方对巴投资领域已从资源开发、家电及摩托车领域逐渐扩大至通信和金融领域。

——中国与蒙古：2007年贸易额为20.3亿美元，同比增长28.4%，创历史新高。今年1—8月，双边贸易额达15.9亿美元，同比增长25.4%。中国已连续9年保持蒙古第一大贸易伙伴地位。据蒙方统计，截至去年年底，中国对蒙投资11.8亿美元，连续10年保持蒙第一大投资来源国地位。

——中国与韩国：2007年贸易额为1599亿美元，同比增长19.1%。今年1—8月双边贸易额达1286.5亿美元，同比增长27.2%。中国是韩国的最大贸易伙伴，韩国是中国第六大贸易伙伴。

——中国与欧盟：欧盟是中国最大贸易伙伴、出口市场和技术引进来源地,中国是欧盟第二大贸易伙伴。今年1—9月,中欧贸易额达3225亿美元,增速达26%。截至今年9月,中国自欧盟引进技术合同金额达1167亿美元。在中欧全面战略伙伴关系的指引下,中欧经贸合作正在向纵深发展,逐步形成了宽领域、多层次的合作局面。

国家副主席习近平在人民大会堂会见来华出席亚欧首脑会议的塞浦路斯总统赫里斯托菲亚斯

国务院副总理李克强与欧盟委员会主席巴罗佐共同出席中国政法大学中欧法学院成立庆典并致辞

李克强在致辞中说,中欧法学院作为教育合作项目,是中欧合作的重要成果,是在中国举办、中欧合办、面向世界的。依法治国是中国的基本方略,弘扬法治精神是时代的需要,培养更多法律人才是现代化建设的呼唤。希望中欧双方相互尊重、真诚合作,把中欧法学院办成一个了解借鉴相互法律、培养通晓中欧法律专业人才的重要平台,推动中欧合作向纵深发展。

巴罗佐在致辞中说,教育是双方合作的重要领域,中欧法学院是中欧全面战略伙伴关系发展的重要成果。中欧法学院的成立有助于增进双方的了解与理解,培养更多的法律人才有利于中欧更好地应对全球性问题的挑战。希望双方共同努力,将中欧法学院办成高水平的法学院。

中国政法大学中欧法学院由中国政法大学、德国汉堡大学等16所中欧高等院校合作举办,主要培养中国法律硕士和欧洲法学硕士,开展学术研究,培训律师、法官和检察官。

国务院副总理李克强在人民大会堂会见来华出席第七届亚欧首脑会议的瑞典首相赖因费尔特

国务院副总理张德江在中南海会见德国企业家

国务院副总理张德江在中南海武成殿会见了陪同德国总理默克尔访华的德国工业联合会主席图曼、西门子股份公司总裁兼首席执行官罗旭德、蒂森克虏伯公司董事长舒尔茨和戴姆勒公司董事顾儒伯等德国企业家代表。

全国人大常委会副委员长乌云其木格在人民大会堂会见俄罗斯青年议员代表团一行

萧克逝世

中国共产党的优秀党员,久经考验的忠诚的共产主义战士,无产阶级革命家、军事家,原中共中央顾问委员会常委,中国人民政治协商会议第五届全国委员会副主席,中央军委原委员,国防部原副部长兼军事学院院长、第一政治委员萧克同志,因病医治无效,于10月24日12时51分在北京逝世,享年102岁。

萧克同志1927年3月参加革命工作,同年5月加入中国共产党,1955年被授予上将军衔。萧克同志是第一届、二届、三届国防委员会委员,中共第八届中央委员、第十届中央候补委员、第十一届中央委员,中共十一届一中全会任中央军委委员,中共十二大、十三大当选为中共中央顾问委员会常委,政协第五届全国委员会副主席。1955年被授予上将军衔,荣获一级八一勋章、一级独立自由勋章、一级解放勋章、一级红星功勋荣誉章。

10月25日

国家主席胡锦涛在人民大会堂会见来华出席第七届亚欧首脑会议的印度总理辛格

胡锦涛表示,当前,中印关系发展势头良好,双方互访和接触频繁,各领域务实合作扎实推进,经贸合作迅速扩大,在国际和地区事务中保持沟通和协调。我们对中印关系发展的成果表示满意。

胡锦涛强调,中印都是亚洲发展中大国。发展同印度长期稳定的睦邻友好关系,是中国政府的既定政策和战略决策。双方应高瞻远瞩,以战略和长远眼光看待和把握两国关系,不断扩大共同利益的汇合点,妥善处理彼此关切,把中印关系提升到新的水平。

胡锦涛指出,中印作为人口众多的发展中国家,面临着发展经济、改善民生的共同任务,在国际金融危机、气候变化、能源和粮食安全、多哈回合谈判等问题上有着共同利益,也有着共同或相近的立场和主张。中方愿同印方加强在重大国际和地区问题上的协调和配合,共同维护两国和两国人民利益,共同维护广大发展中国家正当权益。

辛格表示,印方对近年来印中关系良好发展表示满意,愿继续以双方达成的十项战略为指导,推进印中战略合作伙伴关系。印方希望加强同中方在地区和全球事务中的合作,为亚洲和世界和平与发展作出贡献。

国家主席胡锦涛在人民大会堂会见来华出席第七届亚欧首脑会议的西班牙首相萨帕特罗

胡锦涛表示,2005年,双方建立全面战略伙伴关系,两国关系进入新的发展阶段。两国高层接触频繁,政治互信不断加强,双边贸易额连年大幅增长,各领域务实合作成效显著,电信、金融、可再生能源等成为新的合作亮点,西班牙年和中国艺术节活动成功举办,加深了两国人民相互了解和友谊。中方赞赏西班牙为推动中欧关系发展所做的积极努力。

萨帕特罗表示,西中两国有着深厚友谊,两国合作富有建设性。西方高度重视对华关系,致力于同中方保持高层往来,扩大经贸合作,加强在国际金融、气候变化等重大问题上的沟通和协调。西班牙愿继续为促进欧中关系发展作出贡献。

第七届亚欧首脑会议在人民大会堂闭幕

为期两天的第七届亚欧首脑会议在人民大会堂隆重闭幕,与会的45个亚欧会议成员的国家元首、政府首脑、地区组织领导人和代表出席闭幕式。中国国务院总理温家宝主持闭幕式。

温家宝在闭幕词中说,第七届亚欧首脑会议达到了预期的目的,取得了圆满成功。会议通过了《第七届亚欧首脑会议关于国际金融形势的声明》,提出了应对金融危机的对策和倡议;重申加强多边主义,维护以联合国为主体的多边体系,通过和平对话与友好协商解决分歧与争端;承诺共同采取综合性中长期措施,保障粮食安全,继续对受灾国家重建给予帮助,并开展灾害管理和重建方面的相关合作;会议发表的《可持续发展北京宣言》对于亚欧会议在该领域的对话与合作,具有重要指导意义。会议还在保护文化多样性、促进不同文化与文明和谐相处、推动不同信仰间的理解和交流方面进一步凝聚了共识。会议通过了经济、社会、文化和可持续发展领域的多项合作倡议,再次展示和印证了亚欧会议加强对话的内在动力和拓展合作的巨大潜力。

下届会议东道国比利时首相莱特姆在致辞中代表亚欧首脑会议各成员对中方的出色组织工作表示感谢。他说,此次会议就应对全球经济金融动荡进行了深入探讨,达成了许多共识,提出了许多具体务实的建议。会议还讨论了气候变化、核不扩散、全球化等广泛议题。通过这次会议,我们体验到东西方可以在重大问题上取得共识。欧亚双方应当取长补短、形成合力,提升合作水平,拓展合作领域,共同搭建欧亚合作桥梁。为了世界和人类大家庭的未来,为了欧亚人民生活得更加幸福而共同努力。

中国作为会议东道主发表了《主席声明》,反映会议在各个议题上的共识。

国务院总理温家宝在第七届亚欧首脑会议上发表题为《同舟共济,互利共赢》的闭幕词

各位同事:

今天,亚欧会议成员领导人聚首北京,共商亚欧对话合作、互利共赢大计。我代表中国政府,向大家表示热烈欢迎和诚挚的问候!

当前,国际金融危机不断蔓延加剧,对世界经济增长和稳定造成严重冲击。能源、粮食、环境、自然灾害、贫困等全球性问题更加突出并且相互交织,人类发展面临严峻挑战。本次会议以"对话合作,互利共赢"为主题,反映了亚欧会议成员加强合作、实现共同发展的强烈政治意愿,具有重要的现实意义。我们将重点讨论如何应对国际金融危机,并就国际和地区形势以及粮食安全、救灾合作、可持续发展和文明对话等议题坦诚、务实、深入地交换意见,凝聚共识,开拓进取,为推动亚欧合作进程,促进世界和谐与可持续发展做出贡献。

这场金融危机是历史上罕见的,有关国家和组织已纷纷采取措施,希望能够尽快取得成效。全面化解和战胜危机还需要全球行动、合力应对。亚欧国家是维护国际金融稳定和促进世界经济增长的重要力量。我们要齐心协力,向世界展示信心、团结与合作。为此,我提出以下意见:

第一,各国首先要把自己的事情办好。在危机面前,领导者要从人民的根本和长远利益出发,坚定、果断、负责、及时地作出决策,通过必要的财政、货币、监管等手段,尽快恢复市场信心,保持经济增长。同时还要妥善引导舆论,维护社会稳定。

第二,加强政府间的协调与配合。各国财政部门、央行和金融监管机构应密切跟踪、研究危机发展趋势和影响,扩大信息交流,并在宏观经济政策协调和国际金融监管方面采取有效措施,提高共同防范风险的能力。

第三,促进区域财金对话与合作。欧元区已就应对金融危机达成基本原则。亚洲地区也在探讨扩大东盟"10 + 3"框架下双边货币互换协议的规模,加快推进区域外汇储备库的建设进程。在此基础上,亚欧应发挥各自优势,充分利用现有机制,在更大范围上推进跨区域财金合作。

第四,推动改革国际货币金融体系。这场危机充分暴露了现行国际金融体系和治理结构的缺陷。国际社会纷纷要求加快改革步伐,建立公平、公正、有效的国际金融体系。我认为,一要增加发展中国家在国际金融组织中的发言权和代表性,二要扩大国际金融体系监管的覆盖面,特别要增强对主要储备货币国的监督,三要建立合理的全球金融救助机制。

我们要认真吸取金融危机的教训,处理好三个关系:一是金融创新与金融监管的关系。要根据需要和可能,稳步推进金融创新,同时加强金融监管。二是虚拟经济与实体经济的关系。要始终重视实体经济的发展,使经济建立在坚实可靠的基础上。虚拟经济要与实体经济相协调,更好地为实体经济服务。三是储蓄与消费的关系,要使消费与储蓄相协调。

当前,中国经济基本面是好的,前三季度GDP仍保持了9.9%的增长速度。国际金融危机对中国金融和经济造成一定的影响,但这种影响是有限的、可控的,中国政府将采取灵活、审慎的宏观经济政策,坚决维护经济稳定、金融稳定和资本市场稳定,促进经济平稳较快增长。我对此抱有信心。这就是中国应对这场危机最重要、最有效的手段,也是对世界最大的贡献。

同事们:

在全球化深入发展的时代,国与国之间相互依存日益加深,同处一个大陆的亚欧国家更是如此。我们要坚持对话合作、互利共赢的正确方向,增强亚欧会议的有效性、务实性和开放性,为地区人民谋福祉,推动亚欧合作迈上新台阶。

——加强政治对话,维护地区和平与稳定。没有和平,不可能有持续的发展和持久的繁荣。应恪守联合国宪章的宗旨和原则,通过对话协商解决分歧和争端;推进多边主义,弘扬民主、和睦、协作、共赢的精神,推动建设和谐世界。

——深化经贸合作,促进经济增长。经济发展是解决全球性问题的重要基础。在当前金融危机的形势下,要特别防止贸易和投资保护主义。亚欧国家要加强贸易与投资合作,落实亚欧会议《贸易便利行动计划》和《投资促进计划》;加强磋商与协调,推动多哈回合谈判早日取得积极进展。为进一步促进亚欧贸易发展,中方倡议探讨建立亚欧贸易安全与便利多边合作机制,为亚欧贸易增长创造良好条件。

——坚持以人为本,推动可持续发展。要积极推进国际发展合作,加大减贫力度,为域内发展中国家提供更多的帮助,推动联合国千年发展目标如期实现;坚持"共同但有区别的责任"原则,在《联合国气候变化框架公约》及《京都议定书》框架下,开展应对气候变化国际合作,推动落实"巴厘路线图";加强能源领域的技术合作,提高能效,节约能源;维护社会公平正义,促进社会和谐,使发展成果惠及全体人民。为促进亚欧城市可持续发展,中方倡议建立亚欧生态城网络,加强经验交流,推广生态文明的理念。

——维护粮食安全,促进救灾合作。要高度重视农业发展,将粮食安全放在发展政策的突出位置,采取综合性中长期措施,提高农业生产力;加强国际协调,抑制过度投机,完善粮食贸易体制,建立公平合理的国际农产品贸易秩序;加强减灾救灾领域合作,最大限度地减轻灾害风险及其造成的损失。为此,中国提出亚欧救灾能力建设合作倡议,促进区域内各国在减灾和灾害管理方面的合作。

——推动文明对话,促进社会开放和包容。只有开放兼容,国家才能富强,亚欧大陆才能兴旺。我们要继承和发扬亚欧文化交流的传统,利用现代交通、信息技术提供的便利,丰富交流内涵和形式,提高青年和媒体的参与度。为此,中国倡议在亚欧国家间轮流举办亚欧文化艺术节。

同事们:

今年是中国改革开放30周年。这30年也是中国与国际社会开展对话合作、实现互利共赢的历程。中国通过改革开放,使国家的政治、经济、社会面貌焕然一新,大幅度提升了综合国力,与地区和世界经济的融合度日益加深。中国更加积极和全面地参与解决国际热点问题、联合国维和行动以及扶贫减灾合作和国际社会文化交流。中国的改革开放不仅造福了中国人民,也为世界的发展提供了巨大的机遇和活力。我们将坚定不移地走和平发展道路,坚持改革开放,继续贯彻独立自主的和平外交政策,为促进人类和平、合作、发展的崇高事业作出不懈努力。

在抗震救灾和举办北京奥运会过程中,我们始终坚持对外开放与国际合作,得到了广泛理解、支持和帮助。在此,我谨代表中国政府和人民向亚欧各国和国际社会表示诚挚的感谢!

同事们:

亚欧会议12年的历程证明,只有交流才会进步,只有互利才能合作,只有共赢才有未来。回首过去,成就令人鼓舞。面向未来,任重而道远。让我们坚定对话合作、互利共赢的信念,同舟共济,并肩努力,谱写亚欧合作更加壮丽的新篇章!

谢谢大家!

第七届亚欧首脑会议发表《主席声明》(摘要)

第七届亚欧首脑会议于2008年10月24日至25日在北京举行。亚洲16国、欧洲27国的国家元首或政府首脑以及东盟秘书长和欧盟委员会主席出席会议。中华人民共和国主席胡锦涛出席开幕式并致辞,中华人民共和国总理温家宝主持会议。

本次会议是亚欧会议第二轮扩大后45个成员领导人的首次聚会,他们代表的亚欧会议各成员国内生产总值约占世界总值的50%,人口约占世界人口的58%,贸易额占世界总量的60%。会议对保加利亚、印度、蒙古、巴基斯坦、罗马尼亚和东盟秘书处加入亚欧会议、其领导人首次出席亚欧首脑会议表示热烈欢迎。

亚欧会议各成员领导人围绕"对话合作、互利共赢"的主题,就共同关心的一系列国际和地区问题进行了深入讨论。

领导人重申亚欧会议的战略意义,认识到亚欧在地理、历史和文化上联系密切,不少理念相通,在经济社会发展上互补性强,文化多样性突出。领导人强调,亚欧会议承载着各成员人民的殷切期待,在相互尊重、平等互利、求同存异、相互借鉴的基础上加强对话、深化合作,将为两地区带来发展机遇和切实利益,也有利于世界的和平、稳定与发展。

领导人对近一年来发生在亚洲地区的特大自然灾害造成人员伤亡和财产损失表示深切慰问和同情,承诺继续对受灾国家给予帮助,开展防灾、灾害管理和重建方面的务实合作,促进区域和国家在防灾和灾害管理方面的能力建设。

领导人重申将依据《联合国宪章》和公认国际法准则促进和平与安全、可持续发展和人权。

促进政治对话

领导人重申致力于加强多边主义和以国际法为基础、以联合国为核心的公正合理的多边国际体系。领导人重申支持通过政治和外交努力和平解决国际争端。

领导人谴责一切形式和表现的恐怖主义,重申将按照《联合国全球反恐战略》采取行动防止和打击恐怖主义,呼吁缔结完成全面打击恐怖主义公约,赞赏亚欧会议在反恐领域进行的对话与合作。

领导人就国际和地区形势深入交换了意见。领导人讨论并评估了当前亚欧形势发展,认为求和平、谋发展、促合作是亚欧各国人民的共同愿望,亚欧各国人民致力于积极开展对话与合作,增强战略互信,营造良好的地区安全环境,共同应对传统和非传统安全威胁。他们支持东亚、东盟和南亚一体化进程取得的进展,欢迎《东盟宪章》的签署,包括倡议成立东盟人权机构,以及发表《东盟经济共同体蓝图》。他们讨论了欧洲一体化进程的发展,肯定这一进程启动以来促进了欧洲的和平、稳定与发展。

领导人就朝鲜半岛形势、阿富汗、伊朗核问题等国际和地区形势问题交换了意见。

推进经济合作

领导人讨论了当前国际经济金融形势,认为当前国际金融危机已对世界金融体系乃至整个世界经济产生严重影响,国际社会应加强合作,共同应对金融危机。为表明亚欧国家应对国际金融危机的信心和决心,领导人一致同意发表《关于国际金融形势的声明》。

领导人重申致力于加强经济和发展的合作与协调,提高应对各种风险和挑战的能力,努力推动经济全球化朝公平、均衡、普惠、共赢的方向发展。领导人关注最不发达国家的发展,强调减免债务及债务可持续性的重要意义。

领导人强调世界贸易组织开放、公平、以规则为基础和稳定的多边贸易体制对经济增长及减少全球贫富不均和贸易不平衡的重要意义,认为该体制是亚欧会议成员间促进贸易自由化、拓展贸易关系和增加经济合作机会最有效的方式。

领导人对多哈回合谈判现状表示忧虑,认为世界贸易组织多哈发展议程的尽早和成功完成将使包括发展中成员和最不发达成员在内的所有成员获益,重申坚定致力于推动多哈回合谈判实现一个全面、有雄心及平衡的结果,并实现发展回合的重要目标。

领导人认为,每个国家对自身发展负有主要责任,强调国家发展需要一个有利的国际经济环境支持。他们呼吁各国积极落实包括千年发展目标在内的国际商定的发展目标。领导人强调致力于通过增加官方发展援助、免债及创新融资机制增加额外的发展资金,以推动千年发展目标的实现。

领导人关注国际商品价格特别是石油价格波动和粮食价格波动给许多国家人民特别是弱势群体的经济发展和生活带来的严峻挑战和造成的极大困难,呼吁加大粮食援助和社会保障以及促进贸易等措施的力度,快速平抑过高的粮价,减少其影响,帮助受影响的发展中国家特别是最不发达国家渡过难关。领导人承诺共同采取综合性中长期措施,加强政策协调与合作,加大可持续农业生产投入,提高农业生产力,保障粮食供给。

领导人忆及《亚欧会议更紧密经济伙伴关系河内宣言》,重申亚欧会议成员应加强合作,共同致力于深化亚欧经济伙伴关系,促进亚欧间贸易开放,增加相互投资。

领导人认识到,虽然结构改革和宏观经济政策增强了亚欧对全球金融动荡、世界经济发展放缓、商品价格持续走高等的抵御能力,但亚欧地区仍受到全球经济环境不断恶化带来的影响。领导人均赞同维护全球及本地区金融市场的长期稳定是亚欧实现可持续经济增长的关键。

领导人认为需在科技创新方面加强合作,缩小数字鸿沟,实现可持续发展。

领导人重申加强中小企业合作对促进经济发展、增加就业机会的重要意义。

领导人欢迎第十一届亚欧工商论坛提出的促进亚欧贸易与投资的建议。

推动可持续发展

领导人在可持续发展框架下广泛深入地讨论了实现千年发展目标以及约翰内斯堡会议确定的可持续发展目标、加强能源安全合作、应对气候变化挑战、保护水资源、森林和大气等环境保护,以及加强社会和谐等问题。

领导人强调联合国千年发展目标中期审评的重要

性，强调应进一步深化国际发展合作，尽早落实国际商定的发展目标，尤其是千年发展目标。

领导人支持就应对气候变化加强国际合作，以帮助评估气候变化带来的影响和薄弱环节，提高适应能力，支持适应行动。

领导人强调必须对森林、海洋及其他陆地、海岸和海洋生态系统进行可持续管理。

领导人强调有必要关注能源部门的发展需求和环境可持续性。他们强调应加强亚欧合作，确保环境友好型能源价格合理、容易获取，以促进经济发展，确保新技术开发有利于提高能效。

领导人认识到经济全球化对亚欧人民日益加深的影响，认为亚欧在开展社会领域的合作以应对全球化、促进社会和谐方面具有共同利益。

为此，领导人一致同意发表《可持续发展北京宣言》。

深化社会文化交流

领导人重申尊重文化多样性，保护文化传统，提倡不同社会制度、发展道路和文化间的相互理解、宽容、尊重及和睦相处。

领导人重申文化与文明对话在消除贫困、实现社会安定、预防地区冲突、保护环境、促进经济可持续增长及社会发展和共同繁荣等方面的积极作用，承诺采取一致行动，继续推动不同信仰间的理解与交流，在全球发挥表率作用，为创造不同文化与文明间和谐共生、平等互敬的世界而努力。

领导人满意地注意到亚欧文化部长会议取得的成果，以及由中国倡议的亚欧文化艺术节的建议。领导人重申决心尊重、保护和促进文化多样性和文化平等。

领导人强调保持亚欧不同信仰间对话会议良好势头的重要性，敦促各成员积极促进不同信仰和文化间的对话，特别是亚欧间区域和跨区域更广泛的对话。

领导人欢迎议会、非政府组织和民间社会在开展文化与文明对话、增进亚欧人民理解方面发挥的建设性作用。

领导人认识到人力资源开发是扶贫和经济社会发展的重要因素，重申继续致力于加强人力资源开发和能力建设合作，就基础教育、高等教育、职业教育和终身教育等问题开展交流与对话。

领导人承诺促进全球卫生安全，包括发展医疗系统和当地基础设施，促进发展中国家公共卫生事业发展。

领导人肯定亚欧基金在推动亚欧人员、文化和学术交流等方面作出的积极贡献。

亚欧会议未来发展

领导人指示外交部长们在今后会议中讨论扩大亚欧会议的问题。

领导人感谢并期待着比利时于2010年主办第八届亚欧首脑会议。

第七届亚欧首脑会议发表《可持续发展北京宣言》(摘要)

2008年10月24日至25日，我们16个亚洲国家和27个欧盟国家的国家元首和政府首脑以及欧盟委员会主席和东盟秘书长在中国北京举行的第七届亚欧首脑会议上：

认识到当前全球人口不断增长与环境持续恶化、资源迅速枯竭及生态环境承载能力减弱的矛盾在许多国家和地区日益凸显，实现可持续发展是全人类共同面临的严峻挑战和重大紧迫任务；亚欧会议成员愿本着互利共赢的精神加强合作，为实现可持续发展作出积极贡献；

重申可持续发展关系人类的现在和未来，关系各国的生存与发展，关系世界的稳定与繁荣，各国在追求经济增长的同时应努力保持和改善环境质量，充分考虑子孙后代的需求；

认识到经济发展、社会进步和环境保护是可持续发展的三大支柱，三者相互依存、相辅相成，强调国际商定的发展目标，特别是联合国千年发展目标、应对气候变化和保证能源安全、社会和谐是实现可持续发展需特别关注的问题；

重申必须全面实施联合国环境与发展大会通过的《里约宣言》和《21世纪议程》、国际发展筹资大会确定的《蒙特雷共识》《联合国气候变化框架公约》第十三届缔约方大会通过的"巴厘路线图"以及可持续发展首脑会议通过的《约翰内斯堡实施计划》等一系列文件中确定的目标、原则和行动规划；

忆及第六届亚欧首脑会议将可持续发展，特别是千年发展目标、气候变化、环境和能源列为亚欧会议第二个十年优先合作领域。

决定发表以下宣言：

一、千年发展目标

我们重申联合国千年发展目标和约翰内斯堡目标是国际可持续发展合作的基础，欢迎亚欧会议成员为实现联合国千年发展目标和其他国际商定的发展目标所做努力，认识到全球如期实现目标所面临的严峻挑战。

我们对粮价飙升加大全球减贫压力，阻碍消灭极端贫穷和饥饿的步伐表示关切。我们呼吁从短期及中长期出发，采取充分协调和综合的策略，并通过务实合作稳定国际商品市场解决这一问题。我们呼吁各方提高可持续农业生产力和粮食生产，减少扭曲市场的农业补贴，加大对农业和农村发展投入，为低收入者创造更多就业机会，提高其收入水平，从而有效减少饥饿和贫困问题，确保粮食安全。

我们呼吁各成员显示更强政治意愿，采取行动，切实兑现对目标的承诺，推动千年发展目标在全球范围内如期实现。

我们重申对建立真正意义上的全球发展合作伙伴关系的承诺，强调联合国在协调国际发展合作和确定可持续发展问题国际共识中的主导作用。我们呼吁发达国家增加对发展的投入，落实2015年前官方发展援助占国民总收入0.7%的承诺目标。

我们强调发展筹资是实现千年发展目标的重要因素，国际社会应尽快落实《蒙特雷共识》。

二、气候变化及能源安全

我们重申在可持续发展的框架下应对气候变化问题。

我们强调《联合国气候变化框架公约》(以下简称《公约》)和《京都议定书》(以下简称《议定书》)是气候变化国际谈判和合作的主渠道，重申对《公约》和《议定书》的目标、宗旨和原则，尤其是"共同但有区别的责任"原则和各自能力的承诺。我们认识到亚欧会议成员愿在《公约》和《议定书》框架下共同寻求长期多边的解决办法，应对气候变化问题。我们欢迎巴厘行动计划的有关决定，致力于在2009年年底前结束有关谈判。

我们强调发达国家应继续率先行动，采取可衡量、可报告、可核实的适合本国国情的减缓承诺，包括进行量化的限排和减排目标，并向发展中国家提供资金和转让技术。发展中国家则要在可持续发展框架下采取适合本国国情的减缓行动，这种行动应得到可衡量、可报告、可核实的技术、资金和能力建设支持。

我们强调需有一个进行长期合作行动的共同愿景，以确保实现《公约》最终目标，使《公约》得以全面、有效和持续实施。我们进一步强调，为使这个共同愿景可信，要求发达国家带头承诺有雄心的、具有可比性的、有法律拘束力的减排目标。强调亚欧会议成员应根据《公约》承诺，共同努力提高发展中国家适应气候变化的能力。

我们强调技术、技术合作及向发展中国家转让技术的关键作用，加强与发展中国家的技术合作与转让将为其应对气候变化创造必要条件。我们支持加大对发展中国家的资金支持，努力在2009年年底丹麦哥本哈根气候变化大会就目前阶段、2012年前及2012年后长期合作行动达成有雄心、有效和全面的一致成果。

我们认识到，能源与气候变化问题紧密相关，应统筹解决，充分考虑保障能源安全、改善能源结构、提高能源效率和节约能源等问题。

我们重申，能源安全同世界经济的稳定发展和各国的可持续发展紧密相关，强调各国应享有充分以及可持续利用能源与资源促进自身发展的权利，同时应充分考虑生态系统的承载能力和地区环境保护。

我们呼吁实现能源供应多元化、可持续性和安全性。

我们呼吁各成员努力提高能源节约和使用效率，优化能源消费结构，开发和使用可再生和清洁能源。

我们强调，能源合作需与国际扶贫合作及环境保护相结合，通过能源扶贫帮助发展中国家，特别是最不发达国家加强基础设施建设、减少贫困、实现可持续发展。

我们对当前国际油价及其变化趋势表示强烈关注，强调亚欧会议成员应共同努力，对石油市场的稳定性、透明度和可预见性作出贡献。

三、社会和谐

我们认识到一个平等和包容的社会必须通过统一的战略和政策来解决经济增长、社会发展和环境问题。

我们强调，亚欧会议成员愿通过对话与合作促进社会和谐，为实现全球化下的社会可持续发展作出有效贡献。

我们认识到社会公平对于社会和谐的重要性，强调人人有权享受教育的重要性。

我们注意到，要确保社会和谐，减少一国内部和国家之间的经济和社会不平衡，需提供合理、充分和可持续的社会保障，确保消费者安全，建立覆盖城乡正式和非正式部门的社会保障体系。

我们认识到国际移民有利于各方，有助于解决亚欧会议成员面临的人口和劳动力市场问题，帮助各国，特别是发展中国家实现可持续发展。

我们认识到人口老龄化已成为发达和发展中国家所共同面临的一个严峻挑战，强调亚欧会议成员应致力于实现《马德里国际老龄行动计划》所确定的目标和承诺以及相关地区战略。

我们认识到社会和谐包括人与自然和谐，生态文明是社会和谐不可或缺的组成部分，欢迎中国提出的亚欧生态城网络倡议。

我们认识到企业社会责任与环境保护、劳工和人权、风险评估、公司治理和社区发展相关。鼓励亚欧会议成员在国内和国际层面促进企业社会责任。

结束语

我们重申联合国在可持续发展领域确定的原则和目标，以及亚欧会议在该领域达成的共识的指导意义。我们欢迎亚欧会议现有可持续发展倡议，鼓励各成员开展更多活动落实本宣言。

第七届亚欧首脑会议在人民大会堂举行记者招待会

亚欧首脑会议协调员领导人中国国务院总理温家宝同文莱苏丹哈桑纳尔、法国总统萨科齐、欧盟委员会主席巴罗佐共同出席并回答中外记者的提问。

温家宝表示，本届会议是在国际金融危机爆发，能源、粮食、环境、自然灾害、贫困等全球性问题相互交织的背景下召开的，与会领导人围绕对话合作、互利共赢的主题，就国际经济金融形势、粮食安全、救灾合作、国际和地区形势、可持续发展、加强不同文明对话等问题坦诚、深入地交换了意见，达成广泛和重要的共识。会议发表了《关于国际金融形势的声明》《可持续发展——北京宣言》和《主席声明》3个成果文件，还通过了涉及经济、社会、文化和可持续发展领域的多项合作倡议。这次会议意义重大，富有成果，必将对亚欧会议合作进程产生重要和深远影响。中国期待着与各成员共同落实本次会议各项成果和后续倡议，巩固和深化亚欧新型伙伴关系，共同迈入亚欧合作的新阶段。

在回答关于国际金融危机问题时，温家宝表示，这次会议确定把应对国际金融危机作为主要议题具有现实意义。应对这场危机，我认为应当做的可以概括为6个字，那就是：信心、合作、责任。

第一，信心。就是所有的国家，特别是发达国家，应当尽快采取果断措施，稳定金融市场，使人们获得信心。我们高兴地看到，许多国家已经采取了措施，并见到了初步效果。但是现在看来还不够，还要继续努力。金融市场稳定对于整体经济稳定至关重要，这次会议传达的第一个重要信息就是要坚定信心，我认为信心是克服困难的力量源泉。

第二，合作。应对百年不遇的特大金融危机，我们需要加强各国之间的合作，要通力协作、同舟共济、共克时艰。只有合作，才能形成力量，才能克服困难。当前，各国领导人首先要高度重视。我们召开的这次亚欧会议，以及不久将在华盛顿召开的国际金融峰会，都表明了领导人的这种合作态度。当然，在合作中，大家十分关注以下两点：要明确政府的责任、企业的责任和监管的责任；要从这次金融危机中认真吸取教训。

我认为教训主要是三个方面：

——要正确处理金融创新和金融监管的关系。我们需要金融创新来为经济服务，但更需要加强金融监管，保证金融安全。

——要处理好实体经济和虚拟经济的关系。我们需要虚拟经济的健康发展，来促进实体经济的发展。因此，虚拟经济必须与实体经济相协调，绝不能因为虚拟经济出现问题而影响实体经济的发展。

——要处理好储蓄和消费的关系。要使储蓄和消费保持正常的、平衡的、协调的关系，这样经济才能稳定。

第三，责任。在大家有了共同的认识以后，落实责任十分重要。首先，最大的责任就是要尽快使金融秩序稳定下来，从而使金融风险得到抑制和防范。其次，我们要千方百计防止金融危机影响实体经济的发展。这需要各国政府坚定、勇敢、负责地担当起责任。

温家宝指出，这些年来，中国金融稳步、有序开放。由于目前中国的金融同世界的交往还不是那么广泛，金融危机对中国金融有影响，但还不是那么大。我们要看到由于金融危机对世界经济造成了影响，特别是使世界经济发展放缓，因此对中国经济也必将造成影响。中国今年前三季度的GDP增长是9.9%。这是近6年来我们的经济增长第一次回落到一位数。当然，这里面有我们主观调控的因素，但是不能否认世界经济的变化，特别是外部需求的减少对中国经济已经产生了影响。我们见事还是比较早的。今年6月份，我们已经调整了宏观经济政策，开始实行灵活、审慎的宏观经济政策，对于经济出现的问题实行有针对性的调控。我们把保持经济稳定增长放在了首要位置，同时兼顾抑制通货膨胀和保持国际收支平衡。我们已经采取了一系列措施，其中最重要的是扩大国内需求，主要是消费需求。这些措施有的已经见到效果，有的可能还要等待一段时间才会有效果。中国有广大的农村，有广大的西部地区，城乡发展差距和地区发展差距比较大，内需还有很大的潜力可挖，市场还有很大的空间。只要我们政策对头，一定能够保持经济平稳较快发展。对于这点，我们抱有充分的信心。

温家宝指出，在世界金融危机加剧蔓延的情况下，中国经济保持平稳较快发展就是对世界最大的贡献。我们将积极参加在华盛顿举行的国际金融峰会，采取合作和务实的态度，与其他国家共同商讨应对危机的办法。我们希望华盛顿会议能够取得成功。

在回答如何重新树立海内外消费者对中国食品的信心问题时，温家宝表示，“问题奶粉”事件发生，不仅是企业的责任，政府也有责任，主要在监管方面。我们处理食品安全将采取三个步骤：

第一，认真处理奶粉事件，不仅要处理直接责任人，而且要追究领导责任，触犯刑律的要依法追究刑事责任。

第二，食品是从田野到餐桌一个完整的链条，从生产到运输、加工、配方、制造，每一个环节都要进行有力有效的监督，要规定每道环节的责任，特别是法律责任，以维护人民群众健康和安全。

第三，我们要把食品安全纳入法制的轨道。最近全国人大常委会正在审议《中华人民共和国食品安全法》,我们将以贯彻《中华人民共和国食品安全法》为契机,来全面加强食品安全的管理工作。

温家宝强调,中国政府高度重视食品安全,因为这不仅涉及中国人民的利益,也涉及世界人民的利益。我们有决心,一定能够在食品安全问题上迈出重要的一步,用我们的行动和我们产品的质量来赢得中国人民的信任和世界人民的信任。

萨科齐、哈桑纳尔、巴罗佐积极评价本次亚欧首脑会议取得的重要成果,对中方的精心组织工作和为会议成功作出的贡献表示赞赏和感谢。

中越发表联合声明

一、应中华人民共和国国务院总理温家宝邀请,越南社会主义共和国政府总理阮晋勇于2008年10月20日至25日对中国进行正式访问并出席第七届亚欧首脑会议。访问期间,温家宝总理与阮晋勇总理举行会谈,中共中央总书记、国家主席胡锦涛,全国人民代表大会常务委员会委员长吴邦国分别会见了阮晋勇总理。除北京外,阮晋勇总理还赴海南省访问。

两国领导人在坦诚友好和相互理解的气氛中,就双边关系及共同关心的国际和地区问题深入交换了意见,就丰富中越全面战略合作伙伴关系的内涵达成重要共识。双方一致认为,访问取得了圆满成功,为推动中越睦邻友好与全面合作关系不断发展到新高度作出了贡献,这符合两国人民的根本利益,也有利于本地区和世界的和平、稳定与发展。

二、越方高度评价兄弟的中国人民改革开放30年来取得的辉煌成就,认为中国成功举办北京奥运会和残奥会、圆满完成"神舟"七号载人航天飞行和成功主办第七届亚欧首脑会议,使中国的国际地位和威望进一步提高,表示坚信中国人民一定能在建设中国特色社会主义事业中取得新的更大成就,胜利实现全面建设小康社会的奋斗目标。

中方高度评价越南人民在革新开放、实现国家工业化和现代化、改善人民生活水平的事业中取得的巨大成就,祝贺越南成功融入国际社会并担任联合国安理会非常任理事国,表示相信越南人民将胜利实现建设民富国强、社会公平、民主、文明的社会主义国家的目标。

三、双方满意地看到,中越睦邻友好合作关系取得了重要进展,双方政治互信不断增强,经贸合作成果丰硕,各部门和各地方的交流与合作日益扩大,存在问题逐步得到妥善解决。双方一致认为,在当前国际政治经济形势复杂多变的背景下,拓展和深化中越全面战略合作伙伴关系,符合两党两国和两国人民的根本利益,有利于本地区和世界的和平、稳定与发展。

四、双方就落实中越全面战略合作伙伴关系的措施达成重要共识。双方同意,保持两党两国高层密切接触,通过双边互访、热线通话、多边场合会晤等灵活多样的形式,及时就两国关系的重大问题交换意见;进一步发挥中越双边合作指导委员会的作用,统筹规划和全面推进两国各领域合作;完善各部门合作机制,落实好外交、国防、公安、安全等部门的合作协议;扩大科技、文化、教育、卫生、旅游等领域的务实合作,加强两国青少年、群众团体和民间组织的友好交往,做好对中越全面战略合作伙伴关系重要意义和具体内涵的宣传教育,使两国人民的友谊世代相传。双方同意举办形式多样的活动,隆重庆祝两国建交60周年。

五、双方同意进一步深化经贸合作,争取2010年双边贸易额达到250亿美元。双方责成中越经贸合作委员会:(一)推动落实双方正在商签的《中越经贸合作五年发展规划》;(二)为两国企业在对方国家投资创造便利;(三)尽快成立经贸合作工作组,就两国经贸合作有关具体事项相互通报情况、交换意见并就存在问题探讨解决措施;(四)在打击走私、假冒商品和商业欺诈等方面加强信息沟通、协调管理,保障边境贸易活动健康发展。

两国政府将加强指导并提供政策扶持,推动两国企业按照市场规则落实和执行业已签订的合作项目协议和经济合同,以增强双方合作信心;继续商定大型合作项目,鼓励两国大型企业在基础设施建设、交通、电力、住宅建设、设计咨询、化工、配套工业、造船等领域扩大长期互利合作。双方同意,继续落实关于开展"两廊一圈"合作的谅解备忘录,认真研究跨境经贸旅游区的有关设想,密切两国边境省份之间的关系。

双方同意加强两国经济专家之间的经验交流,为应对国际经济形势变化提出政策建议。

六、双方对陆地边界勘界工作基本完成表示满意,同意进一步密切配合,积极解决剩余问题,确保如期实现今年内完成陆地边界全线勘界立碑工作的目标,早日签署勘界议定书和新的边界管理制度协定,把两国陆地边界建成长期友好、和平稳定、互利合作的边界。双方同意在双方商定的一对口岸举行结束全线勘界立碑工作的庆祝仪式。

双方重申继续密切配合,落实好《北部湾划界协定》和《北部湾渔业合作协定》,做好北部湾共同渔区联合检查和渔业资源联合调查及海军联合巡逻工作,推动北部湾跨界油气构造勘采合作取得实质进展。稳步推进北部湾湾口外海域划界谈判并积极商谈该海域的共同开发问题,早日启动该海域共同考察。

双方就维护南海和平稳定坦诚友好地交换了意见,重申恪守两国高层共识及《南海各方行为宣言》精神，保持海上问题谈判机制，按照包括1982年《联合国海洋法公约》在内的国际法所确认的法律制度和原则，寻求双方均能接受的基本和长久的解决办法，同时积极研究和商谈共同开发问题，以便找到适合的模式和区域。在此过程中，双方将共同努力维护南海局势稳定，均不采取使争端复杂化或扩大化的行动。双方同意，本着先易后难的原则，加强在海洋科研、环境保护、气象水文预报、油气勘采、海上搜救、军舰互访、建立两国军队直接信息交流机制等领域的合作。

七、越方重申坚定奉行一个中国政策，支持中国统一大业，坚决反对任何形式的“台独”分裂活动。越南不同台湾发展任何官方关系。中方对越方上述立场表示赞赏。

八、双方就共同关心的国际和地区问题交换了意见并达成共识，对两国在联合国、世界贸易组织、亚太经合组织、亚欧会议、中国—东盟、东盟—中日韩等国际和地区事务中的密切协调与配合表示满意，同意加强在多边领域的合作，为推动建设持久和平、共同繁荣的世界作出积极贡献。

九、访问期间，双方签署了两国政府关于建立领导人热线的协定和边境卫生检疫协议以及中国向越南提供出口买方信贷的贷款总协议、关于在海防建立中国越南经济贸易合作区的合作协议、中国海洋石油总公司与越南国家油气集团战略合作协议等8份合作文件。

十、阮晋勇总理对温家宝总理以及中国共产党、中国政府和人民所给予的隆重、热情、友好的接待表示衷心感谢，邀请温家宝总理再次访问越南。温家宝总理对此表示感谢。

2008年10月25日于北京

全国政协主席贾庆林在人民大会堂分别会见出席亚欧首脑会议的老挝总理波松和巴基斯坦总理吉拉尼

十一届全国人大常委会第五次会议分组审议首次提请审议的防震减灾法修订草案

防震减灾法修订工作于2005年启动，四川汶川大地震后，立法部门对抗震救灾和灾后恢复重建的主要做法和成功经验进行了梳理，重新充实、完善、修改，修订草案由49条增加为99条。

地震预报只能由政府发布

“地震预报的发布，只能是国务院和省级人民政府”。防震减灾法修订草案明确规定：国家对地震预报实行统一发布制度。全国性的地震中长期预报和地震中期预报，由国务院发布。省、自治区、直辖市行政区域内的地震长期预报、地震中期预报、地震短期预报和地震临震预报，由省、自治区、直辖市人民政府按照国务院规定的程序及时发布。

过渡性安置尊重群众意愿

在总结汶川地震灾后过渡性安置经验的基础上，防震减灾法修订草案专设一章，加强对过渡性安置相关方面的规定。对地震灾区需要进行过渡性安置的受灾群众，应当根据地震灾区的实际情况，在确保安全的前提下，充分尊重受灾群众意愿，采取就地安置与异地安置，集中安置与分散安置，政府安置与投亲靠友等自行安置相结合的方式。

强化救灾款物监管

修订草案规定，县级以上人民政府有关部门应当加强对地震应急救援、地震灾后过渡性安置和地震灾后恢复重建资金、物资使用情况的管理和监督，并对资金、物资的筹集、分配、拨付、使用情况登记造册，建立、健全档案。

为确保救灾款物公开透明使用，修订草案还明确：地震灾区的地方各级人民政府在确定地震应急救援、地震灾后过渡性安置和地震灾后恢复重建资金、物资分配方案和房屋分配方案前，应当先行调查，经民主评议后予以公布；定期公布地震应急救援、地震灾后过渡性安置和地震灾后恢复重建资金、物资的来源、数量、发放和使用情况，接受社会监督。任何单位和个人对防震减灾活动中的违法违纪行为，都有权进行举报。

国务院副总理李克强在四川考察救灾重建工作

李克强在四川省委书记刘奇葆、省长蒋巨峰的陪同下，直接来到成都救灾物资储备仓库，察看救灾募捐衣被的存储和发运情况。李克强深入四川地震灾区的乡村农户、板房医院、企业车间和建设工地，看望慰问灾区群众，实地考察灾后恢复重建。他强调，要把中央关于灾后恢复重建的方针政策和工作部署落到实处，当前要将解决民生问题为重点，抓紧解决好受灾群众安全过冬问题，加快推进灾区恢复重建。

第八届全国“创业之星”经验交流表彰大会在北京举行

国家副主席习近平在人民大会堂分别会见巴基斯坦总理吉拉尼和荷兰首相巴尔克嫩德

外交部部长杨洁篪在北京会见出席亚欧首脑会议的外宾

杨洁篪先后会见了前来出席第七届亚欧首脑会议的葡萄牙国务部长兼外交部长阿马多、韩国外交通商部长官柳明桓、法国外交部长库什内、蒙古国对外关系部长巴特包勒德、菲律宾外交部长罗慕洛、捷克副总理冯德拉、罗马尼亚外交部长科默内斯库和英国外交和联邦事务大臣米利班德,与他们就双边关系及共同关心的问题交换了看法。

中国国家版权局与美国专利商标局 美国版权局在北京签署《战略合作备忘录》

"实践六号"卫星成功发射

10月26日

十一届全国人大常委会第五次会议在人民大会堂举行第二次全体会议

会议审议国务院关于加强金融宏观调控情况的报告、最高人民法院关于加强刑事审判工作维护司法公正情况的报告和最高人民检察院关于加强刑事审判法律监督工作维护司法公正情况的报告。

吴邦国委员长出席会议。会议由副委员长乌云其木格主持。

受国务院委托,中国人民银行行长周小川作了关于加强金融宏观调控情况的报告。他说,针对2007年经济出现过热苗头、物价上涨压力加大的状况,根据中央经济工作会议精神,为了防止经济增长由偏快转向过热、防止价格由结构性上涨演变为明显通货膨胀,2008年上半年实施了从紧的货币政策,加强流动性管理,引导货币信贷合理增长,维护总量平衡。下半年以来,鉴于国内外经济运行中的新情况,金融调控及时增强了灵活性和针对性,灵活运用公开市场操作、利率、存款准备金率等工具,适当调增信贷总量,并坚持区别对待、有保有压,把总量微调与结构优化结合起来,引导新增信贷资源向重点领域和经济薄弱环节倾斜。总的来看,国民经济运行符合宏观调控预期的方向。

周小川还汇报了当前金融宏观调控面临的主要问题和下一步的安排。他说,当前,我国总体经济形势是好的,国民经济发展的基本态势没有改变。但由美国次贷危机演化为的国际金融危机对我国经济的影响不容低估。下一阶段我们将继续实行灵活审慎的货币政策。既要从根本上稳定物价预期,也要根据形势变化及时适度调整政策操作,努力维护货币稳定和金融稳定,促进经济又好又快发展。一是拟定保证金融稳健运行的各项应对预案,建立完善国际金融危机监测及应对工作机制;二是继续改进流动性管理,保证市场流动性充分供应,引导货币信贷合理投放;三是加强窗口指导和信贷政策指引,优化信贷结构;四是结合地震灾后重建进展情况,制定金融支持政策;五是加强对房地产金融的监测,改进房地产金融服务;六是加强价格杠杆工具调控作用,推进利率市场化和汇率形成机制改革;七是加强外汇管理,防范短期资本流动冲击我国金融体系。

最高人民法院院长王胜俊向会议报告了加强刑事审判工作、维护司法公正的情况。他说,2003年至今年上半年,全国法院共审结一审、二审和再审刑事案件424万余件,平均每年递增2.75%。近年来刑事审判工作的进展和成效包括:依法惩罚犯罪,维护国家安全和社会稳定;严格执行法律规定和各项制度,确保审判活动合法公正;加强审判指导监督,促进办案质量效率提高和法律政策统一适用;自觉接受监督,保障和促进审判公正;加强队伍建设,审判人员素质不断提高。

对刑事审判工作面临的挑战和存在的问题,王胜俊说,当前,人民法院刑事审判工作任务更加繁重,人民群众对刑事审判提出新要求、新期待,刑事审判队伍现状与新形势新要求还不完全适应,刑事审判中还存在不少影响司法公正的问题。他还报告了进一步加强刑事审判工作的措施:正确执行法律和宽严相济刑事政策,确保法律效果和社会效果的有机统一;严格遵循法定诉讼程序和制度,确保刑事审判的质量和效率;切实加强工作指导和监督,确保刑事审判公正高效权威;加强基层基础工作,确保刑事司法正义惠及广大人民群众;加强刑事审判队伍建设,确保严格公正文明司法;坚持党的领导和人大监督,确保刑事审判工作健康发展。

最高人民检察院检察长曹建明向会议报告了关于加强刑事审判法律监督工作、维护司法公正的情况。他说,2003年以来,最高人民检察院领导地方各级人民检察院和专门人民检察院,依法履行刑事审判法律监督职责,维护司法公正和法制统一。一是加强对刑事判决、裁定的监督,依法纠正裁判不公的问题;二是加强对刑事审判活动的监督,依法纠正程序违法的问题;三是突出抓好对死刑案件审判的法律监督,促进死刑的依法慎重适用;四是加强对刑罚变更执行裁决的监督,依法纠正违法减刑、假释、暂予监外执行的问题;五是依法办理不服法院生效裁判的刑事申诉案件,维护当事人权益和社会和谐稳定;六是严肃查办刑事司法不公背后的职务犯罪,维护司法廉洁和公正。他还报告了在加强法律监督能力建设和执法规范化建设,提高刑事审判法律监督工作水平方面的进展情况。

针对刑事审判法律监督方面存在的一些不足和问题,曹建明报告了加强和改进刑事审判法律监督工作的安排:强化监督意识,把刑事审判法律监督工作放在重要位置来抓;突出监督重点,进一步加大刑事审判法律监督工作力度；深化司法改革，进一步完善刑事审判法律监督工作机制；加强队伍建设，努力提高刑事审判法律监督能力；加强与人民法院的沟通协调，共同维护和促进刑事司法公正。

副委员长王兆国、路甬祥、韩启德、华建敏、陈至立、周铁农、李建国、司马义·铁力瓦尔地、蒋树声、陈昌智、严隽琪、桑国卫出席会议。国务委员戴秉国等列席会议。

国务院副总理李克强在成都会见参加第九届西部国际博览会的澳门特区行政长官何厚铧

国务院副总理李克强在成都会见出席西部国际博览会的外国领导人

李克强分别会见了前来出席第九届中国西部国际博览会的斯洛文尼亚总统图尔克、老挝总理波松、斯里兰卡总理维克拉马纳亚克。

在会见图尔克时，李克强介绍了中国实施西部大开发战略的有关情况，表示中国将深入推进西部大开发，支持西部地区进一步扩大对内对外开放，促进区域协调发展。欢迎斯洛文尼亚发挥自身优势，在中国西部大开发中挖掘合作潜力，实现互利共赢。李克强说，无论国际形势如何变化，双方始终相互尊重、平等相待，积极发展各领域互利友好合作，并取得丰硕成果。中斯友谊已深植于两国人民心中。中国政府重视发展对斯关系，愿与斯方一道，落实两国元首会晤精神，共同开创两国关系发展新局面。

图尔克表示，斯中友谊源远流长。斯洛文尼亚一贯重视发展对华关系，坚定奉行一个中国政策。斯方愿在现有基础上，进一步密切两国各领域合作。希望卢布尔雅那和成都间的友好城市关系取得更大发展。

在会见波松时，李克强说，中老政治上高度信任，经济上真诚合作，在国际和地区事务中相互支持。中国党和政府高度重视发展与老挝关系，愿与老方一道，巩固传统友谊，深化互利合作，推动中老全面合作关系不断迈上新台阶。他表示，西博会是中国加强国际经贸合作的重要平台，希望通过西博会促进中老经贸进一步发展。

波松表示，老挝党和政府对新时期老中关系全面深入发展感到满意，愿与中方共同努力，推动双边合作不断取得新成果。

在会见维克拉马纳亚克时，李克强高度评价中国和斯里兰卡的关系，表示中方愿进一步巩固两国传统友谊，将双方全面合作伙伴关系不断推向新的高度。他说，包括斯里兰卡在内的周边国家，与中国西部地区有开展互利合作得天独厚的地缘优势。希望双方加深和拓展贸易、投资、基础设施等领域的务实合作。

维克拉马纳亚克重申斯里兰卡一如既往地支持中国和平统一大业，表示斯政府珍视斯中友谊，愿进一步推动两国各领域友好合作。

国务院副总理王岐山与俄罗斯副总理谢钦在莫斯科共同主持中俄能源谈判代表会晤

王岐山说，今年以来，中俄战略协作伙伴关系呈现出积极发展的良好势头，两国高层交往进一步机制化，务实合作稳步推进，双边贸易和相互投资不断增长。加强能源合作是中俄战略协作伙伴关系的重要体现，两国领导人对此高度重视，决定建立中俄能源谈判机制。这一机制将为扩大和深化两国长期稳定的能源合作发挥积极作用。

王岐山表示，中俄能源合作要坚持以下原则：一是全面长期合作的原则，包括油气、核能、电力等方面和金融领域；二是市场原则，按国际通行做法推进合作；三是互利共赢原则，充分照顾彼此关切。王岐山强调，此次会晤是为两国总理第十三次定期会晤预作准备，双方就加强两国油气、核能、电力等领域合作深入交换了意见，并达成重要共识。希望双方有关部门和企业抓住时机，加快合作进程，尽快取得实质性进展。

谢钦表示，两国领导人决定建立两国能源谈判机制，使两国的能源合作进入了新阶段。自两国能源谈判代表第一次会晤以来，双方有关部门和企业做了大量工作，双边合作不断加强。俄方愿与中方在石油、天然气、电力和核能等领域开展长期务实合作，并取得实质性成果，使两国的能源合作登上新台阶。

中俄人文合作委员会第九次会议在莫斯科举行

全国政协副主席兼秘书长钱运录在全国政协礼堂与越南祖国阵线主席黄担举行工作会谈

第六届全国农民运动会在泉州举行

10月27日

中共中央总书记胡锦涛在北京同全国党校工作会议代表座谈并发表讲话

中共中央政治局常委李长春，中共中央政治局常委、中央纪委书记贺国强等出席座谈会。中共中央政治局常委、中央书记处书记、国家副主席、中央党校校长习近平主持座谈会。

胡锦涛在讲话中指出，面对国际国内不断发展变化的形势，我们要紧紧抓住我国发展的重要战略机遇期，充分利用前所未有的发展机遇，有力应对前所未有的严峻挑战，不断开创事业发展新局面，必须不断培养造就一支政治上靠得住、工作上有本事、作风上过得硬、人民群众信得过、善于治国理政的干部队伍。各级各类党校在大规模培训领导干部、大幅度提高领导干部素质中担负着重要责任，一定要把党校工作放到党和国家工作大局中去认识、去把握、去部署、去推进，增强办好党校的责任感和使命感，结合实际创新路，加强培训求实效，扎扎实实推动党校工作和党校事业有新的发展和进步。

胡锦涛强调，各级党校要全面贯彻党的十七大精神，高举中国特色社会主义伟大旗帜，以邓小平理论和“三个代表”重要思想为指导，深入贯彻落实科学发展观，按照实事求是、与时俱进、艰苦奋斗、执政为民的办学方针，坚持改革创新，突出办学特色，提高办学质量，努力在党和国家事业发展中发挥重要作用。各级党校一是要充分发挥培训轮训领导干部的主渠道作用，紧紧围绕党和国家事业发展的现实需要，紧紧围绕继续大规模培训干部的战略任务，努力使经过党校培训轮训的领导干部在马克思主义理论素质、现代科学文化知识水平方面有新的提高，在统筹国内国际两个大局的能力，推动科学发展、促进社会和谐的能力，总览全局、应对复杂局面的能力，治党管党、解决自身问题的能力方面有新的增强；二是要充分发挥党的理论武装工作的重要阵地作用，坚持把用马克思主义理论教育培训领导干部作为教学的首要任务，以马克思主义理论特别是中国特色社会主义理论体系为主课，使中国特色社会主义理论体系系统进教材、生动进课堂、扎实进头脑，切实达到真学、真懂、真信、真用的目的；三是要充分发挥推进党的理论创新的生力军作用，按照为推进党的理论创新服务、为提高教学质量服务、为促进各级党委和政府科学决策服务的要求，牢牢坚持正确方向，坚持发扬理论联系实际的学风，充分发挥在马克思主义基本理论学科上的优势，切实加强理论研究；四是要充分发挥建设学习型政党的积极推动作用，大力发扬我们党勤于学习、善于学习的优良传统，努力传授现代科学文化知识、我国优秀文化、人类文明有益成果，在促进学习型政党建设进而促进学习型社会建设方面发挥积极推动作用；五是要充分发挥促进领导干部加强党性锻炼的熔炉作用，把党性教育放在更加重要的位置，促使领导干部始终保持清醒政治头脑和高尚道德情操，始终保持共产党人的本色。

胡锦涛强调，各级党校要牢固树立“五种意识”，扎扎实实做好各项工作。一是要牢固树立大局意识，始终把围绕中心、服务大局作为党校工作必须遵循的根本要求，为改革开放和社会主义现代化建设服务，为党的建设新的伟大工程服务。二是要牢固树立党的意识，始终把党校姓党、忠诚于党作为党校工作必须坚持的根本原则，必须以党的旗帜为旗帜、以党的意志为意志，真正做到高举中国特色社会主义伟大旗帜、坚持中国特色社会主义道路和中国特色社会主义理论体系。三是要牢固树立创新意识，始终把解放思想、开拓创新作为党校工作必须汲取的不竭动力，坚持实事求是、求真务实，推进党校工作科学化、规范化、制度化，努力使党校工作体现时代性、把握规律性、富于创造性。四是要牢固树立勤俭意识，始终把艰苦奋斗、勤俭办学作为党校工作必须保持的政治优势，大力发扬谦虚谨慎、艰苦奋斗的优良传统，牢固树立勤俭办学、节俭办事的良好风气。五是要牢固树立纪律意识，始终把从严治校、从严管理作为党校工作必须贯彻的重要方针，认真落实从严治校、从严施教、从严管理的方针，加强学校管理工作，严肃党的政治纪律，推动形成良好校风、良好学风。

胡锦涛指出，各级党委要加强对党校工作的领导，把党校工作纳入党委整体工作部署和党的建设总体安排，定期研究并及时解决党校工作中的重要问题，配备好党校领导班子，帮助党校解决教学和管理工作中的实际困难，为加强党校教师队伍和干部队伍思想政治业务建设、推进教学手段和基础设施现代化建设积极创造条件。

习近平在主持座谈会时指出，胡锦涛总书记的重要讲话，深刻阐述了新形势下办好党校的重大意义，明确提出要以改革创新精神全面推进党校工作，充分发挥党校在党和国家事业中的重要作用，切实推动党校工作不断迈上新台阶，为办好党校进一步指明了方向。各级党委和党校要联系实际、认真学习、深刻领会，切实贯彻落实。

座谈会上，中央党校常务副校长李景田汇报了会议有关情况。山东省委书记、省委党校校长姜异康，北京市委副书记、市委党校校长王安顺，安徽省委副书记、省委党校校长王明方，湖南省委常委、组织部部长、省委党校校长黄建国，黑龙江省委常委、组织部部长、省委党校校长龙新南先后发言。

出席座谈会的领导同志还有刘云山、李源潮、何勇、令计划、王沪宁等。

十一届全国人大常委会第五次会议在人民大会堂举行第三次全体会议

会议听取全国人大常委会执法检查组关于检查农民专业合作社法、环境影响评价法实施情况的报告，听取全国人大民族委员会、内务司法委员会、财政经济委员会关于十一届全国人大一次会议主席团分别交付审议的代表提出的议案审议结果的报告等。

吴邦国委员长出席会议。会议由韩启德副委员长主持。

农民专业合作社法是一部引导、支持和规范农民专业合作社发展的重要法律。为全面贯彻实施农民专业合作社法，全国人大常委会于今年8月底至9月下旬，对该法开展了执法检查。乌云其木格副委员长向会议报告了这次执法检查情况。她说，近年来，各地、各级政府及有关部门积极贯彻实施农民专业合作社法，加大扶持力度，通过广泛宣传、分类指导、典型引路、教育培训等方式，使农民群众合作意识明显增强，有力地促进了农民专业合作社的发展。自法律实施以来，截至今年6月底，全国依法登记并领取法人营业执照的农民专业合作社有58072个，已占到全国农民专业合作组织总数的1/3。在详细报告贯彻实施农民专业合作社法的主要措施和取得的初步成效后，乌云其木格指出，目前农民专业合作社的发展总体上还处于起步阶段，工作上还存在一些问题和困难。

针对检查中发现的问题，乌云其木格在执法检查报告中提出了以下建议：进一步提高对贯彻实施农民专业合作社法重要性的认识；继续加强农民专业合作社法的宣传、学习和培训；尽快落实法律规定的各项扶持措施；加强金融机构对农民专业合作社的服务和支持；法律实施中要正确处理规范性与包容性的关系。

今年6月至7月，全国人大常委会对环境影响评价法实施情况进行检查。陈至立副委员长向会议报告了这次执法检查情况。她说，自2003年环评法实施以来，国务院及其有关部门深入学习、宣传和贯彻实施环评法，促进了产业结构的优化，推动了资源节约型、环境友好型社会的建设。陈至立报告了环评法实施取得的主要成效：认真学习宣传环评法，提高全社会保护环境的法治意识；完善配套法规和标准，增强法律的操作性；建设项目环评制度全面实施；规划环评试点为全面实施积累了经验；创新工作机制，推动有效实施环评制度；推动了节能减排工作，促进了产业结构调整。

针对实施中存在的主要问题，陈至立就进一步贯彻实施环评法提出以下建议：一是继续提高思想认识和执法意识，推动环评法的进一步贯彻实施；二是进一步健全规划环评制度，推动规划环评全面开展；三是加强环评体制机制建设，规范环评审批制度；四是完善配套法规、规章和技术标准体系，切实提高环评能力。

今年3月十一届全国人大一次会议期间，代表们共向大会提出议案462件。大会主席团将这些议案分别交由全国人大各有关专门委员会审议，由各专门委员会依法向全国人大常委会提出议案审议结果的报告。在今天的会议上，全国人大民族委员会主任委员马启智、内务司法委员会主任委员黄镇东、财政经济委员会主任委员石秀诗分别作了关于十一届全国人大一次会议主席团交付审议的代表提出的议案审议结果的报告。

会议听取了全国人大法律委员会主任委员胡康生作的关于企业国有资产法草案、消防法修订草案修改意见的报告。本次常委会会议对这两部法律案草案进行了第三次审议，普遍认为两部草案已经比较成熟。法律委员会逐条研究了本次常委会会议上常委会组成人员提出的审议意见，提出了两部法律案的建议表决稿，建议本次常委会会议通过这两部法律案草案。

会议还审议了有关任免案等。

全国人大常委会副委员长王兆国、路甬祥、华建敏、周铁农、李建国、司马义·铁力瓦尔地、蒋树声、严隽琪、桑国卫出席会议。国务委员孟建柱、最高人民法院院长王胜俊、最高人民检察院检察长曹建明等列席会议。

全国人大常委会委员长吴邦国在人民大会堂分别会见越南祖国阵线中央委员会主席黄担和新加坡内阁资政李光耀

全国政协主席贾庆林在人民大会堂会见越南祖国阵线中央委员会主席黄担

中国妇女第十次全国代表大会在人民大会堂举行预备会

预备会首先通过了大会议程。根据议程，中国妇女十大将审议通过《中华全国妇女联合会章程(修正案)》，并选举产生新一届中华全国妇女联合会领导机构。本次大会还将审议通过中华全国妇女联合会第九届执行委员会报告。

预备会还通过了中国妇女十大代表资格审查委员会名单、大会主席团和秘书长名单。预备会由全国妇联主席顾秀莲主持。

中国妇女十大主席团27日下午举行第一次会议。会议推选陈慕华、彭珮云、顾秀莲、陈至立、张梅颖、黄晴宜、巴桑(藏族)、陈秀榕、孟晓驷、谢丽娟、刘雅芝、汪纪戎、吴启迪、莫文秀、赵少华(满族)、刘晓连、洪天慧、甄砚、张世平、王乃坤为大会主席团常务主席。

主席团会议通过了代表资格审查报告以及大会日程、大会副秘书长名单。

中国妇女第十次全国代表大会主席团名单

(共147人，2008年10月27日中国妇女第十次

全国代表大会预备会议通过)

(按姓氏笔画为序)

千海兰(朝鲜族) 马秀红 马海莉 王乃坤 王少华 王秀红 王秀芳 王建玲 王俊莲 王淑玲 王琼珠 王惠玲(西藏) 尤兰田 乌 兰(蒙古族) 巴 桑(藏族) 孔玉芳 邓诗淑(瑶族) 玉香伦(傣族) 厉月姿 叶顺兴 田 竑(侗族) 史莲喜 史桂茹 史清琪 冯湘保 兰运华 吐尔逊汗·沙布尔(哈萨克族) 吕 晔 朱丽萍 朱静芝 乔传秀 刘志华 刘丽鸽 刘建华 刘晓连 刘雅芝 刘群英 关德伟 江小涓 安焕晓 孙士彬(满族) 李 平 李 说 李亚平 李延芝 李金英(回族) 李悦娥 李登菊 李微微 杨 梦(哈尼族) 杨承志 时立军 吴 琳 吴启迪 吴坤凤 何龙群(壮族) 汪纪戎 宋鱼水 宋爱荣 张 轩 张 玲 张 静 张小素 张世平 张李玺 张丽丽 张连珍 张明心 张怡宁 张爱民 张梅颖 张黎明 陈 华(土家族) 陈 羽(蒙古族) 陈 芳 陈 杰(高山族) 陈 桦 陈至立 陈伟兰 陈秀榕 陈际瓦 陈砚秋 陈慕华 邵旭军 武 寅 范继英 林明月 林智敏 欧新黔 昂 毛(蒙古族) 罗 梅(藏族) 季晓静(彝族) 金 蔚 房 俐 孟晓驷 赵 实 赵少华(满族) 赵东花 赵秀玲 赵津芳 胡有兰 胡克惠 胡泽君 柏志英 信春鹰 姜 力 洪天慧 贺 旻 贺定一 热孜万·艾拜(维吾尔族) 莫文秀 顾秀莲 晏友琼 徐莉莉 殷一璀 高 燕 郭 莉 唐世礼(布依族) 唐晓青 黄 红 黄丹华 黄晴宜 曹 亚 崔 郁 符跃兰(黎族) 梁惠玲 彭珮云 葛慧君 蒋 敏(羌族) 蒋大国 蒋月娥 蒋文兰 蒋培兰 韩克茵 程东红 傅雯娟 焦 映(白族) 舒晓琴 释吉祥 曾春梅(苗族) 谢丽娟 甄 贞 甄 砚 嘎 玛(藏族) 翟美卿 翟黎明 潘贵玉

国务院副总理李克强在成都出席第九届中国西部国际博览会并在首届中国西部国际合作论坛上致辞

第九届中国西部国际博览会在成都隆重举行。中共中央政治局常委、国务院副总理李克强出席开幕式并宣布博览会开幕。在随后举行的首届中国西部国际合作论坛上致辞时,李克强强调,面对当前国际经济金融形势,我们将着力扩大国内需求,深入推进西部大开发,加快地震灾区恢复重建,不断开辟经济新的增长空间,推动科学发展,继续保持经济平稳较快发展。

全国人大常委会副委员长陈昌智、全国政协副主席黄孟复出席博览会开幕式。

澳门特别行政区行政长官何厚铧参加了博览会开幕式和论坛。

第九届中国西部国际博览会由国务院有关部门、中央有关单位和西部12个省(区、市)和新疆生产建设兵团联合主办,四川省人民政府承办。来自50多个国家和地区的客商参加了展览。首届中国西部国际合作论坛是第九届中国西部国际博览会的一项重要活动。

国务院副总理李克强在首届中国西部国际合作论坛上发表题为《化挑战为机遇 谋合作促发展 共创中国西部美好未来》的致辞

女士们、先生们、朋友们:

上午好!今天,第九届中国西部国际博览会和首届中国西部国际合作论坛,在山川秀美的天府之国举行。在此,我谨代表中国政府并以我个人的名义,对博览会和论坛的举办表示热烈的祝贺!对远道而来的各国贵宾表示诚挚的欢迎!同时,我愿借此机会,对四川汶川特大地震后向中国提供宝贵支持和援助的各国政府、国际组织和各界人士,再次表示衷心的感谢!

5个多月前,发生了震惊世界的汶川地震。面对突如其来的特大自然灾害,中国政府和人民紧急行动、迎难而上,灾区与全国同心协力、众志成城,国际社会无私援助,气壮山河的抗震救灾斗争迅速展开,最大限度地挽救了受灾群众的生命,最大限度地减低了灾害造成的损失,中华民族书写了发展史上新的壮丽诗篇。目前,抗震救灾已经取得重大胜利,灾后恢复重建正在有序推进,灾区经济社会继续发展,人民群众正在勇敢地走向新的生活。

此时此地,我们的心情很不平静,我们的感受非同寻常。这么多海内外朋友相聚一堂,参加中国西部国际博览会和国际合作论坛,共同探讨如何加强区域合作和国际合作,促进中国西部地区进一步开放开发,这充分显示了灾区人民不屈不挠、重建家园的决心,显示了中国人民发展经济、继续前进的恒心,也显示了国际社会相互支持、共克时艰的信心。

今年以来,中国经济克服种种困难保持了平稳较快增长,西部地区经济继续加快发展。当前,面对急剧变化的国际金融经济形势,中国采取了一系列积极有效措施,坚定不移地把发展作为第一要务,推动科学发展,及时调整宏观经济政策,增强预见性、针对性、有效性,保持经济稳定、金融稳定、资本市场稳定,同时推进结构调整和发展方式转变,实现经济社会又好又快发展。中国作为世界上最大的发展中国家,保持良好的经济发展势头,本身就是对世界经济的重要贡献。我们将继续本着负责任的态度,加强与国际社会的协调与配合,共同维护全球金融和经济稳定。

在新的形势下,实现中国经济平稳较快发展,需要扩大国内需求。像我们这样一个拥有13亿人口的大国,内需潜力巨大。中国正处于重要的战略机遇期,工业化、城镇化持续发展,消费和投资需求潜力巨大。中国将着力扩大国内需求特别是消费需求,着重改善民生,同时加强基础设施建设,推进企业改造提升。经过多年发展,我国物质基础日益雄厚,要素组合具有优势,体制机制逐步完善,有条件也有能力克服全球金融危机带来的影响,保持经济长期平稳较快发展。

女士们,先生们!

中国西部幅员辽阔,资源丰富,历史悠久,人杰地灵,面积占全国的71.5%,人口占27.5%,GDP占17.3%。实施西部大开发,是中国政府面向21世纪作出的重大战略决策,是中国区域协调发展总体战略的重要组成部分。西部大开发战略实施以来,西部地区经济增长速度明显加快,基础设施和生态环境建设取得长足进展,一批重大项目相继建成并发挥效益,各族人民生活不断改善,经济社会发展已经站在一个新的历史起点上。但与东部沿海地区相比,西部地区还存在较大差距。这种差距,是多种因素影响形成的,需要逐步改变。同时也应看到,差距就是潜力,差距就是动力。西部地区发展具有明显的后发优势和较大的回旋余地,能够为经济的长远发展提供更广的空间,从而在扩大内需中发挥更大的作用。中国将坚定不移地深入推进西部大开发,进一步加快西部地区发展步伐,依靠广阔腹地不断拓展新的发展空间,形成促进经济增长的重要支撑力量。

加快地震灾后恢复重建,是灾区3000万群众正常生产生活的基础条件,也是扩大内需的重要领域。目前,四川、甘肃、陕西等地恢复重建全面展开,国内19个省市对口支援也在全力推进,国际社会继续给予支持。中国政府已经制定了灾后恢复重建总体规划,将多渠道筹集资金,用于恢复重建,优先用于保障和改善民生。我们将加大工作力度,加快建设进度,创新体制机制,提高工作效率,使恢复重建更好更快地向前推进。保障人民安居乐业、实现城乡共同繁荣、促进人与自然和谐相处。

女士们,先生们!

改革开放30年来,中国经济社会持续快速发展,靠的是改革开放;新时期推进西部开发、加快恢复重建、扩大国内需求,也要靠改革开放。我们将毫不动摇地坚持改革开放,不断完善社会主义市场经济体制,加快推进重点领域和关键环节改革,使各个方面蕴含的发展潜能充分涌流出来。推进西部大开发,需要充分发挥市场配置资源的基础性作用,充分调动社会各方面参与和支持西部开发的积极性。中国政府从区域协调发展的全局出发实行重点支持西部大开发的政策措施,按照特事特办的原则对地震灾区恢复重建出台了扶持政策,进一步扩大内需的举措也将有利于西部地区加快发展。国家实施西部大开发的战略坚定不移,对西部地区发展的支持必将进一步加强。

以开放促开发,是多年来西部地区加快发展的重要经验。中国政府高度重视西部地区对内对外开放,在扩大境内外各类投资者市场准入、拓展外商投资渠道、放宽利用外资条件、推动东中西合作等方面,制定并实施了一系列优惠政策。本届西博会以西部合作、东西合作、中外合作为宗旨,充分体现了合作交流、共同发展的精神。中国将进一步推动东中西部地区以及西部各省区市之间加强合作,推动国际合作尤其是与周边国家的互利合作。一是加强基础设施建设合作,把交通、能源、通信作为重点领域,推动铁路、公路、水路、航空和管道网络建设,促进跨区域跨国境基础设施的互联互接,为物流畅通和经济合作提供便捷条件。二是扩大产业合作,发挥各方在要素禀赋等方面的互补性,吸引国内外先进技术、管理经验和高素质人才,促进特色优势产业发展。三是开展节能环保合作,加强生态环境保护、资源合理开发利用以及可再生能源发展等方面的交流合作,推动可持续发展。我们将深化区域合作,完善现有合作机制,开拓合作领域,提高合作水平。中国西部大开发的深入推进,能够创造更多的发展机会。欢迎海内外有志者到中国西部这片热土来合作创业,实现互利共赢。

女士们,先生们!

特大地震给中国人民带来了巨大损失和严酷考验,抗震救灾凝练出了"万众一心、众志成城,不畏艰险、百折不挠,以人为本、尊重科学"的伟大精神。这是中华民族的宝贵财富。面对前进道路上的困难和问题,我们将继续大力弘扬伟大抗震救灾精神,坚定信心,沉着应对,变压力为动力,化挑战为机遇,努力把灾区人民的家园建设好,把西部地区开发好,把中国的事情办好,并为世界经济的稳定和发展作出应有的贡献。

最后,祝本次国际博览会和论坛取得圆满成功!

谢谢大家。

中俄总理定期会晤委员会第十二次会议在莫斯科举行

国务院副总理、中俄总理定期会晤委员会中方主席王岐山与俄罗斯副总理、中俄总理定期会晤委员会俄方主席茹科夫共同主持了会议。

王岐山首先对俄罗斯政府和人民在中国抗击四川汶川特大地震灾害和成功举办北京奥运会、残奥会过程中给予的真诚援助和大力支持表示感谢。

王岐山说,中俄总理定期会晤机制建立以来,双方各领域务实合作成果显著,发展势头良好。双边贸易继续增长,贸易结构持续改善,相互投资规模不断扩大;油气、电力、核能等领域合作取得明显进展;高科技领域合作日益深化;经贸合作服务体系不断完善,信息通信、金融服务、跨界环保等方面合作取得积极进展。

王岐山指出,两国合作基础牢固,前景广阔。在当前国际金融危机不断蔓延、全球经济形势面临严峻挑战的形势下,举行此次会议具有十分重要的意义。双方就两国各领域合作中彼此关切的重点问题坦诚、深入交换了意见,达成了广泛共识,取得了积极成果,为即将举行的两国总理定期会晤做了充分准备。希望双方继续从战略和长远角度出发,进一步深化两国各领域务实合作,推动两国战略协作伙伴关系不断向前发展。

茹科夫表示,一年来,两国务实合作保持良好发展势头,经贸合作不断发展,双边贸易额大幅增长。双方保持良好的沟通和协调,为深化合作创造了有利条件。俄方愿进一步扩大两国在相互投资、能源、森林资源开发、木材深加工、边境地区间和金融、科技、航天、运输等领域的合作。

全国政协副主席阿不来提·阿不都热西提在上海会见叙利亚总穆夫提艾哈迈德·哈松一行

首届"中国十佳大学生村官"评选结果在北京揭晓

由共青团中央网络影视中心、《中国大学生就业》杂志社、中青网组织的首届"中国十佳大学生村官"评选结果揭晓。

获得首届"中国十佳大学生村官"的是:清华大学法学院2002级本科生、北京市门头沟区永定镇坝房子村党支部书记助理兼团支部书记周倍良,河北省青年干部管理学院1995级本科生、河北省柏乡县内步乡内三村党支部书记郭华彬,山西省大同大学2003级本科生、山西省朔州市平鲁区西水界乡前沙城村党支部副书记郝新江,南京财经大学经济学院2003级本科生、江苏省宿迁经济开发区三棵树乡杨楼居委会党支部书记兼居委会主任戈新化,安徽科技学院生命科学学院2002级本科生、安徽省歙县深渡镇绵潭村副主任杨俊森,中南民族大学法学院2000级研究生、河南省漯河市源汇区干河陈乡毛寨村党支部第一书记王红兵,郑州大学公共管理学院2003级研究生、河南省开封市兰考县城关乡老韩陵村党支部书记柳波,西南石油大学法学院2002级本科生、四川省内江市威远县铺子湾镇双岭村党支部副书记文国云,贵州省委党校经济管理学院2007级在读研究生、贵州省水城县纸厂乡前进村村主任助理何世春,贵州省铜仁职业技术学院2002级专科生、贵州省铜仁市茶店镇开天村委员会科技副主任、团支部书记张阳。

10月28日

中国妇女第十次全国代表大会在北京开幕

胡锦涛、吴邦国、贾庆林、李长春、习近平、李克强、贺国强等党和国家领导人到会祝贺。来自全国各地、各条战线的1400多名代表,肩负着全国广大妇女的重托出席大会。

中共中央政治局常委、中央纪委书记贺国强代表党中央发表了题为《充分发挥妇女"半边天"作用为夺取全面建设小康社会新胜利贡献智慧和力量》的祝词。

出席开幕式的领导同志还有:王刚、王兆国、回良玉、刘淇、刘云山、李源潮、张德江、何勇、令计划、王沪宁、乌云其木格、陈至立、李建国、梁光烈、马凯、孟建柱、戴秉国、王胜俊、曹建明、杜青林、张梅颖、张榕明、钱运录和彭珮云、何鲁丽、郝建秀等。

大会主席团常务主席顾秀莲主持开幕式。大会主席团常务主席黄晴宜代表全国妇联第九届执行委员会作了题为《高举中国特色社会主义伟大旗帜 团结动员全国各族各界妇女为夺取全面建设小康社会新胜利而奋斗》的报告。共青团中央书记处第一书记陆昊代表各人民团体向大会致贺词。

中央纪委书记贺国强在中国妇女第十次全国代表大会上发表题为《充分发挥妇女"半边天"作用 为夺取全面建设小康社会新胜利贡献智慧和力量》的祝词

各位代表、同志们:

中国妇女第十次全国代表大会今天隆重开幕了。这是全面贯彻党的十七大精神,在新的历史起点上推动我国妇女事业继往开来、创新发展的一次重要会议,对于进一步团结动员全国亿万妇女为夺取全面建设小康社会新胜利而奋斗具有重要意义。我受党中央委托,对大会的召开表示热烈的祝贺!向全国各族各界妇女和广大妇女工作者致以亲切的问候!向香港特别行政区、澳门特别行政区和台湾女同胞、海外女侨胞致以良好的祝愿!

这次召开的妇女盛会时逢我国改革开放30周年。30年来,中国共产党团结带领全国各族人民,以一往无前的进取精神和波澜壮阔的创新实践,坚定不移地推进改革开放和社会主义现代化建设,在中华民族伟大复兴的征程上迈出了坚实步伐。

占全国人口半数的妇女始终是推动改革发展的一

支不可替代的重要力量。30年来，在中国共产党领导下，我国广大妇女思想获得极大解放，自身素质不断提高，创造激情竞相迸发，在社会主义经济建设、政治建设、文化建设、社会建设以及生态文明建设中发挥了独特作用，为深化改革、扩大开放、加快发展、促进和谐作出了重要贡献。在广大妇女中，涌现出以任长霞、宋鱼水、冯理达等为代表的一大批恪尽职守的人民公仆、拼搏奋进的创业女杰、勇攀高峰的知识女性、引领风尚的道德楷模、大爱无疆的杰出母亲，成为时代的标兵、社会的楷模。今年以来，在抗击南方部分地区严重低温雨雪冰冻灾害和四川汶川特大地震灾害，成功举办北京奥运会、残奥会，保持经济平稳较快发展等重要工作中，广大妇女也展现了顽强拼搏的巾帼风采。实践充分表明，妇女能顶"半边天"，不愧是我国改革开放和社会主义现代化建设的一支重要力量。

伴随着改革开放的不断深化和各项建设的不断推进，我国妇女事业蓬勃发展。特别是中国妇女九大以来，各级妇联组织坚持围绕党和国家工作中心、服务改革发展稳定大局，把握时代脉搏，贴近妇女实际，发挥自身优势，创造性地开展活动，在动员组织妇女建功立业、统筹推进城乡妇女事业发展、依法维护妇女儿童权益、提高妇女整体素质、促进未成年人健康成长、推进中外妇女交流、加强妇联自身建设等方面做了大量工作，取得了突出成绩，为推进党和国家事业发展、推进妇女事业发展作出了积极贡献。实践充分表明，妇联不愧是党和政府联系妇女群众的坚固桥梁和纽带，不愧是国家政权的重要社会支柱。

当今世界正在发生广泛而深刻的变化，当代中国正在发生广泛而深刻的变革。党的十七大站在新的历史起点上，描绘了继续全面建设小康社会、加快推进社会主义现代化的宏伟蓝图。夺取全面建设小康社会新胜利、开创中国特色社会主义事业新局面，是全党全国各族人民的奋斗目标，也是当代中国妇女的奋斗目标。广大妇女要自觉把个人的前途命运与国家和民族的前途命运紧密联系起来，坚定信心、振奋精神，艰苦奋斗、努力争先，为发展中国特色社会主义贡献才智、再立新功。

广大妇女要做中国特色社会主义的坚定拥护者。中国特色社会主义伟大旗帜，是当代中国发展进步的旗帜，是全党全国各族人民团结奋斗的旗帜。在继续全面建设小康社会的新形势下，必须始终高举中国特色社会主义伟大旗帜，坚持中国特色社会主义道路，坚持中国特色社会主义理论体系。广大妇女要进一步坚定信念，自觉用中国特色社会主义理论体系武装头脑，坚定不移地跟党走中国特色社会主义道路。要继续解放思想，始终不渝地拥护改革、支持改革，积极投身改革开放伟大事业，为构建充满活力、富有效率、更加开放、有利于科学发展的体制机制贡献力量。

广大妇女要做科学发展的有力推动者。我们要抓住我国发展的重要战略机遇期，进一步推进党和国家事业，就必须按照科学发展观的要求，促进经济社会又好又快发展。广大妇女要深入学习实践科学发展观，不断加深对科学发展观的科学内涵、精神实质和根本要求的理解，切实增强贯彻落实科学发展观的自觉性和坚定性。要继续发扬中国妇女勤劳勇敢、吃苦耐劳、勤俭创业的美德，在现代化建设的各个领域埋头苦干、诚实劳动，为推动经济发展方式转变、提高自主创新能力、促进区域协调发展、加强节能减排和生态环境保护发挥积极作用，努力实现经济社会又好又快发展。当前，广大妇女特别是农村妇女要认真贯彻党的十七届三中全会精神，积极推动农村改革发展，争做有文化、懂技术、会经营的新型农民，在建设社会主义新农村中建功立业。

广大妇女要做和谐社会的积极建设者。构建社会主义和谐社会是包括广大妇女在内的全国人民的共同愿望和期待。广大妇女要发挥自身特点和优势，大力推动社会主义核心价值体系建设，自觉践行社会主义荣辱观，主动参与群众性精神文明创建活动，积极倡导社会公德、职业道德、家庭美德和个人品德，进一步弘扬男女平等、尊老爱幼、互爱互助、见义勇为的社会风尚。要发挥女性在家庭和社区建设中的独特作用，坚持以科学的方法培育子女，以良好的行为影响家庭，大力倡导科学健康的生活方式，不断提高家庭生活质量，以家庭和谐促进社区和谐、社会和谐。要正确对待改革发展进程中的矛盾和问题，正确处理国家、集体、个人利益的关系，正确处理当前利益和长远利益的关系，以理性合法的形式表达利益诉求，踊跃参与平安创建活动，为最大限度地增加和谐因素、最大限度地减少不和谐因素发挥重要作用。

高举伟大旗帜、推动科学发展、促进社会和谐，为全面建设小康社会做贡献，必须大力提高妇女的整体素质。广大妇女要根据建设学习型社会的要求，把学习作为人生的目标和追求，始终保持高涨的学习热情，广泛学习各种新知识新技能，努力提高职业技能和创业本领，真正做到以学习开阔视野，以学习丰富人生，以学习赢得成功，在全面建设小康社会的广阔舞台上书写精彩人生。

妇联作为党领导下的妇女群众组织，肩负着团结动员妇女为党和国家事业共同奋斗的重要责任。各级妇联组织要全面贯彻党的十七大精神，高举中国特色社会主义伟大旗帜，坚持以邓小平理论和"三个代表"重要思想为指导，深入贯彻落实科学发展观，继续解放思想，锐意开拓创新，发挥组织优势，认真履行职责，不断开创妇女工作新局面。

要进一步增强做好党的妇女群众工作的责任感和使命感。妇女工作是党的群众工作的重要组成部分。当前，国际国内形势出现不少新的复杂因素，党和国家工作面临不少新的严峻挑战，加强和改进党的群众工作、巩固党执政的群众基础尤为重要。各级妇联组织要坚决贯彻落实党对群众工作的各项方针政策和重要战略部署，紧紧围绕党和国家的中心工作，充分发挥广泛联系妇女群众的优势，努力把妇女紧紧团结凝聚在党和政府周围，为实现党提出的宏伟目标而不懈奋斗。

要立足新起点发挥好妇联组织的职能作用。各级妇联要在深刻总结改革开放30年妇女工作宝贵经验的基础上，进一步发挥组织妇女的作用，团结动员广大妇女聚精会神搞建设、一心一意谋发展，在促进经济社会又好又快发展中大显身手；进一步发挥引导妇女的作用，坚持以社会主义核心价值体系引领思想，以中国特色社会主义共同理想凝聚力量，以民族精神和时代精神鼓舞斗志，为筑牢全社会团结奋斗的共同思想道德基础贡献力量；进一步发挥服务妇女的作用，认真倾听妇女呼声，及时反映妇女诉求，努力为妇女群众做好事、办实事、解难事；进一步发挥维护妇女儿童合法权益的作用，进一步健全妇女儿童利益协调、诉求表达、矛盾调处和权益保障机制，最大限度地实现好、维护好、发展好妇女儿童的切身利益。同时，要进一步加强同香港特别行政区、澳门特别行政区和台湾女同胞、海外女侨胞的交流合作，加强同世界各国妇女和妇女组织的交流合作，在推进祖国和平统一大业、推动建设和谐世界中发挥积极作用。

要以改革创新的精神加强妇联自身建设。与时俱进加强自身建设，是妇联组织保持生机活力的重要保证。各级妇联组织要结合开展深入学习实践科学发展观活动，认真研究广大妇女思想观念、生活方式等方面出现的新特点，使妇联工作更好地体现时代性、把握规律性、富于创造性。要加强妇联基层组织建设，进一步构建分布广泛、工作活跃的组织体系，不断扩大妇联工作的覆盖面，增强妇联组织的凝聚力。长期以来，广大妇联干部兢兢业业、无私奉献，为做好妇女工作发挥了重要作用。在新形势下，妇联要把加强妇联干部队伍建设放在重要位置来抓，帮助妇联干部不断提高政治素养、理论水平和工作能力，特别是提高用科学发展观指导推动工作的本领。广大妇联干部要牢记根本宗旨，继承优良传统，进一步改进作风，真心诚意关心妇女群众，千方百计为妇女群众排忧解难，努力完成党和人民赋予的光荣使命。

各级党委政府要从全局和战略的高度，充分认识妇女在全面建设小康社会、发展中国特色社会主义中的重要作用，牢固树立马克思主义妇女观，坚决贯彻男女平等的基本国策，不断完善保护妇女儿童权益的法律政策体系，健全支持妇女事业发展的体制机制，坚决扫除损害妇女身心健康的社会丑恶现象，严厉打击侵害妇女儿童权益的违法犯罪行为，确保广大妇女在国家政治、经济、文化、社会生活中的平等地位和权利。要大力促进妇女人才成长，切实关心妇女干部的成长进步。要进一步加强和改进对妇女工作的领导，支持妇联组织依照法律和章程创造性开展工作，及时研究解决妇联工作中的困难和问题，推动妇联各项事业不断迈上新台阶、实现新发展。

妇女同胞们！时代号角催人奋进，伟大事业舞台广阔。让我们紧密团结在以胡锦涛同志为总书记的党中央周围，高举中国特色社会主义伟大旗帜，为夺取全面建设小康社会新胜利、开创中国特色社会主义事业新局面而努力奋斗！

最后，预祝中国妇女第十次全国代表大会圆满成功！

中国妇女十大主席团常务主席黄晴宜在中国妇女第十次全国代表大会上代表全国妇联第九届执行委员会向大会作报告

黄晴宜说，30年的改革开放使中国妇女运动焕发出无限生机与活力，中国妇女运动进入了蓬勃发展的新时代。

黄晴宜指出，在中国共产党的坚强领导下，亿万妇女以前所未有的热情和开拓创新的勇气投身改革开放的时代洪流，在社会主义市场经济大潮中奋发进取。经过改革开放的洗礼，中国妇女的面貌、妇联组织的面貌发生了历史性变化。我们一定要倍加珍惜改革开放取得的伟大成果，深刻认识改革开放的历史进程、光辉实践和宝贵经验，团结带领妇女继续解放思想、坚持改革开放、推动科学发展、促进社会和谐，为建设富强民主文明和谐的社会主义现代化国家贡献力量。

回顾过去的5年，黄晴宜说，过去5年是改革开放30年中妇女运动发展的重要阶段，妇女事业发展实现了新跨越。妇女发展环境进一步优化，全党全社会牢固树立马克思主义妇女观，坚决贯彻男女平等基本国策，为妇女事业发展创造了良好的条件。

“5年来，广大妇女为全面建设小康社会作出了突出贡献。”黄晴宜说，广大妇女在经济社会发展中建功立业，目前，女性就业人口已达全国就业人口总数的45.4%；在民主政治建设中奋发有为，全国女干部和女党员的数量不断增长，比例分别达到39%和20.4%；在精神文明建设中尽展风采；妇女自身发展程度显著提升。

今后5年妇联工作的总体要求是：全面贯彻党的十七大精神，高举中国特色社会主义伟大旗帜，以邓小平理论和“三个代表”重要思想为指导，深入贯彻落实科学发展观，围绕党和国家的中心工作，围绕实现今后5年妇女发展的目标，更加注重解放思想、改革创新，更加注重统筹发展、依法维权，更加注重夯实基础、优化环境，大力宣传贯彻男女平等基本国策，推动实施中国妇女发展纲要和中国儿童发展纲要，扎实做好组织妇女、引导妇女、服务妇女和维护妇女儿童合法权益的工作，促进妇女全面发展，团结动员亿万妇女为夺取全面建设小康社会新胜利作出新的更大的贡献。

黄晴宜提出，今后5年我国妇女发展的目标是：妇女的素质和能力进一步提高，在全面建设小康社会中的主体作用充分发挥，在经济、社会和家庭中的地位不断提升，各项合法权益得到切实保障，男女平等基本国策进一步落实，妇女发展环境更为优化。要重点推动在五个领域取得显著成效：

——妇女参与经济建设的广度和深度不断拓展，自主创业就业和参与科技创新的能力明显增强，就业结构和职业层次更趋合理，就业中的性别歧视得到遏制，男女收入差距进一步缩小，妇女对经济发展的贡献率显著提高。

——妇女依法行使民主权利、参与国家和社会事务以及基层公共事务管理的能力增强，各级领导班子和党代会代表、人大代表、政协委员中的女性比例进一步提高，妇女的知情权、参与权、表达权、监督权得到保障。

——妇女在文化建设中的作用更加突出，思想道德水平不断提高，文明素质明显提升，精神文化生活日益丰富，在教育、文化、体育、新闻出版、广播影视等领域中的优势充分发挥，参与文化创新的能力进一步增强。

——妇女在社会事业发展中享有更多的机会与资源，在各类教育中的比例继续提高，享有社会保障的范围不断扩大，出生人口性别比偏高问题得到有效治理，妇幼卫生保健事业加快发展，妇女的健康水平和生活质量不断提高。

——妇女权益保障机制更加完善，维护妇女儿童权益的法律政策得到进一步落实，预防和惩治侵害妇女儿童权益的措施更加有力，对妇女儿童的法律援助、司法保护和社会救助力度加大，妇女依法维护自身权益的能力明显提高。

黄晴宜强调，全国各族各界妇女和广大妇女工作者要深刻理解和把握科学发展观的科学内涵、精神实质、根本要求，坚定不移地把科学发展观贯彻落实到促进妇女事业发展的全过程和妇联工作的各方面。

黄晴宜说，深入贯彻落实科学发展观，必须牢牢把握当代中国妇女的奋斗目标，为夺取全面建设小康社会新胜利贡献力量。要把妇女发展放在经济社会发展全局中去思考、去谋划、去推进，用科学发展的思维研究妇女面临的新情况，用科学发展的举措解决妇女发展遇到的新问题，努力促进妇女与经济社会和谐发展、男女两性协调发展、妇女自身全面发展。

黄晴宜指出，深入贯彻落实科学发展观，必须加大推进男女平等的力度，引领妇女共建共享社会主义和谐社会。要充分认识推动科学发展、促进社会和谐为实现男女平等创造的机遇和条件，综合运用法律、政策及教育、宣传等各种手段，切实促进男女两性平等参与发展、平等享有发展成果。

黄晴宜指出，深入贯彻落实科学发展观，必须尊重妇女的主体地位，积极为妇女全面发展搭建平台。要把不断提高妇女的思想道德素质、科学文化素质和健康素质作为充分调动和发挥妇女主体作用的一项长期性、基础性工作，切实增强妇女参与发展的综合能力，努力开发好、利用好强大的妇女人力资源和人才资源优势。

黄晴宜强调，深入贯彻落实科学发展观，必须以改革创新精神推进妇联工作，为扩大党执政的群众基础发挥应有作用。要坚持以解放思想为先导、以改革创新为动力，把坚持党的领导与创造性地开展工作结合起来，把服务大局与服务妇女和基层结合起来，把履行职能与参与社会管理和公共服务结合起来，把整合内部资源与协调社会力量结合起来，把整体推进工作与突出工作重点结合起来，使新时期的妇联工作更加符合科学发展观的根本要求，不断开创妇女事业新局面。

中共中央总书记胡锦涛到陕西省榆林市考察

10月28日至29日，胡锦涛在陕西省委书记赵乐际和省长袁纯清等陪同下，入农户、进企业、登沙丘，就贯彻落实党的十七届三中全会精神、促进经济社会又好又快发展进行深入调研。

在考察农村时，胡锦涛对省里的负责同志说，党的十七届三中全会通过的决定，适应了农村经济社会发展的阶段性特征和亿万农民的共同心愿，对推进农村改革发展作出了全面部署。全党同志要认真学习、深刻领会、全面贯彻。要坚持把建设社会主义新农村作为战略任务，把走中国特色农业现代化道路作为基本方向，把加快形成城乡经济社会发展一体化新格局作为根本要求，扎扎实实做好农村改革发展各项工作，努力开创农业、农村、农民工作新局面。

考察途中，胡锦涛听取了陕西省委和省政府的工作汇报。他强调，当前，我国经济发展的基本态势是好的。但是，国际金融市场剧烈动荡，世界经济增长总体放缓，国际经济环境中的不确定不稳定因素明显增多，同时国内经济运行中也存在一些突出矛盾和问题。我们必须坚定信心、振奋精神，完善政策、扎实奋斗，继续着力扩大内需特别是消费需求，继续大力转变发展方式、调整经济结构，继续强化农业基础地位，继续深化改革开放，努力保持金融稳定，保持经济平稳较快发展的良好势头。

胡锦涛特别关心陕西地震灾区的灾后恢复重建工作进展情况，他叮嘱省里的负责同志，一定要周密安排、做好规划，扎实搞好受灾群众住房建设，加快推进灾区基础设施和公共服务设施建设，切实安排好受灾群众基本生活，特别是要确保灾区群众安全过冬。总书记还要求各级党委和政府热情关心灾区基层干部，采取有效措施支持他们做好工作，帮助他们减轻压力、恢复体力，保持身心健康，使他们真正感受到组织的温暖。

中共中央政治局委员、中央书记处书记、中央组织部部长李源潮，中央书记处书记、中央办公厅主任令计划，中央书记处书记、中央政策研究室主任王沪宁一同考察。

十一届全国人大常委会第五次会议在人民大会堂闭会

会议经表决，通过了企业国有资产法和修订后的消防法，国家主席胡锦涛分别签署第5号、第6号主席令予以公布。

全国人大常委会委员长吴邦国主持会议。

会议表决通过了全国人大常委会关于批准《核材料实物保护公约》修订案的决定、关于批准《移动设备国际利益公约》和《移动设备国际利益公约关于航空器设备特定问题的议定书》的决定、关于批准《中华人民共和国和葡萄牙共和国引渡条约》的决定，批准了上述条约。

会议分别表决通过了全国人大民族委员会、内务司法委员会、财政经济委员会关于十一届全国人大一次会议主席团交付审议的代表提出的议案审议结果的报告。

会议表决通过了全国人大常委会代表资格审查委员会关于个别代表的代表资格的报告。根据全国人大常委会发表的公告，十一届全国人大代表现在实有2983人。

会议经表决，决定接受朱志刚辞去十一届全国人大常委会委员、全国人大财政经济委员会副主任委员职务的请求，决定免去其全国人大常委会预算工作委员会主任职务。会议经表决，免去黄松有的最高人民法院副院长、审判委员会委员、审判员职务。会议还表决通过了其他任免案。

完成各项议程后，吴邦国发表讲话。他说，企业国有资产法是中国特色社会主义法律体系中起支架作用的一部重要法律。改革开放以来，我们不断深化国有经济改革，调整国有经济布局，加快企业改造，加强企业管理，国有经济日益发展壮大，积累了数量巨大的企业国有资产。为了保障企业国有资产安全、防止国有资产流失，迫切需要通过立法进一步完善国有资产管理和监督的法律制度，这也是近年来代表议案和建议反映比较集中的问题。本次常委会会议表决通过的企业国有资产法，按照坚持社会主义基本经济制度、巩固和发展国有经济的宪法精神，针对企业国有资产管理和监督中的突出问题，明确了监管的基本原则，健全了监管的体制机制，对关系出资人权益的重大事项，包括企业改制、与关联方交易、资产评估转让等容易造成国有资产流失的环节，规定了严格的监管程序和要求。它的颁布实施，对于维护国有资产权益，防止国有资产流失，巩固和发展国有经济，推动社会主义市场经济建设，都将发挥重要作用。

吴邦国指出，针对消防工作面临的新情况、新问题，常委会对消防法做了全面修改，进一步健全了消防安全管理制度，确立了政府统一领导、部门依法监管、单位全面负责、群众积极参与的消防工作机制，明确了消防队伍的组织、建设、装备和职责，为预防和减少火灾危害，保护人民生命财产，维护公共安全提供了更加有力的法律保障。

吴邦国说，食品安全事关人民群众身体健康和生命安全，社会各界十分关心，特别是“三鹿奶粉事件”发生后，各方面对制定食品安全法寄予了更多的关注和期望。本次会议审议的食品安全法草案，针对“三鹿奶粉事件”等食品安全重大事件暴露出来的问题，做了8个方面的重要修改，健全地方政府和有关部门环环相扣的监管体制，强化食品风险监测和评估，明确制定食品安全标准的基本原则，规定食品添加剂使用要求和监管措施，完善食品召回、食品检验及安全事故处置机制等。会议期间，常委会组成人员和列席会议的同志原则赞成这些修改，并提出了一些新的意见和建议。会后，法律委员会要会同有关方面抓紧工作，尽快把草案修改好、完善好。

吴邦国指出，会议听取和审议了国务院关于加强金融宏观调控情况的报告，这是今年全国人大常委会监督工作的一项重要内容。今年下半年以来，由于受美国次贷危机影响，国际金融市场动荡加剧，全球经济增长明显放缓，国际经济环境中不确定不稳定因素明显增多,国内经济运行中一些突出矛盾和问题也凸显出来,各方面对经济形势都十分关注。会议期间,大家结合当前国际国内经济形势对报告进行认真审议,充分肯定了国务院及其有关部门的工作,并就加强宏观调控和促进结构调整、保障金融安全和资本市场稳定、扩大内需和增强经济活力等提出了一些意见和建议,强调要把思想和行动统一到党的十七届三中全会精神和中央的决策部署上来,审时度势、沉着应对,努力把我国自己的事情办好,继续推动经济社会又好又快发展,同时加强与国际社会的合作,共同维护国际金融稳定和世界经济稳定。

吴邦国指出,促进司法公正,是人大监督工作的一个重点和一项长期的任务。这次会议听取和审议最高人民法院关于加强刑事审判工作、最高人民检察院关于加强刑事审判法律监督工作的报告,是今年加强对"两院"工作监督的一项重要举措。审议中,常委会组成人员和列席会议的同志,充分肯定了近年来最高人民法院加强刑事审判工作、最高人民检察院加强刑事审判法律监督工作取得的成效,希望根据刑事审判面临的新情况、新任务,有针对性地采取措施,健全工作机制,规范司法行为,加强队伍建设,提高工作水平,公正文明司法,切实维护国家安全和社会稳定。

吴邦国说,会议听取和审议了关于检查农民专业合作社法、环境影响评价法实施情况的报告。这两次执法检查是这两部法律颁布后的第一次执法检查,一个涉及社会主义新农村建设,一个涉及资源节约型、环境友好型社会建设,都很重要。审议中,常委会组成人员和列席会议的同志充分肯定执法检查组的工作,普遍赞成执法检查报告提出的建议。会后,常委会办公厅要将大家对有关报告的意见和建议汇总,连同执法检查报告一起,送有关方面研究改进工作参考。

全国人大常委会副委员长王兆国、路甬祥、乌云其木格、韩启德、华建敏、陈至立、周铁农、李建国、司马义·铁力瓦尔地、蒋树声、陈昌智、严隽琪、桑国卫出席会议。国务委员兼国务院秘书长马凯、最高人民法院院长王胜俊、最高人民检察院检察长曹建明等列席会议。

国家主席胡锦涛签署第5号令公布《中华人民共和国企业国有资产法》

《中华人民共和国企业国有资产法》已由中华人民共和国第十一届全国人民代表大会常务委员会第五次会议于2008年10月28日通过,现予公布,自2009年5月1日起施行。

中华人民共和国主席　胡锦涛

2008年10月28日

中华人民共和国企业国有资产法(略)

国家主席胡锦涛签署第6号令公布《中华人民共和国消防法》

《中华人民共和国消防法》已由中华人民共和国第十一届全国人民代表大会常务委员会第五次会议于2008年10月28日修订通过,现将修订后的《中华人民共和国消防法》公布,自2009年5月1日起施行。

中华人民共和国主席　胡锦涛

2008年10月28日

中华人民共和国消防法(略)

全国人大常委会公告(十一届)第四号

第十一届全国人民代表大会代表罗建平因病去世,罗建平的代表资格自然终止。

全国人民代表大会常务委员会对罗建平代表的去世表示哀悼。

特此公告。

全国人民代表大会常务委员会

2008年10月28日

全国人大常委会公告(十一届)第五号

广东省人大常委会接受了朱思宜提出的辞去第十一届全国人民代表大会代表职务的请求,四川省人大常委会接受了谢冰提出的辞去第十一届全国人民代表大会代表职务的请求。依照代表法的有关规定,朱思宜、谢冰的代表资格终止。

现在,第十一届全国人民代表大会实有代表2983人。

特此公告。

全国人民代表大会常务委员会

2008年10月28日

全国人大常委会关于接受朱志刚辞职请求的决定

(2008年10月28日第十一届全国人民代表大会常务委员会第五次会议通过)

第十一届全国人民代表大会常务委员会第五次会议决定:接受朱志刚辞去第十一届全国人民代表大会常务委员会委员、全国人民代表大会财政经济委员会副主任委员职务的请求,报请第十一届全国人民代表大会第二次会议确认。

同时接受朱志刚辞去全国人民代表大会常务委员会预算工作委员会主任职务的请求,决定免去其全国人民代表大会常务委员会预算工作委员会主任职务。

全国人大常委会免职名单

(2008年10月28日第十一届全国人民代表大会常务委员会第五次会议通过)

免去王立文、李彤、周红耕(女)的最高人民法院审判员职务。

全国人大常委会任免名单

(2008年10月28日第十一届全国人民代表大会常务委员会第五次会议通过)

一、任命陈连福、白泉民、王晋、阎敏才、陈国庆为最高人民检察院检察委员会委员。

二、免去唐宝森、徐文珍(女)的最高人民检察院检察员职务。

全国人大常委会免职名单

(2008年10月28日第十一届全国人民代表大会常务委员会第五次会议通过)

免去黄松有的最高人民法院副院长、审判委员会委员、审判员职务。

全国人大常委会关于批准《核材料实物保护公约》修订案的决定

(2008年10月28日第十一届全国人民代表大会常务委员会第五次会议通过)

第十一届全国人民代表大会常务委员会第五次会议决定:批准2005年7月8日在维也纳通过的《核材料实物保护公约》修订案。

全国人大常委会关于批准《移动设备国际利益公约》和《移动设备国际利益公约关于航空器设备特定问题的议定书》的决定

(2008年10月28日第十一届全国人民代表大会常务委员会第五次会议通过)

第十一届全国人民代表大会常务委员会第五次会议决定:批准2001年11月16日在国际民航组织理事会和国际统一私法协会联合召开的外交会议上通过的《移动设备国际利益公约》和《移动设备国际利益公约关于航空器设备特定问题的议定书》(以下简称《公约》和《议定书》),同时声明:

一、对《公约》第三十九条第1款(a)项声明:依照中华人民共和国法律优先于有担保的债权人的全部非约定权利或者利益无须登记即可优先于已经登记的国际利益,包括但不限于破产费用和共益债务请求权,职工工资,产生于该民用航空器被抵押、质押或留置之前的税款,援救该民用航空器的报酬请求权,保管维护该民用航空器的必须费用请求权等。

对《公约》第三十九条第1款(b)项声明:《公约》不影响国家或国家实体、政府间组织或者其他公共服务的私人提供者依照中华人民共和国法律扣留或者扣押标的物,以向此种实体、组织或者提供者支付与使用该标的物或者另一标的物的服务直接有关的欠款的权利。

对《公约》第三十九条第4款声明:根据第三十九条第1款(a)项所作出的声明中所含种类的权利或者利益,优先于批准《议定书》之前已登记的国际利益。

二、对《公约》第四十条声明:为执行判决债务而获得的附属于债务人设备的利益为可登记的非约定权利或利益。

三、对《公约》第四十三条声明:中华人民共和国适用《公约》第四十三条,其中适用第1款和第2款第(a)项的条件是当事方选定的缔约国法院为与协议争议有实际联系的地点的法院。

四、对《公约》第五十条第1款声明:《公约》不适用于中华人民共和国的国内交易。

五、对《公约》第五十三条声明:中华人民共和国各航空公司总部所在地的中级人民法院对《公约》所涉及的航空器设备租赁纠纷具有管辖权。

六、对《公约》第五十四条第1款声明:用于担保的标的物位于中华人民共和国境内的,担保权人不得在中华人民共和国境内出租该标的物。

对《公约》第五十四条第2款声明:债权人依据《公约》任何条款可以获得但条款中并未明确要求必须向法院申请的任何救济,必须经过中华人民共和国人民法院同意后方可施行。

七、中华人民共和国适用《议定书》第八条、第十二条、第十三条的规定。

八、中华人民共和国适用《议定书》第十条第1、2、3、4、6、7款的规定。中华人民共和国法院在收到申请后,对于《公约》第十三条第1款(a)、(b)、(c)项规定的救济,在10天内作出裁定并立即开始执行;对于《公约》第十三条第1款(d)、(e)项规定的救济,在30天内作出裁定并立即开始执行。

九、中华人民共和国对《议定书》定义的所有破产程序适用《议定书》第十一条方案A,等待期为60天。

十、根据《议定书》第十九条的规定,中华人民共和国指定中国民用航空局的权利登记机构为接入点。

十一、在中华人民共和国政府另行通知前,《公约》和《议定书》暂不适用于中华人民共和国香港特别行政区和澳门特别行政区。

全国人大常委会关于批准《中华人民共和国和葡萄牙共和国引渡条约》的决定

(2008年10月28日第十一届全国人民代表大会常务委员会第五次会议通过)

第十一届全国人民代表大会常务委员会第五次会议决定:批准2007年1月31日由时任外交部副部长

张业遂代表中华人民共和国在北京签署的《中华人民共和国和葡萄牙共和国引渡条约》。

十一届全国人大常委会在人民大会堂举行第六讲专题讲座

吴邦国委员长主持讲座。

最近，由美国次贷危机引发的金融风暴迅速恶化，演变为一场历史上罕见、冲击力强大、席卷全球的国际金融危机。为了帮助全国人大常委会组成人员更好地了解这次危机的相关情况，全国人大常委会特地安排了这次题为《国际金融危机及其影响与启示》的专题讲座。讲座主讲人、中国人民银行副行长、国家外汇管理局局长胡晓炼从国际金融危机的基本情况、危机的原因分析及对下一步形势的判断、危机对我国的影响和启示三个方面作了详细讲解。

胡晓炼说，此次百年不遇的金融危机经历了次贷危机苗头显现、金融体系局部出现问题、逐步强化到集中全面爆发、迅速扩散的一系列过程。近期，各国政府密集出台了一系列救助举措，短期看取得了一定效果。然而危机并未平复，未来市场还将面临较大不确定性。

胡晓炼说，尽管面临不利的国际经济环境，但我国经济已具备相当的抵御风险能力和强劲活力。总的来看，在党中央、国务院的正确领导下，国际不利因素和国内严重自然灾害没有改变我国经济发展的基本态势。我们既要充分估计国际环境的复杂性和严峻性，又要正确认识我们的有利条件和积极因素，坚定信心，冷静观察，多管齐下，有效应对，最终一定能够取得应对国际金融危机的胜利。

胡晓炼还从六个方面讲解了这次国际金融危机带给我国的重要启示：第一，全面贯彻落实科学发展观，妥善处理储蓄和消费的关系，调整经济结构，转变发展方式，促进国际收支平衡；第二，处理好实体经济与虚拟经济发展的关系；第三，处理好监管与创新的关系，金融监管要始终与金融创新的步伐相适应；第四，进一步完善我国金融立法，维护国家金融安全；第五，金融对外开放要与我国金融体系的稳健和安全相适应；第六，推动国际货币体系改革，加强国际合作，促进地区间贸易和投资的多元化。

全国人大常委会副委员长王兆国、路甬祥、乌云其木格、韩启德、华建敏、陈至立、周铁农、李建国、司马义·铁力瓦尔地、蒋树声、陈昌智、严隽琪、桑国卫等听取讲座。

俄罗斯总统梅德韦杰夫在莫斯科会见国务院总理温家宝

温家宝指出，在当前国际政治经历深刻复杂变化、全球性挑战不断增多、国际金融危机加剧蔓延的背景下，中俄加强务实合作和战略协作，共同应对挑战，符合两国的根本利益，对世界也具有重要意义。要通过中俄战略协作，推动国际关系民主化，体现国际社会的共同愿望，反映各国人民的共同利益；共同促进建立可靠、稳定、公平的国际经济金融秩序，有效维护中俄两国的发展利益；在重大国际和地区问题上保持密切沟通和协调，有效维护两国的安全利益和世界的和平与稳定；全面加强人文领域交流与合作，促进两国世代友好。

温家宝表示，中方愿与俄方一道，认真落实两国元首达成的重要共识，不断加强两国总理定期会晤机制，推进两国全方位合作。

梅德韦杰夫说，俄中战略协作伙伴关系顺利发展，两国领导人交往频繁，合作富有成效。双方相互高度信任，可以协商解决任何问题。本次两国总理定期会晤取得成功，双方签署了一系列合作文件，涉及诸多重要领域，标志着两国务实合作向前迈出了一大步，我对此表示祝贺。在当前形势下，俄中进一步加强合作意义重大。俄方愿进一步推进两国经贸、能源、科技、人文等领域的交流与合作，加强在重大国际问题上的协调配合，共同防范和应对国际金融危机等各种挑战。

国务院副总理王岐山、国务委员刘延东参加会见。

国务院总理温家宝与俄罗斯总理普京在莫斯科举行中俄总理第十三次定期会晤

温家宝说，今年中俄战略协作伙伴关系呈现加速发展的良好势头。在相互尊重和平等互利基础上，双方政治互信、务实合作和战略协作都达到前所未有的高水平。

温家宝指出，当前，国际形势正经历深刻复杂演变，国际金融市场动荡，对世界经济乃至国际体系造成严重冲击，能源、粮食安全问题日益突出。在此背景下，加强中俄战略协作伙伴关系对捍卫两国共同利益，维护世界和平与稳定具有重要意义。明年是中俄建交60周年。我们愿以此为契机，与俄方共同努力，恪守《中俄睦邻友好合作条约》确定的宗旨和原则，贯彻“世代友好”的和平思想，充分发挥两国总理定期会晤机制的作用，全面落实双方达成的各项协议和共识，坚定不移地增进政治互信、推动务实合作、深化战略协作，使中俄战略协作伙伴关系在高水平上健康稳定发展。

普京说，俄中两国相互信任，这是俄中战略协作伙伴关系在高水平上不断向前发展的决定因素。两国合作基础牢固、机制完备、内容丰富、成果丰硕、前景广阔。这种战略协作关系是独一无二的，也是非常重要的。俄方愿同中方一道，充分发挥两国各种机制的作用,加强在重大问题上的协调配合,进一步推动各领域友好交流和务实合作。

会后,两国总理签署了《中俄总理第十三次定期会晤联合公报》,共同出席了双方贸易、能源、科技、金融、边贸等多项合作文件签字仪式。

中俄总理定期会晤委员会中方主席、国务院副总理王岐山,中俄人文合作委员会中方主席、国务委员刘延东参加上述活动。

中俄总理第十三次定期会晤发表联合公报

应俄罗斯联邦政府总理弗·弗·普京的邀请,中华人民共和国国务院总理温家宝于2008年10月27日至29日对俄罗斯联邦进行正式访问。10月28日在莫斯科举行了中俄总理第十三次定期会晤。

中华人民共和国国务院总理温家宝与俄罗斯联邦总统德·阿·梅德韦杰夫、俄罗斯联邦联邦会议国家杜马主席鲍·维·格雷兹洛夫举行了会见。

中俄两国总理共同出席了第三届中俄经济工商界高峰论坛。

一

温家宝总理与梅德韦杰夫总统会见时,双方就加强两国战略协作,深化在政治、经济、人文领域合作等一系列重要双边关系问题,以及重大国际和地区问题深入交换意见。

双方满意地指出,近年来,中俄战略协作伙伴关系加速发展,双方互信和相互支持水平显著提高,重点领域合作不断扩大。双方认为,在当前复杂多变的国际形势下,全面加强中俄关系尤为重要和迫切。双方将根据《中华人民共和国和俄罗斯联邦睦邻友好合作条约》的精神和原则,不断推动落实双方达成的各项协议和共识,增进政治互信,推进务实合作,深化战略协作,造福两国和两国人民,为维护世界和平与稳定作出更大贡献。

两国总理对双方在经贸、能源、人文领域合作取得的进展表示满意,对中俄总理定期会晤委员会、中俄人文合作委员会、中俄能源谈判机制的工作予以高度评价,并对《中俄总理定期会晤委员会第十二次会议纪要》和《中俄人文合作委员会第九次会议纪要》予以确认。

双方强调指出,中俄总理定期会晤机制为推动两国各领域务实合作发挥了重要作用,双方愿继续努力完善该机制并提高其效率。

双方将着手落实两国元首批准的中俄"国家年"机制化各项活动,执行2009年中国"俄语年"计划,筹备2010年俄罗斯"汉语年"。

中俄总理第十三次定期会晤期间签署了下列文件:

——《中俄总理第十三次定期会晤联合公报》

——《中俄总理定期会晤委员会第十二次会议纪要》

——《关于在石油领域合作的谅解备忘录》

——《中俄人文合作委员会第九次会议纪要》

——《中华人民共和国政府和俄罗斯联邦政府关于共同建设、使用、管理和维护中华人民共和国黑龙江省同江市—俄罗斯联邦犹太自治州下列宁斯阔耶居民点区域内黑龙江(阿穆尔河)铁路界河桥的协定》

——《中华人民共和国国家旅游局与俄罗斯联邦旅游署关于2008—2010年期间落实〈中华人民共和国政府与俄罗斯联邦政府旅游合作协议(1993年11月3日签订)〉的合作计划》的一号实施纲要

——《中俄人文合作委员会教育合作分委会2009—2012年工作计划》

——《中华人民共和国科学技术部与俄罗斯国家纳米技术集团公司关于建立纳米技术战略合作联盟的协议》

——《中国核工业集团公司与俄罗斯国家原子能集团公司关于在中国合作建造田湾核电站扩建项目两台机组与商用示范快堆的备忘录》

——《中国石油天然气集团公司和俄罗斯管道运输公司关于斯科沃罗季诺—中俄边境原油管道建设与运营的原则协议》

——《中航工业直升机有限责任公司和俄罗斯直升机股份公司关于联合研制重型民用直升机谅解备忘录》

——《中国航空技术进出口总公司与俄罗斯直升机股份公司关于民用直升机购机意向书》

——《中国进出口银行与俄罗斯天然气工业银行3亿美元合作框架协议》

——《中国国家开发银行与俄罗斯外经银行合作框架协议》

二

双方满意地指出,目前中俄经贸合作持续快速发展。双边贸易额稳定增长,相互投资和经济技术合作不断取得进展,边境和地方间经贸交往日益加强。双方将共同努力,提高经贸合作的质量和效能,拓宽合作领域,以促进两国经济的发展。

双方认为,有必要采取积极措施,扩大机电和高科技产品在双边贸易中所占比重,首先是俄罗斯对华出口。充分发挥中俄机电商会的作用,推动双方在能源机械、民用航材、家电电子、运输工具、矿山机械等领域开展合作,进一步改善双边贸易结构。

双方一致认为,中俄相互投资规模持续增长,投资领域多元化，是切实提高双边经贸合作水平的重要条件。双方将本着平等互利的原则，发挥中俄投资促进会议作用，采取措施尽快商签中俄投资合作规划纲要，创造良好的投资环境，切实保护投资者合法权益，实施双方共同感兴趣的投资项目，扩大工业项目、基础设施建设和改造合作，吸引中方投资者进入俄经济特区，并在俄境内开展木材深加工等合作。双方将继续加强和深化边境地区合作和地方合作，共同努力，进一步规范边境贸易秩序，改善商品结构，提高便利化水平，加大力度建设口岸基础设施，推动建立边境经济合作区，加快中国东北老工业基地与俄罗斯远东和后贝加尔地区合作规划纲要的磋商。双方重申，能源合作是中俄战略协作伙伴关系的重要组成部分，要按照互惠互利原则，深入开展能源领域的合作。双方支持开展油气领域的合作，包括解决通过管道运输方式向中国长期供油、石油上下游合作、天然气供应、建立天然气加工和化工企业并向中俄两国及第三国市场销售相应产品等问题。

双方指出，应进一步深化电力领域的合作，包括中俄供电第一阶段项目、恢复俄向中国边贸售电。

双方将继续在田湾核电站二期工程、快堆核电技术、铀浓缩工厂建设、铀矿勘探、核电站和快堆燃料、乏燃料后处理和核废料循环等核能领域开展合作。

双方一致同意，将扩大并深化中俄航天领域的长期合作，确保按时完成2007年至2009年航天合作大纲，责成航天合作分委会研究航天领域大型联合活动项目的具体内容，起草并通过2010年及后续的双边合作大纲。在科技合作领域，双方将结合两国科技优先发展方向，实施具有巨大创新潜力和商业化前景的联合项目。双方将进一步推动在纳米技术、能源、节能、生态和合理利用自然资源等领域的合作。双方商定，将进一步推动中俄在运输和交通基础设施领域的合作。双方指出，实施同江—下列宁斯阔耶铁路大桥建设项目和继续开展有关落实黑河—布拉戈维申斯克公路大桥建设项目的工作十分重要。双方认为，扩大集装箱过境运输量，包括实施中国—欧洲方向以及经俄罗斯滨海边疆区港口过境运输等项目具有重要意义。双方认为，两国应在现已取得成绩的基础上，在贸易和项目融资、银行卡、出口信用保险、双边结算机制等方面加强合作，为中俄经贸合作参与者创造便利条件。同时，应不断探索和逐步深化双方在保险和证券领域的合作。双方对两国在民用航空领域的合作，特别是完成第一架图-204-120CE飞机的接收工作表示满意。双方重申，愿在相互尊重对方利益和中俄航空工业长期发展规划的基础上开展该领域的合作。双方积极评价两国在通信和信息通信技术领域的合作，愿继续开展该领域的务实合作。双方表示，愿完善在反垄断和广告法监督以及反不正当竞争领域的合作机制，扩大和深化边境地区信息交流和在竞争和广告法执法方面的合作。双方将继续扩大在救灾领域的合作，加强科技交流、信息交换，确保两国救灾部门保持密切联系，促进双方专家开展交流。双方高度评价中俄环保合作取得的成果，表示愿深化环保合作。双方将加强在合理利用和保护跨界水方面的合作，并认为今年12月在俄罗斯哈巴罗夫斯克举行的合理利用和保护跨界水联合委员会第一次会议具有重要意义。

三

双方一致认为，扩大和深化两国人文合作，对推动中俄战略协作伙伴关系的发展，促进两国人民世代友好具有重要意义。

双方指出，将继续组织和举办好中俄大学生艺术联欢节、中俄青少年学生夏(冬)令营、中俄青少年学生俄(汉)语比赛、中俄大学校长论坛和中俄高等教育展等中俄“国家年”教育领域机制化项目，推动两国高校开展高层次人才联合培养和科研合作。

双方对2008年在中国成功举办“俄罗斯文化节”表示满意，支持2009年在俄罗斯举办“中国文化节”，作为庆祝中俄建交60周年的重要活动。

双方将鼓励两国的图书馆、博物馆和剧院之间建立直接联系并开展合作，加强两国优秀艺术团体和文艺工作者的交流合作，定期举办文化节、文化日等活动。

双方将继续深化卫生领域合作，重点加强传染病防治、疗养医疗、灾害医学、传统医学和药品监管等领域的合作。

中方重申，坚定支持俄罗斯举办2014年索契冬奥会。双方将推动包括冬季项目在内的两国体育交流与合作，举办2009年第三届中俄青少年运动会。

双方高度评价两国在旅游领域的合作，愿全面落实该领域的双边协议和有关计划。

双方将完善媒体、电影、档案领域的合作机制，拓展合作领域，支持两国媒体广泛宣传中国“俄语年”和俄罗斯“汉语年”的各项活动。

四

双方认为，中俄总理第十三次定期会晤在友好、互谅与合作的气氛中进行，取得了重要成果。双方对会晤成果表示满意。

双方商定，中俄总理第十四次定期会晤将于2009年在中国举行，具体日期将通过外交途径另行商定。

中华人民共和国国务院总理 温家宝

俄罗斯联邦政府总理 弗·弗·普京

2008年10月28日于莫斯科

国务院总理温家宝在莫斯科会见俄罗斯联邦国家杜马主席格雷兹洛夫

温家宝积极评价中俄关系的良好发展。他说，中俄立法机构之间交往密切，俄杜马及各位议员为推动两国各领域务实合作做了大量工作，我们对此表示赞赏。不断深化中俄战略协作伙伴关系符合两国和两国人民的根本利益，是中国政府坚定不移的方针。中方愿同俄方一道，继续加强两国立法机构的交流与合作，为进一步促进中俄友好合作作出新贡献。

温家宝强调，中俄世代友好是两国人民作出的共同选择。我们要不断扩大两国民间交往，加强人文合作，使中俄友好事业代代相传。俄议员是民意的代表，希望你们为此发挥更大作用。

格雷兹洛夫说，俄罗斯国家杜马愿同中国全国人大进一步加强交往，积极推动两国在各领域的交流与合作，增进两国人民之间的相互了解和友谊。

国务院总理温家宝和俄罗斯总理普京在莫斯科共同出席第三届中俄经济工商界高峰论坛开幕式并致辞

第三届中俄经济工商界高峰论坛在莫斯科隆重开幕，中国国务院总理温家宝和俄罗斯总理普京共同出席并致辞。

国务院副总理王岐山、国务委员刘延东、俄副总理茹科夫等出席论坛开幕式。

中俄经济工商界高峰论坛由中国商务部和俄罗斯经济发展部共同主办。来自两国中央和地方政府、工商经济界人士400多人参加。除主论坛外，还同时举办中俄机电合作研讨会，中俄能源合作、金融合作、农业合作、基础设施合作、木材深加工合作分论坛，中俄地区合作圆桌会议，中俄科技与创新合作及成果产业化论坛等活动。

国务院总理温家宝在第三届中俄经济工商界高峰论坛开幕式上发表题为《携手开创中俄经贸合作新局面》的致辞

尊敬的普京总理，女士们，先生们，朋友们：

很高兴与老朋友普京总理共同出席第三届中俄经济工商界高峰论坛。"新局面、新水平"这个主题寓意深远，高度概括了中俄经贸关系面临的形势和任务。我衷心祝愿本届论坛取得圆满成功！

2008年是中俄关系继往开来、不断深化的一年，两国领导人就全面推进中俄战略协作伙伴关系达成高度共识，两国边界问题得到全面解决。中国抗震救灾和举办奥运，得到了俄罗斯的宝贵援助和支持。中国人民深切体会到，什么是好邻居、好朋友、好伙伴。中国政府和人民永远不会忘记俄罗斯政府和人民的友好情谊！

中俄两国都是对世界有重要影响的新兴经济体。双方加强经贸合作有利于推动两国关系全面发展，也有利于促进世界经济的繁荣和稳定。近年来，在两国政府和各界的共同努力下，中俄经贸领域合作取得了显著成效。

——贸易规模和质量不断提升。从1998年至2007年的十年间，中俄贸易额增长近10倍，今年将突破500亿美元，双方确定的到2010年贸易额达到600亿至800亿美元的目标能够达到。在贸易总量增长的同时，贸易结构也得到改善。俄对华机电产品出口连续两年保持恢复性增长，双方在直升机、冶金、机械等领域将启动一批具有示范意义的新项目，双边经贸合作已进入规模与质量同步提升的新阶段。

——能源和资源合作步伐不断加快。中国稳定巨大的市场需求，为俄罗斯实施能源出口多元化战略提供了广阔的空间。中俄能源谈判机制的建立，推动两国油气、核能、电力等领域的合作步入了快车道，中俄原油管道、上下游一体化、建造示范快堆等重点项目取得明显进展。中俄林业合作、矿产开发和精深加工合作也取得积极成果。

——高科技领域合作进程不断深入。中俄双方在载人航天、火星探测、信息通信、节能环保等领域开展了卓有成效的合作，对两国推动产业升级、发展创新型经济发挥了积极作用。双方正通过建立研发基地和产业示范基地等方式，在纳米科技、生命系统、资源利用等优先领域，开展基础研究、应用研究、成果转化及产业化的全方位合作。

——企业互利合作成果不断增多。目前，双方累计相互投资规模已超过20亿美元，田湾核电站、"波罗的海明珠"、莫斯科中国贸易中心等大型合作项目运营良好，企业间合作积极性日益提高。俄罗斯的消费者越来越多地选择中国的通信设备、家电等产品，俄罗斯铝业集团、系统集团和石油公司均已在华建成或计划投资建设大型项目。《中俄投资合作规划纲要》的编制进展顺利。

女士们、先生们、朋友们！

当前，全球金融剧烈动荡，世界经济面临空前严峻的考验。我多次讲过，在这场危机面前，信心与合作比黄金和货币更重要，信心是战胜危机的力量源泉，合作是战胜危机的有效途径。过去几十年，世界经济在历经风雨中实现新的发展，靠的就是信心和合作。现在，为了稳定全球金融市场，发达国家应该承担起应尽的责任和义务，实施更加有效的稳定自身和全球金融市场的政策；其他国家应采取合理的宏观经济政策，保持经济稳定、金融稳定、资本市场稳定；国际社会共同促进世界经济增长,尤其要关注和尽量减少这场危机对发展中国家特别是最不发达国家造成的严重损害。中国作为拥有13亿人口的发展中大国,保持经济平稳较快发展,就是对世界经济的最大贡献。中国将继续以负责任的态度发挥积极作用,与国际社会共同应对金融危机等全球性挑战。

中国有句寓言:“亡羊补牢,犹未晚矣。”从这个意义上讲,要认真总结这场危机的教训,正确处理储蓄与消费的关系,虚拟经济与实体经济的关系,金融创新与金融监管的关系。要建立国际金融新秩序。这是当务之急,也是有利时机。一要完善国际金融组织体系,积极发挥其在维护国际和地区金融稳定、加强金融监管等方面的作用,提升新兴国家及发展中国家的知情权、话语权和规则制定权;二要改革国际金融监管体系,制定合理有效的金融监管标准、预警系统和风险防范体系,特别要加强对主要储备货币国的监管;三要加快推进多元化国际货币体系建设,努力发挥多种货币的作用,共同支撑国际货币体系的稳定。

借此机会,我想向在座各位介绍一下当前中国的经济形势。今年对中国来说是极不平凡的一年。我们妥善应对特大自然灾害和国际经济金融形势急剧变化的严峻挑战,及时果断地实施灵活审慎的宏观经济政策,采取了一系列政策措施,正在收到积极成效。国民经济保持平稳较快发展,金融体系健康稳定,物价总水平涨幅得到控制,就业持续增加,粮食连续五年增产,调整经济结构和节能减排取得新进展,改革开放继续深化,以改善民生为重点的社会建设进一步加强。总体上看,我国经济发展的基本态势是好的。同时,我们也看到,我国经济运行中还存在一些体制性、结构性矛盾,国际金融危机和全球经济下滑也对中国经济造成一定程度的冲击,但我国经济发展具有抵御风险的能力和强劲活力,我们对中国经济发展和金融稳定充满信心。

女士们、先生们、朋友们!

中俄战略协作伙伴关系最独特、最重要、也最牢固。深化中俄之间政治合作、经贸合作、科技合作、人文合作、安全合作,不仅对维护中俄两国切身利益至关重要,而且对维护欧亚地区乃至整个世界的和平与稳定都具有重大意义。在当前国际时局加快演变、中俄经济加速发展的新形势下,双方更有必要携手推动两国关系特别是经贸合作开创新局面、迈上新水平。为此,我提出以下建议:

第一,深化能源和资源合作。加强中俄能源资源领域的长期战略合作,既有利于两国经济发展,也有利于维护国际市场稳定。双方应充分发挥各自优势,照顾彼此利益关切,推动合作由资源贸易型向精深加工型转变,带动油气、核电、森林、矿产等资源设备和技术等领域合作,并在煤炭资源利用、新能源、节能环保等领域发掘培育新项目,提高两国能源资源合作的整体水平。

第二,深化贸易和技术合作。加快推进中俄贸易取得速度与质量同步协调发展,实现贸易结构优化升级符合我们的长远利益。为此,应努力扩大机电和高科技产品在双边贸易中的比重,积极推进双方在航空航天、信息通信、纳米技术、新材料等领域的联合研发和技术转化合作。中方欢迎俄罗斯企业有竞争力的产品和技术进入中国市场,并将为此提供支持和便利。中俄两国机电商会可以发挥更加积极的促进作用。

第三,深化金融和投资合作。在当前国际金融市场剧烈动荡的背景下,两国加强金融领域的战略协作尤为重要。双方应进一步加强信息交流与合作,共同探讨应对全球金融危机的政策措施,及时进行宏观经济政策的沟通,共同为改善和健全国际金融体系贡献力量。继续推动两国银行互设分支机构,扩展两国银行间授信和融资合作。同时,加快签订和实施《中俄投资合作规划纲要》,为有序推进双边重点领域投资合作做好项目安排和政策指导,并在完善市场法制建设、规范合作秩序、保护投资者合法权益方面继续加强合作。

第四,深化地方和毗邻地区合作。中俄两国共同边界长,友好省州和城市多,双方应加强文化、教育、科技、旅游等多方面的交流,进一步增进两国人民的相互了解与传统友谊。特别应加强中国振兴东北老工业基地和俄罗斯开发远东地区的政策协调和统筹规划,加快跨境交通基础设施建设,推进跨境水资源利用和保护合作,积极探讨发展现代物流和建立边境经济合作区等新的合作模式,共同把两国漫长的边界线真正变成连接两国人民友谊的最牢固纽带。

第五,深化国际经济事务中的合作。为了应对经济全球化带来的机遇与挑战,中俄两国需要在推动建立国际经济贸易规则、打破贸易保护主义、参与区域经济一体化等方面紧密合作。我愿再次重申,中国政府坚定支持俄罗斯加入世界贸易组织,坚决反对将俄入世问题政治化,俄罗斯有能力也有条件为多边贸易体制作出贡献。

女士们、先生们、朋友们!

今年是中国改革开放30周年。30年来,中国经济社会各领域都发生了举世瞩目的巨大变化,人民群众生活水平实现了从温饱不足到总体小康的历史性转变,我们走出了一条中国特色社会主义的道路。在加快建设富强民主文明和谐的现代化国家进程中,中国将坚定不移地推进改革开放。我们将继续深化经济体制改革、政治体制改革和其他方面改革,不断解放和发展社会生产力，促进社会和谐进步；我们将进一步拓展对外开放的深度和广度，不断学习和借鉴人类创造的一切优秀文明成果。今天在座各位都是中俄经济工商界的领军人物，两国领导人达成的共识需要企业的有力行动和积极参与。我深信，只要大家把握机遇，精诚合作，中俄经贸合作一定能够迎来一个崭新的局面。

谢谢大家！

国家副主席习近平出席在北京召开的全国党校工作会议并作工作报告

10月26日至28日，全国党校工作会议在北京召开。会议期间，胡锦涛总书记同与会代表座谈并作了重要讲话。会议高举中国特色社会主义伟大旗帜，以邓小平理论和"三个代表"重要思想为指导，深入贯彻落实科学发展观，学习贯彻《中国共产党党校工作条例》，总结改革开放30年来党校工作经验，对当前和今后一个时期的党校工作进行了研究部署。习近平强调，经过改革开放30年的发展和进步，党校事业作为中国特色社会主义伟大事业和党的建设新的伟大工程的重要组成部分，已站在一个新的历史起点上。各级党委和党校要认清形势、增强信心，认真贯彻《中国共产党党校工作条例》和全国党校工作会议精神，再接再厉、扎实工作，努力开创党校工作新局面。

中共中央政治局常委、中央纪委书记贺国强出席会议。

习近平指出，改革开放30年来，各级党校坚持以党的基本理论、基本路线为指导，认真落实党中央关于党校工作一系列重要指示精神，在全党理论武装和干部教育培训工作中发挥了重要作用，为推进干部队伍革命化、年轻化、知识化、专业化，建设和发展中国特色社会主义作出了重大贡献。30年党校办学的宝贵经验启示我们，党校教育必须适应党和国家工作大局的要求，促进党的中心任务的落实；必须适应党的干部教育的要求，促进领导干部素质和能力的提高；必须适应党的理论建设的要求，促进理论创新和实践创新。

习近平指出，开创党校工作新局面，必须完善教学布局，坚持以学习邓小平理论、"三个代表"重要思想以及科学发展观为中心，着眼于提高党员领导干部的领导素质和执政能力，以掌握理论创新的最新成果为重点夯实学员的理论基础，以把握时代特征和国际经济政治形势为重点拓展学员的世界眼光，以强化大局意识和应对复杂局面为重点培养学员的战略思维，以坚定理想信念、增强宗旨观念和改进作风为重点增强学员的党性修养。各级党校要紧紧扭住理论教育这个龙头，以理论教育引领和带动党性教育和知识教育，使学员通过党校教育培训坚定理想信念，保持优良作风，掌握过硬本领。

习近平指出，开创党校工作新局面，必须推进理论研究和理论创新。要把中国特色社会主义理论体系的研究提到党校科研工作的中心位置，围绕党的十七大提出的重大理论观点、重大战略思想、重大战略部署，继续解放思想、大胆探索，不断深化对改革开放和社会主义现代化建设中一些全局性、前瞻性和战略性问题的研究，深化对共产党执政规律、社会主义建设规律、人类社会发展规律的研究，努力形成一批高质量的科研成果。

习近平指出，开创党校工作新局面，必须更好地实施人才强校战略，切实抓好党校人才的培养、吸引、使用和激励工作。要注重人才素质的全面发展，形成合理的人才结构，在年龄上体现老、中、青的优化配置，特别要注重培养拔尖人才和学科领军人才。要大力推进党校内部组织人事制度改革，进一步形成民主、公开、竞争、择优的选人用人机制。

习近平强调，开创党校工作新局面，必须始终坚持党校姓党的原则，在思想上政治上行动上同以胡锦涛同志为总书记的党中央保持高度一致，始终高举中国特色社会主义伟大旗帜，毫不动摇地坚持中国特色社会主义道路，毫不动摇地坚持中国特色社会主义理论体系，并体现到党校教学、科研、管理、队伍建设、学风建设等各方面工作之中。要坚持从严治校的方针，严格对学员的管理，加强学风建设，严肃党校纪律，严格执行党校内部的各项管理制度，进一步提高党校管理水平。

中共中央政治局委员、中央书记处书记、中央组织部部长李源潮就贯彻落实会议精神提出要求。

中共中央书记处书记、中央办公厅主任令计划，中共中央书记处书记、中央政策研究室主任王沪宁出席会议。

中央党的建设工作领导小组成员，各省区市和副省级城市党委党校校长、常务副校长，中央和国家机关有关部委、解放军总政治部和武警总部等负责同志出席会议。

国家副主席习近平到浙江调研

10月28日至31日，习近平在浙江省委书记赵洪祝、省长吕祖善等陪同下，先后到嘉兴、宁波、绍兴、杭州等地，深入农村、企业、科研单位、专业市场等进行调研。在杭州湾跨海大桥这座世界上最长跨海大桥上，他详细询问了通车后的交通安全、车辆分流、桥下通航情况以及大桥的投资运营和对上海、宁波、嘉兴等地的经济拉动情况，充分肯定各参建单位和广大建设者尊重人才、精心组织、科学施工，建设了世界一流大桥。

他勉励大桥管理人员坚持科学管理、服务至上，努力使大桥发挥最大的经济社会效益，为推动区域协调发展作出更大贡献。习近平强调，要全面贯彻党的十七大和十七届三中全会精神，正确认识当前国际国内形势，把握机遇，应对挑战，以学习实践科学发展观为动力，扎实推进当前改革发展各项工作，努力实现全年经济社会发展目标。

习近平十分关心在国际经济出现新变化的形势下我国沿海经济发展情况特别是中小企业经营状况。他深入绍兴中国轻纺城东升路市场、浙江省现代纺织工业研究院等单位，向企业职工、管理人员和科研人员详细询问有关情况，探讨应对之策。他强调，要密切关注国际经济环境变化特别是潜在的各类重大风险因素，切实化不利为有利、变挑战为机遇，推动经济发展方式加快转变，推动产业结构优化升级和调整，保持经济持续平稳较快发展。他对浙江的领导同志说，浙江的中小企业占到浙江经济的"半壁江山"，促进中小企业发展对浙江活跃经济、解决就业、改善民生至关重要。要采取多种措施帮助中小企业解决生产经营困难，引导和推动企业在经营条件趋紧的环境下进行自我调整，进一步提高自主创新能力，提高产品质量和市场竞争力。

习近平对贯彻落实党的十七届三中全会精神的情况进行了调研。他先后来到杭州市丁桥镇沿山村和皋城村，与农村基层干部和农民群众亲切交谈。他指出，要按照党的十七届三中全会的部署和要求，采取一切有利于农村改革发展的措施，努力在加强农村制度建设、建立以工促农以城带乡长效机制上取得新进展，在发展现代农业、搞活农村经济上取得新成效，在优化农村发展环境、解决制约农村改革发展的突出矛盾和问题上取得新突破，在发展农村公共事业、健全农村社会管理上取得新跨越。

调研期间，习近平听取了浙江省委、省政府的工作汇报，在浙江党政干部座谈会上发表讲话，对浙江近年来经济社会发展取得的新成绩给予充分肯定。他要求浙江第一批开展深入学习实践科学发展观活动的单位加强组织领导和检查指导，把中央要求与本单位实际更好地结合和统一起来，把工作推进与总结提高更好地结合和统一起来，把开展学习实践活动与做好当前各项工作更好地结合和统一起来，确保活动取得实实在在的成效。

中央纪委书记贺国强到湖北调研

10月28日至31日，贺国强在湖北省委书记罗清泉、省长李鸿忠等陪同下，先后来到咸宁、武汉等地，深入工厂企业、田间地头、农户家中和基层党组织，实地了解企业改革发展、农业生产、农技服务和农村党风廉政建设等情况，看望慰问基层干部群众，听取他们的意见和建议。

考察期间，贺国强听取了湖北省委、省政府和省纪委的工作汇报，对近年来全省经济社会发展和党风廉政建设取得的成绩给予充分肯定。他强调，农村党风廉政建设事关农村改革发展全局，各级党委、政府一定要切实加强领导，注意发挥好县(市)和乡镇党委、政府的作用。纪检监察机关要认真开展对中央关于农村改革发展决策部署和强农惠农政策措施贯彻落实情况的监督检查，坚决纠正损害农民利益的突出问题，严肃查处涉农违纪违法案件，加强农村党员干部作风建设，建立、健全农村党风廉政建设长效机制，为农村改革发展提供有力政治保证。

考察期间，贺国强还到湖北省纪委监察厅，亲切看望了机关干部。

国务院副总理张德江到江苏调研

10月28日至11月1日，张德江到江苏省就中小企业发展问题进行专题调研，先后考察了苏州、无锡、常州、南京等地的部分国有企业、非公有制企业、三资企业，分别主持召开三个座谈会，深入了解情况和听取意见建议。张德江充分肯定了江苏省中小企业发展取得的成绩，并指出，中小企业在经济社会发展中具有十分重要的地位和作用，重视发展中小企业是我国的一项长期战略。改革开放以来特别是近年来，我国中小企业发展迅速，已经成为经济增长的推动力、扩大就业的主渠道、技术创新的生力军，在改革开放和经济社会发展中发挥着越来越重要的作用。

张德江强调要认真落实党的十七大和十七届三中全会精神，深入贯彻落实科学发展观，全面分析和正确判断当前经济形势，坚定信心，迎难而上，着力转变经济发展方式，加快推进经济结构调整，继续推动改革创新，采取积极应对措施，加大扶持力度，促进中小企业持续健康发展。

张德江说，今年以来，我国中小企业总体上保持平稳发展态势，但当前也有部分中小企业受国际经济形势变化等因素影响，生产经营面临困难和问题。要增强忧患意识，做好应对困难的各项工作，又要看到有利条件和积极因素，坚定信心，迎难而上，积极进取，扎实工作，促进中小企业持续健康发展。

张德江强调，当前，要大力推进区域经济结构、产业结构、产品结构和企业组织结构调整，加快转变发展方式，努力提高发展质量。要大力推进体制创新、技术创新、产品创新和管理创新，增强企业活力，提高竞争力和抗风险能力。要认真落实中央的各项方针政策，努力保持龙头企业、骨干企业和劳动密集型企业稳定健康发展。要千方百计稳定就业、扩大就业，加快完善社会保障体系，保障劳动者合法权益，切实维护企业和社会稳定。

张德江要求，各地区、各部门要密切关注工业经济运行和中小企业发展情况，切实采取扶持措施，加强和改善对中小企业的服务，帮助中小企业解决生产经营中的困难和问题。中小企业要把"创新、质量、品牌、信誉"作为企业生存和发展的生命线，全面提高企业素质，加强技术改造，增强企业发展能力，促进企业发展壮大。

江苏省委书记梁保华、省长罗志军，工业和信息化部部长李毅中等有关部门负责同志陪同调研。

中国妇女第十次全国代表大会主席团在北京举行第二次会议

会议听取了中华全国妇女联合会章程修正案(草案)的说明和中华全国妇女联合会第十届执行委员会组成情况的说明，审议了中华全国妇女联合会章程修正案(草案)、中华全国妇女联合会第九届执委会报告决议(草案)、中华全国妇女联合会章程修正案决议(草案)和中国妇女第十次全国代表大会选举办法(草案)，通过了中华全国妇女联合会第十届执行委员会委员候选人建议名单。

主席团会议同意将以上文件提交中国妇女第十次全国代表大会全体代表酝酿讨论。

会议由大会主席团常务主席顾秀莲主持。

第五届世界华人论坛在北京举行

全国人大常委会副委员长严隽琪在北京会见以日本全国市长会会长佐竹敬久为团长的第十一次日本市长代表团一行

全国人大常委会副委员长蒋树声在北京会见哥斯达黎加立法大会外委会代表团

中联部部长王家瑞在北京会见以朝鲜劳动党中央行政部副部长李胜虎为团长的朝鲜劳动党友好考察团

中联部部长王家瑞在北京会见尼日利亚前总统奥巴桑乔

"2008 中国国际版权博览会"在北京召开

由国家版权局和世界知识产权组织主办、中国新闻出版报和北京国际版权交易中心承办的"2008 国际版权论坛"于10月27日至28日在京举行。本届论坛主题是："版权创造财富"。在论坛上还将举行"世界知识产权组织——创意金奖颁奖活动"。首次举办的"2008 中国国际版权博览会"，将从文化创意产业链的创作、生产、流通、消费的全过程着眼，搭建一个国际版权贸易平台。它将是国内版权产业唯一的一个国家级行业盛会。

中国青少年研究中心在北京发布《中国未成年人权益状况报告》

《中国未成年人权益状况报告》显示，改革开放30年来，尤其是1991年《中华人民共和国未成年人保护法》颁布以来，我国未成年人的各项权利得到进一步实现。

报告指出，我国的未成年人约有3.41亿，其心理健康问题日益受到重视。调查显示，全国34.0%的中小学将心理健康教育课列为必修课，7.5%的学校配备了心理咨询室。多数未成年人心理健康状况较好，其中17.2%心理健康状况"好"，66.6%处于"良好"水平。另外，有13.8%心理健康状况"较差"，2.3%心理健康状况"差"。

中国青少年研究中心孙云晓研究员认为，在社会处于转型期的大背景下，造成未成年心理问题的原因比较复杂，主要有学业负担过重，父母教育方法失当，未成年人患有社交恐惧症等。

亚洲宗教和平会议第七届大会在马尼拉闭幕中国佛教协会会长一诚当选"亚宗和"联合主席

会议通过了第七届大会宣言，并选举产生了"亚宗和"新一届领导层。中国宗教界和平委员会(简称"中宗和")副主席、中国佛教协会会长一诚当选"亚宗和"联合主席。

大会还选举产生了新一届"亚宗和"管理委员会和执行委员会成员，来自"中宗和"的丁光训(基督教)、一诚(佛教)、刘柏年(天主教)、任法融(道教)、余振贵(伊斯兰教)、学诚(佛教)、刀述仁(佛教)成为"亚宗和"新一届管理委员会成员，余振贵、刘柏年、刀述仁、任法融等5人担任"亚宗和"新一届执行委员会成员。

10月29日

国家主席胡锦涛就巴基斯坦俾路支省发生强烈地震造成重大人员伤亡和财产损失向巴基斯坦总统扎尔达里致慰问电

中共中央总书记胡锦涛到陕西省安塞县调研和指导深入学习实践科学发展观活动

10月29日至31日，胡锦涛总书记在陕西省委书记赵乐际和省长袁纯清等陪同下专程来到安塞县，对这里开展深入学习实践科学发展观活动进行调研和指导。在安塞县的几天里，胡锦涛认真听取县里开展学习实践活动进展情况的汇报，深入乡村和县直单位实地考察，还召开党员干部会议就推进学习实践活动提出重要指导意见。总书记的到来，使安塞县广大干部群众群情振奋，进一步坚定了走科学发展道路的信心和决心。

胡锦涛总书记召开安塞县深入学习实践科学发展观活动党员干部会议。安塞县委书记雷鸣雄、真武洞镇党委书记吴塞平、县财政局局长李钟元、县蔬菜局局长高功斌分别就开展学习实践活动的初步经验和体会作了发言。

4位同志发言后，总书记结合在安塞调研的情况，发表了重要讲话。他充分肯定了前一段安塞县开展学习实践活动取得的成效，重点围绕党员干部受教育、科学发展上水平、人民群众得实惠的总要求，对下一步的学习实践活动提出了明确要求：

——进一步深化对开展学习实践活动重大意义的认识，切实增强责任感和使命感；

——正确把握中央关于开展学习实践活动的总体要求，努力使学习实践活动取得实效；

——认真做好分析检查阶段各项工作，推动学习实践活动深入开展。

总书记的重要讲话，为安塞县在科学发展道路上迈出更加坚实的步伐指明了方向。县委礼堂里，一次次响起热烈的掌声。

国务院总理温家宝在莫斯科接受俄罗斯媒体采访

温家宝总理接受了俄罗斯俄通社—塔斯社副社长库奇科和国际文传电讯社第一副社长阿卜杜林的联合采访，就发展中俄战略协作伙伴关系、深化两国务实合作、中国的经济发展状况和发展战略，以及国际金融危机问题回答了提问。采访全文如下：

温家宝：很高兴接受你们的采访，本来安排的是书面采访，但面对面的交流更诚恳、更真切。在我结束对俄罗斯的正式访问和第十三次中俄总理定期会晤之际接受你们采访，很有意义。首先，请两家通讯社转达我对俄罗斯人民的问候。用一句我昨天与俄罗斯友好人士座谈时说的话，“中俄永远是朋友！”

库奇科：温总理，衷心感谢你在百忙之中接受我们采访，也非常感谢你理解中国领导人同俄罗斯媒体交流对于向俄罗斯民众传递友好信息的重要意义，下面我提第一个问题。

你如何评价中俄两国合作的现状，双方将采取哪些措施将中俄战略协作伙伴关系提升到更高水平？

温家宝：中俄两国建立战略协作伙伴关系已经12年了，12年来，双方从战略高度和长远角度看待和处理两国关系。取得一系列重大成果：通过友好协商彻底解决了历史遗留的边界问题；签署了《中俄睦邻友好合作条约》，确立了世代友好的和平思想，双方在涉及对方核心利益和重大关切的问题上相互理解和支持，在国际和地区问题上保持密切沟通协作；两国贸易迅速发展，12年以前，双边贸易额不足100亿美元，今年有望突破500亿美元。我们有把握实现到2010年达到600亿至800亿美元的目标。两国人文交往日益密切，人民之间友谊不断加深。2006年和2007年中俄互办“国家年”。这次“国家年”是一种独创的形式，极大地增进了两国人民的相互了解和友谊。这些都表明，目前中俄关系正处在历史上最好的时期。

我用新局面、新时期来概括中俄关系发展的前景。第一，中俄合作基础牢固。这个基础就是战略互信。双方在战略上有相同或相近的看法，在重大国际和地区问题上有共同利益，可以加强合作。正是有了这样坚实的基础，中俄关系才会稳步前进，这是最重要的。第二，中俄合作是全方位的，涵盖政治、经济、文化、军事、人文各个领域；既包括官方，也包括民间。第三，中俄合作是互利共赢的。中俄合作符合两国和两国人民的根本利益，也有利于亚太地区、欧亚地区乃至整个世界。

阿卜杜林：两国经贸合作是双边关系重要组成部分，这次访问期间，两国能源合作，包括石油管道方面取得哪些成果？

温家宝：中俄经贸合作是全方位和宽领域的，包括能源、高科技、金融合作。能源合作也不是单一的油气合作，还包括电力合作和新能源合作。油气合作是中俄经贸合作的重要组成部分，两国合作一直良好。本次两国总理定期会晤在这方面取得了突破性进展。双方签署了一个谅解备忘录。它包括了中俄油气合作的全部内容。管道建设在两国领导人的直接关心下，经过友好磋商，这次也最终敲定下来，即专门修建一条从俄罗斯西伯利亚通往中国的管道。这项合作不仅带动了两国石油贸易，也带动了石油加工上下游合作，是全面的，必将促进两国经贸合作进一步发展。

应该指出，中俄能源合作立足长远，不是一时的。中俄能源合作是全面的，不仅包括能源贸易，还包括新能源开发和先进技术运用；不仅包括能源开发，还包括能源精深加工，以提高能源合作的附加值，这对两国都有益。

库奇科：最近发生的一系列事件说明，维护世界和平与稳定的机制十分脆弱。你认为应如何加强联合国及其他国际组织的作用，中国是否一如既往地支持多极化世界的理念？如何继续推动实现多极化进程？

温家宝：是的，目前世界不稳定的因素很多。我们需要一个什么样的世界？我以为，全世界人民需要一个和平、稳定、安全、和谐的世界。

要做到这一点，历史经验告诉我们，各国必须遵守《联合国宪章》和国际关系准则，必须充分发挥联合国及其他国际组织在国际事务中的作用。世界上的事情应该由各国人民商量着办。我想强调一点，当今世界，发展中国家占大多数，应当增加发展中国家的话语权。

世界同人类历史和大自然一样，是多样性的，不是只有一种模式。我们坚定地主张，世界应该是一个多元化的体系，具有多样的文化。这有利于世界的和平与发展，有利于世界人民。在这一点上，中国和俄罗斯有着共同的立场。

阿卜杜林：两国地方合作对双边关系发展具有重要意义，你认为应该采取哪些措施来进一步推动地方合作？

温家宝：中俄有着4300多公里漫长的共同边界线。加强两国地方之间的合作有着有利条件和巨大潜力。如果到中国的满洲里、黑河和俄罗斯的赤塔、布拉戈维申斯克看一看，你就会感到那里非常热闹，边贸交往已成为人民自发的需要。它不仅促进了双方经贸往来和地区的发展，而且增进了两国人民之间的相互了解和友谊。

在这种情况下，两国政府应该做什么？我认为有三点：

第一，要为两国地区合作创造良好的条件，最重要的是加强地区之间特别是口岸的基础设施建设，包括道路、桥梁。

第二，要建立一个公正合理、符合两国人民利益的贸易秩序，规范贸易规则，公平交易，打击走私等非法活动，保护投资者合法权益，维护贸易和投资正常进行，使边贸能够长期有序发展。

第三，要把两国地区发展战略紧密结合起来，俄罗斯有开发远东地区战略，中国有振兴东北老工业基地战略。这两个地区是毗邻的，在实现各自的战略中，双方可以加强交流、沟通与合作。在合作中难免会出现这样或那样的问题，只要双方本着友好协商的原则，通过正常的渠道，这些问题都不难解决。我希望两国地方合作越搞越红火。

库奇科：北京成功地举办了奥运会，有力地证明了中国在国际上享有崇高威望。能够承办大型的国际活动，这是否证明了中国新的国际地位：从发展中国家变成世界政治经济强国。你如何给中国在世界上的政治、经济角色定位？

温家宝：举办北京奥运会是中国人民的百年梦想。这使我想起100年前中国著名教育家张伯苓先生的两句话。张伯苓先生是天津人，和我同乡，也是同村。他的一句话是，强其国必强其志，强其志必强其力，强其力必强其身。他把体育摆到了人的全面发展的重要位置。他的另一句话是，什么时候中国人能参加奥运会？什么时候中国人能在奥运会上夺得金牌？什么时候中国人能举办奥运会？

这在当时确实是梦想。但是今天我们实现了。中国经历了百年沧桑。100多年来，中国人民遭受了战争和苦难，建立了新中国，特别是改革开放30年使中国发生了翻天覆地的变化，经济发展了，社会发展了，我们有能力举办奥运会。中国人民欢欣鼓舞。它证明，只要中国人民努力奋斗，就一定能够跻身于世界先进国家之列。

我们成功举办奥运会，值得全国人民自豪。但是中国领导人和中国人民始终保持清醒的头脑。中国还是一个发展中国家，我们在经济发展过程中还存在结构性的问题：收入不平衡、地区不平衡、城乡不平衡、经济与社会发展不平衡。就经济总量而言，中国已经位居世界前列。但中国是一个有13亿人口的大国，人均国内生产总值还排在世界第100位之后。要实现富强、民主、文明、和谐的现代化目标，我们还要付出巨大的努力，还有很长的路要走，需要几代人，甚至十几代人的不懈努力，需要上百年的时间。到那时，中国会对世界和平与人类进步事业作出更大贡献。我们没有任何骄傲自满的理由，我们需要更加兢兢业业、艰苦奋斗。因此我们必须走中国特色社会主义道路，坚持改革开放，坚持走和平发展的道路，坚持独立自主的和平外交政策。

我喜欢俄罗斯。我记得小时候最早读的俄罗斯作品是车尔尼雪夫斯基的《怎么办?》。他给我留下最深的印象就是，一个人宁肯吃苦而不叫苦。他为了锻炼自己的意志而睡在钉板上。后来我发现，列宁也写了一篇文章，同样叫《怎么办?》，当然内容不同。

阿卜杜林：第三季度中国经济发展指标表明，通货膨胀水平趋于下降。我们知道，在年中的时候，中国领导人还对通货膨胀问题有所担忧。贵国如何控制通货膨胀？国际金融危机会对中国产生什么影响，贵国会采取什么措施减少这一影响？另外，你在同俄领导人会谈的时候，双方是否就中俄协调立场和行动，共同应对这场金融危机交换了意见？

温家宝：年初我们确定今年经济发展目标和政策措施时，确实把抑制通货膨胀摆在重要位置。因为当时居民消费价格指数（CPI）上涨比较高，超过了8%。中国的CPI构成中，食品占较大比例。我们早就着手解决这个问题，那就是高度重视发展农业，巩固农业的基础地位，增加粮食生产，增加农民收入，确保农产品供应。

第一，我们免除了农业税和其他税费，结束了中国几千年来农民种田交税的历史。与此同时，我们还增加了农民的种粮补贴，提高了粮食的最低收购价格。

第二，我们加强了农业基础设施建设，特别是水利建设。国家出资，有计划、有步骤地治理病险水库，疏通渠道，提高农业防灾减灾能力。

第三，我们积极推广先进、适用的农业科学技术。实行良种良法、改土治水。最有名的是杂交水稻的推广和应用。它大大提高了粮食产量。

第四，我们大力发展农村社会事业。实行了九年免费义务教育，而且对贫困地区、贫困家庭的儿童还实行免除课本费和寄宿费。中国农村几乎全部实行了新型农村合作医疗制度，政府出资80%，农民出资20%，建立基金，解决农民看不起病、看病难问题。我们鼓励商品下乡，特别是对家电产品实行政府补贴，刺激农民消费。

我们还增加有效供给，抑制不合理需求，加强市场管理。正是由于采取了以上措施，通货膨胀逐月下降，今年8月，已经降至4.9%，9月份降至4.6%。预计后三个月还会继续下降。

同俄罗斯领导人沟通情况、协调立场，共同应对当前的国际金融危机是我这次访问的一个重点。我们不仅达成了广泛一致，还协调了立场，研究了合作措施。我们认为，在当前世界经济下滑形势下，进一步加强中俄经贸合作和金融合作既具有现实意义，也具有战略意义。

全国人大常委会在北京召开立法工作会议

中共中央政治局常委、全国人大常委会委员长吴邦国强调，要加强组织领导，建立、健全责任制，确保立法规划的顺利实施。

吴邦国指出，立法工作是全国人大及其常委会十分重要的一项工作，也是我们投入精力最多的工作之一。按照党的十七大精神，本届全国人大常委会组成后，就着手研究拟定五年立法规划。最近，党中央批准了这个规划，明确了本届立法工作的指导思想、基本原则和目标任务。

就如何做好十一届全国人大及其常委会的立法工作，吴邦国提出了三点要求：一要认真落实好立法规划。按照立法规划，本届的立法任务依然繁重。起草单位要高度重视立法工作，切实提高起草质量，做到立法项目的“任务、时间、组织、责任”四落实；有关专门委员会要提前介入法律案的起草，及时了解起草情况，督促起草工作，确保立法规划的顺利实施。

二要更好地发挥专门委员会作用。专门委员会要把主要精力放在提高法律草案的审议质量上，这是发挥专门委员会作用的重要途径，也是提高立法质量的重要环节。各专门委员会要抓住那些影响立法质量、社会关注的重大问题，加强调查研究，积极提出修改意见和建议。法律委员会要切实履行好统一审议法律草案的职责，认真研究吸收常委会组成人员和有关专门委员会的意见，共同把立法质量提高到一个新水平。

三要继续推进科学立法、民主立法。根据委员长会议的决定，常委会审议的法律草案，除了不宜公开的以外，原则上都要向社会公布，这是不断扩大公民有序参与立法的又一项重要举措。要认真倾听群众呼声，如实反映群众意见，充分吸收合理成分，对各方面意见比较集中的问题，还可以通过座谈会、论证会等形式进一步听取意见、集思广益。要加强法律草案审议过程的宣传报道，这既是我们主动接受人民群众监督、听取各方面意见的重要途径，也是引导社会舆论、凝聚各方共识的有效形式，还可以普及法律知识，使立法的过程成为普法的过程。

据了解，十一届全国人大常委会立法规划确定的立法项目共64件，其中本届任期内提请审议的法律草案49件，研究起草、条件成熟时安排审议的法律草案15件。

中共中央政治局委员、全国人大常委会副委员长王兆国出席会议并就贯彻实施立法规划、进一步做好立法工作提出明确要求。他指出，加强立法工作，必须从当前我国经济社会发展的内外环境和客观需要出发，适应新形势新任务新要求，正确认识和准确把握法制建设的方向和趋势。他说，实现全面建设小康社会目标的新要求，对立法工作提出了新任务；改革发展面临的新形势，对立法工作提出了新课题；人民群众民主法制意识和政治参与积极性日益提高，对立法工作提出了新要求；深入贯彻落实科学发展观，对立法工作提出了新的更高标准。

王兆国强调，加强立法工作，必须遵循坚持正确政治方向，坚持围绕中心、服务大局，坚持以人为本，坚持从我国国情和实际出发等重要原则。各单位、各部门、各地方要以高度的政治责任感，齐心协力，扎实工作，圆满完成立法规划确定的各项任务，为全面落实依法治国基本方略、加快建设社会主义法治国家提供完备的法制保障。

全国人大常委会副委员长兼秘书长李建国主持了会议，并就做好立法规划的组织实施工作提出三点意见：一要充分认识实施十一届全国人大常委会立法规划的重要意义；二要明确任务，强化责任，切实做好立法规划组织实施工作；三要加强和改进立法工作，采取切实有效措施,不断提高立法质量。

全国人大常委会法制工作委员会、国务院法制办公室、中央军委法制局的负责同志就贯彻实施好立法规划作了发言。全国人大常委会副秘书长,全国人大专门委员会、全国人大常委会工作委员会负责人,国务院有关部门、最高人民法院、最高人民检察院和各省、自治区、直辖市人大常委会等有关方面负责人出席了会议。

人民政协与信息化建设高级研讨会在北京开幕

中共中央政治局常委、全国政协主席贾庆林在研讨会开幕前会见了出席会议的代表。

中共中央政治局委员、全国政协副主席王刚出席研讨会并讲话。

王刚指出,要进一步增强做好人民政协信息化工作的责任感,准确把握人民政协信息化的职能定位,不断提高服务社会公众、政协委员和政协机关的水平。要积极服务于广大人民群众,引导社会公众关心、理解和支持人民政协工作,努力为人民政协事业发展营造良好的舆论氛围。要积极探索政协委员利用信息网络技术履行职责的新方式,搭建人民政协的信息网络平台,提供便捷畅通的信息化手段,为政协参加单位和政协委员履行职责、发挥作用创造良好条件。要强化机关办公自动化的物质技术保障,加大机关工作人员信息化知识和技能的培训力度,提高政协机关的工作质量和效率。要加强对人民政协信息化建设的组织领导,加大工作协调力度,解决面临的突出困难和问题,不断开创新形势下人民政协信息化工作的新局面。

全国政协副主席兼秘书长钱运录主持开幕式。来自全国各省、自治区、直辖市及副省级市政协负责信息化工作的同志和专家学者一百余人出席研讨会。

全国政协主席贾庆林在钓鱼台国宾馆会见出席“第五届世界华人论坛”的代表

贾庆林对“第五届世界华人论坛”的举办表示祝贺。他说,本届论坛以“海外华侨华人高端人才与建设创新型国家”为主题,很有意义,大家围绕论坛主题,进行了广泛深入的研讨,发表了许多宝贵的意见和建议。

贾庆林指出,海外华侨华人中拥有一大批高层次的著名专家学者和科技创新领域的实业家,是中国发展的独特优势和宝贵财富,完全可以在中国建设创新型国家的进程中发挥重要作用。贾庆林希望大家积极投身科技前沿领域,刻苦钻研,勇于进取,力争在各自的专业领域有更大建树,在世界科学技术的殿堂留下更多华人科学家的英姿,为推动世界科技进步作出更大贡献;多做牵线搭桥的工作,积极协助引进资金、技术、人才和管理经验,促进中国对外经济、科技、文化等领域的交流与合作,为增进中国人民和住在国人民的友谊与感情作出更大贡献;继续关心和支持中国建设创新型国家,通过各种途径和方式参与中国有关重大科研项目的研发和攻关,围绕中国科技、经济和社会发展中的重大问题建言献策,为推进中国的改革开放和现代化建设作出更大贡献。

中国妇女十大主席团在北京举行第三次全体会议

会议通过了中国妇女第十次全国代表大会选举办法(草案),通过了监票人建议名单,指定了总监票人。

根据会议通过的选举办法(草案),中华全国妇女联合会第十届执行委员会组成人员应选名额255名,按照5%的差额比例,提名268名,进行差额选举,差额数13名。大会选举将采用无记名投票方式。

会议由主席团常务主席顾秀莲主持。

中宣部等六部委在人民大会堂联合举办深入学习贯彻党的十七届三中全会精神报告会

中共中央宣传部、中央直属机关工委、中央国家机关工委、教育部、解放军总政治部、中共北京市委在人民大会堂联合举办报告会,深入学习贯彻党的十七届三中全会精神。中共中央政治局委员、国务院副总理回良玉作了专题报告,强调深入学习、广泛宣传、全面贯彻、认真落实党的十七届三中全会精神,真正把认识和行动统一到中央加强“三农”工作的决策部署上来,珍惜和巩固农业农村来之不易的好形势,不断开创农村改革发展新局面。

在京党政军机关司局级以上干部、中央企业负责人、首都高校负责人约3000人参加报告会。

国务院副总理回良玉在中宣部等六部委联合举办的报告会上作题为《新形势下推进农村改革发展的纲领性文件》专题报告(摘要)

党的十七届三中全会是在国际形势继续发生深刻变化、我国改革发展进入关键阶段召开的一次十分重要的会议。全会审议通过的《中共中央关于推进农村改革发展若干重大问题的决定》(以下简称全会《决定》),充分反映了中国共产党解决好“三农”问题的坚定信心,充分体现了全国各族人民特别是亿万农民群众的共同心愿,是新形势下推进农村改革发展的纲领性文件。

一、关于当前农村改革发展形势的基本判断

全会《决定》系统回顾了30年农村改革发展的光辉历程,全面总结了农村改革发展取得的“五大成就”、对全局的“四大贡献”和积累的“五条经验”，冷静剖析了农村改革发展面临的“四个问题”，明确作出了我国总体上“三个进入”的基本判断。

(一)农村改革发展的“五大成就”。一是农村体制改革取得重大突破，初步形成了适合我国国情和社会生产力发展要求的农村经济体制。二是农业综合生产能力显著提高，依靠自已力量稳定解决了13亿人口吃饭问题。三是农村经济全面繁荣，成功开辟了中国特色工业化、城镇化、农业现代化道路。四是农村社会事业加速发展，显著提高了广大农民思想道德素质、科学文化素质和健康素质。五是农村党的建设不断加强，有效夯实了党在农村的执政基础。

(二)农村改革发展对全局的“四大贡献”。一是为建立和完善我国社会主义初级阶段基本经济制度和社会主义市场经济体制进行了创造性探索。二是为实现人民生活从温饱不足到总体小康的历史性跨越、推进社会主义现代化作出了巨大贡献。三是为战胜各种困难和风险、保持社会大局稳定奠定了坚实基础。四是为成功开辟中国特色社会主义道路、形成中国特色社会主义理论体系积累了宝贵经验。

(三)农村改革发展积累的“五条经验”。一是坚持把解决好农业、农村、农民问题作为全党工作重中之重，这是我们党指导“三农”工作一以贯之的战略思想。二是坚持农业基础地位，这是经济发展、社会安定、国家安全的重要保证。三是坚持社会主义市场经济改革方向，这是激发农民积极性、搞活农村经济的动力源泉。四是坚持走中国特色农业现代化道路，这是发展现代农业、繁荣农村经济的基本方向。五是坚持保障农民物质利益和民主权利，这是农村工作必须始终遵循的基本准则。

(四)农村改革发展面临的“四个问题”。一是农村经济体制尚不完善，构建城乡经济社会发展一体化体制机制要求紧迫。二是农业发展方式依然粗放，保障国家粮食安全和主要农产品供求平衡压力增大。三是农村社会事业和公共服务水平较低，改变农村落后面貌任务艰巨。四是农村社会利益格局深刻变化，加强农村民主法制建设、基层组织建设、社会管理任务繁重。全会《决定》鲜明地指出，农业基础仍然薄弱，最需要加强；农村发展仍然滞后，最需要扶持；农民增收仍然困难，最需要加快。这充分表明了新形势下推进农村改革发展的艰巨性和繁重性，再次警示我们务必保持清醒头脑，切实增强忧患意识，毫不松懈地推进农村改革发展。

(五)我国总体上“三个进入”的基本判断。我国总体上已进入以工促农、以城带乡的发展阶段，进入加快改造传统农业、走中国特色农业现代化道路的关键时刻，进入着力破除城乡二元结构、形成城乡经济社会发展一体化新格局的重要时期。“三个进入”的基本判断，是对我国当前发展阶段性特征的准确把握，是我们今后制定强农惠农政策的重要基点、建立、健全统筹城乡制度的基本依据。

二、关于推进农村改革发展的指导思想、目标任务、重大原则

全会《决定》从中国特色社会主义事业总体布局和全面建设小康社会战略全局出发，全面阐述了新形势下推进农村改革发展的指导思想、目标任务和重大原则。

(一)指导思想。全会《决定》提出，要全面贯彻党的十七大精神，高举中国特色社会主义伟大旗帜，以邓小平理论和“三个代表”重要思想为指导，深入贯彻落实科学发展观，把建设社会主义新农村作为战略任务，把走中国特色农业现代化道路作为基本方向，把加快形成城乡经济社会发展一体化新格局作为根本要求，坚持工业反哺农业、城市支持农村和多予少取放活方针，创新体制机制，加强农业基础，增加农民收入，保障农民权益，促进农村和谐，充分调动广大农民的积极性、主动性、创造性，推动农村经济社会又好又快发展。这个指导思想，把建设社会主义新农村、走中国特色农业现代化道路、加快形成城乡经济社会发展一体化新格局三者有机联系在一起，并上升到“战略任务”、“基本方向”、“根本要求”的高度，完整阐述了推进农村改革发展“以什么为指导、围绕什么任务、沿着什么方向、按照什么要求、达到什么目标”等一系列重大问题，构成了今后推进农村改革发展的总体思路。

(二)目标任务。根据党的十七大提出的实现全面建设小康社会奋斗目标的新要求和建设社会主义新农村的部署，全会《决定》提出了到2020年农村体制改革、现代农业建设、增加农民收入、农村民主政治建设、繁荣农村文化、强化农村基本公共服务、加强农村生态文明建设的目标任务，既鼓舞人心、催人奋进，又符合实际、切实可行。其中，到2020年农民人均纯收入比2008年翻一番，要求今后12年年均增长5.95%(按不变价计算)，从近年实际情况看是积极稳妥的。当然，这是一个预期性、指导性指标，我们要力争在实践中超过这个指标。

(三)重大原则。全会《决定》提出，推进农村改革发展必须遵循5项重大原则，即“五个必须、五个始终”：一是必须巩固和加强农业基础地位，始终把解决好十几亿人口吃饭问题作为治国安邦的头等大事。二是必须切实保障农民权益，始终把实现好、维护好、发展好广大农民根本利益作为农村一切工作的出发点和落脚点。三是必须不断解放和发展农村社会生产力，

始终把改革创新作为农村发展的根本动力。四是必须统筹城乡经济社会发展,始终把着力构建新型工农、城乡关系作为加快推进现代化的重大战略。五是必须坚持党管农村工作,始终把加强和改善党对农村工作的领导作为推进农村改革发展的政治保证。

三、关于推进农村改革发展的重大举措

全会《决定》对推进农村改革发展作出了全面部署,提出了一系列重大举措。这些部署和举措,注重制度建设,力求在体制机制创新上取得突破;注重抓住关键,力求解决带方向性、战略性、根本性的重大问题;注重突出重点,力求集中力量办好关系全局、影响长远的大事。

(一)加强农村制度建设。全会《决定》首次系统提出加强"六大制度"建设,为加快农村发展提供制度保障。

稳定和完善农村基本经营制度。在充分强调"毫不动摇"的基础上,鲜明提出了"一个长久不变"、"两个转变"。"毫不动摇",就是以家庭承包经营为基础、统分结合的双层经营体制,是党的农村政策的基石,必须毫不动摇地坚持。"一个长久不变",就是赋予农民更加充分而有保障的土地承包经营权,现有土地承包关系要保持稳定并长久不变。这是一大政策亮点,目的是给农民吃长效"定心丸"。"两个转变",就是家庭经营要向采用先进科技和生产手段的方向转变,统一经营要向形成多元化、多层次、多形式经营服务体系的方向转变。这是对今后完善农村基本经营制度作出的一个方向性概括。

健全严格规范的土地管理制度。重点提出实行"两个最严格制度"、建立"两个市场"和保障"两个权益"。"两个最严格制度",就是坚持最严格的耕地保护制度和实行最严格的节约用地制度,坚决守住18亿亩耕地红线。"两个市场",就是建立、健全土地承包经营权流转市场和逐步建立城乡统一的建设用地市场。对土地承包经营权流转,鲜明提出"一个允许"、"三个不得",就是按照依法自愿有偿原则,允许农民以多种形式流转土地承包经营权,但不得改变土地集体所有性质、不得改变土地用途、不得损害农民土地承包权益。对改革征地制度,强调征地要按照同地同价原则给农村集体组织和农民合理补偿,让农民分享土地增值收益。保障"两个权益",就是依法保障农民对承包土地的占有、使用、收益等权利和农户宅基地用益物权,明确了完善土地承包经营权权能、保障农户宅基地权益的政策指向。

完善农业支持保护制度。明确农业投入保障、农业补贴、农产品价格保护、农业生态环境补偿"四项制度"。提出"三个大幅度"的要求,即大幅度增加国家对农村基础设施建设和社会事业发展的投入,大幅度提高政府土地出让收益、耕地占用税新增收入用于农业的比例,大幅度增加对中西部地区农村公益性建设项目的投入;明确国家对农民实行直接补贴是一项长期政策,要求逐年较大幅度增加农民种粮补贴,完善与农业生产资料价格上涨挂钩的农资综合补贴动态调整机制;强调稳步提高粮食最低收购价格,理顺比价关系,保持农产品价格合理水平。

建立现代农村金融制度、建立促进城乡经济社会发展一体化制度、健全农村民主管理制度。从加大支持和放宽准入两方面,在强调加强监管前提下,对引导更多信贷资金和社会资金投向农村作出了政策安排;从统筹城乡建设规划、产业发展、基础设施、公共服务、劳动就业、社会管理和扩大县域发展自主权两方面,对加快形成城乡经济社会发展一体化新格局作出了政策安排,特别强调推进省直接管理县(市)财政体制改革,允许有条件的地方依法探索省直接管理县(市)的体制;从加快推进乡镇机构改革和推进村民自治制度化、规范化、程序化两方面,对健全农村民主管理制度作出了政策安排,提出2012年基本完成乡镇机构改革任务。

(二)积极发展现代农业。全会《决定》要求集中力量办好关系全局、影响长远的大事,从7个方面进行了部署。对确保国家粮食安全,突出强调各地区都要分担国家粮食安全责任,支持粮食生产的政策措施向主产区倾斜,加快落实全国新增千亿斤粮食生产能力建设规划。对推进农业结构战略性调整、加快农业科技创新、加强农业基础设施建设、建立新型农业社会化服务体系、促进农业可持续发展、扩大农业对外开放,除重申行之有效的政策措施外,又有很多突破和新的要求。比如,强化主要农产品生产大县财政奖励政策;落实农产品生产、收购、储运、加工、销售各环节的质量安全监管责任;不断促进农业技术集成化、劳动过程机械化、生产经营信息化;突出加强农田、水利、农机三大关键环节基础设施建设,特别强调要集中建成一批大中型水利骨干工程;力争3年内在全国普遍健全乡镇或区域性农业技术推广、动植物疫病防控、农产品质量监管等公共服务机构,逐步建立村级服务站点;健全符合世界贸易组织规则的外商经营农产品和农业生产资料准入制度,建立外资并购境内涉农企业安全审查机制。

(三)加快发展农村公共事业。全会《决定》从繁荣发展农村文化、大力办好农村教育事业、促进农村医疗卫生事业发展、健全农村社会保障体系、加强农村基础设施和环境建设、推进农村扶贫开发、加强农村防灾减灾能力建设、强化农村社会管理等8个方面作出了部署。这里面有很多政策亮点,比如:首次提出重点加快发展农村中等职业教育并逐步实行免费;巩固和发展新型农村合作医疗制度,提高筹资标准和财政补助水平,坚持大病住院保障为主、兼顾门诊医疗保障;建立个人缴费、集体补助、政府补贴相结合的新型农村社会养老保险制度;明确提出5年内解决农村饮水安全问题,确保"十一五"期末基本实现乡镇通油(水泥)路,进而普遍实现行政村通油(水泥)路;强调坚持开发式扶贫方针,实现农村最低生活保障制度和扶贫开发政策有效衔接,实行新的扶贫标准,对农村低收入人口全面实施扶贫政策。

四、关于推进农村改革发展的政治保证

围绕加强和改善党对农村工作的领导,全会《决定》从工作体制、基层组织、党风廉政等方面提出了新的要求。

(一)完善党领导农村工作体制机制。要求强化党委统一领导、党政齐抓共管、农村工作综合部门组织协调、有关部门各负其责的农村工作领导体制和工作机制。重点完善5项体制机制:一是健全领导体制;二是完善管理机制;三是完善责任制;四是完善干部考核评价体系,把粮食生产、农民增收、耕地保护、环境治理、和谐稳定作为考核的重要内容;五是完善全社会共同参与机制。

(二)加强农村基层组织、基层干部队伍、党员队伍建设。在加强农村基层组织、基层干部队伍、党员队伍建设方面提出了一系列重要措施。一是拓宽农村基层干部来源;二是创新农村党的基层组织设置形式;三是改善村干部待遇;四是建立、健全城乡一体党员动态管理机制。

(三)加强农村党风廉政建设。坚持教育、制度、监督、改革、纠风、惩治相结合,推进农村惩治和预防腐败体系建设。

推进农村改革发展,是时代和历史赋予我们的庄严使命。让我们紧密团结在以胡锦涛同志为总书记的党中央周围,高举中国特色社会主义伟大旗帜,以邓小平理论和"三个代表"重要思想为指导,深入贯彻落实科学发展观,认真学习、深刻领会、正确理解、全面贯彻全会《决定》精神,切实把重中之重的战略思想落到实处,把统筹城乡的重大战略落到实处,把强农惠农的政策举措落到实处,努力开创农村改革发展新局面,为实现国民经济持续平稳较快发展作出新的贡献!

第三届世界工商协会论坛在北京举行

本届论坛主题为"对话、合作、共赢",来自联合国工业发展组织及全球50多个国家和地区的工商行业协会首脑、跨国公司总裁和政府官员等150多位国外代表出席。

中国工业经济联合会会长、中国工程院院长徐匡迪在论坛上表示,工商行业组织作为联系政府和企业的纽带,在推进区域性和世界性的经贸合作过程中,发挥着越来越重要的作用。

国务院副总理王岐山在中南海紫光阁会见美中贸易委员会主席陶氏化学公司总裁兼首席执行官利伟诚率领的代表团

第二届中阿友好大会在大马士革闭幕并签署《2008—2010年中国阿拉伯民间行动计划》

国办转发人力资源和社会保障部等部门《关于促进以创业带动就业工作的指导意见》

国务院办公厅近日转发人力资源和社会保障部、发展改革委、教育部、工业和信息化部、财政部、国土资源部、住房和城乡建设部、商务部、人民银行、税务总局、工商总局《关于促进以创业带动就业工作的指导意见》,全文如下:

为贯彻落实党的十七大提出的"实施扩大就业的发展战略,促进以创业带动就业"的总体部署,全面实施《中华人民共和国就业促进法》的有关规定,现就促进以创业带动就业工作提出以下指导意见:

一、统一思想认识,明确目标任务

(一)统一思想认识。创业是劳动者通过自主创办生产服务项目、企业或从事个体经营实现市场就业的重要形式。劳动者通过创业,在实现自身就业的同时,吸纳带动更多劳动者就业,促进了社会就业的增加。当前及今后一个时期,我国就业形势依然严峻,促进以创业带动就业,有利于发挥创业的就业倍增效应,对缓解就业压力具有重要的现实意义。以创业带动就业工作是实施扩大就业发展战略的重要内容,是新时期实施积极就业政策的重要任务。各地区、各有关部门要高度重视,通过政策支持和服务保障,优化创业环境,鼓励和扶持更多劳动者成为创业者。

(二)明确指导思想。各地区、各有关部门要深入贯彻落实科学发展观,按照构建社会主义和谐社会的总体要求,解放思想,改革创新,着眼于经济社会发展全局,从创业意识、创业能力和创业环境着手,逐步形成以创业带动就业的工作新格局。坚持政府促进、社会支持、市场导向、自主创业的基本原则,强化创业服务和创业培训,改善创业环境,加快形成政策扶持、创业培训、创业服务"三位一体"的工作机制,不断激发劳动者的创业激情,增强创业意识,鼓励更多的城乡劳动者通过自主创业实现就业。

（三）突出工作重点。各地区、各有关部门要紧密结合地方的优势产业、特色经济，确定鼓励创业的产业指导目录，制定扶持政策，鼓励创业者进入国家和地方优先和重点发展的科技型、资源综合利用型、劳动密集型、农副产品加工型、贸易促进型、社区服务型、建筑劳务型和信息服务型等产业或行业。鼓励和支持个体私营等非公有制经济和中小企业发展，扩大创业领域。重点指导和促进高校毕业生、失业人员和返乡农民工创业。积极采取措施促进军队复员转业人员、留学回国人员等创业。力争用3到5年的时间，实现劳动者创业人数和通过创业带动就业人数的大幅增加，基本形成促进以创业带动就业的政策体系，使更多有创业意愿和创业能力的劳动者成功创业。

二、完善扶持政策，改善创业环境

（四）放宽市场准入。加快清理和消除阻碍创业的各种行业性、地区性、经营性壁垒。法律、法规未禁止的行业和领域向各类创业主体开放，国家有限制条件和标准的行业和领域平等对待各类创业主体。在法律、法规规定许可的范围内，对初创企业，可按照行业特点，合理设置资金、人员等准入条件，并允许注册资金分期到位。按照法律、法规规定的条件、程序和合同约定允许创业者将家庭住所、租借房、临时商业用房等作为创业经营场所。扩大政府采购范围，制定促进小企业发展的政府采购优惠政策。各地区、各有关部门可根据实际情况，适当放宽高校毕业生、失业人员以及返乡农民工创业的市场准入条件。

（五）改善行政管理。全面实行收费公示制度和企业交费登记卡制度，禁止任何部门、单位和个人干预创业企业的正常经营，严格制止乱收费、乱摊派、乱罚款、乱检查、乱培训行为。进一步清理和规范涉及创业的行政审批事项，简化立项、审批和办证手续，公布各项行政审批、核准、备案事项和办事指南，推行联合审批、一站式服务、限时办结和承诺服务等，开辟创业“绿色通道”。依法保护创业者的合法私有财产，对严重侵犯创业者或其所创办实体合法权益的违法行为，有关部门要依法查处。对创业者提出的行政复议申请，政府部门要及时受理，公平对待，限时答复。登记失业人员、残疾人、退役士兵，以及毕业2年以内的普通高校毕业生从事个体经营的，要按有关规定，自其在工商部门首次注册登记之日起3年内，免收管理类、登记类和证照类等有关行政事业性收费。

（六）强化政策扶持。全面落实有利于劳动者创业的税收优惠、小额担保贷款、资金补贴、场地安排等扶持政策，促进中小企业和个体私营等非公有制经济发展，扶持劳动者创业。从实际出发，建立、健全促进以创业带动就业的政策措施，细化操作办法。多渠道筹集安排资金，支持以创业带动就业工作的展开。要针对经营成本上升以及政策和市场环境变化的情况，兼顾行业稳定发展和结构调整升级，积极采取有效措施，扶持、保护创业企业的生存和发展，鼓励创业企业扩大就业规模。对农民工返乡创业的，劳务输出地区要积极探索完善相关扶持政策。

（七）拓宽融资渠道。积极推动金融产品和金融服务创新，支持推动以创业带动就业。积极探索抵押担保方式创新，对于符合国家政策规定、有利于促进创业带动就业的项目，鼓励金融机构积极提供融资支持。全面落实小额担保贷款政策，创新管理模式，提高贷款服务的质量和效率，并进一步加大对符合条件的劳动密集型小企业的支持力度。鼓励和支持发展适合农村需求特点的多种所有制金融组织，创新农村贷款担保模式，积极做好对农民工返乡创业的金融服务。建立、健全创业投资机制，鼓励利用外资和国内社会资本投资创业企业，有条件的地区可设立各种形式的创业投资引导基金，引导和促进创业投资企业的设立与发展。

三、强化创业培训，提高创业能力

（八）加大培训力度。建立满足城乡各类劳动者创业的创业培训体系，扩大创业培训范围，逐步将所有有创业愿望和培训需求的劳动者纳入创业培训。加强普通高校和职业学校的创业课程设置和师资配备，开展创业培训和创业实训。落实职业培训补贴政策，对参加创业培训的创业者，按有关政策规定，给予职业培训补贴。对领取失业保险金人员参加创业培训的，其按规定享受的职业培训补贴由失业保险基金开支。

（九）提高培训质量。从规范培训标准、提高师资水平、完善培训模式等方面入手，不断提高创业培训的质量。定期组织开展教师培训进修、研讨交流活动，加强师资力量的培养和配备，提高教育水平。采用案例剖析、知识讲座、企业家现身说法等多种方式，增强创业培训的针对性和实用性。根据不同群体的不同需求，开发推广创业培训技术，不断提高创业成功率。

（十）建立孵化基地。地方各级人民政府要统筹安排劳动者创业所需的生产经营场地，搞好基础设施及配套建设，优先保障创业场地。可在土地利用总体规划确定的城镇建设用地范围内，或利用原有经批准的经济技术开发区、工业园区、高新技术园区、大学科技园区、小企业孵化园等建设创业孵化基地，为进入基地的小企业提供有效的培训指导服务和一定期限的政策扶持，增强创业企业的经营管理和市场竞争能力，提高创业稳定率。

四、健全服务体系，提供优质服务

（十一）健全服务组织。依托公共就业服务体系，健全创业指导服务组织，开发创业指导技术，完善创业服务功能，提高创业服务效率，承担创业带动就业工作的组织、服务和实施责任。充分发挥中小企业服务机构、高校毕业生就业指导机构和各类创业咨询服务机构的作用，共同做好创业带动就业工作。推动创业咨询服务工作的开展，建立由企业家、创业成功人士、专家学者及政府工作人员共同组成的创业服务专家队伍，逐步形成创业服务指导专兼职队伍。

（十二）完善服务内容。根据城乡创业者的需求，组织开展项目开发、方案设计、风险评估、开业指导、融资服务、跟踪扶持等“一条龙”创业服务，建立创业信息、政策发布平台，搭建创业者交流互助的有效渠道。建立政府支持并监管、企业与个人开发、市场运作的创业项目评估和推介制度，建立创业项目资源库，形成有效采集和定期发布制度。通过上门服务、集中服务、电话服务等多种形式，为创业者提供个性化、专业化的开业指导和咨询服务。建立创业者信息管理服务系统，设立创业服务热线，接受创业者的咨询和投诉，提供及时有效的后续服务和跟踪指导，注重对创业失败者的指导和服务，帮助他们重树信心，再创新业。

（十三）提供用工服务。为创业者、新创办企业及其所吸纳的员工提供公共就业服务。指导创业企业结合生产经营需要，落实职工教育经费，做好职工的岗前培训和在职培训。组织各类培训机构按照用工需求开展定向、订单培训，为创业企业提供合适人才。对参加职业技能培训的符合条件人员，按规定给予相应的职业培训补贴和职业技能鉴定补贴。推进社会保障制度和户籍制度改革，加强社会诚信体系建设和社会治安综合治理，为创业者及其招聘的劳动者提供社会保障、人事管理、教育培训、职称评定等方面的政策便利，吸引人才去新创办企业工作，扩大创业带动就业的规模。

五、加强组织领导，推动工作开展

（十四）强化政府责任。地方各级人民政府要将促进创业作为一项重要任务，摆上就业工作的重要议事日程，落实扶持政策，改善创业环境，推广经验典型，积极推动创业带动就业工作的全面开展。重点指导推动工作基础较好，条件相对成熟的城市，根据本意见的要求，实施以创业带动就业相关扶持政策，在组织领导、创业培训、创业服务和社会参与等方面积极探索，率先完善创业带动就业的政策体系，建立以创业带动就业的创业型城市。

（十五）完善工作机制。各地区要发挥促进就业工作协调机制的作用，建立人力资源和社会保障、发展改革、中小企业管理、教育、建设、国土资源、财政、商务、银行、税务、工商等部门共同参与、分工负责、协调配合的工作小组，共同研究制订和实施促进以创业带动就业的政策措施和工作计划。把优化创业环境、完善落实创业政策以及提高创业培训效果、创业服务质量、创业初始成功率、创业稳定率、创业带动就业率等作为衡量促进以创业带动就业的主要工作指标，列入当地就业工作考核的重要内容。充分发挥工商联、工会、共青团、妇联、残联以及其他社会组织的作用，共同做好创业带动就业工作。

（十六）营造良好氛围。加强创业教育，提高创业意识，建设创业文化，使更多的劳动者乐于创业、敢于创业；发挥社会各方面支持和推动创业工作的积极作用，营造全民创业的社会氛围；加强舆论引导，弘扬创业精神，树立一批创业典型，特别是面对失败不屈不挠成功实现再创业的典型，营造崇尚创业、竞相创业、褒奖成功、宽容失败的和谐创业环境和良好舆论氛围。对在创业带动就业工作中取得显著成绩的单位和个人要给予表彰。

各地区、各有关部门要结合实际，研究制定贯彻本意见的具体办法。

何梁何利基金2008年度颁奖大会在北京举行

57位科技工作者获奖。中共中央政治局委员、国务委员刘延东向大会发来贺信。全国人大常委会副委员长严隽琪、全国政协副主席万钢为获奖者颁奖。

刘延东在贺信中首先代表国务院向获奖科技工作者表示热烈祝贺，向全国科技工作者致以亲切问候，并向基金捐款人表示敬意。她指出，在中央人民政府和香港特区政府关怀和支持下，由香港爱国金融实业家何善衡、梁銶琚、何添、利国伟先生捐款创建的何梁何利基金，已经成为我国社会力量设立的科技奖励中规模最大、影响最广的成功范例。希望获奖科学家和广大科技工作者再接再厉，努力提高自主创新能力，为建设创新型国家谱写更辉煌的篇章。

何梁何利基金2008年度“科学与技术成就奖”授予北京航空航天大学房建成教授。伍小平等38人荣获“科学与技术进步奖”，陈建峰等18人荣获“科学与技术创新奖”。

何梁何利基金1994年3月创立，旨在奖励内地杰出科学家。14年来，共进行15届颁奖，共有804位优秀科技工作者获奖。

2008中国—东盟文化产业论坛在南宁闭幕

论坛通报：截至2008年7月，中国互联网用户已发展到2.53亿，成为世界第一大网络市场，其中网络游戏用户达到4000多万。

截至2007年年底，中国网络市场规模达到105亿元，比2006年增长了61.65%。同时，中国原创网游已占据65.1%的市场份额。在政府的大力支持下，动漫产业发展迅速。2007年完成动画电影和电视片168部，时间达到4.16万分钟。

文化部文化产业司司长王永章介绍说，文化部近年来整合全国文化资源，在中国文化产业网上设立文化产品、服务项目和投资项目资源库，为各类社会资本进入文化产业领域提供便捷服务。截至今年9月底，中国文化产业网累计已覆盖176个国家和地区。

国新办发布《中国应对气候变化的政策与行动》

10月30日

上海合作组织成员国第七次总理会议在哈萨克斯坦首都阿斯塔纳举行

哈萨克斯坦总理马西莫夫、中国国务院总理温家宝、吉尔吉斯斯坦总理丘季诺夫、俄罗斯总理普京、塔吉克斯坦总理阿基洛夫和乌兹别克斯坦第一副总理阿齐莫夫，以及本组织观察员国代表蒙古国总理巴亚尔、伊朗第一副总统达乌迪、巴基斯坦国防部长穆赫塔尔、印度动力部长欣德与会。阿富汗第一副总统马苏德作为东道国客人出席会议。马西莫夫主持会议。

本次总理会议的任务是全面落实杜尚别峰会共识，进一步推进成员国各领域务实合作。

上海合作组织成员国六国总理首先举行了小范围会议，就各方关心的涉及本组织发展问题交换了意见。温家宝总理在发言中阐述了中方对有关政治、经贸、人文合作问题的意见和建议。

温家宝总理在大范围会议上发表讲话。他说，当前国际金融危机的蔓延不可避免地给本组织成员国的发展带来挑战和压力。我们要团结一致、加强合作，共同有效提高抵御风险和把握机遇的能力。要利用现有的政策协调和协商机制，特别是各国央行及经济主管部门间的合作机制，探讨双边和多边应对金融危机的措施。本次会议要向外界传达各成员国共同应对危机、稳定金融和经济、树立市场信心的强烈信息。中方愿进一步加强同其他成员国的沟通协调，坚定、负责、及时采取有效措施，最大限度地降低危机带来的影响。

为落实成员国《长期睦邻友好合作条约》，进一步密切成员国务实合作，温家宝建议：第一，继续推进区域内贸易投资便利化。推动成员国间货物贸易尽快向投资、大型经济技术合作等更高阶段发展，大力改善地区贸易投资环境。中方支持成员国毗邻地区就建立经济特区开展合作。第二，实现区域内基础设施网络化。加快实施能源、交通和通信领域的示范性项目，逐步实现各国基础设施互联互通和网络化。第三，推动金融界、企业界进一步密切合作。共同加强对全球宏观经济、金融形势的研判，以及货币金融政策的协调，加强和改进金融监管。第四，创新发展思路、完善合作机制。有重点、有步骤地启动新的合作领域，深化农业合作。研究建立科技合作机制，开展清洁能源、新材料、新技术以及科技成果产业化方面的合作。

温家宝表示，为支持本组织大型经济合作项目，中方将继续落实好向成员国提供的新一笔优惠贷款，积极考虑在“上海合作组织发展基金”建立后捐赠启动基金。中方愿协助成员国成立农业技术示范中心。

温家宝说，上海合作组织还应继续加强在人文、教育、医疗卫生、防灾减灾和灾后重建等领域合作，支持青年交往。

温家宝强调，中国将继续坚持改革开放、继续坚定不移地走和平发展道路，继续奉行“与邻为善、以邻为伴”的周边外交政策，一如既往地同本地区各国共享机遇，共克时艰，共创和谐，为促进本地区的持久和平和发展作出不懈努力。

各方分析了世界和地区金融和经济发展形势，认为当前世界金融剧烈动荡，全球经济增速放缓，各成员国应加强协调合作，继续大力推进贸易投资便利化和区域经济一体化，应对挑战、化解风险，维护和促进各成员国和本地区经济金融健康稳定发展。

会议讨论了本组织框架内的合作。各方一致认为，应大力推进贸易、投资、交通、能源、电信、海关、农业、科技、信息、环保、防灾救灾等领域合作；应规划和建设好网络性基础设施，重点落实多方参与、共同受益的大项目；应进一步发挥上海合作组织实业家委员会和银行联合体的作用，继续推动金融机构在市场流动性短缺情况下多种形式的合作，稳定金融市场，加强金融监管，确保金融安全。各方同意进一步吸收观察员国参与本组织经济和人文合作。

会议修订了《〈上海合作组织成员国多边经贸合作纲要〉落实措施计划》。

上海合作组织秘书长努尔加利耶夫和地区反恐怖机构执行委员会主任苏班诺夫列席会议。

会议结束后，成员国代表团团长签署了联合公报等文件，并共同会见了记者。当天，哈萨克斯坦总统纳扎尔巴耶夫会见了各方团长。

下次上海合作组织成员国总理会议将于2009年在中国举行。

上海合作组织成员国政府首脑(总理)理事会会议发表联合公报

2008年10月30日，上海合作组织成员国政府首脑(总理)理事会例行会议(以下简称本组织总理会议)在阿斯塔纳举行。

哈萨克斯坦共和国总理马西莫夫、中华人民共和国国务院总理温家宝、吉尔吉斯共和国总理丘季诺夫、俄罗斯联邦政府主席普京、塔吉克斯坦共和国总理阿基洛夫和乌兹别克斯坦共和国第一副总理阿齐莫夫出席会议。

会议由哈萨克斯坦共和国总理马西莫夫主持。

印度共和国动力部长欣德、伊朗伊斯兰共和国第一副总统达乌迪、蒙古国总理巴亚尔、巴基斯坦伊斯兰共和国国防部长穆赫塔尔作为本组织观察员国代表，以及阿富汗伊斯兰共和国第一副总统马苏德作为东道国客人与会并发言。

本组织秘书长努尔加利耶夫、地区反恐怖机构执行委员会主任苏班诺夫、实业家委员会主席梅津采夫和银行联合体理事会主席德米特里耶夫列席。

哈萨克斯坦共和国总统纳扎尔巴耶夫会见了出席会议的各代表团团长。

一、总理们在友好和建设性气氛中讨论了本组织框架内政治、经贸、人文和其他领域务实合作的现状与前景。

二、为推动本组织框架内的多边合作持续、稳步发展，成员国政府将共同努力，切实落实2008年杜尚别峰会共识。

总理们满意地指出，2007年塔什干总理会议后，本组织经贸和人文领域合作取得了进展，相互贸易保持高速增长。

三、总理们认为，应根据会议批准的新修订的《〈上海合作组织成员国多边经贸合作纲要〉落实措施计划》深化各领域合作，强调有必要吸收实业家委员会和银联体更广泛地参与此项工作。

四、总理们认为应集中力量开展以下合作：

(一)为成员国相互贸易和投资创造稳定和可预见的条件，强化市场机制；

(二)提高能源利用率，开发清洁能源和技术，利用可再生能源，保障能源安全；

(三)应用创新技术；

(四)推进交通运输项目；

(五)深化海关监管合作；

(六)开展卫生合作，特别是在预防、诊断和治疗传染病领域的合作。

五、总理们认为，应认真筹备交通部长例行会议，继续就完善本组织区域内交通网络积极开展合作，并研究铺设铁路等新交通线路问题。

总理们感谢亚洲开发银行和联合国亚太经社理事会对制定《上海合作组织成员国政府间国际道路运输便利化协定》给予的切实协助。

六、总理们指出，合理和有效利用水资源问题对确保中亚国家可持续发展具有特殊作用。因此，即将举行的本组织成员国环保部门负责人首次会议具有重要意义。

七、总理们重申，防灾救灾合作十分重要，责成2009年上半年召开本组织成员国紧急救灾部门负责人例行会议，并加紧研究建立本组织救灾中心问题。

八、总理们认为，应及时举行本组织成员国农业部长会议，就维护地区粮食安全、促进农业生产制定协调一致的政策。

九、总理们指出，切实落实现代信息技术领域的首批示范性项目——“上海合作组织成员国利用电子数字签名进行跨界合作”和“上海合作组织信息高速公路”具有广阔前景。

十、鉴于加强本组织成员国企业界与银行间联系的重要性，总理们建议银行联合体和实业家委员会研究共同举办成员国主要商企业领导人经济论坛，并邀请观察员国和对话伙伴代表参加的问题。

十一、总理们认为，观察员国代表参加成员国各部门会议有利于吸收这些国家参与落实本组织框架内的合作项目。

十二、总理们审议了本组织内部建设和财务等一系列问题，批准了本组织2009年预算。

会议期间，本组织成员国海关部门授权代表签署了《海关能源监管信息交换议定书》。

总理们高度评价哈萨克斯坦共和国为保障本次总理会议顺利举行所作的努力，对哈方的热情接待表示感谢。

下次本组织成员国总理例行会议将于2009年在中华人民共和国举行。

哈萨克斯坦共和国总理 马西莫夫
中华人民共和国国务院总理 温家宝
吉尔吉斯共和国总理 丘季诺夫
俄罗斯联邦政府主席 普 京
塔吉克斯坦共和国总理 阿基洛夫
乌兹别克斯坦共和国第一副总理 阿齐莫夫
2008年10月30日于阿斯塔纳

国务院总理温家宝在阿斯塔纳分别会见参加上海合作组织成员国第七次总理会议的蒙古国总理巴亚尔和伊朗第一副总统达乌迪

在会见巴亚尔时，温家宝建议：保持两国高层交往，增进政治互信；办好明年两国建交60周年活动，全面推动双方交流合作；扎实推进矿能资源开发、基础设施建设等重点领域合作，实现互利共赢；加强在多边事务中的合作，共同维护地区和平、稳定。

巴亚尔说，蒙古国高度重视发展对华友好合作关系，希望加强两国领导人互访，充分发挥两国政府间经贸科技联委会机制的作用，扩大经贸、能源等领域合作，蒙方愿同中方合作应对国际金融危机。

在会见达乌迪时，温家宝说，中方愿遵循联合国宪章的宗旨和原则，本着和平共处五项原则发展对伊友好合作关系，这惠及两国人民，也有利于地区和平与稳定。中方将继续同伊方保持交往，开展互利合作。

达乌迪祝贺北京奥运会和残奥会取得圆满成功。他表示，伊中关系是建立在相互尊重、平等互利基础上的友好关系。伊方希望同中方加强政治、经贸等领域的对话合作。

达乌迪介绍了伊朗核问题的进展情况，表示伊方愿通过谈判解决这一问题。

温家宝说，中方认为伊朗作为《不扩散核武器条约》缔约国享有和平利用核能的权利，同时主张维护国际核不扩散体系，认为应通过对话谈判和平解决伊朗核问题。希望伊方继续显示灵活，积极回应国际社会的关切，与其他有关各方一道努力，争取尽快复谈。中方愿继续为推动伊朗核问题的妥善解决发挥建设性作用。

全国政协主席贾庆林在人民大会堂会见由中央总书记莱夫戴里斯·扎赫利迪斯率领的希腊新民主党代表团

贾庆林说，中希建交36年来，双边关系取得了长足进展。双方高层互访频繁，政治互信日益增强，经贸、旅游、海运和文化等领域的合作不断扩大。“希腊文化年”成功举办，加深了两国人民之间的友谊，两国直航的开通也为双方经济文化交流提供了更便利的条件。在四川汶川特大地震发生后，希腊政府向灾区迅速提供了款物援助，充分体现了希腊人民对中国人民的深情厚谊。北京奥运会得到了希腊政府的大力支持，奥运精神把中希两国人民紧密地联系在一起。贾庆林对两国关系的良好发展表示满意，感谢希腊政府始终坚持一个中国政策。

谈到党际关系，贾庆林说，作为各自国家的执政党，中国共产党与希腊新民主党既担负着发展本国经济、提高人民生活水平的任务，也担负着维护世界和平、促进人类共同发展的重任，希望双方进一步深化交流内容，扩大合作领域，促进两党关系不断取得新成果，为推动中希全面战略伙伴关系深入发展发挥更大作用。

扎赫利迪斯说，悠久的历史和灿烂的文明把希中两国紧紧地联系起来，希腊是中国人民可以信赖的朋友。新民主党愿继续为希中两党、两国和两国人民友好关系的发展作出贡献，并愿为欧中关系发展发挥积极作用。

中国妇女第十次全国代表大会第二次全体会议在人民大会堂举行

会议选举产生了255名中华全国妇女联合会第十届执行委员会委员。

会议首先通过了大会选举监票人和总监票人名单。会议随后以无记名投票的方式选举中华全国妇女联合会第十届执行委员会委员。中华全国妇女联合会第十届执行委员会委员的产生实行差额选举，代表们从268名候选人中选出255名执行委员会委员，差额数为13名，差额比例为5%。根据计票结果，丁丽芬等255名同志当选为中华全国妇女联合会第十届执行委员会委员。

会议由大会主席团常务主席黄晴宜主持。

中国妇女十大主席团在北京举行第四次会议

会议由主席团常务主席顾秀莲主持。主席团常务主席王乃坤作了关于全国妇联第九届执委会报告修改意见的说明。主席团常务主席甄砚作了关于《中华全国妇女联合会章程修正案(草案)》修改意见的说明。

会议还通过了全国妇联第十届执委会委员候选人名单(草案)。

中华全国妇女联合会第十届执行委员会委员名单(略)

国务院南水北调工程建设委员会第三次全体会议在北京召开

国务院副总理、国务院南水北调工程建设委员会主任李克强主持会议并讲话。他强调，要全面贯彻党的十七大和十七届三中全会精神，深入贯彻落实科学发展观，以对国家对人民高度负责的精神，认真总结经验，加强监督管理，在确保建设质量和提高资金效益的前提下，加快南水北调工程建设步伐，统筹做好征地移民、治污环保、文物保护等工作，优质高效又好又快地推进南水北调工程建设，促进经济平稳较快增长和全面协调可持续发展。

国务院副总理、国务院南水北调工程建设委员会副主任回良玉出席会议并讲话。

在听取南水北调办、发展改革委等部门汇报后，李克强说，南水北调工程是一项造福当代、惠及后人的宏伟事业。加快建设南水北调工程，对于落实十七届三中全会精神、改善农业生产条件、增加农民收入、促进农村改革发展，对于深入实施可持续发展战略、优化水资源配置、改善生态环境、缓解北方缺水地区困难，对于贯彻扩大内需方针、促进投资和消费、带动沿线地区经济增长、保持国民经济平稳较快发展，都具有十分重要的现实意义和战略意义。要立足当前，着眼长远，切实建设好这一关系国计民生的重大工程。

李克强指出，南水北调工程开工以来，已经取得显著进展和积极成效。最近，国务院审议通过南水北调东、中线一期工程可研总报告。以此为标志，南水北调工程建设进入全面展开的新阶段。要进一步加强组织领导，完善体制机制，优化设计方案，科学安排施工，继续抓好在建项目，及时开工一批单项重点工程，扎实做好各项工作，促进工程优质、高效、按时建成，如期发挥经济、社会和生态效益。

李克强强调，质量和安全是南水北调工程的生命线。必须坚持质量第一、安全第一，坚持进度服从质量、服从安全，把质量和安全作为南水北调工程建设管理的核心任务，抓好关键技术、工艺的攻关，健全并严格落实质量管理和安全生产责任制。他指出，南水北调工程建设规模大、动员资金多、涉及方面多，必须合理控制投资规模，着力提高投资效益，加强监督管理，用好建设资金。要精心设计、精心施工、精心管理，团结共建，密切配合，努力把南水北调工程建设成为质量一流的工程，成为节俭高效的工程，成为廉洁安全的工程，经得起当代的考验，经得起历史的检验。

李克强说，征地移民安置工作事关库区和沿线地区群众切身利益，事关南水北调工程建设全局。要坚持以人为本、执政为民，严格落实国家征地移民安置政策，做深入细致的工作，保障群众的合法权益，为工程建设创造良好条件。尤其要认真解决群众最关心、最直接、最现实的利益问题，使广大移民从南水北调工程建设中受益。他强调指出，治污和环保关系南水北调工程的成败。要坚持"先节水后调水、先治污后通水、先环保后用水"，落实环境保护和污染防治规划，加快治污项目实施步伐，加强生态环境保护，确保水源地和沿线水体安全，确保送出一泓清水，使南水北调工程建设成果惠及人民群众。

回良玉在讲话中充分肯定南水北调工程的建设成绩。他指出，南水北调工程开工以来，工程建设攻克了一批技术难题，建立了一批管理制度，形成了一套运行机制，为南水北调工程建设打下了坚实基础。他强调，要处理好工程进度与质量安全的关系，处理好调水与治污的关系，处理好工程建设与移民安置的关系，处理好局部与整体的关系，更好地促进南水北调工程建设和沿线地区发展。

会议听取了南水北调工程建设进展、基本做法、建设经验、存在问题，以及工程水价有关情况的汇报。

国务院南水北调工程建设委员会全体成员及有关部门和单位、南水北调东线和中线沿线有关省市的负责人参加了会议。

全国人大常委会副委员长陈昌智在北京会见澳大利亚联邦议会澳中友好小组代表团

中央军委主席胡锦涛签署命令颁布新修订的《中国人民解放军传染病防治条例》

新修订的《条例》对于进一步强化军队传染病防治工作，维护部队官兵健康安全，保持和提高部队战斗力，促进部队全面建设将发挥重要作用。

新修订的《条例》以《中华人民共和国传染病防治法》为依据，以科学发展观为指导，着眼新世纪新阶段，军队应对多种安全威胁、完成多样化军事任务对传染病防治工作提出的新要求，适应联勤保障、部队应急、疫情控制的需要，结合遂行非战争军事行动中联勤卫生保障的实际情况，总结吸收国家和军队传染病防治工作的成功经验和做法，坚持继承与发展、权力与责任、原则性与操作性的有机统一，具有较强的时代性、针对性和适用性。

新修订的《条例》共10章74条，涵盖了军队传染病防治工作的各个方面和主要环节，主要包括总则、职责、传染病预防、疫情报告和通报、疫情控制、医疗救治、监督管理、保障、奖励与处分等内容。新修订的《条例》明确规定，军队传染病防治工作遵循统一领导、分类管理、防治结合、依靠科学、全员参与的原则。各级机关、领导应当加强传染病防治工作的组织领导，将传染病防治工作纳入本单位全面建设规划，落实传染病防治工作责任制，重视传染病防治工作的基础建设，协调解决传染病防治工作中的重大问题，督促有关部门和人员履行职责。

新修订的《条例》按照传染病防治法的规定，调整和增加了法定传染病的类别和病种，前移了传染病预防关口，加强了医院管理和实验室感染控制。专门规定了各级后勤(联勤)机关卫生部门、疾病预防控制机构和医疗卫生机构在传染病防治工作中的职责，建立了军队传染病监测、预警和信息通报制度，明确了发生传染病疫情时部队可以采取的紧急措施，要求全军团以上单位应当制定传染病预防、控制预案，做好应急处置准备，军区联勤机关卫生部门还应当组织区域性传染病疫情控制工作。还加强了军队传染病监督管理，进一步明确了卫生部门的监督职权、调查程序、监督措施和执法要求，并完善了军地传染病联防联控工作机制。

新修订的《条例》从2008年11月1日起施行，1992年10月21日颁布施行的原《条例》同时废止。中国人民武装警察部队的传染病防治工作参照本条例执行。

中科院院士秦大河获第五十三届国际气象组织奖

邵华摄影集《祖国颂》首发式在北京举行

第七届茅盾文学奖在北京揭晓

贾平凹著《秦腔》、迟子建著《额尔古纳河右岸》、周大新著《湖光山色》、麦家著《暗算》四部长篇小说获此殊荣。

据了解，第七届茅盾文学奖评奖的范围为2003—2006年间发表或出版的长篇小说。为了做好评奖工作，中国作协组成了以铁凝为主任，陈建功、李存葆为副主任的第七届茅盾文学奖评奖委员会。本届评奖工作贯彻"百花齐放、百家争鸣"的方针，弘扬主旋律，提倡多样化，鼓励贴近实际、贴近生活、贴近群众、体现时代精神的创作，推出具有深刻思想内容和丰厚审美意蕴的长篇小说。评奖工作历时6个月，通过初选小组的遴选以及评委会的终评程序，四部获奖作品脱颖而出。

茅盾文学奖是根据茅盾先生生前遗愿，为鼓励优秀长篇小说的创作，推动我国社会主义文学的繁荣而设立的，是由中国作协主办的我国具有最高荣誉的文学奖项之一。

10月31日

国务院总理温家宝在阿斯塔纳会见哈萨克斯坦总统纳扎尔巴耶夫

温家宝说，中方高度重视中哈关系，将坚定地致力于加强中哈睦邻友好和政治互信，全面落实各项合作协议，使中哈战略伙伴关系在高水平上不断向前发展。

双方就当前国际金融危机深入交换了意见。温家宝说，我们密切关注这场危机对各国，特别是发展中国家造成的冲击。克服危机，关键是信心、责任、合作。上海合作组织历经多年发展，在各方面奠定了较坚实的基础，各成员国有广袤的土地、丰富的资源、雄厚的人才、科技优势，合作应对金融危机具备良好的条件。中方愿与其他成员国团结一致，相互支持，共克时艰。中方支持中哈两国企业以更灵活的方式开展合作，提高资金使用效率。相信经历了这场危机考验后，中哈友谊将更加深厚。

纳扎尔巴耶夫表示，哈方重视和赞赏中方应对国际金融危机的立场和作用。中国经济保持平稳较快发展对本地区乃至世界至关重要。哈方愿同中方保持沟通协调。

国务院总理温家宝在阿斯塔纳同哈萨克斯坦总理马西莫夫举行会谈

温家宝强调，中方将哈萨克斯坦视为在中亚地区的重要合作伙伴，致力于同哈方一道，加强两国友好交往，推进各领域务实合作，推动中哈战略伙伴关系不断向前发展。

关于两国经贸合作，温家宝建议，一、深化能源合作，重点确保中哈天然气管道、原油管道二期工程2009年年底前按期完工；二、扩大非资源领域合作，改善贸易结构。搞好霍尔果斯国际边境合作中心项目。中方支持本国企业参与哈电站、汽车等建设项目。推进农业、金融、科技合作；三、加强口岸合作，加快口岸基础设施建设和交通运输，优化口岸作业方式，便利人员物流往来。

温家宝表示，中方高度重视中哈跨界河流利用和保护问题，充分考虑下游国家的利益，愿本着负责任、互利双赢的原则同哈方协商解决有关问题。

马西莫夫表示，哈中两国一贯相互支持、相互协助。两国领导人保持密切交往，为推动两国关系发展起到了重要作用。哈方高度重视对华合作，愿同中方一道，抓紧落实两国合作项目，深化能源合作、如期完成油气管道项目，在电力、基础设施建设等非资源领域拓展新的合作，促进双边经贸合作持续快速增长。

马西莫夫表示，哈方愿同中方在跨界水质监测和保护方面开展合作。

会谈结束后，两国总理出席了海关、卫生、农业、银行、能源、科技等领域合作文件的签字仪式。双方还发表了两国政府联合公报，并共同会见了记者。

中华人民共和国政府和哈萨克斯坦共和国政府发表联合公报

应哈萨克斯坦共和国政府总理卡里姆·马西莫夫邀请，中华人民共和国国务院总理温家宝于2008年10月29日至31日对哈萨克斯坦共和国进行了正式访问。

访问期间，温家宝总理会见了哈萨克斯坦共和国总统努·纳扎尔巴耶夫，同卡·马西莫夫总理举行了正式会谈。两国领导人在亲切、友好的气氛中就中哈关系以及共同关心的地区和国际问题深入交换意见，达成广泛共识。

一、双方指出，当前中哈战略伙伴关系快速健康发展。2008年，双方高层往来频繁，两国政府首脑实现互访，进一步深化了双方政治互信。双方经贸、人文、安全等各领域合作日益扩大，在国际和地区事务中开展了卓有成效的合作。

二、双方表示，愿进一步加强各层次交往，及时就双边关系各领域合作交换意见。双方高度评价中哈合作委员会在推动落实双方达成的各项协议和促进两国务实合作方面发挥的重要作用，将进一步完善该机制。

三、哈方重申支持中国政府在台湾、涉藏、打击

“三股势力”等问题上的立场。中方重申支持哈方为发展民族经济所作的努力。双方反对任何旨在破坏两国国家主权和领土完整的企图和活动。

四、中方高度评价并感谢哈方在中国四川汶川特大地震灾害发生后表达同情和慰问,以及向中方提供物资援助。

五、哈方对中方成功举办北京第二十九届奥林匹克运动会及第十三届残奥会表示祝贺。中方感谢哈方在北京奥运会、残奥会筹备和举办过程中,特别是北京奥运会火炬在阿拉木图站传递期间,给予中方的大力支持和配合。

六、双方赞赏两国执法安全部门围绕北京奥运会安保工作开展的高效协作,决定将继续加强双边安全合作。双方愿探讨将北京奥运会安保合作机制化,加强两国有关部门的情报交流与行动配合,严厉打击“三股势力”和走私、贩毒、跨国犯罪、组织非法移民等犯罪活动。

七、双方对近年来中哈经贸合作取得的成果感到满意,认为保持贸易额持续增长、推动重点合作项目顺利实施是当前两国经贸合作的优先方向。为此,双方决定不断改善投资环境,创新合作形式,改善贸易结构,加强经济技术合作,为双方企业,包括中小企业(通过经验交流、举行论坛、研讨会等方式)从事生产经营创造有利条件,采取切实措施保护各自国家在对方境内的公民和法人的合法权益。

八、双方表示,将继续加强石油化工、冶金建材、机械制造、纺织工业、食品工业、农业、电信、交通物流服务等领域合作,认真落实《中哈政府间非资源经济领域合作规划》。

九、双方强调,将继续加强能源领域合作。双方将及时履行此前就中哈原油管道二期工程建设项目达成的各项协议。双方一致认为,中哈天然气管道项目是中哈务实合作的重点项目。双方将共同努力,创造有利条件,确保该项目2009年年底前顺利建成。哈方支持中方参与实施哈里海大陆架油气项目,双方将加快推进实施达尔汗项目,并尽早签署原则协议。

十、双方表示,将进一步扩大和深化中哈海关、口岸和交通运输领域合作。双方将不断完善边境海关监管、执法活动,遵守规定,简化通关手续,协调边境口岸通关事务,打击违法海关行为,提高查验效率,加快口岸通关速度,维护边境安全。双方支持边境地区经贸发展,将推动中哈霍尔果斯国际边境合作中心尽早建成并运营。

十一、双方一致认为,在当前世界金融和经济形势发生复杂变化的形势下,进一步密切两国金融合作,加强双方在金融监管、经验交流、信息共享等方面的合作,共同提高抵御金融风险的能力具有重要意义。

十二、双方认为,中哈科技领域合作潜力巨大。双方将继续积极发展两国科技领域,特别是高新技术领域的互利合作,加强生物技术等重点领域的人员交流、科研合作。促进两国在科技成果产业化方面的合作。中方欢迎哈方参加中方举办的各类科技培训班。

十三、双方表示高度重视农业合作。将按照互惠互利的原则充分发挥地缘优势,加强主管部门沟通和协调,加快实施一批农业领域合作项目。

十四、双方高度评价中哈利用和保护跨界河流联合委员会成立以来取得的工作成果。为进一步深化双方在利用和保护跨界河流领域的合作,双方决定将中哈利用和保护跨界河流联合委员会纳入中哈合作委员会。双方将继续本着高度负责、互利共赢的原则,协商解决两国跨界河流利用和保护相关问题。

十五、双方表示,将继续深化在教育、文化、卫生、体育、旅游、大众传媒等人文领域的交流与合作。

十六、双方认为,发展边境省州、地区和城市间的交流有利于边境地区居民相互了解、深化友谊与合作。

十七、双方强调,将进一步加强在联合国、上海合作组织、亚信论坛等多边框架内的合作,就国际和地区事务继续加强协作。双方认为,两国进一步加强在上述多边框架内各层次、多领域的合作有利于促进本地区和世界的稳定与发展。

十八、双方认为,上海合作组织不断发展,已成为在互信、互利基础上深化成员国睦邻关系的重要平台,维护地区和平、安全与稳定的有效机制,符合中哈两国的共同利益。中方高度评价哈方为成功举办上海合作组织成员国总理第七次会议所做的努力。双方表示将不断深化上海合作组织框架内安全、经济和人文等领域的务实合作。

十九、中华人民共和国国务院总理温家宝对哈萨克斯坦共和国领导人给予中方代表团的热情友好接待表示感谢,并邀请哈萨克斯坦共和国政府总理卡里姆·马西莫夫在双方方便时访华。马西莫夫总理接受了邀请。

2008年10月31日于阿斯塔纳

国务院总理温家宝为美国《科学》杂志撰写社论

国务院总理温家宝为定于31日出版的新一期美国《科学》杂志撰写题为《科学与中国现代化》的社论,纵论中国半个多世纪以来取得的科学成就以及未来的科学发展规划。

温家宝在社论中说,中国正在进行着人类历史上前所未有的现代化工程。经历半个多世纪的不懈努力,中国在基础科学和技术创新上已经取得了巨大成就。中国的国际论文总数、发明专利申请总量都已位居世界前列，形成了载人航天、高性能计算机、超大规模集成电路、第三代移动通信等一批成果。高新技术产业迅速发展，在全部制造业中的比重已占到15%以上。

温家宝说："今天，我国科学家发明的杂交水稻，累计推广面积达到300多万公顷，不仅成为解决自身温饱问题的一把'金钥匙'，也为世界的粮食增产作出了贡献。在卫生和健康领域，同样得益于科学技术的发展，中国人的人均预期寿命已经达到发达国家水平。"

温家宝介绍说，为了继续鼓励创新，中国政府制定了面向2020年的中长期科学和技术发展规划纲要。"我们注重加强基础科学和前沿技术研究，并把发展能源、水资源和资源保护技术放在优先位置，努力掌握信息技术、新材料技术领域的自主知识产权，加强生物技术在农业、工业、人口与健康等领域的应用。"

他说，中国科学技术的未来，从根本上依赖于今天对青年科技人才的吸纳、培养和使用。"不拘一格，海纳百川，让广大科技人才特别是青年才俊脱颖而出，让各种创新思维竞相迸发，这是我国科技政策的核心。"

温家宝认为，科学无国界。中国科技事业需要更加广泛深入地融入世界，世界也需要在科学技术上更有作为的中国。

温家宝在社论中指出，在当前国际金融动荡对世界经济造成严重冲击的情况下，依靠科技进步促进实体经济的发展显得尤为重要。他说："我们要依靠科学技术，促进经济结构调整，转变发展方式，维护粮食和能源安全，应对全球气候变化。我们对中国科学技术事业的前景充满信心，一个硕果累累的科学的秋天即将来临，这对于人类共同的文明和福祉将会产生积极而深远的影响。"

中央纪委书记贺国强出席在北京召开的全国纪检监察机关查办案件工作会议并发表讲话

中共中央书记处书记、中央纪委副书记何勇主持会议。

贺国强指出，查办违纪违法案件是反腐败斗争的重要任务，是纪检监察机关的基本职责。这些年来，各级纪检监察机关严肃查处了一批重大案件，取得了显著成绩。但当前违纪违法案件在一些地方和部门仍呈易发多发态势，必须继续保持查办案件工作的强劲势头，严厉惩处违纪违法行为，以震慑腐败分子、遏制腐败现象。要重点查办县处级以上领导干部违纪违法案件，严格执纪，敢于碰硬，决不让腐败分子逃脱党纪国法的惩处；要在继续严肃查处违反政治纪律、商业贿赂、失职渎职、严重侵害群众利益等案件的同时，加大对腐败现象易发多发、群众反映强烈的重点领域和部门案件的查处力度，争取突破一批大案要案；要加强纪检监察机关与司法机关、行政执法机关、有关行业和监管机构之间的协调配合，加强纪检监察机关内部各部门之间的协调配合，不断创新、完善和规范跨区域协作办案的形式、途径和程序，充分调动各方力量，形成查办案件的整体合力。

贺国强强调，要适应发展社会主义民主政治和依法治国的新形势，坚持严格依纪依法查办案件。要加强案件管理与监督，严格规范办案程序，确保查办案件工作严格按照国家法律、党内法规以及有关制度规定进行；要安全文明办案，建立、健全内部管理制约机制，保障被调查人的合法权益；要坚持实事求是，在严肃查处违纪违法分子的同时，又要为受到错告诬告的干部澄清是非，保护广大干部干事创业的积极性；要善于从大局上把握办案工作，坚持用历史的、辩证的观点和方法分析研究问题，坚持惩前毖后、治病救人，宽严相济，区别对待，努力取得良好的政治、法纪和社会效果。

贺国强指出，要切实发挥办案的治本功能，努力形成有效防范腐败的体制机制，不断从源头上预防和治理腐败。要发挥查办案件在教育警示方面的功能，善于运用正反两方面的典型教育党员干部，引导他们坚定理想信念、提高精神境界，自觉抵御权力、金钱、美色的诱惑；要发挥查办案件在完善制度方面的功能，针对案件暴露出来的体制机制方面的问题，深化改革，建章立制，堵塞漏洞；要发挥查办案件在强化监督方面的功能，善于从案件中发现党风政风方面的苗头性、倾向性问题，找到权力运行中的关键部位和监督方面的薄弱环节，提出有效防治的对策和建议，保证权力正确行使。

贺国强强调，各级党委要切实加强对查办案件工作的领导，重大案件主要领导要亲自指导，旗帜鲜明地支持纪检监察机关秉公执纪。要加强对基层办案工作的领导和支持，增强基层办案工作力量，保障基层办案工作经费，加强办案装备建设，促进基层办案工作的顺利开展。广大纪检监察干部要结合开展深入学习实践科学发展观活动，不断提高政治素质、业务素质和执纪能力，切实以良好的精神状态和扎实的工作作风做好查办案件工作，为推进反腐倡廉建设作出贡献。

何勇在主持会议时指出，各级纪检监察机关要认真学习、深刻领会贺国强同志的重要讲话精神，切实把思想和认识统一到这次会议精神上来，不断增强做好查办案件工作的责任感，扎扎实实做好查办案件工作。要在党委的领导下，紧密结合查办案件工作实际，特别是要深入查找办案工作中存在的突出问题，认真分析存在问题的原因，提出针对性强、切实可行的措施和办法，在抓落实、见成效上下功夫，推动查办案件工作不断取得新进展新成效。

中央纪委监察部领导同志张惠新、马馼、干以胜、张毅、黄树贤、李玉赋等出席会议。

全国妇联第十届执行委员会第一次全体会议在北京召开

会议推举陈慕华、彭珮云为全国妇联名誉主席。会议以无记名投票方式选举陈至立为全国妇联主席，黄晴宜、陈秀榕、孟晓驷、潘贵玉、赵实、乔传秀、汪纪戎、姜力、徐莉莉、唐晓青、洪天慧、热孜万·艾拜、甄砚为全国妇联副主席。

会议还选举产生31名全国妇联常务委员。

全国妇联第十届常务委员会第一次全体会议在北京召开

会议推选黄晴宜为全国妇联书记处第一书记，陈秀榕、孟晓驷、洪天慧、甄砚、王乃坤、赵东花、范继英为全国妇联书记处书记。

中国妇女第十次全国代表大会在人民大会堂闭幕

大会号召全国各族各界妇女和各级妇联组织全面贯彻党的十七大精神，高举中国特色社会主义伟大旗帜，以邓小平理论和"三个代表"重要思想为指导，深入贯彻落实科学发展观，解放思想、开拓创新、求真务实，团结动员全国各族各界妇女为夺取全面建设小康社会新胜利而奋斗。

会议通过了关于中华全国妇女联合会第九届执行委员会报告的决议。大会认为，我国妇女事业的发展，必须高举中国特色社会主义伟大旗帜，以邓小平理论和"三个代表"重要思想为指导，深入贯彻落实科学发展观，进一步发挥好妇联组织的党和政府联系妇女群众的桥梁纽带及国家政权重要社会支柱的作用，扎实做好组织妇女、引导妇女、服务妇女和维护妇女儿童合法权益的工作，坚定不移地把科学发展观贯彻落实到促进妇女事业发展的全过程和妇联工作的各方面。

大会还通过了关于《中华全国妇女联合会章程(修正案)》的决议，决定这一修正案自通过之日起生效。

中共中央政治局委员、国务委员、国务院妇女儿童工作委员会主任刘延东代表国务院和国务院妇女儿童工作委员会对大会圆满成功表示祝贺。她说，妇女是创造人类文明的伟大力量，妇女发展是社会文明进步的重要标志。中国妇女第九次全国代表大会以来，我国妇女事业取得新的成就，迈上了新的台阶。妇女自身发展的基础更加坚实，妇女发展的法制保障更加健全，男女平等的观念更加深入人心，广大妇女在经济社会发展中的作用更加重要。

刘延东强调，党的十七大已经对当前和今后一个时期我国妇女事业的发展作出了明确部署，提出了明确要求。我们要按照党的十七大精神的要求，以发挥作用为根本，以全面发展为目标，以提高素质为基础，以保障权益为重点，完善法律体系，强化政策措施，把男女平等的基本国策落到实处，确保广大妇女在国家政治、经济、文化、社会生活中的平等地位和权利，推动妇女事业实现又好又快发展。

新当选的全国妇联主席陈至立在闭幕词中说，中国妇女第十次全国代表大会是一次承前启后、开拓创新、求真务实、催人奋进的大会，为在新的历史起点上开创我国妇女事业新局面奠定了坚实的基础。

陈至立指出，妇女事业是一项崇高而伟大的事业，又是一项长期而艰巨的事业，需要我们为之坚持不懈地努力奋斗。我们要牢记党中央的嘱托和妇女群众的期盼，满怀真情、热情、激情做好妇女工作，鞠躬尽瘁、不辱使命、奋发有为，作出新贡献。要坚持把发展作为第一要务，团结动员广大妇女在夺取全面建设小康社会新胜利的伟大实践中建立新功勋。要坚持解放思想、实事求是，与时俱进、不断创新，以百折不挠的干劲、韧劲和闯劲开拓妇女工作新局面。要坚持深入基层，加强调查研究，关心妇女疾苦，反映妇女心声，讲实话、出实招、办实事、求实效，努力解决广大妇女最迫切要求解决的政策问题和实际困难，在实现好、维护好、发展好妇女切身利益上有新突破。

她要求全国广大妇女响应大会"共促科学发展，共建和谐社会，共创美好生活"的号召，进一步解放思想、与时俱进、开拓创新，为夺取全面建设小康社会的新胜利、不断开创我国妇女事业新局面而努力奋斗。

九届全国妇联主席顾秀莲在闭幕式上也作了讲话。

乌云其木格、严隽琪、张梅颖等出席闭幕式。闭幕式由全国妇联副主席、书记处第一书记黄晴宜主持。

中华全国妇女联合会第十届名誉主席、主席、副主席、常务委员、书记处书记名单

名誉主席　陈慕华　彭珮云

主　席　陈至立

副主席

黄晴宜　陈秀榕　孟晓驷　潘贵玉(兼)

赵　实(兼)　乔传秀(兼)　汪纪戎(兼)

姜　力(兼)　徐莉莉(兼)　唐晓青(兼)

洪天慧　热孜万·艾拜(兼，维吾尔族)　甄　砚

常务委员(按姓氏笔画为序)

马海莉　王乃坤　厉月姿　史桂茹　朱丽萍　刘丽鸽

刘建华　刘群英　李　平　李亚平　李悦娥　张　静

张李玺　张丽丽　张黎明　陈　羽(蒙古族)　陈砚秋

范继英 罗 梅(藏族) 金 蔚 赵东花 赵津芳 胡有兰 莫文秀 郭 莉 曹 亚 崔 郁 蒋月娥 程东红 甄 贞 翟美卿

书记处第一书记 黄晴宜

书记处书记

陈秀榕 孟晓驷 洪天慧 甄 砚 王乃坤 赵东花 范继英

《方毅传》和《方毅文集》出版

为了缅怀方毅同志的光辉业绩,学习和弘扬他的革命精神和崇高品德,受中共中央办公厅委托,由商务部会同科学技术部、中国科学院、中共福建省委、全国政协办公厅共同组织编写、编辑的《方毅传》和《方毅文集》,已由人民出版社出版发行。

据介绍,这本传记全面记述了方毅同志的一生,史料丰富翔实。他14岁参加革命,出生入死,经历了监狱酷刑和炮火硝烟的考验,为中国人民的解放事业和新中国的成立,立下了不朽的功勋。

《方毅文集》共收集编入了方毅同志在1941年至1993年期间的重要文章、报告和讲话等共94篇,其中绝大部分为首次公开发表。

方毅同志(1916—1997)曾任中共第十一届中央政治局委员、书记处书记,第十二届中央政治局委员;国务院副总理,第七届全国政协副主席;是我国对外经济战线和科学技术战线杰出的领导人。

11月1日

国家主席胡锦涛与摩洛哥国王穆罕默德六世互致贺电庆祝两国建交50周年

中共中央总书记胡锦涛在人民大会堂同全国妇联新一届领导班子成员和出席中国妇女十大的部分代表座谈

国家副主席习近平,中央纪委书记贺国强出席座谈会。

胡锦涛在讲话中首先代表党中央向中国妇女十大成功召开表示衷心的祝贺,向全国各族各界妇女和广大妇女工作者表示诚挚的问候。他指出,我国妇女历来具有自强自立、勤劳勇敢、吃苦耐劳的美德,为实现社会文明进步、推动中华民族发展壮大作出了不可磨灭的贡献。无论是在艰苦卓绝的革命战争年代、在热火朝天的社会主义建设时期,还是在波澜壮阔的改革开放时代,我国广大妇女在党领导下,为实现民族独立、人民解放和国家富强、人民富裕顽强奋斗,在实现中华民族伟大复兴的征程上建立了不朽功勋,是当之无愧的"半边天"。

胡锦涛向广大妇女提出三点希望。一是要进一步增强走中国特色社会主义道路的自觉性和坚定性,坚持社会主义核心价值体系,用科学理论武装头脑,用中国特色社会主义共同理想凝聚力量,用民族精神和时代精神鼓舞斗志,用社会主义荣辱观引领风尚,自觉承担起时代赋予的崇高使命,努力为发展中国特色社会主义作出新的更大的贡献。二是要进一步发挥在夺取全面建设小康社会新胜利中的"半边天"作用,牢牢把握发展这个党执政兴国的第一要务,坚持聚精会神搞建设、一心一意谋发展,努力在社会主义经济建设、政治建设、文化建设、社会建设以及生态文明建设中大显身手。三是要进一步彰显促进社会和谐的独特优势,牢固树立社会主义民主法治、自由平等、公平正义理念,发扬光大中华民族传统美德,追求文明向上的生活方式,培养健康有益的生活情趣,崇尚科学有效的教育方法,营造平等和谐的良好家风,努力为促进社会和谐稳定作出新的更大的贡献。

在谈到做好妇联工作时,胡锦涛强调,面对新形势新任务,各级妇联要自觉服从服务于党和国家工作大局,结合贯彻落实中央重大战略部署,找准妇联工作的切入点和着力点,最大限度地调动广大妇女的积极性、主动性、创造性,把广大妇女的智慧和力量凝聚到全面建设小康社会的伟大事业中来。

胡锦涛指出,各级党委和政府要牢固树立马克思主义妇女观,充分认识广大妇女的重要作用和做好新形势下妇女工作的重大意义,坚决贯彻男女平等的基本国策,尊重广大妇女首创精神,积极为妇女贡献才智、成就事业搭建舞台,为保障妇女合法权益、促进妇女共享改革发展成果创造条件。要热情关心妇联干部成长进步,积极帮助妇女解决工作生活中遇到的特殊困难。各级党委要加强和改善对妇联工作的领导,支持妇联依照法律和章程创造性地开展工作,更好发挥妇联在开展党的群众工作中的重要帮手作用。社会各界都要把推动社会文明进步落实到更加自觉地尊重妇女、关心妇女事业、支持妇女工作上来,同心协力消除歧视妇女、损害妇女合法权益的观念和行为,为广大妇女全面发展营造良好社会环境。

全国人大常委会副委员长王兆国主持座谈会。中宣部部长刘云山,中共中央政治局委员、国务委员刘延东,中组部部长李源潮,中央纪委副书记何勇,中央办公厅主任令计划,中央政策研究室主任王沪宁,全国妇联主席陈至立等出席座谈会。

座谈会上,新当选的全国妇联副主席、书记处第一书记黄晴宜介绍了中国妇女十大的召开情况,6名中国妇女十大代表发言。

谈家桢逝世

中国共产党的挚友,著名生物学家、中国现代遗传科学奠基人之一,杰出的科学家、教育家,中国民主同盟杰出的领导人,著名的社会活动家,上海市第八、九、十届人大常委会副主任,第五届上海市政协副主席,中国民主同盟中央名誉主席,民盟上海市委员会名誉主委,中国科学院院士,复旦大学原副校长谈家桢同志,因病于11月1日在上海逝世,享年100岁。

谈家桢1909年9月15日出生于浙江省慈溪县。1926年高中毕业后被保送至苏州东吴大学,主修生物学。1930年被推荐至燕京大学攻读硕士学位,师从李汝祺教授。1934年至1937年赴美国加州理工学院攻读博士学位,师从现代遗传学奠基人摩尔根及其助手杜布赞斯基。1937年8月放弃国外优厚待遇毅然回国,被聘为浙江大学生物系教授。1961年起任复旦大学副校长。"文革"期间遭受迫害。1979年起任第五届上海市政协副主席。1981年当选为中国科学院院士。1983年至1998年任上海市第八、九、十届人大常委会副主任。他1951年加入中国民主同盟,历任民盟第五、六、七届中央副主席,民盟第八、九届中央名誉主席,民盟第七、八、九、十届上海市委主任委员。他是第三、四届全国人大代表,第三届全国政协委员,第五、六、七、八届全国政协常委。

谈家桢是蜚声海内外的杰出科学家和具有崇高师

德的教育家。他发现的瓢虫色斑遗传的“镶嵌显性现象”,被认为是经典遗传学发展的重要补充和现代综合进化理论的关键论据。他最早将“基因”一词带入中文,被誉为“中国的摩尔根”。1999年国际编号3542号小行星被命名为“谈家桢星”。

11月2日

国家主席胡锦涛与汤加国王图普五世互致贺电庆祝两国建交10周年

国务院总理温家宝与汤加王国首相塞韦莱互致贺电庆祝两国建交10周年

国务院副总理李克强到山东考察

11月2日至4日,李克强在山东省委书记姜异康、省长姜大明等陪同下,先后来到青岛、潍坊、济南等地,走进企业车间、建设工地和医疗单位,深入田间地头、城镇社区,着重就经济发展和居民生活进行调研。李克强强调,面对不利的国际经济环境,要深入贯彻落实科学发展观,把应对当前挑战和实现长远目标结合起来,在增强经济活力和挖掘市场潜力中开拓发展空间,在调整经济结构和转变发展方式中提升发展水平,在加强社会事业和改善人民生活中促进社会和谐,推动经济社会又好又快发展。

国务院副总理张德江在南京分别会见前来出席第四届“世界城市论坛”的巴林首相哈利法和菲律宾副总统德卡斯特罗

全国未成年人思想道德建设工作经验交流会在杭州结束

中共中央政治局常委李长春对会议作出重要批示,强调要进一步增强责任感、使命感和紧迫感,关爱孩子、关心成长、关注未来,以更加饱满的精神、更加务实的作风、更加扎实的工作,努力培养和造就千千万万中国特色社会主义事业的合格建设者和可靠接班人,为开创未成年人思想道德建设工作新局面作出新的贡献。

中共中央政治局委员、书记处书记、中宣部部长刘云山出席会议并讲话。他指出,要从赢得青少年、赢得未来的高度,进一步提高对未成年人思想道德建设重要性紧迫性的认识,更加自觉更加主动地做好各项工作。要切实把社会主义核心价值体系寓于未成年人思想道德建设工作之中,引导青少年增强爱国情感、树立远大志向、养成文明习惯,做社会主义核心价值体系的弘扬者、实践者。要坚持以文化人,着眼于满足未成年人日益增长的精神文化需求,多创作健康向上的精神文化产品,多开展丰富多彩的文化活动,多提供优质便利的文化服务,深入推进社会文化环境净化工程,为广大青少年健康成长、快乐成长营造良好社会文化环境。

刘云山指出,我国未成年人农村占多数,推进未成年人思想道德建设,重点在农村,难点也在农村。要紧紧抓住贯彻落实党的十七届三中全会精神的有利契机,把农村未成年人思想道德建设与培育新农民、建设新农村紧密结合起来,不断改善基础条件,建设稳定的工作队伍,推动农村未成年人思想道德建设取得新突破。要把农村留守儿童、进城务工人员子女作为工作重点,以特殊的感情关心他们、关爱他们,妥善解决实际困难,使他们受到良好教育、得到健康成长。

会议表彰了首批全国未成年人思想道德建设工作先进城市、先进单位、先进工作者。教育部、团中央、全国妇联、中国关工委的负责同志作了大会发言。中央文明委成员单位有关部门,各省(区市)、新疆生产建设兵团和副省级城市文明办负责同志参加会议。

11月3日

2008年第四届世界城市论坛在南京开幕

中共中央政治局委员、国务院副总理张德江出席开幕式并致辞。

张德江在致辞中说,城镇化是人类社会发展的必然趋势,是一个国家工业化和现代化的重要标志。当前,全球金融市场动荡加剧,世界经济增速明显放缓,各国城镇化发展面临严峻挑战。只有加强合作交流,变挑战为机遇,才能实现各国城镇化的新发展。

张德江说,改革开放以来,中国城镇化进程加快推进,城镇面貌发生了翻天覆地的变化。面向未来,中国政府将按照科学发展观的要求,继续加快城镇化进程,坚持走以人为本的城镇化道路,坚持走改革开放和自主创新的城镇化道路,坚持走生产发展、生活富裕、社会和谐、生态良好的科学的城镇化道路,坚持走中国特色的城镇化道路。

本届论坛以“和谐城镇化”为主题,下设社会和谐、经济和谐、环境和谐、空间和谐、历史和谐、代际和谐6个分议题,反映了在工业化、信息化、城镇化、市场化、国际化深入发展的时代背景下,国际社会对城镇化的高度关注和实现城乡经济社会健康、协调、持续发展的共同追求。本届论坛组织多种形式、数百场次交流活动。南京市因秦淮河综合环境治理和开发项目获得联合国人居署颁发的人居奖特别奖。

中共中央政治局常委李长春在人民大会堂会见由党主席察鲁基扬率领的亚美尼亚繁荣亚美尼亚党代表团

李长春说，中亚建交以来，双边关系发展顺利，政治、经贸、文教、科技、农业等各领域的交流与合作逐步拓展并取得积极成果。去年双方以建交15周年为契机，举办了一系列庆祝活动，进一步扩大了中亚友好的社会基础。李长春说，中国党和政府高度重视发展中亚关系，赞赏亚美尼亚政府坚持一个中国立场，愿与亚方共同努力，在相互尊重、平等互利的基础上不断提升两国关系，造福两国人民。

察鲁基扬说，中国改革开放30年取得的伟大成就令人印象深刻。繁荣亚美尼亚党愿与中国共产党加强交流与合作，推动两国关系在政治、经济、体育等各领域深入发展。

中共中央政治局常委李长春在民族文化宫大剧院观看歌舞音画《茉莉花》

中央纪委书记贺国强在军事博物馆参观纪念党的纪检机关恢复重建30周年书画展

2007年影视节目出口总额突破21亿元

据《人民日报》报道，中国影视节目"走出去"又有新突破，2007年影视节目出口总额突破了21亿元。

11月4日

全国人大常委会委员长吴邦国在阿尔及尔与阿尔及利亚国民议会议长齐亚里举行会谈

齐亚里首先对吴邦国委员长来访表示热烈欢迎，认为此访是两国关系中的一件大事，标志着双方议会合作提升到了一个新水平，揭开了阿中战略合作关系的新篇章。

吴邦国说，深化中阿友好合作是两国人民的共同愿望，也有利于世界的和平、稳定与发展，希望双方以两国建交50周年为契机，进一步深化战略合作。为此，吴邦国提出四点建议：一是保持高层交往，增进政治互信。二是扩大务实合作，实现互利共赢。尤其是加强两国在基础设施、农业、交通、能矿等领域的务实合作，拓展高新技术合作。三是密切人文交流，传承中阿友谊。四是保持协调配合，维护共同利益。

齐亚里完全赞同吴邦国的建议。他表示，阿方愿与中方共同努力，将发展阿中关系的政治意愿转化为实际行动，加强经贸等领域的合作，增加相互投资，促进技术转让，扩大人员培训，不断深化、丰富和提升阿中战略合作关系。

会谈结束后，吴邦国委员长与齐亚里议长共同签署《中华人民共和国全国人民代表大会和阿尔及利亚民主人民共和国国民议会交流与合作谅解备忘录》。

全国人大常委会委员长吴邦国在阿尔及尔会见阿尔及利亚总统布特弗利卡

吴邦国指出，两国关系正处于历史上最好的时期。良好的政治关系应当促进经贸关系发展，经贸关系发展必将为中阿关系发展注入不竭动力。中方愿与阿方一道，本着互利共赢的原则，进一步发挥企业作为经贸合作主体的作用，积极拓展和深化企业合作，努力在经贸合作区等一些能够带动全局的大项目合作上取得新的进展，进一步加强能矿、基础设施、文化等领域的合作，不断夯实中阿战略合作关系的物质基础，更好地造福两国人民。中国政府鼓励有实力、信誉好的大企业、大集团到阿尔及利亚投资兴业，也欢迎阿尔及利亚的企业到中国创业发展。

布特弗利卡说，中国是阿尔及利亚真诚的朋友，阿方期待与中方在更广泛的领域开展互利合作，欢迎更多的中国企业到阿尔及利亚投资，加强在能矿资源、基础设施、电信等领域的合作，共同开发建设经贸合作区，阿方将为此创造良好环境，提供便捷服务。

两国领导人高度评价了中非合作论坛北京峰会成果及中方后续行动，强调在当前国际形势下，双方应继续加强团结与合作，充分发挥中非合作论坛的作用，开展平等对话和多种形式的务实合作，共同把北京峰会各项后续行动落到实处，并积极筹划下一步合作方向和重点，不断充实中非新型战略伙伴关系的内涵，维护发展中国家的共同利益。双方还就共同关心的重大国际和地区问题深入交换了意见。

吴邦国还应询介绍了中国经济社会发展、民主法制建设等方面的情况。

国务院总理温家宝到中科院高能物理研究所考察北京正负电子对撞机重大改造工程

温家宝来到北京正负电子对撞机中央控制室大楼一层大厅，参观了对撞机重大改造工程模型沙盘，听取介绍。

温家宝在报告厅和中科院负责人、科学家代表进行了座谈。座谈会由全国人大常委会副委员长、中国科学院院长路甬祥主持。中科院高能物理研究所所长陈和生、光电研究院院长相里斌、遗传与发育生物学研究所李振声院士、中科院副院长丁仲礼和美籍华裔物理学家、诺贝尔物理学奖获得者李政道先后发言，分别就我国大科学工程装置的建设和发展、加快空间领域技术攻关和应用、大力发展农业科技、加强固体矿产资源领域科学研究、加强基本粒子研究等提出意见和建议。

座谈会上，温家宝认真倾听，不时插话，和科学家交流。温家宝对20年来北京正负电子对撞机工程建设取得的成绩给予了充分肯定。他说，对撞机的建设，奠定了我国在粒子物理领域的国际地位，为从高能量和高精度研究物质结构的最基本单元及其相互作用规律提供了重要的研究手段。对撞机的建设，培养了我国第一批大科学工程建设、运行和管理人才队伍，为我国的大科学工程建设提供了有力的人才支持。他希望研究所在继续保持核物理方向优势地位的同时，努力建设具有世界先进水平的、对国内外开放的大型多学科综合性国家研究基地，为提升我国基础前沿研究水平和自主创新能力作出贡献。

在高能物理所考察时，温家宝会见了出席中美高能物理联合委员会第二十九次会议的美国科学家代表。温家宝说，北京正负电子对撞机既是中美科技合作的典范，也是多国科技合作的典范。这个项目的合作富有成果，产生了第一流的成果和技术。中美在科技领域的合作符合两国利益，也会造福两国人民。我们既要立足于自主创新，又要学习借鉴世界先进科技成果，进一步扩大科技合作和开放的领域。

全国政协主席贾庆林在北京出席当代国画优秀作品展——江西作品展开幕式并观看画展

国家副主席习近平在北京主持召开中央深入学习实践科学发展观活动领导小组第二次会议并发表讲话

习近平讲话指出，9月19日中央召开全党学习实践活动动员大会和第一批学习实践活动工作会议以来，参加第一批学习实践活动的单位认真贯彻中央要求，紧密结合各自实际，扎实推进学习调研阶段的各项工作。当前，绝大多数单位的学习实践活动将陆续转入分析检查阶段。中央深入学习实践科学发展观活动领导小组召开第二次会议，主要是传达学习胡锦涛总书记在陕西考察工作时关于学习实践科学发展观活动的重要讲话，听取第一批学习实践活动前一段情况的汇报，对分析检查阶段的工作进行部署。

中共中央政治局委员、中央书记处书记、中央组织部部长、中央深入学习实践科学发展观活动领导小组副组长李源潮在会议上传达了胡锦涛总书记在陕西考察工作时关于学习实践科学发展观活动的重要讲话。

习近平指出，胡锦涛总书记在陕西考察工作时关于学习实践科学发展观活动的重要讲话，深刻论述了开展学习实践活动的重大意义，对正确把握“党员干部受教育、科学发展上水平、人民群众得实惠”的要求进行了科学阐释，对认真做好分析检查阶段各项工作、推动学习实践活动深入开展提出了明确要求。胡锦涛总书记的重要讲话，对于搞好学习实践活动特别是分析检查阶段的工作具有很强的指导性，参加第一批学习实践活动的单位要认真学习，深刻领会，全面贯彻。

习近平强调，分析检查阶段的主要任务是征求意见、找准问题、分析原因、理清思路、明确方向。这一阶段在学习实践活动中具有承前启后的重要作用，必须认真贯彻中央精神，确保取得实效。

习近平对做好分析检查阶段的工作提出五点要求。第一，要坚持理论联系实际，继续在深化学习上下功夫，加深对科学发展观的理解，在树立科学发展理念、增强科学发展信心、凝聚科学发展共识上取得新进步，切实达到党员干部受教育的目的。第二，要开好领导班子专题民主生活会，深入查找在贯彻落实科学发展观方面存在的突出问题、影响社会和谐稳定的突出问题、党性党风党纪方面群众反映强烈的突出问题，吸取经验教训，自觉改进提高。第三，要充分运用前一段深入调研、开展解放思想讨论和民主生活会的成果，以检查分析问题和清理科学发展思路为重点，形成高质量的分析检查报告。第四，要认真贯彻群众路线，扎实搞好群众评议，使领导班子分析检查报告更好地反映实际情况、更好地体现群众意愿、更好地凝聚集体智慧，更加广泛地形成领导班子和广大党员、干部在科学发展上的共识。第五，要坚持边学边改、边查边改，进一步突出实践特色，认真做好解决突出问题、创新体制机制的工作，把学习实践活动与做好当前各项工作紧密结合起来，确保取得实实在在的效果。

习近平在讲话中还对中央学习实践活动领导小组和办公室下一步工作提出了明确要求。

中央深入学习实践科学发展观活动领导小组成员出席了会议，23个中央指导检查组组长列席了会议。

全国妇联主席陈至立到江苏 安徽 河南参加妇女工作座谈会并听取工作报告

11月4日至10日，陈至立分别在江苏、安徽、河南召开妇女工作座谈会，听取各级妇联工作情况并深入农村、城乡社区基层妇女组织、妇女儿童活动中心和妇女干部学校实地考察妇女工作。她强调要深入学习贯彻胡锦涛总书记在同全国妇联新一届领导班子成员和中国妇女十大部分代表座谈时的重要讲话精神，认真落实中国妇女十大精神，不断开创中国特色社会主义妇女事业新局面。

陈至立对江苏、安徽、河南各级妇联积极进取、求真务实工作取得的突出成绩给予充分肯定。她要求各级妇联组织和干部认真履行组织、引导、服务和维护妇女儿童合作权益的职责，带着真情、热情和激情，带着干劲、韧劲和闯劲，全心全意为妇女儿童服务。坚持深入基层、调查研究，倾听基层妇女心声，体察基层妇女儿童实际困难和问题，切实为基层特别是农村办实事。认真总结学习推广基层妇联组织创造的好经验好做法，进一步解放思想、拓宽思路，以改革创新的精神加强妇联自身建设，不断增强吸引力、凝聚力和创造力，做党和政府联系妇女群众的坚固桥梁纽带和国家政权的坚实社会支柱。

全国妇联副主席陈秀榕参加座谈并陪同考察。有关省委、人大、政府领导出席座谈会。

纪念村民委员会组织法实施10周年座谈会在北京召开

全国人大常委会副委员长周铁农在会上指出，认真总结村委会组织法实施以来的基本经验，并用以指导今后的实践，是新形势下继续深入实施村民委员会组织法、开创村民自治新局面的迫切要求，对于进一步完善基层群众自治制度，把农村村民自治实践引向深入，具有十分重要的意义。

他强调，要紧紧围绕农民最关心、最直接、最现实的利益问题开展群众自治，使农民群众感受到推行村民自治给他们带来的好处和实惠，促进农村经济社会又好又快发展，这既是我们对实施村委会组织法成功经验的基本总结，也是我们今后深入实施村委会组织法过程中必须长期坚持、不断丰富的重要原则。

周铁农要求，要认真贯彻落实党的十七大和十七届三中全会精神，通过扎实工作，推动实施村委会组织法工作取得新进展。要加强立法工作，增强法律的针对性和可操作性，进一步推动村民自治制度化、规范化、程序化。要加强普法宣传教育工作，进一步增强广大干部群众民主法制意识，形成有利于深入实施村委会组织法的社会氛围。要努力健全村党组织领导的充满活力的村民自治机制，深入开展民主选举实践、民主决策实践、民主管理实践和民主监督实践，推动村民自治实践取得新的更大进展。要发挥多方力量，运用多种方式，监督法律的贯彻实施，坚决纠正有法不依、执法不严、违法不究的行为，维护法律权威。

海协会会长陈云林在台北会见台湾当局两岸事务主管部门负责人赖幸媛

陈云林向赖幸媛表示，这次我能率领海协会协商代表团到台湾与海基会进行商谈，很不容易。能有这样的局面，离不开两岸同胞的鼓励和支持，离不开两会的努力。您作为台湾两岸事务主管部门主要负责人，给予了很多支持，并作出了努力，我对此表示感谢。今天两会在台北举行领导人会谈并签署了四项协议，这是具有历史意义的事情。若干年后，我们会为做成这件事而感到欣慰，因为它惠及两岸同胞，有利于两岸关系和平发展。

他指出，两岸关系有如逆水行舟，不进则退。在我与江丙坤董事长会谈时，双方都认为，下一步应商谈解决两岸金融合作、共同打击犯罪、合作抗击世界金融风暴带来的挑战等问题。希望两岸双方、两会能携起手来，共同把两岸关系和平发展的大局推向前进。

赖幸媛表示，第二次“江陈会谈”顺利完成任务，并且签署空运、海运、邮政合作和食品安全四项协议，获得丰硕的成果。在短短不到5个月的时间里，两会接连举行两次高层会谈。两岸双方采取具体行动，落实制度化协商，向世人展现出双方正视现实、搁置争议、积极改善关系的强烈意愿，并持续务实地解决两岸人民交流的问题与需要。她表示，只要两岸诚心地互相了解，相互包容，就一定可以有效地逐步解决歧见。

海协会常务副会长郑立中、执行副会长孙亚夫、驻会副会长李炳才和海基会董事长江丙坤等会见时在座。

第七届中国国际航空航天博览会在珠海举行

11月5日

国家主席胡锦涛致电祝贺奥巴马当选新一届美国总统

全国人大常委会委员长吴邦国在阿尔及尔会见阿尔及利亚总理乌叶海亚

吴邦国说，中方愿与阿方一道，站在长远和战略高度看待和加强互利合作，着重在基础设施建设、能源资源开发利用、经贸合作区建设等领域鼓励和支持两国大企业开展大项目合作，切实提高中阿经贸合作的质量和水平。中方将坚持互利互惠、合作共赢的原则，鼓励中国企业在阿尔及利亚投资，在技术转让上采取积极开放的政策，加强对阿方管理和技术人员的培训。希望通过这种互利合作，为阿尔及利亚调整经济结构、增加就业岗位等起到积极促进作用。

乌叶海亚对此表示完全赞同。他说，中国改革开放取得了巨大成就、积累了丰富经验、形成了成熟技术、造就了大批人才。阿尔及利亚政府真诚希望加快发展与中方的经贸关系，学习借鉴中国的经验，鼓励两国企业在加工工业、基础设施建设、能矿开发等领域深化合作，促进阿尔及利亚经济结构调整，实现可持续发展。阿尔及利亚政府将为中国企业在阿尔及利亚投资兴业创造更大空间，提供更多便利。

国务院总理温家宝主持召开国务院常务会议研究部署进一步扩大内需促进经济平稳较快增长的措施

会议认为，近两个月来，世界经济金融危机日趋严峻，为抵御国际经济环境对我国的不利影响，必须采取灵活审慎的宏观经济政策，以应对复杂多变的形势。当前要实行积极的财政政策和适度宽松的货币政策，出台更加有力的扩大国内需求措施，加快民生工程、基础设施、生态环境建设和灾后重建，提高城乡居民特别是低收入群体的收入水平，促进经济平稳较快增长。

会议确定了当前进一步扩大内需、促进经济增长的十项措施。一是加快建设保障性安居工程。加大对廉租住房建设支持力度，加快棚户区改造，实施游牧民定居工程，扩大农村危房改造试点。二是加快农村基础设施建设。加大农村沼气、饮水安全工程和农村公路建设力度，完善农村电网，加快南水北调等重大水利工程建设和病险水库除险加固，加强大型灌区节水改造。加大扶贫开发力度。三是加快铁路、公路和机场等重大基础设施建设。重点建设一批客运专线、煤运通道项目和西部干线铁路，完善高速公路网，安排中西部干线机场和支线机场建设，加快城市电网改造。四是加快医疗卫生、文化教育事业发展。加强基层医疗卫生服务体系建设，加快中西部农村初中校舍改造，推进中西部地区特殊教育学校和乡镇综合文化站建设。五是加强生态环境建设。加快城镇污水、垃圾处理设施建设和重点流域水污染防治，加强重点防护林和天然林资源保护工程建设，支持重点节能减排工程建设。六是加快自主创新和结构调整。支持高技术产业化建设和产业技术进步，支持服务业发展。七是加快地震灾区灾后重建各项工作。八是提高城乡居民收入。提高明年粮食最低收购价格，提高农资综合直补、良种补贴、农机具补贴等标准，增加农民收入。提高低收入群体等社保对象待遇水平，增加城市和农村低保补助，继续提高企业退休人员基本养老金水平和优抚对象生活补助标准。九是在全国所有地区、所有行业全面实施增值税转型改革，鼓励企业技术改造，减轻企业负担1200亿元。十是加大金融对经济增长的支持力度。取消对商业银行的信贷规模限制，合理扩大信贷规模，加大对重点工程、“三农”、中小企业和技术改造、兼并重组的信贷支持，有针对性地培育和巩固消费信贷增长点。初步匡算，实施上述工程建设，到2010年年底约需投资4万亿元。为加快建设进度，会议决定，今年四季度先增加安排中央投资1000亿元，明年灾后重建基金提前安排200亿元，带动地方和社会投资，总规模达到4000亿元。

会议要求，扩大投资出手要快，出拳要重，措施要准，工作要实。要突出重点，认真选择，加强管理，提高质量和效益。要优先考虑已有规划的项目，加大支持力度，加快工程进度，同时抓紧启动一批新的建设项目，办成一些群众期盼、对国民经济长远发展关系重大的大事。坚持既有利于促进经济增长，又有利于推动结构调整；既有利于拉动当前经济增长，又有利于增强经济发展后劲；既有效扩大投资，又积极拉动消费。要把促进增长和深化改革更好地结合起来，在国家宏观调控下充分发挥市场对资源的配置作用；发挥中央和地方两个积极性。

会议强调，尽管我们面临不少困难，但我国内部需求的潜力巨大，金融体系总体稳健，企业应对市场变化的意识和能力较强，世界经济调整为我国加快结构升级、引进国外先进技术和人才等带来新的机遇。只要我们及时果断采取正确的政策措施，把握机遇，应对挑战，就一定能够保持经济平稳较快发展。

中央深入学习实践科学发展观活动指导检查组情况汇报会在北京召开

中共中央政治局委员、中央书记处书记、中央组织部部长李源潮主持会议并讲话。

会议认真听取了中央学习实践活动各指导检查组的汇报，认为第一批学习实践活动进展顺利，各单位领导高度重视、准备工作充分、活动形式多样、实践特色突出、舆论氛围浓厚，学习培训、调查研究和解放思想讨论扎实深入，取得了初步成效。

李源潮指出，当前国际国内经济形势的深刻变化，对学习实践活动提出了新的要求。各指导检查组要指导联系单位按照胡锦涛总书记等中央领导同志指示精神，进一步研究学习实践活动如何紧密联系实际，真正取得实效。要把党员干部受教育作为搞好学习实践活动的基础，使党员干部对科学发展观的理解和把握达到新高度；把科学发展上水平作为搞好学习实践活动的核心，将科学发展观真正转化为促进科学发展的正确思路和自觉行动；把人民群众得实惠作为搞好学习实践活动的目的，切实解决群众反映强烈的突出问题。要把学习实践活动与贯彻落实党的十七届三中全会精神结合起来，与积极应对国际金融危机的影响、保持经济平稳较快发展结合起来，与纪念改革开放30周年、进一步推进改革开放结合起来，与安排好新形势下困难群众的生产生活、维护社会和谐稳定结合起来，与全面完成今年各项任务、谋划好明年的工作结合起来，与加强领导班子和干部队伍建设结合起来，推动各项工作取得新发展、新进步。

中央学习实践活动领导小组副组长及部分成员、中央指导检查组各组组长参加会议。

中国国民党主席吴伯雄在台北举行晚宴欢迎海协会会长陈云林一行

亲民党主席宋楚瑜在台北设宴欢迎海协会会长陈云林及其率领的海协会协商代表团

亚太经合组织港口服务网络成立大会暨第一届理事会在宁波召开

国家副主席习近平在人民大会堂会见塞尔维亚国防部部长德拉甘·舒塔诺瓦茨

中国政府发表《中国对拉丁美洲和加勒比政策文件》

外交部部长杨洁篪在北京与塞拉利昂外交和国际合作部长班古拉举行会谈

2007年度全国政协好新闻(华亚杯)颁奖会在全国政协礼堂举行

全国政协好新闻奖是全国政协办公厅主办的全国性年度优秀作品奖,从1991年开始至今已经举办了17次。本次获奖作品共47件,12件新闻作品获得一等奖。

《中共十一届三中全会以来多党合作理论、政策和实践的创新与发展》出版发行

为纪念改革开放30周年,由中央统战部主编的《中共十一届三中全会以来多党合作理论、政策和实践的创新与发展》一书近日出版发行。

此书系统阐述了以邓小平同志为核心的中共第二代中央领导集体对我国多党合作理论政策的拨乱反正,以江泽民同志为核心的中共第三代中央领导集体对我国多党合作理论政策的创新和突破,以胡锦涛同志为总书记的中共中央领导集体对我国多党合作理论政策的丰富和发展,展示了我国多党合作事业所取得的辉煌成就,总结了中国共产党同各民主党派团结合作的宝贵经验。

11月6日

中共中央 国务院 中央军委关于授予翟志刚同志"航天英雄"刘伯明、景海鹏同志"英雄航天员"荣誉称号并颁发"航天功勋奖章"的决定

2008年9月25日,我国航天员翟志刚、刘伯明、景海鹏同志乘坐"神舟"七号载人航天飞船成功进入太空,在顺利完成空间出舱活动和空间科学实验任务后,于9月28日安全返回地面。这次载人航天飞行圆满成功,实现了我国空间技术发展具有里程碑意义的重大跨越,标志着我国成为世界上第三个独立掌握空间出舱关键技术的国家。这是我国航天科技领域的又一重大胜利,再次显示了中华民族的非凡智慧和伟大创造力,对于进一步推动我国航天事业发展,增强综合国力,振奋民族精神,鼓舞全党全军全国各族人民为夺取全面建设小康社会新胜利、开创中国特色社会主义事业新局面而团结奋斗,具有重大意义。

"神舟"七号载人航天飞行圆满成功,凝聚着全体参加工程研制、建设、试验的广大科技工作者、航天员、干部职工、解放军指战员的智慧和心血。翟志刚、刘伯明、景海鹏同志是我国航天科技战线的杰出代表。翟志刚同志忠诚使命、敢为人先,不畏艰险、果敢顽强,胜利完成空间出舱活动,成为我国第一个进行太空行走的航天员,为祖国和人民建立了彪炳史册的卓著功勋。刘伯明、景海鹏同志顾全大局、密切协同、精心操作,为圆满完成"神舟"七号载人航天飞行任务作出了杰出贡献。为表彰他们为我国航天事业建立的功勋,中共中央、国务院和中央军委决定,授予翟志刚同志"航天英雄"、刘伯明和景海鹏同志"英雄航天员"荣誉称号,并颁发"航天功勋奖章"。

翟志刚、刘伯明、景海鹏同志是科学探索宇宙、和平利用太空的勇士,是自觉实践科学发展观、勇于为党和人民建功立业的时代先锋。全党全军全国各族人民要学习他们忠于党、忠于祖国、忠于人民的崇高精神,学习他们矢志事业、甘于奉献的高尚品德,学习他们勇攀科技高峰、努力争创一流的革命斗志,学习他们科学求实、精益求精的严谨作风。让我们在以胡锦涛同志为总书记的党中央领导下,高举中国特色社会主义伟大旗帜,坚持以邓小平理论和"三个代表"重要思想为指导,深入贯彻落实科学发展观,大力弘扬"两弹一星"精神和载人航天精神,自强不息,团结拼搏,开拓创新,扎实工作,为夺取我国改革开放和社会主义现代化建设新胜利、实现中华民族伟大复兴作出新的更大贡献!

全国地方立法研讨会在南京市召开

中共中央政治局委员、全国人大常委会副委员长王兆国出席并作重要讲话。

王兆国指出,要充分发挥地方立法在形成中国特色社会主义法律体系中的作用。地方立法要坚持以宪法为依据,遵循不抵触原则,维护国家法制统一;要着力抓好法律配套规定的制定,确保法律有效实施;要坚持从地方实际出发,增强地方立法的地方特色。

他强调,要进一步深入学习、领会监督法的精神和各项规定,建立实施监督法的长效机制,及时总结经验,加强督促检查;要正确处理好加强人大监督与支持"一府两院"工作的关系;要围绕中心、突出重点、综合运用监督手段,增强监督实效,坚持不懈地贯彻实施好监督法。

这次全国地方立法研讨会由全国人大法律委和全国人大常委会法工委召开。会议围绕贯彻实施监督法,进一步做好新形势下地方人大的立法和监督工作进行研讨和经验交流。中共江苏省委书记、省人大常委会主任梁保华,全国人大法律委员会主任委员胡康生,全国人大常委会法工委主任李适时,31个省级人大法制部门的负责人100多人出席会议。

江泽民同志《新时期我国信息技术产业的发展》文章发表座谈会在北京召开

中共中央政治局委员、国务院副总理张德江出席座谈会并讲话。他指出,江泽民同志的文章立意高远、内涵丰富、论述精辟、论据翔实,具有很强的思想性、理论性、战略性、指导性,要认真学习研究。他强调,要深入贯彻落实科学发展观,坚持走中国特色新型工业化道路,大力推进信息化与工业化融合,着力改革创新,完善政策措施,加快把我国建设成为信息技术产业强国。

在座谈会上,上海交通大学负责同志介绍了江泽民同志文章的主要内容,有关部门和单位负责同志先后发言,畅谈了学习体会。在听取发言后,张德江指出,江泽民同志以全球眼光和战略思维,明确了信息技术产业在国民经济和社会发展中的新定位,对世界信息技术及产业发展趋势作出了新判断,对我国信息技术产业发展的历程作出了新概括,提出了我国信息技术产业发展的新战略。这篇文章凝聚了江泽民同志多年来对信息技术产业发展的战略思考,是多年的经验总结和智慧结晶,对新时期我国信息技术产业发展具有重要指导意义。

张德江强调,要认真学习研究江泽民同志的文章,充分认识加快发展信息技术产业的重要意义,坚持优先发展信息技术产业,以信息化带动工业化,以工业化促进信息化,大力推进信息化与工业化的融合,提升信息化和工业化的整体水平。要继续加强国家战略决策的引导,深化体制机制改革,不断扩大对外开放,为我国信息技术产业发展注入新动力、增添新活力。要加大政策支持力度,健全法律、法规,营造良好的信息技术产业发展环境。要支持核心技术和核心基础产业发展,大力应用信息技术改造提升传统产业,加快产业结构优化升级。要注重人才培养,增强技术创新能力,努力掌握高端技术,拥有自主知识产权。要积极培育大公司大企业集团,增强我国信息技术产业国际竞争力。

全国人大常委会副委员长、中科院院长路甬祥,全国政协副主席、科技部部长万钢,全国政协原副主席、中国工程院院长徐匡迪出席座谈会并发言;工业和信息化部部长李毅中主持会议并发言。有关部门和单位负责同志参加座谈会。

台湾领导人马英九在台北会见海协会会长陈云林及协商代表团主要成员

中央统战部部长杜青林在北京接见达赖喇嘛的私人代表甲日·洛迪、格桑坚赞一行

杜青林向甲日一行介绍了北京奥运会和残奥会取得巨大成功、"神舟"七号载人航天飞行圆满成功的盛况,介绍了当前国家和西藏自治区经济社会发展,以及西藏抗震救灾、抗击罕见大暴雪灾害等情况。他指出,我们之所以能够战胜各种困难和挑战,不断取得改革开放和社会主义现代化建设的举世瞩目的新成就,根本原因在于我们始终不渝地坚持中国特色社会主义发展道路。中国的和平发展是不可阻挡的历史潮流,西藏在祖国大家庭中不断繁荣进步是有目共睹的客观事实。

杜青林指出,坚持中国共产党领导、坚持中国特色社会主义道路、坚持民族区域自治制度,这是中华人民共和国宪法明确规定的,也是西藏最大的政治现实。任何否定"三个坚持"、违反宪法的行为都是决不允许的。对"三个坚持",必须毫不动摇、一以贯之地执行。

杜青林指出,任何组织、个人都必须以宪法为根本的活动准则,维护宪法尊严,遵守宪法和民族区域自治法。实施《中华人民共和国民族区域自治法》,必须遵循:坚持国家利益和中华民族利益高于一切的原则,坚决维护国家统一和民族团结;民族区域自治是我国单一制国家结构形式的具体体现,不同于一些国家实行的联邦制、邦联制;民族区域自治是解决我国民族问题的基本政策,是国家的一项基本政治制度,不同于国家在香港、澳门实行的"一国两制";民族区域自治是民族自治和区域自治的有机结合,决不允许打着"真正的民族自治"旗号制造民族分裂,损害民族团结。

杜青林强调,在维护祖国统一和领土完整这个原则问题上,无论任何时候、在任何情况下,都不可有丝毫动摇和偏离,西藏"独立"不行,"半独立"不行,"变相独立"也不行。达赖喇嘛应该尊重历史、正视现实、顺应时代,对自己的政治主张进行根本性改正,切实做到不支持策划煽动暴力犯罪活动和一切谋求"西藏独立”、分裂祖国的主张和活动,切实履行今年7月北京接谈时作出的承诺,为接触商谈取得进展创造有利条件。

杜青林表示,中央对达赖喇嘛的政策是一贯的、明确的,对话的大门始终是敞开的。今年以来,尽管出现了拉萨打砸抢烧严重暴力犯罪事件,我们仍先后三次安排达赖喇嘛的私人代表回国接触,充分体现了中央的诚意、宽宏和大度,希望达赖喇嘛作出对国家、对人民、对历史、对自己有益的选择。

中央统战部常务副部长朱维群、副部长斯塔,西藏自治区常务副主席白玛赤林与甲日一行进行了谈话。指出,中央对达赖喇嘛回到爱国立场上来的大门始终是敞开的,今后也是敞开的;但对“西藏独立”、“半独立”、“变相独立”的大门过去没有开过,今后也不会开。甲日·洛迪、格桑坚赞就有关问题陈述了想法,并表示将把有关情况向达赖喇嘛如实汇报。

此前,甲日一行到宁夏回族自治区参观。在京期间,有关专家学者就中国民族区域自治的法律、政策和实践向甲日一行介绍了情况。

国家主席胡锦涛根据全国人大常委会的决定任免驻外大使

一、免去宁赋魁的中华人民共和国驻大韩民国特命全权大使职务;

任命程永华为中华人民共和国驻大韩民国特命全权大使。

二、免去鲁桂成的中华人民共和国驻土库曼斯坦特命全权大使职务;

任命吴虹滨为中华人民共和国驻土库曼斯坦特命全权大使。

三、免去吴虹滨的中华人民共和国驻白俄罗斯共和国特命全权大使职务;

任命鲁桂成为中华人民共和国驻白俄罗斯共和国特命全权大使。

四、免去蔡金彪的中华人民共和国驻斐济群岛共和国特命全权大使职务;

任命韩志强为中华人民共和国驻斐济群岛共和国特命全权大使。

五、免去宫小生的中华人民共和国驻约旦哈希姆王国特命全权大使职务;

任命郁红阳为中华人民共和国驻约旦哈希姆王国特命全权大使。

六、免去孙国祥的中华人民共和国驻土耳其共和国特命全权大使职务;

任命宫小生为中华人民共和国驻土耳其共和国特命全权大使。

七、免去王晓渡(女)的中华人民共和国驻吉布提共和国特命全权大使职务;

任命张国庆为中华人民共和国驻吉布提共和国特命全权大使。

八、免去胡业顺的中华人民共和国驻汤加王国特命全权大使职务;

任命樊桂金为中华人民共和国驻汤加王国特命全权大使。

九、免去赵五一的中华人民共和国驻玻利维亚共和国特命全权大使职务;

任命屈生武为中华人民共和国驻玻利维亚共和国特命全权大使。

国家副主席习近平在人民大会堂先后会见塞拉利昂外交和国际合作部长班古拉和埃及外长盖特

国务院副总理王岐山在中南海紫光阁会见英国国际贸易和投资特别代表安德鲁王子

外交部部长杨洁篪在北京与埃及外长盖特举行会谈

11月7日

中共中央 国务院 中央军委在人民大会堂举行庆祝“神舟”七号载人航天飞行圆满成功大会

中共中央总书记、国家主席、中央军委主席胡锦涛发表重要讲话。他强调,全党全军全国各族人民要学习和发扬载人航天精神,万众一心、众志成城,奋发图强、拼搏奉献,努力为夺取全面建设小康社会新胜利、开创中国特色社会主义事业新局面而团结奋斗。

温家宝、贾庆林、李长春、习近平、李克强、贺国强出席大会。

李克强宣读了《中共中央国务院中央军委关于授予翟志刚同志“航天英雄”,刘伯明、景海鹏同志“英雄航天员”荣誉称号并颁发“航天功勋奖章”的决定》。

胡锦涛在大会上发表了重要讲话。

大会上,载人航天工程总指挥、“神舟”七号载人航天飞行任务总指挥长、总装备部部长常万全,航天员代表翟志刚,科技工作者代表、飞船系统总指挥尚志先后发言。

出席大会的还有:王刚、王兆国、王岐山、回良玉、刘淇、刘云山、刘延东、李源潮、张德江、何勇、令计划、王沪宁、路甬祥、乌云其木格、韩启德、周铁农、司马义·铁力瓦尔地、陈昌智、严隽琪、桑国卫、梁光烈、马凯、孟建柱、王胜俊、曹建明、杜青林、白立忱、阿不来提·阿不都热西提、张梅颖、张榕明、钱运录、万钢、罗富和、曹刚川、徐匡迪,以及中央军委委员陈炳德、李继耐、廖锡龙、靖志远、许其亮等。

中央党政军群有关部门和北京市负责同志,各民主党派中央、全国工商联负责人和无党派人士代表,参加"神舟"七号载人航天飞行任务的有关方面代表,以及首都各界代表3000多人出席大会。

大会开始前,胡锦涛等会见了航天员及载人航天工程科技人员代表。

中共中央总书记胡锦涛在庆祝"神舟"七号载人航天飞行圆满成功大会上的讲话

同志们:

今年9月,在全党全军全国各族人民团结奋斗,奋勇夺取四川汶川特大地震抗震救灾斗争重大胜利,成功举办北京奥运会、残奥会之后,"神舟"七号载人航天飞行又获得了圆满成功。我国3名航天员首次成功实施空间出舱活动和空间科学实验,实现了我国空间技术发展的重大跨越。这一举世瞩目的伟大成就向世界宣告,中国已成为世界上第三个独立掌握空间出舱关键技术的国家。我国航天员太空行走迈出的一小步,代表着我们在科技创新征程上迈出的一大步。这是我国载人航天事业发展史上的又一重要里程碑,是我们建设创新型国家取得的又一标志性成果,是中国人民攀登世界科技高峰的又一伟大壮举,是中华民族为人类探索利用外层空间作出的又一卓越贡献。全体中华儿女都为伟大祖国取得的这一辉煌成就感到无比荣耀和自豪!广大航天工作者为祖国和人民建立的卓越功勋,党和人民将永远铭记!

今大,我们在这里隆重集会,热烈庆祝"神舟"七号载人航天飞行圆满成功,号召全党全军全国各族人民学习和发扬载人航天精神,万众一心、众志成城,奋发图强、拼搏奉献,努力为夺取全面建设小康社会新胜利、开创中国特色社会主义事业新局面而团结奋斗。

首先,我代表党中央、国务院和中央军委,向全体参加"神舟"七号载人航天飞行任务研制、建设、试验的广大科技工作者、航天员、干部职工、解放军指战员,向荣获"航天英雄"荣誉称号和航天功勋奖章的翟志刚同志,向荣获"英雄航天员"荣誉称号和航天功勋奖章的刘伯明、景海鹏同志,向所有为我国航天事业作出贡献的同志们,表示热烈的祝贺和诚挚的慰问!向热情支持和关心我国航天事业发展的全国各族人民和香港同胞、澳门同胞、台湾同胞以及海外华侨华人,向关心我国航天事业发展的国际友人,表示衷心的感谢!

同志们!

我国载人航天事业,是在改革开放伟大历史进程中决策实施和不断推进的。早在上个世纪80年代,以邓小平同志为核心的党的第二代中央领导集体审时度势,明确把发展载人航天事业纳入发展高技术的"863"计划。以江泽民同志为核心的党的第三代中央领导集体,面对世界科技进步突飞猛进、综合国力竞争日趋激烈的新形势,作出了实施载人航天工程的重大战略决策。党的十六大以来,党中央从世界科技大势和中国特色社会主义事业全局出发,适应我国科技事业发展的战略要求,对我国载人航天工程第二步、第三步发展作出全面规划。载人航天工程实施16年来,各系统各单位和广大航天工作者团结一心、群策群力、锐意创新、拼搏奉献,突破一大批拥有自主知识产权的核心关键技术,先后实现从无人飞行到载人飞行、从一人一天到多人多天、从舱内实验到出舱活动等重大跨越,为我国航天事业发展开辟了广阔前景。载人航天工程不仅有力带动了我国基础科学和应用科学相关领域加速发展,促进了科技成果向现实生产力转化,为经济社会发展提供了重要推动力量,而且培养造就了一支能够站在世界科技前沿、勇于开拓创新的高素质人才队伍,探索出依托重大工程培养创新型人才和领军人物的有效途径和体制机制。广大航天工作者大力发扬以爱国主义为核心的民族精神和以改革创新为核心的时代精神,培育形成了特别能吃苦、特别能战斗、特别能攻关、特别能奉献的载人航天精神,为全党全军全国各族人民沿着中国特色社会主义道路奋勇前进增添了精神力量。

"神舟"七号载人航天飞行圆满成功,充分展示了改革开放30年来我国显著提高的经济实力、科技实力、综合国力,进一步增强了全体中华儿女的民族自信心和自豪感,进一步坚定了全党全军全国各族人民继续推进改革开放和社会主义现代化建设的决心和信念,对于我们在中国特色社会主义道路上实现中华民族伟大复兴必将产生重大而深远的影响。这一成就再一次向世人昭示:中华民族是勤劳智慧、富有创新精神和创造能力的民族,是自强不息、勇于战胜一切艰难险阻的民族,是爱好和平、积极为人类和平与发展的崇高事业不懈奋斗的民族。

同志们!

载人航天工程的生动实践,深化了我们对组织重大工程建设的认识,为加快我国科技事业发展、推进改革开放、推动经济社会又好又快发展积累了宝贵经验,提供了重要启示。

第一,科学发展是实现发展目标的必然要求。广大航天工作者牢固树立科学发展理念,尊重科学、尊重规律,发扬求真务实精神,坚持成功是硬道理,始终用“精心组织、精心指挥、精心实施，确保成功、确保万无一失”统一思想，科学统筹、协调推进各方面各阶段的建设，形成了人力、财力、物力最佳组合，确保了工程建设和重大试验顺利实施，促进了载人航天工程全面协调可持续发展。实践再一次告诉我们，只有坚持科学发展才能又好又快实现既定的发展目标。我们必须始终坚持科学发展，切实把科学发展观贯穿于社会主义现代化建设全过程，不断创造无愧于历史、无愧于当代、无愧于后人的业绩。

第二，社会主义制度是凝聚强大力量的政治优势。载人航天工程规模宏大、系统复杂、高度集成，全国数千家单位、几十万科技大军承担研制、建设、试验任务。各系统各单位始终坚持社会主义大协作，自觉讲大局、讲团结、讲奉献，形成了全国一盘棋、全力为成功的强大合力，谱写了万众一心、团结奋进的时代凯歌。实践再一次告诉我们，社会主义制度能够集中力量办大事是我们国家的显著政治优势，是我们战胜艰难险阻、创造历史伟业的强大制度保证。我们必须始终坚持和充分发挥这一显著政治优势，最大限度地凝聚全社会的智慧和力量，共同创造党和国家事业发展的新辉煌。

第三，自主创新是掌握民族发展命运的关键之举。我国载人航天工程靠自力更生起步、在自主创新中发展。广大航天工作者勇于探索、善于创造、敢于超越，始终瞄准世界航天科技前沿，攻克一道道世界性难题，掌握一大批具有自主知识产权的核心关键技术，在较短的时间内，以较少的投入，高标准、高质量、高效益地实施了工程任务，走出了一条符合国情、具有特色的载人航天工程发展道路，使我国加速跻身于世界航天大国之列。实践再一次告诉我们，自力更生是中华民族自立于世界民族之林的奋斗基点，自主创新是我们攀登世界科技高峰的必由之路。我们必须始终坚持自力更生、自主创新，牢牢掌握我国科技发展的主动权，不断增强国家科技实力特别是核心竞争力。

第四，爱国主义是成就伟大事业的精神动力。在载人航天工程实施过程中，广大航天工作者高扬爱国主义旗帜，以祖国需要为最高需要，以人民利益为最高利益，自觉把个人理想与祖国建设、民族振兴紧密联系在一起，表现出强烈的爱国情怀，展现了对祖国的赤胆忠诚。实践再一次告诉我们，爱国主义是我们民族精神的核心，热爱祖国、奉献祖国是一切时代成就一切伟业的重要力量源泉。我们必须坚持不懈地在各族人民中大力弘扬爱国主义精神，使爱国主义始终成为激励我国各族人民为推进改革开放和社会主义现代化建设、实现中华民族伟大复兴而团结奋斗的强大精神支柱。

同志们！

科学技术是第一生产力。不断推动科技进步和创新，对于一个国家、一个民族现在和未来的发展具有决定性意义。当今世界，科技进步日新月异，科技创造层出不穷，不仅给世界生产力发展带来巨大推动，而且引起了世界经济格局的深刻变化和利益格局的重大调整。面对世界科技发展大势和日趋激烈的国际科技竞争，我们只有把科技进步和创新摆在国家发展的战略地位，才能牢牢掌握我国发展的战略主动。我们必须清醒地看到，我国科技总体水平特别是自主创新能力同世界先进水平相比仍有较大差距。我们必须奋起直追，努力做到后来居上。我们一定要把提高自主创新能力、建设创新型国家作为国家发展战略的核心和提高综合国力的关键，把增强自主创新能力贯彻到现代化建设各个方面，紧紧围绕建设创新型国家，充分运用载人航天等重大工程的成功经验，大力弘扬“两弹一星”精神和载人航天精神，加快科技进步和创新步伐，为改革开放和社会主义现代化建设提供强有力的科技支撑。

我们要始终把改革创新精神作为强大动力，不断激发全社会的创造活力。改革创新精神是改革开放培育造就的伟大精神，也是推进改革开放须臾不可缺少的奋斗精神。只有锐意改革、不懈创新，才能不断开拓事业发展的广阔前景，才能使我们的国家、我们的民族、我们的党不断增添发展进步的蓬勃活力。必须坚持解放思想、实事求是、与时俱进，大力培育改革创新意识、增强改革创新勇气，不断推进理论创新、制度创新、科技创新、文化创新以及其他各方面创新，努力使改革步伐持续迈进、创新成果不断涌现。必须在全社会大力传播科学知识、科学方法、科学思想、科学精神，倡导敢于创新、勇于竞争、诚信合作、宽容失败，使改革创新精神在全社会蔚然成风。广大科技工作者要增强开拓创新、勇攀高峰的信心和勇气，在改革创新、敢为人先上为全社会作出表率。

我们要始终把提高自主创新能力作为战略任务，切实增强国家科技实力。自主创新能力是国家竞争力的核心，是实现建设创新型国家目标的关键所在。我们要深刻认识到，在关系国民经济命脉、国家安全的关键领域，核心关键技术只能依靠自主创新来获得。必须坚持走中国特色自主创新之路，认真落实国家中长期科学和技术发展规划纲要，不断加大对自主创新的投入，积极抢占科技制高点。必须加快提高原始创新、集成创新和引进消化吸收再创新能力，大力推进基础研究、前沿技术研究、社会公益性技术研究，在关系国民经济命脉、国家安全的关键领域和若干发展前沿，掌握一批核心关键技术，拥有一批自主知识产权。必须紧紧抓住对经济社会发展全局具有重大带动作用和重要影响的重大工程项目,加快实施国家重大科技专项,实现重点领域跨越式发展,带动经济实力、科技实力、国防实力整体跃升。

我们要始终把培养造就高素质人才作为根本大计,努力建设宏大的创新型人才队伍。人才是事业发展最可宝贵的财富。世界范围的综合国力竞争,归根到底是人才特别是创新型人才的竞争。社会主义现代化事业的不断发展和创新,归根到底有赖于各方面创新型人才的创造性思维和创造性活动。谁能够源源不断地培养、吸引、凝聚创新型人才,谁就能够掌握实现发展目标的第一资源。必须坚定不移地实施科教兴国战略和人才强国战略,在全社会形成尊重劳动、尊重知识、尊重人才、尊重创造的良好风尚,坚持用事业凝聚人才、用实践造就人才、用机制激励人才、用法制保障人才,努力把优秀人才集聚到建设创新型国家的伟大实践中来。必须坚定不移地把教育摆在优先发展的战略地位,大力发展教育事业,深化教育改革创新,全面推进素质教育,不断创新人才培养模式,为建设创新型人才队伍奠定坚实基础。杰出的科学家和科技人才是国家科技事业发展的决定性因素,必须依托国家重大人才培养计划、重大科研和重大工程项目、重点学科和重点科研基地、国际学术交流合作项目,积极推进创新团队建设,努力培养一批德才兼备、国际一流的科技尖子人才、国际级科学大师和科技领军人物,特别是要抓紧培养造就一批中青年高级专家。必须教育引导广大科技工作者继承发扬我国科技界的光荣传统和优良作风,自觉实践社会主义荣辱观,自觉发扬科学求实、严肃认真、同舟共济、团结协作、淡泊名利、默默奉献的优良作风,自觉为我国科技事业发展贡献智慧和力量。

我们要始终把深化科技体制改革作为重要保障,加快推进国家创新体系建设。完善而具有活力的科技体制,是推动科技进步和创新、加速科技成果向现实生产力转化、加强科技同经济社会发展结合的重要保障。必须围绕建设国家创新体系,深化科技体制改革和各项配套改革,充分发挥政府的主导作用、市场在科技资源配置中的基础性作用、企业在技术创新中的主体作用、国家科研机构的骨干和引领作用、大学的基础和生力军作用,使技术创新体系、知识创新体系、国防科技创新体系、区域创新体系、科技中介服务体系协调统一,形成科技创新的整体合力。必须完善适应社会主义市场经济发展要求的科技事业管理体制,建立、健全法律、法规,完善科技资源配置方式,形成科技不断促进社会进步、社会不断增加科技投入的良好机制。必须完善国家科技决策机制和宏观协调机制,科学统筹涉及科技发展的重大关系,加快科技布局和结构调整,完善鼓励科技创新的法制保障、政策体系、激励机制、市场环境。必须进一步形成有利于科技发展的竞争机制,坚持国家科技计划对全社会开放,支持和鼓励国内有条件的各类机构平等参与承担国家重大计划和项目,鼓励企业主动研究开发具有自主知识产权的核心技术和产品,努力形成全社会踊跃参与、各方面共同推进科技创新的生动局面。

同志们!

探索太空永无止境,航天事业任重道远。广大航天工作者一定要牢记使命、不负重托,努力在人类探索利用外层空间的伟大事业中继续有所创造、有所作为。中国人民愿同各国人民携起手来,坚持和平开发利用太空的正确方向,积极参与国际空间合作,为促进人类和平与发展的崇高事业作出新的更大的贡献!

让我们更加紧密地团结起来,全面贯彻党的十七大和十七届三中全会精神,高举中国特色社会主义伟大旗帜,抓住机遇、应对挑战,坚定信心、团结拼搏,为全面建设小康社会、实现中华民族伟大复兴而继续奋斗!

全国人大常委会委员长吴邦国在利伯维尔会见加蓬总统邦戈

吴邦国说,中加两国传统友好。2004年,胡锦涛主席成功访加,使中加关系进入了快速发展时期。中方感谢邦戈总统和加蓬政府在关系中国核心利益等重大问题上给予的一贯坚定支持。明年将迎来中加建交35周年,中方愿以此为契机,不断增进两国人民的相互了解和友谊,切实加强各层次各领域的交流与合作,密切在重大国际和地区问题上的协调与配合。吴邦国指出,经贸合作是两国友好关系的物质基础,也是两国领导人高度重视的问题。中加经济互补性强,互利合作潜力大。中方愿与加方通力合作,把双方经济互补优势转化为经贸合作成果,更好地造福两国人民。希望双方坚定信心,密切配合,加快矿产开发、水电站和体育场建设等大项目前期工作的进度,争取尽快启动,使这些大项目成为中加经贸合作新的亮点和增长点。中方鼓励和支持中国有实力的企业与加方开展务实合作,并在技术转让上采取开放政策,尽可能地为加方创造更多的就业岗位,培训管理和技术人员。两国政府及有关部门应从中加关系大局出发,本着互利互惠、合作共赢的原则,及时协调和解决大项目实施过程中遇到的问题,确保项目顺利实施。

邦戈总统对吴邦国委员长来访表示热烈欢迎。他说,我多次访华,对中国怀有深厚感情。中国是加蓬的好兄弟、好朋友,加中两国一直相互欣赏、相互尊重。加方高度重视发展对华关系,希望加快双方已商定的大项目的合作进度,并期待与中方在更广泛的领域开展互利合作，共同推动加中关系全面深入发展。

会见结束后，吴邦国委员长和邦戈总统共同出席了《中华人民共和国政府和加蓬共和国政府经济技术合作协定》的签字仪式。

全国人大常委会委员长吴邦国在利伯维尔会见加蓬参议长科尼凯

国务院总理温家宝应约同英国首相布朗通电话

温家宝说，中国政府已经并将继续出台进一步扩大内需的一系列措施，维护经济、金融和资本市场稳定，促进经济平稳较快发展。这是中国应对这场危机最重要、最有效的手段，也是对世界最大的贡献。

温家宝强调，战胜这场金融危机需要全球行动，合力应对，包括推动建立公平、公正、包容、有序的国际金融体系。中国支持国际金融组织进行改革，在应对当前危机中发挥积极和建设性作用。

温家宝表示，中国愿在即将举行的二十国集团领导人金融市场和世界经济峰会上与有关各方加强合作，使会议取得积极成果。

布朗表示，英赞同中国政府为应对当前国际金融危机所采取的政策和措施。中国经济持续较快发展对世界有利。英国重视中国在推动国际金融体系改革、应对当前金融危机方面的重要作用，愿同中方保持沟通协调。

国务院总理温家宝在"应对气候变化技术开发与转让高级别研讨会"开幕式上发表题为《加强国际技术合作 积极应对气候变化》的讲话

气候变化是国际社会普遍关心的重大全球性问题，事关人类的生存环境和各国的繁荣发展。中国政府始终以负责任的态度高度重视气候变化问题，坚持把资源节约和环境保护作为基本国策，把实现可持续发展作为国家战略，为应对全球气候变化作出了积极努力。一是制订了《中国应对气候变化国家方案》，明确了到2010年应对气候变化的具体目标、基本原则、重点领域及政策措施。二是在国民经济和社会发展"十一五"规划中把单位GDP能耗作为约束性指标，并建立地方、企业节能减排责任制，逐级进行考核。三是更加注重推进经济发展方式转变和经济结构调整，鼓励采用节约能源资源的生产方式和消费模式。四是通过加大政策引导和资金投入，大力发展水能、核能、风能及农村沼气等清洁能源和可再生能源。五是深化能源资源领域的价格、财税体制改革，既注重发挥政府的引导作用，又充分运用市场调节机制，促进全社会节约能源资源。六是积极实施天然林保护、退耕还林还草等生态建设，进一步增强了森林作为温室气体吸收汇的能力。七是制定了一系列应对气候变化的法律、法规，广泛开展节约资源、保护环境教育，加快建设资源节约型、环境友好型社会。八是成立了国家应对气候变化工作领导小组，指导各部门和地方政府开展这项工作。这些措施正在收到明显成效。2000年到2008年，中国风电装机容量由34万千瓦提高到1000万千瓦，水电装机容量由7935万千瓦提高到16300万千瓦，核电装机容量由210万千瓦提高到885万千瓦。森林覆盖率由上世纪90年代初期的13.92%增加到2005年的18.21%。去年一年内关停小火电机组1438万千瓦，关闭小煤矿1万多处，淘汰落后炼铁产能4659万吨、炼钢产能3747万吨、水泥产能5200万吨。单位国内生产总值能耗连年下降，降幅逐年提高。我们有信心经过不懈努力实现"十一五"规划确定的节能减排各项指标。

中国是一个人均GDP只有2000多美元的发展中国家，仍有1500万农村人口处在绝对贫困状态，2200多万城市人口维持最低生活保障。中国目前正处在工业化快速发展阶段，人均温室气体排放不到发达国家的1/3，历史累积的人均排放更低，而且在排放总量中相当部分是保障民众的生存排放和国际制造业的转移排放。我们面临着发展经济、消除贫困和减缓温室气体排放的多重压力。综观世界发展史，发达国家200多年工业化过程中分阶段出现的资源环境问题，我国现阶段集中显现出来；发达国家在经济高度发展后花几十年解决的节能减排问题，我们要在短得多的时间内得以解决，难度之大前所未有。中国政府将坚定不移地推行有利于节约能源资源、保护环境的生产方式、生活方式和消费模式，建设低投入、高产出，低消耗、少排放，能循环、可持续的国民经济体系，推动整个社会走上生产发展、生活富裕、生态良好的可持续发展道路。

当前，全球金融危机加剧蔓延，世界经济增长明显放缓，对各国经济发展和人民生活带来严重挑战。在这样的形势下，我们应对气候变化的决心绝不能动摇，行动绝不能松懈。

第一，必须坚持国际社会携手合作应对气候变化。气候变化对人类的影响是全方位的，没有哪一个国家能够在这巨大挑战面前独善其身，也没有哪一个国家能够单独承担起应对气候变化的重任。必须采取务实合作的行动，才能实现人类的和谐发展、各国的互利共赢。《联合国气候变化框架公约》(以下简称《公约》)及《京都议定书》(以下简称《议定书》)奠定了应对气候变化国际合作的法律基础，多年来国际社会为履约付出了努力并取得一定成效，但实际进展离我们期待的目标尚有较大差距。实践证明,全球合作是应对气候变化的关键,需要充分考虑各国的具体国情、发展阶段、历史责任、人均排放等因素,正视历史,立足当前,着眼长远,开展长期、广泛的对话和务实合作。国际社会应当依据《公约》和《议定书》的原则与规定,牢固树立帮助别人就是帮助自己、损害别人就是损害自己的理念,积极应对气候变化,共同建设美好家园。

第二,必须坚持在可持续发展的框架下应对气候变化。气候变化是重大环境问题,但归根结底是发展问题。为应对气候变化而影响发展目标的实现,或者无视气候变化威胁而片面追求经济增长,都不符合国际社会的共同利益。当前气候变化主要是由于发达国家长期累积排放造成的,广大发展中国家特别是最不发达国家和小岛屿国家适应气候变化能力弱,由他们承担气候变化的严重后果是有失公允的。发达国家应当改变不可持续的消费模式,大幅度降低温室气体排放,并帮助发展中国家走适合国情的可持续发展道路,努力实现经济发展和应对气候变化的有机统一。

第三,必须坚持"共同但有区别责任"的原则。这反映了发达国家和发展中国家在应对气候变化问题上应尽的不同义务,是指导国际社会应对气候变化具有主导和核心地位的基本准则。发达国家应当正视自己长期累积排放的历史责任和高人均排放的现实,严格履行《议定书》所确定的第一承诺期减排目标,并在2012年后继续大幅度减排。同时,要切实按照"巴厘路线图"兑现承诺,为发展中国家应对气候变化提供资金、技术和能力建设的支持。国际社会应当充分考虑发展中国家适应气候变化的特殊关切,改变重减缓、轻适应的倾向。发展中国家也要尽最大努力减少排放,为减缓和适应气候变化作出应有贡献。

第四,必须坚持联合国千年发展目标。我们不能忘记,目前世界上仍有约十亿人口生活在贫困线以下,距离实现联合国提出的千年发展目标还有很大的差距。让全球广大贫困人口享受人类发展和现代文明的成果,是各国政府的应尽责任。国际社会必须认识到,如果没有发展中国家的经济社会进步,不仅无法实现应对气候变化的目标,也无法确保世界的繁荣与稳定。全球应对气候变化的行动,应当促进而不是阻碍各国尤其是发展中国家发展经济和消除贫困,应当有助于缩小而不是扩大各国之间的贫富差距和技术鸿沟,应当维护而不是损害国际社会的公平正义和社会和谐。

第五,必须坚持依靠技术进步应对气候变化。科学技术在认识气候变化规律、有效应对气候变化中具有举足轻重的作用。当今世界,新能源、可再生能源技术取得重大进展,应对气候变化的关键技术孕育着新的突破。这些技术的推广使用,必将为减缓和适应气候变化奠定坚实基础,为发展低碳经济和建设低碳社会提供有力支撑。遗憾的是,在全球共享应对气候变化技术方面,迄今为止没有取得实质性进展。国际社会应当在应对气候变化技术开发与转让方面加强合作,加快机构设置、资金安排和制度保障等核心问题的磋商,建立起政府引导、企业参与、市场运作的运行机制,使广大发展中国家及时用上减少温室气体排放的先进技术,从而提高全球应对气候变化的能力。目前,国际社会正在就2012年以后的应对气候变化国际合作行动进行讨论,并致力于在2009年年底之前达成协议。本次会议为讨论有关气候友好技术的开发与转让提供了一个很好的交流平台,只要我们本着对人类社会、对地球家园负责的态度,按照《公约》确定的原则平等协商、积极合作,就一定能够达成有利于保护气候、有利于各国发展的公平合理成果。中国政府将一如既往地发挥积极和建设性作用,同国际社会一道,为应对气候变化作出不懈努力!

全国政协主席贾庆林在人民大会堂会见香港著名企业家 载人航天基金会理事长曾宪梓先生

全国政协主席贾庆林到浙江调研

11月7日至10日,贾庆林和随行的全国政协副主席、全国工商联主席黄孟复,在浙江省委书记赵洪祝、省长吕祖善等陪同下,深入到金华市、温州市等地,就非公有制经济发展问题进行专题调研。

贾庆林在温州主持召开非公有制企业家座谈会。20多位企业家就正确认识和把握当前经济形势、积极应对国际经济金融危机、加强和改善宏观调控、搞活金融信贷、支持企业特别是中小企业发展、振兴装备制造业、稳定资本市场、活跃房地产市场、扩大投资和消费、实施出口市场多元化战略等问题提出了具体的意见和建议。在听取大家发言后,贾庆林发表讲话。他指出,面对当前经济发展中遇到的困难和问题,非公有制企业要切实增强战胜困难的信心和决心,努力把困难和挑战带来的压力转化为推进发展方式转变和结构优化升级的动力,在新的起点上实现企业新的更大发展。要着力转变发展方式,加快结构调整步伐,以结构调整促进非公有制企业实现科学发展;着力挖掘内需潜力,抓住中央实施扩大国内需求特别是消费需求政策的机遇,积极开拓国内市场;着力实施"走出去"战略,巩固传统市场,开拓新兴市场;着力提高自主创新能力,注重培育自主品牌,提升企业竞争能力;着力树立企业良好形象,积极承担社会责任。广大非公有制经济人士要大力弘扬以"爱国、敬业、诚信、守法、贡献"为核心的优秀建设者精神,努力做合格的中国特色社会主义事业的建设者，为抵御世界经济金融危机对我国经济的影响，保持我国经济平稳较快发展作出新的更大的贡献。

中央纪委书记贺国强在北京出席全国纪检监察法规工作会议并发表讲话

贺国强强调，要适应反腐倡廉建设面临的新形势新任务，坚持以科学发展观为统领，以落实《建立、健全惩治和预防腐败体系2008—2012年工作规划》(以下简称《工作规划》)为重点，不断健全完善反腐倡廉法规制度，为深入推进党风廉政建设和反腐败斗争提供有力的制度保障。

贺国强指出，加强和改进反腐倡廉法规制度建设，必须深入贯彻落实科学发展观，切实把科学发展观所体现的立场、观点、方法贯穿于法规制度建设的各个方面。要服从服务于发展这个第一要务，紧紧围绕中央关于加强和改善宏观调控、促进经济平稳较快发展、调整经济结构、转变发展方式、加强节能减排和生态环境保护、推进农村改革发展等决策部署，制定出台一批法规文件，确保中央关于推动科学发展重大决策部署的贯彻落实；要坚持以人为本的理念，紧紧围绕保障和改善民生的政策措施开展立法工作，进一步完善规范领导干部行为制度、信访举报法规制度、案件检查制度、违纪行为惩处制度、党内民主和党内监督制度，促进中央关于保障和改善民生各项政策的落实；要按照全面协调可持续的基本要求和统筹兼顾的根本方法，正确处理整体与局部、全面与重点、数量和质量的关系，立足当前、着眼长远，整体推进、突出重点，形成内外衔接、上下配套、结构合理、体例科学的反腐倡廉制度体系；要坚持科学立法、民主立法，加强党对立法工作的领导，深入调查研究，坚持群众路线，不断提高反腐倡廉法规制度的质量和水平。

贺国强强调，要以落实《工作规划》为重点推进反腐倡廉法规制度建设，对已出台的法规制度要制定配套制度并不断加以完善，对经过实践检验确属比较成熟的经验和做法要及时转化为法规制度，对需要解决和规范而立法难度又较大的问题要积极探索、积累经验、为及早立法创造条件。要对现行反腐倡廉法规制度进行梳理，已经过时的要及时废止，有明显缺陷的要适时修订完善，需要细化的要尽快制定实施细则，切实增强法规制度的科学性和有效性。

贺国强指出，要切实抓好反腐倡廉法规制度的落实，把反腐倡廉法规制度纳入各级党委理论中心组的学习内容，列入各级党校、行政学院和其他干部培训机构的教学计划，充分发挥广播、电视、报刊、网络等媒体的作用，深入进行宣传教育，增强党员干部执行法规制度的自觉性；要完善保障机制，建立权责明确、行为规范、监督有效、保障有力的执法执纪机制，进一步完善工作程序，加强内部管理，增强落实法规制度的有效性；要加强监督检查，对有令不行、有禁不止和不执行制度甚至破坏制度的，要依纪依法严肃处理。

贺国强强调，各级党委、政府要把反腐倡廉法规制度建设纳入工作总体布局，对重要法规制度项目及时研究部署、加强协调督促；各级立法机构和部门要结合工作实际，加强反腐倡廉法规制度的研究论证和起草制定；各级纪检监察机关要充分发挥职能作用，加强对反腐倡廉法规制度建设的规划安排、任务分解、统筹协调和督促检查，努力形成反腐倡廉法规制度建设的整体合力。

中共中央书记处书记、中央纪委副书记何勇在主持会议时指出，各级纪检监察机关要认真贯彻落实贺国强同志重要讲话和这次会议精神，紧密结合各自实际，制定反腐倡廉法规制度建设工作计划，把反腐倡廉法规制度建设的长远目标和阶段性目标结合起来，坚持整体规划，分阶段实施，实现法规制度建设的整体推进，为贯彻落实科学发展观提供坚强的政治保证和纪律保证。

会议对法规工作先进单位和个人进行了表彰。中央纪委监察部领导同志张惠新、马馼、干以胜、张毅、黄树贤、李玉赋等出席会议。

全国总工会主席王兆国到江苏考察

国务院副总理李克强在人民大会堂会见前来参加世界卫生组织传统医学大会的世卫组织总干事陈冯富珍博士及主要代表

李克强说，传统医药在维护人类健康中具有重要作用，相信在世卫组织的指导与推动下，世界传统医药一定能获得更大的发展，造福于各国人民。中医药是中华民族的宝贵财富。中国始终坚持中西医并重的方针，大力推进中医药的继承和发展，增进人民健康福祉。

李克强指出，中国政府高度重视世界卫生组织的重要作用，愿继续巩固和加强与世卫组织的良好合作关系，加深和拓展务实合作。

陈冯富珍高度赞赏中国政府支持传统医药发展所作出的努力，表示世界卫生组织将一如既往地支持中国发展卫生事业，积极推动包括传统医药在内的各领域合作。

国务院副总理李克强在人民大会堂会见俄罗斯总统驻远东联邦区全权代表萨福诺夫

李克强指出，地方合作已成为两国关系的重要内容和务实合作新的增长点。中国东北地区与俄远东地区具有得天独厚的合作条件,双方应抓住机遇,发挥各自优势,建立并完善合作机制,推动路、桥、口岸等跨境基础设施建设,以重大项目带动投资合作,使地方合作不断迈上新台阶。

萨福诺夫表示,俄中两国具有良好的合作基础和巨大的合作潜力。俄方高度重视俄中关系,作为俄总统驻远东联邦区全权代表,愿为进一步深化包括地方合作在内的各领域务实合作而努力。

第十八届中国新闻奖 第九届长江韬奋奖颁奖报告会在北京举行

中共中央政治局常委李长春出席并讲话。

中共中央政治局委员、书记处书记、中宣部部长刘云山,中共中央政治局委员、国务委员刘延东,全国政协副主席、中国社会科学院院长陈奎元出席报告会。中国记协主席田聪明在会上致辞。

报告会上,向中国新闻奖一等奖获得者代表和长江韬奋奖获得者颁了奖。《人民日报》国内部主任曹焕荣、新华社河南分社记者李钧德、解放军报记者江宛柳、黑龙江电视台制片人周国梁、中央电视台体育频道总监江和平、四川人民广播电台记者刘力等6位获奖代表和先进集体代表先后发言。中央宣传文化部门负责同志和来自全国各地约500名编辑记者参加了报告会。

中共中央政治局常委李长春在第十八届中国新闻奖第九届长江韬奋奖颁奖报告会上的讲话

同志们:

今天我们在这里欢聚一堂,隆重举行第十八届中国新闻奖、第九届长江韬奋奖颁奖报告会,庆祝我国第九个记者节。借此机会,我代表党中央向中国新闻奖和长江韬奋奖获奖者表示热烈祝贺,向辛勤工作在新闻战线的同志们表示节日问候,向为党和人民的新闻事业作出重要贡献的老一辈新闻工作者表示崇高敬意,向所有关心和支持新闻工作的同志们、朋友们表示衷心感谢!

以胡锦涛同志为总书记的党中央对新闻宣传工作高度重视,对做好新形势下新闻宣传工作提出了明确要求。胡锦涛总书记指出,做好新闻宣传工作要高举旗帜、围绕大局、服务人民、改革创新,坚持正确舆论导向,提高舆论引导能力,营造良好舆论环境,更好地发挥宣传党的主张、弘扬社会正气、通达社情民意、引导社会热点、疏导公众情绪、搞好舆论监督的重要作用。这为我们进一步做好新闻宣传工作指明了前进方向,必须深入学习领会,认真贯彻落实。

胡锦涛总书记和党中央对今年的新闻宣传工作给予充分肯定和高度评价,明确指出,新闻战线精心组织抗震救灾,北京奥运会、残奥会等重大事件宣传工作,宣传和表彰先进典型,加强热点问题引导,唱响了共产党好、社会主义好、改革开放好、人民军队好、人民群众好、伟大祖国好的时代主旋律,极大地振奋了民族精神、凝聚了党心民心,为党和人民的伟大事业作出了新的重大贡献。

今年是我们党和国家事业发展进程中非同寻常的一年,在以胡锦涛同志为总书记的党中央坚强领导下,经过全党全军全国各族人民团结奋斗,我们战胜了罕见的低温雨雪冰冻灾害和四川汶川特大地震灾害,成功举办了北京奥运会、残奥会,圆满完成了"神舟"七号载人航天飞行,克服了国际经济环境重大变化的不利影响,保持了经济社会又好又快发展的势头。在这一系列重大任务和重大事件中,广大新闻工作者以高度的政治责任感和历史使命感,真实记录了共和国波澜壮阔的历史进程,生动展示了中国人民奋发向上的时代风貌。特别是在气壮山河、艰苦卓绝的伟大抗震救灾斗争中,新闻工作者冒着生命危险,克服重重困难,深入抗震救灾第一线,广泛宣传党中央、国务院决策部署,全面反映全国人民紧急动员、共克时艰的恢宏场面,热情讴歌感天动地、可歌可泣的英雄壮举,大力弘扬万众一心、众志成城,不畏艰险、百折不挠,以人为本、尊重科学的伟大抗震救灾精神。在举国关注、举世瞩目的北京奥运会、残奥会举办过程中,新闻工作者饱含深情地记录了中华民族百年圆梦的辉煌时刻,描绘了各国各地区体育健儿齐聚北京、共襄奥运的空前盛况,诠释了团结、友谊、和平的奥林匹克精神,书写了全国人民支持奥运、参与奥运、奉献奥运的动人画卷。在深入宣传改革开放伟大成就的采访报道中,新闻工作者充分展示了我国经济社会发展的巨大成就,展示了全国各族人民锐意改革开放、开创中国特色社会主义事业新局面的昂扬斗志,展示了中华民族自强不息、自立于世界民族之林的精神风貌。在深入基层、深入群众、深入生活的过程中,新闻工作者满怀对人民群众的深厚感情,反映群众呼声,维护群众利益,把党和政府的声音送到千家万户,鼓舞、激励人民群众为全面建设小康社会共同奋斗。实践证明,我们的新闻队伍是一支政治强、业务精、纪律严、作风正的高素质队伍;是一支在关键时刻冲得上、能吃苦,打得赢、能奉献的坚强队伍;是一支党和人民可以完全信赖的优秀队伍。党和人民感谢你们!

回顾这一年的工作,我们在很多方面实现了创新和突破,积累了一些宝贵经验。我们要深入总结新闻宣传工作取得的新鲜经验,进一步深化对新时期新闻宣传工作规律的认识和把握，努力推动党的新闻宣传事业不断发展进步。我体会，做好新形势下新闻宣传工作，必须做到以下几点：

一是必须始终坚持党性原则，坚持团结稳定鼓劲、正面宣传为主，坚持高举旗帜、围绕中心、服务大局，唱响主旋律，打好主动仗，牢牢把握正确舆论导向，不断巩固壮大积极健康向上的主流舆论。

二是必须坚持以人为本，贴近实际、贴近生活、贴近群众，把体现党的主张与反映人民心声统一起来，把坚持正确导向与通达社情民意统一起来，把正面宣传为主与加强和改进舆论监督统一起来，保证人民的知情权、参与权、表达权、监督权，不断增强新闻报道的亲和力、吸引力、感染力、公信力。

三是必须坚持把提高舆论引导能力放在突出位置，重视研究传播艺术，注意利用现代传播技巧，善于运用受众听得懂、易接受的方式，把握报道的方向和重点，注重引导的时机和节奏，提高舆论引导的有效性。

四是必须坚持及时准确、公开透明，第一时间发布权威信息，满足人们的信息需求，回应社会关切，努力抢占先机、赢得话语权、掌握主动权，牢牢占领舆论引导的制高点。

五是必须坚持把提高主流媒体的国内国际传播能力作为一项紧迫的战略任务，打造国际一流媒体，构建覆盖广泛、技术先进的现代传播体系，形成与我国经济社会发展水平和国际地位相称的国际传播能力，使我们的图像、声音、文字、信息更广泛地传播到世界各地，进入千家万户。

六是必须坚持积极发展、加强管理、趋利避害、为我所用，加强新兴媒体的建设、运用和管理，占领互联网等舆论新阵地，形成网上正面舆论强势，掌握网上舆论主导权，构建舆论引导新格局。

七是必须坚持改革创新，在继承和发扬优良传统的基础上，创新观念、创新体制、创新机制、创新内容、创新形式、创新方法、创新手段，改进新闻宣传工作的领导方式、组织方式、工作方式、管理方式，不断增强新闻宣传的针对性和实效性。

这些成功经验，继承和发扬了党的新闻宣传工作的优良传统，反映了新时期新闻宣传工作的内在要求，对做好今后工作具有重要的指导意义，我们要始终坚持，并在实践中不断发展和完善。

当前，全党全国各族人民正在全面贯彻落实党的十七大和十七届三中全会精神，以邓小平理论和“三个代表”重要思想为指导，深入贯彻落实科学发展观，满怀信心地为夺取全面建设小康社会新胜利、开创中国特色社会主义事业新局面而团结奋斗。新闻宣传战线要认真贯彻落实党中央的决策部署，扎实开展深入学习实践科学发展观活动，围绕中心、服务大局，切实完成好肩负的各项任务。要认真做好党的十七届三中全会精神的宣传，把广大干部群众的思想统一到全会精神上来，努力开创农村工作新局面。要认真做好深入学习实践科学发展观活动的宣传，大力宣传科学发展观的科学内涵、精神实质和根本要求，及时报道各地各部门开展学习实践活动的进展情况、成功经验和实际效果，为学习实践活动顺利开展营造良好舆论氛围。要认真做好纪念改革开放30周年的宣传，大力宣传改革开放的历史进程、伟大成就和宝贵经验，唱响共产党好、社会主义好、改革开放好的主旋律。要认真做好当前经济形势的宣传，全面准确、客观辩证地分析当前国内外经济形势，宣传中央应对国际金融危机作出的决策部署，宣传各地各部门积极应对挑战、推动经济平稳较快发展的具体举措，进一步增强信心、振奋精神、鼓舞士气，为我国经济社会又好又快发展提供有力的舆论支持。

同志们，胡锦涛总书记今年6月在考察人民日报社工作时的重要讲话中指出，要把提高舆论引导能力放在突出位置，进行深入研究，拿出切实措施，取得新的成效。我们一定要深刻领会胡锦涛总书记的重要讲话精神，把提高舆论引导能力作为当前一项十分重要的政治任务，努力在打牢全党全国各族人民团结奋斗的共同思想基础方面下功夫，在传播社会主义核心价值体系方面下功夫，在为推进党和国家事业发展凝聚强大精神力量方面下功夫，在营造健康向上、丰富生动的主流舆论方面下功夫，在促进社会和谐方面下功夫，把新闻宣传工作提高到新的水平。这里，我对大家提出几点期望：

第一，要坚持正确舆论导向，始终保持政治上的清醒坚定。新闻舆论处在意识形态领域的最前沿，对社会精神生活和人民思想意识有着重大影响。做好新闻宣传工作，关系党和国家工作全局，关系改革开放和经济社会发展大局，关系国家长治久安。新闻工作者一定要坚持以邓小平理论和“三个代表”重要思想为指导，深入贯彻落实科学发展观，始终与以胡锦涛同志为总书记的党中央保持高度一致，始终坚持围绕中心、服务大局，牢牢把握新闻宣传工作正确的政治方向，要大力宣传党的主张，充分反映人民意愿，切实当好党和政府联系人民群众的桥梁纽带。要不断增强政治意识、大局意识、责任意识，增强政治敏锐性和政治鉴别力，牢固树立马克思主义新闻观，自觉用中国特色社会主义理论体系武装头脑，增强贯彻落实科学发展观的自觉性和坚定性，不断提高复杂形势下把握正确舆论导向的能力。

第二，要坚持把建设社会主义核心价值体系作为根本任务，不断巩固全党全国各族人民团结奋斗的共同思想基础。建设社会主义核心价值体系，是我们党在思想文化建设上的重大理论创新和重大战略任务。宣传社会主义核心价值体系、努力在全社会形成有利于社会主义核心价值体系建设的舆论强势，是新闻媒体义不容辞的社会责任。新闻工作者应当成为社会主义核心价值体系的坚定信仰者、积极传播者和模范践行者，自觉把社会主义核心价值体系的要求贯穿到新闻宣传工作的各个方面，通过新闻报道宣传科学理论、传播先进文化、塑造美好心灵、弘扬社会正气，引导更多的人自觉践行社会主义核心价值体系，推动在全社会形成统一的指导思想、共同的理想信念、强大的精神力量和基本的道德规范。

第三，要坚持贴近实际、贴近生活、贴近群众，努力增强新闻宣传的亲和力、吸引力、感染力和公信力。"三贴近"是党的十六大以来中央对宣传思想文化工作提出的重要原则，是新闻宣传工作深入贯彻落实科学发展观的必然要求。新闻工作者要深入到改革开放和现代化建设的伟大实践中，深入到丰富多彩的现实生活中，深入到人民群众中，真实反映党领导人民建设中国特色社会主义的生动实践，真实反映时代变化和社会进步，真实反映人民群众为创造美好生活不懈奋斗的精神风貌。要把体现党的主张与反映人民心声统一起来，把坚持正确导向与通达社情民意统一起来，把正面宣传为主与加强和改进舆论监督统一起来。要紧紧围绕经济社会发展中的重大问题，紧紧围绕人民群众反映强烈的突出问题，积极开展准确监督、科学监督、依法监督、建设性监督，切实保障人民群众的知情权、参与权、表达权、监督权，增强人民群众对党和政府的信任。要切实改进文风，善于运用群众语言，把思想性、指导性同知识性、可读性紧密结合起来，增强新闻宣传的实际效果。

第四，要坚持改革创新，努力提高舆论引导水平。改革创新是推动新闻事业发展进步的不竭动力。要进一步解放思想、实事求是、与时俱进，勇于探索，大胆创新。要从社会舆论多层次的实际出发，把握媒体分众化、对象化的新趋势，坚持以党报党刊、电台电视台为主体，整合都市类媒体、网络媒体等多种宣传资源，努力形成定位明确、特色鲜明、功能互补、覆盖广泛的舆论引导新格局。要切实做好重大公共突发事件新闻报道和舆论引导，坚持及时准确、公开透明的原则，第一时间发布权威信息，满足人们的信息需求，回应社会关切，努力抢占先机，引导社会舆论。要切实加强主流媒体国际传播能力建设，着力提高我主流媒体在国际上的原创率、首发率和落地率，着力建设语种多、受众广、信息量大、影响力强、覆盖全球的国际一流媒体，不断提高影响国际舆论的能力和成效。

第五，要加强学习，努力提高信息化条件下做好新闻宣传工作的能力。新闻工作者要适应舆论引导工作的新形势新要求，不断完善知识结构，拓宽知识领域，提高自身素质。要深入了解国际国内形势的发展变化，培养世界眼光和战略思维，增强全球传播意识，善于在国内国际舆论的互动中扩大我们的声音。要加强现代科技知识的学习，深入研究信息化条件下新闻传播规律和传播艺术，善于运用数字、网络等现代科技手段开展新闻宣传工作，增强新闻宣传的吸引力和感染力。

第六，要加强职业道德建设，努力做让党放心、让人民满意的新闻工作者。社会主义新闻事业是党和人民的事业，新闻工作者肩负着党和人民的重托。要坚定理想信念，继承和发扬党的新闻工作优良传统，不断增强为党的新闻事业奉献智慧力量的自觉性坚定性。要加强作风建设，踏实苦干、精益求精、严格把关、严守纪律，努力创造无愧于党、无愧于人民、无愧于时代的一流业绩。要加强自身修养，积极践行社会主义荣辱观，自觉抵制各种腐朽思想的侵蚀，经受住各种诱惑的考验，自觉接受社会监督，坚决反对虚假新闻、有偿新闻和低俗新闻，坚决维护新闻宣传的权威性、公正性、公信力，以高尚的道德情操、良好的职业素养、扎实的工作业绩，赢得人民的信任和社会的尊敬。

做好新闻宣传工作，归根到底要靠人才、靠队伍。各级党委政府、各级宣传部门、各级新闻单位都要关心、爱护新闻工作者，努力营造优秀人才脱颖而出的良好环境，让新闻工作者的创造活力充分发挥，让新闻工作者的创新才能充分施展，让新闻工作者的创新成果得到充分尊重。要加大人才培养力度，着力培养一批政治上坚定、忠于党和人民的拔尖人才和领军人物，一批既有广博知识、又对某一领域有深刻研究的专家型编辑记者，一批体现媒体风格、深受群众喜爱的名编辑、名记者、名播音员、名主持人，一批熟悉新闻宣传工作、懂经营善管理的复合型新闻人才，一批维护国家利益、熟练掌握外语的外向型新闻人才，让党的新闻事业人才辈出、兴旺发达。

同志们！党的十七大为我们确定了宏伟目标，中华民族伟大复兴的历史使命在召唤着我们，人民群众建设和谐社会的美好愿望在期待着我们，我们的前途更加光明灿烂，我们的任务更加光荣艰巨。让我们紧密团结在以胡锦涛同志为总书记的党中央周围，高举中国特色社会主义伟大旗帜，以邓小平理论和"三个代表"重要思想为指导，深入贯彻落实科学发展观，锐意创新、奋发有为，团结奋斗、再接再厉，努力在夺取全面建设小康社会新胜利、开创中国特色社会主义事业新局面的伟大征程中，谱写新的辉煌篇章！

第三届中国社会保障论坛在人民大会堂举行

中共中央政治局委员、国务院副总理张德江出席开幕式并致辞。

张德江指出，中国社会保障事业取得了长足发展，改革开放以来特别是近年来，中国政府坚持深化社会保障制度改革，大幅度增加资金投入，不断完善工作机制，不断加大工作力度，基本建立了中国特色社会保障体系框架，不断扩大覆盖范围，稳步提高待遇水平，逐步健全管理服务体系，为保障人民群众基本生活、促进社会公平正义、维护改革发展稳定大局发挥了十分重要的作用。

张德江强调，面临工业化、信息化、市场化、城镇化、国际化和老龄化加速发展的新形势，必须更加重视社会保障体系建设，确保到2020年基本建立覆盖城乡居民的社会保障体系。要立足中国基本国情，继续坚持“广覆盖、保基本、多层次、可持续”的指导方针，努力构建中国特色社会保障体系。要在不断完善现有制度的基础上，加快解决城镇居民的养老和医疗保障问题，重点加强农村社会保障制度建设，使社会保障向覆盖全体城乡居民的目标不断拓展。要加强公共财政体制建设，增加财政投入，重点支持城镇居民基本养老、基本医疗制度和农村社会保障体系建设。要进一步深化改革，加强法律、法规建设，为加快完善社会保障体系提供制度保障。各级政府要进一步转变职能，更加注重保障和改善民生，在完善社会保障体系中发挥主导作用。

本届论坛的主题是“中国社会保障的科学发展”。来自国内外的政府官员、专家学者、企业界人士和国际组织代表共600人参加了论坛。

世界卫生组织首届传统医学大会在北京举行

11月8日

国家主席胡锦涛同美国当选总统奥巴马通电话

胡锦涛祝贺奥巴马当选美国总统，对他在竞选期间强调中美关系的重要性，主张中美加强合作、共同应对全球性挑战、共享全球发展机遇表示赞赏。

胡锦涛指出，中美建交30年来，两国关系虽历经曲折，但总体不断向前发展，取得了来之不易的成果，给两国人民带来了实实在在的利益，值得我们倍加珍惜。作为最大的发展中国家和最大的发达国家，中美两国在事关世界和平与发展的重大问题上拥有广泛共同利益，肩负着重要责任。在新的历史时期，中方愿同美方保持两国高层及各级别交往，继续开展战略对话，扩大各领域交流合作，加强在重大国际和地区问题上的沟通协调，相互尊重和照顾彼此关切，妥善处理两国间的敏感问题，特别是台湾问题，把中美建设性合作关系推上更高水平。

奥巴马感谢胡锦涛祝贺他当选美国总统。他表示，中国是一个伟大的国家，中国的发展和成功符合美国利益。在当今国际舞台上，美中关系是至关重要的关系，发展美中合作不仅有利于两国，也有利于世界。美中关系面临很多发展机遇，希望双方加强合作，推动美中关系取得更大发展，造福两国人民。美方希望同中方加强在安全、气候变化、地区热点等问题上的磋商和协调，推动问题的解决。

胡锦涛指出，当前，国际金融危机给世界各国经济发展和人民生活带来严重影响。为有效地应对这一全球性挑战，国际社会应该增强信心、加强协调、密切合作。金融市场和世界经济峰会即将在华盛顿举行，中方高度重视这次峰会，愿同与会各方共商如何采取有力措施，尽快恢复市场信心，遏制金融危机扩散和蔓延，尽量减少金融危机对实体经济的影响，避免发生全球性经济衰退。这场金融危机暴露了国际金融体系许多深层次的弊端，国际社会应该认真总结这场金融危机的教训，在所有利益攸关方充分协商的基础上，对国际金融体系进行必要的改革，尤其是要深入探讨加强国际金融监管、完善国际金融组织、改善国际货币体系等重大课题。

奥巴马表示，解决当前金融危机需要各国政府更加紧密合作，希望美中两国在即将召开的金融市场和世界经济峰会上加强合作。

中国国际友好城市大会在北京举行

国家副主席习近平出席开幕式并发表了题为《加强国际友城交流合作，增进世界各国人民友谊》的致辞。

习近平代表中国政府向大会的召开表示祝贺。习近平说，今年是中国开创国际友好城市活动35周年。1973年，中国天津与日本神户缔结了第一对中外友好城市关系，开辟了中国地方政府对外交流合作的重要渠道。改革开放以来，中国的国际友好城市活动步入全面快速发展阶段。目前，中国已与120个国家建立了1497对友好城市关系。国际友好城市活动已成为中国同有关国家双边关系的重要组成部分，促进了中国同各国的交流合作，增进了中国人民同各国人民的相互了解和友谊。

习近平说，今年是中国改革开放30周年。中国国际友好城市活动的蓬勃发展得益于改革开放，并积极推动了中国改革开放。中国将继续坚持走改革开放之路，这必将进一步促进中国同各国城市的友好交往和互利合作。

日本神户市副市长鹈崎功代表与会外国来宾发表讲话。他说，世界许多国家的城市同中国各省市缔结了友好关系，在各领域交往活跃。神户市作为中外友好城市交流的先驱者，既感到光荣，更感到责任。神户市愿与其他国家城市一道，同中国各省市继续加强在经贸、文化、环境保护、城市建设、防灾减灾等领域的务实交流合作，加深不同国家和文化背景人民之间的相互了解、信任和友谊，促进世界和平与共同发展。

中国国际友好城市大会由中国人民对外友好协会和中国国际友好城市联合会共同主办。会议主题是“和谐世界：共叙友谊、共商合作、共建和平、共谋发展”。来自34个国家的70余个省、州、市代表及外国地方政府组织、姐妹城市协会负责人和中国地方政府负责人约500人出席。

11月9日

全国人大常委会委员长吴邦国在亚的斯亚贝巴与埃塞俄比亚人民代表院议长特肖梅举行会谈

在谈到两国立法机构的交往时，吴邦国指出，日益密切的立法机构友好交往，有力地推动了中埃关系的全面发展。中国全国人大愿与埃人民代表院一道，围绕国家关系发展的大局，充分发挥立法机构交往的特点和优势，不断拓展合作形式，丰富合作内容，进一步加强在吸引外资、开发区建设等方面的立法经验交流，密切在各国议会联盟等国际和地区议会组织中的配合，推动两国关系及各领域合作不断巩固和发展。

特肖梅完全赞同吴邦国的意见。他表示，埃人民代表院希望与中国全国人大加强各层次友好交往，就更广泛的内容开展交流。

会谈结束后，吴邦国委员长与特肖梅议长共同出席了《中华人民共和国政府和埃塞俄比亚联邦民主共和国政府经济技术合作协定》的签字仪式。

全国人大常委会委员长吴邦国在亚的斯亚贝巴会见埃塞俄比亚联邦院议长德格菲

吴邦国指出，两国立法机构间的友好交往与合作，已经成为中埃关系发展的重要推动力量。中国全国人大愿与埃联邦院共同努力，进一步扩大双方领导人、专门委员会、友好小组和办事机构间的友好交往，就共同关心的问题深入交换看法，为中埃关系发展注入新的活力。

德格菲说，埃联邦院埃中友好小组汇集了各个政党的议员，这从一个侧面表明了发展对华友好关系是埃各政党的共识。

吴邦国还应询介绍了中国的民族政策和民族区域自治制度。他说，促进民族团结进步，实现共同繁荣发展，是世界各国普遍关注的问题。建议中埃双方加强这方面的交流，为国家建设与发展服务。

德格菲高度赞赏中国的民族政策和民族区域自治制度。他说，埃塞俄比亚是一个多民族、多宗教的国家，埃联邦院希望与中国全国人大就促进民族地区经济社会发展、保护各民族优秀传统文化、促进民族和谐相处等问题开展交流。

第二十届中国“国际科学与和平周”在人民大会堂开幕

11月10日

全国人大常委会委员长吴邦国在亚的斯亚贝巴会见非盟委员会主席让·平并出席中国政府援建的非盟会议中心项目开工仪式

在会见时，让·平重申，广大非洲国家和非盟委员会将一如既往地奉行一个中国政策，坚定支持中国在一系列问题上的原则立场。

吴邦国积极评价了非盟在地区和国际事务中发挥的重要作用。他说，中方一贯支持非盟及其机构的工作，高度重视发展与非盟的关系，视其为中非关系的重要内容，愿与非盟进一步加强对话与合作，深化在重大国际和地区问题上的沟通与协调，共同推动中非关系的发展，切实维护发展中国家的利益。

吴邦国委员长、让·平主席、非盟委员会和埃塞俄比亚政府高级官员、亚的斯亚贝巴市长以及非洲各国驻埃使节共同出席了中国政府援建的非盟会议中心项目开工仪式。

全国人大常委会副委员长兼秘书长李建国等中方陪同人员参加了上述活动。

全国人大常委会委员长吴邦国在亚的斯亚贝巴会见埃塞俄比亚总统吉尔马

吴邦国说，我这次来访的目的，就是要把两国业已存在的全面合作伙伴关系提升到新的水平，让中埃传统友谊焕发出新的生机。昨天，我分别同特肖梅和德格菲两位议长进行了很好的会谈，双方达成了许多重要共识，都表示将进一步深化议会交往与合作，更好地发挥议会交往在增进人民友谊、加强政治互信、推动互利合作等方面的独特作用。

吉尔马说，埃方对埃中关系表示满意，对中方选择在埃塞俄比亚设立农业技术示范中心感到十分高兴，相信加强埃中农业等领域的合作，有助于提高埃塞俄比亚的农业发展水平，帮助埃塞俄比亚实现扶贫的目标。吉尔马重申，埃方将坚定奉行一个中国政策。吴邦国对此表示感谢。他说，中方将与埃方密切配合，加快农业技术示范中心等项目的建设进度，带动两国农业等领域的务实合作深入发展。

全国人大常委会委员长吴邦国在亚的斯亚贝巴会见埃塞俄比亚总理梅莱斯

吴邦国说，中方视埃塞俄比亚为可信赖的合作伙伴，愿与埃方一道，进一步深化中埃友谊，拓展务实合作，推动两国全面合作伙伴关系持续深入发展。为此，吴邦国建议：第一，保持高层交往，加强两国执政党、立法机构、政府之间的交流与合作。作为执政党，中国共产党和埃塞俄比亚人民革命民主阵线（埃革阵）之间的交流，对推动两国各层次、各领域关系的发展具有重要作用。第二，深化务实合作。当前应着重抓好三件事，一是搞好农技示范中心等中非合作论坛北京峰会8项政策措施在埃塞俄比亚的项目，尽快发挥这些项目的经济社会效益。二是搞好包括水电站等项目在内的一揽子经贸合作项目实施，及时解决合作中遇到的问题，确保建一个成一个。三是搞好东方工业园区的建设，以带动和吸引更多的中国企业来埃塞俄比亚投资，提升中埃经贸合作的水平。中方鼓励中国企业扩大对埃塞俄比亚投资，在技术转让上采取积极开放的政策，加强对埃方管理和技术人员的培训，为当地提供更多的就业岗位。第三，中埃都是世界上有重要影响的国家，双方应加强在国际事务中的磋商与协调，共同维护两国和发展中国家的合法利益。

梅莱斯对此深表赞同。他说，埃方对中方长期以来给予的支持和帮助表示感谢，对中国公司在埃塞俄比亚负责任的良好表现表示赞赏。埃中合作项目涉及埃塞俄比亚国计民生，埃塞俄比亚政府对此高度重视，将作出更多努力，积极推动已有合作项目尽快建成，并愿与中方扩大在农业、基础设施、人力资源培训等方面合作，加强立法机构和人民之间的友好往来，保持在国际和地区事务中进行密切沟通。他强调，埃革阵重视与中国共产党的党际交往，希望进一步拓展交流的深度和广度，加强在治国理政、干部培训、党建等方面的经验交流。

在谈到中非关系时，吴邦国对梅莱斯和埃塞俄比亚政府为中非合作论坛北京峰会的成功举办和论坛机制发展作出的重要贡献表示赞赏。他说，中国政府认真兑现了在北京峰会上的承诺，在非洲国家积极配合下，落实工作顺利推进并取得阶段性成果，促进了中非新型战略伙伴关系健康快速向前发展。

梅莱斯高度赞赏中国的对非政策，积极评价了中非合作论坛北京峰会及其后续行动。他说，两年来，北京峰会8项政策措施按计划在非洲国家一一得到实施，再次表明，中国政府说话是算数的，非洲国家和人民对此深表感谢。他表示，埃方将继续积极致力于中非合作论坛机制的建设和发展，为推动非中关系发展作出应有的贡献。

国务院总理温家宝主持召开国务院常务会议

会议决定在全国范围实施增值税转型改革，审议并原则通过《中华人民共和国增值税暂行条例（修订草案）》《中华人民共和国消费税暂行条例（修订草案）》和《中华人民共和国营业税暂行条例（修订草案）》。

会议指出，经国务院批准，自2004年7月1日起，东北、中部等部分地区先后进行增值税转型改革试点，取得预期成效。为扩大国内需求，降低企业设备投资的税收负担，促进企业技术进步、产业结构调整和转变经济增长方式，会议决定，自2009年1月1日起，在全国所有地区、所有行业推行增值税转型改革。改革的主要内容是：允许企业抵扣新购入设备所含的增值税，同时，取消进口设备免征增值税和外商投资企业采购国产设备增值税退税政策，将小规模纳税人的增值税征收率统一调低至3%，将矿产品增值税税率恢复到17%。经测算，明年实施该项改革将减少当年增值税收入约1200亿元、城市维护建设税收入约60亿元、教育费附加收入约36亿元，增加企业所得税约63亿元，增减相抵后将减轻企业税负共约1233亿元。

为确保增值税转型改革顺利实施，做好增值税、消费税和营业税之间的衔接，会议审议并原则通过了《中华人民共和国增值税暂行条例（修订草案）》《中华人民共和国消费税暂行条例（修订草案）》和《中华人民共和国营业税暂行条例（修订草案）》。会议决定，上述草案经进一步修改后，由国务院公布施行。

国务院总理温家宝签署第538号令公布《中华人民共和国增值税暂行条例》

《中华人民共和国增值税暂行条例》已经2008年11月5日国务院第34次常务会议修订通过，现将修订后的《中华人民共和国增值税暂行条例》公布，自2009年1月1日起施行。

总理　温家宝

2008年11月10日

中华人民共和国增值税暂行条例

第一条　在中华人民共和国境内销售货物或者提供加工、修理修配劳务以及进口货物的单位和个人，为增值税的纳税人,应当依照本条例缴纳增值税。

第二条 增值税税率:

(一)纳税人销售或者进口货物,除本条第(二)项、第(三)项规定外,税率为17%。

(二)纳税人销售或者进口下列货物,税率为13%:

1. 粮食、食用植物油;

2. 自来水、暖气、冷气、热水、煤气、石油液化气、天然气、沼气、居民用煤炭制品;

3. 图书、报纸、杂志;

4. 饲料、化肥、农药、农机、农膜;

5. 国务院规定的其他货物。

(三)纳税人出口货物,税率为零;但是,国务院另有规定的除外。

(四)纳税人提供加工、修理修配劳务(以下称应税劳务),税率为17%。

税率的调整,由国务院决定。

第三条 纳税人兼营不同税率的货物或者应税劳务,应当分别核算不同税率货物或者应税劳务的销售额;未分别核算销售额的,从高适用税率。

第四条 除本条例第十一条规定外,纳税人销售货物或者提供应税劳务(以下简称销售货物或者应税劳务),应纳税额为当期销项税额抵扣当期进项税额后的余额。应纳税额计算公式:

应纳税额 = 当期销项税额 - 当期进项税额

当期销项税额小于当期进项税额不足抵扣时,其不足部分可以结转下期继续抵扣。

第五条 纳税人销售货物或者应税劳务,按照销售额和本条例第二条规定的税率计算并向购买方收取的增值税额,为销项税额。销项税额计算公式:

销项税额 = 销售额 × 税率

第六条 销售额为纳税人销售货物或者应税劳务向购买方收取的全部价款和价外费用,但是不包括收取的销项税额。

销售额以人民币计算。纳税人以人民币以外的货币结算销售额的,应当折合成人民币计算。

第七条 纳税人销售货物或者应税劳务的价格明显偏低并无正当理由的,由主管税务机关核定其销售额。

第八条 纳税人购进货物或者接受应税劳务(以下简称购进货物或者应税劳务)支付或者负担的增值税额,为进项税额。

下列进项税额准予从销项税额中抵扣:

(一)从销售方取得的增值税专用发票上注明的增值税额。

(二)从海关取得的海关进口增值税专用缴款书上注明的增值税额。

(三)购进农产品,除取得增值税专用发票或者海关进口增值税专用缴款书外,按照农产品收购发票或者销售发票上注明的农产品买价和13%的扣除率计算的进项税额。进项税额计算公式:

进项税额 = 买价 × 扣除率

(四)购进或者销售货物以及在生产经营过程中支付运输费用的,按照运输费用结算单据上注明的运输费用金额和7%的扣除率计算的进项税额。进项税额计算公式:

进项税额 = 运输费用金额 × 扣除率

准予抵扣的项目和扣除率的调整,由国务院决定。

第九条 纳税人购进货物或者应税劳务,取得的增值税扣税凭证不符合法律、行政法规或者国务院税务主管部门有关规定的,其进项税额不得从销项税额中抵扣。

第十条 下列项目的进项税额不得从销项税额中抵扣:

(一)用于非增值税应税项目、免征增值税项目、集体福利或者个人消费的购进货物或者应税劳务;

(二)非正常损失的购进货物及相关的应税劳务;

(三)非正常损失的在产品、产成品所耗用的购进货物或者应税劳务;

(四)国务院财政、税务主管部门规定的纳税人自用消费品;

(五)本条第(一)项至第(四)项规定的货物的运输费用和销售免税货物的运输费用。

第十一条 小规模纳税人销售货物或者应税劳务,实行按照销售额和征收率计算应纳税额的简易办法,并不得抵扣进项税额。应纳税额计算公式:

应纳税额 = 销售额 × 征收率

小规模纳税人的标准由国务院财政、税务主管部门规定。

第十二条 小规模纳税人增值税征收率为3%。

征收率的调整,由国务院决定。

第十三条 小规模纳税人以外的纳税人应当向主管税务机关申请资格认定。具体认定办法由国务院税务主管部门制定。

小规模纳税人会计核算健全,能够提供准确税务资料的,可以向主管税务机关申请资格认定,不作为小规模纳税人,依照本条例有关规定计算应纳税额。

第十四条 纳税人进口货物,按照组成计税价格和本条例第二条规定的税率计算应纳税额。组成计税价格和应纳税额计算公式:

组成计税价格 = 关税完税价格 + 关税 + 消费税

应纳税额 = 组成计税价格 × 税率

第十五条 下列项目免征增值税:

(一)农业生产者销售的自产农产品;

(二)避孕药品和用具;

(三)古旧图书;

(四)直接用于科学研究、科学试验和教学的进口仪器、设备;

(五)外国政府、国际组织无偿援助的进口物资和设备;

(六)由残疾人的组织直接进口供残疾人专用的物品;

(七)销售的自己使用过的物品。

除前款规定外,增值税的免税、减税项目由国务院规定。任何地区、部门均不得规定免税、减税项目。

第十六条 纳税人兼营免税、减税项目的,应当分别核算免税、减税项目的销售额;未分别核算销售额的,不得免税、减税。

第十七条 纳税人销售额未达到国务院财政、税务主管部门规定的增值税起征点的,免征增值税;达到起征点的,依照本条例规定全额计算缴纳增值税。

第十八条 中华人民共和国境外的单位或者个人在境内提供应税劳务,在境内未设有经营机构的,以其境内代理人为扣缴义务人;在境内没有代理人的,以购买方为扣缴义务人。

第十九条 增值税纳税义务发生时间:

(一)销售货物或者应税劳务,为收讫销售款项或者取得索取销售款项凭据的当天;先开具发票的,为开具发票的当天。

(二)进口货物,为报关进口的当天。

增值税扣缴义务发生时间为纳税人增值税纳税义务发生的当天。

第二十条 增值税由税务机关征收,进口货物的增值税由海关代征。

个人携带或者邮寄进境自用物品的增值税,连同关税一并计征。具体办法由国务院关税税则委员会会同有关部门制定。

第二十一条 纳税人销售货物或者应税劳务,应当向索取增值税专用发票的购买方开具增值税专用发票,并在增值税专用发票上分别注明销售额和销项税额。

属于下列情形之一的,不得开具增值税专用发票:

(一)向消费者个人销售货物或者应税劳务的;

(二)销售货物或者应税劳务适用免税规定的;

(三)小规模纳税人销售货物或者应税劳务的。

第二十二条 增值税纳税地点:

(一)固定业户应当向其机构所在地的主管税务机关申报纳税。总机构和分支机构不在同一县(市)的,应当分别向各自所在地的主管税务机关申报纳税;经国务院财政、税务主管部门或者其授权的财政、税务机关批准,可以由总机构汇总向总机构所在地的主管税务机关申报纳税。

(二)固定业户到外县(市)销售货物或者应税劳务,应当向其机构所在地的主管税务机关申请开具外出经营活动税收管理证明,并向其机构所在地的主管税务机关申报纳税;未开具证明的,应当向销售地或者劳务发生地的主管税务机关申报纳税;未向销售地或者劳务发生地的主管税务机关申报纳税的,由其机构所在地的主管税务机关补征税款。

(三)非固定业户销售货物或者应税劳务,应当向销售地或者劳务发生地的主管税务机关申报纳税;未向销售地或者劳务发生地的主管税务机关申报纳税的,由其机构所在地或者居住地的主管税务机关补征税款。

(四)进口货物,应当向报关地海关申报纳税。

扣缴义务人应当向其机构所在地或者居住地的主管税务机关申报缴纳其扣缴的税款。

第二十三条 增值税的纳税期限分别为1日、3日、5日、10日、15日、1个月或者1个季度。纳税人的具体纳税期限,由主管税务机关根据纳税人应纳税额的大小分别核定;不能按照固定期限纳税的,可以按次纳税。

纳税人以1个月或者1个季度为1个纳税期的,自期满之日起15日内申报纳税;以1日、3日、5日、10日或者15日为1个纳税期的,自期满之日起5日内预缴税款,于次月1日起15日内申报纳税并结清上月应纳税款。

扣缴义务人解缴税款的期限,依照前两款规定执行。

第二十四条 纳税人进口货物,应当自海关填发海关进口增值税专用缴款书之日起15日内缴纳税款。

第二十五条 纳税人出口货物适用退(免)税规定的,应当向海关办理出口手续,凭出口报关单等有关凭证,在规定的出口退(免)税申报期内按月向主管税务机关申报办理该项出口货物的退(免)税。具体办法由国务院财政、税务主管部门制定。

出口货物办理退税后发生退货或者退关的,纳税人应当依法补缴已退的税款。

第二十六条 增值税的征收管理,依照《中华人民共和国税收征收管理法》及本条例有关规定执行。

第二十七条 本条例自2009年1月1日起施行。

国务院总理温家宝签署第539号令公布《中华人民共和国消费税暂行条例》

《中华人民共和国消费税暂行条例》已经2008年

11月5日国务院第34次常务会议修订通过，现将修订后的《中华人民共和国消费税暂行条例》公布，自2009年1月1日起施行。

总理　温家宝

2008年11月10日

中华人民共和国消费税暂行条例

第一条　在中华人民共和国境内生产、委托加工和进口本条例规定的消费品的单位和个人，以及国务院确定的销售本条例规定的消费品的其他单位和个人，为消费税的纳税人，应当依照本条例缴纳消费税。

第二条　消费税的税目、税率，依照本条例所附的《消费税税目税率表》执行。

消费税税目、税率的调整，由国务院决定。

第三条　纳税人兼营不同税率的应当缴纳消费税的消费品(以下简称应税消费品)，应当分别核算不同税率应税消费品的销售额、销售数量；未分别核算销售额、销售数量，或者将不同税率的应税消费品组成成套消费品销售的，从高适用税率。

第四条　纳税人生产的应税消费品，于纳税人销售时纳税。纳税人自产自用的应税消费品，用于连续生产应税消费品的，不纳税；用于其他方面的，于移送使用时纳税。

委托加工的应税消费品，除受托方为个人外，由受托方在向委托方交货时代收代缴税款。委托加工的应税消费品，委托方用于连续生产应税消费品的，所纳税款准予按规定抵扣。

进口的应税消费品，于报关进口时纳税。

第五条　消费税实行从价定率、从量定额，或者从价定率和从量定额复合计税(以下简称复合计税)的办法计算应纳税额。应纳税额计算公式：

实行从价定率办法计算的应纳税额 = 销售额 × 比例税率

实行从量定额办法计算的应纳税额 = 销售数量 × 定额税率

实行复合计税办法计算的应纳税额 = 销售额 × 比例税率 + 销售数量 × 定额税率

纳税人销售的应税消费品，以人民币计算销售额。纳税人以人民币以外的货币结算销售额的，应当折合成人民币计算。

第六条　销售额为纳税人销售应税消费品向购买方收取的全部价款和价外费用。

第七条　纳税人自产自用的应税消费品，按照纳税人生产的同类消费品的销售价格计算纳税；没有同类消费品销售价格的，按照组成计税价格计算纳税。

实行从价定率办法计算纳税的组成计税价格计算公式：

组成计税价格 =(成本 + 利润) ÷ (1- 比例税率)

实行复合计税办法计算纳税的组成计税价格计算公式：

组成计税价格 =(成本 + 利润 + 自产自用数量 × 定额税率) ÷ (1- 比例税率)

第八条　委托加工的应税消费品，按照受托方的同类消费品的销售价格计算纳税；没有同类消费品销售价格的，按照组成计税价格计算纳税。

实行从价定率办法计算纳税的组成计税价格计算公式：

组成计税价格 =(材料成本 + 加工费) ÷ (1- 比例税率)

实行复合计税办法计算纳税的组成计税价格计算公式：

组成计税价格 =(材料成本 + 加工费 + 委托加工数量 × 定额税率) ÷ (1- 比例税率)

第九条　进口的应税消费品，按照组成计税价格计算纳税。

实行从价定率办法计算纳税的组成计税价格计算公式：

组成计税价格 =(关税完税价格 + 关税) ÷ (1- 消费税比例税率)

实行复合计税办法计算纳税的组成计税价格计算公式：

组成计税价格 =(关税完税价格 + 关税 + 进口数量 × 消费税定额税率) ÷ (1- 消费税比例税率)

第十条　纳税人应税消费品的计税价格明显偏低并无正当理由的，由主管税务机关核定其计税价格。

第十一条　对纳税人出口应税消费品，免征消费税；国务院另有规定的除外。出口应税消费品的免税办法，由国务院财政、税务主管部门规定。

第十二条　消费税由税务机关征收，进口的应税消费品的消费税由海关代征。

个人携带或者邮寄进境的应税消费品的消费税，连同关税一并计征。具体办法由国务院关税税则委员会会同有关部门制定。

第十三条　纳税人销售的应税消费品，以及自产自用的应税消费品，除国务院财政、税务主管部门另有规定外，应当向纳税人机构所在地或者居住地的主管税务机关申报纳税。

委托加工的应税消费品，除受托方为个人外，由受托方向机构所在地或者居住地的主管税务机关解缴消费税税款。

进口的应税消费品，应当向报关地海关申报纳税。

第十四条　消费税的纳税期限分别为1日、3日、5日、10日、15日、1个月或者1个季度。纳税人的具体纳税期限,由主管税务机关根据纳税人应纳税额的大小分别核定;不能按照固定期限纳税的,可以按次纳税。

纳税人以1个月或者1个季度为1个纳税期的,自期满之日起15日内申报纳税;以1日、3日、5日、10日或者15日为1个纳税期的,自期满之日起5日内预缴税款,于次月1日起15日内申报纳税并结清上月应纳税款。

第十五条 纳税人进口应税消费品,应当自海关填发海关进口消费税专用缴款书之日起15日内缴纳税款。

第十六条 消费税的征收管理,依照《中华人民共和国税收征收管理法》及本条例有关规定执行。

第十七条 本条例自2009年1月1日起施行。

附:消费税税目税率表(略)

国务院总理温家宝签署第540号令公布《中华人民共和国营业税暂行条例》

《中华人民共和国营业税暂行条例》已经2008年11月5日国务院第34次常务会议修订通过,现将修订后的《中华人民共和国营业税暂行条例》公布,自2009年1月1日起施行。

总理 温家宝

2008年11月10日

中华人民共和国营业税暂行条例

第一条 在中华人民共和国境内销售货物或者提供加工、修理修配劳务以及进口货物的单位和个人,为增值税的纳税人,应当依照本条例缴纳增值税。

第二条 增值税税率:

(一)纳税人销售或者进口货物,除本条第(二)项、第(三)项规定外,税率为17%。

(二)纳税人销售或者进口下列货物,税率为13%:

1. 粮食、食用植物油;

2. 自来水、暖气、冷气、热水、煤气、石油液化气、天然气、沼气、居民用煤炭制品;

3. 图书、报纸、杂志;

4. 饲料、化肥、农药、农机、农膜;

5. 国务院规定的其他货物。

(三)纳税人出口货物,税率为零;但是,国务院另有规定的除外。

(四)纳税人提供加工、修理修配劳务(以下称应税劳务),税率为17%。

税率的调整,由国务院决定。

第三条 纳税人兼营不同税率的货物或者应税劳务,应当分别核算不同税率货物或者应税劳务的销售额;未分别核算销售额的,从高适用税率。

第四条 除本条例第十一条规定外,纳税人销售货物或者提供应税劳务(以下简称销售货物或者应税劳务),应纳税额为当期销项税额抵扣当期进项税额后的余额。应纳税额计算公式:

应纳税额=当期销项税额-当期进项税额

当期销项税额小于当期进项税额不足抵扣时,其不足部分可以结转下期继续抵扣。

第五条 纳税人销售货物或者应税劳务,按照销售额和本条例第二条规定的税率计算并向购买方收取的增值税额,为销项税额。销项税额计算公式:

销项税额=销售额 × 税率

第六条 销售额为纳税人销售货物或者应税劳务向购买方收取的全部价款和价外费用,但是不包括收取的销项税额。

销售额以人民币计算。纳税人以人民币以外的货币结算销售额的,应当折合成人民币计算。

第七条 纳税人销售货物或者应税劳务的价格明显偏低并无正当理由的,由主管税务机关核定其销售额。

第八条 纳税人购进货物或者接受应税劳务(以下简称购进货物或者应税劳务)支付或者负担的增值税额,为进项税额。

下列进项税额准予从销项税额中抵扣:

(一)从销售方取得的增值税专用发票上注明的增值税额。

(二)从海关取得的海关进口增值税专用缴款书上注明的增值税额。

(三)购进农产品,除取得增值税专用发票或者海关进口增值税专用缴款书外,按照农产品收购发票或者销售发票上注明的农产品买价和13%的扣除率计算的进项税额。进项税额计算公式:

进项税额=买价 × 扣除率

(四)购进或者销售货物以及在生产经营过程中支付运输费用的,按照运输费用结算单据上注明的运输费用金额和7%的扣除率计算的进项税额。进项税额计算公式:

进项税额=运输费用金额 × 扣除率

准予抵扣的项目和扣除率的调整,由国务院决定。

第九条 纳税人购进货物或者应税劳务,取得的增值税扣税凭证不符合法律、行政法规或者国务院税务主管部门有关规定的,其进项税额不得从销项税额中抵扣。

第十条 下列项目的进项税额不得从销项税额中抵扣:

(一)用于非增值税应税项目、免征增值税项目、集体福利或者个人消费的购进货物或者应税劳务;

（二）非正常损失的购进货物及相关的应税劳务；

（三）非正常损失的在产品、产成品所耗用的购进货物或者应税劳务；

（四）国务院财政、税务主管部门规定的纳税人自用消费品；

（五）本条第（一）项至第（四）项规定的货物的运输费用和销售免税货物的运输费用。

第十一条　小规模纳税人销售货物或者应税劳务，实行按照销售额和征收率计算应纳税额的简易办法，并不得抵扣进项税额。应纳税额计算公式：

应纳税额 = 销售额 × 征收率

小规模纳税人的标准由国务院财政、税务主管部门规定。

第十二条　小规模纳税人增值税征收率为3%。

征收率的调整，由国务院决定。

第十三条　小规模纳税人以外的纳税人应当向主管税务机关申请资格认定。具体认定办法由国务院税务主管部门制定。

小规模纳税人会计核算健全，能够提供准确税务资料的，可以向主管税务机关申请资格认定，不作为小规模纳税人，依照本条例有关规定计算应纳税额。

第十四条　纳税人进口货物，按照组成计税价格和本条例第二条规定的税率计算应纳税额。组成计税价格和应纳税额计算公式：

组成计税价格 = 关税完税价格 + 关税 + 消费税

应纳税额 = 组成计税价格 × 税率

第十五条　下列项目免征增值税：

（一）农业生产者销售的自产农产品；

（二）避孕药品和用具；

（三）古旧图书；

（四）直接用于科学研究、科学试验和教学的进口仪器、设备；

（五）外国政府、国际组织无偿援助的进口物资和设备；

（六）由残疾人的组织直接进口供残疾人专用的物品；

（七）销售的自己使用过的物品。

除前款规定外，增值税的免税、减税项目由国务院规定。任何地区、部门均不得规定免税、减税项目。

第十六条　纳税人兼营免税、减税项目的，应当分别核算免税、减税项目的销售额；未分别核算销售额的，不得免税、减税。

第十七条　纳税人销售额未达到国务院财政、税务主管部门规定的增值税起征点的，免征增值税；达到起征点的，依照本条例规定全额计算缴纳增值税。

第十八条　中华人民共和国境外的单位或者个人在境内提供应税劳务，在境内未设有经营机构的，以其境内代理人为扣缴义务人；在境内没有代理人的，以购买方为扣缴义务人。

第十九条　增值税纳税义务发生时间：

（一）销售货物或者应税劳务，为收讫销售款项或者取得索取销售款项凭据的当天；先开具发票的，为开具发票的当天。

（二）进口货物，为报关进口的当天。

增值税扣缴义务发生时间为纳税人增值税纳税义务发生的当天。

第二十条　增值税由税务机关征收，进口货物的增值税由海关代征。

个人携带或者邮寄进境自用物品的增值税，连同关税一并计征。具体办法由国务院关税税则委员会会同有关部门制定。

第二十一条　纳税人销售货物或者应税劳务，应当向索取增值税专用发票的购买方开具增值税专用发票，并在增值税专用发票上分别注明销售额和销项税额。

属于下列情形之一的，不得开具增值税专用发票：

（一）向消费者个人销售货物或者应税劳务的；

（二）销售货物或者应税劳务适用免税规定的；

（三）小规模纳税人销售货物或者应税劳务的。

第二十二条　增值税纳税地点：

（一）固定业户应当向其机构所在地的主管税务机关申报纳税。总机构和分支机构不在同一县（市）的，应当分别向各自所在地的主管税务机关申报纳税；经国务院财政、税务主管部门或者其授权的财政、税务机关批准，可以由总机构汇总向总机构所在地的主管税务机关申报纳税。

（二）固定业户到外县（市）销售货物或者应税劳务，应当向其机构所在地的主管税务机关申请开具外出经营活动税收管理证明，并向其机构所在地的主管税务机关申报纳税；未开具证明的，应当向销售地或者劳务发生地的主管税务机关申报纳税；未向销售地或者劳务发生地的主管税务机关申报纳税的，由其机构所在地的主管税务机关补征税款。

（三）非固定业户销售货物或者应税劳务，应当向销售地或者劳务发生地的主管税务机关申报纳税；未向销售地或者劳务发生地的主管税务机关申报纳税的，由其机构所在地或者居住地的主管税务机关补征税款。

（四）进口货物，应当向报关地海关申报纳税。

扣缴义务人应当向其机构所在地或者居住地的主管税务机关申报缴纳其扣缴的税款。

第二十三条　增值税的纳税期限分别为1日、3

日、5日、10日、15日、1个月或者1个季度。纳税人的具体纳税期限，由主管税务机关根据纳税人应纳税额的大小分别核定；不能按照固定期限纳税的，可以按次纳税。

纳税人以1个月或者1个季度为1个纳税期的，自期满之日起15日内申报纳税；以1日、3日、5日、10日或者15日为1个纳税期的，自期满之日起5日内预缴税款，于次月1日起15日内申报纳税并结清上月应纳税款。

扣缴义务人解缴税款的期限，依照前两款规定执行。

第二十四条　纳税人进口货物，应当自海关填发海关进口增值税专用缴款书之日起15日内缴纳税款。

第二十五条　纳税人出口货物适用退(免)税规定的，应当向海关办理出口手续，凭出口报关单等有关凭证，在规定的出口退(免)税申报期内按月向主管税务机关申报办理该项出口货物的退(免)税。具体办法由国务院财政、税务主管部门制定。

出口货物办理退税后发生退货或者退关的，纳税人应当依法补缴已退的税款。

第二十六条　增值税的征收管理，依照《中华人民共和国税收征收管理法》及本条例有关规定执行。

第二十七条　本条例自2009年1月1日起施行。

国务院在北京召开省区市人民政府和国务院部门主要负责同志会议

国务院总理温家宝发表重要讲话。他指出，为应对国际金融危机对我国经济带来的不利影响，党中央、国务院近日作出决定，要实施积极的财政政策和适度宽松的货币政策，出台更加有力的促进经济发展的政策措施。各地区各部门要认真贯彻落实中央的决策和部署，扎实做好各项工作，努力保持经济平稳较快发展。

温家宝指出，面对当前国际国内的严峻形势，保持经济平稳较快发展，防止出现大的起落，是我们的首要任务。实现这个目标，是贯彻实践科学发展观的根本要求和具体体现，是维护社会和谐稳定的重要基础和基本保障，既是我国自身发展的需要，也是对世界经济的最大贡献。当前我国仍处在重要的战略机遇期，我国经济发展具有抵御风险的能力和强劲的活力，我们完全有信心、有能力战胜面临的困难。

温家宝指出，中央出台扩大内需促进经济增长的十条措施，对于克服当前的困难和保持长远的发展都具有重大意义。实施这些措施，总的要求是，出手要快，出拳要重，措施要准，工作要实。“快”就是要迅速出手，争分夺秒，不可贻误时机；“重”就是要实施坚决有力的措施，从根本上扭转经济增速过快下滑趋势；“准”就是要抓住关键，突出重点，能起到立竿见影的效果；“实”就是要抓好落实。

温家宝部署了落实中央政策措施的七项工作：

(一)加大投资力度和优化投资结构。中央出台的十条措施，主要有四类：加快实施重大民生工程；加快在建重大基础设施项目建设；尽快启动一批有利于增强经济发展后劲的大型工程项目；加大力度支持产业结构调整和优化升级关键项目建设。落实这些措施，要加强对重大投资的管理，认真做好可行性研究论证，提高投资质量和效益。要加强对市场自主投资的鼓励和引导，支持引导民间资本投向政府鼓励项目和符合国家产业政策的领域，广泛参与各种民生工程、基础设施和生态环境建设，把政府投资引导作用与发挥民间投资积极性有机结合起来。

(二)着力扩大消费需求特别是居民消费需求。要把扩大消费与完善收入分配政策结合起来，与扩大就业结合起来，与发展服务业结合起来。最重要的是，要千方百计增加居民收入，提高消费能力。加大力度调整国民收入分配格局，提高中低收入居民收入比重。努力消除制约消费的制度和政策障碍，改善居民消费预期，引导和促进居民扩大消费需求。

(三)促进房地产市场平稳健康发展。房地产业是国民经济的重要支柱产业，对于拉动钢铁、建材及家电家居用品等产业发展举足轻重，对金融业稳定和发展至关重要，对于推动居民消费结构升级、改善民生具有重要作用。要认真分析和研究房地产市场的形势，正确引导和调控房地产走势。要增加廉租房、经济适用房等保障性住房的投资收购和开发建设；落实和完善促进合理住房消费的政策措施；促进中小户型、中低价位普通商品房开发建设稳定发展；加快发展二手房市场和住房租赁市场。继续整顿房地产市场秩序，规范市场交易。

(四)努力保持出口稳定增长。综合运用出口退税、外贸发展基金、财政贴息等政策措施，支持拥有自主品牌、核心技术的产品和大型机械设备以及农轻纺等有竞争力的劳动密集型产品出口。加快实施出口市场多元化战略。积极扩大国内需要的先进技术、设备、关键零部件和能源原材料进口，增加重要战略物资储备。

(五)着力提高企业素质和市场竞争力。保持经济平稳较快发展，最根本的是要激发企业的活力，促进企业发展。各类企业都要苦练内功，加快自主创新，优化产品结构，提升产品质量，增强开拓市场的能力，提高市场竞争力。各项宏观经济政策都要有利于企业发展，要从财税、金融、贸易、产业、收费等方面，采取多种政策措施，积极推动企业兼并重组，支持企业特别是中小企业发展。

(六)认真做好金融财政工作。改进金融调控,综合运用多种政策工具,保持货币信贷合理增长。银行、证券、保险业都要加大对促进经济增长的支持力度,有效满足实体经济对金融服务的合理需求。促进股票市场稳定健康发展。各类金融企业要切实加强基础管理、内部控制和风险防范;要加强金融监管,完善监管制度和协调机制,有效防范金融风险,确保我国金融安全。大力开展财政增收节支工作。依法加强税收征管,调整优化财政支出结构,加大对经济社会发展薄弱环节支持,严格控制一般性支出。

(七)积极推进关键环节和重点领域改革。全面实施增值税转型改革;抓住有利时机,进一步理顺成品油、天然气价格形成机制;加快推进医药卫生体制改革,组织好改革试点,抓紧出台各项具体配套政策;进一步转变政府职能,提高办事效率。

温家宝对做好当前的经济工作提出三点要求。一要统一思想,坚定信心。各地区各部门要全面贯彻党的十七大和十七届三中全会精神,切实把思想认识统一到中央对国内外经济形势的分析判断上来,统一到中央的决策部署上来,统一到科学发展观的要求上来。既要努力发挥中央的积极性,更要充分发挥各级地方政府的主动性、创造性;既要充分发挥国家在应对危机中的主导作用,更要有效激发和调动企业的能动性;既要加强宏观调控的灵活性、针对性、有效性,更要充分发挥市场对资源配置的基础性作用。二要加强协调,狠抓落实,把中央确定的促进经济平稳较快发展的政策措施尽快落实到位,建立工作机制,明确责任,形成合力,加强督查,切实抓出成效。要加强投资项目和资金的监督管理,提高工作的透明度,保证资金用好,发挥效益。三要转变作风,真抓实干。各级领导干部要深入实际调查研究,敏锐地发现和把握倾向性、苗头性问题,关注热点、难点问题,及时研究解决。

国务院副总理李克强主持会议,国务院副总理回良玉、张德江、王岐山,国务委员刘延东、马凯、孟建柱、戴秉国出席会议。参加会议的有,各省(自治区、直辖市)人民政府、计划单列市人民政府、新疆生产建设兵团主要负责人,国务院有关部门主要负责人,在京国有重要骨干企业负责人。中共中央、全国人大、全国政协有关部门和最高人民法院、最高人民检察院负责人以及各民主党派、工商联负责人也应邀参加会议。

第一期学习贯彻党的十七届三中全会精神县委书记培训班在中央党校开班

中共中央政治局常委、中央书记处书记、国家副主席习近平出席开班式并作重要讲话。他强调指出,贯彻落实党的十七届三中全会精神,扎实做好农村改革发展各项工作,开创"三农"工作新局面,关键在各级领导班子和领导干部,其中县委和县委书记担负着重大责任。各级党委特别是县(市、旗)党委要把党的十七届三中全会精神学习好、领会好、贯彻好,做到坚持解决好"三农"问题是全党工作重中之重的战略思想不动摇,紧紧抓住促进农业稳定发展、农民持续增收的重要任务不放松,始终保持强农惠农的政策力度不减弱,扎实推进农村改革发展的各项工作不松懈。

习近平指出,党的十七届三中全会总结实践经验,集中全党智慧,适应农村改革发展的新形势,顺应亿万农民过上美好生活的新期待,明确提出了推进农村改革发展的总体思路、加强农村制度建设的重大任务、发展现代农业的重大举措、发展农村公共事业的重大安排,对推进农村改革发展作出了全面部署。各级党委要深刻领会党的十七届三中全会的重大意义,全面准确把握全会精神,特别是要全面把握关于稳定和完善农村基本经营制度的重要政策思想、关于健全严格规范的农村土地管理制度的重要政策思想、关于毫不放松地抓好粮食生产的重要政策思想、关于加快发展农村公共事业的重要政策思想、关于以改革创新精神加强农村党的建设的战略要求。

习近平强调,当前我国改革发展正处于关键阶段,新的形势和任务对县委书记的思想政治素质、科学文化水平和工作本领提出了新的要求,也为县委书记提供了施展才华的广阔舞台和增长才干的最好课堂。县委书记肩上的担子重、责任大,一定要增强历史责任感和使命感,在建设和发展中国特色社会主义的伟大实践中励精图治、奋发进取,增长才干、建功立业。习近平对县委书记提出四点要求。第一,要勤于学习、善于学习,使读书学习成为充实知识、提高素质的重要途径,成为加强修养、培养高尚情操的有效手段,不断提高自身素质。第二,要带头弘扬党的优良作风,树立县委书记尽职尽责、忠诚于党的形象,开拓进取、克难攻坚的形象,求真务实、艰苦奋斗的形象,执政为民、清正廉洁的形象,始终保持共产党人的先进性。第三,要认真贯彻党的群众路线,思想上尊重群众、感情上贴近群众、行动上深入群众、工作上依靠群众,帮助群众解决生产生活中的实际困难,引导群众不断前进,切实提高新形势下做好群众工作的能力。第四,要善于当好班长、带好队伍,带头执行民主集中制,在各方面以身作则、发挥表率作用,团结县委领导班子成员齐心协力推动经济社会又好又快发展。

中共中央政治局委员、中央书记处书记、中央组织部部长李源潮主持开班式。

全国人大常委会副委员长乌云其木格在人民大会堂会见挪威议会下院副议长巴罗率领的挪威议会代表团

全国人大常委会副委员长司马义·铁力瓦尔地率全国人大代表团对突尼斯进行友好访问

中国残联第四届主席团第七次全体会议在北京召开

全国政协副主席、中国残联主席邓朴方主持会议。

会议就中国残联第五次全国代表大会筹备情况进行介绍；通过了关于召开中国残联第五次全国代表大会的决议；通过了向中国残联第五次全国代表大会提交的第四届主席团报告；通过了向中国残联第五次全国代表大会提交的中国残联章程(修正案)；通过了中国残联第五次全国代表大会执行委员会建议名单和代表资格审查小组建议名单。

李锡铭逝世

中国共产党的优秀党员，久经考验的忠诚的共产主义战士，卓越的党的工作领导者，中国共产党第十三届中央政治局委员，第八届全国人民代表大会常务委员会副委员长，中共北京市委原书记李锡铭同志，因病医治无效，于11月10日13时48分在北京逝世，享年82岁。

李锡铭，1948年3月加入中国共产党。1949年受北京市委青委委派到石景山发电厂从事建团工作并兼石景山发电厂党总支部宣传委员。1952年后任石景山发电厂党总支部副书记、代理书记。1957年任石景山发电厂党委书记。在“文化大革命”中受到迫害。1970年后先在石景山发电厂生产组协助工作，后任厂革委会副主任、党委副书记、党委书记、革委会主任。1975年后任水利电力部副部长、党组成员，电力工业部副部长、党组成员。1981年在国务院国民经济调整办公室工作。1982年任城乡建设环境保护部部长、党组书记。1984年任中共北京市市委书记。1993年在第八届全国人大第一次会议上当选为全国人大常委会副委员长。是中共十二、十三届中央委员，十三届中央政治局委员。

11月11日

中共中央在人民大会堂举行纪念刘少奇同志诞辰110周年座谈会

中共中央总书记、国家主席、中央军委主席胡锦涛发表重要讲话。

党和国家领导人温家宝、贾庆林、李长春、习近平、李克强、贺国强等出席。座谈会由温家宝主持。

温家宝在主持座谈会时指出，胡锦涛总书记的重要讲话，回顾了刘少奇同志伟大、光辉的一生，高度评价了刘少奇同志的丰功伟绩、理论贡献、崇高精神，号召全党全国各族人民特别是各级领导干部认真学习刘少奇同志的优秀思想、崇高风范、高尚品德。讲话对于激励全党全国各族人民继承老一辈革命家的遗志，继续开创中国特色社会主义事业新局面具有重要指导意义。

座谈会上，中央文献研究室主任冷溶，中央党史研究室主任欧阳淞，全国人大常委会副委员长路甬祥，中央军委委员、解放军总政治部主任李继耐，中共湖南省委书记张春贤先后发言。

出席座谈会的还有：王刚、王兆国、刘云山、李源潮、令计划、韩启德、黄孟复等。

中央和国家机关有关部门、人民团体、人民解放军以及湖南省的负责同志，刘少奇同志亲属、生前友好、原身边工作人员和家乡代表等出席了座谈会。

中共中央总书记胡锦涛在纪念刘少奇同志诞辰110周年座谈会上的讲话

今天，我们怀着十分崇敬的心情，在这里隆重集会，纪念敬爱的刘少奇同志诞辰110周年，深切缅怀他为民族独立、人民解放和国家富强、人民幸福建立的历史功勋，追思和学习他为党和人民事业不懈奋斗的崇高风范，激励全党全国各族人民满怀信心投身全面建设小康社会伟大实践，同心同德把中国特色社会主义伟大事业推向前进。

刘少奇同志是伟大的马克思主义者，伟大的无产阶级革命家、政治家、理论家，党和国家主要领导人之一，中华人民共和国开国元勋，是以毛泽东同志为核心的党的第一代中央领导集体的重要成员。刘少奇同志的光辉业绩、崇高风范、高尚品德，永远铭记在全党同志和全国各族人民心中。

刘少奇同志出生于湖南宁乡一个农民家庭。在他的青少年时期，由于帝国主义列强的侵略欺凌和封建势力的腐朽统治，中国已成为半殖民地半封建社会，中国人民正处在水深火热的苦难之中，中华民族正处于救亡图存的关键时刻。刘少奇同志从青年时代起就立下拯救民族于危难之中的远大志向，积极投身反对袁世凯复辟帝制的斗争，奋起响应五四反帝爱国运动，接受俄国十月革命的影响，走上探索争取民族独立和人民解放的道路。1920年，他参加社会主义青年团。1921年夏，他赴俄进入莫斯科东方大学，系统学习马克思主义理论，坚信马克思主义“确实是真理，确能救中国”；同年冬天，他由青年团团员转为中国共产党党员，成为我们党最早的党员之一。从此，刘少奇同志就把毕生精力毫无保留地奉献给了他深爱的祖国和人民。

刘少奇同志为党和人民事业奋斗了一生，在新民主主义革命、社会主义革命和社会主义建设各个历史时期都作出了重大贡献，为党和人民建立了丰功伟绩，受到全党全军全国各族人民衷心爱戴。

刘少奇同志是我们党领导的工人运动的著名领袖和主要领导者，是党的正确路线在白区工作中的杰出代表。建党初期和大革命时期，他参与领导安源工人运动、五卅运动、省港大罢工、武汉工人夺回英租界的斗争。大革命失败后，刘少奇同志坚持战斗在白色恐怖笼罩的上海、北平、天津、哈尔滨等地。他坚持从实际出发，独立思考，善于创造性地开展工作，同党内"左"倾错误进行坚决斗争。他参加了中央红军长征，在具有重要历史意义的遵义会议上坚定支持以毛泽东同志为代表的正确主张。红军长征胜利到达陕北后，党中央提出建立抗日民族统一战线的策略方针，并派刘少奇同志前往民族救亡浪潮高涨的华北地区。他领导迅速恢复和发展了党在华北地区的组织，成功实现党在白区工作的历史性转变，巩固和发展了党领导的一二九运动的胜利成果。

刘少奇同志是华北、华中抗日根据地的主要创建者和领导者。抗日战争时期，他先后担任中共中央北方局书记、中原局书记、华中局书记，曾在三大战略区独当一面地开辟根据地和领导工作。他坚决贯彻执行毛泽东同志提出的开展独立自主的山地游击战的战略方针，卓有成效地领导了华北抗日根据地和山西新军创建工作。他组织创建华中抗日根据地，出色完成党交付的发展华中的重任。皖南事变后，刘少奇同志临危受命，出任新四军政治委员，同陈毅等同志一起，重建新四军军部，为把新四军建设成为党领导下的一支铁军作出了重大贡献。他受毛泽东同志委托，统一山东党政军领导机构，调整策略方针和各方面政策，使山东抗日根据地迎来大发展的生动局面。

刘少奇同志长期担任我们党的重要领导职务。1931年，他当选为中央政治局候补委员。1943年3月，他任中央书记处书记、革命军事委员会副主席。此后20多年，他一直工作在党中央领导岗位上，成为毛泽东同志的一位主要助手。在党的第七次全国代表大会上，刘少奇同志代表党中央作关于修改党章的报告，对毛泽东思想作出科学概括，提出毛泽东思想就是马克思列宁主义的理论与中国革命实践之统一的思想。正是从这次代表大会起，我们党在党章中明确规定毛泽东思想为全党的指导思想。抗日战争胜利后，他在毛泽东同志赴重庆谈判期间，主持制定"向北发展，向南防御"的战略方针，适时作出"让开大路，占领两厢"的战略部署，为建立巩固的东北根据地作出了卓越贡献。解放战争时期，他以很大精力参与领导土地改革运动，指引亿万农民彻底摆脱几千年封建土地制度的剥削压迫，为我们党领导人民夺取全国胜利提供了雄厚的物质力量和群众基础。受毛泽东同志委托，刘少奇同志对新中国经济构成和发展道路进行系统研究，提出比较完整的设想，为党的七届二中全会绘制新中国建设蓝图做了重要理论准备。他领导建立华北人民政府，使之成为中华人民共和国中央人民政府的雏形。新中国成立前夕，他率领中共代表团访问苏联，为成立新中国争取了有力的政治支持和经济援助。

刘少奇同志是新中国政治和经济制度的创立者之一。新中国成立初期，他担任中央人民政府副主席、人民革命军事委员会副主席、全国人大常委会委员长。他主持制定《中华人民共和国土地改革法》，悉心指导土地改革运动。他潜心研究合作社经济问题，大力倡导农民组织供销合作社，加强城乡物资交流，对恢复国民经济发挥了重要作用。他参与制定《中华人民共和国宪法》，主持起草并在一届全国人大一次会议上作《关于中华人民共和国宪法草案的报告》，为新中国宪法制定和实施作出了奠基性贡献。他是新中国第一任全国人大常委会委员长。他指出，人民代表大会制度是"一个有伟大功效的制度"，"人民的共同利益和统一意志，是人民代表大会和一切国家机关工作的出发点。"他先后主持召开5次全国人民代表大会全体会议和109次常委会会议，用很大精力来建立、健全这个崭新的制度，其中包括建立全国人民代表大会代表视察制度，发挥人民代表大会对国家行政机关的监督作用，等等。他主持制定一大批重要法律，对新中国法律制度的形成和发展起了重要作用。

刘少奇同志是我国社会主义建设一系列重大决策的制定和实施者之一。社会主义改造基本完成后，他积极探索适合我国国情的社会主义建设道路。他先后担任党中央副主席、中华人民共和国主席。在筹备党的第八次全国代表大会期间，他召开数十次座谈会，为制定八大路线发挥了重要作用。在党的八大上，刘少奇同志代表党中央所作的政治报告，科学分析社会主义社会制度基本建立后我国社会的主要矛盾，明确指出国内的主要矛盾已经是人民对于经济文化迅速发展的需要同当前经济文化不能满足人民需要的状况之间的矛盾，强调党和全国人民的主要任务是集中力量发展社会生产力，实现国家工业化，逐步满足人民日益增长的物质文化需要。他高度重视社会主义条件下正确处理人民内部矛盾问题，高度重视由分配和物质利益引发的人民内部矛盾，高度重视由官僚主义作风引发的干群矛盾等问题，进行系统深入的调查研究，提出了许多重要见解。国民经济调整时期，他响应毛泽东同志大兴调查研究之风的号召，深入农村、工厂开展调查研究。他坚决支持和指导实施“调整、巩固、充实、提高”的正确方针，对面临的困难作出清醒而充分的估计，提出战胜困难的有力措施，为我国经济走出困境、进入健康发展轨道付出了大量心血。刘少奇同志对改革经济管理体制提出许多指导意见，大力倡导试办托拉斯，提出实行两种教育制度和两种劳动制度、改革物资管理流通体制，这些重要意见具有很强的针对性和前瞻性，反映了他的远见卓识。

刘少奇同志是我们党卓越的马克思主义理论家，在政治、经济、军事、文化、教育、党的建设等领域作出许多理论建树，留下数百万字的著作，深入总结和提炼我们党治党治国的重要经验，为毛泽东思想的形成和发展作出了重大理论贡献。在刘少奇同志的理论贡献中，尤为突出的是关于党的建设和社会主义建设的理论。

刘少奇同志十分重视党的建设，是党内公认的党建理论家。他的《论共产党员的修养》《论党》《论党内斗争》等都是党建理论的重要著作。他指出：“任何一个政党，任何一个政府，必须取得绝大多数人的拥护、赞成，才能巩固。”“我们要信任群众，群众才会信任我们。”“一切工作都要走群众路线，都要有群众观点。”他认为：“严格地按照民主集中制办事，是一种实事求是的方法，是一种执行群众路线的工作方法”，“党的集中制是建立在民主基础上的”，“只要我们坚持民主集中制，我们就有可能少犯错误”。他强调，中国共产党要求自己的党员紧密结合党的阶级性质、最高理想、当前任务，在革命的实践中努力加强个人的思想、品德、作风修养，努力在改造客观世界的过程中自觉地改造主观世界，坚持把马克思主义世界观同中华民族的优良思想道德结合起来，不断提高思想政治素质。“一个人要求得进步，就必须下苦功夫，郑重其事地去进行自我修养”，“而这种修养和锻炼的唯一目的又是为了人民，为了革命的实践”。他还强调：“共产党员的党性锻炼和修养，是党员本质的改造。”“一切党员必须执行党的政策和决议，积极参加党所领导的革命运动，严格地遵守党的纪律，对于党内党外一切损害党的利益的现象必须进行斗争。”这些重要思想，对于今天我们加强党的执政能力建设和先进性建设仍然具有很强的现实意义。

刘少奇同志对推进我国社会主义建设提出了许多真知灼见。他强调，我们应该学会自己走路，应该根据中国的特点，采取适合中国情况的方法来进行建设。他强调，经济建设是国家和人民的中心任务；“社会主义经济既有计划性，又有灵活性、多样性，丰富多彩”；要用经济的办法来管理经济，党和政府“管计划、平衡、仲裁、监督、思想政治工作。生产由公司、工厂去经营”；生产资料可以作为商品进行流通，要充分利用自由市场，利用价值规律来调节生产。他认为，“以农业为基础来发展我国国民经济，是我们的一个根本方针”；农村生产和分配的单位不能太大，如果生产关系跑到生产力的前头就会破坏生产力，主张在农业生产中实行同产量联系起来的责任制。他指出：“科学上的真理是愈辩愈明的，艺术上的风格是必须兼容并包的。”“文化、教育、科学、卫生事业的发展，必须同经济建设的发展相适应。”刘少奇同志在探索我国社会主义建设中形成的这些思想理论观点，是非常宝贵的财富，至今仍然有着重要启示意义。

不幸的是，刘少奇同志在“文化大革命”中遭到林彪、江青两个反革命集团残酷迫害，不幸蒙冤致死。在最艰难的时刻，他仍然以一名共产党员的高度责任感，向中央建议“尽早结束‘文化大革命’，使国家少受损失”，并坚信“好在历史是人民写的”。党的十一届五中全会为刘少奇同志平反昭雪，并高度评价了他的光辉一生。刘少奇同志的英名同中国共产党的历史、同中华人民共和国的历史紧密相连。刘少奇同志永远活在中国人民心中。

同志们、朋友们！

今天，我们深切缅怀刘少奇同志，就是要学习他的优秀思想、崇高风范、高尚品德，激励和鼓舞全党全国各族人民坚定信心、振奋精神、开拓进取，奋力把老一辈革命家开辟的伟大事业继续推向前进。

我们要学习刘少奇同志始终坚持崇高理想、坚定信念，对党和人民无限忠诚。刘少奇同志说：“共产主义事业是我们的终身事业。”有了这个崇高追求和强大精神支柱，就能“先天下之忧而忧，后天下之乐而乐”。在白色恐怖下，他曾两次被捕，在敌人的监狱里正气凛然、坚贞不屈，始终保持共产党人的刚毅气节。他曾在党内受到“左”倾错误的排斥，但却从不计较个人得失，多次临危受命，在最艰险的地方挑最重的担子，出色完成了党交给的任务。即使在“文化大革命”最困难的情况下，他仍然坚守“一个革命者，生为革命，死也永远为共产主义事业，一心不变”的誓言。

我们要学习刘少奇同志始终坚持实事求是、勇于创新，善于把马克思主义基本原理同我国具体实际结合起来。刘少奇同志坚持一切从实际出发，善于在复杂的环境中统揽全局、缜密分析，采取和实施切实可行的政策。他说，共产党员“要有实事求是的精神和最切实的实际工作”，“使自己的主观逐步地比较符合客观，逐步地认识和掌握建设的客观规律”。他强调，“调查研究是做好工作的最根本的方法”。通过几十年的不断思考和总结，他锻炼出非凡的理论思维能力，观察问题深刻透彻，分析事物鞭辟入里，揭露矛盾尖锐泼辣。他善于总结经验，善于进行理论思考，把丰富的实践经验上升到理论高度，作出新的理论概括，并用来指导实践的发展。

我们要学习刘少奇同志始终坚持真理、修正错误，具有彻底的唯物主义者的思想品格。刘少奇同志为人忠诚坦荡、光明磊落，敢于讲真话、讲实话，从不隐瞒自己的政治观点；同时他也大力提倡说老实话，办老实事，当老实人，鼓励别人讲真话，坚决反对弄虚作假。他不隐瞒任何错误，常常主动承担责任。他说，共产党员只有党的共产主义的利益和目的，没有任何私心，所以“他的错误缺点能够自己公开，勇敢改正，有如‘日月之食’。他理直气壮，永远不怕真理，勇敢地拥护真理，把真理告诉别人，为真理而战斗。”这是他一生为真理而奋斗的真实写照。

我们要学习刘少奇同志始终坚持廉洁奉公、无私奉献，把党和人民事业放在高于一切的位置。刘少奇同志始终坚持党性原则、忠诚于党，对人民忠心耿耿、鞠躬尽瘁，几十年如一日。他在任何时候任何条件下都把党和人民放在第一位，无条件服从党和人民安排。无论是在战争年代，还是在社会主义革命和社会主义建设时期，他始终保持艰苦奋斗精神和人民公仆本色。他说：“我们还需要艰苦奋斗，不应当只管个人利益和目前利益，而忽视全国的和长远的利益。”他每天工作都在十几个小时以上。他在白区工作时经常经手几万元的党的活动经费，但他分文不动，每天只买些萝卜烩点馍维持生活。他对家属子女和身边工作人员严格要求，经常强调“不能乱用党和人民给的权力，不能搞特殊”。他教育子女经常参加体力劳动、和工农群众打成一片。外出工作时，他总是同身边工作人员约法三章：不请客，不迎送，不准向地方提任何要求和接受任何礼物。这些平凡的生活细节充分反映出刘少奇同志作为一名真正共产党人的精神境界。

我们要学习刘少奇同志始终坚持立党为公、执政为民，全心全意为人民服务。全心全意做人民的忠实勤务员是刘少奇同志为自己立下的座右铭，让人民尽快过上“富裕和有文化的生活”是刘少奇同志念念不忘的挂虑。他说：“一个好党员、一个好领导者的重要标志，在于他熟悉人民的生活状况和劳动状况，关心人民的痛痒，懂得人民的心。”他还说，国家主席是人民的勤务员，革命工作没有高低贵贱之分，在任何岗位上都应该全心全意为人民服务。他坚持一切从人民利益出发，时刻把群众安危冷暖挂在心上。在开滦煤矿，他深入井下察看工人生产和安全情况，亲身体验工人们的工作环境。在大庆油田，他叮嘱干部要注意解决工人生产生活困难，为工人解除后顾之忧。在河北农村，他深入了解农民实际需求，并派人送去电影放映机，丰富农民文化生活。在东北林区，他看到林业工人在野外作业条件艰苦，特地批准为他们解决棉衣、胶鞋等劳保用品。国民经济调整时期，他深入湖南农村调查研究，铺禾草，睡门板，在简陋阴暗的农舍一住就是20多天，走进农家，嘘寒问暖，把党和国家的关怀送进农户。他同掏粪工人、全国劳动模范时传祥等许许多多普通群众结下了深厚感情，人们都亲切称呼他“少奇同志”。他以自己的实际行动，在人民心中矗立起一座人民公仆的丰碑！

同志们、朋友们！

刘少奇同志为党和人民事业贡献了毕生精力。我们要永远铭记老一辈革命家为创建新中国和探索社会主义建设道路作出的历史贡献。今天，我们可以告慰刘少奇同志等老一辈革命家的是，在改革开放历史新时期，在老一辈革命家带领党和人民建设社会主义的基础上，我们成功开辟了中国特色社会主义道路、形成了中国特色社会主义理论体系，中国人民的面貌、社会主义中国的面貌、中国共产党的面貌发生了历史性变化，中国特色社会主义焕发出更加蓬勃的活力，中华民族伟大复兴展现出更加广阔的前景。

当前，我国改革发展正处在关键阶段。我们肩负的使命神圣而重大，我们承担的任务光荣而艰巨。我们一定要全面贯彻党的十七大精神，高举中国特色社会主义伟大旗帜，以邓小平理论和“三个代表”重要思想为指导，深入贯彻落实科学发展观，继续解放思想，坚持改革开放，推动科学发展，促进社会和谐，为全面建设小康社会、实现中华民族伟大复兴而继续奋斗！

中国残疾人联合会第五次全国代表大会在人民大会堂开幕

胡锦涛、温家宝、贾庆林、李长春、习近平、李克强、贺国强等党和国家领导人到会祝贺。来自全国各地的630多名代表，肩负着8300多万残疾人的重托出席大会。

中共中央政治局常委、国务院副总理李克强代表党中央、国务院发表了题为《促进残疾人事业在新的起点上加快发展　为夺取全面建设小康社会新胜利共同奋斗》的祝词。

出席开幕式的领导同志还有：回良玉、刘淇、刘云山、刘延东、李源潮、何勇、令计划、王沪宁、蒋树声、马凯、钱运录、万钢和李继耐等。

全国政协副主席、中国残联主席邓朴方主持开幕式，并代表中国残联第四届主席团向大会作了题为《高举中国特色社会主义伟大旗帜　为加快残疾人事业全面发展而奋斗》的工作报告。中华全国总工会党组书记、副主席、书记处第一书记孙春兰代表各人民团体向大会致贺词。

国务院副总理李克强在中国残联第五次全会上发表题为《促进残疾人事业在新的起点上加快发展　为夺取全面建设小康社会新胜利共同奋斗》的祝词

各位代表、同志们：

今天，中国残疾人联合会第五次全国代表大会隆重开幕了。这是我国社会生活中的一件大事，是全国广大残疾人及其亲属和残疾人工作者的一件喜事。开好这次大会，对于全面贯彻落实党的十七大精神，按照科学发展观的要求，促进残疾人事业在新的起点上加快发展，团结带领广大残疾人同全国各族人民一道，为夺取全面建设小康社会新胜利共同奋斗，具有十分重要的意义。在这里，我受党中央、国务院委托，向大会的召开表示热烈的祝贺！向全国广大残疾人及其亲属表示诚挚的问候！向广大残疾人工作者表示崇高的敬意！向关心、支持残疾人事业发展的社会各界人士表示衷心的感谢！

中国残联五大，是在改革开放30周年的重要时刻召开的。30年来，改革开放极大地激发了我国社会发展的生机活力，开启了中华民族伟大复兴的新征程，谱写了建设中国特色社会主义的壮丽篇章。伴随着改革开放进程和社会文明进步，我国残疾人事业迈出了历史性步伐，取得了辉煌成就。残疾人事业的发展壮大，有力推动了改革开放和社会主义现代化建设，充分展示了我国人权保障的广泛性、公平性、真实性，也赢得了国际社会的广泛赞誉。

中国残联五大，适逢中国残联成立20周年。20年来，党和国家将残疾人事业纳入国民经济和社会发展全局，建立、健全了保障残疾人权益的法律、法规，普遍设立了政府残疾人工作机构，大力倡导理解、尊重、关心、帮助残疾人的良好社会风尚，广泛开展了残疾人事务的国际交流合作，为残疾人事业发展创造了有利条件。各级残联组织和广大残疾人工作者大力发扬人道主义精神，牢固树立服务残疾人的意识，密切联系残疾人群众，注意倾听他们的疾苦，反映他们的愿望，维护他们的权益，推动他们生活、学习、工作等方面实际问题的解决，使残联组织成为残疾人之家、使残疾人工作者成为残疾人之友，为推动残疾人事业发展作出了重要贡献。广大残疾人自尊、自信、自强、自立，克服种种困难，自强不息、勇于拼搏、超越自我，积极投身改革开放和社会主义现代化建设伟大实践，创造了许多身残志坚、奋斗成功的感人事迹，在经济社会发展中发挥了重要作用。中国残联四大以来，随着经济快速发展和综合国力增强，我国残疾人事业又迈上了新的台阶，我们成功举办北京残奥会，我国残疾人运动员以优异成绩充分展示了体育才华和拼搏精神，集中反映了我国残疾人事业的长足发展，为全世界所瞩目。

现在，我国残疾人的政治、经济、文化、社会权益得到尊重和保障，平等参与社会生活的机会增多、范围扩大、能力增强；我国残疾人事业已发展成为以“平等、参与、共享”为目标，以康复、教育、就业、社会保障、权益保障、文化体育、无障碍环境建设等为主要内容的综合性社会事业，走出了一条适合国情、具有特点、科学发展的道路。

自有人类就有残疾人，目前我国有8300多万残疾人。残疾人是社会中一个特殊困难的群体，同样也是物质文明和精神文明的创造者。关爱残疾人，是社会文明进步的重要标志。我国残疾人事业，是崇高的人道主义事业，是中国特色社会主义事业的重要组成部分。为残疾人创造平等参与社会生活的条件，使残疾人共享改革发展成果，是党和政府以及全社会义不容辞的责任。进一步发展残疾人事业、不断改善残疾人状况，有利于维护残疾人合法权益，促进社会公平正义；有利于调动和发挥残疾人的积极性主动性创造性，实现经济社会全面协调可持续发展；有利于推动我国人权事业发展，树立我国良好国际形象。在新的形势下，不断推进残疾人事业，是推动科学发展的必然要求，是促进社会和谐的重要任务。

党的十七大提出了实现全面建设小康社会奋斗目标的新要求，对今后一个时期我国经济、政治、文化、社会等各项建设作出了全面部署，强调要坚持以人为本，促进人的全面发展，要发扬人道主义精神，发展残疾人事业。党中央、国务院颁布的《关于促进残疾人事业发展的意见》，明确要求增强责任感和使命感，促进残疾人事业在新的起点上加快发展，提出了进一步发展残疾人事业的目标任务和政策措施。这些重大部署，为促进残疾人事业进一步发展指明了方向，必将激励和鼓舞广大残疾人和残疾人工作者不断前进。

进一步发展残疾人事业，必须全面贯彻党的十七大精神，高举中国特色社会主义伟大旗帜，以邓小平理论和“三个代表”重要思想为指导，深入贯彻落实科学发展观，按照中央制定的经济社会发展和残疾人事业发展的方针政策和决策部署，加强组织领导，动员社会力量，加大政策扶持，搞好统筹兼顾，实行有利于经济增长和劳动就业的经济政策，致力于解决残疾人最关心最直接最现实的利益问题，营造有利于残疾人平等参与的社会环境，缩小残疾人生活状况与社会平均水平的差距，实现残疾人事业与经济社会协调发展，努力使残疾人与全国各族人民一道向着更高水平的小康社会迈进。

进一步发展残疾人事业,需要各级党委和政府加强领导。加强领导和政策扶持是促进残疾人事业发展的关键。各级党委和政府要从立党为公、执政为民的高度出发,进一步提高对加快发展残疾人事业重要性的认识,切实把残疾人事业纳入国民经济和社会发展规划,把残疾人工作列入重要议事日程。要进一步完善领导体制和工作机制,统筹安排,统一部署,精心指导,整体推进,努力推动残疾人事业又好又快发展。要完善有利于残疾人事业发展的政策法规,增加对残疾人事业发展的资金投入,加强残疾人医疗康复和残疾预防,建立残疾人社会保障制度,做好残疾人生活救助工作,促进残疾人就业和教育文化体育事业发展,健全残疾人服务体系,加快无障碍建设和改造,着力解决残疾人生产生活中遇到的各种困难和问题,促进残疾人的全面发展。

进一步发展残疾人事业,需要社会各界真诚支持。残疾人是社会大家庭的一员。不久前的北京残奥会,生动演绎了"超越、融合、共享"的残奥精神,有力促进了社会友爱互助和文明进步,留下了深含人文精神的宝贵财富。要巩固和发展北京残奥会精神成果,建设社会主义核心价值体系,大力弘扬人道主义思想和中华民族传统美德,进一步增强全社会扶残助残、团结互助意识,切实理解残疾人,处处尊重残疾人,热情关心残疾人,倾力帮助残疾人,让关爱的阳光照亮每个残疾人的心灵。

进一步发展残疾人事业,需要各级残联组织不懈努力。残联是党和政府联系残疾人群众的桥梁和纽带,承担着发展残疾人事业、维护残疾人权益的光荣使命。各级残联要牢牢把握中央关于发展残疾人事业的新要求,主动适应广大残疾人过上更好生活的新期盼,认真总结经验、探索规律,继续解放思想、开拓创新,在社会建设和社会管理中发挥更大作用,不断开创残疾人工作新局面。要加强能力建设,更好地履行代表、服务、管理职能,保持同残疾人群众的血肉联系,扎根残疾人群众,倾听残疾人呼声,反映残疾人诉求,维护残疾人权益,全心全意为残疾人服务,充分调动广大残疾人的积极性主动性创造性,激励他们投身火热的社会生活,带领他们共建幸福美好未来,帮助他们共享改革发展成果。广大残疾人工作者要继续秉承"人道、廉洁、服务、奉献"的职业道德,再接再厉,勤勉敬业,以满腔热忱做好残疾人工作,为残疾人事业发展再创佳绩。

进一步发展残疾人事业,需要广大残疾人自强奋斗。残疾人中蕴藏着巨大潜能和无穷创造力,是建设中国特色社会主义的重要力量,也是发展残疾人事业的主体。残疾人百折不挠、奋发向上的精神,给人以激励和鼓舞,给人以信心和力量,是民族精神和时代精神的生动体现。殷切希望广大残疾人始终热爱人生,保持乐观向上、不畏艰难的生活态度,勤奋学习,增长本领,用激情拥抱生活,努力实现自身价值。殷切希望广大残疾人始终热爱祖国,不断超越自我,奏响生命最强音,积极参与全面建设小康社会的伟大实践,奋力创造更多的物质财富和精神财富,向全社会进一步展示残疾人的聪明才智和良好精神风貌。

各位代表、同志们,全党全国各族人民正奋力推进改革开放和社会主义现代化建设事业,残疾人事业迎来了蓬勃发展的新机遇。让我们紧密团结在以胡锦涛同志为总书记的党中央周围,在党的十七大精神指引下,锐意进取,扎实工作,促进残疾人事业在新的起点上加快发展,不断夺取全面建设小康社会新胜利,不断谱写残疾人美好生活新篇章!

最后,预祝中国残联第五次全国代表大会圆满成功!

全国人大常委会委员长吴邦国在塔那那利佛会见马达加斯加总统拉瓦卢马纳纳

吴邦国说,我这次来访的目的,就是与马方一道,落实两国元首达成的共识,推动中马关系深入发展。为此,我提出三点建议:一是在保持两国政府、立法机构友好交往的同时,加强中国共产党和"我爱马达加斯加"党间的党际交流。执政党之间相互交流,借鉴和共享治国理政经验,对各自国家的发展和中马关系的深化都具有重要意义。二是深化农业领域特别是水稻品种改良和水稻种植等方面的务实合作。中方将向马方提供一批水稻种子、派遣农技专家,帮助马方推广水稻种植技术。希望双方充分发挥已建杂交水稻示范中心的示范效应,以点带面,扩大合作规模,帮助提高马达加斯加粮食产量和农业生产能力。三是加强两国企业间的合作。中马同属发展中国家,都实行市场经济。企业是市场的主体,也是经济合作的主体。中马经济互补性强,合作潜力大。希望两国政府从战略高度重视和支持两国大企业在能矿、水电等领域开展大项目互利合作,从而提升两国经贸合作的质量和水平。

拉瓦卢马纳纳完全赞同吴邦国对双边关系的评价和建议,认为双方对深化两国关系的看法一致。他表示,我爱马达加斯加党作为执政党,高度重视发展对华关系,热切期望加强与中国共产党的党际交流,学习和借鉴中国共产党的党建经验,加强基层党组织建设和干部队伍建设,提高党员的政治素质和我爱马达加斯加党执政能力。拉瓦卢马纳纳说,我本人非常重视对华务实合作。当前马中务实合作已有一定的规模,还有巨大的发展空间,更重要的是,双方在长期合作中已建立起彼此信任的关系,这种信任将为今后的互利合作带来无限前景。

会见结束后，吴邦国委员长和拉瓦卢马纳纳总统共同出席了《中华人民共和国和马达加斯加共和国政府经济技术合作协定》等两国政府经贸合作文件的签字仪式。

全国人大常委会委员长吴邦国在塔那那利佛会见马达加斯加总理拉贝马南贾拉

全国人大常委会委员长吴邦国在塔那那利佛分别与马达加斯加国民议会议长西拉 参议长兰德里亚桑德拉特里尼乌尼举行会谈

全国政协主席贾庆林在人民大会堂会见全国少数民族参观团

贾庆林指出，党中央、国务院历来高度重视民族工作，十分关心少数民族和民族地区各族群众的生产生活。2005年中央召开民族工作会议，制定出台了中央十号文件和国务院实施民族区域自治法若干规定。近几年，又先后颁发了进一步促进西藏、新疆、宁夏等省区经济社会发展的若干意见，还专门研究部署支持青海等省藏区经济社会发展工作。最近，胡锦涛总书记又就民族团结进步问题作出重要指示。所有这些，都充分体现了党中央、国务院对少数民族和民族地区的亲切关怀，有力地促进了民族地区的团结稳定和繁荣发展。

贾庆林强调，当前，我国已经站在一个新的历史起点上，全国各族人民正在万众一心地为夺取全面建设小康社会新胜利而奋斗。民族地区和全国其他地区一样，面临着难得的发展机遇和艰巨繁重的发展任务。希望大家牢固树立汉族离不开少数民族、少数民族离不开汉族、各少数民族之间也相互离不开的思想，广泛开展民族团结宣传教育活动，巩固和发展平等团结互助和谐的社会主义民族关系。希望大家按照开展深入学习实践科学发展观活动的要求，着力提高实现科学发展的能力，着力解决制约科学发展的突出问题，促进少数民族和民族地区经济社会又好又快发展。

此次全国少数民族参观团由来自西藏、青海、四川、云南、甘肃的49名基层干部和先进人物组成。除北京外，参观团还将赴上海、福建、广东等地参观考察。

全国政协主席贾庆林在人民大会堂会见第二届海峡两岸工会论坛部分代表

贾庆林指出，两岸工会和劳动界在推动两岸关系和平发展中负有重要责任。双方应该抓住难得的历史机遇，进一步加强交流与合作，共同致力于维护两岸职工权益，使两岸劳动者更多地分享经济社会发展的成果，为促进两岸关系和平发展，共同谱写中华民族伟大复兴的新篇章尽一份心力。

贾庆林表示，几天前，海协会陈云林会长率团赴台湾与台湾海基会进行商谈，并与台湾各界开展了一系列交流活动，产生了广泛的影响。这是我们在新形势下加强两会协商、促进两岸关系和平发展的重要举措。海协会会长首次访问台湾，两会首次在台北举行领导人会谈，是两会制度化协商的新突破，也推动两岸关系又向前迈出了重要一步。海协会与台湾海基会签署了两岸空运直航、海运直航、邮政合作、食品安全等四项协议，就两岸合作应对当前国际金融危机等两岸同胞关心的诸多问题交换了意见。这些重要成果，有力地促进了两岸直接“三通”的进程，扩大了两岸经济合作，便利了两岸同胞往来，给两岸同胞带来了实实在在的利益，为两岸关系和平发展注入了新的动力。两岸同胞普遍对此表示高度肯定，国际舆论也给予积极评价。

贾庆林说，当前，两岸关系和平发展呈现出前所未有的光明前景，两岸同胞比以往任何时候都更有条件也更加需要携手合作、共同发展。同时，两岸关系前进的道路并不平坦，国际金融危机也给两岸经济发展带来了新的困难、提出了新的课题。我们愿采取进一步积极措施，尽力维护好、发展好两岸同胞的切身利益。同时积极开展两岸同胞和两岸各界的大交流，不断增进相互了解与相互信任。两岸双方还应秉持建立互信、搁置争议、求同存异、共创双赢的精神，妥善处理好两岸关系中存在的历史遗留问题和今后遇到的新问题。总之，我们愿与台湾各界有识之士一道，不断巩固和加强两岸关系改善与发展的势头，不断开创两岸关系和平发展的新局面。

2008中国国际矿业大会于北京举行

全国人大常委会副委员长乌云其木格在人民大会堂会见加勒比共同体秘书长埃德温·卡林顿一行

11月12日

国务院总理温家宝主持召开国务院常务会议

为落实中央关于扩大内需，促进经济平稳较快增长的决策部署，会议研究决定四项实施措施。

一、核准审批固定资产投资项目。会议核准自宁夏中卫经11个省(区、市)至广州、香港的西气东输二线项目东段工程，总投资930亿元。该项目的建设，对于提高清洁能源比重，缓解天然气供应紧张局面，促进沿线地区经济和社会发展，造福沿线地区人民群众，具有重要意义。核准总投资955亿元的广东阳江核电工程和浙江秦山核电厂扩建工程。还审批了总投资174亿元的新疆生产建设兵团玛纳斯河肯斯瓦特、贵州省黔中、江西省峡江等水利枢纽工程和内蒙古巴彦淖尔、安徽省池州九华山等一批民用机场项目。

二、提高部分产品出口退税率，调整部分产品出口关税。为扶持劳动密集型中小企业，支持产业优化升级，会议决定，在今年下半年两次调高出口退税率的基础上，自2008年12月1日起，进一步提高部分劳动密集型产品、机电产品和其他受影响较大产品的出口退税率。这次调整总共涉及3770项产品，约占全部出口产品的27.9%。根据国内生产消费及国际市场变化，会议同时决定，取消部分钢材、化工品和粮食的出口关税，降低部分化肥出口关税并调整征税方式，对个别产品开征或提高出口关税。

三、确定中央财政地震灾后恢复重建基金的具体安排方案。一是以中央财政地震灾后恢复重建基金3000亿元为主导，统筹安排受灾地区财政投入、社会捐赠、对口支援、银行贷款等各类恢复重建资金。二是基金重点支持恢复重建总体规划确定的51个县(市、区)；对规划范围以外的其他灾区，中央加大财政转移支付和扶贫开发等支持力度。三是对恢复重建总体规划确定的城乡住房、城镇建设、农村建设、公共服务、基础设施、产业重建、防灾减灾、生态环境、精神家园等，分别确定补助原则、标准和恢复重建基金安排规模。会议强调，要加强部门指导，落实地方政府主体责任，统筹协调各类恢复重建资金，发挥组合优势，加快恢复重建工作。要严格财经纪律，加强监督检查，增加透明度，确保资金使用安全、合规、有效。

四、提出进一步加强支持林业生态恢复重建的政策措施。会议指出，今年年初在我国南方发生的特大雨雪冰冻灾害和“5·12”汶川特大地震灾害，使林业遭受严重损失。会议确定，到2010年，基本恢复林区生活条件和基本生产能力，受灾林农和林区职工得到妥善安置，灾区恢复重建取得显著进展。为此，必须进一步加强有关政策措施。一是中央财政安排专项资金支持灾后林业生态恢复重建。对林业基层单位职工因灾损毁的住房重建给予适当补助，对林木良种繁育给予适当支持。二是制定受灾木竹最低收购保护价，中央和地方财政对受灾木竹收购加工企业所需流动资金贷款给予贴息。三是对雨雪冰冻和地震灾害形成的难以偿还的造林债务，根据灾情给予优惠或适当豁免。四是将林业灾害救助纳入中央和地方政府相关救灾资金渠道统筹安排。

国务院总理温家宝向“中日青少年友好交流年”闭幕式致贺词

中央党校2008年秋季学期第二批进修班举行开学典礼

中共中央政治局常委、中央书记处书记、中央党校校长习近平出席开学典礼并作重要讲话。他强调，党校是培训党的领导干部的主渠道，是党的思想理论战线的重要阵地，特别需要树立好的学风。各级党校要认真贯彻实事求是的校训，把加强学风建设作为一项重要工作抓实抓好。

习近平指出，前不久颁布的《中国共产党党校工作条例》，进一步明确了党校的性质、地位和作用，明确了党校教育的总体要求、基本任务、教育目标，对党校教学、科研、学员管理、队伍建设、机关党的工作、行政后勤等各项工作作出了新的规定，是党校最重要的法规性文件。各级党校要以条例为依据，在教学、科研、行政后勤等工作和财务管理、组织人事管理、信息管理、学员管理等各项管理中建立和完善科学有效的制度，严格按照条例办学。

习近平强调，认真学习贯彻《中国共产党党校工作条例》，最根本的是要坚持党校办学的正确方向，坚持党校一切教学活动、科研活动、办学活动都要遵循党性原则、遵循党的政治路线、恪守党的政治纪律，为党校切实履行自己的职能服务，为建设高素质干部队伍服务。习近平指出，全党在思想上、政治上、行动上同党中央保持高度一致，是我们党始终保持先进性、不断取得胜利的一个政治优势。各级党校要牢固树立党的观念，坚定不移地贯彻党的基本理论、基本路线、基本纲领和基本经验，自觉把研究和宣传党的理论和路线方针政策作为义不容辞的责任，通过辛勤工作使党的理论和路线方针政策为广大党员、干部所深刻理解，为广大人民群众所广泛接受，在全党全社会更好发挥作用。

中央党校常务副校长李景田主持开学典礼。中央有关部门负责人、中央党校负责人以及第44期省部级干部进修班和第51期地厅级干部进修班全体学员等450多人参加了开学典礼。

国台办举行例行记者会介绍陈云林访台六大成果

范丽青表示，陈云林此次访台取得了令人满意的积极成果，主要体现在六个方面：

一是签署了两岸空运直航、海运直航、邮政合作、食品安全四项协议。前三项协议的签署使得两岸同胞期待了30年之久的两岸直接通航、通邮变为了现实。后一项协议建立了两岸主管部门就食品安全进行信息通报与查询、协处的机制，有利于维护两岸消费者权益和食品贸易健康发展。

二是举办了两岸金融界座谈会和工商航运界座谈会，探讨应对当前国际金融风暴、加强两岸金融合作和经济合作的实际办法。

三是商讨了改善大陆居民赴台旅游的措施，提出促进大陆居民赴台旅游的办法。

四是完成了两岸互赠大熊猫、珙桐树和长鬃山羊、梅花鹿的手续，解决了延宕三年多的赠台大熊猫赴台事宜。

五是商谈规划了下一阶段两会商谈的议题和加强两会会务联系与交流事宜。初步商定明年尽快就两岸金融合作、共同打击犯罪、渔工劳务合作、两岸双向投资及签订投资保护协议、两岸动植物检验检疫合作、两岸产业合作、知识产权保护、两岸媒体记者常驻等问题进行商谈。

六是广泛接触了台湾各界人士，增进了了解，加深了感情。

范丽青表示，两岸同胞普遍对此表示高度肯定，国际舆论也给予积极评价。随着四项协议的落实，可以预见，两岸民众的往来交流将更加密切，两岸经济合作将进一步深化，两岸同胞的感情将更加融洽，共同推动、促进两岸关系的大发展。

国家副主席习近平在人民大会堂会见吉尔吉斯斯坦外长卡拉巴耶夫

习近平说，中国政府高度重视对吉关系，视吉为真诚的朋友和可信赖的伙伴。近年来，两国关系取得长足发展，经贸、交通、人文、安全等领域合作成果显著。今年8月，两国元首在北京奥运会开幕式和上海合作组织杜尚别峰会期间先后举行会晤，为中吉关系发展注入强劲动力。中方愿与吉方一道，全面落实双方达成的各项共识和协议，推动双边关系深入发展。

卡拉巴耶夫表示，吉方视对华关系为吉外交优先方向之一，在涉藏、打击“三股势力”等问题上坚定支持中方立场。吉方愿进一步扩大两国在双边和上海合作组织等多边框架内的务实合作，全面提升吉中睦邻友好合作关系水平。

国务院副总理王岐山在中南海紫光阁会见国际展览局主席蓝峰和秘书长洛塞泰斯

王岐山首先对蓝峰和洛塞泰斯为筹办上海世博会所做的努力表示感谢。他说，中国政府对举办上海世博会高度重视，我们将按照科学发展观的要求，紧紧围绕“城市，让生活更美好”的主题，举全国之力，集众人之智，努力办成一届成功、精彩、难忘的世博会。当前，筹办工作进入冲刺阶段。中方将与国际展览局密切合作，积极加强与各参展方的沟通协调，继续抓好软硬环境建设，确保各项筹办工作圆满完成。

蓝峰和洛塞泰斯就上海世博会有关筹办工作提出了建设性意见。

外交部部长杨洁篪在北京与吉尔吉斯斯坦外长举行会谈并签署《中吉外交部2009年合作计划》

全国妇联主席陈至立在北京会见非洲政党与妇女组织干部研修班全体学员

国家国防科技工业局发布依据“嫦娥一号”卫星拍摄数据制作的中国第一幅全月球影像图

周扬同志诞辰100周年座谈会在北京举行

中国文联、文化部、中国作协在京举行周扬同志诞辰100周年座谈会。全国政协副主席、中国文联主席孙家正出席座谈会。

周扬同志是湖南益阳人，曾任中共中央宣传部副部长，文化部党组书记、副部长，中国社会科学院副院长，中国文联党组书记、主席，中国作协副主席等职。

座谈会由中国文联党组书记、副主席胡振民主持，中国文联、文化部、中国作协有关负责同志以及周扬同志的亲属代表和生前好友在会上发言，大家表示，要紧密结合学习贯彻党的十七大和十七届三中全会精神，结合深入学习实践科学发展观活动，结合文化建设和文艺工作的实际，继承和弘扬文化界前辈们的未竟事业和崇高精神，凝聚力量、扎实工作，努力推动社会主义文化大发展大繁荣。

国务院副总理李克强在中国环境与发展国际合作委员会2008年年会开幕式上发表题为《加强生态环境保护建设　促进扩大内需改善民生》的讲话

各位委员、各位专家，女士们、先生们：

今天，中国环境与发展国际合作委员会2008年年会在北京举行。作为新一届中国国合会主席，我很高兴结识各位。本次年会以“机制创新与和谐发展”为主题，这对于中国建设资源节约型、环境友好型社会具有十分重要的现实意义。在此我谨代表中国政府并以我个人的名义，对各位委员、各位来宾表示热烈的欢迎！向长期以来为中国环境与发展事业作出不懈努力、提出诸多建议的专家们表示衷心的感谢！

当前，世界经济金融形势正在发生急剧变化。国际金融市场继续动荡，对实体经济形成很大冲击，全球经济增长明显放缓，给各国经济发展和人民生活带来严重影响。面对这一全球性挑战，需要世界各国加强合作，携手应对，共同维护世界经济稳定与发展。

今年对中国来说是非同寻常的一年。我们经受住了严重自然灾害和国际不利因素的挑战，经济发展的基本面没有改变。但前进的道路上存在许多困难和压力。最近，面对国际经济环境变化对我国的不利影响，中国政府及时对宏观经济政策作出重大调整，实行积极的财政政策和适度宽松的货币政策，采取更加有力的措施促进经济发展。今年第四季度，我们将新增中央财政投资1000亿元，用于推进民生工程、基础设施和生态环境等建设，并加快地震灾后重建步伐；千方百计增加居民尤其是低收入群体收入，着力扩大消费需求，保持经济平稳较快发展。

当前的国际金融危机是一个重大挑战，但只要我们积极应对、主动转型、行动有力，也可以转化为转变发展方式、调整经济结构的有利机遇。中国作为世界上最大的发展中国家，保持经济平稳较快增长，这本身就是对世界经济作出的重要贡献。同时，我们致力于提高经济增长的质量和效率，推动技术进步和结构调整，又可以使人民生活在提高水平的基础上不断改善质量。

环境保护与经济发展和人民生活密不可分。我们在扩大内需、促进增长中，把加强生态环境建设作为一项重点，表明了中国继续推动科学发展、促进社会和谐的决心。从我国的实际出发，增加内需，也需要加强生态环保等经济社会发展的薄弱环节，并以此为重点培育经济新的增长点。在新的形势下，我们将把扩大内需与改善民生、加大生态环境建设力度有机结合起来，把环境保护放在突出的战略位置，把节能减排作为扩大内需的重要方面，抓住机遇，应对挑战，在新的起点上形成新的发展机制。这既有利于拉动中国经济增长，又有利于解决目前面临的突出问题，从而推进全面协调可持续发展。

各位委员、各位专家！

今年是中国改革开放30周年。30年来，中国政府高度重视环保工作，把保护环境确立为一项基本国策，把实施可持续发展作为一项国家战略，环境保护从认识到实践都发生了重要转变。我们采取一系列措施不断加大防治污染和保护环境的力度，取得了积极成效。在经济保持快速增长的同时，使环境污染加重和生态破坏加剧的趋势有所减缓，部分地区和城市环境质量有所改善。中国为环境保护作出了巨大努力。

2007年，全国化学需氧量和二氧化硫排放量首次实现了双下降，实现了历史性的突破。特别是今年以来，中国环保工作经受了严峻考验。面对历史罕见的四川汶川特大地震，中国有关部门迅速启动环境应急机制，严密防控次生环境灾害，切实保障了灾区群众饮水和环境安全。在举世瞩目的奥运会期间，有关地方和部门协同配合，全力实施奥运环境质量保障措施，实现了北京空气质量天天达标，兑现了向国际社会的郑重承诺。

当然应当清醒地看到，中国仍然属于发展中国家，正处于实现现代化和工业化、城镇化加快发展的过程中，城乡、区域、经济社会发展不平衡，人民生活水平还不高，发展经济的任务十分艰巨。与此同时，长期积累的环境矛盾尚未解决，新的环境问题又不断出现，有的问题直接影响人民健康，保护环境的任务也十分艰巨。加强环境保护，改善环境质量，不仅是13亿人民的福祉所在，也是对全球可持续发展的重要贡献。

面向未来，中国将坚持走科学发展的道路，在发展中保护，在保护中发展，促进经济社会与资源环境协调发展。坚持建设生态文明，加快形成有利于节能环保的产业结构、生产方式和消费模式，实现人与自然和谐相处。坚持改革创新，建立、健全有利于全面协调可持续发展的体制机制，调动多方面积极性。坚持以人为本、环保为民，着力解决影响群众健康的突出环境问题，使人民群众在经济发展中不断提高生活水平，在环境改善中不断提高生活质量。

推动环境保护，需要不断创新体制机制。我们将继续坚持以改革的办法解决环境问题，在履行好政府环保职责的同时，注重运用市场机制促进污染治理和生态建设。抓紧理顺重要能源资源产品的价格关系，建立能够反映市场供求关系、资源稀缺程度、环境损害成本的价格形成机制，逐步建立、健全生态补偿机制，促进企业和全社会降低消耗、减少排放、保护环境。

加强环境保护，需要加大生态环境建设力度。我们将进一步增加节能环保投入，加快城镇污水处理设施、垃圾处理设施、污水管网和重点流域水污染防治工程建设，加强重点防护林和天然林保护工程建设，加强国家十大重点节能工程、循环经济和重点流域工业污染治理工程建设，推动环境保护不断取得新成效。

增强环保能力，需要大力发展节能环保产业。资源环境领域蕴藏着很大需求潜力。节能环保产业是朝阳产业，充满着生机与活力。我们将加强政策扶持，鼓励自主创新，大力开发环保科技，推广应用先进技术，加快发展节能环保设备、环境服务等产业，培育具有市场竞争力的节能环保企业，提高环保效率和水平，以增加投资、带动消费，形成新的经济增长点。

节能环保涉及千家万户，关系人民切身利益，需要全民参与。中国正在推进生态文明建设，开展全民节能行动，在全社会推行节油、节电、节水等措施。我们将进一步加大社会动员力度，增强全社会的资源环境忧患意识，使节能环保成为每个单位、每个家庭、每个公民的自觉行动，让生态文明观念深入人心，全面建设资源节约型、环境友好型社会。

各位委员、各位专家！

对外开放是中国的基本国策，也是环境保护的有效途径。我们将坚持互利共赢的开放战略，积极开展国际环境合作，丰富合作内容，提升合作水平，实现共同发展。通过环境合作与交流，引进国外先进技术、管理经验、有用人才和必要的资金。我们将本着互利共赢、务实有效的原则，积极参与国际环境事务，共同应对环境问题带来的挑战。气候变化是国际社会普遍关心的重大全球性问题，中国将坚持共同但有区别责任的原则，同世界各国一道，为应对气候变化作出不懈努力。

中国环境与发展国际合作委员会自1992年成立以来，走过了17个年头，已经成为中国环境领域对外开放的重要场所，成为加强中外环保交流合作的重要平台。国合会汇集了来自世界众多国家和地区的专家学者、政府官员和知名人士，既拥有宽广的国际视野，又具有丰富的理论修养和实践经验。希望你们继续发挥自身优势，一如既往地关注中国环境与发展的重大现实问题。从中国国情出发，借鉴世界先进经验，提出有针对性的政策建议，并推动研究成果的转化应用，为中国环保事业贡献智慧和力量。

保护全球生态环境、实现可持续发展是全人类的共同心愿，也是世界各国的共同责任。让我们进一步积极行动起来，相互帮助，真诚合作，共同维护世界经济稳定、促进世界经济发展，共同呵护人类赖以生存的地球家园。

最后，祝中国环境与发展国际合作委员会2008年年会圆满成功！

11月13日

全国人大常委会委员长吴邦国在维多利亚与塞舌尔总统米歇尔举行会谈

吴邦国说，中塞建交30多年来，双方始终平等相待、真诚友好。2006年两国确立平等、互信、真诚、互助关系以来，双边关系快速发展，高层交往密切，政治互信不断增强，各领域互利合作日益扩大并取得积极成果，在重大国际和地区问题上保持密切沟通与协调。中塞关系堪称大小国家平等相待、团结互助的典范。这既是两国领导人高度重视、积极推动的结果，也是双方相互支持、密切合作的结果。

米歇尔说，吴邦国委员长此次访问是继去年胡锦涛主席成功访塞后，中国主要领导人对塞舌尔的又一次重要访问，展示了两国关系的活力和紧密程度，相信塞中关系的发展会越来越强劲。

吴邦国应询介绍了中国政府为应对世界金融危机所采取的措施，并表示，中国经济虽然在一定程度上受到世界金融危机的影响，但中国经济的基本面是好的，不会影响中塞在建合作项目的实施，不会影响中塞进一步开展互利合作。中方将在力所能及的范围内继续向塞方提供帮助。

米歇尔对此表示感谢。他说，塞舌尔的经济发展离不开中方长期以来给予的无私帮助和大力支持，塞舌尔人民心怀感激。加强对华关系是塞舌尔外交政策的重点。塞方赞赏和支持中国在国际和地区事务中推动构建双边和多边和谐关系的努力，感谢中方在中非合作论坛框架下与非洲国家开展的友好互利合作。希望与中方加强在基础设施建设、能源开发、农业、通信、旅游等领域的合作。他重申，塞方将一如既往地坚定奉行一个中国政策，支持中国的主权和领土完整。吴邦国对此表示感谢。

会见后，吴邦国委员长和米歇尔总统共同出席了《中华人民共和国政府和塞舌尔共和国政府经济技术合作协定》的签字仪式。

全国人大常委会委员长吴邦国在维多利亚与塞舌尔国民议会议长赫米尼耶举行会谈

国务院总理温家宝在中南海紫光阁会见出席中国环境与发展国际合作委员会2008年年会的外方人士

中国残联第五次全国代表大会在北京闭幕

大会号召广大残疾人和残疾人工作者全面贯彻党的十七大和十七届三中全会精神，高举中国特色社会主义伟大旗帜，以邓小平理论和“三个代表”重要思想为指导，深入贯彻落实科学发展观，解放思想，锐意进取，奋发有为，扎实工作，促进残疾人事业在新的起点上加快发展，为夺取全面建设小康社会新胜利而奋斗。

大会通过了关于中国残疾人联合会第四届主席团报告的决议。决议认为，我国残疾人事业伴随着改革开放的历史进程不断发展壮大。当前正值推进残疾人实现全面小康目标的战略机遇期，要按照党中央、国务院对残疾人事业的决策部署，加快改善残疾人状况，建立残疾人事业发展的长效机制，加强残疾人组织建设，实现残疾人事业与经济社会协调发展，努力使残疾人同全国人民一道向着更高水平的小康社会迈进。

大会还通过了关于《中国残疾人联合会章程(修正案)》的决议。

中共中央政治局委员、国务院副总理、国务院残疾人工作委员会主任回良玉在闭幕式上发表了讲话。他说，残疾人事业是崇高的人道主义事业，是中国特色社会主义事业的重要组成部分。改革开放30年来，我国残疾人事业取得了辉煌成就，为国家改革发展稳定大局和中国特色社会主义事业建设作出了重要贡献。尤其是最近5年，我国残疾人工作全面推进、成绩显著，残疾人事业进一步融入大局、快速发展，残疾人生活状况和参与社会的环境显著改善，在我国残疾人事业发展史上写下了浓墨重彩的一页。

回良玉指出，当前，残疾人事业既面临着良好的机遇，也面临着新的挑战。要坚持用科学发展观统领残疾人工作，促进残疾人事业全面、协调、可持续发展；要全面落实《中共中央国务院关于促进残疾人事业发展的意见》，着力解决好关系残疾人切身利益的突出问题，为残疾人基本生活、就医、就学、就业提供稳定的制度性保障；要广泛动员社会力量关心、支持和参与残疾人事业，构建残疾人事业发展的良好社会基础。

回良玉希望，广大残疾人继续弘扬自尊、自信、自强、自立的精神，积极投身于改革开放和社会主义现代化建设的伟大实践，为国家做贡献、为人民谋幸福，创造社会财富、实现人生价值，共创和谐美好新生活。

新当选的中国残联第五届主席团主席张海迪在讲话中表示，新一届中国残联领导班子将认真履行职责，尽心竭力做好工作，不断开创残疾人事业的新局面。全国政协副主席、中国残联第五届主席团名誉主席邓朴方等出席闭幕式。

国家发改委公布《国家粮食安全中长期规划纲要（2008—2020年）》

前　言

粮食安全始终是关系我国国民经济发展、社会稳定和国家自立的全局性重大战略问题。保障我国粮食安全，对实现全面建设小康社会的目标、构建社会主义和谐社会和推进社会主义新农村建设具有十分重要的意义。党中央、国务院始终高度重视粮食安全，把这项工作摆在突出的位置。当前我国粮食安全形势总体是好的，粮食综合生产能力稳步提高，食物供给日益丰富，供需基本平衡。但我国人口众多，对粮食的需求量大，粮食安全的基础比较脆弱。从今后发展趋势看，随着工业化、城镇化的发展以及人口增加和人民生活水平提高，粮食消费需求将呈刚性增长，而耕地减少、水资源短缺、气候变化等对粮食生产的约束日益突出。我国粮食的供需将长期处于紧平衡状态，保障粮食安全面临严峻挑战。

保障我国粮食安全，要以邓小平理论和“三个代表”重要思想为指导，全面落实科学发展观，按照全面建设小康社会、构建社会主义和谐社会和建设社会主义新农村的战略部署和总体要求，坚持立足于基本靠国内保障粮食供给，加大政策和投入支持力度，严格保护耕地，依靠科学技术进步，着力提高粮食综合生产能力、完善粮食流通体系、加强粮食宏观调控，构建适应社会主义市场经济发展要求和符合我国国情的粮食安全保障体系。

为切实保障我国中长期粮食安全，根据党的十七大精神和《国民经济和社会发展第十一个五年规划纲要》，特编制本纲要。纲要在总结近10年我国粮食安全取得的主要成就和分析今后一个时期面临挑战的基础上，提出了2008年至2020年保障我国粮食安全的指导思想、目标和主要任务及相应政策措施，是今后一个时期我国粮食宏观调控工作的重要依据。

本纲要中的粮食，主要指谷物（包括小麦、稻谷、玉米等）、豆类和薯类；食物，指粮食、食用植物油、肉、禽、蛋、奶及水产品。规划期为2008—2020年。

一、我国粮食安全取得的成就

新中国成立以来，党中央、国务院高度重视粮食安全问题，始终把农业放在发展国民经济的首位，千方百计促进粮食生产，较好地解决了人民吃饭问题，取得了举世公认的成就，为世界粮食安全作出了巨大贡献。特别是近年来，在工业化和城镇化进程加快、耕地面积逐年减少、居民消费水平日益提高的情况下，实现了粮食产量的稳定增长，保证了居民食物消费和经济社会发展对粮食的基本需求。近10年来，我国粮食自给率基本保持在95%以上。2007年我国粮食总产量5016亿公斤，人均占有量380公斤，人均消费量388公斤。居民膳食结构不断改善，食物消费日趋多样，口粮消费逐步减少，肉、禽、蛋、奶、水产品及食用植物油等消费逐步增加，营养水平不断提高。据联合国粮农组织测算，2002年我国居民人均每日食物热值、蛋白质和脂肪含量已超过世界平均水平。

（一）粮食综合生产能力保持基本稳定。

20世纪90年代以来，我国农业生产迈上了新台阶，粮食进入供求基本平衡、丰年有余的新阶段，食物供给水平不断提高。1996年粮食播种面积达到16.9亿亩，产量突破5000亿公斤，其中谷物超过4500亿公斤。“九五”期间，粮食产量基本保持在5000亿公斤水平。1998年以后，由于连年丰收，库存逐年增加，市场粮价下跌，加之调整农业生产结构，粮食播种面积逐年减少。2003年粮食播种面积降至14.9亿亩，比1998年减少2.16亿亩；粮食产量由1998年5123亿公斤降至4307亿公斤，减产816亿公斤，主要是稻谷、小麦和玉米等谷物减产。2004年以来，党中央、国务院采取保护耕地、按最低收购价托市收购粮食、减免税收、建立直接补贴制度、加大投入等一系列政策措施，调动了农民种粮积极性,粮食生产实现恢复性增长。2007年,粮食播种面积恢复到15.86亿亩,比2003年增加0.96亿亩;产量达到5016亿公斤,比2003年增产709亿公斤。其中,谷物面积12.9亿亩,增加1.36亿亩;产量4563亿公斤,增产820亿公斤。

农业生产条件逐步改善,粮食综合生产能力稳步提高。1996—2006年,全国新增有效灌溉面积近1亿亩,新增节水灌溉面积近1.5亿亩,全国耕种收综合机械化水平提高4.6个百分点,农业科技进步贡献率提高13个百分点,良种覆盖率达到95%以上。粮食单产水平显著提高,2007年全国粮食平均亩产316.2公斤,其中谷物亩产355公斤,创历史最高水平。粮食品质结构不断优化,优质小麦、水稻种植比重分别达到55%和69%。

在保证粮食生产稳步发展的基础上,其他食物供给日益丰富。与1995年相比,2007年肉类产品人均占有量52公斤,增加8.5公斤,其中牛羊肉所占比重提高3个百分点;禽蛋人均占有量19公斤,增加5.2公斤;牛奶人均占有量26.7公斤,增加近22公斤;水产品人均占有量36公斤,增加16公斤左右。

(二)粮食流通体制改革取得重大突破。

1998年以来,根据建立社会主义市场经济体制的要求,国家积极稳妥地推进以市场化为取向的粮食流通体制改革。以市场供求为基础的粮食价格形成机制逐步建立,粮食收购市场和收购价格全面放开,市场机制配置粮食资源的基础性作用得到充分发挥。统一开放、竞争有序的粮食市场体系初步形成,现货交易进一步活跃,期货交易稳步发展。国有粮食企业全面推向市场,“老人、老粮、老账”历史包袱基本解决,在粮食收购中继续发挥主渠道作用。粮食市场主体趋向多元化,规模化、组织化程度有所提高,市场竞争能力增强。

(三)粮食安全政策支持体系初步建立。

公布实施土地管理法、农村土地承包法和基本农田保护条例,建立了最严格的耕地保护制度。取消农业四税(农业税、除烟叶外农业特产税、牧业税和屠宰税),实行粮食直补、良种补贴、农机具购置补贴和农资综合直补等政策,初步建立了发展粮食生产专项补贴机制和对农民收入补贴机制。对稻谷、小麦实施最低收购价政策,完善了对种粮农民的保护机制,市场粮价基本稳定。调整国民收入分配结构,加大对农业投入倾斜力度,初步建立了稳定的农业和粮食生产投入增长机制。调整中央财政对粮食风险基金的补助比例,实施对产粮大县奖励政策,加大对粮食主产区的转移支付力度。

(四)粮食宏观调控体系逐步完善。

完善粮食省长负责制,进一步强化省级人民政府在粮食生产和流通方面的责任。完善中央和地方粮食储备体制,确立粮食经营企业最低库存制度,增强了国家对粮食市场的调控能力。加强粮食进出口品种调剂,促进了粮食供需总量平衡。粮食产销区合作关系得到发展。国家粮食应急保障机制初步建立。公布施行粮食流通管理条例和中央储备粮管理条例,依法管粮取得重要进展。粮食仓储和物流设施条件有所改善,从1998年至2003年,利用国债资金建设国家储备粮新增库容527亿公斤,粮食物流“四散化”(散装、散卸、散存、散运)变革开始起步。

二、我国粮食安全面临的挑战

近年来,我国粮食生产发展和供需形势呈现出较好局面,为改革发展稳定全局奠定了重要基础。但是必须清醒地看到,农业仍然是国民经济的薄弱环节,随着工业化和城镇化的推进,我国粮食安全面临的形势出现了一些新情况和新问题:粮食生产逐步恢复,但继续稳定增产的难度加大;粮食供求将长期处于紧平衡状态;农产品进出口贸易出现逆差,大豆和棉花进口量逐年扩大;主要农副产品价格大幅上涨,成为经济发展中的突出问题。从中长期发展趋势看,受人口、耕地、水资源、气候、能源、国际市场等因素变化影响,上述趋势难以逆转,我国粮食和食物安全将面临严峻挑战。

(一)消费需求呈刚性增长。

粮食需求总量继续增长。据预测,到2010年我国居民人均粮食消费量为389公斤,粮食需求总量达到5250亿公斤;到2020年人均粮食消费量为395公斤,需求总量5725亿公斤。

粮食消费结构升级。口粮消费减少,据预测,到2010年我国居民口粮消费总量2585亿公斤,占粮食消费需求总量的49%。到2020年口粮消费总量2475亿公斤,占粮食消费需求总量的43%。饲料用粮需求增加,据预测,到2010年饲料用粮需求总量为1870亿公斤,占粮食消费需求总量的36%;到2020年将达到2355亿公斤,占粮食消费需求总量41%。工业用粮需求趋于平缓。

食用植物油消费继续增加。据预测,2010年我国居民人均食用植物油消费17.8公斤,消费需求总量2410万吨;2020年人均消费量20公斤,消费需求总量将达到2900万吨。

(二)耕地数量逐年减少。

受农业结构调整、生态退耕、自然灾害损毁和非农建设占用等影响,耕地资源逐年减少。据调查,2007年全国耕地面积为18.26亿亩,比1996年减少1.25亿亩,年均减少1100万亩。目前,全国人均耕地面积1.38亩,约为世界平均水平的40%。受干旱、陡坡、瘠薄、洪涝、盐碱等多种因素影响,质量相对较差的中低产田约占 2/3。土地沙化、土壤退化、“三废”污染等问题严重。随着工业化和城镇化进程的加快，耕地仍将继续减少，宜耕后备土地资源日趋匮乏，今后扩大粮食播种面积的空间极为有限。

(三)水资源短缺矛盾凸显。

目前，我国人均占有水资源量约为 2200 立方米，不到世界平均水平的 28%，每年农业生产缺水 200 多亿立方米，且水资源分布极不均衡，水土资源很不匹配。我国北方地区水资源短缺矛盾更加突出。东北和黄淮海地区粮食产量占全国的 53%，商品粮占全国的 66%，但黑龙江三江平原和华北平原很多地区超采地下水灌溉，三江平原近 10 年来地下水位平均下降 2—3 米，部分区域下降 3—5 米，华北平原已形成 9 万多平方公里的世界最大地下水开采漏斗区(包括浅层地下水和深层承压水)。此外，近年来我国自然灾害严重，不利气象因素较多，北方地区降水持续偏少，干旱化趋势严重。今后受全球气候变暖影响，我国旱涝灾害特别是干旱缺水状况呈加重趋势，可能会给农业生产带来诸多不利影响，将对我国中长期粮食安全构成极大威胁。

(四)供需区域性矛盾突出。

粮食生产重心北移。2007 年 13 个粮食主产区产量占全国总产量的 75%。其中河北、内蒙古、辽宁、吉林、黑龙江、山东、河南 7 个北方产区，粮食产量占全国的比重由 1991 年的 36.2%提高到 2007 年的 43.5%。南方粮食生产总量下降。江苏、安徽、江西、湖北、湖南、四川 6 个南方产区，粮食产量占全国比重由 1991 年的 36%下降到 2007 年的 31.6%。主销区粮食产需缺口逐年扩大。北京、天津、上海、浙江、福建、广东和海南 7 个主销区，粮食产量占全国的比重已由 1991 年的 12.2%下降到 2007 年的 6.3%；产需缺口由 2003 年 485 亿公斤扩大到 2007 年 550 亿公斤左右。此外，西部部分地区生态环境较差、土地贫瘠，粮食生产水平较低，存在供需缺口。

(五)品种结构性矛盾加剧。

小麦供需总量基本平衡，但品种优质率有待进一步提高。大米在居民口粮消费中约占 60%，且比重还在逐步提高，但南方地区水田不断减少，水稻种植面积大幅下降，恢复和稳定生产的难度很大，稻谷供需总量将长期偏紧。玉米供需关系趋紧。大豆生产徘徊不前，进口依存度逐年提高。北方种植大豆、南方种植油菜籽比较效益低，生产缩减。粮食品种间(如东北大豆、玉米、水稻)争地及粮食作物与油料、棉花、烤烟等经济作物之间的争地矛盾将长期存在。

(六)种粮比较效益偏低。

近年来，由于化肥、农药、农用柴油等农业生产资料价格上涨和人工成本上升，农民种粮成本大幅增加，农业比较效益下降。随着我国工业化、城镇化快速发展，农村外出务工人员增多，特别是粮食主产区一半以上的青壮年劳动力外出打工，农业劳动力呈现结构性紧缺，一些地区粮食生产出现“副业化”的趋势。与进城务工和种植经济作物相比，种粮效益明显偏低，保护农民种粮积极性、保持粮食生产稳定发展的难度加大。

(七)全球粮食供求偏紧。

全球粮食产量增长难以满足消费需求增长的需要。据测算，近 10 年来全球谷物消费需求增加 2200 亿公斤，年均增长 1.1%；产量增加 1000 亿公斤，年均增长 0.5%。目前，世界谷物库存消费比已接近 30 年来最低水平。2006 年以来，国际市场粮价大幅上涨，小麦、玉米、大米、大豆和豆油价格相继创历史新高。今后受全球人口增长、耕地和水资源约束以及气候异常等因素影响，全球粮食供求将长期趋紧。特别是在能源紧缺、油价高位运行的背景下，全球利用粮食转化生物能源的趋势加快，能源与食品争粮矛盾日益突出，将进一步加剧全球粮食供求紧张，我国利用国际市场弥补国内个别粮油品种供给不足的难度增大。

三、保障粮食安全的指导思想和主要目标

(一)指导思想。

以邓小平理论和“三个代表”重要思想为指导，全面落实科学发展观，按照全面建设小康社会、构建社会主义和谐社会和建设社会主义新农村的重大战略部署和总体要求，坚持立足于基本靠国内保障粮食供给，加大政策和投入支持力度，严格保护耕地，依靠科学技术进步，着力提高粮食综合生产能力，增加食物供给；完善粮食流通体系，加强粮食宏观调控，保持粮食供求总量基本平衡和主要品种结构平衡，构建适应社会主义市场经济发展要求和符合我国国情的粮食安全保障体系。

保障国家粮食安全，必须坚持以下原则：

——强化生产能力建设。严格保护耕地特别是基本农田，加强农田基础设施建设，提高粮食生产科技创新能力，强化科技支撑，着力提高粮食单产水平，优化粮食品种结构。合理利用非耕地资源，增加食物供给来源。

——完善粮食市场机制。加强粮食市场体系建设，促进粮食市场竞争，充分发挥市场在资源配置方面的基础性作用。

——加强粮食宏观调控。完善粮食补贴和价格支持政策，保护和调动地方政府重农抓粮积极性和农民种粮积极性。健全粮食储备制度，加强粮食进出口调剂，健全粮食宏观调控机制。

——落实粮食安全责任。坚持粮食省长负责制，增强销区保障粮食安全的责任。

——倡导科学节约用粮。改进粮食收获、储藏、运输、加工方式，降低粮食产后损耗，提高粮食综合利用效率。倡导科学饮食，减少粮食浪费。

(二)主要目标。

为保证到2010年人均粮食消费量不低于389公斤、到2020年不低于395公斤，要努力实现以下目标：

——稳定粮食播种面积。到2020年，耕地保有量不低于18亿亩，基本农田数量不减少、质量有提高。全国谷物播种面积稳定在12.6亿亩以上，其中稻谷稳定在4.5亿亩左右。在保证粮食生产的基础上，力争油菜籽、花生等油料作物播种面积恢复到1.8亿亩左右。

——保障粮食等重要食物基本自给。粮食自给率稳定在95%以上，到2010年粮食综合生产能力稳定在5000亿公斤以上，到2020年达到5400亿公斤以上。其中，稻谷、小麦保持自给，玉米保持基本自给。畜禽产品、水产品等重要品种基本自给。

——保持合理粮食储备水平。中央和地方粮食储备保持在合理规模水平。粮食库存品种结构趋向合理，小麦和稻谷比重不低于70%。

——建立、健全"四散化"粮食物流体系。加快发展以散装、散卸、散存和散运为特征的"四散化"粮食现代物流体系，降低流通成本，提高粮食流通效率。到2010年全国粮食物流"四散化"比例达到30%，到2020年提高到55%。

四、保障粮食安全的主要任务

(一)提高粮食生产能力。

加强耕地和水资源保护。采取最严格的耕地保护措施，确保全国耕地保有量不低于18亿亩，基本农田保有量不低于15.6亿亩，其中水田面积保持在4.75亿亩左右。严格控制非农建设占用耕地，加强对非建设性占用耕地的管理，切实遏制耕地过快减少的势头。不断优化耕地利用结构，合理调整土地利用布局，加大土地整理复垦，提高土地集约利用水平。继续实施沃土工程、测土配方施肥工程。改进耕作方式，发展保护性耕作。合理开发、高效利用、优化配置、全面节约、有效保护和科学管理水资源，加大水资源工程建设力度，提高农业供水保证率，严格控制地下水开采。加强水资源管理，加快灌区水管体制改革，对农业用水实行总量控制和定额管理，提高水资源利用效率和效益。严格控制面源污染，引导农户科学使用化肥、农药和农膜，大力推广使用有机肥料、生物肥料、生物农药、可降解农膜，减少对耕地和水资源的污染，切实扭转耕地质量和水环境恶化趋势，保护和改善粮食产地环境。

切实加强农业基础设施建设。下大力气加强农业基础设施特别是农田水利设施建设，稳步提高耕地基础地力和产出能力。加快实施全国灌区续建配套与节水改造及其末级渠系节水改造，完善灌排体系建设；适量开发建设后备灌区，扩大水源丰富和土地条件较好地区的灌溉面积；积极发展节水灌溉和旱作节水农业，农业灌溉用水有效利用系数由2005年的0.45提升到2010年的0.50，2020年达到0.55以上。实施重点涝区治理，加快完成中部粮食主产区大型排涝泵站更新改造，提高粮食主产区排涝抗灾能力。狠抓小型农田水利建设，抓紧编制和完善县级农田水利建设规划，整体推进农田水利工程建设和管理。加强东北黑土区水土流失综合治理和水利设施建设，稳步提高东北地区水稻综合生产能力。强化耕地质量建设，稳步提高耕地基础地力和持续产出能力。大力推进农业综合开发和基本农田整治，加快改造中低产田，建设高产稳产、旱涝保收、节水高效的规范化农田。力争到2010年中低产田所占比重降至60%左右，到2020年中低产田所占比重降到50%左右。

着力提高粮食单产水平。强化科技支撑，大力推进农业关键技术研究，力争粮食单产有大的突破，到2010年全国粮食单产水平提高到每亩325公斤左右，到2020年提高到350公斤左右。大力促进科技创新，强化农业生物技术和信息技术的应用，加强科研攻关，实施新品种选育、粮食丰产等科技工程，启动转基因生物新品种培育重大专项，提高生物育种的研发能力和扩繁能力，力争在粮食高产优质品种选育、高效栽培模式、农业资源高效利用等方面取得新突破，加快培育形成一批具有自主知识产权的高产、优质、抗性强的粮油品种。实施农业科技入户工程，集成推广超级杂交稻等高产、优质粮食新品种和高效栽培技术、栽培模式，提倡精耕细作。主要粮食作物良种普及率稳定在95%以上。科技对农业增长的贡献率年均提高1个百分点。

加强主产区粮食综合生产能力建设。按照资源禀赋、生产条件和增产潜力等因素，科学谋划粮食生产布局，明确分区功能和发展目标。集中力量建设一批基础条件好、生产水平高和粮食调出量大的核心产区；在保护生态前提下，着手开发一批有资源优势和增产潜力的后备产区。核心产区、后备产区等粮食增产潜力较大的地区要抓紧研究增加本地区粮食生产的规划和措施。加快推进优势粮食品种产业带建设，优先抓好小麦、稻谷等品种生产，在稳定南方地区稻谷生产的同时，促进东北地区发展粳稻生产。继续扩大优质稻谷、优质专用小麦、优质专用玉米、高油高蛋白大豆和优质薯类杂粮的种植面积。在粮食主产省和西部重要产粮区，继续实施优质粮食产业工程、大型商品粮生产基地项目和农业综合开发项目等。积极推行主要粮食作物全程机械化作业，促进粮食生产专业化和标准化发展。

抓好非主产区重点产粮区综合生产能力建设，扩大西部退耕地区基本口粮田建设，稳定粮食自给水平。在稳定发展粮油生产的基础上，合理调整农用地结构和布局，促进农业产业结构和区域布局的优化。

健全农业服务体系。加强粮食等农作物种质资源保护、品种改良、良种繁育、质量检测等基础设施建设。推进农业技术推广体系改革和建设，整合资源，建立高效、务实、精干的基层涉农服务机构，强化农技推广服务功能。大力推进粮食产业化发展，提高粮食生产组织化程度。加强病虫害防治设施建设，建立、健全重要粮食品种有害生物预警与监控体系，提高植物保护水平。健全农业气象灾害预警监测服务体系，提高农业气象灾害预测和监测水平。完善粮食质量安全标准，健全粮食质量安全体系。加强农村粮食产后服务，健全农业信息服务体系。

（二）利用非粮食物资源。

大力发展节粮型畜牧业。调整种养结构，逐步扩大优质高效饲料作物种植，大力发展节粮型草食畜禽。加强北方天然草原保护和改良，充分利用农区坡地和零星草地，建设高产、稳产人工饲草地，提高草地产出能力。加快南方草地资源的开发，积极发展山地和丘陵多年生人工草地、一年生高产饲草，扩大南方养殖业的饲草来源。力争在2020年之前全国牧草地保有面积稳定在39.2亿亩以上。加快农区和半农区节粮型畜牧业发展，积极推行秸秆养畜。转变畜禽饲养方式，促进畜牧业规模化、集约化发展，提高饲料转化效率。

积极发展水产养殖业和远洋渔业。充分利用内陆淡水资源，积极推广生态、健康水产养殖。发展稻田和庭院水产养殖，合理开发低洼盐碱地水产养殖，扩大淡水养殖面积。合理利用海洋资源，加强近海渔业资源保护，扩大、提高远洋捕捞规模和水平。加强水产资源和水域生态环境保护，促进水产养殖业可持续发展。

促进油料作物生产。在优先保证口粮作物生产的基础上，努力扩大大豆、油菜籽等主要油料作物生产，稳定食用植物油的自给率。继续建设东北地区高油大豆、长江流域“双低”（低芥酸、低硫苷）油菜生产基地。鼓励和引导南方地区利用冬闲田发展油菜生产。加强油料作物主产区农田水利基础设施建设，加快油料作物优良品种选育，大力推广高产高油新品种，着力提高大豆、油菜籽和花生等油料作物单产和品质。到2010年油料单产比2006年提高6%左右，油料含油率平均提高2个百分点。积极开发特种油料，大力发展芝麻、胡麻、油葵等作物生产，充分利用棉籽榨油。

大力发展木本粮油产业。合理利用山区资源，大力发展木本粮油产业，建设一批名、特、优、新木本粮油生产基地。积极培育和引进优良品种，加快提高油茶、油橄榄、核桃、板栗等木本粮油品种的品质和单产水平。积极引导和推进木本粮油产业化，促进木本粮油产品的精深加工，增加木本粮油供给。

（三）加强粮油国际合作。

完善粮食进出口贸易体系。积极利用国际市场调节国内供需。在保障国内粮食基本自给的前提下，合理利用国际市场进行进出口调剂。继续发挥国有贸易企业在粮食进出口中的作用。加强政府间合作，与部分重要产粮国建立长期、稳定的农业（粮油）合作关系。实施农业“走出去”战略，鼓励国内企业“走出去”，建立稳定可靠的进口粮源保障体系，提高保障国内粮食安全的能力。

（四）完善粮食流通体系。

继续深化粮食流通体制改革。积极推进现代粮食流通产业发展，努力提高粮食市场主体的竞争能力。继续深化国有粮食企业改革，推进国有粮食企业兼并重组，重点扶持一批国有粮食收购、仓储、加工骨干企业，提高市场营销能力，在粮食收购中继续发挥主渠道作用。鼓励和引导粮食购销、加工等龙头企业发展粮食订单生产，推进粮食产业化发展。发展农民专业合作组织和农村经纪人，为农民提供粮食产销服务。引导各类中介组织开展对农民的市场营销、信息服务和技术培训，增强农民的市场意识。充分发挥粮食协会等中介组织行业自律和维护市场秩序作用。

健全粮食市场体系。重点建设和发展大宗粮食品种的区域性、专业性批发市场和大中城市成品粮油批发市场。发展粮食统一配送和电子商务。积极发展城镇粮油供应网络和农村粮食集贸市场。稳步发展粮食期货交易，引导粮食企业和农民专业合作组织利用期货市场规避风险。建立全国粮食物流公共信息平台，促进粮食网上交易。

加强粮食物流体系建设。编制实施粮食现代物流发展规划，推进粮食物流“四散化”变革。加快改造跨地区粮食物流通道，重点改造和建设东北地区粮食流出、黄淮海地区小麦流出、长江中下游地区稻谷流出以及玉米流入、华东地区和华南沿海地区粮食流入、京津地区粮食流入等六大跨地区粮食物流通道。在交通枢纽和粮食主要集散地，建成一批全国性重要粮食物流节点和粮食物流基地。重点加强散粮运输中转、接收、发放设施及检验检测等相关配套设施的建设。积极培育大型跨区域粮食物流企业。大力发展铁海联运，完善粮食集疏运网络。提高粮食物流技术装备水平和信息化程度。

（五）完善粮食储备体系。

完善粮食储备调控体系。进一步完善中央战略专项储备与调节周转储备相结合、中央储备与地方储备相结合、政府储备与企业商业最低库存相结合的粮油储备调控体系,增强国家宏观调控能力,保障国家粮食安全。(1)中央战略专项储备主要用于保证全国性的粮食明显供不应求、重大自然灾害和突发性事件的需要。(2)中央调节周转储备主要用于执行中央政府为保护农民利益而实行的保护性收购预案,调节年度间丰歉。(3)地方储备主要用于解决区域性供求失衡、突发性事件的需要及居民口粮应急需求。各省(区、市)储备数量按"产区保持3个月销量、销区保持6个月销量"的要求,由国家粮食行政主管部门核定,并做好与中央储备的衔接。(4)所有从事粮食收购、加工、销售的企业必须承担粮油最低库存义务,具体标准由省级人民政府制定。积极鼓励粮食购销企业面向农民和用粮企业开展代购、代销、代储业务,提倡农户科学储粮。

优化储备布局和品种结构。逐步调整优化中央储备粮油地区布局,重点向主销区、西部缺粮地区和贫困地区倾斜;充分利用重要物流节点、粮食集散地,增强对大中城市粮食供应的保障能力。按照"优先保证口粮安全,同时兼顾其他用粮"的原则,优化中央储备粮和地方储备粮品种结构,保证小麦和稻谷的库存比例不低于70%,适当提高稻谷和大豆库存比例;逐步充实中央和地方食用植物油储备;重点大中城市要适当增加成品粮油储备,做好粮油市场的应急供应保障。

健全储备粮管理机制。加强中央储备粮垂直管理体系建设。健全中央储备粮吞吐轮换机制。建立销区地方储备粮轮换与产区粮食收购紧密衔接的工作机制。完善储备粮监管制度,确保数量真实、质量良好和储存安全。加强储备粮仓储基础设施建设,改善储粮条件,提高粮食储藏技术应用水平,确保储粮安全。

(六)完善粮食加工体系。

大力发展粮油食品加工业。引导粮油食品加工业向规模化和集约化方向发展。按照"安全、优质、营养、方便"的要求,推进传统主食食品工业化生产,提高优、新、特产品的比重。推进粮油食品加工副产品的综合利用,提高资源利用率和增值效益。强化粮油食品加工企业的质量意识和品牌建设,促进粮油食品加工业的健康、稳定发展。

积极发展饲料加工业。我国玉米生产首先是满足养殖业发展对饲料的需要。优化饲料产业结构,改进饲料配方技术,加快发展浓缩饲料、精料补充料和预混合饲料,提高浓缩饲料和预混合饲料的比重,建立安全优质高效的饲料生产体系。大力开发和利用秸秆资源,缓解饲料对粮食需求的压力。积极开发新型饲料资源和饲料品种,充分利用西部资源优势,建立饲料饲草等原料生产基地。

适度发展粮食深加工业。在保障粮食安全的前提下,发展粮食深加工业。生物质燃料生产要坚持走非粮道路,把握"不与粮争地,不与人争粮"的基本原则,严格控制以粮食为原料的深加工业发展。制定和完善粮食加工行业发展指导意见,加强对粮食深加工业的宏观调控和科学规划,未经国务院投资主管部门核准一律不得新建和扩建玉米深加工项目。

五、保障粮食安全的主要政策和措施

(一)强化粮食安全责任。

保障粮食安全始终是治国安邦的头等大事。地方各级人民政府和各有关部门要统一思想,提高认识,高度重视粮食安全工作。要建立、健全中央和地方粮食安全分级责任制,全面落实粮食省长负责制。省级人民政府全面负责本地区耕地和水资源保护、粮食生产、流通、储备和市场调控工作。主产区要进一步提高粮食生产能力,为全国提供主要商品粮源;主销区要稳定现有粮食自给率;产销平衡区要继续确保本地区粮食产需基本平衡,有条件的地方应逐步恢复和提高粮食生产能力。要将保护耕地和基本农田、稳定粮食播种面积、充实地方储备和落实粮食风险基金地方配套资金等任务落实到各省(区、市),并纳入省级人民政府绩效考核体系,建立有效的粮食安全监督检查和绩效考核机制。国务院有关部门负责全国耕地和水资源保护、粮食总量平衡,统一管理粮食进出口,支持主产区发展粮食生产,建立和完善中央粮食储备,调控全国粮食市场和价格。要不断完善政策,进一步调动各地区、各部门和广大农民发展粮食生产的积极性。

粮食经营者和用粮企业要按照法律、法规要求,严格落实粮食经营者保持必要库存的规定,履行向当地粮食行政管理部门报送粮食购销存等基本数据的义务。所有粮食经营者必须承担粮食应急任务,在发生紧急情况时服从国家统一安排和调度。

(二)严格保护生产资源。

坚持家庭承包经营责任制长期稳定不变,加快农业经营体制机制创新。依法推进农村土地承包经营权流转,在有条件的地方培育发展多种形式适度规模经营的市场环境,促进土地规模化、集约化经营,提高土地产出效率。

落实省级人民政府耕地保护目标责任制度,严格执行耕地保护分解任务,把基本农田落实到地块和农户,确保基本农田面积不减少、用途不改变、质量有提高。加强土地利用总体规划、城市总体规划、村庄和集镇规划实施的管理。加强土地利用年度计划管理,严格控制非农建设用地规模,推进土地集约、节约利用。严格执行征地听证和公告制度,强化社会监督。严格执行耕地占补平衡制度,加强对补充耕地质量等级的评定和审核,禁止跨省区异地占补。完善征地补偿和安置制度,健全土地收益分配机制。研究建立耕地撂荒惩罚制度。健全国家土地督察制度,严格土地执法,坚决遏制土地违规违法行为。

加强草原等非耕地资源的保护与建设。建立基本草原保护制度,划定基本草原,任何单位和个人不得擅自征用、占用基本草原或改变其用途。建立划区轮牧、休牧和禁牧制度,逐步实现草畜平衡。加强对草原生态的保护与建设,加快实施天然草原退牧还草工程,防止草原退化和沙化。积极研究推进南方草地资源保护和开发利用。加强对水域、森林资源的保护。

(三)加强农业科技支撑。

建立以政府为主导的多元化、多渠道农业科研投入体系,增加对农业(粮食)科研的投入。国家重大科技专项、科技支撑计划、"863"计划、"973"计划等要向农业领域倾斜。继续安排农业科技成果转化资金,加快农业技术成果的集成创新、中试熟化和推广普及。

建立、健全农业科技创新体系,加快推进农业科技进步。加强国家农业科研基地、区域性科研中心的创新能力建设,推动现代农业产业技术体系建设,提升农业区域创新能力。逐步构建以国家农技推广机构为主体、科研单位和大专院校广泛参与的农业科技成果推广体系。深化农业科研院所改革,建立科技创新激励机制,鼓励农业科研单位、大专院校参与农业科技研发和推广,充分发挥其在农业科研和推广中的作用。

引导和鼓励涉农企业、农民专业合作经济组织开展农业技术创新和推广活动,积极为农民提供科技服务。深入实施科技入户工程,加大重大技术推广支持力度,继续探索农业科技成果进村入户的有效机制和办法。大力发展农村职业教育,完善农民科技培训体系,调动农民学科学、用科技的积极性,提高农民科学种粮技能。加强农业科技国际合作交流,增强自主创新能力。

(四)加大支持投入力度。

增加粮食生产的投入。强化农业基础,推动国民收入分配和国家财政支出重点向"三农"倾斜,大幅度增加对农业和农村的投入,努力增加农民收入。各级人民政府要按照存量适度调整、增量重点倾斜的原则,不断加大财政支农力度。优化政府支农投资结构,重点向提高粮食综合生产能力倾斜,切实加大对农田水利等基础设施建设投入。增加国家对基本农田整理、土地复垦、农业气象灾害监测预警设施建设、农作物病虫害防治的投入。各类支持农业和粮油生产的投入,突出向粮食主产区、产粮大县、油料生产大县和基本农田保护重点地区倾斜。积极扶持种粮大户和专业户发展粮食生产。

加大金融对农村、农业的支持力度。逐步健全农村金融服务体系,完善农业政策性贷款制度,加大对粮油生产者和规模化养殖户的信贷支持力度,创新担保方式,扩大抵押品范围,保证农业再生产需要。

完善粮食补贴和奖励政策。完善粮食直补、农资综合直补、良种补贴和农机具购置补贴政策,今后随着经济发展,在现有基础上中央财政要逐年较大幅度增加对农民种粮的补贴规模。完善粮食最低收购价政策,逐步理顺粮食价格,使粮食价格保持在合理水平,使种粮农民能够获得较多收益。借鉴国际经验,探索研究目标价格补贴制度,建立符合市场化要求、适合中国国情的新型粮食价格支持体系,促进粮食生产长期稳定发展。继续实施中央对粮食(油料)主产县的奖励政策。加大对东北大豆、长江流域油菜籽和山区木本粮油生产的扶持力度。完善农业政策性保险政策,加快建立大宗粮食作物风险规避、损失补偿机制和灾后农田恢复能力建设的应急补助机制。

完善粮食风险基金政策。根据粮食产销格局变化,进一步完善粮食风险基金政策,加大对粮食主产区的扶持力度。

加强对粮食产销衔接的支持。建立、健全粮食主销区对主产区利益补偿机制,支持主产区发展粮食生产。铁路和交通部门要加强对跨区域粮食运输的组织、指导和协调,优先安排履行产销合作协议的粮食运输。粮食主销区要支持销区的粮食企业到产区建立粮食生产基地,参与产区粮食生产、收购并定向运往销区。鼓励产区粮食企业到销区建立粮食销售网络,保证销区粮食供应。主产区粮食企业在销区建立物流配送中心和仓储设施的,主销区地方人民政府要给予必要支持。

加大对散粮物流设施建设的投入。引导多渠道社会资金建设散粮物流设施,积极推进粮食物流"四散化"变革。对服务于粮食宏观调控的重要物流通道和物流节点上的散装、散卸、散存、散运及信息检测等设施的建设,各级人民政府要予以支持。

(五)健全粮食宏观调控。

健全粮食统计制度。完善粮食统计调查手段。加强对粮食生产、消费、进出口、市场、库存、质量等监测,加快建立粮食预警监测体系和市场信息会商机制。成立粮食市场调控部际协调小组,建立、健全高效灵活的粮食调控机制。

健全和完善粮食应急体系。认真落实《国家粮食应急预案》的各项要求,形成布局合理、运转高效协调的粮食应急网络。增加投入,加强对全国大中城市及其他重点地区粮食加工、供应和储运等应急设施的建设和维护,确保应急工作需求。对列入应急网络的指定加工和销售企业,地方人民政府要给予必要的扶持,增强粮油应急保障能力。完善对特殊群体的粮食供应保障制度,保证贫困人口和低收入阶层等对粮食的基本需要。建立、健全与物价变动相适应的城乡低保动态调整机制,确保城乡低收入群体生活水平不因物价上涨而降低。

完善粮食流通产业政策。进一步完善粮食市场准入制度,加快研究制定国内粮油收购、销售、储存、运输、加工等领域产业政策,完善管理办法。

加强粮食行政管理体系建设。落实和健全粮食行政执法、监督检查和统计调查职责,保障粮食宏观调控和行业管理需要。

(六)引导科学节约用粮。

按照建设资源节约型社会的要求,加强宣传教育,提高全民粮食安全意识,形成全社会爱惜粮食、反对浪费的良好风尚。改进粮食收购、储运方式,加快推广农户科学储粮技术,减少粮食产后损耗。积极倡导科学用粮,控制粮油不合理的加工转化,提高粮食综合利用效率和饲料转化水平。引导科学饮食、健康消费,抑制粮油不合理消费,促进形成科学合理的膳食结构,提高居民生活和营养水平。建立食堂、饭店等餐饮场所"绿色餐饮、节约粮食"的文明规范,积极提倡分餐制。抓紧研究制定鼓励节约用粮、减少浪费的相关政策措施。

(七)推进粮食法制建设。

认真贯彻执行农业法、土地管理法、草原法、粮食流通管理条例和中央储备粮管理条例等法律、法规,加大执法力度。加强粮食市场监管,保证粮食质量和卫生安全,维护正常的粮食流通秩序。制定公布粮食安全法,制(修)订中央和地方储备粮管理、规范粮食经营和交易行为等方面的配套法规。

(八)制定落实专项规划。

抓紧组织编制粮食生产、流通、储备、加工等方面的专项规划,推进本纲要实施,形成以本纲要为统领,各专项规划统一衔接的规划体系。各地区和各有关部门按照本纲要和各专项规划的要求,抓好组织实施。

中共中央政治局常委李长春到中央电视台调研

调研中,李长春听取了中央电视台的工作汇报,对中央电视台取得的成绩给予充分肯定。李长春指出,中央电视台作为国家电视台,要始终坚持围绕中心、服务大局,贴近实际、贴近生活、贴近群众,把体现党的主张与反映人民心声统一起来,把坚持正确导向与通达社情民意统一起来,把正面宣传为主与加强和改进舆论监督统一起来,牢牢把握正确舆论导向,不断提高新闻宣传工作水平。要进一步增强责任感、紧迫感和使命感,适应信息化和全球化条件下舆论传播的新特点新要求,加快实现由传统媒体向传统媒体与新兴媒体融合转变,由以国内报道为主向国内国际并重转变,努力把中央电视台打造成为语种多、受众广、信息量大、影响力强的国际一流媒体。要加快"走出去"步伐,加强外语国际频道建设,推动电视节目海外落地,使中央电视台的图像和声音更广泛地传播到世界各地。要深入研究国内外受众心理特点和接受习惯,善于利用现代传播技巧,增强新闻报道的亲和力、吸引力和感染力。要把办好网络电视台作为一项重要战略任务,加快建设体现国家水平、在国际上具有重要影响力的网络电视台,打造全国性网络视频节目播出平台,努力抢占网络电视发展的制高点。

中共中央政治局委员、书记处书记、中宣部部长刘云山,中共中央政治局委员、国务委员刘延东一同调研。

11月14日

国务院总理温家宝到广东调研

11月14日至15日,温家宝在中共中央政治局委员、广东省委书记汪洋,省长黄华华等陪同下,来到广州、深圳、东莞、佛山等地,深入中小企业调查研究,和企业负责人、科技人员和一线工人亲切交谈,了解企业生产经营情况,倾听他们的意见和建议。温家宝强调,中小企业在我国经济社会发展中具有举足轻重的作用。在当前经济形势下,扶持中小企业健康发展,对于促进经济增长、增加财政收入、扩大城乡就业、维护社会稳定都具有十分重要的意义。各级政府都要加强对中小企业的指导和协调,及时调整和完善相关政策,努力解决中小企业发展中的突出问题,促进中小企业又好又快发展。

温家宝在东莞主持召开珠三角部分企业和行业协会负责人座谈会。中国国际海运集装箱(集团)股份有限公司、三希科技集团、佛山市电子信息行业协会等企业、行业协会负责人分别在会上发言,反映了企业当前生产经营状况和存在的问题,并提出政策建议。温家宝认真听取参加会议的每一位代表的发言,不时同他们讨论问题。然后他作了重要讲话。他指出,今年下半年以来,国际经济形势急剧恶化,世界经济增长放缓,对于我国经济造成的负面影响明显增加,企业特别是中小企业受到的冲击越来越大,生产经营困难。针对这些问题,国家出台了多项支持中小企业发展的政策措施,发挥了积极作用。但总的看,中小企业面临的问题和困难并没有得到根本解决,生产经营形势仍然十分严峻。对此,必须高度重视,继续采取措施,帮助企业渡过难关。

温家宝强调,加大对中小企业的支持力度,要重点做好以下几项工作:一是切实解决中小企业融资难问题。要认真落实好已出台的金融支持政策，确保第四季度中小企业贷款快于各项贷款增长。金融机构要简化中小企业贷款程序，单独安排信贷规模，重点满足符合产业和环保政策，有市场、有技术、有发展前景的企业流动资金需求。二是加强对中小企业的财税支持。要进一步增加中央财政中小企业发展专项资金规模，加大对中小企业贷款担保、结构调整、节能减排、技术创新和参与国际市场竞争等方面的财政支持。三是支持中小企业实行产业转型和结构优化升级。要遵循市场规律，抓住时机，按照市场需求，调整企业产品结构、市场结构，鼓励中小企业向专、新、特、精方向发展，提高市场竞争力和抗风险能力。要扩大市场准入，鼓励、支持和引导中小企业进入金融服务、公用事业、基础设施等领域。要推动中小企业联合、兼并，提高与大企业的配套协作能力。四是加强和改善对中小企业的服务。要落实好中小企业服务体系建设专项规划，重点加强信用担保和信用服务、技术创新服务、创业培训服务、市场开拓服务、管理咨询服务，加快建立、健全中小企业社会化服务体系。

温家宝指出，中小企业要发挥积极性、主动性、创造性，着力调整结构，转变发展方式，加快自主创新，充分利用经营机制灵活、“船小好调头”的优势，把解决当前困难和谋求长远发展结合起来，坚定信心，艰苦奋斗，实现新的发展。

中央纪委书记贺国强到广东考察

11月14日至18日，贺国强在中共中央政治局委员、广东省委书记汪洋，省长黄华华等陪同下，深入广州、梅州、深圳等地农村、企业、社区调研，看望慰问基层干部群众，了解经济社会发展情况。

今年是改革开放30周年，广东处于改革开放的前沿。考察期间，贺国强专程瞻仰了位于深圳莲花山公园的邓小平同志塑像、参观了梅州叶剑英同志纪念园及故居并敬献花篮，深情缅怀他们的丰功伟绩。在展示改革开放形象的深圳湾口岸，在见证改革开放成就的深圳北头社区，在浓缩改革开放历史的深圳渔民村，贺国强亲切地与干部群众交谈，他说，30年实践充分证明，改革开放符合党心民心、顺应时代潮流，方向和道路是完全正确的。在新的历史起点上，我们必须坚持以中国特色社会主义伟大旗帜为指引、以解放思想为先导、以改革开放为动力，不断开创党和国家事业发展的新局面。

贺国强听取了广东省委、省政府、省纪委以及深圳市委、市政府的工作汇报，对广东省的工作给予充分肯定。他强调，各级纪检监察机关要以纪念改革开放30周年和党的纪律检查机关恢复重建30周年为契机，进一步推进党风廉政建设和反腐败工作。当前特别要紧紧围绕扩大内需、改善民生、保持经济平稳较快发展，充分发挥职能作用，会同有关部门切实搞好5个方面的监督检查：一是加强对中央政策措施在各地各部门落实到位情况的监督检查，确保政令畅通；二是加强对工程项目规划、立项的监督检查，确保项目建设符合科学发展观的要求和中央的有关规定；三是加强对工程项目审批和建设程序的监督检查，确保工程项目建设依法合规进行；四是加强对各项资金管理使用情况的监督检查，确保向党和人民交一份明白账、放心账；五是加强对扩大内需工程建设质量的监督检查，坚决杜绝“豆腐渣”工程。

全国政协机关在北京召开深入学习实践科学发展观活动学习调研阶段总结暨分析检查阶段动员大会

中央纪委书记贺国强出席在广州召开的全国纪检监察干部工作会议并发表讲话

贺国强指出，纪检监察干部是党的干部队伍的重要组成部分，加强纪检监察干部队伍建设，提高纪检监察干部素质，对于纪检监察工作更好地为党和国家工作大局服务，对于深入推进党风廉政建设和反腐败斗争，对于加强纪检监察机关自身建设，都具有十分重要的意义。要从政治和全局的高度充分认识加强纪检监察干部队伍建设的重要性和紧迫性，不断开创纪检监察干部工作新局面。

贺国强强调，要以提高思想政治素质和领导能力为重点，大力加强纪检监察领导班子建设。各级纪检监察领导干部要加强政治理论学习和业务知识学习，着力用马克思主义中国化最新成果武装头脑，深入学习实践科学发展观，认真学习纪检监察有关政策和法纪规章，广泛吸收各方面的知识，特别是要善于学习和运用马克思主义哲学，历史地、全面地、辩证地待人处事，不断提高思想境界、综合素质和工作能力；要认真贯彻民主集中制，正确处理集体领导与个人分工负责的关系，加强班子成员之间的沟通，维护好班子的团结；要进一步改进作风，经常深入基层调查研究，敢讲真话愿听真言，真心诚意为干部群众服务，艰苦奋斗、勤俭节约，为广大党员干部作出表率；要选好配强纪检监察领导班子，大力培养选拔优秀年轻干部，不断优化班子结构、增强整体功能。

贺国强强调，开展深入学习实践科学发展观活动是当前和今后一个时期全党一项重大而紧迫的政治任务。各级纪检监察机关要按照中央的部署和所在地方、部门、单位党委（党组）的安排，紧密联系实际，扎扎实实开展好学习实践活动。当前要围绕贯彻落实中央作出的扩大内需、改善民生、推动经济平稳较快发展的决策部署,开展监督检查。要在学习实践活动中以开展"做党的忠诚卫士、当群众的贴心人"主题实践活动为载体加强纪检监察干部队伍建设,使纪检监察干部真正做到对党和国家无限忠诚、对腐败分子和消极腐败现象坚决斗争、对广大干部和群众关心爱护、对自己和亲属严格要求,真正树立可亲、可信、可敬的形象。

贺国强强调,要适应新形势新任务的需要,以改革创新精神加强和改进纪检监察干部工作。继续深化纪检监察干部人事制度改革,坚持正确的用人导向,扩大干部公开选拔和竞争上岗范围,加大干部轮岗、交流力度,建立、健全具有纪检监察特色的干部考核评价制度,推进干部选拔任用工作规范化,严厉整治用人上的不正之风;着力加强基层纪检监察组织建设特别是县级纪检监察机关建设,整合基层纪检监察组织力量,加大对基层纪检监察干部教育培训力度,建立、健全基层纪检监察组织经费和装备设施保障制度,严格要求和关心爱护基层纪检监察干部,进一步夯实反腐倡廉工作基础;不断完善派驻纪检监察机构统一管理,建立、健全既符合统一管理要求、又体现派驻机构特点的干部管理制度,进一步发挥派驻机构的职能作用。

中共中央政治局委员、广东省委书记汪洋出席会议并致辞。中央纪委副书记黄树贤主持会议。广东省委副书记、省长黄华华,中央纪委常委、监察部副部长王伟,广东省委常委、省纪委书记朱明国等出席会议。全国各省(区、市)及新疆生产建设兵团纪委、中央和国家机关各部委纪检组(纪委)、中央纪委监察部各派驻机构、国有重要骨干企业和金融机构纪检组(纪委)负责同志等230余人参加会议。

中组部作出决定授予扎拉同志"抗震救灾优秀共产党员"称号

中央组织部近日决定,授予西藏自治区当雄县格达乡羊易村党支部书记扎拉同志"抗震救灾优秀共产党员"称号,并予以通报表彰。

《中央组织部关于对在西藏自治区当雄县地震灾害中表现突出的扎拉同志进行通报表彰的决定》指出,10月6日,西藏自治区当雄县发生6.6级强烈地震。扎拉同志在强烈地震发生后的第一时间,沉着冷静,挺身而出,迅速组织党员群众开展自救行动,抢救出23名被埋在废墟下的村民,而他的母亲和孙女却不幸遇难。震后村里通信中断,他立即安排村民骑摩托车赶赴乡政府报告灾情,为党和政府开展救援工作争取了时间。他舍小家、顾大家,全力投入到安置受灾群众、抓紧恢复重建的工作中,配合救援人员分发救灾物资,组织动员村民群众恢复生产、重建家园,被当地藏族群众称为"真正的共产党员",他带领的党支部被称为"群众的主心骨"。

全国人大常委会副委员长陈至立在人民大会堂会见由鲁斯·韦登博斯主席率领的苏里南议会外委会代表团

由文化部命名的羌族文化生态保护区实验区授牌仪式在人民大会堂举行

11月15日

国家主席胡锦涛出席在华盛顿举行的二十国集团领导人金融市场和世界经济峰会

会议分为两个阶段举行,主要议题包括:评估国际社会在应对当前金融危机方面取得的进展,讨论金融危机产生的原因,共商促进全球经济发展的举措,探讨加强国际金融领域监管规范、推进国际金融体系改革等问题。

布什在开场白中表示,二十国集团领导人就如何应对当前金融危机,确保此类危机今后不再发生开展讨论令人高兴。在当前存在贸易保护主义风险的情况下,各国领导人重申了开放市场和自由贸易原则。我们在应对当前金融危机方面取得了一些进展,但这场金融危机并没有结束,还有许多工作要做。

胡锦涛在会上发表了题为《通力合作　共度时艰》的重要讲话。

其他领导人在发言中也对金融危机产生的原因、促进全球经济发展、加强国际金融领域监管、推进国际金融体系改革等问题发表了意见和主张。

会议发表了宣言。

二十国集团成员领导人以及相关国际机构负责人出席峰会。

国务院副总理王岐山参加会议。

国家主席胡锦涛在金融市场和世界经济峰会上发表题为《通力合作　共度时艰》的讲话

尊敬的布什总统,各位同事:

很高兴在华盛顿同各位同事见面。首先,我要感谢布什总统的盛情邀请和周到安排。

当前,国际金融危机已从局部发展到全球,从发达国家传导到新兴市场国家,从金融领域扩散到实体经济领域,给世界各国经济发展和人民生活带来严重影响。值此关键时刻,我们在这里共同探讨维护国际金融稳定、促进世界经济增长的举措,具有十分重要的意义。

我们正在经历的这场国际金融危机，波及范围之广、影响程度之深、冲击强度之大，为上个世纪30年代以来所罕见。造成这场金融危机的原因是多方面的，既有经济体宏观经济政策不当的原因，也有金融监管缺失的原因。对此如果没有正确认识，就难以吸取教训、避免今后发生同样的危机。这场金融危机发生后，国际社会立即行动起来，在不同层面采取了一系列应对措施。我们希望这些措施尽快取得预期效果。为了有效应对这场金融危机，世界各国应该增强信心、加强协调、密切合作。

国际社会的当务之急是继续采取一切必要措施，尽快恢复市场信心，遏制金融危机扩散和蔓延。主要发达经济体应该承担应尽的责任和义务，实施有利于本国和世界经济金融稳定和发展的宏观经济政策，积极稳定自身和国际金融市场，维护投资者利益。同时，各国应该加强宏观经济政策协调，扩大经济金融信息交流，深化国际金融监管合作，为稳定各国和国际金融市场创造必要条件。

当前，世界经济增长放缓，不稳定不确定因素增加，形势严峻复杂。保持经济增长是应对金融危机的重要基础。各国应该调整宏观经济政策，通过必要的财政、货币手段，积极促进经济增长，避免发生全球性经济衰退。应该共同采取措施稳定国际能源、粮食市场，遏制投机行为，为世界经济发展创造良好条件。国际社会尤其应该防止各种形式的贸易和投资保护主义，努力推动多哈回合谈判早日取得积极进展。

国际社会应该认真总结这场金融危机的教训，在所有利益攸关方充分协商的基础上，对国际金融体系进行必要的改革。国际金融体系改革，应该坚持建立公平、公正、包容、有序的国际金融新秩序的方向，努力营造有利于全球经济健康发展的制度环境。国际金融体系改革，应该坚持全面性、均衡性、渐进性、实效性的原则。全面性，就是要总体设计，既要完善国际金融体系、货币体系、金融组织，又要完善国际金融规则和程序，既要反映金融监管的普遍规律和原则，又要考虑不同经济体的发展阶段和特征。均衡性，就是要统筹兼顾，平衡体现各方利益，形成各方更广泛有效参与的决策和管理机制，尤其要体现新兴市场国家和发展中国家利益。渐进性，就是要循序渐进，在保持国际金融市场稳定的前提下，先易后难，分阶段实施，通过持续不断努力最终达到改革目标。实效性，就是要讲求效果，所有改革举措应该有利于维护国际金融稳定、促进世界经济发展，有利于增进世界各国人民福祉。

根据以上考虑，我们主张重点实施以下改革举措。一是加强国际金融监管合作，完善国际监管体系，建立评级机构行为准则，加大全球资本流动监测力度，加强对各类金融机构和中介组织的监管，增强金融市场及其产品透明度。二是推动国际金融组织改革，改革国际金融组织决策层产生机制，提高发展中国家在国际金融组织中的代表性和发言权，尽快建立覆盖全球特别是主要国际金融中心的早期预警系统，改善国际金融组织内部治理结构，建立及时高效的危机应对救助机制，提高国际金融组织切实履行职责能力。三是鼓励区域金融合作，增强流动性互助能力，加强区域金融基础设施建设，充分发挥地区资金救助机制作用。四是改善国际货币体系，稳步推进国际货币体系多元化，共同支撑国际货币体系稳定。

各位同事！

在经济全球化深入发展的条件下，世界各国经济金融关系日益紧密。这场金融危机不仅对发达国家金融市场造成严重冲击，也使广大发展中国家不同程度受到影响，这种影响还有继续扩大的趋势。对此，我们必须有足够认识。发展中国家经济发展水平低，经济结构单一，金融体系抗风险能力弱。国际社会在应对金融危机时，尤其要关注和尽量减少危机对发展中国家特别是最不发达国家造成的损害。

第一，切实帮助发展中国家保持金融稳定和经济增长。国际社会特别是发达国家应该承担应尽的责任和义务，采取切实措施，帮助发展中国家尤其是非洲国家克服困难。特别是在实施宏观经济政策时应该注意对发展中国家的影响，避免加剧发展中国家的困境。国际金融组织应该通过放宽贷款条件等措施，建立更加便利化的机制，对遭受金融危机冲击严重的发展中国家进行及时救助。应该支持新兴市场国家保持经济持续平稳增长的努力。

第二，切实保持和增加对发展中国家的援助。发展中国家在实现发展方面面临严峻挑战，金融危机使他们的处境雪上加霜。如何既克服金融危机、又兼顾实现联合国千年发展目标，这是全世界的共同责任。发达国家应该继续履行对发展中国家的援助承诺，推进国际减贫进程。对于最不发达国家，更应该减免其债务，对其出口产品减免关税，扩大技术转让，同时尽最大力量帮助其进行基础设施建设，以增强其自我发展能力。

第三，切实保持发展中国家经济金融稳定。发展中国家应该根据自身发展实际情况，采取正确的宏观经济政策，完善金融体系，提高防范金融危机能力，同时要努力转变经济发展方式，调整经济结构，保持经济平稳发展。

各位同事！

今年以来，中国接连发生重大自然灾害，国际金融危机使中国经济发展也受到了影响。中国根据形势变化及时调整政策,加强宏观调控,保持了经济平稳较快发展的势头,中国经济发展的基本态势没有改变。中国经济平稳较快发展本身就是对维护国际金融稳定、促进世界经济发展的重要贡献。中国政府将继续采取有效措施,加强宏观调控的预见性、针对性、有效性,着力扩大内需特别是消费需求,下大气力转变经济发展方式、调整经济结构,加强农业基础地位、实现农民增收,坚持深化改革、扩大开放,实现经济平稳较快增长,为促进世界经济稳定发挥建设性作用。

为了推动经济发展,中国政府已经采取了降低银行存款准备金率、下调存贷款利率、减轻企业税负等措施,最近又出台了更加有力的扩大国内需求措施,决定今年中央财政增加投资 1000 亿元人民币,用于加快民生工程、基础设施、生态环境建设和灾后重建,预计可带动社会总投资规模 4000 亿元人民币。从今年第四季度到 2010 年年底,中国仅这些项目的建设就将投资近 4 万亿元人民币。这些措施的实施,必将有力推动中国经济发展,也有利于促进世界经济发展。

作为国际社会负责任的成员,中国一直积极参与应对金融危机的国际合作,为维护国际金融稳定、促进世界经济发展发挥了积极作用。中国愿继续本着负责任的态度,参与维护国际金融稳定、促进世界经济发展的国际合作,支持国际金融组织根据国际金融市场变化增加融资能力,加大对受这场金融危机影响的发展中国家的支持。我们愿积极参与世界银行国际金融公司贸易融资计划。

各位同事!

在前不久举行的第七届亚欧首脑会议期间,东亚领导人就加强区域金融经济合作进行了深入讨论,一致认为应该把加强金融合作、防范和抵御金融危机作为加强区域合作的重点,积极推进灵活多样的区域财经合作;充分利用已签署的双边货币互换协议,积极稳步推进亚洲资本市场发展,推进东亚自由贸易区进程,支持东盟一体化建设,反对和防范贸易保护主义。亚欧领导人也深入讨论了当前国际金融经济形势,同意充分利用亚欧会议等区域合作机制加强金融领域信息沟通、政策交流、监督管理等务实合作,有效监测、防范、应对金融风险,推动世界经济持续稳定健康发展。

各位同事!

国际金融市场稳定、世界经济持续发展是关系世界各国和各国人民福祉的大事。让我们共同努力,通力合作、共度时艰,为维护国际金融稳定、促进世界经济发展作出自己应有的贡献!

谢谢各位。

二十国集团金融市场和世界经济峰会发表宣言

宣言指出,市场原则、开放的贸易和投资体系、得到有效监管的金融市场是确保经济发展、就业和减贫的基本因素。

宣言分析了当前危机的根源,指出宏观经济政策缺乏连贯性,市场参与者过度追逐高收益,缺乏风险评估和履行相应责任,经济结构改革不充分等阻碍了全球宏观经济的可持续发展,导致风险过度,最终引发严重的市场混乱。

宣言说,面对国际金融危机的严峻挑战,有关国家已经开始采取一系列重大行动,以刺激经济增长,改善金融机构资本状况,保护储蓄与存款,弥补监管缺失,解冻信贷市场。在这些措施和行动的基础上,会议希望和鼓励国际货币基金组织、世界银行和其他多边开发银行在应对危机方面发挥更加积极的作用,在基础设施和贸易融资领域引入新的贷款机制。

宣言说,在金融市场已全球化的今天,各国监管当局在履行自身职责的同时,必须加强国际合作,支持市场竞争与创新,加强金融市场透明度及监管机制,确保所有金融市场、产品和参与者都受到相应监管或监督。

宣言说,与会国将根据公认和强化的国际行为准则,促进和保护世界金融市场的诚信,防止非法操纵市场、欺诈和滥用行为,防范金融风险。

宣言强调,在金融不稳定时期更应反对保护主义,反对为投资或商品和服务贸易设置新壁垒,反对采取新的出口限制措施或采取不符合世界贸易组织规定的刺激出口措施。

宣言强调,要继续致力于应对其他重要挑战,包括能源安全和气候变化、粮食安全、法治、反恐、贫困和疾病。

宣言表示相信,通过持续的伙伴关系、合作和多边主义,国际社会一定能战胜挑战,恢复世界经济稳定与繁荣。

宣言最后说,二十国集团将于 2009 年 4 月 30 日之前再次举行会议,审议其今天确定的有关原则和决定的落实情况。

国家主席胡锦涛在华盛顿会见俄罗斯总统梅德韦杰夫

胡锦涛积极评价中俄战略协作伙伴关系,表示当前中俄关系发展势头良好,不断取得新发展,两国政治互信持续增强,彻底解决边界问题为双边关系发展扫清了政治障碍,基础更加牢固;双方在涉及对方核心利益的重大问题上继续相互坚定支持,战略对话和协作不断深化;两国务实合作成果显著,我们今天正式批准了《〈中俄睦邻友好合作条约〉实施纲要(2009—2012

年)》,这一重要文件将为今后几年双方深化务实合作发挥重要指导作用。明年是中俄建交60周年,还将在中国举办"俄语年"。我们要抓住这一契机,全面落实双方达成的各项协议和共识,推进务实合作,加强在国际和地区事务中的协调和配合。

梅德韦杰夫表示,2008年,俄中关系迅速发展,两国领导人就发展双边关系达成很多协议,能源等各领域合作卓有成效,我们对在新的一年里俄中关系发展充满期待。

胡锦涛表示,当前这场国际金融危机涉及范围之广、造成影响之深、冲击程度之大,几十年来罕见。世界各国采取了一些应对措施,但形势依然严峻。这场金融危机正在从局部向全局蔓延、从发达国家向发展中国家蔓延、从虚拟经济向实体经济蔓延,已经对各国经济发展和人民生活带来了严重影响。金融危机也给中国经济造成了较大影响。我们为应对这场危机实行了积极的财政政策和适度宽松的货币政策,并将坚持深化改革、扩大开放,保持经济平稳较快增长,为促进世界经济稳定发挥积极作用。中俄作为两大经济实体,应该加强沟通和配合,维护两国金融市场稳定,共同为消除这场金融危机带来的不利影响作出不懈努力。

梅德韦杰夫赞同胡锦涛对当前国际金融危机的分析。他表示,我们面对的是一场前所未有的危机,俄罗斯经济也受到了较大影响,增速减缓。这次峰会是各国共同应对国际金融危机的有益举措,将推动各国为解决危机、构建新的国际金融体系继续作出努力。俄中两国经济发展有力、承受冲击能力较强,俄方愿意同中方就有关问题加强协商,共同为推进世界经济平衡发展作出积极努力。

国家主席胡锦涛在华盛顿会见英国首相布朗

胡锦涛指出,当前,国际金融危机不断蔓延,特别是正由虚拟经济向实体经济渗透。面对这一形势,国际社会需要增强信心、密切合作,共同应对。当前应着重解决3个问题,一是采取有效措施,防止危机蔓延,恢复市场信心;二是尽量减少危机对实体经济的损害,避免发生全球性经济衰退;三是推进国际金融体系改革,避免今后再发生类似危机。希望各国共同努力,将这次峰会确定的目标变成现实,真正对全球经济发展起到推动作用。

布朗表示,这次峰会向世界证明,世界各国正在通过加强协调和合作共同应对当前国际金融危机。当前还普遍存在信心不足、消费不旺、银行体系惜贷的问题。我们应该进一步采取措施,刺激经济发展。英方对中方提出的扩大内需、促进经济发展的措施表示赞赏。英中两国在应对金融危机上有共同利益,希望双方加强合作,同国际社会一道努力,阻止世界经济金融形势恶化。

国家主席胡锦涛在华盛顿会见巴西总统卢拉

胡锦涛表示,在各方共同努力下,二十国集团领导人金融市场和世界经济峰会取得了成功。会议发表的宣言是一份全面、积极、均衡的文件,既提出了进一步遏制金融危机扩散和蔓延的措施,又提出了改革国际金融体系的主张。希望这次峰会成为一个好的开端,也希望这次峰会能增强世界各国人民应对金融危机的信心。当前,在重大国际问题上,各国利益相互交织、关联性不断加强,共同商讨对策是形势发展所需。希望与会各方按照会议达成的共识,采取有效措施,尽快遏制金融危机扩散和蔓延,避免发生全球性经济衰退,同时推动对国际金融体系进行必要的改革。

卢拉表示,这次峰会对应对当前国际金融危机非常重要,巴方对峰会取得的成果感到满意。这次峰会有利于国际社会增强信心、采取共同步骤和措施应对危机,有利于避免今后再次发生危机。巴方赞赏中方在会议上发挥的重要作用,积极评价中方为扩大内需、促进经济增长所采取的措施。巴方希望巴中在应对危机中加强合作,并以此推动两国关系进一步发展。

关于多哈回合谈判,胡锦涛表示,多哈回合谈判进入关键时刻。推动谈判取得成功的关键是有关各方要拿出政治意愿,进一步完善多边贸易体制。中方愿同巴方保持沟通和合作,推动谈判取得进展。

卢拉表示,当前多哈回合谈判面临重要机会。巴中两国在此问题上观点相似,能为推进谈判发挥重要作用。希望有关国家显示灵活,争取达成协议。

国务院总理温家宝到四川地震灾区考察

11月15日至16日,温家宝在四川省委书记刘奇葆、省长蒋巨峰等陪同下来到乡村考察永久性住房建设、震损房屋维修加固等情况。

考察途中,温家宝来到安县安昌镇,听取了北川新县城规划情况的汇报。他叮嘱地方干部和规划设计人员,北川新县城是我国第一个地震后整体异地重建的新县城,灾区、全国乃至世界都在关注,一定要建设好。

听说规划单位设计的重建方案正在进一步征求意见,温家宝指出,新县城的建设是百年大计,要有长远的、战略的眼光,有现代的、发展的眼光,充分论证,科学规划,广泛听取专家和群众的意见。要按照"安全、宜居、特色、繁荣、文明、和谐"的12字标准进行建设,使新县城既有现代感,又有着鲜明的羌族风貌,既有利于经济繁荣发展,又适宜于人们居住,既体现城镇的文明进步,又反映社会的团结和谐。

考察期间，温家宝还来到攀钢集团四川长城特殊钢有限责任公司，了解企业生产经营情况。他鼓励企业要变挑战为机遇，着力调整结构，加快自主创新，通过改革、改组、改造，实现企业整合和产品升级。

温家宝还来到北川中学临时学校看望师生。

《求是》杂志发表中共中央政治局常委李长春的文章《深入学习实践科学发展观　推动社会主义文化大发展大繁荣》

中国革命老区巾帼发展论坛开幕式在人民大会堂举行

11月16日

国家主席胡锦涛在华盛顿会见澳大利亚总理陆克文

胡锦涛表示，中澳关系呈现健康迅速发展的良好势头。双方相互理解和信任不断加深，经贸、能源资源、环保、科技、教育、文化、执法、旅游等各领域互利合作成果显著。双边贸易增长迅速，特别是自由贸易协定谈判稳步推进。双方在气候变化、国际金融危机等重大国际问题上保持密切沟通和协调，共识和合作日益增多。在当前国际社会面临诸多全球性挑战的形势下，深化中澳全面合作关系面临前所未有的机遇，前景十分广阔。中方始终从战略高度和长远角度看待和发展中澳关系，愿同澳方一道，在相互尊重、平等互利的基础上，保持高层交往，加强交流和对话，深化互信和合作，不断开创中澳关系新局面。

陆克文表示，澳大利亚希望将澳中关系提高到战略伙伴关系的高度。从经济角度来讲，澳大利亚愿意向中国开放能源和原材料领域投资的大门，同时希望中方为澳大利亚商品进入中国创造更多机会，向澳大利亚开放更多服务业。从政治角度讲，澳方希望同中方加强在国际组织和国际事务中的高级别政治对话，加强双边和多边领域磋商和合作。

中共中央政治局常委李长春到福建考察

11月16日至20日，李长春在福建省委书记卢展工、省长黄小晶陪同下，先后到泉州、南平、福州等地，深入企业、农村、学校和基层文化单位，就积极应对国际金融危机、促进经济平稳较快发展、加强基层和农村文化建设等进行调研，听取福建省委省政府工作汇报。

李长春十分关心基层和农村文化建设。他深入到南平市星村镇曹墩村、黄村和福州市洋屿村、长乐文化艺术中心，了解情况，听取意见，对福建加大文化投入、创新基层和农村文化服务机制的做法给予肯定。李长春强调，要认真贯彻党的十七届三中全会精神，加快推进广播电视村村通、文化信息资源共享、乡镇综合文化站和农家书屋建设等基层文化惠民工程，尽快形成完备的农村公共文化服务体系，为基层群众送去急需的文化、科技、卫生知识。要及时总结和宣传各地在实践中形成的工业反哺农业、城市支持农村的好经验好做法，更好地为推进农村改革发展服务。在福州市长乐一中，李长春走进教室和学生宿舍，与同学们亲切交谈，询问学习生活情况，勉励大家德智体美全面发展。李长春强调，要牢固树立育人为本、德育为先的理念，把加强和改进未成年人思想道德建设作为一项基础工作和长期任务，切实抓紧抓好。要大力净化互联网内容，加强学校电子阅览室建设，加强公共图书馆和社区公益性网吧建设，为未成年人学习知识和健康成长提供绿色上网空间。

考察期间，李长春专程来到位于泉州的中国闽台缘博物馆，了解博物馆建设和运行情况。他强调，要进一步加强闽台缘博物馆的建设，充实内容、丰富手段、深化内涵，充分展现福建与台湾在地缘、血缘、法缘、商缘、文缘方面的深厚渊源，为促进两岸文化交流、增进两岸人民感情作出积极贡献。

国务院副总理张德江出席在人民大会堂召开的全国优秀农民工表彰大会并发表讲话

张德江在讲话中向受到表彰的农民工和农民工工作先进集体表示热烈祝贺。他指出，改革开放以来，数以亿计的农民怀着对美好生活的渴望、对光明未来的憧憬，勇敢地走出农村，进城务工或在乡镇企业就业，以特别能吃苦、特别能奉献的精神，在促进我国经济社会发展、改变城乡二元结构、解决“三农”问题中发挥了不可替代的作用。农民工队伍的形成和不断壮大，是我国改革开放的重大历史成果，也是世界工业化、城镇化历史上绝无仅有的光辉范例，他们的贡献将永载史册。

张德江强调，伟大的事业需要全体人民去创造和奋斗，伟大的时代为农民工施展才干提供了无限广阔的舞台。希望广大农民工大力发扬自强不息、开拓进取的精神，更加刻苦学习、艰苦创业、勤奋工作，争当守法的公民、创业的先锋、学习的模范、致富的骨干，努力在平凡的岗位上创造一流业绩，为社会主义现代化建设作出更大贡献。

这次表彰大会，是我国改革开放以来全国第一次召开的表彰农民工大会。1000名全国优秀农民工代表和100个农民工工作先进集体代表，国务院农民工工作联席会议成员，各省、自治区、直辖市和新疆生产建设兵团分管农民工工作的负责人参加了会议。

中国科协“五个10”系列评选活动在北京揭晓

袁隆平、钱学森、华罗庚、茅以升、叶至善、邓稼先、钱三强、竺可桢、李四光、王选入选“十大科技传播人物”。

10部公众喜爱的科普作品是:《珊瑚岛上的死光》《登上健康快车》《宇宙与人》《机械工人速成看图》《竺可桢科普创作选集》《华罗庚科普著作选集》《十万个为什么》《泥石流》《名家名作中的为什么(自然科学卷)》和《中外著名科学家的故事》。

10个公众关注的科技问题是:空间探测与绕月工程,基因的研究与应用,能源资源如何可持续发展、可再生能源能够发挥多大作用,核能发展的前景,纳米技术、纳米材料及其应用,楼兰古城的消失之谜,癌症能否被攻克,地震能否被预测,SARS等传染病如何防治,“哥德巴赫猜想”能否最终被证明。

10个影响中国的科技事件是:“两弹一星”研制成功、杂交水稻选育成功及其推广应用、“神舟”五号载人航天飞行成功、中国首次“探月工程”取得圆满成功、中国大陆首例“试管婴儿”诞生、2003年暴发SARS疫情、陈景润取得“哥德巴赫猜想证明”世界领先成果、《中华人民共和国科学技术普及法》颁布实施、中国接入互联网、中国建立院士制度。

10项引领未来的科学技术是:基因修饰技术、未来家庭机器人、新型电池、人工智能技术、超高速交通工具、干细胞技术、光电信息技术、可服用诊疗芯片、感冒疫苗、无线能量传输技术。

11月17日

国家主席胡锦涛在圣何塞同哥斯达黎加总统阿里亚斯举行会谈

胡锦涛表示,在过去的一年中,中哥关系快速发展,两国友好基础得到加强。双方政府、立法机构、政党交往逐步展开,政治互信增强;经贸、文化、教育、科技、金融、农业、旅游、水利等众多领域互利合作不断扩大;在国际和地区事务中开展了富有成效的合作。事实证明,中哥建交符合两国和两国人民根本和长远利益。中哥关系有着强大生命力,经得起风浪考验。

胡锦涛指出,中哥关系发展应该从以下3个方面着力推进。第一,共同把握好中哥友好合作关系发展方向。促进中哥友好合作关系长期健康稳定发展是两国人民的共同愿望。中方愿同哥方携手并进,共同开创中哥相互尊重、平等互利、真诚合作、世代友好的美好未来。第二,共同建设好中哥友好合作关系的重要机制和平台。不断强化合作机制、拓宽合作领域、丰富合作内涵。希望双方本着友好协商、互谅互让的精神尽早就自由贸易协定达成一致。中国政府愿继续鼓励和支持有实力的中国企业赴哥投资,支持两国企业在基础设施建设、农业、电信、能源等重点领域开展务实合作。第三,共同培育好中哥友好合作关系的社会基础。我们鼓励两国政府、立法机构、政党加强政治对话,增进相互了解;支持相互举办文化活动和开展文化交流项目,扩大相互影响;支持两国媒体、高等院校、科研机构、民间团体开展友好交流。中方愿同哥方在联合国、世界贸易组织等国际和地区组织中加强合作、协调立场,共同维护两国和广大发展中国家正当权益。

阿里亚斯赞同胡锦涛对中哥关系的看法和建议,表示希望通过胡锦涛此访进一步推动两国外交和经贸关系。哥方感谢中方为哥斯达黎加经济社会发展和抗击飓风洪水灾害所提供的宝贵援助。

阿里亚斯表示,哥斯达黎加政府目前正致力于加强基础设施建设,发展高技术产业,建设多语言国家。在这一进程中,同中方加强经贸关系对哥方非常重要。哥方希望同中方加强港口建设、高技术园区建设、汉语教学等方面的合作。

会谈后,胡锦涛和阿里亚斯共同出席签字仪式,双方签署了经贸、金融、能源、教育、科技等领域11份合作协议。

国家主席胡锦涛在圣何塞会见哥斯达黎加立法大会主席帕切科

中共中央政治局常委到深入学习实践科学发展观活动联系点调研

10月下旬至11月中旬,中共中央政治局常委分别前往各自的学习实践活动联系点。胡锦涛到陕西省延安市安塞县,吴邦国到广西壮族自治区百色市田东县,温家宝到四川省绵阳市江油市,贾庆林到吉林省松原市乾安县,李长春到广东省广州市增城市,习近平到浙江省嘉兴市嘉善县,李克强到山东省淄博市桓台县,贺国强到湖北省咸宁市赤壁市。常委们在各自的联系点,深入基层,同党员、干部、群众广泛交谈,实地听取联系点开展学习实践活动学习调研阶段的情况和分析检查阶段的打算,实地考察联系点深入学习实践科学发展观、促进各项工作的情况和贯彻落实党的十七届三中全会精神的情况。常委们还分别参加了各自联系点党组织召开的党员干部会议,就开展好深入学习实践科学发展观活动发表了重要讲话。

常委们强调,各级党组织要按照中央关于开展学习实践活动的要求,全面贯彻党的十七大精神,高举中国特色社会主义伟大旗帜,以邓小平理论和“三个代表”重要思想为指导,突出深入学习实践科学发展观这个主题,把握坚持解放思想、突出实践特色、贯彻群众路线、正面教育为主的原则,着力转变不适应不符合科学发展观要求的思想观念,着力解决影响和制约科学发展的突出问题以及党员干部党性党风党纪方面群众反映强烈的突出问题,着力构建有利于科学发展的体制机制,真正做到让党员干部受教育、科学发展上水平、人民群众得实惠,确保取得实效、取信于民。

常委们指出,第一,要正确把握党员干部受教育的要求,使广大党员、干部特别是领导干部切实增强贯彻落实科学发展观、走科学发展道路的自觉性和坚定性。搞好这次学习实践活动,党员干部受教育是基础。要加强学习教育,使党员、干部特别是县处级以上党员领导干部加深对科学发展观的理解,努力掌握科学发展观所体现的马克思主义立场、观点、方法,坚持解放思想、实事求是、与时俱进,大兴求真务实之风。要紧密联系党员、干部思想实际,深入开展解放思想大讨论,进一步开阔眼界、开阔思路、开阔胸襟,着力转变不适应不符合科学发展观的思想观念,在要不要科学发展、怎么样实现科学发展等重大问题上形成共识。第二,要正确把握科学发展上水平的要求,把科学发展观转化为促进科学发展的正确思路和自觉行动。搞好这次学习实践活动,科学发展上水平是核心。要牢牢扭住经济建设这个中心,坚持聚精会神搞建设、一心一意谋发展。尤其是在当前国内外经济环境中不稳定不确定因素增多的情况下,我们更要坚定不移地坚持发展是硬道理的战略思想,努力保持经济平稳较快发展的良好势头。要通过学习实践活动,明确促进科学发展的工作思路,完善发展规划,按照全面协调可持续发展的要求,积极创新保障科学发展的体制机制,全面推进社会主义经济建设、政治建设、文化建设、社会建设以及生态文明建设。要坚持围绕发展抓党建、抓好党建促发展,充分发挥地方各级党委的领导核心作用和基层党组织的战斗堡垒作用,为实现经济社会又好又快发展提供坚强组织保证。第三,要正确把握人民群众得实惠的要求,切实解决群众反映强烈的突出问题。搞好这次学习实践活动,人民群众得实惠是目的。领导干部要坚持立党为公、执政为民,坚持权为民所用、情为民所系、利为民所谋,深入基层,体察民情、体验民生、体会民意,坚持问政于民、问需于民、问计于民,明确群众期待解决的突出问题,制订切实可行的整改方案,注意突出重点,多为人民群众办看得见、摸得着的实事,使学习贯彻科学发展观的过程成为不断为民造福的过程,成为不断提高人民生活质量和水平的过程,成为不断保障人民经济、政治、文化、社会权益的过程,让发展成果惠及广大人民群众。

国家副主席习近平到云南调研

11月17日至20日,习近平在云南省省委、省政府主要负责同志的陪同下,先后到西双版纳傣族自治州、普洱市、昆明市等地进行调研。在勐海县勐遮镇曼恩村,习近平对该村根据自身条件,通过各种方式整合土地搞农业综合开发取得良好的经济效益和生态效益给予充分肯定,勉励他们再接再厉,继续做好生态高效农业这篇文章。他强调,要把贯彻落实党的十七届三中全会精神作为战略任务来抓,坚持推进农村改革发展与建设社会主义新农村的目标相一致,与走有中国特色的农业现代化道路相统一,与形成城乡经济社会发展一体化新格局的要求相协调,努力开创“三农”工作新局面。

习近平在调研中详细考察中央关于应对当前国际金融危机一系列政策的落实情况。他到云南白药集团、红云集团生产一线实地了解企业生产经营情况,仔细询问市场变化对企业的影响,并考察了一些民生项目和基础设施建设项目。他强调,越是面临困难和挑战,越要坚持科学发展,这样才能趋利避害,转“危”为“机”。各级党委、政府要认真贯彻党中央、国务院的一系列决策部署,坚定必胜信心,千方百计保持经济平稳较快发展的势头,确保完成今年经济发展的目标任务。

习近平深入城乡居民家中了解群众生产生活情况。在去年6月3日宁洱地震灾区的同心乡那柯里村,习近平仔细了解受灾群众住房重建、小孩上学等情况。这个村在灾后不等不靠,充分发挥广大党员的先锋模范作用,坚持自力更生、艰苦奋斗,把灾后恢复重建与新农村建设相结合、与发展旅游文化产业相结合,村民生产生活基本恢复正常。他了解到这些情况后十分高兴,强调要高度重视灾区群众安全过冬问题,进一步采取有力措施确保灾区群众有口粮吃、有衣服穿、有棉被盖。在昆明市桃源社区低收入困难群众家里,他详细询问生活情况,叮嘱当地干部要进一步落实好低保等政策,帮助困难群众解决生产生活中的实际问题。

习近平十分关心民族团结和发展。他来到多民族聚居村及村里的学校,询问孩子们的学习、生活情况,对不同民族的村民、学生融洽相处,不同习俗和文化和睦共存,感到非常高兴。习近平指出,做好民族工作,关键是促进民族地区的发展,从根本上改变落后面貌。要围绕“共同团结奋斗,共同繁荣发展”的主题切实做好民族工作,推动实现各族人民和睦共处、和衷共济、和谐发展。

习近平先后到西双版纳热带经济植物研究所、中科院昆明植物研究所、滇池治污工程和五甲塘湿地公园等地考察生态文明建设情况。他强调，各级党委、政府要进一步强化生态文明观念，建立、健全符合生态文明要求的经济社会发展综合评价体系，牢固树立正确的发展观、政绩观和生态观，扭转重经济指标、轻生态环境指标的倾向，推动形成经济发展是政绩、保住青山绿水是更大政绩的科学导向。

曙光 5000A 跻身世界超级计算机前十

全球高性能计算机 TOP500 排行榜官方网站 17 日发布了最新的 TOP500 名单，由曙光公司研制生产的百万亿次高效能计算机——曙光 5000A 以峰值速度 230 万亿次、Linpack 值 180.6 万亿次的成绩跻身世界超级计算机前十。

第五届中国城市森林论坛在广州召开

11 月 18 日

国家主席胡锦涛在哈瓦那探望古巴共产党中央委员会第一书记菲德尔·卡斯特罗

国家主席胡锦涛在哈瓦那同古巴国务委员会主席兼部长会议主席劳尔·卡斯特罗举行会谈

胡锦涛表示，古巴是第一个同新中国建交的拉美国家。建交以来，两国友好合作关系发展顺利、富有成果。近年来，中古关系又取得新进展，进入全面发展新阶段。两国友好交往更加密切，两国领导人和政党、人大、政府、军队、地方保持友好往来，政治互信日益加深；经贸合作迈出重要步伐，贸易增长迅速，一大批重要项目已经或正在落实，投资、能源、农业、生物技术等方面友好合作稳步推进；人文领域交流取得新突破，互派留学生数量不断增加，在华眼科医院合作项目取得重要进展；在国际事务中的协调和配合富有成效，加强重大国际问题上的磋商和协调，共同维护两国和广大发展中国家正当权益。事实证明，中古两国不愧是好朋友、好同志、好兄弟。

胡锦涛指出，中古保持和发展长期友好合作，是当前国际形势的需要，是两党、两国政府和两国人民的共同愿望。胡锦涛就发展两国关系提出 4 点建议：一、保持高层交往，密切政治关系，扩大两国政党、人大和各级政府友好交流，加深友谊，进一步夯实两国关系政治基础。二、深化经贸合作，实现互利双赢，本着互利双赢、优势互补的原则，不断挖掘合作潜力，开辟新的合作渠道和领域，丰富合作方式和内容，积极构筑互利互惠、共同发展的双边经贸合作格局，推动两国经贸合作不断迈上新台阶。三、拓展友好交往，扩大人文交流，深化文化、教育、卫生、体育、旅游等领域交流合作，继续有计划推进两国互派留学生、语言教学等合作项目，巩固两国友好合作社会基础。四、加强多边事务中的协作，共同维护广大发展中国家正当权益，推动建设持久和平、共同繁荣的和谐世界。

劳尔·卡斯特罗赞同胡锦涛对古中关系的评价和对发展双边关系的建议。他说，中国政府和人民长期给予古巴政府和人民宝贵支持和援助，这次胡锦涛主席乘坐的专机还给遭受飓风袭击的古巴受灾群众带来了救灾物资，古巴人民深受感动。古方期待双方继续深化各领域合作，增进两国人民相互了解和友谊。

双方还就当前国际和地区形势交换意见。

会谈后，胡锦涛和劳尔·卡斯特罗出席了两国经济技术、教育、医疗卫生等 5 份合作文件的签字仪式。

国务院副总理张德江出席在北京举行的第四届中国国际安全生产论坛并致辞

张德江指出，要深入贯彻落实科学发展观，牢固树立安全发展理念，把安全生产放在第一位，以对人民群众生命财产安全高度负责的态度，以更加严明的纪律、更加有力的举措，加大工作力度，抓紧抓好，常抓不懈，扎实推进安全生产，促进安全生产与经济社会的同步协调发展。

张德江指出，当前，中国正处在工业化快速发展阶段，安全生产任务十分繁重，安全生产形势依然严峻。要大力推进安全生产法律、法规体系建设，为规范企业生产经营活动提供完备的法制保障；推进安全监管监察体系建设，进一步强化执法监督效能，依法严厉打击非法违法生产行为，严肃查处各类事故；推进安全生产责任考核体系建设，不断强化企业安全生产主体责任和政府安全监管责任的落实；推进安全生产政策措施体系建设，建立安全生产长效机制；推进安全科技支撑体系建设，切实提高安全技术装备水平；推进安全宣传和教育培训工作，不断增强劳动者安全技能；积极学习借鉴国外安全生产的经验，开展安全生产国际交流合作，努力使我国安全生产状况实现根本性好转，确保人民群众生命财产安全。

本届论坛由国家安监总局和国际劳工组织共同举办，主题是“安全发展，关系民生”。来自 33 个国家和地区的政府机构、组织和公司的代表 400 余人出席了论坛。

国务院副总理回良玉出席国务院召开的全国冬春农田水利基本建设电视电话会议并发表讲话

回良玉指出，今年我国粮食实现连续五年增产，粮食总产量有望突破历史最高水平，农民收入也实现连续五年较快增长，农业农村发展的好形势为稳定经济社会发展大局作出了重大的贡献。但必须清醒地认识到，我国水利基础设施还远远不能满足现代农业发展、农民生活水平提高和全面建设小康社会的需要。农田水利设施落后，防灾减灾能力脆弱，病险水库和群众饮水安全问题突出，仍是农业和农村发展的重大制约因素。

回良玉强调，当前农业农村工作任务非常繁重，各地区、各有关部门要统筹兼顾，全面部署，确保各项工作扎实推进。一要认真学习贯彻党的十七届三中全会精神，全面落实中央强农惠农政策，确保各项政策落实到基层、相关政策兑现到农户。二要认真执行国家粮食临时收储和粮食最低收购价政策，做好秋粮收购和农产品流通工作。三要加快推进农业重点工程和农村重大民生项目的建设进度。四要努力扩大冬种，加强冬季田间作物管理，搞好冬春农业生产。五要加强动物疫病监测，加大集中免疫力度，抓好冬春季动物疫病防控。六要严格质量标准，全面加强农产品质量安全工作。七要认真落实防火责任制，强化火情监测，做好森林草原防火工作。八要妥善安排好灾区和贫困地区群众的生产生活，要确保灾区群众有住处、有饭吃、有衣穿、不受冻。

中央有关部门负责人在主会场出席会议。各省、自治区、直辖市和计划单列市人民政府、新疆生产建设兵团负责同志，市县政府负责同志在分会场出席会议。江苏、湖北、陕西省和水利部、发改委、财政部负责同志在会上发言。

中联部部长王家瑞在北京会见巴基斯坦旁遮普省首席部长、穆盟(谢)总裁穆罕默德·谢巴兹·谢里夫

全国总工会主席王兆国在人民大会堂分别会见国际工会联合会总书记盖伊·赖德和来华出席“中国—南亚国家工会领导人研讨会”的各国工会负责人

11月19日

国家主席胡锦涛在利马同秘鲁总统加西亚举行会谈

胡锦涛指出，今年以来，中秘关系又有了新的进展。两国高层交往密切，政治互信增强；经贸合作不断扩大，中秘自由贸易协定谈判已经完成；两国《2008—2011年度文化交流执行计划》正在有效落实，两国有关部门和院校已就在秘鲁建立3所孔子学院达成一致；在国际和地区事务中，双方保持密切磋商和配合。我们对两国关系发展取得的成果感到满意。

胡锦涛指出，中秘建立和发展战略伙伴关系，标志着两国关系迎来了全面快速发展的新时期。双方应该乘势而上，充分发挥各自在资源、技术、资金、市场方面的优势以及两国经济互补性强的特点，在已有的良好基础上，力争使双方合作在以下几个方面取得新的进展。

一、把签署和落实两国自由贸易协定作为扩大两国务实合作的重要契机。希望双方尽早择机签署并积极落实自由贸易协定，使两国人民早日从中受益。

二、把促进和扩大相互投资作为两国务实合作的优先方向。中秘重点加强矿业领域投资合作，有利于全面提升双方经贸合作水平、促进两国共同发展。希望秘方为中国企业在秘鲁投资提供必要便利。

三、把基础设施建设领域合作作为两国务实合作的重要内容。中国企业在港口、公路、电信、交通、电力、城市供水等基础设施建设领域拥有成熟技术和丰富经验，愿积极参与秘鲁上述领域项目。

四、把高技术合作作为两国务实合作的新兴领域。双方应该运用好双边科技混委会机制，推动两国科技合作。

五、把扶贫合作作为两国务实合作的有益内容。中国政府愿同秘方加强扶贫领域交流合作，鼓励双方有关部门建立信息交流和共享机制，相互借鉴，推动两国扶贫事业发展。

加西亚表示，秘中关系发展迅速，两国建立了战略伙伴关系，完成了秘中自由贸易协定谈判。中国是秘鲁可依赖的朋友，秘鲁支持中国发展。秘方期待更多中国采矿企业到秘鲁投资，愿意为它们创造良好投资条件和环境。秘方希望同中方加强基础设施建设、旅游、直航等领域合作，通过共同努力，实现两国为发展战略伙伴关系所确定的各项目标。

会谈后，胡锦涛和加西亚出席了两国经济技术、卫生、海关、扶贫、金融、矿业、农业等11份合作文件签字仪式。两国领导人还见证了秘鲁3所大学建立孔子学院授牌仪式。

中华人民共和国和秘鲁共和国发表联合新闻公报

一、应秘鲁共和国总统阿兰·加西亚·佩雷斯邀请，中华人民共和国主席胡锦涛于2008年11月19日至21日对秘鲁共和国进行国事访问。

二、访问期间，胡锦涛主席同加西亚总统举行会谈，并会见了国会主席哈维尔·贝拉斯克斯·克斯肯。两国领导人在亲切、友好、坦诚的气氛中就两国关系和共同关心的国际和地区问题深入交换了意见，达成重要共识。

三、两国元首一致认为，中秘建交37年来，两国友好合作不断加强,目前双边关系正处于历史上最好时期。这为双方共同把握新机遇,应对新挑战,促进各自发展提供了难得契机。为此,双方决定建立"中秘战略伙伴关系"。在这一框架下,双方将深化互信平等的政治关系,扩大互利共赢的务实合作,促进内涵丰富的多领域交流,保持密切良好的多边合作。

四、秘鲁政府重申,尊重和承认中华人民共和国主权和领土完整,继续坚定奉行一个中国原则。中方对此表示赞赏。

五、两国元首对近年来双边经贸关系的发展表示满意。双方强调两国经贸合作的潜力和互补性,承诺共同努力,不断优化双边贸易商品结构,积极拓展在矿业、石油、通信、渔业、基础设施等领域的合作。

六、双方对中国—秘鲁自由贸易协定谈判成功结束表示满意,并愿共同努力,早日签署协定。

七、双方重申将采取行动,增加相互投资。为此,双方将鼓励两国企业家组团互访,并协调两国投资促进机构在彼此国家宣传投资贸易机会。

八、双方重申致力于消除贫困,特别是农村地区的极端贫困。为此,双方签署了《关于扶贫领域合作的谅解备忘录》,旨在通过人力资源开发、能力培养和知识经验交流等促进两国主管部门在扶贫领域的合作。

九、双方同意将充分发挥中秘同为文明古国的优势,促进文化交流。两国政府将努力推动两国民间对话、相互了解与合作,取长补短,促进两国人民的团结与发展,增进两国人民的传统友谊。

十、双方同意在多边领域保持协调与合作,就共同关心的国际和地区问题加强磋商,协调立场。进一步密切在联合国、世界贸易组织、亚太经济合作组织和东亚—拉美合作论坛等世界和地区性国际组织中的配合,相互支持,共同维护发展中国家的正当权益,并强调在重要国际组织中促进可持续发展、保护遗传资源和传统知识的重要性。

十一、两国政府承诺,将在各自国家职能范围内并根据亚太经济合作组织框架下达成的共识,共同努力,消除国际金融危机的负面影响。双方重申,两国政府对多哈回合贸易谈判尽快取得成功给予政治支持。

十二、中国政府预祝亚太经济合作组织第十六次领导人非正式会议成功举办,重申愿与秘鲁政府协调配合,推动亚太经济合作组织框架下各领域合作取得具体进展。

十三、秘方祝贺中国成功举办2008年北京奥运会和残奥会,并预祝2010年上海世博会取得圆满成功。

十四、访问期间,双方签署了《海关合作与行政互助协定》《经济技术合作协定》《中国柑橘输往秘鲁植物检疫要求议定书》《秘鲁柑橘输华植物检疫要求议定书》《关于卫生合作的谅解备忘录》《关于扶贫领域合作的谅解备忘录》《中国国家开发银行与秘鲁国民银行金融合作协议》《中国国家开发银行与秘鲁开发金融公司金融合作协议》《中国五矿集团、中国江西铜业集团、中国国家开发银行、秘鲁信贷银行关于秘鲁加莱诺项目融资框架协议》等重要合作文件。

十五、胡锦涛主席对加西亚总统和秘鲁政府在其访问秘鲁期间给予的热情友好接待表示衷心感谢。

2008年11月19日于利马

国家主席胡锦涛与巴勒斯坦民族权力机构主席阿巴斯互致贺电庆祝两国建交20周年

全国人大常委会委员长吴邦国在人民大会堂会见斯洛伐克国民议会议长帕什卡

吴邦国积极评价中斯关系。他说,近年来,两国关系进入了快速发展的新阶段,双方政治互信日益加深,扩大经贸等领域务实合作的愿望更加强烈。斯洛伐克是欧盟中发展最快的国家,中国是世界上最大的发展中国家。中斯经贸合作基础良好,潜力巨大。中方愿与斯方一道,拓展经贸合作途径、改善贸易结构,大大推进两国企业间的了解与合作,充分发挥企业合作在经贸合作中的主体作用,共同提升中斯经贸关系的质量与水平。

帕什卡说,斯洛伐克高度重视发展对华关系,希望学习借鉴中国的发展经验,加强同中方在基础设施建设等领域的合作。他表示,斯洛伐克作为新的欧盟成员国,愿通过努力成为发展欧中全面战略伙伴关系的桥梁和欧中经贸往来的门户。他重申,斯洛伐克议会和政府坚定奉行一个中国政策,决不动摇,并认为这是发展斯中关系的政治基础。吴邦国对此表示感谢。

在谈到议会交往时,双方一致表示,将继续保持高层交往,加强专门委员会办事机构间的交流,密切青年代表和议员的沟通与往来,为中斯关系的发展作出新的贡献。

国务院总理温家宝致电祝贺约翰·基当选新西兰政府总理

国务院总理温家宝主持召开国务院常务会议

会议研究部署促进轻纺工业健康发展的政策措施,讨论并原则通过《中华人民共和国农村土地承包经营纠纷仲裁法(草案)》,审议并原则通过《草原防火条例(修订草案)》和《森林防火条例(修订草案)》。

会议认为,轻纺工业是我国的传统优势产业。保持轻纺工业稳定健康发展,对于保障就业,改善民生,拉动消费,促进经济平稳较快增长,维护社会和谐稳定，具有重要意义。近几个月来，受国内外经济形势变化的影响，轻纺工业发展面临前所未有的严峻形势，必须采取切实有效的措施，进一步加大扶持力度，帮助轻纺企业克服困难，渡过难关。

会议研究确定了促进轻纺工业健康发展的 6 项政策措施。(一)扩大国内需求，在全国推广“家电下乡”，对农民购买家电实行财政补贴，加大对地震灾区和边疆少数民族地区的支持力度，拉动消费带动生产。(二)增加各级财政扶持中小企业发展专项资金规模，支持市场前景好、带动就业明显、经济社会效益显著的轻纺项目，加大对信用担保体系和服务体系建设的投入。(三)进一步减轻企业税费负担，缓解成本压力。继续适当提高纺织品、服装和部分轻工产品出口退税率，清理和取消涉及轻纺企业的各种不合理收费。(四)积极扩大出口，巩固和开拓国际市场。暂停轻纺加工贸易台账保证金“实转”政策，充分利用中央外贸发展基金扶持轻纺企业开展营销、研发和并购活动。(五)鼓励和引导金融机构加大金融支持力度。积极支持金融机构扩大信贷资金投放，简化审批流程，开辟信贷“绿色通道”，推进融资产品创新，推广和发展出口信用保险等业务，鼓励和支持信用担保机构发展，切实解决轻纺中小企业融资难问题。(六)加大轻纺工业技术改造力度，推动产业升级。企业要加强技术研发及成果产业化应用和品牌建设，提高市场竞争力和抗风险能力。安排中央预算内资金，支持轻纺等重点行业开展专项技术改造。

会议讨论了《中华人民共和国农村土地承包经营纠纷仲裁法(草案)》。会议认为，建立符合我国实际的农村土地承包经营纠纷仲裁制度，对于稳定农村基本经营制度，保障农民土地承包经营权，促进农业、农村经济发展和农村社会稳定，具有重要意义。会议决定，该草案经进一步修改后，由国务院提请全国人大常委会审议。

会议指出，为有效预防和扑救草原、森林火灾，保障人民生命财产安全，保护草原、森林资源，有必要在总结实践经验的基础上，对《草原防火条例》和《森林防火条例》进行修订。两个修订草案对政府防火工作职责，防火组织体系，防火责任和义务，火灾预防、扑救和灾后处理及相关法律责任作出了明确规定。会议决定，两个修订草案经修改后，由国务院公布施行。

全国政协主席贾庆林在人民大会堂会见菲华商联总会访华团一行

三北防护林体系建设 30 年总结表彰大会在北京召开

中共中央政治局委员、国务院副总理、全国绿化委员会主任回良玉出席大会并讲话。他强调，建设三北防护林工程，开创了我国大规模生态建设的先河，是惠及当代、荫及子孙、造福人类的历史丰碑，也是世界生态建设史上的伟大创举。

回良玉指出，1978 年 11 月，党中央、国务院作出了在我国西北、华北北部和东北西部地区建设防护林体系的重大战略决策。经过 30 年的不懈努力，在三北地区万里风沙线上建起了一座蔚为壮观的“绿色长城”，为维护国家生态安全发挥了重要作用。三北工程建设有力地促进了农业增产和农民增收，取得了显著的经济效益和社会效益。三北工程建设形成的“艰苦奋斗、顽强拼搏，团结协作、锲而不舍，求真务实、开拓创新，以人为本、造福人类”的“三北精神”，成为推动我国生态建设的强大精神动力。三北工程赢得了国际社会的高度评价，为全球生态安全作出了重大贡献。

回良玉强调，三北工程建设要到 2050 年才全部完成，任重而道远。站在新的历史起点上，我们要抓住机遇，乘势而上，继续扎实有效地推进三北工程建设。一要以科学发展观统领工程建设，保障农民参与工程建设的自主权、享受工程建设成果的优先权。二要以改革创新推动工程建设，以集体林权制度改革为突破口，优化资源配置，激活发展动力。三要以生态建设规律指导工程建设，做到既立足当前又着眼长远，既突出重点又兼顾全局。四要以增加投入支持工程建设，建立持续稳定、科学合理的工程建设投入机制，鼓励和引导各种造林主体参与建设。五要以法律、法规保障工程建设，加强森林资源保护，完善森林生态效益补偿制度，健全森林资源监测体系。

据国家林业局最新统计，三北工程实施 30 年来，累计完成造林保存面积 2446.9 万公顷，工程区森林覆盖率由 1977 年的 5.05% 提高到目前的 10.51%，林木蓄积量由 7.2 亿立方米提高到 13.9 亿立方米。工程使三北地区的生态状况显著改观，沙漠化蔓延趋势开始得到遏制，水土流失面积和侵蚀强度大幅度下降，基本农田得到有效庇护。三北工程创造和总结的一系列经验办法，不仅被广泛应用于国内生态建设实践，而且已成为广大发展中国家治理生态的典范。

全国人大常委会副委员长乌云其木格，全国政协副主席罗富和出席总结表彰大会。

会上，全国绿化委员会、人力资源和社会保障部、国家林业局联合表彰了 100 个三北防护林工程建设突出贡献单位和 200 名突出贡献者。

全国总工会主席王兆国到安徽考察

11 月 19 日至 22 日，王兆国在安徽省委书记王金山、省长王三运及全国总工会副主席、书记处第一书记孙春兰的陪同下,先后深入合肥、芜湖及马鞍山等地的工厂企业,看望一线职工、劳动模范,慰问困难职工。

外交部部长杨洁篪和商务部部长陈德铭在利马出席亚太经合组织第二十届部长级会议并发表讲话

纪念许光达同志诞辰100周年座谈会在人民大会堂举行

纪念中国共产党的优秀党员,忠诚的共产主义战士,久经考验的无产阶级革命家、杰出的军事家,我军装甲兵的主要创建者许光达同志诞辰100周年座谈会在人民大会堂举行。

张万年、迟浩田、曹刚川,中央军委委员梁光烈、李继耐、廖锡龙、常万全、吴胜利出席座谈会。中央军委委员、总参谋长陈炳德主持会议。

座谈会上,副总参谋长刘镇武、湖南省委副书记梅克保、原装甲兵司令部参谋长于庭兰先后发言,深情缅怀许光达同志的丰功伟绩和崇高风范。

解放军四总部、驻京各大单位、武警部队和军委办公厅领导,中央和国家机关有关部门及湖南省委领导,老同志代表,有关专家学者,许光达同志亲属及家乡代表等参加了座谈会。

11月20日

国家主席胡锦涛在秘鲁国会发表演讲

国家主席胡锦涛在秘鲁国会发表重要演讲,就发展中国和拉美各国友好合作关系作了全面阐述。

贝拉斯克斯在致辞中表示,中国和秘鲁都拥有悠久文明,两国有很多共同点。事实证明,秘中关系和各领域合作是互利的,秘方对发展同中国合作抱有强烈意愿,希望双方携手推进两国战略伙伴关系发展。秘鲁支持中拉关系发展,愿意成为中拉经贸合作、文化交流的纽带。秘鲁期待着同中国加强亚太经济合作组织框架内的合作,共同为推进亚太合作进程、促进本地区发展作出贡献。

秘鲁国会议员、政府官员、外国使节等200多人出席演讲会。

国家主席胡锦涛在秘鲁国会发表题为《共同构筑新时期中拉全面合作伙伴关系》的演讲

尊敬的贝拉斯克斯主席,各位议员,女士们,先生们,朋友们:

很高兴来到秘鲁国会同各位朋友见面。首先,我谨对贝拉斯克斯主席的盛情邀请表示衷心的感谢!

这是我首次访问你们美丽的国家。自踏上秘鲁土地那一刻起,我们就沉浸在中秘友好的热烈氛围中,深切感受到秘鲁政府和人民对中国政府和人民的真挚情谊。借此机会,我愿代表中国政府和人民,并以我个人的名义,向在座各位朋友,并通过你们向伟大的秘鲁人民,致以诚挚的问候和良好的祝愿!

秘鲁是世界文明古国。辽阔的太平洋海岸、雄伟的安第斯山脉、茂密的亚马孙雨林孕育了独特的印第安文化。印加文化的马丘比丘古城、纳斯卡文化的神秘地画、莫奇卡文化的精美陶器,都是秘鲁古代文明的宝贵结晶,构成了人类文明史的绚丽篇章。

秘鲁人民不断创新、追求进步,致力于发展经济、促进社会事业、提高生活水平,使秘鲁成为拉美经济增长最快的国家之一。在国际和地区事务中,秘鲁发挥着日益重要的作用,赢得了国际社会广泛尊重。中国人民对此感到由衷的高兴,并衷心祝愿秘鲁更加繁荣昌盛。

女士们、先生们、朋友们!

中国和秘鲁虽然相距遥远,但两国人民友谊源远流长。早在近160年前,首批华人便抵达秘鲁,同当地人民同甘共苦、休戚与共,揭开了两国人民友好交往的序幕。1971年,中秘建交,两国关系掀开崭新一页。进入新世纪以来,在双方共同努力下,两国政治互信日益增强,各领域交流合作全面快速发展,在国际事务中相互支持、密切配合。中国已成为秘鲁第二大贸易伙伴,秘鲁是中国在拉美的主要投资对象国。中秘友谊之树枝繁叶茂、硕果累累,中秘关系日益紧密、充满活力。

昨天下午,我同加西亚总统就扩大两国互利合作、深化两国关系深入交换意见,达成广泛共识。我们一致认为,中秘同为发展中国家,拥有广泛共同利益,肩负着相同发展任务,加强两国关系既符合两国和两国人民根本利益,也有利于推动亚洲和拉美两大地区交流合作。为此,我们一致同意,建立中秘战略伙伴关系,努力深化和不断丰富两国各领域互利友好合作。我相信,中秘关系必将迎来更加灿烂的明天。

秘鲁国会同中国全国人民代表大会保持着密切合作,在座许多议员为推动中秘关系发展作出了积极贡献。借此机会,我要向你们表示衷心的感谢!

女士们、先生们、朋友们!

中国关注秘鲁发展,关注拉美和加勒比地区发展。近年来,拉美各国政府和人民致力于推动经济社会发展,维护地区和平稳定,促进团结合作。拉美整体实力不断增强,同世界其他地区的联系更加密切,成为国际舞台上一支越来越重要的力量。

中国一贯从战略高度重视发展同拉美的友好合作。2004年,我在访问拉美时曾经提出,中国希望和拉美成为可信赖的全天候朋友、互利共赢的合作伙伴、不同文明积极对话的典范。4年来，中拉保持着频繁的高层交往，中国同拉美国家和地区组织的磋商和对话制度不断完善，在涉及彼此核心利益和重大关切的问题上相互理解、相互支持。中拉利益融合达到了前所未有的深度，双方关系水平达到了前所未有的高度。中拉已成为真正的好朋友、好伙伴。

今年5月中国四川汶川特大地震灾害发生后，包括秘鲁在内的拉美国家政府和人民向中国政府和人民表达了真诚同情、提供了宝贵援助，秘鲁还专门为中国这次地震灾害的遇难者设立了哀悼日。在我们成功举办北京奥运会、残奥会的过程中，拉美国家政府和人民给予了大力支持。拉美国家还在台湾、涉藏等问题上一贯给予我们理解和支持。借此机会，我愿代表中国政府和人民对此表示衷心的感谢！

近年来，中拉经贸合作快速发展，合作水平和质量有较大提高。去年，中拉贸易总额历史性地突破1000亿美元，是10年前的10多倍。中拉电信、基础设施建设、能矿、科技等领域投资合作不断取得新进展。

中拉人文交流合作持续扩大。双方文化团组互访、相互举办文化活动日益频繁，旅游、留学人员往来不断增多。中国在越来越多的拉美国家建立孔子学院，也有不少拉美知名媒体在北京设立机构。中拉人民相互了解和友谊不断加深，中拉关系基础更加牢固，未来发展面临更多机遇。

女士们、先生们、朋友们！

当今世界正在发生大变革大调整，和平与发展仍然是时代主题。求和平、谋发展、促合作已经成为不可阻挡的时代潮流。中国作为最大的发展中国家，拉美作为世界上重要的发展中地区，双方更加紧密地团结起来，开展更高层次、更宽领域、更高水平的合作，既是时代潮流的要求，也是各自发展的需要。在这里，我代表中国政府和人民郑重表示，中国愿同拉美和加勒比国家一道，努力构筑双方平等互利、共同发展的全面合作伙伴关系。

构筑这一伙伴关系，要牢牢把握共同发展的主题。发展是增进人民福祉、促进社会进步的根本途径。发展是中拉最为紧迫的任务，中国和拉美的发展都处于关键时期，也都是对方发展的机遇。中国愿同拉美国家扩大各领域务实合作，在合作中促进各自发展，又以各自发展促进对方共同发展。

构筑这一伙伴关系，要坚持平等互利的基本原则。中国将始终不渝走和平发展道路，始终不渝奉行互利共赢的开放战略。中国坚持国家不分大小、强弱、贫富一律平等，坚持把维护和发展中拉共同利益作为双方合作的出发点和落脚点，尊重拉美各国人民自主选择发展道路的权利，同拉美各国平等相待，在合作中照顾拉美国家正当关切，努力实现互利共赢。

构筑这一伙伴关系，要不断开拓创新，开展广泛全面的合作。我们愿同拉美各国一道，不断扩大双方利益汇合点，创新合作方式，拓宽合作领域，丰富合作内容，努力推动双方合作取得更多实实在在的成果，使合作更好惠及双方人民。

为此，中方愿重点在以下几个方面同拉美国家作出共同努力。

第一，继续密切政治关系。保持高层往来和接触，完善多层次的双边和多边政治磋商和对话机制，不断增进政治互信，坚持从战略高度统筹规划、指导协调各领域合作，为双方不断扩大合作提供政策保障、创造良好条件。

第二，深化经贸互利合作。着力优化贸易结构，促进扩大贸易规模和贸易关系均衡发展；努力增加相互投资，重点加强制造业、基础设施建设、能源矿产、农业、高新科技产业等领域投资合作，加大政策扶持和引导；鼓励双方企业就贸易和投资加强战略性合作，并为此搭建平台，提供更多便利；坚持通过平等对话和友好协商妥善处理合作中出现的具体问题。中国愿在力所能及的条件下继续向拉美和加勒比国家提供经济社会发展援助。

第三，加强国际事务中协调配合。在气候变化、粮食安全、能源安全、金融安全、多边贸易体系、联合国千年发展目标等全球性问题上加强沟通、协调立场，维护共同利益。在当前复杂的国际金融和经济形势下，就防范风险加强经验交流，维护本国和地区金融经济稳定。共同参与国际经济、金融、贸易规则制定，积极施加影响，推动国际经济秩序朝着更加公正合理的方向发展。

第四，重视社会领域互鉴共进。在推动社会事业发展、提高人民生活水平方面，加强施政理念和实践的相互学习、相互借鉴。积极探索在扶贫、教育、社会保障、医疗卫生、环保、减灾救灾等具体领域开展实质性合作。鼓励本国企业在对方投资兴业过程中承担相应社会责任，为当地社会发展作出贡献。

第五，丰富人文对话交流。采取切实有效措施，深化和扩大双方文化、体育、新闻、旅游等领域交流合作。充分发挥地方和民间友好交往机制作用，推动双方青年和妇女组织、民间团体、新闻媒体、学术机构开展形式多样的交往，增进相互了解，使中拉友好更加深入人心。

女士们、先生们、朋友们！

中国和拉美同是充满希望的热土。共同的命运、共同的责任、共同的目标将我们紧紧联系在一起。中国人民和拉美人民心心相印，中拉友好合作大有可为。我衷心希望，中拉携起手来，牢牢把握时代前进脉搏，全面深化互利合作，共同开创双方关系更加美好的未来，共同促进人类和平与发展的崇高事业。

谢谢大家。

国家主席胡锦涛出席在利马举行的中秘企业家早餐会并发表题为《加强互利合作　共创美好未来》的讲话

国务院总理温家宝在中南海主持召开经济专家和企业界人士座谈会

11月20日和25日，国务院总理温家宝在中南海主持召开经济专家和企业界人士座谈会，听取对当前经济形势和宏观经济政策的看法和建议。温家宝强调，越是在困难和复杂的情况下，越是要坚持科学民主决策，越是要增强决策的透明度，越是要加强决策的民主监督，以保证"出手要快、出拳要重、措施要准、工作要实"的要求真正得到落实，促进经济平稳较快发展。

参加座谈会的有研究财政、金融、企业、农业、房地产、对外经济等方面的专家，还有石化、电信、汽车、钢铁、有色、机械制造、流通和房地产企业负责人。他们就当前国际经济金融形势、我国的财政货币政策、"三农"问题、房地产和金融市场、产业结构调整和企业兼并重组、保障和改善民生，以及有关行业和企业发展的形势、问题发表了看法，提出对策建议。

温家宝在认真听取了专家和企业负责人的发言后指出，当前国际经济形势复杂多变，对我们分析判断形势，制定和调整政策增加了新的难度。仅靠经验，靠少数人的智慧，不深入调查研究、从实际出发；仅了解本国，不了解世界；仅了解局部，不了解全局；仅知道今天，不知道昨天，不前瞻明天，是很难作出正确决策的。第一，我们必须广泛听取各方面的意见，加强决策的科学化、民主化。第二，提高决策透明度。把听取各方面意见作为深入了解民情、充分听取民意、广泛集中民智、加强政府和人民群众沟通、扩大公民有序政治参与、广泛动员人民依法管理国家事务的重要渠道，把国家的政策准确、及时、直接传递给社会，赢得人民群众理解、支持。第三，加强决策的民主监督。政府重大决策，人民有权了解决策的过程，有权参与决策，有权监督政策的执行。

温家宝最后指出，中央根据形势发展变化作出实施积极的财政政策和适度宽松的货币政策的决策，提出具体的措施，对于促进经济发展起了重要的作用。国务院和有关部门要认真研究专家和企业家提出的意见和建议，进一步完善政策，主动为企业发展做好服务。要充分发挥各方面的智慧，调动一切积极因素，群策群力，克服国际金融危机带来的困难，保持经济平稳较快发展。

国务院副总理李克强、回良玉、张德江、王岐山，国务委员兼国务院秘书长马凯出席会议。

国务院副总理李克强到福建考察

11月20日至22日，李克强在福建省委书记卢展工、省长黄小晶等陪同下，先后来到福州、莆田、厦门、漳州、龙岩等地，深入企业车间、建设工地，走访乡镇医院、居民家庭，着重就扩大内需、开拓市场、改善民生等情况进行调研考察。

当前沿海地区企业生产经营怎样、外向型经济发展如何，李克强十分关心。从福州福清捷联电子公司、莆田富懋时装公司到厦门ABB开关公司、正新轮胎公司和漳州灿坤电器公司，他每到一家企业，都走近生产一线认真察看生产情况，来到干部职工中间深入交谈，与大家共商应对挑战之策，共谋企业发展之计。李克强说，面对严峻的国际经济环境，企业要主动适应形势，加快转型升级，实现出口多元化战略，努力开拓国内国际市场，形成新的竞争优势。各级政府要进一步转变职能，增强责任意识、服务意识，帮助企业排忧解难，采取多种措施为企业发展拓展市场空间，为经济平稳较快增长创造条件。

加强民生工程建设，是国家扩大内需、促进增长措施的重点，也是李克强一行考察的重点。李克强深入群众家中，从厨房到卧室，从水电设施到房屋状况认真察看，关切询问居民对住房改建方案的想法，详细了解低收入家庭生活开支情况。李克强对随行的有关方面负责人说，实施保障性安居工程，有利于满足低收入困难群众尽早改善居住条件的强烈愿望，有利于拉动城乡居民的系列消费，也有利于促进建筑、建材等相关行业发展，产业链条长，带动作用大，是扩大内需、促进经济增长的重要举措，必须抓紧实施。要加大对廉租住房建设的支持力度，加快棚户区改造，实施游牧民定居工程，扩大农村危房改造试点，使困难群众住有所居、安居乐业。

在莆田市黄石镇卫生院的报账中心、住院登记处、注射室和病房，李克强说，加强基层医疗卫生服务体系建设，是推进医药卫生体制改革的重要措施，既能够缓解群众看病难、看病贵的问题，又有助于完善社会保障体系，解除居民后顾之忧。要加快乡镇卫生院、社区卫生服务中心等改造建设，扎扎实实为广大群众办成几件实事，促进人人享有基本医疗卫生服务，更好地满足居民基本健康需求。李克强指出，住房、卫生等消费需求是最终需求，要改善消费条件和人居环境，努力把潜在的消费需求转化为现实的消费需求。

李克强瞻仰了龙岩市上杭古田会议旧址，到老区群众家中慰问，看望老红军、老战士。他说，加大对革命老区、贫困地区发展的扶持力度，是促进区域协调发展的必要措施，也是加快基础设施建设、帮助老区脱贫致富的重要任务。在新的历史条件下，我们要继续发扬党的优良传统，以求实创新的精神，加快老区、贫困地区建设步伐，形成内地和沿海地区良性互动，实现经济社会又好又快发展。

在闽期间，李克强听取了福建省委、省政府的工作汇报，充分肯定福建省经济社会发展取得的显著成就，希望福建广大干部群众再接再厉，团结奋斗，锐意进取，扎实工作，在东部地区率先发展中发挥新优势、再上新台阶。

全国政协副主席阿不来提·阿不都热西提在人民大会堂会见美国俄勒冈州州长特德·库隆戈斯基一行

中联部部长王家瑞在北京会见韩国大国家党国会议员李相得

中国出版科学研究所发布《2007—2008年中国出版业发展报告》(中国出版蓝皮书)、《国际出版业发展报告(2008版)》和《2007—2008中国数字出版产业年度报告》

报告认为，2007—2008年是我国出版业发展非常重要的时期。2007年12月21日，辽宁出版传媒股份有限公司编辑业务与经营业务整体打包上市，启动了中国出版业“整体上市”的进程，是出版业体制改革的重大突破。报告提出，我国出版业自21世纪初期开始进入了一个战略转型期，传统的发展方式仍然起着主导作用，但在某些方面又出现了重大突破，新的发展雏形已经呈现。战略转型主要表现在：在出版的功能上，从宣教、娱乐为主向宣教、娱乐及信息服务等多种功能并存转型；在出版介质上，从纸介质为主向多种介质并存转型，以数字内容为代表的现代出版表现出强劲发展势头；在出版物发行上，以实体店面发行为主向多种发行方式转型，实体店面发行竞争激烈，网络发行以及网络传播渠道增长迅速。

《2007—2008中国数字出版产业年度报告》显示：2007—2008年是我国数字出版产业的高速发展期。2007年，我国数字出版产业的整体收入超过360亿元，比2006年增长了70.15%。据预测，到2008年年底，我国数字出版产业的整体收入规模可能会达到530亿元，比2006年增长149.13%，比2007年增长46.42%。其中，互联网期刊和多媒体网络互动期刊的收入达7.6亿元，电子图书的收入达2亿元，数字报纸(含网络报和手机报)的收入达10亿元，博客的收入达9.75亿元，在线音乐的收入达1.52亿元，手机出版(含手机彩铃、手机铃声、手机游戏、手机动漫)的收入达150亿元，网络游戏的收入达105.7亿元，互联网广告的收入达75.6亿元。

《国际出版业发展报告(2008版)》将研究范围集中在了对国际出版业发展趋势具有风向标意义的美国、英国、德国、法国、俄罗斯、日本和韩国7个主要发达国家。这些国家出版业的状况主要是互联网的高速发展，使得信息生产与传播方式加速变革，数量庞大的网民通过互联网集结成为无可估量的信息创造来源。由于数字化技术不断发展，出版物的使用环境发生了巨大的变化，并引起了国民阅读和图书馆采购状况的变革。不读书刊、不买书刊成为普遍现象，深度阅读日益萎缩，功利性阅读渐成趋势。

11月21日

国家主席胡锦涛在利马会见美国总统布什

双方就中美关系和共同关心的应对国际金融危机、促进世界经济发展、维护世界和平等重大国际和地区问题深入交换了意见。

关于中美关系，胡锦涛指出，过去7年多来，在双方共同努力下，中美关系取得了重要进展。两国高层和各级别交往密切，中美战略经济对话和战略对话机制得以建立并取得显著成效。两国经贸、反恐、执法、文化、教育、能源、环保等领域交流合作不断扩大和深化，双方在重大国际和地区问题上保持了有效沟通和协调。胡锦涛对布什就任总统以来为发展中美关系所作的积极努力表示赞赏，希望他继续发挥积极影响，促进中美关系发展。

胡锦涛强调，回顾这些年中美关系的发展历程，最重要的经验是，要坚持从战略高度和长远角度出发，牢牢把握两国建设性合作关系的大方向，增进互信、加强合作，妥善处理分歧和敏感问题特别是台湾问题。台湾问题涉及中国核心利益，始终是中美关系中最重要最敏感的问题，一个中国原则绝不能改变。目前，中美关系正处在承前启后的重要时期，我们愿意同美方一道，保持中美关系良好发展势头，推动两国关系健康稳定向前发展。

布什说，这可能是我在总统任内同胡锦涛主席最后一次会晤了，我很高兴能在过去的几年中同胡锦涛主席一道，把美中关系发展到今天这样的局面，并表示将继续为两国关系发展作出积极努力。

胡锦涛表示，近年来，中美经贸关系发展迅速，给两国和两国人民带来实实在在的好处。在当前国际金融危机不断加深的背景下，保持中美经贸关系稳定发展对克服危机带来的不利影响更加重要。中方愿同美方一道，本着平等互利、合作双赢的原则，防止贸易和投资保护主义抬头，推动两国经贸关系持续健康稳定发展。第五次中美战略经济对话即将于下月初在北京举行，希望双方精心策划，认真筹备，把这次对话搞好。

布什表示，美中经贸关系非常重要，我们要共同努力推动多哈回合谈判取得进展，采取切实行动，防止贸易保护主义。

关于国际金融危机，胡锦涛指出，国际社会应该认真落实二十国集团领导人金融市场和世界经济峰会达成的共识，采取有效措施，稳定国际金融市场，全力减轻金融危机对实体经济的冲击，防止发生全球性经济衰退。中国将继续采取有效措施，保持中国经济平稳较快发展，为稳定世界经济发挥建设性作用。

国家主席胡锦涛在利马出席亚太经合组织工商领导人峰会并发表演讲

国家主席胡锦涛在秘鲁首都利马出席亚太经合组织工商领导人峰会并发表重要演讲。

亚太经合组织工商咨询理事会代表、通用汽车亚太总裁尼克·瑞里在致辞中感谢胡锦涛出席峰会并发表重要演讲。他表示，中国政府为应对当前国际金融危机采取了一系列刺激经济的政策，这是在当前经济动荡形势下采取的正确之举，希望亚太经合组织其他成员也能这样做。中国重视科学发展，努力构建和谐社会，在能源安全、环境保护等方面出台了富有勇气的措施，在国际舞台上扮演着积极重要的角色。希望亚太经合组织成员企业界能同政府密切合作，共同应对挑战。

亚太经合组织工商领导人峰会是亚太经合组织年会期间的重要论坛。大约1200多名参加工商领导人峰会的工商企业界人士参加演讲会。

国家主席胡锦涛在2008年亚太经合组织工商领导人峰会上发表题为《携手共同努力　推动经济发展》的演讲

尊敬的主席先生，女士们，先生们，朋友们：

今天，很高兴同各位工商领导人再次相会，就应对国际金融危机和中国发展问题同大家交换看法。

2008年对于中国是极不平凡的一年。中国人民成功抗击了严重低温雨雪冰冻灾害、四川汶川特大地震灾害，成功举办了北京奥运会、残奥会。借此机会，我谨代表中国政府和人民，向为我们抗击特大自然灾害和举办北京奥运会、残奥会提供支持和帮助的各国各地区工商界朋友们，表示诚挚的谢意！

女士们、先生们、朋友们！

当前，国际金融危机仍在蔓延，已从局部发展到全球，从发达国家传导到新兴市场国家，从金融领域扩散到实体经济领域，给世界各国经济发展和人民生活带来了严重影响，形势十分严峻。有效应对国际金融危机，维护国际金融稳定，促进世界经济发展，事关全球发展前景，事关各国切身利益。日前，二十国集团领导人金融市场和世界经济峰会在华盛顿举行，会议就国际社会合作应对国际金融危机、促进世界经济发展、改革国际金融体系达成广泛共识。在这个关键时刻，世界各国应该增强信心、加强协调、密切合作，迅速采取有效措施，包括采取一切必要的财政和货币手段，遏制金融危机扩散和蔓延，尽快稳定国际金融市场，尽量减轻这场金融危机对实体经济的损害，促进世界经济增长，维护世界各国人民共同利益。

中国欢迎有关国家为应对这场金融危机采取的积极措施，希望能够尽快取得成效。中国在力所能及的范围内为应对国际金融危机作出了重大努力，采取了一系列举措，包括确保国内银行体系稳定、向金融市场和金融机构提供必要的流动性支持、密切同其他国家宏观经济政策的协调和配合，等等。中国将本着负责任的态度，继续同国际社会一道，加强合作，努力维护国际金融市场稳定。

国际社会应该认真总结这场金融危机的教训，在所有利益攸关方充分协商的基础上，把握建立公平、公正、包容、有序的国际金融新秩序的方向，坚持全面性、均衡性、渐进性、实效性的原则，对国际金融体系进行必要的改革，创造有利于全球经济健康发展的制度环境。要加强国际金融监管合作，增强预警和监管能力；增强国际金融机构防范金融风险的全球责任，提高发展中国家在国际金融机构中的代表性和发言权；鼓励区域金融合作，增强区域流动性互助能力；稳步推进国际货币体系多元化，增强现有国际货币体系的有效性；各类金融机构和中介机构应该加强风险管理、提高透明度。

中国将继续推动建设可持续发展的世界经济体系、包容有序的国际金融体系、公正合理的国际贸易体系、公平有效的全球发展体系，坚持在实现本国发展的同时兼顾合作伙伴特别是发展中国家正当关切，支持国际社会帮助发展中国家增强自主发展能力、改善民生，支持推进贸易和投资自由化便利化，支持各国共同维护世界经济安全，促进各国共同发展繁荣。

女士们、先生们、朋友们！

当前，人们十分关注中国发展前景，工商界朋友们特别关心新形势下中国经济社会走向。在这里，我愿就中国未来发展向大家作一个扼要介绍。

今年是中国改革开放30周年。30年的改革开放，给中国经济社会发展带来了前所未有的巨大成就，极大地提高了中国的经济实力、综合国力、人民生活水平。同时，我们也清醒地认识到，中国仍然是世界上最大的发展中国家，实现现代化还有很长的路要走。在前进道路上，中国将坚持贯彻落实以人为本、全面协调可持续发展的科学发展观，毫不动摇地坚持改革方向，继续完善社会主义市场经济体制，着力构建充满活力、富有效率、更加开放、有利于科学发展的体制机制。中国将坚持走中国特色新型工业化道路，着力转变经济发展方式，促进经济增长由主要依靠投资、出口拉动向依靠消费、投资、出口协调拉动转变，由主要依靠增加物质资源消耗向主要依靠科技进步、劳动者素质提高、管理创新转变，努力建立现代产业体系。中国将坚持统筹城乡发展、统筹区域发展、统筹经济社会发展，推动形成城乡经济社会发展一体化新格局，推动区域协调发展。中国将坚持节约资源和保护环境的基本国策，提倡绿色生产方式和生活方式，提高资源利用效率，控制污染物排放总量，努力形成集约发展、清洁发展的国民经济体系，实现自然生态系统和社会经济系统良性循环。中国将加快推动以改善民生为重点的社会建设，着力解决好教育、就业、收入分配、社会保障、扶贫开发、医疗卫生、安全生产等方面涉及群众切身利益的问题，使全体人民共享改革发展成果。中国将坚持对外开放的基本国策，提高开放型经济水平，扩大开放领域，以更加积极的姿态参与国际经济合作。

今年以来，中国积极应对国际经济环境的复杂变化和重大自然灾害的严峻挑战，及时加强宏观调控，经济保持较快增长，金融业稳健运行，经济发展的基本态势没有改变。今年1至9月，中国国内生产总值增长9.9%，投资、消费、出口三大需求增长都超过20%。但是，自9月以来，随着金融危机扩散和蔓延，中国经济发展遇到的困难日益显现，主要反映在出口增速开始下滑，工业生产和企业效益受到不同程度影响。针对这一情况，为了推动经济发展，中国政府及时加强宏观调控，决定实施积极的财政政策和适度宽松的货币政策，采取了降低银行存款准备金率、下调存贷款利率、减轻企业税负等措施。最近，中国政府又出台了更加有力的扩大国内需求措施，决定今年中央财政增加投资1000亿元人民币，用于加快民生工程、基础设施、生态环境建设和灾后重建，预计可带动社会总投资规模4000亿元人民币。从今年第四季度到2010年年底，中国用于这些领域的投资将增加4万亿元人民币。这些措施的实施，必将有力推动中国经济发展。中国经济平稳较快发展本身就是对维护国际金融稳定、促进世界经济发展的重要贡献。

女士们、先生们、朋友们！

作为全球最具活力和潜力的地区之一，亚太地区已成为世界经济发展的重要推动力量，在世界经济格局中作用和影响日益扩大。与此同时，世界经济形势严峻，能源安全和粮食安全问题突出，贸易保护主义抬头，生态环境恶化等问题都威胁着亚太地区经济健康稳定发展。亚太经合组织成员多样性明显，相互依存度高、互补性强，为我们深化区域合作、共同应对挑战提供了有利条件。亚太经合组织成员长期致力于实现茂物目标和推动经济技术合作，积累了丰富的合作经验，为我们加强政策协调、开展务实合作奠定了良好基础。我们应该携手努力，共同推动亚太地区经济继续向前发展。

工商界是世界经济领域的主力军，是国际经贸关系健康稳定发展的重要推动力量。在应对国际金融危机、促进世界经济健康稳定发展方面，工商界可以发挥重要作用。世界经济发展的实践告诉我们，维护国际金融市场稳定，促进世界经济健康稳定发展，发挥好各类企业特别是跨国企业的作用十分重要。企业是要追求经济效益的，这是企业生存和发展的必然要求。同时，企业是在社会中存在和经营的，也必须考虑自身行为的社会效益和社会影响，特别是要考虑自身行为对经济安全运行和民众生活的影响。大家共同营造和维护一个良好发展环境，最终对每个企业都有利。在经济全球化深入发展的条件下，企业应该树立全球责任观念，自觉将社会责任纳入经营战略，遵守所在国法律和国际通行的商业习惯，完善经营模式，追求经济效益和社会效益的统一。企业在通过市场运作追求经济效益的同时，应该采取负责任的态度，注意互利互补，充分顾及整个经济平稳运行，认真应对各种风险和隐患。各国政府要加强引导和监督，通过制定和完善法律，为企业自主履行社会责任创造良好环境。

女士们、先生们、朋友们！

让我们携起手来，共同为促进亚太地区持续发展和推动建设持久和平、共同繁荣的亚太大家庭而不懈努力。

谢谢各位。

中共中央总书记胡锦涛在利马会见中国国民党荣誉主席连战

中共中央总书记胡锦涛和夫人刘永清在利马会见中国国民党荣誉主席连战和夫人连方瑀。

胡锦涛指出，当前，两岸关系已呈现良好发展局面。前不久，海协会代表团访问台湾，同海基会共同签订了两岸空运、海运、邮政、食品安全4项协议，为两岸同胞谋得实质性利益。这次访问的成功,标志着两岸关系发展又掀开了新的一页。这也表明,两岸双方加强交流合作是人心所向、大势所趋。

胡锦涛强调,当前,国际金融危机正从局部向全球蔓延,从发达国家传导到新兴市场国家,从金融领域扩散到实体经济领域。两岸同胞是一家人。在这个关键时刻,两岸更应该加强沟通,积极推动互惠互利的经贸合作,努力化挑战为机遇。我们愿意采取实际行动,同台湾同胞携起手来、共渡难关。

胡锦涛强调,希望两岸双方抓住当前难得的历史机遇,多为两岸同胞做实事、做好事,切实为两岸同胞谋福祉、为台海地区谋和平。

连战表示,这次会面象征着两岸关系进一步走向合作和发展。最近海基会和海协会签署的4项协议在台湾受到大多数民众欢迎。两岸关系发展不仅是两岸同胞之福,也为世人所乐见。

连战赞成胡锦涛关于两岸加强经济交流合作、应对国际金融危机的看法,表示两岸可以共同为全球经济发展作出贡献。

中共中央书记处书记、中央办公厅主任令计划,中共中央书记处书记、中央政策研究室主任王沪宁,中共中央台湾工作办公室、国务院台湾事务办公室主任王毅参加会见。

国务院总理温家宝到浙江上海考察工作

11月21日至23日,中共中央政治局常委、国务院总理温家宝在浙江、上海考察工作。他深入工厂车间、主持召开座谈会,充分听取企业负责人和职工群众的意见、建议,就民营企业和大型企业发展问题进行深入调研。他强调,坚定信心是应对当前世界经济动荡和金融危机的有力武器。企业要靠信心稳定市场预期,靠信心渡过难关。

温家宝在绍兴和上海分别主持召开座谈会,听取部分民营企业和大型企业负责人的意见和建议。在民营企业座谈会上,温家宝指出,促进民营企业健康发展对保持经济平稳较快发展、扩大城乡就业、维护社会稳定都具有十分重要的意义。必须高度重视民营企业面临的困难和挑战,加大对民营企业的支持力度,切实营造有利于民营经济发展的良好环境,真正解决民营企业市场准入难的问题,要加快落实已出台的对民营企业金融支持政策,加强对民营企业的财税支持,改善对民营企业的服务。民营企业要适应市场变化,主动调整结构,积极拓展市场,努力培育新的经济增长点;要着力转变发展方式,加快自主创新,形成具有自主知识产权的产品和品牌,提高市场竞争力和抗风险能力;要提高自身素质,加强经营管理,自觉防范风险,依法经营,诚实守信,维护职工合法权益,积极履行社会责任,努力实现又好又快发展。

在大型企业座谈会上,温家宝强调,大型企业特别是冶金、石化、汽车、造船等骨干企业,关系国家安全和国民经济命脉,具有产业链条长、上下游关联度高、辐射带动作用大的特点,在国民经济和社会发展中具有举足轻重的作用。面对国际金融危机的严重冲击,必须促进大型企业健康发展,稳定国民经济全局、促进经济平稳较快发展。要大力推进企业兼并重组,鼓励企业做大做强,合理利用资源,淘汰落后产能,提高产业集中度;尽快制定并实施产业振兴规划,选择部分带动能力强、市场前景广阔、条件相对成熟的产业,给予鼓励和支持,使行业生产能力、技术水平和市场竞争力迈上新的台阶,形成新的经济增长点,带动相关产业发展;积极支持企业调整结构,加大研发投入,加强技术改造,提高自主创新能力。温家宝勉励大家,要坚定信心,自强自立,发挥积极性、主动性、创造性,在应对危机中求得新的更大的发展。

国务院副总理李克强在福州出席福清核电站开工仪式并发表讲话

李克强强调,要以对国家和人民高度负责的精神,坚持安全第一、质量第一,精心组织,精心施工,努力把福清核电站建成精品工程。要认真落实党中央、国务院关于扩大内需促进增长的政策措施,把工作做实做细,保持经济平稳较快发展。

李克强说,经过科学规划论证和大量前期工作,国家确定了加快民生工程、基础设施、生态环境建设等重点投资项目,这对于扩大国内需求、调整经济结构、改善人民生活,具有十分重要的意义。对福清核电站等已开工的项目,要加快建设进度;对已列入规划并具备开工条件的项目,要尽早开工建设;对有利于长远发展的项目,要抓紧论证实施,以增加投资、带动消费,促进经济增长,实现又好又快发展。

福建福清核电项目已列入国家中长期规划,将连续建设6台机组,总投资近千亿元。首台百万千瓦级核电机组将于2013年建成投产。工程采用二代改进型成熟技术,综合国产化率达到75%。

中央纪委书记贺国强出席在北京召开的中央扩大内需 促进经济增长政策落实监督检查工作动员会并发表讲话

为加强对中央扩大内需、促进经济增长政策措施贯彻落实情况监督检查,保证新增1000亿元中央投资项目尽快启动、落实和顺利实施,经中央同意,决定成立由中央纪委监察部牵头,发展改革委、财政部、审计署为成员单位的中央扩大内需促进经济增长政策落实检查工作领导小组，中央书记处书记、中央纪委副书记何勇任组长，中央纪委副书记、监察部部长马馼，审计署审计长刘家义任副组长。领导小组办公室设在监察部。同时，组建24个检查组，分赴31个省区市和新疆生产建设兵团开展监督检查工作。中央纪委监察部和中央有关部门今天召开了检查组出发前的监督检查工作动员会。

贺国强指出，要充分认识加强对中央扩大内需、促进经济增长政策落实情况监督检查的重大意义，从维护党的政治纪律、确保中央政令畅通的高度，以对党和国家负责、对人民负责的态度，把监督检查工作作为各有关地区和部门当前最重要、最紧迫的任务，摆在突出位置认真抓紧抓好。一是要检查有关地方是否全面领会并认真落实中央的政策措施，督促其加快抓好落实，坚决纠正有令不行、有禁不止或上有政策、下有对策的行为，确保中央政策措施落实的及时性和有效性；二是要检查工程项目规划、立项是否符合科学发展观的要求和中央规定的投向，坚决防止盲目铺摊子、乱上项目，坚决防止财政资金用于高耗能、高污染和产能过剩行业项目以及楼堂馆所项目，坚决防止不顾客观条件盲目攀比；三是要检查工程项目审批和建设程序是否依法合规，督促有关地方严格依法依规办事，坚决防止和纠正一些地方上项目时各行其是、先斩后奏甚至弄虚作假、欺上瞒下等行为，坚决防止一些部门把关不严、随意变通、简化程序甚至玩忽职守等行为；四是要检查项目建设资金管理使用是否规范透明，督促有关地方和部门健全资金管理制度，确保资金管理使用科学合理、规范有效、公开透明，严防滞留、挤占、截留和挪用项目资金；五是要检查工程建设质量是否安全合格，加强对工程建设单位资质以及项目和工程建设质量、安全、功能等方面的监督检查，坚决杜绝“豆腐渣”工程。

会议由中共中央书记处书记、中央纪委副书记、中央扩大内需促进经济增长政策落实检查工作领导小组组长何勇主持。

国务院副总理张德江到湖北调研工业经济运行情况

11月21日至24日，张德江先后到武汉、黄石，考察了钢铁、汽车、有色、石化、纺织服装、机械制造和高新技术企业，主持召开工业经济工作座谈会。

张德江说，当前，国际金融危机仍在蔓延，世界经济增长明显放缓，国际经济环境更加复杂多变，对我国经济造成的负面影响明显增加，工业经济运行形势日趋严峻。工业战线既要看到当前面临的困难和问题，增强忧患意识，趋利避害，更要看到有利条件和积极因素，主动应对，坚定信心促发展，多做贡献保大局。

张德江强调，要千方百计确保工业稳定增长，促进国民经济平稳较快发展。要深入贯彻落实科学发展观，坚决贯彻落实中央确定的政策措施和工作部署，努力解决工业发展中存在的问题，扎实做好各项工作，实现我国工业更大规模、更高水平的发展。一要结合本地实际，发挥自身优势，把中央扩大内需、促进经济增长的政策措施落到实处，努力把面临的挑战变为发展的机遇。二要突出重点，大力扶持支柱产业、骨干企业和名牌产品，大力发展中小企业、劳动密集型企业，充分发挥工业对经济发展的支撑作用、带动作用。三要坚持区别对待，有保有压，加大产业结构、产品结构和企业组织结构调整力度，提高产业整体素质和企业市场竞争能力。四要加快技术创新、体制创新、产品创新、管理创新、市场创新，降低生产成本，提高经济效益，优化产品结构，加强质量管理，增加有效供给，引领市场、引领需求、引领消费，拓展发展空间。

湖北省委书记罗清泉、省长李鸿忠，国务院国资委主任李荣融及国务院有关部门负责同志陪同调研。

国家副主席习近平在人民大会堂会见斯洛伐克国民议会议长帕什卡

全国人大常委会副委员长韩启德在北京会见斯洛伐克国民议会代表团

外交部发言人秦刚就“美中经济与安全评估委员会”发表2008年涉华年度报告答记者问

有记者问：近日，美国国会“美中经济与安全评估委员会”发表2008年涉华年度报告，请问中方对此有何评论？

秦刚回答：该委员会一贯戴有色眼镜，蓄意对中国进行诬蔑攻击，企图误导舆论和公众，为中美在广泛领域合作设置障碍，其所谓报告不值一驳，其图谋决不会得逞。我们奉劝该委员会改弦易辙，停止发表此类报告，停止干涉中国内政，以免进一步损害其自身形象。

国务院副总理王岐山出席在北京召开的国家知识产权战略实施工作部际联席会议并发表讲话

王岐山强调，要把实施知识产权战略作为学习和实践科学发展观的重要任务，认真解决当前突出问题，着力建立长效机制，扎扎实实地做好知识产权各项工作。

王岐山指出，随着社会主义市场经济的深入发展和对外开放的不断扩大,知识产权制度的作用越来越突出。《国家知识产权战略纲要》的颁布实施,是党中央、国务院在新时期作出的一项重大战略部署。这对于提高自主创新能力、建设创新型国家、转变经济发展方式、促进经济又好又快发展,都具有十分重要的意义。

王岐山强调,必须充分认识到实施知识产权战略的长期性、艰巨性和复杂性,要立足于中国国情,坚持标本兼治,一方面,重视解决当前的突出问题,深入开展专项行动,严肃查处重大案件;另一方面,推进知识产权制度建设,完善相关法律、法规,着力建立知识产权保护的长效机制。加强宣传教育,增强全社会的知识产权意识,培育尊重知识、崇尚创新、诚信守法的知识产权文化,利用典型案例,举一反三进行教育,营造知识产权保护的良好氛围。

王岐山要求,要充分发挥国家知识产权战略实施工作部际联席会议制度的作用,国家知识产权局作为牵头部门要增强服务意识,认真做好组织协调工作。各有关部门要高度重视,明确责任,密切配合,齐心协力做好知识产权工作。

2008中国十佳劳伦斯冠军奖在北京揭晓

北京奥运会体操冠军杨威和乒乓球冠军张怡宁荣膺男、女"最佳运动员"称号。郭晶晶获"最具人气运动员"称号。已故的霍英东先生因为在体育事业上的突出成就和长期支持,被授予"终身成就奖"。

11月22日

亚太经济合作组织第十六次领导人非正式会议在利马召开

国家主席胡锦涛出席当天举行的第一阶段会议。

在第一阶段会议上,与会领导人就如何应对国际金融危机、促进粮食和能源安全、支持多哈回合谈判等议题交换意见。胡锦涛在讲话中阐述了中国政府对有关问题的立场。他指出,当前,经济全球化深入发展,亚太区域、次区域合作快速推进。本地区正在成为世界经济发展的重要动力。与此同时,世界和亚太地区也面临诸多不稳定不确定因素。面对新的复杂局面,各方应该秉持开放合作的理念,化挑战为机遇,努力实现互利共赢。

胡锦涛的发言受到其他成员领导人积极评价。

会上,其他成员领导人也发表了讲话,表示将继续采取相应步骤,密切协作,进一步采取行动应对国际金融危机,支持新兴市场经济体和发展中经济体,改革和加强国际金融机构,增加新兴市场经济体和发展中经济体在国际金融机构中的发言权和代表性,防止投资和贸易保护主义。

当天的会议通过了亚太经合组织领导人关于全球经济的声明。

第一阶段会议结束后,胡锦涛出席了各成员领导人与亚太经合组织工商咨询理事会代表对话会。各成员领导人分组同工商咨询理事会代表进行对话,就各方高度关注的世界经济、金融等问题深入交换看法。

亚太经合组织领导人非正式会议是这一组织最高级别的会议。从1993年开始,领导人非正式会议每年召开一次,由各成员轮流举办。

国家主席胡锦涛在亚太经合组织第十六次领导人非正式会议上发表题为《坚持开放合作 寻求互利共赢》的讲话

尊敬的加西亚总统,各位同事:

很高兴同大家再次相聚,就共同关心的国际和地区问题交换意见。加西亚总统和秘鲁政府为会议做了周到细致的安排,我对此表示感谢。

当前,经济全球化深入发展,亚太区域、次区域合作快速推进。本地区正在成为世界经济发展的重要动力。与此同时,世界和亚太地区也面临诸多不稳定不确定因素,主要表现为:国际金融市场剧烈动荡,金融危机对全球实体经济的消极影响逐步显现,世界经济增长放缓,粮食安全和能源安全问题突出;世界贸易组织多哈回合谈判停滞不前,贸易保护主义有所抬头。此外,环境污染、重大自然灾害、重大传染性疾病等非传统安全问题依然严重存在。这些问题对世界经济健康稳定发展构成了严峻挑战。

在国与国相互依存日益紧密的今天,面对上述挑战,任何一个成员都很难置身事外。解决这些问题,有赖于所有成员共同努力。我们主张,面对新的复杂局面,各方应该秉持开放合作的理念,化挑战为机遇,努力实现互利共赢。

各位同事!

当前,国际金融危机蔓延迅速、波及广泛,是世界经济增长面临的最严峻挑战。有效应对金融风险,维护国际金融稳定,促进世界经济发展,是各国各地区共同面临的重要而紧迫任务,需要国际社会增强信心、加强协调、密切合作。上周举行的二十国集团领导人金融市场和世界经济峰会在这方面取得了积极成果。在此,中方提出以下几点主张。

第一,为遏止不断恶化的金融危机,各国应该迅速采取有效措施,加强宏观经济政策协调,完善信息沟通,尽可能互相提供帮助,采取一切必要的财政、货币手段,遏制金融危机扩散和蔓延,稳定全球金融市场,积极促进经济增长,尽量减轻这场金融危机对实体经济的损害,避免发生全球性经济衰退。

第二,国际社会应该认真总结这场金融危机的教训,在所有利益攸关方充分协商的基础上,把握建立公平、公正、包容、有序的国际金融新秩序的方向,坚持全面性、均衡性、渐进性、实效性的原则,对国际金融体系进行必要的改革,创造有利于全球经济健康发展的制度环境。改革国际金融体系,既要反映金融监管的普遍规律和原则,又要考虑不同经济体的发展阶段和特征,平衡体现各方利益,尤其要体现新兴市场国家和发展中国家利益。要加强国际金融监管合作、完善国际监管体系;推动国际金融机构改革、提高国际金融机构切实履行职责能力;鼓励区域金融合作、充分发挥地区资金救助机制作用;稳步推进国际货币体系多元化,共同支撑国际货币体系稳定。各类金融机构和中介机构应该加强风险管理、提高透明度,下决心加大对短期资本流动和金融创新风险的监管和预警。

第三,从长远看,有必要切实改变不可持续的经济增长模式,解决好各自经济发展存在的深层次问题。我们还应该充分关注这场金融危机对发展中国家的影响,向相关国家提供必要支持,帮助发展中国家保持发展势头。

为应对金融危机,中国在力所能及的范围内作出了积极努力,采取了一系列重大举措,包括确保国内金融体系稳定、增加金融市场和金融机构的流动性、密切同其他国家宏观经济政策的协调和配合,等等。中国还根据国内外经济形势变化,调整宏观经济政策,采取了降低银行存款准备金率、下调存贷款利率、减轻企业税负等措施。最近,中国政府又出台了更加有力的扩大国内需求的措施,从今年第四季度到2010年年底,中国将增加4万亿元人民币投资用于加快民生工程、基础设施、生态环境建设和灾后重建,同时增加居民特别是低收入群众收入,提高居民消费能力。这必将有力推动中国经济发展,也有利于促进世界经济发展。

中国愿继续同国际社会一道,共同维护国际金融市场稳定。中国也愿同亚太经合组织各成员一道,加强金融领域经验交流和能力建设。我们支持设在上海的亚太财经与发展中心继续发挥能力建设平台作用,为各成员开展更多培训和能力建设活动。

各位同事!

开放合作、互利共赢,不仅应该成为应对当前金融危机的指导思想,而且应该成为解决当前全球经济社会发展中突出问题的基本精神。根据本次会议议程,我愿就当前国际经济社会发展中的突出问题谈几点主张。

第一,凝聚共识,推动多边贸易体制健康发展。公平、开放的多边贸易体制有利于地区和全球贸易稳定增长,有利于促进世界经济健康发展,符合各方利益。我们应该坚定对多边贸易体制的信心,对多哈回合谈判给予强有力支持。我们应该坚决反对贸易保护主义,推动多哈回合谈判早日复谈并取得全面、均衡的成果。作为多边贸易体制的重要补充,我们也赞成在充分考虑本地区现实和照顾各方关切的基础上,不断推进区域经济一体化进程,包括将亚太自由贸易区等设想作为远景目标开展研究。

第二,承担责任,共同应对气候变化。各方应该根据《联合国气候变化框架公约》及其《京都议定书》的要求,遵循共同但有区别的责任原则,积极落实"巴厘路线图"谈判,并结合自身情况采取有效的政策措施减缓气候变化。森林保护是应对气候变化合作的重要内容。去年,我提出了建立亚太森林恢复与可持续管理网络的倡议。在各方共同努力下,这一网络已在北京正式启动。中国政府将在未来几年内为该网络运行提供一定的专项资金,希望各方积极支持和参与。

第三,交流合作,合力抗击自然灾害。近年来自然灾害频发,在亚太地区造成重大人员和财产损失。在抗击自然灾害的过程中,各成员积累了丰富经验。这些经验是全人类的宝贵财富,我们应该加强相互交流和学习。应对特大自然灾害往往超出一国能力范围,需要国际社会支持和帮助。为加强亚太地区相关交流合作,今年中方提出了《亚太经合组织灾害应对与合作基本原则》,我们也希望成员们考虑开展一些灾后恢复重建的长期合作项目,以推动亚太经合组织防灾救灾合作不断走向深入。

第四,规范引导,强化企业社会责任。当前的金融危机给我们的一个重要启示就是,企业在追求经济效益的同时,应该在市场运作中采取谨慎、稳妥、负责任的态度,充分顾及整个经济平稳运行,认真应对各种风险和隐患,主动防止因自己经营不当给经济发展和人民生活带来冲击。这是每一个企业特别是跨国企业对社会应尽的责任。企业应该树立全球责任观念,自觉将社会责任纳入经营战略,遵守所在国法律和国际通行的商业习惯,完善经营模式,追求经济效益和社会效益的统一。各国政府应该加强引导和监督,通过制定和完善法律,为企业自主履行社会责任创造良好环境。

第五,协调行动,确保世界粮食安全和能源安全。粮食问题和能源问题不仅事关各国经济和民生,也事关全球发展和安全。我们应该本着共同发展的理念,积极有效协调政策,多方面采取措施,共同维护世界粮食安全和能源安全。我们应该重视粮食生产,增加投入,依靠科学技术,扩大粮食供给;改善粮食贸易环境,建立公平合理的农产品贸易秩序;加强宏观协调,抑制市场过度投机,稳定粮食市场价格。有能力的国家应该向深陷粮食危机的国家特别是发展中国家提供帮助。中国政府已经承诺,愿向粮食紧缺的发展中国家增加出口和援助。

我们应该树立和落实互利合作、多元发展、协调保障的新能源安全观,加强能源开发利用的互利合作和政策协调,实现能源供应全球化和多元化,努力构建先进的能源技术研发和推广体系,倡导增加使用清洁能源和可再生能源,为维护世界能源安全作出不懈努力。中国政府高度重视能源安全问题,努力构筑稳定、经济、清洁、安全的能源供应体系,并致力于建设资源节约型、环境友好型社会,实现可持续发展。

各位同事!

亚太经合组织成立近20年来,围绕贸易和投资自由化便利化和经济技术合作开展了大量工作,为促进区域经济一体化和亚太大家庭建设作出了积极贡献。近年来,亚太经合组织采取了一系列重大改革措施,组织协调能力有所加强,合作活力和效率显著提高。中国愿同各成员一道推动亚太经合组织向前发展。在这一过程中,我们应该坚持经济合作论坛的性质和非约束性的合作方式,这符合亚太地区多样性和差异性突出的现状;应该继续平衡推进经济技术合作和贸易投资自由化,特别是要在经济技术合作方面加大投入,加强发展中成员能力建设,缩小发展差距。为此,中方愿考虑在2010年承办亚太经合组织人力资源开发部长级会议,为各方在这一领域交流经验、推动合作提供平台。

各位同事!

今年对中国是不平凡的一年。中国人民经受住了严重低温雨雪冰冻、四川汶川特大地震等自然灾害的考验,成功举办了北京奥运会、残奥会。在这个过程中,中国人民得到了包括本组织成员在内的国际社会的巨大支持和真诚帮助。在这里,我代表中国政府和人民对此表示衷心的感谢。

今年是中国改革开放30周年。经过30年的改革开放,中国成功实现了从高度集中的计划经济体制到充满活力的社会主义市场经济体制、从封闭半封闭到全方位开放的伟大历史转折,经济持续快速发展,人民生活水平大幅提高,各项社会事业显著进步。同时,我们也清醒地认识到,中国仍是世界上最大的发展中国家,我们在发展进程中遇到的矛盾和问题,无论是规模还是复杂性,都是世所罕见的。中国要全面建成惠及十几亿人口的更高水平的小康社会,进而基本实现现代化、实现全体人民共同富裕,还有很长的路要走,还要继续艰苦奋斗。中国人民将坚定不移地推进改革开放,继续为推动经济社会全面协调可持续发展、为实现全面建设小康社会的宏伟目标而奋斗。

在经济全球化深入发展的今天,中国的前途命运同世界的前途命运日益紧密地联系在一起。中国需要和平稳定、和谐合作的国际发展环境,也愿为营造这样的环境贡献自己的力量。我愿重申,中国将始终不渝走和平发展道路,始终不渝奉行互利共赢的开放战略,始终不渝谋求和平的发展、开放的发展、合作的发展,为推动建设持久和平、共同繁荣的和谐世界贡献自己的力量!

谢谢各位。

国家主席胡锦涛在利马会见哥伦比亚总统乌里韦

胡锦涛表示,近年来,在双方共同努力下,两国关系取得了新进展。双方政府、政党、立法机构往来密切,政治互信增强。双方经贸、文化、教育、科技等领域合作不断扩大。中国政府高度重视发展同哥伦比亚的友好合作关系,愿同哥方一道,着力深化各领域务实合作,为两国人民带来更多实实在在的利益。

胡锦涛重点就推动双边关系发展提出以下4个方面建议。一、深化真诚友好的政治关系。中方愿同哥方保持两国高层交往势头,加强两国政府、政党、立法机构对话交流,就彼此关切的重大问题及时交换意见。二、加强互利双赢的务实合作。中方愿积极考虑扩大从哥伦比亚的进口,逐步实现双边贸易平衡增长。中国政府愿继续鼓励有实力的中国企业赴哥投资,支持两国企业在基础设施建设、农业、电信、能源等重点领域开展务实合作。三、扩大丰富多样的人文交流。中方将继续支持两国相互举办文化活动和开展文化、旅游交流合作,以增进两国人民相互了解和友谊,扩大中哥友好社会基础。四、密切国际和地区事务合作。中方理解和支持哥方加入亚太经合组织的愿望,愿同哥方保持沟通。

乌里韦表示,哥伦比亚对发展同中国友好合作关系抱有真诚意愿,希望双方加强高层交往,巩固互信。双方即将签署双边投资保护协定,这将为发展两国经济关系创造更好条件。哥方期待中国企业增加对哥伦比亚的投资,希望双方加强互派留学生、旅游等方面合作。

会见结束后,胡锦涛和乌里韦出席了两国促进和保护投资协定签字仪式。

国家主席胡锦涛在利马会见巴布亚新几内亚总理索马雷

胡锦涛表示,巴新是太平洋岛国地区具有重要影响的国家。中方一贯高度重视发展中巴新关系,始终将巴新当作我们的好朋友、好伙伴。建交32年来,两国关系保持良好发展势头。近年来,双边关系进入快速发展的新阶段。两国高层互访频繁,政治互信不断加深,经贸、农业、文化、教育、卫生等领域合作稳步扩大,在联合国、亚太经合组织、太平洋岛国论坛等国际和地区组织中进行了密切磋商和协调。中巴新关系已成为中国同太平洋岛国关系的典范。

胡锦涛指出,中国政府将继续鼓励和支持中国企业到巴新投资,也将一如既往地向巴新提供力所能及的经济技术援助,帮助巴新增强自主发展能力,为支持巴新国家建设和经济社会发展做更多实事。中方愿同巴新方携手努力,继续在政治上相互尊重,在经济上相互支持,在多边事务中加强沟通和合作,不断巩固两国传统友谊,推动双边关系不断迈上新台阶。

索马雷表示,自1976年两国建交以来,巴布亚新几内亚同中国的关系不断取得新进展,双边合作领域不断扩大,给我们带来了新的希望。中国现在是巴新第三大贸易伙伴和投资国。巴新感谢中国在投资、基础设施建设、医疗卫生、留学生等方面提供的支持和援助。当前,巴新社会稳定、发展良好,巴新欢迎中国企业扩大在巴新投资,开展能源、资源等领域合作。中国向南太国家提供的经济技术援助对本地区国家发展非常重要,南太国家对此表示感谢,希望双方加强中国—太平洋岛国经济发展合作论坛建设,深化和扩大双方合作。

国家主席胡锦涛在利马会见日本首相麻生太郎

国务院副总理回良玉出席在济南召开的国务院农业农村工作座谈会

回良玉在会上强调,应对国际金融危机、促进我国经济平稳较快发展,首先要把农业稳住,把农村的事办好,珍惜、保持和发展农业农村来之不易的好形势。

回良玉指出,今年我国农业生产再获全面丰收,农民收入持续较快增长,农业农村发展保持了良好局面,为国家成功办好大事、妥善处置难事,为稳定经济社会发展大局提供了基础支撑、作出了重大贡献。但是,我们必须清醒地看到,今年下半年以来,全球金融危机快速蔓延,世界经济明显减速,国内经济有所放缓,对我国农业农村经济的冲击不断加深,农产品价格出现下行态势,农民收入增速开始放缓。对这些新情况、新问题决不可低估。我们必须切实把思想认识统一到中央对当前形势的分析判断上来,把行动统一到中央扩内需保增长的决策部署上来,全面落实中央最近出台的十项措施,着眼全局抓"三农",抓好"三农"促全局。

回良玉指出,当前正值秋粮等农产品收获、收购、销售的关键季节。各地区、各有关部门要认真执行国家粮食等农产品临时收储和粮食最低收购价政策,切实做好农产品收购和流通工作,努力保持主要农产品合理价格水平,这是当前面临的一项重大而紧迫的任务。要进一步研究采取保护和扶持措施,向农民发出强烈的信号,保持农业生产和农产品供给的稳定。同时,要切实加强农产品质量安全工作,正确引导消费,努力减轻个别事件和不实传言对农产品销售带来的不利影响。

山东省委书记姜异康、省长姜大明和部分省(市)分管农业农村工作的负责同志、中央有关部门负责人出席了座谈会。

第六届海峡两岸中华传统文化与现代化研讨会在厦门开幕

《网络成瘾临床诊断标准》出台

由总后卫生部组织、北京军区总医院牵头制定的《网络成瘾临床诊断标准》近日通过专家论证,意味着我国医学界诊断"网瘾"将实行标准化,"网瘾"也首次被该标准列为精神疾病治疗范围。

根据《网络成瘾临床诊断标准》,网络成瘾是指个体反复过度使用网络导致的一种精神行为障碍。症状界定有七项标准,其中一项量化的指标是平均每天连续使用网络达到或超过6小时,而且这种症状达到或者超过3个月。

11月23日

亚太经合组织第十六次领导人非正式会议第二阶段会议在利马举行

国家主席胡锦涛出席会议并就区域经济一体化、人类安全、气候变化等专题发言。

关于区域经济一体化,胡锦涛指出,当前,亚太经合组织成员经贸联系日益紧密,区域经济一体化进程不断发展。我们应该鼓励和支持这一积极趋势。当务之急是争取如期实现茂物目标,并推动世界贸易组织多哈回合谈判早日取得成果。近来,亚太自由贸易区问题受到各方关注,这反映了亚太经合组织成员希望加快推进区域经济一体化的愿望。中方愿同各方一道,继续推动亚太区域经济一体化进程,并愿就包括亚太自由贸易区远景等问题进行研究。

关于人类安全问题,胡锦涛表示,中国今年先后遭受了南方部分地区严重低温雨雪冰冻、四川汶川特大地震等自然灾害。近年来,亚太经合组织其他成员也多次遭受地震、台风、干旱、海啸、洪涝等自然灾害侵袭,人员和财产损失巨大。这说明自然灾害已成为威胁本地区的重要因素。今年以来，亚太经合组织在防灾救灾方面开展了卓有成效的合作，举办了一系列活动，增强了各成员的防灾救灾意识，并提出了成立区域灾害管理和协调中心的设想，中方支持这一设想。今后，亚太经合组织应该继续深化减灾防灾合作，积极开展政策对话，加强经验交流和技术援助，重点提高各成员监测、预警、应急和灾后恢复重建等方面能力，切实保护本地区民众生命财产安全。中国愿积极支持和参与亚太经合组织防灾救灾领域合作。

关于气候变化问题，胡锦涛表示，气候变化问题是全人类面临的重大挑战。去年，我们在悉尼会议上对气候变化问题进行了深入讨论，发表了关于气候变化、能源安全和清洁发展的悉尼宣言，表明了我们应对气候变化的坚定决心。当前，落实“巴厘路线图”的谈判正处于关键阶段。中方希望各方共同努力，真正按“巴厘路线图”的要求，尽快对加强公约实施作出全面有效的安排。中方将积极参与谈判，并同各方一道努力，推动谈判取得积极成果。中国政府高度重视气候变化问题，为应对气候变化和改善生态环境采取了大量措施。中国制定了《应对气候变化国家方案》，成立了国家应对气候变化领导小组，完善了应对气候变化工作机制，明确了应对气候变化具体目标、基本原则、重点领域、政策措施和落实步骤。中国提出到2010年单位国内生产总值能耗在2005年的基础上降低20%、可再生能源比重提高到10%、森林覆盖率提高到20%等目标。目前，各项目标的实现正在稳步进行，并取得初步成效，今后中方将继续朝着上述目标作出不懈努力。

随后，胡锦涛出席了《亚太发展的新承诺——亚太经合组织第十六次领导人非正式会议宣言》宣读仪式。宣言指出，亚太经合组织经济领导人齐聚秘鲁利马举行会议。2008年亚太经合组织会议的主题强调缩小亚太经合组织发达成员与发展中成员差距的重要性。我们承诺致力于增强全球化的社会影响，确保所有成员和经济部门都能获得技能和机会，以参与地区和全球贸易投资并从中获益。

宣言强调，当前国际金融危机是我们迄今面临的最严重的经济挑战之一。我们将快速果断地应对全球经济放缓。我们欢迎亚太经合组织各成员采取的货币和财政刺激方案，并将采取所有必要的经济和金融措施应对危机。我们就此发表单独声明，表明我们应对不断恶化的全球经济形势和支持世贸组织多哈发展回合谈判早日达成积极、平衡结果的决心。

宣读仪式结束后，亚太经合组织第十六次领导人非正式会议闭幕。

亚太经合组织第十七次领导人非正式会议将于2009年在新加坡举行。

国家主席胡锦涛在利马会见俄罗斯总统梅德韦杰夫

全国政协主席贾庆林在安曼与约旦参议长里法伊举行会谈

贾庆林强调，约旦是中国在中东地区的重要合作伙伴。中方高度重视对约关系，愿与约方继续努力，推动各领域务实合作不断取得实质成果：第一，保持高层交往，深化政治互信。双方有关部门应积极落实两国领导人就深化政治、经济、能源、科技等领域合作所达成的重要共识，统筹协调、综合实施，不断开创中约关系发展新局面。第二，本着互惠互利原则，积极稳妥推进务实合作，实现互利共赢。第三，扩大经贸往来，致力共同发展。中方将继续鼓励有实力、信誉好的中国企业来约投资办厂，继续寻求通过综合性办法，建立总体平衡、互利的经贸关系。第四，促进文化交流，加强人才培训，加深传统友谊。

里法伊表示，约旦政府和人民珍视约中友谊和约中两国业已存在的良好合作关系。约中建交以来，双边关系不断取得积极进展。阿卜杜拉二世国王多次访华，与中方签署了多项重要合作协议，有力地推动了两国友好合作关系。里法伊还表示，约方关注并赞赏中国在各领域取得的巨大发展成就，认为中国成功建设了一个现代化国家，同时保持了良好的文化传统，实现了国家的稳定与发展。约方感谢中方对约提供的无私援助，也希望学习借鉴中国的发展经验。约方高度赞赏中方对阿拉伯国家正义事业的支持，赞赏中方在中东问题上所持的公正立场，希望中方发挥更积极作用。里法伊强调，约方愿与中方一道，积极落实两国间的各项合作协议，深化各领域互利合作，推动两国关系取得更大发展。

第一届中国经济理论创新奖评选结果在北京揭晓

杜润生及中国农村发展研究组的农村家庭联产承包责任制理论以88票赞成的高票获奖。

中国经济理论创新奖，由董辅礽经济科学发展基金会联合中国社会科学院研究生院等机构发起和组织，是我国第一个由经济学界以学术民主投票并公开计票的方式进行评选的经济学大奖。

逾七千万网民通过手机上网

据《人民日报》报道，在我国的2.53亿网民中，以手机为终端的无线接入网民数已达到7305万人，占到了近三成。这些无线网民表现出明显的年轻化特征——30岁及以下年龄段的人占到了86%。

文佳勇夺得2008年全国乒乓球锦标赛女子单打项目冠军

11月24日

国家主席胡锦涛在雅典同希腊总统帕普利亚斯举行会谈

胡锦涛指出，近年来，中希贸易快速增长，两国海运合作迈入新阶段。“希腊文化年”在华圆满落幕，增进了两国人民相互了解和友谊。中希关系已站在新的历史起点上，面临着更加广阔的发展前景。胡锦涛就中希双边关系发展提出以下4点建议。

一、巩固中希友好，增强政治互信。保持高层交往，扩大民间和人员往来，加强两国政府、立法机构、政党对话和合作，相互理解和支持彼此重大关切。希望希腊在欧盟内继续为推动中欧关系健康稳定发展发挥积极和重要作用。

二、开拓新的领域，扩大务实合作。中方愿意进口更多希腊适合中国市场需求的优势产品。中方鼓励有实力的中国企业到希腊投资，参与希腊基础设施建设，愿意抓住港口和码头合作的契机，提升两国海运合作质量和水平，促进双方能源、环保、旅游等新兴产业合作。

三、扩大人文交流，增进人民友谊。总结好“希腊文化年”和奥运合作的有益经验，充分利用两国的丰富文化资源，开展形式多样的文化交流活动。加强两国大专院校、科研机构及智库和媒体相互交流，增加互派留学生。扩大两国地方和民间交往，使中希友好更加深入人心。

四、加强多边合作，共谋和谐发展。中方重视中欧关系和希腊在欧洲事务中的重要影响，愿加强两国在联合国等多边机构内的沟通和协调，就联合国改革、气候变化、环境保护、可持续发展、地区热点等共同关心的重大国际问题加强磋商，共同促进世界和平与发展。

帕普利亚斯热烈祝贺北京奥运会取得圆满成功，他很高兴希腊和中国相继举办了本世纪的两届奥运会。帕普利亚斯赞同胡锦涛对两国关系的看法和建议。他表示，希腊和中国文化合作非常活跃，经贸合作良好。他说，中方表示将继续采取措施，使双边贸易在发展中实现平衡令人鼓舞。希望双方加强高层互访，加强文化、经贸、投资、造船、海运等领域合作，推动两国全面战略伙伴关系发展。希腊将继续为中欧关系发展作出积极努力。

会谈结束后，胡锦涛和帕普利亚斯出席了两国关于植物检疫文件的签字仪式，随后共同会见了记者。

国务院总理温家宝致电祝贺“声援巴勒斯坦人民国际日”纪念大会在纽约召开

全国政协主席贾庆林在安曼会见约旦国王阿卜杜拉二世

贾庆林表示，中方高度重视中约关系，愿与约方共同努力，保持高层互访势头，切实落实两国领导人达成的共识；在关系到彼此核心重大利益的问题上继续相互支持；全面推进双方各领域的务实合作，拓展合作领域，探索新的合作方式，促进双边经贸关系朝着总体平衡、互利互惠的方向发展。

阿卜杜拉二世说，今年9月，我很荣幸地出席了北京残奥会闭幕式并成功访华，亲眼目睹了中国经济的蓬勃发展和各领域发生的巨大变化。在两国领导人的关心和支持下，约中各领域的友好合作关系取得长足进展。约旦将中国视为自己的战略合作伙伴，约方高度重视发展对华关系，愿与中方携手努力，进一步巩固和发展两国的战略合作关系。

全国政协主席贾庆林在安曼会见约旦首相扎哈比

会见后，贾庆林与扎哈比共同出席了两国关于经济技术和科技合作文件的签字仪式。

全国政协主席贾庆林在安曼会见约旦众议长马贾利

全国人大与欧洲议会定期交流机制第二十七次会议在北京举行

欧洲议会对华关系代表团团长德克·斯特克斯率来自欧盟14个成员国、5个主要党团的21名议员参加了会议。其间，全国人大常委会副委员长蒋树声会见了斯特克斯一行，全国人大外事委员会副主任委员、全国人大—欧洲议会关系小组主席查培新主持了工作会谈。

会议上，双方相互介绍了各自经济发展情况，并着重就中欧关系、国际金融危机、能源、气候变化、食品安全、人权以及国际和地区热点问题等进行了讨论。

中方强调，当前中欧关系的重要性远远超出双边范畴，越来越具有全球意义。中方愿在相互尊重、平等互利的基础上，与欧方加强友好交流、深化务实合作。中国全国人大愿与欧洲议会共同努力，继续以机制为平台开展对话、增进了解、加深互信，为中欧关系发展注入新的生机和活力。希望欧洲议会从战略高度和长远角度看待中欧关系，为维护和发展中欧全面战略伙伴关系发挥建设性作用。

欧方表示，欧中加强合作，符合双方的利益，欧中全面战略伙伴关系具有特殊重要的意义。欧方重申坚持一个中国政策，强调面对金融危机等全球性问题，欧中应加强合作，共同应对。

中方表示，中国将继续以负责任的态度，与包括欧盟在内的国际社会一道，共同应对金融危机的挑战。

中共中央政治局常委李长春 国家副主席习近平出席观看纪念刘少奇同志诞辰110周年文艺晚会《你与共和国同在》

全国人大常委会副委员长司马义·铁力瓦尔地出席在中央民族大学举行的“纪念麻赫穆德·喀什噶里诞辰一千周年国际学术研讨会”开幕式

11月25日

国家主席胡锦涛在雅典会见希腊总理卡拉曼利斯

胡锦涛表示，2006年，中希建立全面战略伙伴关系，双边关系由此进入了新的发展阶段。双方政治上相互信任、彼此支持，在国际和地区事务中密切配合、友好合作；两国经贸合作不断取得新成果，双方投资和技术合作活跃，海运、旅游合作取得新进展；人文交流丰富多彩，“希腊文化年”和中国文化活动加深了两国人民相互了解和友谊。

中国政府高度重视发展同希腊的关系，始终从战略高度和长远角度审视和处理双边关系，愿意同希方一道，抓住机遇，乘势而上，不断扩大两国利益汇合点，把中希关系推向更高水平。当前和今后一个时期，可在以下几个方面重点推进两国合作。一、积极拓展经贸合作。规划和指导好中希经贸合作长远发展方向，建立更加有效的交流平台，为双方企业牵线搭桥。中国政府支持有实力的中国企业到希腊投资兴业，在通信、能源、环保、旅游、岛屿开发等方面开展互利合作。二、重视推进海运合作。在继续加强修造船和航运等合作的同时，充分抓住良好机遇，探讨建立以航运为纽带、以港口为支点、以物流中心为平台的立体海运合作体系，推动双方合作向基础设施建设和改造、投资、金融、港务等方面延伸。三、大力加强人文交流。继续落实好2007—2010年文化交流执行计划各项活动。加强两国语言教学、文物保护、新闻媒体、图书出版等方面合作，办好孔子学院，推动学术和人才交流及青年学生互访。探讨在传统医学、防灾减灾、社会发展等领域开展交流合作。

卡拉曼利斯表示，自2006年建立全面战略伙伴关系以来，希中关系取得很大进展，两国经贸合作持续发展，双方今天签署的一系列合作文件非常重要，将成为两国经贸关系发展的里程碑。双方要加强海运、旅游合作，希腊希望成为中国产品进入本地区的平台，欢迎中国公民来希腊旅游。双方要开展好直航合作，促进两国人民往来。在当前世界面临国际金融危机等重大挑战的情况下，两国应密切在国际组织中的合作，加强协调和配合，共同应对挑战。

关于中欧关系，胡锦涛表示，经过30多年的发展，中欧全方位、宽领域、多层次的互利合作不断走向深入。在当前国际形势复杂多变的情况下，中欧关系的重要性已远远超出双边范畴，具有越来越重要的全球性意义。中方愿同欧方一道努力，妥善处理和解决双方重大关切和有关分歧，以加强战略互信，扎实推进各领域交流合作，确保中欧全面战略伙伴关系长期健康稳定发展。中方积极评价希腊为推动中欧关系发展所作的努力和贡献，希望希方为中欧关系发展发挥更加积极的作用和影响。

卡拉曼利斯表示，欧中关系正得到加强，欧盟连续成为中国第一大贸易伙伴。欧盟和中国密切合作对双方都很重要。希腊将为推动欧中全面战略伙伴关系发展继续作出积极努力。

会见结束后，胡锦涛和卡拉曼利斯出席两国港口、电信、广播等合作文件签字仪式，随后共同会见了记者。

国家主席胡锦涛在雅典会见希腊议长西乌法斯

胡锦涛表示，2006年建立全面战略伙伴关系以来，两国高层交往频繁，政治互信加深，经贸合作持续扩大，人文交流日益活跃。两国友好合作关系发展给两国人民带来实实在在利益。我此访的目的就是要深化友谊、增进互信、扩大合作、共同发展。访问期间两国领导人就深化中希全面战略伙伴关系达成广泛共识。中方愿同希方一道，落实好这些共识，把中希全面战略伙伴关系提高到新水平。希望两国立法机构继续开展不同层次不同形式的交往，相互交流互鉴，共同为推动两国关系深入发展作出更大贡献。

西乌法斯表示，希腊和中国是两个拥有古老文明的民族，分别是西方文明和东方文明的发源地，诞生了苏格拉底和孔子这样伟大的哲学家。希腊祝贺中国成功举办奥运会，为奥运火炬从这里传到伟大的中国感到骄傲。希方期待进一步发展两国全面战略伙伴关系，希腊议会将同中国全国人大保持高层交往，为两国关系发展作出贡献。

国家主席胡锦涛在雅典分别会见希腊泛希腊社会主义运动主席帕潘德里欧和希腊共产党总书记帕帕里加

国务院总理温家宝在钓鱼台国宾馆会见欧盟委员

会前主席意大利前总理普罗迪

学习贯彻党的十七届三中全会精神县委书记培训班学员代表座谈会在中央党校召开

中共中央政治局常委、中央书记处书记、国家副主席习近平主持座谈会并作重要讲话。他强调，要充分认识县委书记在推进农村改革发展中的重要作用和重大责任，更加自觉主动地以新的理念、新的思维和新的方法，扎扎实实做好农村改革发展各项工作，以实际行动把党的十七届三中全会精神贯彻落实好。

习近平指出，这次县委书记集中培训时间虽短，但意义重大，对县委书记全面准确把握党的十七届三中全会精神，提高认识、理清思路，明确目标、强化责任，全力破解农村改革发展难题、推动农村改革发展具有十分重要的作用。经过中央组织部、中央有关部门和中央党校、国家行政学院等五所干部学院的共同努力，这次县委书记专题培训取得了明显成效，达到了预期目的。

习近平强调，县委书记在推进农村改革发展中具有十分重要的作用和责任。《中共中央关于推进农村改革发展若干重大问题的决定》不仅把农村工作的许多重大任务直接明确到了县级，也对县委和县委书记抓好农村工作提出了十分明确的要求。希望县委书记们回到工作岗位后，切实做好培训成果的转化工作，以实际行动把党的十七届三中全会精神贯彻落实好，切实履行好县委书记推进农村改革发展的责任。

习近平指出，县委书记要强化责任，牢记自己是推动县域农村改革发展的第一责任人，推动农村改革发展责无旁贷，必须逐级明确责任，强化工作措施，一级抓一级，层层抓落实。要提高本领，把《中共中央关于推进农村改革发展若干重大问题的决定》精神和本地实际结合起来，形成科学的工作思路和有效的工作措施，不断提高驾驭全局、应对复杂局面、自觉推进农村改革发展的能力。要锤炼作风，坚持权为民所用、情为民所系、利为民所谋，在工作中自觉贴近农民、关心农民，维护农民利益，讲实话、办实事，真抓实干、务求实效，秉公用权、廉洁从政，自觉接受监督，做清正廉洁的表率。

中共中央政治局委员、中央书记处书记、中央组织部部长李源潮出席座谈会。

最高人民检察院在北京召开全国检察机关落实党风廉政建设责任制电视电话会议

最高人民检察院党组书记、检察长曹建明强调，全国检察机关要深入学习实践科学发展观，认真贯彻胡锦涛总书记关于严格落实党风廉政建设责任制、扎实推进党风廉政建设和反腐败斗争的重要指示，以及全国落实党风廉政建设责任制电视电话会议精神，明确任务，强化措施，扎实推进检察机关反腐倡廉工作，为坚持科学发展、强化法律监督、维护公平正义、促进社会和谐提供有力的政治保证。

曹建明要求，各级检察机关纪检监察部门要加强组织协调，充分发挥职能作用，把查办和预防职务犯罪工作放在更加突出的位置来抓，推动反腐败斗争深入开展；同时紧密结合检察机关实际，深入扎实推进检察机关自身反腐倡廉工作，抓好党风廉政建设责任分解，加强党风廉政建设责任考核，严格党风廉政建设责任追究，全面推进检察机关自身反腐倡廉工作。

国务院副总理回良玉出席在北京召开的国务院扶贫开发领导小组全体会议并发表讲话

回良玉在会上指出，根据中央关于实行新的扶贫标准、对农村低收入人口全面实施扶贫政策的要求，我国扶贫开发范围进一步扩大，扶贫开发工作任务更加繁重。他强调，各地区各部门要认真贯彻落实党的十七届三中全会精神，充分认识新阶段加快推进扶贫开发的重要性、紧迫性和艰巨性，进一步加大扶贫开发力度，切实把加快贫困地区的发展放在全国经济社会发展的突出位置，把加强贫困地区的基础设施建设放在全国基础设施建设的优先位置，把促进农村贫困人口增收放在全国农民增收的重要位置，促进贫困地区经济社会全面发展，奋力开创扶贫开发工作新局面。

回良玉指出，党的十六大以来，扶贫开发工作取得显著成效，农村贫困人口大幅度减少，贫困地区农民收入较快增长，经济社会发展取得长足进步。但必须看到，目前我国贫困人口规模依然庞大、贫困程度依然很深、贫困区域依然不少、致贫因素依然很多，制约贫困地区发展的深层次矛盾依然存在。当前和今后一个时期，扶贫开发在建设社会主义新农村的进程中，承担着促进贫困农村经济社会全面进步的重要工作；在全面建设小康社会的进程中，承担着帮助贫困人口增加收入、脱贫致富的重大任务；在构建社会主义和谐社会的进程中，承担着缩小发展差距、关爱弱势群体的神圣使命；在建设生态文明的进程中，承担着保护资源环境、促进可持续发展的光荣职责。扶贫开发工作只能加强，不能放松；扶贫政策力度只能加大，不能削弱；贫困地区的发展步伐只能加快，不能停滞。

回良玉强调，党的十七届三中全会对推进新阶段农村扶贫开发作出了重要战略部署，我们要全面贯彻执行，深入研究重大问题，细化实化政策措施，扎实推进扶贫开发各项工作。一是把研究完善国家扶贫开发战略和政策体系作为当务之急，确保如期实现《中国农村扶贫开发纲要》提出的奋斗目标和任务，同时及早谋划2010年以后的扶贫开发工作。二是把坚持开发式扶贫方针作为根本保证，积极推进农村最低生活保障制度和扶贫开发政策的有效衔接。三是把尽快稳定解决扶贫对象温饱并实现脱贫致富作为首要任务，尽快完善扶贫对象扩大之后的识别和建档立卡工作，确保落实到户到人。四是把提高农村贫困人口自我发展能力作为工作重点，不断改善贫困地区的生产生活条件，提高贫困人口综合素质。五是把革命老区、民族地区、边疆地区作为优先地带，进一步加大扶持力度。

回良玉强调，要进一步加强和改善对扶贫开发工作的组织领导。各级扶贫开发领导小组要切实发挥组织协调作用，认真研究新情况新问题，采取重要举措，分解落实任务，加强检查指导。各级政府要切实担负起扶贫开发领导责任，继续坚持省负总责、县抓落实、工作到村、扶贫到户的工作格局。各有关部门要切实加大对扶贫开发支持力度，政策措施要向贫困地区倾斜。各级扶贫开发工作机构要切实履行职责，加强自身队伍建设，进一步提高工作效率和水平。

全国政协副主席王刚在人民大会堂会见以苏尔塔尼主席为团长的阿尔及利亚争取和平社会运动代表团

国务委员刘延东出席在日内瓦举行的第四十八届国际教育大会并作主旨发言

刘延东指出，中国高度重视教育事业的发展，不断通过健全法律和完善政策促进教育公平，经过新中国近60年特别是改革开放30年的努力，探索了一条中国特色教育发展之路。中国已经从人口大国发展成为教育大国，实现了历史性跨越。

刘延东强调，中国始终注重维护有特殊需要特别是易被忽略群体的受教育权利，大力扶持农村教育，努力消除教育中的两性差异，保障少数民族子女受教育权利，实施教育扶贫政策，为农村进城务工人员子女平等接受教育创造条件，实行向残疾人等特殊教育群体倾斜的政策。中国政府正在制定到2020年的中长期教育规划，推进覆盖全民的公平教育，发展资源共享的优质教育，建设伴随一生的终身教育。

刘延东指出，本次大会以“全纳教育：未来之路”为主题，体现了对每个人受教育权利的尊重和保护，顺应了时代要求和未来趋势。

中宣部 教育部主办的“励志青春——当代大学生在2008”先进事迹报告会在清华大学举行

11月26日

国家主席胡锦涛在克里特岛参观希腊佩扎农业联合体并鼓励中希两国扩大农业交流合作

国务院总理温家宝主持召开国务院常务会议

会议研究部署解决企业困难，促进经济发展的政策措施；审议成品油价格和燃油税费改革方案，决定向社会公开征求意见。

会议指出，近段时间以来，中央采取扩大内需促进经济平稳较快增长的一系列措施，对稳定市场、改善预期、增强信心、促进增长发挥了重要作用。当前，国际金融危机还在继续蔓延，对我国经济影响更加明显，必须进一步抓好中央确定的政策措施的贯彻落实，并有针对性、有重点地制定相关配套措施，稳定生产，稳定就业，帮助企业克服困难，增强企业活力和竞争力，加快推进产业结构调整和发展方式转变，保持经济平稳较快发展。

会议研究确定了解决企业困难，促进经济发展的政策措施。(一)大力支持重点产业发展。抓紧制定实施钢铁、汽车、造船、石化、轻工、纺织、有色金属、装备制造和电子信息等重点产业振兴规划。(二)加快推进企业技术改造、自主创新和兼并重组。推进重点领域技术进步，制定促进企业兼并重组的政策措施，支持企业自主研发，推动高技术产业化。(三)加大重要物资、资源的国家收储和商业收储力度，增加和充实物资储备。(四)大力支持中小企业发展。抓紧完善中小企业担保体系，加大银行信贷支持力度，提高中小企业产品的政府采购比重。(五)加快服务业发展。落实鼓励服务业发展的政策，大力发展交通运输、现代物流等生产性服务业。(六)加大就业和社会保障支持力度。扩大失业保险基金使用范围，帮扶困难企业稳定就业岗位，积极发展各类教育和培训，把失业人员和返乡农民工纳入培训计划。会议要求各地区、各部门加强政策协调，抓紧细化配套措施，并尽快落实到位，确保各项政策措施取得实效。

会议认为，完善成品油价格形成机制，实施燃油税费改革，对于扩大内需，促进经济结构调整，公平和规范税负，鼓励节约能源和保护环境，保持经济平稳较快发展，具有重要意义。会议决定，向社会公布成品油价格和燃油税费改革方案，广泛征求各方面意见。

会议讨论了《中华人民共和国统计法(修订草案)》。会议认为，为进一步提高统计数据质量，预防和惩处在统计上弄虚作假的违法行为，维护被调查者权益，促进统计信息社会共享，有必要对现行统计法进行修订。会议决定,修订草案经修改后,由国务院提请全国人大常委会审议。

会议还研究了其他事项。

最高人民法院院长王胜俊在党组中心组会议上提出人民法院工作服务科学发展的五个结合点

王胜俊强调,一是要把促进经济社会发展作为结合点。要立足于国际国内两个大局,以高度的政治敏感分析判断新形势,为科学发展提供法律服务和司法保障。二是要把关注民生作为结合点。要坚持司法为民,把满足人民群众对司法工作的新要求新期待作为人民法院工作的出发点和落脚点。要以人民群众的评价作为标准,不断推出便民利民措施,解决人民群众关注的执行难、申诉难等问题。三是要把促进社会和谐作为结合点。人民法院要把建设社会主义和谐社会作为最重要的目标追求,依法化解各类社会矛盾纠纷,努力做到案结事了,促进社会和谐。四是要把维护国家安全和社会稳定作为结合点。要正确贯彻宽严相济的刑事政策,依法打击严重刑事犯罪,努力维护社会稳定。五是要把解决司法廉洁问题作为结合点。要针对工作中的薄弱环节和容易发生问题的部位,加强司法廉政建设。

中联部部长王家瑞在北京会见非洲客人

王家瑞会见阿尔及利亚、赤道几内亚、几内亚、加蓬、摩洛哥、尼日尔、塞内加尔、突尼斯、多哥等非洲9国的执政党中青年政治家一行。

中联部部长王家瑞在北京会见欧盟委员会前主席意大利前总理普罗迪

全国人大常委会副委员长司马义·铁力瓦尔地在人民大会堂会见韩国大国家党政治家代表团

中共中央政治局常委李长春在人民大会堂出席并观看中国红歌会大型晚会《永远的红歌》

第十一世班禅额尔德尼·确吉杰布到湖南参观考察学习

11月26日至12月4日,第十一世班禅额尔德尼·确吉杰布到湖南省参观学习。

11月26日,班禅前往韶山参观了毛泽东同志纪念馆和故居。在纪念馆,班禅向毛泽东主席雕像敬献了哈达和花篮。他说,毛泽东主席是包括西藏人民在内的中国人民都敬仰的伟大人物。这次参观学习,对毛泽东主席工作、学习、生活各方面有了更深的了解,对毛泽东主席及其亲人为中国革命作出的牺牲和贡献更加敬佩,也更深切地体会到只有在中国共产党的领导下,全国各族人民才能过上幸福安康的生活。

在毛泽东主席曾经使用过的办公桌前,班禅用藏文欣然写下"毛主席精神永存"。

11月27日和12月1日,班禅分别到衡阳福严寺和长沙麓山寺诵经、礼佛。所到之处,班禅受到僧俗群众的尊崇。班禅在与湖南佛教界人士座谈时表示,佛教事业的健康发展得益于党和国家的宗教信仰自由政策。信教人士应当把佛教教义圆融于社会主义建设,与社会和谐相处,为维护民族团结、社会稳定和祖国统一作出应有的贡献。

班禅还先后到岳阳楼、岳麓书院、湖南第一师范学院参观,了解湖湘文化,并前往时代电子、远大空调、三一重工等企业及湖南广播影视集团、湖南杂交水稻研究中心等考察学习。

在湘期间,湖南省有关领导看望了班禅,并向他介绍了湖南省经济社会发展及民族宗教工作方面的情况。班禅对多年来湖南人民为西藏特别是山南地区经济社会事业发展给予的支持和无私援助表示由衷感谢,并祝愿湖南省各项事业更加兴旺。

中国第一座四塔单索斜拉桥——山东济阳黄河公路大桥建成通车

11月27日

国务院总理温家宝就印度孟买发生连环恐怖袭击事件向印总理曼莫汉·辛格致慰问电

全国政协主席贾庆林在安卡拉会见土耳其总统居尔

贾庆林说,中土两国人民有着深厚的友情。在双方领导人的共同关心下,双边友好合作关系不断发展,成果丰硕。中土两国已经成为政治上互信、经贸上互惠、在国际事务中密切合作的好朋友、好伙伴。贾庆林再次感谢土方在中国抗震救灾和举办北京奥运会过程中给予中方的支持和帮助。

贾庆林强调,两国加强各领域合作有着良好基础,中方对两国友好合作的前景充满信心。中方愿与土方加强政治交往,密切在国际和地区事务中的协调与配合。不断拓展经贸合作,采取切实措施平衡两国贸易,共同应对金融危机。加强反恐合作,在事关对方核心利益问题上继续相互支持,共同维护地区稳定和安宁。

居尔说,土耳其和中国都是世界上伟大的国家。土中两国历史悠久,文化灿烂,两国人民彼此怀着友好感情，进一步发展土中各领域友好合作是双方的共同愿望。贾庆林主席此访对推动双方在广泛领域的互利合作、加深双方了解与互信具有积极意义，开启了两国关系的新篇章。土方愿与中方携手努力，进一步加强各层次交往，拓展合作领域，提升合作水平，密切在国际和地区问题上的沟通协调。居尔赞赏中国作为联合国安理会常任理事国，在国际事务中发挥的积极作用。

土耳其大国民议会议长托普坦等出席了上述会见。

全国政协主席贾庆林在安卡拉会见土耳其总理埃尔多安

全国政协主席贾庆林在安卡拉与土耳其大国民议会议长托普坦举行会谈

最高人民法院院长王胜俊在北京与部分律师代表座谈并听取律师意见和建议

王胜俊在与部分律师代表座谈时说，律师制度是中国特色社会主义司法制度的重要组成部分，律师是中国特色社会主义的法律工作者，律师工作是社会主义法治建设的一项重要工作。人民法院将进一步加强律师执业权利的司法保障，维护正常的法律服务秩序。

王胜俊强调，人民法院要进一步发挥律师在诉讼活动中的作用，共同维护当事人的合法权益、维护法律尊严。在诉讼活动中正确发挥律师的作用，有利于促进法官公正审理案件，有利于诉讼活动的顺利进行，有利于真正做到案结事了。

与会律师发言认为，法官和律师都是法律职业共同体的成员，共同肩负着维护社会和谐稳定、确保公平正义的重任。他们还就建立相对稳定的法官与律师沟通机制，在法官和律师之间形成一种良性互动的和谐关系，加强法官队伍建设、提高办案质量、健全监督机制等方面提出了意见和建议。

全国妇联主席陈至立在人民大会堂会见马其顿妇女代表团一行

国务院副总理回良玉出席在北京召开的全国重大气象服务总结表彰大会上并发表讲话

回良玉指出，今年以来，在党中央、国务院的坚强领导下，气象部门全力做好频繁发生的气象灾害的防御工作，同时为汶川大地震抗震救灾、北京奥运会和残奥会、“神七”载人航天飞行等，提供了优质的气象保障服务。广大气象工作者爱岗敬业、精益求精的职业道德，淡泊名利、艰苦奋斗的奉献精神，发展创新、争创一流的时代风范，受到了各方面的积极评价和高度赞誉。

回良玉强调，当前我国正处在全面建设小康社会的重要历史时期，气象事业在经济社会发展全局中的地位越来越重要，作用越来越突出，任务越来越繁重。气象部门要进一步增强紧迫感和责任感，努力开创各项工作的新局面。一要突出抓好监测预报，切实以强化服务为立业之本。要加强对灾害性天气事件的会商分析，做好灾害性、关键性、转折性重大天气预报和趋势预测，在第一时间及时准确地向社会公众发布预警信息。二要突出推进科技创新，切实以气象现代化建设为重要依托。统筹抓好气象事业的硬件建设、软件建设、技术保障，加强气象人才队伍的建设，完善国家气象科技创新体系，夯实气象服务的科技基础，增强气象事业发展后劲。三要突出完善体制机制，切实以深化改革为根本动力。继续深入推进气象业务技术体制改革，进一步健全“政府主导、部门联动、社会参与”的气象灾害防御体系，积极探索人工影响天气工作新机制。四要突出加强战略研究，切实在应对气候变化中发挥基础作用。高度重视气候变化规律的研究，深入分析气候变化对经济布局、农业生产、社会建设、生态环境的影响，为国家制定科学的战略对策提供依据。

这次会上，在今年抗击南方低温雨雪冰冻灾害、汶川大地震抗震救灾、北京奥运会和残奥会等重大气象服务中涌现出的先进集体和先进个人受到表彰。

中国学者在贵州发现迄今最原始龟类化石

北京时间27日凌晨出版的《自然》杂志详细报道了这一重大发现，并配发特约述评文章。

《自然》杂志指出，这一研究“为解决目前在爬行动物演化研究上的最大的谜团，提供了全新的证据，开辟了全新的空间，改变了人们关于龟类演化的传统观念，这项研究充分说明，重要的化石标本可以改变人们对脊椎动物进化历史的认识”。

这批原始龟类化石发现于贵州省关岭布依族苗族自治县距今2.2亿年前的晚三叠世早期地层，是迄今发现最原始的龟类化石。由于它们具有细密的牙齿以及雏形状态的甲壳结构，故而被命名为“半甲齿龟”。

11月28日

中共中央政治局召开会议分析研究2009年经济工作

中共中央总书记胡锦涛主持会议。

会议认为，今年是极不寻常、极不平凡的一年。全党全国坚持以邓小平理论和“三个代表”重要思想为指导，深入贯彻落实科学发展观，全面落实中央各项部署，积极应对国际国内多方面严峻挑战，沉着应对世界经济金融形势急剧变化造成的冲击，克服重重困难，夺取抗击历史罕见特大自然灾害重大胜利，成功举办北京奥运会、残奥会，圆满完成“神舟”七号载人航天飞行任务，经济总体保持平稳较快增长势头，社会大局保持稳定。在国际经济环境迅速恶化、国内经济困难明显加大的情况下，经济发展能取得这样的成绩的确来之不易，对此我们要充分肯定。

会议指出，当前国际金融危机仍在扩散和蔓延，对全球实体经济的冲击和造成的损失将进一步扩大，对我国经济发展的影响也将更加明显，我国经济社会发展中的一些矛盾可能更加突出。我们在充分看到保持我国经济平稳较快发展有利条件的同时，一定要增强忧患意识，统筹国内国际两个大局，把困难估计得更充分一些，把措施准备得更周密一些，坚定必胜信心，扎实做好工作，迎接各种挑战，奋力渡过难关，努力夺取经济社会发展新胜利。

会议强调，明年是新中国成立60周年，也是推进“十一五”规划顺利实施的关键一年。做好明年经济社会发展工作，对于有效应对国际金融危机冲击、保持经济社会又好又快发展至关重要。要全面贯彻党的十七大和十七届三中全会精神，以邓小平理论和“三个代表”重要思想为指导，深入贯彻落实科学发展观，立足扩大内需保持经济平稳较快增长，加快发展方式转变和结构调整提高可持续发展能力，深化改革开放增强经济社会发展的活力与动力，加强社会建设解决涉及群众利益的难点热点问题，促进经济社会又好又快发展。

会议提出，要把保持经济平稳较快发展作为明年经济工作的首要任务，把保增长、扩内需、调结构更好地结合起来，把推进发展方式转变和结构调整作为应对国内外环境变化、实现可持续发展的根本出路，不断解放思想、创新体制机制，着力改善民生、促进和谐安定。要坚持灵活审慎的宏观经济政策，继续实施积极的财政政策和适度宽松的货币政策，注重综合运用减税、扩大中央政府投资等多种手段加大对保障民生、扩大内需、转变发展方式和结构调整的支持力度。要积极扩大消费特别是农村消费，坚持扩大投资规模和优化结构并举，集中加快建设和启动一批支持“三农”、改善民生、完善基础设施、促进结构优化、节能环保等方面的重大工程，有力、有序、有效地做好灾后恢复重建工作。要巩固和强化农业基础地位，加强农业生产，促进粮食稳定发展，加大强农惠农政策力度，加快农业科技推广，大力发展农业产业化经营。要保持对外贸易稳定增长，优化进出口结构。要抓住机遇加快推进结构调整，加快发展高技术产业和装备制造业，支持中小企业发展，培育壮大服务业，促进区域协调发展。要实现节能减排的更大进展，强化目标责任，推进节能减排重点工程建设，强化节能管理，强化污染治理。要加快推进重点领域改革，深化农村综合改革，加快推进财税体制改革，积极稳妥推进价格和收费改革，深化金融改革，继续推进行政管理体制改革、国有企业等改革。要着力改善民生，积极扩大就业，实施城乡保障性安居工程，健全社会保障制度，支持农村教育发展，加强公共医疗卫生服务，大力发展文化事业和文化产业，完善低收入群众基本生活保障政策，切实维护人民群众权益。

会议原则同意中央政法委员会关于深化司法体制和工作机制改革若干问题的意见。会议认为，党的十七大从发展社会主义民主政治、加快建设社会主义法治国家的战略高度，作出了深化司法体制改革的战略部署。关于深化司法体制和工作机制改革若干问题的意见提出的优化司法职权配置、落实宽严相济刑事政策、加强政法队伍建设、加强政法经费保障等重点内容，符合党的十七大精神，符合中国特色社会主义民主政治发展方向，符合社会主义司法制度发展要求。

会议指出，深化司法体制和工作机制改革，要高举中国特色社会主义伟大旗帜，坚持以邓小平理论和“三个代表”重要思想为指导，深入贯彻落实科学发展观，坚持社会主义法治理念，在继续抓好2004年中央确定的司法体制和工作机制改革事项的基础上，从人民群众司法需求出发，以维护人民利益为根本，以促进社会和谐为主线，以加强权力监督制约为重点，紧紧抓住影响司法公正、制约司法能力的关键环节，进一步解决体制性、机制性、保障性障碍，优化司法职权配置，规范司法行为，建设公正高效权威的中国特色社会主义司法制度，为保障社会主义市场经济体制顺利运行，为中国特色社会主义事业提供坚强可靠的司法保障和稳定和谐的社会环境。

会议强调，深化司法体制改革工作，必须始终坚持党的领导，在党中央统一领导下积极稳妥地推进；必须始终坚持中国特色社会主义方向，有利于社会主义司法制度自我完善和自我发展；必须始终坚持从我国国情出发，立足于我国现阶段仍处于并将长期处于社会主义初级阶段的基本国情和我国发展的阶段性特征，同时注重吸收借鉴人类法治文明有益成果；必须始终坚持群众路线，充分体现人民意愿，着眼于解决群众不满意的问题，真正做到改革为了人民、依靠人民、惠及人民；必须始终坚持统筹协调和依法推进，既适应我国经济社会发展要求，又积极推进政法事业科学发展。

会议还研究了其他事项。

中共中央在中南海召开党外人士座谈会征求对经济工作的意见和建议

座谈会就当前经济形势和明年经济工作听取各民主党派中央、全国工商联领导人和无党派人士的意见和建议。中共中央总书记胡锦涛主持座谈会并发表重要讲话。

中共中央政治局常委温家宝、习近平、李克强出席座谈会。温家宝通报了当前我国经济形势，介绍了中共中央、国务院关于做好明年经济工作的考虑。

座谈会上，民革中央主席周铁农、民盟中央主席蒋树声、民建中央主席陈昌智、民进中央主席严隽琪、农工党中央主席桑国卫、致公党中央主席万钢、九三学社中央主席韩启德、台盟中央主席林文漪、全国工商联主席黄孟复、无党派人士蒋明麟先后发言。他们认为，中共中央、国务院面对今年复杂多变的国际经济环境，采取了一系列促进经济社会发展的政策措施，确保了我国经济平稳较快发展和社会和谐稳定。他们赞同中共中央、国务院关于当前经济形势的分析判断和明年经济工作的思路，表示要动员广大成员同中国共产党风雨同舟，共同迎接挑战。他们就应对国际金融危机、加强和改善宏观调控、扩大内需、提高政府投入效率、加快理顺价格体系、推动金融监管体制改革等提出了意见和建议。

在认真听取了大家发言后，胡锦涛作了重要讲话。他表示，大家实事求是地评价了今年经济工作取得的成绩，客观分析了存在的问题，提出许多好的意见和建议。我们将认真研究、积极采纳。

胡锦涛指出，今年以来，国内外经济形势复杂多变、极不寻常。面对严峻形势，我们及时采取一系列有力举措，调整宏观调控的重点和力度，使我国国民经济保持了增长较快、价格回稳、结构优化、民生改善的总体态势。各民主党派、工商联和无党派人士紧紧围绕党和国家中心工作积极开展调查研究、建言献策，作出了积极贡献。胡锦涛代表中共中央、国务院向各民主党派、工商联和无党派人士表示衷心的感谢。

胡锦涛强调，必须清醒地看到，当前我国面临的国际经济环境相当严峻。我们一定要统筹国内国际两个大局，把困难估计得更充分一些，把措施准备得更周密一些，坚定必胜信心，扎实做好工作。一是要把保持经济平稳较快发展作为明年经济工作的首要任务，确保经济又好又快发展。要坚定不移地坚持发展是硬道理的战略思想，牢牢扭住经济建设这个中心，坚持聚精会神搞建设、一心一意谋发展。我们所谋求的发展必须是全面协调可持续的科学发展，必须是讲求质量和效益的发展。二是要加强和改善宏观调控，实施积极的财政政策和适度宽松的货币政策。要针对形势的快速发展变化，加强宏观调控的预见性、针对性、有效性，采取强有力的措施来扩大内需，把扩大居民消费需求放在更加突出的位置，增强消费需求对经济增长的拉动作用。三是要巩固和发展农业农村经济的好形势，促进农业增产、农民增收。要更加重视农业、农村、农民工作，大幅度增加对“三农”的投入，千方百计确保农业不出问题，确保粮食和其他主要农产品生产稳定、市场稳定，积极推进社会主义新农村建设。四是要加快转变经济发展方式，推进经济结构战略性调整。要把保增长、扩内需、调结构有机结合起来，把国际金融危机对经济结构调整形成的压力转化为动力，变挑战为机遇，加大产业结构调整力度，大力发展循环经济，努力形成新的经济增长点和新的竞争优势。五是要深化改革开放，积极创新保障科学发展的体制机制。要毫不动摇地坚持改革方向，抓住时机推出有利于促进发展的改革措施，注意充分发挥市场在资源配置中的基础性作用，积极发展外向型经济，加紧实施出口市场多元化战略。六是要坚持以人为本，促进民生改善和社会稳定。要实施更加积极的就业政策，加快完善城乡社会保障体系，加强食品药品质量安全工作，强化安全生产管理和监督。要深入基层、深入群众，关心群众疾苦，倾听群众呼声，热诚帮助群众解决生产生活中的困难，确保社会稳定和谐。

胡锦涛强调，要充分发挥统一战线的优势和作用，动员各方面力量共同为推动经济社会发展、维护社会和谐稳定献计献策、贡献力量。希望大家加强对各自成员和所联系群众的教育引导，使他们既充分看到面临的困难和挑战，又充分看到国家经济社会发展取得的巨大成就，特别是要深刻认识到我国经济发展具有巨大潜力，我国经过改革开放30年的积累具有抵御风险的强大能力，切实把思想认识统一到中央对国内外经济形势的分析判断上来，统一到中央的决策部署上来，坚定不移地做好经济社会发展工作。

王岐山、回良玉、张德江、令计划、王沪宁和中共中央、国务院有关部门负责人出席座谈会。

出席座谈会的党外人士还有张梅颖、张榕明、厉无畏、罗富和、陈宗兴、王志珍和张宝文、马培华、王钦敏、陈抗甫、汪毅夫、孙安民、郝如玉等。

中共中央在中南海召开党外人士座谈会听取对深化司法体制改革工作的意见

座谈会就深化司法体制和工作机制改革问题听取各民主党派中央、全国工商联领导人和无党派人士的意见和建议。中共中央政治局常委、全国政协主席贾庆林主持座谈会并发表重要讲话。

座谈会上，民革中央主席周铁农、民盟中央第一副主席张梅颖、民建中央主席陈昌智、民进中央主席严隽琪、农工党中央主席桑国卫、致公党中央主席万钢、九三学社中央主席韩启德、台盟中央主席林文漪、全国工商联副主席沈建国、无党派人士甄贞先后发言。他们认为,在中共中央的正确领导下,我国司法机关牢固树立社会主义法治理念,全面落实依法治国基本方略,积极稳妥地推进司法体制和工作机制改革,不断加强司法队伍建设,各项工作取得了新进展,为维护国家长治久安、保障人民安居乐业、维护社会公平正义、促进社会和谐稳定作出了积极贡献,为全面建设小康社会提供了坚强有力的司法保障。他们就加强对司法权力的监督与制约、落实宽严相济刑事政策、加强法官人才队伍建设、充分发挥司法机关在信访工作中的作用、切实加强司法经费保障、优化司法资源配置、深化审判管理机制改革、推进海峡两岸区际司法协助等方面提出了意见和建议。

在听取了大家的发言后,贾庆林同志作了重要讲话。贾庆林强调,司法体制改革是政治体制改革的重要组成部分,是中国特色社会主义司法制度的自我完善和自我发展。改革必须坚定不移走中国特色社会主义政治发展道路,坚持党的领导、人民当家做主和依法治国的有机统一;必须借鉴人类法治文明的优秀成果,但决不照抄照搬西方政治制度、司法制度的模式;必须按照科学发展观的要求,从人民群众的司法需求出发,以促进社会和谐为主线,以加强权力监督制约为重点,进一步解决影响司法公正、制约司法能力的体制性、机制性、保障性障碍;必须坚持从中国国情出发,循序渐进地推进改革;必须坚持民主决策、科学决策、依法决策,使每项改革都体现科学发展观的要求。通过深化改革,使政法机关更好地履行维护党的执政地位、维护国家安全、维护人民权益、确保社会大局稳定的首要政治任务,使政法队伍真正担负起中国特色社会主义事业建设者、捍卫者的重任。

马凯、孟建柱、王胜俊、曹建明和有关部门负责人出席座谈会。

出席座谈会的党外人士还有张榕明、厉无畏、罗富和、陈宗兴、王志珍和张宝文、马培华、王钦敏、陈抗甫、黄志贤、孙安民、彭雪峰等。

国务院汶川地震灾后恢复重建工作协调小组成立 国家发改委主任张平任组长

民进中央在北京举办纪念改革开放30周年座谈会

国务院副总理王岐山出席在北京举办的“纪念国际残疾人日·集善嘉年华北京2008”慈善活动

具有完全自主知识产权的国产喷气支线客机ARJ21-700在上海首飞

11月29日

中共中央政治局进行第九次集体学习

中共中央总书记胡锦涛主持。他强调,在复杂的国内外经济条件下,我们要有效解决前进中遇到的各种矛盾和问题,保持经济平稳较快发展,全面提高综合国力、国际竞争力、可持续发展能力,必须坚定不移地坚持发展是硬道理的战略思想,坚持走科学发展道路。

中共中央政治局这次集体学习安排的内容是关于推动我国科学发展问题研究。中国社会科学院宋泓研究员、国家发展和改革委员会宏观经济研究院张燕生研究员就这个问题进行讲解,并谈了对推动经济社会又好又快发展的意见和建议。

中共中央政治局各位同志认真听取了他们的讲解,并就有关问题进行了讨论。

胡锦涛在主持学习时发表了讲话。他指出,当前,国际金融危机继续扩散和蔓延,我国发展的外部条件更趋复杂。在一个时期内,我们将突出面临国际金融危机影响持续加深、全球经济增长明显放缓的压力,突出面临外部需求显著减少、我国传统竞争优势逐步减弱的压力,突出面临国际竞争日趋激烈、投资和贸易保护主义上升的压力,突出面临人口资源环境约束不断增强、转变经济发展方式要求更为迫切的压力。能不能变压力为动力、变挑战为机遇,保持经济平稳较快发展,是对我们驾驭复杂局面能力的考验,是对我们党执政能力的考验。科学发展观第一要义是发展。在当前情况下,我们更要牢牢扭住经济建设这个中心,审时度势、果断决策、周密策划,采取有力措施,推动经济社会又好又快发展。

胡锦涛强调,实现科学发展,首先必须牢固树立科学发展理念。要全面贯彻党的十七大和十七届三中全会精神,深入学习党的三代中央领导集体关于发展的重要思想,深入学习马克思主义关于发展的世界观和方法论,从理论和实践的结合上深刻理解和全面把握科学发展观的科学内涵、精神实质、根本要求,进一步把科学发展观转化为推动科学发展的坚强意志、谋划科学发展的正确思路、领导科学发展的实际能力、促进科学发展的政策措施。要深刻把握科学发展对社会主义现代化建设提出的新要求新课题,以宽广眼界审视发展,以战略思维谋划发展,以辩证观点推动发展,既要推动经济又好又快发展又要促进社会全面进步和人的全面发展，既要着力解决当前发展中遇到的突出矛盾和问题又要标本兼治、着力增强科学发展后劲。

胡锦涛指出，实现科学发展，关键是要确立和实施科学发展方式。我们必须把加快转变发展方式、增强发展可持续性作为一项紧迫的战略任务切实抓紧抓好。要坚持走中国特色自主创新道路，坚持走中国特色新型工业化道路，坚持把建设资源节约型、环境友好型社会放在工业化、现代化发展战略的突出位置，加快形成城乡经济社会发展一体化新格局。要着眼于全球经济发展新态势，坚持对外开放的基本国策，优化开放结构，提高开放质量，加紧实施出口市场多元化战略，更好地利用国际国内两个市场、两种资源。

胡锦涛强调，推动科学发展，归根到底是为了实现好、维护好、发展好最广大人民的根本利益。只有把发展成果体现到提高人民生活水平、满足人民日益增长的物质文化需要、促进人的全面发展上，科学发展才能成为全党全国各族人民的自觉行动。要在经济发展的基础上，着力保障和改善民生，不断解决好人民最关心最直接最现实的利益问题。

胡锦涛强调，学习实践科学发展观活动正在积极开展。各级党委要紧紧围绕党员干部受教育、科学发展上水平、人民群众得实惠，统筹规划、精心组织、扎实推进，大兴求真务实之风，大兴调查研究之风，切实负起领导责任，确保学习实践活动取得实效。要着力增强各级领导干部推动科学发展、促进社会和谐的能力，真正把科学发展观体现到各级党组织和各级领导干部的行动中去，做到以身作则促进科学发展、真抓实干落实科学发展。

国务院总理温家宝看望阜阳艾滋病孤儿和患者

在12月1日世界艾滋病日到来之际，温家宝专程来到安徽省阜阳市，深入村庄，亲切看望艾滋病患者、孤儿和基层医护人员，了解艾滋病防治工作情况。

温家宝在阜南县主持召开座谈会。9位专家和基层艾滋病防治工作者先后发言。

座谈会上，温家宝作了重要讲话。他首先对全国艾滋病防治工作者、医务工作者和志愿者表示感谢和敬意。他指出，艾滋病防治工作极其重要，直接关系人民群众的生命、健康和生活。党和政府高度重视艾滋病防治工作，采取了一系列政策措施，通过广大干部群众和医务工作者的共同努力，艾滋病的发病率得到有效遏制。实践证明，中国人有信心、有决心、有能力做好艾滋病防治工作。

温家宝强调，当前要抓好以下几项工作：第一，认真落实"四免一关怀"的政策，真正惠及艾滋病患者及受影响的家庭。第二，加强重点地区和重点人群的防治工作，提高防治工作的有效性。第三，加大政府投入，逐年增加防治资金。第四，把艾滋病抗病毒药物列入国家基本药物目录，加强对艾滋病防治工作者的业务培训。温家宝最后说，有党和政府的坚强领导，有全社会的积极参与，艾滋病防治工作一定会取得新的更大的进展。

王濛以42秒609的成绩夺得2008—2009赛季短道速滑世界杯中国站女子500米比赛项目冠军并打破世界纪录

11月30日

最高人民法院出台《关于适用〈中华人民共和国民事诉讼法〉审判监督程序若干问题的解释》

该司法解释共43条，最高人民法院审判监督庭负责人表示，该司法解释的出台，有利于确保民事诉讼法修改决定审判监督程序部分的顺利实施，保障当事人申请再审权利的进一步落实。

《中华人民共和国民事诉讼法》第一百八十条虽然规定"当事人申请再审的，应当提交再审申请书等材料"，但是实践中再审申请书应当记明哪些事项，再审申请书应当附随提供哪些材料，并不明确。各地在操作中比较混乱，造成"申请再审难"和"申请再审乱"两种状况。

为此，司法解释明确再审申请书在形式上应当载明双方当事人及其基本情况、原生效裁判文书案号、法定再审事由和支持的事实及理由、具体再审请求等内容，提交的材料应当包括原审裁判文书以及相关身份证明。

同时，对于不符合形式条件的再审申请书和材料，司法解释规定，人民法院应当要求申请再审人补充或者改正。这样，有利于人民法院及时了解当事人申请再审的有效信息，保障当事人申请再审的权利。

司法解释明确，在收到申请再审人符合条件的再审申请书等材料后的5日内，人民法院应当完成受理登记手续，并应当同时向申请再审人和对方当事人发送"受理通知书"等受理材料，确保双方当事人的诉讼知情权。

司法解释规定，根据法条规定和立法本意，将上一级人民法院经审查认为申请再审事由成立的，明确为一般由本院提审。为了减轻最高人民法院、高级人民法院审查再审申请和再审审理的压力，明确规定，最高人民法院、高级人民法院将裁定进入再审的案件交与原审人民法院同级的其他人民法院再审，称为"指定再审"；交与原审人民法院再审，称为"指令再审"。以便审判实践的具体操作，并对二者分别作必要限制。

外交部部长杨洁篪与巴基斯坦外长通电话

双方还谈及近日在印度孟买发生的连环恐怖袭击事件。巴方对此事件予以强烈谴责，向遇难者家属表示深切同情和慰问，愿向印方提供一切必要的协助。

杨外长表示，中方强烈谴责这一恐怖袭击事件，中国领导人已向印度领导人致电慰问。中方坚决反对一切形式的恐怖主义，真诚希望巴印双方继续加强合作，维护巴印和平进程的势头，推动两国关系健康稳定向前发展，这符合巴印两国的根本利益。

12月1日

中共中央总书记胡锦涛 国务院副总理李克强到北京地坛医院考察艾滋病防治工作

胡锦涛一行在北京市市委书记刘淇和市长郭金龙等陪同下，前往北京地坛医院考察。这家医院是免费治疗艾滋病定点医院，也是国家艾滋病临床药物验证基地、艾滋病综合防治示范区临床进修基地。

胡锦涛对这个研究所近年来在研究抗艾疫苗、抗艾新药等方面取得的重要成果给予充分肯定，并称赞医院、科研机构和高校联合开展研究这个做法好。总书记强调，战胜艾滋病必须依靠科学技术。他勉励科研人员潜心钻研，协作攻关，早日攻克艾滋病防治这个世界性医学难题，为提高我国艾滋病防治水平、保护人民群众身体健康作出更大的贡献。

胡锦涛语重心长地对现场的几位志愿者说，志愿者是艾滋病防治工作中一支不可缺少的重要力量。这些年来，广大志愿者积极参与艾滋病防治工作，热情为艾滋病患者服务。你们的奉献精神令人感动。防治艾滋病需要全社会广泛参与。希望志愿者们继续以卓有成效的工作，真情关爱艾滋病患者，深入宣传艾滋病防控知识，切实做到让每一位公民都掌握防控知识，让每一位患者都得到及时救助，为进一步推动全社会共同防治艾滋病发挥更大的作用。

考察过程中，胡锦涛对有关负责同志说，经过这些年的不懈努力，我国艾滋病防治工作取得明显成效。但防治艾滋病的形势依然严峻，防治艾滋病的工作丝毫也不能放松。总书记要求各级党委和政府务必以对国家、对民族、对人民高度负责的精神，继续加大艾滋病防治工作力度，全面落实“四免一关怀”政策，努力确保人民群众身体健康。

全国政协主席贾庆林在万象与老挝建国阵线中央委员会主席西沙瓦会谈

关于中国全国政协与老挝建国阵线的关系，贾庆林表示，双方始终保持密切友好往来，各层次、各领域交流频繁，成果显著。中国全国政协愿与老挝建国阵线加强友好往来，扩大交流合作，继续保持高层互访势头，密切各专门委员会及工作机构间的友好往来，促进两国工会、妇联、青年等群众组织和地方组织间的友好交往，夯实中老友好社会基础，推动中老睦邻友好合作关系全面深入发展。

西沙瓦主席授予贾庆林主席“一级自由勋章”，赠送老建国阵线中央授予中国全国政协的“友谊勋章”。

会谈后，贾庆林与西沙瓦主席共同出席了中老有关文件签字仪式。

全国政协主席贾庆林在万象会见老挝人民革命党中央政治局委员总理波松

关于双方的经贸合作，贾庆林表示，中老两国经济互补性强，合作潜力大。中方愿与老方一道，本着互利双赢的精神，采取切实有效措施，推动两国经贸合作取得更大发展：一、积极发挥两国经贸合作委员会的作用，研究制定中老经济合作规划，提出和确定合作项目。二、加大相互投资，中方积极鼓励有实力、有信誉的中资企业来老投资，也欢迎老挝企业赴华合作。三、落实好大项目建设，进一步扩大老挝与云南、广西、四川等省份经贸往来，创造更多商机。四、共同推动中国—东盟自贸区建设进程，中方支持老挝早日加入世贸组织。贾庆林强调，中国党和政府珍视中老传统友好，重视发展两国关系，愿不断深化中老全面合作，造福两国人民。

波松完全同意贾庆林对发展两国关系的看法。他表示，老方愿与中方密切配合，认真落实两国领导人达成的共识，推动各领域交流与合作不断向前发展。老方愿为中方企业来老投资提供便利，希望进一步加强地方间交往合作，实现互利双赢，使双方永做好同志、好朋友、好邻居、好伙伴。波松感谢中国政府和人民对老挝经济社会发展提供的支持与帮助。波松重申，老方将继续坚定支持中国早日实现和平统一大业。

中组部部长李源潮出席在北京召开的全国农村基层组织建设工作座谈会并发表讲话

李源潮强调要以改革创新精神推进农村基层组织建设，下力气抓好村党支部书记队伍建设，为贯彻落实党的十七届三中全会精神、推进农村改革发展提供坚强组织保证。

李源潮指出，以改革创新精神加强农村基层组织建设，是落实党管农村工作原则，落实党的十七届三中全会提出的农村改革发展任务的迫切需要。要下决心建设一支守信念、讲奉献、有本领、重品行的村党支部书记队伍，着力构建城乡统筹的基层党建新格局，深入开展创先争优和三级联创活动，创新农村基层党组织设置方式和活动方式，增强党组织和党员队伍的生机活力，充分发挥党组织的领导核心作用和党员干部的骨干带头作用。

李源潮指出，党委书记要抓农村基层党建。凡是发展得好、社会稳定、群众满意度高的地方，都是党组织力量强、领导班子强、带头人强的地方。因此，抓发展必须抓好党建，抓党建也是促进发展。党委书记不抓党建是失职，抓不好就不称职。党的十七届三中全会部署的工作要靠农村基层组织来落实,党委书记抓党建必须抓基层。各级党委要建立、健全抓农村基层党建工作制度,每年要专题研究农村基层党建工作,提出年度工作目标和政策措施,解决突出问题。县委常委会向全委会报告工作,要把农村基层党建工作作为重要内容。要建立县、乡党委书记抓农村基层党建工作述职考评制度。

李源潮强调,加强村党支部书记队伍建设,是农村基层干部队伍建设的重中之重。要创新培养选拔机制,选优配强村党支部书记,把政治素质好、带富能力强、化解矛盾能力强的优秀党员,工作负责、对农民有感情、群众拥护的优秀党员,热爱农村、有知识、有见识的年轻党员,选拔到村党支部书记岗位上来,提高选用村党支部书记的公信度。要积极探索村党支部书记跨村任职、从县直部门和乡镇机关党员干部中选择拟任人选等途径,拓宽选人视野。要抓好村党支部书记后备人才培养,认真实施一村一名大学生计划。要推广"定权责立规范,工作有合理待遇、干好有发展前途、退岗有一定保障"的"一定三有"经验,落实村党支部书记保障激励机制,调动村党支部书记干事创业的积极性。要拓展发展空间,加大从优秀村党支部书记中选拔乡镇公务员力度。要落实教育培训制度,提高村党支部书记的素质和能力。要强化监督管理机制,严格要求、严格管理、严格监督,确保村党支部书记想干事、会干事、干好事。

中央组织部常务副部长沈跃跃主持会议。中农办负责同志,国家发展改革委、民政部、财政部、国土资源部、农业部、国务院扶贫办等部门有关司局负责同志和各省区市、新疆生产建设兵团党委组织部有关负责同志参加会议。

民盟中央十届二中全会在北京开幕

会议的主要议程是:学习中共十七届三中全会精神,听取并审议民盟第十届中央常务委员会工作报告。

全国人大常委会副委员长、民盟中央主席蒋树声作了工作报告。

蒋树声强调,2009年将是我国改革发展面对重大挑战、具有关键意义的一年。全盟要围绕保持我国经济的平稳较快运行和推进农村改革发展,认真履行参政党职能,积极参政议政,建言献策;继续巩固政治交接主题学习教育活动的成果,夯实组织发展和后备干部队伍建设基础,加强盟的参政能力建设,推动多党合作事业的可持续发展。

全国政协副主席、民盟中央第一副主席张梅颖主持开幕会。民盟中央常务副主席张宝文,副主席吴正德、张圣坤、李重庵、郑兰荪、张平、索丽生、丁仲礼、陈晓光、徐辉、温思美、欧阳明高,秘书长高拴平出席了会议。

民进中央十二届二中全会在北京开幕

会议的主要任务是:进一步学习贯彻中共十七届三中全会精神,深入学习贯彻科学发展观;听取和审议民进第十二届中央常务委员会工作报告等。

全国人大常委会副委员长、民进中央主席严隽琪代表民进第十二届中央常务委员会作了工作报告。

严隽琪指出,当前国际国内形势继续发生深刻变化,我们面临前所未有的压力和挑战。在新的一年里,民进全会要继续坚持高举中国特色社会主义伟大旗帜,推动全会各项工作更加符合科学发展观的要求。

全国政协副主席、民进中央常务副主席罗富和出席开幕式,并作了《中国民主促进会中央监督委员会工作条例(试行)》(草案)的起草说明。

民进中央副主席潘贵玉主持开幕式。民进中央副主席冯骥才、王佐书、贺旻、刘新成、蔡达峰、朱永新、张帆,以及民进中央委员出席开幕式。

民革中央十一届二中全会在北京开幕

会议的主要内容是学习中共十七届三中全会精神,听取和审议民革第十一届中央常务委员会工作报告,审议通过《中国国民党革命委员会内部监督暂行条例》和中央监督委员会名单。

全国人大常委会副委员长、民革中央主席周铁农出席会议并代表民革十一届中常会作工作报告。他说,2008年,民革全党同心,与全国人民共同抗击特大自然灾害,积极为成功举办北京奥运会献计出力,深入调查研究,积极参政议政,为经济社会平稳较快发展,发挥了参政党的作用。

对2009年工作,周铁农要求:要认真学习贯彻中共十七大和十七届三中全会精神,为全面推进农村改革发展献计出力;要深入学习贯彻科学发展观,大力加强自身建设,努力把民革建设成一个适应形势发展要求的高素质参政党;要牢牢把握两岸关系和平发展这个主题,更加深入细致地做好促进祖国和平统一工作。

全国政协副主席、民革中央常务副主席厉无畏主持开幕式并致开幕词。民革中央副主席钮小明、万鄂湘、齐续春、谢克昌、修福金、刘凡、傅惠民、何丕洁,民革中央委员会顾问和民革中央委员出席会议。

台盟中央八届二中全会在北京开幕

会议主要议程包括学习贯彻中国共产党十七届三中全会精神和科学发展观,审议台盟中央2008年工作报告,讨论在新形势下如何做好对台工作等。

全国政协副主席、台盟中央主席林文漪，台盟中央常务副主席汪毅夫，副主席吴国祯、陈蔚文、杨健、黄志贤等60余位台盟中央委员参加了会议。

林文漪代表台盟中央常务委员会作工作报告。

林文漪指出，今年以来，台湾局势发生重大积极变化，面对难得的历史机遇，中共中央就发展两岸关系作出了一系列重要部署。台盟各级组织要深入领会、坚决贯彻中共中央对台工作的大政方针和决策部署，为增进两岸同胞的相互了解与认同作出不懈努力。

为期两天的会议还将审议通过《台盟盟内监督条例》，决定台盟中央监督委员会组成人员。

国家副主席习近平在人民大会堂会见越南人民军总参谋长阮克研一行

习近平强调，中国将坚定不移地走和平发展道路，实行互利共赢的开放战略，积极营造和谐和睦的周边环境，继续为地区和世界的和平、稳定与发展作出应有的贡献。

阮克研说，越方高度重视越中友谊，将发展越中全面战略合作伙伴关系作为对外政策的首要。越方将坚定支持一个中国政策。

阮克研表示，越方愿意不断加强双方各领域的交流与合作，推动两国两军关系的进一步发展。

第五届中国青年女科学家奖在北京揭晓

获得第五届中国青年女科学家奖的5位女科学家是：国家海洋局第二海洋研究所研究员韩喜球、中国科学院大连化学物理研究所研究员杨启华、中国医学科学院肿瘤研究所研究员谭文、西北工业大学航海学院环境工程系教授盛美萍、南京理工大学电子工程与光电技术学院教授车文荃。中国矿业大学(北京)教授毕银丽等5位女科学家获得提名奖。

国务院副总理李克强出席在北京召开的国务院防治艾滋病工作委员会全体会议并发表讲话

在听取全国及有关省区防治艾滋病工作汇报后，李克强说，艾滋病是重大公共卫生和社会问题。防治艾滋病，事关人民群众切身利益，事关经济社会发展大局，事关民族未来。党中央、国务院高度重视艾滋病防治工作，近年来实施了一系列政策措施。通过各方面共同努力，艾滋病防治和救助工作取得明显成效，但形势依然严峻。

李克强说，要把党和政府的关怀落到实处，就要坚持以人为本，搞好综合服务，从机制和制度上进一步落实“四免一关怀”政策。要完善抗病毒治疗机制，把就地治疗、家庭治疗、社区治疗结合起来，提高治疗的可及性和规范化程度。要健全临床医生培训制度，加强对县以下基层临床医生的培训，促进诊疗水平的提高。要对艾滋病患者定期进行医学随访和关怀服务，落实监管场所免费医疗等政策。要建立艾滋病药品生产供应管理机制，方便患者使用，提高救治质量。

李克强强调，要进一步加强对患者及其家庭、艾滋病致孤儿童的医疗救治和生活救助。要加强儿童抗病毒治疗工作，使每一个患儿都能得到有效治疗，并继续搞好母婴传播预防。要落实艾滋病致孤儿童的救助政策，使每一个孤儿都能得到社会的关爱。

12月2日

全国政协主席贾庆林在万象分别会见老挝人民革命党中央政治局委员国会主席通辛 国家副主席本南

国务院副总理王岐山分别听取外贸内贸工作座谈会意见和建议

王岐山说，受国际金融危机影响，外部需求显著减少，国内消费能力和消费预期下降，我国内外贸工作难度进一步加大。同时要看到，30年改革开放打下了良好的物质基础，特别是在工业化和城镇化过程中蕴藏着巨大的需求，增强了抵御风险的能力。我们既要正视面临的困难，更要看到战胜困难的有利条件和机遇，坚定信心，妥善应对，化危为机。

王岐山指出，中央已出台扩大内需的十项措施，关键是要把这些措施尽快落到实处。要高度重视商业流通在扩大内需、促进消费中的作用，加强商业网点和公共服务平台建设，挖掘消费潜力，大力推进“万村千乡市场工程”和“家电下乡”，减轻企业负担，帮助企业解决融资困难，推动企业兼并重组。有关部门要迅速研究制定操作性强、见成效快的具体政策措施，促进内贸发展。

王岐山强调，当前国际经济环境十分严峻，对外贸易首当其冲受到影响。要从多方面采取措施，加快转变外贸增长方式，优化进出口结构，推进出口市场多元化，推动企业“引进来”和“走出去”，加强市场信息服务，千方百计稳定出口市场。

国务院有关部门和部分省(市)负责同志及行业协会、企业负责人出席了会议。

中国改革开放与人权发展30年学术研讨会在北京召开

2008中国信息化推进大会暨国家信息化专家论坛在湖南长沙召开

中共中央政治局常委李长春在人民大会堂会见由政治局委员西塔拉姆·亚秋里率领的印度共产党(马克思主义)代表团

国务院副总理王岐山就即将在北京召开的第五次中美战略经济对话同美国财政部长保尔森通话

外交部部长杨洁篪在香港分别会见菲律宾总统阿罗约和新加坡内阁资政李光耀

中联部部长王家瑞北京会见印度共产党(马克思主义)代表团

12月3日

全国人大常委会委员长吴邦国在人民大会堂会见塔吉克斯坦议会上院议长乌拜杜洛耶夫

吴邦国指出,经贸合作和安全合作是中塔关系的重要内容。中方愿与塔方一道,落实好双方达成的各项共识和协议,加强在矿产、农业等领域的务实合作,进一步密切在打击"东突"、禁毒等方面的配合,共同推动两国关系不断迈上新台阶。

乌拜杜洛耶夫说,塔方高度重视发展对华关系,愿学习和借鉴中国的成功经验,加强双方各领域的交流与合作,不断提升双方传统友好合作关系的水平。

双方对中国全国人大和塔吉克斯坦最高会议友好交往所取得的成绩表示满意,一致认为两国立法机构在各自国家的政治生活中都有着重要影响,双方的交流与合作对促进两国关系的发展发挥着不可替代的作用。希望双方进一步深化各层次的交流与合作,加强在彼此关切的重大敏感问题上的沟通,密切在上海合作组织议长会晤等多边框架内的协作,扩大代表和议员间的友好交往,及时批准两国合作的法律文件,积极推动两国和两国地方合作,为中塔关系的全面深入发展作出新的贡献。

国务院总理温家宝在北京主持召开国务院常务会议研究部署当前金融促进经济发展的政策措施

会议研究确定了金融促进经济发展的政策措施。(一)落实适度宽松的货币政策,促进货币信贷稳定增长。综合运用存款准备金率、利率、汇率等多种手段,保持银行体系流动性充分供应,追加政策性银行2008年度贷款规模1000亿元。(二)加强和改进信贷服务,满足资金合理需求。鼓励地方政府通过资本注入、风险补偿等多种方式增加对信用担保公司的支持;设立多层次中小企业贷款担保基金和担保机构,提高对中小企业贷款比重;对符合条件的中小企业信用担保机构免征营业税;建立农村信贷担保机制,扩大农村有效担保物范围,积极探索发展农村多种形式担保的信贷产品;积极扩大住房、汽车和农村消费信贷市场。(三)加快建设多层次资本市场体系,发挥市场的资源配置功能。稳定股票市场运行,推动期货市场稳步发展,扩大债券发行规模,优先安排与基础设施、民生工程、生态环境建设和灾后重建等相关的债券发行。(四)发挥保险的保障和融资功能,促进经济社会稳定运行。积极发展"三农"、住房和汽车消费、健康、养老等保险业务,引导保险公司以债权等方式投资交通、通信、能源等基础设施和农村基础设施项目。(五)创新融资方式,通过并购贷款、房地产信托投资基金、股权投资基金和规范发展民间融资等多种形式,拓宽企业融资渠道。(六)改进外汇管理,大力推动贸易投资便利化。适当提高企业预收货款结汇比例,方便企业特别是中小企业贸易融资,提高外汇资金使用效率,支持外贸发展。(七)加快金融服务现代化,全面提高金融服务水平。进一步丰富支付工具体系,扩大国库直接支付涉农、救灾补贴等政府性补助基金范围,优化出口退税流程,继续推动中小企业和农村信用体系建设。(八)加大财税政策支持力度,发挥财政资金的杠杆作用,增强金融业化解不良资产和促进经济增长的能力。(九)深化金融改革,完善金融监管体系,强化风险监测和管理,切实维护金融安全稳定。

会议听取和审议了关于2008年度国家科学技术奖评审工作的汇报,批准了有关获奖人选、奖励种类和等级。

全国政协主席贾庆林在金边分别与柬埔寨国王西哈莫尼首相洪森举行会谈

贾庆林高度评价中柬关系。他说,柬埔寨王室、议会、政府坚定奉行一个中国政策,在涉台、涉藏等事关中国核心利益的重大问题上给予中方宝贵支持,我们对此表示衷心感谢。

贾庆林希望双方从以下几方面加强合作:一、扩大经贸合作,实现互利互惠。双方应共同努力,争取提前实现2010年双边贸易额10亿美元的目标。中方支持双方企业开展形式多样的互利合作,希望柬方为中国企业在柬开拓合作项目提供便利;二、加强各领域合作,扩大青少年交流。中柬在加强文化、教育、旅游等领域合作大有可为。两国可进一步加强在预防疟疾、肺结核、艾滋病及妇幼保健等领域的交流与合作。中方愿通过各种方式加强两国青少年之间的交往,为中柬世代友好打下基础;三、扩大政党交往,交流治国理政经验,推动两国全方位合作不断取得新成果。

洪森赞同贾庆林对柬中关系的评价和进一步发展两国关系的建议。柬政府高度重视发展对华友好关系，愿与中方一道，不断增进政治互信，加强政党、地方、民间交流，扩大青年交往，深化经贸、投资合作，加强双方在国际事务中的协调与支持，推动两国友好合作取得丰硕成果。洪森祝贺中国在国家建设中取得的伟大成就，强调中国的发展不仅有利于中国，也有利于世界和地区的和平与发展。

会见后，贾庆林与洪森首相共同出席了有关经济合作、教育、卫生防疫等双边合作文件的签字仪式。

全国政协主席贾庆林在金边会见柬埔寨国会主席韩桑林

国家副主席习近平出席在广州召开的学习实践科学发展观活动座谈会并发表讲话

为了深入了解前一段学习实践科学发展观活动的情况，更有针对性地指导下一步的工作，中央学习实践科学发展观活动领导小组在广州召开有广东、安徽、福建、河南、湖北、湖南、广西、贵州等省、自治区学习实践活动领导小组组长和办公室主任参加的座谈会。

习近平指出，第一批学习实践活动启动两个多月来，在党中央坚强有力领导下，各地区各部门各单位紧紧围绕党员干部受教育、科学发展上水平、人民群众得实惠的总要求，密切联系改革发展的实际认真组织学习培训，进一步加深了对科学发展观的理解；深入开展调查研究，初步查找了影响和制约科学发展的突出问题；围绕科学发展开展解放思想讨论，在事关本地区本部门本单位科学发展的重大问题上形成了初步共识；坚持边学边改，及时启动了解决突出问题和创新体制机制工作；围绕中心、服务大局，学习实践活动有力地推动了当前工作。总的看，学习实践活动进展顺利，取得了阶段性成果。

习近平指出，各地区各部门各单位的学习实践活动已经或即将转入分析检查阶段。这一阶段的主要任务是征求意见、找准问题、分析原因、理清思路、明确方向，在学习实践活动中具有承前启后的重要作用，对确保学习实践活动取得实效至关重要，务必认真贯彻落实中央的部署和要求，切实抓出成效。

习近平强调，分析检查阶段要扎实抓好召开领导班子专题民主生活会、撰写分析检查报告、开展群众评议这三个环节。

中共中央政治局委员、中央书记处书记、中央组织部部长、中央学习实践活动领导小组副组长李源潮，中共中央政治局委员、广东省委书记汪洋等出席座谈会。

国务院副总理王岐山在中南海紫光阁会见白俄罗斯国家监察委员会主席洛马奇

全国人大常委会副委员长路甬祥在北京会见由议长乌拜杜洛耶夫率领的塔吉克斯坦议会上院代表团

外交部部长杨洁篪在加德满都会见尼泊尔总理普拉昌达

12月4日

全国政协主席贾庆林在金边出席中柬建交50周年庆祝大会并发表演讲

贾庆林强调中方高度重视中柬睦邻友好关系，愿与柬方携手努力，不断谱写中柬友好合作的新篇章。

柬王室、参议院、国会主要负责人、柬中友协以及政府部门、工商界人士和青年学生代表等500余人出席了庆祝大会。

全国政协主席贾庆林在中柬建交50周年庆祝大会上发表题为《巩固传统友谊　共创美好未来》的演讲

尊敬的柬埔寨王国参议院主席、谢辛亲王阁下，

女士们，先生们，朋友们：

今年是中柬建交50周年。我有机会在这样一个重要时刻访问柬埔寨，并出席中柬建交50周年庆祝大会，感到十分高兴。今天在座的有许多青少年、学生代表，你们象征着青春与活力，代表着中柬友好的希望与未来。首先，我要向在座各位并通过你们，向柬埔寨各界朋友，向热情友好的柬埔寨人民，致以崇高的敬意和诚挚的问候！

柬埔寨是有着悠久历史和灿烂文化的文明古国。勤劳智慧的柬埔寨人民创造了举世闻名的吴哥古迹，铸就了东方文明乃至世界文明的瑰宝。近代以来，柬埔寨人民为争取国家独立和民族解放，进行了艰苦卓绝的斗争，最终实现了国家安定、民族和解与经济发展。当前，柬埔寨正处于良好发展阶段。我们高兴地看到，在西哈莫尼国王陛下领导下，在政府、参议院和国会的共同努力下，柬埔寨政局稳定、民族和睦、经济发展、民生改善，呈现出一派欣欣向荣的景象。我们为柬埔寨人民取得的巨大成就和进步，感到由衷的高兴。

柬埔寨是中国的传统友好邻邦，中柬友谊源远流长。早在两千多年前，两国人民就开始了友好交往。在中国的典藏史籍中，柬埔寨素有“富贵真腊”之称。公元1296年，中国元朝人周达观在吴哥居留长达11个月，回国后撰写了《真腊风土记》一书。这是世界上

第一部也是仅存的一部全面反映吴哥王朝昌盛时代的史料。中国明朝时，伟大的航海家郑和七下西洋，多次经停真腊。真腊人民在斯雷山托古都城修建了三保公庙，作为纪念。新中国成立以来，中柬两国人民的友谊不断加深，两国关系不断发展。1955年，周恩来总理与西哈努克太皇陛下在万隆会议上初次结识，奏响了中柬睦邻友好的序曲。从那时起，西哈努克太皇陛下与毛泽东、周恩来、刘少奇、朱德、邓小平等中国老一辈领导人密切往来，建立了深厚的个人友谊。2000年，江泽民主席应西哈努克太皇陛下邀请访问柬埔寨，金边数十万群众夹道欢迎，两位国家元首走出汽车向群众挥手致意，传为一段佳话。进入新世纪以来，胡锦涛主席同西哈莫尼国王陛下多次会面，就发展中柬友好关系达成重要共识，进一步深化了中柬友谊。

经过两国领导人的精心培育和两国人民的共同努力，中柬关系目前已进入构建全面合作伙伴关系的新的发展阶段。两国政治上高度互信，高层交往频繁，经贸合作成果丰硕，在国防、安全、文教、卫生、体育、旅游等领域的合作日益广泛。今年1—9月，双边贸易额达到9.1亿美元，同比增长40%；中国企业在柬直接投资也有大幅增长。柬埔寨已成为中国企业在海外进行直接投资的首选目的地之一。特别令人感动的是，今年中国南方部分地区严重低温雨雪冰冻灾害、四川汶川特大地震灾害发生后，西哈努克太皇陛下两次捐出善款，柬埔寨政府和人民第一时间表示慰问，并以各种形式提供宝贵支持和无私帮助。在中国举办北京奥运会时，西哈努克太皇陛下、西哈莫尼国王陛下亲赴北京出席开幕式，与中国人民共襄盛举。洪森首相连续五年出席中国—东盟博览会，积极支持中国—东盟关系的发展。这些都充分体现了柬埔寨王室、参议院、国会、政府和人民对中国人民的深厚友情和对中柬关系的高度重视，我们对此表示赞赏和感谢。中国政府高度重视发展对柬关系，愿与柬方共同努力，进一步推动中柬全面合作伙伴关系长期健康发展，使两国人民永做好朋友、好兄弟、好邻居、好伙伴。

女士们，先生们，朋友们！

今年是中国改革开放30周年。1978年，中国共产党召开具有重大历史意义的十一届三中全会，开启了改革开放历史新时期。从那时以来，中国共产党人和中国人民以一往无前的进取精神和波澜壮阔的创新实践，成功实现了从高度集中的计划经济体制到充满活力的社会主义市场经济体制、从封闭半封闭到全方位开放的伟大历史转折，在广袤的中国大地上描绘了气势恢宏的壮丽画卷，在中华民族的发展史册中写下了光彩夺目的辉煌篇章。

——改革开放极大地解放和发展了社会生产力，使中国经济从一度濒于崩溃的边缘发展到总量跃居世界前列。1978年到2007年，中国经济年均增长9.8%，经济总量从2165亿美元增长到3.28万亿美元，进出口总额从206亿美元增长到2.17万亿美元。依靠改革开放积累的雄厚物质和技术基础，我们建设了三峡大坝、青藏铁路等重大工程，获得了载人航天工程、首次月球探测工程等的重大成功，夺取了四川汶川特大地震抗震救灾斗争的重大胜利，成功举办了北京奥运会和残奥会。

——改革开放极大地改善了城乡居民生活，使中国人民稳定地走上了富裕安康的广阔道路。1978年到2007年，中国人均国民收入从190美元增长到2360美元，农村绝对贫困人口从2.5亿减少到1500万，人民生活实现了从温饱不足到总体小康的历史性跨越。基本建立了覆盖城乡居民的社会保障体系，医疗、就业等民生问题逐步得到解决。

——改革开放极大地提高了全民族的文明素质，使中国人民的精神面貌发生了深刻变化。中国特色社会主义法律体系基本形成，依法治国基本方略切实贯彻。基本普及九年义务教育、基本扫除青壮年文盲的目标如期实现，高等教育进入大众化阶段，文化事业和文化产业快速发展。改革开放从根本上改变了中国过去那种沉闷僵化、停滞不前的状况，调动了亿万人民的积极性，激发了全社会的蓬勃朝气、创新精神和创造活力。

——改革开放极大地增强了中国与世界的联系，使中华民族大踏步赶上了时代前进的潮流。1978年到2007年，中国国内生产总值占全球的比重由1%上升到6%，中国经济对世界经济增长的贡献率超过10%，对国际贸易增长的贡献率超过12%，中国经济已经成为世界经济的重要组成部分。我们坚持独立自主的和平外交政策，广泛开展双边和多边外交，积极推动在反恐、环保、禁毒、重大疾病预防等领域的国际交流与合作，在国际事务中发挥着越来越重要的作用。今天，一个面向现代化、面向世界、面向未来的社会主义中国巍然屹立在世界东方，中华民族的伟大复兴展现出灿烂的前景。

事实雄辩地证明，改革开放是决定当代中国命运的关键抉择，是发展中国特色社会主义、实现中华民族伟大复兴的必由之路。改革开放的伟大实践启示我们：对于中国这样一个十几亿人口的发展中大国，要摆脱贫困、加快实现现代化，必须坚持把发展作为党执政兴国的第一要务，牢牢扭住经济建设这个中心，不断解放和发展社会生产力；必须坚持以人为本，尊重人民主体地位、发挥人民首创精神，实现好、维护好、发展好最广大人民的根本利益；必须坚持全面协调可持续发展，全面推进经济建设、政治建设、文化建设、社会建设和生态文明建设，实现经济社会永续发展；必须坚持统筹兼顾，正确认识和妥善处理中国特色社会主义事业中的重大关系，充分调动各方面积极性。改革开放以来我们取得一切成绩和进步的根本原因，归结起来就是：开辟了中国特色社会主义道路，形成了中国特色社会主义理论体系。

总结历史是为了更好地开辟未来。我们在看到成绩的同时，也清醒地认识到：中国仍然是世界上最大的发展中国家，中国基本实现现代化，实现全体中国人民共同富裕，还有很长的路要走。我们将高举中国特色社会主义伟大旗帜，以邓小平理论和"三个代表"重要思想为指导，深入贯彻落实科学发展观，继续解放思想，坚持改革开放，推动科学发展，促进社会和谐，为夺取全面建设小康社会新胜利而奋斗。我们将高举和平、发展、合作旗帜，始终不渝走和平发展道路，始终不渝奉行互利共赢的开放战略，继续为推动世界的持久和平和共同繁荣而奋斗。

女士们，先生们，朋友们！

当今世界正在发生复杂深刻的变化。世界多极化和经济全球化深入发展，追求和平、合作、发展成为各国人民的普遍愿望。与此同时，不安定、不稳定因素也在增加，环境、能源、粮食等全球性问题日益突出。特别是去年下半年爆发的美国次贷危机逐步演变成国际金融危机，已从局部发展到全球，从发达国家蔓延到新兴经济体和发展中国家，从金融领域扩散到实体经济领域，波及范围之广、影响程度之深、冲击强度之大，为上个世纪30年代以来所罕见。全面化解和战胜这场危机，是国际社会共同的责任。世界各国应该增强信心、加强协调、密切合作。

国际金融危机使中国经济发展也受到了影响。中国政府根据形势变化及时调整政策，加强宏观调控，采取了降低银行存款准备金率、下调存贷款利率、减轻企业税负等一系列措施。最近，中国政府决定，实行积极的财政政策和适度宽松的货币政策，确定了进一步扩大内需、促进经济增长的十项措施，加快民生工程、基础设施、生态环境建设和灾后重建，提高城乡居民特别是低收入群体的收入水平。从今年第四季度到2010年年底，中国仅这些项目的建设就将投资近4万亿元人民币。中国政府将继续采取有效措施，加强宏观调控的预见性、针对性、有效性，着力扩大内需特别是消费需求，下大气力转变经济发展方式、调整经济结构，加强农业基础地位、实现农民增收，坚持深化改革、扩大开放，实现经济平稳较快增长，为促进世界经济稳定发挥建设性作用。中国经济平稳较快发展本身就是对维护国际金融稳定、促进世界经济发展的重要贡献。作为国际社会负责任的成员，中国愿继续本着负责任的态度，参与提升国际市场信心、维护国际金融稳定、促进世界经济发展的国际合作，支持国际金融组织根据国际金融市场变化增加融资能力，加大对受这场金融危机影响的发展中国家的支持。

中国与柬埔寨地缘相近、文化相通、经济互补，既是友好近邻，也是合作伙伴。面对国际金融危机带来的挑战，中国和柬埔寨携手合作，相互支持，化挑战为机遇，推动中柬关系向全方位、多领域、深层次的方向发展，具有重要的现实意义和长远的战略意义，符合两国人民的共同愿望，也有利于本地区的和平、稳定与发展。为此，我愿提出以下建议：

第一，巩固传统友谊，增进相互信任。两国领导人共同缔造和精心培育的传统友谊是两国人民的宝贵财富，在新时期更应该进一步发扬光大。双方应加强高层互访，增进战略互信，扩大共识，促进合作，推动两国关系在新形势下不断向前发展。双方应进一步扩大两国政府、政党之间的友好交往，加强中国全国人大、全国政协同柬埔寨参议院、国会的相互交流，促进学术机构、民间组织和地方省市往来，形成政府为主、民间为辅、相辅相成、共同促进的良好局面。

第二，推进经贸合作，实现共同发展。经贸合作日益成为双方关系不断发展的基础和动力。双方应在相互尊重的基础上，挖掘合作潜力，加强优势互补，实现互利共赢。进一步发挥两国经贸合作委员会的统筹、规划和协调作用，全面提高合作效率和水平。优化进出口产品结构，开拓双边贸易的新途径，推动双边贸易持续增长，争取提前实现2010年两国贸易达到10亿美元的目标。中方将继续采取积极措施扩大从柬埔寨进口，愿意为柬埔寨企业在华举办或参加贸促活动、扩大对华出口提供便利。中方愿继续向柬方提供力所能及的帮助，将稳步推进援助项目，确保质量，抓好重点项目以及后续工作落实。中方支持两国企业开展形式多样、长期互利的合作，鼓励有实力、有信誉的中国企业加强与柬方在基础设施建设、矿产和油气资源开发、机械电子、农业、纺织品加工等重点领域合作，将资源与市场结合起来，寻找双方利益的交汇点与合作的结合点，努力取得新进展。

第三，深化人文交流，促进世代友好。充分利用现有机制，加强双方在文化、教育、卫生、体育、旅游、人才培训等方面的交流与合作，为两国关系全面发展搭台唱戏，架桥铺路。利用多种形式，积极开展两国传统友好的宣传，增进两国人民特别是青少年的相互了解，使中柬友好的种子在两国人民的心中生根开花。中国政府愿在原有基础上增加政府奖学金名额，扩大人才培养合作，支持文化、艺术、体育团组互访，鼓励中国游客赴柬旅游观光。

第四,加强多边协调,维护共同利益。双方应通过外交磋商、多边接触等形式,就重大国际和地区问题及时交换意见,加强在联合国等国际机构中的协调与配合。共同推进中国与东盟面向和平与繁荣的战略伙伴关系,加快中国—东盟自由贸易区建设。加强在东盟—中日韩、东亚峰会、大湄公河次区域经济合作、东盟地区论坛、亚欧会议、世界贸易组织等机制中的沟通与配合,维护双方共同利益,为本地区和世界的和平、稳定与发展作出贡献。

女士们,先生们,朋友们!

在即将结束今天演讲的时候,我不禁想起,西哈努克太皇陛下在亲自谱写的一首赞颂中柬友谊的歌曲中写道:我们亲如一家,亲密团结,我们的前途充满光明。这是中柬友好的生动写照,更是中柬两国人民的共同心声。抚今追昔,我们有理由相信,在中柬两国领导人的关怀和支持下,在两国各界人士的大力推动下,中柬友好必将世代相传,中柬关系必将迎来更加美好的明天。让我们并肩携手,共同努力,不断谱写中柬友好合作的新篇章,使中柬友好之花永远绽放在两国人民心中!

谢谢大家。

全国政协主席贾庆林在金边与柬埔寨参议院主席谢辛举行会谈

中央纪委书记贺国强出席在北京召开的纪念党的纪律检查机关恢复重建30周年暨反腐倡廉建设理论研讨会并发表讲话

研讨会于12月4日至5日召开。

贺国强在讲话中回顾了30年来党的纪律检查工作所走过的光辉历程,总结了党风廉政建设和反腐败斗争的历史成就。

出席会议的领导同志还有:李源潮、尉健行、吴官正、王沪宁。中共中央书记处书记、中央纪委副书记何勇主持会议。

中央党建领导小组成员,中央纪委监察部领导班子成员,中央和国家机关有关部门负责同志,在京的中央纪委委员,部分中央纪委机关老同志等1000多人参加了会议。

研讨会共收到各地各部门提交的论文200多篇,有16名论文作者作了大会发言。

最高人民法院出台《关于为维护国家金融安全和经济全面协调可持续发展提供司法保障和法律服务的若干意见》

意见提出六项司法保障金融安全的政策措施。

保护国有金融债权。为国家金融债权清收提供司法保障,在法律和司法解释范围内,在合同效力、诉讼时效等重要方面最大限度地保护国有金融债权。

防止国有资产流失。在相关案件审理过程中,审查的重点是围绕诸如转让标的、转让程序、受让人资格等国家相关主管部门对金融不良债权转让的各种限制性和禁止性规定所规制的内容,防止追偿诉讼成为少数违法者牟取暴利的工具,保障国有资产安全。

制裁逃废银行债务。对一些企业破产案件中存在"假破产、真逃债"现象采取更加有效措施,努力杜绝假借破产名义逃废、悬空债务的现象。

严厉打击金融犯罪。对以不特定多数人为集资对象、以高利为诱饵,非法吸收公共存款的刑事案件,将依法予以打击。

保障证券市场稳定。对一些证券机构、上市公司、投资机构存在的操纵股价、内幕交易、虚假陈述等违法行为,各级人民法院将从保护证券市场投资人合法权益,维护证券市场的交易秩序出发,妥善地处理好此类案件。

加强防范金融风险。在公司案件审理过程中,发现上市公司、中介机构存在不实披露或不合理估价等情形的,将及时向金融监管部门通报相关情况,统筹协调相关案件的处理和风险防范。

最高人民法院出台《关于为推进农村改革发展提供司法保障和法律服务的若干意见》

第一,稳定和完善农村基本经营制度。人民法院将以维护农民土地承包经营各项权益和保持土地承包关系稳定和长久不变为核心开展审判和执行工作,稳定和完善农村基本经营制度。

第二,依法维护农村土地管理制度。加大对侵占耕地刑事犯罪和违法行为的打击和制裁力度,为农民对承包土地享有的占有、使用、收益权能提供全方位的司法保护。

第三,落实和完善农业支持保护制度。审理好涉农投资和种粮补贴发放相关案件,确保农业支持保护制度的落实和完善。严惩涉及农业投资经济犯罪行为,对侵占、挪用、贪污农业投资、种粮补贴的,依法坚决予以严厉打击。

第四,依法妥善处理农村金融案件。以防范和化解农村金融风险、稳定农村金融市场,拓宽农村融资渠道、规范和引导更多信贷资金和社会资金投向农村为目标,依法妥善处理好涉及农村金融的各类案件。

第五,维护农民工合法权益。准确把握相关法律、行政法规和司法解释的规定精神,处理好农民工合法权益保护与企业健康发展之间的关系,在劳动条件、安全生产、劳动报酬,以及工伤、医疗、养老保险等各个方面,通过具体个案的妥善审理,引导和树立城乡平等的社会观念,推进城乡经济社会发展一体化。

第六,切实保护农民民主权利。综合运用各种司法审判手段,切实保障农民的知情权、参与权、表达权和监督权。通过依法保护农民民主权利和其他合法权益,促进村民自治范围的不断扩大,推动村民自治制度的健康发展。

九三学社十二届二中全会在北京开幕

会议的主要议程是学习贯彻科学发展观和中共十七届三中全会精神,听取并审议九三学社第十二届中央常务委员会2008年工作报告,审议通过九三学社中央委员会工作规则,表决通过九三学社中央监督委员会组成人员名单并对抗震救灾、为奥运会做贡献、政治交接学习教育活动、信息工作先进集体和先进个人进行表彰。

全国人大常委会副委员长、九三学社中央主席韩启德代表十二届中央常委会作了工作报告。韩启德强调,明年九三学社参政议政将围绕加强金融监管、扩大内需、增加就业、完善社会保障体系等问题,召开有关座谈会,力争形成一批有价值的成果,为党和政府科学决策服务。

全国政协副主席、九三学社中央副主席王志珍,九三学社中央常务副主席陈抗甫,副主席冯培恩、贺铿、邵鸿、谢小军、张桃林、赖明以及在京部分老领导和中央委员207人出席了会议。

第五次中美战略经济对话在钓鱼台国宾馆开幕

中国国家主席胡锦涛的特别代表、国务院副总理王岐山和美国总统布什的特别代表、财政部长保尔森共同主持对话。

王岐山在致辞中表示,两年前,胡锦涛主席和布什总统高瞻远瞩共同倡导建立了中美战略经济对话机制。两年来,双方通过对话机制,加强沟通协调,战略互信不断加深,各领域合作不断扩大,取得了一大批互利共赢成果。能源和环境合作、产品质量和食品安全等领域合作更成为中美两国建设性合作的亮点,不少敏感和复杂问题得到了妥善解决。特别是在这次应对国际金融危机过程中,双方充分利用对话机制进行及时、充分、深入沟通,为两国加强政策协调、共同应对危机提供了重要平台。事实表明,中美战略经济对话机制的建立,是富有远见和卓有成效的。

王岐山强调,中美建交30年来,各方面联系日益紧密,利益汇合点不断增多,谁也离不开谁。在中美关系处于承前启后的重要时期,继续开展对话与合作,有利于推动中美经贸关系和中美建设性合作关系不断向前发展。

保尔森在致辞中高度评价中国在应对国际金融危机中发挥的积极作用,表示在本次战略经济对话中,双方将把稳定全球经济、推动在能源和环境保护以及产品质量和食品安全等方面合作作为重点。美方相信并将致力于使第五次中美战略经济对话成为最富有成效的一轮对话,取得更多互利成果,以造福两国人民。

出席对话的中方代表团成员还有:财政部部长谢旭人、发展改革委主任张平、人力资源和社会保障部部长尹蔚民、环境保护部部长周生贤、农业部部长孙政才、商务部部长陈德铭、卫生部部长陈竺、中国人民银行行长周小川、质检总局局长王勇、驻美大使周文重等。美方代表团主要成员还有美国驻华大使克拉克·雷德,美国总统国际经济事务副助理、白宫国安会国际经济事务副顾问丹·普赖斯,美国农业部部长爱德华·谢弗,美国劳工部部长赵小兰,美国卫生与公共服务部部长迈克尔·莱维特,美国白宫管理与预算办公室主任詹姆斯·纳瑟尔,美国贸易代表苏珊·施瓦布,美国环境保护署署长斯蒂芬·约翰逊等。

中美能源环境十年合作框架下绿色合作伙伴计划相关签字仪式在北京举行

中国国务院副总理王岐山和美国财政部长保尔森分别代表中美两国政府签署了《中美能源环境十年合作框架下的绿色合作伙伴计划框架》,并出席了相关合作意向书的签字仪式。来自中美两国的第一批共七对绿色合作伙伴分别签署了《关于建立绿色合作伙伴关系的意向书》。

“绿色合作伙伴计划”是中美能源环境十年合作框架下各地方开展具体合作的一个平台。该计划鼓励中美两国各级地方政府之间,企业之间,学术、研究、管理、培训机构之间,以及其他非政府组织和协会之间自愿结成合作伙伴关系,为中美两国能源安全及经济和环境的可持续发展探索新的合作模式。通过“绿色合作伙伴计划”,中美有关城市或其他合作伙伴之间将依托具体项目开展技术合作、经验交流及能力建设等形式的合作活动。

国家发展改革委等国务院相关部门及社会各界代表参加了签字仪式。

全国总工会主席王兆国在人民大会堂会见以巴乔副总书记为团长的世界工会联合会代表团一行

全国人大与韩国国会定期交流机制第三次会议在首尔举行

外交部部长杨洁篪在加德满会见尼泊尔总统亚达夫

外交部部长杨洁篪在内比都与缅甸外长吴年温举行会谈

中国最大的私立公益美术馆——华茂美术馆在浙江宁波开馆

12月5日

中共中央总书记胡锦涛在人民大会堂会见出席中华慈善大会的代表并发表讲话

国务院副总理李克强参加会见。

胡锦涛发表了重要讲话。胡锦涛在讲话中指出，中国改革开放30年来，随着社会主义现代化建设的不断推进，慈善事业也取得了长足发展。特别是在今年抗击四川汶川特大地震灾害的伟大斗争中，慈善事业发挥了重要作用，开展了共和国历史上最大规模的社会捐赠行动，为灾区人民战胜灾害、重建家园提供了宝贵支持。海内外中华儿女和国际友人共襄善举的拳拳爱心，令人感动和敬佩。

胡锦涛强调，慈善事业是改善民生、促进社会和谐的崇高事业。进一步发展中国慈善事业，需要各方面的热心支持和鼎力相助。他希望海内外社会团体、各类企业和各界人士进一步发扬人道主义精神，乐善好施，扶危济困，热情参与慈善活动，向需要帮助的人们奉献更多的关爱。希望各级各类慈善机构充分发挥自身优势，积极传播慈善文化，不断创新募捐方式，切实管好用好善款，以良好形象取信公众、取信社会。希望各级党委、政府和有关部门始终坚持以人为本，大力倡导文明新风，高度重视慈善事业，不断完善政策措施，把各方面的积极性充分调动起来，为发展我国慈善事业，为夺取全面建设小康社会新胜利作出更大贡献。

回良玉、令计划、华建敏、马凯、杜青林、钱运录和中央军委委员李继耐参加了会见。

国家主席胡锦涛在人民大会堂会见美国总统特别代表财政部长保尔森

胡锦涛表示，当前，中美关系正处在承前启后的重要时期。中国政府重视对美关系，愿同美方一道，以两国建交30周年为契机，牢牢把握建设性合作关系的大方向，加强对话，增进互信，扩大合作，推动中美关系不断迈上新台阶。

胡锦涛说，中美战略经济对话之所以能够取得积极成果，一是因为坚持对话的全局性、战略性和长期性，服务于两国经贸合作和双边关系发展的大局；二是因为坚持互利互惠、合作共赢，既考虑自身的利益，也照顾对方的关切，不断拓宽双边合作领域，积极培育新的合作增长点；三是因为坚持平等协商、务实推进，通过对话缩小分歧、扩大合作，妥善处理合作中遇到的问题。胡锦涛希望中美双方总结两国战略经济对话的好经验好做法，共同落实好已达成的共识和取得的成果，继续加强高层对话机制建设，促进两国各领域务实合作和双边关系更好地发展。

保尔森表示，美中两国元首倡导建立美中战略经济对话是极富远见的战略决策，美方高度评价美中战略经济对话机制在推动两国经贸关系发展、促进世界经济稳定方面所发挥的作用。两年来，美中战略经济对话机制有力地帮助了我们处理两国战略经济关系，解决复杂敏感问题，促进两国关系发展。

保尔森说，美中关系是世界上最重要的双边关系之一，发展美中友好合作符合双方利益，美方愿与中方共同努力，推动两国关系不断向前发展。

会见中，双方还就国际金融危机等问题交换了意见。

国务院总理温家宝在中南海紫光阁会见出席第五次中美战略经济对话的美方代表

温家宝说，这次对话在宏观经济与金融服务、能源和环保合作、贸易与投资、产品质量和食品安全、国际经济合作5个方面达成了40项成果，这再次表明建立两国战略经济对话机制是富有远见的，也是卓有成效的。

温家宝强调，中美建交30年有两条根本经验：第一，中美都是世界上具有重要影响的大国，发展建设性合作关系不仅有利于两国人民，而且有利于世界和平、稳定与繁荣。

第二，中美虽然社会制度和历史文化不同，但有着广泛的共同利益。当前，国际政治、经济形势复杂多变，中美更应该加强对话，扩大共识，推进合作，走出一条互利共赢的光明大道。

保尔森表示，第五次美中战略经济对话在双方共同努力下取得圆满成功。这次对话的重要主题之一就是要防止世界倒退到贸易保护主义时代，这也是布什总统和胡锦涛主席在前不久召开的二十国集团领导人峰会上所强调的。在当前全球金融危机不断蔓延的背景下，美中两国加强合作，共同应对挑战尤为重要。

全国政协主席贾庆林在暹粒出席中国援助修复柬埔寨周萨神殿竣工仪式并致辞

国务院副总理回良玉出席在北京召开的中华慈善大会并发表讲话

回良玉强调，要进一步完善“政府推动、民间运作、社会参与、各方协作”的慈善事业发展机制，抓住文化建设、法制建设、组织建设三个关键环节，大力营造我国慈善事业发展的良好社会环境和制度环境。要大力宣传中华民族扶危济困、乐善好施的优良传统，大力弘扬“人人可慈善”的理念，在全社会营造关心慈善、支持慈善、参与慈善的良好社会环境，让慈善成为全社会的自觉行动。要加强慈善法制建设，把党和国家发展慈善事业的要求、已有的成功经验、需要解决的迫切问题转化为制度和措施，为慈善事业发展提供制度保障。要依法加强对募捐市场和捐赠活动的管理，完善和落实社会募捐和捐赠税收优惠等方面的政策，引导和保护公众参与慈善的积极性。要大力培育发展慈善组织，加强慈善组织自身建设，健全以章程为核心的内部管理制度，实行阳光运作、规范管理，切实提高和维护慈善组织的社会公信力，夯实慈善事业发展的组织基础。

会上，民政部表彰了2008年度为我国慈善事业作出突出贡献的个人、企业、机构和慈善项目，分别授予他们“中华慈善奖”、“全国优秀慈善工作者”、“中华慈善贡献奖”，并向汶川地震灾区赠送了“中华慈善奖万众爱心杯”，以铭记千千万万奉献爱心的个人、企业和团体。

全国高技能人才和农村优秀人才表彰大会在北京召开

国务院副总理张德江、中央组织部部长李源潮在会前接见了与会代表。

张德江强调，加快推进社会主义现代化、实现中华民族伟大复兴，迫切需要数以千万计的高技能人才和农村实用人才。我们要深入贯彻落实科学发展观，实施人才强国战略，坚持科学的人才观，牢固树立人才资源是第一资源的观念，牢固树立人人都可以成才的观念，牢固树立尊重、培养、关心高技能人才和农村实用人才的观念，创新工作机制，加大培训力度，健全评价体系，营造良好氛围，促进更多高技能人才和农村实用人才快速成长，推动我国高技能人才和农村实用人才工作再上新台阶。

20名中华技能大奖获奖者、300名全国技术能手、80家国家技能人才培育突出贡献单位和100名全国农村优秀人才受到了表彰。部分获奖代表，党中央、国务院有关部门负责人，各省、自治区、直辖市和新疆生产建设兵团人事、劳动保障、农业厅(局)以及有关企业、协会的代表参加了会议。

第五次中美战略经济对话成果情况说明

中美两国于2008年12月4日至5日在北京钓鱼台国宾馆举行了第五次中美战略经济对话。王岐山副总理和亨利·保尔森财长分别作为胡锦涛主席和乔治·布什总统的特别代表共同主持了本次对话。

通过第五次战略经济对话会议上的讨论，双方在具有战略性的重要领域达成了一系列有助于加强并深化双边经济关系的成果，包括：

领域一：宏观经济合作及金融服务业

中美两国同意对具有系统性重要意义的宏观经济政策继续保持紧密交流，并再次承诺继续采取切实的必要措施保证金融市场的稳定，促进全球经济持续增长，在关系到全球经济和金融稳定的问题上继续合作，并考虑采取措施进一步加强监管方面的信息交流。为此，中美两国采取下列措施并作出以下承诺：

• 中方将允许在华外资法人银行基于同中资银行相同的待遇，为其客户或自身在银行间市场交易债券。尽管中国对外资银行实行短期外债余额指标管理，但将在特殊情况下允许符合条件的外资银行临时性通过海外关联机构担保或贷款方式增加其流动性。

• 美国重申欢迎外来投资，包括对其金融部门和通过中国外汇储备和主权财富基金所做的以商业为导向的投资，并重申：(1)对经合组织(OECD)确定的接收主权财富基金投资的开放和非歧视性原则的承诺；(2)对中资的银行、证券公司、基金管理公司的所有申请实行统一的监管标准，这些标准也适用于在同等条件下的美国或其他外国的金融机构；(3)快速审批中资金融机构的申请；(4)确保在美外国投资委员会在审查过程中一致、公平地对待所有外国投资，不论其来源地。

• 中美双方对工行在美开设分行的申请最近获批准、中国的兴业银行宣布采纳赤道原则、两国有关监管部门就跨境审计监管进行讨论并持续开展合作等表示欢迎。双方同意扩大目前在农业保险风险管理实践方面的合作、就缴费确定型年金计划的税收优惠待遇开展技术合作。

领域二：能源与环境合作

中美两国同意在应对环境可持续性、气候变化、能源安全的挑战方面继续密切沟通和广泛合作。鉴此，中美两国采取以下行动，并作出如下承诺：

• 中美双方宣布就十年合作框架下五大目标的行动计划达成一致，这五大目标包括：清洁、高效和有保障的电力生产和传输；清洁的水；清洁的大气；清洁和高效的交通；森林和湿地生态系统保护。中美双方还宣布设立一个能源效率目标，并计划于下次十年合作指导委员会会议之前完成该目标的行动计划。

• 中美双方签署了《中美能源环境十年合作框架

下的绿色合作伙伴计划框架》。中美双方有关绿色合作伙伴签署了《关于建立绿色合作伙伴关系的意向书》,这些伙伴包括:华电集团公司与未来能源控股公司(清洁能源发电);重庆市与科罗拉多州丹佛市(电动和插入式混合动力汽车);江苏省无锡市与堪萨斯州威奇塔市(清洁的水和大气);唐山市曹妃甸新区与美国浮海风电有限公司(风能);大连港和西雅图港(绿色港口);四川省绵竹市与堪萨斯州格林斯伯格市(灾后绿色重建);华东师范大学与杜兰大学(湿地研究)。

•美方支持两国企业和科研机构在天然气水合物勘探开发领域开展技术合作;美方同意就提供用于地球物理勘探的海洋声学设备的可能性与中方合作。

•中方注意到美方支持中国以非经合组织成员身份加入国际能源署(IEA),中方愿与国际能源署保持良好合作关系并进一步加强两者之间的对话和合作。

•中美双方签署了关于节能环保和清洁水合作的两个备忘录。根据第一个备忘录,双方将共同支持公共私营伙伴关系,以帮助中国企业应对能效方面的挑战。中国国家发展改革委(NDRC)和美国贸易发展署(USTDA)将开展合作,包括帮助中国中央和省级政府及工业行业提高能力,实施能效审计,以减少污染并改善中国企业的能效。在上述备忘录的框架下,双方将共同组织贸易便利化活动;第二个备忘录将建立伙伴关系,充分利用美国私营部门的专业技能和资源,支持中美能源环境十年合作框架下的清洁水行动计划。

•中美双方同意共同出资,于2009年6月前在“亚太森林恢复与可持续管理网络”框架下,举办森林可持续管理和森林恢复培训班;同意共同支持在中部非洲地区开展一个薪炭材的替代产品示范项目。

•中美双方同意,通过交换包括木材和木制品双边进出口在内的数据,支持中美打击非法采伐和相关贸易,并在一年后评述扩大数据交换的范围;继续推动对“非法采伐”的共识并探索对此共识的实际应用;在2008年12月共同主办“木材和木材产品贸易政策”国际研讨会。

•中美双方同意深化海洋合作,包括资料交换和与海气相互作用、气候变化、基于生态系统的管理、海洋养护、海洋治理、海岸恢复力相关的联合战略。双方还同意在2009年召开渔业科学技术议定书联合工作组会议。

•中美双方同意在联合国环境规划署全球汞伙伴关系框架的合作基础上,加强应对汞问题的合作。

•中美双方同意在中美科技联委会框架下继续进行灾害预防技术合作。

领域三:贸易和投资

在当前世界经济状况不断恶化的背景下,中美两国强调并共同承诺反对保护主义、促进投资和贸易的开放。为此,两国:

•举行了第二次中美投资论坛,并就如何创造条件增加两国之间的投资交换了意见,认为该论坛的讨论有益于双边投资关系且应继续下去。

•联合举办了中美交通论坛第一次会议并签署了《联合声明》,承诺建立工作组,探讨运输新技术、城市拥堵、创新融资、危险货物运输和灾难救援协调等合作领域。工作组将于明年开会评估第二次交通论坛的目的和目标。

•就原产地规则问题开展了联合专家对话,双方同意在下一次中美战略经济对话之前就此再次举行联合专家对话以指导未来合作。

•共同举办第二次中美创新大会,并将继续开展创新合作及相关计划,同时与中美科技合作联委会的工作相协调。

•举行了三次富有成效的双边投资保护协定谈判。双方共同的目标是达成一个互惠的协定,致力于便利和保护投资,并提高两国投资者的透明度和可预见性。

•签署了关于计量、标准和认证领域合作议定书。

领域四:食品和产品安全

认识到消费产品安全对双边贸易的极度重要性,为了保护两国消费者的安全,中美两国同意在第三次和第四次中美战略经济对话取得的切实进展的基础上,加强对话和合作,改善信息交换,组织技术培训,并加强共同应对突发事件的能力。为此,两国:

•同意评估已有双边协议的落实情况,找出落实方面存在的差距,并在下一次对话前准备相应的情况进展报告。

•同意美国消费品安全委员会将继续根据相关程序考虑中方关于制定《2008年消费品安全提高法案》实施条例的意见。

•同意进一步落实双边食品与饲料安全协议。

•同意进一步落实食品安全信息通报谅解备忘录,以加强双边合作,共同应对突发事件,更加有效地保护两国消费者的安全,促进双方贸易的健康发展。

•同意参加世界动物卫生组织,国际植物保护公约和食品法典委员会等有关国际组织活动以及能力建设。

•成立了中医药合作委员会或工作小组,并确定了第一批合作项目。传统中医药中濒危野生动物和衍生品使用的替代品问题将纳入工作小组的议程之中。

领域五:国际经济合作

发扬于11月15日在华盛顿举行的金融市场和世界经济峰会上关于国际经济合作的合作精神,中美两国讨论了如何最好地利用国际金融机构和经济组织推动全球经济增长和稳定,改善两国共同促进全球经济发展，包括应对食品安全、公共卫生和减贫等领域挑战的能力。双方：

• 同意国际金融组织中的代表性应予以调整，以更好地反映各经济体在全球经济中变化的权重。

• 支持中国和其他重要新兴经济体成为金融稳定论坛的成员。

• 同意支持亚太经合组织论坛（APEC）为扩大机构投资者基础正开展的工作，以鼓励和推进亚太经合组织地区资本市场的发展。

• 在当前金融困境下，为保持中美两国以及与新兴和发展中经济体的贸易，中国进出口银行和美国进出口银行同意为贸易融资提供新的资金。中国进出口银行准备提供80亿美元，美国进出口银行准备提供120亿美元，以在必要时帮助中国和美国的产品及服务的出口。

自2006年9月中美战略经济对话启动以来，中美双方已经开展了五次正式对话，取得了积极成果，双方对此感到满意。

回顾战略经济对话进程，美方与会者认为，与中方合作是持续健康的双边关系的基础，而这一关系对两国及世界经济的未来发展至关重要。在现有合作机制的基础上，战略经济对话开创了建设性的新途径，明确了双方具有共同利益的领域，在同时推进中国改革进程和美国经济利益方面取得了切实成果。

中方与会者认为，战略经济对话是增进战略互信、加强互利经济合作的重要平台，是建设强有力和持久中美关系的重要基石。双方在共同应对全球金融市场挑战过程中紧密频繁的交流与合作，是战略经济对话的价值和有效性的具体体现。

战略经济对话进程所取得的互利结果，只能源自连续、坦诚的对话与磋商。对话机制已成为解决分歧、应对快速发展的双边贸易和投资中的挑战的一个有效框架，从而促进了两国和两国人民的根本利益。

外交部部长杨洁篪在内比都会见缅甸国家和平与发展委员会主席丹瑞

中联部部长王家瑞在北京会见欧洲社会党青年政治家代表团

第五届中国青少年科技创新奖在北京颁发

共青团中央、全国青联、全国学联、全国少工委在京举行第五届中国青少年科技创新奖颁奖会。全国人大常委会副委员长王兆国，国务委员刘延东会见全体获奖学生并为获奖学生颁奖。全国政协副主席、中国残联名誉主席邓朴方代表邓小平同志亲属讲话。对北京大学工学院一般力学与力学基础专业2004级直博生王启宁、四川省绵阳中学高三年级学生王淼等96名内地同学和香港中文大学王玲、澳门镜平学校中学部梁嘉俊等4名港澳地区同学荣获第五届中国青少年科技创新奖。这些获奖学生是全国广大青少年投身科技创新的优秀代表，体现了当代青少年崇尚科学、积极实践、勇于创新的良好精神风貌。

共青团中央书记处第一书记陆昊宣读颁奖决定。共青团中央书记处书记卢雍政主持颁奖会。

国务委员刘延东在北京出席"长江学者奖励计划"十周年纪念大会暨2007年度长江学者受聘颁奖仪式并发表讲话

刘延东说，"长江学者奖励计划"实施十年来，以造就领军人物带动高校教师队伍建设，以支持科学研究带动学科发展、科技创新和学术繁荣，以奖励计划促进人才理念和制度创新，始终传递着党和国家对于吸引海内外高层次人才投身高等教育事业的殷切期望，取得了丰硕成果，也积累了宝贵经验。一是坚持质量第一，真正选拔出国家需要、学界公认的高层次人才。二是坚持公正公开，科学规范评审程序，严格评价标准，树立良好的公信形象。三是坚持突出重点，注重对中青年优秀人才和学术领军人物的资助，提升了高层次人才培养和教师队伍建设效果。四是坚持制度创新，将人才项目和制度建设有机结合，推动激励创新制度的形成。这些经验今后要认真坚持，发扬光大。

"长江学者奖励计划"是教育部与香港李嘉诚基金会于1998年共同启动实施的高层次人才计划。目前共有115所高校聘任了1308位长江学者，17位专家学者获得"长江学者成就奖"。

12月6日

国务院副总理李克强在北京会见全国援外医疗队派遣45周年纪念暨表彰大会代表并发表讲话

李克强指出，坚持不懈地做好援外医疗，对于密切我国同广大发展中国家的传统友好关系、维护我负责任国家形象，营造现代化建设有利国际环境、走和平发展道路、奉行互利共赢的开放战略都具有重要意义。他勉励援外医务人员继续发扬艰苦奋斗、不怕困难、顽强拼搏、为国争光的光荣传统，继续发扬同受援国政府和人民密切协作、相互尊重的优良作风，为增进同发展中国家人民的友谊创造新的业绩。

据悉，45年来，我国已向五大洲的69个国家和地区派出过医疗队，累计派出援外医务人员2万多人次，为受援国诊治2.6亿人次。此次纪念暨表彰大会，对过去5年援外医疗中涌现出的30个先进集体、100名先进个人进行表彰。全国人大常委会副委员长韩启德出席纪念暨表彰大会,并给受表彰的先进集体和个人代表颁奖。

中共中央政治局常委李长春在北京世纪剧院观看“放歌30年”中国出版集团公司出版精品展暨大型音乐会

第二届钱端升法学奖在人民大会堂揭晓

由中国政法大学主办的“第二届中国法治论坛开幕式暨第二届钱端升法学研究成果奖颁奖大会”在人民大会堂举行。全国人大常委会副委员长严隽琪为一等奖获得者颁奖。

据介绍,钱端升奖已被国家认定为与霍英东奖、孙冶方奖、吴玉章奖等齐名的“部级奖”。此次共有41项作品获奖,其中一等奖1项,二等奖9项,三等奖14项及提名奖17项。中国人民大学范愉的专著《非诉讼纠纷解决机制研究》获得一等奖。

第八届中国网络媒体论坛在重庆举行

于凤桐以34.97秒的成绩夺得2008—2009赛季国际滑联速度滑冰世界杯长春站比赛男子500米项目冠军

12月7日

中央深入学习实践科学发展观活动指导检查组情况汇报会在北京召开

会议听取了各指导检查组关于联系单位学习实践活动进展情况和指导检查工作的汇报,认为参加第一批学习实践活动各单位紧紧围绕党员干部受教育、科学发展上水平、人民群众得实惠的总要求,紧密联系实际、突出实践特色、注重取得实效,取得了阶段性成果。

中央组织部部长李源潮指出,当前国际金融危机仍在扩散和蔓延,对我国经济的负面影响更加明显,我国经济社会发展面临着严峻的考验。要指导联系单位以科学发展观为指导,创造性地落实中央关于扩大内需、稳定金融、改善民生、维护稳定等一系列重大政策举措,积极调整产业结构、提高自主创新能力、提高企业管理水平、提高产品质量和安全标准、提高资源节约和环境保护水平,加快转变经济发展方式,努力把国际金融危机带来的风险转化为科学发展的机遇。越是在困难时刻,越要高度重视关注民生,越要高度重视关心困难群体,越要高度重视维护社会稳定。

中央指导检查组各组长参加了会议。

第十九届“中国十大杰出青年”评选在北京揭晓

荣获本届“中国十大杰出青年”称号的是:爱军精武,潜心践行传播党的创新理论的沈阳军区某部高炮团修理连班长向南林;舍生忘死,在汶川特大地震抢险救灾中作出突出贡献的四川绵阳北川县陈家坝乡党委书记赵海清(羌族);不畏艰险,穿梭于雪山峡谷为藏区百姓传递真情的云南德钦县云岭乡邮政所邮递员尼玛拉木(女,藏族);顽强拼搏,在奥运赛场上展示中国力量的国家举重队运动员刘春红(女);勇攀高峰,在载人航天工程中屡立战功的“神舟”七号载人航天飞行任务火箭系统副总设计师宋征宇;奋不顾身,勇于追击重大事件现场的中央电视台新闻中心记者张泉灵(女);奋笔耕耘,在重大事件中及时发出舆论先声的《人民日报》政治新闻版主编胡果(女);英勇无畏,用柔弱身躯毅然守护奥运火炬的上海普陀区市政工程管理署工会副主席金晶(女);勤学苦练,成功开创轿车修复新工艺的一汽—大众汽车有限公司焊装车间工长王洪军;德艺双馨,用优美歌声和真挚爱心奉献社会的中国人民解放军总政治部歌舞团演员谭晶(女)。

老工业基地沈阳市铁西区被联合国人居署授予“2008联合国全球宜居城区示范奖”

12月8日

中央经济工作会议在北京召开

会议12月8日至10日召开。中共中央总书记、国家主席、中央军委主席胡锦涛发表重要讲话。吴邦国、温家宝、贾庆林、李长春、习近平、李克强、贺国强等出席会议。

胡锦涛在会上发表重要讲话,全面分析了当前国际国内形势,明确提出了明年经济工作的总体要求和重点任务,阐述了做好明年经济工作需要把握的原则。温家宝在讲话中全面分析了当前我国经济形势,阐述了明年经济社会发展主要预期目标和需要解决的重点问题,具体部署了明年经济工作。

会议指出,2008年在党和国家发展进程中是很不寻常、很不平凡的一年。一年来,我们接连经历了一些难以预料、历史罕见的重大挑战和考验。面对严峻形势,我们党团结带领全国各族人民同心同德、顽强拼搏,成功夺取抗击南方部分地区严重低温雨雪冰冻灾害和四川汶川特大地震灾害斗争重大胜利,成功举办北京奥运会、残奥会,成功完成“神舟”七号载人航天飞行任务,成功举办第七届亚欧首脑会议,沉着应对国际金融危机冲击，社会主义经济建设、政治建设、文化建设、社会建设以及生态文明建设和党的建设取得新的显著成就，社会大局保持稳定，我国国际地位和国际影响力进一步提高。今年下半年以来，国际经济环境急转直下，国内经济困难明显增加，根据形势发展变化，我们及时把宏观调控的首要任务调整为保持经济平稳较快发展、控制物价过快上涨，近期又果断实施积极的财政政策和适度宽松的货币政策，采取一系列进一步扩大内需、促进经济增长的政策措施，全力保持经济平稳较快发展。我国经济呈现增长较快、价格回稳、结构优化、民生改善的良好局面。在历史罕见的挑战和风险面前，我们能够取得这些成绩，确实来之不易。这充分显示了改革开放30年我国形成的强大经济实力和综合国力，充分证明了中国特色社会主义道路的正确性，充分表明了社会主义制度能够集中力量办大事的优越性，充分体现了中华民族不畏艰险、自强不息的英雄气概和强大凝聚力。

会议指出，在充分肯定成绩的同时，必须清醒地看到，今年以来，世界经济金融形势复杂多变，不稳定不确定因素明显增多。次贷危机引发的金融危机愈演愈烈，迅速从局部发展到全球，从发达国家传导到新兴市场国家和发展中国家，从金融领域扩散到实体经济领域，酿成了一场历史罕见、冲击力极强、波及范围很广的国际金融危机。在国际金融危机冲击下，实体经济增速大幅下滑。目前，这场金融危机不仅本身尚未见底，而且对实体经济的影响正进一步加深，其严重后果还会进一步显现。受国际金融危机快速蔓延和世界经济增长明显减速的影响，加上我国经济生活中尚未解决的深层次矛盾和问题，目前我国经济运行中的困难增加，经济下行压力加大，企业经营困难增多，保持农业稳定发展、农民持续增收难度加大，金融领域潜在风险增加。

会议强调，尽管我国经济发展面临着来自国际国内的严重困难和严峻挑战，但我国经济发展的基本面和长期趋势没有改变，我们遇到的困难和挑战是前进中的问题。经过改革开放30年的持续快速发展，我国积累了雄厚物质基础，经济实力、综合国力、抵御风险能力显著增强；我国工业化、城镇化快速发展，基础设施建设、产业发展、居民消费、生态环境保护等方面有巨大发展空间，扩大内需潜力巨大；社会主义市场经济体制不断完善，形成了较好的体制环境；金融体系总体稳健，财政赤字规模较小，外汇储备充足，国内储蓄率较高，宏观经济政策调整有较大余地。只要我们审时度势、科学决策、周密部署、扎实工作，充分发挥自身优势，加快解决突出问题，完全有条件变压力为动力、化挑战为机遇，把国际金融危机的不利影响降到最低程度，继续推动经济社会又好又快发展，继续推进全面建设小康社会进程。

会议认为，中央对经济全球化作出的判断是完全正确的，我国发展的重要战略机遇期仍然存在，不会因为这场金融危机而发生逆转。我们必须坚持社会主义市场经济的改革方向，坚持对外开放的基本国策，不为任何风险所惧，不被任何干扰所惑，坚定不移地推进改革开放和社会主义现代化建设。这场金融危机给我国发展既提出了前所未有的挑战，也带来了前所未有的机遇。我们既要把困难估计得更充分一些，把应对措施考虑得更周密一些，又要注重从变化的形势中捕捉和把握难得发展机遇、在逆境中发现和培育有利因素，统筹好国内国际两个大局，善于从国际国内条件的相互转化中用好发展机遇、从国际国内资源的优势互补中创造发展条件，更好地利用国际国内两个市场、两种资源，扎扎实实办好自己的事情。

会议强调，战胜国际金融危机严重冲击，做好明年经济工作，对于维护改革发展稳定大局，实现“十一五”规划确定的目标任务，推进全面建设小康社会进程，具有十分重要的意义。会议提出，明年经济工作的总体要求是，全面贯彻党的十七大和十七届三中全会精神，以邓小平理论和“三个代表”重要思想为指导，深入贯彻落实科学发展观，立足扩大内需保持经济平稳较快增长，加快发展方式转变和结构调整提高可持续发展能力，深化改革开放增强经济社会发展活力和动力，加强社会建设加快解决涉及群众利益的难点热点问题，促进经济社会又好又快发展。

会议指出，贯彻落实明年经济工作的总体要求，必须抓住关键、突出重点。必须把保持经济平稳较快发展作为明年经济工作的首要任务。要着力在保增长上下功夫，把扩大内需作为保增长的根本途径，把加快发展方式转变和结构调整作为保增长的主攻方向，把深化重点领域和关键环节改革、提高对外开放水平作为保增长的强大动力，把改善民生作为保增长的出发点和落脚点。

会议强调，科学发展观第一要义是发展，越是在经济发展面临较大困难的时候，我们越是要坚定不移地贯彻发展是硬道理的战略思想，牢牢扭住经济建设这个中心，始终做到聚精会神搞建设、一心一意谋发展，我们所谋求的发展必须是讲求质量和效益的发展，必须是以人为本、全面协调可持续的发展。在实现保增长目标的努力中，要更加自觉地深入贯彻落实科学发展观，尤其要把握好几个重大问题：坚持扩大内需为主和稳定外需相结合，进一步增强抵御外部经济风险能力；坚持保持增长速度和提高质量效益相统一，进一步提高经济发展质量和水平；坚持推进结构升级和扶持就业创业相协调，进一步增强经济竞争优势和吸纳就业能力；坚持推进金融创新和提高金融监管能力相适应，进一步发挥金融对促进经济发展的积极作用；坚持加强政府调控和发挥市场机制作用相促进，进一步增强经济发展内在活力。

会议提出了明年经济工作的重点任务：

一、加强和改善宏观调控，实施积极的财政政策和适度宽松的货币政策。要较大幅度增加公共支出，保障重点领域和重点建设支出，支持地震灾区灾后恢复重建，实行结构性减税，优化财政支出结构，继续加大对“三农”、就业、社会保障、教育、医疗、节能减排、自主创新、先进装备制造业、服务业、中小企业、重大改革等方面的支持力度，加大对低收入家庭的补贴和救助力度。实施积极的财政政策，要注意准确把握政策导向，按照产业结构优化升级和优胜劣汰的要求，着重缓解和消除发展的瓶颈制约，切实淘汰落后生产能力和加快产品更新换代，增强自主创新能力和产业竞争力。搞建设项目，要严格按照项目审批和建设程序办事，坚决防止高耗能、高污染、低水平重复建设，绝不能降低工程质量，绝不能搞劳民伤财的“形象工程”和脱离实际的“政绩工程”。要提高公共投资的经济效益、社会效益、带动效应，拓宽民间投资领域和渠道，增强拉动经济增长的社会合力。要发挥货币政策反周期调节和保障流动性供给的重要作用，促进货币信贷供应总量合理增长，坚持区别对待、有保有压，引导和改善市场预期，保持人民币汇率在合理均衡水平上的基本稳定，进一步改善国际收支状况。要支持能够扩大最终消费需求、带动中间需求的项目，支持在国际分工中具有长期竞争优势的先进生产能力建设，支持内部治理结构完善、就业容量大的劳动密集型企业，有效引导结构调整。要保持资本市场和房地产市场稳定健康发展。加强资本市场基础性制度建设，提高上市公司质量和治理水平，加强资本市场监管，增强投资者信心。要把满足居民合理改善居住条件愿望和发挥房地产业支柱产业作用结合起来，增加保障性住房供给，减轻居民合理购买自住普通商品住房负担，发挥房地产在扩大内需中的积极作用。

二、巩固和发展农业农村经济好形势，保障农产品有效供给、促进农民持续增收。一定要更加重视农业、农村、农民工作，千方百计确保农业特别是粮食安全不出问题，要把提高农民收入、夯实农业基础作为扩大内需的重要内容。高度重视粮食生产和主要农产品供给，千方百计调动农民种粮、地方政府抓粮的积极性，及时采取调控和引导措施，确保粮食和其他主要农产品生产稳定、市场稳定。大幅度增加对“三农”投入，保证各级财政对农业投入增长幅度高于经常性收入增长幅度，大幅度增加国家对农村基础设施建设和社会事业发展的投入，大幅度提高政府土地出让收益、耕地占用税新增收入用于农业的比例，大幅度增加对中西部地区农村公益性建设项目的投入。要完整、准确、严格贯彻党的十七届三中全会精神，农村现有土地承包关系要保持稳定并长久不变，在依法、自愿、有偿流转土地承包经营权的过程中，不得改变土地集体所有性质，不得改变土地用途，不得损害农民土地承包权益。要高度重视农民工就业和促进农民增收出现的新情况，最大限度拓展农村劳动力就业渠道和农村内部增收空间。

三、加快发展方式转变，推进经济结构战略性调整。虽然我们面临着保增长的繁重任务，但加快发展方式转变、推进经济结构战略性调整的大方向不能动摇。必须坚持把保增长、扩内需、调结构有机结合起来。要以增强发展协调性和可持续性、提高自主创新能力为目标，通过扩大最终消费需求，带动中间需求，有效吸收和消化国内生产能力，形成发展新优势。一是要以提高居民收入水平和扩大最终消费需求为重点，调整国民收入分配格局。提高居民收入在国民收入中的比重，继续做好调整企业退休人员养老金工作，提高居民财产性收入，大力促进农民消费，稳定发展住房消费和汽车消费，着力发展服务消费和旅游消费，不断增强最终消费能力。二是要以提高自主创新能力和增强三次产业协调性为重点，优化产业结构。着力突破制约产业转型升级的重要关键技术，精心培育一批战略性产业，加快企业兼并重组、支持重点企业技术改造，加快发展生产性服务业和生活性服务业，加强铁路、水利等基础设施建设。要全面加强节能、节水、节地、节材和资源综合利用工作，突出抓好节能减排、生态环境保护重点工程建设。三是要以推进城镇化和促进城乡经济社会发展一体化为重点，改善城乡结构。促进大中小城市和小城镇协调发展，有重点地培育一批综合承载能力强、辐射作用大的城市群，使其成为拉动内需的重要增长极。四是要以缩小区域发展差距和优化生产力布局为重点，调整地区结构。继续实施西部大开发、东北地区等老工业基地振兴、中部地区崛起、东部地区率先发展的区域发展总体战略，促进区域间生产要素合理流动和梯度转移。落实国家主体功能区规划，配套出台分类调控的区域政策。

四、深化改革开放，完善有利于科学发展的体制机制。坚持社会主义市场经济的改革方向，抓住时机推出有利于实现保增长、扩内需、调结构的改革措施，是提振市场信心的最好办法。要深化价格体制改革，加快建立能够充分反映市场供求关系、资源稀缺程度、环境损害成本的资源要素价格形成机制。推进公共财政管理体制改革，深化预算制度改革，健全中央政府和地方政府财力与事权相匹配的体制。加快金融体制改革，建立、健全货币政策和金融发展、金融监管相协调的机制，改善金融结构和服务，加强金融监管和创新。推进投资体制改革，健全政府投资管理体制。深化国有企业改革，继续推进国有经济布局调整，加快健全现代企业制度，推进垄断行业分类改革。毫不动摇地鼓励、支持、引导非公有制经济发展。要扩大对外开放，转变对外经济发展方式，走以质取胜、集约化、多元化的发展路子，努力保持出口稳定增长，增加进口先进技术、关键设备、重要能源原材料，提高利用外资质量，更加积极稳妥地实施"走出去"战略，在对外开放中不断提高我国经济的国际竞争力和抗风险能力。

五、着力解决涉及群众利益的难点热点问题，切实维护社会稳定。必须实施更加积极的就业政策，全方位促进就业增长，确保就业形势基本稳定。加快完善城乡社会保障体系，扩大城镇职工基本养老保险、基本医疗保险和城镇居民基本医疗保险覆盖面，研究和推出全国统一的社会保险关系转续办法，积极开展农村社会养老保险试点，制定农民工养老保险办法，切实保障农村贫困家庭、城镇困难家庭、离退休职工、在校贫困大学生基本生活水平不下降。加强各级各类教育和培训，大力发展职业教育特别是农村中等职业教育，全面推进素质教育。积极推进医药卫生体制改革，为人民群众提供安全、有效、方便、价廉的医疗卫生服务。高度重视并切实抓好食品药品质量安全和生产安全，建立最严格的食品药品和安全生产标准，建立权责利相对应的法律追究惩治体系。严厉打击各种违法违规生产经营行为，坚决遏制重特大安全事故。深入开展社会主义精神文明建设，为经济社会发展提供思想保证、舆论支持、文化条件。加强和完善社会管理，健全应急管理体制机制，下大气力解决群众反映强烈的突出问题，全力维护社会稳定。

会议指出，实现明年经济工作的目标和任务，要继续实施灵活审慎的宏观经济政策，核心是提高宏观调控的应变能力和实际效果，要切实增强调控的预见性、针对性，努力提高调控的科学性、实效性。在工作具体部署上，要积极扩大国内需求，进一步巩固和加强农业基础地位，加快经济结构战略性调整，坚定不移地推进改革开放，着力做好就业和社会保障工作，全面提高产品质量和安全生产水平，加快发展社会事业。

会议指出，做好明年经济工作，要进一步加强和改进党对经济工作的领导，统一思想、协调行动，加强学习、增长本领，转变作风、狠抓落实。要把思想和行动统一到科学发展观的要求上来，统一到中央对国内外经济形势的分析判断上来，统一到中央决策部署上来，以思想认识的高度一致保证行动和工作的高度协调。要把开展深入学习实践科学发展观活动与保持经济平稳较快发展紧密结合起来，着力把握发展规律、创新发展理念、转变发展方式、破解发展难题，着力转变影响和制约科学发展的思想观念和体制机制，着力解决经济社会发展中的突出矛盾和问题。要深入实际、深入基层、深入群众，开展调查研究，做到问政于民、问需于民、问计于民，使提出的发展思路、工作部署、政策措施更加符合实际。要加强党风廉政建设，严格执行纪律，加强督促检查，确保中央关于进一步扩大内需、促进经济增长的政策措施不折不扣落实到位，确保党和国家大政方针得到全面贯彻。

会议强调，我们要更加紧密地团结在以胡锦涛同志为总书记的党中央周围，高举中国特色社会主义伟大旗帜，万众一心，振奋精神，锐意进取，扎实工作，全面做好明年经济工作，以优异成绩迎接新中国成立60周年。

出席这次会议的中央领导同志还有：王刚、王乐泉、王兆国、王岐山、回良玉、刘淇、刘云山、刘延东、李源潮、汪洋、张高丽、张德江、俞正声、何勇、令计划、王沪宁、李建国、梁光烈、马凯、孟建柱、戴秉国、王胜俊、曹建明、廖晖、杜青林、陈奎元、钱运录、万钢和徐匡迪，以及中央军委委员陈炳德、李继耐、廖锡龙、常万全、靖志远、吴胜利、许其亮等。

各省、自治区、直辖市和计划单列市、新疆生产建设兵团的党政主要负责人，党中央有关部门、国务院有关部委和有关单位的主要负责人，中央管理的部分企业负责人，军队及武警部队有关负责人出席了会议。

全国人大常委会副委员长陈至立在河内会见越共中央总书记农德孟

朝核问题六方会谈在北京钓鱼台芳菲苑举行团长会

侯祥麟逝世

原石油工业部副部长，中国科学院院士，中国工程院院士侯祥麟同志，因病于12月8日在北京逝世，享年96岁。

侯祥麟是广东揭阳人，1912年生，1935年毕业于燕京大学化学系，抗日战争时期投身抗日救亡活动。1938年加入中国共产党。1944年受党组织委派留学美国，就读于美国卡耐基理工学院化学工程系，并获博士学位。新中国成立后，侯祥麟曾任清华大学化工系教授兼燃料研究室研究员，石油管理总局炼油处主任工程师，石油工业部生产技术司副司长，石油化工科学研究院副院长、代院长兼党委书记。1978年4月起历任石油工业部副部长兼石油化工科学研究院院长,中国石油学会理事长,中国化工学会副理事长,中国石油化工总公司首席顾问、技术经济顾问委员会首席顾问,中国石油天然气总公司技术委员会副主任、高级顾问,世界石油大会中国国家委员会主任。

侯祥麟是政协第五、六、七届全国委员会常务委员,国务院学位委员会委员,国家科委发明评选委员会副主任,国家自然科学基金委员会委员。

12月9日

全国政协主席贾庆林在人民大会堂会见欧美同学会·中国留学人员联谊会第六届理事会全体理事

贾庆林说,今年是改革开放30周年,也是邓小平同志关于扩大派遣出国留学人员重要讲话发表30周年。30年来,在党和国家"支持留学,鼓励回国,来去自由"方针的正确指引下,出国归国留学人员成倍增加,为改革开放和现代化建设作出了突出贡献。广大留学人员是国家的宝贵财富,是推动我国经济社会发展和实现中华民族伟大复兴的一支重要力量。

贾庆林指出,欧美同学会·中国留学人员联谊会要充分发挥群众性、高知性、统战性的特点和优势,切实加强自身建设,提高服务水平,努力成为党和政府联系留学人员的桥梁和纽带,成为党和政府做好留学人员工作的助手,成为广大留学人员之家。各级党委和政府要高度重视留学人员工作,加强和改善对留学人员工作的领导,及时研究和解决重大问题。各级统战部门要把留学人员工作摆上重要议事日程,积极为做好留学人员工作创造良好条件。

全国人大常委会副委员长、欧美同学会·中国留学人员联谊会会长韩启德,全国政协副主席、中央统战部部长杜青林等参加会见。

欧美同学会·中国留学人员联谊会第六届理事会在北京举行人才工作报告会

中央组织部部长李源潮在作报告时指出,改革开放以来,我国出国留学人员总数已达120多万人。要继续贯彻支持留学、鼓励回国、来去自由的方针,进一步解放思想,以更宽的眼界、更宽的思路和更宽的胸襟,做好引进和用好海外人才工作。引进来是第一步,使用好是关键。要坚持使用为本,根据国家事业发展的需要,为留学回国高层次人才搭建干事创业的平台,让他们领衔国家重大科研和工程项目,有职有权有责。要积极探索建立与国际接轨、符合国情的科研和管理方面的体制机制,促进引进人才最大限度地发挥作用。要认真落实各项政策措施,营造良好的工作环境和社会氛围,从工作、生活等各个方面关心支持留学回国人才,使他们能够全身心投入科技创新创业事业。

李源潮指出,欧美同学会·中国留学人员联谊会是具有光荣传统的我国留学人员团体。希望充分利用自身优势,在引进和用好海外高层次人才中发挥独特作用,努力成为党和政府吸引海外高层次留学人才的重要窗口,联系和团结海外高层次留学人才的桥梁纽带,做好海外高层次留学人才工作的助手。

全国人大常委会副委员长、欧美同学会·中国留学人员联谊会会长韩启德主持报告会。全国政协副主席、中央统战部部长杜青林等出席。

中国工程论文发表数跃居世界第一

中国科学技术信息研究所发布中国科技论文统计结果显示,按《工程索引》(EI)数据库统计,2007年我国科技人员发表的期刊论文为7.82万篇,占世界论文总数的19.6%,首次超过美国,居世界第一。按《科学引文索引》(SCI)数据库统计,2007年我国科技人员发表科技论文9.48万篇,占世界份额的7.5%,排在世界第三位,处于美国和英国之后。我国发表国际论文数较多的学科为化学、计算机科学技术、物理学、材料科学、电子通信与自动控制、生物学、动力与电气、数学、土木建设和地学。

12月10日

中共中央总书记胡锦涛就纪念《世界人权宣言》发表60周年致信中国人权研究会

胡锦涛指出,新中国成立以来,中国社会取得了举世公认的巨大进步,中国人民的命运发生了翻天覆地的巨大变化,中国人权事业也实现了历史性发展。特别是改革开放30年来,党和政府把尊重和保障人权作为治国理政的重要原则,庄严载入《中国共产党章程》和《中华人民共和国宪法》,并采取切实有效的措施促进人权事业发展,使广大人民群众物质文化生活水平得到显著提高,政治、经济、文化、社会权益得到切实保障,谱写了中国人权事业发展的新篇章。

胡锦涛强调,在全面建设小康社会、加快推进社会主义现代化的进程中,我们要一如既往地坚持以人为本,既尊重人权普遍性原则,又从基本国情出发,切实把保障人民的生存权、发展权放在保障人权的首要位置,在推动经济社会又好又快发展的基础上,依法保证全体社会成员平等参与、平等发展的权利。

胡锦涛表示,中国人民将一如既往地加强国际人权合作,同世界各国人民一道,共同为推动世界人权事业健康发展，为建设持久和平、共同繁荣的和谐世界作出应有的贡献。

全国人大常委会委员长吴邦国在人民大会堂会见蒙古国家大呼拉尔主席登贝尔勒

吴邦国指出，中方重视发展对蒙关系，愿与蒙方一道，以建交60周年为契机，加强能矿资源等领域合作，把双边经贸潜力转化为中蒙关系发展新的动力，更好地造福两国人民。

登贝尔勒完全赞同吴邦国对两国关系的评价。他说，加强对华关系是蒙古自身发展的需要，也是议会和政府对外政策的首要方针。蒙方期待与中方深化经贸、人文、环境等领域的务实合作。蒙古大呼拉尔愿进一步密切与中国全国人大关系，共同推动两国关系深入发展。他重申，蒙方坚定奉行一个中国政策，始终认为台湾、西藏是中国领土不可分割的一部分。

国务院总理温家宝在北京主持召开国务院常务会议部署做好当前农民工工作

会议指出，今年以来，我国就业形势总体良好，但也出现不少新情况。由于国际金融危机的影响不断加深，国内部分企业生产经营遇到困难，就业压力明显增加。对此，必须采取更加积极的就业政策，尤其要高度重视农民工的就业，这直接关系农村经济发展和农民增收，关系经济社会发展全局。各地区、各有关部门要深入调查研究，全面掌握情况，采取有效措施，切实做好当前农民工工作。一要广开农民工就业门路。积极扶持劳动密集型企业，稳定农民工就业。对生产经营遇到暂时困难的企业，引导其采取灵活用工、弹性工时、组织培训等多种措施稳定就业岗位。大力发展劳务经济带动农民工转移就业。二要加强农民工就业能力培训。有关部门和教育培训机构要增加农民工培训投入，扩大培训规模，改进培训方式，注重提高实用技能和就业能力。三要扶持有条件、有能力的农民工返乡创业，在用地、收费、信息、工商登记、纳税服务等方面降低门槛，搞好金融服务，落实小额担保贷款，符合规定的给予财政贴息。鼓励返乡农民工参加农业和农村基础设施建设。四要确保农民工工资按时足额发放。完善工资保证金制度，加强工资保证金账户管理，强化工资支付监控。妥善处理农民工与用人单位的劳动争议，维护农民工合法权益。企业关闭破产必须严格依法进行，对恶意欠薪逃匿的业主要严肃查处。五要做好农民工社会保障和公共服务。积极引导返乡农民工参加新型农村合作医疗，保障农民工工伤保险权益，抓紧制定农民工社会保险关系异地转移与接续办法，加强返乡农民工疾病防控、计划生育及子女义务教育、适龄儿童预防接种等公共服务。六要切实保障返乡农民工的土地承包权益。加强对土地承包经营权流转的管理和服务，依法解决土地纠纷，任何组织和个人都不得截留、扣缴或以其他方式侵占返乡农民工的土地流转收益。

会议认为，实施农机具购置补贴政策，对于提高农业机械化水平，拉动农机工业发展，促进经济增长都有重要作用，是一项一举多得、深受农民和企业欢迎的好政策。增加农机具购置补贴，扩大补贴范围，是“家电下乡”后又一个拉动内需的重要举措。会议决定，2009年增加农机具购置补贴。中央安排农机具购置补贴资金100亿元，比今年增加60亿元。补贴范围覆盖全国所有农牧业县(场)，并向粮棉油种植大县、养殖大县和血吸虫病防疫区及汶川地震重灾区县倾斜，补贴对象包括农民、农场职工及直接从事农机作业的农业生产经营组织，允许农民以拟购买的农机具作为抵押物向金融机构贷款。会议要求有关部门严格招投标制度，把好农机具选型的质量关，将先进适用、技术成熟、安全可靠、节能环保、服务到位的农机具纳入补贴目录并尽快公布。各地农机具购置补贴资金使用方案要向社会公布，严禁采取不合理政策保护本地区的落后生产能力，严禁强行向购机农民推荐产品，严禁借国家扩大农机具购置补贴之机乱涨价。

全国政协主席贾庆林在人民大会堂会见柬埔寨人民党代表团

中共中央政治局常委李长春在北京观看“春天的故事——大型交响合唱朗诵晚会”

第二十四届世界大学生冬季运动会火种采集仪式在哈尔滨工业大学举行

12月11日

国家主席胡锦涛在人民大会堂会见俄罗斯国防部长谢尔久科夫

胡锦涛表示，明年是中俄建交60周年，希望双方以此为契机，围绕新时期两国关系发展的大目标，进一步落实已达成的共识和《〈中俄睦邻友好合作条约〉实施纲要》等重要文件，推动中俄战略协作伙伴和两军关系在新的历史起点上更好更快地向前发展。

谢尔久科夫说，在两国领导人的亲切关心和支持下，俄中战略协作伙伴关系不断深化，各领域的交流与合作取得了丰硕成果。谢尔久科夫表示，愿与中方进一步加强两军交流与合作，为俄中战略协作伙伴关系的发展作出新的贡献。

国务委员兼国防部部长梁光烈上将、俄罗斯驻华大使拉佐夫等参加了会见。

全国政协主席贾庆林在人民大会堂分别会见蒙古国家大呼拉尔主席登贝尔勒和阿富汗议会长老院第一副主席盖拉尼

在会见登贝尔勒时，贾庆林说，中方愿同蒙方一道，发挥各自优势，挖掘合作潜力，加快推进两国元首商定的矿产资源开发和基础设施建设两大重点领域合作，争取促进更多的大项目合作，进一步加强友好交往，不断开创中蒙友好关系的新局面。

贾庆林指出，中方一贯尊重蒙古的独立、主权和领土完整，尊重蒙古人民自主选择的发展道路。他对蒙方在台湾、涉藏等问题上给予中方的坚定支持表示赞赏和感谢。

登贝尔勒说，蒙古希望与中方加强各领域务实合作，推动两国关系深入发展。

在会见盖拉尼时，贾庆林说，中方感谢阿方在涉台、涉藏、打击"东突"恐怖势力等方面给予的坚定支持，感谢阿方对北京奥运会的支持与配合。中方始终高度重视并积极参与阿富汗经济重建，愿继续提供力所能及的帮助。

盖拉尼说，阿富汗愿与中方共同努力，推动两国关系不断向前发展。

中央代表团参加广西壮族自治区成立50周年庆典

国务院副总理、中央代表团副团长张德江在会上宣读了中共中央、全国人大常委会、国务院、全国政协、中央军委为庆祝广西壮族自治区成立50周年发来的贺电。

由胡锦涛总书记亲笔题写鼎名的"民族团结宝鼎"赠鼎仪式在广西南宁民族广场举行。中共中央政治局常委、中央政法委书记、中央代表团团长和广西壮族自治区党委书记郭声琨一起为中央人民政府赠送广西壮族自治区的宝鼎揭幕。

中央代表团副团长、全国人大常委会副委员长司马义·铁力瓦尔地在赠鼎仪式上致辞。

中央代表团副团长、全国政协副主席李兆焯在赠鼎仪式上宣读了中央代表团向广西壮族自治区各族干部群众赠送的纪念品清单。其中，包括民族团结进步基金、B超机400台、数字流动电视转播车和数字流动广播转播车各1辆、电化教学设备300套、彩色电视机1000台、计算机和打印机1500套、保温杯27万个等。

中央代表团副团长张德江、杜青林、李继耐和代表团全体成员，广西各有关部门和单位负责人、各族各界群众等参加了赠鼎仪式。

广西壮族自治区党委书记郭声琨在大会上讲话。

中央代表团副团长司马义·铁力瓦尔地、杜青林、李兆焯、李继耐和代表团全体成员出席了大会。

中共中央 全国人大常委会 国务院 全国政协 中央军委电贺广西壮族自治区成立50周年

中共广西壮族自治区委员会、广西壮族自治区人大常委会、广西壮族自治区人民政府、广西壮族自治区政协、广西军区：

值此广西壮族自治区成立50周年之际，中共中央、全国人大常委会、国务院、全国政协、中央军委向全区各族工人、农民、知识分子、干部和各界爱国人士，向人民解放军驻广西部队指战员、武警广西部队官兵和公安民警，向所有关心和支持广西壮族自治区改革开放和社会主义现代化建设的同志们和朋友们，致以热烈的祝贺和亲切的慰问！

50年前广西壮族自治区的成立，是广西各族干部群众政治生活中的一件大事，是我国民族关系发展史上的又一座里程碑，掀开了广西发展的历史新篇章。50年来特别是改革开放以来，在中央正确领导和全国各族人民大力支持下，广西广大干部群众同心同德、艰苦奋斗，使广西的面貌发生了历史性变化。全区经济实力显著增强，人民生活大幅改善；民族区域自治制度不断完善，各族群众合法权益得到充分尊重和切实保障；各族群众的思想道德素质、科学文化素质和健康素质普遍提高，各项社会事业持续发展；民族团结进步事业不断推进，各族群众和睦相处、和衷共济、和谐发展，汉族离不开少数民族、少数民族离不开汉族、各少数民族之间也相互离不开的思想更加深入人心。今天的广西，政通人和、百业兴旺，改革开放不断深化，各族干部群众正满怀豪情地为实现全面建设小康社会的宏伟目标而团结奋斗。

广西壮族自治区成立50年来取得的辉煌成就，是全区各族干部群众团结奋斗的共同结果，是党的民族政策的巨大成功，是中国特色社会主义的伟大胜利。历史和现实都充分证明：只有坚持中国共产党的领导，坚持走中国特色社会主义道路，坚持民族区域自治制度，坚持各民族共同团结奋斗、共同繁荣发展，才能实现广西经济发展和社会全面进步。

我国改革发展已站在一个新的历史起点上。把握机遇，乘势而上，加快广西经济社会发展，巩固和发展平等团结互助和谐的社会主义民族关系，是广西各族群众的根本利益所在，也是中央和全国各族人民的共同愿望。党和国家将一如既往地大力支持广西各项建

我们要全面推进党的建设新的伟大工程，不断提高各级党政组织的执政能力，始终保持共产党员的先进性，为广西各项事业发展提供坚实的组织保证。做好广西各项工作，关键在党。各级党组织和全体共产党员要牢记人民重托，不辱神圣使命，切实承担起建设广西、振兴广西的历史责任。要坚持党要管党、从严治党的方针，全面推进党的思想建设、组织建设、作风建设、制度建设和反腐倡廉建设，时刻保持共产党人的蓬勃朝气、浩然正气和昂扬锐气，不断提高科学执政、民主执政、依法执政能力。各级干部尤其是领导干部，要充分认识广西仍然欠发达的基本区情，充分认识前进道路上的风险挑战，不断增强忧患意识，始终不忘“两个务必”，切实做到为民、务实、清廉。要进一步发扬创新精神，树立海纳百川的开放心态，拿出咬定青山不放松的坚韧毅力，团结带领全区各族群众，用智慧和汗水谱写广西改革发展新篇章。

同志们，朋友们，放眼今天的广西，左右江云蒸霞蔚，红土地春潮涌动，广西美好的发展前景令人鼓舞，催人奋进。让我们高举中国特色社会主义伟大旗帜，紧密团结在以胡锦涛同志为总书记的党中央周围，同心同德，开拓前进，为夺取全面建设小康社会新胜利、开创中国特色社会主义事业新局面、实现中华民族伟大复兴而努力奋斗！

祝广西壮族自治区兴旺发达！

祝广西各族人民幸福安康！

祝我们伟大的祖国繁荣昌盛！

国务院新闻办公室主任王晨就人权问题答《人权》杂志记者问

王晨首先对《世界人权宣言》作了积极的评价，他说，1948年12月10日联合国大会通过的《世界人权宣言》(以下简称《宣言》)是联合国通过的第一个关于人权问题的专门性文件，是人类在总结两次世界大战的历史教训、吸取和融会东西方文化精神的基础上产生的第一个真正具有世界性的人权宣言。60年来，《宣言》在唤醒世界人民对人权理想的追求，指导和推动国际人权理论与实践的发展方面，发挥了十分重要的作用，至今仍然对世界人权事业的发展具有重要的指导意义。

他指出，《宣言》在历史上第一次提出了普遍性的“人权”概念，将人权的主体确认为无差别的人，将经济、社会、文化权利与公民、政治权利并列为人权的两个不可分割的组成部分，突破了西方狭隘的传统人权观念，丰富和发展了人权的内涵。

他说，《宣言》鼓舞了殖民地、附属国人民争取国家独立和民族解放的伟大运动，为摧毁统治人类数世纪之久的殖民体系，促进世界和平、人权与正义事业作出了不可磨灭的贡献。

他说，《宣言》对人权理念的传播和世界人权法制建设产生了深远的影响。在《宣言》的影响下，联合国相继通过了《经济、社会、文化权利国际公约》《公民权利和政治权利国际公约》等数十个国际人权文书，各大洲也通过了不少区域性人权文书，世界绝大多数国家的宪法或相关法律都以不同的方式载入了尊重和保护人权的内容。

在谈到中国改革开放30年来在人权方面的变化时，王晨说，改革开放以来，中国各个方面都发生了历史性的变化，其中最深刻的变化是人的变化、观念的变化，是人的生活水平和尊严、价值的提升。30年来，中国共产党和中国政府始终坚持改革开放，推动经济社会全面发展，将人权的普遍性同中国的具体国情相结合，在促进和保护人权方面作出了不懈努力，走出了一条中国特色的人权发展道路，使中国人权事业与中国政治、经济、社会和文化事业得到了同步、协调发展。可以毫不夸张地说，中国人权事业已经取得了历史性进步，中国人权状况正处于历史上最好时期。

王晨从五个方面列举了中国人权取得的成就：

一是尊重和保障人权受到前所未有的重视，已成为中国共产党和中国政府治国理政的一项重要原则。改革开放以来，中国人权领域的一个突出进展是，突破了将人权视为资产阶级口号的“左”的思想束缚，确立了人权观念在中国社会政治生活中的重要地位。特别是中共十六大以来，以胡锦涛同志为总书记的党中央提出了以人为本的科学发展观和构建社会主义和谐社会的重大战略思想，将尊重和保障人权作为其中的重要内容。2004年以来，“尊重和保障人权”先后载人《中华人民共和国宪法》、国家“十一五”发展规划纲要和《中国共产党章程》。这说明，促进人权事业发展已成为国家建设和社会发展的重要主题，成为中国共产党和中国政府治国安邦的一项重要原则，对人权问题前所未有的重视，为中国在人权理论与实践的发展提供了有力的政治和法律保障。

二是人民的生存权和发展权得到前所未有的保障。改革开放30年来，中国经济、社会发展突飞猛进，年均增长速度超过9%，13亿中国人的生活水平得到了大幅提高，实现了从贫困到温饱和从温饱到小康的两次历史性跨越。截至2007年年底，人均国内生产总值由1978年的379元人民币增长到18700元人民币，增长了近50倍；城镇居民可支配收入由343元增加到13786元，农村居民可支配收入由134元增加到4140元，约分别增长了39倍和30倍；人均住房面积，城镇居民由6.7平方米上升到27平方米，农村居民由

8.1平方米上升到30.7平方米。城乡居民恩格尔系数分别由56.6%和67.71%下降为36.3%和43.1%，交通通信、文教娱乐、医疗保健、家庭服务、旅游观光等发展型、享受型消费比重不断提高。贫困人口由1978年的2.5亿减少到2007年的1479万。人均预期寿命由1978年的68岁提高到目前的73岁，达到中等发达国家水平。

三是公民权利和政治权利得到切实保障。改革开放以来，中国实行依法治国，建设法治国家，民主政治建设不断加强，公民的个人权利和政治权利在民主与法制的轨道上得到了不断扩大和有效保障。目前，我国现行有效的法律已达229件，国务院现行有效的行政法规约600件、地方性法规7000余件，一个以宪法为核心的中国特色社会主义法律体系基本形成，社会生活各个方面基本实现了有法可依，公民的各项权利有了坚强的法律保障。与此同时，中国积极稳妥地推进政治体制改革，不断扩大公民的有序政治参与，强化政务公开，加强对权力的监督与制约，公民的民主权利依法得到保障。特别是在农村实行了以民主选举、民主决策、民主管理、民主监督为基本内容的基层民主，使亿万农民获得了直接选举权利。

四是经济、社会、文化权利不断改善。改革开放以来，国家通过各种措施，着力解决就业和再就业问题，加紧建立社会保障制度，加大对教育、科技、文化、卫生等社会事业的支持力度，努力将公民的经济、社会、文化活动权利落到实处。2006年，全国取消了农业税和农业特产税，结束了延续2600多年农民种田交税的历史。目前，中国已基本普及九年义务教育、基本扫除青壮年文盲(简称"两基")，"两基"人口已达99%，跻身于义务教育水平较高国家行列。从1978年到2007年，全国普通高等教育在校生由86.7万人增加到1885万人，增长了近21倍。公共文化服务机构和设施大幅增加，覆盖城乡的公共文化服务体系初步形成，人民的文化生活日益丰富多彩。2002年国家推行新型农村合作医疗制度以来，已有7.3亿农民参加了新型农村合作医疗，参合率达85.7%，大大改善了人民健康水平。

五是人权领域的对外交流与合作不断拓展。改革开放以来，中国充分尊重《联合国宪章》的宗旨和原则，积极参与联合国人权领域的工作和国际人权法律文书的制定，为丰富国际人权概念的内涵，促进国际人权实践的发展作出了自己的贡献。中国积极批准、加入有关人权国际公约，迄今已先后参加了25项国际人权公约，并采取有效措施履行公约义务，及时提交履约情况报告，接受联合国条约机构审议。中国一贯主张在平等和相互尊重的基础上，通过开展对话、合作与交流，促进国际人权事业的健康发展，迄今已与世界各国进行了70多次人权对话和交流，增进了与世界各国的相互了解，为共谋共促彼此的人权发展作出了积极的努力。

关于国务院新闻办公室在促进人权方面的工作，王晨介绍说，国务院新闻办公室成立于1991年，其职责概括起来就是：向世界说明中国，让世界了解中国。向世界说明中国，不仅包括说明中国的内外方针政策、中国的历史文化和政治、经济、社会发展的情况，还包括就国外误解多、偏见深、指责多的一些重大问题说明事实真相和我们的立场观点，积极做解疑释惑和增进了解的工作，为中国的和平发展创造一个良好的国际舆论环境。其中，人权问题就是外界对中国了解比较少、误解比较多的一个重要问题。对外说明中国人权的真实情况和看法，是国务院新闻办成立伊始就承担起来的一项十分重要的工作。近20年来，国务院新闻办在人权方面主要做了以下工作：

一是积极向世界阐明中国的人权主张和实践，介绍中国政府和人民为促进人权所作出的不懈努力和取得的进展，努力增进国际社会对中国人权实际情况的了解。20世纪80年代末90年代初，一些国际敌对势力基于意识形态和社会制度等原因，掀起反华浪潮，将"人权攻势"的矛头直指中国。为向世界说明中国真实的人权状况，阐明中国在人权问题上的基本立场和政策，国务院新闻办于1991年11月1日发表了中国第一份人权白皮书——《中国的人权状况》。此后，先后发表了7个介绍中国人权总体情况的白皮书，并就国际上比较关注的民主政治、罪犯改造、妇女儿童、人口和计划生育、扶贫、劳动和社会保障、民族宗教、法治建设等与人权密切相关的问题发表了30多个专题白皮书和数十篇重要文章。这些白皮书和文章比较全面、系统地展示了中国人权事业发展的现状，总结了中国人权事业发展的基本经验，完整权威地向国际社会阐明了中国政府在人权问题上的基本观点，对于国际社会全面正确地了解中国人权的真实情况，驳斥国际敌对势力的歪曲指责，澄清国外对中国人权的误解，发挥了重要作用。国际舆论给予了积极的评价，普遍认为，中国政府以白皮书形式就人权问题主动介绍情况，"增强了政府的开放性与透明度"，"增进了国际社会对中国人权状况的了解，让国际社会看到了中国人权的进步，了解了中国政府为促进人权事业所做的努力"。

二是用事实批驳美国国务院《国别人权报告》对中国人权状况的不实指责，维护中国的国家主权和民族尊严。20世纪90年代以来，美国国务院配合一些西方国家在联合国人权委员会搞反华提案，每年发表年度《国别人权报告》，对中国人权进行歪曲责难。从1994年开始，国务院新闻办先后发表了10多篇有分量的评论文章，列举事实对美国国务院年度《国别人权报告》的攻击予以驳斥和澄清，揭露美国利用人权反华反共和推行霸权主义的实质，在国际上产生强烈反响。2000年至今，国务院新闻办还针对美国国务院《国别人权报告》的歪曲指责，连续8年发表《美国的人权纪录》，以大量的数据和事实系统揭露美国的人权劣迹及其在人权问题上的双重标准，在世界上引起广泛共鸣。一些国外媒体认为这些文章"像一把利刃，直指美国痛处"。一些发展中国家认为，中国关于美国的人权报告说出了广大发展中国家想说的话。有的发展中国家媒体呼吁执政当局"不要沉默，应向中国学习，对美国《国别人权报告》作出回应，捍卫民族尊严"。

三是通过举办展览等形式，生动形象地展示中国人权的发展状况，展示中国独特的人权发展道路。比如，2006年11月国务院新闻办与中国人权研究会联合在北京民族文化宫举办"中国人权展"；2007年7月至10月国务院新闻办与中国人权研究会联合分别在印度、尼泊尔、奥地利、意大利、埃及、乌兹别克斯坦等六国举办"镜头中的当代中国人生活"图片展；今年北京奥运会期间，国务院新闻办在北京民族文化宫举办"镜头中的中国人生活"主题展等。特别是"中国人权展"，是世界上第一个综合性的人权展览。该展览共展出图片700多幅，相关实物250多件，人权图书1000多册，图表24幅，并配有场景模型、影视展播、电子台历、电子白皮书、网络互动、触摸屏答问、民间艺术现场表演等多种富有现场感和互动性的展示形式，将"人权"这个抽象的概念形象化、具体化，艺术地再现了中国人民争取、维护和发展人权所走过的光辉历程和取得的伟大成就，系统展示了中国的人权保障制度和相关的政策法规，多层次、多视角、多方面地反映了中国人权建设的状况及其进展，为国内外观众客观、全面了解中国人权提供了一个重要的信息平台。许多外国媒体称，"举办人权展览反映了中国的进步与开放"，对于增进国际社会"对中国人权的了解十分有益"。

四是积极开展人权知识的普及教育，提高国内干部群众对人权问题的认识，努力促进中国人权事业的全面发展。这些年来，国务院新闻办通过在中央人民广播电台开办为期几个月的人权知识讲座、在《人民日报》刊发为期1年的系列人权知识百题解答、在《光明日报》举办"人权知识竞赛"，以及通过组织编写出版《人权知识干部读本》并纳入全国干部学习培训系列教材、举办干部人权知识培训班等多种形式，开展了一系列内容丰富的人权知识普及宣传教育活动，不仅提高了干部群众对人权问题的认识，而且增强了干部群众尊重和维护人权的自觉性，扩大了维护和保障人权的社会基础。同时，国务院新闻办还积极推动并牵头组织制订《国家人权行动计划》，致力于全面、有序地促进中国人权事业的发展。这是中国第一次制订《国家人权行动计划》，对未来两年中国人权事业的发展作出规划，是中国政府贯彻落实"尊重和保障人权"的宪法原则和以人为本的科学发展观的重要举措。这个计划内容十分广泛，将涉及完善政府职能，扩大民主，加强法治，改善民生，保护妇女、儿童、少数民族的特殊权利，提高全社会的人权意识等与人权相关的各个方面。通过全面系统地制定、落实促进和保障人权的工作目标和措施，必将进一步改善中国的人权状况，推动中国人权事业的进步。

在谈到中国人权事业的发展前景时，王晨指出，人权是一个不断发展的过程。中国是一个拥有13亿人口的发展中国家，受自然、历史、文化和经济社会发展水平的影响和制约，中国的人权发展还存在许多问题和困难，人权状况还有很多不尽如人意之处。例如，政治、经济体制尚不够完善，民主法制尚不够健全，各级政府依法行政和尊重人权的意识有待加强，经济社会发展不平衡，城乡之间、区域之间、贫富之间差距拉大的势头尚未从根本上得到遏制，就业、社会保障、收入分配、教育、医疗、住房、安全生产等方面存在的困难和问题相当突出，这些都影响到广大人民群众的切身利益和权利。继续加大力度促进和保障人权，仍然是中国政府和人民的一项长期而艰巨的任务。

他说，虽然还面临这样那样的困难和问题，但我对中国人权事业的发展前景充满信心。首先，中国已将促进人权列为国家发展的重要议事日程。中共十七大报告通篇贯穿着以人为本、改善民生、扩大民主、保障人权的内容，强调要"尊重和保障人权，依法保证全体社会成员平等参与、平等发展的权利"。报告明确提出要健全民主制度，丰富民主形式，拓宽民主渠道，"保障人民的知情权、参与权、表达权、监督权"；要加快推进以改善民生为重点的社会建设，"促进社会公平正义，努力使全体人民学有所教、劳有所得、病有所医、老有所养、住有所居"。国家"十一五"发展规划纲要从指导思想和原则、发展目标到各项具体政策措施，充分体现了以人为本、推动科学发展、促进社会和谐的要求。这为中国人权事业的全面发展确立了明确的方向。其次，经过改革开放30年，中国在人权方面已经走出了一条适合自身国情的发展道路。这条道路的特点是坚持以人为本，以稳定为前提，以改革为动力，以发展为关键，以法治为保障，促进公民、政治权利与经济、社会、文化权利全面协调发展。只要顺着这条道路走下去，中国的人权事业必将会随着现代化事业的发展而不断发展进步。

王晨表示坚信，只要我们坚定不移地贯彻尊重和保障人权的宪法原则，坚定不移地推进民主政治建设和法治建设，我们的社会就一定会更加和谐，人民的生活一定会更加美好，人民享有的人权必将更加充分。

关于当今国际人权领域的形势，王晨分析指出，当前国际人权领域形势呈现出两个突出的特点，一是国际社会对人权问题的重视程度前所未有，人权已成为国际交流与合作的重要主题。“冷战”结束后，人权问题在国际关系和国际政治中日益凸显。特别是随着经济全球化、社会生活信息化的快速发展，国与国之间相互依存和合作增强，进一步强化了人权问题的重要性，世界各国对人权问题日益重视，共识也逐渐增多。2006年3月，联合国大会通过决议，设立人权理事会作为联合国大会的附属机构，取代经社理事会下属机构人权委员会，标志着人权第一次与安全、发展并列被确立为联合国的“三大支柱”。近年来，各国纷纷按照联合国的要求设立国家人权委员会等国家人权机构，将促进和保护人权摆到更加重要的位置。二是国际人权领域主张对话、反对对抗成为普遍呼声，利用人权制造对抗越来越不得人心。这些都代表了国际人权领域进步与发展的潮流。

另一方面，不容忽视的是，世界人权的发展仍存在一些不和谐因素，面临着严峻的挑战。如，由于新的国际政治经济秩序仍未建立，世界经济发展极不平衡，南北差距继续拉大，发展中国家人民的生存权和发展权面临严峻威胁；一些国家和地区集团将人权政治化、意识形态化，实行双重标准，打着“人权”旗号否定他国主权，推行霸权主义和强权政治，严重破坏了人权领域国际合作的气氛，阻碍了世界人权事业的健康发展。

他强调，世界人权事业的健康发展，首先必须正视当今世界面临的突出问题，维护各国人民的生存权和发展权。当前，武装冲突等传统安全问题依然存在，恐怖主义、大规模杀伤性武器扩散、环境污染等非传统安全威胁更加突出，严重危害着成千上万的无辜生命。南北差距、贫富差距进一步拉大，占世界人口不足20%的发达国家，控制的全球财富却超过85%，而占世界人口80%以上的发展中国家，享有世界财富不到15%。发展中国家有10多亿人食不果腹，忍受着贫困、饥饿、疾病的煎熬，他们的生存和尊严受到严重威胁。只有铲除这些对人权严重危害和破坏的因素，各国人民的权利才有可能得到充分实现。

其次，必须将人权的普遍性原则与各国的国情有机地结合起来。一切国家的一切人，都应享有自由和平等的权利。这是人类的普遍追求和共同理想。但受经济发展水平、文化传统、社会制度等各种因素的影响，人们对人权有着不同的理解和要求，面临和需要优先解决的人权问题也不尽相同。在承认人权普遍性原则的前提下，各国政府和人民有权根据自己的国情，采取不同的政策措施和方法步骤，探索适合本国国情的人权发展模式和道路。人权发展模式的多样化，既充分展示了文明的多样性和各国人民的聪明才智，又丰富和发展了世界的人权理论与实践。尊重人权发展模式多样性，既是对各国国情和各国人民智慧与创造性的尊重，是对多元文明和各国人民多元生活方式的尊重，也是促进世界人权发展的重要前提。

最后，必须加强对话、交流与合作，反对对抗和强权。人权在本质上是属于一国主权范围内的问题。《联合国宪章》明确规定各国必须遵循主权平等和不干涉在本质上属于任何国家国内管辖之事项等原则。在促进人权方面，各国只有在平等与相互尊重的基础上开展建设性的对话、交流与合作，增进了解，消除误解，扩大共识，减少分歧，互相学习，互相借鉴，互相帮助，才能实现共同进步和发展。对话与合作不仅有利于推动各国人权进步，也有利于促进世界人权事业的和谐健康发展。在人权问题上，推行霸权主义和强权政治是行不通的，它不仅无助于促进世界人权事业，反而会毒化国际关系，损害世界人权事业的健康发展。

全国政协副主席阿不来提·阿不都热西提在政协礼堂会见阿富汗议会长老院第一副主席哈米德·盖拉尼一行

全国政协副主席王刚在人民大会堂会见俄罗斯公正俄罗斯党代表团

中联部部长王家瑞在北京会见蒙古国家大呼拉尔主席登贝尔勒

外交部部长杨洁篪在北京会见六方会谈各方团长

全国人大常委会副委员长陈至立在万象会见老挝国家主席朱马利·赛雅贡

中宣部部长刘云山出席在北京召开的中国美术家协会第七次全国代表大会并发表讲话

刘云山指出，党的十七大作出了兴起社会主义文化建设新高潮、推动文化大发展大繁荣、提高国家文化软实力的战略部署，对我国美术事业繁荣发展提出新的更高要求。他希望广大美术工作者坚持社会主义先进文化前进方向，弘扬民族精神和时代精神，把正确的价值取向同崇高的艺术追求统一起来，用社会主义核心价值体系指导创作，以熔铸着希望、光明、美好的艺术形象弘扬民族精神和时代精神，礼赞高尚情操、展现真情大义。要认真落实“三贴近”要求，始终怀着对人民群众的深厚感情，从人民群众的丰富实践中汲取艺术营养，用人民创造历史的奋发精神哺育自己，用书写美好生活的高品质美术作品回报社会、服务人民。要善于继承借鉴、勇于探索创新，吸纳百家优长、兼集八方精义，创作具有中国特色、中国风格、中国气派的美术精品，使美术更好地保持民族性、体现时代性、富于创造性。要树立崇高的职业精神，倍加珍惜时代提供的舞台，弘扬正气、潜心艺术，努力成为德艺双馨的美术工作者，担负起党和人民赋予的神圣使命。

大会期间，代表们将审议第六届主席团工作报告，修改《中国美术家协会章程》，选举产生新一届美协领导机构。来自全国各地的421名美术工作者代表参加了会议。中国文联党组书记胡振民出席大会。

12月12日

中共中央总书记胡锦涛到辽宁考察

12月12日至14日，胡锦涛在辽宁省委书记张文岳和省长陈政高等陪同下，深入到营口、沈阳等地的一些企业和科研院所、人力资源市场、居民小区实地了解情况，同基层干部群众共商如何更好地完成保持经济平稳较快发展这项明年经济工作的首要任务、如何着力在保增长上下功夫，勉励大家坚定信心、迎难而上，奋力夺取经济社会发展新胜利。

考察结束时，胡锦涛听取了辽宁省委和省政府的工作汇报，对辽宁省近年来经济社会发展取得的成绩给予充分肯定。胡锦涛强调，保持经济平稳较快发展是明年经济工作的首要任务。我们既要清醒地看到经济发展面临来自国际国内的严重困难和严峻挑战，又要充分认识逆境中蕴含的重大机遇和有利条件，变压力为动力，化挑战为机遇，认真落实宏观调控政策措施，积极推进经济结构调整，大力提高自主创新能力，切实做好节能减排和环境保护工作，不断深化改革开放，最大限度地减少国际金融危机带来的不利影响，继续推动经济社会又好又快发展。

胡锦涛强调，应对严峻挑战、战胜严重困难、完成艰巨任务，迫切需要各级干部保持发扬我们党的优良作风。要把加强干部队伍作风建设作为深入学习实践科学发展观活动的重要内容。广大党员、干部特别是领导干部要坚持解放思想、奋勇开拓前进，坚持求真务实、始终埋头苦干，坚持执政为民、真情关心群众，以良好的精神面貌和扎实的工作作风带领群众攻坚克难、共度时艰。

考察期间，胡锦涛还来到沈阳军区机关，会见了机关师职以上领导干部，听取了沈阳军区工作汇报，并作了重要指示。

国家副主席习近平出席在北京召开的学习实践科学发展观活动座谈会并发表讲话

中央学习实践科学发展观活动领导小组召开有人民日报社、教育部、交通运输部、农业部、中国人民银行和全国总工会6个单位学习实践活动领导小组负责同志和办公室主任参加的座谈会。中央组织部部长、中央学习实践活动领导小组副组长李源潮出席座谈会。

习近平指出，中央和国家机关各单位的学习实践活动已经进入分析检查阶段。这一阶段的工作，涉及面广，政策性强，实践特色更加突出，与当前国内外经济形势联系更加紧密，广大党员和群众也更加关注。一定要认真贯彻落实中央的部署和要求，在突出实践特色上狠下功夫，在解决突出问题上狠下功夫，切实抓出成效。

习近平指出，中央和国家机关不少单位承担着管宏观、管政策、管方向的责任，做好创新体制机制工作十分重要。要在前一段工作的基础上，着力建立、健全保障和促进科学发展的体制机制、推动科学发展的政策法规和符合科学发展要求的规章制度，解决制度缺失和制度障碍等问题，形成有利于科学发展的正确导向。

习近平强调，各部门各单位要正确处理扎实推进学习实践活动与搞好当前各项工作的关系，做到两手抓、两不误、两促进，以学习实践活动推动当前各项工作，在推动当前工作中深化学习实践活动。

国务院副总理李克强到上海考察

12月12日至13日，李克强在上海市委书记俞正声和市长韩正的陪同下，深入企业车间、港口码头、建设工地，走进城镇社区和居民家庭，进行考察调研。

在考察浦东新区时，李克强说，今年是改革开放30周年，浦东新区开发是改革开放的成果。保持经济增长，必须深化改革开放。要坚持用改革的办法解决前进中的困难和问题，更好地发挥市场在资源配置中的基础性作用，充分调动和激发各方面的创造潜能，增强经济发展的动力与活力。要深化重点领域和关键环节改革，进一步完善市场体系，加快建立能够充分反映市场供求关系和稀缺程度的资源要素价格形成机制。在中国商用飞机有限责任公司支线客机总装现场，得知企业通过转变经营机制，聚集全球先进要素，产品研发取得积极进展，李克强说，机制创新是企业的根本出路，要深化改革，使企业焕发出更强的生机。

在考察正在扩建的洋山深水港时，李克强说，要用更广阔的视野搞好规划，建设国际航运中心，进一步发挥沿海港口地区对腹地的辐射带动作用。要把改革与开放更好地结合起来,完善促进生产要素优化配置的体制机制,提高开放型经济水平,以改革开放促进经济发展。当前国际金融危机还在发展,世界经济调整也在加快。要在应对危机中发现和培育有利因素,努力稳定和扩大出口,拓展对外开放的广度和深度,更好地利用国际国内两个市场、两种资源,不断增强我国经济的国际竞争力和抗风险能力。

李克强十分关注企业和产业发展。在宝钢集团、中国银联、携程旅行网、中芯国际、展讯通信、中信国健药业等公司考察时,李克强说,企业是市场的主体,也是扩大内需、促进增长的能动力量,既要立足当前千方百计开拓市场、稳定生产,又要着眼长远推动转型升级,增强发展后劲。东部沿海地区要站在新的起点上,优化调整产业结构,加快改造传统产业,大力发展服务业特别是现代服务业,积极发展先进装备制造业和高新技术产业,提高整体经济实力。

考察途中,李克强指出,上海经济发达,作为长三角的龙头和重要的国际大都市,在我国现代化建设全局中具有重要地位和作用。要在东部率先发展中有更大作为,增强服务长三角、服务长江流域、服务全国的能力,进一步发挥辐射带动作用,培育新的经济增长点。

在沪期间,李克强还听取了上海市委、市政府的工作汇报,充分肯定上海近年来经济社会发展取得的成绩,希望上海广大干部群众再接再厉、锐意进取,不断开创新局面、实现新发展。

外交部部长杨洁篪在北京会见前来参加首次中韩外交部门高级别战略对话的韩国外交通商部第一次官权钟洛

12月13日

国务院总理温家宝出席在日本福冈举行的中日韩领导人会议

日本首相麻生太郎和韩国总统李明博共同出席会议。会议由麻生太郎主持。三国领导人积极评价三国合作的进展,确定了今后合作方向,提出了新的合作倡议,并就应对国际金融危机,以及共同关心的地区和国际问题交换了意见,达成重要共识。

温家宝表示,本次会议确立了三国伙伴关系,并将三国领导人单独举行会议机制化,标志着中日韩合作进入了新的发展阶段。中日韩应从促进共同发展、维护地区稳定、建立和谐亚洲的战略高度加强合作。为此,中方提出以下倡议:

第一,加强政策沟通与协调。明年在华举办第十次中日韩领导人会议、外长会议及外交高官磋商;搞好明年中日韩合作10周年庆祝活动,对三国合作未来作出长远战略规划。

第二,密切经贸联系。继续就中日韩自贸区建设进行联合研究;尽早达成一个平衡、务实、共赢的投资协议,提高相互投资合作水平;推动建立三国间物流体系。开展海关合作,保障和便利贸易往来;探讨建立三国工业合作磋商机制。

第三,扩大财金合作。探讨扩大三国间双边货币互换规模,加强三国在东盟与中日韩金融领域的合作,加快“清迈倡议”多边化进程,尽快建立区域外汇储备库,推进亚洲债券市场建议。加强三国央行间合作。

第四,充实社会领域的合作。加强议会、教育、文化、旅游、防灾减灾、人口老龄化和家庭保健、媒体、学术等领域交流,促进地方和民间往来,探讨建立三国青年文化交流机制。

第五,推进可持续发展领域的合作。在能源、节能减排、环境保护、气候变化等领域的交流合作。

第六,加强周边区域合作。继续支持东盟一体化建设,积极参与“10+3”合作,推动东亚峰会发挥战略论坛作用,促进东亚区域合作。就朝鲜半岛核问题等重大国际和地区问题加强沟通协调。

温家宝阐述了中方关于国际金融危机问题的立场主张。他强调,中日韩应携起手来,在东亚抗击危机斗争中发挥核心作用。要利用三国经贸、财政部长、央行行长会议等机制,加强宏观经济政策对话与协调,探讨加强财政和金融合作,加强三国间货币合作,尽快就“清迈倡议”多边化主要要素达成一致。

关于朝鲜半岛核问题,温家宝说,六方会谈正处在承前启后的关键时刻。有关各方应维护和推动六方会谈的势头,推进半岛无核化进程,致力于相互关系正常化,共同促进东北亚地区的持久和平与稳定。中方将一如既往为此发挥建设性作用。

麻生太郎和李明博表示,日韩中都是本地区重要国家,三国应立足现实、面向未来,本着互利互惠、尊重多样文化的原则,不断推进在广泛领域的务实合作,加强在重大问题上的沟通协调,积极推动区域合作,为东亚的和平、稳定与繁荣作出更大贡献。

麻生太郎和李明博表示,国际金融危机给亚洲带来严峻挑战,日韩中应采取措施扩大本国内需,同时,加强协调合作,共同提高抵御金融风险的能力,保持三国及本地区金融稳定和经济增长。三国要采取切实措施促进贸易投资便利化,推动多哈回合谈判,防止贸易保护主义。

麻生太郎和李明博对中方为推动六方会谈发挥的

重要作用予以赞赏,他们表示,六方会谈是实现半岛无核化的有效途径,日韩将与中方继续保持沟通合作,保持信心,克服困难,推动六方会谈取得新进展。

三国领导人还就东亚合作、非洲发展、环境和气候变化、联合国改革等问题交换了意见,同意就重大国际和地区问题保持沟通与磋商。

会议结束后,三国领导人共同签署了《三国伙伴关系联合声明》,并发表了《国际金融和经济问题的联合声明》《三国灾害管理联合声明》和《中日韩合作行动计划》。中日韩三国领导人还共同会见了三国青少年代表。

中日韩发表《三国伙伴关系联合声明》

我们,中华人民共和国、日本国和大韩民国的政府首脑/国家元首于2008年12月13日在日本福冈举行会议。

我们在此召开会议,旨在在现有成果基础上,为促进三国合作奠定坚实的基础。

我们的经济生机勃勃,富有活力,密切相连。我们的人文关系紧密。我们面临共同的机遇和挑战。我们有为本地区和国际社会创造和平、繁荣及可持续发展未来的共同愿望和责任。三国合作有助于实现这一目标。

我们对三国在增进政治互信、加强经贸往来、促进社会与文化交流、扩大财金合作等方面取得的成果感到满意。我们承诺,在上述成果基础上进一步推进三国合作。

我们一致认为:三国合作将本着公开、透明、互信、共利、尊重彼此文化差异的原则,以相互补充、相互促进的方式推进东盟与中日韩、东亚峰会、东盟地区论坛和亚太经合组织等更大范围的区域合作。我们同时认为,三国合作对应对全球经济与金融市场的严峻挑战至关重要。我们决心面向未来,在政府和非政府框架内,开展政治、经济、社会和文化等领域的全方位合作。

我们坚信,三国领导人会议将为三国伙伴关系进入新时代铺平道路。三国伙伴关系将有助于本地区实现和平与可持续发展。

我们认识到三国首次单独召开领导人会议的重要性,决定在三国定期举行三国领导人会议。我们期待明年在中国再次相聚。

中华人民共和国国务院总理　温家宝

日本国内阁总理大臣　麻生太郎

大韩民国总统　李明博

2008年12月13日于日本福冈

中日韩发表《国际金融和经济问题的联合声明》

中华人民共和国、日本国和大韩民国三国领导人一致认为,世界经济和金融市场正面临严峻挑战,有必要以有效方式加强三国合作,应对当前形势。

三国领导人强调,旨在稳定金融市场、恢复全球增长的一系列国际会议与合作努力非常重要。三国领导人再次确认,三国将落实包括指导金融市场改革的共同原则行动计划在内的金融市场和世界经济峰会宣言。

三国领导人强调进一步加强区域合作以应对金融市场动荡的重要性。三国领导人对2008年11月14日在华盛顿举行的中日韩三国财长会取得的成果及近期有关扩大双边货币互换规模的决定表示欢迎。三国领导人还欢迎三国于2008年12月10日宣布定期召开三国间央行行长会议。三国领导人重申致力于与东盟各国合作,加快"清迈倡议"多边化进程,以有效监测本地区经济与金融市场。亚洲开发银行可在向亚洲地区受金融动荡影响的发展中国家提供帮助,特别是在基础设施发展和贸易融资方面发挥重要作用。为此,三国领导人呼吁尽早就亚洲开发银行的第五轮增资达成共识。

三国领导人一致认为,应努力将当前金融动荡可能对世界经济造成的负面影响降到最低,推动区域贸易投资便利化,促进地区合作。三国领导人认为,外界期待作为"全球经济增长中心"的亚洲国家发挥其作用,扭转世界经济下行趋势并使其重回可持续发展轨道。三国领导人认为,三国应为此发挥更重要的作用。三国领导人对《中日韩改善商务环境行动计划》公开发表表示欢迎。

三国领导人重申金融市场和世界经济峰会宣言和利马APEC领导人全球经济宣言中关于投资和货物及服务贸易的承诺。此外,为反对保护主义,三国领导人宣布三国政府将继续努力,促使多哈发展议程尽早取得丰硕、平衡而全面的结果。三国领导人还认为,未来12个月内,三国政府应避免对投资和货物及服务贸易设置新障碍,避免采取新的出口限制措施,避免采取与WTO原则不符的措施刺激出口。

三国领导人强调亚洲各国加强金融领域和实体经济领域合作的重要性。三国领导人确认了促进增长、扩大内需措施的重要意义,决心密切合作,加强三国合作,促进亚洲各国为克服当前国际金融危机之负面影响,实现亚洲自身可持续增长作出努力。为此,三国领导人重申支持东盟一体化稳步推进的重要性。

2008年12月13日于日本福冈

中日韩领导人会议发表三国合作行动计划

一、政治事务

稳固建立三国对话机制,第二次和第三次领导人会议将分别于2009年和2010年在中、韩两国举行。三国将通过协商继续寻求在东盟系列领导人会议期间举行中日韩领导人会议。第三次外长会将于明年在中国举行。三国外交高官会议每年将举行一次。

于2009年设立三国合作网络秘书处,以改善三国合作成效。

二、经济事务

三国自贸区联合研究将于2008年年底完成。进一步的深入研究将于2009年开始。三国将推动尽快完成有关促进三国投资便利化和投资保护的谈判。三国政府将在能源领域继续互利合作,并协作加强地区和全球能源安全。三国将通过在东亚建立高效和无缝链接的国际物流体系,来促进贸易便利化和经济增长。第三次交通与物流部长会将于2009年在中国举行。进一步促进海关合作,以创造良好的投资环境,促进贸易便利化。2009年中国将举办第三届三国海关领导人会议。三国将探讨在2009年建立联络系统的可能性,以促进工业领域中的合作。三国将继续加强包括财政部、央行、金融监管机构等在内的相关部门间的金融对话与合作,共同努力,实现地区的金融稳定。

三、环保、科技

启动东亚气候伙伴计划,共同研究沙尘暴的监控、早期预警和防控,解决本地区空气污染问题。加强治理海洋垃圾合作,开展候鸟联合保护和监控。加强科技合作,于2009年在东京召开"第二届中日韩三国科技合作部长级会议",并将进一步推进现有项目加强信息和通讯技术合作。

四、社会和文化事务

三国政府将探讨在建立双边搜救合作机制基础上提升三国海上搜救合作的可能性。中、日、韩第二次三国卫生部长会议于2008年11月在北京举行。三国将致力于通过紧密合作,预防和应对大规模流感。三国将继续扩大卫生合作范围,涵盖与健康有关的其他问题。年度"三国合作论坛"将重新启动,它是三国外交和安全的学术机构间的协商机制。"韩中日青少年友好会见"将于2009年和2010年分别在韩国和中国举行。"韩中日青年领导者论坛"将于2009年在中国举行。三国将探讨启动"中日韩青年部长会议"的可行性。三国将继续举行展览、艺术表演和电影等文化活动。三国将继续在竞技体育、大众体育、体育科学与医学以及反兴奋剂领域进行合作。扩展三国旅游合作,扩大连接三国主要旅游景点的合作游轮航线的运营。

五、国际领域合作

三国将就2009年哥本哈根举行的联合国气候变化大会如何达成一个公平有效、面向2012年后的国际气候变化安排交换意见。三国将就非洲事务加强对话和磋商。三国将致力于加强与东盟的合作,推进东亚合作,支持东盟在东亚合作中的主导作用。三国将与有关各方一道,为推动六方会谈进程共同努力。三国将就尽早实现2005年联合国首脑会议成果中所涉及的联合国改革逐步加强对话,寻求合作。推动多边裁军进程,加强国际不扩散体系,维护世界和地区的和平与稳定。

国务院总理温家宝出席中日韩领导人记者会并发表讲话

温家宝说,中日韩三国是近邻,又都是东亚具有重要影响的国家。和平友好、合作发展是三国人民的共同心愿,也是本地区稳定繁荣的需要。这次领导人会议发表的《三国伙伴关系联合声明》,确立了三国伙伴关系,并将三国领导人单独举行会议机制化,具有重要意义,标志着中日韩合作进入了新的发展阶段。明年将在中国举办下次三国领导人会议,作为接任中日韩合作协调国,中方愿同日、韩共同努力,推动三国合作取得更大进展。

温家宝表示,当前国际金融危机仍在蔓延,对世界经济的影响日益显现。中日韩作为亚洲乃至全球重要的经济体,要把共同应对这场百年罕见的危机作为合作的首要任务,加强宏观经济政策对话与协调,推动东亚财金合作,采取切实措施促进贸易投资便利化,反对贸易保护主义。这对维护金融稳定、促进经济发展,提振本地区乃至世界应对危机的信心将发挥积极作用。

温家宝指出,中日韩合作是东亚合作的有机组成部分,是开放、共赢的合作。三国合作与东亚等区域合作机制相互补充、相互促进、相互支持,既共同分享发展机遇,又为彼此发展提供更大空间。本次领导人会议通过的《三国灾害管理联合声明》和未来2—3年的《中日韩合作行动计划》充实了中日韩合作内涵,也为东亚区域合作注入了新的活力。从这个意义上讲,中日韩深化合作不仅符合三国的利益,也对东亚各国有利。

温家宝强调,加强双边关系是中日韩合作的基础和保障。今天我分别同麻生首相和李明博总统举行了双边会晤,就双边关系和共同关心的问题进行了坦诚、深入的交谈,扩大了共识,增进了互信。我愿重申,中方从战略高度和长远角度重视发展同日本和韩国的友好合作关系,珍视中日、中韩两国人民之间的友谊。我深信,只要相互尊重,平等相待,求同存异,互利合作,我们就一定能够建立起牢固稳定的伙伴关系，更好地造福于三国人民，为本地区的和平与发展作出更大的贡献。

温家宝还介绍了中国扩大内需、保持经济平稳较快增长所采取的措施。温家宝说，中国正在采取各种措施扩大内需，努力保持经济平稳较快增长，这对维护本地区经济金融稳定具有重要积极作用。我们及时调整了宏观经济政策，实施积极的财政政策和适度宽松的货币政策，果断出台扩大内需的10项措施，在两年内将要投资4万亿元人民币。投资重点是建设保障性安居工程、农村民生工程，发展医疗卫生、教育、文化等社会事业。加强水利、铁路、公路、机场等基础设施建设，推进节能减排和生态建设，搞好灾后重建工作。为落实扩大内需的政策，我们又制定了金融支持经济增长的9项具体任务，包括保持银行流动性充分供应，增加信贷特别是中小企业贷款等；制定促进轻纺工业发展的6项措施；制定振兴能源、冶金、机械、石化、建材等9个工业行业的规划，重点是对企业进行技术改造、结构调整、兼并重组；推广“家电下乡”和“农机下乡”，对农民购买家电和农机具实行财政补贴；通过各项税费改革，减少企业和居民税费负担5000亿元人民币；推进医疗卫生体制改革，减轻居民医疗负担；增加农民收入，改善中小学校教师待遇，提高退休人员基本养老金，提高城乡低保水平。这些措施的出台，将有利于中国扩大内需，促进经济发展、社会发展和改善民生。中国是东亚地区最大的出口市场，每年吸纳区内产品5000亿美元。中国经济保持平稳较快增长，维持旺盛的进口需求和对外投资能力，就能给区内国家提供更多的合作和发展机遇，就能帮助贸易伙伴增加更多的就业机会。这就是我们一直强调的，中国经济保持平稳较快增长，就是对维护国际金融稳定和促进地区经济增长的重要贡献。

温家宝说，中国正在和东亚国家携手应对金融危机。在亚欧会议期间，东亚领导人就加强区域金融经济合作进行了深入讨论。当前，我们正共同推进包括“清迈倡议”多边化、亚洲债券市场倡议在内的区域货币金融合作，中国也在与有关国家建立双边货币互换机制，并逐步扩大互换规模。这些举措有利于坚定区内国家战胜危机的信念，也能在一定程度上解决有关国家面临的现实困难，增强国际投资者对本地区的信心。

温家宝表示，中国致力于促进区内实体经济发展，有效提高各国抵御风险的能力。我们正利用东亚、中日韩等合作机制，加强地区国家间的经贸合作，支持和帮助东盟缩小发展差距，加快基础设施建设，加强农业领域合作，推进东亚地区双、多边自贸区建设，努力提高地区内部的经济活力和增长动力。我们认为，只有各国真正增强了经济发展能力，才能从根本上抵御金融危机对实体经济带来的冲击。

温家宝最后强调，面对这场严重的金融危机，中国政府是负责任的。我们愿与东亚国家一道，积极应对各种风险和挑战，在合作中实现互利共赢。

中国全面小康十大示范县市评选在北京揭晓

由求是《小康》杂志社主办的第三届中国全面小康论坛在北京举行，会上公布了中国全面小康十大示范县市评选结果，江苏省江阴市、浙江省杭州市余杭区、黑龙江省绥芬河市等十县市入选。

十大示范县市根据不同的发展特色，入选不同类型：全面型、和谐型、成长型。在名单中，既有经济势头强劲的江阴、昆山、顺德、武进、绍兴，也有“生态兴区”、和谐发展的余杭，还有成长明显的增城、宜都、绥芬河、准格尔旗。本次推选的最大特点是不再只以经济发达作为唯一参评标准，而是更加突出个性与特色，注重示范性与多样性，入选县市在区域、经济水平及成长性等方面都具有显著代表性。

中国选手在第二届世界青少年武术锦标赛上夺得16枚金牌

12月14日

国务院副总理李克强在北京出席全国发展和改革工作会议闭幕会并发表讲话

李克强指出，保持经济增长应立足于扩大内需。要进一步落实扩内需保增长的政策措施，加大投资力度，优化投资结构，突出改善民生，增强可持续发展能力，公开、透明、高效地落实好投资项目，坚持按程序办事，让资金在阳光下运行。在充分发挥政府投资对促进经济增长作用的同时，积极引导和鼓励社会投资。要根据不断变化的形势，积极探索扩大内需特别是扩大消费需求的新思路、新办法，充分挖掘消费需求蕴含的巨大潜力，增强消费对经济增长的促进作用。在立足扩大内需的同时，进一步采取有效措施促进出口，保证出口需求的稳定增长。要加强对国际经济形势的分析判断，深入研究关系发展全局的重大问题，增强预见性和前瞻性。

李克强强调，改革开放对促进经济增长和调整经济结构潜力巨大。解决一切问题的基础是发展，发展的动力在改革。保持经济平稳较快发展，要靠物质、资金等生产要素投入，更要靠体制机制的创新，靠对外开放水平的提高。针对当前情况，要继续加强和改善宏观调控,在更大程度上发挥市场配置资源的基础性作用。善于用改革的办法、市场的机制解决困难和问题,加大重点领域和关键环节的改革攻坚力度,建立有利于扩内需促发展、有利于调结构促协调、有利于重民生促和谐的体制机制,为科学发展提供制度保证。

发展改革委主任张平主持了闭幕会。部分省(区、市)政府负责同志在会上发了言。

农工党十四届二中全会在北京举行

会议的主要议程是:深入学习贯彻中共十七届三中全会精神和科学发展观;听取并审议农工党第十四届中央常委会2008年工作报告;审议通过农工党中央监督委员会组成人员名单;表彰农工党政治交接学习教育活动先进集体以及抗震救灾先进集体和优秀党员。全国人大常委会副委员长、农工党中央主席桑国卫出席会议并作了工作报告,全国政协副主席、农工党中央常务副主席陈宗兴主持了会议开幕式。

桑国卫强调,农工党要继续深入学习贯彻中共十七大、十七届三中全会精神,切实把思想和行动统一到中共中央对经济形势的分析判断上来,统一到中共中央的决策部署上来,统一到贯彻落实科学发展观的要求上来。要把促进国家经济平稳较快发展作为参政议政的首要任务,为防范国际金融风险、抵御外部冲击创造性地开展工作,积极提出有针对性的意见建议。要始终坚持和维护安定团结的政治局面,在了解民情、体察民意、化解社会矛盾方面发挥更大作用。

农工党中央副主席张大宁、王宁生、陈勋儒、汪纪戎、刘晓峰、陈述涛、何维、杨震,以及农工党中央委员200余人出席了会议。

马龙 郭焱夺得2008国际乒联职业巡回赛总决赛男女单打冠军

庞清 佟健获2008年国际滑联花样滑冰大奖赛总决赛双人滑项目冠军

12月15日

纪念中国科协成立50周年大会在人民大会堂举行

中共中央总书记胡锦涛出席大会并发表讲话。

党和国家领导人吴邦国、温家宝、贾庆林、李长春、习近平、李克强、贺国强等出席大会。

出席大会的领导同志还有:王兆国、刘淇、刘云山、刘延东、李源潮、何勇、令计划、王沪宁、乌云其木格、华建敏、周铁农、李建国、马凯、阿不来提·阿不都热西提、李金华、罗富和、陈宗兴等,以及周光召、徐匡迪。

全国人大常委会副委员长、中国科协主席韩启德代表中国科协致辞,全国政协副主席、科技部部长万钢代表科技界致辞。中国科协党组书记、常务副主席邓楠主持大会。

中央和国家机关负责人、各级科协、各全国学会和首都科技工作者代表共3000余人出席了大会。

中共中央总书记胡锦涛在纪念中国科协成立50周年大会上的讲话

同志们:

今天,我们在这里隆重集会,纪念中国科学技术协会成立50周年,目的是回顾中国科协成立50年的历程,分析新形势新任务对我国科技事业发展提出的新要求,进一步发挥科协组织作为党和政府联系广大科技工作者的桥梁和纽带作用,进一步激发广大科技工作者的创新热情和创造活力,动员和组织广大科技工作者为建设创新型国家,为夺取全面建设小康社会新胜利、开创中国特色社会主义事业新局面而继续团结奋斗。

新中国成立以来特别是改革开放以来,我国一代又一代科技工作者满怀对祖国的热爱、对人民的热爱、对真理的热爱,艰苦探索、开拓进取,锐意创新、顽强拼搏,努力创造科技成果,奋勇攀登科技高峰,为增强国家经济实力、科技实力、国防实力,为提高人民生活水平和全民族的科学文化素质,为改革开放和社会主义现代化建设作出了突出贡献。今年以来,在成功夺取抗击南方部分地区严重低温雨雪冰冻灾害和四川汶川特大地震灾害斗争重大胜利,成功举办北京奥运会、残奥会,成功完成"神舟"七号载人航天飞行任务,沉着应对国际金融危机冲击等重大工作中,我国广大科技工作者作出了重大贡献。我国广大科技工作者不愧为中华民族的优秀儿女,不愧为先进生产力的开拓者和先进文化的传播者。在这里,我代表党中央、国务院,向全国广大科技工作者,致以崇高的敬意!向全国广大科协工作者,表示诚挚的问候!

同志们!

中华民族是勤劳勇敢、富有创造精神和创新传统的民族。在长达5000多年的中华文明发展史上,我国古代科技先驱们在天文学、算学、农学、医学等领域创造了闪耀着民族智慧之光的辉煌科技成就,贡献了造纸术、火药、印刷术、指南针等举世闻名的伟大发明,在丝织、制瓷、冶金、造船等领域也曾达到当时的世界先进水平,给我们留下了宝贵的物质财富和精神财富,为推动人类文明进步作出了不可磨灭的贡献。

新中国成立以后,面对一穷二白、百废待兴的局面，党和国家以高瞻远瞩的战略眼光高度重视、突出抓好科技事业。早在1950年8月召开的全国科技工作者代表大会上，周恩来同志就明确要求在这次会议上成立的全国科联积极开展科技工作者状况调查，弄清全国自然科学工作者状况，充分发挥他们的聪明才智，努力为国家为人民服务。1956年制定的科学技术发展12年远景规划纲要，充分体现了广大科技工作者向科学技术进军的豪情壮志。党和国家制定和实施正确的知识分子政策，为我国科技事业繁荣发展营造了有利的政治社会条件。我国广大科技工作者勤于思考、勇于实践，敢于超越、不懈探索，无私奉献、团结协作，在短短十几年间，创造了一个又一个科技奇迹。我们取得了有限元方法、层子模型、人工合成牛胰岛素等具有世界先进水平的科学成果，自主提出了陆相成油理论等独具特色的科学理论，建设了大庆油田等影响至今的大型工程项目，取得了“两弹一星”的巨大成功。这些重大科技成果，极大增强了我国综合国力，提高了我国国际地位。

“文化大革命”结束后，国家建设百业待兴，党和国家又及时把发展科技事业摆到关系全局的重要地位。1978年召开的全国科学大会，标志着我国迎来了科学的春天，科技事业发展进入了历史新时期。邓小平同志在这次大会上发表重要讲话，全面阐述科学技术的重要地位、发展趋势、战略重点等重大问题，旗帜鲜明地提出科学技术是生产力、知识分子是工人阶级的一部分、四个现代化关键是科学技术现代化等重要论断，要求尊重知识、尊重人才，从根本上解决了知识分子的工人阶级属性问题，科学回答了科技发展依靠谁、如何依靠等重大理论问题。在党的十一届三中全会以来的理论和路线方针政策指引下，广大科技工作者精神面貌焕然一新、创造活力竞相迸发，在改革开放和社会主义现代化建设中发挥了十分重要的作用。

改革开放30年来，党和国家始终高度重视并充分发挥科技在推动经济社会发展中的重要作用，始终高度重视并充分发挥广大科技工作者在发展中国特色社会主义、实现中华民族伟大复兴中的重要作用，强调只有把科学技术摆在国家发展的战略地位，才能赢得发展的战略主动权，才能实现社会主义现代化。我们紧紧围绕发展这个党执政兴国的第一要务，牢牢抓住科学技术这个第一生产力，坚持人才资源是第一资源，坚持发挥社会主义制度能够集中力量办大事的政治优势，深入研究并准确把握当代科技发展规律和科技人才成长规律，实施科教兴国战略、人才强国战略、可持续发展战略，制定一系列方针政策，作出一系列工作部署，推动我国科技事业加快发展。

我们不断推进科技体制改革，完善以科技进步法为核心的科技法律、法规体系，推进应用型科研机构企业化转制和公益类科研机构分类改革，大力建设国家创新体系，探索建立以企业为主体、市场为导向、产学研相结合的技术创新体系，初步形成了适合我国国情和社会主义市场经济要求的新型科技体制机制。

我们注重优先发展教育，基本建成学历教育和非学历教育相结合，专科教育、本科教育、研究生教育相结合的科技人力资源培养体系，成为位居世界前列的科技人力资源大国，形成了学科门类齐全、结构较为合理、具有相当规模和一定水平的专业技术人才队伍。

我们坚持面向经济建设主战场，大力推进科技进步和创新，推动形成了比较完整的科学研究和技术开发体系，建立了较为完备的学科领域，建设了比较完善的科研基础设施和一批国家重大科学工程，攻克了一大批关系经济社会发展全局的重大技术、关键技术、共性技术。杂交水稻、高性能计算机、高温超导研究、人类基因组测序等基础研究方面取得重大成果和突破，表面科学、非线性科学、认知科学以及地球系统科学等新兴交叉学科迅速发展，北京正负电子对撞机、兰州重离子加速器、大天区面积多目标光纤光谱天文望远镜、超导托卡马克聚变实验装置、国家农作物基因资源工程等国家重大科学工程建设为我国基础科学研究取得重大进展创造了良好条件，三峡工程、载人航天工程、首次月球探测工程、青藏铁路、高速铁路建设等获得重大成功，高档数控机床、大型火力发电设备、核电、超大规模集成电路、第三代移动通信等国家重大技术装备制造水平和自主化率稳步提高，高技术研究和高新技术产业化取得明显进步。长期以来，奋斗在我国各个领域第一线的广大科技工作者辛勤工作、默默奉献，为我国总体科技水平的提高打下了扎实基础，为我国经济社会发展和人民生活改善作出了重要贡献。

30年来，我国科技工作者广泛地参加经济社会决策活动，社会地位不断提高，工作生活条件明显改善，研究能力和学术水平大幅提升，聪明才智得到充分发挥。目前，我国科技发展整体水平已位居发展中国家前列，有些科研领域已达到国际先进水平，我国科技事业快速发展为我国经济发展、社会进步、民生改善、国家安全、社会稳定提供了强大科技支撑。对我国广大科技工作者建立的历史功绩，党和人民永远不会忘记！

同志们！

党的十七大科学分析我国所处的历史方位，准确把握经济社会发展的阶段性特征，顺应各族人民过上更好生活的新期待，提出了实现全面建设小康社会奋斗目标的新要求，对推进中国特色社会主义伟大事业作出了全面部署，为继续解放思想、坚持改革开放、推动科学发展、促进社会和谐、不断开创中国特色社会主义事业新局面指明了方向,也对我国科技事业发展提出了新的更高的要求。

当今世界,科技发展突飞猛进,创新创造日新月异,科技竞争在综合国力竞争中的地位更加突出。信息技术、生命科学、纳米技术、认知科学的交叉融合正在孕育新的重大科学突破,科技知识创造、传播、扩散、应用的规模和速度不断提高,世界范围内生产力、生产方式、生活方式、经济社会发展格局正在发生前所未有的深刻变革。在世界新科技革命推动下,知识在经济社会发展中的作用日益突出,国民财富增长和人类生活改善越来越有赖于知识积累和创新。科技发展从来没有像今天这样深刻地影响着社会生产生活的方方面面,从来没有像今天这样深刻地影响着人们的思想观念和生活方式,从来没有像今天这样深刻地影响着国家和民族的前途命运。科技已成为支撑和引领经济发展和社会进步的重大因素。当今世界,谁掌握了先进科技,谁就掌握了经济社会发展的主动权,谁就掌握了综合国力竞争的主动权。

我们必须清醒地看到,改革开放30年来,我国虽然取得了历史性的成就和进步,但我国仍处于并将长期处于社会主义初级阶段的基本国情没有变,人民日益增长的物质文化需要同落后的社会生产之间的矛盾这一社会主要矛盾没有变;我国科技总体水平同世界先进水平相比仍有较大差距,关键技术自给率低,自主创新能力不强,特别是企业核心竞争力不强,优秀拔尖人才还比较少,与推动经济社会又好又快发展、不断改善人民生活的迫切要求还不相适应。党和国家事业发展,比以往任何时候都更加迫切地需要坚实的科学基础和有力的技术支撑,更加迫切地需要广大科技工作者不懈进行创造性实践,以更好地建设创新型国家、实现我国科学技术跨越式发展。

党的十七大提出,提高自主创新能力,建设创新型国家,这是国家发展战略的核心,是提高综合国力的关键;要坚持走中国特色自主创新道路,把增强自主创新能力贯彻到现代化建设各个方面。这不仅提出了前所未有的巨大科技需求,也为广大科技工作者施展才华提供了前所未有的广阔舞台。我们要全面贯彻党的十七大精神,以邓小平理论和"三个代表"重要思想为指导,深入贯彻落实科学发展观,更好实施科教兴国战略、人才强国战略、可持续发展战略,坚持自主创新、重点跨越、支撑发展、引领未来的指导方针,把增强自主创新能力作为发展科学技术的战略基点、作为调整产业结构和转变发展方式的中心环节,把建设创新型国家作为面向未来的重大战略选择,更加自觉、更加坚定地走中国特色自主创新道路,更好更快地把我国科技事业推向前进。

广大科技工作者要自觉认清形势、明确任务,坚持科技为经济社会发展服务、为人民服务,继承和发扬"两弹一星"精神和载人航天精神,增强不懈奋斗、勇攀世界科技高峰的信心和勇气,站在时代发展前列,追踪世界科技前沿,勇敢担负起提高自主创新能力、建设创新型国家的战略任务和历史使命,集中力量在解决制约经济社会发展的重大科技问题、关系国民经济命脉和国家安全的关键领域取得突破,努力掌握关键技术和共性技术、解决重大公益性科技问题,在自主创新方面继续创造无愧于祖国、无愧于人民的光辉业绩。

希望我国广大科技工作者大力增强自主创新能力,积极为勇攀科技高峰作出新贡献。一个国家、一个民族要赢得发展、造福人类,必须注重自主创新。国家将坚持把科学技术置于优先发展的战略地位,组织落实国家中长期科学和技术发展规划纲要,加快组织实施国家重大科技专项,加大对自主创新的投入,这将为广大科技工作者激发创新活力、增强创新动力创造良好条件。广大科技工作者要深入开展基础研究、前沿技术研究、社会公益性技术研究,不断推进原始创新、集成创新和引进消化吸收再创新,着力在若干重要领域掌握一批核心技术,拥有一批自主知识产权,坚定不移地走中国特色自主创新道路。要坚持以人为本,把解决好关系人民群众切身利益的问题作为科技工作的重要内容,在生命健康、生态环境保护、公共安全等领域加强攻关,加强对地震灾区灾后恢复重建方面科技问题的研究,推动科技成果充分惠及广大人民群众。要积极投身技术创新体系、知识创新体系、国防科技创新体系、区域创新体系、科技中介服务体系建设,特别是要积极投身以企业为主体、市场为导向、产学研相结合的技术创新体系建设,认真学习和充分吸收国际先进科技成果,有效利用全球科技资源,为建设国家创新体系贡献智慧和力量。要积极推动科技体制机制创新,适应社会主义市场经济发展,促进国家科技决策机制和宏观协调机制建立、健全,促进全社会科技资源高效配置和综合集成,促进科研布局和结构调整,在形成有利于促进科技进步和创新、推动科技成果向现实生产力转化、既体现中国特色又符合科技发展规律的充满活力的体制机制中发挥重要作用。要身体力行地培养造就创新型科技人才,遵循人才成长规律,创新人才培养模式,甘当人梯、提携后进,花大心血、下大气力在创新实践中发现人才、培养人才、凝聚人才、成就人才。当前,在国际金融危机快速扩散和蔓延、我国经济发展受到严重影响的情况下,广大科技工作者要积极为扩大内需、保持经济平稳较快发展贡献力量,特别是要加强对保增长、扩内需、调结构方面重大科技问题的攻关研究，加强对加快转变发展方式、推动产业结构优化升级方面重大科技问题的攻关研究，继续促进经济增长由主要依靠投资、出口拉动向依靠消费、投资、出口协调拉动转变，由主要依靠第二产业带动向依靠第一、第二、第三产业协同带动转变，由主要依靠增加物质资源消耗向主要依靠科技进步、劳动者素质提高、管理创新转变。

希望我国广大科技工作者大力普及科学技术，积极为提高全民族素质作出新贡献。科技成果只有为全社会所掌握、所应用，才能发挥出推动社会发展进步的最大力量和最大效用。科技工作包括创新科学技术和普及科学技术这两个相辅相成的重要方面。普及科学技术，提高全民科学素质，既是激励科技创新、建设创新型国家的内在要求，也是营造创新环境、培育创新人才的基础工程，必须作为国家的长期任务和全社会的共同任务切实抓紧抓好，为科技进步和创新打下最深厚最持久的基础。广大科技工作者要把普及科学技术、促进广大人民群众深入了解科技知识作为义不容辞的社会责任，把贯彻落实科学技术普及法和全民科学素质行动计划纲要作为科技工作的重要方面，努力成为科学知识的传播者、科学方法的实践者、科学思想的倡导者、科学精神的弘扬者。要积极参与科普活动，开展科普创作，充分发挥自身优势和专长，把科研和科普有机结合起来，通过多种渠道、多种方式积极主动地向公众介绍科研最新发现、展示科技创新成果，通过丰富多彩、扎实有效的科技教育、传播、普及活动帮助广大人民群众了解必要的科技知识、掌握基本的科学方法、树立正确的科学思想、崇尚崇高的科学精神，提高人民群众的就业能力、创新能力、创业能力和公共事务参与能力、社会适应能力，推动人民群众综合素质普遍提升。要积极推动形成讲科学、爱科学、学科学、用科学的良好社会风尚，帮助人们以科学思想观察问题、以科学态度看待问题、以科学方法处理问题，养成健康文明的生活方式和工作方式，保持健康向上的社会心态，促进人与自然和谐相处，努力形成全体人民各尽其能、各得其所而又和谐相处的局面。

希望我国广大科技工作者大力加强决策咨询，积极为推进决策科学化、民主化作出新贡献。决策正确与否，对于党和国家各项工作、对于党和国家事业发展具有决定性作用。决策正确，我们的工作、我们的事业就能顺利发展。决策不正确或者失误，我们的工作、我们的事业就会遇到困难甚至发生严重挫折。当前，国际形势复杂多变，国内改革发展任务艰巨繁重，我国已进入改革发展关键阶段。我们要深入贯彻落实科学发展观，全面推进社会主义经济建设、政治建设、文化建设、社会建设以及生态文明建设，更好推进改革开放和社会主义现代化建设，更好应对来自国际环境的各种风险和挑战，迫切需要提高决策科学化、民主化水平。科技工作者具有科学文化水平较高、逻辑思维严谨、专业知识深厚的优势，应该也完全能够为推进党和国家决策科学化、民主化发挥积极作用。广大科技工作者要紧紧抓住那些对我国经济社会发展和国防安全具有战略性、基础性、前瞻性、关键性作用的重大科技课题，紧紧抓住农业生产、能源资源、水资源、环境保护、气候变化、节能减排等领域关系我国可持续发展的重大课题，紧紧抓住关系人民群众切身利益的食品药品质量安全、生产安全、公共卫生、公共健康的重大科技课题，及时发现科技发展和应用中出现的苗头性和倾向性问题，加强科研攻关，加强调查研究，积极建言献策，提出有针对性、可操作的对策建议，把科技工作者的个体智慧凝聚上升为有组织的集体智慧，为社会发展提供启迪，为治国理政提供良策。

希望我国广大科技工作者大力发扬优良传统，积极为社会主义核心价值体系建设作出新贡献。社会主义核心价值体系是我国指导思想、共同理想、民族精神、道德观念的集中体现，是社会主义精神文明建设的基本内容。建设社会主义核心价值体系，形成全民族奋发向上的精神力量、团结和睦的精神纽带，是增强民族凝聚力和国家软实力的客观需要。在科技领域取得成就，不仅要有丰富的科技知识、创新的思维能力、顽强的拼搏毅力，还要有高尚的思想品格。我国许多老一辈科学家就既取得了重大创新成果，又为我们树立了崇高精神榜样。广大科技工作者要坚持用马克思主义中国化最新成果武装头脑，坚定中国特色社会主义信念，弘扬以爱国主义为核心的民族精神和以改革创新为核心的时代精神，践行社会主义荣辱观，不断提高自己的思想道德素质。同时，广大科技工作者要积极为提高全民族的思想道德素质和科学文化素质贡献力量、作出表率。我国科技界长期以来形成和发扬的求真务实、勇于创新的科学精神，不畏艰险、勇攀高峰的探索精神，团结协作、淡泊名利的团队精神，报效祖国、服务社会的奉献精神，是符合社会主义核心价值体系要求的价值观念，对建设社会主义核心价值体系具有十分重要的作用。广大科技工作者要继承和发扬我国科技界的光荣传统，自觉把科学精神和人文精神有机结合起来，倡导敢于创新、勇于竞争、诚信合作、宽容失败的精神，恪守坚持真理、诚实劳动、亲贤爱才、密切合作的职业道德，发展奋力攀登的创新文化，倡导民主讨论、平等待人，维护科技界的良好社会声誉，努力成为良好学术风气的维护者、严谨治学的力行者、优良学术道德的传承者，为全社会建设社会主义核心价值体系发挥示范作用。

科学无国界,但科学家有自己的祖国。这是长期以来我国科技界广为传颂的一句话,反映了我国广大科技工作者自觉把个人前途与国家命运、人民需要紧密结合起来的崇高品德。广大科技工作者一定要以国家需要为最高需要,以人民利益为最高利益,以报效祖国为最高职责,把自己的聪明才智与改革开放和社会主义现代化建设的需要紧密结合起来,把自己的事业追求与亿万人民的幸福安康紧密结合起来,以振奋的精神、昂扬的斗志,奋起直追世界科技先进潮流,锲而不舍地探索和实践,努力创造一流的科研成就和工作业绩,在为人民奉献、为祖国奋斗的过程中书写更加瑰丽的人生乐章。

同志们!

中国科协是党领导下的人民团体,是党和政府联系科技工作者的桥梁和纽带。50年来,中国科协自觉坚持党的领导,坚持围绕中心、服务大局,始终把加强党和政府同科技工作者的联系作为基本职责,把竭诚为科技工作者服务作为根本任务,把科技工作者是否满意作为衡量工作的主要标准,在促进科技繁荣发展、科技普及推广、科技人才成长提高、科技与经济相结合等方面做了大量卓有成效的工作,发挥了重要作用。事实证明,科协组织是推动我国科技事业发展的重要力量。

在新的历史条件下,科协组织要进一步发挥推动我国科技事业发展重要力量的作用。科协组织作为科普工作的主要社会力量,要以贯彻实施全民科学素质行动计划纲要为抓手,以未成年人、农民、城镇劳动人口、领导干部和公务员为重点,以科普资源共建共享为突破口,广泛开展群众性、基础性、社会性科普活动,不断增强科普服务能力和水平,推动形成社会化科普工作格局,加大科技知识在全社会的传播速度和覆盖广度。要大力宣传在创新科学技术和普及科学技术方面作出突出贡献的优秀科技工作者和创新团队,大力普及科学知识、倡导科学方法、传播科学思想、弘扬科学精神,形成人人关注创新、人人支持创新、人人参与创新的浓厚创新氛围,让科学家受到全社会尊重,让全民创造热情和创新活力得到充分激发。要积极参加国家创新体系建设,把开展学术交流、发挥学术交流对自主创新的重要作用作为学会的基本职责,积极搭建不同形式、不同层次的学术交流平台,积极推动科学家之间的交流,积极推动科学家和决策者、社会公众的交流,启迪创新思维,促进自主创新,推动产学研结合,推进科技知识传播和应用。

科技工作者是党和国家的宝贵财富。新中国成立以来特别是改革开放以来,我国科技工作者队伍不断发展壮大,就业和流动趋势日益多样化,结构和分布呈现出鲜明的时代特征,思想活动的独立性、选择性、多变性、差异性也越来越明显。这就对科协组织当好科技工作者之家、提供好服务提出了更高要求。科协组织要把为广大科技工作者提供优质高效服务作为根本任务,进一步解放思想,创新工作方式,拓宽工作领域,丰富工作内涵,既帮助科技工作者施展聪明才智、勇攀科技高峰,又引导和支持科技工作者深入企业农村一线开展技术咨询、技术诊断、科技培训等活动,推动科技成果向现实生产力转化。要把促进造就数以亿计的高素质劳动者、数以千万计的专门人才和一大批拔尖创新人才作为科协组织的重要任务,推动制定有利于科技人才脱颖而出的政策措施,竭诚鼓励科技工作者干事业,鼎力支持科技工作者干成事业,热情帮助科技工作者干好事业,推动形成自主创新源泉充分涌流、科技工作者创造活力竞相迸发的生动局面。要把维护科技工作者合法权益作为科协工作的重要内容,完善科技工作者利益表达机制,尊重科技工作者的个性特点和思维方式,加强对科技工作者的人文关怀和心理疏导,关心一线科技工作者和离退休科技工作者,及时反映他们的意见和呼声,推动解决他们在工作生活中遇到的实际困难。要把进行科技评价、举荐创新人才作为科协所属学会的重要职能,积极探索科学合理、具有中国特色的科技评价体系,用对科技工作者科研能力和科研成果的社会承认来引导和激励科技工作者,更加充分地激发广大科技工作者的聪明才智。要加强科学道德和学风建设,规范学术行为,提倡学术争鸣,营造自由平等、求真务实的学术氛围,建设和谐学术环境。要以开展深入学习实践科学发展观活动为契机,大力加强科协组织自身建设,不断提高科协干部队伍素质和能力。

科协工作是党的群众工作的重要组成部分,也是国家科技工作的重要组成部分。各级党委和政府要加强和改善对科协工作的领导,支持科协组织依照法律和章程独立自主地开展工作,定期听取科协工作汇报,支持科协加强干部队伍建设和基层组织建设,保障科协各项经费,为科协及所属团体提供有利工作条件。各级党委和政府要把培养造就科技人才特别是创新型科技人才工作放在更加突出的位置,切实贯彻尊重劳动、尊重知识、尊重人才、尊重创造的方针,把科技发展内在规律、科技人才成长规律、社会主义制度优越性有效统一起来,按照促进人的全面发展的要求,切实加大工作力度,推动优秀人才脱颖而出,努力造就一大批世界一流的科学家和科技领军人才,培养一大批掌握现代科技和人文知识、富于创造精神的各类专家、专业技术人员和管理人员,形成一批具有战略和长远眼光、富有凝聚力和战斗力的科技创新团队,为党和国家各项事业发展奠定坚实科技人才基础。

同志们!

改革开放的伟大时代,建设创新型国家的伟大任务,赋予我国广大科技工作者和各级科协组织神圣而光荣的使命。全国广大科技工作者要更加紧密地团结起来,全面贯彻党的十七大精神,高举中国特色社会主义伟大旗帜,同心同德,振奋精神,锐意进取,扎实工作,为建设创新型国家,为夺取全面建设小康社会新胜利、开创中国特色社会主义事业新局面,为实现中华民族伟大复兴,不断作出新的更大的贡献!

十一届全国人大常委会第十五次委员长会议在人民大会堂举行

全国人大常委会委员长吴邦国主持会议。

委员长会议决定,十一届全国人大常委会第六次会议12月22日至27日在北京举行,建议会议继续审议防震减灾法修订草案、专利法修正案草案、刑法修正案(七)草案、社会保险法草案、保险法修订草案、侵权责任法草案,首次审议农村土地承包经营纠纷仲裁法草案、统计法修订草案等。

委员长会议建议常委会第六次会议还审议国务院关于提请审议批准《上海合作组织成员国关于举行联合军事演习的协定》的议案、《中华人民共和国和阿拉伯联合酋长国关于刑事司法协助的条约》的议案,审议国务院关于"十一五"规划实施情况的中期评估报告、关于积极采取措施应对国际金融危机确保我国国民经济平稳较快发展情况的报告、关于稳定物价情况的报告、关于水污染防治工作进展情况的报告。

委员长会议还建议常委会第六次会议审议委员长会议关于提请审议《全国人民代表大会常务委员会关于召开第十一届全国人民代表大会第二次会议的决定(草案)》的议案,审议全国人大常委会执法检查组关于检查义务教育法、劳动合同法实施情况的报告,审议全国人大法律委员会、教育科学文化卫生委员会、外事委员会、华侨委员会、环境与资源保护委员会、农业与农村委员会关于十一届全国人大一次会议主席团交付审议的代表提出的议案审议结果的报告。

委员长会议建议的常委会第六次会议议程还有:听取全国人大常委会办公厅关于十一届全国人大一次会议代表建议、批评和意见处理情况的报告,财政部关于十一届全国人大一次会议代表建议、批评和意见办理情况的报告;审议吴邦国委员长访问非洲五国及非洲联盟委员会情况的书面报告;审议十一届全国人大常委会代表资格审查委员会关于个别代表的代表资格的报告;审议有关任免案。

委员长会议听取了全国人大常委会副委员长兼秘书长李建国作的关于十一届全国人大常委会第六次会议议程草案和日程安排意见的汇报,听取了全国人大常委会有关副秘书长、全国人大有关专门委员会负责人关于十一届全国人大常委会第六次会议有关议程情况的汇报。

委员长会议还听取了全国人大常委会预算工作委员会关于同意财政部在预算批准前预拨项目支出资金的汇报。委员长会议认为,面对国际国内经济形势急剧变化的严峻挑战,中央适时调整宏观调控的方向、重点和力度,增强调控的预见性、针对性和实效性,使我们赢得了时间,争取了主动。实践证明,中央采取的一系列宏观调控政策是正确的、有力的。委员长会议同意在全国人民代表大会批准预算之前,预拨一定比例的项目支出资金,在批准之后,按照批准的预算执行。

全国人大常委会副委员长王兆国、乌云其木格、韩启德、华建敏、周铁农、司马义·铁力瓦尔地、蒋树声、陈昌智、严隽琪、桑国卫出席会议。

全国人大常委会委员长吴邦国在人民大会堂会见亚美尼亚国民会议主席阿布拉米扬

吴邦国说,中国全国人大和亚美尼亚国民会议在各自国家政治生活中地位重要,双方的友好交往对促进国家关系发展发挥着重要作用。我们即将签署的交流与合作谅解备忘录,标志着两国议会关系进入新的发展时期。希望双方继续保持各级别交往,加强立法监督等工作交流,密切在彼此关切的重大问题上的协调,推动两国各领域的务实合作,为中亚友好事业作出新的贡献。

阿布拉米扬说,亚美尼亚议会将以与中国全国人大签订交流与合作谅解备忘录为契机,推动双边各层次、各领域的友好交往,为亚中关系的发展注入新的活力。他重申,亚美尼亚将继续坚定奉行一个中国政策。

会见结束后,吴邦国委员长和阿布拉米扬主席共同签署了《中华人民共和国全国人民代表大会和亚美尼亚共和国国民会议交流与合作谅解备忘录》。

全国政协主席贾庆林在人民大会堂会见以蔡冠深为团长的香港中华总商会访问团全体成员

贾庆林指出,香港回归11年来,中央政府坚定不移地贯彻"一国两制"方针,严格按照基本法办事,全力支持行政长官和特区政府依法施政。在中央政府大力支持下,行政长官和特区政府带领广大香港同胞和衷共济、团结奋斗,战胜了前进道路上的种种艰难险阻,保持了香港繁荣稳定的局面,取得了举世瞩目的成就。实践证明,"一国两制"、"港人治港"、高度自治的方针是完全正确的。中央对贯彻"一国两制"方针和基本法，落实“港人治港”、高度自治的决心是坚定不移的，凡是有利于香港社会、经济、政治协调发展，有利于保障国家和港人的根本利益，有利于保持香港长期繁荣稳定的事，中央都会不遗余力地给予支持。

贾庆林说，香港中华总商会是香港历史最久、规模最大、影响最广的爱国爱港工商社团，从 1900 年成立至今，一直秉持“促进工商业发展、繁荣香港”的创会宗旨，联系和团结广大香港华商，为香港的发展进步和祖国的繁荣富强作出了积极贡献。他希望香港中华总商会发扬传统，继续高举爱国爱港旗帜；把握机遇，促进香港经济发展；同心协力，维护社会和谐稳定；坚定信心，妥善应对金融危机，为保持香港长期稳定的局面作出积极努力。

全国政协副主席、中央统战部部长杜青林，国务院港澳办、国家发改委、商务部、中央政府驻港联络办等有关部门负责人陪同会见。

民建中央九届二中全会在北京召开

会议的主要议程是深入学习中共十七届三中全会精神和中央经济工作会议精神；听取并审议民建第九届中央常委会 2008 年工作报告；审议通过民建中央监督委员会组成人员名单；评审民建中央 2008 年专题调研报告等。全国人大常委会副委员长、民建中央主席陈昌智代表民建第九届中央常委会作工作报告。

陈昌智在报告中指出，在 2009 年里，全会要认真贯彻中共十七大和十七届三中全会精神，高举中国特色社会主义伟大旗帜，坚持以邓小平理论和“三个代表”重要思想为指导，深入贯彻落实科学发展观，加强思想建设；坚持组织发展的方针和原则，优化会员结构，巩固发展政治交接成果，健全完善会内各级领导体制和工作机制，逐步建立行之有效的会内监督体系，着力提高自身建设水平；坚持把促进发展作为第一要务，围绕关系国计民生和人民群众切身利益的重大问题，充分发挥本会密切联系经济界的特色，继续关注财政金融、风险投资、非公有制经济、社会保障、环境保护等方面，并针对农村改革发展、加强监督、防治腐败及宏观经济形势等领域存在的突出问题，开展调查研究，向中共党委和政府建言献策，努力做好参政议政工作。

全国政协副主席、民建中央第一副主席张榕明主持开幕式，民建中央常务副主席马培华作了关于《中国民主建国会会内监督条例(试行)(草案)》的说明。

民建中央原主席成思危，民建中央副主席程贻举、王少阶、陈政立、张少琴、辜胜阻、宋海、李说、周汉民及民建中央委员 200 余人出席会议

国务院副总理张德江出席在北京召开的中央企业负责人会议并讲话

张德江要求，促进中央企业改革发展，要抓住关键，突出重点，着力做好以下工作：一要确保发展，切实扭转发展速度和各类经济指标下滑趋势；二要继续推进公司制股份制改革，加快建立、健全适应市场经济的体制机制；三要抓住机遇，大力推动中央企业布局和结构调整，做强做大做优中央企业，增强国有经济活力、影响力和控制力；四要加大自主创新力度，实现关键核心技术新突破，开发高新技术产品，用技术先进、质量可靠、市场畅销的产品引领需求、占领市场、赢得未来；五要加强现金流量管理、投资决策管理和内部控制机制建设，提高应对危机的能力和水平；六要加快“走出去”步伐，提高国际资源配置能力，提升国际化运作水平；七要自觉履行社会责任，确保关系国计民生的重要资源和服务的生产供应，尽量做到不减员，切实做好安全生产工作；八要加强企业领导班子和职工队伍建设，充分发挥党组织在企业中的政治核心作用。

中央企业负责人会议于 12 月 15 日至 16 日在京召开。国务院国资委主任李荣融作了工作报告，中央企业负责人、国有重点大型企业监事会主席等 400 余人出席了会议。

国务院副总理李克强在人民大会堂会见世界银行行长佐利克

第六次中美战略对话在华盛顿举行

中国国务委员戴秉国与美国常务副国务卿内格罗蓬特共同主持了对话。

戴秉国指出，这次中美战略对话是在纪念中美建交 30 周年的重要时刻举行的。30 年来，两国关系不断发展，战略基础不断充实。两国关系的利益纽带日趋牢固，形成了你中有我、我中有你的利益交融局面。近年来，中美关系战略定位更加清晰，全球意义更加突出，两国对话渠道更加畅通，互利合作更加广泛，中美友好的社会基础更加坚实。当前，中美关系处于承前启后的重要时期，面临新的机遇和挑战。双方应始终坚持从战略高度和长远角度出发，坚持建设性合作关系的大方向：加强高层往来对话，不断增进战略互信；妥善处理台湾问题，维护台海和平稳定；以发展的眼光和开放的思维扩大两国互利合作；加强在重大国际和地区问题上的沟通协调；妥善处理分歧和敏感问题；深入开展民间交流。

内格罗蓬特表示，美方对 30 年来美中关系在政治、经济、文化、教育、军事等各领域取得的发展感到鼓舞，两国高层建立了良好联系，经贸往来空前活跃，

民间交流深入发展，国际合作富有成效。美中关系给两国和世界人民带来了实实在在的好处，越来越多的美国人支持发展这一关系。美中关系已成为当今世界最为重要的双边关系之一，需要双方稳健把握，悉心培育。美国政府将坚持奉行一个中国政策。

双方同意，在当前国际形势发生深刻变化背景下，中美应该加强合作，共同应对国际金融危机、气候变化、反恐、防扩散、能源安全等方面的挑战，促进世界和平、稳定和发展。

全国人大常委会副委员长陈至立在金边会见柬埔寨国王西哈莫尼

国家火炬计划实施20周年纪念大会在北京举行

12月16日

国务院总理温家宝在中南海紫光阁会见世界银行行长佐利克

温家宝说，世界银行是全球发展领域最大的金融机构，中国是最大的发展中国家，双方合作对世界经济社会发展具有重要意义。

温家宝向佐利克介绍了中国的经济形势及应对世界金融危机所采取的政策措施。温家宝说，中国是一个拥有13亿人口的大国，城乡、地区之间发展不平衡，人均收入还比较低，还有比较多的贫困人口。我们提出要把扩大内需同经济增长、社会发展、民生改善结合起来，归根到底就是要通过经济发展逐步满足人民的物质文化需要；通过有效拉动最终消费，促进经济发展。为此，要着力提高农民收入和困难群众的社会保障水平，努力扩大就业渠道，大力发展教育、医疗、文化等社会事业，加快保障性安居工程建设，推进农村饮水、沼气、道路、电力、通信等基础设施建设，保护生态环境，搞好灾后重建和扶贫工作。

佐利克说，中国经济社会发展和减贫事业取得了巨大成就。中国政府和人民在抗震救灾中表现出的团结和勇气令人敬佩。作为中国的密切合作伙伴，世界银行将继续帮助中国灾区恢复和重建工作。世界银行支持中国的发展，并希望在国际发展领域同中方开展合作。

外交部部长杨洁篪、财政部部长谢旭人参加会见。

全国农村党风廉政建设工作电视电话会议在北京召开

致公党十三届二中全会在北京开幕

会议的主要内容是学习中共十七届三中全会和中央经济工作会议精神，听取并审议致公党第十三届中央常务委员会工作报告，审议《中国致公党党内监督条例(试行)》等。全国政协副主席、致公党中央主席万钢代表中央常务委员会作工作报告。

万钢在回顾总结2008年工作时指出，一年来，致公党各级组织和广大党员大力加强自身建设，切实履行参政党职能，各项工作取得了长足进展。

万钢指出，中国致公党2009年工作的基本思路和任务是：以邓小平理论和“三个代表”重要思想为指导，全面学习贯彻落实科学发展观，认真学习贯彻中共中央有关决议和决定的精神，努力建设适应时代发展要求的参政党，加强参政能力建设，提升为侨服务和海外联谊能力和水平，促进组织发展，推进全党工作的制度化、规范化，为促进改革开放、化解金融危机、维护社会的安定团结、加快构建社会主义和谐社会而努力奋斗。

致公党中央常务副主席王钦敏，副主席程津培、杨邦杰、严以新、黄格胜、曹小红、李卓彬等参加会议。

广东阳江核电站正式开工

国家副主席习近平在人民大会堂会见巴基斯坦参联会主席塔里克·马吉德

国务院副总理李克强在中南海紫光阁会见亚美尼亚国民会议主席阿布拉米扬

中央纪委书记贺国强在人民大会堂会见由俄罗斯总统助理总统监察署署长楚先科率领的代表团

在谈到反腐倡廉工作时，贺国强说，中国共产党和中国政府高度重视反腐倡廉工作，把它作为关系人心向背和国家长治久安的重大政治任务来抓，走出了一条中国特色反腐倡廉道路。我们将坚持标本兼治、综合治理、惩防并举、注重预防的方针，切实提高反腐倡廉建设成效，为全面建设小康社会提供有力政治保证。

楚先科高度评价中国经济社会发展成就和反腐倡廉经验。他希望两国监察机关进一步加强交流与合作。

中央纪委副书记、监察部部长、国家预防腐败局局长马馼等参加会见。

外交部部长杨洁篪在北京同马尔代夫外交部部长艾哈迈德·沙希德举行会谈

全国人大常委会副委员长李建国在北京会见亚美尼亚国民会议主席阿布拉米扬

国务院副总理张德江致信祝贺亚太空间合作组织成立

中共中央政治局常委李长春到中国出版集团公司调研

李长春首先来到位于北京琉璃厂的荣宝斋，详细了解木版水印技艺的原理和流程，观看荣宝斋藏品精品展。在商务印书馆，李长春仔细听取馆史介绍，不时询问近年来在股份制改造、跨领域经营等方面的进展情况。在三联书店，李长春走进三联韬奋图书中心，饶有兴致地翻阅展售图书，与正在现场的部分畅销书作者亲切交谈，勉励他们为读者奉献更多更好的优秀作品。

调研中，李长春听取了中国出版集团公司的工作汇报，对公司取得的成绩给予充分肯定。李长春指出，出版业是社会主义文化建设的重要组成部分，在满足群众精神文化需求、壮大文化产业整体实力、提高中华文化国际影响力方面具有重要作用。要高举中国特色社会主义伟大旗帜，坚持正确出版导向，始终把社会效益放在首位，实现社会效益和经济效益双丰收，出版更多优秀读物，传播积极的人生追求、高尚的情感境界、健康的生活情趣。要解放思想、锐意进取，不断增强繁荣我国文化产业的责任感和使命感，进一步深化改革，着力构建有利于科学发展的体制机制，培育合格市场竞争主体，推动出版业又好又快发展。要坚持以人为本，贴近实际、贴近生活、贴近群众，准确把握群众精神文化生活的新期待，深入研究市场发展的新趋势，积极创新内容和形式，努力满足人民群众多方面、多层次、多样化的精神文化需求。要进一步加快"走出去"步伐，推出更多在国际上有竞争力和影响力的出版品牌，推动更多文化企业和文化产品参与国际市场竞争，开展国际合作和跨国经营，努力打造国际一流出版企业。李长春最后勉励中国出版集团公司充分发挥品牌优势，抓住机遇，开拓创新，进一步加大改革力度、加快发展步伐，努力成为主业突出、多元经营、人才汇集、实力雄厚，具有创新能力和可持续发展能力的现代出版企业，在文化建设和文化体制改革中充当示范作用好、引领作用强的旗舰，为推动社会主义文化大发展大繁荣作出新的更大贡献。

中共中央政治局委员、书记处书记、中宣部部长刘云山一同调研。

中国西藏文化保护与发展协会一届五次常务理事会在北京召开

全国政协副主席、中央统战部部长杜青林，中国西藏文化保护与发展协会名誉会长热地出席会议。会议表决通过推举杜青林为中国西藏文化保护与发展协会名誉会长。副会长兼秘书长朱维群在会上作2008年度工作情况及2009年工作计划的报告。

朱维群说，在中央领导的关心重视下，在协会名誉会长、会长的大力支持下，通过全体理事的共同努力，2008年，协会紧密围绕中心工作，努力协调关系，合理统筹力量，突出重点，扎实工作，开拓创新，工作领域不断拓宽，影响力逐步扩大，各项工作取得长足进步。成功举办"2008年北京藏学讨论会"；利用协会非政府组织平台，积极参与国际事务；举办多种形式西藏文化展览和演出活动；编辑制作了一批有影响的涉藏题材影视文化作品；主动开展国际交流活动，"请进来"、"走出去"工作力度进一步加大；协会理事积极参与，协会工作逐步发展，自身建设不断加强。朱维群强调，协会这些成绩的取得，得益于领导的高度重视，得益于各方面的大力支持，得益于工作的开拓创新，得益于协会全体理事的积极参与。

朱维群指出，2009年协会工作应着眼长远，服务大局，依托理事，发动社会，在总结经验基础上，进一步拓宽渠道，继续扩大协会国际活动空间，扩大自身影响，推动西藏文化保护与发展工作和西藏外宣工作再上新台阶。要围绕西藏民主改革50周年，大力宣传西藏经济社会发展现况、传统文化保护取得的巨大成就；要继续加大"请进来，走出去"工作力度，加大涉藏题材文化作品的制作；要努力为西藏文化保护与发展事业提供更多的现实服务；要不断推进协会的自身建设和发展。

中国西藏文化保护与发展协会于2004年成立，本次会议共有副会长、常务理事、理事共68人参加。

2008广播发展论坛在北京举行

论坛由中央人民广播电台和中国国际广播电台共同主办的。来自海外30多家华语广播机构的代表、全国各省区市和部分省会城市广播电台的负责人出席了会议。

据介绍，改革开放30年来，我国广播事业获得了巨大发展。截至目前，我国共开办广播节目2452套，广播人口综合覆盖率达到95.43%，是世界上覆盖人口最多的广播。全国收音机拥有量超过5亿台，听众规模超过12亿。

12月17日

国家主席胡锦涛在人民大会堂与安哥拉总统多斯桑托斯举行会谈

胡锦涛说，在新世纪新形势下，为扩大和深化两国务实合作,实现互利双赢、共同发展,双方要努力做好以下四个方面的工作:(一)加强交往对话,夯实政治基础。双方要保持两国高层领导人、政府部门、立法机构、执政党之间友好交往的势头,经常就彼此关切的重大问题交换意见,加深相互了解,增进传统友谊。(二)深化互利合作,拓宽合作领域。双方要进一步扩大经贸、基础设施建设、能源和矿产资源、通信、农业等领域的合作,积极探讨合作的新方式新途径。中方将在中非合作论坛和多边农业合作框架下向安哥拉派遣农业专家和技术人员,帮助安哥拉发展农业,增加粮食生产。为推动两国经贸合作健康有序发展,双方要建立和健全相关合作机制,做好规划、指导和协调工作。(三)丰富人文交流,充实合作内涵。双方可通过多种形式,促进两国文化、教育、新闻、司法、体育等领域的交流合作,为中安友好合作关系的发展注入新的活力。(四)保持多边合作,维护共同利益。双方要进一步发挥两国外交部政治磋商机制的作用,加强在联合国、世界贸易组织、中非合作论坛等多边框架内,以及在重大国际和地区问题上的沟通与协调,共同应对各种挑战,推动国际政治经济秩序朝着更加公正合理的方向发展。

多斯桑托斯表示,安中合作是南南合作的典范。安方视中国为战略合作伙伴,愿不断巩固两国友好关系,密切双方交往,扩大经贸、能源、基础设施等领域的合作,探索新的合作方式,拓展合作领域。安方欢迎中国企业积极参与安哥拉的重建与发展。安方希望与中方在涉及非洲问题、联合国等多边事务中加强协调合作,推动国际政治经济秩序更加平衡发展,共同促进世界的和平、稳定与发展。

会谈后,两国元首共同出席了经济技术、文化、航空运输等双边合作文件的签字仪式。

全国人大常委会委员长吴邦国在人民大会堂会见塞拉利昂议长斯特朗

吴邦国在积极评价两国关系后说,中塞同属发展中国家,政治关系良好,经济互补性强、合作潜力大。他表示中方高度重视发展与塞拉利昂的关系,希望与塞方一道,一是抓紧启动和实施好双方已商定的项目,尽快发挥效益;二是进一步加强两国在资源开发、农业生产、基础设施建设等领域合作,积极探索融资渠道和方式;三是鼓励和支持企业合作,推动具有带动力的大项目合作。

吴邦国指出,中国全国人大与塞拉利昂议会的友好往来有着良好的基础。希望双方紧紧围绕国家关系发展的大局,着力促进经贸等领域的务实合作,积极开展民主法制建设、治国理政经验交流,共同推动中塞关系迈上新台阶。

斯特朗表示,塞拉利昂政府和人民感谢中国政府和人民长期以来给予的无私帮助。塞方热忱欢迎中国企业参与塞拉利昂农业、矿产、旅游、渔业等领域的合作,并为中国投资者创造良好的投资环境,保证投资安全。他重申,塞方坚定奉行一个中国政策,始终认为台湾和西藏是中国领土不可分割的一部分,将继续在一个中国等原则问题给予无限的支持。

国务院总理温家宝主持召开国务院常务会议研究部署促进房地产市场健康发展的政策措施

会议指出,近期国家采取扩大内需、促进经济平稳较快增长的政策措施,已对房地产市场产生积极影响,不少城市商品住房成交量有所回升。当前,要坚持住房市场化基本方向,坚持对低收入住房困难群众实行住房保障制度的原则,加大政策力度,加快保障性住房建设,进一步鼓励和支持住房消费,保持合理的房地产开发投资规模,促进房地产市场健康发展。

会议研究确定了以下政策措施。(一)加大保障性住房建设力度。争取用3年时间,解决近750万户城市低收入住房困难家庭和240万户林区、垦区、煤矿等棚户区居民的住房问题,并积极推进农村危房改造。中央继续加大廉租住房建设和棚户区改造投资支持力度,适当提高中西部地区补助标准。选择部分有条件的地区试点,将本地区部分住房公积金闲置资金补充用于经济适用住房等建设。(二)进一步鼓励普通商品住房消费。对已贷款购买一套住房但人均面积低于当地平均水平,再申请购买第二套普通自住房的居民,比照执行首次贷款购买普通自住房的优惠政策。对住房转让环节营业税暂定一年实行减免政策。其中,将现行个人购买普通住房超过5年(含5年)改为超过2年(含2年)转让的,免征营业税;将个人购买普通住房不足2年转让的,由按其转让收入全额征收营业税,改为按其转让收入减去购买住房原价的差额征收营业税。(三)引导房地产开发企业积极应对市场变化,促进商品住房销售。支持合理融资需求,加大对中低价位、中小套型普通商品住房建设特别是在建项目的信贷支持,对有实力有信誉的房地产开发企业兼并重组提供融资和相关金融服务。按照法定程序取消城市房地产税。

会议要求,各地区要在执行中央统一政策的前提下,结合当地实际,进一步采取促进房地产市场健康发展的政策措施。要继续加强房地产市场监测分析,准确把握房地产市场走势,及时发现市场运行中的新情况、新问题,提高调控措施的预见性、针对性和有效性。要加强督促检查,强化对国家补助资金使用和建设工程质量的监督。

会议还研究了其他事项。

纪念拉吉夫·甘地访华20周年研讨会在北京举行

国务院副总理王岐山在中南海紫光阁会见金融稳定论坛主席意大利央行行长马里奥·德拉吉

中联部部长王家瑞在北京会见由越南共产杂志基层专题部部长范庭党率领的越南司局级党政干部考察团

全国政协副主席阿不来提·阿不都热西提在全国政协礼堂会见亚洲宗教和平会议名誉主席马瓦特一行

国家体育总局在北京公布《2007年中国城乡居民参加体育锻炼现状调查公报》

调查结果显示,全国"经常参加体育锻炼"的人数比例为28.2%(含在校学生)。

国家体育总局群众体育司司长盛志国介绍,这次调查历时一年,对全国31个省、自治区、直辖市的88625位16周岁及以上的城乡居民进行了相关调查,这是群众体育领域内迄今为止规模最大、也是最重要的一项社会调查。调查结果显示:

——2007年全国有3.4亿城乡居民参加过体育锻炼,全国"经常参加体育锻炼"的人数比例为28.2%;

——城镇居民"经常参加体育锻炼"的人数比例是乡村的2.7倍;

——在体育锻炼中,有62.0%的居民主要锻炼项目是健身走和跑步,其他依次为球类、健身操类、骑车、武术、游泳等,以"单位或住宅小区体育场所"为主要锻炼场所的人数比例最高,达到22.2%;

——在参加体育锻炼的人群中,有72.7%的人有过体育消费,人均消费593元,其中用于购买运动服装的比例最高;

——在参加体育锻炼的人群中,影响其参加锻炼的主要障碍是"缺乏时间"(41.2%),其次是"缺乏场地设施"(16.6%)和"自身惰性"(13%)。

调查显示,除了场地设施的缺乏,目前我国居民参加体育锻炼中亟须解决的问题还包括,居民在体育锻炼过程中缺乏有效的科学指导,体育锻炼的消费结构不够合理,居民参加体育锻炼的城乡差异和区域差异依然存在。

12月18日

纪念党的十一届三中全会召开30周年大会在人民大会堂举行

中共中央总书记、国家主席、中央军委主席胡锦涛在会上发表重要讲话。江泽民、温家宝、贾庆林、李长春、习近平、李克强、贺国强等出席大会。大会由吴邦国主持。

出席大会的领导同志还有:王刚、王兆国、王岐山、回良玉、刘淇、刘云山、刘延东、李源潮、张德江、李鹏、朱镕基、李瑞环、尉健行、李岚清、曾庆红、吴官正、罗干、何勇、令计划、王沪宁、乌云其木格、韩启德、华建敏、陈至立、周铁农、李建国、司马义·铁力瓦尔地、蒋树声、陈昌智、严隽琪、桑国卫、梁光烈、马凯、孟建柱、戴秉国、王胜俊、曹建明、廖晖、杜青林、白立忱、陈奎元、阿不来提·阿不都热西提、李兆焯、黄孟复、张梅颖、张榕明、钱运录、孙家正、李金华、郑万通、邓朴方、万钢、厉无畏、罗富和、陈宗兴、王志珍和郑天翔、杨白冰、丁关根、田纪云、迟浩田、张万年、姜春云、吴仪、曹刚川、曾培炎、王汉斌、倪志福、邹家华、布赫、铁木尔·达瓦买提、彭珮云、周光召、曹志、李铁映、司马义·艾买提、何鲁丽、成思危、许嘉璐、蒋正华、顾秀莲、热地、盛华仁、唐家璇、肖扬、韩杼滨、贾春旺、杨汝岱、宋健、钱正英、孙孚凌、万国权、胡启立、陈锦华、赵南起、王文元、王忠禹、李贵鲜、罗豪才、张克辉、郝建秀、徐匡迪、张怀西、李蒙,中央军委委员陈炳德、李继耐、廖锡龙、常万全、靖志远、吴胜利、许其亮,以及傅全有、于永波、王克、王瑞林。

中央党政军群各部门及北京市主要负责同志,各民主党派中央、全国工商联负责人以及首都各界群众代表共约6000人出席大会。

中共中央总书记胡锦涛在纪念党的十一届三中全会召开30周年大会上的讲话

同志们:

1978年12月18日,也就是30年前的今天,党的十一届三中全会隆重召开。这次会议,实现了新中国成立以来我们党历史上具有深远意义的伟大转折,开启了我国改革开放历史新时期。从此,党领导全国各族人民在新的历史条件下开始了新的伟大革命。

今天,我们在这里集会,纪念党的十一届三中全会召开30周年,就是要充分认识改革开放的重大意义和伟大成就,深刻总结改革开放的伟大历程和宝贵经验,坚持党的十一届三中全会精神,高举中国特色社会主义伟大旗帜,以马克思列宁主义、毛泽东思想、邓小平理论和"三个代表"重要思想为指导,深入贯彻落实科学发展观,在中国特色社会主义道路上,继续把改革开放伟大事业推向前进。

党的十一届三中全会是在党和国家面临向何处去的重大历史关头召开的。1976年10月粉碎"四人帮"之后,广大干部群众强烈要求纠正"文化大革命"的错误,彻底扭转十年内乱造成的严重局势,使党和国家从危难中重新奋起。但是,这一顺应时势的愿望遇到严重阻碍,党和国家工作在前进中出现徘徊局面。与此同时,世界经济快速发展,科技进步日新月异,国家建设百业待兴,真理标准讨论热潮涌起。国内外大势呼唤我们党尽快就关系党和国家前途命运的大政方针作出政治决断和战略抉择。

在邓小平同志领导下和其他老一辈革命家支持下,党的十一届三中全会开始全面认真纠正"文化大革命"中及其以前的"左"倾错误,坚决批判了"两个凡是"的错误方针,充分肯定了必须完整、准确地掌握毛泽东思想的科学体系,高度评价了关于真理标准问题的讨论,确定了解放思想、开动脑筋、实事求是、团结一致向前看的指导方针,果断停止使用"以阶级斗争为纲"的口号,作出了把党和国家工作中心转移到经济建设上来、实行改革开放的历史性决策。

党的十一届三中全会标志着我们党重新确立了马克思主义的思想路线、政治路线、组织路线,标志着中国共产党人在新的时代条件下的伟大觉醒,显示了我们党顺应时代潮流和人民愿望、勇敢开辟建设社会主义新路的坚强决心。在党的十一届三中全会春风吹拂下,神州大地万物复苏、生机勃发,拨乱反正全面展开,解决历史遗留问题有步骤进行,社会主义民主法制建设走上正轨,党和国家领导制度和领导体制得到健全,国家各项事业蓬勃发展。我们伟大的祖国迎来了思想的解放、经济的发展、政治的昌明、教育的勃兴、文艺的繁荣、科学的春天。党和国家又充满希望、充满活力地踏上了实现社会主义现代化的伟大征程。

新时期最鲜明的特点是改革开放。党带领人民进行改革开放,目的就是要解放和发展社会生产力,实现国家现代化,让中国人民富裕起来,振兴伟大的中华民族;就是要推动我国社会主义制度自我完善和发展,赋予社会主义新的生机活力,建设和发展中国特色社会主义;就是要在引领当代中国发展进步中加强和改进党的建设,保持和发展党的先进性,确保党始终走在时代前列。

30年来,以邓小平同志为核心的党的第二代中央领导集体、以江泽民同志为核心的党的第三代中央领导集体和党的十六大以来的中央领导集体,团结带领全党全国各族人民,承前启后,继往开来,接力推进改革开放伟大事业,谱写了中华民族自强不息、顽强奋进新的壮丽史诗。我们党先后召开6次全国代表大会、45次中央全会,及时研究新情况、解决新问题、总结新经验,集中全党全国各族人民智慧,形成了党的基本理论、基本路线、基本纲领、基本经验,制定和作出了指导改革开放和社会主义现代化建设的一整套方针政策和工作部署,成功开辟了中国特色社会主义道路。

今天,13亿中国人民大踏步赶上了时代潮流,稳定走上了奔向富裕安康的广阔道路,中国特色社会主义充满蓬勃生机,为人类文明进步作出重大贡献的中华民族以前所未有的雄姿巍然屹立在世界东方。

30年来,我们始终以改革开放为强大动力,在新中国成立以后取得成就的基础上,推动党和国家各项事业取得举世瞩目的新的伟大成就。

我们锐意推进各方面体制改革,使我国成功实现了从高度集中的计划经济体制到充满活力的社会主义市场经济体制的伟大历史转折。我们建立和完善社会主义市场经济体制,建立以家庭承包经营为基础、统分结合的农村双层经营体制,形成公有制为主体、多种所有制经济共同发展的基本经济制度,形成按劳分配为主体、多种分配方式并存的分配制度,形成在国家宏观调控下市场对资源配置发挥基础性作用的经济管理制度。在不断深化经济体制改革的同时,不断深化政治体制、文化体制、社会体制以及其他各方面体制改革,不断形成和发展符合当代中国国情、充满生机活力的新的体制机制,为我国经济繁荣发展、社会和谐稳定提供了有力制度保障。

我们不断扩大对外开放,使我国成功实现了从封闭半封闭到全方位开放的伟大历史转折。我们坚持对外开放的基本国策,打开国门搞建设,加快发展开放型经济。从建立经济特区到开放沿海、沿江、沿边、内陆地区再到加入世界贸易组织,从大规模"引进来"到大踏步"走出去",利用国际国内两个市场、两种资源水平显著提高,国际竞争力不断增强。从1978年到2007年,我国进出口总额从206亿美元提高到21737亿美元、跃居世界第三,外汇储备跃居世界第一,对外投资大幅增长,实际使用外资额累计近10000亿美元。广泛深入的国际合作加快了我国经济发展,也为世界经济发展作出了重大贡献。

我们坚持以经济建设为中心,我国综合国力迈上新台阶。从1978年到2007年,我国国内生产总值由3645亿元增长到24.95万亿元,年均实际增长9.8%,是同期世界经济年均增长率的3倍多,我国经济总量上升为世界第四。我们依靠自己力量稳定解决了13亿人口吃饭问题。我国主要农产品和工业品产量已居世界第一,具有世界先进水平的重大科技创新成果不断涌现,高新技术产业蓬勃发展,水利、能源、交通、通信等基础设施建设取得突破性进展,生态文明建设不断推进,城乡面貌焕然一新。

我们着力保障和改善民生,人民生活总体上达到小康水平。这30年是我国城乡居民收入增长最快、得到实惠最多的时期。从1978年到2007年,全国城镇居民人均可支配收入由343元增加到13786元,实际增长6.5倍;农民人均纯收入由134元增加到4140元,实际增长6.3倍;农村贫困人口从2.5亿减少到1400多万。城市人均住宅建筑面积和农村人均住房面积成倍增加。群众家庭财产普遍增多,吃穿住行用水平明显提高。改革开放前长期困扰我们的短缺经济状况已经从根本上得到改变。

我们大力发展社会主义民主政治,人民当家做主权利得到更好保障。政治体制改革不断深化,人民代表大会制度、中国共产党领导的多党合作和政治协商制度、民族区域自治制度以及基层群众自治制度日益完善,中国特色社会主义法律体系基本形成,依法治国基本方略有效实施,社会主义法治国家建设取得重要进展,公民有序政治参与不断扩大,人权事业全面发展。爱国统一战线发展壮大,政党关系、民族关系、宗教关系、阶层关系、海内外同胞关系更加和谐。

我们大力发展社会主义先进文化,人民日益增长的精神文化需求得到更好满足。社会主义核心价值体系建设取得重大进展,马克思主义思想理论建设卓有成效,群众性精神文明创建活动、公民道德建设、青少年思想道德建设全面推进,文化事业生机盎然,文化产业空前繁荣,国家文化软实力不断增强,人们精神世界日益丰富,全民族文明素质明显提高,中华民族的凝聚力和向心力显著增强。

我们大力发展社会事业,社会和谐稳定得到巩固和发展。城乡免费九年义务教育全面实现,高等教育总规模、大中小学在校生数量位居世界第一,办学质量不断提高。就业规模持续扩大,全社会创业活力明显增强。社会保障制度建设加快推进,覆盖城乡居民的社会保障体系初步形成。公共卫生服务体系和基本医疗服务体系不断健全,新型农村合作医疗制度覆盖全国。社会管理不断改进,社会大局保持稳定。

我们坚持党对军队绝对领导,国防和军队建设取得重大成就。军队革命化、现代化、正规化建设全面加强,新时期军事战略方针扎实贯彻,中国特色军事变革加速推进,中国特色精兵之路成功开辟,裁减军队员额任务顺利完成,军队武器装备建设成效显著。军队、武警部队停止一切经商活动。军政军民团结不断巩固。人民军队履行新世纪新阶段历史使命能力全面增强,在保卫祖国、建设祖国特别是抗击各种自然灾害中发挥了重要作用。

我们成功实施"一国两制"基本方针,祖国和平统一大业迈出重大步伐。香港、澳门回归祖国,"一国两制"、"港人治港"、"澳人治澳"、高度自治的方针得到全面贯彻执行,香港特别行政区、澳门特别行政区保持繁荣稳定。祖国大陆同台湾的经济文化交流和人员往来不断加强,两岸政党交流成功开启,两岸全面直接双向"三通"迈出历史性步伐,反对"台独"分裂活动斗争取得重要成果,两岸关系和平发展呈现新的前景。

我们坚持奉行独立自主的和平外交政策,全方位外交取得重大成就。我们恪守维护世界和平、促进共同发展的外交政策宗旨,同发达国家关系全面发展,同周边国家睦邻友好不断深化,同发展中国家传统友谊更加巩固。我国积极参与多边事务,承担相应国际义务。我国国际地位和国际影响显著上升,在国际事务中发挥了重要建设性作用。

我们坚持党要管党、从严治党,党的领导水平和执政水平、拒腐防变和抵御风险能力明显提高。党的建设新的伟大工程全面推进,执政能力建设和先进性建设深入进行,思想理论建设成效显著,党内民主不断扩大,党内生活准则和制度不断健全,党的各级组织不断加强,干部队伍和人才队伍朝气蓬勃,党的作风建设全面加强,党内法规更加完善,反腐倡廉建设深入推进,党领导改革开放和社会主义现代化建设能力显著提高,党在中国特色社会主义事业中的领导核心作用不断增强。

30年来,国际局势风云变幻,改革任务艰巨繁重,党和人民经历和战胜了前所未有的严峻考验和挑战。我们从容应对一系列关系我国主权和安全的国际突发事件,战胜在政治、经济领域和自然界出现的困难和风险。无论是面对东欧剧变、苏联解体和国内严重政治风波,还是面对西化、分化图谋和所谓的"制裁",无论是面对历史罕见的洪涝、雨雪冰冻、地震等重大自然灾害和非典等重大疫病,还是面对亚洲金融危机和当前这场国际金融危机,党和人民始终同心同德、奋勇向前。特别是在决定党和国家前途命运的重大历史关头,我们党紧紧依靠全国各族人民,坚持党的十一届三中全会以来的路线不动摇,排除各种干扰,坚定不移地捍卫中国特色社会主义伟大事业,保证了改革开放和社会主义现代化建设航船始终沿着正确方向破浪前进。今年以来,抗击南方部分地区严重低温雨雪冰冻灾害和四川汶川特大地震灾害斗争取得重大胜利,北京奥运会、残奥会圆满成功,"神舟"七号载人航天飞行任务顺利完成,应对国际金融危机取得积极成效,这些都生动展现了在改革开放中不断发展壮大的中国共产党和中国社会主义国家政权的伟大力量,展现了阔步前进的13亿中国人民的伟大力量,展现了改革开放的伟大力量,展现了中国特色社会主义的伟大力量。

经过30年的不懈奋斗,我们胜利实现了我们党提出的现代化建设"三步走"战略的前两步战略目标,正在向第三步战略目标阔步前进。30年的伟大成就,为我们党、我们国家、我们人民继续前进奠定了坚实基础。实践充分证明,党的十一届三中全会以来我们党团结带领人民开辟的中国特色社会主义道路、形成的理论和路线方针政策是完全正确的。党的十一届三中全会的伟大意义和深远影响,已经、正在并将进一步在党和国家事业蓬勃发展的进程中充分显现出来。

改革开放的伟大成就,是全党全国各族人民团结奋斗的结果。一切亲身经历了这30年伟大变革并贡献了自己力量的中华儿女,一切关心祖国命运的华夏子孙,都有理由为我国改革开放的历史性成就感到自豪。在这里,我代表党中央、国务院,向各条战线上为改革开放和社会主义现代化建设贡献了智慧和力量的广大工人、农民、知识分子、干部、解放军指战员、武警部队官兵、公安民警,向各民主党派、各人民团体、各界爱国人士,致以崇高的敬意!向为祖国现代化建设和祖国和平统一大业作出积极努力的香港特别行政区同胞、澳门特别行政区同胞、台湾同胞和海外侨胞,致以诚挚的问候!向一切关心和支持中国现代化建设的外国朋友和世界各国人民,表示衷心的感谢!

此时此刻,我们更加深切地怀念毛泽东同志、邓小平同志等老一辈革命家。没有以毛泽东同志为核心的党的第一代中央领导集体团结带领全党全国各族人民浴血奋斗,就没有新中国,就没有中国社会主义制度。没有以邓小平同志为核心的党的第二代中央领导集体团结带领全党全国各族人民改革创新,就没有改革开放历史新时期,就没有中国特色社会主义。此时此刻,我们要向以江泽民同志为核心的党的第三代中央领导集体致以崇高的敬意,他们团结带领全党全国各族人民高举邓小平理论伟大旗帜,继承和发展了改革开放伟大事业,把这一伟大事业成功推向21世纪。全党全国各族人民要永远铭记党的三代中央领导集体的伟大历史功绩!

同志们!

改革开放以来我们取得一切成绩和进步的根本原因,归结起来就是:开辟了中国特色社会主义道路,形成了中国特色社会主义理论体系。在30年的创造性实践中,我们经过艰辛探索,积累了宝贵经验。概括起来说,就是党的十七大阐明的“十个结合”。

(一)必须把坚持马克思主义基本原理同推进马克思主义中国化结合起来,解放思想、实事求是、与时俱进,以实践基础上的理论创新为改革开放提供理论指导。30年来,我国改革开放取得伟大成功,关键是我们既坚持马克思主义基本原理、又根据当代中国实践和时代发展不断推进马克思主义中国化,形成和发展了包括邓小平理论、“三个代表”重要思想以及科学发展观等重大战略思想在内的中国特色社会主义理论体系,赋予当代中国马克思主义勃勃生机。

马克思主义是我们立党立国的根本指导思想。坚持和巩固马克思主义指导地位,是党和人民团结一致、始终沿着正确方向前进的根本思想保证。同时,马克思主义只有同本国国情和时代特征紧密结合,在实践中不断丰富和发展,才能更好发挥指导实践的作用。党的十一届三中全会重新确立了党的思想路线,这就是:一切从实际出发,理论联系实际,实事求是,在实践中检验真理和发展真理。在改革开放实践中,我们坚持解放思想和实事求是的统一,大力发扬求真务实精神,不断深化对共产党执政规律、社会主义建设规律、人类社会发展规律的认识,自觉把思想认识从那些不合时宜的观念、做法和体制的束缚中解放出来,从对马克思主义的错误的和教条式的理解中解放出来,从主观主义和形而上学的桎梏中解放出来,以实践基础上的理论创新回答了一系列重大理论和实际问题,为改革开放提供了体现时代性、把握规律性、富于创造性的理论指导,开辟了马克思主义新境界。中国特色社会主义理论体系是马克思主义中国化最新成果,是党最可宝贵的政治和精神财富,是全国各族人民团结奋斗的共同思想基础,是扎根于当代中国的科学社会主义。我们要始终坚持用中国特色社会主义理论体系武装全党、教育人民,不断提高全党的马克思主义理论水平,使中国特色社会主义理论体系更加深入人心、更好发挥指导作用。

(二)必须把坚持四项基本原则同坚持改革开放结合起来,牢牢扭住经济建设这个中心,始终保持改革开放的正确方向。30年来,我们毫不动摇地坚持党的基本路线,既以四项基本原则保证改革开放的正确方向,又通过改革开放赋予四项基本原则新的时代内涵,坚持把以经济建设为中心同四项基本原则、改革开放这两个基本点统一于发展中国特色社会主义的伟大实践,使中国特色社会主义在当今世界的深刻变化和当代中国的深刻变革中牢牢站住了、站稳了,成为充满生机活力的社会主义。

我们党作出我国仍处于并将长期处于社会主义初级阶段的科学论断,形成了党在社会主义初级阶段的基本路线,这就是:领导和团结全国各族人民,以经济建设为中心,坚持四项基本原则,坚持改革开放,自力更生,艰苦创业,为把我国建设成为富强民主文明和谐的社会主义现代化国家而奋斗。以经济建设为中心是兴国之要,是我们党、我们国家兴旺发达和长治久安的根本要求。四项基本原则是立国之本,是我们党、我们国家生存发展的政治基石;改革开放是强国之路,是我们党、我们国家发展进步的活力源泉。一个中心、两个基本点,是相互贯通、相互依存、不可分割的统一整体,须臾不可偏离、丝毫不可偏废,必须全面坚持、一以贯之。离开经济建设这个中心,社会主义社会的一切发展和进步就会失去物质基础；离开四项基本原则和改革开放，经济建设就会迷失方向和丧失动力。发展中国特色社会主义，最根本的就是一切都要从社会主义初级阶段这个最大的实际出发。在社会主义初级阶段这个不发达阶段，社会主要矛盾是人民日益增长的物质文化需要同落后的社会生产之间的矛盾。这就决定了社会主义的根本任务是解放和发展社会生产力，不断改善人民生活。中国解决所有问题的关键在于依靠自己的发展。30年来，我们既毫不动摇地坚持发展是硬道理的战略思想，牢牢扭住经济建设这个中心，不断解放和发展社会生产力，不断夯实我国社会主义制度的物质基础，又毫不动摇地坚持四项基本原则、坚持改革开放。党的基本路线是兴国、立国、强国的重大法宝，是实现科学发展的政治保证，是党和国家的生命线、人民群众的幸福线。我们要始终坚持党的基本路线不动摇，做到思想上坚信不疑、行动上坚定不移，决不走封闭僵化的老路，也决不走改旗易帜的邪路，而是坚定不移地走中国特色社会主义道路。

（三）必须把尊重人民首创精神同加强和改善党的领导结合起来，坚持执政为民、紧紧依靠人民、切实造福人民，在充分发挥人民创造历史作用中体现党的领导核心作用。30年来，我们坚持人民创造历史这一马克思主义科学原理，真诚代表中国最广大人民的根本利益，紧紧依靠人民，最广泛地调动人民群众的积极性、主动性、创造性，从人民中汲取智慧，加强和改善党的领导，使党得到人民充分信赖和拥护，始终发挥领导核心作用，为改革开放和社会主义现代化建设凝聚起强大力量、提供根本政治保证。

人民群众是党的力量源泉和胜利之本。改革开放是人民的要求和党的主张的内在统一，是亿万人民自己的事业。我们坚持一切为了群众、一切依靠群众，从群众中来，到群众中去，把党的正确主张变为群众的自觉行动，坚持尊重社会发展规律与尊重人民历史主体地位的一致性，坚持为崇高理想奋斗与为最广大人民谋利益的一致性，坚持完成党的各项工作与实现人民利益的一致性。我们把人民拥护不拥护、赞成不赞成、高兴不高兴、答应不答应作为制定各项方针政策的出发点和落脚点，一切以是否有利于发展社会主义社会生产力、有利于增强社会主义国家综合国力、有利于提高人民生活水平这“三个有利于”为根本判断标准，坚持问政于民、问需于民、问计于民，既通过提出和贯彻正确的理论和路线方针政策带领人民前进，又从人民的实践创造和发展要求中获得前进动力。我们尊重人民主体地位，发挥人民首创精神，贯彻尊重劳动、尊重知识、尊重人才、尊重创造的重大方针，坚持全心全意依靠工人阶级，发挥我国工人阶级和农民阶级、其他劳动群众推动我国生产力发展基本力量的作用，又支持新的社会阶层发挥中国特色社会主义事业建设者的作用，使全体人民都满腔热情地投身改革开放伟大事业。我们坚持全心全意为人民服务的根本宗旨，坚持立党为公、执政为民，通过改革发展为人民群众造福，实现好、维护好、发展好最广大人民的根本利益。我们要始终坚持同广大人民群众心连心、同呼吸、共命运，在人民的实践创造中吸取营养，丰富和完善党的主张，使我们党在世界形势深刻变化的历史进程中始终走在时代前列，在应对国内外各种风险考验的历史进程中始终成为全国各族人民的主心骨，在发展中国特色社会主义的历史进程中始终成为坚强领导核心。

（四）必须把坚持社会主义基本制度同发展市场经济结合起来，发挥社会主义制度的优越性和市场配置资源的有效性，使全社会充满改革发展的创造活力。30年来，我们既在深刻而广泛的变革中坚持社会主义基本制度，又创造性地在社会主义条件下发展市场经济，使经济活动遵循价值规律的要求，不断解放和发展社会生产力，增强综合国力，提高人民生活水平，更好实现经济建设这个中心任务。建立和完善社会主义市场经济体制，是我们党对马克思主义和社会主义的历史性贡献。

我们党带领人民干的是社会主义事业，必须坚持党的领导、保证人民当家做主，必须坚持公有制为主体、按劳分配为主体，同时又必须积极探索能够极大解放和发展社会生产力、充分发挥全社会发展积极性的体制机制，放手让一切劳动、知识、技术、管理、资本的活力竞相迸发，让一切创造社会财富的源泉充分涌流。我们党提出把社会主义市场经济体制确立为我国经济体制改革的目标模式，正确解决了关系整个社会主义现代化建设全局的一个重大问题。我们着力建立和完善社会主义市场经济体制，发挥市场在资源配置中的基础性作用，推动建立现代产权制度和现代企业制度，同时又注重加强和完善国家对经济的宏观调控，克服市场自身存在的某些缺陷，促进国民经济充满活力、富有效率、健康运行。我们毫不动摇地巩固和发展公有制经济、发挥国有经济主导作用，积极推行公有制多种有效实现形式，增强国有经济活力、控制力、影响力，同时又毫不动摇地鼓励、支持、引导非公有制经济发展，形成各种所有制经济平等竞争、相互促进新格局。我们坚持和完善按劳分配为主体、多种分配方式并存的分配制度，既鼓励先进、促进发展，又注重社会公平、防止两极分化。我们要始终坚持社会主义市场经济的改革方向，继续完善社会主义市场经济体制，继续加强和改善宏观调控体系，不断为经济社会又好又快发展提供强大动力。

（五）必须把推动经济基础变革同推动上层建筑改革结合起来，不断推进政治体制改革，为改革开放和社会主义现代化建设提供制度保证和法制保障。30年来，我们既积极推进经济体制改革，又积极推进政治体制改革，发展社会主义民主政治，建设社会主义法治国家，保证人民当家做主，不断推动我国社会主义上层建筑与经济基础相适应，社会主义民主政治展现出更加旺盛的生命力。

我国是工人阶级领导的、以工农联盟为基础的人民民主专政的社会主义国家。人民民主是社会主义的生命，人民当家做主是社会主义民主政治的本质和核心。没有民主就没有社会主义，就没有社会主义现代化。我们顺应经济社会发展变化、适应人民政治参与积极性不断提高，以保证人民当家做主为根本，以增强党和国家活力、调动人民积极性为目标，不断发展社会主义政治文明。我们依法实行民主选举、民主决策、民主管理、民主监督，保障人民的知情权、参与权、表达权、监督权，坚持科学执政、民主执政、依法执政，推进决策科学化、民主化，最广泛地动员和组织人民依法管理国家事务和社会事务、管理经济和文化事业。我们坚持科学立法、民主立法，建立和完善中国特色社会主义法律体系，树立社会主义法治理念，坚持公民在法律面前一律平等，尊重和保障人权，推进依法行政，深化司法体制改革，推进国家各项工作法治化，维护社会公平正义，维护社会主义法制的统一、尊严、权威。我国政治体制改革是社会主义政治制度自我完善和发展，必须坚持中国特色社会主义政治发展道路，坚持党的领导、人民当家做主、依法治国有机统一，坚持社会主义政治制度的特点和优势，坚持从我国国情出发。我们需要借鉴人类政治文明有益成果，但绝不照搬西方政治制度模式。我们要始终坚定不移地发展社会主义政治文明，深化政治体制改革，坚持和完善人民代表大会制度、中国共产党领导的多党合作和政治协商制度、民族区域自治制度以及基层群众自治制度，壮大爱国统一战线，推进社会主义民主政治制度化、规范化、程序化，更好保证人民当家做主，巩固和发展民主团结、生动活泼、安定和谐的政治局面。

（六）必须把发展社会生产力同提高全民族文明素质结合起来，推动物质文明和精神文明协调发展，更加自觉、更加主动地推动文化大发展大繁荣。30年来，我们既重视物的发展即社会生产力的发展，又重视人的发展即全民族文明素质的提高，坚持物质文明和精神文明两手抓，实行依法治国和以德治国相结合，以科学的理论武装人、以正确的舆论引导人、以高尚的情操塑造人、以优秀的作品鼓舞人，着力培育有理想、有道德、有文化、有纪律的公民，不断提高全民族的思想道德素质和科学文化素质，为改革开放和社会主义现代化建设提供强大精神动力和智力支持、营造良好舆论环境。

中国特色社会主义是全面发展、全面进步的事业，是物质文明和精神文明相辅相成、协调发展的事业。物质贫乏不是社会主义，精神空虚也不是社会主义。人的素质是历史的产物，又给历史以巨大影响。任何时候都不能以牺牲精神文明为代价换取经济的一时发展。我们把社会主义核心价值体系建设作为主线，贯穿到国民教育和精神文明建设全过程，坚持不懈地用马克思主义中国化最新成果武装全党、教育人民，用中国特色社会主义共同理想凝聚力量，用以爱国主义为核心的民族精神和以改革创新为核心的时代精神鼓舞斗志，用社会主义荣辱观引领风尚，巩固全党全国各族人民团结奋斗的共同思想基础。我们积极探索用社会主义核心价值体系引领社会思潮的有效途径，既尊重差异、包容多样，又有力抵制各种错误和腐朽思想的影响。我们着力发展面向现代化、面向世界、面向未来的，民族的科学的大众的社会主义文化，贴近实际、贴近生活、贴近群众，深化文化体制改革，大力推进文化创新，激发全民族文化创造活力，提高国家文化软实力，推动文化事业和文化产业不断发展、文化市场更加繁荣，使人民基本文化权益得到更好保障。我们要始终坚持社会主义先进文化前进方向，兴起社会主义文化建设新高潮，在中国特色社会主义的伟大实践中进行文化创造，让人民共享文化发展成果，使社会文化生活更加丰富多彩、人民精神风貌更加昂扬向上。

（七）必须把提高效率同促进社会公平结合起来，实现在经济发展的基础上由广大人民共享改革发展成果，推动社会主义和谐社会建设。30年来，我们既高度重视通过提高效率来增强社会活力、促进经济发展，又高度重视在经济发展的基础上通过实现社会公平来促进社会和谐，坚持以人为本，以解决人民最关心最直接最现实的利益问题为重点，着力发展社会事业，着力完善收入分配制度，保障和改善民生，走共同富裕道路，努力形成全体人民各尽其能、各得其所而又和谐相处的局面，为改革开放和社会主义现代化建设营造良好社会环境。

实现社会公平正义是中国特色社会主义的内在要求，处理好效率和公平的关系是中国特色社会主义的重大课题。讲求效率才能增添活力，注重公平才能促进和谐，坚持效率和公平有机结合才能更好体现社会主义的本质。我们通过深化改革、实行正确方针政策，努力提高全社会推动经济发展和其他各项事业发展的积极性，最大限度激发全社会的创造活力和发展活力。同时，在我国改革发展关键阶段，在经济体制深刻变革、社会结构深刻变动、利益格局深刻调整、思想观念深刻变化的条件下，我们把提高效率同更加注重社会公平结合起来，最大限度增加和谐因素，最大限度减少不和谐因素，不断促进经济效率提高、促进社会和谐。我们把实现好、维护好、发展好最广大人民的根本利益作为党和国家一切工作的出发点和落脚点，坚持发展为了人民、发展依靠人民、发展成果由人民共享，优先发展教育，大力促进就业，不断提高城乡居民收入，加快建立覆盖城乡居民的社会保障体系，加快发展医疗卫生事业，切实加强社会管理，加强生态文明建设，努力使全体人民学有所教、劳有所得、病有所医、老有所养、住有所居。我们要始终按照民主法治、公平正义、诚信友爱、充满活力、安定有序、人与自然和谐相处的总要求，大力发展社会事业，促进社会公平正义，努力形成社会和谐人人有责、和谐社会人人共享的生动局面。

（八）必须把坚持独立自主同参与经济全球化结合起来，统筹好国内国际两个大局，为促进人类和平与发展的崇高事业作出贡献。30年来，我们既高度珍惜并坚定不移地维护中国人民经过长期奋斗得来的独立自主权利，又坚持对外开放的基本国策，始终站在国际大局与国内大局相互联系的高度审视中国和世界的发展问题，思考和制定中国的发展战略，坚持独立自主的和平外交政策，坚持和平发展道路，坚持互利共赢的开放战略，推动建设持久和平、共同繁荣的和谐世界，为我国发展争取良好国际环境，也为世界和平与发展作出重要贡献。

当代中国的前途命运已日益紧密地同世界的前途命运联系在一起。中国的发展离不开世界，世界的发展也需要中国。在当今世界，任何国家关起门来搞建设都是不能成功的。我们全面分析判断世界多极化趋势增强、经济全球化深入发展的外部环境，全面把握当今世界发展变化带来的机遇和挑战，既坚持独立自主，又勇敢参与经济全球化。在我们这样一个人口众多的发展中社会主义大国，任何时候都必须把独立自主、自力更生作为自己发展的根本基点，任何时候都要坚持中国人民自己选择的社会制度和发展道路，始终把国家主权和安全放在第一位，坚决维护国家主权、安全、发展利益，坚持中国的事情按照中国的情况来办、依靠中国人民自己的力量来办，坚决反对外部势力干涉我国内部事务。对于一切国际事务，都要从中国人民的根本利益和各国人民的共同利益出发、根据事情本身的是非曲直确定我们的立场和政策，按照冷静观察、沉着应对的方针和相互尊重、求同存异的精神进行处理，不屈从于任何外来压力。同时，我们在坚持和平共处五项原则的基础上同所有国家开展交流合作，积极促进世界多极化、推进国际关系民主化，尊重世界多样性，反对霸权主义和强权政治。我们不断扩大对外开放，把“引进来”和“走出去”紧密结合起来，认真学习借鉴人类社会创造的一切文明成果，坚持趋利避害，形成经济全球化条件下参与国际经济合作和竞争新优势，推动经济全球化朝着均衡、普惠、共赢方向发展，共同呵护人类赖以生存的地球家园，促进人类文明繁荣进步。我们要始终高举和平、发展、合作旗帜，既利用和平的国际环境发展自己，又通过自己的发展维护世界和平。

（九）必须把促进改革发展同保持社会稳定结合起来，坚持改革力度、发展速度和社会可承受程度的统一，确保社会安定团结、和谐稳定。30年来，我们既大力推进改革发展，又正确处理改革发展稳定关系，坚持改革是动力、发展是目的、稳定是前提，把不断改善人民生活作为处理改革发展稳定关系的重要结合点，在社会稳定中推进改革发展，通过改革发展促进社会稳定，在当今世界发生广泛而深刻的变化、当代中国发生广泛而深刻的变革的大环境下，始终保持社会大局稳定。

实现改革发展稳定的统一，是关系我国社会主义现代化建设全局的重要指导方针。推动社会主义现代化不断前进，必须自觉调整和改革生产关系与生产力、上层建筑与经济基础不相适应的方面和环节。我们既坚定不移地大胆探索、勇于创新，又总揽全局、突出重点，先易后难、循序渐进，在实践中积累经验，不断提高改革决策的科学性、增强改革措施的协调性，推进经济体制、政治体制、文化体制、社会体制以及其他各方面体制改革相协调，使改革获得广泛而深厚的群众基础。我们及时总结改革的实践经验，对的就坚持，不对的赶快改，新问题出来抓紧研究解决。同时，我们深刻认识到，发展是硬道理，稳定是硬任务；没有稳定，什么事情也办不成，已经取得的成果也会失去。我们正确把握和处理经济社会生活中出现的各种矛盾，加强和改进思想政治工作，健全党和政府主导的维护群众权益机制，及时妥善处理人民内部矛盾，依法打击各种违法犯罪活动，警惕和防范国内外敌对势力的渗透破坏活动，坚决维护社会稳定和国家安全。我们要始终从维护我国发展的重要战略机遇期、维护国家安全、维护最广大人民根本利益的高度出发，全面把握我国社会稳定大局，有效应对影响社会稳定的各种问题和挑战，确保人民安居乐业、社会安定有序、国家长治久安。

（十）必须把推进中国特色社会主义伟大事业同推进党的建设新的伟大工程结合起来，加强党的执政能力建设和先进性建设，提高党的领导水平和执政水平、拒腐防变和抵御风险能力。30年来，我们既紧紧围绕推进中国特色社会主义事业来推进党的建设，又通过加强和改进党的建设来推进中国特色社会主义事业，顺应世情、国情、党情的新变化，明确党的历史方位，坚持党要管党、从严治党，坚持以改革创新精神加强党的自身建设，不断提高党的执政能力、保持和发展党的先进性，不断增强党的阶级基础和扩大党的群众基础，不断提高拒腐防变和抵御风险能力，始终保持党同人民群众的血肉联系，使党始终成为中国特色社会主义事业的坚强领导核心。

坚持和改善党的领导，是我们事业胜利前进的根本保证。要把十几亿人的思想和力量统一和凝聚起来，齐心协力发展中国特色社会主义，没有中国共产党的坚强统一领导是不可设想的。我们深刻认识到，党的先进性和党的执政地位都不是一劳永逸、一成不变的，过去先进不等于现在先进，现在先进不等于永远先进；过去拥有不等于现在拥有，现在拥有不等于永远拥有。党要承担起人民和历史赋予的重大使命，必须认真研究自身建设遇到的新情况新问题，在领导改革发展中不断认识自己、加强自己、提高自己。我们坚持不懈地加强党的自身建设，在不断解放思想中统一全党思想，在加强党的执政能力建设和先进性建设中推进高素质干部队伍建设，在增强党的阶级基础的同时扩大党的群众基础，在继承党的优良传统的同时弘扬时代精神，使党始终坚持工人阶级先锋队、中国人民和中华民族先锋队的性质，坚持马克思主义指导地位，坚持全心全意为人民服务的宗旨，发扬优良传统和作风，不断增强创造力、凝聚力、战斗力。我们高度重视提高党员、干部队伍素质特别是思想政治素质，使广大党员、干部坚持把党和人民利益摆在第一位，牢记“两个务必”，做到权为民所用、情为民所系、利为民所谋，坚持讲党性、重品行、作表率，经受住长期执政考验、改革开放考验、发展社会主义市场经济考验。我们要始终坚持以改革创新精神加强党的建设，把党的执政能力建设和先进性建设作为主线，坚持党要管党、从严治党，贯彻为民、务实、清廉的要求，以坚定理想信念为重点加强思想建设，以造就高素质党员、干部队伍为重点加强组织建设，以保持党同人民群众的血肉联系为重点加强作风建设，以健全民主集中制为重点加强制度建设，以完善惩治和预防腐败体系为重点加强反腐倡廉建设，使党始终成为立党为公、执政为民，求真务实、改革创新，艰苦奋斗、清正廉洁，富有活力、团结和谐的马克思主义执政党。

30年来，我们在一个十几亿人口的发展中社会主义大国取得的摆脱贫困、加快现代化进程、巩固和发展社会主义的宝贵经验，闪耀着马克思主义的真理光芒，是辩证唯物主义和历史唯物主义的胜利。我国人口多、底子薄，发展很不平衡。我们在推进改革开放和社会主义现代化建设中所肩负任务的艰巨性和繁重性世所罕见，我们在改革发展稳定中所面临矛盾和问题的规模和复杂性世所罕见，我们在前进中所面对的困难和风险也世所罕见。要妥善解决这些矛盾和问题、战胜这些困难和风险，就必须善于从千头万绪、纷繁复杂的事物和事物的普遍联系中抓住主要矛盾和矛盾的主要方面，同时又必须善于统筹协调、把握平衡，在事物的普遍发展中形成有利于突破主要矛盾和矛盾主要方面的合力，不断提高驾驭复杂局面、解决复杂问题能力，不断推动经济社会向前发展。

30年来，我们党的全部理论和全部实践，归结起来就是创造性地探索和回答了什么是马克思主义、怎样对待马克思主义，什么是社会主义、怎样建设社会主义，建设什么样的党、怎样建设党，实现什么样的发展、怎样发展等重大理论和实际问题。30年的历史经验归结到一点，就是把马克思主义基本原理同中国具体实际相结合，走自己的路，建设中国特色社会主义。30年的经验是极为宝贵的财富，全党同志要倍加珍惜和自觉运用这些宝贵经验。

同志们！

中华民族具有5000多年的悠久历史。在漫长的历史长河中，我国各族人民团结奋斗、自强不息，开发了祖国的锦绣河山，创造了灿烂的中华文明，为人类文明进步作出了不可磨灭的巨大贡献。鸦片战争以后，由于西方列强的侵略和封建统治的腐朽，中国逐步沦为半殖民地半封建社会，国家积贫积弱，社会战乱不已，人民生灵涂炭。为了实现中华民族伟大复兴，无数仁人志士奋起寻求救国救民、振兴中华的道路。近一个世纪以来，我国先后发生3次伟大革命。第一次革命是孙中山先生领导的辛亥革命，推翻了统治中国几千年的君主专制制度，为中国的进步打开了闸门。第二次革命是中国共产党领导的新民主主义革命和社会主义革命，推翻了帝国主义、封建主义、官僚资本主义在中国的统治，建立了新中国，确立了社会主义制度，为当代中国一切发展进步奠定了根本政治前提和制度基础。第三次革命是我们党领导的改革开放这场新的伟大革命，引领中国人民走上了中国特色社会主义广阔道路，迎来中华民族伟大复兴光明前景。

我们的伟大目标是，到我们党成立100年时建成惠及十几亿人口的更高水平的小康社会，到新中国成立100年时基本实现现代化，建成富强民主文明和谐的社会主义现代化国家。只要我们不动摇、不懈怠、不折腾，坚定不移地推进改革开放，坚定不移地走中国特色社会主义道路，就一定能够胜利实现这一宏伟蓝图和奋斗目标。

30年来，我们取得了伟大成就，但同我们的远大目标相比，同人民群众对美好生活的期待相比，我们没有任何理由骄傲自满、故步自封。我们必须清醒地看到，我国仍处于并将长期处于社会主义初级阶段的基本国情没有变，人民日益增长的物质文化需要同落后的社会生产之间的矛盾这一社会主要矛盾没有变，当前我国发展呈现出一系列新的阶段性特征。我国生产力水平总体上还不高，自主创新能力还不强，长期形成的结构性矛盾和粗放型增长方式尚未根本改变，影响发展的体制机制障碍依然存在，城乡贫困人口和低收入人口还有相当数量，农业基础薄弱、农村发展滞后的局面尚未改变，缩小城乡、区域发展差距和促进经济社会协调发展任务艰巨，社会建设和管理面临诸多新课题，党和国家工作中还存在缺点和不足，人民群众还有不少不满意的地方。在前进道路上，我们还会遇到这样那样的困难和风险。改革发展任重道远。全党同志一定要更加兢兢业业地工作，永远不辜负人民的信任和期望。全国各族人民一定要更加同心同德地奋斗，永远保持和发扬自强不息的进取精神。

党的十一届三中全会以来30年的伟大历程和伟大成就深刻昭示我们：改革开放是决定当代中国命运的关键抉择，是发展中国特色社会主义、实现中华民族伟大复兴的必由之路；只有社会主义才能救中国，只有改革开放才能发展中国、发展社会主义、发展马克思主义；改革开放符合党心民心、顺应时代潮流，方向和道路是完全正确的，成效和功绩不容否定，停顿和倒退没有出路。

在新的国际国内形势下和新的历史起点上，我们必须坚定不移地坚持党的十一届三中全会以来开辟的中国特色社会主义道路，坚定不移地坚持党的基本理论、基本路线、基本纲领、基本经验，勇于变革、勇于创新，永不僵化、永不停滞，不为任何风险所惧，不被任何干扰所惑，继续奋勇推进改革开放和社会主义现代化事业。

我们一定要坚持高举中国特色社会主义伟大旗帜，继续推进马克思主义中国化。高举中国特色社会主义伟大旗帜，最根本的就是要坚持中国特色社会主义道路和中国特色社会主义理论体系。经过30年的实践探索和理论创新，我们对中国特色社会主义在认识上更深化、把握上更深刻了。中国特色社会主义道路，就是在中国共产党领导下，立足基本国情，以经济建设为中心，坚持四项基本原则，坚持改革开放，解放和发展社会生产力，巩固和完善社会主义制度，建设社会主义市场经济、社会主义民主政治、社会主义先进文化、社会主义和谐社会，建设富强民主文明和谐的社会主义现代化国家。在当代中国，坚持中国特色社会主义道路，就是真正坚持社会主义；坚持中国特色社会主义理论体系，就是真正坚持马克思主义。《共产党宣言》问世以来160年的实践证明，马克思主义是与时俱进的开放的理论体系。中国特色社会主义理论体系，既展现了当代中国马克思主义的勃勃生机，又为我们继续进行理论创新打开了广阔空间。发展中国特色社会主义是一项长期历史任务，必须坚持不懈地为之奋斗。发展中国特色社会主义理论体系也是一项长期历史任务，必须随着中国特色社会主义实践的发展而发展。我们要坚持解放思想、实事求是、与时俱进，坚持以我国改革开放和现代化建设的实际问题、以我们正在做的事情为中心，着眼于马克思主义理论的运用，着眼于对实际问题的理论思考，着眼于新的实践和新的发展，深入研究和回答重大理论和现实问题，不断把党带领人民创造的成功经验上升为理论，不断赋予当代中国马克思主义鲜明的实践特色、民族特色、时代特色，不断推动当代中国马克思主义大众化，让当代中国马克思主义放射出更加灿烂的真理光芒。

我们一定要坚持改革开放的正确方向，着力构建充满活力、富有效率、更加开放、有利于科学发展的体制机制。这30年来，中国人民的面貌、社会主义中国的面貌、中国共产党的面貌之所以能够发生历史性变化，最根本的就是我们在党的基本路线指引下始终坚持改革开放的正确方向。中国未来的发展也必须靠改革开放。实践永无止境，探索和创新也永无止境。世界上没有放之四海而皆准的发展道路和发展模式，也没有一成不变的发展道路和发展模式。我们既不能把书本上的个别论断当作束缚自己思想和手脚的教条，也不能把实践中已见成效的东西看成完美无缺的模式。我们要适应国内外形势新变化、顺应人民新期待，坚定信心，砥砺勇气，坚持不懈地把改革创新精神贯彻到治国理政各个环节，继续推进经济体制、政治体制、文化体制、社会体制改革创新，加快重要领域和关键环节改革步伐，坚决破除一切妨碍科学发展的思想观念和体制机制弊端，促进现代化建设各个环节、各个方面相协调，促进生产关系与生产力、上层建筑与经济基础相协调，不断完善适合我国国情的发展道路和发展模式。我们要坚持对外开放的基本国策，拓展对外开放广度和深度，提高开放质量，完善内外联动、互利共赢、安全高效的开放型经济体系，加强同世界各国的经济技术交流合作，继续以自己的和平发展促进世界各国共同发展。

我们一定要坚持抓好发展这个党执政兴国的第一要务，更好地做到发展成果由人民共享。在当前国际形势深刻变化特别是国际金融危机不断扩散和蔓延的情况下，我们要更加自觉、更加坚定地牢牢扭住经济建设这个中心，继续聚精会神搞建设、一心一意谋发展，坚持走生产发展、生活富裕、生态良好的文明发展道路。要深入贯彻落实科学发展观，坚持第一要义是发展、核心是以人为本、基本要求是全面协调可持续、根本方法是统筹兼顾，按照统筹城乡发展、统筹区域发展、统筹经济社会发展、统筹人与自然和谐发展、统筹国内发展和对外开放的要求，着力把握发展规律、创新发展理念、转变发展方式、破解发展难题，全面推进社会主义现代化事业，更好实施科教兴国战略、人才强国战略、可持续发展战略，加快推进经济结构战略性调整，加快提高自主创新能力、建设创新型国家，加快建设资源节约型、环境友好型社会，不断增强经济实力、科技实力、综合国力，提高国际竞争力和抗风险能力，为发展中国特色社会主义打下坚实基础。我们要切实实施好进一步扩大内需、促进经济增长的各项措施，妥善应对国际金融危机以及来自国际经济环境的各种风险，全力保持经济平稳较快发展。我们党领导人民全面建设小康社会、进行改革开放和社会主义现代化建设的根本目的，是要通过发展社会生产力，不断提高人民物质文化生活水平，促进人的全面发展。我们要时刻把群众的安危冷暖放在心上，真诚倾听群众呼声，真实反映群众愿望，真情关心群众疾苦，多为群众办好事、办实事，特别是要千方百计帮助困难群众排忧解难，切实抓好地震灾区灾后恢复重建，切实保障人民经济、政治、文化、社会权益，不断促进社会和谐稳定。

我们一定要坚持戒骄戒躁、艰苦奋斗，不断开创改革开放和社会主义现代化事业新局面。我们的事业是面向未来的事业。实现全面建设小康社会的目标还需要继续奋斗十几年，基本实现现代化还需要继续奋斗几十年，巩固和发展社会主义制度则需要几代人、十几代人甚至几十代人坚持不懈地努力奋斗。艰苦奋斗是我们的传家宝。我们党靠艰苦奋斗起家，我们的事业靠艰苦奋斗发展壮大，我们的幸福生活和美好未来也要靠艰苦奋斗去开创、去实现。全党全国各族人民要长期奋斗、顽强奋斗、不懈奋斗。我们要增强忧患意识，始终居安思危，保持清醒头脑，充分估计前进道路上种种可以预料和难以预料的困难和风险，进一步抓住和用好我国发展的重要战略机遇期，不断创造新的业绩。我们要增强学习的紧迫感和自觉性，刻苦学习马克思列宁主义、毛泽东思想特别是邓小平理论、“三个代表”重要思想以及科学发展观等重大战略思想，学习做好工作所需要的一切新知识，坚持求真务实，加强战略思维，树立世界眼光，提高对发展中国特色社会主义的规律性认识，增强工作的原则性、系统性、预见性、创造性，提高推动科学发展、促进社会和谐能力。我们要深入开展党风廉政建设和反腐败斗争，坚持标本兼治、综合治理、惩防并举、注重预防的方针，继续旗帜鲜明地反对腐败，切实改进作风，始终保持共产党人的蓬勃朝气、昂扬锐气、浩然正气。我们要自觉维护全党的团结统一，保持党同人民群众的血肉联系，巩固全国各族人民的大团结，加强海内外中华儿女的大团结，促进中国人民同世界各国人民的大团结，进一步把我们自己的事情办好，在发展中国特色社会主义的历史画卷上描绘出更新更美的图画。

同志们！

我们取得的成就已经载入史册，新的更加艰巨繁重的任务正摆在我们面前。我们的事业崇高而神圣，我们的前景光明而美好，我们的责任重大而光荣。让我们更加紧密地团结起来，坚定不移地沿着党的十一届三中全会以来开辟的中国特色社会主义道路奋勇前进，继续解放思想，坚持改革开放，推动科学发展，促进社会和谐，为夺取全面建设小康社会新胜利、开创中国特色社会主义事业新局面、实现中华民族伟大复兴而团结奋斗，努力为人类作出新的更大的贡献！

国务院总理温家宝在北京主持召开国务院常务会议决定出台成品油价格和税费改革方案

会议还审议并原则通过《珠江三角洲地区改革发展规划纲要》。

会议指出，根据国务院的部署，近期已将成品油价格和税费改革方案向社会公开征求意见，有关部门对改革方案又做了进一步修改完善。目前，方案出台的时机和条件已基本成熟。会议决定，批准成品油价格和税费改革方案，自2009年1月1日起实施成品油税费改革，取消公路养路费等六项收费，逐步有序取消政府还贷二级公路收费，同时相应提高成品油消费税单位税额，在价内征收，即在征收时不提高成品油价格。自方案正式公布即日起，实施完善后的成品油价格形成机制，并根据当前国际市场原油价格变化情况，降低成品油价格。会议要求各地区、各有关部门切实强化组织领导，加强统筹协调，保证改革方案平稳实施。

会议指出，珠江三角洲地区是改革开放的先行区和重要的经济中心区域。改革开放30年来，珠江三角洲地区锐意改革，率先开放，开拓进取，实现了经济社会发展的历史性跨越，为全国改革开放和社会主义现代化建设作出了重要贡献。当前，珠江三角洲地区正处在保持经济平稳较快发展，推进经济结构调整和发展方式转变的关键时期，要进一步解放思想，深入贯彻落实科学发展观，坚持改革开放，着力构建现代产业体系，加快转变经济发展方式，率先建立资源节约型和环境友好型社会；着力推进科技进步，增强自主创新能力，率先建立创新型区域；着力解决民生问题，促进城乡区域协调发展，率先构建和谐社会；着力深化改革，创新体制机制，率先建立完善的社会主义市场经济体制；着力加强与港澳合作，扩大对内对外开放，率先建立更加开放的经济体系，为我国全面建设小康社会加快推进社会主义现代化作出新贡献。

会议指出，当前，国际金融危机对我国经济的影响日益加深，珠江三角洲地区中小企业多，外向型企业多，对外依存度高，受到的冲击比较大。必须把保持经济平稳较快发展作为当前的首要任务，通过发展促增长、调结构、保民生，把扩大内需与经济增长、社会建设、民生改善更好地结合起来，进一步深化改革，提高开放水平，这是克服面临困难、实施规划纲要、保证珠江三角洲地区长远发展的基础。会议要求，广东省要认真组织实施规划纲要，国务院各有关部门要进一步加强对广东改革开放和现代化建设的支持和指导。

会议还研究了其他事项。

纪念党的十一届三中全会召开30周年理论研讨会在北京举行

中央宣传部、中央党校、中央文献研究室、中央党史研究室、国家发展和改革委员会、教育部、国务院发展研究中心、中国社会科学院、解放军总政治部12月18日至20日联合召开纪念党的十一届三中全会召开30周年理论研讨会。中共中央政治局常委李长春出席会议并作重要讲话。

李长春指出，改革开放30年，是坚持把马克思主义基本原理同当代中国实际和时代特征紧密结合，在实践探索中形成和发展中国特色社会主义伟大旗帜、发展道路和理论体系的过程；是大力推进当代中国马克思主义大众化，把科学理论转化为推动事业发展强大动力的过程；是尊重人民群众的首创精神，不断总结人民群众创造的新鲜经验并升华为理论的过程；是坚持立足中国又面向世界，积极借鉴人类文明优秀成果推动理论发展的过程；是始终坚持正确方向，不断促进理论工作繁荣发展的过程。30年来，理论工作积累了许多成功经验，要很好地坚持并在实践中不断发展和完善。

李长春强调，当今世界正在发生广泛而深刻的变化，当代中国正在发生广泛而深刻的变革。理论工作要紧密联系国际国内形势的变化，始终围绕党和国家工作大局，在新的历史起点上进一步开创工作新局面。要不断深化理论学习和宣传，大力推动用中国特色社会主义理论体系武装全党、教育人民。要切实加强理论研究，不断深化对中国特色社会主义发展规律的认识。要着眼打造精品工程，努力推动马克思主义理论研究和建设工程取得新的实质性进展。要完善工作体制和机制，大力营造有利于理论创新的良好环境。要加大人才培养和队伍培训力度，努力造就一支宏大的、高素质的马克思主义理论队伍。

中共中央政治局委员、书记处书记、中央宣传部部长刘云山主持会议，全国政协副主席、中国社会科学院院长陈奎元出席。

这次理论研讨会，是对改革开放30年来理论工作成果的一次集中检阅。研讨会期间，代表们紧密联系改革开放和现代化建设的实际，联系各地区各部门的工作实际，联系理论工作的实际，畅谈了学习胡锦涛总书记重要讲话的体会，交流了总结改革开放30年伟大实践和成功经验、深入研究中国特色社会主义理论体系的成果，进一步明确了理论工作者的历史责任。会议始终洋溢着解放思想、求真务实、团结和谐的浓厚气氛。有关部门和地方负责同志、专家学者19人作了大会发言。

中央宣传思想工作领导小组成员，部分专家学者和有关部门负责同志、地方宣传部的有关负责同志，约230多人参加会议。

国家统计局发布《2007年中国全面建设小康社会进程统计监测报告》

该报告显示，2007年我国小康社会的实现程度比上年提高了2.88个百分点，是2000年以来进展最快的一年。自2000年以来，中国全面建设小康社会进程逐年加快，实现程度从59.3%稳步提升到2007年的72.9%，平均每年增加1.95个百分点。按此发展趋势，到2020年我国完全可以实现全面建设小康社会的奋斗目标。

根据这份报告，2007年小康程度提高首先体现在经济保持较快发展，第二体现在社会和谐程度逐步改善，第三体现在城乡居民生活质量实现程度为78.3%，第四体现在文化教育实现程度为67.3%，第五体现在资源环境实现程度为72.0%。

这份报告还显示，我国小康社会的实现程度在四大区域存在差别，东部地区遥遥领先，东北地区紧跟其后，中部地区势头较好，西部地区有待提高。2007年，东部地区全面建设小康社会实现程度由2000年的64.0%上升到81.3%。东北地区2007年全面建设小康社会的实现程度达到74.8%。中部地区2007年实现程度上升到70.3%。但比东部地区滞后4—5年，比东北地区滞后2—3年。西部地区2000年的实现程度为52.3%，到2007年实现程度为64.6%，相当于东部地区2000年、东北地区2002年、中部地区2005年的水平，比其他区域滞后了2—6年。

《改革开放三十年重要文献选编》出版发行

经中共中央批准,由中共中央文献研究室编辑的《改革开放三十年重要文献选编》,近日已由中央文献出版社出版发行。

《改革开放三十年重要文献选编》分上、下两册。上册收入从1978年12月为党的十一届三中全会做准备的中央工作会议,到1997年7月香港回归祖国这段时间的重要文献;下册收入从1997年9月党的十五大,到2008年10月党的十七届三中全会这段时间的重要文献,共232篇,约200万字。其中,中央领导同志的文稿161篇;中央有关文件和法律等71篇。有些文献是第一次公开发表。

12月19日

国家主席胡锦涛在中南海分别会见来京述职的香港特别行政区行政长官曾荫权和澳门特别行政区行政长官何厚铧

胡锦涛听取了他们对香港、澳门当前形势以及特别行政区政府一年来工作的汇报。

在会见曾荫权时,胡锦涛说,今年以来,香港特别行政区总体上保持了比较好的发展局面。特别是面对国际金融危机的冲击,特别行政区政府采取一系列措施,稳定金融、刺激经济、扶助企业、增加就业、纾缓民困、提振信心,取得了积极成效。中央政府高度重视香港金融经济稳定,将继续全力支持香港特别行政区妥善应对国际金融危机的挑战。中央相信,有伟大祖国作坚强后盾,在特别行政区政府的带领下,香港社会各界齐心协力、共克时艰,一定能够变压力为动力,化危机为机遇,保持香港繁荣稳定和和谐发展的局面。

在会见何厚铧时,胡锦涛首先对澳门即将迎来回归祖国9周年表示热烈的祝贺。胡锦涛说,9年来,澳门特别行政区政府依法施政、积极进取,澳门各项事业取得新的进步,“一国两制”伟大实践成功向前推进。澳门特别行政区总的发展形势是比较好的。面对国际金融危机的冲击,澳门特别行政区政府提出了一系列应对措施,澳门社会对此反应积极。中央政府高度重视国际金融危机对澳门的影响,将继续全力支持澳门特别行政区克服困难,实现经济适度多元发展。中央相信,有伟大祖国作坚强后盾,在特别行政区政府的带领下,澳门社会各界团结奋斗、同舟共济,就一定能够经受住这场风浪的考验,把澳门的各项事业发展得更好,以新的业绩迎接澳门回归祖国10周年。

国家副主席习近平,国务委员刘延东,中央书记处书记、中央办公厅主任令计划,全国政协副主席、国务院港澳事务办公室主任廖晖等参加了会见。

全国人大常委会委员长吴邦国和国务院总理温家宝在北京分别会见安哥拉总统多斯桑托斯

吴邦国表示,中安议会加强交往不仅有利于促进两国立法机构间的相互了解,而且有利于增进人民间的友谊,推动双边关系全面发展。中国全国人大愿加强两国立法机构间的交往,开展多层次、多渠道交流与合作。

多斯桑托斯说,他此访取得丰硕成果,进一步坚定了安哥拉深化同中国合作的决心和信心。安方支持其国民议会与中国全国人大开展更积极合作。

温家宝在会见时表示,中安要拓宽贸易渠道,优化贸易结构,使双边贸易均衡、稳定、持续发展。中国政府支持中方企业参与安哥拉基础设施建设和能源资源开发,支持中方金融机构通过商业模式与安方开展融资合作。中国将落实好中非合作论坛北京峰会各项后续行动,不会因为国际金融危机而减少对非洲的援助,愿与非洲国家在国际金融体制改革问题上保持密切协作。

多斯桑托斯说,中国企业为安哥拉社会经济发展作出了重要贡献,希望两国政府共同努力,为中方企业更多参与安哥拉重建与发展提供支持与便利。

国务院总理温家宝在中南海紫光阁分别会见来京述职的香港特别行政区行政长官曾荫权和澳门特别行政区行政长官何厚铧

温家宝听取了他们关于香港、澳门特别行政区政府工作的汇报。

在会见曾荫权时,温家宝充分肯定了香港特别行政区政府为应对国际金融危机所做的大量工作和取得的明显成效。温家宝说,祖国永远是香港的坚强后盾。中央政府将竭尽全力支持香港克服国际金融危机对经济发展带来的困难。中央已决定在7个方面采取14条措施支持香港金融稳定和经济发展。主要是,推动内地与香港加强金融合作,加快涉港基础设施建设,促进粤港经济合作,帮助港资中小企业缓解经营困难,确保食品、水、电、天然气等安全稳定供应,增加内地居民赴港旅游试点,扩大内地服务业对香港开放等。温家宝强调,“一国两制”下的香港具有许多战胜困难和挑战的有利条件,关键是要坚定信心,形成全社会共克时艰的共同意志和决心。中央政府坚定支持行政长官和特区政府的工作,相信香港社会各界一定能够同舟共济,转危为机,继续巩固和提高香港作为国际金融中心的地位,实现经济繁荣和可持续发展。

在会见何厚铧时,温家宝充分肯定澳门特别行政区政府为促进澳门经济、社会发展所做的大量工作。温家宝说，中央政府十分关注国际金融危机对澳门造成的影响，同样会不遗余力支持澳门克服困难，保持经济稳定发展。中央政府采取的支持香港的有关政策措施原则上也适用于澳门。温家宝希望澳门特别行政区政府与社会各界人士坚定信心、团结奋斗，保持澳门良好的发展局面。

国务院副总理王岐山，国务委员刘延东，国务委员兼国务院秘书长马凯，全国政协副主席、国务院港澳办主任廖晖等会见时在座。

全国政协主席贾庆林在上海会见中国国民党主席吴伯雄和应邀出席第四届两岸经贸文化论坛的部分台湾人士

贾庆林表示，今年5月以来，国共两党、两岸双方秉持“建立互信、搁置争议、求同存异、共创双赢”的精神，采取积极措施，妥善处理有关问题，推动两岸关系改善和发展，初步形成了良性互动的态势。我们真诚希望两岸同胞携手团结，国共两党、两岸双方共同努力，积极开创两岸关系和平发展新局面，为两岸同胞谋福祉，为台海地区谋和平，为中华民族谋振兴。

贾庆林说，当前，国际金融危机不断扩散和蔓延，给两岸经济发展带来冲击。对于台湾方面遇到的困难，我们感同身受。两岸同胞是一家人，唇齿相依，休戚与共。在这个关键时刻，双方更应切实加强合作，共同应对危机，谋求新的发展。两岸经贸文化论坛是国共两党及两岸各界人士对话交流的重要平台，在新的形势下，必将在促进两岸交流合作方面，进一步发挥重要而积极的先导作用。

吴伯雄说，今年是十分重要的一年，两岸关系开启了新的契机。中断10年的两岸协商得以恢复，两岸“大三通”实现，我们都感到十分欣慰。这些成果来之不易。连战主席与胡锦涛总书记2005年发布的“两岸和平发展共同愿景”影响深远。我与胡总书记今年5月进行了很好的会谈。两岸关系和平发展的方向一旦确定，只会前进不会倒退。国民党有勇气克服困难，锲而不舍地继续推动两岸关系和平发展。

全国政协主席贾庆林在上海会见中国国民党荣誉主席连战和夫人一行

贾庆林表示，举办两岸经贸文化论坛，是落实“两岸和平发展共同愿景”的重要举措。前三届论坛都很成功，取得了积极成果。本届论坛参与人员更具代表性和权威性，所形成的结论对两岸双方制定相关政策也更具有参考作用，将产生更大的成效。在当前国际金融危机不断扩散和蔓延的背景下，举办本届论坛有利于进一步加强两岸交流合作，共同抵御国际金融危机对两岸经济的冲击，维护好两岸同胞的切身利益，为扩大和深化两岸经济交流合作，作出有益的贡献。

连战说，一年来两岸关系取得了丰硕成果，进入新阶段，令人振奋。以往三届两岸经贸文化论坛营造了两岸同胞良性互动、亲如一家人的气氛。本届论坛十分重要，各界人士将在论坛上交换意见，凝聚共识，推动两岸关系继续向前发展，这是两岸同胞的共同期盼。

全国政协主席贾庆林到上海调研

12月19日至21日，贾庆林在中共中央政治局委员、上海市委书记俞正声和市长韩正的陪同下，深入产业园区、企业车间、科研院所，就学习贯彻中央经济工作会议精神，保持经济平稳较快发展，促进社会和谐稳定进行调研。其间，贾庆林还参观了上海世博会规划展，考察了世博园区建设情况。他指出，世博会筹办工作抓得紧、抓得好，全面体现了“更美的城市，更好的生活，更深的情谊”的理念。贾庆林对上海经济社会发展取得的成就给予充分肯定，希望上海再接再厉，加快建设国际经济、金融、贸易、航运中心和社会主义现代化国际大都市，进一步开创各项工作新局面。贾庆林强调，要认真学习贯彻党的十七大、十七届三中全会和中央经济工作会议精神，充分发挥统一战线和人民政协的优势和作用，团结一心迎挑战，抢抓机遇促发展，坚定不移地完成经济社会发展各项任务，以优异成绩迎接新中国成立60周年。

面对当前复杂严峻的国际国内经济形势，如何保持经济平稳较快发展，是贾庆林此次调研的一个重点。他来到上海“8号桥”创意产业园区、临港重装备产业区、上海多媒体产业园、中科院上海微系统与信息技术研究所等地，详细了解在国际金融危机影响下企业、科研院所的运行情况。贾庆林指出，保持经济平稳较快发展是明年经济工作的首要任务。我们要把思想和行动统一到中央对国内外经济形势的分析判断上来，统一到中央决策部署上来，既要充分估计当前形势的复杂性、严峻性，又要坚定战胜困难、克服挑战的信心，善于从危机中捕捉发展机遇，从逆境中发现有利因素，采取一切有效措施拉动经济增长，促进经济又好又快发展。要充分利用当前国际金融危机带来的倒逼机制压力，着力推进产业结构优化升级，做大做强先进装备制造业，加快发展现代物流、金融保险、电子商务、文化创意、信息咨询等现代服务业，努力在应对金融危机中形成新的竞争优势。要充分发挥上海科技实力雄厚的优势，大力推进原始创新、集成创新和引进消化吸收再创新，着力突破制约产业转型升级的重要关键技术，增强国民经济整体素质和发展后劲。要把经济增长的基本立足点放到扩大国内需求上，着力扩大消费特别是居民消费，适当扩大投资规模，切实优化投资结构，千方百计保持出口稳定增长，努力形成消费、投资、出口协调拉动经济增长的格局。

贾庆林对做好社会和谐稳定工作十分关心。在同企业员工、基层干部群众交谈中，他关切地询问企业用工、员工福利待遇等与群众利益密切相关的问题，仔细了解群众的诉求。贾庆林指出，当前我国经济困难明显增加，促进社会和谐稳定任务十分艰巨。要充分认识当前和今后一个时期维护社会和谐稳定的极端重要性，树立忧患意识，保持清醒头脑，进一步增强责任感和使命感，努力做好强基固本的各项工作，确保社会大局的基本稳定。他强调，就业直接关系到千家万户，与社会和谐稳定息息相关。要实施积极的就业政策，开发更多公益性就业岗位，支持劳动密集型产业和中小企业发展，加强劳动力培训，健全就业服务体系，千方百计帮助城镇失业人员再就业和就业困难人员就业。要加强对大学毕业生就业的指导和服务，鼓励大学生面向中西部地区、面向基层和农村、面向中小企业就业，鼓励大学生自主创业，努力让更多的高校毕业生实现就业，为经济社会发展多做贡献。

调研期间，贾庆林专程看望了上海市政协、统战部机关干部及各民主党派、工商联负责人。

中央纪委书记贺国强出席在北京召开的中央纪委监察部理论学习中心组专题学习会并讲话

贺国强强调，党的十一届三中全会的一个重要历史贡献，就是作出了恢复重建党的纪律检查机关的重大决策。我们要通过认真学习胡锦涛总书记的重要讲话精神，进一步总结党的纪律检查机关恢复重建30年来的历史经验，努力探索和把握反腐倡廉建设规律，积极推进纪检监察工作理念思路、方式方法、体制机制创新，继续旗帜鲜明地反对腐败，切实改进党的作风，通过坚决有效惩治腐败为改革开放创造良好环境，通过推进重点领域和关键环节的改革不断消除腐败现象滋生蔓延的土壤和条件，从源头上防治腐败，把党风廉政建设和反腐败斗争贯穿于改革开放和社会主义现代化建设全过程，为继续推进改革开放伟大事业、夺取全面建设小康社会新胜利、开创中国特色社会主义事业新局面提供有力保证。

中共中央书记处书记、中央纪委副书记何勇主持学习会，他要求各级纪检监察机关要从政治和全局的高度，充分认识学习贯彻胡锦涛同志重要讲话精神的重要意义，精心组织，周密安排，抓好落实，切实体现到党风廉政建设和反腐败各项工作中去。

中央纪委书记贺国强在北京会见中国监察学会会员代表大会代表

最高人民法院院长王胜俊出席在北京召开的全国高级法院院长会议并讲话

王胜俊指出，人民法院要按照党中央、国务院的相关决策部署，会同有关部门开展对经济领域不稳定不确定因素的排查工作，密切关注因金融危机引发的企业破产倒闭、劳动争议以及合同不能履行等问题，研究采取稳妥慎重的处理办法，并及时向有关方面提出预防和解决相关问题的司法建议。

国际金融危机发生后，最高人民法院及时发布指导意见，为维护国家金融安全提供司法保障和法律服务。王胜俊要求各级人民法院认真贯彻该意见，结合本地实际，在依法保障金融债权、制裁金融违法违规行为、依法规范经济秩序等方面提出落实措施。

最高人民法院将于近期下发《关于进一步加强司法便民工作的指导意见》。王胜俊要求各级法院高度关注民生，切实维护人民权益。要进一步完善司法便民措施，畅通民意沟通表达渠道。他强调，食品药品质量安全和生产安全事关人民群众生命健康，事关社会稳定，事关国家声誉，必须高度重视、妥善处理有关案件。

最高人民检察院检察长曹建明出席在北京召开的全国检察长会议并讲话

曹建明说，一年来，全国检察机关全面加强和改进法律监督工作，在维护社会公平正义、促进社会和谐稳定方面取得了新成效；认真贯彻中央关于深化司法体制改革的部署，司法体制改革调研论证取得积极成果。今年1—11月，全国检察机关共批准逮捕各类刑事犯罪嫌疑人873816人，提起公诉1027472人；立案侦查职务犯罪案件32005件39265人，其中大案19729件、要案2538人；深化集中查办城镇建设领域商业贿赂犯罪工作，严肃查处重大安全生产事故背后的职务犯罪。

曹建明指出，保持经济平稳较快发展，是2009年全党全国经济工作的首要任务，也是检察机关服务大局的首要任务。全国检察机关要进一步理清工作思路，充分发挥打击、预防、监督、保护的职能作用，为维护改革发展稳定大局作出积极贡献。

统一战线各界人士纪念中共十一届三中全会召开30周年座谈会在北京召开

国务院副总理张德江出席在北京召开的全国工业和信息化工作会议并讲话

张德江充分肯定了一年来工业和信息化发展取得

的新成绩，并指出，保持国民经济平稳较快发展，维护社会和谐稳定，关键是确保工业平稳较快发展。保工业就是保发展、就是保就业、就是保稳定、就是保大局。要采取更直接、更有力、更有效的政策措施支持工业发展，抓紧制定实施工业振兴规划。要逐项落实中央扶持工业发展的政策措施，重点支持支柱产业、骨干企业和名牌产品，帮助中小企业排忧解难。加强工业经济运行监测监控，努力保持工业平稳较快发展，为实现明年我国经济社会发展预期目标作出应有贡献。

张德江要求，要全力维护企业与社会和谐稳定，千方百计稳定和扩大就业。要防止拖欠工资，维护职工合法权益。鼓励创业带动就业，加强职业技能培训，帮助下岗职工和返乡农民工实现再就业。要坚持科学发展、安全发展，坚决打击违法违规生产活动，防止重特大安全事故发生。

工业和信息化部部长李毅中在会上作了工作报告，各省、自治区、直辖市和中央有关部门的负责同志，有关单位及部分工业行业协会的负责人约400人参加了会议。

蒙古国总统那木巴尔·恩赫巴亚尔在乌兰巴托会见由中联部部长王家瑞率领的中共代表团

2008中国创意产业大奖在北京揭晓

由中国光华科技基金会主办的"2008中国创意产业年度大奖"揭晓。

北京奥运会开闭幕式总导演张艺谋、文化学者余秋雨、北大方正集团董事长魏新、华谊兄弟传媒总裁王中磊、华旗资讯总裁冯军获得"杰出贡献奖"，李宁、巨人网络、华视传媒、歌华有线等先锋企业摘得"领军企业奖"。"国际贡献奖"、"项目建设成就奖"、"产业推动奖"、"最佳园区奖"等8个奖项同时颁布。

国家副主席习近平出席在北京召开的第17次全国高校党建工作会议并发表讲话

习近平在讲话中充分肯定了改革开放30年来我国高等教育取得的伟大成就和高校党的建设取得的新进步。他指出，30年来高校党的建设在继承优良传统的基础上不断改革创新，积累了宝贵经验：第一，必须始终围绕高校的改革发展，把人才培养作为根本任务；第二，必须坚持党委领导下的校长负责制，着力完善高校领导体制；第三，必须坚持育人为本、德育为先，切实加强和改进大学生思想政治教育；第四，必须坚持把建设高素质领导班子作为重点任务，不断提高领导高校科学发展的能力和水平；第五，必须着力维护高校稳定，及时化解各种矛盾；第六，必须坚持改革创新精神，始终体现时代性、把握规律性、富于创造性。习近平强调，这些经验反映了高校党的建设规律，体现了时代发展要求，各级党委和高校党组织要长期坚持，在新的实践中不断丰富和发展。

习近平指出，高校基层党组织建设和党员队伍建设是高校党的建设的基础工程，团结、组织广大师生的凝聚力工程。各级党委和高校党组织要加大力度，坚持不懈地做好抓基层、打基础的工作，充分发挥高校基层党组织的战斗堡垒作用和党员的先锋模范作用。习近平强调，建设一支专兼结合的高素质党务工作和大学生思想政治工作干部队伍，是全面加强高校党的建设、加强和改进大学生思想政治工作的必然要求。要按照德才兼备和专兼结合的原则，选拔和吸引更多政治素质高、思想作风好、热爱党务工作、善于做群众工作、具有较高学术造诣和较强组织管理能力的党员干部和教师从事学校党务工作，特别要选配好党总支书记和支部书记。要建立、健全辅导员和班主任队伍的选拔、培养、激励、保障机制，努力创造良好政策环境和工作生活环境，做到政治上爱护、工作上支持、生活上关心，使他们工作有条件、干事有平台、发展有空间，最大限度地调动他们的积极性和创造性。

会议由中共中央政治局委员、中央书记处书记、中央组织部部长李源潮主持。中共中央政治局委员、中央书记处书记、中央宣传部部长刘云山出席会议。

中央和国家机关有关部门的负责同志，解放军总政治部、各省区市和新疆生产建设兵团领导和有关部门负责同志，全国部分高校的党委书记、校长参加了会议。

纪念郑振铎诞辰110周年座谈会在北京召开

纪念中国天主教自选自圣50周年座谈会在北京召开

12月20日

国家主席胡锦涛与阿尔及利亚民主人民共和国总统布特弗利卡互致贺电庆祝两国建交50周年

"中日青少年友好交流年"在北京闭幕

国务院总理温家宝、日本前首相福田康夫出席闭幕式。

团中央书记处第一书记陆昊和日本青少年友好使者代表团总团长、日本前外务大臣、日中友好议员联盟会长高村正彦分别致辞。

出席闭幕式前，温家宝会见了福田康夫和日本青少年友好使者代表团的主要成员。

温家宝表示,在中日和平友好条约缔结30周年之际,成功举办"中日青少年友好交流年"活动意义深远,希望两国年轻一代不忘昨天,珍惜今天,共创明天,用青春的信念和力量谱写中日世代友好新篇章。

福田康夫表示,日中关系的基础在于增进两国人民特别是青少年的相互了解和友谊。"日中青少年友好交流年"活动取得成功,日方今后将继续推动两国青少年交往。

团中央书记处书记卢雍政主持闭幕式。

"中日青少年友好交流年"活动是两国领导人去年共同确定的。今年3月15日,活动开幕式在北京举行,国家主席胡锦涛出席。中日双方在文化、学术、环保、科技、媒体、影视、旅游等领域开展了一系列青少年交流活动。

国务院总理温家宝在北京航空航天大学图书馆与北航学生座谈

第四届两岸经贸文化论坛在上海开幕

中共中央政治局常委、全国政协主席贾庆林和中国国民党主席吴伯雄、荣誉主席连战等海峡两岸各界人士400余人出席了论坛开幕式。

贾庆林作了题为《把握两岸关系发展历史机遇,全面深化两岸经济交流合作》的演讲。他首先代表中共中央和胡锦涛总书记,对本届论坛的举办表示祝贺。他说,来自海峡两岸的各界有识之士欢聚一堂,共商扩大和深化两岸经济交流合作大计,是新形势下两岸关系中的一件大事。本届论坛比以往具有更好的两岸关系环境,出席论坛的两岸专家学者更具有广泛性和代表性,研讨将更具有务实性,达成的共识也将更有条件供两岸有关方面制定政策时参考。本届论坛的举办,对推进新形势下两岸经济交流合作,必将产生重要而积极的作用。欢迎台湾各界代表性人士热情支持论坛,积极参与论坛,努力使论坛成为两岸有识之士倾心对话的著名讲坛,成为两岸各界真诚交流的重要平台,为推动两岸关系和平发展作出新的更大贡献。

贾庆林指出,今年3月下旬,台湾局势发生了重大的积极变化,两岸关系出现了历史性转机。5月以来,两岸双方秉持建立互信、搁置争议、求同存异、共创双赢的精神,相互释放善意,妥善处理了一些敏感问题,推动两岸关系步入和平发展的轨道。两岸在"九二共识"基础上恢复制度化协商,迈出了新形势下两岸关系改善和发展的重要一步。两岸周末包机、大陆居民赴台旅游如期实施,推动两岸直接通航和人员往来实现重大突破。海协会协商代表团首次访问台湾取得成功,同海基会共同签订两岸空运直航、海运直航、邮政合作、食品安全等四项协议,实现了两岸同胞期盼已久的直接通邮、通航,掀开了两岸关系发展的新篇章。在新形势下,两岸同胞对改善两岸关系、促进交流合作的愿望更加强烈,对两岸关系和平发展更加充满信心。我们将继续牢牢把握两岸关系和平发展的主题,再接再厉,不断开创两岸关系和平发展新局面,为两岸同胞谋福祉,为台海地区谋和平。

贾庆林表示,长期以来,两岸经济交流合作从无到有,由小到大,不断发展,已经具有相当规模。两岸经济联系日益紧密,基本形成互补互利的局面。广大台商积极推动两岸经济交流合作,成为促进两岸关系稳定发展的重要力量。在两岸经济交流合作蓬勃发展的进程中,我们获得了许多重要启示,积累了不少有益经验,这就是:两岸同胞血脉相连是两岸经济交流合作的天然纽带,互利共赢是两岸经济交流合作的重要目的,积极的政策措施是两岸经济交流合作的有力保证,台海和平稳定是两岸经济交流合作的必要条件,大陆经济持续快速发展是两岸经济交流合作的强劲动力。

贾庆林指出,当前两岸经济关系发展正处在新的历史起点上,面临着难得的历史机遇。同时,两岸经济发展都面临着国际经济金融形势复杂变化带来的严峻挑战。两岸双方必须牢牢把握和切实用好两岸关系发展难得的历史机遇,自觉顺应两岸同胞的愿望和要求,积极抓住有利因素,努力化解不利因素,全面扩大和深化两岸经济交流合作,促进两岸经济发展,更好地造福两岸同胞。为此,贾庆林提出五点建议。

一是积极开展合作,共同应对国际金融危机的冲击。"兄弟同心,其利断金"。两岸同胞应相互扶助,加强互惠互利的经济合作,共同应对国际金融危机,稳定经济,改善民生。如果世界经济形势持续恶化,台湾方面提出缓解经济困难的要求,大陆方面愿意尽最大努力,提供协助。

二是积极促进协商,推动两岸金融业合作取得实质进展。两岸双方应迅速采取实际措施,着力扩大两岸金融合作,增强两岸经济活力。有必要就建立两岸银行业、证券业、保险业监管合作机制和货币清算机制尽快进行商谈,争取尽早签署相关协议,解决两岸金融机构互设分支机构的问题;积极推动两岸金融业者开展交流,通过适当途径加强信息沟通、监管合作与业务往来,增强防范金融风险能力;改善大陆台资企业特别是中小企业的融资环境,帮助台资企业转型升级。

三是积极采取措施,拓展两岸产业合作的层次和领域。要着力提高两岸工业、农业合作的层次,支持台资传统产业转型升级,进一步推动两岸农业合作,继续充实惠及台湾农民的政策措施。要积极推动两岸产业界建立优势互补的合作机制，逐步形成合理的产业分工合作布局。要加强两岸高新技术、基础科学等方面的交流合作，创立共同的技术标准、知识产权和品牌，加快科研成果产业化进程。要鼓励两岸相关企业携手合作，共同开发油气资源。要加强两岸服务业领域的合作。

四是积极创造条件，加快实现两岸经济关系正常化。两岸双方应继续共同努力，加快推动两岸经济关系正常化，实现两岸资金、信息、技术等生产要素的正常流动。我们支持大陆企业赴台投资，希望台湾方面为大陆企业赴台投资创造必要的条件。大陆有实力的企业和资本可以根据台湾方面的需要，积极参与台湾的经济建设项目。两岸可就市场开放和弱势产业保护问题进行协商，妥善规范投资秩序和市场环境。

五是积极进行探讨，及早建立两岸经济合作机制。建立两岸经济合作机制，要从两岸实行不同经济制度和体制的实际出发，考虑两岸资源禀赋、经济规模、产业结构、市场容量等方面的差异；要遵循双向互惠、共同繁荣的原则和先易后难、逐步推进的步骤，确立正确的发展目标，制定具体的方法步骤。对台湾方面关于商签两岸综合经济合作协议的设想，我们十分重视，也愿予以认真研究。

贾庆林最后表示，回首非同寻常的岁月，我们为两岸关系取得重大进展倍感鼓舞；展望催人奋进的征程，我们对两岸关系发展的光明前景充满信心。让我们团结一心，通力合作，坚定不移地沿着两岸关系和平发展的康庄大道向前迈进，努力开创两岸大交流、大合作的新局面，为实现中华民族的伟大复兴共同奋斗！

国民党主席吴伯雄致开幕词。他表示，今年是具有特殊意义的一年。两岸关系的转折，可以用“柳暗花明又一村，拨云见日现光明”来形容。近60年来，两岸关系走过了不平凡的历程。2005年连战主席访问大陆，与胡锦涛总书记达成“两岸和平发展共同愿景”。今年5月我率国民党访问团到北京，与胡锦涛总书记进行了深入坦诚的会谈。随后，两岸恢复制度化协商并达成6项协议，促成了“大三通”的实现。这是以民为本的体现，多数台湾民众给予了高度评价。事实证明，国共两党领导人在关键时刻体现出了担当、勇气和决断力，改变历史的力量来自两岸绝大多数民众的支持。今天两岸呈现大和平、大发展、大交流的局面，我们必须好好珍惜，加速创造两岸同胞更大福祉。在当前全球经济形势恶化情况下，两岸应携手共同应对国际金融危机。希望两岸共同帮助大陆台商解决困难，相互开放对方企业参与相关投资和工程建设，加速扩大大陆游客赴台观光。吴伯雄说，两岸同胞血浓于水的感情和共同的文化，是推动两岸关系和平发展的最大动力。五千年中华文化博大精深，是两岸同胞共同的资产。希望两岸同胞加强交流，使中华灿烂文化发扬光大。

国民党荣誉主席连战发表了题为《两岸和平发展的硬道理》的演讲。他说，在国共两党和两岸同胞共同努力下，两岸关系走上了和平发展的坦荡大道。两岸经贸文化论坛已举办三届，推动了两岸经贸合作发展。在新的形势下，论坛将发挥更重要的作用。两岸双方可以通过公开讨论，沟通彼此观念，就一些比较困难的议题，沟通意见，激发创见，找到解决老问题的新办法。论坛广邀两岸社会各界参与，可以凝聚主流民意，为两岸关系和平发展营造良好的环境和条件。国共两党开展交流是非常自然的。两党共同写下了中国近百年历史，双方加强交流，是为了人民的福祉。为民族的发展和复兴而努力做贡献，是两党共同的责任。这是历史的必然，也是潮流所向。以恢宏的格局，正视现实，面向未来，共创双赢，对两岸关系和平发展，对中华民族的未来，具有非常重要的意义。连战表示，本届论坛的主题和议题，对两岸经济发展非常重要，有助于两岸携手合作，共同应对国际金融危机。两岸经贸交流十分密切，建立两岸经贸合作机制，具有战略意义。如何推动两岸经贸合作朝正常化、机制化方向发展，希望两岸各界积极建言献策。期盼本次论坛能为促进两岸经济合作作出历史性贡献。

本届论坛由中共中央台湾工作办公室所属海峡两岸关系研究中心与中国国民党国政研究基金会共同举办。论坛以“扩大和深化两岸经济交流与合作”为主题，将围绕“拓展两岸金融及服务业合作、促进两岸双向投资、构建两岸经济交流制度化安排”三项议题展开讨论。

论坛开幕式由中共中央台办主任王毅与中国国民党副主席、国政研究基金会副董事长林丰正共同主持。中共中央政治局委员、上海市市委书记俞正声，上海市市长韩正，海峡两岸关系协会会长陈云林，中国国民党副主席蒋孝严，亲民党副主席张昭雄、秘书长秦金生，新党主席郁慕明以及台湾无党团结联盟主席林炳坤等出席了开幕式。参加本次论坛的有两岸知名企业、工商团体负责人，两岸经济界著名专家学者等。两岸经济、金融主管部门人士首次以特邀嘉宾、特邀专家的身份出席论坛。

国家主席习近平出席在北京召开的深入学习实践科学发展观活动视频会议并发表讲话

中央组织部部长、中央深入学习实践科学发展观活动领导小组副组长李源潮主持会议。会议学习贯彻胡锦涛同志在纪念党的十一届三中全会召开30周年大会上的重要讲话和中央经济工作会议精神，紧密结合当前形势，对学习实践活动进一步作出部署。

习近平指出，当前，第一批学习实践活动已经全面转入分析检查阶段。这个阶段的主要任务，归结起来就是要找准影响和制约科学发展的突出问题，为制定整改措施、集中整改打下基础。各地区各部门各单位要进一步突出实践特色，以更加饱满的精神状态、更加扎实的工作作风，认真抓好分析检查阶段各个环节的工作。尤其要在开好领导班子民主生活会的基础上，形成质量高的分析检查报告，把问题找准确，把根源弄明白，把思路理清楚，把对策定科学，做到解决问题有的放矢，推动科学发展有所遵循。

习近平强调，各级党委要切实加强对学习实践活动的组织领导，统筹抓好学习实践活动和其他各项工作，以学习实践活动推动当前各项工作，在推动当前各项工作中深化学习实践活动。

中共中央政治局常委李长春在纪念党的十一届三中全会召开30周年理论研讨会上的讲话

纪念党的十一届三中全会召开30周年理论研讨会，是中央关于纪念活动的一项重要内容。会议开得很好、很成功。这是一次深入学习、提高认识的会议，一次解放思想、开拓创新的会议，一次团结鼓劲、振奋精神的会议。

一、认真学习领会胡锦涛总书记的重要讲话，把思想认识统一到讲话精神上来

胡锦涛总书记的重要讲话，从近一个世纪以来中华民族为实现伟大复兴进行的三次伟大革命的历史高度，从中国共产党带领人民发展中国特色社会主义、建设富强民主文明和谐的社会主义现代化国家的高度，从党和国家事业发展全局的高度，全面回顾和总结了改革开放30年的伟大历程和辉煌成就，高度评价了党的十一届三中全会的重大意义和历史功绩，系统阐述了改革开放“十个结合”的宝贵经验，鲜明地强调在新的国际国内形势下和新的历史起点上，我们必须坚定不移地坚持党的十一届三中全会以来开创的中国特色社会主义道路，继续奋勇推进改革开放和社会主义现代化事业。讲话高屋建瓴、思想深刻、内涵丰富，具有很强的理论性、战略性、指导性，通篇闪耀着马克思主义真理的光辉，进一步丰富了中国特色社会主义理论体系，是指导继续推进改革开放伟大事业的纲领性文献。我们一定要认真学习，深刻领会，切实把思想认识统一到讲话精神上来。

1. 深入把握党的十一届三中全会的重大历史贡献。党的十一届三中全会，是在我们党和国家面临向何处去的重大历史关头召开的极其重要的会议。这次会议，实现了我们党历史上具有深远意义的伟大转折，开启了改革开放历史新时期，标志着我们党重新确立了马克思主义思想路线、政治路线、组织路线，标志着中国共产党人在新的时代条件下的伟大觉醒，标志着我们党顺应时代潮流和人民愿望、勇敢开辟建设社会主义的新路即中国特色社会主义道路的开端，由此孕育了党在新时期从实践到理论的一系列伟大创造。我们今天纪念党的十一届三中全会召开30周年，就是要充分认识改革开放的重大意义和伟大成就，深刻总结改革开放的伟大历程和宝贵经验，弘扬党的十一届三中全会精神，高举中国特色社会主义伟大旗帜，以邓小平理论和“三个代表”重要思想为指导，深入贯彻落实科学发展观，在中国特色社会主义道路上，继续把改革开放伟大事业推向前进。

2. 深入把握改革开放30年的伟大历程和辉煌成就。30年来，以邓小平同志为核心的党的第二代中央领导集体，以江泽民同志为核心的党的第三代中央领导集体和以胡锦涛同志为总书记的党中央，团结带领全国各族人民，承前启后，继往开来，不断推进改革开放伟大事业，谱写了中华民族自强不息、顽强奋进的壮丽史诗。我们始终以改革开放为强大动力，在新中国成立以来取得成就的基础上，推动党和国家各项事业取得举世瞩目的新的伟大成就：锐意推进各方面体制改革，使我国成功实现了从高度集中的计划经济体制到充满活力的社会主义市场经济体制的伟大历史转折；不断扩大对外开放，使我国成功实现了从封闭半封闭到全方位开放的伟大历史转折；坚持以经济建设为中心，我国综合国力迈上新台阶；着力保障和改善民生，人民生活总体上达到小康水平；大力发展社会主义民主政治，人民当家做主权利得到更好保障；大力发展社会主义先进文化，人民日益增长的精神文化需求得到更好满足；大力发展社会事业，社会和谐稳定得到巩固和发展；坚持党对军队绝对领导，国防和军队现代化建设取得重大成就；成功实施“一国两制”基本方针，祖国和平统一大业迈出重大步伐；坚持奉行独立自主的和平外交政策，全方位外交取得重大成就；坚持党要管党、从严治党，党的领导水平和执政水平、拒腐防变和抵御风险能力明显提高。经过30年的不懈奋斗，我们胜利实现了我们党提出的“三步走”现代化战略目标的前两步，正在向第三步战略目标阔步前进，13亿中国人民大踏步赶上了时代潮流，稳定走上了奔向富裕安康的广阔道路，中国特色社会主义充满蓬勃生机，为人类文明进步作出重大贡献的中华民族以前所未有的雄姿巍然屹立在世界东方。事实雄辩地证明，改革开放是决定当代中国命运的关键抉择，是发展中国特色社会主义、实现中华民族伟大复兴的必由之路；只有社会主义才能救中国，只有改革开放才能发展中国、发展社会主义、发展马克思主义；改革开放符合党心民心、顺应时代潮流，方向和道路是完全正确的，成效和功绩不容否定，停顿和倒退没有出路。

3. 深入把握改革开放30年的宝贵经验。讲话系统深入地阐述了党的十七大总结的“十个结合”的宝贵经验。这些经验就是：在推进改革开放的进程中，必须把坚持马克思主义基本原理同推进马克思主义中国化结合起来，把坚持四项基本原则同坚持改革开放结合起来，把尊重人民首创精神同加强和改善党的领导结合起来，把坚持社会主义基本制度同发展市场经济结合起来，把推动经济基础变革同推动上层建筑改革结合起来，把发展社会生产力同提高全民族文明素质结合起来，把提高效率同促进社会公平结合起来，把坚持独立自主同参与经济全球化结合起来，把促进改革发展同保持社会稳定结合起来，把推进中国特色社会主义伟大事业同推进党的建设新的伟大工程结合起来。这“十个结合”的宝贵经验，从历史和逻辑、理论和实践的统一上，深刻揭示了我国改革开放取得成功的关键和根本，揭示了中国特色社会主义经济建设、政治建设、文化建设、社会建设和党的建设的真谛，揭示了营造良好国际环境、保持国内社会政治稳定、坚持党的领导核心地位对改革发展的保证作用，既是历史经验的深刻总结，又是理论创新的集中体现，既有十分重要的政治分量，又有十分丰富的理论内涵，是我们这样一个十几亿人口的发展中社会主义大国取得的摆脱贫困、加快现代化进程、巩固和发展社会主义的宝贵经验，闪耀着马克思主义的真理光芒，是辩证唯物主义和历史唯物主义的胜利。30年的历史经验归结到一点，就是把马克思主义基本原理同中国具体实际相结合，走自己的路，建设中国特色社会主义。30年的经验是极为宝贵的财富，我们一定要倍加珍惜、自觉运用。

4. 深入把握继续推进改革开放伟大事业、实现中华民族伟大复兴的历史使命。近一个世纪以来，为了实现中华民族伟大复兴，我国先后发生三次伟大革命，第一次革命是孙中山先生领导的辛亥革命，第二次革命是我们党领导的新民主主义革命和社会主义革命，第三次革命是我们党领导的改革开放这场新的伟大革命。改革开放引领中国人民走上了中国特色社会主义广阔道路，迎来中华民族伟大复兴的光明前景。30年来，我们取得了伟大成就，但同我们的远大目标相比，同人民群众对美好生活的期待相比，我们没有任何理由骄傲自满、故步自封。必须清醒地看到，我国仍处于并将长期处于社会主义初级阶段的基本国情没有变，人民日益增长的物质文化需要同落后的社会生产之间的矛盾这一社会主要矛盾没有变，当前我国发展呈现出一系列新的阶段性特征，我国生产力水平总体上还不高，我们的工作中还存在缺点和不足，在前进道路上还会遇到这样那样的困难和风险。改革发展任重道远，全党全国各族人民要长期奋斗、顽强奋斗、不懈奋斗。我们一定要坚持高举中国特色社会主义伟大旗帜，继续推进马克思主义中国化；一定要坚持改革开放的正确方向，着力构建充满活力、富有效率、更加开放、有利于科学发展的体制机制；一定要坚持抓好发展这个党执政兴国的第一要务，更好地做到发展成果由人民共享；一定要戒骄戒躁、艰苦奋斗，不断开创改革开放和社会主义现代化建设新局面。

二、改革开放30年来理论工作始终与时代同步伐、与实践共发展，呈现出繁荣发展的良好态势

党的十一届三中全会以来，党和国家事业发展一个显著的特征，就是改革开放不断推进，理论探索不断深入，两者紧密联系、相互促进。我国改革开放和现代化建设事业的每一个关口的突破，都是系统总结人民群众的成功探索和新鲜经验，大力推进马克思主义理论创新和实践创新的结果。没有我们党正确分析国情，结合改革和建设的实际，作出一系列新的理论创造，形成一系列新的成果，就不会有中国特色社会主义事业的顺利发展，就不可能取得我们今天这样巨大的成就。改革开放30年，是新中国成立以来党的理论创新步伐加快、成果最为丰硕的时期，是党的理论工作最具活力、最为繁荣的时期，也是党的理论工作者最富创造、最有建树的时期。

这30年，是坚持把马克思主义基本原理同当代中国实际和时代特征紧密结合，在实践探索中形成和发展中国特色社会主义伟大旗帜、发展道路和理论体系的过程。在30年的改革开放进程中，我们坚持解放思想、实事求是、与时俱进，不断探索和回答什么是马克思主义、怎样对待马克思主义，什么是社会主义、怎样建设社会主义，建设什么样的党、怎样建设党，实现什么样的发展、怎样发展等重大理论和实际问题，深化了对共产党执政规律、社会主义建设规律、人类社会发展规律的认识，创立了邓小平理论、“三个代表”重要思想和科学发展观，实现了马克思主义中国化的第二次历史性飞跃，形成了中国特色社会主义的“一面旗帜、一条道路、一个理论体系”。这面旗帜、这条道路、这个理论体系，鲜明地表明了我们的前进方向、必由之路和理论指导，是改革开放30年我们取得的最重要的成果和最宝贵的财富，标志着我们党对中国特色社会主义理论和实践的认识更加深化、把握更加准确。在中国特色社会主义伟大旗帜、发展道路、理论体系的形成和发展中，广大理论工作者发挥了聪明才智，付出了心血和努力。这是我们这个时代理论工作者最无愧于历史

的贡献。

这30年,是大力推进当代中国马克思主义大众化,把科学理论转化为推动事业发展强大动力的过程。伟大的实践需要伟大的理论,伟大的理论引领伟大的实践。党的理论创新每推进一步,理论武装就要跟进一步。30年的实践证明,只有坚持用科学理论武装全党、教育人民,才能使党的理论创新成果成为团结和凝聚全党全国各族人民为实现国家富强、民族振兴而奋斗的精神支柱,成为引导我们夺取改革开放和社会主义现代化建设事业新胜利的强大精神动力。在改革开放的进程中,我们始终把学习中国特色社会主义理论体系作为一项根本的战略任务,持之以恒、坚持不懈地加以推进,贯穿到领导干部理论学习培训中,贯穿到对广大干部群众的宣传教育中,贯穿到国民教育全过程;始终把马克思主义理论研究和建设作为一项基础工作,不断深化对马克思主义基本原理的研究,不断深化对中国特色社会主义理论体系的研究,不断深化对重大理论和现实问题的研究,推动了当代中国马克思主义的发展和哲学社会科学的繁荣;始终把马克思主义中国化最新成果的宣传普及作为一项重要任务,用干部群众喜闻乐见的形式、通俗易懂的语言,进行深入浅出的宣传阐释,使党的理论创新成果深入人心。深入扎实的理论学习研究宣传,为巩固马克思主义在意识形态领域的指导地位、建设社会主义核心价值体系发挥了重要作用,为服务党和政府决策、推动改革开放和社会主义现代化建设提供了有力的理论支持。

这30年,是尊重人民的首创精神,不断总结人民群众创造的新鲜经验并升华为理论的过程。人民群众是历史的创造者,是推动社会发展的决定性力量。中国特色社会主义事业是全国各族人民实现自己利益、创造美好生活的共同事业。改革开放极大调动了人民群众的积极性、主动性、创造性,激发了人民群众无穷的创造活力和聪明才智。改革开放以来的许多成功探索和新鲜经验,都来自基层,来自人民群众。30年来,广大理论工作者始终坚持马克思主义群众观点,坚持党的群众路线,深入改革发展的第一线,深入人民群众创造历史的火热生活,努力从波澜壮阔的中国特色社会主义伟大实践中汲取丰厚的思想养分,对人民群众的实践创造和鲜活经验进行系统的总结,形成规律性的认识,作出理论的概括。正是由于坚持以广大人民群众建设中国特色社会主义的生动实践为理论创新的源泉,以广大人民群众推动历史前进的创造精神为理论创新的动力,以实现和发展最广大人民的根本利益为理论创新的目的,我们的理论创新才有了最坚实的基础,理论工作才始终保持着旺盛的生机和活力。改革开放的历史,是在推动社会实践进步的同时不断推进理论进步的历史,是在人民群众进行历史创造的同时进行理论创造的历史。

这30年,是坚持立足中国又面向世界,充分吸收人类文明优秀成果推动理论发展的过程。综观人类社会发展史,任何一个国家、一个民族要加快发展和进步,都不可能在完全封闭的状态下实现。社会主义作为一种崭新的社会制度,只有在继承和利用人类社会已经创造出来的全部优秀文明成果的基础上,进行新的创造才能成功。改革开放30年来,我们坚持以马克思主义宽广眼界观察世界、以主动的姿态面对世界、以积极的态度学习了解世界,大胆吸收和借鉴人类社会创造的一切有益成果,大胆吸收和借鉴世界各国包括资本主义发达国家在内的一切反映现代社会生产规律的先进经营方式和管理方法,并结合我国实际加以消化、吸收、再创新,不断地充实、丰富、提高自己。同时坚决抵制各种错误和腐朽思想的影响,决不放任各种腐朽的、有害于人民的东西自由泛滥。这不仅有力促进了我国经济、科技和各项事业的发展,而且对我们党的理论创新、对我国学术的发展和文化的繁荣产生了积极作用;不仅没有动摇我国社会主义基本制度、没有削弱社会主义意识形态的主导地位,而且使中国特色社会主义在海纳百川、博采众长的基础上更加具有旺盛的活力和强大的生命力。

这30年,是始终坚持正确方向,不断促进理论工作繁荣发展的过程。理论工作是上层建筑的重要组成部分,具有鲜明的阶级属性。坚持举什么旗、以什么为指导,决定着理论工作的性质和方向。马克思主义是我们立党立国的根本指导思想,是社会主义意识形态的旗帜和灵魂。要始终做到"两个坚定不移,不能含糊",坚持以马克思主义为指导,牢牢把握理论工作的正确方向,在这一点上必须坚定不移,不能含糊;同时坚持贯彻解放思想、实事求是的思想路线,坚持勇于追求真理和探索真理的革命精神,在这一点上也必须坚定不移,不能含糊。30年来,我们始终强调理论工作要坚持正确的政治方向,坚持"二为"方向和"双百"方针,鼓励不同学术观点、不同学术流派的切磋和争鸣,提倡充分说理的批评和反批评,大胆吸收借鉴一切有益成果,坚持以我为主、为我所用,积极稳妥地解决思想理论领域的问题,形成了符合我国理论工作的实际、有利于团结和凝聚广大理论工作者、有利于促进理论创新和学术繁荣的良好氛围。正是有了这样的氛围,广大理论工作者的创造热情得到极大激发,创新才华得到充分施展,理论创造的活力竞相迸发,理论创造的成果不断涌现。

30年来,理论工作的一切成绩,作出的一切贡献,是在党中央正确领导下取得的,是思想理论战线共同努力的结果。广大理论工作者以敢为人先的胆识和超越前人的勇气，以开拓进取的心志和“十年磨一剑”的精神，潜心钻研，严谨治学，大胆探索，锐意创新，不断攀登理论高峰，创造了许多经得起实践和历史检验的精品力作。实践表明，我们的理论队伍是一支有高水平、有创造力、有战斗力的队伍，是一支党和人民可以完全信赖的队伍。

回顾改革开放30年的历程，理论工作在不断发展进步中积累了许多宝贵经验。我们要深入总结这些经验，进一步深化对新时期理论工作的规律性认识，努力推动理论工作的大发展大繁荣。我体会，必须做到以下几点：

一是必须坚持以马克思主义为指导。这是理论工作繁荣发展的根本前提。始终坚持以马克思列宁主义、毛泽东思想、邓小平理论和“三个代表”重要思想为指导，深入贯彻落实科学发展观，高举中国特色社会主义伟大旗帜不动摇，坚持中国特色社会主义道路不动摇，坚持中国特色社会主义理论体系不动摇，坚定地同以胡锦涛同志为总书记的党中央保持一致，不断巩固马克思主义在意识形态领域的指导地位。

二是必须坚持以经济建设为中心，服务全党全国工作大局。这是理论工作的首要任务。坚持以重大现实问题为主攻方向，深入研究经济社会发展中的全局性、战略性、前瞻性的重大问题，认真总结全面建设小康社会的实践经验，认真总结人民群众推进中国特色社会主义事业的伟大创造，努力推出更多对实践有指导意义、对党和政府决策有参考价值的理论成果，充分发挥党和政府思想库的作用，着力推动科学发展、促进社会和谐，为改革开放和现代化建设提供有力的思想保证和理论支持。

三是必须坚持解放思想、实事求是、与时俱进，不断推进理论创新。这是理论工作繁荣发展的根本动力。坚持理论联系实际，一切从实际出发，以实践为检验真理的唯一标准。坚持以我国改革开放和社会主义现代化建设的实际问题、以我们正在做的事情为中心，着眼于马克思主义理论的运用，着眼于对实际问题的理论思考，着眼于新的实践和新的发展。自觉把思想认识从那些不合时宜的观念、做法和体制的束缚中解放出来，从对马克思主义的错误的和教条式的理解中解放出来，从主观主义和形而上学的桎梏中解放出来，做到思想上不断有新解放，实践上不断有新创造，理论上不断有新发展。

四是必须坚持以人为本，贴近实际、贴近生活、贴近群众。这是加强和改进理论工作的重要突破口。实践是理论创新的源泉，人民群众是实践的主体。理论创造要立足于广大人民的丰富实践，服务于实践，又要到实践中去接受检验。要尊重人民群众的首创精神，善于从人民群众的生动创造中汲取智慧，不断丰富和发展理论。要自觉服务于人民群众，努力满足人民群众不断增长的理论需求，积极推进当代中国马克思主义大众化，不断增强理论工作的针对性、实效性和吸引力、感染力。

五是必须坚持百花齐放、百家争鸣。这是理论工作繁荣发展的重要方针。要遵循理论工作规律和学术发展规律，充分发扬学术民主，尊重差异、包容多样，提倡不同学术观点、学术流派的争鸣和切磋，提倡充分说理的批评和反批评，鼓励探索，支持创新，在实践中不断认识真理和发展真理。要尊重劳动、尊重知识、尊重人才、尊重创造，完善和落实党的知识分子政策，充分调动广大理论工作者的积极性、主动性、创造性，鼓励和引导他们始终紧紧团结和凝聚在党的周围，充分发挥他们的聪明才智和创造潜能。

六是必须坚持大力弘扬中华文化，充分吸收人类文明优秀成果。这是理论工作繁荣发展的必要条件。坚持立足当代、继承前人，努力从博大精深的民族优秀文化传统中汲取养分，做到去粗取精、古为今用、推陈出新。树立世界眼光，增强时代意识，加强战略思维，以宽广的眼界观察和把握世界发展趋势，积极借鉴人类社会创造的一切优秀文化成果，做到洋为中用、博采众长。

七是必须坚持正确的政治方向又营造有利于创新的良好氛围。这是理论工作繁荣发展的必然要求。要着眼推动理论创新，努力创造有利于解放思想的良好环境，形成积极健康、和谐宽松的理论氛围。积极稳妥地解决思想理论领域问题，坚持冷静观察、辩证分析、区别情况、审时度势、正确把握、妥善应对的原则，注意区分学术问题、思想认识问题和政治问题的界限，坚持具体问题具体分析，是什么问题就解决什么问题，无论解决什么问题，都要有利于维护改革发展稳定的大局，有利于团结一切可以团结的力量。

这些经验，继承和发扬了党的理论工作的优良传统，反映了新时期理论工作的内在要求，丰富了我们党对理论工作的规律性认识，对做好今后理论工作具有重要的指导意义，我们要很好坚持并在实践中不断发展和完善。

三、清醒认识面临的新形势新任务，进一步增强做好理论工作的使命感和责任感

理论工作从来都是同党和国家事业紧密联系在一起的。当今世界正在发生广泛而深刻的变化，当代中国正在发生广泛而深刻的变革。特别是当前这场席卷全球的金融危机，对世界经济政治发展产生着重大影响，也对我国经济社会发展提出了严峻挑战、带来了难

得机遇。保持经济平稳较快发展是明年我国经济工作的首要任务,也是全党全国工作大局。理论工作要紧密联系国际国内形势的变化,始终围绕党和国家工作大局来思考、来谋划、来推进。要深入学习贯彻胡锦涛总书记在纪念党的十一届三中全会召开30周年大会上的讲话精神,深刻认识新形势下我们肩负的重要责任和历史任务,按照"四个一定要"的要求,继续奋勇推进改革开放和社会主义现代化事业,不断开创理论工作的新局面。

1. 进一步深化理论学习和宣传,大力推动用中国特色社会主义理论体系武装全党、教育人民。中国特色社会主义理论体系是马克思主义中国化最新成果,集中体现了当今世界和当代中国的发展变化对党和国家工作的新要求,是我们发展中国特色社会主义的根本思想武器。理论工作第一位的任务,就是要大力推动用中国特色社会主义理论体系武装全党、教育人民,不断巩固全党全国人民团结奋斗的共同思想基础。要坚持不懈地学习贯彻邓小平理论和"三个代表"重要思想,大力推进在全党开展的深入学习实践科学发展观活动,不断增强贯彻落实中国特色社会主义理论体系的自觉性和坚定性。要坚持以领导干部为重点推动全党学习,坚持用中国特色社会主义理论体系武装青年学生,大力推进马克思主义中国化最新成果进教材、进课堂、进学生头脑。要大力改进理论宣传,不断增强理论宣传的针对性和实效性,不断增强中国特色社会主义理论体系的吸引力和感召力。要牢牢把握正确导向,针对干部群众普遍关心的热点问题和学习中的难点问题,做好释疑解惑、统一认识的工作。要贴近干部群众的思想实际和理论需求,把我们要说的与人们想听的结合起来,把逻辑的力量与情感的力量结合起来,把透彻的说理与鲜活的语言结合起来,推出更多更好的理论通俗读物、理论文章和理论电视片,增强理论宣传的效果。要善于利用大众传媒做好理论宣传,努力把理论宣传融入人们日常工作、学习和生活中,融入各种信息服务、文化产品和喜闻乐见的活动中。要积极运用网络进行理论宣传,不断丰富内容和方式,有效引导网上理论热点,切实掌握网上思想理论的话语权和宣传教育的主动权。

2. 切实加强理论研究,不断深化对中国特色社会主义发展规律的认识。深入的理论研究,既是我们认识世界、探索规律、指导工作的重要前提,也是引导和推动理论学习深入的重要条件。要联系实际深化研究,特别要在以下几个方面取得重大成果。一是要在深入研究改革开放以来、新中国成立以来、中国共产党成立以来的历史经验上取得重大成果。要确定一批重点课题,深入研究改革开放的伟大意义、巨大成就、成功经验、前进方向,深入研究新中国成立以来的重大成就和宝贵经验,深入研究历史和人民是怎样选择了马克思主义、选择了中国共产党、选择了社会主义道路、选择了改革开放这条富强之路,深入研究我们党成立以来坚持马克思列宁主义同中国实际相结合,不断追求真理、开拓创新的光辉历程,深入研究我们党为民族解放、国家富强和人民幸福而不断艰苦奋斗、发愤图强的辉煌业绩,引导人们坚定走中国特色社会主义道路的信念。二是要在深入研究建设社会主义核心价值体系上取得重大成果。深入研究社会主义核心价值体系的重大意义、内涵外延和实践要求,深入研究用社会主义核心价值体系引领社会思潮的途径和方法。特别是要紧密联系干部群众的思想实际,深入回答在当代中国为什么要坚持马克思主义在意识形态领域的指导地位而不能搞指导思想的多元化,为什么要坚持中国特色社会主义而不能搞资本主义,为什么要坚持公有制为主体、多种所有制经济共同发展的基本经济制度而不能搞私有化或"纯而又纯"的公有制,为什么要坚持人民代表大会制度而不能搞"三权分立",为什么要坚持中国共产党领导的多党合作和政治协商制度而不能搞西方的多党制,为什么要坚持改革开放不动摇而不能走回头路等重大问题,更好地统一思想、凝聚力量。三是要在深入研究全面建设小康社会中的重大理论和实际问题上取得重大成果。紧密联系世界的新变化和实践的新发展,创造性地运用各个学科和领域的理论和知识,深入研究关系党和国家事业发展的全局性、前瞻性、战略性问题,深入研究社会主义经济建设、政治建设、文化建设、社会建设以及生态文明建设和党的建设中的重大问题,努力以新的思想观点和理论认识进一步丰富发展中国特色社会主义理论体系。

3. 着眼打造精品工程,努力推动马克思主义理论研究和建设工程取得新的实质性进展。实施马克思主义理论研究和建设工程,是党中央立足新的时代条件,从党和国家事业发展的战略高度,从不断推进马克思主义中国化的战略高度,作出的重大决策。工程实施4年多来,做了大量工作,有力推动了用马克思主义中国化最新成果武装全党、教育人民,有力推动了社会主义核心价值体系建设,有力推动了哲学社会科学的繁荣发展,有力团结和凝聚了广大理论工作者,创新了理论工作的体制机制,产生了广泛的社会影响。目前工程已进入关键阶段。要紧紧围绕中央批准的工程5年工作的目标任务,再接再厉,乘势而上,以求真务实的精神狠抓落实,加大工作力度,加强协作攻关,全面推进工程各项工作,使马克思主义理论研究和建设工程真正成为"精品工程"。要在大力构建充分反映马克思主义中国化最新成果的教材体系上下功夫,全面落实高校哲学社会科学重点教材总体规划，精心做好41种重点教材的编写工作，形成以工程组织编写的教材为核心、以教育部组织实施的90余种教材为支撑的重点教材体系，初步形成反映马克思主义中国化最新成果、有中国特色的哲学社会科学教材体系。要在大力构建特征鲜明、结构合理的马克思主义学科体系上下功夫，努力形成以马克思主义理论一二级学科为骨干，以哲学、政治经济学、科学社会主义等哲学社会科学分领域研究为支撑的马克思主义学科体系，为马克思主义理论研究和教学提供有力的学科支撑。要在大力加强高校思想政治理论课建设上下功夫，以马克思主义中国化最新成果为中心内容，完善和充实思想政治理论课的课程体系，努力建设一支政治合格、业务素质优良的思想政治理论课教师队伍，进一步增强思想政治理论课的吸引力和感染力。

4. 完善工作体制和机制，大力营造有利于理论创新的良好环境。深刻的观念变革和理论创新是社会变革的先导，是引领一个国家和民族不断攀登时代高峰的号角。改革开放30年来，我们党之所以能成就今天这样的伟业，就在于始终高度重视和十分自觉地在推进实践探索中不断推进理论创新，从而有力地推动了社会的变革和发展。面对国内外形势的新发展新变化，面对人民群众的新要求新期待，我们必须继续解放思想，坚持改革创新，充分发挥实践基础上的理论创新对社会发展和变革的先导作用。要把改革创新精神贯穿到理论工作全过程，不断研究新情况、解决新问题，不断打开新的理论视野，作出新的理论概括，使党的全部理论和工作始终体现时代性、把握规律性、富于创造性。要努力在新的实践中探索做好理论工作新的思路、办法和途径，在坚持过去积累的宝贵经验和成功做法的同时，积极探索建立充满生机活力的理论工作新体制和运行机制。要进一步整合科研力量，合理配置科研资源，进一步激发广大理论工作者的创造活力和创新潜能，促进理论成果更充分地运用于党和政府决策、运用于经济社会发展、运用于学科建设。

5. 加大人才培养和队伍培训力度，着力造就一支宏大的、高素质的马克思主义理论队伍。理论事业，人才为本。开创理论工作新局面，必须造就一支政治坚定、与党同心同德、具有广泛影响的马克思主义理论队伍和哲学社会科学人才队伍，培养一批学术拔尖人才和领军人物，培养和造就一批马克思主义理论家。理论工作是崇高的创造性劳动，理论人才的成长是长期努力、艰苦磨炼的过程。要遵循理论人才成长规律，创新理论人才培养模式，努力营造优秀人才脱颖而出、人尽其才的良好环境。要坚持把思想政治建设放在首位，引导广大理论工作者深入学习掌握党的理论路线和方针政策，自觉运用马克思主义立场观点方法观察和思考问题，不断提高用发展着的马克思主义指导学术研究的自觉性和坚定性。继续组织开展哲学社会科学教学科研骨干、高校思想政治理论课骨干教师的培训，继续推进"四个一批"人才培养工程，在总结经验的基础上进一步拓宽培养途径、完善培养措施。要继续深化拓展"三项学习教育"活动，当前特别是要扎实开展好深入学习实践科学发展观活动，引导广大理论工作者把国家的发展与自己的学术追求统一起来，把政治方向与学术自由统一起来，把做人、做事、做学问统一起来，为祖国和人民做贡献。要研究落实国家荣誉制度，表彰有杰出贡献的理论工作者。要大力宣传和推介优秀理论工作者，宣传和推介他们的研究成果，扩大他们的社会影响，使他们的贡献得到应有的尊重。

推动理论工作健康发展，加强党的领导是关键。各级党委一定要从关系党和国家发展的战略高度充分认识理论工作的极端重要性，把理论工作作为事关全局的一件大事，列入重要议事日程。要重视发挥理论界党和政府思想库的作用，经常向理论工作者提出一些需要研究的重大课题，注重把理论研究成果运用于各项决策。要指导和帮助理论战线增强政治敏锐性和政治鉴别力，牢牢把握正确的政治方向。要拓展同理论界联系沟通的渠道，多同理论工作者交朋友，增进了解、增进感情，虚心向他们学习，认真听取意见，主动提供服务。经常了解广大理论工作者的所思所想所盼，关心他们的工作和生活，多为他们办实事办好事，帮助他们解决实际问题。

经过改革开放30年的艰辛探索，我们在实现中华民族伟大复兴的征程上取得了巨大的成就，不断迈出新的步伐。伟大的事业催人奋进，祖国的前景无限美好，理论工作的空间十分广阔。让我们更加紧密地团结在以胡锦涛同志为总书记的党中央周围，高举中国特色社会主义伟大旗帜，以邓小平理论和"三个代表"重要思想为指导，深入贯彻落实科学发展观，以理论工作的丰硕成果，为全面建设小康社会、开创中国特色社会主义事业新局面作出我们的新贡献！

国办发出《关于切实做好当前农民工工作的通知》

各省、自治区、直辖市人民政府，国务院各部委、各直属机构：

农民工是我国改革开放和工业化、城镇化进程中涌现的一支新型劳动大军，已成为我国产业工人的重要组成部分，对我国现代化建设作出了重大贡献。农民工工作直接关系农村经济发展和农民增收，关系经济社会发展全局，必须予以高度重视。当前，国际金融危机的影响不断加深，国内部分企业生产经营遇到困难，就业压力明显增加，加上元旦、春节临近，相当数量的农民工开始集中返乡，给城乡经济和社会发展带来了新情况和新问题。根据党中央、国务院关于应对当前经济形势的工作部署，经国务院同意，现就做好当前农民工工作有关事宜通知如下：

一、采取多种措施促进农民工就业

采取更加积极的就业政策，广开农民工就业门路。落实中央关于扩大内需、减轻企业负担、促进经济增长的政策措施，帮助企业解困，在加快发展方式转变和结构调整中创造更多的就业机会。积极扶持中小企业、劳动密集型产业和服务业，增强吸纳农民工就业的能力。发挥政府投资和国有企事业单位对稳定就业的导向作用，尽可能提供较多的就业岗位。对生产经营遇到暂时困难的企业，要引导其与农民工开展集体协商，采取灵活用工、弹性工时、组织培训等办法，尽量不裁员或少裁员，稳定现有就业岗位。引导企业履行社会责任，防止出现大规模集中裁员现象；对可能出现的大规模裁员，要采取有效措施进行调控。对符合享受失业保险待遇条件的农民工，要按规定及时核发一次性生活补助。公共就业服务机构要加强对农民工的就业指导、职业介绍和就业信息服务，收集适合农民工的岗位信息，通过多种渠道及时发布。大力发展劳务经济，加强输出地和输入地的相互协作，开展有组织的培训就业和劳务输出；在有关部门指导下，依托市场机制发展各类培训就业服务组织，多渠道推动农民工就业；积极培育劳务品牌，建设劳务基地，形成示范效应，带动农村劳动力转移就业；积极开展国际合作与交流，促进农民工劳务输出。灾后重建、农田水利、交通能源等重大基础设施建设项目，要尽量多招用因企业关停或减产裁员而失去工作的农民工。

二、加强农民工技能培训和职业教育

加大对农民工培训的投入，改进培训方式，扩大培训效果。各有关部门和教育培训机构要继续做好农村劳动力技能就业计划、阳光工程、农村劳动力转移培训计划、星火科技培训、雨露计划等培训项目的实施工作。要围绕市场需求开展订单培训和定向培训，提高农民工择业竞争能力；围绕产业结构调整和企业技术改造新开工项目开展职业技能培训，提高农民工就业的适应能力；围绕回乡创业组织开展创业培训，提高农民工的自主创业能力；围绕农业现代化、产业化开展农村实用技术培训，提高返乡农民工的农业技能；对青年农民工开展劳动预备制培训，适当延长培训期限，强化职业技能实训，使其至少熟练掌握一项职业技能。在中等职业学校开展面向返乡农民工的职业教育培训，根据返乡农民工的特点开设专业和课程，采取灵活多样的学习方式，突出培训的针对性和实用性。

三、大力支持农民工返乡创业和投身新农村建设

按照国家有关规定，抓紧制定扶持农民工返乡创业的具体政策措施，引导掌握了一定技能、积累了一定资金的农民工创业，以创业带动就业。地方人民政府要在用地、收费、信息、工商登记、纳税服务等方面，降低创业门槛，给予农民工返乡创业更大的支持。推行联合审批、“一站”式服务、限时办结和承诺服务等，开辟农民工创业“绿色通道”。鼓励农民工发展农产品加工业、农村二三产业、生态农业和县域中小企业。做好农民工返乡创业的金融服务工作，鼓励和引导金融机构加大信贷产品支持力度，提供符合农民工返乡创业特点的金融产品，继续加大农民工银行卡特色服务推广力度。农民工返乡创业属于政府贴息的项目要按照规定给予财政贴息，帮助其解决创业资金困难。

结合推进新农村建设，创新农村小型基础设施建设体制机制，采取以工代赈、以奖代补等多种形式，组织引导返乡农民工积极参与农村危房改造、农村中小学和职业学校、乡镇公共卫生院、计划生育生殖健康服务机构、文化设施等建设。利用当前农民工提前返乡、农村劳动力增加的有利时机，将加强农村基础设施建设和促进返乡农民工就业有机结合起来，加快解决农村供水、用电、修路、求学、就医等突出问题，提升农村基础设施水平和公共服务能力。利用冬春农闲时期大规模开展农田水利建设。大力发展县域经济，调整农业产业结构，大力扶持农产品精深加工，支持农村中小企业发展，最大限度吸纳农民就地就近转移就业。

四、确保农民工工资按时足额发放

努力创造有利于农民工稳定就业的良好环境，维护农民工的劳动保障权益。完善工资保证金制度，加强工资保证金账户管理，强化工资支付监控，确保农民工工资发放。制定应急预案，避免和及时处理因欠薪问题导致的各种突发事件。建立劳动保障、建设、公安、工商、金融、工会等有关部门对企业拖欠农民工工资行为的联动防控机制，及时掌握企业拖欠工资的情况。企业关闭破产必须严格依法进行，对恶意欠薪逃匿的业主要依法予以严肃查处。劳动争议调解仲裁机构要妥善处理农民工与用人单位的劳动争议，本着“快立、快办、快结、办好”的原则，对事实清楚、权利义务关系明确的农民工劳动争议案件，尽可能采取简易程序处理，对小额劳动报酬争议案件实行终局裁决。凡符合先予执行条件的案件要依法先予执行。

五、做好农民工社会保障和公共服务

按照国家政策认真做好返乡农民工的社会保障和公共服务。对在输入地受工伤的农民工，农民工输出地劳动保障部门要主动与农民工输入地劳动保障部门

进行协调，保障返乡农民工工伤保险权益。抓紧制定农民工社会保险关系异地转移与接续办法。建立、健全农民工公共服务体系，做好对农民工的各项公共服务。及时妥善安排返乡农民工子女入学，属于义务教育阶段的要按照就近入学的原则安排，并享受当地义务教育阶段学生的有关待遇，学校不得以任何借口拒绝接收返乡农民工子女入学。教育督导部门要将返乡农民工子女入学情况列入当地教育督导、评估的重要内容。积极引导返乡农民工参加新型农村合作医疗，解决其看病就医问题。加强返乡农民工的疾病预防控制工作，及时做好适龄儿童预防接种的衔接。按照属地化管理的原则，农民工输入地和输出地计划生育管理服务机构要加强协调配合，做好返乡农民工及其随返家属的计划生育服务工作。

做好农民工返乡的管理服务工作。农民工输入地和输出地人民政府要加强相互衔接和协调，及时沟通情况，组织返乡农民工有序流动，帮助他们解决返乡中的实际问题，对困难人员给予适当救助，使农民工顺利回家过节。交通运输部门要针对春运高峰提前的情况，及早制订相应的疏导预案，安排组织好运力，保障交通运输安全。各地区特别是交通枢纽地区要积极做好返乡和回城农民工的交通服务工作，切实维护好车站、码头和客运车船的公共秩序，避免农民工滞留，有效防范、坚决打击侵害农民工人身财产权益的各类违法犯罪活动。

六、切实保障返乡农民工土地承包权益

农民工是流动在城乡之间的特殊群体，耕地仍然是他们的基本保障。违法流转的农民工承包地，农民工要求退还的要坚决退还；因长期占用不能退还的，要负责安排返乡农民工就业。对依据口头协议等方式进行短期流转且农民工要求收回土地承包经营权的，原则上应退还农民工。长期流转又有流转合同的，可依法由双方协商解决；双方有纠纷的，可通过法律程序解决。加强对土地承包经营权流转的管理和服务，农村土地流转要坚持依法、自愿、有偿的原则，任何组织和个人不得强制或限制，也不得截留、扣缴或以其他方式侵占返乡农民工的土地流转收益。积极推进土地承包纠纷调解仲裁工作，切实保障农民工的合法权益。

各地区、各部门要加强组织领导，把做好当前农民工工作作为一项紧迫而重要的任务抓紧抓好。各有关部门要研究制定本部门涉及农民工管理服务的政策措施，各司其职，分工负责，形成合力，共同做好农民工工作。要建立、健全农民工统计监测网络，深入调查研究，全面掌握情况。切实做好农民工宣传教育工作，引导农民工正确看待当前的经济形势和企业的经营困难。加强农村地区社会治安和公共秩序管理，维护社会的和谐与稳定。充分发挥农村基层党组织的战斗堡垒作用，帮助农民工解决生产生活中面临的困难和问题。各地农民工工作协调机构要加强组织协调，积极研究解决农民工工作遇到的新情况、新问题，重要情况及时报告国务院农民工工作联席会议办公室。

国务院办公厅

2008年12月20日

公安部部长孟建柱出席在北京召开的全国公安厅局长会议并发表讲话

孟建柱指出，当前我国社会大局是稳定的，总的形势是好的。但随着国际金融危机对我国经济社会发展影响不断加大，维护国家安全和社会稳定的任务繁重艰巨。各级公安机关要切实增强大局意识、忧患意识和责任意识，积极做好应对严峻挑战的思想准备和工作准备，把公安工作的基点放在随时应对各种复杂情况、驾驭各种复杂局势上。

孟建柱强调，要把加强公安信息化建设、加强执法规范化建设和构建和谐警民关系的“三项建设”作为深入学习实践科学发展观的重要载体，坚持不懈地抓紧抓好，推动公安工作又好又快发展。各级公安机关领导干部要全面提高推动科学发展、促进社会和谐稳定的能力，切实担负起维护一方稳定、确保一方平安的政治责任，带领广大公安民警不断开创公安工作新局面。

孟建柱指出，要继承和发扬依靠群众、专群结合，小事不出村、大事不出镇、矛盾不上交，少抓人、治安好的“枫桥经验”，坚持预防为主、调解为先，深入开展经常性的矛盾纠纷排查调处工作，把工作着力点更多地放在准确掌握社情民意上。为此，公安部党委决定，从今年年末到明年3月组织开展“全国公安民警大走访”爱民实践活动。广大公安民警要走进千家万户，深入乡镇企业下岗职工、返乡农民工、低收入家庭，深入失足青少年、服刑在教人员未成年子女家庭，积极为他们排忧解难，以实际行动向他们传递党委政府的温暖。要从群众最关心、最紧迫、最急需的小事做起，实实在在地解决困难和问题，把实事办好、好事办实，切实把工作做到群众的心坎上。

中国法官协会第四次会员代表大会在北京召开

大会选举产生了中国法官协会新一届理事会，最高人民法院院长王胜俊当选中国法官协会会长，郑天翔、任建新、肖扬被推举为名誉会长。

王胜俊在讲话中指出，中国法官协会要积极配合法院人事管理、纪检监察、教育培训等部门的工作，组织业务研究，加强学术交流，搞好法官培训；要积极宣传法官先进事迹与法官的职责作用,弘扬人民法官职业道德,促进人民法院文化建设,展示人民法官良好的职业形象;要积极学习借鉴国外法官廉洁自律的有效做法,推进司法廉政文化建设,促进法官廉洁自律,维护人民法官的职业荣誉、职业尊严;要积极完善会员管理规定,建立、健全法官会员激励表彰和惩戒处理制度,推动法官队伍建设不断取得新进展。

中国检察官协会第四届会员代表大会在北京召开

曹建明在大会上说,要始终把中国检察官协会工作放在检察工作科学发展的总体框架内来谋划和推进,积极组织广大检察官加强检察理论研究,特别是基础理论和检察改革研究,及时总结加强和改进检察工作的成功经验和有效做法,努力为促进检察工作科学发展提供更多更好的理论和实践成果。

在这个会议上,新一届中国检察官协会领导机构选举产生。曹建明当选为中国检察官协会会长。刘复之、张思卿、韩杼滨、贾春旺担任中国检察官协会名誉会长,张耕当选为常务副会长。

中国经济百人榜颁奖典礼在人民大会堂举行

为了以一种独特的方式纪念中国改革开放30周年,为了让更多的人了解和记住30年来中国经济领域内的创新者和实践者,一份中国经济百人榜在人民大会堂揭晓。榜单聚焦中国改革开放30年来的这些历史人物,把评选项目分为"十大行业十大领军人物"、"十大基业常青人物"、"十大跨国企业领袖人物"等五大类。主办方还将"特别纪念奖"颁给了已经故世的荣毅仁、霍英东、王选等3人,以纪念他们在改革开放中所作出的贡献。

全国政协副主席厉无畏、全国人大常委会原副委员长成思危、全国政协原副主席王文元等为获奖者颁奖。

出席颁奖典礼的获奖嘉宾有王军、王永民、厉以宁、刘永好、李东生、张朝阳、宗庆后、段永基、耿昭杰、倪润峰等70余位企业家与经济学家,以及获奖者代表霍震宇、曾志明、谢毅、唐旭东等60多位企业高管。

评选由《中国经济周刊》杂志在今年年初发起主办,《人民日报》海外版、人民网特别协办,联合全国40多家一流经济学术机构和知名媒体共同推出。在历时一年的评选过程中,近百位专家发回评选问卷,数以百万计的网友参加了投票。

纪念中国电视事业诞生暨中央电视台建台50周年大会在北京举行

中共中央总书记胡锦涛发来贺信。

江泽民为中央电视台题词:"努力把中央电视台建设成为具有国际重要影响力的世界级媒体"。

吴邦国、温家宝、贾庆林、习近平、李克强、贺国强等,也分别以不同形式向中央电视台表示祝贺。李长春出席纪念大会并发表重要讲话。刘云山在纪念大会上宣读了胡锦涛总书记的贺信和江泽民同志的题词。

12月21日

国务院总理温家宝主持召开国务院常务会议审议并原则通过《关于义务教育学校实施绩效工资的指导意见》

会议指出,义务教育学校实施绩效工资,是贯彻落实义务教育法,深化事业单位收入分配制度改革的具体措施,对于吸引和鼓励各类优秀人才长期从教、终身从教,促进教育事业发展,具有重要意义。人力资源和社会保障部等部门经过一年调研论证、广泛听取意见,起草了《关于义务教育学校实施绩效工资的指导意见》。会议审议批准了这个意见,决定从2009年1月1日起,在全国义务教育学校实施绩效工资,确保义务教育教师平均工资水平不低于当地公务员平均工资水平,同时对义务教育学校离退休人员发放生活补贴。

会议要求,地方各级政府要高度重视,加强领导,周密部署,认真组织实施。要坚持多劳多得、优绩优酬,重点向一线教师、骨干教师和作出突出成绩的其他工作人员倾斜,把义务教育学校实施绩效工资同深化学校人事制度改革、完善义务教育经费保障机制、规范学校收费行为和经费管理紧密结合,注意研究解决实施中出现的问题,妥善处理各种关系,积极稳妥做好工作。要按照管理以县为主、经费省级统筹、中央适当支持的原则,确保实施绩效工资所需资金落实到位。

国务院总理温家宝到重庆考察

12月21日至22日,国务院总理温家宝到重庆考察,他深入企业、社区、乡村、水利工地,同工人、居民、农民亲切交谈,共商克服当前经济困难、加快重庆改革发展的大计。

温家宝强调,当前,首要任务是保持经济平稳较快发展,要采取更直接、更有力、更有效的措施,把中央关于扩大内需、促进经济增长的各项政策落到实处。

温家宝主持召开会议,听取重庆市委、市政府关于经济社会发展和推进城乡配套改革的工作汇报,对重庆市取得的成绩给予充分肯定。温家宝指出,做好明年的经济工作,必须把扭转经济增速下滑作为宏观调控的最重要目标,必须把扩大国内需求作为促进经济增长的主要着力点,必须把推进结构调整和自主创新作为转变发展方式的主攻方向，必须把保障和改善民生作为经济工作的出发点和落脚点。重庆市要深入贯彻落实科学发展观，加快统筹城乡配套改革步伐，用新的理念和思路破解发展难题，转变发展方式，把握发展规律，努力走出一条以人为本、全面协调可持续发展的科学发展道路。

第四届两岸经贸文化论坛在上海闭幕

中共中央政治局常委、全国政协主席贾庆林和中国国民党主席吴伯雄出席闭幕式。

贾庆林在闭幕式上致词，代表中共中央和胡锦涛总书记对本届论坛取得圆满成功表示热烈祝贺。他说，本届论坛是在两岸关系开始步入和平发展轨道的新形势下，国共两党、两岸各界进一步深化交流的一次盛会。论坛形成了许多新的共识，提出了非常重要的9条“共同建议”，反映了两岸各界的共同期待，对两岸有关方面制定相关政策将具有重要参考作用。大陆有关方面就加强两岸合作、共同应对国际金融危机出台的10项政策措施，充分体现了我们致力于为台湾同胞谋福祉的决心和诚意。论坛的成功举办表明，国共两党搭建的交流对话平台，进一步促进了两岸双方和社会各界的交流沟通，在两岸关系发展进程中具有不可或缺的重要作用。希望两岸双方共同努力，进一步完善促进两岸产业合作、金融与服务业合作以及建立经济交流制度化安排的规划和措施，以推动两岸经济议题协商取得实质进展，加快实现两岸经济关系正常化，造福两岸同胞。希望国共两党、两岸各界共同努力，把两岸经贸文化论坛继续办下去，而且越办越好。

中国国民党主席吴伯雄在致词时表示，两岸经贸文化论坛首次由两岸执政党共同举办，意义重大。今年5月以来，两岸双方搁置争议、加强交流、促进合作，善意不断累积，互信不断提高。“大三通”的实现，使两岸人民往来更密切，隔阂会减少。两岸人民同属中华民族，要以中华文化为基础，加强彼此交流。本届论坛上，各界人士提出了许多建设性强、可行性高的建议，论坛形成的“共同建议”符合两岸各界的期待，有利于促进两岸深化合作、互利双赢。中共中央台办王毅主任宣布的大陆方面有关政策措施，扎扎实实，体现了很大诚意。两党建立定期沟通平台，与两岸协商并不冲突，而是相辅相成，就像两只脚交替前行，才能行稳致远。在新的形势下，国共交流对话平台应当进一步发挥功能，两岸经贸文化论坛应坚持每年至少举办一次，并扩大参与基础，以更具有多元性，包容不同意见，寻求更大共识，共同推动两岸关系和平发展。

中国国民党副主席曾永权宣读了“第四届两岸经贸文化论坛共同建议”。

中共中央台办主任王毅就加强两岸合作、携手应对国际金融危机，宣布了大陆方面为此制定的10项政策措施。

中共中央政治局委员、上海市委书记俞正声，上海市市长韩正，海峡两岸关系协会会长陈云林，亲民党副主席张昭雄、秘书长秦金生，新党主席郁慕明、台湾无党团结联盟主席林炳坤、中国国民党国政研究基金会执行长蔡政文等出席了闭幕式。

在为期两天的第四届两岸经贸文化论坛上，两岸各界人士围绕扩大和深化两岸经济交流与合作进行深入讨论，取得了广泛共识。论坛期间还举办了文化沙龙活动。

国务院副总理李克强考察中国在印尼投资合作项目并会见印尼东爪哇代省长布尔瓦卡

中国社科院发布2009年《社会蓝皮书》

其中的《2008年中国互联网舆情分析报告》指出，目前2.06亿中国人主要依靠网络获取新闻信息，占到网民总数的68.6%，互联网已成为社会舆论的重要发源地。

负责撰写报告的人民网舆情监测室的研究人员介绍说，2008年是中国互联网继续快速发展和普及应用的一年，截至2008年6月30日，我国网民总人数已经达到2.53亿人，网民规模跃居世界第一位。如果说互联网发展初期，中国网民的网络运用偏于娱乐与交友，而2008年的新变化是，网络新闻使用率大幅攀升。今年上半年，网络新闻用户增长了5164万人，达到2.06亿人。

《江泽民文选》七种少数民族文版出版

《江泽民文选》第一至三卷蒙古文、藏文、维吾尔文、哈萨克文、朝鲜文、彝文、壮文七种少数民族文版，已完成全部翻译工作，并出版发行。

中共中央文献编辑委员会编辑的《江泽民文选》第一至三卷，2006年8月由人民出版社出版。在中共中央文献研究室和国家民族事务委员会协调下，中国民族语文翻译局组织全国少数民族文翻译队伍，历时两年，于2008年11月完成七种少数民族文版《江泽民文选》翻译工作。《江泽民文选》少数民族文版出版发行，对于全国广大少数民族干部、群众深入学习实践“三个代表”重要思想、贯彻落实科学发展观，必将起到极大的推动作用。

《江泽民文选》蒙古文、藏文、维吾尔文、哈萨克文、朝鲜文版，由民族出版社出版发行。《江泽民文选》彝文、壮文版分别由四川民族出版社、广西民族出版社出版发行。

《正道直行——党风廉政建设的实践与思考》出版

经中央批准,吴官正同志《正道直行——党风廉政建设的实践与思考》一书已由人民出版社出版,即日起在全国新华书店发行。

第六届“宋庆龄少年儿童发明奖”颁奖典礼在北京举行

由中国宋庆龄基金会、中国发明协会、中国教育学会、全国少工委共同主办的第六届“宋庆龄少年儿童发明奖”颁奖典礼在京举行。中共中央政治局委员、国务委员刘延东致信祝贺。全国政协副主席、科技部部长万钢,中国宋庆龄基金会主席胡启立出席颁奖典礼。

本届发明奖有来自全国26个省市区的数万件作品参评,按照发明人的学龄分为小学、初中、高中三组,经过地方筛选、网上初评和专家终评,最终评选出金奖30名,银奖88名,铜奖148名和创意奖34名。同时评选出的还有21个组织奖和279个园丁奖。

“宋庆龄少年儿童发明奖”设立于2001年。

12月22日

国家主席胡锦涛在人民大会堂会见来华出席“中日青少年友好交流年”中方闭幕式活动的日本前首相福田康夫

胡锦涛祝贺“中日青少年友好交流年”活动取得成功,高度评价福田对中日关系改善和发展作出的重要贡献。

外交部部长杨洁篪、团中央书记处第一书记陆昊等参加了会见。

全国人大常委会委员长吴邦国 全国政协主席贾庆林在人民大会堂分别会见印尼地方代表理事会主席吉南亚尔

十一届全国人大常委会第六次会议在人民大会堂开幕

专利法修正案草案再次提交常委会审议。此前的全国人大常委会第四次会议上,专利法修正案草案提交常委会初次审议。草案二审稿拟对发明创造的概念内涵、保密审查、管理部门查处措施,以及法院裁定侵权行为的期限作出修改。

增加发明创造内涵。现行专利法规定,发明创造是指发明、实用新型和外观设计。有些常委委员认为,发明、实用新型和外观设计的具体含义,属于专利法的重要内容,应当作出规定。全国人大法律委员会经同相关部门研究后建议,在专利法中增加对发明、实用新型和外观设计的定义的规定。

加强保密审查。修正案草案第九条规定,将现行专利法第二十条第一款修改为:将在中国完成的发明创造向外国申请专利的,应当事先经国务院专利行政部门进行保密审查。有些常委委员和地方、部门、群众提出,对保密审查的程序也应作出规定,并应明确违反这一规定的法律后果。全国人大法律委员会经同有关部门研究,建议对上述规定做相应修改,增加规定:保密审查的具体办法由国务院规定;对未依法经保密审查向外国申请专利的发明创造,在中国申请专利的,不授予专利权。

管理部门可获刚性权力。有些常委委员和地方、部门提出,现行专利法规定,管理专利工作的部门对假冒专利的行为应当进行查处,但没有规定相应的调查处理措施。为使管理专利工作的部门调查处理假冒专利行为有法可依,法律委员会经同有关部门研究,建议增加规定:管理专利工作的部门在查处涉嫌假冒专利的行为时,可以询问有关当事人,查阅、复制与涉嫌违法行为有关的资料,对涉嫌违法行为的场所实施现场检查,对有证据证明是假冒专利的产品可以查封或扣押。

调整裁定期限。修正案草案规定,对涉嫌侵犯专利权的行为,专利权人或者利害关系人可以在起诉前申请人民法院责令他人停止有关行为;人民法院处理该申请,适用民事诉讼法关于财产保全的规定。但从实际情况看,人民法院作出责令他人停止有关行为,包括责令他人停止重大生产经营活动等行为的裁定,需要比作出财产保全的裁定更为慎重,对此难以完全适用民事诉讼法关于人民法院对诉前财产保全的申请应在48小时内作出裁定的规定。法律委员会经同最高人民法院研究,建议将上述规定修改为:专利权人或者利害关系人在起诉前向人民法院申请责令他人停止有关行为的,人民法院应在48小时内作出裁定;有特殊情况需要延长的,可以延长48小时。

十一届全国人大常委会第六次会议在人民大会堂举行第一次全体会议

会议继续审议防震减灾法修订草案、专利法修正案草案、刑法修正案(七)草案、社会保险法草案、保险法修订草案、侵权责任法草案,首次审议农村土地承包经营纠纷仲裁法草案、统计法修订草案等。

吴邦国委员长主持会议。

根据通过的议程,会议听取了全国人大法律委员会副主任委员李重庵作的关于防震减灾法修订草案审议结果的报告,全国人大法律委员会副主任委员洪虎作的关于专利法修正案草案审议结果的报告。法律委员会认为,这两部草案经过常委会会议多次审议,已基本可行,建议本次常委会会议审议通过。

会议听取了全国人大法律委员会副主任委员李适时、张柏林、孙安民分别作的关于刑法修正案(七)草案修改情况的汇报、关于社会保险法草案修改情况的汇报、关于保险法修订草案修改情况的汇报。法律委员会建议本次常委会会议继续审议这三部法律草案。

侵权责任法是保护民事主体合法权益,明确侵权责任,预防并制裁侵权行为,促进社会和谐稳定的民事基本法律。侵权责任法作为民法草案中的一编,已经2002年12月九届全国人大常委会第三十一次会议初次审议。物权法审议通过后,常委会法工委在民法草案侵权责任法编基础上抓紧工作,经认真研究各方面意见,反复研究修改,形成了侵权责任法草案。李适时向会议作了关于侵权责任法草案主要问题的汇报,并从承担侵权责任的原则、产品责任、机动车交通事故责任、医疗损害责任、环境污染责任、高度危险责任、网络侵权责任、学校和幼儿园的责任、动物致人损害责任、精神损害赔偿等十个方面介绍了侵权责任法草案的主要内容。

以家庭承包经营为基础、统分结合的双层经营体制是我国农村的基本经营制度。近年来,土地承包经营纠纷呈多发趋势,已经成为影响农村和谐稳定的因素之一。为了进一步健全农村土地承包经营纠纷解决机制,规范农村土地承包经营纠纷仲裁工作,国务院有关部门拟订了农村土地承包经营纠纷仲裁法草案,已经国务院常务会议讨论通过。受国务院委托,农业部部长孙政才向会议作了关于农村土地承包经营纠纷仲裁法草案的说明。他说,制定农村土地承包经营纠纷仲裁法是实施农村土地承包经营制度的必要保障,是保障农民土地承包经营权的有效措施,是维护农村和谐稳定的重要途径,是规范土地承包仲裁工作、将仲裁法和农村土地承包法有关规定落到实处的客观需要。他还就草案的立法指导思想和原则、草案的主要内容等作了详细说明。

为了进一步提高统计数据质量,预防和惩处在统计上弄虚作假的违法行为,维护被调查者权益,促进统计信息社会共享,国务院有关部门根据全国人大常委会执法检查组关于检查统计法实施情况的报告的意见以及国务院领导同志的相关批示,拟订了统计法修订草案,已经国务院常务会议讨论通过。受国务院委托,国家统计局局长马建堂向会议作了关于统计法修订草案的说明。他说,20多年来,现行统计法对于规范、引导、保障和推动统计工作,发挥了重要作用。但是,随着我国经济社会的不断发展,现行统计法的许多规定已不能适应统计改革和发展的需要,有必要进行修改。马建堂还详细说明了统计法修订的总体考虑和修订的主要内容。

受国务院委托,国务委员兼国防部长梁光烈向会议作了关于提请审议批准《上海合作组织成员国关于举行联合军事演习的协定》的议案的说明,外交部副部长武大伟作了关于提请审议批准《中华人民共和国和阿拉伯联合酋长国关于刑事司法协助的条约》的议案的说明。

会议还审议了全国人大常委会委员长会议关于提请审议全国人大常委会关于召开十一届全国人大二次会议的决定草案的议案,听取了全国人大常委会代表资格审查委员会主任委员黄镇东作的关于个别代表的代表资格的报告,审议了有关任免案等。

全国人大常委会副委员长王兆国、路甬祥、乌云其木格、韩启德、华建敏、陈至立、周铁农、李建国、司马义·铁力瓦尔地、蒋树声、陈昌智、严隽琪、桑国卫出席会议。最高人民法院院长王胜俊、最高人民检察院检察长曹建明等列席会议。

全国政协在北京举行中国首届人口资源环境发展态势分析会

会议为期两天。

全国政协主席贾庆林对会议作出批示。贾庆林在批示中指出:"实现明年经济社会平稳较快发展的目标,人口、资源、环境面临许多挑战,例如就业问题、节能问题、生态环境建设与保护问题等。希望会议取得有针对性、服务大局的重要成果。"

全国政协副主席阿不来提·阿不都热西提在致辞中说,改革开放30年来,我国经济社会发展取得了举世瞩目的伟大成就,但要实现2020年全面建成小康社会和本世纪中叶基本实现现代化的宏伟目标,仍然面临着人口压力、资源短缺、环境承载力等方面的制约。分析会将成为一个有效平台,有利于集中各方智慧,就我国人口、资源、环境发展中的有关重要问题,共同探讨,有针对性地建有据之言、献务实之策。

分析会上,有关部委负责人、地方政府有关部门负责人、政协委员、国有大型企业负责人、专家学者就如何变人口数量的压力为人口质量的优势,科学提高全社会就业水平;如何通过调整产业结构,综合有效利用资源,促进经济平稳较快发展;如何加强环境保护,搞好节能减排等热点问题阐述了各自的分析见解,并就促进经济平稳较快增长,增强国家可持续发展能力,推动生态文明建设提出了若干政策性建议。

分析会作为人民政协履行政治协商、参政议政、民主监督职能的一种新的有效形式，为政协同政府之间共商改革发展大计搭建了一个平台，在一定程度上拓展了政协工作领域。

全国政协副主席张梅颖、张榕明出席会议。

国家副主席习近平在北京主持召开大学生“村官”代表座谈会并讲话

习近平向大学生“村官”提出四点希望：第一，要志存高远、坚定信念，在推进农村经济发展和社会进步中实现自己的人生价值。第二，要勤于学习、善于学习，在与农民群众摸爬滚打的交往中吸取营养、增长智慧。第三，要勇于开拓、大胆实践，在建设社会主义新农村的伟大实践中经风雨、长见识、增才干。第四，要尊重农民、心系群众，在服务农民群众中增进同他们的感情，赢得他们的信任、理解和支持。

习近平强调，各级党组织和各有关部门要进一步完善大学生“村官”有关政策，建立、健全工作机制。要认真落实资金保障政策，为大学生“村官”到农村开展工作提供必要条件。要针对大学生“村官”的岗位职责和工作需要，加强岗位培训和跟踪培养。要投入足够的人力和精力，加强大学生“村官”的规范管理，认真做好年度考核和聘期考核，保证大学生“村官”健康成长。要及时总结、挖掘、宣传大学生“村官”中的先进典型，为大学生“村官”成长成才营造良好的舆论环境和社会氛围。要通过有关部门和各级党组织的共同努力，进一步加强和改进大学生“村官”工作，逐步建立一支规模适度、结构合理、素质优良、充满活力的大学生“村官”队伍。

中共中央政治局委员、中央书记处书记、中央组织部部长李源潮出席会议。

国务院副总理李克强在雅加达与印尼副总统卡拉举行会谈

李克强说，落实两国元首达成的共识，从战略和全局高度审视和推进中印尼关系，符合两国的根本和长远利益。为深化两国各领域互利合作，建议：一、加强政治规划。制定一个全面、完善、可操作的落实两国未来5年务实合作的蓝图，为推进两国合作向纵深发展打下基础。二、保持贸易增长。在全球经济减速情况下，要继续保持双边贸易额维持较快增长，促进各自经济较快发展。三、推进重大项目合作。继续密切配合，确保双方在电力、交通等基础设施建设等方面项目顺利执行。四、深化能源合作。在平等互利的基础上，进一步推动两国能源合作，实现共同发展。五、拓展农业、渔业、航空、金融等领域合作。六、加强沟通和协调，共同推动地区合作不断取得新进展。

会谈后，李克强与卡拉副总统共同出席了中印尼有关文化、体育、青少年交流、能源合作以及中国向印尼提供优惠出口信贷等协议签字仪式。

国务院副总理李克强在雅加达出席中国—印尼第三次能源论坛并致辞

中国—印尼第三次能源论坛在雅加达举行。中国国务院副总理李克强出席论坛并发表了题为《加强能源合作，实现互利共赢》的致辞。

印尼副总统卡拉在致辞中感谢李克强副总理出席印尼—中国第三次能源论坛。他说，印尼与中国的能源合作非常重要，不仅领域广泛，而且发展很快，希望双方能充分利用好能源论坛平台，不断提升各自优势。

演讲后，李克强和卡拉共同主持论坛开幕仪式并出席中印尼企业关于石油、天然气、电力、煤炭、可再生能源等方面8个项目签字仪式。印尼能源部长及社会各界人士约300人出席了此次论坛。

国务院副总理李克强在中国—印尼第三次能源论坛上发表题为《加强能源合作　实现互利共赢》的致辞

尊敬的优素福·卡拉副总统，女士们，先生们，朋友们：

很高兴在访问印度尼西亚共和国期间，参加中国—印尼第三次能源论坛。我谨代表中国政府对论坛的召开表示热烈的祝贺，向各位嘉宾长期以来为发展两国能源合作作出的努力表示衷心的感谢！

能源是经济社会发展的重要物质基础，能源问题与经济金融形势密切相关。近来，国际金融危机愈演愈烈，迅速从局部发展到全球，从发达国家传导到新兴市场国家和发展中国家，从金融领域扩散到实体经济，形势十分严峻。与此同时，世界能源市场剧烈波动，能源特别是石油的价格由大涨转为大落，各国能源发展面临复杂形势。中国既是能源生产大国，也是能源消费大国，印尼能源资源十分丰富，两国能源经济存在较强的互补性。在当前形势下，进一步加强双边能源合作，对于共同应对国际金融危机带来的挑战、促进两国经济和能源稳定发展，具有重要的现实意义。受到国际金融危机迅速蔓延和世界经济增长明显减速的影响，中国经济下行压力加大，企业经营困难增加。针对这种情况，中国政府及时对宏观经济政策作出调整，实施积极的财政政策和适度宽松的货币政策，采取一系列扩大内需、促进经济增长的措施，增加政府投资，带动社会投入，刺激居民消费，努力保持经济平稳较快发展。同时，我们立足当前、着眼长远，把促进经济增长与调整经济结构、转变发展方式结合起来，把扩大内需与保护生态环境、推动能源产业更好发展结合起来，努力构筑稳定、经济、清洁、安全的能源供应体系，以能源的可持续发展支持经济社会的可持续发展。

我们高度重视推动节能减排、提高能源效率。中国节能环保产业刚刚起步，发展潜力很大。增加这方面的投入，对于改善环境质量、培育新的经济增长点都具有重要作用。我们将继续加强节能减排和生态环境建设，推进重点节能工程，实施循环经济重大示范项目，并将其作为下一步政府投资的重点。深入开展全民节能行动，进一步强化水和大气污染治理，积极防治能源生产和消费中产生的环境污染和生态破坏，控制温室气体排放，推进资源节约型、环境友好型社会建设。

我们高度重视调整能源结构，提高能源保障能力。从长远看，随着经济持续发展和工业化、城镇化进程加快，中国的能源需求还会增加。我们把能源建设作为经济建设的重要任务，将进一步推进大型煤炭基地建设，加强石油天然气勘探开发，积极发展电力，加快发展可再生能源，有序开工建设一批现代化煤炭矿井、大型核电项目、油气管网、城乡电网等重大工程，保证能源的长期稳定供应。中国能源资源开发潜力较大，有条件在开展国际合作的同时，通过立足国内、多元发展、优化结构、提高效率，满足经济社会发展和人民生活对能源的需求。

我们高度重视用改革的办法解决能源发展中存在的问题。最近，中国实施了成品油价格形成机制改革，较大幅度地降低了成品油价格；同时，公布了成品油税费改革的方案，在清理和取消交通收费的前提下，提高成品油消费税的税额。这项重大改革旨在理顺价格、在更大程度上发挥市场配置资源的基础性作用，规范税费、促进能源节约和环境保护。我们将继续深化能源等资源性产品价格改革，加快建立能够反映市场供求关系、资源稀缺程度和环境损害成本的资源要素价格形成机制。同时，深化能源企业改革，完善能源市场体系，加强能源立法，为能源可持续发展提供制度保障。

女士们，先生们！

中国和印尼同为人口众多、地域辽阔的发展中大国，都肩负着发展经济、改善民生的共同任务，有着广泛的共同利益。近年来，两国战略伙伴关系不断深化，贸易投资合作明显增强，各领域交流日益扩大，为两国人民带来了实实在在的利益。中国珍视两国友好，愿同印尼在相互尊重、平等互利的基础上，加强政治对话，制订和落实战略伙伴关系行动计划，拓展各领域务实合作，推动两国关系不断向前发展。

随着两国经济的快速增长和经贸合作的持续扩大，能源合作也呈现出良好的态势。石油、天然气、煤炭等贸易额稳步上升，油气资源合作勘探开发取得进展，中国公司参与投资建设的1000万千瓦燃煤电站等项目开始实施。能源合作的不断加深，为印尼能源发展提供了必要的资金、技术和人才，也为中国能源供应提供了有益的补充。

在新的形势下，深化和拓展中国印尼能源合作，有利于扩大双边经贸往来规模，增强经济增长的拉动力量；有利于增加双方能源开发投资，增强能源市场抵御风险的能力；有利于提高各自能源保障水平，增强经济可持续发展能力；有利于发挥两国在能源领域的优势，实现互利共赢。在此，我提几点建议：

第一，加强战略对话。双方应本着互信、互助、互惠、互利的原则，从促进两国共同发展、长远发展的战略高度，从维护本地区和全球发展的战略高度，看待和深化能源合作。中方愿与印尼密切相关政府部门之间的磋商，开展能源战略研究与对话，沟通协调能源政策，完善能源合作机制，为进一步发展两国能源合作创造良好环境。

第二，扩大投资贸易。中国在能源工程建设、运行管理、设备制造以及技术、资金等方面具备较强的市场竞争力，印尼在能源资源开发利用和市场拓展方面具有较大的空间。深化双方能源投资合作，是促进投资与贸易、生产与销售相结合的有效途径，能够使合作取得更好的实际效果。中国政府鼓励有实力的企业到印尼参与能源项目投资建设，支持企业创新投资合作方式，支持签订长期供货合同，扩大能源贸易规模，并愿提供必要的政策优惠。同时，欢迎印尼能源企业赴华开展能源业务。

第三，开拓合作领域。在继续加强现有合作的同时，双方应进一步拓展新的合作领域。包括：加大资源勘探开发合作力度，延伸能源开发下游的产业链条，发展风能、生物质能等可再生能源，推进能源清洁利用，加强技术交流和人才培训等。还可共同开展第三国能源勘探开发、南海海上油气开发等合作。双方在其他资源开发利用方面的合作，也有待开拓。

女士们，先生们！

能源问题是全球性问题，离开了国际合作，一个国家很难获得有效的能源安全保障。在当前形势下，国际社会应当加强协调合作，继续采取有效措施，稳定金融市场，维护经济增长，促进能源市场健康发展。深入开展能源对话与合作，兼顾能源生产国和消费国利益，实现能源供应全球化和多元化，维护合理的能源价格，确保国际能源通道的安全和畅通，共同营造能源发展的良好国际环境。加强能源科技、人才、管理等方面的交流与合作，共同提高能源开发与节约的能力和水平。

发达国家有义务也有能力在能源领域加大对发展中国家的技术支持和资金援助,并切实按照“巴厘路线图”兑现温室气体减排承诺,促进全球经济社会可持续发展。中国作为一个负责任的发展中大国,愿进一步加强国际能源合作,维护国际能源安全稳定和应对气候变化。

女士们,先生们!

自2006年中国—印尼第二次能源论坛以来,两国能源合作取得可喜成果。这次能源论坛上,双方还将签署多项合作协议。中国和印尼两国经济社会发展方兴未艾,能源互利合作大有可为。我相信,在两国政府、企业和社会各界人士的共同努力下,双方的能源合作一定会取得更多的成果,双边的经贸往来一定会迈出更大的步伐,中国印尼战略伙伴关系一定会达到更高的水平。

谢谢大家!

国务院副总理李克强在雅加达会见印尼总统苏西洛

李克强表示,近年来两国在基础设施建设和能源发展方面的合作呈现良好势头,成为两国战略伙伴关系一大亮点。正在建设中的泗马大桥即是两国合作的标志性工程。长远看,两国在这方面合作潜力巨大,前景十分广阔。中方支持并鼓励中国企业参与印尼基础设施建设,愿与印尼人民分享中国建设发展的经验,也愿意向印尼提供力所能及的援助。

李克强说,当前,国际金融危机还在扩大并向实体经济蔓延。在严峻形势下,中印尼加强合作,共同应对挑战具有重要现实意义。中方愿同印尼一道,加强交流对话,深化互信合作,不断开创中印尼关系新局面。

苏西洛表示他与胡锦涛主席共同确立两国战略伙伴关系以来,两国关系发展迅速,合作不断拓展,相信此次访问对两国关系发展具有积极推动作用。中国的发展不仅有利于印尼与中国的合作,而且对地区和世界的发展具有重要意义。印尼政府感谢中国朋友对印尼经济建设提供的援助。当前国际金融危机对两国带来挑战,但如中国谚语所说,危机蕴含机遇,希望双方共同努力,加强合作,进一步开创两国关系新局面。

全国政协副主席白立忱在全国政协礼堂会见印尼地方代表理事会主席吉南亚尔一行

蒙古国国家大呼拉尔主席(议长)达木丁·登贝尔勒在乌兰巴托会见中联部部长王家瑞

全国妇联纪念改革开放30周年座谈会在北京举行

2008年全国文物局长会议在北京召开

2008年度中国建设工程鲁班奖(国家优质工程)在北京揭晓

2008年度中国建设工程鲁班奖(国家优质工程)揭晓,包括首都机场三号航站楼在内的98项工程获奖。其中,国家体育场“鸟巢”、奥林匹克水上公园等13项奥运工程荣获鲁班奖。

佟文勇在巴黎夺得首届世界无差别级柔道锦标赛女子组冠军

12月23日

全国统战部长会议在北京举行

全国政协主席贾庆林在会上指出,改革开放30年,是中国特色社会主义事业蓬勃发展的30年,也是新时期爱国统一战线不断巩固壮大的30年。要深入把握统一战线改革开放30年的宝贵经验:必须坚持中国共产党的领导,确保统一战线正确的政治方向;必须坚持中国特色社会主义理论体系,巩固统一战线广大成员团结奋斗的共同思想政治基础;必须坚持把促进科学发展作为第一要务,充分发挥统一战线的独特优势和作用;必须坚持高举爱国主义、社会主义旗帜,形成海内外中华儿女的大团结大联合;必须坚持尊重、维护和照顾同盟者利益,不断巩固党与党外人士联盟;必须坚持和而不同、求同存异的理念,始终保持统一战线宽松稳定、团结和谐的良好氛围。

贾庆林强调,在当前形势下,要把深入贯彻落实科学发展观,积极为促进经济平稳较快发展、维护社会和谐稳定做贡献,作为统一战线工作的重中之重。要切实把统一战线广大成员的思想认识统一到中央决策和部署上来,增强战胜困难的信心和决心,调动一切有利于科学发展的积极因素,同党和政府同心同德、和衷共济,继续推进全面建设小康社会进程;要充分发挥统一战线成员涉及面广、联系渠道多的优势,围绕妥善应对国际金融危机、保持经济平稳较快发展中的重大问题积极建言献策;要支持帮助非公有制经济人士在应对国际金融危机、保持经济平稳较快发展中充分发挥作用;要组织统一战线广大成员不断增强为推进农村改革发展服务的责任感,为不断完善和落实农村改革发展的政策措施服务。要切实增强责任感和使命感,积极做好协调关系、化解矛盾的工作,全力维护我国社会稳定大局。

贾庆林指出，各级党委要切实加强和改善党对统一战线工作的领导，巩固发展全党重视、全社会支持统战工作的局面。各级统战部门要扎实开展学习实践科学发展观活动，进一步提高统一战线服务科学发展和实现自身科学发展的能力和水平。

全国政协副主席、中央统战部部长杜青林对2009年统一战线工作进行了部署。他指出，做好明年的统一战线工作，必须把统一战线放在所面临的时代背景中去认识，放在所处的历史方位中去把握，放在学习实践科学发展观的根本要求中去谋划。要积极应对国际金融危机影响，为保持经济社会平稳较快发展献计出力；加强多党合作制度建设，推动社会主义民主政治建设稳步发展；坚持"各民族共同团结奋斗、共同繁荣发展"主题，推动民族团结进步事业实现更大发展；做好宗教工作，充分发挥宗教界人士和信教群众在促进经济社会发展中的积极作用；以纪念西藏民主改革50周年为契机，促进西藏和其他藏区实现科学发展和长治久安；加强新的社会阶层人士和党外知识分子工作，进一步激发他们的创造活力；进一步做好港澳台海外统一战线工作，维护港澳长期繁荣稳定和促进祖国完全统一；加强党外代表人士队伍建设，促进统一战线可持续发展；加强调查研究，以理论政策创新推动统一战线工作实践创新。各级统战部门要进一步加强自身建设，遵循统战规律，强化功能定位，把握根本方法，加强能力建设，不断开创新世纪新阶段统一战线工作新局面。

各省、自治区、直辖市，副省级城市、新疆生产建设兵团党委统战部长，以及中央国家机关有关部门、有关人民团体和统战系统有关单位负责人出席会议。山西、广东、北京、浙江、重庆、湖南6省市党委统战部长分别在会上介绍了工作情况。

共青团十六届二中全会在北京召开

会议传达学习了中共中央书记处对共青团工作的重要指示精神。全国人大常委会副委员长王兆国出席会议并讲话，要求各级团组织以中央精神统一全团思想、凝聚青年力量，为推动科学发展、促进社会和谐多做贡献。

王兆国首先代表党中央充分肯定了团十六大以来共青团的工作成绩。他指出，明年是应对国际国内环境重大挑战、推动党和国家事业实现新发展的关键一年，各级团组织要坚持用科学发展观武装青年头脑，用改革开放宝贵经验教育青年，用中央关于当前国内外形势的科学判断统一青年思想，通过深化青年马克思主义培养工程、"我与祖国共奋进"主题教育实践活动等载体，引导广大青年坚定跟党走中国特色社会主义道路的理想信念，不断增强为夺取全面建设小康社会新胜利而奋斗的责任感和使命感。要紧紧围绕党和国家工作大局，组织动员广大青年在推动农村改革发展中担当重任，在加快自主创新中勇当先锋，为"保增长、促内需、调结构"实现经济平稳较快发展贡献智慧和力量。要竭诚服务青年，着眼于解决青年最关心最直接最现实的利益问题，全力做好为广大青年服务的各项工作，着力促进广大青年的就业创业，着力加强对青年群体的思想引导，在促进社会和谐中多做贡献。要抓住开展深入学习实践科学发展观活动的有利时机，大力加强和改进团的自身建设，努力扩大团的基层组织网络对青年的有效覆盖，进一步增强基层组织活力，切实提高团干部队伍的综合素质。

王兆国强调，共青团工作是党的群众工作的重要组成部分，各级党委要从党的事业长远发展的战略高度，加强和改善党对共青团工作的领导，为共青团工作的长远发展创造良好的环境和条件。

会前，王兆国会见了在这次全会上卸职的共青团中央常委和委员、候补委员。

共青团中央书记处第一书记陆昊主持会议。

中办转发《中央人才工作协调小组关于实施海外高层次人才引进计划的意见》并发出通知

各省、自治区、直辖市党委，中央各部委，国家机关各部委党组（党委），解放军各总部、各大单位党委，各人民团体党组：

《中央人才工作协调小组关于实施海外高层次人才引进计划的意见》已经中央同意，现转发给你们，请结合实际认真贯彻执行。

中共中央办公厅

2008年12月23日

中央人才工作协调小组关于实施海外高层次人才引进计划的意见

为进一步推进人才强国战略，充分发挥海外高层次人才在国家经济社会发展中的作用，现就实施海外高层次人才引进计划提出如下意见。

一、引进海外高层次人才是一项重大而紧迫的战略任务

人才资源是第一资源，在综合国力竞争中具有决定性作用。在当今科技进步日新月异、经济全球化日趋深入的情况下，站在世界科技前沿和产业高端的海外高层次人才越来越成为我国参与国际竞争、实现经济社会全面协调可持续发展的特需资源，大力引进海外高层次人才，是用较短时间拥有一批世界一流人才的重要途径，是进一步扩大对外开放、提高国际竞争力的迫切需要，是深入贯彻落实科学发展观、建设创新型国家、实现全面建设小康社会奋斗目标的重大举措。

改革开放以来,我国出国留学人员不断增多,目前已达121万余人。据有关方面统计,我国在主要发达国家约有20多万留学人员学成后留在海外工作,其中45岁以下、具有助理教授或相当职务以上的约6.7万人;就职于国际知名企业、高水平大学和科研机构,具有副教授或相当职务以上的高层次人才约1.5万人。这些留学人员虽然长期在海外工作、生活,但其中许多人始终心系祖国,有回国工作和为国服务的愿望。近年来,一大批在海外学习、工作的高层次人才回到祖国,为推动国家经济社会发展发挥了重要作用、作出了积极贡献。当前,我国改革开放和社会主义现代化建设各项事业蓬勃发展,为以留学人员为主体的海外离层次人才回国(来华)工作提供了前所未有的事业平台和发展空间。各地区各部门要充分认识引进海外高层次人才的重要性、紧迫性和当前面临的难得机遇,进一步解放思想,完善体制机制,健全政策措施,围绕实施海外高层次人才引进计划,以更宽广的眼界、更宽广的思路和更宽广的胸襟做好海外高层次人才引进工作。

二、分层次组织实施海外高层次人才引进计划

组织实施海外高层次人才引进计划,要凝聚共识,充分调动各地区各部门积极性,采取有力措施,建立高效工作机制,在中央、国家有关部门、地方分层次、有计划进行。

中央层面的海外高层次人才引进计划(以下简称"千人计划"),要围绕国家发展战略目标,重点引进一批能够突破关键技术、发展高新产业、带动新兴学科的战略科学家和科技领军人才。从2008年开始,用5—10年时间,在国家重点创新项目、重点学科和重点实验室、中央企业和国有商业金融机构、以高新技术产业开发区为主的各类园区等,引进并有重点地支持一批海外高层次人才回国(来华)创新创业。在符合条件的中央企业、高等学校和科研机构以及部分国家级高新技术产业开发区,建立40—50个海外高层次人才创新创业基地,推进产学研紧密结合,探索实行国际通行的科学研究和技术开发、创业机制,集聚一批海外高层次创新创业人才和团队。

各地区各部门要按照中央要求,结合工作实际,充分发挥各自优势,采取切实有效的措施,扎实开展海外高层次人才引进工作。国家有关部门要继续做好做强"长江学者奖励计划"、"百人计划"、"国家杰出青年科学基金"等人才引进项目。同进,要制订实专项计划,重点引进本行业本领域发展急需和紧缺的海外高层次人才。各省(自治区、直辖市)要结合经济社会发展和产业结构调整的需要,研究制订实本地区海外高层次人才引进计划,有针对性地引进一批海外高层次人才。有条件的地方特别是东部沿海地区和中心城市,要依托经济技术开发区、高新技术产业开发区、留学人员创业园、大学科技园等,推出一批特色项目,大力吸引海外高层次人才回国(来华)创新创业。支持、鼓励非公有制企业和民办非企业单位开展引进海外高层次人才工作。

三、坚持重在使用,切实为海外高层次人才充分发挥作用提供良好条件

要进一步解思想,大胆破除不合时宜的条条框框,完善配套政策措施,为海外高层次人才充分发挥作用提供良好的工作环境和生活条件,要充分理解、充分信任、热情关怀、放手使用引进的海外高层次人才,积极营造尊重、关心、支持海外高层次人才的环境和氛围,努力做到待遇招人、事业留人、情谊感人、服务到人,使他们能够全力以赴地进行创新创业活动,为建设创新型国家贡献智慧、作出成绩。

要充分发挥高等学校、科研机构、企业、商业金融机构等用人单位的主体作用,将海外高层次人才吸纳到能够充分发挥其专业和特长的岗位,为他们提供干事创业的舞台,符合条件的海外高层次人才,可以担任高等学校、科研机构、企业和商业金融机构的领导职务和高级专业技术职务,主持重大科研项目和工程项目,申请政府部门的科技资金和产业发展扶持资金,参与重大项目咨询论证、重大科研计划和国家标准制订、重点工程建设,参加国内各个学术组织等。大力推动科研工作机制创新,积极探索建立符合国情、与国际接轨的科研和管理机制。根据海外高层次人才的工作领域和工作性质,实行弹性考核制度,避免多头评价、重复评价,对海外高层次人才可以实行协议薪酬制,有条件的用人单位还可以实行期权、股权和企业年金等中长期激励措施。

各地区各部门要制定和完善有关政策措,妥善解决海外高层次人才在居留和出入境、落户、医疗、保险、住房、子女入学等方面的困难和问题,并建立专门服务窗口,解除他们回国(来华)工作、生活的后顾之忧。

对千人计划中引进的海外高层次人才,有关部门要研究制定专项政策,采取特殊措施,为他们提供相应工作条件和生活待遇。国家有关部门、地方引进的海外高层次人才,符合"千人计划"标准的,经有关部门评审后,可纳入"千人计划"。

四、加强领导,建立、健全海外高层次人才引进工作体制机制

当前和今后一个时期,是我们抓紧实海外高层次人才引进计划、大力引进海外高层次人才的有利时机。各地区各部门要高度重视,抓住机遇,把海外高层次人才引进工作摆上重要议事日程,切实加强领导,理顺工

作体制，健全工作机制。在中央人才工作协调小组指导下，由中央组织部、人力资源社会保障部会同教育部、科技部、中国人民银行、国务院国资委、中国科学院和有关主管部门成立海外高层次人才引进工作小组，负责海外高层次人才零引进计划的组织领导和统筹协调。在中央组织部设立海外高层次人才引进工作专项办公室，承担工作小组的日常工作，负责“千人计划”的具体实施，指导各地区各部门的海外高层次人才引进工作。各地区各部门要指定专门机构，负责本地区本部门的海外高层次人才引进工作。

要将海外高层次人才纳入中央和地方各级党委联系专家的范围，完善联系办法，建立服务机制。对作出重大贡献的海外高层次人才，要以适当方式进行宣传和表彰。要建立海外高层次人才信息库，及时掌握相关信息，增强海外高层次人才引进工作的针对性和实效性。要建立与海外高层次人才联系的有效渠道，充分发挥有关学会、协会等社会团体和组织的作用，加强同海外高层次人才的联系，为他们回国服务、来华工作牵线搭桥。各级财政要安排专项资金，用于海外高层次人才引进工作。

全国妇联主席陈至立在人民大会堂会见以越南妇联主席阮氏清和为团长的越南妇女代表团

中联部部长王家瑞在北京会见韩国统一部长官金夏中

12月24日

十一届全国人大常委会第六次会议在人民大会堂举行第二次全体会议

会议审议国务院关于“十一五”规划纲要实施中期情况的报告、关于积极采取措施应对国际金融危机确保国民经济平稳较快发展情况的报告、关于稳定物价工作的报告、关于水污染防治工作进展情况的报告。

吴邦国委员长出席会议。会议由副委员长华建敏主持。

受国务院委托，国家发展和改革委员会主任张平报告了《国民经济和社会发展第十一个五年规划纲要》(以下简称《纲要》)实施中期评估情况。他说，《纲要》实施两年多来，总体进展情况是好的。从经济社会发展主要指标实现情况看，《纲要》确定的22个主要指标大多数达到了预期进度要求。从重点领域任务完成情况看，《纲要》确定的重点领域各项改革发展任务稳步推进，经济保持平稳较快发展，社会事业不断进步，主要体现在：“三农”工作得到加强，产业结构优化升级，区域发展的协调性增强，节能减排扎实推进，自主创新能力逐步增强，改革开放不断推进，民生改善取得新进展。

张平说，《纲要》实施也面临一些不容忽视的矛盾和问题，特别是国际金融危机的扩散和蔓延，对后两年规划实施也形成了严峻的挑战。要进一步推进《纲要》顺利实施，确保完成各项目标和任务，着力做好五方面工作：一是以扩大内需为着力点，保持经济平稳较快发展；二是以提高自主创新能力和优化结构为着力点，增强发展的协调性；三是以资源要素价格和财税体制改革为着力点，促进经济发展方式转变；四是以节能减排为着力点，提高可持续发展能力；五是以建设服务型政府为着力点，保障和改善民生。

受国务院委托，张平还向会议作了关于积极采取措施应对国际金融危机确保国民经济平稳较快发展情况的报告。他说，今年我国经济社会发展总体形势是好的，在党中央、国务院的坚强领导下，既夺取了抗灾救灾的重大胜利，又保持了国民经济平稳较快发展。在重大自然灾害接连冲击，世界经济金融形势急剧变化的情况下，我国经济能够保持这样的发展局面来之不易。他同时指出，国际金融危机不断加深和世界经济形势急剧变化，已经对我国经济产生了较大影响。

张平说，面对多方面的严峻挑战，中央及时调整宏观调控的方向和政策重点。年中，根据形势变化，及时将宏观调控的首要任务由年初的“防经济过热、防明显通胀”调整为“保持经济平稳较快发展、控制物价过快上涨”。进入三季度，国际金融危机愈演愈烈，中央果断提出实行积极的财政政策和适度宽松的货币政策，并迅速研究出台了一系列政策措施，特别是提出了进一步扩大内需、促进经济平稳较快增长的十项措施，这些措施对增强信心、克服困难、稳定经济正在发挥重要作用。他说，当前我国经济发展面临着来自国际国内的严重困难和严峻挑战，但我国经济发展的基本面和长期趋势没有改变，重要战略机遇期仍然存在，扩大内需和宏观政策调整都有较大空间，对此要坚定发展信心。要重点抓好以下工作：公开、透明、高效地落实好中央投资，抓紧研究明后两年进一步扩大内需的政策措施，尽快出台并组织实施重点产业振兴规划，切实做好农业和农村工作，认真做好就业和社会保障工作。

受国务院委托，国家发展和改革委员会副主任张茅向会议报告了2007年5月份以来加强价格调控、应对价格过快上涨的工作情况。他说，去年5月份以来，以猪肉、食用植物油价格大幅上涨推动食品类价格过快上涨为主要标志，价格总水平出现较大幅度上升。党中央、国务院高度重视价格过快上涨对国民经济和群众生活的影响，采取了一系列综合性政策措施。目前物价过快上涨的压力已经明显缓解。

他同时指出，当前，我国经济增长放缓趋势明显，企业利润和财政收入增速下降，资本市场持续波动和低迷，价格总水平下行加快，稳定物价工作存在一些需要高度关注的问题。明年的价格工作要充分发挥价格杠杆促进经济发展和结构调整的作用，加强和改进价格调控，完善农产品价格支持政策，着力解决民生价格问题，整顿规范市场价格秩序，努力将价格总水平稳定在合理区间，促进国民经济持续健康发展与社会和谐进步。

受国务院委托，环境保护部部长周生贤报告了当前水污染防治工作的进展情况。他说，全国水污染防治工作取得进展，主要表现在：水环境质量总体稳定，《国家环境保护“十一五”规划》稳步实施，饮用水安全保障工作得到加强，重点流域水污染防治工作取得一定进展，城镇污水处理设施建设步伐加快，农村环境保护工作取得积极进展，船舶污染防治得到加强，水污染防治法律、法规和政策体系不断完善，水污染防治执法力度不断加大，水污染防治支撑保障水平不断提高。

周生贤说，水污染防治工作虽取得了一定的进展，但今后的任务仍很艰巨，面临新的考验。水污染防治工作将继续坚持以科学发展观为指导，以污染减排为中心，以饮用水水源保护为重点，以跨行政区域水质目标考核为手段，努力完成“十一五”各项任务。要继续抓好主要污染物减排工作，严格扩大内需过程中的环保准入，进一步强化重点流域水污染防治工作，努力提高饮水安全保障水平，进一步加大农村环境保护工作力度，完善跨行政区域水质考核制度，加大水污染防治监督检查力度，进一步完善水污染防治保障机制。

全国人大常委会副委员长王兆国、路甬祥、乌云其木格、韩启德、陈至立、周铁农、李建国、司马义·铁力瓦尔地、蒋树声、陈昌智、严隽琪、桑国卫出席会议。国务委员戴秉国、最高人民法院院长王胜俊、最高人民检察院检察长曹建明等列席会议。

国务院总理温家宝主持召开国务院常务会议研究部署搞活流通扩大消费和保持对外贸易稳定增长的政策措施

会议指出，搞活流通是促进消费、扩大内需的重要切入点。必须进一步完善政策，采取有力措施，积极扩大国内消费，切实增强消费对经济增长的拉动作用。一要健全农村流通网络。明、后两年再新建和改造一批农家店和农村商品配送中心，增加配送品种，增强综合服务功能。在重点销区和产区新建或改造一批农产品批发和农贸市场，搞活农产品流通，促进农民增收。二要进一步扩大品种，加大“家电下乡”推广力度。中央财政再增加补贴，并根据各地农村需求，选择和增加补贴品种。要保证下乡家电的质量，搞好售后服务。三要完善城市社区便民服务设施，选择一批菜市场进行标准化改造，满足居民便利消费、放心消费需要。四要促进城市耐用品消费升级换代。规范并大力发展旧货市场，加快不同收入群体联动消费。鼓励生产和零售企业开展“收旧售新”、“以旧换新”，带动新产品销售和资源节约。五要促进流通企业发展，降低消费成本。支持大型流通企业跨区域兼并重组，增强经营优势，降低成本，让利于消费者。支持中小商贸企业发展，金融机构要制定差别化的授信条件，解决中小商贸企业贷款抵押问题。六要积极培育新的消费热点，大力促进节假日和会展消费，促进消费升级。七要加强流通企业食品质量安全监管，切实提高食品安全保障能力。为支持流通业发展，2009 年中央财政将增加农村物流服务体系发展专项资金和促进服务业发展专项资金规模。

会议研究确定了缓解出口企业困难，保持对外贸易稳定增长的政策措施。一是加大财税政策支持力度。提高部分技术含量和附加值高的机电产品出口退税率。适当扩大中央外贸发展基金规模。二是稳步推进加工贸易转型升级。调整加工贸易禁止类和限制类目录，将符合国家产业政策，不属于高耗能、高污染的产品以及具有较高技术含量的产品从禁止类目录中剔除，将部分劳动密集型产品和技术含量较高、环保节能的产品从限制类目录中剔除。鼓励加工贸易向中西部转移，在部分重点承接地增加保税物流功能。完善海关特殊监管区域功能，引导先进制造业和现代生产型服务业入区发展。三是改善进出口金融服务。适当扩大政策性银行出口买方信贷，鼓励商业银行开展出口退税账户托管贷款业务，扩大保单融资规模，缓解中小外贸企业融资困难。对广东和长江三角洲地区与港澳地区、广西和云南与东盟的货物贸易进行人民币结算试点。四是扩大国内有需求的产品进口。重点增加先进技术、关键设备及元器件和重要能源原材料等产品进口。五是促进投资和贸易互动。鼓励外资投向高新技术、节能环保产业和现代服务业，大力发展国际服务外包，将苏州工业园区技术先进型服务企业有关税收试点政策扩大到国家认定的服务外包基地城市和示范园区。六是提高贸易便利化水平。海关和出入境检验检疫实行 24 小时预约通关，2009 年继续减免出口农产品的出入境检验检疫费，降低出口纺织、服装产品检验费用。七是加强和改善多双边经贸关系，积极化解国际贸易摩擦，妥善处理出口产品质量安全问题，营造良好国际环境。支持企业开拓新兴市场。

会议还研究了其他事项。

全国民族工作座谈会在北京召开

全国政协主席贾庆林出席会议并发表重要讲话。

贾庆林对学习贯彻胡锦涛总书记关于民族工作的重要批示精神，切实做好维护民族团结工作，提出了四项要求。第一，必须坚持高举中国特色社会主义伟大旗帜，坚定不移地走中国特色解决民族问题的道路。当前要以纪念改革开放30周年为契机，深刻认识中国特色社会主义对解决中国民族问题的重大理论意义和实践意义，毫不动摇地坚持走中国特色解决民族问题的道路，毫不动摇地坚持中国特色社会主义民族理论体系。第二，必须坚持贯彻落实科学发展观，努力促进少数民族和民族地区经济社会又好又快发展。要切实加大对民族地区经济社会发展的支持力度，大力推进农村牧区改革发展，确保民族地区经济平稳较快增长，着力保障和改善民生，让少数民族共享改革发展成果。第三，必须坚持和完善民族区域自治制度，切实保障少数民族的合法权益。要把全面贯彻民族区域自治法和相关法律、法规作为依法治国的一项重要任务来抓，进一步健全完善民族法律、法规体系，强化监督检查，推进民族事务管理制度化、规范化。以提高素质、改善结构为重点，加强少数民族干部队伍建设，把更多优秀少数民族干部特别是年轻干部选拔到各级领导岗位上来。第四，必须坚持促进社会和谐的基本要求，不断巩固和发展平等、团结、互助、和谐的社会主义民族关系。要在全社会坚持不懈地进行党的民族理论政策、民族法律、法规和民族基本知识的宣传教育，深入开展民族团结进步创建、表彰活动，促进各民族和睦相处、和衷共济、和谐发展。要妥善处理涉及民族关系的矛盾纠纷，坚决抵制、依法打击境内外敌对势力利用民族问题进行的分裂、渗透、破坏活动，切实维护祖国统一、民族团结和社会稳定。

贾庆林强调，做好民族工作、加强民族团结，关键是要加强和改善党对民族工作的领导。各级领导干部要努力学习和正确把握党的民族理论政策，加强调查研究，不断提高驾驭和解决民族问题的能力；各级党委和政府要不断完善民族工作的领导体制和工作机制，不断加强民族地区基层组织建设，进一步提高凝聚力、战斗力；各级统战、民族工作部门要不断加强自身建设，不断提高履行职责的能力。

中共中央政治局委员、国务院副总理回良玉出席会议并讲话。他指出，各地区各部门要进一步把思想和行动统一到胡锦涛总书记关于民族工作的重要批示精神上来，统一到中央关于民族工作的重大决策部署上来，切实增强做好民族工作的责任感、使命感和紧迫感，不断提高民族工作能力和水平，奋力开创各民族共同团结奋斗、共同繁荣发展的新局面。

全国政协副主席、中央统战部部长杜青林主持会议，并对统战、民族工作部门贯彻落实会议精神，提出了统一认识、明确责任，统筹安排、制定措施，求真务实、狠抓落实的具体要求。

中央和国家有关部门负责同志，31个省区市和新疆生产建设兵团党委统战部部长和民委主任等参加会议。国家民委、中央宣传部、国家发展改革委、教育部、公安部、财政部、交通运输部等负责同志作了发言。

联合国教科文组织国际岩溶地质研究所在广西桂林市举行挂牌仪式

全国人工圈养大熊猫达268只

从国家林业局获悉：2008年我国圈养大熊猫繁育工作顺利收尾，共繁育23胎35只，成活31只。至此，我国人工圈养大熊猫种群数量已达268只，大熊猫人工繁育已达到可持续水平。

12月25日

十一届全国人大常委会第六次会议在人民大会堂举行第三次全体会议

会议审议全国人大常委会执法检查组关于检查义务教育法实施情况的报告、关于检查劳动合同法实施情况的报告等。吴邦国委员长出席会议。

陈至立副委员长主持会议。

全国人大常委会高度重视义务教育法的贯彻落实，2006年对该法作了全面修订，2007年已对实施情况进行了检查。2008年再次进行了执法检查，路甬祥副委员长向会议报告了这次执法检查的情况。他说，新修订的义务教育法实施两年来，各级政府在实施义务教育法中有了新举措和新进展，义务教育已进入全面普及和巩固提高新阶段：一是城乡义务教育全面纳入国家财政保障范围，依法实现了真正的免费义务教育；二是重视加强农村教师队伍建设；三是在促进义务教育均衡发展方面取得新进展；四是进一步强化学校安全工作。但是，在实施义务教育法方面仍存在农村义务教育经费难以满足事业发展的需要、农村教师队伍建设亟待加强、义务教育发展不均衡、农村中小学校舍和日常管理存在安全隐患等困难和问题。针对这次执法检查中发现的问题，检查组建议：依法落实义务教育经费“三个增长”，推动农村学校从维持基本运转向提高教育质量转变；不断加强农村教师队伍建设，为实施素质教育和提高教育质量提供保障；积极推动义务教育的均衡发展;加强学校安全建设。

《中华人民共和国劳动合同法》(以下简称《劳动合同法》)自2008年1月1日起施行。今年9月中旬到10月中旬,全国人大常委会对《劳动合同法》的实施情况进行了检查。华建敏副委员长向会议报告了这次执法检查的情况。他说,《劳动合同法》颁布以后,各级党委、人大、政府高度重视,各级人力资源和社会保障部门、法院及工会、工商联、企业联合会等认真组织实施,各类企业、社会各界努力贯彻落实,做了大量工作,取得了积极成效,总体情况是好的,劳动合同签订率明显上升,新签劳动合同的平均期限有所延长,农民工权益得到进一步保护,劳动者合法权益得到进一步维护。但由于不同地区、不同行业、不同企业法律实施进展不平衡和相关配套法规、细则有待进一步完善,劳动合同法贯彻实施中还存在一些问题。10月以来,受国际金融危机快速蔓延和世界经济增长明显减速的影响,我国经济下行压力加大,企业经营困难加剧,贯彻实施劳动合同法面临一些新的情况和问题。华建敏指出,要立足于保发展、保民生、保大局,紧密结合实际,更好地贯彻实施劳动合同法,更加重视保护劳动者的合法权益,更加重视企业的生存发展,更加重视维护社会和谐稳定,同舟共济、共克时艰。要继续加大劳动合同法宣传和贯彻实施力度,进一步增强劳动合同法制观念;重视解决拖欠职工工资问题;采取更加有力的措施扶持中小企业发展,确保就业形势基本稳定;千方百计稳定现有就业岗位;切实维护好农民工的合法权益;进一步规范劳务派遣用工;尽快完善社会保险制度;调整充实劳动监察机构与人员,强化执法力度。

十一届全国人大一次会议期间代表们向大会提出议案462件,大会主席团将这些议案分别交由全国人大有关专门委员会审议,由各专门委员会依法向全国人大常委会提出议案审议结果的报告。今天的会议分别听取了全国人大法律委员会、教育科学文化卫生委员会、外事委员会、华侨委员会、环境与资源保护委员会、农业与农村委员会关于十一届全国人大一次会议主席团交付审议的代表提出的议案审议结果的报告。此前,十一届全国人大常委会第五次会议已听取了全国人大民族委员会、内务司法委员会、财政经济委员会的相关报告。

今天的会议还听取了全国人大常委会办公厅关于十一届全国人大一次会议代表建议、批评和意见处理情况的报告,财政部关于十一届全国人大一次会议代表建议、批评和意见办理情况的报告。十一届全国人大一次会议期间代表们提出的建议、批评和意见6279件目前已全部办理答复。

会议听取了全国人大法律委员会关于防震减灾法修订草案修改意见的报告、关于全国人大常委会关于修改专利法的决定草案修改意见的报告。法律委员会建议本次常委会会议通过这两部法律案。

会议还审议了吴邦国委员长访问非洲五国及非洲联盟委员会情况的书面报告。

全国人大常委会副委员长王兆国、乌云其木格、韩启德、周铁农、李建国、司马义·铁力瓦尔地、蒋树声、陈昌智、严隽琪、桑国卫出席会议。国务院副总理回良玉、最高人民法院院长王胜俊、最高人民检察院检察长曹建明等列席会议。

国务院总理温家宝主持召开国务院常务会议研究部署保障化肥生产供应促进化肥行业改革和发展的政策措施

会议还审议并原则通过高档数控机床与基础制造装备科技重大专项实施方案。

会议指出,化肥是重要的农业生产资料,是农业生产发展和国家粮食安全的重要保障。经过多年快速发展,国内化肥实现了供需总量基本平衡。但也存在结构不合理、价格形成机制和经营体制不适应等问题。必须采取综合配套措施,深化改革,完善调控机制,促进化肥行业稳定健康发展,促进农业发展和农民增收。

会议研究确定了保障化肥生产供应,促进化肥行业稳定健康发展的政策措施。( )积极调整结构。适当控制磷肥、氮肥产能,加强钾肥资源勘探开发建设,合理有序增加钾肥生产。(二)加快建立以市场为主导的化肥价格形成机制。适时将所有化肥出厂价格及除钾肥以外的一般贸易进口化肥港口交货价格,由政府指导价改为市场调节价,取消对化肥生产流通的临时价格干预措施,继续对市场集中度较高的进口钾肥实行适度价格监管。暂时保留对化肥生产用电、用气、铁路运输价格的优惠政策和税收优惠政策。(三)完善农资综合直补调整机制,确保农民种粮收益不因农资价格上涨而下降。(四)推进化肥流通体制改革。允许各类投资者进入化肥流通领域,鼓励和扶持发展大型化肥流通企业。(五)加强进出口调节,完善化肥储备调控。今冬明春化肥淡储量要达到春耕用肥的20%以上。(六)引导农民科学施肥。加大对测土配方施肥的支持力度,逐步扩大补贴范围,节约农民支出,减少环境污染。会议要求,各地区、各有关部门要明确工作职责,密切协调配合,强化市场监管,确保各项政策措施落到实处,发挥实效。

会议认为,实施高档数控机床与基础制造装备科技重大专项,对于提升我国数控机床和基础制造装备产业的自主创新能力和核心竞争力,带动装备制造业结构调整和相关产业发展,扩大内需,具有重要意义。

专项的实施方案经过科学、民主、严格论证，已基本成熟，具备启动实施的条件。有关部门要根据会议提出的意见进一步完善方案，抓紧组织实施。

会议讨论并原则通过了《中华人民共和国国防动员法(草案)》，决定由国务院、中央军委提请全国人大常委会审议；审议并原则通过了《军服管理条例(草案)》，决定该草案经进一步修改后，由国务院、中央军委公布施行。

最高人民法院公布《最高人民法院关于适用停止执行死刑程序有关问题的规定》

该规定对死刑案件停止执行程序依法进行规范。

据了解，该司法解释是根据《中华人民共和国刑事诉讼法》等有关规定，结合刑事审判实践制定的，共七条，其中：发现罪犯可能有其他犯罪的；共同犯罪的其他犯罪嫌疑人归案，可能影响罪犯量刑的；共同犯罪的其他罪犯被暂停或者停止执行死刑，可能影响罪犯量刑的；判决可能有其他错误的等情况，适用该司法解释。

此外，最高人民法院今天还公布了《最高人民法院关于当事人对具有强制执行效力的公证债权文书的内容有争议提起诉讼人民法院是否受理问题的批复》。

中央人才工作协调小组在北京召开海外高层次人才引进工作会议

12月25日和28日，中央人才工作协调小组在北京召开海外高层次人才引进工作会议。中共中央政治局委员、中央书记处书记、中央组织部部长李源潮指出，要进一步解放思想、创新机制，积极引进海外高层次人才，为建设创新型国家、实现全面建设小康社会奋斗目标提供人才支持。

改革开放以来，在党和国家“支持留学，鼓励回国，来去自由”方针指引下，我国先后有120多万人出国求学，其中回国工作的已有30多万人，他们积极投身国家改革和建设，发挥了不可替代的重要作用。随着社会主义现代化建设事业蓬勃发展，越来越多的海外留学人员希望回国创新创业，新一轮海外留学人才回国工作和创业的热潮正在兴起。

李源潮指出，海外留学人才是国家现代化建设的特需资源。大力引进海外高层次人才，是建立建设创新型国家领军人才队伍的急迫任务，是提升和优化我国人才结构的特殊需要，是参与经济全球化和国际人才竞争的战略举措，也是应对当前国际金融危机、化危为机的积极对策。要围绕国家和地区发展战略，抓紧引进一批能够突破关键技术、发展高新技术产业、带动新兴学科的科技创新创业领军人才。

李源潮强调，要进一步解放思想、深化改革、创新机制，探索建立与国际接轨的吸引和利用海外高层次人才模式。要完善准入政策，为海外高层次人才回国或来华工作开辟通畅的渠道；制定优待政策，努力为引进人才提供良好的工作条件生活条件；实行重用政策，充分信任、放手使用，把引进的人才放在重要岗位上，满足他们立业报国的愿望；坚持来去自由，营造宽松、宽容、宽厚的引才用才环境。要积极拓展引才渠道，设立服务窗口。要建立海外高层次人才创新创业基地，为他们提供干事创业的平台。

中央组织部副部长李智勇主持会议。教育部、科技部、人力资源和社会保障部、人民银行、国资委等部门负责同志出席会议并发言。各省(区、市)组织、人事、教育、科技部门和各副省级城市、国家级高新技术开发区所在城市党委组织部负责同志参加了25日的会议。中央国家机关有关部门、部分高等学校、国有重要骨干企业、金融机构、科研机构等部门和单位负责同志参加了28日的会议。

国务院副总理张德江出席在北京召开的全国国有资产监督管理工作会议并讲话

张德江说，我国国有经济不断发展壮大，国有企业改革不断深化，必须进一步加强和改善国有资产监督管理。这既是对国有资产负责，也是对企业经营者的爱护。国有资产监督管理部门要以高度的责任感，理直气壮地履行职责，加大监管力度，依法加强对国有资产和企业领导班子特别是主要负责人的监督管理，确保各项监管工作落实到位。要加大改革力度，进一步完善法律、法规，继续完善体制机制制度，健全监管机构，充分发挥监事会的作用，落实国有资产经营责任。要重视发挥纪检监察、审计、财政等部门，以及职工和社会舆论的监督作用，既要加强事后监督，又要加强当期监督；既要加强内部监督，又要加强外部监督；既要加强组织监督，又要加强群众监督，实现国有资产监督管理的制度化、规范化、经常化，确保国有资产安全运营。国有企业及领导人要自觉遵守法律、法规，自觉接受监督管理。

张德江强调，越是在经济发展面临较大困难的时候，国有企业越要勇挑重担，切实发挥国有经济的支撑和带动作用，坚定不移地贯彻发展是硬道理的战略思想，把确保发展放在首位，努力开拓国际国内市场以拓展发展空间，大力调整优化结构、推进自主创新以提高竞争能力，继续深化改革、扩大开放以增强活力，千方百计扩大就业，全力以赴确保安全生产，为保持经济平稳较快发展和社会稳定作出更大贡献。

张德江指出，加强国有资产监督管理、确保国有资产保值增值,各级国资委任务特别重要、使命特别光荣。必须加强党的建设、领导班子建设和干部队伍建设,履行好党和国家赋予的重大责任,不负全国人民的重托。

国务院国资委主任李荣融作了工作报告。各省、自治区、直辖市及计划单列市、新疆生产建设兵团国资委主要负责同志等100余人参加了会议。

全国工商联十届二次执委会议在北京开幕

全国政协副主席、全国工商联主席黄孟复代表常委会作工作报告。他说,在当前经济下行压力加大,民营企业发展困难加重的新形势下,工商联要加大服务力度,推动民营经济平稳较快发展。黄孟复要求,各级工商联组织充分发挥政府助手作用和服务会员服务企业的作用,千方百计帮助企业度过"寒冬"。要宣传中央经济工作会议和各地党委、政府相关会议精神,多出"实招",及时向有关政府部门反映情况与建议;要特别关注比较困难的企业,帮助解决税费、资金等方面问题;要利用工商联组织网络优势,为企业融通资金、开拓市场提供服务;要号召企业在关注自身困难如何解决的同时,也要为员工着想,采取措施尽量不裁员或少裁员,为社会稳定作出贡献。

全国工商联党组副书记、副主席宋北杉就《全国工商联关于加强执委会建设的意见》向大会作了说明。

今天的会议由中共中央统战部副部长、全国工商联党组书记、第一副主席全哲洙主持。全国工商联副主席褚平、孙安民、孙晓华、沈建国、谢经荣、王文京、王文彪、王新奎、卢志强、刘志强、刘沧龙、许连捷、许荣茂、张元龙、张近东、傅军、霍震寰,中国民间商会副会长王玉锁、尹明善、甘国屏、张宏伟、金会庆、郑跃文、段永基、施子清、谢伯阳,中央统战部有关负责同志及全国工商联执委共400余人出席了会议。

埃及总统穆巴拉克在开罗会见国务院副总理李克强

李克强说,当前国际金融危机对发展中国家经济的影响已经显现。面对国际经济环境的复杂变化,中国政府及时调整宏观经济政策,实施积极的财政政策和适度宽松的货币政策,采取了一系列扩大内需、促进经济增长的政策措施。这必将有利于保持中国经济平稳较快发展。他说,在新形势下,中埃应以明年两国战略合作关系建立十周年为契机,继续加强战略协调与配合,全面充实双边关系内涵,深化贸易、投资、交通、通信、旅游和人力资源等领域务实合作,拓展新的合作领域,推动两国关系向更高水平发展。

穆巴拉克说,埃方高兴地看到中国的快速发展,希望中国进一步强大。他本人一直致力于推动两国关系向前发展,非常重视与中国发展各领域的友好合作,相信在埃中两国领导人的共同努力下,埃中战略合作关系会不断取得新的进展。

国务院副总理李克强在开罗出席中埃联合商务理事会商务论坛并发表演讲

中国国务院副总理李克强出席论坛并发表题为《深化传统友谊,拓展新兴市场,实现共同发展》的演讲。

埃及投资部长毛希丁以及来自中埃两国交通、通信、金融、纺织、建筑等领域的企业界代表共300多人出席。

国务院副总理李克强在中埃联合商务理事会商务论坛上发表题为《深化传统友谊 拓展新兴市场 实现共同发展》的演讲

尊敬的毛希丁部长,各位企业家,女士们,先生们,朋友们:

很高兴在阿拉伯和非洲第一大城市开罗与各位企业家见面。在此,我代表中国政府,对中埃联合商务理事会商务论坛的召开表示热烈的祝贺!向长期以来为推动中埃经贸合作、增进中埃人民友谊作出贡献的两国企业界人士表示诚挚的感谢!

此次论坛是在世界金融经济形势急剧变化的特殊背景下召开的。当前,国际金融危机继续蔓延,对实体经济的影响不断加深,给新兴市场国家和发展中国家带来严重冲击。中国是世界上最大的发展中国家,埃及是阿拉伯和非洲有重要影响的国家。在目前的形势下,发达国家市场需求下降,而发展中国家市场潜力很大。中埃企业家加强合作,进一步发展双边经贸关系,拓展新兴市场,对于共同应对国际金融危机、维护发展中国家利益、促进世界金融经济稳定,都具有积极意义。

中埃传统友谊源远流长。两国建交52年来,尽管国际风云不断变化,但中埃友谊始终持续发展。1999年中埃建立战略合作关系,使双边关系步入新的历史阶段。2006年,胡锦涛主席和穆巴拉克总统就深化两国战略合作关系达成广泛共识。双方政治上平等互信,经济上互利合作,文化上交流互鉴,国际事务中密切协调,树立了发展中国家关系和南南合作的典范。

近年来,埃及改革不断深化,经济较快发展,社会保持稳定,人民生活改善,呈现出良好的发展前景。这次我对古老而现代的埃及进行正式访问,亲身感受到了埃及的繁荣进步。随着中埃友好关系的深化和各自经济的发展,两国经贸合作不断加强。今年,尽管受到国际金融危机的影响,中埃贸易仍然保持40%左右的快速增长,全年贸易额预计可达60亿美元。目前,中国在埃开展业务的企业已接近600家,双边在经济区开发、基础设施建设、旅游、金融等领域的合作也日益扩大。两国企业界不仅有良好合作的愿望,而且有紧密合作的经验,深化合作的前景十分广阔。

女士们,先生们!

中埃在平等互利的基础上进一步加强友好合作,符合两国和两国人民的根本利益,也会对发展中阿、中非关系起到重要的示范和带动作用。双方应继续按照两国政府2006年签署的深化战略合作关系的实施纲要,继往开来,扎实合作,把中埃关系不断推向前进。经贸合作是中埃友好的重要基础。在此,我愿就深化中埃经贸关系提几点建议:

第一,扩大贸易领域。两国贸易关系应当向着全面、均衡、可持续的方向发展。中方重视双边商品贸易不平衡的问题,愿与埃方一道,在保持商品贸易稳定增长的同时,促进经贸合作从商品贸易为主转向多领域并重。我们乐见更多中国公民赴埃旅游,支持企业与埃扩大航运等服务贸易,探索开拓新的合作领域,逐步实现经贸关系的综合平衡。

第二,深化投资合作。这能够为中埃贸易全面均衡发展创造广阔的空间。我们愿进一步加强两国在能源、通信、交通运输等领域的投资合作,以投资带动贸易和产业发展。中国政府支持更多有实力、信誉好的企业赴埃及进行投资活动,支持更多有活力、成长性强的中小企业到埃及开展各类业务,并愿为埃方企业在华投资兴业提供便利。

第三,开拓国际市场。埃及横跨亚非,靠近欧洲,地缘优势突出。中方产业技术较为成熟,配套服务能力较强。中埃应把双方的优势更好地结合起来,携手开拓国际市场。苏伊士经贸合作区是中埃经贸合作的重大项目。建设好合作区,利用这一平台,对于进一步发展中埃经贸关系,共同开拓北非、南欧和地中海沿岸市场,都具有战略意义。中方愿与埃方密切配合,建立工作机制,推动该项目取得更大进展。

第四,丰富合作内涵。中埃两国都是世界文明古国,有着深厚的传统文化,可以相互启示。中埃两国都在较快发展,有着各自的成功经验,可以相互借鉴。中方愿与埃方加强管理、技术等方面的交流,更好地为提高发展能力服务;深化卫生、教育、文化、体育等领域的合作,增进两国人民的福祉,巩固两国人民的友谊。中方将继续向埃方提供力所能及的援助和支持。希望中国在埃企业继续重视履行社会责任,积极回馈当地社会。

女士们,先生们!

当前,世界各国都在积极应对国际金融危机。中国政府及时对宏观经济政策作出了调整,果断实施积极的财政政策和适度宽松的货币政策,在刺激消费、增加投资、减免税费、振兴产业、稳定金融等方面采取了一系列措施,着力扩大国内需求,努力保持经济增长。把中国自己的事情办好,保持经济平稳较快发展,这本身就是对世界经济的最大贡献。

与此同时,中国作为国际社会负责任的成员,愿继续本着建设性的态度,积极参与提升市场信心、维护金融稳定、促进经济增长的国际合作,共同抵御金融危机的影响,推动世界经济持久发展。

我们也清醒地认识到,中国是一个有着13亿人口的发展中国家,人均国内生产总值还比较低,实现现代化还需要付出长期艰苦的努力。我们将始终不渝地走和平发展道路,始终不渝地奉行互利共赢的开放战略,以更加积极的姿态参与国际经济合作,促进共同发展,使各国人民共享发展的成果。

我们祝福埃及经济社会发展不断取得新成就,我们期待中埃经贸合作不断开创新局面,我们坚信中埃战略合作关系一定能不断跃上新台阶。谢谢大家!

第二届中日韩文化部长会议在韩国西归浦市举行

中国文化部部长蔡武、日本国文化厅长官青木保和韩国文化体育观光部长官柳仁村出席了会议。与会三方就加强文化交流与合作发表了《济州宣言》。蔡武代表中方就中日韩文化合作的现状、发展方向和机制建设等问题作了主旨发言。

中日韩三国文化部长就中日韩文化合作过程中各方共同关心的问题交换了意见。三国文化部长一致认为,中日韩文化合作是三国伙伴关系的重要组成部分,三方将继续秉承第一届中日韩文化部长会议签署的《南通宣言》主要精神,致力于在文化领域加强交流与合作,互惠共赢,努力推动中日韩文化合作的持续和健康发展。中日韩三国文化部长共同签署了第二届中日韩文化部长会议的成果文件——《济州宣言》。

中共中央政治局常委李长春到国家大剧院调研

调研中,李长春听取了国家大剧院的工作汇报,对国家大剧院一年来取得的成绩给予肯定。李长春指出,国家大剧院是国家建设的重大文化设施,是服务人民群众、展示国家形象、体现国际一流水准的重大文化工程。要始终把社会效益放在首位,做到经济效益与社会效益相统一,为全社会提供更多更好的公益性文艺演出,特别是多开展一些面向青少年的艺术普及教育活动,把大剧院真正办成大众的艺术殿堂,使人民群众能够有更多机会欣赏高雅艺术,共享文化改革发展的成果。要坚持面向市场、开拓市场,做大做强文化产业,积极开发衍生产品，延长产业链条，不断满足人民多层次、多方面、多样化的精神文化需求。要深化体制机制改革，创新经营管理模式，把面向群众与面向市场结合起来，统筹发挥好公益性职能与经营性效能这两大任务，不断增强发展活力，提高服务水平。要进一步增强吸引力和凝聚力，引进国外高水平的艺术院团或艺术家前来演出，组织更多国内演出团体和艺术家到国外演出，为加强中外艺术交流、推动中华文化"走出去"发挥积极作用。

北京市市委书记刘淇一同调研。

第四届国家图书馆文津图书奖在北京揭晓

图书奖由任继愈、王蒙、梁晓声、周国平等众多专家和读者共同参评，10种图书获奖。

获奖图书分别是：《崩溃：社会如何选择成败兴亡》《中国文化十一讲》《没有我们的世界》《中国近代史：1600—2000中国的奋斗》《我的精神自传》《走到人生边上——自问自答》《营国匠意——古都北京的规划建设及其文化渊源》《追星——关于天文、历史、艺术与宗教的传奇》《丧家狗——我读〈论语〉》《牛奶可乐经济学——最妙趣横生的经济学课堂》。

2008年中国电影产量达406部

在中国电影家协会第八次全国代表大会上，国家广电总局党组副书记、副局长赵实指出，即将过去的2008年，中国电影产业继续呈现出持续、快速、健康发展的良好态势，取得了突破性进展。

据赵实介绍，2008年中国电影产量达到406部，《梅兰芳》《超强台风》《一个人的奥林匹克》《农民工》等一大批优秀影片，质量、效益和口碑明显提高。国家中影数字制作基地如期建成运营，打造出中国电影制造业的新品牌。

在电影院线方面，今年城市影院新增118家，新增570块新银幕，平均每天增加1.7块，全国银幕总数从5年前的1000块一跃突破4000块。与去年65亿元的成绩相比，今年票房等综合收入截至12月25日已突破82亿元，国内市场票房比去年增长30%。

农村电影放映工程取得进展，全国目前已组建了150家农村数字电影院线公司，今年新增104条农村数字电影院线，已更新配备10000多套数字电影放映设备，放映点覆盖全国27万个行政村，占到全国农村的1/3，今年仅数字电影就放映了200多万场。

2008"金话筒奖"颁奖晚会在天津举行

39个广播电视作品和人物获得殊荣。

新疆人民广播电台的《为了大山里的塔吉克乡亲》等5件作品获得广播播音作品奖；上海文广新闻传媒集团的《早市导航》等5件作品获得电视播音作品奖；中国国际广播电台的《理发师王乃贵》等5件作品获得广播主持作品奖；中央电视台的《文化月谈》等5件作品获得电视主持作品奖；中央人民广播电台肖玉珠等9人荣获广播播音员主持人奖；中央电视台孙正平等10人荣获电视播音员主持人奖。

"金话筒奖"由中国广播电视协会主办，是中国播音主持界的最高荣誉。该奖项每年一度，每年40个(件)名额。由于坚持评奖标准，宁缺毋滥，本届"金话筒奖"空缺了一个获奖名额。

12月26日

中共中央政治局召开会议研究部署党风廉政建设和反腐败工作

会议听取中央纪律检查委员会2008年工作汇报，分析当前党风廉政建设和反腐败工作形势，研究部署2009年党风廉政建设和反腐败工作。中共中央总书记胡锦涛主持会议。

会议指出，今年以来，我们党全面把握国内外发展大局，在推进社会主义经济建设、政治建设、文化建设、社会建设和党的建设的同时，按照党的十七大作出的战略部署，加强以保持党同人民群众血肉联系为重点的作风建设，加强以完善惩治和预防腐败体系为重点的反腐倡廉建设，以改革创新精神全面推进反腐倡廉各项工作，取得了新的明显成效，反腐倡廉建设方向更加明确、思路更加清晰。同时，必须清醒地看到，腐败现象在一些部门和领域仍然易发多发，反腐倡廉建设面临不少新情况新问题，反腐败斗争形势仍然严峻。全党必须坚持反腐倡廉常抓不懈、拒腐防变警钟长鸣，进一步加大工作力度，把党风廉政建设和反腐败斗争不断引向深入。

会议强调，2009年，我们要全面贯彻党的十七大和十七届三中全会精神，高举中国特色社会主义伟大旗帜，以邓小平理论和"三个代表"重要思想为指导，深入贯彻落实科学发展观，严格落实党风廉政建设责任制，坚持标本兼治、综合治理、惩防并举、注重预防方针，以完善惩治和预防腐败体系为重点，以改革创新精神抓好《建立、健全惩治和预防腐败体系2008—2012年工作规划》的落实，加强对中央关于推动科学发展、实现经济平稳较快增长政策措施的监督检查，着力解决党员干部在党性党风党纪方面存在的突出问题，以党风廉政建设和反腐败斗争的新成效取信于民，为改革发展稳定提供坚强保证。在2009年的党风廉政建设和反腐败工作中，要严明党的政治纪律，确保党的路线方针政策和科学发展重大决策部署的贯彻落实；切实加强领导干部作风建设，进一步密切党群干群关系；加强党风廉政教育，认真抓好领导干部廉洁自律工作；加大查办案件工作力度，维护党纪国法的严肃性；坚决纠正损害群众利益的不正之风，着力解决群众反映强烈的突出问题；推进重点领域和关键环节改革，深化治本抓源头工作；切实加强对领导干部特别是主要领导干部的监督，确保权力正确行使；加强基层党风廉政建设，促进社会和谐稳定。会议同意明年1月召开第十七届中央纪律检查委员会第三次全体会议。

会议还研究了其他事项。

中国民营经济发展30年高层论坛在人民大会堂召开

国家主席胡锦涛根据全国人大常委会的决定任免驻外大使

一、免去胡乾文的中华人民共和国驻越南社会主义共和国特命全权大使职务；

任命孙国祥为中华人民共和国驻越南社会主义共和国特命全权大使。

二、免去郑祥林的中华人民共和国驻尼泊尔联邦民主共和国特命全权大使职务；

任命邱国洪为中华人民共和国驻尼泊尔联邦民主共和国特命全权大使。

三、免去杨秀萍(女)的中华人民共和国驻立陶宛共和国特命全权大使职务；

任命佟明涛为中华人民共和国驻立陶宛共和国特命全权大使。

国务院副总理李克强在开罗与埃及总理纳齐夫举行会谈

李克强表示，在当前国际金融危机给广大发展中国家带来冲击的严峻形势下，中埃两国应加强协调，扩大合作，共克时艰。李克强建议：第一，进一步巩固中埃战略合作关系基础，保持领导人互访，增强政治互信，全面推进双边关系。第二，进一步充实中埃战略合作关系内涵，继续加强两国在能源、通信、交通、旅游等领域合作，开拓基础设施建设、技术交流、服务贸易等新的合作领域。第三，共同抓好具有战略意义的重大项目，努力使其成为中埃合作和中阿、中非合作的典范，以投资带贸易、促合作。第四，携手应对国际金融危机的挑战，发挥双方优势，挖掘市场潜力，共同维护世界经济金融的稳定。他强调，在即将迎来两国建立战略合作关系十周年之际，积极推进和谋划未来发展，使两国间合作提高到新水平，具有十分重要的意义。

纳齐夫重申埃及恪守一个中国原则。他说，面对当前形势，埃及愿与中国加强合作，共同克服国际金融危机带来的不利影响，促进世界经济稳定发展。

会谈后，李克强与纳齐夫总理共同出席了中埃经济技术合作、渔业水产培训等方面合作项目的签字仪式。

中国友协亚非地区五大协会年会在北京举行

中国非洲人民友好协会、中国阿拉伯友好协会、中国东盟协会、中国印度友好协会、中国韩国友好协会在京召开。全国政协副主席、中非友协会长阿不来提·阿不都热西提出席。各协会近300名理事与会。

年会上，五个协会各自总结了一年来的工作情况，并就今后如何进一步做好亚非地区的民间外交工作进行了讨论。

中组部部长李源潮出席在北京召开的全国人才工作座谈会并讲话

李源潮指出，面对国际金融危机冲击的严峻挑战，我们要战胜困难、抓住机遇，推动科学发展，必须更加突出依靠科技和人才的力量。要牢固树立人才资源是科学发展第一资源的观念，坚定不移地走人才强国之路，充分发挥人才在国家与地区发展中的最积极作用，依靠人才增强竞争优势。要确立人才在国家与地区经济社会发展中优先发展的战略布局，努力构建和提升科学发展核心竞争力，做到人才资源优先开发、人才结构优先调整、人才资本优先积累、人才投入优先保证，以人才优先发展引领和带动经济社会科学发展。

李源潮指出，要大力培养造就高层次创新创业人才，建立建设创新型国家的主要支撑。组织实施高层次创新人才培养工程，大力引进海外高层次人才，统筹抓好各类人才队伍建设。

李源潮指出，要健全党管人才领导体制和工作机制，充分调动各个部门和社会各方力量发现人才、培养人才、使用人才、保护人才的积极性，形成推动人才发展的强大合力。

中央人才工作协调小组成员、中组部有关负责同志，各省区市和新疆生产建设兵团党委组织部负责同志、副省级城市党委组织部负责同志参加了座谈会。浙江、湖北、重庆3省市党委组织部，人力资源和社会保障部、科技部负责同志作了发言。

涉台文物保护工程在福建省泉州市启动

涉台文物保护工程启动仪式由国务院台湾事务办公室、国家文物局、福建省人民政府共同举办。

该涉台文物保护工程，主要包括编制涉台文物保护总体规划、对重点文物实施保护维修，以及收集整理有关档案资料、编辑出版研究成果等，整个工程项目预计要5年时间完成。首批启动的15个涉台文物保护工程项目包括县石山遗址、三坊七巷——朱紫坊建筑群、芦山堂、东山关帝庙、白礁慈济宫、林氏宗祠、天一总局旧址、陈元光墓、施琅宅祠墓、泉州天后宫、清水岩、汀州文庙、平海天后宫、李纲祠、古田临水宫。

国家文物局初步统计，全国共有涉台文物1354处，主要分布在福建、广东、浙江、江苏等省，其中全国重点文物保护单位54处，省级文物保护单位126处，市（县）级文物保护单位550处，未公布为保护单位的文物点624处。

2008年国内国际十大体育新闻评选结果在北京揭晓

该评选结果由《人民日报》体育部和《中国体育报》联合评出。

国内十大体育新闻

一、8月8日至24日，北京成功举办第二十九届夏季奥运会，中国代表团首次登顶奥运金牌榜。中国在射箭、帆板、蹦床、拳击、男子击剑、女子体操团体等项目上取得历史性突破。

二、9月6日至17日，北京成功举办2008年残奥会，履行了"两个奥运，同样精彩"的庄严承诺。

三、9月29日，北京奥运会、残奥会总结表彰大会隆重举行，胡锦涛总书记发表重要讲话，提出进一步推动我国由体育大国向体育强国迈进。

四、12月17日，国家体育总局发布《2007年中国城乡居民参加体育锻炼现状调查公报》。结果显示，2007年全国有3.4亿城乡居民参加过体育锻炼，"经常参加体育锻炼"的人数比例为28.2%。

五、北京奥运会火炬传递实现奥运火炬首次全球传递。5月8日，奥运火炬首次在世界最高峰珠穆朗玛峰峰顶点燃。

六、3月9日，刘翔在巴伦西亚世界室内田径锦标赛男子60米栏决赛中以7秒46的佳绩称雄，成为中国田径史上首位室内世锦赛男子冠军。8月18日，刘翔因伤退出北京奥运会男子110米栏比赛。

七、中国男足全线失利。6月，国家队在南非世界杯预选赛亚洲区20强赛小组垫底；8月，国奥队在北京奥运小组赛未出线；10月，U16国少队在亚少赛小组赛出局；11月，U19国青队在亚青赛止步八强。

八、3月2日，第四十九届世乒赛团体赛在广州举行，中国队第十六次夺得世乒赛男团冠军、第十七次夺得世乒赛女团冠军。

九、体彩事业乘奥运东风推出"顶呱刮"即开型彩票等，体彩销量创历史新高，本年度中国体彩销售超440亿元，市场份额稳定在43%。

十、6月17日，参加2008"穿越东方"越野拉力赛的中国车手徐浪不幸遇难。

国际十大体育新闻

一、第二十九届夏季奥运会和2008年残奥会在中国北京成功举行。北京奥运会上，共有204个国家和地区代表团参加，创历届之最，奖牌分布更广。中国代表团以51金首次登顶奥运金牌榜，此前连续三届名列榜首的美国代表团以36金退至第二，俄罗斯代表团以23金位居第三。

二、美国游泳选手菲尔普斯在北京奥运会上一举获得8枚金牌，改写7项世界纪录。菲尔普斯以14金成为奥运历史上获得金牌最多的选手。

三、牙买加田径选手博尔特在北京奥运会上连夺男子100米、200米和4×100米接力金牌，并以惊人成绩打破3项世界纪录。

四、全球金融危机对国际体育的影响逐步显现。强生公司退出国际奥委会TOP合作伙伴计划；本田车队退出F1、铃木车队退出WRC后，著名的斯巴鲁车队也宣布退出WRC，一系列退出相伴一系列体育赛事、体育赞助被取消。

五、北京奥运会上，蒙古男子柔道、巴拿马男子跳远、巴林男子中长跑等分别取得该国奥运史上的首枚金牌。

六、6月30日，西班牙队在2008年欧洲足球锦标赛决赛中以1:0战胜德国队，44年后再次登上欧洲足坛之巅。

七、8月18日，纳达尔取代费德勒，成为世界男子职业网坛排名头号选手。本年度，纳达尔在法网男单比赛中实现"四连冠"，并相继夺得温布尔登公开赛和北京奥运会男单冠军。

八、7月27日，第九十五届环法自行车大赛在巴黎落幕，西班牙车手萨斯特雷首度成为环法赛总冠军。但本届环法大赛仍未能摆脱禁药丑闻，德国ARD电视台也因此退出本届环法转播。

九、11月3日，英国车手汉密尔顿夺得2008赛季F1车手总冠军，也成为F1历史上最年轻的车手总冠军。法拉利车队以172分获得本年度车队总冠军。

十、6月18日，凯尔特人队在NBA总决赛上以总比分4:2击败湖人队，夺得2007—2008赛季NBA总冠军及球队历史上的第十七个总冠军。

12月27日

中共中央政治局进行第十次集体学习

中共中央总书记胡锦涛主持。

中共中央政治局这次集体学习安排的内容是关于深化改革开放问题研究。中央党史研究室章百家研究员、中央党校杨秋宝教授就这个问题进行讲解，并谈了对深化改革开放的意见和建议。

中共中央政治局各位同志认真听取了他们的讲解，并就有关问题进行了讨论。

胡锦涛在主持学习时发表了讲话。他指出，30年改革开放的伟大实践，是一部最丰富、最生动、最有说服力的马克思主义和科学社会主义的教科书，是一部最丰富、最生动、最有说服力的实现我国现代化、实现中华民族伟大复兴的教科书。这部教科书凝聚了党和人民的智慧和心血，体现了党和人民的艰辛探索和宝贵经验，我们一定要把它充分运用好。

胡锦涛强调，要继续深刻领会改革开放是决定当代中国命运的关键抉择，坚定不移地走中国特色社会主义道路。进行改革开放宣传教育，首先要使全党全国各族人民深刻认识到，改革开放是决定当代中国命运的关键抉择，是发展中国特色社会主义、实现中华民族伟大复兴的必由之路。30年来，我们之所以能够在风云变幻的国际形势中站稳脚跟、稳步前进，之所以能够在激烈的国际竞争中抓住机遇、不断发展，之所以能够从容应对一系列关系我国主权和安全的国际突发事件，之所以能够战胜在经济、政治领域和自然界出现的各种难以想象的困难和风险，根本原因是我们始终坚持改革开放，并在改革开放的伟大实践中开辟了中国特色社会主义道路。我们要建成惠及十几亿人口的更高水平的小康社会，进而建成富强民主文明和谐的社会主义现代化国家，必须不动摇、不懈怠、不折腾，坚定不移地推进改革开放，坚定不移地走中国特色社会主义道路，继往开来地把中国特色社会主义伟大事业推向前进。

胡锦涛指出，要继续深刻领会改革开放是党在新的历史条件下带领人民进行的新的伟大革命，坚定不移地推进改革开放。不进行这场新的伟大革命，我们就不可能取得今天这样的伟大成就。不继续进行这场新的伟大革命，我们就不可能为党和国家事业发展继续提供强大动力。我们要继续坚定不移地推进改革开放，坚持通过改革解决前进中的各种矛盾和问题，不断完善适合我国国情的发展道路和发展模式，着力构建充满活力、富有效率、更加开放、有利于科学发展的体制机制。

胡锦涛强调，要继续深刻领会只有改革开放才能发展马克思主义，坚定不移地推进马克思主义中国化。改革开放是中国特色社会主义理论体系形成和发展的实践基础，也是中国特色社会主义理论体系不断丰富和发展的实践源泉。我们要坚持解放思想、实事求是、与时俱进，坚持运用中国特色社会主义理论体系指导中国特色社会主义伟大实践，深入总结广大干部群众在实践中创造的成功经验，在改革开放的伟大实践中不断丰富和发展中国特色社会主义理论体系。

胡锦涛指出，要继续深刻领会改革开放是推进党的建设的强大动力，坚定不移地以改革创新精神全面推进党的建设新的伟大工程。办好中国的事情，关键在党。能不能始终带领人民走在时代前列，能不能始终保持同人民群众的血肉联系，能不能始终成为中国特色社会主义事业的坚强领导核心，是对党的最根本的考验。要经受住这个最根本的考验，关键是要坚持以改革创新精神全面推进党的建设新的伟大工程，更加自觉、更有成效地把党建设好，使党始终成为中国特色社会主义事业的坚强领导核心。

中共中央总书记胡锦涛考察四川地震灾区灾后恢复重建情况

12月27日至29日，胡锦涛在四川省委书记刘奇葆和省长蒋巨峰等陪同下，先后来到绵阳、德阳、成都、阿坝等地的重灾区，深入重建工地、企业车间、农村村寨、受灾群众集中安置点和学校、卫生院，实地了解灾后恢复重建和群众生产生活情况，看望慰问灾区干部群众和各地援建人员，代表党中央向大家致以亲切的问候和新年的祝福。

胡锦涛听取了四川省委和省政府的工作汇报，对四川省经济社会发展和灾后恢复重建取得的成绩给予充分肯定。总书记希望四川广大干部群众全面贯彻党的十七大、十七届三中全会精神和中央经济工作会议精神，以邓小平理论和“三个代表”重要思想为指导，深入贯彻落实科学发展观，紧紧抓住国家深入实施西部大开发战略和全力支持地震灾区恢复重建的宝贵机遇，努力在继续解放思想上迈出新步伐，在坚持改革开放上实现新突破，在推动科学发展上取得新进展，在促进社会和谐上见到新成效，不断开创四川各项事业发展新局面。

胡锦涛强调，四川灾后恢复重建任务十分艰巨繁重。他要求四川省认真落实中央有关方针政策和工作部署，坚持以人为本、尊重自然、统筹兼顾、科学重建，在全国大力支援下，加快实施灾后恢复重建总体规划，把握好加快进度与确保质量、加大投入与厉行节约、整体推进与突出重点、立足当前与着眼长远、争取外援与自力更生的关系，全面重建灾区群众的物质家园和精神家园，早日实现灾区家家有房住、户户有就业、人人有保障、设施有提高、经济有发展、生态有改善的目标，奋力夺取抗震救灾斗争全面胜利。

胡锦涛指出，在抗击汶川特大地震灾害斗争中形成的伟大抗震救灾精神，是我们战胜困难、开拓前进的宝贵精神财富。越是在形势严峻、任务艰巨的时候，越是要在领导班子和干部队伍中大力弘扬这一伟大精神，使他们更好地带领人民群众共克时艰、共渡难关。他还特别强调，要真正重视、真情关怀、真心爱护广大基层干部，体谅他们的实际困难，了解他们的思想情绪，关心他们的身心健康，改善他们的工作生活条件，把组织的温暖送到他们的心坎上。

考察期间，胡锦涛接见了驻成都部队师以上干部。

十一届全国人大常委会第六次会议在人民大会堂闭会

会议经表决，通过了修订后的防震减灾法和全国人大常委会关于修改专利法的决定，国家主席胡锦涛分别签署第7号、第8号主席令予以公布。

吴邦国委员长主持会议。

会议表决通过了全国人大常委会关于召开十一届全国人大二次会议的决定。根据这一决定，十一届全国人大二次会议于2009年3月5日在北京召开。

会议表决通过了全国人大常委会关于批准《上海合作组织成员国关于举行联合军事演习的协定》的决定、关于批准《中华人民共和国和阿拉伯联合酋长国关于刑事司法协助的条约》的决定，批准了这两个条约。

会议分别表决通过了全国人大法律委员会、教育科学文化卫生委员会、外事委员会、华侨委员会、环境与资源保护委员会、农业与农村委员会关于十一届全国人大一次会议主席团交付审议的代表提出的议案审议结果的报告。

会议表决通过了全国人大常委会代表资格审查委员会关于个别代表的代表资格的报告。根据全国人大常委会发表的公告，十一届全国人大代表现在实有2982人。

会议经表决，任命陈斯喜为十一届全国人大内务司法委员会副主任委员，免去其十一届全国人大法律委员会委员职务；任命尹中卿为十一届全国人大财政经济委员会副主任委员；任命刘振伟为十一届全国人大农业与农村委员会副主任委员，免去其全国人大常委会副秘书长职务；免去沈春耀的全国人大常委会法制工作委员会副主任职务；任命韩晓武为全国人大常委会副秘书长，任命郎胜为全国人大常委会法制工作委员会副主任。会议还表决通过了其他任免案。

完成各项议程后，吴邦国发表重要讲话。他说，今年以来尤其是9月份以来，经济形势是全国人大代表、常委会和专门委员会组成人员十分关注的问题。这次会议，按计划听取审议了国务院关于"十一五"规划纲要实施中期情况和稳定物价工作的两个报告，增加安排听取审议了国务院关于积极采取措施应对国际金融危机、确保国民经济平稳较快发展情况的报告。今年以来，面对复杂多变的国际经济形势和国内经济运行中的突出矛盾和问题，党中央审时度势，及时把宏观调控的首要任务从年初的"两防"，即防经济增长过热、防明显通货膨胀，调整为年中的"一保一控"，即保持经济平稳较快增长、控制物价过快上涨。为应对国际金融危机快速蔓延的冲击，11月份又果断调整为积极的财政政策和适度宽松的货币政策，并采取了一系列扩大内需、促进经济增长的政策措施。在全国上下共同努力下，我们夺取了抗灾救灾斗争的重大胜利，成功举办了北京奥运会和残奥会，圆满完成了"神舟"七号载人航天飞行任务，经济保持较快增长，物价得到有效控制，单位能耗和主要污染物排放总量再度下降，粮食总产和单产创历史新高，民生得到进一步改善，社会大局保持稳定，成绩来之不易。国务院和地方政府为此做了大量工作，应予充分肯定。

吴邦国强调，在看到成绩的同时，必须清醒地认识到，国际金融危机继续蔓延和对实体经济的影响仍在不断加深，我国发展的外部经济环境日趋严峻。同时在有效需求不足的情况下，我国经济社会发展中的一些深层次矛盾和问题也更加凸显。为此，一定要切实增强忧患意识，充分认识国际经济形势的严峻性和复杂性，充分认识做好明年经济社会发展工作的复杂性和艰巨性，把思想和行动统一到中央对形势的分析判断和对工作的总体部署上来，全面贯彻中央经济工作会议精神，把保持经济平稳较快发展作为首要任务，把加快发展方式转变和结构调整作为主攻方向，化严峻挑战为发展机遇，变市场压力为调整动力，加大结构调整工作力度，促进产业优化升级。在我国许多行业产能过剩的情况下，贯彻落实积极的财政政策和适度宽松的货币政策，一定要准确严格把握政策和投资导向，切实防止低水平重复建设，切实防止新一轮城市扩张。

吴邦国指出，尽管我国经济社会发展面临严峻挑战，但发展的基本态势没有改变，遇到的困难与挑战是前进中的问题。只要我们全面分析形势变化，充分估计困难挑战，周密部署政策措施，坚定发展信心，以更加昂扬的斗志、更加务实的作风，把中央提出的保增长、扩内需、调结构、重民生的部署和要求落到实处，就一定能够将国际金融危机带来的不利影响降到最低程度,促进经济社会又好又快发展。

吴邦国强调,坚持以人为本,关注民生,加强社会领域的立法和监督工作,是这些年常委会工作的一个重点。工作中我们注意把立法和监督结合起来,在推动工作的同时注重制定和完善法律,在加强立法的同时注重强化执法检查和工作监督。今年以来,我们在上一届工作的基础上,继续加快社会保险法等立法进程,又将义务教育法、未成年人保护法和劳动合同法实施情况的检查作为监督工作重点,使人大工作更有深度、更具活力、更出成效。

吴邦国指出,本次会议通过了关于召开十一届全国人大二次会议的决定。从现在到明年大会召开,只有两个月多点的时间,大会的各项筹备工作提到了议事日程。当前要着重抓好三项工作:一要认真做好二次大会的组织筹备工作,各有关方面要按照“明确分工,落实责任,精心组织,统筹安排,密切配合”的要求,加紧组织筹备工作,确保大会顺利召开;二要认真做好常委会第七次会议的准备工作,第七次会议除了为二次大会召开作必要准备外,还将安排审议食品安全法草案,有关方面要抓紧草案的修改完善工作,确保如期提请审议;三要认真做好明年工作的预安排,为做好新一年的各项工作打下坚实基础。

全国人大常委会副委员长王兆国、路甬祥、乌云其木格、韩启德、华建敏、陈至立、周铁农、李建国、司马义·铁力瓦尔地、蒋树声、陈昌智、严隽琪、桑国卫出席会议。国务院副总理张德江、最高人民法院院长王胜俊、最高人民检察院检察长曹建明等列席会议。

国家主席胡锦涛签署第7号令公布《中华人民共和国防震减灾法》

《中华人民共和国防震减灾法》已由中华人民共和国第十一届全国人民代表大会常务委员会第六次会议于2008年12月27日修订通过,现将修订后的《中华人民共和国防震减灾法》公布,自2009年5月1日起施行。

中华人民共和国主席　胡锦涛

2008年12月27日

中华人民共和国防震减灾法

第一章　总　则

第一条　为了防御和减轻地震灾害,保护人民生命和财产安全,促进经济社会的可持续发展,制定本法。

第二条　在中华人民共和国领域和中华人民共和国管辖的其他海域从事地震监测预报、地震灾害预防、地震应急救援、地震灾后过渡性安置和恢复重建等防震减灾活动,适用本法。

第三条　防震减灾工作,实行预防为主、防御与救助相结合的方针。

第四条　县级以上人民政府应当加强对防震减灾工作的领导,将防震减灾工作纳入本级国民经济和社会发展规划,所需经费列入财政预算。

第五条　在国务院的领导下,国务院地震工作主管部门和国务院经济综合宏观调控、建设、民政、卫生、公安以及其他有关部门,按照职责分工,各负其责,密切配合,共同做好防震减灾工作。

县级以上地方人民政府负责管理地震工作的部门或者机构和其他有关部门在本级人民政府领导下,按照职责分工,各负其责,密切配合,共同做好本行政区域的防震减灾工作。

第六条　国务院抗震救灾指挥机构负责统一领导、指挥和协调全国抗震救灾工作。县级以上地方人民政府抗震救灾指挥机构负责统一领导、指挥和协调本行政区域的抗震救灾工作。

国务院地震工作主管部门和县级以上地方人民政府负责管理地震工作的部门或者机构,承担本级人民政府抗震救灾指挥机构的日常工作。

第七条　各级人民政府应当组织开展防震减灾知识的宣传教育,增强公民的防震减灾意识,提高全社会的防震减灾能力。

第八条　任何单位和个人都有依法参加防震减灾活动的义务。

国家鼓励、引导社会组织和个人开展地震群测群防活动,对地震进行监测和预防。

国家鼓励、引导志愿者参加防震减灾活动。

第九条　中国人民解放军、中国人民武装警察部队和民兵组织,依照本法以及其他有关法律、行政法规、军事法规的规定和国务院、中央军事委员会的命令,执行抗震救灾任务,保护人民生命和财产安全。

第十条　从事防震减灾活动,应当遵守国家有关防震减灾标准。

第十一条　国家鼓励、支持防震减灾的科学技术研究,逐步提高防震减灾科学技术研究经费投入,推广先进的科学研究成果,加强国际合作与交流,提高防震减灾工作水平。

对在防震减灾工作中作出突出贡献的单位和个人,按照国家有关规定给予表彰和奖励。

第二章　防震减灾规划

第十二条　国务院地震工作主管部门会同国务院有关部门组织编制国家防震减灾规划,报国务院批准后组织实施。

县级以上地方人民政府负责管理地震工作的部门或者机构会同同级有关部门,根据上一级防震减灾规划和本行政区域的实际情况，组织编制本行政区域的防震减灾规划，报本级人民政府批准后组织实施，并报上一级人民政府负责管理地震工作的部门或者机构备案。

第十三条　编制防震减灾规划，应当遵循统筹安排、突出重点、合理布局、全面预防的原则，以震情和震害预测结果为依据，并充分考虑人民生命和财产安全及经济社会发展、资源环境保护等需要。

县级以上地方人民政府有关部门应当根据编制防震减灾规划的需要，及时提供有关资料。

第十四条　防震减灾规划的内容应当包括：震情形势和防震减灾总体目标，地震监测台网建设布局，地震灾害预防措施，地震应急救援措施，以及防震减灾技术、信息、资金、物资等保障措施。

编制防震减灾规划，应当对地震重点监视防御区的地震监测台网建设、震情跟踪、地震灾害预防措施、地震应急准备、防震减灾知识宣传教育等作出具体安排。

第十五条　防震减灾规划报送审批前，组织编制机关应当征求有关部门、单位、专家和公众的意见。

防震减灾规划报送审批文件中应当附具意见采纳情况及理由。

第十六条　防震减灾规划一经批准公布，应当严格执行；因震情形势变化和经济社会发展的需要确需修改的，应当按照原审批程序报送审批。

第三章　地震监测预报

第十七条　国家加强地震监测预报工作，建立多学科地震监测系统，逐步提高地震监测预报水平。

第十八条　国家对地震监测台网实行统一规划，分级、分类管理。

国务院地震工作主管部门和县级以上地方人民政府负责管理地震工作的部门或者机构，按照国务院有关规定，制定地震监测台网规划。

全国地震监测台网由国家级地震监测台网、省级地震监测台网和市、县级地震监测台网组成，其建设资金和运行经费列入财政预算。

第十九条　水库、油田、核电站等重大建设工程的建设单位，应当按照国务院有关规定，建设专用地震监测台网或者强震动监测设施，其建设资金和运行经费由建设单位承担。

第二十条　地震监测台网的建设，应当遵守法律、法规和国家有关标准，保证建设质量。

第二十一条　地震监测台网不得擅自中止或者终止运行。

检测、传递、分析、处理、存贮、报送地震监测信息的单位，应当保证地震监测信息的质量和安全。

县级以上地方人民政府应当组织相关单位为地震监测台网的运行提供通信、交通、电力等保障条件。

第二十二条　沿海县级以上地方人民政府负责管理地震工作的部门或者机构，应当加强海域地震活动监测预测工作。海域地震发生后，县级以上地方人民政府负责管理地震工作的部门或者机构，应当及时向海洋主管部门和当地海事管理机构等通报情况。

火山所在地的县级以上地方人民政府负责管理地震工作的部门或者机构，应当利用地震监测设施和技术手段，加强火山活动监测预测工作。

第二十三条　国家依法保护地震监测设施和地震观测环境。

任何单位和个人不得侵占、毁损、拆除或者擅自移动地震监测设施。地震监测设施遭到破坏的，县级以上地方人民政府负责管理地震工作的部门或者机构应当采取紧急措施组织修复，确保地震监测设施正常运行。

任何单位和个人不得危害地震观测环境。国务院地震工作主管部门和县级以上地方人民政府负责管理地震工作的部门或者机构会同同级有关部门，按照国务院有关规定划定地震观测环境保护范围，并纳入土地利用总体规划和城乡规划。

第二十四条　新建、扩建、改建建设工程，应当避免对地震监测设施和地震观测环境造成危害。建设国家重点工程，确实无法避免对地震监测设施和地震观测环境造成危害的，建设单位应当按照县级以上地方人民政府负责管理地震工作的部门或者机构的要求，增建抗干扰设施；不能增建抗干扰设施的，应当新建地震监测设施。

对地震观测环境保护范围内的建设工程项目，城乡规划主管部门在依法核发选址意见书时，应当征求负责管理地震工作的部门或者机构的意见；不需要核发选址意见书的，城乡规划主管部门在依法核发建设用地规划许可证或者乡村建设规划许可证时，应当征求负责管理地震工作的部门或者机构的意见。

第二十五条　国务院地震工作主管部门建立、健全地震监测信息共享平台，为社会提供服务。

县级以上地方人民政府负责管理地震工作的部门或者机构，应当将地震监测信息及时报送上一级人民政府负责管理地震工作的部门或者机构。

专用地震监测台网和强震动监测设施的管理单位，应当将地震监测信息及时报送所在地省、自治区、直辖市人民政府负责管理地震工作的部门或者机构。

第二十六条　国务院地震工作主管部门和县级以上地方人民政府负责管理地震工作的部门或者机构，根据地震监测信息研究结果，对可能发生地震的地点、时间和震级作出预测。

其他单位和个人通过研究提出的地震预测意见，应当向所在地或者所预测地的县级以上地方人民政府负责管理地震工作的部门或者机构书面报告，或者直接向国务院地震工作主管部门书面报告。收到书面报告的部门或者机构应当进行登记并出具接收凭证。

第二十七条　观测到可能与地震有关的异常现象的单位和个人，可以向所在地县级以上地方人民政府负责管理地震工作的部门或者机构报告，也可以直接向国务院地震工作主管部门报告。

国务院地震工作主管部门和县级以上地方人民政府负责管理地震工作的部门或者机构接到报告后，应当进行登记并及时组织调查核实。

第二十八条　国务院地震工作主管部门和省、自治区、直辖市人民政府负责管理地震工作的部门或者机构，应当组织召开震情会商会，必要时邀请有关部门、专家和其他有关人员参加，对地震预测意见和可能与地震有关的异常现象进行综合分析研究，形成震情会商意见，报本级人民政府；经震情会商形成地震预报意见的，在报本级人民政府前，应当进行评审，作出评审结果，并提出对策建议。

第二十九条　国家对地震预报意见实行统一发布制度。

全国范围内的地震长期和中期预报意见，由国务院发布。省、自治区、直辖市行政区域内的地震预报意见，由省、自治区、直辖市人民政府按照国务院规定的程序发布。

除发表本人或者本单位对长期、中期地震活动趋势的研究成果及进行相关学术交流外，任何单位和个人不得向社会散布地震预测意见。任何单位和个人不得向社会散布地震预报意见及其评审结果。

第三十条　国务院地震工作主管部门根据地震活动趋势和震害预测结果，提出确定地震重点监视防御区的意见，报国务院批准。

国务院地震工作主管部门应当加强地震重点监视防御区的震情跟踪，对地震活动趋势进行分析评估，提出年度防震减灾工作意见，报国务院批准后实施。

地震重点监视防御区的县级以上地方人民政府应当根据年度防震减灾工作意见和当地的地震活动趋势，组织有关部门加强防震减灾工作。

地震重点监视防御区的县级以上地方人民政府负责管理地震工作的部门或者机构，应当增加地震监测台网密度，组织做好震情跟踪、流动观测和可能与地震有关的异常现象观测以及群测群防工作，并及时将有关情况报上一级人民政府负责管理地震工作的部门或者机构。

第三十一条　国家支持全国地震烈度速报系统的建设。

地震灾害发生后，国务院地震工作主管部门应当通过全国地震烈度速报系统快速判断致灾程度，为指挥抗震救灾工作提供依据。

第三十二条　国务院地震工作主管部门和县级以上地方人民政府负责管理地震工作的部门或者机构，应当对发生地震灾害的区域加强地震监测，在地震现场设立流动观测点，根据震情的发展变化，及时对地震活动趋势作出分析、判定，为余震防范工作提供依据。

国务院地震工作主管部门和县级以上地方人民政府负责管理地震工作的部门或者机构、地震监测台网的管理单位，应当及时收集、保存有关地震的资料和信息，并建立完整的档案。

第三十三条　外国的组织或者个人在中华人民共和国领域和中华人民共和国管辖的其他海域从事地震监测活动，必须经国务院地震工作主管部门会同有关部门批准，并采取与中华人民共和国有关部门或者单位合作的形式进行。

第四章　地震灾害预防

第三十四条　国务院地震工作主管部门负责制定全国地震烈度区划图或者地震动参数区划图。

国务院地震工作主管部门和省、自治区、直辖市人民政府负责管理地震工作的部门或者机构，负责审定建设工程的地震安全性评价报告，确定抗震设防要求。

第三十五条　新建、扩建、改建建设工程，应当达到抗震设防要求。

重大建设工程和可能发生严重次生灾害的建设工程，应当按照国务院有关规定进行地震安全性评价，并按照经审定的地震安全性评价报告所确定的抗震设防要求进行抗震设防。建设工程的地震安全性评价单位应当按照国家有关标准进行地震安全性评价，并对地震安全性评价报告的质量负责。

前款规定以外的建设工程，应当按照地震烈度区划图或者地震动参数区划图所确定的抗震设防要求进行抗震设防；对学校、医院等人员密集场所的建设工程，应当按照高于当地房屋建筑的抗震设防要求进行设计和施工，采取有效措施，增强抗震设防能力。

第三十六条　有关建设工程的强制性标准，应当与抗震设防要求相衔接。

第三十七条　国家鼓励城市人民政府组织制定地震小区划图。地震小区划图由国务院地震工作主管部门负责审定。

第三十八条　建设单位对建设工程的抗震设计、施工的全过程负责。

设计单位应当按照抗震设防要求和工程建设强制

性标准进行抗震设计，并对抗震设计的质量以及出具的施工图设计文件的准确性负责。

施工单位应当按照施工图设计文件和工程建设强制性标准进行施工，并对施工质量负责。

建设单位、施工单位应当选用符合施工图设计文件和国家有关标准规定的材料、构配件和设备。

工程监理单位应当按照施工图设计文件和工程建设强制性标准实施监理，并对施工质量承担监理责任。

第三十九条　已经建成的下列建设工程，未采取抗震设防措施或者抗震设防措施未达到抗震设防要求的，应当按照国家有关规定进行抗震性能鉴定，并采取必要的抗震加固措施：

（一）重大建设工程；

（二）可能发生严重次生灾害的建设工程；

（三）具有重大历史、科学、艺术价值或者重要纪念意义的建设工程；

（四）学校、医院等人员密集场所的建设工程；

（五）地震重点监视防御区内的建设工程。

第四十条　县级以上地方人民政府应当加强对农村村民住宅和乡村公共设施抗震设防的管理，组织开展农村实用抗震技术的研究和开发，推广达到抗震设防要求、经济适用、具有当地特色的建筑设计和施工技术，培训相关技术人员，建设示范工程，逐步提高农村村民住宅和乡村公共设施的抗震设防水平。

国家对需要抗震设防的农村村民住宅和乡村公共设施给予必要支持。

第四十一条　城乡规划应当根据地震应急避难的需要，合理确定应急疏散通道和应急避难场所，统筹安排地震应急避难所必需的交通、供水、供电、排污等基础设施建设。

第四十二条　地震重点监视防御区的县级以上地方人民政府应当根据实际需要，在本级财政预算和物资储备中安排抗震救灾资金、物资。

第四十三条　国家鼓励、支持研究开发和推广使用符合抗震设防要求、经济实用的新技术、新工艺、新材料。

第四十四条　县级人民政府及其有关部门和乡、镇人民政府、城市街道办事处等基层组织，应当组织开展地震应急知识的宣传普及活动和必要的地震应急救援演练，提高公民在地震灾害中自救互救的能力。

机关、团体、企业、事业等单位，应当按照所在地人民政府的要求，结合各自实际情况，加强对本单位人员的地震应急知识宣传教育，开展地震应急救援演练。

学校应当进行地震应急知识教育，组织开展必要的地震应急救援演练，培养学生的安全意识和自救互救能力。

新闻媒体应当开展地震灾害预防和应急、自救互救知识的公益宣传。

国务院地震工作主管部门和县级以上地方人民政府负责管理地震工作的部门或者机构，应当指导、协助、督促有关单位做好防震减灾知识的宣传教育和地震应急救援演练等工作。

第四十五条　国家发展有财政支持的地震灾害保险事业，鼓励单位和个人参加地震灾害保险。

第五章　地震应急救援

第四十六条　国务院地震工作主管部门会同国务院有关部门制定国家地震应急预案，报国务院批准。国务院有关部门根据国家地震应急预案，制定本部门的地震应急预案，报国务院地震工作主管部门备案。

县级以上地方人民政府及其有关部门和乡、镇人民政府，应当根据有关法律、法规、规章、上级人民政府及其有关部门的地震应急预案和本行政区域的实际情况，制定本行政区域的地震应急预案和本部门的地震应急预案。省、自治区、直辖市和较大的市的地震应急预案，应当报国务院地震工作主管部门备案。

交通、铁路、水利、电力、通信等基础设施和学校、医院等人员密集场所的经营管理单位，以及可能发生次生灾害的核电、矿山、危险物品等生产经营单位，应当制定地震应急预案，并报所在地的县级人民政府负责管理地震工作的部门或者机构备案。

第四十七条　地震应急预案的内容应当包括：组织指挥体系及其职责，预防和预警机制，处置程序，应急响应和应急保障措施等。

地震应急预案应当根据实际情况适时修订。

第四十八条　地震预报意见发布后，有关省、自治区、直辖市人民政府根据预报的震情可以宣布有关区域进入临震应急期；有关地方人民政府应当按照地震应急预案，组织有关部门做好应急防范和抗震救灾准备工作。

第四十九条　按照社会危害程度、影响范围等因素，地震灾害分为一般、较大、重大和特别重大四级。具体分级标准按照国务院规定执行。

一般或者较大地震灾害发生后，地震发生地的市、县人民政府负责组织有关部门启动地震应急预案；重大地震灾害发生后，地震发生地的省、自治区、直辖市人民政府负责组织有关部门启动地震应急预案；特别重大地震灾害发生后，国务院负责组织有关部门启动地震应急预案。

第五十条　地震灾害发生后，抗震救灾指挥机构应当立即组织有关部门和单位迅速查清受灾情况，提出地震应急救援力量的配置方案，并采取以下紧急措施：

（一）迅速组织抢救被压埋人员，并组织有关单位和人员开展自救互救；

（二）迅速组织实施紧急医疗救护，协调伤员转移和接收与救治；

（三）迅速组织抢修毁损的交通、铁路、水利、电力、通信等基础设施；

（四）启用应急避难场所或者设置临时避难场所，设置救济物资供应点，提供救济物品、简易住所和临时住所，及时转移和安置受灾群众，确保饮用水消毒和水质安全，积极开展卫生防疫，妥善安排受灾群众生活；

（五）迅速控制危险源，封锁危险场所，做好次生灾害的排查与监测预警工作，防范地震可能引发的火灾、水灾、爆炸、山体滑坡和崩塌、泥石流、地面塌陷，或者剧毒、强腐蚀性、放射性物质大量泄漏等次生灾害以及传染病疫情的发生；

（六）依法采取维持社会秩序、维护社会治安的必要措施。

第五十一条　特别重大地震灾害发生后，国务院抗震救灾指挥机构在地震灾区成立现场指挥机构，并根据需要设立相应的工作组，统一组织领导、指挥和协调抗震救灾工作。

各级人民政府及有关部门和单位、中国人民解放军、中国人民武装警察部队和民兵组织，应当按照统一部署，分工负责，密切配合，共同做好地震应急救援工作。

第五十二条　地震灾区的县级以上地方人民政府应当及时将地震震情和灾情等信息向上一级人民政府报告，必要时可以越级上报，不得迟报、谎报、瞒报。

地震震情、灾情和抗震救灾等信息按照国务院有关规定实行归口管理，统一、准确、及时发布。

第五十三条　国家鼓励、扶持地震应急救援新技术和装备的研究开发，调运和储备必要的应急救援设施、装备，提高应急救援水平。

第五十四条　国务院建立国家地震灾害紧急救援队伍。

省、自治区、直辖市人民政府和地震重点监视防御区的市、县人民政府可以根据实际需要，充分利用消防等现有队伍，按照一队多用、专职与兼职相结合的原则，建立地震灾害紧急救援队伍。

地震灾害紧急救援队伍应当配备相应的装备、器材，开展培训和演练，提高地震灾害紧急救援能力。

地震灾害紧急救援队伍在实施救援时，应当首先对倒塌建筑物、构筑物压埋人员进行紧急救援。

第五十五条　县级以上人民政府有关部门应当按照职责分工，协调配合，采取有效措施，保障地震灾害紧急救援队伍和医疗救治队伍快速、高效地开展地震灾害紧急救援活动。

第五十六条　县级以上地方人民政府及其有关部门可以建立地震灾害救援志愿者队伍，并组织开展地震应急救援知识培训和演练，使志愿者掌握必要的地震应急救援技能，增强地震灾害应急救援能力。

第五十七条　国务院地震工作主管部门会同有关部门和单位，组织协调外国救援队和医疗队在中华人民共和国开展地震灾害紧急救援活动。

国务院抗震救灾指挥机构负责外国救援队和医疗队的统筹调度，并根据其专业特长，科学、合理地安排紧急救援任务。

地震灾区的地方各级人民政府，应当对外国救援队和医疗队开展紧急救援活动予以支持和配合。

第六章　地震灾后过渡性安置和恢复重建

第五十八条　国务院或者地震灾区的省、自治区、直辖市人民政府应当及时组织对地震灾害损失进行调查评估，为地震应急救援、灾后过渡性安置和恢复重建提供依据。

地震灾害损失调查评估的具体工作，由国务院地震工作主管部门或者地震灾区的省、自治区、直辖市人民政府负责管理地震工作的部门或者机构和财政、建设、民政等有关部门按照国务院的规定承担。

第五十九条　地震灾区受灾群众需要过渡性安置的，应当根据地震灾区的实际情况，在确保安全的前提下，采取灵活多样的方式进行安置。

第六十条　过渡性安置点应当设置在交通条件便利、方便受灾群众恢复生产和生活的区域，并避开地震活动断层和可能发生严重次生灾害的区域。

过渡性安置点的规模应当适度，并采取相应的防灾、防疫措施，配套建设必要的基础设施和公共服务设施，确保受灾群众的安全和基本生活需要。

第六十一条　实施过渡性安置应当尽量保护农用地，并避免对自然保护区、饮用水水源保护区以及生态脆弱区域造成破坏。

过渡性安置用地按照临时用地安排，可以先行使用，事后依法办理有关用地手续；到期未转为永久性用地的，应当复垦后交还原土地使用者。

第六十二条　过渡性安置点所在地的县级人民政府，应当组织有关部门加强对次生灾害、饮用水水质、食品卫生、疫情等的监测，开展流行病学调查，整治环境卫生，避免对土壤、水环境等造成污染。

过渡性安置点所在地的公安机关，应当加强治安管理，依法打击各种违法犯罪行为，维护正常的社会秩序。

第六十三条　地震灾区的县级以上地方人民政府及其有关部门和乡、镇人民政府，应当及时组织修复毁损的农业生产设施，提供农业生产技术指导，尽快恢复农业生产；优先恢复供电、供水、供气等企业的生产，并对大型骨干企业恢复生产提供支持，为全面恢复农业、工业、服务业生产经营提供条件。

第六十四条　各级人民政府应当加强对地震灾后恢复重建工作的领导、组织和协调。

县级以上人民政府有关部门应当在本级人民政府领导下，按照职责分工，密切配合，采取有效措施，共同做好地震灾后恢复重建工作。

第六十五条　国务院有关部门应当组织有关专家开展地震活动对相关建设工程破坏机理的调查评估，为修订完善有关建设工程的强制性标准、采取抗震设防措施提供科学依据。

第六十六条　特别重大地震灾害发生后，国务院经济综合宏观调控部门会同国务院有关部门与地震灾区的省、自治区、直辖市人民政府共同组织编制地震灾后恢复重建规划，报国务院批准后组织实施；重大、较大、一般地震灾害发生后，由地震灾区的省、自治区、直辖市人民政府根据实际需要组织编制地震灾后恢复重建规划。

地震灾害损失调查评估获得的地质、勘察、测绘、土地、气象、水文、环境等基础资料和经国务院地震工作主管部门复核的地震动参数区划图，应当作为编制地震灾后恢复重建规划的依据。

编制地震灾后恢复重建规划，应当征求有关部门、单位、专家和公众特别是地震灾区受灾群众的意见；重大事项应当组织有关专家进行专题论证。

第六十七条　地震灾后恢复重建规划应当根据地质条件和地震活动断层分布以及资源环境承载能力，重点对城镇和乡村的布局、基础设施和公共服务设施的建设、防灾减灾和生态环境以及自然资源和历史文化遗产保护等作出安排。

地震灾区内需要异地新建的城镇和乡村的选址以及地震灾后重建工程的选址，应当符合地震灾后恢复重建规划和抗震设防、防灾减灾要求，避开地震活动断层或者生态脆弱和可能发生洪水、山体滑坡和崩塌、泥石流、地面塌陷等灾害的区域以及传染病自然疫源地。

第六十八条　地震灾区的地方各级人民政府应当根据地震灾后恢复重建规划和当地经济社会发展水平，有计划、分步骤地组织实施地震灾后恢复重建。

第六十九条　地震灾区的县级以上地方人民政府应当组织有关部门和专家，根据地震灾害损失调查评估结果，制定清理保护方案，明确典型地震遗址、遗迹和文物保护单位以及具有历史价值与民族特色的建筑物、构筑物的保护范围和措施。

对地震灾害现场的清理，按照清理保护方案分区、分类进行，并依照法律、行政法规和国家有关规定，妥善清理、转运和处置有关放射性物质、危险废物和有毒化学品，开展防疫工作，防止传染病和重大动物疫情的发生。

第七十条　地震灾后恢复重建，应当统筹安排交通、铁路、水利、电力、通信、供水、供电等基础设施和市政公用设施，学校、医院、文化、商贸服务、防灾减灾、环境保护等公共服务设施，以及住房和无障碍设施的建设，合理确定建设规模和时序。

乡村的地震灾后恢复重建，应当尊重村民意愿，发挥村民自治组织的作用，以群众自建为主，政府补助、社会帮扶、对口支援，因地制宜，节约和集约利用土地，保护耕地。

少数民族聚居的地方的地震灾后恢复重建，应当尊重当地群众的意愿。

第七十一条　地震灾区的县级以上地方人民政府应当组织有关部门和单位，抢救、保护与收集整理有关档案、资料，对因地震灾害遗失、毁损的档案、资料，及时补充和恢复。

第七十二条　地震灾后恢复重建应当坚持政府主导、社会参与和市场运作相结合的原则。

地震灾区的地方各级人民政府应当组织受灾群众和企业开展生产自救，自力更生、艰苦奋斗、勤俭节约，尽快恢复生产。

国家对地震灾后恢复重建给予财政支持、税收优惠和金融扶持，并提供物资、技术和人力等支持。

第七十三条　地震灾区的地方各级人民政府应当组织做好救助、救治、康复、补偿、抚慰、抚恤、安置、心理援助、法律服务、公共文化服务等工作。

各级人民政府及有关部门应当做好受灾群众的就业工作，鼓励企业、事业单位优先吸纳符合条件的受灾群众就业。

第七十四条　对地震灾后恢复重建中需要办理行政审批手续的事项，有审批权的人民政府及有关部门应当按照方便群众、简化手续、提高效率的原则，依法及时予以办理。

第七章　监督管理

第七十五条　县级以上人民政府依法加强对防震减灾规划和地震应急预案的编制与实施、地震应急避难场所的设置与管理、地震灾害紧急救援队伍的培训、防震减灾知识宣传教育和地震应急救援演练等工作的监督检查。

县级以上人民政府有关部门应当加强对地震应急救援、地震灾后过渡性安置和恢复重建的物资的质量安全的监督检查。

第七十六条　县级以上人民政府建设、交通、铁路、水利、电力、地震等有关部门应当按照职责分工,加强对工程建设强制性标准、抗震设防要求执行情况和地震安全性评价工作的监督检查。

第七十七条　禁止侵占、截留、挪用地震应急救援、地震灾后过渡性安置和恢复重建的资金、物资。

县级以上人民政府有关部门对地震应急救援、地震灾后过渡性安置和恢复重建的资金、物资以及社会捐赠款物的使用情况,依法加强管理和监督,予以公布,并对资金、物资的筹集、分配、拨付、使用情况登记造册,建立、健全档案。

第七十八条　地震灾区的地方人民政府应当定期公布地震应急救援、地震灾后过渡性安置和恢复重建的资金、物资以及社会捐赠款物的来源、数量、发放和使用情况,接受社会监督。

第七十九条　审计机关应当加强对地震应急救援、地震灾后过渡性安置和恢复重建的资金、物资的筹集、分配、拨付、使用的审计,并及时公布审计结果。

第八十条　监察机关应当加强对参与防震减灾工作的国家行政机关和法律、法规授权的具有管理公共事务职能的组织及其工作人员的监察。

第八十一条　任何单位和个人对防震减灾活动中的违法行为,有权进行举报。

接到举报的人民政府或者有关部门应当进行调查,依法处理,并为举报人保密。

第八章　法律责任

第八十二条　国务院地震工作主管部门、县级以上地方人民政府负责管理地震工作的部门或者机构,以及其他依照本法规定行使监督管理权的部门,不依法作出行政许可或者办理批准文件的,发现违法行为或者接到对违法行为的举报后不予查处的,或者有其他未依照本法规定履行职责的行为的,对直接负责的主管人员和其他直接责任人员,依法给予处分。

第八十三条　未按照法律、法规和国家有关标准进行地震监测台网建设的,由国务院地震工作主管部门或者县级以上地方人民政府负责管理地震工作的部门或者机构责令改正,采取相应的补救措施;对直接负责的主管人员和其他直接责任人员,依法给予处分。

第八十四条　违反本法规定,有下列行为之一的,由国务院地震工作主管部门或者县级以上地方人民政府负责管理地震工作的部门或者机构责令停止违法行为,恢复原状或者采取其他补救措施;造成损失的,依法承担赔偿责任:

(一)侵占、毁损、拆除或者擅自移动地震监测设施的;

(二)危害地震观测环境的;

(三)破坏典型地震遗址、遗迹的。

单位有前款所列违法行为,情节严重的,处二万元以上二十万元以下的罚款;个人有前款所列违法行为,情节严重的,处二千元以下的罚款。构成违反治安管理行为的,由公安机关依法给予处罚。

第八十五条　违反本法规定,未按照要求增建抗干扰设施或者新建地震监测设施的,由国务院地震工作主管部门或者县级以上地方人民政府负责管理地震工作的部门或者机构责令限期改正;逾期不改正的,处二万元以上二十万元以下的罚款;造成损失的,依法承担赔偿责任。

第八十六条　违反本法规定,外国的组织或者个人未经批准,在中华人民共和国领域和中华人民共和国管辖的其他海域从事地震监测活动的,由国务院地震工作主管部门责令停止违法行为,没收监测成果和监测设施,并处一万元以上十万元以下的罚款;情节严重的,并处十万元以上五十万元以下的罚款。

外国人有前款规定行为的,除依照前款规定处罚外,还应当依照外国人入境出境管理法律的规定缩短其在中华人民共和国停留的期限或者取消其在中华人民共和国居留的资格;情节严重的,限期出境或者驱逐出境。

第八十七条　未依法进行地震安全性评价,或者未按照地震安全性评价报告所确定的抗震设防要求进行抗震设防的,由国务院地震工作主管部门或者县级以上地方人民政府负责管理地震工作的部门或者机构责令限期改正;逾期不改正的,处三万元以上三十万元以下的罚款。

第八十八条　违反本法规定,向社会散布地震预测意见、地震预报意见及其评审结果,或者在地震灾后过渡性安置、地震灾后恢复重建中扰乱社会秩序,构成违反治安管理行为的,由公安机关依法给予处罚。

第八十九条　地震灾区的县级以上地方人民政府迟报、谎报、瞒报地震震情、灾情等信息的,由上级人民政府责令改正;对直接负责的主管人员和其他直接责任人员,依法给予处分。

第九十条　侵占、截留、挪用地震应急救援、地震灾后过渡性安置或者地震灾后恢复重建的资金、物资的,由财政部门、审计机关在各自职责范围内,责令改正,追回被侵占、截留、挪用的资金、物资;有违法所得的,没收违法所得;对单位给予警告或者通报批评;对直接负责的主管人员和其他直接责任人员,依法给予处分。

第九十一条　违反本法规定,构成犯罪的,依法追究刑事责任。

第九章　附　则

第九十二条　本法下列用语的含义:

(一)地震监测设施,是指用于地震信息检测、传输和处理的设备、仪器和装置以及配套的监测场地。

(二)地震观测环境,是指按照国家有关标准划定的保障地震监测设施不受干扰、能够正常发挥工作效能的空间范围。

(三)重大建设工程,是指对社会有重大价值或者有重大影响的工程。

(四)可能发生严重次生灾害的建设工程,是指受地震破坏后可能引发水灾、火灾、爆炸,或者剧毒、强腐蚀性、放射性物质大量泄漏,以及其他严重次生灾害的建设工程,包括水库大坝和贮油、贮气设施,贮存易燃易爆或者剧毒、强腐蚀性、放射性物质的设施,以及其他可能发生严重次生灾害的建设工程。

(五)地震烈度区划图,是指以地震烈度(以等级表示的地震影响强弱程度)为指标,将全国划分为不同抗震设防要求区域的图件。

(六)地震动参数区划图,是指以地震动参数(以加速度表示地震作用强弱程度)为指标,将全国划分为不同抗震设防要求区域的图件。

(七)地震小区划图,是指根据某一区域的具体场地条件,对该区域的抗震设防要求进行详细划分的图件。

第九十三条　本法自 2009 年 5 月 1 日起施行。

国家主席胡锦涛签署第 8 号令公布《全国人民代表大会常务委员会关于修改〈中华人民共和国专利法〉的决定》

《全国人民代表大会常务委员会关于修改〈中华人民共和国专利法〉的决定》已由中华人民共和国第十一届全国人民代表大会常务委员会第六次会议于 2008 年 12 月 27 日通过,现予公布,自 2009 年 10 月 1 日起施行。

中华人民共和国主席　胡锦涛

2008 年 12 月 27 日

全国人民代表大会常务委员会关于修改《中华人民共和国专利法》的决定

(2008 年 12 月 27 日第十一届全国人民代表大会常务委员会第六次会议通过)

第十一届全国人民代表大会常务委员会第六次会议决定对《中华人民共和国专利法》做如下修改:

一、将第一条修改为:"为了保护专利权人的合法权益,鼓励发明创造,推动发明创造的应用,提高创新能力,促进科学技术进步和经济社会发展,制定本法。"

二、在第二条中增加三款,作为第二、三、四款:"发明,是指对产品、方法或者其改进所提出的新的技术方案。

"实用新型,是指对产品的形状、构造或者其结合所提出的适于实用的新的技术方案。

"外观设计,是指对产品的形状、图案或者其结合以及色彩与形状、图案的结合所作出的富有美感并适于工业应用的新设计。"

三、将第五条修改为:"对违反法律、社会公德或者妨害公共利益的发明创造,不授予专利权。

"对违反法律、行政法规的规定获取或者利用遗传资源,并依赖该遗传资源完成的发明创造,不授予专利权。"

四、在第九条中增加一款,作为第一款:"同样的发明创造只能授予一项专利权。但是,同一申请人同日对同样的发明创造既申请实用新型专利又申请发明专利,先获得的实用新型专利权尚未终止,且申请人声明放弃该实用新型专利权的,可以授予发明专利权。"

五、将第十条第二款修改为:"中国单位或者个人向外国人、外国企业或者外国其他组织转让专利申请权或者专利权的,应当依照有关法律、行政法规的规定办理手续。"

六、将第十一条第二款修改为:"外观设计专利权被授予后,任何单位或者个人未经专利权人许可,都不得实施其专利,即不得为生产经营目的制造、许诺销售、销售、进口其外观设计专利产品。"

七、将第十二条修改为:"任何单位或者个人实施他人专利的,应当与专利权人订立实施许可合同,向专利权人支付专利使用费。被许可人无权允许合同规定以外的任何单位或者个人实施该专利。"

八、删除第十四条第二款。

九、增加一条,作为第十五条:"专利申请权或者专利权的共有人对权利的行使有约定的,从其约定。没有约定的,共有人可以单独实施或者以普通许可方式许可他人实施该专利;许可他人实施该专利的,收取的使用费应当在共有人之间分配。

"除前款规定的情形外,行使共有的专利申请权或者专利权应当取得全体共有人的同意。"

十、将第十五条和第十七条合并,作为第十七条:"发明人或者设计人有权在专利文件中写明自己是发明人或者设计人。

"专利权人有权在其专利产品或者该产品的包装上标明专利标识。"

十一、将第十九条第一款修改为:"在中国没有经常居所或者营业所的外国人、外国企业或者外国其他组织在中国申请专利和办理其他专利事务的,应当委托依法设立的专利代理机构办理。"

第二款修改为:"中国单位或者个人在国内申请专利和办理其他专利事务的,可以委托依法设立的专利代理机构办理。”

十二、将第二十条第一款修改为:“任何单位或者个人将在中国完成的发明或者实用新型向外国申请专利的,应当事先报经国务院专利行政部门进行保密审查。保密审查的程序、期限等按照国务院的规定执行。”

增加一款作为第四款:“对违反本条第一款规定向外国申请专利的发明或者实用新型,在中国申请专利的,不授予专利权。”

十三、在第二十一条中增加一款,作为第二款:“国务院专利行政部门应当完整、准确、及时发布专利信息,定期出版专利公报。”

十四、将第二十二条第二款修改为:“新颖性,是指该发明或者实用新型不属于现有技术;也没有任何单位或者个人就同样的发明或者实用新型在申请日以前向国务院专利行政部门提出过申请,并记载在申请日以后公布的专利申请文件或者公告的专利文件中。”

第三款修改为:“创造性,是指与现有技术相比,该发明具有突出的实质性特点和显著的进步,该实用新型具有实质性特点和进步。”

增加一款,作为第五款:“本法所称现有技术,是指申请日以前在国内外为公众所知的技术。”

十五、将第二十三条修改为:“授予专利权的外观设计,应当不属于现有设计;也没有任何单位或者个人就同样的外观设计在申请日以前向国务院专利行政部门提出过申请,并记载在申请日以后公告的专利文件中。

“授予专利权的外观设计与现有设计或者现有设计特征的组合相比,应当具有明显区别。

“授予专利权的外观设计不得与他人在申请日以前已经取得的合法权利相冲突。

“本法所称现有设计,是指申请日以前在国内外为公众所知的设计。”

十六、在第二十五条第一款中增加一项,作为第(六)项:“对平面印刷品的图案、色彩或者二者的结合作出的主要起标识作用的设计。”

十七、将第二十六条第二款修改为:“请求书应当写明发明或者实用新型的名称,发明人的姓名,申请人姓名或者名称、地址,以及其他事项。”

第四款修改为:“权利要求书应当以说明书为依据,清楚、简要地限定要求专利保护的范围。”

增加一款,作为第五款:“依赖遗传资源完成的发明创造,申请人应当在专利申请文件中说明该遗传资源的直接来源和原始来源;申请人无法说明原始来源的,应当陈述理由。”

十八、将第二十七条修改为:“申请外观设计专利的,应当提交请求书、该外观设计的图片或者照片以及对该外观设计的简要说明等文件。

“申请人提交的有关图片或者照片应当清楚地显示要求专利保护的产品的外观设计。”

十九、将第三十一条第二款修改为:“一件外观设计专利申请应当限于一项外观设计。同一产品两项以上的相似外观设计,或者用于同一类别并且成套出售或者使用的产品的两项以上外观设计,可以作为一件申请提出。”

二十、将第四十七条第二款修改为:“宣告专利权无效的决定,对在宣告专利权无效前人民法院作出并已执行的专利侵权的判决、调解书,已经履行或者强制执行的专利侵权纠纷处理决定,以及已经履行的专利实施许可合同和专利权转让合同,不具有追溯力。但是因专利权人的恶意给他人造成的损失,应当给予赔偿。”

第三款修改为:“依照前款规定不返还专利侵权赔偿金、专利使用费、专利权转让费,明显违反公平原则的,应当全部或者部分返还。”

二十一、将第四十八条修改为:“有下列情形之一的,国务院专利行政部门根据具备实施条件的单位或者个人的申请,可以给予实施发明专利或者实用新型专利的强制许可:

“(一)专利权人自专利权被授予之日起满三年,且自提出专利申请之日起满四年,无正当理由未实施或者未充分实施其专利的;

“(二)专利权人行使专利权的行为被依法认定为垄断行为,为消除或者减少该行为对竞争产生的不利影响的。”

二十二、增加一条,作为第五十条:“为了公共健康目的,对取得专利权的药品,国务院专利行政部门可以给予制造并将其出口到符合中华人民共和国参加的有关国际条约规定的国家或者地区的强制许可。”

二十三、增加一条,作为第五十二条:“强制许可涉及的发明创造为半导体技术的,其实施限于公共利益的目的和本法第四十八条第(二)项规定的情形。”

二十四、增加一条,作为第五十三条:“除依照本法第四十八条第(二)项、第五十条规定给予的强制许可外,强制许可的实施应当主要为了供应国内市场。”

二十五、将第五十一条改为第五十四条,修改为:“依照本法第四十八条第(一)项、第五十一条规定申请强制许可的单位或者个人应当提供证据,证明其以合理的条件请求专利权人许可其实施专利,但未能在合理的时间内获得许可。”

二十六、将第五十四条改为第五十七条,修改为:“取得实施强制许可的单位或者个人应当付给专利权人合理的使用费,或者依照中华人民共和国参加的有关国际条约的规定处理使用费问题。付给使用费的，其数额由双方协商；双方不能达成协议的，由国务院专利行政部门裁决。”

二十七、将第五十六条改为第五十九条，修改为：“发明或者实用新型专利权的保护范围以其权利要求的内容为准，说明书及附图可以用于解释权利要求的内容。

“外观设计专利权的保护范围以表示在图片或者照片中的该产品的外观设计为准，简要说明可以用于解释图片或者照片所表示的该产品的外观设计。”

二十八、将第五十七条第二款改为第六十一条，修改为：“专利侵权纠纷涉及新产品制造方法的发明专利的，制造同样产品的单位或者个人应当提供其产品制造方法不同于专利方法的证明。

“专利侵权纠纷涉及实用新型专利或者外观设计专利的，人民法院或者管理专利工作的部门可以要求专利权人或者利害关系人出具由国务院专利行政部门对相关实用新型或者外观设计进行检索、分析和评价后作出的专利权评价报告，作为审理、处理专利侵权纠纷的证据。”

二十九、增加一条，作为第六十二条：“在专利侵权纠纷中，被控侵权人有证据证明其实施的技术或者设计属于现有技术或者现有设计的，不构成侵犯专利权。”

三十、将第五十八条、第五十九条合并为第六十三条，修改为：“假冒专利的，除依法承担民事责任外，由管理专利工作的部门责令改正并予公告，没收违法所得，可以并处违法所得四倍以下的罚款；没有违法所得的，可以处二十万元以下的罚款；构成犯罪的，依法追究刑事责任。”

三十一、增加一条，作为第六十四条：“管理专利工作的部门根据已经取得的证据，对涉嫌假冒专利行为进行查处时，可以询问有关当事人，调查与涉嫌违法行为有关的情况；对当事人涉嫌违法行为的场所实施现场检查；查阅、复制与涉嫌违法行为有关的合同、发票、账簿以及其他有关资料；检查与涉嫌违法行为有关的产品，对有证据证明是假冒专利的产品，可以查封或者扣押。

“管理专利工作的部门依法行使前款规定的职权时，当事人应当予以协助、配合，不得拒绝、阻挠。”

三十二、将第六十条改为第六十五条，修改为：“侵犯专利权的赔偿数额按照权利人因被侵权所受到的实际损失确定；实际损失难以确定的，可以按照侵权人因侵权所获得的利益确定。权利人的损失或者侵权人获得的利益难以确定的，参照该专利许可使用费的倍数合理确定。赔偿数额还应当包括权利人为制止侵权行为所支付的合理开支。

“权利人的损失、侵权人获得的利益和专利许可使用费均难以确定的，人民法院可以根据专利权的类型、侵权行为的性质和情节等因素，确定给予一万元以上一百万元以下的赔偿。”

三十三、将第六十一条改为第六十六条，修改为：“专利权人或者利害关系人有证据证明他人正在实施或者即将实施侵犯专利权的行为，如不及时制止将会使其合法权益受到难以弥补的损害的，可以在起诉前向人民法院申请采取责令停止有关行为的措施。

“申请人提出申请时，应当提供担保；不提供担保的，驳回申请。

“人民法院应当自接受申请之时起四十八小时内作出裁定；有特殊情况需要延长的，可以延长四十八小时。裁定责令停止有关行为的，应当立即执行。当事人对裁定不服的，可以申请复议一次；复议期间不停止裁定的执行。

“申请人自人民法院采取责令停止有关行为的措施之日起十五日内不起诉的，人民法院应当解除该措施。

“申请有错误的，申请人应当赔偿被申请人因停止有关行为所遭受的损失。”

三十四、增加一条，作为第六十七条：“为了制止专利侵权行为，在证据可能灭失或者以后难以取得的情况下，专利权人或者利害关系人可以在起诉前向人民法院申请保全证据。

“人民法院采取保全措施，可以责令申请人提供担保；申请人不提供担保的，驳回申请。

“人民法院应当自接受申请之时起四十八小时内作出裁定；裁定采取保全措施的，应当立即执行。

“申请人自人民法院采取保全措施之日起十五日内不起诉的，人民法院应当解除该措施。”

三十五、将第六十三条第一款改为第六十九条，第(一)项修改为：“专利产品或者依照专利方法直接获得的产品，由专利权人或者经其许可的单位、个人售出后，使用、许诺销售、销售、进口该产品的；”

增加一项，作为第(五)项：“为提供行政审批所需要的信息，制造、使用、进口专利药品或者专利医疗器械的，以及专门为其制造、进口专利药品或者专利医疗器械的。”

三十六、将第六十三条第二款改为第七十条，修改为：“为生产经营目的使用、许诺销售或者销售不知道是未经专利权人许可而制造并售出的专利侵权产品，能证明该产品合法来源的，不承担赔偿责任。”

本决定自2009年10月1日起施行。

《中华人民共和国专利法》根据本决定做相应修

改并对条款顺序作相应调整，重新公布。

全国人大常委会关于批准《上海合作组织成员国关于举行联合军事演习的协定》的决定

（2008年12月27日第十一届全国人民代表大会常务委员会第六次会议通过）

第十一届全国人民代表大会常务委员会第六次会议决定：批准2007年6月27日由时任国防部部长曹刚川代表中华人民共和国在比什凯克签署的《上海合作组织成员国关于举行联合军事演习的协定》。

全国人大常委会关于批准《中华人民共和国和阿拉伯联合酋长国关于刑事司法协助的条约》的决定

（2008年12月27日第十一届全国人民代表大会常务委员会第六次会议通过）

第十一届全国人民代表大会常务委员会第六次会议决定：批准2008年4月3日由外交部部长杨洁篪代表中华人民共和国在北京签署的《中华人民共和国和阿拉伯联合酋长国关于刑事司法协助的条约》。

全国人大常委会关于召开第十一届全国人民代表大会第二次会议的决定

（2008年12月27日第十一届全国人民代表大会常务委员会第六次会议通过）

第十一届全国人民代表大会常务委员会第六次会议决定：中华人民共和国第十一届全国人民代表大会第二次会议于2009年3月5日在北京召开。建议会议的议程是：听取和审议政府工作报告；审查和批准2008年国民经济和社会发展计划执行情况与2009年国民经济和社会发展计划草案的报告，批准2009年国民经济和社会发展计划；审查和批准2008年中央和地方预算执行情况与2009年中央和地方预算草案的报告，批准2009年中央预算；听取和审议全国人民代表大会常务委员会工作报告；听取和审议最高人民法院工作报告；听取和审议最高人民检察院工作报告。

全国人大常委会任命名单

（2008年12月27日第十一届全国人民代表大会常务委员会第六次会议通过）

一、任命陈斯喜为第十一届全国人民代表大会内务司法委员会副主任委员，免去其第十一届全国人民代表大会法律委员会委员职务。

二、任命尹中卿为第十一届全国人民代表大会财政经济委员会副主任委员。

三、任命刘振伟为第十一届全国人民代表大会农业与农村委员会副主任委员。

全国人大常委会任免名单

（2008年12月27日第十一届全国人民代表大会常务委员会第六次会议通过）

一、免去刘振伟的全国人民代表大会常务委员会副秘书长职务。

二、免去沈春耀的全国人民代表大会常务委员会法制工作委员会副主任职务。

三、任命韩晓武为全国人民代表大会常务委员会副秘书长。

四、任命郎胜为全国人民代表大会常务委员会法制工作委员会副主任。

全国人大常委会任免名单

（2008年12月27日第十一届全国人民代表大会常务委员会第六次会议通过）

一、任命张建南为最高人民法院审判委员会委员、审判员。

二、任命刘贵祥为最高人民法院审判委员会委员、民事审判第四庭庭长。

三、任命卫彦明为最高人民法院审判委员会委员。

四、任命王振宇、包剑平（女）、安翱、吴少军、李杰、郃中林、胡立新、夏君丽（女）、董华（女）、虞政平、翟超为最高人民法院审判员。

五、免去李玉成的最高人民法院审判委员会委员、审判员职务。

十一届全国人大常委会在人民大会堂举行第七讲专题讲座

讲座题目是《我国的保险法律制度》。吴邦国委员长主持讲座。

全国人大常委会对保险法修订草案进行了两次审议，为了使常委会组成人员更好地修改完善这部法律案，特地安排了这次专题讲座。讲座主讲人、中国政法大学教授、民商经济法学院院长王卫国从保险和保险法概述、我国保险业的现状、我国保险法律制度的完善三个方面作了详细讲解。

王卫国说，保险是市场经济条件下风险管理的基本手段，是金融体系和社会保障体系的重要组成部分，在社会主义和谐社会建设中具有重要作用。保险法是调整商业保险关系的法律规范的总称，其基本原则包括最大诚信原则、保险利益原则、近因原则、损失补偿原则。我国保险法的基本制度包括了道德风险防范制度、被保险人利益保护制度和行业风险防范制度。

在介绍我国保险业的发展历程和现状后，王卫国也指出了存在的不足：保险业的规模与全面建设小康社会的经济发展要求不相适应；保险社会作用的发挥与和谐社会建设的要求不相适应；保险产品和服务与完善社会主义经济体制的需求不相适应；保险业发展水平与经济全球化、金融一体化和全面对外开放的形势不相适应。

王卫国说，保险业的稳健、持续、快速发展，离不开规范、完善的法制环境。为促进保险业又好又快发展，更好地发挥服务经济社会发展和构建社会主义和谐社会的作用，继续完善我国保险法律制度是必要的。王卫国就此提出了四点建议：一要重视保险业的诚信建设；二要注意保险当事人之间的利益平衡；三要建立多层次、多方位的风险应对体系；四要强化保险业的风险管理。

全国人大常委会副委员长王兆国、路甬祥、乌云其木格、韩启德、华建敏、陈至立、周铁农、李建国、司马义·铁力瓦尔地、蒋树声、陈昌智、严隽琪、桑国卫等听取讲座。

国务院总理温家宝签署第543号令公布《国务院关于修改〈中华人民共和国公路管理条例〉的决定》

现公布《国务院关于修改〈中华人民共和国公路管理条例〉的决定》，自2009年1月1日起施行。

总理　温家宝

2008年12月27日

国务院关于修改《中华人民共和国公路管理条例》的决定

国务院决定对《中华人民共和国公路管理条例》做如下修改：

一、将第九条第一款修改为："公路建设资金可以采取以下方式筹集：国家和地方投资、专用单位投资、中外合资、社会集资、贷款和车辆购置税。"

二、将第三十三条改为第三十一条，删除该条中有关设立"公路征费稽查站卡"的规定，并将这一条修改为："经省、自治区、直辖市人民政府批准，公路主管部门可以在必要的公路路口、桥头、渡口、隧道口设立收取车辆通行费的站卡。"

三、删除第十八条、第十九条、第三十五条。

此外，对其他条文的顺序做相应调整。

本决定自2009年1月1日起施行。

《中华人民共和国公路管理条例》根据本决定做相应修改，重新公布。

国务院总理温家宝签署第544号令公布《国务院关于修改〈中华人民共和国水路运输管理条例〉的决定》

现公布《国务院关于修改〈中华人民共和国水路运输管理条例〉的决定》，自2009年1月1日起施行。

总理　温家宝

2008年12月27日

国务院关于修改《中华人民共和国水路运输管理条例》的决定

国务院决定将《中华人民共和国水路运输管理条例》第二十四条修改为：

"水路运输企业和其他从事营业性运输的单位、个人必须按照国家规定缴纳税金、规费（港务费、船舶停泊费）；从事非营业性运输的单位和个人必须按照国家规定缴纳规费。

"规费的计征办法由交通部会同国务院有关主管部门制定。"

本决定自2009年1月1日起施行。

《中华人民共和国水路运输管理条例》根据本决定做相应修改，重新公布。

国务院总理温家宝签署第545号令公布公布《国务院关于修改〈中华人民共和国航道管理条例〉的决定》

现公布《国务院关于修改〈中华人民共和国航道管理条例〉的决定》，自2009年1月1日起施行。

总理　温家宝

2008年12月27日

国务院关于修改《中华人民共和国航道管理条例》的决定

国务院决定对《中华人民共和国航道管理条例》做如下修改：

一、删除第二十四条。

二、将第二十五条作为第二十四条，修改为："经国家批准计征港务费的沿海和内河港口，进出港航道的维护费用由港务费开支。"

三、将第二十六条作为第二十五条，修改为："专用航道的维护费用，由专用部门自行解决。"

四、将第二十七条作为第二十六条，修改为："对中央、地方财政拨给的航道维护费用，必须坚持专款专用的原则。"

此外，对其他条文的顺序做相应调整。

本决定自2009年1月1日起施行。

《中华人民共和国航道管理条例》根据本决定做相应修改，重新公布。

国务院总理温家宝实地考察中关村科技园区

今年是中关村科技园区成立20周年。温家宝在北京市市委书记刘淇，北京市市长郭金龙的陪同下，先后来到博奥生物科技有限公司、北京钢研高纳科技有限公司、用友软件股份有限公司，就园区的创新发展问题进行专题调研。

温家宝主持召开中关村科技园区高等学校、科研院所和企业负责人座谈会。温家宝指出,应对国际金融危机,要处理好三个关系:一是处理好当前和长远的关系。把克服眼前困难同保持经济可持续发展、提高经济核心竞争力结合起来。这次应对危机、促进经济发展要实施一揽子计划,包括扩大内需的若干重大措施,涉及十个重大产业的振兴规划和科技长远规划的重大专项,帮助企业克服困难,为未来发展奠定基础。二是处理好治标和治本的关系。国际金融危机来势迅猛,必须做到出手快、出拳重、措施准、工作实,同时还要制定和实施治本的措施。治本就是要培育创新产业,拥有自主知识产权的产品,真正做到人无我有、人有我优。三是处理好经济与科技的关系。知识和科技是对国家和经济最具安全性、竞争力和可持续发展的重要因素,是克服经济困难的根本力量,也是增强产业、产品和企业竞争力的不竭动力。我们要有宽广的胸怀和长远的眼光,充分发挥知识和科技的作用。

温家宝强调,在危机面前,每一个人都应该挺身站出来,勇敢负起责任。他号召大院大所科技工作者要急国家之所急、想国家之所想,深入到企业中去、深入到经济建设中去,主动把科技与经济结合起来,帮助企业解决困难、改善管理、开发产品、创新技术,为克服金融危机、保持经济平稳较快发展、争取美好的未来作出应有的贡献。

中共中央政治局委员、国务委员刘延东,全国人大常委会副委员长、中科院院长路甬祥,全国政协副主席、科技部部长万钢参加了考察。

政协第十一届全国委员会第十次主席会议在北京举行

全国政协主席贾庆林主持会议并讲话。

这次主席会议的主要任务是为召开政协十一届四次常委会议和政协十一届二次会议作准备。会议审议通过了政协第十一届全国委员会常务委员会第四次会议议程(草案)和日程;审议通过了关于召开政协第十一届全国委员会第二次会议的决定(草案),会议建议明年3月3日召开政协十一届二次会议;审议通过了关于政协十一届全国委员会第二次会议秘书长、副秘书长、新闻发言人名单(草案)以及其他事项。会议决定将上述有关草案提请政协十一届四次常委会议审议。

会议决定,政协十一届四次常委会议于2009年2月25日至27日在京举行,建议第四次常委会议的主要议程为:审议通过关于召开政协第十一届全国委员会第二次会议的决定,审议通过政协第十一届全国委员会第二次会议议程(草案)和日程,审议通过提交政协第十一届全国委员会第二次会议审议的常务委员会工作报告和关于政协十一届一次会议以来提案工作情况的报告,审议通过政协第十一届全国委员会第二次会议秘书长、副秘书长名单,听取全国政协各专门委员会主任关于本委员会2008年度工作情况的汇报等。

会议听取了全国政协副主席兼秘书长钱运录,中共中央统战部副部长楼志豪对有关事项所作的说明。

会议确定全国政协外事委员会主任赵启正为政协十一届二次会议新闻发言人。

贾庆林在主持讲话中指出,一年一度的两会,是我国人民政治生活中的一件大事。特别是在当前国际国内形势下,开好明年两会,贯彻落实最近以来中央一系列重要会议关于促进经济社会发展的重大部署,团结动员全国各族人民应对国际金融危机严重冲击,保持经济平稳较快发展,切实维护社会稳定,推进"十一五"规划顺利实施,以优异的成绩迎接新中国成立60周年和人民政协成立60周年,具有十分重要的意义。要按照中共中央的要求,高度重视,认真筹备,周密安排,精心组织,切实做好会议的各项准备工作。他要求,要认真做好今年的总结工作,周密安排元旦至春节期间各项工作和活动。

全国政协副主席王刚、廖晖、白立忱、陈奎元、阿不来提·阿不都热西提、李兆焯、黄孟复、张梅颖、张榕明、孙家正、李金华、万钢、林文漪、厉无畏、陈宗兴、王志珍出席会议。

国家副主席习近平出席在北京召开的全国组织部长会议并发表讲话

习近平指出,深化干部人事制度改革,是纠正用人上不正之风、提高选人用人公信度的治本之策。要积极推进选人用人理论创新、实践创新和制度创新,大力破解选人用人难题,进一步形成正确的用人导向。要坚持德才兼备、以德为先用人标准,什么样的人该用,什么样的人重用,都要把德放在首位,在这个前提下注重选拔那些确有才干、实绩突出的干部。

习近平指出,干部德的标准应当包括干部的政治品德标准、职业道德标准、家庭美德标准和社会公德标准,把理想信念是否坚定,是否坚持执政为民,是否求真务实,是否坚持民主集中制,是否清正廉洁等列为评价要点。考察干部的德,既要注重在突发事件、抗御自然灾害、个人进退留转等关键时刻的表现,又要注重在日常工作、生活中的表现,以小节观其大德;既要听其言更要观其行,既要看其表更要察其里,既要知其始更要识其变,把干部德的考评结果作为干部选拔任用的首要依据。选人用人,要坚持品行为本,用靠得住的干部,引导干部讲党性、重品行、作表率,自觉落实科学发展观,创造经得起实践、人民、历史检验的实绩;要坚持责任为重，用敢负责的干部，引导干部忠于党的事业，忠于人民利益，锐意进取，敢闯敢干；要坚持务实为要，用肯实干的干部，引导干部求真务实、埋头苦干、不事张扬、默默奉献；要坚持民意为上，用口碑好的干部，引导干部对群众负责，为群众办事；要坚持廉洁为贵，用严以律己的干部，引导干部清正廉洁，自觉做到拒腐蚀、永不沾。习近平强调，要进一步规范选人用人权力运作方式和程序，加快建立选人用人失误失察责任追究制度，用严密的程序和刚性的责任保证把人选准用好，使跑官要官者没有市场，买官卖官者受到处罚。

习近平还就积极推进党内民主建设、全面加强和改进基层党建工作等提出了明确要求。

中共中央政治局委员、中央书记处书记、中央组织部部长李源潮主持会议。

中央农村工作会议在北京召开

中央农村工作会议12月27日至28日在北京举行。会议认真贯彻党的十七大、十七届三中全会和中央经济工作会议精神，深入贯彻落实科学发展观，总结2008年农业农村工作，分析当前农业农村形势，研究促进农业稳定发展、农民持续增收的政策措施，部署2009年的农业农村工作。

党中央、国务院高度重视这次会议。会前，中央政治局常委会议、国务院常务会议和中央农村工作领导小组会议专门研究审议了会议文件，对贯彻落实好党的十七届三中全会精神、做好明年农业农村工作提出了明确要求。

会议讨论了《中共中央、国务院关于2009年促进农业稳定发展农民持续增收的若干意见(讨论稿)》。中共中央政治局委员、国务院副总理回良玉出席会议并讲话。

会议指出，2008年是非同寻常的一年，全国上下在党中央、国务院的坚强领导下，成功夺取抗击严重低温雨雪冰冻灾害和四川汶川特大地震灾害斗争的胜利，积极应对国际金融危机和农产品市场剧烈波动产生的影响，有效化解了食品质量安全事件和农业生产资料价格不断攀升的冲击，农业生产取得了极不平凡的好成绩，农村发展迈出了令人欣喜的新步伐，成为经济社会发展的突出亮点，为党和国家事业全局提供了基础支撑，作出了重大贡献。全国粮食总产量预计10570亿斤，创历史新高，是40年来第一次实现粮食总产连续5年增加。农民人均纯收入预计4700元，实际增幅8%左右，农民收入增幅连续5年超过6%，是20多年来第一次。农村公共事业加速发展，农村改革不断深化，党群干群关系继续改善。

会议强调，最近一个时期以来，国际金融危机持续蔓延，对我国经济的负面影响日益加深，对农业农村发展的冲击不断显现。保持农业稳定发展、农民持续增收的难度明显加大，对此必须有清醒的认识和充分的估计。要全面分析把握形势，紧紧抓住机遇，果断采取措施，坚决防止粮食生产滑坡，坚决防止农民收入徘徊，确保农业稳定发展，确保农村社会安定。

会议强调，扩大国内需求，最大潜力在农村；实现经济平稳较快发展，基础支撑在农业；保障和改善民生，重点、难点在农民。在新中国成立60周年之际，做好2009年的“三农”工作，保持农业农村发展的良好势头，对稳定经济社会发展大局具有特殊重要的意义。

会议指出，2009年农业农村工作的总体要求是：全面贯彻落实党的十七大、十七届三中全会和中央经济工作会议精神，高举中国特色社会主义伟大旗帜，以邓小平理论和“三个代表”重要思想为指导，深入贯彻落实科学发展观，把保持农业农村经济平稳较快发展作为首要任务，围绕稳粮、增收、强基础、重民生，进一步强化惠农政策，增强科技支撑，加大投入力度，优化产业结构，推进改革创新，千方百计保证国家粮食安全和主要农产品有效供给，千方百计促进农民收入持续增长，为经济社会又好又快发展继续提供有力保障。

会议对深入学习和准确把握党的十七届三中全会精神，全面贯彻推进农村改革发展的战略部署，不断开辟“三农”认识新境界，奋力开创“三农”工作新局面提出了具体要求。

会议强调，明年中央指导农业农村工作的文件，以促进农业稳定发展、农民持续增收为主题，这是具体贯彻落实党的十七届三中全会精神的体现，是立足全局、服务大局的迫切要求，具有鲜明的时代特征和年度特色，是中央针对宏观经济形势新变化和农村发展新情况，对“三农”工作作出的重大决策和部署。

会议提出了明年农业农村工作的重点任务：

一、强化农业基础，稳定农业生产。要毫不放松抓好粮食生产，决不能因某些品种和局部地区供求关系的变化而出现认识上的反复，决不能因年度的丰歉而出现工作上的摇摆。要进一步落实各地区的粮食安全责任，调动主产区和种粮农民积极性，加强粮食战略工程建设。积极推进农业结构战略性调整，推动大宗作物区域化布局，启动长江流域和黄淮海地区棉花生产基地建设，重点支持东北地区优质大豆、长江流域“双低”油菜、适宜地区木本油料生产，扶持优势产区发展糖料、马铃薯、天然橡胶等生产。推动园艺产品集约化生产，推动畜牧水产规模化养殖，推动农业产业化经营。切实加强农产品质量安全工作，在农产品生产环节推动标准化生产，在食品加工流通环节强化企业质量安全责任，在政府监管环节健全全程监管体系。大力开展农业基础设施建设，抓住国家大幅度增加建设投资的机遇，集中力量办成几件大事，加强高标准农田建设、农田水利建设、流通基础设施建设、生态环境建设。明年要把加快推进农业机械化作为建设现代农业、拉动农机工业发展、扩大国内需求的重要工作来抓。着力强化科技支撑，增强农业科技创新能力，健全现代农业产业技术体系，促进农业科技成果转化，提高农民科学种田和养殖水平。

二、采取综合措施，促进农民增收。不失时机出台调控措施，继续提高粮食最低收购价格，增加主要农产品储备，改善进出口调控，搞好农产品购销和调运，努力稳住农产品市场价格。加大农业补贴力度，明年粮食直补、良种补贴、农机具购置补贴、农资综合补贴都要继续增加，并逐步完善补贴办法。内外联动，多措并举，最大限度拓展就业增收空间，落实好解决农民工问题的政策措施，扩大农业产业链、农村基础设施建设以及农村二、三产业的就业容量。高度重视农民工就业困难加剧、部分农民工返乡回流问题，引导企业采取多种措施稳定就业岗位，城乡基础设施建设和新增公益性就业岗位要尽量多使用农民工；积极支持农民工返乡创业，从贷款发放、税费减免、工商登记、信息咨询等方面予以支持。加大对县域经济发展的支持力度，科学规划产业发展，促进乡镇企业健康发展，加快小城镇发展，扩大县域发展自主权。

三、发展公共事业，改善农村民生。要提高投人强度，加大推进力度，扩大覆盖范围，加快发展农村社会事业，健全农村公共文化服务体系，加快发展农村教育事业，加强农村医疗卫生事业，完善农村社会保障体系。加强农村基础设施建设，明年要重点办好“水、电、路、气、房”五件实事，解决6000万农民的饮水安全问题，全面落实城乡电网同网同价政策，加大中央财政对中西部地区公路投资力度，增加农村沼气工程建设投资，扩大秸秆固化气化试点范围，加快农村安居建设。提升农民消费水平，在全国范围内开展“家电下乡”，对农民购买彩电、电冰箱、手机和洗衣机等指定家电品种予以直接补贴，并根据需要增加新的补贴品种。引导企业开拓农村市场，改善农村消费环境。推进农村扶贫开发，实施新的扶贫标准，完善国家扶贫战略和政策体系，对农村没有解决温饱的贫困人口、低收入人口全面实施扶贫政策，把稳定解决扶贫对象温饱并实现脱贫致富作为首要任务。

四、深化农村改革，增添发展活力。稳定和完善农村基本经营制度，认真落实稳定土地承包关系的各项措施，做好集体土地所有权确权登记颁证工作，稳步开展土地承包经营权登记试点。严格执行土地承包经营权流转的各项要求，尊重农民的主体地位，建立、健全土地承包经营权流转市场。抓紧制定落实最严格的耕地保护制度和最严格的节约用地制度的具体办法，从严控制城乡建设用地总规模，坚决守住18亿亩耕地红线。全面推进集体林权制度改革，继续深化农村综合改革，力争3年内在全国普遍健全乡镇或区域性农业推广技术、动植物疫病防控、农产品质量监管等公共服务机构。加快推进农村金融改革，建立引导信贷资金和社会资金投向农村的激励机制，对涉农贷款定向给予税收减免和费用补贴，扩大农村金融市场准入，加快发展新型农村金融组织和地区性中小银行，大力发展小额信贷和微型金融服务，规范和引导民间金融健康发展。

会议强调，要切实加强党对农村工作的领导，在工作安排、制度建设、财力分配和干部配备等方面体现重中之重的要求，按照中央部署认真搞好全国农村深入学习实践科学发展观活动，不断完善“三农”工作领导体制和工作机制，提高“三农”工作水平。要强化农村基层组织建设、干部队伍建设和社会管理，不断提高推动农村科学发展、促进农村社会和谐的水平。

会议强调，做好明年的农业农村工作，任务繁重，使命光荣。我们要紧密团结在以胡锦涛同志为总书记的党中央周围，坚定信心，迎难而上，抢抓机遇，扎实工作，努力促进农村经济社会又好又快发展，以优异成绩迎接新中国成立60周年。

国务委员兼国务院秘书长马凯主持了第一次全体会议。吉林、安徽、河南、广东、四川等省的有关负责同志在大会上发了言。

参加这次会议的有中央农村工作领导小组成员，各省、自治区、直辖市及计划单列市党委和政府分管农业和农村工作的负责同志，新疆生产建设兵团负责同志，中央和国家机关及军队有关部门负责同志等。

12月28日

与改革开放同行——大亚湾核电站30周年座谈会在深圳召开

全国人大常委会委员长吴邦国为大亚湾核电站建设30年作出批示，强调要认真总结大亚湾核电站等核电建设发展经验，抓住机遇，发挥优势，为实现我国核电的跨越式发展作出新的更大的贡献。

吴邦国在批示中指出，建设大亚湾核电站是改革开放初期中央作出的一项重要决策。30年来，大亚湾核电站坚持高起点，坚持引进、消化、吸收、再创新，加速了我国核电从起步到发展的进程，探索了一条具有中国特色的核电发展道路，培养了一批核电工程建设生产运营和技术创新的优秀人才。当前，我国核电建设已进入积极推进的重要时期，要认真总结大亚湾核电站等核电建设发展经验，抓住机遇，发挥优势，扎实工作，着力提高自主创新能力，切实加强企业管理和队伍建设，确保工程质量，确保运营安全，为实现我国核电的跨越式发展作出新的更大的贡献。

中共中央政治局委员、广东省委书记汪洋出席座谈会并讲话。

李鹏同志出席了座谈会。

大亚湾核电站是我国大陆第一座大型商用核电站，于1987年开工建设，1994年成功建成投入商业运行。截至2008年12月28日，大亚湾核电站连续15年保持安全稳定运行，累计实现上网电量2000亿千瓦时，其中供应香港1373亿千瓦时。大亚湾核电站成功建设和安全运行，实现了我国核电高起点起步、跨越式发展的目标，培养了一大批核电工程建设和运营管理人才，带动了核电相关产业的发展，为探索形成我国自主品牌核电技术CPR1000，引进三代核电技术，实现核电标准化、系列化、规模化建设积累了宝贵的经验。大亚湾核电站目前已成为我国核电技术创新、经验传承、人才培养的基地。

国务院有关部门负责人、广东省和深圳市领导及部分中央企业负责人参加了座谈会。

国务院副总理李克强在科威特会见科威特埃米尔萨巴赫

李克强表示，中国政府高度重视同科威特的关系，愿在平等互利基础上继续开展高层互访，深化两国政治互信和友谊，扩大双方经贸往来，推动各领域务实合作全面快速发展，推动中科友好合作不断迈上新的台阶。

关于中国与海湾合作委员会关系，李克强说，海合会是海湾地区重要组织，在地区事务中发挥着不可忽视的作用。中国政府高度重视发展同海合会及其成员国的关系。近年来双方集体合作已初具规模，战略对话机制拟于明年启动，自贸区谈判进入关键阶段，能源对话已进行两轮。中方愿进一步完善双方集体合作机制，促进双方就自贸区谈判达成一致，中方希望并相信科方会为推动中国—海合会关系继续发挥重要作用。

萨巴赫说，科威特愿与中国进一步加强合作，把两国关系发展得越来越好。科威特高度赞赏中国在中东海湾地区问题上的立场，愿与海湾合作委员会各国一起发展与中国的友好合作关系，促进地区和平与稳定。

国务院副总理李克强在科威特会见科威特首相纳赛尔

李克强说，双方应深化能源产业合作，探索上下游共同合作开发的途径，形成中科在能源领域长期、稳定、全面伙伴关系。扩大企业间在基础设施、电信等方面合作，增进人员往来，推动两国财政、农业、科技、人文等领域交流，共同应对世界经济环境变化带来的不利影响，加强在国际和地区事务中的协调与配合。李克强还表示，中方始终从战略高度看待同海湾阿拉伯国家合作委员会组织及其成员国的关系，愿同科威特等海合会国家继续开展高层互访，增进政治互信，扩大务实合作，实现互利共赢，促进中东海湾地区的和平与稳定。

纳赛尔表示，在当前金融危机形势下，科方愿进一步密切与中国在各领域的合作，欢迎中国的产品和企业进入科市场，实现共同发展。

中越政府边界谈判代表团双方团长发表共同声明

中越政府边界谈判代表团团长会晤28日至31日在河内举行。双方就解决中越陆地边界勘界立碑全部剩余问题交换了意见，达成一致，并发表共同声明。

声明说，中越双方根据1999年签署的《中华人民共和国和越南社会主义共和国陆地边界条约》，从两国人民的根本利益和发展中越传统友好关系出发，本着友好坦率协商、合理照顾对方关切、尽量减少对两国边民生产生活造成不利影响、寻求双方都能接受的解决办法的精神，按照两国领导人的共识，如期完成了中越陆地边界全线勘界立碑工作。上述重要成果是在两国领导人直接关心和指导下取得的，也是两国政府代表团、专家、有关部门和相邻省份代表共同努力的结果。

中越完成陆地边界全线勘界立碑工作，是中越关系中具有重大历史意义的事件。两国首次以现代化的界碑系统，确定一条清晰的陆地边界线，将为两国各自发展带来新的机遇，特别是为双方边境省份扩大合作、发展经济、加强友好交流创造条件，为把中越边界建成长期和平、友好、稳定的边界奠定坚实基础。中越陆地边界勘界立碑工作圆满结束，是正在按照十六字方针和"四好"精神发展的中越全面战略合作伙伴关系的生动体现，也是对本地区和平、稳定与发展的积极贡献。

双方商定早日签署勘界议定书和新的边界管理制度协定及其他相关文件，以便把中越陆地边界条约落到实处，为推动中越两国传统友谊不断发展作出贡献。在完成勘界立碑工作的同时，双方同意继续密切配合和合作，维护边境地区的和平、稳定与共同发展。双方同意适时举行仪式，庆祝陆地边界勘界立碑工作圆满结束。

12月29日

国家副主席习近平在北京主持召开中央深入学习实践科学发展观活动领导小组第三次会议并发表讲话

会议主要听取分析检查阶段情况的汇报，对整改落实阶段的工作进行研究部署。

习近平指出，根据目前整个学习实践活动的进展情况，参加第一批学习实践活动的单位近期将全部转入整改落实阶段。整改落实阶段是学习实践活动最出成果、最见实效的阶段，广大党员干部群众最为关注，务必下功夫抓好。习近平对做好整改落实阶段的工作提出了明确要求。第一，要制定目标明确、措施具体、责任到位的整改落实方案，把领导班子分析检查报告中提出的整改思路和措施、解决问题和完善制度的工作具体化，使整改落实工作有章可循、群众满意度测评有据可依。指导检查组要加强对制定整改落实方案的指导，并督促所联系单位抓好整改落实方案的实施，切实兑现向群众作出的承诺。第二，要根据整改落实方案，集中力量解决几个影响和制约科学发展的突出问题，办几件群众普遍期待的实事好事，使人民群众真正感受到学习实践活动带来的新变化新气象。第三，要积极稳妥地推进体制机制创新，建立、健全保障和促进科学发展的体制机制、推动科学发展的政策法规和符合科学发展要求的规章制度，形成有利于科学发展的正确导向，为深入贯彻落实科学发展观创造良好的政策制度环境。第四，要切实加强组织领导，把握好时间，掌握好进度，统筹抓好学习实践活动和其他各项工作，把学习实践活动激发出来的精神力量转化为强大的物质力量，推动经济平稳较快发展，确保群众生活安定，促进社会和谐稳定。

习近平强调，参加第一批学习实践活动的单位特别是各省区市确定的试点市县、企业、高校，要坚持边整改、边总结，按照中央提出的学习实践活动的目标要求，认真总结开展学习实践活动的好做法、好经验，为开展第二批学习实践活动提供有益借鉴。

习近平在讲话中还对中央学习实践活动领导小组和办公室下一步工作提出了明确要求。

中共中央政治局委员、中央书记处书记、中央组织部部长、中央深入学习实践科学发展观活动领导小组副组长李源潮出席了会议。中央深入学习实践科学发展观活动领导小组成员参加了会议，23个中央指导检查组组长列席了会议。

中央扩大内需促进经济增长政策落实检查组汇报会在北京召开

汇报会于12月29日至31日在北京召开。中共中央政治局常委、中央纪委书记贺国强出席会议并讲话。

贺国强强调，做好中央扩大内需促进经济增长政策落实监督检查工作，是有效应对国际金融危机影响、保证明年经济发展目标任务顺利完成的重要举措，也是实行监督关口前移、全程跟进、有效防范违纪违法行为和腐败现象发生的重要途径。当前，要把加强对中央新增1000亿元投资使用情况的监管作为主要任务，紧紧围绕中央政策措施落实到位情况、工程项目规划立项、工程项目审批和建设程序、资金管理使用情况、工程建设质量5个方面的工作重点开展监督检查，特别是要抓住中央扩大内需促进经济增长政策落实涉及的重点领域、重点部门、重点地区，以及投资规模大、工作难度大、影响面广的重点项目，集中开展监督检查，及时发现问题，督促各地各部门采取有效措施，认真加以解决。

贺国强要求，中央扩大内需促进经济增长政策落实检查工作领导小组要认真履行牵头抓总的职责，中央检查组、中央纪委监察部派驻机构、各省（区、市）纪检监察机关三方面的监督检查力量要加强统筹协调、密切联系沟通，实现信息互通、资源共享，形成条块结合、上下联动、齐抓共管的监督格局。要加强调查研究，认真总结经验，探索工作规律，建立、健全监督检查的长效机制，促进监督检查工作经常化、规范化、科学化，形成维护中央政令畅通、确保中央决策部署贯彻落实的体制机制。要严格执行纪律，对监督检查中发现的各种违纪违法案件要切实做到发现一起、查处一起；要强化行政问责，对工作不力、弄虚作假、把关不严、失职渎职等造成严重后果的，不仅要严肃追究直接责任人的责任，还要追究相关领导干部的责任。

中共中央书记处书记、中央纪委副书记、中央扩大内需促进经济增长政策落实检查工作领导小组组长何勇主持会议并讲话。他指出，深入开展监督检查工作，一要突出重点，努力增强检查工作的针对性。要加强对项目实施进度、项目资金管理使用、项目审批和建设程序、工程建设质量等的检查，保证项目尽快开工、项目资金专款专用和公开透明、项目审批和建设依法合规、工程质量和安全生产领导责任制得到落实。二要求真务实，注重提高检查工作的有效性。要把听取地方汇报、查阅项目资料、实地检查等结合起来，把监督的关口前移，把项目建设和资金管理的责任分解到政府相关部门，把公开透明原则贯穿于项目实施和资金管理使用的全过程，把检查工作与加强教育、健全制度、深化改革相结合，保证检查工作的效果。三要搞好配合，着力提升检查工作的协调性。要加强与中央行业主管部门派出的检查组的联系，加强与地方纪检监察和有关监管部门的联系，充分发挥地方发展改革、财政、国土资源、环保、住房城乡建设、审计等监管监督部门的专业优势，整合监督资源，提高监督效能。四要严明纪律，坚决维护中央政策的严肃性、权威性。坚决纠正有令不行、有禁不止，弄虚作假、欺上瞒下，以及上有政策、下有对策的行为；严格执行领导干部廉洁自律的有关规定，从严查处领导干部个人决定大额度资金使用和重大项目安排、违规干预招标投标及政府采购等微观经济活动的违纪违法行为，从严查处在政府投资项目实施和资金管理使用中贪污、挪用、挤占、私分资金和索贿受贿等违纪违法行为。

中央纪委副书记、监察部部长马馼主持了此前的汇报会。

会议期间，24个中央检查组分别汇报了赴31个省区市和新疆生产建设兵团对新增1000亿元中央投资开展监督检查的情况，中央纪委常委、监察部副部长王伟汇报了中央扩大内需促进经济增长政策落实监督检查工作的综合情况。国家发展改革委主任张平，审计署审计长刘家义，国家发展改革委副主任穆虹，财政部副部长丁学东和审计署副审计长董大胜出席会议。24个中央检查组组长以及中央纪委监察部有关派驻机构负责同志参加会议。

中央纪委 监察部 人社部 公安部在北京召开表彰大会追授盖起章同志荣誉称号

中央纪委、监察部、人力资源和社会保障部、公安部联合召开表彰大会，追授福建省福州市公安局原党委副书记、纪委书记、督察长盖起章同志“全国纪检监察系统先进工作者”和“全国公安系统一级英雄模范”荣誉称号。

盖起章同志2002年5月任福州市公安局党委副书记、纪委书记。2008年10月16日，因肝癌晚期医治无效不幸去世，年仅57岁。他参加工作38年来，始终牢记党和人民的重托，时刻保持共产党员的政治本色，恪尽职守，无私奉献。在担任福州市公安局纪委书记的6年多时间里，他一身正气、刚直不阿，坚决与消极腐败现象作斗争，做到生命不息、奉献不止，以实际行动诠释了一名共产党员和纪检监察干部的崇高追求和公仆情怀。

国务院副总理回良玉在北京分别出席全国粮食生产先进表彰活动以及中央国家机关等单位定点扶贫和东西扶贫协作先进表彰活动

回良玉向获奖单位和个人表示祝贺，勉励他们珍惜荣誉，发扬成绩，再接再厉，充分发挥模范带头作用，为保障国家粮食安全再立新功，为新阶段扶贫开发和贫困地区灾后重建作出新贡献。

今年农业获得全面丰收，粮食实现连续5年增产，总产和单产均创历史最高水平，成为经济社会发展的突出亮点。这是党中央、国务院始终高度重视“三农”工作的结果，也是全社会关注农业、支持农业的结果，更是各级农业部门、广大农技人员和亿万农民努力的结果。为进一步调动地方政府重农抓粮、农民务农种粮和农业部门科技兴粮的积极性，促进粮食生产稳定发展，农业部决定授予吉林省榆树市等20个市(县、区、旗、农场)“全国粮食生产先进县标兵”称号，授予雒魁虎等17名同志“全国粮食生产先进工作者标兵”称号，授予任远国等20名同志“全国粮食生产大户标兵”称号；授予山东省滕州市等200个市(县、区、旗、农场)“全国粮食生产先进县”称号，授予戴魁根等300名同志“全国粮食生产先进工作者”称号，授予张秀哲等500名同志“全国粮食生产大户”称号。

长期以来，中央国家机关各部门、各民主党派和人民团体、中央企事业单位、人民解放军和武警部队向贫困地区重点县提供了内容丰富、领域广泛、形式多样的帮扶，东部发达省市与西部贫困地区携手开展东西部扶贫协作，有力地促进了贫困地区经济社会各项事业持续健康发展。今年汶川特大地震发生后，扶贫系统广大干部职工深入抗震救灾工作第一线，为受灾贫困地区的灾后重建作出了突出贡献。为进一步推动定点扶贫和东西扶贫协作工作，大力弘扬抗震救灾精神，国务院扶贫开发领导小组决定授予中纪委、监察部机关扶贫办等102个单位“中央国家机关等单位定点扶贫先进单位”称号，吴向东等36名同志“中央国家机关等单位定点扶贫先进个人”称号；授予上海市人民政府合作交流办公室等55个单位“全国东西扶贫协作先进单位”称号，范文英等34名同志“全国东西扶贫协作先进个人”称号。国务院扶贫办决定授予四川省扶贫办外资项目管理中心等13个单位“全国扶贫系统抗震救灾先进单位”称号，萧均铭等20名同志“全国扶贫系统抗震救灾先进个人”称号。

全国总工会第十五届执行委员会第二次全体会议在北京召开

会议传达学习了中共中央书记处关于工会工作的重要指示精神。中共中央政治局委员、全国人大常委会副委员长、中华全国总工会主席王兆国在会上要求，各级工会组织和广大工会干部用中央精神统一思想、凝聚力量，团结动员广大职工为实现经济平稳健康发展发挥主力军作用。

王兆国指出，各级工会组织和广大工会干部要牢记全心全意依靠工人阶级的方针，坚持走中国特色社会主义工会发展道路，努力建设中国特色社会主义工会，进一步增强做好新形势下工会工作的责任感和使命感。要紧紧围绕中央确立的“保增长、扩内需、调结构”要求，在广大职工中广泛开展“同舟共济保增长，建功立业促发展”竞赛活动，在继续解放思想、锐意改革创新、推动科学发展、促进社会和谐中勇当时代先锋和行动楷模。要充分发挥工会“大学校”作用，加强对职工的形势政策教育和专业技能培训，着力引导广大职工激发攻坚克难的勇气、凝聚共克时艰的合力，树立战胜国际金融危机冲击的信心和决心。

王兆国强调，维护劳动者权益是工会的神圣职责。各级工会组织和广大工会干部要心里时刻装着职工、切实服务职工，千方百计地帮助职工解决最关心最直接最现实的利益问题，重点做好帮助就业和扶助创业工作，发展和谐劳动关系，维护职工队伍稳定。要抓住开展深入学习实践科学发展观活动的有利时机，进一步加强工会自身建设，切实提高工会干部队伍的素质和能力，努力做改革开放的促进者、和谐社会的建设者、职工权益的维护者。

会议审议通过了《中华全国总工会关于开展“同舟共济保增长、建功立业促发展”活动的决议》和《中华全国总工会关于充分发挥工会“大学校”作用，提高职工队伍整体素质的决议》。

越共中央总书记农德孟在河内会见中联部部长王家瑞

外交部部长杨洁篪就中俄战略协作伙伴关系问题与俄罗斯外长拉夫罗夫通电话

巴基斯坦总统扎尔达里在伊斯兰堡会见外交部副部长何亚非

国务院关于2008年度国家科学技术奖励的决定

各省、自治区、直辖市人民政府，国务院各部委、各直属机构：

为全面贯彻党的十七大和十七届三中全会精神，深入贯彻落实科学发展观，大力实施科教兴国战略、人才强国战略、可持续发展战略，推进科学技术的自主创新，国务院决定，对为发展我国科技事业、促进经济社会发展、推进国防现代化建设作出突出贡献的科学技术人员和组织给予奖励。

根据《国家科学技术奖励条例》的规定，经国家科学技术奖励评审委员会评审、国家科学技术奖励委员会审定和科技部审核，国务院批准并报请国家主席胡锦涛签署，授予王忠诚、徐光宪两位院士2008年度国家最高科学技术奖；国务院批准，授予“化学反应过渡态的结构和动力学研究”等34项成果国家自然科学奖二等奖，授予“小型高精度天体敏感器技术”等3项成果国家技术发明奖一等奖，授予“粒子过程晶体产品分子组装与形态优化技术”等52项成果国家技术发明奖二等奖，授予“青藏铁路工程”等3项成果国家科学技术进步奖特等奖，授予“全超导非圆截面托卡马克核聚变实验装置(EAST)的研制”等26项成果国家科学技术进步奖一等奖，授予“中国大陆科学深钻的科技集成与创新”等225项成果国家科学技术进步奖二等奖，授予美国农业经济学专家罗斯高、澳大利亚生态学专家维克多·罗伊·斯夸尔和德国化学工程专家洛塔·雷中华人民共和国国际科学技术合作奖。

全国科学技术工作者要向王忠诚、徐光宪两位院士及全体获奖者学习，继续发扬团结协作、奋力攀登、求真务实、开拓创新、为国奉献的精神，坚持科技为经济社会发展服务、为人民服务，深入贯彻落实《国家中长期科学和技术发展规划纲要(2006—2020年)》，坚定不移地走中国特色自主创新道路，为建设创新型国家作出更大的贡献。

国务院

2008年12月29日

中共中央政治局常委李长春在中国美术馆观看“纪念中国改革开放30周年——全国美术作品展览优秀作品展”

12月30日

中央军委主席胡锦涛提出大力培育当代革命军人核心价值观

中央军委主席胡锦涛近日在军队一次重要会议上提出，要围绕强化官兵精神支柱，大力培育“忠诚于党、热爱人民、报效国家、献身使命、崇尚荣誉”的当代革命军人核心价值观。

胡锦涛指出，军人核心价值观对军人思想道德和行为方式起着主导作用。我军作为一支无产阶级性质的新型人民军队，从创建之初就确立了体现我军性质和宗旨的革命军人核心价值观，这是我军战斗力的重要源泉，是我们必须十分珍视的政治优势。在新的历史条件下，坚持我军在长期实践中形成的革命军人核心价值观，并赋予新的时代内涵，着力培育当代革命军人核心价值观，这是建设社会主义核心价值体系的重要方面，是发展先进军事文化的现实需要，是履行新世纪新阶段我军历史使命的必然要求，必须作为思想政治建设的重要基础工程抓紧抓好，使我军听党指挥、服务人民、英勇善战的优良传统得到传承和发扬,为官兵全面发展和履行使命提供强大精神力量。

胡锦涛强调,忠诚于党,就是要自觉坚持党对军队的绝对领导,高举中国特色社会主义伟大旗帜,坚定中国特色社会主义理想信念,任何时候任何情况下都坚决听党指挥。热爱人民,就是要忠实践行全心全意为人民服务的根本宗旨,视人民利益高于一切、重于一切,永葆人民子弟兵政治本色,与人民群众心连心、同呼吸、共命运,为人民无私奉献。报效国家,就是要大力弘扬爱国主义精神,把个人的前途命运与国家的前途命运紧密联系在一起,坚决捍卫国家主权、安全、领土完整和人民民主专政的国家政权,为建设富强民主文明和谐的社会主义现代化国家贡献力量。献身使命,就是要履行革命军人神圣职责,爱军精武,爱岗敬业,不怕牺牲,英勇善战,坚决履行好党和人民赋予的新世纪新阶段军队历史使命。崇尚荣誉,就是要自觉珍惜和维护国家、军队、军人的荣誉,视荣誉重于生命,自觉践行社会主义荣辱观,弘扬革命英雄主义和集体主义精神,提高素质、全面发展,争创一流、建功立业,贞守革命气节,严守军队纪律。

胡锦涛指出,当代革命军人核心价值观的五个方面是相互联系的整体,是反映我军官兵与党、人民、国家、军队的关系以及我军官兵相互间关系最基本、最核心的价值观念,体现了我军优良传统、时代发展要求、官兵价值追求的统一,必须全面准确地理解和把握,并大力加以倡导和培育。要坚持不懈地用当代革命军人核心价值观引领官兵的思想和行为,引导官兵始终保持政治坚定和思想道德纯洁,真正做到打得赢、不变质。要把培育当代革命军人核心价值观融入部队建设的方方面面,抓好思想教育、舆论引导、文化熏陶、典型示范、实践养成、制度保障,使当代革命军人核心价值观为官兵普遍理解认同、自觉培养践行。

胡锦涛等党和国家领导人在国家大剧院观看新年京剧晚会

党和国家领导人胡锦涛、吴邦国、温家宝、贾庆林、李长春、习近平、李克强、贺国强等,与首都近千名群众一起观看演出,喜迎2009年的到来。

王刚、王兆国、刘淇、刘云山、刘延东、何勇、令计划、乌云其木格、司马义·铁力瓦尔地、杜青林、白立忱和迟浩田、张万年、姜春云、曹刚川、倪志福、杨汝岱等也观看了演出。

国务院妇女儿童工作委员会五届一次全体会议在北京召开

国务委员、国务院妇儿工委主任刘延东强调,要按照科学发展观的要求,坚持立足当前、着眼长远,统筹兼顾、改革创新,深入实施2001—2010年妇女儿童发展纲要,谋划制定下一个十年妇女儿童发展纲要,尊重和保障妇女儿童权益,促进妇女儿童全面发展,把妇女儿童工作提高到一个新水平。

刘延东强调,保障妇女儿童权益、促进妇女儿童发展是一项系统工程和长期任务。做好妇女儿童工作,既要着力建立促进妇女儿童发展的长效机制,又要重视解决当前的突出问题。一要进一步落实男女平等基本国策和儿童优先原则。把妇女儿童事业纳入经济社会发展规划,制定规划、出台政策要充分考虑妇女儿童的特殊利益和发展需求,努力营造男女两性协调发展、儿童健康成长的良好环境;加大农村妇女儿童工作力度,帮助农村妇女脱贫致富,提高农村妇女儿童医疗卫生保障水平,改善农村儿童就学条件。二要切实解决妇女儿童发展中的突出问题。着力消除资源分配、教育、就业和发展机会等方面事实存在的性别差异,积极拓展妇女就业领域,增加妇女就业机会,促进妇女平等就业。要认真落实未成年人保护法,保障未成年人的生存权、发展权和受保护权。三要确保妇女儿童发展纲要各项目标如期实现。针对两纲实施的重点、难点问题,合力攻克难关。要加快推进农村和贫困地区的两纲实施工作,着力解决妇女儿童教育、卫生健康、社会保障等突出问题。四要谋划制定下一个十年妇女儿童发展纲要。新纲要的制定,要以科学发展观为指导,充分体现发展为要、以人为本、统筹协调、改革创新。要更加注重与我国经济社会发展的总体规划相适应,与我国保护妇女儿童权益的法律、法规相一致,推动妇女儿童事业的全面发展、协调发展、持续发展、科学发展。

刘延东要求,妇儿工委要积极适应新任务和新要求,努力提高工作水平。要进一步完善工作机制,加强制度建设,认真履行职能,发挥各部门综合优势,在依法保护妇女儿童权益、促进妇女儿童全面发展方面发挥更大作用。

中国政府设立驻东盟大使并决定任命薛捍勤为首任中国驻东盟大使

2008年全国十大教育新闻评选结果在北京揭晓

由《中国教育报》和中国教育电视台联合中央新闻媒体共同评出的本年度十大教育新闻是(按时间先后排序):

一、国家选聘10万大学生村官。

二、胡锦涛总书记考察北京大学。

三、四川汶川发生特大地震,师生英雄事迹受表彰。

四、全国城乡义务教育实现全免费。

五、北京第二十九届奥运会成功举办，教育战线贡献广受社会赞誉。

六、国家中长期教育规划纲要启动制定，规划12年教育改革发展蓝图。

七、天水高考作弊案告破，5名被告受到严肃处理。

八、中央新增投资44亿用于教育。

九、义务教育教师绩效工资改革实施，确保教师工资不低于当地公务员。

十、纪念改革开放30年，教育实现跨越式发展。

12月31日

中共中央国务院发出《关于2009年促进农业稳定发展农民持续增收的若干意见》

党的十七届三中全会从中国特色社会主义事业总体布局和全面建设小康社会战略全局出发，描绘了我国农村全面小康建设的宏伟蓝图，制定了新形势下推进农村改革发展的行动纲领。各地区各部门要认真学习、深刻领会全会精神，坚定不移推进社会主义新农村建设，坚定不移走中国特色农业现代化道路，坚定不移加快形成城乡经济社会发展一体化新格局，切实把《中共中央关于推进农村改革发展若干重大问题的决定》提出的大政方针落到实处。

2008年，各地区各部门认真贯彻中央决策部署，战胜了重大自然灾害，克服了多种困难风险，农业农村继续保持良好发展局面。农业生产再获丰收，粮食总产再创新高，农民收入较快增长，农村公共事业加速发展，农村党群干群关系继续改善。农业农村的好形势，为党和国家成功办好大事、妥善应对难事奠定了坚实基础，为保持经济平稳较快发展、维护社会和谐稳定作出了重大贡献。

当前，国际金融危机持续蔓延、世界经济增长明显减速，对我国经济的负面影响日益加深，对农业农村发展的冲击不断显现。2009年可能是新世纪以来我国经济发展最为困难的一年，也是巩固发展农业农村好形势极为艰巨的一年。在农业连续5年增产的高基数上，保持粮食稳定发展的任务更加繁重；在国内外资源性产品价格普遍下行的态势中，保持农产品价格合理水平的难度更加凸显；在全社会高度关注食品质量安全的氛围里，保持农产品质量进一步提升和规避经营风险的要求更加迫切；在当前农民工就业形势严峻的情况下，保持农民收入较快增长的制约更加突出。必须切实增强危机意识，充分估计困难，紧紧抓住机遇，果断采取措施，坚决防止粮食生产滑坡，坚决防止农民收入徘徊，确保农业稳定发展，确保农村社会安定。

做好2009年农业农村工作，具有特殊重要的意义。扩大国内需求，最大潜力在农村；实现经济平稳较快发展，基础支撑在农业；保障和改善民生，重点、难点在农民。2009年农业农村工作的总体要求是：全面贯彻党的十七大、十七届三中全会和中央经济工作会议精神，高举中国特色社会主义伟大旗帜，以邓小平理论和“三个代表”重要思想为指导，深入贯彻落实科学发展观，把保持农业农村经济平稳较快发展作为首要任务，围绕稳粮、增收、强基础、重民生，进一步强化惠农政策，增强科技支撑，加大投入力度，优化产业结构，推进改革创新，千方百计保证国家粮食安全和主要农产品有效供给，千方百计促进农民收入持续增长，为经济社会又好又快发展继续提供有力保障。

一、加大对农业的支持保护力度

1. 进一步增加农业农村投入。扩大内需、实施积极财政政策，要把“三农”作为投入重点。大幅度增加国家对农村基础设施建设和社会事业发展的投入，提高预算内固定资产投资用于农业农村的比重，新增国债使用向“三农”倾斜。大幅度提高政府土地出让收益、耕地占用税新增收入用于农业的比例，耕地占用税税率提高后新增收入全部用于农业，土地出让收入重点支持农业土地开发和农村基础设施建设。大幅度增加对中西部地区农村公益性建设项目的投入，2009年起国家在中西部地区安排的病险水库除险加固、生态建设、农村饮水安全、大中型灌区配套改造等公益性建设项目，取消县及县以下资金配套。城市维护建设税新增部分主要用于乡村建设规划、农村基础设施建设和维护。有条件的地方可成立政策性农业投资公司和农业产业发展基金。

2. 较大幅度增加农业补贴。2009年要在上年较大幅度增加补贴的基础上，进一步增加补贴资金。增加对种粮农民直接补贴。加大良种补贴力度，提高补贴标准，实现水稻、小麦、玉米、棉花全覆盖，扩大油菜和大豆良种补贴范围。大规模增加农机具购置补贴，将先进适用、技术成熟、安全可靠、节能环保、服务到位的农机具纳入补贴目录，补贴范围覆盖全国所有农牧业县(场)，带动农机普及应用和农机工业发展。加大农资综合补贴力度，完善补贴动态调整机制，加强农业生产成本收益监测，根据农资价格上涨幅度和农作物实际播种面积，及时增加补贴。按照目标清晰、简便高效、有利于鼓励粮食生产的要求，完善农业补贴办法。根据新增农业补贴的实际情况，逐步加大对专业大户、家庭农场种粮补贴力度。

3. 保持农产品价格合理水平。密切跟踪国内外农产品市场变化，适时加强政府调控，灵活运用多种手段，努力避免农产品价格下行，防止谷贱伤农，保障农业经营收入稳定增长。2009年继续提高粮食最低收购价。扩大国家粮食、棉花、食用植物油、猪肉储备，2009年地方粮油储备要按规定规模全部落实到位，适时启动主要农产品临时收储，鼓励企业增加商业收储。加强"北粮南运"、新疆棉花外运协调，继续实行相关运费补贴和减免政策，支持销区企业到产区采购。把握好主要农产品进出口时机和节奏，支持优势农产品出口，防止部分品种过度进口冲击国内市场。

4. 增强农村金融服务能力。抓紧制定鼓励县域内银行业金融机构新吸收的存款主要用于当地发放贷款的实施办法，建立独立考核机制。在加强监管、防范风险的前提下，加快发展多种形式新型农村金融组织和以服务农村为主的地区性中小银行。鼓励和支持金融机构创新农村金融产品和金融服务，大力发展小额信贷和微型金融服务，农村微小型金融组织可通过多种方式从金融机构融入资金。积极扩大农村消费信贷市场。依法开展权属清晰、风险可控的大型农用生产设备、林权、四荒地使用权等抵押贷款和应收账款、仓单、可转让股权、专利权、商标专用权等权利质押贷款。抓紧出台对涉农贷款定向实行税收减免和费用补贴、政策性金融对农业中长期信贷支持、农民专业合作社开展信用合作试点的具体办法。放宽金融机构对涉农贷款的呆账核销条件。加快发展政策性农业保险，扩大试点范围、增加险种，加大中央财政对中西部地区保费补贴力度，加快建立农业再保险体系和财政支持的巨灾风险分散机制，鼓励在农村发展互助合作保险和商业保险业务。探索建立农村信贷与农业保险相结合的银保互动机制。

二、稳定发展农业生产

5. 加大力度扶持粮食生产。稳定粮食播种面积，优化品种结构，提高单产水平，不断增强综合生产能力。建立、健全粮食主产区利益补偿制度，根据主产区对国家粮食安全的贡献，增加一般性转移支付和产粮大县奖励补助等资金，优先安排农业基础设施建设投资和农业综合开发等资金，扶持粮食产业和龙头企业发展，引导产销区建立利益衔接机制，促进主产区经济社会加快发展，确保主产区得到合理利益补偿，确保种粮农民得到合理经济收益。加快取消主产区粮食风险基金资金配套。推进全国新增千亿斤粮食生产能力建设，以主产区重点县(场)为单位，集中投入、整体开发。进一步强化"米袋子"省长负责制，各地区都要承担本地耕地和水资源保护、粮食产销和市场调控责任，逐级建立有效的粮食安全监督检查和绩效考核机制。结合振兴东北地区等老工业基地，加快推进现代农业建设。发挥国有农场在建设现代农业、保障国家粮食安全等方面的积极作用。

6. 支持优势产区集中发展油料等经济作物生产。加快实施新一轮优势农产品区域布局规划。落实国家扶持油料生产的各项政策措施，加强东北和内蒙古优质大豆、长江流域"双低"油菜生产基地建设。尽快制定实施全国木本油料产业发展规划，重点支持适宜地区发展油茶等木本油料产业，加快培育推广高产优良品种。稳定发展棉花生产，启动长江流域、黄淮海地区棉花生产基地建设。支持优势产区发展糖料、马铃薯、天然橡胶等作物，积极推进蔬菜、水果、茶叶、花卉等园艺产品设施化生产。

7. 加快发展畜牧水产规模化标准化健康养殖。采取市场预警、储备调节、增加险种、期货交易等措施，稳定发展生猪产业。继续落实生猪良种补贴和能繁母猪补贴政策，扩大生猪调出大县奖励政策实施范围。继续落实奶牛良种补贴、优质后备奶牛饲养补贴等政策，实施奶牛生产大县财政奖励政策，着力扶持企业建设标准化奶站，确保奶源质量。增加畜禽标准化规模养殖场(小区)项目投资，加大信贷支持力度，落实养殖场用地等政策。加大畜禽水产良种工程实施力度，充实动物防疫体系建设内容，加快推进动物标识及疫病可追溯体系建设，落实村级防疫员补助经费。扩大水产健康养殖示范区(场)建设，继续实行休渔、禁渔制度，强化增殖放流等水生生物资源养护措施。扩大渔港、渔船航标、渔船安全设施等建设规模，扶持和壮大远洋渔业。

8. 严格农产品质量安全全程监控。抓紧出台食品安全法，制定和完善农产品质量安全法配套规章制度，健全部门分工合作的监管工作机制，进一步探索更有效的食品安全监管体制，实行严格的食品质量安全追溯制度、召回制度、市场准入和退出制度。加快农产品质量安全检验检测体系建设，完善农产品质量安全标准，加强检验检测机构资质认证。扩大农产品和食品例行监测范围，逐步清理并降低强制性检验检疫费用。健全饲料安全监管体系，促进饲料产业健康发展。强化企业质量安全责任，对上市产品实行批批自检。建立农产品和食品生产经营质量安全征信体系。开展专项整治，坚决制止违法使用农药、兽(渔)药行为。加快农业标准化示范区建设，推动龙头企业、农民专业合作社、专业大户等率先实行标准化生产，支持建设绿色和有机农产品生产基地。

9. 加强农产品进出口调控。健全高效灵活的农产品进出口调控机制，协调内外贸易，密切政府、协会、企业之间的沟通磋商。扩大农产品出口信用保险承保范围，探索出口信用保险与农业保险、出口信贷相结合的风险防范机制。对劳动密集型和技术密集型农产品出口实行优惠信贷政策。培育农业跨国经营企业。按照世界贸易组织规则，健全外商经营农产品和农资准入制度，明确外资并购境内涉农企业安全审查范围和程序，建立联席会议制度。

三、强化现代农业物质支撑和服务体系

10.加快农业科技创新步伐。加大农业科技投入，多渠道筹集资金，建立农业科技创新基金，重点支持关键领域、重要产品、核心技术的科学研究。加快推进转基因生物新品种培育科技重大专项，整合科研资源，加大研发力度，尽快培育一批抗病虫、抗逆、高产、优质、高效的转基因新品种，并促进产业化。实施主要农作物强杂交优势技术研发重大项目。强化农业知识产权保护。支持龙头企业承担国家科技计划项目。加强和完善现代农业产业技术体系。深入推进粮棉油高产创建活动，支持科技人员和大学毕业生到农技推广一线工作。开展农业科技培训，培养新型农民。采取委托、招标等形式，引导农民专业技术协会等社会力量承担公益性农技推广服务项目。

11.加快高标准农田建设。大力推进土地整治，搞好规划，统筹安排土地整理复垦开发、农业综合开发等各类建设资金，集中连片推进农村土地整治，实行田、水、路、林综合治理，大规模开展中低产田改造，提高高标准农田比重。继续推进“沃土工程”，扩大测土配方施肥实施范围。开展鼓励农民增施有机肥、种植绿肥、秸秆还田奖补试点。大力开展保护性耕作，加快实施旱作农业示范工程。

12.加强水利基础设施建设。加强大江大河和重点中小河流治理，建成一批大中型水利骨干工程。加快大中型和重点小型病险水库除险加固进度，确保工程建设质量。增加投资规模，重点加快大型灌区续建配套和节水改造。扩大大型排灌泵站更新改造规模和范围，启动西北沿黄高扬程提水灌溉泵站、东北涝区排水泵站等更新改造建设。继续加大农业综合开发中型灌区骨干工程节水改造力度。增加中央和省级财政小型农田水利工程建设补助专项资金，依据规划整合投资，推进大中型灌区田间工程和小型灌区节水改造，推广高效节水灌溉技术，因地制宜修建小微型抗旱水源工程，发展牧区水利。加强重要水源工程及配套灌区建设。推进水利工程管理和农村水利体制改革，探索农业灌溉工程运行管理财政补贴机制，启动减轻农业用水负担综合改革试点。

13.加快推进农业机械化。启动农业机械化推进工程，重点加强示范基地、机耕道建设，提高农机推广服务和安全监理能力。普及主要粮油作物播种、收获等环节机械化，加快研发适合丘陵山区使用的轻便农业机械和适合大面积作业的大型农业机械。支持农机工业技术改造，提高农机产品适用性和耐用性，切实加强售后服务。实行重点环节农机作业补贴试点。对农机大户、种粮大户和农机服务组织购置大中型农机具，给予信贷支持。完善农用燃油供应保障机制，建立高能耗农业机械更新报废经济补偿制度。

14.推进生态重点工程建设。巩固退耕还林成果，继续推进京津风沙源治理等重点工程，增加天然林保护投资，抓紧研究延长天然林保护工程实施期限有关政策，完善三北防护林工程投入和建设机制。建设现代林业，发展山区林特产品、生态旅游业和碳汇林业。扩大退牧还草工程实施范围，加强人工饲草地和灌溉草场建设。加强森林草原火灾监测预警体系和防火基础设施建设。加快重点区域荒漠化和小流域综合治理，启动坡耕地水土流失综合整治工程，加强山洪和泥石流等地质灾害防治。提高中央财政森林生态效益补偿标准，启动草原、湿地、水土保持等生态效益补偿试点。安排专门资金，实行以奖促治，支持农业农村污染治理。

15.加强农产品市场体系建设。加大力度支持重点产区和集散地农产品批发市场、集贸市场等流通基础设施建设。推进大型粮食物流节点、农产品冷链系统和生鲜农产品配送中心建设。落实停止收取个体工商户管理费和集贸市场管理费政策。支持大型连锁超市和农产品流通企业开展农超对接，建设农产品直接采购基地。发挥农村经纪人作用。长期实行并逐步完善鲜活农产品运销绿色通道政策，推进在全国范围内免收整车合法装载鲜活农产品的车辆通行费。

16.推进基层农业公共服务机构建设。按照3年内在全国普遍健全乡镇或区域性农业技术推广、动植物疫病防控、农产品质量监管等公共服务机构的要求，尽快明确职责、健全队伍、完善机制、保障经费，切实增强服务能力。创新管理体制和运行机制，采取公开招聘、竞聘上岗等方式择优聘用专业技术人员。改革考评、分配制度，将服务人员收入与岗位职责、工作业绩挂钩。农业公共服务机构履行职责所需经费纳入地方各级财政预算。逐步推进村级服务站点建设试点。

四、稳定完善农村基本经营制度

17.稳定农村土地承包关系。抓紧修订、完善相关法律、法规和政策，赋予农民更加充分而有保障的土地承包经营权，现有土地承包关系保持稳定并长久不变。强化对土地承包经营权的物权保护，做好集体土地所有权确权登记颁证工作，将权属落实到法定行使所有权的集体组织；稳步开展土地承包经营权登记试点，把承包地块的面积、空间位置和权属证书落实到农户，严禁借机调整土地承包关系，坚决禁止和纠正违法收回农民承包土地的行为。加快落实草原承包经营制度。

18.建立、健全土地承包经营权流转市场。土地承包经营权流转,不得改变土地集体所有性质,不得改变土地用途,不得损害农民土地承包权益。坚持依法自愿有偿原则,尊重农民的土地流转主体地位,任何组织和个人不得强迫流转,也不能妨碍自主流转。按照完善管理、加强服务的要求,规范土地承包经营权流转。鼓励有条件的地方发展流转服务组织,为流转双方提供信息沟通、法规咨询、价格评估、合同签订、纠纷调处等服务。

19.实行最严格的耕地保护制度和最严格的节约用地制度。基本农田必须落实到地块、标注在土地承包经营权登记证书上,并设立统一的永久基本农田保护标志,严禁地方擅自调整规划改变基本农田区位。严格地方政府耕地保护责任目标考核,实行耕地和基本农田保护领导干部离任审计制度。尽快出台基本农田保护补偿具体办法。从严控制城乡建设用地总规模,从规划、标准、市场配置、评价考核等方面全面建立和落实节约用地制度。抓紧编制乡镇土地利用规划和乡村建设规划,科学合理安排村庄建设用地和宅基地,根据区域资源条件修订宅基地使用标准。农村宅基地和村庄整理所节约的土地,首先要复垦为耕地,用作折抵建设占用耕地补偿指标必须依法进行,必须符合土地利用总体规划,纳入土地计划管理。农村土地管理制度改革要在完善相关法律、法规、出台具体配套政策后,规范有序地推进。

20.全面推进集体林权制度改革。用5年左右时间基本完成明晰产权、承包到户的集体林权制度改革任务。集体林地经营权和林木所有权已经落实到户的地方,要尽快建立、健全产权交易平台,加快林地、林木流转制度建设,完善林木采伐管理制度。尚未落实到户的地方,要在加强宣传、做好培训和搞好勘界发证基础上,加快集体林权制度改革步伐。加大财政对集体林权制度改革的支持力度,开展政策性森林保险试点。引导森林资源资产评估、森林经营方案编制等中介服务健康发展。进一步扩大国有林场和重点国有林区林权制度改革试点。

21.扶持农民专业合作社和龙头企业发展。加快发展农民专业合作社,开展示范社建设行动。加强合作社人员培训,各级财政给予经费支持。将合作社纳入税务登记系统,免收税务登记工本费。尽快制定金融支持合作社、有条件的合作社承担国家涉农项目的具体办法。扶持农业产业化经营,鼓励发展农产品加工,让农民更多分享加工流通增值收益。中央和地方财政增加农业产业化专项资金规模,重点支持对农户带动力强的龙头企业开展技术研发、基地建设、质量检测。鼓励龙头企业在财政支持下参与担保体系建设。采取有效措施帮助龙头企业解决贷款难问题。

五、推进城乡经济社会发展一体化

22.加快农村社会事业发展。建立稳定的农村文化投入保障机制,尽快形成完备的农村公共文化服务体系。推进广播电视村村通、文化信息资源共享、乡镇综合文化站和村文化室建设、农村电影放映、农家书屋等重点文化惠民工程。巩固农村义务教育普及成果,提高农村学校公用经费和家庭经济困难寄宿生补助标准,改善农村教师待遇,推进农村中小学校舍安全排查、加固和改造。加快发展农村中等职业教育,2009年起对中等职业学校农村家庭经济困难学生和涉农专业学生实行免费。国家新增助学金要向农村生源学生倾斜。巩固发展新型农村合作医疗,坚持大病住院保障为主、兼顾门诊医疗保障,开展门诊统筹试点,有条件的地方可提高财政补助标准和水平。进一步增加投入,加强县、乡、村医疗卫生公共服务体系建设。抓紧制定指导性意见,建立个人缴费、集体补助、政府补贴的新型农村社会养老保险制度。加大中央和省级财政对农村最低生活保障补助力度,提高农村低保标准和补助水平。加快研究解决农垦职工社会保障问题。

23.加快农村基础设施建设。调整农村饮水安全工程建设规划,加大投资和建设力度,把农村学校、国有农(林)场纳入建设范围。扩大电网供电人口覆盖率,加快推进城乡同网同价。加大农村水电建设投入,扩大小水电代燃料建设规模。加快农村公路建设,2010年年底基本实现全国乡镇和东中部地区具备条件的建制村通油(水泥)路,西部地区具备条件的建制村通公路,加大中央财政对中西部地区农村公路建设投资力度,建立农村客运政策性补贴制度。增加农村沼气工程建设投资,扩大秸秆固化气化试点示范。发展农村信息化。加快国有林区、垦区棚户区改造,实施游牧民定居工程,扩大农村危房改造试点。

24.积极扩大农村劳动力就业。对当前农民工就业困难和工资下降等问题,各地区和有关部门要高度重视,采取有力措施,最大限度安置好农民工,努力增加农民的务工收入。引导企业履行社会责任,支持企业多留用农民工,督促企业及时足额发放工资,妥善解决劳资纠纷。对生产经营遇到暂时困难的企业,引导其采取灵活用工、弹性工时、在岗培训等多种措施稳定就业岗位。城乡基础设施建设和新增公益性就业岗位,要尽量多使用农民工。采取以工代赈等方式引导农民参与农业农村基础设施建设。输出地、输入地政府和企业都要加大投入,大规模开展针对性、实用性强的农民工技能培训。有条件的地方可将失去工作的农民工纳入相关就业政策支持范围。落实农民工返乡创业扶持政策,在贷款发放、税费减免、工商登记、信息咨询等方面提供支持。保障返乡农民工的合法土地承包权益,对生活无着的返乡农民工要提供临时救助或纳入农村低保。同时，充分挖掘农业内部就业潜力，拓展农村非农就业空间，鼓励农民就近就地创业。抓紧制定适合农民工特点的养老保险办法，解决养老保险关系跨社保统筹地区转移接续问题。建立农民工统计监测制度。

25. 推进农村综合改革。按照着力增强社会管理和公共服务职能、到2012年基本完成改革任务的要求，继续推进乡镇机构改革。推进"乡财县管"改革，加强县乡财政对涉农资金的监管。力争用3年左右时间，逐步建立资金稳定、管理规范、保障有力的村级组织运转经费保障机制。总结试点经验，完善相关政策，扩大农村公益事业一事一议财政奖补试点范围，中央和试点地区省级财政要增加试点投入。积极稳妥化解乡村债务，2010年基本完成全国农村义务教育债务化解，继续选择与农民利益直接相关的农村公益事业建设形成的乡村债务进行化解试点。

26. 增强县域经济发展活力。调整财政收入分配格局，增加对县乡财政的一般性转移支付，逐步提高县级财政在省以下财力分配中的比重，探索建立县乡财政基本财力保障制度。推进省直接管理县(市)财政体制改革，将粮食、油料、棉花和生猪生产大县全部纳入改革范围。稳步推进扩权强县改革试点，鼓励有条件的省份率先减少行政层次，依法探索省直接管理县(市)的体制。依法赋予经济发展快、人口吸纳能力强的小城镇在投资审批、工商管理、社会治安等方面的行政管理权限。支持发展乡镇企业，加大技术改造投入，促进产业集聚和升级。

27. 积极开拓农村市场。支持流通企业与生产企业合作建立区域性农村商品采购联盟，用现代流通方式建设和改造农村日用消费品流通网络，扩大"农家店"覆盖范围，重点提高配送率和统一结算率，改善农村消费环境。鼓励设计开发适合农村特点的生活消费品和建筑材料。2009年在全国范围实施"家电下乡"，对农民购买彩电、电冰箱、手机、洗衣机等指定家电品种，国家按产品销售价格一定比例给予直接补贴，并根据需要增加新的补贴品种。保证下乡家电质量，搞好售后服务。加强农资产销调控，扶持化肥生产，增加淡季储备，保障市场供应。支持供销合作社、邮政、商贸企业和农民专业合作社等加快发展农资连锁经营，推行农资信用销售。鼓励有条件的地方改造建设农村综合服务中心。加强农村市场监管，严厉查处坑农害农行为。

28. 完善国家扶贫战略和政策体系。坚持开发式扶贫方针，制定农村最低生活保障制度与扶贫开发有效衔接办法。实行新的扶贫标准，对农村没有解决温饱的贫困人口、低收入人口全面实施扶贫政策，尽快稳定解决温饱并实现脱贫致富，重点提高农村贫困人口的自我发展能力。继续增加扶贫资金投入，加大整村推进力度，提高劳动力转移培训质量，提升产业化扶贫水平。优先支持革命老区、民族地区、边疆地区扶贫开发，积极稳妥实行移民扶贫，对特殊类型贫困地区进行综合治理。充分发挥行业扶贫作用，继续动员社会各界参与扶贫事业，积极开展反贫困领域国际交流合作。

各级党委和政府要坚持把解决好农业、农村、农民问题作为全党工作和政府全部工作的重中之重，切实加强和改善党对农村工作的领导，确保把党的各项农村政策落到实处。扎实开展农村基层深入学习实践科学发展观活动，按照科学发展观和正确政绩观要求，把粮食生产、农民增收、耕地保护、环境治理、和谐稳定作为考核地方特别是县(市)领导班子绩效的重要内容，尽快制定指标，严格监督检查。抓好以村党组织为核心的村级组织配套建设，深化农村党的建设三级联创活动，创新农村党组织设置方式，扩大党在农村的组织覆盖和工作覆盖。建立、健全城乡一体党员动态管理机制，加强农民工党员教育管理。广泛开展创先争优活动。完善党员设岗定责、依岗承诺等活动载体。加强农村党风廉政建设，抓好党的农村政策贯彻落实情况的监督检查，认真解决损害农民利益的突出问题。完善村党组织两推一选、村委会直选的制度和办法，着力拓宽农村干部来源，稳步推进高校毕业生到村任职工作，实施一村一名大学生计划，完善长效机制和政策措施。创新培养选拔机制，选优配强村党组织书记。按照定职责目标和工作有合理待遇、干好有发展前途、退岗有一定保障的要求，以不低于当地农村劳动力平均收入水平确定村干部基本报酬，并根据实际情况建立业绩考核奖励制度，逐步解决好村干部养老保障问题，加大从优秀村干部中选任乡镇领导干部、考录乡镇公务员、招聘乡镇事业编制人员的力度。积极推进农村党员干部现代远程教育和村级组织活动场所建设。加强农村民主法制建设和精神文明建设，深入推进政务公开、村务公开和党务公开。高度重视农村社会稳定工作，妥善解决农村征地、环境污染、移民搬迁、集体资产处置等引发的突出矛盾和问题，做好农村信访工作，搞好农村社会治安综合治理，推进农村警务建设，反对和制止利用宗教、宗族势力干预农村公共事务，严密防范境外敌对势力对农村的渗透，保持农村社会和谐稳定。

做好2009年农业农村工作意义十分重大。我们要紧密团结在以胡锦涛同志为总书记的党中央周围，开拓进取，扎实工作，迎难而上，奋力开创农村改革发展新局面！

纪念《告台湾同胞书》发表30周年座谈会在人民大会堂举行

中共中央总书记、国家主席、中央军委主席胡锦涛出席座谈会并发表重要讲话。

全国人大常委会委员长吴邦国主持座谈会，全国政协主席贾庆林出席。

吴邦国在主持座谈会时说，胡锦涛总书记的重要讲话，深刻阐述了《告台湾同胞书》的重大意义，高度评价了邓小平同志为确立"和平统一、一国两制"的方针作出的历史性贡献，高度评价了江泽民同志为丰富和发展中央对台方针政策作出的重大贡献，全面总结了我们推动两岸关系发展的主要经验。讲话着重阐述了实现祖国和平统一的重大意义，提出了推动两岸关系和平发展的重要主张，体现了我们为两岸同胞谋福祉、为台海地区谋和平、为中华民族谋复兴的决心和诚意，对进一步做好对台工作具有十分重要的指导意义。我们要认真领会、切实贯彻，为开创两岸关系和平发展新局面作出贡献，为实现祖国和平统一继续努力奋斗。

座谈会上，全国人大常委会副委员长兼秘书长李建国，全国政协副主席、台湾民主自治同盟中央主席林文漪，中华全国学生联合会主席刘凯，中共中央台湾工作办公室、国务院台湾事务办公室主任王毅先后发言。

出席座谈会的领导同志还有：王兆国、王岐山、刘云山、令计划、王沪宁、戴秉国、杜青林等。

中央党政军有关部门和北京市负责同志，各民主党派中央、全国工商联负责人以及各界代表等出席了座谈会。

中共中央总书记胡锦涛在纪念《告台湾同胞书》发表30周年座谈会上发表题为《携手推动两岸关系和平发展 同心实现中华民族伟大复兴》的讲话

同志们，朋友们：

明天是2009年元旦。每逢佳节倍思亲。在这里，我谨代表祖国大陆各族人民，向广大台湾同胞致以诚挚的问候和衷心的祝福！

1979年元旦，全国人民代表大会常务委员会发表《告台湾同胞书》，郑重宣示了争取祖国和平统一的大政方针，两岸关系发展由此揭开新的历史篇章。《告台湾同胞书》明确提出，实现中国的统一，是人心所向，大势所趋；一定要考虑现实情况，完成祖国统一的大业，在解决统一问题时尊重台湾现状和台湾各界人士的意见，采取合情合理的政策和办法，不使台湾人民蒙受损失。《告台湾同胞书》明确提出，我们寄希望于台湾人民，也寄希望于台湾当局。《告台湾同胞书》明确倡议，通过商谈结束台湾海峡军事对峙状态，撤除阻隔两岸同胞交往的藩篱，推动自由往来，实现通航、通邮、通商，开展经济文化交流。《告台湾同胞书》的发表标志着我们解决台湾问题的理论和实践进入了一个新的历史时期。

自1949年台湾问题形成以来，我们始终把解决台湾问题、完成祖国统一大业作为自己的神圣职责，进行了长期不懈的努力。1978年，党的十一届三中全会作出把党和国家工作中心转移到经济建设上来、实行改革开放的历史性决策，中国的发展从此进入历史新时期。《告台湾同胞书》就是在这个重要历史背景下发表的。30年来，我们为促进台湾问题的解决，提出了一系列对台方针政策。邓小平同志根据国际国内形势发展变化，从中华民族根本利益和国家发展战略全局出发，在毛泽东同志、周恩来同志关于争取和平解决台湾问题思想的基础上，创造性地提出"一国两制"伟大构想，为确立"和平统一、一国两制"的方针作出了历史性贡献。江泽民同志提出现阶段发展两岸关系、推进祖国和平统一进程的八项主张，丰富和发展了对台方针政策。党的十六大以来，我们就对台工作作出重大决策部署，提出一系列新主张新举措，赋予对台方针政策新的内涵。反分裂国家法的制定和实施，把我们关于解决台湾问题的大政方针法律化，表达了我们坚持和平统一的一贯立场和最大诚意，同时表明了全中国人民坚决反对"台独"、捍卫国家主权和领土完整的共同意志和坚定决心。

《告台湾同胞书》发表以来，在两岸同胞和各界人士共同努力下，两岸关系发生重大变化。1987年年底，两岸同胞长期隔绝状态被打破，两岸同胞交往日益密切，两岸经济合作蓬勃发展，形成互补互利的格局。1992年，两岸达成"九二共识"，双方在此基础上举行首次"汪辜会谈"。2005年，国共两党领导人实现历史性会谈，达成"两岸和平发展共同愿景"。今年3月，台湾局势发生积极变化，两岸关系迎来难得历史机遇。5月以来，本着建立互信、搁置争议、求同存异、共创双赢的精神，两岸协商在"九二共识"的基础上得到恢复并取得重要成果，两岸全面直接双向"三通"迈出历史性步伐。双方妥善处理一系列问题，保持两岸关系改善和发展势头，推动两岸关系展现出和平发展的前景。今天，两岸同胞往来之频繁、经济联系之密切、文化交流之活跃、共同利益之广泛是前所未有的。中国人民维护台海和平、推动两岸关系发展、实现祖国和平统一的事业日益赢得国际社会理解和支持，世界各国普遍承认一个中国的格局不断巩固和发展。

30年来两岸关系发展的实践告诉我们：推动两岸关系发展，实现祖国和平统一，最重要的是要遵循"和平统一、一国两制"的方针和现阶段发展两岸关系、推进祖国和平统一进程的八项主张，坚持一个中国原则决不动摇，争取和平统一的努力决不放弃，贯彻寄希望于台湾人民的方针决不改变，反对“台独”分裂活动决不妥协，牢牢把握两岸关系和平发展的主题，真诚为两岸同胞谋福祉、为台海地区谋和平，维护国家主权和领土完整，维护中华民族根本利益。

30年的实践充分证明，我们制定和实施的对台工作大政方针，顺应了时代潮流和历史趋势，把握了民族根本利益和国家核心利益，体现了尊重历史、尊重现实、尊重人民愿望的实事求是精神，反映了对两岸关系发展规律的深刻认识，从而推动两岸关系发展取得了历史性成就。我们要继续长期坚持和全面贯彻这些被实践证明是正确的大政方针，继续推动祖国和平统一进程不断向前迈进。

30年的实践充分证明，祖国大陆改革开放和现代化建设不断取得巨大进步，是推动两岸关系发展、实现祖国和平统一的雄厚基础和可靠保障，决定了两岸关系的基本格局和发展方向。

30年的实践充分证明，海峡两岸中国人有能力、有智慧把两岸关系的前途掌握在自己手中，通过交流合作增进感情融合、增加共同利益，通过协商谈判积累共识、减少分歧，循序渐进解决问题。

30年的实践还充分证明，“台独”分裂势力及其分裂活动违背两岸同胞共同利益，损害中华民族根本利益，拂逆中国发展不可阻挡的历史潮流，是对两岸关系和平发展的最大威胁，必然遭到两岸同胞共同反对。任何人、任何势力把台湾从中国分割出去的企图都是注定要失败的。

同志们、朋友们！

经过30年的改革开放，中国的面貌发生了历史性变化，中国同世界的关系发生了历史性变化。两岸关系历经风雨坎坷，站在了新的历史起点上。回顾近代民族之艰难奋斗历程，展望未来民族之光明发展前景，我们应该登高望远、审时度势，本着对历史、对人民负责的态度，站在全民族发展的高度，以更远大的目光、更丰富的智慧、更坚毅的勇气、更务实的思路，认真思考和务实解决两岸关系发展的重大问题。

解决台湾问题的核心是实现祖国统一，目的是维护和确保国家主权和领土完整，追求包括台湾同胞在内的全体中华儿女的幸福，实现中华民族伟大复兴。以和平方式实现祖国统一最符合包括台湾同胞在内的中华民族根本利益，也符合求和平、谋发展、促合作的时代潮流。我们一定要以最大诚意、尽最大努力争取祖国和平统一。首先要确保两岸关系和平发展，这有利于两岸同胞加强交流合作、融洽感情，有利于两岸积累互信、解决争议，有利于两岸经济共同发展、共同繁荣，有利于维护国家主权和领土完整、实现中华民族伟大复兴。

为此，我们要牢牢把握两岸关系和平发展的主题，积极推动两岸关系和平发展，实现全民族的团结、和谐、昌盛。我们应该把坚持大陆和台湾同属一个中国作为推动两岸关系和平发展的政治基础，把深化交流合作、推进协商谈判作为推动两岸关系和平发展的重要途径，把促进两岸同胞团结奋斗作为推动两岸关系和平发展的强大动力，携手共进，戮力同心，努力开创两岸关系和平发展新局面。

一、恪守一个中国，增进政治互信。维护国家主权和领土完整是国家核心利益。世界上只有一个中国，中国主权和领土完整不容分割。1949年以来，大陆和台湾尽管尚未统一，但不是中国领土和主权的分裂，而是上个世纪40年代中后期中国内战遗留并延续的政治对立，这没有改变大陆和台湾同属一个中国的事实。两岸复归统一，不是主权和领土再造，而是结束政治对立。两岸在事关维护一个中国框架这一原则问题上形成共同认知和一致立场，就有了构筑政治互信的基石，什么事情都好商量。两岸应该本着建设性态度，积极面向未来，共同努力，创造条件，通过平等协商，逐步解决两岸关系中历史遗留的问题和发展过程中产生的新问题。继续反对“台独”分裂活动是推动两岸关系和平发展的必要条件，是两岸同胞的共同责任。凡是有利于两岸关系和平发展的事都应该大力推动，凡是破坏两岸关系和平发展的事都必须坚决反对。

二、推进经济合作，促进共同发展。两岸同胞要开展经济大合作，扩大两岸直接“三通”，厚植共同利益，形成紧密联系，实现互利双赢。我们继续欢迎并支持台湾企业到大陆经营发展，鼓励和支持有条件的大陆企业到台湾投资兴业。我们期待实现两岸经济关系正常化，推动经济合作制度化，为两岸关系和平发展奠定更为扎实的物质基础、提供更为强大的经济动力。两岸可以为此签订综合性经济合作协议，建立具有两岸特色的经济合作机制，以最大限度实现优势互补、互惠互利。建立更加紧密的两岸经济合作机制进程，有利于台湾经济提升竞争力和扩大发展空间，有利于两岸经济共同发展，有利于探讨两岸经济共同发展同亚太区域经济合作机制相衔接的可行途径。

三、弘扬中华文化，加强精神纽带。中华文化源远流长、瑰丽灿烂，是两岸同胞共同的宝贵财富，是维系两岸同胞民族感情的重要纽带。中华文化在台湾根深叶茂，台湾文化丰富了中华文化内涵。台湾同胞爱乡爱土的台湾意识不等于“台独”意识。两岸同胞要共同继承和弘扬中华文化优秀传统，开展各种形式的文化交流，使中华文化薪火相传、发扬光大，以增强民族意识、凝聚共同意志，形成共谋中华民族伟大复兴的精神力量。尤其要加强两岸青少年交流,不断为两岸关系和平发展增添蓬勃活力。我们将继续采取积极措施,包括愿意协商两岸文化教育交流协议,推动两岸文化教育交流合作迈上范围更广、层次更高的新台阶。

四、加强人员往来,扩大各界交流。两岸同胞要扩大交流,两岸各界及其代表性人士要扩大交流,加强善意沟通,增进相互了解。对于任何有利于推动两岸关系和平发展的建设性意见,我们都愿意作出积极回应。我们将继续推动国共两党交流对话,共同落实"两岸和平发展共同愿景"。对于部分台湾同胞由于各种原因对祖国大陆缺乏了解甚至存在误解、对发展两岸关系持有疑虑,我们不仅愿意以最大的包容和耐心加以化解和疏导,而且愿意采取更加积极的措施让越来越多的台湾同胞在推动两岸关系和平发展中增进福祉。对于那些曾经主张过、从事过、追随过"台独"的人,我们也热诚欢迎他们回到推动两岸关系和平发展的正确方向上来。我们希望民进党认清时势,停止"台独"分裂活动,不要再与全民族的共同意愿背道而驰。只要民进党改变"台独"分裂立场,我们愿意作出正面回应。

五、维护国家主权,协商涉外事务。我们一贯致力于维护台湾同胞在国外的正当权益。我们驻外使领馆要加强同台湾同胞的联系,诚心诚意帮助他们解决实际困难。我们了解台湾同胞对参与国际活动问题的感受,重视解决与之相关的问题。两岸在涉外事务中避免不必要的内耗,有利于增进中华民族整体利益。对于台湾同外国开展民间性经济文化往来的前景,可以视需要进一步协商。对于台湾参与国际组织活动问题,在不造成"两个中国"、"一中一台"的前提下,可以通过两岸务实协商作出合情合理安排。解决台湾问题、实现国家完全统一是中国内部事务,不受任何外国势力干涉。

六、结束敌对状态,达成和平协议。海峡两岸中国人有责任共同终结两岸敌对的历史,竭力避免再出现骨肉同胞兵戎相见,让子孙后代在和平环境中携手创造美好生活。为有利于两岸协商谈判、对彼此往来作出安排,两岸可以就在国家尚未统一的特殊情况下的政治关系展开务实探讨。为有利于稳定台海局势,减轻军事安全顾虑,两岸可以适时就军事问题进行接触交流,探讨建立军事安全互信机制问题。我们再次呼吁,在一个中国原则的基础上,协商正式结束两岸敌对状态,达成和平协议,构建两岸关系和平发展框架。

两岸同胞是血脉相连的命运共同体。包括大陆和台湾在内的中国是两岸同胞的共同家园,两岸同胞有责任把她维护好、建设好。实现中华民族伟大复兴要靠两岸同胞共同奋斗,两岸关系和平发展新局面要靠两岸同胞共同开创,两岸关系和平发展成果由两岸同胞共同享有。我们要坚持以人为本,把寄希望于台湾人民的方针贯彻到各项对台工作中去,理解、信赖、关心台湾同胞,体察他们的意愿,了解他们的诉求,为他们排忧解难,满腔热情为台湾同胞多办好事、多办实事,依法保护台湾同胞正当权益,最广泛地团结台湾同胞一道推动两岸关系和平发展。台湾的前途系于两岸关系和平发展,系于中华民族伟大复兴。在推动两岸关系和平发展、实现中华民族伟大复兴的道路上,台湾同胞将同大陆同胞一道,共享一个伟大国家的尊严和荣耀,以做堂堂正正的中国人而骄傲和自豪。

长期以来,广大香港同胞、澳门同胞和海外侨胞心系祖国统一大业,是反"独"促统的重要力量。我们衷心希望香港同胞、澳门同胞和海外侨胞为推动两岸关系和平发展、实现祖国和平统一作出新的贡献。

多年来,国际社会对中国政府和中国人民维护台海和平、推动两岸关系发展、实现国家完全统一的事业给予了积极支持。中国政府对此表示赞赏和感谢。中国的统一,不会损害任何国家的利益,只会促进亚太地区和世界繁荣稳定,只会有利于中国人民为人类和平与发展的崇高事业作出新的更大的贡献。

同志们、朋友们!

两岸统一是中华民族走向伟大复兴的历史必然。尽管前进道路上还会出现困难和阻碍,但只要我们坚定信心、不懈努力,紧紧依靠两岸同胞,就一定能够开创两岸关系和平发展新局面,迎来中华民族伟大复兴的锦绣前程。

国家主席胡锦涛发表题为《共同促进世界和平稳定繁荣》的2009年新年贺词

新年前夕,国家主席胡锦涛通过中国国际广播电台、中央人民广播电台、中央电视台,发表了题为《共同促进世界和平稳定繁荣》的新年贺词。全文如下:

新年的钟声就要敲响,我们即将开始2009年的崭新岁月。值此辞旧迎新的美好时刻,我很高兴通过中国国际广播电台、中央人民广播电台、中央电视台,向全国各族人民,向香港特别行政区同胞、澳门特别行政区同胞、台湾同胞和海外侨胞,向世界各国的朋友们,致以新年的祝福!

2008年,对于中国人民来说是很不寻常、很不平凡的一年。中国各族人民同心同德、顽强拼搏,成功抗击南方部分地区严重低温雨雪冰冻灾害和四川汶川特大地震灾害,成功举办北京奥运会、残奥会,成功完成"神舟"七号载人航天飞行任务,成功举办第七届亚欧首脑会议,中国的经济实力和综合国力进一步增强,人民生活水平继续提高。中国人民同世界各国人民加强友好交流和务实合作,共同应对国际金融危机等严峻挑战，为维护世界和平、促进共同发展作出了新的贡献。今年，中国人民隆重纪念了改革开放30周年，在总结经验的基础上对继续推进改革开放作出了部署。中国各族人民正豪情满怀地推进全面建设小康社会进程，为创造更加美好的生活而继续奋斗。

在这里，我谨代表中国政府和中国人民，对世界各国人民今年以来给予我们大力支持和热情帮助，表示衷心的感谢！

2009年对中国人民来说是一个具有历史意义的年份。60年前，中华人民共和国的成立揭开了中华民族发展历史新纪元。60年来，中国的面貌发生了历史性变化，中国同世界的关系也发生了历史性变化。在新的一年里，我们将坚定不移地高举中国特色社会主义伟大旗帜，以邓小平理论和"三个代表"重要思想为指导，深入贯彻落实科学发展观，立足扩大内需保持经济平稳较快增长，加快发展方式转变和结构调整提高可持续发展能力，深化改革开放增强经济社会发展活力和动力，加强社会建设加快解决涉及群众利益的难点热点问题，促进经济社会又好又快发展。我们将坚持"一国两制"、"港人治港"、"澳人治澳"、高度自治的方针，同广大香港同胞、澳门同胞一道促进香港、澳门长期繁荣稳定。我们将坚持"和平统一、一国两制"的方针，牢牢把握两岸关系和平发展的主题，加强两岸交流合作，切实为两岸同胞谋福祉、为台海地区谋和平，维护中华民族根本利益。

当前，世界正处在大变革大调整之中，国际形势总体上保持稳定，但国际金融危机仍在快速扩散和蔓延，世界经济增长明显减速，国际热点问题此起彼伏，世界和平与发展面临各种严峻挑战。加强国际合作，共同应对挑战，是世界各国人民的共同愿望，也是维护国际形势稳定、促进各国共同发展的必由之路。借此机会，我愿重申，中国将始终不渝走和平发展道路，始终不渝奉行互利共赢的开放战略，积极发展同世界各国的交流合作，积极参与国际社会应对国际金融危机的努力，致力于促进世界经济增长、促进人类文明进步，继续同世界各国一道推动建设持久和平、共同繁荣的和谐世界。

此时此刻，世界各地仍有不少民众遭受着战火、贫困、疾病、灾害等苦难。中国人民对他们的不幸遭遇深表同情，将继续向他们提供力所能及的帮助。我们衷心希望，世界各国相互支持、相互帮助，共同促进世界和平、稳定、繁荣，让各国人民过上和平美好的生活。

最后，我从北京祝大家在新的一年里幸福安康！

国家主席胡锦涛和俄罗斯总统梅德韦杰夫互致新年贺电宣布启动中俄"语言年"

国务院总理温家宝主持召开国务院常务会议

会议研究部署推进重庆市统筹城乡改革和发展，同意启动第三代移动通信牌照发放工作。

会议认为，重庆是我国中西部地区唯一的直辖市，集大城市、大农村、大库区、大山区和民族地区于一体，在区域协调发展和改革开放大局中具有重要战略地位。加快重庆统筹城乡改革和发展，对于深入实施西部大开发战略，形成沿海与内陆联动开发开放新格局，保障长江流域生态环境安全，具有重要意义。

会议强调，在新形势下加快重庆改革发展，必须贯彻落实科学发展观，推进统筹城乡综合配套改革，着力解决"三农"问题，发展内陆开放型经济，改善城乡人居环境，搞好环境保护和资源节约，加快社会事业发展，努力把重庆建设成为西部地区的重要增长极、长江上游地区的经济中心和城乡统筹发展的直辖市，在西部地区率先实现全面建设小康社会的目标。一要加强库区建设。落实移民扶持政策，发展特色优势产业，促进移民安稳致富，健全生态环境保护体系，把三峡库区建成长江流域的重要生态屏障。二要发展现代农业。优化农业结构和布局，改善农村生产生活条件，加快渝东南等地区扶贫开发，推进新农村建设。三要加快老工业基地改造。深化国有企业改革，大力发展非公有制经济，优化产业结构，建设国家重要的现代制造业基地，长江上游地区金融中心、现代商贸物流中心、科技创新中心和旅游基地。四要加快北部新区和保税港区建设，积极开展区域经济合作，改善内陆开放的政策环境，大力提高开放水平。五要加快水利、交通、能源等基础设施建设，形成长江上游地区综合交通枢纽。六要加快转变发展方式，大力推进节能减排，发展循环经济。七要大力发展教育、卫生、文化、体育等社会事业，提高公共服务水平。八要积极推进改革试验，建立统筹城乡发展体制。

会议指出，重庆市城乡二元结构矛盾突出，老工业基地改造振兴任务繁重，统筹城乡发展任重道远。在当前应对国际金融危机的关键时期，重庆市要认真贯彻落实中央的决策部署，把保持经济平稳较快发展作为首要任务，将解决当前困难与谋求长期发展结合起来，不断增强发展活力，为重庆经济社会长期保持又好又快发展打下坚实基础。会议要求，各有关部门要通力合作，认真落实支持重庆统筹城乡改革和发展的各项政策措施。

会议指出，TD－SCDMA作为第三代移动通信国际标准，是我国科技自主创新的重要标志，国家将继续支持研发、产业化和应用推广。发放第三代移动通信牌照对于拉动内需，优化电信市场竞争结构，促进TD－SCDMA产业链成熟，具有重要作用。目前，电信企业改革重组工作基本完成，已具备发放第三代移动通信TD－SCDMA和WCDMA、CDMA 2000 牌照的条件。会议同意工业和信息化部按照程序，启动牌照发放工作。

会议还研究了其他事项。

国务院总理温家宝签署第 546 号令废止《中华人民共和国房产税暂行案例》《长江干线航道养护费征收办法》《内河航道养护费征收和使用办法》

1951 年 8 月 8 日政务院公布的《城市房地产税暂行条例》自 2009 年 1 月 1 日起废止。自 2009 年 1 月 1 日起，外商投资企业、外国企业和组织以及外籍个人，依照《中华人民共和国房产税暂行条例》缴纳房产税。1987 年 2 月 6 日国务院批准，1987 年 2 月 24 日交通部、财政部发布的《长江干线航道养护费征收办法》自 2009 年 1 月 1 日起废止。

1992 年 5 月 15 日国务院批准，1992 年 8 月 4 日交通部、财政部、国家物价局发布的《内河航道养护费征收和使用办法》自 2009 年 1 月 1 日起废止。

总理　温家宝

2008 年 12 月 31 日

国务院副总理张德江出席在北京召开的全国铁路工作会议并发表讲话

张德江充分肯定了 2008 年铁路改革发展取得的显著成绩，并指出，2009 年是铁路事业发展进程中的关键一年，既要正视面临的困难和挑战，又要看到加快发展的有利条件，增强忧患意识，树立必胜信念，积极主动应对，努力化压力为动力，化挑战为机遇，继续解放思想，坚持改革开放，进一步加大铁路建设力度，搞好铁路运输经营，推进铁路自主创新，全面完成明年各项工作任务。

张德江强调，要抓住铁路大发展的难得机遇，乘势而上，多建铁路、快建铁路，促进扩大内需、扩大就业，为战胜国际金融危机冲击、实现明年经济增长预期目标作出更大贡献。要坚持百年大计，质量第一，加强工程质量管理和控制，确保每一项铁路工程都成为优质工程。要切实增强市场营销意识，积极开发客货运新产品，提高运输服务质量，以创新服务、优质服务开拓市场。要不断完善铁路技术创新体系，充分发挥科技创新资源的作用，积极引进国外先进技术，突破铁路关键技术，推进铁路技术装备现代化。

张德江强调，要进一步强化铁路运输安全工作，充分认识确保铁路安全的极端重要性，时刻把铁路运输安全放在首要位置，认真落实安全生产责任制，加大责任考核和问责力度，继续加强安全基础工作，努力实现铁路安全发展。要高度重视铁路治安防范工作，严厉打击危害铁路安全的各种犯罪活动，确保铁路安全畅通。要切实做好春运各项准备工作，科学安排运力，加强设备检查维护保养，确保春运安全平稳有序，确保人民群众平安出行。

张德江要求，实现铁路大发展，关键是要有一支高素质的干部职工队伍。要以加强党的建设为核心，加强领导班子思想政治建设、制度建设和能力建设，加强党风廉政建设，加强职工思想道德教育和职业技能培训工作。要坚持以人为本，关心职工群众的生产生活，切实解决职工群众的实际问题和困难，增强铁路干部职工队伍的凝聚力和战斗力。

铁道部部长主持会议并作工作报告，党中央、国务院有关部门、军队以及铁路系统 1700 人参加了会议。

国办在中国政府网公布《国务院办公厅关于搞活流通扩大消费的意见》